UNIVERSITÉ D'OXFORD

DICTIONNAIRE ENCYCLOPÉDIQUE DE LA MUSIQUE

Sous la direction de Denis Arnold

TRADUIT DE L'ANGLAIS
PAR MARIE-STELLA PÂRIS

ADAPTATION FRANÇAISE
PAR ALAIN PÂRIS

*

TOME I A à K

ROBERT LAFFONT

Titre original en anglais :
The New Oxford Companion to Music

ISBN : 2-221-04782-6 (édition complète)
ISBN : 2-221-05654-X (tome 1)

Préface

Lors de sa première parution en 1938, *The Oxford Companion to Music* a reçu d'emblée un accueil très favorable et a été considéré comme un dictionnaire de musique d'un genre inhabituel. A cette époque, on trouvait des dictionnaires touchant aux différents aspects de la musique — terminologie, biographies, interprétation —, mais rares étaient ceux qui couvraient l'ensemble de cet art et ses multiples approches de façon si complète et si bien informée. Le style dans lequel il était écrit était encore plus inhabituel. Il s'agissait essentiellement de l'œuvre d'un seul homme, Percy A. Scholes ; et s'il s'était fait aider dans ses recherches, le plan comme l'aspect discursif de ses articles étaient marqués du sceau de sa forte personnalité.

En fait, cet ouvrage n'était pas aussi complet qu'il le paraissait. Un dictionnaire exhaustif aurait d'ailleurs été impossible à réaliser en un seul volume. Le *Companion* avait l'air très approfondi parce que Scholes savait exactement qui seraient ses lecteurs et quels seraient leurs besoins. Sans dénigrer cet ouvrage, on peut dire qu'il s'adressait principalement aux Anglo-Saxons de culture protestante et de race blanche, tel était en effet le monde de Scholes. De race blanche, car il se limitait essentiellement à la musique de tradition occidentale (il n'avait admis le jazz qu'à contrecœur). Aux Anglo-Saxons, car les musiciens anglais et américains vivants, ainsi que les institutions de tradition britannique y étaient mieux traités que les autres. Protestant sans aucun doute
la musique de l'Église catholique était seulement évoquée, alors que celle
l'Église anglicane et plus spécifiquement celle des Églises non conform
était analysée dans ses moindres détails. Le livre était surtout desti
public bourgeois dont les enfants chantaient dans les maîtrises, ar
à jouer du piano et de l'orgue, et préparaient les examens de
l'Associated Board of the Royal Schools of Music. Les éver
adultes avaient une nouvelle approche de la musique, guidée
par le disque. D'ailleurs Scholes, qui était l'une des figur
mouvement de la « perception de la musique », a écrit de

sur les rouleaux de pianola, particulièrement à la mode durant les années vingt. Dans le *Companion,* Scholes s'est limité à un répertoire restreint — la musique sérieuse, essentiellement de Bach à Vaughan Williams —, et il a traité de façon relativement laconique les musiques traditionnelles et populaires.

Après le succès initial de *The Oxford Companion to Music,* Scholes, qui avait aussi un certain sens du commerce, a veillé à ce que les rééditions de son livre soient toujours révisées et mises à jour. Après sa mort, en 1958, on allait trouver encore davantage de révisions dans les éditions préparées par son assistant, John Owen Ward. Mais, dans les années soixante-dix, une refonte complète était devenue indispensable pour plusieurs raisons. En premier lieu, on disposait alors d'une somme d'informations beaucoup plus importantes sur la musique et sur les musiciens. Pour ne citer qu'un seul exemple, l'encyclopédie musicale *The Grove's Dictionary of Music and Musicians* se limitait à cinq volumes du temps de Scholes ; l'édition de 1980 en comporte vingt. En outre, les lecteurs concernés par un ouvrage comme *The Oxford Companion to Music* avaient beaucoup changé. Le consensus de « culture protestante anglo-saxonne de race blanche » avait complètement disparu dans le développement des moyens de communication et le brassage d'individus venus du monde entier jusqu'en Grande-Bretagne. Un dictionnaire ne pouvait donc plus s'adresser exclusivement aux Blancs ou aux Anglo-Saxons. Les connaissances rudimentaires de Puccini dans le domaine de la musique chinoise lorsqu'il écrivait *Turandot* semblaient tout à coup inexistantes face à la culture très approfondie de Stockhausen dans le domaine de la musique orientale. Les concerts de musique indienne commençaient à se développer en Occident avec un certain succès. Par ailleurs, les institutions protestantes ne jouaient plus un rôle prédominant, même dans la bourgeoisie, car cette classe sociale connaissait elle-même une évolution rapide. Grâce aux nouveaux procédés d'enregistrement et à la radio, le répertoire s'élargissait et allait bien au-delà des limites de Percy Scholes (de Bach à Vaughan Williams). La musique « ancienne » ne se réduisait plus aux madrigaux et à la musique religieuse des Tudors : elle englobait aussi bien la polyphonie française la plus ancienne que le *Tenorlied* des compositeurs allemands mineurs du XVIe siècle. La musique « moderne » ne se limitait pas à l'adjonction d'une trentaine d'années de création musicale ; elle se devait d'englober l'œuvre de Schoenberg, de Webern, de Berg et d'autres compositeurs dont l'importance avait été sous-estimée en Grande-Bretagne dans l'entre-deux-guerres.

Dans les années soixante-dix, l'enseignement de la musique s'était sensiblement développé par rapport à l'époque de Scholes : ainsi, des enfants qui autrefois n'auraient pas pu, pour des raisons financières, apprendre à jouer d'instruments comme le hautbois ou le basson pouvaient à présent recevoir, grâce aux orchestres de jeunes, un enseignement musical approfondi et participer à des répétitions d'orchestre hebdomadaires ou même à des tournées à l'étranger. Le développement des communications jouait aussi en faveur de l'ouverture des frontières artistiques. Le nationalisme fortement ressenti en Grande-Bretagne dans les années trente s'effaçait devant une conception de musique en tant que phénomène mondial dans lequel les frontières, s'il en , ne sont pas celles de la politique. En outre, la musique et les institutions icales américaines connurent une telle expansion au cours de ce dernier demi-siècle qu'elles devaient désormais figurer à une place importante dans tout dictionnaire de la musique en langue anglaise.

Pour ces différentes raisons, le *New Oxford Companion to Music*, en deux volumes, est un ouvrage très différent de l'ancien *Companion* qui se limitait à un seul volume. Il reste néanmoins fidèle à deux principes fondamentaux de Percy Scholes. Tout d'abord, il s'adresse à un lecteur non spécialisé. Sans être exhaustif, il est conçu pour répondre aux besoins du plus vaste public. Hormis cela, il forme un tout en lui-même. Les correspondances (indiquées par un astérisque ou par un renvoi à un autre article) permettent d'expliquer et de développer les différents aspects de la musique abordés dans cet ouvrage. Le lecteur désirant approfondir davantage certains sujets se reportera au *New Grove Dictionary of Music and Musicians* (1980). Les articles les plus importants comportent une orientation bibliographique. Il ne s'agit pas de bibliographies exhaustives, mais elles sont destinées à servir de guide au lecteur.

L'ouvrage est conçu autour de deux axes principaux : les hommes et les femmes qui ont contribué à la création musicale (essentiellement les compositeurs) et la musique elle-même, couvrant les formes, les termes, les instruments, les principes acoustiques et la notation.

1. LES HOMMES

Compositeurs. Les biographies comportent toutes un minimum d'informations de base, dans la mesure où elles sont connues : date et lieu de naissance, de mort et d'activité créatrice ; éducation et liens de parenté. Elles se composent d'un bref commentaire musical, en tenant compte du fait que la majeure partie de la vie d'un compositeur est consacrée à écrire de la musique. La place relative accordée à chaque entrée reflète non seulement l'importance historique du musicien concerné, mais aussi la quantité d'informations utiles ou intéressantes dont on dispose à son sujet. En outre, certains articles sont consacrés à des auteurs ou à des interprètes du passé ainsi qu'à des personnages clés qui se sont illustrés dans d'autres domaines que la musique (chorégraphes, librettistes), mais qui ont exercé une influence déterminante sur son évolution. Malheureusement, le manque d'espace n'a pas permis d'inclure les nombreux interprètes qui ont fait connaître la musique, mais certains d'entre eux sont mentionnés dans les articles consacrés aux instruments (comme Casals et Rostropovitch dans l'article *Violoncelle*, Heifetz dans l'article *Violon* ou Julian Bream dans l'article *Guitare* et dans l'article *Virtuose*).

Géographie. Le lieu de naissance d'un compositeur et son environnement sont importants pour plusieurs raisons. Il existe sans aucun doute des différences de tempérament entre les individus originaires des diverses parties du monde. Brahms était un Allemand du Nord. S'il était né dans une famille napolitaine et avait vécu en Italie, il aurait évidemment composé une tout autre musique, et, pourtant, on ne peut le considérer comme un « nationaliste allemand ». Par ailleurs, les institutions qui se sont créées dans divers pays à différentes époques sont encore plus importantes. S'il avait été napolitain, Brahms serait certainement devenu un compositeur d'opéras, parce qu'en Italie, au XIXe siècle, les organismes musicaux les plus puissants étaient les théâtres lyriques. Les événements historiques influent aussi sur l'environnement du musicien ; ainsi, la Révolution française et la guerre de Trente Ans ont joué un rôle important dans l'activité des compositeurs. C'est la raison pour laquelle cet ouvrage contient d'importants articles historiques sur les différents pays (ou régions) de tradition musicale occidentale, articles qui traitent surtout de l'évolution des institutions musicales ; les articles consacrés aux pays non européens contiennent aussi une partie historique, mais ils s'attachent surtout à la description des instruments, et à expliquer les théories de composition et les principes d'exécution.

Histoire. L'époque à laquelle a vécu un compositeur est aussi importante que la ville ou le pays où il a séjourné. Son principal centre d'intérêt reste toujours la musique (il est surprenant de constater comme les musiciens se situent souvent en marge de l'évolution politique et sociale) ; il importe donc de connaître le genre de musique auquel il est familiarisé. A l'époque de Percy Scholes, on croyait généralement que l'histoire de la musique était un processus évolutif parfaitement simple. Il est indéniable que la musique évolue d'un style à un autre ; mais elle s'adapte également à des changements de circonstances en modifiant certains éléments stylistiques. On peut aborder l'histoire de la musique sous cet angle, comme c'est le cas de l'article *Histoire de la musique*, adapté d'un ouvrage récent en un volume, *The Concise Oxford History of Music* de Gerald Abraham (Londres, 1979), à la fois complet et d'approche aisée. Mais le processus évolutif est aujourd'hui remis en cause par de nombreux musicologues car il est difficile de ramener à un schéma unique les divers éléments de la musique. Les aspects plus complexes de l'évolution historique sont donc traités dans des articles comme *Moyen Age, Renaissance, Baroque, Classicisme* et *Romantisme.*

2. LA MUSIQUE

Œuvres. Pour compléter les biographies de compositeurs, cet ouvrage contient plusieurs centaines d'articles consacrés à des œuvres majeures, ainsi que les synopsis d'opéras qui semblent avoir acquis une place durable au répertoire.

Instruments. En dehors des instruments d'usage courant, les instruments du passé ont fait l'objet d'un effort particulier. Les instruments les plus répandus des pays extra-européens sont généralement traités dans des articles séparés et la plupart d'entre eux dans les articles consacrés aux différentes régions du globe (*Afrique, Chine, Japon,* etc.). Certaines formations vocales et instrumentales sont évoquées dans des articles comme *Chœur, Consort, Musique de chambre, Orchestre,* etc.

Forme. La musique est essentiellement un ensemble de formes ; certains articles sont donc consacrés à la description de ces formes. L'article *Forme* est un commentaire d'ordre général, et plusieurs autres entrées, plus concises, donnent des détails sur ces formes, notamment *Forme sonate, Forme ternaire, Fugue,* etc.

Son. On trouvera des informations sur le son dans l'entrée consacrée à l'*Acoustique* et dans ses différents corrélats, notamment *Acoustique et architecture, Diapason, Oreille et audition, Radio et télévision, Tempérament,* etc.

Gammes et modes. Ces sujets sont indissociables de l'*Acoustique,* mais ils sont traités sous des entrées séparées comme *Gamme* et *Mode.*

Notation. La nature de la musique dépend, dans une large mesure, de la façon dont elle est couchée sur le papier. L'article sur la *Notation musicale* est complété par d'autres entrées consacrées aux détails de la notation : la portée, les indications dynamiques et les indications de tempo ou d'accentuation. La relation entre la musique (c'est-à-dire le son) et la notation (c'est-à-dire l'écrit) est analysée de façon plus détaillée dans les articles *Interprétation musicale* ou *Ornements et ornementation.*

Théorie musicale. La théorie jouait un rôle très impotant pour Percy Scholes dont un grand nombre de lecteurs se préparaient aux examens de théorie de l'Associated Board et des universités. De nos jours, la théorie, considérée sous cet angle, est un peu discréditée parmi les musiciens qui ne croient plus que la musique peut s'expliquer ou se diviser facilement en catégories. Néanmoins, la théorie conserve une certaine importance, de même que la connaissance des conventions du passé. Ainsi, cet ouvrage comporte des articles consacrés aux différents termes musicaux, à l'*Analyse,* au *Contrepoint,* à l'*Harmonie* et à l'*Orchestration* ; l'entrée *Théorie musicale* guidera le lecteur vers différents corrélats.

Musique extra-européenne. *The New Oxford Companion to Music* s'adresse essentiellement à des lecteurs qui s'intéressent surtout à la tradition historique occidentale ; nous n'avons donc pas essayé de couvrir toute la musique extra-européenne. Mais, en raison de l'intérêt croissant que suscitent les cultures n'appartenant pas à la tradition occidentale, nous avons consacré des entrées substantielles aux différents domaines de la musique extra-européenne qui ont exercé un impact important sur la vie musicale occidentale. Dans l'ensemble, ces entrées traitent de régions facilement identifiables sur le plan musical (*Afrique, Chine, Japon, Inde, Indonésie,* etc.), mais nous espérons que le système des renvois guidera le lecteur vers la musique ou vers le pays qu'il désire explorer.

En adoptant cette approche, le lecteur devrait acquérir des connaissances suffisantes pour écouter avec profit de la musique de toute période et de toute provenance ; j'espère, en outre, que le style de rédaction informelle des auteurs de ce livre aura permis de retrouver cette qualité essentielle que Percy Scholes avait donnée à son ouvrage : le lecteur peut consulter le *Companion* pour trouver des informations sur un point ou sur un sujet précis ; mais il devrait avoir du mal à ne pas passer d'une chose à l'autre. Il était impossible pour un seul auteur de répéter l'exploit de Scholes, qui avait écrit lui-même la totalité de *The Oxford Companion to Music,* et j'éprouve une immense reconnaissance envers les quelque quatre-vingt-dix auteurs qui ont participé à cette réalisation. Je souhaite tout particulièrement mentionner le travail des spécialistes qui se sont chargés des sujets d'envergure : Anthony Baines (instruments), John Borwick (acoustique), Peter Gammond (musique populaire et de variétés), Noël Goodwin (ballet et danse), Paul Griffiths (musique du XXe siècle) et Helen Myers (musique extra-européenne). Je tiens aussi à remercier ma femme, Elsie, qui m'a apporté une aide précieuse au cours de ces années. Nous étions tous investis de la même mission : fournir des informations exactes de façon vivante, crédible et aussi claire que possible. Si nous avons réussi, le simple fait d'avoir amené les lecteurs à apprécier la musique sera notre récompense.

DENIS ARNOLD
Oxford, 1983

Avertissement

Dès sa publication en 1983, la nouvelle édition du *New Oxford Companion to Music* a comblé une lacune importante dans le domaine de l'encyclopédie musicale internationale. Depuis le temps de Percy Scholes, on avait vu paraître quantité de dictionnaires et d'encyclopédies en toutes langues, de tous formats, destinés à tous les publics ; mais il manquait toujours quelque chose : ces ouvrages étaient trop concis ou, à l'inverse, trop complexes, trop spécialisés. Le lecteur devait avoir recours à des livres complémentaires à moins qu'il ne prenne la fuite devant une terminologie réservée aux seuls professionnels. En fait, la plupart des ouvrages publiés s'adressaient à des lecteurs avertis alors que l'amateur de musique se voyait distribuer le savoir avec parcimonie.

C'était ignorer l'évolution fondamentale qu'avait connu le phénomène musical depuis une vingtaine d'années ; la musique n'est plus l'apanage d'une élite ; elle est devenue un bien de consommation dont le contenu doit être divulgué de façon aussi complète que possible en termes clairs et concis. Le véritable amateur de musique, celui qui l'écoute, qui la pratique occasionnellement, qui lui accorde ses meilleurs moments de détente, n'aurait probablement jamais envisagé d'avoir recours à une encyclopédie musicale si le disque, la radio et la télévision n'avaient excité sa curiosité. Mais, aujourd'hui, il réclame un tel ouvrage, où il puisse trouver tous les éléments fondamentaux de la musique, biographiques, esthétiques, formels...

Le *New Oxford Companion to Music* répondait à ce besoin : ouvrage de grande diffusion, il peut devenir le livre de chevet de l'amateur de musique. Le travail de refonte effectué sous la direction de Denis Arnold en faisait un dictionnaire de notre temps. Peut-être un peu trop britannique pour les mélomanes français : ce fut le propos de l'adaptation à laquelle je me suis livré pour transposer le système de référence d'un côté à l'autre de la Manche. Mais la musique reste la musique, et si les exemples, le choix des compositeurs, l'importance relative accordée à certains sujets nécessitaient un recentrage vers le « continent », cette adaptation s'est toujours opérée en respectant la démarche des auteurs et en ajoutant à leur contribution les entrées qu'il semblait indispensable de voir figurer dans une édition française. Certains articles, d'intérêt spécifiquement britannique, ont été écourtés ou remplacés par des entrées analogues. D'autres, d'intérêt spécifiquement français, étaient traités avec une certaine discrétion dans l'édition anglaise : quelques compléments s'imposaient. Les bibliographies ont été entièrement refaites et ne renvoient qu'à des ouvrages en langue française. Quant aux illustrations d'origine, elles ont été conservées dans la mesure du possible.

Le *Dictionnaire encyclopédique de la musique* qui a ainsi vu le jour devrait répondre à la curiosité de tout mélomane : sans avoir besoin de posséder la moindre connaissance théorique ou instrumentale, il peut découvrir tous les mécanismes de la musique ; il trouvera une somme d'informations appréciables sur la vie des compositeurs et les œuvres les plus fréquemment exécutées ; il voyagera de pays en continents, d'une époque à une autre, au travers des grands courants musicaux, prenant souvent conscience d'éléments importants que son instinct de véritable amateur lui avait déjà révélé de façon plus ou moins informelle : autant d'approches qui, loin d'assouvir sa soif musicale, devraient exciter sa curiosité et l'encourager à aller encore plus loin dans sa quête de la musique.

ALAIN PÂRIS
juin 1988

L'adaptation française de cet ouvrage a été réalisée avec les précieux conseils de : Alain Abbott, Gérard Aguerre, Sylvain Frémaux, Michel Frey, Connie Glessner, Jean-Michel Hasler, Joachim Havard de La Montagne, Pierre-Paul Lacas, Pascal Le Pennec, Geneviève Le Pichon, Paul Minck, Reinhard von Nagel, Alain Randon, Jean-Sébastien Wapler, Robert Weddle.

La traductrice et l'adaptateur remercient particulièrement la Direction de la Communication d'Apple Computer France, et plus spécialement Jérôme de Goutel, ainsi que Jean-Marc Moster (Sivéa Informatique, Strasbourg) qui ont joué un rôle déterminant dans la réalisation pratique de cet ouvrage.

Remerciements

Le responsable éditorial de cet ouvrage tient à remercier Geoffrey Norris qui a supervisé la préparation générale et la compilation du matériel ; il a notamment trouvé les auteurs spécialisés dans chaque discipline auxquels il a commandé les différents articles, sans ménager ses efforts dans quantité d'autres domaines. Oxford University Press désire également exprimer sa reconnaissance à :

Alison Mansbridge	Assistante du responsable éditoral
Rupert Christiansen, Elizabeth McKim, Helen Myers, Judith Nagley	Articles supplémentaires
Elisabeth Agate, Helen Ottaway, Robert Turnbull, Audrey Twine	Recherche des illustrations
Jane Aspden, Anne Inglis, Bonnie Jacobson, Laura Langley	Relecture
Michael Rowland	Relecture musicale

Rupert Christiansen, Alison Latham, Judith Nagley et Wendy Thompson ont joué un rôle essentiel dans la préparation du texte. Certaines notices consacrées à l'art lyrique et les synopsis d'opéras sont adaptés de la deuxième édition du *Concise Oxford Dictionary of Opera,* grâce à l'aimable autorisation de ses auteurs, Harold Rosenthal et John Warrack. Les entrées consacrées à la plupart des autres œuvres et quelques articles ont été rédigés à partir des informations contenues dans *The Concise Oxford Dictionary of Music.* L'article *Grèce antique* est une adaptation du matériel figurant dans *The Oxford Classical Dictionary.* L'article *Histoire de la musique* est extrait de *The Concise Oxford History of Music* de Gerald Abraham.

Les schémas ont été réalisés par Brian et Constance Dear et les exemples musicaux par Halstan & Co. Ltd ; ils sont reproduits avec l'autorisation d'Oxford University Press.

Liste des collaborateurs

Gerald Abraham	(Histoire de la musique)
Donald Aldous	(Audio-Engineering Society)
Robert Anderson	(Mésopotamie et Égypte)
Richard Andrewes	(Bibliothèques)
Hanoch Avenary	(Israël)
Anthony Baines	(Instruments)
Ann Bond	(Book of Common Prayer)
John Borwick	(Acoustique et articles apparentés)
Roger Bowers	(Chapelle royale d'Angleterre ; chœur)
Malcolm Boyd	(Pays de Galles)
Julian Budden	(Opéra italien)
Bojan Bujić	(Esthétique ; critique ; Yougoslavie)
Roger Bullivant	(Contrepoint ; harmonie ; continuo)
Michael Burnett	(Musique populaire et de variétés ; Antilles)
John Caldwell	(Moyen Age)
Pearle Christian	(Antilles)
Rupert Christiansen	(Musique et littérature)
Jonathan Condit	(Corée)
Roderick Conway Morris	(Grèce moderne)
Nym Cooke	(Sujets américains)
Richard Crawford	(États-Unis d'Amérique)
James Dalton	(Orgue)
Peter Davies	(Chanson italienne et française ancienne)
Frank Dobbins	(Tablature)
Jonathan Dunsby	(Tonalité et articles apparentés)
Ruth Dyson	(Piano)
Leonard Feist	(Droit d'auteur américain)
Michael Freegard	(Droit d'auteur de Grande-Bretagne et du Commonwealth)

Christopher Fry	(Déchiffrage)
Ian Gammie	(Guitare)
Peter Gammond	(Musique populaire et de variétés)
Noël Goodwin	(Ballet)
Paul Griffiths	(Musique du XXe siècle)
Miron Grindea	(Roumanie)
Laughton Harris	(Australie)
David Hiley	(Drame liturgique ; mode ; plain-chant ; sujets apparentés)
Peter Holman	(Masque)
Michael Hurd	(Concert ; orchestre ; sujets apparentés)
Ann Hutchinson	(Notation de la danse)
Burnett James	(Jazz)
Glyn Jenkins	(Doigté, instruments à clavier)
David Johnson	(*Glee*)
Trever Jones	(Australie)
Michael Kennedy	(Mahler ; compositeurs britanniques)
Robin Langley	(Compositeurs britanniques des XVIIIe et XIXe siècles)
Alison Latham	(Concours ; festivals)
Robert Layton	(Scandinavie et compositeurs scandinaves)
Michael Lowe	(Luth)
Hugh Macdonald	(Berlioz)
Peter Manning	(Ordinateur ; synthétiseur)
Elizabeth Markham	(Japon)
David Mason	(Voix)
Simon McVeigh	(Ornements)
George Menhennick	(Piano)
John Milsom	(Pays-Bas ; sujets apparentés)
Helen Myers	(Musique extra-européenne)
Judith Nagley	(Formes et termes)
Geoffrey Norris	(Russie et Union soviétique ; sujets apparentés)
Robert Orledge	(Compositeurs français)
Leslie Orrey	(Chant)
Alain Pâris	(Adjonctions pour l'édition française)
Andrew Parrott	(Interprétation musicale)
Julian Pilling	(Accordéon ; concertina ; harmonica)
Christian Poché	(Moyen-Orient)
George Proctor	(Canada)
Anthony Pryer	(Liturgie ; notation ; compositeurs du XVe siècle)
Bernarr Rainbow	(*Tonic sol-fa*)
Richard Rastall	(Drame liturgique)
John Reed	(Schubert)
Elizabeth Roche	(Messe)
Jerome Roche	(Motet ; office)
Alec Roth	(Indonésie)
Jim Samson	(Chopin ; Pologne ; Roumanie)
Mark Slobin	(Asie centrale et Sibérie)
Jan Smaczny	(Bohême et Tchécoslovaquie ; sujets apparentés)
Basil Smallman	(Musique religieuse ; Réforme ; sujets apparentés)

Robert Stevenson	(Amérique latine)
Keith Swanwick	(Éducation musicale)
Wendy Thompson	(Espagne et Portugal ; termes ; articles divers)
J.M. Thomson	(Édition musicale ; Nouvelle-Zélande)
G.M. Tucker	(Formes)
Mark Tucker	(Sujets américains)
James Tyler	(Cistre)
John Warrack	(*Gesamtkunstwerk* ; Wagner ; autres sujets lyriques)
Derek Watson	(Liszt ; Écosse)
Percy Welton	(Théorie musicale)
Arnold Whittall	(Analyse ; composition ; sujets apparentés)
Richard Widdess	(Inde)
Christopher Wilson	(Musique anglaise pour luth)
R.P. Winnington-Ingram	(Grèce antique)
Rembrandt Wolpert	(Chine)

Abréviations et symboles

Les abréviations suivantes sont utilisées dans cet ouvrage :

all.	allemand
amér.	américain
bar.	baryton
BCP	Book of Common Prayer
coll.	collection
contr.	contralto
éd.	édition
env.	environ
esp.	espagnol
fr.	français
ital.	italien
lat.	latin
MS	manuscrit
pol.	polonais
port.	portugais
RAM	Royal Academy of Music, Londres
RCM	Royal College of Music, Londres
rév.	révisé
S., St	Saint
SACEM	Société des auteurs, compositeurs et éditeurs de musique
SATB	soprano, alto, ténor, basse
sop.	soprano
tén.	ténor
*	renvoi à un autre article plus détaillé sur le sujet en question

Pour indiquer la hauteur des notes, nous avons adopté le système suivant :

do^3 = do médian

do^4, do^5, etc. = octaves au-dessus du do médian

do^2, do^1, do^{-1}, etc. = octaves au-dessous du do médian.

A

A. 1. (all. et angl.). Voir *La*.

2. Abréviation pour *alto (par exemple, S.A.T.B. : soprano, alto, ténor, basse) ou pour **altus*.
3. Abréviation (angl.) pour *antiphon* (*antienne).
4. (ital.). « A », voir *A deux, a due*. Les expressions commençant par *a* (comme *a cappella*) sont classées au sein de cette lettre par ordre alphabétique.

Ab (all.). En matière de musique d'orgue, terme indiquant que l'organiste doit supprimer un registre.

Abaco, Evaristo Felice dall'. Voir *Dall' Abaco, Evaristo Felice*.

Abailard, Pierre (ou Abélard) (Le Pallet, près de Nantes, 1079 ; abbaye de Saint-Marcel, près de Chalon-sur-Saône, 12 avril 1142). Compositeur, théologien et philosophe français. En dehors des *Six planctus* en neumes conservés à la Bibliothèque du Vatican, on ne connaît de lui que sa correspondance qui a rendu célèbres ses amours avec Héloïse.

Alain Pâris.

Abbandono (ital.). « Abandonné ». Par exemple, « un rythme un peu abandonné ». —

Abbassare (ital.). « Abaisser ». Par exemple, accorder plus bas un instrument à cordes de la famille du violon pour obtenir une ou plusieurs notes normalement situées en dehors de sa tessiture.

Abbellimenti (ital.). « Ornements ».

Abbé Vogler. Voir *Vogler, Georg Joseph*.

Abdämpfen (all.). « Étouffer ». Expression employée fréquemment dans l'écriture de la musique pour harpe et pour timbales.

Abel, Carl Friedrich (Cöthen, 22 décembre 1723 ; Londres, 20 juin 1787). Compositeur et gambiste allemand. Son père jouait aussi de la viole de gambe et la lui a enseignée lorsqu'il était enfant. Vers 1743, Abel entre à l'orchestre de la cour de Dresde que dirigeait alors Hasse ; il y reste jusqu'en 1758, date à laquelle il entreprend les voyages qui le conduiront à Londres l'année suivante. Les récitals qu'il y donne sont très bien accueillis et, lorsque J. C. Bach s'installe à Londres en 1762, ils inaugurent ensemble une célèbre série de concerts en souscription qui durera jusqu'en 1781. L'année suivante, Abel se rend en Allemagne mais revient ensuite en Angleterre. Son penchant excessif pour l'alcool le conduira à une mort prématurée.

Abel est l'auteur de symphonies et de concertos marqués par l'influence italienne (mélodies fluides et fréquentes appogiatures chromatiques qui rappellent les premières symphonies de Mozart), composés à Londres et créés aux concerts Bach-Abel.

Denis Arnold.

Abélard, Pierre. Voir *Abailard, Pierre.*

Abencérages, Les. Opéra en trois actes de Cherubini sur un livret V. J. E. de Jouy, d'après le roman de Florian *Gonzalve de Cordove.* Créé à Paris en 1813. Le titre se réfère aux guerriers mauresques abencérages.

Abendlied (all.). « Chant du soir ».

A bene placito (ital.). « A volonté », « ad libitum ».

Aberystwyth. Hymne de Joseph Parry publié en 1879 reprenant un texte que Charles Wesley écrivit en 1740 pour ses *Hymns and Sacred Poems,* « Jesu lover of my soul ».

Abgesang (all.). Troisième strophe du **Bar.*

Abide with me. Hymne sur un texte du révérend Henry Francis Lyte (1793-1847) ; il en a écrit les paroles en 1820 après avoir veillé un ami mourant à Pole Hore, près de Wexford. Publié pour la première fois dans *Remains* (1850) de Lyte. L'air « Eventide » des *Hymns Ancient and Modern* (1861) de l'organiste William Henry Monk (1823-89) reprend le même texte. Il a également servi de base à un déchant de Vaughan-Williams (in *Songs of Praise,* 1925). C'est l'un des hymnes les plus populaires en Grande-Bretagne : lors de la finale de la coupe d'Angleterre à Wembley, il est régulièrement entonné par la foule.

Abingdon, Henry. Voir *Abyngdon, Henry.*

Ab initio (lat.). « Depuis le commencement ».

Ablösen (all.). « Détacher ». Ce terme s'emploie dans différents sens : séparer les notes (par exemple, jouer *staccato*), retirer le doigt d'une touche du clavier...

Abnehmend (all.). *Diminuendo.*

Abraham et Isaac. 1. *Canticle II* pour alto, ténor et piano de Britten sur un texte tiré du miracle de Chester. Composé en 1952 et créé la même année par Kathleen Ferrier et Peter Pears.

2. Ballade sacrée de Stravinski pour baryton et orchestre de chambre composée en 1962-63 sur un texte hébreu. Dédiée au peuple d'Israël et créée à Jérusalem en 1964.

Abruzzese (ital.). Mélodie ou danse de la région des Abruzzes, à l'est de Rome.

Abschiedsymphonie. Voir *Adieux, Symphonie des.*

Absetzen (all.). 1. « Articuler », « détacher ». 2. *Absetzen in die Tablatur,* « mettre en tablature », « transcrire » (musique du XVIe siècle).

Absil, Jean (Bonsecours, Hainaut, 23 octobre 1893 ; Bruxelles, 2 février 1974). Compositeur belge, élève de Paul Gilson au Conservatoire de Bruxelles, il y enseigne à partir de 1930. En 1935, il fonde le groupe de la Sirène avec lequel il révèle la jeune musique d'alors. Il participe en 1938 à la fondation de la *Revue internationale de musique* à Bruxelles. Administrateur de la SABAM (société belge des droits d'auteur) après la guerre, il est considéré comme l'un des plus éminents pédagogues de son pays. Il est l'auteur de cinq symphonies, de concertos et d'œuvres vocales et lyriques dans lesquelles il utilise la polytonalité et le principe de la variation.

Alain Pâris.

BIBLIOGRAPHIE : Richard de Guide, *Jean Absil, vie et œuvre,* Casterman (Tournai, 1965).

Abstossen (all.). 1. « Détacher ». 2. Cesser d'utiliser un registre (musique d'orgue).

Abstrakte Musik (all.). Terme par lequel certains auteurs allemands désignent les musiques manquant de sensibilité, sèches ou académiques.

Abstrich (all.). Tiré (*m*) : coup d'archet (instruments à cordes).

Abu Hassan. *Singspiel* en un acte de Weber sur un livret de F. C. Hiemer d'après un conte des *Mille et Une Nuits.* Créé à Munich en 1811.

Abwechseln, abzuwechseln (all.). « Changer », « alterner », par exemple, lorsqu'un musicien change d'instrument en cours d'exécution.

Abyngdon [Abingdon], **Henry** (vers 1420 ; 1497). Chanteur et organiste anglais. Il entre au service du duc de Gloucester auprès duquel il reste jusqu'en 1447 lorsqu'il devient chantre à Eton. En 1451, il entre à la chapelle royale où il sera chef des chœurs entre 1455 et 1478. Il enseigne l'orgue et le chant aux jeunes garçons. Il y a tout lieu de penser qu'Abyngdon était un excellent chanteur, car il faisait partie des quatre chantres autorisés à chanter la polyphonie. Grâce à l'appui de l'évêque de Bath et Wells, il obtient un poste à la cathédrale de Wells. Abyngdon a été le premier *Bachelor of Music* de Cambridge (1464), ce qui lui a certainement conféré une grande notoriété bien qu'aucune de ses œuvres ne lui ait survécu. On le connaît surtout grâce à une épigramme en latin de Sir Thomas More qui faisait son éloge longtemps après sa mort.

Judith Nagley.

Abzug (all.). « Départ », « retrait ». 1. Dans la musique des XVIe et XVIIe siècles, une **scordatura* abaissant d'un ton la corde la plus grave ou ajoutant une corde à vide sous les autres cordes. 2. *Appogiature faisant un *decrescendo* sur la note principale, ou trille simple (par exemple, un *mordant inversé).

Academy of Ancient Music. Voir *Concert*, 2.

A cappella (ital.). « A la manière de la chapelle » ; voir *Cappella.*

Acarrezzevole, accarezzevolmente (ital.). « Caressant ».

Accelerando (ital.). « En accélérant ».

Accent. 1. Mise en relief d'une note ou d'un accord spécifique par une augmentation (ou plus rarement par une réduction) de la dynamique, une prolongation de la durée ou un léger silence (ou articulation) avant de jouer la note. Le procédé d'accentuation le plus courant consiste à augmenter la dynamique de la note à souligner ; on le transcrit à l'aide de l'un des signes suivants : > – *fz sfz*. Cependant, le signe (–) correspond parfois au deuxième type d'accent décrit ci-dessus (prolongation expressive d'une note ou d'un accord, ou accent *agogique). Sur certains instruments, comme le clavecin, il est impossible de modifier subitement le volume sonore pour respecter l'accentuation. L'instrumentiste parvient à l'effet désiré soit en allongeant la note soit en la faisant précéder d'une légère pause ou articulation (parfois les deux). Dans certains cas, on assiste à des phénomènes d'auto-accentuation, certaines notes se trouvant en dehors de la tessiture dans laquelle évolue la mélodie.

L'accentuation peut servir à souligner des temps forts ou, au contraire, à surprendre l'auditeur en insistant sur certains temps faibles. (Voir *Temps*, 1 ; *Syncope*). Entre les mains de l'interprète, elle devient un moyen expressif très subtil que le compositeur ne peut transcrire au moyen de la notation traditionnelle.

Voir également *Dynamique* ; *Interprétation musicale*, 8.

2. Ornement utilisé dans la musique des XVIIe et XVIIIe siècles ; il se compose d'une petite note située après la note principale et occupant une partie de sa valeur rythmique. C'est en quelque sorte le contraire d'une *appogiature, car elle anticipe la note suivante au lieu de constituer un retard. Il est généralement indiqué par une barre en diagonale ou par une petite note (Ex. 1).

Ex. 1

3. *Appogiature insérant un agrément entre deux notes distantes d'une tierce ou répétant la première de ces deux notes si l'intervalle qui les sépare n'est que d'une seconde.

Accent tonique. Effet d'accentuation produit par un accent ou simplement par une note située dans une tessiture sensiblement plus aiguë que celles qui la suivent ou qui la précèdent. Voir *Accent.*

Accentus (lat.). Terme utilisé à partir du XVIe siècle dans la liturgie catholique pour désigner les parties chantées par le prêtre, comme le plain-chant simple. Pour les parties confiées aux solistes et au chœur (antiennes, répons, hymnes), on utilise le terme *concentus*.

Acciaccatura (ital., « pincé, étouffé » ; all. : *Zusammenschlag* ; angl. : *crushed note*). 1. Ornement propre à la musique pour clavier de la fin de l'ère baroque. En jouant un accord, l'instrumentiste ajoute une note dissonante qu'il relâche immédiatement « comme si elle le brûlait » (Geminiani, 1749). La dissonance se situe généralement un degré plus bas que l'une des notes de l'accord. L'effet qui en résulte n'est pas noté mais laissé à l'improvisation de l'instrumentiste et constitue l'une des caractéristiques du continuo italien.

Certaines sonates de Domenico Scarlatti comportent des accords surchargés avec de nombreuses dissonances qui peuvent être assimilées à des acciaccaturas (Ex. 1).

2. On a souvent utilisé, à tort, le terme acciaccatura pour désigner l'*appogiature brève, représentée par le signe (♪).

Simon McVeigh.

Acciaio, Istrumento d' (ital.). Voir *Istrumento d'acciaio*.

Accidents. Signes utilisés dans la notation musicale pour indiquer les altérations chromatiques dans une tonalité donnée ou les annuler. Le tableau ci-dessous regroupe ces différents signes ainsi que leurs formes anciennes lorsqu'elles ont existé :

	♯	♭	×	♭♭	♮
Fr.	dièse	bémol	double dièse	double bémol	bécarre
All.	Kreuz	Be	Doppelkreuz	Doppel-Be	Auflösungszeichen Quadrat
Angl.	sharp	flat	double sharp	double flat	natural
Ital.	diesis	bemolle	doppio diesis	doppio bemolle	bequadro

Le dièse élève d'un demi-ton la note devant laquelle il est placé ; le bémol l'abaisse d'un demi-ton ; le double dièse et le double bémol l'élèvent et l'abaissent respectivement d'un ton entier. Le bécarre annule tous ces accidents.

De nos jours, l'accident s'applique à la note qu'il précède pendant une mesure entière, sauf s'il est annulé par un autre accident ; mais il ne concerne pas la même note à l'octave supérieure ou inférieure. Certains compositeurs ajoutent fréquemment des accidents entre parenthèses pour clarifier des passages ou accords compliqués. Toutefois, dans la musique antérieure à 1700 (et parfois même un peu postérieure), l'accident ne s'applique pas à la mesure entière mais seulement à la note devant laquelle il est placé et aux répétitions consécutives de la même note (pratique suivie par Bach). Lorsqu'un accident affecte une note liée à une autre de part et d'autre d'une barre de mesure, il reste valable dans la mesure suivante.

Dans la musique du Moyen Age et de la Renaissance (jusqu'à la fin du XVIe siècle), on ne sait pas avec certitude dans quelle mesure les accidents étaient spécifiés, mais on s'accorde généralement à reconnaître qu'à l'exception des tablatures, les sources de cette période ne comportent pas tous les accidents nécessaires, laissant certains d'entre eux à la discrétion de l'instrumentiste. Mais les principes selon lesquels il faudrait pourvoir aux accidents implicites font l'objet de nombreuses controverses. Dans les éditions musicologiques modernes, les accidents suggérés par le réviseur sont généralement imprimés en petits caractères au-dessus des notes concernées, pour les distinguer de ceux qui figurent dans les textes originaux. Voir également *Musica ficta* et *Hexacorde*.

Accolade. Signe vertical en forme de crochet reliant deux ou plusieurs portées sur une partition d'orchestre ou de piano ; le terme désigne également l'ensemble des portées ainsi réunies.

Accompagnato (ital.). « Accompagné. » *Recitativo accompagnato* : récitatif accompagné par un ensemble instrumen-

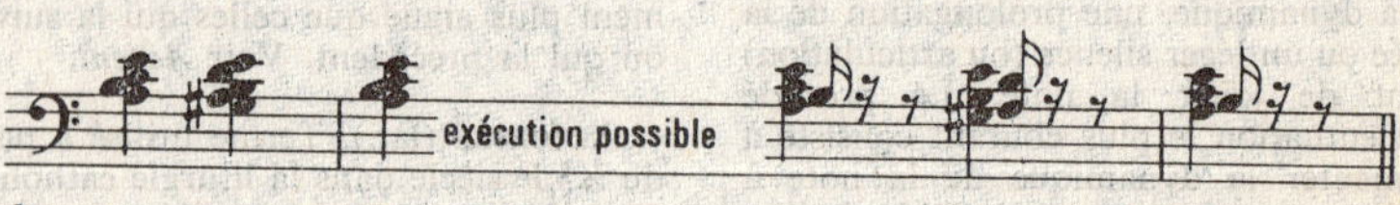

Ex. 1

tal par opposition au *recitativo secco* qui ne fait intervenir qu'un continuo. Les exemples les plus anciens remontent à Monteverdi et Schütz. On en trouve également dans les passions et les œuvres scéniques.

Accompagnement. Terme impliquant l'existence d'une partie principale tenue par un instrumentiste ou un chanteur auquel d'autres exécutants (pianiste, orchestre...) fournissent, parfois avec effacement, une réplique musicale. A l'origine, le terme accompagnement n'était lié à aucune idée de subordination : « Sonate pour clavecin avec accompagnement de violon » était une expression usuelle au XVIIIe siècle. Même aujourd'hui, le mot accompagnement s'emploie à tort ou de façon imprécise. Il est évidemment ridicule de décrire la partie orchestrale d'un concerto de Brahms comme un accompagnement de second plan. De même, la partie de piano des lieder ou mélodies de Schubert, Wolf, Strauss ou Fauré a souvent autant d'importance que la ligne vocale. Au XXe siècle, l'art de l'accompagnement a connu une évolution importante, surtout grâce à Gerald Moore (1899-1987) dont les différents livres – *The Unashamed Accompanist* (1943), *Singer and Accompanist* (1953) et *Am I Too Loud* (1962, trad. 1978, *Faut-il jouer moins fort ?*) – ont contribué à revaloriser le rôle de l'accompagnateur.

Voir également *Continuo* ; *Orchestration*.

Accoppiare (ital.). « Accoupler ». Terme utilisé dans le domaine de la registration de l'orgue (accoupler des jeux). D'où : *accoppiato* (ital.), « accouplé » ; *accoppiamento* (ital.), « accouplement » ; accouplez.

Accord (accordo, ital.). 1. (harmonie). Superposition de trois sons ou plus, répondant à des règles déterminées. 2. Accord d'un instrument : voir *Accordatura*.

Accord altéré. Accord dans lequel une ou plusieurs notes sont chromatiquement altérées par des accidents étrangers à ceux de la tonalité. Les accords altérés les plus courants sont les sixtes napolitaines et les trois sortes de sixtes augmentées.

Accordare (ital.). « Accorder » ; *accordato, accordata* (ital.), *tuned* (angl.), « accordé ». Voir *Accordatura*.

Accordatura (ital.). Terme général désignant l'accord d'un instrument, souvent employé dans le sens d'un accord normal, par opposition à la **scordatura* qui correspond à un accord spécifique des cordes.

2. Système mis au point au XVIIIe siècle par le compositeur Ariosti pour accorder les cordes de la viole d'amour et noter la musique destinée à cet instrument. Ce système permettait à un violoniste d'adapter ses doigtés à la viole d'amour. Mais la notation ne fournissait pas la hauteur des notes ; elle posait donc de nombreux problèmes à l'instrumentiste qui tenait le continuo et l'ensemble du système a été abandonné assez rapidement.

Denis Arnold.

Accordéon (angl. : *accordion* ; all. : *Ziehharmonika, Akkordeon* ; ital. : *fisarmonica*). Instrument à vent portatif à anches libres (voir *Anche*, 1) comportant généralement, à la main droite, un clavier « chant » et, à la main gauche, une série de boutons servant à jouer des accords (à l'origine du nom de l'instrument). Cette répartition tend néanmoins à disparaître sur des instruments récents de la famille de l'accordéon, comme l'harmonéon, ou accordéon de concert, l'organéon et le clavilamme. L'accordéon peut se présenter sous différentes formes, la principale distinction concernant le mécanisme : mécanisme « simple » (bi-sonore ou diatonique) et mécanisme « double » (uni-sonore ou chromatique). Avec le mécanisme double, la touche produit la même note lorsque le soufflet est tiré ou poussé. Un tel mécanisme requiert deux anches par note, l'une d'elles produisant le son lorsque l'air est chassé du soufflet, l'autre lorsqu'il y entre. Avec le mécanisme simple, le plus ancien, il n'y a qu'une seule anche par note ; le son s'obtient en poussant ou en tirant, mais jamais dans les deux cas à cause du dispositif particulier des anches : pour passer d'une note donnée à la note supérieure de la gamme, il faut pousser puis tirer alternativement le soufflet. Certains accordéons à mécanisme simple comportent néanmoins des anches doubles (ou triples) permettant de réaliser certains effets comme les trémolos (voir *Acoustique*, 8) ou de faire directement des octaves.

1. *Le Melodion ou accordéon allemand.* Instrument à mécanisme simple, fréquemment utilisé pour la musique populaire. La forme la plus simple de cet accordéon se compose d'une boîte enfermant le mécanisme de la partie chantante (28 x 15 cm). Sur le couvercle de cette boîte se trouve une rangée de touches mélodiques qui produisent une gamme diatonique en poussant et en tirant le soufflet ; il s'agit généralement d'une gamme de do, mais parfois l'instrument est accordé pour jouer une gamme de sol, de ré ou même de la. Il faut quatre doigts de la main droite pour jouer une octave. La gamme type de cet instrument est très proche de celle de l'*harmonica (voir Fig. 1). Chaque bouton produit deux notes différentes selon que l'instrumentiste pousse (Fig. 1, notes avec la queue en l'air) ou tire le soufflet (queue en bas). Les notes de l'accord parfait d'une fondamentale donnée s'obtiennent toujours en poussant – mais le sol grave s'obtient aussi en tirant pour servir de basse à l'accord de dominante (comme pour l'harmonica). A une extrémité de l'instrument se trouvent des boutons de registres qu'il faut tirer pour produire des octaves ou des trémolos d'anches. Les anches des anciens mélodions étaient en laiton, mais elles sont maintenant toujours en acier.

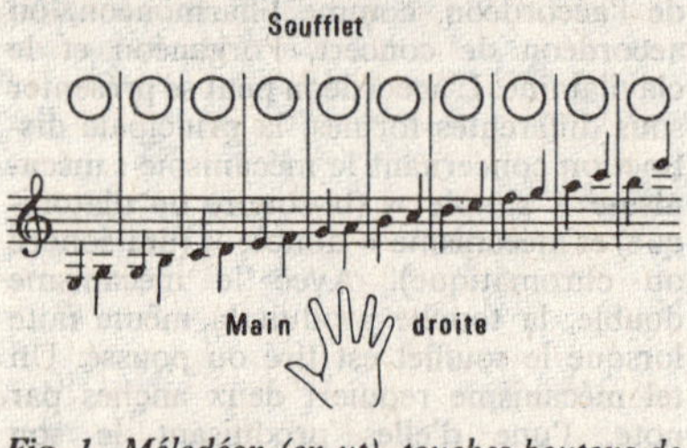

Fig. 1. Mélodéon (en ut), touches-boutons de la main droite : notes avec la queue vers le haut = en pressant ; notes avec la queue vers le bas = en tirant.

A la main gauche se trouvent deux touches en forme de cuiller, l'une pour la basse, l'autre pour l'accord. Chacune des deux produit la tonique ou la dominante selon le mouvement du soufflet. Sur le même côté de l'instrument est placé un bouton d'évacuation d'air qu'actionne le pouce pour remplir ou vider le soufflet sans jouer de note.

Généralement, le mélodion comporte une ou deux autres rangées de boutons à la main droite, avec leurs homologues à la basse, afin de pouvoir jouer dans plusieurs tonalités. De nos jours, le modèle le plus répandu (en Grande-Bretagne) comporte une rangée en sol, une rangée en ré et six basses. Sur les plus grands modèles, on trouve une rangée supplémentaire en la et deux autres basses, ce qui permet de couvrir les principales tonalités qu'utilisent les violoneux. Ces instruments ne possèdent pas de boutons-registres comme les modèles à une seule rangée, mais ils sont munis d'anches doubles pour les trémolos. En Europe, les instruments sont généralement en do ou en fa, avec parfois une demi-rangée de notes chromatiques (modèle « club »). Certains modèles, plus rares, possèdent quatre ou cinq rangées de boutons disposés en quintes : si bémol, fa, do, sol, ré ; leur basse est souvent très profonde. Ils portent le nom d' « hélicon basse » et se rencontrent en Yougoslavie et dans les régions voisines, ainsi qu'aux États-Unis, dans les communautés issues de ces pays.

En principe, l'instrumentiste n'utilise qu'une seule rangée du clavier « main droite » à la fois, mais, en se servant d'une rangée supplémentaire, il dispose d'autres combinaisons de doigtés particulièrement précieuses. Le système « tirez-poussez » donne au mélodion un effet rythmique prononcé qui convient particulièrement bien à la musique de danse, mais pas aux gigues à 6/8 ; dans les régions où ce rythme est très répandu, comme en Irlande, l'instrument a connu les développements chromatiques (voir ci-dessous). En Italie, cependant, le mélodion à rangée unique (*organetto*) s'adapte sans problème au rythme de saltarello à 6/8 grâce à l'adjonction d'une petite rangée de trois ou quatre notes supplémentaires pour lesquelles le tirez-poussez est inversé, ce qui procure de nouvelles possibilités de doigtés.

2. *L'accordéon chromatique anglais.* Si on le compare au mélodion à rangée unique, il possède une seconde rangée de boutons accordés un demi-ton plus haut (au si de la première rangée correspond un do sur la seconde, au do de la première un do# sur la seconde, etc.). Si l'on s'écarte des deux tonalités de base, le schéma classique de la gamme du mélodion (soufflet fermé-ouvert, fermé-ouvert, fermé-ouvert et ouvert-fermé) ne peut plus

s'appliquer et il faut trouver d'autres doigtés. Il est parfois utile de savoir jouer une gamme ascendante et descendante en tenant compte du mouvement du soufflet, ce qui peut sembler contraignant de prime abord ; mais la vitesse et la clarté du jeu s'en trouvent grandement améliorées dans l'exécution des danses folkloriques rapides. Sur ces accordéons, les instrumentistes ont tendance à délaisser la basse car les facteurs, fidèles à leurs traditions, la fixent en fonction de la première rangée du clavier « main droite » – ainsi un accordéon si/do n'offre aucune possibilité d'accords en dehors de ces deux tonalités.

A un stade plus avancé de son évolution, l'instrument compte trois rangées accordées à un demi-ton d'intervalle (si/do/do dièse). Une fois maîtrisé le jeu sur trois rangées, on a entre les mains l'instrument le mieux adapté à l'accompagnement des danses populaires ; il est particulièrement répandu en Écosse. De dimensions assez imposantes (43 cm x 20 cm), il a été mis au point vers 1946 et a gagné ses lettres de noblesse grâce à des accordéonistes comme Jimmy Shand. Près du clavier « main droite », une rangée de touches permet d'actionner des anches supplémentaires pour le « trémolo dièse », le « trémolo bémol », les octaves supérieures et inférieures, et les combinaisons de ces différents registres. Le clavier « main gauche » ressemble à celui de l'accordéon-piano (voir ci-dessous) avec ses 120 boutons et son système unisonore.

3. *L'accordéon-piano*. A la place des boutons de la main droite cet instrument possède un clavier analogue à celui du piano et doit donc être muni d'un système unisonore. Il revêt différentes tailles selon le nombre de basses (entre 8 et 120 boutons, rarement plus ; les instruments qui possèdent moins de 32 basses sont généralement destinés aux enfants).

Le modèle à 32 basses possède un clavier « main droite » de deux octaves commençant au si^2 ; sur l'accordéon à 120 basses, le grand format, il couvre trois octaves et demie à partir du fa^2 et comporte jusqu'à onze touches pour les différents registres. On obtient certains de ces registres au moyen de caisses harmoniques qui produisent la sonorité du basson, du violon, du bandonéon (voir *Concertina*, 1), etc., ainsi que les différents trémolos et octaves. A la main gauche, les basses sont disposées en six rangées et marchent en quintes sur chacune d'entre elles. En partant du soufflet, on trouve les six rangées suivantes : « contre-basse » (séquence des quintes à la tierce de celle de la basse fondamentale), basse fondamentale et « basses composées » (accord parfait majeur, accord parfait mineur, septième de dominante et septième diminuée). Chaque accord s'obtient grâce aux anches à partir d'une série chromatique allant de sol^2 à fa dièse^3.

L'accordéon-piano grand format est muni depuis quelques dizaines d'années de « basses chromatiques » ou « basses libres » qui se substituent parfois aux trois premières rangées supérieures ou constituent trois rangées supplémentaires (audessus des 120). Elles permettent à l'instrumentiste de jouer des mélodies de basses ou un contrepoint de basses comme sur les instruments de la famille du concertina. Ces boutons sont disposés de la même façon que ceux du clavier « main droite » de l'accordéon chromatique européen (voir page suivante).

4. *L'accordéon chromatique européen*. Instrument à système unisonore. L'accordéon a toujours fait l'objet de recherches dans le domaine des doigtés et cet instrument passe pour offrir le doigté idéal : il n'est pas plus facile à jouer, mais dispose d'un système plus logique à la main droite. De même dimension que l'accordéon-piano, il possède le même système de boutons et de registres de basse. Le petit modèle comporte trois rangées au clavier « main droite » qui constituent l'essentiel du système ; le grand modèle est muni de deux rangées supplémentaires qui dédoublent les deux premières rangées du petit modèle. Au sein d'une même rangée, les boutons sont séparés par un intervalle d'une tierce mineure et, entre les rangées, d'un demiton (Fig. 2).

Sur l'instrument à trois rangées (Fig. 2), toutes les tonalités sont accessibles avec les trois doigtés suivants : l'un pour les tonalités majeures de do, mi bémol, fa dièse et la (doigté de la gamme de do : 2 3 4 3 4 5 4 5) et les autres pour les autres groupes de tonalités. Sur le modèle à cinq rangées, un seul doigté permet de jouer dans toutes les tonalités. Il existe aussi un schéma inversé appelé doigté ou système belge.

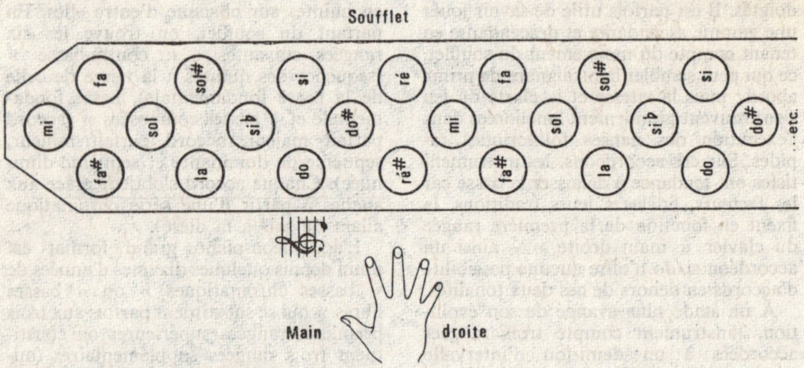

Fig. 2. Accordéon chromatique européen (système en ut, trois rangées), touches-boutons de la main droite.

Cet accordéon est l'instrument de la grande école « musette » française que fabriquent encore des firmes comme Cavagnolo (à Lyon) ou Maugein (à Tulle) qui savent choisir pour les sommiers (qui servent de caisse harmonique) des bois de bonne qualité sonore. En URSS, le terme accordéon désigne l'instrument à touches piano, le bayan correspondant au système français à boutons. L'accordéon à deux rangées est du domaine du folklore et ne saurait être considéré comme représentatif de l'école russe actuelle.

5. *Histoire*. Le mot « accordion » apparaît pour la première fois en 1829 sur le brevet d'un Arménien vivant à Vienne, Cyrill Demian, et de ses deux fils. Ce brevet concernait un petit instrument à soufflet muni de cinq touches à la main droite permettant d'obtenir dix accords. Les accords constituaient la véritable nouveauté, car on connaissait déjà des instruments à soufflet et à anche libre comme le *Handäoline* de Buschmann, dérivé de son harmonica à bouche.

Au XIXe siècle, l'accordéon revêt essentiellement deux formes : le mélodion allemand, d'une facture solide, largement répandu (voir § 1 ci-dessus), et l'accordéon français. Celui-ci, d'une facture plus délicate, avec des incrustations d'acajou et les touches en nacre, se rencontrait surtout dans les salons. Fabriqué à partir de 1840, on en trouve encore de nombreux exemplaires chez les antiquaires et dans les musées sous le nom de « flutina », l'une des marques déposées de l'époque. Mais rares sont ceux qui fonctionnent encore à cause de la fragilité des anches en cuivre. Il s'agit d'un instrument diatonique généralement accordé en la et muni d'une seconde rangée de touches pour la gamme de la bémol ; chaque touche commande deux anches – comme les trous de l'harmonica chromatique, mais, contrairement aux autres instruments diatoniques, la tonique s'obtient en tirant. A la main gauche, deux boutons donnent la basse et l'accord de tonique et de dominante. On peut imaginer que c'est à l'aide d'un tel instrument que Charles Dickens distrayait les dames lors de son voyage aux États-Unis. On en fabriqua des milliers à Paris, exportés dans le monde entier, notamment en Angleterre et aux États-Unis, et ce sont ces instruments qui ont donné naissance, en France, au genre « musette ».

Au milieu du XIXe siècle, un facteur français, Busson, construisit un instrument muni de touches de piano, mais sans basses ; on en jouait sur les genoux, la main gauche actionnant le soufflet comme sur l'*orgue portatif médiéval. Les anches ne produisaient des sons qu'en pressant le soufflet ; l'instrument était donc muni d'un sommier et d'une soupape destinée à remplir ce soufflet. Les anches en cuivre étaient doublées par un second jeu donnant le trémolo, commandé par un bouton. Le son était excellent. Grâce à la solidité de ses anches, comparables à celles de l'harmonium, cet instrument est encore souvent aujourd'hui en état de marche.

La première publicité correspondant à cet accordéon-piano dont on ait retrouvé la trace figure dans le catalogue 1911 de Mariano Dallapé, à Stradella (Italie) ; mais il ne prétendait pas en être l'inventeur.

6. *L'accordéon électronique.* L'accordéon électronique, à boutons (en Europe) ou à touches piano (aux États-Unis et au Japon), peut revêtir deux formes. Dans le premier cas, il est muni d'un soufflet et d'anches auxquels s'ajoute un commutateur permettant aux touches de commander un générateur de son électronique (un diviseur d'oscillations simple, réglable en fonction de l'accord des anches) et différents effets ; les anches et le système électronique peuvent fonctionner séparément ou simultanément. Le second modèle est entièrement électronique avec un générateur de son électronique analogue ; le soufflet n'aspire pas l'air mais sert à contrôler l'intensité sonore.

Julian Pilling, rév. Alain Pâris.

BIBLIOGRAPHIE : Pierre Monichon, *L'Accordéon*, PUF, coll. Que sais-je ? (Paris, 1971) / *L'Accordéon*, Payot/Van de Velde (Lausanne/Paris, 1985). Francis Pinguet, *Un monde musical métissé*, La Revue Musicale n° 365-67 (Paris, 1983).

Accord mystique. Nom donné à l'accord do^2-fa dièse^2-si bémol^2-mi^3-la^3-ré^3 par le compositeur russe Scriabine. Il constitue la base harmonique de son poème symphonique *Prométhée* (1911). Voir *Scriabine* pour ce qui concerne l'emploi de cet accord dans ses œuvres.

Accord parfait ou **triade.** Accord de trois notes qui se compose, dans sa forme de base, d'un son fondamental, de la tierce et de la quinte au-dessus de ce son, qui forment ainsi deux tierces superposées (Ex. 1a). Si la tierce inférieure est majeure et la tierce supérieure mineure, l'accord parfait est majeur (Ex. 1a) ; si la tierce inférieure est mineure et la tierce supérieure majeure, l'accord est mineur (Ex. 1b) ; si les deux sont majeures, l'accord parfait est augmenté (Ex. 1c) ; si les deux sont mineures, l'accord parfait est diminué (Ex. 1d). En pratique, les accords parfaits se présentent souvent en renversements (Ex. 2a) et en position ouverte (Ex. 2b). Voir également *Harmonie*, 2, 3.

Ex. 1

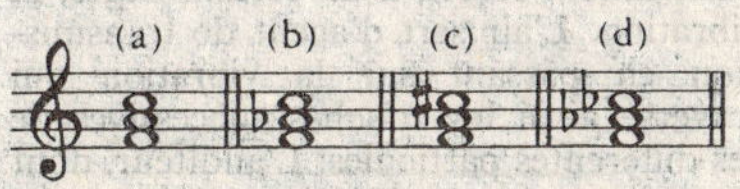

Ex. 2

Accord de seconde. Voir *Troisième renversement.*

Accusé, accusée. Avec emphase.

Achromatique. *Diatonique.

Acht (all.). « Huit » ; *achtel*, *Achtelnote*, « croche » (   ) ; *Achtelpause*, « demi-soupir » ; *achtstimmig*, « à huit voix » ou « à huit parties » ; *Achtfuss*, « registre d'orgue de huit pieds ».

Acoustique

1. Introduction
2. Source des sons musicaux
3. Musique et bruit
4. Hauteur du son
5. Harmoniques
6. Timbre
7. Résonance
8. Sons et battements combinés
9. Transmission du son
10. Rayonnement et réflexion du son
11. Intensité du son

1. *Introduction.* L'acoustique est la science du son et de l'ouïe. Comme sa proche parente, l'optique, science de la lumière et de la vue, elle constitue l'une des branches de la physique, science qui traite des propriétés de la matière et de l'énergie.

Le son est une forme d'énergie et peut se définir le plus simplement comme une vibration. Prenons l'exemple d'un pianiste jouant, en public, dans une salle de concert. L'énergie déployée par l'instrumentiste amène les marteaux à frapper les cordes et les met ainsi en vibration. Cette vibration est transmise à la table d'harmonie et chaque particule constitutive de l'instrument reçoit, à un certain degré, la vibration. L'air sert d'agent de transmission en passant sur la vibration qui traverse ainsi les couches successives de ses différentes particules. L'auditeur, dont les tympans sont mis en mouvement par l'air, entend les sons dont la vibration est communiquée au cerveau par les fibres nerveuses.

En général, le processus regroupe :

– une source sonore mise en vibration par un agent fournissant l'énergie ;

– un agent de transmission, généralement l'air ;

– un observateur ou auditeur.

Cette chaîne d'événements peut paraître simplifiée à l'extrême ; en réalité, de nombreux facteurs modifieront les sons sur le chemin qui les mènent à l'auditeur. Tout d'abord la technique de l'instrumentiste, qui peut introduire des différences ; ensuite le piano lui-même, dont la structure peut colorer différemment les sons ; les propriétés acoustiques de la salle de concert et la position de chaque auditeur qui influeront sur les sons ; les impressions subjectives enregistrées par chaque auditeur, provoquées par une simple série de vibrations physiques, sont sujettes à une foule de déformations et d'images mentales sans lien apparent, ce qui nous entraîne dans le domaine de la psychologie et non plus celui de la physique. On retrouvera cette divergence entre les caractéristiques mesurables et objectives des sons et le côté subjectif de leur perception.

2. *Source des sons musicaux*. Dans un tel contexte, on pourrait imaginer que les différentes familles d'instruments de musique constituent les sources sonores les plus importantes. Pourtant l'histoire et même la préhistoire prouvent le contraire. Il semble certain que l'acuité et les caractéristiques distinctives des cinq sens humains se sont essentiellement développées, comme dans le reste du monde animal, pour permettre à l'individu de se frayer sans danger un chemin dans le monde primitif en détectant et en déchiffrant correctement les sons, les visions, les odeurs, les goûts et la sensation des objets de la nature. Dans l'ensemble, les stimuli que nos oreilles ont appris à reconnaître seraient des sons d'impacts sans hauteur musicale déterminée, comme le battement des ailes, le clapotement de l'eau ou le bruit des animaux dans les broussailles.

Les caractéristiques de l'ouïe de l'homme civilisé se sont déterminées dans une large mesure lorsqu'il a ressenti le besoin de communiquer par la parole ou d'émoustiller ses sens en produisant des sons, plus ou moins agréables et reproductibles sur divers instruments (voir *Oreille et ouïe*). C'est à ce stade que se sont fixées les limites à la gamme d'intensités sonores utiles. Un son trop faible était inaudible et un son trop fort intolérable. Des contraintes analogues s'appliquaient à la hauteur des sons musicaux.

Les premiers instruments de musique étaient des dispositifs de percussion simples comme des blocs de bois ou des morceaux de bois creusés dans des troncs d'arbre. Ce sont les précurseurs des percussions actuelles, l'instrumentiste communiquant l'énergie nécessaire en frappant l'instrument avec les poings, les doigts ou des baguettes. L'adjonction de peaux tendues et de métaux améliora, accidentellement ou à dessein, les propriétés sonores des instruments à percussion. Une multitude d'instruments accordables produisant des sons déterminés ou indéterminés virent ainsi le jour.

Les premiers instruments à vent n'étaient pas munis d'anches. Sur ces ancêtres de la flûte à bec et de la flûte traversière, la colonne d'air était mise en vibration lorsque l'instrumentiste soufflait dans l'ouverture, à l'extrémité d'un tuyau généralement taillé dans du bambou. En partant de cet instrument primitif, il est facile d'imaginer les découpes spéciales qui sont intervenues pour la bouche et l'addition d'une petite pièce destinée à aider la production de sons labiaux. Mais le grand pas en avant a été l'apparition de trous permettant de réaliser une gamme de notes de hauteur différente par simple modification de la longueur de la colonne d'air.

Les premiers instruments à anche virent ensuite le jour, issus en droite ligne du procédé consistant à souffler latéralement sur des brins d'herbe pour produire des sons perçants. On commençait alors à faire la différence entre l'anche vibratoire, véritable source de vibration, actionnée par le souffle de l'instrumentiste, et la colonne d'air servant de résonateur (voir § 7) qui permettait de fixer la hauteur réelle des notes émises. Tel est le cas d'instruments à anche relativement courts comme le hautbois ou la clarinette, alors que sur le saxophone ou sur l'orgue (jeux d'anches), la hauteur du son dépend à la fois de l'anche et de la colonne d'air.

Sur les cuivres, comme la trompette ou le cor, l'instrumentiste compresse l'air entre les lèvres qu'il serre plus ou moins autour de l'embouchure. Ce sont donc les vibrations des lèvres qui constituent l'agent initial, alors que la colonne d'air résonnante détermine la hauteur du son. Dans le cas de la voix humaine, il existe une interaction analogue entre les vibrations, lorsque l'air est précipité sur les cordes vocales, et les résonances qui se produisent dans les cavités de la poitrine, de la bouche et de la gorge. Les instruments à cordes, qui ne se composaient à l'origine que d'un dispositif élémentaire de cordes pincées ou frappées, sont maintenant munis de systèmes vibrateurs-résonateurs très élaborés. De découverte beaucoup plus récente, les instruments électroniques dépendent de haut-parleurs qui convertissent les courants électriques d'un ou de plusieurs générateurs en vibrations mécaniques.

3. *Musique et bruit*. Aujourd'hui plus que jamais, il est difficile d'établir une distinction précise entre la musique et le bruit en les qualifiant respectivement, comme le font les dictionnaires, de son agréable ou de son indésirable. Il serait plus exact de parler de « son organisé » à propos de la musique. Elle implique une intervention humaine dirigée vers la production de schémas sonores qui divertissent ou, du moins, intriguent l'auditeur. Elle permet une dissonance calculée ou des sons mélodieux et consonants, des éléments aléatoires ou des mesures strictes, et même certains procédés surprenants comme le bruit de l'eau versée d'un récipient dans un autre, l'utilisation de baguettes sur les cordes ou sur la table d'harmonie d'un piano préparé, le collage de fragments de texte enregistrés sur une bande magnétique, l'emploi de machines à vapeur, etc.

Les limites de la musique passent pour avoir reculé depuis un certain nombre d'années, mais le bruit n'est pas resté inactif. La mécanisation des transports, routiers ou aériens, a rendu la vie presque insupportable à une part importante de la population. A quelques exceptions près, la musique reste le domaine des instruments traditionnels de l'orchestre et du chant, ses principales caractéristiques étant la hauteur du son et une gamme à intervalles réguliers.

4. *Hauteur du son*. La hauteur d'un son de la gamme est directement liée au degré de vibration. Plus une scie circulaire tourne vite, plus le nombre de vibrations ou d'impulsions sonores à la seconde (provoquées par les dents de la scie lorsqu'elles frappent le bois) augmente, élevant par voie de conséquence la hauteur du son de la note émise. Il est facile de tirer une application expérimentale de cette idée avec une simple roue dentée pouvant tourner à n'importe quelle vitesse et un ruban de laiton disposé dans l'axe des dents de la roue. A une vitesse de rotation très lente, on entend isolément le son de chaque dent. Puis, en accélérant la vitesse de rotation, la hauteur du son s'élève et peut devenir trop aiguë pour être audible à l'oreille humaine. De telles expériences, facilitées aujourd'hui par l'emploi de générateurs de sons électroniques, ont permis de déterminer le taux de vibration le plus faible d'une note de musique (20 vibrations par seconde) : il correspond au seuil au-dessous duquel une note n'est plus qu'une succession de pulsations sonores séparées. La limite aiguë des sons audibles se situe aux environs de 20 000 vibrations par seconde, bien que la capacité des individus à détecter de tels sons varie dans une plus large mesure.

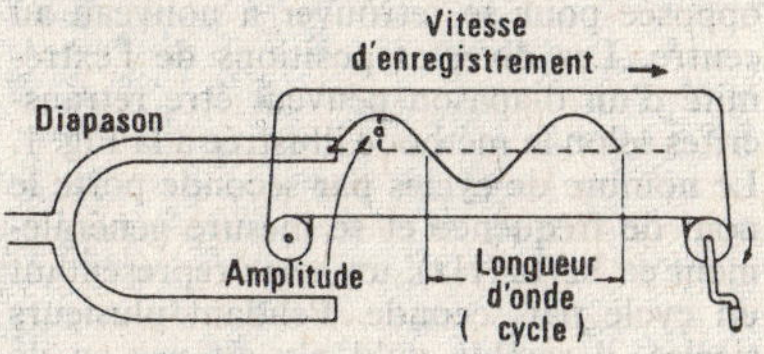

Fig. 1. Un petit stylo fixé à l'extrémité d'une des fourches d'un diapason et qui repose sur un rouleau de papier tournant permet d'enregistrer les vibrations de cette fourche. La courbe enregistrée permet de mesurer l'amplitude (a) et la fréquence (nombre de cycles par seconde).

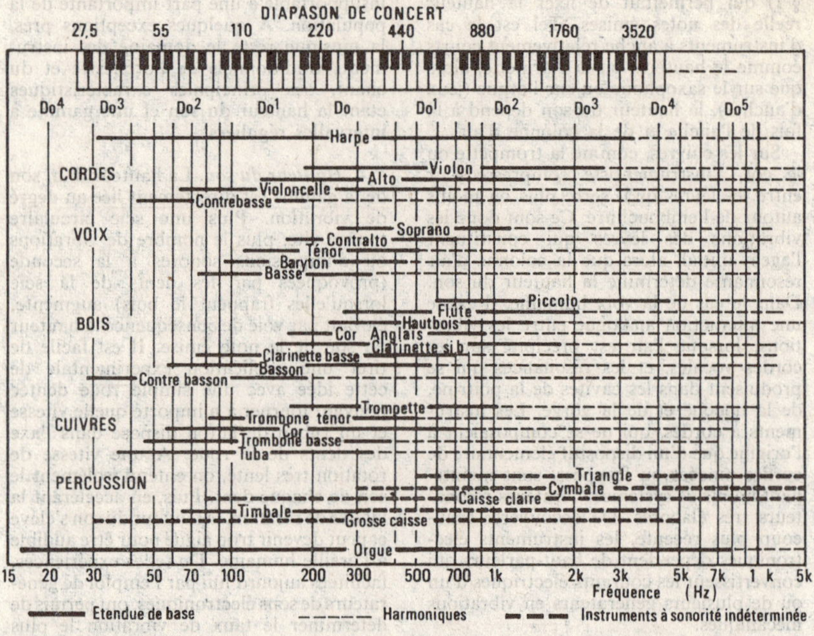

Fig. 2. Fréquences des différents la d'après un diapason la³ = 440Hz. Ce tableau indique aussi l'étendue des notes fondamentales de certains instruments de musique et des différentes tessitures de la voix humaine. La tessiture des harmoniques est indiquée en pointillé.

Une vibration complète porte le nom de « cycle » ; il correspond à l'excursion complète de l'élément vibrant partant de sa position de repos dans un sens donné, revenant par le centre dans la direction opposée pour se retrouver à nouveau au centre. Les diverses positions de l'extrémité d'un diapason peuvent être retranscrites selon la méthode illustrée à la Fig. 1. Le nombre de cycles par seconde porte le nom de fréquence et se mesure généralement en hertz (Hz), un hertz représentant un cycle par seconde. Pendant plusieurs siècles, il semble qu'il n'y ait pas eu de correspondance précise entre la musique écrite par les premiers compositeurs et la hauteur de son réelle à laquelle elle était jouée (voir *Diapason*). De nos jours, on s'accorde à utiliser comme référence à l'échelon international une fréquence de 440 Hz correspondant au la du diapason (la³, une tierce en dessous du do médian). Les diapasons et les procédés électroniques permettent de déterminer facilement cette fréquence en n'importe quel endroit et les compositeurs sont ainsi à peu près certains de voir leurs œuvres exécutées de la même façon d'un pays à l'autre, à la radio ou au disque.

Une fois déterminée la hauteur précise d'une note, le reste s'enchaîne aisément (voir néanmoins *Gammes*; *Tempérament*). Il est facile de prouver, par exemple, que l'intervalle musical fondamental que représente l'octave correspond à la multiplication ou à la division par deux d'une fréquence donnée. Le tableau ci-dessus (Fig. 2) montre la répartition des fréquences et la notation musicale des octaves de la sur le clavier d'un piano.

Trois facteurs déterminent la fréquence de vibration naturelle ou « fondamentale » d'une corde tendue : la longueur, la tension et la masse (ou poids) par unité de longueur. Ainsi, la longueur des cordes d'un piano varie afin que la tension soit approximativement la même et, pour que les cordes les plus graves ne soient pas d'une longueur démesurée, elles sont fabriquées avec des fils métalliques plus épais (masse plus importante par unité de longueur) ou entourées d'un fil supplémentaire. Le piano possède des cordes différentes pour chacune de ses 88 notes, alors que les instruments de la famille du violon, par exemple, doivent se contenter de 4 cordes. Le violoniste accorde chaque corde avant de jouer en réglant la tension comme le fait un accordeur de piano ; puis, en jouant, il modifie la longueur utile des cordes en exerçant sur elles une pression des doigts.

La tension est aussi un facteur essentiel de l'accord des peaux de timbales, alors que la hauteur de son fondamentale des instruments à vent dépend de la longueur d'air contenue dans l'instrument. L'instrumentiste peut la modifier avec des trous, des clés, des pistons ou, dans le cas du trombone, avec une coulisse ; dans le cas des cuivres, l'instrumentiste peut aussi modifier la pression des lèvres sur l'embouchure.

5. *Harmoniques.* Dans la pratique, rares sont les sources sonores qui produisent des vibrations assez simples pour n'émettre qu'une seule fréquence. Le son immuable du diapason et certaines notes de la flûte s'en rapprocheraient ; les oscillateurs électroniques peuvent également se comporter comme des générateurs de fréquence unique. Cependant, les sons purs sont dépourvus d'intérêt et les notes plus épaisses et plus colorées des véritables instruments de musique ou de la voix humaine apportent un plus grand plaisir à l'auditeur.

La présence d'harmoniques ou de partiels dans la vibration des cordes, des colonnes d'air, des cloches, des plateaux ou des diaphragmes tient à la présence de plusieurs modes de vibration simultanés. Ainsi, dans le cas d'une corde, l'ensemble de la corde peut entrer en vibration, mais l'amplitude de mouvement la plus importante se situe au centre (Fig. 3). C'est ce qui détermine le son fondamental et fixe la hauteur de la note que l'on entend. Mais la corde va aussi se diviser en modes de vibration partiels, deux, trois, quatre fois plus courts ou même davantage, qui se

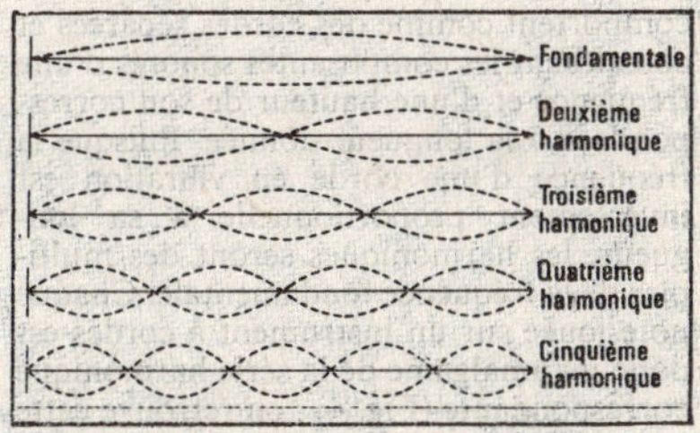

Fig. 3. La vibration d'une corde donne naissance à une série de modes harmoniques qui ont tendance à engendrer des harmoniques 2, 3, 4, 5, etc. fois plus élevés que la fréquence fondamentale.

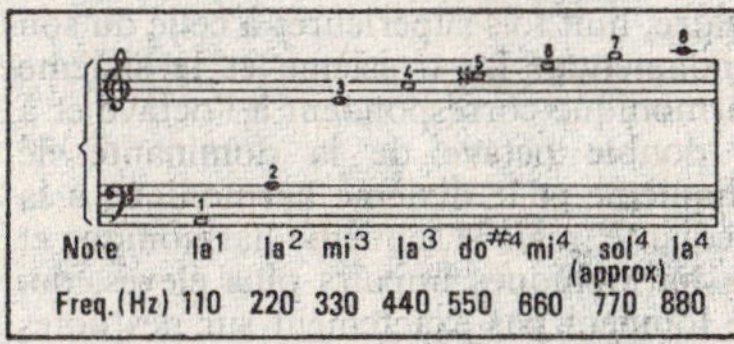

Fig. 4. Exemple de série harmonique (jusqu'au huitième harmonique du la grave, en clé de fa).

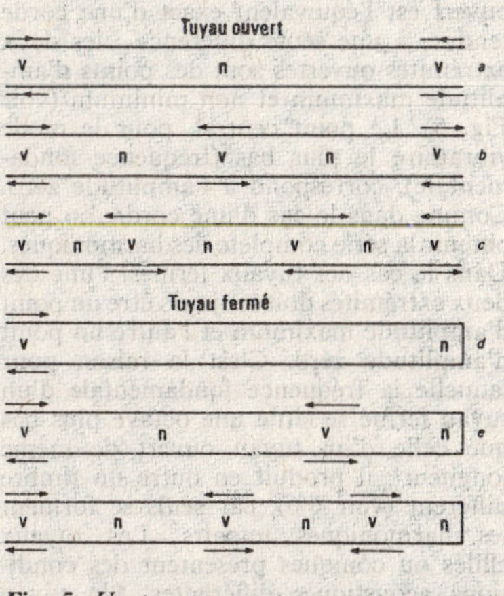

Fig. 5. Un tuyau ouvert comporte un ventre (v. : point d'amplitude maximale) à chaque extrémité et engendre donc à la fois des harmoniques pairs et impairs ; un tuyau fermé n'engendre que des harmoniques impairs.

comportent comme des cordes séparées et constituent les composantes sonores d'une fréquence et d'une hauteur de son correspondant à la longueur donnée. Puisque la fréquence d'une corde en vibration est inversement proportionnelle à sa longueur, les harmoniques seront des multiples de la fréquence fondamentale. Chaque note jouée sur un instrument à cordes est donc un amalgame de la série harmonique correspondante (Fig. 4) ; on retrouve cette caractéristique sur les instruments à vent mais ni sur les cloches ni sur la plupart des percussions.

Les octaves au-dessus de la première fondamentale (parfois appelées premier harmonique) correspondent au deuxième, au quatrième, au huitième harmonique, etc., et leurs fréquences seront deux, quatre, huit fois supérieures à celle du son fondamental. Le troisième et le sixième harmonique correspondent à l'octave et à la double octave de la dominante, le cinquième et le dixième harmonique à la médiante, mais le septième harmonique et les harmoniques impairs plus élevés, qui ne tombent pas exactement sur des notes de la gamme, sont plus dissonants. C'est peut-être une chance que la puissance (ou amplitude) des harmoniques supérieurs diminue progressivement (voir § 6). Si l'on passe des instruments à cordes aux instruments à vent, on découvre qu'un tuyau ouvert est l'équivalent exact d'une corde tendue, à une seule différence : les deux extrémités ouvertes sont des points d'amplitude maximum et non minimum (voir Fig. 5). Le point central, pour le mode vibratoire le plus bas (fréquence fondamentale), correspond à l'amplitude zéro. Comme dans le cas d'une corde, on peut obtenir la série complète des harmoniques. Dans le cas des tuyaux fermés, l'une des deux extrémités doit toujours être un point d'amplitude maximum et l'autre un point d'amplitude zéro. C'est la raison pour laquelle la fréquence fondamentale d'un tuyau fermé se situe une octave plus bas que celle d'un tuyau ouvert de même longueur ; il produit en outre un timbre différent (voir § 6), car seuls se forment les harmoniques impairs. Les tuyaux effilés ou coniques présentent des conditions acoustiques différentes. Un tuyau conique fermé produit la totalité de la série harmonique et se comporte généralement comme un tuyau cylindrique ouvert (droit) de même longueur.

Les instrumentistes à cordes ont l'habitude de jouer des harmoniques, que les compositeurs indiquent en ajoutant un « ° » au-dessus des notes concernées. La technique consiste à toucher très légèrement la corde en son centre ou au tiers de sa longueur pour empêcher la fondamentale, ou tout autre harmonique ayant une amplitude de vibration maximum en ce point, de sonner. La note entendue se situe donc une octave ou une octave et une quinte plus haut et produit un son mince et argenté. En Allemagne (et autrefois en France) ces sons portent le nom de flageolets. Il est possible d'obtenir des harmoniques sur des cordes à vide comme sur des cordes déjà raccourcies par la pression du doigt : on parle respectivement d'harmoniques naturels et d'harmoniques artificiels. A la harpe, les harmoniques s'obtiennent en touchant légèrement le centre de la corde du bas de la main tout en la pinçant d'un doigt de la même main.

Pour les cuivres, la série harmonique constitue le véritable fondement de la production des notes (voir *Cuivres*). En modifiant la pression des lèvres, l'instrumentiste peut sélectionner un harmonique de la première douzaine, ou même davantage s'il est très adroit, et donner à la note produite la hauteur de son de cet harmonique. Naturellement, pour une longueur de tube donnée, les relations entre deux hauteurs de son sont très vastes à l'extrémité inférieure (à proximité du son fondamental) et se rapprochent progressivement vers l'extrémité supérieure. Des instruments simples comme le bugle ou le cor de postillon ne peuvent produire que les notes de la série harmonique, ce qui a limité leur répertoire tout au long de l'histoire.

Les instrumentistes ont commencé à disposer d'autres notes lorsque sont apparus les corps de rechange ou tenons, morceaux de tube respectivement courbes ou droits. On a pu alors obtenir une nouvelle fondamentale, plus grave, avec une nouvelle série harmonique. Mais il fallait laisser à l'instrumentiste le temps de changer le corps de rechange ou le tenon. Les partitions de Haydn et de Mozart comportent de nombreux exemples de parties relativement simples destinées aux trompettes ou aux cors « naturels », qui se limitent aux notes graves des séries harmoniques de la tonalité de l'œuvre. A l'opposé, il est intéressant d'examiner l'écriture souvent brillante de la trompette à l'époque de Bach (voir *Trompette*, 3-4).

L'apparition, plus tardive, des *pistons a amélioré la souplesse d'utilisation des cuivres. L'instrumentiste disposait alors d'un certain nombre de corps de rechange fixes qu'il pouvait utiliser instantanément en enfonçant les pistons et pouvait couvrir la totalité de la gamme chromatique. Le trombone a toujours bénéficié de cet avantage ainsi que des effets « glissés », *portamento* et *vibrato*, puisqu'il se compose de deux tubes glissant l'un dans l'autre pour assurer un contrôle continu de l'ensemble de leur longueur.

L'orgue fait aussi appel au principe des harmoniques, les tuyaux étant souvent conçus pour recevoir un souffle de pression supérieure (octaviement ou quintoiement) qui produit une note plus élevée. La note octaviée se situera à l'octave supérieure dans le cas d'un tuyau cylindrique ouvert ou d'un tuyau conique fermé ; la note quintoyée se situera à la douzième supérieure dans le cas d'un tuyau cylindrique fermé. Parfois, comme dans le registre de flûte harmonique, un petit trou est percé au milieu de chaque tuyau pour que le deuxième harmonique joue le rôle de la fondamentale lorsque le tuyau est octavié ; il en résulte un son particulièrement doux et moelleux.

6. *Timbre*. En règle générale, chaque note d'un instrument de musique se compose d'un son fondamental, qui correspond en principe à la hauteur de la note, et d'un certain nombre d'harmoniques dont les fréquences sont de simples multiples de la fréquence fondamentale. Avec un peu d'entraînement, il est possible de distinguer certains de ces harmoniques en écoutant attentivement le son produit. Une expérience facile à réaliser permet de mettre en évidence les harmoniques individuels sur un piano. Il suffit de maintenir enfoncées les touches des notes correspondant aux harmoniques d'une note plus grave : les étouffoirs sont ainsi retirés et laissent les cordes vibrer en sympathie avec toute source voisine comportant leur fréquence fondamentale (voir § 7). Puis, en frappant et en relâchant la note inférieure, on entend les harmoniques qui continuent à vibrer.

Approfondissant cette idée, le physicien allemand Helmholtz (1820-94) construisit toute une série de résonateurs à air qu'il pouvait mettre tour à tour sur son oreille. Puis, en découvrant les partiels présents et en évaluant leur intensité relative, il est parvenu à analyser la composition des notes de différents instruments de musique. Plus tard, des recherches réalisées à l'aide d'analyseurs électroniques modernes ont confirmé les découvertes de Helmholtz : le timbre ou la couleur sonore de chaque instrument est, dans une très large mesure, fonction du nombre et de la force des harmoniques présents. On reconnaît un violon au très riche contenu harmonique qui atteint de hautes fréquences. Une flûte jouant les mêmes notes se reconnaît instantanément à la pureté de son timbre, avec quelques harmoniques plus graves de faible amplitude. La clarinette est encore différente : avec son tuyau cylindrique fermé, elle ne produit que des harmoniques impairs.

L'une des plus belles caractéristiques de l'oreille humaine est peut-être de pouvoir distinguer, lorsqu'elle y est entraînée, le son des différentes familles d'instruments ainsi que les différences individuelles entre le violon, la flûte, la clarinette, etc. Même en se limitant au seul contenu harmonique des indices que capte la combinaison oreille-cerveau pour parvenir à cette discrimination, il y a beaucoup de subtilités à reconnaître. Ainsi, un violoniste apprend à rapprocher son archet du chevalet pour obtenir un son plus brillant, plus riche en harmoniques élevés. Un guitariste peut également modifier sa sonorité en fonction de sa technique. Au piano, les notes fortes sont beaucoup plus brillantes que les notes douces, le nœud formé sur la corde par la chute plus rapide du marteau lançant proportionnellement davantage d'énergie dans les harmoniques supérieurs. Par voie de conséquence, le timbre n'est pas constant mais change continuellement pendant la durée de chaque note.

Comme la plupart des instruments à percussion, le piano est incapable de produire des notes soutenues, des sons continus. Dès le moment où elles sont frappées, les notes commencent à perdre de leur intensité, les harmoniques les plus élevés ayant tendance à s'évanouir les premiers ; le timbre s'adoucit au fur et à mesure que le volume diminue. Le rapprochement mental que chacun effectue entre la qualité sonore d'un instrument et le volume dynamique auquel il parvient est l'une des principales raisons de la déception que provoque la reproduction sonore par le disque ou à la radio, sauf dans le cas de prises de son très « naturelles » et en limitant le volume de l'appareil à un niveau raisonnable.

La faculté de l'être humain à reconnaître différents instruments ne dépend pas seulement du contenu harmonique particulier. Elle est également facilitée par l'attaque ou le phénomène transitoire qui marque le début de chaque note. Ainsi, dans un enregistrement comportant des parties de violon, de hautbois et de piano, si l'on coupe les premiers millièmes de seconde de chaque note, il devient beaucoup plus difficile de distinguer les instruments les uns des autres. Le phénomène transitoire comporte de très hautes fréquences, dépassant même le seuil audible. Ces phénomènes posent un certain nombre de problèmes aux facteurs d'orgues électroniques qui déploient souvent beaucoup d'ingéniosité pour produire et mélanger des harmoniques appropriés permettant de simuler le timbre de la flûte, du hautbois, etc. Mais, à chaque arrêt, le son reste décevant car l' « attaque » manque (voir *Instruments de musique électronique*).

Les phénomènes transitoires sont difficiles à enregistrer et à reproduire fidèlement. Il faut disposer d'une large bande de fréquences, d'un circuit électrique réagissant très rapidement, de diaphragmes de haut-parleurs, etc.

7. *Résonance*. Pour qu'une source irradie des ondes sonores avec efficacité, elle doit pouvoir mettre en vibration un volume d'air suffisant. Ce principe ne s'applique ni au diapason, ni à la corde en vibration qui coupe l'air sans lui apporter beaucoup d'énergie. Toutefois, on peut produire des sons beaucoup plus forts si la pointe du diapason ou les extrémités des cordes sont en contact avec le dessus d'une table ou, encore mieux, avec une caisse en bois vide. Les vibrations initiales sont alors transmises à la table ou à la caisse et les vibrations sympathiques ainsi provoquées produisent des ondes sonores plus fortes qui se déplacent dans l'air. Il faut remarquer qu'à l'air libre la corde continuera à vibrer beaucoup plus longtemps que lorsqu'elle est mise en contact avec une table de résonance. C'est la loi de la conservation de l'énergie : l'homme ne peut créer ou détruire l'énergie ; il peut seulement la transformer d'une façon ou d'une autre. Plus simplement, on peut dire qu'il est impossible de tirer plus d'énergie d'une source que ce que l'on y a mis.

L'énergie dégagée par un instrument de musique provient uniquement de l'instrumentiste et, si une table de résonance permet d'obtenir des sons plus forts, cette somme d'énergie sera dépensée plus rapidement.

Les facteurs d'instruments de musique ont vite découvert que certains dispositifs pouvaient rendre plus efficace ce renforcement du volume sonore. Ils avaient découvert le principe de la résonance, selon lequel tout objet doté d'une certaine masse et d'une certaine élasticité possède lui-même une ou plusieurs fréquences naturelles de vibration. Le poids suspendu à l'extrémité d'un ressort en est l'exemple le plus classique. Une fois mis en mouvement, il continue à sautiller en montant et en descendant à sa propre fréquence naturelle ou fréquence de résonance, tout en perdant progressivement de l'amplitude jusqu'à ce que l'énergie initiale ait totalement disparu. Autre exemple familier, celui de la balançoire : quel enfant n'a pas découvert rapidement qu'en appliquant une légère poussée au moment de chaque « cycle » du mouvement naturel de la balançoire, il obtenait des amplitudes beaucoup plus grandes ?

Le ressort et la balançoire sont des résonateurs accordés qui répondent avec vigueur à une force motrice correspondant à leur propre fréquence naturelle, et pratiquement pas aux autres fréquences. Leurs équivalents musicaux sont les résonateurs en forme de tubes montés sous les barres du marimba ou du vibraphone. Dans la pratique, ces tubes améliorent le son et le renforcent, car ils amplifient la fondamentale et les harmoniques tout en ignorant l'impact métallique.

Sur un instrument de musique, chaque corde joue le rôle d'un résonateur accordé et produit des vibrations sympathiques si une note émise par l'une des autres cordes correspond à sa fréquence naturelle, ou dans une moindre mesure, à une fréquence harmonique. Certains instruments comme la *viole d'amour comportent des cordes sympathiques accordées pour renforcer le son des cordes directement mises en vibration par l'instrumentiste.

Au cours de la fabrication de la table d'harmonie d'un piano ou de la caisse d'un violon, il faut construire un résonateur accordé sommairement qui renforcera les sons des cordes sur toute la gamme des fréquences fondamentales et harmoniques. Dans la pratique, la table d'harmonie massive du piano remplit très bien cette fonction. Mais les instruments de la famille du violon ne résonnent pas avec la même efficacité à toutes les fréquences. Malgré les particularités de la forme, de la tension et du vernis qui ont été élaborées pour offrir la meilleure qualité sonore, les caisses de la plupart des instruments sélectionnent certaines fréquences. Elles colorent donc le son dans une certaine mesure et, à ce point de vue, tous les instruments diffèrent légèrement les uns des autres. De nombreux instruments ont tendance à renforcer les harmoniques dans une bande de fréquences particulière. Cette région du spectre s'appelle le « formant ». La voix humaine offre un autre exemple, les différences physiques donnant des colorations individuelles que chaque chanteur doit apprendre à exploiter ou à maîtriser. Les formants jouent un rôle particulier dans la parole où le son de chaque voyelle est caractérisé par deux régions de formants fixes (voir *Voix*, 6).

Par analogie avec la balançoire, on peut expliquer le phénomène (plus souvent raconté que réellement vécu) du verre brisé par une certaine note, chantée ou jouée. Après avoir donné un petit coup sur le verre pour déterminer la hauteur de sa résonance, le chanteur chante cette note avec suffisamment de puissance pour créer dans le verre des amplitudes de vibration capables de le briser. Sur un plan plus terre à terre, il est facile de mettre en vibration par sympathie de nombreux objets mobiles comme des abat-jour ou le timbre d'une caisse claire en jouant de la musique à proximité ; parfois même, on doit les réduire au silence pour ne pas être gêné.

La plupart des instruments à archet ont une résonance de base qui a tendance à rendre un son discordant ou à s'évanouir si l'instrumentiste n'apprend pas à la contrôler. Elle résulte de la résonance aiguë qui se produit dans la caisse de l'instrument et qui tire son énergie si rapidement de la corde que la vibration normale de la corde elle-même est difficile à entretenir. On l'appelle le « loup », en raison de sa sonorité hurlante, et une technique d'archet particulière permet de l'éviter.

On peut étendre l'idée de résonance à la pièce dans laquelle est exécutée la musique. Chaque pièce a des fréquences de résonance naturelles liées à ses dimensions, longueur, largeur, hauteur. Une pièce peut être considérée comme un tuyau d'orgue complexe dans lequel des ondes stationnaires sont disposées entre les surfaces parallèles des murs et celles du sol et du plafond. Les sons musicaux sont donc colorés par résonance sélective aux fréquences de résonance de la pièce. L'effet s'aggrave dans les petites pièces carrées ou rectangulaires où les fréquences de résonance sont assez élevées pour coïncider avec la zone de fréquences musicales ; mais la situation s'améliore dans les pièces de forme irrégulière où le son se diffuse mieux ; on obtient un résultat analogue en disposant un ameublement qui étouffe les résonances de la pièce (voir *Acoustique et architecture*).

8. *Sons et battements combinés.* Lorsque des notes sonnent simultanément, il est souvent possible de distinguer chacune d'entre elles à l'oreille, mais on constate généralement des effets secondaires qui dépendent de la proximité relative de la hauteur des notes. Si deux instruments jouent simultanément, l'un à hauteur donnée, la^3 (440 Hz), l'autre à hauteur variable, lorsque le second joue à 440 Hz, on entend un unisson parfait et la note est simplement jouée plus fort qu'avec un seul instrument. Mais si la seconde note est légèrement plus haute, 445 Hz par exemple, on entend une note d'une hauteur intermédiaire qui bat en force comme les crêtes et les creux de deux ondes, les deux fréquences se renforçant et s'opposant alternativement.

Ces pulsations portent le nom de « battements » et se produisent à un intervalle égal à la différence entre les deux fréquences – cinq battements par seconde dans l'exemple ci-dessus. Les battements servent à l'accord des instruments de l'orchestre, des tuyaux d'orgue ou des cordes du piano. Un battement de cinq ou six battements par seconde produit un effet plutôt agréable, mais si la fréquence du second instrument continue à s'élever, on obtient une discordance ou dissonance. Le degré de dissonance varie considérablement lorsque l'intervalle entre les deux fréquences se modifie et tombe en fait à zéro, dans le cas des intervalles consonants familiers de la tierce majeure (4 : 3), de la quinte juste (3 : 2) et de l'octave (2 : 1). Helmholtz a évalué ce degré de dissonance et a découvert que les pires dissonances se produisaient de part et d'autre et à proximité immédiate des intervalles les plus consonants. D'ailleurs, des unissons, des octaves ou des quintes mal accordés se détectent plus facilement que des tierces mineures désaccordées.

Le degré de dissonance des sons purs dépend à la fois de la fréquence des battements et de la tessiture concernée. Lorsque l'on joue simultanément plusieurs notes parmi lesquelles figurent une fondamentale et une série harmonique, les battements se produisent entre chaque couple de sons, ce qui explique la consonance particulière de l'octave et la dureté de la dissonance si cette octave est mal accordée, puisque tous les harmoniques de la note supérieure correspondent aux harmoniques de la note inférieure.

En fait, dans une octave, la fréquence différentielle des deux sons qui la composent et celle des harmoniques voisins n'est autre que la fondamentale, ce qui explique deux phénomènes très connus :

– la « fondamentale subjective » : le son d'un petit poste de radio donne l'impression de comporter des notes basses plus graves que ce qu'il semblerait capable de produire avec de telles dimensions ;

– les facteurs d'orgue simulent parfois les sons de tuyaux plus longs et plus coûteux en accouplant des tuyaux à l'octave pour que l'auditeur imagine que la note de battement est réellement jouée (à l'octave inférieure du tuyau le plus grave) ; ce dispositif porte le nom de basse acoustique, basse résultante ou basse harmonique.

Le cerveau crée, en réalité, toute une série de sons combinés, encore plus nombreux si l'intensité sonore est élevée. Pour deux sons originaux, de fréquence f_1 et f_2, l'observateur entend non seulement f_1 et f_2, mais aussi des sons combinés comme $2f_1$, $2f_2$, $(f_1 + f_2)$ et $(f_1 - f_2)$. Le dernier son différentiel est celui que l'on perçoit le plus facilement ; il correspond à la note de battement considérée. Cet effet est reconnu depuis plus de deux siècles : le violoniste Tartini faisait état de « troisièmes sons » dans son *Tratto de musica* (1754) et conseillait aux instrumentistes de les écouter en vérifiant d'abord l'accord des cordes et des doubles-cordes.

9. *Transmission du son*. La nature invisible des sons a poussé les chercheurs à improviser des modèles ou à trouver des analogies pour mieux les comprendre et les expliquer. Par chance, les scientifiques ont créé ces modèles avec intelligence – parfois simples, parfois élégants – et ils permettent de comprendre assez bien les principes fondamentaux.

En 1660, Robert Boyle cherchait à démontrer que le son avait besoin d'un milieu physique pour être transmis. Il suspendit une montre à l'intérieur d'un bocal de verre au moyen d'un fil métallique fin. La montre était équipée d'une sonnerie que l'on entendait très clairement au début. Puis, au fur et à mesure que Boyle retirait l'air du bocal, la sonnerie devenait de plus en plus faible jusqu'à être inaudible lorsque la totalité de l'air eut été évacuée. En réintroduisant de l'air dans le bocal, la sonnerie reprenait de l'intensité. Comme l'air est le milieu dans lequel nous vivons, nous le considérons naturellement comme le principal intermédiaire par lequel sont transmis les sons. Mais Boyle aurait pu remplir son bocal d'hydrogène ou de n'importe quel gaz. En fait, des expériences similaires dans lesquelles les sources sonores étaient immergées dans l'eau ont montré que le son se déplace aussi facilement dans les liquides que dans les gaz, ce que peut confirmer n'importe quel nageur. Les corps solides transmettent aussi fort bien les sons. Les Amérindiens posaient l'oreille sur le sol pour détecter le mouvement des buffles ou des hommes à une certaine distance et ils apprirent vite à en faire de même avec les rails du chemin de fer pour entendre les trains à plusieurs kilomètres.

L'agent de transmission ne se déplace pas lui-même de la source vers l'observateur : il transmet simplement l'information vibratoire comme les hommes faisant la chaîne pour lutter contre l'incendie. Les poids sphériques suspendus fournissent un excellent exemple de ce phénomène : si l'on dispose d'une série de poids sphériques suspendus à de longs fils métalliques et reliés entre eux par de petits ressorts, le fait de pousser légèrement de gauche à droite le poids situé le plus à gauche comprime le premier ressort ; le mouvement se transmet au deuxième poids par l'élasticité du ressort, et ainsi de suite jusqu'à l'extrémité de la rangée. En outre, lorsque le premier poids repart en arrière, il communique un mouvement de traction au second, etc. Chaque poids exécute le même mouvement à gauche et à droite, mais avec un petit retard dû au temps nécessaire à chaque ressort pour relayer la force motrice.

De nombreuses expériences, encore plus approfondies, ont confirmé que cet appareil assez simple reflète exactement la transmission des sons. Il faut souligner néanmoins que l'agent vibratoire ne part pas à la dérive : chaque particule transmet l'énergie par vibration en position normale. En outre, la vitesse de l'onde de vibration augmenterait s'il y avait davantage de poids accolés les uns aux autres.

Ce dernier point laisse entrevoir que le son se déplace plus vite dans un liquide que dans un gaz et encore plus vite dans un solide :

TABLEAU 1

Vitesse du son dans divers milieux à 15 °C

	MÈTRES PAR SECONDE
Air	340
Eau	1 420
Bois (chêne)	4 400
Aluminium	5 100

Une légère élévation de la température produit une légère augmentation de la vitesse du son, environ 0,61 mètre par seconde par degré Celsius. La vitesse du son dans l'air n'est que de 1 200 km à l'heure. Si l'on compare ce chiffre à la vitesse des ondes lumineuses ou des ondes radiophoniques (300 000 km/s), on comprend pourquoi le son de la coupe du bois ne nous parvient aux oreilles qu'un moment après avoir vu la hache s'abattre. Pour la même raison, on regroupe au maximum les musiciens d'orchestre pour réduire les retards dus à la distance.

Si on passe de l'état unidimensionnel, que constitue la rangée de poids suspendus à un plan multidimensionnel, on pense d'emblée à l'analogie la plus connue que constituent les vagues à la surface d'une mare. Une pierre jetée dans l'eau calme fait apparaître des rides qui prennent la forme de cercles de plus en plus larges. On retrouve l'exemple précédent, amplifié. La pierre enfonce quelques particules d'eau qui entraînent vers le bas des particules adjacentes, ce mouvement étant imité progressivement par des couches successives de particules. Les particules initiales remontent alors, recréant le mouvement précédent. Si, au lieu de jeter une seule pierre, on faisait vibrer un plongeur de haut en bas, et inversement, on pourrait engendrer des ondes continues, imitant une note de musique soutenue et non plus un simple battement des mains. Dans le cas présent, trois remarques s'imposent :

– l'onde-enveloppe qui s'écarte progressivement du point d'impact est un cercle parfait, ce qui montre que la vitesse de l'onde est identique dans toutes les directions ;

– en accélérant le taux de vibration du plongeur, on ne modifie pas la vitesse des ondes mobiles et les crêtes se rapprochent les unes des autres ;

– une plus grande amplitude du mouvement ascendant et descendant du plongeur (addition d'énergie) ne modifie pas la vitesse des ondes, mais accroît leur ampleur et la distance qu'elles parcourent avant que l'énergie soit totalement dissipée.

Il est facile de vérifier que le son est une vibration en regardant l'extrémité d'un diapason ou les cordes d'un piano qui semblent se brouiller en sonnant. On peut même les sentir bouger en les touchant légèrement du doigt. La Fig. 1 montrait une méthode permettant d'illustrer ce mouvement. Mais c'est Leon Scott, constructeur du premier phonautographe (1857) (voir *Enregistrement et reproduction audiovisuelle*), qui a conçu le premier appareil permettant de montrer et même d'enregistrer le mouvement dû aux ondes sonores. Il s'agit d'une vaste corne recueillant les sons et munie d'une fine membrane à son extrémité droite. Un poil fixé à la membrane repose à la surface d'un cylindre rotatif, qui est recouverte de noir de fumée. En l'absence de son, le poil trace une ligne droite. Mais si un son est dirigé vers la corne, le poil vibre en sympathie et trace une ligne tremblée sur le cylindre. Il suffit alors de compter le nombre de cycles inscrits par seconde pour mesurer la fréquence de la source sonore. Le cycle a déjà été défini comme un parcours de l'élément vibrant. La distance occupée par un cycle le long de la ligne du mouvement de l'onde tracé sur le système de Scott (entre des crêtes et des creux consécutifs) est la « longueur d'onde ». La longueur d'onde augmente si la fréquence de la note s'abaisse ou si la vitesse de rotation du cylindre enregistreur décroît. Cette relation entre la fréquence, la longueur d'onde et la vitesse est résumée dans une formule célèbre qui s'applique aux transmissions et aux enregistrements de toutes les ondes : vitesse = fréquence x longueur d'onde.

Dans l'air, où la vitesse du son avoisine 340 m/s, la longueur d'onde d'une note à 340 Hz est 1 m, à 34 Hz, 10 m, etc. Pour une gamme de fréquences sonores de 20 Hz à 20 000 Hz, on obtient une gamme de longueurs d'ondes dans l'air de 17 m à 17 mm.

10. *Rayonnement et réflexion du son.* Le concept de la longueur d'onde joue un rôle important dans notre analyse des ondes sonores qui sortent de différentes sources pour être réfléchies par les obstacles qu'elles rencontrent, qui se créent ou s'affaiblissent dans les pièces ou dans les salles de concert.

Lorsqu'une source sonore est physiquement petite par rapport à la longueur d'onde de la note qu'elle émet, les ondes se propagent dans toutes les directions avec plus ou moins de force. Cette idée est conforme à l'exemple du caillou jeté dans la mare. Dans l'espace tridimensionnel, les sons se propagent à une vitesse constante et l'onde-enveloppe est une sphère qui grandit constamment. Ensuite, la somme initiale d'énergie sonore se communique à une surface plus vaste et l'intensité sonore diminue progressivement pour les auditeurs les plus éloignés de la source. L'intensité (voir § 11) se mesure par l'énergie traversant une zone donnée de l'onde-enveloppe et, comme la surface d'une sphère est proportionnelle au carré du rayon, l'intensité baisse en fonction du carré de la distance parcourue.

A l'inverse, lorsqu'une source sonore revêt de grandes dimensions par rapport à la longueur d'onde, l'onde-enveloppe est plane (ou plate) et non sphérique et l'intensité ne baisse pas en fonction de la distance dans la même proportion. Les longueurs d'onde sonores variant de plusieurs mètres à quelques millimètres, il est facile de constater que la plupart des instruments de musique et appareils de reproduction musicale sont de taille intermédiaire. Ils ont donc généralement tendance à émettre des notes sur de grandes longueurs d'onde (sonorités graves), qui se propagent avec peu d'efficacité dans toutes les directions, et des notes ou harmoniques aux longueurs d'onde assez courtes (sons aigus), dotées d'une plus grande puissance porteuse et qui se propagent dans des directions précises, généralement le long d'un axe principal.

Comme les autres ondes, les ondes sonores rebondissent ou sont réfléchies lorsqu'elles se heurtent à un mur ou à un obstacle. Mais, ici encore, la longueur d'onde joue un rôle important : en règle générale, il faut que l'obstacle soit gros par rapport à la longueur d'onde pour qu'il y ait réflexion. Un auditeur installé, dans une salle de concert, derrière un pilier d'un mètre de large, entendra sans déformation les notes en dessous du do médian (261 Hz) alors que les notes plus élevées et les harmoniques seront réfléchis sur la façade du pilier, laissant l'auditeur dans une zone d'ombre sonore.

Lorsqu'une onde sonore rencontre une surface réfléchissante à angle droit, elle est évidemment réfléchie selon son parcours initial. Un diagramme d'interférence s'établit ; il s'agit d'une « onde stationnaire ». Des points fixes correspondent à toute fréquence donnée pour laquelle l'amplitude de la vibration de l'air est soit un maximum soit un minimum, comme dans un tuyau d'orgue. Les maxima, ou nœuds, se situent à 1/4, 3/4, 5/4, etc., de la longueur d'onde en partant du réflecteur, alors que les minima, ou ventres, correspondent à 1/2, 1, 2, etc., longueurs d'onde. Ces ondes stationnaires sont souvent la cause d'effets curieux comme les « trous acoustiques » dans les auditoriums ou une résonance indésirable dans les pièces de petites dimensions (voir *Acoustique et architecture*).

L'efficacité de la réflexion sonore dépend également du matériau et de la construction de la surface réfléchissante. Un mur solide en marbre ou en bois poli joue le rôle du miroir face aux ondes lumineuses et renvoie la quasi-totalité de l'énergie sonore qu'il reçoit. Mais si le mur est poreux, les particules d'air dans les pores perdent de l'énergie lorsqu'elles vibrent et seule une fraction de l'énergie sonore résultante sera réfléchie. De même, un mur dentelé ou coupé en dents de scie (à peu près dans les proportions de la longueur d'onde) a tendance à disperser le son dans plusieurs directions au lieu de produire une réflexion unique bien définie.

Les grandes surfaces convexes favorisent la production d'un son diffus, alors que les surfaces concaves ont tendance à faire converger les sons réfléchis en certains points de l'auditorium et à provoquer des phénomènes d'écho. Un écho peut se définir comme un son réfléchi qui atteint l'auditeur après le son original avec un retard suffisant pour que cet auditeur distingue deux sons différents. Le retard minimum pour qu'il y ait un écho est d'environ 1/20 s, temps que met le son à parcourir 17 m, distance très fréquente dans les salles de concert, les églises, les arènes, les vallées des Alpes ou même dans les rues, où il y a souvent des phénomènes d'écho.

Notre analyse considérait jusqu'à présent l'air, la source sonore et l'observateur comme des éléments fixes. Pourtant, en plein air, les sons sont plus clairement perçus si la direction du vent va de la source vers l'auditeur et moins clairement dans le cas contraire. Ce phénomène ne se produirait pas si la totalité de la masse d'air se déplaçait à la même vitesse. La vitesse du son serait modifiée, mais pas son intensité. L'explication tient à la vitesse du son qui est moins grande à proximité du sol, à cause de la friction, et croît avec l'altitude. L'onde-enveloppe s'en trouve inclinée vers le bas, « dans le vent », ou vers le haut, « contre le vent ».

Par ailleurs, la hauteur du son varie lorsqu'il y a un mouvement relatif entre la source et l'auditeur. C'est l'effet Doppler : la hauteur du son d'un sifflet de train baisse brusquement lorsque le train passe et on constate un effet identique dans le train quand on dépasse une source sonore fixe comme l'alarme d'un passage à niveau. La fréquence réelle qui parvient à l'oreille dépend de la somme de la vitesse du son et de celle du train. Ainsi, davantage de cycles par seconde parviennent jusqu'à l'auditeur lorsqu'il se dirige vers la source (son plus élevé), alors que ce nombre de cycle décroît lorsqu'il s'en éloigne.

11. *Intensité du son.* La sensation de puissance sonore est évidemment liée à l'ampleur des vibrations physiques dans l'air à proximité des oreilles. Si un chanteur ou un instrumentiste joue avec davantage d'énergie (mesurée en watts), ou si l'auditeur s'approche de la source sonore, on peut s'attendre à un accroissement à peu près proportionnel de l'énergie sonore atteignant les oreilles, et donc à une augmentation relative de la puissance apparente du son.

L'ensemble de l'énergie dispensée par un musicien ne se transforme pas en son. En fait, la conversion de l'énergie mécanique en ondes sonores est d'environ 1 % sur la plupart des instruments ; l'instrumentiste doit donc fournir une énergie de 100 watts pour produire 1 watt de son, le reste (99%) se perdant en chaleur par la friction, etc. Le tableau n° 2 donne des exemples de puissance dégagée par quelques sources-types, qui varient dans une très large mesure.

TABLEAU 2
Exemples de puissance-type

SOURCE MUSICALE	PUISSANCE (watts)
Orchestre de 75 musiciens (*fff*)	70
Grosse caisse	25
Grandes orgues	13
Cymbales	10
Trombone	6
Piano	0,4
Orchestre de 75 musiciens (*mf*)	0,09
Flûte	0,06
Parole (niveau moyen)	0,000024
Violon (*ppp*)	0,0000038

On se rend compte aisément que, seule, une petite fraction du son émis par une source atteint réellement l'oreille de l'auditeur. La puissance initiale s'étend sur toute l'onde-enveloppe qui sera généralement une sphère s'étendant rapidement et ayant pour centre la source (voir § 10). L'intensité constitue donc une meilleure mesure de la puissance sonore ; c'est la quantité de puissance agissant dans une zone donnée (watts par mètre carré).

Le pouvoir d'adaptation de l'oreille est étonnant : elle peut répondre à une gamme phénoménale d'intensités sonores représentant un rapport d'intensité d'environ dix millions de millions pour un. La relation entre l'intensité et la puissance sonore n'est pas rigoureuse. Pourtant, à première vue, la puissance double lorsque l'intensité est décuplée. Il y a douze échelons d'intensités décuplées entre les seuils sonores les plus doux et les plus bruyants (voir *Oreille et audition*). Chaque échelon correspond à un bel, mais on utilise une unité plus petite et plus pratique, le décibel (dB). Le décibel est une unité de niveau relatif et non pas absolu, les chiffres indiqués se référant à l'intensité du « seuil d'audition » standard, un millionième de million de watt par cm^2. Il s'agit du son le plus faible normalement audible ; il correspond à une amplitude du tympan inférieure au diamètre d'un atome.

TABLEAU 3
Niveaux sonores types

SOURCE OU SITUATION	NIVEAU SONORE (en dB)
Seuil de la douleur	130
Orchestre symphonique	110
Intérieur du métro	94
Circulation dans la rue (moyenne)	74
Conversation	60
Salon bourgeois	45
Studio d'enregistrement	20
Seuil d'audition	0

L'oreille ne réagit pas de la même façon à toutes les fréquences, mais elle possède un maximum d'acuité dans la bande de 1000 à 2000 Hz. D'une façon générale, les mesures acoustiques sont réalisées à une fréquence de référence de 1000 Hz. On a même créé une unité de puissance sonore, le phone, qui permet de mesurer la puissance d'un son par référence au niveau d'intensité en dB d'un son de 1000 Hz. Leopold Stokowski aurait accueilli le phone comme un moyen plus précis de spécifier et de contrôler la puissance sonore d'un orchestre que les vagues indications dynamiques, *p* , *ff* , etc. figurant sur les partitions. Il a même dressé un tableau d'équivalences :

ppp	20 phones	*f*	75 phones
pp	40 phones	*ff*	85 phones
p	55 phones	*fff*	95 phones
mf	65 phones		

Si les compositeurs ne semblent pas disposés à adopter cette idée, sauf pour les partitions destinées aux synthétiseurs électroniques, le phone est une unité idéale pour les acousticiens. Il se réfère directement au comportement de l'oreille et, pure coïncidence, le phone constitue la différence de puissance sonore la plus petite que l'oreille puisse détecter.

John Borwick.

BIBLIOGRAPHIE : Émile Leipp, *Acoustique et musique*, Masson (Paris, 1971). R. Murray Schafer, *Le Paysage sonore*, Lattès (Paris, 1979). John R. Pierce, *Le Son musical*, Belin (Paris, 1984). Pierre Schaeffer, *Traité des objets musicaux*, Seuil (Paris, 1966). Alfred Tomatis, *L'Oreille et le langage*, Seuil (Paris, 1963). Albert Vilar, *La Gamme majeure des physiciens aux musiciens*, Brabo (Alès, 1918). Louis Villard, *Traité pratique de l'acoustique appliqué à la construction des bâtiments* (Lausanne, 1962).

Acoustique et architecture

1. Réflexion
2. Effets directionnels
3. Réverbération
4. Conception d'une bonne acoustique
5. Les problèmes des petites salles
6. Renforcement du son
7. Résonance assistée
8. Isolation sonore

En ne se fiant qu'à l'oreille, les yeux bandés, il est possible de déterminer à l'écoute d'une œuvre si elle est exécutée en plein air ou dans une salle de concerts. Avec un peu plus d'entraînement, il serait possible de reconstituer avec une précision étonnante la taille, la forme ou l'ameublement du cadre environnant, en ne se fiant qu'à la façon dont les sons des instruments ou des voix se modifient ou s'accumulent les uns aux autres avant de parvenir à l'oreille (pour le comportement fondamental des ondes sonores, voir *Acoustique*).

1. *Réflexion.* Dans un espace totalement libre, les sons partent de la source et voient leur intensité diminuer de façon régulière jusqu'à ce que, à une certaine distance de la source, la totalité de l'énergie se soit dissipée dans l'onde-enveloppe, qui s'élargit indéfiniment, et se soit transformée en énergie calorifique dans l'air. Mais, dans une salle de concert, les ondes sonores sont renvoyées sur elles-mêmes à plusieurs reprises et rebondissent en s'entrecroisant sur chaque renfoncement ou sur chaque fissure de la salle. L'auditeur entend donc non seulement le son direct, qui vient vers

lui en ligne droite depuis la scène et l'atteint à une vitesse de 344 m/s (environ), mais aussi un conglomérat de sons plus faibles et plus tardifs qui ont subi une ou plusieurs réflexions avant de parvenir à son oreille. Ces réflexions multiples sont plus ou moins retardées selon la distance supplémentaire qu'elles ont à parcourir ; leur intensité décroît à cause de la dispersion due à la distance et parce qu'une partie de l'énergie est absorbée à chaque réflexion.

Un réflecteur parfait, ou presque parfait comme un parquet ciré ou un mur de pierre peint, réfléchit la quasi-totalité de l'énergie sonore qui le frappe, mais un ameublement mou, des tuiles en fibres poreuses ou des panneaux pliants absorbent l'énergie et n'en renvoient qu'environ 25% dans la pièce. Une fenêtre ouverte constitue évidemment un absorbeur parfait, car elle absorbe 100% du son qui vient jusqu'à elle. Dans la pratique, les différents absorbeurs sélectionnent des fréquences. Une bonne conception acoustique dépend donc de la disposition des différents absorbeurs qui permet de contrôler la réflexion dans les divers registres de fréquences.

2. *Effets directionnels.* Une source sonore est plus ou moins directionnelle selon le rapport existant entre ses dimensions physiques et la longueur d'onde des notes émises (voir *Acoustique,* 10). Selon le même principe, des réflecteurs de taille différente peuvent modifier la distribution des sons dans une pièce (notamment leur diffusion) non seulement par absorption sélective des fréquences mais aussi en réémettant certaines bandes de fréquences uniformément et de façon directionnelle.

Les surfaces incurvées jouent un rôle essentiel ; la forme convexe est généralement préférable, car elle a tendance à disperser les sons et permet de créer des conditions d'écoute uniformes dans l'ensemble de l'auditorium. A l'inverse, les surfaces concaves font converger les sons dans des directions spécifiques, provoquant soit des échos localisés, soit des « trous sonores » (zones de silence).

Un plafond en forme de dôme constitue l'exemple classique de la forme concave à éviter : le Royal Albert Hall de Londres réunit à la fois un plan circulaire et un plafond en dôme dont la hauteur ne permet au son de converger que vers certaines parties de l'auditoire. Pendant longtemps, le public s'est plaint de phénomènes d'écho jusqu'à ce que plusieurs rangées de « soucoupes volantes » soient suspendues sous le vaste dôme. La partie inférieure de ces réflecteurs, convexe, permet de disperser les ondes progressives ascendantes ; leur face supérieure est recouverte d'une matière absorbante qui « capte » les ondes qui n'auraient rencontré aucun réflecteur en montant et auraient rebondi sur le plafond.

Les renfoncements ou les coffrages doivent avoir des proportions généreuses pour que leur effet de dispersion s'applique à la majeure partie du spectre de fréquences. De même, les plans des voûtes, galeries ou autres structures doivent être élaborés très soigneusement pour ne pas créer de trappes sonores s'opposant à une diffusion homogène du son.

La géométrie particulière d'une structure cintrée permet parfois la propagation des sons sur des distances anormalement grandes, créant de véritables attractions comme les « galeries murmurantes ».

Les absides concaves à l'arrière de la scène ou de l'estrade sont beaucoup plus fréquentes et produisent souvent une convergence indésirable des sons ; il vaudrait mieux les remplacer par une surface plane, un baldaquin convexe ou une coupe oblique bien adaptée.

3. *Réverbération.* L'auditeur qui reçoit successivement le son direct et un prisme ou une « queue » d'innombrables ondes réfléchies ne les perçoit pas consciemment comme des entités séparées. Le mécanisme de l'audition (voir *Oreille et audition*) fonctionne de telle façon que les différents sons arrivant à des intervalles d'environ 1/30 de seconde les uns des autres (35 millisecondes) semblent ne faire qu'un. En général, dans une salle, les différentes réflexions renforcent et prolongent les notes ou les syllabes au lieu de donner un effet de répétitions discrètes (qui seraient perçues comme des échos). Mais il est important de recouvrir le mur du fond d'absorbeurs, surtout s'il est concave, car toute réflexion importante venant de ce mur a parcouru une distance suffisante pour produire un véritable écho. Des murs parallèles peuvent également créer des échos multiples.

L'effet de prolongation porte le nom de réverbération. Il est préférable d'obtenir une désintégration progressive que peut engendrer une architecture soignée assurant une diffusion homogène des sons. La « période de réverbération » est le temps réel que mettent les sons pour parvenir au silence ; il s'agit plus précisément du temps nécessaire pour que le niveau énergétique tombe à un millionième de sa valeur initiale ou à – 60 dB. La durée de la réverbération est proportionnelle au volume de la pièce – si la distance à parcourir entre les réflexions augmente, la période de désintégration s'en trouve prolongée – mais elle peut être réduite par l'adjonction de matériaux absorbants. Ainsi, la réverbération d'une grande salle de concert peut atteindre ou même dépasser cinq secondes pendant la construction de cette salle, lorsque les murs sont nus et en l'absence de mobilier. Mais, lorsque les absorbants, les sièges et les rideaux sont installés, elle peut tomber à 1,5 seconde. La présence du public constitue parfois un excellent absorbant : Haendel ayant appris qu'il y aurait peu de public à l'un de ses concerts aurait répliqué : « Alors ma musique sonnera mieux. » Dans de telles conditions, il est évident qu'au cours des répétitions, dans la salle vide, le son est beaucoup plus réverbéré. Pour réduire cette différence, les sièges des salles de concert modernes sont conçus pour avoir le même effet absorbant, qu'ils soient vides ou occupés.

Les progrès technologiques réalisés au XXe siècle ont permis d'améliorer ce genre de détails, mais l'ensemble de la conception acoustique des salles de concert et des auditoriums reste semé d'embûches et on se heurte encore bien souvent à des résultats décevants.

4. *Conception d'une bonne acoustique.* Pour la parole, le critère principal est simple : tous les auditeurs doivent entendre l'orateur de façon claire et intelligible, ce qui implique une réverbération assez courte pour que chaque syllabe décline rapidement et ne se mêle pas à la suivante. Toutefois, une acoustique trop sèche ne possède pas les ondes réfléchies sans lesquelles il est difficile de parvenir au niveau sonore indispensable pour les auditeurs éloignés de la scène. Un compromis s'impose donc, indissociable de la forme des salles et de la disposition des sièges. Il faut éviter les gros piliers et rechercher un sol en pente, pour empêcher chaque rangée d'auditeurs de faire obstruction à celles qui suivent. En règle générale, pour entendre correctement l'orateur, l'auditeur doit le voir sans difficulté.

Dans le cas de la musique, d'autres facteurs interviennent pour parvenir à une bonne acoustique. Il est malheureusement impossible de les soumettre en totalité à des critères techniques ou de les prévoir au moment de la conception de la salle. Une bonne conception acoustique relève donc autant de l'art que de la science. La plupart des chercheurs commencent par analyser le point de vue des musiciens ou les qualités des salles existantes. Ils partent généralement de salles unanimement reconnues comme le New Trade Hall de Manchester, le Royal Opera House de Covent Garden ou la vieille salle du Gewandhaus de Leipzig pour en tirer des leçons et les mettre à profit lors de la conception de nouveaux auditoriums. Dans son livre *Music, Acoustics and Architecture* (New York, 1962), Leo L. Beranek a analysé soixante salles de concert du monde entier et établi une liste d'au moins dix-huit critères de qualité.

La réverbération est un problème fondamental. La musique de chambre et la musique baroque réclament, en principe, une réverbération plus courte que la musique symphonique postérieure à l'ère classique. La tendance générale penche pour une réverbération plus longue dans les grandes salles, ce qui est une réaction normale, cette réverbération augmentant légèrement avec les plus hautes et les plus basses fréquences. Les surfaces en bois poli permettent d'entretenir facilement la réverbération dans les registres aigus pour donner le brillant voulu, mais les autres matériaux absorbent l'énergie sonore à haute fréquence.

Parmi les autres critères, la plénitude du son joue un rôle important mais, comme pour la parole, il est nécessaire de maintenir une bonne définition ou une certaine clarté sonore qui va à l'encontre de cette plénitude. L'intensité sonore doit être adaptée à chaque partie de l'auditoire. Donc, sans faire appel à la sonorisation, les salles convenant aux instruments discrets comme la guitare ou le clavecin ne doivent pas dépasser certaines dimensions.

A l'inverse, un trop grand nombre d'interprètes réunis dans une petite salle risque de produire un phénomène de saturation ou une intensité sonore trop forte. A chaque salle correspond un nombre optimum d'interprètes lié à sa taille.

Les musiciens portent généralement les mêmes jugements sur les différentes salles que les autres critiques. En outre, ils exigent une certaine aisance pour produire le son sans forcer. Des surfaces réfléchissantes placées à proximité des interprètes peuvent jouer un rôle très bénéfique dans ce sens et les fortes réflexions anticipées qui en résultent leur permettent de s'entendre les uns les autres, comme dans le cas d'un quatuor à cordes. Ces réflexions anticipées facilitent aussi la tâche de l'accompagnateur. Il est certain que, de tous temps, consciemment ou non, les compositeurs ont ressenti la nécessité d'écrire leurs œuvres en fonction de l'environnement auquel ils les destinaient. Dans le cas particulier de la musique d'église, conçue pour des réverbérations qui peuvent dépasser dix secondes, une exécution dans un contexte acoustique trop sec perdrait beaucoup. Certains lieux très réverbérants comme le baptistère de Pise ou le mausolée Hamilton, près de Glasgow, permettent aisément de chanter un arpège : le volume sonore est impressionnant et le son met une quinzaine de secondes à s'évanouir, avec une gradation fascinante du timbre, car certains harmoniques se prolongent plus longtemps que d'autres.

5. *Les problèmes des petites salles.* Dans le champ sonore réverbérant d'une grande salle, des trains d'ondes se croisent continuellement. En tout point, la pression de l'air est la résultante des ondes individuelles qui poursuivent leur chemin séparément sans subir de modification et la distribution statistique des ondes produit une diffusion sonore compatible. Mais, dans les petites salles, des interférences se produisent au fur et à mesure de la réflexion des sons entre les murs opposés, le sol et le plafond. Il en résulte des résonances à des fréquences pour lesquelles les surfaces murales sont des multiples d'une demi-longueur d'onde, comme si l'on disposait d'un tuyau d'orgue à trois dimensions. A chaque pièce ou à chaque salle correspond une série harmonique de telles résonances (ou vibrations sympathiques) et l'accentuation inégale de certaines fréquences donne une coloration du son impressionnante lorsqu'un chanteur amateur chante dans son bain, mais gênante lorsque la pièce est destinée à une pratique musicale sérieuse ou à l'enregistrement. Pour lutter contre de tels phénomènes, il faut envisager une construction sans murs parallèles ou équiper la pièce d'un système d'absorption sélective des basses fréquences.

6. *Renforcement du son.* Sur le plan de la rentabilité, il est impossible de limiter l'utilisation de la plupart des salles aux effectifs musicaux dont les dimensions et le pouvoir acoustique donnent les meilleurs résultats. Le problème de l'amplification des instruments discrets ou des voix se pose alors. Dans beaucoup d'églises – également dans les salles de conférences –, la forme de la construction ou les défauts de la distribution acoustique imposent une amplification des sons naturels, partout ou seulement en certains endroits. Cette installation comporte un micro, un amplificateur et un haut-parleur. Mais il s'agit d'un dispositif fondamentalement instable, car chaque son amplifié sorti du haut-parleur qui rencontre par hasard le micro est à nouveau amplifié et renvoyé dans le haut-parleur. Cette réaction acoustique engendre une accumulation de son incontrôlée et le système risque d'aboutir à une oscillation perçante.

Les micros directionnels permettent de résoudre ce problème en tournant le côté le moins sensible vers le haut-parleur, de façon à réduire la saisie indésirable de sons amplifiés. Il existe maintenant des ensembles de haut-parleurs plus perfectionnés qui peuvent diriger les ondes sonores dans des zones déterminées. Ils permettent une couverture plus efficace et réduisent considérablement les risques d'effet Larsen. Il existe une autre technique pour augmenter l'amplification qui consiste à introduire un glissement de fréquence imperceptible dans le signal envoyé aux haut-parleurs.

Un dispositif d'amplification bien installé amène l'intensité sonore au niveau voulu, en l'endroit voulu, sans se faire remarquer : l'intensité sonore paraît alors naturelle, la musique ou la parole semblant venir de l'instrument (ou de la voix) et non des haut-parleurs. Même en déterminant soigneusement l'emplacement des haut-parleurs et en limitant leur niveau sonore, l'auditeur installé à une certaine distance de la scène risque d'entendre les sons comme s'ils émanaient du haut-parleur et non de la scène, à cause de ce que l'on appelle l'effet sélecteur. Le signal électrique amplifié parvient presque instantanément au haut-parleur et se trouve donc en avance sur le son direct qui traverse l'air à la vitesse de 344 mètres à la seconde. Les installations d'amplification sonore d'une certaine importance sont souvent équipées de retards électroniques dans l'alimentation des haut-parleurs les plus éloignés.

7. *Résonance assistée.* Dans certaines salles où la réverbération est insuffisante, comme le Royal Festival Hall de Londres, on utilise une forme particulière de renforcement sonore nommée résonance assistée. Lors de la conception de la salle, en 1948, la réverbération atteignait 1,7 s et s'élevait à 2,5 s pour les fréquences les plus basses. Lorsque la salle fut terminée, la réverbération ne dépassait pas 1,4 s, ce qui donnait une excellente définition, mais on reprochait à la salle de manquer de chaleur et de plénitude sonore.

La solution a été trouvée en 1964 avec une série de 172 micros installés au niveau du toit, très loin de l'orchestre donc. Ils sont alimentés par l'intermédiaire d'amplificateurs réglés sur de petites bandes de fréquence (dans la gamme 60 – 700 Hz) partout où la résonance doit être augmentée et reliés à des batteries de haut-parleurs. Le résultat s'est montré convaincant. Dans d'autres endroits, comme le Central Hall de l'Université de York, ce procédé a permis de fournir un éventail d'environnements acoustiques qui s'adaptent aussi bien aux conférences, au cinéma, aux examens qu'à la musique.

8. *Isolation sonore.* Dans tous les auditoriums, il faut réduire au maximum les bruits de l'environnement. Ils peuvent être transmis par l'air ou par la structure du bâtiment. Au stade du projet, il est donc essentiel de choisir un site calme, ce qui n'est pas facile dans les villes modernes, et de concevoir le bâtiment avec autant d'assises et de carcasses possibles du côté le plus proche des sources de bruits identifiables, comme les lignes de chemin de fer. Le bruit des avions concurrence aujourd'hui celui de la circulation automobile, ce qui impose des toits massifs sur des assises isolantes et des murs de soutènement à couches multiples.

Voir également *Salles de concert.*

John Borwick.

Actus tragicus. Cantate d'église BWV 106 de J. S. Bach *Gottes Zeit ist die allerbeste Zeit* (« L'heure de Dieu est la meilleure heure »), composée pour des funérailles, probablement en 1707.

Adagietto (ital.). Lent, mais moins lent qu'*adagio*. Également utilisé comme titre, notamment le quatrième mouvement de la *Symphonie nº 5* de Mahler.

Adagio (ital.). Indication de tempo qui, lors de son apparition et également depuis le XIXᵉ siècle, signifie généralement « très lent » ; peut être considéré comme l'équivalent de *lento* ou de *large*. Toutefois, dans certaines œuvres anciennes, comme celles de Frescobaldi (où le terme employé s'écrit *adasio*), elle indique probablement un tempo légèrement plus rapide, entre *largo* et *andante*. Ce terme sert également de titre à certains mouvements ou à certaines pièces (*Adagio* d'Albinoni).

Adam, Adolphe (Charles) (Paris, 24 juillet 1803 ; Paris, 3 mai 1856). Compositeur français. Fils d'un musicien qui s'efforça de le dissuader de suivre la même carrière, il obtient néanmoins l'autorisation de s'inscrire au Conservatoire de Paris où il travaille avec Boieldieu, qu'il aide à orchestrer l'ouverture de son opéra *La Dame blanche*, en 1825. Son premier opéra en un acte, *Pierre et Catherine*, est représenté à l'Opéra-Comique en 1829. Son beau-frère, François Laporte, étant directeur musical à Covent Garden, deux ouvrages d'Adam y sont joués en 1832. Jusqu'à cette date, il compose dans le style conventionnel de l'opéra-comique mais, avec *Le Chalet* (1834), il compose la véritable première opérette française, légère et frivole, dont la musique s'apparente au vaudeville. *Le Postillon de Longjumeau* (1836) affermit sa réputation et connaîtra de nombreuses reprises. L'air « Mes amis, écoutez l'histoire » est resté un air de prédilection des ténors.

En 1847, Adam achète son propre théâtre qu'il baptise Opéra-National. Il y fait représenter ses propres œuvres et celles de compositeurs français moins connus qui ne peuvent prétendre à l'Opéra-Comique. Mais la révolution de 1848 met un terme à son entreprise. Il continue à écrire des ouvrages légers, et *Si j'étais roi* (1852) retient particulièrement l'attention avec son ouverture mélodieuse. *Les*

Pantins de Violette (1856) seront représentés aux Bouffes-Parisiens de Jacques Offenbach. Dans le domaine de l'opéra, Adolphe Adam reste un pionnier et l'auteur d'une musique gracieuse et agréable mais qui manque souvent d'originalité, malgré quelques étincelles d'inspiration. Sa réputation repose surtout sur le ballet *Giselle* (1841) et sur son fameux *Noël* (1850). Professeur de composition au Conservatoire de Paris et critique musical, il laisse deux ouvrages intéressants : *Souvenirs d'un musicien* (Paris, 1857) et *Derniers Souvenirs d'un musicien* (Paris, 1859), édités après sa mort.

Peter Gammond.

BIBLIOGRAPHIE : Adolphe Adam, *Souvenirs d'un musicien, précédés de notes biographiques par lui-même*, Lévy (Paris, 1868). Arthur Pougin, *Adolphe Adam, sa vie, sa carrière, ses mémoires artistiques*, Charpentier (Paris, 1877). *Giselle*, L'Avant-Scène-Danse n° 1 (Paris, 1980).

Adam de la Halle (Arras, 1245-50 ; Naples, 1285-88). Poète et compositeur français qui vécut principalement à Arras après avoir effectué ses études à Paris. Les ouvrages de l'époque le désignent souvent sous le titre de « maistre ». Vers 1280, il entre au service du comte Robert II d'Artois qu'il suit dans ses voyages en Italie. Il y entre au service de Charles d'Anjou qui meurt en 1285. A partir de cette date, sa carrière et ses déplacements sont mal connus, mais, en 1288, son neveu mentionne son départ d'Arras et sa mort.

Comme compositeur, Adam de la Halle suit la tradition courtoise des *trouvères dans ses chansons monophoniques et ses drames musicaux pleins de vie (notamment *Le Jeu de Robin et de Marion*, écrit lorsqu'il était au service de Charles d'Anjou en Italie) ; il est également l'auteur de chansons et de motets polyphoniques d'écriture plus complexe.

John Milsom.

BIBLIOGRAPHIE : Adam de la Halle, *Oeuvres complètes (poésie et musique)*, Champion-Slatkine (Paris-Genève, 1982). J. Dufournet, *Adam de la Halle à la recherche de lui-même* (Paris, 1974). Jean Maillard, *Adam de la Halle, perspective musicale*, Champion (Paris, 1982).

Addinsell, Richard (Stewart) (Londres, 13 janvier 1904 ; Londres, 14 novembre 1977). Compositeur anglais. Après des études effectuées au Royal College of Music et à Oxford, il se consacre à la musique légère. Le *Concerto de Varsovie* pour piano et orchestre est son premier succès important ; largement inspiré de Rachmaninov, il a été composé pour le film *Dangerous Moonlight* (1941). Addinsell est aussi l'auteur de nombreuses autres musiques de films, de revues et de chansons pour Joyce Grenfell dont il était l'accompagnateur.

Paul Griffiths.

Addison, John (1) (Londres, vers 1766 ; Londres, 30 janvier 1844). Contrebassiste et compositeur anglais. Fils d'un artisan, il apprend dès son plus jeune âge à jouer de plusieurs instruments. Il épouse une chanteuse et devient contrebassiste professionnel. Pendant plusieurs années, il travaille à Liverpool et à Dublin où il étudie la composition et prend la direction musicale d'un théâtre. De retour à Londres, en 1796, il donne de nombreux concerts. Il compose également la musique de plusieurs pièces représentées sur les scènes des théâtres londoniens entre 1805 et 1817.

Wendy Thompson.

Addison, John (2) (West Chobham, Surrey, 16 mars 1920). Compositeur anglais. Il étudie avec Gordon Jacob au Royal College of Music de Londres et parvient bientôt à rivaliser avec son professeur dans des œuvres comme son *Concerto pour trompette* ou son ballet *Carte blanche*. En 1952, il réalise l'opéra-ballade de Gay et Pepusch, *Polly*, produit au Festival d'Aldeburgh. Depuis, il se consacre surtout à la musique de scène et à la musique de film (*Tom Jones*).

Paul Griffiths.

Addolcendo (ital.). « En adoucissant ».

Addolorato (ital.). « Affligé », « avec tristesse ».

Adélaïde. Lied de Beethoven (op.46) pour voix élevée et piano. Composé en 1794-95 sur un poème de F. von Matthisson.

Adeste fideles. Chant de Noël, actuellement attribué à John Francis Wade (1711-86), professeur de latin et musicien copiste à Douai. Dans un opuscule publié en 1947, dom John Stephan, de l'abbaye de Buckfast (Devonshire), évoque un manuscrit de ce chant, de la main de Wade, récemment retrouvé. Stephan suppose qu'il s'agit de la version originale de 1740-43 et attribue à Wade les paroles et la musique. G. E. P. Arkwright a relevé des ressemblances entre la première partie du chant et un « air anglais » du vaudeville parisien, *Acajou* (1744), et entre la seconde partie et l'air « Pensa ad amore » d'*Ottone* (1723) de Haendel. Les paroles sont apparues pour la première fois dans *Evening Offices of the Church* (édition 1760) et la première édition musicale figure dans *An Essay on the Church in Plain Chant* (1782) de Samuel Webbe. Le thème musical a été utilisé par Liszt (*Arbre de Noël* pour piano et *Weinachten* pour orgue), Ives et Dupré (*Symphonie-passion*). C'est un sujet favori d'improvisation pour les organistes.

rév. Alain Pâris.

Adieux. 1. *Symphonie des Adieux* (*Abschiedsymphonie*) : Symphonie n° 45 en fa mineur de Haydn, composée en 1772. Dans le finale (*adagio*) de cette symphonie, l'effectif orchestral se réduit progressivement jusqu'à ce qu'il ne reste plus que deux violons. Haydn a composé cette symphonie pour convaincre son protecteur, le prince Nicolas, de ne pas prolonger le séjour des musiciens de la cour dans sa résidence d'été à Eszterháza, et de leur permettre de retourner dans leurs familles à Eisenstadt. Lors de la première exécution de la symphonie, les instrumentistes sont partis au fur et à mesure qu'ils avaient terminé leur partie, laissant seuls Haydn et Tomasini. Il semblerait que le prince ait saisi l'allusion.

2. Sonate pour piano op.81a en mi bémol majeur de Beethoven que l'éditeur avait sous-titrée « Les Adieux, l'absence et le retour ». Beethoven l'avait intitulée *Das Lebewohl*. Composée en 1809-10, elle est dédiée à l'archiduc Rodolphe à l'occasion de son départ de Vienne pour neuf mois.

Adirato (ital.). « Avec colère ».

Adler, Guido (Eibenschütz, aujourd'hui Ivančice, 1er novembre 1855 ; Vienne, 15 février 1941). Musicologue autrichien. Il fait ses études au Conservatoire de Vienne avec Bruckner et devient un fervent wagnérien, donnant des conférences sur la *Tétralogie* à Bayreuth en 1875-76. Il se consacre ensuite à l'histoire de la musique dont il devient l'un des plus éminents spécialistes. Professeur à Prague (1885) puis à Vienne (où il succède à Hanslick en 1898), il forme la quasi-totalité des musicologues allemands de la génération suivante, notamment Egon Wellesz, Knud Jeppesen et Hans Gál.

Denis Arnold.

Ad libitum (lat.). Indication permettant à l'exécutant, en fonction du contexte et de sa propre inspiration, de modifier le tempo ou le rythme ; d'inclure ou d'omettre la partie de certaines voix ou instruments, voire tout passage portant cette indication ; d'inclure une cadence de sa propre invention, d'embellir un passage ou d'improviser la totalité d'un mouvement.

Adoración (esp.). Chant populaire religieux latino-américain ; synonyme d'*aguinaldo* et de **villancico*.

Adorno, Theodor W(iesengrund). Voir *Critique musicale*, 4.

Adson, John (mort à Londres, vers juillet 1640). Instrumentiste anglais qui pratiquait la flûte, le cornet à bouquin et la flûte à bec. Au début du XVIIe siècle, il compte parmi les chanteurs de noëls londoniens et fait partie de la musique de la cour (Royal Court Band). En 1634, il est nommé maître de musique de Charles Ier et reçoit un traitement de 20 pence par jour. Il a publié, en 1611, un ouvrage de musique instrumentale intitulé *Courtly Masquing Ayres*, qui comporte quelques danses intéressantes et d'autres pièces brèves utilisées dans les masques.

Denis Arnold.

A due (ital.). « A deux ». Terme qui peut revêtir deux significations opposées selon le contexte. S'il s'applique aux instruments de l'orchestre jouant normalement des parties séparées (instruments à vent), il indique que ces instruments doivent jouer à l'unisson. S'il s'applique à un groupe d'instruments jouant généralement à l'unisson (violons), il indique que ces instruments doivent se diviser en deux parties (voir *Divisi*). De même, *a 3*, *a 4*, *a 6*, etc. correspond à une division en autant de parties, que ce soit pour la musique vocale ou instrumentale.

A due mani (ital.), « à deux mains » ; *a due voci (cori)*, « à deux voix (chœurs) » ; *a due corde*, « à deux cordes » : concerne les instruments à cordes qui doivent jouer la même note sur deux cordes simultanément pour augmenter la puissance sonore.

A due corde (ital.). Voir *A due*.

Aérophone. Voir *Organologie*.

Aevia ou **Aeuia.** Mot formé à partir des voyelles d'*Alléluia*. Il servait d'abréviation au même titre qu'*Evovae*.

Affabile (ital.). « Affable », d'une manière aimable, agréable.

Affaiblissant. En adoucissant progressivement.

Affaire Makropoulos, L'. Opéra en trois actes de Janáček sur un livret du compositeur d'après le drame de Karel Čapek (1922). Représentations : Brno (18 décembre 1926) ; Londres (Sadler's Wells, 12 février 1964) ; San Francisco (19 novembre 1966). La célèbre cantatrice Emilia Marty (sop.) intervient dans un procès concernant des faits qui se sont produits trois siècles auparavant et montre une connaissance parfaite de l'affaire. Elle prouve qu'elle est la victime d'un élixir de longue vie, inventé à cette époque, dont il lui faut retrouver la formule pour pouvoir mourir. D'autres personnes, convaincues de la véracité de son histoire, désirent en partager le secret ; mais, pour elle, la vie est devenue un fardeau intolérable, tout plaisir étant désespérément éventé. Finalement, la formule sera brûlée et elle mourra.

Affannatto, affannoso, affannosamente (ital.). « Angoissé », « inquiet », « douloureux ».

Affekt (all.). « Ardeur » ; *affektvoll*, « plein d'ardeur » ; *mit Affekt*, « avec chaleur », « avec passion ». Voir aussi *Théorie des passions*.

Affektenlehre (all.). Voir *Théorie des passions*.

Affetto, affetti (ital.). « Affection », « affections ».

1. Terme figurant dans le titre de diverses œuvres publiées à la fin du XVIe et au début du XVIIe siècle, sans doute pour souligner le caractère « affectif » ou « émotif » de la musique. Voir *Théorie des passions*.

2. Dans les premières sonates pour violon, désigne un certain type d'ornement (trémolo ou arpège).

Affettuoso, affettuosa (ital.). « Affectueux », « tendre » ; *con affetto*, « affectueusement ». Au début du XVIIe siècle, des compositeurs comme Caccini, Monteverdi ou Frescobaldi ont beaucoup utilisé ce terme. Au XVIIIe siècle, Couperin et Leclair l'emploient dans un sens plus large, comme indication de tempo et d'expression dans les mouvements lents. Lorsqu'il sert uniquement d'indication de tempo, il se situe entre l'*adagio* et l'*andante*.

Affrettare (ital.). « Presser » ; *affrettando*, « en pressant » ; *affrettato, affrett(u)oso*, « pressé » ; *affrettatamente*, « avec précipitation ».

Africaine, L'. Opéra en cinq actes de Meyerbeer sur un livret de A. E. Scribe et F. J. Fétis. Entreprise en 1837, la composition de l'ouvrage sera constamment interrompue par les modifications apportées au livret et ne sera achevée qu'en 1864. Meyerbeer mourra en supervisant les répétitions pour la création à Paris en 1865. La version originale de cet opéra dure six heures.

African Sanctus. Œuvre de David Fanshawe pour sopranos, piano, orgue, chœur, percussion (incluant une batterie rock, cymbales, congas, timbales, grosse caisse et caisse roulante, tam-tam, tomtom), guitares électriques et bande magnétique, enregistrée en Afrique. Créée à Londres en 1972 et reprise à Toronto en 1978, dans une version révisée.

Afrique

1. Introduction
2. Musique en société
3. Mélodie, rythme et forme
4. Les instruments
5. Tendances modernes

1. *Introduction*. Depuis l'Antiquité, l'Afrique et ses différentes formes de culture ont toujours fasciné les Européens,

mais ce n'est qu'au cours de la seconde moitié du XXe siècle que les musicologues ont découvert toutes les richesses de ce continent et ce qu'elles apportent au monde de la musique. Cette fascination reposait sur une vision erronée de l'Afrique, telle que la concevait Stanley : continent noir peuplé de tribus illustrant les phases primitives de l'évolution du monde européen. En même temps, les Européens ressentaient depuis longtemps une attirance vers l'art et la musique africaine qu'ils trouvaient étonnamment accessibles, contrairement à l'art et à la musique orientale, qui leur semblaient trop exotiques. Un héritage occidental commun unit les Euro-Américains et les Africains et les aide à se comprendre. Parfois, ce lien s'est traduit par une fusion heureuse des deux cultures (la musique afro-américaine, par exemple), phénomène que les anthropologistes appellent syncrétisme.

L'Afrique, deuxième continent mondial par sa superficie, représente 20% de la surface totale de la terre (30 300 000 km2) mais n'abrite que 551 millions d'hommes – un peu moins de 10% de la population mondiale. Les immenses étendues de désert inhabitables expliquent ce sous-peuplement relatif. Les populations sont concentrées dans l'ouest de l'Afrique (particulièrement au Nigeria), à l'est de la région des Grands Lacs, en Éthiopie et en Égypte, le long de la vallée du Nil. L'équateur traverse le continent à peu près en son centre : la majeure partie de l'Afrique noire se situe donc dans la zone des tropiques, entre le tropique du Cancer, 23° 28' N, et le tropique du Capricorne, 23° 28' S. Au nord et au sud, le climat est plus tempéré et ces régions sont celles qui ont connu la plus forte immigration – arabe dans le nord, européenne dans le sud. Ces deux races étrangères ont apporté des instruments, des styles et des genres nouveaux à l'héritage musical africain.

L'Afrique offre un territoire très varié, de la côte fertile du sud aux hautes terres de l'est, aux forêts pluvieuses du centre et à la large bande de savane qui s'étend au nord de l'équateur. Les quatre plus grands fleuves, le Nil (le plus long fleuve du monde), le Congo, le Niger et le Zambezi sont entrecoupés de rapides, de cataractes et de cascades qui les rendent moins facilement navigables que les grands fleuves des autres continents. L'indépendance des cultures tribales, qui a retardé le développement économique africain, doit beaucoup à ce facteur géologique. La topographie variée de l'Afrique se reflète dans une multitude de groupes culturels et ethniques. On a identifié plus de 3 000 tribus et 800 à 1 000 langues différentes qui font de l'Afrique le continent le plus diversifié et le plus polyglotte.

L'Afrique moderne se compose de plus de 40 États indépendants, qui se sont constitués, pour la plupart, au cours du grand mouvement de décolonisation ébauché entre 1950 et 1960 et qui se poursuit encore : Algérie, Égypte, Libye, Maroc, Tunisie (Afrique du Nord) ; Afrique du Sud, Angola, Bophuthaswana, Botswana, Lesotho, Malawi, Mozambique, Namibie, Swaziland, Transkei, Zambie et Zimbabwe (sud) ; Burundi, Éthiopie, Kenya, Ouganda, Rwanda, Somalie, Soudan, Tanzanie et Tchad (Afrique orientale) ; Bénin, Cameroun, Ghana, Guinée, Guinée-Bissau, Côte-d'Ivoire, Liberia, Mali, Mauritanie, Niger, Nigeria, Sénégambie, Sierra Leone, Togo et Haute-Volta (Afrique occidentale) ; République centrafricaine, Congo, Gabon et Zaïre (Afrique centrale). Ces regroupements géographiques pratiques ne reflètent pas nécessairement des zones culturelles, linguistiques ni même topographiques ou climatiques. Ainsi, l'Afrique occidentale se divise en deux : la côte guinéenne au sud et la savane de la région soudanaise au nord. En Afrique orientale, les agriculteurs qui parlent le bantou sont plus proches des populations bantoues du centre et du sud que de leurs voisins nomades de l'est, les Karamodjos, les Sampurs et les Masaïs.

L'Afrique du Nord appartient à la zone géologique alpine et méditerranéenne et n'est venue s'adjoindre au continent africain qu'à une date assez récente. Les montagnes de l'Atlas et le désert du Sahara (qui couvre le quart du continent africain) constituent la limite entre l'Afrique du Nord et l'Afrique noire. Le Maghreb (Tunisie, Algérie, Maroc) est surtout peuplé d'hommes à la peau claire, d'origine arabe, parlant des langues chamito-sémitiques et dont les ancêtres avaient conquis cette région au VIIe siècle. Leur culture est islamique et leur musique se rapproche davantage des formes modales du Moyen-Orient et de l'Orient (voir *Moyen-Orient*) que des styles rencontrés au sud du Sahara. Les Berbères nord-africains ont conservé jusqu'au XXe siècle leur mode de vie spécifique et leur propre style musical.

L'Afrique est le premier continent dont les Européens ont connu la totalité du littoral, alors que l'intérieur des terres restait un mystère pour eux jusqu'au XIXe siècle. La recherche des sources des grands fleuves a attiré les Occidentaux au cœur de l'Afrique. David Livingstone, médecin missionnaire devenu explorateur, est parti en 1853 à la recherche de la source du Zambezi. Une cinquantaine d'années auparavant, l'African Association of England avait envoyé un jeune médecin écossais, Mungo Park, explorer le cours du Niger. Park, qui y laissa sa vie, avait consigné dans son journal des observations sur les chansons et les danses locales ; ainsi, le 20 juillet 1796, il notait à propos des chansons des femmes de Bambarra, au Niger : « Elles égayaient leur travail avec des chansons dont l'une d'entre elles fut composée sur-le-champ, car j'en étais moi-même le sujet. Une jeune femme la chantait, tandis que les autres se groupaient en une sorte de chœur. L'air était doux et plaintif, les paroles, traduites littéralement, étaient les suivantes : "Les vents hurlaient et la pluie tombait. – Le pauvre homme blanc, faible et fatigué, vint s'asseoir sous notre arbre. – Il n'a pas de mère pour lui apporter du lait ; pas de femme pour piler son grain. *Chœur*. Ayons pitié de l'homme blanc ; il n'a pas de mère..." Ce récital peut sembler insignifiant au lecteur, mais, pour un homme dans ma situation, l'événement était touchant au plus haut degré. J'étais oppressé par une gentillesse aussi inattendue et le sommeil s'enfuit de mes yeux. Dans la matinée, je fis cadeau à ma logeuse compatissante de deux des quatre boutons dorés qui restaient sur mon gilet, la seule récompense que je pouvais lui offrir. »

Ce texte révèle de nombreux traits caractéristiques de la musique africaine, sa totale intégration au travail et au jeu, l'alternance solo-chœur, la facilité d'improvisation et, surtout, l'attrait immédiat qu'elle exerce sur les étrangers.

2. *Musique en société.* La musique africaine traditionnelle est généralement communautaire. Même si la plupart des régions possèdent des formes où l'expression soliste joue un rôle important, la musique, comme la danse, les costumes et la poésie qui peuvent l'accompagner, constituent avant tout une expression de groupe qui se manifeste généralement en public. De nombreuses sociétés africaines possèdent des chansons destinées à accompagner toutes sortes d'activités collectives, construction des maisons, dégagement des chemins dans les forêts, chasse ou guerre. La musique communautaire accompagne aussi bien les rites ou cérémonies religieuses que les cérémonies civiles, comme l'installation d'un nouveau chef. Elle accompagne également les grandes étapes de la vie d'un individu. Le chant peut être utilisé à des fins politiques, surtout en Afrique occidentale où l'on considère qu'il est plus diplomate de protester ou de faire l'éloge des gouvernants et de leur politique en chantant qu'en le disant. En Afrique, où la plupart des langues indigènes n'étaient pas écrites, le chant a toujours représenté un véhicule important pour diffuser les nouvelles et perpétuer l'héritage historique d'une tribu au fil des générations.

A une certaine époque, on a prétendu que tous les membres des sociétés illettrées étaient dotés de capacités musicales identiques et participaient au même titre à la musique. Cette affirmation semble inexacte dans le cas de l'Afrique où la musique constitue souvent une profession très spécialisée, parfois héréditaire. Les impératifs techniques d'instruments très élaborés comme les harpes, les xylophones ou les lamellaphones (sanzas) limitent leur utilisation à une élite. Néanmoins, les Africains participant de façon active à la musique sont beaucoup plus nombreux que les Européens ou les Américains : la musique fait davantage partie intégrante de la vie quotidienne en Afrique qu'en Occident. Les Haoussas du Nigeria illustrent parfaitement cette intégration de la musique dans la société.

Les Haoussas considèrent la pratique musicale comme une activité professionnelle, une aventure commerciale, donc un moyen de gagner sa vie. La musique est un « produit » qui se vend, s'achète et se marchande. La pratique du *Roko* (chant de louanges) illustre parfaitement cet état de marché : plus le client paie, plus il obtient de louanges. Chez les Haoussas, les *maroka* (musiciens) se divisent en cinq groupes : *masu kida* (percussionnistes), *masu busa* (littéralement « souffleurs », instrumentistes à vent), *mawaka* (chanteurs), *marokan baki* (acclamateurs) et *'van magana* (« causeurs », pour la récitation poétique). Tous les musiciens se situent en bas de la hiérarchie sociale et sont généralement considérés comme des filous paresseux. Dans de nombreuses sociétés africaines, comme dans bien d'autres pays, les musiciens ne jouissent pas d'un statut social très élevé. Certaines études ont révélé que la plupart des Haoussas préféraient ne pas manger ni se faire héberger par des musiciens, encore moins voir leur fille épouser l'un d'entre eux.

Chez les Haoussas, la musique sert aux divertissements, aux cérémonies, à affirmer sa position sociale par des chants de louange et à accompagner le travail et le commerce. La musique de divertissement est souvent présentée sur les marchés publics par des musiciens professionnels itinérants. Elle joue aussi un rôle important pour la danse, les matchs de boxe, la lutte et sur les champs de courses. La musique de cérémonie intervient à l'occasion des mariages, pour le culte *bori* et les fêtes musulmanes 'Id al-fitr et 'Id al-kabîr. La musique de louange se présente sous trois formes : la musique qui chante les louanges de la noblesse, celle qui chante les louanges du reste de la population et celle qui loue les esprits. Chacune requiert différentes sortes de musiciens et d'instruments. La musique chantant les louanges de la noblesse sert à confirmer une position ou des normes sociales et s'érige comme un symbole de puissance et de souveraineté. Certains instruments prestigieux n'interviennent que pour l'émir et les nobles : le *kakaki* (longue trompette) et le *gangan saraki* (tambour à deux peaux). Les chansons qui scandent le travail donnent une allure rythmique aux activités, réduisant l'ennui et la monotonie des tâches répétitives. La musique du travail accompagne les cultures, le broyage, la construction et la chasse. Dans le domaine commercial, la musique sert de publicité et stimule les affaires. Chez les Haoussas, la plupart des catégories professionnelles possèdent leurs propres musiciens, notamment les forgerons, les bouchers et même les tatoueurs : ils chantent leurs louanges, recommandent leurs services et vantent leur métier.

Tous les aspects de la vie musicale reflètent la nature extrêmement stratifiée de la société haoussa. Par son organisation, la musique fait vivre le système qui lui permet d'exister. En même temps, la musique, et particulièrement les chants de louange, constituent un excellent vecteur pour critiquer le système et censurer le pouvoir.

3. *Mélodie, rythme et forme*. Les mélodies africaines sont facilement accessibles aux Européens car, malgré leur grande diversité d'une région à l'autre, bon nombre d'entre elles correspondent, dans une certaine mesure, à un schéma diatonique familier. D'une façon générale les gammes et les mélodies japonaises, indiennes, chinoises et même amérindiennes sont beaucoup plus étrangères à une oreille occidentale que les mélodies africaines. Le chromatisme et la modalité sont relativement rares en Afrique, bien que les gammes de certains groupes, comme les Guros ou les Guérés de Côte-d'Ivoire, paraissent chromatiques en raison des intervalles utilisés (plus grands ou plus petits que les intervalles européens). D'autres gammes paraissent familières à l'oreille, même si elles ne reposent pas sur des intervalles caractéristiques de la musique européenne, car elles s'inscrivent dans la tradition afro-américaine, avec notamment des tierces et des septièmes neutres (à mi-chemin entre l'intervalle majeur et l'intervalle mineur), la fameuse « note bleue ».

En mesurant l'accord des instruments à sonorité déterminée, comme le xylophone ou la sanza, on a découvert qu'environ 40% des groupes africains utilisaient des gammes pentatoniques, 40% des gammes heptatoniques et 20% des gammes hexatoniques. Toutefois ces chiffres ne reflètent pas nécessairement les gammes employées dans la musique vocale ni même la totalité des gammes instrumentales d'un même peuple. Les Acholis d'Ouganda utilisent deux gammes : le *laturi* ou *ogodo* et le *larumu ;* l'accord du xylophone n'est pas le même chez les Lobis du Ghana et de Côte-d'Ivoire qui ont donc deux gammes différentes. Au sein d'une même communauté, les xylophones et les sanzas ne sont pas toujours accordés de la même façon, ce qui empêche de jouer des deux instruments simultanément. Les échelles ditoniques et tritoniques (à deux et à trois notes) existent en Afrique, mais elles sont rarement employées. Une telle diversité des formes ne permet pas d'isoler une gamme représentative de la musique africaine.

Les mélodies africaines sont souvent marquées par le rythme et l'accent tonique de la langue locale. De nombreuses langues bantoues et soudanaises sont tonales ; elles influent donc sur les hauteurs de son réelles et même sur le sens général du mouvement mélodique. Dans une langue tonale, le sens propre d'un mot est en partie déterminé par le ton sur lequel il est prononcé. Herzog cite l'exemple du mot *ba* qui, en langue jabo du Liberia, peut signifier, selon le ton qui lui est appliqué, « homonyme », « être large », « queue » ou correspondre à une particule exprimant un ordre. Les langues africaines possédant cette qualité musicale innée, la parole et le chant se chevauchent plus que dans d'autres cultures. Ainsi, en Afrique, le chant et la parole peuvent alterner au cours d'une même pièce ou d'un même genre : dans le récit d'une histoire, il n'est pas rare que le narrateur ou l'auditoire se mette à chanter lorsque le contexte l'exige.

La complexité rythmique est l'une des caractéristiques de la musique africaine. Peu d'œuvres occidentales, même parmi les plus récentes, parviennent à la complexité de la polyphonie africaine, ce qui est d'autant plus étonnant que l'instrumentiste occidental bénéficie du support de la partition écrite, alors que le musicien africain ne se fie qu'à sa propre oreille. Pour cette raison, les musiciens africains doivent intérioriser le cadre rythmique d'un morceau. Waterman désigne cette maîtrise interne du temps par l'expression « sens métronomique » qui reflète l'extraordinaire faculté des Africains à jouer très longtemps (souvent pendant des heures) sans changer de tempo. De telles qualités sont rares en Occident : il suffit de mettre en marche un métronome pendant l'écoute d'un disque ou d'une retransmission radiophonique pour s'en rendre compte.

L'hémiole (juxtaposition d'un groupe de trois notes et d'un groupe de deux notes) et la syncope (accent avant ou après le temps fort) sont caractéristiques des rythmes africains. On les retrouve dans la musique afro-américaine. Alors que, dans la musique occidentale, la division rythmique s'effectue généralement en sections (ou mesures) égales, la musique africaine observe une répartition inégale : en Occident, une carrure de 12 temps se décomposera en 4+4+4 ou 3+3+3+3 alors qu'en Afrique elle pourra revêtir des combinaisons comme 5+7 ou 3+4+5. Dans les œuvres polyphoniques, deux ou trois rythmes différents s'ajoutent souvent les uns aux autres, comme dans l'Ex. 2. Dans cette danse de l'Ouest africain, on pourrait réécrire toutes les parties en utilisant la mesure à 12/8, mais cette écriture « verticale » serait un mauvais reflet de la perception « linéaire » des instrumentistes africains qui entendent chaque partie séparément : le tambour conducteur à 5/8 et les petits tambours à 6/8 ou 3/8 (comme l'indique l'exemple). Pour coordonner les différentes parties et fournir une référence, l'un des idiophones, dans le cas présent la cloche, tient une partie répétitive rythmique. Cette partie ne marque pas simplement les principaux temps, mais incorpore généralement la syncope (comme sur l'exemple). La syncope, l'hémiole, la superposition de rythmes inégaux complexes et la rythmique inébranlable contribuent à donner aux rythmes africains leur élan caractéristique. Les musiciens africains passent par les différents degrés d'excitation que les schémas rythmiques engendrent dans leur musique. Plus le rythme est « chaud », meilleure est l'exécution.

La musique africaine comporte de nombreuses formes de polyphonie, du simple parallélisme (surtout en tierces, quartes et quintes) aux formes de musique responsoriales (question-réponse), aux canons perpétuels, aux accompagnements *ostinato* et à ce que l'on pourrait appeler contrepoint pur. Les Ex. 1 et 2 illustrent deux types de polyphonie, l'un du Sud, l'autre d'Afrique occidentale.

L'Ex. 1 est une danse royale chantée des Zoulous du sud-est de l'Afrique, enregistrée, transcrite et analysée par David Rycroft. La majeure partie de la musique zouloue jouée en groupe est vocale et prend la forme question-réponse (la question se situant souvent dans une tessiture aiguë et la réponse dans une tessiture grave). La polyphonie vocale zouloue illustre ce que Rycroft appelle le principe de l'entrée non simultanée. Comme le montre l'Ex. 1, toutes les parties vocales se chevauchent et il n'y a aucun point de cadence commun. Chaque strophe peut se répéter indéfiniment.

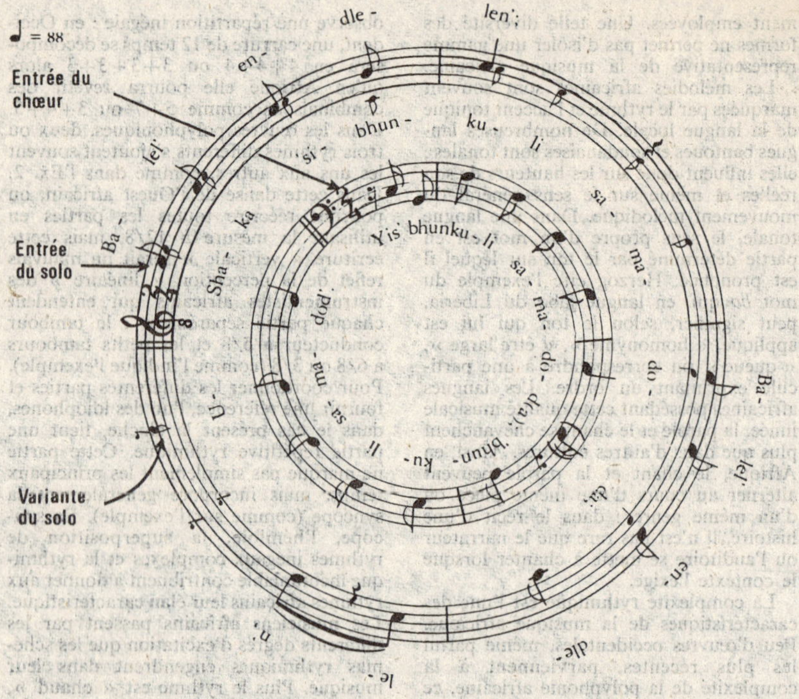

Ex. 1. Ingoma kaShaka. *Danse royale chantée du roi Shaka des Zoulous (Afrique du sud-est) (Enregistrée et transcrite par David Rycroft. Extrait du* Journal of the International Folk Music Council, *XIX (1967), p. 95).*

Lorsqu'une voix revient à son point de départ, elle recommence, d'où les portées circulaires concentriques qui représentent visuellement ce chevauchement, cette répétition, cette polyphonie canonique. Ce chant porte le titre de « Danse royale chantée du roi Shaka » et date sans doute du début du XIXe siècle. Il est écrit selon une gamme hexatonique à deux demi-tons. Comme d'autres pièces du répertoire zoulou, cette pièce ne commence pas par un solo mais par un chœur. Rycroft laisse entendre que la forme de ces chants ne s'est pas développée à partir de la simple antiphonie question-réponse, mais que la partie soliste aurait été ajoutée ultérieurement, sous la forme d'un dessus mélodique improvisé.

L'Ex. 2 présente une séquence de la danse funèbre *Nyayito* du peuple éwé (Ghana), transcrite et analysée par A. M. Jones. Cette danse illustre certaines techniques polyphoniques complexes de la musique de l'Afrique occidentale. L'œuvre commence par une séquence non accompagnée où le soliste chante un vers entier dans un style *rubato* (cette introduction n'est pas reproduite dans l'exemple). Ce prélude sert à rappeler les paroles et l'air au chœur et aux instrumentistes, à stimuler leur enthousiasme et à les préparer au chant, au jeu et à la danse. Le texte chanté peut se traduire ainsi :

« Je suis un enfant unique abandonné de tous,
Je mourrai seul dans la foule.
Oh ! Voilà la chanson :
Notre chanson « tobaha » ne finira jamais –

Elle ressemble à la pluie qui tombe sans fin dans la carrière Nyima.
Le peuple d'Anyako est allé louer Akpali.
Je chanterai sans cesse pour vous comme un moineau.
Je vous ai dit que je vous la chanterai
La chanson de ce tambourinage, je vous la chanterai.
Mon père est mort et j'ai erré comme un fou à la merci d'un chien de chasse ou d'un léopard affamé. »
(Jones, *Studies in African Music*, I, p.73-74).

Un second protagoniste, ayant de préférence une couleur vocale différente, commence à répéter le même vers (mesure 1) et le chœur intervient aussitôt (l'Ex. 2 se termine au milieu de la première phrase chantée du chœur). Le *gankogui* (double cloche sans battant que frappe une baguette de bois), l'*axatse* (crécelle composée d'une calebasse recouverte d'un filet tissé sur lequel sont fixées des perles) et les battements de mains viennent s'ajouter au chœur. La cloche *gankogui* donne la pulsation rythmique de toute la danse. L'*atsimeuu* (tambour conducteur) peut rectifier le tempo lorsqu'il entre à la cinquième mesure (le *gankogui* doit alors accélérer ou ralentir pour s'y conformer) ; mais à partir du moment où le tempo est bien déterminé, le *gankogui* assure la régularité métronomique, ce qui permet le synchronisme des autres parties. La danse complète correspond à 18 séquences de *gankogui*.

Le tambour conducteur se voit confier des séquences courantes, généralement liées à la danse *Nyayito*. Les séquences peuvent être jouées dans n'importe quel ordre, répétées ou modifiées, mais comme la danse *Nyayito* est une pièce assez concise, elle donne lieu à peu de variations. A chaque séquence correspond une réponse-type jouée par les tambours *sogo* et *kidi* (mesure 5). Le *kagang* (petit tambour) attaque alors une séquence rythmique simple à contretemps de celle du *gankogui*, qu'il jouera sans modification jusqu'à la fin du morceau. Le texte figurant sous les parties d'*atsimeuu*, de *sogo* et de *kidi* se compose de syllabes mnémotechniques qu'utilisent les batteurs pour identifier les hauteurs de son des tambours et les attaques. La mélodie a des apparences diatoniques, bien qu'elle commence et s'achève par ce qui serait la dominante dans un contexte européen, caractéristique de nombreuses mélodies africaines.

4. *Les instruments.* L'Afrique est représentée à tort comme le continent des tambours. Au XXe siècle encore, cette idée reçue subsiste et rares sont ceux qui connaissent la multitude d'instruments de musique que recèle le continent africain. L'Afrique ne possède pas une variété considérable de tambours, par contre les musiciens utilisent de nombreuses autres familles d'instruments : flûtes, trompettes et trompes, droites ou traversières, clarinettes traversières, chalumeaux, d'innombrables crécelles, cloches et autres idiophones, arcs musicaux, cithares, lyres, luths, harpes et harpes-luths. Le rythme étant un trait dominant de la musique africaine, les instruments possèdent souvent des caractéristiques percussives. Ainsi, les cordophones à cordes pincées sont plus nombreux que les cordophones à archet, sans doute parce qu'ils permettent une articulation claire et s'adaptent mieux aux séquences rythmiques compliquées. Les instruments à percussion mélodiques (xylophones) sont très répandus, notamment la sanza, idiophone à lamelles pincées.

L'instrumentarium d'une région dépend, dans une certaine mesure, du terrain et du mode de vie de la population. Les matériaux servant à la fabrication des instruments sont étroitement liés à l'environnement. Ainsi, les fûts et les membranes des tambours fabriqués dans la savane diffèrent de ceux que l'on rencontre en région forestière ou désertique. Les types d'instruments dépendent souvent de l'organisation sociale. Les tribus qui se consacrent à la chasse et à la cueillette, comme les Pygmées d'Afrique centrale, disposent de peu d'instruments ; ils sont généralement petits et faciles à transporter, comme les sifflets et les claves. La musique de ces populations nomades est essentiellement vocale, souvent accompagnée de battements des mains et des pieds.

Certains peuples africains possèdent une classification locale des instruments : les Sothos du sud de l'Afrique font une distinction entre *liletsa tsa matsoho* (instruments à mains) et *liletsa tsa molomo* (instruments à bouche). Ces peuples considèrent que la résonance buccale fait partie intégrante de l'instrument et ne constitue pas une technique de jeu. Ils regroupent les arcs musicaux à résonance buccale et les guimbardes avec les mégaphones et les aérophones classiques comme les flûtes et

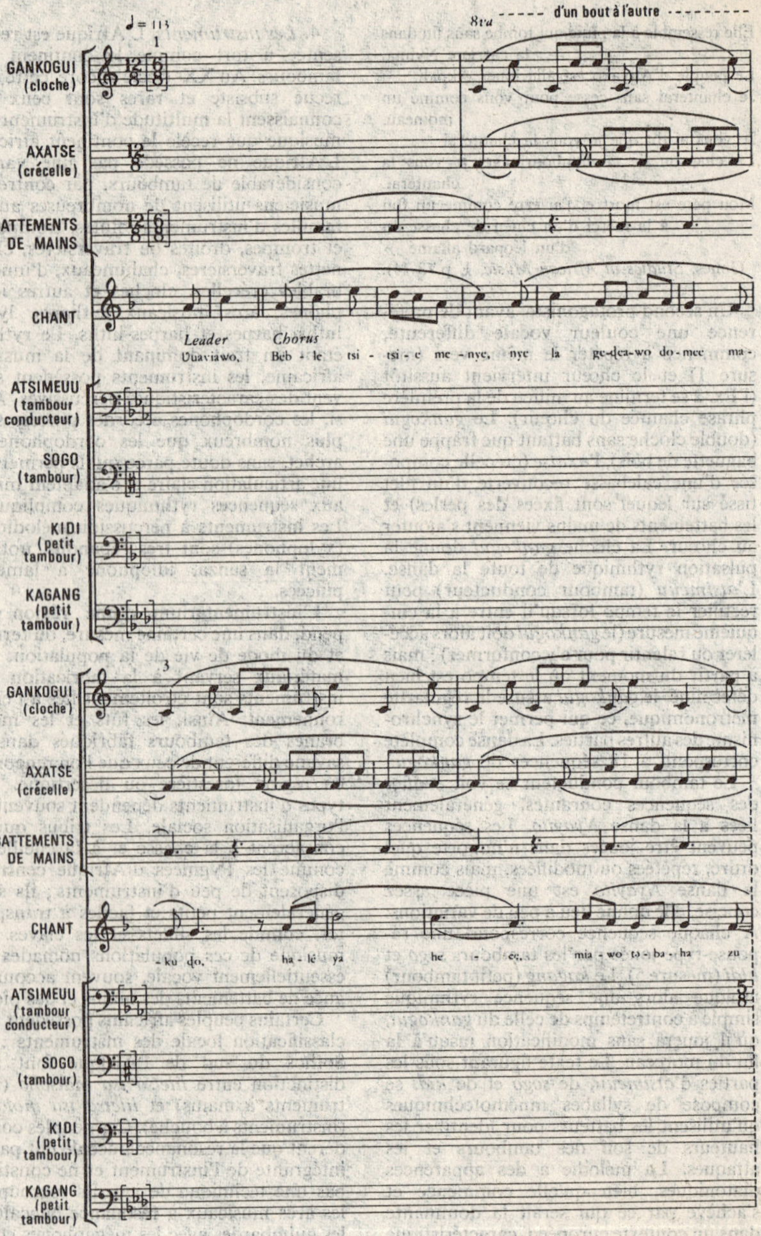
♩ = 113
8va ----- d'un bout à l'autre ----------
GANKOGUI (cloche)
AXATSE (crécelle)
BATTEMENTS DE MAINS
CHANT
Leader
Chorus
Duaviawo, Beb - le tsi - tsi - e me - nye, nye la ge-dea-wo do-mee ma-
ATSIMEUU (tambour conducteur)
SOGO (tambour)
KIDI (petit tambour)
KAGANG (petit tambour)
GANKOGUI (cloche)
AXATSE (crécelle)
BATTEMENTS DE MAINS
CHANT
- ku do, ha - lé ya he - ee, mia - wo to - ba - ha zu
ATSIMEUU (tambour conducteur)
SOGO (tambour)
KIDI (petit tambour)
KAGANG (petit tambour)
Ex. 2

5
GANKOGUI (cloche)
AXATSE (crecelle)
BATTEMENTS DE MAINS
CHANT
ma-ke ma-ke, ve- dzia dẹ dza dẹ 'nyi me re-nu, Anyakoawo yi a-dza wu ge na akpa-
ATSIMEUU (tambour conducteur)
etc.
GA KREBE KREBE, GA KREBE KREBEKI, GA KREBE KREBE,GA KREBE KREBE KI-
SOGO (tambour)
KI - YA KI - YA KI-YA KI-
KIDI (petit tambour)
KI - YA KI - YA KI-YA KI-
KAGANG (petit tambour)
KA-GAD KA GAD
7
GANKOGUI (cloche)
AXATSE (crecelle)
BATTEMENTS DE MAINS
CHANT
-lu-ee, mado a-lẹwa gbe na mi dzro.
ATSIMEUU (tambour conducteur)
-YA KI-YA KI-YA KI-YA KI-YA KI-
SOGO (tambour)
-YA WOYA KPEDA-GANA ABU-YA. Repeat
KIDI (petit tambour)
-YA KI-YA KI-YA KI-YA, Repeat
KAGANG (petit tambour)

les trompettes. En Côte-d'Ivoire, les Dans assimilent les rhombes (planchettes ronflantes), les sifflets et les tambours à corde à des « masques », car ils sont supposés incarner la voix des masques de cérémonie ou de certains animaux. Au Mali, chez les Dogons, le rhombe porte le nom de « mère », car il traduit la voix de leur plus grand masque. Cet instrument, véritable symbole dans de nombreux pays du monde, est soigneusement conservé par les Dogons qui le cachent dans une caverne avec les masques rituels.

Les instruments jouent quatre rôles importants dans la société africaine. Le premier est purement musical : ils peuvent jouer en soliste, dans des ensembles ou accompagner la voix humaine. Certains d'entre eux, comme le rhombe, ont un rôle médiateur entre l'homme et la divinité. D'autres, certains tambours comme l'*atumpan* du Ghana ou les tambours de bois, permettent d'imiter les rythmes et les intonations des langues africaines tonales : ils servent à la transmission des messages. Enfin, dans certaines sociétés africaines, des instruments comme les trompettes et les tambours représentent la puissance, le prestige et l'autorité.

Les idiophones (instruments qui produisent de fortes vibrations) sont les instruments africains les plus répandus, certainement en raison de la simplicité de leur forme, de leur fabrication et de leur exécution. Les crécelles se retrouvent dans la plupart des cultures africaines. Les hochets se composent de calebasses, de courges ou de paniers tressés remplis de graines ou de cailloux. Les sonnailles, formées de coquilles, de noix, de cocons ou d'autres petits objets, sont secouées par un danseur ou un musicien, ou même attachées aux poignets d'un joueur de xylophone. Le sistre, hochet composé de disques métalliques enfilés sur des tiges de métal, joue un rôle important dans l'Église éthiopienne ; on le trouve également en Afrique occidentale. Les cloches sont en bois ou en métal, souvent sans battant, et frappées avec des battes de bois ou métalliques ; certaines d'entre elles atteignent des dimensions imposantes comme celles qui interviennent dans les cérémonies rituelles ou à la cour (Afrique occidentale). Les tambours de bois ne sont pas des membranophones, comme leur nom le laisse supposer, mais des idiophones, car leur son provient de la vibration de la totalité de l'instrument (comme celui des crécelles ou des cloches). Les tambours de bois sont taillés dans des troncs d'arbre et comportent une ou deux fentes évidées qui forment des lèvres : en les frappant avec des baguettes de bois, on obtient deux ou quatre sons différents. Les cloches vont souvent par paire (aiguë et grave), comme les crécelles, montrant ainsi les possibilités mélodiques que ces instruments d'apparence rythmique partagent avec les crécelles et les tambours de bois.

La sanza est un idiophone peu commun, spécifiquement africain ou afro-américain. Il se compose de fines languettes de métal ou de roseau, de longueur différente, fixées à un résonateur de forme variable (planche, boîte ou calebasse). Le musicien pince les languettes vers le bas avec les pouces ou parfois avec les index. Pour cette raison, la sanza est parfois nommée en Europe « piano à pouces » ou « piano à doigts ». La plupart des sanzas sont pourvues de « bruiteurs », coquillages ou grelots métalliques fixés au résonateur qui vibrent librement au jeu de l'instrument en produisant un bourdonnement particulièrement apprécié des Africains. La taille, l'accord, la répartition des notes et le répertoire des sanzas varient considérablement d'une région à l'autre. Dans de nombreux groupes bantous d'Afrique de l'Est et du Sud-Est, elles portent le nom de *marimba*. Au Zimbabwe et dans la région du Zambèze, on parle souvent de *mbira*, au Zaïre de *likembe*.

Le xylophone (souvent appelé *balafon*) est, comme la sanza, un idiophone accordé ; de nombreuses langues africaines ne possèdent qu'un seul mot pour désigner les deux instruments (*marimba*, par exemple). La taille, l'accord et la facture des xylophones connaissent des variantes considérables. Le nombre de notes varie d'une ou deux à vingt-cinq, parfois davantage. Certains xylophones, petits et légers, peuvent se suspendre au cou de l'instrumentiste. D'autres, simples mais plus gros, se composent de lames de bois qui reposent sur des caisses (surtout en Tanzanie), des pots d'argile (Nigeria) ou même sur un trou pratiqué dans le sol (Afrique occidentale, République centrafricaine et Kenya). Les xylophones plus élaborés comportent des lames montées sur une structure rigide en bois et des résonateurs (courges ou calebasses). Les lames de certains xylophones reposent sur deux rangées de régimes de bananes. On rencontre souvent des ensembles de xylophones, particulièrement dans les orchestres chopis du Sud-Est africain, qui regroupent une demi-douzaine d'instruments de différentes tailles. La plupart de ces instruments de l'Est africain sont accordés à intervalles égaux ; plusieurs chercheurs, notamment A. M. Jones, pensent qu'ils viennent d'Indonésie où un tel accord des xylophones est assez répandu (*Indonésie*, 2a, 3a). Les théories selon lesquelles il y aurait eu un contact culturel entre des zones géographiques très éloignées font aujourd'hui l'objet de la plus grande prudence, mais constituent un chapitre important de l'histoire de l'*ethnomusicologie.

La variété et le degré de perfection auxquels parviennent les membranophones africains (tambours à membrane tendue) sont révélateurs de l'esprit inventif et de l'ingéniosité des musiciens et facteurs d'instruments africains. On a identifié une centaine de membranophones différents, possédant chacun un nom local, une technique de jeu et un répertoire. Les tambours les plus rudimentaires se composent de membranes tendues sur l'ouverture de courges, de pots en argile ou même de boîtes en fer blanc. Certains instruments, plus élaborés, sont taillés dans des troncs d'arbre ou formés de morceaux de bois maintenus par des cercles métalliques. Les tambours peuvent être coniques ou cylindriques, en forme de tonneau ou de gobelet, cintrés ou sur pied, grands ou trapus ; ils possèdent une ou deux membranes, avec l'une des extrémités ouverte ou fermée. Les membranes sont taillées en peau de bête, en antilope ou en peau de lézard ; elles sont collées, clouées ou chevillées à la caisse du tambour ou lacées avec des courroies qui prennent des formes déterminées, décrivant un W, un X ou un Y. Les instrumentistes se servent des baguettes, de leurs mains ou même des deux. Sur certains tambours sont attachés des mirlitons, des coquillages ou des grelots qui produisent un bourdonnement. Les tambours-sabliers sont suspendus à l'épaule de l'instrumentiste, d'autres sont placés entre ses jambes, sur le sol ou sur un support. Les tambours africains vont souvent par paire ou par ensemble de plusieurs instruments classés par taille et par tessiture. L'*entenga* ougandais regroupe 15 tambours accordés dont jouent 6 instrumentistes dans le style du *hoquet, chaque tambour apportant sa propre sonorité à la texture musicale de l'ensemble.

Les aérophones (instruments à vent) sont moins répandus en Afrique que les membranophones, mais, dans certaines régions, les trompettes, les flûtes et les chalumeaux jouissent d'une certaine popularité. Les trompettes naturelles en bois, en os, en corne ou en ivoire (généralement munies de trous ou de pistons) servent à la transmission des messages ; on les retrouve aussi dans des ensembles instrumentaux où, comme dans l'*entenga* ougandais, elles interviennent dans le style du hoquet, la sonorité spécifique des différentes trompettes contribuant, tour à tour, à créer la mélodie. Certaines trompettes possèdent une embouchure en bout, comme sur leurs homologues européennes, d'autres une embouchure latérale. Les flûtes, droites et traversières, se rencontrent dans la plupart des régions. Ce sont généralement de simples instruments sans trous, en canne, en bois ou en bambou. Les flûtes droites, tenues à la verticale pour la plupart, peuvent être jouées ensemble, dans le style du hoquet.

Les cordophones africains (instruments à cordes) vont du simple arc musical aux harpes, luths, vièles et lyres très élaborés. L'arc musical se rencontre dans la plupart des régions (non seulement en Afrique, mais dans le monde entier) et c'est, sans aucun doute, le premier instrument de musique inventé par l'homme. Il tire probablement son origine de l'arc de chasse, bien que certains musicologues prétendent qu'il a d'abord servi d'instrument et, seulement ensuite, d'arme. L'arc musical se compose d'une corde unique tendue entre les deux extrémités d'une tige flexible. Certains sont munis d'une courge qui sert de résonateur alors que, pour d'autres, tels les arcs en bouche, l'exécutant tient l'extrémité de l'instrument contre les dents ou entre les lèvres tout en pinçant la corde ; la bouche sert donc de résonateur. Bien que l'arc musical soit de construction simple, son répertoire est souvent très complexe comme le montre l'Ex. 3, une chanson des broussards Hukwe du désert Kalahari, accompagnée à l'arc musical.

Les harpes, pluriarcs, lyres et harpes-luths sont répandus sur l'ensemble du

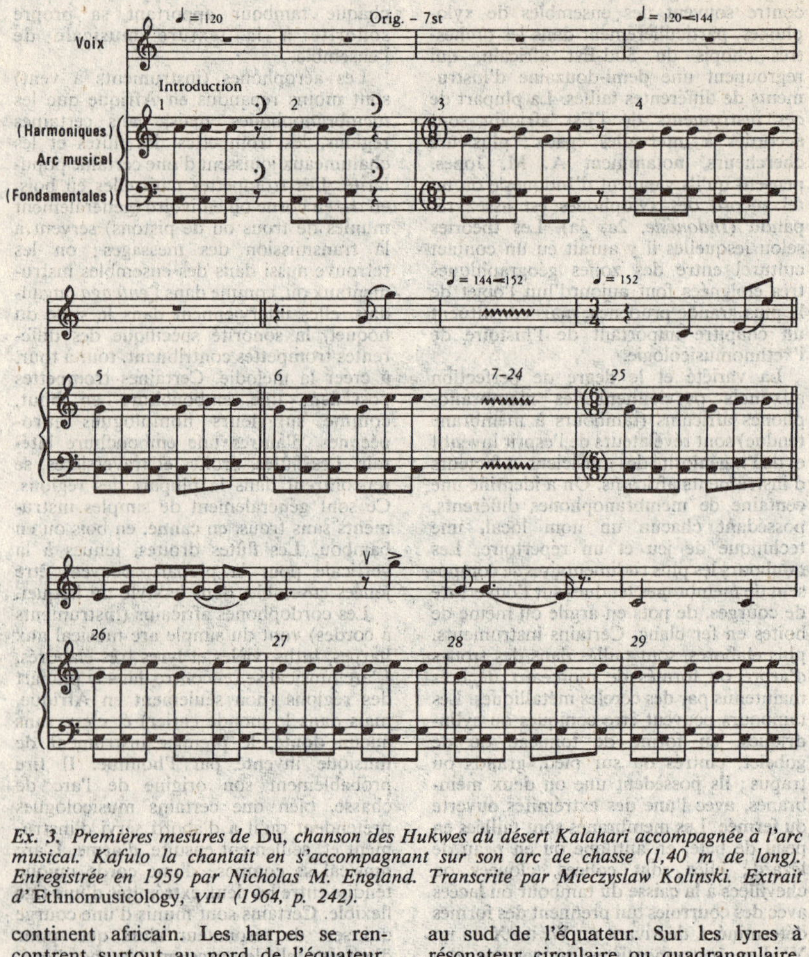

Ex. 3. Premières mesures de Du, *chanson des Hukwes du désert Kalahari accompagnée à l'arc musical. Kafulo la chantait en s'accompagnant sur son arc de chasse (1,40 m de long). Enregistrée en 1959 par Nicholas M. England. Transcrite par Mieczyslaw Kolinski. Extrait d'* Ethnomusicology, *VIII (1964, p. 242).*

continent africain. Les harpes se rencontrent surtout au nord de l'équateur, dans une large bande traversant le continent de la savane occidentale à l'Ouganda. La plupart sont des harpes arquées, au manche recourbé, dotées de 5 à 10 cordes qui forment un angle avec le résonateur en bois. L'ardin mauritanien constitue une exception, avec 10 à 16 cordes et une calebasse qui lui sert de résonateur. Les pluriarcs, comme le *nsambi* d'Afrique centrale, ont un manche séparé qui supporte chaque corde ; on les trouve surtout au sud de l'équateur. Sur les lyres à résonateur circulaire ou quadrangulaire, les montants sont fixés au résonateur à une extrémité et réunis par un joug à l'autre extrémité. Les cordes sont tendues entre le résonateur et le joug. Les lyres sont surtout concentrées en Afrique orientale, mais on en joue aussi dans d'autres régions. La grande *bagannâ* éthiopienne et la *krar* ou *kerâr* (plus petite) sont les variétés les plus courantes. Les harpes-luths possèdent certaines caractéristiques du luth (manche droit) et de la harpe (cordes perpendiculaires au résonateur). L'exemple le plus répandu est la *kora mandinka*, harpe-luth à 21 cordes pincées d'Afrique occidentale, jouée par des musiciens professionnels de sexe masculin. La plupart des harpes africaines sont utilisées par des chanteurs pour accompagner leurs propres chansons ou la poésie chantée. Le style le plus courant se compose d'*ostinato* simples et de schémas répétés.

5. *Tendances modernes*. Pendant la décolonisation, surtout depuis les années cinquante, plusieurs éléments ont marqué l'avenir de la musique africaine, notamment l'accueil enthousiaste réservé aux nouveaux genres urbains : *highlife* d'Afrique occidentale, *tarabu* est-africain, *kwela* sud-africain ou musique congolaise centrafricaine, tous indissociables d'une musique « pop » internationale. Ces styles hybrides créent de nouvelles relations entre la musique africaine et européenne et illustrent les effets du modernisme et de l'occidentalisation sur la vie africaine.

Le *highlife* est un style de musique et de danse populaire qui s'est développé dans les villes d'Afrique occidentale au début du XXe siècle. Musique pop et légère, elle reflète la grande vie des cafés et des boîtes de nuit desquels elle est indissociable. Le *highlife* est issu des musiques militaires européennes du XIXe siècle qui jouaient souvent dans les comptoirs de la côte ghanéenne. Les indigènes ont constitué des ensembles basés sur ces modèles européens et, au cours des années trente, a vu le jour un style hybride regroupant des éléments africains, afro-américains et européens. Des groupes comme le Sugar Babies Light Orchestra du Cap (parlant le yoruba) ont effectué des tournées triomphales au Nigeria. Rapidement, le Ghana et le Nigeria vont rivaliser pour occuper le devant de la scène dans le domaine du *highlife*, la majeure partie de l'activité se concentrant à Accra et Lagos. Le *highlife* est un genre musical énergique, caractérisé par des rythmes solides et entraînants, joués sur des claves, des castagnettes, des tambours et, parfois, sur une bouteille, avec des baguettes. La plupart des morceaux sont à deux temps, mais certaines pièces lentes (appelées « blues ») sont conçues à 6/8. Le chanteur joue un rôle essentiel dans l'ensemble ; il chante dans n'importe quelle langue d'Afrique occidentale et même en anglais. Le texte des chansons se réfère souvent à des sujets de politique internationale ou locale, parfois à des thèmes personnels.

Le *tarabu* est le style populaire des villes est-africaines. Cette région, voisine immédiate du monde islamique, a des attaches très anciennes avec l'Inde par l'intermédiaire des routes maritimes. Il n'est donc pas surprenant que le *tarabu* ait une coloration orientale très prononcée. Le style vocal est plus proche du chant arabe que du chant africain. L'ensemble-type comporte, en dehors des tambours africains, le *tablah* (tambour) et le *ûd* (luth à manche court) du Moyen-Orient, l'harmonium indien (petit orgue à anche libre), le violon, l'harmonica et la guitare occidentale. Les textes de chansons *tarabu*, comme ceux des formes les plus populaires du monde entier, traitent surtout d'amour.

Le *kwela* ou « afro-jazz » est le style populaire des villes du sud de l'Afrique. Il a vu le jour, au cours des années quarante, dans des groupes de jeunes Africains qui jouaient principalement du flûtiau à bon marché. On ressent l'influence du *swing* américain et le *kwela*, comme le *highlife*, donne aux éléments africains une coloration américano-européenne. *Kwela* est un mot zoulou signifiant « monter ». Il comporte des connotations d'ascension dans l'échelle sociale – voire d'émancipation – et de vie rapide. Les ensembles *kwela* comportent des guitares acoustiques, des flûtes et la basse à une corde. Très populaire dans la région de Johannesburg, le *kwela* s'est étendu à la Rhodésie (aujourd'hui Zimbabwe) au cours des années cinquante puis au Nyassaland (aujourd'hui Malawi).

La musique congolaise a vu le jour au Congo belge (Zaïre) au début du XXe siècle. Dans certaines mines et camps de travail de grosses sociétés européennes, des contacts se sont développés entre ouvriers de différents groupes ethniques centrafricains, chinois et de l'ouest de l'Inde, donnant naissance à une nouvelle forme musicale reflétant le milieu plus cosmopolite où ils se trouvaient. Comme le *highlife* et le *kwela*, la musique congolaise mélange les styles locaux et étrangers, puisant surtout dans les danses latino-américaines comme la rumba, le cha-cha-cha et le boléro. Ce nouveau style s'est vite répandu à l'ensemble du Zaïre et à d'autres régions d'Afrique centrale. Les ensembles congolais comportent un chanteur, un *likembe* (autre nom de la sanza) – pour les mélodies et les interludes improvisés –, une bouteille et des baguettes – pour la séquence rythmique de base – qui remplacent probablement la double cloche africaine sans battant, et divers instruments occidentaux (violon, accordéon, grosse caisse, cymbales, maracas, guitares acoustiques, puis électriques, saxophones, clarinettes, flûtes, etc.). Les œuvres sont souvent de structure binaire, reflétant la forme question-réponse typique de l'esthétique africaine.

Si la popularité de ces nouveaux genres urbains représente le changement dans la culture africaine, la continuité s'incarne dans une autre évolution, un nouveau conservatisme encouragé par un nationalisme conscient. En reconnaissant à nouveau la valeur des coutumes de leur pays, les gouvernements africains cautionnent les arts locaux, notamment la musique. Une troisième phase évolutive se manifeste avec l'apparition de compositeurs africains dotés d'une formation classique dans le domaine de la musique occidentale. Des personnalités comme Fela Sowande au Nigeria et Salomon Mbabi-Katana en Ouganda se sont forgé des réputations internationales au même titre que leurs collègues européens et américains. Les nouvelles formes du théâtre africain associent également les influences africaines et occidentales. Dans un contexte occidental – représentation sur scène devant un public silencieux qui ne participe pas au spectacle –, on utilise des instruments africains traditionnels, alors que de nombreux chants sont arrangés selon l'harmonie européenne à quatre voix. Les compositeurs les plus éminents sont Gibson Kente (Afrique du Sud), Byron Kawaddwa (Ouganda), Hubert Ogunda (Nigeria) et Saka Acquaye (Ghana). Autre innovation, les « compositeurs du dimanche » reprennent la tradition africaine des cantiques chrétiens, aujourd'hui solidement établie, en composant de nouvelles versions pour les chœurs d'église ou les chœurs des écoles. Certains mêlent des éléments africains et occidentaux, comme les cantiques de l'église bemba de Catejan Lunsonga et l'impressionnante *Missa Luba* de Guido Haazened. Ainsi, la tendance inventive qui a ouvert les frontières de l'Afrique, avec les compositeurs occidentalisants ou des genres populaires comme le *highlife*, le *tarabu*, le *kwela* ou la musique congolaise, se traduit de façon totalement créative, alors que la tendance conservatrice et protectionniste permet à la musique traditionnelle africaine de conserver son parfum authentique et de survivre pour les générations futures.

Helen Myers.

BIBLIOGRAPHIE : Francis Bebey, *Musique de l'Afrique*, Horizons de France (Paris, 1969). Salah El Mahdi, *La Musique arabe*, Leduc (Paris, 1972). François Fampou, *Ku sà, introduction à la percussion africaine*, L'Harmattan (Paris, 1986). Mahmoud Ghettat, *La Musique classique du Maghreb*, Sindbad (Paris, 1982). E. Nago Seck et Sylvie Clerfeuille, *Musiciens africains des années 80*, L'Harmattan (Paris, 1986). Tolia Nikiprowetzky, *Trois Aspects de la musique africaine (Mauritanie, Sénégal, Niger)*, Ocora (Paris, 1969). André Schaeffner, *Origine des instruments de musique*, Payot (Paris, 1936), rééd. Mouton Éditeur (Paris, 1968 et 1980). Habib Hassan Tolima, *La Musique arabe*, Buchet-Chastel (Paris, 1977). *La Musique africaine*, La Revue Musicale n° 288-289, Richard Masse (Paris, 1976).

Agende (all., du latin : *agenda*, « à faire »). « Liturgie », « rituel ». Le rituel du service de l'Église protestante allemande.

Age d'or, L'. Ballet en trois actes de Dimitri Chostakovitch sur un livret de A. Ivanovski, chorégraphie de E. Kaplan et V. Vaynonen. Créé à Leningrad en 1930. Chostakovitch en a tiré une suite pour orchestre op.22a et a réutilisé une partie de la musique dans un autre ballet, *Les Rêveurs* (1975).

Agevole (ital.). « Léger », « facile », « agile ». *Agevolezza*, « avec facilité ».

Aggiustamente, aggiustatamente (ital.). « Exact », dans le sens rythmique.

Agiatamente (ital.). « Aisé », « avec aisance » : librement, avec une certaine liberté en ce qui concerne la vitesse,... A ne pas confondre avec *agitatamente* (voir *agitato*).

Agilmente (ital.). « Agile », « avec agilité » : exécution rapide et agile.

Agincour, François d' (Rouen, 1684 ; Rouen, 30 avril 1758). Organiste et compositeur français, élève de Boyvin et de Lebègue. Il est d'abord titulaire des orgues de Sainte-Madeleine-en-la-Cité à Paris (1701-06) avant de succéder à Lebègue à la cathédrale de Rouen. En 1726, il est nommé organiste de Saint-Jean, à Rouen. Il a composé six suites de pièces d'orgue, dans les différents tons liturgiques, et quatre ordres de pièces pour clavecin.

Alain Pâris.

Agincourt song. Chant commémorant la victoire des Anglais à Azincourt en 1415, sans doute composé à cette époque. Conçu pour deux voix solistes et chœur à trois voix, il figure dans certains psautiers pour être chanté en assemblée (*Deo gratias* de l'*English Hymnal*).

Agitato (ital.). « Agité » ; *agitatamente,* « de façon agitée ». Terme peu utilisé avant le XIXe siècle.

Agnus Dei (lat., « agneau de Dieu »). Partie de l'ordinaire de la messe chanté entre le *Pater noster* et la communion (voir également *Plain-chant,* 2 ; *Common Prayer, Book of*).

Agogique (du grec agvgúh, « conduite », « direction »). 1. Terme introduit par Hugo Riemann dans son livre *Musikalische Dynamik und Agogik* (1884) pour décrire l'accentuation naturelle d'une phrase musicale par opposition à la pulsation métrique régulière de la musique. Par exemple, la première note d'une phrase, ou un saut vers une note sensiblement plus haute ou plus basse que les notes précédentes, ou encore une dissonance incisive juste avant la résolution d'un accord peuvent suggérer à l'interprète le besoin d'une légère prolongation qui donne l'effet d'un accent. Voir également *Accent.*

2. Dans un sens plus large, « agogique » désigne toute modification rythmique expressive comportant le genre d'accentuation décrite ci-dessus (*rallentendo, accelerendo,* pause).

Agon. Ballet pour douze danseurs de Stravinski, chorégraphie de Balanchine. Créé en concert à Los Angeles en 1957 et, à la scène, la même année à New York.

Agradevole (ital.) ou *gradevole.* « Agréable ».

Agrégat. Terme d'analyse utilisé pour la musique atonale. On parle le plus souvent d'agrégats de 12 notes à propos d'une courte séquence dans laquelle chaque note de la gamme chromatique ne figure qu'une seule fois (série dodécaphonique).

Agréments. Terme générique désignant les petits ornements que l'on trouve dans la musique française des XVIIe et XVIIIe siècles. Voir *Ornements et ornementation,* 3b.

Agricola, Alexandre (vers 1446 ; Valladolid, août 1506). Compositeur franco-flamand. Comme un grand nombre de ses contemporains, l'essentiel de sa carrière se déroule en Italie – Milan, Florence et Naples, à la cour d'Aragon. Mais il travaille également pendant une courte période à Cambrai et, à plusieurs reprises, pour la chapelle royale de la cour de France. En 1500, il entre au service de Philippe le Bel, duc de Bourgogne et roi de Castille. Il mourra en Espagne, probablement de la peste, pendant un voyage de la cour. Moins fertile et moins novatrice que celle de Josquin des Prés, l'œuvre d'Agricola peut être comparée à celle de Compère ou de Brumel, tant par son abondance que par sa qualité. Ses pièces profanes – chansons et œuvres instrumentales – étaient particulièrement connues, mais il a également composé des messes (dont Petrucci a publié un recueil en 1504), des motets et diverses pièces liturgiques. Sa musique qui révèle un goût prononcé pour les lignes mélodiques vivantes, syncopées et décoratives contraste avec le style déclamatoire plus carré que pratiquait Josquin des Prés à la même époque.

John Milsom.

Agrippina. Opéra en trois actes de Haendel sur un livret de V. Grimani, créé à Venise en 1709.

Aguado (y Garcia), Dionysio (Madrid, 8 avril 1784 ; Madrid, 29 décembre 1849). Guitariste et compositeur espagnol. Il vit à Paris entre 1825 et 1839 où sa méthode de guitare (Madrid, 1825) est publiée en version française vers 1830. Il est notamment l'auteur d'un recueil d'études pour guitare.

Wendy Thompson.

Aguilera de Heredia, Sebastián (Saragosse, vers 1565 ; Saragosse, 16 décembre 1627). Prêtre et compositeur espagnol. Organiste de la cathédrale de Huesca et de celle de Saragosse, son œuvre comprend des pièces pour orgue, des psaumes à quatre voix et le *Canticum Beatissimae Virginis* (Saragosse, 1618) qui regroupe 36 *Magnificat*, de quatre à huit voix.

Wendy Thompson.

Aguinaldo (esp.). Voir *Adoración*.

Ägyptische Helena, Die (« Hélène d'Égypte »). Opéra en deux actes de Richard Strauss sur un livret de Hugo von Hofmannsthal. Créé à Dresde en 1928 et, dans sa version révisée, à Salzbourg en 1933.

Ähnlich [aehnlich] (all.). « Similaire », « pareil », « identique ».

Ah, vous dirai-je, Maman. Chanson enfantine française immortalisée par Mozart (Variations pour piano). Adam, Grétry et Dohnányi ont également écrit des variations sur ce thème et Saint-Saëns l'a cité dans *Le Carnaval des animaux* (« Les Fossiles »).

Aichinger, Gregor (Ratisbonne, 1564-65 ; Augsbourg, 20-21 janvier 1628). Compositeur et organiste allemand. Né dans une famille protestante, il fait ses études universitaires à Ingolstadt et subit l'influence des jésuites. Il se tourne assez tôt vers la musique et se lie avec les Fugger, famille de banquiers internationaux qui l'envoient étudier le style vénitien avec Giovanni Gabrieli en Italie. Il séjourne également à Sienne et à Rome. Il rentre en Allemagne converti au catholicisme et occupe différents bénéfices et fonctions musicales dans les églises d'Augsbourg. Il retourne en Italie en 1598. Excellent compositeur de musique religieuse qui s'est illustré avec autant de bonheur avec les grands effectifs de style vénitien qu'avec des formations plus réduites, il est l'un des premiers musiciens allemands à utiliser la basse continue. Mort lors d'une épidémie de peste, il laisse une bibliothèque qui montre la diversité de ses centres d'intérêt : géographie, philosophie, histoire, botanique, religion et musique.

Denis Arnold.

Aïda. Opéra en quatre actes de Verdi sur un livret d'Antonio Ghislanzoni d'après l'ouvrage de Camille du Locle sur une intrigue d'August Mariette Bey (1868). Représentations : Le Caire (24 décembre 1871), Milan (Scala, 8 février 1872), New York (Academy of Music, 26 novembre 1873), Londres (Covent Garden, 22 juin 1876), Paris (Théâtre des Italiens, 1876 ; Opéra, 1880).

Contrairement à ce que l'on croit souvent, *Aïda* n'a pas été composé pour l'inauguration du canal de Suez ni commandé par le khédive d'Égypte pour l'ouverture du nouvel Opéra du Caire. Mariette avait proposé le sujet au khédive pour célébrer l'inauguration du canal, mais Verdi ne reçut le synopsis qu'en 1870. L'Opéra du Caire avait été inauguré en 1869 avec *Rigoletto*.

L'action se déroule dans l'Égypte antique et raconte les amours de Radamès (tén.), capitaine de la garde, et de la jeune esclave Aïda (sop.), fille d'Amonasro, roi d'Éthiopie (bar.) qui est capturé par Radamès lors de la victoire des troupes égyptiennes. Amené par la ruse à livrer des secrets militaires, Radamès est condamné à être enterré vivant. Aïda le rejoint dans sa tombe et meurt avec lui alors qu'Amneris (mezzo), fille du roi d'Égypte qui aimait en vain Radamès, prie pour lui.

BIBLIOGRAPHIE : *Aïda*, L'Avant-Scène-Opéra n° 4, (Paris, 1976).

Ainsi parla Zarathoustra. Voir *Also sprach Zarathustra*.

Air. 1. Terme employé en Angleterre du XVIe au XIXe siècle pour désigner une chanson ou mélodie : « Londonderry Air »... Voir également *Ayre*.

2. Au XVIe siècle, le mot « air » désignait en France une chanson à une voix avec accompagnement de luth. On distinguait plusieurs sortes d'airs, notamment l'**air de cour* et l'**air à boire*. Ce mot peut aussi bien s'appliquer à des œuvres instrumentales que vocales : dans les œuvres scéniques des XVIIe et XVIIIe siècles, les airs servaient d'interludes entre les récitatifs. A l'opéra, on distinguait quatre types d'airs principaux : l'air « dialogue », avec accompagnement de continuo, qui servait d'alternatif au récitatif ; l'air « monologue », généralement développé, comme l'aria italienne, et ré-

servé aux moments d'intensité maximale ou à la réflexion ; l'air « maxime », réflexion insouciante sur les épreuves de la vie, souvent chanté par des personnages secondaires ; et les airs de danse. Voir également *Aria*.

3. Au début du XVIIe siècle, en Angleterre, les airs instrumentaux faisaient partie des divertissement scéniques de la même façon, notamment les *masques (*Courtly Masquing Ayres* de Adson, 1621).

4. Dans la *suite baroque et classique, l'air devient un mouvement facultatif plus lyrique que dansé. Le second mouvement de la *Suite pour orchestre n° 3* de J. S. Bach (parfois appelé « Air sur la corde de sol ») en est un excellent exemple.

Air à boire. Air simple (voir *Air*, 2) très populaire à la fin du XVIIe et au XVIIIe siècle. A partir de 1694, il y avait une telle demande d'airs à boire que des recueils mensuels ont été publiés pendant une trentaine d'années. Campra, Charpentier, Couperin, Lully et Rameau ont composé des airs à boire.

Air du catalogue. Air de Leporello dans *Don Giovanni* de Mozart (acte 1, scène 2), dans lequel il dresse à Donna Elvira la liste des conquêtes amoureuses de Don Giovanni dans tous les pays, terminant chaque récit par les paroles : « Mais en Espagne, mille et trois (*mille e tre*) ». Mozart s'est sans doute inspiré d'un air identique du *Don Giovanni* de Gazzaniga, l'énumération rapide d'une liste chantée étant un trait populaire de l'opéra-comique au XVIIIe siècle.

Air sur la corde de sol. *Air* (deuxième mouvement) de la *Suite pour orchestre n° 3 en ré majeur* de J. S. Bach arrangé pour violon et piano par Wilhelmj. Cet arrangement est transcrit un ton plus bas pour n'utiliser que la quatrième corde du violon (sol). Il existe d'autres transcriptions du même air pour orchestre à cordes ou pour différents instruments.

Air de cour. Brève chanson de forme strophique, à une ou plusieurs voix accompagnées au luth ou par un instrument à clavier, cultivée en France aux XVIe et XVIIe siècles. Le terme apparaît pour la première fois dans le *Livre d'airs de cour mis sur le luth* (1571) d'Adrien Le Roy.

Après avoir subi l'influence du *vaudeville homophonique et du style déclamatoire de la *musique mesurée, l'air de cour s'enrichit d'une poésie plus raffinée. Les principaux compositeurs d'airs de cour sont Michel Lambert, Antoine Boësset, Pierre Guédron et Etienne Moulinié. La liberté rythmique et la clarté des vers qui le caractérisent ont joué un rôle capital dans l'évolution ultérieure de la musique française. Lully, en particulier, a inséré ces éléments dans ses propres œuvres qui ont largement contribué à l'élaboration du récitatif français.

Air et variations. Voir *Variation*.

Ais (all.). *La* dièse. *Aisis*. La double dièse.

Akademie (all.). Académie. Également employé au XVIIIe siècle pour désigner un concert ou un récital.

Akademische Festouvertüre. Voir *Ouverture pour un festival académique*.

Akkord (all.). « Accord » ; *akkordieren*, « accorder ».

Akcent (all.). « Accent ».

A la bien-aimée lointaine. Voir *An die ferne Geliebte*.

Alabiev. Voir *Aliabiev, Alexandre*.

A la corde. Position d'archet sur la corde permettant de produire un effet *legato* (instruments à cordes).

Alain, Jehan (Ariste) (Saint-Germain-en-Laye, 3 février 1911 ; Petit-Puy, près de Saumur, 20 juin 1940). Compositeur et organiste français. Il fait ses études au Conservatoire de Paris (1927-39) avec Marcel Dupré (orgue), Paul Dukas et Roger Ducasse (composition). Sa mort prématurée au front, pendant la Seconde Guerre mondiale, met fin à une carrière prometteuse : ses œuvres, notamment pour orgue (*Litanies*, 1938), révèlent un maniement personnel de cette modalité fervente qui séduit, à la même époque, le jeune Messiaen. Il a aussi composé de nombreuses œuvres pour piano. Frère de l'organiste Marie-Claire Alain (née en 1926).

Paul Griffiths.

BIBLIOGRAPHIE : Bernard Gavoty, *Jehan Alain, musicien français*, Albin Michel (Paris, 1945) rééd. Les Introuvables (Plan-de-la-Tour, 1985).

Alalá (esp.). Chanson populaire de Galice (nord-ouest de l'Espagne) dont la mélodie est généralement très ornementée par le chanteur. Elle tire son nom du refrain caractéristique de la chanson « ay-la-la ».

Alard, Delphin (Bayonne, 8 mars 1815 ; Paris, 22 février 1888). Violoniste et compositeur français, il fut professeur au Conservatoire de Paris entre 1843 et 1875, formant l'élite des instrumentistes français. Il a laissé un concerto, des études et diverses pièces. Son traité *L'École du violon* (1844) fait toujours autorité.

Alain Pâris.

Alassio. Voir *In the South (Alassio).*

Alba (Aube). Chanson provençale décrivant la séparation des amants à l'aube ; elle comprend généralement un dialogue dans lequel un veilleur avertit les amants d'un danger imminent. En Allemagne, elle figure au répertoire des *Minnesinger* sous le nom de *Tagelied.*

Albéniz, Isaac (Manuel Francisco) (Camprodòn, Catalogne, 29 mai 1860 ; Cambo-les-Bains, 18 mai 1909). Compositeur et pianiste espagnol. Il fait sa première apparition publique comme pianiste à l'âge de quatre ans. Trois ans plus tard, il se voit refuser l'accès au Conservatoire de Paris à cause de son trop jeune âge, mais il travaille pendant quelque temps au Conservatoire de Madrid. En 1872, il s'embarque comme passager clandestin sur un navire à destination de l'Amérique du Sud et, après un séjour aux États-Unis où il gagne sa vie comme pianiste, il retourne en Europe et entre au Conservatoire de Leipzig. Il étudie ensuite au Conservatoire de Bruxelles puis à Budapest, avec Liszt, avant de retourner à Barcelone où il se marie en 1883. Deux ans plus tard, il se fixe à Madrid.

Albéniz se consacre essentiellement à l'enseignement jusqu'en 1889 : une tournée en Angleterre lui donne les moyens de suivre à Paris les cours de Vincent d'Indy et de Paul Dukas. En 1890, il part pour Londres et se lie d'amitié avec le banquier Francis Burdett Money-Coutts qui le persuade de mettre en musique ses livrets d'opéra. D'une collaboration assez difficile voient le jour quelques ouvrages d'intérêt médiocre, notamment l'opéra historique *Henry Clifford* (1895) et une vaste trilogie consacrée aux légendes du roi Arthur qu'il n'achèvera jamais, bien qu'elle l'occupe de façon intermittente jusqu'à la fin de ses jours. *Pepita Jiménez* (1896), dont le sujet correspond mieux au tempérament d'Albéniz, est le seul succès issu de sa collaboration avec Coutts. En 1893, il s'installe à Paris où ses œuvres commencent à susciter attention et respect. Plusieurs partitions symphoniques, notamment la *Rapsodia Española* et *Catalonia* sont exécutées au cours des dernières années du siècle. Mais Albéniz est déjà atteint d'un mal incurable. A partir de 1900, il passera la majeure partie de son temps dans le midi de la France.

Albéniz appartient à un groupe de compositeurs de la fin du XIXe siècle qui ont tiré leur inspiration en puisant aux sources de la musique espagnole. Ses œuvres les plus marquantes sont destinées au piano et les quatres cahiers d'*Iberia* évoquent brillamment les curiosités et les sonorités de son pays natal, tout en faisant appel au maximum des ressources de la technique pianistique. *Iberia* a été orchestré par Enrique Arbós et Carlos Surinach, la *Suite española* par Rafael Frühbeck de Burgos.

Wendy Thompson.

BIBLIOGRAPHIE : Henri Collet, *Albéniz et Granados*, PUF (Paris, 1929), rééd. Les Introuvables (Plan-de-la-Tour, 1982). Vladimir Jankélévitch, *Albéniz et l'état de verve*, in *La Rhapsodie*, Flammarion (Paris, 1955) ; *La présence lointaine, Albéniz, Séverac, Mompou, essai sur le mystère du charme de la musique*, Seuil (Paris,1983). Gabriel Laplane, *Albéniz*, Milieu du Monde (Paris, 1956).

Albéniz, Mateo Pérez de (vers 1755 ; Saint-Sébastien, 23 juin 1831). Compositeur espagnol. Maître de chapelle à Saint-Sébastien, il publie en 1802 un traité d'enseignement de la musique ancienne. Son fils, **Pedro Albéniz y Basanta** (Logroño, 14 avril 1795 ; Madrid, 12 avril 1855) a mené la triple carrière de pianiste, organiste et compositeur, devenant notamment le premier professeur de piano au Conservatoire de Madrid en 1830. Il est l'auteur d'une méthode de piano (Madrid, 1840), de nombreuses pièces pour le même instrument et s'est également illustré dans la musique vocale.

Wendy Thompson.

Albert, Eugen (Francis, Charles) **d'** (Glasgow, 10 avril 1864 ; Riga, 3 mars

1932). Pianiste et compositeur allemand. Une bourse lui permet d'étudier le piano avec Ernest Pauer à la National Training School of Music (qui deviendra le Royal College of Music). A dix-sept ans, il obtient la bourse Mendelssohn et va travailler à Vienne et à Weimar avec Liszt. Il se forge rapidement une réputation internationale comme interprète de Bach et de Beethoven. Il se lie d'amitié avec Grieg, Humperdinck, Pfitzner et Reger, mais perd les faveurs du public britannique à cause de ses sympathies pro-allemandes pendant la Première Guerre mondiale. Marié six fois, il passe notamment trois années orageuses avec la pianiste Teresa Carreño (1853-1917) : un journal allemand note que « Frau Carreño a joué hier pour la première fois le deuxième concerto de son troisième mari au quatrième concert philharmonique. »

Les œuvres d'Eugen d'Albert se ressentent de l'influence de Brahms. Il a écrit des pièces pour piano, des mélodies, de la musique de chambre, une symphonie (1886), deux concertos pour piano (1884 et 1893), un concerto pour violoncelle (1899) et 21 opéras dont, seul, *Tiefland* (créé à Prague en 1903) s'est maintenu au répertoire.

Wendy Thompson.

Albert, Heinrich (Lobenstein, Thuringe, 8 juillet 1604 ; Königsberg, 6 octobre 1651). Compositeur allemand, cousin et élève de Heinrich Schütz. Entre 1623 et 1626, il fait des études de droit à Leipzig et est nommé organiste de la cathédrale de Königsberg en 1630. Avec l'aide du poète Siman Dach, il devient l'un des principaux représentants du *Lied* allemand. Les *Lieder* d'Albert ont été publiés en dix recueils, *Arien oder Melodien* (Königsberg, 1638-50) à une ou plusieurs voix avec accompagnement instrumental, sur des textes spirituels ou profanes.

Wendy Thompson.

Albert, Prince (Prince consort) (Rosenau, Cobourg, 26 août 1819 ; Londres, 14 décembre 1861). Organiste et compositeur allemand. Né prince Albert de Saxe-Cobourg-Gotha, il épouse la reine Victoria en 1840. Mélomane enthousiaste, il tente de former le goût musical du public britannique en faisant connaître les classiques allemands et viennois ainsi que la musique de Mendelssohn, qu'il admire particulièrement. Il assure lui-même la programmation des soirées royales de la Philharmonic Society de Londres et des séries de concerts de musique ancienne. Le prince Albert a considérablement enrichi la bibliothèque de Buckingham Palace et agrandi l'orchestre privé de la reine qui, grâce à lui, est passé d'un ensemble à vent à un orchestre complet.

Il est l'auteur d'une quarantaine de mélodies (dont certaines ont été éditées vingt ans après sa mort), de l'hymne *Out of the Deep*, d'un service du matin et de la cantate *Invocazione all'armonia* pour solistes, chœur et piano, jouée à plusieurs reprises à l'occasion de l'Exposition universelle de 1851. Son style se ressent largement de l'influence de Mendelssohn.

Wendy Thompson.

Albert Herring. Opéra de chambre en trois actes op.39 de Britten sur un livret d'Eric Crozier, d'après *Le Rosier de Madame Husson* (1888) de Guy de Maupassant. Créé à Glyndebourne en 1947. Première représentation française à Metz, en 1966.

Alberti, Giuseppe Matteo (Bologne, 20 septembre 1685 ; Bologne, 1751). Violoniste et compositeur italien (à ne pas confondre avec Domenico Alberti à qui l'on doit la fameuse *basse d'Alberti). Violoniste à la chapelle de San Petronio de Bologne, il sera à plusieurs reprises président de l'Accademia Filarmonica, à partir de 1721. Sans compter parmi les plus grands virtuoses de son temps, il a composé d'intéressants concertos et plusieurs sonates pour violon. Ses pièces pour trompette et cordes révèlent un goût prononcé pour une écriture rythmique au sein des limites des possibilités de la trompette baroque. Ses concertos pour cordes se rapprochent, par leur style, de ceux de Vivaldi, sans toutefois faire appel à la même virtuosité. Dans les mouvements lents, il fait preuve d'un véritable talent mélodique et d'une grande richesse harmonique.

Denis Arnold.

Albicastro, Henrico [Heinrich Weissenburg] (avant 1670 ; après 1738). Violoniste, compositeur et officier de cavalerie probablement suisse. Sur les registres de l'Université de Leyde, il figure, en 1681, sous ses deux noms, l'allemand et l'italien, qu'il préfère, alors qu'il participe à la guerre de succession d'Espagne. Il se qualifie de « dilettante » sur plusieurs pages de titre, mais fait preuve d'un talent de compositeur certain ; si l'on en juge par ses sonates pour violon seul, il s'agissait aussi d'un bon instrumentiste. Ces sonates reprennent le schéma de base de la *Sonata da chiesa* fixé par Corelli (voir *Sonate*, 3), mais l'écriture en doubles, en triples ou en quadruples cordes, les arpèges et la technique d'ensemble montrent qu'il suivait de près l'évolution de l'école allemande. Ses douze concertos (op.7, vers 1700) sont des œuvres attrayantes, à mi-chemin entre le concerto grosso et le concerto soliste. Comme Torelli, Albicastro se montre particulièrement attiré par la polyphonie et par une harmonie complexe parfois très passionnée, révélant ainsi sa formation germanique.

Denis Arnold.

Albinoni, Tomaso Giovanni (Venise, 8 juin 1671 ; Venise, 17 janvier 1751). Compositeur italien. Fils d'un riche marchand de papier, Albinoni commence sa carrière de compositeur en 1694 en publiant un ensemble de douze sonates en trio et en faisant représenter un opéra au Théâtre SS. Giovanni e Paolo. A cette époque, la musique ne semble pas suffire à le faire vivre et il se décrit lui-même, sur la page de titre de différents ouvrages édités, comme un « Vénitien dilettante ». Il a peut-être été nommé à la cour de Mantoue pendant les deux dernières années du XVIIe siècle. Sa réputation de compositeur d'opéra se développe au début du XVIIIe et ses œuvres sont jouées dans toute l'Italie. A la mort de son père, en 1709, il reçoit un tiers du revenu de l'affaire familiale mais préfère être connu comme « musico di violino ». Sa femme meurt en 1721 et, l'année suivante, il se rend à Munich pour organiser les festivités du mariage du prince électeur Karl Albert et de Maria Amalia. En 1734, il a déjà composé au moins 80 opéras (dont certains sont des œuvres antérieures remaniées) et publié 5 recueils de sonates et 5 concertos. On ne sait rien de sa vie entre 1741 et 1751 et aucune œuvre de cette période ne nous est parvenue. Son certificat de décès indique qu'il est resté alité pendant deux ans et qu'il est mort de « fièvre et de catarrhe ».

Peu d'opéras d'Albinoni ont survécu ; ses cantates révèlent des facilités mélodiques certaines et comportent des progressions harmoniques inhabituelles qui donnent une idée de son style lyrique. Aujourd'hui, Albinoni est surtout connu pour sa musique instrumentale, notamment pour ses concertos qui ne manquent pas d'intérêt et qui occupent une place importante dans l'évolution historique de la forme. Ses premières sonates révèlent l'influence de Corelli, mais il se forge par la suite une écriture harmonique plus riche, usant de chromatisme et d'accords dissonants. Les mouvements rapides de ses concertos s'inspirent surtout de Torelli, mais ils se rapprochent de Vivaldi par l'organisation du matériel thématique, les *ritornelli* d'introduction et de conclusion et des thèmes faciles à mémoriser, construits sur des rythmes solides. Le contrepoint semble l'attirer davantage que Vivaldi – ce qui peut expliquer l'attirance de Bach pour sa musique : il a copié et arrangé plusieurs de ses concertos. Les dernières œuvres d'Albinoni sont empreintes du style galant, mais il reste essentiellement conservateur. Par un curieux hasard, la partition qui a contribué à sa célébrité récente est apocryphe : l'*Adagio en sol mineur*, à l'écriture romantique et sentimentale, n'est en fait que l'œuvre du musicologue Remi Giazotto.

Denis Arnold.

Alborada (esp.). « Chant du matin ». Pièce de musique instrumentale, parfois destinée aux cornemuses et à un petit tambour, dont la principale caractéristique est la liberté rythmique. On en trouve des exemples dans le *Capriccio espagnol* de Rimski-Korsakov ou dans l'*Alborada del gracioso* (quatrième volet des *Miroirs* pour piano, orchestré par la suite) de Ravel. Voir également *Alba*, *Aubade*.

Albrechtsberger, Johann Georg (Klosterneuburg, près de Vienne, 3 février 1739 ; Vienne, 7 mars 1809). Organiste, compositeur et pédagogue autrichien. Après des études effectuées dans sa ville natale et à l'abbaye de Melk, il suit des cours de philosophie au séminaire jésuite de Vienne. Sa carrière musicale débute vers 1755 lorsqu'il est nommé organiste à Raab (aujourd'hui Györ), en Hongrie. Il occupe ensuite des postes analogues en

Basse-Autriche et à Melk avant de devenir deuxième organiste de la cour, à Vienne (1772). Promu premier organiste en 1792, il est nommé l'année suivante *Kapellmeister* à la cathédrale Saint-Étienne de Vienne, poste qu'il occupera jusqu'à sa mort. Albrechtsberger est surtout connu comme défenseur du « style ancien » : il maîtrisait parfaitement le contrepoint, ayant non seulement assimilé la technique de Palestrina, mais aussi celle de Bach, ce que reflète sa musique religieuse. On en trouve également des traces dans sa musique instrumentale qui ne se réfère jamais totalement au style galant de l'époque. Il a formé une génération entière de musiciens viennois, notamment Beethoven (qui, comme Mozart, l'appréciait beaucoup) et Hummel.

Denis Arnold.

Albumblatt (all., pl. *Albumblätter*). « Feuille d'album ». Petite pièce instrumentale du XIXe siècle, de caractère généralement intime et dédiée à un ami ou à un maître. La plupart des *Albumblätter* sont destinés au piano (*Albumblätter* op.124 ou *Bunte Blätter* op.99 de Schumann).

Alceste. Opéra en trois actes de Gluck sur un texte de Lebland du Rollet, d'après le livret italien de Calzabigi, lui-même tiré du drame d'Euripide (438 av. J.-C.). Version italienne représentée à Vienne (Burgtheater), le 26 décembre 1767 ; Londres (King's Theater), le 30 avril 1795 ; New York (Wellesley College), le 11 mars 1938. Version française représentée à Paris (Académie royale de musique), le 23 avril 1776 ; à Londres (Covent Garden), en 1937 ; à New York (Met), en 1941.

Admète, roi de Thessalie (tén.), est malade. L'oracle annonce qu'il mourra si un volontaire ne meurt pas à sa place. Sa femme, Alceste (mezzo), consent à mourir à sa place et le roi guérit. Alceste et Admète sont inséparables, mais Alceste est résolue à respecter le pacte qu'elle a conclu. Hercule (bar.) apparaît et chasse les esprits infernaux qui se saisissaient d'Alceste. Apollon (bar.) intervient également et Alceste est rendue à Admète. L'ouvrage se termine sur une célébration de l'amour conjugal. Cet argument avait également inspiré Lully (1674) et Haendel (1734).

La préface de cette partition de Gluck (réimprimée dans *Source Readings in Music History* d'Oliver Strunk, Londres, 1950) est l'un des documents essentiels de l'histoire de l'opéra. Gluck y défend la notion de drame musical, par opposition au « concert en costume ».

BIBLIOGRAPHIE : *Alceste*, L'Avant-Scène-Opéra n° 73, (Paris, 1985).

Alcina. Opéra en trois actes de Haendel sur un livret de A. Marchi, d'après l'*Orlando Furioso* (1516) de l'Arioste. Représentations : Londres (Covent Garden, 16 avril 1735) ; Leipzig (14 juin 1928).

La magicienne Alcina (sop.) s'empare de Ruggiero (à l'origine confié à un castrat, maintenant à une mezzo) qui tombe amoureux d'elle par l'effet de ses sortilèges. Mais sa fiancée, Bradamante (mezzo), également naufragée sur l'île enchantée d'Alcina, le sauvera, ainsi que d'autres victimes, de la sorcellerie d'Alcina.

Aldeburgh Festival. Voir *Festivals*, 4.

Aléatoire. Voir *Musique aléatoire*.

Alembert, Jean le Rond d' (Paris, 16 novembre 1717 ; Paris, 29 octobre 1783). Philosophe et mathématicien français qui participa à la rédaction de *L'Encyclopédie*. Ses nombreux écrits sur la musique ont contribué à faire connaître les théories de Rameau et la musique française.

Alessandro. Opéra en trois actes de Haendel sur un livret de Paolo Rolli d'après *La Superbia d'Alessandro* de Mauro. Créé à Londres en 1726 et repris sous le nom de *Rossane* en 1743, sans doute sous le contrôle de Haendel lui-même.

Alexander Balus. Oratorio de Haendel sur un texte biblique compilé par le révérend Thomas Morell. Créé à Londres en 1748.

Alexandre Nevski. Cantate op.78 de Prokofiev sur un texte du compositeur et de V. Lugorsky pour mezzo-soprano, chœur et orchestre (1939). La musique est tirée de la partition que Prokofiev avait composée pour le film de Serguei Eisenstein, *Alexandre Nevski* (1938).

Alexander's Feast. Voir *Le Festin d'Alexandre.*

Alfano, Franco (Naples, 8 mars 1875 ; San Remo, 27 octobre 1954). Compositeur italien. Après des études musicales effectuées au Conservatoire de Naples, avec Nardis et Serrao, puis au Conservatoire de Leipzig, avec Jadassohn, il remporte son premier grand succès avec l'opéra *Risurrezione* (1904), d'après Tolstoï, ouvrage vériste qui sera suivi de plusieurs autres opéras, de ballets, de partitions symphoniques et de différentes pièces de musique de chambre. Alfano est surtout connu pour avoir complété *Turandot* de Puccini d'après les esquisses laissées par le compositeur.

Paul Griffiths.

Al fine (ital.). « A la fin ». Indication prescrivant à l'exécutant de rejouer le même mouvement du début jusqu'à l'endroit marqué *fine.* Voir également *Da capo.*

Alfonso e Estrella. Opéra en trois actes de Schubert sur un livret de F. von Schober. Créé à Weimar en 1854. L'ouverture reprend celle de *Rosamunde.*

Alfred. Masque de Arne sur un livret de J. Thomson et D. Mallett traitant de la vie du roi Alfred. C'est dans ce masque que figure le *Rule, Britannia !* Créé dans sa version originale en deux actes à Clivedon House (Berkshire). Arne a révisé sa partition pour en tirer une version en trois actes, plus longue, qui a été jouée à plusieurs reprises sur les scènes londoniennes entre 1750 et 1760, parfois en oratorio.

Alfvén, Hugo (Emil) (Stockholm, 1er mai 1872 ; Falun, 8 mai 1960). Compositeur suédois. Au Conservatoire royal de Stockholm, il reçoit une formation de violoniste et travaille la composition avec Johan Lindegren (1887-91). Des bourses d'État lui permettent d'étudier dans différents pays (1896-1903) avant de retourner en Suède où il dirige des chorales, puis devient directeur musical de l'Orchestre de l'Université d'Uppsala (1910-40). Son œuvre regroupe 5 symphonies, diverses pièces pour orchestre et de vastes fresques chorales ; elle est largement marquée par le style wagnérien, tout en puisant aux sources de la musique populaire de son pays. A l'exception d'œuvres chorales, il cesse pratiquement de composer à partir de 1920.

Paul Griffiths.

Aliabiev, Alexandre (Alexandrovitch) (Tobolsk, Sibérie occidentale, 15 août 1787 ; Moscou, 6 mars 1851). Compositeur russe. Une vie animée lui permet de faire carrière dans l'armée pendant la guerre contre Napoléon et de marcher avec l'armée russe sur Dresde et Paris, en 1812. En 1828, il est accusé de meurtre (suite probable d'une partie de cartes pendant laquelle, trois ans plus tôt, il avait frappé un adversaire) et est exilé en Sibérie. Peu après 1830, il est autorisé à se rendre dans le Sud pour raison de santé. Puis il remonte vers le nord, à Orenbourg, et, finalement, à Moscou où il mourra.

Aliabiev est surtout connu pour ses romances et ses mélodies, notamment *Le Rossignol* qui est souvent chanté – depuis Adelina Patti et Pauline Viardot – dans la scène de la leçon de chant du *Barbier de Séville* de Rossini. Liszt en a réalisé une transcription pour piano (1842). Il a servi de thème à des variations pour piano de Glinka (1833) et Aliabiev l'a lui-même réutilisé dans le mouvement lent de son *Quatuor à cordes nº 3* (1825). Ce quatuor et sa musique de chambre, en général, font appel au langage de l'époque tout en conservant une fraîcheur, un charme mélodique et, parfois, une certaine vigueur rythmique et harmonique. Sa musique manque de l'inspiration et du métier qui caractérisent celle de Glinka, son contemporain. Mais ses opéras (dont deux sont basés sur *La Tempête* et sur *Le Songe d'une nuit d'été* de Shakespeare), ses ballets, ses vaudevilles, sa musique instrumentale et ses nombreuses mélodies font de lui l'un des compositeurs russes les plus féconds de son temps.

Geoffrey Norris.

Alison, Richard (connu vers 1592-1606). Compositeur anglais. Il participe au *Whole Book of Psalmes* (1592) de

Thomas East et, en 1599, publie un recueil avec accompagnement de « luth, orpharion, cistre ou viole basse », dédié à la comtesse de Warwick, *The Psalmes of David in Meter*. Son recueil de 24 chants à quatre et cinq voix, *An Howres Recreation in Musicke, apt for Instruments and Voyces* (1606) est dédié à son protecteur, Sir John Scudamore.

Wendy Thompson.

Alkan [Morhange], (Charles-)**Valentin** (Paris, 30 novembre 1813 ; Paris, 29 mars 1888). Pianiste et compositeur français. D'origine juive, il abandonne son véritable nom, Morhange, comme ses cinq frères et sœurs qui deviennent aussi musiciens. Enfant prodige, il remporte un premier prix de solfège au Conservatoire de Paris à l'âge de sept ans. Il suscite l'admiration du directeur, Cherubini, et obtient de grands succès dans les salons parisiens. Il remporte d'autres premiers prix au Conservatoire (piano, 1824 ; harmonie, 1827 ; orgue, 1834) et, à quatorze ans (1828), il publie sa première œuvre pour piano, un cycle de variations. Il enseigne à temps partiel au Conservatoire (1829-36) et donnera des concerts de façon intermittente jusqu'à la fin de sa vie, jouant notamment à Londres en 1833. Il évolue dans le cercle des musiciens et hommes de lettres romantiques avec Chopin et George Sand ; ceux qui le connaissaient mal le trouvaient timide, misanthrope et plutôt sévère. Un peu éclipsé par Liszt, il est néanmoins considéré comme l'un des plus grands pianistes de son époque, jouant rarement sa propre musique mais plutôt les classiques du XVIIIe siècle, Beethoven et Schubert.

Les œuvres d'Alkan sont presque exclusivement destinées au piano ou au piano à pédalier. On y trouve de nombreuses partitions brillantes et virtuoses aux proportions épiques, comme les *Études* (1848, 1857), ou des pièces courtes, plus simples, presque naïves. Elles révèlent l'influence de Chopin et de Berlioz, mais leur langage tonal, harmonique et rythmique frappe souvent par son originalité. Elles exploitent la totalité des ressources pianistiques qu'offrait l'évolution rapide du piano au début du XIXe siècle et ont connu un grand succès à leur époque.

Judith Nagley.

Alla breve (ital.). Voir *Breve*.

Allargando (ital.). « En élargissant », « de plus en plus lent ». Souvent lié à une augmentation du volume sonore.

Alle (all.). « Tous ». Terme que l'on rencontre souvent après une séquence confiée à un instrument ou à une voix soliste, indiquant l'entrée de tous les autres exécutants. *Alle ersten*, « tous les premiers violons ». *Alle zweiten*, « tous les seconds violons ».

Allegramente (ital.). « Allègre », « gai », « vif », « animé ». Voir *Allegro*.

Allegretto (ital.). Mouvement plus rapide que l'*andante*, mais plus lent que l'*allegro*, d'une façon générale, un peu animé et agi. Ce terme peut également servir de titre à une petite pièce ou à un *allegro* relativement court.

Allegrezza (ital.). « Gaieté ».

Allegri, Gregorio (1582 ; Rome, 7 février 1652). Compositeur et chanteur italien. Enfant de chœur, puis chantre (ténor) à Saint-Louis-des-Français à Rome, il devient, en 1600, l'élève de Giovanni Maria Nanino. Il occupe plusieurs postes de chanteur et de compositeur, notamment comme chantre de la chapelle papale. Il écrit beaucoup de musique sacrée, oscillant entre le style concertant et le style contrapuntique. Mais il doit sa renommée à son célèbre *Miserere* qui est chanté chaque année à la chapelle Sixtine pendant la semaine sainte. Ironie du sort, le succès de cette œuvre, qui exploite simplement la technique du *faux-bourdon, tient aux ornements ajoutés traditionnellement par les chanteurs et qui ne sont certainement pas de la main d'Allegri. Restés secret papal jusqu'en 1840, Mozart les avait néanmoins retranscrits de mémoire après les avoir entendus à deux reprises (peut-être même une seule fois) à l'âge de quatorze ans, tour de force remarquable.

Denis Arnold.

Allegro (ital.). « Gai », « allègre », « vif », « animé ». A l'origine, ce terme servait davantage à indiquer une expression qu'un mouvement métronomique, par exemple *allegro e presto*, *andante allegro* ; mais, de nos jours, il correspond seulement à une indication de mouvement : « vite ». Également employé comme titre pour certaines pièces ou mouvements rapides.

Allein (all.). « Seul ». *Eine Violine allein*, « un violon (seul) ».

Alléluia. 1. Exclamation d'origine hébraïque qui constitue une invitation à louer Dieu (« Louez Yahvé »). Dans les œuvres chorales des XVIIe et XVIIIe siècles, le mouvement final est souvent construit sur ce seul mot, comme le célèbre « Alléluia » qui termine la deuxième partie du *Messie* de Haendel, dans lequel le mot « Alléluia » est répété d'innombrables fois. Lors de la première représentation du *Messie* à Londres, à Covent Garden, le 23 mars 1743, tout le public, le roi George II en tête, s'était levé pour écouter ce chœur, créant ainsi une tradition qui subsiste encore en Angleterre. On trouve d'autres alléluias dans la musique de Purcell et de Bach.

2. Forme latine de l'expression hébraïque. L'alléluia s'est d'abord ajouté à certains *répons de l'Église catholique, sur une musique assez joyeuse, se greffant au plain-chant traditionnel avant de faire traditionnellement partie du propre de la *messe. Il se chante entre le graduel et l'Évangile. Pendant les temps de pénitence et aux messes de requiem, il est remplacé par le *trait. La veille de Pâques et de la Pentecôte, on chante l'alléluia et le trait et, après le samedi de Pâques, le graduel et l'alléluia sont remplacés par deux alléluias.

3. Symphonie « alléluia » . Symphonie n° 30 en ut majeur de Haydn, composée en 1765. Elle doit son nom à une citation, dans le premier mouvement, d'un alléluia de Pâques grégorien.

Allemagne et Autriche

1. Introduction
2. Du Moyen Age à 1520
3. De 1520 à la guerre de Trente Ans
4. Le baroque allemand
5. De 1750 à 1815
6. De 1815 à 1870
7. L'Allemagne unifiée
8. De 1914 à nos jours

1. *Introduction*. Les pays germaniques sont généralement considérés comme les pays de la musique par excellence. En réalité cette affirmation ne se justifie que pour la période située entre 1650 et 1900. Au XIXe et au début du XXe siècle, certains commentateurs anglais considéraient volontiers l'Allemagne et l'Autriche comme une terre d'élection de la musique, mais un point de vue plus élargi montre que la France et l'Italie ont apporté des contributions plus durables et plus substantielles. De même, les Pays-Bas, l'Angleterre et la Russie, malgré des traditions moins ancrées, ont infléchi dans la même mesure le cours de la musique occidentale à diverses époques. L'intérêt de l'histoire de la musique en Allemagne vient davantage de sa diversité et de sa capacité d'assimilation que de son nationalisme – idée que Wagner et ses successeurs auraient traitée d'anathème, mais qui est peut-être stimulante à une époque où l'internationalisme prend le pas sur le nationalisme.

2. *Du Moyen Age à 1520*. A la mort du fils de Charlemagne, le traité de Verdun (843) a divisé l'Empire carolingien en trois parties, la Francie orientale revenant à Louis II le Germanique. A partir de 962, cette région devient le Saint Empire romain germanique dont l'empereur est élu par une confédération de princes germaniques. L'élection est en fait souvent conclue à l'avance et des dynasties comme celles des Hohenstaufen se transmettent le titre de père en fils.

Le Saint Empire compte plusieurs monastères importants : Saint-Gall et Einsiedeln (Suisse), Reichenau (Autriche) et Ratisbonne, Lorsch, Fulda et Hirsau (Allemagne de l'Ouest). Un grand nombre d'entre eux s'attachent à l'étude de la théorie musicale et produisent quelques théoriciens éminents, notamment Hucbald (vers 840-930), moine de Tournai qui va étudier quelque temps à Fulda ; Notker Balbulus (« le bègue », vers 840-912) de Saint-Gall, Notker Labeo (vers 950-1022) également de Saint-Gall ; Berno, supérieur de Reichenau (mort en 1048) ; Hermannus Contractus (1013-54), qui travaille à Reichenau sous la direction de Berno, et Wilhelm, supérieur de Hirsau (mort en 1091). Certains monastères possèdent des écoles de chant, mais elles propagent le plain-chant et semblent s'intéresser assez peu à la polyphonie qui se développe en France et dans les Flandres.

Au début, la musique profane a peu d'importance. La diffusion, à partir de la

France, de l'idéal chevaleresque au XIIe siècle va inspirer la poésie courtoise des chansons d'amour des **Minnesinger* que chantent des musiciens itinérants comme Walther von der Vogelweide et Neidhart von Reuental. La cour des ducs de Hohenstaufen, en Souabe et en Franconie, constitue le principal centre du *Minnesang*. Malgré l'influence des troubadours et des trouvères, le matériel poétique de ces chanteurs germaniques ne traite pas exclusivement de l'amour courtois, mais également de questions rurales et religieuses. La tradition du *Frauenlob* – culte de la femme noble – durera jusqu'au XIVe siècle.

Toutefois, la caractéristique distinctive de la société germanique n'est pas la cour mais la ville libre ; on en relève déjà un grand nombre, certaines entièrement indépendantes, d'autres payant des taxes à l'empereur mais administrant librement leurs propres affaires. Dans ces villes se créent des unions de commerçants qui forment des guildes de **Meistersinger*. Généralement conservateurs, leurs règles préservent largement les idéaux des *Minnesinger*, surtout par leur attachement à la monophonie. La représentation que Wagner donne de ces guildes dans *Les Maîtres chanteurs de Nuremberg* repose sur la réalité : Hans Sachs était l'un de leurs meilleurs membres au XVIe siècle.

La polyphonie met longtemps à s'imposer. On la trouve d'abord dans la musique pour orgue, les orgues commençant à être construits assez tôt en Allemagne (Aix-la-Chapelle, Strasbourg et Freising au IXe siècle, Cologne au Xe siècle et de nombreuses autres villes aux siècles suivants). Au XVe siècle, l'organiste Conrad Paumann effectue plusieurs voyages et revient en Allemagne avec une connaissance approfondie de la musique italienne et bourguignonne. Il joue un rôle essentiel dans la prééminence de la musique d'orgue en Allemagne qui se maintiendra jusqu'à une date avancée du XVIIIe siècle. Le *Buxheimer Orgelbuch* donne une bonne idée du style et des formes de la musique composée par les organistes allemands du XVe siècle. Les techniques polyphoniques apparaissent dans la musique vocale de cette période. L'équivalent germanique de la « chanson » prend le nom de **Tenorlied*, parce que la mélodie principale est tenue par l'une des voix de ténor. On trouve ces *Tenorlied*, ainsi que des chansons françaises et bourguignonnes, dans plusieurs chansonniers importants, notamment le *Lochamer Liederbuch* (compilé vers 1450) et le *Glogauer Liederbuch* (vers 1480).

Ainsi, vers 1500, la musique germanique commence à s'aligner sur les normes internationales. Néanmoins, l'influence des idées de la Renaissance, qui ont provoqué une telle évolution des disciplines artistiques dans les cours italiennes, progresse peu et il est symptomatique que les auteurs allemands actuels décrivent la musique allemande de cette époque comme celle de la « fin du gothique » plutôt que de la « Renaissance ».

3. *De 1520 à la guerre de Trente Ans.* La Renaissance allemande est perturbée par des problèmes religieux. En 1517, Martin Luther affiche ses fameuses 95 thèses sur la porte de la Schlosskirche à Wittenberg. La *Réforme partage bientôt l'Allemagne en deux (en fait davantage, car les réformateurs eux-mêmes se scindent rapidement en plusieurs factions). Jusqu'au traité d'Augsbourg (1555), aucun accord n'aboutit en ce qui concerne les sphères d'influence. En effet, certains princes du Nord et la plupart des villes indépendantes se convertissent au protestantisme ; la majeure partie des États du Sud restent catholiques. Bien que diverses sectes protestantes refusent toute musique religieuse élaborée, Luther l'approuve et maintient une grande partie de la messe catholique romaine, en utilisant des traductions en allemand. Son principe de la participation de l'assemblée des fidèles aboutit au *choral, avec de nouvelles paroles souvent adaptées à des airs profanes plus anciens. La nouvelle génération de compositeurs allemands va se trouver stimulée par l'importance de la musique en langue vernaculaire et par le nombre croissant de maisons d'édition allemande dans des villes comme Wittenberg, Nuremberg, Francfort-sur-le-Main et Leipzig (voir *Édition musicale*, 3). Parmi ces compositeurs, Forster, Rhau, Stoltzer et Senfl écrivent pour l'Église réformée (quoique Stoltzer et Senfl n'embrassent pas ouvertement la nouvelle foi) composant des kyrie, gloria et magnificat polyphoniques ainsi que des motets, pour la plupart en allemand, mais parfois en latin. Johann Walter, le premier grand cantor protestant et le conseiller musical de

Luther, joue aussi un rôle important. La musique du service luthérien est plutôt conservatrice, si on la compare à celle des compositeurs écrivant pour l'Église catholique qui restent en contact avec l'Italie et la France.

La musique des villes libres est spécifiquement allemande, ces villes entretenant des groupes de musiciens civiques appelés *Stadtpfeifer* (« fifres municipaux ») depuis le XIVe siècle. Ces groupes, qui se composent essentiellement (mais pas exclusivement, malgré leur nom) d'instrumentistes à vent, inspirent beaucoup de musique instrumentale et encouragent la facture d'instruments ; Nuremberg acquiert une grande renommée pour ses trompettes et ses trombones, également pour les luths et les violes. La musique d'orgue prospère, la tradition de Paumann se prolongeant dans la musique de Schlick et de Hofhaimer.

Entre le traité d'Augsbourg (1555) et le début de la guerre de Trente Ans (1618), l'Allemagne connaît une période très paisible au cours de laquelle vont se définir les fondements de la vie musicale pour les deux siècles à venir. Dans le Sud, les cours à prédominance catholique imitent les principautés italiennes en entretenant de grandes chapelles : Munich, Stuttgart, Dresde, Weimar, etc. La détermination de l'Église catholique à récupérer le terrain perdu sur les protestants permet aux compositeurs formés à Rome ou ayant visité Rome d'être choisis comme maîtres de chapelle. Roland de Lassus se voit confier la chapelle de Munich en 1563 ; il y restera jusqu'à sa mort en 1594. L'intérêt qu'il porte au madrigal et à la musique religieuse élaborée le conduit à engager de jeunes Italiens et, dès 1586, tous les instrumentistes de l'orchestre de la cour sont Italiens. On trouve un rapport encore plus étroit avec la musique humaniste italienne dans l'intérêt que porte Lassus à la **musica reservata*, concept impliquant l'utilisation d'une mélodie et d'une harmonie chromatiques sur des paroles étroitement liées à la musique, conformément aux discussions qui se déroulaient alors à Ferrare et à Mantoue. A Dresde, la musique de la cour de Moritz de Saxe est dirigée par l'Italien Antonio Scandello, entre 1568 et 1580, alors que Philippe de Monte, qui a étudié pendant plusieurs années en Italie, est maître de chapelle de la cour impériale des Habsbourg, à Vienne et à Prague, entre 1568 et sa mort, en 1603.

Les princes protestants, qui admirent beaucoup la superbe musique religieuse des cours catholiques mais ne peuvent engager d'éminents étrangers catholiques, envoient leurs jeunes musiciens étudier en Italie. Le plus célèbre d'entre eux est Schütz, qui travaille avec Giovanni Gabrieli de 1609 à 1613 et dont la maîtrise du style vénitien est typique de toute une génération de musiciens allemands au début du XVIIe siècle. Cette connaissance de la musique moderne italienne, associée aux anciennes traditions du choral et de la polyphonie, donne à la musique protestante une richesse de style que les théoriciens de la première moitié du XVIIe siècle tentent de classer. Michael Praetorius est l'auteur d'un traité en trois volumes, *Syntagma musicum* (1619), qui essaie d'expliquer la nature de ces différents modes de composition ; le second volume contient des documents illustrés sur la plupart des instruments connus à l'époque. D'autres traitent de la façon d'utiliser l'ancien style polyphonique (*stilus ecclesiasticus*) et le style moderne (*stilus theatralis*) ; les effets expressifs de la musique sont sujets à une certaine polémique (née de discussions relatives à la *musica reservata*) qui aboutit finalement à la * « Doctrine des affections ».

4. *Le baroque allemand*. La guerre de Trente Ans ruine l'économie allemande et, même si aucune région n'y participe de façon continue, la vie artistique est sérieusement réduite dans l'ensemble du pays. A l'issue de cette guerre, les lignes de partage entre protestants et catholiques se trouvent fixées de façon plus ou moins permanente, les premiers occupant principalement le Nord, avec Berlin comme principal centre, et les seconds le Sud où Vienne prend de l'importance. Il reste un grand nombre de petites cours (environ 350 au début du siècle) qui imitent ces grands centres, ce qui procure des emplois à de nombreux musiciens. On constate également un déplacement général de population vers les villes libres, qui se sont avérées moins dangereuses que les campagnes pendant la guerre. Ce changement se reflète dans l'influence croissante des grandes églises protestantes qui possèdent des écoles de chant et régissent virtuellement la musique de toute la communauté.

L'un des postes les mieux payés et les plus prestigieux est celui de cantor d'une telle église, le cantor n'étant pas seulement chef des chœurs ou organiste mais aussi directeur de la musique dans une école et ayant parfois le droit de diriger d'autres organisations de la ville. L'importance des villes contribue à maintenir la compétence des « musiciens municipaux ». Leurs talents de trompettistes sont particulièrement précieux, mais les qualités générales dont ils font preuve sur la plupart des instruments à vent explique la popularité, en Allemagne, de certains instruments secondaires à anche double, comme le hautbois d'amour ou le *oboe da caccia*, à une époque où ils ne sont utilisés nulle part ailleurs. En outre, c'est dans les villes que se trouvent les universités et elles donnent souvent naissance à des formations musicales florissantes.

La grande période de la musique allemande voit donc le jour sur ces nouvelles bases – prestige des cours importantes, prolifération des plus petites et puissance accrue des villes libres. L'influence italienne se maintient dans les cours du Sud. Si la guerre de Trente Ans retarde l'arrivée de l'opéra (*Dafne* de Schütz, aujourd'hui perdu, représenté en 1627, semble avoir été une tentative isolée), les troupes établies à Venise et dans le nord de l'Italie s'aventurent bientôt à Innsbruck et à Vienne, sitôt la paix signée, et le genre s'impose rapidement. La représentation somptueuse d'*Il Pomo d'oro* de Cesti, composé pour un mariage royal à Vienne en 1667, marque le début d'une solide tradition lyrique dans cette ville, la cour engageant Antonio Draghi, puis Caldara et Fux. Ces opéras sont toujours écrits sur des livrets en italien, pour lesquels on fait venir spécialement des poètes de cour comme Zeno et Metastase. Salzbourg, Dresde, Munich et Hanovre suivent bientôt l'exemple. La musique religieuse suit aussi le style italien, bien qu'elle reste plus opulente, de très gros effectifs étant requis pour les messes dans le style polychoral vénitien – une messe écrite pour une grande occasion à Salzbourg fait intervenir 53 voix et instruments, disposés en huit groupes.

En 1678, la ville libre – mais aussi commerçante – de Hambourg reprend le modèle du théâtre lyrique vénitien lorsque est inauguré le Théâtre du Marché aux Oies, avec un opéra de Johann Theile, maître de chapelle du duc de Holstein, sur la vie d'Adam et Ève. Cette expérience dure jusqu'en 1738 et aboutit à l'élaboration d'une tradition allemande, vivante et indépendante, malgré l'emploi de l'italien pour les arias de certains ouvrages. Au nombre des compositeurs travaillant pour ce théâtre, on peut citer Keiser, Telemann et, pendant une courte période, Haendel. Une autre ville libre, Leipzig, crée un théâtre lyrique où sont produits plus d'une centaine d'opéras entre 1693 et 1720. Toutefois l'opéra n'est pas une affaire commerciale et il ne survit que dans les théâtres lyriques italianisants des cours importantes.

Les cours moins florissantes se signalent par leurs orchestres, généralement petits, mais offrant du travail à un nombre substantiel de musiciens. Au début du XVIIIe siècle, le répertoire est sans doute italien – les œuvres de Corelli et de Vivaldi sont particulièrement populaires – et cette vogue est favorisée par la visite de violonistes tels que Veracini, Locatelli et Vivaldi lui-même. Toutefois, la direction est souvent confiée à des Allemands, certains imitant de très près le style italien. Graupner à Darmstadt, Stölzel à la cour de Gotha, Quantz à Berlin, J. G. Graun à Mersebourg et J. S. Bach à Cöthen annoncent la naissance d'une nouvelle école de compositeurs allemands. Même à la cour de Saxe, la plus importante (Dresde), où les Italiens prolifèrent, Heinichen et Zelenka occupent les fonctions de directeur de la musique.

Cependant, toutes les cours imitent dans une certaine mesure les modèles étrangers, essentiellement italiens, mais également français à partir de 1670 ; la seule contribution de l'Allemagne à cette époque concerne en fait la musique des grandes églises protestantes du nord de l'Allemagne. L'orgue continue à jouer un rôle important et son répertoire regroupe des toccatas virtuoses, des fugues savantes et des arrangements d'airs de chorals. Une longue lignée d'organistes – de Buxtehude (Lübeck), Pachelbel (Nuremberg) et Georg Böhm (Lunebourg), à J. S. Bach (Weimar) – compose ce qui deviendra le répertoire de base de l'organiste. Cette tradition donne aussi naissance à un riche répertoire de musique pour clavecin, reflétant dans certains cas les goûts français (œuvres de Froberger et certaines suites de J. S. Bach), mais dans d'autres l'habileté de l'organiste (*Clavecin bien tempéré* de Bach). Ces compositeurs écrivent aussi une musique religieuse extrêmement élaborée, s'inspirant peu des modèles catholiques – quoique la grande *Messe en si mineur* de Bach prenne nettement pour modèle la messe de style « napolitain » alors à la mode (voir *Messe*, 3). Les célèbres *Abendmusiken* de Buxtehude lancent la mode de ce que l'on pourrait appeler des concerts religieux, avec de longues cantates, mode qui sera finalement intégrée à la pratique liturgique et dont on trouve la forme la plus resplendissante dans les cantates de J. S. Bach, composées pour les églises de Leipzig (voir *Cantates*, 3). La liturgie en langue vernaculaire et sa concentration sur la Bible poussent aussi la musique religieuse (plus que les oratorios) vers un style dramatique. Les *passions, qui mettent en musique les descriptions évangéliques des événements aboutissant à la crucifixion, comportent de nombreux éléments disparates. L'histoire est racontée sous forme de récitatif, par l'évangéliste, et entrecoupée d'interventions des différents protagonistes, le chœur jouant le rôle de la foule. A l'histoire, s'ajoutent des arias méditatives et des chœurs qui expriment les sentiments du spectateur chrétien. Les récitatifs et les arias s'inspirent beaucoup de la convention lyrique, mais les thèmes des chorals et le rôle de commentateur du chœur sont dérivés de la cantate luthérienne, formant ainsi un mélange de styles musicaux impossible à réaliser en dehors de l'Allemagne protestante.

5. *De 1750 à 1815*. Au milieu du XVIIIe siècle, la richesse de la musique allemande repose sur une parfaite assimilation du concerto et de l'opéra italien, comme du style de la musique française pour clavier, sur le choral allemand, la musique pour clavier contrapuntique et la musique religieuse. L'évolution va se poursuivre jusqu'en 1815 avec des modifications dans l'importance des différents centres artistiques. Plusieurs guerres viennent renforcer la puissance des Habsbourg à Vienne et des rois de Prusse à Berlin, mais un autre groupe d'États commence à constituer une troisième force : la Saxe, le Wurtemberg, la Bavière et les différents duchés de Thuringe. Certains de leurs dirigeants sont de grands protecteurs de la musique, notamment Carl Eugen, duc de Wurtemberg à Stuttgart, qui consacre un budget important à l'opéra et emploie Jommelli comme compositeur de sa cour entre 1753 et 1769. A Mannheim, l'électeur Carl Theodor fonde un excellent orchestre sous la direction de Johann Stamitz auquel seront associés plusieurs compositeurs importants (voir *Orchestre*, 2 ; *Symphonie*, 2) ; son importance décroît lorsque la cour s'installe à Munich en 1778.

Certaines de ces réalisations mettent virtuellement en faillite les duchés ; néanmoins, la bonne musique continue à être encouragée, des poètes et compositeurs italiens se voyant confier des postes permanents, particulièrement à Vienne où Da Ponte et Giovanni Casti (1724-1803) succèdent à Métastase comme librettistes, tandis que Piccinni, Paisiello, Sarti et Salieri comptent parmi les compositeurs les plus populaires, ce que Mozart accepte difficilement. Toutefois, dès la fin de la guerre de Trente Ans, en 1763, il devient nécessaire de modifier le financement de la musique de cour, soit en fournissant des subsides à des imprésarios qui louent le théâtre, soit en faisant payer des droits d'entrée. D'une façon générale, il faut prendre en considération un public plus vaste et la popularité de l'opéra-bouffe italien gagne bientôt l'Allemagne et l'Autriche. Certaines troupes de théâtre itinérantes produisaient déjà des pièces avec des chansons à la manière du « ballad opera » anglais depuis les années 1740. Pendant la guerre, ces spectacles connaissent une interruption car il était difficile de voyager, mais le **Singspiel* réapparaît vers 1760 et acquiert une grande popularité entre 1770 et 1780. Goethe lui-même (dont *Erwin und Elmire* et *Claudine von Villa Bella* sont mis en musique par Reichardt) écrit plusieurs singspiels, avec des visées nationalistes évidentes.

Au cours des années précédant la Révolution française, les compositeurs allemands détrônent progressivement les étrangers dans la plupart des grandes villes. A Berlin, le conservatisme de Frédéric le Grand (qui règne de 1740 à 1786) se reflète dans le choix de ses compositeurs – Hasse, les frères Graun, W. F. et C. P. E. Bach. A Vienne, la stabilité à laquelle parviennent l'impératrice Marie-Thérèse et son fils Joseph II donne lieu à une prospérité qui permet aux nobles d'entretenir des orchestres privés et des concerts réguliers, tandis que l'opéra italien et l'opéra allemand fleurissent tour à tour. Dans les cours de moindre importance, la symphonie rencontre un succès enthousiaste, des centaines de symphonies étant composées par les frères Stamitz, Monn, Gassmann, Wagenseil, Cannabich et leurs contemporains. Le concerto avec soliste (favorisé par l'évolution du piano) devient presque aussi populaire, surtout dans les concerts publics où des virtuoses comme Mozart louent des salles et des orchestres pour attirer un public aussi vaste que possible.

Le déclin du *Kantor* protestant vient sans doute de la réduction des emplois de cour ainsi que de la philosophie générale du siècle des lumières. A la fin de la guerre de Trente Ans, on envisage même de ne pas maintenir le poste à Saint-Thomas de Leipzig et les gloires de la musique religieuse disparaissent également à Lübeck et à Hambourg. La meilleure musique religieuse de l'époque est celle de l'Église catholique, principalement dans le sud de l'Allemagne et en Autriche, malgré une période d'austérité que connaît le cérémonial religieux dans les années 1780. Les frères Haydn et Mozart composent des messes brillantes, utilisant orchestre, solistes et chœur (voir *Messe*, 4).

La Révolution française et les guerres napoléoniennes finissent de soustraire la musique allemande à la domination étrangère. La baisse des revenus de la noblesse l'oblige à réduire ses dépenses musicales (Haydn, par exemple, quitte le service des Esterházy). Toutefois, les nobles continuent à soutenir la musique : les orchestres sont remplacés par des quatuors à cordes et au lieu d'avoir un maître de chapelle salarié, ils commandent des œuvres à des compositeurs. Les campagnes napoléoniennes qui sévissent en Allemagne, sans causer des bouleversements durables, suscitent le développement des sentiments antifrançais, font éclater les relations avec les États italiens (eux-mêmes impliqués dans la guerre) et encouragent ainsi les musiciens allemands.

Les principaux éléments de la pensée romantique – glorification de la nature, de l'homme simple, du peuple (par opposition à la noblesse) et du héros – émanent d'artistes français, mais ce sont les Allemands qui leur donneront toute leur dimension (voir *Romantisme*). La poésie lyrique connaît un nouvel épanouissement, particulièrement dans l'œuvre de Goethe qui modèle sa poésie sur des vers déjà mis en musique (notamment des chants populaires et des chorals luthériens) et choisit délibérément des images simples, convenant à l'adaptation musicale. Clemens Brentano et sa femme Bettina, tous deux amis de Beethoven, réalisent la publication du recueil de poésie populaire *Des Knaben Wunderhorn*, qu'ils modernisent parfois, mais qui semble authentique à leurs contemporains. Ce regain d'intérêt pour la poésie lyrique inspire un nouveau type de chant au style mélodique simple qui marque une rupture avec la tradition de la cantate et permet, grâce à l'évolution de la facture du piano, de donner un rôle musicalement important à l'accompagnement : lieder de Beethoven, Schubert, etc. (voir *Lied*).

Le *Singspiel* jouit alors de la même considération que l'opéra italien ; mais le répertoire italien est si bien ancré dans l'ensemble des régions que l'opéra allemand n'est souvent représenté que dans un second théâtre, le « Volksoper », tradition qui s'est maintenue jusqu'à ce jour. *La Flûte enchantée* de Mozart, créée en 1791 au Théâtre auf der Wieden d'Emanuel Schikaneder (et non dans l'un des théâtres lyriques de la cour), donne au *Singspiel* des lettres de noblesse que Beethoven saura conserver dans *Fidelio* (1804-05).

6. *De 1815 à 1870*. Le traité de Vienne (1815) définit les frontières de l'Europe du XIXe siècle et établit une solide hégémonie de l'Allemagne et de l'Autriche. Une grande partie du nord de l'Italie est désormais sous tutelle autrichienne. Sous l'influence de la Prusse, le nombre des États allemands est passé de trois cents à une trentaine ; les anciens souverains indépendants sont alors soumis à d'autres. Une nouvelle classe bourgeoise voit le jour, renforcée par de riches industriels et des marchands.

Les goûts de cette nouvelle société bourgeoise sont parfois appelés *Biedermeier*, terme qui désigne davantage un art respectable et même confortable que les extravagances révolutionnaires des romantiques. Les bourgeois aisés achètent des pianos pour leur salon et ont besoin d'une musique qui correspondent à leurs possibilités techniques, comme les moments musicaux, les bagatelles ou les *Albumblätter* (on trouve des exemples de ces courtes pièces dans les dernières œuvres de Beethoven et chez Schubert qui en crée un véritable répertoire). La mélodie accompagnée au piano connaît aussi une grande popularité, le texte reflétant souvent la vie de la classe moyenne comme dans les cycles de Schumann *Frauenliebe und-Leben* et *Dichterliebe*. Les schubertiades, réunions amicales destinées à chanter, à jouer et à écouter, constituent l'essence de cet art bourgeois.

Au théâtre, les classes moyennes préfèrent les opéras comiques de Nicolai et Lortzing aux opéras héroïques des Français ou des Italiens qui ne survivent en Allemagne que dans les grands théâtres lyriques de Berlin, Dresde et Vienne subventionnés par l'État. Ailleurs, dans les théâtres subventionnés par les municipalités, le drame parlé alterne avec l'opéra ; le niveau général n'étant pas toujours très élevé, un grand nombre de compositeurs allemands ambitieux – comme Meyerbeer ou le jeune Wagner – vont chercher le succès à l'étranger. Néanmoins, le nombre de théâtres est important et de nombreux ouvrages lyriques voient le jour. Les orchestres sont également très répandus, mais à un niveau pas toujours très élevé, les villes les moins riches devant se contenter d'un mélange d'instrumentistes professionnels et amateurs. Toutefois, à Leipzig, dès 1840, l'orchestre du Gewandhaus se compose d'une cinquantaine de bons musiciens dirigés par Mendelssohn, avec, comme violon solo, des instrumentistes aussi célèbres que Ferdinand David. Les orchestres de moindre importance se regroupent occasionnellement pour participer à un festival (le Festival du Bas-Rhin a lieu tour à tour à Düsseldorf, Aix-la-Chapelle et Cologne). Le répertoire courant comporte des concertos, afin d'attirer le public, alors que la musique symphonique a généralement à regarder vers le passé, avec des œuvres de Mozart, Haydn et Beethoven, ce qui explique aussi les formes traditionnelles de la musique symphonique de Schumann et de Mendelssohn.

L'intérêt que les Allemands portent au passé, qui s'était déjà manifesté à la fin du XVIIIe siècle, se développe et donne lieu à des monuments de musicologie comme les livres de Winterfeld sur Palestrina ou Giovanni Gabrieli, ainsi qu'à l'édition complète de l'œuvre de Bach, Haendel et d'autres compositeurs du passé. Les sociétés chorales d'amateurs de la classe moyenne, comme la Singakademie de Berlin, apprécient particulièrement cette musique et la reprise par Mendelssohn de la *Passion selon saint Matthieu* de Bach en 1829, exemple le plus spectaculaire dans ce domaine, n'est qu'une manifestation d'une connaissance générale qui va en s'approfondissant. Dans les milieux catholiques, le *mouvement cécilien entretient un vif intérêt pour la polyphonie et le plain-chant.

La forte conscience nationale de l'Allemagne se traduit aussi dans le domaine de l'enseignement, les étudiants n'allant plus étudier dans les conservatoires italiens car des institutions d'enseignement voient le jour outre-Rhin. La plus célèbre d'entre elles est le Conservatoire de Leipzig, fondé par Mendelssohn en 1843. A Berlin, le roi Frédéric Guillaume IV lance, vers 1830, l'idée d'une Hochschule für Musik qui ne se concrétisera qu'en 1869 ; Cologne (1845), Munich (1846), Dresde (1856) et Stuttgart (1857) possèdent à leur tour des écoles de musique. Les étrangers y affluent, car l'Allemagne est alors considérée comme le centre de la vie musicale européenne, ce qu'attestent quantité d'écrits sur la musique, historiques (les premiers grands musicologues « scientifiques » se mettent à l'ouvrage dès 1860) et critiques (de nombreux journaux de musique voient le jour entre 1830 et 1850, le plus important étant le *Neue Zeitschrift für Musik* de Schumann, publié à Leipzig à partir de 1834).

Alors que les révolutions de 1848 menacent le confort de la vie bourgeoise, le mécontentement gronde dans le domaine musical. En 1848, Liszt est nommé *Hofkapellmeister* à Weimar : adepte d'idées anticlassiques, il fait de Weimar le foyer d'une « nouvelle école allemande » qui regroupe notamment Hans von Bülow et Peter Cornelius. Liszt dirige des représentations d'opéras de Verdi, Donizetti, Berlioz et Wagner (notamment la création de *Lohengrin* en 1850). Il crée également, en 1861, l'*Allgemeiner Deutscher Musikverein* – société destinée à favoriser la musique allemande moderne et à s'occuper des musiciens et de leurs familles – juste avant de quitter Weimar pour Rome. En 1860, les jeunes disciples de Schumann, parmi lesquels figurent Brahms et Joachim, publient un manifeste contre ces tendances modernes qui a pour seul effet d'encourager les « nouveaux Allemands ».

Wagner constitue une autre exception à la culture musicale germanique conservatrice ; il a consacré la majeure partie de sa vie à lutter contre l'ordre établi et a connu l'exil en Saxe après la révolution de 1848-49. Wagner est en fait le compositeur le plus consciemment germanique du XIXe siècle. Si son premier succès, *Rienzi*, a été écrit dans une optique parisienne, le sujet du *Vaisseau fantôme* s'inspire d'une légende nordique, ceux de *Tannhäuser* et de *Lohengrin* du Moyen Age allemand sous une forme extrêmement romancée (les fresques de la Residenz à Munich, peintes à la demande de Louis Ier de Bavière, montrent que ce genre de sujet était à la mode vers 1840). Après 1849, Wagner profite de son séjour forcé en Suisse pour devenir le plus grand polémiste de la musique allemande. Ses théories relatives au théâtre et au drame musical sont résolument basées sur la littérature et les traditions allemandes, influencées par des philosophes comme Hegel ou Schopenhauer, et élaborées à partir des idées de Beethoven. Après son retour en Allemagne, en 1861, il ne parvient toujours pas à s'intégrer aux institutions établies : ses tentatives de réorganisation de l'enseignement musical allemand échouent et il réussit assez mal à améliorer le niveau des théâtres lyriques. Toutefois, sa création d'un nouveau théâtre à *Bayreuth en 1872, destiné à représenter ses opéras dans le cadre d'un festival, aura un impact considérable, créant de nouvelles normes d'exécution et de nouvelles conditions de travail, et exigeant un nouveau sérieux du public. L'approche allemande du théâtre, essentiellement religieuse, y atteint son apothéose et affecte les moindres facettes de la pensée.

7. *L'Allemagne unifiée.* En 1866, la guerre place en sept semaines la Prusse à la tête de l'Allemagne unifiée, position que confirme la guerre avec la France en 1870-71 : c'est l'avènement de l'empire germanique, avec la dynastie des Hohenzollern à sa tête.

L'impact du wagnérisme ne se limite pas à l'Allemagne, mais il trouve plus difficilement écho en France, en Angleterre, en Russie et pratiquement pas en Italie. En Allemagne, il est omniprésent, bien que ses effets ne se situent pas toujours dans le véritable esprit wagnérien. Le nouveau sérieux de l'opéra allemand est inconciliable avec le *Singspiel* ; en conséquence, le répertoire de la Volksoper s'oriente vers l'opérette, inspirant quelques œuvres charmantes à Johann Strauss fils, Franz Lehár, Oscar Straus et à d'autres compositeurs (élément significatif, les traditions humanistes du Sud font de Vienne un centre important dans ce domaine). Les compositeurs marqués par Wagner écrivent des trilogies lourdes (Felix Weingartner) ou reprennent les légendes allemandes (Humperdinck, Siegfried Wagner) ; parfois, démarche plus heureuse, ils prennent pour modèle *Les Maîtres chanteurs* et écrivent des comédies (*Hänsel und Gretel* de Humperdinck ou *Der Corregidor* de Wolf). Richard Strauss est le seul compositeur qui fasse un usage original des méthodes de Wagner : *Salomé* et *Elektra* reprennent les méthodes du drame musical tout en marquant un intérêt certain pour la personnification, malgré un tempérament névrosé ; Strauss s'écarte ensuite de cette voie pour créer un amalgame de Mozart et de Wagner dans *Le Chevalier à la rose*.

Dans les autres genres, l'influence de Wagner est moins évidente. Si certains *Lieder* de Strauss conservent une conception tristanesque de l'amour, d'autres possèdent une touche beaucoup plus légère. Malgré son admiration pour Wagner, Hugo Wolf confère à un grand nombre de ses *Lieder* une ironie qui montre quelle distance se creuse progressivement entre l'artiste sensible et les intérêts de l'Allemagne sous domination prussienne. Les symphonies et les cycles de *Lieder* de Mahler, directeur de l'Opéra de Vienne pendant dix ans de 1897 à 1907, révèlent également la désaffection croissante des minorités méprisées envers la « race maîtresse » ; ils montrent aussi une conscience permanente du manque de perfection de l'existence et de sa nature éphémère (philosophie de Schopenhauer, qui se retrouve dans *Tristan*). Seul Bruckner, l'Autrichien, réussit à préserver une partie de sa confiance en l'approche wagnérienne dans ses symphonies et dans sa musique religieuse, cette dernière, nettement tournée vers le passé, faisant appel à un style contrapuntique influencé par le mouvement cécilien, alors très actif.

Au tout début du XXe siècle, les

véritables progressistes – comme Debussy et Scriabine – travaillent hors d'Allemagne et la richesse des activités musicales de ce pays repose sur sa vie musicale : concerts largement répandus, théâtres lyriques et institutions d'enseignement où les musicologues allemands produisent des écrits fondamentaux sur la musique. Le nationalisme du XIXe siècle se reflète dans l'édition des œuvres des compositeurs allemands du passé (Bach, Haendel, Schütz et nombreux autres, y compris des compositeurs mineurs) dans le *Denkmäler deutscher Tonkunst* (à partir de 1892), le *Denkmäler der Tonkunst in Bayern* (à partir de 1900) et le *Denkmäler der Tonkunst in Österreich* (à partir de 1894). Les livres d'Ambros, Schering et Riemann ont une vocation plus internationale et fournissent encore l'ossature de l'histoire de la musique telle que nous la connaissons aujourd'hui.

8. *De 1914 à nos jours.* Au début du XXe siècle, l'Allemagne semble donc être encore un centre d'activité musicale important en Europe. Cette situation est sérieusement modifiée par la Première Guerre mondiale. Les principales institutions musicales souffrent peu sur le plan physique, la guerre se déroulant largement hors d'Allemagne, mais la défaite et la fin de l'hégémonie prussienne, le préjudice causé à l'ancienne vie de concert dans le centre et le sud de l'Allemagne et le fait que l'Autriche cesse d'être le centre d'un empire multinational pour devenir un pays essentiellement montagneux où seule Vienne reste capable d'entretenir de grandes institutions artistiques, bouleversent profondément l'atmosphère générale et artistique.

Les réactions diffèrent selon les endroits. Le conservatisme traditionnel de l'Autriche se reflète dans la fondation du Festival de Salzbourg, en 1921, par Richard Strauss et son librettiste, Hugo von Hofmannsthal : conçu à l'origine comme une attraction touristique, il continue à remporter un succès phénoménal. Pour ce festival, Strauss compose plusieurs opéras dans lesquels il conserve la veine nostalgique du *Chevalier à la rose*. D'autre part, le départ des Hohenzollern donne à Berlin une nouvelle animation. La politique confuse et agitée de la république de Weimar engendre une musique engagée sur le plan social, le répertoire de la Staatsoper (dirigé par Max von Schillings), de la Kroll Oper (dirigé par Otto Klemperer) et de la Deutsches Opernhaus (aujourd'hui Städtische Oper) comportant beaucoup de musique contemporaine, notamment des œuvres de Weill et de Hindemith, tous deux à l'apogée de leur carrière. Cet engagement social se retrouve également chez un groupe de compositeurs travaillant à Vienne sous la direction de Schoenberg et de ses élèves, Berg et Webern. Schoenberg et Berg ont tiré la fin du romantisme vers l'*expressionnisme, les deux opéras de Berg *Wozzeck* et *Lulu* s'inscrivant essentiellement dans la tradition des premières œuvres de Strauss, mais avec une prise de conscience affirmée des phénomènes sociaux. Toute cette activité montre que, malgré l'antiteutonisme de l'Europe musicale, la vie artistique allemande reste forte.

Il n'est pas étonnant qu'elle s'effondre presque totalement à la prise du pouvoir par les nazis en 1933. Trois ans plus tôt, les étudiants hitlériens manifestaient, à Francfort, contre *Mahagonny* de Weill, parce que le compositeur était juif et donc « impur ». Pendant les premiers mois du gouvernement nazi, les artistes juifs se voient interdire les fonctions officielles, l'anti-intellectualisme des nazis aboutissant au bannissement de la musique des autres. Dès 1935, de nombreux musiciens juifs (qui n'ont même plus le droit de jouer dans les orchestres) prennent la fuite. Lors de l'occupation de l'Autriche en 1938, le même phénomène se reproduit. Parmi les compositeurs célèbres de l'ancienne génération, seuls restent Richard Strauss et Carl Orff ainsi que Wilhelm Furtwängler. En quelques années, une vie musicale prospère se trouve anéantie ; seuls resteront intacts le refuge nationaliste de Bayreuth et les principales troupes d'opéra.

La Seconde Guerre mondiale, dont la dernière phase se déroule sur le sol allemand, accélère la réalisation de ce processus, bien que de nombreux opéras continuent à fonctionner jusqu'en 1944. Les théâtres lyriques de Munich, Vienne et Dresde sont tous détruits ainsi que le fonds des éditions Breitkopf & Härtel ; post-scriptum ironique, Anton Webern, l'un des compositeurs proscrits, est tué accidentellement par un soldat américain après la signature de l'armistice, en 1945.

La renaissance rapide de la musique

après la guerre doit beaucoup au régionalisme de la vie allemande. Divisées entre l'Est et l'Ouest, les capitales de l'Autriche et de l'Allemagne sont occupées par les quatre puissances ; mais les théâtres et les orchestres sont vite rétablis dans la plupart des grandes villes. La reconstruction de l'Opéra de Vienne à l'identique, premier acte public de l'Autriche, qui était encore un pays pauvre, donne la mesure de l'engagement musical dans ces pays. Même dans des villes relativement petites comme Kassel, où l'ancienne tradition des protecteurs restait solidement établie, on trouve de grands théâtres lyriques, bien équipés et résolus à produire les œuvres les plus complexes. Le niveau n'est pas toujours très élevé, mais dans les grandes villes, comme Hambourg, Munich, Stuttgart ou Vienne, se déroulent encore des productions d'opéra comptant parmi les meilleures du moment. Berlin a perdu du terrain comme centre lyrique, mais la Philharmonie de Berlin est l'un des plus grands orchestres du monde. Le Festival de Salzbourg a rapidement repris ses activités, suivi de festivals plus spécialisés comme la Semaine Bach d'Ansbach et le Festival de musique contemporaine de Donaueschingen. La musique ancienne suscite un nouvel intérêt grâce à l'évolution de la musicologie (étudiée dans toutes les universités allemandes) et à l'action des firmes discographiques. L'activité musicale est donc largement répandue, et le visiteur, où qu'il aille, trouvera des concerts et des opéras ainsi que des bâtiments intéressants, souvent magnifiques, dédiés à la musique.

L'exode des artistes dans les années trente a eu des conséquences sur lesquelles il a été plus difficile de revenir. Peu d'intellectuels fixés en Angleterre ou aux États-Unis ont quitté leur terre d'accueil où ils ont formé la génération suivante de compositeurs et d'érudits. Ces pays ont remboursé leur dette en exportant certains de leurs propres chanteurs et instrumentistes dans les théâtres lyriques et les orchestres allemands. Depuis la guerre, un seul compositeur majeur a émergé en Allemagne, Stockhausen, et le point de départ de ses recherches est la musique électronique française. Néanmoins, ses objectifs musicaux et ses attitudes font de lui un compositeur profondément allemand.

Si l'on fait le bilan des grandes réalisations musicales allemandes, il faut avant tout souligner l'approche essentiellement religieuse de la musique. En Allemagne, le siècle des lumières n'a été que le prolongement des objectifs et des croyances protestantes, alors que l'ère romantique faisait de l'art lui-même une religion. Stockhausen se laissera attirer par la philosophie orientale, tout en conservant une approche sérieuse. Par ailleurs, à son apogée, la musique allemande se tourne généralement vers l'abstrait et la logique : la fugue, la forme symphonique, la théorie des passions et le symbolisme des nombres de la fin du baroque sont spécifiquement allemands. Dans le domaine lyrique, l'élément philosophique prend le pas sur l'élément personnel chez des compositeurs comme Beethoven, Wagner et même Richard Strauss, bien qu'il se montre davantage concerné par l'individualisme que ses prédécesseurs, sans doute parce qu'il était originaire du sud de l'Allemagne. En effet, on constate généralement un caractère plus humain chez les compositeurs du sud de l'Allemagne et les compositeurs autrichiens – comme Mozart et Schubert –, capables d'une touche plus légère, peut-être liée à l'influence des artistes italiens.

Voir également *Cantate*, *Lied*, *Symphonie* et les biographies consacrées aux artistes allemands.

Denis Arnold.

BIBLIOGRAPHIE : Marcel Beaufils, *Le Lied romantique allemand*, Gallimard (Paris, 1956) / *Comment l'Allemagne est devenue musicienne*, Robert Laffont (Paris, 1983). Eugène d'Harcourt, *La Musique actuelle en Allemagne et en Autriche-Hongrie*, Fischbacher (Paris, 1908). J. M. Müller-Blattau, *Histoire de la musique allemande*, Payot (Paris, 1943). Claude Rostand, *La Musique allemande*, Que sais-je ?, PUF (Paris, 1960).

Allemande [alman, allemana, alamain en Angleterre ; allemanda en Italie]. Danse « allemande » qui apparaît pour la première fois vers 1550 dans des livres de danses manuscrits analogues à ceux que publièrent Phalèse et Susato. Danse à deux temps modérée, suivie d'une danse plus vive à trois temps (la « triple »). A partir du XVIIe siècle, lorsque les compositeurs commencent à écrire des suites de danses destinées davantage à l'exécution qu'à la danse, l'allemande est souvent suivie d'une courante reprenant le même matériel thématique (voir *Suite*, 2). On en trouve des exemples dans les partitas de Bach et dans les suites de Haendel.

Au début du XIXe siècle, l'indication « à l'allemande » désigne simplement une danse dans le style allemand, comme le Ländler (*Bagatelles op.119* de Beethoven).

Le terme « allemande » désigne parfois une danse apparentée au *cotillon.

Allen, (Sir) **Hugh** (Percy) (Reading, 23 décembre 1869 ; Oxford, 17 février 1946, accident de la route). Chef d'orchestre, organiste et pédagogue anglais. Né dans une famille bourgeoise, Allen fait ses études à Reading. Il est organiste assistant à la cathédrale de Chichester et obtient une bourse pour suivre des cours d'orgue au Christ's College de Cambridge, en 1892. Après avoir occupé des fonctions d'organiste à la cathédrale Saint-Asaph, puis à Ely, il est nommé au New College d'Oxford en 1901, fonctions qu'il abandonnera en 1918 pour prendre la direction du Royal College of Music de Londres. A la même époque, il est élu à la chaire de musique de Heather, à Oxford, cumulant ces deux postes jusqu'en 1937, lorsqu'il quitte le Royal College of Music. Il sera également à la tête des chœurs Bach d'Oxford et de Londres. L'université d'Oxford lui doit une large part de l'intérêt qu'elle porte aujourd'hui à la musique. Allen a été l'un des fondateurs de la faculté de musique à laquelle il a su donner des bases solides. Particulièrement aimé des choristes amateurs, il a joué un rôle essentiel dans différents secteurs de la vie musicale anglaise.

Denis Arnold.

Allentamento, allentando (ital.). « Avec retenue », « plus lentement » ; voir également *Rallentare, rallentando.*

Allgemeine musikalische Zeitung. Revue musicale hebdomadaire allemande publiée par Breitkopf & Härtel à Leipzig de 1798 à 1848, de 1863 à 1865 et enfin de 1866 à 1882. L'un des premiers journaux musicaux réunissant des critiques, des informations, des études, etc., selon un plan qui subsiste toujours actuellement. La fameuse phrase de Schumann, à propos des *Variations sur « Là ci darem la mano » op.2* de Chopin – « Chapeau bas, messieurs, un génie » – parut dans ce journal en 1831.

Allmählich [allmählig, allmälig] (all.). « Peu à peu », « progressivement ».

All°. Abréviation d'**allegro.*

All'ottava (ital.). « A l'octave » ; *all'ottava alta,* « à l'octave supérieure ou aiguë » ; *all'ottava bassa,* « à l'octave inférieure ou grave ». Parfois abrégé sous la forme *8va,* signe figurant au-dessus des notes dans le premier cas, en dessous dans le second.

All through the Night (« Toute la nuit »). Chant populaire gallois (*Ar Hyd y Nos*), plus connu en dehors du pays de Galles sous son titre anglais.

All'unisono (ital.). « A l'unisson ».

Almira. Opéra en trois actes de Haendel sur un livret de F. C. Feustking, d'après un texte italien de G. Pancieri. Premier opéra composé par Haendel, il comporte des airs allemands et italiens et a été créé à Hambourg en 1705.

Alouette, L'. Surnom du Quatuor à cordes en ré majeur, op.64 n° 5 de Haydn, composé en 1790. Il tire son nom du thème initial confié au violon. Le rythme du dernier mouvement a donné lieu à un autre surnom moins usité, le quatuor « Hornpipe ».

Alpensinfonie, Eine (« Symphonie alpestre »). Symphonie op.64 de Richard Strauss, composée en 1911-15. Il s'agit davantage d'un poème symphonique décrivant, en 22 parties, une journée dans les montagnes. Elle réclame un effectif orchestral considérable avec notamment une éolienne et une machine à tonnerre.

Al segno (ital.). « Au signe ». Terme indiquant à l'exécutant d'aller jusqu'au signe (𝄋). Cette indication peut avoir deux sens : « retourner au signe » (*dal segno,* « depuis le signe ») ou « continuer jusqu'au signe ». Voir aussi *Da capo.*

Alsina, Carlos Roqué (Buenos Aires, 19 février 1941). Compositeur argentin. Pianiste de formation, il travaille la composition à Berlin et aux États-Unis avant de se fixer à Paris (1973). Il a composé de nombreuses œuvres de théâtre musical. Dans le domaine symphonique, il s'est révélé avec des œuvres comme *Approach* (1973), *Stücke* (1977) ou *Prima Sinfonia* (1983).

Alain Pâris.

Also sprach Zarathustra (« Ainsi parla Zarathoustra »). Poème symphonique op.30 de Richard Strauss d'après le poème en prose de Nietzsche qui porte le même titre. Composé en 1895-96. Delius a repris onze parties du même poème dans *A Mass of Life*.

Alt. 1. (ital), « élevé ». Désigne la tessiture comprise entre sol^4 et fa^5. On dit des notes qui composent cette octave qu'elles sont *in alt* et de celles qui composent l'octave supérieure qu'elles sont *in altissimo*. Ces expressions sont généralement employées par rapport à la voix humaine.

2. (all.), « alto » ou « contralto » (voix). Utilisé comme préfixe devant des noms d'instruments, ce terme désigne les instruments de la famille qui correspondent à cette tessiture vocale, comme le *Althorn* (bugle alto) ou l'*Altklarinette* (clarinette alto).

3. (all.), « ancien ».

Alta (ital.). 1. « Haut ».

2. Danse du XVe siècle, équivalent du **Saltarello*.

3. Abréviation de l'expression *alta musica* qui, selon J. Tinctoris, désignait au XVe siècle un ensemble instrumental composé de deux ou trois chalumeaux et d'un saqueboute. Voir *Haut*.

Altenberglieder (*Fünf Orchesterlieder nach Ansichtskartentexten von Peter Altenberg*). Cinq lieder pour voix et orchestre op.4 de Berg sur des textes de cartes postales de Peter Altenberg (pseudonyme de Richard Englander, 1862-1919), composés en 1912. Lors de la création à Vienne de deux de ces poèmes sous la direction de Schoenberg, en 1913, le public réagit si violemment qu'il dut renoncer à donner le reste du programme. L'ensemble des cinq lieder n'a été exécuté pour la première fois qu'en 1952, à Vienne.

Altenburg, Johann Ernst (Weissenfels, près de Leipzig, 15 juin 1734; Bitterfeld, près de Leipzig, 14 mai 1801). Trompettiste et compositeur allemand. Fils d'un trompettiste de musique militaire, Johann Caspar Altenburg (1689-1761), Johann Ernst commence à se familiariser avec le registre aigu (clarino) de la trompette dès 1752, alors qu'il n'est encore qu'un élève. Il entre à la Guilde des trompettistes où il découvre que son indépendance lui procure assez peu de débouchés. Il se tourne alors vers l'orgue, qu'il étudie, mais, pendant la guerre de Sept Ans, il a l'occasion de reprendre son premier instrument en servant dans la musique de l'armée française. A la fin de la guerre, il revient à l'orgue mais ne trouve de poste fixe que dans des églises de petits villages. Il écrira un traité sur « l'art héroïque et musical des trompettistes et des timbaliers » qui comporte des informations importantes sur la technique de la trompette à l'époque baroque.

Denis Arnold.

Alternatim (du latin *alternatus*). « Alternativement ». Terme désignant l'exécution alternative d'une même section par plusieurs instrumentistes ou groupes d'instrumentistes (ou chanteurs). Fréquemment employé dans la musique religieuse pour les psaumes et les cantiques (*Te Deum*, *Magnificat*, etc.) : depuis la fin du IVe siècle, les vers de ces chants sont chantés alternativement par différents groupes, pratique qui subsiste encore dans l'Église anglicane.

Un autre type d'alternance, encore plus ancien, consistait à faire alterner un soliste avec l'assemblée des fidèles ou avec un chœur. Le soliste chantait les versets du psaume en y ajoutant des ornements, les réponses s'effectuant sur un simple refrain. Cette pratique de la psalmodie responsoriale s'appliquait aux matines, au graduel, au trait et à l'alléluia de la messe.

A partir du Xe siècle, les parties solistes de la psalmodie responsoriale étaient souvent polyphoniques (comme dans les remarquables recueils de polyphonie de Winchester, à la fin du Xe siècle, et de Notre-Dame de Paris, à la fin du XIIe siècle). Lorsque les chœurs furent capables de chanter simultanément des voix différentes, leurs parties devinrent également polyphoniques (œuvres de Taverner, Tallis et Sheppard).

Les formes strophiques, comme les hymnes, ont été souvent chantées *alternatim*. Ici encore, les versets polyphoniques pouvaient alterner avec les vers en plain-chant, comme dans les hymnes et séquences de Dufay.

A partir du XVe siècle, l'orgue se substitue de plus en plus à la polyphonie vocale (voir *Verset*). Le répertoire de musique d'orgue *alternatim* le plus intéressant date des XVIIe et XVIIIe siècles ; il est dû à des compositeurs français, notamment François Couperin et Nicolas de Grigny.

David Hiley.

Altiste. Instrumentiste jouant de l'alto.

Alto (ital.). « Élevé ». 1. La voix d'alto masculine s'inscrit dans une tessiture qui dépasse légèrement deux octaves, du do^{2} (une sixte plus bas que le la du diapason) au mi^{4} ou au fa^{4}. Mais rares sont les chanteurs qui évoluent avec aisance sur l'ensemble de cette tessiture, certains se limitant à l'aigu, d'autres au grave. On distingue parfois la voix d'alto masculine de celle de *contreténor, la première correspondant à une voix naturelle de ténor aiguë, utilisant la voix de tête (voir *Voix*, 4) et dotée d'une sonorité puissante, voire même héroïque, alors que la seconde n'est qu'un **falsetto*, se limitant à la partie grave de la tessiture avec une sonorité plus faible. Généralement, les deux termes sont pourtant interchangeables.

La voix d'alto masculine est réapparue au XXe siècle grâce à Alfred Deller (1912-79). Britten a écrit à son intention le rôle d'Obéron dans *Le Songe d'une nuit d'été*.

2. Voix féminine grave, en réalité la voix de *contralto. Dans la répartition SATB généralement utilisée pour les quatre parties d'un chœur, la lettre A correspond à la partie de contralto, mais peut aussi désigner une partie d'alto masculine.

3. Dans la tessiture instrumentale, l'alto est le deuxième ou le troisième instrument en partant de l'aigu vers le grave. Il est généralement accordé à la quinte inférieure de l'instrument le plus aigu.

4. (all. : *Bratsche* [dérivé de l'ancien terme italien **viola da braccio*] ; angl. : *viola* [autrefois *tenor*] ; ital. : *viola*. Sur les partitions allemandes de l'ère baroque, souvent remplacé par *violetta*). L'alto occupe une place essentielle dans la famille des instruments à cordes et à archet où il tient la tessiture médiane, entre le violon et le violoncelle, tant dans les parties d'orchestre – premier violon, second violon, alto, violoncelle et contrebasse – que dans le domaine de la musique de chambre, notamment en quatuor. Un peu plus grand que le violon, l'instrumentiste le tient de la même façon.

(*a*). *Description*. L'alto est de facture identique au violon, mais il est accordé à la quinte inférieure, la^{3}, ré^{3}, sol^{2}, do^{2} ; il ne possède donc pas de corde de mi aigu mais, à la place, une corde de do grave. Ses dimensions sont plus importantes et la notation s'effectue en clé d'ut troisième ligne, qui s'adapte mieux à son étendue plus grave (Ex. 1) ; mais, lorsqu'une partie monte dans l'aigu, on passe généralement à la clé de sol. La différence de taille entre l'alto et le violon n'est pas très grande. Bien des gens seraient incapables de les distinguer au premier coup d'œil : la longueur de la caisse présente une différence d'environ 6 cm en moyenne, car la taille de l'alto n'est pas complètement standardisée et peut varier de 2,5 cm dans un sens comme dans l'autre.

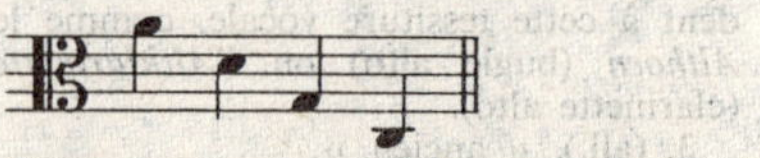

Ex. 1

Mais, à l'oreille, l'also s'identifie instantanément notamment dans les œuvres symphoniques, lorsque les altos sortent de leur rôle support habituel pour exposer un thème, comme dans l'andante de la *Septième Symphonie* de Beethoven ou dans la réexposition du premier mouvement du concerto *L'Empereur* où ils se voient confier une partie essentielle ; ou encore dans l'introduction lente et l'allegro de la *Symphonie pathétique* de Tchaïkovski. L'alto, comme instrument soliste, se distingue aussi très facilement : on pourrait alors le comparer à la voix de contralto, chaude et émouvante, même si, d'instinct, le côté brillant et dramatique de la voix de soprano et du violon attirent davantage. Dans le domaine de la puissance dramatique, vient ensuite la voix de ténor, son homologue dans les cordes étant le violoncelle. Des trois, l'alto est celui qui s'impose le moins facilement dans un concerto ; et, dans les symphonies, on remarque que Brahms confie un sujet aux violoncelles pendant que les altos apportent leur soutien à la tierce inférieure. A tout moment, dans toute sorte de musique, l'alto doit céder à ses deux brillants compagnons le contrôle de la teinte de la texture, se contentant de soutenir l'intérêt et de conjurer tout risque de monotonie.

(*b*) *Dimensions*. La qualité distinctive de l'alto vient non seulement de sa tessiture (une quinte au-dessous de celle du violon) mais aussi de ses dimensions par rapport à cette tessiture. Une analyse géométrique basée sur le nombre d'or (voir *Violoncelle*, 1) donnerait à la caisse de l'alto une longueur égale à 1,309 fois celle du violon (moyenne arithmétique de 1 et 1,618), soit 46,6 cm, ce qui, en ajoutant le manche, ferait un instrument très grand, difficile à tenir dans les mêmes conditions que le violon. Des altos de cette taille, et même plus grands, ont existé (voir § 4). Si, en outre, ils sont de belle qualité, ils peuvent produire un son très plein et brillant sur toutes les cordes ; mais ils prêtent à discussion, non seulement à cause de leur taille excessive, mais également parce qu'il rivalisent trop bien sur le plan de la qualité sonore avec les autres instruments, autrement dit ils perdent le son de l'alto qu'ont connu des générations de musiciens et pour lequel ils ont écrit.

A l'inverse, des altos trop petits ont une sonorité assez faible sur les cordes graves. Néanmoins, Mozart, qui aimait jouer de l'alto en quatuor, possédait un instrument mesurant 40 cm, assez typique de cette période (voir § 4) mais proche de ce que l'on considère aujourd'hui comme un petit instrument. Selon C. P. E. Bach, son père J. S. Bach aimait particulièrement jouer de l'alto dans les œuvres instrumentales car, de cette place, il entendait particulièrement bien ce que faisaient les autres. Naturellement, comme Mozart, il jouait aussi du violon. Lorsqu'ils le désirent, les violonistes ont rarement du mal à jouer de l'alto (sauf lorsqu'ils lisent pour la première fois la clé d'ut troisième). Les distances qu'ont à parcourir les doigts de la main gauche changent tout le temps lorsque la main monte et descend sur la corde, et les distances accrues dans les positions basses sur l'alto viennent très facilement.

(*c*) *Cordes*. Les cordes de l'alto sont généralement en boyau filé avec de l'argent ou de l'aluminium, la corde du haut pouvant être entièrement en boyau. De temps à autre, on utilise également des cordes en acier. L'épaisseur des cordes est à peu près la même que celle des cordes du violon pour les mêmes notes ; elles sont parfois à peine plus épaisses mais, en raison de leur longueur qui est plus importante, elles subissent une tension plus forte. L'archet est à peine plus court que celui du violon et à peu près 10% plus lourd ; la mèche est nettement plus large.

(*d*) *Histoire*. Malgré l'appellation italienne de *viola*, on n'a aucune raison de supposer que l'alto (plutôt que le violon) représente le germe initial de la famille ; ses ancêtres étaient de taille variable et l'alto ne porte le nom de la famille instrumentale (*viola*) que parce les suffixes italiens « -ino » et, pour la basse, « -one » ne laissent aucune place à l'instrument de tessiture intermédiaire.

Au cours des 150 premières années d'existence de l'alto, on faisait une distinction importante entre « alto » et « ténor ». Au début du XVIe siècle, pour les familles d'instruments – violes, flûtes, etc. – il n'y avait généralement qu'un seul instrument entre le soprano et la basse pour jouer toutes les parties médianes. Pour les instruments à vent, il avait nécessairement une taille donnée pour correspondre à la tessiture voulue mais, pour les instrument à cordes, ce n'était pas obligatoire : tout en étant accordé sur les mêmes notes, il pouvait être un peu plus grand pour donner une résonance grave de ténor ou plus petit pour correspondre à la tessiture d'alto. Les altos ont fait l'objet de cette distinction jusqu'en 1700. Les modèles et les moules de Stradivarius font la distinction entre la « contralto viola » (alto) et la « tenore viola », et il fabriquait les deux sur commande. Du type « contralto », ses instruments et, avant lui, ceux des frères Amati et d'Andrea Guarneri mesurent environ 42 cm, la taille moyenne de nos jours. Sur les modèles « ténor » – d'Andrea Amati et de Gasparo da Salò à Stradivarius – la caisse pouvait mesurer 5 cm de plus en longueur, mais ces instruments avaient en général un manche proportionnellement court. Les cordes étaient donc juste un peu plus longues que sur l'alto et l'instrument n'était pas trop difficile à manier pour jouer les parties relativement simples écrites à son intention.

Cette distinction se reflète dans la plupart des œuvres du XVIIe siècle écrites pour cordes à cinq parties avec deux parties d'alto, chacune dans une clé d'ut différente : on en trouve un exemple dans *Il Ritorno d'Ulisse* (1641) de Monteverdi. Souvent, la partie de « contralto viola » descend à peine au-dessous de l'étendue du violon, mais sonne néanmoins « alto » en raison des dimensions de l'alto. Pendant ce temps, la « tenore viola » descendait jusqu'au do grave. La rigueur avec laquelle les musiciens observaient la distinction sur les instruments réels est peut-être une autre affaire, mais il est évident qu'ils le faisaient à la cour de France. En France, les œuvres de Lully et des autres compositeurs de la même époque, écrites pour l'ensemble des cordes, ne comportent pas de partie de second violon, mais trois parties d'alto – appelées « haute-contre » [de violon] (« viola alto »), « taille » [de violon] (« viola tenore ») et « quinte », regroupées sous l'expression « les parties de remplissage » ; ces parties auraient souvent été écrites par les assistants du compositeur et elles devaient être jouées sur des altos de trois tailles différentes. En Angleterre également, en 1634, les Violons du Roi (King's Violins), copiant les Français, possédaient deux violons ténors graves, trois ténors et deux contre-ténors (haute-contre).

Avec l'écriture pour cordes à quatre parties qui s'est ensuite généralisée, les instrumentistes ont continué à utiliser la haute-contre de violon (« viola alto »), plus maniable, alors que les instruments ténors étaient soit raccourcis (voir *Violoncelle*, 4a) soit conservés à titre de curiosité. Les nouveaux instruments, surtout en Allemagne et en Angleterre, avaient tendance à être assez petits, ne mesurant parfois que 38 cm, mais l'alto reste de toute façon un instrument assez puissant et Quantz (1752) a constaté qu'un seul alto était de taille à lutter avec six violons (comme dans les petits orchestres qui se déplacent régulièrement en tournées de nos jours). En Allemagne, l'alto commence alors à émerger en tant que soliste et la corde de do filée fait son apparition pour compenser la petite taille de l'instrument. Un solo dans une œuvre dramatique de F. T. Richter est mentionné comme étant sans doute le plus ancien solo de l'ère baroque ; on en trouve ensuite chez Bach, notamment dans le *Concerto brandebourgeois nº 6*, où les altos jouent le rôle principal, dans les œuvres de Telemann qui comportent de nombreuses parties d'alto solo et dans une quantité croissante de concertos,. Ils parviennent à leur sommet avec la *Sinfonia concertante* K 364 pour violon et alto de Mozart – dans laquelle l'alto solo est accordé un demi-ton plus haut pour fournir un son plus brillant (procédé qui se retrouve dans un concerto de Carl Stamitz).

L'Angleterre a aussi apporté une contribution, même mineure, au répertoire soliste de l'alto. William a publié, en 1770, une œuvre comprenant des « Solos for a Tenor Violin », « destinés à montrer cet instrument d'une manière plus marquante qu'il n'en avait eu jusqu'alors l'habitude, la partie qui lui est généralement dévolue ne dépassant guère le niveau d'un ripieno insipide, un accessoire ou un auxiliaire pour remplir ou compléter l'harmonie dans des œuvres complètes de MUSIQUE ». Avant lui, l'astronome Herschel avait écrit trois concertos pour alto parmi ses nombreuses compositions. La France a le mérite d'avoir donné le jour à la première méthode spécifiquement consacrée à l'alto, l'une des *Méthodes* de Corette pour divers instruments (celle-ci ayant été publiée en 1782), puis aux *Méthodes* de Bruni et de Martinn des années 1805-15 toutes deux encore utilisées aujourd'hui. En France également, Paganini, qui avait acquis (d'un marchand anglais) un superbe grand alto de Stradivarius, conservé aujourd'hui à Washington, DC, avait demandé à Berlioz d'écrire quelque chose pour son instrument. C'est ainsi que vit le jour *Harold en Italie*. Toutefois, le grand virtuose refusa de jouer cette œuvre, trouvant qu'il y avait trop de mesures de silence dans la partie soliste, et elle fut créée par un instrumentiste parisien Urhan (voir *Viola d'amore*).

Près d'un siècle plus tard, Lionel Tertis (1876-1975), pour une toute autre raison (il trouvait l'œuvre trop étrange), refusa de donner la première exécution du concerto de Walton, que l'on range souvent parmi les plus beaux concertos écrits pour les instruments de la famille du violon. C'est Paul Hindemith qui en donna la première audition (en 1929) : à cette époque, il était aussi connu comme altiste que comme compositeur, quelques années plus tard. Autre instrumentiste de renommée internationale, l'altiste écossais William Primrose (1904-82) a joué aux

États-Unis le concerto de Walton et décidé ainsi Bartók à continuer son propre concerto pour alto. A sa mort, il était loin d'être achevé, mais Tibór Sérly l'a complété d'après les esquisses laissées par Bartók et il occupe maintenant une place essentielle au répertoire.

(*e*) *Répertoire.* Du XVIIIe siècle, nous sont parvenus un concerto pour alto, un concerto pour deux altos et de nombreuses sonates en trio pour alto avec violon ou un autre instrument de Telemann ; des sonates et un concerto de J. G. Graun ; quatre concertos de Georg Benda ; un concerto pour alto et un concerto pour alto et contrebasse de Dittersdorf ; le *Concerto* de Vanhal ; au moins trois concertos et quatre *sinfonie concertante* avec alto solo de Carl Stamitz ; quatre concertos d'Anton Stamitz ; la *Sinfonia concertante K 364* (voir § 4), le *Trio K 498* (avec clarinette) et les *Duos avec violon K 423* de Mozart.

Le répertoire du XIXe siècle comprend : le *Nocturne op.42* (arrangement du *Trio op.8*) de Beethoven ; la *Sonate* de Hummel, le *Duo avec violon op.3* de Spohr ; l'*Andante et Rondo hongrois* de Weber (écrit pour son frère et ensuite publié par Weber pour basson) ; *Harold en Italie* (voir § 4) de Berlioz ; une sonate de jeunesse de Mendelssohn ; *Märchenbilder op. 131* (alto et piano) de Schumann ; la *Sonate op.49* d'Anton Rubinstein ; les deux sonates pour clarinette de Brahms, adaptées pour alto par le compositeur, deux *Lieder* pour contralto, alto et piano op.91 de Brahms (destinés à Joachim et à sa femme) ; et la *Romance* ainsi que quelques œuvres avec clarinette de Max Bruch.

Parmi les œuvres ultérieures, on peut citer : la *Sonate pour flûte, alto et harpe* de Debussy, les sonates op.11 et op.25 pour alto seul de Hindemith, sa *Trauermusik* et *Der Schwanendreher,* tous deux pour alto et orchestre ; les deux concertos de Milhaud, le *Concerto* de Walton (voir § 4) et de nombreuses œuvres de compositeurs anglais écrites pour Lionel Tertis (voir § 4), notamment le *Lyric Movement* de Holst et la *Suite pour alto et orchestre* de Vaughan Williams. Parmi les œuvres encore plus récentes figurent *Lachrymae on a Song by Dowland* (avec piano) de Britten, la *Ballade pour alto et orchestre* de Frank Martin, la *Sonate pour alto et piano op.147* de Chostakovitch et *Kurzwellen* de Stockhausen avec, parmi les six instrumentistes, un alto avec micro de contact. La *Sequenza VI* de Berio est aussi écrite pour alto solo.

(*f*) *Développements expérimentaux.* Dès les premières années du XVIIe siècle, plusieurs documents faisaient référence à un instrument expérimental de la famille du violon, de tessiture intermédiaire entre l'alto et le violoncelle, avec une corde grave de sol[1] ou de fa[1] (donnant une étendue allant jusqu'au la[3] environ). Dans certains cas, cet instrument semble avoir été utilisé à la place du violoncelle (alors intitulé « basse de violon ») mais, dans d'autres cas, il était employé comme instrument ténor, remplaçant l'alto ou se joignant à lui. Dans le manuel de chant (1628) de Hizler, on trouve un accord de *Tenorgeige* descendant jusqu'au fa[1] à côté de l'accord de l'alto (*Altgeige*). Cet instrument, plus grave et sans doute plus grand, même si sa partie ne descendait jamais au-dessous du do[2] de l'alto, produisait peut-être un bel effet dans les harmonies de la période. Aucun instrument correspondant ne semble avoir survécu – il est permis de penser que la caisse mesurait près de 60 cm de long – mais le célèbre tableau de Mielich, représentant Lassus et ses musiciens à Munich, montre un instrumentiste dans une semi-obscurité qui tient apparemment un de ces instruments en travers des genoux.

Plus tard, on retrouve parfois cette tessiture. Entre 1830 et 1840, le facteur et contrebassiste français Dubois a fabriqué un « violon-ténor » à titre de curiosité. Mais, à partir de 1870 en Allemagne, certains instruments inventés par Hermann Ritter ont dépassé le stade de simples curiosités : le premier de ces instruments était un grand alto de 50 cm (lui-même était grand) qu'il avait nommé « viola alta ». Après avoir impressionné Wagner avec sa sonorité profonde et résonnante, il prit avec cette « viola alta » la tête du pupitre d'altos lors de la première représentation intégrale de la *Tétralogie.* Par la suite, il en a fait construire beaucoup, dont certains seraient encore utilisés. En 1905, il s'est consacré à un instrument plus grave mentionné ci-dessus : une « viola tenore » accordée à l'octave inférieure du violon, mesurant deux fois sa taille et tenue entre les genoux ; il a aussi fabriqué une « viola bassa », avec le même accord que le violoncelle mais deux fois plus grande que sa « viola alta ». Ses instruments ont tous fait l'objet d'exécution en quatuor, la partie de premier violon restant confiée au violon.

Aux États-Unis, à partir des années vingt, F. L. Dautrich a repris ces expériences avec un alto de 50 cm, joué vers le bas comme une viole, un instrument « ténor » à la quarte inférieure, ressemblant à un petit violoncelle, et une petite basse une octave plus bas, également accordée en quintes. Et, depuis le début des années soixante, toujours aux États-Unis, une nouvelle conception très intéressante de toute la famille du violon est en cours sous la direction de Carleen M. Hutchins. La donnée de base, plus scientifique que de simples mesures de proportions, repose sur une confirmation obtenue par des méthodes électroniques : sur les violons de belle qualité, la principale fréquence de résonance du bois (de la table) et la principale fréquence de l'air (contenu) se situent respectivement à proximité du la et du ré des cordes à vide. Sur l'alto et sur le violoncelle, elles viennent plus haut que les cordes à vide correspondantes, ce qui influence leur sonorité et qui a souvent fait dire que ces deux instruments étaient « trop petits » pour leur tessiture. Carleen Hutchins a donc entrepris de les agrandir et de les régler pour faire descendre les résonances au niveau de la seconde et de la troisième corde à vide, comme sur un bon violon, avec lequel ces instruments devraient rivaliser en richesse et en qualité sonore. Les résultats étaient si prometteurs qu'elle a entrepris d'enrichir la famille d'autres instruments conçus selon le même principe, en conservant le violon comme point focal ; elle obtient ainsi la gamme instrumentale suivante (en mentionnant la corde grave de chacun d'entre eux) : l'alto agrandi (« vertical viola », joué vers le bas, do^2) ; ténor (caisse de 66 cm, sol^1) ; baryton (86 cm, 10 cm de plus que le violoncelle, do^1) et deux basses accordées en quartes (la^{-1} et mi^{-1}). Et au-dessus du violon, un instrument soprano (do^3) et un instrument aigu (dont la caisse mesure moins de 28 cm, comme un quart, mais accordé une octave au-dessus du violon, sol^3). La longueur réelle des cordes de ces instruments n'est pas strictement proportionnelle à la longueur de la caisse, mais elle est réglée en fonction des exigences de jeu. L'effet global des instruments dans la musique arrangée à leur intention est, paraît-il, prodigieux ; elle offre d'immenses possibilités à la musique pour cordes du futur et peut-être même du passé : après avoir essayé le nouveau baryton, un violoncelliste aurait dit que c'était là enfin un instrument qui pouvait se mesurer au piano dans un trio, à condition de pouvoir manier un instrument aussi gros (Carleen Hutchins a décrit pour la première fois cette aventure dans le *Scientific American*, novembre 1962).

Anthony Baines.

BIBLIOGRAPHIE : Lucien Greilsamer, *Le Violon, l'alto, le violoncelle (hygiène, anatomie, physiologie)*, Delagrave (Paris, 1924), rééd. Les Introuvables (Plan-de-la-Tour, 1978). Yehudi Menuhin et William Primrose, *Violon et alto*, Hatier (Paris, 1978). Anne Penesco, *Les Instruments du quatuor*, La Flûte de Pan (Paris, 1986). Marc Pincherle, *Les Instruments du quatuor*, PUF, coll. Que sais-je ? (Paris, 1947, 3e éd. 1970).

Alto clef. Voir *Clef.*

Altus (lat.). Abréviation de *contratenor altus* (« voix élevée "contre" le ténor ») utilisée dans la musique vocale ancienne : partie située immédiatement au-dessus de la partie de ténor dans un ensemble vocal. Voir *Contratenor*.

Alwyn, William (Northampton, 7 novembre 1905). Compositeur anglais. Il travaille avec McEwen à la Royal Academy of Music de Londres où il deviendra par la suite professeur de composition (1926-54). Ses 5 symphonies, œuvres ambitieuses et profondes, se ressentent de l'influence de Sibelius et de Vaughan Williams. Il a également composé des opéras, de la musique de chambre, des mélodies (certaines sur des poèmes dont il est lui-même l'auteur) et de la musique de film.

Paul Griffiths.

Alzato (ital.). « Haussé » ; *alzati*, « retirer » ; par exemple, retirer une sourdine (musique instrumentale).

Amabile (ital.). « Aimable » ; *amabiltà*, « amabilité ».

Amadei, Filippo (connu entre 1690 et 1730). Compositeur et violoncelliste italien. On trouve sa trace pour la première fois en 1690 comme instrumentiste au service du cardinal Pietro Ottoboni à Rome, puis comme compositeur de cantates. Au début de l'année 1719, il s'installe à Londres et, en 1720, il fait partie de la Royal Academy of Music de Haendel. Il compose des airs pour cette institution ainsi que le premier acte de *Muzio Scevola* (l'acte II est l'œuvre de Bononcini, l'acte III de Haendel), musique agréablement mélodieuse. On pense qu'il serait retourné à Rome après 1723.

Denis Arnold.

Amahl and the Night Visitors (« Amahl et les visiteurs du soir »). Opéra en un acte de Gian Carlo Menotti, livret du compositeur. Premier opéra écrit pour la télévision, il a été créé dans les studios de la NBC et diffusé en 1951. Créé sur scène l'année suivante à Bloomington (Illinois). Les visiteurs du soir sont en fait les Rois mages.

Amarevole, amarezza (ital.). « Amèrement », « avec amertume ».

Ambitus [ou étendue] (lat. : « circuit », « pourtour ») (all. : *umfang* ; angl. : *gamut*). 1. A l'origine, les Grecs désignaient le sol placé sur la ligne inférieure de la clé de fa par la lettre *gamma*. Cette note était l'ut (ou *doh*) de l'hexacorde le plus grave, ce qui explique la formation du mot anglais « gammut ». Certains facteurs d'orgue britanniques parlent encore du « gamut G » (« sol gamut ») à propos de cette note. Dans le système médiéval des hexacordes, elle était la note la plus grave.

2. Par extension, « ambitus » désigne l'ensemble du système hexacordal.

3. On emploie également le terme « ambitus » pour désigner une gamme ou l'étendue d'une mélodie, notamment à propos du chant grégorien.

Voir également *Solmisation*.

Ambros, August, Wilhelm (Mauth, aujourd'hui Visoké Mito, près de Prague, 17 novembre 1816 ; Vienne, 26 juin 1876). Musicologue autrichien. Juriste éminent et fonctionnaire à Prague, puis à Vienne, il se passionne pour la musique et écrit de nombreux articles musicaux dans divers journaux avant de publier une excellente histoire de la musique (3 volumes, Leipzig, 1862-68). Elle sera complétée par deux volumes posthumes, réalisés d'après ses notes. Ambros est l'un des premiers musicologues à avoir reconnu l'importance de nombreux compositeurs de la Renaissance.

Denis Arnold.

Ame (all. : *Seele, Stimme, Stimmstock* ; angl. : *soundpost* ; ital. : *anima*). Petite tige cylindrique en bois placée à l'intérieur des instruments à cordes entre le fond et la table pour compenser la pression exercée vers le bas par le chevalet. Elle doit être placée juste derrière le pied droit du chevalet. La qualité du son dépend en grande partie de sa position.

Amen (hébr.). « Ainsi soit-il ». Dernier mot des prières juives, chrétiennes et musulmanes. Les compositeurs ont souvent construit de longues œuvres sur ce mot, comme l'*Amen* du *Messie* de Haendel. Les œuvres destinées à la liturgie sont généralement plus courtes. L'*Amen de Dresde*, chanté dans toute la Saxe, a été composé par J. G. Naumann pour la chapelle royale de Dresde. Wagner l'a repris dans *Parsifal* et Mendelssohn dans la *Symphonie nº 5 « Réformation »* .

Amener. Danse à trois temps du XVIIe siècle que l'on rencontre dans les suites instrumentales de Biber et de J. C. F. Fischer. Le terme « amener » vient probablement du *branle, danse dans laquelle un couple conduisait le reste des danseurs.

America the Beautiful (« Amérique, la magnifique »). Chant patriotique américain sur un poème de Katharine Lee Kates (1859-1929). Bien qu'aucune musique ne soit vraiment associée à ce poème, celles de Will C. Macfarlane et de S. A. Ward sont très souvent utilisées.

American Federation of Musicians (AFM). Fondé en 1896, il constitue le plus important syndicat de musiciens professionnels aux États-Unis et au Canada. L'AFM négocie les contrats, fait respecter des conditions de travail convenables, verse des pensions, fournit une assistance sociale et des allocations de retraite et participe aux négociations collectives pour les musiciens travaillant à la radio, à la télévision, dans les secteurs du cinéma et de l'enregistrement discographique.

L'AFM joue un rôle important dans la vie musicale américaine en organisant des concerts gratuits (Music Performance Trust Fund), un atelier annuel pour les jeunes instrumentistes à cordes (Congress of Strings) et diverses autres activités promotionnelles. Le mensuel *International Musician* est la revue officielle de l'AFM.

Mark Tucker.

American Guild of Organists. Association d'organistes américains fondée en 1896. L'admission des candidats est soumise à un examen portant sur leurs connaissances musicales et leur pratique instrumentale. Ils deviennent membre de la Guilde à titre de « Fellow », « Associate » ou « Choirmaster » et reçoivent un certificat attestant de leur compétence. Cette tradition est à l'origine des normes qui régissent la profession aux États-Unis. L'association compte aujourd'hui plus de 16 000 membres, répartis en 300 sections locales, environ. La revue officielle de la Guilde, *Music*, est publiée tous les mois.

Nym Cooke.

American Musicological Society (AMS, Société américaine de musicologie). Fondée en 1934 pour « faire avancer la recherche dans différents secteurs de la musique », l'AMS donne une conférence annuelle et organise des réunions dans ses quinze centres régionaux. Elle publie, trois fois par an, le *Journal of the American Musicological Society* (JAMS), deux fois par an une *Newsletter* (Bulletin d'information), ainsi que d'autres ouvrages musicaux, musicologiques et bibliographiques. L'AMS accorde également des bourses, entretient un service de placement pour ses membres et travaille en liaison avec différents organismes analogues.

Nym Cooke.

American Organ (angl.). Harmonium américain le plus répandu. Voir *Harmonium*, 2.

American Society of Composers, Authors and Publishers (ASCAP) (Société des compositeurs, auteurs et éditeurs de musique américains). Fondée en 1914, l'ASCAP est une société de droits d'auteur à but non lucratif, dont l'objectif principal est d'assurer à chacun de ses membres une juste rémunération pour l'exécution publique de ses œuvres. Tout auteur ou éditeur de musique, dont au moins un ouvrage est publié régulièrement, peut adhérer à l'ASCAP, qui détermine le montant des droits et les répartit entre ses membres. Voir également *Broadcast Music Inc.* ; *Droit d'auteur*.

Amérindiens (Musique des)

1. Introduction historique
2. La musique dans la vie indienne
3. Style musical
4. Instruments
5. Influences occidentales au XXe siècle

1. *Introduction historique.* Il semble certain que des populations mongoloïdes, ancêtres des Indiens d'Amérique, ont émigré d'Asie en Amérique par le détroit de Béring au cours de la dernière période glaciaire, il y a 20 000 à 35 000 ans. Venant de l'Alaska, ils se sont répartis sur l'ensemble du continent nord-américain, certains poursuivant leur route vers le sud, par l'isthme de Panama, jusqu'au nord des Andes, en bordure de la mer des Caraïbes, traversant les forêts tropicales et la jungle pour arriver à la Terre de Feu, l'extrémité méridionale du continent américain, vers 6 000 av. J.-C. De nos jours, après des milliers d'années d'évolution séparée, on trouve encore des similitudes entre la musique orientale et celle des Amérindiens (surtout entre les tribus sibériennes et les Esquimaux nord-américains) : prédominance des formes monophoniques, utilisation de larges intervalles, style vocal tendu.

Lorsque les Européens ont découvert le Nouveau Monde, au XVe siècle, ils ont rencontré plusieurs cultures indiennes différentes d'un bout à l'autre des Amériques. Les tribus les plus simples, qui vivaient de la chasse et de la cueillette, avaient été repoussées dans les régions marginales des continents (le cap Horn, l'Arctique, la toundra du nord du Canada) et vers les régions dont personne ne voulait (le grand bassin du Nevada et l'Utah, les jungles de Bolivie et du Brésil). Les groupes de culture plus élaborée s'installèrent le long de la côte nord-ouest des États-Unis et du Canada (Kwakiutls, Bella Coola, Salishes), au sud-ouest de États-Unis (Pueblos), au Mexique et en Amérique centrale (Mayas, Aztèques) ainsi que sur les hautes terres des Andes (Incas). Il reste peu de traces des tradi-

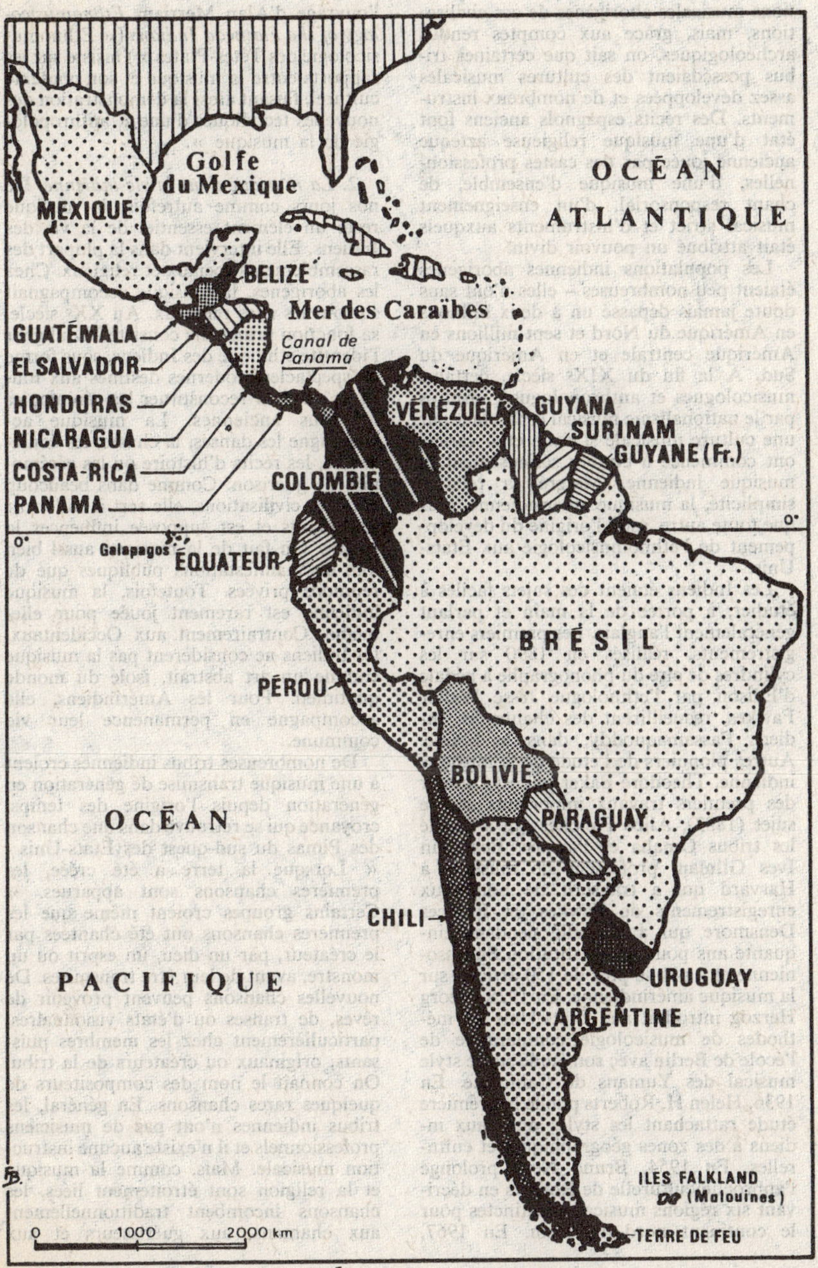

AMÉRINDIENS

tions musicales aborigènes de ces civilisations, mais, grâce aux comptes rendus archéologiques, on sait que certaines tribus possédaient des cultures musicales assez développées et de nombreux instruments. Des récits espagnols anciens font état d'une musique religieuse aztèque ancienne jouée par des castes professionnelles, d'une musique d'ensemble, de chant responsorial, d'un enseignement musical strict et d'instruments auxquels était attribué un pouvoir divin.

Les populations indiennes aborigènes étaient peu nombreuses – elles n'ont sans doute jamais dépassé un à deux millions en Amérique du Nord et sept millions en Amérique centrale et en Amérique du Sud. A la fin du XIXe siècle, certains musicologues et anthropologues, inspirés par le nationalisme musical et fascinés par une culture musicale si riche et si variée, ont commencé à étudier sérieusement la musique indienne. Malgré sa relative simplicité, la musique amérindienne, plus que toute autre, est à l'origine du développement de l'ethnomusicologie aux États-Unis.

Les Indiens étaient des sujets faciles à étudier, à portée de la main et parlant généralement l'anglais. Les premiers enregistrements, réalisés en 1890 sur les cylindres de cire du phonographe à pédale d'Edison par l'ethnologue Jesse Walter Fawkes, recueillirent des chants des Indiens Passamaquoddy, dans le Maine. Autres pionniers de l'étude de la musique indienne, Theodore Baker qui est l'auteur des premiers travaux importants sur le sujet (1882), Alice Fletcher qui a étudié les tribus Omaha et Pawnee, Benjamin Ives Gilman, professeur de musique à Harvard qui a transcrit de nombreux enregistrements de Fawkes, et Frances Densmore qui a travaillé pendant cinquante ans pour une institution Smithsonienne et a publié plus de 150 articles sur la musique amérindienne. En 1928, Georg Herzog introduit aux États-Unis les méthodes de musicologie comparative de l'école de Berlin avec son étude sur le style musical des Yumans de Californie. En 1936, Helen H. Roberts publie la première étude rattachant les styles musicaux indiens à des zones géographiques et culturelles. En 1954, Bruno Nettl prolonge l'approche culturelle de Roberts en décrivant six régions musicales distinctes pour le continent nord-américain. En 1967, l'ouvrage d'Alan Merriam *Ethnomusicology of the Flathead Indians* (« Ethnomusicologie des Têtes-Plates ») insiste sur les rapports entre la musique et son contexte culturel, faisant ainsi la démonstration des nouvelles techniques d'une « anthropologie de la musique ».

2. *La musique dans la vie indienne.* De nos jours comme autrefois, la musique reste un élément essentiel de la vie des Indiens. Elle intervient dans la plupart des rassemblements sociaux et religieux. Chez les aborigènes, la musique accompagnait surtout les rites religieux. Au XXe siècle, sa fonction principale consiste à souligner l'identité ethnique des Indiens, sous forme de spectacles modernes destinés aux touristes ou pour reconstituer les cérémonies les plus anciennes. La musique accompagne les danses, la chasse, les conférences, les récits d'histoire ou les cérémonies de guérison. Comme dans beaucoup d'autres civilisations, elle sert à endormir les enfants et est supposée influencer la nature. On fait de la musique aussi bien lors de manifestations publiques que de réunions privées. Toutefois, la musique indienne est rarement jouée pour elle-même. Contrairement aux Occidentaux, les Indiens ne considèrent pas la musique comme un art abstrait, isolé du monde quotidien. Pour les Amérindiens, elle accompagne en permanence leur vie commune.

De nombreuses tribus indiennes croient à une musique transmise de génération en génération depuis l'origine des temps, croyance qui se retrouve dans une chanson des Pimas du sud-ouest des États-Unis : « Lorsque la terre a été créée, les premières chansons sont apparues. » Certains groupes croient même que les premières chansons ont été chantées par le créateur, par un dieu, un esprit ou un monstre, avant de leur être transmises. De nouvelles chansons peuvent provenir de rêves, de transes ou d'états visionnaires, particulièrement chez les membres puissants, originaux ou créateurs de la tribu. On connaît le nom des compositeurs de quelques rares chansons. En général, les tribus indiennes n'ont pas de musiciens professionnels et il n'existe aucune instruction musicale. Mais, comme la musique et la religion sont étroitement liées, les chansons incombent traditionnellement aux chamans, aux guérisseurs et aux prêtres. La musique est donc réservée aux hommes. Les chansons se transmettent par cœur de père en fils. Les tribus nord-américaines ne possèdent pas de notation musicale et leur terminologie spécialisée est très réduite. Néanmoins, certaines cultures font grand cas de l'exactitude avec laquelle sont reproduites ces chansons : ainsi, pour les tribus du nord-ouest de la côte Pacifique ou pour les Navajos, une erreur dans le chant ou un trou de mémoire peut invalider un rite entier. Dans d'autres tribus, comme celles des plaines, les interprétations fidèles n'ont pas une valeur particulière. Inévitablement, le répertoire musical de ces peuples s'est beaucoup modifié.

3. *Style musical.* En isolant les traits caractéristiques des musiques indiennes et en appliquant des méthodes statistiques, on a identifié plusieurs zones aux États-Unis et au Canada, correspondant à différents groupes de tribus : les Pueblos des plaines, les Yumans de Californie, les tribus du Grand Bassin, les Athabascans, les Indiens de l'Est et du Nord. Mais on manque d'informations pour établir un schéma analogue à propos de la musique des Indiens d'Amérique latine. La division de l'Amérique du Nord en zones correspondant à différents styles permet de comprendre la musique indienne dans son ensemble, mais, comme toute analyse systématique, elle réclame une certaine prudence. Les musicologues mettent en doute la valeur de la répartition géographique des principales caractéristiques musicales (étendue des mélodies, dimension des intervalles, « hausse »), car la musique de certaines tribus n'a donné lieu à aucune étude, d'autres n'ont connu aucune étude approfondie ou des études trop anciennes. Toute classification reposant sur la géographie est donc inexacte car le gouvernement des États-Unis a obligé certaines tribus indiennes à quitter leur terre d'origine. Ainsi, les Shawnees ont été déplacés du Sud-Est vers le « Territoire indien » de l'Oklahoma et, aujourd'hui, leurs chansons présentent à la fois les caractéristiques de celles de l'Est et de celles des plaines.

La région des plaines est marquée par

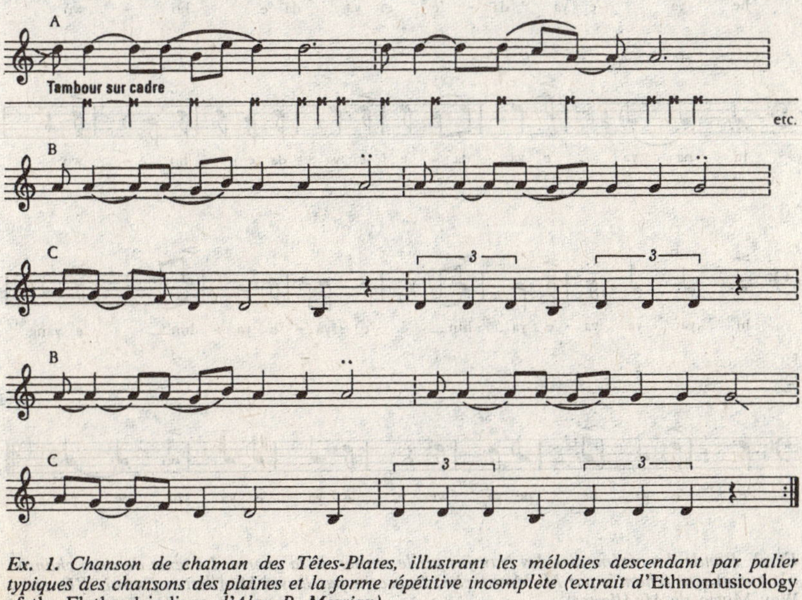

*Ex. 1. Chanson de chaman des Têtes-Plates, illustrant les mélodies descendant par palier typiques des chansons des plaines et la forme répétitive incomplète (extrait d'*Ethnomusicology of the Flathead indians *d'Alan P. Merrian).*

la plus forte cohésion des styles, ce qui la rend assez facile à définir. Elle s'étend de la vallée du Mississippi aux montagnes Rocheuses. On y trouve les tribus les plus célèbres : Arapahos, Pieds-Noirs, Comanches, Crows, Têtes-Plates, Kiowas, Pawnee, Sioux, etc. Ces tribus nomades vivaient surtout de la chasse au bison. La musique des plaines se caractérise par des contours mélodiques descendant par paliers et des gammes pentatoniques. La qualité vocale est sans équivoque – sonorité dure, tendue, vibrante, dans une tessiture élevée. La forme binaire avec reprise partielle (ABCBC) est très répandue (Ex. 1), la plupart des morceaux étant accompagnés de tambour et de crécelle.

La musique des Indiens Pueblos du Sud-Ouest (Hopis, Zuñis et Taos) comporte de nombreux points communs avec celle des tribus des plaines, notamment une qualité vocale tendue et des lignes mélodiques descendantes en paliers. A l'inverse, les Yumas du Sud-Ouest et les tribus de Californie ont un style vocal détendu qui contraste avec celui de la plupart des autres tribus nord-américaines. Leurs formes musicales comportent souvent de courtes sections répétées. La « hausse » est l'une des caractéristiques des chansons des Yumas : elle consiste à transposer légèrement une partie de la chanson vers le haut. Les Navajos et les Apaches sont les deux tribus du Sud-Ouest qui parlent athabascan. Leur chant, assez complexe, est nasal et léger. Les chansons apaches réclament une étendue mélodique restreinte mais une grande intensité vocale. L'étendue des chansons navajos atteint souvent une octave et se situe fréquemment dans l'aigu (Ex. 2, danse en cercle). Les Iroquois sont installés dans l'Est, les confédérations Wabanakis dans le Nord-Est, les Cherokees, les Creeks et les Séminoles dans le Sud-Est, les Chippewas dans la région des

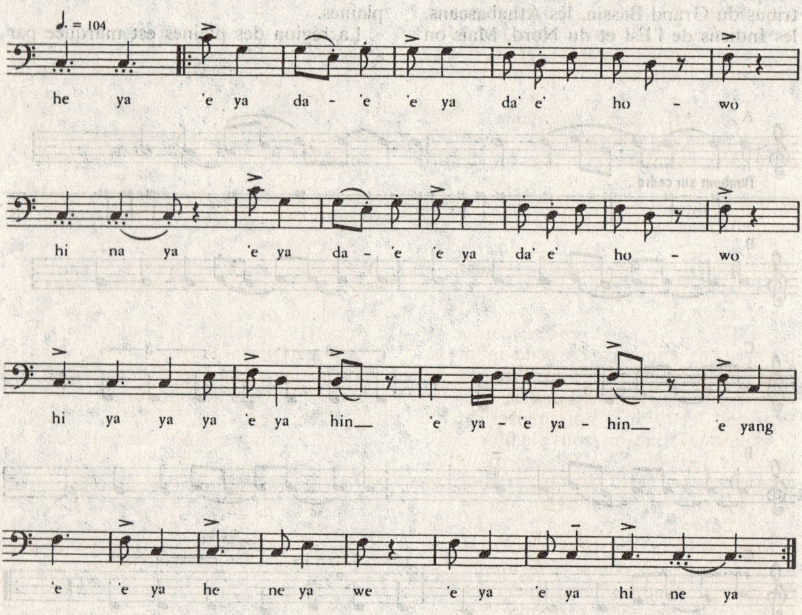

*Ex. 2. Ronde des cérémonies des Navajos sur le sentier de la guerre. Le texte de cette chanson n'a aucun sens (chantée par M. Moustache ; transcrite par David McAllester. Extrait d'*Enemey Way Music *de McAllester).*

Grands Lacs. Le trait le plus caractéristique de la musique de ces tribus est le chant responsorial. La plupart des chansons sont relativement courtes ; elles sont construites sur une organisation rythmique simple et sur des mélodies ondulantes. Dans l'Est, néanmoins, certains styles s'apparentent à ceux des plaines.

Les tribus du Grand Bassin, notamment les Païutes et les Utes du Nevada et de l'Utah, ont également un style vocal détendu. Leurs chansons, de forme très simple, généralement des phrases arrangées deux par deux, évoluent sur une étendue mélodique limitée. Les tribus de la côte nord-ouest du Pacifique possèdent un style musical complexe et une plus grande variété d'instruments de musique que les autres tribus du continent nord-américain. Ces tribus (Salish, Bella Coola et Kwakiutl) sont, semble-t-il, les plus récemment immigrées en provenance d'Asie. Leurs chansons ne comportent généralement pas de strophes et leur rythme n'est pas métrique, ce qui aboutit à un style en forme de récitatif. Les intervalles sont souvent étroits (secondes mineures, principalement) et l'étendue mélodique limitée.

4. *Instruments.* Les instruments amérindiens abondent surtout en Amérique centrale et en Amérique du Sud, particulièrement dans les Andes (en Bolivie et au Pérou). Les instruments les plus courants et les plus répandus sont les flûtes, une immense variété de crécelles et différentes formes de tubes emboutis. La *qena* (flûte taillée) bolivienne et péruvienne date de l'époque Chavin (900-200 av. J.-C.) ; à l'origine, elle se composait parfois d'os humains. La *qena* moderne, plus longue (25 à 50 cm) que l'instrument ancien, est généralement taillée dans du bambou. Dans de nombreuses tribus d'Amérique latine, on trouve la flûte à bloc initial et des sifflets, en bois, en roseau ou confectionnés avec des os, munis de chevilles en cire ou en bois.

Les flûtes de Pan sont très répandues dans les Andes. On peut en jouer seul ou à deux. Certaines comportent une rangée de tuyaux, d'autres deux, que l'on peut ouvrir ou fermer à leur extrémité. Souvent accordés à la tierce, ils peuvent fournir une gamme complète. Certains groupes de flûtes de Pan plus importants, comme les *sicuri* des Indiens Aymaras (nord de l'Argentine), possèdent des instruments accordés à une ou deux octaves d'intervalle. Les clarinettes idioglottes sont limitées au nord de l'Argentine, au sud de la Bolivie et à la Guyane. Les Indiens Waraos et Waïwaïs du Venezuela et du Brésil jouent des clarinettes hétéroglottes.

En Amérique latine, les Indiens attribuent à un grand nombre de leurs instruments une signification magique ou religieuse. Au Brésil, la tribu Cozárini associe le son de la clarinette au serpent du mal. D'autres groupes croient que la planchette ronflante peut détourner les orages. La trompette est un instrument sacré pour les Tupí-Uitates du Brésil et les Piaroas du Venezuela. On rencontre toutes sortes de maracas que les chamans utilisent fréquemment. En Bolivie, les « chamans jaguars » des tribus Mojos et Barés jouent pour faire appel aux forces et à la puissance du jaguar. Pour travestir la voix, ils utilisent des trompettes d'argile, d'écorce ou de bambou qui servent aussi de porte-voix. Ces instruments sacrés sont souvent conservés dans des huttes spéciales et ne sont manipulés que par les hommes.

D'autres instruments ont des fonctions plus sociales. L'ocarina équipé de trous pour les doigts sert à imiter le chant des oiseaux. Les tambours de bois à fente, souvent joués par groupes de quatre ou cinq, servent à émettre des signaux dans les forêts tropicales. Les conques peuvent jouer le même rôle.

Par rapport aux tribus d'Amérique latine, les Indiens d'Amérique du Nord disposent d'assez peu d'instruments. Aux États-Unis et au Canada, la flûte est le principal instrument mélodique ; les autres instruments sont des percussions et servent à accompagner chansons et danses : hochets, tambours et racles (ou crécelles), certaines munies de résonateurs. Les racles sont généralement en courge, en bois, en écorce, en écaille ou en corne et remplies de graines ou de cailloux. Certaines sont fabriquées avec des ossements, des sabots, des dents, des becs ou des griffes d'animaux. Les tambours à peau unique constituent le membranophone le plus répandu et se rencontrent dans les principales cultures indiennes d'Amérique du Nord, sauf en Californie. Certaines tribus possèdent aussi des tambours à double peau et des petites timbales, parfois accordées en les remplissant d'eau. Le tambour sur cadre est traditionnellement joué à la main, mais la plupart des autres tambours indiens de l'Amérique du Nord se jouent maintenant avec des baguettes de bois.

Les flûtes droites sont, de nos jours, les plus répandues, mais tous les types de flûtes étaient autrefois largement répandus : flûtes droites à bloc initial, flûtes traversières, sifflets en bois ou confectionnés dans des os, flûtes nasales. A l'ouest des plaines et en Amérique latine, la planchette ronflante est l'instrument des chamans pour les rites religieux.

Le violon apache (également appelé violon navajo) est le cordophone le plus insolite d'Amérique du Nord. Il se compose d'un tube en bois muni d'une seule corde en crin de cheval, tendue sur un chevalet et accordée avec une cheville. Le violon apache montre l'influence de la culture occidentale sur la musique indienne, car il semble tenir autant du violon européen que de l'arc sonore indien aborigène.

5. *Influences occidentales au XXe siècle.* La musique des Amérindiens s'est inévitablement modifiée au fur et à mesure de la progression européenne sur le continent américain. L'occidentalisation a été plus forte en Amérique latine où la majorité hispanisante a vécu, pendant de longs siècles, en contact étroit avec la population indienne indigène. De nombreuses tribus y ont adopté certains aspects des chansons populaires espagnoles ou portugaises et leur style instrumental. En Amérique du Nord, la politique gouvernementale a isolé les Indiens de la société euro-américaine jusqu'à une époque relativement récente. Dans l'ensemble, cet isolement a encouragé l'indépendance culturelle. Menacés par l'homme blanc, les Indiens des États-Unis ont plus ou moins gommé leurs différences tribales depuis deux siècles et cherché à accroître leur unité culturelle. Cette évolution porte le nom de panindianisme.

La danse des esprits (*Ghost Dance*), culte religieux dirigé par le « prophète » Jack Wilson, est l'un des premiers mouvements pantribaux. Wilson proclamait que l'exécution de la danse des esprits ramènerait à la vie tous les Indiens et tous les bisons morts et repousserait l'homme blanc à la mer. Ce culte a vu le jour dans le Grand Bassin vers 1880 et s'est vite étendu aux plaines où tant de bisons avaient été abattus par les Blancs. Le style musical de cette danse est indissociable de celui du Grand Bassin, étendue mélodique restreinte et forme simple, avec des phrases qui vont généralement par paire (AABBCC) (Ex. 3). Ce culte a été proscrit par la loi entre 1890 et 1900, mais ses chansons sont encore chantées dans les plaines.

Les chansons de la Native American Church (qui porte aussi le nom de culte Peyolt, mouvement basé sur le mâchonnement de cette plante hallucinogène) sont parvenues dans les plaines au XVIIIe siècle. Au XIXe et au début du XXe siècle, la religion peyolt s'est étendue plus loin que la danse des esprits et a beaucoup contribué à l'unité indienne. Les chansons peyolts sont les mêmes d'une tribu à l'autre. Leur rythme rapide est caractérisé par l'emploi de deux unités de valeur seulement (croche et noire). Les chansons comportent souvent des syllabes non lexicales et s'accompagnent au tambour et à la crécelle.

La seconde moitié du XXe siècle a vu les Indiens des États-Unis porter un intérêt accru à leur propre musique, retour aux sources dû en partie à l'enthousiasme des touristes pour qui la musique indienne doit avoir une sonorité sauvage, une

Ex. 3. Danse des esprits (chantée) des Arapahos (extrait de North American Indian Musical Styles *de Bruno Nettl).*

certaine rapidité et un style cascadant. La musique des tribus des plaines, qui correspond dans une certaine mesure à cette image stéréotypée, domine l'ensemble du mouvement panindien. Les palabres ou les danses sont soulignés par des chansons dont le style se rapproche de celui des tribus des plaines, souvent sans paroles. Même si le panindianisme tend à amalgamer les styles, les ethnomusicologues ont perçu, depuis 1970, certaines distinctions entre les répertoires spécifiques des tribus. Ce paradoxe est typique de notre époque où l'on voit en même temps la modernisation et l'occidentalisation envahir une culture, pendant que les valeurs authentiques des styles traditionnels connaissent un regain de faveur auprès d'un public néophyte.

BIBLIOGRAPHIE : Marguerite Beclard-d'Harcourt, *Mélodies populaires indiennes*, Ricordi (Paris, 1923). R. et M. d'Harcourt, *La Musique des Incas et ses survivances*, Librairie orientaliste (Paris, 1925). Paul Radin, *Histoire de la civilisation indienne*, Payot (Paris, 1935). André Schaeffner, *Origine des instruments de musique*, Payot (Paris, 1936), rééd. Mouton Éditeur (Paris, 1968 et 1980).

Helen Myers.

Amérique latine

1. Diversité des traditions
2. Mexique et Amérique centrale
3. Amérique du Sud hispanisante
4. Brésil
5. Caraïbes

1. *Diversité des traditions.* L'Amérique latine, dont la population dépasse 350 millions d'habitants, s'étend du Mexique et de Cuba au sud du cap Horn. La musique latino-américaine comporte trois sortes d'éléments : les premiers puisés aux sources de la musique locale, les seconds d'origine africaine, les derniers importés d'Europe. L'importance relative des traditions indiennes, africaines et européennes dans ce mélange donne à chaque musique régionale son parfum distinctif. Dans les nations qui s'enorgueillissent d'une importante population indienne, comme le Mexique, le Guatemala, le Pérou, la Bolivie et l'Équateur, les musiques rurales des régions montagneuses intègrent divers traits aborigènes, comme la gorge « serrée », les mélodies « désaccordées » et les représentations rituelles de fête. Au XXe siècle, des compositeurs mexicains (Carlos Chávez, Candelario Huízar ou Daniel Ayala), guatémaltèques (Jesús et Ricardo Castillo) et péruviens (Daniel Alomía Robles, Teodoro Valcárcel, Andrés Sas) ont su insérer des airs indiens ou pseudo-indiens à leurs œuvres.

Aux Caraïbes, les influences africaines dominent maintenant la musique populaire comme la musique sérieuse car, depuis le milieu du XVIe siècle, les Noirs y ont remplacé peu à peu les Indiens de la classe ouvrière. Dans les nations hispanisantes, les influences africaines ont aussi beaucoup marqué la musique populaire des côtes du Mexique, du Guatemala, du Honduras, de Panama, du Venezuela, de la Colombie, de l'Équateur et du Pérou. Les marimbas du sud du Mexique et du Guatemala et les tambours sur pied que jouent les Noirs en Colombie et en Équateur sont généralement considérés comme des dérivés africains. Les influences africaines se ressentent encore davantage au Brésil où prédomine la langue portugaise. La population et le territoire brésiliens représentent la moitié de l'Amérique du Sud. Les œuvres des mulâtres brésiliens José Joaquim Emerico Lôbo de Mesquita (vers 1745-1805) et José Maurício Nunes Garcia (1767-1830) peuvent paraître éloignées des musiques africaines, d'une manière idiomatique. Toutefois, les répertoires de chant *samba de roda* brésilien et les processions de danse *maracatu* brésiliennes comportent indéniablement des traits africains qui persistent encore de nos jours.

En dehors de l'élément indien, relativement peu important, que l'on rencontre dans l'ensemble de la musique latino-américaine et de la composante africaine présente dans les régions des Caraïbes et du Brésil, la musique latino-américaine trahit partout et, à tous points de vue, une dette écrasante envers l'Europe. Les nombreux modèles de guitares qui constituent la base des musiques populaires régionales d'Amérique latine sont toutes des adaptations de guitares européennes. Même le *charango*, guitare très répandue dans les Andes, dont la caisse à dos bombé se compose d'une carapace de tatou, descend en ligne directe d'une guitare à cinq cordes doubles, accordées de façon discontinue, que Mersenne décrivait dans son *Harmonie universelle* (Paris, 1636). Les violons et les trompettes qui donnent à la musique *mariachi* mexicaine son parfum caractéristique sont des instruments entièrement européens – même si l'on en joue différemment. En dehors des instruments, les rythmes latins et particulièrement les harmonies reposent beaucoup sur les modèles européens. Les rythmes rapides en hémioles (6/8 alternant avec 3/4) qui confèrent une grande vivacité au *son jarocho* de la région de Veracruz et de Mexico, avec accompagnement de harpes et de guitares, sont d'origine espagnole. Les hémioles de la *marinera* péruvienne et de la *vidalita* argentine proviennent des mêmes sources.

Tous les instruments à cordes populaires d'Amérique latine sont d'origine européenne, mais, en outre, l'accompagnement de la musique populaire latino-américaine repose avant tout sur l'enchaînement harmonique européen I-IV-V. Le premier exemple imprimé (1883) de *joropo*, danse nationale du Venezuela, se compose de 40 mesures à 6/8 en ré majeur pour violon ou guitare, chaque mesure suivant le schéma harmonique I-V. D'autres musiques populaires favorites comme le *jarabe* mexicain, le *bambuco* colombien et la *cueca* chilienne, sont toutes des danses vigoureuses en hémioles, coupées en phrases de quatre mesures sur un accompagnement harmonique I-IV-V.

2. *Mexique et Amérique centrale.* Le territoire mexicain a été le réceptacle d'une succession de hautes civilisations. Au moment où l'organum voyait le jour en Europe, les Totonaques de la région de Veracruz prisaient déjà les flûtes en argile à tube triple ou quadruple qui produisaient des accords de trois ou quatre notes. Sur certaines flûtes archaïques en argile déterrées dans le Tabasco, une protubérance faisait dévier l'air par une « chambre à air oscillante » et leur donnait un timbre nasillard. Les Mayas, avec leurs flûtes délicates à six trous, trouvées dans des fouilles sur l'île de Jaina, sont considérés comme les Grecs du Mexique antique, alors que les Aztèques, avec leurs flûtes à quatre trous, peuvent être comparés aux Romains. Entre les Mayas et les Aztèques, les Toltèques perçaient de cinq trous leurs flûtes en os humain.

Selon l'enseignement des sages aztèques, la dualité masculin-féminin engendre l'univers. Par déférence envers le principe de la création de cette dualité, les instruments aztèques les plus importants étaient le *teponastli*, petit tambour de bois à deux sons que l'instrumentiste frappait avec deux maillets sur des extrémités recouvertes de caoutchouc, et le *huehuetl* qui produisait deux notes espacées d'une quinte et se jouait à mains nues. Ces deux instruments à percussion, capables de donner chacun deux hauteurs de son différentes, intervenaient ensemble pour égayer les fêtes aztèques dansées, célébrées tous les vingt jours. Ils étaient également réunis pour donner davantage de solennité à certaines cérémonies sanglantes, comme celles de 1502 où, à l'occasion des funérailles d'Ahuitzotl, « 200 esclaves furent successivement allongés sur le dos sur le même *teponastli* qui jouait la musique funèbre, leur poitrine frappée et tailladée, et leur cœur arraché ».

Les musiciens aztèques jouissaient d'un grand prestige social et étaient exemptés du paiement du tribut. La perfection de l'exécution jouait un rôle tellement important que l'oubli de la moindre battue entraînait l'exclusion immédiate du joueur de *huehuetl* ou de *teponastli* qui s'était trompé ; il était aussitôt exécuté et, pour calmer Huitzilopochtli ou toute autre divinité adorée, on lui arrachait le cœur. Les chants qu'apprenaient les musiciens au *calméac* (sorte de conservatoire) étaient d'une longueur démesurée, car ils retraçaient oralement l'ensemble de l'histoire aztèque ; seuls ceux qui étaient doués d'une mémoire prodigieuse avaient donc une chance de rester dans la profession.

D'emblée, les Aztèques ont montré un intérêt passionné pour les instruments européens, ainsi que pour la musique européenne sous tous ses aspects. En 1556, paraît à Mexico le premier livre de musique imprimé dans le Nouveau Monde et, à la fin du XVIe siècle, douze autres recueils musicaux destinés aux Indiens avaient déjà été publiés dans cette même ville. En 1561, les instrumentistes indiens ont pris une telle importance numérique que Philippe II publie, au mois de février, une *cedula* s'élevant contre « le nombre excessif de musiciens qui perdent leur temps à jouer de la trompette, du clairon, du chalumeau, du saqueboute, du cornet à bouquin, du pipeau, du fifre, de la viole, du rebec et d'autres sortes d'instruments d'une variété immodérée ». En 1565, les autorités ecclésiastiques mexicaines présentent une pétition à la couronne pour que soit « encore abaissé le nombre de chanteurs indiens ».

Tout en continuant à fabriquer leurs propres instruments, les Indiens apprennent très vite à réaliser de bonnes imitations des instruments européens. Dès le milieu du XVIe siècle, ils sont capables de former des ensembles d'accompagnement dont les couleurs sonores, nouvelles et imprévues, surprennent par leurs possibilités. Ils commencent aussi à composer de la musique écrite. Selon Juan de Torquemada (1565-1624), « leur *villancicos*, leur musique polyphonique à quatre voix, certaines messes et d'autres œuvres liturgiques, tous composés avec adresse, furent considérés comme des œuvres d'art supérieures lorsqu'ils furent soumis aux maîtres de composition espagnols ». Parmi les compositeurs indiens dont les œuvres ont été publiées, Tomás Pascual (en activité à San Juan Ixcoi au Guatemala entre 1595 et 1635) et Juan Mathias (en activité à Oaxaca, au Mexique, au milieu du XVIIe siècle) se sont limités à des formes plus réduites. Mais le plus grand génie colonial identifié comme indien est Don Juan de Lienas, actif à Mexico, entre 1630 et 1650, qui a laissé de sublimes *Salves*, des messes et des lamentations. Sa *Missa super fa ré ut fa sol la* à cinq voix et son *Salve* à quatre voix ont été publiés et enregistrés. Une grande partie de sa musique découverte dans les années soixante-dix s'adresse à un double chœur.

A Mexico, avant la fin du XVIIIe siècle, de nombreux compositeurs espagnols ou d'origine espagnole ont laissé une production importante : Hernando Franco (maître de chapelle de la cathédrale de Mexico, (1575-85), Antonio Rodríguez de Mata (1625-43), Luis Coronado (1643-48), Fabián Pérez Ximeno (1648-54), Francisco López Capillas (1654-74), José de Loaysa y Agurto (1676-88), Antonio de Salazar (1688-1715) et Manuel de Zumaya (1715-39). López Capillas et Zumaya sont tous deux nés à Mexico. Zamaya, qui est mort à Oaxaca en 1754, a composé le premier opéra mexicain, *La Partenope* (1711), sur un livret de Silvio Stampiglia que Haendel a réutilisé par la suite. Zumaya compte parmi les compositeurs majeurs dans les annales du Nouveau Monde. Le maître de la mélodie, Ignacio Jerusalem (1749-69), né à Lecce, est le premier musicien natif d'Italie qui ait simultanément exercé les fonctions de directeur de la musique au théâtre et à la cathédrale de Mexico.

A Puebla, au Mexique, les principaux compositeurs comprenaient Gaspar Fernandes, d'origine portugaise (organiste et maître de chapelle de la cathédrale de 1606 à 1629), et son successeur, Juan Gutiérrez de Padilla (1629-64), né à Málaga. Fernandes a laissé plus de 250 *chanzonetas* et *villancicos* manuscrits, dont un grand nombre est pimenté de texte en dialecte noir et de rythmes influencés par les Noirs. Padilla a eu la haute main sur la musique de Puebla à l'époque de sa plus grande gloire et a laissé beaucoup de musique, généralement superbe, pour double chœur (notamment quatre messes à huit voix). En outre, Padilla était un excellent professeur et a compté parmi ses nombreux élèves son successeur, Juan García Céspedes.

Après l'indépendance, les troubles sociaux et politiques entravent les possibilités d'enseignement musical à Mexico et dans l'ensemble de l'Amérique espagnole. Au XIXe siècle, la liste des compositeurs mexicains renommés, qui sont tous devenus célèbres grâce à l'opéra – le plus sûr passeport vers la réussite à cette époque – va de Cenobio Paniagua (1812-82), Melesio Morales (1838-1908), Aniceto Ortego (1825-75) et Ricardo Castro (1864-1907) à Gustavo Emilio Campa (1863-1934). En 1891, l'Indien otomí Juventino Rosas (1868-94) compose une valse devenue célèbre dans le monde entier, *Sobre las olas* (« Sur les vagues »), qui est encore de nos jours l'une des œuvres latino-américaines les plus connues. En dehors de l'hymne national mexicain, composé en 1854 par Jaime Nunó (1824-1908), le chant le plus célèbre qui ait vu le jour au Mexique au XIXe siècle est *La Golondrina* (« L'Hirondelle ») de Narciso Serradell, adieu qui distille les larmes exquises versées au départ d'un ami aimé.

La mélodie mexicaine du XXe siècle la plus connue est une œuvre de Manuel María Ponce (1882-1948), *Estrellita* (« Petite Étoile »), publiée en 1913. Ponce est aussi l'auteur de partitions importantes comme le *Concierto del Sur* (*Concerto du Sud*) pour guitare et orchestre (1941), composé pour Andrés Segovia, un concerto romantique pour piano, un concerto pour violon et un triptyque symphonique. Au Mexique, le principal représentant de la culture indienne du XXe siècle est Carlos Chávez (1899-1978).

Parmi les contemporains et élèves de Chávez figurent Silvestre Revueltas (1899-1940), dont l'œuvre est dominée par un poème symphonique, *Sensemayá* (1938), José Pablo Moncayo (1912-58) dont le scintillant *Huapango* (1941) reflète toutes les lueurs colorées de la danse folklorique, et l'Indien Huichol Blas Galindo Dimas (1910). Rodolfo Halffter (1900) a émigré d'Espagne en 1940 pour se consacrer à l'enseignement et former une nouvelle génération de musiciens détachés du folklore mexicain et des évocations aztèques. La musique de Manuel Enríquez (1926), Héctor Quintanar (1936), Eduardo Mata (1942, plus connu comme chef d'orchestre) et Mario Lavista (1943) évite toute référence mexicaine et s'inspire des courants internationaux prédominants.

3. *Amérique du Sud hispanisante (à l'exception de la côte des Caraïbes).* Les instruments préférés des indigènes andins étaient les *antaras* (flûtes de Pan) et les *quena-quenas* (flûtes verticales). Des flûtes de Pan archéologiques, déterrées dans des fouilles effectuées sur la côte péruvienne, attestent l'existence d'un système musical nazca qui comportait des micro-intervalles dans les registres supérieurs (la note la plus grave des flûtes de Pan nazca en argile ne descend jamais au-dessous du do²). Toutefois, les Incas, qui dès 1492 avaient soumis l'Amérique du Sud entre Quito et le fleuve Maule au Chili (vers le sud) et ce qui est aujourd'hui la ville de Sucre en Bolivie (vers l'est), appréciaient particulièrement les mélodies pentatoniques. La couleur et le nombre de tambours comptaient autant dans leur représentations rituelles que leur capitale Cazco (3600 mètres d'altitude) ; il en était de même du timbre des *qquepas* (trompettes) et des *pincollos* (flûtes) que l'on entendait au cours des cérémonies en l'honneur du dieu Soleil ou de leurs souverains décédés.

Avant même 1560, certaines œuvres de musique européenne d'une très grande qualité commencent à être importées à Cuzco. Les messes imprimées (1544) de Cristóbal de Morales apparaissent dans la capitale des Incas dix ans après leur publication. Les Flamands du XVIe siècle sont représentés par Philippe Rogier et Philippe de Monte ; des copies de leurs messes polyphoniques survivent encore sous forme fragmentaire à Cuzco. En Amérique du Sud, le compositeur le plus renommé du XVIe siècle est alors Gutierre Fernández Hidalgo qui a successivement dirigé la musique à Bogotá (1584-86), à Quito (1588-90), à Cuzco (1591-97) et à La Plata (aujourd'hui Sucre, 1597-1620). Il égalait les meilleurs compositeurs espagnols de sa génération. Les œuvres liturgiques de Hidalgo qui existent encore, toutes d'une beauté et d'une intensité incomparables, comprennent des *Salves*, des Magnificats et des psaumes. La première composition polyphonique éditée dans le Nouveau Monde est publiée à Lima en 1631. Cette délicieuse marche pour chœur mixte, *Hanacpachap cussicuinin*, est écrite sur un texte en quechua, la langue des Incas. Juan Pérez Bocanegra, qui l'a publiée, a passé la majeure partie de sa vie à Cuzco.

Parmi les compositeurs d'origine espagnole installés à Lima, capitale de la vice-royauté du Pérou – la plus riche colonie de l'empire espagnol –, on peut citer l'ancien organiste de la chapelle royale portugaise, Estacio de la Serna (actif à Lima entre 1612 et 1614), Cristóbal de Belsayaga (1622-30), Juan de Araujo (1670-76) et Tomás de Torrejón y Velasco (1676-1728). Araujo a ensuite émigré à La Plata (Sucre) où il a laissé de nombreux *villancicos* brillamment composés lorsqu'il y était directeur de la musique, entre 1680 et 1712, l'année de sa mort. Torrejón y Velasco a utilisé un livret de Pedro Calderón de la Barca, écrit en 1660, pour composer le plus ancien opéra du Nouveau Monde que l'on connaisse aujourd'hui, *La púrpura de la rosa* (« Le pourpre de la rose ») ; il a été créé au palais du vice-roi à Lima le 19 octobre 1701. Les principaux compositeurs qui lui ont succédé sont Roque Ceruti (né à Milan et qui a dirigé la musique de la cathédrale de Lima de 1728 à 1760), le Péruvien José de Orejón y Aparicio (1760-65), qui était surtout un sentimental de la musique, et Bartolomé Massa, originaire de Novi Ligure en Italie, qui, au cours de la seconde moitié du XVIIIe siècle, a dirigé des opéras à Buenos Aires et à Lima.

Comme la plupart des pays du Nouveau Monde soumis au supplice des révolutions et des guerres, le Pérou a perdu sa prééminence musicale à partir de 1821. José Bernardo Alzedo (1788-1878), compositeur de l'hymne national péruvien joué pour la première fois en 1821, a ensuite émigré au Chili où il a passé les meilleures années de sa vie (1846-64) à diriger la musique de la cathédrale de Santiago du Chili. Au XXe siècle, la musique péruvienne a bénéficié de la présence d'immigrants européens comme le Belge Andrès Sas (1900-67) et l'Allemand Rodolfo Holzmann (1910).

En 1717 débarque en Argentine un missionnaire jésuite fraîchement venu d'Italie, Domenico Zipoli (1688-1726). Ses œuvres pour orgue et pour clavecin, publiées à Rome en 1716 et à Londres vers 1722 et 1725, avaient fait de lui le plus renommé des musiciens missionnaires jésuites envoyés en Argentine et au Paraguay avant 1767. Zipoli avait fait ses études et travaillé à Cordoue, siège d'une université fondée en 1613. Buenos Aires, capitale d'une vice-royauté établie en 1776, va devenir au XIXe siècle le centre de l'édition musicale, de l'opéra et du concert de l'Amérique du Sud hispanisante. L'actuel Teatro Colón (3 950 places), inauguré en 1908, a succédé à l'ancien Teatro Colón (1857-88), alors que le Teatro de la Ópera (1872), le Teatro Nacional (1882) et d'autres théâtres présentaient des opéras italiens, français et, dans une certaine mesure, argentins. Le compositeur d'Amérique du Sud le plus réputé de cette génération est l'Argentin (fixé à Genève) Alberto Evaristo Ginastera (Buenos Aires, 1916 ; Genève, 1983) : il s'est imposé avec ses opéras *Don Rodrigo* (1964), *Bomarzo* (1967) et *Beatrix Cenci* (1971). D'autres Argentins se sont imposés dans le domaine lyrique, notamment Francisco E. Hargreaves (1849-1900), Arturo Berutti (1862-1938), Eduardo García Mansilla (1866-1930), Constantino Gaito (1878-1945) et Juan José Castro (1895-1968).

A l'inverse, certains compositeurs chiliens du XXe siècle comme Enrique Soro (1884-1954), Alfonso Leng (1894-1974), Domingo Santa Cruz (1899), Alfonso Letelier Llona (1912), Juan A. Orrego-Salas (1919) et Gustavo Becerra Schmidt (1925) se sont tous détournés de l'opéra ou de la scène. Toujours au Chili, Samuel Claro-Valdés et Luis Merino Montero ont fait des deux universités de la capitale, Santiago du Chili, le centre le plus brillant de la recherche musicologique historique en Amérique du Sud. La *Revista Musical Chilena* fondée en 1945 demeure aujourd'hui le périodique musical le plus important et le plus respecté publié en Amérique latine.

4. *Brésil.* L'œuvre de musique brésilienne datée la plus ancienne que l'on connaisse est un récitatif et une aria composés en 1759 par Caetano de Mello Jesus, maître de chapelle de la cathédrale de Bahia ; ils sont dédiés à un député de Pombal qui avait fondé, la même année, une Academia dos Esquecidos (« Académie des Oubliés ») dans ce qui était alors la capitale du Brésil. En 1763, la capitale est déplacée à Rio de Janeiro où le mulâtre José Maurício Nunes Garcia, un prêtre, devient maître de chapelle de la cathédrale en 1798. La richesse et la variété du répertoire liturgique de Garcia qui a survécu évoquent ses idoles européens, Haydn et Mozart. Néanmoins, il possédait un sens mélodique personnel et particulièrement développé. Son élève Francisco Manuel da Silva (1795-1865) a composé l'hymne national brésilien en 1831.

Sous l'empire brésilien, entre 1822 et 1889 (date de l'abdication de Pedro II), Rio de Janeiro prétendait posséder la meilleure bibliothèque d'Amérique du Sud, les éditions musicales les plus florissantes d'Amérique latine, des saisons de concerts qui attiraient des virtuoses comme Thalberg ou Gottschalk et surtout une vie lyrique prospère. António Carlos Gomes (1836-96), protégé de Pedro II, est l'auteur de deux opéras montés au Teatro Lirico Fluminense avant son installation à Milan, où il a fait représenter huit ouvrages lyriques entre 1867 et 1891. Son plus grand succès, *Il Guarany* (la Scala, 19 mars 1870), célébrait l'amour d'un prince indien brésilien pour la fille d'un gouverneur portugais. Il a été représenté dans le monde entier, notamment à Covent Garden, à Londres, le 12 février 1879 et à New York le 3 novembre 1884.

Heitor Villa-Lobos (1887-1959) a éclipsé tous les autres compositeurs d'Amérique du Sud de sa génération. Il est le seul Brésilien a avoir eu un fort impact à Paris où il a vécu entre 1923 et 1925, puis en 1929, grâce à de riches commanditaires de São Paulo. Pour attirer l'attention des critiques européens, il a inventé de nouvelles formes musicales (13 *Chôros*, huit *Bachianas Brasileiras*) et largement imité la musique populaire brésilienne dans ses œuvres de musique de chambre, chorales et symphoniques composées au milieu de sa vie ; il se faisait passer pour un descendant d'une tribu indienne. Son œuvre, considérable, comporte douze symphonies, six ballets, trois opéras, cinq concertos pour piano et une production aussi importante dans tous les autres genres traditionnels. Parmi les principaux compositeurs du XXe siècle, seul Darius Milhaud aurait écrit davantage que lui.

D'autres compositeurs brésiliens du XXe siècle, qui souffrent inévitablement de la comparaison avec Villa-Lobos, ne méritent pas d'être oubliés : Oscar Lorenzo Fernândez (1897-1948), Camargo Guarinieri (1907), Cláudio Santoro (1919), Édino Krieger (1928) et Marlos Nobre (1939). La musique populaire brésilienne est plus florissante que dans tout autre pays d'Amérique du Sud et s'enorgueillit de « stars » aussi importantes que Chico Buarque de Hollanda, Roberto Carlos [Braga], Jorge Ben, Milton Nascimento, Gal Costa et au moins deux douzaines d'autres célébrités. Contrairement à l'Argentine où la vedette de cinéma Charles Gardel (1887-1935) – qui a régné et est encore idôlatré comme le roi du tango – est né en Europe, le Brésil s'enorgueillit de vedettes masculines, dans la population noire et blanche, toutes natives du pays.

5. *Caraïbes.* En raison de l'immense richesse de ses colonies continentales, l'Espagne a négligé ses avant-postes des Antilles. Avant Esteban Salas y Castro (1725-1803), Cuba ne possédait pas de compositeur marquant. Au XIXe siècle, aucun compositeur lyrique cubain ne s'est imposé à l'Europe avant que trois opéras de Gaspar Villate (1851-91) soient montés à Paris, à La Haye et à Madrid. Eduardo Sánchez de Fuentes (1874-1944), Alejando Garcia Caturla (1906-40) et Amadeo Roldán (1900-39) symbolisent la droite, le centre et la gauche dans la musique cubaine de leur génération. Roldán, auteur de la *Danza negra* (1928) et du *Poema negro* (1930), est le seul compositeur qui se soit sérieusement intéressé à l'héritage noir de Cuba ; il jouit donc aujourd'hui d'un très grand prestige à La Havane. L'expatrié Ernesto Lecuona (1896-1963) a publié en 1929 une pièce pour piano, *Malagueña*, et une mélodie, *Soboney*, qui comptent encore parmi les œuvres latinoaméricaines les plus connues.

L'un des premiers compositeurs de la Jamaïque, Samuel Felsted, a publié l'oratorio *Jonah* à Londres en 1775. Sir Frederick Cowen (1852-1935) était né à Kingston, à la Jamaïque. Toutefois, à la Barbade (qui possède à Bridgetown un orgue Father Smith à trois claviers, depuis 1700), en Guadeloupe – terre natale de Joseph Boulogne, chevalier de Saint-Georges (1739-99) – , ou dans les autres possessions anglaises, françaises ou hollandaises, toute tradition musicale classique européenne est désormais reléguée derrière le calypso, le ska, le reggae et les autres modes d'expression musicale populaires noires de ces îles (voir également *Antilles*).

Au cours de la seconde moitié du XVIIIe siècle, Haïti (Saint-Domingue) a vu défiler une ronde incessante d'opéras et d'autres œuvres scéniques de Gluck, Piccinni, Monsigny, Duni, Blaise, Rousseau, etc. Après Toussaint l'Ouverture et Henri Christophe, cette tradition scénique d'origine française a quitté l'île avant de céder la place à une forte culture musicale d'inspiration africaine, dans laquelle les tambours jouent un rôle déterminant.

A Curaçao, la synagogue Mikvé Israël, érigée en 1730-38, compte parmi les plus anciennes synagogues des Amériques qui n'aient jamais cessé d'être utilisées (orgues installées en 1866). Charles Maduro (1883-1947) est l'un des compositeurs les plus connus ayant vu le jour sur cette île. La synagogue Berachave-Shalom de Paramaribo, de cinq ans postérieure à Mikvé Israël, est aussi restée pendant longtemps un bastion de la culture musicale européenne au Surinam. Mais les touristes sont surtout attirés par une musique dominée par les tambours et par les autres modes d'expression musicale africaine pratiqués dans les milieux socio-économiques les plus défavorisés.

En Colombie, Juan Pérez Materano, résidant dans le port de Cartagena, obtient le 19 décembre 1559 un privilège royal lui permettant de publier un traité sur la polyphonie et le plain-chant. En raison de son érudition, son élève Juan de Castellanos (1522-1607) le surnommait le « Josquin » du Nouveau Monde. Pérez Materano utilise également la musique pour attirer et convertir de nombreux Noirs qui se déversent à Cartagena à partir de 1546 ; et sa démarche est comblée de réussite.

La figure majeure de la musique vénézuélienne à l'époque de la gloire coloniale de ce pays est le mulâtre Juan Manuel Olivares (1760-97). On compte parmi ses élèves, également mulâtres, Juan José Landaeta (1780-1814) auquel est attribué la musique de l'hymne national vénézuélien, *Gloria al bravo pueblo*, Lino Gallardo (1773-1837) et au moins une demi-douzaine d'autres compositeurs importants. Le directeur de la musique de la cathédrale, Cayetano Carreño (1774-1836), compositeur vénézuélien d'un certain renom, était le grand-père de la pianiste Teresa Carreño (1853-1917) qui a fait une carrière internationale et a été la seconde femme d'Eugen d'Albert. José Ángel Lamas (1775-1814), généralement considéré comme le compositeur le plus doué de l'histoire du Venezuela, a donné son nom au Conservatoire national de Caracas. José Ángel Montero (1832-81), meilleur compositeur de ce pays au XIXe siècle, est l'auteur du premier opéra signé par un Vénézuélien d'origine et monté à Caracas, *Virginia* (créé le 27 avril 1872 ; repris au Teatro municipal de Caracas le 28 février 1969).

Voir également *Musique de danse latino-américaine*.

Robert Stevenson.

BIBLIOGRAPHIE : Alejo Carpentier, *La Musique à Cuba*, Gallimard (Paris, 1985).

Amériques. Œuvre pour orchestre de Varèse, composée entre 1918 et 1922, dont la création à Philadelphie le 9 avril 1926, sous la direction de Leopold Stokowski, provoqua un véritable scandale. Conçue dans sa version originale pour un effectif considérable (142 instruments), elle fut remaniée par Varèse en 1929 pour un effectif un peu plus réduit.

Amfiparnasso, L'. Comedia harmonica en un prologue et treize scènes d'Orazio Vecchi sur ses propres poèmes (peut-être écrits en collaboration avec Giulio Cesare Croce). Cette œuvre quasi dramatique à cinq voix n'est pas destinée à la scène. Elle a été créée en 1594.

Ammerbach, Elias Nikolaus (Naumburg, près de Leipzig, vers 1530 ; Leipzig, janvier 1597). Organiste allemand. Après des études à l'université de Leipzig, il occupe les fonctions d'organiste à Saint-Thomas entre 1561 et 1595. Il publie d'intéressants ouvrages de musique pour clavier comportant des danses et des arrangements d'hymnes. Ses instructions relatives à l'ornementation et aux doigtés représentent une source d'information inestimable sur l'école d'orgue allemande. Il a été le premier à utiliser un système de notation exclusivement alphabétique.

Denis Arnold.

Amner, John (Ely, 1576 ; Ely, 1641). Compositeur et organiste anglais. Il fait ses études à Oxford et, en 1610, est nommé organiste et chef des chœurs à la cathédrale d'Ely où il restera jusqu'à sa mort. En 1615, il publie un recueil de 26 *anthems* intitulé *Sacred Hymnes of 3, 4, 5 and 6 parts for Voyces and Vyols* (Hymnes sacrés à 3, 4, 5 et 6 parties pour voix et instruments) qu'il dédie à son protecteur le comte de Bath. Le style de ses premières œuvres est assez simple : écriture syllabique dans laquelle le contrepoint se limite essentiellement aux parties finales ; ses œuvres ultérieures montrent l'influence d'une polyphonie plus complexe.

Wendy Thompson.

Amor brujo, El. Voir *Amour sorcier, L'*.

Amore (ital.). 1. « Amour ». *Amorevole*, *amoroso* (ital.), « tendrement » ; *amorevolmente*, *amorosamente* (ital.), « avec tendresse ».

2. Le qualificatif « *d'amore* » ou « d'amour » se trouve souvent accolé à des noms d'instruments du XVIIe au début du XIXe siècle (hautbois d'amour, viole d'amour, etc.). Il implique généralement une sonorité plus suave que celle de l'instrument normal et une tessiture plus grave. Pour les instruments à archet, la sonorité se modifie par l'adjonction de cordes sympathiques.

Amour sorcier, L' (*El Amor brujo*). Ballet en un acte de Manuel de Falla sur un argument de Gregorio Martínez Sierra, d'après un conte gitan d'Andalousie. Créé à Madrid en 1915. La partition comporte quelques airs que doit chanter la danseuse et la célèbre *Danse rituelle du feu*. Falla en a tiré une suite d'orchestre en 1916.

Amour des trois oranges, L'. Opéra en un prologue et quatre actes op.33, de Prokofiev ; livret du compositeur d'après la pièce de Gozzi *Fiable dell'amore delle tre melarance* (1761). Créé à Chicago en 1921, Prokofiev en a tiré une suite symphonique (1919, révisée en 1924).

Amy, Gilbert (Paris, 29 août 1936). Compositeur français. Au Conservatoire de Paris, il suit les cours de Messiaen et de Milhaud (1955-60) ; il travaille également avec Boulez. A partir de 1962, il mène une carrière de chef d'orchestre surtout orientée vers la musique contemporaine. Il succède à Boulez comme directeur du Domaine musical (1967-73). Le style de ses premières œuvres (*Sonate pour piano* de forme mobile, 1957-60) est très proche de celui de Boulez qui a exercé une influence décisive sur sa musique, même si un style orchestral personnel, assez coulant, se dégage d'œuvres comme *Strophe* pour soprano et orchestre (1964-66), *Trajectoires* pour violon et orchestre (1966), *Cycle* pour percussion (1966) ou *Chant* (1967-69). Ses œuvres plus récentes sont marquées par une écriture largement lyrique, voire même incantatoire : *Cette étoile enseigne à s'incliner* pour chœur d'hommes, deux pianos, bande magnétique et ensemble instrumental d'après un tableau de Paul Klee (1970), *D'un espace déployé* pour orchestre (1972) ou *Une Saison en enfer* pour piano, percussion, chant et bande magnétique, d'après Rimbaud (1980). Directeur du Nouvel Orchestre philharmonique de Radio-France entre 1976 et 1981, il a été nommé directeur du Conservatoire national supérieur de musique de Lyon en 1984.

Paul Griffiths, rév. Alain Pâris.

An (all.). « Sur », « par », « à ». Dans la musique d'orgue, indique que le registre désigné doit être ajouté.

Anacreontic Society (« Société anacréontique »). Fondée à Londres en 1766 pour des musiciens amateurs de l'aristocratie, elle accueillait quelques musiciens professionnels comme membres honoraires. Ils se réunissaient dans une taverne du Strand pour chanter, avant et après le souper, des chansons, des *catches* (canons à trois ou plusieurs voix, souvent composés sur un texte humoristique) et des *glees* (pour trois à cinq voix d'hommes *a cappella*). Cette société jouissait d'une excellente réputation. Haydn s'y est rendu en 1791. A chaque réunion était chanté l'air de John Stafford Smith « To Anacreon in Heaven », repris et adapté par les Américains qui en ont fait leur hymne national, *The Star-spangled Banner*. La société a été dissoute en 1794.

Une société de concerts destinée à encourager la musique symphonique a porté le même nom à Belfast : fondée en 1814, elle fut dissoute en 1866.

Anacrouse. Du grec anakrysis (*anacrousis*). Note ou groupe de notes non accentué placé en début de phrase musicale et constituant une *levée. Terme également utilisé dans la métrique poétique.

Analyse

1. Introduction
2. Matériaux et principes
3. Histoire et techniques
4. Conclusion

1. *Introduction*. L'analyse tend à la fois à identifier les divers matériaux d'une œuvre et à définir leur mode de fonctionnement. Une telle recherche ne peut naturellement s'effectuer de façon entièrement instinctive. L'analyste doit utiliser en connaissance de cause les différentes techniques, les catégories et les théories qui lui permettent de définir ce que sont réellement les « matériaux » et les « fonctions ». L'analyse est donc avant tout une activité intellectuelle et de nombreux analystes ne se sentent pas concernés par la signification ou l'expression, dans un sens extra-musical, des matériaux fonctionnels d'une œuvre : une analyse peut donc passer totalement à côté des questions esthétiques fondamentales, sans rechercher pourquoi une œuvre écrite dans une tonalité mineure peut être plus triste ou plus tragique qu'une œuvre composée dans une tonalité majeure, ou pourquoi une œuvre atonale peut s'avérer plus tendue ou plus perturbée qu'une œuvre tonale.

Le processus analytique doit néanmoins poursuivre un but, et si le résultat recherché consiste à mieux apprécier l'œuvre analysée, l' « appréciation » – compréhension – ne peut se limiter à un plan purement technique ou intellectuel. L'analyste peut négliger certains détails expressifs ou techniques, qu'il s'agisse d'un simple retard ou d'une vaste excursion dans une tonalité éloignée. Mais son analyse serait pauvre si elle ne donnait pas une nouvelle dimension à la perception auditive de la musique sur le plan expressif et structurel. Le but du processus analytique consiste donc à déterminer la nature de l'œuvre dans son ensemble, ainsi que ses éléments constitutifs, pour les apprécier sur le plan esthétique comme sur le plan intellectuel. Il faut toutefois admettre que, dans ce cas, l'auditeur peut être l'analyste lui-même et non un certain nombre de mélomanes stimulés par l'étude de ses analyses. Plus l'analyse s'enrichit et s'approfondit, plus elle risque de paraître spécialisée et complexe à quiconque reste étranger à ses principes et à ses objectifs. La plupart des amateurs de concerts aiment à s'y préparer en lisant un programme dans lequel les analyses sont concises et factuelles : la barrière de la technicité demeure réelle et tangible. Même à l'école ou à l'université, l'analyse est souvent considérée comme une option et non comme une nécessité. On lui reproche de paralyser la réponse émotionnelle spontanée à la musique au lieu de l'intensifier. Cette réaction est très répandue malgré le témoignage de ceux qui, face à une analyse authentique (par opposition aux multiples pseudo-analyses), ressentent un plaisir indiscutablement accru.

2. *Matériaux et principes.* Toute analyse cherche d'abord à identifier les matériaux d'une œuvre, c'est-à-dire ses idées musicales spécifiques : ses motifs, thèmes ou sujets, les progressions harmoniques ou rythmiques et les caractéristiques structurelles au moyen desquelles elles sont énoncées ou développées. Mais les matériaux comportent aussi certains éléments généraux plus formels et techniques qui sont peut-être davantage au centre de la recherche analytique. L'expression « sonate de l'époque classique en ut majeur » implique que le matériau du compositeur englobe les propriétés du système tonal et les cadres formels de l'époque, pour se limiter à ces aspects du style qui, s'ils sont difficiles à définir en quelques mots, n'en diffèrent pas moins dans une très large mesure des aspects homologues de la musique composée un siècle plus tôt ou un siècle plus tard : avec quelques connaissances musicales de base, il semble impossible de confondre une œuvre typique de Mozart avec une œuvre de J. S. Bach ou de Brahms.

Une notice de programme très simple peut définir, dans une certaine mesure, les matériaux et les fonctions des œuvres proposées, en s'attachant davantage à fournir des informations historiques qu'une interprétation technique. Mais la profondeur qu'atteint généralement l'analyse s'accommode mal d'un bref commentaire. Son rôle ne consiste pas non plus à décrire ou à reconstituer le processus de composition d'une œuvre. Même lorsque les esquisses sont parvenues jusqu'à nous, il est pratiquement impossible de reconstituer avec certitude la démarche créatrice du compositeur, quel que soit l'intérêt d'une telle spéculation lorsqu'elle est fondée sur des données tangibles. En ce sens, l'analyste n'est pas forcément un historien de la musique ni même un critique. Il préfère sans doute analyser des œuvres qu'il a eu le plaisir d'entendre ou de jouer, mais la définition des matériaux d'une œuvre est totalement indépendante de leur évaluation qualitative ; et si l'analyste explique comment ils fonctionnent, il ne lui incombe pas pour autant de décider si la démarche du compositeur est bonne ou mauvaise. Le sens de la qualité du critique diffère de la recherche du processus qui caractérise l'analyse ; mais, en pratique, le critique et l'analyste échangent souvent leurs méthodes et leurs identités. Toutefois, l'analyste a tendance à aborder l'œuvre dans son ensemble avec certains éléments qu'il connaît déjà : essentiellement les diverses caractéristiques techniques et structurelles que l'œuvre semble illustrer, ainsi que la ou les techniques analytiques particulières qui conviennent le mieux à cette œuvre. Aucune analyse ne peut progresser sans une somme considérable de données historiques et techniques (allant bien au-delà de données fondamentales comme la présence plus logique de cadences parfaites dans l'œuvre de Haydn que dans celle de Webern) ; l'analyste, comme tout scientifique, doit toujours préserver un équilibre entre la connaissance et les idées préconçues, entre l'instinct ou l'impulsion et un jugement réfléchi constamment remis en question.

L'analyste, qui cherche à avoir un point de vue distinctif ou même entièrement original sur une œuvre, considérera sans doute l'analyse comme une discipline plus variée et plus diversifiée que celui qui suit scrupuleusement le nombre plus restreint de méthodes préexistantes. Ainsi, une même sonate de Beethoven fera l'objet d'interprétations très différentes selon les points particuliers sur lesquels l'analyste mettra l'accent :

– ses divisions formelles et, par extension, sa position dans l'histoire de la forme-sonate ;

– sa nature en tant que structure tonale ;

– les procédés thématiques utilisés ; ce qui peut impliquer la recherche d'une cellule, d'un motif ou d'une forme fondamentale unique qui engendrerait l'ensemble des thèmes, même s'ils sont superficiellement disparates, et pourrait même affecter les harmonies et les relations tonales ;

– ses caractéristiques structurelles et le traitement de l'instrument auquel elle se prête.

La démarche des analystes connaît de grandes variantes, certains ne croyant qu'à l'utilisation d'une seule technique, à l'exclusion de toute autre, d'autres se montrant partisans d'une synthèse d'approches différentes aussi nombreuses que le traitement de l'œuvre leur semble le réclamer. On remarque également de grandes différences entre ceux qui cherchent à analyser l'œuvre telle que le compositeur et ses contemporains l'ont probablement comprise et ceux qui font appel à des techniques inconnues, voire même inenvisageables à l'époque de la composition de cette œuvre. Par ailleurs, certains analystes s'attachent en priorité à la base unificatrice d'une structure, d'autres au processus d'évolution qui mène à cette structure. Autant de divergences qui réclament une description des techniques d'analyse et de leur évolution.

3. *Histoire et technique*. L'histoire de l'analyse suit, pour l'essentiel, l'évolution des techniques d'interprétation de certains aspects de la musique fondamentaux pour l'analyste. Avant le XIXe siècle, l'analyse n'a pas été touchée par l'élaboration systématique de théories. La théorie concernait surtout les techniques de composition – comment apprendre à utiliser de la meilleure façon les matériaux de base de la musique. Alors que les apprentis compositeurs se voyaient recommander depuis longtemps l'étude des chefs-d'œuvre du passé, il a fallu beaucoup de temps pour que cette étude passe du stade de l'imitation stylistique à celui de l'exploration analytique et structurelle et que paraissent des ouvrages se rapportant exclusivement à l'analyse et non à la composition ou à des facteurs historiques et biographiques plus généraux. Les ouvrages historiques et biographiques comportent naturellement des éléments analytiques, mais leur but principal n'est généralement pas l'application des techniques analytiques à la musique concernée.

Parmi les principales techniques analytiques, peu nombreuses sont celles qui font encore, de nos jours, l'objet d'études ; la plupart d'entre elles tendent à affirmer la prédominance dans l'expression musicale de la hauteur du son et des relations entre les différentes hauteurs de son. Une telle approche semble renforcer l'attitude générale des XVIIIe et XIXe siècles, qui ne dissociait pas analyse et musique ; elle souligne également l'absence d'explication satisfaisante des processus structurels rythmiques (voir *Rythme*). Elles insistent sur la primauté des éléments unificateurs comme moyen d'élaboration d'un processus cohérent au sein d'une œuvre et cette recherche d'unité, autre tendance du XIXe siècle, est peut-être le trait d'union entre l'analyse et l'*esthétique. S'il est possible d'appréhender la beauté d'une œuvre d'art en la ressentant en tant qu'entité unifiée et cohérente, la compréhension analytique de la façon dont se réalise cette unité fournit une solide explication aux réponses esthétiques instinctives ou un moyen de les rationaliser.

(*a*) *L'analyse schenkerienne*. Pour la musique tonale, ou du moins pour la musique composée entre le XVIIe et le début du XXe siècle, que l'on peut qualifier sans ambiguïté de tonale, les techniques analytiques de Heinrich Schenker (1868-1935) ont fourni le moyen le plus complet et le plus élaboré de définir la signification de tous les éléments harmoniques et mélodiques d'une œuvre en se référant aux relations verticales ou horizontales. L'Ex. 1 montre le contraste qui existe entre l'approche de la structure tonale de Schenker et celle d'un analyste se contentant d'étiqueter chaque accord pour en souligner la constitution verticale et les liens avec la tonalité principale, sans marquer le moindre intérêt pour leur signification ou leur fonction relative dans la structure d'ensemble. Les techniques de Schenker refusent la classification en catégories formelles (ternaire, binaire, sonate, etc.) selon des méthodes qui ramènent la plupart des œuvres au même plan uniforme ; elles s'écartent également des tentatives de concentration sur les empreintes stylistiques dominantes dans les détails thématiques et structurels.

L'écho sans cesse croissant qu'ont rencontré les idées de Schenker n'est pas étranger à une nouvelle affirmation de la tonalité comme principe structurel, ce que confirme l'expérience musicale elle-même : la tonalité est de plus en plus reconnue comme l'élément constructif fondamental de la musique de la fin de l'ère baroque et des périodes classique et romantique. Néanmoins, plusieurs tentatives visant à élaborer une analyse purement thématique ont vu le jour, de nombreux analystes considérant que les compositeurs donnent un meilleur reflet d'eux-mêmes dans leurs motifs thématiques ou dans leurs mélodies que dans leurs stratégies formelles ou structurelles.

Il est donc normal que Schoenberg – le compositeur qui a apporté les plus grands bouleversements aux perspectives de la composition, depuis les structures tonales harmoniques et hiérarchiques jusqu'aux structures de motifs corrélatives, évoluant en permanence – ait exercé une influence considérable sur les analystes qui ont tenté de mettre au point une approche plus vaste du processus thématique. Il est également normal que Schenker ait voué une hostilité profonde à Schoenberg, tant pour son rôle de théoricien que comme compositeur. Rudolph Réti (1885-1957) et Alan Walker (1930) ont exploré le domaine dans lequel une forme de base (parfois assimilée au terme allemand *Gestalt*, ou *Grundgestalt*) peut fonctionner comme cellule thématique fondamentale et prendre des aspects très variés à la surface de la musique, unifiant tous les thèmes, quel que soit le contraste apparent. Hans Keller (1919) élève l'ensemble du processus à un autre niveau avec ses analyses « composées » et « fonctionnelles » – ce qu'il appelle « la musique derrière la musique » – qu'il effectue pendant l'exécution de l'œuvre originale. Malheureusement, seule une version de la première démonstration de Keller a été publiée (voir son étude du *Quatuor à cordes en ré mineur K 421* de Mozart, in *The Score*, n° 22, 1958).

L'Ex. 1 montre comment Alan Walker perçoit l'unité sous-jacente des thèmes de la *Symphonie n° 5* de Tchaïkovski. Il est évident que son procédé est à la fois sélectif et réductif. Il ne cherche pas à présenter une interprétation de la structure globale de la musique et, pour trouver un schéma de base commun à tous les thèmes, il sélectionne certaines notes de chacun d'entre eux et les présente sous une forme abstraite, en négligeant la durée des valeurs et en pratiquant les changements de registres indispensables à sa démonstration. Selon les cas, ses critères varient en fonction de la façon dont peuvent être discernées les formes requises. Ainsi, pour le thème (*d*), toutes les notes de l'extrait présenté sont retenues, mais, pour le thème (*a*), bon nombre d'entre elles sont omises. Les préoccupations de Schenker sont très différentes, même si on retrouve fréquemment les termes « unité » et « cohérence » dans ses écrits. En outre, bien que Réti et Walker aient éprouvé les plus grandes difficultés à expliquer leurs méthodes dans des textes concis et clairement illustrés et que Schenker n'ait jamais cherché à réaliser un livre précis et complet pour les débutants, ce sont les techniques de Schenker qui ont rencontré l'intérêt le plus vif et le plus durable.

Les procédures de Schenker se sont avérées difficiles à codifier et à clarifier, car elles ont évolué sur une période d'au moins une trentaine d'années, alors que ses ouvrages importants, notamment *Free Composition*, sont non seulement une explication – souvent indirecte, mais solidement argumentée – de la structure tonale telle qu'il la concevait, mais également une polémique tournée vers des compositeurs post-wagnériens qui semblaient déterminés à détruire ce qu'il estimait le plus. Par la force de ses perceptions techniques, il est parvenu à convaincre les analystes et théoriciens ultérieurs, malgré la façon désagréable et souvent sectaire dont elles sont exprimées. La vision de Schenker est celle d'un art dérivé de la nature (la *série harmonique exprimée au moyen de l'accord parfait) qui se retrouve dans l'œuvre de quelques grands maîtres allemands qui ont « ressenti les œuvres les plus vastes... comme des entités capables d'être entendues et perçues comme un ensemble ». Il s'agit en fait d'un ensemble particulier, d'un ensemble dans lequel « le but est tout ». Unité et but se retrouvent dans son concept de l'*Ursatz*, noyau fondamental qui étaye toute véritable composition tonale et dans lequel la ligne supérieure descend par mouvement conjoint d'une note de l'accord parfait à la tonique,

Ex. 1. Tchaïkovski : Symphonie nº 5 : *unité des thèmes [cf. A. Walker,* An Anatomy of Musical Criticism, *1966, pp. 39-45.]*

pendant que la ligne inférieure effectue des arpèges jusqu'à la quinte : tonique-dominante-tonique.

L'Ex. 2a est une adaptation de l'analyse que fit Schenker de la *Valse op.39 nº 1* de Brahms, avec l'*Ursatz* ou noyau fondamental, et deux niveaux subséquents, représentant l'arrière-plan et le plan médian de la structure. Les huit premières mesures que l'on retrouve dans l'Ex. 2b illustrent le premier plan de Schenker et sa technique de réduction : les nombreuses répétitions et doublures du texte original ne figurent pas dans ce premier plan et, en outre, le registre de la basse est déplacé pour que l'exemple tienne sur une portée.

Il serait inexact d'affirmer que le processus analytique consiste à écarter les divers éléments décoratifs, les motifs et autres éléments structurels moins importants pour réduire la musique à son *Ursatz* abstrait, dépourvu de rythme : une telle démarche remettrait en question des centaines d'œuvres possédant le même noyau fondamental. Il serait plus juste de décrire le processus analytique comme la démonstration de l'existence, au sein des trois types fondamentaux (premier plan, plan médian, arrière-plan), de plusieurs niveaux structurels séparés agissant les uns sur les autres, qui sont tous une expression du but et de la cohérence de la musique – les différents procédés de projection et d'élaboration de l'accord parfait unificateur. Schenker considère que, selon les procédés linéaires de la conduite des voix, cette élaboration découle directement des procédures du contrepoint le plus strict (conduite des voix ou conduite des parties est la traduction du terme allemand *Stimmführung*). L'analyse établit une distinction très nette entre les éléments structurels et décoratifs ; la fonction de chaque élément est présentée de façon systématique, selon des modes qui permettent à l'analyste de démontrer les relations entre la spécificité de l'œuvre et ce qu'elle partage avec tous les autres exemples de structure tonale de base analogue.

L'approche de Schenker est assez éloignée de celles qui insistent sur les problèmes de forme, de structure des phrases ou d'identité harmonique et thématique apparente. Même s'il retient la totalité des éléments d'une œuvre, il est évident que ceux auxquels il accorde une importance structurelle ultime n'ont rien de commun avec les caractéristiques expressives apparentes (dissonances, changements de structure inattendus, envolées mélodiques mémorables, etc.) qui frappent d'emblée l'auditeur et qu'il retient. Il n'est donc pas surprenant que ceux qui ont critiqué Schenker et cherché à transformer ses techniques, au lieu de se contenter de les rejeter, aient tenté de donner plus de poids à ce qu'ils considèrent comme les diverses implications ou ambiguïtés auxquelles répondra l'auditeur au fur et à mesure du déroulement de l'œuvre musicale. Pour des analystes comme Leonard B. Meyer (*Explaining Music*, 1973), Eugene Narmour (*Beyond Schenkerism*, 1977) et David Epstein (*Beyond Orpheus*, 1979), il est dangereux d'envisager la réalisation de l'unité comme une résultante inéluctable ; leurs analyses graphiques sont donc plus variées que celles de Schenker, notamment parce qu'ils donnent davantage d'importance aux rythmes et aux motifs.

Cependant, c'est ce qui constitue la différence entre une approche axée sur les éléments harmoniques et tonaux unificateurs et dirigée vers un but, d'une part, et une approche axée sur l'évolution des motifs, d'une autre : l'analyse moderne a accordé une part très importante à cette seconde démarche, lui donnant la primauté sur la recherche et la controverse autour des meilleurs moyens d'analyse des éléments harmoniques et tonaux. Carl Dahlhaus (1928), partant des différences d'opinion entre Schenker et Schoenberg, s'est concentré sur les différents types de cohérence concernés : cohérence tonale pour Schenker, cohérence des motifs pour Schoenberg (voir *Schoenberg et Schenker, Procedings of the Royal Musical Association*, c, 1974). Leur opposition ressort nettement de leurs écrits sur Brahms. Pour Schenker, Brahms était le dernier grand maître de la cohérence tonale ; pour Schoenberg, il était le plus grand progressiste, reflétant une situation musicale dans laquelle, comme le dit Dahlhaus, « l'accent se déplace graduellement d'une structure tonale à une structure de motifs ». De même, alors que Schenker méprisait Wagner pour son échec apparent à maintenir les grandes traditions de cohérence tonale, Schoenberg l'admirait pour la richesse de ses motifs.

(*b*) *Théorie des ensembles*. Plusieurs analystes réfutent la théorie selon laquelle les techniques de Schenker ne peuvent

Ex. 2 (a) et (b). Analyse tirée de l'ouvrage de Schenker, Free Composition, *Fig. 49,2.*

s'appliquer qu'à la musique tonale de la fin de l'ère baroque, du classicisme et du romantisme. Cette théorie conduirait à expliquer les œuvres plus anciennes ou plus récentes par l'analyse des motifs ou des formes. Comme il est souvent difficile d'établir des distinctions précises entre modal et tonal, ou entre tonal et atonal, les analystes ont tout naturellement étendu les méthodes de Schenker aux périodes plus anciennes et plus récentes. Cependant, ceux qui ont succombé à cette tentation n'ont pas toujours montré une sensibilité suffisante à l'égard des principes de composition et de fonctionnement de ces musiques. Dans le cas de la musique médiévale et de la Renaissance, son caractère linéaire et contrapuntique peut, en effet, suggérer une approche analytique qui s'attache davantage à la conduite des voix qu'aux relations entre les motifs et à leurs transformations, ces dernières convenant particulièrement bien à la musique symphonique des XVIIIe et XIXe siècles. La démarche de Schenker, qui insiste sur la recherche d'un but, sur l'unité et sur l'élaboration des éléments à partir d'un accord parfait, peut difficilement s'imposer pour l'ensemble de la musique écrite avant l'adoption du système tonal et de l'harmonie consonante. Et, pour la musique moderne, notamment les œuvres atonales de Schoenberg et de Webern, l'application des techniques de la conduite des voix s'est soldée par des progrès bien minces, ce qui est assez logique, car les structures sont souvent si fragmentées que la détection des connexions linéaires et du sens de la progression vers un but devient pratiquement impossible. Par ailleurs, la musique atonale est apparemment athématique ; la détection des formes et des cellules fondamentales s'opère donc également au hasard, en l'absence des principes généraux qui ont permis de considérer comme un ensemble cohérent un vaste répertoire d'œuvres antérieures.

L'identification de toutes les catégories de hauteurs de son et d'intervalles sans référence aux fonctions tonales ni à l'accord parfait offre une solution à ce problème. On regroupe au sein d'une même catégorie de hauteurs tous les sons identiques, quelle que soit l'octave. Une catégorie d'intervalles correspond à l'un des six intervalles en « position serrée de base » (de la seconde mineure au triton) auxquels on peut ramener, par inversion ou en ajustant l'octave, tous les autres intervalles : la septième majeure devient ainsi une seconde mineure renversée, etc. Ce procédé ramène le nombre total de regroupements, ou ensembles, à des proportions maniables d'autant plus aisément que certains ensembles, apparemment différents, sont rattachés au même ensemble de base, ou forme première. Ainsi, si on admet que do, réh et mih constituent une forme première (parce que la plus petite catégorie d'intervalles est placée en premier), réh, mih et do (ou do, mih et réh) peuvent être considérés comme des permutations ou des dérivés de ce même ensemble initial et non comme des ensembles différents. Ainsi, il n'y a que 220 formes premières regroupant entre trois et neuf catégories de hauteurs.

Cette technique découle du principe mathématique de la théorie des ensembles et elle peut s'appliquer à la musique atonale. Mais il faut souligner que l'idée de forme fondamentale de Schoenberg, qui s'en rapproche par l'esprit, n'a jamais été développée de façon aussi systématique. L'Américain Milton *Babbitt (1916), compositeur sériel, a joué un rôle décisif dans l'évolution de la théorie des ensembles comme outil analytique. Sans avoir travaillé directement avec Schoenberg, il a beaucoup appris de l'analyse de sa musique. Toutefois, les ouvrages théoriques de Babbitt concernent surtout la musique dodécaphonique. Or, d'une façon générale, l'analyse de ses œuvres a soulevé moins de controverses, probablement à cause de la nature souvent explicite des techniques de composition utilisées ; c'est seulement au début des années soixante-dix qu'un autre Américain, Allen Forte (1926), a publié pour la première fois un ouvrage détaillé sur la théorie des ensembles appliquée à la structure de la musique atonale (*The Structure of Atonal Music*, 1973).

Il n'est pas difficile de saisir les principes essentiels de la théorie de Forte et de les appliquer à de courtes œuvres atonales, comme les *Pièces pour piano op.19* de Schoenberg ou les *Bagatelles pour quatuor à cordes op.9* de Webern, mais les résultats n'apportent pas grand-chose de plus que les déductions qui s'imposent en observant les différences et les similitudes. La théorie des ensembles (et les relations complexes qu'elle révèle) est plus efficace lorsqu'elle s'applique à des structures atonales plus vastes et élaborées, comme *Erwartung* de Schoenberg ou *Wozzeck* de Berg. Mais l'analyste aura besoin d'une programmation informatique pour éviter une masse considérable de manipulations manuelles et les risques corollaires d'erreurs humaines.

La terminologie d'Allen Forte a naturellement fait l'objet de nombreuses critiques et des alternatives ont été proposées. On a aussi beaucoup insisté sur les problèmes que pose la division ou la fragmentation d'une œuvre pour calculer ses ensembles constitutifs. Caractéristique essentielle de la théorie des ensembles, son application permet de comparer ou de rattacher entre eux tous les éléments de hauteur. Elle opère par degrés d'identité et de similitude, et les notions de conflit et de tension lui semblent relativement étrangères. En ce sens, elle se présente comme une autre évolution de l'attitude esthétique et analytique du XIXe siècle qui considère l'unité et la cohérence comme les qualités fondamentales de la réussite d'une œuvre d'art.

(*c*) *Analyse et sémiologie*. Avec les techniques les plus récentes, les analystes semblent moins préoccupés par ces questions. La sémiologie, ou sémiotique, s'intéresse surtout aux systèmes des signes. Elle découle de l'étude de plus en plus systématique dont la linguistique a fait l'objet au cours de la première moitié du XXe siècle. Son application à la musique est encore expérimentale, car l'ensemble du sujet est encore trop dépendant de la signification des signes – ce qu'ils sont, mais aussi ce qu'ils communiquent. Jusqu'à présent, la sémiotique a surtout servi à redresser l'équilibre de l'analyse, ce qui permet d'étudier méthodiquement et en détail les traits superficiels réels d'une œuvre grâce à un procédé impliquant une définition précise des degrés de similitude et de divergence dans toutes les dimensions, sans se limiter à la hauteur des sons. L'étude de *Density 21,5* pour flûte seule de Varèse, qu'a réalisée Jean-Jacques Nattiez (1975), est une analyse sémiotique particulièrement précieuse en raison de l'attention méticuleuse qu'il porte aux détails et de sa détermination à ne pas se fier aux précédents ou à l'instinct. Dans le domaine de la sémiotique, le concept d'analyse poussée à l'extrême, démontant son sujet, a certainement un avenir prometteur (voir *Esthétique*, 3).

4. *Conclusion*. Aucun exposé rapide de ce qu'englobe le processus analytique ne peut servir de justification à l'analyse ni même permettre d'expliquer la raison pour laquelle elle peut conduire à des résultats très satisfaisants. Par ailleurs, le nombre assez restreint de techniques abordées et leur nature très spécialisée montre que l'analyste considère souvent chaque technique comme un moyen et non comme une fin en soi. Le but recherché n'est pas de glorifier, ni même d'épurer une technique particulière en montrant que ses conventions et procédures permettent d'analyser avec profit un ouvrage majeur. Il s'agit davantage de prouver que, seules, quelques-unes des techniques élaborées jusqu'à ce jour peuvent véritablement éclairer les aspects essentiels et fondamentaux de cette œuvre. Une analyse importante, comme celle de Schenker sur la *Symphonie héroïque* de Beethoven, peut passer sous silence les conditions de création ou de conception de l'œuvre, et même la façon dont elle exprime l'héroïsme. D'autres analyses, comme celles de la musique de Webern, se rapprochent davantage des préoccupations techniques du compositeur à l'époque de la création. Mais ce n'est pas un fruit du hasard si une analyse essentiellement verbale de n'importe quelle musique prend souvent l'aspect d'une contradiction pour l'analyste. Il ne faut pas en déduire que tous les termes explicatifs doivent être automatiquement rejetés, même par le plus orthodoxe disciple de Schenker, mais les graphiques utilisant des symboles musicaux constituent, au moins potentiellement, un meilleur moyen de percevoir les aperçus analytiques essentiels : la lecture d'une prose traduisant les mêmes aperçus mènerait au même résultat de façon moins directe et moins nettement structurée.

L'analyse est une discipline jeune dont l'influence augmente au fil des années. Par ses principes et ses méthodes, l'analyse est sans aucun doute un phénomène du XXe siècle et si la musique est appelée à connaître de profonds changements, il n'est pas exclu que l'analyse évolue parallèlement, même en ce qui concerne la musique plus ancienne à laquelle elle s'adapte particulièrement bien. Toutefois, quelle que soit la spécialisation ou la diversité de ses procédures, l'analyse ne sera jamais une fin en soi. Le but d'une œuvre musicale est de communiquer, l'analyse sert à mieux la faire apprécier.

Arnold Whittall.

BIBLIOGRAPHIE : Sabine Bérard, *Musique, langage vivant*, Hachette-Van de Velde (Paris-Luynes, 1981). Ludovic Blareau, *L'Art musical par l'analyse et les commentaires des œuvres à l'aide de citations thématiques*, Delagrave (Paris, 1928). Jacques Chailley, *Traité historique d'analyse musicale*, Leduc (Paris, 1951, nouvelle édition 1978). Célestin Deliège, *Les Fondements de la musique tonale*, Lattès (Paris, 1984). Vladimir Jankélévitch, *La Musique et l'ineffable*, Seuil (Paris, 1973). Jean-Jacques Nattiez, *Fondements d'une sémiologie de la musique*, UGE (Paris, 1976). W. R. Spalding, *Manuel d'analyse musicale*, Payot (Paris, 1950).

Anche. Dispositif vibrant dont dépendent de nombreux instruments à vent. Il s'agit essentiellement d'une languette fine et souple (ou de deux languettes face à face) en métal, en roseau, en bois ou en plastique, fixée à une extrémité et disposée de façon à former un interstice étroit par lequel doit passer l'air soufflé. La forte pression exercée sur le côté où l'on souffle a tendance à faire ployer la languette vers l'intérieur, mais ceci n'aboutit pas à une vibration ; brièvement (pour résumer les complexités du mécanisme de l'anche), c'est la pression inférieure au-delà de l'anche qui tire la languette dans la direction du flux, réduisant la fente, le flux et la différence de pression. La languette se relève comme un ressort pour que le processus se répète et continue à se répéter aussi longtemps que le flux est maintenu. Le terme « anche » peut désigner une languette et son support ; ensemble, ils forment l'interstice indispensable. Toutefois, sur la clarinette, « anche » désigne la languette elle-même, le support étant en l'occurrence l'« embouchure ».

D'une façon générale, les anches entrent dans les trois catégories principales du Tableau 1. A gauche, sont indiqués les types de chambre qui assurent l'étanchéité de l'anche par rapport à l'air extérieur à l'approche latérale du flux (« bouche » = cavité de la bouche de l'instrumentiste) ; à droite, sont indiqués les types de languettes et leur support.

Avec les types d'anche 1 et 2a, la hauteur de son est normalement celle de la languette elle-même (comme si elle était mise en vibration avec le doigt) ; il faut donc une anche par note, comme sur l'accordéon et sur les orgues ; le support communique parfois avec un résonateur, par exemple un tuyau. Avec les autres, la même anche dessert la totalité de l'étendue quand les notes sont déterminées par un tuyau à trous (comme pour les *bois) : la languette se conforme au tuyau (« système couplé ») aussi longtemps qu'on ne

TABLEAU 1

1. ANCHE LIBRE	
(a) *Accordéon, concertina, etc.*	
Chambre d'anche	Languette + cadre
(b) *Orgues à bouche orientaux*	
Courge (etc.)	Languette faisant partie intégrante du cadre
2. ANCHE BATTANTE (anche simple)	
(a) *Orgue, cornets à anche*	
Pied, capsule d'anche	Languette + « rigole »
(b) *Tuyaux à anche, cornemuses*	
Bouche, capsule d'anche, sac	Languette faisant partie intégrante du support
(c) *Clarinette, saxophone*	
Bouche	Languette (« anche ») + embouchure
3. ANCHE DOUBLE	
(a) *Hautbois, cromorne, cornemuse*	
Bouche, capsule d'anche, sac	Languettes jumelées avec ou sans « corps »
(b) *Chalumeau oriental, etc.*	
Bouche	Comme 3a, mais construit différemment

lui demande pas de vibrer plus vite que sa propre haute fréquence naturelle.

1. *Anche libre*. Chaque anche (Fig. 1) est rivetée ou serrée sur une plaque plus solide au-dessus d'une fente ajustée pratiquée dans cette plaque ; l'anche est « libre » d'entrer dans la fente et d'en ressortir. Elle vibre en fonction de la pression d'air, qui peut être insufflé à partir du côté de la fixation ou en exerçant une aspiration de l'autre côté. Si la direction du flux est inversée, l'anche s'écarte simplement de la fente sans produire de vibration ; normalement un morceau de cuir ou de plastique couvre la face opposée de la fente pour éviter une déperdition de vent dans cette direction. Les facteurs d'instruments à anche contrôlent dans une très large mesure la qualité sonore en fonction de la forme de l'anche et de sa largeur, mais aussi en fonction de la forme et de la hauteur de la chambre sonore. De telles considérations portent sur les fluctuations de la pression d'air durant la vibration qui aboutissent à des « formes d'onde » contenant des harmoniques d'une série régulière.

L'anche libre orientale (1b sur le tableau) diffère de la précédente en ce qu'elle repose à plat dans le plan du cadre. La pression d'air la fait initialement dévier de ce plan et peut être appliquée dans les deux directions ; par la suite, la vibration est la même que pour les autres anches libres, mais avec l'adjonction d'un tuyau servant de résonateur : voir *Orgue à bouche*.

2. (*a*) *Anche battante* (jeux d'orgue à anche, etc.). Chaque languette métallique vibre sur une cavité formée par la « rigole » ou gouttière métallique (S, Fig. 2a). La languette est un peu plus large que la gouttière et ne peut donc pas passer dans la cavité. La gouttière aboutit à un résonateur permettant de contrôler la tonalité ; elle peut varier de la taille d'une petite boîte perforée (voir *Régale*) à celle d'un tuyau complet qui met en relief les harmoniques d'une colonne d'air. Chaque anche peut s'accorder de l'extérieur en bougeant une rasette (T) qui règle la longueur vibrante de la languette.

Ce type d'anche se retrouve également sur les cornets à anche qui lancent des sonneries ou des signaux sur une seule note, comme les vieilles trompes à poire des voitures et les cornes (Fig. 2b) que sonnaient autrefois les gardes des chemins de fer européens au moment de quitter la gare (voir également *Cor de chasse*, 1) ; il sert également parfois sur les cornemuses (en Tchécoslovaquie et dans le Northumberland) comme alternative au 2*b* (ci-dessous) avec une languette en cuivre ou en bambou.

(*b*) *Anche idioglotte*. (Voir *Idiocorde*, 2). C'est l'une des plus anciennes anches que l'on connaisse : la languette est découpée au couteau dans la paroi d'un morceau de canne évidé (Fig. 2c) avec une extrémité bouchée (souvent avec de la cire). Le tube creux joue le même rôle que la gouttière de l'anche battante. L'anche idioglotte sert surtout pour les *cornemuses, les *tuyaux à anche et aussi les **hornpipes*, et systématiquement lorsqu'il s'agit d'un tuyau à une note (bourdon) ou d'un tuyau à trous (chalumeau).

(*c*) *Anche simple*. Ce terme employé pour les bois correspond à « anche battante », qui est avant tout une expression de facteur d'orgue. Les anches simples de la clarinette et du saxophone (Fig. 3) sont taillées dans un bambou (*arundo donax*) qui pousse dans les climats chauds ou qui est cultivé spécialement dans certaines régions pour fabriquer des anches, notamment dans le sud de la France (aux environs de Fréjus) ; le même matériau sert également pour les anches doubles (voir § 3). De nos jours, on fabrique aussi des anches en plastique qui sont assez répandues dans la famille des saxophones. Pour fabriquer des anches simples en bambou, on commence par casser une canne de bambou en trois ou quatre morceaux. Chaque morceau est délardé et mis à plat sur la surface interne (concave) ; on réduit son épaisseur sur environ la moitié de la longueur pour former la partie vibrante de l'anche, plus mince à l'extrémité. L'anche est serrée, par une attache à deux vis appelée « ligature », sur la fente incurvée pratiquée dans la partie inférieure de l'embouchure. Les anches se vendent généralement par boîte de 25 (mais on peut aussi les acheter à l'unité), leur force étant calibrée de « doux » à « dur » pour convenir aux goûts de l'instrumentiste ; l'anche « douce » exige un contrôle moins fort de la bouche et produit une sonorité plus nasillarde.

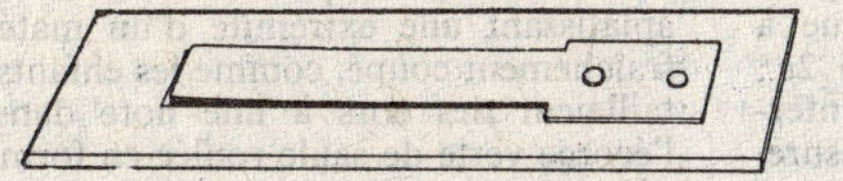

Fig. 1

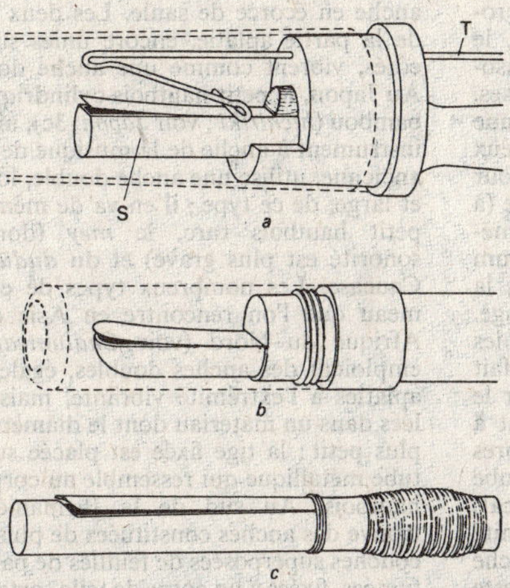

Fig. 2

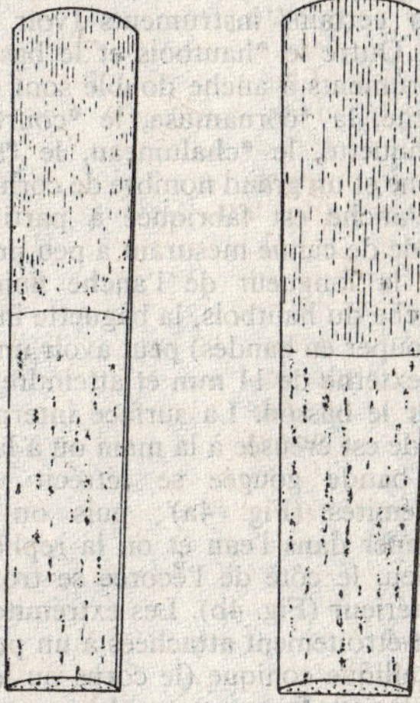

Fig. 3

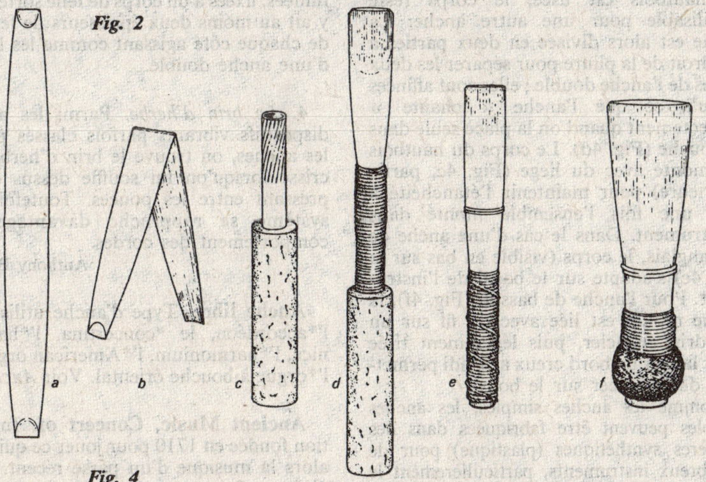

Fig. 4

Fig. 1. Anche d'harmonium.
Fig. 2. (a) anche d'orgue ; (b) cornet à anche, anche incluse dans un capuchon (en pointillé) ; (c) anche idioglotte, bourdon de cornemuse. Sens du vent, de gauche à droite.
Fig. 3. A gauche : clarinette ; à droite : saxophone alto.
Fig. 4. (a) à (d) anches de hautbois ; (e) cor anglais ; (f) basson.

3. *Anche double.* Les savants l'appellent parfois « anche battante double », pour souligner un comportement analogue à celui de l'anche simple décrit au § 2*c* ; anche simple et anche double sont interchangeables, dans une certaine mesure, pour certains instruments (voir *Basson*, 4b). Outre le *hautbois et le basson, les instruments à anche double sont le *cromorne, la *cornamusa, le *courtaud, le *ranquette, le *chalumeau, le *sarrusophone et un grand nombre de cornemuses.

L'anche est fabriquée à partir d'une bande de canne mesurant à peu près deux fois la longueur de l'anche finie. Pour l'anche du hautbois, la baguette initiale (à découper en bandes) peut avoir un diamètre externe de 11 mm et atteindre 24 mm pour le basson. La surface interne de la bande est creusée à la main ou à la gouge. La bande gougée se rétrécit vers les extrémités (Fig. 4a) ; puis on la fait tremper dans l'eau et on la replie par le milieu, le côté de l'écorce se trouvant à l'extérieur (Fig. 4b). Les extrémités libres sont étroitement attachées à un petit tube métallique conique (le corps ou le bocal) aplati pour former un oval à son extrémité la plus petite (Fig. 4c) ; lorsqu'une anche de hautbois est usée, le corps reste réutilisable pour une autre anche. La canne est alors divisée en deux parties à l'endroit de la pliure pour séparer les deux lames de l'anche double ; elles sont affinées jusqu'à ce que l'anche « chante » correctement quand on la place seule dans la bouche (Fig. 4d). Le corps du hautbois est monté avec du liège (Fig. 4c, partie inférieure) pour maintenir l'étanchéité à l'air une fois l'ensemble monté dans l'instrument. Dans le cas d'une anche de cor anglais, le corps (visible en bas sur la Fig. 4e) s'adapte sur le bocal de l'instrument. Pour l'anche de basson (Fig. 4f), la canne repliée est liée avec du fil sur un mandrin en acier, puis légèrement tirée pour laisser un bord creux arrondi permettant de la placer sur le bocal.

Comme les anches simples, les anches doubles peuvent être fabriquées dans des matières synthétiques (plastique) pour de nombreux instruments, particulièrement le cromorne et d'autres instruments de la Renaissance. Avec de l'adresse, on peut fabriquer une anche dans pratiquement n'importe quelle matière (même dans une boîte d'allumettes ou un pot de yaourt) ; les joueurs de cornemuse le savent depuis longtemps.

Dans l'Antiquité (voir *Aulos*), l'anche double était fabriquée différemment, en aplatissant une extrémité d'un matériau fraîchement coupé, comme les enfants qui taillaient des cors à une note dans de l'écorce verte de saule roulée en forme de cône et maintenue par des épines d'aubépine, instrument généralement muni d'une anche en écorce de saule. Les deux faces de la partie aplatie, encore unies sur les côtés, vibrent comme une anche double. Au Japon, le petit hautbois cylindrique en bambou (*hichiriki* ; voir *Japon*, 3c), unique instrument à anche de la musique de cour ancienne, utilise une anche double, longue et large, de ce type ; il en va de même du petit hautbois turc, le *mey* (dont la sonorité est plus grave) et du *duduk* du Caucase. Les nombreux types de chalumeau que l'on rencontre en Asie et en Afrique du Nord (voir *Chalumeau*, 4) emploient des anches doubles, également aplaties à l'extrémité vibrante, mais taillées dans un matériau dont le diamètre est plus petit ; la tige fixée est placée sur un tube métallique qui ressemble au corps du hautbois. Au sud de la Birmanie, on trouve des anches constituées de plusieurs couches superposées de feuilles de palmier fumées, fixées à un corps de telle sorte qu'il y ait au moins deux épaisseurs de feuilles de chaque côté agissant comme les lames d'une anche double.

4. *Le brin d'herbe.* Parmi les autres dispositifs vibrants parfois classés parmi les anches, on trouve le brin d'herbe qui crisse lorsqu'on lui souffle dessus en le pressant entre les pouces. Toutefois, ce système se rapproche davantage du comportement des cordes.

Anthony Baines.

Anche libre. Type d'anche utilisé sur l'*accordéon, le *concertina, l'*harmonica, l'*harmonium, l'*American organ et l'*orgue à bouche oriental. Voir *Anche*, 1.

Ancient Music, Concert of. Institution fondée en 1710 pour jouer ce qui était alors la musique d'un passé récent. Voir *Concert*, 2.

Ancora (ital.). 1. « Encore » : *ancora forte*, « encore fort » ; *ancora più forte*, « encore plus fort ».

2. « A nouveau ».

Andaluz, andaluza (esp.). « Andalouse ». Terme désignant plusieurs types de danses espagnoles originaires d'Andalousie, comme le **fandango* ou le **polo*.

Andamento (ital.). « En marchant ». Terme du XVIIIe siècle, voir *Séquence, 1 ; également employé pour un sujet fugué plus long que d'ordinaire.

Andante (ital.). Participe présent d'*andare*, « marcher ». Indication de tempo datant du début du XVIIIe siècle ; mais elle n'a été utilisée comme telle qu'à partir de 1750 : elle indiquait alors une allure nonchalante, détendue. *Più* ou *molto andante* correspondent généralement à un mouvement plus lent qu'*andante*. Ce terme peut également servir de titre à un mouvement ou à une pièce isolée.

Andantino. Diminutif d'*andante*, surtout utilisé pour désigner une courte pièce dans le tempo et le style d'un *andante*. Comme indication de tempo, il correspond à un mouvement plus ou moins rapide que l'*andante*, selon les avis. La plupart des compositeurs modernes retiennent la première interprétation.

Anderson, Barry (Stratford, Nouvelle-Zélande, 22 février 1935). Compositeur néo-zélandais. Une bourse d'État lui permet de venir en Angleterre en 1952 pour y étudier le piano, l'alto et la composition à la Royal Academy of Music de Londres. Il poursuit ses études de piano avec Edwin Fischer et Paul Badura-Skoda jusqu'en 1960. Instrumentiste et compositeur indépendant, dans un premier temps, il fonde ensuite le West Square Electronic Music Studio de Kennington en 1971, sous les auspices de l'Inner London Education Authority. Nommé à la tête du service musical, chorégraphique et dramatique du South Bank Institute de Londres, il devient ensuite maître de conférences au Morley College. Son œuvre, abondante, est destinée à diverses formations et fait parfois appel aux techniques de l'électro-acoustique ; il emploie parfois des instruments et des formes dérivées des musiques du Pacifique et de l'Extrême-Orient. Principales œuvres : un opéra, *Maui* (1964), *Sound Frames* (1966-67), *Songs Penyeach* (1971), *Mask* (1975) pour flûte seule et modulateur électronique, etc., *Syntaxis Mix II* (1975) et *En face de...* (1976) pour soprano et contrebasson.

J. M. Thomson.

Anderson, Leroy (Cambridge, Mass., 29 juin 1908 ; Woodbury, Conn., 18 mai 1975). Compositeur américain d'origine suédoise. A l'âge de onze ans, il entre au New England Conservatory et poursuit ses études musicales à Harvard bien qu'il se consacre essentiellement aux langues. Il dirige l'orchestre de l'université, enseigne pendant quelque temps et occupe les fonctions d'organiste-chef de chœur entre 1929 et 1935. A partir de 1935, il se tourne vers la composition et effectue de nombreux arrangements pour Arthur Fiedler et le Boston Pops Orchestra qu'il dirige à plusieurs reprises. Mobilisé entre 1942 et 1946, il reprend ensuite ses activités musicales et commence à acquérir une réputation internationale comme compositeur de musique légère grâce à ses nombreux enregistrements. Ses œuvres, souvent humoristiques, sont bien orchestrées : *Jazz Pizzicato* (1939), *Fiddle-faddle* (1947), *Sleigh ride* (1950) et *The Typewriter* (1953). Dans un style plus romantique, il est aussi l'auteur de *Belle of the Ball* (1951) et de *Blue Tango* (1952) qui remporte un succès considérable. En 1958, il compose la musique d'une version musicale de *Goldilocks*.

Peter Gammond.

An die ferne Geliebte (« A la bien-aimée lointaine »). Cycle de six lieder op.98 de Beethoven, sur des poèmes d'Alois Jeitteles, composé en 1815-16. A ne pas confondre avec deux autres lieder de Beethoven, *An die fernen Geliebten* (1809) sur un poème de Reissig, et *An die Geliebte* (1811, rév. 1814) sur un poème de J. L. Stoll.

Andrea Chénier. Opéra en quatre actes de Giordano sur un livret d'Illica retraçant la mort du poète français pendant la Révolution. Créé à Milan en 1896.

Andrieu, Jean-François d' (? Paris, vers 1682 ; Paris, 17 janvier 1738). Compositeur français. Membre le plus célèbre d'une grande famille de musiciens. Après avoir commencé sa carrière comme enfant prodige, il occupe divers postes d'organiste, succédant sans doute à son oncle, Pierre d'Andrieu, à Saint-Barthélemy en 1733. Il fait également partie de la chapelle royale à partir de 1721. Ses œuvres pour orgue n'ont pas le même intérêt que ses pièces pour clavecin dont l'écriture descriptive charmante le rapproche de Couperin. L'une d'entre elles, *Les Caractères de la guerre*, utilise un équivalent, pour le XVIIIe siècle, du cluster pour imiter le son du canon. Sa sœur, Jeanne-Françoise, a été pendant quelque temps au service du prince héritier de Bavière ; elle a apparemment succédé à son frère à Saint-Barthélemy.

Denis Arnold.

BIBLIOGRAPHIE : Brigitte François-Sappey, *Jean-François Dandrieu*, Picard (Paris, 1982).

Andrieu, Pierre d'. (1660 ; Paris, octobre 1733). Compositeur français, organiste à Saint-Barthélemy, à Paris et prêtre. Les seules œuvres qui nous sont parvenues sont réunies dans un livre de noëls pour orgue, publié vers 1715.

Denis Arnold.

Anerio, Felice (Rome, vers 1560 ; Rome 26 ou 27 septembre 1614). Compositeur italien. Chantre à Sainte-Marie-Majeure, soprano à la Cappella Giulia, il occupe divers postes de chantre avant d'être nommé maître de chapelle au Collège des Anglais. En 1594, il succède à Palestrina comme compositeur de la chapelle papale et est chargé, avec Soriano, de réformer le graduel romain (voir *Plain-chant*, 3). Sa musique sacrée ressemble beaucoup à celle de Palestrina, mais il a aussi composé des œuvres plus légères. Certaines de ses *canzonette* sont presque textuellement reprises dans le célèbre livre de *Canzonets to two Voyces* de Morley.

Denis Arnold.

Anerio, Giovanni Francesco. (Rome, vers 1567 ; Graz, juin 1630). Compositeur italien, frère de Felice Anerio. A Rome, il suit la même carrière que son frère, mais passe quelques années à Vérone, comme maître de chapelle de la cathédrale. Entre 1620 et 1630, il séjourne quelque temps en Pologne où il dirige la musique du roi Sigismond. Il se situe dans la lignée de Palestrina mais ses motets à une voix révèlent un style plus moderne ; il est également l'auteur de quelques pièces dialoguées qui ont joué un rôle important aux premiers temps de l'oratorio (voir *Oratorio*, 1).

Denis Arnold.

Anfang (all.). « Début » ; *anfangs*, « initial » ; *wie anfänglich*, « comme au début » ; *vom Anfang*, « depuis le début ».

Ange de feu, L'. Opéra en cinq actes de Prokofiev ; livret du compositeur d'après un roman de V. Briusoff (1908). Composé entre 1919 et 1923 et révisé en 1926-27, il a été créé à Paris au Théâtre des Champs-Élysées, le 25 novembre 1954 (version de concert). Dans sa *Symphonie n° 3 en ut mineur*, Prokofiev a réutilisé une partie du matériel thématique de cet opéra.

Anglaise. 1. Danse paysanne rapide des XVIIe et XVIIIe siècles, généralement à deux temps (voir la *Suite anglaise n° 3* de J. S. Bach).

2. Terme recouvrant l'ensemble des danses originaires des îles Britanniques (comme le **Hornpipe*).

Anglebert, Jean-Henri d' (Paris 1635 ; Paris, 23 avril 1691). Organiste et claveciniste français. Élève de Chambonnières, il devient organiste du duc d'Orléans en 1661 et, l'année suivante, ordinaire de la chambre pour le clavecin de Louis XIV. Ses *Pièces de clavecin* (Paris, 1689), recueil de suites comprenant quelques arrangement d'ouvertures et de musique de ballet de Lully, requièrent adresse et virtuosité de la part de l'instrumentiste.

Son fils, **Jean-Baptiste Henri** (Paris, 5 septembre 1661 ; Paris, 9 mars 1747) a repris sa charge royale en 1684 et a eu pour successeur François Couperin en 1735.

Denis Arnold.

Angleterre

1. Introduction
2. Des origines aux premiers Tudor
3. Des premiers Tudor à la Réforme
4. La Réforme et l'Angleterre élisabéthaine
5. La guerre civile et la Restauration
6. De 1700 à la reine Victoria
7. L'Angleterre sous le règne de Victoria et celui d'Édouard VII
8. Le XXe siècle
9. Résumé

1. *Introduction.* On a souvent parlé de l'Angleterre comme d'une terre sans musique (« Das Land ohne Musik ») ; description injuste, car ce pays possède une histoire musicale non négligeable et a donné naissance à un grand nombre de compositeurs importants ; plus nombreux encore sont ceux qui en ont fait leur terre d'élection. Son histoire musicale sort du commun, essentiellement pour trois raisons : l'Angleterre fait partie d'une île et a souvent préféré l'isolement ; sa réforme liturgique, cherchant à réaliser un compromis entre les idées catholiques et protestantes, a donné naissance à une musique religieuse différente de celle des pays catholiques ou des églises réformées allemandes ; par ailleurs, pays unifié de longue date, l'Angleterre n'a pas connu la diversité des modes de cours que l'on trouve en Allemagne et en Italie. A ces facteurs, il faut ajouter une solide tradition du drame parlé, qui est allé à l'encontre de l'évolution de l'opéra, et une tradition poétique tout aussi solide qui a eu tendance à éloigner la mélodie des chemins analogues à ceux du *Lied*.

2. *Des origines aux premiers Tudor.* Le christianisme, qui avait commencé à s'imposer au sein de la tradition celte pendant l'occupation de la Grande-Bretagne par les Romains, a vu sa progression stoppée par l'invasion anglo-saxonne et n'a été réintroduit que par saint Augustin au VIe siècle (voir *Liturgie*, 2b). Certaines recherches ont permis de découvrir que le plain-chant était pratiqué dans de grandes abbayes, comme Canterbury, Winchester, Worcester, Westminster et St Albans. Après la conquête normande de 1066, un nombre plus important de monastères et certaines cathédrales adoptèrent la règle séculière, notamment celles de Salisbury, Wells, Lincoln, Exeter, Hereford, Lichfield et Chichester. Les chanoines résidents prirent l'habitude d'employer des représentants, ou « chantres », pour chanter le saint office sous la direction d'un chef de chœur ; ils constituèrent ainsi les premiers chœurs professionnels. Il y avait également des collégiales, en fait des cathédrales sans évêque (les églises abbatiales de Ripon, Beverley et Southwell comptent parmi les plus anciennes), les chapelles de la famille royale (la *chapelle royale n'était pas indépendante mais se trouvait dans le château du roi) et les chapelles privées de la noblesse. Dans les universités, les collèges possédaient souvent leur propre chœur (des statuts datant de 1274 déclarent que Merton College, à Oxford, devrait avoir une chapelle et ses propres offices). Les liturgies étaient essentiellement dérivées des modèles normands et celle de Salisbury, connue sous le nom de *Sarum Rite, est devenue la plus courante en Angleterre jusqu'à son abolition en 1559.

Winchester était un centre musical important : à Pâques, le drame de la mise au tombeau (voir *Drame liturgique*) y était représenté dès le Xe siècle et le célèbre orgue de la cathédrale de Winchester a été construit vers 990 (voir *Orgue*, 5). Winchester nous offre aussi les exemples les plus anciens d'**organum* à deux parties, mais en dehors de cela, il y a peu de traces d'un développement de la polyphonie en Angleterre. Au XIIe siècle, l'abbé de Rievaulx se plaignait du chant trop élaboré pratiqué à l'église, mais il faut attendre le XIIIe siècle pour trouver vraiment la preuve d'une polyphonie typiquement anglaise : quelques morceaux révèlent alors une technique habile pour interchanger les voix, comme le fameux *round* « Summer is icumen in ».

3. *Des premiers Tudors à la Réforme.* La polyphonie a certainement connu une longue évolution en Angleterre, mais il faut attendre un important document du XVe siècle, le *Old Hall Manuscript*, pour découvrir l'existence de quelques bons compositeurs anglais possédant un style personnel. Le manuscrit contient des œuvres de musiciens appartenant à la chapelle royale sous le règne d'Henri V. Il révèle la prééminence de la technique note-contre-note, avec l'usage fréquent d'accords 6-3, et montre aussi que les techniques de l'*isorythme et du *canon étaient connues en Angleterre. Dans son poème *Le Champion de France* (vers 1440), Martin le Franc mentionne la « contenance angloise » des compositeurs de la génération suivante, faisant sans doute référence aux harmonies régulières et sonores si typiques de Dunstable et de ses contemporains. Son style était connu en Europe, sans doute à cause de l'alliance de l'Angleterre et de la Bourgogne contre la France pendant la guerre de Cent Ans, qui a facilité les échanges culturels ; la quantité de musique anglaise retrouvée

dans les sources anciennes d'Aoste, de Modène et de Trente est étonnante. Il semble certain que Dufay et les compositeurs de l'école bourguignonne ont été influencés par la musique de Dunstable et de ses contemporains, comme Leonel Power, ou de ses successeurs, comme Bedingham.

Ce premier âge d'or de la musique anglaise décline vers le milieu du XVe siècle, mais sera rapidement suivi d'un autre. Le *Eton Choir Book*, copié pour être utilisé à la chapelle du collège d'Eton vers 1490-1502, montre que la musique anglaise a pris une orientation différente de celle du reste de l'Europe. Contrairement au style européen relativement simple, basé sur le contrepoint imitatif, les Anglais ont conservé les anciennes techniques du *cantus firmus* et pratiquent une polyphonie extrêmement fleurie, riche en rythmes dynamiques et mélodies ornementales. La sonorité brillante qui en résulte restera très appréciée jusqu'au début du XVIe siècle, même si les œuvres de Fayrfax et de Cornyshe s'engagent dans un style un peu moins ornemental. Ce second âge d'or a été comparé, à juste titre, à la phase finale de l'architecture gothique, le flamboyant, dont les immenses édifices sont décorés « avec une effusion quasi orientale d'ornements » (Pevsner).

La musique profane est pratiquement inexistante jusqu'à présent. La musique anglaise ne possède rien de comparable à des célébrités comme Machaut ou Landini, encore moins comme Dufay ou Binchois. On trouve des hymnes populaires dans lesquels les paroles profanes sont remplacées par des paroles religieuses, mais, en Angleterre, le genre de musique profane le plus important est le *carol (noël) qui apparaît sous la forme d'un chant de danse monophonique avant de se transformer en chanson polyphonique au début du XVe siècle (il n'était plus destiné à la danse) : il doit l'essentiel de son succès à sa simplicité mélodique et à l'emploi de refrains. Les vers traitaient souvent de sujets religieux, mais aussi de chansons de bataille (comme dans la chanson d'Agincourt « Owre Kynge wenth forth to Normandy ») ; les chansons à boire avaient également cours. Néanmoins, certains compositeurs anglais ont écrit des « chansons » : « O rosa bella », sur un texte italien (attribué à Dunstable), était extrêmement populaire, à en juger par sa vaste diffusion.

4. *La Réforme*. La divergence entre les styles anglais et continentaux, constatée à la fin du XVe siècle, s'accentue lors de la rupture d'Henri VIII avec l'Église catholique. Cette rupture n'a pas été aussi claire qu'on le croit généralement ; elle résultait davantage du désir d'Henri VIII d'avoir un fils héritier (donc de la nécessité de divorcer de Catherine d'Aragon) que d'une politique délibérée sur le rôle de l'Église ; ce n'est qu'au début du règne d'Elisabeth que s'est élaborée une politique cohérente concernant les institutions religieuses.

Le premier coup porté à la musique est venu d'Henri VIII, lorsqu'il a supprimé les établissements monastiques, certains étant abolis, d'autres transformés en cathédrales. Les chœurs des cathédrales sont devenus des chœurs professionnels – sans voir nécessairement leur niveau s'améliorer et, en tout cas, ils étaient loin de la ferveur de leurs prédécesseurs monastiques. Néanmoins, de nombreuses grandes églises ont continué à entretenir des chœurs, notamment les collèges d'Eton et de Winchester ainsi que plusieurs chapelles universitaires : King's College, Pembroke College, Trinity College et Peterhouse, à Cambridge, Magdalen College, New College et St John's College à Oxford. Henri VIII entretenait également une chapelle royale assez importante. Dans ces différents cas, la musique religieuse était encore chantée en latin et des compositeurs comme Taverner et Sheppard ont conservé les anciennes traditions de la musique anglaise « gothique ». Par ailleurs, certains chants en latin de Tallis (difficiles à dater) – notamment ses superbes *Lamentations* – révèlent une nouvelle orientation esthétique dans laquelle l'expression des mots semble prendre plus d'importance que la structure et l'ornementation.

La mort d'Henri VIII va permettre aux anglicans de détruire la majeure partie de l'héritage de l'Église catholique et une liturgie entièrement nouvelle voit le jour, destinée à remplacer la messe et l'office par de simples services (voir *Common Prayer, Book of*). A la mort d'Edouard VI, le court règne de Marie Tudor ramène trop brièvement l'Angleterre à Rome pour permettre à un style musical harmonisé de s'imposer, et le règne d'Elisabeth Ire marque le retour des anglicans. Il fallait avant tout que les textes des chants (en anglais) soient facilement compréhensibles pour les laïcs. Des textes anglais sont adaptés à certains chants en latin, mais une grande partie de la musique simple est écrite pour la circonstance, montrant l'influence des psautiers dans lesquels les airs des psaumes sont harmonisés à quatre parties.

On ne peut pas dire que sous le règne d'Edouard VI et pendant les premières années du règne d'Elisabeth la musique religieuse ait été d'un très haut niveau. Les compositeurs semblent s'être surtout intéressés à la musique profane, notamment au *consort de violes (en 1540, Henri VIII comptait six joueurs de viole italiens parmi ses musiciens) qui comprenait des *fantaisies et des *In nomine* très élaborés. La musique pour clavier connaît aussi une ère florissante comme on peut le constater dans un remarquable recueil manuscrit, le *Mulliner Book*, qui réunit des morceaux basés sur des *cantus firmi* de plain-chant, des arrangements d'**anthems* et des danses. La musique vocale prend la forme de **consort songs* (pour voix seule et consort de violes), certaines sur des textes religieux, d'autres destinées à des pièces de théâtre.

La tolérance religieuse du règne d'Elisabeth va permettre l'épanouissement progressif d'une musique religieuse plus ambitieuse et, à l'image de la musique italienne sacrée qui s'est rapidement remise des sévères décrets du *Concile de Trente, la musique anglicane comprendra de « grands » services et d'énormes *anthems* mettant à profit les possibilités antiphonales des chœurs de cathédrales et leurs sonorités somptueuses. William Byrd, le plus grand compositeur en la matière, restera fidèle à la religion catholique et sera non seulement autorisé à faire partie de la chapelle royale, mais pourra également continuer à composer de la musique religieuse en latin ; les *Cantiones sacrae,* recueil de motets en latin de Byrd et de Tallis, ont été publiés en 1575 ; il s'agit de la première publication importante des éditeurs de musique anglaise (bien qu'elles soient postérieures d'environ 70 ans aux premières publications de Petrucci à Venise). Byrd a même publié trois messes d'une grande beauté qui étaient sans doute destinées à des dévotions privées.

Les liens avec le reste de l'Europe se renforcent progressivement et une grande anthologie de madrigaux italiens, *Musica transalpina*, publiée en 1588, va lancer une mode qui durera une vingtaine d'années (voir *Madrigal,* 4b). Le madrigal domine l'activité de la plupart des bons musiciens comme Morley, Weelkes, Tomkins et Gibbons qui gagnent leur vie essentiellement comme musiciens de cathédrales. En Angleterre, l'absence de maisons intéressées par l'humanisme ne permet pas au madrigal de s'imposer, bien qu'un répertoire excellent et substantiel se soit constitué en une vingtaine d'années seulement, surtout destiné au chant amateur. Le répertoire de la viole s'enrichit également et on voit s'épanouir un merveilleux répertoire d'œuvres pour piano destinées aux amateurs dont le *Fitzwilliam Virginal Book* est le meilleur exemple. La meilleure musique instrumentale du XVIe siècle se compose d'œuvres destinées à la danse, de variations sur des airs populaires et de pièces de genre : des compositeurs tels qu'Orlando Gibbons, William Byrd et John Bull ont peu de rivaux en Europe.

A la même époque voit également le jour un répertoire important d'excellente musique pour luth, surtout celle de John Dowland, qui, grâce à ses voyages en Europe, a connu l'évolution du madrigal (la façon dont il emploie le chromatisme révèle particulièrement l'influence italienne) et même la *monodie florentine naissante. Dowland s'impose dans le domaine de la chanson accompagnée au luth, dont certaines sont directement issues du « consort song », avec réduction des parties de viole pour le luth. Certaines de ses dernière mélodies comportent des passages dont le style s'apparente au récitatif florentin. Dans *A Musical Banquet* (1610), de son fils Robert, se trouvent deux mélodies de *Le nuove musiche* de Caccini. Un autre compositeur de chansons pour *luth, Thomas Campion, s'intéresse aux idées françaises de mètres quantitatifs : ses chansons sont ainsi plus régulières et plus mélodieuses que celles de Dowland.

La courte période de gloire du madrigal anglais s'achève vers 1612, mais la musique religieuse restera florissante jusqu'à la mort des trois grands compositeurs – Byrd, Weelkes et Gibbons – après 1620. Le service et *anthem* en vers, dans lequel alternent des passages en soliste et des passages avec chœur, commence alors à rivaliser avec la musique purement chorale, bien qu'il y ait encore assez peu de différence de style entre le solo et les tutti. Les compositeurs de la génération suivante, comme les frères Lawes, Matthew Locke et John Hilton (II), continuent à affectionner la musique pour *consort*. Ils écrivent beaucoup de musique de ce genre pour violes (devenues rares dans le reste de l'Europe) sous forme de fantaisies ; la forme ressemble à celle des derniers madrigaux, mais avec des sauts et des changements de registres impossibles pour les voix. Quelques éléments faisant penser à la sonate italienne apparaissent alors : une ou deux parties supérieures pour violon, une partie pour clavier ou harpe et une partie de basse de viole (en aucun cas limitée à la fonction de support harmonique, mais souvent élaborée et même virtuose). Les pièces pour *consort* étaient parfois groupées en suites, précédées d'une fantaisie souvent assez longue. Certaines de ces œuvres, notamment celles de William Lawes, comptent parmi les plus belles œuvres de musique de chambre du XVIIe siècle, surpassant celles des compositeurs de *canzonas* italiens comme Marini et Frescobaldi.

5. *La guerre civile et la Restauration.* En 1642, la guerre civile va interrompre cette période particulièrement fertile : même si les accusations portées contre les puritains sont exagérées, il faut reconnaître que la plupart des institutions qui nourrissaient la pratique musicale ont été détruites. La musique religieuse a été la première à en souffrir : interdite aux services des cathédrales, elle est aujourd'hui en grande partie perdue ; les traditions du service et de l'*anthem* ont totalement disparu ; les orgues ont été descendus ou retirés des églises et les chœurs démantelés. Des chants religieux et des psaumes métriques les remplaçaient pour les dévotions. La musique de cour a également disparu pour des raisons évidentes. La tradition anglaise trouve une certaine continuité dans la musique de chambre instrumentale qui conserve les anciennes formes de la fantaisie et de l'*In nomine* et s'adresse encore à la viole, instrument qui était alors remplacé par le violon dans de nombreux pays.

« Nombreux sont ceux qui ont choisi de jouer de la viole à la maison plutôt que de se faire taper sur la tête à l'étranger » : cette attitude décrite par Roger North a joué un rôle déterminant dans la survie d'une tradition de musique de chambre amateur typiquement anglaise ainsi que dans la pratique privée des **catches* et des **glees*. Il en résulta une étrange tentative d'introduction de l'opéra : après la fermeture des théâtres où se donnaient des pièces parlées, un imprésario a essayé de contourner le règlement avec le drame chanté, genre qu'admiraient déjà les Anglais qui avaient voyagé à Venise (notamment John Evelyn). Le premier véritable opéra en anglais est *The Siege of Rhodes* (1656) sur un livret de Sir William Davenant et une musique de Henry Lawes, Locke et trois autres compositeurs ; la partition est aujourd'hui perdue. Sur le plan technique, le masque *Cupid and Death* (1653), sur une musique de Matthew Locke et Christopher Gibbons, montre qu'une tradition lyrique existait déjà à l'état embryonnaire.

La restauration de la monarchie en 1660 renverse complètement la situation. A son retour de France, Charles II veut parvenir à une gloire analogue à celle de Louis XIV. Il crée une grande chapelle royale comportant un ensemble de « violons royaux » modelés sur les *Vingt-Quatre Violons du roi. La musique de cathédrale est rétablie à l'abbaye de Westminster et à la cathédrale Saint-Paul et la musique de cour reprend forme. De jeunes musiciens, notamment Pelham Humfrey, sont envoyés à l'étranger pour y étudier ; les postes importants sont confiés à des musiciens comme Henry Cooke et Nicholas Staggins qui avaient voyagé en Europe ; plusieurs musiciens étrangers, comme Louis Grabu et Giovanni Battista Draghi, sont vivement encouragés à venir s'installer en Angleterre. Des partitions étrangères – musique religieuse concertante, cantates, sonates en trio, etc. – sont importées et parfois publiées en grande quantité. Seul l'opéra reste en marge de cette évolution florissante sous le nouveau régime, en raison de la renaissance du drame parlé.

La musique de l'Église anglicane était encore incapable d'assimiler l'évolution survenue dans la musique catholique ; elle se tourne donc vers la musique des règnes d'Elisabeth et de Jacques Ier qui a miraculeusement survécu en grande quantité (John Barnard en avait publié un immense recueil en 1641, le *First Book of Selected Church Musick*). Certains des plus beaux *anthems* de Purcell et de Blow sont écrits dans un style contrapuntique analogue. A la chapelle royale, la musique de ces mêmes compositeurs et celle de Humfrey se montrent plus novatrices : l'*anthem* en vers devient une œuvre beaucoup plus brillante. Les parties solistes sont souvent écrites dans le style d'un *arioso* avec récitatif proche de celui des opéras de Lully, avec des ritournelles et des ouvertures destinées aux cordes et, bien que les chœurs aient tendance à revenir vers un style plus ancien, le style homophonique français s'impose progressivement. Les goûts de la cour se reflètent aussi dans les odes composées pour les anniversaires royaux et pour les célébrations de la sainte Cécile.

La musique la plus typiquement anglaise est destinée au grand public. Les théâtres publics, qui ont réouvert leurs portes, présentent non seulement des drames parlés, mais aussi des masques – c'est-à-dire de longs interludes de musique et de spectacle sans relation directe avec la pièce, mais nécessitant un grand nombre de chanteurs et d'acteurs. Purcell, qui domine la musique de théâtre entre 1689 et 1695, l'année de sa mort, a écrit de merveilleuses mélodies, ouvertures et airs pour de telles circonstances. Le masque, alors appelé « semi-opéra », empêche l'adoption de l'opéra à la française ou à l'italienne, et le seul opéra anglais qui voit alors le jour est *Dido and Aeneas* de Purcell : écrit pour une école de jeunes filles, il fait appel à un mélange des styles français et italien largement saupoudré de virilité anglaise pour les danses et les mélodies.

Les concerts publics datent aussi de cette même époque et créent une demande de musique de chambre chez les professionnels. L'ancien consort de violes a finalement disparu (bien que Purcell ait écrit d'excellentes fantaisies et un *In nomine*) pour céder la place à la musique pour violon – ce qui ne suscite pas l'unanimité (Thomas Mace les a surnommés les « violons criards »). Les manuscrits de sonates en trio italiennes et les imitations réalisées par Purcell donnent une idée du répertoire de l'époque. Les plus beaux concerts sont ceux qui se dérouleront pendant une vingtaine d'années, à partir de 1683, le jour de la sainte Cécile ; les plus grands compositeurs ont écrit des odes pour ces concerts et, un peu plus tard, ils étaient généralement suivis d'un service à St Bride Church. Les superbes *Te Deum* et *Jubilate* en ré majeur de Purcell étaient joués chaque année, créant une tradition qui a subsisté sous forme de service de charité jusqu'à une date avancée du XVIIIe siècle.

6. *De 1700 à la reine Victoria.* A cette époque de l'histoire, il est usuel d'enterrer purement et simplement la musique anglaise, en indiquant toutefois qu'elle a connu un nouvel essor près de deux siècles plus tard. Même si la mort de Purcell (1695) marque la fin d'une tradition typiquement anglaise, il faut refuser cette idée reçue, car les conditions particulières qu'a connues l'Angleterre aux XVIIIe et XIXe siècles ont fourni le terrain où allait jaillir le renouveau musical au XXe siècle.

A la succession de Charles II, la splendide musique de cour qui s'était développée sous son règne ne pouvait se maintenir au même niveau ; l'existence d'une cour unique à Londres empêchait la plupart des nobles d'avoir leur propre cercle musical (le duc de Chandos faisait exception). En outre, la tendance générale au compromis de l'anglicanisme n'a pas favorisé la naissance d'une musique religieuse grandiose ou intense. Par ailleurs, les initiatives privées se multipliaient. La solide tradition du théâtre, souscrite par des individus entreprenants, et une vie de concerts dans laquelle les virtuoses pouvaient vivre de leurs exécutions ont encouragé de grands musiciens à se rendre en Angleterre et, parfois, à s'y installer. On retrouve une situation assez proche dans la république de Venise – alors financièrement sur le déclin – et dans certaines villes libres d'Allemagne comme Hambourg, mais elles étaient beaucoup plus petites que la Londres opulente de l'époque.

Le rôle que jouait Purcell dans le domaine du théâtre lyrique est prolongé par son frère Daniel, qui travaillait pour Drury Lane, et par John Eccles, également employé au théâtre de Lincoln's Inn Fields. Par la suite, ces deux théâtres deviendront rivaux, essayant de se surpasser l'un l'autre avec toutes sortes de pièces ou de divertissements musicaux. En 1705, Thomas Clayton produit l'une des premières véritables représentations d'opéra dans le nouveau style italien : *Arsinoe, Quenn of Cyprus*, composé sur un livret italien et traduit en anglais courant. Il remporte un succès considérable et suscite rapidement des imitations. Trois ans plus tard, un castrat italien chante en italien sa partie dans le pastiche de Pepusch *Thomyris, Queen of Scythia,* alors que les autres parties étaient jouées en anglais, ce qui mènera, quelques années plus tard, à des représentations d'opéras entièrement en italien. *Rinaldo* de Haendel et *Idaspe fedele* de Francesco Mancini sont donnés au Queen's Theatre au cours de la saison 1710-11. L'opéra connaît une vie assez pauvre pendant quelques années, jusqu'à ce qu'une association de riches nobles, en 1719, se lance dans une aventure lyrique en ouvrant la *Royal Academy of Music ; dont un grand castrat, Senesino, constituait la principale attraction autour de trois compositeurs remarquables : Haendel, Ariosti et Bononcini. Pour les compositeurs d'opéras, Londres présentait l'avantage d'offrir un public déjà initié aux conventions théâtrales (plutôt que purement musicales) ; l'opéra baroque stéréotypé, qui obéissait pourtant au même profil, se trouve modifié en profondeur et les opéras de Haendel parviennent généralement à un résultat spectaculaire sur le plan dramatique. Certains de ses plus grands opéras, comme *Jules César*, *Ottone* et *Rodelinda*, ont été composés pour la Royal Academy of Music. Toutefois, une partie non négligeable de la critique (notamment Swift) s'opposait au divertissement théâtral en langue étrangère et le succès de *The Beggar's Opera* de John Gay, en 1728, contribuera à l'effondrement de la Royal Academy of Music, la même année.

Au cours des dix années suivantes, l'Angleterre connaîtra pourtant plusieurs grandes aventures lyriques. Deux compagnies – celle de Haendel au King's Theatre et la compagnie rivale l'*Opera of the Nobility* à Lincoln's Inn Fields – présenteront des opéras italiens, ajoutant parfois un ballet ou des effets spectaculaires pour l'amour de la nouveauté. Les **ballad operas*, qui ont fleuri après le succès de *The Beggar's Opera*, se rapprochent davantage des pastiches anglais et traitent généralement de la vie villageoise, évitant la satire caustique qui soulevait des problèmes de censure. Certains compositeurs comme Thomas Arne, J. C. Smith et John Lampe feront également des tentatives d'opéras en anglais, mais sans résultat durable. C'est ce genre de compétition, plus que la qualité des œuvres produites, qui entraînera l'effondrement de la compagnie de Haendel (qui s'était installée à Lincoln's Inn Fields en 1734) et le poussera à abandonner le genre. Des chefs-d'œuvre comme *Alcina, Ariodante* et *Serse* montrent une fois de plus que le public anglais a su persuader Haendel de ne pas suivre les schémas plus secs de l'opéra de Métastase.

Sans être aussi compétitive, la vie de concerts n'en était pas moins riche. Le *Restoration club-concert* – où *glees* et canons chantés alternaient avec la musique de chambre – subsiste et il est significatif que l'intérêt suscité par une musique plus ancienne ait survécu pendant tout le XVIIIe siècle à l'Academy of Ancient Music (1710-92), fondée dans le but de « rétablir la musique religieuse ancienne », et dans les dîners de la Madrigal Society (fondée en 1741). John Hawkins appartenait aux deux groupes peu après 1750 et son histoire de la musique, comme celle de Burney, reflète ce goût pour la musique ancienne. Elles constituent jusqu'à ce jour les études les plus complètes de la musique. La vogue des *concerto grosso* de Corelli sera exploitée par Haendel, Geminiani et quelques autres, et plusieurs virtuoses du violon étrangers (Veracini, Dubourg, Castrucci...) se fixeront en Angleterre.

Les concerts les plus importants restent liés aux célébrations de la fête de la sainte Cécile, la musique de Purcell étant alors remplacée par celle de Haendel. Ils se déroulaient parfois hors de Londres, par exemple lors du Three Choir Festival (créé vers 1715). Le succès de ces concerts encourage et à son tour favorise la vogue des oratorios de Haendel. Après le succès surprenant d *Esther*, dans sa version révisée, donnée plusieurs fois en concert en 1732, Haendel empêche ses activités lyriques de sombrer avec une série d'*oratorios qui édifient solidement la nouvelle mode. Chose significative, le tournant décisif s'opérera avec le *Messie*, qui est l'œuvre la plus proche de la musique qu'il avait écrit pour la sainte Cécile, avec ses grands chœurs dans la tradition des fêtes anglicanes. Bien que Haendel ait appliqué ses qualités dramatiques à de nombreuses œuvres ultérieures, ses oratorios restent marqués du sceau d'éléments spécifiquement anglais. Grâce à eux, Haendel a connu la prospérité et l'Angleterre est devenue la terre de l'oratorio.

Cette fusion finale de Haendel et du goût anglais a poussé ses compatriotes à rivaliser de succès avec lui : *Solomon* de Boyce (1742), *Zimri* de Stanley (1760), *Judith* de Arne (1761) et *The Prodigal Son* de Samuel Arnold (1773) comptent parmi les tentatives les plus respectables d'oratorio anglais. Le style de Haendel s'est maintenu également dans le genre du *concerto grosso*, qui a survécu plus longtemps en Angleterre que dans tout autre pays, avec une tendance à retenir le style classique. La musique religieuse était encore davantage tournée vers le passé : de cette époque datent plusieurs recueils de musique ancienne, notamment *Cathedral Music* (en trois volumes : 1760, 1768 et 1773) de Boyce, tandis que la plupart des compositeurs continuaient à écrire des *anthems*.

Il manquait à l'Angleterre une authentique musique de cour. Il incombait aux imprésarios privés de satisfaire leur public avec une musique plus à la mode. La popularité de l'opéra-bouffe italien prend bientôt le pas sur celle de l'opéra-seria, comme presque partout en Europe, avec le succès de *Il filosofo di campagna* de Galuppi en 1761 et *La buona figliuola* de Piccinni en 1766. En 1763, J. C. Bach arrive à Londres où il sera le compositeur de divers théâtres, ne remportant toutefois qu'un succès médiocre, car le public lui préfère les Italiens, Sacchini ou Giardini. Les compositeurs anglais tentent de rivaliser en adoptant un genre hybride, alliant le dialogue parlé à une compilation de musique selon l'ancienne tradition du pastiche : *Love in a village* d'Arne (1762) en constitue un excellent exemple. Conçus sur des mélodies assez simples, ces opéras anglais se rapprochent pourtant davantage du style élaboré de l'opéra italien que du *ballad opera* et certains, comme *The Padlock* de Dibdin (1768), reposent sur une matière musicale tout à fait remarquable. Les livrets sont parfois très spirituels (Isaac Bickerstaffe était l'un des meilleurs librettistes du genre) ou exploitent la mode des histoires d'horreurs, comme *The Haunted Tower* de Storace (1789) : la musique de cet ouvrage, écrite par un compositeur élevé à Naples mais qui travailla ensuite à Vienne (fréquentant, ainsi que sa sœur, Mozart), a mis ce style au goût du jour.

La vie de concert continue à prospérer. Il y avait alors de nombreux concerts symphoniques professionnels, donnés dans des salles de concert et dans les célèbres *pleasure gardens* de Vauxhall et du Ranelagh. La série organisée par J. C. Bach et Carl Friedrich Abel, de 1765 à 1781, est particulièrement importante. En 1783, une série appelée les *Professional Concerts* permet de faire connaître à Londres la musique de Haydn et de Mozart et Peter Salomon, un violoniste allemand qui dirige sa propre série de concerts, organise les visites de Haydn en 1791-92 et en 1794-95 ; les symphonies londoniennes de Haydn ont été composées pour le grand orchestre de Salomon. Haydn a même reçu la commande d'un opéra sur le thème d'Orphée, qui n'a pas été représenté à cause des difficultés que créaient les guerres napoléoniennes ; il a même composé la musique de plusieurs pastiches. A la fin de ses séjours londoniens, Haydn est rentré chez lui avec 1 200 livres, fortune suffisante pour lui permettre de vivre confortablement jusqu'à la fin de ses jours. Ses deux grands oratorios, *Die Schöpfung* (« La Création ») et *Die Jahreszeiten* (« Les Saisons »), sont aussi des produits anglais en ce sens qu'ils lui ont été inspirés par les commémorations de Haendel à l'abbaye de Westminster, en 1791.

La sécurité relative de la vie en Angleterre durant les guerres napoléoniennes n'a peut-être pas constitué un terrain favorable à la naissance d'une école de compositeurs anglais, mais elle a beaucoup aidé le commerce de la musique. La production en série des pianos Broadwood et Clementi, au début du XIXe siècle, s'accompagne d'une poussée similaire d'éditeurs de musique, comprenant les noms encore familiers de *Novello (1811), *Chappell (1812) et *Boosey (1816). Un certain nombre de pianistes vivent alors à Londres, notamment Clementi, Cramer, Field et Dussek.

Les guerres ont coupé l'Angleterre de l'évolution qui se produisait dans le reste de l'Europe. Même si les théâtres présentent finalement les œuvres de Mozart (en commençant par *La Clémence de Titus* en 1806), généralement dans des versions largement massacrées, la tradition d'inviter en Angleterre des compositeurs célèbres ou de leur commander des œuvres ne reprend que vers 1820 : la Philharmonic Society (aujourd'hui *Royal Philharmonic Society, fondée en 1813) commande à Beethoven sa *Symphonie nº 9* ; Rossini reste à Londres de 1823 à 1824 et Covent Garden commande *Oberon* à Weber en 1824 (Weber séjournera à Londres en 1826 pour les répétitions et y mourra sept semaines après la première représentation).

Le premier conservatoire de Londres, la *Royal Academy of Music, ouvre ses portes en 1822, bien que Burney ait évoqué la nécessité d'une telle institution de nombreuses années auparavant.

7. *L'Angleterre sous les règnes de Victoria et d'Edouard VII.* La musique anglaise de cette époque n'est certainement pas comparable à la musique allemande, autrichienne ou française : la musique religieuse était dans une phase de déclin, malgré un compositeur intéressant, Samuel Wesley ; la vie théâtrale et le concert étaient relativement peu dynamiques. Le règne de Victoria va être marqué par une résurgence musicale progressive. En 1840, son mariage avec Albert, un prince allemand à la fois musicien et extrêmement sérieux, favorise les relations avec toute une école de compositeurs allemands issus de la bourgeoisie conservatrice. Mendelssohn et Spohr seront très appréciés. Un peu plus tard, Clara Schumann deviendra l'une des pianistes les plus populaires et Joachim le violoniste le plus célèbre. De nombreux compositeurs anglais vont étudier au Conservatoire de Leipzig, notamment Sterndale Bennett, très apprécié en Allemagne, auteur de symphonies et de musique pour piano dans la tradition de Mendelssohn.

La renaissance religieuse joue également un rôle important. L'**Oxford Movement* suscite le développement d'un certain cérémonial à l'église, avec des services entièrement chantés, dans les cathédrales comme dans les églises paroissiales ; on voit se profiler un regain d'intérêt pour le plain-chant et pour la musique « ancienne ». Cet intérêt se reflète dans les universités, particulièrement à Oxford, où Frederick Gore Ouseley est professeur de 1855 à 1889 ; il organise des cours essentiellement destinés à la formation des musiciens d'église. Ce renouveau de la musique religieuse est également dû à une nouvelle technologie qui permet l'impression de la musique à bon marché (Novello & Co. réussit à éditer des anthems qui se vendent un ou deux pence et des partitions d'oratorio pour quelques shillings), ce qui encourage la pratique de la musique amateur. Des sociétés chorales se forment dans des villes industrielles comme Huddersfield (1836) ou Birmingham (1855), le répertoire se composant d'œuvres de Haendel, Mendelssohn et d'une foule d'imitateurs de moindre intérêt. Pour permettre à tout le monde d'en faire partie, de nouvelles méthodes d'enseignement voient le jour, comme la **Tonic sol-fa*, entourées d'une publicité sauvage. En outre, les fanfares se multiplient – souvent subventionnées par les employeurs pour maintenir de bonnes relations avec la classe ouvrière. Les concerts populaires connaissent également une très grande vogue, avec comme apogée les Concerts Promenade de Queen's Hall qui débutent en 1895 sous la direction de Henry Wood. Des grands auditoriums comme le Crystal Palace, érigé pour la Grande Exposition de 1851, et le Royal Albert Hall (inauguré en 1871) permettent d'accueillir plus facilement des concerts comportant de grandes œuvres symphoniques et chorales. Les immigrants juifs allemands, qui dirigent des entreprises dans les villes textiles du nord de l'Angleterre, apportent souvent leur concours à la musique de leurs propres communautés et, en 1857, Charles Hallé inaugure sa série de concerts symphoniques à Manchester.

L'opéra fait exception à cette fresque d'activités prospères. Divers imprésarios ont maintenu la tradition italienne dans plusieurs théâtres et des œuvres ont été commandées à des compositeurs importants (*I masnadieri* est représenté en 1847 par Verdi lui-même, qui trouvait à Londres une certaine rentabilité, mais une vie musicale pas assez intéressante pour accepter d'y rester plusieurs saisons). D'autre part, les opéras en anglais étaient relativement rares et les œuvres allemandes sont arrivées tard, représentées en italien (*Der fliegende Holländer* de Wagner a été donné sous le titre *L'Olandese dannato* en 1870). En l'absence de la moindre troupe de province capable de soutenir Londres, il y avait peu de chances de voir se développer une compagnie vraiment nationale, bien que l'Angleterre ait compté d'excellents chanteurs vers la fin du siècle. Fn 1875, un étranger, Carl

Rosa, fonde une compagnie, la Carl Rosa Opera Company, qui fera finalement de grandes tournées en province. Seule contribution lyrique importante de l'Angleterre, brève mais profitable (dans tous les sens du terme), les opéras-comiques d'Arthur Sullivan sur des paroles de W. S. Gilbert se situent dans la tradition spirituelle du XVIIIe siècle, le texte comme la musique contenant des allusions et une satire d'événements contemporains.

Ce regain d'activité a finalement donné naissance à une école de compositeurs anglais au caractère assez individualiste. Ce mouvement a toujours souffert de la vieille idée selon laquelle la musique n'était pas vraiment une profession de *gentleman*, de telle sorte que pour acquérir une éducation d'envergure internationale, il était nécessaire d'aller à l'étranger, souvent à Leipzig, et de posséder des moyens importants pour subvenir à ces études. La préférence de l'école de Leipzig pour les formes classiques se retrouve dans la musique de Parry et de Stanford (bien que Stanford, avec sa fraîcheur et son penchant pour le théâtre, ait aussi composé des opéras agréables). Ils ont tous deux écrits de belles mélodies et la musique chorale de Parry est de loin supérieure à celle de la plupart des autres compositeurs victoriens. Malgré le plaidoyer de George Bernard Shaw en faveur de Wagner dans ses spirituelles critiques musicales du *Star* et du *World*, c'est seulement avec Elgar, à la génération suivante, celle de Perry, que la musique anglaise se tourne davantage vers l'avant. Elgar était provincial et catholique et le fait que sa musique soit inconnue de l'*establishment* londonien lui a ôté toute chance de faire représenter des opéras ; toutefois, après avoir écrit quelques pièces chorale traditionnelles, il a fait appel au *Leitmotiv* dans son *Dream of Gerontius* (1899-1900) et à une orchestration et une harmonie plus imaginatives dans ses deux symphonies, dans le *Concerto pour violon* et dans le *Concerto pour violoncelle*. Ses chefs-d'œuvre ont été reconnus, entre autres par Richard Strauss, comme appartenant à la grande tradition européenne.

8. *Le XXe siècle*. On considère souvent Parry, Stanford et Elgar comme les compositeurs de la « Renaissance anglaise », mais ce titre appartient plus justement à la génération suivante, à des compositeurs dont les carrières et le style musical ont été modifiés en profondeur par la Première Guerre mondiale. Juste avant la guerre, le conservatisme des institutions musicales anglaises était l'une des raisons pour lesquelles Delius préférait rester à l'étranger. Vaughan Williams a été l'élève de Ravel en France. Avec Holst, il faisait partie des nombreux collectionneurs de chants populaires (sous la direction de Cecil Sharp) – bien qu'au début l'influence sur la musique des autres compositeurs ne se soit pas fait sentir. La redécouverte des compositeurs élisabéthains et de Purcell a montré que les mélodies sur des vers anglais nécessitaient assez peu d'emprunts à la tradition allemande.

La guerre va accélérer cet éloignement de l'Allemagne et le rapprochement avec la France. Dans le Paris d'après-guerre, le néo-classicisme et une légèreté de style inspirent largement l'ancienne génération et la jeunesse brillante qui trouve en Stravinski une force tonifiante. C'est ainsi que s'affirment l'humour et le radicalisme de Constant Lambert, d'Arthur Bliss et du jeune William Walton. Un professeur anglais, Edward Dent, devient le premier président de l'**International Society for Contemporary Music* (Société internationale de musique contemporaine, connue aussi sous le sigle de SIMC), fondée à Salzbourg en 1922. La radio, grâce aux programmes culturels de la BBC, devient un protecteur comparable à ceux du XVIIIe siècle, fondant plusieurs orchestres et continuant à supporter les activités novatrices.

La Seconde Guerre mondiale créera une rupture moindre, les concerts continuant à se dérouler et même à prospérer après le premier hiver. L'Angleterre n'a pas eu la chance d'attirer un grand nombre de réfugiés de l'Allemagne nazie, les érudits, les compositeurs et les instrumentistes d'orchestre trouvant plus facilement du travail aux États-Unis. Britten a passé une grande partie de la guerre en Amérique et, après la guerre, alors que l'Angleterre semble reprendre ses coutumes locales, William Glock, directeur de la musique à la BBC en 1959, fait connaître non seulement la musique de l'école de Schoenberg et de Webern (à laquelle on apportait alors peu de considération), mais encore celle de la nouvelle école de Darmstadt – Messiaen, Stockhausen et Boulez (qui sera pendant quelques années à la tête de l'Orchestre symphonique de la BBC). Malgré le conservatisme des derniers romantiques, comme Bax et Moeran, et des nationalistes conscients, comme Vaughan Williams et Finzi, l'Angleterre a trouvé sa place, au cours des années soixante, dans la communauté internationale de la musique.

Avec l'aide d'une subvention substantielle de l'État, les institutions musicales fleurissent en Angleterre et le niveau d'exécution s'améliore sensiblement, surtout hors de Londres ; des villes comme Liverpool, Manchester, Birmingham et Bournemouth comptent maintenant des orchestres permanents. L'opéra jouit d'un succès analogue. A Londres, la tradition de l'entreprise privée plutôt hasardeuse qui régnait sur Covent Garden cède la place, en 1946, à un théâtre à plein temps subventionné par l'État et qui donne des opéras en anglais ; toutefois, cette politique change rapidement pour permettre à cette institution de rejoindre le niveau des grands opéras internationaux, en faisant venir les meilleurs chanteurs et chefs d'orchestre étrangers (voir *Royal Opera House*). L'opéra continue à être représenté en anglais dans un théâtre plus petit, le *Sadler's Well, qui abritait une compagnie d'opéra et de ballet à la fin des années trente. Le Sadler's Well Ballet a gagné une telle notoriété qu'il a été transféré en 1946 à Covent Garden, prenant alors le titre de *Royal Ballet. La compagnie d'opéra a repris ses activités en 1945, avec la création de *Peter Grimes* de Britten, et a continué à présenter des opéras en anglais après son transfert, en 1968, au London Coliseum, un théâtre plus vaste situé au cœur de Londres. Depuis 1974, le Sadler's Well Opera porte le nom d'English National Opera. Le principe des tournées, mis en place par la compagnie de Carl Rosa, a trouvé un certain prolongement dans les opéras régionaux de Cardiff (*Welsh National Opera), Glasgow (*Scottish National Opera) et Leeds (Opera North ; voir *Sadler's Wells*), qui donnent la plupart de leurs représentations dans leur propre ville et en tournée dans le reste du pays. A ces institutions essentiellement étatiques, il faut ajouter l'opéra de *Glyndebourne, créé à l'origine par un homme très riche, John Christie, en 1934, pour jouer Mozart dans les conditions idéales d'un petit théâtre attaché à une maison, en favorisant une atmosphère d'équipe. Bien que l'aspect financier exclue toute compétition avec les grands théâtres lyriques du monde, son répertoire s'est aujourd'hui élargi à d'autres œuvres adaptées aux dimensions du théâtre – entre autres compositeurs, Monteverdi, Cavalli, Rossini et Britten se sont joints à Mozart – et, après les représentations du festival, les doublures ont la possibilité de faire une courte tournée en Angleterre.

L'éducation musicale a également connu une évolution considérable. Si les universités n'ont pas saisi l'occasion de recruter des Allemands célèbres pendant les années trente, elles ont créé, depuis 1945, des départements de musique très engagés dans les activités pratiques, les chœurs et les orchestres étant recrutés au sein même de la population universitaire. La jeune génération de professeurs d'université a su se tourner vers la science musicale, écrivant sur la musique ancienne qu'elle édite dans des séries comme *Early English Church Music*.

A Londres, les collèges de musique royaux ont souffert jusqu'à une date récente d'un manque de fonds, bien que la **Guildhall School of Music* de Londres et le **Royal Northern College* de Manchester, subventionnés par leur municipalité, comptent de plus en plus d'étudiants dont le niveau s'est également amélioré. Le mouvement des orchestres de jeunes est particulièrement remarquable ; il a été encouragé par la formation du **National Youth Orchestra* en 1947, dont la renommée s'est vite répandue en raison du niveau élevé de ses exécutions. Aujourd'hui, presque chaque comté et chaque grande ville possède un orchestre de jeunes, les élèves des écoles étant préparés par d'excellents professeurs qui comptent parmi les plus éminents de ceux qui sont attachés à plein temps aux établissements locaux ; ils sont ensuite réunis pour répéter et donner des concerts.

La pratique musicale a particulièrement changé en province avec le développement des *festivals qui regroupent, pendant une courte période, des concerts et représentations d'opéras jusqu'alors répartis sur l'ensemble de l'année. Certains de ces festivals sont des événement internationaux, comme celui d'Édimbourg ; d'autres, comme l'English Bach Festival, ont une vocation plus spécialisée. Certains festivals, aux ambitions plus modestes, se contentent de présenter quelques concerts dans un château ou dans une église.

Cette richesse d'activités a servi de stimulant à de nombreux compositeurs, d'autant plus aisément que les organismes d'État débloquent assez facilement des fonds pour subventionner des commandes. Les deux grands compositeurs de l'après-guerre, Britten et Tippett, avaient déjà entamé leur carrière dans l'esprit un peu nationaliste des années trente. En effet, la carrière de Britten a été particulièrement anglaise : malgré une renommée internationale, il préférait souvent utiliser les ressources locales du village où il vivait, Aldeburgh, dont le festival a été fondé dans ce but spécifique. La jeune génération de compositeurs fait preuve d'une pensée plus internationale.

9. *Résumé.* Il est clair que l'Angleterre n'est pas et n'a jamais été une « terre sans musique » ; en outre, il est faux d'affirmer que la langue anglaise est difficile à mettre en musique. En réalité, les organisations musicales anglaises se sont développées différemment de celles des autres pays. Les organismes étatiques ont joué un rôle relativement limité, surtout depuis l'institution d'un gouvernement de type parlementaire qui a réduit l'influence de la cour royale à un rôle purement symbolique. Le développement des villes et de l'entreprise privée a stimulé une vie de concert animée (aujourd'hui, Londres possède quatre grands orchestres, tous gérés selon des principes démocratiques coopératifs, mais qui manquent souvent d'une direction ferme) ; cependant, leur politique musicale fait rarement preuve d'audace. La pratique presque continue, bien que réduite, de la musique de cathédrale a préservé un intérêt pour le passé : depuis Arnold Dolmetsch et le mouvement artisanal de « William Morris », s'est affirmée une solide tradition dans le domaine de la musique ancienne sur instruments d'époque. La pratique musicale amateur conserve toute sa vigueur, les chœurs abordant un répertoire beaucoup plus important qu'ils ne l'ont jamais fait, tandis que les orchestres de jeunes s'attaquent à des œuvres qui, jusqu'alors, étaient strictement réservées aux professionnels.

Malgré des limites financières certaines, la BBC continue à jouer un rôle de protecteur entreprenant et éclairé. Ces dernières années, la pression de la décentralisation a eu pour effet salutaire de disséminer les organismes musicaux dans l'ensemble du pays. La nécessité de renforcer les structures des institutions subventionnées pour les rendre comparables à celles des autres pays européens n'est mise en doute que par les doctrinaires politiques, qui soutiennent que la musique est davantage un produit qu'un élément essentiel de la qualité de la vie. Le fait que la troupe de Covent Garden reçoive une subvention d'État bien inférieure à ses homologues se reflète dans le manque d'audace du répertoire actuel et dans le niveau général qui ne s'aligne pas toujours sur celui des plus grandes scènes du monde. Les Anglais s'intéressent certainement davantage à la musique qu'on ne le croit généralement, mais ils n'ont aucune raison d'être contents d'eux.

Denis Arnold.

Les plus grands orchestres, opéras et institutions musicales anglais sont traités dans des articles individuels ; pour les festivals et les concours anglais les plus importants, se reporter aux articles *Festivals* et *Concours*.

BIBLIOGRAPHIE : Roland de Candé, *Petite Histoire de la musique anglaise*, Larousse (Paris, 1952). Dominique Fernandez, *La Rose des Tudors*, Julliard (Paris, 1976). Christian Gaumy et Harry Halbreich, *La Musique anglaise* in *Supplément du Programme du septième Festival de Musique ancienne de Saintes*, CIRMAR (1977). Jacques Michon, *La Musique anglaise*, coll.U2, Librairie Armand Colin (Paris, 1970). Henry de Rouville, *La Musique anglaise*, PUF, Que sais-je ? (Paris, 1986). Charles Van der Borren, *Les Origines de la musique de clavier en Angleterre* (Bruxelles, 1912).

Angoscia (ital.). « Angoisse » ; *angoscioso*, *angosciosamente*, « avec angoisse ».

Angreifen (all.). « Toucher », « attaquer ».

Ängstlich (all.). « Angoissé », « inquiet ».

Anhanlten (all.). « Tenir » (une note).

Anhang (all.). « Appendice », « annexe », « supplément ». Terme utilisé dans l'édition musicale pour désigner certains volumes ou fractions de volumes regroupant notamment des variantes du texte et de la musique. Le terme s'applique également aux appendices des catalogues, donnant une liste d'œuvres supplémentaires.

Anhemitonisch (all.). « Sans demi-ton » ; *anhemitonische Pentatonik*, gamme pentatonique sans demi-tons. (Voir *Gamme*).

Anima (ital.). Voir *Ame*.

Animando, animandosi (ital.). « En animant » ; *animato*, « animé ». Le terme s'emploie indifféremment depuis le XVIIIe siècle pour indiquer le tempo ou l'expression. Il sert souvent de qualificatif à *allegro*.

Animo, animoso (ital.). « Animé », « hardi ».

Animuccia, Giovanni (Florence, vers 1500 ; Rome, mars 1571). Compositeur italien. On sait peu de choses de sa vie sinon qu'il a été responsable des chanteurs à la Cappella Giulia de Rome, à partir de 1555. Ami de Filippo Neri et premier maître de chapelle du célèbre oratoire de S. Girolamo (voir *Oratorio*, 1), il y a écrit quelques laudes. Il fut également l'un des premiers compositeurs à expérimenter un style choral plus simple pour répondre aux exigences du Concile de Trente qui prescrivaient une compréhension très claire des paroles chantées.

Denis Arnold.

Anlaufen (all.). « Augmenter l'intensité sonore », par exemple, *crescendo*.

Anmutig (all.). « Léger », « gracieux ».

Anna Amalia, duchesse de Saxe-Weimar (Wolfenbüttel, 24 octobre 1739 ; Weimar, 10 avril 1807). Nièce de Frédéric le Grand, Anna Amalia épouse le duc Ernst August de Saxe-Weimar à l'âge de seize ans. Veuve deux ans plus tard, elle assure la régence jusqu'à l'accession au trône ducal de son fils aîné, en 1775. C'est l'une des rares femmes compositeurs du XVIIIe siècle ; elle a écrit la musique de scène pour deux pièces de Goethe (*Erwin und Elmire*, 1776 ; *Das Jahrmarktsfest zu Plundersweiten*, 1778) et un *Divertimento pour piano, clarinette, alto et violoncelle*.

Wendy Thompson.

Anneau du Nibelung, L. Voir *Ring des Nibelungen, Der*.

Années de pèlerinage. Trois volumes de pièces pour piano de Liszt. La première année (1848-54), consacrée à la Suisse, est une version révisée de l'*Album d'un voyageur* (1835-36). La deuxième année (1837-49) est consacrée à l'Italie. La troisième année (1867-77) est un recueil posthume dont la publication n'a pas reçu l'assentiment du compositeur.

Annie Laurie. Chanson sur un poème de William Douglas (vers 1800). Les paroles originales ont été modifiées à plusieurs reprises, notamment par John Douglas Scott (1810-1900) qui est l'auteur de la musique. Publiée pour la première fois en 1838, les troupes britanniques l'affectionnaient particulièrement pendant la guerre de Crimée. L'héroïne du poème est une femme dont Douglas était amoureux mais qui lui a préféré un autre homme. On la retrouve avec son amoureux éconduit dans le roman de James Grant, *The Scottish Cavalier* (1850).

Anon in Love. Cycle de mélodies pour ténor et guitare de Walton sur six poèmes d'amour anonymes des XVIe et XVIIe siècles (1959). Walton a réalisé une version pour ténor et petit orchestre en 1971.

Anonyme. D'auteur inconnu. Ce terme servait jadis à désigner les auteurs inconnus de traités médiévaux, comme Anonyme IV (XIIIe siècle).

Anreissen (all.). « Pincer ». Terme utilisé pour décrire un *pizzicato* très puissant (instr. à cordes).

Ansatz (all.). 1. « Embouchure » (instruments à vent). 2. « Attaque » (instruments à cordes). 3. Arrangement ou disposition de l'appareil vocal (chant). 4. « Toucher » (au piano).

Anschlag (all.). 1. « Toucher » (instruments à clavier). 2. « Appogiature double ». 3. « Attaque ».

Anschwellen (all.). « Augmenter », *crescendo*.

Anstimmen (all.). « Entonner ».

Anstrich (all.). « Poussé » (coup d'archet pour les instruments à cordes). Voir aussi *Streich*.

Antar. Suite symphonique op.9 de Rimski-Korsakov, qui portait le titre de *Symphonie n° 2* lorsqu'elle fut publiée en 1868. Révisée en 1874, puis en 1897 lorsqu'elle prit le sous-titre de « suite symphonique ». Le sujet est tiré d'un conte oriental de Sennkovski.

Antécédent et conséquent. Termes employés pour désigner deux éléments complémentaires d'une mélodie, le second étant indispensable à parfaire le sens musical du premier. Ces deux éléments portent aussi le nom de « question » et « réponse ». Dans l'exemple ci-dessous, extrait du deuxième mouvement du *Trio « l'archiduc »* de Beethoven, les quatre premières mesures sont jouées par le violoncelle et les quatre suivantes, qui leur répondent, par le violon.

Antéchrist. Œuvre de Peter Maxwell Davies destinée à un ensemble de musique de chambre, d'après un motet du XIIIe siècle, composée en 1967 pour le premier concert des Pierrot Players.

Anté-communion. Première partie du service anglican de la communion.

Antheil, George (Johann Carl) (Trenton, New Jersey, 8 juillet 1900 ; New York, 12 février 1959). Compositeur américain d'origine allemande. Il travaille avec Ernest Bloch avant de séjourner en Europe où il s'introduit rapidement dans les milieux avant-gardistes : il rencontre notamment Joyce et suscite l'admiration de Pound. Son œuvre la plus célèbre, le *Ballet mécanique*, était conçue à l'origine pour accompagner un film abstrait de Léger. La version de concert, qu'il réalisa peu après la composition de l'œuvre, réclame huit pianos, un piano mécanique, huit xylophones, deux sonnettes électriques et une hélice d'avion. Cette œuvre, où s'affirme la primauté de la structure rythmique, représente ce qu'Antheil appelait l' « engineering musical ». Les mètres variables, les ostinatos et le développement de petites unités rythmiques trahissent l'influence de Stravinski. Cette partition est également représentative, comme l'*Airplane Sonata* pour piano (1922), de l'art de l' « ère mécanique » introduit par les futuristes italiens.

De retour aux États-Unis en 1933, Antheil compose une musique beaucoup plus conservatrice, néo-classique dans son contrepoint rigoureux et sa construction thématique. De cette époque datent différentes œuvres lyriques ou symphoniques, des ballets pour Georges Balanchine (*Dreams,* 1935) ou Martha Graham (*Course,* 1936). Il a écrit son autobiographie, *Bad Boy of Music* (Garden City, New Jersey, 1945).

Paul Griffiths.

Anthem. Dans la liturgie anglicane, l'*anthem* est souvent présentée comme la seule concession à la musique à laquelle aient consenti les auteurs du *Book of Common Prayer*. Au Moyen Age, le terme *anthem* désignait souvent une déformation anglaise de l'*antienne. Il prend son acception moderne dans le *Prayer Book* de 1559 qui impose, pour les services anglicans, « un hymne, ou chant similaire, à la gloire du Dieu tout-puissant sur la meilleure sorte de mélodie et de musique que l'on puisse concevoir ». L'anthem prend sa place définitive aux offices de *Matins* et d'*Evensong* dans le *Prayer Book* de 1662, qui précise : « dans les chœurs et les endroits où l'on chante, ici suit l'anthem » (après la troisième collecte). Depuis, ces anthems font partie des offices. Parfois, on ne se limitait pas à une seule anthem : James Clifford, qui a compilé un important recueil de textes d'anthems en 1663, indique que, chaque dimanche, on chantait quatre anthems, sans doute deux à l'office de *Matins* et deux à celui d'*Evensong*. Dans son journal, Papys écrit qu' « après le sermon venait une bonne anthem » dont la musique était appréciée. Comme le motet de l'Église catholique, l'anthem est « autorisée sans être liturgique », selon Edmund H. Fellowes. Le texte est choisi en toute liberté et la musique ne suit aucune forme particulière.

1. *De la Restauration à Charles II.* L'évolution du motet cesse pratiquement en Angleterre après la rupture d'Henri VIII avec Rome, en 1534, et la dissolution des monastères qui s'ensuivra.

Certains compositeurs élevés dans la tradition catholique resteront pourtant en contact avec l'étranger, continuant à écrire des motets pendant environ un demi-siècle : Byrd et Tallis, notamment, ont écrit ensemble un recueil de motets latins publié en 1575, *Cantiones Sacrae* ; de nombreux recueils portant le même titre ont été publiés dans d'autres pays d'Europe à la même époque. Mais l'anthem découlait avant tout des psaumes métriques, expression du puritanisme de la majeure partie du nouveau clergé anglican. Ainsi, pendant les premières années du règne d'Elisabeth, les anthems étaient relativement simples et homophoniques, se limitant à une écriture syllabique. Elles étaient chantées par des chœurs modestes, souvent privés des voix d'enfants (les sonorités étaient donc graves), et probablement soutenues à l'orgue. C'est dans un tel contexte que sont nées les premières anthems de William Mundy, Tye et Tallis. Les textes étaient surtout des psaumes, des prières et des passages de la Bible qui convenaient également aux dévotions particulières chantées ; dès l'origine, les anthems étaient parfois confiées à une simple voix accompagnée, alternant avec un groupe de quatre chanteurs.

La tolérance d'Elisabeth a donné naissance à une musique plus élaborée et, à la fin du siècle, les compositeurs commencent à écrire de grandes anthems polyphoniques en suivant le modèle du madrigal italien, qui s'impose en Angleterre à la même époque sur des textes traduits en anglais : musique expressive et textes en langue vernaculaire d'application facile dans la pratique religieuse. Les compositeurs commencent à choisir ou à compiler leurs textes pour réaliser des descriptions imagées en adoptant une écriture expressive : à la même époque, Weelkes, Tomkins et East utilisent le thème de la lamentation de David sur Absalon et Monteverdi compose son *Lamento d'Ariane*. Et même si les compositeurs d'anthems ne font pas appel aux techniques spécifiques du madrigal, la parenté reste indéniable. On voit ainsi se multiplier les *full anthems* (pour grand chœur), souvent écrites à six ou huit voix pour des chœurs de cathédrales dotés d'une certaine expérience. De même, les *verse anthems* exploitent encore davantage l'alternance entre le soliste et le chœur ; l'accompagnement est confié à l'orgue ou aux violes (ou aux deux), sous forme de séquences en duo ou en trio, certains instruments à vent intervenant probablement pour doubler le chœur et accentuer les contrastes. Au XVIIe siècle, la *verse anthem*, illustrée principalement par Orlando Gibbons, semble avoir éclipsé la *full anthem*. La voix soliste se voit confier des passages plus ornementés que l'ensemble, selon l'usage en vigueur dans les principaux pays européens, notamment à Venise où travaillaient alors Giovanni Gabrieli et Monteverdi. Entre 1590 et 1625, les anthems donnent lieu à certaines des plus belles pages de la musique anglaise et, grâce à leur étonnante diversité (du caractère grandiose et cérémonial à l'intimité et la passion), elles constitueront l'essentiel du répertoire de musique religieuse anglaise à partir de leur remise à l'honneur, au XIXe siècle. Byrd, Weelkes, Gibbons, Tomkins et d'autres compositeurs de moindre envergure ont su se hisser au niveau des grands compositeurs de motets néerlandais et italiens.

On ne s'explique pas pourquoi cette tradition a cessé de se développer. L'accueil assez froid réservé à la grande nouveauté de l'époque, la basse continue, tardivement venue en Angleterre, a peut-être joué un certain rôle en n'offrant pas à l'anthem « madrigalienne » l'occasion de se renouveler. Quelques compositeurs, notamment ceux qui entretenaient des relations avec la chapelle royale, se sont essayés à ce nouveau style : William Lowes a écrit une *verse anthem* en faisant chanter le soliste sur un accompagnement de cornets et de saqueboutes ; Jeffries utilise un continuo pour soutenir les solistes dont les parties sont ornementées à l'italienne et Child fait appel au style du motet *concertato* avec des harmonies chromatiques modernes. Mais, vers 1640, il n'y avait plus aucun signe laissant présager un retour à la grande époque de l'anthem. La guerre civile et le Commonwealth (la République) mettront fin aux dernières tentatives visant à maintenir la tradition ou à créer quelque chose de nouveau.

2. *De la Restauration au milieu du XVIIIe siècle.* L'intérêt passionné de Charles II pour la musique et le nouveau courant antipuritain qui se développe au sein de l'Église anglicane vont permettre à la musique de connaître un nouvel épanouissement, qui se traduit par une

floraison d'anthems. En 1640, à la veille de la guerre civile, Barnard avait publié, sous forme de rétrospective, plusieurs recueils de musique de l'Église anglicane qui serviront de base à Clifford, à la cathédrale Saint-Paul de Londres, pour ses *Divine Services and Anthems* (1663), une collection de textes réunissant au moins 400 anthems. Ce répertoire, antérieur au règne de Charles Ier, date dans sa quasi-totalité de l'époque d'Elisabeth et de Jacques Ier. Sous la Restauration, les compositeurs se contenteront d'imiter ces œuvres anciennes, déjà populaires, avec de superbes *full anthems*. Purcell et Blow, notamment, se complairont volontiers dans la langue harmonique et polyphonique démodée, mais expressive, de l'anthem « madrigalienne ».

La seconde tendance est due à Charles II, qui avait rapporté de France le goût de la musique de Lully : il était facile de greffer un orchestre à cordes et les voix solistes couramment en usage dans la musique religieuse française sur la *verse anthem*, qui change de nature pour s'adapter aux nouvelles exigences. On commence à utiliser en toute liberté des ouvertures et des *ritornelli* pour orchestre ; les parties solistes imitent le récitatif *cum arioso* français, soutenu d'un continuo ; les parties chorales s'imposent par leur puissance sonore, fondée davantage sur un éclat homophonique que sur la subtilité polyphonique ; enfin, les contrastes entre soli et tutti sont habilement exploités. Le résultat, généralement extraverti et splendide, convient parfaitement à la chapelle royale et aux réjouissances publiques. Purcell et Blow seront également les maîtres dans ce domaine.

Pendant la première moitié du XVIIIe siècle, les compositeurs continuent à écrire de grandes *verse anthems* pour les occasions importantes. En 1722, Bononcini compose l'anthem des funérailles du duc de Marlborough et Haendel, fidèle à la tradition de Purcell, écrit une série d'anthems pour la chapelle du duc de Chandos dans lesquelles il obtient des sonorités splendides avec des moyens très limités (mais il les remaniera pour des effectifs plus importants chaque fois que l'occasion se présentera). Le chef-d'œuvre de Haendel dans ce domaine reste sans aucun doute la série d'anthems qu'il compose pour le couronnement de George II, dans lesquelles il utilise une écriture chorale relativement simple mais efficace. Greene composera également une œuvre importante pour l'anniversaire du King's College de Cambridge, en 1728, mais le style de ses *full anthems* reste résolument tourné vers le passé, au point de revenir parfois à l'ancien système modal, tombé en désuétude.

3. *De 1750 à nos jours.* A partir du milieu du XVIIIe siècle, le déclin de l'anthem ne cesse de s'accentuer. Ernest Walker, un critique connu pour sa sévérité, analysait ainsi une œuvre particulièrement mauvaise au milieu du XIXe siècle : « On n'avait jamais écrit auparavant d'aussi mauvaise musique et je doute qu'il soit possible d'en écrire à nouveau. » On serait tenté d'attribuer cette tendance à l'atmosphère matérialiste et antireligieuse liée à la révolution industrielle, mais il y avait encore des dévots. L'explication tient peut-être au fait que, contrairement aux églises des autres pays qui disposaient d'orchestres et pouvaient engager des chanteurs professionnels pour exécuter de grands ouvrages comme les messes de Haydn, les cathédrales anglaises n'avaient qu'un chœur à leur disposition, ce qui excluait la musique de l'époque. Un certain retour vers le passé était inévitable.

Quelques compositeurs savent en tirer profit, notamment Sebastian Wesley, dont l'art du contrepoint préserve la dignité de ce genre de musique chorale qui se détériore progressivement avec l'approche harmonique sentimentale de la fin de l'ère victorienne. Alors que l'*Oxford Movement* ranime la musique des églises paroissiales et que le niveau des chœurs des cathédrales s'améliore, les anthems composées à cette époque, qui se démarquent du répertoire ancien, suivent la ligne esthétique de Gounod, dont les chœurs d'oratorios étaient souvent chantés comme des anthems. Le niveau général des anthems s'améliore à la fin du XIXe siècle avec le renouveau des chansons populaires, qui permet une certaine restauration de l'identité anglaise. L'*Antiquarian Movement* jouera un rôle analogue avec différentes actions, notamment la publication d'un répertoire d'anthems, *Tudor Church Music* (et plus récemment *Early English Church Music*). Le style des anthems de compositeurs comme Vaughan Williams ou Howells marque un retour à la polyphonie et aux sonorités des premières anthems.

Néanmoins, l'avenir de l'anthem semble compromis, même si les chefs de chœur des cathédrales et des chapelles de collèges continuent à en composer, parfois d'excellente qualité. Malgré le niveau élevé des chœurs de ces églises, l'absence de tout instrument en dehors de l'orgue risque de décourager des compositeurs qui s'adonnent plus volontiers à la musique électronique ou qui cherchent à obtenir des sonorités nouvelles sur les instruments traditionnels. En outre, la tendance naturelle de l'auditoire reste très conservatrice, ce qui ne retire rien à la beauté du répertoire existant qui continue, heureusement, à vivre dans les cathédrales.

Denis Arnold.

BIBLIOGRAPHIE : Christian Gaumy et Harry Halbreich : *La Musique anglaise* in *Supplément du Programme du septième Festival de Musique ancienne de Saintes*, CIRMAR (1977). Jacques Michon : *La Musique anglaise*, coll.U2, Librairie Armand Colin (Paris, 1970). Henry de Rouville : *La Musique anglaise*, Que sais-je ?, PUF (Paris, 1986).

Anticipation. Note placée juste avant l'accord auquel elle appartient ; dans l'exemple ci-dessous, le mi (croche) fait partie de l'accord d'ut majeur qui suit et l' « anticipe ».

Antico, antica (ital.). « Antique », « ancien ». Voir *Stile antico*.

Antienne. Chant liturgique latin, généralement court, servant de refrain aux versets d'un psaume. Le terme *αντιφωνον* (antiphônon) désignait l'octave chez certains auteurs grecs anciens. Aux IVe et Ve siècles, on employait le mot *antiphônia* pour désigner l'**alternatim* des psaumes chantés, d'où l'expression « psalmodie antiphonale ». A partir du IVe siècle, antienne désigne aussi un chant indépendant exécuté avec des psaumes, tel que le pratiquait saint Ambroise à Milan (mort en 397) ainsi que l'Église de Jérusalem.

Les premières antiennes reprenaient sans doute les refrains choraux de la psalmodie responsoriale. Au Moyen Age, comme le nombre de psaumes chantés au cours des offices d'une même journée était très important, un nombre analogue d'antiennes a progressivement vu le jour pour les accompagner. Les premiers documents musicaux que nous possédons (à partir du Xe siècle) comportent près de 2 000 antiennes, certaines réutilisant les mêmes mélodies. De nombreux textes se trouvent adaptés à des mélodies types – généralement des airs connus, allongés ou contractés en fonction du nombre de syllabes. D'autres antiennes ont été élaborées d'après des parties de phrases, initiales ou médianes, ou d'après des cadences que le compositeur trouvait particulièrement bien adaptées, au point de vue mélodique et tonal, au texte et au psaume qui suivait.

L'antienne était généralement chantée avant le psaume, sinon après. Elle pouvait également s'intercaler entre les versets du psaume. On possède des preuves de cette pratique qui remontent au IXe siècle, mais elle s'est raréfiée par la suite. Le mode de l'antienne détermine le choix de la tonalité du psaume qui suit. Il existe donc de nombreux recueils d'antiennes regroupées en fonction de leurs tonalités dans des livres appelés « tonaires » (d'abord toutes les antiennes du mode de ré, puis celles du mode de mi, etc.). Mais le recueil d'antiennes le plus important était l'*antiphonaire, qui regroupait aussi les autres chants de l'office (par opposition aux chants de la messe).

Dans la majeure partie des cas, les antiennes étaient chantées aux offices avec les psaumes : les plus importantes étaient réservées à matines, à laudes et aux vêpres. Mais elles intervenaient également à la messe pour l'introït, l'offertoire et la communion. Les premiers manuscrits de musique notée (IXe -Xe siècle) regroupent des antiennes de communion très simples et d'autres plus ornées ; certains manuscrits contiennent quelques versets de psaumes, mais ils disparaissent complètement au XIe siècle. L'offertoire se transforme en un chant responsorial orné dans lequel les versets psalmodiés sont chantés par des solistes sur une musique très élaborée. L'antienne d'introït s'enrichit également d'une écriture de plus en plus ornée ; le nombre de versets psalmodiques diminue jusqu'à ce qu'il n'en reste plus qu'un seul à partir du XIe siècle.

L'Ex. 1 est une antienne d'office simple ;

Antienne (Carême)

Introït (saint Jean Baptiste)

Ex. 1 en haut et Ex. 2 en bas.

chacune de ses quatre phrases se retrouve souvent dans d'autres antiennes du même mode. Elle est suivie des deux premières phrases d'une antienne d'introït du même mode, qui présente quelques analogies mélodiques avec le chant de l'office, généralement d'une écriture beaucoup plus élaborée.

Il existe, par ailleurs, deux catégories d'antiennes indépendantes du psaume : les antiennes de la Vierge Marie et les antiennes de procession. Leur écriture est habituellement assez riche. Certaines antiennes de la Vierge Marie sont très anciennes, mais les plus connues et les plus élaborées datent du XIe siècle. a partir du XIIIe siècle, il était d'usage de chanter l'une de ces antiennes à complies (les églises choisissaient différents cycles de pièces) : les plus connues sont le *Salve Regina* (XIIIe siècle) et l'*Alma redemptoris mater* (en hexamètres).

Certaines antiennes chantées au cours des processions religieuses ou aux stations (endroits où la procession s'arrêtait pour faire une pause) sont également très anciennes : plusieurs d'entre elles sont des pièces de l'ancienne liturgie anglicane des VIIe et VIIIe siècles qu'a reprises la liturgie romaine médiévale. L'Ex. 2 reproduit le début du *Deprecamur te* d'une procession de Pâques ; Bede (mort en 735) le connaissait et saint Augustin l'aurait chanté en entrant à Canterbury en 597.

David Hiley.

BIBLIOGRAPHIE : Amédée Gastoué, *Les Origines du chant romain, l'antiphonaire grégorien*, Picard (Paris, 1907). André Pons, *Droit ecclésiastique et musique sacrée*, Éd. de l'œuvre Saint-Augustin (Saint-Maurice, Suisse, 1958-60).

Antiennes de la bienheureuse Vierge Marie. Antiennes consacrées à la Vierge Marie chantées à la fin de complies, le dernier office de la journée liturgique. Les quatre plus importantes sont :

– *Alma redemptoris mater*, chanté pendant le temps de l'Avent, jusqu'à la fête de la Purification de la Vierge Marie ;

– *Ave Regina Coelorum*, chanté de la Purification au mercredi saint ;

– *Regina Coeli laetare*, chanté du dimanche de Pâques au vendredi de la Pentecôte :

– *Salve Regina*, chanté du dimanche de la Trinité au samedi précédent le premier dimanche de l'Avent.

Antilles

1. Introduction
2. Instruments
3. Musique de rituel, de travail et de jeu

1. *Introduction*. Les îles Caraïbes anglophones qui constituent les Antilles comprennent du nord au sud, les îles Bahamas, la Jamaïque, Saint-Kitts et Nevis, Antigue, la Dominique, Sainte-Lucie, la Barbade, Saint-Vincent, la Grenade, Trinidad-Tobago. Sur le continent, on considère que Belize et Guyana font aussi partie des Antilles, car une partie de leur histoire est indissociable de celle des îles. Cette histoire reste dominée par les événements assez cruels de la colonisation et de l'esclavage et par l'émergence consécutive d'une population d'une diversité ethnique fascinante.

Les premiers habitants des Antilles étaient les Indiens Arawaks, pacifiques, que la migration vers le nord à partir du continent sud-américain en passant par les îles des Caraïbes avait amenés à la Jamaïque, dès 700 av. J.-C. Les Arawaks ont été suivis par les Indiens Caraïbes, plus guerriers, qui se sont installés dans les petites îles du Sud. Quelques descendants des Indiens Caraïbes survivent à la Dominique et à Saint-Vincent. On sait peu de chose de la musique des Amérindiens, quoique Christophe Colomb ait noté l'utilisation de grands et de petits tambours ainsi que de trompettes de bois chez les Arawaks, en Jamaïque, en 1494. Il est probable que les Indiens utilisaient également des flûtes en bambou et peut-être des tambours de basque confectionnés avec des coquillages. Des morceaux de poterie trouvés en Jamaïque laissent penser que les Arawaks possédaient aussi des tambours en faïence. Certaines sources de Trinidad, datant du XIXe siècle, mentionnent la survivance d'une danse arawak appelée l'*arectoe* qui était accompagnée de tambours et de conques.

A l'arrivée des colons espagnols, les Arawaks ont été décimés par les maladies européennes et les mauvais traitements qu'ils ont eu à subir. Les Espagnols ont rapidement commencé à importer des esclaves d'Afrique et leur exemple a été suivi par les colons hollandais, français et anglais. A l'abolition de l'esclavage, au XIXe siècle, la majeure partie de la population des Antilles était d'origine africaine. Les attitudes culturelles africaines ont donc joué un rôle fondamental dans le développement de la musique aux Antilles. La conception fonctionnelle de la musique africaine – elle intervient dans toutes les activités humaines, sociales, religieuses ou ritualistes – domine la musique des Antilles. L'importance des tambours dans la musique africaine se reflète dans celle des Antilles et le schéma appel-réponse d'une grande partie de la musique populaire antillaise provient aussi, dans une large mesure, de la musique africaine.

Les formes musicales considérées aujourd'hui comme caractéristiques des Antilles (comme le *reggae et le *calypso) sont le résultat d'une synthèse créatrice de ces éléments africains, avec certains aspects de la musique des colonisateurs européens. La musique du protestantisme anglais y était bien sûr prédominante, mais de nombreux pays des Caraïbes sont passés plusieurs fois aux mains d'autres colons. En effet, avant d'être cédée à la Couronne britannique en 1802, Trinidad était une colonie espagnole avec une population essentiellement française ou francophone. Ce n'est pas par accident que la fusion entre éléments africains, catholiques et protestants qui se retrouve dans la musique des « Shouters », petit groupe de baptistes convertis du nord-est de l'île, a des affinités étonnantes avec le *shouting spiritual*, qui a lui-même beaucoup influencé l'évolution du jazz aux États-Unis.

Après l'émancipation des esclaves, un grand nombre d'ouvriers des Indes orientales, liés par contrat, ont commencé à venir aux Antilles. Les descendants de ces immigrants constituent aujourd'hui une forte proportion des populations de Trinidad-Tobago et de Guyana et on trouve une vie musicale déterminante au sein des communautés hindoues et musulmanes. Toutefois, la tradition musicale des Indes orientales est toujours restée séparée et distincte des autres formes de musique aux Antilles.

2. *Instruments*. Les tambours prolifèrent dans la musique antillaise. On en joue souvent par paire, l'un des deux instruments (le *kbandu* jamaïcain et le *boolay* de Trinidad-Tobago) sert de soutien au schéma rythmique de base pendant l'improvisation en contrepoint de rythmes syncopés et complexes sur l'autre (le *playing cast* jamaïcain et le *cutter* de

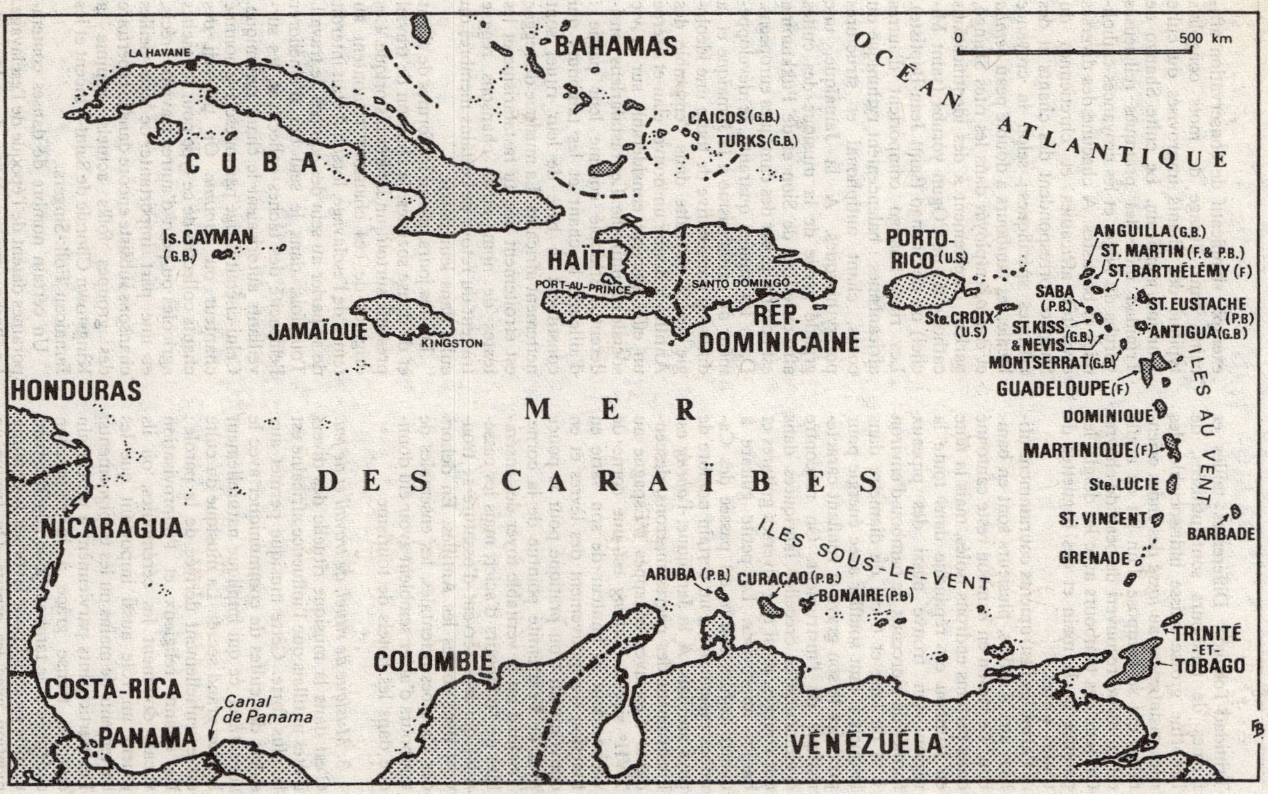
0
500 km
OCÉAN ATLANTIQUE
LA HAVANE
BAHAMAS
CAICOS (G.B.)
TURKS (G.B.)
CUBA
Is. CAYMAN (G.B.)
HAÏTI
PORT-AU-PRINCE
SANTO DOMINGO
RÉP. DOMINICAINE
JAMAÏQUE
KINGSTON
PORTO-RICO (U.S)
Ste. CROIX (U.S)
ANGUILLA (G.B.)
ST. MARTIN (F. & P.B.)
ST. BARTHÉLÉMY (F)
SABA (P.B)
ST. EUSTACHE (P.B)
ST. KISS & NEVIS (G.B.)
ANTIGUA (G.B)
MONTSERRAT (G.B)
GUADELOUPE (F)
ILES AU VENT
DOMINIQUE
MARTINIQUE (F)
Ste. LUCIE
ST. VINCENT
BARBADE
GRENADE
HONDURAS
MER DES CARAÏBES
NICARAGUA
ILES SOUS-LE-VENT
ARUBA (P.B)
CURAÇAO (P.B)
BONAIRE (P.B)
TRINITÉ -ET- TOBAGO
COLOMBIE
COSTA-RICA
Canal de Panama
PANAMA
VÉNÉZUÉLA
FB

ANTILLES

Trinidad-Tobago). Différentes tailles et formes de tambours sont utilisées, de l'énorme grosse caisse indissociable des rites rastafariens au *tassa* des Indes orientales, qui se compose d'un fût en argile ou en métal recouvert de peau de chèvre. On joue des tambours avec les doigts, les paumes de la main et des baguettes de toutes sortes.

Parmi les instruments couramment utilisés aux Antilles, plusieurs sont en bambou. Le violon en bambou reste cantonné dans certains endroits isolés, mais la flûte en bambou est répandue dans toute la région. On trouve aussi des pipeaux formés de morceaux de bambou d'environ 1 m de long et 6 cm de diamètre dans lesquels il faut souffler avec énergie pour produire le son grave et ronflant caractéristique de l'instrument. On rencontre également des crécelles fabriquées dans des courges, ainsi que diverses guitares et banjos improvisés. La petite guitare à quatre cordes *cuatro* est passée des Caraïbes espagnoles à un certain nombre de pays antillais. A la Jamaïque, l'*abeng* est l'instrument des nègres marrons, descendants d'esclaves échappés d'Espagne au XVIIe siècle. L'*abeng* est une corne de vache, dont la hauteur de son varie en fonction du mouvement des lèvres et en couvrant un trou pratiqué pour le pouce près de l'extrémité pointue de la corne. Trinidad est le véritable foyer des ensembles de *tambours d'acier, mais les casseroles qui leur servent d'ossature se trouvent dans toutes les Antilles. En dehors des Caraïbes orientales, les ensembles de tambours d'acier semblent avoir élu domicile dans les hôtels de tourisme.

3. *Musique de rituel, de travail et de jeu.* C'est dans la musique rituelle des divers cultes antillais que l'influence africaine est la plus forte. Cette musique permet aux sujets des cultes de communiquer avec le surnaturel, ce qui implique naturellement le plus grand secret. La musique du culte est essentiellement dérivée de la parole ; les chants religieux et l'improvisation vocale dominent les cérémonies, où ils jouent un rôle aussi important que les battements de mains ou les trépignements. Les participants parviennent à un certain état de transe grâce à la respiration cadencée et le tambour joue généralement un rôle essentiel pour favoriser la communication avec les esprits. On trouve un exemple significatif de conservation africaine dans l'usage de mots congolais typique des chants improvisés du culte Kumina jamaïcain. Le culte Shango de Trinidad mêle les pratiques religieuses yoruba du Niger et les croyances catholiques et baptistes. A chacune des diverses divinités africaines et chrétiennes du Shango correspondent des chants et des rythmes spécifiques ; selon la croyance locale, les tambours à double peau *bemba* et *congo*, employés dans les rites Shango, parlent directement à des identifications catholiques de l'Ogun yoruba (saint Michel) ou de Shango (saint Jean-Baptiste). Les rites Shango comportent d'autres africanismes : balancement rythmique du corps, chant antiphonal et structures polyrythmiques. A la Jamaïque, une grande partie de la musique des cultes afro-chrétiens de Sion et de Pukkumina est construite sur des cantiques européens. Dans les années quarante, le développement du rastafarisme à la Jamaïque et la diffusion consécutive de toute une idéologie liée à ce culte dans l'ensemble des Antilles a donné un nouvel élan et exercé un effet souvent considérable sur la vie sociale et culturelle. Les rastafariens considèrent l'Éthiopie comme leur patrie : d'ailleurs, le chant et les tambours qui constituent la base de leur rituel sont nettement africains. La musique du reggae est étroitement liée au rastafarisme et les textes de nombreuses chansons reggae traitent du retour de certains membres du culte dans leur patrie.

De nos jours, parmi les formes de chant et de danse sociales, la chanson de travail présente surtout un intérêt historique. Les origines de ces chansons remontent au temps de l'esclavage, lorsqu'il était interdit de se parler au sein des équipes de travail. Toutefois, dans le seul but d'améliorer l'efficacité des tâches collectives, les surveillants autorisaient le chant rythmique. Celui-ci était dirigé par un esclave nommé chanteur ou *bomma*. On trouvait des chants collectifs de ce type pour les tâches agricoles ou pour d'autres travaux précis, et une part importante de ces vieilles chansons subsiste encore dans le répertoire des groupes folks actuels, comme la Kingstown Chorale de Saint-Vincent et les Jamaican Folk-Singers.

Un certain nombre de danses contemporaines datent de l'époque de l'esclavage. Le limbo, qui se danse dans toute la région, aurait vu le jour dans un concours entre esclaves. On disait alors que quiconque dansait le plus bas sous la barre horizontale gagnait sa liberté. Le quadrille se compose de plusieurs danses d'ascendance européenne et se pratique lui aussi dans toutes les Antilles. A l'origine, il s'agissait de l'imitation par des esclaves des pas formels des colons du XIXe siècle dansant la mazurka, la polka et la gigue. Aujourd'hui, les danses sont accompagnées par un ensemble qui comprend saxophone, trompette, harmonica, *cuatros*, banjos, tambours et une contrebasse à cordes.

Le commentaire social domine la poésie lyrique du mento jamaïcain et du calypso (chanson et danse) de Trinidad, ces deux formes jouissant elles aussi d'une longue histoire. Le mento se caractérise par une forte syncope sur le dernier temps de chaque mesure, quant au banjo, qui domine le son de l'orchestre mento, il s'est faufilé dans le reggae. Dans les Caraïbes orientales, les chansons de danse *bèlè*, chantées en anglais ou en créole, font appel au schéma typique de l'Afrique appel-réponse. Elles ne sont exécutées que lors de festivals, d'événements publics ou, occasionnellement, dans les veillées mortuaires.

L'*hoosay* est un festival des Indes orientales dans lequel des hommes qui dansent au son des tambours indiens portent des reproductions de mosquées en bambou et des marionnettes. A Trinidad, une grande partie de l'activité musicale indo-orientale tourne autour des nombreux orchestres spécialisés dans la musique de film indienne à but commercial. Ces orchestres sont largement fournis et comprennent des orgues et des guitares électriques, ainsi que des bongos. Ils remplissent au sein de la communauté asiatique une fonction comparable à celle des ensembles de calypso et de tambours d'acier dans la communauté noire et créole. De même, l'appartenance à un orchestre est une marque de prestige ; les orchestres sont subventionnés sur le plan local et les répétitions hebdomadaires fournissent un centre d'intérêt à la vie communautaire. L'incorporation de chants *bhajan* dans les films des Indes orientales a aussi contribué à populariser ces formes qui sont maintenant enseignées dans les écoles primaires hindoues de Trinidad.

Les célébrations annuelles de l'indépendance animent la vie musicale de la plupart des pays antillais. En outre, plusieurs pays des Caraïbes, notamment la Dominique et Trinidad, organisent des carnavals annuels qui jouent un rôle analogue : ils donnent lieu à des réalisations à l'échelle nationale qui permettent d'affirmer les traditions artistiques de chaque pays. Sur le plan international, la richesse de la vie musicale antillaise se retrouve dans le Festival des arts biannuel des Caraïbes, Carifesta. Ce festival, qui dure un mois, est accueilli successivement par les différents pays de la région, dont la plupart envoient des musiciens et des ensembles sélectionnés à l'échelon local lors des célébrations de l'indépendance nationale et des carnavals. Ces dernières années, Carifesta a été accueilli par Guyana, la Jamaïque, Cuba et la Barbade.

Pearle Christian, Michael Burnett.

BIBLIOGRAPHIE : Mauricette Catillon et Henri Guedon, *De l'onomatopée créole à la percussion*, Van de Velde (Tours, 1980). M. Jallier et Y. Lossen, *Musique aux Antilles*, Ed. Caribéennes (1985).

Antimasque. Voir *Masque*.

Antiphonal. Voir *Psalmodie*.

Antiphonaire. Livre liturgique qui regroupait, à la fin du Moyen Age, l'ensemble des chants des différentes heures (matines, laudes, prime, tierce, sexte, none, vêpres et complies). L'antiphonaire moderne ne s'attache qu'aux offices du jour, mais l'office nocturne de matines se trouve encore dans le **Liber usualis* pour les fêtes importantes. L'antiphonaire est destiné au chœur ; les textes dits par les prêtres au cours des offices sont regroupés dans le bréviaire.

A l'origine, la liturgie des heures avait pour but, comme l'écrit saint Benoît (mort vers 547), de chanter 150 psaumes par semaine. La première partie de l'antiphonaire donne le modèle des psaumes, des hymnes et des antiennes chantés les jours de semaine et le dimanche. La deuxième partie regroupe les chants des fêtes importantes de l'année liturgique (Avent, Noël, Épiphanie...) et la troisième ceux des fêtes des saints. Les textes de l'antiphonaire ont particulièrement attiré les compositeurs, notamment le *Magnificat* (des vêpres), le *Nunc dimittis* (de complies) et le *Te Deum* (de matines). En outre, des motets étaient souvent chantés au cours des vêpres.

La première édition moderne de l'antiphonaire est le *Liber antiphonarius* (1891) des moines de Solesmes. Les bénédictins utilisent généralement l'*Antiphonale monasticum* (1934). L'édition vaticane, en usage dans les églises catholiques, date de 1912 et a été révisée en 1949. Un moine de Solesmes, René-Jean Hesbert, travaille à une vaste édition critique de l'antiphonaire en six volumes intitulée *Corpus antiphonalium officii.* Les cinq premiers ont été édités à Rome (1963, 1965, 1968, 1970, 1974). La réforme liturgique du concile Vatican II (1962-65) a profondément modifié la liturgie des heures : prime a été supprimée, matines ont été rebaptisées « office de lectures », etc. L'antiphonaire et le bréviaire, inadaptés à la nouvelle liturgie, sont appelés à être remplacés par la Liturgie des heures (*Liturgia horarum*) dont une édition a été publiée à titre d'essai en 1971.

Anthony Pryer.

BIBLIOGRAPHIE : Amédée Gastoué, *Les Origines du chant romain, l'antiphonaire grégorien*, Picard (Paris, 1907) ; *Le Graduel et l'antiphonaire romain* (Lyon, 1913).

Antwort (all.). « Réponse » d'une *fugue.

Anwachsend (all.). « En gonflant le son » : *crescendo.*

Aperghis, Georges (Athènes, 23 décembre 1945). Compositeur grec fixé à Paris en 1963 où il effectue ses études musicales. Très vite attiré par le théâtre musical, il s'impose à partir de 1971 au Festival d'Avignon. Parmi ses ouvrages lyriques, on peut retenir *Pandemonium* (1973), *Jacques le fataliste* (1974) et *Liebestod* (1982). Il anime depuis 1976 l'Atelier théâtre et musique de Bagnolet.

Alain Pâris.

Aperto (ital.). « Ouvert ». 1. Clair, distinct, large (style).

2. Terme utilisé dans l'écriture pour cor pour désigner les notes non bouchées.

3. Dans la musique du XIVe siècle, indication correspondant aux fins alternatives des sections (voir *Ouvert et Clos*).

4. Terme utilisé par Mozart, par exemple *allegro aperto* ; malheureusement, on en ignore aujourd'hui la signification exacte.

A piacere (ital.). « Au choix », « à discrétion » ; peut se substituer à *ad libitum*.

Apollon Musagète. Ballet en deux scènes de Stravinski créé à Washington, DC, en 1928, dans une chorégraphie de Bolm ; repris par la suite à Paris dans une chorégraphie de Balanchine. La partition est destinée à un orchestre à cordes.

Apostles, The (« Les Apôtres »). Oratorio op.49 d'Elgar sur un texte du compositeur, tiré de la Bible, pour six voix solistes, chœur et orchestre. Créé à Birmingham en 1903. Elgar lui a donné une suite, *The Kingdom* (« Le Royaume »).

Apothéose. Œuvre écrite en l'honneur d'un défunt, comme les deux apothéoses de François Couperin : l'*Apothéose de Corelli* (1724) et l'*Apothéose de Lully* (1725). Voir également *Tombeau.*

Appalachian Spring. Ballet de Copland sur une chorégraphie de Martha Graham. Créé à Washington, DC, en 1944. Copland a d'abord composé sa partition pour 13 instruments, avant d'en tirer une suite d'orchestre (1944) qu'il a orchestrée l'année suivante. L'ensemble du ballet a également été orchestré en 1945.

Appassionata. Titre donné par l'éditeur à la Sonate pour piano n° 23 en fa mineur op.57 de Beethoven (1804-05).

Appassionato, appassionata (ital). « Passionné », « dans un style passionné » ; *appassionatamente,* « passionnément ». Terme utilisé fréquemment par Beethoven.

Appena (ital.). « A peine », « légèrement ».

Appenzeller, Benedictus (vers 1480-88 ; après 1558). Compositeur flamand. Membre de la chapelle de Marie de Hongrie, à Bruxelles, entre 1536 et (au moins) 1551, date à laquelle il la suit en Allemagne. Son œuvre la plus connue, une lamentation sur la mort de Josquin des Prés, laisse à penser qu'il aurait été l'un de ses élèves. Parmi ses autres œuvres figurent des messes, motets, *Magnificat*, chansons et danses.

John Milsom.

Applaudissements. La coutume consistant à extérioriser la satisfaction ressentie à l'écoute d'une belle musique en la faisant suivre d'un affreux tintamarre est probablement aussi ancienne que la musique elle-même. Ce phénomène vient en partie d'un désir inconscient dans le public de manifester son excitation. Un observateur attentif remarquera que le volume sonore des applaudissements dépend souvent de celui de la dernière minute de musique, une fin très brillante déchaînant généralement l'enthousiasme, quels que soient les mérites de l'œuvre ou de son exécution (une note aiguë à la fin d'une œuvre vocale produit généralement le même effet).

A l'opéra, le public applaudit souvent le chanteur à la fin d'un air, couvrant ainsi la conclusion orchestrale qui peut être magnifique ; le même phénomène peut se produire à la fin de la cadence d'un concerto, mais c'est devenu assez rare, le public des concerts étant généralement plus averti que celui de l'opéra, du moins dans certains pays.

Le public actuel semble plus réservé que celui des siècles précédents : il est incorrect d'applaudir entre les mouvements d'une symphonie, d'un concerto ou d'une sonate, quel que soit l'enthousiasme provoqué (on fait vite taire les ignorants qui applaudissent à la fin du troisième mouvement de la *Symphonie pathétique* de Tchaïkovski). De même, lors d'un récital de *Lieder*, on ne doit pas applaudir chaque mélodie individuellement, mais attendre la fin du groupe de mélodies.

Cette attitude puritaine aurait semblé étrange à Mozart qui écrivait de Paris, après la création de l'une de ses symphonies au Concert Spirituel (la *Symphonie parisienne K 297*) : « J'ai commencé par huit mesures *piano*, confiées aux violons seuls, suivies d'un *forte*. Le public, comme je m'y attendais, a observé un silence total pendant le *piano* et s'est mis à battre des mains dès l'apparition du *forte*. »

Haydn et Mozart étaient ravis de bisser un mouvement : même à la création de son *Quatuor op.130*, l'un des derniers, particulièrement difficiles pour le public, Beethoven dut bisser deux mouvements.

1. *Le droit d'exprimer sa désapprobation.* On se demande souvent pourquoi le public n'aurait pas le droit d'exprimer sa déception, puisqu'il peut manifester sa satisfaction. Dans les pays latins, les sifflets ne sont pas inconnus, mais, ailleurs, si les usages sociaux courants admettent les compliments, car ils sont agréables à transmettre comme à recevoir, ils préfèrent éviter les doléances, car elles détruisent l'atmosphère sociale. En Angleterre, les huées sont assez rares pour faire l'objet de commentaires des journalistes. En France, de telles manifestations sont malheureusement assez fréquentes à l'opéra.

Il arrive parfois que le public ne se contente pas d'une simple protestation sonore. Ainsi, en Italie, après les programmes futuristes de Marinetti, au début des années vingt, le public a lancé sur les interprètes des poteries et toutes sortes de légumes ; à Francfort, en 1930, la création de l'opéra de Kurt Weill *Grandeur et décadence de la ville de Mahagonny* s'est terminée dans les bombes puantes et, au cours de la « discussion » qui suivit, par la mort d'un homme, tué d'un coup de chope de bière ; sans oublier la création du *Sacre du printemps*, à Paris, au Théâtre des Champs-Élysées, en 1913, qui suscita l'une des plus belles bagarres de l'histoire de la musique (Saint-Saëns cassant son parapluie sur la tête de sa voisine !), celle du *Concerto pour piano* de Jolivet, à Strasbourg, en 1950, ou celle de *Déserts* de Varèse, à Paris, en 1954.

Au XVIIIe siècle, on lançait généralement des oranges pour exprimer son mécontentement. Pergolèse en reçut une en pleine figure lors de la création de l'un de ses opéras et Londres connut une certaine agitation en 1704, car on prétendait que la chanteuse Catherine Tofts avait envoyé sa servante au théâtre pour lancer des oranges à sa rivale. Même au début du XXe siècle, cette pratique n'avait pas totalement disparu. L'un de mes parents raconte « avoir vu une jeune fille faire le tour d'une salle de concerts en Espagne avec un panier d'oranges pourries qu'elle vendait au public pour les lancer sur les artistes lorsqu'ils étaient mauvais ».

Grétry affirmait qu'au milieu du XVIIIe siècle, le public de l'Opéra de Rome s'exerçait à détecter les plagiats en criant le nom des compositeurs qui en étaient les victimes. Ainsi, pendant la représentation d'un opéra qui manquait d'originalité, on entendit s'écrier : « Bravo Sacchini ! Bravo Cimarosa ! Bravo Paisiello ! » Parme a la réputation d'être une ville particulièrement difficile à satisfaire ; les plus grands chanteurs s'y sont fait huer impitoyablement.

2. *Applaudissements dans les lieux sacrés et pendant les ouvrages de musique sacrée.* Peu après 1770, Charles Burney écrivait que lors des exécutions musicales dans les églises italiennes, comme les applaudissements étaient interdits, les spectateurs « toussaient, grognaient et se mouchaient pour exprimer leur admiration ». Cela rappelle les bourdonnements des fidèles anglais, souvent mentionnés dans les récits du XVIIe siècle, qui voulaient manifester leur approbation à tel ou tel passage d'un sermon.

Aujourd'hui, les applaudissements ont disparu des services religieux mais, lorsque les églises sont utilisées comme salles de concerts, on applique les mêmes conventions que dans les autres salles. Néanmoins, pour les concerts de musique liturgique, comme les passions de Bach, les applaudissements semblent déplacés, du moins avant la fin de l'ouvrage. Et le plus beau compliment que le public puisse faire aux interprètes est de respecter un moment de silence absolu. Quant aux oratorios de Haendel, destinés aux salles de concerts et aux théâtres, il est préférable de les considérer comme des opéras, avec des applaudissements éventuels à la fin des airs.

3. *La claque : un métier.* Cet article serait incomplet sans une évocation de ce qui pourrait porter le nom d'« applaudissements subventionnés ». La « claque », ou groupe d'applaudisseurs rémunérés, fait régulièrement partie de l'organisation musicale et théâtrale dans de nombreux pays. Les claques de Vienne et de la Scala de Milan auraient la réputation d'être particulièrement bien organisées.

Ce genre de choses était fréquente à Londres à une certaine époque et, le 2 août 1828, on pouvait lire dans le *Times* :

« Un dandy au visage pâle et aux chemises fatiguées s'installe tout le temps dans les loges du petit théâtre Haymarket, ennuyant tout le monde avec ses applaudissements ridicules et déplacés. Si ce monsieur est payé pour applaudir certains individus, il devrait le faire à bon escient et ne pas tant se faire remarquer par sa bêtise et sa vénalité. »

La lettre suivante se situerait aux alentours de 1860 :

« 11, Canon-place, Mile End. E.

Monsieur,

J'ai l'honneur de vous faire savoir que j'ai servi de chef de claque pendant plus de vingt ans à la plupart des grands artistes des opéras royaux italiens et anglais ; si vous étiez intéressé par mes services, je serais heureux de me mettre à votre disposition moyennant une modeste rémunération.

Veuillez agréer, Monsieur, ...

N. Phillips.

Un correspondant du *Musical Times* de Londres donne les tarifs que pratiquaient les claqueurs professionnels italiens en 1919 :

Applaudissements à l'entrée en scène, homme : 25 lires
Applaudissements à l'entrée en scène, femme : 15 lires
Applaudissements normaux pendant l'exécution, chaque intervention : 10 lires
Applaudissements nourris pendant l'exécution, chaque intervention : 15 lires
Applaudissements encore plus soutenus pendant l'exécution, chaque intervention : 17 lires
« Bene ! » ou « Bravo ! » interrompant la représentation : 5 lires
« Bis » à tout prix : 50 lires
Enthousiasme délirant – prix à débattre.

En 1923, dans son livre *My Musical Life*, Walter Damrosch déplore qu'au Metropolitan Opera de New York, à cette époque, certains chanteurs et chefs d'orchestre rivaux dépensent bêtement leur argent « pour s'assurer les services de 20 à 50 individus solidement charpentés sous la conduite d'un meneur expérimenté » ; ils se tiennent « sur les côtés des balcons et des secondes galeries », applaudissant « avec la régularité mécanique d'un marteau d'acier dans une fonderie, afin d'obtenir le nombre de rappels voulu à la fin de l'acte ». De temps à autre, l'administration décrétait l'interdiction des applaudissements rémunérés, souvent en réduisant le nombre de places debout ; mais, dans les années soixante, la claque du Met était plus active que jamais, un petit groupe de six à huit claqueurs coûtant entre 25 et 100 dollars (les tarifs les plus élevés s'appliquaient, en toute logique, aux matinées du samedi qui étaient radiodiffusées).

Percy Scholes, rév. Denis Arnold et Alain Pâris.

Applicatur (all.). Terme du XVIIIe siècle désignant le doigté.

Appogiando, appogiato (ital.). « En appuyant », « appuyé ».

1. Passage en douceur d'une note à une autre : **portamento*.

2. « Accentué ».

Appogiatura (ital., d'*appogiare*, « appuyer » ; all. : *Vorschlag*). « Appogiature ». Note dissonante précédant un

Ex. 1

Ex. 2 (*a*) (*b*)

Ex. 3

Ex. 4 (*a*) (*b*) (*c*)

Ex. 5 (*a*) (*b*)

Ex. 6

accord auquel elle n'appartient pas, incluse dans la durée de cet accord. La dissonance se situe un degré au-dessus ou au-dessous de la note principale de l'accord à laquelle elle se substitue. De nos jours, le terme appogiature revêt deux significations : dans un sens général, elle constitue un procédé harmonique permettant de maintenir momentanément une note en dissonance avec l'accord qui suit ; dans un sens plus spécifique, elle désigne un ornement.

La notation et l'exécution de cet ornement ont beaucoup varié au fil des siècles. A l'ère baroque, les compositeurs utilisaient le crochet (Ex. 1).

La petite note en est la représentation la plus courante, mais sa valeur notée ne correspond pas nécessairement à sa valeur d'exécution. Peu après 1750, les Allemands ont commencé à faire la différence entre deux catégories d'appogiatures fondamentales :

– l'appogiature longue ou expressive (normale), d'une durée égale à la moitié de la note principale ou, si elle précède une note pointée, aux deux tiers de sa valeur (Ex. 2) :

Dans une mesure composée, l'appogiature précédent une note pointée liée à une autre note dure aussi longtemps que la note pointée (Ex. 3) :

– l'appogiature brève ; dans certains cas, lorsque la note principale se répète ou lorsqu'une note brève se trouve suivie d'autres notes de même valeur, l'appogiature doit se jouer plus vite, mais toujours sur le temps (Ex. 4). Dans chacun de ces cas, les deux notes sont liées et accompagnées d'un *diminuendo*. L'appogiature de passage n'est qu'un intermédiaire entre deux notes distantes d'une tierce ; elle se joue avant le temps, ce qui est exceptionnel pour une appogiature.

L'ère classique retenait essentiellement l'appogiature longue, l'appogiature brève n'intervenant qu'à titre exceptionnel. Mais l'exécution des appogiatures pour la musique antérieure à 1750 est beaucoup plus compliquée et prête à controverse. La musique de Bach offre de nombreux exemples mal adaptés à l'appogiature longue ; l'instrumentiste ou le chanteur doivent pouvoir réduire l'ornement au tiers ou au quart de la valeur de la note principale en fonction du contexte mélodique et harmonique.

Une convention particulière s'applique au récitatif chanté du XVIIIe siècle : il faut ajouter une appogiature lorsque la ligne mélodique se termine sur la répétition de deux notes identiques, la première devenant l'appogiature de la seconde (Ex. 5).

Au XIXe siècle, les compositeurs ont pris l'habitude de noter intégralement les appogiatures. Un nouveau signe apparaît pour l'appogiature brève ( ). De nos jours, on a pris l'habitude de ne plus jouer cette appogiature sur le temps, mais juste avant. L'emploi généralisé du terme **acciaccatura*, bien qu'inexact, résulte de cet « écrasement » de la note.

L'expression « appogiature double » correspond à trois effets différents :

– deux appogiatures simultanées ;
– l'agrément décrit à l'Ex. 6 ;
– le coulé (Voir *Coulé*, 2).

Simon McVeigh.

Apprenti sorcier, L'. Scherzo symphonique de Paul Dukas (1897) d'après une ballade de Goethe qui reprend elle-même un dialogue de Lucien (IIe siècle). En l'absence de son maître, l'apprenti sorcier essaye l'un des sortilèges qu'il ne peut maîtriser, à sa grande consternation. Dans le film de Walt Disney, *Fantasia*, l'apprenti sorcier est représenté par Mickey Mouse.

Ap Rhys, Philip (connu entre 1545 et 1560). Organiste et compositeur, probablement d'origine galloise, qui a travaillé à Londres au moins jusqu'en 1559. Il est l'auteur d'une messe pour orgue dans laquelle les versets alternent avec le plain-chant.

John Milsom.

A punta d'arco (ital.). « A la pointe de l'archet » (instruments à cordes).

Aquarelle. Terme parfois utilisé pour décrire un morceau de musique de structure délicate.

Aquin, Louis-Claude d'. Voir *Daquin, Louis-Claude*.

Arabella. Opéra en trois actes de Richard Strauss sur un livret de Hugo von Hofmannsthal. Représenté à Dresde (1er juillet 1933), Londres (Covent Garden, 17 mai 1934), New York (Metropolitan Opera, 10 février 1955), Paris (Palais Garnier, 9 avril 1981). L'histoire retrace les efforts d'un aristocrate ruiné, le comte Waldner (basse), qui cherche à trouver un beau parti pour sa fille Arabella (sopr.). Une multitude de complications du plus pur style viennois se succèdent avant qu'elle trouve le fiancé de son choix, Mandryka (bar.), et que sa jeune sœur Zdenka (sopr.) se fiance à l'ancien admirateur d'Arabella, Matteo (tén.).

Arabesque (Fr.), **Arabesk** (all.). Terme qui désignait à l'origine le style ornemental de l'art et de l'architecture arabes. En matière musicale, il est employé dans deux sens :

1. Dans le domaine chorégraphique, l'arabesque est une posture dans laquelle le corps repose sur une jambe pendant que l'autre est étendue en arrière à l'horizontale ; les bras peuvent se trouver dans diverses positions. Le terme a pris ce sens à partir du XVIIIe siècle.

2. Composition fleurie et délicate, comme l'*Arabesque* de Schumann ou les *Deux Arabesques* pour piano de Debussy.

Aragonaise (Fr.), **aragonese** (esp.). Terme générique utilisé pour les danses originaires de l'Aragon, en Espagne. Voir également *Jota*.

Aranjuez, Concierto de (« Concerto d'Aranjuez »). Concerto pour guitare et orchestre de Rodrigo, composé en 1939. Le compositeur en a également réalisé une version pour harpe et orchestre.

Arbeau, Thoinot [anagramme de son vrai nom, Jehan Tabourot] (Dijon, 17 mars 1520 ; Langres, 23 juillet 1595). Fils de juriste, il est ordonné prêtre en 1530 et deviendra chanoine à Langres. Il est surtout connu pour son manuel de danse, l'**Orchésographie* (Voir *Notation de la danse*, 1).

Denis Arnold.

Arc musical. L'arc musical est le cordophone le plus ancien – ou plutôt le plus ancien instrument à cordes portable et indépendant, par opposition à divers systèmes primitifs, comme la « harpe sonore », qui se composaient d'une corde assez épaisse frappée au-dessus d'une fosse de résonance creusée dans le sol.

1. Une certaine tradition veut que les Boschimans du désert de Kalahari, en Afrique australe, aient eu l'habitude de tapoter la corde d'un arc de chasse avec une flèche ; ils auraient ainsi pris l'habitude de distinguer les sons des différents harmoniques obtenus sur cette corde. De là résulte sans doute une pratique très répandue chez les peuples de cultures anciennes, plus particulièrement en Afrique, qui consiste à fabriquer un arc spécial (arc « musical ») dont l'une des extrémités est placée entre les lèvres, tout en excitant la corde à l'aide d'un bâtonnet. Le bâtonnet est aussi fin et léger que possible, pour exciter les harmoniques les plus élevés de la corde : ils sont alors sélectionnés par des mouvements de la langue pour modifier les

fréquences de résonance de la cavité buccale, phénomène comparable à celui de la parole ou au jeu de la *guimbarde. Les mélodies s'égrènent alors doucement sur la *série harmonique de la fondamentale de la corde, au-dessus de la fondamentale elle-même, profonde et réitérée.

2. Une autre méthode substitue à la bouche une calebasse fixée au manche de l'arc, en insérant entre les deux un tampon en fibre ou en tissu ; la calebasse est percée d'un trou dans sa partie arrière, face au buste de l'instrumentiste. Tout en tapotant la corde, il peut déplacer l'arc avec l'autre main pour rapprocher ou éloigner le trou de son buste, ce qui modifie la résonance de l'air dans la calebasse et met en valeur différents harmoniques de la corde, au moment où ils sont captés par la cavité de la calebasse. La mélodie obtenue grâce à cette méthode n'est pas aussi précise qu'avec la résonance buccale, mais le son porte davantage et l'instrumentiste peut chanter en s'accompagnant de son arc. C'est le principal objectif de l'arc à calebasse. En outre, l'instrumentiste peut pincer la corde entre le pouce et les doigts pour réduire la longueur de corde en vibration. On peut ainsi entendre deux fondamentales séparées d'environ un ton alterner rythmiquement grâce à ce moyen, chacune ayant sa part d'harmoniques en résonance. La corde est souvent rattachée vers le manche par une boucle fine, ce qui permet d'obtenir deux fondamentales en frappant soit au-dessus, soit au-dessous de la boucle. Une autre variante de cet instrument est frappée avec un bâtonnet court ou une sorte de petit archet ; il en existe de nombreuses autres variétés.

3. On a beaucoup étudié les relations qui peuvent exister entre l'arc musical et les instruments à cordes plus évolués, comme les harpes anciennes (voir *Harpe*, 10). Tous les archéologues de la musique connaissent la peinture murale de l'époque magdalénienne découverte dans la grotte des Trois-Frères, dans l'Ariège, et sur laquelle un homme tient dans la bouche un arc de chasse ; elle daterait d'environ 14 000 ans avant Jésus-Christ. De nos jours, l'arc musical est encore joué en Afrique, en Inde et en Indonésie, en Mélanésie et sur presque tout le continent américain, de la Californie à la Patagonie (mais dans certaines régions, son apparition est peut-être due à l'influence africaine post-coloniale).

Anthony Baines.

Arcadelt, Jacques (? 1505 ; Paris, 1568). Compositeur probablement français qui a passé la plus grande partie de sa vie en Italie. A partir de 1537, il a peut-être travaillé à Venise, mais on trouve sa trace en France à partir de 1551 au service de Charles de Lorraine ; il a peut-être également travaillé pour Henri II. Arcadelt est l'un des premiers compositeurs de madrigaux et son premier volume a été l'un des plus grands succès de l'édition musicale avec 33 éditions en un siècle. Pendant son séjour en France, il a écrit des chansons intéressantes.

Denis Arnold.

BIBLIOGRAPHIE : François Lesure, *Musique et musiciens français du XVIe siècle*, Minkoff (Genève, 1976).

Arcana. Œuvre pour orchestre de Varèse composée en 1925-27 et créée à Philadelphie en 1927 sous la direction de Leopold Stokowski.

Arcata (ital.). « Coup d'archet » (instruments à cordes) ; terme souvent suivi de *in giù* (tiré) ou de *in su* (poussé). *Arcato* (« à l'archet ») indique à l'instrumentiste qu'il doit reprendre l'archet après un passage *pizzicato*.

Arche. Forme musicale (synonyme de *forme ternaire) en trois parties, ABA, dans laquelle la troisième partie est la répétition de la première après un volet central contrasté. Cette forme est parfois développée pour former une arche plus importante, ABCBA, dans laquelle les deux premières parties sont répétées en ordre inverse après le volet central, créant ainsi une symétrie en miroir. Bartók appréciait particulièrement cette forme et la plupart de ses œuvres sont construites à partir de cette méthode.

Archet (all. : *Streichbogen, Bogen* ; angl : *Bow* ; esp. et ital. : *arco*). Instrument qui permet de mettre une corde tendue en vibration transversale continue, par friction d'une mèche en crin de cheval enduite de colophane. Un archet de violon peut comporter jusqu'à 200 crins prélevés sur des queues de cheval ; pour des raisons visuelles, ils sont traditionnellement blancs. La surface des crins se compose d'une sorte d'écaille plate partant de la racine ; l'archet peut ainsi fonctionner dans les deux sens grâce aux innombrables particules de colophane qui adhèrent au crin. Au microscope, ils apparaissent comme des particules jaunes serrées et scintillantes.

1. *Mécanisme de l'archet.* Le mouvement de l'archet exerce une friction sur la corde qui la tire sur le côté jusqu'à ce que la force réactivante de la tension de la corde fasse cesser toute adhésion ; la corde revient alors en arrière en se détendant. Elle peut le faire en gardant le contact avec l'archet, car la force de friction diminue beaucoup lorsque deux surfaces se déplacent dans des directions relativement opposées (« friction dynamique », par opposition à « friction statique » lorsqu'il n'y a pas de mouvement relatif, par exemple lorsque la corde se déplace avec l'archet). La hauteur de son de la note dépend de la longueur, de la tension, etc. de la corde elle-même (voir *Instrument à cordes*, 1). Le volume sonore dépend de la vitesse de l'archet, alors que la pression de l'archet sur la corde détermine la manière selon laquelle prend effet une vitesse plus rapide de l'archet.

L'archet se déplace perpendiculairement à la corde (ou presque) afin d'éviter tout élément de friction qui pourrait provoquer une vibration longitudinale ou une vibration en torsion propice aux grincements.

Il existe toutefois d'autres moyens d'appliquer la friction pour maintenir une corde en vibration continue : sur la vielle à roue, on utilise une roue en bois résinée ; d'autre part, les vieux violoneux des rues, qui continuent à jouer avec un archet dont tous les crins sont usés, mettent de la colophane sur la baguette de l'archet ce qui donne à la corde une sonorité plaintive ; et, si l'on ne craint pas de mettre une guitare sous un robinet grand ouvert, on peut même y parvenir avec un jet d'eau. En outre, l'archet peut être utilisé sur d'autres instruments que les instruments à cordes : les compositeurs contemporains emploient parfois l'archet de contrebasse pour frotter le bord d'une cymbale et l'extrémité des lames d'un vibraphone. Voir également *Violon de fer* et *Flexatone* (pour la scie musicale).

2. *Les différents types d'archet.* Les origines de l'utilisation de l'archet sont inconnues, mais elles sont antérieures à l'année 950 de notre ère car, à cette date, Al-Fârâbî (Bagdad) s'y réfère dans son traité à propos du rabâb (voir *Rebec*). Cette pratique a peut-être été inventée par les archers qui élevaient des chevaux en Asie centrale. Une telle hypothèse laisserait supposer que l'utilisation de l'archet remonte à une date très ancienne ; mais elle serait restée à l'écart des grandes civilisations, car on n'en trouve aucune trace dans l'Antiquité (voir *Violon*, 6).

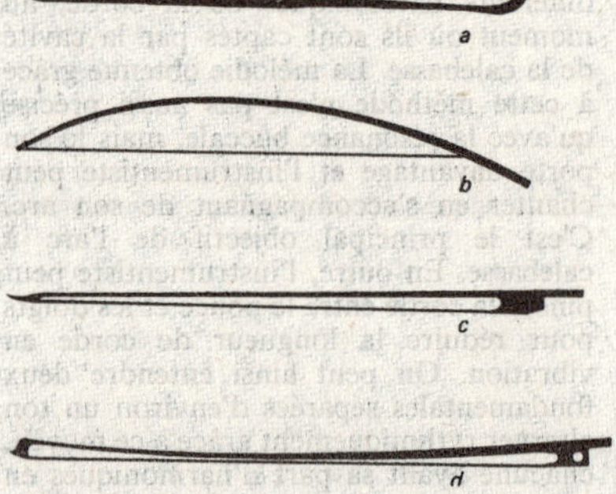

Fig. 1.

La Fig. 1 montre les différents types d'archet utilisés ou encore en usage. Sur l'archet (*b*) – trouvé en Asie centrale et qui figure sur des tableaux des premiers temps du Moyen Age – la baguette, en forme d'arc, est tenue par le manche qui se trouve à l'une des extrémités, paume vers le haut si l'instrument est tenu vers le bas (comme une viole), ou paume vers le bas dans le cas contraire (comme le violon). Sur l'archet (*a*) – trouvé en Asie et, sous diverses formes, en Europe – l'écheveau de crins est fixé de façon assez lâche à la baguette, souvent plus droite ; les doigts de la main qui tient l'archet le tendent tout en jouant. L'archet (*c*) est un archet de violon « baroque », aboutissement de nombreux progrès tant dans la conception que dans la fabrication ; sa baguette finement effilée en bois de serpent (*Brosimum aubleti*) est presque droite ou légèrement arquée vers le haut.

A l'origine, la hausse reposait sur une fente pratiquée dans la baguette pour permettre aux doigts de tendre la mèche ; mais, au XVIIIe siècle, un nouveau système de tension a vu le jour, permettant de faire reculer ou avancer la hausse au moyen d'une vis. Lorsque la mèche est tendue, la baguette s'arque davantage. L'archet moderne (*d*) s'est développé progressivement à partir du milieu du XVIIIe siècle pour parvenir à sa forme finale, à partir de 1775, dans l'œuvre de François Tourte (1747-1835) à Paris ; à la même époque, John Dodd, à Londres, et Wilhelm Cramer obtenaient des résultats analogues. Cet archet porte généralement le nom d' « archet Tourte », pour le distinguer du modèle plus ancien. La baguette est en bois du Brésil (*Caesalpina echinata*, également appelé bois de Pernambouc, plus léger que le bois de serpent) et on lui donne un profil convexe à la chaleur. L'épaisseur de la baguette diminue d'abord de façon presque invisible (à partir du talon de l'archet), puis plus sensiblement jusqu'à la pointe. La mèche est insérée dans un renfoncement de la hausse (généralement en ébène, parfois en ivoire) et maintenue par une plaque de recouvrement en nacre. En vissant la hausse, les deux extrémités auxquelles est fixée la mèche (A ou B, Fig. 2b) se rapprochent et la baguette commence à se redresser (si l'on prolongeait la tension, la baguette pourrait s'arquer vers le haut comme sur la Fig. 1*c*, ce qui risquerait d'abîmer l'archet).

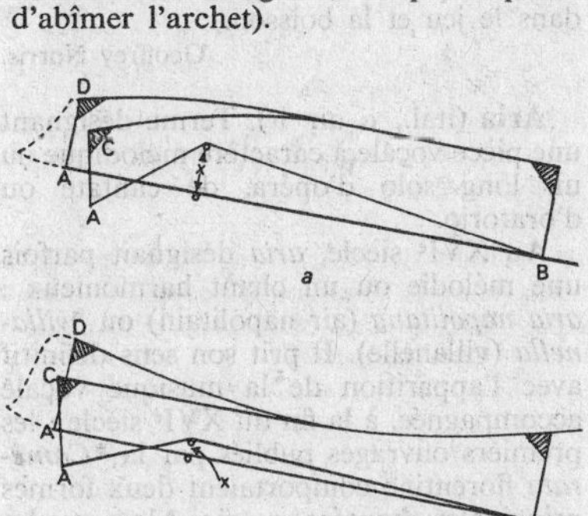

Fig. 2.

La Fig. 2 tente de montrer de façon purement schématique et à une échelle très exagérée la différence technique importante qui existe entre une baguette d'archet courbée vers l'extérieur (ou droit) et une baguette incurvée, lorsque l'on exerce une pression sur la corde avec la partie supérieure de l'archet. La corde est représentée en coupe par un petit cercle et les angles fixes sont hachurés. Pour une pression donnée de la main, faisant fléchir le bois à part égale dans les deux cas (C-D), la mèche se courbe vers le haut (en partant de sa position de repos, la ligne droite) d'une distance marquée X ; cette distance est à peu près trois fois supérieure en (*a*) qu'en (*b*) – car lorsque la mèche s'incurve, rapprochant A de B, le point C sur la baguette se rapproche de B en (*a*), mais s'en éloigne en (*b*). En conséquence, l'effet d'une augmentation de pression de l'archet sur la corde se dissipe davantage par la flexion de la baguette sur l'archet baroque que sur l'archet moderne. L'archet moderne permet toutes sortes d'accentuations, d'attaques et de *crescendo* difficiles à obtenir avec l'archet baroque. A l'inverse, les limites de l'archet baroque peuvent entraîner un style chantant et sensible qui fait partie intégrante du jeu du violon à l'ère baroque et auquel le public d'aujourd'hui se familiarise de plus en plus.

Un bon archet n'est pas moins prisé qu'un bon instrument – certains violoncellistes l'estiment même davantage. Le nom des grands archetiers est aussi connu que celui des grands luthiers et certaines personnes collectionnent uniquement les archets de violon.

On trouvera des détails sur les coups d'archet du violon dans l'article *Violon*, 5c et les différences avec les archets des autres instruments dans les articles consacrés à ces instruments (alto, violoncelle, etc.).

Anthony Baines.

BIBLIOGRAPHIE : Étienne Vatelot, *Les Archets français*, Sernor (Paris, 1976).

Archiduc, Trio à l'. Trio en si bémol majeur op.97 pour piano, violon et violoncelle de Beethoven, composé en 1810-11. Il est dédié à l'archiduc Rodolphe d'Autriche qui était alors élève de Beethoven.

Archiluth (ital. : *arciliuto*). Luth muni de longues cordes graves supplémentaires (« hors manche »), différent du *théorbe. Voir *Luth*, 3.

Arcicembalo (ital.). Clavecin construit par N. Vicentino au milieu du XVIe siècle sur lequel les touches étaient divisées, ou les octaves munies de touches supplémentaires, pour obtenir les tétracordes diatoniques, chromatiques et enharmoniques de la musique grecque antique.

Arco (ital.). « Archet ». Employé seul ou dans l'expression *coll'arco* (« avec l'archet »), ce terme indique la fin d'une séquence *pizzicato*.

Arditi, Luigi (Crescentino, 16 juillet 1822 ; Hove, 1er mai 1903). Compositeur et chef d'orchestre italien. Il fait ses études au Conservatoire de Milan et commence une carrière de violoniste. A l'âge de vingt ans, il fait représenter à Milan son opéra *I Briganti* (composé en 1841) et, en 1843, il prend la direction de l'Opéra de Vercelli. Il quitte l'Italie la même année pour La Havane où il écrit et fait représenter un autre opéra, *Il Corsaro*. Il dirige dans les principales villes d'Amérique, séjourne à Constantinople en 1856 et s'installe à Londres, en 1858, où il est nommé directeur musical du Théâtre Royal (*Her Majesty's Theatre*). Tout en voyageant beaucoup à l'étranger – il dirige chaque année à Vienne à partir de 1870, à Saint-Pétersbourg en 1871 et 1873 et effectue plusieurs tournées en Amérique – il s'impose comme l'une des principales personnalités de la vie lyrique londonienne. Il dirige à Covent Garden et dans différents autres théâtres anglais ; il donne la première représentation en anglais du *Mefistofele* de Boïto et de *Cavalleria rusticana* de Mascagni. Il dirige également les *Promenade Concerts* à Covent Garden (1874-77). Il est l'auteur de nombreux opéras, mélodies et danses. Deux de ses mélodies, *Il Bacio* (« Le Baiser ») (1860) et *Parla* (1870), sur des textes de Gottardo Aldighieri, sont passées à la postérité. Beaucoup d'autres ont été publiées, mais rares sont celles qui possèdent la vivacité mélodieuse d'*Il Bacio*. Il a laissé un recueil de souvenirs, *My Reminiscences* (Londres, 1896).

Peter Gammond.

Ardito (ital.). « Hardi », « audacieux » ; *arditamente*, « avec audace ».

Ardore (ital.). « Ardeur » ; *con ardore*, « avec ardeur ».

Arenski, Antoni (Stepanovitch) (Novgorod, 12 juillet 1861 ; Terioki, Finlande, 25 février 1906). Compositeur russe. Élève de Rimski-Korsakov au Conservatoire de Saint-Pétersbourg, il enseigne ensuite l'harmonie et le contrepoint au Conservatoire de Moscou ; parmi ses élèves figurent notamment Medtner, Rachmaninov et Scriabine. En 1895, il est nommé à la tête de la chapelle impériale de Saint-Pétersbourg, poste qu'il occupe jusqu'en 1901 et qu'il quitte avec une pension substantielle qui lui permet de se consacrer à la composition en toute liberté. Dans son autobiographie, Rimski-Korsakov affirmait qu'Arenski serait vite oublié ; il n'avait peut-être pas tort. Toutefois, on entend encore parfois son *Trio avec piano nº 1* (1894) et ses *Variations sur un thème de Tchaïkovski* (1894). Il a également composé cinq opéras, de la musique pour piano, de la musique de chambre et plusieurs œuvres pour orchestre, notamment deux symphonies (nº 1, 1883 ; nº 2, 1889), un *Concerto pour piano* (1882) et un *Concerto pour violon* (1891). Rimski-Korsakov comparait le tempérament musical d'Arenski à celui d'Anton Rubinstein, pensant sans doute à l'assimilation rapide d'influences diverses que sa musique semble révéler : Chopin, Mendelssohn, Tchaïkovski. Rimski-Korsakov a eu lui-même un impact sensible sur son style essentiellement éclectique. Arenski est mort de la tuberculose après avoir ruiné sa santé pendant de nombreuses années dans le jeu et la boisson.

Geoffrey Norris.

Aria (ital., « air »). Terme désignant une pièce vocale à caractère mélodique ou un long solo d'opéra, de cantate ou d'oratorio.

Au XVIe siècle, *aria* désignait parfois une mélodie ou un chant harmonieux : *aria napolitana* (air napolitain) ou **villanella* (villanelle). Il prit son sens définitif avec l'apparition de la musique vocale accompagnée, à la fin du XVIe siècle : les premiers ouvrages publiés par la **Camerata* florentine comportaient deux formes principales chantées en solo. Alors que les madrigaux restaient écrits d'une seule traite et exprimaient les détails du texte, principalement au moyen de l'ornementation, les arias étaient des mélodies divisées en strophes, construites sur le principe de la répétition de l'air ou sur la répétition du même schéma de base à chaque vers, avec de légères modifications de la mélodie pour l'adapter plus naturellement au texte. Ces arias étaient souvent écrites sur un rythme à trois temps et les mélodies étaient faciles à retenir, ce qui explique la publication de plusieurs recueils vers 1620.

Dès les premiers temps de l'opéra, les arias y figurent en bonne place. Elles rencontrent un tel succès que, vers 1640, les librettistes se plaignent du public qui vient au théâtre non pas pour voir le drame, mais pour écouter les arias. En 1700, les arias dominent l'opéra qui connaît un système de construction assez complexe permettant d'organiser l'action autour d'eux. Depuis le milieu du XVIIe siècle, l'aria s'est également intégrée à la *cantate et ne possède pratiquement plus d'existence autonome.

Sous sa forme élaborée, presque codifiée, par les compositeurs italiens de la fin du XVIIe et du début du XVIIIe siècle (principalement Alessandro Scarlatti), l'aria se composait :

– d'une introduction instrumentale ;
– d'une première partie vocale, débutant et finissant à la tonique ;
– d'un court postlude instrumental ;
– d'une deuxième partie vocale, dans une autre tonalité souvent plus modulante que la première ;
– d'une troisième partie vocale, simple répétition de la première, mais parfois dépourvue d'introduction instrumentale.

La troisième partie n'était généralement pas écrite, mais simplement indiquée par les mots *da capo* (« depuis le début ») ou par une autre expression signifiant à l'interprète de rejouer la première partie. Il était usuel d'introduire des variantes lors de la reprise, sous forme d'ornementations improvisées, souvent très élaborées.

L'aria parvient au sommet de sa gloire dans la première partie du XVIIIe siècle, avec Alessandro Scarlatti et Haendel ; elle connaît alors une codification très précise dont on a retenu les principales catégories :

Aria cantabile – lente, mélodique, pathétique, elle offre au chanteur différentes possibilités d'embellir sa partie de passages ornementés.

Aria di portamento – construite autour de longues tenues, décorée, elle présente peu de possibilités d'ornementation, mais doit être chantée en respectant des progressions très douces d'une note à l'autre et en enflant le son de chaque note avant de le laisser mourir (voir *Portamento*).

Aria di mezzo carattere – plus passionnée et soutenue par un accompagnement orchestral assez élaboré.

Aria parlante – déclamatoire, comme le « *Comfort ye* » du *Messie* de Haendel, qu'il appelle récitatif, mais qui se situe à mi-chemin entre l'aria et le récitatif.

Aria di bravura, ou *aria d'agilità*, ou *aria d'abilità* – exemples les plus célèbres : « *Rejoice greatly* » du *Messie* de Haendel ou les arias de la Reine de la nuit dans *La Flûte enchantée* de Mozart.

Aria all' unisono – accompagnée à l'unisson ou à l'octave de la partie vocale, comme « *The people that walked in darkness* » dans la version originale du *Messie* de Haendel (sans les ajouts ultérieurs de Mozart ou d'autres compositeurs).

Aria d'imitazione – aria descriptive traitant aussi bien d'oiseaux, de cors de chasse ou d'autres sujets.

Aria concertata – aria concertante, dont l'accompagnement est généralement très élaboré.

Aria senza accompagnamento – sans accompagnement, assez rare.

Aria d'entrata – dans le domaine lyrique, aria avec laquelle chaque chanteur fait son apparition sur scène (*aria di sortita*, air de sortie).

Aria fugata – accompagnement fugué, comme « *But haste* » de *Semele* de Haendel.

Aria tedesca – aria dans le style germanique ; généralement moins spectaculaire mais plus solide que l'aria italienne.

Aria buffa – aria comique (intentionnellement).

Aria aggiunta – « air ajouté » : expression désignant simplement une aria qui ne figurait pas dans la partition d'origine mais qui a été ajoutée lors des représentations pour satisfaire un chanteur ou le public.

La distinction entre ces diverses catégories d'aria était loin de l'absolu. Un grand nombre d'arias relevaient de plusieurs types à la fois ou se situaient à la limite de deux formes. Mais ces noms avaient une signification pour les compositeurs d'opéra, les interprètes et le public du XVIIIe siècle. D'autres étaient également en usage, mais il serait difficile d'établir une liste exhaustive.

Malgré l'habileté avec laquelle un

compositeur comme Haendel savait tirer profit de ces conventions, il est certain que les arias *da capo* entravaient le déroulement du drame. A la fin du XVIIIe siècle, elles avaient disparu sous la plume de compositeurs attachés aux effets dramatiques, comme Gluck ou Mozart. Pour les remplacer, ils adoptèrent l'aria à deux parties, plus naturelle dans le contexte théâtral : une partie lente (souvent appelée **cavatina* au XIXe siècle) suivie d'une partie plus rapide (**cabaletta*). Ils évitaient ainsi la répétition et le prolongement excessif d'un seul état d'âme qui nuit souvent à l'opéra baroque. Mozart tire merveilleusement profit des possibilités de cette nouvelle structure dans *« Martern aller Artern »* de *L'Enlèvement au sérail* où l'héroïne défie son maître dans la première partie et fait triomphalement face à la mort par amour dans la seconde. En se libérant d'une forme unique, les compositeurs d'opéra ont acquis une plus grande souplesse et certaines arias sont devenues de véritables mélodies à strophes, surtout dans le *Singspiel* et dans l'opéra nationaliste, très marqué par le chant populaire.

Néanmoins, cette souplesse ne suffisait pas aux compositeurs de l'ère romantique qui souhaitaient que la musique suive le texte au lieu de lui imposer ses propres règles. Les premiers opéras de Verdi sont encore dominés par les arias de forme figée, mais, à partir de *Rigoletto*, ils ne comportent que deux ou trois arias, dont une seule suit les conventions établies, alors que les autres sont fractionnées ou intégrées dans une autre forme musicale. Dans *Falstaff*, on ne trouve aucune aria – ce qui frustre tous les chanteurs qui aimeraient disposer d'un morceau substantiel pour remporter un succès individuel. Wagner a également éliminé les arias dans ses œuvres de maturité, à l'exception peut-être du *« Chant du concours »* des *Maîtres chanteurs*, belle aria à strophes, si bien intégrée au drame qu'elle en constitue l'une des pierres angulaires. Mais, dans la pratique, l'air d'opéra mémorable est resté une tentation à laquelle les compositeurs ont rarement échappé. Dans *Le Chevalier à la rose*, Richard Strauss a confié une aria à un ténor italien simplement parce qu'il voulait intégrer un bon air au premier acte. Puccini se sert souvent de l'aria pour exprimer les émotions d'un personnage et il l'intègre si bien à l'action qu'elle devient difficile à isoler pour le concert, car la fin semble alors brutale (on évite de chanter *« Un bel di vedremo »* de *Madame Butterfly* au concert pour les mêmes raisons). Stravinski est revenu délibérément à l'aria dans *The Rake's Progress*, car il recréait les procédés du XVIIIe siècle. L'ère de l'aria semble toutefois révolue aujourd'hui. L'histoire de la musique vocale soliste appartient désormais au royaume de la mélodie.

Percy Scholes, rév. Denis Arnold.

Ariadne auf Naxos (« Ariane à Naxos »). Opéra en un acte (complété par la suite d'un prologue scénique) de Richard Strauss sur un livret de Hugo von Hofmannsthal. Destiné à l'origine à être représenté après la comédie-ballet de Molière, *Le Bourgeois gentilhomme* (1670), pour laquelle Strauss avait écrit une musique de scène. Représenté, dans sa première version, à Stuttgart (25 octobre 1912), Londres (His Majesty's Theater, 27 mai 1913) ; dans sa seconde version, à Vienne (Opéra impérial, 4 octobre 1916), Londres (Covent Garden, 27 mai 1924), Philadelphie (Civic Opera, 1er novembre 1928), Paris (Opéra-Comique, 30 avril 1943). Dans sa version originale, l'œuvre était pratiquement impossible à jouer, car elle réclamait simultanément une troupe théâtrale et une troupe d'opéra. La seconde version substitue à la pièce de Molière un prologue dans lequel le Bourgeois gentilhomme, qui a engagé une troupe d'opéra et une troupe de la commedia dell' arte, annonce que les divertissements devront avoir lieu simultanément et s'achever à temps pour le feu d'artifice.

Le prologue retrace l'exaspération du Compositeur (sopr.) devant la situation imposée par le « Bourgeois gentilhomme » viennois ; tour à tour, il est calmé par le vieux Maître de musique (bar.), par Zerbinette (sopr.), chef de file du groupe rival, et surtout par sa foi en la musique. Dans l'opéra, Ariane (sopr.) est sur son île et fait l'objet des commentaires des comédiens. Elle ne songe qu'à la mort, mais Zerbinette tente de la convertir à une philosophie plus légère. Lorsqu'arrive Bacchus, Ariane l'accueille comme le messager de la mort. Suit alors un long duo d'amour. Ils montent ensemble vers les cieux et Zerbinette intervient pour souligner que tout s'est passé selon ses prédictions.

BIBLIOGRAPHIE : *Ariane à Naxos*, L'Avant-Scène-Opéra nº 77, (Paris, 1985).

Ariane et Barbe-bleue. Opéra en trois actes de Paul Dukas sur un poème de Maurice Maeterlinck créé à Paris, à l'Opéra-Comique, le 10 mai 1907 avec Georgette Leblanc (femme de Maeterlinck) dans le rôle-titre.

Arianna, L'. Opéra en un prologue et huit scènes de Monteverdi sur un livret d'Ottavio Rinuccini. Créé à Mantoue en 1608. De cette partition perdue, il ne subsiste aujourd'hui que le *Lamento d'Arianna*.

Aria parlante (angl. : *patter song*). « Air parlando », « air en style parlé ». Type de chant que l'on trouve généralement dans les opéras et dont l'effet comique vient de la rapidité à laquelle le chanteur délivre sa partie. Ces airs sont pour la plupart en anglais ou en italien qui sont les langues les mieux adaptées à la rapidité du débit. Dans *Le Barbier de Séville* de Rossini, le *« Largo al factotum »* (acte I, scène 1) en est un exemple célèbre. Ils abondent dans les opérettes comiques de Gilbert et Sullivan.

Ariettes oubliées. Six mélodies de Debussy sur des poèmes de Verlaine composées entre 1885 et 1888 : *C'est l'extase, Il pleure dans mon cœur, L'ombre des arbres, Chevaux de bois, Green*, et *Spleen.*

Ariosti, Attilio (Malachia) [Frate Ottavio] (Bologne, 5 novembre 1666 ; Angleterre, ? 1729). Compositeur italien. Issu d'une vieille famille bolonaise, il entre dans les ordres à Santa Maria dei Servi en 1688. En 1696 il obtient une dispense pour entrer au service du duc de Mantoue et, l'année suivante, il se rend à Berlin où il devient maître de musique de l'électrice de Brandebourg. Il compose des opéras pour le théâtre de Berlin. Malgré les pressions exercées sur lui pour le faire rentrer au pays (il vivait comme un catholique au milieu des « hérétiques » protestants et le bruit courait qu'il souhaitait épouser une dame de la cour), il reste à Berlin jusqu'en 1703, date à laquelle il s'attache à la cour de Vienne. Il parvient à s'y faire nommer ministre et agent de Joseph Ier. A la mort de Joseph Ier, en 1711, une recommandation est adressée au pape pour qu'il soit défroqué en raison de sa vie mondaine. Il devient ensuite, avec Haendel et Bononcini, l'un des compositeurs de la *Royal Academy of Music de Londres ; mais il semble avoir disparu de la vie musicale londonienne vers 1728.

Ariosti a composé beaucoup d'opéras et d'oratorios : Burney reconnaît son talent, sinon son génie créateur. La scène de la prison dans son opéra *Coriolano* (1723) a été parodiée dans les scènes de l'*Opéra des gueux* qui se déroulent à Newgate (prison de Londres rasée en 1902). En tant que violoncelliste, il jouissait également d'une certaine notoriété et jouait aussi de la viole d'amour. Ses opéras ont disparu du répertoire, mais ses *Six Lessons* pour viole d'amour (1724), qui lui ont rapporté près de 1 000 livres (selon Hawkins) ont été tirées de l'oubli à la fin du XIXe siècle, notamment par Piatti qui en a fait des arrangements pour violoncelle. Elles comptaient parmi les œuvres importantes de la musique de leur temps par l'usage de l'**accordatura*. Œuvres agréables, elles révèlent l'influence de l'école de violon de Bologne (Corelli) et de compositeurs allemands comme Biber ou Bach.

Denis Arnold.

Arlecchinesco (ital.). Musique dans l'esprit d'une arlequinade.

Arlecchino (*Arlechino oder Die Fenster*) (« Arlequin »). Opéra (caprice théâtral) en un acte de Busoni, livret du compositeur. Créé à Zurich en 1917.

Arlen, Harold [Arluck, Hyman] (Buffalo, 15 février 1905). Compositeur américain (variétés et jazz). Fils d'un hazan de la synagogue locale, il découvre la musique dans le chœur de la synagogue. Assez jeune, il commence à travailler comme pianiste et comme chanteur dans des boîtes de nuit ; il dirige l'orchestre des Buffalotians (avec lequel il enregistre en 1926) et joue l'été sur les paquebots. Il dirige bientôt son propre groupe dans un café de New York et fait lui-même ses arrangements, tout en continuant à envisager une carrière de chanteur à la façon de Frank Sinatra. Vincent Youmans l'entend et lui confie un rôle dans *Great Day* en 1929. Au cours d'une répétition, il improvise une chanson, *Get Happy*, qui révèle aux commanditaires du spectacle son talent de compositeur. Le numéro sera repris par la suite dans *9 :15 Revue* (1930). Il travaille pour les éditions J. H. Remick tout en continuant à chanter dans les orchestres de Red Nichols, Benny Goodman, Joe Venuti, Eddie Duchin, etc. Au début des années trente, il compose de nombreuses chansons pour les revues du Cotton Club, dont certaines sont devenues célèbres – *Between the Devil and the Deep Blue Sea* ou *Stormy Weather*. Plusieurs d'entre elles ont été créées par Duke Ellington et sa chanteuse Ivie Anderson. En 1932, il s'installe à Hollywood et compose de nombreuses musiques de film. Ses partitions théâtrales, qui remportent le plus grand succès, voient le jour dans les années quarante et cinquante : *Bloomer Girl* (1944) et – sans doute la meilleure – *St Louis Woman* (1946). Parmi ses chansons les plus célèbres figurent *It's only a Paper Moon*, *Blues in the Night*, *That Old Black Magic*, *Ac-cent-tchu-ate the Positive* et *Over the Rainbow* qu'il a écrite pour le film *The Wizard of Oz* (1939).

Peter Gammond.

Arlésienne, L'. Musique de scène de Bizet pour la pièce d'Alphonse Daudet, créée à Paris en 1872. Elle comporte 27 numéros dont les plus célèbres ont été réunis en deux suites d'orchestre, la première par Bizet lui-même, la seconde par Guiraud. Certains numéros de *L'Arlésienne* sont traditionnellement insérés dans le ballet de *Carmen*.

Armature (ou armure) de la clé. Ensemble d'accidents (dièses ou bémols) placés au début de la portée (après la clé) ou en cours de partition (notamment après une double barre) pour indiquer la tonalité de ce qui suit. Sur la portée, les accidents sont placés en regard des notes qui doivent être diésées ou bémolisées d'un bout à l'autre, à toutes les octaves, établissant ainsi la tonalité prédominante de la musique. L'Ex. 1 montre les 14 armatures courantes de la clé. A chaque armature correspondent deux tonalités : la note blanche représente la tonalité majeure, la noire la tonalité mineure dite aussi « relative » mineure, sa tonique étant située une tierce mineure au-dessous de la tonique du ton majeur relatif.

Les toniques des armatures diésées montent d'une quinte juste à chaque adjonction d'un dièse, et la tonique du ton majeur se situe toujours un demi-ton au-dessus du dernier dièse ; les toniques des armatures bémolisées descendent d'une quinte juste à chaque adjonction d'un bémol supplémentaire et la tonique du ton majeur se situe toujours une quarte juste au-dessous du dernier bémol (la même hauteur de son que l'avant-dernier bémol). L'ordre des dièses dans l'armature est également en quintes ascendantes, l'ordre des bémols en quintes descendantes et dans l'ordre inverse de celui des dièses.

Les tonalités à six dièses (fa dièse majeur et ré dièse mineur) sont les équivalents enharmoniques des tonalités à six bémols (sol bémol majeur et mi bémol mineur) ; les tonalités à dièses (do dièse majeur et la dièse mineur) sont les équivalents enharmoniques des tonalités à cinq bémols (ré bémol majeur et si bémol mineur). Les compositeurs utilisent l'armature qui leur convient et dans laquelle ils se sentent à l'aise, mais leur choix peut aussi être guidé par la couleur spécifique de chaque tonalité : ainsi, on considère généralement que les tonalités diésées suggèrent des couleurs brillantes et les tonalités bémolisées des couleurs sobres (voir *Couleur et musique*).

Si l'on trouve des bémols comme armature de la clé dans les plus anciennes notations en portée (XIe-XIIe siècle), la corrélation entre une armature préliminaire et une tonalité spécifique ne remonte qu'au XVIIIe siècle. Les principes modaux de la musique médiévale ont souvent abouti à des armatures « partielles » où les différentes parties vocales n'avaient pas les mêmes armatures, les plus graves ayant souvent un bémol de plus que les plus aiguës. Les armatures diésées ne se sont généralisées qu'au XVIIe siècle. Pendant toute la Renaissance et l'ère baroque, la gamme de tonalités utilisées était plus vaste que ne le suggère l'armature ; les pièces écrites dans des tonalités mineures comportaient un bémol de moins que dans les armatures actuelles et, dans les tonalités majeures, un dièse de moins ; les accidents « manquants » apparaissaient régulièrement en cours de route, alors que la notation moderne les inclue dans l'armature de la clé.

A la fin du XIXe siècle et au XXe siècle, le chromatisme et l'atonalité ont réduit

Ex. 1

l'importance de l'armature de la clé. Par ailleurs, certains compositeurs ont expérimenté des armatures « hybrides », comportant à la fois des dièses et des bémols, pour insister sur certains éléments de tonalité figurant dans leur musique.

Voir également *Accident* ; *Cycle des quintes* ; *Musica ficta* ; *Notation,* 2 ; *Tonalité.*

Percy Scholes, rév. Judith Nagley.

Armide. Opéra en cinq actes de Gluck sur un livret de Quinault d'après la *Jérusalem délivrée* du Tasse. Créé à Paris en 1777. Une quarantaine d'opéras ont été composés sur l'histoire du Tasse, notamment par Lully, Haendel, Jommelli, Salieri, Haydn, Rossini et Dvořák.

Armonia (ital.). 1. « Harmonie ». 2. « Accord ».

Armonioso, armoniosamente (ital.). « Harmonieux », « harmonieusement ».

Armstrong, (Daniel) **Louis** [« Satchmo »] (La Nouvelle-Orléans, 4 juillet 1900 ; New York, 6 juillet 1971). Musicien de jazz noir américain. Il apprend à jouer de la trompette dans une maison d'enfants abandonnés à La Nouvelle-Orléans. A partir de 1917, il joue dans plusieurs orchestres de jazz sur les bateaux du Mississippi. Il fait de brillants débuts en entrant dans l'orchestre de King Oliver en 1922. A partir de 1924, il joue avec divers orchestres, notamment celui de Fletcher Henderson et, dès 1928, il dirige son propre orchestre. Il enregistre ses premiers disques au milieu des années vingt, la série historique des Hot Five et des Hot Seven. Son étonnante technique de trompettiste et son style aussi moderne qu'audacieux exerceront une influence considérable sur l'avenir du jazz. Souvent surnommé « Satchmo », il est dès lors reconnu comme le plus grand jazzman du monde, aussi bien à la trompette que pour sa voix graveleuse et rythmée. Il vient en Europe en 1932 et en 1934. Au cours des années trente, il enregistre à profusion, apparaît dans de nombreux films et dirige surtout des orchestres de « swing ». En 1947, il reprend la direction d'un petit ensemble de jazz et forme son premier All-Stars avec lequel il vient en Europe en 1949, 1952 et 1956 et effectue une tournée triomphale en Afrique. A partir de 1957, il se consacre principalement au cinéma et à la radio. Parmi ses films les plus connus figurent *Cabin in the Sky* (1943), *New Orleans* (1947), *High Society* (1956) et *Hello Dolly* (1969). Il a composé – partiellement ou en totalité – de nombreux morceaux de jazz comme *Cornet Chop Suey, Drop That Sack* et *Wild Man Blues.* Il est l'auteur de deux livres, *Swing That Music* (New York, 1936) et *Satchmo : my Life in the New Orleans* (New York, 1954) et a fait l'objet de plusieurs ouvrages.

Peter Gammond.

BIBLIOGRAPHIE : Louis Armstrong, *Ma Vie*, Julliard (Paris, 1952). James Lincoln Collier, *Louis Armstrong,* Denoël (Paris, 1987). R. Goffin, *Armstrong, le roi du jazz* (Paris, 1947). Lucien Malson, *Les Maîtres du jazz*, PUF, coll. Que sais-je ? (Paris, 1952, rééd. 1958). Hubert Panassié, *Louis Armstrong*, Nouvelles Éditions latines (Paris, 1969).

Armure. Voir *Armature de la clé.*

Arne, Michael (? Londres, vers 1740 ; Lambeth, 14 janvier 1786). Compositeur anglais, fils unique de Thomas Arne. Élevé par sa tante, Mrs Cibber, une actrice qui le mène rapidement sur scène, il joue le rôle d'un page dans *The Orphan* d'Otway. Son père aurait souhaité qu'il chante, mais, selon Burney, Michael « acquiert une main puissante au clavecin ». Il joue et compose pour les jardins d'agrément londoniens, mais écrit également de la musique théâtrale, notamment *Edgar and Emmeline* pour Drury Lane en 1761 et la musique de scène de *Cymon* de Garrick (1767), qui remporte un vif succès. A la même époque, il se lance dans l'alchimie, achète du matériel et se fait construire un laboratoire. Ne pouvant faire face à ses engagements financiers, il sera emprisonné pour dettes.

En 1766, Michael Arne épouse une chanteuse assez connue, Elizabeth Wright, qui meurt trois ans plus tard. Il se remarie en 1773 après une tournée en Allemagne effectuée en compagnie de sa future femme, l'une de ses élèves (1771-72). A Hambourg, il dirige la première audition en Allemagne du *Messie* de Haendel (en italien !). Il finira ses jours dans la misère. Il avait envisagé de publier un recueil d'œuvres inédites de son père, mais est mort avant d'avoir pu mener ce projet à bien.

Denis Arnold.

Arne, Thomas Augustine (baptisé à Londres le 28 mai 1710 ; Londres, 5 mars 1778). Compositeur anglais. Fils d'un tapissier, Thomas est élevé à Eton et son père l'envoie ensuite travailler chez un notaire. Mais il a déjà commencé à étudier secrètement la musique en apprenant le violon avec Michael Festing (peut-être aussi avec Geminiani). Sa sœur, actrice célèbre mieux connue sous son nom de femme, Mrs Cibber, le convainc de remanier le livret d'Addison, *Rosamond*. Le succès est tel qu'il se consacrera par la suite presque uniquement à la composition d'œuvres pour le théâtre.

Les hauts et les bas de la carrière de Thomas Arne sont ceux de la plupart des musiciens de théâtre, mais il semble avoir utilisé différents subterfuges pour assurer la promotion de ses chanteurs favoris auprès des directeurs de théâtre. Ses premières œuvres comportent quelques mélodies agréables destinées, à l'origine, aux représentations des pièces de Shakespeare données à Drury Lane entre 1740 et 1750, théâtre auquel il fut attaché comme compositeur pendant quelques années. Arne se rend parfois à Dublin pour y jouer sa musique et celle de Haendel. Il obtient ses plus grands succès après avoir quitté Drury Lane et Garrick pour Covent Garden : il y donne un baisser de rideau (opéra représenté après la pièce principale), *Thomas and Sally* (1760), puis *Artaxerxes*, sur une traduction du livret de Metastase, mélange de styles anglais et italien (1762), et *Love in a Village* (1762) qui rencontre un accueil très favorable et continuera à être représenté jusqu'au milieu du XIXe siècle. Il compose également un bel oratorio de Carême, *Judith*, pour Drury Lane en 1761.

A la fin de sa vie, Arne avait une telle réputation qu'il ne trouvait pratiquement plus d'employeurs. Ses productions de cette époque font pâle figure à côté de celles des autres théâtres. Il se console en donnant des concerts de glees et de catches à Ranelagh House dans lesquels il glisse quelques pièces vocales plus sérieuses pour montrer les talents de ses élèves. Mais le rapport financier de tels concerts n'a rien de comparable à celui du théâtre et il continue à faire représenter des ouvrages comme le masque *The Fairy Prince* (Covent Garden, 1771) et le baisser de rideau *May-day* (Drury Lane, 1775).

La musique de Thomas Arne est rarement jouée de nos jours, ce qui est dommage, car ses mélodies ne manquent pas de qualités : *Rule, Britannia*, écrit pour le masque *Alfred* (1740) est un exemple parmi d'autres. Sa musique est bien orchestrée et toutes ces qualités se retrouvent dans sa version du masque de Milton, *Comus*.

Denis Arnold.

Arnell, Richard (Anthony Sayer) (Londres, 15 septembre 1917). Compositeur anglais. Il fait ses études avec Ireland au Royal College of Music (1935-38) et passe les dix années qui suivent aux États-Unis, où son ballet *Punch and the Child* est représenté en 1947. Il est également l'auteur de cinq symphonies, d'un « portrait symphonique », *Lord Byron*, et de plusieurs partitions de musique de chambre. Sa musique est agréable et facile, son style traditionnel mais cosmopolite.

Paul Griffiths.

Arnold, Malcolm (Henry) (Northampton, 21 octobre 1921). Compositeur anglais. Il étudie la composition avec Gordon Jacob au Royal College of Music (1938-40) puis commence une carrière de trompettiste dans les orchestres londoniens ; à partir de 1948, il se consacre exclusivement à la composition. Il gagne sa vie en écrivant des musiques de film (notamment celle du *Pont de la rivière*

Kwai). Il est l'auteur de sept symphonies, de plusieurs concertos et d'œuvres de musique de chambre. Son style, résolument diatonique, allie exubérance et sensibilité.

Paul Griffiths.

Arnold, Samuel (Londres, 10 août 1740 ; Londres, 22 octobre 1802). Organiste, compositeur et chef d'orchestre anglais. Il reçoit son éducation musicale à la chapelle royale et débute comme claveciniste et compositeur à Covent Garden en 1764. L'année suivante, il fait représenter un pastiche, *The Maid of the Mill*, qui réunit des mélodies de plusieurs compositeurs, dont quatre de lui-même. C'est le début d'une très brillante carrière de compositeur au cours de laquelle seront représentés près d'une centaine d'opéras, ou autres œuvres destinées à la scène, principalement écrits pour le Little Theatre de Haymarket. Un riche mariage lui permet d'acheter Marylebone Gardens, en 1769, où il donne des concerts qui rencontrent beaucoup de succès. En 1783, il succède à Nares comme organiste de la chapelle royale et se tourne vers la musique sacrée. Il avait déjà composé plusieurs oratorios, notamment *The Prodigal Song* (1773) qui connaissait une grande notoriété. Mais, à partir de cette date, en dehors des services et anthems qu'il doit écrire pour la chapelle royale, il se consacre à la révision de la *Cathedral Music* de Boyce qu'il publiera en 1790. En 1786, il commence à travailler à une édition complète de la musique de Haendel, dont le roi George III est le principal souscripteur. Malheureusement, ce projet n'ira pas jusqu'à son terme. En 1787, Arnold et J. W. Callcott fondent le Glee Club. Deux ans plus tard, Arnold est nommé chef d'orchestre de l'Academy of Ancient Music et, en 1793, organiste à Westminster Abbey où il sera enterré.

Wendy Thompson.

Arpège (ital. : *arpeggio*). 1. Enchaînement des notes d'un accord les unes après les autres, du grave vers l'aigu ou inversement. Cet effet est surtout caractéristique de la musique pour clavier et pour harpe (on peut arpéger des accords de trois ou quatre notes sur un instrument à cordes, mais pas exactement de la même façon). Dans le système de notation moderne, l'arpège est noté ainsi :

Il débute généralement sur le temps, mais il arrive parfois que la dernière note de l'accord tombe sur le temps. Dans la musique pour piano, certains accords sont joués simultanément aux deux mains ou prennent la forme d'un long arpège continu dans lequel une main prend la suite de l'autre (noté par une longue ligne tremblée reliant les deux portées).

L'exécution des arpèges s'est modifiée aux XVIIe et XVIIIe siècles et était souvent laissée à la discrétion de l'instrumentiste. Dans certaines œuvres du XVIIIe siècle, le mot « arpeggio » figure souvent avant une suite d'accords pour indiquer à l'exécutant qu'il peut arpéger dans un sens ou dans l'autre, à son choix. Le continuo au clavier oblige à arpéger souvent les accords, surtout dans les récitatifs.

2. Les exercices destinés à perfectionner la technique (surtout au piano) comportent des arpèges d'accords parfaits. La pratique des gammes et des arpèges est à la base de toute technique pianistique, souvent sanctionnée lors des examens.

Arpéger (ital. : *arpeggiare*). A l'origine, « jouer de la harpe ». Aujourd'hui, ce verbe signifie jouer les notes d'un accord les unes après les autres, généralement du grave vers l'aigu, mais parfois en sens inverse, à la façon d'une harpe.

Arpeggiando, arpeggiatto (ital.). « Arpégé ». Terme utilisé dans l'écriture pour instruments à cordes qui désigne un coup d'archet sautillé sur des accords arpégés, de façon à ce que chaque rebond tombe sur une corde différente. On en trouve un exemple dans la cadence du *Concerto pour violon n° 2* de Mendelssohn.

Arpeggiare (ital.). Voir *Arpéger*.

Arpeggio (ital.). Voir *Arpège*.

Arpeggione ou guitare-violoncelle. Instrument inventé en 1823 par le facteur de guitares viennois J. G. Staufer qui l'appelait « guitare d'amour ». L'année suivante, Schubert écrit pour cet instrument la *Sonate en la mineur D 821* (pour arpeggione et piano) qu'il surnomme lui-même « arpeggione » : ce titre subsistera après sa publication en 1871. L'arpeggione a les mêmes dimensions qu'un violoncelle, la table voûtée et le chevalet du violoncelle, mais la forme d'une guitare. Il n'a pas d'âme. Six cordes accordées comme celles de la guitare passent sur 24 frettes métalliques, offrant aux doigts une étendue qui atteint le mi au-dessus de la portée (en clé de sol). V. Schuster, pour qui la sonate a été composée et qui appelait son instrument « guitare-violoncelle », est l'auteur d'une méthode d'arpeggione. Klaus Storck a enregistré la sonate de Schubert sur un arpeggione original conservé à Berlin. Le son, qui ressemble à celui du violoncelle, est assez sec et très clair dans l'aigu ; mais il manque de puissance dans le grave.

Anthony Baines.

Arraché. Adjectif utilisé pour désigner un *pizzicato* violent et puissant.

Arrangement. Voir *Transcription*.

Arriaga (y Balzola), **Juan Crisóstomo** (Jacobo Antonio) (Bilbao, 27 janvier 1806 ; Paris, 17 janvier 1826). Violoniste et compositeur espagnol. Il compose son premier opéra, *Los esclavos felices*, à treize ans. Au Conservatoire de Paris, il travaille le violon avec Baillot et la composition avec Fétis. Arriaga a laissé deux œuvres de musique sacrée, un second opéra, de la musique de scène, quelques études pour piano, trois quatuors à cordes et une belle *Symphonie en ré* que l'on joue encore aujourd'hui.

Wendy Thompson.

Arrigo, Girolamo (Palerme, 2 avril 1930). Compositeur italien qui reçoit sa formation musicale à Palerme, Rome et Paris (avec Max Deutsch) où il se fixe. Adepte des petites formes destinées à des ensembles peu usuels (*Fluxus* pour neuf instruments, *Due Epigrammi* pour cinq voix a cappella), il fait un large usage de la technique du *collage, notamment dans son opéra-pamphlet, *Orden* (1969), qui dénonce les horreurs du fascisme en Espagne.

Alain Pâris.

Ars Antiqua. Expression utilisée dans les traités théoriques français du début du XIVe siècle pour désigner les premiers systèmes de notation évincés par les progrès techniques de l'*Ars Nova. Certains historiens englobent dans ce terme toute la musique polyphonique de la fin du XIIe et du XIIIe siècle, notamment le contenu du *Magnus liber organi* (recueil de musique couvrant l'ensemble de l'année liturgique compilé par Léonin et Pérotin, à Paris, mais utilisé dans plusieurs pays d'Europe), ainsi que le vaste répertoire de motets du XIIIe siècle dont la majeure partie survivra anonymement dans des recueils manuscrits. Pour les procédés de notation liés à la période de l'Ars Antiqua, voir *Notation*, 3 et 4.

Arsis et Thesis (grec). A l'origine, ces termes s'appliquaient respectivement au lever et à l'abaissement du pied dans la danse grecque antique. En matière musicale, ils désignent généralement le temps faible et le temps fort.

Aux XVIe et XVIIe siècles, l'expression « per arsin et thesin » était synonyme d'**inversion* (3) ; mais on employait la même phrase au XVIIIe siècle pour décrire une fugue dans laquelle la réponse se présentait en inversion rythmique, les temps forts du sujet devenant les temps faibles de la réponse, et inversement.

Ars Nova (latin : enseignement nouveau, science nouvelle). Expression utilisée au XIVe siècle pour désigner de nouvelles techniques de notation et de composition. Bien que le terme soit emprunté aux écrits du théoricien français Philippe de Vitry et s'adresse spécifiquement à la « nouvelle technique » utilisée dans sa notation, il sert aujourd'hui couramment à décrire « l'art nouveau » des compositeurs qui ont tiré profit de ce système de notation et de ses innovations musicales potentielles. Certains auteurs modernes en ont élargi le champ d'application en y incluant la musique de l'ensemble du XIVe siècle, en Italie, en France et en Angleterre, mais ce terme correspond mieux à la musique du *Roman de Fauvel* et à l'*Ivrea Codex* (les deux principales sources de la musique française du début du XIVe siècle), ainsi peut-être qu'aux œuvres de Guillaume de Machaut. Les principales formes musicales de la période de l'Ars Nova sont le motet isorythmique et la chanson. Pour les innovations apportées par Philippe de Vitry en matière de notation, voir *Notation*, 5.

Ars subtilior (lat.). Littéralement, « art plus subtil ». Terme désignant la musique française de la fin du XIVe siècle. A la mort de Machaut, les compositeurs ont mis au point un style musical élaboré et complexe, qui fait appel aux nouvelles valeurs des notes telles que les a définies l'Ars Nova et étend les possibilités d'écriture à des schémas rythmiques complexes. Voir *Notation*, 5.

Artaria. Maison d'édition musicale autrichienne fondée en 1765 à Mayence, puis transférée à Vienne l'année suivante. Également connue pour ses éditions d'art et cartographiques, Artaria a rapidement acquis une place prépondérante dans la vie musicale viennoise comme éditeur des principaux compositeurs classiques. En 1780, les éditions Artaria publient un recueil de sonates pour piano de Haydn (H XVI : 20, 35-9), le premier d'une série de 300 volumes. Les relations amicales entre Haydn et ses éditeurs apparaissent dans leur correspondance. Artaria deviendra le principal éditeur de Mozart, en commençant par un recueil de sonates pour violon et piano, en 1781, suivi d'une centaine d'autres ouvrages. Il reprendra par la suite le fonds du premier éditeur de Mozart, F. A. Hoffmeister.

La première œuvre publiée de Beethoven a été éditée par Artaria, un recueil de variations pour piano (1793). Mais leurs relations étaient assez orageuses, comme le montrent les lettres qu'ils échangaient alors. Néanmoins, en 1858, le catalogue d'Artaria comportait plus d'une centaine d'œuvres de Beethoven, ainsi que des partitions de Gluck, Boccherini et Clementi. La prospérité de cette maison d'édition a duré jusqu'au milieu du XIXe siècle, puis la qualité des publications a commencé à baisser jusqu'à la fermeture, en 1858. Josef *Weinberger a alors racheté le fonds ; la précieuse collection d'autographes est allée à la Bibliothèque d'État de Prusse, à Berlin.

J. M. Thomson.

Artaxerxès. Opéra en trois actes de Thomas Arne sur un livret de Metastase traduit par le compositeur. Créé à Londres en 1762. Le sujet a été repris dans de nombreux autres opéras, notamment par Hasse (1730), Gluck (1741), Piccinni (1762), Paisiello (1771) et Cimarosa (1784).

Art de la fugue, L' (*Die Kunst der Fuge*). Œuvre inachevée de J. S. Bach, composée dans les dernières années de sa vie, peu avant 1750. Il s'agit d'une œuvre didactique qui ne comporte aucune réalisation instrumentale et qui est destinée à mettre en lumière les différents types d'écriture fuguée ou canonique en partant d'un sujet simple. La fugue finale a été complétée à plusieurs reprises, notamment par Donald Tovey et par Busoni, dans sa *Fantasia contrappuntistica. L'Art de la fugue* a connu plusieurs réalisations modernes pour clavier, pour cordes ou même pour orchestre.

BIBLIOGRAPHIE : Gustav Leonhardt, *L'Art de la fugue,* Van de Velde (Luynes, 1985).

Art de toucher le clavecin, L'. Traité de François Couperin publié à Paris en 1716 et révisé l'année suivante. Cette méthode de clavecin a eu une influence considérable (Bach l'utilisait fréquemment). Elle couvre de nombreux aspects de la technique et du jeu de l'instrument et comprend huit pièces destinées à l'enseignement.

Articulation. Différentes façons d'enchaîner les notes couvrant un large éventail entre le *staccato* (toutes les notes sont détachées et courtes) et le *legato* (notes délicatement liées les unes aux autres). Les intentions du compositeur sont notées avec des points, des traits, des accents et des liaisons dont l'ensemble constitue le phrasé d'un morceau. Pour les instruments à cordes, l'articulation repose sur les différentes sortes de coups d'archet ; pour les instruments à vent, elle est indissociable du souffle et des lèvres, alors que pour les instruments à clavier, elle dépend du toucher. Dans le domaine du chant, l'articulation provient de différents aspects de la technique vocale, comme le *portamento,* ainsi que du traitement des voyelles et des consonnes. L'articulation des notes doit varier en fonction de l'environnement dans lequel elles sont émises. Ainsi, une église ou une salle de concert réverbérante réclame une articulation très incisive, sinon les notes se mélangent en une masse sonore confuse ; une acoustique plus sèche, moins réverbérante, requiert au contraire une approche plus subtile (voir *Acoustique et architecture*). Voir également *Exécution musicale*, 8.

Articulato (ital.), **Articuliert** (all.). « Articulé ».

Artig (all.). « Sage », « posé », « agréable ». *Artig* sert souvent de suffixe, signifiant alors « comme » : *Marschartig*, « comme une marche ».

A.s. Abréviation d'**Al segno*.

As (all.). La bémol.

Ascanio in Alba. Sérénade théâtrale en deux actes de Mozart sur un livret de Giuseppe Parini. Créée à Milan en 1771.

ASCAP. Voir *American Society of Composers, Authors and Publishers, The.*

Ascension, L'. Œuvre pour orchestre de Messiaen, composée en 1933. Elle comporte quatre mouvements : *Majesté du Christ demandant Sa gloire à Son Père ; Alléluias sereins d'une âme qui désire le ciel ; Alléluia sur la trompette, alléluia sur la cymbale ; Prière du Christ montant vers Son Père.* Messiaen en a réalisé une version pour orgue en 1934, réécrivant le troisième mouvement qui est devenu *Transports de joie d'une âme devant la gloire du Christ qui est la sienne.*

Ascherberg, Hopwood & Crew. Maison d'édition musicale anglaise née de la fusion, en 1906, des éditions Eugene Ascherberg & Co (fondées en 1878), Hopwood & Crew (fondées en 1878) et de leurs filiales. L'énorme catalogue qui en a résulté comportait surtout des œuvres de musique légère, valses populaires (notamment celles de Waldteufel) et opérettes à succès (*The Geishe* ou *The Belle of New York*). Parmi les œuvres instrumentales ou chorales figurent des partitions d'Elgar, Reger, Coleridge-Taylor, etc. Le fonds a été racheté par les éditions Chappell en 1970.

J. M. Thomson.

Ashton, (Sir) **Frederick** (Guayaquil, Équateur, 17 septembre 1904). Danseur et chorégraphe britannique. Fondateur et chorégraphe du Royal Ballet, il en assure la direction entre 1963 et 1967. Ses chorégraphies, entre *A Tragedy of Fashion* (1926) et *Rhapsody* (1980), constituent, dans leur versatilité poétique, la base de l'école de ballet classique anglaise : *Façade* (Walton, 1931), *Les Patineurs* (Meyerbeer/Lambert, 1937), *Variations symphoniques* (Franck, 1946), *Cendrillon* (Prokofiev, 1948), *Daphnis et Chloé, Ondine* (Henze, 1958), *La Fille mal gardée* (Hérold/Lanchbery, 1960), *Le Rêve* (Mendelssohn/Lanchbery, 1964), *Enigma Variations* (Elgar, 1968) et *A Month in the Country* (Chopin/Lanchbery).

Noël Goodwin.

Asie centrale et Sibérie

1. Introduction
2. Histoire
3. Peuples sédentaires du Turkestan
4. Peuples nomades d'Asie centrale
5. Sibérie
6. Musique contemporaine

1. *Introduction.* L'Asie centrale et la Sibérie, souvent appelées Asie intérieure, se sont unifiées à l'écart des grandes civilisations d'Asie (Inde, Sud-Est asiatique et Japon) et des anciennes routes maritimes. La plupart des traditions ethniques de l'Asie intérieure sont marquées par une certaine instabilité culturelle due aux migrations hors des zones de haute culture (elles remontent à des milliers d'années et sont parvenues à leur apogée avec les invasions de l'Europe et de l'Asie par les Mongoles, au XIIIe siècle) ; par ailleurs, de nombreux traits caractéristiques des régions de haute culture (notamment des instruments et des styles de musique) se sont incrustés dans les cultures populaires indigènes de la région. Toutefois, certaines régions éloignées du nord et de l'est de la Sibérie, comme leurs homologues adjacentes d'Amérique du Nord, ont résisté à ce processus jusqu'à une époque assez récente (XVIIe siècle).

L'Asie centrale est une région aux frontières mobiles, dans laquelle on regroupe actuellement le nord de l'Afghanistan, l'Asie centrale soviétique (républiques d'Ouzbékistan, Turkménistan, Tadjikistan, Kirghizie et Kazakhstan), le Turkestan chinois (Hsin-Kiang) et la république de Mongolie. La plupart de ces peuples partagent des caractéristiques ethniques et linguistiques, car leurs langues appartiennent à la branche turco-mongole de la famille linguistique altaïque. Exception notable, les Tadjiks du Turkestan parlent un dialecte persan archaïque. La Sibérie, avec sa grande variété linguistique et

ASIE CENTRALE

culturelle, est donc une région qui doit être traitée isolément.

2. *Histoire.* La plus ancienne trace de musique connue en Asie centrale provient des fouilles de Pazyryk (Sibérie méridionale) et date du Ve siècle av. J.-C. Le gel permanent a préservé des objets matériels (tapis, tissus, etc.) prouvant que ce site était à la croisée des chemins entre les civilisations chinoise et du Proche-Orient. On a, en outre, trouvé deux objets qui ressemblent à des instruments de musique : un tambour à peau en forme de vase (rare en dehors de l'Afghanistan, à des époques récentes) et ce qui pourrait être une harpe à archet, que l'on trouve maintenant uniquement dans les montagnes de Nûristân (Afghanistan). Dans la région du Khârezm, près de la mer Aral, au Turkestan, on a trouvé des peintures représentant des harpes angulaires proches des prototypes mésopotamiens (IVe et IIIe siècle av. J.-C.) et des représentations de divers luths spatulés à long manche qui ressemblent aux instruments actuels (Ier-IIe siècle). C'est au cours de cette dernière période qu'a été sculptée la frise d'Airtam (sud de l'Ouzbékistan) : elle représente trois musiciens jouant de la harpe angulaire, d'un luth à manche court en forme de huit et d'un tambour à double peau en forme de sablier.

A la même époque s'établit la célèbre route de la soie, entre le Proche-Orient et la Chine, grâce à laquelle on possède une documentation plus riche sur l'Asie centrale, provenant de sources chinoises. Dès le début du VIe siècle, la Chine commence à importer régulièrement de la musique d'Asie centrale, particulièrement sous la dynastie T'ang (618-907), époque à laquelle la musique des États-cités de Kachgar, Kuchâ, Khotan, Boukhara et Turfân constituait la moitié des « Dix Sortes de Musique » officielles (établies en 640-42) à la cour de Ch'ang-an. On ne peut déterminer clairement si ces styles reflétaient les tendances musicales du Moyen-Orient ou des tendances purement indigènes, mais il est presque certain que les musiques classiques des villes du Turkestan qui ont vu le jour par la suite étaient, au moins en partie, basées sur des traditions de cette époque.

Après les invasions arabes et l'islamisation du Turkestan, au VIIIe siècle, l'influence du Moyen-Orient devient indiscutable. A la même époque, les instruments et les styles d'Asie centrale pénètrent les traditions du Moyen-Orient avec les vagues successives d'envahisseurs, des Saljûquides et des Mongols (Xe-XIIIe siècle) aux Ouzbeks (vers 1500). Sous les Timurides (vers 1350-1500), les styles classiques des villes parviennent à leur apogée à Samarkand et Hérat, avec des personnalités comme Shah-Rukh (qui gouverne de 1405 à 1447) et Husain-i-Baiqara (contemporain de Laurent de Médicis) ; celui-ci a donné son nom à un mode musical encore en usage chez les Turcs (*baiqara*). Un style turco-persan voit le jour sous l'influence de grands poètes-musiciens de cour, comme Navai (dont un mode porte également le nom). Le XIXe siècle constitue la dernière étape importante de l'évolution de la culture musicale syncrétique d'Asie centrale, avec l'immigration et la colonisation par les Russes (renforcée après 1870), puis l'apparition de formes musicales occidentales (comme l'opéra) et la naissance d'œuvres basées sur des thèmes locaux. Cette tendance, renforcée après la mise en place du régime soviétique dans les années vingt, marque aujourd'hui profondément la musique contemporaine d'Asie centrale. A l'opposé, le Turkestan chinois est, depuis 1949, dans l'orbite de la Chine et de ses traditions musicales. Quant à l'Afghanistan, qui a su préserver son identité musicale, il a été moins affecté par ces différentes tendances et ne semble pas actuellement marqué par les styles classiques d'Asie centrale ou d'Occident.

3. *Peuples sédentaires du Turkestan.* Les instruments de musique du Turkestan (dominé sur le plan démographique par les Ouzbeks) reflètent sa proximité géographique du Moyen-Orient et de la Perse, bien qu'ils possèdent une facture et un style de jeu purement locaux. La plupart des instruments sont des variétés de luth à manche long, dont les noms sont souvent apparentés au *tanbûr* (*domra, dambura*) et à la *dotara.* On trouve aussi de nombreuses vièles à pointe ; certains musicologues pensent que l'adjonction d'un archet au luth serait originaire d'Asie centrale et se serait répandue ensuite au Moyen-Orient et à l'Europe. Les aérophones les plus répandus sont des chalumeaux apparentés au *zorna* ou *sourna* ou

surnay, des flûtes verticales (dont le tuyau est ouvert aux deux extrémités comme celui du *mey* ou du *naï* moyen-oriental ainsi que des flûtes à bloc initial) et des flûtes traversières, quelques hautbois simples ou doubles et, rarement depuis la disparition des États-cités féodaux, de longs cors métalliques (*qarnai*). Les cors faisaient partie des musiques militaires, avec les chalumeaux et les timbales. Au nombre des membranophones, on peut également citer de grands tambours sur cadre ressemblant à des tambours de basque, dont jouent les femmes à l'occasion des mariages ou autres festivités, et le *Zirbaghali* d'Afghanistan (tambour à peau en forme de vase), essentiellement réservé aux hommes. Parmi les idiophones, les femmes et les enfants jouent d'une petite guimbarde métallique (*chang, chang-ko'uz*) alors qu'en Ouzbékistan on trouve certains types de crécelles, des castagnettes en os ou en bois (*qairaq*) et même de grands plateaux en cuivre.

Avant la domination soviétique, la musique traditionnelle et la musique classique de cour étaient exécutées par de petits ensembles ; les chants étaient exécutés en alternance ou en soliste avec, occasionnellement, un petit chœur à l'unisson. Il n'y avait aucune notation écrite (à l'exception d'une expérience isolée, à Khârezm en 1889). Sur le plan stylistique, une certaine disparité existe entre la musique vocale, exclusivement monophonique (ou à l'unisson, s'il s'agit de musique chorale), et la musique instrumentale, souvent exécutée à deux parties (mélodie et bourdon, ou *organum*, à la quarte ou à la quinte). La majeure partie de la musique populaire repose sur des mélodies binaires ou ternaires dans lesquelles alternent deux ou trois petites phrases qui réapparaissent continuellement tout au long du morceau. La musique de danse était généralement conçue sur une rythmique incisive.

L'éventail des chants est considérable. De nombreux chants folkloriques ont une structure de quatrain dans certaines langues turques (comme l'ouzbek) ou persanes (tadjik) : *rubai, charbaiti* ou *dubaiti*. Ils traitent de l'amour romantique déçu, de la séparation de l'amant ou de la terre natale, de sujets d'actualité et de personnalités locales, de thèmes liés à la nature, au travail ou à la vie de famille (comme les berceuses). En outre, la tradition des chanteurs itinérants s'est maintenue : souvent aveugles, ils chantent des contes et légendes plus ou moins longs. Ces chants sont de caractère islamique sacré (Afghânistân), ou illustrent un thème profane tiré des romances littéraires médiévales. Certaines formes épiques plus importantes survivent encore, particulièrement en URSS où, sous l'égide de l'État, les formes anciennes ont été préservées.

Les peuples d'Asie centrale soviétique ont également conservé les musiques de cour classiques. Elles varient selon les régions, les trois principaux centres se trouvant à Boukhara, dans la région de Khârezm (Khiva) et dans les vallées de Tachkent et de Fergâna. En outre, les voisins uighurs (surtout dans le Hsin-Khiang) possèdent leur propre musique classique. Le style de cour de Boukhara, qui prédomine, a été codifié aux XVIIe et XVIIIe siècles dans un ensemble de pièces intitulées *Sesh-makôm* (six *makôm* signifiant à la fois « suite » et « mode »). Les *makôm* étaient étroitement liés à la pratique musicale médiévale arabo-persane, comme l'indique le nom des suites et des sous-parties, ainsi que les mètres poétiques, qui ressemblent à la poésie de cour des chants classiques persans et d'influence persane djaghataïdes. Les six *makôm* portent les noms de *navo, rost, dugoh, buzruk, segoh* et *irok*. Chaque *makôm* se subdivise en une partie instrumentale (*mushkilot*, « difficultés ») suivie d'un ensemble de mélodies élaborées (*nasr*, « texte »), également groupé en une suite de chants (*sh'uba*, « branches »), construits, pour la plupart, sur un seul mètre poétique. L'improvisation ne fait plus partie du jeu des *makôm*.

La structure musicale interne des *makôm* repose sur trois éléments : un rythme immuable, que donne l'*usul* (tambour sur cadre), apparenté au mètre poétique ; un contour mélodique généralement en forme d'arc, s'élevant à un *auj* (sommet) à la fin du chant avant de retomber rapidement dans la tessiture originale ; l'utilisation d'unités mélodiques *namud*, portant chacune un nom différent, qui peut apparaître dans divers *makôm* avec des contextes métro-rythmiques différents.

4. *Peuples nomades d'Asie centrale*. Les peuples nomades sont constitués de groupes turco-mongols qui vivent à des milliers de kilomètres au cœur de l'Asie centrale ; d'ouest en est, on trouve les

Turkmènes, les Karakalpaks, les Kazakhs, les Kirghizes et les Mongols. Aujourd'hui, ils mènent pour la plupart une vie de fermiers ou de citadins, mais la nature nomade traditionnelle de leur culture se reflète dans leur musique, notamment par l'absence des principales caractéristiques musicales des populations sédentaires. Les instruments sont relativement peu variés et les traditions musicales des agriculteurs fortement islamisés du Turkestan sont généralement inconnues. Ces peuples pratiquent traditionnellement le chamanisme, comme leurs voisins sibériens, mais ce genre de croyances a décliné rapidement sous le régime soviétique.

Les instruments de musique reflètent avec précision les tendances régionales. Les luths à long manche prédominent parmi les cordophones et servent à la musique polyphonique. Munis de frettes et de deux cordes, ils constituent un trait d'union organologique entre l'Asie intérieure et les rives de l'Adriatique (Balkans), en Europe. Les Kirghizes ont un *komuz* (luth) sans frette, à trois cordes. Les vièles n'ont pas de pointe (*qobuz* kazakh, *kyak* kirghiz, *khilkhuur* mongol). Le symbolisme du cheval se retrouve dans le crin de cheval de l'archet ; chez les Mongols, une tête de cheval était sculptée dans la crosse de la vièle. Selon les légendes mongoles, la vièle aurait une origine magique ; quant au chamanisme, il considère la vièle comme le « coursier » du chaman, maître des esprits, dans ses voyages de notre monde vers des sphères inférieures ou supérieures. Les Mongols partagent cette tradition de la vièle avec les Kazakhs et les Kirghizes, alors que le chaman sibérien s'identifie au tambour sur cadre décrit ci-dessous.

Les Kazakhs et les Mongols jouent d'une petite cithare, sans doute d'origine chinoise. Les aérophones de la région se composent essentiellement de flûtes verticales, aux extrémités ouvertes. A l'exception de la guimbarde populaire, les idiophones sont assez rares. Quant aux membranophones, ils sont à peu près inexistants avant l'apparition des musiques militaires du XIXe siècle.

Pendant que le Turkestan, sous l'influence de l'Islam, avait tendance à réduire l'importance de la musique et du divertissement, les peuples nomades d'Asie centrale encourageaient la musique, comme en attestent certains concours de chant ou concours instrumentaux qui permettaient aux bardes rivaux (représentant souvent un clan ou un groupe tribal particulier) de se mesurer. Chez les Kirghizes, les grands interprètes pouvaient acquérir une certaine importance et même un certain pouvoir, surtout dans un domaine aussi noble que la récitation épique : ainsi, en 1289, à l'apogée de la puissance mongole, Argun Khan envoie un musicien comme ambassadeur à Philippe le Bel. La récitation épique était largement diffusée, souvent accompagnée au luth ou à la vièle, le poème épique étant porteur de l'histoire du groupe avant qu'il sache lire et écrire. Le *Manas* kirghiz est l'un des plus significatifs ; il s'agit d'un immense cycle qui porte le nom de son héros principal. Un barde récitait 300 000 vers de ce poème à ses élèves au cours d'une année. Pour réaliser de telles prouesses, l'interprète avait recours à des motifs mélodiques stéréotypés, dont il était souvent lui-même l'inventeur. Selon les biographies des chanteurs, Manas les a appelés en rêve à cette profession, malgré leurs objections. Il existe aussi des récits comparables de chamans qui ont reçu leur appel dans des visites d'esprit venus les persécuter.

La musique mongole est assez isolée, en raison de ses relations plus étroites avec la Chine, qui se retrouvent dans la forme de certaines flûtes et de certaines vièles, et dans la structure mélodique. L'influence tibétaine apparaît clairement dans la musique religieuse ancienne, adaptée de sources bouddhistes tibétaines (aujourd'hui presque entièrement disparue en république de Mongolie et chez les Mongols soviétiques).

5. *Sibérie.* La Sibérie est une vaste étendue où vivent différentes populations parlant des langues toungouses ou paléosibériennes. Celles du Sud (Touvas, peuples de l'Altaï, Yakoutes) constituent un cas assez différent : elles sont plus nombreuses et parlent des langues turques. Leur musique correspond, dans une certaine mesure, à celle des peuples nomades d'Asie centrale. A l'extrême nord et à l'est, la population décroît en fonction des conditions climatiques : les groupes ethniques sont très peu peuplés, certains n'atteignant que quelques centaines d'âmes, et parlent des langues qui n'ont souvent aucun point commun entre elles. Dans les régions les plus orientales vivent des

Esquimaux apparentés à ceux des îles Aléoutiennes et d'Alaska. L'extrême ouest du pays semble relié à la Laponie, alors que certains peuples de la région de la Volga et de l'Oural, comme les Mariis, ont des liens musicaux avec leurs voisins linguistiques, les Hongrois.

Les rites du chamanisme constituent l'un des points communs traditionnels des cultures musicales sibériennes. Lorsque le chaman joue son rôle de médiateur entre le monde humain visible et les mondes supérieur et inférieur des esprits, il utilise un gros tambour peint, richement sculpté et muni de grelots. Le moindre ornement est essentiel au but magique du vol du chaman. En conséquence, chaque stade de la création du tambour, depuis le choix de l'arbre destiné au cadre, se déroule méticuleusement ; l'importance symbolique et affective d'un instrument de musique arrive ici à son paroxysme.

L'une des techniques vocales les plus extraordinaires du monde a survécu dans une petite région mongole d'Asie intérieure, chez les Touvas de Sibérie méridionale, chez les Bachkirs d'Oural (où elle était plus vivante autrefois) et, sous une forme un peu différente, chez les Tibétains. Cette technique permet à un chanteur d'exécuter seul un chant polyphonique à deux voix. Elle repose apparemment sur l'émission de sons graves fondamentaux exceptionnellement puissants, au-dessus desquels émergent simultanément les harmoniques supérieurs. Les Touvas se prévalent de quatre différentes sortes de « musique de gorge », qui se distinguent par le mouvement mélodique des combinaisons fondamentale/harmoniques.

6. *Musique contemporaine.* Comme en d'autres parties de l'Asie, la musique a évolué considérablement au siècle dernier pour deux raisons essentielles : l'impact des instruments, des styles et des genres occidentaux ; et le développement progressif des mass media – enregistrements, radio, télévision, cassettes (ces dernières uniquement en Afghanistan) – comme principal moyen d'apprentissage et de dissémination des répertoires musicaux. Presque partout, l'impulsion de la centralisation soviétique d'inspiration russe a amené des changements. A partir des années vingt, savants et compositeurs russes ont été mobilisés pour enregistrer les styles traditionnels et les transformer en matière première destinée à la composition d'œuvres symphoniques, de musique de chambre, de ballets (très appréciés) et d'opéras. De nouvelles formes d'instruments de musique ont vu le jour, adaptés au tempérament égal et aux gammes majeures et mineures, destinés à créer des ensembles d'instruments populaires basés sur le modèle de l'orchestre de balalaïka russe (qui vit le jour vers 1880). La polyphonie vocale, jusqu'alors ignorée dans ces régions, s'est rapidement développée grâce à des œuvres nouvelles modelées sur la musique instrumentale indigène à plusieurs parties. Afin d'élever le niveau de l'enseignement musical, de nouveaux conservatoires ont vu le jour à Tachkent (Ouzbékistan) et à Alma-Ata (Kazakhstan), ainsi qu'un vaste réseau d'écoles de musique de moindre importance.

Toutes les républiques et collectivités plus réduites, ainsi que la république de Mongolie, ont été affectées par ces tendances, jusque dans les régions les plus éloignées de la Sibérie. A terme, les interprètes, les compositeurs et les musicologues locaux ont fini par remplacer les Russes ou par collaborer avec eux pour réaliser cette évolution musicale. De nos jours, on encourage volontiers les anciennes traditions musicales ethniques, ce qui permet la création de nouveaux instruments, de nouvelles formes et de nouveaux styles de musique. En Asie centrale, le département musical de l'Institut pour l'étude des arts, dirigé par le Dr. F. Karomatov, éminent musicologue ouzbek, occupe à plein temps plus d'une douzaine de chercheurs qui étudient la musique des peuples d'Ouzbékistan.

On connaît assez mal l'évolution musicale actuelle à Hsin-Kiang, mais le rétablissement d'échanges culturels importants entre la Chine et l'Occident (1979) donnera sans doute bientôt davantage d'informations. En Afghanistan, en dehors de l'impact que représente la radio d'État, qui émet dans la capitale (Kaboul), il s'est produit peu de changements jusque dans les années soixante-dix, qui ont vu l'arrivée massive de la musique populaire occidentale et des enregistreurs de cassettes à bon marché. Les cassettes semblent ouvrir la voie à un nouvel épanouissement des styles ethniques locaux de musique populaire ; l'enregistrement de ces cassettes est réalisé sous le contrôle des véritables détenteurs de ces musiques, par opposition à la voix de la radio.

Mark Slobin.

BIBLIOGRAPHIE : Nelly Caron et Darionche Safvate, *Iran*, Buchet-Chastel (Paris, 1966). Mireille Helffer, *La Musique, science de l'homme (Inde, pays himalayens et Tibet, péninsule indochinoise, Indonésie et Océanie, Australie et îles océaniennes)*, Larousse (Paris, 1965). Salah El Mahdi, *La Musique arabe*, Leduc (Paris, 1972). Yvan Vandor, *Musique du bouddhisme tibétain*, Buchet-Chastel (Paris, 1976).

Asie du Sud-Est

1. Introduction
2. Formes vocales et instrumentales
3. Musique et théâtre

1. *Introduction.* La région culturelle de l'Asie du Sud-Est comprend les républiques insulaires d'*Indonésie et des Philippines, Bornéo (divisée politiquement entre la Malaisie, l'Indonésie et l'État indépendant de Brunei) et, sur le continent, la Birmanie, la Thaïlande, le Kampuchéa (ancien pays khmer, puis Cambodge), le Laos, le Viêt-nam et la Malaisie. La région est vaste et diversifiée ; elle s'étend sur à peu près 6 000 km des collines du nord de la Birmanie à la frontière orientale d'Irian Jaya (Indonésie) sur l'île de Nouvelle-Guinée. Les pays continentaux, particulièrement le Viêt-nam, ont été beaucoup influencés par la culture chinoise ; la principale religion est le bouddhisme. L'Indonésie a connu à la fois l'influence de l'hindouisme et de l'islam, les Philippines celle de l'islam et du christianisme. Les hautes civilisations du continent sont isolées les unes des autres par la jungle et les montagnes, facteurs qui ont favorisé un développement culturel indépendant dans chaque région. Néanmoins, les peuples d'Asie du Sud-Est semblent étonnamment unifiés si l'on se réfère à un certain nombre de caractéristiques musicales qui leur sont communes :

– gammes défectives (aux intervalles supérieurs à un ton entier) ;

– procédés de composition (comme le *thâw* thaï et l'*irama* javanais) permettant d'étendre, de contracter ou de modifier des mélodies récurrentes ;

– organisation mélodique (plutôt qu'harmonique) des formes musicales ;

– orchestration stratifiée (que Jaap Kunst a appelé « structure colotomique ») qui donne à chaque partie instrumentale (ou vocale) d'une composition polyphonique une densité caractéristique et idiomatique (certains étant actifs comme les xylophones, d'autres plus lents, jouant un rôle de ponctuation comme les grands gongs) ;

– prédominance des instruments à percussion mélodiques, surtout les xylophones, les métallophones, les carillons de tambours accordés (comme le *hsaìngwaing* birman) ou les gongs en bronze accordés et les carillons de gongs, souvent joués en orchestre comme le célèbre gamelan indonésien, le *kulintang* philippin et le *piphat* thaï.

2. *Formes instrumentales et vocales.* Les musicologues se réfèrent parfois aux pays de l'Asie du Sud-Est comme à des « cultures de carillons de gongs », en raison de la variété de gongs et d'ensembles de carillons de gongs qui sont joués dans toute cette région. Chaque orchestre se compose de gongs, d'un ou de plusieurs tambours, de xylophones et parfois de métallophones (xylophones dotés de lames métalliques), de flûtes et occasionnellement de cordophones (instruments à cordes). La combinaison des instruments et la taille de l'ensemble varient d'un pays à l'autre : le plus grand gamelan javanais peut compter jusqu'à 75 instruments, alors que de simples groupes villageois n'en réunissent que quelques-uns. Les gongs sont en bronze, en cuivre ou en fer ; un instrument peut se composer d'un seul gong ou d'un jeu de gongs accordés que l'on appelle carillon de gongs. Les gongs sont suspendus sur un cadre ou placés sur un support. Les jeux de gongs peuvent être disposés à l'horizontale pour former une rangée sur une caisse en bois, ou suspendus dans un cadre. Les caisses et les cadres sont souvent sculptés ou peints, généralement dans des couleurs brillantes. Certains instruments particulièrement prisés pour leur beauté se voient attribuer des noms qui leur sont propres ainsi que des pouvoirs magiques et ils peuvent recevoir des offrandes rituelles. Les gongs ont souvent un mamelon central appelé « bosse » et sont accordés pour correspondre à l'une ou l'autre des gammes locales (souvent avec des intervalles équidistants) – généralement pentatonique (cinq notes) ou heptatonique (sept notes).

En Thaïlande, le principal ensemble de carillons de gongs est le *piphat*. Un grand

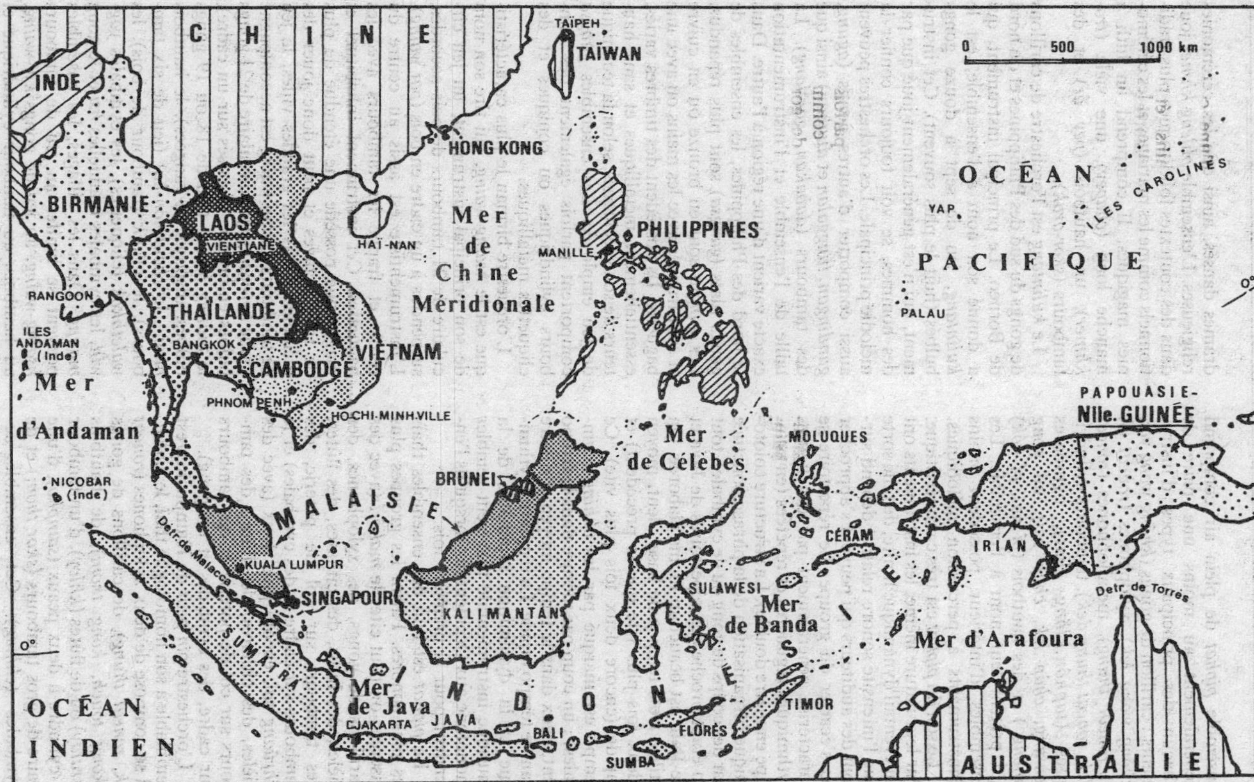

ASIE DU SUD-EST

ensemble *piphat* de plein air comprend généralement au moins une paire de chacun des principaux types d'instruments : carillon de gongs (*không wong yai, không wong lek*), xylophones (*roneat ek* et *roneat thung*), métallophones (*roneat dek, roneat thung dek*), tambours cylindriques (*taphôn,klöng that*), cymbales (*chhing, châp lek, châp yaí*), un gong (*mông*) et des hautbois (*pî nai, pî nôk*) qui prêtent leur nom à l'ensemble. Les ensembles d'intérieur possèdent moins d'instruments à percussion mélodiques.

Le son du *piphat* est très caractéristique. Par leur nature même, les instruments ont un éventail dynamique limité, de telle sorte que l'intensité sonore relative dépend surtout des auditeurs qui peuvent s'approcher ou s'écarter du groupe. Le répertoire se caractérise généralement par des figures rythmiques régulières et répétées (en principe en mètre double). La structure colotomique (organisation de la phrase ponctuée par des coups de gong ou de cymbale), tout en étant proche des répertoires de Java et de Bali, est beaucoup moins élaborée. On utilise trois tempos de base : lent, moyen (deux fois plus vite que le précédent) et rapide (encore deux fois plus vite). Ce tempo est marqué par les *chhing* (cymbales) : un coup par mesure dans le tempo lent, deux dans le tempo moyen et quatre dans le tempo rapide. La régularité rythmique et la dynamique immuable de la musique instrumentale thaï peut sembler monotone aux Occidentaux lorsqu'ils l'entendent pour la première fois.

Le *piphat* est l'un des ensembles thaïs les plus sonores. Parmi les groupes plus discrets, on peut citer le *mahôrî* (avec des carillons de gongs, des xylophones, des vièles, des luths, des cithares, des flûtes, des tambours sur col de poterie, des tambours sur cadre et des cymbales) et le *khrûang saî*, encore plus doux (avec des vièles, des cithares, des flûtes, des tambours sur col de poterie et des tambours sur cadre, des cymbales et un gong).

L'orchestre *pin peat* de Kampuchéa est semblable à son homologue thaï, le *piphat*. Il se compose de deux xylophones (*roneat ek, roneat thung*), de carillons de gongs (*kong touch, kong thom*), de hautbois (*sralay*) ou de flûtes (*khloy*), d'un tambour à cylindre à deux peaux (*sampho*), d'une paire de gros tambours (*skor thom*) et de cymbales (*chhing*). Cet ensemble accompagne le théâtre d'ombres et les drames dansés, ainsi que les cérémonies religieuses. L'ensemble *phleng khmer* joue dans des contextes folkloriques plus traditionnels comme les mariages et les cérémonies magiques. Il comprend un luth à manche long (*chapey*), une vièle (*trokhmer*), un hautbois (*pey âr*) et des tambours (*skor-arak*).

Le *kulintang* est l'orchestre de carillons de gongs du sud des Philippines et du nord de Bornéo. Le principal instrument, qui a donné son nom à l'ensemble, est le *kulintang*, jeu de sept à douze gongs bulbés (huit le plus souvent). Cet instrument, qui n'est généralement joué que par des hommes, se voit toujours confier la mélodie principale. Les orchestres peuvent aussi comporter d'autres gongs (*agung, gandingan, tunggalan* et *duahan*) ainsi que des tambours (*dabakan, gandang*). La taille de l'ensemble et l'instrumentation exacte varient d'une région à l'autre. Dans le nord des Philippines, les ensembles de gongs plats (*gangsa*) sont plus répandus. Les *gangsa* sont en bronze ou en cuivre et sont frappés avec les mains ou avec une baguette. Ils possèdent des timbres variés, essentiellement métalliques et sans hauteurs de son spécifiques, selon la technique de jeu employée. Les ensembles *gangsa* comportent parfois également des tambours cylindriques ou coniques et des cliquettes métalliques.

L'orchestre birman le plus caractéristique est le *hsaing-waing*, qui tire son nom de son principal instrument, un jeu circulaire de 21 tambours de bois accordés, suspendus à un cadre en bois (*pat waing*). L'instrumentiste est assis au centre du cercle et frappe les tambours avec les baguettes. Cet instrument inhabituel et magnifique possède une étendue de plus de trois octaves et peut donc jouer des mélodies. Dans les grandes villes, le jeu de tambours *hsaing-waing* est accompagné par le *kyi-waing* (jeu circulaire de 21 gongs bulbés en bronze, disposés sur un cadre), le *maung hsaing* (jeu de 18 ou 19 gongs bulbés, disposés en rangées), le hautbois *nhai* , le *chauk-lòn-bat* (jeu de six tambours), le *byauk* (tambour de bois), les *walethkok* (cliquettes), les cymbales *yagwin*, les cymbales manuelles *hsi* et le gong *maung*. Dans les villages, les ensembles peuvent se limiter au jeu de tambours *hsaing-waing*, au jeu de gongs *kyi-waing*, au hautbois, au tambour cylindrique et aux cymbales manuelles. Les grands orchestres comme les petits ensembles accompagnent les formes théâtrales traditionnelles birmanes, ainsi que les rites et les fêtes religieuses.

Les ensembles de carillons de gongs sont visiblement absents au Viêt-nam, où la forte influence de la Chine a sans doute fait davantage pencher la balance vers des orchestres de cordophones et d'aérophones. L'orchestre de cour *dai nhac*, par exemple, comprend quatre hautbois *kèn*, la vièle *dàn nhi*, le tambour plat *tam âm la*, le tambour de riz *trông com* à caisse bombée, les cliquettes à sapèques *sinh tiên*, le tambour en sablier *bông*, le tambour de bois en corne de buffle *mo sung trâu*, les cymbales *chap choa* et le gong.

De nombreux instruments du Sud-Est asiatique sont destinés à être joués en soliste plutôt qu'en ensemble. Le *senh* ou *khen-béh* est un orgue à bouche à anche libre, très populaire, d'Asie du Sud-Est ; taillé dans du bambou, il est assez proche du *shêng* chinois et du *shô* japonais. Il se compose d'une chambre à vent en bois sculpté et d'un jeu de tuyaux de bambou groupés (jusqu'à 18), les anches étant en cuivre ou en argent. Les *senh* sont fabriqués dans différentes tailles ; certains d'entre eux, destinés aux enfants, ne possèdent que quelques tuyaux, alors que les plus grands modèles mesurent deux à trois mètres de longueur. L'instrument est d'une grande souplesse de fonctionnement ; il peut produire simultanément et de façon continue des accords, un bourdon et une mélodie (l'instrumentiste pratique la respiration nasale et remplit sans interruption le réservoir d'air de la chambre à vent). Le *senh* peut être joué en solo ou en ensembles.

L'un des plus beaux instruments solistes est la harpe coudée à 14 cordes, *saung gauk* ; la courbe gracieuse de son manche et le raffinement subtil de son répertoire en font l'un des instruments les plus élégants. Certains érudits soutiennent que la harpe *saung gauk* provient des harpes coudées de l'Inde antique, mais le terme sanskrit qui sert à désigner cet instrument (*vînâ*) n'existe pas en Birmanie. Cette question reste donc sans réponse pour le moment, en attendant d'autres recherches. Les étudiants qui apprennent à jouer de la harpe *saung gauk* doivent maîtriser des théories complexes de modes et d'accords, ainsi que des techniques de jeu compliquées. L'instrument se joue avec les doigts : l'index tire la corde vers le haut (*let-kat*), un doigt crochu la tire vers l'extérieur et vers le haut (*kaw*) en s'aidant de pincements conjoints de l'index fourchu et du pouce (*zon-hswè-gyìn*). Le répertoire de base de cet instrument comprend treize *kyò* (« corde »), chants qui datent des XVIIIe et XIXe siècles. Leur écriture respecte le plus ancien des quatre accords de la harpe (*hnyìn-lòn*) et ils sont généralement accompagnés des cymbales *hsi* et des cliquettes *wa*.

Ces *kyò* constituent une part importante de la tradition vocale birmane classique. Le répertoire de base se compose de plusieurs centaines de chants dont les textes sont enregistrés dans deux grandes anthologies, *Maha Gita* et *Gita Wi-Htou Théni*. Les airs ne sont pas écrits mais se transmettent oralement de professeur à élève. La plupart des chants relèvent de l'une des catégories suivantes : anciens chants de cour birmans, chants d'origine thaï, chants pour le culte des esprits ou des complaintes. Les chanteurs birmans professionnels connaissent intégralement ces deux grands recueils.

La musique populaire de Thaïlande et de Birmanie offre un fort contraste avec les répertoires classiques, comme ceux des ensembles de carillons de gongs et de la harpe *saung-gauk*. Judith Becker a relevé que la musique des Pwo Karen du nord de la Thaïlande, par exemple, était intimement liée à la poésie ; *mae-tae*, terme local se référant à la musique, signifie littéralement « en poème » : les mots sont donc les éléments essentiels du chant concerné. La plupart des chants ont une fonction spécifique : chansons à boire, chansons courtoises, chants funèbres ou berceuses. Le seul instrument local des Pwo Karen est une corne de buffle dans laquelle on souffle latéralement. Les cymbales, les tambours et les gongs servent dans les cérémonies bouddhistes, mais ces instruments sont d'origine thaï. Les gongs à mamelon sont joués par les habitants des collines du nord de la Birmanie, souvent pour accompagner les danses ; les gongs jouent généralement des phrases courtes, répétées de nombreuses fois. Les danses des peuples de Kachin et de Shan sont accompagnées par un orgue à bouche à anches libres (*hnyìn*) et par des flûtes de Pan en bambou.

3. *Musique et théâtre.* Dans toute l'Asie du Sud-Est, la musique est intimement liée

aux arts théâtraux – pièces, pièces masquées, spectacles de marionnettes, théâtre d'ombres, drames dansés et opéras. Ils se déroulent souvent en plein air et les représentations durent plusieurs heures (et parfois plusieurs jours), pour se terminer tard dans la nuit. La plupart de ces genres remontent aux rites animistes locaux des temps anciens, destinés à apaiser les esprits de la nature. Les textes dramatiques ultérieurs sont souvent basés sur des sources étrangères, surtout les poèmes épiques hindous, le *Râmâyana* et le *Mahâbhârata* (introduits au cours du premier millénaire de notre ère) et également sur les *Jâtaka*, contes qui retracent les épisodes des vies antérieures de Bouddha. Entre 1200 et 1750, les formes théâtrales chinoises se sont introduites dans le nord du continent et, à peu près à la même époque, l'influence arabe a atteint le sud du continent et les îles.

Les formes théâtrales les plus dramatiques sont accompagnées par le chant et par des ensembles instrumentaux. L'art dramatique le plus connu du Sud-Est asiatique est le *wayang kulit*, théâtre d'ombres et de marionnettes de Java. La majeure partie de l'immense répertoire de pièces *wayang kulit* est basée sur le grand récit épique indien, *Mahâbhârata*. Des marionnettes en cuir, plates et stylisées (montrant le personnage de profil), sont manipulées derrière un écran en coton blanc par une seule personne (*dalang*). Le public peut être assis devant l'écran, pour regarder les effets d'ombres subtils, ou derrière l'écran, pour voir le *dalang* manipuler les marionnettes décorées et richement colorées. Les représentations de *wayang kulit* sont accompagnées par un grand orchestre gamelan et durent plusieurs heures. Parmi les autres formes dramatiques indonésiennes accompagnées par de la musique, on peut citer le *sêndratari* (« art-danse-drame »), le *kêtoprak* (dialogue en prose), le *wayang golek* (théâtre de poupées) de Sunda (ouest de Java), le *barong* (drame et danse qui oppose le bon génie *Barong* au génie du mal) et l'*arja* (drame chanté) de Bali.

En Birmanie, le *zat-kyi* (drame de cour classique dansé, largement basé sur le récit épique indien *Râmâyana*) s'est épanoui aux XVIIIe et XIXe siècles. En cette seconde partie du XXe siècle, il fait encore l'objet de représentations dans les académies de musique de Rangoon et de Mandalay. Les danseurs de *zat-kyi* ne sont pas obligatoirement masqués et les interprètes masqués peuvent ôter leur déguisement pendant les passages dialogués. La pièce est accompagnée par l'ensemble de tambours *hsaing-waing*. Il existe d'autres formes dramatiques birmanes : le *nat-pwè* (danse pour invoquer les esprits) et le *yok-theì-pwè* (théâtre de marionnettes).

Les formes dramatiques laotiennes, populaires et classiques, sont au répertoire du Ballet royal du Laos (la seule troupe royale qui ait survécu en Asie du Sud-Est) ainsi que des troupes professionnelles itinérantes. Le *mawlum lüang* est une forme commerciale assez populaire qui s'est développée au début du XXe siècle. Elle est dérivée du genre *mawlum* traditionnel qui mélange des contes extraits du *Râmâyana*, des histoires folkloriques laotiennes et des nouvelles locales. Le *mawlum* est exécuté par un chanteur (*maw lum*) et un joueur de *khen* (*maw khen*).

Le drame dansé classique de Thaïlande date du XVe siècle. Les deux principales formes, *lakhon nai* (pour les femmes) et le *khon* (mime masqué pour les hommes), sont accompagnées par l'orchestre *piphat* auquel s'ajoute souvent un *không wong* (carillon de gongs) supplémentaire, des gongs, des cymbales et des cliquettes. Le drame populaire ancien du sud de la Thaïlande, le *lakhon jatri*, était traditionnellement dansé par les shamans ; il faisait partie d'un rite animiste. La pièce la plus importante de ce répertoire est *Manora*, d'après les contes de *Jâtaka*. Elle dure douze nuits (ou davantage) et est accompagnée par le hautbois *pî*, le double gong *không khu*, deux tambours à une peau *thab*, un tambour de bois *klông* et des petites cymbales *chhing*. Les autres genres dramatiques de l'Asie du Sud-Est comprennent la *wayang siam* (théâtre d'ombres) et le *ma'yong* de Malaisie ainsi que le *hat bôi* (opéra classique) vietnamien.

Au XIXe siècle, des genres commerciaux assez populaires, influencés par l'Occident et destinés au public des villes, commencent à prendre racine dans de nombreuses régions et, depuis quelques années, la musique « pop » s'est même introduite dans les territoires les plus éloignés grâce aux films, aux cassettes, à la radio et à la télévision. Néanmoins, le théâtre et la musique du Sud-Est asiatique du XXe siècle ont conservé un parfum local, particulièrement dans les campagnes où les troupes villageoises jouent encore les rituels animistes, véritable origine de leur art.

Helen Myers.

BIBLIOGRAPHIE : Mireille Helffer, *La Musique, science de l'homme (Inde, pays himalayens et Tibet, péninsule indochinoise, Indonésie et Océanie, Australie et îles océaniennes)*, Larousse (Paris, 1965). Tran Van Khê, *La Musique vietnamienne traditionnelle*, PUF (Paris, 1962) /*La Musique, science de l'homme : l'Extrême-Orient*, Larousse (Paris, 1965) / *La Musique vietnamienne, les traditions musicales*, Buchet-Chastel (Paris, 1966). *Tran Van Khê et le Viet Nam*, La Revue Musicale nº 402-404, Richard Masse (Paris, 1987).

Asola, Giovanni Matteo (Vérone, avant ou vers 1532 ; Venise, 1er octobre 1609). Compositeur italien. Il vit à Vérone jusqu'à sa nomination à la cathédrale de Trévise (1577) puis à la cathédrale de Vicenza l'année suivante. En 1582, il devient chapelain d'une petite église de Venise où il reste pratiquement jusqu'à la fin de ses jours. La majeure partie de sa musique d'église est écrite pour double chœur. On y trouve la plupart des caractéristiques de l'école vénitienne de Giovanni Gabrieli et de ses contemporains. Il subit néanmoins l'influence de Palestrina qu'il admirait énormément : en 1592, il publie un livre de psaumes vespéraux dédié à Palestrina. Il a également composé un livre de madrigaux à deux voix, curieusement conçu en canon rigoureux d'un bout à l'autre de l'œuvre.

Denis Arnold.

Aspro, aspra (ital.). « Discordant », « criard », « rauque » ; *aspramente*, « de façon criarde » ; *asprezza*, « aspérité ».

Asraël. Symphonie en ut mineur op.27 de Suk, composée en 1905-06. Asraël est l'ange de la mort. Suk a d'abord conçu son œuvre comme un hommage à Dvořák, son beau-père, auquel il a associé par la suite le souvenir de sa femme, morte dix-huit mois plus tard. Cette symphonie comporte une citation du *Requiem* de Dvořák.

Assai (ital.). « Très », « extrêmement ». Bien que ce terme ne corresponde pas au mot « assez », Beethoven semble l'avoir utilisé dans ce sens (*allegro assai*, « assez vite »).

Assieme (ital.). « Ensemble », « en même temps ».

Associated Board of the Royal Schools of Music. Groupe d'examinateurs fondé en 1889 chargé d'organiser et de juger les examens dans les écoles de musique locales. En 1947, la *Royal Academy of Music et le *Royal College of Music se sont associés à la *Royal Scottish Academy of Music and Drama et au *Royal Manchester College of Music ; en 1973 est né le Royal Northern College of Music, quatrième membre de cette association, issu de la fusion du RMCM et de la Northern School of Music. Ce groupe procède à des examens notés dans le domaine de l'exécution (voix, piano, cordes et vents) et de la théorie musicale.

Aston, Hugh (vers 1485 ; ? nov. 1558). Compositeur anglais. En 1510, il obtient son diplôme de Bachelor of music à Oxford et devient chef des chœurs de St Mary Newark Hospital College, à Leicester (entre 1525 et la dissolution de ces chœurs, en 1548). Il compose une intéressante musique religieuse pour la liturgie catholique, mais est surtout connu grâce à un *Hornepype* pour clavecin dans lequel il s'impose par une extraordinaire maîtrise technique du clavier et un maniement habile de l'*ostinato* simple.

Denis Arnold.

Atempause (all.). « Suspension de respiration ». Pause d'une durée infime sur un temps faible, destinée à accroître l'effet du temps fort qui suit. On la rencontre surtout dans l'exécution des valses viennoises, mais elle connaît bien d'autres applications. Elle est souvent indiquée par une apostrophe.

A tempo (ital.). Indication de retour au tempo précédent, après un passage plus rapide ou plus lent.

Athalia. Oratorio de Haendel sur un texte de S. Humphreys d'après Racine. Créé à Oxford en 1733.

Athalie. Musique de scène op.74 de Mendelssohn pour la pièce de Racine. Créée en 1845. De cette partition, on ne joue plus guère que l'ouverture et la *Marche de prêtres*.

Atmosphères. Œuvre pour orchestre de Ligeti (1961).

Atonalité. Antonyme de *tonalité. La musique atonale n'obéit à aucun système de tonalité ni de mode. Certains musicologues réservent ce terme à la musique non sérielle comme le *Pierrot lunaire* de Schoenberg, *Wozzeck* de Berg ou certaines œuvres de Webern, Varèse, Ives, etc. Voir également *Sérialisme*, *Musique dodécaphonique*.

Attacca (ital., d'*attaccare*, « attaquer », « commencer »). Terme que l'on rencontre généralement dans l'expression *attacca subito*, « attaquez immédiatement », indiquant à l'interprète d'enchaîner le mouvement suivant sans interruption. Voir également *Segue*.

Attacco (ital). « Attaque ». Court sujet fugué de trois ou quatre notes servant de base à une imitation.

Attaque. Façon précise et décidée d'aborder une note ou une phrase dans le domaine instrumental ou vocal. Une bonne attaque est indispensable à l'assise rythmique. Dans les orchestres, les chefs de pupitres portent encore parfois le nom de chefs d'attaque (notamment pour les seconds violons).

Attaingnant, Pierre (probablement Douai, vers 1494 ; Paris, 1551-52). Imprimeur et éditeur de musique français qui exerça également une activité de libraire. Il est connu pour ses innovations qui lui permirent d'atteindre un excellent degré d'édition en une seule impression (notamment en imprimant en une seule fois les notes et les portées). Libraire à Paris sous le règne de François 1er (1515-47), il expérimente de nouveaux genres musicaux pendant plusieurs années avant d'en livrer le résultat dans ses *Chansons nouvelles* (1527-28). Sa notation claire, belle, en losange, aux segments de portée attachés, ne réclame qu'une seule impression, réduisant ainsi de moitié le temps de composition et d'impression. Elle ouvre le voie aux éditions économiques modernes. En 1557, il devient l'imprimeur officiel de la musique du roi et conservera cette fonction jusqu'à sa mort. Attaingnant est le premier éditeur de musique qui soit parvenu à faire connaître ses ouvrages à l'échelle européenne. La chanson française du XVIe siècle lui doit sa large diffusion, et il a prouvé l'influence que pouvait exercer la presse sur la culture humaniste.

Voir également *Édition musicale*, 4.

J. M. Thomson.

Atterbury, Luffmann (mort à Londres le 11 juin 1796). Chanteur et compositeur anglais. D'abord charpentier, puis musicien, il entre au service de George III. Il est surtout connu pour ses nombreux *catches* et *glees*, notamment le *catch* « Hot Cross Buns » et a reçu plusieurs prix du Catch Club. Trois volumes de ses mélodies ont été publiés, deux de son vivant et un vers 1797. Plusieurs d'entre elles figuraient dans les recueils populaires de l'époque.

Wendy Thompson.

Attey, John (mort à Ross, Herefordshire, 1640). Compositeur et luthiste anglais. Il se qualifie lui-même de « Gentleman et Praticien en Musicke » sur la page de titre d'un livre d'*ayres* publié en 1622, qui comporte une très jolie version de « Sweet was the Song the Virgin sung » (« Doux était le chant que chantait la Vierge »). Cette édition marque la fin des chansons accompagnées au luth en Angleterre.

Denis Arnold.

At the Boar's Head. Opéra en un acte de Holst ; le livret du compositeur reprend le sujet de Falstaff, en s'inspirant des deux premières parties d'*Henri IV* de Shakespeare. La musique est construite sur des thèmes populaires et l'ouvrage a été créé à Manchester en 1925.

Attila. Opéra en trois actes et un prologue de Verdi, sur un livret de Temistocle Solera et Francesco Maria Piave, d'après la pièce de Z. Werner (1808). Créé à Venise en 1846.

Attwood, Thomas (baptisé à Londres le 23 novembre 1765 ; Londres, 24 mars 1838). Organiste et compositeur anglais. Après des études à la chapelle royale, il devient page du prince de Galles (le futur George IV) qui l'envoie travailler en Italie. Ses études le mènent à Naples puis à Vienne où il est l'un des élèves préférés de Mozart. De retour en Angleterre en 1787, il devient professeur de musique des membres de la famille royale ; en 1796, il est nommé organiste de la cathédrale Saint-Paul et compositeur de la chapelle royale. Attwood a été l'un des premiers professeurs de la Royal Academy of Music, à sa fondation en 1823, et membre fondateur de la Philharmonic Society en 1830. Il était très lié avec Mendelssohn qui lui a dédié plusieurs œuvres.

De nos jours, Attwood est surtout connu pour sa musique sacrée – notamment ses anthems – mais il a également composé de nombreuses mélodies, quelques œuvres pour piano et pour le théâtre.

Wendy Thompson.

Aubade (all. : *Morgenlied*). Musique de l'aube. L'*alba* figurait au répertoire des troubadours et, dans toutes les cours des XVIIe et XVIIIe siècles, on avait l'habitude de jouer des aubades en l'honneur de la royauté. L'*alborada* est l'équivalent espagnol de l'aubade. Les compositeurs ont employé indifféremment les deux termes : *Aubade* pour cinq instruments à vent et cordes de Lalo, *Aubade* pour piano et dix-huit instruments de Poulenc, *Alborada del gracioso* de Ravel ; le premier mouvement du *Capriccio espagnol* de Rimski-Korsakov porte également le nom d'*Alborada*.

Auber, Daniel François Esprit (Caen, 29 janvier 1782 ; Paris, 12 ou 13 mai 1871). Compositeur français. Son père, membre de la cour de Louis XVI, l'envoie en Angleterre pendant la Révolution. A son retour en France, en 1803, il retrouve sa famille ruinée. Il compose quelques concertos pour violoncelle à l'intention d'un de ses amis, le violoncelliste Jacques Michel de Lamare, puis un opéra qui attire l'attention de Cherubini. Il trouve en lui son premier véritable professeur de composition et remporte son premier succès, en 1820, avec un opéra-comique, *La Bergère châtelaine*. Jusqu'en 1869, il écrira d'innombrables ouvrages lyriques. Doué d'une étonnante facilité mélodique, qui conquiert le public français, il sait aussi utiliser des motifs décoratifs, dans le style de Rossini, qui permettent aux chanteurs de se mettre en valeur. Bon orchestrateur, il s'attache assez tôt un excellent librettiste, en la personne de Scribe, association qui sera la garantie d'un succès durable. Auber a surtout écrit pour l'Opéra-Comique, mais l'un de ses rares opéras, *La Muette de Portici* (1828, parfois nommée *Masaniello*), provoqua une émeute à Bruxelles et fit éclater la révolution qui libéra la Belgique du joug hollandais. Couvert d'honneurs, Auber fut nommé directeur du Conservatoire de Paris en 1842 et maître de chapelle de Napoléon III en 1852.

Denis Arnold.

BIBLIOGRAPHIE : B. Jouvin, *D. F. E. Auber, sa vie et ses œuvres* (Paris, 1864). Charles Malherbe, *Auber*, Laurens (Paris, 1911). Richard Wagner, *Souvenirs sur Auber* in *Œuvres en prose*, tome X.

Auberge du cheval blanc, L' *(Im weissen Rössl)*. Opérette en trois actes de Ralph Benatzky et Robert Stolz d'après la pièce de Blumenthal et Kadelburg. Créée à Berlin le 8 novembre 1930, elle s'est imposée d'emblée comme l'un des plus grands succès de l'opérette au XXe siècle, faisant notamment, à Paris, les beaux jours du Théâtre Mogador et du Châtelet. Première représentation française à Paris (Théâtre Mogador, 1932 ; adaptation de Muller et Lucien Besnard, couplets de René Dorin). Première représentation américaine au New York Center Theatre (1936).

Aubert, Jacques (« le vieux », « le père ») (Paris, 30 septembre 1689 ; Belleville, 17 ou 18 mai 1753). Violoniste et compositeur français. En 1719, il entre au service du prince de Condé où il est chargé d'écrire la musique des divertissements de la princesse à Chantilly. En 1727, il entre dans la compagnie des Vingt-Quatre Violons du roi et, l'année suivante, devient premier violon dans l'orchestre de l'Opéra. En 1729, il fait sa première apparition au Concert spirituel. La majeure partie de son œuvre lui sera destinée.

Les six concertos pour violon dans le style italien d'Aubert (1734) sont les premières œuvres de ce genre imprimées en France. Il a également composé cinq recueils de sonates pour violon, des duos pour deux violons ou flûtes et des suites pour orchestre. Sa musique est gracieuse ; elle coule facilement et montre une technique accomplie.

Wendy Thompson.

Aubert, Louis (Paramé, Ile-et-Vilaine, 12 février 1877 ; Paris, 10 janvier 1968). Compositeur français, élève de Lavignac et de Fauré dont il créa, enfant, la partie de soprano du *Requiem* (*Pie Jesu*). Son œuvre, qui touche à tous les genres et se situe dans la mouvance de Debussy et de Fauré, reste dominée par l'opéra féerique *La Forêt bleue* (1913), la *Habanera* pour orchestre (1918), des mélodies et des pièces pour piano. Comme critique, il a collaboré à *Chantecler*, *Paris-Soir* et à la revue *Opéra*.

Alain Pâris.

BIBLIOGRAPHIE : Marcel Landowski et Guy Morançon, *Louis Aubert, musicien français*, Durand (Paris, 1967). Louis Vuillemin, *Louis Aubert, son œuvre*, Durand (Paris, 1921).

Aubin, Tony (Paris, 8 décembre 1907 ; Paris, 22 septembre 1981). Compositeur et chef d'orchestre français, élève de Paul Dukas au Conservatoire de Paris, premier grand prix de Rome en 1930. Nommé professeur de composition au Conservatoire de Paris en 1946, il a joué un rôle de pédagogue important. D'une œuvre abondante, marquée par un sens profond de la construction, il faut retenir les deux symphonies et l'opéra *Goya* (1970).

Alain Pâris.

Au clair de la lune. Chanson populaire française généralement attribuée à Lully qui a donné lieu à de nombreuses séries de variations (Clementi, Hérold, Boïeldieu) ou à des citations (*Carnaval des animaux* de Saint-Saëns, *Les Voitures versées* de Boïeldieu, *Pierrot* de Debussy...).

Audio Engineering Society (AES). Organisme créé aux États-Unis en 1948, chargé du contrôle de l'évolution des techniques de retransmission et de reproduction sonores. L'AES réunit des savants et des personnalités internationales faisant autorité dans ce domaine. Leurs recherches sont publiées dans un mensuel, l'*AES Journal*. L'AES tient trois conventions par an, dans différentes villes du monde, et entretient des sections locales dans toute l'Europe.

Donald Aldous.

Audition. 1. Faculté d'entendre. Voir *Oreille et audition*. 2. Examen auquel se soumettent les chanteurs et les instrumentistes pour faire connaître leur compétence, soit dans un but d'admission (dans une école ou dans un ensemble professionnel, orchestre ou chœur), soit dans la perspective d'un engagement individuel, soit pour contrôler le niveau de leur compétence professionnelle (contrôles de fonctions dans les orchestres ou dans les chœurs). Les orchestres et les chœurs recrutent leurs membres après audition devant un jury où siègent souvent plusieurs musiciens ou choristes et des représentants de la direction.

Audran, Edmond (Lyon, 12 avril 1842 ; Tierceville, Calvados, 17 août 1901). Compositeur français élève de l'École Niedermeyer. Il fait ses débuts comme maître de chapelle à Marseille, puis vient à Paris, en 1877, où il triomphera dans le domaine de l'opéra-bouffe et de l'opéra-comique (une quarantaine d'ouvrages) : *Le Grand Mogol* (1877), *La Mascotte*, son œuvre la plus célèbre (1880), *Miss Helyett* (1890)...

Alain Pâris.

Auf (all.). « Sur ». *Auf der G*, « sur la corde de sol » (quatrième corde).

Auferstanden aus Ruinen. Hymne national de la République démocratique allemande, adopté en 1949, musique de Hanns Eisler, paroles de Johannes R. Becher (1891-1958). Voir également *Einigkeit und Recht und Freiheit*.

Aufforderung zum Tanz. Voir *Invitation à la valse*.

Aufführen (all.). « Représenter », « exécuter », « produire » ; *Aufführung*, « exécution », « représentation », « production » ; également employé dans le sens de « développement » ; *Aufführungsrecht*, « droits de représentation ou d'exécution (souvent suivi du mot *vorbehalten*, « réservés ») ; *Aufführungspraxis*, « pratique de l'exécution ».

Aufhalten (all.). « Suspendre » ou « retarder ».

Aufheben [*absetzen*] (all.). « Détaché ». Terme du XVIIIe siècle désignant, dans l'écriture pour cordes, un coup d'archet rebondissant au-dessus des cordes, sorte de *staccato* produit avec les doigts et le poignet.

Auflage (all.). « Tirage », « édition ».

Auflösen (all.). « Relâcher », « détendre » ; à la harpe, abaisser une corde précédemment tendue pour en élever le son. *Auflösung*, 1. résolution d'un accord ; 2. annulation d'un accident. *Auflösungszeichen*, « bécarre » (♮).

Aufschlag, Auftakt (all.). « Levée ».

Aufschnitt (all.). 1. « Coupure » pratiquée dans une partition. 2. « Bouche » d'un tuyau d'orgue.

Aufschwung (all.). « Essor », « envol » ; *mit Aufschwung*, « avec passion ».

Aufstieg und Fall der Stadt Mahagonny. *Grandeur et décadence de la ville de Mahagonny.*

Aufstrich (all.). « Poussé » (coup d'archet de bas en haut pour les instruments à cordes). Le coup d'archet inverse, tiré, porte le nom allemand de *Niederstrich.*

Auftritt (all.). « Entrée » sur scène (à l'opéra).

Aufzug (all.). « Levée » de rideau, d'où « acte » d'un opéra, etc.

Augener. Maison d'édition musicale anglaise. Fondée en 1853, elle se consacre à l'importation de musique puis devient Augener & Co. en 1855 et Augener Ltd en 1904, avant de faire partie de Galliard Ltd qui sera ensuite absorbé par *Stainer & Bell, actuel propriétaire du fonds Augener. Les éditions Augener ont utilisé la lithographie en matière musicale, peu de temps après son introduction en Angleterre. A partir de 1867, elles ont publié des éditions économiques des œuvres classiques ainsi que des partitions contemporaines. Elles se sont surtout fait connaître dans le domaine de l'enseignement musical avec de nombreuses œuvres pour piano destinées aux examens et concours. Leur journal, *Monthly Musical Record* (1871-1960), dirigé successivement par J. S. Shedlock, Richard Capell, J. A. Westrup et Gerald Abraham, a occupé une place importante dans la vie musicale londonienne.

J. M. Thomson.

Augensläser (all.). « Lorgnon », référence à un duo de Beethoven, pour alto et violoncelle, *mit zwei obligaten Augengläsen*, avec deux lorgnons obligés. Il semble que ce duo ait été destiné à deux instrumentistes qui portaient des lunettes, peut-être Beethoven lui-même et le violoncelliste Zmeskall von Domanovecz.

Augenlicht, Das (« La Vue »). Œuvre pour chœur mixte et orchestre op.26 de Webern, composée en 1935 sur un texte de Hildegard Jone.

Augenmusik (all.). Voir *Musique oculaire.*

Augmentation. Procédé d'écriture dans lequel la durée des notes d'une mélodie augmente proportionnellement. Ainsi, une mélodie en noires et en croches subit une augmentation si elle passe en blanches et en noires (chaque valeur est doublée). Cette technique est souvent utilisée dans les compositions fuguées.

Auld Lang Syne. Chanson populaire remaniée par Robert Burns, publiée dans sa version actuelle en 1794. La mélodie de cette chanson est souvent attribuée à Shield dont l'ouverture de son opéra *Rosina* (1783) comporte un thème très voisin, traité comme une imitation de la musique pour cornemuse. Mais cette origine anglaise est contestée par des musicologues écossais, selon lesquels les éditions écossaises de l'époque comportent déjà des airs similaires. Pour eux, *Sir Alexr. Don's Strathspey*, publié un an après la création de l'opéra de Shield, pourrait être l'original. Shield aurait pu l'entendre à Durham, près de la frontière écossaise, où il a été élevé. Comme de nombreux airs écossais, *Auld Lang Syne* repose sur la gamme pentatonique. Il est devenu le rituel chant du départ des deux côtés de la frontière.

Auletta, Pietro (S. Angelo, Avellino, vers 1698 ; Naples, septembre 1771). Compositeur italien. Après avoir effectué ses études musicales au Conservatoire de S. Onofrio à Naples, il est nommé maître de chapelle à S. Maria La Nova mais continue à écrire des opéras pour la plupart des théâtres napolitains. En 1752, un *pasticcio* tiré de son opéra-comique *Orazio* (1737) est représenté à Paris sous le titre *Il Maestro di musica*. Cet ouvrage est l'un de ceux qui ont été à l'origine de la querelle des *bouffons. Auletta composera des opéras à Naples avec succès jusqu'en 1740, puis cessera subitement d'écrire. Son fils, **Domenico Auletta** (1) (Naples, 1723 ; Naples, 1753) était organiste et compositeur. Il a surtout écrit de la musique sacrée. Lui-même a eu trois fils musiciens dont l'un, **Domenico Auletta** (2) (mort à Naples le 16 novembre 1796) a travaillé avec Cherubini à la chapelle royale de Naples.

Aulos (pluriel, *auloï* ; lat. : *tibia* ; traduit généralement par flûte en langage moderne). 1. Tuyau à anche qui constituait le principal instrument à vent de la Grèce antique et de Rome. Il se compose de deux tuyaux cylindriques non parallèles, en bois ou en métal, munis chacun d'une anche ; l'instrumentiste tenait les deux anches dans la bouche et un tuyau dans chaque main. Il semble que ces anches étaient généralement des anches doubles (voir *Anche*, 3). Il existait de nombreuses variétés d'aulos, la plus répandue comportant deux tuyaux de même longueur. L'aulos phrygien, adopté avec le culte de Cybèle, avait des tuyaux de longueur différente et le plus long était muni d'une corne ronflante. On ne sait malheureusement pas comment les deux tuyaux fonctionnaient ensemble, bien que l'aulos ait été pratiqué en permanence pendant un millénaire – au théâtre (où il dirigeait le chœur), lors de sacrifices privés ou publics, dans des processions, des banquets ou pour encourager la communauté des travailleurs (voir également *Grèce antique*, 7b). L'héritier le plus direct de cette espèce est le *launeddas* sarde (le mot est un dérivé d'aulos). Il comporte des anches simples et un troisième tuyau fixé au plus long des deux premiers (un bourdon d'environ 75 cm de long). Les deux mains sont indépendantes, ce qui permet de jouer à la tierce ou à la sixte. Sa sonorité ressemble à celle d'un gloussement. On a retrouvé des restes d'auloï incomplets. Ceux de la période romaine sont munis de viroles pivotant en bronze qui permettent de changer de gamme en fermant certains trous et en en ouvrant d'autres.

En Asie, l'aulos divergent (par opposition aux instruments à deux tuyaux parallèles) était également le principal instrument à vent des Sumériens. Comme en Grèce, il servait à susciter des états d'âme : l'Ancien Testament lui confie la joie du cœur (Isaïe, 30 : 29) ou la lamentation (Jérémie, 48 : 36), le Nouveau Testament (saint Matthieu, 9 : 23) fait état de « ménestrels », traduction du grec *auletaï*, joueur d'aulos. Au début du Moyen Age, l'aulos a été évincé par les instruments de la famille du *chalumeau.

2. Le mot *aulos* avait également le sens général de tuyau, désignant ainsi toutes sortes d'instruments pastoraux (flûtes diverses). Le mot existe encore en Grèce (il se prononce « avlos »). La flûte que l'on rencontre parfois dans l'art classique est la flûte traversière, que désignait probablement le mot *plagiaulos*, à moins qu'il ne s'applique à un type d'aulos particulier, comportant une saillie latérale coulée dans le bronze et munie d'un trou étroit à l'endroit de l'orifice latéral de la flûte (certains avancent que l'instrumentiste introduisait une anche dans ce trou).

Anthony Baines.

Auric, Georges (Lodève, Hérault, 15 février 1899 ; Paris, 23 juillet 1983). Compositeur français. Il fait ses études au Conservatoire de Paris et à la Schola Cantorum, mais c'est surtout son association avec Cocteau et sa participation au *Groupe des Six (avec Arthur Honegger, Darius Milhaud, Francis Poulenc, Louis Durey et Germaine Tailleferre) qui déterminent sa carrière. Ses premières œuvres laissent entrevoir l'esprit insouciant du groupe et il partage avec Poulenc un certain goût de l'absurde. Il reste néanmoins ouvert aux idées nouvelles, même à celles de l'avant-garde française des années cinquante et soixante. Sa vaste production comporte plusieurs ballets (*Les Fâcheux*, 1924 ; *Les Matelots*, 1925 ; *Phèdre*, 1950), des partitions pour le cinéma (notamment pour des films de René Clair – *A nous la liberté*, 1932 – Jean Cocteau – *Le Sang d'un poète*, 1930 ; *La Belle et la Bête*, 1943 ; *Orphée*, 1950 – et John Huston – *Moulin rouge*, 1952, dont la valse lui vaut renommée et fortune), des mélodies et des pièces pour piano. Il a exercé une activité de critique musical et a été administrateur général de la Réunion des théâtres lyriques nationaux (Opéra et Opéra-Comique) entre 1962 et 1968. Président de la *SACEM entre 1954 et 1977, il était membre de l'Institut depuis 1962.

Paul Griffiths, rév. Alain Pâris.

BIBLIOGRAPHIE : Georges Auric, *Quand j'étais là*, Grasset (Paris, 1979). Antoine Goléa, *Georges Auric*, Ventadour (Paris, 1958).

Aurresku. Danse folklorique basque. La *zortziko est une partie de l'aurresku.

Aus den Sieben Tagen (« Venu des sept jours »). Cycle de quinze pièces de Stockhausen destinées à des ensembles à géométrie variable de trois musiciens ou plus (1968). Ces pièces en prose ne comportent aucune notation ; les partitions sont des instructions poétiques destinées à aider les instrumentistes à se mettre dans un état d'esprit leur permettant de diriger l'exécution par leur seule intuition musicale. Les quinze pièces portent les titres suivants : 1. *Richtige Dauern* (« Durées justes ») ; 2. *Unbegrenzt* (« Illimité ») ; 3. *Verbindung* (« Union ») ; 4. *Treffpunkt* (« Rendez-vous ») ; 5. *Nachtmusik* (« Musique nocturne ») ; 6. *Abwärts* (« Vers le bas ») ; 7. *Aufwärts* (« Vers le haut ») ; 8. *Oben und unten* (« En haut et en bas ») ; 9. *Intensität* (« Intensité ») ; 10. *Setz die Segel zur Sonne* (« Mettez la voile pour le soleil ») ; 11. *Kommunion* (« Communion ») ; 12. *Litanei* (« Litanie ») ; 13. *Es* (« Mi bémol ») ; 14. *Goldstaub* (« Poussière d'or ») ; 15. *Ankunft* (« Arrivée »).

Ausdruck (all.). « Expression » ; *mit Ausdruck, ausdruckvoll*, « expressif ».

Ausfüllgeiger (all.). « Violoniste de complément », par exemple celui qui tient une partie *ripieno* dans un concerto grosso.

Ausgabe (all.). « Édition ».

Aushalten (all.). « Prolonger », « soutenir » ; *ausgehalten*, « soutenu » ; *Aushaltungszeichen*, « pause ».

Aus Italien (« d'Italie »). Poème symphonique op.16 de Richard Strauss, composé en 1886. Il s'agit de sa première œuvre à caractère descriptif. Le quatrième (et dernier) mouvement comporte une citation de *Funiculì, funiculà* de Denza.

Aus meinen Leben. Voir *De ma vie.*

Ausschlagen (all.). « Battre », « frapper » la mesure.

Äusserst (all.). « Extrêmement ».

Austen, Jane. Voir *Musique et littérature.*

Australie

1. Musique traditionnelle : introduction
2. Musique australienne aborigène
3. Musique traditionnelle d'origine européenne
4. La musique traditionnelle aujourd'hui
5. Musique savante : jeunesse et isolement culturel
6. Musique savante avant 1900
7. 1900-1950
8. De l'après-guerre à nos jours

1. *Musique traditionnelle : introduction.* Jusqu'au milieu du XXe siècle, la musique australienne la plus originale – et pourtant la moins connue – était celle des aborigènes australiens. A une époque où les goûts et la création musicale australienne stagnaient, momentanément mais profondément, la musique « sérieuse » ou « savante » a connu une évolution contrecarrée par l'influence prédominante de la Grande-Bretagne. De même, l'émergence de chants populaires régionaux caractéristiques a été largement paralysée, après la révolution industrielle, par le développement rapide des moyens de communication, des transports et par l'apparition de l'instruction obligatoire. Contrairement aux États-Unis, l'Australie ne disposait pas de la richesse que constituaient les différentes cultures des immigrants venus des quatre coins de l'Europe et qui auraient pu donner naissance à des arts populaires nouveaux et idiosyncratiques ; elle ne disposait pas davantage d'une population comparable à la population noire américaine qui a créé, dans le domaine du jazz et de ses nombreux dérivés, une musique dont la vitalité et l'intérêt ont conquis une grande partie de la planète, notamment l'Australie. Néanmoins, la comparaison avec l'expérience américaine est moins dure lorsqu'on considère la musique australienne aborigène : comme la musique des Amérindiens, elle constitue un élément unique, ancien, menacé et inestimable d'un héritage musical qui a résisté aux changements et à l'assimilation des civilisations.

2. *Musique australienne aborigène.* En dehors de son importance intrinsèque et vitale pour tous ceux qui la pratiquent, la

musique australienne aborigène comporte trois raisons spécifiques susceptibles d'attirer l'attention des mélomanes du monde entier : elle est, de toute évidence, très ancienne ; la musique vocale s'est développée en l'absence de tout instrument capable de produire une gamme ; et, dans le nord de l'Australie, la virtuosité exceptionnelle des joueurs de *didjeridu* (trompette en bois) aborigènes ne saurait laisser insensible.

Les archéologues ont aujourd'hui la certitude que le continent et les îles au large de l'Australie ont été habités en permanence par des populations aborigènes depuis au moins 40 000 ans, peut-être davantage. Ces populations venaient du sud de l'Asie d'où elles avaient émigré par une bande de terre qui a ensuite disparu sous l'océan. Elles ont vécu dans un isolement presque total jusqu'à l'arrivée des Anglais, il y a deux siècles. Les aborigènes australiens vivaient comme des nomades de la chasse et de la cueillette, ignorant tout de l'agriculture ou de l'élevage. Ils entretenaient une relation très étroite avec la terre, sa flore et sa faune et, surtout dans les vastes régions désertiques et arides qui forment la majeure partie du continent, ils survivaient dans des conditions matérielles très précaires et inhospitalières. Pourtant, leur organisation sociale et leurs pratiques rituelles révèlent des systèmes religieux très complexes et rigides et on peut supposer que leur mode de vie était aussi immuable qu'organisé. Comme tout leur savoir, leurs croyances et leurs coutumes étaient strictement préservées grâce à une observance rituelle exacte, condition fondamentale de leur survie. Elles se transmettaient par des cycles de chants sacrés qui constituent, très probablement, la forme musicale la plus ancienne dont la pratique survive encore. Sans écriture ni notation musicale, la tradition orale était le seul moyen de conserver et d'inculquer le savoir ; la musique apportait un soutien mnémotechnique essentiel à cette transmission orale. En tant que telle, elle était investie d'une puissance, d'un secret et d'une valeur considérable.

Contrairement à la plupart des autres peuples, les Australiens aborigènes ne possédaient aucun instrument de musique (cordophone, aérophone ou idiophone) capable de produire une gamme quelconque. Pour donner le rythme, ils en étaient réduits à entrechoquer des baguettes ou des boomerangs, à battre des mains ou à utiliser d'autres dispositifs de percussion élémentaires. Leur conception de la mélodie et de la polyphonie présente donc un grand intérêt musicologique, car elle repose entièrement sur la voix humaine. Les sons produits vont du sifflement aux cris ou aux sons aigus de la voix de fausset, des grognements et lamentations d'un chant rythmique et syllabique évoluant sur deux notes voisines au chant mélismatique ornementé de mélodies, couvrant parfois un intervalle d'une douzième, avec ou sans textes traduisibles. La plupart de leurs mélodies qui s'inscrivent dans une tessiture assez large comportent une ou plusieurs « chutes » entre un son élevé et fort et une note finale plus douce soutenue (ou répétée) dans le grave. Mais ces « chutes » peuvent revêtir différentes formes ou être sectionnées en plusieurs parties. L'analyse de certains types de chants permet de penser que la notion de « section de tessiture », composée de plusieurs sons interchangeables dans une étroite proximité microtonale, est plus importante que la notion traditionnelle de degrés de la gamme, précis et isolables. Mais d'autres types de chants reposent sur une structure en forme de gamme beaucoup plus évidente, souvent apparentée au mode pentatonique ou heptatonique. On trouve souvent un chant parallèle à l'octave, à la quinte, à la quarte ou à la tierce, ainsi que différentes formes de bourdon vocal. On rencontre plus rarement une écriture en canon à deux voix ou une polyphonie à deux voix indépendantes.

La musique aborigène est essentiellement conçue autour de l'isorythmie (ou d'une forme s'en rapprochant), mais la base métrique du chant, son accompagnement percussif et leur interrelation sont parfois très complexes. Un même schéma, ou une mesure répétitive, peut comporter des mètres additionnels à cinq, sept, dix ou treize temps. Les structures polymétriques et polyrythmiques élaborées abondent, avec des mètres qui varient constamment et des procédés d'écriture totalement ou partiellement non métriques ; la syncope, sous différentes formes, est l'une des figures les plus fréquemment utilisées.

La complexité et la subtilité du rythme aborigène atteignent leur sommet avec le *didjeridu*, instrument pratiqué dans le nord du continent australien, du district de Kimberly (au nord-ouest) à la péninsule d'York (au nord-est) en passant par la terre d'Arnhem, et sur les îles avoisinantes comme les îles Goulburn, Mornington et Groote Eylandt. Le *didjeridu*, qui porte différents noms aborigènes selon les régions, est un instrument rudimentaire composé d'un simple tube, légèrement conique, construit dans une branche d'eucalyptus ou de gommier de 1,20 m à 1,80 m, dont le centre a été rongé par les termites. Les parois internes du tube sont parfois amincies en grattant aux deux extrémités ; mais il ne comporte aucune anche, embouchure (en dehors d'une couche de gomme ou de cire d'abeille) ou trou. La technique instrumentale de base consiste à jouer une note basse fondamentale profonde en soufflant et en faisant vibrer les lèvres sans les serrer ; les mouvements des lèvres et de la bouche font varier le timbre et il est possible d'obtenir des harmoniques complexes en superposant diverses hauteurs de son vocalisées sur le son soufflé. Le résultat prend la forme de riches accords bourdonnants, dont les timbres évoquent la guimbarde et dont les étranges combinaisons harmoniques font penser à un studio de musique électronique. Un procédé de respiration circulaire permet à l'instrumentiste de soutenir un bourdon ininterrompu, dont la couleur varie : il expulse l'air emmagasiné dans les joues, tout en inspirant des bouffées rapides par le nez. Il peut communiquer certains accents depuis le diaphragme, tant dans le domaine des hauteurs de son que dans celui du volume ; il peut aussi réaliser un *vibrato* ornemental et, grâce à un mouvement rapide de la langue, ajouter une sorte de timbre oscillant à certaines notes soutenues. Dans la terre d'Arnhem, au nord-est de l'Australie, les instrumentistes peuvent faire alterner rapidement une fondamentale et un harmonique soufflé, *staccato* ou soutenu (situé entre une neuvième et une onzième au-dessus de cette fondamentale) ; ils parviennent ainsi à des rythmes très élaborés. Le *didjeridu* fonctionne donc comme un bourdon au-dessous de la mélodie du chanteur, se comportant comme un instrument accompagnateur et fournissant un kaléidoscope de timbres. Il imite aussi le chant des oiseaux, les cris des animaux et donne des instructions codées aux danseurs, qui exécutent généralement des mouvements très stylisés et imitatifs sur la musique exécutée par le chanteur (qui frappe aussi des baguettes) et le joueur de *didjeridu*.

Des instruments du même genre sont utilisés dans d'autres parties du monde, mais les fonctions musicales du *didjeridu* et les techniques de virtuosité très élaborées, auxquelles sont parvenues les instrumentistes de ces régions pour qu'il joue son rôle, restent sans équivalent.

Par sa sonorité vocale unique, ses structures très élaborées et, dans le nord du pays, l'emploi du seul instrument non percussif qu'elle connaisse, la musique des Australiens aborigènes se distingue de toute autre. Elle enrichit considérablement nos connaissances musicales et offre un exemple essentiel du rôle et de l'importance que peut jouer la musique en tant que dépositaire, moyen d'expression et agent culturel des croyances, des coutumes et de l'identité de l'un des peuples les plus anciens de la terre.

3. *Musique traditionnelle d'origine européenne.* A l'inverse, la musique traditionnelle australienne d'origine européenne comporte peu de caractéristiques originales au strict point de vue musical : peu de mélodies nouvelles, mais de nombreux airs anglais ou irlandais connus sous d'autres formes et adaptés à des textes spécifiques, reflets des expériences australiennes. Dans l'ensemble, ils ont perdu l'essentiel de la beauté des formes mélodiques originales, de leurs inflexions modales et de leur subtilité rythmique au profit d'un style plus carré, plus plat et répétitif ; les harmonisations restent très élémentaires.

Néanmoins, ces mélodies constituent un précieux reflet de la vie coloniale en Australie. Elles sont très variées et regroupent aussi bien des chants de marins ou des chants de protestation face à la trahison (ère pénitentiaire) que des chants de bandits (essentiellement basés sur des originaux irlandais) ou des chants de travailleurs ruraux de l'intérieur du pays (gardiens ou conducteurs de bestiaux, tondeurs de moutons, conducteurs de bœufs...) adaptés de chants folkloriques et de chansons de rues anglaises. La ruée vers l'or, après 1851, a également connu une musique spécifique, avec les parodies de ballades traditionnelles et de chansonnettes. Les textes des « chansons australiennes » traditionnelles (dont les auteurs restent inconnus) et les « ballades de la brousse » (qui, elles, ne sont pas anonymes) traitent surtout de sédition, de jeu, de boisson et de bravade, élevant le statut du criminel à celui de héros populaire, au détriment de la police dont il était la victime. Dans ce pays dépourvu de femmes et de confort matériel, on chantait moins volontiers l'amour que la solitude et les épreuves de la vie. Ces chansons, comme les gigues et les *reels* et, par la suite, des danses, comme le quadrille ou le quadrille des lanciers, étaient accompagnées par divers instruments parmi lesquels l'harmonica à bouche, le banjo, le concertina, l'accordéon à boutons, la vielle, le sifflet en fer-blanc, la guimbarde et la feuille de gommier pliée. Venaient s'y ajouter deux instruments de fabrication artisanale, la basse de brousse (composée d'une corde tendue sur une baguette fixée à une boîte servant de résonateur que l'on pinçait vigoureusement – le résultat était assez discordant) et le lagerphone (sorte de chapeau chinois [voir *Turquie*] fabriqué en enfilant plusieurs goulots de bouteilles de bière sur une perche que l'on frappait énergiquement sur le sol).

Ces chants et ces danses traditionnelles donnent peu d'indications sur la diversité régionale, contrairement aux chants anglais ou américains. De même, la langue australienne comporte peu de variantes de vocabulaire ou de prononciation qui puissent être davantage attribuées à une localité qu'à l'éducation ou à la profession. Parmi les centaines de chants populaires australiens qui ont été recueillis, les plus célèbres sont aujourd'hui : *« The Wild Colonial Boy »*, *« The Dying Stockman »*, *« Click go the Shears »*, *« Botany Bay »*, *« Van Diemen's Land »*, *« The Overlanders »*, *« The Queensland Drover »*, *« The Old Bark Hut »*, *« Moreton Bay »*, *« Bold Jack Donahue »*, *« The Banks of the Condamine »*, *« Wild Rover No More »*, *« Bound for South Australia »*, et le fameux *« Waltzing Matilda »*.

4. *La Musique traditionnelle aujourd'hui.* Depuis la fin de la Seconde Guerre mondiale, un certain nombre d'éléments se sont progressivement, mais irrévocablement, glissés dans la pâle et monolithique vie culturelle de l'Australie, apportant un horizon pluraliste et enrichi. L'émigration d'Européens vers l'Australie s'est considérablement accrue, tant sur le plan quantitatif que par sa diversification. Les émigrants de pays méditerranéens, d'Europe centrale et d'Europe de l'Est, même s'ils restent moins nombreux que les Britanniques, ont beaucoup enrichi le mode de vie australien en y apportant leurs propres traditions populaires qui ont parfois survécu dans ce nouveau contexte, alors qu'elles étaient en voie de disparition dans leur pays natal. Par ailleurs, la proximité géographique et économique de l'Asie s'est progressivement imposée aux Australiens, comme une réalité qui a soumis leur culture à de nouvelles influences venues de l'Indonésie, du Japon et de l'Inde. En outre, l'intérêt et la fierté que portent les Australiens à l'histoire et aux traditions de leur pays se sont développés et la musique traditionnelle a connu en retour une expansion considérable, avec, comme corrélatif, l'apparition d'un type spécifiquement australien de musique traditionnelle commerciale. Enfin, les autorités mènent une politique beaucoup plus rationnelle à l'égard des aborigènes pour les aider à définir pleinement leur identité ethnique et à affirmer leurs droits ; ils sont ainsi poussés à conserver et à maintenir en vie les restes de leur héritage culturel. Certains signes permettent donc d'espérer que, malgré la perte progressive de toute individualité culturelle qui se manifeste dans le monde entier, la musique traditionnelle australienne (musique des villes, musique rurale ou aborigène) est armée pour survivre à la domination culturelle de la Grande-Bretagne et de l'Amérique.

Trevor A. Jones.

5. *Musique savante : jeunesse et isolement culturel.* La musique savante est un phénomène relativement récent en Australie. Son histoire n'embrasse que deux siècles (Sydney Cove, la première colonie, date de 1788) et s'est presque toujours située dans la mouvance de la musique et des traditions européennes, principalement britanniques. Depuis peu, les compositeurs australiens semblent s'inspirer d'éléments musicaux puisés chez leurs voisins indonésiens, vietnamiens ou japonais.

L'isolement géographique de l'Australie a joué un rôle important, quoique négatif, dans l'évolution de sa musique savante qui a été indissociable, dans un premier temps, d'un flot lent mais régulier de musiciens émigrants ou visiteurs : compositeurs, instrumentistes, professeurs... A la fin du XIXe siècle, certains musiciens originaires d'Australie ont commencé à quitter le pays à la recherche d'horizons plus vastes. L'information musicale a connu une meilleure diffusion avec l'amélioration des réseaux de communication (des navires aux satellites), permettant aux différents courants de prendre immédiatement racine dans l'environnement musical australien, alors qu'il fallait auparavant plusieurs décades pour y parvenir.

6. *Musique savante avant 1900.* Les quadrilles que jouaient les musiques militaires des premières colonies pénitentiaires comptent parmi les plus anciennes importations européennes en Australie (fin du XVIIIe siècle). Avec l'arrivée des colons libres, après 1830, l'audience musicale commence à se développer de façon significative : musique de chambre, récitals de solistes et même création d'académies de musique privées. Trois musiciens itinérants ont participé à cette activité : Vincent Wallace (1812-65), auteur de *Maritana* (1845), John Phillip Deane (1796-1849) et Isaac Nathan (1790-1864).

Une culture bourgeoise commence à émerger après la ruée vers l'or du milieu du XIXe siècle. Le théâtre commercial s'impose sans cesse davantage, pour répondre à une demande croissante, et les deux fleurons de la culture bourgeoise que sont le piano de salon et la société chorale connaissent de beaux jours. La Royal Philharmonic Society de Melbourne voit le jour en 1853. La musique imprimée s'insère dans l'activité industrielle à la même époque. Les dernières décades du XIXe siècle sont marquées par de belles saisons lyriques à Melbourne, Adélaïde, Sydney et Brisbane ; l'opéra jouit encore d'une grande popularité de nos jours.

A la fin du siècle, les universités d'Adélaïde et de Melbourne créent des chaires de musique, respectivement en 1884 et 1891. Dans ces deux villes, des conservatoires existaient déjà depuis quelques années. Un orchestre symphonique voit le jour à Melbourne, pour la célébration du centenaire de la ville, en 1888 : les concerts symphoniques et de musique de chambre connaissent un succès croissant. Les concerts symphoniques de cette époque, dirigés par Marshall Hall à Melbourne et par Henri Verbruggen à Sydney, restent légendaires.

Parmi les compositeurs de la fin de l'époque coloniale, il faut retenir les noms de Marshall Hall (1867-1915), premier « Ormond Professor » à l'Université de Melbourne, Fritz Hart (1874-1949), marqué par l'impressionnisme et dont la musique semble en avance sur celle des compositeurs de la même génération, et Alfred Hill (1870-1960) qui, en faisant appel à la mythologie maorie et aborigène, a cherché à donner une identité régionale à sa musique, par ailleurs largement dépendante de la tradition romantique allemande.

7. *1900-1950.* Au cours des premières années du XXe siècle, l'identité australienne commence à s'affirmer avec vigueur : écrivains et compositeurs en explorent tous les moyens d'expression. Les sources dont disposent les compositeurs australiens font l'objet de deux études d'un écrivain d'un certain renom et compositeur-amateur, Henry Tate (1873-1926) : *Australian Musical Resources* (1917, *Ressources musicales australiennes*) et *Australian Musical Possibilities* (1924, *Possibilités musicales australiennes*). Il propose l'emploi des schémas mélodiques et rythmiques des oiseaux australiens, ce qui, espère-t-il, pourrait « mener à une œuvre spécifiquement australienne ». L'approche de Percy Grainger (1882-1961) est à la fois plus subtile et prophétique : sa théorie selon laquelle les compositeurs australiens devraient connaître les musiques de l'Asie et du Pacifique Sud s'est matérialisée dans l'œuvre de plusieurs compositeurs australiens au cours de ces vingt dernières années. Sculthorpe, Meale, Conyngham, Boyd et Wesley-Smith ont tous incorporé à leur musique des éléments d'origine indonésienne, japonaise ou vietnamienne.

A partir de 1924, les progrès de la radiodiffusion vont représenter un apport inestimable à la croissance de la musique savante australienne : ils permettent à la fois de sortir le continent de son isolement et de relier entre elles les grandes concentrations urbaines séparées par des distances considérables. L'Australian Broadcasting Commission (radio australienne) voit le jour en 1932 ; peu après, des ensembles ou orchestres permanents s'installent dans les capitales de chaque État. Plus tard, ces ensembles serviront de base lors de la constitution des orchestres symphoniques de Sydney (1946), Hobart (1948), Adélaïde (1948), Melbourne (1949), Brisbane (1947) et Perth (1950). L'ABC devient rapidement « l'organisme musical professionnel le plus important d'Australie » (Roger Covell).

Une seconde génération de compositeurs s'illustre à partir de l'entre-deux-guerres : elle réunit Roy Agnew (1893-1944), John Antill (1904-86), Clive Douglas (1903-77), George English (1912), Felix Gethen (1916), Robert Hughes (1912), Frank Hutchens (1892-1965), Raymond Hanson (1913-76), Miriam Hyde (1913), Dorian LeGallienne (1915-63), James Penberthy (1917) et Margaret Sutherland (1897). La majeure partie de leur œuvre se fait l'écho du monde sonore debussyste, mais on relève déjà quelques traces des voies ouvertes par Stravinski, Schoenberg ou Varèse.

Les nouvelles tendances musicales mettront un certain temps avant de prendre racine en Australie et ce retard persistera jusqu'aux années cinquante. Même Margaret Sutherland, l'une des plus progressistes du groupe, n'a produit son œuvre la plus originale qu'après 1950.

8. *De l'après-guerre à nos jours.* Pendant les dix années qui ont suivi la fin de la Seconde Guerre mondiale, l'Australie a connu une profonde évolution dans le domaine artistique. La musique de chambre s'est soudainement imposée au cours des années cinquante, lorsque l'Australian Musica Viva Chamber Society (créée en 1945) a étendu ses activités à des tournées effectuées par des formations de renommée mondiale. À la même époque, l'Elizabethan Theatre Trust crée l'Opéra australien (1956) dont les activités sont bientôt complétées par le Victorian State Opera et les compagnies lyriques des autres États. La section australienne de la *Société internationale de musique contemporaine (SIMC) voit également le jour en 1956, sous l'impulsion de Donald Peart, alors professeur de musique à l'Université de Sydney. Elle jouera un rôle déterminant dans la protection de la musique nouvelle en Australie. Parallèlement à cette remarquable poussée des activités artistiques, tous les États s'équipent de nouvelles salles de concerts et Melbourne et Sydney possèdent maintenant leur opéra.

L'enseignement tertiaire de la musique a connu une expansion considérable après la dernière guerre. Mais le soin apporté au développement de l'éducation musicale des jeunes a peut-être été encore plus profitable. De nouveaux conservatoires ont ouvert leurs portes (Queensland Conservatorium of Music, 1957 ; Canberra School of Music, 1965 ; Victoria College of the Arts, 1973) et de nouveaux départements musicaux ont été créés à l'Université de Sydney (1948), à l'University of Western Australia (1958), à Monash University (1965), à l'Université du Queensland (1965), à l'Université de la Nouvelle-Galles du Sud (1966), à Flinder University (1966), à l'Université de la Nouvelle-Angleterre (1971) et à La Trobe University (1974).

L'Australian Council for the Arts et la Commonwealth Assistance to Australian Composers (tous deux créés en 1967) et le Music Board of the Australia Council (à partir de 1973) ont apporté leur soutien à de nombreuses activités musicales dans l'ensemble du pays, notamment dans le domaine de la création et de l'exécution, ainsi que sous la forme de séminaires, d'ateliers et de séjours d'études à l'étranger pour les compositeurs, les exécutants et les facteurs d'instruments. L'Australian Broadcasting Commission (Corporation, depuis 1982) a joué un rôle essentiel dans le développement des disciplines d'exécution musicale au cours des années cinquante et soixante. En commandant et en faisant jouer des œuvres de compositeurs australiens, l'ABC est en fait devenu leur principal employeur.

L'importante évolution qu'a connue la composition musicale en Australie pendant les années soixante et soixante-dix n'est que la conséquence logique des tendances antérieures, mais elle est principalement due aux efforts de l'actuelle génération de compositeurs qui sont parvenus à se hisser au niveau de leurs collègues du monde entier et à s'adapter aux nouveaux courants d'écriture. Le retour en Australie de Keith Humble et de Don Banks, qui ont tous deux participé à l'élaboration d'une musique nouvelle, respectivement à Paris et à Londres, a aussi donné un coup de fouet salutaire à l'évolution de la musique électronique, de l'informatique musicale et du théâtre musical. Certains compositeurs, qui ont émigré en Australie au cours de ces dernières années, ont également joué un rôle non négligeable dans cette évolution : Tristam Cary, John Exton, Roger Smalley, Peter Tahourdin et Richard Hames. D'autres (Peter Maxwell Davies ou James Fulkerson) ont exercé une influence déterminante sur les jeunes compositeurs et interprètes. Au sein de la génération actuelle des compositeurs australiens, il faut retenir les noms de Don Banks (1923-80), Anne Boyd (1946), Colin Brumby (1933), Nigel Butterley (1935), Ian Bonighton (1942-75), Barry Coningham (1944), Ian Cugley (1945), George Dreyfus (1928), Ross Edwards (1943), Ian Farr (1941), Helen Gifford (1941), Graham Hair (1943), Donald Hollier (1934), Keith Humble (1927), Richard Meale (1932), Peter Sculthorpe (1929), Larry Sitsky (1934), Felix Werder (1922) et Martin Wesley-Smith (1945). Après deux siècles d'une évolution lente et souvent frustrante, la composition musicale en Australie se présente aujourd'hui comme un microcosme de cette multitude de tendances que l'on retrouve dans la musique contemporaine occidentale, allant de la libre utilisation des sons ambiants à l'aménagement des techniques de pointe issues de l'informatique. Elle est en fait parvenue à maturité.

Laughton Harris.

BIBLIOGRAPHIE : Mireille Helffer, *La Musique, science de l'homme (Inde, pays himalayens et Tibet, péninsule indochinoise, Indonésie et Océanie, Australie et îles océaniennes)*, Larousse (Paris, 1965).

Auszug (all.). Réduction d'un opéra ou d'une partition d'orchestre, généralement pour piano (*Klavier-auszug*). Également employé dans le sens d'extrait.

Auto (esp.). Représentation scénique, généralement religieuse ou allégorique, qui remonte au Moyen Age. Elle était parsemée de chants ou de musique de scène et a perdu progressivement son caractère religieux pour se limiter au domaine profane. Les premières œuvres de ce genre sont signées Lope de Vega, Calderón, etc.

Autographe. Manuscrit écrit de la main de l'auteur ou du compositeur. Le terme « holographe » s'emploie aujourd'hui pour désigner un manuscrit entièrement rédigé par l'auteur ou le compositeur, par opposition aux copies comportant des mentions autographes du compositeur.

Automates. L'histoire des automates musicaux est longue et complexe. Avant l'ère chrétienne, la fabrication d'instrumentistes « artificiels » (voir *Instruments de musique mécaniques*) n'était pas inconnue et Apollonios et Héron l'Ancien ont beaucoup œuvré dans ce domaine.

On peut classer les automates musicaux en deux catégories : tout d'abord la création d'un androïde animé jouant, ou semblant jouer d'un instrument et en second lieu la production de personnages animés ou des scènes automatisées auxquels s'ajoute un embellissement musical.

1. Dans la première catégorie, il faut inclure l'automate extraordinairement compliqué, construit par Henri-Louis Jaquet-Droz et conservé de nos jours au musée d'Art et d'Histoire de Neuchâtel, en Suisse. Cette œuvre, intitulée *Le Joueur de clavecin*, se compose d'une femme assise devant un « clavecin organisé », qui est en fait un petit orgue à tuyaux en forme de clavecin. Le clavier est disposé en deux arcs correspondant au rayon des avant-bras du personnage androïde. En mouvement, les doigts enfoncent réellement les touches, un puissant mécanisme d'horlogerie amenant les bras en des positions préétablies et actionnant les doigts comme il convient. Le personnage lui-même bouge les yeux, la tête et, comme s'il était vivant, sa poitrine se soulève et s'abaisse en fonction de la respiration supposée.

On peut citer également le trompettiste de Frederick Kaufmann et celui de Leonard Maelzel, frère de Johann Maelzel, l'ami de Beethoven et l'inventeur du métronome. Cet automate a apparemment sauvé la vie de son inventeur durant la révolution de Vienne en 1848, lorsque Maelzel lui a fait porter l'uniforme d'un soldat impérial et l'a installé à la fenêtre de sa maison où il jouait des fanfares de trompette. Les rebelles qui entouraient la maison ont battu en retraite en entendant la sonnerie de trompette, croyant qu'un bataillon de loyalistes s'y était retranché. L'horloger de Prague, Peter Heinrich, a construit un trompettiste à cheval qui pouvait avancer au pas et jouer dix fanfares différentes.

2. La seconde catégorie d'automates musicaux est beaucoup plus vaste et comprend, sous leur forme la plus simple, des poupées et des sujets automates ou des scènes animées, notamment des tableaux contenant des mouvements comparables à ceux des boîtes à musique.

Dans ces mécanismes, la musique n'est en général qu'un accompagnement destiné à mettre en valeur le mécanisme ingénieux. Plusieurs facteurs allemands et français s'étaient spécialisés dans ce genre d'automates musicaux. Les mouvements musicaux employés sont généralement d'une qualité assez moyenne, quoique certains modèles anciens, comme le funambule turc populaire (vers 1860), fassent appel à des mouvements plus élaborés.

L'une des premières expositions d'automates musicaux fut présentée par le célèbre musée de James Cox et l'une des pièces qu'on pouvait y voir vers 1770 était un cygne en argent qui prenait un air avantageux et s'arrêtait de temps à autre pour pêcher un poisson dans l'eau où il nageait. L'eau était simulée par des baguettes de verre torsadées et rotatives et, pendant toute la durée du mouvement, un carillon actionné par un mécanisme d'horlogerie jouait différents airs.

Les automates musicaux complexes de ce type ont jouit d'une grande popularité à partir de la moitié du XVIIIe siècle et jusqu'au début du XIXe siècle. Toutefois, ils ne représentaient pas des instrumentistes en action et la musique qu'ils jouaient était surtout constituée d'airs populaires et de chants nationaux.

Autriche. Voir *Allemagne et Autriche.*

Avant-garde. Terme généralement appliqué aux compositeurs qui s'écartent résolument de la tradition musicale. Au XXe siècle, Webern ou Boulez peuvent être considérés comme des compositeurs d'avant-garde, contrairement à Poulenc, Walton ou Britten.

Ave Maria (lat., « Je vous salue Marie »). Prière de l'Église catholique qui réunit la salutation de l'archange Gabriel et d'Élisabeth et une supplique ajoutée au XVe siècle. Elle a souvent été mise en musique, notamment par Schubert (1824) (d'après une traduction du poème de Walter Scott, *Ellen's Song*). Les paroles de l'*Ave Maria* ont été ajoutées à la *Méditation* de Gounod, dont l'accompagnement n'est autre que le premier prélude du *Clavier bien tempéré* de J. S. Bach.

Ave Maris Stella. Voir *Hymnes*, 2.

Aventures de Monsieur Brouček, Les (ou « Les Excursions de Monsieur Brouček). Opéra en deux parties de Janáček ; livret du compositeur (auquel ont participé V. Dyke et F. S. Procházka) d'après deux romans du poète Svatopluk Čech (1888 et 1889). Représentations : Prague (Théâtre tchèque, 23 avril 1920), Édimbourg (King's Theatre, 3 septembre 1970), Lyon (Opéra, 19 octobre 1986). Première partie : Les Aventures de M. Brouček sur la lune (*Výlet pana Broučka do měsíce*). Brouček se trouve confronté à un monde esthétique fantastique, bien que le but avoué de l'œuvre soit une satire de sa vanité bourgeoise et de son côté philistin ; il apparaît même sous un jour plus sympathique que les habitants de la lune. Seconde partie : Le Voyage de Monsieur Brouček au XVe siècle (*Výlet pana Broučka do XV. století*). Sa seconde excursion le ramène au XVe siècle où il se conduit en lâche avant de réintégrer son époque.

Ave Regina coelorum (lat.). Voir *Antiennes de la bienheureuse Vierge Marie.*

Avison, Charles (baptisé à Newcastle upon Tyne le 16 février 1709 ; Newcastle upon Tyne, 9 ou 10 mai 1770). Compositeur et musicographe anglais. Selon Burney, Avison a travaillé avec Geminiani à Londres. En 1736, il est nommé organiste à St Nicholas, la principale église de Newcastle et, en 1738, il prend la direction musicale d'une saison de concerts en souscription dans la même ville ; il organisera par la suite une série analogue à Durham. Il attire vers le nord des musiciens comme William Shield et Geminiani.

Avison a composé des concertos grossos dans le style de Geminiani et arrangé pour orchestre à cordes douze sonates pour clavecin de Domenico Scarlatti. Il est également l'auteur d'un *Essay on Musical Expression* (Londres, 1752) dont les trois parties traitent de l'effet de la musique sur les émotions, des compositeurs et de leur style (il affirme notamment que Haendel était un compositeur de moindre importance que Geminiani ou Marcello !), et de l'exécution instrumentale. Une partie de ce dernier chapitre a d'abord été publiée en 1751 comme préface à ses concertos op.3.

Denis Arnold.

Ayre. Ancienne orthographe anglaise du mot *air. Pour Morley, ce terme embrasse toutes les formes de musique vocale profane, à l'exception du madrigal sérieux, mais il désigne aussi les **lute-songs* (mélodies avec accompagnement de luth), composées entre 1597 et 1622.

Azione (ital.). Terme appliqué à certaines représentations théâtrales au XVIIIe siècle. Le *sepolcro* viennois, forme en usage à la cour des Habsbourg à la fin du XVIIe et au début du XVIIIe siècle, était parfois désigné comme *azione sacra* et ce terme s'est étendu de Vienne à l'Italie où il est devenu synonyme d'oratorio (voir *Oratorio*, 4). Zeno et Métastase ont repris ce terme pour désigner tous leurs textes d'oratorios.

L'*azione teatrale* désignait des pièces de théâtre d'un genre précis qui connurent une vogue assez brève à Vienne au milieu du XVIIIe siècle : elles ne comportaient généralement qu'un seul acte, ne faisaient appel qu'à une distribution restreinte et étaient destinées à des représentations privées. Il est possible que Métastase ait emprunté ce terme aux textes sacrés. Les exemples les plus connus sont *Il Parnasso confuso* de Gluck et *Il Sogno di Scipione* de Mozart, tous deux sur des livrets de Métastase.

Azzaiolo, Filippo. Compositeur et chanteur italien qui a exercé ses activités à Bologne vers 1550-60. Il est passé à la postérité pour ses trois livres de *villotte* qui comportent quelques mélodies très intéressantes reprenant des textes et des airs populaires.

Denis Arnold.

B

B. 1. (all.). Voir *Si bémol*.
2. (angl.). Voir *Si*.

3. Abréviation de **basse* (par exemple : S.A.T.B. : soprano, alto, ténor, basse) et de **bassus*.

Baal Shem. Suite pour violon et piano de Bloch sous-titrée « Trois Scènes de la vie chassidique » (1923). Baal Shem Tov (maître du nom de Dieu) était le fondateur de la secte juive du hassidisme au XVIIe siècle. L'œuvre comporte trois mouvements : *Vidui* (« Contrition »), *Nigun* (« Improvisation ») et *Simchas Torah* (« Réjouissance »). Bloch a écrit une version pour violon et orchestre en 1939.

Babbitt, Milton (Byron) (Philadelphie, 10 mai 1916). Compositeur américain. Il fait des études de musique et de mathématiques à l'Université de Caroline du Nord, à l'Université de Pennsylvanie et à l'Université de New York, travaillant notamment la composition avec Philip James et Marion Bauer. Puis il suit les cours de Roger Sessions à l'Université de Princeton où il devient lui-même professeur. Pendant la Seconde Guerre mondiale, il se consacre aux mathématiques, à Washington et à Princeton. Il s'intéresse pendant quelque temps à la musique populaire, avant de retourner, en 1948, au département de la musique de l'Université de Princeton.

Babbitt a exercé une influence appréciable sur la pensée musicale comme compositeur, mais aussi comme professeur et théoricien. Il a longuement approfondi le sérialisme, système dont il a analysé les propriétés à l'aide d'une terminologie dérivée des mathématiques. Les structures de ses œuvres sont très élaborées ; il utilise les méthodes sérielles pour déterminer non seulement les hauteurs des sons mais aussi la rythmique et les formes ; l'ensemble qui en résulte est souvent concluant et constitue une structure musicale dans laquelle chaque détail a son importance. Il a composé quatre quatuors à cordes et plusieurs autres œuvres de musique de chambre, des pièces pour piano (*Three Compositions*, 1947 ; *Partitions*, 1957 ; *Post-Partitions*, 1966) et des mélodies, ainsi que de la musique pour bande magnétique pour laquelle il a utilisé le synthétiseur RCA (*Ensembles for Synthesizer*, 1962-64 ; *Philomel*, avec soprano, 1964).

Paul Griffiths.

Babi-Yar. Sous-titre de la *Symphonie nº 13* en si bémol mineur op.113 de Chostakovitch, composée en 1962 sur cinq poèmes d'Evtouchenko pour basse solo, chœur d'hommes et orchestre. C'est à Babi-Yar que sont enterrés des milliers de Juifs russes assassinés par les Allemands au cours de la dernière guerre.

Bacchanale. Orgie de danses et de chants tumultueux en l'honneur de

Bacchus, dieu du vin grec et romain. Glazounov a composé une bacchanale pour son ballet *Les Saisons* ; on trouve des bacchanales dans *Tannhäuser* de Wagner (scène du Vénusberg) et dans *Samson et Dalila* de Saint-Saëns.

Bacchus et Ariane. Ballet op.43 d'Albert Roussel sur un argument d'Abel Hermant créé à l'Opéra de Paris, sous la direction de Philippe Gaubert, le 22 mai 1931, dans une chorégraphie de Serge Lifar, décors de Giorgio et Chirico. Roussel en a tiré deux suites d'orchestre dont la seconde compte parmi ses œuvres les plus fréquemment exécutées en concert.

Bach

1. Introduction
2. Johann Sebastian Bach
3. Après Johann Sebastian

1. *Introduction*. La famille Bach a laissé des traces dans l'histoire de la musique du XVIe siècle à nos jours. Cet article respecte la chronologie et les membres les plus importants de la famille y sont évoqués en fonction de leur place sur l'arbre généalogique.

Au XVIIe siècle, plusieurs membres de la famille Bach sont au service des cours de certaines villes libres ou exercent comme musiciens d'église. Généralement instrumentistes à cordes ou à vent, ils mènent une vie plus confortable qu'opulente et se marient souvent entre familles de musiciens. De religion protestante, ils vivent pour la plupart au centre de l'Allemagne, se divisant en trois branches distinctes : une à Meiningen, une à Arnstadt et la troisième en Franconie. Certains d'entre eux ont reçu une formation générale et universitaire. Parmi les compositeurs, **Johann Ludwig Bach** (Thal, près d'Eisenach, 4 février 1677 ; Meiningen, 1731) a passé les trente-deux dernières années de sa vie à Meiningen, comme *Hofkantor* (cantor de la cour) et *Kapellmeister* (maître de chapelle). Il a composé beaucoup de musique religieuse qui ne nous est parvenue qu'en partie grâce aux copies de J. S. Bach. **Johann Christoph Bach** (1) (Arnstadt, décembre 1642 ; enterré à Eisenach le 2 avril 1703) : organiste à Eisenach à partir de 1665, auteur de motets, de cantates et de musique pour clavier. L'un de ses quatre enfants, **Johann Nicolaus Bach** (Eisenach, 10 août 1669 ; Iéna, 4 novembre 1753) a été organiste à Iéna (servant aussi à l'université) et a sans doute voyagé en Italie. Il s'est également fait connaître comme facteur d'instruments, notamment comme facteur de clavecins, et a composé dans des genres très variés.

Dans la branche franconienne, **Johann Lorenz Bach** (Schweinfurt, 10 septembre 1665 ; Lahm im Itzgrund, près de Cobourg, 14 décembre 1773) passera plus d'un demi-siècle à Lahm comme cantor, organiste et professeur. Aucun des membres de cette branche n'est une figure marquante de la musique allemande, mais ils aident à comprendre le haut niveau de professionnalisme du membre le plus éminent de la famille, dont la carrière est indissociable du contexte familial.

2. *Johann Sebastian Bach : (a)* d'Eisenach à Weimar. **Johann Ambrosius Bach** (Erfurt, 22 février 1645 ; Eisenach, 20 février 1695) épouse en premières noces Maria Elisabeth Lämmerhirt (1644-94). Il

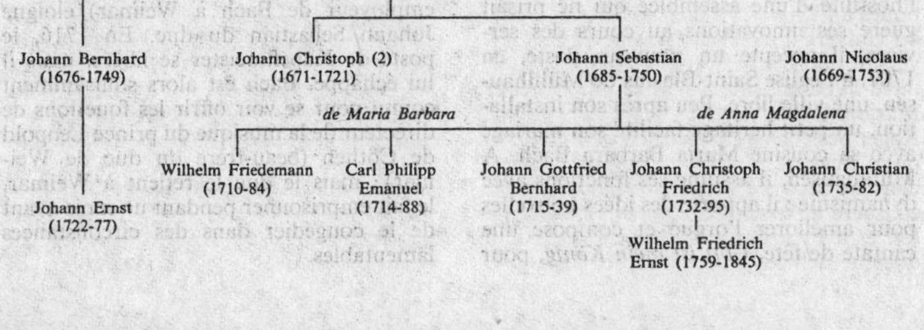

est musicien de la ville d'Eisenach, violoniste, organiste et trompettiste. **Johann Sebastian Bach** (Eisenach, 21 mars 1685 ; Leipzig, 28 juillet 1750), le cadet de ses huit enfants, entre à l'école d'Eisenach et fait partie du chœur de l'église. Il est déjà doté d'une jolie voix de soprano. A la mort de son père, il est pris en charge par son frère aîné, **Johann Christoph Bach** (2) (Erfurt, 16 juin 1671 ; Ohrdruf, 22 février 1721), organiste de la petite ville d'Ohrdruf, près d'Arnstadt, et ancien élève de Pachelbel. Johann Sebastian est un élève attentif qui montre un penchant certain pour la théologie. Son frère lui donne une solide instruction musicale et lui trouve une place rémunérée dans le chœur de Saint-Michel à Lunebourg. Malgré la mue, il est autorisé à y rester, probablement pour ses multiples talents d'instrumentiste. Il poursuit ses études et découvre la musique française lors d'une visite à la cour de Celle, véritable Versailles en miniature où le duc avait réuni un orchestre constitué en grande partie d'instrumentistes français. Il y copie notamment des œuvres de Grigny et de Dieupart. Il découvre également la musique de Böhm et aurait parcouru plus de 45 kilomètres à pied pour se rendre à Hambourg y entendre le célèbre organiste Reincken.

En 1702, âgé alors de dix-sept ans, il se met à la recherche d'un poste permanent ; l'année suivante, il est engagé pour une courte durée comme violoniste dans l'orchestre du frère du duc de Weimar. En juillet, après avoir essayé l'orgue de la nouvelle église Saint-Boniface d'Arnstadt, il y est nommé organiste et chef des chœurs avec des appointements substantiels. En 1705, il obtient un mois de congé pour aller entendre Buxtehude aux célèbres *Abendmusiken* de Lübeck, où il jouait et dirigeait. Mais Bach ne rentre que quatre mois plus tard et se heurte à la réprobation du conseil de l'église. Face à l'hostilité d'une assemblée qui ne prisait guère ses innovations au cours des services, il accepte un nouveau poste, en 1707, à l'église Saint-Blasius de Mühlhausen, une ville libre. Peu après son installation, un petit héritage facilite son mariage avec sa cousine Maria Barbara Bach. A Mühlhausen, il assume ses fonctions avec dynamisme : il apporte des idées nouvelles pour améliorer l'orgue et compose une cantate de fête, *Gott ist mein König*, pour l'inauguration du consistoire de la ville en 1708. Mais les heurts entre les factions luthériennes orthodoxes et les piétistes plus puritains menacent de limiter le répertoire musical. En juin 1708, il quitte alors Mühlhausen et accepte le poste d'organiste et de musicien de la cour du duc Wilhelm Ernst de Weimar.

(*b*) Weimar et Cöthen. Jusqu'alors, Bach s'était surtout fait connaître avec de brillantes œuvres pour clavier, sa musique d'orgue se ressentant particulièrement de l'influence de Buxtehude. Au cours de ses premières années à Weimar, il s'intéresse sans cesse davantage à la musique pour clavier et compose la célèbre *Toccata et fugue en ré mineur*, ainsi que de nombreuses autres toccatas et fantaisies de style improvisé. L'orgue dont il dispose est un petit instrument qu'il apprécie particulièrement et qui comporte un pédalier de 32 pieds ; au début, il consacre beaucoup de temps au travail de son instrument et à la composition. Tout en continuant à écrire des œuvres brillantes comme la *Fantaisie et fugue en sol mineur* ou la *Passacaille et fugue en ut mineur*, il élargit ses horizons en étudiant le style du concerto italien moderne et en transcrivant des œuvres de différents compositeurs comme Vivaldi. Sa technique commence à être connue, surtout pour son habileté au pédalier, et les facteurs d'orgue viennent solliciter ses conseils. En 1713, il se met en quête d'un poste mieux rémunéré et, l'année suivante, il est promu *Konzertmeister* (directeur de l'orchestre de la cour), ce qui l'oblige à composer une cantate par mois.

Il adopte un nouveau style de cantate, dans lequel il utilise la forme de texte élaborée par Neumeister (voir *Cantate*, 2) avec des récitatifs et des airs presque lyriques, alors que les chœurs n'ont qu'une importance réduite. Cette période fructueuse ne dure pas ; une querelle entre le duc et son neveu (fils du précédent employeur de Bach à Weimar) éloigne Johann Sebastian du duc. En 1716, le poste de Kapellmeister se libère, mais il lui échappe. Bach est alors suffisamment connu pour se voir offrir les fonctions de directeur de la musique du prince Leopold de Cöthen (beau-frère du duc de Weimar) ; mais le duc le retient à Weimar, le fait emprisonner pendant un mois avant de le congédier dans des circonstances lamentables.

Bach prend ses fonctions à Cöthen le 10 décembre 1717. Il a alors quatre enfants à charge (deux autres sont morts en bas âge). Ses nouvelles fonctions ne l'obligent pas à composer de la musique religieuse, mais sa connaissance des styles français et italien les plus récents sont de précieux atouts. Sa situation devient meilleure : son salaire est doublé, il habite la *Residenz* et voit sa position sociale sensiblement améliorée. Le prince lui rend la vie agréable et fait preuve d'amitié à son égard. Il dispose d'un orchestre de bonne qualité réunissant dix-sept instrumentistes auxquels s'ajoutent parfois certains virtuoses invités. Il fait acheter d'excellents instruments et, au cours des premières années, semble totalement satisfait.

Cette période est l'une des plus fécondes de la vie de J. S. Bach : il touche à presque tous les genres de musique de chambre et compose dans les styles les plus divers. Ainsi, dans le domaine de la musique pour clavier, son style improvisé parvient à son apogée avec la *Fantaisie chromatique et fugue* et s'enrichit de nombreux recueils d'études commes les *Inventions* (écrites pour ses enfants) et le premier livre du *Clavecin bien tempéré*. Ses suites pour violoncelle seul perpétuent la tradition allemande de la musique pour instruments à cordes non accompagnés. Dans sa musique d'ensemble, il adopte surtout la forme de la sonate à l'italienne, tout en se démarquant à bien des égards du style de ses modèles. Ainsi, dans ses sonates pour flûte ou pour violon et clavecin (ou basse continue), il attribue au clavecin une ligne mélodique élaborée au lieu de laisser l'instrumentiste réaliser une partie de continuo. Pour l'orchestre, il a écrit quatre suites à la française (la deuxième, en si mineur, est conçue pour flûte et cordes) et des concertos pour divers instruments solistes dans le style de Vivaldi. Les plus célèbres sont les six *Concertos brandebourgeois* dédiés au margrave de Brandebourg (1721).

Cette fécondité dans le domaine de la musique profane montre que J. S. Bach n'était pas seulement un compositeur de musique religieuse. Il aurait pu rester à Cöthen où il se plaisait visiblement. Mais la mort tragique de sa femme, pendant un séjour qu'il effectuait à Carlsbad en juillet 1720, le laisse seul avec quatre jeunes enfants. Il postule pour la place d'organiste de Saint-Jacob à Hambourg et aurait certainement été nommé s'il avait accepté de se conformer à l'usage en faisant une donation à l'église (dans d'autres églises, la coutume voulait que le postulant épouse une parente de l'organiste précédent !). En décembre 1721, il épouse Anna Magdalena Wilcker, fille d'un trompettiste de la cour. Elle est âgée de vingt ans et elle possède une belle voix de soprano. J. S. Bach écrira à son intention son premier ouvrage de vulgarisation, le *Klavierbüchlein*, pour lui permettre d'apprendre à jouer des instruments à clavier. À la même époque, le prince de Cöthen se marie : sa femme s'intéresse peu à la musique et son enthousiasme personnel décline rapidement ; Bach se met alors à la recherche d'un nouvel emploi. En 1723, il est nommé cantor à Saint-Thomas de Leipzig, poste qui lui est proposé après les refus de Telemann et de Graupner (l'employeur de Graupner avait refusé de le dégager de ses fonctions). Néanmoins, Bach conservera de bonnes relations avec la cour de Cöthen et, en 1729, il composera une cantate funèbre pour la mort du prince Leopold.

(*c*) Leipzig. En tant que cantor, Bach cumule les fonctions de professeur, de directeur de la musique dans plusieurs églises et de compositeur pour les grandes circonstances de la vie publique. Il enseigne la musique aux élèves de la fondation, où il semble aussi attentif envers ceux qui ont du talent qu'intolérant à l'égard de ceux qui en sont privés. Avec ses élèves, il pourvoit à la musique de quatre églises : dans deux d'entre elles se déroulent des services dominicaux élaborés réclamant une nouvelle cantate un dimanche sur deux, en alternance (dans les deux autres églises, il peut déléguer ses fonctions). Pour les grandes occasions, il est autorisé à élargir son groupe d'élèves avec des musiciens de la ville ; mais, en général, les éléments qu'il parvient à réunir ne sont pas à la hauteur. Au cours des premières années qu'il passe à Leipzig, Bach compose ou remanie une cantate pour chaque dimanche et pour chaque fête importante ; il en écrira ainsi environ 150 entre 1723 et 1727. La plupart d'entre elles sont difficiles à jouer, notamment les parties solistes, et leur interprétation devait certainement laisser à désirer (certains comptes rendus permettent de savoir que ces exécutions étaient généralement mauvaises et que Bach s'en prenait ensuite à ses élèves). J. S. Bach se distingue de ses contemporains par la variété des formes, et plus spécialement par le bonheur avec lequel il trouve un équivalent musical correspondant exactement à l'image du texte. Ses cantates sont inégales, mais on y trouve beaucoup de chefs-d'œuvre et même les partitions les plus ternes renferment souvent des pages très intéressantes. La *Passion selon saint Jean*, composée avant de quitter Cöthen, est l'une des premières œuvres qu'il donne à Leipzig, le vendredi saint 1724. Il a sans doute composé d'autres œuvres analogues qui ont disparu par la suite ; quant à la plus belle d'entre elles, la *Passion selon saint Matthieu*, elle s'avérera trop élaborée pour la congrégation et pour les anciens de la ville (voir aussi *Passion*, 3).

Au cours de cette période, Bach déploie une énergie exceptionnelle et étend ses activités à l'église de l'université (il doit en fait se contenter d'un compromis et partager cette responsabilité avec l'organiste de Saint-Nicolas). Toutefois, en 1730, déçu par les conditions de travail dans lesquelles il doit exercer à Saint-Thomas, il rédige un mémoire assez sec destiné aux autorités ecclésiastiques, dans lequel il réclame des améliorations ; pour toute réponse, il reçoit une menace de réduction de salaire. Bach se met alors une nouvelle fois en quête d'une place, lorsqu'un recteur remarquable, qui comprend ses besoins, est nommé à la tête de l'école. Un autre événement l'incite à rester : sa nomination comme directeur du *Collegium musicum* de la ville, en 1729, qui lui permet de pénétrer un cercle d'étudiants et de mélomanes avertis. Il écrit alors moins de cantates et se consacre à la révision et à la composition d'œuvres antérieures pour clavier, qu'il réunit sous le titre de *Clavierübung* (4 volumes, 1731-42) : dans ce recueil sont regroupés le *Concerto italien*, les partitas, certaines grandes pièces pour orgue et les *Variations Goldberg*. Le *Clavierübung* a certainement été conçu comme une étude d'ensemble de la musique pour clavier. J. S. Bach arrange et compose également des concertos pour clavecin, certains pour deux, trois ou quatre instruments solistes.

En 1734, les problèmes se multiplient avec le nouveau recteur du collège Saint-Thomas et, en 1736, les querelles qui entourent la nomination des préfets de chorales prennent un telle ampleur que l'affaire est traduite devant les tribunaux de Dresde. L'année suivante, Bach abandonne la direction du *Collegium musicum*, mais il reprend ses fonctions en 1739. En 1736, il est nommé compositeur de la cour du roi de Saxe, ce qui lui permet de se rendre fréquemment à Dresde. Il donne ainsi régulièrement des récitals d'orgue dans d'autres villes. Sa famille lui fait honneur : Wilhelm Friedemann est organiste à l'église Sainte-Sophie de Dresde et Carl Philipp Emanuel musicien à la cour de Frédéric le Grand à Berlin. Malheureusement, Anna Magdelena perd en bas âge dix de leurs treize enfants. Il ne faut pas accorder une importance excessive à une certaine idée romantique selon laquelle, de son vivant, J. S. Bach n'aurait pas été reconnu à sa juste valeur ; il apparaît davantage comme un prophète que son propre pays n'a pas su couvrir d'honneurs.

Au cours des dernières années de sa vie, Bach compose assez peu pour la routine quotidienne ; il préfère réunir ses premières œuvres et les remettre en ordre. En 1742, il termine le second recueil du *Clavecin bien tempéré* et commence la révision et la publication de ses premiers préludes de choral. Pour compléter des parties déjà composées (le *Kyrie* et le *Gloria* datent de 1733, le *Sanctus* de 1724), il termine la *Messe en si mineur* vers 1747 ; mais cette œuvre n'a pas été conçue comme un tout. Une visite à Berlin, où Frédéric le Grand le reçoit avec enthousiasme, donne naissance à l'*Offrande musicale* (1747), un ensemble de pièces et de canons très éléborés qui encadrent une sonate en trio, véritable concession au goût moderne. Enfin, un vaste recueil didactique qui restera inachevé, l'*Art de la fugue*, offre un panorama complet de l'art du contrepoint au XVIIIe siècle. Au cours des dernières années de sa vie, J. S. Bach est atteint de cécité. John Taylor, l'oculiste de Haendel, ne parviendra pas à le guérir. Il sera enterré avec honneur près de la porte sud de l'église Saint-Jean. Les autorités ecclésiastiques traiteront avec bassesse Anna Magdalena qui mourra dans la misère en 1760.

(*d*) *Réputation et influence*. L'opéra est le seul genre musical que n'ait pas abordé J. S. Bach, alors qu'à cette époque il était synonyme de renom et de fortune pour les compositeurs. J. S. Bach n'était pas davantage un virtuose voyageur : il a essentiellement vécu dans les régions du centre de l'Allemagne où il a acquis une solide réputation d'organiste. Comme la plupart des compositeurs qui ont vécu jusqu'à un certain âge, son style de jeunesse est passé de mode au fil des années, en raison même de sa complexité : la musique de Hasse, par exemple, semble simple à côté de la sienne. Même ses premières œuvres, qui se référaient pourtant aux styles en vogue, n'ont pas connu une diffusion importante, car J. S. Bach avait peu de contacts avec les éditeurs de Venise et des Pays-Bas. Tous ces traits sont caractéristiques de la famille Bach, quoique certains des fils de Jean-Sébastien se soient éloignés de la tradition, notamment Johann Christian, auquel les voyages et l'expérience de l'opéra conférèrent une renommée plus importante que celle de son père.

La survie de la musique de J. S. Bach et sa renaissance sont liées aux causes qui en ont limité la diffusion au milieu du XVIIIe siècle. Bach était un compositeur savant ; parmi ses œuvres publiées peu après sa mort, on trouve surtout des fugues, des canons et divers exemples de son habileté contrapuntique. Sa ferveur religieuse se rattache moins au siècle des lumières qu'à la fin du romantisme qui s'identifie à sa façon de traduire le mystère du christianisme. J. S. Bach était un musicien allemand, donnée fondamentale, au moins à un double point de vue : lorsque s'éveille la conscience nationale allemande, au XIXe siècle, l'intérêt se porte vers un compositeur qui semble devoir peu de chose aux cultures étrangères (nous savons aujourd'hui que c'est inexact). En outre, l'Allemagne est un terrain privilégié pour des travaux historiques comme l'archéologie et l'étude des archives. J. S. Bach ayant légué de nombreux manuscrits à ses fils, le matériel se trouve accessible à des ensembles comme la Singakademie de Berlin, un chœur qui se consace à la renaissance de la musique ancienne. En 1829, Mendelssohn dirige la *Passion selon saint Matthieu* à la tête de la Singakademie. Bach redevient à la mode, surtout dans la bourgeoisie. Schumann et Liszt composent des fugues dans le style de Bach ; des associations portant son nom se forment dans toute l'Europe et il est le premier compositeur dont l'œuvre bénéficie d'une édition intégrale (la *Bach-Gesellschaft* a été entreprise en 1850 ; la *Neue Bach-Gesellschaft,* nouvelle édition fondée sur une étude plus approfondie des sources, est en cours de publication depuis 1954).

En dehors de Beethoven, J. S. Bach est probablement le musicien le plus adulé. Il est considéré comme le plus grand compositeur de tous les temps, mais on a donné à son œuvre différentes interprétations philosophiques qui le desservent. Contrairement à ce qu'affirment ses plus fervents admirateurs, aucun compositeur ne peut répondre à l'ensemble des besoins musicaux de l'homme. Les limites de J. S. Bach sont celles qu'imposent le protestantisme et l'obligation de composer sur commande. Certaines œuvres, écrites pour les services dominicaux, peuvent manquer d'intérêt et, comme l'ont souligné ses contemporains, Bach se montre parfois trop complexe, ignorant souvent les caractéristiques fondamentales de la voix humaine ou des instruments (en cela, il s'oppose à son illustre contemporain, Haendel). Sa portée émotionnelle, loin d'être négligeable, manque de cette pénétration des sentiments mouvants de l'homme que Mozart possède au plus haut point ; et, dans les rares occasions où il montre une pointe d'humour, il peut paraître assez lourd. Ses qualités fondamentales sont étroitement liées à ses convictions religieuses. Les chœurs finals des passions ou de la *Messe en si mineur,* ou le retour au thème à la fin des *Variations Goldberg* engendrent des sentiments très profonds, uniques en leur genre. En outre, pour le musicien qui aime à résoudre des problèmes (la musique et les mathématiques ne manquent pas d'affinités), l'ingéniosité et l'habileté de J. S. Bach restent une source de joie permamente.

3. *Après Johann Sebastien.* J. S. Bach a eu vingt enfants (sept de son premier mariage, treize du second) sur lesquels cinq de ses six fils survivants ont épousé une carrière musicale, trois d'entres eux devenant même des compositeurs célèbres. Son fils aîné, **Wilhelm Friedemann Bach** (Weimar, 22 novembre 1710 ; Berlin, 1er juillet 1784) étudie la musique avec son père. Il suit les cours de l'école Saint-Thomas avant de faire son droit à l'Université de Leipzig. A vingt ans, il est déjà un organiste confirmé et, en 1753, il devient titulaire des orgues de l'église Sainte-Sophie de Dresde, poste d'importance secondaire qui lui permet de compo-

ser de la musique de chambre et des symphonies dans un style assez conservateur. En 1746, sa nomination comme organiste à la Liebfrauenkirche de Halle ne lui apporte pas véritablement la réussite, mais il y compose un grand nombre de cantates religieuses et quelques intéressantes polonaises pour clavecin. Il démissionne en 1764, quitte Halle en 1770 et, au cours des années suivantes, mène une carrière assez terne d'organiste et de compositeur indépendant. Il passera les dix dernières années de sa vie à Berlin dans la misère. Il représente l'exemple même de l'artiste éclipsé par son père, dont le talent n'a jamais pu s'épanouir.

Carl Philipp Emanuel Bach (Weimar, 4 mars 1714 ; Hambourg, 14 décembre 1788) connaît davantage de succès. Il fait également ses études à l'école Saint-Thomas et son droit à l'université de Francfort-sur-Oder. Dès son plus jeune âge, il montre des dons certains pour les instruments à clavier et, en 1740, il obtient le poste de claveciniste à la cour de Frédéric le Grand, à Berlin ; son rôle principal consiste à accompagner le roi lorsqu'il joue de la flûte. Lassé au bout de quelques années, il cherche à retrouver sa liberté, mais les problèmes qu'il rencontre le maintiennent à ce poste pendant vingt-huit ans.

Il publie à Berlin l'un des grands ouvrages consacrés au jeu des instruments à clavier, le *Versuch über die wahre Art das Clavier zu spielen* (1753), traduit en français par Denis Collins, *Essai sur la manière de jouer des instruments à clavier*, Paris (1979). Ce livre révèle autant ses propres méthodes que celles de son père.

En 1768, il s'installe à Hambourg comme cantor à la Lateinschule, où il succède à Telemann et occupe un poste analogue à celui de son père à Leipzig. Bien payé, il travaille dans des conditions comparables à celles de Leipzig ; toutefois, il ne se révolte pas contre l'autorité, préférant révéler ses capacités dans une série de concerts où il déploie d'étonnants talents d'improvisateur. Ses œuvres destinées au clavecin et aux premiers *pianoforte* révèlent les côtés les plus intimes de son caractère et il est l'un des représentants les plus importants de l'*Empfindsamer Stil* (voir *Empfindsamkeit*). Haydn admire ses sonates. Ses symphonies et ses concertos sont également dignes d'intérêt. Il mène une agréable vie de bourgeois et se mêle à un cercle d'érudits (écrivains et étudiants) tout en faisant preuve d'un sens des affaires assez développé. Il conservera intacte sa part des manuscrits paternels qu'il léguera à un groupe d'amis berlinois, parmi lesquels figurent Marpurg et Agricola.

Troisième fils survivant du premier mariage de J. S. Bach, **Johann Gottfried Bernhard Bach** (Weimar, 11 mai 1715 ; Iéna, 27 mai 1739) fait ses études à l'école Saint-Thomas et, à dix-neuf ans, sur la recommandation de son père, devient organiste à la Marienkirche de Mühlhausen ; deux ans plus tard, il occupe un poste identique à Sangerhausen (à l'ouest de Halle). Mais, criblé de dettes, il doit fuir ses créanciers et perd tout contact avec son père ; il mourra à Iéna, où il était censé poursuivre des études de droit.

Des trois fils survivants du second mariage de J. S. Bach, **Johann Christoph Friedrich Bach** (Leipzig, 21 juin 1732 ; Bückeburg, près de Hanovre, 26 janvier 1795) fait aussi son droit à l'Université de Leipzig. En 1750, il devient musicien de la chambre du comte de Schaumburg-Lippe, à Bückeburg. Il y mème une vie agréable et fructueuse, composant de nombreuses œuvres de musique de chambre, des sonates et des concertos pour clavier. Il écrit des oratorios et cantates sur des textes de Gottfried Herder, un poète célèbre qui devient son ami intime. A la mort du comte, en 1777, l'atmosphère de la cour devient moins agréable ; il demande quelques semaines de congé pour se rendre à Londres l'année suivante avec son frère. A son retour à Bückeburg, il fait exécuter des opéras de Gluck et de Mozart et s'oriente vers un style de composition plus classique. Son fils, **Wilhelm Friedrich Ernst Bach** (Bückeburg, mai 1759 ; Berlin, 25 décembre 1845) s'affirmera comme un excellent instrumentiste à clavier, devenant musicien à la cour du roi de Prusse Frédéric Guillaume II. Il est notamment l'auteur d'un *Concerto buffo* dans lequel il fait intervenir des jouets.

Aucun des membres de la famille n'a connu la réputation du cadet des fils de J. S. Bach, **Johann Christian Bach** (Leipzig, 5 septembre 1735 ; Londres, 1er janvier 1782). Il était sans doute le favori de son père, mais il y a tout lieu de croire que cette préférence n'aurait pas duré si l'on se réfère à la suite de sa carrière.

Après quelques années d'études avec Carl Philipp Emanuel Bach à Berlin, après la mort de son père, il se rend en Italie où il travaille avec le padre Martini et se convertit au catholicisme. En 1760, il est nommé organiste de la cathédrale de Milan, composant alors beaucoup de musique religieuse. A cette époque, il se tourne vers l'opéra : il reçoit la commande d'*Artaserse* pour Turin et de deux opéras pour le Teatro San Carlo de Naples. En 1762, il accepte de devenir compositeur du King's Theatre à Londres.

Il devient en outre professeur de musique de la reine Charlotte, avec un salaire de 300 livres par an qui lui permet de s'enrichir d'une façon appréciable et de se mêler à la haute société. Gainsborough fera son portrait à deux reprises. Ce n'est pas à l'opéra qu'il doit ses plus grands succès (ses pastiches d'œuvres d'autres compositeurs sont souvent mieux accueillis que ses propres partitions). Il s'affirme surtout dans le cadre des concerts qu'il dirige avec C. F. Abel et pour lesquels il compose environ cinquante symphonies, trente-cinq concertos pour clavier et un grand nombre d'œuvres de musique de chambre. Son style annonce celui de Mozart (qui le rencontre à l'âge de huit ans à Londres, en 1764, et qui gardera ses œuvres dans une grande estime). Bien orchestrée (il introduit la clarinette dans l'orchestre lyrique anglais) et toujours mélodieuse, sa musique connaît un succès populaire facile à comprendre. Néanmoins, peu avant 1780, son entreprise de concerts rencontre des difficultés qui le couvrent de dettes. Victime d'une dépression nerveuse en 1781, il meurt peu après avec 4 000 livres de dettes. La reine paiera ses funérailles et accordera une pension à sa veuve. Il ne laissera pas d'enfants.

Un autre membre de cette génération, petit-cousin de J. S. Bach, mérite d'être mentionnée : **Johann Ernst Bach** (Eisenach, 28 janvier 1722 ; Eisenach, 1er septembre 1777). Il reçoit l'éducation traditionnelle des Bach à l'école Saint-Thomas, puis à l'Université de Leipzig. Il exerce la profession de juriste pendant une courte période, mais succède rapidement à son père **Johann Bernhard** (1676-1749) comme organiste de l'église Saint-George d'Eisenach avant de devenir *Kapellmeister* à la cour de cette ville. Il a composé beaucoup de musique pour clavier ainsi qu'une passion.

Lorsque s'éteint cette génération, les Bach perdent de leur importance dans l'histoire de la musique. Plusieurs membres de la famille continuent à exercer dans la musique, mais aucun ne parvient à s'imposer.

La famille Bach a fait l'objet de nombreuses spéculations sur la transmission des dons musicaux : sont-ils héréditaires ou peuvent-ils s'enseigner ? S'il est possible d'inculquer l'art de la musique à quiconque possède quelques connaissances innées (comme c'est souvent le cas chez les enfants de musiciens), aucun don n'est pourtant aussi capricieux que le talent. Les parents peuvent faire travailler leurs enfants, mais tout ce qui leur permettra d'accéder au plus haut niveau leur échappe.

Denis Arnold.

BIBLIOGRAPHIE : Carl Philipp Emanuel Bach, *Essai sur la vraie manière de jouer des instruments à clavier*, Lattès (Paris, 1979). J. S. Bach, *Les Écrits*, Éd. Entente (Paris, 1976). Alberto Basso, *Bach*, Fayard, 2 vol. (Paris, 1984-85). Edmond Buchet, *J. S. Bach, après deux siècles d'études et de témoignages*, Buchet-Chastel (Paris, 1985). Roland de Candé, *Jean-Sébastien Bach*, Seuil (Paris, 1984). Gilles Cantagrel, *Bach en son temps*, Hachette-Pluriel (Paris, 1982)/ *Bach*, Éd. du Chêne (Paris, 1985). Alexandre Cellier, *Les Passions et l'Oratorio de Noël de J. S. Bach*, Ed. Musicales de la Libr. de France (Paris, 1929). Jacques Chailley, *Les Passions de J. S. Bach*, PUF (Paris, 1963, rééd. 1984). Norbert Dufourcq, *J. S. Bach, le maître de l'orgue*, Éd. de Fleury (Paris, 1948), rééd. Picard (Paris, 1984). Johann Nikolaus Forkel, *Vie et travaux de J. S. Bach* (éd. par Alfred Dürr), Flammarion (Paris, 1981). Karl Geiringer, *Jean-Sébastien Bach*, Seuil (Paris, 1970). Karl et Irène Geiringer, *Bach et sa famille*, Buchet-Chastel (Paris, 1955). Georges Guillard, *J. S. Bach et l'orgue*, PUF ; coll. Que sais-je ? (Paris, 1987). Hermann Keller, *Le Clavier bien tempéré de J. S. Bach*, Bordas (Paris, 1972). Ralph Kirkpatrick, *Le Clavier bien tempéré*, Lattès (Paris, 1985). Claude Lehmann, *J. S. Bach*, Seghers (Paris, 1964). Luc-André Marcel, *Bach*, Seuil, coll. Solfèges (Paris, 1961, rééd. 1983). André Pirro, *L'Orgue de Jean-Sébastien Bach*, Fischbacher (Paris, 1895). *J. S. Bach*, Alcan (Paris, 1906), rééd. Les Introuvables (Plan-de-la-Tour, 1977) / *L'Esthétique de J. S. Bach*, Fischbacher (Paris, 1907), rééd. Minkoff (Genève, 1973 et 1987). Robert Pitrou, *Jean-Sébastien Bach*, Albin Michel (Paris, 1946). Boris de Schloezer, *Introduction à J. S. Bach, essai d'esthétique musicale*, Gallimard (Paris, 1947, rééd. 1979). Yvonne Tiénot, *J. S. Bach*, Lemoine (Paris, 1951). Pierre Vidal, *Bach et la machine-orgue*, Still (Fontenay-sous-Bois, 1973). Philippe et Gérard Zwang, *Guide* pratique des cantates de Bach, Robert Laffont (Paris, 1982).

B.A.C.H. Les lettres qui forment le nom de Bach (si bémol, la, do, si, dans la notation allemande) ont servi de thème musical à plusieurs œuvres, dont l'*Art de la fugue* de J. S. Bach, *Sechs Fugen über den Namen Bach (Six fugues sur le nom de Bach) op.60* de Schumann, *Fantaisie et fugue sur B.A.C.H.* et *Prélude et fugue sur B.A.C.H.* de Liszt, *Fantaisie et fugue sur B.A.C.H.* de Reger, *Fantasia contrappuntistica* de Busoni, les *Variations pour orchestre op.31* de Schoenberg, le *Quatuor à cordes op.28* de Webern ainsi que des œuvres de Casella, Eisler, Fortner, Honegger, Koechlin, Malipiero, Poulenc, Rimski-Korsakov et Roussel.

Bacharach, Burt (Kansas City, 12 mai 1928). Compositeur américain. Après avoir reçu une formation musicale au collège, il suit, en privé, les cours de Milhaud, Martinů, etc. Libéré de ses obligations militaires, il devient l'accompagnateur de Vic Damone et de différents chanteurs, puis l'adaptateur et le directeur musical de Marlène Dietrich. En 1968, il écrit avec Hal David le tube *Promises, promises.* Considéré comme l'un des chefs de file de la musique pop, il est surtout connu pour ses musiques de film. En 1970, il remporte un *Academy Award* pour la musique de *Butch Cassidy et le Kid* qui comprend la chanson *Raindrops Keep Falling on my Head.*

Peter Gammond.

Bacheler, Daniel (vers 1574 ; après 1610). L'un des principaux compositeurs de musique instrumentale anglais sous le règne d'Élisabeth et de Jacques Ier. Particulièrement populaires de son vivant, ses œuvres pour luth présentent un intérêt comparable à celles de Dowland. Il a également composé de la musique d'ensemble. On sait peu de chose de sa vie en dehors du fait qu'il a vécu à Aston Clinton, dans le Buckinghamshire, et a été gentilhomme de la chambre de la reine.

John Milsom.

Bachelet, Alfred (Paris, 26 février 1864 ; Nancy, 10 février 1944). Compositeur français. Grand prix de Rome en 1890, il fait une carrière de chef d'orchestre à l'Opéra de Paris avant de succéder à Guy Ropartz, en 1919, comme directeur du Conservatoire de Nancy. Ses principales œuvres sont des opéras : *Scemo* (1914), *Quand la cloche sonnera* (1914), *Un jardin sur l'Oronte* (1932).

Alain Pâris.

Bachianas Brasileiras. Œuvres de Villa-Lobos qui mêlent des éléments de musique brésilienne à l'esprit contrapuntique de J. S. Bach. Chacune des neuf partitions est conçue en forme de suite et comporte deux titres, l'un reflétant l'influence baroque et l'autre se référant au style populaire brésilien : n° 1 pour huit violoncelles (1930) ; n° 2 pour orchestre (1930) ; n° 3 pour piano et orchestre (1938) ; n° 4 pour piano et orchestre (1930-36) ; n° 5 pour soprano et (au moins) huit violoncelles (1938-45) ; n° 6 pour flûte et basson (1938) ; n° 7 pour orchestre (1942) ; n° 8 pour orchestre (1944) ; n° 9 pour chœur ou orchestre à cordes (1945).

Bachofen, Johann Caspar (Zurich, 26 décembre 1695 ; Zurich, 23 juin 1755). Compositeur et professeur de chant suisse. Professeur et cantor à Zurich dès 1720, il devient en 1742 cantor de la cathédrale et directeur du chœur d'hommes. Ses œuvres comprennent de nombeux hymnes très populaires en Suisse, un recueil de psaumes (*Psalmen Davids,* 1734) et une passion sur un texte de Brocks (1759).

Wendy Thompson.

Backfall (angl.). Terme anglais du XVIIIe siècle désignant une *appogiature descendante dont la notation et l'exécution peuvent revêtir les deux formes suivantes :

ou

Voir également *Forefall.*

Badinage, badinerie (all. : *Tändelei*). Pièce ou mouvement de caractère léger et frivole que l'on rencontre souvent dans les suites composées au XVIIIe siècle (*Suite pour orchestre en si mineur BWV 1067* de J. S. Bach).

Badings, Henk (Bandung, Java, 17 janvier 1907) ; Maarheeze, 26 juin 1987). Compositeur néerlandais. Il reçoit d'abord une formation d'ingénieur des mines et de géologue à l'Université technique de Delft (1930-34) avant de se tourner, en autodidacte, vers la composition. Il occupe plusieurs postes d'enseignant aux Pays-Bas et en Allemagne et dirige le Conservatoire de La Haye entre 1941 et 1944. Ses premières œuvres, à l'orchestration épaisse et aux longues lignes mélodiques, trahissent l'influence de Hindemith, Honegger et Milhaud, mais leur texture s'allège au cours des années cinquante. A la même époque, Badings commence à faire des incursions ponctuelles dans le domaine de la musique électronique et utilise parfois de nouveaux systèmes d'accords. Il a composé de nombreuses symphonies, concertos et autres pièces pour orchestre, ainsi que des cantates et de la musique de chambre.

Paul Griffiths.

Bagatelle (fr. et all.). Courte pièce instrumentale au propos modeste, généralement destinée au clavier. Certaines pièces pour clavecin du *Dixième Ordre* de François Couperin portent comme titre *Les Bagatelles.* Beethoven a composé 26 bagatelles pour piano, notamment la fameuse *Lettre à Élise (Für Elise).*

Baïf, Antoine de (Venise, 19 février 1532 ; Paris, 19 septembre 1589). Poète français, fondateur en 1570 de l'Académie de poésie et de musique à laquelle participa notamment Claude Le Jeune. Cette académie cherchait à réaliser un équilibre parfait entre la poésie et la musique, à l'image de l'art grec. Baïf est l'auteur de plus de deux cents chansons mises en musique par des compositeurs comme Roland de Lassus, Claude Le Jeune ou J. Mauduit.

Alain Pâris.

Baile (esp.). Divertissement composé de danse, de poésie et de musique, joué entre les actes des pièces de théâtre au XVIIe ou au XVIIIe siècle. Ce terme s'applique également à certaines formes de danse ou au ballet. Voir également *Ballo.*

Baillot, Pierre (Marie, François de Sales) (Passy, 1er octobre 1771 ; Paris, 19 septembre 1842). Violoniste et compositeur français, élève de Reicha et de Cherubini au Conservatoire de Paris, il a été violon solo de la chapelle de Napoléon, de Charles X et de Louis-Philippe. Il a laissé de nombreuses œuvres pour violon ainsi qu'une méthode instrumentale *l'Art du violon* (1834), qui a été largement utilisée.

Alain Pâris.

Baird, Tadeusz (Grosdzisk, 26 juillet 1928 ; Varsovie, 4 août 1981). Compositeur polonais. Il étudie la composition avec Kazimierz Sikorski à l'Université de Varsovie (1947-51) et ses premières œuvres relèvent d'un style assez conventionnel. En 1956, il s'oriente vers une écriture sérielle et se trouve bientôt, avec Lutoslawski et Penderecki, à la tête de l'avant-garde polonaise ; la plus grande partie de sa musique évolue dans une atmosphère sombre et émouvante. Son écriture pour orchestre, notamment dans les *Quatre essais* (1958) et diverses autres œuvres, évoque parfois Berg ou Mahler.

Paul Griffiths.

Baiser, Le (*Hubička*). Opéra en deux actes de Smetana sur un livret de E. Krásnohorská d'après un récit de K. Světlá. Créé à Prague en 1876.

Baiser de la fée, Le. Ballet en quatre scènes de Stravinski dont le scénario s'inspire de *La Vierge de glace* d'Andersen. La musique est basée sur des pièces pour piano et des mélodies de Tchaïkovski, auxquelles Stravinski a ajouté des séquences de transition dans un style analogue. Créé à Paris en 1928 dans une chorégraphie de Nijinska.

Baisser. Ce terme s'applique généralement aux instruments à cordes lorsque l'on accorde une corde en dessous de la note habituelle pour élargir la tessiture normale de l'instrument.

Bakfark, Bálint [Valentin] (Brassó, en Transylvanie [aujourd'hui Brașov, en Roumanie], 1507 ; Padoue, 15 ou 22 août

1576). Compositeur et luthiste hongrois, célèbre à son époque dans toute l'Europe. Il passe sa jeunesse à la cour du voïvode de Transylvanie et reste à son service lorsque celui-ci devient roi de Hongrie. A la mort du roi, en 1540, Bakfark se rend en Italie puis en France où il entre au service de l'archevêque de Béthune à Paris. Il se rend ensuite à la cour du roi de Pologne, Sigismond II Auguste Jagellon, où il se livre, semble-t-il, à diverses activités diplomatiques tout en occupant un poste de musicien. Il quitte le service du roi en 1566 et s'installe à Padoue vers 1571 où il mourra cinq ans plus tard, victime de la peste. Bakfark s'est surtout consacré à la transcription de madrigaux, de chansons et de motets d'autres compositeurs, mais il a également composé un certain nombre de fantaisies qui (avec celles de Francesco da Milano) sont un modèle de l'ancienne écriture strictement polyphonique destinée au luth.

Denis Arnold.

Balakirev, Milij (Alexéïevitch) (Nijni Novgorod, aujourd'hui Gorki, 2 janvier 1837 ; Saint-Pétersbourg, 29 mai 1910). Compositeur russe. D'origine noble, comme Glinka et Dargomijski, il découvre comme eux la musique populaire dès son plus jeune âge. Grâce à son ami Alexandre Oulibichev (1794-1858), gentilhomme propriétaire qui faisait autorité sur Mozart et possédait un orchestre privé, il réalise ses premières expériences dans le domaine de l'orchestration et acquiert une connaissance approfondie des grands classiques. Sa rencontre avec Glinka suscite la recherche d'une musique spécifiquement russe. Glinka voyait en lui l'Élisée de son Élie ; mais son style est parfois davantage « oriental » ou « caucasien » que « russe », et une grande partie de sa musique pour piano (Balakirev était un bon pianiste) trahit l'influence de Liszt, comme sa fantaisie orientale *Islamey* (1869, rév. 1902). Il a fondé à Saint-Pétersbourg une institution qui a beaucoup contribué à la diffusion de la doctrine nationaliste – l'École libre de musique. Il a rassemblé et publié des airs du folklore national et peut être considéré comme le chef spirituel du « Groupe des Cinq » (réunissant autour de lui Cui, Moussorgski, Rimski-Korsakov et Borodine). Son poème symphonique *Thamar* (1867-82) (dédié à Liszt) et sa fantaisie orientale *Islamey* (que joua Liszt) ont beaucoup contribué à sa réputation. Il a composé deux symphonies, une ouverture et de la musique de scène pour le *Roi Lear* de Shakespeare (1858-61, rév. 1902-05) mais n'a jamais abordé l'opéra.

Au milieu de sa vie, il connut de longues périodes d'inactivité dues à des crises spirituelles.

Voir également *Russie et Union soviétique*, 4.

Percy Scholes rév.

BIBLIOGRAPHIE : Victor Seroff, *Le Groupe des Cinq*, Plon (Paris, 1949).

Balalaïka. Instrument à cordes russe dont la caisse est de forme triangulaire. Le manche, long et fin, est muni de 16 à 31 frettes et de trois cordes ; la première, la corde mélodique, en acier, est généralement accordée sur la^3 alors que les deux autres, en boyau ou en nylon, sont accordées à la quarte inférieure (toutes deux sur mi^3). Ces deux dernières cordes sont jouées alternativement « à vide », comme un bourdon, ou avec le pouce. L'instrumentiste gratte les trois cordes avec l'index de la main droite, mais il peut aussi les gratter une à une. L'exemple reproduit ci-dessous est tiré de la méthode de balalaïka de M. Ignateev (Francfort, 195 ?) ; il s'agit d'un exercice pour débutant conçu sur une chanson populaire russe : le signe ⊓ correspond à un balayage des cordes vers le bas, le signe V à un balayage vers le haut ; le fa dièse^3 et le la^3 de la troisième et de la quatrième mesure s'obtiennent sur les 2e et 3e cordes, raccourcies ensemble par le pouce gauche, et le sol dièse^3 de la troisième mesure avec le quatrième doigt. La famille des balalaïkas comporte six instruments de taille différente qui constituent un orchestre ; la plus grande, la balalaïka contrebasse,

Ex. 1

comporte une pique qui repose sur le sol comme la contrebasse.

L'apparition de la balalaïka remonte au début du XVIIIe siècle ; elle avait alors la forme caractéristique en demi-poire des luths à long manche (voir *Luth*, 4), comme la *tamborista* balkanique. La forme triangulaire s'est rapidement imposée, peut-être simplement, à l'origine, pour disposer d'une caisse de résonance moins timbrée. Avant les modifications qu'elle connut à la fin du XIXe siècle, les cordes et les frettes (diatoniques) étaient en boyau. A partir de 1880, elle subit de nombreuses transformations, principalement dues à V. V. Andreev, le premier grand « modernisateur » des instruments populaires russes. La *domra* est une balalaïka dont la caisse est arrondie et plate ; sa forme actuelle est une reconstitution d'un instrument qui était pratiquement oublié à l'époque des travaux d'Andreev. Elle comporte également différentes tailles et permet de former un orchestre. Son nom provient du kirghize « tambura ».

Anthony Baines.

Balancement. Terme du XVIIIe siècle désignant le trémolo, surtout utilisé pour indiquer le **Bebung* dans l'écriture pour clavicorde ou un **vibrato* dans l'écriture vocale ou dans celle des cordes.

Balanchine, Georges Mélitonovitch [Balantchivadzé] (Saint-Pétersbourg, aujourd'hui Leningrad, 22 janvier 1904 ; New York, 30 avril 1983). Chorégraphe russe naturalisé américain. Après avoir commencé sa carrière dans les Ballets russes de Diaghilev à Paris, il fonde et dirige l'actuel New York City Ballet et crée l'école de l'American Ballet à New York, en 1934. Son étroite collaboration avec Stravinski commence avec *Apollon* (à l'origine *Apollon musagète*). Son imagination fertile et son exceptionnelle sensibilité musicale lui ont permis d'aborder un répertoire de ballets essentiellement non narratifs, qui est à l'origine du ballet classique américain.

Noël Goodwin.

BIBLIOGRAPHIE : Bernard Taper, *Balanchine*, Lattès (Paris, 1980).

Balassa, Sándor (Budapest, 20 janvier 1935). Compositeur hongrois, élève de E. Szervansky à l'Académie de musique de Budapest. Adepte d'un art expressionniste, il a remporté le 1er prix de la Tribune internationale des compositeurs à Paris en 1972 avec son *Requiem pour Lajos Kassák*. Il est l'auteur d'un opéra, *Sur le seuil*, créé à Budapest en 1978.

Alain Pâris.

Balbastre, Claude-Bénigne (Dijon, 22 janvier 1727 ; Paris, 9 mai 1799). Organiste et compositeur français. Après avoir étudié l'orgue avec son père, organiste à Saint-Médard de Dijon, puis avec Claude Rameau, frère du célèbre compositeur, il s'installe à Paris en 1750 où il devient l'élève de J.-Ph. Rameau lui-même. Il remporte un succès considérable en jouant des concertos pour orgue au Concert spirituel et, en 1760, il est nommé organiste à Notre-Dame de Paris. En 1776, il est l'organiste du futur Louis XVIII, mais ses relations avec la famille royale seront à l'origine de sa disgrâce au moment de la Révolution. Il parvient à se « racheter » en jouant des airs patriotiques – notamment son propre arrangement de *La Marseillaise* – aux orgues de Notre-Dame. Il mourra néanmoins dans la misère.

Les premières pièces pour clavier de Balbastre portent des titres descriptifs à la manière de Couperin et de Rameau, mais il est venu assez rapidement aux sonates dans le style *galant*. Ses œuvres les plus connues sont sans doute les *noëls* qu'il jouait tous les ans à Saint-Roch pour la messe de minuit.

Denis Arnold.

Balfe, Michael William (Dublin, 15 mai 1808 ; Rowney Abbey, Herts, 20 octobre 1870). Compositeur et chanteur (baryton) irlandais. Après avoir vécu quelque temps à Paris et à Berlin, il débute dans la capitale française en 1827 dans le rôle de Figaro du *Barbier de Séville* de Rossini. Il chante également à la Scala de Milan dans les années 1830 et incarne Papageno lors de la première représentation à Londres de *La Flûte enchantée* de Mozart, en 1838. Il est également l'auteur de nombreux opéras, notamment *I Rivali di se stessi* (1829), *Falstaff* (1838) et *The Bohemian Girl* (1843, *La Bohémienne*) ainsi que de la ballade « Come into the Garden, Maud ».

Baline, Israel. Voir *Berlin, Irving*.

Ball, Eric (Bristol, 31 octobre 1903). Compositeur anglais qui, pendant plus d'un demi-siècle, s'est consacré à la musique chorale et à des œuvres pour ensembles de cuivres ; il a dirigé pendant quelque temps l'orchestre de l'Armée du Salut et la plupart des grands ensembles de cuivres anglais ; il a effectué des tournées en Australie, en Nouvelle-Zélande, au Canada, aux USA et en Europe. Ses premières œuvres pour ensembles de cuivres remontent à 1922. Il a reçu de nombreuses commandes pour des concours nationaux qui ont donné naissance à des partitions comme *Resurgam* (1950), *Festival Music* (1956), *Journey into Freedom* (1967), *High Peak* (1969) et *A Kensington Concerto* (1972). Dans sa musique liturgique, il faut retenir *A Christchurch Cantata* (1972) et *For All Mankind* (1973). Il a également réalisé de nombreux arrangements pour ensembles de cuivres, notamment trois rhapsodies sur des negro spirituals.

Peter Gammond.

Ballabile (ital.). « Adapté à la danse ».

Ballade. (angl. *Ballad*). 1. A la fin du Moyen Age, ce mot avait déjà perdu son sens original de mélodie dansée et, au XVIe siècle, il désignait couramment la quasi-totalité des mélodies à une voix. Dans les attractions qu'il introduit à l'acte IV, scène 4 du *Conte d'hiver*, Shakespeare fait intervenir un chanteur de ballades itinérant de l'époque : « Il chante différents airs plus vite que vous ne compteriez de l'argent ; il les entonne si bien qu'il semble qu'il ait mangé des ballades et que toutes les oreilles s'allongent à sa voix. » Cette description ne comporte aucune des caractéristiques de la ballade, mais il revient sur le sujet un peu plus loin : « Voici une autre ballade. Elle est d'un poisson qui a paru sur la côte le mercredi, quatre-vingts avril, à quarante mille brasses au-dessus de l'eau, qui a composé cette ballade contre les filles au cœur dur. » On y trouve déjà certains traits de la ballade telle qu'elle sera définie au XVIIIe siècle : vers narratifs contant des thèmes merveilleux, historiques, héroïques ou sentimentaux ; ses autres caractéristiques sont la *forme strophique (avec ou sans refrain), les strophes de quatre vers aux rimes alternées et une simplicité dépouillée.

Le marchand de ballades de Shakespeare, vendant ses feuilles imprimées, est resté populaire en Angleterre jusqu'au XVIIIe siècle, comme on peut le voir sur plusieurs tableaux de Hogarth. L'auteur de la première édition du présent ouvrage, Percy Scholes, avait lui-même recueilli le témoignage de personnes ayant connu le célèbre Mattha Doo et sa famille (fils et gendres) ; au XIXe siècle, on les voyait toujours sur les marchés, dans les foires, les ventes publiques, aux combats de lutte et aux démonstrations équestres, aux courses et aux élections dans le West Cumberland. Ils y allaient à deux, chacun s'installant sur un petit tabouret et vantant sa marchandise en chantant ; en période électorale, chacun défendait un parti différent et chantait de nouvelles ballades conçues pour la circonstance. Tout meurtre, accident ou tragédie pouvait faire l'objet d'une ballade qui commençait généralement par :

> Venez tous, chrétiens au cœur tendre
> Et écoutez moi.

Dans *English Folk-song and Dance* (1935), Iolo A. Williams raconte avoir entendu sur la place du marché de Cambridge, pendant le procès Crippen (médecin américain exerçant à Londres, qui avait assassiné sa femme en 1910), un homme colportant des ballades aux cris de : « Écoutez tous ! Les dernières chansons ! Tout sur le sale docteur ! » ; et, pendant la crise économique des années trente, un poème sur le chômage et ses souffrances circulait dans les rues de Londres. Cette tradition s'est perpétuée en Irlande où les troubles donnent encore naissance à des chansons.

On dit fréquemment que les puritains, qui détestaient la musique, ont interdit le chant et la vente des ballades pendant la courte période durant laquelle ils ont exercé le pouvoir. Il y eut en fait des ordonnances interdisant la vente de ballades en 1643, 1647, 1648 et 1649, non par opposition à la musique, mais pour des raisons politiques. Malgré ces ordonnances, bon nombre de ballades ont continué à être publiées et officiellement enregistrées au Stationer's Hall (hôtel de la corporation des libraires, relieurs et papetiers à Londres) : ainsi, en 1656, à l'apogée du gouvernement de Cromwell, on en compta 156. On peut donc supposer que cette interdiction ne s'appliquait pas aux ballades dûment soumises aux autorités avant publication et qui ne comportaient aucun élément subversif ou indécent.

Pendant une assez longue période, les chanteurs de ballades devaient posséder une licence pour exercer leur métier, comme les autres artistes itinérants, et le monopole de ces licences (source de revenus appréciable) appartenait au Master of the King's Revels (intendant des menus plaisirs du roi). Ainsi pouvait-on lire dans la *London Gazette* du 13 avril 1682 :

> Attendu que Mr. John Clarke, de Londres, libraire de son état, a obtenu de Charles Killigrew Esq. [intendant des menus plaisirs] la concession des licences pour tous les chanteurs de ballades pendant cinq ans ; que cette période arrive à expiration le 25 mars prochain, jour de la fête de l'Annonciation : il est donc signifié par la présente à tous les chanteurs de ballades qu'ils doivent retirer leur licence à l'Office of the Revels, à Whitehall, les autorisant à chanter et à vendre des ballades et de petits livres selon une ancienne coutume...

A différentes époques, des hommes aux goûts littéraires très raffinés ont su apprécier la simplicité fruste et pourtant naturelle des ballades, comme le jardinier de métier peut goûter le charme des fleurs sauvages. Dans *The Spectator* (nº 85, 1711), Addison porte aux nues ce genre de composition et mentionne que Dryden en possédait « une belle collection et prenait beaucoup de plaisir à les lire ». Pepys (1633-1703) recueillait toutes les ballades qu'il trouvait et les a laissées à son ancien collège de Magdalene, à Cambridge. Au cours du XVIIIe siècle, les ballades sont un peu oubliées et méprisées par les intellectuels ; mais, en 1765, l'évêque Percy en sauvera un recueil manuscrit des mains d'une servante qui l'utilisait pour allumer le feu et le publiera (avec d'autres musiques populaires analogues) malgré le mépris de son ami, le docteur Johnson. Ce recueil, *Reliques of Ancient Poetry*, est parvenu en Allemagne et certains grands poètes allemands de l'époque ont commencé à leur tour à écrire des ballades (comme *Lenore* de Bürger et *Erlkönig* de Goethe). Le mouvement littéraire romantique allemand qui se développe à cette époque, s'inspirant de ces ballades et d'autres sources et légendes populaires (notamment des écrits gaéliques de James Macpherson, plus connu sous le nom d'Ossian), est à l'origine du mouvement musical romantique, indissociable des noms de Weber, Schumann, Wagner, etc. (voir *Romantisme*). Carl Loewe a mis en musique de très belles traductions allemandes de ballades écossaises ; il a également écrit avec Schubert la musique d'*Erlkönig* et de nombreux autres lieder dont les paroles sont une imitation allemande du style de la ballade britannique.

Pour la ballade anglaise du XIXe siècle, voir *Ballade de salon*.

Percy Scholes, rév. Denis Arnold.

2. La ballade est l'une des trois formes poétiques couramment utilisées pour les chansons des XIVe et XVe siècles (voir également *Rondeau* ; *Virelai*). Elle trouve sa forme définitive dans les œuvres de Guillaume de Machaut, avec trois strophes de structure identique se terminant chacune par le même refrain (ci-dessous en italique) et chantées chacune sur la même musique :

MUSIQUE

Texte	Musique
Gais et jolis, liez, chantans et joieus Sui, ce m'est vis, en gracieus retour	a
Pleins de desir et en cuer familleus De revoir me dame de valour,	a
Si qu'il n'est mauls, tristesse ne dolour Qui de mon cuer peüst joie mouvoir : *Tout pour l'espoir que j'ay de li veoir.*	b

La rime utilisée pour le premier distique de chaque strophe est reprise dans le second ; tous deux sont chantés sur la première partie de la musique (a) alors que la deuxième partie (b) s'applique aux vers suivants. Chaque strophe adopte donc la forme aab.

La ballade est restée la principale forme poétique des compositeurs de la fin du XIVe siècle. Ils ont souvent choisi des textes dans lesquels l'amour courtois se mêle à des allusions classiques ou mythologiques. Certaines ballades relatent des événements importants, d'autres contiennent des éloges extravagants d'éminentes personnalités politiques ; on pouvait alors tirer avantage de cette forme en répétant un nom ou une devise dans le refrain final de chaque strophe. Ainsi, dans « Se July Cesar » de Trebor, le dédicataire, Gaston de Foix (aussi appelé « Phebus »), est comparé à certains grands noms du passé :

MUSIQUE

Se July Cesar, Rolant et roy Artus
Furent pour conqueste renoumez ou monde, } a
Et Yvain, Lancelot, Tristain ne Porus
Eurent pour ardesse los, pris et faconde, } a
Au jor d'uy luist et en armez tous ceuronde
Cyl qui por renon et noble sorte
« Febus avant » en s'enseigne porte. } b

Au XVe siècle, la ballade perd de sa popularité, sauf en Angleterre, en tant que moyen d'expression des chansons d'amour courtois, mais on en retrouve toujours la forme dans des pièces écrites pour des occasions spécifiques, comme « Resveilles-vous » de Dufay, composé pour le mariage de Carlo Malatesta en 1423, ou « Mort tu as navre de ton dart » de Jean de Ockeghem, lamentation sur la mort de Gilles Binchois (1460), célèbre compositeur de chansons.

Peter Davies.

3. Titre donné par Chopin à des pièces pour piano de genre dramatique, assez développées, l'équivalent musical de la ballade poétique de type héroïque. Chopin a composé quatre ballades : *op.23 en sol mineur, op.38 en fa majeur, op.47 en la bémol majeur* et *op.52 en fa mineur.* Brahms, Liszt, Grieg et Fauré ont également utilisé ce titre pour des pièces instrumentales.

Ballade de salon (angl. : *drawing-room ballad*). Forme de chanson qui a peu de points communs avec la *ballade traditionnelle, en dehors du fait que certaines d'entre elles racontent une histoire. Les ballades de salon étaient essentiellement strophiques, d'une nature généralement romantique et souvent sentimentale. Le raffinement du texte en favorisait la diffusion dans les salons familiaux, d'où leur nom. Elles tirent leur origine des chansons qui étaient exécutées aux soirées musicales populaires dans les London Pleasure Gardens ; certaines sont fortement italianisées comme celles de J. C. Bach et de Haendel. Les accompagnements étaient simples, à la portée de l'amateur moyen. Elles ont acquis une très grande popularité lorsqu'est apparue l'édition musicale à bon marché, vers 1800, et avec les « Popular Concerts », créés par la maison d'édition Chappell en 1858. Dans ces concerts, la place accordée aux chansons s'est accrue progressivement au point de les transformer en « concerts de ballades ». Une série de concerts analogue a vu le jour à partir de 1867, organisée par la maison d'édition Boosey.

L'époque victorienne voit se multiplier les soirées musicales où l'on chante autour du piano, car les particuliers achètent de plus en plus de pianos. La ballade de salon continuera à s'épanouir tout au long du XIXe siècle, son déclin dans les années vingt étant dû à l'apparition du gramophone et de la radio, ainsi qu'à l'influence du jazz sur la musique populaire. La nature même de la ballade de salon en a fait un domaine privilégié des femmes compositeurs : Liza Lehmann, Frances Allitsen, Florence Aylward, Teresa del Riego, Guy d'Hardelot et Amy Woodforde-Finden comptent parmi les plus célèbres.

Peter Gammond.

Ballades de François Villon. Trois mélodies de Debussy sur des vers de Villon (1910) : *Ballade de Villon à s'amye, Ballade que fait Villon à la requeste de sa mère, Ballade des femmes de Paris.*

Ballad horn (angl.). Instrument à pistons de la famille des cuivres, de forme circulaire, conçu pour des amateurs à la fin de l'ère victorienne. Voir *Cuivres,* 4.

Ballad opera (angl.). Forme spécifiquement anglaise de divertissement théâtral qui s'apparente au *vaudeville français de la fin du XVIIe et du début du XVIIIe siècle et au *singspiel allemand, sur lequel il a exercé une influence. Il se compose d'une pièce parlée entrecoupée de nombreux numéros chantés (jusqu'à 70 dans certains cas) dont la musique est empruntée à des mélodies populaires de l'époque.

La vogue du *ballad opera* remonte à 1728, avec *The Beggar's Opera* de John Gay. Il doit son énorme succès en partie à une critique croustillante de la haute société et du gouvernement (notamment du Premier ministre Walpole), en partie au fait qu'il tourne en ridicule l'opéra italien : les Londoniens avaient toujours sévèrement critiqué l'opéra italien qui n'était pour eux qu'un divertissement dramatique dans une langue étrangère incompréhensible à la majeure partie du public. La mode ainsi lancée dura environ huit ans, période pendant laquelle virent le jour environ 90 *ballad operas.* L'énorme succès du *ballad opera* a causé de sérieuses difficultés aux compositeurs italiens et, même après la disparition de sa forme la plus développée, des œuvres plus courtes d'un style analogue (parfois appelées « farces » par erreur) se sont multipliées comme baisser de rideau après une pièce parlée.

La musique se composait généralement d'une ouverture, les mélodies étant accompagnées légèrement au clavecin et parfois annoncées par une introduction. Les airs, adaptés au texte poétique, étaient empruntés à de multiples sources, ballades de rues ou mélodies d'autres compositeurs (*The Beggar's Opera* reprend la marche de *Rinaldo* de Haendel). L'intérêt majeur du *Beggar's Opera* était le contexte social dans lequel il se situait, qui se retrouve dans des pièces comme *The Cobbler's Opera* qui se déroule à Billingsgate ; mais dans *The Village Opera* (1729), Charles Johnson aborde des sujets plus sentimentaux et pastoraux, laissant peu de place à la satire et à l'esprit. C'est sous cette forme que le *ballad opera* renaît de ses cendres après 1760 avec *Love in a Village* (1762) et *Thomas and Sally* (1760) de Thomas Arne. Toutefois, ces partitions ne sont pas de véritables *ballad operas*, car elles empruntent leur musique aux opéras-comiques de l'époque et ne sont en fait que des pastiches ; parfois, elles ne sont l'œuvre que d'un seul compositeur et, dans ce cas, doivent être assimilées aux opéras-comiques. C'est sous cette dernière forme que le *ballad opera* est devenu le prototype du singspiel allemand.

Le caractère spécifiquement anglais du genre tient à la prééminence des paroles sur la musique ; toutefois, sans la musique, le *ballad opera* perd tout son attrait. À cet égard, il présente une similitude avec les soi-disant « demi-opéras » de Purcell et les opérettes de Gilbert et Sullivan (dont l'esprit s'en rapproche parfois beaucoup, alliant la satire et les mélodies faciles à retenir). Cet étrange mélange en interdit toute renaissance à notre époque, sauf pour *The Beggar's Opera* qui a remporté un réel succès au XXe siècle. En Amérique, le *ballad opera* a connu le succès grâce à une œuvre anglaise, *Flora, or Hobin the Well*, représentée à Charleston en 1735. Le *Beggar's Opera* a été représenté pour la première fois aux États-Unis en 1750, à New York. Par la suite, tous les opéras anglais les plus populaires du genre – et de ceux qui ont suivi – ont été rapidement représentés aux États-Unis, constituant pendant longtemps la seule forme de divertissement lyrique : l'Amérique n'a en effet découvert l'opéra français et l'opéra italien que dans les dernières années du XVIIIe siècle et n'a connu aucune tentative sérieuse de promotion de l'opéra italien avant 1825.

Percy Scholes, rév. Denis Arnold.

Ballard. Dynastie d'imprimeurs, d'éditeurs de musique et de compositeurs français. Ils se sont imposés sur le marché de l'imprimerie musicale en France, dont ils ont conservé le monopole pendant plus de deux siècles. Robert Ballard (1525-30 ; 1588) et son cousin, le célèbre luthiste et compositeur Adrian Le Roy (vers 1520-98), fondèrent la maison Le Roy & Ballard en 1551. Ils obtinrent un privilège exclusif du roi Henri II et, en 1553, succédèrent à Pierre Attaingnant comme imprimeurs de musique du roi ; monopole que la famille Ballard conserva soigneusement jusqu'au XVIIIe siècle. Leur association avait l'avantage d'allier le sens artistique de Le Roy au sens des affaires de Ballard et la maison produisit d'élégantes éditions d'une qualité remarquable : leurs pages de titres et leurs belles-lettres initiales offrent un sommaire de motif Renaissance accompli.

Leur répertoire était considérable : entre 1551 et 1598, ils publièrent environ 3 000 œuvres en 350 éditions, comprenant près de 2 000 chansons, plus de 600 motets, environ 500 psaumes et chansons spirituelles, plus de 200 pièces italiennes et espagnoles, des messes, de la musique pour instruments à cordes pincées (dont des ouvrages d'enseignement), et des traités théoriques. Ils éditèrent de nombreuses œuvres de Lassus, ami personnel de Le Roy, ainsi que des pièces d'Arcadelt, Goudimel, Janequin, Le Jeune, Sermisy, etc.

Pierre Ballard (1575-80 ; 1639), fils de Robert Ballard, repris l'affaire à la mort de Le Roy, conserva son monopole et publia de nombreux recueils d'airs de cour, de psaumes, de musique pour luth et pour orgue ainsi que les exemples musicaux de la célèbre *Harmonie universelle* (1636-37) de Mersenne. Son fils, Robert (vers 1610-73) fut le premier à publier des partitions d'orchestre et fit paraître les premiers opéras français (de Cambert). Avec son fils Christophe (1641-

1715), l'affaire continua à prospérer ; vers 1700, il possédait quatre presses et employait neuf ouvriers et deux apprentis, éditant des œuvres de Lully, Charpentier, des Couperin et de nombreux autres compositeurs de moindre renom. Il éditait également en série des publications périodiques populaires, comme les airs sérieux et à boire.

A partir de 1670, Ballard voit s'accroître le nombre de ses opposants, non seulement à cause de son monopole, mais aussi en raison de son attitude conservatrice : la maison refusait d'adopter les nouvelles techniques de gravure et persistait à utiliser des notes en forme de losange et les initiales du XVIe siècle. Elle commença à décliner et, en 1790, un décret royal abolit son privilège. Le dernier membre de la famille mourut en 1825.

Voir également *Édition musicale*, 4.

J. M. Thomson.

Ballata (ital.). La *ballata* est l'une des trois formes poétiques utilisées dans les chansons profanes italiennes du XIVe et du début du XVe siècle (les deux autres étant le *madrigal et la **caccia*) ; le poème reproduit ci-dessous, mis en musique par Matteo da Perugia, en donne un excellent exemple :

Gia da rete d'amor libera et sciolta Era questa alma et hor e in pianti volta	} ripresa
Che tue eterna bellezze al mondo sole Qual non ebbe Dyana in fonte o in riva	} piede I
Con sembianti leggiadri et con parole Han d'ogni alto parlar la mente priva	} piede II
Pero nympha celeste tanto diva Ne me sia dal bel viso merze tua	} volta
Gia da rete d'amor libera et sciolta Era questa alma et hor e in pianti volta.	} ripresa

Pour mettre en musique un tel poème, le compositeur devait prévoir deux sections musicales (a et b). La *ripresa* (ou refrain) se chantait sur la première partie et les deux *piedi*, présentant une rime différente, sur la seconde. Il en résulte la forme musicale AbbaA (la *ripresa* étant indiquée par la lettre A).

Piedi et *volta* forment ensemble une strophe. Certaines *ballate* regroupent plusieurs strophes, mais on ne sait pas si la *ripresa* était répétée entre chacune (A b^1 b^1 a^1 A b^2 b^2 a^2 A, etc.) ou simplement énoncée au début et à la fin du poème (A b^1 b^1 a^1 b^2 b^2 a^2... A).

La *ballata* n'a aucun rapport avec la *ballade française (en fait, sa forme ressemble à celle du *virelai) mais, à la fin du XIVe siècle, elle connut chez les compositeurs italiens une vogue analogue à celle de la ballade au nord des Alpes. Ainsi, Francesco Landini, auteur de 154 œuvres profanes, a composé 141 *ballate*. Cette préférence se ressent également, dans une moindre mesure, chez d'autres grands compositeurs comme Bartolino da Padova, Andrea da Firenze et Paolo Tenorista.

Par la suite, les compositeurs italiens se tourneront davantage vers le style musical français à la mode et vers les différentes formes qui en découlent et, ce qui est paradoxal, la *ballata* fera sa dernière apparition importante dans les œuvres de compositeurs français travaillant en Italie entre 1420 et 1430, comme Guillaume Dufay ou Hugo de Lantins.

Peter Davies.

Ballet

1. Des origines à 1830
2. Du ballet romantique au ballet classique, 1830-1900
3. Diaghilev et l'Occident, 1900-40
4. Danse moderne aux Etats-Unis et en Europe
5. L'URSS depuis 1917
6. Principales tendances en Occident depuis 1945

1. *Des origines à 1830*. Les origines du ballet, considéré comme un élément constitutif du théâtre, remontent aux divertissements de cour de la Renaissance en Italie où les maisons princières et ducales rivalisaient par la splendeur de leurs distractions. La mode du ballet se propage en France après le mariage de Catherine de Médicis et d'Henri II en 1533. La nouvelle reine fait ensuite venir d'Italie un adaptateur de danses qui se fait connaître sous le nom de Balthasar de Beaujoyeux. Il supervise la réalisation du *Ballet des Polonais* (1573), premier ballet de cour d'importance, sur une musique de Lassus « jouée par trente violes », et acquiert sa renommée avec *Le Ballet comique de la Royne* (1581) qui marque les débuts du ballet de cour.

La forme du ballet de cour comprenait des scènes mimées et chantées, en nombre variable, introduites par quelques vers d'explication récités ou chantés ; certains numéros étaient chantés (solistes et chœurs), d'autres étaient confiés aux seuls instruments à cordes. Dans *Le Ballet comique* de Beaujoyeux, la mythique Circé et son pouvoir maléfique devaient se soumettre au roi de France, et les nobles qui participaient au ballet, alourdis par des costumes très élaborés, se déplaçaient en formant des figures géométriques et symboliques ; ils dansaient néanmoins toujours face au souverain. Les pas étaient empruntés à différentes danses et ont été analysés pour la première fois dans l'*Orchésographie* de Thoinot Arbeau (Langres, 1588).

L'arrivée de Lully à la cour de Louis XIV, alors âgé de treize ans (1652), marque une nouvelle étape importante dans l'évolution du ballet de cour. Les préférences de Lully vont à une expression musicale dramatique qu'il inscrit dans des formes chorales et orchestrales plus vastes ; il définit, sous leurs formes de danses de cour, le menuet (grâce auquel Louis XIV acquiert le surnom de « Roi Soleil », du rôle qu'il jouait dans *Le Ballet de la nuit*, 1653), la gavotte, le rigaudon, la bourrée, le passepied et la loure, chacune possédant une métrique propre. Lully collabore avec Molière à une célèbre série de comédies-ballets, dont *Le Bourgeois gentilhomme* (1670) est probablement la plus connue. La première production entièrement dansée, sans paroles ni chansons, est *Le Triomphe de l'amour* (1681), sur une musique de Lully et une chorégraphie de Pierre Beauchamp ; les membres de la noblesse y étaient remplacés par des danseurs professionnels et Mademoiselle Lafontaine créa ainsi le rôle de « première danseuse » de ballet.

L'élément professionnel n'intervient qu'après les décrets de Louis XIV instituant, en 1661, l'Académie royale de danse où treize professeurs de danse sont nommés pour « rétablir l'art dans sa perfection », et surtout l'Académie royale de musique en 1669 (qui allait devenir l'Opéra de Paris). La première s'intéresse aux danses exécutées en société et à la cour ; la seconde s'enrichit d'une école de danse en 1772 dans le but de former des artistes pour le nouvel opéra-ballet représenté au théâtre, dont Campra et Rameau seront les compositeurs dominants. Le ballet prend donc un visage professionnel à partir de 1672 ; l'école de danse s'agrandira et ne quittera plus l'Opéra à partir de 1713.

A la même époque, un nouveau genre s'impose progressivement sous la forme du ballet d'action dont l'histoire se limite strictement à la musique, au mime et à la danse, sans paroles ni chant. Le premier ballet conçu dans cette nouvelle esthétique est *The Tavern Bilkers* (1702), ballet-pantomime de John Weaver, parfois surnommé « le père de la pantomime anglaise » ; il montera par la suite le premier ballet d'action sérieux, *The Loves of Mars and Venus* (1717) au Drury Lane Theatre. A Sceaux, en 1715, deux danseurs français, Françoise Prévost et Jean Balon, dansent dans le même style une scène de la tragédie de Corneille, *Horace*.

D'autres réformes importantes surviennent lorsque la danseuse Marie-Anne Camargo (1710-70), qui était entrée à l'Opéra de Paris en 1726, raccourcit ses jupes légèrement au-dessus de la cheville pour mettre en valeur sa nouvelle technique de jeu de jambes, avec des mouvements et des pas vifs considérés jusqu'alors comme une prérogative masculine. Lors de la création du ballet *Pygmalion*, en 1734 à Covent Garden (théâtre que dirigeait alors Haendel), la grande rivale de Camargo, Marie Sallé (1707-56), dont la carrière fut couronnée de succès tant à Londres qu'à Paris, abandonna les jupes à paniers pour un simple drapé et coiffa ses cheveux lâchement au lieu de porter une perruque élaborée.

La figure prédominante du ballet d'action était alors Jean-Georges Noverre (1727-1810). Ses chorégraphies s'inspirent de sujets mythologiques et historiques et il a tenté de remplacer les conventions artificielles et les démonstrations de virtuosité par une danse expressive sur le plan dramatique, avec une musique « écrite pour correspondre à chaque phrase et à chaque pensée ». En 1776, il est nommé professeur de ballet à l'Opéra de Paris, succédant à Gaétan Vestris (1729-1808), l'éminent « danseur noble » du siècle. Pendant ce temps, à Vienne, Noverre entre en conflit avec le chorégraphe italien Gaspero Angiolini (1731-1803) : ce dernier attribuait les réformes de Noverre à son propre professeur, Franz Hilverding (1710-68), dont les ballets d'action viennois incarnaient les mêmes idées. C'est pour Angiolini que Gluck composa en 1761 *Don Juan ou le Festin de Pierre* – partition très descriptive grâce à laquelle la musique devient un élément important du ballet et non un simple fond sonore d'accompagnement. S'il avait continué dans cette voie, Gluck aurait pu apporter au ballet une réforme aussi importante que celle qu'il réalisa dans le domaine de l'opéra ; mais le temps et les circonstances ne s'y prêtèrent sans doute pas.

Deux élèves de Noverre ont joué également un rôle important. Jean Dauberval (1742-1816) a été le premier à faire entrer dans un ballet des personnages de la vie quotidienne (*La Fille mal gardée*, Bordeaux, 1789), alors que Charles Didelot (1767-1837) étendait l'individualité du danseur dans *Flore et Zéphire* (Londres, 1796), ballet qui comportait une machinerie facilitant l'équilibre sur les pointes ; on lui doit d'ailleurs l'apparition des chaussons de pointe. Didelot se rendra en Russie dans le sillage d'Hilverding, qui avait été responsable des ballets à Saint-Pétersbourg et à Moscou à partir de 1759. Trois ans auparavant, l'impératrice Catherine II avait institué le système d'État des théâtres impériaux où l'on trouvait un premier élément de ballet issu de la première école russe, fondée en 1738 par le maître de ballet français Jean-Baptiste Landé (mort en 1748). Le premier maître de ballet russe de renom est Ivan Valberkh (1766-1819), un élève d'Angioloni qui a été directeur à Saint-Pétersbourg en 1794, avant de s'installer à Moscou en 1807. Saint-Pétersbourg passe alors sous l'influence durable de Didelot, tout d'abord entre 1801 et 1811, période durant laquelle il jette les bases de ce qui allait devenir le célèbre style de danse de Saint-Pétersbourg, puis de 1816 jusqu'à sa mort ; il monte alors un grand nombre de ballets importants, notamment le premier ballet tiré d'une œuvre de Pouchkine, *Le Prisonnier du Caucase* (1823). Didelot semble avoir accordé plus d'attention à la musique qu'aucun autre chorégraphe de son époque et il exigeait un sens musical analogue de ses danseurs.

Pendant ce temps, un Napolitain, Salvatore Viganò (1769-1821), neveu de Boccherini, apportait son concours à Beethoven pour *Les Créatures de Prométhée* (à l'origine *Gli Uomini di Prometeo*), représenté à Vienne en 1801. En 1813, Viganò devient maître de ballet à Milan. Il donne une importance sans cesse accrue à la danse-mime expressive au sein du ballet d'action qui débouche sur des ballets tirés des grands dramaturges, notamment Shakespeare ; Stendhal chantera les louanges d'un *Coriolan* et d'un *Othello*. Sa démarche sera prolongée par Carlo Blasis (vers 1795-1878), auteur du *Traité élémentaire, théorique et pratique de l'art de la danse* (Milan, 1820), premier ouvrage codifiant les méthodes sur lesquelles repose encore l'enseignement du ballet classique.

La musique composée par Beethoven pour *Prométhée* (Frederick Ashton en a réalisé une nouvelle chorégraphie à Bonn en 1970 pour le Royal Ballet, à l'occasion du bicentenaire de la naissance de Beethoven) était inhabituelle pour son époque, car elle était spécifiquement destinée au ballet ; les ballets se dansaient généralement sur des œuvres partiellement composées par un musicien du théâtre et partiellement constituées de mélodies tirées d'opéras ou d'airs déjà connus et dont le texte se rapportait à l'action visuelle, aidant donc à la définir. Toute musique originale était surtout composée pour les danses imposées et correspondait au rythme, à la structure et au nombre de mesures prescrites par le chorégraphe – elle était écrite en fait pour suivre les impératifs de la danse. Les partitions intégralement destinées au ballet commencent à voir le jour à partir de 1820. Dans ce domaine, Hérold joue un rôle essentiel et sa musique pour une nouvelle version de *La Fille mal gardée* (Paris, 1828) reste la base musicale des productions actuelles (notamment la chorégraphie d'Ashton pour le Royal Ballet en 1960, qui a été reprise par d'autres ballets dans le monde entier). Halévy, successeur de Hérold à l'Opéra de Paris, est l'auteur de la musique du ballet de Jean Aumer *Manon Lescaut* (Paris, 1830) qui, pour la première fois sans doute, utilise une forme primitive du leitmotiv, pour identifier les personnages, ce qui suscita l'admiration de Meyerbeer.

2. *Du ballet romantique au ballet classique : 1830-1900.* En matière de ballet, les termes « romantique » et « classique » s'appliquent dans un sens chronologique inverse à celui des autres arts. Le ballet classique est la suite du ballet romantique, dont l'image est d'abord incarnée par Marie Taglioni (1804-84). Dès ses débuts à Milan en 1822, elle est formée par son père, Filippo Taglioni, qui cherche à mettre au point un style de danse essentiellement basé sur

la légèreté du mouvement, la grâce de l'image et la modestie du comportement. Ce style est rehaussé par une nouvelle esthétique du costume, avec une jupe à mi-mollets, diaphane, évasée et un corsage ajusté ; des chaussons de pointe viennent compléter l'effet artistique, avec des pas légers et délicats.

Le ballet devient de ce fait l'art de l'illusion, exprimant un esprit romantique comparable à celui des autres disciplines artistiques, que ce soit la musique de Berlioz et de Chopin, ou la littérature de Walter Scott et de Victor Hugo. Taglioni est la première danseuse à personnifier le romantisme dans la version originale de *La Sylphide*, réalisée par son père à l'Opéra de Paris en 1832 sur un scénario attribué au ténor Adolphe Nourrit et sur une musique du deuxième chef des chœurs de l'Opéra, Jean Schneitzhöffer. Taglioni avait déjà travaillé avec Nourrit en 1831, menant le ballet des nonnes damnées dans l'opéra de Meyerbeer, *Robert le diable*, et son style éthéré hantera tous les ballets suivants.

Son influence met un terme à l'ancienne domination du danseur noble masculin et oblige les compositeurs de ballets à mettre l'accent sur la légèreté et la grâce aux dépens des personnalités et des situations. Taglioni avait un homologue, la danseuse viennoise Fanny Elssler (1810-84) qui excellait dans les danses d'origine populaire, comme la *cachucha* espagnole et le *krakowiak* polonais, ainsi que dans les ballets d'un genre plus terre à terre, comme *La Gypsie* et *La Tarentule* (tous deux de 1839). Elle est la première danseuse de renom à avoir effectué des tournées aux États-Unis, où elle s'est produite pendant deux ans à partir de 1840 ; ce voyage, profitable tant sur le plan artistique que financier, n'a pas semé le moindre germe de ballet aborigène.

Carlotta Grisi (1819-99), cousine des célèbres cantatrices Giuditta et Giulia Grisi, domine ensuite le ballet à Paris. Elle est la protégée de Jules Perrot (1810-92), qui après avoir été le partenaire de Taglioni s'est tourné vers la chorégraphie ; avec Jean Coralli (1770-1854), maître de ballet à l'Opéra de Paris, il réalise un raccourci du ballet romantique dans *Giselle* (Paris, 1841), travaillant en collaboration avec le poète Théophile Gautier et le compositeur Adolphe Adam. Adam étend l'usage de l'ancien leitmotiv et de la réminiscence musicale pour renforcer l'appel aux émotions et l'effet dramatique. Toutefois, dès la première représentation, sa partition se trouve enrichie d'un pas de deux de Frédéric Burgmüller et, dans les productions russes ultérieures, on y intercalera des pages d'autres compositeurs qui n'ont pas été identifiés. Dans les productions du XXe siècle, la partition de *Giselle* a toujours été réorchestrée d'après une réduction pour piano, car l'orchestration originale d'Adam a depuis longtemps disparu.

Après avoir épousé Grisi, Perrot l'emmène à Londres où il travaille pendant six ans à Her Majesty's Theatre dans les années quarante ; il fait de la capitale anglaise un important centre de ballet, y montant *Giselle* et y créant une série de ballets d'action romantiques qui unissent des éléments dramatiques, exotiques et surnaturels, notamment *Ondine* (1843), *La Esmeralda* (1844), *Catarina* (1846) et *Lalla Rookh* (1846). Ces œuvres dépeignent des personnages sympathiques et leur histoire vit grâce à la danse, bien que la musique de Cesare Pugni se limite à soutenir les rythmes et à accroître le côté émotionnel par sa simplicité mélodique et harmonique.

En 1845, Perrot crée l'historique *Pas de quatre* à Her Majesty's Theatre, qui lui permet de présenter quatre des principales ballerines de l'époque dans la même œuvre : Taglioni, Grisi, une autre Italienne, Fanny Cerrito (1817-1909), et la Danoise Lucile Grahn (1819-1907). Cette dernière représentait l'école danoise de ballet romantique créée par Auguste Bournonville (1805-79), natif de Copenhague, qui travailla avec Vestris à Paris avant de revenir chez lui diriger le ballet de la cour danoise (aujourd'hui Ballet royal danois) pendant près d'un demi-siècle, à partir de 1830.

Durant cette période, Bournonville créa plus de cinquante ballets de genres très différents ; il acquit un style distinctif qui, entre autres caractéristiques, maintenait le statut du danseur au niveau de celui de la ballerine. En 1836, il mit en scène sa propre version de *La Sylphide* pour Grahn, sur le modèle de celle de Taglioni, mais avec une nouvelle musique d'Herman Lövenskjold. Cette version a survécu, plus ou moins intacte, jusqu'à nos jours, la tradition Bournonville s'étant perpétuée sans heurt et indépendamment du reste du ballet européen jusqu'au XXe siècle ; aujourd'hui encore, *La Sylphide, Napoli* et d'autres œuvres restent présentes au répertoire d'autres compagnies nationales.

Dans une certaine mesure, l'opéra de Weber, *Silvana* (1810), avait anticipé de plus de vingt ans sur *La Sylphide*, en situant l'action autour de l'esprit silencieux des bois et de ses danses. Les danses occupent également une place importante dans *Preciosa, Euryanthe* et *Oberon* et le ballet reste indissociable de l'opéra pendant la majeure partie du XIXe siècle. Glinka avait pris des leçons de ballet dans sa jeunesse et il applique cette expérience pratique au théâtre dans *Ivan Soussanine (La Vie pour le tsar)* et *Rouslan et Ludmila*, avec des danses qui s'intègrent à l'action dramatique. Rossini incorpore deux scènes de danses à son opéra *Guillaume Tell* (1829) et, lors de la création, Marie Taglioni tenait le rôle de la danseuse tyrolienne. Son apparition dans *Robert le diable*, deux ans plus tard, apporte la preuve que le ballet pouvait jouer à l'opéra un rôle plus que décoratif, Meyerbeer s'en servant pour détourner le héros des sentiers de l'honneur.

A cette époque, plus pour des raisons sociales que musicales, le ballet s'impose comme un élément indispensable à tous les opéras produits à Paris, que le contexte le justifie ou non. L'attitude de Verdi à cet égard mérite d'être mentionnée. Il ajoute une séquence de ballet, *Jérusalem*, à la production parisienne des *Lombards*, et inclut un ballet des quatre saisons dans la partition originale des *Vêpres siciliennes* ; il ajoute également des danses gitanes-espagnoles au *Trouvère*, pour sa création en langue française. Hécate danse avec les sorcières dans *Macbeth* ; et un ballet de la reine vient enrichir la version parisienne de *Don Carlos*. Résistant aux pressions, il n'intercale aucun ballet dans *Rigoletto*, mais la dernière musique qu'il composera pour le théâtre, en 1894, est un divertissement pour *Otello*.

A partir des années 1850, le ballet romantique connaît une période de déclin artistique et se trouve remplacé par des airs de bravoure individuels ou des spectacles médiocres. Vingt ans seulement après *Giselle*, la première représentation parisienne de *Tannhäuser* (1881) se déroule dans un contexte révélateur de la situation dans laquelle était tombé le ballet romantique à Paris : certains spectateurs, arrivés en retard, manquèrent la totalité du ballet, situé au début de l'acte I, et se mirent à pousser des cris de protestation qui compromirent l'avenir de cet opéra. Certains compositeurs français, comme Berlioz, Gounod ou Massenet, chercheront néanmoins à assurer l'avenir des ballets d'opéra. D'autres feront alterner opéra et ballet en tant que formes complémentaires, comme Adam, Auber ou Delibes, un élève d'Adam, dont *Coppélia ou la Fille aux yeux d'émail* (1870) et *Sylvia* (1876) marquent un certain renouveau qualitatif de la musique de ballet, à une époque où le ballet lui-même n'évoluait qu'en Russie.

Les germes du ballet romantique y avaient été semés dans le sillage de Didelot, lorsque Taglioni fit ses débuts à Saint-Pétersbourg en 1837, dansant *La Sylphide* dans la production de son père. Elle avait été suivie d'Elssler, Grisi, Cerrito et Grahn qui amenèrent en Russie les ballets qui avaient fait leur succès dans d'autres pays. Avec *Giselle*, Elena Andreianova (1819-57) s'impose comme première ballerine romantique russe à Saint-Pétersbourg, alors qu'Ekaterina Sankovskaia (1816-78) devient la première ballerine de Moscou dans un répertoire analogue ; elle réalise également la chorégraphie du *Diable à quatre*, autre ballet d'Adam importé de Paris, quatre ans avant que Perrot n'en signe sa propre version à Saint-Pétersbourg.

Perrot quitte Londres pour Saint-Pétersbourg en 1848, où il occupe les fonctions de maître de ballet jusqu'en 1859, date à laquelle un autre Français, Arthur Saint-Léon (1821-70), lui succède. Ce dernier ne remporte qu'un modeste succès, sauf avec *Konyok gorbunok* (Le Cheval bossu) en 1864. C'est l'un des premiers ballets construits sur une histoire populaire russe et il deviendra un classique du genre pour plusieurs générations de chorégraphes qui continueront à utiliser la musique originale de Pugni avant que Chtchedrine ne compose une nouvelle partition, en 1960.

Le ballet romantique se développe parallèlement à Saint-Pétersbourg et à Moscou : Saint-Pétersbourg se caractérise par un style et un goût plus élégants, Moscou, le centre commerçant, par une indépendance plus cosmopolite. Le ballet russe proprement dit commence à voir le jour avec des œuvres comme *La Fougère* (1867), dont Sergeï Sokolov, élève de

Saint-Léon, réalise la chorégraphie sur une musique de Youri Gelber, premier violon et chef d'orchestre du Bolchoï. Deux ans plus tard, Marius Petipa (1818-1910) prend la direction de la compagnie de Saint-Pétersbourg. Ses quarante-six chorégraphies originales comportent les plus grands chefs-d'œuvre du ballet impérial russe et ils n'ont cessé d'influencer l'enseignement et l'exécution du ballet classique jusqu'à ce jour.

Petipa était né à Marseille. Il se rend pour la première fois à Saint-Pétersbourg en 1847, époque à laquelle il effectue une carrière de danseur qui le conduit de France en Espagne et aux États-Unis. Son père, Jean, avait enseigné à l'Académie impériale de danse de Russie et son frère aîné, Lucien (le premier Albrecht dans *Giselle*), était premier danseur à l'Opéra de Paris. Marius devient également l'un des premiers danseurs de Saint-Pétersbourg et, à partir de 1858, second maître de ballet derrière Saint-Léon. A ce titre, Petipa réalise en 1862 la chorégraphie de son premier ballet important, *La Fille du pharaon*, ballet en trois actes sur une musique de Pugni, alors compositeur de ballets des théâtres impériaux.

Au « pas d'action » dramatique de Perrot, Petipa ajoute un mélange de divertissements exotiques, de vision de rêve et de transformations, nullement nécessaires au déroulement logique de l'histoire. Le ballet à grand spectacle qui en résulte va donner naissance à un nouveau style, le ballet « classique », dont *La Belle au bois dormant* (1890) reste l'exemple le plus célèbre. D'autres chorégraphies de Petipa ont également survécu : certaines scènes et pas de deux, notamment pour *Don Quichotte* (1869), *La Bayadère* (1877), *Paquita* (1881) et *Le Corsaire* (1899), tous sur une musique de Minkus, ainsi que sa production du *Lac des cygnes* de 1895, ballet sur lequel ont été répandues une multitude de fausses informations historiques.

A l'origine, vers 1871, Tchaïkovski avait conçu *Le Lac des cygnes* comme un divertissement familial. En 1875-76, il le transforme en un ballet en quatre actes pour Moscou : sa création en 1877 sera le fruit d'une collaboration entre Tchaïkovski, le directeur du Bolchoï, Vladimir Begichev, le danseur Vassili Geltser et le maître de ballet Wenzel Reisinger, qui en réalise la première chorégraphie. Le résultat de cette collaboration restera pourtant inférieur à la musique de Tchaïkovski qui ajoutera, à la demande des ballerines concernées, une danse russe à la première représentation et un pas de deux à la cinquième (elles figurent en annexe de la grande partition éditée à Moscou).

Sous cette forme, le ballet remporte un succès mitigé, sans être le fiasco dont parlent de nombreux ouvrages. Nicolaï Kashkin, auteur de la première transcription pour piano du *Lac des cygnes*, écrit qu'il « a tenu un certain rang sur la scène jusqu'à ce que les décors soient usés » ; Joseph Hansen en réalisera une nouvelle chorégraphie en 1880. Kashkin ajoute également : « Non seulement le décors tomba en lambeaux, mais la partition souffrit de plus en plus jusqu'à ce qu'elle soit remplacée, pour près d'un tiers, par la musique d'autres ballets, et pas nécessairement des meilleurs. »

Après 1883, on n'entendra plus parler du *Lac des cygnes* du vivant de Tchaïkovski. Tchaïkovski avait travaillé pour la première fois avec Petipa pour *La Belle au bois dormant*, à l'instigation d'Ivan Vzevolojski. Directeur des théâtres impériaux, Vzevolojski avait aboli le poste de compositeur de ballets afin de pouvoir engager des compositeurs de plus grand talent. Vzevolojski lui-même avait monté le scénario et esquissé un plan du ballet, tandis que Petipa établissait une liste détaillée des danses en indiquant ses desiderata musicaux. Il facilitait ainsi la tâche de Tchaïkovski pour cette partition que Stravinski devait décrire plus tard comme « l'exemple le plus significatif du génie créateur de Tchaïkovski ».

La collaboration de Tchaïkovski et de Petipa se renouvela avec *Casse-Noisette* (1892), mais la maladie obligea Petipa à laisser son assistant, Lev Ivanov (1834-1901), créer la majeure partie de la chorégraphie. Ivanov fut aussi chargé de régler la première scène au bord du lac du *Lac des cygnes*, pour l'hommage rendu à Tchaïkovski après sa mort en 1893. Deux ans plus tard, Petipa et Ivanov réalisaient ensemble une nouvelle chorégraphie du ballet intégral, dont sont issues la plupart des versions qui ont vu le jour ultérieurement dans le monde entier. Le scénario modifié par le frère de Tchaïkovski, Modeste, ainsi que les modifications apportées avec son consentement aux enchaînements musicaux, ont compliqué l'histoire de ce ballet et posent encore de multiples problèmes d'exécution.

Travaillant essentiellement dans l'ombre de Petipa, Ivanov n'a jamais connu la renommée qui lui était due. Toutefois, les historiens soviétiques chantent les louanges de sa chorégraphie originale des *Danses polovtsiennes*, dans la première production de l'opéra de Borodine, *Le Prince Igor* (1890). Sa contribution au *Lac des cygnes*, préservée dans la scène au bord du lac, qui est connue dans le monde entier, donne un aperçu de sa grande intelligence musicale. Ivanov est mort pauvre, mais Petipa refit surface et travailla ensuite avec Glazounov dans *Raymonda* (1898) et *Les Saisons* (1900), avant de prendre sa retraite en 1903.

Alexandre Gorski (1871-1924), un élève de Petipa, sauva le ballet moscovite du déclin, grâce à une forme de drame réaliste formulé en termes chorégraphiques dans la lignée des principes dramatiques et théâtraux de Stanislavski et du Théâtre d'art de Moscou. Gorski réalisa successivement les cinq versions du *Lac des cygnes* qui constituent la base des productions ultérieures du Ballet du Bolchoï et fut le premier à consigner les chorégraphies dans la « notation Stepanov » (voir *Notation de la danse*, 1), ce qui facilita considérablement la reprise des classiques russes lorsqu'ils furent montés pour la première fois par des compagnies anglaises dans les années trente.

3. *Diaghilev et l'Occident : 1900-1940*. A la retraite de Petipa, un certain remou au sein du Ballet impérial de Saint-Pétersbourg se cristallise autour de Mikhail Fokine (1880-1942), danseur qui s'aventurait dans une sorte de chorégraphie expérimentale. Fokine déplorait le formalisme excessif du ballet classique ; ses premières œuvres recherchent une nouvelle unité artistique entre la danse, la forme et la musique, et cherchent à engager la totalité du corps et non les jambes seules. Ses idées seront soutenues et peut-être en partie influencées par l'exemple d'Isadora Duncan (1878-1927), danseuse américaine au style libre, qui dansera pour la première fois en Russie en 1905.

Les idées de Fokine vont porter leurs fruits grâce au génie artistique et à l'esprit d'entreprise de Serge de Diaghilev (1872-1929), dont les activités bouleversent en l'espace de cinq ans toutes les données fondamentales du ballet classique en lui donnant une nouvelle dimension dans le monde occidental. Diaghilev commence par s'intéresser à l'art russe en général ; il organise une grande exposition de portraits historiques à Saint-Pétersbourg en 1905, puis présente l'année suivante une exposition plus importante à Paris, Berlin et Vienne. A partir de 1907, il se tourne vers la musique et organise cinq concerts russes à l'Opéra de Paris ; en 1908, toujours à Paris, il présente *Boris Godounov* de Moussorgski avec Chaliapine.

L'année 1909 est une année déterminante pour le ballet : les Ballets russes de Serge de Diaghilev sont affichés pour la première fois au Théâtre du Châtelet à Paris. Le 19 mai, *Le Pavillon d'Armide* et *Le Festin* entourent l'acte 2 de l'opéra de Borodine, *Le Prince Igor* (dans lequel Fokine a réalisé la chorégraphie des *Danses polovtsiennes*). Un second programme (2 juin) réunit deux autres ballets de Fokine, *Les Sylphides* et *Cléopâtre* et un acte de *Russlan et Ludmila* de Glinka.

Ces programmes étaient complétés par l'opéra de Rimski-Korsakov, *La Poscovitaine* (rebaptisé *Ivan le Terrible*). Ils représentaient un compromis dans l'esprit de Diaghilev qui prévoyait, cette année-là, cinq opéras complets et un triple programme de ballets en un acte ; mais il n'était pas parvenu à réunir les fonds nécessaires. Néanmoins, l'impressionnante chorégraphie de Fokine pour les guerriers et les jeunes filles polovtsiennes (que l'on rapproche souvent aujourd'hui de la première chorégraphie d'Ivanov) rivalisa avec le succès des chanteurs. Diaghilev était convaincu que le ballet russe avait davantage de chance de succès en Occident que l'opéra russe.

Il organise donc par la suite des saisons annuelles des Ballets russes à Paris, à partir de 1910 (la première année sans opéra), et à Londres à partir de 1911, jusqu'à la déclaration de guerre, en 1914. Ces saisons voient la création d'œuvres historiques comme les trois premiers ballets de Stravinski – *L'Oiseau de feu* (1910), *Pétrouchka* 1911) et *Le Sacre du printemps* (1913) – et l'impact simultané des décorateurs russes, notamment Bakst et Benois, qui modifie le goût d'une génération en matière de décors de théâtre (et même d'ameublement d'intérieur).

Les ballets de Fokine introduisent une nouvelle politique musicale à l'état embryonnaire, élaborant une chorégraphie sur une musique existante, pas nécessairement composée pour la danse. Le résultat revêt différentes formes :

– anthologie d'œuvres d'un compositeur, comme la musique de Chopin pour *Les Sylphides* (à l'origine *Chopiniana*, titre que conserve encore le ballet soviétique) ou celle de Schumann pour *Le Carnaval* et *Papillons* ;

– mélange d'œuvres de différents compositeurs pour le même ballet, comme *Cléopâtre* qui bénéficie des contributions volontaires ou involontaires d'Arenski, Glazounov, Glinka, Moussorgski, Rimski-Korsakov, Taneïev et Tcherepnine ;

– œuvre existante dotée d'un nouvel argument chorégraphique, comme *Shéhérazade*, où le ballet de Fokine raconte une histoire différente de celle sur laquelle Rimski-Korsakov a conçu sa partition.

Accordant à la musique la même considération qu'à la chorégraphie et au décor, Diaghilev abandonne rapidement la deuxième catégorie de partitions (bien qu'on y soit revenu pour certaines œuvres récentes depuis les années soixante). En outre, il continue, comme c'était l'usage au XIXe siècle, à utiliser de la musique conçue pour le ballet, mais fait appel à des compositeurs de talent. En dehors de Stravinski, dont les premiers succès sont entièrement dus à Diaghilev, les commandes des Ballets russes s'adressent à Debussy (*Jeux*), Ravel (*Daphnis et Chloé*), Florent Schmitt (*La Tragédie de Salomé*) et Richard Strauss (*La Légende de Joseph*), toutes avant 1914.

A partir de 1917, Diaghilev se tourne vers Satie (*Parade*), Falla (*Le Tricorne*), Poulenc (*Les Biches*), Auric (*Les Fâcheux*), Milhaud (*Le Train bleu*), Sauguet (*La Chatte*), Prokofiev (*Le Pas d'acier* et *Le Fils prodigue*) et Constant Lambert (*Romeo and Juliet*). La production de Paris d'*Apollon musagète* (1928), rebaptisé par la suite *Apollon*, marque les débuts de la collaboration entre Stravinski et Balanchine, qui sera déterminante pour l'évolution du ballet classique au XXe siècle.

Le rôle déterminant de Diaghilev en matière musicale a été de démontrer que la musique devait avoir une fonction organique dans le contexte de la danse et ne pas se limiter à des fins purement décoratives. C'est sans doute la raison pour laquelle, sur la soixantaine de ballets créés par la compagnie de Diaghilev, conservés davantage par tradition que par notation, au moins une quinzaine d'entre eux sont encore représentés par les compagnies européennes et américaines dans une chorégraphie très proche de la création.

Vaclav Nijinski (1888-1950) est le trait d'union qui a permis de transmettre cette tradition chorégraphique de Fokine à Leonid Massine (1896-1979) et donc à Georges Balanchine (1904-83). Premier protégé de Diaghilev, Nijinski s'était vu confier la chorégraphie originale de *L'Après-midi d'un faune*, de *Jeux* et du *Sacre du printemps*. Elles n'ont malheureusement pas été consignées par écrit, mais la première s'est transmise de mémoire. Sa sœur, Bronislava Nijinska (1890-1972) a réglé la chorégraphie des *Noces* (1923, musique de Stravinski) et des *Biches* (1924, musique de Poulenc) pour Diaghilev, et en a refait elle-même la mise en scène dans des productions ultérieures, notamment pour le Royal Ballet, qui sont aujourd'hui notées.

Les ballets de Massine pour Diaghilev se caractérisent surtout par la précision des gestes indiqués, ainsi que par une base presque métrique des pas, et par un style d'expression proche de l'opérette. Ils vont de l'impact « cubiste » initial de *Parade* (1917, décors de Picasso et musique de Satie), à la comédie proche du music-hall de *La Boutique fantasque* (1919, partition élaborée par Respighi sur des thèmes célèbres de Rossini, décor de Derain). Massine est également parvenu à diffuser l'esprit andalou dans *Le Tricorne* (1919, décor de Picasso et musique de Falla, qui allait devenir un classique du concert).

Anna Pavlova (1881-1931), qui avait fait partie de la compagnie de Diaghilev en 1909, s'installe à Londres en 1911 et forme en 1914 sa propre compagnie, essentiellement constituée de danseurs anglais, avec laquelle elle entreprend jusqu'à sa mort des tournées dans le monde entier. Bien qu'elle ait fait connaître le ballet classique dans des contrées lointaines, son répertoire témoigne d'un goût musical plus limité (Czibulka, Drigo, Lincke, etc.), ce qui a donné à la musique de ballet une réputation solidement enracinée de facilité ou de trivialité contre laquelle il est difficile de lutter.

L'une des entreprises les plus risquées de Diaghilev a été la première production en Occident de *La Belle au bois dormant* de Tchaïkovski dans la chorégraphie de Petipa, à l'Alhambra Theatre de Londres, en 1921. Bien qu'il ait fallu écourter la série de représentations parce que la location ne couvrait plus les frais, ce spectacle a permis de faire connaître le ballet classique en Occident, comme le feront les compagnies formées après la mort subite de Diaghilev en 1929, sous le nom de Ballets russes ou sous des noms s'en approchant. La première de ces compagnies, le Ballet russe de Monte-Carlo, a produit les « ballets symphoniques » de Massine, notamment *Choréartium* (1933, sur la *Symphonie n° 4* de Brahms) qui a acquis une certaine notoriété.

Pendant ce temps, trois femmes, recrutées et formées par Diaghilev, jetaient les bases des compagnies de ballet classique en Grande-Bretagne : Marie Rambert (1888-1982), qui commence à enseigner à Londres en 1920 et forme en 1926 une compagnie qui existe toujours sous le nom de Ballet Lambert ; Ninette de Valois (1898) qui s'associe à Lilian Baylis à l'Old Vic Theatre à partir de 1926, puis au Sadler's Wells à partir de 1931, où elle forme le Vic-Wells Ballet, qui constitue le noyau de l'actuel Royal Ballet ; et Alicia Markova (1910), qui deviendra la première ballerine classique anglaise, parvenant d'emblée à un niveau d'exécution très élevé, et dont le Markova-Dolin Ballet (avec Anton Dolin, autre protégé de Diaghilev) fera connaître les grands classiques du ballet dans toute l'Angleterre en 1935-38.

Ces classiques avaient d'abord été portés à la scène à Londres par Ninette de Valois pour sa jeune compagnie. Grâce à la notation Stepanov, elle avait pu utiliser les carnets apportés par Nicolaï Serguéïev, le régisseur de Saint-Pétersbourg, qui avait rejoint la compagnie de Diaghilev (ces carnets se trouvent maintenant à la bibliothèque de l'Université Harvard). Elle réalisa ainsi les premières chorégraphies sur le sol britannique de *Giselle*, de *Casse-Noisette* et du *Lac des cygnes* en 1934, et de *La Belle au bois dormant* en 1939, qui sont à l'origine de l'adoption et de l'adaptation par le monde occidental de la tradition du ballet russe.

Ninette de Valois a réalisé également ses propres chorégraphies sur des musiques de compositeurs anglais, notamment Vaughan Williams pour *Job* (1931), Gavin Gordon pour *The Rake's Progress* (1935, *Le Libertin*) et Arthur Bliss pour *Checkmate* (1937). Le répertoire s'est diversifié par la suite avec un protégé de Rambert, Frederick Ashton (1904), auteur de la chorégraphie de *Façade* de Walton en 1931, qui est devenu chorégraphe permanent à partir de 1935. Parmi ses premières réalisations figurent *Les Rendez-vous* (1933), *Apparitions* (1936) et *Les Patineurs* (1937), sur des arrangements musicaux d'Auber, de Liszt et de Meyerbeer, réalisés par le premier directeur musical de la compagnie, Constant Lambert.

Margot Fonteyn (1919) succède à Markova dans les rôles de ballerine ; elle entre dans la compagnie en 1934 (et dansera pour la dernière fois lors d'un gala du Royal Ballet à plus de 60 ans, en 1979). À la fin des années trente, la compagnie prend le nom de Sadler's Wells Ballet et, pendant la Seconde Guerre mondiale, elle s'installe au New Theatre de Londres (aujourd'hui Albery Theatre). En 1946, elle effectue la réouverture du Royal Opera House avec *La Belle au bois dormant* et en devient la troupe permanente, recevant la Royal Charter en 1956. Une deuxième compagnie, le Sadler's Wells Theatre Ballet, se forme en 1946 ; elle devient la troupe itinérante du Royal Ballet et porte officiellement le nom de Sadler's Wells Royal Ballet depuis 1976.

La compagnie de Rambert n'a jamais eu de domicile fixe et est toujours restée un ensemble itinérant. Elle a débuté au Lyric Theatre d'Hammersmith en 1926, avec le premier ballet de Frederick Ashton, *A Tragedy of Fashion*, sur une musique d'Eugene Goosens. Le sens chorégraphique de Rambert a permis à de nouveaux talents de s'épanouir, notamment Antony Tudor (1908), qui a exercé une influence prédominante aux États-Unis, Walter Gore (1910-79), Andrée Howard (1910-68) et Frank Staff (1918-71), dans les années trente. Ils seront suivis, après la guerre, par de nombreux autres, notamment Norman Morrice (1931), qui partagera la direction avec Rambert, avant de devenir directeur du Royal Ballet en 1977, et Christopher Bruce (1945).

Un autre aspect de la politique de Rambert résidait dans une approche aventureuse de la musique. S'il a rarement disposé des fonds nécessaires pour commander de nouvelles partitions, son répertoire, avant 1939, comportait des œuvres de Poulenc, Honegger et Prokofiev. Tudor obtint un premier succès avec *Les Planètes* (1934), d'après la suite de Holst, qui se confirma avec le seul ballet conçu sur une musique de Mahler, *Dark Elegies* (1937), tout empreint du caractère et de la profondeur d'esprit des *Kindertotenlieder.* Considéré comme un classique du genre, ce ballet figure encore au répertoire.

A la mort de Diaghilev, Balanchine commençait à peine à s'imposer. Après avoir travaillé à Copenhague, à Paris et à Londres, il est pressenti en 1933 pour fonder un ballet classique à New York, comparable à ce qui existait déjà en matière de « danse moderne » (voir § 4, ci-dessous). Balanchine y fonde donc l'école de ballet américain en 1934, d'où surgiront diverses compagnies : American Ballet, Ballet Caravan et Ballet Society, qui donneront de courtes saisons de répertoire et formeront un nombre sans cesse croissant de danseurs dans le style de Balanchine. L'innovation corporelle au sein de la discipline classique occupe une place essentielle dans cette formation ; aux sujets narratifs imposés, elle préfère un sens musical profond et des structures sans argument d'une étonnante beauté chorégraphique, capables de distiller une tension dramatique au sein même de la musique.

A cette époque, Balanchine se penche également sur plusieurs aspects théâtraux et cinématographiques dans le domaine de la chorégraphie, qui aideront les compositeurs américains à s'intéresser au ballet et permettront d'utiliser plus facilement certains aspects de la danse américaine. Parmi les premières œuvres de ce genre figurent *Billy the Kid* (1938) d'Eugene Loring sur une musique d'Aaron Copland, créé par le Ballet Caravan, et *Rodeo* (1942) d'Agnes de Mille, également sur une musique de Copland, créé par le Ballet russe de Monte-Carlo. La Ballet Society de Balanchine, formée en 1946, s'installe au New York City Center. En 1948, elle deviendra l'ossature du New York City Ballet, qui s'imposera peu à peu comme l'une des plus grandes compagnies du monde et s'installera de façon permanente en 1964 au New York State Theater (spécialement construit pour elle dans le Lincoln Center).

Le plus ancien ballet professionnel des États-Unis, qui a survécu sans la moindre interruption, est le San Francisco Ballet, dont l'origine remonte à 1933, date de fondation de son école. Le Mordkin Ballet, formé en 1926 par Mikhail Mordkin (1880-1944), ancien directeur du ballet du Bolchoï et partenaire de Pavlova, a fonctionné de façon plus intermittente. Après avoir subi diverses métamorphoses, il est devenu le noyau du Ballet Theater (plus tard American Ballet Theatre) fondé sous la présidence de Lucia Chase et de Richard Pleasant au New York City Center en 1940. C'est à cette époque que Tudor quitta l'Angleterre pour se joindre à cette nouvelle compagnie et, en 1944, Jerome Robbins y fit des débuts chorégraphiques remarqués dans *Fancy Free,* sur une musique de Leonard Bernstein.

Au Canada, une petite école de ballet s'était ouverte à Winnipeg en 1938 ; transformée en compagnie professionnelle à partir de 1949, une charte royale lui a conféré le titre de Royal Winnipeg Ballet en 1953, trois ans avant le Royal Ballet britannique. Vinrent ensuite le National Ballet of Canada (Toronto) fondé en 1951 et, l'année suivante, les Grands Ballets canadiens. Le Ballet Alicia Alonso de Cuba, émanant d'une école ouverte à La Havane en 1948, a donné naissance en 1959 à une grande compagnie classique, le Ballet national de Cuba. L'Amérique du Sud a connu une activité moins fertile, bien que l'Argentine possède depuis le début du siècle une compagnie plus ou moins permanente liée au Teatro Colón de Buenos Aires ; plus récemment, deux compagnies permanentes ont vu le jour en 1975 : le Ballet de Rio de Janeiro (Brésil) et le Ballet de Caracas (Venezuela).

En Europe, le Ballet de l'Opéra de Paris a perdu de la suprématie qu'il exerçait au XIXe siècle ; il a été partiellement sauvé par Serge Lifar (1905-86), un autre protégé de Diaghilev. Très actif à Paris entre les années trente et 1958, il était peut-être plus prolifique qu'imaginatif dans ses chorégraphies et seul un petit nombre de ses œuvres a connu une large diffusion. A Copenhague, le Ballet royal danois a conservé le répertoire Bournonville du XIXe siècle : il est resté totalement insensible aux événements extérieurs, qu'il s'agisse de Diaghilev ou, malgré de courtes visites en 1925 et en 1930, de Fokine et de Balanchine. Virtuellement redécouvert en 1950, il a progressivement acquis un nouvel équilibre entre le répertoire Bournonville et les ouvrages contemporains.

4. *Danse moderne aux Etats-Unis et en Europe.* Le terme générique de danse moderne s'applique à une forme de danse qui a vu le jour au début de ce siècle, par réaction contre la discipline formelle et la technique stylisée du ballet classique. Le terme ballet moderne se rapporte, dans cet article, aux projections de la technique classique dans ce genre d'œuvres nouvelles, mais il ne faut pas oublier qu'avant 1980 la chorégraphie faisait appel aux deux systèmes et associait souvent des éléments spécifiques à chacun d'entre eux, les danseurs s'adaptant aussi bien au langage moderne qu'à la technique classique. Les pionniers de la danse moderne préconisaient un mouvement émanant directement des impulsions subjectives, pour répondre au stimulus de la musique ou de la peinture, ou simplement une émotion intérieure que ne devaient pas limiter les conventions académiques de la technique.

Deux Américaines, qui firent toutes deux carrière en Europe, ont été les principaux précurseurs de ce nouveau style. Isadora Duncan (1878-1927), dont l'influence sur Fokine en Russie a déjà été mentionnée, portait d'amples tuniques inspirées des reproductions figurant sur les vases grecs et dansait pieds nus. Elle dansait sur la musique de Beethoven et sur celle d'autres grands compositeurs à une époque où la majeure partie de la musique de danse était d'une qualité assez médiocre. Elle se produisit au Festival de Bayreuth, en 1904, dans un récital consacré à Wagner. Elle tirait de la musique toute l'expression de sa chorégraphie et elle fit un grand nombre d'adeptes ou d'imitateurs en Europe et en Russie. Loie Fuller (1862-1928) illustra l'esprit de l'art nouveau par des mouvements subjectifs que rehaussait un éclairage imaginatif, et par l'introduction de formes non figuratives dans le mouvement corporel.

L'essentiel de la danse moderne américaine tire son origine de l'œuvre de Ruth St Denis (1877-1969) et de son mari Ted Shawn (1891-1972). Elle fit ses débuts comme danseuse « exotique » en exécutant des solos orientaux, ce qui l'amena à s'intéresser sérieusement à la philosophie et à l'art oriental, alors que Shawn cherchait à démontrer que la danse masculine pouvait atteindre la beauté dans la virilité. Ils s'associèrent pour fonder une compagnie et l'école Denishawn à Los Angeles en 1915. Dans les années vingt, Denishawn devint le berceau de la première génération de grands adeptes de la danse moderne, notamment Martha Graham (1894), Doris Humphrey (1895-1956) et Charles Weidman (1901-75), ces deux derniers s'associant pour former leur propre groupe à partir de 1928.

Graham et Humphrey développèrent deux techniques de mouvement séparées, qui continuent à être enseignées, mais Graham a exercé une influence déterminante sur la danse moderne. Elle instaura d'abord sa technique aux États-Unis, dans les années trente et quarante, puis la propagea dans le monde entier grâce à son école et à sa compagnie (dont le London Contemporary Dance Theatre et la London School of Contemporary Dance, fondés à Londres vers 1967, sont des ramifications). Parmi les chorégraphies de Graham, on trouve certains des chefs-d'œuvre les plus durables de la danse moderne, sur des sujets spécifiquement américains (*Appalachian Spring*, 1944), ou allant jusqu'à l'intégration dramatique des mythes grecs (*Clytemnestre*, 1958). Elle a créé plus de 150 œuvres :*Cave of the Hearth* (1946), *Errand into the Maze* (1947), *Diversion of Angels* (1948) et *Acrobats of God* (1960) sont les plus connues.

Les conflits intimes de personnalité ont longtemps constitué un thème de prédilection des chorégraphies de Graham : elle s'est attachée à montrer certains aspects de drames personnels sous forme d'argumentation fragmentée, ou en distillant une émotion fondamentale résultant d'un conflit personnel. Sa carrière remarquable s'est poursuivie jusque dans les années soixante. Pour les décors, elle préférait une simplicité dramatique qu'elle réalisa à merveille dans son étroite collaboration avec Isamu Noguchi. Elle a fait appel aux compositeurs les plus marquants, notamment Samuel Barber, Carlos Chavéz, Aaron Copland, Norman Dello Joio, Alan Hovhaness, Gian-Carlo Menotti, William Schuman et Carlos Surinach. Sa chorégraphie s'imprègne davantage de l'esprit de la musique que de la lettre et revêt une forme indépendante de la structure musicale.

La compagnie et l'école de Graham ont, à leur tour, formé une nouvelle génération de chorégraphes dans le domaine de la danse moderne, qui se sont séparés de la troupe maternelle pour poursuivre leur propre carrière en toute indépendance. Les plus remarquables sont Merce Cunningham, Robert Cohan (directeur du London Contemporary Dance Theatre), Erick Hawkins, Pearl Lang, Paul Taylor et Glen Tetley. Ce dernier a surtout travaillé en Europe, exerçant son influence sur le Netherlands Dance Theatre, en Hollande, sur le Ballet Rambert en Angleterre et sur le Ballet de Stuttgart en Allemagne. Il a poussé plus loin que tout autre la recherche d'un mélange original et fructueux entre danse et ballet moderne, notamment dans *The Tempest* (1979) sur une musique de Arne Nordheim, pour le Ballet Rambert.

La danse moderne européenne tendait vers les mêmes objectifs tout en suivant un cours différent ; elle était principalement axée sur l'*Ausdruckstanz* allemande de Rudolf Laban (1879-1978). Né à Bratislava, Laban fit des études de peinture à Munich avant de venir travailler la danse à Paris ; il s'imposa ensuite davantage comme l'un des principaux théoriciens et pédagogues de la danse que comme chorégraphe. Il effectua des recherches sur les impulsions physiologiques du mouvement et du rythme qui devinrent la base d'un nouveau système de danse, encore fréquemment enseigné aujourd'hui. Laban élabora aussi un système de notation de la danse qui continue à être enseigné sous le nom de « labanotation », rivalisant avec la technique plus récente de notation de Benesh (voir *Notation de la danse*, 2).

Mary Wigman (1886-1973) et Kurt Jooss (1901-79) sont les principaux disciples de Laban. Jooss constitua la Neue Tanzbühne, qui devint le Folkwang Tanztheater d'Essen en 1927, puis les Ballets Jooss lorsqu'il quitta l'Allemagne nazie pour se fixer en Grande-Bretagne en 1934. Dans un premier temps, il installa sa compagnie à Dartington College, dans le Devon, où il enseigna également ; puis il s'établit à Cambridge avant de retourner en Allemagne en 1949 pour faire renaître l'école Folkwang d'Essen. Il doit essentiellement sa renommée d'homme de théâtre au ballet *The Green Table* (1932), sur une musique de Fritz Cohen, ouvrage résolument engagé dans lequel il se livre à une satire amère contre la guerre ; autre œuvre socio-dramatique, *The Big City* (1932) est également resté au répertoire. Jooss a réalisé la chorégraphie de la création de *Perséphone* (Stravinski) produite par Ida Rubinstein (Paris, 1934).

Mary Wigman est la fondatrice de l'École centrale de Dresde, en 1920, le second foyer de la danse moderne européenne. Sa chorégraphie épousait totalement le style expressionniste allemand et elle acquit une renommée considérable lors de tournées qui virent ses débuts en Angleterre (1928) et aux États-Unis (1930). Les tournées qu'elle effectua aux États-Unis dans les années trente révélèrent au Nouveau Monde que la danse moderne américaine connaissait une rivale en Europe. Elle refusait délibérément toute dépendance de la danse à l'égard de la musique, montrant que le corps humain était un instrument indépendant. Elle laissa aux États-Unis l'une de ses meilleures élèves, Hanya Holm, fondatrice de la première Wigman School à New York, qui allait devenir l'un des principaux centres de danse moderne. La production de Hanya Holm comporte des œuvres de critique sociale féroce et des mises en scène pleines d'imagination de certains « musicals » de Broadway, comme *Kiss Me, Kate*, *My Fair Lady* et *Camelot* ; elle doit sa célébrité à ses dernières chorégraphies (comme *On Your Toes* et *The Boys from Syracuse* pour Balanchine).

Actuellement, l'influence de Laban se ressent surtout dans la pédagogie ; sa « danse moderne éducative » continuant à être enseignée à l'école, alors que la danse à vocation théâtrale est profondément marquée par la personnalité de Martha Graham et de ceux qui ont émergé dans son sillage. L'enseignement de la « technique Graham », et des différents systèmes qui s'y rattachent, a fourni un répertoire de danse moderne d'une richesse et d'une variété qui expliquent son succès rapide ; il se présente comme un complément ou comme une alternative du ballet classique pour les compagnies permanentes qui voient ainsi la danse moderne prendre une place de plus en plus importante dans leur répertoire.

Pour expliquer la grande diffusion de la danse moderne au cours des vingt-cinq dernières années, on a parfois invoqué sa plus grande facilité d'exécution par rapport au ballet classique. Même si une formation moins rigoureuse peut suffire à atteindre un niveau technique moyen dans le domaine de la danse moderne, même si des adultes peuvent devenir danseurs sans avoir été formés dès leur enfance (ce qui est exceptionnel pour le ballet classique), la danse moderne réclame, au niveau professionnel le plus élevé, une technique tout aussi développée que son aînée. Il ne faut pas non plus oublier que la nouvelle génération de chorégraphes utilise fréquemment un vocabulaire mélangeant des aspects des deux techniques au sein d'une même œuvre, ce qui réclame, chez les danseurs, des qualités analogues dans les deux domaines.

Jusqu'à présent la danse moderne a adopté une attitude quelque peu équivoque à l'égard de la musique. D'une part, on trouve des partitions originales de compositeurs affirmés, comme celles commandées par Martha Graham, et, à l'extrême opposé, l'association de Merce Cunningham et de John Cage, dans laquelle la part du hasard est de plus en plus grande, les éléments de danse et les éléments sonores étant préparés séparément et, dans certains cas, réunis seulement au moment de la représentation. Dans d'autres cas, la danse moderne a découvert un rapport enrichissant avec des musiques plus anciennes, notamment celles du XVIIe et du XVIIIe siècle (en particulier, Bach, Haendel, Vivaldi, etc.), alors qu'elle n'a presque rien en commun avec la musique romantique du XIXe siècle. En général, l'élément visuel de la danse moderne s'inscrit en parallèle avec la musique à laquelle il peut opposer une structure chorégraphique différente de la structure musicale, et si la musique fournit parfois à la danse un soutien rythmique ou formel, délimitant son domaine temporel, sa fonction peut aussi se limiter à celle d'un décor purement auditif.

5. *L'URSS depuis 1917.* Le style de danse naturaliste élaboré par Alexandre Gorski, lorsqu'il fut nommé maître de ballet au Bolchoï à Moscou en 1900, correspondait parfaitement aux nouveaux objectifs soviétiques dans le domaine du ballet classique. L'art risquait d'être détruit par la révolution comme symbole de la décadence impériale, mais le premier commissaire soviétique à l'éducation, Anatoly Lunarcharski, réussit à le préserver comme un bien national méritant d'être rendu « digne du peuple ». La tradition fut donc entretenue par les principaux professeurs, notamment Agrippina Vaganova (1879-1951), dont les méthodes demeurent la base de l'enseignement obligatoire dans toute l'URSS, où chaque république possède aujourd'hui une compagnie permanente de danse classique ou de danse populaire.

Des ballets comme *Le Tourbillon rouge* (1924) de Fiodor Lopoukhov et surtout *Le Pavot rouge* (1927) (chorégraphie de Vassili Tikhomirov et Lev Lashchilin, musique de Reinhold Glière), qui figure encore au répertoire, traduisent l'orientation soviétique vers le *réalisme socialiste en matière artistique. *L'Age d'or* (1930) fut attaqué avec virulence pour les principes chorégraphiques capitalistes qu'il maintenait en vie, mais on se souvient surtout aujourd'hui de ce ballet pour la musique de Chostakovitch, qui contribua à le mieux faire connaître. Par ailleurs, l'expérience postrévolutionnaire du ballet soviétique a ouvert la voie au drame dansé néo-romantique, issu de la tradition de Gorski.

Vassili Vaïnonen (1898-1964), qui avait participé à *L'Age d'or*, continua à recréer, dans *Le Triomphe de la république (La Flamme de Paris)* (1932), le drame émotionnel humain sur un fond politique révolutionnaire, thème caractéristique du ballet soviétique. La partition de Boris Assafiev est un pastiche de la musique française du XVIIIe siècle. Leonid Lavrovski (1905-57) a continué à créer dans ce style ; ses débuts chorégraphiques, à Leningrad, remontent aux années trente et son œuvre majeure reste *Roméo et Juliette* (1940) sur la musique originale de Prokofiev (mais le premier ballet conçu sur cette partition avait été réalisé par Ivo Psota, à Brno, en 1938). Lavrovski a également signé la chorégraphie de la première version de *La Fleur de pierre* (1954), le dernier ballet de Prokofiev, qui ne fut monté qu'après la mort du compositeur.

Également à Leningrad, Rostislav Zakharov (1907) avait réalisé la chorégraphie de *La Fontaine de Bakhtchissanaï* (1934), sur une musique d'Assafiev, avant de prendre en charge le Ballet du Bolchoï à Moscou, où il créa *Cendrillon* (1945), une autre partition originale de Prokofiev. Le rôle-titre était tenu par la plus célèbre élève de Vagona, la plus grande ballerine du milieu du siècle, Galina Oulanova

(1910), qui avait commencé sa carrière à Leningrad (où l'ancien Théâtre Mariinski avait été rebaptisé Kirov en 1935, la troupe portant depuis le nom de Ballet du Kirov). Oulanova entra au Ballet du Bolchoï en 1944 et donna sa représentation d'adieux en 1962, mais elle continua à enseigner tout au long des années soixante-dix.

Pendant la Seconde Guerre mondiale, la troupe du Kirov échappa au siège de Leningrad et fut évacuée dans la ville de Perm (appelée Molotov à une certaine époque), dans l'Oural. L'école qui s'ouvrit alors à Perm déboucha sur une troupe permanente qui fit plusieurs tournées en Occident dans les années soixante-dix, sous la direction de Nikolaï Boyarchikov ; de nombreux observateurs saluèrent alors cette compagnie comme le nouveau dépositaire de la tradition du Ballet du Kirov, la situant presque au même niveau que les troupes du Kirov et du Bolchoï.

Le ballet soviétique comporte d'autres centres régionaux importants dans les villes de Kiev, Novossibirsk, Saratov, Sverdlovsk et Tbilissi ; elles forment une pyramide de 34 troupes réparties dans 32 villes différentes, couronnée par Moscou et Leningrad (qui ont chacune deux troupes). Le nombre des participants varie de plus de 150 danseurs pour les troupes les plus importantes à environ 45 pour les plus petites. Elles sont entièrement financées par l'État et la brièveté de la carrière de danseur se trouve reconnue par l'assurance d'une pension complète après vingt ans d'activités professionnelles, selon une pratique qui remonte au XVIIIe siècle.

Il est admis que différents chorégraphes puissent réaliser leur propre version du même sujet dramatique. *Spartacus*, pour lequel Khatchaturian avait composé une partition originale, a été successivement mis en scène par Leonid Jacobson (1956), Igor Moisseïev (1958) et, avec un très grand succès, en 1968, par Youri Grigorovitch, qui était devenu directeur du Ballet du Bolchoï en 1964. A Leningrad, un ancien partenaire d'Oulanova, Constantin Serguéïev (1910), a connu deux courtes périodes d'influence à la tête du Ballet du Kirov (1951-56 et 1960-70) et créé le premier ballet sur le thème des relations raciales dans *Le Sentier du tonnerre* (1957), d'après un roman de Peter Abrahams et sur une musique de Karaïev.

L'importance du ballet soviétique ne commencera à être reconnue à sa juste valeur en Occident qu'avec la première tournée du Ballet du Bolchoï (première étape, Covent Garden, 1956, avec Oulanova et Youri Jdanov dans la production de *Roméo et Juliette* de Lavrovski). En incarnant l'engagement dramatique total dans une technique de ballet classique, utilisant le phrasé musical pour accroître l'émotion, avec un sens plus large, plus passionné du mouvement, Oulanova éveille un nouvel intérêt pour le style classique. Cet effet sera renforcé lors de tournées ultérieures des troupes du Bolchoï et du Kirov (celle-ci fera sa première apparition à Covent Garden en 1961, l'année durant laquelle le Royal Ballet fera sa première et seule visite – jusqu'à ce jour – à Leningrad et à Moscou).

Au cours des années soixante-dix, le Ballet du Kirov et sa ramification de Perm s'affirment comme l'assise principale d'une tradition classique permanente en URSS. Depuis 1977, la compagnie du Kirov est dirigée par Oleg Vinogradov, ancien chorégraphe du Ballet du Théâtre Maly, où est installée la deuxième troupe de la ville depuis 1933. La seconde compagnie moscovite siège au Théâtre musical Stanislavski-Nemirovitch-Danchenko (on l'appelle en général Ballet Stanislavski) ; elle a connu une période fructueuse de drame dansé naturaliste sous la direction de Vladimir Bourmeister, qui en fut le directeur de 1930 jusqu'à sa mort, en 1971.

Néanmoins, le ballet soviétique reste marqué par son absence d'innovation, principale raison pour laquelle de grands danseurs comme Rudolf Noureïev (1938), Natalia Makarova (1940), Mikhail Barychnikov (1948) et bien d'autres ont choisi de faire carrière en Occident où ils ont, à leur tour, exercé une influence majeure sur les chorégraphes et danseurs.

6. *Principales tendances en Occident depuis 1945*. Il existe maintenant des troupes professionnelles permanentes, totalement ou partiellement concernées par le ballet classique, dans la plupart des pays européens, en URSS, en Amérique du Nord et du Sud, à Cuba, en Chine, au Japon, en Australie et en Afrique du Sud, et des troupes de danse moderne fleurissent également dans presque tous ces pays, à l'exception (jusqu'à ce jour) de l'URSS, de Cuba et de la Chine. Ces troupes sont

considérées comme un élément nécessaire à l'épanouissement culturel national ou régional et sont donc financées par des fonds publics ou par des organisme commerciaux ou privés qui les commanditent, ou par les deux.

La plupart des grandes puissances économiques entretiennent au moins deux troupes, qui sont mises en concurrence, et il est maintenant usuel d'organiser, comme pour les orchestres et les troupes lyriques, des tournées d'un pays à l'autre sur une base d'échanges culturels, même s'ils ont été réduits par l'inflation galopante depuis la fin des années soixante-dix. Dans le domaine du ballet, cet usage a été lancé par la visite à New York du Sadler's Wells Ballet de Covent Garden, en 1949 ; depuis lors, cette compagnie effectue presque chaque année des tournées aux USA.

Les troupes parviennent généralement au succès par l'entremise d'au moins un chorégraphe-directeur permanent, dont les ouvrages donnent un style propre à la compagnie ; elles dépendent d'un flux permanent de jeunes talents issus d'une ou de plusieurs écoles professionnelles où ils sont formés de façon intensive. Les principales troupes de danse classique sont numériquement plus importantes que les troupes de danse moderne, et leur répertoire tourne généralement autour d'un ou deux des cinq ouvrages de base suivants : les trois ballets de Tchaïkovski (*Le Lac des cygnes, La Belle au bois dormant* et *Casse-Noisette*), *Giselle* et *Coppélia*, auxquels s'ajoute souvent aujourd'hui *Roméo et Juliette* de Prokofiev.

Ces ouvrages sont complétés par les œuvres des chorégraphes permanents et invités, qui peuvent s'échanger entre les troupes, certains chorégraphes préférant travailler de façon indépendante avec les troupes qui désirent les engager. Environ un quart du répertoire de Diaghilev est encore produit dans une chorégraphie très proche de l'originale, les systèmes de *notation de la danse (« choréologie ») permettant de fixer de façon durable ces nouvelles œuvres. La plupart des troupes emploient désormais une personne spécialement chargée de la notation des chorégraphies (on l'appelle parfois « choréologiste » et il s'agit généralement d'un ancien danseur), et l'on a recours de plus en plus souvent aux vidéocassettes.

Le répertoire de la danse moderne, tradition plus récente, est plus diversifié. Certaines productions de chorégraphes, comme Martha Graham aux États-Unis et Kurt Jooss en Europe, sont devenues des « classiques », mais elles renaissent et ne sont exécutées par d'autres compagnies qu'avec une supervision directe ou sous licence. Les jeunes chorégraphes acceptent couramment la reprise par d'autres compagnies d'œuvres à succès. Toutefois, les droits de reproduction chorégraphique n'ont pas encore fait l'objet d'un accord international satisfaisant et se limitent actuellement à des accords ponctuels entre les deux parties.

Comme pour le ballet classique, les troupes de danse moderne forgent leur réputation à partir des œuvres d'un chorégraphe donné, mais pour des raisons économiques et artistiques, le chiffre d'affaires d'une nouvelle création, dans le domaine de la danse moderne, reste nettement plus élevé. Nous ne possédons pas de chiffres significatifs, mais simplement en Angleterre, le nombre des œuvres nouvelles – tous styles confondus – a augmenté, en 1980, d'une cinquantaine de productions et le public britannique a vu pour la première fois une cinquantaine d'autres nouveautés au répertoire des compagnies invitées. Aux États-Unis, ce chiffre serait beaucoup plus élevé, mais il serait moindre dans les pays où les troupes ont une importance plus réduite.

Actuellement, une nouvelle production se compose généralement d'un seul acte, qui dure de dix à quinze minutes à une heure ou même davantage. Une grande compagnie nationale peut monter quatre à huit œuvres de ce genre par an, si elle possède les fonds nécessaires : certaines sont présentées dans le cadre d'ateliers devant un public payant ou invité, avant d'être intégrées au répertoire. Il y a naturellement des exceptions à la règle, comme l'hommage historique rendu à Stravinski en 1972, un an après sa mort, par le New York City Ballet qui monta, avec Balanchine et six autres chorégraphes, 31 ballets sur des partitions de Stravinski en une semaine, dont 20 étaient des œuvres entièrement nouvelles.

Le contexte économique a réduit à un mince filet les partitions conçues pour le ballet, assez longues pour occuper la totalité d'une représentation comme celles qui constituent l'ossature du répertoire du XIXe siècle. *The Sailor's Return* (1947) d'Andrée Howard pour le Ballet Rambert, sur une musique d'Arthur Oldham, est restée unique en son genre en Angleterre, jusqu'à ce que John Cranko et Benjamin Britten créent *The Prince of the Pagodas* (1957) pour le Royal Ballet à Covent Garden. Ce ballet a disparu du répertoire après 1960 et il est dommage qu'une telle partition n'ait pas fait l'objet d'une nouvelle chorégraphie au Royal Ballet.

Le répertoire anglais comporte d'autres grands ballets sur des partitions originales de qualité, notamment *Ondine* (1958) d'Ashton sur une musique de Hans Werner Henze, et *Isadora* (1981) de MacMillan sur une musique de Richard Rodney Bennett, tous deux pour le Royal Ballet ; trois ballets de Peter Darrell : *Sun into Darkness* (Malcolm Williamson, 1966) pour le Western Theatre Ballet, *Beauty and the Beast* (Thea Musgrave, 1969), et *Mary, Queen of Scots* (John McCabe, 1976) tous deux pour le Scottish Ballet ; et *The Tempest* de Tetley (Arne Nordheim, 1979) pour le Ballet Rambert. Peter Maxwell Davies a écrit la partition de *Salomé* (1978) à l'intention de Flemming Flindt et d'une troupe danoise indépendante.

Néanmoins, on crée encore des ballets narratifs sur une musique préexistante, soit en remodelant les prototypes du XIXe siècle avec une nouvelle chorégraphie et de nouveaux arrangements musicaux (*La Fille mal gardée, Don Quichotte, Marco Spada, Le Papillon*), soit en adaptant divers sujets d'opéra et d'opérette. *Onegin* de Cranko (Ballet de Stuttgart, 1965) et *Manon* de MacMillan (Royal Ballet, 1974) font respectivement appel à des anthologies d'œuvres de Tchaïkovski et de Massenet, sans aucun lien avec les opéras. *Les Contes d'Hoffmann* de Darrell (Scottish Ballet, 1972), *La Veuve joyeuse* (Ballet australien, 1975) et *Rosalinda* (Houston et London Festival Ballets, 1978) de Ronald Hynd sont tous basés sur des transcriptions instrumentales de partitions d'Offenbach, de Lehár et de Johann Strauss ; Roland Petit a également puisé dans la musique de ce dernier pour *La Chauve-Souris* (Ballets de Marseille, 1979).

Les troupes européennes reflètent toujours l'intérêt que porte le public aux thèmes littéraires appliqués au ballet. Ainsi, en 1979, outre *The Tempest* de Tetley, les principales créations chorégraphiques englobaient Pouchkine (*La Dame de pique* de Roland Petit, Paris), Dumas (*La Dame aux camélias* de John Neumeier, Stuttgart), Dostoïevski (*L'Idiot* de Valery Panov, Berlin), Byron (*Manfred* de Noureïev, Paris) et Synge (*The Playboy of the Western World* de Joan Denise Moriarty, Dublin, Irish Ballet). André Prokovski a réalisé la chorégraphie d'*Anna Karénine* (Tolstoï) et de *L'Orage* (Ostrovski), respectivement pour le Ballet australien et le London Festival Ballet, et l'on a souvent traité les mythes classiques et les contes de fées d'Orphée à Cendrillon (qui fit l'objet de différents ballets présentés par trois troupes anglaises en 1979, dont deux créations, sur des musiques différentes de Prokofiev, de Rossini et de Johann Strauss).

Sous l'impulsion de Balanchine, qui ne cachait pas ses préférences pour les sujets non littéraires, voire même totalement dépourvus d'intrigue, la danse américaine s'oriente, dans son ensemble, vers des ouvrages courts, en un acte, reposant parfois sur un climat émotionnel avec d'éventuelles connotations philosophiques ou psychologiques, souvent sans chercher autre chose que la récompense esthétique des corps en mouvement. Leur relation avec la musique couvre un spectre complet aux extrêmes duquel se situent l'extraordinaire sens musical de Balanchine (*Agon* [1957] et *Mouvements* [1963], sur des musiques de Stravinski, incarnent probablement l'interpénétration la plus complète de la musique et de la danse) et l'association totalement fortuite des danses de Merce Cunningham et des éléments sonores fournis par John Cage.

L'intérêt accru du public pour la danse a fait proliférer les écoles de danse dans tout le continent nord-américain, donnant naissance à de petits groupes de danseurs qui, surtout dans le domaine de la danse moderne, se rattachent moins aux bases théâtrales qu'aux campus des collèges qui offrent des lieux de représentation informels et un contact étroit avec la jeunesse. Chaque chorégraphe et chaque compagnie propose des points de vue et des approches différentes et autant de variétés de styles d'exécution : l'éventail va du vocabulaire formel de Graham et Humphrey (parfois désigné sous le terme générique de tradition classique européenne) à des événements fortuits gouvernés par le hasard et l'improvisation qui aboutissent parfois à un sybaritisme prétentieux.

Le développement de la danse moderne est à l'origine d'un processus de réaction permanent, les danseurs quittant tour à tour leur troupe pour former leur propre groupe. La plupart de ces groupes n'ont qu'une existence éphémère, car ils sont souvent victimes de problèmes financiers ou matériels, mais certains d'entre eux ont pu s'épanouir et apporter une contribution durable au répertoire de la danse en général. Les plus éminents sont Merce Cunningham (1919), Erik Hawkins (1909), Paul Taylor (1930), Glen Tetley (1926) et Robert Cohan (1925) – qui émanent tous de l'écurie Graham – ainsi que José Limon (1908-72) et sa première danseuse, Pauline Koner (1912), formés chez Humphrey. En Amérique, l'admirable Alwin Nikolais (1912) incarne l'école moderne européenne ; il est son propre compositeur (électronique), décorateur et chorégraphe et s'est souvent rapproché du concept évasif de danse « abstraite » en déguisant les contours et les traits de la forme humaine.

En outre, il ne faut pas oublier l'apparition des groupes de danse noirs américains, tout d'abord celui de Katharine Dunham (1912), qui a adapté au théâtre des thèmes noirs américains et antillais, et Pearl Primus (1919) qui a constitué son propre groupe en 1944, avec des danses basées sur l'héritage africain et ouest-indien. A une date plus récente, Alvin Ailey (1931), autre élève de Graham et de Holm, est parvenu à diversifier la tradition nègre avec d'autres formes de danses américaines dans son City Center Dance Theater (créé en 1958 sous le nom d'Alvin Ailey American Dance Theater) : *Revelations* (1960), basé sur des *spirituals*, est le *locus classicus* de cette compagnie. Le Dance Theater de Harlem, formé en 1971 par un ancien danseur de Balanchine, Arthur Mitchell (1934), avec des élèves d'une école de Harlem (New York), est une troupe entièrement noire qui suit la tradition du ballet classique et a acquis en l'espace de cinq ans une renommée internationale.

L'extraordinaire génie de Balanchine et la compétence des professeurs de l'American School of Ballet de New York ont placé en première ligne, aux États-Unis, le New York City Ballet qui compte parmi les six premières troupes classiques du monde. La musique sur laquelle il danse va de Stravinski et Webern aux marches de Sousa. L'American Ballet Theater (ABT) joue également un rôle très important ; ses danseurs sont plus cosmopolites et son répertoire chorégraphique est dérivé de Tudor, de Mille et Loring. Jerome Robbins (1918) fait figure de trait d'union entre les deux compagnies ; il a émergé par l'intermédiaire de l'ABT et des productions de Broadway (notamment *West Side Story* avec Leonard Bernstein) pour s'associer ensuite étroitement à Balanchine ; sa chorégraphie figure également au répertoire du Royal Ballet.

New York possède aussi une troisième troupe classique, le City Center Joffrey Ballet, fondé en 1956 par Robert Joffrey (1930), avec Gerald Arpino (1928) comme chorégraphe permanent. Des problèmes financiers ont interrompu de temps à autre ses activités, mais il est toujours parvenu à conserver un équilibre entre des œuvres originales et des reprises. Les autres centres américains qui possèdent des compagnies classiques permanentes, et dont la réputation s'est étendue au-delà de leur ville d'origine, sont Boston, Houston, la Pennsylvanie, Pittsburg et San Francisco. Les principales troupes classiques canadiennes sont citées au § 3 de cet article et des troupes de danse moderne ont fait leur apparition à Toronto, Montréal, Regina et Vancouver.

Le ballet classique a suivi une évolution analogue en Europe. Il a connu un léger regain d'intérêt à l'Opéra de Paris depuis Lifar, mais, en général, les danseurs s'intéressent davantage à leur avancement professionnel qu'aux œuvres qu'ils interprètent. Le Ballet de Stuttgart connaît un succès considérable sous la direction de Cranko qui en avait pris la direction en 1961, venant du Royal Ballet. Il parviendra à hisser cette compagnie au plus haut niveau avant sa mort prématurée onze ans plus tard. Certains accordent une importance analogue à Maurice Béjart (1927), dont le Ballet du XXe siècle, fondé à Bruxelles en 1960, s'est fait largement connaître par des œuvres spectaculaires dans sa propre chorégraphie, tirées de sources éclectiques et souvent dépourvues de sensibilité musicale. Depuis 1987, Maurice Béjart a installé sa compagnie à Lausanne.

La plupart des théâtres lyriques allemands possèdent aujourd'hui une compagnie de ballet qui interprète son propre répertoire, indépendamment des besoins lyriques ; des maîtres de ballet anglais et américains y ont apporté une contribution importante. L'audace de Rudolf Noureïev a suscité dans le public une curiosité comparable à celle dont fit l'objet Maria Callas dans les opéras du XIXe siècle ; ce succès prit une telle ampleur que le Ballet de l'Opéra de Vienne présenta en 1979 une série de quatorze soirées chorégraphiques consécutives, phénomène sans précédent dans ce célèbre théâtre. Les activités du Ballet royal danois suscitent un intérêt croissant comme celles d'autres compagnies nationales norvégiennes, suédoises, finlandaises, hollandaises et belges. Même en Italie, la patrie de Taglioni, de Grisi et de bien d'autres danseurs, la danse commence à rivaliser avec l'opéra, auquel le public accorde pourtant la préférence depuis fort longtemps.

En 1980, la Grande-Bretagne comptait sept compagnies permanentes : le Royal Ballet de Covent Garden, le Sadler's Wells Royal Ballet, le London Festival Ballet, le London Contemporary Dance Theatre, le Ballet Rambert, le Scottish Ballet et le Northern Ballet Theatre (Manchester). En outre, on recense trente ou quarante groupes marginaux qui se consacrent à la danse moderne, certains d'entre eux étant subventionnés par des associations artistiques régionales ou des municipalités qui les attirent ainsi dans leurs villes respectives ; ils participent également à des opérations ponctuelles lors de tournées. Tous les détails de la vie chorégraphique britannique figurent dans le rapport de la Fondation Calouste Gulbenkian, *Dance Education and Training in Britain* (Londres, 1980), résultat d'une enquête de cinq ans, réalisée à l'initiative de la branche britannique de cette institution. Cette étude est la première du genre.

Noël Goodwin.

BIBLIOGRAPHIE : Claude Baignères, *Ballets d'hier et d'aujourd'hui*, Plon (Paris, 1954). Jacques Baril, *Dictionnaire de danse*, Seuil (Paris, 1964). Richard Buckle, *Diaghilev*, Lattès (Paris, 1980). Anthony Crickmay, *La Danse*, Lattès (Paris, 1982). Serge Lifar, *La Musique par la danse*, Robert Laffont (Paris, 1955). Maurice A.L. Louis, *Danses populaires et ballets d'opéra*, Maisonneuve et Larose (Paris, 1965). *Le Folklore et la danse*, Maisonneuve et Larose (Paris, 1963). Pierre Michaut, *Histoire du ballet*, PUF, coll. Que sais-je ? (Paris, 1945). Louis Oster, *Les Ballets du répertoire courant*, Billaudot (Paris, 1980). Bernard Taper, *Balanchine*, Lattès (Paris, 1980).

Balletto (ital. ; angl. : *ballett* ; fr. : ballet). 1. Danse italienne des XVIe et XVIIe siècles.

2. Mélodie dansée italienne, « inventée » par Gastoldi et inspirée de la danse originale et de la *canzonetta* (surtout sous la forme de deux sections répétées se terminant chacune par un refrain de syllabes inintelligibles comme « fa-la » ou « lirum-lirum »). Gastoldi a conçu ses pièces pour la danse (« per cantare, sonare, e ballare »), utilisant des rythmes forts et réguliers, avec une ligne mélodique et une harmonie simples. Toutefois, lorsque Morley et d'autres compositeurs anglais ont repris cette forme, ils ont souvent transformé le *ballett* en un madrigal miniature, y ajoutant des schémas rythmiques irréguliers et des illustrations du texte qui le rendent moins adapté à la danse mais plus intéressant à chanter.

Ballif, Claude (Paris, 22 mai 1924). Compositeur français, élève de Messiaen à Paris et de Blacher à Berlin où il fait ses études universitaires. Il travaille au groupe de recherches musicales de l'ORTF jusqu'en 1963 et est nommé professeur d'analyse au Conservatoire de Paris en 1971. Musicien solitaire, son œuvre repose sur le refus de l'alternative tonalité-atonalité. Il s'est construit un langage original, la métatonalité, qui allie les deux et conserve les possibilités des langages diatoniques et chromatiques. Il a composé de nombreuses œuvres de musique de chambre ou instrumentale (*Imaginaires*, *Solfegiettos*, séries destinées à différents instruments ; 4 sonates pour orgue, 3 quatuors), plusieurs partitions pour orchestre (*Voyage autour de mon oreille*, 1957 ; *À cor et à cri*, 1962) et de la musique religieuse (*Quatre Antiennes à la Vierge*, 1952-65).

Alain Pâris.

BIBLIOGRAPHIE : Claude Ballif, *Voyage de mon oreille*, U.G.E. (Paris, 1980). *Claude Ballif, compositeur de l'été*, La Revue Musicale no 370-371, Richard Masse (Paris, 1984).

Ballo (ital. ; all. : *Ball* ; angl. : *ball* ; esp. : *baile*). 1. Bal (par ex., danse de salon).

2. Chorégraphie. Du XVe au XVIIe siècle, ce terme désignait une danse de cour formelle, créée par un chorégraphe. De nombreux traités de chorégraphie décrivent en détail les différentes figures.

3. Musique de bal. Le terme *ballo* apparaît dans ce contexte, surtout au XVIe siècle, pour désigner un recueil de danses de l'époque, comme les branles, les pavanes et gaillardes, et les saltarellos. Après certains bals de cour, on publiait parfois la suite complète des danses qui y avaient été exécutées. Ce terme avait également un rapport avec la musique scénique, comme dans le *Ballo delle ingrate* (*Danse des ingrates*) de Monteverdi, suite de mouvements en forme de danses.

Tempo di ballo, « dans un mouvement de danse ».

Ballo in Maschera, Un (« Un Bal masqué »). Opéra en trois actes de Verdi sur un livret de Somma, d'après celui qu'écrivit Scribe pour *Gustave III ou le Bal masqué* d'Auber – qui repose lui-même sur une histoire vécue. Représentations : Rome (Teatro Apollo, 17 février 1859) ; Paris (Théâtre des Italiens, 13 janvier 1861) ; New York (Academy of Music, 11 février 1861) ; Londres (Lyceum, 15 juin 1861). Riccardo ou Gustave III (tén.) est amoureux d'Amelia (sop.), la femme de son ami et secrétaire Renato ou Anckerstroem (bar.). Ulrica ou Madame Arvidson (mezzo) prédit que Riccardo sera tué par l'un de ses amis ; celui-ci s'avère être Renato qui croit à tort que sa femme l'a trompé et participe à un complot pour assassiner Riccardo lors d'un bal masqué. En mourant, Riccardo déclare qu'Amelia est innocente et pardonne à ses ennemis.

Lorsque Verdi soumit pour la première fois son livret au Théâtre San Carlo de Naples, la censure objecta que l'on ne pouvait représenter sur scène l'assassinat d'un roi et demanda au compositeur d'adapter sa musique à un nouveau texte. Verdi refusa et quitta Naples. Un imprésario romain lui offrit de produire une version modifiée de l'œuvre : la scène fut transposée de Stockholm au XVIIIe siècle à Boston au XVIIe. Dans la version présentée à Paris en 1861, l'action se déroule à Naples. Les personnages principaux portent les noms suivants dans les versions respectives (Stockholm, Boston, Naples) :

Gustave III, Riccardo (comte de Warwick), Riccardo (duc d'Olivares) ;
Anckerstroem, Renato, Renato ;
comte Ribbing, Samuele, Armando ;
comte Horn, Tomaso, Angri ;
Mam'zelle Arvidson, Ulrica, Ulrica.

Depuis quelques années, la version de Stockholm tente de prendre le pas sur celle de Boston.

BIBLIOGRAPHIE : *Un Bal masqué*, L'Avant-Scène-Opéra no 32, (Paris, 1981).

Bamboula. 1. Tambour de basque primitif qu'utilisaient les communautés noires en Louisiane et qui est encore en usage aux Antilles.

2. Danse qu'accompagne cet instrument. Samuel Coleridge-Taylor a composé une bamboula pour orchestre.

Banalités. Cycle de mélodies de Poulenc sur des poèmes d'Apollinaire. Composé en 1940, il regroupe cinq mélodies : *Chansons d'Orkenise*, *Hôtel*, *Fagnes de Wallonies*, *Voyage à Paris* et *Sanglots*.

Banchieri, Adriano (Bologne, 3 septembre 1568 ; Bologne, 1634). Compositeur et moine italien, organiste au monastère de S. Michele in Bosco pendant la majeure partie de sa vie. Il est l'auteur de plusieurs traités, notamment *L'Organo suonarino* (Venise, 1605) qui contient de précieuses informations sur la façon dont était jouée la musique d'orgue à cette époque. Il a composé beaucoup de musique d'église et de musique instrumentale, mais est surtout connu pour de très amusantes comédies madrigalesques, particulièrement *Il Festino nella sera del giovedì grasso avanti cena* (Venise, 1608), magnifique divertissement destiné au dernier jeudi du carnaval.

Denis Arnold.

Bancquart, Alain (Dieppe, 20 juin 1934). Compositeur français, élève de Darius Milhaud. Il pratique un langage qui repose sur l'emploi de séries partielles et des quarts de ton (depuis *Palimpsestes*, 1967) grâce auquel il cherche à réaliser une fusion musique-poésie : nombreuses œuvres instrumentales, *À la mémoire de ma mort* pour chœur a cappella (1976), 4 symphonies et un opéra-théâtre *L'Amant déserté* (1978). Après avoir assuré la direction artistique de l'Orchestre national de France, il a été nommé inspecteur général à la Direction de la musique (Ministère de la Culture) puis professeur de composition au Conservatoire national supérieur de musique de Paris.

Alain Pâris.

Band. 1. (angl.). Groupe d'instruments d'une même famille comme les **steel bands* ou les **brass bands*. Les *silver bands* ne regroupent que des instruments recouverts d'un placage d'argent, les *wind bands* des bois et des cuivres. Il existe également dans les pays anglo-saxons des **military bands* (fanfares), des *jazz bands* et des *dance bands*. Le petit orchestre utilisé sur scène dans les comédies musicales porte généralement le nom de *band*.

2. (all., pluriel *Bände*). « Volume » ou « tome ».

Banda (ital.). Ensemble de cuivres et de percussions jouant sur scène (ou en coulisse) dans un opéra et dont l'intervention correspond à un effet spécifique.

Bandar-Log, Les. Poème symphonique op.173 de Charles Koechlin (1939-40) d'après **Le Livre de la jungle* de Kipling. Il a fait l'objet de plusieurs adaptations chorégraphiques, notamment celle de Georges Skibine (Opéra-Comique, Paris, 1969).

Banda turca. Voir *Turquie*.

Bande. Groupe d'instrumentistes. Au XVIIe siècle, le terme s'appliquait à des orchestres célèbres comme les *Vingt-Quatre Violons du roi de Louis XIV (ou Grande Bande) et la « Private Band » de Charles II.

Bandonéon. Variété d'accordéon chromatique allemand de forme hexagonale. Voir *Accordéon* et *Concertina*, 1.

Bandore, Bandoura, Bandurria [du Grec *pandoura* (terme général désignant les instruments de la famille du luth) et de son diminutif *pandourion* d'où sont tirées la *pandurina* (ital.) et la *bandurria* (esp.)]. Instruments à cordes pincées, tous différents les uns des autres.

1. *Bandore, pandore.* Instrument de la fin de la Renaissance, de grandes dimensions, à la sonorité profonde, muni de cordes métalliques, qui se jouait avec un plectre ou avec les doigts. Il aurait été fabriqué pour la première fois à Londres en 1562 par le célèbre luthier John Rose et a été fréquemment utilisé dans la musique anglaise jusqu'à la fin du XVIIe siècle ; il a également connu une certaine diffusion dans le reste de l'Europe. Aucun exemplaire authentique ne nous est parvenu ; on suppose que ses dimensions étaient au moins égales à celles de la guitare actuelle avec un fond plat de plus de 50 cm de long et un profil onduleux comme le montre la Fig. 1. L'*orpharion avait la même forme, sans doute inspirée de la coquille que portait Vénus (également déesse de l'Harmonie). Le profil trilobé visible sur la partie droite de la Fig. 1 se retrouve sur certains instruments de musée que l'on a longtemps considérés comme des bandoras originales, mais qui sont en fait des reconstructions ultérieures inspirées d'un dessin – à l'authenticité douteuse – de *L'Encyclopédie*.

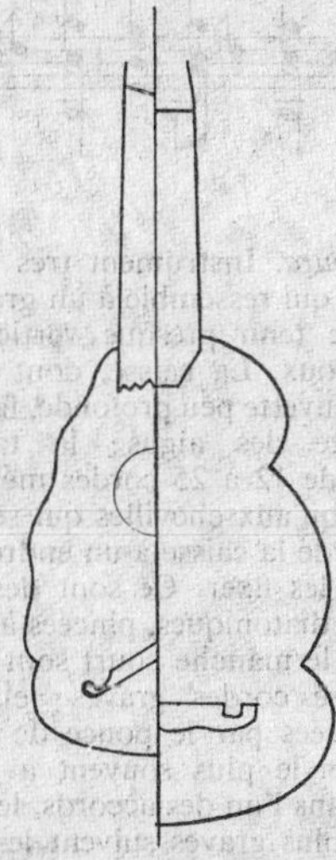

Fig. 1

La bandora possédait des frettes métalliques fixes et son chevalet était généralement disposé en biais afin d'augmenter la longueur des cordes graves. Elle comportait six cordes doubles, les cinq premières paires étant accordées comme les cinq premières cordes de la guitare, mais une quinte plus bas (de la^2 à ré^1). En Angleterre, la sixième paire était accordée un ton au-dessous (do^1) et une septième paire fut ajoutée assez rapidement une quarte plus bas (sol^1). La musique en tablature comporte plusieurs pièces pour instrument seul des années 1600. Mais la bandora est peut-être mieux connue comme instrument d'accompagnement – de la voix, comme dans le livre de Barley (1596), ou d'autres instruments, comme dans les *Consort Lessons* (1599) de Morley. La partie destinée à la pandora accompagne le cistre (voir *Cistre*, 5) et complète l'harmonie : l'Ex. 1 reproduit les premières mesures de « Go from my Window », transcrites en sons réels d'une tablature à six lignes, dont le premier accord figure sur la gauche du même exemple ; la ligne mélodique (violon) est inscrite sur la portée supérieure.

Ex. 1

2. *Bandoura*. Instrument très répandu en Ukraine qui ressemble à un grand luth asymétrique tenu presque verticalement sur les genoux. La caisse, dont l'arrière forme une cuvette peu profonde, fait saillie sur le côté des aigus ; la table est recouverte de 12 à 25 cordes métalliques tendues jusqu'aux chevilles qui se situent en bordure de la caisse à un endroit assez épais pour les fixer. Ce sont des cordes mélodiques diatoniques, pincées à la main droite. Sur le manche court sont tendues six à douze cordes graves ; elles sont parfois pincées par le pouce de la main droite, mais le plus souvent à la main gauche. (Dans l'un des accords, les quatre cordes les plus graves suivent les mêmes intervalles que celles de la bandora à sept jeux de cordes ci-dessus mentionnée.)

La bandoura servait autrefois à accompagner les chansons et ballades des ménestrels, mais on la rencontre surtout aujourd'hui dans les orchestres de musique populaire. Sa sonorité se rapproche de celles de la harpe et du tympanon. Elle descendrait de la *pandorra* introduite en Pologne par des musiciens italiens au début du XVIIe siècle, probablement à la même époque que le *torban* ou théorbe russe, aujourd'hui disparu, dont les cordes étaient également tendues sur le côté aigu de la caisse. Ces cordes aiguës se retrouvent aussi sur un instrument de Padoue (environ 1590), conservé à Vienne, et apparaissent en Angleterre au XVIIe siècle à propos d'un mystérieux instrument, le « polyphone » ou « polyfant », dont nous possédons quelques courtes descriptions, toutes différentes les unes des autres. Aucun exemplaire de cet instrument n'a survécu et il n'est cité dans aucune partition.

3. *Bandurria*. Petit instrument d'origine espagnole (Pl. 3) que l'on rencontre dans les formations de musique populaire, surtout dans le sud de l'Espagne, où il tient la partie mélodique sur un accompagnement de guitares, un peu comme la *mandoline en Italie.

Pl. 3. Bandurria *d'après un catalogue de Theodor Stark (Allemagne, vers 1900).*

La caisse est petite mais assez épaisse (entre 7 et 8 cm), ce qui donne une certaine résonance aux notes graves, mais la longueur relativement courte des cordes (à peine 27 cm) permet d'accorder la première des six cordes doubles (aujourd'hui en métal) jusqu'au la^{4}. Les autres paires s'accordent en quarte vers le grave jusqu'au sol dièse^{3} ♯, note sensible de la gamme de la majeur qui peut se jouer avec deux doigts sur chaque corde double selon le doigté suivant (o = corde à vide) :

la^{2}	si^{2}	do^{3}#	ré^{3}	mi^{3}	fa^{3}#	sol^{3}#	la^{3}	si^{3}	(etc.)
1	3	0	1	3	0	2	3	0	

La bandurria comporte douze frettes, dont sept sur le manche, ce qui porte son étendue jusqu'au la^{5}. En règle générale, l'instrumentiste emploie un plectre.

On connaît l'existence d'une bandurria au XVIe siècle, décrite de façon assez concise par Bermudo (1555), mais on ne possède des détails véritablement précis sur cet instrument que depuis le XVIIIe siècle ; il a peu évolué depuis cette époque. L'équivalent italien, la *pandurina*, correspondait au XVIIe siècle aux premières mandolines.

4. *Bandola, bandolón, bandolín*. En Amérique latine, la bandurria porte le nom de *bandola* ; le *bandolón* en est une version plus grave. En Espagne, aux XVIe et XVIIe siècles, la *bandola* (ou *vandola*) était apparemment l'équivalent de la mandore (ou *mandola*) italienne, ancêtre de la mandoline. La *bandolín* désigne aujourd'hui en Espagne la mandoline.

5. *Laúd*. A ces instruments, on peut ajouter le *laúd* espagnol. Il ne s'agit pas d'un luth (comme pourrait l'indiquer son nom en espagnol), mais d'un instrument à cordes métalliques qui accompagne la bandurria et est accordé à l'octave inférieure de celle-ci. Son fond est plat et sa caisse, ovale ou légèrement étranglée, est percée de deux ouïes.

Anthony Baines.

Banister, John (Londres, vers 1625 ; Londres, 3 octobre 1679). Instrumentiste, compositeur et imprésario anglais. Il entre à la King's Musick comme violoniste en 1660 et, deux ans plus tard, devient violon solo de la bande des Vingt-Quatre Violons du roi. Il est renvoyé en 1667 pour avoir commis des irrégularités financières, mais continue à jouer dans la bande, tout en multipliant ses engagements à l'extérieur. Il a composé la musique de scène d'un certain nombre de pièces de théâtre jouées à Londres dans les années 1660 et 1670, mais est surtout connu pour avoir inauguré en Angleterre les premières séries régulières de concerts publics (1662-69). Il est enterré à Westminster Abbey.

Son fils, **John Banister** (mort à Londres, ? 1725), également violoniste, lui a succédé au sein des Vingt-Quatre Violons en 1679. Il a travaillé sous le règne de Jacques II, William et Mary, et Anne, et au début du XVIIIe siècle a rejoint l'orchestre du Drury Lane Theatre, dont il est devenu le violon solo. Il a également fait de nombreuses apparitions en soliste. Parmi ses œuvres, il faut surtout retenir *The Compleat Tutor to the Violin (La Méthode complète de violon*, 1698).

Wendy Thompson.

Banjo. Instrument à cordes d'origine afro-américaine, dont la caisse de résonance se compose d'une membrane de parchemin ou de plastique tendue sur un cadre circulaire généralement en bois, de nos jours. Autrefois, le cadre était supporté par un prolongement du manche qui le traversait de part en part sous la membrane. Cette pièce est maintenant remplacée par une tige d'acier. La membrane ou « peau » (Fig. 1, A) est munie d'un cercle d'enroulage (B) et est enfoncée par un cercle de tension métallique (C) tendu par environ 24 crochets (D) répartis sur l'ensemble de la circonférence ; chaque crochet comporte une vis de réglage qui s'appuie sur un support (E) vissé dans le cadre. La peau, qui reposait autrefois directement sur le bord supérieur du

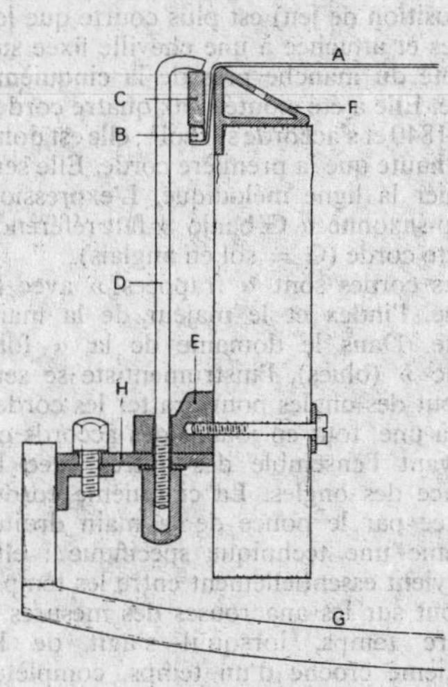

Fig. 1. Plan en coupe du banjo.

cadre, passe maintenant sur un « anneau de résonance » métallique (F) qui peut revêtir différentes formes.

L'instrument est généralement muni d'un résonateur en bois (G), sorte de plateau circulaire fixé par des vis à un rebord métallique (H) qui repose lui-même sur les supports des crochets. Le résonateur ne sert pas seulement à projeter le son (au travers des trous pratiqués dans le rebord métallique) mais aussi à renvoyer à la peau les vibrations de l'air, ce qui prolonge le son. Les cordes passent sur un chevalet plat qui repose sur la membrane de façon à ce que la douzième frette (octave) se trouve à égale distance entre le chevillier et le chevalet. Le banjo comporte généralement 22 frettes. De nos jours, les cordes sont en acier mais, jusqu'à une époque récente, elles étaient en soie et en boyau, à l'exception de la première corde, toujours en acier. La longueur des cordes d'un grand banjo (du chevillier au chevalet) est à peu près la même que celle des cordes de la guitare.

1. *Le banjo traditionnel (banjo à cinq cordes ou « G banjo »).* L'accord est très variable, mais les quatre premières cordes sont généralement accordées sur ré^3, si^2, sol^2 et do^2 (les partitions sont notées à l'octave supérieure, comme pour la guitare). La cinquième corde (celle du haut en position de jeu) est plus courte que les autres et attachée à une cheville fixée sur le côté du manche près de la cinquième frette. Elle a été ajoutée aux quatre cordes vers 1840 et s'accorde sur sol^3 ; elle est donc plus haute que la première corde. Elle sert à jouer la ligne mélodique. L'expression anglo-saxonne « G banjo » fait référence à cette corde (G = sol en anglais).

Les cordes sont « frappées » avec le pouce, l'index et le majeur de la main droite. Dans le domaine de la « folk music » (blues), l'instrumentiste se sert surtout des ongles pour gratter les cordes une à une, tout en jouant des accords en balayant l'ensemble des autres avec la surface des ongles. La cinquième corde, grattée par le pouce de la main droite, réclame une technique spécifique : elle intervient essentiellement entre les temps, surtout sur les anacrouses des mesures à quatre temps, lorsqu'il s'agit de la deuxième croche d'un temps, complètement isolée du contexte harmonique. Dans la musique classique, la cinquième corde permet de jouer le sol dans des passages rapides sans utiliser la première corde. La cinquième corde n'intervient pas dans le domaine du jazz, où les accords réalisés avec un plectre se suivent régulièrement.

2. *Différents types de banjos.* L'expression « Zither banjo » est apparue aux États-Unis vers 1870, lorsque les facteurs adaptèrent à l'ancien banjo sans frettes, muni seulement de ses chevilles d'accord, différents dispositifs empruntés à la cithare : touche à frettes métalliques, chevilles démultipliées, cordes métalliques et résonateur en bois. La cinquième corde passe par un trou au bord du manche pour être accordée avec les autres cordes en haut de l'instrument. Le « plectrum banjo » (banjo à plectre) est identique, mais dépourvu de cinquième corde. Le banjo ténor a vu le jour comme doublure des violoncelles dans les orchestres d'hôtels de théâtre : il sert à jouer les accords dans les fox-trot et autres danses. Il ne comporte que quatre cordes accordées en quinte sur les mêmes notes que l'alto et connaît encore un certain succès. Le banjo à sept cordes est une variété anglaise presque totalement tombée dans l'oubli.

3. *Histoire.* Les premiers banjos ont été fabriqués par des esclaves des plantations du Nouveau Monde, d'après des instruments de leurs pays natals : il existerait encore en Afrique occidentale un instrument analogue appelé « bania ». D'après la plupart des sources antérieures au XIXe siècle, on fabriquait des « banzas » ou « banjas » avec une demi-courge sur laquelle était clouée une peau de mouton ; on sait que les esclaves dansaient au son de cet instrument à la Martinique en 1678, à la Jamaïque neuf ans plus tard et dans le Maryland et en Virginie vers 1770. Par la suite, l'instrument fut taillé dans du bois, parfois avec un dos fermé (reprenant la forme de la courge), mais parfois (à partir de 1840) avec un cadre à fond ouvert. Le banjo s'était alors répandu au sein de la population blanche des États-Unis, devenant l'instrument d'accompagnement des chants et des danses. En Grande-Bretagne, il allait devenir l'instrument des « ménestrels » jusqu'à ce que des solistes l'introduisent dans les salles de concerts.

4. *Instruments dérivés du banjo.* La forme générale du banjo a été adaptée par

la suite à quelques instruments plus petits : petite guitare (« banjoline »), mandoline (« banjo-mandoline »), *ukulélé (« ukulélé-banjo » ou « banjolélé », l'instrument du comédien anglais George Formby).

Anthony Baines.

Banks, Don (Melbourne Sud, 25 octobre 1923 ; Melbourne, 12 septembre 1980). Compositeur australien. Il fait ses études au Conservatoire de l'Université de Melbourne (1947-49) et travaille en privé avec Mátyás Seiber (1950-52) et Dallapiccola (1952-53) ; il bénéficie également des conseils de Milton Babbitt. Banks a passé la majeure partie des années cinquante et soixante à Londres, où il a composé de la musique pour la télévision et pour le cinéma ; il a également joué un rôle actif dans les organisations chargées de la promotion de la musique contemporaine. En 1972, il a été nommé professeur à l'Université de Canberra. Sa musique, brillante et dynamique, se développe avec vigueur dans un monde sonore qui rappelle Schoenberg ou Varèse (plus rarement le jazz). Il a composé des concertos pour cor (1965) et pour violon (1968), d'autres pièces pour orchestre et diverses œuvres de musique de chambre.

Paul Griffiths.

Banquet céleste, Le. Œuvre pour orgue de Messiaen (1928) sous-titrée *Méditation pour la fête du Saint-sacrement.*

Bantock, (Sir) Granville (Ransome) (Londres, 7 août 1868 ; Londres, 11 octobre 1946). Compositeur anglais. Fils d'un gynécologue renommé qui le prépare d'abord à entrer dans l'administration des Indes, puis à une carrière d'ingénieur chimiste, son enthousiasme pour la musique réussit à convaincre son père de le laisser entrer à la Royal Academy of Music en 1889. Tout en faisant ses études, il compose quelques œuvres d'envergure, fonde une revue et acquiert une certaine expérience de chef d'orchestre. Il dirige dans le monde entier une revue musicale, *The Gaiety Girl*, et, en 1897, est nommé directeur musical des New Brighton Tower Pleasure Gardens, où il encourage la musique nouvelle, notamment celle de Sibelius. En 1900, il est nommé directeur de l'école de musique de Birmingham et succède à Elgar comme professeur de musique à l'Université de Birmingham (1907), occupant ces deux postes jusqu'en 1934. Il enseigne ensuite au Trinity College de Londres et participe régulièrement à des jurys de concours.

Au cours des années précédant la Première Guerre mondiale, il acquit une certaine notoriété avec des œuvres de vastes dimensions pour orchestre et chœur, dans lesquelles sa maîtrise du style post-wagnérien s'alliait à des éléments d'orientalisme et à des chants populaires hébridais. Son œuvre la plus ambitieuse est sa trilogie d'oratorios de *The Rubáiyát of Omar Khayyám*, sur un livret traduit par Fitzgerald. Après la guerre, l'évolution des goûts éclipsa sa musique et il se tourna surtout vers des œuvres réclamant des moyens plus limités. Il composa quelques intéressantes mélodies à une ou plusieurs voix, des chœurs d'hommes et de la musique pour ensembles de cuivres. Mais il a surtout joué un rôle important dans le domaine de l'enseignement et l'appui qu'il a apporté à la musique d'autres compositeurs en a fait un grand professeur et ami.

Denis Arnold.

Bar, barform (all.). Forme musicale liée à l'origine aux formes poétiques des **Minnesinger* et des **Meistersinger*. En allemand médiéval, le mot *Bar* désignait la strophe. La construction suit la forme AAB, la première strophe, ou *Stolle*, étant répétée alors que la dernière, ou *Abgesang*, forme un contraste avec les deux premières. Wagner a repris la construction du *Bar* dans son opéra *Die Meistersinger (Les Maîtres chanteurs)*, cherchant volontairement à imiter les formes médiévales. Dans son livre *Die Geheimnis der Form bei Richard Wagner* (Berlin, 1924-33), Alfred Lorenz considère cette forme comme l'un des éléments fondamentaux de tous les drames musicaux de Wagner, et pas seulement des *Maîtres chanteurs*.

G. M. Tucker.

Barber, Samuel (West Chester, Pennsylvanie, 9 mars 1910 ; New York, 23 janvier 1981). Compositeur américain. A l'âge de douze ans, il entre au Curtis Institute de Philadelphie, où il étudie la composition avec Rosario Scalero et où il enseigne le piano de 1931 à 1933. A partir de cette date, il vit de sa musique. Le style riche et résolument romantique de ses premières œuvres s'impose dans son *Quatuor à cordes en si mineur* (1936) dont le mouvement lent, l'*Adagio pour cordes*, allait très rapidement devenir l'une de ses œuvres les plus populaires. Dans le *Concerto pour violon* (1939-40), il commence à élargir sa palette harmonique, mais sa musique reste résolument tonale et expressive. Au cours des années quarante, son œuvre subit l'influence du néo-classicisme américain, notamment la *Sonate pour piano* (1949), et son style s'affine sans perdre son originalité profonde.

Les meilleures œuvres de Barber appartiennent au domaine de la musique vocale : deux opéras créés au Metropolitan de New York, *Vanessa* (1958, livret de Gian Carlo Menotti) et *Antony and Cleopatra* (1966) ; des mélodies, notamment le cycle *Hermit Songs* (1952-53) et *Dover Beach* pour voix et quatuor à cordes (1931), où la musique s'adapte avec souplesse au rythme des mots, alors que la scène pour soprano, *Knoxville : Summer of 1915* (1948), est plus significative de l'écriture de Barber par sa nostalgie, son orchestration riche et élégante.

Paul Griffiths.

Barber-shop ballads. Chants populaires à l'accompagnement vocal simple, gai ou sentimental, improvisé. Ses adeptes utilisent volontiers des harmonies et des mélodies chromatiques ; « Nellie Dean » et « Sweet Genevieve » comptent parmi les plus populaires. Cette forme vocale est issue du madrigal, de la ronde et du glee. Le lien avec l'échoppe du barbier semble remonter à l'Angleterre shakespearienne, où un luth était toujours à la disposition des clients qui attendaient leur tour et pouvaient ainsi s'amuser en chantant. Il est revenu à la mode aux États-Unis à l'époque de la ruée vers l'or : le barbier mettait alors souvent une guitare à la disposition de ses clients turbulents. La Society for the Preservation and Encouragement of Barber-Shop Singing in America a été fondée en 1938. Les États-Unis et l'Angleterre organisent régulièrement des congrès et des concours destinés aux ensembles qui continuent à pratiquer le « barber-shop singing ».

Peter Gammond.

Barbier de Séville, Le (créé sous le titre d'*Almaviva, ossia l'inutile Precauzione*, « Almaviva ou la Précaution inutile »). Opéra en deux actes de Rossini sur un livret de Sterbini d'après la comédie de Beaumarchais (1775). Représentations : Rome (Teatro Argentina, 20 février 1816) ; Londres (Haymarket, 10 mars 1818) ; New York (Park Theatre, 3 mai 1819, version anglaise de Bishop – 29 novembre 1825, première production en italien aux États-Unis) ; Paris (Théâtre des Italiens, 26 octobre 1819 – en français, Lyon, 19 septembre 1821). L'opéra de Paisiello du même nom (1782) avait connu un énorme succès, ce qui explique le premier titre. Le comte Almaviva (tén.), sous le déguisement d'un modeste étudiant, Lindoro, cherche à séduire Rosina (mezzo coloratura), la pupille du vieux docteur Bartolo (basse) qui souhaite lui-même l'épouser. Les amoureux, grâce à l'aide de l'astucieux Figaro (bar.), barbier et factotum de la maison de Bartolo, parviennent à déjouer les intrigues du vieil homme et à se marier.

BIBLIOGRAPHIE : *Le Barbier de Séville*, L'Avant-Scène-Opéra nº 37, (Paris, 1981).

Barbieri, Francisco (Asenjo) (Madrid, 3 août 1823 ; Madrid, 17 février 1894). Compositeur et musicologue espagnol. Il entre au Conservatoire de Madrid en 1837 où il étudie le piano et la composition. Après la mort de son père, au cours de la guerre civile, il doit subvenir à ses besoins en jouant dans une fanfare militaire ; il travaille ensuite comme pianiste de brasserie, copiste, chanteur, etc. Il commence également à composer des œuvres dramatiques et, à partir de 1850, donne un nouvel essor à la *zarzuela* : *Jugar con fuego* (1851), *Los Diamantes de la corona* (1854, traduction espagnole du livret de Scribe utilisé par Auber). Il a également composé des opéras-comiques : *Pan y toros* (1864) et *El Barberillo de lavapiés* (1874).

Dans le domaine musicologique, il est à l'origine du regain d'intérêt qu'a connu la musique espagnole ancienne, transcrivant et éditant notamment le précieux recueil de musique profane du XVIᵉ siècle conservé à la bibliothèque du Palais royal, *Cancionero musical de los siglos XV y XVI*. Il a également publié les pièces de Juan del Encina et écrit de nombreux articles.

Wendy Thompson.

Barcarolle (ital. : *barcarola*). Chanson de gondoliers vénitiens, sur un rythme à 6/8 ou à 12/8 évoquant le balancement d'un bateau. Certaines partitions d'opéra comportent des barcarolles : *Obéron* de Weber (1826), *Fra Diavolo* d'Auber (1830), *Otello* de Verdi (1887) et *Les Contes d'Hoffmann* d'Offenbach (1881). Il existe aussi des barcarolles dans le domaine instrumental : Mendelssohn (*Romance sans paroles op.19 nº 6*), Chopin *(op.60)* et Fauré qui en a composé treize.

Barcroft, George (mort à Ely vers 1610). Organiste et compositeur anglais. Il serait le fils et l'élève de Thomas Barcroft, organiste de la cathédrale d'Ely. Il entre au Trinity College de Cambridge en 1574 et obtient le diplôme de bachelor of arts en 1577-78. De 1579 à 1610, il est organiste et chanoine à la cathédrale d'Ely où John Amner lui succèdera. Les œuvres qu'il nous a laissées, souvent attribuées à Thomas Barcroft, comprennent un *Service du matin en sol* et deux *anthems.*

Wendy Thompson.

Barde. Voir *Pays de Galles,* 1.

Barde, Le (*Barden*). Poème symphonique op.64 de Sibelius, composé en 1913 et révisé l'année suivante.

Bärenreiter. Éditeur de musique allemand. Maison fondée en 1923 par un jeune libraire, Karl Vötterle (1903-75), qui fut d'abord étroitement associée à la nouvelle musique allemande et au renouveau musicologique dans ce pays. En 1926, elle se tourna vers la musique d'orgue, effectuant de nombreuses recherches dans ce domaine et établit d'étroites relations avec les principales institutions musicales.

Après s'être fixée à Cassel en 1927, la firme continua à prendre de l'expansion : elle lança la revue *Musik und Kirche* et joua un rôle important dans la renaissance et l'édition des œuvres de Heinrich Schütz, participant activement à la fondation de la Neue Schütz-Gesellschaft en 1930. Le catalogue de musique chorale profane et de musique de chambre se développait parallèlement. Grâce à ses éditions littéraires et musicales et à une action non négligeable dans le domaine de la facture instrumentale, Bärenreiter était déjà, avant la guerre, l'un des protagonistes importants de la renaissance de la musique ancienne.

Après les difficultés de la période nazie et la destruction presque totale de la firme en 1945, Vötterle réorganise progressivement ses activités. Il poursuit son action en faveur de la pratique musicale privée, notamment chez les jeunes, ce qui l'amène à créer des séries de cours annuels et à éditer les publications de la *Gesellschaft für Musikforschung,* à la fondation de laquelle il avait participé en 1947. *Musik und Kirche* reparaît également et de nouvelles revues voient le jour, comme *Musica* ; en 1959, les éditions Bärenreiter commencent à produire leurs propres disques (Musicaphon). Pour compléter la publication de fac-similés et les résultats de recherches musicologiques, elles entreprennent la publication de nouvelles éditions, intégrales ou partielles, de l'œuvre de Bach, Gluck, Haendel, Mozart, Schubert et de nombreux autres compositeurs.

Le remarquable esprit d'entreprise et l'approche scientifique de Bärenreiter ressortent particulièrement dans l'encyclopédie *Die Musik in Geschichte und Gegenwart (MGG),* publiée sous la direction de Friedrich Blume (16 volumes et suppléments, 1949-80). Au cours des années d'après-guerre, Bärenreiter est devenu l'un des principaux éditeurs de musique mondiaux. Son catalogue comporte aussi beaucoup de musique contemporaine et cette firme continue à jouir d'une réputation internationale.

J. M. Thomson.

Barform. Voir *Bar.*

Bariolage. Effet réalisable sur les instruments à cordes, qui consiste à jouer la même note alternativement sur deux cordes différentes, dont l'une à vide, afin de produire un contraste de couleurs. Pour la même raison, ce terme peut aussi s'appliquer à un passage répété, joué sur des cordes différentes.

Barnard, John (? 1591 ; célèbre vers 1641). Compositeur anglais. Chanoine à la cathédrale Saint-Paul au début du XVIIe siècle, il a compilé le *First Book of Selected Church Musick* (1641), premier recueil imprimé de services et d'*anthems* à l'usage des cathédrales anglaises, paru entre 1565 et la guerre civile ; son répertoire est emprunté au règne de la reine

Elisabeth et à celui de Jacques Ier. Entre 1625 et 1638, Barnard a également élaboré un recueil de musique liturgique anglaise manuscrite, dont il a lui-même composé deux pièces.

John Milsom.

Barn dance. Appelée à l'origine *Military Schottische*, cette danse a pris ce nom familier parce qu'elle s'exécutait sur l'air de « Dancing in the Barn ». Elle a acquis sa popularité en Amérique et en Angleterre dans les années 1880. Elle ressemble à l'*écossaise et se danse par couple avec des tours de valse et des tours en avant. En Angleterre, elle se dansait souvent sur le « Pas de quatre » de Meyer Lutz tiré du *Faust up to Date* de la Gaîté burlesque et on la désignait souvent comme un « pas de quatre ». Dans les années vingt, avec la reprise des danses de l'ancien temps, elle devint une danse « progressiste », les mouvements comprenant un changement de partenaire.

Peter Gammond.

Baroque

1. Introduction
2. Définition
3. Application aux formes et aux genres
4. Style dans la musique baroque
5. Les éléments « non baroques » de la période baroque
6. L'ère baroque
7. Conclusion

1. *Introduction.* Le terme « baroque » s'applique aujourd'hui d'une façon générale à la musique composée entre le début du XVIIe siècle et le milieu du XVIIIe siècle. Ces limites ont été définies de façon un peu arbitraire, car le début du XVIIe siècle correspond à la naissance de l'opéra et de l'oratorio, alors que les années 1750 ont connu la mort de Bach et de Haendel. Toutefois, la seule caractéristique commune à l'ensemble de la musique « baroque » est l'usage quasi uniforme d'une partie de continuo ; autrement, ce siècle et demi recèle une telle variété de genres et de styles qu'il est difficile de distinguer un élément unificateur essentiel.

2. *Définition.* Contrairement au concept de la « Renaissance », consciemment adopté par les artistes et les écrivains de l'époque, le terme « baroque » n'a commencé à être utilisé qu'ultérieurement par les historiens, dans le domaine des beaux-arts et de l'architecture, et il ne s'applique à la musique que depuis une date récente. Le mot français baroque est probablement dérivé du terme portugais *barrôco* (« perle difforme ») et l'on s'accorde à lui reconnaître une connotation d'irrégularité. En architecture, le style baroque implique une décoration, qui ne perturbe pas néanmoins l'unité centrale d'un bâtiment ; il s'agit aussi d'un style « rhétorique », visant à produire beaucoup d'effets : dimensions (comme la cathédrale de Salzbourg, reconstruite en 1628), emplacement (en Autriche et dans le sud de l'Allemagne, les églises monastiques étaient souvent construites à flanc de coteau afin de dominer l'environnement) ou autres critères. Dans le domaine de la sculpture et de la peinture, ce terme évoque des émotions extrêmes (à Saint-Pierre de Rome, la statue de Sainte-Thérèse par Bernini impressionne davantage par son extase sensuelle que par son réalisme) ou le sens du drame (comme chez le Caravage qui utilise le *chiaroscuro* – contraste entre la lumière et l'ombre). Vers la fin de la période baroque, les éléments purement décoratifs dominent souvent le dessin et le sérieux du sujet cède la place à quelque chose de plus charmant qu'impressionnant, parfois même frivole, qui débouche sur le « rococo » post-baroque.

3. *Applications aux formes et aux genres.* On peut dire de l'opéra et de l'oratorio qu'ils sont tous deux des genres décoratifs et rhétoriques, illustrant une histoire ou un thème à l'aide de divers éléments. L'opéra donne naissance à des personnages grâce à l'accumulation d'airs qui incarnent chacun un seul *affetto*, ou émotion ; dans cette optique, on peut le comparer à une église baroque où de nombreuses petites chapelles isolées créent progressivement un effet de grande envergure. L'appel à l'émotion des statues de Bernini se retrouve dans le madrigal, particulièrement dans les lamentations postérieures au *Lamento d'Arianna* de Monteverdi, dont l'influence a été déterminante. Dans le domaine de la musique religieuse, la mode des *cori spezzati*, qui éparpillait les différents chœurs au sein de l'église dans des tribunes que leur destinaient les architectes baroques, s'est maintenue tout au long de cette période, alors

que des œuvres *concertante*, comme les passions de Bach ou sa *Messe en si mineur*, choisissent délibérément le parti émotionnel, tirant leur effet d'une grande diversité de ressources. Les toccatas d'organistes virtuoses comme Frescobaldi, Buxtehude et Bach lui-même montrent le déséquilibre naturel de l'improvisation ; en outre, elles restent essentiellement rhétoriques.

4. *Style dans la musique baroque.* Dans le domaine stylistique, il semble particulièrement difficile d'appliquer le mot « baroque » à la musique. La juxtaposition de divers éléments étrangers dans la musique allemande de l'époque révèle peut-être une attitude « baroque ». Les premiers madrigaux de Schütz ont été composés à Venise sur des vers extrêmement émouvants et, dans ses dernières œuvres, il a généralement conservé cette attitude vis-à-vis de l'adaptation des textes, faisant éclater des schémas normalement formels et ordonnés. Il en est de même des cantates de Bach, dans lesquelles l'illustration du texte peut comporter des lignes mélodiques tortueuses et des harmonies extraordinaires. Ces caractéristiques sont beaucoup plus rares dans la musique italienne. Elle révèle parfois un conflit entre la technique contrapuntique fluide du *stile antico* et la recherche de contraste de la musique *concertante* moderne – comme on peut le voir dans les « morceaux de bravoure » de certaines œuvres de musique religieuse de Vivaldi ou dans certaines des œuvres *a cappella* de Lotti (son célèbre *Crucifixus* chromatique est indéniablement baroque) et de l'école napolitaine.

Le terme « rococo » (dérivé de « rocaille », style de décoration ressemblant à des rochers artificiels) convient mieux que le mot « baroque » à la majeure partie de la musique française du début du XVIIIe siècle. Cette musique, construite essentiellement autour de la mélodie et de la basse, avec des parties de continuo, était mise en valeur par une ligne mélodique extrêmement décorée et par les belles sonorités du luth et du clavecin, alors que le talent pictural de Couperin semble s'assortir merveilleusement aux charmants tableaux de Watteau et à la délicate porcelaine de Sèvres. Ce charme se retrouve, dans une moindre mesure, dans les airs napolitains de Vinci, Hasse et d'autres compositeurs, dont l'harmonie très stable souligne les embellissements apportés par le chanteur à une mélodie déjà ornée. Les éléments décoratifs du drame commencent à s'affirmer, alors que les œuvres à grand spectacle, comme *Solimano* de Hasse (1753), se tournent vers la trivialité.

5. *Les éléments « non baroques » de la période baroque.* Malgré ces caractéristiques, il faut reconnaître que les tendances générales du XVIIe et du début du XVIIIe siècle allaient à l'encontre de ce qui constitue un style baroque. Au début du XVIIe siècle, la liberté de forme et de style et l'association d'éléments musicaux et extra-musicaux connaissaient une vogue indubitable. Néanmoins, en 1620, l'aria en forme de strophes avait virtuellement pris la relève et, au cours des vingt années suivantes, la popularité de cette forme extrêmement rigide qu'est la basse obstinée révélait la force de la musique abstraite vers laquelle on tendait de plus en plus, musique bien différente des formes gouvernées par le texte à illustrer.

La montée de la musique instrumentale revêt également une importance significative. En 1600, les genres les plus importants étaient essentiellement vocaux mais, à partir de 1640, des genres comme la sonate et la *canzona* commencent à s'imposer de plus en plus. La forte influence de la musique pour trompette composée à Bologne, puis en France, met à la mode une musique diatonique simple aux rythmes réguliers, génératrice d'un style équilibré. Ce style s'illustre particulièrement dans les œuvres de Corelli, dont les sonates ont sans doute été plus largement imitées en Europe que celles de tout autre compositeur, entre 1675 et la fin du XVIIe siècle.

Le concept de « baroque » ne s'adapte pas davantage à la majeure partie de la musique française du XVIIe siècle, même si celle du siècle suivant peut à juste titre être qualifiée de « rococo ». Les opéras de Lully, émanant directement des idées de l'école monodique florentine qu'ils reprennent en y associant des éléments scéniques, dramatiques et musicaux, réussissent à communiquer une attitude extrêmement rationaliste à laquelle le terme « classique » semble mieux convenir. Cela s'applique également à la musique religieuse de Lully et de Charpentier, qui exprime la foi chrétienne dans un style ordonné, monarchique et essentiellement matériel.

6. *L'ère baroque.* Il est impossible de donner un aperçu relativement simple de l'évolution musicale au cours de cette période très complexe. On peut la partager en trois phases.

(*a*) *Début du baroque : de la fin du XVI*[e] *siècle à 1640 environ.* Pendant cette période, les formes musicales les plus importantes étaient la chanson monodique et les genres qui en découlaient, l'opéra et l'oratorio. L'accent se portait sur l'union du texte et de la musique ; dans le cas de l'opéra s'y ajoutaient des effets scéniques élaborés. La musique monodique faisant peu appel au contrepoint, les structures des formes nouvelles découlaient directement des rapports entre la mélodie et la basse : forme strophique, rondo et variations sur des basses récurrentes.

On vit alors apparaître des instruments capables de jouer des mélodies avec expression et d'autres instruments destinés à faire partie du continuo. Le concept de famille complète d'instruments, qui s'imposait depuis la Renaissance, perd de son importance et on voit s'affirmer les instruments capables d'imiter les vocalises dans leurs registres supérieurs, notamment le violon, qui remplace largement la viole.

La guerre de Trente Ans (1618-48) ayant ruiné l'économie allemande, les plus importants mécènes du début de l'ère baroque seront Italiens – des princes et des cardinaux romains montant des opéras et autres divertissements somptueux pour des mariages, anniversaires ou autres festivités. Après la magnificence de la musique de la Contre-Réforme (comme dans les *Vêpres* de 1610 de Monteverdi), la musique d'église est dominée par le concerto vocal à quelques voix, selon l'exemple antérieur de Viadana dans les *Concerti ecclesiastici* (1602) ; à Rome, cependant, la musique pour *cori spezzati* conserve une certaine vogue.

(*b*) *Le milieu de l'ère baroque :1640-90.* Un changement majeur s'opère avec l'ouverture des théâtres lyriques à Venise, à partir de 1637, et la création des troupes lyriques itinérantes qui vont faire connaître l'opéra dans le nord de l'Europe. L'opéra jouissait d'une grande popularité et exerçait une influence écrasante sur les autres genres, particulièrement sur l'oratorio et la cantate. L'aria devient la pièce maîtresse de l'opéra au détriment d'éléments plus dramatiques. L'attachement de moins en moins évident à une parité à peu près égale entre le texte et la musique ressort également de la faveur dont commence à jouir la musique instrumentale, sonate en soliste ou en trio dans le nord de l'Italie et *concerto grosso* à Rome.

En France, l'opéra italien ne s'impose pas à la cour, mais il stimule l'élaboration d'un style propre, dont le principal initiateur reste Lully. La recherche d'une union entre le texte et la musique reste considérée comme un idéal, sous la haute protection du monarque. Une musique instrumentale commence à voir le jour : musique d'église majestueuse pour la chapelle de Versailles et musique pour luth ou pour clavier à des fins privées.

L'établissement d'une tonalité moderne aura une importance considérable dans le domaine musical. La possibilité de moduler d'une tonalité à l'autre permet l'élaboration de structures de grande envergure ; la régularité de la pulsation rythmique de l'aria et les rythmes de danse de la sonate tendent à donner à la musique un meilleur équilibre et une construction plus ferme qu'au début de l'ère baroque. Les traditions du début du baroque restaient entretenues par des compositeurs comme Schütz et Purcell, qui avaient assimilé les styles italiens et français en les ajoutant à leur esthétique personnelle, et se tenaient à l'écart des tendances plus modernes.

(*c*) *Le haut baroque : 1690-1740.* L'opéra italien continue à dominer la scène musicale pendant la première moitié du XVIIIe siècle. De nombreuses villes européennes possédaient des théâtres lyriques, subventionnés en partie par la noblesse et dépendants pour le reste de la recette. Le répertoire était principalement italien : les compositeurs italiens (pour la plupart formés dans les conservatoires de Naples) voyageaient alors beaucoup pour fournir de la musique. Les chanteurs italiens se déplaçaient également et certains instrumentistes (surtout des violonistes comme Locatelli et Veracini) trouvaient leur profit dans d'incessants déplacements à l'étranger. L'opéra composé pour un public essentiellement étranger à l'Italie mettait surtout l'accent sur la musique, au détriment du drame ; une fois encore, l'oratorio et la cantate vont suivre la même évolution. Les violonistes virtuoses sont de plus en plus nombreux, jouant des sonates et des concertos composés à l'exemple de

L'Estro armonico de Vivaldi. Néanmoins, les concertos grossos dans la tradition de Corelli conservent leur popularité.

Une fois encore, les Français s'opposent à l'esthétique italienne : le fils de Lully ayant hérité du droit exclusif de produire des opéras à Paris, l'opéra italien n'avait aucune chance d'y prospérer. En fait, l'opéra s'éteindra progressivement jusqu'à l'arrivée des œuvres de Rameau vers 1730, mais des ballets continuent à être représentés. La musique d'église s'affirme, surtout des œuvres pour clavecin très ornées, et Couperin élabore un style mélodique très embelli dans sa musique pour clavecin que l'on peut vraiment qualifier de « rococo ».

Cependant, si les Italiens et les Français créaient les tendances générales, l'importance culturelle restait concentrée pour une large part dans les pays germanisants. Même si les Italiens se trouvaient en position de force dans les cours allemandes et si certains princes cherchaient à rivaliser avec la musique française par leurs imitations du château de Versailles, les compositeurs allemands prenaient de plus en plus la relève. Certains – comme Muffat, Hasse et Telemann – faisaient preuve d'éclectisme, mais les deux plus grands compositeurs allemands, Bach et Haendel, réussirent à transcender les styles étrangers, même lorsqu'ils s'en inspirèrent. Leurs suites françaises ne sonnent pas très français et les opéras italiens de Haendel se différencient de leurs modèles par la complexité de leur structure et de leur harmonie.

Les opéras de Haendel ont été composés pour un groupe privé en Angleterre et n'ont bénéficié que de faibles subventions. Le mécénat était plus répandu qu'auparavant car, si les princes continuaient à soutenir les musiciens, le public lyrique jouait à présent un rôle analogue et certaines églises protestantes d'Allemagne du Nord réclamaient une musique très élaborée, qui avait disparu en Allemagne depuis la guerre de Trente Ans. Le style musical était dominé par des structures en solo et en trio (les tours de force contrapuntiques de Bach étaient exceptionnels et certains de ses contemporains les considéraient comme démodés) et par des procédures tonales subtiles qui facilitaient la composition de longs mouvements de concerto. La transition du « baroque » au « classique » s'opéra progressivement. Les signes les plus révélateurs sont liés à la popularité croissante de l'opéra-comique : l'intermezzo italien se transforma en opéra-bouffe et, en Angleterre, le *ballad opera* prospéra après le succès du *Beggar's Opera* en 1728. Même l'opéra-seria se trouva affecté par le rococo ou le style *galant.

7. *Conclusion.* Il ressort de cette courte étude que l'application du terme « baroque » à cette période est surtout une question de convenance. Alors qu'il peut certainement s'appliquer à certains aspects – par exemple à la musique allemande de 1610 à 1680 et peut-être également de 1700 à 1740, ou à la musique anglaise de 1660 à 1695 – la musique des XVIIe et XVIIIe siècles ne peut être considérée comme un courant créateur continu ; elle en réunit en fait plusieurs. Ces deux siècles sont dépourvus d'un vaste arrière-plan philosophique, comme la pensée humaniste de la Renaissance, et ils sont trop jeunes pour l'unité géographique qu'amèneront au XIXe siècle les éditions musicales de grande diffusion et le chemin de fer. Ils requièrent ce que Gustave Reese, traitant de la Renaissance, appelle une « polyphonie en prose » pour décrire les divers aspects de sa musique.

Denis Arnold.

BIBLIOGRAPHIE : James R. Anthony, *La Musique en France à l'époque baroque (de Beaujoyeulx à Rameau)*, Flammarion (Paris, 1982). Philippe Beaussant, *Versailles opéra*, Gallimard (Paris, 1981). M. Benoit, *les Musiciens du roi de France (1661-1733)*, PUF, coll. Que sais-je ? (Paris, 1982). Eugène Borrel, *L'Interprétation de la musique française de Lully à la Révolution*, Alcan (Paris, 1934), rééd. Les Introuvables (Plan-de-la-Tour, 1975). Manfred F. Bukofzer, *La Musique baroque, 1600-1750, de Monteverdi à Bach*, Lattès (Paris, 1982). Nicolaus Harnoncourt, *Le Discours musical*, Gallimard (Paris, 1984) / *Le Dialogue musical*, Gallimard (Paris, 1985). Hélène Leclerc, *Venise baroque et l'opéra*, Armand Colin (Paris, 1987). Rémy Stricker, *Musique du baroque*, Gallimard (Paris, 1969).

Barraqué, Jean (Puteaux, 17 janvier 1928 ; Paris, 17 août 1973). Compositeur français. Il fait ses études au Conservatoire de Paris avec Langlais et Messiaen (1948-51). Pendant cette période, il commence à travailler à la composition de deux œuvres, la *Sonate pour piano* (1950-52) et *Séquence* (1950-55) qui montrent une volonté peu commune de s'attaquer à des formes de grande envergure à l'aide des ressources désintégrées du *sérialisme avancé. Les deux œuvres révèlent également son tempérament romantique, qui apparaît surtout dans le souffle beethovénien de la sonate et dans l'extase lyrique de *Séquence* (pour soprano, piano et plusieurs instruments).

Barraqué a vécu dans l'ombre, enseignant de temps à autre, écrivant des articles (ainsi qu'un livre sur Debussy, Paris, 1962) et menant des recherches dans le domaine de l'esthétique musicale pour le Centre national de la recherche scientifique de 1961 à sa mort. A partir de 1956, il s'était attaché à élaborer un vaste système de paraphrase musicale sur le roman de Hermann Broch, *La Mort de Virgil*, mais il n'en a terminé que trois parties : ... *Au-delà du hasard* en 1959, *Chant après chant* en 1966 et *Le Temps restitué* en 1968. Avec le concerto pour clarinette et vibraphone et six trios (1968), ces œuvres témoignent de la grandeur, de la beauté et de l'honnêteté de sa vision, préoccupée avant tout par la mortalité de l'homme et l'inutilité de l'effort artistique.

Paul Griffiths.

Barraud, Henry (Bordeaux, 23 avril 1900). Compositeur français, élève de G. Caussade, P. Dukas et L. Aubert au Conservatoire de Paris. Directeur de la musique à la radio, puis de la chaîne nationale de l'ORTF (1944-66), il donne à la radio française une ampleur inégalée en faisant appel aux compositeurs de toutes tendances. Sa musique reste en marge des courants dominants, raffinée et solidement structurée. Elle prête à la méditation (*Offrande à une ombre* pour orchestre, 1942, à la mémoire de Maurice Jaubert ; *Une saison en enfer* pour orchestre, 1968), sans manquer d'humour pourtant (*La Farce de maître Pathelin*, opéra-comique, 1937-38). Ses meilleures œuvres sont destinées à la voix, mélodies (*Trois Lettres de Madame de Sévigné*, 1938), oratorios (*Les Mystère des saints Innocents*, d'après Péguy, 1946) ou opéras (*Numance*, tragédie lyrique, 1949-52, dont il a tiré une symphonie ; *Le Roi Gordogane*, fantaisie surréaliste, 1975 ; *Tête d'or*, tragédie lyrique d'après Claudel, 1980).

Alain Pâris.

Barré. Technique de jeu propre aux instruments de la famille du luth et de la guitare qui consiste à raccourcir la longueur de plusieurs cordes ou de l'ensemble des cordes en les plaquant sur la touche avec l'index de la main gauche. On peut obtenir le même effet de façon artificielle en utilisant un *capodastre.

Barre d'harmonie. Verge de bois collée sous la table des instruments à cordes et à archet, sur toute la longueur de la corde la plus grave, et qui soutient le pied gauche du chevalet. Voir *Violon*, 2. Sur certains instruments anciens, la barre d'harmonie est taillée dans le bois de la table, faisant ainsi partie intégrante de l'instrument.

Barre de mesure. Trait vertical tracé au travers d'une ou de plusieurs portées musicales, qui sert normalement à indiquer une division en unités métriques (de deux, trois ou quatre unités de temps,...).

Voir également *Double barre* ; *Notation*, 6 ; *Rythme*, 2.

Barsanti, Francesco (Lucca, 1690 ; Londres, 1772). Flûtiste, hautboïste et compositeur italien. Il se rend à Londres en 1714 avec Francesco Geminiani pour jouer dans l'orchestre de l'Opéra italien. Vers 1735, il s'installe à Édimbourg comme professeur et instrumentiste, épouse une Écossaise et retourne à Londres en 1743. Il est l'auteur d'agréables sonates et de concertos grossos, dont certains font appel à des instruments à vent, ce qui était alors inhabituel en Angleterre. Sa fille est devenue une chanteuse célèbre.

Denis Arnold.

Bart, Lionel (Londres, 1er août 1930). Compositeur et parolier anglais. Après avoir passé son enfance dans les quartiers pauvres de l'East End londonien, il obtient une bourse et entre à la St. Martin's School of Art. Il écrit et joue dans des productions d'amateurs et, en 1956, entre dans un groupe appelé The Cavemen dont fait également partie Tommy Steele. Il écrit avec Mike Pratt des chansons pour ce groupe ainsi que pour les premiers films de Tommy Steele. Il travaille pour le Theatre Workshop, dirigé par Joan Littlewood, et écrit de la musique et des textes pour *Fings ain't Wot They Used t'be* de Frank Norman (1959). Il écrit *Lock Up Your Daughters* (1959) pour la première production du Mermaid Theatre et, en 1960, remporte un triomphe avec *Oliver !*, la comédie musicale la plus courue en

Angleterre à cette époque ; elle totalise 2 618 représentations et est également donnée à Broadway avant d'être filmée. Ses comédies musicales ultérieures – *Blitz* (1962), *Maggie May* (1964) et *Twang* (1965) – n'ont pas connu le même succès.

Peter Gammond.

Bartlet, John (célèbre vers 1606-10). Musicien anglais, sans doute au service du comte d'Hertford au début du XVIIe siècle. Il obtint un diplôme de musique à Oxford en 1610. Son ouvrage *Booke of Ayres* (1606) contient quelques belles chansons pour luth.

Denis Arnold.

Bartók, Béla (Viktor János) (Nagyszentmiklós, district de Torontál, Hongrie, aujourd'hui Sînnicolaul Mare, Roumanie, 25 mars 1881 ; New York, 26 septembre 1945). Compositeur hongrois, le plus grand musicien de son pays. Bartók était aussi un excellent pianiste et il possédait des connaissances considérables dans le domaine de la musique populaire. Ses recherches sur la chanson populaire, ainsi que la vénération qu'il portait aux musiciens du passé, particulièrement à Beethoven et à Bach, ont eu une influence prédominante sur sa musique. Tous ces éléments ont abouti à un style très original et parfaitement homogène, hongrois par sa sonorité, mais universel par sa puissance expressive.

1. *La jeunesse.* Après avoir perdu son père assez jeune, Bartók est élevé par sa mère qui encourage les dons musicaux dont il fait preuve dès son enfance, composant et jouant du piano. En 1898, il obtient une bourse pour étudier à l'Académie de musique de Vienne, capitale de l'Empire austro-hongrois, mais il préfère suivre son vieil ami Dóhnanyi et faire ses études à Budapest, où il suit les cours de composition de Hans (János) Koessler. Cette décision jouera un rôle essentiel dans la vie de Bartók, car elle le met en contact avec le mouvement nationaliste hongrois : en 1902, il écrit ses premières mélodies sur des textes hongrois et compose, l'année suivante, son poème symphonique *Kossuth* à la gloire du héros national, œuvre largement inspirée de l'esthétique de Richard Strauss. En 1904, entendant pour la première fois une véritable chanson populaire hongroise, il a la révélation de ce que doit être la véritable musique hongroise, aux antipodes des airs tziganes repris par Liszt et par Brahms.

Pendant quelques années, il fait de nombreux arrangements musicaux et des articles basés sur les chansons populaires qu'il collectionne, souvent en collaboration avec son ami Zoltàn Kodály. En 1907, les deux hommes sont nommés à l'Académie de Budapest et, malgré l'opposition qu'ils rencontrent, ils s'attachent à donner une nouvelle vitalité et une fierté nationale à la vie musicale hongroise. Le *Quatuor n° 1* (1909) de Bartók est typique de cette période, car il associe des traits de la musique populaire hongroise à d'autres éléments empruntés aux contemporains occidentaux (l'influence de Strauss diminue alors pour celle de Debussy) dans la plus probante des formes classiques.

En 1911, il compose un opéra hongrois, *Le Château de Barbe-Bleue,* dans lequel il suit Debussy et Moussorgski, trouvant un style vocal adapté aux particularités linguistiques de son pays. L'orchestration brillante est encore tournée vers Strauss et également vers Debussy, dont l'influence reste prédominante dans le ballet *Le Prince de bois* (1914-17). Cette œuvre comporte un élément typiquement bartókien, la danse grotesque menée par le xylophone, que l'on peut comparer à l'*Allegro barbaro* pour piano (1911). A la suite du succès remporté par son ballet en 1917, *Le Château de Barbe-Bleue* est représenté l'année suivante, et Bartók commence à attirer davantage l'attention sur lui. La maison d'édition viennoise, Universal Edition, qui compte déjà Schoenberg, Berg et Webern à son catalogue, accepte de publier ses œuvres ; parmi les premières partitions qui en bénéficient, le *Quatuor n° 2* (1915-17) révèle les prémices d'un style cohérent basé sur la chanson populaire. De nouvelles influences commencent à pénétrer sa musique. Les *Trois Études pour piano* (1918) et les deux sonates pour violon et piano (1921 et 1922) évoluent à la limite de l'atonalité et révèlent sa connaissance de Schoenberg par la liberté contrapuntique de leurs vastes lignes, alors que le ballet *Le Mandarin merveilleux* (1918-19) rappelle *Le Sacre du printemps.* Ces influences vont bientôt disparaître ; la *Suite de danses* pour orchestre (1923) est à la fois le premier grand succès populaire de

Bartók et la première œuvre d'une « période intermédiaire » où s'affirme la confiance en soi et la maturité.

2. *Les années de la maturité.* Bartók est désormais une personnalité internationale. Pendant l'entre-deux-guerres, il fait des tournées en Europe et en Amérique où il se produit comme pianiste et il compose à son propre usage la sonate et la suite *En plein air* (toutes deux en 1926), ainsi que les deux premiers concertos pour piano (1926 et 1930-31). Tous deux sont créés lors des festivals de la SIMC (Société internationale de musique contemporaine) au sein de laquelle Bartók joue un rôle actif depuis sa fondation en 1922. Néanmoins, il conserve son poste d'enseignant à Budapest et continue à étudier la musique populaire, même s'il a abandonné les expéditions sur le terrain pour en recueillir des fragments. L'une de ses principales tâches, en tant qu'ethno-musicologue, consiste à classer les variantes d'une mélodie et son travail intensif dans ce domaine l'a sans doute aidé à élaborer sa technique de variation, dont la portée reste considérable. Elle s'illustre, par exemple, dans le *Quatuor nº 3* (1927) en un mouvement dont la première partie est construite à partir d'un petit motif, la deuxième partie est un ensemble de variations canoniques, la troisième et la quatrième récapitulant les deux premières. Cette technique permet à Bartók d'élaborer des formes symétriques à cinq parties (ABCBA) dans les *Quatuors nº 4* et *5* (1928 et 1934) et le *Concerto pour piano nº 2*, qui mettent en lumière sa façon de découvrir l'essence des mélodies et des rythmes populaires sans les citer.

Les œuvres de cette période révèlent également un intérêt marqué pour les nouvelles ressources sonores. Dans le *Concerto pour piano nº 1* et dans la *Sonate*, son écriture pianistique est souvent percutante, mais ces œuvres comportent aussi des exemples de « musique nocturne » pleine d'atmosphère, comme dans la suite *En plein air*. Dans le concerto, il indique scrupuleusement aux percussionnistes comment obtenir des effets nouveaux, annonçant déjà la *Sonate pour deux pianos et percussion* (1937). Par ailleurs, son écriture pour cordes, dans les quatuors ou dans la *Musique pour cordes, percussion et célesta* (1936), met en œuvre de nombreuses textures et techniques de jeu. La *Musique pour cordes*, avec la transformation finale d'un thème chromatique en un thème diatonique ouvert, reflète l'évolution du style de Bartók. Partiellement influencé par l'élégante écriture contrapuntique de Bach (mouvement initial du *Concerto pour piano nº 2*), il compose une musique plus lumineuse aux harmonies aérées. La transition est déjà sensible dans le *Concerto pour violon nº 2* (1937-38) et dans le *Quatuor nº 6* (1939), partitions d'une grande intensité expressive, mais elle est encore plus accentuée dans les œuvres composées après l'exil volontaire de Bartók aux États-Unis, en 1940.

Coupé de ses amis, déprimé par les progrès de la guerre, trouvant peu d'engagements comme pianiste, Bartók passe ses dernières années dans l'isolement. Il ne terminera que deux nouvelles œuvres, l'exubérant *Concerto pour orchestre* (1943) et la *Sonate pour violon seul* (1944) issue de la tradition de Bach. Tibor Serly achèvera les dernières mesures du *Concerto pour piano nº 3* (1945) et réalisera l'orchestration du *Concerto pour alto* (1945) d'après les esquisses.

Paul Griffiths.

BIBLIOGRAPHIE : Béla Bartók, *Musique de la vie*, autobiographie, lettres et écrits réunis par Philippe A. Autexier, Stock (Paris, 1981). Pierre Citron, *Bartók*, Seuil, coll. Solfèges (Paris, 1963, rééd. 1982). Jean Gergely, *Béla Bartók, compositeur hongrois*, La Revue Musicale nº 328-335, Richard Masse (Paris, 1980). *Béla Bartók vivant*, Publications orientalistes de France (Paris, 1984). Yann Queffélec, *Béla Bartók*, Mazarine (Paris, 1981). Szabolczi, *Bartók, sa vie et son œuvre*, Corvina (Budapest, 1960).

Bartolozzi, Bruno (Florence, 8 juin 1911 ; Fiesole, 12 décembre 1980). Compositeur et théoricien italien. Il étudie le violon au Conservatoire de Florence (1926-30), puis mène une carrière d'instrumentiste avant de retourner au Conservatoire suivre les cours de composition de Paolo Fragapane (1946-49). Ses œuvres moulées dans une écriture sérielle proche de Dallapiccola ont suscité moins d'intérêt que les nouveautés qu'il a apportées dans le jeu des bois, permettant aux musiciens de jouer plusieurs sons simultanément. Il a écrit un livre sur ce sujet, *New Sounds for Woodwind* (Londres, 1967, 2ᵉ édition 1982).

Paul Griffiths.

Baryton. 1. Voix masculine dont la tessiture se situe entre celle de la basse et celle du ténor (approximativement du fa¹ au sol³, parfois jusqu'au la bémol³ ou même au la³ dans l'opéra italien ou l'opéra français). La voix de baryton varie du baryton dramatique (Verdi) au baryton léger, proche du ténor, parfois appelé « baryton Martin » en souvenir du chanteur français Jean-Blaise Martin (1767-1837). La voix de « baryton-basse » correspond à une tessiture un peu plus élevée que celle de la basse, mais qui en conserve le grave ; dans la *Tétralogie* de Wagner, le rôle de Wotan est confié à un baryton-basse (Wagner employait l'expression « hoher Bass »).

2. Instrument à archet en usage entre 1640 et 1820, surtout répandu en Autriche et en Allemagne. Sorte de basse de *viole, il comporte six cordes en boyau auxquelles s'ajoutent jusqu'à vingt cordes métalliques qui passent derrière le manche. Ce sont des cordes sympathiques (voir *Instruments à cordes*, 6), mais elles sont disposées de façon à permettre à l'instrumentiste de les pincer avec le pouce de la main gauche pour ajouter certaines basses, tout en jouant la partie mélodique avec l'archet. Elles sont protégées du côté de la touche par une grille souvent décorée. L'œuvre la plus ancienne destinée à cet instrument figure dans un manuscrit allemand de 1660 environ ; elle est écrite en tablature, les cordes métalliques étant numérotées en descendant à partir du ré². Le prince Esterházy adorait cet instrument et possédait une collection manuscrite de pièces courtes, dont 175 au moins sont de la main de Haydn : *Divertimenti a tre per il pariton, viola e violoncello*. Dans ces œuvres, les cordes métalliques n'interviennent qu'occasionnellement ; elles sont indiquées par des chiffres placés sous la portée ; elles ont été enregistrées par Riki Gerardy, un membre de l'Esterházy Baryton Trio.

Le baryton a peut-être une relation avec un instrument anglais, sorte de viole à cordes métalliques pour le pouce, qui passe pour avoir connu les faveurs de Jacques Iᵉʳ. On en jouait à la façon de la lyre (voir *Viole*, 4). Le baryton allemand porte aussi le nom de *viola di bordone*.

3. (all. et angl. : *baritone*). Instrument à vent à pistons de la famille des saxhorns (cuivres) en si bémol (même tessiture que le *trombone) dont le pavillon est dirigé vers le haut. Il est employé dans les musiques d'harmonie où il occupe une tessiture immédiatement supérieure à celle de l'euphonium, également en si bémol (voir *Harmonie, Musique d'* ; *Saxhorn*). Aux États-Unis, le terme « euphonium » désigne généralement le baryton.

Anthony Baines.

BIBLIOGRAPHIE : Lucien Greilsmer, *Le Baryton du prince Esterházy*, La Flûte de Pan (Paris).

Barzeletta (ital.). Littéralement « plaisanterie ». Forme poétique italienne en usage vers 1500, particulièrement pour la **frottola*.

Basie, « Count » [William] (Red Bank, New Jersey, 21 août 1904 ; Hollywood, 26 avril 1984). Musicien de jazz noir américain. Il étudie le piano avec sa mère, adopte le style de certains pianistes de jazz célèbres comme « Fats » Waller et Willie « The Lion » Smith ; puis il accompagne divers chanteurs de « blues » avant de faire partie de l'orchestre de Walter Page en 1929. Il entre comme pianiste dans l'orchestre de Bennie Moten et en prend la direction à la mort de ce dernier, en 1953. Le style original de cet orchestre se forge progressivement sous l'influence de la technique pianistique rythmée et aux moyens réduits de Basie et de solistes, tels que Lester Young et Buck Clayton. Le chanteur Jimmy Rushing participe également à leurs concerts et à de nombreux enregistrements. Continuant à diriger un orchestre dans les années soixante-dix, Basie est devenu l'un des pionniers les plus durables de l'ère des grands orchestres de jazz.

Peter Gammond.

Basoche, La. Opéra-comique en trois actes de Messager sur un livret d'Albert Carré, créé à Paris en 1890.

Basques (all. : *Baskische Tänze*). Danses basques, comprenant généralement la **pordon dantza*, le **zortziko* et l'**ezcudantza*. Le pas de basque est une ancienne danse paysanne basque aux rythmes variés.

Bassani, Giovanni Battista (Padoue, vers 1657 ; Bergame, 1ᵉʳ octobre 1716). Compositeur italien. Il aurait étudié le violon à Bologne avec G. B. Vitali ; à partir de 1667, il vit à Ferrare où il est organiste à l'Accademia della Morte. En 1677, il s'installe à Bologne, puis à Modène et retourne à Ferrare en 1684 où il est nommé maître de chapelle de l'Accademia della Morte, puis de la cathédrale. Il y restera jusqu'en 1712 avant de retourner à Bergame.

Aujourd'hui, Bassani est surtout connu pour ses sonates en trio. Il en a publié deux recueils, un recueil de sonates *da camera* (Bologne, 1677), composé de mouvements de danse, et un recueil de sonates *da chiesa* (Bologne, 1683), dans lesquelles l'orgue joue la partie de continuo. Selon Burney, aucun compositeur avant lui (pas même Corelli) n'avait écrit de façon aussi idiomatique pour le violon. Il est également l'auteur de plusieurs cantates et oratorios.

Denis Arnold.

Bassano. Famille italienne d'origine vénitienne, installée en Angleterre vers 1530, qui a joué pendant environ 130 ans un rôle important dans la vie musicale de la cour anglaise. Le nom des Bassano reste surtout associé à la musique royale pour instruments à vent : ils jouaient de la flûte à bec, du saqueboute et d'autres instruments à vent. La première génération de cette famille, qui s'installa en Angleterre, vécut à la cour d'Henri VIII vers 1535 ; en faisaient partie : **Lewis** [Aluisio] (mort vers 1550) ; **John** [Giovanni] (mort vers 1570) ; **Anthony** (I) [Giovanni Antonio] (mort vers 1574) ; **Jasper** [Giovanni Gasparo] (mort en 1577) ; et **Baptista** [Giovanni Baptista] (mort en 1576). Ils ont tous fait partie de la musique royale jusqu'à leur mort. Deux autres frères Bassano, **Augustine** [Agostino] (mort en 1604) et **Lodovico** (mort en 1593) arrivèrent plus tard de Venise et furent nommés à la Musique royale vers 1550. Il s'agirait de frères cadets des cinq autres et ils étaient tous deux compositeurs et instrumentistes.

En 1581, une deuxième génération de Bassano avait rejoint les musiciens de la cour. Ils étaient tous les fils d'Anthony (I) : **Mark Anthony** (mort vers 1599) ; **Arthur** (mort en 1624) ; **Edward** (I) (mort vers 1607) ; **Andrea** (mort vers 1628) et **Jerome** [Jeronimo] (mort vers 1631) qui composait de la musique pour *consort*. Au début du XVIIe siècle, une troisième génération succédait à leurs pères : **Anthony** (II) (mort avant 1660), **Edward** (II) (mort vers 1638) et **Henry** (mort en 1665).

Le membre le plus célèbre de la famille est sans doute **Emilia Lanier** (1569-1645), fille de Baptista Bassano. A l'époque de son mariage avec le flûtiste Alfonso Lanier, elle était enceinte du cousin de la reine, lord Hunsdon, mais elle doit sa notoriété à ses relations supposées avec une autre personnalité célèbre du règne d'Elisabeth : on pense généralement qu'elle était la maîtresse de William Shakespeare et la mystérieuse « Dark Lady » des sonnets.

Wendy Thompson.

Bassano, Giovanni (vers 1558 ; Venise, 1617). Compositeur italien, virtuose du cornet. Il fut employé à Saint-Marc de Venise de 1576 jusqu'à sa mort. Ses pièces pédagogiques et ses ouvrages sur l'ornementation constituent une intéressante source d'information sur l'exécution des madrigaux et des motets. Il n'est pas impossible que certaines de ses *canzonette*, publiées par Morley avec leur traduction en anglais en 1597, aient été transmises à Londres par la branche anglaise de sa famille (voir article précédent).

Denis Arnold.

Bassarides, Les (*The Bassarids*). Opéra-seria, avec un intermezzo, en un acte de Hans Werner Henze sur un livret de W. H. Auden et Chester Kallman, d'après *Les Bacchantes* d'Euripide (vers 405 av. J.-C.). Représentations : Salzbourg (6 août 1966) ; Santa Fe (7 août 1968) ; Londres (BBC, 22 septembre 1968 ; Coliseum, 10 octobre 1976). Penthée, roi de Thèbes (bar.), fanatiquement opposé aux plaisirs de la chair, est attiré dans une orgie bachique et assassiné. C'est la revanche de Dionysos (ténor) sur ceux qui l'ont répudié. Dans l'intermezzo, l'intrigue est contée dans le « style Marie-Antoinette » sous la forme d'une charade élaborée.

Basse. 1. Registre grave des voix masculines dont la tessiture s'étend approximativement du mi^{1}au fa^3. La qualité de la voix de basse peut varier considérablement, de la basse bouffe, ou *Komischer Bass*, d'Osmin dans *L'Enlèvement au sérail* de Mozart aux sonorités majestueuses de Sarastro dans *La Flûte enchantée.* Les basses slaves sont capables de grande profondeur, descendant parfois au sol^{-1}. Voir également *Baryton*, 1.

2. Note la plus grave d'un accord. Pour la distinction entre « fondamentale » et « basse », voir *Fondamentale.*

3. Registre le plus grave d'une tessiture.

4. Instrument le plus grave d'une même famille, par exemple flûte à bec basse.

5. Terme familier désignant la *contrebasse (dans les orchestres symphoniques) ou le bombardon (dans les *fanfares et les musiques d'*harmonie).

Basse d'Alberti. Accompagnement d'une mélodie très fréquemment utilisé dans la musique pour clavier, qui consiste en une série d'accords brisés :

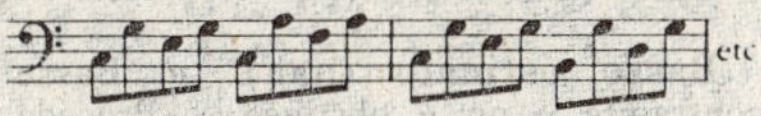

Cette formule musicale doit son nom à un compositeur italien du XVIIIe siècle, Domenico Alberti ; on la rencontre fréquemment dans ses sonates pour clavecin. Des compositeurs comme C. P. E. Bach, Haydn et Mozart ont su tirer profit de cette formule, mais elle s'est vite stéréotypée et banalisée dans la musique rococo et galante.

Basse chiffrée (ou basse continue) (all. : *Generalbass, bezifferter Bass* ; angl. : *figured bass, thorough bass, general bass* ; ital. : *basso continuo*). Partie de basse au-dessus de laquelle est inscrit un chiffrage correspondant aux accords qui doivent être joués. La basse chiffrée est caractéristique de l'ère baroque. En général, un instrument grave (basse de viole ou violoncelle) jouait la partie de basse pendant qu'un instrument à clavier ou à cordes pincées jouait l'harmonie. Historique et exemple de basse chiffrée : voir *Continuo.*

Basse continue. Voir *Basse chiffrée.*

Basse danse (fr.), **bassadanza** (ital.). Danse de cour des XVe et XVIe siècles. Le terme provient probablement du mot « bas », impliquant un mouvement lent et glissé et non des pas pleins d'entrain. On en trouve les premiers exemples dans des sources françaises et italiennes du XVIe siècle. Elle se dansait par couple et le matériel mélodique était parfois identique à celui des chansons françaises ; une note du ténor correspondant à un pas. Au XVIe siècle, les mélodies de basse danse étaient souvent basées sur les parties aiguës des chansons, comme « Jouyssance vous donneray » de Willaert ; les différentes séquences de pas étaient simplifiées. La danse était généralement suivie de recoupes et tordions, plus animés.

Basse de Flandre (ou bumbass). Monocorde à archet – appelé « bumbass » en Flandre à partir du XVIe siècle – surtout utilisé dans le domaine de la musique populaire. Sa forme la plus courante consiste en un long bâton avec une seule corde, généralement en boyau, tendue le long du bâton et passant au-dessus d'un résonateur – une vessie de porc gonflée d'air ou une boîte de conserve, ou parfois une boîte en bois ou un petit tambour. La corde, grattée par un archet à encoches, rend un son grave. L'instrument muni d'une vessie de porc remonte au moins au XVIIe siècle ; il s'est répandu dans la plupart des pays d'Europe et ajoutait un genre de basse ou d'accompagnement rythmique à la musique. Des cymbales et des grelots étaient généralement fixés à la vessie. Le catalogue d'un exportateur allemand, datant des années 1890, décrit ainsi la façon dont on jouait de la basse de Flandre : « Comme une contrebasse, sans toutefois toucher la corde du doigt. Pendant que l'on joue,

Basse de Flandre, d'après un catalogue de vente allemand.

l'instrument est frappé sur le sol en mesure avec la musique, faisant ainsi sonner les cymbales et les cloches pendant que le tirer de l'archet sur la corde produit un son semblable au roulement de tambour. »

Le « tea-chest bass » se présente comme une variante de cet instrument au XXe siècle : cette imitation de la contrebasse comporte une longue baguette souple fixée à une extrémité sur l'envers de la caisse et d'une corde tendue depuis le haut jusqu'au centre de la caisse ; la corde est pincée lorsque la baguette fléchit pour modifier la tension et produire des hauteurs de son différentes.

Anthony Baines.

Basse fondamentale. Partie de basse imaginaire qui ne se compose pas des notes les plus graves d'une série d'accords mais des sons fondamentaux de ces accords. Dans l'exemple suivant, les notes de la basse fondamentale sont indiquées en noir sous les notes les plus graves ; lorsqu'aucune noire n'a été ajoutée, la fondamentale reste la note la plus grave.

La basse fondamentale est la démonstration de l'une des plus importantes théories de Rameau : même lorsqu'il est inversé, un accord conserve sa nature et sa fonction harmonique.

Basse Murky ou basse en lunettes. Nom donné au XVIIIe siècle à un accompagnement où la basse se présente sous forme de batteries d'octaves. On en trouve un exemple célèbre dans le premier mouvement de la *Sonate pathétique* de Beethoven.

Bassett (all. ; ital. : *bassetto*). Terme ancien employé surtout en Allemagne à partir du XVIe siècle et désignant d'une façon générale une « petite basse ».

1. Instruments à cordes : petite contrebasse mesurant en moyenne 1,50 m de haut et servant à tenir la basse dans des formations itinérantes de musique populaire ou de musique légère.

2. Instruments à vent : instrument (flûte à bec ou chalumeau, par exemple) qui, sans être le plus grand d'une même famille, possède néanmoins une tessiture lui permettant de tenir une partie de basse si besoin est. Pour le cor de basset, voir *Clarinette*, 6.

Basso (ital.). 1. « Bas ». 2. « Basse ».

Basso ostinato (ital.). « Basse contrainte » ou « obstinée ». Procédé d'écriture qui répète indéfiniment un court motif de basse et au-dessus duquel se déroulent des variations mélodiques.

Basson

1. Construction
2. Tessiture et caractère
3. Systèmes
4. Histoire
5. Répertoire
6. Contrebasson
7. Petits bassons

1. *Construction*. Comme le hautbois, le basson (all. : *Fagott* ; angl. : *bassoon* ; ital. : *fagotto*) est un instrument à vent à anche double (voir *Anche*, 2*b*). Il mesure 1,40 m de long. L'instrumentiste le tient incliné en travers du corps, calé dans sa main gauche, pendant que, de la main droite, il en appuie la partie inférieure sur le bord de la cuisse droite. Le pavillon est étroit, orienté vers le haut, à la gauche de l'instrumentiste, et généralement surmonté d'un anneau blanc en ivoire ou imitation. C'est l'un des instruments fondamentaux de l'orchestre. Il apparaît vers 1660, se substituant à un instrument plus ancien dont il est issu, connu aujourd'hui sous le nom de dulcian (voir 4*a*), mais que les Italiens appelaient « faggot » à cause de sa ressemblance avec un fagot de bois. Au XVIIIe siècle, le basson figure dans la plupart des orchestres : c'est dans ce contexte que se déroule l'essentiel de son histoire bien qu'il apparaisse souvent, dans la musique de chambre, à côté d'autres instruments à vent. Il joue également un rôle important dans les *musiques militaires.

Le tube en bois, replié sur lui-même, mesure environ 2,50 m. Il se compose de cinq pièces séparées (Fig. 1a) : le bocal (1), sur lequel est placée l'anche ; le petit corps ou petite branche (2), qui comporte une partie latérale plus épaisse dans laquelle sont percés les trous de la main gauche ; la culasse (3), de section ovale, qui contient deux tubes parallèles reliés, en bas de l'instrument, par un tube métallique en forme de U dissimulé sous un capuchon de protection ; et le grand corps ou grande branche (4) qui aboutit au pavillon ou bonnet (5). Les trous du petit corps et de la culasse sont percés en biais et répartis le long de la perce (Fig. 1b) de façon à ne pas dépasser l'empan de la main.

L'instrument est maintenu par un cordon passé autour du cou, ce qui laisse libres les deux pouces à l'arrière de l'instrument. Ils jouent un rôle important et doivent actionner à eux deux au moins douze clés, davantage sur certains modèles. Le basson devenant de plus en plus lourd, certains instrumentistes préfèrent

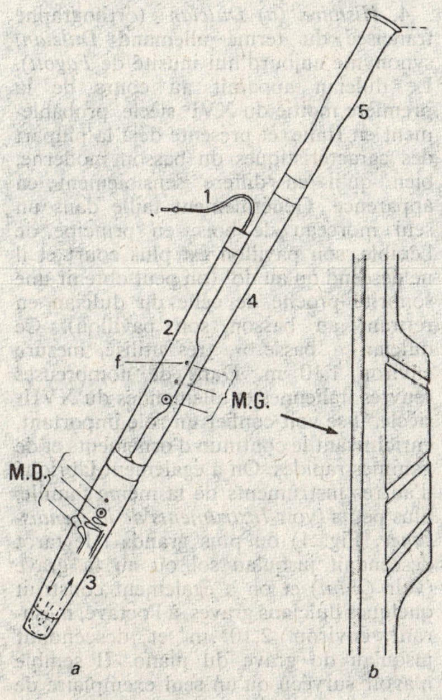

Fig. 1. (a) Basson, dans la position telle que le tient l'instrumentiste, sans l'anneau ni la plupart des clés. Le premier trou correspond au fa. (b) Partie du petit corps.

substituer au cordon une pique de violoncelle ou une courroie fixée au bas de l'instrument et sur laquelle ils s'assoient. Mais les jeunes, qui abordent le basson de plus en plus tôt, restent fidèles au cordon.

2. *Tessiture et caractère.* On comprend peut-être mieux la vaste tessiture du basson en le comparant à celle du hautbois. Les notes encadrées (Ex. 1) correspondent, sur les deux instruments, à des doigtés presque identiques. Le fa et le sol grave du basson s'obtiennent avec le même doigté que le do et le ré grave du hautbois, une douzième au-dessus : techniquement, les deux instruments sont accordés à un intervalle d'une douzième, comme le violon et le violoncelle. La ligne pointillée marque la césure entre les registres des fondamentales et des harmoniques. Sur les deux instruments, dans le répertoire classique, les passages mélodiques et solistes sont largement concentrés dans l'aigu ce qui, sur le basson, correspond à la tessiture d'une voix de ténor. Les notes situées à gauche de l'encadré constituent un prolongement de la tessiture vers le grave. A l'origine, ce procédé servait à apporter quelques notes graves supplémentaires pour renforcer l'harmonie. Mais, à partir de Tchaïkovski, les compositeurs ont pris l'habitude d'écrire des solos aussi bien dans cette tessiture profonde que dans l'extrême aigu. Ce dernier registre (noté en clé d'ut quatrième à droite de la figure) s'obtient assez facilement sur le basson et est fréquemment utilisé. Certains compositeurs vont même un ou deux demi-tons plus haut que l'Ex. 1 (jusqu'au mi[4]).

Ex. 1.

La perce s'élargit progressivement (plus doucement que celle du hautbois, dans une proportion égale à la racine carrée de la différence des tessitures), les notes du basson formant ainsi des spectres tonaux assez proches des notes du hautbois, une douzième au-dessus. Sur un enregistrement diffusé trois fois plus lentement que la vitesse normale, le son du hautbois ressemble étonnamment à celui du basson, malgré les effets produits par la profondeur des trous qui atteignent parfois 2,5 cm ou plus. Mais la sonorité caverneuse, un peu voilée du basson, provient, dans une large mesure, de ses « tunnels » latéraux étroits qui dévient l'énergie sonore du long du tube vers les trous ouverts, pratiquement jusqu'au pavillon, créant également certaines inégalités tonales, nettement plus importantes que sur la plupart des autres instruments à vent. Néanmoins, c'est pour préserver sa sonorité traditionnelle que le basson conserve cette disposition plutôt primitive. Mais un schéma rationnel comportant un mécanisme à clés, comme celui de la clarinette-basse ou du saxophone, serait parfaitement adaptable. L'instrumentiste peut souvent aplanir une inégalité (une note plus faible que ses voisines) en ajoutant ou en réduisant les ouvertures au moyen des clés disposées sur le grand corps. Sur les bassons anciens, ce procédé peut en fait s'avérer essentiel pour accorder une note ou stabiliser son émission.

3. *Systèmes*. Le modèle allemand (fagott) a été mis au point au XIXᵉ siècle par Heckel, à Biebrich, près de Wiesbaden. Il est taillé dans un morceau de bois d'érable, la partie descendante de la perce étant généralement recouverte d'ébonite ou d'une matière analogue qui lui permet de résister à l'humidité. De nombreux autres facteurs construisent cet instrument, surtout en Allemagne, mais également aux États-Unis (Fox en particulier). Deux des trous sont munis de mécanismes à anneau : l'anneau du troisième trou sert à produire deux demi-tons (do dièse et mi bémol) que l'on obtient avec la même clé du pouce ; le cinquième trou sert à rectifier le sol^3, trop bas à l'état naturel. Le mécanisme normal comporte au minimum 21 clés. Plusieurs clés de la culasse sont actionnées du côté opposé à l'aide de chevilles qui traversent des trous étroits pratiqués dans le bois entre les deux perces de ce corps.

Le modèle français, fabriqué essentiellement par Buffet-Crampon, à Paris, est taillé dans du rosier sombre (sans anneau d'ivoire au sommet du pavillon). C'est l'instrument des bassonistes français, mais il n'est plus guère utilisé en Grande-Bretagne où, comme en Italie, il était très répandu jusque dans les années trente. Sa sonorité très humaine se reconnaît d'emblée dans un orchestre français et les tableaux de Degas, peignant des musiciens de l'Opéra de Paris, l'ont rendu familier. Aux États-Unis, le basson français était utilisé autrefois, mais il n'a jamais connu la popularité du fagott ; l'un de ses derniers grands défenseurs était l'un des membres de l'Orchestre symphonique de Boston, Raymond Allard. A la même époque, Archie Camden était le premier grand bassoniste à utiliser le fagott en Angleterre.

Les principales différences entre le basson français et le fagott concernent les anches et surtout les doigtés. Le basson est un instrument assez onéreux ; il coûte aujourd'hui environ trois fois le prix d'un hautbois de bonne qualité.

4. *Histoire*. (*a*) *Dulcian* (orthographe francisée du terme allemand *Dulzian*, synonyme aujourd'hui inusité de *Fagott*). Le dulcian apparaît au cours de la première moitié du XVIᵉ siècle, probablement en Italie, et présente déjà la plupart des caractéristiques du basson moderne, bien qu'il en diffère sensiblement en apparence. Généralement taillé dans un seul morceau de bois, en principe de l'érable, son pavillon est plus court et il ne descend qu'au do^1 (on peut obtenir une sonorité proche de celle du dulcian en retirant au basson son pavillon). Ce dulcian « basse », très utilisé, mesure environ 1,10 m. Dans de nombreuses œuvres italiennes et allemandes du XVIIᵉ siècle, il se voit confier un rôle important, enrichissant le continuo d'ornements et de gammes rapides. On a également fabriqué d'autres instruments de la même famille, plus petits (voir *Instruments de la Renaissance*, Fig. 1) ou plus grands : le tarot descendait jusqu'au sol ou au fa grave (voir *Quint*) et on a également construit quelques dulcians graves, à l'octave, mesurant environ 2,10 m et descendant jusqu'au do grave du piano. Il semble n'avoir survécu qu'un seul exemplaire de cet instrument, conservé à Augsbourg. Aucun dulcian français ou anglais n'est parvenu jusqu'à nous, bien qu'il semble que ce soit en France qu'il ait connu ses principales modifications : adjonction

d'une clé aux trois premières et allongement du pavillon pour que le dulcian grave atteigne le si bémol grave, comme le basson actuel. Cette modification était certainement destinée à aligner la tessiture sur celle du violon-basse, dont la corde grave était accordée en France sur le si bémol (voir *Violoncelle*, 4).

(*b*) *Basson*. Lorsque le basson prit sa forme moderne en quatre corps séparés, la clé du pouce de la main droite du dulcian (ouverte pour le mi et fermée pour le ré) passa au pouce gauche ; le bocal fut remodelé, permettant une position de jeu plus élégante, moins rapprochée du corps. Cette transformation a sans doute eu lieu en France. Mais les modèles les plus anciens que nous possédons aujourd'hui sont des bassons allemands (vers 1700), certains signés Denner, l'inventeur de la clarinette. Les copies de ces instruments sont maintenant courantes, comme celles de leurs frères cadets du XVIIIe siècle, et elles sont utilisées concurremment aux instruments originaux pour jouer la musique de cette époque. Parmi les principaux facteurs de la seconde moitié de ce siècle figurent Portaux (Paris), Milhouse (Newark, puis Londres) et Grenser (Dresde). Leurs bassons possèdent entre quatre et sept clés en cuivre (sans si bécarre ni do dièse graves). En employant des doigtés fourchus pour la plupart des accidents, le doigté est très proche de celui du basson français actuel et ne pose aucun problème technique. Les perces sont de taille très variable et l'évasement peut changer d'un corps à l'autre, se réduisant après le petit corps alors que, dans le pavillon, la perce se rétrécit souvent. La sonorité de ces instruments anciens, chaude et généreuse, est dépourvue de cette rudesse qui caractérise souvent le basson moderne. Au sein de l'orchestre, elle se fond merveilleusement aux sonorités des violoncelles et des contrebasses qui étaient souvent doublés par un ou deux bassons dans les œuvres dépourvues de parties de basson indépendantes. Ainsi, en 1768, Haydn disait préférer « trois parties de basse, violoncelle, basson et contrebasse... car certains passages ressortaient mieux ainsi. »

Rameau donne au basson une individualité qui laisse entrevoir l'usage qu'en fera Mozart. Beethoven élève l'instrument à ses sommets (*Symphonies n° 4* à *9*), lui confiant des solos dans différents contextes dramatiques ; le *Concerto pour violon* est une œuvre pleine de trésors pour le basson. A cette époque, l'instrument comportait généralement huit clés. On fabriquait également, au moins en Angleterre, des embouchures à anche simple (ressemblant à celle des petits saxophones) pour les musiciens de fanfares habitués à jouer de la clarinette. Ces embouchures sont encore commercialisées.

Dans la littérature symphonique allemande postérieure à Beethoven, le basson commence à être supplanté par le cor et se trouve relégué dans la masse orchestrale, malgré les audacieuses innovations formelles du bassoniste mayençois, Almenraeder (1825). Sa perce plus régulièrement conique, le déplacement de plusieurs trous et l'abolition des doigtés fourchus sont à l'origine du célèbre modèle d'Heckel (vers 1870). C'est cet instrument ou un basson plus ancien, légèrement postérieur à Almenraeder, qu'utilisaient les bassonistes russes pour lesquels Tchaïkovski a composé ses trois dernières symphonies et Rimski-Korsakov la plupart de ses œuvres. Sibelius s'adressait également au même type d'instrument. Mais les plus belles pages du répertoire symphonique de la fin du siècle dernier, confiées au basson, ont vu le jour dans des pays utilisant le basson français : Verdi (notamment le long *obbligato* du *Requiem*), Debussy (les *Nocturnes* et *La Mer*) et Puccini (surtout dans *Madame Butterfly*). Contrairement à Almenraeder, les facteurs français du XIXe siècle se sont limités à l'adjonction de quelques clés supplémentaires et sont parvenus à régulariser l'évasement de la perce, tout en conservant au pavillon sa perce réduite et cylindrique. Une tentative d'adaptation du système Boehm au basson s'est soldée par un échec, le mécanisme étant trop complexe et la couleur sonore trop décevante.

5. *Répertoire*. La littérature pour basson seul est assez limitée, contrairement à la musique de chambre et à la musique concertante qui comportent des partitions importantes, comme les quintettes pour piano et vent de Mozart et de Beethoven, le *Trio* pour piano, flûte et basson de Beethoven, les quintettes de Danzi, les quatuors de Rossini ou les symphonies concertantes de Haydn et de Mozart. Au sein du répertoire baroque pour basson solo, on compte les six sonates de Galliard

(pour basson ou violoncelle, mais mieux adaptées au basson), les nombreux concertos de Vivaldi (difficiles à mettre en valeur) et la *Sonate en fa mineur*, assez terne, de Telemann. Dans le domaine concertant, les principales partitions sont le *Concerto K 191* de Mozart (ainsi que le *Concerto KA 230a*, à l'authenticité douteuse), les quatre concertos et les symphonies concertantes de K. Stamitz, le *Concerto op.75* et l'*Andante e rondo all'ungarese op.35* (pour alto à l'origine) de Weber ainsi qu'un concerto de Hummel. Plus tard voient le jour le *Trio pathétique* pour basson, clarinette et piano de Glinka, le *Concerto op.53* de Rimski-Korsakov, les sonates de Saint-Saëns et de Hindemith qui ont tous deux composé pour la plupart des instruments à vent, la *Romance op.62* d'Elgar (œuvre attachante et personnelle) et surtout le *Trio pour basson, hautbois et piano* de Poulenc (1926), sans oublier des œuvres plus légères comme les *Variations humoristiques sur « Lucy Long »* de Dan Godfrey, jouées au cours de la première soirée des « Promenade Concerts » au Queen's Hall de Londres en 1895 et qui remportent toujours le même succès. Parmi les concertos contemporains, il faut retenir ceux de Jolivet, Rivier et Tomasi.

6. *Contrebasson* (all. : *Kontrafagott* ; angl. : *contrabassoon*). Instrument sonnant une octave plus bas que le basson, mais dont la notation est écrite à l'octave supérieure des sons réels, comme la contrebasse. On relève toutefois quelques exceptions à ce principe de notation, comme dans *Parsifal*, où Wagner note ses parties en son réel.

Le modèle le plus courant est celui de Heckel, également fabriqué aujourd'hui par d'autres facteurs. Il repose sur un pied métallique. Le tube conique, de 5,50 m de long, se compose de cinq parties parallèles reliées entre elles par quatre coudes en forme de U (Fig.2). L'instrument reste monté en permanence. Le bocal est inséré dans un tube métallique recourbé à la base pour pénétrer de bas en haut dans un corps de bois vertical, qui est en réalité un petit corps inversé (la clé de l'index de la main gauche correspond au trou le plus bas et celle de l'annulaire au trou le plus haut). Le mécanisme des clés permet une répartition des trous le long du tube respectant les lois de l'acoustique : ils sont six fois plus espacés que sur le hautbois et la tessiture se situe deux octaves et une quinte plus bas. Les clés de la main droite sont situées sur un corps descendant, celles des pouces sur un corps ascendant. Sur certains modèles anciens, ce dernier corps se prolonge vers le haut par un pavillon droit qui permet d'obtenir la note la plus grave, le do ; depuis, on a ajouté un corps descendant, sur lequel s'emboîte un pavillon légèrement évasé, qui permet de descendre jusqu'au si bémol grave – le si bémol le plus grave du piano. Il existe un pavillon encore plus long qui descend jusqu'au la grave : généralement métallique, il jaillit d'un coude en forme de U, s'élevant au-dessus du reste de l'instrument. Deux clés d'octave (comme sur le hautbois, mais pas comme sur le basson) permettent de jouer le registre supérieur, jusqu'au si³ bémol. La perce est encore moins évasée que celle du basson et la

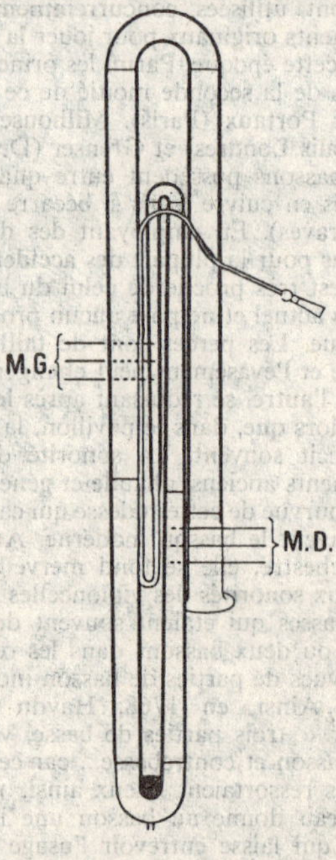

Fig. 2. Contrebasson, coupe latérale montrant les positions des deux mains à partir des pouces (les doigts, tels qu'ils sont indiqués, reposent sur le côté opposé).

sonorité, très distinctive, évoque celle d'une contrebasse. Les notes les plus graves sont celles qui portent le mieux ; leur grondement apporte une couleur spécifique à l'orchestre jusque dans les nuances modérément fortes.

Dans le domaine des instruments anciens, seuls deux spécimens de l'époque baroque semblent avoir survécu : conçus comme des bassons développés, ils s'imposent par leurs dimensions (environ 2,50 m de haut). Le premier, qui date de 1714, a été fabriqué à Leipzig par Eichentopf (voir *Hautbois*, 7). Les parties de « fagotto » très profondes des *Cantates BWV 31* et *155* de J. S. Bach, dont la tessiture se situe entre sol^{-1} et ré^{3}, montent trop haut pour cet instrument. Il est possible qu'elles aient été destinées aux anciens grands dulcians, à moins qu'Eichentopf ait aussi fabriqué, comme l'ont fait plus tard quelques facteurs à titre exceptionnel, un « demi-contrebasson » accordé une quarte plus bas que le basson normal (l'équivalent de l'ancien tarot) qui aurait été l'instrument idéal dans le cas présent. Le second, datant de 1739 et fabriqué à Londres par Stanesby, intervient dans *L'Allegro* et dans la *Music for the Royal Fireworks* de Haendel. Certains instruments autrichiens de l'époque classique, plus petits (1,70 m), ne descendent qu'au ré, parfois au do. Dans la scène du fossoyeur de *Fidelio*, Beethoven l'emploie pour doubler les contrebasses et le résultat devait être excellent. On a continué à fabriquer de tels instruments en Allemagne (certains signés Heckel) et en France jusqu'à la seconde moitié du XIXe siècle. Mais, à la même époque, des modèles plus compacts voyaient le jour en Allemagne grâce aux perfectionnements du mécanisme qui donnèrent naissance au petit corps ascendant. L'un de ces instruments, le « contrabassophone » de Haseneier (1847), comporte une perce dont la pente est aussi raide que celle du hautbois. Le son produit est d'une puissance pratiquement incontrôlable. En Angleterre, c'était en principe le seul contrebasson en usage à l'époque victorienne, mais il était assez peu répandu, car il semblerait que le seul instrumentiste professionnel qui le pratiquait à Londres – connu par ailleurs pour avoir augmenté ses revenus en tenant une maison mal famée à Pimlico – se soit appliqué à acheter tous les contrebassons qui arrivaient dans la capitale en les stockant sous son lit, pour anéantir la concurrence.

Le contrebasson de Heckel, utilisé aujourd'hui, a fait son apparition vers 1877 ; il est donc possible que Brahms l'ait connu lorsqu'il terminait sa *Symphonie nº 1* dans laquelle le contrebasson joue un rôle important. Richard Strauss lui confie son plus grand solo dans *Salomé* à la fin de la première scène, lorsque Jean-Baptiste descend dans sa prison souterraine jusqu'au retour au thème initial de l'opéra, joué profondément dans le grave. En France, le *sarrussophone a souvent remplacé certains modèles démodés, jusqu'à ce que l'on fasse finalement des copies de l'instrument de Heckel.

7. *Petits bassons.* On en distingue deux sortes : (*a*) le *fagottino* qui sonne une octave au-dessus du basson et mesure environ 60 cm ; et (*b*) le basson-quarte ou basson-quinte (angl. : *tenoroon*) qui sonne soit une quarte, soit une quinte au-dessus du basson normal et mesure 83 cm. On en possède de nombreux spécimens provenant de tous les pays, fabriqués au XVIIIe siècle ou plus récemment. Un certain mystère entoure ces instruments, car on n'en a jamais beaucoup parlé. Ils n'étaient apparemment pas destinés aux enfants débutants, mais il semblerait que certains orchestres d'église anglais aient possédé un *tenoroon*. Seules deux ou trois œuvres allemandes comportent des parties qui leur sont spécifiquement destinées, notamment une « Sonata Antiqua » pour basson-quarte et continuo de J. P. Kirnberger. A Londres, au siècle dernier, les facteurs de bois en fabriquaient parfois un exemplaire pour décorer leur vitrine et le donnaient éventuellement à quelque instrumentiste éminent pour distraire les gens pendant les fêtes de Noël. On peut juger du son assez médiocre des petits bassons en passant un enregistrement de basson à une vitesse plus rapide. Il est évident que Berlioz avait entendu le basson-quinte et qu'il aimait beaucoup cet instrument.

Anthony Baines.

BIBLIOGRAPHIE : Gunther Joppig, *Hautbois et basson*, Payot-Van de Velde (Lausanne-Paris, 1981).

Basso profondo (ital.). Voix de basse d'une tessiture exceptionnellement grave.

Basso ripieno (ital.). Partie de basse destinée à tous les pupitres, uniquement dans les œuvres pour orchestre du XVIIIe siècle. Voir *Ripieno.*

Basso seguento. Voir *Continuo.*

Bass-Saite (all.). « Corde grave ». La corde la plus grave d'un instrument à archet ou à cordes pincées.

Bassschlüssel (all.). Clé de fa quatrième ligne.

Bassus (lat.). Dans la musique vocale ancienne, abréviation de « contratenor bassus », voix située immédiatement au-dessous du ténor et la plus grave de l'ensemble. Voir *Contratenor.*

Bastien et Bastienne (*Bastien und Bastienne*). Opéra en un acte de Mozart sur un livret de Friedrich Wilhelm Weiskern et J. A. Schachtner, d'après *Le Devin du village* de J.-J. Rousseau (1752). Créé au théâtre jardin de F. Anton Mesmer à Vienne le 1er octobre 1768.

Bataille, Gabriel (vers 1575 ; Paris, 17 décembre 1630). Luthiste et compositeur français. Il fut maître des musiques de Marie de Médicis et d'Anne d'Autriche au début du XVIIe siècle. Il a publié des anthologies d'airs de cour qui réunissent des arrangements d'œuvres d'autres compositeurs, ainsi qu'un certain nombre de ses propres psaumes.

Denis Arnold.

Bataille (angl. : *battle piece* ; ital. : *battaglia*). Œuvre évoquant avec réalisme une action guerrière, genre de « musique à programme » particulièrement populaire du XVIe au XVIIIe siècle. L'un des exemples anciens les plus célèbres est la chanson de Janequin, *La Guerre*, inspirée par la bataille de Marignan (1515) ; parmi les premiers exemples instrumentaux, on peut citer « A la bataglia » de Lassus et *The Battle* (dans *My Ladye Nevell's Booke*) de Byrd. Dans le domaine vocal, les *battaglie* de Monteverdi (*Canti guerrieri*, de ses *Madrigali guerrieri et amorosi*) n'ont jamais été égalées.

Les guerres napoléoniennes ont inspiré deux batailles instrumentales célèbres : *La Bataille de Vittoria* ou *Victoire de Wellington* de Beethoven et l'*Ouverture 1812* de Tchaïkovski ; en outre, dans le domaine cinématographique, les exemples les plus célèbres sont signés Prokofiev (« La Bataille sur la glace » d'*Alexandre Nevski*) et Walton (musique pour la bataille d'Azincourt dans la version filmée d'*Henry V* de Shakespeare). Dans le domaine de l'opéra, *Alceste* de Lully et *Macbeth* de Verdi figurent parmi les batailles célèbres.

Bataille des Huns, La (*Hunnenschlacht*). Poème symphonique de Liszt d'après une fresque de W. von Kaulbach, représentant la légende de la bataille aérienne entre les esprits des Huns et les Romains massacrés à la bataille de Chalons en 451. Composé en 1857.

Bataille de Vittoria, La (ou *La Victoire de Wellington*). Titre français de *Wellingtons Sieg oder Die Schlacht bei Vittoria*, op.91 de Beethoven, composée en 1813. Cette œuvre illustre la défaite des troupes de Napoléon par les Anglais à Vitoria, en Espagne, en 1812. Beethoven y a introduit des citations du *Rule, Britannia !*, de *Malbrough s'en va-t-en guerre* et du *God Save the King*. La partition, dédiée au prince régent, a été écrite pour le « panharmonikon » de Maelzel, mais créée par un orchestre symphonique. Beethoven lui-même a commis l'erreur d'écrire « Vittoria » au lieu de « Vitoria ».

Bateson, Thomas (? Cheshire, vers 1570 ; Dublin, mars ou avril 1630). Compositeur anglais. Il fut nommé organiste de la cathédrale de Chester en 1599, puis de la cathédrale de la Trinité à Dublin à partir de 1609. Il a été, selon Hawkins, l'un des premiers à recevoir le diplôme de musique de Trinity College à Dublin. On lui doit deux livres de madrigaux à 3-6 voix, dont certains révèlent une approche sophistiquée de l'harmonie, utilisant des doubles retards à une époque où ce procédé était rarement employé. Sa contribution au recueil de madrigaux anglais *The Triumphes of Oriana* arriva trop tard pour être inséré dans l'ensemble ; il fut ajouté par l'éditeur à son premier livre de madrigaux et constitue un précédent encourageant pour les auteurs qui n'arrivent pas à respecter les délais qui leur sont impartis.

Denis Arnold.

Battaglia di Legnano, La (« La Bataille de Legnano »). Opéra en quatre actes de Verdi sur un livret de Salvatore Cammarano d'après *La Bataille de Toulouse* (1828) de J. Méry. Créé à Rome en 1849.

Battante (anche). Voir *Anche*, 2a.

Battement. 1. Terme du XVIIe siècle désignant tout ornement composé de deux notes adjacentes, comme un mordant ou un trille.

2. Dans le langage moderne, phénomène acoustique. Voir *Acoustique*, 8.

Batten, Adrian (baptisé à Salisbury, 1er mars 1591 ; Londres, 1637). Compositeur anglais. Son œuvre se limite essentiellement à la musique anglicane. Il étudie avec John Holmes, chantre à Winchester, où il est sans doute enfant de chœur et devient lui-même chantre, tout d'abord à l'abbaye de Westminster (1614), puis à la cathédrale Saint-Paul (1626). L'énorme et célèbre ouvrage *Batten Organ Book* n'est pas de Batten, malgré son titre, mais il l'a eu en sa possession pendant quelques années.

Denis Arnold.

Batten Organ Book. Recueil manuscrit de musique religieuse anglaise du XVIe siècle, dont Adrian Batten (1591-1637) aurait exécuté la copie. Il représente la plus importante source de musique liturgique de cette époque et se trouve maintenant au St Michael's College de Tenbury Wells, dans le Worcestershire.

Batterie. 1. Terme autrefois employé pour désigner le pupitre de percussion d'un orchestre symphonique. En jazz, les instruments à percussion continuent à porter le nom de batterie. Une batterie de jazz comporte généralement :

– une grosse caisse de petite taille (voir *Tambours*, 4b) munie d'une pédale à pied actionnée par le pied droit ;

– un ou plusieurs *tom-toms montés au-dessus de la grosse caisse ;

– une caisse claire, avec un pied pliant et des balais métalliques ;

– des cymbales charleston (voir *Cymbales*, 2) actionnées par le pied gauche ;

– des cymbales suspendues (voir *Cymbales*, 3) au-dessus de la grosse caisse sur un pied séparé ;

– un gros tom-tom (posé par terre sur ses petits pieds.

Une batterie de jazz réunit au minimum une grosse caisse, une caisse claire et des cymbales suspendues.

Le précurseur de la batterie est l'équipement du batteur « trap » qu'utilisaient les batteurs de music-hall et que les batteurs de jazz ont adapté à leurs besoins dans les années vingt ; ils utilisaient une grosse caisse de plus grandes dimensions sur laquelle une pédale à pied pouvait également frapper une cymbale. Cet équipement pouvait aussi s'enrichir d'un wood block, de cloches de vaches, d'un tom-tom « chinois » et parfois d'une rangée de trois *temple-blocks.

2. Roulement de tambour.

3. Terme utilisé au XVIIIe siècle pour désigner un arpège, un accord arpégé, etc.

4. Effet spécial de la technique de la guitare ; voir *Rasgueado*.

Anthony Baines.

Battishill, Jonathan (Londres, mai 1738 ; Islington, 10 décembre 1801). Compositeur anglais. Il commence sa carrière comme choriste à la cathédrale Saint-Paul. Vers 1750, il chante dans *Le Festin d'Alexandre* de Haendel au Little Haymarket Theater et est également nommé chef d'orchestre à Covent Garden, où il rencontre une chanteuse et actrice qui deviendra sa femme. Il compose la musique d'une pantomime, *The Rites of Hecate*, représentée à Drury Lane en 1763, puis travaille avec Michael Arne à un opéra, *Almena* (1764) qui ne remporte aucun succès. En 1764, Battishill est nommé organiste dans diverses églises de Londres et commence à composer de la musique sacrée ; son anthem *« Call to Remembrance »* est particulièrement beau. Il a assez peu composé après 1777, date à laquelle sa femme l'a quitté pour suivre un acteur.

Wendy Thompson.

Battuta, battute (ital.). « Temps », « battue ». *A battuta* indique le retour à une mesure stricte après un passage *ad libitum* ou *a piacere*, ou après un *accelerando* ou un *rallentando*. Ce terme est aussi employé pour désigner le premier temps (temps fort) de chaque mesure. Dans le scherzo de la *Neuvième Symphonie* de Beethoven, l'indication « Ritmo a tre (quattro) battute » correspond au regroupement de trois (ou quatre) mesures en une seule. Voir également *Temps*, 1.

Baude Cordier. Voir *Cordier, Baude*.

Baudrier, Yves (Paris, 11 février 1906). Compositeur français, membre du groupe *Jeune France avec Messiaen, Daniel-Lesur et Jolivet (1936). Adepte d'une musique expressive, profondément humaine, ses œuvres les plus marquantes sont une partition symphonique *Le Musicien dans la cité* (1936-46), et la *Cantate de la Pentecôte* (écrite avec Manuel Rosenthal et Marius Constant, 1950). Il a composé de nombreuses musiques de films.

Alain Pâris.

Bauerncantate. Voir *Paysans, Cantate des*.

Bavarian Highlands, Scenes from the. Voir *From the Bavarian Highlands*.

Bax, (Sir) Arnold (Edward Trevor) (Streatham, 8 novembre 1883 ; Cork, 3 octobre 1953). Compositeur anglais. Il suit les cours de Frederick Corder à la Royal Academy of Music (1900-05). Bénéficiant de ressources personnelles, il peut se consacrer à la composition et à la littérature ; le seul poste important qu'il ait accepté est celui de Master of the King's Music (maître de la musique du roi), en 1942. Ses première œuvres, parmi lesquelles figurent les poèmes symphoniques *In the Faery Hills* (1909), *The Garden of Fand* (1913-16) et *Tintagel* (1917-19) sont imprégnées de l'esprit des légendes celtes. Il s'intéresse ensuite aux formes abstraites et compose un cycle de sept symphonies, trois quatuors à cordes et quatre sonates pour piano. Ses symphonies, écrites entre 1923 et 1939, évoquent l'atmosphère irlandaise, mais sont surtout dominées par l'atmosphère de la tragédie épique et un lyrisme visionnaire qui produisent beaucoup d'effets. Il a également composé plusieurs concertos et des œuvres chorales. Il a écrit sa propre autobiographie, *Farewell my Youth* (Londres, 1943).

Paul Griffiths.

Bay, Psalm Book. Voir *Hymnes*, 9.

Bayan. Voir *Accordéon*, 4.

Bayreuth. Voir *Festivals*, 4.

Bazzini, Antonio (Brescia, 11 mars 1818 ; Milan, 10 février 1897). Violoniste et compositeur italien. Sur les conseils de Paganini, il commence par effectuer des tournées de concerts dans toute l'Europe. Après avoir passé plusieurs années à Paris, il retourne en Italie où il est nommé professeur de composition (1873), puis directeur (1882) du Conservatoire de Milan. Il est l'un des rares musiciens italiens de son époque à avoir connu la musique instrumentale allemande. Il a laissé des œuvres intéressantes dans le domaine de la musique de chambre ; il a également composé l'un des plus célèbres morceaux de bravoure pour violon *La Ronde des lutins*. Puccini figure au nombre de ses nombreux élèves.

Denis Arnold.

B.B.C. Abréviation de British Broadcasting Corporation. Voir *Radio et télévision*, 3-6.

Be (all.). Le signe bémol (♭).

Beat. Terme anglais du XVIIe siècle désignant à la fois une *appogiature ascendante ou la répétition, à plusieurs reprises, d'une même appogiature ascendante, se présentant alors comme un *trille inversé. Au XVIIIe siècle, *beat* désignait un mordant.

Béatitudes, Les. Oratorio de César Franck sur un texte tiré du *Sermon sur la montagne* pour solistes, chœur et orchestre ; composé entre 1869 et 1879.

Béatrice et Bénédict. Opéra en un acte de Berlioz sur un livret du compositeur d'après *Much Ado About Nothing* de Shakespeare. Créé à Baden-Baden en 1862. C'est la dernière œuvre de Berlioz.

Beau Danube bleu, Le (*An der Schönen, blauen Donau*). Valse op.314 de Johann Strauss fils, composée en 1867.

Beaujoyeux [Beaujoyeulx], **Balthasar de** [Belgioioso, Baldassarino di] (avant 1535 ; vers 1587). Violoniste et chorégraphe italien. Vers 1555, il quitte l'Italie pour entrer au service de Catherine de Médicis à la cour de France où il abandonne rapidement le nom Belgioioso pour prendre celui de Beaujoyeux. Pendant trente ans, il sert divers monarques français comme violoniste de la cour et organise la plupart des divertissements spectaculaires présentés dans le but d'étaler la magnificence des Valois. Le plus important, *Circé, ou Ballet comique de la Royne*, fut présenté en 1581 à l'occasion d'un mariage royal ; Beaujoyeux en était le chorégraphe et le producteur, Lambert de Beaulieu et Jacques Salmon les compositeurs. C'est la première œuvre connue qui associe la danse, la musique et la poésie dans un drame continu et logique, préfigurant ainsi le ballet de cour (voir *Ballet*, 1) et l'opéra.

Judith Nagley.

BIBLIOGRAPHIE : James R. Anthony, *La Musique en France à l'époque baroque (de Beaujoyeulx à Rameau)*, Flammarion (Paris, 1982).

Beaumont, Adrian (Huddersfield, 1er juin 1937). Compositeur anglais. Il fait ses études à University College, à Cardiff, puis avec Nadia Boulanger. En 1961, il est nommé maître de conférence à l'Université de Bristol. Il a composé de la musique religieuse, de la musique vocale, des chansons enfantines et de la musique de chambre dans un style assez conventionnel.

Paul Griffiths.

Bebend (all.). « Tremblant ». Voir *Bebung* ; *Tremolo*.

Bebop. Voir *Jazz*, 3.

Bebung (all., de *beben*, « trembler »). « Balancement ». Effet de **vibrato* propre au jeu du clavicorde. La tangente restant en contact avec la corde, toute variation de pression sur la touche provoque une variation de hauteur comparable au *vibrato* du violon. Il jouait au XVIIIe siècle un rôle expressif important dans la technique du clavicorde, mais était assez rarement utilisé et n'a fait qu'exceptionnellement l'objet d'une notation, comme chez C. P. E. Bach :

Le terme est parfois utilisé à propos de notes liées répétées, comme dans la musique pour piano de Beethoven (par exemple, la *Sonate pour piano op.110*) ; mais on ne peut obtenir de balancement au piano et cet usage semble donc inadéquat.

Simon McVeigh.

Bécarre (all. : *Auflösungszeichen*, *Quadrat* ; angl. : *natural* ; ital. : *bequadro*). 1. Note qui n'est ni élevée (diésée), ni abaissée (bémolisée).

2. Le signe (♮) qui, après qu'une note ait été élevée par un dièse ou un double dièse, ou abaissée par un bémol ou un double bémol, ramène la note à son état naturel. Après un double dièse ou un double bémol, le retour à un accident simple est noté, soit en utilisant le dièse ou le bémol seul, soit, plus rarement, en enchaînant les signes ♮ (♯)ou ♮ ♭. Voir *Accident*.

3. Au XVIIe siècle, terme utilisé comme indication du mode majeur, par exemple fa bécarre = fa majeur. Pour les origines du signe bécarre, voir *Notation*, 2.

Badächtig (all.). *Deliberamente*, « régulier », « sans hâte ».

Beck, Conrad (Lohn, Schaffhouse, 16 juin 1901). Compositeur suisse. Il séjourne plusieurs années à Paris où il travaille notamment avec Honegger, Roussel et Nadia Boulanger et fait partie de l'École de Paris qui réunissait plusieurs compositeurs étrangers émigrés ou fixés dans la capitale française (Tansman, Mihalovici, Harsanyi, Tcherepnine). Entre 1939 et 1966, il dirige la section musicale de la radio suisse alémanique à Bâle. Son œuvre, très abondante, se situe, à l'image de celle d'Honegger, à la frontière des cultures latine et germanique : 6 symphonies, plusieurs concertos, 5 quatuors à cordes et de nombreuses œuvres vocales (*Cantate sur des sonnets de Louise Labbé*, 1937 ; *La Mort à Bâle*, miserere, 1952).

Alain Pâris.

Bedford, David (Vickerman) (Londres, 4 août 1937). Compositeur anglais. Il a fait ses études avec Berkeley à la Royal Academy of Music (1956-60) et travaillé en privé avec Nono à Venise (1960). Depuis lors, il se consacre à l'enseignement de la musique et a composé plusieurs pièces pour enfants. Ses œuvres les plus ambitieuses mettent l'accent sur des harmonies soutenues et brillantes, de plus en plus tonales. Dans certaines œuvres, il a essayé de réaliser une jonction entre la grande musique et le rock, domaine dans lequel il a acquis une expérience de compositeur et d'instrumentiste.

Paul Griffiths.

Bedyngham [Bedingham], **John** (? Oxford, ? 1422 ; Westminster, 1459-60). Compositeur anglais. Pendant un certain temps, il exerce les fonctions de suisse à la collégiale de Saint-Stephen, à Westminster. Les œuvres qui nous sont parvenues comportent deux messes, des mouvements de messes et huit mélodies, dont plusieurs ont été attribuées sans aucune certitude à Dunstable (notamment, « O rosa bella »), à Dufay ou à Frye. Comme la musique d'un grand nombre de ses contemporains anglais, celle de Bedyngham a joui d'une certaine popularité en Europe, où elle survit dans de nombreuses sources.

John Milsom.

Beethoven, Ludwig van (baptisé à Bonn le 17 décembre 1770 ; Vienne, 26 mars 1827). Compositeur allemand. Depuis le début du XIXe siècle, on a pris l'habitude de diviser la vie et l'œuvre de Beethoven en trois parties ou « manières ». La première s'achève en 1802 et couvre une période marquée par l'influence de Haydn et de Mozart. Parmi les œuvres que compose Beethoven à cette époque figurent les six quatuors à cordes op.18, les deux premiers concertos pour piano, les sonates pour piano jusqu'à l'op.31 inclus et les deux premières symphonies. La deuxième manière (1802-12) commence au moment où Beethoven prend conscience de sa surdité et correspond à la maturité musicale du compositeur ; il élargit les formes existantes et sa musique s'emplit d'une expression héroïque : *Sonate « à Kreutzer »* pour violon et piano op.47, *Symphonies n° 3 « Héroïque »*, *4* et *5*, *Quatuors à cordes op.59, 74* et *95*, *Concertos pour piano n° 4* et *5*, *Concerto pour violon* et les grandes sonates pour piano (*« Waldstein »*, *« Appassionata »*, *« Les Adieux »*). La dernière manière correspond à la fin de la vie de Beethoven lorsque, complètement sourd, il s'isole progressivement du monde qui l'entoure. Sa musique s'écarte sensiblement des conventions établies jusqu'alors, tant dans le domaine formel (les derniers quatuors, par exemple, ne se limitent pas aux quatre mouvements traditionnels) que dans celui du style. Parmi les œuvres écrites au cours de cette ultime période figurent la *Neuvième Symphonie*, la *Missa solemnis*, les cinq dernières sonates pour piano, les *Variations sur une valse de Diabelli* et les cinq derniers quatuors à cordes.

Cette division en trois parties donne un bon aperçu de la carrière de Beethoven, mais elle risque d'induire en erreur, car son évolution manque parfois de logique. Ainsi, la *Cantate sur la mort de l'empereur Joseph II* date de 1790, mais son style s'apparente tellement à celui de la *Symphonie héroïque*, composée quatorze ans plus tard, qu'il semble difficile de les dissocier. En outre, les trois périodes ne s'adaptent pas toujours très bien à la biographie de Beethoven, la première couvrant aussi bien son enfance et sa jeunesse à Bonn que les premières années passées à Vienne. C'est la raison pour laquelle cet article fait abstraction de la division en trois manières et tente d'assouplir cette image rigide.

1. *La jeunesse.* Beethoven est issu d'une famille de musiciens. Son grand-père, né en Flandre, était maître de chapelle à la cour de l'Électeur de Cologne, à Bonn, et son père, Johann, y était ténor. En 1767, Johann van Beethoven épouse une veuve ; trois de leurs sept enfants survivront, Ludwig et ses deux jeunes frères, Caspar Anton Carl (né en 1774) et Nikolaus Johann (né en 1776). Ludwig aime et admire son grand-père, mais ses relations avec son père sont moins heureuses. Ludwig n'est qu'un adolescent lorsque son père se met à boire, ce qui perturbera le caractère déjà instable du jeune garçon.

A l'âge de onze ans, Beethoven est nommé organiste assistant à la cour et, un an plus tard, claveciniste au sein de l'orchestre, un poste d'une certaine importance qui comportait des responsabilités. Christian Neefe, organiste de la cour, lui dispense son enseignement et prédit que Beethoven « deviendra sûrement un second Wolfgang Amadeus Mozart s'il continue comme il a commencé ». Neefe inspire à Beethoven ses premières œuvres, notamment plusieurs pièces pour piano – quelques variations, trois sonates et un concerto – et de la musique de chambre sans originalité particulière. Ces œuvres sont cataloguées comme *Werke ohne Opuszahl* (WoO, « Œuvres sans numéro d'opus »). En 1787, Beethoven commence à sortir des confins de Bonn et, au printemps de la même année, il se rend à Vienne, probablement dans l'intention d'y travailler avec Mozart. Mais, deux semaines plus tard, sa mère tombe malade ; il rentre chez lui pour découvrir sa mort. Cette nouvelle le bouleverse car il l'aimait profondément. En l'espace de deux ans, son père devient une véritable épave et, en 1789, Beethoven s'érige en chef de famille, prenant en charge la moitié du salaire de Johann. A eux deux, ils gagnent assez bien leur vie et il semble que Beethoven ait espéré devenir Kapellmeister comme son grand-père.

En 1790, Beethoven compose une *Cantate sur la mort de Joseph II* (WoO 87), l'un des souverains les plus commémorés de l'histoire. Cette cantate marque la naissance d'un nouveau style musical où se reconnaît d'emblée la plume beethovénienne. Néanmoins l'œuvre est peut-être jugée trop difficile et Beethoven en réutilisera des fragments dans des partitions ultérieures, notamment dans le finale de l'acte III de *Fidelio*. Deux ans plus tard, il rencontre Haydn, de passage à Bonn, en rentrant à Vienne, après son premier voyage à Londres. Beethoven lui montre quelques-unes de ses œuvres et Haydn lui propose de le faire travailler. Il part pour Vienne en novembre, comptant sans doute revenir à Bonn comme compositeur de la cour, puisque le prince-Électeur prend en charge ses dépenses. En fait, il n'y retournera jamais.

2. *Les dix premières années à Vienne*. Les liens qui rattachent Beethoven à Bonn se distendent dès la mort de son père, en décembre 1792. À Vienne, ses espérances se multiplient. Les pianistes virtuoses sont alors très recherchés, particulièrement dans les salons de la noblesse. A Londres, Clementi et Cramer remportent déjà beaucoup de succès en donnant de tels concerts et, à Vienne, la disparition de Mozart permet à Beethoven de se faire connaître. Aux dires de tous, son jeu est inégal mais brillant. Il improvise merveilleusement bien et ses excès impressionnent le public. Il donne plusieurs concerts à Vienne et, en 1796, entreprend une longue tournée à Prague, Dresde, Leipzig, Berlin, puis Pressbourg (aujourd'hui Bratislava).

Ces succès n'entament pas sa volonté de composer. Le travail avec Haydn n'est pas aussi fructueux que prévu ; le professeur a bien d'autres soucis et l'élève ne manque pas d'arrogance. Néanmoins, la musique de Beethoven trahit l'influence de Haydn, tant par son exemple que par son enseignement. Les leçons cessent avec le second voyage de Haydn à Londres en 1794. Beethoven se tourne alors vers Albrechtsberger et Johann Schenk pour parfaire ses connaissances en contrepoint.

A cette époque, la musique de Beethoven, qui jouit déjà d'une certaine popularité, commence à devenir lucrative. La noblesse lui commande des œuvres ou paie volontiers des dédicaces ; même ses éditeurs le règlent généreusement. Naturellement, le piano domine l'essentiel de sa production d'alors. Dans ses sonates pour piano, on trouve l'essence même de son style qui s'apparente moins à celui de Haydn, comme on se plaît à le souligner, qu'à celui d'autres pianistes, notamment Clementi, avec une recherche structurelle et des effets pianistiques plus affirmés. La musique de chambre, comme les trois trios avec piano op.1 (Vienne, 1795), reflète davantage le style de Haydn ; la matière est plus finement ciselée, moins lyrique et Beethoven y accentue les développements. Toutefois, les meilleures œuvres de musique de chambre, composées au cours de cette période, sont les quatuors à cordes op.18 (Vienne, 1801). L'exemple de Haydn et de Mozart reste présent, mais avec une dimension presque symphonique. L'année 1801 voit aussi la publication de la première symphonie de Beethoven ; il reprend la tonalité d'ut majeur qu'avait adoptée Haydn pour les symphonies des concerts Salomon, à Londres. A cette époque, le charme et la puissance expressive dominent ses principales œuvres.

3. *Vienne, 1802-1811*. A l'âge de trente ans, Beethoven connaît déjà de grands succès, tant comme compositeur que comme pianiste. Homme d'affaires subtil et célibataire, il subvient à ses besoins beaucoup plus facilement que Mozart. Le malheur qui le frappe alors n'en est que plus dur à supporter. En 1798, il avait déjà remarqué un affaiblissement intermittent de son ouïe ; deux ans plus tard, son inquiétude s'accroît ; il consulte un médecin et, en 1802, il sait qu'un jour il sera complètement sourd. Dans un premier temps, les symptômes physiques ne l'empêchent pas de jouer. Il faudra une dizaine

d'années avant que son ouïe ne se détériore au point de l'empêcher de se produire en public. Mais Beethoven ressent un choc psychologique profond et, dans un étrange document écrit à Heiligenstadt, un village proche de Vienne, il se plaint « de la faiblesse d'*un sens* qui, chez lui, devrait être infiniment plus développé que chez les autres ». Cette infirmité l'amène à se retirer de la société qu'il avait tant appréciée. Dans son « testament », adressé à ses frères, il parle de ses idées de suicide, de sa dévotion à son art et de sa détermination à laisser le destin suivre son cours.

Le testament d'Heiligenstadt est un document mélodramatique dans lequel Beethoven joue lui-même le rôle du héros d'un drame romantique, luttant contre une force supérieure qui finira par l'écraser. Cet état d'âme torturé revêt une expression encore plus convaincante dans la *Symphonie n° 3* (l'*Héroïque*), dédiée à l'origine à Napoléon (alors Premier consul) et inspirée tout autant que lui par l'incarnation héroïque de la révolution antimonarchiste. Mais une fois l'œuvre terminée, Beethoven découvre que le Premier consul s'est lui-même fait couronner empereur. Furieux, il modifie sa dédicace « à la mémoire d'un grand homme ». Cette symphonie reste néanmoins un hommage au héros vainqueur des inégalités. L'influence de la musique révolutionnaire française apparaît clairement dans l'écriture des instruments à vent (les autorités parisiennes aimaient les concerts en plein air donnés par des orchestres d'harmonie), les échos de cérémonials militaires, la *Marche funèbre* (surtout en raison de ses dimensions) et la conclusion triomphale. Sur le plan formel, cette symphonie marque un grand pas en avant ; le développement thématique tel que le traitait Haydn est considérablement élargi, donnant à l'ensemble du premier mouvement une dimension inconnue. Ceci explique les nouvelles proportions que prendront ses œuvres suivantes et celles de ses imitateurs.

Les années qui suivent la *Symphonie héroïque* sont fécondes. Beethoven a virtuellement renoncé aux concerts et il est fier de pouvoir enfin vivre décemment avec les seuls revenus de ses œuvres. En outre, quelques nobles lui assurent une certaine stabilité financière qui n'allait alors généralement de pair qu'avec une fonction permanente, comme celle de Kapellmeister : cette subvention lui permet de refuser un tel poste que lui offrait la petite cour de Kassel. Le caractère héroïque domine de nombreuses œuvres qu'il compose alors : la *Symphonie n° 5* (1807-08), les concertos pour piano n° 4 et 5 (*l'Empereur*, 1804-05), des ouvertures comme *Coriolan* (1807) ou *Egmont* (1809-10) et surtout son opéra *Fidelio* (qui connaît deux versions consécutives, en 1805 et 1806, avant que Beethoven ne parvienne à une forme vraiment satisfaisante en 1814).

Une fois surmonté le choc initial de la surdité, Beethoven dépasse, sur le plan émotionnel, le domaine de l'héroïsme politique et personnel. La *Symphonie n° 6* (*Pastorale*) exprime son amour romantique de la nature et il est intéressant de remarquer qu'elle décrit davantage une campagne apaisante que les montagnes imposantes de Wordsworth ou de Byron. Dans de nombreuses œuvres, les mouvements lents sont empreints de simplicité et de calme, alors que les scherzos, délibérément rudes, comportent de brusques changements de dynamique et des anacrouses qui en rendent l'exécution difficile. Les finales sont généralement développés et humoristiques, rappelant parfois Haydn (*Symphonie n° 4*). Souvent plus subtils, leur effet dépend beaucoup de la capacité de l'auditeur à en comprendre les principes formels. Dans certaines œuvres, le côté triomphal se transforme en une splendide énergie (finale du *Quatuor n° 3 op.59*). La principale préoccupation de Beethoven n'est plus le combat : sa musique reflète souvent la sérénité et un consentement presque fataliste.

4. *1811-24.* A l'approche de la quarantaine, la production de Beethoven se ralentit et il semble délaisser le caractère héroïque. En 1811, après la dévaluation de la monnaie autrichienne, il éprouve quelques difficultés financières ; il souffre aussi de plusieurs échecs amoureux. En juillet 1812, il écrit la fameuse « Lettre à l'immortelle bien-aimée », révélant une histoire d'amour qui l'empêchait de se concentrer sur sa musique. On suppose que l'objet de cet amour était Antonie Brentano, belle-sœur de sa grande amie Bettina Brentano ; Antonie était mariée et ce bonheur ne pouvait s'épanouir. A partir de cette date, Beethoven se renfermera de plus en plus sur lui-même.

A cette époque, il compose les *Symphonies n° 7* et *8* (1811-12 et 1812) et, contraste surprenant, une œuvre alimentaire, *La Bataille de Vittoria* (ou *La Victoire de Wellington*), écrite après la défaite française de 1813. Le rythme énergique, l'orchestration rutilante et la beauté des thèmes de la *Symphonie n° 7* marquent l'apothéose de la période qui suit la *Symphonie « héroïque »* alors que la *Symphonie n° 8* s'impose par son écriture vivante et spirituelle ; le développement sauvage de son finale semble explorer de nouveaux horizons.

En 1814, alors que se déroule le Congrès de Vienne, Beethoven est parvenu au sommet de sa gloire, grâce à ces dernières symphonies et à l'ultime version de *Fidelio* qui lui assurent une certaine aisance matérielle. Mais, vers 1820, la situation évolue avec l'arrivée à Vienne d'une nouvelle idole, Rossini ; de nombreux protecteurs de Beethoven sont morts ou ont quitté l'Autriche ; sa surdité s'aggrave de plus en plus et, à la mort de son frère, Caspar Carl, il s'acharne à obtenir la garde de son neveu, Karl, alors âgé de neuf ans. Il obtient satisfaction mais Karl, séparé de sa mère, perd toute joie de vivre, ce que Beethoven ressent profondément. A partir de cette époque, sa musique est moins souvent exécutée en public, bien qu'elle continue à se jouer dans les salons de quelques connaisseurs. Parmi les œuvres qu'il compose alors, il faut retenir le cycle de lieder *An die ferne Geliebte* (*A la bien-aimée lointaine*) et la *Sonate pour piano en la majeur op.101* (1816) ; mais il se concentre surtout sur de nouvelles partitions dont l'importance requiert une tranquillité d'esprit qu'il n'a pas encore.

A ce stade de sa vie, Beethoven est parvenu à une notoriété incontestable, mais il est aussi considéré comme un homme excentrique, voire même déséquilibré. Peu soucieux de son habillement, buvant une bouteille de vin à chaque repas (sans suivre toutefois les traces de son père dans l'alcoolisme), communiquant avec des amis au moyen de carnets de conversation, il semble parvenu à la fin de sa carrière. Cependant, il termine enfin les œuvres ébauchées au cours de la période précédente : il publie d'abord une série de sonates pour piano (op.109 à 111), d'un style très différent de tout ce qu'il a composé auparavant. Il y bouscule les formes traditionnelles, modifiant le nombre et l'ordre des mouvements ; le matériel thématique est fragmentaire et l'écriture fuguée devient prédominante. Beethoven est isolé sur le plan spirituel et musical ; son sens du triomphe et de l'héroïsme cède la place à un calme qui semble venu d'un autre monde.

L'imposant cycle de *Variations sur une valse de Diabelli* est encore plus impressionnant ; il est suivi de la grande *Missa solemnis*, destinée à l'intronisation de l'archiduc Rodolphe dans ses fonctions d'archevêque d'Olmütz (aujourd'hui Olomouc) en 1820 ; mais elle ne sera terminée qu'en 1823. Cette partition est la dernière d'une longue série de messes « symphoniques » écrites par différents compositeurs viennois ; celle de Beethoven se prête mal à la liturgie et traduit davantage la croyance en une « divinité » (pour reprendre une expression favorite du musicien) que la foi catholique traditionnelle. La *Symphonie n° 9* (avec chœurs) est achevée en 1824 ; dans une certaine mesure, elle semble marquer un retour au style héroïque du début du siècle, même si elle prend parfois des dimensions gigantesques dans un contexte à la fois contemplatif et provocant.

5. *Les dernières années.* A partir de 1824, Beethoven souffre de multiples malaises et voit sa santé décliner à cause de l'incompétence de médecins incapables de le soulager. Ses relations avec son neveu Karl parviennent à un niveau dramatique lorsque celui-ci accuse son oncle d'être à l'origine de sa tentative de suicide. Beethoven se tourne à nouveau vers la musique de chambre et compose une série de quatuors à cordes (op.130, 131, 132, 132 et 135) où l'originalité des précédentes œuvres pour piano s'affirme encore davantage : ils expriment tour à tour la douleur, le soulagement, parfois la rage et même la terreur, mais surtout une certaine résignation et même – dans les dernières mesures de son dernier quatuor – le plaisir et la bonne humeur.

Après ces quatuors, achevés en octobre 1826, Beethoven ne terminera plus aucune autre œuvre. Gravement malade, il continue à recevoir la vénération de nombreux visiteurs. Il meurt dans la soirée du 24 mars 1827, en présence de sa belle-sœur. Ses funérailles sont grandioses : le poète Grillparzer écrit une oraison funèbre et le convoi sera suivi par une foule de dix mille personnes. A l'inventaire de ses biens, on découvre que Beethoven était un homme riche. Même s'il avait gagné peu d'argent au cours des dernières années de sa vie, il avait au moins conservé intact le capital accumulé antérieurement. Malheureusement pour nous, ses effets personnels ont été vendus pour des sommes dérisoires, dispersés et parfois perdus. Mais sa musique demeure.

6. *Influence*. Beethoven est souvent considéré comme le plus grand des compositeurs, bien qu'un tel concept n'ait pas beaucoup de sens. Il n'avait pas pénétré, comme Mozart, les méandres du cœur humain, ni, comme Verdi, les fluctuations de la nature de l'homme. Il ne possédait pas davantage le sens humain de Haendel. Mais sa musique porte en elle la faculté de surmonter le malheur et la souffrance et elle traduit la sérénité et le calme à la fin de la lutte.

Aucun compositeur – sauf peut-être Wagner – n'a exercé une telle influence sur ses successeurs. Nombreux sont ceux qui ont suivi son exemple en introduisant un chœur dans une symphonie, en construisant une symphonie autour d'un programme, en reliant les mouvements sur le plan thématique, en commençant un concerto sans introduction orchestrale, en élargissant les possibilités de la structure tonale au sein d'un mouvement ou d'une œuvre, ou en introduisant de nouveaux instruments dans l'orchestre symphonique.

L'héritage spirituel de Beethoven n'a pas été une bénédiction pour tous. Reconnu de son vivant comme un Titan de la musique, un héros napoléonien d'origine modeste qui a vaincu l'adversité par son génie, il a arraché la musique à son rôle de simple divertissement, faisant d'elle l'objet et non plus le serviteur des pratiques religieuses. Les compositeurs qui, au XVIIIe siècle, auraient volontiers écrit des sérénades et des symphonies pour la seule satisfaction du public, tentent à présent d'égaler Beethoven en essayant de composer de la musique pour l'amour de la musique. Le résultat peut paraître prétentieux – comme le *Lobgesang* de Mendelssohn. En revanche, un maître comme Brahms était tellement terrifié par l'exemple de Beethoven qu'il n'a écrit sa première symphonie qu'à l'âge de quarante-deux ans. Wagner était certainement moins intimidé et plus conscient de pouvoir imposer son propre style ; mais sa démarche philosophique, qui fait partie intégrante de l'état d'esprit post-beethovénien, donne à l'art un rôle qu'il a peine à tenir. La faute ne saurait toutefois en incomber à Beethoven et il faut lui rendre justice sur le plan social et musical. Ce grand compositeur connaît maintenant estime et respect, ce qui n'ôte rien à la compétence et à l'intégrité de ceux qui ne l'ont pas égalé.

Denis Arnold.

BIBLIOGRAPHIE : Paul Badura-Skoda et Jörg Demus, *Les Sonates pour piano de Beethoven*, Lattès (Paris, 1981). Ludwig van Beethoven, *Carnets intimes*, Corrêa (Paris, 1941). Hector Berlioz, *Beethoven*, Corrêa (Paris, 1941). André Boucourechliev, *Beethoven*, Seuil (Paris, 1963, rééd. 1983). Edmond Buchet, *Beethoven, légendes et vérités*, Buchet-Chastel (Paris, 1966). Jean Chantavoine, *Les Symphonies de Beethoven*, Mellottée (Paris), rééd. Belfond (Paris, 1965). Ernest Closson, *L'Élément flamand dans Beethoven*, Ed. Universitaires (Bruxelles, 1946). Édouard Herriot, *La Vie de Beethoven*, Gallimard (Paris, 1928). André Jolivet, *Ludwig van Beethoven*, Richard Masse (Paris, 1955). Joseph Kerman, *Les Quatuors de Beethoven*, Seuil (Paris, 1974). Jacques Lonchampt, *Les Quatuors à cordes de Beethoven*, Société Française de Diffusion Musicale et Artistique (Paris, 1956), nouvelle édition, Fayard (Paris, 1987). Paul Loyonnet, *Les 32 sonates, ou le journal intime de Beethoven*, Van de Velde (Luynes, 1977). Luigi Magnani, *Les Carnets de conversation de Beethoven*, A la Baconnière (Neuchâtel, 1972). Brigitte et Jean Massin, *Ludwig van Beethoven*, Club français du Livre (Paris, 1960, nouvelle édition 1967) / *Recherche de Beethoven*, Fayard (Paris, 1970) / J.-G. Prod'homme, *Les Symphonies de Beethoven*, Delagrave (Paris, 1906)/ *Beethoven raconté par ceux qui l'ont vu*, Stock (Paris, 1927) / *Les Sonates pour piano de Beethoven*, Delagrave (Paris, 1944). Romain Rolland, *Goethe et Beethoven*, Éd. du Sablier (Paris, 1930). *Beethoven – les grandes époques créatrices*, Albin Michel (Paris, éd. définitive, 1966). Maynard Solomon, *Beethoven*, Lattès (Paris, 1985). Yvonne Tiénot, *Beethoven*, Henry Lemoine (Paris, 1956, rééd. 1975). Richard Wagner, *Beethoven*, Gallimard (Paris, nouvelle édition, 1970). Victor Wildner, *Beethoven*, Fasquelle (Paris, 1903). Jean Witold, *Ludwig van Beethoven*, Seghers (Paris, 1964).

Begeistert (all.). « Inspiré » *Begeisterung*, « inspiration », « exaltation ».

Beggar's Opera, The (« L'Opéra du gueux »). Opéra-ballade en trois actes, musique réunie et arrangée par Pepusch, texte de John Gay. Représentations :

Londres (Lincoln's Inn Fields Theatre, 29 janvier 1728) ; New York (Nassau Street Theater, 3 décembre 1750). Parmi les nombreuses versions modernes figurent celles d'Edward Dent (1944), de Benjamin Britten – qui a pratiquement écrit une nouvelle œuvre (1948), de Bliss (1953) et de Muldowney (1982, Londres, National Theatre). Le héros Macheath (ténor) est le chef d'une bande de voleurs de grand chemin. Trahi par certaines de ses femmes, il est conduit à la prison de Newgate et remis à la charge du geôlier Lockit (bar.). La fille de Lockit, Lucy (sop.), et Polly (sop.), fille de Peachum (basse), se démènent pour obtenir ses faveurs, assurant qu'elles voudraient être pendues avec lui. Finalement, le Gueux (rôle parlé), qui a présenté l'opéra, se laisse convaincre d'accorder sa grâce pour que l'histoire se termine bien. Voir également *Opéra de quatre sous, L'.*

Begleiten (all.). « Accompagner » ; *Begleitung,* « accompagnement » ; *begleitend,* « en accompagnant ».

Begleitmusik zu einer Lichtspielszene (« Musique d'accompagnement pour une scène de film ») op.34 pour orchestre de Schoenberg, composée en 1929-30 et créée en 1930. Cette partition n'a pas été véritablement écrite pour un film ; il s'agit d'une œuvre à programme illustrant une série d'états d'âme : danger menaçant, peur et catastrophe.

Béguine. Danse antillaise. A la Martinique (où on l'écrit généralement biguine), elle est devenue une danse nationale, comme la rumba à Cuba. Écrite à 2/4 sur un rythme de polka lente, cette danse consiste en des mouvements ondulatoires du corps, pieds immobiles, les partenaires étant séparés l'un de l'autre. Malgré une tentative destinée à l'intégrer au répertoire des salles de bal européennes en 1932, elle n'a jamais joui d'une grande popularité. Elle a connu depuis des formes chantées ou instrumentales avec accompagnement de claves, maracas, bongos et conga, notamment dans *Begin the beguine* de Cole Porter.

Peter Gammond.

Behend (all.). « Agile » ; *behendig,* « avec agilité » ; *Behendigkeit,* « agilité ».

Beide (all.). « Les deux », « tous deux », « l'un et l'autre ».

Beinahe (all.). « Presque ».

Beispiel (all.). « Exemple » ; *zum Beispiel,* « par exemple ».

Beisser (all.). Terme employé au XVIIIe siècle pour désigner le *mordant.

Béjart [à l'origine Berger], **Maurice** (Marseille, 1er janvier 1927). Chorégraphe français. Après des études effectuées à Marseille, à Paris et à Londres, il se fait connaître comme danseur et chorégraphe dans plusieurs compagnies. En 1960, il fonde à Bruxelles sa propre troupe, le Ballet du XXe siècle, avec lequel il élabore un véritable théâtre chorégraphique, flamboyant et individuel. Il a réglé de nouvelles chorégraphies sur de nombreuses œuvres de concert, des cantates de Bach aux œuvres de Stockhausen et de Boulez, mais il a également utilisé des partitions de musique électronique composées pour lui par Pierre Henry. En 1987, il quitte Bruxelles pour se fixer à Lausanne où il fonde une nouvelle compagnie (Béjart Ballets Lausanne).

Paul Griffiths, rév. Alain Pâris.

BIBLIOGRAPHIE : Maurice Béjart, *L'Autre Chant de la danse,* Flammarion (Paris, 1974). *La Flûte enchantée,* Albin Michel (Paris, 1982). Sylvie de Nussac et Pablo Reinoso, *Béjart au travail,* Lattès (Paris, 1984).

Bel. Unité de mesure du changement d'intensité sonore. Voir *Acoustique,* 11.

Belaïev, Mitrofan (Petrovitch) (Saint-Pétersbourg, 22 février 1836 ; Saint-Pétersbourg, 4 janvier 1904). Éditeur de musique et imprésario russe qui avait fait fortune dans le bois grâce aux forêts léguées par son père. Son activité dans le domaine musical débute vers 1880 : après avoir entendu la *Symphonie n° 1* de Glazounov en 1882, il propose au compositeur de la faire publier et s'enthousiasme à l'idée de créer une maison d'édition, qu'il fixe à Leipzig pour s'assurer un copyright international. Il s'entoure et publie les œuvres de compositeurs russes qui formeront ce qu'on nommera le Cercle Belaïev : Glazounov, Liadov, Félix Blumenfeld (1863-1931), Nicolaï Sokolov (1859-1922), et de nombreux autres ; il publie également des œuvres de Balakirev, Borodine, Moussorgski et Rimski-Korsakov, et entretient des relations avec le mouvement nationaliste concentré autour de la musique du Groupe des Cinq. En tant qu'imprésario et mécène, il finance les Concerts symphoniques russes (à partir de 1885) et fonde, en 1884, le prix Glinka pour la nouvelle musique russe, qui a été attribué régulièrement jusqu'en 1917.

Geoffrey Norris.

Bel canto (ital.). Littéralement « beau chant » ; s'applique généralement à l'un des deux types de chant suivants : 1. Les arias d'opéras et de cantates du milieu du XVIIe siècle (Cesti, Carissimi, etc.) ont abandonné le style récitatif élaboré par les premiers compositeurs d'opéras, lui préférant une mélodie douce et expressive qui permet de mettre pleinement en valeur les qualités vocales.

2. Les arias des opéras italiens de la fin du XVIIIe et du début du XIXe siècle (notamment celles de Bellini) sont également lyriques et coulantes, contrairement à celles qui verront le jour au XIXe siècle (particulièrement celles de Verdi). Elles exploitent la force dramatique de la voix, souvent dans les tessitures aiguës, pour rivaliser avec un orchestre dont les sonorités connaissent un développement permanent.

BIBLIOGRAPHIE : Rodolfo Celetti, *Histoire du Bel canto*, Fayard (Paris, 1987). Armand Machabey, *Le Bel canto*, Larousse (Paris, 1948). Olivier Merlin, *Quand le Bel canto régnait sur le Boulevard*, Fayard (Paris, 1978).

Belebend, belebt (all.). « Animé » ; *belebter*, « plus animé ».

Belgioioso, Baldassarino di. Voir *Beaujoyeulx, Balthasar de.*

Belgique. Voir *Pays-Bas*, 6.

Belieben (all.). « Plaisir », « choix », « gré » ; *nach belieben*, « à volonté », « librement », par exemple *ad libitum* ; *beliebig*, « optionnel ».

« Bell » Anthem. *Anthem* en vers de Purcell *Rejoice in the Lord Alway* (vers 1682-85). Le surnom de cette œuvre, qui date du vivant du compositeur, fait allusion aux effets de cloches contenus dans l'introduction instrumentale.

Bellavere, Vincenzo (mort à Venise en 1587). Compositeur et organiste italien qui vécut à Padoue et à Venise à la fin du XVIe siècle. Pendant les neuf derniers mois de sa vie, il a travaillé aux côtés de Giovanni Gabrieli à Saint-Marc de Venise. Il est l'auteur de madrigaux pleins de charme.

Denis Arnold.

Belle au bois dormant, La. Ballet en un prologue et trois actes de Tchaïkovski sur un livret de M. Petipa et I. Vzevolojski d'après le conte de Perrault. Créé à Saint-Pétersbourg en 1890 dans une chorégraphie de Petipa. Diaghilev en a réalisé une nouvelle production à Londres, en 1921, sous le titre *The Sleeping Princess* ; le dernier acte est parfois représenté séparément sous le titre : *Les Noces d'Aurore.*

Belle Hélène, La. Opéra bouffe en trois actes de Jacques Offenbach sur un livret de Meilhac et Halévy. Créé à Paris en 1864.

Belle Mélusine, La (*Die schöne Melusine*). Ouverture, op.32 de Mendelssohn composée en 1833. Elle lui fut inspirée par l'opéra de Kreutzer *Melusine*, sur un livret de Grillparzer, d'après la légende romantique de la sirène Mélusine.

Belle Meunière, La (*Die schöne Müllerin*). Cycle de lieder pour voix d'homme et piano de Schubert, D 795, composé en 1823. Ces lieder mettent en musique vingt poèmes tirés des *Gedichte aus den hinterlassenen Papieren eines reisenden Waldhornisten* (1821) de Wilhelm Müller (1794-1827) : *Das Wandern* (« Le Voyage »), *Wohin ?* (« Vers où ? »), *Halt !* (« Halte ! »), *Danksagung an den Bach* (« Remerciement au ruisseau »), *Am Feierabend* (« Le Soir après le travail »), *Der Neugierige* (« Le Questionneur »), *Ungeduld* (« Impatient »), *Morgengruss* (« Salut matinal »), *Des Müllers Blumen* (« Les Fleurs du meunier »), *Tränenregen* (« Pluie de larmes »), *Mein !* (« Mienne ! »), *Pause* (« Pause »), *Mit dem grünen Lautenbande* (« Avec le ruban vert du luth »), *Der Jäger* (« Le Chasseur »), *Eifersucht und Stolz* (« Jalousie et fierté »), *Die liebe Farbe* (« La Couleur chérie »), *Die böse Farbe* (« La Couleur mauvaise »), *Trockne Blumen* (« Fleurs séchées »),

Der Müller und der Bach (« Le Meunier et le ruisseau »), *Des Baches Wiegenlied* (« La Berceuse du ruisseau »).

Bellère, Jean. Voir *Phalèse*.

Bellicoso, bellicosamente (ital.). « Belliqueux », « guerrier », « de manière agressive ».

Bellini, Vincenzo (Salvatore Carmelo Francesco) (Catane, Sicile, 3 novembre 1801 ; Puteaux, près de Paris, 23 septembre 1835). Compositeur italien. Issu d'une famille de musiciens, son grand-père lui enseigne les rudiments de la musique ; bien qu'il fasse preuve d'un talent précoce, le conseil municipal ne réunit qu'en 1819 les fonds pour l'envoyer au Conservatoire de Naples où il est, pendant six ans, l'élève de Furno, Tritto et du directeur Zingarelli. Au nombre de ses camarades figure son ami et biographe Francesco Florimo ; tous deux échappent de justesse à l'expulsion en raison de leur sympathie pour la révolte des Carbonari, en 1820. A cette époque, Bellini tombe amoureux de la fille d'un magistrat, Maddalena Fumaroli ; mais la famille de la jeune fille, qui ne veut pas la voir perdre son temps avec un simple pianiste, rejette sa demande en mariage. Pendant ses études, il compose notamment une romance *Dolente immagine di Fille mia* (sa première œuvre publiée), une *Messe en la mineur* et le *Concertino pour hautbois et cordes*, pages dans lesquelles on discerne déjà un indéniable talent mélodique. Avant de quitter le Conservatoire, il compose l'opéra semiseria *Adelson e Salvini* (Naples, 1825), qui est représenté au théâtre des étudiants et remporte un tel succès que Bellini est invité à composer un opéra pour le Teatro San Carlo. L'opéra héroïque *Bianco e Fernando* (Naples, 1826) – au second nom sera substitué celui de Gernando par respect pour la royauté – reçoit le même triomphe. Très impressionné, l'imprésario Barbaja engage Bellini à écrire un opéra pour la Scala de Milan. *Il Pirata* (Milan, 1827), tragédie romantique, marque le début d'une longue et fructueuse collaboration avec le poète Felice Romani. Les critiques soulignent la richesse expressive des mélodies et l'importance donnée aux récitatifs ; mais sa musique manque souvent de brillant. *Il Pirata* est le premier opéra qui fasse connaître le nom de Bellini à l'étranger. La famille Fumaroli ne s'oppose plus à son mariage avec leur fille, mais cette fois c'est Bellini qui se récuse. À ce stade de sa carrière, il n'a aucune envie de s'encombrer d'une femme légitime ; en outre, il a fait connaissance de celle qui sera sa maîtresse pendant les six années à venir : Giuditta Turina, l'épouse d'un riche marchand milanais. Bellini est parvenu à une telle renommée que Vaccaj se voit annuler à son profit la commande d'un opéra destiné à inaugurer le Théâtre Carlo Felice de Gênes. Ne disposant pas alors du temps nécessaire à la composition d'un nouvel ouvrage, Bellini adapte et améliore, avec l'aide de Romani, *Bianca e Fernando* (Gênes, 1828), qui retrouve son titre original. Dans *La Straniera* (Milan, 1829), autre tragédie romantique, Bellini pousse à l'extrême la simplicité lyrique, soulevant dans la presse une controverse qui oppose les partisans et les détracteurs de ce nouveau « canto declamato ». Son style comporte dès lors davantage de fioritures. L'échec de *Zaira* (Parme, 1829), d'après le roman de Voltaire, tient surtout à l'entêtement de Bellini, qui refuse de confier le livret à un poète local pour continuer à collaborer avec Romani. Il réutilisera néanmoins une grande partie de la musique dans *I Capuleti ed i Montecchi* (Venise, 1830), les deux opéras faisant appel à un héros travesti.

Avec *La Sonnambula* (Milan, 1831), opéra semiseria sentimental, Bellini parvient à la maturité de son style, mais c'est la *Norma*, représenté la même année à la Scala, que l'on tient pour son chef-d'œuvre, malgré l'échec de la première représentation. La grande Giuditta Pasta tenait le rôle-titre dans les deux opéras. Après la *Norma* suit une pause de plus d'un an, pendant laquelle le compositeur se rend à Naples et en Sicile, s'imposant chaque jour davantage. Sa commande suivante, la tragédie historique *Beatrice di Tenda* (Venise, 1833), est retardée en raison d'un différend avec Romani qui aboutira finalement à leur rupture, chacun reprochant à l'autre le mauvais accueil réservé à cet ouvrage. Dans une attaque journalistique violente, Romani fait allusion à la liaison de Bellini avec Giuditta Turina ; Turina, ayant par ailleurs découvert des lettres compromettantes en possession de sa femme, entame une action en justice aux fins d'obtenir une séparation légale. Pour échapper au scandale, Bellini part pour Londres où il est fêté par la haute société. Une représentation en anglais (langue qu'il déteste) de *La Sonnambula* lui permet de découvrir Maria Malibran qui deviendra l'interprète idéale de sa musique. Il se rend ensuite à Paris où il compose, comme Donizetti, pour le Théâtre des Italiens. Il choisit le sujet historico-romantique d'*I Puritani di Scozia* (Paris, 1835) et confie le livret à un exilé, le comte Pepoli. Créé avec une distribution d'étoiles, Giulia Grisi, Rubini, Tamburini et Lablache (connus par la suite sous le nom de Quatuor Puritani), l'ouvrage remporte un succès immédiat et durable. La cohésion thématique et la richesse harmonique et orchestrale marquent des progrès sensibles dans cet ouvrage et compensent une certaine lourdeur de la structure d'ensemble. Les projets de Bellini sont alors tournés vers l'Opéra de Paris ; il travaille à une version d'*I Puritani* pour Naples, remaniée à l'intention de la Malibran, et à d'autres opéras avec Romani – avec lequel il s'est depuis réconcilié. Bellini songeait même à se marier, s'il trouvait une partenaire assez jolie et soumise. Sa mort, à la suite d'une affection intestinale, surprit le monde musical.

Bien qu'il incarne la tradition lyrique italienne dans son sens le plus limité, pour ne pas dire provincial, Bellini a eu un impact plus important à l'étranger que ses compatriotes, même Rossini. Wagner, Schumann, Berlioz et Tchaïkovski lui ont tous rendu hommage ; son influence sur Chopin est manifeste. Il était moins admiré pour ses opéras dans leur ensemble, que pour son aisance mélodique à laquelle s'appliquent parfaitement ces mots de Milton « ... des notes qui se déroulent au hasard comme une ligne de douceur amplement dessinée ». Le style de Bellini se caractérise également par l'emploi d'appogiatures simples dissonantes sur les temps forts qui, mêlées à une orchestration « douce », produisent un effet très poignant – l'essence du romantisme italien. Avec le ténor Rubini, il a orienté la tradition du *bel canto* vers une expression plus naturelle.

Avec son aspect romantique et ses manières ingénues, Bellini séduisait tous ceux qu'il rencontrait, même ceux qu'il détestait. Les lettres qu'il a laissées révèlent pourtant une personnalité moins sympathique – très préoccupé de lui-même, jaloux de ses rivaux potentiels (particulièrement Pacini et Donizetti), peu galant avec les femmes – mais un homme d'une loyauté profonde envers quelques amis, surtout Florimo, qui inspire un certain respect.

Julian Budden.

BIBLIOGRAPHIE : Pierre Brunel, *Bellini*, Fayard (Paris, 1981). Rodolfo Celetti, *Histoire du Bel canto*, Fayard (Paris, 1987). Olivier Merlin, *Quand le Bel canto régnait sur le Boulevard*, Fayard (Paris, 1978). Arthur Pougin, *Bellini, sa vie, ses œuvres* (Paris, 1868).

Bells of Aberdovey. Mélodie de Charles Dibdin, publiée en 1785 (époque à laquelle elle était chantée à Drury Lane dans son opéra *Liberty Hall*) et reprise dans de nombreux recueils postérieurs de ses mélodies. On a cru, à tort, qu'il s'agissait d'une chanson populaire galloise, mais elle ne figure dans aucun des nombreux recueils gallois antérieurs à 1844.

Belshazzar. Oratorio de Haendel sur un texte biblique de Charles Jennens. Créé à Londres en 1745.

Belshazzar's Feast. Cantate de Walton sur un texte d'Osbert Sitwell d'après des sources bibliques, pour baryton, choeur et orchestre. Créée au Festival de Leeds en 1931.

Bémol (all. : *Be* ; angl. : *flat* ; ital. : *bemolle*). 1. Le signe (♭) qui, lorsqu'il est placé devant une note, l'abaisse d'un demi-ton. Dans la terminologie française, on emploie le verbe « bémoliser ». Voir *Accident*. Pour les origines du signe ♭ et ses applications anciennes, voir *Notation*, 2.

2. Au XVIIe siècle, « mineur », par exemple mi bémol = mi mineur.

Ben, Bene (ital.). « Bien » ; *ben bene*, « vraiment bien », « complètement ».

Benatzky, Ralph (Moravské-Budejovice, 5 juin 1884 ; Zurich, 16 octobre 1957). Compositeur tchèque, élève à Prague de Veit et Klinger, puis à Munich de Felix Mottl. En 1938, il émigre aux États-Unis avant de se fixer en Suisse après la guerre. Son œuvre, exclusivement de la musique légère, comporte une centaine d'opérettes et comédies musicales et près de 5 000 chansons. Il doit surtout sa célébrité à l'*Auberge du cheval blanc* (Berlin, 1930).

Alain Pâris.

Bencini. Famille de musiciens italiens. **Pietro Paolo Bencini** (mort à Rome, 6 juillet 1755) a passé la majeure partie de sa vie à Rome. Il a été maître de chapelle à Santa Maria dell'Anima de 1703 à 1722, à la Chiesa Nova de 1722 à 1743, puis, jusqu'à sa mort, à la Cappella Giulia de Saint-Pierre de Rome. Il a composé plusieurs oratorios, beaucoup de musique sacrée et neuf cantates profanes, mais une grande partie de sa musique est aujourd'hui perdue. Un autre membre de la famille, **Antonio Bencini**, a également occupé des fonctions de maître de chapelle à Rome, à San Lorenzo in Damaso puis à Saint-Pierre. Il est l'auteur de deux sérénades et de nombreuses oeuvres de musique religieuse, dont une grande partie est perdue.

Giuseppe Bencini appartenait peut-être à la même famille. Il a été musicien de chambre du grand-duc de Toscane à Florence à partir de 1727 : son opéra, *Il Nerone* (aujourd'hui perdu) y a été représenté la même année. Les œuvres qui nous sont parvenues réunissent quatre cantates pour soliste et un volume de sonates pour clavier.

Wendy Thompson.

Benda. Famille de musiciens bohémiens qui s'est illustrée au XVIIIe siècle. **Franz** [František] **Benda** (baptisé à Staré Benátky le 24 novembre 1709 ; Nowawes, près de Potsdam, 7 mars 1786) fut choriste au monastère bénédictin de Saint-Nicolas à Prague. Il s'installa à Vienne en 1726 et, trois ans plus tard, à Varsovie. En 1733, ses talents de violoniste attirèrent l'attention de Frédéric le Grand (alors prince héritier) qui le fit entrer dans son orchestre. Il resta au service de Frédéric jusqu'à sa mort, le suivant à Potsdam en 1740. Il est mieux connu comme instrumentiste que comme compositeur, quoiqu'il ait écrit 17 symphonies et 17 concertos pour violon. Selon Burney, son jeu avait été « si pathétique dans un adagio que plusieurs professeurs éminents m'ont assuré qu'il leur avait souvent tiré les larmes des yeux... »

Son frère, **Georg** (Anton) [Jiří Antonín] **Benda** (baptisé à Staré Benátky le 30 juin 1722 ; Köstritz, Thuringe, 6 novembre 1795) était également un violoniste et compositeur d'une certaine renommée. Élevé dans un collège de jésuites, il rejoignit son frère en Prusse avec le reste de la famille en 1742. Il entra à l'orchestre de la cour et, en 1750, fut nommé maître de la chapelle ducale à Gotha. Il eut alors la chance d'être envoyé en Italie en 1765 pour y faire des études. A son retour, Benda composa une remarquable série d'oeuvres pour le théâtre, devançant Mozart par la diversité des styles qu'il était capable de maîtriser au sein d'une même oeuvre – son *mélodrame *Médée* (1775), par exemple, ressemble à cet égard à *L'Enlèvement au sérail*. Sa façon de traiter les parties parlées et chantées dans le mélodrame *Ariadne auf Naxos* (1775) a peut-être influencé Beethoven et Weber, respectivement dans *Fidelio* et *Le Freischütz*.

Denis Arnold.

Bendl, Karel (Prague, 16 avril 1838 ; Prague, 20 septembre 1897). Compositeur et chef d'orchestre tchèque. Bendl a fait ses études à l'École d'orgue de Prague et, grâce au soutien financier de ses parents, a pu se consacrer entièrement à la composition dès le début des années 1860. Il a vécu pendant de courtes périodes à Paris et à Milan, où il a subi l'influence de l'opéra français et de l'opéra italien, mais a passé la majeure partie de sa vie à Prague. Il a participé à la renaissance musicale tchèque comme chef d'orchestre adjoint du Théâtre provisoire (1874) et a succédé à Smetana comme directeur musical de la société chorale « Hlahol » (1865-77). Un grand nombre de ses trois cents œuvres chorales constitue encore une part importante du répertoire choral en Tchécoslovaquie. Il est ensuite devenu organiste de l'église Saint-Nicolas (1886) et, en 1894, il a été le professeur de composition de Dvořák au Conservatoire de Prague.

Bendl a composé presque exclusivement de la musique vocale et, en dehors de ses nombreux choeurs et lieder, et d'œuvres comme *Švanda dudák* (« Schwanda le joueur de cornemuse », 1881), sa réputation repose essentiellement sur douze opéras dont dix furent représentés de son vivant. Le style et le sujet de ses œuvres va du grand opéra (*Lejla*, 1867 ; et *Břetislav*, 1870, pour lequel il a travaillé avec la librettiste de Smetana, la poétesse Eliška Krásnohorská) à la comédie (*Starý ženich*, « Le Vieux fiancé », 1874 ; et *Karel Škréta*, 1883) et au vérisme dans son avant-dernier opéra *Máti Míla* (« Mère Míla », 1895). Alors que l'écriture mélodique de Bendl révèle souvent l'influence de la musique populaire tchèque, son style ressemble davantage à celui des premiers romantiques allemands, particulièrement Mendelssohn. Ses premiers opéras ont formé le goût du public et des compositeurs pragois et son approche idiomatique de l'adaptation des textes a joué un rôle déterminant à une époque où la plupart des compositeurs éprouvaient certaines difficultés à mettre en musique leur langue maternelle.

Jan Smaczny.

Bendusi, Francesco (né à Sienne). Compositeur et adaptateur de musique de danse italien, connu uniquement grâce à un recueil intitulé *Opera nova de balli* (Venise, 1553). Destiné à « n'importe quel instrument », cet ouvrage réunit des musiques attrayantes pour les débutants qui apprennent à jouer des instruments « anciens ».

Denis Arnold.

Benedicamus Domino (lat., « Bénissons le Seigneur »). Verset appelant la réponse « Deo gratias » dans la liturgie catholique. Il se dit à la fin de tous les *offices, et remplaçait l'*Ite missa est* dans les messes sans *Gloria*.

Benedicite (lat., « Bénissez (le Seigneur) »). *Cantique et chant de louanges entonné par Shadrak, Meshak et Abednego lorsqu'ils se tenaient dans la fournaise ardente devant le roi Nabuchodonosor. Utilisé dans la liturgie chrétienne dès les premiers temps, il sert maintenant les dimanches et les jours de fête à laudes dans l'Église catholique, et, dans l'Église anglicane, il sert d'alternative au **Te Deum* du service du matin, surtout pendant le Carême.

Bénédiction [Bénédiction du saint sacrement] (du latin *benedictio*). Rite de l'Église catholique qui termine un office ; l'acte essentiel est la bénédiction de l'assemblée des fidèles avec l'hostie. On chante alors le *Tantum ergo sacramentum* (les dernières paroles de l'hymne du *Corpus Christi* de saint Thomas d'Aquin, **Pange lingua*) et également l'hymne *O salutaris hostia*. Ce rite est resté extra-liturgique, jusqu'à ce que l'Église le reconnaisse en 1958 ; les détails du service sont sujet à variations.

Benedictus (lat.). 1. Dans la *messe catholique, conclusion du *Sanctus* : *Benedictus qui venit in nomine Domini* (« Béni soit celui qui vient au nom du Seigneur »). (Voir également *Common Prayer, Book of*, 2).

2. Ce nom s'applique également au chant de Zacharie (saint Luc i.68 etc.), « Béni soit le Seigneur Dieu d'Israël », que l'on chante tous les jours à laudes dans les églises catholiques (mieux connu par son utilisation à laudes pendant la semaine sainte, faisant partie du service des *Ténèbres) ; dans l'English Prayer Book, il fait partie de l'Order for Morning Prayer (voir *Common Prayer, Book of*, 2).

Beneplacito (ital.). « Permission », « plaisir » ; *a suo beneplacito*, « à volonté », *ad libitum*.

Benet, John (célèbre au milieu du XVᵉ siècle). Musicien d'église et compositeur anglais. Il était probablement maître des choristes à l'hôpital St Anthony de Londres en 1443, et, de 1448 à 1449, membre de la London Guild of Parish Clerks. Il a laissé de la musique sacrée dans un style proche de celui de Dunstable.

Denis Arnold.

Ben-Haïm, Paul (Munich, 5 juillet 1897 ; Tel Aviv, 25 janvier 1984). Compositeur israélien. Après avoir fait ses études à l'Akademie der Tonkunst et à l'Université de Munich (1915-20), il a été l'assistant de Bruno Walter et de Hans Knappertsbusch à la Staatsoper de Munich. Sa carrière de chef d'orchestre en Allemagne a été arrêtée par l'arrivée de Hitler et, en 1933, il a émigré en Palestine. Depuis lors, il a énormément composé, dans tous les genres, notamment quatre symphonies et des concertos pour violon, pour violoncelle et pour piano. Un grand nombre de ses œuvres font intervenir des thèmes tirés de la musique populaire de Terre sainte, et plusieurs jeunes compositeurs israéliens ont cherché à imiter son style qui réalise une fusion entre le romantisme allemand et la modalité du Moyen-Orient.

Paul Griffiths.

Benjamin, Arthur (Sydney, 18 septembre 1893 ; Londres, 10 avril 1960). Compositeur anglais d'origine australienne. Il fait ses études au Royal College of Music (1911-14), puis s'engage au début de la Première Guerre mondiale. Il retourne en Australie où il enseigne au Conservatoire de Sydney (1919-21) avant de se fixer à Londres. En 1926, il est nommé professeur au Royal College of Music, où Britten figure au nombre de ses élèves. Le style néoclassique sec et spirituel de ses premières œuvres apparaît clairement dans le *Concerto pour violon* (1932) et dans deux opéras-comiques, *The Devil Take Her* (1931) et *Prima donna* (1933, représenté en 1949). Dans ses oeuvres ultérieures, notamment dans la *Symphonie* (1944-45) et l'opéra *The Tale of Two Cities* (1949-50), il adopte un ton plus sombre, plus profond. Toutefois, son oeuvre la plus connue reste l'une de ses pièces de musique légère, la *Jamaican Rumba* (1938).

Paul Griffiths.

Benjamin Cosyn's Virginal Book (Londres, British Library, R.M.23.L.4). Recueil de musique manuscrite pour virginal compilé par Benjamin Cosyn. Il regroupe environ 90 morceaux de Bull, Byrd, Gibbons, Tallis, Cosyn et de compositeurs anonymes. Publié en 1923.

Bennet, John (?, vers 1575 ; mort après 1614). Compositeur anglais. Il était peut-être originaire du Cheshire. Sa première œuvre, décrite dans la préface comme « ces premiers fruits de ma simple adresse », fut un recueil de 17 *Madrigalls to Foure Voyces* (Londres, 1599) dédié à Ralph Assheton, membre éminent de la société du Cheshire. Bennet composa ensuite six pièces de *A Briefe Discourse* de Ravenscroft qui réédita cinq airs de Bennet, notamment « Cheshire », dans son *Psalter* de 1621.

Les madrigaux de Bennet sont des œuvres courtes, mais merveilleusement écrits dans leurs moindres détails. Le plus connu est sans doute sa contribution à *The Triumphes of Oriana*, « All cre'tures now are merry-minded ». Parmi ceux qui jouissent également d'une certaine popularité : « Weepe, O mine eyes », « Come, shepherds, follow me » et « Thyrsis, sleepest thou ? ».

Wendy Thompson.

Bennett, Richard Rodney (Broadstairs, 29 mars 1936). Compositeur anglais. Il étudie avec Lennox Berkeley et Howard Ferguson à la Royal Academy of Music (1953-56) puis avec Pierre Boulez à Paris (1956-58). Il se fixe ensuite à Londres où il écrit régulièrement d'importantes musiques de film (*Far from the Madding Crowd, Nicholas and Alexandra, Murder on the Orient Express*, etc.).

Bennett est également un compositeur prolifique de musique symphonique et instrumentale, et il s'est montré capable de réaliser des commandes d'opéras, de concertos et de musique de chambre avec une sensibilité intarissable. Son emploi des méthodes sérielles, quoique rébarbatif dans quelques œuvres de ses années parisiennes, est généralement dicté par une impulsion lyrique et romantique qui ressort particulièrement dans l'écriture très caractéristique de ses concertos (pour piano, hautbois, guitare, contrebasse, etc.). En outre, il réussit avec habileté dans le genre de la « conversation » musicale, comme dans la série *Commoedia* (œuvres de musique de chambre) ou dans d'autres partitions pour petit effectif. Sa musique vocale, qui va du grand opéra (*The Mines of Sulphur*, 1965) à la mélodie (*Crazy Jane* pour soprano et trio instrumental, 1968-69) illustre le texte avec talent et subtilité et montre son admiration pour la musique populaire américaine, admiration qui ressort particulièrement dans *Jazz Calendar* pour 12 instruments (1963-64).

Paul Griffiths.

Bennett, (Sir) **William Sterndale.** Voir *Sterndale Bennett, William.*

Bentzon, Niels Viggo (Copenhague, 24 août 1919). Compositeur danois. Il fait ses études avec Knud Jeppesen au Conservatoire royal danois (1939-43), où il enseigne depuis 1949 la théorie et la composition. Son énorme production, qui dépasse largement les trois cents numéros d'opus, montre l'évolution progressive d'un style vigoureux, dissonant et diatonique, influencé par Hindemith et Bartók. Bentzon a composé de nombreuses symphonies, concertos et d'autres œuvres pour orchestre, des quatuors à cordes et des sonates pour piano.

Paul Griffiths.

Benvenuto Cellini. Opéra en deux actes de Berlioz sur un livret de Léon de

Wailly et A. Barbier, qui suit d'assez loin l'autobiographie de Cellini. Créé à Paris en 1838. Berlioz l'a révisé et en a réalisé une version en trois actes (1852) avant de le retirer en raison de son échec. Une partie de la musique est utilisée dans l'ouverture *Le Carnaval romain*.

BIBLIOGRAPHIE : François Piatier, *Benvenuto Cellini de Berlioz*, Aubier (Paris, 1979).

Bequadro (ital.). Le signe bécarre (♮).

Bequem (all.). « Aisé ». Voir *Comodo*.

Berceuse. Pièce de caractère généralement écrite à 6/8 sur un accompagnement rythmé. En passant du répertoire de la musique populaire à celui de la musique dite sérieuse, elle a pris aussi bien la forme de mélodies que celle de courtes pièces instrumentales, souvent destinées au piano. Parmi les exemples célèbres, on peut citer les *Scènes d'enfants* de Schumann, les *Pièces lyriques op.38* de Grieg, *Dolly* de Fauré, *Children's Corner* et la *Berceuse héroïque* de Debussy, ainsi que la *Berceuse op.57* de Chopin. Busoni a composé une *Berceuse élégiaque* pour orchestre.

Berchem, Jachet [Jacquet de, Giachetto de] (Berchem, près d'Anvers, vers 1505 ; mort avant 1565). Compositeur flamand. Il a écrit un grand nombre de madrigaux, notamment un cycle intitulé *Capriccio* sur 91 stances de l'*Orlando furioso* de l'Arioste. On sait peu de chose de sa vie, sinon qu'elle s'est essentiellement déroulée en Italie : quelques années à Venise et quelques autres à Vérone comme directeur de la musique à la cathédrale. On le confond souvent avec *Jachet de Mantoue dans les sources du XVIe siècle.

John Milsom.

Bereite vor (all.). « Préparer », « tenir prêt » (se dit souvent à propos d'un registre d'orgue).

Bérénice. Opéra en trois actes de Haendel sur un livret d'Antonio Salvi. Créé à Londres en 1737. Le célèbre menuet de *Bérénice* est tiré de l'ouverture.

Berg, Alban (Maria Johannes) (Vienne, 9 février 1885 ; Vienne, 24 décembre 1935). Compositeur autrichien. Né dans une riche famille viennoise, Berg commence, dès l'âge de quinze ans, à composer des lieder, sans avoir suivi d'études musicales. En 1904, l'un de ses frères aînés montre ses compositions à Schoenberg qui accepte de se charger de sa formation. Tout en continuant à écrire des lieder – les *Sieben frühe Lieder* publiés en 1928 datent de 1905-08 – il se familiarise aux rigueurs de la composition instrumentale soutenue, sous la direction de Schoenberg. Ses études formelles avec Schoenberg s'achèvent en 1910, mais, jusqu'à la fin de sa vie, il portera une vénération inaltérable à son professeur, dont il se considère comme l'héritier spirituel. Il lui dédiera quatre de ses douze œuvres majeures.

Berg commence à étudier avec Schoenberg à un moment propice. Il trouve un compagnon sympathique en la personne d'Anton Webern et assiste à l'évolution de Schoenberg vers l'atonalité. Bien que Schoenberg ne pousse pas ses élèves à l'imiter, il est bien naturel que le jeune Berg cherche à être l'émule de son maître. Ainsi son opus 1, la *Sonate pour piano en un mouvement* (1907-08), reflète la crise de cette époque, dépassant ses fondations tonales d'une manière qui montre l'enthousiasme personnel de Berg pour Mahler et Debussy ; en outre, le dernier de ses *Quatre Lieder op.2* (1909-10) est atonal, mais comporte les penchants tonaux qui apparaîtront toujours dans la musique de Berg. Parmi les dernières œuvres écrites sous la direction de Schoenberg figure le très audacieux *Quatuor à cordes op.3* (1910). Cette œuvre montre la maturité artistique à laquelle Berg était parvenue grâce à Schoenberg ; dans les *Cinq Altenberg Lieder* (1912), il fait preuve d'une étonnante maîtrise de l'orchestre, auquel il s'adresse pourtant pour la première fois. Mahler et Debussy font parfois figure de modèles, et l'influence de Mahler ressort particulièrement dans les *Trois Pièces pour orchestre op.6* (1914-15) ; toutefois les deux partitions comportent d'innombrables structures originales souvent complexes. Par leur force dramatique et l'utilisation des archétypes musicaux (valse et marche fatidique), les *Trois Pièces op.6* annoncent son premier opéra, *Wozzeck*.

Berg commence cette œuvre alors qu'il sert dans l'armée autrichienne et il est tentant de supposer que cette expérience militaire lui a ouvert des horizons pour mettre en musique le drame de Georg Büchner avec son humble ordonnance (l'antithèse du héros), son fier tambour-major et ses officiers supérieurs névrosés. Cependant, *Wozzeck* crée son propre monde plein de symboles sinistres et de personnages nettement définis à la merci du système, du destin et de l'illusion. Achevé en 1921, *Wozzeck* est créé en 1925. La réputation de Berg est aussitôt établie et sa sécurité financière assurée.

Il compose ensuite le *Kammerkonzert* pour piano, violon et treize instruments à vent (1923-25) pour le cinquantième anniversaire de Schoenberg, afin de célébrer l'amitié entre Schoenberg, Berg et Webern. Le chiffre trois domine cette œuvre : elle comporte trois mouvements et trois motifs principaux (basés sur la traduction musicale du nom des compositeurs) – le symbolisme du chiffre trois s'étend même au nombre de mesures des sections au sein des mouvements, toujours multiples de trois. Toutefois, l'œuvre sonne comme un écoulement libre et romantique, même lorsque l'adagio central se retourne sur lui-même (mouvement rétrograde avec effet de miroir). La rigueur d'écriture de cette œuvre montre que Berg est prêt à adopter la technique du *sérialisme que vient d'élaborer Schoenberg, mais en fait son approche de la nouvelle méthode n'est encore qu'expérimentale. Il commence par une mélodie isolée, « Schliesse mir die Augen beide » (1925), puis, dans la *Suite lyrique* pour quatuor à cordes (1925-26), il fait alterner des mouvements sériels et non sériels. Après la mort de sa femme, en 1976, on a découvert que cette œuvre, qu'Adorno considérait comme un « opéra latent », suivait un programme précis lié à une histoire d'amour.

En 1928, Berg commence à travailler à son second opéra, *Lulu*, élaborant son propre livret à partir de deux pièces de Wedekind. Il s'interrompra à deux reprises pour écrire l'air de concert *Der Wein* (1929) puis le *Concerto pour violon « à la mémoire d'un ange »* (1935). Berg mourra sans avoir terminé le dernier acte (qu'achèvera Friedrich Cerha pour la création de l'intégrale de *Lulu* en 1979).

Paul Griffiths.

BIBLIOGRAPHIE : Étienne Barilier, *Berg*, L'Age d'homme (Lausanne, 1978). Alban Berg, *Lulu, livret bilingue*, Lattès (Paris, 1979) / *Écrits*, Christian Bourgois (Paris, 1985). Mosco Carner, *Alban Berg*, Lattès (Paris, 1979). Dominique Jameux, *Berg*, Seuil (Paris, 1980).

Bergamasque (angl. : *bergomask* ; ital. : *bergamasca*). Terme désignant, à l'origine, les danses et chansons paysannes de la région de Bergame, dans le nord de l'Italie. Les exemples les plus anciens remontent au milieu du XVIe siècle. À la fin du XVIe siècle, la danse possède un schéma harmonique déterminé pour l'accompagnement à la guitare : I-IV-V-I. Au XVIIe siècle, de nombreuses pièces pour guitare ont été composées sur ce schéma.

En outre, la ville de Bergame reste indissociable de la *commedia dell' arte* et les époques auxquelles le personnage d'Arlequin a connu un regain d'intérêt ont donné naissance à de nombreuses pièces instrumentales portant le titre de « bergamasque », notamment le XVIIIe siècle et la fin du XIXe siècle en France. Les célèbres vers de Verlaine dans *Clair de lune :*

...que vont charmant masques et bergamasques
Jouant du luth et dansant et quasi
Tristes sous leurs déguisements fantasques...

ont inspiré à Fauré la suite d'orchestre *Masques et Bergamasques* et à Debussy la *Suite bergamasque* pour piano.

Bergerette. 1. Au XVe siècle, forme poétique et musicale française, de structure identique au *virelai, mais ne comportant qu'une strophe.

2. Au XVIe siècle, titre donné occasionnellement aux danses instrumentales rapides à trois temps, identiques au *saltarello.

3. Air du XVIIIe siècle, sur des vers pastoraux ou amoureux, très proche de la *brunette.

Berio, Luciano (Oneglia, 24 octobre 1925). Compositeur italien. Né dans une famille de compositeurs, il commence par étudier avec son père, puis travaille au Conservatoire de Milan avec Giorgio Ghedini et Giulio Paribeni. En 1951, après avoir quitté le Conservatoire, il découvre les méthodes sérielles avec Luigi Dallapiccola, à Tanglewood. Le néo-classicisme stravinskien de ses premières œuvres, comme le *Magnificat* pour deux sopranos, chœur et instruments (1949) fait place à une écriture sérielle gracieuse, bien illustrée dans *Chamber Music* pour soprano et trio instrumental (1952). Son style est ensuite influencé par les contacts qu'il entretient avec des compositeurs comme Stockhausen, Boulez ou quelques autres. Ainsi, dans *Allelujah II* (1965-68), il propose une réponse aux *Gruppen* de Stockhausen et, dans *Tempi concertati* pour flûte, violon, deux pianos et ensemble instrumental (1958-59), il apporte une nouvelle contribution à la musique élaborée sur des structures sérielles complexes et superposées.

Toutefois, toutes les œuvres de Berio des années cinquante font apparaître deux caractéristiques fondamentales qui lui sont propres : le goût des gestes souples, presque physiques, et une vision de la musique informée par des études linguistiques contemporaines. La première s'illustre parfaitement dans sa série *Sequenza* pour instruments solistes qui regroupe un air de virtuosité pour flûte (*Sequenza I*, 1958), une étude comique pour trombone (*Sequenza V*, 1966) et une pièce obsessive pour hautbois (*Sequenza VII*, 1969). Certaines de ces pièces ont, d'une manière typique, engendré des œuvres plus importantes : *Sequenza VI* pour alto (1967), par exemple, a donné naissance à une partition pour neuf instruments, *Chemins II* (1967) et à une page pour grand orchestre, *Chemins III* (1968).

Chez Berio, la fusion de la musique et de la langue ressort naturellement davantage dans ses œuvres vocales, où il crée une réciprocité fluide entre le son verbal et le son instrumental, entre le sens linguistique et la signification musicale. On en trouve des exemples frappants dans *Circles* pour soprano, harpe et deux percussionnistes (1960), *Epifanie* pour soprano et orchestre (1959-61), *Laborintus II* pour voix, instruments et bande magnétique (1965), *Sinfonia* pour huit voix et orchestre (1968-69) et *Coro* pour chœur et orchestre (1974-76). Le mouvement central de la *Sinfonia*, qui tisse une trame de citations littéraires et musicales autour du scherzo de la *Symphonie n° 2* de Mahler, n'est qu'un exemple extrême des courants de rêve que l'on trouve dans la majeure partie de la musique vocale de Berio. Son opéra *Opera* (1969-70, révisé en 1977) met en scène toutes ces richesses et opère un retour aux origines du genre, en développant des métaphores musicales et politiques de désintégration. Berio a également composé de la musique électronique, des arrangements de chansons populaires et d'œuvres de compositeurs allant de Monteverdi à Lennon-McCartney, ainsi que de rares exemples de musique légère d'avant-garde, comme *Opus Number Zoo* pour quintette à vent (1950-51), où éclate ouvertement un humour qui reste souvent sous-jacent dans ses œuvres plus sérieuses.

Paul Griffiths.

BIBLIOGRAPHIE : Luciano Berio, *Entretiens avec Rossana Dalmonte*, Lattès (Paris, 1983). Ivanka Stoïanova, *Luciano Berio, chemins en musique*, La Revue Musicale nos 375-376-377, Richard Masse (Paris, 1984).

Bériot, Charles de (Louvain, 20 février 1802 ; Bruxelles, 8 avril 1870). Violoniste et compositeur belge, élève de Baillot et de Viotti, l'un des plus grands virtuoses de son temps dont la carrière a été interrompue par la cécité. Il avait épousé Maria Malibran et est considéré comme le fondateur de l'école belge de violon, instrument pour lequel il a laissé dix concertos conçus dans un style élégant et mélodique.

Alain Pâris.

Berkeley, (Sir) Lennox (Randall Francis) (Boars Hill, Oxford, 12 mai 1903). Compositeur anglais. Il fait ses études à Oxford, puis suit les cours de composition de Nadia Boulanger à Paris (1927-33). Cette expérience lui permet d'écrire une musique dont l'élégance mélodique, la structure claire et l'intelligence rythmique rappelle souvent le néo-classicisme de Stravinski et de Poulenc. Son style ressort nettement dans son *Quatuor à cordes n° 1* (1935), la *Sérénade pour cordes* (1939), la *Symphonie n° 1* (1940) et le *Trio à cordes* (1943).

Après la guerre, durant laquelle Berkeley travaille à la BBC (1942-45), sa musique commence à se développer, prenant parfois un caractère plus sombre et énigmatique, tout en préservant la concision de ses premières œuvres. Cette nouvelle profondeur de sentiments apparaît dans les *4 Poems of St Teresa of Avila* pour contralto et cordes (1947), l'une des nombreuses œuvres exprimant la foi catholique de Berkeley (sa musique liturgique comprend une belle *Missa brevis* (1959) qui est assez régulièrement exécutée). Par opposition à la *Symphonie n° 1*, la *Symphonie n° 2* (1956-58) et, davantage encore, l'unique mouvement de la *Symphonie n° 3* (1969) montrent une concision dans le développement musical. Toutefois, Berkeley a continué à écrire une musique charmante et engageante, de la musique de chambre et des pièces instrumentales dans le style divertissant de sa comédie de genre, *A Dinner Engagement* (1954), le premier de ses trois opéras en un acte. *Nelson* (1954), ouvrage en trois actes, a suscité l'admiration par son lyrisme profond, mais n'a pas été repris. Berkeley a enseigné la composition à la Royal Academy of Music de 1946 à 1968 et a été anobli en 1974.

Paul Griffiths.

Berkshire Music Festival. Festival de musique américain qui se déroule l'été, en plein air, à Tanglewood, Lenox (Massachusetts) ; depuis 1936, il présente des concerts de l'Orchestre symphonique de Boston. Aujourd'hui, l'orchestre y séjourne pendant huit semaines, donnant une série de vingt-quatre concerts devant un public qui remplit les 6 000 sièges d'une sorte de hangar à musique et s'éparpille sur les vastes pelouses avoisinantes. Les membres de l'orchestre enseignent également au Berkshire Music Center, académie d'été fondée par Serge Koussevitzky en 1940. Les élèves de cette école donnent de nombreux concerts à Tanglewood, notamment un festival de musique contemporaine qui dure quatre jours.

Nym Cooke.

Berlin, Irving [Baline, Israel] (Temun, Sibérie, 11 mai 1888). Compositeur américain d'origine russe. Dès l'âge de quatre ans, il émigre avec ses parents en Amérique où son père est hazan dans les synagogues de l'est de New York. A la mort de celui-ci, en 1896, il vend des journaux et aide un musicien de rue aveugle dans le Bowery pour faire vivre sa famille. A seize ans, il chante dans les cafés et commence à écrire des chansons. En 1909, il entre chez un éditeur de musique comme auteur lyrique et se lance dans les variétés. Il commence à vendre ses œuvres et remporte un triomphe avec « Alexander's Ragtime Band » qui paraît en pleine crise du ragtime. Il compose de nombreuses autres chansons dans ce style, comme « Everybody's Doing It ». Après avoir participé à diverses revues, il écrit sa première partition complète, *Watch Your Step*, en 1914. En 1919, il monte sa propre affaire d'édition musicale et, en 1921, il ouvre avec Sam H. Harris le Music Boc Theater où il produit de nombreuses revues à succès. En 1926, il épouse une riche héritière, ce qui n'empêche pas ses affaires de péricliter au moment de la crise de 1929. Il s'appuie davantage sur ses talents d'auteur de chansons et donne toute sa mesure au théâtre dans les comédies *Annie Get Your Gun* (1946) et *Call Me Madam* (1950). Ses plus belles œuvres sont destinées au cinéma, notamment au merveilleux couple que formaient Fred Astair et Ginger Rogers : *Top Hat* (1935), *Follow the Fleet* (1936) et *Carefree* (1938). Son plus grand succès est la chanson « White Christmas », écrite pour le film *Holiday Inn* en 1942, qui est devenue un chant de Noël traditionnel et dont l'enregistrement s'est vendu par millions, notamment dans la célèbre version de Bing Crosby. Parmi les compositeurs « produits » par Tin Pan Alley, Irving Berlin est le plus prolifique et celui qui a connu les plus grands succès.

Peter Gammond.

Berlioz, (Louis-) **Hector** (La Côte-Saint-André, Isère, 11 décembre 1803 ; Paris, 8 mars 1869). Compositeur français. Figure essentielle de la musique française du XIXe siècle, il représente véritablement le romantisme français.

1. *La jeunesse.* Fils d'un médecin réputé de La Côte-Saint-André, le jeune Berlioz apprend à jouer de la flûte et de la guitare et commence à composer vers l'âge de quatorze ans. Dès son enfance, il s'intéresse vivement à la littérature romantique, française et latine, et ressent toujours le besoin d'exprimer sa réponse sous forme musicale. A dix-sept ans, il se rend à Paris afin d'y entreprendre une carrière musicale ; il y restera jusqu'à la fin de sa vie. A Paris, sa rencontre avec la musique, particulièrement l'opéra, affaiblit encore le peu d'intérêt qu'il portait à la médecine et il abandonne bientôt ses études pour se consacrer à la musique. Il travaille avec Le Sueur, puis, en 1826, entre au Conservatoire où il reste jusqu'en 1830. Il devient un « habitué » de l'Opéra et un profond admirateur de la tradition française, particulièrement de Spontini et de Gluck. Une rupture avec ses parents l'oblige à travailler pour gagner sa vie : il commence par chanter dans le chœur d'un théâtre et donne des leçons de guitare ; mais il se

fait surtout connaître comme critique et comme chef d'orchestre. Le journalisme le fera vivre pendant toute sa vie active et, bien qu'il ait toujours affiché un profond dégoût pour cette activité, il reste l'un des auteurs les plus perceptifs et essentiels de son époque.

Plusieurs grandes passions ont joué un rôle déterminant dans l'évolution de sa musique. Après Gluck, il découvre Weber et Beethoven, mais déteste Rossini et la musique italienne. En 1827, il a la révélation du théâtre de Shakespeare et, peu après, celle du *Faust* de Goethe. Ses autres auteurs favoris, qu'admirent également les protagonistes du romantisme français, sont Chateaubriand, Moore, Byron, Scott, Cooper et Hoffmann, ainsi que les jeunes écrivains français Hugo, Vigny, Barbier, etc. Sa première œuvre substantielle est une *Messe* (1824), suivie d'un opéra, *Les Francs-Juges* (1826), œuvres qui ont presque entièrement disparu. De 1826 à 1830, il se présente à quatre reprises au concours du prix de Rome qu'il finit par remporter à sa cinquième tentative. Sa folle passion pour l'actrice irlandaise Harriet Smithson, grande interprète de Shakespeare, qu'il avait rencontrée en 1827, l'amène à composer la *Symphonie fantastique* (1830), son premier chef-d'œuvre : il s'agit d'une symphonie à programme en cinq mouvements dans laquelle il raconte l'histoire d'un amour non partagé.

2. *Après le prix de Rome*. Le prix de Rome le dégage des soucis matériels pendant cinq ans, sous la forme d'une pension. Après avoir passé la majeure partie des deux premières années à Rome, il rentre à Paris en 1832, ayant écrit une suite à la *Symphonie fantastique*, *Lélio*, partition conçue pour plusieurs chanteurs solistes, un récitant, chœur et orchestre. Il est présenté à Harriet Smithson, lui déclare sa flamme et l'épouse en 1833. Pendant les neuf années suivantes, il se livre sans relâche à sa triple tâche de compositeur, critique et chef d'orchestre. Il compose successivement *Harold en Italie*, symphonie avec alto principal (1834) ; l'opéra *Benvenuto Cellini* (1836) représenté à l'Opéra en 1838 et violemment rejeté par le public parisien ; le *Requiem* (1837) ; une grande symphonie chorale, *Roméo et Juliette* (1839) ; la *Grande Symphonie funèbre et triomphale* pour harmonie militaire (1840) ; et le cycle de mélodies *Les Nuits d'été* (1841). Durant cette période, il écrit également un grand nombre de courtes mélodies et des chœurs. Il donne plusieurs concerts chaque saison et reçoit deux commandes officielles, mais n'occupe aucun poste permanent à Paris.

En 1842, il commence un long périple à travers l'Europe, en Belgique, en Allemagne et en Autriche et, pendant les vingt années suivantes, il se rend souvent à l'étranger, à maintes reprises en Allemagne, cinq fois à Londres et deux fois en Russie. Au cours de l'une de ces tournées (1845-46), il compose *La Damnation de Faust*. L'échec de son mariage et le meilleur accueil que lui réserve le public à l'étranger le poussent à voyager constamment. La vie à Paris le déçoit et le rend amer, surtout après l'échec de *La Damnation de Faust*. Il analysera avec tristesse le déclin du goût et de la ferveur artistiques dans la dernière partie de sa vie. Son ardeur à écrire de nouvelles œuvres diminue progressivement. Il compose le *Te Deum* en 1849 et une courte œuvre chorale, *La Fuite en Egypte*, en 1850. Puis il reste silencieux pendant trois ans et se laisse difficilement convaincre de transformer cette œuvre en une trilogie chorale, *L'Enfance du Christ*, dont le succès immense et inattendu (1854) l'encourage à entamer la plus grande et la plus importante œuvre de sa carrière, *Les Troyens*, opéra en cinq actes d'après *L'Enéide* de Virgile. Après avoir envisagé ce projet ambitieux pendant de nombreuses années, il le réalise entre 1856 et 1858. Il ne réussira jamais à le faire représenter intégralement ; seule, une version tronquée des trois derniers actes sera représentée à Paris en 1863. Un opéra-comique, *Béatrice et Bénédict*, d'après *Much Ado About Nothing* (*Beaucoup de bruit pour rien*), est créé à Baden-Baden en 1862. A la fin de sa vie, il s'enfonce davantage dans le désespoir, surtout après la mort de son fils unique en 1867, et il meurt en 1869. Ses *Mémoires*, dont il avait commencé la rédaction à Londres en 1848, seront publiés en 1870.

3. *La musique et le point de vue esthétique de Berlioz*. Berlioz n'était pas pianiste et il n'a pas écrit la moindre page destinée au piano seul ou en musique de chambre. Ses œuvres font appel aux voix

et aux instruments dans de nombreuses combinaisons et lui permettent d'aborder les genres les plus divers. Son écriture bouleverse la technique orchestrale et l'instrumentation et il a publié un traité sur ce sujet, le *Grand Traité d'instrumentation et d'orchestration modernes* (Paris, 1843). Il est également l'auteur d'un ouvrage sur la direction d'orchestre, *Le Chef d'orchestre* (1855, publié à Paris l'année suivante). Son style orchestral original et brillant a beaucoup influencé Liszt, Wagner et les compositeurs russes. Liszt a été pendant longtemps l'un de ses meilleurs amis, mais il n'est jamais parvenu à établir la même relation avec Wagner, bien que leurs rencontres aient été généralement fraternelles et amicales. Berlioz a écrit de nombreuses mélodies avec accompagnement de piano et orchestré par la suite les plus belles, comme *La Captive* (1832) et *Les Nuits d'été* (1840-41). Sa musique n'est jamais abstraite ni purement formelle ; elle porte un titre poétique ou évocateur ou comporte un texte chanté ou un programme, et ce contenu littéraire ou pittoresque détermine le style, l'instrumentation, l'atmosphère et la forme. Ses pièces s'inscrivent souvent entre des genres établis, comme le concerto et la symphonie, l'opéra et la cantate ou la scène et la mélodie. Elle est presque toujours indissociable de ses goûts littéraires ou d'une expérience personnelle : la *Symphonie fantastique* et *Lélio* ont jailli de deux histoires d'amour ; Shakespeare lui a inspiré l'ouverture de *La Tempête* (1830), l'ouverture du *Roi Lear* (1831), un groupe de mélodies sur *Hamlet* (1844), *Roméo et Juliette* (1839) et *Béatrice et Bénédict* (1862) ; le *Faust* de Goethe a donné naissance aux *Huit Scènes de Faust* (1829) et à *La Damnation de Faust* (1846) ; chez Walter Scott, il a puisé les ouvertures de *Waverley* (1827) et de *Rob Roy* (1831) ; Byron et ses propres voyages lui ont inspiré *Harold en Italie* (1834).

La *Grande Symphonie funèbre et triomphale* est une œuvre de circonstance écrite pour harmonie militaire, dont le style découle des musiques de plein air de la Révolution française particulièrement mobiles. Le *Requiem* (*Grande Messe des morts*) est lié à la même tradition, avec ses quatre groupes de cuivres qui s'ajoutent au gros effectif de l'orchestre et des chœurs. Berlioz considérait le *Te Deum* comme le frère du *Requiem*, car il est également conçu pour de grands effectifs, notamment un chœur de 600 enfants, et doit être exécuté dans un espace très vaste. Berlioz insistait toujours sur la relation particulière entre la musique et son environnement spatial : il détestait la musique bruyante dans de petits théâtres et savait réaliser des effets extraordinaires avec des masses bien réparties dans de grands espaces architecturaux. *L'Enfance du Christ* est une œuvre sacrée d'un genre différent, intime et pieuse, bien que Berlioz n'ait pas été un croyant orthodoxe. Ses idées sur l'action dramatique à l'opéra se retrouvent également dans *La Damnation de Faust* : œuvre de concert dramatique, elle suggère le mouvement et l'action, mais a néanmoins été conçue pour un certain théâtre de l'imagination.

Berlioz a toujours aimé amplifier ce que l'on voyait avec ce que l'on ne voyait pas. Ainsi, il faut imaginer, sans le voir, le satanisme cauchemardesque de la *Symphonie fantastique*, tout comme les feux follets et les habitant du pandémonium dans *La Damnation de Faust*. Ses opéras comportent de nombreuses scènes qui se déroulent dans les coulisses. Dans *Roméo et Juliette*, la scène d'amour est confiée à l'orchestre seul : les paroles échangées par les amants sont laissées à notre imagination. Cette relation avec l'imaginaire est indissociable de sa croyance intrinsèque en l'expression comme pierre angulaire de son horizon esthétique. Il croyait fermement que la musique pouvait incarner des images, des idées et des sentiments. Cette conception s'étend de la littéralité de la musique à programme à un domaine moins facile à définir, où la musique reflète son texte ou son sujet avec autant de véracité que possible. L'identification du compositeur à un sujet et l'intégrité avec laquelle il le présente sous forme musicale revêtent une importance suprême.

De nombreux artistes romantiques partageaient ces idées et, dans ses premières œuvres, Berlioz semble se conformer à l'image populaire de l'artiste créateur inspiré, ouvrant de nouvelles voies et écartant les formes usées. Mais, après les innovations de ses premières œuvres, aussi révolutionnaires soient-elles, il préfère consolider son style et sa technique et se tourne plus volontiers vers les idées et la sérénité classique de Gluck. *Les Troyens* sont une œuvre profondément classique, pénétrée de passion romantique. Bien qu'il ait admiré les compositeurs contemporains comme Liszt et Mendelssohn, il n'a pas cherché à les imiter et son style est resté isolé et indépendant. Ainsi, il a eu relativement peu d'imitateurs directs et aucun élève. Sa musique est étonnamment individuelle et ne relève d'aucune catégorie.

Il a exprimé avec conviction ses opinions sur tous les aspects de la musique dans les feuilletons qu'il livrait aux quotidiens et aux hebdomadaires, ce qui explique mal la raison pour laquelle il a été tellement incompris pendant toute sa vie et plusieurs années après sa mort. Berlioz a publié trois recueils d'articles qui montrent le respect qu'il portait aux compositeurs qu'il admirait le plus (Gluck, Spontini, Beethoven), son mépris vis-à-vis de la mesquinerie de la musique parisienne, son attente d'une société dans laquelle les arts seraient protégés, libres de toute commercialisation et intérêt personnel, et son sens mordant de l'humour. Une profonde passion pour le grand art, une forte croyance en sa propre nature et un puissant sens de l'engagement sont les aspects les plus frappants de son credo.

Hugh MacDonald.

BIBLIOGRAPHIE : Claude Ballif, *Berlioz*, Seuil (Paris, 1968, rééd. 1984). Henry Barraud, *Hector Berlioz*, Costard (Paris, 1955), 2e éd. Hermes (Paris, 1966), 3e éd. Fayard (Paris, 1979). Hector Berlioz, *Voyage musical en Allemagne et en Italie*, Jules Labitte (Paris, 1844) / *Les Soirées de l'orchestre* (Paris, 1852), rééd. Gründ/CNRS (Paris, 1968), Stock (Paris, 1980) / *Le Chef d'orchestre, théorie de son art*, Schonenberger (Paris, 1856) / *Les Grotesques de la musique* (Paris, 1859), rééd. Gründ/CNRS (Paris, 1969) / *A Travers chants* (Paris, 1862), rééd. Gründ/CNRS (Paris, 1971) / *Mémoires* (Paris, 1870), éd. par Pierre Citron, Flammarion (Paris, 1969) / *Les Musiciens et la musique* (Paris, 1903) / *Correspondance générale, 1803-32, 1832-42, 1842-50* (éd. par Pierre Citron), Flammarion (Paris, 1972, 1975, 1978). Gérard Condé, *Hector Berlioz, cauchemars et passions*, Lattès (Paris, 1981). Jacques Feschotte, *Hector Berlioz*, La Colombe (Paris, 1951). Fred Goldbeck, *Défense et illustration de Berlioz*, La Revue Musicale n° 297, Richard Masse (Paris, 1976). Michel Guiomar, *Le Masque et le fantasme*, Corti (Paris, 1970). François Piatier, *Benvenuto Cellini de Berlioz*, Aubier (Paris, 1979). Guy de Pourtalès, *Berlioz et l'Europe romantique*, Gallimard (Paris, 1939, rééd. 1980).

Bernardi, Stefano (Vérone, vers 1585 ; ? Salzbourg, 1636). Compositeur et théoricien italien. Prêtre, puis maître de chapelle à la cathédrale de Vérone de 1611 à 1622. En 1624, il s'installe à Salzbourg où il est responsable de la musique lors de la célèbre et magnifique consécration de la nouvelle cathédrale en 1628. Il y fait exécuter un *Te Deum* à douze chœurs de sa composition (aujourd'hui perdu). Il a écrit des madrigaux dans l'ancien style polyphonique et certains avec continuo ; sa musique religieuse comporte des messes dont le style, hérité de celui de Palestrina, est traité à la manière plus moderne du *concertato*.

Denis Arnold.

Bernart de Ventadorn [Bernard de Ventadour] (Ventadorn, près de Limoges, ? vers 1130-40 ; Dalon, Périgueux, vers 1190-1200). Troubadour, poète et compositeur. Malgré son humble extraction (on pense que son père était boulanger au château de Ventadorn), Bernart est devenu l'un des plus célèbres troubadours de son époque. Il commence par travailler à la cour d'Eléonore d'Aquitaine, dont le mariage avec Henri Plantagenet l'amène à faire un court voyage en Angleterre après 1150 ; puis il entre au service de Raymond V, comte de Toulouse. Il a peut-être passé la fin de sa vie dans un monastère à Périgueux. Sur la quarantaine de poèmes qu'on lui attribue, dix-huit ont survécu en conservant leur mélodie intacte (ce qui est rare pour cette période). La popularité et la grande diffusion des chansons de Bernart de Ventadorn dans le nord de la France ont certainement joué un rôle considérable ; dans cette région, elles semblent avoir influencé l'art naissant des trouvères.

John Milsom.

Berners (Gerald Hugh Tyrwhitt-Wilson), **Lord** (Arley Park, Bridgnorth, 18 septembre 1883 ; Faringdon House, Berkshire, 19 avril 1950). Compositeur anglais. Sa carrière de diplomate le mène à Paris où il fait la connaissance de Stravinski et des principaux compositeurs français dans la période qui entoure la Première Guerre mondiale. Avant d'être élevé au rang de baron, en 1918, il publie des chansons frivoles et des pièces pour piano, notamment les *Trois Petites Marches funèbres : pour une tante à héritage, pour un canari, pour un homme d'État* (1914). Par la suite, il compose des ballets *Le Triomphe de Neptune*, produit par

Diaghilev en 1926 et *Un Bouquet de noces* (1936) sur un texte absurde de Gertrude Stein, dans une chorégraphie d'Ashton et un décor de Berners lui-même.

Paul Griffiths.

Bernhard, Christoph (Kolberg, Poméranie [aujourd'hui Kolobrzeg, Pologne], 1er janvier 1628 ; Dresde, 14 novembre 1692). Compositeur et théoricien allemand. Élève de Schütz, il entre en 1649 à la chapelle princière de Dresde. Quoique déçu de ne pas recevoir de promotion, en raison de la forte préférence dont jouissent les Italiens, il passe la plus grande partie de sa vie à Dresde, où il devient finalement (après la vogue italienne) Kapellmeister. Schütz lui demande de composer un motet funèbre à son intention, qui sera exécuté lors de la cérémonie en 1672. Bernhard a écrit des traités de musique très importants et a établi notamment une classification de la musique baroque selon les usages – musique d'église (*stylus gravis*, le « style de Palestrina »), musique de chambre (*stylus luxurians communis*, dont il considère Monteverdi comme le fondateur), et musique théâtrale (*stylus luxurians theatralis*, dans laquelle le langage l'emporte sur la musique).

Denis Arnold.

Bernier, Nicolas (Mantes-la-Jolie, juin 1665 ; Paris, 6 juillet 1734). Compositeur français. D'abord enfant de chœur à la collégiale de Mantes, il fait ses études à Rome avant de s'installer à Paris en 1692 comme professeur de clavecin. Entre 1694 et 1698, il est maître de chapelle à la cathédrale de Chartres, puis directeur de la musique à Saint-Germain-l'Auxerrois, à Paris, à la Saint-Chapelle (1704-26) et également sous-maître à la chapelle de Versailles.

Outre ses œuvres religieuses qui comportent trois livres de motets, Bernier a publié huit livres de cantates profanes, qui figurent parmi les premières œuvres françaises du genre. Il a également composé un divertissement pour les fameuses grandes nuits de Sceaux de la duchesse du Maine.

Wendy Thompson.

Bernstein, Elmer (New York, 4 avril 1922). Compositeur américain. Il fait ses études à la Juilliard School of Music de New York où il travaille avec Aaron Copland, Stefan Wolpe et Roger Sessions et compose de la musique pour les spectacles radiodiffusés de l'Army et de l'Air Force et pour les productions des Nations unies. La Columbia Pictures lui demande alors d'écrire de la musique de film, ce qui devient sa spécialité. Il obtient beaucoup de succès en faisant intervenir le jazz dans la musique destinée au cinéma et à la télévision. Les films les plus connus auxquels il a participé sont : *The Man With the Golden Arm* (1956), *Les Dix Commandements* (1956), *The Sweet Smell of Success* (1957), *Desire Under the Elms* (1958), *Anna Lucasta* (1959), *The Magnificient Seven* (1960), *Walk on the Wild Side* (1962), *To Kill a Mockingbird* (1963), *The Carpetbaggers* (1964), *Cast a Giant Shadow* (1966) et *Thoroughly Modern Millie* (1967).

Peter Gammond.

Bernstein, Leonard (Lawrence, Massachusetts, 25 août 1918). Compositeur et chef d'orchestre américain. Il fait ses études avec Walter Piston et Edward Burlingame Hill à Harvard (1935-39), puis avec Fritz Reiner (direction d'orchestre), Randall Thompson (orchestration) et Isabelle Vengerova (piano) au Curtis Institute de Philadelphie (1939-41). Il travaille également la direction d'orchestre avec Koussevitzky au Berkshire Music Center de Tanglewood (1940-43). En 1943, il fait des débuts extrêmement brillants en remplaçant Bruno Walter pour un concert à la tête de l'Orchestre philharmonique de New York ; sa carrière internationale de chef d'orchestre est ainsi lancée et il deviendra par la suite directeur de cet orchestre (1958-68). Il enseigne également à Tanglewood (1948-55), à l'Université de Brandeis (1951-55) et au Massachusetts Institute of Technology (à partir de 1974).

Tout en poursuivant une carrière active de chef d'orchestre et de professeur, Bernstein remporte un grand succès à Broadway comme compositeur de comédies musicales, ainsi que dans le domaine de la musique sérieuse. *West Side Story* (1957) est l'un des plus grands succès de la scène musicale américaine de l'après-guerre et ses trois symphonies (no 1, « Jeremiah », 1941-44 ; no 2, « Age of Anxiety » pour piano et orchestre, 1947-49 ; no 3, « Kaddish » avec solistes et chœurs, 1961-63), qui proposent une confrontation entre les questions morales et religieuses contemporaines, ont suscité beaucoup d'admiration. Sa production extrêmement variée comporte aussi des ballets style-jazz (*Fancy Free*, 1944), une représentation théâtrale de la liturgie pour les temps incroyants (*Mass*, 1971), un recueil de psaumes plein d'espoir (*Chichester Psalms*, 1965), une opérette entraînante (*Candide*, 1956) et un opéra satirique sur un livret du compositeur lui-même (*Trouble in Tahiti*, 1952).

Malgré l'éclectisme de son style et la variété des genres abordés, les œuvres de Bernstein relèvent d'une unité qui provient de son engagement sincère et de ses racines profondément américaines. Comme celle de Copland, sa musique s'inspire autant de Stravinski que de sources traditionnelles et populaires, particulièrement des chansons des comédies musicales américaines ; à l'inverse, ses tentatives pour évoquer l'angoisse du XXe siècle le rapprochent de Mahler, Berg ou Chostakovitch. Il est également l'auteur de plusieurs livres : *The Joy of Music* (1959) et *The Infinite Variety of Music* (New York, 1966).

Paul Griffiths.

Berti, Giovanni Pietro (mort à Venise en 1638). Chanteur et organiste italien qui a exercé à Saint-Marc de Venise. Auteur d'agréables *Cantade et arie* publiés à Venise vers 1620, il est l'un des premiers compositeurs à avoir utilisé le terme « cantate » pour des œuvres chantées relativement développées, faisant appel au principe de la variation *strophique ; certaines de ces pièces montrent les débuts d'une nette division en récitatif et aria.

Denis Arnold.

Berton, Henri-Montan (Paris, 17 septembre 1767 ; Paris, 22 avril 1844). Compositeur français. Professeur d'harmonie, puis de composition au Conservatoire de Paris, il est également directeur musical de l'Opéra-Bouffe et chef des chœurs à l'Opéra de Paris. Il est surtout connu comme compositeur d'opéras ; *Les Rigueurs du cloître* (1790) constitue le premier exemple d'* « opéra-sauvetage ».

Wendy Thompson.

Bertrand, Anthoine de (Fontanges, Auvergne, 1530-40 ; Toulouse, vers 1581). Compositeur français, membre d'un groupe d'humanistes toulousains vers 1560. Ses 84 chansons révèlent une influence italienne ; elles sont écrites à la façon des madrigaux et font appel au chromatisme à la manière de Nicola Vicentino et de Cipriano de Rore. Bien que de religion catholique, il a aussi composé de la musique sacrée vernaculaire.

Denis Arnold.

Beruhigen (all.). « Calmer » ; *beruhigt*, « calme » ; *beruhigter*, « plus calme » ; *beruhigend*, « en calmant », « *calmando* ».

Berwald, Franz (Adolf) (Stockholm, 23 juillet 1796 ; Stockholm, 3 avril 1868). Berwald est incontestablement le plus grand compositeur suédois et le symphoniste le plus original qu'ait connu la Scandinavie avant Sibelius. Sa famille est originaire d'Allemagne et son nom est sans doute dérivé de Bärwalde dans le nord de l'Allemagne. Son père s'installe à Stockholm en 1772 et entre à la chapelle royale suédoise (*Hovkapellet*). Les talents de violoniste de Franz se révèlent assez tôt et il passe presque toute sa jeunesse au sein de l'orchestre (1812-18, puis 1820-28). Sans avoir reçu d'instruction formelle, il fait preuve d'une vive intelligence et d'une large curiosité intellectuelle. Ses premières œuvres, notamment un *Septuor*, un *Concerto pour violon* (1820) et deux quatuors à cordes, connaissent un accueil mitigé en Suède. Il se rend à Berlin en 1829 dans l'espoir d'y poursuivre sa carrière musicale, mais sans succès.

En 1835, il ouvre un institut orthopédique à Berlin. Il y applique les méthodes les plus modernes, malgré une formation très limitée. Il quitte Berlin en 1841 pour donner une série de concerts à Vienne ; le succès qu'il y remporte le pousse à composer de nombreuses œuvres symphoniques, notamment la *Sinfonie sérieuse* (1842) et des poèmes symphoniques. Son retour en Suède, en 1842, correspond à la période la plus féconde de sa carrière ; il y reste jusqu'en 1846 et compose alors toutes ses symphonies et poèmes symphoniques. Il se rend ensuite à Paris et en Autriche et ne rentre en Suède qu'en 1849. Au cours des années cinquante, il partage son temps entre Stockholm et le nord de la Suède où il prend la direction d'une scierie et d'une verrerie. Pendant cette période, il compose beaucoup de musique de chambre, notamment deux quatuors (1849), deux quintettes avec piano (1853, 1857) et quatre trios avec piano, ainsi qu'un concerto pour piano (1855). Pendant les dix dernières années de sa vie, il jouit d'une certaine popularité : son opéra, *Estrella di Soria*, remporte un grand succès à l'Opéra royal de Stockholm en 1862 et, cinq ans plus tard, un an avant sa mort, il est nommé professeur de composition à l'Académie royale de musique.

Négligée de son vivant, la musique de Berwald a été reconnue au début de ce siècle grâce à Stenhammar et Tor Aulin qui s'en sont fait les champions et ont créé son chef-d'œuvre, la *Sinfonie singulière* (1845) en 1905. La musique symphonique de Berwald possède une originalité rafraîchissante et tout ce qui passe pour l'écho d'autres compositeurs s'avère toujours être prophétique. Son style est empreint d'un sentiment nordique, bien que Berwald reste avant tout classique et s'intéresse peu à la musique folklorique suédoise. Ses quatre symphonies (elles portent toutes un titre sauf la quatrième, en mi bémol) révèlent une approche distinctive et originale de la forme. La *Sinfonie singulière* embrasse le scherzo dans le cadre de l'adagio (comme le *Septuor* de 1828), alors que le *Quatuor à cordes en mi bémol* (1849) insère l'adagio et son scherzo dans le corps du premier mouvement, dont la reprise sert de finale. Bien qu'il ait nourri tout au long de sa vie des ambitions lyriques, aucun des opéras majeurs de Berwald, *Estrella di Soria* et *La Reine de Golconde* (1864), n'a tenu la scène. Le second n'a été créé à l'Opéra royal de Stockholm qu'à l'occasion du centenaire de sa mort ! Toutefois, la fraîcheur et la vitalité expressive de ses symphonies et de ses poèmes symphoniques, comme le *Jeu d'elfes* (1841) et *Wettlauf* (1842) lui valent une place particulière dans la musique du XIXe siècle.

Robert Layton.

Bes (all.). Si double bémol (bb).

Bésard, Jean-Baptiste (Besançon, vers 1567 ; mort probablement en Allemagne, vers 1625). Luthiste et compositeur bourguignon. Fils d'un marchand, Bésard fait des études juridiques à l'Université de Dôle puis va étudier le luth avec Lorenzini à Rome. Il parcourt ensuite l'Europe et s'installe sans doute à Augsbourg. Son énorme *Thesaurus harmonicus* (Cologne, 1603) est le plus important recueil de musique pour luth du XVIIe siècle et contient 403 œuvres. Ses propres compositions comptent parmi les premières qui ont su s'adapter parfaitement à la sonorité de l'instrument.

Denis Arnold.

Beschleunigen (all.). « *Accelerando* », « en accélérant » ; *beschleunigt*, « *accelerato* », « accéléré ».

Beseelt (all.). « Animé », « inspiré ».

Bestiaire, Le (ou Cortège d'Orphée). Cycle de mélodies de Poulenc sur des poèmes d'Apollinaire (1919) : *Le Dromadaire*, *La Chèvre du Tibet*, *La Sauterelle*, *Le Dauphin*, *L'Écrevisse*, *La Carpe*.

Bestimmt (all.). « *Deciso* », « décidé », « avec résolution » ; également utilisé pour faire ressortir une ligne particulière dans une partition.

Béthune, Conon de. Voir *Conon de Béthune*.

Betont (all.). « Accentué », « appuyé » ; *Betonung*, « accentuation, » « accent ».

Bevin, Elway (vers 1554 ; Bristol, 1638). Organiste, théoricien et compositeur gallois. Il travaille tout d'abord à Wells, avant de devenir chef des chœurs de la cathédrale de Bristol, entre 1585 et 1638. Ses œuvres de musique sacrée utilisent pour la plupart l'écriture en canon, technique qu'il décrit également dans son traité *Brief and Short Instruction in the Art of Musicke* (1631).

John Milsom.

Beweglich (all.). « Agile », « avec agilité ».

Bewegt (all.). « Animé », « agité » (à la fois dans le sens de l'émotion et du mouvement) ; *bewegter*, « plus rapide » ; *Beweglichkeit*, « agilité ».

Beydts, Louis (Bordeaux, 29 juin 1895 ; Caudéran, Gironde, 15 septembre 1953). Compositeur français. La majeure partie de son œuvre est consacrée à l'opérette, dans un style issu de Messager et de R. Hahn : *Moineau* (1931), *La SADMP* (sur un livret de Sacha Guitry, 1932). Il a également composé pour le cinéma et écrit de nombreuses mélodies. Il a été directeur de l'Opéra-Comique (1952-53).

Alain Pâris.

Bezifferter Bass (all.). « Basse chiffrée ».

Bg. (all.), Abréviation de *Bogen* « archet ».

Biber, Heinrich Ignaz Franz von (Wartenberg, près de Reichberg [aujourd'hui Liberec, en Tchécoslovaquie], Bohême, août 1644; Salzbourg, 3 mai 1704). Compositeur et violoniste bohémien, le plus célèbre virtuose de son temps. Sans doute élève de Johann Schmelzer à Vienne, il entre comme violoniste à la cour du prince-évêque d'Olmütz qu'il quitte dans des circonstances mystérieuses en 1670. Dès lors, et jusqu'à sa mort, il fera partie de la chapelle de l'archevêque de Salzbourg, commençant par enseigner la musique aux enfants, puis comme vice-maître de chapelle et, à partir de 1684, comme maître de chapelle. En 1690, il est anobli par l'empereur Léopold Ier.

A son époque, Biber était surtout connu comme violoniste. Ses œuvres les plus célèbres sont destinées à cet instrument : les 16 sonates (vers 1676) sont moins de la musique à programme que des évocations de scènes bibliques (dans le manuscrit, les mystères du rosaire sont représentés par des peintures). Biber utilisait volontiers des positions élevées, de nouvelles techniques d'archet, des cordes multiples et des accords inusités pour produire une illusion de contrepoint, se faisant ainsi le précurseur de J. S. Bach. Il a également composé des opéras dont il ne subsiste que *Chi la dura la vince* (vers 1687). Sa musique religieuse est aussi bien conçue *a cappella* que *concertato* et le résultat est particulièrement probant dans le *Requiem en fa mineur* écrit pour trombones, cordes, voix solistes et *ripieno*, et violon solo.

Denis Arnold.

Bibliothèques. Une bibliothèque n'est pas seulement une collection de livres ou de partitions musicales. Le mot « bibliothèque », lui-même, semble indissociable de certaines limites dans le domaine du matériel et des services mis à la disposition des lecteurs. C'est la raison pour laquelle l'organisation internationale, qui regroupe les principales bibliothèques musicales, a modifié son nom pour devenir l'Association internationale des bibliothèques, archives et centres de documentation musicale (AIBM). Les matériaux de base d'une bibliothèque musicale sont les partitions, les livres et les enregistrements sonores. Ils sont mis à disposition pour l'exécution, l'étude et les loisirs. Toutefois, l'histoire des bibliothèques musicales montre combien ces deux affirmations restent purement théoriques.

1. *Histoire des bibliothèques musicales.* Les premières collections de musique remontent aux antiphonaires de plain-chant manuscrits et aux livres de chœur polyphoniques, compilés pour un usage journalier dans les grandes cathédrales et dans les abbatiales. Toutefois, la musique de ces recueils était d'un usage courant et, lorsqu'elle est passée de mode, elle n'a survécu que grâce à certains concours de circonstances, aidée dans une large mesure par la nature conservatrice de l'Église et la possibilité de stocker ce qui n'était plus utilisé dans un coin des immenses bâtiments liturgiques. Les seuls livres de musique, alors conservés dans la bibliothèque du chapitre, étaient à l'époque des traités théoriques. Il va sans dire qu'il a sans doute été perdu davantage de musique qu'il n'en a survécu. Il est encore plus évident que le matériel d'exécution est éphémère si l'on considère la quantité de musique profane qui a survécu. C'est seulement à partir du début du XVIe siècle que l'impression de musique instrumentale et de musique vocale profane a assuré la survivance d'une somme beaucoup plus importante de musique, même lorsqu'elle n'était spécifiquement regroupée en recueils pour être conservée.

En Angleterre, l'une des plus anciennes collections de musique profane qui ait survécu intacte est celle de la Music School de l'Université d'Oxford ; les premiers volumes, réunis par le premier professeur de musique, William Heather en 1627, présentent plusieurs matériels complets de madrigaux et de motets. La Music School d'Oxford est restée un centre d'exécution tout au long du

XVIIe siècle et cet aspect donne une importance particulière à sa collection de musique vocale et instrumentale. En 1885, elle a été transférée à la Bodleian Library et constitue la base de ses immenses collections de matériels de recherche.

Le XVIIe et le XVIIIe siècle ont vu le développement des orchestres de cour et des théâtres lyriques ouverts au public. Les archives de ces deux types d'institutions n'ont pas été correctement répertoriées. L'importance des archives des orchestres est sous-estimée et une grande partie du matériel est probablement déjà perdue. On sait que les archives des théâtres lyriques sont précieuses, lorsqu'elles ont survécu, comme celles de l'Opéra de Paris qui font désormais partie de la Bibliothèque nationale. Mais trop souvent ces archives ont été perdues dans les incendies qui ont détruit les théâtres.

Les bibliothèques destinées à l'exécution sont souvent « privées » ; elles sont généralement spécialisées dans une forme de musique et tiennent peu compte de ce qui n'est pas le répertoire courant. Même de nos jours, de nombreuses collections appartenant à des quatuors à cordes, à des chœurs et à des orchestres professionnels et amateurs et à des groupes de musique ancienne disparaîtront à la dispersion du groupe. Certaines collections seront transférées à une autre bibliothèque, d'autres seront dispersées et vendues, certaines seront jetées, d'autres seront laissées au grenier ou à la cave.

2. *Les différents types de bibliothèques*. Par leur nature, les bibliothèques publiques répondent aussi aux besoins courants et écartent ce qui est suranné. La plupart des bibliothèques publiques possèdent aussi des sections historiques locales qui peuvent contenir des archives relatives aux activités musicales et aux musiciens célèbres de leur région, comme le fonds Saint-Saëns à la bibliothèque de Dieppe, la collection Berlioz à Grenoble, les archives Brahms à Hambourg, le fonds Holst à la Cheltenham Public Library ou la musique de Charles Avison à Newcastle upon Tyne. Les conservatoires et établissements d'enseignement musical possèdent généralement d'importantes bibliothèques musicales dans tous les genres et contiennent souvent des legs précieux d'anciens élèves. Le Conservatoire de Paris, la Royal Academy of Music et le Royal College of Music de Londres sont particulièrement gâtés à cet égard et possèdent également d'importantes collections anciennes. Les universités pourvoient aux besoins de l'étude de l'histoire de la musique et de l'analyse musicale. Naturellement, leurs bibliothèques sont surtout spécialisées dans les partitions, la littérature et les enregistrements sonores destinés à l'étude, bien que les besoins d'exécution au sein de l'Université ne soient pas ignorés. Elles possèdent aussi dans leur fonds des microfilms et microfiches de manuscrits, ainsi que d'autres sources essentielles qui apportent une aide précieuse à la recherche musicale. La plupart des universités s'occupent aussi de la conservation du matériel de valeur et archivent séparément la musique ancienne, imprimée avant 1850.

Les recueils de musique destinés à être conservés commencent à voir le jour en Angleterre au XVIIe siècle, après la disparition de sommes considérables de musique religieuse à l'époque de Cromwell. L'idée de rassembler de la musique s'enracine progressivement avec la diffusion des recueils, la réalisation de partitions à partir des parties, et la circulation de musique religieuse antérieure au Commonwealth (James Hawkins à Ely, Thomas Tudway à Cambridge et quelques autres). John Evelyn et Samuel Pepys incluent plusieurs volumes de musique dans leur bibliothèque, mais les premiers collectionneurs de musique sérieux ont sans doute été Thomas Britton et Henry Aldrich, doyen de Christ Church. La collection de Britton, dont la liste figure dans *History* de Hawkins, était dans une certaine mesure la bibliothèque pratique de ses concerts et a été vendue après sa mort ; la collection d'Aldrich, première grande collection ancienne, est conservée intacte à Christ Church (Oxford). Les XVIIIe et XIXe siècles ont vu la formation et la dispersion de beaucoup de grandes collections, notamment de celles de John Christoph Pepusch, Charles Burney et Sir John Hawkins, cette dernière a été malheureusement détruite dans un incendie. Plusieurs ont survécu grâce à la fondation de bibliothèques dans certaines institutions, comme celle de Richard Fitzwilliam au Fitzwilliam Museum de Cambridge et celle de Sir Frederick Ouseley à St Michael College, à Tenbury. Par la suite, le British Museum est également devenu le réceptacle de collections complètes, comme celle de Paul Hirsch.

Le développement des grandes bibliothèques nationales découle curieusement de deux nouveaux aspects de la loi, la censure et le *droit d'auteur. Peu après l'invention de l'imprimerie, les dangers qu'elle risquait de faire courir à l'autorité de l'État ont été reconnus et le contrôle des presses a commencé à s'exercer par le biais des licences d'impression. En France, ces licences apparaissent pour la première fois en 1537 et imposent le dépôt de toutes les publications à la Bibliothèque du roi. La musique, considérée comme éphémère, n'a sans doute pas été conservée très soigneusement : la Bibliothèque nationale ne possède plus la moindre page de musique antérieure au XVIIIe siècle provenant de cette source. En Angleterre, la forme la plus ancienne de dépôt est une entente privée entre Thomas Bodley et la Stationers' Company (Compagnie des papetiers) en 1610, prévoyant le dépôt à Oxford de tous les livres imprimés par les membres de la Compagnie, c'est-à-dire tous les imprimeurs à l'exception des University Presses d'Oxford et de Cambridge. Cette entente, qui s'est étendue à la Royal Library et à la Cambridge University Library, est ensuite devenue une obligation légale par le Licensing Act de 1662 rétablissant le contrôle de l'État sur l'impression après les guerres civiles. Elle s'est maintenue jusqu'à ce jour dans les divers Copyright Acts. Le dépôt de la musique se faisait un peu au hasard et le British Museum n'a pratiquement rien reçu avant 1780 ; d'ailleurs, on y accordait très peu d'importance jusqu'aux environs de 1840. Depuis lors, le dépôt ininterrompu des publications britanniques d'une part, l'achat et le don de documents étrangers et anciens de l'autre, ont abouti aux très belles collections que recèle aujourd'hui la British Library Reference Division. En France, le dépôt légal est régi par la loi du 21 juin 1943 qui impose notamment le dépôt à la Bibliothèque nationale de toutes les publications imprimées et des œuvres musicales. Le département de la musique regroupe environ deux millions de documents.

Les bibliothèques nationales ont naturellement un devoir envers leur propre nation et, de nos jours, chaque pays compte généralement une bibliothèque ou un groupe de bibliothèques chargé de ce devoir. Paris, Vienne et Madrid possèdent une bibliothèque nationale, Copenhague, Bruxelles et Stockholm une bibliothèque royale et sans oublier la Library of Congress (États-Unis). En Allemagne et en Italie, pays qui n'ont été unifiés qu'au siècle dernier, les capitales des provinces constituantes possèdent d'importantes bibliothèques provenant des cours des anciens souverains.

L'invention du disque (et à une date plus récente des bandes magnétiques et des cassettes) et celle de la radio ont bouleversé le monde musical. Les collections de disques et de bandes magnétiques, du commerce ou privées, sont très répandues. De nos jours, on trouve en fait plus facilement des disques et des bandes magnétiques dans les bibliothèques publiques que des partitions. Toutefois, comme pour les partitions, on a tendance à renoncer aux matériels anciens et usés. D'autres bibliothèques institutionnelles sont davantage concernées par la préservation des enregistrements, bien que les problèmes techniques qui se posent alors ne soient pas négligeables : les disques sont fragiles et les moyens de lecture se démodent. Même de nos jours, il y a très peu d'endroits où l'on puisse jouer un rouleau de piano mécanique et il existe encore moins de phonographes pour les cylindres de cire. Les chaînes les plus récentes ne permettent plus d'utiliser des 78 tours et, avec les nouveaux types d'enregistrement sonore, on peut se demander pendant combien de temps on pourra encore utiliser les 33 tours. Néanmoins, les enregistrements sonores du passé connaissent un regain d'intérêt sans cesse croissant, ce qui va certainement augmenter la pression exercée sur les archives relativement maigres d'enregistrements sonores, les principales se trouvant à la Phonothèque nationale (département sonore de la Bibliothèque nationale) et à la Discothèque centrale de Radio-France. La plupart des pays possèdent des archives sonores nationales officielles.

Aux quatre coins du globe, on a vu se créer, depuis quelques années, des centres d'information musicale pour la promotion de la musique nouvelle et des compositeurs locaux. En France, le Centre de documentation de la musique contemporaine dépend de la SACEM. Le Royaume-Uni en possède trois : la Scottish Music Archive à Glasgow, la Welsh Music

Archive à Cardiff et le British Music Information Center à Londres. Chacun de ces centres possède une bibliothèque de partitions et des enregistrements, publiés ou non, fournis par les compositeurs et qui sont mis à la disposition des musiciens.

3. *Comment utiliser une bibliothèque ?* Les différents types de bibliothèques contiennent des ressources énormes et le musicien ordinaire peut éprouver quelques difficultés avant de savoir comment les exploiter. Trouver des sources musicales n'est pas une tâche facile. Pour les périodes anciennes, il existe une excellente étude dans *The New Grove Dictionary of Music and Musicians* sous la rubrique « Sources ». Pour une gamme plus vaste de sources imprimées et manuscrites, on avait auparavant recours à une seule source, le *Quellenlexicon* de Robert Eitner (Leipzig, 1900-04). Il est maintenant remplacé par le Répertoire international des sources musicales (RISM), dont l'équipe de rédaction a déjà publié un catalogue fournissant un inventaire géographique de presque toute la musique imprimée avant 1800, et a réalisé plusieurs catalogues détaillés de musique polyphonique ancienne manuscrite. Elle prépare maintenant un catalogue informatisé de musique manuscrite des années 1600-1800. Pour le XIXe siècle, l'assistance est encore assez limitée, quoique le nouveau *Catalogue of Printed Music in the British Library to 1980* (Londres, 1980-), lorsqu'il sera terminé, soit sans doute d'une aide précieuse, tout au moins en ce qui concerne les publications anglaises ! Pour le XXe siècle, en plus du catalogue de la British Library, il y a les *Library of Congress Catalogs : Music* qui sont publiés chaque année depuis 1943.

La recherche de livres et d'écrits sur la musique est peut-être encore plus complexe que celle de la musique elle-même. Le RISM a consacré deux volumes à la littérature musicale jusqu'en 1800, mais, après cette date, on trouve très peu de chose jusqu'aux *Library of Congress Catalogs* à partir de 1943 (le nouveau catalogue de la British Library ne contient que de la musique). Les revues musicales qui ont vu le jour vers la fin du XVIIIe siècle comportent beaucoup d'informations importantes. *Verzeichnis der Musikzeitschrifen des 19. Jahrhunderts* d'Imogen Fellinger permet de localiser tous les périodiques du XIXe siècle et le *British Union Catalogue of Music Periodicals* (en préparation) de Tony Hodges comportera un inventaire de tous les périodiques du XXe siècle détenus par les bibliothèques britanniques.

Depuis 1949, le *Music Index* reprend le sommaire de nombreux journaux et la *Bibliographie des Musikschrifttums* donne la liste des livres et des articles parus depuis 1951. Mais le plus important reste le Répertoire international de la littérature musicale dont les *RILM Abstracts of Music Literature* publient, depuis 1967, la liste ainsi que de courts extraits de livres, de thèses et d'articles complétés d'un index des matières très détaillé. On peut maintenant le consulter par l'intermédiaire de firmes commerciales d'information par ordinateur. Seules quelques-unes des biographies les plus importantes forment la base du service d'information fourni par les grandes bibliothèques musicales. On trouve des listes détaillées de bibliothèques dans *The New Grove.* Pour les biographies, voir *Music Reference and Research Material* de Vincent Duckles (3e éd., New York, Londres, 1974).

Richard Andrewes, rév. Alain Pâris.

Bibliothèque nationale (département de la musique). La Bibliothèque nationale (Paris) est ouverte au public depuis 1692. Elle est issue de la Librairie de Charles V (1386). Avec environ deux millions de documents du XVIe siècle à nos jours, le département de la musique de la Bibliothèque nationale (BN) est actuellement l'un des plus riches du monde. Parmi les principales collections, celles de Brossard (XVIe-XVIIe siècles), de la bibliothèque royale, de Philidor (XVIIe siècle), de Malherbe, etc. Le département s'enrichit régulièrement de toutes les partitions publiées (dépôt légal obligatoire en quatre exemplaires pour la musique imprimée) et de nombreux dons et legs. Depuis 1964, les ouvrages rares qui étaient conservés à la bibliothèque du Conservatoire ont été transférés à la BN ainsi que certains documents précieux de la bibliothèque de l'Opéra. François Lesure conservateur en chef de 1970 à 1988, a été remplacé par Catherine Massip.

Alain Pâris.

Biches, Les. Ballet en un acte de Poulenc sur un scénario dont il est l'auteur et qui comporte des parties chorales adaptées de textes du XVIIe siècle. Créé en 1924 à Monte-Carlo dans une chorégraphie de Nijinska. Poulenc en a tiré une suite symphonique en 1939-40.

Bicinium (lat.). Pièces vocales ou instrumentales à deux parties. Ce terme s'appliquait particulièrement en Allemagne au XVIe siècle aux pièces d'enseignement comme celles de G. Rhau : *Bicinia Gallica, Latina et Germanica* (1545). Au XVIIe siècle, S. Scheidt l'a utilisé pour les versets ou les variations à deux parties de sa musique d'orgue.

Bicorde. Instrument de la famille du *monocorde muni de deux cordes accordées à l'unisson. Par extension, deux cordes accordées à l'unisson sur les instruments à cordes.

Bigaglia, Diogenio (Murano, Venise, vers 1676 ; Venise, vers 1745). Compositeur italien, moine, il devint prieur du monastère de San Giorgio Maggiore à Venise. Il a composé des oratorios, des cantates profanes et de la musique religieuse, mais est surtout connu pour quelques sonates intéressantes pour violon ou flûte.

Denis Arnold.

Bijoux de la Madonne, Les (*I Gioielli della Madonna*). Opéra en trois actes de Wolf-Ferrari sur un livret de Golisciani et Zangarini, créé à Berlin en 1911.

Billaudot. Maison d'édition musicale française, fondée à Paris en 1896 par Louis Billaudot. Ses deux fils, Robert et Gérard, prendront sa succession et, depuis 1979, la direction est assurée par le gendre de ce dernier, François Derveaux. A l'origine, les activités étaient orientées vers les musiques pour harmonie-fanfare. Depuis 1945, le fonds s'est diversifié dans le domaine de l'enseignement et de la musique contemporaine (Jolivet, Ohana, Marius Constant...). Parmi les fonds rachetés par les éditions Billaudot figurent le fonds Costallat-Richault-de Lacour (1958) et le fonds Noël (1966).

Alain Pâris.

Billings, William (Boston, Mass., 7 octobre 1746 ; Boston, vers le 26 septembre 1800). Compositeur, professeur de chant et auteur américain. Avec la publication, en 1770, de *The New England Psalm Singer*, Billings, tanneur de son métier, fut le premier Américain à faire paraître un ouvrage entièrement composé de sa propre musique. Les psaumes, canons et antiennes destinés au culte, aux écoles et aux chœurs des églises ont énormément accru le nombre des œuvres imprimées dans le domaine de la musique américaine sacrée. Ses cinq autres compilations (la dernière fut publiée en 1794) ont fait de Billings l'un des compositeurs les plus populaires de son époque et de son pays. Il était également l'un des plus talentueux : presque entièrement autodidacte, il possédait un grand talent mélodique ; son énergie et son charme personnel animent sa musique et ses textes. Grâce à ces qualités, Billings est devenu le symbole de sa génération – les 230 « Yankee tunesmiths », qui furent les premiers compositeurs américains entre 1770 et 1810. Toutefois, il n'est pas le plus représentatif sur le plan musical, car ayant passé toute sa vie à Boston, il a subi l'influence de courants musicaux plus sophistiqués que ses contemporains ruraux.

Nym Cooke.

Billy Budd. Opéra en quatre actes de Britten ; livret de E. M. Foster et Eric Crozier d'après la nouvelle d'Herman Melville (1891). Représentations : Londres (Covent Garden, 1er décembre 1951) ; New York (NBC TV, 19 octobre 1952). Nouvelle version en deux actes radiodiffusée en Grande-Bretagne le 13 novembre 1960, puis représentée à Londres (Covent Garden) le 9 janvier 1964 et à Chicago le 6 novembre 1970. L'opéra, qui ne comporte pas de rôle féminin, se situe sur un bâtiment de guerre à l'époque napoléonienne. Il raconte l'enrôlement dans la marine d'un jeune navigateur, Billy (bar.) : sa bonté excite le ressentiment du capitaine d'armes, Claggart (basse), qui l'accuse à tort de trahison. Paralysé par son bégaiement, Billy frappe Claggart qui s'effondre, mort ; et Billy est pendu à la grande vergue. Le capitaine Vere (ténor), qui n'a pas réussi à sauver Billy, raconte l'histoire comme le souvenir d'événements anciens.

Billy the Kid. Ballet en un acte de Copland sur un livret de Kirstein évoquant l'histoire d'un bandit de l'Ouest,

William Bonney. Chorégraphie de Loring. Créé par le Ballet Caravan à Chicago en 1938. Copland en a tiré une suite pour orchestre en 1938.

Binchois, Gilles (? Mons, vers 1400 ; Soignies, 20 septembre 1460). Compositeur bourguignon qui travailla à la cour de Philippe le Bon. Il est cité pour la première fois, en 1419, comme organiste à l'église Sainte-Waudru de Mons. En 1423, il s'installe à Lille et, peu de temps après, entre au service de William de la Pole, premier duc de Suffolk (à cette époque, les Anglais occupait le nord de la France) ; en 1425, il retourne dans le Hainault. Il semble que Binchois ne soit jamais allé en Angleterre, mais certaines de ses œuvres sont des adaptations de l'*Use of Salisbury* ; on trouve une de ses chansons dans un manuscrit anglais et sa *ballade* « Dueil angoisseus » a servi de base à une messe du compositeur anglais Bedyngham.

Vers 1426, Binchois entre à la cour du duc de Bourgogne et l'une des rares œuvres que l'on puisse dater est le motet *Nove cantum melodie,* composé à l'occasion du baptême du prince de Bourgogne, Anthoine, en janvier 1431. Binchois a été en relation avec Dufay – il semble que leur première rencontre ait eu lieu en 1434 lorsque les cours de Bourgogne et de Savoie étaient à Chambéry, et, en 1449, Dufay a demeuré chez Binchois à Mons. Binchois s'est retiré à Soignies en 1452 où il est devenu prévôt de la collégiale de Saint-Vincent. Il est possible qu'il ait été associé à la célèbre « fête du faisan » à Lille, où a été exécutée la chanson « Je ne vis oncques la pareille », que certaines sources attribuent à Binchois, d'autres à Dufay.

Binchois est l'un des meilleurs compositeurs du XVe siècle, tout en restant extrêmement traditionnel. Les œuvres qui nous sont parvenues comportent 28 mouvements de messe, 32 psaumes, des motets, de petites œuvres de musique sacrée et 54 chansons, 47 sous forme de rondeaux et 7 sous forme de ballades. Sa musique sacrée est généralement sévère et pratique, avec de simples harmonisations du chant note-à-note, inscrites dans la voix aiguë, ce qui était souvent le cas à cette époque. Bien qu'il ait écrit de nombreux mouvements de messe, toujours groupés par deux, ils n'ont que peu de liens communs (par la tessiture générale, le chiffrage de la mesure, etc.), et aucune paire ne partage la même partie de ténor. Binchois évitait les œuvres longues, n'écrivant aucune messe cyclique et seulement un motet isorythmique (*Nove cantum melodie*). Ses œuvres les plus intéressantes sont les chansons : emploi du faux-bourdon, phrases courtes, rythme ternaire (sa seule chanson à deux temps est « Seule esgaree ») et répétition apparente du matériel thématique. En fait, ces répétitions superficielles servent à démontrer la flexibilité de Binchois, car il est rare que deux phrases aient exactement le même contour rythmique ou mélodique, et les phrases consécutives se terminent rarement sur une même note ou sur une même valeur. La chanson « Je me recommande » illustre bien son style et les nombreuses caractéristiques qui font de Binchois un remarquable miniaturiste.

Ockeghem a chanté la mort de Binchois dans « Mort, tu as navré de ton dart » : on y apprend que, dans sa jeunesse, Binchois avait été soldat (peut-être avec le duc de Suffolk ?) et les premières mesures semblent être une citation d'une chanson, par ailleurs inconnue, de Binchois.

Anthony Pryer.

Biniou. Voir *Cornemuse,* 3.

« Bird ». Voir *Parker, Charlie.*

Birmanie. Voir *Asie du Sud-Est.*

Birmingham School of Music. Ecole de musique anglaise, aujourd'hui rattachée à la City of Birmingham Polytechnic. Fondée en 1859, l'école n'a été constituée sur le plan formel qu'en 1886. Elle met l'accent sur les travaux pratiques et propose des cours préparant à l'enseignement et à l'exécution ; certains diplômes de l'école sont ouverts aux candidats externes. Louis Carus en est le directeur depuis 1975.

Birtwistle, Harrison (Accrington, 15 juillet 1934). Compositeur anglais. Il étudie la composition avec Richard Hall au Royal Manchester College of Music aux côtés de Peter Maxwell Davies et d'Alexander Goehr. Ses premières œuvres, notamment *Monody for Corpus Christi* pour soprano et trois instruments

(1959), révèlent des structures sérielles complexes et le médiévisme caractéristiques de l'école de Manchester. Toutefois, les sonorités stridentes et la forme sévère de *Tragoedia* pour quintette à vent, harpe et quatuor à cordes (1965) annoncent un langage indépendant que Birtwistle développe dans l'opéra *Punch and Judy* (1968), composé au cours de l'année (1966-67) passée à l'Université de Princeton.

A son retour en Angleterre, en 1968, Birtwistle fonde avec Maxwell Davies le petit ensemble Pierrot Players, pour lequel il écrit la *Cantate sur des textes grecs* (1969) et plusieurs autres œuvres. *Verses for Ensembles* (1969) mène son style brisé à un sommet et, dans les œuvres suivantes, il élabore des formes à l'évolution plus lente, suggérant la marche irrévocable du temps ou des processus naturels de croissance, en partant souvent d'un petit motif. Ces dernières œuvres, qui comportent l'imposante fresque orchestrale *The Triumph of Time* (1972), peuvent être considérées comme une étude préparatoire ou des ramifications de son second opéra, *The Masque of Orpheus* (1974-82).

Paul Griffiths.

Bis. 1. Indique, sur une partition, que le passage ainsi marqué doit être répété. 2. Exclamation par laquelle le public réclame que le ou les interprètes exécutent une œuvre supplémentaire (parfois la même, mais plus souvent une autre) au cours d'un concert.

Bisbigliato (ital.). « Chuchoté ». Le *bisbigliando* est un effet propre au jeu de la harpe qui ressemble au trémolo ; il s'obtient en déplaçant rapidement le doigt contre la corde.

Biscroma (ital.). Triple croche (𝅘𝅥𝅰).

Bishop, (Sir) Henry Rowley (Londres, 18 novembre 1786 ; Londres, 30 avril 1855). Compositeur et chef d'orchestre anglais. En 1810, il est nommé compositeur et directeur musical de Covent Garden et, en 1814, commence à « adapter » les opéras d'autres compositeurs à la scène anglaise, à la manière de pastiches (notamment *Les Noces de Figaro* et *Don Giovanni* de Mozart, *Le Barbier de Séville* et *Guillaume Tell* de Rossini). A la même époque, il démembre un certain nombre de pièces de Shakespeare, notamment *A Midsummer Night's Dream* (« Le Songe d'une nuit d'été ») (1816). En 1816, il devient directeur du King's Theatre (Haymarket) tout en conservant son poste à Covent Garden ; dix ans plus tard, il entre directement en conflit avec Weber, écrivant l'opéra *Aladdin* pour Drury Lane, afin de rivaliser avec *Obéron* que Weber compose pour Covent Garden ; mais il ne remporte aucun succès. En 1830, il est nommé directeur musical de Vauxhall Gardens et, une dizaine d'années plus tard, termine son association avec la scène comme il l'avait commencée, en tant que directeur musical de Covent Garden. Son dernier opéra, *The Fortunate Isles* y est représenté à l'occasion des fêtes célébrant le mariage de la reine Victoria.

En 1841, Bishop est nommé professeur de musique à l'Université d'Édimbourg ; mais il refuse d'y faire le moindre cours et est prié de démissionner deux ans plus tard, ce qui ne décourage pas l'Université d'Oxford de lui offrir la succession de Crotch en 1848. Bishop a été anobli en 1842 et, peu de temps avant sa mort, il a reçu le diplôme de « Doctor of Music ».

Outre des œuvres dramatiques, Bishop a composé un oratorio, *The Fallen Angel*, des glees, des odes et d'autres pièces vocales (notamment « Home, sweet home »). Il a également réalisé une version du *Messie* de Haendel. Il a été marié deux fois, la seconde fois à une chanteuse, Anne Rivière, de 24 ans sa cadette. Elle a poursuivi sa carrière professionnelle sous le nom de Madame Anna Bishop, faisant de nombreuses apparitions aux concerts de la Philharmonic Society dont son mari était membre-fondateur et chef d'orchestre. En 1839, elle fut elle-même à l'origine de sa disgrâce en s'enfuyant en Europe avec le harpiste français Bochsa et elle passa le reste de sa vie à voyager dans le monde entier.

Wendy Thompson.

Bist du bei mir. Aria de J. S. Bach figurant dans son troisième *Klavierbüchlein*, le second *Livre d'Anna Magdalena*.

Bitonalité. Combinaison simultanée de deux tonalités. On en trouve l'un des premiers exemples dans le *Psaume 67* (1898) de Charles Ives, dans lequel deux groupes choraux chantent des accords parfaits opposés – par exemple, de do majeur et de sol mineur. Les conflits harmoniques de la bitonalité, qui peuvent être mystérieux (comme chez Ives), retentissants ou acerbes, sont indissociables de la musique de Darius Milhaud.

Paul Griffiths.

Biumi, Giacomo Filippo (Milan, vers 1580 ; Milan, 24 novembre 1653). Organiste et compositeur italien. Il a été organiste dans plusieurs églises milanaises et, entre 1623 et sa mort, à la cathédrale de Milan. Il nous a laissé un *Magnificat*, plusieurs motets et un livre de canzoni dans le style français.

Wendy Thompson.

Biwa. Nom générique des luths à manche court japonais. Voir *Japon*, 3b.

Bizet, Georges (Alexandre César Léopold) (Paris, 25 octobre 1838 ; Bougival, près de Paris, 3 juin 1875). Compositeur français, fils d'un coiffeur-perruquier qui se mit à enseigner le chant et d'une pianiste amateur plus que compétente. Il est donc élevé dans une atmosphère musicale et son talent se révèle si tôt qu'il est admis au Conservatoire de Paris à l'âge de neuf ans. Il y remporte plusieurs prix : un premier prix de solfège en 1849 ; un second prix de piano en 1851 ; un premier prix d'orgue et de fugue en 1855. Halévy lui enseigne la composition et, en 1855, encore étudiant, il compose la charmante *Symphonie en ut* qui suit les modèles classiques, mais revèle une personnalité spécifique. L'année suivante, il remporte le deuxième prix de Rome (le premier n'étant pas attribué) avec sa cantate *David* ; lors d'un concours organisé par Offenbach, il partage un prix avec Lecocq pour une opérette *Le Docteur miracle*, qui remporte un certain succès, notamment pour son quatuor « l'omelette ». En 1857, Bizet remporte le grand prix de Rome avec sa cantate *Clovis et Clotilde*, obtenant ainsi une bourse de cinq ans. Il passe alors trois années heureuses en Italie. Parmi les œuvres qu'il doit soumettre chaque année aux autorités, les plus remarquables sont l'opéra bouffe *Don Procopio* (composé en 1858-59), qui s'inspire du *Don Pasquale* de Donizetti, et quelques pièces pour orchestre qui formeront finalement la symphonie *Roma* (1860-68, révisée en 1871).

A son retour à Paris, en 1860, Bizet commence à essayer de s'infiltrer dans le monde du théâtre ; *Les Pêcheurs de perles* sont représentés en 1863 au Théâtre Lyrique. Bien que la presse et le public lui réservent un accueil indifférent, cet opéra est une œuvre d'un réel talent et mérite les nombreuses reprises dont il fait l'objet de nos jours. Mais Bizet doit désormais subvenir à ses besoins et il se lance à corps perdu dans le travail alimentaire : il réalise la réduction pianistique d'opéras, écrit des pièces pour piano et des mélodies (sans grand intérêt pour la plupart) et aborde l'enseignement (domaine dans lequel il s'avère assez doué). Ses chances de composer des opéras sont bien maigres et, lorsqu'il obtient finalement une commande pour *La Jolie Fille de Perth* , un mauvais livret (bien loin de Scott) lui inspire une musique moins originale qu'à l'accoutumée. Il ne remporte qu'un succès modeste lors de la création en 1867. Bizet tombe amoureux de Geneviève Halévy, seconde fille de son ancien professeur, mais les objections de la famille retardent le mariage jusqu'en 1869. Plusieurs entreprises lyriques n'aboutissent à rien et, si les trois mouvements de *Roma* sont exécutés aux concerts Pasdeloup, il n'en ressort rien de positif. Geneviève lui apporte une belle dot et il connaîtra désormais assez peu de réelles difficultés financières. Mais la guerre de 1870 disloque la vie musicale et la seule œuvre importante qu'il compose alors est une suite de pièces pour piano à quatre mains, *Jeux d'enfants* (1871). En 1872, malgré l'échec de l'opéra *Djamileh*, il écrit une charmante musique pour un mélodrame, *L'Arlésienne*, destinée à un petit ensemble (il remaniera ensuite la partition pour grand orchestre). Un autre projet d'opéra, *Don Rodrigue* (commencé en 1873), ne sera jamais mené à bien à cause de l'incendie qui détruit l'Opéra de Paris. A cette époque, il commence à travailler à son opéra *Carmen*, et remporte un succès considérable avec une ouverture de circonstance, *Patrie*, dont le titre indique le genre et suggère également l'intérêt d'ensemble. Peu de temps après, il est fait chevalier de la Légion d'honneur.

En 1874, il achève *Carmen*, dont l'intrigue est jugée indécente, y compris par le directeur de l'Opéra-Comique qui fait peu d'effort pour le mettre en scène avec une petite chance de succès. Lors de sa création à l'Opéra-Comique, en 1875, le public se montre indifférent, alors que la presse y voit un gros scandale. La raison de son échec provient simplement du fait qu'il s'agit du premier opéra-comique présentant l'antithèse de l'héroïne et se terminant de façon réellement tragique. À cette époque, Bizet est déjà très malade ; il souffre d'une maladie de cœur aggravée par des rhumatismes dont il est atteint depuis plusieurs années. Il commence néanmoins à envisager une nouvelle commande : l'oratorio *Geneviève de Paris*, mais il meurt avant de l'avoir achevé. Un très bel hommage lui est rendu lors de ses funérailles et, en l'espace de quelques mois, *Carmen*, arrangé en grand opéra avec des récitatifs dus à un compositeur français mineur, Ernest Guiraud (1837-92), remporte un grand succès à Vienne, avant de devenir, aux yeux du monde entier, l'un des opéras les plus beaux et les plus fascinants. On ne peut savoir si Bizet aurait écrit d'autres œuvres aussi belles, mais il semble n'y avoir aucune raison de douter que la finesse avec laquelle il a peint ses personnages et les attitudes dures, antisentimentales, qui sont au cœur de cette œuvre représentent son véritable talent. Un tel compositeur aurait certainement résisté à la fois à Wagner et au sentimentalisme de Massenet qui commençait à submerger l'opéra français.

Denis Arnold.

BIBLIOGRAPHIE : Michel Cardoze, *Bizet*, Mazarine (Paris, 1982). Mina Curtiss, *Bizet et son temps*, La Palatine (Paris-Genève, 1961). Paul Landormy, *Bizet*, Gallimard (Paris, 1950). Frédéric Robert, *Georges Bizet*, Seghers (Paris, 1965), rééd. Slatkine (Genève, 1981). Jean Roy, *Bizet*, Seuil (Paris, 1983).

Blacher, Boris (Nou-tchouang, Chine, 6 janvier 1903 ; Berlin, 30 janvier 1975). Compositeur allemand. Fils de parents germano-baltes, il étudie la musique à Nou-tchouang, Irkoutsk et Charbin. En 1922, il entre à la Technische Hochschule de Berlin et suit les cours de composition de Friedrich Ernst Koch. Il vivra à Berlin jusqu'à la fin de sa vie. Il commence par gagner sa vie en faisant des travaux de routine, copies et arrangements, mais, en 1945, il est nommé professeur de composition à la Hochschule, où il enseignera jusqu'à sa retraite, en 1970 ; Gottfried von Einem figurera au nombre de ses élèves.

La musique de Blacher se distingue par un emploi froid et ironique de la tonalité, plus proche de Stravinski que d'autres compositeurs allemands. Ses formes sont cassantes comme une mosaïque et font souvent appel à la technique des « mètres variables » qu'il a inventée pour systématiser les changement métriques rapides. Dans plusieurs de ses œuvres, on ressent également l'influence du jazz et des styles populaires. Blacher a composé plusieurs ballets et opéras, notamment un traitement objectif de Shakespeare, *Romeo und Julia* (1943, représenté en 1947) et une œuvre moins austère, *Abstrakte Oper* (1953). Les *Paganini-Variationen* (« Variations sur un thème de Paganini ») (1947) montrent l'habileté et l'originalité de son écriture pour orchestre.

Paul Griffiths.

Black Bottom. Danse de jazz dans le style du shimmy, créée dans la région d'Atlanta par les Noirs américains du Sud à la fin du XIXe siècle. Perry Bradford lui a donné une forme concrète en 1919 en la rattachant à un air qu'il avait écrit antérieurement – « Jacksonville rounder's dance ». Quoique assez connu des amateurs de chants nègres dès 1915, le black bottom a percé aux États-Unis à la suite d'un spectacle noir, *Dinah*, donné en 1924, et lorsque Ray Henderson a écrit son « Black Bottom » pour les *Scandals of 1926* de George White (présenté alors par Ann Pennington). Cette version musicale est la plus connue ; elle conserve le parfum de ragtime du Charleston, danse à laquelle il a succédé. De la danse assez primitive et suggestive des plages de vase de Swanee River, elle est devenue une danse de société assez raffinée.

Peter Gammond.

Blake, David (Leonard) (Londres, 2 septembre 1936). Compositeur anglais. Il fait ses études à Cambridge et à Berlin-Est avec Eisler qui marque non seulement son style musical mais aussi ses idées sur les fonctions sociales de l'art. De retour en Angleterre, il est nommé maître de conférences à l'Université d'York où il devient professeur de musique en 1977. Le sérialisme thématique de ses premières œuvres s'inspire un peu de Schoenberg ; par la suite, ses œuvres, notamment l'opéra *Toussaint* (1977), sont devenues plus éclectiques, réintroduisant une riche harmonie tonale.

Paul Griffiths.

Blanche (all. : *halbe Note* ; amér. : *half-note* ; angl. : *minim* ; ital. : *bianca*). Note dont la valeur est égale à la moitié d'une ronde (𝅗𝅥).

Blasinstrumente (all.). « Instruments à vent ».

Blasmusik (all.). Musique pour instruments à vent.

Blatt (all.). 1. « Feuille » (de musique, comme dans **Albumblatt*). 2. Anche.

Blavet, Michel (baptisé à Besançon le 13 mars 1700 ; Paris, 28 octobre 1768). Flûtiste et compositeur français. Il apprend seul à jouer de plusieurs instruments à vent et, en 1723, se fixe à Paris où il entre au service du duc Charles-Eugène de Lévis. Il est admis à la Musique royale en 1738 et est alors considéré comme le meilleur flûtiste de son temps ; en 1740, il entre à l'orchestre de l'Opéra. Sans grande profondeur, la musique de Blavet possède un charme indéniable. Dans le domaine de la musique de chambre, ses sonates mêlent les styles français et italien dans une approche analogue à celle de certains violonistes français de l'époque, comme Leclair. Il a également composé plusieurs œuvres lyriques pour le théâtre privé du comte de Clermont et, bien qu'il préfère le récitatif rapide à l'italienne aux airs lyriques accompagnés, plus usuels en France, sa musique a connu un accueil assez favorable.

Denis Arnold.

Blechblasinstrumente (all.). « Les cuivres » ; *Blechmusik*, musique pour cuivres.

Bleiben (all.). « Rester », « demeurer ». Dans la musique pour orgue, *bleibt* indique que le registre en question doit rester utilisé.

Blest Pair of Sirens. Cantate pour chœur et orchestre de Parry sur le texte d'*At a Solemn Music* de Milton. Composée en 1887.

Bleuse, Marc (Niort, 23 février 1937). Compositeur français. Après des études musicales effectuées au Conservatoire de Paris, notamment avec André Jolivet, il s'engage dans la voie de l'enseignement. Dès 1975, il est nommé inspecteur principal au ministère de la Culture (puis inspecteur général en 1981). Entre 1984 et 1987, il est directeur du Conservatoire national supérieur de musique de Paris et, depuis 1987, directeur de la musique et de la danse au ministère de la Culture. Sa musique est essentiellement lyrique : concertos pour violon et pour violoncelle, *Koîmeterion* pour cordes, musique de chambre et chœurs.

Alain Pâris.

Blind Man's Buff. Masque de Peter Maxwell Davies sur un livret dont il est l'auteur d'après des comptines et *Leonce and Lena* de G. Büchner. Ecrit pour soprano, mezzo-soprano, mime et orchestre, il a été créé à Londres en 1972. Une autre version pour mezzo-soprano, mime et ensemble a été créée la même année.

Bliss, (Sir) **Arthur** (Drummond) (Londres, 2 août 1891 ; Londres, 27 mars 1975). Compositeur anglais. Il fait ses études à l'Université de Cambridge (1910-13), puis travaille quelque temps avec Stanford au Royal College of Music (1914) avant de servir dans l'armée durant la Première Guerre mondiale. Il retourne à Londres après la guerre, où il est impressionné par l'éclat des productions de Diaghilev. Dans ses premières œuvres, comme *Rout* pour voix et ensemble de chambre (1920), il rejoint l'avant-garde post-stravinskienne, mais cette orientation ne dure pas. La *Colour Symphony* (« Symphonie des couleurs ») (1921-22), dans laquelle chacun des quatre mouvements capte les associations héraldiques d'une couleur particulière, marque son entrée dans le courant anglais, changement qui s'affirme avec une œuvre elgarienne, *Music for Strings* (1935). Dans cette ligne, il compose également deux belles partitions chorales, *Pastoral : Lie Strewn the White Flocks* (1928) et la symphonie *Morning Heroes* (1930), réponse différée à ses expériences de guerre.

Par la suite, Bliss a écrit ses plus belles pages pour le théâtre ou pour le cinéma. Les ballets *Checkmate* (1937), *Miracle in the Gorbals* (1944) et *Adam Zero* (1946) révèlent son écriture illustrée et vivante, et le premier d'entre eux est resté un classique du répertoire chorégraphique anglais. Bliss a eu moins de succès à l'opéra : *The Olympians* (1949), sur un livret de J. B. Priestley qui montre les anciennes divinités revenant sur terre sous forme d'acteurs ambulants, n'a jamais été repris depuis la première série de représentations à Covent Garden. Toutefois, les thèmes mémorables et émouvants de la musique du film *Things to Come* (1943-45) sont restés présents dans toutes les mémoires. Bliss a été anobli en 1950 et a pris la charge de « Master of the Queen's Music » (maître de la musique de la reine) en 1953. Il s'est alors consacré à la composition d'œuvres destinées aux cérémonies royales, tout en continuant à écrire de grandes œuvres symphoniques et chorales. Il a publié une autobiographie, *As I Remember* (Londres, 1970).

Paul Griffiths.

Blitheman [Blytheman], **John** (vers 1525 ; Londres, 23 mai 1591). Compositeur et organiste anglais. Chef des chœurs de la Christ Church d'Oxford en 1564, il succède à Tallis comme organiste de la chapelle royale en 1585. Certaines de ses œuvres pour clavier ont survécu dans le célèbre *Mulliner Book*.

John Milsom.

Blitzstein, Marc (Philadelphie, 2 mars 1905 ; Fort-de-France, Martinique, 22 janvier 1964). Compositeur américain. Issu d'une riche famille, il fait ses études au Curtis Institute de Philadelphie avec Alexandre Siloti (piano) et Rosario Scalero (composition), puis à Paris avec Nadia Boulanger (1926) et à Berlin avec Schoenberg (1927). Ses premières œuvres sont caractéristiques de l'école de Nadia Boulanger, fortement influencées par le néo-classicisme de Stravinski. Sa musique change d'orientation à son retour aux États-Unis en 1931, au moment de la crise économique. Il s'allie à la gauche, cherche son public dans les classes laborieuses et se met à écrire principalement pour le théâtre, le cinéma et la radio. *The Cradle will Rock* (1936-37), l'œuvre théâtrale qui connaît le plus de succès, est une pièce politique traitant de l'émergence d'une classe ouvrière organisée dans l'industrie sidérurgique. Un peu à la manière de Kurt Weill, la musique de la maturité associe des airs populaires à des harmonies complexes, parfois élaborés dans des formes strictes.

Paul Griffiths.

Bloc métallique (all. : *Metallblock* ; angl. : *metal block* ; ital. : *campanaccio*). Voir *Cloches de vache*.

Bloch, Ernest (Genève, 24 juillet 1880 ; Portland, Oregon, 15 juillet 1959). Compositeur américain d'origine suisse. Il étudie le violon et la composition à Genève avec Jaques-Dalcroze, à Bruxelles avec Ysaÿe, à Francfort avec Knorr et à Munich avec Thuille. En 1904, il retourne à Genève travailler dans la maison d'horlogerie de son père et compose son opéra *Macbeth* (1904-09, représenté en 1910), où l'on ressent l'influence de Debussy, Wagner et Moussorgski fondue dans un drame musical audacieux. Ensuite, il se concentre pendant quelques années sur des pièces typiquement juives, dont la rhapsodie hébraïque *Schelomo* pour violoncelle et orchestre (1915-16) est la plus connue. Elle ne contient aucun matériel thématique strictement hébraïque, mais la musique possède une impulsion rythmique fluide qui rappelle le chant hébreu.

En 1916, Bloch émigre aux États-Unis où il enseigne à la Mannes School de New York (1917-20), à l'Institute of Music de Cleveland (1920-25) et au Conservatoire de San Francisco (1925-30) ; au nombre de ses élèves figurent Roger Sessions et Quincy Porter. Il compose régulièrement, influencé par le néo-classicisme dans des œuvres comme le *Concerto grosso nº 1* (1924-25), tout en conservant la chaleur mélodique de sa musique d'influence hébraïque. Il retourne en Suisse en 1930 et recommence à écrire des œuvres d'envergure, notamment le *Service sacré Avodath Hakodesh* (1930-33) et le *Concerto pour violon* (1937-38). En 1939, il repart aux États-Unis, s'installe dans l'Oregon et donne des cours d'été à l'Université de Californie, à Berkeley. Durant cette période finale, il s'attache à des formes abstraites plus vastes ; des œuvres comme les *Quatuors nº 2* et *3* (1945 et 1952), le *Concerto symphonique* pour piano et orchestre (1947-48) et les deux suites pour violon (1958) montrent l'épanouissement total de son romantisme généreux.

Paul Griffiths.

BIBLIOGRAPHIE : Ernest Bloch – Romain Rolland, *Lettres 1911-1933*, Payot (Lausanne, 1984).

Bloc harmonique. Enchaînement d'accords semblables ou identiques. Voir également *Harmonie.*

Blodek, Vilém (Prague, 3 octobre 1834 ; Prague, 1er mai 1874). Compositeur, professeur, flûtiste et pianiste tchèque. Enfant doué sur le plan musical, Blodek étudie la flûte, le piano et la composition au Conservatoire de Prague. Il enseigne et donne des concerts pendant quelques années (1853-60) avant d'être nommé professeur de flûte au Conservatoire de Prague. Ensuite, pendant dix ans, il se partage entre son enseignement au conservatoire, pour lequel il écrit une méthode de flûte (1861), et la composition d'œuvres destinées au Théâtre national tchèque et au Théâtre d'État. Blodek ne supportera pas la tension et la fatigue résultant de ses multiples activités et passera les trois dernières années de sa vie dans un asile psychiatrique. Sa mort prématurée a privé son pays d'un compositeur plein de promesses. Sa musique symphonique – une symphonie (1859), un concerto pour flûte (1862) et quelques ouvertures – outre ce qu'elle doit à Mendelssohn et à Weber, révèle plus de talent et d'originalité que les œuvres comparables de ses contemporains, à l'exception de Smetana ; quant à son opéra inachevé, *Zítek* (1869), il révèle un usage intéressant de l'*arioso* et des formes ouvertes. Son opéra-comique *V studni* (« Dans le puits ») (1867) est l'opéra tchèque en un acte le plus populaire. Bien qu'on ressente dans cette œuvre l'influence de *La Fiancée vendue* de Smetana, son sens de l'invention mélodique à la manière populaire bohémienne lui a assuré un succès durable.

Jan Smaczny.

Blom, Eric (Walter) (Berne, 20 août 1888 ; Londres, 11 avril 1959). Critique et musicographe anglais. Sans avoir reçu de formation musicale formelle, il est devenu l'un des musicographes les plus avisés, assurant tour à tour la critique musicale dans les colonnes de *The Manchester Guardian* (1923-31), *The Birmingham Post* (1931-46) et *The Observer.* Il a dirigé la publication de la sixième édition du *Grove's Dictionary* et, si ses opinions sont parfois tranchantes (il a dit de Mahler et de Bruckner, à l'époque où ils étaient peu connus en Angleterre, « Nous n'en voulons pas ici. »), ses écrits sur les musiques qu'il aimait (Mozart, en particulier) ont toujours montré une grande intelligence.

Denis Arnold.

Blomdahl, Karl-Birger (Växjö, 19 octobre 1916 ; Kungsängen, près de Stockholm, 14 juin 1968). Compositeur suédois. Il fait ses études avec Hilding Rosenberg à la fin des années trente et au début des années quarante et commence à composer dans le style de Hindemith ; le *Concerto grosso* (1944) est typique de cette période. Dans sa *Symphonie no 3* (1950), il commence à employer les méthodes sérielles de Schoenberg, mais on ressent surtout dans cette œuvre l'influence de Bartók. Tout en favorisant la promotion de la musique contemporaine en sa qualité de président de la société de concert de Fylkingen (1950-54), il se met à adopter les procédés d'avant-garde. Ses dernières œuvres pour orchestre, notamment le ballet *Sisyphos* (1954) et *Forma ferritonans* (1961), révèlent cette tendance, sans se départir du poids et de la vigueur inspirés d'Hindemith. Blomdahl a été professeur de composition à l'Académie royale de musique de Stockholm (1960-64) et directeur du département musical de la Radio suédoise (1964-68) où il participa à la création d'un studio de musique électronique.

Paul Griffiths.

Blow, John (Newark, février 1649 ; Londres, 1er octobre 1708). Compositeur anglais. Il reçoit sans doute les rudiments de sa formation musicale à la Magnus Song School de Newark avant d'entrer comme choriste à la chapelle royale. Certaines de ses compositions, publiées alors qu'il n'a que quatorze ans, révèlent la précocité de son talent. Il est nommé organiste de Westminster Abbey en 1668 et virginaliste à la cour l'année suivante. En 1674, il devient « Gentleman » de la chapelle royale, puis succède à Pelham Humfrey comme maître des enfants de la chapelle royale, poste qu'il occupera jusqu'à sa mort. Il abandonne son poste à Westminster Abbey en faveur de son élève Purcell puis le reprendra après la mort de ce dernier. A partir de 1687, il est également « Almoner » et maître des enfants à la cathédrale Saint-Paul et se voit confier, en 1699, la charge de premier compositeur officiel de la chapelle royale. Il est sans doute le premier bénéficiaire du titre de « Doctor of Music », que lui décerne l'archevêque de Canterbury en 1677.

Sa vie de musicien d'église a naturellement conduit Blow à composer abondance d'*anthems* et de services. Il était passé maître dans l'art de composer des *anthems* de fête en vers et son style contrapuntique, basé sur les fausses relations et les harmonies « démodées », est souvent très expressif : ses plus belles œuvres mettent en musique des textes particulièrement émouvants. Il a moins bien réussi dans le domaine de la musique profane ; la musique de son court opéra, *Venus and Adonis* (représenté à Londres vers 1684), manque de consistance, malgré quelques parties amusantes et originales. Mais si son style mélodique plus léger ne peut rivaliser avec la profondeur musicale de certains de ses contemporains, ses odes contiennent une musique puissante, particulièrement la magistrale *Ode on the Death of Mr Henry Purcell* (publiée en 1696) pour deux contre-ténors, deux flûtes à bec et un continuo, thrène digne de son sujet.

Denis Arnold.

Blue Bells of Scotland. Chant d'origine inconnue qui a fait son apparition à Londres, à la fin du XVIIIe siècle ou au début du XIXe siècle, chanté par une actrice d'origine irlandaise, Mrs Jordan, à Drury Lane Theatre. Le titre correct est « Bell » et non « Bells ».

Blues (angl.). Le blues reposait à l'origine sur une structure fondamentale formée d'une carrure mélodique et harmonique de douze mesures et de strophes de trois vers. Cette structure se retrouve maintenant dans la plupart des musiques populaires issues du blues. Toutefois, la forme régulière à douze mesures n'était pas un élément essentiel du blues, qui n'était qu'un cadre très libre et personnel dans lequel évoluaient les interprètes. Comme l'a écrit Paul Oliver : « Le blues est à la fois un état d'esprit et une musique qui lui donne une voix... l'émotion personnelle de l'individu trouvant dans la musique un moyen de s'exprimer. » Le blues est essentiellement une musique populaire noire d'origine africaine. Il est aujourd'hui impossible de situer les débuts historiques du blues : les récits de nombreux voyageurs ayant entendu cette musique remontent au début du XIXe siècle et, comme les blues étaient probablement chantés par des musiciens itinérants, l'endroit précis où ils ont vu le jour restera toujours un mystère. La tradition s'est transmise comme pour toute véritable musique populaire. Lorsque la musique de *jazz a été reconnue, l'esprit du blues était inhérent et constituait l'élément émotionnel, personnel et poétique – legs de nombreuses années de désespoir et de frustration. Tout le phrasé improvisé du jazz provient du blues, se mêlant aux phrases et aux schémas formels qui appartenaient au *ragtime. Lorsque le jazz et le blues sont devenus des musiques commerciales, leurs principaux représentants ont été reconnus, comme Clarence Lofton, Huddie Ledbetter et Bill Broonzy ; les grandes chanteuses de blues, comme Ma Rainey et Bessie Smith, sont apparues lorsque le blues à base de jazz de la période dite classique a adopté une formule stylisée. Quoique le blues soit fondamentalement une musique vocale, la carrure de douze mesures était également utilisée pour la musique instrumentale, notamment à la guitare et au piano (cabaret et boogie-woogie) et pour une musique d'ensemble généralement lente et mélancolique. La musique vocale noire plus personnelle a dû s'adapter aux besoins modernes sous le nom de rhythm' and blues qui est à l'origine de la musique « rock » de notre époque.

Peter Gammond.

BIBLIOGRAPHIE : Philippe Bas-Raberin, *Le Blues moderne (1945-86)*, Albin Michel (Paris, 1973, rééd. 1986). Gérard Herzhaft, *Le Blues*, PUF, coll. Que sais-je ? (Paris, 1981, 2e éd. 1986). Robert Springer, *Le Blues authentique*, Filipacchi (Paris, 1985).

Blumenstück. Pièces pour piano op. 19 de Schumann, composées en 1839.

Blytheman, John. Voir *Blitheman, John.*

BMI. Voir *Broadcast Music Inc.*

BMV. Abréviation de *Beatae Mariae Virginis* ; voir *Antiennes de la Bienheureuse Vierge Marie.*

Bocca chiusa (ital.). « Bouche fermée ». Terme parfois employé dans la musique chorale, qui correspond à un fredonnement sans paroles.

Boccherini (Ridolfo), **Luigi** (Lucques, 19 février 1743 ; Madrid, 28 mai 1805). Compositeur et violoncelliste italien. Son père, contrebassiste, l'envoie faire ses études à Rome, puis l'emmène à Vienne où ils se produisent à la cour. En 1764, Luigi rentre à Lucques et accepte le poste de premier violoncelliste à la chapelle palatine. Pendant cette période, il compose deux oratorios et, en 1766, entreprend une tournée de concerts avec un ami, Filippo Manfredi. Ils visitent sans doute une grande partie du nord de l'Italie et Vienne, avant d'arriver à Paris en 1767 où ils reçoivent un accueil extrêmement favorable au Concert spirituel. Boccherini publie quelques quatuors et trios à cordes ainsi qu'un recueil de sonates pour clavier et violon. L'ambassadeur d'Espagne à Paris les invite à se rendre à la cour de Madrid où Boccherini est nommé compositeur de la chambre de l'infant Don Luis, poste qu'il conserve jusqu'à la mort de son protecteur en 1785. On dit généralement qu'il a été nommé compositeur de la chambre du roi Frédéric Guillaume II de Prusse en 1787, mais il semble aujourd'hui plus vraisemblable qu'il soit resté en Espagne jusqu'à la fin de ses jours. Ses dernières années sont assombries par des problèmes de santé, mais il continue à composer et, à partir de 1800, il entre au service de l'ambassadeur de France Lucien Bonaparte pour organiser ses concerts et composer de la musique à cette intention.

L'un des contemporains de Boccherini le décrit comme la « femme de Haydn ». Cette image convient assez bien car, alors que la force de Haydn repose dans des *allegros* vigoureux et des développements solidement construits, Boccherini excelle dans les douces mélodies *cantabile*. Son style « galant » est plus manifeste que chez Haydn et il ne manque jamais d'imagination. Le mouvement lent de sa *Sinfonia funebre* (1782) est confié aux seuls instruments à vent, le troisième aux cordes ; dans certains quatuors, il esquisse une forme de musique à programme, imitant les oiseaux et d'autres bruits de la campagne. Ses quintettes lui ont valu un énorme succès : les mélodies les plus élaborées y sont confiées au premier violon et au « violoncelle alto » (une partie aiguë de violoncelle), alors que les autres instruments servent surtout à l'accompagnement.

Denis Arnold.

BIBLIOGRAPHIE : Germaine de Rothschild, *Luigi Boccherini, sa vie, son œuvre*, Plon (Paris, 1962).

Boceto (esp.). Littéralement « esquisse ». Titre que l'on trouve dans la musique de Granados et de différents compositeurs espagnols.

Bochsa, (Robert) **Nicolas Charles** (Montmédi, Lorraine, 9 août 1789 ; Sydney, Nouvelle-Galles du Sud, 6 janvier 1856). Harpiste et compositeur français qui a participé à l'élaboration de la technique moderne de la harpe. Harpiste de la chapelle impériale, il est compromis dans une affaire de faux et condamné à douze ans de prison. Il quitte la France en 1818 et s'enfuit à Londres où il remporte de grands succès comme harpiste et organisateur de concerts, avant d'être à nouveau démasqué, cette fois pour bigamie. En 1839, il quitte l'Angleterre avec la femme du compositeur Henry Bishop et mène une vie errante, donnant des récitals de harpe en Amérique et en Australie. Il a composé plusieurs opéras-comiques et de nombreuses œuvres pour harpe.

Percy Scholes, rév. Denis Arnold.

Bockstriller (all.). « Chevrotement ».

Bodhran (angl.). Tambour utilisé dans la musique populaire irlandaise. Voir *Tambour de basque*, 3.

Bodinus, Sebastian (célèbre au milieu du XVIIIe siècle). Compositeur allemand qui a été au service du margrave de Baden-Durlach à Karlsruhe pendant la majeure partie de sa vie. Nous ne savons rien de sa carrière après qu'il a quitté cette ville. Il a composé de la musique instrumentale, notamment des sonates pour violon, des sonates en trio et des quatuors à cordes.

Wendy Thompson.

Bodley, Seóirse (Dublin, 4 avril 1933). Compositeur irlandais qui a fait ses études à la Royal Irish Academy of Music, à la Musikhochschule de Stuttgart et à l'University College de Dublin où il a été nommé maître de conférences statutaire. Il a composé une *Symphonie pour orchestre de chambre* et un *Quatuor à cordes* qui évoquent la musique populaire irlandaise dans un style européen.

Paul Griffiths.

Body, Jack (John Stanley) (Te Aroha, Nouvelle-Zélande, 7 octobre 1944). Compositeur néo-zélandais. Il étudie la composition avec Ronald Tremain et Robin Maconie à Auckland, puis avec Mauricio Kagel à Cologne et Gottfried Koenig à Utrecht. De retour en Nouvelle-Zélande, il enseigne dans des écoles, compose et fonde le « Sonic Circus » qui présente tous les ans des œuvres de compositeurs néo-zélandais. Il travaille à l'Akademi Musik Indonesia à Djogjakarta (1976-77) où il compose une partition de musique électronique, *Musik Dari Jalan* (conçue d'après les bruits de la rue en Indonésie), qui remporte le premier prix au concours de musique électronique de Bourges, en 1976. En 1980, il est nommé maître de conférences (composition) à Victoria University, à Wellington. Principales œuvres : *23 Pages* pour grand orchestre, *Caves of Ellora* pour ensemble de cuivres, et *Vox Populi* pour chœur et bande magnétique, commande du National Youth Choir. Il a été fortement influencé par les musiques extra-occidentales, particulièrement celles du Pacifique, et ses expériences européennes dans le domaine de l'improvisation et de la musique aléatoire lui ont permis de réaliser une synthèse pleine de sens. Sa musique énergique et exubérante possède une personnalité spécifique.

J. M. Thomson.

Boëllmann, Léon (Ensisheim, 25 septembre 1862 ; Paris, 11 octobre 1897). Organiste et compositeur français. Après avoir été l'élève de Gigout à l'École Niedermeyer, il se fait rapidement connaître comme organiste : il est titulaire du grand orgue de Saint-Vincent-de-Paul de 1896 à 1897. Il a publié un certain nombre d'œuvres, notamment une *Suite gothique* pour orgue, des œuvres de musique de chambre, une *Symphonie en fa*, des *Variations symphoniques* pour violoncelle et orchestre et de nombreuses pièces pour orgue intitulées *Heures mystiques*.

Wendy Thompson.

Boëly, Alexandre, Pierre, François (Versailles, 19 avril 1785 ; Paris, 27 décembre 1858). Organiste et compositeur français, fils du chanteur et harpiste Jean-François Boëly (1739-1814). organiste à Saint-Germain-l'Auxerrois (1840-51), il a été l'un des premiers adeptes en France de la musique de J. S. Bach. L'austérité de son jeu et de sa musique lui valut d'être congédié de sa tribune. Ses nombreuses pièces pour orgue et pour piano n'ont été éditées qu'après sa mort.

Alain Pâris.

Boesset, Antoine [Boysset] (sieur de Villedieu) (Blois, 1586 ; Paris 8 décembre 1643). Compositeur français. Il épouse la fille de Pierre Guédron et succède à son beau-père comme maître des enfants de la musique de la chambre du roi (1613). A la mort de Guédron, en 1623, il devient surintendant de la musique du roi. Favori de Louis XIII, qui le comble d'honneurs, il est l'auteur d'agréables airs de cour ainsi que des ballets de cour.

Son fils, **Jean-Baptiste Boesset** (Paris, 1614 ; Paris, 1685) a hérité certains postes de son père et mené également une carrière de compositeur ; mais il se pourrait qu'une grande partie des œuvres qui lui sont attribuées soient en fait de son père.

Denis Arnold.

Bœuf sur le toit, Le. Ballet de Milhaud sur un argument de Cocteau, composé en 1919, créé d'abord comme spectacle de music-hall, puis comme ballet.

Bogen (all.) Parfois rencontré sous l'abréviation *Bog.* ou *Bg.* « Archet » ; *Bogenstrich*, « coup d'archet ».

Bohème, La. Opéra en quatre actes de Puccini sur un livret de Giacosa et Illica d'après le roman d'Henri Murger *Scènes de la vie de bohème* (1847-49). Représentations : Turin (Teatro Regio, 1er février 1896) ; Manchester (22 avril 1897) ; Los Angeles (14 avril 1897) ; Paris (Opéra-Comique, 13 juin 1898, version française de Paul Ferrier). Leoncavallo a composé un opéra qui porte le même titre (1897) et qui suit davantage le roman de Murger ; il a connu ces dernières années un regain d'intérêt. Dans l'ouvrage de Puccini, les quatre bohémiens – Rodolphe le poète (ténor), Marcel le peintre (bar.), Schaunard le musicien (bar.) et Colline le philosophe (basse) – partagent une mansarde au Quartier latin. Rodolphe fait connaissance de sa voisine Mimi (sopr.) et ils tombent amoureux ; Marcel reconquiert son ancienne amie, Musetta (sopr.), devenue la maîtresse d'un riche vieillard. Toutefois les relations au sein des deux couples deviennent orageuses et les bohémiens reprennent leur vie dans la mansarde. Musetta y amène Mimi, tuberculeuse et proche de l'agonie : ils tentent de la sauver, mais il est trop tard.

BIBLIOGRAPHIE : *La Bohème*, L'Avant-Scène-Opéra nº 20, (Paris, 1979).

Bohême et Tchécoslovaquie

1. Introduction
2. Bohême et Moravie : le Moyen Age et la Renaissance
3. Bohême et Moravie : l'ère baroque et le classicisme
4. Bohême et Moravie : romantisme et nationalisme
5. La Slovaquie jusqu'en 1918
6. La Tchécoslovaquie à partir de 1918

1. *Introduction*. La Tchécoslovaquie réunit aujourd'hui deux entités ethniques distinctes, les Tchèques et les Slovaques. Elle existe dans sa forme actuelle depuis 1918, mais les trois régions qui la composent – la Bohême, la Moravie et la Slovaquie – possèdent un long passé au cours duquel leurs frontières ont été modifiées à maintes reprises. Au début du Xe siècle, la partie occidentale du pays, la Bohême, a commencé à dominer la Grande-Moravie. La Slovaquie passe sous la tutelle hongroise en 906 et, malgré de forts liens linguistiques et culturels, elle restera séparée sur le plan politique jusqu'au XXe siècle. En 1948, la Tchécoslovaquie est devenue une république socialiste et, depuis 1968, elle est composée de deux États fédérés : l'État tchèque (Bohême et Moravie) et l'État slovaque. L'histoire culturelle des trois régions est très variée et ne manque pas d'intérêt, la musique étant fécondée à de nombreux stades par une riche tradition populaire locale. À différentes époques, la musique et les musiciens tchèques se sont rapprochés de la tradition européenne, particulièrement au XVIIIe siècle lorsque les compositeurs et interprètes bohémiens et moraviens ont commencé à envahir les formations et institutions musicales de nombreuses capitales. En outre, au XIXe siècle, la Tchécoslovaquie était un centre majeur de nationalisme musical.

2. *Bohême et Moravie : le Moyen Age et la Renaissance*. Les débuts du christianisme en Bohême et en Moravie voient s'affronter les défenseurs du rite grégorien et ceux de la liturgie slavonne, créée par saint Cyrille et saint Méthode. Mais, en raison de la désapprobation sans cesse croissante du pape, le rite slavon est bientôt remplacé par le rite grégorien et est complètement interdit après le schisme de 1054. A l'exception du répertoire grégorien, la musique tchèque originale la plus ancienne apparaît dans les manuscrits de la fin du XIVe siècle et du XVe siècle, quoique le « leis » *Hospodine, pomiluj ny* (Seigneur, aie pitié de nous) et le choral à saint Wenceslas soient sans doute bien antérieurs. La cathédrale de Prague était le principal centre de la musique ecclésiastique, et les registres du XIIIe siècle indiquent la nature des exécutions liturgiques et la composition du chœur de cette cathédrale. L'accession de Prague au rang d'archevêché, en 1346, suscite une plus grande diversité liturgique, notamment l'apparition du rite slavon.

Les premières références à la musique profane indiquent seulement la désapprobation cléricale, entre le XIe siècle et le début du XIVe siècle, la cour des Prémyslides encourage les activités des jongleurs, puis des *Minnesinger*. Sous les règnes de Václav Ier et de Václav II, on remarque parmi eux von Zweter et Frauenlob, ce dernier semblant avoir écrit des *Minnelieder*. Le couronnement de Jean de Luxembourg, en 1311, donne lieu à des exécutions instrumentales très élaborées, et la musique française fait l'objet d'un intérêt qui ne cesse de croître (sans doute à l'instigation de Guillaume de Machaut, secrétaire de Jean de Luxembourg à partir de 1323). L'Université de Prague, fondée en 1348 par Charles IV, prend pour modèle son homologue parisienne et certains documents indiquent que les étudiants connaissaient le traité de J. des Murs, *Musica speculativa* (1323).

Le répertoire des chants liturgiques du XVe siècle fait apparaître des éléments folkloriques distincts et reflète les enseignements du réformateur religieux Jan Hus (luttant surtout contre le laxisme et la corruption de l'Église). La musique inspirée par ses réformes est une musique monodique, la polyphonie et la participation instrumentale étant écartées dans la mesure du possible. Les cantiques révèlent l'influence des modèles profanes et grégoriens, mais, comme le choral luthérien, ils possèdent une grande force et une grande individualité ; le plus célèbre d'entre eux – *Vous qui êtes les guerriers de Dieu* – est devenu un symbole d'identité nationale et de défi aux XIXe et XXe siècles. Ces cantiques s'adaptaient particulièrement bien à la pratique religieuse protestante, qui s'est maintenue dans de nombreuses régions jusqu'au XVIIe siècle. Il a donc fallu un certain temps pour que l'intérêt se porte sur de nouveaux styles polyphoniques : cette tendance ne prend en fait une véritable ampleur que vers la fin du XVIe siècle, sous l'impulsion de nombreux compositeurs étrangers de renom qui se fixent alors à la cour des Habsbourg. Celle du très original Rodolphe II (qui règna de 1576 à 1612) fut particulièrement prodigue, attirant des musiciens comme Kerle, Regnart, Philippe de Monte ou Luython. Si elle n'est pas prolifique, la polyphonie du début du XVIIe siècle ne manque pas de qualités ; elle est particulièrement remarquable dans les œuvres de Kryštof Harant z Polžic (1564-1621), musicien issu de la noblesse qui crée sa chapelle particulière dans son château de Pecka, pratique de plus en plus courante dans la noblesse tchèque au XVIIe siècle.

Bien que la Moravie ait perdu sa primauté sur la Bohême au Xe siècle, devenant un margraviat en 1029, elle conserve ses propres centres d'intérêts musicaux. A une époque très ancienne, les Moraves appréciaient le chant byzantin mais, au XIe siècle, ils sont soumis aux mêmes contraintes que l'Église de Bohême. A Brno, la capitale, les premières références musicales ont trait à l'église Saint-Jacques et à la cathédrale Saint-Pierre et, sur des registres du XVe siècle, on trouve trace de paiements en faveur de musiciens de la ville, ce qui laisse supposer que la musique profane suivait la même tendance qu'à Prague, à une échelle moindre, peut-être. A cette époque, Jan Blahoslav (1523-71) joue un rôle très important ; outre son travail sur les chants évangéliques sacrés pour les frères moraves protestants, il est l'auteur du premier traité de théorie musicale tchèque (*Musica,* 1558). Dans les provinces, les établissements musicaux se développent plus tard qu'à Brno ; le plus spectaculaire appartient au prince-évêque d'Olomouc à Kroměříž. Vers 1580, Jacob Handl y était maître de chapelle et cet établissement devait conserver toute sa splendeur au début du siècle suivant.

3. *Bohême et Moravie : l'ère baroque et le classicisme.* La bataille de la Montagne blanche, en 1620, divise autant la culture tchèque que le sort politique de la nation. La capitale impériale s'étant déplacée à Vienne, la variété et la richesse de la vie musicale pragoise déclinent. En Bohême et en Moravie, l'imposition du catholicisme, qui se substitue aux pratiques protestantes locales, modifie la nature de l'exécution et de l'enseignement musical. L'ouverture de nombreuses écoles et séminaires de jésuites améliore la qualité de l'instruction musicale aux XVIIe et XVIIIe siècles, mais les superbes palais et églises construits au cours de cette période par la nouvelle noblesse des Habsbourg constituent la seule preuve permanente de leur présence car, comme la cour, ils se tenaient généralement à Vienne. Ainsi, les musiciens ne trouvent aucune raison de rester dans leur pays et, peu après 1620, les interprètes et les compositeurs bohêmes et moraves commencent à s'infiltrer régulièrement dans les cours et capitales européennes. Au XVIIIe siècle, l'exode bat son plein, ce qui explique cette fameuse remarque de Burney, qualifiant la Bohême de « conservatoire de l'Europe ».

La *Missa concertata* de Jakub Rybnický (vers 1600-39) révèle le goût de plus en plus marqué pour le *stile concertato* que l'on retrouve dans les œuvres religieuses plus développées d'Adam Michna (vers 1600-76), un musicien formé par les jésuites ; ses œuvres les plus intéressantes sont des hymnes et paraphrases de psaumes, *Loutna ceská* (1653), pour solistes, cordes et orgue. En Moravie, les quarante dernières années du XVIIe siècle voient s'épanouir des talents remarquables. L'établissement musical du prince-évêque Karl Liechtenstein-Kastelcorn à Kroměříž surpasse toutes les chapelles anciennes et contemporaines de Bohême et de Moravie, avec des compositeurs tels que Schmelzer, Poglietti et Bertali qui composent pour un effectif considérable de musiciens. Le premier maître de chapelle fut Biber, auquel succéda le Moravien Pavel Vejvanovský, dont les œuvres pour cordes et trompettes se distinguent par une utilisation individuelle des instruments et un emploi caractéristique d'éléments populaires.

Au XVIIIe siècle, les représentations d'opéras se multiplient, bien que les œuvres sur des sujets tchèques – *Libussa* de Bernardi (Prague, 1703) – fassent figure d'exception et non de règle. Les représentations données à Prague à l'occasion des visites de la cour impériale sont adaptées aux goûts italiens des souverains : elles comportent des œuvres de Fux, Bioni, Polarollo, Porta, Albinoni, Vivaldi et Gluck, au lieu d'encourager les ressources locales. L'opéra italien du comte Sporck (1662-1738) est la première troupe permanente à Prague et, en 1783, le comte Nostitz (1725-94) ouvre le premier véritable théâtre lyrique doté d'une troupe permanente. On doit à Pasquale Bondini (?1737-89), directeur de ce théâtre, et aux États de Bohême qui lui ont succédé à la tête de cet établissement, d'avoir commandé à Mozart respectivement *Don Giovanni* (1787) et *La Clémence de Titus* (1791).

Quoique l'enseignement musical se maintienne à un excellent niveau à Prague – Gluck, Johann Stamitz et Zelenka, entre autres, ont étudié au Clementinum de Prague – rares sont les musiciens formés en Bohême qui y restent pour exercer leur art. Parmi ceux qui y demeurent, les musiciens d'église Bohuslav Černohorský (1684-1742) et František Brixi sont les plus remarquables, ce dernier apportant un accent bohémien authentique à la langue musicale viennoise de l'époque. Par la suite, František Dušek (surtout connu pour l'originalité de ses sonates pour piano et pour avoir donné l'hospitalité à Mozart) et Tomášek font converger vers eux la vie musicale de la ville. Au début et au milieu du XVIIIe siècle, les concerts de musique instrumentale ont tendance à devenir aussi saisonniers que les visites de la cour mais, vers la fin du siècle, les virtuoses itinérants – comme Mozart, Stadler et Beethoven – trouvent des auditoires avisés.

Les cours d'Europe ont été les principales bénéficiaires du système d'éducation bohémien et morave et, à la fin du XVIIIe siècle, presque tous les orchestres comptaient dans leurs rangs au moins un musicien tchèque. L'un des premiers à quitter la Tchécoslovaquie au XVIIIe siècle est Zelenka, qui travaille surtout à la cour de Dresde, mais son *Mélodrame de saint Wenceslas* (1723) est l'une des rares représentations lyriques tchèques données à Prague durant cette période. Pourtant, Josef Mysliveček, le plus grand compositeur d'opéras de Bohême, remporte la majeure partie de ses succès en Autriche et en Italie. Johann Stamitz, à Manheim, Franz et Georg Benda, dans les cours de Potsdam et de Gotha, puis Antonin Rejcha, à Paris, composent tous des œuvres importantes et originales, mais le principal centre d'attraction est de loin la capitale autrichienne. Tůma et Štěpán travaillent pour la famille royale à diverses époques et Gyrowetz devient chef d'orchestre du Théâtre de la cour en 1804. Kozeluch et Krommer sont successivement maître de chapelle de la chambre impériale et compositeur de la cour ; Vanhal et Wranitzky poursuivent des carrières indépendantes de professeurs et d'instrumentistes ; Wranitzky organise également de nombreux concerts à Vienne. Le fait que la culture européenne se soit enrichie d'une telle liste de compositeurs montre évidemment que la Bohême faisait figure d'eau stagnante à la fin du XVIIIe siècle.

L'histoire et la théorie musicale connaissent un regain d'intérêt au XIXe siècle, mais un mouvement s'ébauchait en Bohême depuis 1701, avec la publication de *Clavis ad thesaurum musicae* de Tomáš Janovka (1669-1741), premier dictionnaire de terminologie musicale publié à l'ère baroque.

4. *Bohême et Moravie : romantisme et nationalisme*. La principale caractéristique de la vie artistique de la communauté tchèque en Bohême et en Moravie au XIXe siècle est la croissance régulière d'une identité nationale. Sous l'influence libéralisante du siècle des lumières, un intérêt s'éveille dans la culture tchèque du point de vue historique. Après près de deux siècles de domination politique autrichienne, un processus de redressement s'esquisse à la fin du XVIIIe et au début du XIXe siècle. L'œuvre de M. A. Voight (1733-87) réveille un certain enthousiasme pour la musique religieuse tchèque ancienne et, en 1815, Bohumir Dlabač (1758-1820) publie son *Allgemeines historisches Künstler-Lexicon*, qui constitue la première étude systématique de l'histoire de la culture tchèque. L'année 1784 voit la fondation de l'Académie royale des sciences de Bohême, suivie, en 1791, de la création d'une chaire de langue et littérature tchèques à l'Université Charles. Les travaux de Dobrovský et Jungmann dans le domaine de la linguistique et de

la grammaire suscitent un intérêt considérable pour une langue qui avait longtemps été négligée. Reprenant le modèle du recueil *Des Knaben Wunderhorn* (1806-08), Josef Wenzig (1807-76) publie une traduction en allemand de chansons populaires tchèques (1830), suivie, en 1835, de chansons populaires moraves de Sušil en vernaculaire et d'un recueil formatif d'Erben en 1842. D'importantes œuvres en tchèque avaient vu le jour au XVIIIe siècle, mais la participation des compositeurs n'était jamais systématique. Les *pastorellas*, qui faisaient appel aux chansons populaires, furent une source féconde d'œuvres en tchèque ; elles offraient des interpolations d'une veine pastorale dans la liturgie de Noël (remplaçant parfois complètement le latin). La plus connue est la *Messe de Noël* (*Hej, mistře,* 1796) de Jakub Ryba ; il est également l'auteur de singspiele et de mélodies sur des textes tchèques, créant un répertoire auquel s'ajoutèrent les œuvres de Tomášek à partir de 1813.

On commença à utiliser des traductions d'opéras vers la fin du XVIIIe siècle, mais il fallut attendre le début du XIXe pour que paraisse un recueil d'œuvres classiques. Le singspiel de František Škroup, *Dráteník* (« Le Chaudronnier », 1826), connut un succès local mais ne réussit pas à jeter les bases d'une nouvelle école d'opéras, bien qu'il puisse être considéré comme le premier opéra tchèque important. Au milieu du XIXe siècle, le Théâtre d'État présentait régulièrement des opéras traduits en tchèque, mais le grand élan qui mènera à la création d'un Opéra national est donné par l'ouverture d'un Théâtre provisoire, en 1862, destiné à la représentation de pièces et d'opéras exclusivement en langue tchèque. La puissance autrichienne s'était considérablement affaiblie à la fin des années 1850 et, dans la perspective d'une renaissance nationale authentique, la population tchèque de Prague répond avec enthousiasme aux demandes de souscription. Cependant, à l'exception de l'œuvre de Škroup, aucun opéra tchèque n'est prêt à être représenté à l'ouverture du théâtre et son répertoire comprend essentiellement des traductions d'ouvrages français, italiens, romantiques allemands ainsi que des opéras de Mozart. Cette situation s'améliore progressivement avec les contributions de Skuherský (1830-92), Blodek (1834-74), Šebor, Bendl et Rozkošný (1833-1913), mais il faudra attendre les huit opéras de Smetana pour voir se constituer la véritable base du répertoire. Au cours des années 1870-90, les opéras de Dvořák, Fibich et Kovařovic viennent enrichir l'éventail des œuvres tchèques représentées au Théâtre provisoire, qui devient le Théâtre national en 1881 (reconstruit en 1883). Dans un premier temps, les opéras favorisent les thèmes historico-patriotiques ou inspirés du folklore. Cette tendance se poursuit jusqu'au XXe siècle mais, dans les œuvres de Rozkošný et de ses cadets Foerster et Čelanský (1870-1931), on distingue déjà certaines tendances véristes qui domineront, au XXe siècle, le style de Leoš Janáček. L'opéra continue à rester centré sur le mouvement nationaliste et suscite l'intérêt d'un grand nombre de compositeurs ; mais une autre forme théâtrale, le mélodrame, commence à attirer leur attention, l'exemple le plus remarquable étant le cycle *Hippodamie* (1888-91) de Fibich.

La musique tchèque pour piano du XIXe siècle affectionne les formes courtes. La pratique lancée par Tomášek et Voříšek dans leurs églogues et impromptus a été reprise par la plupart des compositeurs du milieu du siècle. Smetana, Dvořák et Fibich (qui a écrit une méthode de piano) cultivent la miniature, élargissant ses formes de référence à des pièces basées sur des danses nationales. Les grands compositeurs négligent, d'une façon générale, la sonate instrumentale. La symphonie est plus favorisée, grâce aux contributions de Voříšek, Kittl (1806-68), Smetana, Fibich et Foerster, mais les derniers efforts de Dvořák dans cette forme sont les plus importants et ils connaîtront un très large impact international. Avec *Má vlast* (*Ma patrie*, 1872/74-1879), Smetana donne naissance aux poèmes symphoniques les plus typiquement nationalistes du XIXe siècle. L'attrait de la symphonie se poursuit au XXe siècle avec les œuvres de Novák et de Suk. La musique de chambre prend un visage très personnel dans le *Trio en sol mineur* et les deux *Quatuors à cordes* de Smetana, ainsi que dans les œuvres plus classiques de Dvořák qui apporte à cette forme la contribution tchèque la plus substantielle. Comme pour l'opéra, l'introduction d'éléments populaires dans les œuvres instrumentales devient à cette époque une caractéristique courante, sinon omniprésente. Les rythmes de danse et le profil des mélodies populaires, particulièrement dans les mouvements médians, donnent un piquant séduisant aux formes abstraites comme aux œuvres à programme.

Comme dans les autres capitales européennes, le XIXe siècle voit la montée des institutions musicales à Prague. Le Conservatoire est fondé en 1811, l'École d'orgue en 1830. Ces deux institutions fusionnent en 1890 et Dvořák y est nommé professeur de composition : ce centre, destiné à former les musiciens les plus talentueux de la nation, n'aura jamais d'égal. A l'Université, les cours de musique sont dispensés en tchèque et en allemand, respectivement par le célèbre critique Otakar Hostinský (1847-1910) et August Ambros (1816-76). Dans les provinces, les sociétés chorales reflètent des intérêts musicaux plus organisés et, vers la fin du siècle, Bohuslav Jeremiáš (1859-1918) fonde le Conservatoire de Bohême du Sud. A Prague, une société artistique tchèque (Umělecká Beseda) voit le jour en 1863, suivie, en 1871, d'une maison d'édition (Hudební Matice). La lecture du principal journal musical, *Dalibor*, met en évidence la vitalité de la vie musicale en Bohême et en Moravie au cours de la période de renaissance nationale.

La rivalité entre les communautés tchèque et allemande est un excellent stimulant pour chercher sans cesse à parvenir aux plus hauts niveaux d'exécution, surtout dans les deux théâtres. Sous la direction de Kovařovic, le Théâtre national assure sa prééminence dans les premières années du XXe siècle. La Société de musique de chambre allemande (1876) et son équivalent tchèque (1894) assurent à la musique de chambre des exécutions de très haut niveau et le Quatuor tchèque, fondé en 1891, est le premier-né d'une série d'ensembles éminents qui constituent encore un élément majeur de la vie musicale tchèque. Les années 1890 voient également la formation de la Philharmonie tchèque qui se lance rapidement dans une carrière d'orchestre indépendant au début du XXe siècle.

Les nouveaux styles musicaux qui apparaissent à la fin du XIXe siècle s'illustrent merveilleusement dans les œuvres de deux élèves de Dvořák, Suk et Novák. Elles se détachent de l'influence allemande et se tournent de plus en plus vers l'impressionnisme ; en outre, l'importance de l'élément populaire diminue (quoique Novák s'oriente volontairement vers les modèles slovaques). Pendant les dix premières années du XXe siècle, la vitalité de l'exécution et de l'enseignement musical se maintient : si la composition ne bénéficie plus de l'immense énergie des premiers jours du nationalisme, elle trouve des compensations dans le domaine du raffinement et de l'originalité.

En ce qui concerne l'évolution de l'opéra, la Moravie est légèrement en retard sur la Bohême : elle ne possédera pas de troupe permanente avant 1882, ni de théâtre national avant l'ouverture, à Brno, du Théâtre provisoire, en 1884. Mais, dans les autres domaines de la vie musicale, les Moraves sont en avance sur les Tchèques de l'Ouest. L'un des protagonistes les plus importants est le pédagogue et compositeur Pavel Křížkovský dont les chœurs (essentiellement écrits d'après des chants populaires moraves) retiennent l'attention de Smetana et servent de modèles à Bendl, Foerster, Dvořák et Janáček. Plus modestes que les premiers opéras, ces œuvres sont néanmoins fondamentales pour la renaissance musicale nationale. Comme à Prague, la pratique musicale des communautés tchèque et germanophone reste dissociée. Křížkovský ouvre une société de musique (Beseda Brňenská) et encourage le chant choral dans la communauté tchèque. Janáček poursuit l'œuvre de Křížkovský en fondant une école d'orgue (1882 qui deviendra Conservatoire d'État en 1919) et, en 1884, le journal musical *Hudební listy*. Mais la contribution la plus durable de Janáček à l'héritage national est sans aucun doute son œuvre de compositeur : révélateur tardif, il forge un style basé en partie sur une étude systématique du chant populaire morave qui, associée à un instinct dramatique aigu, donne naissance à certaines des pages lyriques et instrumentales les plus remarquables du XXe siècle.

Au XIXe siècle, on commence à recueillir systématiquement les mélodies populaires bohêmes et moraves qui avaient joué un si grand rôle dans la renaissance nationale. Les chansons populaires de Bohême et de l'ouest de la Moravie font preuve d'une régularité métrique et d'une simplicité mélodique basées sur l'accord parfait. Par contraste, les chansons populaires des parties orientales de la Moravie, éloignées de l'influence allemande et autrichienne, sont souvent plus rhapsodiques, la mélodie se caractérisant par des intervalles ouverts résonnants, des quartes un peu hautes et des septièmes un peu basses, avec des mètres irréguliers et des rythmes brisés communs à la musique populaire slovaque et hongroise. Violons et clarinettes étaient utilisés en combinaisons instrumentales dans toutes les régions, la cornemuse (omniprésente depuis le Moyen Age) étant prédominante en Bohême, la contrebasse et le hackbrett en Moravie. Parmi les nombreuses danses populaires, le « furiant », avec son rythme caractéristique d'hémioles, se retrouve très souvent dans la musique sérieuse et la *sousedská* (un genre de ländler) jouit également d'une grande popularité. Dénuée de toute origine folklorique, la polka est devenue la danse à deux temps favorite des milieux populaires et sophistiqués et symbolise parfaitement la mobilité de l'élément populaire dans la pratique de la musique.

5. *La Slovaquie jusqu'en 1918.* La musique slovaque du XIe siècle qui nous est parvenue montre que la région partageait les intérêts byzantins de la Moravie. Des sources liturgiques postérieures (milieu XIVe – fin XVe siècle) de la capitale Bratislava et de Košice, dans l'est du pays, suggèrent une tradition locale de trope. À partir de 1302, le clergé séculier a la responsabilité de la musique et de l'enseignement musical à Bratislava. La cathédrale Saint-Martin s'affirme comme le principal centre de musique liturgique jusqu'au XVIIe siècle. La musique polyphonique indigène révèle une approche un peu démodée à Bratislava et dans les villes de province jusqu'à la fin du XVe siècle. Au XVIe siècle, on constate une évolution et, à partir de 1616, le répertoire de la cathédrale montre un large éventail polyphonique, notamment avec des œuvres de Lassus, Marenzio et Hassler. La pratique de la musique profane en Slovaquie n'a pratiquement pas été consignée par écrit, mais une ville de l'importance stratégique de Bratislava voyait certainement passer beaucoup de musiciens itinérants ; avec la formation des guildes, en 1376, elle a sans doute vu fleurir le métier de *Meistersinger*. On ne trouve des traces de la contribution des musiciens de la ville aux services religieux qu'à partir de 1448 et elle semble s'être perpétuée assez régulièrement.

Malgré les organistes éminents qui assurent une certaine continuité à la cathédrale, l'évolution musicale, au XVIIe siècle, dans la capitale slovaque, semble se concentrer autour de l'Église protestante, qui connaît un bref épanouissement entre 1635 et 1673 ; cette évolution atteint son sommet dans l'œuvre de Samuel Friedrich Capricornus (1628-65) et de son successeur Johann Kusser (célèbre de 1659 à 1674). Outre leurs propres œuvres écrites dans le style *concertato*, la communauté luthérienne possédait un grand nombre d'instruments d'accompagnement et exécutait des compositions allant de Praetorius et Schütz à Viadana et Carissimi. De même, le principal compositeur de musique religieuse en province, Johannes Schimbraczky (célèbre en 1635-48), organiste de Lubica et Spišské Podhradie, exerçait dans le cadre de la religion luthérienne. Au XVIIIe siècle, la musique slovaque sacrée était très variée, de la *pastorella* (reflétant la simplicité de son homologue bohémienne) à l'œuvre italianisante plus élaborée de J. P. Roškovský (1734-89) et de F. Budinsky. Avec la *pastorella*, les cantiques jouent un rôle essentiel et permettent à la langue vernaculaire de se maintenir dans la musique. L'élément aborigène existe dans certains recueils de musique pour clavier des XVIIe et XVIIIe siècles, sous forme d'arrangements et d'harmonisations simples ; mais les suites de danses étrangères prédominent.

Malgré le petit nombre de personnalités locales marquantes, Bratislava possède une culture musicale de haut niveau et aurait été sur le chemin de nombreux artistes itinérants, notamment Mozart et Beethoven, puis Liszt et Brahms. L'Autrichien Anton Zimmerman (vers 1741-81) semble avoir amélioré sensiblement le niveau d'exécution de l'orchestre de l'archevêque Josef Batthyany et le compositeur Franz Rigler (1747/48-1796) a stimulé la vie musicale de la ville en sa qualité de professeur et de théoricien. Comme Tomášek à Prague, Henrik Klein (1756-1832) a fait de Bratislava un point de convergence pour les musiciens au début du XIXe siècle.

Contrairement à la Bohême au XIXe siècle, l'opéra slovaque ne s'est pas identifié à la montée d'un mouvement nationaliste dans le domaine musical. Au XVIIe siècle, l'opéra se limitait aux représentations données lors des visites de la cour impériale par sa propre troupe ; aux XVIIIe et XIXe siècles, il comprenait des offres italiennes, puis allemandes et hongroises. La représentation d'opéras en langue slovaque ne s'est généralisée qu'après la fondation de l'Opéra national slovaque de Bratislava, en 1919. En règle générale, au XIXe siècle, le nationalisme musical a connu un moindre développement en Slovaquie qu'en Bohême et en Moravie : l'activité musicale était moins centralisée et restait fortement marquée par la culture hongroise. La véritable identité slovaque n'a donc commencé à s'affirmer qu'assez tard et, malgré l'œuvre d'hommes tels que Viliam Figuš (1875-1937), Mikuláš Schneider-Trnavský (1881-1958) et Ján Bella (1843-1936) dans le domaine des mélodies et des recueils de mélodies populaires, le nationalisme slovaque ne s'est véritablement épanoui qu'après la fondation de la Tchécoslovaquie en 1918.

6. *La Tchécoslovaquie à partir de 1918.* Les traditions nationalistes du XIXe siècle ne disparaissent vraiment qu'à la mort de Novák, un élève de Dvořák, en 1949 et de son ami Foerster, en 1951 ; toutefois dans les années vingt et trente, des compositeurs comme Otakar Jeremiáš, Zich (1879-1934), Vycpálek (1882-1969), puis Vomáčka (1887-1965) continuent à composer dans un style que l'on qualifie généralement de classicisme issu du folklore. À Prague, les compositeurs de la jeune génération participent volontiers à des expériences allant des œuvres microtonales d'Alois Hába au néo-classicisme parisien d'Iša Krejčí (1904-68) et de Bohuslav Martinů. L'intérêt porté au *réalisme socialiste se manifeste également avant la guerre, surtout dans l'œuvre du pianiste et compositeur Ervin Schulhoff (1894-1942). En Moravie, Janáček reste la figure prédominante, mais en raison de son style très personnel, il a eu peu de successeurs. Pavel Haas (1899-1944) et Milan Harašta (1919-46) ont réussi à opérer une synthèse d'influences très diverses, notamment celle de Janáček, dans un langage musical efficace.

A partir de 1918, la vie musicale slovaque se développe, régulièrement aiguillonnée par l'ouverture d'une École slovaque de musique, en 1919, et d'un Opéra national, en 1920 ; puis, après la Seconde Guerre mondiale, par la fondation de l'École secondaire de musique (1949) et de la Philharmonie slovaque (1949). Les principaux compositeurs slovaques qui se sont affirmés depuis la Première Guerre mondiale, Jan Cikker (1911), Alexander Moyzes (1906-84) et Eugen Suchoň (1908), ont tous fait leur études à Prague, mais chacun utilise de façon très personnelle les techniques impressionnistes et atonales en les associant à des éléments nationaux. Certains jeunes compositeurs encore vivants ont tendance à réaliser des expériences dans le domaine de l'écriture musicale, mais ils sont nombreux à conserver l'orientation nationale de leurs aînés. Si la vie musicale slovaque semble moins sophistiquée que celle des pays tchèques, elle possède une identité très nette qui continue à se développer. Bratislava présente des exécutions d'un niveau élevé et a donné naissance, ces dernières années, à quelques chanteurs remarquables.

Alors que l'élite musicale tchèque avait tendance à se partager autour des mérites respectifs de Smetana et de Dvořák, les années trente sont marquées à Prague par la coopération entre les compositeurs tchèques et allemands qui s'efforcent d'encourager l'exécution d'œuvres nouvelles. Le Théâtre allemand, sous l'impulsion de George Szell, et le Théâtre national, sous la direction de Václav Talich, s'enrichissent alors d'un répertoire varié d'œuvres nouvelles, tchèques et étrangères. Radio Prague fait également preuve d'imagination en diffusant des ouvrages lyriques et en commandant des opéras pour la radio à Martinů et à d'autres compositeurs. En province, les stations de radio commencent également à jouer un rôle important, car elles constituent de nouvelles plates-formes d'exécution pour de nombreux ensembles ; à Brno, le Théâtre municipal morave fait preuve d'une ambition presque analogue à celle des principaux théâtres de Prague dans le domaine de la musique nouvelle.

Depuis la fin de la Seconde Guerre mondiale et l'établissement du régime socialiste (1948), la vie musicale de la république a été marquée par une plus grande décentralisation et par la nationalisation des institutions, des orchestres et diverses formations. Le soutien de l'État aux disciplines artistiques a énormément augmenté, même si la musique religieuse et les sociétés chorales ont souffert momentanément. De nouveaux orchestres symphoniques ont vu le jour dans les grandes villes de province et des séries de concerts (subventionnés par l'État) ont permis d'offrir à un public important de bonnes exécutions d'un vaste éventail musical. La pratique musicale est enseignée dans un certain nombre d'académies ; les Universités de Prague, Brno, Bratislava, plusieurs villes régionales, proposent des cours de musicologie et l'Institut de théorie et d'histoire de l'art a fait naître un intérêt croissant pour la musique tchèque.

Si la composition a été largement dominée, au cours des années cinquante, par les exigences du réalisme socialiste, ces vingt dernières années ont vu se développer un intérêt croissant pour tout ce qui touche au domaine expérimental. La plupart des compositeurs ont préféré éviter les techniques sérielles pour s'orienter vers l'avant-garde. La promotion des concerts par l'État a aidé de nouveaux compositeurs à se faire connaître (par l'intermédiaire de l'Union des compositeurs tchèques), surtout lors de la Semaine de la musique nouvelle qui se tient chaque année à Prague. Mais, malgré la diversité des jeunes talents, aucune personnalité de l'envergure de Novák, Suk, Janáček ou Martinů n'a émergé depuis la guerre. En fait, les principaux représentants de la culture musicale tchécoslovaque sont des interprètes : la Philharmonie tchèque et la Philharmonie slovaque, de nombreux ensembles de musique de chambre allant du Nonette tchèque et des différents quatuors à cordes de ce pays au Trio Suk, aux instrumentistes et aux chanteurs.

Jan Smaczny.

BIBLIOGRAPHIE :Jean-Claude Berton, *La musique tchèque*, PUF, coll. Que sais-je ? (Paris, 1982).

Bohemian Girl, The (« La Bohémienne »). Opéra en trois actes de Balfe ; livret d'Alfred Bunn d'après le ballet-pantomime *La Gipsy* de Saint-Georges (lui-même basé sur *La Gitanella* de Cervantes). On y trouve notamment les arias « I dreamt that I dwelt in marble halls » (« J'ai rêvé que je vivais dans des salles de marbre ») et « When other lips » (« Quand d'autres lèvres ») et a été créé à Londres en 1843.

Böhm, Georg (Hohenkirchen, Thuringe, 2 septembre 1661 ; Lünebourg, 18 mai 1733). Organiste et compositeur allemand. Il fait ses études au *Gymnasium* de Gotha et à l'Université d'Iéna. Après avoir passé environ cinq ans à Hambourg, il est nommé organiste à Saint-Jean de Lünebourg, où il restera jusqu'à sa mort. J. S. Bach, qui a été choriste à Saint-Michel de Lünebourg à l'âge de quinze ans, a sans doute pris des leçons d'orgue et de composition avec Böhm ; en tout cas, il connaissait certainement ses œuvres. Les plus originales sont des pièces pour orgue, mais il a également écrit des cantates, des motets, une passion et onze suites pour clavecin.

Wendy Thompson.

Boieldieu, (François-)**Adrien** (Rouen, 16 décembre 1775 ; Jarcy, 8 octobre 1834) Compositeur français. Fils d'un secrétaire à l'archevêché de Rouen, Boieldieu étudie la musique avec l'organiste de la cathédrale de Rouen avant d'être lui-même nommé organiste à Saint-André de Rouen, en 1791. Il compose deux opéras-comiques représentés au Théâtre des Arts. Leur succès l'encourage à s'installer à Paris en 1796. Après avoir composé plusieurs autres opéras, il confirme sa réputation avec *Le Calife de Bagdad*, représenté salle Favart en 1800. Boieldieu est un remarquable pianiste et, en 1798, il est nommé professeur au Conservatoire de Paris, récemment fondé. En 1802, il épouse une superbe danseuse, mais elle lui est infidèle et, malgré les succès de sa carrière parisienne, il entre au service du tsar Alexandre Ier à Saint-Pétersbourg où il assure les fonctions de directeur de l'Opéra français jusqu'en 1811. Il rentre ensuite à Paris et le succès de ses opéras se renouvelle. Il parvient au sommet de sa carrière avec la création de *La Dame blanche* en 1825. Les défenseurs de l'opéra-comique sont ravis de trouver un tel ouvrage pour combattre la vogue qui entoure Rossini, bien que Boieldieu ait, en fait, beaucoup appris de la musique italienne, notamment pour la composition des ensembles et des finales.

L'échec de son opéra-comique *Les Deux Nuits*, en 1829, l'entraîne dans de sérieuses difficultés financières. Il est ensuite victime d'une attaque de laryngite poitrinaire qui cause son déclin. Un second mariage heureux adoucira ses dernières années. Il recevra des funérailles nationales.

Denis Arnold.

BIBLIOGRAPHIE : Georges Favre, *Boieldieu, sa vie, son œuvre*, Droz (Paris, 1944-45), rééd. Slatkine (Genève, 1978). Arthur Pougin, *Boieldieu, sa vie, ses œuvres, son caractère, sa correspondance*, Charpentier (Paris, 1875).

Bois. 1. « Les bois » : section d'instruments à vent de l'orchestre qui regroupe les flûtes, les hautbois, les clarinettes, les bassons et les instruments dérivés de la même famille (piccolo, cor anglais, clarinette-basse, contrebasson, etc.). A l'orchestre, la répartition du pupitre des bois s'effectue sur une une base classique de deux instrumentistes pour chacun des principaux instruments ci-dessus mentionnés, chacun jouant une partie différente (de premier ou de second). Le grand orchestre symphonique compte au moins un troisième instrumentiste dans chaque discipline, généralement chargé du piccolo, du cor anglais, de la clarinette-basse et du contrebasson. Parfois, la nomenclature comporte quatre instrumentistes (qui appartiennent généralement à l'effectif permanent des orchestres d'une centaine de musiciens), ce qui amène le pupitre à un total de 16 instrumentistes. Le troisième et le quatrième instrumentistes peuvent alors occasionnellement prendre la relève des deux premiers dans les œuvres conçues pour des effectifs réduits (bois par deux).

De nombreuses œuvres du début du XXe siècle, époque à laquelle les compositeurs ont écrit pour de très grands orchestres, réclament un pupitre de bois encore plus important. *Elektra* de Richard Strauss ne comprend pas moins de huit parties de clarinettes (clarinette en mi bémol, quatre clarinettes normales en si bémol ou en la, deux cors de basset et une clarinette-basse). Le *Sacre du printemps* de Stravinski requiert cinq instruments de chaque sorte (le signe égal « = » signifie « interchangeable avec ») :

1 piccolo, 3 flûtes (3e = piccolo 2), 1 flûte alto ;
4 hautbois, 2 cors anglais (2e = hautbois 4) ;
1 clarinette en ré ou mi bémol, 3 clarinettes en si bémol ou la (2e = clarinette-basse 2), 1 clarinette-basse ;
3 bassons, 2 contrebassons (2e = basson 4).

Le saxophone, lorsqu'il est utilisé à l'orchestre, fait aussi partie du pupitre des bois (quoique, comme la flûte moderne, il soit rarement en bois). Il est parfois tenu par un instrumentiste qui joue également de la clarinette.

La notion de pupitre des bois commence à se définir à la période romantique. Auparavant, on employait simplement l'expression « instruments à vent » ou « vents », en y incluant ou non les cuivres. De nos jours, elle est souvent utilisée par les groupes spécialisés dans la musique baroque, pour lesquels les « vents » peuvent comprendre un instrument préromantique comme la flûte à bec, et davantage encore dans la musique ancienne qui peut faire appel à des chalumeaux ou au cornet à bouquin qui n'entrent à proprement parler ni dans la catégories des bois, ni dans celle des cuivres.

2. « Baguette de bois » : baguette à tête de bois utilisée par les percussionnistes. « Avec le bois de l'archet », voir *Col legno*.

Anthony Baines.

Boismortier, Joseph Bodin de (Thionville, 23 décembre 1689 ; Roissy-en-Brie, 28 octobre 1755). Compositeur français. Il passe sa jeunesse à Metz, Nancy et Perpignan et s'installe à Paris vers 1724.

Boismortier a abordé tous les genres musicaux, mais il est surtout connu aujourd'hui pour ses œuvres de musique de chambre. Son écriture élégante s'adresse principalement à la flûte (il est le premier compositeur français à avoir employé le terme italien « concerto » dans ses *Six concertos pour 5 flûtes sans basse*, 1727). Il a également composé de la musique théâtrale et des grands motets, notamment *Fugit nox* qui fut particulièrement apprécié au Concert spirituel, car les airs et les chœurs comportaient des citations de Noëls populaires. Il est mort en laissant une fortune considérable à ses héritiers.

Denis Arnold.

Boîte d'expression. Voir *Orgue*.

Boîte à joujoux, La. « Ballet pour marionnettes » de Debussy sur un livret de André Hellé. Écrit d'abord pour piano (1913), Debussy en commence l'orchestration l'année suivante et en confiera la réalisation finale à son disciple André Caplet. Création le 10 décembre 1919 au Théâtre lyrique du Vaudeville, à Paris, sous la direction de D. E. Inghelbrecht.

Boïto, Arrigo [Enrico] (Padoue, 24 février 1842 ; Milan, 10 juin 1918). Compositeur, librettiste et homme de lettres italien qui a joué un rôle beaucoup plus important que pourrait le laisser penser le seul et unique opéra qu'il a terminé. Fils d'un peintre italien et d'une comtesse polonaise qui se séparent alors que leurs deux fils sont encore jeunes, Arrigo fait ses études au Conservatoire de Milan, mais se révèle très tôt comme un intellectuel attiré par la littérature et les langues étrangères. Avec son ami Franco Faccio (qui deviendra un chef d'orchestre célèbre), il reçoit des subsides du gouvernement pour avoir écrit une cantate patriotique *Le Sorelle d'Italia* (1861) et se rend à Paris où il séjourne quelque temps. Il visite également la Pologne, l'Allemagne et l'Angleterre. De retour à Milan (1862), avec l'aide financière de son frère, qui est devenu un architecte célèbre et est chargé de la restauration de plusieurs bâtiments publics vénitiens, il s'adonne au journalisme et acquiert une réputation de moderniste assez sauvage : il offense Verdi par une remarque assez méchante sur la situation actuelle de l'opéra italien. Cette réputation lui vaut un beau tumulte lors de la première de son opéra *Mefistofele* (1868) qui n'est, il faut bien le reconnaître, qu'une version distillée ambitieuse et assez diffuse du *Faust* de Goethe ; l'orchestration est si dense que l'opéra est aussitôt taxé de wagnérisme, quoiqu'il s'apparente davantage à Beethoven. Toutefois son style est plus proche de celui de l'opéra français ou de celui du Verdi de la période médiane, avec une division en numéros dont certains sont superbes.

L'échec initial de *Mefistofele* déprime Boïto au point de lui faire abandonner la composition, alors qu'il envisageait déjà un autre opéra, *Nerone*. Mais l'éditeur Ricordi, qui a remarqué ses dons, l'encourage à traduire des livrets d'opéra, comme *Le Freischütz* et *Tristan et Isolde* ; il se met ensuite à écrire plusieurs livrets originaux, notamment celui de *La Gioconda* de Ponchielli. Le succès de la reprise de *Mefistofele*, dans une version révisée, (Bologne, 1875) établit enfin sa réputation de compositeur et assure sa prospérité. Mais Ricordi veut pousser Verdi à revenir à la composition : il voit en Boïto le librettiste idéal et refait les présentations en 1879. Après beaucoup de suspicion de la part de Verdi, cette collaboration donne naissance à *Otello*, chef-d'œuvre qui doit beaucoup au talent et au goût de Boïto (les quelques faiblesses de l'ouvrage sont davantage dues à Verdi).

Boïto, alors célèbre, tombe éperdument amoureux de l'actrice Eleonora Duse dans les années 1880 (il traduit pour elle *Antoine et Cléopâtre* de Shakespeare). Au début des années 1890, lorsque cette passion s'apaise, il reprend sa collaboration avec Verdi et écrit le livret de *Falstaff*, œuvre dont les mérites reviennent autant à la subtilité avec laquelle Boïto dépeint les personnages et les situations qu'à la musique de Verdi : c'est l'association parfaite. Verdi compte désormais parmi les meilleurs amis de Boïto et il le charge de préparer la première exécution à Paris (1898) de ses *Quatre Pièces sacrées*, tout en le poussant à terminer *Nerone*. Boïto, que cette tâche angoisse au point de souffrir d'agoraphobie, n'y parviendra jamais. Il est nommé sénateur au Parlement italien en 1912 et participe aux débats. Couvert d'honneurs (l'Université de Cambridge lui décerne le titre de docteur honoris causa en musique en 1893), très aimé en Italie, il mourra après avoir souffert pendant plusieurs années d'une maladie cardiaque. Toscanini et Tommasini achèveront *Nerone* qui sera créé en 1924 à grand renfort de publicité ; mais l'ouvrage recueillera assez peu de succès et reste encore mal connu de nos jours. Les critiques s'accordent à reconnaître que Boïto a tenté une expérience trop complexe pour ses talents musicaux. Quant à son testament musical, il réfute – ne serait-ce que par les deux œuvres qu'il a réalisées en collaboration avec Verdi – la théorie de Wagner, selon laquelle poète et musicien ne doivent faire qu'une seule et même personne.

Denis Arnold.

Bolchoï (russe : « grand »). Grand Théâtre de Moscou dont les origines remontent à 1776, date de la fondation, par Catherine II, d'une troupe permanente d'artistes, chanteurs et comédiens qui joue au Théâtre Petrovski (premier théâtre public de Moscou). La salle, détruite en 1805 dans un incendie, est remplacée par le Bolchoï Petrovski, en 1825, qui brûle à son tour en 1853. La salle actuelle, restaurée par Cavos, date de 1856.

Boléro. Danse espagnole à 3/4, généralement accompagnée aux castagnettes, dont le rythme caractéristique comporte un triolet après le premier temps. Le boléro cubain, sans doute dérivé à l'origine de la version espagnole, a été adapté à une musique à 2/4 temps enrichie d'un élément africain. Considéré à Cuba comme le fils du boléro, il a vu le jour dans l'est de l'île et a remplacé la guaracha pour devenir la danse la plus populaire de Cuba. Son rythme lent convient mal aux danses de société occidentales et il a surtout servi de base à des ballades romantiques et à des chansons d'amour en espagnol.

Peter Gammond.

Boléro. Ballet en un acte de Ravel, chorégraphie de Nijinska. Créé à Paris en 1928. Ravel a composé son *Boléro* autour d'un thème unique, en ut majeur, qui se répète pratiquement d'un bout à l'autre de l'œuvre en un rythme invariable, avec un *crescendo* progressif. Le *Boléro* de Ravel est l'une des œuvres les plus populaires et d'autres chorégraphies ont été ensuite réalisées, notamment par Serge Lifar (1941) et Maurice Béjart (1961).

Bomarzo. Opéra (« mélodrame gothique de sexe et de violence ») en deux actes (15 scènes avec interludes orchestraux) d'Alberto Ginastera ; livret de Manuel Mujica Láinez d'après son propre roman. Créé à Washington en 1967. La cantate de Ginastera, *Bomarzo* (1964), pour récitant, ténor ou baryton, est tirée de la même source littéraire, mais sur une partition différente.

Bombarde. 1. Terme français et anglais désignant, aux XIVe et XVe siècles, une *chalemie grave ; le terme a sans doute été emprunté à la bombarde d'artillerie, machine de guerre qui servait à lancer des boulets. En Allemagne, il s'est transformé en « Pommer », mais le terme « bombardo » ou « bombardino » figure sur certaines partitions du XVIIe siècle. Au XVIIIe siècle, le dulcian (voir *Basson*, 4a) est parfois désigné par le terme « bombardo ».

2. En Allemagne, à partir des années 1820, le terme transformé en « Bombardon(e) » désigne diverses basses d'instruments à vent munis d'une embouchure : tout d'abord le cor grave (voir *Serpent*, 2) ou *ophicléide ; puis, à partir de 1835, des modèles graves à pistons (voir *Tuba*, 3) ; en Angleterre, on trouve le « bombardon », équivalent du tuba dans les vieux arrangements de musique militaire. En Italie, le terme « bombardino » désigne l'*euphonium.

3. En France, le mot « bombarde » désigne toujours un instrument à vent à anche double, le petit chalumeau qui accompagne souvent la cornemuse en Bretagne (voir *Cornemuse*, 3). Il mesure environ 30 cm de long, est généralement muni d'un pavillon amovible et parfois d'une clé pour le petit doigt. La note la plus grave est le si bémol^{3}, mais certains modèles d'après-guerre ont copié le chalumeau de la cornemuse écossaise des Highlands, qui descend jusqu'au si bémol^{2}. En Ligurie et dans certaines régions avoisinantes de l'Italie, on jouait d'une « bombarda » identique associée à une « cornamusa » jusqu'au début du XXe siècle.

Anthony Baines.

Bomtempo, João Domingo (Lisbonne, 28 décembre 1775 ; Lisbonne, 18 août 1842). Pianiste et compositeur portugais. Comme la plupart des compositeurs portugais de son époque, il fait ses études au Seminario Patriarcal de Lisbonne, avant d'entrer à la chapelle royale. En 1801, il se rend à Paris où il se fait apprécier comme pianiste et compositeur. Certaines de ses symphonies (les premières symphonies d'un compositeur portugais) y sont publiées par son ami Clementi. A partir de 1810, il partage son temps entre le Portugal, Londres et Paris, avant de s'installer définitivement dans son pays natal, en 1820. Deux ans plus tard, il crée la première société philharmonique portugaise – la Philharmonie de Lisbonne – et, en 1935, il fonde et prend la direction du Conservatoire de musique de Lisbonne.

Wendy Thompson.

Bond, Capel (baptisé à Gloucester le 14 décembre 1730 ; Coventry, 14 février 1790). Compositeur anglais. Fils de libraire, Bond est mis en apprentissage en 1742 à la cathédrale de Gloucester où il est organiste adjoint pendant quelque temps. Il vivra à Coventry de 1749 à la fin de ses jours, travaillant comme organiste dans les églises St Michael, All Angels et Holy Trinity. Il dirige le premier festival de Birmingham en 1768 et présente les oratorios de Haendel dans les Midlands. Il a composé de la musique sacrée et six concertos pour divers instruments, dont quatre concertos grossos pour cordes et continuo, un pour trompette et un pour basson.

Wendy Thompson.

Bondeville, Emmanuel (Rouen, 29 octobre 1898 ; Paris, 26 novembre 1987). Compositeur français, directeur des émissions à la Radiodiffusion française (1935-45), directeur de l'Opéra-Comique (1948-51) puis de l'Opéra de Paris (1951-70), il a été élu secrétaire perpétuel de l'Académie des beaux-arts en 1964. Il a composé plusieurs œuvres symphoniques et ouvrages lyriques (*L'École des maris*, d'après Molière, 1932-35 ; *Madame Bovary*, d'après Flaubert, 1942-50 ; *Antoine et Cléopâtre*, d'après Shakespeare, 1972).

Alain Pâris.

Bonelli, Aurelio (Bologne, ? 1569 ; après 1620). Compositeur et peintre italien. En 1600, il vivait à Milan et retourna à Bologne vers 1601 où il fut organiste de San Michele in Bosco, puis, vers 1620, de San Giovanni in Monte. Les œuvres qui nous sont parvenues, publiées à Venise, comportent des livres de *villanelle* à trois voix, des *ricercari* et des *canzonas* à quatre voix, des messes et des motets.

Wendy Thompson.

Bongos, congas, timbales créoles (ou timbalès). Instruments de la famille des percussions latino-américaines, à laquelle appartiennent également les *claves, *guiros et *maracas. Ce sont tous des tambours afro-cubains à une peau simple destinés à accompagner la rumba et d'autres danses analogues. Leur peau est aujourd'hui tendue par des vis. On les utilise également dans la musique rock et dans des œuvres modernes (surtout les bongos).

1. *Bongos*. Ils se composent de deux petits fûts à fond ouvert, reliés l'un à l'autre ; l'instrumentiste joue assis et tient les bongos entre les genoux (Fig. 1*a*) ; ils sont parfois montés sur un support. Le diamètre des peaux (traditionnellement des peaux de chèvre) atteint respectivement 15 cm et 20 cm. Ils sont généralement accordés à la quarte. L'instrumentiste réalise des schémas rythmiques rapides et improvisés avec les doigts ou avec la totalité de la main en frappant le bord ou le centre de la peau – comme sur les pots-tambours, les tablâs et de nombreux autres tambours frappés à la main.

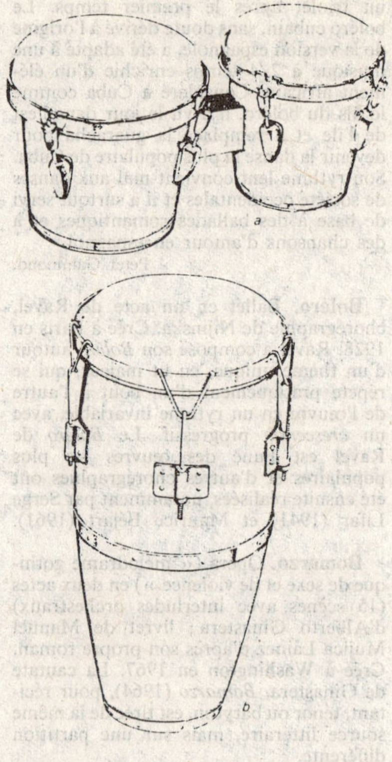

Fig. 1

2. *Congas* [*tumbas*]. Ces tambours à main d'origine africaine ont un long fût effilé dont la profondeur atteint environ 75 cm. On en joue des deux mains (Fig. 1*b*). A l'origine, le conga était suspendu par une courroie au cou de l'instrumentiste qui le tenait entre les genoux, marquant le temps principal de la rumba ; de nos jours il est monté sur un trépied.

3. *Timbales créoles ou timbalès*. Elles sont montées par paires sur un seul pied et l'instrumentiste en joue avec des baguettes. Le cercle en bois émerge au-dessus des peaux contrairement à celui des tambours à main. De forme cylindrique, leur diamètre peut atteindre 35 cm.

Anthony Baines.

Bonne chanson, La. Cycle de mélodies op.61 de Fauré, composé entre 1892 et 1894 sur des poèmes de Verlaine : « Une sainte en son auréole », « Puisque l'aube grandit », « La lune blanche luit dans les bois », « J'allais par des chemins perfides », « J'ai presque peur, en vérité », « Avant que tu ne t'en ailles », « Donc, ce sera par un clair jour d'été », « N'est-ce-pas ? » et « L'hiver a cessé ».

Bonnet, Pierre (célèbre en 1585-1600). Compositeur français originaire du Limousin. Il a laissé un *Livre d'airs... à 4 et 5 parties* (Paris, 1585) et des *Airs et villanelles... à 4 et 5 parties* (Paris, 1600).

Wendy Thompson.

Bonnie Annie. Air populaire sur lequel fut écrit le poème de J. W. Graves, *John Peel*, vers 1820.

Bononcini. Famille de musiciens et compositeurs italiens. **Giovanni Maria Bononcini** (Montecorone, près de Modène, septembre 1642 ; Modène, 18 novembre 1678) fut nommé violoniste à l'orchestre de la cour de Modène en 1671 puis, deux ans plus tard, maître de chapelle de la cathédrale. Il a écrit des œuvres de musique de chambre intéressantes et est l'un des plus importants prédécesseurs de Corelli dans le domaine de la sonate en trio et de l'écriture idiomatique pour violon. Il a écrit une méthode de contrepoint qui était très répandue en Allemagne au XVIIIe siècle.

Son fils aîné, **Giovanni Battista Bononcini** (Modène, 18 juillet 1670 ; Vienne, 9 juillet 1747) était un enfant prodige. A la mort de son père, il se rend à Bologne où il est l'élève de Colonna, puis devient membre de l'orchestre de San Petronio et de l'Accademia Filarmonica ; en 1687, il est nommé maître de chapelle de S. Giovanni in Monte. A l'âge de vingt et un ans, Bononcini a déjà publié beaucoup de musique et fait exécuter des oratorios à Modène et à Bologne. En 1692, il est à Rome et se rend à Naples avec Luigi della Cerda, qui venait d'être nommé vice-roi ; il y remporte un énorme succès avec *Il Trionfo di Camilla* (représenté en 1697) qui va enthousiasmer les scènes européennes. Ce succès entraîne une nomination à la cour de Vienne et d'autres succès à l'opéra. De retour en Italie, il devient, à partir de 1720, l'un des compositeurs permanents de la Royal Academy of Music, récemment fondée à Londres. Il y sera protégé par la noblesse, mais ses relations avec la duchesse de Buckingham, qui est jacobite (partisan des Stuart), lui feront progressivement perdre les faveurs de la cour ; en 1724, la duchesse de Marlborough lui accorde un traitement de 500 livres par an, ce qui lui permet de rester à Londres où il s'adonne alors davantage aux concerts qu'à l'opéra.

On s'accorde généralement à reconnaître que les opéras de Bononcini ont été éclipsés par ceux de Haendel, ce qui est partiellement vrai ; ses opéras du début des années 1720 ont certainement connu une grande popularité (notamment *Griselda* qui a été repris au XXe siècle). Le style des deux compositeurs est très différent. Les plus belles arias de Bononcini sont simples et mélodieuses alors que Haendel affectionnait les formes étendues et les accompagnements orchestraux élaborés. En 1731, on découvre que Bononcini a fait passer pour sienne une œuvre de Lotti ; il quitte bientôt l'Angleterre, séjourne quelque temps à Paris, se rend à Lisbonne et se retire à Vienne où Marie-Thérèse lui accorde une petite pension.

Antonio Maria Bononcini (Modène, 18 juin 1677 ; Modène, 8 juillet 1726) est le frère cadet de Giovanni. Il étudie également avec Colonna à Bologne, puis séjourne à Rome. Il rejoint son frère à Vienne et partage avec lui les faveurs de Joseph Ier, composant de nombreux opéras et cantates. En 1713, il retourne en Italie avec Giovanni et passe le restant des ses jours à Modène. Compositeur compétent, il est plus à l'aise que son frère dans le domaine du contrepoint et des orchestrations hardies. Son *Stabat mater* (vers 1721-26), où se mêlent les styles anciens et nouveaux, mériterait d'être repris.

Denis Arnold.

Bonporti, Francesco Antonio (Trente, juin 1672 ; Padoue, 19 décembre 1749). Compositeur italien. Il fait ses études dans sa ville natale puis au collège jésuite d'Innsbruck. En 1691, il va étudier la théologie au collège allemand de Rome où il a sans doute suivi les cours de composition et de violon de Pitoni et de Corelli. Ordonné prêtre en 1695, il retourne à la cathédrale de Trente comme chanoine (sans être membre du chapitre) et directeur de la musique, fonctions qu'il conservera pendant une quarantaine d'années. Il semble qu'il ait fait des tentatives mémorables pour être nommé chanoine résident, envoyant des œuvres à Georges Ier d'Angleterre et à Charles VI à Vienne dans l'espoir d'obtenir cette promotion. L'empereur Joseph 1er lui confère le poste honorifique de *maestro dei concerti* et, en 1727, en fait un familier du conseil aulique. Bonporti se retirera en 1740 et passera le reste de sa vie à Padoue.

Il se qualifiait lui-même de « gentleman dilettante », mais publia une somme substantielle de musique pour violon allant des danses aux concertos et révélant un talent considérable et original. Son style s'inspire de celui de Corelli, préférant de longs paragraphes aux thèmes courts et incisifs de l'école de Vivaldi. Son langage harmonique plus compliqué utilise des tournures de phrases inattendues qui produisent un effet presque romantique lorsqu'on les compare à la musique de Corelli. Dans certaines de ses œuvres, le mouvement lent imite les récitatifs, tentant d'introduire la subtilité des inflexions vocales dans sa musique instrumentale ; certaines des *Invenzioni da camera* op.10 (Bologne, 1712) portent des titres inhabituels et sinueux comme « Bizeria », « Scherzo » et « Ecco Adagio ». Quatre de ces « inventions » sont attribuées à Bach dans l'édition de la *Bach Gesellschaft*, en raison d'une erreur d'attribution qui figure dans l'une des sources manuscrites.

Denis Arnold.

Boobams (inversion du terme anglais « bamboos »). Instruments à percussion à hauteur de son déterminée. Ils ont vu le jour récemment aux États-Unis ; on ne les utilisait à l'origine que pour les musiques de film et dans le monde de la « pop music », mais aujourd'hui ils interviennent de plus en plus souvent à l'orchestre dans des partitions modernes. Ils se composent de tiges de bambou de différentes longueurs (certaines atteignent 10 cm) dont l'une des extrémités est recouverte de peau en plastique. L'instrumentiste se sert de ses doigts ou, plus souvent, de baguettes de marimba (molles). La hauteur du son dépend de la longueur des fûts et non de la largeur ou de la tension des peaux, l'instrument se comportant comme un aérophone (voir *Instruments, Classification des*). Les fûts sont disposés en rangée chromatique ; la tessiture normale comporte deux octaves (fa^2-fa^4), les dièses faisant l'objet d'une rangée séparée.

Anthony Baines.

Boosey & Hawkes. Editeurs et facteurs d'instruments anglais. Thomas Boosey fonda une librairie à Londres vers 1795 et y ajouta, en 1816, un département musique dont son fils Thomas eut la charge. Ils commencèrent par importer, puis publièrent de la musique étrangère (les opéras de Bellini, Donizetti et Verdi) jusqu'à ce que, en 1864, les éditeurs anglais soient dépossédés des copyrights étrangers. Un peu plus tard, ils se mirent à éditer des ballades, qui connurent une grande popularité lorsque John Boosey, fils du jeune Thomas, en assura la promotion dans le cadre des London Ballad Concerts. Boosey commença à fabriquer des instruments à vent vers le milieu du XIXe siècle et engagea alors les plus grands spécialistes de la facture instrumentale. En 1868, ils achetèrent la firme du facteur d'instruments Henry Distin. Les améliorations et les innovations apportées aux cuivres et aux instruments de fanfares leur assureront une solide réputation.

En 1930, Boosey fusionne avec Hawkes & Co., firme spécialisée dans la facture et la diffusion de musique militaire. Les activités éditoriales continuent à s'élargir et l'envergure artistique de la firme est renforcée par l'acquisition d'œuvres de compositeurs majeurs tels que Richard Strauss, Mahler, Prokofiev, Bartók et Stravinski. Britten y est édité dès le début de sa carrière et la firme Boosey & Hawkes sera son principal éditeur entre 1938 et 1963. L'immense catalogue de la firme montre son attachement permanent aux compositeurs contemporains (Maxwell Davies, Nicholas Maw, Robin Holloway). Depuis 1939, elle publie la revue de musique contemporaine *Tempo*.

J. M. Thomson.

Bop. Voir *Jazz*, 3.

Border pipe. Voir *Cornemuse*, 2.

Bordes, Charles (Marie, Anne) (La Roche-Corbon, Indre-et-Loire, 12 mai

1863 ; Toulon, 8 novembre 1909). Compositeur français, disciple de César Franck, maître de chapelle à Saint-Gervais où il fit revivre la musique française ancienne. Il participa avec Vincent d'Indy et Alexandre Guilmant à la fondation de la Schola Cantorum (1894).

Alain Pâris.

Borea (ital.). Voir *Bourrée.*

Boris Godounov. Opéra en quatre actes et un prologue de Moussorgski ; livret du compositeur d'après la pièce de Pouchkine *La Comédie de la détresse de l'État moscovite, du tsar Boris et de Grishka Otrepiev* (1826) et l'*Histoire de l'État russe* de Karamzin (1829). Version originale composée en 1868-69, rejetée par l'Opéra de Saint-Pétersbourg en 1870. Représentations : Saint-Pétersbourg (8 février 1874) ; Saint-Pétersbourg (10 décembre 1896) (première édition révisée de Rimski-Korsakov) ; Opéra de Paris (19 mai 1908) (deuxième édition de Rimski-Korsakov ; c'est dans cette version que l'œuvre a été le plus souvent jouée) ; New York (Metropolitan Opera, 19 mars 1913) ; Londres (Drury Lane, 24 juin 1913). Première représentation à l'étranger de la version originale de Moussorgski : Londres (Sadler's Wells, 30 septembre 1935) ; elle consiste en sept scènes : quatre de Pouchkine, deux imaginées par Moussorgski à partir des indications contenues dans le drame de Pouchkine, et une élaborée à partir de deux scènes différentes de ce drame. Il existe d'autres éditions, notamment celle de Chostakovitch (1959).

1. Boris (basse) a fait assassiner le jeune Dimitri, héritier du tsar, et veut refuser la couronne qui lui revient maintenant. Ses agents incitent la foule à le persuader de se « laisser attendrir ».

2. Bien qu'il soit tourmenté par son crime, Boris se laisse couronner.

3. Dans sa cellule, le vieux moine Pimène (basse) termine sa chronique de l'histoire de la Russie ; Gregori (ténor), son jeune compagnon de cellule, décide de venger Dimitri.

4. Gregori, qui se fait passer pour Dimitri, et deux autres moines, Varlaam (basse) et Missail (ténor), arrivent dans une auberge de la frontière lithuanienne. Gregori est identifié mais échappe aux soldats qui le poursuivent.

5. Dans ses appartements, Boris apprend de son conseiller Schouiski (ténor) l'existence d'un prétendant au trône qui se trouve en Lithuanie. Pour le rassurer sur la mort de Dimitri, Schouiski raconte le meurtre et plonge le tsar torturé par son crime dans un état d'hallucination.

6. A l'extérieur de la cathédrale Saint-Basile à Moscou, le peuple commence à croire à la légitimité du faux Dimitri. Un idiot (ténor), qui s'est fait volé une chèvre, demande à Boris de répéter son crime sur les voleurs ; Boris empêche son arrestation et lui demande une prière, mais l'idiot refuse et pleure le sort de la Russie.

7. La Douma se réunit ; on lit un édit contre le prétendant lorsque Boris entre en titubant et tombe mort.

Dans sa seconde version, Moussorgski a fait énormément d'ajouts et de modifications ; il a ainsi modifié l'ordonnancement des scènes : Prologue = 1 et 2. Acte 1 = 3 et 4. Acte 2 = 5. Acte 3 (remodelé) = scène 1 – l'amante de Dimitri, Marina (mezzo), dans le château de son père à Sandomir, rêve d'accéder au trône de Russie et Rangoni (basse) plaide la cause catholique ; scène 2 – Marina rejoint Dimitri dans le jardin de Mnichek à Sandomir et le persuade de ne pas renoncer à ses ambitions. Acte 4 = 7 et une scène supplémentaire dans la forêt de Kromy au cours de laquelle le peuple se révolte contre Boris ; le prétendant y passe pour se rendre à Moscou et laisse l'idiot pleurer le sort de la Russie comme dans la scène 6, désormais supprimée. L'ordre de ces deux dernières scènes est souvent inversé afin de laisser au principal protagoniste le rideau final ; l'argument contraire considère le peuple russe comme le véritable protagoniste. Les reprises à Covent Garden en 1958, avec Boris Christoff, et au Metropolitan Opera en 1957 ont utilisé l'ensemble de ces scènes. Elles sont toutes deux revenues à l'orchestration originale. En France, la première audition du *Boris* authentique a été donnée en concert le 31 décembre 1935 à la radio sous la direction de D. E. Inghelbrecht et souvent reprise ensuite sous cette forme.

BIBLIOGRAPHIE : *Boris Godounov*, L'Avant-Scène-Opéra n°s 27-28 (Paris, 1980). Henri Barraud, *Les Cinq grands opéras*, Seuil (Paris, 1972). Fedor Chaliapine, *Ma Vie*, Albin Michel (Paris, 1932), rééd. Slatkine (Genève, 1982). Maurice Le Roux, *Moussorgski, Boris Godounov*, Aubier-Montaigne (Paris, 1980).

Bornéo. Voir *Asie du Sud-Est.*

Borodine, Alexandre (Porfiriévitch) (Saint-Pétersbourg, 12 novembre 1833 ; Saint-Pétersbourg, 27 février 1887). Compositeur russe. Médecin et professeur de chimie, il occupe plusieurs postes officiels avant de fonder une école de médecine pour femmes.

Toujours avide de musique, son activité artistique fait un bond en avant lorsqu'à l'âge de vingt ans il rencontre Balakirev et entre dans son cercle, le « Groupe des Cinq ». Il compose deux symphonies (nº 1, 1862-67 ; nº 2, 1869-76) et une troisième, inachevée (1882, 1886-87), l'esquisse symphonique *Dans les steppes de l'Asie centrale* (1880), trois quatuors à cordes, des mélodies, de la musique pour piano et un opéra *Le Prince Igor* (1869-70, 1874-87) que termineront ses amis Rimski-Korsakov et Glazounov. Borodine n'est pas aussi dramatiquement russe que certains de ses amis, mais il adore la mélodie et les lignes audacieuses.

Son œuvre a vu le jour pendant les loisirs d'une vie professionnelle très remplie – généralement, comme il le disait lui-même, pendant le court loisir que lui procurait un mauvais rhume de cerveau. La liste complète de ses œuvres est relativement brève.

Liszt appréciait Borodine et l'a encouragé, tout comme d'autres membres du groupe national russe. Il a connu une mort soudaine en s'effondrant subitement lors d'une réception.

Voir également *Russie et l'Union soviétique, La*, 4.

Percy Scholes.

BIBLIOGRAPHIE : Victor Seroff, *Le Groupe des Cinq*, Plon (Paris, 1949).

Borre, Borree. Anciennes orthographes anglaises de *bourrée.

Bortnianski, Dimitri (Stepanovitch) (Glukhovo, Ukraine, 1751 ; Saint-Pétersbourg, 10 octobre 1825). Compositeur ukrainien. Enfant, il fait partie du chœur de la chapelle impériale de Saint-Pétersbourg où il étudie avec Galuppi, alors directeur de cette chapelle. Il obtient une bourse pour aller faire des études en Italie où il écrit trois opéras, *Creonte* (1776), *Quinto Fabio* (1778) et *Alcide* (1778). De retour en Russie, en 1779, il est nommé Kapellmeister de la chapelle impériale, puis directeur en 1796. Sa musique liturgique – légèrement influencée par les modèles contrapuntiques découverts en Italie – constitue une partie fondamentale du répertoire de l'Église orthodoxe à son époque. Profondément ressentie, magnifiquement conçue pour les voix et délicatement colorée d'illustrations du texte, elle a conservé une certaine place dans les services religieux en Russie comme à l'étranger, en grande partie grâce à l'édition complète préparée dans les années 1880 par Tchaïkovski (qui considérait pourtant Bortnianski comme un compositeur « ennuyeux »). Dans le domaine de la musique profane, il a également composé plusieurs opéras-comiques – notamment *Le Faucon* (1786) – dont la musique vigoureuse révèle un certain don pour la définition des personnages ; ses sonates pour clavier (écrites pour son élève la grande-duchesse Maria Fiodorovna) sont souvent gâchées par une ornementation doucereuse et un tournoiement de notes à vide. Il a également composé deux œuvres de musique de chambre pâles mais élégantes, destinées à des combinaisons instrumentales peu courantes : un *Quintette pour piano, harpe, violon, viole de gambe et violoncelle* (1787) et une *Symphonie concertante pour piano, harpe, deux violons, viole de gambe, violoncelle et basson* souvent considérée comme la première symphonie composée en Russie, ce qui est faux puisqu'il ne s'agit pas d'une symphonie et qu'elle a été précédée par les symphonies du soi-disant baron Vančura (vers 1750- ?1801), composées dans les années 1780. Voir *Russie et l'Union soviétique, La*, 2).

Geoffrey Norris.

Bose, Hans-Jürgen von (Munich, 24 décembre 1953). Compositeur allemand, élève de Hans Ulrich Engelmann à Francfort. En 1977, il reçoit le Berliner Kunstpreis pour sa première œuvre importante, *Morphogenesis* pour orchestre (1975). Il s'impose rapidement dans le domaine lyrique avec *Le Diplôme* (d'après Pirandello, 1976) et *Les Souffrances du jeune Werther* (1983-84), et avec le cycle de lieder *Sappho-Gesänge* (1983). Son langage, profondément original, est essentiellement lyrique, fait de recherches de timbres et d'atmosphère. Il pratique volontiers le collage.

Alain Pâris.

Bossi, (Marco) **Enrico** (Salò, lac de Garde, 25 avril 1861 ; mort en mer le 20 février 1925). Organiste et compositeur italien. Elève de Ponchielli au Conservatoire de Milan (1873-81), il enseigne ensuite dans plusieurs académies de musique, avant d'être nommé directeur de l'Accademia di Santa Cecilia de Rome en 1916. Il entame également une brillante carrière de concertiste et meurt pendant une tournée de concerts en Amérique. Contrairement à la majorité des compositeurs italiens de sa génération, Bossi s'est peu intéressé à l'opéra ; il a cultivé un style contrapuntique sévère dans ses nombreuses œuvres pour orgue, pièces pour orchestre et oratorios.

Paul Griffiths.

Boston Handel and Haydn Society. Société américaine d'oratorio. Il s'agit de la plus ancienne institution de ce genre. Elle a été fondée en 1815 dans le but de « cultiver et d'améliorer un goût correct dans l'exécution de la musique sacrée ». Lowell Mason a édité l'importante *Collection of Church Music* de cette société, dont la première édition date de 1822. Au XIXe siècle, la Société a réalisé la création en Amérique de nombreuses œuvres majeures du répertoire européen ; l'ensemble réunit aujourd'hui 90 choristes et un orchestre et présente en moyenne six concerts par an.

Nym Cooke.

Boston Pops Orchestra. Orchestre américain dont les membres sont issus de l'Orchestre symphonique de Boston. Depuis l'institution des Music Hall Promenade Concerts en 1885, l'orchestre donne chaque année une série de concerts de musique légère. En 1900, ces concerts ont pris le nom de « pops » et, à partir de 1930, ils se sont multipliés sous la direction d'Arthur Fiedler. L'orchestre présente chaque année, au printemps, une saison de neuf semaines suivie de deux semaines de concerts libres en plein air sur l'esplanade Charles River à Boston.

Nym Cooke.

Boston Symphony Orchestra. Voir *Orchestre symphonique de Boston*.

Bote & Bock. Maison d'édition allemande fondée à Berlin en 1838 par Eduard Bote et Gustav Bock qui avaient acheté le fonds C. W. Froehlich & Co. et lui avaient incorporé d'autres firmes. Après le départ de Bote, en 1847, elle resta pendant de nombreuses années entre les seules mains de la famille Bock, sous forme de société en commandite. Gustav Bock (né en 1813) commença à publier de la musique légère, notamment les œuvres de Lange et de Conradi, et réussit à acquérir les droits de toutes les opérettes d'Offenbach et de *Waldmeister* de Richard Strauss. Il affermit sa place parmi les premiers éditeurs d'opéras avec le *Faust* de Gounod (intitulé, à l'origine, *Margarethe*), *Les Joyeuses Commères de Windsor* d'Otto Nicolaï et les œuvres de Meyerbeer, Flotow, Mascagni et Smetana. Après avoir publié avec succès des éditions classiques à bon marché, il enrichit son catalogue instrumental d'œuvres de Liszt, Tchaïkovski et Richard Strauss qui fera une satire de cette firme dans son cycle de lieder *Krämerspiegel* (« Le Miroir des mercantis »). En 1943, la firme est entièrement détruite ; elle se reforme après la guerre, se concentrant sur la musique ancienne et sur la musique contemporaine, avec des compositeurs allemands comme Boris Blacher, Giselher Klebe, Gottfried von Einem et Paul Dessau.

J. M. Thomson.

Bottesini, Giovanni (Crema, près de Milan, 22 décembre 1821 ; Parme, 7 juillet 1889). Contrebassiste et chef d'orchestre italien. Il fait preuve d'un tel talent qu'il reçoit très jeune une bourse d'études pour le Conservatoire de Milan, à la seule condition de choisir la contrebasse, classe dans laquelle se trouvait la seule place vacante. Il devient l'un des plus grands virtuoses de cette discipline et parcourt le monde entier. Il est pendant un certain temps contrebasse solo au Teatro Tacon de La Havane où est représenté son premier opéra, *Cristoforo Colombo* (1847). Il se rend souvent à Londres, compose un oratorio – *The Garden of Olivet* – pour le Festival de Norwich (1887) et devient un chef d'orchestre éminent ; il dirige la première représentation d'*Aïda* de Verdi au Caire (1871). Il mourra peu après avoir été nommé directeur du Conservatoire de Parme.

Denis Arnold.

Bouche fermée. Voir *Bocca chiusa*.

Bouchés, sons. Sons obtenus sur certains instruments de la famille des cuivres (cors, trompettes, etc.) en bouchant le pavillon de l'instrument avec la main.

Boucourechliev, André (Sofia, 28 juillet 1925). Compositeur français. Après avoir commencé ses études musicales à Sofia, il se fixe à Paris en 1949 et travaille à l'École normale avec Andrée Vaurabourg et Georges Dandelot. Entre 1957 et 1959, il participe aux travaux du Studio de phonologie de la Radio de Milan, aux côtés de Berio et de Maderna, puis à ceux du Groupe de recherches musicales de l'ORTF. A partir de 1976, il enseigne à l'Université d'Aix-en-Provence. Son œuvre laisse une large part de liberté aux interprètes au travers de « formes ouvertes » : *Archipel*, série de six pièces pour divers instruments (1967-71), *Ombres, « Hommage à Beethoven »* pour cordes (1970), *Concerto pour piano* (1974-75), *Six Études d'après Piranese* pour piano (1976), *Le Nom d'Œdipe*, opéra sur un livret d'Hélène Cixous (1978). En 1980, il a entrepris une nouvelle série de pièces dans le même esprit qu'*Archipel*, *Orion*. Il a écrit trois livres majeurs sur *Schumann* (1956), *Beethoven* (1963) et *Stravinski* (1982).

Alain Pâris.

Bouffe, Bouffes-Parisiens. Voir *Offenbach*.

Bouffon, Le. Voir *Chout (ou Le Bouffon)*.

Bouffons, Les [*matassins, mattachino*]. Danse du sabre à quatre décrite en détail par Arbeau dans son manuel de danse l'*Orchésographie* (Langres, 1588). Voir également *Moresca*.

Bouffons, Querelle des [Guerre des]. Cette célèbre « querelle » ou « guerre » divisa Paris en deux factions de 1752 à 1754. Elle éclata lors d'une représentation de l'opéra de Destouches, *Omphale* (1700), auquel F. M. Grimm reprocha, dans le *Mercure de France* (février 1752), de représenter tout ce qui était artificiel et démodé dans l'opéra français. La querelle aboutit à l'invitation à Paris d'une troupe de comédiens italiens (*buffi*) qui provoqua un énorme remue-ménage en présentant l'opéra bouffe de Pergolèse, *La Serva padrone (La Servante maîtresse*, 1733). Le roi, Madame de Pompadour et l'aristocratie étaient les détracteurs de l'opéra-comique italien, la reine et des intellectuels comme Rousseau, Diderot et d'Alembert s'en faisaient les défenseurs ; l'opéra italien apportait à leur avis un souffle d'air frais nécessaire et jouissait d'une plus grande simplicité d'expression. La contribution de Rousseau à cette querelle figure dans sa célèbre *Lettre sur la musique française* (1753). Cette querelle a également pris le nom de guerre des Coins, car les défenseurs de l'opéra français avaient l'habitude de se regrouper autour de la loge du roi et leurs opposants autour de celle de la reine.

Boughton, Rutland (Aylesbury, 23 janvier 1878 ; Londres, 25 janvier 1960). Compositeur anglais. Il fait ses études au Royal College of Music avec Stanford et Walford Davies (1900-01), puis enseigne à la Midland Institute School of Music de Birmingham (1904-11). Il a alors l'idée de créer à Glastonbury un pendant anglais au Festival de Bayreuth et compose un cycle d'opéras arthuriens à cet effet. Le festival se déroule tous les ans entre 1914 et 1925, mais aucun projet de théâtre ne voit le jour. Quant à l'œuvre la plus connue de Boughton, ce n'est pas l'un de ses six opéras arthuriens mais une romance celtique, *The Immortal Hour* (1914).

Paul Griffiths.

Boulanger, Nadia (Juliette) (Paris, 16 septembre 1887 ; Paris, 22 octobre 1979). Chef d'orchestre et pédagogue française. Elle fait ses études au Conservatoire de Paris avec Fauré et Guilmant. Elle remporte plusieurs succès notoires comme chef d'orchestre et est la première femme à diriger la totalité d'un programme de la Royal Philharmonic Society (1937) ; entre les deux guerres, elle s'attache à faire revivre l'œuvre de Monteverdi. Néanmoins, sa personnalité s'épanouit véritablement dans le domaine de l'enseignement. Au Conservatoire de Paris, puis au Conservatoire américain de Fontainebleau, elle forme un grand nombre de compositeurs éminents, surtout des Américains ; Eliott Carter, Aaron Copland et Roy Harris ont tous travaillé avec elle. Sa sœur, **Lili Boulanger** (1893-1918), a été la première femme à recevoir le premier grand prix de Rome et a composé plusieurs œuvres chorales et pour orchestre, notamment la cantate *Faust et Hélène* ainsi que quelques psaumes qui révèlent un talent qui aurait pu la rendre célèbre si elle avait vécu plus longtemps.

Paul Griffiths.

BIBLIOGRAPHIE : Bruno Monsaingeon, *Mademoiselle, entretiens avec Nadia Boulanger*, Van de Velde (Luynes, 1981). Jérôme Spicket, *Nadia Boulanger*, Payot-Lattès (Lausanne-Paris, 1987). *Lili et Nadia Boulanger*, La Revue Musicale n°s 353-354, Richard Masse (Paris, 1982).

Boulez, Pierre (Montbrison, 26 mars 1925). Compositeur français. Il fait ses études au Conservatoire de Paris avec Messiaen (1942-45), puis travaille en privé le contrepoint avec Andrée Vaurabourg et la technique sérielle avec René Leibowitz. En 1946, il est nommé directeur musical de la Compagnie Renaud-Barrault avec laquelle il fait des tournées internationales au début des années cinquante. Son style musical évolue rapidement sur la base du *sérialisme de Schoenberg, des méthodes rythmiques de Stravinski et de Messiaen, et de l'approche étroitement intégrée de Webern. Ses premières œuvres, qui comportent deux *Sonates pour piano* (1946 et 1948) et la cantate *Le Soleil des eaux* (1948), révèlent une force intellectuelle imposante alliée à une puissance expressive capable d'extase lyrique comme de violence intransigeante.

Avec le premier livre des *Structures* pour deux pianos (1951-52), Boulez réalise une union définitive des méthodes de ses prédécesseurs, créant et transcendant un style « sériel total » dans lequel tous les aspects musicaux – hauteur du son, durée, intensité et attaque – s'organisent selon les règles sérielles. Ayant ainsi jeté les bases d'un nouveau langage musical, il en montre la puissance et la souplesse dans *Le Marteau sans maître* pour contralto et six instruments (1953-55), dans lequel trois courts poèmes de René Char forment la base d'un cycle de mouvements élaborés, colorés fugitivement et d'une polyphonie dense.

Boulez fait ensuite intervenir le hasard dans sa musique, suivant les traces de Cage, mais en imposant des limites strictes. Dans la *Troisième Sonate* pour piano, il offre à l'interprète un choix abondant de tempos et de dynamiques et lui laisse décider de l'ordre des mouvements. Le second livre des *Structures* (1956-61) exploite les possibilités du duo : la partition fournit des directives musicales et autorise un certain relâchement d'ensemble en quelques endroits. Ces deux œuvres indiquent l'influence de l'esthétique de Mallarmé sur Boulez et, dans *Pli selon pli* pour soprano et orchestre (1957-62), il crée un portrait du poète, autorisant à nouveau diverses sortes de mobilité aléatoire. La finesse de l'orchestration de Boulez est frappante dans cette œuvre, en particulier l'usage poétique des sonorités rutilantes des percussions accordées, ce qui caractérise également *Eclat/multiple* pour orchestre (commencé en 1965).

Comme un grand nombre de ses œuvres récentes, *Eclat/multiple* est une « œuvre en cours » ; en effet, depuis 1962, seul *Rituel* pour orchestre (1974-75) a été publié sous sa forme intégrale. On peut sans doute attribuer, dans une certaine mesure, cette diminution de la production créatrice aux activités croissantes de Boulez dans le domaine de la direction d'orchestre. En 1954, il fonde les concerts du Domaine musical à Paris, au programme desquels figurent aussi bien de nouvelles partitions que des œuvres allant de la Renaissance au baroque ; il en dirige lui-même un grand nombre entre 1957 et 1967. En outre, sa carrière de chef invité se développe dans toute l'Europe et aux États-Unis : il dirige notamment la première représentation de *Wozzeck* à l'Opéra de Paris (1963) puis *Parsifal* (1967) et le *Ring* (1976-80) au Festival de Bayreuth. Il est ensuite nommé premier chef de l'Orchestre symphonique de la BBC (1971-75) et de l'Orchestre philharmonique de New York (1971-77). Il enseigne, notamment à Bâle, Harvard et au Collège de France. Il exerce les fonctions de président au Conseil international de la musique de l'Unesco.

Toutefois, depuis 1975, Boulez a réduit ses engagements d'interprète (dans le domaine de la direction d'orchestre) pour se consacrer à l'Institut de recherche et coordination acoustique/musique qu'il dirige à Paris (IRCAM). Cette institution a pour but de stimuler la coopération entre musiciens et savants dans le domaine du développement de nouveaux matériaux musicaux, comme le présage « ... *explosante-fixe...* » pour huit instruments et électronique (commencée en 1971). Les activités multiples de Boulez – compositeur, théoricien, pianiste, chef d'orchestre et pédagogue – lui ont permis d'exercer une influence considérable sur les compositeurs contemporains, mais ils sont peu nombreux à évoluer aussi librement dans l'univers sériel hautement élaboré qu'il s'est créé. Boulez a écrit plusieurs livres qui regroupent ses idées sur la musique : *Penser la musique aujourd'hui* (Gonthier, 1964), *Relevés d'apprenti* (Seuil, 1967), *La Musique en projet* (Gallimard, 1975), *Par volonté et par hasard, entretiens avec Célestin Deliège* (Seuil, 1975) et *Points de repère* (Christian Bourgois, 1981).

Paul Griffiths, rév. Alain Pâris.

BIBLIOGRAPHIE : Antoine Goléa, *Rencontres avec Pierre Boulez*, Julliard (Paris, 1958), rééd. Slatkine (Genève, 1982) / *Vingt Ans de musique contemporaine*, Seghers (Paris, 1962), rééd. Slatkine (Genève, 1982). Dominique Jameux, *Pierre Boulez*, Fayard (Paris, 1984).

Bourdon (du latin *bordo*, « bardeau » ou « mule »). Dans les langues romanes, terme désignant généralement un son grave qui se rapproche davantage du bourdonnement ou du grondement que du murmure ; en musique, il revêt différents sens :

(a) corde la plus grave d'un instrument à cordes ou corde située immédiatement avant la plus grave, celle-ci s'appellant alors « basse » (voir *Crwth* ; *Vièle*, 2) ;

(b) registre le plus grave de l'orgue ou d'un autre instrument à clavier (jusqu'à la Renaissance) ;

(c) cloche la plus grosse d'un clocher ;

(d) bourdon d'une *cornemuse ou d'une *vièle à roue ;

(e) (comme au Portugal) timbre d'un tambour.

Sous certains aspects, on peut le considérer comme un antécédent du terme « basse », comme en Angleterre où, au XVe siècle, trois parties vocales sont appelées *treble, mean, and burdon*.

Un problème peut se poser au niveau de l'interprétation musicale : « bourdon » signifie-t-il simplement « grave » ou « le plus grave » ; ou s'agit-il d'un accompagnement soutenu comme en Italie aujourd'hui où les *bordoni* des chœurs d'hommes « Trallelero » de Gênes chantent une sorte de bourdon. Un doute subsiste sur le sens du mot bourdon dans les expressions *ut in burdone organorum* et *supra burdonem tenoris* (XIIIe siècle). Dans certains cas, le mot « bourdon » est souvent employé dans le sens de « refrain » et non d'accompagnement (voir *Refrain*, 1).

Anthony Baines.

Bournonville, August (Copenhague, 21 août 1805 ; Copenhague, 30 novembre 1879). Danseur et chorégraphe danois. Fils d'Antoine Bournonville (1760-1843), élève de Noverre, August fonde l'école danoise de ballet et conçoit 36 nouvelles chorégraphies de ballets. Dix œuvres complètes sont restées au répertoire et sont régulièrement dansées sous leur forme originale, notamment *La Sylphide* (Løvenskjold, 1836), *Napoli* (Gade, 1842), *Konservatoriet* (Paulli, 1849), *La Ventana* (Lumbye, 1854) et *Flower Festival at Genzano* (Helsted, Paulli, 1858).

Noël Goodwin.

Bourrée (angl. : *borre, borree* ; ital. : *borea*). Danse populaire française originaire d'Auvergne où elle était accompagnée par des instruments rustiques, comme la musette ou la vielle à roue. Au XVIIe siècle, elle devient une danse de société à deux temps avec une anacrouse. Michael Praetorius mentionne la bourrée dans son ouvrage *Syntagma musicum* (1615), mais elle ne semble pas avoir été utilisée en composition avant la seconde moitié du XVIIe siècle. On la rencontre fréquemment dans les opéras et les ballets de Lully puis, comme la gavotte, elle prend une place importante dans la suite instrumentale, en tant que mouvement optionnel. On trouve des paires de bourrées dans les *Suites françaises* et dans les *Suites pour orchestre* de Bach ainsi que dans les opéras de Rameau.

Bourrée fantasque. Ultime pièce pour piano de Chabrier (1891) dont il avait commencé l'orchestration peu avant sa mort. Felix Mottl en a réalisé une autre version pour orchestre très éloignée du petit effectif auquel songeait Chabrier.

Bout. Extrémité. On rencontre souvent ce mot dans l'expression « avec le bout de l'archet ». En anglais, il désigne également la courbe de l'échancrure d'un instrument à cordes.

Boutade. Composition improvisée, généralement une danse. Dans son *Diction-*

naire de la musique (1767), Rousseau la définit comme un ballet improvisé et comme un caprice ou une fantaisie instrumentale.

Boutique fantasque, La. Ballet en un acte de Respighi sur un livret de Derain. La partition est un arrangement des *Soirées musicales* et de quelques autres pièces de Rossini. Créé à Londres, en 1919, dans une chorégraphie de Massine.

Bouton. Cheville située à l'extrémité inférieure des instrument à cordes (famille du violon) à laquelle est fixée la *touche. Le bouton supporte la tension des cordes.

Bouzouki. Instrument à cordes grec très employé dans la musique populaire. Il est exporté aujourd'hui dans l'ensemble du monde occidental, grâce à l'impact de la musique de café grecque et de certaines musiques de films qui se déroulent en Grèce. Il s'agit d'un luth à cordes et à frettes métalliques que l'on joue avec un plectre ; il mesure environ 1 m et appartient à la grande famille des luths à manche long, le manche étant très long en comparaison avec la taille de la caisse (voir *Luth,* 4).

Le bouzouki a une caisse piriforme à dos bombé et a adopté au XXe siècle une grande partie de la technologie de la mandoline, puis de la guitare. La table est ornée d'une couche de plastique striée et la touche se prolonge jusqu'à la table. Le bouzouki peut compter jusqu'à 26 frettes métalliques fixes et la tension des cordes peut être modifiée par de petites roues dentées. Jusqu'à une date assez récente, le bouzouki possédait trois rangées de cordes en acier accordées selon le schéma ré^3, la^2, ré^2 (les deux premières se composant de cordes doubles et la troisième généralement de cordes triples, avec une corde à l'octave). Aujourd'hui, le bouzouki comporte souvent quatre rangées accordées comme les quatre premières cordes de la guitare, la longueur des cordes étant identique à celle des cordes de la guitare pour faciliter l'interchangeabilité. Le jeu grec est très alerte avec des fioritures préliminaires qui s'adaptent à la chanson accompagnée.

La *baglama* est un autre luth grec à manche long de dimensions plus petites (plus proche de la *tamboritsa* yougoslave). Il existait autrefois d'autres types de luths, tous fabriqués selon l'ancienne facture, comme le bouzouki, avec une caisse très profonde (parfois sans ouïes), des frettes en fil métallique attachées au manche et des chevilles placées sur la face avant et sur le côté grave du manche, généralement long et fin. Les frettes permettaient de jouer des gammes modales, diatoniques ou formées d'intervalles plus petits, tels que la musique populaire grecque en utilisait avant de se convertir au système occidental.

Anthony Baines.

Bowen, (Edwin) York (Londres, 22 février 1884 ; Londres, 23 novembre 1961). Compositeur anglais. Il fait ses études à la Royal Academy of Music (1898-1905), puis entreprend une carrière de compositeur et pianiste. Il a composé trois concertos et de nombreuses pièces pour piano dans un style traditionnel.

Paul Griffiths.

Boyce, William (Londres, septembre 1711 ; Londres, 7 février 1779). Compositeur, organiste et éditeur de musique anglais. Enfant de chœur à la cathédrale Saint-Paul, il devient ensuite l'élève de Maurice Greene. En 1734, il est nommé organiste de la chapelle du comte d'Oxford et, deux ans plus tard, compositeur de la chapelle royale, où il succède à John Weldon. Son premier recueil d'airs et de sonates en trio est publié en 1747, mais sa carrière de compositeur prend un tournant décisif deux ans plus tard lorsque son ode « Here all thy active fires defuse », écrite pour l'installation du duc de Newcastle dans ses fonctions de chancelier de l'Université de Cambridge, attire sur lui l'attention du public. Il travaille ensuite, pendant quelques années, pour Garrick à Drury Lane, composant toute sorte d'œuvres, du petit opéra à la mélodie et aux pièces instrumentales. En 1757, à la mort de Maurice Greene, il devient Master of the King's Musick (maître de la musique du roi), et compose deux odes par an – une pour le nouvel an, l'autre pour l'anniversaire du roi. Leurs ouvertures, souvent très longues, constituent la base de ses *12 Overtures* (Londres, 1770) ; deux autres se retrouvent dans ses *8 Symphonies* (Londres, 1760).

Une surdité croissante oblige Boyce à abandonner ses fonctions d'organiste dans diverses églises et il consacrera les dernières années de sa vie à compiler les trois volumes de *Cathedral Music* (Londres, 1760, 1768 et 1773), collection qui couvre deux cents ans de musique d'église et qui, pendant plus longtemps encore, a servi de base à une grande partie du répertoire sacré des cathédrales anglaises. *Cathedral Music* a fait survivre le nom de Boyce au XIXe siècle et ses propres œuvres, redécouvertes depuis une cinquantaine d'années, notamment par Constant Lambert, se sont avérées d'un intérêt très respectable, surtout sa musique symphonique, dans laquelle transparaît l'influence de Haendel. Elle comporte quelques fugues et danses très attrayantes – ses fugues sont particulièrement attirantes. Boyce est enterré sous le dôme de la cathédrale St Paul.

Denis Arnold.

Boyd, Anne (Elizabeth) (Sydney, 10 avril 1946). Compositeur australien. Après avoir fait ses études à l'Université de Sydney et au Conservatoire de la Nouvelle-Galles du Sud, elle s'installe en Angleterre où elle passe un doctorat à l'Université d'York et est nommée maître de conférences (musique) à l'Université du Sussex. Ses œuvres, notamment deux quatuors à cordes, *Angklung* pour piano et *As I Crossed the Bridge of Dreams* pour chœur, révèlent un maniement habile des techniques principales d'avant-garde, allié à un sens poétique typiquement australien.

Paul Griffiths.

Boydell, Brian (Dublin, 17 mars 1917). Compositeur irlandais. Il fait ses études à Heidelberg, à Cambridge, au Royal College of Music et à la Royal Irish Academy of Music. Depuis le début des années quarante, il participe activement à la vie musicale irlandaise comme compositeur, chef d'orchestre, professeur (notamment à l'Université de Dublin), homme de radio et membre de jury. Ses œuvres révèlent une plus grande dépendance des principales tendances européennes que des sources britanniques. Boydell a composé un *Concerto pour violon* (1954), trois quatuors à cordes, des pièces vocales et chorales ainsi que de la musique de film.

Paul Griffiths.

Boyhood's End (« La Fin de l'enfance »). Cantate pour ténor et piano de Tippett sur des textes de W. H. Hudson, composée en 1943.

Boyvin, Jacques (Paris, 1649 ? ; Rouen, 30 juin 1706). Organiste et compositeur français, titulaire de l'orgue de la cathédrale de Rouen entre 1674 et 1706. Il est l'auteur de deux *Livres d'orgue* (1689 et 1700) destinés à utiliser toutes les ressources de la nouvelle facture de Clicquot.

Alain Pâris.

Br (all.). Abréviation de *Bratschen*, altos.

Brabançonne, La (« Après des siècles d'esclavage »). Hymne national belge, écrit en 1830 au moment où la Belgique luttait contre la Hollande pour acquérir son indépendance. Musique de François Van Campenhout (1779-1848), texte original d'Hippolyte Louis Alexandre Dechet remplacé en 1860 par le texte actuel de Charles Rogier. Les Flamands n'ont adopté *La Brabançonne* qu'en 1951.

Brade, William (1560 ; Hambourg, 26 février 1630). Instrumentiste et compositeur anglais qui, comme Dowland et plusieurs de ses contemporains, passa la majeure partie de sa vie hors d'Angleterre. Il fut musicien à la cour du Danemark en 1594, vécut quelque temps à Hambourg, à la cour d'Holstein-Schaumburg à Bückebourg et à Halle. Il avait en Allemagne une bonne réputation de violoniste. Ses nombreuses danses, souvent arrangées en suites et parfois liées entre elles sur le plan thématique, ont exercé une certaine influence sur des compositeurs allemands comme Melchior Franck et Schein.

Denis Arnold.

Braga, Gaetano (Giulianova, Abruzzes, 9 juin 1829 ; Milan, 21 novembre 1907). Violoncelliste et compositeur italien qui a vécu de nombreuses années à Paris où il jouissait d'un certain prestige comme professeur de chant. Il est l'auteur de plusieurs opéras, de musique sacrée et d'un *Concerto pour violoncelle*, mais est surtout connu pour une œuvre de salon, *La Serenata*, qui a fait l'objet de toutes sortes d'arrangements.

Denis Arnold.

Brahms, Johannes (Hambourg, 7 mai 1833 ; Vienne, 3 avril 1897). Compositeur allemand, l'un des plus grands symphonistes du XIXe siècle après Beethoven. Il a abordé avec la même réussite la plupart des genres musicaux, particulièrement le répertoire symphonique et celui de la musique de chambre, la musique pour piano et le lied.

1. *La jeunesse.* Né dans un quartier pauvre de Hambourg, près des docks, il est le second enfant d'un contrebassiste qui, à cette époque, jouait dans des orchestres de théâtre et réussira ensuite à entrer à la Philharmonie de Hambourg. Sa mère, à laquelle Johannes est très attaché, a plus de quarante ans lorsqu'elle le met au monde. Il révèle assez tôt ses dons de pianiste et reçoit une bonne formation, notamment d'un excellent professeur, Edward Marxsen (1806-87), qui l'aide à acquérir une remarquable technique pianistique et oriente ses goûts musicaux vers le classicisme. Bien que ces cours lui soient donnés gratuitement, sa famille est si pauvre que, dès l'âge de treize ans, Johannes doit jouer dans les orchestres d'auberges misérables. Il semble que sa scolarisation ait été assez sporadique et il apprendra seul la littérature et l'histoire à un âge plus avancé.

Il donne plusieurs concerts et, à l'âge de dix-huit ans, il a déjà composé quelques œuvres pour piano. En 1853, il entreprend, avec le jeune violoniste hongrois Reményi, une tournée de concerts qui marque le véritable début de sa carrière. A Hanovre, il rencontre le grand violoniste hongrois Joachim qui le persuade d'aller voir Liszt à Weimar. Il est bien reçu et Liszt joue à vue le *Scherzo pour piano en mi bémol mineur* (1851) de Brahms, mais les différences de tempérament qui séparent les deux hommes sont évidentes. Brahms se décide ensuite à aller voir Schumann qui, dans un article enthousiaste paru dans la *Neue Zeitschrift für Musik*, attire l'attention du monde musical sur ce jeune génie. En l'espace de quelques mois, Brahms passe de l'obscurité la plus totale à la célébrité. Il peut ainsi faire éditer quelques œuvres, notamment trois immenses sonates pour piano (1852-53) dont le style et la sonorité sont plus lourds et plus orchestraux que ceux des romantiques qui ont utilisé, après Chopin, la forme de la sonate.

Peu après ces premiers succès, Schumann, pris d'une crise de démence, est finalement enfermé. Brahms vient en aide à sa femme Clara et reste auprès d'elle pendant deux années difficiles où il sacrifie sa propre carrière. On prétend qu'il lui aurait voué un amour passionné, mais à la mort de Schumann, en 1856, Brahms retourne à Hambourg sans qu'il soit question de mariage ; ils resteront néanmoins très liés jusqu'à la mort de Clara. Cette période tragique laisse une empreinte indélébile sur la musique de Brahms, particulièrement sur le *Concerto pour piano en ré mineur* (1854-58). Il accepte un poste de directeur musical à la petite cour princière de Detmold où, pour un salaire modeste, il dirige la société chorale et enseigne la musique à une princesse. Il compose alors de la musique de chambre, surtout de petites pièces pour orchestre ou pour chœur et des variations pour piano, et s'affirme comme chef d'orchestre : ses fonctions l'occupent peu et il garde ainsi le contact avec Hambourg où il fonde un excellent chœur de femmes. Il nourrit l'espoir de devenir chef d'orchestre de la Société philharmonique de Hambourg, mais, à la vacance du poste en 1862, il est confié à l'un de ses amis. Brahms décide alors qu'il n'a aucun avenir à Hambourg.

2. *La confirmation d'un style.* Au début des années 1860, on attribue déjà à Brahms une conception conservatrice de la musique, sans doute parce qu'il a signé (notamment avec Joachim) un manifeste assez saugrenu déplorant que la *Neue Zeitschrift* soutienne les idées de Liszt et de Wagner. Il se trouve donc inutilement embarqué dans la même galère que ses amis alors que, dans bien des cas, son conservatisme est plus apparent que réel. Cette étiquette lui vaut néanmoins une invitation à diriger la Wiener Singakademie, car Vienne était un centre du traditionalisme. Il s'y rend en 1863, mais trouve la chorale insuffisante et démissionne l'année suivante. Il rentre à Hambourg régler quelques problèmes familiaux, puis veiller sa mère sur son lit de mort en 1865 ; il retourne ensuite à Vienne où il possède déjà un cercle d'amis. Cette période est fructueuse, il compose plusieurs grandes œuvres de musique de chambre : le *Quintette pour piano* (1861-64), la *Première Sonate pour violoncelle* (1862-65), le *Sextuor n° 2* (1864-65) et les *Valses pour deux pianos*, typiques du style viennois. Il consacre beaucoup de temps à son *Requiem allemand* (1857-68) inspiré

en partie par la mort de sa mère. Il est finalement créé à la cathédrale de Brême en 1868 et son succès extraordinaire transforme radicalement la situation financière de Brahms. Il peut mener désormais une existence confortable et a en outre trouvé un éditeur efficace en la personne de Simrock. Il abandonne l'enseignement et, comme d'autres interprètes-compositeurs (Chopin et Mahler, par exemple), effectue des tournées de concerts au printemps et à l'automne. L'hiver, il s'adonne à la musique viennoise et compose en été, souvent à la campagne.

Au cours des années qui suivent la composition du *Requiem allemand*, il se tourne davantage vers la musique chorale : cantate *Rinaldo* (1863-68), *Rhapsodie pour alto* (1869), *Le Chant du destin* (1868-71) et *Triumphlied* (composé en l'honneur de la victoire prussienne en 1870). Il perfectionne également sa technique d'orchestration. Pendant quelques années, il dirige aussi la *Gesellschaft der Musikfreunde* (« Société des amis de la musique ») qui lui permet de donner libre cours à son penchant pour la musique de Bach et de Haendel (il publie beaucoup de musique baroque, notamment les œuvres complètes pour clavier de Couperin). Fort de cette expérience, entre 1873 et 1887, il compose une série de grandes œuvres symphoniques : les *Variations sur un thème de Haydn* (1873), les quatre symphonies (1855-76, 1877, 1883, 1884-85), les concertos pour violon (1878), piano (n° 2, 1878-81), violon et violoncelle (1887), l'*Ouverture pour une fête académique* (1880). Ces œuvres lui valent d'être considéré comme le successeur de Beethoven. La *Symphonie n° 1* est qualifiée de « dizième », titre qui déplaît à Brahms, car même s'il considère ces formes comme des affirmations majeures dans un sens beethovénien, les différences qui séparent les deux compositeurs sont plus importantes que les similitudes. Beethoven excellait dans la forme sonate, utilisant des thèmes courts, rythmés et incisifs ; Brahms est un poète lyrique qui préfère les longues mélodies qui peuvent se couler dans le moule de la forme sonate ; mais elles ressortent mieux dans d'autres contextes (notamment le rondo, comme dans le dernier mouvement du *Concerto pour violon*, ou la variation, comme dans le finale de la *Symphonie n° 4*). L'inspiration de Beethoven semble souvent provenir d'un simple message politique ou religieux alors que, sur le plan musical, Brahms est apolitique et antilittéraire ; ses schémas abstraits sont souvent très complexes, soit dans leur structure (il utilise volontiers les contre-rythmes et pratique un contrepoint dense), soit dans la transformation thématique (sa *Symphonie n° 2* est presque entièrement monothématique). L'orchestration de Beethoven fait généralement beaucoup d'effet contrairement à celle de Brahms qui s'intéresse moins au brillant qu'à la projection d'une idée mélodique ou structurelle.

3. *Les dernières années.* A la fin des années 1870 et dans les années 1880, Brahms jouit d'une renommée considérable et se voit décerner plusieurs distinctions à Cambridge (qu'il ne recevra jamais, car il ne se rendra pas en Angleterre) et à Breslau. Ses œuvres symphoniques sont souvent exécutées et le chef d'orchestre Hans von Bülow (1830-94) s'en fait le champion. Brahms fait école, surtout en Angleterre où il compte un proche disciple en la personne de Stanford. Vers l'âge de cinquante-cinq ans, Brahms subit les attaques de la vieillesse et se tourne vers des formes plus modestes : il compose alors de charmantes pièces pour piano et des lieder. Bien qu'elles portent souvent des titres comme « rhapsodie » ou « capriccio », suggérant qu'elles suivent les traces de Chopin, les dernières pages pour piano de Brahms revêtent souvent les formes classiques. Il utilise le piano avec plus d'imagination que dans ses premières œuvres et fait découler le matériel thématique du langage pianistique. Il compose également quelques magnifique pages de musique de chambre, notamment plusieurs œuvres nées de son amitié pour le clarinettiste Richard Mühlfeld (1856-1907) avec lequel il fait une tournée de concerts en 1895 : le *Quintette avec clarinette* (1891), le *Trio avec clarinette* (1891) et les deux *Sonates pour clarinette et piano* (1894). La mort de Clara Schumann, en 1896, lui cause un grand choc et il commence à souffrir d'un cancer du foie qui l'emportera. Parmi ses dernières œuvres figurent quelques préludes de chorals pour orgue (1896) – dont le caractère introspectif rappelle Bach – et les *Quatre Chants sérieux* (1896) qui, contrairement à ses nombreux lieder sur

des textes allemands, mettent en musique des textes bibliques qui traduisent sa vision agnostique et stoïque de l'existence humaine, situant la morale comme vertu fondamentale de la vie humaine.

Il est aussi difficile de définir l'œuvre de Brahms que d'expliquer la raison pour laquelle il avait tant d'amis : il pouvait être bourru et même grossier, sans doute en raison des difficultés sociales rencontrées dans sa jeunesse. L'attrait qu'il exerçait sur les musiciens vient de la qualité de son art. L'intérêt qu'il suscitait de façon plus générale vient sûrement du conflit existant entre ses sentiments profonds si souvent évidents, mais pourtant cachés derrière sa réserve naturelle. L'expression musicale de ce conflit provoque inévitablement la sympathie des hommes les plus civilisés qui sont confrontés au même conflit, abstraction faite des raisons sociales différentes.

Denis Arnold.

BIBLIOGRAPHIE : José Bruyr, *Brahms*, Seuil (Paris, 1965, rééd. 1982). Bernard Delvaille, *Johannes Brahms*, Seghers (Paris, 1965), rééd. Les Introuvables (Plan-de-la-Tour, 1983). Karl Geiringer, *Brahms, sa vie, son œuvre*, Buchet-Chastel (Paris, 1982). Romain Goldron, *Johannes Brahms, « le vagabond »*, Flammarion (Paris, 1956). Paul Landormy, *Brahms*, Gallimard (Paris, 1948). Claude Rostand, *Johannes Brahms*, Plon (1954-55), rééd. Fayard (Paris, 1978). Yvonne Tiénot, *Brahms*, Lemoine (Paris, 1968). *Johannes Brahms, les symphonies*, L'Avant-Scène-Opéra nº 53 (Paris, 1983).

Branle. A l'origine, l'un des pas de la *basse danse. Vers 1500, le branle était une danse française populaire ; elle s'exécutait en formant un cercle ou une chaîne à laquelle de nombreux couples pouvaient prendre part. Dans l'*Orchésographie* (1588), Arbeau distingue quatre formes principales de branle : les branles doubles et simples de rythme binaire, les branles « gayz » de rythme ternaire et les branles de Bourgogne aux mètres mélangés. Il cite en outre plus de vingt variantes régionales, notamment le branle d'Écosse, le trihory de Bretagne et le branle de Poitou. L'accompagnement était chanté ou instrumental (instruments rustiques comme les chalumeaux et les cornemuses). Le *brando* italien comportait souvent un élément de mime sous forme de danses apparentées au branle, comme la *moresca. Le branle et la plupart des autres danses d'origine paysanne ont été absorbés dans le répertoire du ballet de cour. Il a été adopté avec enthousiasme en Angleterre sous le nom de *brawl* ou *brangill* : Shakespeare mentionne le branle français dans *Love's Labour's Lost* et Pepys dit avoir vu deux fois le roi Charles II danser le « *brantle* ».

Le branle est l'ancêtre de plusieurs autres types de danses, notamment l'*amener et la *contredanse*.

Brassart, Johannes (vers 1405 ; après 1445). Ecclésiastique et compositeur flamand. Sa carrière s'est déroulée principalement à Liège et dans les environs, mais il a été également chantre à la chapelle papale de Rome aux côtés de Guillaume Dufay. Il nous est parvenu une trentaine de ses œuvres, notamment des mouvements de messes et plusieurs grands motets de cérémonie.

John Milsom.

Bratsche (all.). « Alto » ; *Bratschist*, « altiste ».

Brautlied (all.). « Chanson de noce », « épithalame ».

Bravoure (ital. : *bravura*). *Aria di bravura*, aria virtuose et brillante exigeant du chanteur une haute technique vocale.

Break (angl.). Courte cadence improvisée, dans la musique de jazz ; souvent réservée à la clarinette, au saxophone ou à la trompette, pendant que le reste de l'orchestre reste momentanément silencieux.

Breit (all.). « Large », *largo* ; pour les instruments à cordes et à archet, *breit gestrichen* signifie « manier l'archet largement ».

Breitkopf & Härtel. Editeurs et imprimeurs de musique allemands. Maison créée à Leipzig en 1719 par l'imprimeur Bernhard Christoph Breitkopf qui commence à prendre de l'importance à partir de 1745 sous la direction de son fils Johann Gottlieb Immanuel Breitkopf, l'un des grands novateurs en matière d'impression et d'édition musicale. Désirant améliorer l'apparence et la souplesse d'utilisation des caractères d'imprimerie dans le domaine musical, il entre en relation avec d'autres imprimeurs européens qui expérimentaient ces caractères, ce qui lui permet d'élaborer, vers 1750, son propre système, connu aujourd'hui sous le nom de « caractères en mosaïque ». Au lieu d'un bloc de caractères comportant une tête et une queue de note ainsi qu'une portée, il utilisait des pièces séparées pour la tête et la queue attachées à des segments de portée de longueur variable, auxquelles s'ajoutaient des pièces supplémentaires pour les notes de valeur plus courte. L'impression est devenue beaucoup plus claire, élégante et fluide, et ce nouveau procédé a joué un rôle décisif dans l'évolution de la maison d'édition.

Breitkopf faisait travailler plus d'une centaine d'employés et il a publié les œuvres de Haydn, Leopold Mozart, C. P. E. Bach et de presque tous les grands compositeurs de la seconde moitié du XVIIIe siècle. Il a également lancé un marché de copies de manuscrits musicaux qui ne méritaient pas une édition imprimée et dont il assurait la publicité dans ses célèbres catalogues thématiques. Comme tous les grands éditeurs, il a attiré autour de lui des personnalités littéraires et artistiques comme Goethe, Lessing et Winckelmann.

Gottfried Christoph Härtel (1763-1827) a pris la direction de la firme en 1796. En 1806, il y introduit la méthode de la lithographie découverte par Senefelder et édite les œuvres complètes de Mozart, Haydn, Clementi, Dussek et Cramer. Il connaissait Haydn et la veuve de Mozart et assure la première édition de 25 œuvres de Beethoven. Il fonde la grande revue critique *Allgemeine musikalische Zeitung* (1798-1848) ainsi qu'une revue littéraire qui l'accompagnait ; il a également fabriqué des pianos de sa propre manufacture, qu'ont utilisés les plus grands compositeurs et interprètes.

Par la suite, d'autres membres de la famille Härtel, les frères Raymund (1810-88) et Hermann (1803-75), ont fait évoluer la firme sur la plan technologique et artistique. Elle devient ainsi rapidement une importante entreprise européenne qui publie les nouvelles œuvres instrumentales des grandes personnalités romantiques comme Mendelssohn, Schubert, Brahms, Chopin et Berlioz, les opéras de Meyerbeer, Cherubini, Donizetti, Bellini et d'autres compositeurs (à l'exception de Wagner, édité chez *Schott). Les étapes importantes des activités des deux frères Breitkopf comprennent la publication de la première édition complète des œuvres de Bach (1851-99) et de Beethoven (1862-65) ; ils ont également publié de nombreux ouvrages musicologiques importants.

Leurs neveux, Wilhelm Volkmann (1837-96) et Oskar von Hase (1846-1921) maintiennent l'entreprise à un niveau artistique et technique élevé. Ils entreprennent de nombreuses nouvelles éditions intégrales, ouvrent un service de location de partitions et enrichissent la liste de leurs compositeurs avec des noms tels que Busoni et Sibelius. Leurs héritiers continueront à faire prospérer la maison pendant l'entre-deux-guerres, accordant un intérêt de plus en plus grand à la musique contemporaine allemande. Après la destruction de la maison d'édition dans le bombardement de 1943 et lors de la division de l'Allemagne, Breitkopf & Härtel se scinde en deux : la maison mère de Leipzig est nationalisée en 1952 et la filiale ouest-allemande renaît à Wiesbaden en 1945. Toutes deux poursuivent une intense activité éditoriale et assurent la promotion des compositeurs contemporains.

Voir également *Edition musicale*, 6.

J. M. Thomson.

Bretón, Tomás (Salamanque, 29 décembre 1850 ; Madrid, 2 décembre 1923). Chef d'orchestre et compositeur espagnol. Élève d'Arrieta pour la composition, il a surtout écrit des ouvrages lyriques. Son second opéra, *Los Amantes de Teruel*, a été créé à Madrid, puis a remporté de nombreux succès à l'étranger. Parmi ses œuvres scéniques ultérieures, la zarzuela *La Verbena de la paloma* (1894), écrite en dix-neuf jours, très populaire en Espagne et en Amérique latine, et *La Dolores* (1895) ont été les mieux accueillies. Bretón a également composé un oratorio, des pièces pour orchestre, notamment un *Concerto pour violon* dédié à la mémoire de Sarasate et quelques œuvres originales de musique de chambre.

Wendy Thompson.

Bréval, Jean-Baptiste, Sébastien (Paris, 6 novembre 1753 ; Colligis (Aisne), 18 mars 1823). Compositeur français, l'un des plus importants virtuoses du violoncelle de son époque (membre de l'orchestre du Concert spirituel puis de celui de l'Opéra de Paris). Sa musique, qui ne s'adresse pas seulement au violoncelle, est caractérisée par des mélodies élégantes.

Alain Pâris.

Brève (⊟ ou |⊡|). Du latin *brevis.* Autrefois, comme son nom le suggère, la brève était la valeur la plus courte du système de notation musicale ; mais aujourd'hui, les valeurs longues sont progressivement tombées en désuétude et la brève est devenue la valeur la plus longue (deux fois plus longue qu'une semi-brève). Elle se rencontre assez rarement, sauf dans la musique religieuse.

L'expression *alla breve* signifie « battre à la blanche », de sorte qu'une mesure à 4/4 se présente comme une mesure à 2/2 (l'unité métrique de base devient la blanche et non la noire indiquée dans l'armature de la clé). L'indication *alla breve* que l'on trouve dans l'un des airs à 3/4 de la *Passion selon saint Jean* de J. S. Bach est exceptionnelle ; généralement, cette expression ne concerne que les armatures à 2 ou à 4 temps.

Bréviaire (lat. : *brevarium*). Livre qui regroupe les chants, prières et leçons de l'office divin ; voir *Plain-chant*, 4.

Bréville, Pierre de (Bar-le-Duc, 21 février 1861 ; Paris, 24 septembre 1949). Compositeur français, élève de Th. Dubois et de C. Franck, qui a enseigné à la Schola Cantorum (1898-1902) puis au Conservatoire de Paris (1914-18). Il est l'auteur d'un conte lyrique, *Éros vainqueur*, créé à Bruxelles en 1910, et de plusieurs œuvres de musique de chambre. Mais seules ses mélodies ont rencontré une large diffusion. Il a exercé une importante activité de critique (notamment au *Mercure de France*) et assuré la présidence de la Société nationale de musique.

Alain Pâris.

Brian, Havergal (Dresden, Staffordshire, 29 janvier 1876 ; Shoreham, 28 novembre 1972). Compositeur anglais. Presque entièrement autodidacte, il se forge une réputation dans les dernières années du XIXe siècle en composant des pièces chorales pour les grands festivals. Au cours des dix années suivantes, ses œuvres symphoniques commencent à être reconnues, puis l'intérêt suscité par sa musique faiblit pour renaître à nouveau dans les années soixante. Il continue néanmoins à composer régulièrement des symphonies (32 au total) et d'autres pièces pour orchestre, ainsi que cinq grands opéras. Ses œuvres sont diatoniques et revêtent souvent des formes intrigantes, élidées.

Paul Griffiths.

Brian Born. Voir *Cornemuse*, 2.

Bridge, Frank (Brighton, 26 février 1879 ; Eastbourne, 10 janvier 1941). Compositeur anglais. Il fait ses études avec Stanford au Royal College of Music (1899-1903), puis participe activement à la vie musicale londonienne comme chef d'orchestre et comme violoniste ou altiste dans des ensembles de musique de chambre. Ses premières œuvres sont trois partitions de musique de chambre en un mouvement écrites pour les concours de Walter Cobbett ; le *Phantasy Piano Quartet* (1910) est typique de son écriture avec son flux calme et tranquille qui évoque Brahms et surtout Fauré. Il s'intensifie dans les œuvres un peu plus tardives comme l'ambitieuse *Sonate pour violoncelle* (1913-17), mais change radicalement au lendemain de le Première Guerre mondiale. Après plusieurs années d'un silence presque total, Bridge compose alors la *Sonate pour piano* (1921-24), une œuvre difficile dans laquelle il manie résolument des harmonies bitonales. Dans les *Quatuors à cordes n° 3* (1926) et *n° 4* (1937), il est au bord de l'atonalité ; l'énergie lyrique et contrapuntique de son écriture révèle sa connaissance de Schoenberg et de Berg. On retrouve cette force d'expression dans ses œuvres symphoniques plus récentes, notamment le poème symphonique extatique *Enter Spring* (1930), le lugubre *Phantasm* pour piano et orchestre (1931) et le triomphal concerto pour violoncelle en un mouvement *Oration* (1930). Le public britannique de l'époque n'a apprécié aucune de ses œuvres de l'après-guerre qui n'ont été reconnues qu'une génération après sa mort, en partie grâce aux efforts de son élève, Benjamin Britten.

Paul Griffiths.

Brigands, Les. Opéra bouffe en trois actes d'Offenbach sur un livret de Meilhac et Halévy. Créé au Théâtre des Variétés, à Paris, le 10 décembre 1869.

Brigg Fair. Œuvre symphonique de Delius, sous-titrée « An English Rhapsody » (« Une rhapsodie anglaise »), composée en 1907. Il s'agit d'un ensemble de variations sur un chant populaire anglais que Grainger avait fait découvrir à Delius.

Brindisi (ital.). « Chanson bachique », « chanson à boire ». Terme sans doute lié à la ville italienne qui porte le même nom. On trouve souvent des *brindisi* dans l'opéra du XIXe siècle, par exemple « Libiamo » (« Buvons ») dans *La Traviata* de Verdi et la chanson à boire de Iago dans *Otello*.

Brio (ital.). « Vivacité », « entrain » ; *brioso*, *con brio*, « enflammé », « avec allant ».

Brisé. Terme employé pour désigner des accords joués sous forme d'*arpège, servant généralement de figure d'accompagnement, comme dans la *basse d'Alberti, ou pour certaines formes d'écriture pour instruments à cordes nécessitant l'emploi de coups d'archet courts et détachés. Voir également *Style brisé*.

British Federation of Music Festivals. Association regroupant les festivals qui organisent des concours de musique amateur en Grande-Bretagne et dans le Commonwealth, fondée en 1921. Voir également *Concours de musique*, 2.

British Grenadiers. Marche du régiment des Grenadiers de la Garde. Les paroles originales datent du XVIIe siècle (les grenades à main auxquelles se réfère le texte sont apparues vers 1678). On lui substitue parfois une version postérieure qui fait allusion à la bataille de Waterloo. L'origine de l'air est inconnue, mais il remonte peut-être à la seconde moitié du XVIe siècle.

Britten, Benjamin [Lord Britten of Aldeburgh] (Lowestoft, 22 novembre 1913 ; Aldeburg, 4 décembre 1976). Compositeur, pianiste et chef d'orchestre anglais. Britten est incontestablement le plus grand musicien anglais de sa génération, tant comme créateur que comme exécutant, et ses talents de pianiste (surtout d'accompagnateur) et d'interprète de sa propre musique ou de celle d'autres compositeurs lui aurait certainement assuré une très brillante carrière s'il n'avait été par ailleurs un grand compositeur.

1. *La jeunesse*. Cadet des quatre enfants d'un dentiste et d'une musicienne, il apprend à jouer du piano et commence à composer (de façon prolifique) dès l'âge de cinq ans. Il n'a que dix ans lorsqu'il prend ses premières leçons d'alto. En 1924, un événement marque sa jeunesse : il est bouleversé en entendant Frank Bridge diriger sa suite *The Sea* au Festival de Norwich. Trois ans plus tard, lors du même festival, *Enter Spring* de Bridge lui fait la même impression et il devient son élève. Bridge lui enseigne la composition et les principes du pacifisme auxquels il restera attaché jusqu'à la fin de sa vie. Il fait des études secondaires – Gresham, Holt et Norfolk – puis entre au Royal College of Music en 1930 où il apprécie assez peu l'enseignement et l'atmosphère générale conservatrice. A cette époque, plusieurs de ses premières œuvres sont jouées à Londres, mais une seule au collège lui-même, la *Sinfonietta*. En 1934, sa *Fantaisie op.2 pour hautbois et cordes* est sélectionnée pour être jouée au Festival de la SIMC à Florence et la BBC diffuse ses variations chorales, *A Boy Was Born*. L'année suivante, il commence à écrire de la musique pour une petite firme cinématographique qui produit des documentaires et il collabore avec le poète W. H. Auden qui devient un ami influent. Il collabore avec diverses troupes théâtrales de gauche et, en 1936, se rend à Barcelone où sa *Suite pour violon* est jouée au Festival de la SIMC.

Le cycle symphonique pour soprano et orchestre, *Our Hunting Fathers*, sur un texte compilé par Auden, constitue sa première œuvre d'envergure. Lors de sa création au Festival de Norwich, en 1936, le public est scandalisé tant par l'audace des harmonies et de l'écriture vocale que par la satire verbale qui décrit sauvagement la chasse aux animaux et la façon dont ils sont tirés. Il réserve un accueil plus chaleureux aux *Variations sur un thème de Frank Bridge* (composées pour le Festival de Salzbourg de 1937) dans lesquelles Britten mêle son don de la parodie à une pensée plus profonde, légèrement influencée par Mahler. Son extraordinaire sensibilité aux timbres instrumentaux transparaît également dans son *Concerto pour piano* (1938). En 1937, il rencontre le ténor Peter Pears, qui sera toute sa vie son ami et son partenaire artistique et lui inspirera une grande partie de sa musique vocale. Tous deux s'embarquent pour l'Amérique du Nord au printemps 1939 dans l'intention d'abandonner la Grande-Bretagne, comme l'avaient fait Auden, Isherwood et bien d'autres. Mais, en 1942, le mal du pays et la guerre sont les plus forts : ils retournent en Angleterre et se présentent devant un tribunal d'objecteurs de conscience. Pendant son séjour en Amérique, Britten avait terminé le cycle de mélodies *Seven Sonnets of Michelangelo* (1940), le *Concerto pour violon* (1939) et la *Sinfonia da Requiem* (1940). Sur un livret d'Auden, il avait composé une opérette, *Paul Bunyan* (1940-41), qu'il mettra de côté après la première représentation jusqu'à sa révision en 1974-75. De retour en Angleterre, Britten écrit deux belles œuvres, *Hymn to St Cecilia* (1942) et la *Sérénade pour ténor, cor et cordes* (1943) – mais concentre la majeure partie de son temps à son opéra *Peter Grimes*, d'après le poème de Crabbe qui évoque le pêcheur d'Aldeburgh. Créé à Londres en juin 1945, il est salué d'emblée comme le premier grand opéra anglais depuis *Didon et Enée* de Purcell. Dès lors, chaque nouvelle œuvre de Britten, surtout dans le domaine lyrique, sera considérée comme un événement essentiel de la vie musicale dans le monde entier.

2. *Après « Peter Grimes »* . Britten écrit un second quatuor à cordes en 1945, mais l'opéra retient de plus en plus son attention. *The Rape of Lucretia* (*Le Viol de Lucrèce*,1945-46) et *Albert Herring* (1947) sont représentés à Glyndebourne et donnent naissance à l'English Opera Group. Britten s'installe à Aldeburgh en 1947 où il fonde un festival l'année suivante avec Pears et quelques autres musiciens. La plupart des œuvres ultérieures de Britten (notamment le délicieux *Let's Make an Opera*) seront écrites pour le Festival d'Aldeburgh et il saura convaincre les meilleurs musiciens de s'y produire : ce festival est ainsi devenu l'un des événements les plus importants de l'année musicale, alliant professionnalisme et niveau artistique élevé à une simplicité et une improvisation pleines de charme. Entre 1950 et 1960, Britten écrit quatre opéras majeurs – *Billy Budd* (1950-51), *Gloriana* pour le couronnement d'Elisabeth II (1952-53), *The Turn of the Screw* (*Le Tour d'écrou*, 1954) et *A Midsummer Night's Dream* (*Le Songe d'une nuit d'été*, 1959-60) – ainsi que des mélodies sur des poèmes de Hardy, *Winter Words* (1953), deux *Canticles* (1952 et 1954), le ballet *The Prince of the Pagodas* (1956) et *Noye's Fludde*, basé sur un mystère de Chester (1957-58), partitions auxquelles s'ajoutent de nombreuses œuvres plus courtes.

Britten touche son public le plus vaste lors de la création de son *War Requiem*, pour l'inauguration de la cathédrale de Coventry, en 1962. Le pacifisme de Britten trouve son expression la plus communicative et la plus éloquente dans cette grande fresque chorale qui unit la messe latine aux poèmes de guerre de Wilfred Owen. Il remporte un tel succès populaire qu'il semble effrayé et se réfugie alors dans un style plus dépouillé, plus intime. Son amitié avec le violoncelliste russe Mstislav Rostropovitch donne naissance à la *Sonate pour violoncelle* (1961), à la *Cello Symphony* (*Symphonie concertante pour violoncelle et orchestre*, 1963) et à trois *Suites pour violoncelle* sans accompagnement (1964, 1967 et 1971). Les années soixante sont également marquées par la trilogie des paraboles religieuses, *Curlew River* (*La Rivière aux courlis*, 1964), *The Burning Fiery Furnace* (*La Fournaise ardente*, 1966) et *The Prodigal Son* (*Le Fils prodigue*, 1968). Ces œuvres sont de petits opéras de chambre destinés à être représentés d'une manière extrêmement stylisée. La musique y reflète l'influence du gamelan que Britten avait découvert en Extrême-Orient. Son opéra suivant, *Owen Wingrave*, également sur un thème pacifiste, est, comme *Le Tour d'écrou*, une adaptation de Henry James. Il a été créé à la télévision en 1971, année durant laquelle Britten a commencé à composer son dernier opéra, *Death in Venice* (*Mort à Venise*, 1971-73), d'après le roman de Thomas Mann. En 1973, il subit une opération (qui échouera) destinée à remplacer une valvule du cœur. Britten, qui ne peut plus jouer du piano, passe les trois dernières années de sa vie dans l'invalidité, ne consacrant chaque jour que très peu de temps au travail. Il révise néanmoins quelques partitions antérieures et compose plusieurs œuvres vocales, la *Suite on English Folk Tunes* pour orchestre (1974) et le *Quatuor à cordes n° 3* (1975). En 1976, six mois avant sa mort, il est nommé pair à vie. En 1953, il avait été fait Companion of Honour et, en 1965, membre de l'ordre du Mérite.

Dans ses premières œuvres, comme la *Sinfonietta*, Britten semblait s'intéresser aux méthodes de Schoenberg et, à une certaine époque, il avait souhaité travailler avec Berg. Pourtant, il n'a jamais adopté le système sériel, même si certains de ses thèmes font appel au dodécaphonisme. Par rapport à l'avant-garde, il a toujours fait figure de compositeur « conservateur », en termes d'harmonie, mais la fraîcheur avec laquelle il abordait tout ce qu'il entreprenait (particulièrement lorsqu'il s'adressait aux enfants), sa faculté à trouver des modes d'écritures nouveaux (mais pas excentriques) pour les instruments et pour les voix, et le plaisir évident qu'il prenait à écrire de la musique pour ses amis ou pour des circonstances particulières lui ont valu l'adhésion immédiate et spontanée d'un public qui se méfiait généralement de la « musique moderne ». Le choix de ses sujets d'opéras reflète sa préoccupation pour l'innocence trahie et pour la cruauté, ainsi que la sympathie qu'il portait aux « marginaux », due à son expérience personnelle d'objecteur de conscience et d'homosexuel. Sans doute à cause des années de formation passées dans une équipe cinématographique, il aimait travailler au sein d'un groupe d'artistes et a réussi à s'entourer de collaborateurs talentueux partageant le même idéal : chanteurs, instrumentistes, librettistes, producteurs et décorateurs. Si, dans certaines œuvres, le désir de servir ces talents a abouti à une application peut-être superficielle de son indiscutable génie, beaucoup plus nombreuses sont celles dans lesquelles sa vision, sa compassion et son étonnante compétence technique ont produit des chefs-d'œuvre durables d'une rare espèce.

Michael Kennedy.

Britten, Improvisations on an Impromptu of Benjamin. Œuvre symphonique de Walton, composée en 1969. Il a emprunté le thème au *Concerto pour piano* de Britten.

Britten, Sinfonia in Memoriam Benjamin. Œuvre pour 17 instruments à vent de Fricker, composée en 1976-77 et créée à Aldeburgh en 1978.

Brixi, František [Franz] (Xaver) (Prague, baptisé le 2 janvier 1732 ; Prague, 14 octobre 1771). Compositeur et organiste tchèque. Membre le plus éminent d'une famille qui a donné naissance à plusieurs compositeurs et organistes ; il est apparenté aux Benda. Il fait ses études musicales chez les pères, à Kosmonosy, puis occupe successivement plusieurs postes d'organiste dans différentes églises de Prague. En 1759, alors qu'il n'a que 27 ans, il est nommé *Kapelmeister* de la cathédrale Saint-Vitus à Prague. Compositeur extrêmement prolifique, Brixi a écrit plus de cinq cents œuvres religieuses, notamment des messes, des motets, des cantates et des oratorios. Tout en partageant avec ses contemporains tchèques les caractéristiques viennoises de Fux et de Caldara et le style napolitain de Scarlatti, son œuvre se distingue par une plus grande imagination mélodique et a exercé une influence considérable sur la musique tchèque à la fin du XVIIIe siècle.

Jan Smaczny.

Broadcast Music Inc. (BMI). Organisme formé en 1939 par des hommes de radio américains pour s'opposer au monopole virtuel de l'ASCAP dans le domaine de la perception des droits d'auteur. La BMI verse à ses membres des royalties prélevées sur les droits qu'elle obtient pour les exécutions de la musique de son répertoire. Contrairement à l'ASCAP, la BMI est une entreprise privée. La BMI est parvenue avec succès à une plus grande distribution nationale de certains genres régionaux de musique américaine et son catalogue est particulièrement riche en musique populaire contemporaine. Voir également *American Society of Composers, Authors and Publishers (ASCAP)* ; *Droit d'auteur*, 13.

Broadway Musical Comedy. Forme théâtrale traditionnelle américaine qui allie comédie, chant, danse et spectacle. « Broadway » doit son nom à l'avenue de New York sur laquelle se trouvent les principaux théâtres de comédie musicale. La tradition de Broadway, qui remonte au moins à *The Black Crook* (1866), englobe les œuvres des plus grands compositeurs de comédie musicale américaine, dont la plupart d'entre eux restent indissociables de *Tin Pan Alley. La production d'un spectacle de Broadway réclame d'importantes répétitions et un budget non négligeable ; néanmoins, la compétition qui existe dans la production de « musicals » ou de comédies musicales à succès a aidé Broadway à se maintenir à un niveau élevé de création et de professionnalisme.

Mark Tucker.

Broken consort (angl.). Ensemble d'instruments de familles différentes. Voir *Consort*.

Brossard, Sébastien de (Dompierre, Orne, septembre 1655 ; Meaux, 10 août 1730). Théoricien et compositeur français. Il fait des études de théologie et occupe divers postes ecclésiastiques et musicaux à Paris, Strasbourg (1687-98) et Meaux (1698-1730). Il a composé beaucoup de musique d'église et laissait la possibilité de supprimer certains mouvements de ses motets s'ils étaient jugés trop longs ou peu indiqués pour le service. Il est surtout connu pour avoir écrit l'un des premiers dictionnaires de musique, le *Dictionnaire des termes grecs, latins et italiens* (1701) – qui constitue encore une précieuse source d'information sur la musique du XVIIe siècle. En 1724, il a légué à Louis XV sa célèbre bibliothèque en échange d'une rente modeste ; elle appartient maintenant à la Bibliothèque nationale.

Denis Arnold.

Brouwer, Leo (La Havane, 1er mars 1939). Guitariste et compositeur cubain qui s'est rapidement détaché des racines populaires de sa musique sous l'influence de Nono et des compositeurs de l'école polonaise. Sa musique, qui a considérablement enrichi le répertoire de la guitare, fait appel au sérialisme, à l'aléatoire et parfois même au graphisme musical.

Alain Pâris.

Brown, Earle (Lunenburg, Massachusetts, 26 décembre 1926). Compositeur américain. Après avoir étudié les mathématiques et reçu une formation d'ingénieur à Northeastern University (Boston), il travaille la composition avec Joseph Schillinger (1946-50) et Roslyn Brogue Henning. Pendant deux ans, il enseigne, à Denver, les théories mathématiques de Schillinger (appliquées à la musique) puis s'installe à New York où il fréquente John Cage et des artistes comme le peintre Jackson Pollock et le sculpteur Alexander Calder. Subissant autant l'influence de l'un que des autres, il écrit la première partition graphique, *December 1952* (1952), une notation graphique composée de minces rectangles noirs sur fond blanc. Ensuite, dans *25 Pages* pour 1 à 25 pianos (1953), il laisse les exécutants disposer les pages dans l'ordre de leur choix et déterminer eux-mêmes la longueur des durées relatives indiquées dans la notation. Directeur artistique des enregistrements de musique contemporaine chez Time Records (1955-60), Brown entre en contact avec certains membres de l'avant-garde européenne et opère un retour à la notation conventionnelle, tout en introduisant souvent des structures mobiles dans des formes fermées. Ainsi, dans *Available Forms II* (1961-62), deux chefs d'orchestre, travaillant indépendamment l'un de l'autre et dirigeant chacun un groupe de 49 instrumentistes, doivent mettre en ordre, à leur convenance, des structures musicales très diverses.

Paul Griffiths.

Browne, John (célèbre à la fin du XVe siècle). Bien que Browne soit sans doute le plus grand compositeur anglais entre Dunstable et Taverner, on ne sait pratiquement rien de sa vie, et seulement treize œuvres de lui nous sont parvenues, qui figurent pour la plupart dans l'*Eton Choirbook*. Elles comportent un ensemble d'antiennes célèbres sur des textes de la Passion, notamment le puissant *Stabat mater* qui est considéré comme son chef-d'œuvre. Browne a également composé des *Magnificat*, dont la plupart sont aujourd'hui perdus, et quelques-uns des plus beaux noëls de l'époque, notamment « Woefully arrayed » et « Jesu, mercy, how may this be » dans lesquels il fait un usage remarquable d'effets musicaux expressifs et même parfois de l'illustration du texte.

John Milsom.

Browning. Nom donné à un certain nombre d'œuvres anglaises des XVIe et XVIIe siècles basées sur l'air de « The leaves be greene, the nuts be browne ». La plupart d'entre elles revêtent la forme de variations instrumentales compliquées (par exemple celle de Byrd, en cinq parties).

Bruch, Max (Karl August) (Cologne, 6 janvier 1838 ; Friedenau, près de Berlin, 20 octobre 1920). Compositeur allemand. De famille bourgeoise, il reçoit une éducation complète et occupe plusieurs postes de chef d'orchestre à Mannheim, Coblence, Sondershausen et Berlin. Pendant trois ans, il assure la direction de la Philharmonic Society de Liverpool (1880-83), avant de prendre la tête de la Hochschule für Musik de Berlin (1891) où il enseigne la composition. Bien qu'il ait commencé par composer des opéras et soit très apprécié en Allemagne pour sa musique chorale, il est surtout connu dans le reste du monde pour ses œuvres concertantes, qui s'inspirent largement du style de Mendelssohn : la *Fantaisie écossaise* pour violon et orchestre (1880), *Kol Nidrei*, sur des mélodies hébraïques, pour violoncelle et orchestre (1881) et le *Premier Concerto pour violon en sol mineur* (1868) qui comporte un magnifique mouvement lent.

Denis Arnold.

Bruck, Arnold von (Bruges, vers 1500 ; Linz an der Donau, 6 février 1554). Compositeur néerlandais. Enfant de chœur à la chapelle impériale de Charles V, il devient maître de chapelle de l'archiduc Ferdinand en 1527, poste qu'il occupe jusqu'à sa retraite en 1545. Il se voit accorder plusieurs bénéfices intéressants et passe la fin de ses jours à Linz. Il a composé des *Tenorlieder* et excellait dans le domaine des arrangements polyphoniques de mélodies courtoises et populaires.

Denis Arnold.

Bruckner, (Josef) **Anton** (Ansfelden, près de Linz, 4 septembre 1824 ; Vienne, 11 octobre 1896). Organiste et compositeur autrichien. Fils d'un modeste maître d'école de village qui tenait aussi l'orgue de l'église locale, Bruckner étudie suffisamment l'orgue pour remplacer son père dès l'enfance. A la mort de celui-ci, en 1837, sa mère le fait admettre comme enfant de chœur à l'abbaye de Saint-Florian où il reçoit une solide éducation musicale et générale qui lui permet d'entrer à l'École normale d'instituteurs en 1840. Pendant les cinq années suivantes, il enseigne dans différentes écoles de villages ou de hameaux et obtient son diplôme de professeur. Nommé à Saint-Florian, il a la chance de travailler sur un excellent orgue et y devient organiste temporaire à partir de 1848. A cette époque, il commence à composer, notamment le *Requiem en ré mineur* (1848-49), dans un style contrapuntique cher au mouvement cécilien qui cherchait à réformer la musique religieuse catholique ; mais sa technique ne lui donne pas satisfaction et il décide de prendre des leçons avec Simon Sechter (1788-1867), célèbre professeur au Conservatoire de Vienne. En 1855, il est nommé organiste à la cathédrale de Linz et obtient, pour la première fois, un salaire décent et un logement de fonction. Doutant encore de ses possibilités en matière contrapuntique, il continue à travailler avec Sechter et passe une sorte « d'examen de fin d'études » en 1861 qui lui permet d'enseigner dans les écoles de musique.

C'est seulement à cette époque – il a alors une quarantaine d' années – qu'il ose composer une symphonie – elle ne lui plaît pas et il lui donne le nº 0. Il se familiarise alors avec les premières œuvres de Wagner qui l'invite à venir écouter *Tristan et Isolde* à Munich, en 1864. Cette rencontre lui inspire une autre symphonie (la *Symphonie nº 1*, 1865-66) ; il compose également la superbe *Messe en mi mineur* (1866), une œuvre éminemment contrapuntique, dans la tradition cécilienne. En 1867, après une dépression nerveuse dont il se remet rapidement, il prend la succession de Sechter à Vienne où il s'installe l'année suivante. Il y compose la grande *Messe en fa mineur* (1867-68), cette fois dans un style symphonique faisant appel à l'orchestre ; au début des années 1870, il écrit deux autres symphonies (la *Symphonie nº 2*, 1871-72, et la *Symphonie nº 3*, 1873-77) qui sont considérées comme excentriques et mal accueillies lors de leur première exécution (Bruckner dirigeait lui-même, ce qui explique peut-être ces réactions, au moins dans le cas de la *Symphonie nº 3*). A cette époque, il est considéré comme un défenseur du wagnérisme, ce qui le met dans une position délicate à Vienne, ville très conservatrice, où le critique Hanslick s'oppose farouchement à l'esthétique wagnérienne. Sa réputation d'organiste s'affirme à l'occasion de concerts qu'il donne à Nancy et à Londres ; le nombre de ses élèves ne cesse d'augmenter et certains d'entre eux deviendront de célèbres chefs d'orchestre. Pendant la période 1874-1883, il compose les *Symphonies nº 4* à *7* qui reçoivent un meilleur accueil des orchestres et des éditeurs. Toutefois, certains chefs d'orchestre parviennent à le convaincre de l'excessive longueur de ces œuvres et il entreprend d'importantes révisions qui créent encore de nos jours une énorme confusion. Deux musicologues, Robert Haas et Leopold Nowak, ont tenté de reproduire, dans leurs éditions, les véritables intentions de Bruckner, mais leurs vues souvent contradictoires – notamment pour les *Symphonies nº 2, 3* et *8* – sont toujours la cause de controverses quant au choix de la meilleure édition. Bruckner a souffert de l'image de « symphoniste wagnérien » qui lui a été accolée à tort. Sa musique comporte indéniablement des harmonies et des mélodies d'inspiration wagnérienne, mais des différences fondamentales séparent les deux compositeurs. Bruckner s'intéresse peu au drame, préférant travailler sur de longues phrases et sur des masses thématiques étendues qui ne sont pas tant « développées » que juxtaposées (et souvent séparées par de longues pauses caractéristiques). Bien qu'il utilise les tubas wagnériens, son orchestration est moins subtile que celle de Wagner et ressemble souvent aux effets monolithiques de la registration de l'orgue.

En 1882, Bruckner va écouter *Parsifal* à Bayreuth et, l'année suivante, profondément touché par la mort de Wagner, il lui rend hommage dans les dernières pages de sa *Septième Symphonie* (1881-83). Cette œuvre fait véritablement basculer la réputation de Bruckner : son élève, Nikisch, en dirige la première audition le 30 décembre 1884. Son *Te Deum* (1881-84) est également un succès, mais sa *Huitième Symphonie* (1884-87) déplaît au chef d'orchestre Hermann Levi (1839-1900) et Bruckner entreprend d'importantes révisions en collaboration avec Josef Schalk. La contribution de Schalk à ces révisions est à l'origine de la controverse qui règne à propos des véritables intentions de Bruckner dans cette symphonie et elle continue à alimenter le débat sur les mérites respectifs des éditions Haas et Nowak : ceux qui pensent que Bruckner, poussé par Schalk, a effectué des coupures plus importantes que ce qu'il souhaitait vraiment, condamnent l'édition Nowak, très raccourcie. L'accueil médiocre qu'obtient la *Huitième Symphonie* aggrave les problèmes nerveux de Bruckner. Il compose peu pendant les années suivantes et se consacre à la révision de ses œuvres antérieures. Il cesse progressivement d'enseigner et de jouer de l'orgue mais, à partir de 1887, il travaille à une *Neuvième Symphonie* qu'il ne terminera jamais.

Bruckner nous a néanmoins laissé beaucoup de musique d'église et neuf symphonies achevées (dont la *Symphonie nº 0*) qui constituent une contribution importante au répertoire du XIXᵉ siècle, même si elles font l'objet de controverses. Sa musique connaît autant de fervents défenseurs (comme en Autriche) que de détracteurs qui lui reprochent sa longueur et le manque d'effet qui en résulte : Brahms, dont les symphonies reposent sur le principe inverse, considérait les symphonies de Bruckner comme des « boas constricteurs ». Il était capable d'écrire une musique d'une beauté éthérée (comme le mouvement lent de la *Huitième Symphonie*) et faisait souvent appel au grand orchestre pour renforcer certains passages qui, même s'ils manquent de développements thématiques, ont un impact rayonnant. Au cours de ses dernières années, les convictions religieuses de Bruckner s'intensifient ; ses funérailles auront lieu à la Karlskirche de Vienne et il sera enterré à Saint-Florian. Tout au long de sa vie, il a été couvert d'honneurs, notamment de la part de différentes institutions autrichiennes.

Denis Arnold.

BIBLIOGRAPHIE : Jean Gallois, *Bruckner*, Seuil, coll. Solfèges (Paris, 1971). Michel Lancelot, *Bruckner*, Seghers (Paris, 1964). Paul-Gilbert Langevin, *Bruckner*, L'Age d'homme (Lausanne, 1977). Armand Machabey, *La Vie et l'œuvre d'Anton Bruckner*, Calmann-Lévy (Paris, 1945). *Le Siècle de Bruckner*, La Revue Musicale nᵒˢ 298-299, Richard Masse (Paris, 1977).

Bruhns, Nicolaus (Schwabstedt, près d'Husum, 1665 ; Husum, 29 mars 1697). Organiste et compositeur allemand issu d'une famille de musiciens professionnels. Après avoir travaillé l'orgue avec son père, il se rend à Lübeck en 1681 pour y étudier le violon et la viole de gambe avec son oncle. Il travaille également l'orgue et la composition avec Buxtehude et atteint rapidement un tel niveau de dextérité que, selon Mattheson, il est capable de s'accompagner d'un *obbligato* de pédale à l'orgue tout en jouant du violon. Buxtehude le persuade d'aller poursuivre ses études à Copenhague. Il revient ensuite dans le Schleswig-Holstein comme organiste à l'église paroissiale de Husum où il s'installe, se marie et meurt prématurément à l'âge de trente-deux ans.

Bruhns était l'un des plus grands organistes de son temps, le meilleur de l'Allemagne du Nord après Buxtehude. Parmi ses œuvres, seules cinq pièces pour orgue et douze cantates sacrées ont survécu.

Wendy Thompson.

Bruitage. Utilisation des bruits en musique (par exemple des sons provenant d'un contexte extra-musical). Ce terme s'emploie surtout pour la musique de percussion ou pour la musique électronique, qui suggère les sons de machines. Voir également *Futurisme*.

Brumel, Antoine (vers 1460 ; vers 1515). Compositeur français (peut-être flamand). La première trace de son existence remonte à 1483, lorsqu'il est engagé comme « heurier » par le chapitre de la cathédrale de Chartres. Trois ans plus tard, il est « maître des Innocents », c'est à dire maître de chant des six *pueri cantores* de la cathédrale Saint-Pierre de Genève où il reste jusqu'en 1492. Il se rend à la cour de Savoie à Chambéry en 1489. A la suite d'un désaccord avec le chapitre, il quitte Genève, est chanoine à Laon en 1497 (à cette époque il est devenu prêtre) et, l'année suivante, devient maître des enfants à Notre-Dame de Paris. En 1500, il se dispute à nouveau avec les autorités ecclésiastiques et démissionne. Il passe ensuite quelque temps à Chambéry mais, en 1506, est nommé *maestro di cappella* à la cour d'Alphonse d'Este, duc de Ferrare. Après la dislocation de cette chapelle, en 1510, on ne sait plus rien de ses activités.

Brumel est l'un des compositeurs les plus importants de son époque, appartenant à la génération de compositeurs du Nord qui ont repris les institutions musicales italiennes et ont eux-mêmes subi l'influence de cette expérience. Il a composé au moins quinze messes, dont l'un des plus anciens *Requiem* qui nous soient parvenus et une messe à douze voix (*Et ecce terrae motus*). Sa musique est généralement mélodieuse et euphonique ; elle souligne le sens du texte et les paroles sont clairement perçues.

Denis Arnold.

Bruna, Pablo (Daroca, près de Saragosse, 1611 ; Daroca, juin 1679). Organiste et compositeur espagnol. Connu sous la dénomination de « l'aveugle de Daroca », il fut, malgré son infirmité, un organiste célèbre et l'un des musiciens favoris de Philippe IV.

Wendy Thompson.

Bruneau, Alfred (Paris, 3 mars 1857 ; Paris, 15 juin 1934). Compositeur français, élève de Massenet au Conservatoire de Paris. Fervent admirateur de Wagner, il cherche à traduire dans l'univers lyrique les idées de Zola et de l'école naturaliste : *Le Rêve* (1891) sera sa première réussite suivie notamment de *L'Attaque du Moulin* (1893) et de *Messidor* (1897). Sous la plume de Zola et de Bruneau, les personnages de l'opéra deviennent des hommes bien réels. Leurs livrets abandonnent les vers pour une prosodie plus proche de la vie quotidienne. En dehors de ses œuvres lyriques, Bruneau n'a laissé que quelques mélodies et un *Requiem*.

Alain Pâris.

BIBLIOGRAPHIE : Alfred Bruneau, *A l'ombre d'un grand cœur* (Paris, 1931), rééd. Slatkine (Genève-Paris, 1980).

Brunette. Chanson populaire française sur des sujets champêtres, galants ou enjoués. Elle s'est répandue aux XVIIe et XVIIIe siècles et certains airs pénétrèrent ensuite la musique instrumentale (les suites pour clavecin) et les opéras-comiques. Les chansons décrivaient souvent une « jolie brunette », d'où leur titre.

Brunetti, Gaetano (? Fano, 1744 ; Colmenar de Orejo, près de Madrid, 16 décembre 1798). Compositeur italien. A partir de 1762, il est très actif en Espagne où il est successivement au service du duc d'Albe, de Charles II, puis de Charles IV pour lequel il édifie une énorme bibliothèque musicale. Il a composé une trentaine de symphonies, six ouvertures, plusieurs marches, des menuets, galops, etc., de la musique religieuse et un grand nombre d'œuvres de musique de chambre (sextuors, quintettes, quatuors, trios et sonates pour violon). L'une de ses œuvres les plus intéressantes, la symphonie à programme *Il Maniatico* (1780), confie au violoncelle le portrait de la folie du héros, un peu à la manière de Richard Strauss dans *Don Quixote*.

Wendy Thompson.

Bruscamente (ital.). « Brusquement ».

Brusque. Danse du XVIIe siècle, apparentée à la gigue, utilisée par J. Champion de Chambonnières dans ses *Pièces de clavecin* (1670).

Bruststimme (all.). « Voix de poitrine ». Voir *Voix*.

Buccin. Nom donné au début du XIXe siècle à une sorte de *trombone à coulisse dont le pavillon, courbé vers l'avant, se termine par une tête de dragon ; très populaire à une certaine époque dans la musique militaire.

Buccina (ital.). Terme général désignant un cor primitif. Voir *Cor*, 9a.

Buch der hängenden Gärten, Das (« Le Livre des Jardins suspendus »). Cycle de mélodies pour voix et piano op.15 de Schoenberg, composé en 1908-09 sur quinze poèmes de Stefan George.

Buffo, Buffa (ital.). « Bouffe ». Voir *Opéra bouffe*.

Bugaku. Divertissement de cour japonais composé de musique de danse. Voir *Japon*, 5.

Bugle (all. : *Flügelhorn* ; angl. : *flugel horn* ; ital. : *flicorno*). Instrument à vent et à pistons de la famille des cuivres, en si bémol, qui possède la même étendue que le *cornet à pistons. La sonorité du bugle est plus large que celle du cornet à pistons, car son tube et son pavillon (dérivés en fin de compte du clairon) s'évasent beaucoup plus largement (voir *Cuivres*, Fig. 2). L'embouchure est pourvue d'un bassin profond et, afin d'interrompre le moins possible l'élargissement de la perce, l'accord s'opère au moyen d'une tige coulissante située juste après l'embouchure et qui aboutit directement aux pistons.

Les fanfares britanniques comportent un seul bugle, placé juste à côté des cornets à pistons (voir *Fanfare*). Dans les fanfares

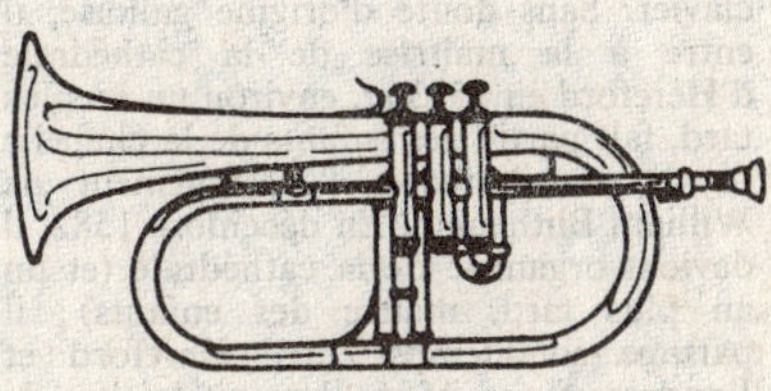

Bugle d'après le catalogue Couesnon (1916).

et les musiques militaires européennes, le bugle joue un rôle plus important, avec plusieurs parties de bugle en si bémol et parfois aussi une partie de petit bugle en mi bémol (généralement appelé *Pikkolo* en Allemagne). A l'orchestre, le bugle apparaît dans quelques œuvres comme *Les Pins de Rome* de Respighi (où il représente les anciennes *tubae* romaines), *Threni* de Stravinski et la *Symphonie n° 9* de Vaughan Williams. Dans ces deux dernières œuvres, il tient une partie soliste importante.

L'instrument a fait son apparition en Allemagne à la fin des années 1830 pour remplacer le clairon à clefs. En Grande-Bretagne, bien qu'on ait conservé le nom allemand, la forme de l'instrument correspond aux modèles français du milieu du XIXe siècle.

Anthony Baines.

Bühne (all.). « Scène ». Wagner emploie les termes *Buhnefestspiel* et *Bühnenweihfestpiel* pour désigner respectivement la *Tétralogie* et *Parsifal*. La *Bühnenmusik* est la musique de scène destinée aux pièces de théâtre ou, dans certains opéras, la musique confiée à un orchestre installé sur scène.

Buisine (ou busine). Terme de vieux français désignant la trompette droite médiévale (voir *Trompette*, 6a). Ce mot tirerait son origine du latin *bucina et a fait naître à son tour le mot allemand *Bosaun* qui est devenu *Posaune*, « trombone » (mais qui conserve dans la Bible allemande l'ancien sens de « trompette » ; voir *Fanfare*, 2).

Bull, John (? Old Radnor, Radnorshire, vers 1562 ; Anvers, 12/13 mars 1628). Bull compte parmi les meilleurs compositeurs anglais de musique pour clavier. Sans doute d'origine galloise, il entre à la maîtrise de la cathédrale d'Hereford en 1573 et, environ un an plus tard, fait partie des enfants de la chapelle royale où il reçoit l'enseignement de William Blitheman. En décembre 1582, il devient organiste de la cathédrale (et un an plus tard, maître des enfants) ; il partage son temps entre Hereford et Londres où, en 1586, il reçoit le titre de Gentleman de la chapelle royale ; la même année, il reçoit celui de Bachelor of Music de l'Université d'Oxford et serait normalement devenu Doctor of Music si, selon la phrase imagée d'Anthony Wood, il n'y avait pas eu à Oxford « des baptistes et des puritains qui ne pouvaient pas supporter la musique d'église ». En fin de compte, Bull obtient quand même le doctorat d'Oxford en le passant à Cambridge, puis en « l'incorporant ».

Pendant toutes ces années, il semble avoir été assez démuni. Sa fortune change lorsqu'il est nommé professeur de musique au Gresham College de Londres, pour un salaire annuel de 50 livres – il est même autorisé à donner des cours en anglais et non en latin, comme c'était la coutume. Malheureusement, un contentieux avec les autorités l'oblige à démissionner, en 1607, pour avoir fait un enfant à Elizabeth Walter (qu'il a ensuite épousée). Il était néanmoins l'un des favoris de Jacques Ier et fut nommé professeur de musique de la princesse Elisabeth : pour son mariage, en 1613, il lui dédiera, ainsi qu'à son époux, le prince Friedrich V, le célèbre recueil de pièces pour clavier *Parthenia, or the Maydenhead of the First Musicke that ever was printed for the Virginalls.* A cette époque, Bull fait autorité dans le domaine de la facture d'orgue et l'archiduc Albert, alors gouverneur des Pays-Bas espagnols, lui demande de construire un orgue. Les négociations échouent, mais ce lien avec l'Europe permet à Bull de s'enfuir à Bruxelles, en 1613, après avoir été impliqué dans une bagarre à l'église (l'archevêque de Canterbury, lui-même, rédigea un rapport sur l'affaire, concluant que Bull était « aussi célèbre pour porter atteinte à la virginité que pour toucher de l'orgue et du virginal »). Le choix de son refuge fut presque à l'origine d'un incident diplomatique, mais Bull évita l'extradition en proclamant qu'il avait émigré d'Angleterre pour des motifs religieux et, bien qu'il ait dû quitter la chapelle de l'archiduc, il fut assez bien toléré par Albert. Il obtint le poste d'organiste assistant à la cathédrale d'Anvers, en 1615, et celui d'organiste titulaire deux ans plus tard. Il compléta dès lors ses revenus en jouant de l'orgue et en donnant des conseils sur les instruments.

Le talent d'instrumentiste de Bull ne fait aucun doute – ses variations sur *Walsingham* représentent un sommet de virtuosité dans l'écriture pour virginal et un exercice d'une extrême dextérité – mais ses talents de compositeur ne sont pas moins grands. L'intérêt qu'il porte au contrepoint apparaît clairement dans ses 120 canons, la plupart sur le *Miserere* en plain-chant, qui font appel à des techniques comme le canon « à l'écrevisse », l'augmentation et la diminution. Cette habileté façonne la plupart de ses œuvres, notamment le grand *In nomine* en la mineur aux proportions rythmiques complexes. Il a également composé de superbes pavanes et gaillardes qui sont moins traitées comme de la musique de danse que comme des variations en miniature, chaque phrase étant décorée lors de sa répétition pour augmenter l'émotion ; de même, ses arrangements de *Piper's Galliard* de Dowland s'enflamment d'une sombre passion ; plusieurs de ses *Fantaisies* sont dérivées de modèles européens, mais il a également écrit de courtes pièces de genre typiquement anglaises aux titres aussi fantaisistes que *My Self, My Jewel* et *My Grief.* Sa virtuosité n'est jamais vaine ; elle sert à exprimer cette mélancolie propre à la musique et à la poésie du règne de Jacques Ier.

Denis Arnold.

Bullock, (Sir) **Ernest** (Wigan, 15 septembre 1890 ; Aylesbury, 24 mai 1979). Organiste et pédagogue anglais, il fait ses études avec Sir Edward Bairstow puis aborde une carrière d'organiste d'église qui atteint son apogée avec sa nomination à Westminster Abbey (1928-41) où il est chargé de la musique, lors du couronnement du roi George VI. Il est ensuite professeur de musique à l'Université de Glasgow, directeur de la Royal Scottish Academy of Music and Drama (1941-52) et du Royal College of Music (1953-60) ; il a été anobli en 1951. Il a surtout composé de la musique d'orgue et de la musique chorale.

Paul Griffiths.

Bülow, Hans (Guido) **von** (Dresde, 8 janvier 1830 ; Le Caire, 12 février 1894). Pianiste et chef d'orchestre allemand. Il se tourne assez tard vers la musique que ses parents, de noble lignée, ne considèrent que comme un passe-temps. En 1849, il fait la rencontre de Liszt et, l'année suivante, assiste à la création de *Lohengrin*, événement qui change le cours de sa vie. Il se rend à Zurich pour devenir un disciple de Wagner grâce auquel il fait quelques expériences dans le domaine de la direction d'orchestre dans des théâtres suisses ; il étudie le piano avec Liszt pour s'orienter dans une carrière de concertiste. En 1857, il épouse la fille de Liszt, Cosima, et enseigne pendant quelques années au Conservatoire Stern de Berlin.

En 1864, lorsque Louis II de Bavière fait entrer Wagner à son service, Bülow est également engagé comme chef d'orchestre. Il reste à Munich jusqu'en 1869, où il dirige les œuvres de Wagner et devient directeur du Conservatoire. Pourtant, Wagner a séduit sa femme dont il finira par divorcer. Tourmenté par ces relations, Bülow n'en reste pas moins un farouche partisan de Wagner. Il doit pourtant quitter Munich et s'installe à Florence pendant quelques années d'où il entreprend de grandes tournées de concerts, notamment un gigantesque voyage en Amérique. En 1874, il se fixe à Hanovre comme chef d'orchestre et devient intendant de la musique de la cour de Meiningen, où il fait de l'orchestre une formation de classe internationale. Ses activités de chef d'orchestre l'occuperont à plein temps jusqu'à la fin de sa vie. Bülow est le prototype du pianiste et du chef d'orchestre moderne, avec un superbe répertoire classique (comportant notamment la *Sonate Hammerklavier*, à une époque où les dernières œuvres de Beethoven était pratiquement inconnues) ; il s'est fait le champion non seulement de Wagner et de Liszt mais également de Brahms. Il est mort au cours d'un voyage entrepris pour améliorer sa santé déficiente.

Denis Arnold.

Bumbass. Voir *Basse de Flandres.*

Bunte Bläter (all.). Voir *Albumblat.*

Buonamente, Giovanni Battista (Mantoue, fin du XVIe siècle ; Assise, 29 août 1642). Compositeur, violoniste et chanteur italien. Membre de l'ordre des franciscains, il entre à la cour impériale de Vienne entre 1620 et 1630. Il reste quelque temps à Santa Maria Maggiore de Bergame et à Parme, comme violoniste, avant de devenir « maestro di cappella del sacro Conventu di San Francesco d'Assisi », en 1633. Disciple de Monteverdi et de Salamone Rossi, il a composé quelques magnifiques sonates en trio et est surtout connu pour la technique très élaborée de sa musique pour violon, faisant appel au *tremolando* et au bariolage.

Denis Arnold.

Burgmüller, (Johann) **Friedrich** (Ratisbonne, 4 décembre 1806 ; Beaulieu, 13 février 1874). Compositeur et pianiste allemand. Il s'installe à Paris après 1832 où il vit de l'enseignement et de la composition. Ses nombreuses études pour piano et autres pièces pédagogiques pour la jeunesse sont très connues ; il a également composé des mélodies et un ballet, *La Péri* (1843). Son frère **Norbert** (Düsseldorf, 8 février 1810 ; Aix-la-Chapelle, 7 mai 1836) était un enfant prodige et a étudié le piano avec Spohr à Kassel. Compositeur doué d'une imagination plus fertile que son frère, il éprouva néanmoins davantage de difficultés à gagner sa vie et vécut la majeure partie de sa courte existence dans la pauvreté. Il a composé deux symphonies, un concerto pour piano et d'autres pièces pour orchestre ainsi que des sonates et de nombreuses petites pièces pour piano ; son œuvre personnifie le style romantique allemand du début du XIXe siècle. Schumann, qui estimait ses dons mélodiques et le comparait à Schubert, a déploré sa mort prématurée.

Burla (ital.). « Farce », « plaisanterie » ; *burlando,* « en plaisantant », « en badinant » ; *burlesco,* « burlesque ».

Burlesque (fr. ; all. : *Burleske* ; ital. : *burlesca*). Divertissement musical populaire qui se développe au XIXe siècle avant l'apparition de l'opérette et de la comédie musicale, dont le style convenait mieux à tous les goûts. Une burlesque était généralement une parodie ou une courte pièce satirique qui s'attaquait à un opéra ou à un drame plus sérieux. Elle annonçait déjà la revue satirique à grand spectacle et on en retrouve l'esprit dans les œuvres d'Offenbach et de Gilbert et Sullivan. Ce genre s'est développé en Angleterre, au XIXe siècle, sous la plume de J. R. Planché (1796-1880) dont la première burlesque, *Olympic Revels*, a été créée à Drury Lane par Madame Vestris, en 1831. Parmi les grands producteurs de spectacles burlesques, il faut retenir le nom de John Hollingshead (1827-1904), directeur de l'ancien Gaiety Theatre, qui a présenté des ouvrages comme *Carmen-up-to-Data*, *Aladin* et *Jack Sheppard*, dernière véritable burlesque montée en 1886 au Gaiety Theatre. Cette scène a consacré des artistes comme J. L. Toole, Edward Terry, E. E. Royce, Nellie Farren, Kate Vaughan, Fred Leslie, Arthur Roberts, Letty Lind, E. J. Lonnen, Phyllis Broughton et Willie Warde. La musique consistait généralement en un arrangement de thèmes tirés du sujet « raillé » ou d'autres sources. Par la suite, des compositeurs comme Meyer Lutz se mirent à écrire des partitions originales qu'il devint de plus en plus difficile à distinguer des premières opérettes. Au Gaiety Theatre, avec les productions de George Edwardes – *Monte Cristo*, *Miss Esmeralda* (courte pièce satirique sur *Notre-Dame de Paris* de Victor Hugo) et *Ruy Blas* ou *Le Blasé roué* – la burlesque s'est rapprochée de la comédie musicale qui devait lui succéder. Par la suite, parmi les auteurs les plus connus figurent F. C. Burnand (1838-1917) et W. S. Gilbert qui a fait ses premières armes comme librettiste dans ce domaine. Le mélange de saynettes et d'airs ou de chansons qui figure au programme de la plupart des spectacles burlesques a également servi de base à un nouveau genre de divertissement, la revue à grand spectacle, qui a commencé à s'imposer au début du siècle.

Peter Gammond.

Burletta (ital., diminutif de *burla*, « farce »). Terme utilisé en Angleterre à partir de la fin du XVIIIe siècle pour désigner les opéras-comiques italiens, puis leurs imitations anglaises (dues à des compositeurs tels que Samuel Arnold et Charles Dibdin).

Burney, Charles (Shrewsbury, 7 avril 1726 ; Londres, 12 avril 1814). L'un des premiers historiens de la musique anglais. Fils d'un portraitiste, il voit le jour dans une famille de vingt enfants et va à l'école à Shrewsbury, puis dans un établissement qui est devenu aujourd'hui King's School, à Chester, où il commence à jouer de l'orgue. A Chester, il fait la connaissance de Arne, à son retour de Dublin, qui le prend comme apprenti et l'installe chez lui à Londres où il le fait parfois jouer dans l'orchestre de Haendel. Par la suite (à part quelques années passées à King's Lynn), la majeure partie de sa vie se déroule à Londres où il exerce comme professeur, compositeur et organiste ; en 1770, il voyage en France, en Italie, en Allemagne et aux Pays-Bas : il dressera un compte rendu de ses voyages dans un journal en trois volumes (1771) et compilera les informations ainsi obtenues dans sa *General History of Music* (quatre volumes, Londres, 1776-89). La plupart des membres de sa famille se sont distingués d'une façon ou d'une autre : sa deuxième fille est la romancière Fabby Burney (Madame d'Arblay). Dans ses *Memoirs of Doctor Burney* (Londres, 1832), elle raconte la vie de son père avec abondance de détails et l'élégance de bon ton qui la caractérise.

Outre son histoire et ses journaux de voyage, Burney a écrit des articles pour la *Ree's Cyclopaedia* en 45 volumes (1802-19), il a dressé le plan d'une école de musique anglaise sur le modèle des conservatoires italiens, est devenu l'ami de Haydn lors de ses passages à Londres et s'est beaucoup intéressé à la commémoration de Haendel en 1784. Il a obtenu le titre de Doctor of Music d'Oxford en 1769 et de Fellow de la Royal Society en 1773. En 1806, alors que la France et l'Angleterre étaient en guerre, il a néanmoins été élu correspondant de l'Institut de France (classe des beaux-arts).

Percy Scholes, rév. Denis Arnold.

Burning Fiery Furnace, The (« La Fournaise ardente »). Parabole d'église op.77 de Benjamin Britten sur un texte de William Plomer d'après le *Livre de Daniel*. Créée au Festival d'Aldeburgh, dans l'église d'Orford, en 1966.

Burrasca (ital.). « Tempête ». Composition illustrant une tempête comme l'ouverture d'*Otello* de Verdi.

Bush, Alan (Dudley) (Londres, 22 décembre 1900). Compositeur anglais. Il étudie la composition avec Frederick Corder à la Royal Academy of Music (1918-22), puis en privé avec John Ireland

(1922-27). En 1925, il est nommé professeur d'harmonie et de composition à la RAM. Il passe deux ans à Berlin (1929-31) où il étudie la musicologie à l'Université avec Johannes Wolf et Friedrich Blume et entre en contact avec Hanns Eisler. Cette relation le détermine à aider le mouvement socialiste auquel il s'est déjà rallié en Angleterre. Ses expériences antérieures, comme dans *Dialectic* pour quatuor à cordes (1929), laissent la place à un style fortement diatonique et il se consacre surtout à la musique chorale et à l'opéra. Dans ce dernier domaine, *Wat Tyler* (1948-51) et les trois ouvrages qui lui succèdent ont tous été présentés en Allemagne de l'Est. Bush a également écrit des livres : *In my Seventh Decade* (Londres, 1971) et *In my Eighth Decade and Other Essays* (Londres, 1980).

Paul Griffiths.

Bush, Geoffrey (Londres, 23 mars 1920). Compositeur anglais. Enfant de chœur à la cathédrale de Salisbury, il fait ses études à Oxford où, en 1947, il est nommé conférencier (musique) au sein du département hors faculté. Après avoir occupé plusieurs autres postes universitaires, il est nommé professeur de musique externe à King's College, à Londres, en 1969. Il a composé trois opéras, deux symphonies, des pièces chorales, de la musique de chambre, dans un style direct et conservateur qui s'inspire à l'occasion de ses prédécesseurs anglais. Il est également l'auteur d'un livre : *Musical Creation and the Listener* (Londres, 1954, 2e éd. 1966).

Paul Griffiths.

Busine. Voir *Buisine*.

Busnois, Anthoine [A. de Busnes, dit Busnois] (vers 1430 ; Bruges, 6 novembre 1492). Compositeur français. Il a passé une grande partie de sa vie au service de Charles le Téméraire et, à la mort du duc de Bourgogne en 1477, il entre au service de la fille de Charles, Marie de Bourgogne. Elle meurt en 1482 et, quelque temps après, Busnois s'installe à Bruges ; au moment de sa mort, il était *rector cantoriae* en l'église Saint-Sauveur de Bruges.

Busnois était également poète et a signé les vers de la plupart des chansons qui nous sont parvenues (une soixantaine). Dans l'ensemble, il s'agit de bergerettes ou de rondeaux à trois parties, au style élégant, parfois populaire. Sa musique sacrée comporte un motet, *Anthoni usque limina*, dans lequel le ténor ne chante qu'une seule note (la partie était peut-être destinée à une cloche). Ses contemporains le tenaient en grande estime et certaines de ses chansons ont été reprises dans des messes par Josquin des Prés, Obrecht, Agricola, Isaac, etc.

Denis Arnold.

Busoni, Ferruccio (Dante Michelangiolo Benvenuto) (Empoli, Toscane, 1er avril 1866 ; Berlin, 27 juillet 1924). Pianiste et compositeur italien, il est le fils d'un clarinettiste itinérant et souvent démuni qui l'oblige à jouer les enfants prodiges dès l'âge de sept ans. A vingt ans, il possède une bonne technique et, guidé par son père, il est devenu un fanatique de la musique de J. S. Bach, à une époque où les compositeurs et les pianistes italiens le connaissaient à peine. Rapidement, il a la charge de son père sur le plan financier et accepte alors plusieurs postes d'enseignant à Berlin, Helsingfors (où il rencontre sa femme), Moscou et Boston. Ces activités ne lui apportent aucune satisfaction, mais il prendra plus tard plaisir à donner des cours magistraux. Il s'installe à Berlin où il se sent davantage chez lui que partout ailleurs et y passera le reste de sa vie. La direction du Conservatoire de Bologne ne lui apporte pas plus de satisfaction et il prétend que son seul succès a consisté à y faire installer de nouveaux cabinets de toilette. Il a pour ambition de consacrer sa vie à la composition, mais se fait surtout connaître comme virtuose particulièrement versé dans les œuvres de Bach et de Liszt et comme éditeur ou transcripteur de leurs œuvres pour clavier. Souvent considéré comme un interprète excentrique dans sa jeunesse, il s'impose ensuite, dans ses tournées de concerts, comme un remarquable interprète des œuvres de la troisième période créatrice de Beethoven. Après avoir souffert pendant longtemps d'une maladie inflammatoire des reins, il meurt en 1924.

Ses œuvres n'ont rencontré qu'assez peu de succès de son vivant, mais elles continuent à avoir leurs fervents. Sa musique pour piano requiert une technique lisztienne pour exprimer des idées contrapuntiques manifestement influencées par Bach. Ses opéras, *Die Brautwahl* (livret inspiré du conte d'E.T.A. Hoffmann), *Turandot* (d'après Gozzi), *Arlecchino* (dérivé de la *Commedia dell'arte*) et *Doktor Faust*, sont tous conçus sur des livrets trop compliqués pour attirer une vaste audience, mais leur détachement semble curieusement annoncer les tendances du XXe siècle. Sa musique, qui possède de grandes qualités intellectuelles, a sans aucun doute souffert de l'éclectisme de Busoni, qui n'était assimilable à aucune catégorie reconnue, et elle a été relativement peu jouée. Mais si le grand public se souvient surtout de lui pour sa remarquable adaptation pianistique de la *Chaconne en ré mineur pour violon* de Bach, les musiciens professionnels restent fascinés par sa façon de mélanger des éléments disparates.

Denis Arnold.

BIBLIOGRAPHIE : P. Roes, *La Technique fulgurante de Busoni*, Henry Lemoine (Paris).

Busser, Henri (Toulouse, 16 janvier 1872 ; Paris, 30 décembre 1973). Compositeur français, élève de C. Franck, Gounod et Massenet, 1er grand prix de Rome en 1893. Il a fait une brillante carrière de chef d'orchestre à l'Opéra-Comique puis à l'Opéra. Au Conservatoire de Paris, il a été titulaire de la classe d'ensemble vocal (1904-38) avant d'enseigner la composition. Membre de l'Institut, il comptait parmi les figures marquantes de la vie musicale parisienne. Ses principales œuvres touchent au domaine lyrique : *Colomba* (1921), *Le Carrosse du Saint-Sacrement*.

Alain Pâris.

Bussine, Romain (Paris, 4 novembre 1830 ; Paris, 20 octobre 1899). Chanteur français, professeur au Conservatoire de Paris à partir de 1872, il a joué un rôle essentiel dans la vie musicale française en fondant, avec Saint-Saëns, la Société nationale de musique en 1871.

Alain Pâris.

Bussotti, Sylvano (Florence, 1er octobre 1931). Compositeur italien. Il entre au Conservatoire de Florence en 1940 où il est l'élève de Dallapiccola (piano), mais le quitte avant d'avoir passé le diplôme. Il travaille en autodidacte pendant plusieurs années puis, en 1957-58, suit les cours de Max Deutsch à Paris. Il suscite pour la première fois l'attention du public avec ses *Five Piano Pieces for David Tudor* (1959), et la beauté graphique de ses partitions est remarquable. Elles se caractérisent également par l'érotisme de ses images graphiques, musicales et théâtrales, comme dans *La Passion selon Sade* (1965-66), « mystère de chambre avec tableaux vivants ». Sa nature créatrice comporte aussi une tendance égotiste flamboyante : lors de la création de son opéra *Lorenzaccio* (1972), il tenait simultanément les rôles de compositeur, de décorateur, de metteur en scène et de vedette.

Paul Griffiths.

Butterworth, George (Sainton Kaye) (Londres, 12 juillet 1885 ; Pozières, 5 août 1916). Compositeur anglais. Il fait ses études à Eton, où il suit les cours de piano de Thomas Dunhill, puis à Oxford. Critique musical du *Times* pendant une courte période, il entre ensuite au Royal College of Music (1910-11) où Charles Wood est son professeur de composition, mais il quitte l'établissement avant d'avoir terminé ses études. Il devient l'assistant de Vaughan Williams pour lequel il recueille des chansons populaires avant de s'engager dans l'armée. Il mourra au cours de la bataille de la Somme. Ses œuvres constituent de beaux exemples du style du chant populaire anglais ; on peut retenir la rhapsodie pour orchestre *A Shropshire Lad* (1912) et plusieurs mélodies sur des poèmes empruntés au recueil éponyme d'Housman.

Paul Griffiths.

Buus, Jacques (? Gand, vers 1500 ; Vienne, août 1565). Organiste et compositeur flamand. De 1541 à 1550, il est organiste à Saint-Marc de Venise avec Adrien Willaert, et de 1550 jusqu'à sa mort, il est organiste titulaire de la cour des Habsbourg à Vienne et à Innsbruck. Bien qu'il ait composé des motets et de la musique profane, il est surtout connu aujourd'hui pour ses longs *Ricercari* polyphoniques pour orgue.

John Milsom.

Buxheimer Orgelbuch (Munich, Bayerische Staatsbibliothek, Cim. 352b). Importante source manuscrite de musique d'orgue allemande ancienne ; les manuscrits datent environ de 1470. Cet ouvrage regroupe plus de deux cent cinquante œuvres, notées en tablature d'orgue à l'allemande, avec des tablatures de mélodies françaises et allemandes, d'œuvres liturgiques, de préludes, de danses et quatre ou cinq recueils de pièces pédagogiques identiques, mais plus étendues que les *Fundamentum organisandi* de Conrad Paumann. Une édition moderne a été publiée en 1958-59.

Buxtehude, Dietrich [Diderik] (Oldesloe [aujourd'hui Bad Oldesloe], Holstein, vers 1637 ; Lübeck, 9 mai 1707). Organiste et compositeur danois. En 1660, il est nommé organiste à l'église allemande d'Elseneur et, huit ans plus tard, succède à Franz Tunder comme organiste de la Marienkirche de Lübeck, poste qu'il occupe jusqu'à la fin de sa vie. Il y poursuit la série des *Abendmusiken* (concerts donnés cinq dimanches après-midi par an) créée par Tunder dans les années 1640. Sous la direction de Buxtehude, ces concerts se composent d'un mélange de musique vocale sacrée (oratorios et cantates), de récitals d'orgue et de musique de chambre. Sa réputation d'organiste virtuose est telle que le jeune J. S. Bach parcourt plus de trois cents kilomètres (« à pied », selon son nécrologue) pour venir l'écouter d'Anstadt. Lors de sa nomination à Lübeck, Buxtehude a apparemment dû épouser la fille de son prédécesseur, coutume curieuse sans doute destinée à assurer une certaine forme de continuité. En atteignant l'âge de la retraite, Buxtehude a lui-même stipulé que la même condition devrait s'appliquer à son successeur. Haendel et Mattheson postulèrent en 1703, mais tous deux préférèrent refuser cet engagement important plutôt que d'épouser Anna Margarita Buxtehude. Il se pourrait que Bach ait aussi envisagé ce poste et ait abouti à la même conclusion, lors de sa visite à Lübeck. Néanmoins, en 1707, Anna Margarita trouva un mari, et son père un successeur, en la personne de J.C. Schieferdecker.

Le style de Buxtehude a exercé une influence considérable sur la formation de nombreux jeunes compositeurs du nord de l'Allemagne, comme Nicolaus Bruhns, Georg Böhm et surtout J. S. Bach qui prit pour principal modèle la musique vocale et instrumentale sacrée de Buxtehude. Buxtehude a composé environ 120 pièces vocales sacrées, comprenant des oratorios pour les *Abendmusiken*, des cantates, des chorals et des airs : ses cantates (*In dulci jubilo* et *Jesu meine Freude* sont sans doute les plus connues) s'inscrivent dans la tradition de Schütz. Ses œuvres pour orgue – préludes (toccatas) et fugues, chaconnes, une passacaille, chorals (préludes, fantaisies et variations) – restent inégalées et représentent la fusion parfaite entre le style contrapuntique complexe de l'Allemagne du Nord et la brillante écriture pour clavier de Froberger. Les autres pièces pour clavier de Buxtehude (suites, canzones, variations, etc.) sont moins intéressantes. Ses œuvres de musique de chambre instrumentale comportent 14 sonates en trio publiées à Lübeck en 1694-96.

Wendy Thompson.

BVM. Abréviation de Bienheureuse Vierge Marie ; voir *Antiphons of the Blessed Virgin Mary*.

BWV. Abréviation de *Bach-Werke-Verzeichnis*, servant de préfixe aux numéros des œuvres de J. S. Bach dans le catalogue complet *Thematisch-Systematisches Verzeichnis der musikalischen Werke von Johann Sebastian Bach* de Wolfgang Schmieder (Leipzig, 1950). Ce catalogue fournit également de précieuses informations sur les sources et les éditions.

Denis Arnold.

Byrd, William (? Lincolnshire, 1543 ; Stondon Massey, Essex, 4 juillet 1623). Compositeur anglais le plus important sous les règnes d'Elisabeth Ire et de Jacques Ier. Son œuvre immense, qui comporte des messes, des motets, des chants polyphoniques et des pages pour clavier ainsi que de la musique de chambre pour ensemble instrumental, figure au rang des œuvres les plus personnelles et inspirées de la fin de la Renaissance, au même titre que celles de Palestrina, Lassus ou Vittoria.

Byrd aurait été l'élève de Thomas Tallis à Londres. A partir de 1563, il devient organiste et chef des chœurs de la cathédrale de Lincoln, où il écrit la majeure partie de sa musique religieuse sur des textes anglais ; après son installation à Londres, en 1572, le chapitre de la cathédrale continue à lui verser un quart de son ancien salaire à la condition qu'il lui fournisse « des chants et des services » en des occasions régulières. En 1570, Byrd est nommé « Gentleman » de la chapelle royale et y partage la charge d'organiste avec Tallis. Cinq ans plus tard, la reine Elisabeth accorde aux deux compositeurs le monopole de l'impression et de l'édition musicale en Angleterre auquel s'ajoute le monopole de l'importation de publications étrangères. Ce privilège ne semble pas avoir été très rémunérateur, mais il aboutit, la première année, à la publication d'un recueil de *Cantiones sacrae* dans lequel chaque compositeur avait écrit 17 motets, correspondant aux 17 années du règne de la reine.

Au cours de sa carrière à Londres, Byrd se livre surtout à la composition de motets, le latin ayant été officiellement approuvé par la reine pour les services de la chapelle royale. Toutefois, il semble probable que l'intérêt croissant que porte Byrd aux motets n'est que le reflet de ses propres croyances religieuses qui vont à l'encontre de l'anglicanisme prédominant de la cour. Il a sûrement été un catholique pratiquant tout au long de sa vie et n'a échappé aux menaces de persécution qu'en raison de sa notoriété de compositeur. On trouve confirmation de ses convictions non seulement dans les sources biographiques qui en font état – en particulier ses relations avec la puissante noblesse catholique de l'époque, à laquelle la plupart de ses publications ultérieures sont dédiées – mais également dans la nature des textes religieux qu'il choisit de mettre en musique. En 1589 et en 1591, il publie deux autres recueils de *Cantiones sacrae*, dont la plupart constituent des testaments émouvants qui révèlent ses convictions personnelles. Leurs textes, généralement bibliques, s'appuient largement sur des thèmes de lamentation, d'oppression et de supplication, et leur musique, d'une grande richesse polyphonique, réalise une synthèse entre une approche entièrement moderne et une énonciation expressive et claire des paroles, tout en respectant profondément les usages contrapuntiques et structuraux du passé. La musique sacrée de Byrd semble parfois conservatrice, parce que l'héritage du passé l'inspirait davantage que les nouvelles modes italianisantes qui ont tant captivé ses jeunes contemporains anglais, comme Weelkes et Morley.

La musique vocale profane de Byrd prend aussi fermement racine dans le passé. Il a écrit assez peu de madrigaux, leur préférant le *consort song* – airs sur des vers sérieux pour soliste avec accompagnement instrumental, le plus souvent un « consort » de violes. Byrd a publié trois recueils de chansons anglaises sur des textes profanes et pieux très variés (1588, 1589, 1611) ; un grand nombre d'entre elles ont été imprimées avec les paroles placées en dessous des parties instrumentales, afin de permettre une exécution entièrement vocale. Les traits madrigaliens sont peu courants dans les chansons de Byrd ; il évite l'illustration de texte étendue en faveur d'un contrepoint souvent savant et d'inspiration purement musicale qui reflète le sentiment général du texte plutôt que les détails d'un mot ou d'une phrase particulière.

Byrd a composé beaucoup de musique pour clavier. Bien qu'ancrée dans le passé, une grande partie de sa production est entièrement nouvelle par son esprit et sa technique et elle a exercé une influence considérable sur les jeunes virginalistes de son époque. Byrd est l'auteur de très belles variations sur des mélodies populaires, ainsi que de basses de danse stylisées (surtout des pavanes et des gaillardes) et de pièces abstraites (fantaisies et préludes). Il nous est parvenu assez peu de musique pour « consort », principalement des fantaisies et des œuvres construites autour d'un *cantus firmus* en plain-chant, notamment des *In nomine*. Une infime partie de sa musique instrumentale a été publiée de son vivant ; elle est conservée sous forme de manuscrits compilés pour des protecteurs ou des admirateurs, comme le charmant ouvrage *My Lady Nevell's Book* et le vaste *Fitzwilliam Virginal Book*.

A la fin de sa vie, Byrd se consacre de plus en plus à la musique religieuse latine, pour l'Église catholique, même s'il continue à écrire de la musique instrumentale et de la musique vocale profane. Dès 1591, il avait totalement renoncé à la vie à la cour et s'était mis sous la protection de la noblesse catholique. Il s'installe à Stondon Massey, village de l'Essex proche d'Ingatestone Hall, et se consacre à son plus grand projet : un cycle de musique pour la messe catholique, destiné aux chapelles privées des récusants anglais. Trois Ordinaires de la messe sont achevés et publiés au début des années 1590, respectivement à trois, quatre et cinq voix, et il lui faudra vingt ans pour composer la musique du Propre de la messe, publiée dans les deux livres de *Gradualia* (1605, 1607). Comparée aux *Cantiones sacrae* antérieures, extrêmement émouvantes, la musique que Byrd compose à la fin de sa vie pour l'Église catholique est souvent plus joyeuse, méditative et sereine et reflète la sécurité et la stabilité que lui ont apportées ses protecteurs. Il semble avoir peu composé après 1611, année de la publication de son dernier recueil, les *Psalmes, Sings and Sonnets.*

Byrd a exercé un impact profond sur ses contemporains ; au nombre de ses élèves figurent Morley et Tomkins, mais peu de compositeurs anglais de l'époque ont su suivre son exemple. A l'exception du madrigal et de l'*ayre,* il a apporté une contribution importante à tous les principaux genres musicaux de son temps, établissant pour chacun d'entre eux de nouvelles normes de référence. Ses œuvres ont suscité beaucoup d'admiration et ont servi de base au travail de toute une génération de jeunes compositeurs.

John Milsom.

Byttering. Compositeur anglais. Son nom apparaît à propos de cinq pièces sacrées latines à trois et quatre voix dans le *Old Hall Manuscript* du début du XVe siècle. On n'a pas réussi à l'identifier formellement, mais il s'agirait peut-être de Thomas Bytering, qui fut chanoine à Hastings Castle (1405-08) et ecclésiastique préposé à l'administration d'une paroisse de Londres (1414).

C

C. En allemand et en anglais, la note do, premier degré de la gamme d'ut majeur.

C.a. Abréviation pour **Coll'arco*.

Cabaca. Percussion latino-américaine composée d'une gourde ronde ou en forme de poire, entourée d'un filet de perles ; utilisée dans la musique de danse. Voir *Maracas*.

Cabaletta (ital.). Ce terme revêt plusieurs significations. Il s'applique généralement à un petit air d'opéra simple caractérisé par le retour uniforme d'un motif rythmique. Rossini, qui a écrit de nombreuses *cabalette* dans ses opéras, disait à Clara Novello qu'il fallait chanter la première exposition telle qu'elle était écrite ; le chanteur pouvait ensuite y ajouter les embellissements de son choix. Au XIXe siècle, le terme désigne uniquement la section finale d'une aria à plusieurs parties, généralement rapide et brillante, mais alors réellement écrite. Le même terme a également désigné la première partie d'une aria qui varie à la réexposition et dont l'accompagnement comporte souvent des triolets (ce qui a laissé supposer que le mot « cabaletta » provenait de *cavallo*, cheval, à cause du mouvement de galop). On trouve l'un des plus anciens exemples de *cabaletta* dans l'air « Le belle imagini » de *Paride ed Elena* de Gluck. Au nombre des *cabalette* célèbres figurent « Ah ! non giunge » dans *La Sonnambula*, « Sempre libera » dans *La Traviata* et « Di quella pira » dans *Il Trovatore*.

John Warrack.

Cabanilles, Juan Bautista José (Algemesí, près de Valence, 4 septembre 1644 ; Valence, 29 avril 1712). A l'âge de 21 ans, il succède à son professeur comme organiste de la cathédrale de Valence où il restera jusqu'à sa mort. Ordonné prêtre en 1668, Cabanilles est l'organiste espagnol le plus célèbre et le plus important de la seconde moitié du XVIIe siècle et l'un des plus grands organistes européens avant J. S. Bach. Les œuvres qui nous sont parvenues comportent environ deux cents *tientos*, six toccatas, des danses pour clavier et des recueils de variations. De style simple, elles sont écrites pour l'orgue espagnol assez primitif, sans pédalier, mais elles restent néanmoins très expressives. La majeure partie de sa musique vocale est aujourd'hui perdue.

Wendy Thompson.

Cabezón, Antonio de (Castrillo de Matajudíos, près de Burgos, 30 mars 1500 ; Madrid, 26 mars 1566). Organiste et compositeur espagnol. Aveugle de naissance, il se rend à Palencia vers 1520 où il aurait étudié l'orgue et la composition. En 1526, il entre au service de la maison d'Espagne et devient ensuite musicien de la Chambre et de la chapelle du roi, où il appartient à la reine Isabelle, femme de Charles Quint. Après la mort d'Isabelle en 1539 (année durant laquelle on dit qu'il a atteint la « perfection dans le domaine de la composition »), Cabezón travaille pour le prince Philippe, le futur roi d'Espagne, et pour ses sœurs ; mais, à partir de 1548, il se consacre entièrement au service de Philippe. Il accompagne le prince dans ses voyages en Italie, en Allemagne, aux Pays-Bas et en Angleterre (1554) ; deux ans plus tard, il rentre en Espagne et s'installe finalement à Madrid.

Lors de ses voyages, Cabezón est entré en contact avec de nombreux musiciens étrangers importants : Josquin des Prés semble avoir exercé la plus forte influence sur lui. La beauté, le caractère expressif et la pureté de son style ont à leur tour profondément marqué d'autres compositeurs européens, notamment Byrd. Environ 40 pièces pour clavier ont été publiées dans *Cifra nueva por tecla* de Venegas de Henestrosa (1557), mais la majorité de ses œuvres ont été publiées par son fils, Hernando, en 1578. Ce recueil comporte des œuvres liturgiques, des *tientos* et des *glosas* sur des pièces de musique flamande sacrée et profane ainsi que plusieurs séries de variations sur des chansons espagnoles.

Wendy Thompson.

Cabrette. Voir *Cornemuse*, 3.

Caccia (ital.). « Chasse ». 1. Genre vocal répandu en Italie aux XIVe et XVe siècles. Les vers décrivent des scènes de chasse de manière vivante et réaliste avec les cris des chasseurs, les aboiements des chiens, etc. Le texte est chanté en canon à deux voix avec une troisième partie de ténor, instrumentale, qui comporte des valeurs plus longues, apparemment destinées à un instrument (à cette époque, dans la majeure partie de la musique vocale, le ténor était écrit en premier). Le maître du genre est Jacopo da Bologna, au milieu du XIVe siècle.

2. Divers instruments (hautbois, cors, etc.) sont qualifiés « alla caccia », car ils sont dérivés de ceux utilisés à la chasse. Voir également *Cor de chasse*.

Caccini, Francesca (Florence, 18 septembre 1587 ; Florence, vers 1640). Compositeur et chanteuse italienne, fille aînée de Giulio Caccini. Comme le reste de la famille, elle reçoit des cours de chant de son père et devient une interprète renommée, surnommée « La Cecchina » (diminutif de Francesca). Elle épouse Giovanni Battista Signorini, compositeur de peu d'envergure, dont elle a deux filles, ce qui ne l'empêche pas de devenir elle-même un grand compositeur. Son recueil d'airs et de chansons *Il primo libro delle musiche* (Florence, 1618) contient plusieurs pièces intéressantes et elle a composé un certain nombre d'œuvres dramatiques, parmi lesquelles il faut surtout retenir le petit opéra *La Liberazione di Ruggero* (Florence, 1625).

Denis Arnold.

Caccini, Giulio (Rome, vers 1550 ; Florence, décembre 1618). Compositeur et chanteur italien. Il fait ses études à Rome avec Giovanni Animuccia et entre, vers 1564, à la cour du grand-duc de Florence. Chanteur célèbre, il prend part aux *intermedi* donnés à l'occasion du mariage de Francesco de Médicis avec Bianca Capello en 1579, et de Ferdinando de Médicis avec Christine de Lorraine en 1589. Dans les années 1570 et 1580, Caccini participe aux discussions et aux recherches de la *Camerata de' Bardi sur la nature de la musique grecque. Il élabore un nouveau style de chant qui se rapproche du naturel de la parole – d'où découle un genre de récitatif. On en trouve l'application dans son adaptation de l'*Euridice* de Rinuccini (Florence, 1600), la première partition d'opéra qui ait jamais été publiée, mais qui n'a été créé qu'en 1602. La première version d'*Euridice* qui a été représentée est l'œuvre de son rival, Jacopo Peri (avec toutefois les chœurs et quelques airs de Caccini qui avait interdit à ses élèves de chanter la musique de Peri). La renommée de Caccini a atteint son apogée lors de la publication de son recueil d'airs et de chansons, *Le Nuove Musiche* (Florence, 1602) ; ce succès est dû en partie aux caractéristiques techniques de l'édition – l'une des premières qui repose sur une méthode efficace d'écriture de la partie du continuo – ainsi qu'à sa nouvelle façon de considérer l'ornementation virtuose. La préface comporte un grand nombre d'informations sur la façon de chanter en usage à cette époque. Les mélodies de certaines chansons de Caccini sont très attrayantes et l'une d'elles, « Amarilli mia bella », est connue dans toute l'Europe, particulièrement en Angleterre : Robert Dowland en a inclus une version dans *A Musical Banquet* et Peter Philips en a réalisé un arrangement pour clavier qui figure dans le *Fitzwilliam Virginal Book*.

Caccini était un professeur de chant de premier ordre. Il a compté parmi ses élèves ses deux femmes, ses trois enfants (pour Francesca Caccini, voir article précédent) ainsi que Francesco Rasi – l'un des chanteurs les plus célèbres du début du XVIIe siècle. Caccini et sa famille furent invités à passer l'hiver à la cour de France entre 1604 et 1605 et, à la fin de sa vie, il reçut d'autres invitations à travailler hors de Florence. Il resta néanmoins au service des Médicis et fut enterré avec tous les honneurs en l'église Ss. Annunziata.

Denis Arnold.

Cachucha (esp.). Danse andalouse de rythme ternaire. Elle a vu le jour à Cadix à l'époque du siège napoléonien (1810-12) et fut ensuite rendue célèbre par la danseuse Fanny Elssler dans le ballet de Jean Coralli, *Le Diable boiteux* (1836), donné à l'Opéra de Paris. L'écriture est proche de celle du *boléro. On trouve un exemple célèbre, mais peut-être pas typique, de cachucha dans *The Gondoliers* de Sullivan.

Cadéac, Pierre (né à Cadéac ? ; célèbre entre 1538 et 1556). Compositeur français. Maître des enfants de la cathédrale d'Auch, en Gascogne, en 1556. Sa musique d'église était connue jusqu'en Pologne et sa chanson douce et sentimentale « Je suis deshéritée » a joui d'une grande popularité pendant plus d'un siècle.

Denis Arnold.

Cadence (all. : *Kadenz, Schluss* ; angl. : *cadence* ; ital. : *cadenza*). 1. Progression ou dispositif mélodique ou harmonique lié par convention à la fin d'une œuvre, d'une section ou d'une phrase. De même que, lorsque l'on parle, il est naturel de laisser tomber le son de la voix à la fin d'une phrase, en musique un plain-chant ou une autre mélodie tombe naturellement en faisant une cadence (du latin *cadere*, « tomber ») jusqu'au « finale », ou note principale, du mode.

(*a*). *La cadence jusqu'au XVIIIe siècle*. Dans les mélodies en plain-chant, la conclusion en forme de cadence la plus courante est une seconde descendante (voir Ex. 1a) ; on trouve également d'autres formules comme la tierce descendante (Ex. 1b) ou la seconde ascendante (Ex. 1c). Dans les premiers temps de la polyphonie, par exemple dans l'*organum* des XIe et XIIe siècles, les cadences consistaient en la résolution, soit d'un intervalle parfait entre les voix (quarte ou quinte) en un autre intervalle parfait (unisson ou octave ; voir Ex. 2a), soit d'un intervalle imparfait (tierce ou sixte) en un intervalle parfait (unisson ou octave ; Ex. 2b). Cette dernière formule est également devenue pratique courante au XIIIe siècle.

Les cadences polyphoniques du XIVe et du début du XVe siècle se conformaient presque invariablement à ce type linéaire, généralement basées sur une seconde descendante dans la partie de ténor – qui fut pendant longtemps la voix la plus grave. Certaines cadences courantes dans la musique de cette époque sont illustrées dans l'Ex. 3. et deux d'entre elles ont finalement acquis un nom spécifique : l'Ex. 3d est devenu la « cadence phrygienne », en raison de sa parenté (seconde mineure fa-mi à la partie de ténor, seconde majeure ré-mi à la partie supérieure) avec le mode phrygien (qui correspond à la gamme de mi sur les touches blanches du piano) ; elle a persisté dans la musique ultérieure (voir plus bas). L'Ex. 3c est la cadence dite de Landino (du nom de Francesco Landini) et se caractérise par l'insertion dans la voix supérieure du sixième degré de la gamme entre la note sensible et la tonique. Son nom prête à confusion car ce procédé est également courant dans la musique de Machaut, Dufay, Binchois et d'autres compositeurs bourguignons.

A la fin du XVe siècle, l'écriture polyphonique devenant de plus en plus libre, on s'attache davantage à l'aspect vertical de la musique par opposition à la progression mélodique horizontale, et avec l'addition d'une partie vocale plus libre au-dessous du ténor – le contre-ténor –, la partie de basse devient un facteur important dans l'élaboration des cadences ; de nouvelles formules voient le jour, liées à une nouvelle ligne de basse disjointe (voir Ex. 4). Les tierces et les sixtes deviennent de plus en plus courantes entre les parties vocales et l'accord final, qui se composait auparavant de quintes et d'octaves « simples », comporte de

Ex. 1

Ex. 2

Ex. 3

Ex. 5

Ex. 4

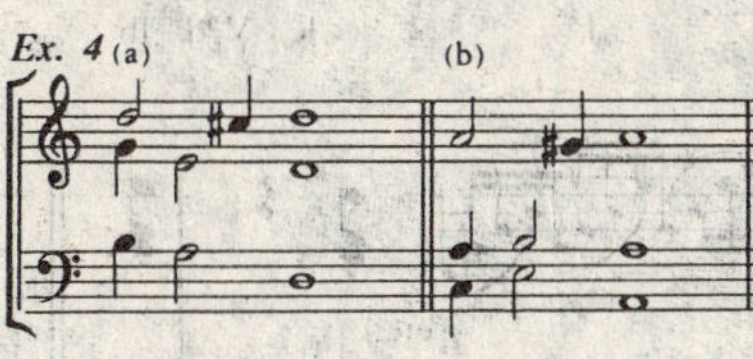

Ex. 6

Ex. 7

Ex. 8

Ex. 9

Ex. 10

Ex. 11

Ex. 13

Ex. 12

Ex. 14

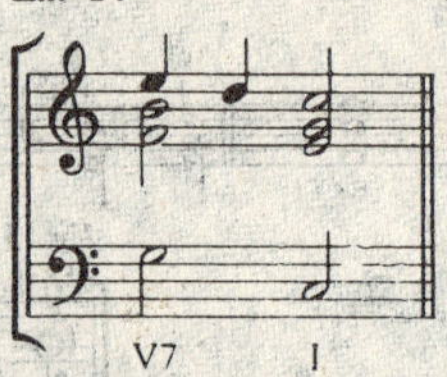

Ex. 15

Ex. 16

plus en plus souvent le troisième degré de la gamme ; au XVIe siècle, il est souvent diésé dans les modes « mineurs » (Ex. 5) et prend le nom de *tierce de Picardie.

Les XVIe et XVIIe siècles élargissent l'approche harmonique de la fin du XVe siècle et voient l'introduction de certains procédés comme les retards cadentiels (Ex. 6) et l'anticipation (Ex. 7a). Cette dernière provoquait souvent des dissonances frappantes qui ont donné naissance à certains surnoms comme la cadence de Corelli, ou « dissonance de Corelli », en raison de sa relation particulière avec le répertoire de violon de l'école de Corelli (Ex. 7b), ou la cadence anglaise, en raison de son omniprésence dans la musique anglaise de Purcell et de ses contemporains (XVIIe siècle) (Ex. 7c).

Plus on avance dans l'ère baroque – alors que la modalité est loin d'être évincée par la tonalité – plus les caractéristiques distinctives des cadences deviennent harmoniques et elles commencent aussi à avoir des implications structurelles importantes. Les cadences que l'on rencontre couramment dans la musique de la période classique correspondent en grande partie aux principaux types de cadences indiqués ci-dessous. Sous des déguisements variés et enjolivés, elles sont devenues la base de toutes les cadences dans le domaine de la musique tonale jusqu'au début du XXe siècle. L'évolution de l'atonalité a alors transformé les pratiques harmoniques et bouleversé les traditions de la pensée tonale.

(*b*). *Principaux types de cadences.* Les cadences utilisées aux XVIIIe et XIXe siècles sont définies par rapport à leur degré de finalité. Toutefois, les variations terminologiques ont parfois semé la confusion ; nous tenterons donc de clarifier les termes les plus fréquemment rencontrés pour désigner les quatre types de cadences les plus fondamentaux et les plus importants.

Normalement, une cadence est « parfaite » si elle se compose d'un accord de tonique précédé d'un accord de dominante (Ex. 8a). Elle peut aussi s'appeler cadence « finale » ou « fermée », cadence

« mixte » ou « complète », ou encore cadence « authentique », et elle possède le plus haut degré de finalité de toutes les cadences. Certains théoriciens prétendent que, pour qu'une cadence soit « parfaite », l'accord final doit comporter la tonique dans la partie supérieure et que les deux accords doivent se trouver à l'état fondamental (Ex. 8b).

Une cadence « imparfaite » se compose normalement d'un accord de dominante précédé de n'importe quel autre accord (le plus souvent I ou IV ; Ex. 11). Elle ne possède pas la finalité des cadences parfaites et plagales et s'utilise donc souvent en cours d'œuvre, à la fin d'une phrase ou plus particulièrement au milieu d'une section ou d'une période. Certains théoriciens américains considèrent cette cadence uniquement comme une variation de la cadence parfaite et ils distinguent la cadence dominante-tonique, décrite ci-dessus, en la qualifiant d'« authentique » ; par extension, ils qualifient la progression harmonique cadentielle IV-V-I ou IV-I-V-I, avec son mélange d'éléments de sous-dominante et de dominante, de cadence « mixte » (Ex. 10).

Une cadence est « plagale » si elle se compose d'un accord de tonique précédé d'un accord de sous-dominante (Ex. 9). En Angleterre, cette cadence porte le nom d' « Amen cadence » (ou plus rarement de « Church cadence » ou de « Greek cadence ») et en Allemagne de *Kirchenchluß*. A nouveau, le point de vue des Américains diverge : ils réservent le nom de cadence « imparfaite » à toute cadence dans laquelle l'accord final ne comporte pas la fondamentale à la partie supérieure (ils la nomment également « semiperfect », Ex. 8a) ou dans laquelle l'accord final n'est pas en position fondamentale (également appelée « cadence épisodique », Ex. 8c). Le terme « demi-cadence » s'applique à la cadence qui se termine sur un accord de dominante.

Une cadence est « interrompue » ou « évitée » lorsque l'avant-dernier accord (de dominante) n'est pas suivi de la tonique attendue mais d'un autre accord, souvent de sus-dominante (Ex. 12). Cette cadence porte aussi des noms moins courants : « abrupte », « évitée », « rompue », « irrégulière » ou « surprise ».

La cadence phrygienne, courante dans la polyphonie modale (voir ci-dessus), a survécu sous diverses formes dans la musique ultérieure (Ex. 13). Toutefois, dans un contexte tonal, ses connotations avec le mode phrygien sont moins évidentes et, dans une tonalité majeure, elle est souvent considérée comme une variété de cadence imparfaite se résolvant à la dominante du relatif mineur.

N'importe lequel des quatre principaux types de cadences – parfaite, plagale, imparfaite ou interrompue – peut être ornementé ou étendu de différentes façons, par exemple en ajoutant une septième (ou un autre intervalle) à la dominante (Ex. 14) ou en inversant l'un ou l'autre accord, ce qui a pour effet de réduire la finalité de la cadence (Ex. 15). À cet égard, les Anglais possèdent d'autres termes pour désigner une cadence par rapport à la position des accords : « radical » (deux accords à l'état fondamental), « medial » (avant-dernier accord renversé) et « inverted » (l'accord final ou les deux accords sont renversés). Une cadence « suspendue » implique une notion de retard (souvent sur le second renversement de l'accord de tonique) avant les deux principaux accords de la cadence, comme cela peut se produire avant la cadence d'un soliste ou un passage compliqué (Ex. 16).

Judith Nagley.

2. Improvisation du soliste généralement située avant la fin d'un morceau. Il s'agit d'une cadence ornementée, bien que les exemples les plus développés semblent le contredire. A l'ère baroque, les chanteurs avaient l'habitude d'embellir une cadence à la fin des airs. Ces cadences étaient improvisées (mais certaines étaient sans aucun doute préparées à l'avance) et, bien que nous ne disposions d'aucune information sur la majorité d'entre elles, elles étaient sans doute assez courtes. Toutefois, à l'époque des castrats, elles commencent à s'allonger. Cette coutume s'est perpétuée à l'opéra au moins jusqu'à la fin du XVIIIe siècle. En outre, au début du XVIIIe siècle, elle avait été transférée au concerto : Vivaldi composait de temps à autre des passages brillants et développés pour violon sur une pédale de dominante (on en trouve un bel exemple dans le *Concerto en do majeur*, « fatto per la solennità della S. Lingua di San Antonio in Padova 1712 »). D'autres compositeurs ont ouvert des possibilités d'improvisation qui ont parfois abouti à des résultats

désastreux (l'exaspération de Haendel envers son premier violon a un jour donné lieu à une remarque à haute et intelligible voix à la fin d'une cadence : « Welcome home, Mr. Dubourg ») ; mais lorsque le compositeur jouait lui-même son œuvre, les cadences produisaient sans doute l'effet recherché et restaient dans la juste mesure.

Dans le concerto de la période classique, une cadence était généralement prévue à la fin de la réexposition et avant la coda du premier mouvement. Il ressort clairement des modèles réalisés par Mozart à l'intention de ses élèves que ces cadences étaient parfois très longues et ne se composaient pas uniquement d'un passage brillant mais également d'un « développement » des thèmes exposés au cours du mouvement. Lorsque le compositeur était au clavier, ce procédé était approprié, mais lorsque d'autres exécutants se sont mis à improviser – ou plus souvent à écrire – une cadence pour le concerto d'un autre compositeur, de nouveaux problèmes ont surgi car leurs styles ne s'alliaient pas nécessairement. Les cadences de Clara Schumann pour le *Concerto pour piano en ré mineur* de Mozart, par exemple, sont très belles, mais trop proches du style de son mari pour ne pas sembler déplacées.

Les solistes jouaient aussi des cadences dans d'autres mouvements, notamment à la fin des rondos où la réexposition du thème principal est précédée d'un appel. En l'occurrence, la cadence ne doit être ni longue ni développée (même la cadence de Beethoven pour le final de son propre *Concerto pour piano nº 3*, avant le changement de mesure final, peut paraître fastidieuse sous les doigts d'un instrumentiste moyen).

Le problème de la disparité de style entre le concerto et la cadence a largement disparu au XIXᵉ siècle, lorsque les compositeurs se sont mis à écrire ce qu'ils désiraient entendre. Beethoven demande au soliste du *Concerto « L'Empereur »* de ne pas improviser mais de jouer la cadence fournie et Mendelssohn, dans son *Concerto pour violon*, déplace ingénieusement la cadence du premier mouvement de la fin de la réexposition à la fin du développement. Dans les premières mesures de la réexposition, il utilise même la figuration de la cadence pour établir un pont très robuste. Les conservateurs, comme Brahms, préfèrent encore l'ancienne manière et son ami Joachim a composé l'une des cadences les plus marquantes pour son *Concerto pour violon* (la cadence de Joachim pour le *Concerto pour violon* de Beethoven est également une page magistrale).

Denis Arnold.

Cadence parfaite. Voir *Cadence*, 1. B

Cadenzato (ital.). « Cadencé », dans le sens rythmique.

Caecilienverein (all.). Voir *Mouvement cécilien*.

Cage, John (Los Angeles, 15 septembre 1912). Compositeur américain. Il étudie la composition avec Henry Cowell à New York (1933-34) et avec Arnold Schoenberg à Los Angeles (1935-37). Suit une période d'activités très diversifiées de compositeur, professeur, accompagnateur de classes de danse et chef d'orchestre de son propre ensemble de percussions. En 1942, il s'installe à New York où il commence à collaborer avec le pianiste David Tudor, avec des compositeurs comme Morton Feldman, Earle Brown et Christian Wolff et avec les peintres Robert Rauschenberg et Jasper Johns. Stimulé par ces collègues, il introduit bientôt dans la musique des procédés aléatoires. Le matériel de *Music of Changes* pour piano (1951) est déterminé par des jets de pièces de monnaie, tandis que, dans le célèbre *4'33* (1952), aucun son ne doit être produit : l'œuvre se compose des bruits ambiants que l'on peut entendre.

Au cours des années cinquante, les innovations de Cage suscitent un intérêt international et il étend son domaine de composition aux « happenings » (*Theater Piece*, 1960), aux partitions graphiques (*Fontana Mix*, 1958), à l'électronique (*Cartridge Music*, 1960) et à la combinaison d'événements très variés (*Variation IV*, 1963). En 1969, il revient à une composition notée et directe, avec *Cheap Imitation* pour piano et orchestre, version repensée de *Socrate* de Satie, tout en continuant à composer de la musique aléatoire et électronique. Il exerce une influence importante dans le monde entier depuis l'invention du piano préparé, en 1938, et l'utilisation de rythmes balinais dans *First Construction (in metal)* pour six percussions (1939). Cage a écrit cinq anthologies : *Silence* (Middletown, Conn.,

1961 ; Londres, 1968), *A Year from Monday* (Middletown, 1967 ; Londres, 1968), *M* (Middletown et Londres, 1973), *Empty Words* (Londres et Boston, 1980) et *For the Birds* (Londres et Boston, 1981).

Paul Griffiths.

BIBLIOGRAPHIE : John Cage, *Pour les oiseaux*, Belfond (Paris, 1976). D. Charles, *Gloses sur John Cage*, UGE (Paris, 1978).

Cahier. Partie ou section d'un ouvrage plus important, équivalant à un volume mais à une échelle moindre : Cahier I = Première Partie, etc.

Caimo, Gioseppe (Milan, vers 1545 ; Milan, vers 1584). Organiste italien qui a été titulaire à San Ambrogio Maggiore puis à la cathédrale de Milan. Il a composé des madrigaux, utilisant des harmonies chromatiques étranges, et d'agréables *canzonette*.

Denis Arnold.

Ça ira ! Cette expression, répétée à trois reprises, constitue environ la moitié des paroles d'un chant révolutionnaire français daté du 5 octobre 1789, jour où le peuple marcha sur Versailles pour ramener à Paris le roi Louis XVI et la famille royale. Il est devenu le chant officiel de la Révolution et a accompagné presque tous les incidents de la Terreur. Les paroles de Ladré, chanteur populaire de l'époque, ont été modifiées à plusieurs reprises pendant les différentes périodes de la Révolution. L'air est celui d'une contredanse populaire, le *Carillon national*, composée par un violoniste de théâtre d'alors, Bécourt.

Caisse claire, caisse roulante. Voir *Tambour*, 2.

Calando (ital.). « En baissant », par exemple en diminuant progressivement les dynamiques et le tempo. *Cantare calando*, « chanter trop bas ».

Calata (ital.). Danse italienne du XVIe siècle apparentée à la *basse danse ; on en trouve treize exemples dans *Intavolatura de lauto* de Petrucci (1508).

Calathumpian Concert (amér.). Voir *Charivari*.

Calcando (ital.). « En pressant », en allant de plus en plus vite, = *accelerando*.

Caldara, Antonio (Venise, vers 1670 ; Vienne, 28 décembre 1736). Compositeur italien. Fils d'un violoniste, il est enfant de chœur à Saint-Marc de Venise et sans doute élève de Legrenzi. En 1699, il est nommé maître de chapelle à la cour de Mantoue, mais s'installe à Rome vers 1708. Il connaît vraiment la célébrité à Vienne où, en 1717, il est nommé vice-maître de chapelle à la cour impériale (le titulaire étant J. J. Fux). Il devient alors l'un des compositeurs d'opéras et d'oratorios les plus connus, un maître du dialogue dramatique et des airs aux mélodies attrayantes. Sa musique d'église révèle sa maîtrise du contrepoint et on retiendra particulièrement son *Stabat mater*, œuvre d'envergure composée pour la canonisation de saint Jean Népomucène en 1726 et son *Crucifixus* à seize voix regroupées en quatre chœurs.

Denis Arnold.

Calenda [calinda] (esp.). Forme de danse de la côte de Guinée, en Afrique occidentale, qui s'est étendue à toute l'Amérique du Sud. L'accompagnement fait largement appel aux tambours et à d'autres instruments à percussion. Au XVIe siècle, elle était exécutée dans les processions religieuses et dans les églises la veille de Noël. Delius utilise une pièce basée sur la calenda dans son opéra *Koanga*.

Calestani, Vincenzo (Lucques, 10 mars 1589 ; vers 1617). Prêtre italien au service de la famille Médicis à Pise. Il a composé un volume de *Madrigali et arie* (Venise, 1617).

Denis Arnold.

Calife de Bagdad, Le. Opéra en un acte de François Adrien Boieldieu sur un livret de C. H. d'A. de Saint-Just. Créé à Paris en 1800.

Calisto, La. Opéra en deux actes de Francesco Cavalli ; livret de Giovanni Faustini d'après les *Métamorphoses*, II, 401-507, d'Ovide. Créé à Venise, au Teatro San Apollinare, en 1651 ; l'ouvrage n'a sans doute fait l'objet d'aucune autre production jusqu'à ce que la version de Raymond Leppard soit présentée au Festival de Glyndebourne le 16 mai 1970; repris ensuite à l'Université de Cincinnati, le 12 avril 1972, puis à Berlin en 1975. La déesse du Destin annonce à celles de la Nature et de l'Éternité que Jupiter a décrété qu'il faut ajouter le nom de Calisto (sop.), fille de Lycaon, roi d'Arcadie, à la liste des constellations. Jupiter (basse) descend sur terre dans une forêt dévastée, accompagné de Mercure (bar.), pour tenter de remédier à la situation, mais il découvre que Calisto est devenue une nymphe de Diane (mezzo). Calisto repousse ses avances et Jupiter, déguisé en Diane, tente de la séduire. Endymion (haute-contre), amoureux de la véritable Diane, est enlevé par Pan (basse) et ses bergers, mais il se trouve finalement uni à Diane venue le délivrer. Pendant ce temps, Calisto, transformée en petite ourse par Junon (sop.), est emmenée au mont Olympe par Jupiter qui a repris sa forme normale; elle y brillera éternellement et sera désormais Ursa Minor, la Petite Ourse.

Callino castureme. Titre d'une pièce du *Fitzwilliam Virginal Book*. Les paroles sont peut-être une déformation de l'irlandais « Cailín ó chois na Suire mé » (« Je suis une fille du bord de la rivière Suir ») et Shakespeare fait allusion à la musique de cette pièce dans *Henry V* (acte IV, scène 4). Byrd a composé des variations sur ce thème.

Calmato, calmando (ital.). « Calmé », « en calmant ».

Calore (ital.). « Chaleur », « passion »; *con calore, caloroso,* « passionnément ».

Calvin, Jean (Noyon, 10 juillet 1509; Genève, 27 mai 1564). Réformateur français. Il étudie le droit et la théologie en France jusqu'en 1533, date à laquelle il est obligé de quitter Paris en raison de ses principes luthériens. De 1534 à 1541, il effectue plusieurs voyages à Ferrare, Strasbourg, Genève et Bâle; en 1539, il publie à Strasbourg, où il a la charge spirituelle des réfugiés français, le premier recueil de chants des réformés de France, les *Aulcuns pseaulmes et cantiques mys en chant*. Il retourne à Genève en 1541 où il demeure jusqu'à la fin de sa vie. Pour ses idées sur la musique à l'église, voir *Réforme*.

Calypso. A l'origine, danse populaire antillaise, le calypso est devenu un chant populaire chez les esclaves des plantations qui n'avaient pas le droit de parler en travaillant et chantaient sur des rythmes de tam-tam pour communiquer et échanger des idées en « patois ». La version moderne de cette danse est également conçue sur un rythme facile et détendu, au phrasé libre, qui permet de faire des commentaires amusants dans un langage piquant sur des événements courants, les scandales, le sport ou la politique. Sur le rythme à 4/4 des tams-tams et de la guitare, on trouve généralement aujourd'hui des paroles en anglais chantées de façon très rythmée, comme le patois français des premiers calypsos. La ligne mélodique subit des variations infinies pour correspondre au nombre de syllabes dont le chanteur a besoin. Trinidad est devenue la capitale du calypso, surtout pendant les carnavals qui précèdent le mercredi des Cendres; en outre, le calypso s'est répandu en Europe juste après la Seconde Guerre mondiale.

Peter Gammond.

Cambiare (ital.). « Changer ».

Cambiata (ital.). 1. Voir *Echappée*; 2. Voir *Nota cambiata*.

Cambini, Giuseppe Maria (Livourne, ? 13 février 1746; ? Hollande, 1825). Violoniste et compositeur italien. Il étudie le violon et la théorie musicale à Naples, environ de 1763 à 1766. La *Correspondance littéraire* de Grimm rapporte que, lors de son voyage de retour de Naples, il fut capturé avec la jeune fille qu'il voulait épouser par des pirates de Barbarie, vendu comme esclave, puis acheté et rendu à la liberté par un marchand vénitien; mais cette histoire n'est pas très sûre. Quoi qu'il en soit, en 1770, Cambini se rendit à Paris où il se lia d'amitié avec Gossec et plusieurs de ses œuvres furent jouées au Concert spirituel. Ensuite, pendant une vingtaine d'années, il a beaucoup composé, notamment 60 symphonies, 30 symphonies concertantes, 144 quatuors à cordes et environ 400 autres pièces de musique de chambre, 2 oratorios et plus de 20 opéras et ballets. Il a été chef d'orchestre dans plusieurs petits théâtres parisiens. Tombé dans la misère vers la fin de sa vie, il se mit à faire des arrangements d'airs populaires. Selon Fétis, Cambini aurait passé les dix dernières années de sa vie à l'hospice de Bicêtre à Paris, mais il se pourrait qu'il soit allé en Hollande.

Wendy Thompson.

Camerata (ital.). Terme utilisé en Italie au XVIe siècle pour désigner de petites académies ou groupes d'intellectuels qui se rencontraient pour discuter des aspects spécifiques d'un sujet. Dans le domaine musical, ce terme a été repris pour désigner la *camerata* florentine, groupe de musiciens et de personnalités littéraires qui se rencontraient dans les années 1570 et 1580 pour discuter de la musique de la Grèce antique. Les réunions se tenaient au début chez Giovanni de' Bardi, comte de Vernio ; y participaient les musiciens Vincenzo Galilei, Piero Strozzi (vers 1550-1609) et Giulio Caccini ; le poète et librettiste Ottavio Rinuccini était lié à la *camerata* mais n'en était peut-être pas membre. En 1592, Bardi quitta Florence pour Rome et Jacopo Corsi prit la tête du groupe. Deux ans plus tard, Corsi et Jacopo Peri mirent en musique *Dafne* de Rinuccini (représenté en 1598) qui constitue en réalité le premier opéra de l'histoire, mais il ne subsiste que quelques fragments de la musique. La *camerata* a surtout développé la *monodie et le **stile rappresentativo*.

Camidge. Famille de musiciens et d'organistes anglais d'York. **John Camidge** (1) (York, 1734 ; York 25 avril 1803) a été choriste à York Minster sous la direction de Nares avant d'aller à Londres étudier avec Greene et Haendel. En 1756, Il succède à Nares comme organiste de York Minster, poste qu'il occupe jusqu'en 1799. Pendant toute sa vie, il jouera un rôle assez important dans les cercles musicaux de York. Un de ses enfants, **Matthew Camidge** (baptisé à York le 25 mai 1764 ; York, 23 octobre 1844) a fait ses études à la chapelle royale avant de reprendre le poste de son père à York Minster en 1799. Il a publié des sonates et d'autres pièces pour clavier, des concertos pour piano ou orgue et de la musique d'église. Son fils, **John Camidge** (2) (York, 1790 ; York, 29 septembre 1859), obtint un diplôme de musique puis un doctorat à Cambridge avant de succéder, lui aussi, à son père à York Minster en 1842. Il fut atteint de paralysie en 1848 et son fils, **Thomas Simpson Camidge** (1828-1912), devint organiste suppléant pendant dix ans jusqu'à la démission officielle de son père.

Wendy Thompson.

Camilleri, Charles (Mario) (Hamrum, Malte, 7 septembre 1931). Compositeur maltais. Il a travaillé à l'Université de Toronto (1960-65), mais a été fortement influencé par l'étude des traditions musicales africaines, asiatiques, arabes et maltaises. En s'inspirant de ces traditions, il a élaboré un style très éclectique mais très personnel, dont le flamboiement se justifie souvent par des intentions visionnaires extatiques. Son œuvre pour orgue *Missa mundi*, qui réclame une grande virtuosité, en est un exemple typique ; il a également composé un opéra *Melita*, des pièces de musique de chambre et de la musique pour piano.

Paul Griffiths.

Camminando (ital.). « Marchant », « cheminant ».

Campanella, La (*Rondo alla campanella*). Final du *Concerto pour violon n° 2* en si mineur de Paganini (1826), qui contient un effet de clochettes. Liszt a utilisé deux fois le même thème, dans sa *Grande fantasia de bravoure sur « La clochette »* (1831-32) et dans *La Campanella* (troisième des 6 *Études d'exécution transcendante d'après Paganini*, 1838-51).

Campbells are Coming, The. Air populaire écossais, édité pour la première fois en 1745, époque à laquelle il servait de danse régionale sous le titre *Hob and Nob*. Il apparaît également sous son titre actuel à la même époque. Ses origines soulèvent beaucoup de controverses.

Campion [Campian], **Thomas** (baptisé à Londres le 12 février 1567 ; enterré à Londres le 1er mars 1620). Poète et compositeur anglais. Bien qu'il ne se soit pas uniquement consacré à la poésie et à la musique, ces deux disciplines ont joué un rôle déterminant dans toutes les phases de son existence, même lors de son séjour à Peterhouse, à Cambridge (1581-84). Il a fait des études de droit à Gray's Inn puis, tout en exerçant la médecine à Londres, il a reçu son diplôme de médecine en France, à l'Université de Caen, en 1605.

Campion accordait moins d'importance à ses *ayres* anglais qu'à ses poèmes latins – « des fleurs superflues de ses études plus profondes » – et il est considéré avant tout comme un bon poète anglais, dont la production littéraire est indissociable de cet autre art dans lequel il excellait également, la musique. Son traité sur le mètre, *Observations in the Art of English Poesie* (Londres, 1602), reflète la subtilité de son esprit musical et le résultat dépasse un simple exposé « quantitatif » et une remise en cause des mètres rythmiques. Son traité purement musical, *A New Way of Making Fowre Parts in Counter-point* (Londres, ?1614), est l'une des œuvres les plus célèbres au XVIIe siècle ; il y reconnaît, très en avance sur son temps, la fonction harmonique de la partie de basse. Il met aussi l'accent sur un système de gammes plus proche de la forme majeure/mineure que de l'ancien *hexacorde, ainsi que sur un schéma embryonnaire à propos des tonalités relatives qui s'est imposé à l'ère baroque.

Sa musique, entièrement vocale, est extrêmement séduisante. Elle est particulièrement mélodieuse, contenue mais rarement mélancolique ; elle est conçue autour de la répétition de sections et de progressions occasionnelles. Ses masques se distinguent par leur contenu musical et poétique, surtout le premier, *Lord Hayes* (1607), dans lequel la musique et la poésie ne se contentent pas d'orner le masque mais dirigent le mouvement de l'œuvre dans sa totalité. Elle contient les germes de l'opéra, genre dans lequel Campion n'a malheureusement fait aucune tentative. Dans ses autres masques, *Lords* (1613) et *Somerset* (1614), la musique et la poésie sont intégrées de façon plus formelle dans le modèle jonsonien alors conventionnel, et Campion semble avoir perdu son originalité. Dans ses *ayres*, la ligne vocale est essentielle, le luth servant surtout à l'accompagnement – ce qui contraste avec certaines chansons de Dowland ou de Danyel. Dans ses cinq recueils d'*ayres* et dans d'autres exemples isolés, on trouve une union parfaite de la musique et de la poésie.

Christopher Wilson.

Campra, André (baptisé à Aix-en-Provence le 4 décembre 1660 ; Versailles, 29 juin 1744). Compositeur français d'ascendance italienne. Enfant de chœur à la cathédrale Saint-Sauveur d'Aix, il est l'élève d'un professeur éminent, Guillaume Poitevin. En 1681, il est maître de musique à Saint-Trophime d'Arles et, en 1683, à Saint-Étienne de Toulouse où il commence à se faire un nom comme compositeur de musique sacrée et profane. En 1694, il est nommé directeur de l'école de chant de Notre-Dame de Paris. En 1697, il écrit ses premières œuvres substantielles pour le théâtre sous le nom de son frère, car il craint la désapprobation du clergé. Ces œuvres, en particulier l'opéra-ballet *L'Europe galante* (créé en 1697), sont si bien accueillies qu'à la fin du siècle il se sent assez sûr de lui pour écrire sous son propre nom. Campra fut l'un des plus importants compositeurs français de théâtre ; il a écrit des divertissements, des tragédies lyriques, des ballets et des opéras-ballets qui ont connu beaucoup de succès et, en 1718, il s'est vu accordé par le roi une pension annuelle de 500 livres.

La musique de Campra a généralement été négligée en faveur de celle de son illustre prédécesseur, Lully, ou de son successeur le plus spectaculaire, Rameau ; mais il a écrit des œuvres attrayantes dans des domaines très variés. Ses pièces pour le théâtre appartiennent à des genres difficiles à faire revivre et sont généralement d'un intérêt dramatique limité – notamment l'opéra-ballet, forme qu'il a créée. Le don mélodique de Campra est le secret de son succès : le public se joignait parfois aux chanteurs. Il a également composé d'excellentes cantates dramatiques et a été l'un des premiers à introduire des instruments à cordes dans la musique des églises ordinaires (par opposition à la chapelle royale). Vers la fin de sa vie, il a également écrit de grands motets majestueux et pathétiques pour la chapelle royale.

Denis Arnold.

BIBLIOGRAPHIE : Maurice Barthélemy, *André Campra, sa vie et son œuvre*, Picard (Paris, 1957).

Canada

1. Historique
2. Période coloniale
3. Composition musicale
4. Musique populaire
5. Institutions
6. Formations et exécutants

1. *Historique.* Comme les États-Unis, le Canada est un pays qui est essentiellement

le fruit de l'émigration qui a eu lieu du XVIIe au XXe siècle. Les voyages de Jacques Cartier (1534 et 1535) furent suivis des premières installations (de Français) à Port Royal (aujourd'hui Annapolis Royal, Nouvelle-Écosse) en 1605. Le Canada a servi de base au commerce français de fourrures jusqu'à la conquête britannique en 1759. Après la déclaration de l'indépendance américaine, en 1776, de nombreux loyalistes ont choisi d'émigrer vers le nord, vers la terre libre. Peu après, le Canada a vu arriver de nombreux Britanniques à la suite des rigueurs économiques de la première moitié du XIXe siècle et la faction britannique n'a cessé de prendre de l'importance au fur et à mesure qu'elle s'établissait dans le pays et que des villes se créaient. Par la suite, de nombreux autres Britanniques choisirent de s'installer au Canada, surtout après la Confédération (le British North America Act de 1867). Pendant toute cette période, les populations indigènes, les Inuits (Esquimaux) et les Indiens, qui y avaient eux-mêmes immigré plus de dix mille ans auparavant, restèrent relativement statiques. Contrairement aux États-Unis, où les nationalités avaient tendance à fusionner, la vie culturelle canadienne, soulignée par une structure et une dispersion géographique bilingues, a suivi un modèle en mosaïque dans lequel les identités distinctes ont fait de leur mieux pour prospérer.

2. *La période coloniale.* Dès le début, la musique a joué un rôle important dans l'histoire du Canada. Le chant et la danse ont toujours été indissociables de la religion panthéiste des peuples indigènes et, même aujourd'hui, ils ne pratiquent pas leur musique comme une entité distincte mais comme une fonction de leurs pratiques religieuses. La première rencontre cérémoniale entre les Européens et les Indiens fut annoncée par de la musique – « Le capitaine a ensuite ordonné aux trompettes et autres instruments de musique de sonner, ce qui ravit les Indiens. » Le capitaine était Jacques Cartier et cela se passait le 3 octobre 1535. Lors de l'installation à Port-Royal (1605-07), Marc Lescarbot écrivit un masque intitulé *Le Théâtre de Neptune* qui comportait une musique de scène. Historien, juriste et poète (*Histoire de la Nouvelle-France*, Paris, 1609), Lescarbot rapporte que le commandant de Port-Royal, le baron de Poutrincourt, composait à l'occasion de la musique destinée au service divin. Peu de temps après, la musique servit d'outil aux missionnaires qui tentaient de convertir les indigènes au christianisme et elle offrait souvent un moyen de communication plus efficace que les mots. Les chants sacrés étaient traduits dans les dialectes locaux sauf lorsque leurs mélodies étaient utilisées sur de nouveaux textes indiens. On en trouve un exemple célèbre dans le *Noël huron*, « Iesos Ahatonhia », sur des paroles indiennes du frère Jean de Brébeuf (qui mourut martyr en 1649) et dans une mélodie tirée d'une chanson française du XVIe siècle (Ex. 1).

L'autre grand domaine dans lequel s'est exercée l'activité musicale des premiers colons fut la chanson populaire : chansons d'amour traditionnelles, chansons traitant d'événements ou de pays lointains, chansons évoquant le travail sur le fleuve, dans les bois ou les jeux. Transmises par voie orale depuis l'époque de la transplantation au XVIIe siècle (la grande période d'immigration se situe entre 1665 et 1673), un grand nombre de chansons, oubliées depuis longtemps en France, ont survécu au Canada jusqu'au XXe siècle. Les conditions qui ont permis leur survivance – communautés rurales et isolées, manque de communication par les médias, analphabétisme général – n'existent plus au Canada. On essaie de conserver cette littérature en l'utilisant à l'école, mais seul le temps dira si ces tentatives sont fructueuses.

Au Canada, l'absence de centres urbains relativement développés ou de riches protecteurs a paralysé le développement de la musique classique pendant la majeure partie du XVIIIe et du XIXe siècle, contrairement à l'évolution qu'elle connaissait dans les grandes capitales européennes. Bien que les *Quintettes à cordes en ut majeur* (K 515) et *en sol mineur* (K 516) de Mozart aient été joués lors d'un concert en souscription à Québec en 1793, juste six ans après qu'ils aient été composés, il a fallu attendre plus de cent ans pour qu'un compositeur canadien ose s'aventurer à écrire une œuvre importante dans le domaine de la musique de chambre. Les villes qui ont connu leur plein essor dans les années 1880 avaient déjà reçu la visite de virtuoses tels que Jenny Lind (Toronto, 1851), Ole Bull

Ex. 1 Extrait du Congrès international des Américanistes, *15ᵉ session, vol. 1 (Québec, 1906 ; rééd. Nendeln/Liechtenstein : Kraus, 1968).*

(Toronto, 1853, 1857), Henri Vieuxtemps (Toronto, vers 1858), Adelina Patti (Toronto, 1855,1860) et Louis Moreau Gottschalk (Québec, 1862). Tous les domaines de la musique canadienne (composition, exécution, enseignement et recherche) ont connu une évolution remarquable au XXᵉ siècle, surtout depuis 1945.

3. *La composition musicale.* Avant 1900, la plupart des musiciens, des ecclésiastiques du XVIIᵉ siècle aux chefs de chœurs-organistes anglais de la fin du XIXᵉ siècle, s'attachaient avant tout à jouer, à enseigner et à promouvoir la musique ; activités qui leur laissaient peu de temps et d'énergie pour réaliser une œuvre créatrice originale. Quelques œuvres font exception à cette règle : *Colas et Colinette ou Le Bailli dupé* (1788) de Joseph Quesnel, dans la tradition de Molière et de Rousseau, est le premier opéra bouffe écrit en Amérique du Nord. Seules les parties vocales et la partie de second violon ont survécu, mais une version reconstituée, qui y ajoute une ouverture, a été achevée en 1963 par Godfrey Ridout et enregistrée par Radio Canada International. Composé près d'un siècle plus tard, *The Widow* (1882) de Calixa Lavallée reflète le style d'opéra léger d'Offenbach et de Sullivan. Au XIXᵉ siècle, les œuvres les plus nombreuses sont des pièces de caractère pour piano et des mélodies patriotiques ou sentimentales, les deux genres se distinguant davantage par leur valeur sociologique que musicale. Les œuvres pour orchestre prennent souvent la forme d'ouvertures de concert, mais Lavallée a néanmoins composé deux symphonies qui sont aujourd'hui perdues.

Rares sont les œuvres d'envergure composées avant 1900. Il s'agissait naturellement pour la plupart de messes, de cantates ou d'oratorios, puisque plusieurs sociétés communautaires d'oratorio avaient vu le jour à la fin du XIXᵉ siècle. Parmi ces œuvres figurent notamment deux partitions de Charles A. E. Harriss, la *Coronation Mass* (Messe du couronnement, 1902) pour le couronnement du roi Édouard VII et *The Crowning of the King* (1911) pour le couronnement du roi George V, *Caïn* (1905) et *Les deux âmes* (1909) d'Alexis Constant ainsi que la *Messe de Requiem* (1906) et *Jean le Précurseur* (1914) de Guillaume Couture.

Au Canada, Healey Willan est le premier chef de chœur-organiste (anglais) qui se soit véritablement consacré à la composition. Il était arrivé au Canada en 1913, à l'âge de 33 ans, pour prendre la tête du département théorique du Conservatoire de musique de Toronto (qui deviendra plus tard le Conservatoire royal). Mais on se souvient surtout de lui comme maître de chapelle à l'église Sainte-Marie-Madeleine de Toronto (de 1921 à sa mort, en 1968). Il y a mis en application ses idéaux en matière de musique d'église, dérivés du mouvement oxfordien du XIXᵉ siècle. Willan était un fervent admirateur du plain-chant en vernaculaire (cofondateur de l'Association grégorienne de Toronto). Il avait pour modèles les madrigalistes et compositeurs de motets élisabéthains, Wagner et les nationalistes russes ; ses quatorze *Missa brevis*, ses motets sacrés, sa musique d'orgue fonctionnelle, *Introduction, Passacaglia, et Fugue* pour orgue (1916) ainsi que l'opéra *Deirdre* (1945, rév. 1962-65) représentent les sommets de sa production créatrice.

Les années vingt ont été marquées par les premières tentatives d'utilisation d'éléments typiquement nationaux, principalement des mélodies françaises et indiennes qui servent de base à des œuvres plus importantes. Les deux festivals d'art populaire qui se sont tenus dans la ville de Québec (1927 et 1928), sous les auspices du National Museum of Canada et du Canadian Pacific Railway, ont servi de point focal à ces activités qui n'ont malheureusement jamais dépassé le stade d'arrangements instrumentaux de quelques chansons folkloriques. À l'époque où les compositeurs canadiens ont commencé à aborder des formes plus vastes, après 1945, ce genre de nationalisme était passé de mode, mais quelques œuvres font exception : la *Symphonie gaspésienne* (1945) de Claude Champagne et le ballet *Red Ear of Corn* (1949) de John Weinzweig.

Le départ de Willan de l'Université de Toronto (1950) coïncide avec la fin d'une ère dans l'évolution de la musique canadienne. Contrairement aux souhaits de Willan, une nouvelle race de compositeurs canadiens était apparue – qui s'intéressait davantage à Bartók, Stravinski, Hindemith et Schoenberg et souhaitait se perfectionner en France ou aux États-Unis. John Weinzweig (1913) est l'un des premiers à avoir voulu intégrer la musique canadienne dans son siècle, écrivant notamment que « dans tous les autres aspects de l'activité humaine, y compris les arts visuels et littéraires, on se sent très concerné par le présent. Il est tout à fait illogique que, dans le domaine musical, on doive entièrement s'appuyer sur le passé ». De 1945 à 1960, les compositeurs canadiens favorisent surtout un style néo-classique dans lequel ils incorporent de temps à autre des éléments de la technique dodécaphonique. Outre Weinzweig, ce nouveau groupe de compositeurs comprend Barbara Pentland (1912), Violet Archer (1913) et Jean Papineau-Couture (1916) et, à la génération suivante, Pierre Mercure (1927-66), Harry Somers (1925), Gilles Tremblay (1932), John Beckwith (1927), Harry Freedman (1922), Clermont Pépin (1926) et François Morel (1926). De nouveaux venus au Canada, qui avaient émigré après la Seconde Guerre mondiale, comme Udo Kasemets (1919) et Istvan Anhalt (1919), ont également suivi ces nouvelles tendances. Ce mouvement a donné naissance à la Canadian League of Composers (1951).

Après 1960, un certain nombre de compositeurs canadiens a ouvertement opté pour l'avant-garde, suivant les expériences de Stockhausen, Boulez, Ligeti et Cage ; phénomène qui est probablement lié à une certaine reconnaissance internationale de la vie musicale canadienne (International Conference of Composers, Stratford, Ont., 1960), à une plus grande sécurité financière (Canada Council, 1957) ou au développement des moyens d'information (Canadian Music Centre, 1959). Quoi qu'il en soit, les compositeurs canadiens souhaitaient réaliser des expériences. En outre, après 1960, la musique canadienne est parsemée d'éléments néo-romantiques ; elle voit proliférer les ouvrages liés à un contexte extra-musical comme la peinture, les couleurs, les textes exotiques, les déclarations politiques ou sociales, les thèmes historiques ou nationaux. Dans les années soixante-dix, l'effet théâtral et les éléments humoristiques jouent un rôle très important. Les compositeurs les plus connus sur le plan international sont R. Murray Schafer, Harry Somers et Gilles Tremblay.

4. *Musique populaire*. La musique populaire du Canada est très riche. Trois grandes catégories figurent au répertoire : la musique indigène (indienne et esquimaude), la musique traditionnelle des races fondatrices (française et anglaise) et la musique populaire des immigrants européens et asiatiques des XIXe et XXe siècles. Depuis 1910, le National Museum of Canada d'Ottawa (aujourd'hui National Museum of Man) recueille et classe des enregistrements réalisés sur le terrain, tout d'abord avec les cylindres de cire d'Edison et, depuis la fin des années quarante, sur bande magnétique. C. Ma-

rius Barbeau (qui a travaillé au musée de 1911 à 1948) a été la force motrice de cette compilation de ce que l'on considérait comme des traditions perdues. Suivant l'œuvre de pionnier de l'anthropologiste Edward Sapir en 1910, Barbeau a recueilli en quelques années près de 2 000 mélodies huron-iroquoises et indiennes de la côte ouest. En 1915, on y a ajouté le matériel folklorique canadien français et, en l'espace de quinze ans, Barbeau et ses collègues ont recueilli près de 7 000 chansons populaires françaises et leurs variantes. Parmi les nombreux ouvrages qu'il a publiés, les « Chansons des Tsimshians » dans *The Tsimshian, Their Arts and Music* (New York, 1951), *Folk Songs of French Canada* (Montréal, 1937) et *Le Rossignol y chante* (Ottawa, 1962) sont les plus significatifs. Depuis 1940, les archives de folklore de l'Université Laval recueillent, dressent le catalogue et étudient systématiquement les chansons et les contes folkloriques canadiens français (*Le Catalogue de la chanson folklorique française* de Conrad Laforte, Québec, 1958, nouvelle édition 1977).

La compilation des chansons populaires anglo-celtiques a commencé au début du XXe siècle, avec Cyrus J. MacMillan et W. Roy MacKenzie dont les travaux sont concentrés dans *Ballads and Sea Songs of Nova Scotia* de ce dernier (Cambridge, Mass., 1928). Helen Creighton a poursuivi cette tâche près de Halifax, NS : *Songs and Ballads from Nova Scotia* (Toronto, 1932), *Traditional Songs from Nova Scotia* – avec Doreen H. Senior – (Toronto, 1950) et surtout *Maritime Folk Songs*, recueil particulièrement riche (Toronto, 1962). Terre-Neuve, qui n'est entrée dans la confédération canadienne qu'en 1949, est une source de chansons populaires très importante, particulièrement pour les chansons d'origine irlandaise. L'ouvrage d'Elizabeth Greenleaf et de Grace Mansfield, *Ballads and Sea Songs of Newfoundland* (Cambridge, Mass., 1933), et celui de Maud Karpeles, *Folk Songs from Newfoundland* (arr. Ralph Vaughan Williams, Oxford, 1934), indiquent la valeur de ce répertoire qui s'est confirmé depuis dans l'œuvre en trois volumes de Kenneth Peacock intitulée *Songs of the Newfoundland Outport* (Ottawa, 1965). La région atlantique du Canada reste la plus riche en chansons populaires canadiennes d'origine anglaise ; mais les autres régions du pays n'en sont pas aussi dépourvues qu'on a pu le prétendre, comme en témoigne *Traditional Singers and Songs from Ontario* d'Edith Fowke (Hatboro, Pa., 1965).

On s'est livré très récemment à des recherches sur la musique populaire des immigrants européens et asiatiques du XIXe et du XXe siècle. Les chansons écossaises gaéliques, qui sont arrivées au Canada avec leurs chanteurs à la suite de la révolution américaine (1776), jouissent encore d'une certaine popularité à Cap-Breton (*Gaelic songs in Nova Scotia*, de Helen Creighton et Calum MacLeod, Ottawa, 1964). En 1962, le National Museum a chargé Kenneth Peacock de faire une évaluation de cette catégorie de musique populaire au Canada ; en l'espace de trois ans, il a découvert une abondance de musiques traditionnelles pratiquées par la seconde et la troisième génération de Canadiens d'origine chinoise, croatienne, doukhobor, hollandaise, finlandaise, hongroise, hutterite, islandaise, japonaise, lithuanienne, mennonite, noire, norvégienne, polonaise, sikh et ukrainienne. Cette approche multiculturelle de la recherche de l'héritage folklorique du Canada a pris une plus grande ampleur depuis la formation du Canadian Centre for Folk Culture Studies (1970), la division folklorique du National Museum of Man. On a pu ainsi identifier la contribution de plus de 75 sources nationales différentes à la mosaïque culturelle canadienne.

5. *Institutions*. Sur le plan constitutionnel, le Canada est une fédération dans laquelle l'enseignement tombe sous la juridiction provinciale. La seule école de musique nationale est un service du Department of National Defence (juridiction fédérale) – l'école de musique des forces armées canadiennes située à Esquimalt, BC. Sa contribution à la formation de musiciens qui occupent des emplois civils – comme les musiciens des orchestres symphoniques ou les professeurs dans les écoles – est minime. Les écoles de musique universitaires jouent un rôle beaucoup plus important ; en 1978, le Canada en comptait plus de trente, employant à temps partiel ou à temps complet un corps professoral d'environ 1 200 personnes pour plus de 5 000 étudiants inscrits. Les principales écoles de musique universitaires sont (d'est en

ouest) : Mount Allison (Sackville, NB), Laval (Québec), McGill (Montréal), l'Université de Montréal, Queen's (Kingston, Ont.), Toronto, Western Ontario (Londres, Ont.), Brandon (Brandon, Man.), Alberta (Edmonton, Alta.) et British Columbia (Vancouver, BC). Depuis 1960 environ, les programmes s'éloignent nettement des modèles européens pour se tourner vers les modèles américains, à la faveur d'un mode de travail qui associe les éléments d'enseignement pratique, académique et libéral, généralement regroupés sous le diplôme de Bachelor of Music. Une seule institution a nettement conservé l'approche européenne spécialisée pour la formation des instrumentistes et des chanteurs professionnels : le Conservatoire de musique et d'art dramatique de Québec (1942), qui compte six établissements différents dans cette province. La notion de conservatoire indépendant continue à exister au Canada dans une des trois fonctions : préparation à l'enseignement et aux fonctions d'examinateur (Royal Conservatory of Toronto, McGill, Western Ontario) ; enseignement seul (Maritime, Community Music School, Vancouver, Conservatoire de Victoria) ; examens seuls (Académie de musique de Québec, Mount Allison). La plupart des conservatoires d'enseignement anglophone servent d'école préparatoire à l'Université, mais certains, malgré l'absence d'un financement gouvernemental adéquat (contrairement au Conservatoire de musique de Québec), ont pour but de donner une formation professionnelle à leurs élèves. La Banff Centre School of Fine Arts (1933) et les Jeunesses musicales du Canada, à Mount Orford (1951), figurent parmi les nombreuses institutions spécialisées qui travaillent pendant l'été dans un environnement pittoresque et attirent chaque année des enseignants éminents et des élèves de talent. Depuis 1978, le Banff Centre fonctionne pendant les douze mois de l'année.

Dans le domaine musical, les institutions gouvernementales les plus importantes sont la Canadian Broadcasting Corporation (1936) et le Canada Council (1957). La première produit et diffuse les programmes de radio et de télévision dans les deux langues officielles du pays, le français et l'anglais. La radio est le véhicule le plus important de la musique. Elle émet outre-mer par l'intermédiaire de Radio Canada International (1945) qui diffuse quotidiennement des programmes en plusieurs langues dans le monde entier et produit en outre des disques distribués aux stations de radio et aux ambassades étrangères pour promouvoir les compositeurs et les interprètes canadiens. La CBC dirige également un Northern Service (1948) dont les programmes sont diffusés sur les ondes courtes (radio) et le satellite (télévision) relaie des programmes en anglais, français, esquimau et indien. Le contenu des programmes de la CBC est sujet à controverse au Canada ; dans les années soixante-dix, leur niveau s'est trouvé sensiblement abaissé pour élargir l'auditoire en proposant des programmes plus populaires.

Le Canada Council, comme la CBC, est un organisme rattaché à la Couronne dont les rapports sont transmis au Parlement britannique par l'intermédiaire du ministre des Affaires étrangères. Il administre les fonds accordés par le Parlement pour soutenir « l'étude et la jouissance, ainsi que la production d'œuvres dans le domaine des arts, des humanités et des sciences sociales ». Des subventions sont accordées dans des domaines très divers à des personnes physiques ou morales. Le Council s'est spécialisé dans la distribution de subventions concurrentielles à différents organismes ; pratique qui sert de catalyseur en stimulant un environnement culturel prospère. Les conseils artistiques des provinces apportent un soutien complémentaire aux arts au niveau régional.

La National Library of Canada (Bibliothèque nationale du Canada) possède le fonds musical de la bibliothèque de Percy Scholes, le premier auteur de *The Oxford Companion to Music*. La bibliothèque du Dr Scholes a été vendue à la National Library of Canada en 1957, un an avant sa mort. Elle contient environ trois mille livres sur la musique, quatre mille dossiers de presse, des notes de programme et des lettres, des index ainsi que deux mille cinq cents dossiers de photographies, documents inestimables qui servaient de base aux écrits du Dr Scholes. La Music Division de la National Library, créée en 1970, est spécialisée dans tout ce qui concerne la vie musicale canadienne antérieure à 1900, les premiers enregistrements sonores, les papiers et manuscrits des musiciens canadiens. Elle a parrainé trois publications importantes, le *Healey Willan Catalogue*, réalisé sous la direction de Giles Bryant (1972), *Roll back the Years*, sous la direction d'Edward Moogk (1975), documentation complète contenant 860 enregistrements canadiens réalisés avant 1930, et *Music Publishing in the Canadas, 1800-1867* de Maria Calderisi (1981).

Au Canada, la plupart des organismes musicaux sont affiliés à une organisation professionnelle. Certains existent depuis plusieurs années, mais la plupart sont récents et emploient une structure bilingue. La plupart d'entre eux font partie constituante du Canadian Music Council, fondé en 1945, qui, à son tour, représente le Canada à l'International Music Council. Parmi les plus importants figurent la Canadian Association of Music Libraries (1971), la Canadian University Music Society (1964), la Canadian Federation of Music Teachers Association (1935), la Canadian Folk Music Society (1956), la Canadian League of Composers (1951), la Canadian Music Educators' Association (1959), la Federation of Canadian Music Festivals (1952) et le Royal Canadian College of Organists (1909). Le Canadian Music Centre (1959) est l'une des institutions musicales les plus importantes. Recevant son financement de diverses sources, il a son siège à Toronto et possède des centres régionaux à Montréal (1973), Vancouver (1977) et Calgary (1980) ; c'est essentiellement un centre promotionnel qui fournit gratuitement dans le monde entier des partitions et des matériels d'œuvres de compositeurs canadiens. Il possède une bibliothèque de 5 000 partitions imprimées et manuscrites et en distribue près de 5 000 par an. Le centre tient des dossiers sur ses nombreux compositeurs ainsi qu'une phonothèque de plus de 2 000 œuvres. Au nombre de ses publications les plus importantes figurent *Contemporary Canadian Composers*, réalisée sous la direction de Keith MacMillan et John Beckwith (1975) qui recense 144 compositeurs, et *Compositeurs canadiens contemporains*, éditée par Louise Laplante (1977), qui regroupe 160 compositeurs.

6. *Formations et exécutants*. Le Canada possède 17 orchestres professionnels. Le plus ancien est l'Orchestre symphonique de Québec (1903) et les plus importants sont l'Orchestre symphonique de Toronto (1923), l'Orchestre symphonique de Montréal (1934), l'Orchestre du Centre national des Arts d'Ottawa (1969) et l'Orchestre symphonique de Vancouver (1933). Les théâtres lyriques professionnels ont vu le jour encore plus récemment dans la vie culturelle canadienne : les plus importants sont la Canadian Opera Company (1959), la Vancouver Opera Association (1959) et l'Edmonton Opera Association (1963).

George A. Proctor.

Canarie. Danse française du XVIIe siècle imitant les traditions exotiques des îles Canaries qui fascinaient les Européens entre le XVIe et le XVIIIe siècle. L'*Orchésographie* de Th. Arbeau (1588) mentionne déjà cette danse. La plupart des exemples du XVIIe siècle sont écrits sur un rythme ternaire rapide. On trouve la plus ancienne canarie dans l'anthologie de Caroso, *Nobiltà di dame* (1600), ainsi que dans *All's Well that Ends Well* (acte II, scène 1) : « Make you dance canary with sprightly fire and motion » (« Dansez la canarie avec feu et animation »). On en trouve ensuite certains exemples dans les suites pour clavecin de Chambonnières et de Louis Couperin, ainsi que dans les opéras de Lully (*Armide*) et de Purcell (*Dioclesian*).

Cancan. Danse rapide et enragée issue du *quadrille, généralement exécutée par un groupe de femmes en robes à volants et à fanfreluches qui lancent la jambe très haut, font le grand écart et d'autres mouvements acrobatiques destinés à procurer des « révélations intéressantes » à l'assistance. Le cancan s'est imposé à Paris au milieu du XIXe siècle, surtout dans les music-halls et doit le peu de lettres de noblesse qu'on pourrait lui reconnaître aux compositeurs d'opérettes français, notamment à Offenbach (*Orphée aux enfers*). Auparavant, il ne jouissait pas d'une excellente réputation. A l'origine, le mot « cancan » signifie commérage, potins, surtout de nature scandaleuse.

Peter Gammond.

Canción (esp.). « Chanson ». Ce terme s'applique en particulier à un type de chanson sérieuse du XVe siècle, par opposition au **villancico* populaire. *Canción danza*, « chanson de danse ».

Cancionero (esp.). « Recueil de mélodies », « chansonnier », « psautier ».

Cancionero musical de Palacio. Recueil manuscrit de chansons polyphoniques datant du premier quart du XVIe siècle ; il se trouve actuellement à la bibliothèque du Palacio Real à Madrid. Il représente la principale source de musique de cour espagnole de l'époque de Ferdinand et Isabelle et contient plus de 500 chansons à trois ou quatre voix ; 458 d'entre elles ont survécu (pour la plupart des *villancicos*), la majorité étant l'œuvre de Juan del Encina.

Cancrizans (lat.). Voir *Rétrograde.*

Cannabich, (Johann) **Christian** (Innocenz Bonaventura) (baptisé à Mannheim le 28 décembre 1731 ; Francfort-sur-le-Main, 20 janvier 1798). Compositeur et chef d'orchestre allemand. Issu d'une famille de musiciens, il entre à douze ans comme élève à l'orchestre de Mannheim. Il va ensuite à Rome travailler avec Jommelli. Vers 1757, il est nommé directeur de l'orchestre de Mannheim, où il succède à Stamitz, sous la direction duquel l'ensemble était devenu l'un des plus célèbres d'Europe, particulièrement réputé pour son sens de la dynamique dans les exécutions. Cannabich accompagne le duc Christian IV de Zweibrücken à Paris en 1764 et se lie à la famille Mozart au cours de son périple de 1766 – Wolfgang devait plus tard tomber un peu amoureux de la fille de Cannabich, Rosa, et composa pour elle la *Sonate pour piano K 309.* Cannabich est un compositeur plus compétent qu'original, et une partie de sa musique reflète l'influence de Haydn et de Mozart.

Denis Arnold.

Canon. Procédé contrapuntique par lequel une mélodie à une voix (ou partie) est imitée d'un bout à l'autre, note pour note, par une ou plusieurs autres voix qui commencent normalement après la première voix et la chevauchent. Le mot « canon » veut dire « règle » et a été utilisé pour la première fois au XVe siècle comme inscription ou « règle » d'instruction en relation avec tout morceau de musique composé de façon délibérément obscure ou énigmatique et exigeant une solution avant de pouvoir être exécuté. A cette époque, un morceau purement en canon, au sens actuel du terme, portait généralement le nom de **rota, chace, fuga* (d'où le terme *fugue qui possède de nos jours un sens différent), *rondellus* ou **caccia* (d'où le **catch* anglais plus familier, comme *Three Blind Mice*). L'écriture contrapuntique qui n'est pas strictement en canon porte généralement le nom « d'imitation » ; toutefois, on considère traditionnellement la composition d'un véritable canon comme l'une des techniques de composition les plus difficiles.

Une terminologie très riche entoure l'étude des canons. La première voix qui entre en jeu dans la mélodie s'appelle *dux* ou antécédent, et toute voix imitative s'appelle *comes* ou conséquent. Les canons peuvent se décrire en termes de distance (en mesures ou fractions de mesures) entre les parties imitatives ; par exemple, « canon de deux mesures » signifie que la deuxième voix entre deux mesures après la première, la troisième deux mesures après la deuxième, etc. On peut aussi les décrire par les relations d'intervalle entre deux voix : le plus courant est le « canon à l'unisson » ou à « l'octave », mais les canons à la quarte et à la quinte sont aussi fréquents et, théoriquement, tout intervalle est utilisable. Les rondes de table et les « catches » sont des canons à l'unisson et illustrent également le principe du canon circulaire ou « canon perpetuus » : lorsqu'une voix arrive à la fin de sa partie, elle retourne immédiatement au commencement, de telle sorte que la pièce peut se poursuivre indéfiniment et se répéter autant de fois qu'on le désire. On appelle parfois canon fermé un canon dont la fin est composée séparément (par opposition au canon ouvert).

Lorsque l'antécédent et le conséquent sont eux-mêmes écrits à plusieurs voix, on parle de canon polymorphe.

Un canon dans lequel l'imitation ou les imitations reproduisent la ligne mélodique en valeurs rythmiques plus longues que celles de l'original porte le nom de « canon par augmentation » ; lorsque la valeur rythmique est plus courte, on l'appelle « canon par diminution ». Lorsque l'imitation reproduit la mélodie à l'envers (les deux voix commençant généralement au même moment), on parle indifféremment de « canon rétrograde », de « canon recte et retro », de « canon rectus et invertus » ou de « canon à l'écrevisse ». Le canon par mouvement contraire est celui dans lequel tout intervalle ascendant dans la première voix devient un intervalle descendant dans la seconde. Ces deux derniers procédés peuvent se combiner pour former un « canon en miroir » ou « canon par mouvement rétrograde contraire » dans lequel la seconde voix reprend la mélodie à l'envers et en inverse les intervalles.

Le canon « per arsin et thesin » peut être un canon par mouvement contraire ou, plus généralement, un canon dans lequel les notes correspondant aux temps forts de la première voix sont déplacées sur des temps faibles dans la seconde. Le « canon mixte » ou « accompagné » comporte des parties libres.

Les canons sont « stricts » ou « libres » en fonction de l'exactitude avec laquelle l'intervalle est reproduit. Tous les canons à l'octave et à l'unisson sont nécessairement stricts, mais avec tout autre intervalle la position relative des tons et des demi-tons de la gamme utilisée par l'imitation diffère de l'original. Pour reproduire exactement les intervalles de la mélodie, certaines notes de l'imitation doivent être accidentées (dièses ou bémols) ; dans les canons tonaux, ces accidents impliquent des modulations que la première voix n'est pas en mesure d'assumer sans moduler elle-même, ce qui pose d'autres problèmes encore. Le canon libre, qui permet à l'imitation d'altérer certains intervalles pour éviter des modulations indésirables, est donc plus courant (Ex. 1).

Ex. 1 Bach, Clavier bien tempéré, *livre I, fugue n° 8.*

La pièce d'écriture exclusivement canonique la plus ancienne que l'on connaisse remonte au XIIIe siècle, la *rota* « Sumer is icumen in ». Plusieurs compositeurs du XIVe siècle, comme Guillaume de Machaut, font un large usage de l'écriture canonique dans leurs motets, messes et chansons, mais elle ne parvient à son apogée qu'avec les compositeurs flamands de la fin du XVe siècle (Ockeghem, Josquin des Prés). Au XVIe siècle se développe un courant farouchement opposé à cette technique abstraite de composition qui, selon les musicographes de l'époque, éclipse le texte et toute véritable invention musicale. Néanmoins, l'écriture se maintient sous forme d'exercice intellectuel : un compositeur écrit une ligne mélodique et l'appelle « canon » sans indiquer (sauf peut-être sous la forme d'une énigme obscure) le nombre de voix, l'endroit où elles doivent entrer ni le genre d'imitation (stricte, renversée, rétrograde, etc.) à appliquer pour le « résoudre ». Byrd aurait composé 40 canons de ce genre sur le *Miserere* lors d'un concours qui l'opposait à son ami Alfonso Ferrabosco (le père).

Les compositeurs progressistes baroques du XVIIe siècle considéraient le canon comme un procédé démodé et sans intérêt, bien qu'il soit encore recommandé à des fins didactiques par les théoriciens. Néanmoins, à la même époque, en Angleterre, le **catch* connaissait un regain d'intérêt non négligeable correspondant au déclin du madrigal. Au milieu du XVIIIe siècle, l'écriture canonique parvient à de nouveaux sommets dans la musique de Bach (notamment avec les *Variations Goldberg*, *L'Offrande musicale* et *L'Art de la fugue*) ; elle retombe ensuite dans le domaine académique et n'est plus considérée comme un procédé de composition viable.

A l'ère classique, les compositeurs auront parfois recours au canon, bien que, dans les quatuors à cordes et les symphonies de Haydn et de Mozart, il paraisse un peu contraint. Au XIXe siècle, seuls Schumann et Brahms semblent concernés par ce qui n'est plus à l'époque qu'un exercice académique. Toutefois, au début du XXe siècle, l'écriture contrapuntique et le canon, par voie de conséquence, connaissent un certain regain d'intérêt, notamment dans la musique sérielle (Stravinski, Schoenberg, Berg, Webern). Plus tard, des compositeurs comme Messiaen, Boulez ou Peter Maxwell Davies (qui s'est souvent inspiré de la musique médiévale) ont aussi trouvé dans le canon un support satisfaisant de leurs idées musicales.

Percy Scholes, rév. Judith Nagley.

Canon cancrizans (lat.). « Canon à l'écrevisse » ; voir *Canon*.

Canso. Chanson provençale de troubadour sur le thème de l'amour courtois.

Cantabile, cantando (ital.). « Mélodieusement », « bien chantant ». Indication favorite de Beethoven, utilisée en général comme qualificatif d'une indication de tempo lent ou modéré, comme *adagio* ou *andante*.

Cantata academica, carmen basiliense. Œuvre chorale op.62 de Benjamin Britten pour soprano, alto, ténor et basse, chœur et orchestre, composée pour le cinquième centenaire de l'Université de Bâle où elle fut créée en 1960. Elle repose sur un texte latin de Bernhard Wyss, compilé à partir de la charte de l'Université, d'oraisons et d'allocutions à la louange de la ville de Bâle.

Cantate (all. : *Kantate* ; angl. & ital. : *cantata*). Littéralement, morceau destiné à être chanté, par opposition à une œuvre instrumentale destinée à être jouée (ou « sonate »). Le terme a connu des applications très variées dont le seul point commun est l'existence d'une partie musicale pour voix soliste comportant le plus souvent, mais pas toujours, une intention quasi dramatique.

1. *La cantate profane de l'ère baroque.* Le mot cantate apparaît pour la première fois dans les années 1620 lorsque plusieurs compositeurs vénitiens, notamment Alessandro Grandi et Giovanni Berti, publient des livres de chants intitulés *Cantade et arie*. Il s'agit, au début, de morceaux assez longs faisant appel à la technique de la *variation strophique mais, dès 1630, certains commencent à établir une division en sections qui permet une mise en musique des paroles de façon syllabique, avec peu de répétition, et en sections (souvent à rythme ternaire) dans lesquelles les phrases sont répétées et équilibrées pour produire un effet plus mélodieux. Le même processus se retrouve dans la musique de scène et les sections mélodieuses (arias) deviennent une caractéristique dominante des opéras de Cavalli, Cesti et des compositeurs ultérieurs qui travailleront pour les théâtres lyriques vénitiens.

On trouve cette division naissante entre récitatif et aria dans les cantates de la seconde génération, principalement chez les compositeurs romains comme Luigi Rossi et Carissimi. Leurs œuvres sont parfois plus longues et construites en plusieurs courtes sections dont les plus mélodieuses se répètent parfois en une sorte de structure en *rondo. Les sections individuelles ne sont pas complètes et l'on passe continuellement du récitatif à l'aria par un stade intermédiaire, l'*arioso* – plus mélodieux que le récitatif mais pas suffisamment élaboré pour être appelé aria. Ces cantates mettent généralement en musique des poèmes d'amour assez insignifiants, mais quelques-unes traitent de thèmes historiques ou mythologiques, comme *Il Lamento di Maria di Scozia* de Carissimi, et s'orientent vers un traitement véritablement dramatique, avec une illustration vivante du texte, des harmonies étranges et une mélodie angulaire.

Le contenu de l'aria de cantate s'enrichit entre 1670 et 1690, surtout dans les œuvres d'Alessandro Stradella, qui utilise les instruments avec davantage de liberté pour jouer des *ritornelli*. Il clarifie le modèle formel de l'aria, soit en employant des figures *ostinato* à la basse, soit en répétant certaines sections. Mais le style des autres sections est plus proche de l'*arioso* que du *recitativo secco* du XVIIIe siècle, de telle sorte que la cantate ne donne pas encore l'impression de n'être qu'une simple série de récitatifs et d'airs.

La cantate était arrivée à ce stade de son évolution lorsque le grand maître du genre, Alessandro Scarlatti, commence dans sa jeunesse à s'y intéresser. Il élargit les airs et sépare de plus en plus les sections, jusqu'à ce que, vers 1700, la cantate soit virtuellement devenue une succession de récitatifs et d'airs, souvent trois de chaque. Comme dans les opéras de l'époque, les récitatifs prennent un rythme rapide alors que les airs revêtent la forme **da capo*. Les cantates de Scarlatti étaient réservées à un public de connaisseurs, lors d'exécutions privées : cet élitisme justifie des mélodies et des harmonies souvent plus complexes que dans ses opéras, avec parfois un accompagnement orchestral élaboré et des parties *obbligato* virtuoses confiées à divers instruments. Alors que ses premières cantates mettent l'accent sur l'écriture *arioso*, les suivantes élargissent les dimensions des airs et comportent de grandes *ritornelli* instrumentales. Au début du XVIIIe siècle, un grand nombre de compositeurs, surtout Vivaldi, ont suivi ce dernier modèle. Haendel a aussi écrit de superbes cantates – certaines lyriques, certaines essentiellement dramatiques, certaines pour voix et continuo, d'autres accordant un rôle substantiel à l'orchestre – lors de son séjour à Rome entre 1707 et 1709. Elles comprennent de longues sérénades, notamment *Apollo e Dafne* et *Aci, Galatea e Polifemo*, qui sont en fait de petits opéras dans lesquels se dessine déjà l'ébauche de véritables personnages.

Les relations étroites qui existaient entre les deux genres montraient à l'évidence que la cantate était sûre d'aller partout où s'imposait l'opéra italien. A partir de 1660, grâce à la grande popularité des chanteurs italiens, les cantates de compositeurs tels que Bononcini, Caldara et Ariosti (qui ont tous travaillé hors d'Italie) sont très connues en Allemagne et en Angleterre, au détriment du développement des cantates en allemand ou en anglais. Les compositeurs anglais se sentent alors davantage concernés par leurs propres traditions du chant, bien que les œuvres de Carissimi aient été publiées par Playford et que *The Queeen's Epicedium* de Purcell puisse être considéré comme une cantate dans l'ancien style *arioso*.

Étonnamment, la cantate connaîtra une grande vogue en France pendant une vingtaine d'années. Charpentier l'avait amenée d'Italie dans les années 1680, mais c'est seulement vers 1710 que de véritables cantates françaises verront le jour, à l'époque où l'on tentera sérieusement de relever la musique française du conservatisme décadant de Lully ; le type de mélodies y est adapté au goût local, mais la cantate se compose encore essentiellement d'une série de récitatifs et d'airs. Les scènes dramatiques jouissent d'une grande faveur, rehaussées par des *sinfonie* illustrant le climat général et une large utilisation d'instruments *obbligato*. Les histoires bibliques connaissent également une certaine vogue, se rapprochant d'oratorios en miniature. La plupart des grands compositeurs français – notamment Campra, Montéclair et Clérambault – ont contribué au genre qui semble néanmoins être passé de mode vers le milieu du XVIIIe siècle.

2. *Les origines de la cantate sacrée.* Parallèlement au développement de la cantate profane, le *motet pour soliste connaît une évolution analogue à partir des années 1650. Ces motets étaient utiles dans les petites églises et confraternités et étaient particulièrement appréciés des élèves des conservatoires italiens. Natale Monferrato, directeur du Conservatoire dei Mendicanti à Venise, a publié un ensemble de 21 motets en 1655, dont la forme se rapproche de celle des cantates romaines de l'époque. Les compositeurs travaillant dans la région de Bologne et de Modène en ont composé énormément pendant les vingt années suivantes ; les plus intéressants sont ceux de G. B. Bassani. Dans ces œuvres, les airs tendent à se distinguer de la mélodie fluide des autres sections par leurs modèles plus formels.

Au début du XVIIIe siècle, plusieurs compositeurs d'opéra ont occupé des postes d'église et le style de leurs motets pour solistes différait à peine de celui de l'opéra. Les motets de Vivaldi prennent la forme suivante : air – récitatif – air lent – air brillant (sur le mot « Alléluia »). Les airs sont généralement de type *da capo* et les parties vocales nettement virtuoses, alors que les paroles sont écrites dans un latin courant. Ce style « cantate » a aussi influencé les œuvres liturgiques, comme le *Salve regina*, qui prend la forme d'une série d'airs et de récitatifs accompagnés chez plusieurs compositeurs, notamment Vivaldi et Galuppi, et le *Stabat mater*, comme celui de Domenico Scarlatti qui compte parmi les plus intéressants.

3. *La tradition protestante.* Bach a composé des cantates italiennes pour voix seule sur des textes profanes (comme « Non sa che sia dolore »). Il connaissait également la cantate-motet religieuse comme l'indique « Jauchzet Gott in allen Landen » qui est une œuvre italienne par le modèle mais non par la sonorité. Toutefois, pour la cantate protestante, le choral *concertato* est appelé à jouer un rôle important : il est dérivé d'une pratique courante au XVIIe siècle qui consistait à chanter des hymnes dans lesquels la musique de chaque verset était écrite pour

une combinaison différente (par exemple, verset 1 = *tutti*, verset 2 = structure en duo, verset 3 = voix soliste avec instruments, verset 4 = *tutti*). « Christ lag in Todesbanden » de Bach est un choral de ce genre, la mélodie apparaissant dans des combinaisons et des styles très différents – parfois de façon très directe, parfois éclatée en motifs courts qui sont ensuite détaillés. La mélodie du choral n'apparaît pas seulement dans les voix mais sert également de matériel aux parties instrumentales, même dans la symphonie initiale (ou ouverture).

De ces deux types de cantates – la cantate pour voix seule avec récitatifs et airs et la cantate de choral – sont issus les éléments de la cantate d'église qui a connu un large épanouissement au cours des trente premières années du XVIIIe siècle et qui doit sa célébrité aux œuvres d'envergure de Bach. Les divers éléments constitutifs sont fusionnés dans l'œuvre du poète et pasteur Erdmann Neumeister qui a publié plusieurs cycles de textes religieux à mettre en musique. Il s'agit en effet de « sermons poétiques » que de nombreux compositeurs ont mis en musique, notamment Telemann, Erlebach, Stölzel et Bach. Une cantate de ce genre pouvait comporter un court prélude orchestral, un chœur assez développé, dont le principal matériel mélodique était un hymne, un récitatif, un air ou un duo, un prélude-choral avec le récitatif de l'hymne, un autre air ou duo, et l'hymne harmonisé de façon relativement simple pour permettre aux fidèles de le chanter.

Toutes les combinaisons de ces éléments étaient envisageables. Certaines cantates, assez courtes, étaient destinées à être exécutées entre la lecture de l'Épître et la récitation du Credo ; d'autres, beaucoup plus longues, construites en deux parties, étaient exécutées avant et après la Leçon d'une heure. Le compositeur disposait d'un éventail de ressources considérable, de la simple écriture à une seule voix avec petit orchestre (ressemblant énormément à la cantate italienne) au grand double chœur, avec deux ou trois solistes et un orchestre comportant des trompettes, de nombreux bois et des cordes – cantate qui correspondait en général aux grandes fêtes religieuses. Des centaines de cantates de ce genre ont été composées – Telemann en a écrit plus de 1 000 à lui seul et Graupner plus de 1 400, tandis que Bach doit en avoir composé plus de 300, bien qu'un grand nombre d'entre elles ait été perdu. Son fils, C. P. E. Bach, a également écrit quelques cantates et le genre s'est perpétué dans des villes plus petites jusqu'à son déclin définitif vers 1750.

4. *Après 1750.* Plusieurs causes sont à l'origine du déclin de la cantate. Dans les villes où de grands chanteurs avaient besoin d'un répertoire de concert, des cantates étaient écrites occasionnellement pour eux (comme *Arianna a Naxos* de Haydn) ; mais ces œuvres prennent parfois le titre d' « air de concert » ou de « scène » (par exemple, « Ah ! perfido ! » de Beethoven). La cantate sacrée est remplacée par la « chanson morale » où la recherche de la simplicité se substitue à celle des ornements et de l'artificiel. Les successeurs de la cantate sont davantage des cycles de mélodies ou de lieder, comme les *Gellert Lieder* de Beethoven, ou même des mélodies isolées sur des poèmes moralisateurs. Les cantates narratives sont remplacées par le cycle de mélodies ou par la ballade, forme essentiellement strophique dans laquelle s'insèrent parfois des éléments de récitatif (comme dans les dernière mesures d'*Erlkönig* de Schubert). Les éléments de choral des cantates sacrées seront subsumés dans d'autres formes, comme dans la *Fantaisie chorale* et la *Neuvième Symphonie* de Beethoven, cette dernière inspirant un grand nombre de symphonies qui comportent des éléments de cantate comme *Lobgesang* de Mendelssohn et la *Symphonie des Mille* de Mahler.

La cantate a survécu sous la forme de musique d'église. Le penchant pour la musique ancienne et la redécouverte de la musique de Bach donnent une nouvelle identité à la cantate d'église. Les sociétés chorales bourgeoises allemandes et le mouvement qui s'ensuit en Angleterre donnent naissance à une nouvelle génération d'œuvres chorales, qui reprennent essentiellement le modèle de l'oratorio de Haendel, avec solistes, chœur et orchestre ; mais l'accent est mis sur le chœur. La cantate devient alors une version raccourcie de l'oratorio et un grand nombre de cantates sont composées pour des sociétés chorales plus modestes. Certains textes sont narratifs (comme *The Revenge* de Stanford), d'autres contemplatifs ou religieux (de ce point de vue, le

Requiem allemand de Brahms peut être considéré comme une cantate développée). En certaines occasions, des œuvres sont aussi composées pour de grandes cérémonies (*Weihegruss* de Wagner a été écrit pour l'inauguration d'un monument érigé à la mémoire de Friedrich August de Saxe). Cette musique est tellement insignifiante que, dans les années 1950, Edward Dent a écrit que les compositeurs respectables évitaient le terme cantate et donnaient d'autres titres à leurs œuvres.

Il est vrai que la cantate de la « société chorale » a perdu de sa popularité, essentiellement parce que la majeure partie de la musique contemporaine est écrite comme une langue peu adaptée aux chorales amateurs. Néanmoins, le concept d'œuvre vocale en plusieurs mouvements reliés par un texte verbal continu est trop utile pour disparaître et la cantate, quel que soit le nom qu'on lui donne, a de grandes chances de subsister longtemps encore.

Denis Arnold.

BIBLIOGRAPHIE : Carl de Nys, *La Cantate*, PUF, coll. Que-sais-je ? (Paris, 1980).

Cantate. Œuvre de Stravinski sur un poème anonyme anglais de la fin du Moyen Age (comportant *The Lyke-Wake Dirge* et *The Westron Wind*). Elle est écrite pour soprano et ténor solo, chœur de femmes, deux flûtes, deux hautbois, cor anglais et violoncelle et a été créée à Los Angeles en 1952.

Cantate du café. Surnom de la Cantate BWV 211, *Schweigt stille, plaudert nicht*, de Jean-Sébastien Bach sur un livret de Picander. Composée vers le milieu des années 1730, ce surnom fait allusion à la vogue naissante du café.

Cantate-choral (all. : *Choralkantate*). Cantate à deux ou plusieurs mouvements basée sur des textes de chorals (et généralement aussi des mélodies de chorals). On en distingue trois types : celles dans lesquelles le compositeur utilise un choral pour tous les mouvements ; celles dans lesquelles certains mouvements utilisent des textes empruntés à d'autres sources ; et celles dans lesquelles certains versets du choral sont paraphrasés en poésie libre sous forme de récitatifs ou d'airs. Ce dernier type a été inventé par Bach ; on le trouve dans ses cantates des années 1720, par exemple dans « Ach Gott von Himmel » (BWV 2).

Cantate profane (« Les Neuf Cerfs enchantés »). Œuvre pour ténor, baryton, double chœur et orchestre de Bartók dont il a également écrit le texte, traduit et arrangé à partir de deux versions d'une *colinda* de chasse roumaine. Composée en 1930.

Cantatorium (lat.). Livre de chant. Voir *Plain-chant*, 4.

Cante flamenco (esp.). Voir *Flamenco.*

Cante hondo [jondo] (esp.). Type de chant populaire espagnol qui se caractérise par de nombreuses répétitions de notes, une mélodie très décorée et l'utilisation d'intervalles extra-européens ; il fait beaucoup appel à la cadence phrygienne. En 1922, Manuel de Falla a organisé un Festival de *cante hondo* à Grenade. Au début du XIXe siècle, le *cante hondo* (ou *jondo*, « chant profond ») était une forme émouvante et tragique largement utilisée par les prisonniers, puis par les gitans. Voir également *Flamenco.*

Canteloube, Joseph (Marie-Joseph Canteloube de Malaret) (Annonay, Ardèche, 21 octobre 1879 ; Grigny, Yvelines, 4 novembre 1957). Compositeur français, élève de Vincent d'Indy et de Charles Bordes à la Schola Cantorum, il a consacré l'essentiel de sa carrière à recueillir et à harmoniser des chants populaires de diverses provinces françaises. Les plus célèbres sont les cinq recueils de *Chants populaires d'Auvergne* (1923-56). Il a également composé deux opéras, *Le Mas* (1910-13) et *Vercingétorix* (1930-32), créés à l'Opéra de Paris.

Alain Pâris.

Canti carnascialeschi (ital.). « Chants de carnaval », par exemple les simples chants strophiques à plusieurs parties utilisés dans les fêtes de carnaval ayant lieu à Florence à la fin du XVe et au début du XVIe siècle ; Lorenzo de Médicis (au pouvoir de 1469 à 1492) a encouragé leur exécution et écrit plusieurs poèmes. Ils revêtent souvent une double signification de nature obscène ou satirique et ont été condamnés par le chef religieux Savonarola qui a tenté de les remplacer par des **lauda spirituale* religieux ; après avoir été brûlé au bûcher en 1498, le *canto carnascialesco* a connu une nouvelle vogue ultérieure.

Canticum sacrum (ad honorem sancti Marci nominis) (« Chant sacré en l'honneur du nom de saint Marc »). Œuvre de Stravinski sur un texte biblique. Conçue en cinq mouvements, avec une introduction en forme de dédicace, elle est écrite pour ténor, baryton, chœur et orchestre et a été créée à Saint-Marc de Venise en 1956.

Canti di prigionia (« Chants des prisonniers »). Œuvre de Dallapiccola sur des textes de Marie Stuart, Boethius et Savonarola pour chœur, deux pianos, deux harpes et percussions. Composée en 1938-41 pour protester contre l'adoption par Mussolini de la politique raciale d'Hitler qui menaçait la femme (juive) de Dallapiccola.

Cantiga (esp., portug.). « Chanson ». Ce terme se réfère généralement à la chanson monophonique espagnole du XIIIe siècle en l'honneur de la Vierge Marie. Les plus célèbres sont les **Cantigas de Santa Maria.*

Cantigas de Santa Maria (esp.). « Cantiques de la Vierge Marie ». Recueil de 420 *cantigas* sur des thèmes touchant à la vie de la Vierge Marie élaboré approximativement entre 1250 et 1280 sous la direction du roi Alphonse X de Castille. Chaque *cantiga* raconte un miracle accompli par l'intercession de la Vierge : Alphonse, ou un membre de sa famille, a été témoin de vingt-trois d'entre eux. L'emplacement où se sont produits les miracles va de la Syrie à l'Écosse et le sixième, qui se déroule en Angleterre, réapparaît dans *Prioress's Tale* de Chaucer. Le texte des *cantigas*, très influencé par l'art des troubadours, est présenté sous forme de stances de quatre à dix lignes à la métrique irrégulière. La principale forme musicale est celle du *virelai. Les manuscrits sont célèbres pour les miniatures qui les ornent, représentant des instruments et instrumentistes du Moyen Age.

Cantilena (ital.), **cantilène** (fr.). 1. Mélodie vocale lyrique ou passage instrumental exécuté dans un style coulant, particulièrement au XIXe siècle.

2. Chanson courte ; au Moyen Age, toute pièce profane, comme la ballade, le virelai ou le rondeau.

3. Dans la musique chorale, partie à laquelle est confiée la principale mélodie.

4. Type de *solfège, ou exercice vocal, utilisant l'ensemble de la gamme.

Cantillation. Psalmodie en rythme libre, dans le style du plain-chant. Le terme s'utilise en relation avec la musique liturgique juive.

Cantional (angl. ; du latin *cantio*, « chant » ; all. : *Kantional*). Recueil de chants d'église harmonisés à quatre voix. En Allemagne, ce terme désigne un recueil d'hymnes et de chorals destinés à l'ensemble de la chorale, comme dans *Cantional oder Gesangbuch* de Schein (Leipzig, 1627).

Cantiones sacrae (« Chants sacrés »). Terme utilisé par de nombreux compositeurs. Byrd l'emploie pour deux livres de motets ; dans le premier (1589), on trouve 29 *Cantiones sacrae* à cinq voix ; dans le second (1591), 20 à cinq voix et 12 à six voix. Byrd et Tallis ont publié ensemble un volume de *Cantiones sacrae* (1575) de cinq à huit voix, dont 17 sont de Byrd et 17 de Tallis.

Cantique (lat. : *canticulum*, diminutif de *canticum*, « chant »). Chant ou prière (autre qu'un psaume) dérivé de la Bible et utilisé dans le culte liturgique de l'Église. Dans l'Église catholique, les cantiques tirés du Nouveau Testament portent le nom de *cantica majora* ou « cantiques évangéliques » ; les trois cantiques utilisés quotidiennement sont le *Benedictus* (voir *Benedictus*, 2), le **Magnificat* et le **Nunc dimittis*. Ceux qui sont tirés de l'Ancien Testament portent le nom de *cantica minora* ; sept d'entre eux servent régulièrement à laudes, un pour chaque jour de la semaine, en quatrième position dans l'ensemble de cinq psaumes ; et sept autres cantiques les remplacent pendant le Carême. Ceux que l'on utilise les jours normaux (du dimanche au samedi) sont le *Benedicite*, *Confitebor tibi*, *Ego dixi*, *Exultavit cor meum*, *Cantemus Domino*, *Domine audivi* et *Audite caeli.*

Dans le *Book of Common Prayer* anglican, le terme cantique s'applique uniquement au *Benedicite*, mais l'usage courant l'applique également au *Benedictus*, au *Magnificat* et au *Nunc dimittis* ainsi qu'aux psaumes *Venite, Jubilate, Cantate Domino* et *Deus misereatur* et à l'hymne *Te Deum* (tous connus sous leur nom latin bien qu'ils soient chantés en anglais).

Canto (ital.). « Chant », « mélodie » ; *col canto*, « avec la mélodie », par exemple l'accompagnateur doit suivre de près toute fluctuation de tempo de celui qui exécute la ligne mélodique.

Canto de órgano (esp.). Terme espagnol désignant la polyphonie à la Renaissance et à l'ère baroque (par opposition à *canto llano*, « plain-chant ».

Cantor (lat. = « chantre »). 1. Dans l'Église catholique et dans l'Église anglicane, le chanteur qui est chargé d'entonner les premières paroles des psaumes, antiennes et hymnes. Les cantors, surtout les jours de fête, travaillent souvent par deux au lutrin au milieu du chœur.

2. Chanteur principal dans une synagogue (aussi appelé « hazan »).

Voir également *Kantor*.

Cantorei. Voir *Kantorei*.

Cantoris (lat., « du chanteur »). Dans l'Église anglicane, le demi-chœur où se tient le maître de chapelle, généralement au nord. Dans la musique chorale, on trouve parfois des passages marqués *cantoris*, indiquant que le passage ainsi désigné est destiné aux chanteurs installés de ce côté.

Cantus (lat.). Littéralement, « chant », « mélodie ». Ce terme servait à désigner plus spécifiquement la partie vocale la plus haute d'une œuvre polyphonique. Voir *Partie*, 1.

Cantus firmus (lat., « mélodie fixe » ou « ferme », pl., *cantus firmi* ; ital. : *canto fermo*). Ce terme sert généralement à désigner une mélodie préexistante servant de base à une nouvelle composition polyphonique. Il existe trois types de mélodies de ce genre : le plain-chant, les thèmes profanes et les thèmes inventés. Le *cantus firmus* était généralement « tenu » en valeurs longues dans la voix grave et le verbe latin *tenere*, « tenir », conduisait à cette partie appelée le « tenor » (teneur).

Les mélodies de plain-chant, ou une partie de mélodie, servaient de *cantus firmi* dans les premières formes de polyphonies, comme l'**organum* et la *clausule et, aux XIIIe et XIVe siècles, le *motet et certains mouvements de messe. Les mélodies profanes étaient très rarement utilisées dans le motet des XIIIe et XIVe siècles, alors qu'elles deviennent fréquentes dans les messes à partir du milieu du XVe siècle. Les thèmes inventés sont ceux qui, à l'origine, étaient dérivés de l'hexacorde ou des voyelles d'un groupe de mots (généralement un nom) en appliquant la désignation des notes par des syllabes (solmisation par syllabes) (voir *Messe*, 2c) ; on l'appelle alors parfois *soggetto cavato* (ital., « sujet extrait »).

Dans certains exemples anciens, les notes du *cantus firmus* n'ont pas de rythme établi, leur longueur individuelle étant déterminée par la mesure dans laquelle le compositeur avait choisi d'élaborer la polyphonie écrite au-dessus d'elles. On pouvait ainsi avoir une seule note du *cantus firmus* tenue dans le ténor pendant plus d'une minute. Cette façon d'élaborer les *cantus firmi*, avec de longues notes, s'appliquait généralement aux parties de plain-chant syllabiques. Toutefois, le plain-chant choisi était parfois mélismatique et pouvait atteindre une trentaine de notes par mélisme ; pour maintenir le temps d'exécution dans des limites raisonnables, la partie de ténor avançait plus ou moins à la même allure que les parties supérieures et était écrite, comme elles, dans l'un des modes rythmiques (voir *Notation*, 3). Au XIIIe siècle, on fit de plus en plus appel aux schémas répétés au sein de la mélodie. Ils étaient dérivés d'une répétition directe de la mélodie ou résultaient de schémas rythmiques récurrents dérivés de répétitions du mode rythmique. À partir de ces schémas de répétition est née la pratique de l'*isorythmie qui a dominé le traitement du *cantus firmus* de l'époque de Philippe de Vitry à celle de Josquin des Prés.

Si le *cantus firmus* a généralement vu le jour dans la partie de tenor (la plus grave en Europe mais, en Angleterre, le tenor était souvent la partie médiane de trois parties), il y avait d'autres solutions. Vers 1400, les Anglais créèrent une coutume consistant à déplacer le *cantus firmus* entre les parties ; on l'appelle alors souvent *cantus firmus* « alterné » et le *Old Hall Manuscript* en contient de nombreux exemples. Une autre solution consistait à placer le *cantus firmus* dans la voix la plus haute et d'élaborer (ou de paraphraser) la mélodie originale. On choisissait généralement pour ce traitement un plain-chant très connu et le texte demeurait pour permettre d'identifier facilement ces élaborations.

Dès le début du XVe siècle, le *cantus firmus* a connu deux évolutions importantes. Les premières messes cycliques utilisant le même ténor pour chaque mouvement font leur apparition vers 1430, peu après que les compositeurs se furent tournés vers les mélodies profanes dans leurs messes. Ils participent à un nouveau genre de traitement du *cantus firmus*, dans lequel sa structure est davantage gouvernée par le phrasé de son modèle profane que par une technique abstraite comme l'isorythmie, déterminée par les nombres et les proportions. A partir de 1480 environ, l'utilisation du *cantus firmus* comme composante structurelle importante connaît un déclin progressif et les allusions à une mélodie de *cantus firmus* deviennent presque accidentelles dans des œuvres dont l'organisation est fondamentalement plus libre. Au XVIe siècle, les messes et motets à *cantus firmus* sont totalement démodés et ne voient le jour qu'occasionnellement – pour des circonstances particulières ou en l'honneur d'un individu.

Malgré ce déclin, le principe du *cantus firmus* étaye une grande partie de la musique instrumentale et de la musique pour clavier de la fin de la Renaissance et du début de l'ère baroque. On en trouve les exemples les plus célèbres dans les *cantus firmi* sacrés **Felix namque* et *In nomine*, mais on peut aussi mentionner des airs profanes traités comme sujet de cette façon, notamment les *Lachrimae* de Dowland. On trouve un épanouissement tardif de la manière du *cantus firmus* dans l'utilisation de mélodies chorales comme base de certaines formes telles que la *cantate chorale et le *prélude choral.

Cantus planus (lat.). « Plain-chant ».

Canzona (*canzona francese, canzona da sonar*). Littéralement « chanson » en italien, mais en fait la *canzona* a été le genre instrumental le plus important de la fin du XVIe siècle. Entre 1520 et 1540, les luthistes et les instrumentistes à clavier réalisaient couramment des arrangements instrumentaux de chansons des compositeurs français les plus célèbres. Ces chansons constituaient un excellent matériel pour la musique instrumentale : grâce à leurs rythmes entraînants (commençant généralement par une blanche et deux noires) et à leurs airs pleins d'entrain, associés à une structure simple et distinctive (avec des sections répétées au début ou à la fin pour donner un schéma AABC, ABCC ou même ABCA), les chansons ne perdaient pas grand-chose lorsqu'on leur retirait les paroles (contrairement au madrigal qui ne s'est jamais prêté à cette technique). En outre, comme elles étaient plus intéressantes sur le plan technique que la majeure partie de la musique de danse, les chansons ont toujours attiré davantage les musiciens sérieux.

Les adaptateurs commencèrent par se contenter d'ajouter quelques trilles à des cadences mais, par la suite, ils embellirent leurs modèles de façon très élaborée : la nature des chansons était ainsi complètement transformée. On en est venu à composer des pièces qui, tout en conservant la manière générale de la chanson, étaient entièrement conçues en termes instrumentaux. A partir des années 1570, les compositeurs d'Italie du Nord se tournèrent à leur tour vers ce genre de morceaux. Ils pouvaient être joués soit par un ensemble (peut-être un ensemble de violes ou de cornets à bouquin et de saqueboutes) soit sur un instrument à clavier. Elles faisaient encore appel à l'écriture contrapuntique, mais pouvaient utiliser des intervalles difficiles à chanter et des registres élevés peu confortables pour la voix, mais réalisables par un instrument. A la fin du XVIe siècle, ces œuvres sont devenues extrêmement populaires, surtout chez les compositeurs vénitiens. Le plus important d'entre eux, Giovanni Gabrieli, a composé des *canzone* pour le grand ensemble de Saint-Marc, adaptant la langue des **cori spezzati* pour donner à la musique instrumentale de plus grandes dimensions. Certaines de ces œuvres revêtent une forme extrêmement compliquée, utilisant le rondo et même des schémas de concerto assez simples ; ils comportent des parties réclamant une grande virtuosité confiées à des instruments comme les cornets à bouquin ou les violons.

Le plus important recueil de *canzone* a été publié en 1608 par Raverii ; il comporte des œuvres écrites par des compositeurs travaillant principalement à Venise et à Brescia ; par la suite, ce type de *canzona* a connu un déclin, mais il a survécu plus longtemps en Allemagne qu'en Italie. L'utilisation d'une partie de continuo a transformé la structure de la musique pour l'adapter à de plus petits ensembles, l'ancienne *canzona* pour quatre instruments mélodiques laissant la place à des œuvres destinées à un ou deux instruments aigus avec continuo ; la basse continue était souvent tenue par une basse de viole ou par un violoncelle. Les *canzone* pour clavier ont conservé leur popularité aussi longtemps que s'est maintenue l'écriture contrapuntique – une fois de plus les Italiens ont abandonné avant les Allemands ; des compositeurs comme Froberger, Muffat et Buxtehude continuant à écrire des *canzone* pour clavier jusqu'à la fin du XVIIe siècle.

La nature en sections de la *canzona* a été utile pour traduire les contrastes d'émotions qu'affectionnaient tellement les compositeurs de l'ère baroque. Des contrastes apparurent entre différentes sections de sorte qu'elles amenaient des contrepoints ou des harmonies nouvelles sur un thème unificateur unique – en fait, des variations libres ; parfois, les variations n'apparaissaient que dans les structures et le matériel musical. Cette seconde manière, que Hugo Riemann qualifiait de *Flickkanzone* (« canzona en morceaux » ou, comme l'appelle Manfred Bukofzer, « canzona rembourrée »), a vite donné naissance à des sections individuelles devenant pratiquement des unités ou des mouvements indépendants, tendance qui s'est intensifiée lorsque Frescobaldi a commencé à les marquer « adagio » et « allegro » dans un certains nombre d'œuvres publiées vers 1630. Toute ressemblance avec l'ancienne forme vocale avait alors totalement disparu ; et comme le terme « sonate » était couramment utilisé à cette époque et avait des connotations très proches de la *canzona*, la plupart de ces pièces, vers 1650, prirent le nom de « sonates », ce qui semble plus logique. Ainsi, la *canzona* était devenue la sonate en solo ou en trio. Néanmoins, les mouvements fugués des sonates s'intitulaient parfois « canzona » (on en trouve un exemple dans la *Sonate en trio en sol mineur* de Purcell) et de nombreux mouvements de sonates ou de concertos – comme le premier mouvement du *Concerto brandebourgeois n° 3* – révèlent des origines issues de la *canzona* par la façon dont sont traités les thèmes avec quelques variations du rythme fondamental (𝅗𝅥 ♩ ♩).

Denis Arnold.

Canzone (ital.). « Chanson ». 1. Les *canzoni* de Dante et de Pétrarque étaient des poèmes lyriques conçus pour être mis en musique. Ainsi, « Vergine bella » (canzone 49) de Pétrarque a été mis en musique par Dufay (la première strophe seulement) au XVe siècle et par Rore, Merulo (tous deux, la première strophe) et Palestrina (8 strophes, formant chacune une pièce séparée), au XVIe siècle.

2. Au XVIe siècle, *canzone* servait souvent de titre (ou faisait partie d'un titre) aux chansons profanes populaires ou folkloriques (voir, par exemple, *Villanella*).

Canzonetta (ital. ; angl. : *canzonet* ; fr. : canzonette). Diminutif de **canzone*. Entre la fin du XVIe siècle et le XVIIIe siècle, ce terme s'appliquait à de courtes pièces vocales de style léger, souvent apparentées à la danse ; Marenzio, Vecchi, Banchieri et Anerio en ont composé. Le terme est arrivé en Angleterre principalement grâce aux recueils de *canzonette* italiennes réunies par Thomas Morley (le premier a été publié en 1597) dont les propres *canzonets* ont rivalisé en sérieux et en forme (strophe unique, composée de bout en bout) avec le madrigal. Les Allemands, comme Hassler, ont également utilisé ce mot.

Au XVIIIe siècle, *canzonetta* a servi de titre à un genre de chanson lyrique et légère, comme les *Six Canzonette originales* de Haydn (Londres, 1796). Ce terme a été également appliqué occasionnellement à des pièces instrumentales, par exemple le mouvement lent du *Concerto pour violon* de Tchaïkovski.

Caoine (irlandais). « En pleurs », « pleurant ». Ancienne mélopée funèbre irlandaise, généralement exécutée par des femmes. Voir également *Corranach*.

Capella. Mauvaise orthographe de **cappella*.

Caplet, André (Le Havre, 23 novembre 1878 ; Neuilly-sur-Seine, 22 avril 1925). Compositeur français. Il fait ses études au Conservatoire de Paris et remporte le premier grand prix de Rome en 1901, mais s'oriente lui-même davantage, dans un premier temps, vers une carrière de chef d'orchestre que de compositeur, en France puis à Boston (1910-14). Ami de Debussy, il crée et termine l'orchestration de certaines de ses œuvres (*Children's Corner, Le Martyre de saint Sébastien*). Il a composé de la musique de chambre (*Le Masque de la Mort rouge* pour harpe et quatuor à cordes, d'après Edgar Poe, 1919), quelques mélodies délicates et admirables, des œuvres symphoniques impressionnistes (*Épiphanie* pour violoncelle et orchestre, 1923) et une musique religieuse particulièrement intéressante (*Messe à Trois voix*, 1920 ; *Le Miroir de Jésus*, 1923). Gazé au cours de la Première Guerre mondiale, il est mort d'une maladie pulmonaire.

Percy Scholes, rév. Alain Pâris.

BIBLIOGRAPHIE : *André Caplet*, Zodiaque n° 107 (La-Pierre-qui-vire, janvier 1976). *Hommage à André Caplet*, Zodiaque, Visages et documents 4 (La-Pierre-qui-vire, 1978).

Capo. Voir *Da capo*.

Capodastre. Voir *Capotasto*.

Capotasto (ital. ; fr. : « barre », « capodastre »). Petite barre de bois, de métal ou de plastique, parfois rembourrée, que l'on fixe en travers du manche de certains instruments à cordes pincées – guitare, banjo, etc. – derrière une frette qui sert momentanément de sillet afin de jouer en transposant dans une tonalité plus élevée, tout en gardant le doigté auquel est habitué l'instrumentiste lorsqu'il joue dans la tonalité normale. Ce dispositif peut être maintenu en place au moyen d'un élastique ou d'une vis serrée par derrière.

Cappella (ital. ; parfois orthographié par erreur « capella »). « Chapelle » (pour l'origine du mot, voir *Chapelle*). *A cappella, alla cappella*, « dans le style de l'église » : cette expression s'applique à la musique chorale qui doit être, dans ce cas, chantée sans accompagnement (ou si elle est accompagnée, l'instrument, généralement l'orgue, doit se contenter de doubler les parties vocales). Une application assez rare de ce terme en fait un synonyme d'*alla *breve*.

Capriccio. Opéra en un acte de Richard Strauss sur un livret de Clemens Krauss et du compositeur. Représentations : Munich, 28 octobre 1942 ; Londres, Covent Garden, 22 septembre 1953 ; New York, Juilliard School, 2 avril 1954 ; Paris, Opéra-Comique, 1957. L'action se déroule à Paris à l'époque des réformes de l'opéra menées par Gluck et retrace une discussion sur la prééminence des paroles ou de la musique à l'opéra, points de vue respectivement défendus par le poète Olivier (bar.) et le compositeur Flamand (tén.). Le poète et le musicien sont tous deux amoureux de la comtesse Madeleine (sop.) qui promet de choisir l'un d'entre eux le lendemain. Le livret de l'opéra n'apporte toutefois aucune solution. L'ancien dicton italien duquel l'œuvre tire son argument, *Prima la musica e poi le parole* (« D'abord la musique, ensuite les paroles »), est également le titre d'un opéra de Salieri (1786).

Capriccio (ital.), **caprice** (fr.). 1. Terme appliqué de façon très générale à toute œuvre musicale, vocale ou instrumentale, de nature fantastique ou capricieuse. Rousseau le définit dans son *Dictionnaire* (1767) comme « un genre de musique libre, dans lequel le compositeur, sans s'assujettir à aucun texte, donne libre cours à son génie et se soumet au feu de la composition ».

Au XVIe siècle, le terme s'applique parfois aux madrigaux, mais au début du XVIIe siècle il est surtout caractéristique de la musique pour instruments à clavier employant une imitation fuguée. Les capriccios de Frescobaldi ne semblent se soumettre à aucune règle particulière : ils comportent plusieurs sections qui contrastent dans de brusques fluctuations de tempo ; certains capriccios sont basés sur des idées musicales inhabituelles, comme le chant du coucou ou l'*hexacorde. Dans les œuvres de certains compositeurs du XVIIe siècle, le capriccio se rapproche énormément de la **canzona* pour clavier, alors que d'autres utilisent des formes de danse. Par la suite, les « caprices » pour instruments à clavier ont souvent adopté le style de fantaisies libres, comme le *Capriccio sopra la lontananza del suo fratello dilettissimo* (« Caprice sur le départ de son frère bien-aimé ») de J. S. Bach.

Au XIXe siècle, des compositeurs comme Brahms ou Mendelssohn utilisent ce terme pour désigner des pièces courtes et humoristiques. Rimski-Korsakov (*Capriccio espagnol*), Tchaïkovski (*Capriccio italien*) et Walton (*Capriccio burlesca*) s'en serviront comme titre d'ouvrages symphoniques.

2. Au XVIIIe siècle, le mot « capriccio » désigne parfois une *cadence. Les exemples les plus développés s'adressent au violon : Locatelli (24 Caprices pour les 12 concertos dans *L'Arte del violino*), Tartini et en particulier Paganini (24 Caprices op.1).

Wendy Thompson.

Capriccio italien. Œuvre symphonique op.45 de Tchaïkovski, composée en 1880.

Capriccioso (ital.). « Capricieux ». *Capricciosamente*, « capricieusement », dans un style vivant, informel, fantasque. Dvořák a composé un *Scherzo capriccioso* pour orchestre qui concrétise les caractéristiques de ce terme.

Capriol Suite. Suite pour orchestre à cordes (ou deux pianos) de Warlock, composée en 1926 et arrangée pour grand orchestre en 1928. Ses six mouvements sont basés sur d'anciennes danses françaises de l'*Orchésographie* de Thoinot Arbeau (1588), manuel de danse dans lequel « Capriol » est un personnage.

Capuzzi, Giuseppe Antonio (Brescia, 1er août 1755 ; Bergame, 28 mars 1818). Violoniste italien. Il fait ses études à Venise où il est, entre 1780 et 1786, premier violon de l'orchestre du Teatro S. Samuele, puis directeur à S. Benedetto. En 1796, il se rend à Londres où son ballet *La Villageoise enlevée* reçoit un accueil favorable. À partir de 1805, il s'installe à Bergame, enseignant le violon et dirigeant l'orchestre de Santa Maria Maggiore. Outre ses œuvres destinées à la scène, il a écrit de la musique de chambre et une symphonie concertante. Son concerto pour contrebasse (violone) est aujourd'hui une œuvre d'étude courante.

Wendy Thompson.

Cara, Marchetto (Vérone ou dans les environs ; Mantoue, vers 1525). Compositeur, chanteur et luthiste italien qui travailla à la cour des Gonzague à Mantoue. Il joua dans diverses cours d'Italie du Nord, notamment à Vérone, Venise, Milan et Crémone ; à Mantoue, il fut l'un des favoris d'Isabelle d'Este qui lui accorda le privilège d'épouser l'une des dames de la cour en 1512. Il a composé de nombreuses *frottole* qu'a publiées Petrucci et qui révèlent un penchant pour les textes sérieux et une certaine adresse pour adapter les paroles à la musique. Il est également l'auteur d'une pièce sur le sommeil écrite en notation noire – un exemple ancien de *musique oculaire.

Denis Arnold.

Caractacus. Plusieurs compositeurs ont écrit des œuvres basées sur l'histoire de ce roi anglais qui, sous le règne de Claude, fut pratiquement le dernier à offrir une résistance aux Romains. Il fut finalement capturé et emmené à Rome en 51 après J.-C., mais sa noblesse d'esprit impressionna tellement l'empereur qu'il lui laissa la liberté. Elgar a écrit une cantate dramatique sur ce sujet, sur un texte de H. A. Acworth, pour soprano, ténor, baryton, basse, chœur et orchestre. Elle a été créée au Festival de Leeds en 1898.

Cardew, Cornelius (Winchcombe, Gloucestershire, 7 mai 1936 ; Londres, 12 décembre 1981). Compositeur anglais. Enfant de chœur à la cathédrale de Canterbury, il fait ses études à la Royal Academy of Music (1953-57). De 1958 à 1960, il est l'assistant de Stockhausen, particulièrement pour la partition *Carré* conçue pour quatre formations (orchestre et chœur). L'influence de Stockhausen se ressent dans ses premières œuvres mais, à partir de 1960, Cardew s'est davantage tourné vers Cage. Cette période trouvera son apogée dans le superbe *Treatise* pour effectifs indéterminés (1963-67). En 1969, il a fondé le Scratch Orchestra, un ensemble d'amateurs qui donnaient des exécutions frustes de musique nouvelle et ancienne. Il en est sorti un groupe de maoïstes militants et, à partir du début des années soixante-dix, Cardew s'est consacré à l'arrangement de plusieurs extraits de l'opéra de Pékin et de chants révolutionnaires. Il est l'auteur d'un *Treatise Handbook* (Buffalo, New York, 1970) et a également publié *Nature Study Notes* (Londres, 1971), *Scratch Music* (Londres, 1972) et *Stockhausen Serves Imperialism* (Londres, 1974).

Paul Griffiths.

Cardillac. Opéra en trois actes de Hindemith sur un livret de Ferdinand Lion d'après *Das Fräulein von Scuderi* (1818) d'E.T.A. Hoffmann. Créé à Dresde en 1926. Une version révisée, sur un nouveau livret de Hindemith lui-même, a été exécutée à Zurich en 1952.

Cardoso, Manuel (baptisé à Fronteira, près de Portalegre le 11 décembre 1566 ; Lisbonne, 24 novembre 1650). Compositeur portugais. Il se destine à une vie religieuse en étudiant à l'important centre culturel portugais d'Évora. En 1588, il entre au monastère carmélite de Lisbonne dont il sera directeur musical de 1589 jusqu'à sa mort. Les rois d'Espagne et de Portugal le tenaient en grande estime pour son talent et son érudition musicale. Au nombre de ses œuvres imprimées figurent des messes, des *Magnificat* et des motets. Plusieurs autres œuvres manuscrites ont été perdues dans la destruction de la bibliothèque de dom João IV (tremblement de terre de Lisbonne, 1755).

Wendy Thompson.

Carezzando, carezzevole (ital.). « Caressant ».

Carillon. Voir *Cloches*, 5.

Carissimi, Giacomo (baptisé à Marini, près de Rome, le 18 avril 1605 ; Rome, 12 janvier 1674). Compositeur italien, l'une des figures majeures du XVIIe siècle. Il a joué un rôle très important dans l'histoire de l'oratorio (voir *Oratorio*, 1). Fils cadet d'un tonnelier, il débute comme chantre à la cathédrale de Tivoli en 1624 où il est nommé organiste avant 1627. Vers 1628, il est maître de chapelle de la cathédrale d'Assise et, en 1630, il occupe le même poste au « Collegium germanicum » à Rome. Il y restera jusqu'à sa mort malgré des propositions tentantes de la cour impériale de Vienne et de Saint-Marc de Venise (pour succéder à Monteverdi). Le Collège allemand est l'une des principales écoles où étaient formés les jésuites avant leur ordination : on les envoyait ensuite dans le nord de l'Europe. Carissimi occupait donc un poste très influent.

Sa réputation repose sur ses dialogues religieux et ses oratorios dans lesquels il adopte la langue lyrique de Monteverdi pour aboutir au drame sacré. Il a essentiellement composé sur des textes latins de l'Ancien Testament. Ses personnages sont animés d'une vigueur exceptionnelle. Le panorama marin de *Jonas* et la beauté élégiaque du sacrifice de *Jephté* sont d'excellents exemples de sa puissance dramatique ; il y fait appel non seulement à l'aria expressive et à l'*arioso* mis au point par Monteverdi dans ses derniers opéras, mais encore à des chœurs madrigaliens très sonores particulièrement appréciés à Rome. Il a aussi composé des messes et des motets : certains sont très démodés (comme sa messe *L'Homme armé* – dernière œuvre écrite sur ce thème du XVe siècle) ; d'autres, conçus dans le style *concertato*, semblent plus modernes. Carissimi a également écrit plus d'une centaine de cantates, la plupart pour la reine Christine de Suède. Convertie au catholicisme, cette souveraine avait une cour brillante à Rome et fit de Carissimi son « maestro di capella del concerto di camera » en 1656.

Au Collège allemand, la musique devint si somptueuse qu'en certaines occasions les autorités ordonnèrent une réduction des effectifs. Pendant un certain temps, Carissimi n'eut pas le droit de publier sa musique, sans doute parce qu'elle incitait à une certaine élaboration d'écriture dans la musique liturgique. Néanmoins, les élèves s'attroupaient autour de lui, le plus éminent étant Charpentier qui introduisit le dialogue religieux et l'oratorio en France. Carissimi mourut d'une attaque et, si l'on en juge par son testament, il a dû connaître une certaine aisance à la fin de sa vie.

Denis Arnold.

Carlton, Richard (vers 1558 ; ? 1638). Compositeur anglais. Diplômé de l'Université de Cambridge en 1577, il devient ecclésiastique dans l'Est-Anglie. Il a écrit un livre de *Madrigals to Five Voyces*

(« Madrigaux à cinq voix », 1601) qui révèlent un penchant pour la juxtaposition de tonalités majeures et mineures et a collaboré à *The Triumphes of Oriana*.

Denis Arnold.

Carmagnole, La. A l'origine, une « carmagnole » était un genre d'habit court que portait les classes laborieuses dans la région de Carmagnola, en Italie du Nord. Elle fut introduite en France au XVIIIe siècle par des ouvriers de cette région. Les révolutionnaires de Marseille l'amenèrent à Paris en 1792 où elle s'identifia à la lutte du peuple contre l'aristocratie. Le nom fut ensuite donné à une ronde de l'époque et à un chant révolutionnaire qui reprend en refrain : « Dansons la carmagnole, vive le son du canon ». Il était chanté lors des fêtes révolutionnaires et des exécutions. Honneger a intégré une carmagnole à sa *Danse des Morts* (1938).

Carman's Whistle, The. Titre d'un ensemble de variations de Byrd dans le *Fitzwilliam Virginal Book*. L'air provient d'une ballade publiée en 1592. Aux XVIe et XVIIe siècles, un « carman » était un charretier et l'on trouve de nombreuses références littéraires à leurs coups de sifflet (par exemple dans *Henri IV* de Shakespeare, 2e partie, acte III).

Carmen (lat.). Le mot veut dire « chanson », mais a également été utilisé pour désigner de la musique instrumentale dérivée de chansons vocales. Voir également *Carmina Burana*.

Carmen. Opéra en quatre actes de Georges Bizet sur un livret d'Henri Meilhac et Ludovic Halévy d'après la nouvelle de Prosper Mérimée. Représentations : Paris (Opéra-Comique, 3 mars 1875) ; Vienne (23 octobre 1875, en allemand, les récitatifs de Guiraud remplaçant le dialogue parlé) ; Londres (Her Majesty's Theatre, 22 juin 1878) ; New York (Academy of Music, 23 octobre 1878). Saint-Saëns fut le premier à émettre une objection sérieuse à la présentation de *Carmen* avec récitatifs, qu'il considérait comme une absurdité. La version de Guiraud déforme la vraie nature d'opéra-comique de cet ouvrage et supprime des informations essentielles du dialogue tout en édulcorant certains personnages. Néanmoins, il a fallu longtemps pour revenir à la version originale.

Séville, en 1820, Micaela (sop.) vient retrouver son ami don José (tén.), caporal sous les ordres du capitaine Zuniga (basse). Mais don José est fasciné par la gitane Carmen (mezzo) et, lorsqu'elle est arrêtée à la suite d'une querelle, il la laisse fuir. Il est à son tour arrêté, mais une fois relâché refuse de déserter ; Carmen, qui commence à tomber sous le charme du toréador Escamillo (bar.), le persuade néanmoins de s'enfuir avec elle et une bande de contrebandiers. Escamillo les suit et se bat en duel avec don José qui est emmené par Micaela loin d'une Carmen déjà lassée de lui et dédaigneuse. À Séville, à l'extérieur de l'arène, Carmen se promet à Escamillo s'il est vainqueur ; mais don José apparaît ébouriffé et la poignarde alors qu'Escamillo sort triomphant avec la foule.

BIBLIOGRAPHIE : *Carmen*, L'Avant-Scène-Opéra n° 26 (Paris, 1980).

Carmen, Jean (célèbre vers 1400-20). Compositeur et chanteur français. Il fut chantre à Paris et travailla également à la cour de Bourgogne de Philippe le Hardi. Avec deux de ses contemporains, Johannes Cesaris et Johannes Tapissier, ils furent portés aux nues pour leur chant qui « étonna tout Paris » dans *Le Champion des dames*, poème allégorique de Martin Le Franc (vers 1440). Seuls trois motets à quatre voix ont survécu.

John Milsom.

Carmichael, Hoagy [Hoagland] (Howard) (Bloomington, Indiana, 22 novembre 1899 ; Californie, 27 décembre 1981). Compositeur et musicien de jazz américain. Sa mère était pianiste dans un cinéma, ce qui éveilla son intérêt pour le piano. La famille s'installa ensuite à Indianapolis où il travailla avec un pianiste de boîte de nuit. Tout en faisant ses études de droit, il continua à jouer et commença à composer des chansons. Il reçut son diplôme en 1926 et vit sa première chanson, « Washboard Blues », acceptée par un éditeur. Il avait l'intention d'exercer des fonctions juridiques en Floride mais, se rendant compte qu'il s'intéressait beaucoup plus à la musique, il retourna à Bloomington jouer dans un orchestre. Au cours des années vingt, il fut associé à des musiciens de jazz tels que

Bix Beiderbecke, les Dorsey Brothers et Louis Armstrong et, dans les années trente, il se mit à écrire de la musique de films. La chanson de Carmichael qui a connu le plus grand succès est « Stardust » (1929) ; d'autres sont devenues célèbres, comme « Georgia on my mind » (1930), « Lazybones » (1933), « Two Sleepy People » (1938) et « The Nearness of You » (1940). Il a toujours mené une double carrière de chanteur et de pianiste et a réalisé de nombreux enregistrements. Il est apparu dans plusieurs films des années quarante et cinquante, notamment *The Best Years of Our Lives* (1946).

Peter Gammond.

Carmina Burana (*cantiones profanae*) (« Chansons de Beuron, chansons profanes »). Cantate scénique de Carl Orff pour soprano, baryton, chœur d'enfants, chœur et orgue sur un texte latin (chansons d'étudiants sur le vin, les femmes et l'amour) d'après des poèmes manuscrits en latin, en vieil allemand et en vieux français, datant de 1280 trouvés dans le monastère bénédictin de Beuron. L'œuvre comporte 25 mouvements et peut se doubler d'une action mimée ; elle a été créée à Francfort en 1937. Elle constitue le premier volet de la trilogie des *Trionfi* de Carl Orff.

Carnaval. Cycle de pièces pour piano op.9 de Schumann, composé entre 1833 et 1835. Il porte en sous-titre « Scènes mignonnes sur quatre notes », les notes étant A-S-C-H (la bémol-mi bémol-do-si). Asch était la ville natale de la jeune fille dont Schumann était amoureux et ces quatre lettres constituent les seules lettres « musicales » du nom de Schumann dans la notation allemande. Chacune des 21 pièces de l'œuvre porte un nom descriptif (comme « Papillons »). Une version symphonique du *Carnaval* a été réalisée par plusieurs compositeurs (notamment Glazounov) pour un ballet de Fokine exécuté à Saint-Pétersbourg en 1910. Ravel a également orchestré le *Carnaval* de Schumann, mais la partition a été perdue.

Carnaval. Ouverture op.92 de Dvořák, composée en 1891 ; avec *Dans la nature* et *Othello*, elle forme un cycle d'ouvertures intitulé *Nature, vie et amour*. Les trois partitions sont généralement jouées séparément.

Carnaval des animaux, Le. « Grande fantaisie zoologique » de Saint-Saëns, conçue à l'origine pour deux pianos, quintette à cordes, flûte, clarinette, glockenspiel et xylophone ; plus fréquemment exécutée dans sa version pour deux pianos et orchestre. Cette partition a été composée en 1886, mais le compositeur en avait interdit l'exécution de son vivant. Elle comporte quatorze mouvements, représentant chacun un animal différent ; le nº 13, *Le Cygne*, compte parmi les plus célèbres.

Carnaval romain, Le. « Ouverture caractéristique » op.9 de Berlioz, composée en 1844, qui reprend le matériel de son opéra *Benvenuto Cellini*.

Carnaval de Venise. Cycle de variations pour violon seul op.10 de Paganini, composé en 1829 ou auparavant sur le thème du *Carnaval de Venise*, qui est devenu la chanson populaire « O mamma mia ». D'autres compositeurs, comme Benedict, ont repris ce thème ; Ambroise Thomas a composé un opéra en trois actes, *Le Carnaval de Venise*, sur un livret de Sauvage, qui a été créé à Paris en 1857.

Carnaval de Vienne. Œuvre pour piano op.26 en cinq mouvements de Schumann, composée en 1839-40, soustitrée « Fantasiebilder ».

Carol (all. : *Weihnachtslied* ; fr. : « noël »). Terme que l'on associe généralement aujourd'hui à un chant de Noël, mais qui a servi à désigner différents genres dans le passé.

1. *Le « carol » en Angleterre jusqu'au XVIIe siècle.* Dans l'Angleterre médiévale, le *carol* était une chanson présentant l'alternance d'un refrain et d'un certain nombre de strophes construites de la même façon, la forme fondamentale étant refrain-strophe-refrain-strophe... refrain ; certaines versions plus complexes utilisaient des refrains au sein des strophes ou même des refrains doubles. Comme pour la plupart des formes de chansons anciennes, nous ne possédons pas d'indications précises sur la façon dont les *carols* étaient exécutés, mais il semble qu'ils aient été parfois utilisés à des fins liturgiques, comme l'a été le **conductus*. A l'origine, le *carol* était peut-être une chanson à danser (le mot vient probablement du

français « carole » ou ronde). Il est certain qu'il était souvent chanté en procession. Les vers étaient sans doute chantés par des solistes et le refrain par un chœur ; les strophes comprenaient parfois deux parties et les refrains trois. Il est également certain que les *carols* étaient chantés à l'occasion de banquets hors de l'église : un récit des fêtes de la veille des Rois, daté de 1487, relate que « At the table in the Medell of the Hall sat the Deane and thoos of the kings Chapell, whiche incontynently after the Kings furst Course sange a Carall... » (« A la table au milieu de la salle se tenait le doyen et ceux de la chapelle du roi, qui immédiatement après le premier plat du roi ont chanté un carol... »). Aujourd'hui encore, on chante le *Boar's Head Carol* à Queen's College à Oxford lorsque le plat est apporté dans la salle.

Les mélodies de ces premiers *carols* ne manquent ni de puissance ni d'attrait, comme le célèbre *carol* d'Azincourt « Deo gratias Anglia ». Les refrains qui reviennent souvent facilitent leur mémorisation. Au XVe siècle, les paroles concernaient en général la période allant de Noël à l'Epiphanie (les fêtes de saint Étienne, des saints Innocents, de saint Jean, de saint Thomas de Canterbury, etc.) mais, vers 1500, le thème de la Passion fut l'objet d'une grande ferveur entraînant l'apparition d'un nouveau genre de *carol* à la mélodie plus longue et plus complexe. Il débouche sur les chants religieux de la fin du XVIe siècle et sur ceux publiés par Byrd dans *Psalmes, Sonets, and Songs* (1588) et *Songs of Sundrie Natures* (1589). Dès ses premiers pas, le *carol* a été conçu occasionnellement sur des textes macaroniques (le refrain en latin, les strophes en anglais par exemple). Cette caractéristique s'applique également à certains *carol-anthems* de l'époque d'Elisabeth et de Jacques Ier : on en trouve un excellent exemple dans le « Gloria in excelsis Deo » de Weelkes, qui conserve vaguement l'idée d'alternance refrain-strophe-refrain (généralement limitée alors à une simple forme ternaire). Mais le *carol* est alors sur le déclin en Angleterre. Il disparaîtra pendant la guerre civile et le Commonwealth.

2. *Depuis le XIXe siècle.* La renaissance du *carol* sous diverses formes, en Angleterre, en Allemagne et en France, le fait que Noël soit devenu de plus en plus une période de vacances officielles, et la commercialisation croissante de cette fête ont suscité une vague de popularité et de sentimentalisme envers le *carol*. De nombreux *carols* victoriens sont d'un niveau inférieur à leurs aînés. De même, comme le notait Percy Scholes dans l'article consacré à ce sujet dans l'édition précédente de cet ouvrage, le chant des *carols* a dégénéré en Angleterre à la fin du XIXe siècle en un genre de « mendicité mesquine » : dans toutes les régions, des groupes de jeunes enfants paradaient de seuil en seuil à partir de la fin novembre pour amasser des fonds de Noël, en extorquant ce qu'on pourrait gentiment appeler des « pots-de-vin ».

La contribution victorienne à la littérature du *carol* était essentiellement basée sur le style mélodique de l'hymne, mais la renaissance des chansons populaires à la fin du XIXe siècle et au XXe siècle a renvoyé les collectionneurs de *carols* aux airs traditionnels et bien que l'écriture rigoureuse à quatre voix SATB de certains d'entre eux soit à déplorer, les livres de *carols* plus récents comportent des mélodies anciennes arrangées avec imagination. Deux recueils présentent un excellent choix : *The Oxford Book of Carols* (Londres, 1928), édité par Percy Dearmer, Vaughan Williams et Martin Shaw et *The Penguin Book of Christmas Carols* (Londres, 1965), édité par Elizabeth Poston.

Une certaine émulation dans le sens d'une amélioration de la musique est venue du célèbre *Service of Nine Lessons and Carols* donné à King's College, à Cambridge, la veille de Noël, car même si la cérémonie elle-même a des apparences d'antiquités factices, les chefs de chœur ont constamment cherché à y introduire de bons arrangements et de nouveaux *carols* qui, lorsqu'ils sont diffusés dans le monde, entrent rapidement au répertoire de Noël.

Voir également *Noël*.

Denis Arnold.

Carole. Au Moyen Age, nom français de « ronde ».

Caroso, Fabritio (? Sermoneta, près d'Anzio, vers 1527-35 ; après 1605). Maître de ballet italien. Ses ouvrages intitulés *Il Ballarino* (Venise, 1581) et *Nobiltá di dame* (Venise, 1600) constituent la principale source de connaissance des pas de danse et de musique de danse du XVIe siècle. On y trouve de nombreuses danses arrangées pour le luth, qui montrent l'emploi de plus en plus fréquent de la suite comme accompagnement des séquences de ballet.

Denis Arnold.

Carr, Edwin (James, Nairn) (Auckland, 10 août 1926). Compositeur néo-zélandais. Il fait ses études de musique à l'Université d'Otago et à celle d'Auckland puis suit les cours de Douglas Lilburn durant la première session d'été de Cambridge en 1946. Il commence alors à composer. Pianiste accompli, il décide que la composition occupera la première place dans sa carrière après avoir suivi les cours de Benjamin Frankel à la Guildhall School of Music dans les années cinquante, où il côtoie d'autres compositeurs néo-zélandais, notamment Robert Burch, David Farquhar, Larry Pruden et Ronald Tremain. En 1954, il travaille avec Petrassi à Rome et, en 1975, avec Carl Orff à Munich, puis il acquiert une solide expérience de pianiste et de chef d'orchestre en travaillant avec une troupe de ballet itinérante. Toutes ses activités dénotent une grande compétence professionnelle. En 1972-73, il devient « Mozart Fellow » à l'Université d'Otago et professeur de composition au Conservatoire de Sydney (1974-76) dont il continue à faire partie ultérieurement. Son ouverture pour orchestre *Mardi gras* (1950) lui a valu un prix : c'est une partition vivante et pleine de couleurs. Son économie de moyens, inspirée de Stravinski, et sa fraîcheur ressortent surtout dans sa *Blake Cantata* (1952) pour chœur d'enfants et petit orchestre. Le mouvement central de sa *Symphonie* (1981), à la mémoire de Stravinski, entretient une atmosphère contemplative et évocatrice et montre sa maîtrise des sonorités orchestrales. Il a également composé une *Sonate pour piano* (1955), un scherzo pour orchestre, *Night-music* (1958), un trio avec piano (1958), une *Sonate pour violon seul* (1961), le cycle de mélodies *Edith Sitwell Song Cycle* (1966) et *Five Pieces for Orchestra* (*Cinq Pièces pour orchestre*, 1967). Son opéra *Nastasya* (1969-72), basé sur *L'Idiot* de Dostoïevski, a été diffusé par la Radio néo-zélandaise.

J. M. Thomson.

Carrée. Voir *Brève* (𝅜 ou 𝅜).

Carrières de la musique, Les. Les changements sociaux et économiques du XXe siècle ont eu un effet considérable sur la musique et les musiciens, tout comme les progrès scientifiques et techniques rapides qui sont en grande partie à l'origine de ces changements ; néanmoins, la composition, l'exécution et l'enseignement restent les principales occupations du musicien professionnel. La découverte de la radio et de la télévision, ainsi que les développements de l'industrie du disque ont facilité le libre accès à la musique tout comme l'impact de l'électronique sur l'industrie et le commerce a permis une augmentation du temps de loisirs. La musique omniprésente à la maison, en voiture, au supermarché et même dans le train et l'autobus (radio, disque, bande magnétique) a eu un effet polarisant : le public est mieux informé, exigeant et l'auditeur inattentif se trouve sollicité. Le compositeur a davantage de possibilités qu'il n'en a jamais eues et il jouit d'une plus grande liberté artistique. La composition contemporaine va de la musique entièrement sérielle à la musique aléatoire et de l'abstrus au genre délibérément commercial. Un petit nombre de compositeurs gagnent bien leur vie en travaillant pour la télévision, le cinéma et la radio ; d'autres s'illustrent dans le domaine éphémère de la musique « pop » et du spectacle musical. Il existe également un marché réduit, mais continu, pour le matériel d'enseignement, qu'il s'agisse de l'enseignement dans les écoles ou de l'enseignement privé. Toutefois, la grande majorité des compositeurs tirent la plus grande partie de leurs revenus de domaines autres que la composition – quelques-uns sont aussi interprètes, chefs d'orchestre ou instrumentistes, et beaucoup enseignent.

Le fait que la musique occupe une place de plus en plus importante dans l'enseignement supérieur a ouvert aux compositeurs davantage de possibilités pour enseigner dans les universités, les écoles polytechniques et les collèges ; de tels postes apportent non seulement une certaine stabilité financière, mais offrent au moins aux compositeurs la possibilité d'être joués localement – le principal obstacle auquel se heurte le compositeur pour se faire connaître étant de persuader les organisateurs de concerts d'exécuter ses œuvres. En France, la création contemporaine est principalement aidée par des organismes publics (ministère de la Culture, Radio-France) ou des formations subventionnées qui passent des commandes aux compositeurs en s'engageant à jouer leurs œuvres. La SACEM (Société des auteurs, compositeurs et éditeurs de musique), dont le rôle principal est de collecter les droits d'auteur avant de les reverser à leurs bénéficiaires, accorde une aide non négligeable sous forme de prix et de bourses ou en participant à la réalisation d'enregistrements. En Angleterre, la Society for the Promotion of New Music (Société pour la promotion de la musique nouvelle) joue un rôle actif dans ce domaine, de même que l'Arts Council, les Regional Arts Associations (qui donnent des bourses et passent des commandes) et le Contemporary Music Network. La Composers' Guild est une association professionnelle qui assure la promotion des intérêts des compositeurs britanniques, tandis que la Performing Right Society et la Mechanical Copyright Protection Society recueillent et distribuent des *royalties* au nom de leurs membres (voir *Droits d'auteur*).

Alors qu'il a toujours existé des interprètes d'une compétence remarquable, le XXe siècle a connu une amélioration sensible de l'ensemble des techniques instrumentales. De nos jours, un intrumentiste d'orchestre joue sans le moindre effort des œuvres dont les difficultés techniques auraient découragé ses prédécesseurs. Ce progrès résulte en partie de ce que l'on cherche maintenant à détecter très tôt les talents musicaux et qu'on leur fournit un enseignement approprié. L'accent mis en Angleterre, depuis 1945, et en France depuis une date plus récente sur le travail instrumental dans les écoles et sur la formation d'orchestres de jeunes – notamment le National Youth Orchestra (1947) et l'Orchestre français des jeunes (1982) – a exercé une influence déterminante. Il existe également en Angleterre des écoles spécialisées comme la Yehudi Menuhin School ou la Chetham's School of Music de Manchester dont le rôle est loin d'être négligeable. L'enseignement de la musique en France connaît depuis les années 1970 une profonde réforme ; mais il reste l'apanage du secteur public (conservatoires et écoles nationales ou municipales de musique). Les expériences privées concernent davantage des stages de courte durée qui se déroulent pendant les vacances scolaires dans un objectif de perfectionnement. La plupart des interprètes reçoivent leur formation professionnelle après l'âge scolaire dans un conservatoire, en suivant deux ou trois cycles d'études. Dans les pays anglo-saxons, le cursus est comparable (études dans les collèges) ; rares sont ceux qui passent par l'Université ; l'une des évolutions les plus récentes qui ait touché les départements musicaux des Universités a été de reconnaître l'importance de l'exécution comme partie intégrante d'un enseignement essentiellement académique. Les pianistes ou les orchestres de chambre résidents sont maintenant assez courants ; ils se partagent entre leur carrière d'interprètes professionnels et un véritable engagement dans l'enseignement. Les Universités françaises sont malheureusement loin de connaître une telle évolution.

Le rapport de la Fondation Gulbenkian, *Training Musicians* (1978), insistait sur la nécessité, pour les étudiants se destinant à la carrière de musiciens d'orchestre, d'acquérir davantage d'expérience entre la formation dans les collèges et conservatoires et l'insertion dans la vie professionnelle. L'établissement d'orchestres de troisième cycle au Conservatoire national supérieur de musique de Paris, au Royal Northern College of Music de Manchester et au Goldsmiths' College de Londres répond à cette préoccupation comme les différents stages d'initiation à la pratique de l'orchestre.

L'engouement dont jouit le théâtre lyrique depuis quelques années a permis de donner une importance accrue (qualitative et par le nombre des représentations proposées) à de nombreux opéras de province. Cette évolution a développé les possibilités d'engagements offertes aux chanteurs et aux instrumentistes professionnels, même si l'absence presque généralisée de troupes permanentes dans les opéras français continue à poser un problème fondamental pour l'insertion des jeunes chanteurs dans la vie professionnelle. Les commanditaires commerciaux de la musique et la protection indirecte de l'État et des collectivités territoriales par le biais des subventions sont devenus, dans la seconde moitié du XXe siècle, de plus en plus indispensables à l'interprète professionnel : ils compensent le coût de plus en plus élevé du concert et de la production lyrique.

Presque tous les musiciens se consacrent à l'enseignement à un moment ou à un autre de leur carrière et les besoins en enseignants, tant dans le domaine instrumental que vocal, augmentent régulièrement. À l'école, le professeur chargé de la musique, surtout dans l'enseignement secondaire, se trouve confronté à des problèmes complexes qui reflètent l'évolution de la société – une population scolaire multi-ethnique, des pressions économiques et l'influence des musiques dérivées du jazz et des musiques populaires de toute sorte. L'œuvre de Carl Orff, notamment, a marqué profondément la pratique musicale en classe et la méthode Suzuki a produit des résultats remarquables dans la formation des jeunes instrumentistes à cordes.

La plupart des interprètes professionnels, surtout ceux qui travaillent dans les orchestres et dans le cadre de chœurs, appartiennent à l'un des deux ou trois principaux syndicats qui négocient les salaires et les conditions de travail au niveau national et local.

Pour avoir de plus amples informations sur le rôle du musicien à diverses époques de l'Histoire, voir *Compositeur, Concert, Direction d'orchestre, Critique musicale, Éducation musicale, Ménestrels, Opéra, Édition musicale, Wait* et les articles individuels consacrés aux pays.

Percy Welton, rév. Alain Pâris.

Carter, Elliott (Cook), Jr (New York, 11 décembre 1908). Compositeur américain. Durant sa scolarité, il reçoit les encouragements de Charles Ives et à Harvard, où il fait des études littéraires, il suit les cours de Walter Piston. Il est ensuite l'élève de Nadia Boulanger à Paris, de 1932 à 1935, et rentre en Amérique tout empreint de néo-classicisme. On retrouve dans ses premières œuvres, notamment dans le ballet *Pocahontas* (1936-39) et dans *Holiday Overture* (1944), le style post-stravinskien caractéristique des élèves américains de Nadia Boulanger, mais doté d'une vie rythmique qui lui est propre. Avec la *Sonate pour piano* (1945-46) commence un processus de croissance qui se poursuit dans la *Sonate pour violoncelle* (1948) et qui s'épanouit pleinement dans le *Quatuor à cordes nº 1* (1951). Dans ces œuvres, Carter étend progressivement son univers harmonique, il introduit une nouvelle fluidité rythmique au moyen de la *modulation métrique et commence à créer des formes qui sont des conversations musicales, définies par leur nature harmonique.

Depuis le *Quatuor nº 1*, Carter travaille lentement et met plusieurs années à composer une œuvre instrumentale importante : les *Variations pour orchestre* en 1955, le *Quatuor nº 2* en 1959, le *Double Concerto* (pour clavecin, piano et deux orchestres de chambre) en 1951, le *Concerto pour piano* en 1964-65, le *Concerto pour orchestre* en 1969, le *Quatuor nº 3* en 1971 et la *Symphonie des trois orchestres* en 1976-77. Ces œuvres font abstraction de l'héritage néo-classique ; la langue est rude mais élégante, complexe mais alléchante, car les idées musicales sont très riches. Carter s'inspire parfois d'une source littéraire (*Vents* de Saint-John Perse dans le cas du *Concerto pour orchestre*), mais ses seules œuvres vocales dans le style de la maturité sont *A Mirro on which to Dwell* pour soprano et orchestre de chambre (1975) et *Syringa* pour mezzo-soprano, basse et ensemble (1978). Un recueil des écrits de Carter (*Collected Writings*) a été publié à New York en 1977.

Paul Griffiths.

Carulli, Ferdinando (Naples, ? 20 février 1770 ; Paris, 17 février 1841). Guitariste et compositeur italien. Il abandonne le violoncelle pour apprendre la guitare en autodidacte et devient l'un des plus grands virtuoses de cet instrument. En 1808, après plusieurs tournées à l'étranger, il s'installe définitivement à Paris. Il a publié plus de 300 œuvres pour guitare et un traité sur l'art de l'accompagnement à la guitare.

Wendy Thompson.

Carvalho, João de Sousa (Estremoz, 22 février 1745 ; Alentejo, 1798). Compositeur portugais. En 1761, il se rend à Naples pour faire ses études au Conservatorio di San Onofrio. À son retour au Portugal, il devient professeur de contrepoint et maître de chapelle au Seminário Patriarcal de Lisbonne et, de 1768 à 1790 environ, époque à laquelle il se retire, il enseigne la musique à la famille royale. Carvalho est l'un des rares compositeurs d'opéras portugais de son époque. Outre ses quinze opéras, il a composé de la musique religieuse et des sonates pour clavecin.

Wendy Thompson.

Carver, Robert (vers 1490 ; après 1546). Compositeur écossais. Il a peut-être été chanoine à l'abbaye de Scone près de Perth. Sa musique, qui a survécu dans un recueil manuscrit conservé aujourd'hui à la Bibliothèque nationale d'Écosse à Édimbourg, comprend la *Missa « Dum sacrum mysterium »* à dix voix, qu'il a peut-être écrite pour le couronnement de Jacques V, en 1513, et un vaste motet à 19 parties, *O bone Jesu*. Ces œuvres révèlent une imagination ingénieuse bien que légèrement sophistiquée.

John Milsom.

Cary, Tristram (Ogilvie) (Oxford, 14 mai 1925). Compositeur anglais. Fils de la romancière Joyce Cary, il se lance dans la composition de musique électronique en 1947 puis étudie avec George Oldroyd au Trinity College of Music (1948-50). Depuis le début des années cinquante, il a composé un grand nombre d'œuvres électroniques qui vont de simples pièces sur bande magnétique à *Peccata mundi* pour narrateur, chœur, orchestre et bande magnétique (1969-70). En 1968, il a fondé un studio au Royal College of Music.

Paul Griffiths.

Casanovas, Narciso (Sabadell, province de Barcelone, 1747 ; Montserrat, 1er avril 1799). Organiste et compositeur espagnol. En 1763, il entre au monastère de Montserrat où il reste jusqu'à sa mort. Il a composé des psaumes, des motets, des antiennes et d'autres œuvres de musique sacrée et quelques beaux répons pour la semaine sainte.

Wendy Thompson.

Cascarda (ital.). Danse italienne de la fin du XVIe siècle, décrite dans le traité *Nobiltà di dame* de Caroso (1600) comme une danse rapide à trois temps sur un rythme pointé. Elle était dansée par un ou deux couples ou par un groupe de trois danseurs. La musique se compose d'un ou de deux accords répétés.

Casella, Alfredo (Turin, 25 juillet 1883 ; Rome, 5 mars 1947). Compositeur italien. Issu d'une famille de musiciens où l'on faisait couramment de la musique de chambre, il est envoyé à l'âge de douze ans au Conservatoire de Paris où il est l'élève de Fauré. En 1902, il entame une carrière de pianiste et de chef d'orchestre et séjourne à Paris de 1912 à 1915. Ses œuvres de cette période révèlent l'influence logique de Debussy et de Ravel ainsi que du Stravinski de la première manière, mais également, ce qui est plus surprenant, celle de Mahler et de Strauss ; la sensuelle *Notte di maggio* pour voix et orchestre (1913) est une œuvre typique de l'époque.

Après la Première Guerre mondiale, Casella a vite adopté l'approche néoclassique de Stravinski. Il a composé des divertimentos basés sur des musiques des siècles précédents, *Scarlattiana* (1926) et *Paganiniana* (1942), ainsi qu'un grand nombre de partitions originales dans lesquelles il utilise des formes et des manières plus anciennes, en commençant par des œuvres telles que le *Concerto pour quatuor à cordes* (1923-24) et la *Partita pour piano et orchestre* (1924-25). Il a parfois fait appel à des combinaisons inhabituelles, comme dans la *Symphonie pour piano, violoncelle, clarinette et trompette* (1932), mais son but n'était pas tant de choquer que d'utiliser de grandes facilités d'écriture. Un ton objectif prédomine même dans ses œuvres scéniques, dont la plus ambitieuse est l'opéra féérique *La Donna serpente* (1932).

Tout en composant énormément, Casella a enseigné, organisé des concerts et assuré la promotion de la musique nouvelle. Il a donné des cours magistraux à l'Académie Sainte-Cécile de Rome (1932-47) et, en fondant à Rome, en 1917, la Società Italiana di Musica Moderna, devenue en 1923 la Corporazione delle Nuove Musiche, il a contribué à familiariser le public italien aux changements radicaux de l'entre-deux-guerres. Il a écrit son autobiographie *I Segreti della giara* (Florence, 1941) qui a été traduite en anglais sous le titre *Music in my Time* (Norman, Oklahoma, 1955).

Paul Griffiths.

Cassation (all. : *Kassation* ; ital. : *cassazione*). Forme instrumentale du XVIIIe siècle, surtout populaire à Vienne et dans certaines villes autrichiennes. Elle est apparentée au *divertimento et à la *sérénade et se compose d'une série (en nombre variable) de mouvements pour instruments à cordes et à vent en forme de sonate ou de danse. Chaque mouvement est plus court que les parties homologues d'une symphonie, mais l'ensemble est constitué d'un plus grand nombre de mouvements. Les cassations étaient purement destinées au divertissement et relèvent donc d'une écriture de caractère léger ; contrairement à la sérénade, elles n'étaient pas uniquement jouées en soirée, mais généralement en plein air. On en trouve des exemples chez Dittersdorf, Haydn et Mozart (K 63, K 99).

Casse-Noisette. Ballet en deux actes et trois scènes de Tchaïkovski ; livret de M. Petipa d'après la version d'Alexandre Dumas père de *Der Nussknacker und der Maüsekönig* (« Le casse-noisette et le roi des souris »). Créé à Saint-Pétersbourg en 1892 dans une chorégraphie d'Ivanov. Depuis lors, Balanchine, Cranko et Noureïev (entre autres) en ont réalisé de nouvelles chorégraphies. En 1892, Tchaïkovski a tiré de son ballet une suite pour orchestre (op. 71a) de huit numéros.

Castagnettes et claquettes. Petits instruments formés de deux objets identiques en bois dur, en os ou en toute autre matière résonnante, que l'instrumentiste frappe l'un contre l'autre dans une main, à raison parfois d'une paire par main.

1. *Castagnettes.* Les vraies castagnettes sont constituées de deux coquilles rondes évidées, de 2,5 cm à 5 cm de diamètre, en buis, en noyer, en ébène ou en palissandre, mais apparemment pas en châtaignier (esp. : *castaño*) ; elles sont percées d'un petit trou permettant de les relier par une cordelette. Cette cordelette décrit deux boucles dans lesquelles l'instrumentiste passe le pouce ou le majeur. Les deux parties creuses des coquilles se font face. Elles sont ainsi suspendues au-dessus de la paume de la main ; la tension de la cordelette les maintient légèrement écartées et les doigts jouent sur la coquille extérieure. En actionnant successivement les doigts, on peut obtenir un enchaînement de sons très rapide, mis en résonance par l'air qui se trouve dans les cavités. Les danseurs espagnols établissent une distinction entre la castagnette grave ou « mâle », plus évidée et tenue dans la main gauche, et la castagnette aiguë ou « femelle » tenue dans la main droite. La castagnette grave est frappée sur le temps, généralement par deux doigts simultanément ; l'autre, pour laquelle l'instrumentiste utilise ses doigts séparément, produit des sons plus rapides entre les temps (Ex. 1).

Ex. 1

On trouve la trace des castagnettes en Espagne depuis le Moyen Age et peut-être depuis aussi longtemps en Italie du Sud ; selon certains musicologues, elles auraient été apportées par les Phéniciens.

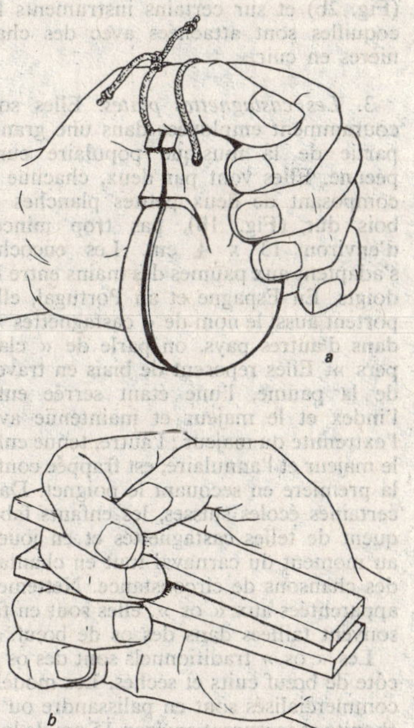

Fig. 1

2. *Les castagnettes à manche* (Fig. 2a, b). Ce sont également des instruments

d'origine populaire, utilisés dans certains pays à côté des castagnettes traditionnelles pour produire des bruits rituels, par exemple pendant la semaine sainte. Elles servent également à l'orchestre et dans les ensembles de percussion où elles sont utilisées comme substituts aux vraies castagnettes – Glinka est sans doute l'un des premiers compositeurs à les avoir introduit dans l'orchestre. Le manche se termine par un disque rond épais, creusé de chaque côté, et les coquilles frappent les deux faces échancrées. L'instrumentiste obtient les rythmes en secouant l'instrument et en le frappant sur la main libre, mais cette méthode rend difficile le contrôle de figures rythmiques précises (une autre méthode consiste à fixer à plat de vraies castagnettes sur un socle de bois, l'une à côté de l'autre, et d'en jouer avec les doigts). On fixe parfois une paire de coquilles à l'autre extrémité du manche (Fig. 2b) et sur certains instruments les coquilles sont attachées avec des charnières en cuir.

3. *Les castagnettes plates.* Elles sont couramment employées dans une grande partie de la musique populaire européenne. Elles vont par deux, chacune se composant de deux petites planches de bois dur (Fig. 1b), pas trop minces, d'environ 13 x 4 cm. Les encoches s'adaptent aux paumes des mains entre les doigts. En Espagne et au Portugal, elles portent aussi le nom de « castagnettes » ; dans d'autres pays, on parle de « clappers ». Elles reposent de biais en travers de la paume, l'une étant serrée entre l'index et le majeur et maintenue avec l'extrémité du majeur ; l'autre, tenue entre le majeur et l'annulaire, est frappée contre la première en secouant le poignet. Dans certaines écoles suisses, les enfants fabriquent de telles castagnettes et en jouent au moment du carnaval tout en chantant des chansons de circonstance. Nettement apparentées aux « os », elles sont en fait souvent taillées dans des os de bœuf.

Les « os » traditionnels sont des os de côte de bœuf cuits et séchés. Les modèles commercialisés sont en palissandre ou en ébonite et mesurent environ 15 cm de long (Fig. 2c) ; l'instrumentiste en tient une paire dans chaque main. Les os sont posés en travers de la paume et l'on en joue à peu près comme de l'instrument précédent. Les chansons et les danses peuvent être accompagnées de façon très experte, en obtenant même des hauteurs de son délibérément contrastées.

4. *Les cuillers.* Cet instrument se compose de deux cuillers – en bois ou en métal – fixées dos à dos. On place généralement l'index entre les deux cuillers et on les frappe sur le genou, soit directement, soit avec l'autre main, ou en utilisant alternativement l'une et l'autre méthode. Elles servent presque partout dans les fêtes familiales à accompagner la musique de danse. En Europe de l'Est, on fabriquait parfois des cuillers en bois spéciales – de véritables instruments de musique (et non des instruments rudimentaires), certaines avec de petites cloches qui frappaient le long des manches.

5. *Les claquettes dans l'Antiquité.* Les plus anciens types de claquettes semblent avoir été des extensions rituelles des battements de mains : deux morceaux de bois ou d'ivoire, longs et plats, ayant souvent en Égypte la forme d'une main d'homme, frappés l'un contre l'autre à raison d'un dans chaque main. Viennent ensuite les claquettes des danseurs gréco-romains : une paire dans chaque main, comprenant deux baguettes ou objets cunéiformes épais d'environ 20 cm de long. Bien qu'ils aient fait l'objet de

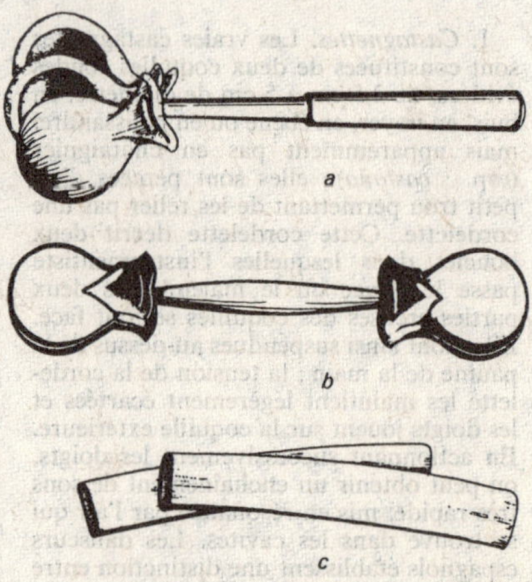

Fig. 2. (a) et (b), castagnettes à manche ; (c) « os ».

nombreuses représentations graphiques au Moyen Âge, il semble qu'aucun d'entre eux n'ait survécu ; on ne sait donc pas s'ils étaient fixés l'un à l'autre, mais l'instrumentiste ne les tenait probablement pas de la même façon que les os.

Anthony Baines.

Castello, Dario (célèbre à Venise au début du XVIIe siècle). Compositeur italien. Dans les années 1620, il publie deux livres de sonates pour violon qui comportent des effets intéressants, comme le *tremolo* ; il note la dynamique, les ornements et les *tempi* d'une façon plus détaillée que ne le voulait l'usage de l'époque.

Denis Arnold.

Castelnuovo-Tedesco, Mario (Florence, 3 avril 1895 ; Los Angeles, 17 mars 1968). Compositeur italien. Il fait des études de composition avec Pizzetti à l'Institut Cherubini de Florence (1913-18) et révèle rapidement son talent pour mettre en musique ces textes avec sensibilité, notamment le cycle de mélodies *Coplas* (1915). Il a ensuite mis en musique toutes les chansons de Shakespeare dans leur langue originale (1921-25). Le souffle mélodique que Castelnuovo-Tedesco a insufflé à ses chansons et mélodies se retrouve dans ses œuvres symphoniques, comme le *Concerto pour guitare* (1939), alors que son attachement à sa ville natale ressort nettement dans l'opéra *La Mandragola* (1920-23, créé en 1926), d'après la comédie de Machiavel. En 1939, Castenuovo-Tedesco émigre aux États-Unis ; il enseigne la composition au Conservatoire de Los Angeles et écrit beaucoup de musique de films. La production volumineuse de ses années en Amérique comprend deux opéras d'après Shakespeare et plusieurs grandes œuvres chorales comme le *Sacred Service* (1943) et l'oratorio *Saul* (1960), basé sur un chant juif.

Paul Griffiths.

Castiglioni, Niccolò (Milan, 17 juillet 1932). Compositeur italien. Il étudie la composition avec Ghedini au Conservatoire de Milan, avec Blacher au Mozarteum de Salzbourg et, à partir de 1958, il suit les cours d'été à Darmstadt. D'abord influencé par Boulez dans des œuvres comme *Consonante* pour flûte et douze instruments (1962), il se tourne ensuite vers la technique du collage, utilisant des citations très variées et imitant avec habileté les styles du passé.

Paul Griffiths.

Castillon, Alexis de (Marie-Alexis Castillon de Saint-Victor) (Chartres, 13 décembre 1838 ; Paris, 5 mars 1873). Compositeur français, disciple de César Franck, il se consacre assez tard à la musique après avoir commencé une carrière militaire. Il participe à la fondation de la Société nationale de musique en 1871 et jouera un rôle déterminant pour faire revivre la musique de chambre en France : il laisse notamment un *Quintette pour piano et cordes op.1*, un *Quatuor pour piano et cordes op.7*, ainsi qu'une *Sonate pour violon et piano op.6*, qui débordent d'idées originales, tout comme son *Concerto pour piano op.12*, créé par Saint-Saëns.

Alain Pâris.

Castor et Pollux. Opéra en un prologue et cinq actes de Rameau sur un livret de Pierre-Joseph Bernard. Créé à Paris en 1737. Rameau l'a révisé et a supprimé le prologue pour composer une nouvelle version du premier acte en 1754.

Castrat (ital. : *castrato*). Chanteur castré avant la puberté qui conserve ainsi sa voix de soprano ou d'alto à l'âge adulte. La combinaison d'un petit larynx et d'une poitrine plus large que la normale confère au castrat un énorme contrôle du souffle. On trouve des castrats dans le chœur de la chapelle Sixtine dès la fin du XVIe siècle et leur art a pris toute son importance avec la montée de l'opéra au XVIIe siècle. Le dernier castrat a sans doute été Alessandro Moreschi (1858-1922).

Catalane (esp. : *catalán*). Danse espagnole de la région de Catalogne.

Catalani, Alfredo (Lucques, 19 juin 1854 ; Milan, 7 août 1893). Compositeur italien. Fils d'un organiste, il révèle très tôt ses dons pour la musique et est envoyé à Paris pour y faire ses études. Il entre ensuite au Conservatoire de Milan et attire l'attention sur lui en composant un opéra sur un livret de son ami Boito ; il se voit confier la commande de plusieurs autres ouvrages. Souffrant de tuberculose, il conserve assez d'énergie pour enseigner au

Conservatoire de Milan et écrire un opéra qui connaîtra un grand succès, *La Wally* (1892). On joue encore de temps en temps une œuvre qu'il avait composée auparavant, *Loreley*.

Denis Arnold.

Catalogue d'oiseaux. Œuvre pour piano seul de Messiaen, composée entre 1956 et 1958. Chacune des treize pièces comporte le chant noté d'un oiseau différent.

Catch (angl.). Forme musicale anglaise relevant du **round*, mais avec un élément supplémentaire : le texte, et la façon dont il est traité, permet d'introduire une pointe d'humour (souvent un jeu de mots). On en trouve un exemple dans « Ah, how, Sophia, can you leave your lover ? » (« Ah, comment, Sophia, pouvez-vous quitter votre amant ? ») de John Wall, dont la partie chantée évoque « Our house afire » (« Notre maison en feu ») et, un peu plus tard dans la chanson « Go fetch the Indian's borrowed plume, yet richer far than that you bloom » (« Allez chercher le plumet emprunté de l'Indien, bien plus riche que ce que vous faites fleurir ») qui évoque « Go fetch the engine... » (« Allez chercher le moteur... »). Un autre exemple célèbre du même auteur est lié à la publication, la même année (1776), des deux histoires de la musique de Burney et de Hawkins : les paroles « Have you Sir John Hawkins' History ? Some folks think it's quite a mystery » (« Avez-vous l'Histoire de Sir John Hawkins ? Certains pensent que c'est tout un mystère ») sont suivies par « Burney's history I like best » (« Je préfère l'Histoire de Burney ») et lorsque les voix se mêlent, l'une chante « Sir John Hawkins » et l'autre « Burn 'is history » (« Brûlez son histoire »).

De nombreux *catches* écrits sous la Restauration utilisent des textes indécents, voire même obscènes. Certains *catches* de Purcell sont destinés exclusivement à des oreilles masculines ; comme le remarquait William Jackson d'Exeter à la fin du XVIIIe siècle : « Le règne de Charles II a porté à leur comble toutes débauches vulgaires. » Voir également *Glee*.

Percy Scholes.

Catéchumènes, Messe des. L'Ante-Communion ou première partie de l'eucharistie dans la liturgie anglicane. Dans l'Église primitive, c'était la seule partie de l'office à laquelle les catéchumènes (ceux qui se préparaient au baptême) avaient le droit d'assister.

Cathédrale engloutie, La. Dixième pièce du premier livre des *Préludes* pour piano de Debussy. Composée en 1910, elle est basée sur la légende de la cathédrale d'Ys avec ses tintements de cloches et ses psalmodies sous la mer. Debussy en a introduit une citation dans sa *Sonate pour violoncelle et piano* (1915).

Cato, Diomedes (Venise, avant 1570 ; ? après 1607). Célèbre luthiste italien qui a essentiellement composé pour son instrument. On en fait toujours mention en tant que Vénitien, bien qu'il ait passé la majeure partie de sa vie en Pologne. L'une de ses fantaisies est même parvenue jusqu'à Londres où elle a été publiée dans *Varietie of Lute-Lessons* de Robert Dowland (1610).

Denis Arnold.

Catoire, Georges Lvovitch (Moscou, 27 avril 1861 ; Moscou, 21 mai 1926). Compositeur et théoricien russe d'origine française. Tout en étudiant les mathématiques à Moscou et à Berlin, il poursuit des études musicales et travaille le piano avec Karl Klindworth (1830-1916), qui lui fait partager ses sympathies wagnériennes. Il est également l'élève de Liadov et de Rimski-Korsakov à Saint-Pétersbourg, puis s'installe à Moscou où il est nommé professeur de composition au Conservatoire (1916). Il écrit alors plusieurs livres sur la théorie musicale. Tchaïkovski l'apprécie et ses œuvres sont progressivement diffusées à l'étranger. Il a composé des œuvres symphoniques, un *Concerto pour piano* (1909), de la musique de chambre et des mélodies.

Percy Scholes, rév.

Catulli carmina (*ludi scaenici*) (« Chants de Catulle »). Cantate scénique de Carl Orff pour solistes, chœur, quatre pianos, quatre timbales et un ensemble de percussions pouvant atteindre douze instrumentistes. Carl Orff a construit sa partition sur douze poèmes latins de Catulle auxquels il a ajouté un chœur initial et un chœur final. Il s'agit de la version révisée d'une œuvre beaucoup plus ancienne. Elle a été créée à Leipzig en 1943. Dans la trilogie des *Trionfi* de Carl Orff, dont elle constitue la deuxième partie, elle vient après *Carmina Burana*.

Caustun, Thomas (vers 1520-25 ; Londres, 28 octobre 1569). Compositeur anglais. Membre de la chapelle royale à partir de 1550 environ, il a écrit plusieurs psaumes et *anthems* anglicans. Ses œuvres symbolisent le style dépouillé de la musique populaire sacrée en Angleterre à cette époque. Elles ont été publiées dans les importants recueils de musique de cathédrale (Londres, 1565) et de psaumes métriques (Londres, 1563) de John Day.

Denis Arnold.

Cavaillé-Coll, Aristide (Montpellier, 4 février 1811 ; Paris, 13 octobre 1899). Facteur d'orgues français issu d'une importante lignée de facteurs : son père, **Dominique Cavaillé-Coll** (1771-1862), avait restauré les orgues de la cathédrale de Montpellier et son grand-père, **Jean-Pierre Cavaillé** (1743-1809), avait construit ou restauré la plupart des instruments importants de la région de Toulouse. Fixé à Paris en 1833, Aristide Cavaillé-Coll construit notamment les orgues de la basilique de Saint-Denis, de Saint-Roch, de la Madeleine puis, après la dissolution de la société de famille, en 1849, les instruments de Notre-Dame de Paris, de Saint-Sulpice et de Sainte-Clotilde. Il a traduit dans sa facture les aspirations de la littérature romantique de l'orgue et a sensiblement modernisé la mécanique des instruments.

Alain Pâris.

BIBLIOGRAPHIE : Cécile et Emmanuel Cavaillé-Coll, *Aristide Cavaillé-Coll*, Fischbacher (Paris, 1929, rééd. 1982). Claude Noizette de Crauzat, *Cavaillé-Coll*, Flûte de Pan (Paris, 1985).

Cavalerie légère, La (*Die leichte Kavallerie*). Opérette en deux actes de Suppé sur un livret de C. Costa. Créée à Vienne en 1866, son ouverture est ensuite devenue l'une des partitions les plus populaires du répertoire.

Cavalieri, Emilio de' (Rome, vers 1550 ; Rome, 11 mars 1602). Compositeur italien. De famille noble, il participe dès sa jeunesse aux activités musicales de l'Oratorio del Crocifisso à Rome. Il fait la connaissance du cardinal Ferdinando de Médicis pendant l'exil de ce dernier à Rome et lorsque le cardinal devient grand-duc de Toscane, en 1588, il nomme Cavalieri inspecteur général des arts et des artistes à Florence. Il y organise une série de manifestations musicales pour lesquelles il compose certaines œuvres, notamment les grands *intermedii* pour le mariage de Ferdinand et de Christine de Lorraine en 1589. Deux pièces pastorales (aujourd'hui perdues) sont représentées au cours de l'hiver 1590-91 et il semble en avoir écrit la musique dans un style de récitatif. Ces œuvres se rangent sans doute parmi les premiers opéras. Il a certainement participé à la **camerata* florentine et on se demande qui de lui, Caccini ou Peri a utilisé la première fois le **stile rappresentativo* dans une œuvre dramatique d'envergure.

Des œuvres qui nous sont parvenues, *La Rappresentatione di Anima et di Corpo*, donnée à l'Oratoire de Rome en 1600, est la plus connue. On la considère souvent comme le premier *oratorio, mais elle était représentée à la manière d'un opéra, malgré une intrigue médiévale plus proche de celles des mystères du Moyen Age. La majeure partie de sa musique est écrite dans le *canto-parlato* du *stile rappresentativo* (comme l'indique le titre « Per recitar cantando »), mais il a aussi composé des mélodies madrigaliennes, strophiques et de danse ainsi que des chœurs simples mais assez spectaculaires. Au nombre des œuvres de Cavalieri figure également une œuvre remarquable, les *Lamentations pour la semaine sainte* (vers 1599), écrites dans un style monodique. Si sa musique est moins imposante qu'intéressante, Cavalieri revêt une importance historique comparable à celle de Diaghilev : Cavalieri était un grand imprésario et ses idées se retrouvent dans les œuvres de compositeurs ultérieurs.

Denis Arnold.

Cavalleria rusticana. Opéra en un acte de Mascagni ; livret de G. Menasci et G. Targioni-Tozzetti d'après un drame (1884) de G. Verga lui-même tiré d'une nouvelle qu'il avait écrite en 1880. Représentations : Rome (Teatro Costanzi, 17 mai 1890) ; Philadelphie (Grand Opera House, 9 septembre 1891) ; Londres (Shaftesbury Theatre, 19 octobre 1891) ; Paris (Opéra-Comique, 19 janvier 1892, version française de P. Milliet ; Châtelet, 23 mai

1910, version originale, direction Toscanini). L'action se déroule dans un petit village sicilien le matin de Pâques. Santuzza (sop.), enceinte de Turiddu (tén.), est bouleversée lorsqu'elle apprend qu'il l'a quittée pour la jeune et attirante Lola (mezzo), la femme d'Alfio (bar.), le charretier du village. Santuzza supplie en vain Turiddu de lui revenir, puis raconte à Alfio ce qui s'est passé. Alfio jure de se venger, provoque Turiddu en duel et le tue. Cette œuvre avait remporté le prix du concours d'opéras en un acte organisé par l'éditeur Sonzogno en 1889.

BIBLIOGRAPHIE : *Cavalleria rusticana - Paillasse*, L'Avant-Scène-Opéra n° 50 (Paris, 1983).

Cavalli [Caletti], **(Pietro) Francesco** (Crema, 14 février 1602 ; Venise, 14 janvier 1676). Compositeur italien. Fils de Giovanni Battista Caletti, maître de chapelle de la cathédrale de Crema, Francesco s'attire par son talent précoce la protection de Federico Cavalli, gouverneur de Crema, dont Francesco adoptera le nom dans les années 1630 en signe de respect et de gratitude. Il entre dans le chœur de Saint-Marc de Venise comme soprano en décembre 1616 et connaît bientôt une certaine célébrité ; il devient également organiste de l'église Saints Jean et Paul en 1620 et conserve ce poste jusqu'en 1630 date à laquelle il épouse une riche veuve, Maria Sozomeno. En 1625, il publie sa première œuvre : le motet *Cantate Domino* ; on peut supposer que les nombreuses œuvres éditées dans le grand volume rétrospectif de sa musique religieuse en 1656 datent des années qui ont suivi. Elles révèlent l'influence de Monteverdi mais s'imposent davantage par leur charme et leurs qualités mélodiques que par leur profondeur et reflètent assez peu la renommée future de Cavalli.

Cette notoriété est venue assez rapidement, après l'ouverture des premiers théâtres lyriques vénitiens, en 1637. *Le Nozze di Teti e di Peleo* (représenté au Teatro San Cassiano en janvier 1639) est le premier des nombreux opéras qu'il a composés au cours des vingt années suivantes. Ils ont pour la plupart été créés à Venise où Cavalli avait un contrat avec le Teatro San Apollinare lui garantissant 400 ducats par opéra (le salaire annuel d'un maître de chapelle à Saint-Marc). Plusieurs de ses œuvres ont été représentées à l'étranger, notamment *Egisto* (créé en 1643), qui a été donné à Paris et peut-être à Vienne. Cavalli doit sa popularité à son sens dramatique (qui révèle une fois encore l'influence de Monteverdi) et à ses arias mémorables. Elles sont généralements courtes, souvent construites autour d'un motif ou d'une figure rythmique assez concise. Cavalli était un maître de la lamentation sur un *ostinato de basse* (*Egisto* comporte un excellent exemple de basse chromatique) ; en outre, ses récitatifs sont rarement superficiels et s'efforcent d'exprimer les émotions des phrases ou des paroles individuelles.

Au sommet de sa carrière, en 1660, il fut invité à composer un opéra à l'occasion du mariage de Louis XIV et de Marie-Thérèse d'Espagne. Ce fut, en l'occurrence, une expérience malheureuse, le théâtre n'étant pas prêt à son arrivée à Paris et la production ayant souffert d'innombrables retards et intrigues politiques. Lorsque *Ercole amante* fut finalement représenté en 1662, il n'obtint pas le succès escompté et les ballets de Lully remportèrent le plus gros des acclamations. Cavalli retourna à Venise la même année et, bien qu'il se soit juré de ne plus composer d'autre œuvre dramatique, il écrivit plusieurs opéras sur des thèmes quasi historiques qui se tournent vers la fin de l'ère baroque.

Cavalli avait été nommé second organiste à Saint-Marc en 1639 et premier organiste en 1665. Trois ans plus tard, il était maître de chapelle. Bien qu'il ait dû sa célébrité au théâtre, il a beaucoup composé pour Saint-Marc. Ses motets à plusieurs voix avec accompagnement d'orgue sont remarquables pour leur délicate illustration des textes, et la *Messa concertata* (dans *Musiche sacre*, Venise, 1656) associe le style du double chœur, traditionnel à Venise, à des duos et à des trios mélodieux. Cavalli a publié un autre volume de musique d'église en 1675, puis un *Requiem* qu'il souhaitait voir chanté deux fois par an après sa mort. Il mourut l'année suivante, laissant une grande part de sa confortable fortune à l'église de San Lorenzo, où il fut enterré.

Denis Arnold.

BIBLIOGRAPHIE : Hélène Leclerc, *Venise baroque et l'opéra*, Armand Colin (Paris, 1987). Henry Prunières, *Cavalli et l'opéra vénitien au XVIIIe siècle*, Rieder (Paris, 1931).

Cavaquinho. Guitare portugaise de petite taille, comportant généralement quatre cordes en boyau ou en métal. Comparer à la *Guitare*, 4 *a*.

Cavata (ital.). Littéralement, épigramme. Dans le domaine musical, ce terme désigne un court *arioso* à la fin d'un passage en récitatif. On en trouve plusieurs exemples dans les cantates de Bach.

Cavatina (ital., diminutif de *cavata*). « Cavatine ». Dans l'opéra des XVIIIe et XIXe siècles, courte pièce vocale pour un soliste, d'écriture simple, sans *da capo*, qui se compose souvent d'une courte introduction instrumentale et d'une simple phrase musicale ou exposé mélodique. On peut citer par exemple le « Porgi amor » de la comtesse et, sous une forme plus élaborée, le « Se vuol ballare » de Figaro, tous deux dans *Les Noces de Figaro* de Mozart. On en trouve d'autres exemples, par la suite : « Und ob die Wolke » (*Der Freischütz*), « Casta diva » de Norma et « Salut ! demeure chaste et pure » de Faust. Verdi a écrit beaucoup de cavatines jusqu'à « Tacea la notte » de Leonora (*Il Trovatore*), ouvrage après lequel il a abandonné la description ; dans l'opéra italien du XIXe siècle, la musique des cavatines requiert souvent une très grande virtuosité de la part du chanteur. Le terme s'applique également à une sorte d'intermédiaire entre l'air et l'*arioso*, comme une partie d'une grande scène ou d'un récitatif accompagné, et à une pièce instrumentale de caractère mélodique comme le cinquième mouvement du *Quatuor à cordes op.130* de Beethoven ou à la *Cavatina* de Raff.

John Warrack.

Cavazzoni, Marco Antonio [da Bologna] (Bologne, vers 1490 ; Venise, vers 1560). Organiste et compositeur italien qui s'est surtout consacré à la musique pour clavier et dont la carrière s'est déroulée à Urbino, Rome, Padoue et Venise. Un volume de ses œuvres, publié en 1523, contient les *ricercari* pour clavier les plus anciens ; contrairement aux œuvres ultérieures de ce genre, ils renferment un mélange d'accords, d'imitations et d'improvisation.

Son fils, **Girolamo Cavazzoni** [da Bologna] (vers 1525 ; Venise, après 1577) a fait publier deux volumes de musique dans les années 1540. Ils contiennent des *ricercari* dans un style entièrement imitatif qui devait aboutir au *ricercar* monothématique et finalement à la fugue.

John Milsom.

Cavendish, Michael (vers 1565 ; Londres, ? 5 juillet 1628). Gentleman-compositeur anglais. Membre d'une importante famille du Suffolk (les ducs du Devonshire descendent d'une branche de cette famille), il vécut à la cour auprès du prince Charles. Certaines de ses œuvres ont paru dans les psautiers de Thomas East (1592) et de Thomas Ravenscroft (1621). Il a également composé de beaux *ayres* pour luth, mais ses madrigaux publiés dans le même volume (1598) révèlent un manque d'expérience de l'écriture contrapuntique. C'est sans doute lui qui a donné à Morley l'idée de *The Triumphes of Oriana*. Il a écrit un madrigal très vivant dans cet ouvrage.

Denis Arnold.

Cazzati, Maurizio (Lucera, duché de Guastalla, vers 1620 ; Mantoue, 1677). Compositeur italien prolifique. Une fois ordonné prêtre, il fut chargé de la musique dans diverses institutions, notamment l'Accademia della Morte à Ferrare, Santa Maria Maggiore à Bergame et San Petronio, la plus grande église de Bologne. Grâce à lui, la musique des fêtes prit une certaine envergure, car il faisait appel à des chœurs et à des orchestres immenses. Sa musique instrumentale, essentiellement des danses et des sonates, ne manque pas d'intérêt. Il a introduit les sonates avec une partie de trompette dans le répertoire de San Petronio : son op.35 comporte trois sonates de ce genre (Bologne, 1665). Il a aussi été le premier compositeur bolonais à publier des sonates pour violon seul (op.55, Bologne, 1670). Sa musique religieuse est plus solennelle que profonde, mais elle mériterait néanmoins d'être reprise. Il a été chassé de San Petronio à la suite d'une discussion professionnelle sur le contrepoint et a terminé sa carrière en qualité de maître de chapelle de la duchesse de Mantoue.

Denis Arnold.

Cb. (ital.). Abréviation de *contrabasso* (contrebasse) ou de *col basso* (« avec la basse »).

CBS. Voir *Columbia Broadcasting System.*

C.d. (ital.). Abréviation de **Colla destra.*

Ceballos, Rodrigo de (Aracena, vers 1530 ; Grenade, 1581). Compositeur espagnol. Il commence sa carrière comme copiste à la cathédrale de Séville. Il échoue au concours ouvert pour le poste de maître de chapelle de la cathédrale de Málaga en 1554 et devient chanteur à Séville où il est ordonné prêtre en 1556 ; la même année, il est nommé maître de chapelle à la cathédrale de Cordoue. En 1561, il devient maître de la chapelle royale à Grenade et, en 1572, chapelain de la famille royale. Ses œuvres, qui étaient tenues en grande estime de son vivant, comportent des messes, des motets et des chansons profanes.

Wendy Thompson.

Cebell, cibell (angl.). Type de gavotte que l'on trouve dans la musique pour harpe de plusieurs compositeurs anglais de la fin du XVIIe siècle. Le nom provient d'un air en forme de gavotte de l'opéra de Lully *Atys* (1676), qui accompagne la descente sur terre de l'un des principaux personnages, la déesse Cybèle. Cet air, qui a connu d'emblée une très grande popularité, a été ensuite imprimé dans de nombreux recueils ; il a paru en Angleterre, sous le titre « cebell » ou « cibell », dans les pièces pour clavier de compositeurs tels que Purcell et Jeremiah Clarke. On trouve le premier exemple anglais de « cebell », « My Mistress », dans *Musick's Monument* de Mace, publié la même année que l'opéra de Lully ; il est destiné au luth.

Cécile, Sainte. Il semble que la tradition faisant de sainte Cécile la patronne de la musique ne remonte qu'au XVe siècle. Même à la fin du XVIe siècle, certains de ses fervents ne savaient rien de son talent musical car, en 1594, un long poème publié à Florence en l'honneur de sainte Cécile n'y fait aucune allusion. Pourtant elle figure déjà sur certains tableaux italiens de l'époque jouant de la harpe, de l'orgue ou d'autres instruments de musique. Ce sont sans doute les peintres qui ont répandu l'idée que sainte Cécile était musicienne et elle a commencé à être représentée avec des instruments de musique au début du XVe siècle. On a même dit qu'elle aurait inventé l'orgue. Un article de Murrau dans *Music and Liturgy* (janvier 1938) laisse supposer que l'association de sainte Cécile avec la musique serait née d'un malentendu concernant la rédaction d'une antienne destinée au jour de sa fête.

Le premier festival de musique en l'honneur de sainte Cécile a eu lieu à Évreux, en Normandie, en 1570. Ce « puy de musique », selon l'appellation qui lui fut alors donnée, prit en majeure partie la forme d'un concours de composition ; Lassus figure au nombre des lauréats en 1575 et en 1583.

On ne sait pas exactement à quelle date les Britanniques ont commencé à fêter la sainte Cécile (22 novembre). La première célébration dont il reste des traces s'est déroulée à Londres en 1683, mais il semble que d'autres aient eu lieu auparavant. A partir de 1683, le programme des festivités consistait en un service religieux suivi d'un divertissement composé en grande partie d'une ode, écrite pour la circonstance. Le *Te Deum* et le *Jubilate* en ré de Purcell ont été composés pour la célébration de 1694 et il a écrit deux odes (une pour 1683 et l'autre pour 1692). Dryden fut le poète en 1687 et en 1697.

Après avoir été suivies assez régulièrement pendant une vingtaine d'années, ces fêtes londoniennes se sont espacées jusqu'en 1905, date à laquelle elles connurent une nouvelle vogue sous les auspices de l'Ancient Musicians' Company. Les services avaient lieu à la cathédrale Saint-Paul où fut présenté, en 1907, un vitrail représentant cette sainte dont les vertus musicales restent incertaines. Le club fondé par la Company a fait jouer une grande partie de la musique composée à l'origine en l'honneur de cette sainte, notamment le motet qui valut à Lassus de remporter le prix évoqué plus haut. Le Musicians' Benevolent Fund (« Fond bénévole des musiciens ») organise aujourd'hui ces célébrations.

A la fin du XVIIe siècle et au XVIIIe siècle, les musiciens de plusieurs villes anglaises (Wells, Oxford, Salisbury, Winchester, Devizes – toutes curieusement situées dans l'ouest du pays) célébraient la fête de sainte Cécile, tout comme Dublin (à partir de 1726) et Édimbourg (à partir de 1695) : c'est à cette occasion qu'eut lieu le premier concert apparemment organisé dans cette ville, avec un orchestre de trente musiciens (19 personnes de haut rang et 11 professionnels) ; ils jouèrent des œuvres de Corelli, Torelli et Bassani et commencèrent le concert par une œuvre intitulée *Clerk's Overture*.

Des célébrations musicales se sont également déroulées chaque année, pendant des périodes plus ou moins longues, dans de nombreuses villes européennes, en France, en Espagne et en Allemagne, par exemple. Au Brésil, la Sainte-Cécile est célébrée tous les ans depuis 1919, peut-être même auparavant.

Depuis le début du XVIe siècle, de nombreuses sociétés musicales ont pris le nom de cette sainte. Palestrina en a fondé une à Rome : en 1847, Pie IX a fondé une académie pour le développement de la musique d'église qui porte son nom ; elle existe toujours et joue un rôle essentiel dans la vie musicale romaine. En 1867 a été fondée une « Société cécilienne pour les pays germanophones » ; trois ans plus tard, elle a reçu la protection papale (voir *Mouvement cécilien*).

A Charleston, en Caroline du Sud, une St Cecilia Society a existé pendant un siècle et demi (1762-1912) ; une société analogue a vu le jour à New York en 1791 et des sociétés chorales céciliennes sont apparues à Cincinnatti, Boston et dans d'autres villes américaines.

La fameuse salle de concerts d'Édimbourg, le St Cecilia Hall, a été construite en 1762.

Percy Scholes.

Celere (ital.). « Vite », « rapide » ; *celerità*, « vitesse » ; *celeramente*, « rapidement ».

Célesta. Instrument à clavier muni de barres d'acier qui reposent sur des supports en feutre au-dessus de résonateurs individuels en bois. Elles sont frappées du haut vers le bas avec des marteaux en feutre. L'étendue, écrite de do^{2} à do^{6}, sonne une octave plus haut. Le brevet, déposé à Paris par la famille Mustel, remonte à 1886. Mais avait déjà été utilisé à l'Opéra par Widor (*La Korrigane*, 1880). Tchaïkovski l'a entendu à Paris et l'a immortalisé dans la « Danse de la fée Dragée » de *Casse-Noisette*. Depuis lors, de nombreux compositeurs ont fait appel à sa sonorité agréable, facile à identifier, notamment Richard Strauss dans *Der Rosenkavalier* (*Le Chevalier à la rose*) et Bartók dans la *Musique pour cordes, percussion et célesta* (1935). Avant l'apparition du célesta, il existait un instrument analogue, à clavier, fait de diapasons à branches : le typophone – également breveté par Mustel en 1865. C'est à cet instrument que Vincent d'Indy s'adressa dans *Le Chant de la cloche* (1883) ; en Grande-Bretagne, cet instrument s'appelle *dulcitone* (adiaphone), instrument domestique au son doux très connu jusqu'aux années trente.

Anthony Baines.

Céleste. Type de pédale (sourdine) dont sont munis certains pianos. Elle interpose une bande de tissu entre le marteau et les cordes.

Cellier, Alfred (Londres, 1er décembre 1844 ; Londres, 28 décembre 1891). Organiste et compositeur anglais. De 1855 à 1860, il est enfant de chœur à la chapelle royale. Entre 1862 et 1868, il occupe divers postes d'organiste et de chef de chœur. Puis il se tourne vers le théâtre, il dirige à Belfast, Manchester (où il est directeur du Prince's Theatre, 1873-77) et à Londres, à l'Opéra-Comique (1877-79). Il a écrit de nombreuses pièces assez courtes pour les divertissements du German Reed à la Gallery of Illustration ; l'une d'entre elles, *Charity Begins at Home* (*Charité bien ordonnée commence par soi-même*), est régulièrement reprise. Arthur Sullivan était également enfant de chœur à la chapelle royale à l'époque de Cellier et leurs carrières se sont toujours entrecroisées d'une manière ou d'une autre. En fait, Cellier est l'un des premiers compositeurs dont s'approcha Richard D'Oyly Carte pour écrire des opérettes anglaises pour l'Opéra-Comique de Londres, mais c'est finalement Sullivan qui a reçu la première commande, *The Sorcerer*. Cellier dirigeait *HMS Pinafore* à l'époque de la fameuse querelle et il a été le premier à diriger une représentation d'amateurs de ce spectacle. Cellier a prêté son concours à Sullivan, alors malade, pour composer *The Pirates of Penzance* et il l'a aidé à écrire l'ouverture. Il a dirigé *Iolanthe* en Amérique et a été chef d'orchestre permanent de la compagnie d'Oyly Carte jusqu'en 1878, date à laquelle son frère François a pris sa succession. A l'époque où les productions de Gilbert et Sullivan parvenaient à leur sommet, Cellier composa *Dorothy* (1886) qui a atteint 931 représentations, dépassant ainsi tous les opéras du Savoy. A partir de 1892, lorsque prit fin la collaboration entre Gilbert et Sullivan, Cellier travailla avec Gilbert sur l'ouvrage *The Mountebanks.* Au nombre de ses autres opérettes figurent *The Sultan of Mocha* (1874), *Nell Gwynne* (1876) et *Doris* (1889).

Peter Gammond.

Celtic Requiem. Œuvre de Tavener sur un texte compilé d'après la messe de requiem, des poèmes de Vaughan, Newman et Blathmac et des jeux d'enfants chantés. Cette partition, composée en 1969, est écrite pour soprano, chœur d'enfants, chœur et orchestre.

Cembalo (ital.). 1. Abréviation de *clavicemballo,* « clavecin ». On rencontre pour la première fois ce mot au XVe siècle sous la forme « clavicimbal », ou « cymbales à clavier » ; dans les pays d'Europe centrale, « cymbale » étant employé pour « hackbrett ».

2. Dans la musique populaire italienne, *cembalo* désigne le tambour de basque.

Cendrillon. 1. Opéra en quatre actes de Massenet sur un livret d'Henri Cain et Paul Collin d'après les contes de Perrault. Créé à Paris (Opéra-Comique) le 24 mai 1899.

2. Ballet de Prokofiev (1940-44), créé au Bolchoï le 21 novembre 1945, dont il a tiré trois séries de pièces pour piano, op.95, 97 et 102.

3. Voir *La Cenerentola.*

Cenerentola, La (« Cendrillon »). Opéra en deux actes de Rossini sur un livret de Jacopo Ferretti, d'après le texte d'Étienne pour l'opéra de Steibelt. Représentations : Rome (Teatro Valle, 25 janvier 1817) ; Londres (Haymarket Theatre, 8 janvier 1817) ; Paris (Théâtre des Italiens, 8 juin 1822) ; New York (Park Theatre, 27 juin 1826). L'intrigue suit le célèbre conte de Perrault. Angelina (mezzo), dite Cendrillon, est mal traitée par son père, don Magnifico (basse), et ses deux belles-sœurs, Clorinda (mezzo) et Tisbe (sop.). Le prince Ramiro (ténor), à la recherche d'une épouse, prend la place de son valet Dandini (bar.) et tombe instantanément amoureux d'Angelina. Le philosophe Alidoro (basse) (l'alter ego de la marraine, la fée, dans la version pour enfants) aide Angelina à participer au bal donné au palais. La pantoufle de vair est remplacée par un bracelet en argent, grâce auquel le prince découvre l'identité d'Angelina et en fait son épouse.

BIBLIOGRAPHIE : *Cenerentola,* L'Avant-Scène-Opéra n° 85 (Paris, 1986).

Cent. Unité de mesure scientifique des intervalles musicaux, utilisée surtout dans les pays anglo-saxons. Introduite par A. J. Ellis (1804-90), elle a été adoptée en acoustique et en ethnomusicologie. Un cent = un centième de demi-ton tempéré.

Ce qu'on entend sur la montagne. Poème symphonique pour piano de Liszt d'après *Feuilles d'automne n° 5* de Victor Hugo. Orchestré par Raff (1848-49, révision 1850 et 1854) puis par Liszt (1857).

Cercar la nota (ital.). « Chercher la note ». Dans la technique vocale, légère anticipation de la note suivante.

Cerdaña. Recueil de pièces pour piano de Déodat de Séverac évoquant la vie en Cerdagne (1908-11) : *En Tartane, Les Fêtes, Ménétriers et glaneuses, Les Muletiers devant le Christ de Llivia, Le Retour des muletiers.*

Ceremony of Carols, A. Cycle de onze pièces op.28 de Benjamin Britten pour voix aiguës et harpe, composé au cours d'un voyage de retour au Royaume-Uni en 1942 et créé la même année à Norwich. Julius Harrison en a réalisé un arrangement pour chœur mixte et harpe, ou piano.

Cererols, Joan (Martorell, près de Barcelone, 9 septembre 1618 ; Montserrat, 28 août 1676). Chanteur, instrumentiste et compositeur espagnol. En 1636, il entre comme novice au monastère de Montserrat ; il y dirige les études musicales pendant trente ans et se signale également comme violoniste et organiste. Il a composé beaucoup de musique sacrée, notamment la célèbre *Missa de Batalla* à trois chœurs et des *villancicos* à quatre ou huit voix.

Wendy Thompson.

Černohorský [Czernohorsky], **Bohuslav Matěj** (Nymburk, Bohême, ? 16 février 1684 ; Graz, ? 1er juillet 1742). Compositeur bohémien. Il devient père minorite à l'église Saint-Jacques de Prague en 1703, puis va étudier à Padoue et à Assise, tout en étant organiste de cathédrale. En 1720, il est nommé directeur musical de Saint-Jacques à Prague. L'importance de Černohorský vient en fait du rôle déterminant qu'il a joué en participant à la fondation d'une véritable école bohémienne de composition. La majeure partie de ses œuvres auraient disparu dans un incendie qui dévasta le monastère en 1754.

Wendy Thompson.

Certon, Pierre (mort à Paris le 23 février 1572). Compositeur français. Clerc des matines à Notre-Dame en 1529, il manque d'être jeté en prison en raison de son attitude déshonorante lors d'une fête religieuse. Il entre à la Sainte-Chapelle en 1532 où il restera jusqu'à la fin de sa vie, tout d'abord comme chanteur puis comme chef des chœurs. Célèbre compositeur de chansons, sa gaieté semble avoir imprégné sa musique religieuse, car il a composé une messe sur l'air : « Sur le pont d'Avignon ». Certon est l'un des premiers compositeurs catholiques auteur de psaumes qui ont été arrangés pour voix soliste et luth.

Denis Arnold.

Ces (all.). La note do bémol. *Ceses*, la note do double bémol.

Cesaris, Johannes (célèbre vers 1385-vers 1420). Compositeur français qui a sans doute travaillé à la cathédrale d'Angers. Sa musique – des rondeaux, des ballades et un motet – était très connue à Paris pendant les années qui ont précédé Dufay. Il est cité par Martin le Franc dans le poème allégorique *Le Champion des dames* (vers 1440) avec Jean Carmen et Johannes Tapissier.

John Milsom.

Cesti, Antonio [Pietro] (baptisé à Arezzo le 5 août 1623 ; Florence, 14 octobre 1669). Compositeur italien. Enfant de chœur à Arezzo, il est frère franciscain à Volterra en 1637 où, après une période d'étude à Florence, il devient premier organiste puis maître de chapelle de la cathédrale. Il est ordonné prêtre, mais cela ne semble pas l'empêcher de se produire dans toute l'Italie comme chanteur d'opéra au cours des années suivantes. Son opéra *Orontea* a sans doute été créé à Venise en 1649 et a assis sa réputation de compositeur lyrique. En 1652, il entre au service de l'archiduc Ferdinand Karl à Innsbruck et reste attaché à sa cour pendant de nombreuses années. Pendant environ trois ans, à partir de 1659, il est également chanteur à la chapelle pontificale, accumulant apparemment deux traitements, ce qui ne semble pas avoir provoqué la satisfaction de ses employeurs. Il passe la fin de sa vie à la cour impériale de Vienne où son opéra *Il Pomo d'oro* bénéficie d'une production somptueuse en 1666-67. Il semble qu'il venait de s'installer à Florence comme maître de chapelle lorsqu'il mourut (« empoisonné par ses rivaux » selon certaines sources).

Les opéras de Cesti ont connu un grand succès parce qu'il savait écrire des arias attirantes, ce qui facilitait leur représentation dans des pays dont la langue d'origine n'était pas l'italien. Il était également passé maître dans l'exploitation des éléments comiques qui, auparavant, ne jouaient qu'un rôle limité. Il a écrit ses premiers opéras pour les théâtres vénitiens qui n'avaient que de petits ensembles instrumentaux et pas de chœur : ils comportent donc beaucoup d'arias accompagnées uniquement par une partie de continuo. Ses œuvres ultérieures ont servi de divertissements de cour et requièrent des ressources plus importantes. *Il Pomo d'oro*, par exemple, nécessite un grand orchestre et a connu vingt-quatre mises en scène différentes. Le talent mélodique de Cesti est également mis en valeur dans ses 61 cantates.

Denis Arnold.

Chabrier, (Alexis-) **Emmanuel** (Ambert, Puy-de-Dôme, 18 janvier 1841 ; Paris, 13 septembre 1894). Compositeur français. Fils d'avocat, il étudie le piano avec deux musiciens espagnols fixés dans sa ville natale. Ses parents s'installent à Paris où il devient fonctionnaire ; il n'a pas alors l'idée d'embrasser une carrière de musicien. Dans son cercle d'amis, on compte de nombreux peintres impressionnistes dont il réunit une belle collection de tableaux. Duparc qui le convainc d'aller entendre *Tristan* à Munich en 1879. Cette expérience le marque tellement qu'il démissionne de son poste au ministère de l'Intérieur (ce qui ne lui pèse pas trop car il jouit de revenus personnels) afin de se consacrer à la composition. Il remporte son premier succès avec la rhapsodie *España*, composée à la suite d'un voyage en Espagne en 1882 ; il écrit ensuite un opéra sérieux, *Gwendoline*, sous l'influence de Wagner. Refusé à l'Opéra de Paris, il connaîtra de nombreuses représentations à Bruxelles (première en 1886) et en Allemagne. Le délicieux opéra-comique *Le Roi malgré lui* (1887) tombe davantage dans sa veine naturelle (il avait déjà abordé ce domaine avec plusieurs opérettes ou opéras-comiques, notamment *L'Étoile*, 1877 et *Une éducation manquée*, 1879) ; il est regrettable qu'il n'ait pas persisté dans la même voie. Chabrier écrira encore un autre opéra sérieux, *Briséis*, qui restera inachevé. Pendant la composition de cet ouvrage, Chabrier était déjà malade, souffrant sans doute d'une affection syphilitique qui aboutit finalement à la paralysie. A la fin de sa vie, il a néanmoins réussi à écrire quelques pièces pour piano, dont la superbe *Bourrée fantasque*. Il est mort peu après avoir appris que *Gwendoline* serait monté à l'Opéra.

Bien qu'il soit l'un des wagnériens français « modernes », les dons de Chabrier ne s'appliquent pas à une musique philosophique et profonde mais à des pièces dynamiques et géniales qui reflètent son propre caractère sympathique. Il avait évité l'enseignement musical conventionnel du conservatoire et a pu contourner les voies normales de la musique française des années 1860 pour explorer une nouvelle langue harmonique, en particulier une nouvelle façon d'écrire pour le piano : *Trois Valses romantiques* pour deux pianos (1883), *Dix Pièces pittoresques* (1881), dont il orchestrera quatre d'entre elles sous le titre de *Suite pastorale* (1888), *Bourrée fantasque* (1891, orchestrée par Mottl). Ses mélodies comptent parmi les plus vivantes du genre. Alfred Bremner donne une charmante description de « Chabrier, dans un salon plein de femmes élégantes, s'avançant vers le fragile instrument, puis jouant son *España* dans un embrasement de cordes cassées, de marteaux réduits en compote et de touches brisées ». On comprend ainsi son aversion pour les bonnes manières et la politesse des salons, ce qui explique peut-être pourquoi il admirait tant d'Indy, Ravel et Satie.

Denis Arnold, rév. Alain Pâris.

BIBLIOGRAPHIE : Roger Delage, *Chabrier, iconographie musicale*, Minkoff-Lattès (Genève-Paris, 1982). Joseph Dyesamard, *Emmanuel Chabrier d'après ses lettres*, Roches (Paris, 1934). Francis Poulenc, *Emmanuel Chabrier*, La Palatine (Genève, 1961). Frédéric Robert, *Emmanuel Chabrier*, Seghers (Paris, 1970).

Chace. Type de canon français du XIVe siècle, généralement à deux ou trois voix. Voir *Caccia*.

Cha-cha-cha. Danse latino-américaine dérivée du *mambo.

Chaconne (angl. : *chacony* ; esp. : *chacona* ; ital. : *ciaccona* ; du basque *chocuna*, « joli »). Danse à trois temps d'origine latino-américaine, reprise sous forme de variations en Espagne et en Italie au début du XVIIe siècle, peu après en France et, au milieu du siècle, en Allemagne et en Angleterre.

La *chacona* latino-américaine jouissait d'un accompagnement vocal et instrumental ; le nom de la danse est extrait du texte du refrain. Le refrain était construit sur une série de schémas harmoniques types (par exemple, I-VI-IV-V ; I-V-VI-V) et, en Italie, cette succession d'accords a engendré des mélodies à la basse sur lesquelles ont été construites des variations. Certains compositeurs utilisent la même mélodie tout au long d'une œuvre, la répétant indéfiniment à la manière d'une **ground bass* (basse obstinée et variations sur une basse obstinée) ; d'autres répètent la même mélodie mais la font figurer aussi bien à la basse que dans d'autres parties ; d'autres encore emploient une série de mélodies différentes. Parmi les compositeurs italiens du XVIIe siècle auteurs de *ciaccone* figurent Monteverdi (« Zefiro torna » dans *Scherzi musicali*, 1632) et Frescobaldi (notamment les *Cento partite sopra passacaglia*, 1637 qui regroupent des *ciaccone* et des *passacaglie* variées).

En France, la danse a adopté un mouvement plus lent et plus majestueux comme la *sarabande, lorsqu'elle est passée d'Espagne en France. Il existe de nombreuses chaconnes pour clavecin de Chambonnières, des Couperin, etc. et les œuvres scéniques de Lully comportent souvent des chaconnes pour orchestre. La chaconne française prend souvent la forme *rondeau, les mélodies répétées se limitant aux refrains (ce qui vaut également pour la *passacaglia*).

En Allemagne, le plein épanouissement de la chaconne se situe à la fin du XVIIe siècle et au cours de la première moitié du XVIIIe siècle. La *Chaconne en ré mineur* de Bach, qui termine la *Partita n° 2 pour violon seul* en est un exemple célèbre. Elle a souvent servi à démontrer que la chaconne repose davantage sur une structure harmonique que mélodique, contrairement à la *passacaglia*, en raison des différentes mélodies à la basse utilisées ; mais si cette approche constitue une méthode claire, nette et attirante pour différencier les deux formes, la *Chaconne* de Bach n'en reste pas moins mélodique de conception et non harmonique. La chaconne a connu moins de succès en Angleterre, bien que la *chacony* y ait fait quelques apparitions heureuses : Purcell, par exemple, a écrit une *chacony* en sol mineur pour cordes et une autre pour deux violons, basse de viole et continuo (publiée à titre posthume dans *Ten Sonata's in Four Parts*).

La chaconne est passée de mode à l'ère classique, mais a fait quelques apparitions à la fin du XIXe siècle et au XXe siècle. Le finale de la *Symphonie n° 4* de Brahms est une imitation délibérée de la chaconne baroque, mais comporte quelques éléments plus typiques de la *passacaglia*. Au XXe siècle, on trouve quelques exemples dans le dernier mouvement du *Quatuor à cordes n° 2* (« chacony ») de Britten et dans *Toccata : Preludio, Fantasia, Ciacona* de Busoni.

La confusion que l'on rencontre souvent entre *chaconne* et *passacaglia* est évoquée dans l'article consacré à la *passacaglia*.

Chacony. Ancienne appellation anglaise de *chaconne.

Chagrin, Francis (Bucarest, 15 novembre 1905 ; Londres, 10 novembre 1972). Compositeur britannique d'origine roumaine. Il étudie avec Mihail Jora à Bucarest, Dukas et Nadia Boulanger à Paris et Mátyás Seiber à Londres où il s'installe en 1936. Il gagne sa vie en écrivant de la musique de films ; il compose assez peu mais sa musique révèle des influences modernistes d'origines très diverses. Il exerce également une activité de chef d'orchestre, notamment à la tête de son propre ensemble ; en 1943, il crée le Committee (ensuite Society) for the Promotion of New Music destiné à encourager les jeunes compositeurs britanniques.

Paul Griffiths.

Chailley, Jacques (Paris, 24 mars 1910). Compositeur et musicologue français, élève de Henri Busser (composition) et de Gustave Cohen (musicologie), il a également travaillé avec André Pirro, Nadia Boulanger, Pierre Monteux et Willem Mengelberg. Il a joué un rôle essentiel dans le regain d'intérêt qu'a connu la musique médiévale entre les deux guerres. Professeur de musicologie à la Sorbonne et directeur de l'Institut de musicologie de Paris (1952-79), directeur de la Schola Cantorum (1962-81), il a formé toute une génération de musicologues français. Son œuvre, très abondante, s'inscrit dans une esthétique conservatrice, même s'il joue parfois ironiquement avec certains procédés d'avant-garde. Sa partition majeure est l'opéra *Thyl de Flandre*, créé à la Monnaie de Bruxelles en 1957.

Alain Pâris.

Chaînes. Grosses chaînes métalliques secouées par leur extrémité inférieure sur le sol ou sur une feuille métallique. Schoenberg les utilise comme percussions dans les *Gurrelieder* (1911) au point culminant de la Chasse sauvage (la partie comporte des signes de *tremolo*). Varèse et Havergal Brian y font également appel.

Chalemie ou chalemelle (all. : *Schalmey, Pommer* ; angl. : *shawm*, autrefois *shalme, hautboy, hoboy* ; ital. : *pifaro* ; esp. : *chirimia*). Instrument à vent à perce conique et à anche double, ancêtre du hautbois, mais de sonorité plus puissante. La grande période de la chalemie se situe entre le XIVe siècle et le XVIIe siècle ; elle jouait un rôle important lors des cérémonies et des fêtes en plein air ou données dans de vastes bâtiments ; dans cette même tradition, on trouve des chalemies modernisées qui mènent la musique des sardanes en Catalogne (voir 3). La chalemie et certaines de ses variantes décrites plus bas (5) sont aujourd'hui réutilisées dans les ensembles de musique ancienne (*Rauschpfeifen*, etc.).

1. *La famille des chalemies.* Des instruments originaux datant des XVIe et XVIIe siècles sont conservés dans certains musées européens (notamment à Bruxelles et à Berlin). Le modèle le plus petit (all. : *Exilent* ou *Klein-Diskant Schalmey*), 45 cm de long, est très rare et semble avoir été assez peu utilisé ; il est donc préférable de se référer à la chalemie soprano, l'instrument le plus courant de cette famille. La principale source de référence instrumentale est allemande (Praetorius, 1619 : voir *Instruments de la Renaissance*, Fig. 1). Les notes les plus graves de chaque instrument de la famille sont reproduites dans l'Ex. 1 (les blanches correspondent aux sept trous bouchés). Les notes les plus aiguës dépendent des possibilités de l'instrument et de l'instrumentiste.

Ex. 1

La chalemie soprano (all. : *Diskant-Schalmey* ; angl. *treble shawm*) est un tube épais de 60 cm de long au pavillon évasé, taillé d'une seule pièce, généralement dans du buis ou de l'érable. Elle comporte sept trous devant (aucun derrière) qui permettent d'obtenir la note la plus grave, ré^3 ou do^3, selon le modèle ; l'étendue habituelle est d'une octave et une quinte, avec éventuellement une ou deux notes de plus. En descendant le long du tuyau vers le pavillon, on trouve un certain nombre d'autres trous qui sont ouverts en permanence dans le pavillon. La perce est plus évasée que sur le hautbois (voir *Hautbois*, Fig. 2) ce qui donne un son naturellement puissant, fortement coloré par la vibration de l'anche qui est fixée dans une « pirouette ». La Fig. 1 montre (*a*) le cuivret, dont la partie inférieure est entourée de fil et insérée dans l'instrument ; sur ce cuivret se trouve la pirouette en bois (*b*), évidée pour permettre d'y insérer la base de l'anche (*c*). L'instrumentiste presse les lèvres sur la pirouette, en laissant l'anche vibrer librement à l'intérieur de la bouche ; les coups de langue sont les mêmes que sur le hautbois.

La chalemie alto (all. : *Altpommer*) mesure 75 cm de long et descend jusqu'au sol^2 ou fa^2. Le petit doigt dispose d'une clé en cuivre pour la note la plus grave, qui fonctionne à l'intérieur d'un « cylindre » de protection en bois amovible ; ce cylindre (souvent désigné par le terme « fontanelle ») est percé de petits trous destinés à laisser sortir le son. La pirouette est identique à la précédente mais plus longue.

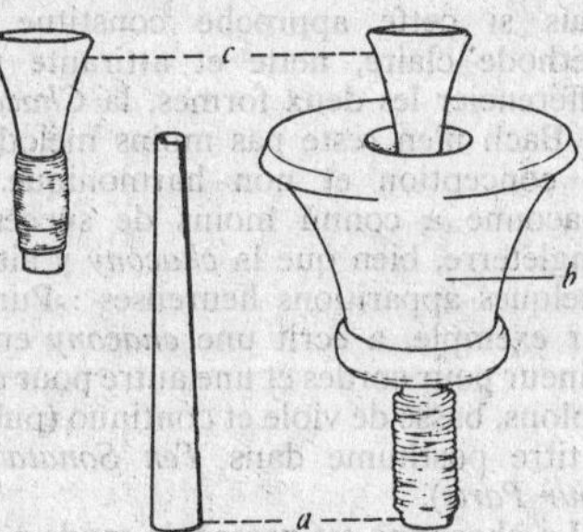

Fig. 1

La chalemie ténor (all. : *Tenorpommer* ou *Nicolo*, nom inexpliqué) mesure 1,10 m de long. La pirouette est placée sur un corps de rechange en cuivre qui forme un coude, l'instrument étant trop long pour être tenu droit devant soi. La chalemie qui a été retrouvée en 1980 sur la *Mary Rose*, vaisseau amiral de Henry VIII, a les dimensions de cette chalemie ténor.

La chalemie basset (parfois baptisée pommer de basset) est une variante de la chalemie ténor ; elle descend jusqu'au sol grave grâce à trois clés en cuivre supplémentaires, dont deux sont situées à l'arrière de l'instrument pour le pouce de la main droite.

La chalemie basse (all. : *Basspommer*) est accordée à la quinte inférieure de la chalemie baryton. C'est un instrument massif, de 1,80 m de long, qui se joue debout en posant le pavillon sur le sol ; un corps de rechange en forme de S amène l'anche à portée de la bouche et il semble qu'aucune pirouette n'ait été utilisée. Dans le grave, le son ressemble à celui d'un basson puissant, mais devient moins résonnant et plus tendu vers l'aigu.

La grande chalemie contrebasse (all. : *Grossbasspommer*) descend encore une quinte plus bas et mesure plus de 2,75 m de long. Bien qu'elle soit peu maniable (avec un pavillon de 23 cm de large qui repose sur le sol à 1,50 m en arrière de l'instrumentiste) elle produisait des notes justes et de bonne qualité : les anciens facteurs étaient parvenus à grouper les trous pour qu'ils s'adaptent à l'ouverture de la main, quoique les proportions théoriques laissent envisager une amplitude allant jusqu'à 50 cm pour chaque groupe de trous.

2. *Histoire*. D'une façon générale, la chalemie a repris les fonctions musicales des anciens instruments à anche du genre de l'**aulos*. On ne sait pas encore avec certitude où et quand elle a vu le jour, mais certaines indications permettent de penser qu'elle serait apparue au Moyen-Orient pendant les premiers siècles de l'Islam. Elle a apparemment été apportée en Europe à la suite de la troisième croisade – instrument très petit à l'étendue aiguë et à la sonorité perçante, caractéristiques que l'on retrouve encore sur de petits instruments analogues en Asie et en Afrique du Nord (voir 4), qui sonnent dans le lointain un peu comme la cornemuse écossaise. On en jouait surtout lors d'événements royaux et durant les campagnes militaires, avec de longues trompettes et un tambour. Dès le XVe siècle, il avait atteint la taille de la chalemie soprano et était rejoint par la chalemie alto, alors appelée *bombarde. Avec la trompette (sans doute une trompette à coulisse), ils formaient un groupe à trois parties appelé les « hauts ménestrels », dont les fonctions consistaient à jouer dans les bals officiels, en France comme en Italie. Il semble que la bombarde tenait le *cantus firmus* ou ténor, la chalemie improvisait au-dessus et la trompette – ou, plus avant dans le siècle, le trombone – jouait une sorte de partie de contreténor.

Les chalemies de taille plus importante ont commencé à être fabriquées au milieu du XVIe siècle ; par la suite, il est devenu pratique courante de jouer certaines musiques imposantes, allant jusqu'à six parties, sur des chalemies auxquelles s'ajoutaient un cornet à bouquin (pour la seconde partie de soprano et le trombone pour la partie juste au-dessus de la basse) ; pour les processions, la chalemie basse, impossible à porter, était remplacée par la dulcian (voir *Basson*, 4 *a*). Quelques pièces de leur répertoire spécifique nous sont parvenues, notamment de solennelles « pavanes pour les hautbois » (qui figurent dans les manuscrits de Philidor à Paris), jouées en France par la musique du roi jusqu'à la disparition des instruments anciens, à l'époque de Lully.

En Angleterre, ces instruments étaient joués ensemble par les **waits* municipaux jusqu'à la fin du XVIIe siècle. L'indication « *hoboys without* » de Shakespeare montre qu'ils intervenaient également dans des spectacles d'art dramatique. Toutefois, pour la musique plus raffinée, ces instrumentistes n'utilisaient pas les chalemies mais d'autres instruments. Les chalemies n'interviennent pas non plus dans la musique des académies italiennes, des grands ensembles vénitiens ou, en Allemagne, dans la musique sérieuse de Schütz et de ses contemporains. Néanmoins, à Leipzig, dans certaines cantates de Knüpfer, il y a des parties de « bombardi » à trois voix, probablement les chalemies des musiciens municipaux.

3. *Autres formes européennes*. Les chalemies catalanes actuelles ont depuis longtemps perdu le nom espagnol de *chirimia* (ou *xeremia*) ; on les appelle simplement *tiple* (« soprano ») et *tenora*. Elles ont conservé la pirouette et la perce fortement conique, mais sont modernisées et équipées du mécanisme de clefs du XIXe siècle. Toutes deux sont des instruments transpositeurs : la *tiple* est accordée en fa (une quarte au-dessus du hautbois) et la *tenora* une quinte plus bas, en si bémol, avec un long pavillon métallique pour que le second joueur de *tenora* puisse atteindre les notes graves, jusqu'au fa dièse² (mi² à l'oreille). Leurs sons pénétrants, mais très expressifs, sont soutenus par cinq instruments de la famille des cuivres et une contrebasse, pendant que l'instrumentiste qui dirige l'ensemble joue des fanfares d'introduction sur un petit *tambourin et une flûte – réminiscence d'une pratique remontant au début du XIXe siècle dans le domaine de la musique de danse.

Les *chirimias* d'Amérique centrale (dérivées de l'instrument espagnol) ont une perce cylindrique et sont parfois dépourvues de pirouette.

4. « *Chalemies* » *orientales*. Le mot « chalemie » est aujourd'hui devenu un

terme d'ensemble assez pratique pour désigner les instruments orientaux à anche double apparentés (quoique d'aucuns préfèrent le terme « hautbois »). La plupart comportent un genre de disque métallique contre lequel s'appuient les lèvres et l'instrumentiste en joue sans s'interrompre pour respirer, en inhalant par le nez pour stocker de l'air dans les joues – mais cette méthode ne se limite pas à ces instruments : elle est pratiquée dans le monde entier sur diverses sortes d'instruments (voir *Didjeridu*). Alors que l'air est rapidement inhalé par le nez (ce qui abaisse la partie molle du palais), les joues se dégonflent pour propulser l'air qu'elles contiennent dans l'instrument avant que le fond du palais ne remonte pour reprendre le souffle normal.

Parmi ces « chalemies » orientales, on trouve le *zurna* turc, appelé *zamr* en Égypte et très connu dans le sud des Balkans sous le nom de *zurla* (Fig. 2*a*) ; il joue un rôle important dans les fêtes et les mariages, toujours accompagné d'un gros tambour. Parmi les nombreuses variétés asiatiques, on peut citer le *shahnaï* ou *sahnaï*, principal instrument à anche de l'Inde, et le *so-na* chinois (les deux noms étant apparentés à « surna ») qui possède un pavillon en cuivre et est beaucoup utilisé au théâtre (voir *Chine*, 4*g*).

5. *Rauschpfeifen* et *Schreierpfeifen*. Noms allemands d'une variante de la chalemie ; cet instrument se joue avec un capuchon sur l'anche (comme le cromorne) ; il est mentionné sous ses deux noms dans les inventaires de nombreuses cours et villes où il servait évidemment pour jouer des musiques auxquelles la chalemie ne convenait pas. On en connaît une douzaine de modèles de différentes tessitures (à Berlin, à Prague, et un petit modèle à Vienne) : la perce est conique mais forme un angle plus petit que celui de la chalemie, et le pavillon est à peine évasé. On trouve le nom de *Rauschpfeife* au début du XVIe siècle, après quoi, jusqu'au milieu du XVIIe siècle, on rencontre toujours le terme *Schreierpfeife*, ou une variante de ce mot (*Schryari*, etc.), à une exception près. Les reconstitutions modernes portent généralement le nom de *Rauschpfeife* : Curt Sachs, qui connaissait bien les modèles de Berlin, considérait ce terme comme l'appellation correcte.

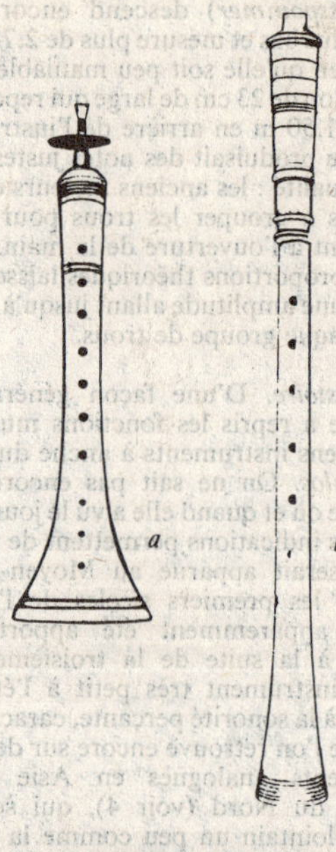

Fig. 2. (a) Zurla *de Macédoine ; (b)* Rauschpfeife, *reproduction moderne.*

L'idée de Sachs repose sans doute sur le fait que Praetorius (qui ne mentionne pas de *Rauschpfeifen*) illustre le « Schreier » d'une manière étrange et sans doute quelque peu incorrecte. Les instruments de Berlin proviennent de l'église de Naumburg, en Saxe, où se trouvent encore de vieux inventaires sur lesquels ces mêmes instruments sont clairement inscrits sous le nom « Schreiarien ».

A la même époque, il existait aussi une autre famille d'instruments à anche double appelés *bassanelli* ou, dans une œuvre manuscrite italienne (de Virgiliano) *armilloni*. Praetorius les décrit brièvement, mais on n'a rien trouvé qui leur corresponde et on ne sait donc presque rien à leur sujet.

Anthony Baines.

Chalumeau (du lat. *calamus*). 1. Tuyau à anche ou chalumeau de la *cornemuse.

2. Instrument à vent d'orchestre, surtout rencontré en Allemagne, qui a fait son apparition au début du XVIIIe siècle. Voir *Clarinette*, 4*a*.

Chambonnières, Jacques Champion, Sieur de (Paris, vers 1601 ; Paris 1672). Compositeur français. De son véritable nom, Champion, il descend d'une longue lignée de musiciens. Son grand-père était un organiste et joueur d'épinette réputé et son père joueur d'épinette de la chambre du roi. Chambonnières, lui-même organiste célèbre, a repris la charge de son père vers 1643. Pendant de nombreuses années, il a joui d'une certaine faveur, mais des intrigues l'ont obligé à quitter la cour de Louis XIV en 1662.

Il est généralement considéré comme le fondateur de l'école française de clavecin. Ses *Pièces de clavecin,* parues en deux livres en 1670, se composent surtout de danses en *style brisé arrangées en suites, peut-être pour répondre aux besoins de l'édition. Certaines comportent un titre, mais il n'y a aucune suggestion de musique à programme. Leur style délicat et élégant nous donne de nombreuses indications sur l'homme dont « la beauté rythmique, le toucher délicat, la légèreté et la rapidité de la main » étaient (selon Marin Mersenne) « admirés dans toute l'Europe ».

Denis Arnold.

Chaminade, Cécile (Louise Stéphanie) (Paris, 8 août 1857 ; Monte-Carlo, 18 avril 1944). Compositeur et pianiste française qui a fait ses études à Paris, notamment avec Benjamin Godard. Elle est l'auteur d'une symphonie lyrique, *Les Amazones,* pour chœur et orchestre et d'autres œuvres symphoniques, mais elle doit surtout sa célébrité à ses pièces de salon pour piano. Comme interprète de ce répertoire, elle a connu une certaine popularité en Angleterre.

Paul Griffiths.

Champêtre. Une danse champêtre est une danse paysanne exécutée en plein air. La célèbre « Fête champêtre » de l'acte IV de l'opéra de Lully *Roland* dépeint une noce campagnarde.

Chance operations (angl.). Expression employée par John Cage pour les techniques de composition reposant sur le hasard, comme la détermination d'un son à pile ou face. Voir *Musique aléatoire.*

Chandos Anthems. Douze *anthems* sur des textes religieux composés par Haendel

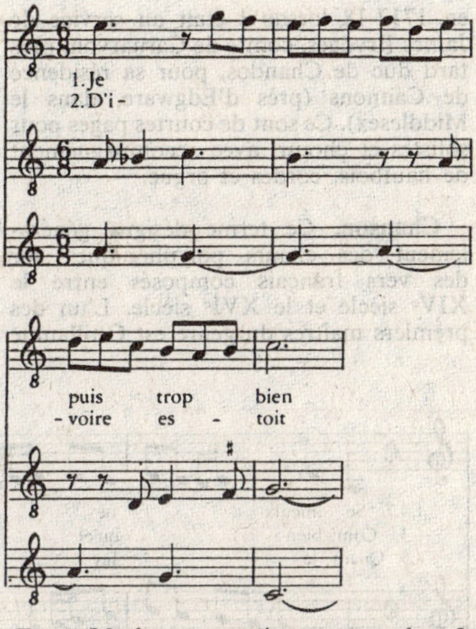

Ex. 1. Machaut : premières mesures de « Je ne puis trop bien » (ballade*);*

Ex. 2. Dufay, premières mesures de « Je requier a tous amoureux » (rondeau*).*

en 1717-18 lorsqu'il était au service de James Brydges, comte de Carnarvon, plus tard duc de Chandos, pour sa résidence de Cannons (près d'Edgware, dans le Middlesex). Ce sont de courtes pages pour solistes et chœur, avec accompagnement de hautbois, cordes et orgue.

Chanson. Ce terme désigne généralement des chants polyphoniques sur des vers français composés entre le XIVe siècle et le XVIe siècle. L'un des premiers maîtres du genre est Guillaume de Machaut dont l'œuvre substantielle établit à la fois les formes versifiées et la structure musicale qui constitueront la base d'écriture de la chanson jusqu'à la fin du XVe siècle.

Alors que les formes versifiées (*ballade, *virelai et *rondeau) ne sont pas vraiment nouvelles, on doit à Machaut l'élaboration des structures permettant de les mettre en musique. Machaut réussit à s'écarter des chansons d'Adam de la Halle, qui adoptent l'écriture du conduit, et utilise une polyphonie créée par l'asso-

Ex. 3. Agricola : première phrase de « Se mieulx ne vient d'amours » (rondeau).

ciation de lignes individuelles et indépendantes sur le plan rythmique (Ex. 1, p. 359).

Par la suite, certains compositeurs du XIVe siècle, comme Solage et Grimace, continuent à employer les mélodies angulaires et une phraséologie claire, typiques du style de Machaut. D'autres, comme Senleches et Cuvelier, recherchent de nouvelles formes d'expression en utilisant la syncope, les mètres opposés et d'autres procédés rythmiques complexes. Les compositeurs du début du XVe siècle, comme Matteo da Perugia et Baude Cordier, tout en continuant à s'intéresser à ces procédés maniéristes, créent un nouveau style qui met en relief de douces cantilènes au support harmonique précis. Cette approche, qui servira de base aux œuvres des compositeurs les plus importants comme Dufay et Binchois, est caractéristique de la chanson de la première moitié du XVe siècle qui s'épanouit particulièrement à la cour des ducs de Bourgogne (Ex. 2, p. 359).

Dans ses dernières œuvres, Dufay introduit des mélodies plus amples, plus coulantes et laisse davantage d'indépendance

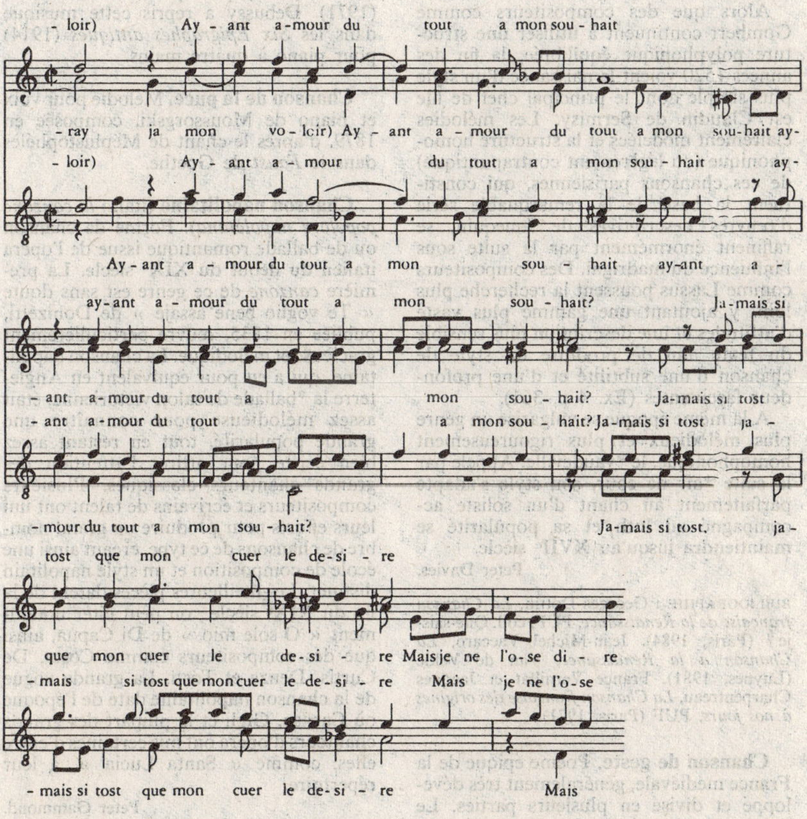

Ex. 4. Lassus : « Hélas quel jour » (mesures 6-16).

aux parties d'accompagnement. Ces tendances, qui se développent au milieu du XVe siècle sous la plume de compositeurs comme Busnois et Ockeghem, trouvent leur épanouissement total dans la musique d'Agricola (Ex. 3, p. 360).

L'un des contemporains d'Agricola, Josquin des Prés, opère le plus grand changement stylistique dans le domaine de la chanson à la fin du XVe siècle ; changement caractérisé par le rejet des formes poétiques traditionnelles en faveur de textes plus directs, écrits librement et en appliquant le balancement en forme d'imitation de l'écriture à quatre voix, qui apparaît également dans la musique religieuse.

Alors que des compositeurs comme Gombert continuent à utiliser une structure polyphonique équilibrée, la fin des années 1520 voient la naissance d'un style plus simple dont le principal chef de file est Claudin de Sermisy. Les mélodies clairement modelées et la structure homophonique (ou légèrement contrapuntique) de ces chansons parisiennes, qui constituent la base de la remarquable série d'œuvres descriptives de Janequin, se raffinent énormément par la suite sous l'influence du madrigal. Des compositeurs comme Lassus poussent la recherche plus loin, y ajoutant une gamme plus vaste d'attitudes et une description plus sensible du texte afin de produire un style de chanson d'une subtilité et d'une profondeur fascinantes (Ex. 4 p. 361).

A la même époque se vulgarise un genre plus mélodieux et plus rigoureusement homophonique, le *vaudeville. Appelé par la suite *air de cour, son style s'adapte parfaitement au chant d'un soliste accompagné au luth et sa popularité se maintiendra jusqu'au XVIIe siècle.

Peter Davies.

BIBLIOGRAPHIE : Georges Dottin, *La Chanson française de la Renaissance*, PUF, coll. Que-sais-je ? (Paris, 1984). Jean-Michel Vaccaro, *La Chanson à la Renaissance*, Van de Velde (Luynes, 1981). France Vernillat et Jacques Charpentreau, *La Chanson française des origines à nos jours*, PUF (Paris, 1971).

Chanson de geste. Poème épique de la France médiévale, généralement très développé et divisé en plusieurs parties. Le poème est chanté sur de courtes phrases musicales, comportant une part importante de répétitions, assez simples afin de ne pas distraire l'auditeur du récit. *La Chanson de Roland* est l'un des exemples les plus connus, mais il ne reste aucune chanson de geste complète avec musique.

Chanson de Bilitis. Trois mélodies pour voix et piano de Debussy sur des poèmes en prose de Pierre Louÿs, composées en 1897-98 (*La Flûte de Pan*, *La Chevelure* et *Le Tombeau des naïades*), orchestrées par Delage en 1926. En 1900-01, Debussy compose une musique de scène pour deux flûtes, deux harpes et célesta, destinée à accompagner la lecture de ces poèmes ; la partie de célesta, perdue, a été reconstituée par Pierre Boulez (1954) puis par Arthur Hoérée (1971). Debussy a repris cette musique dans les *Six Epigraphes antiques* (1914) pour piano à quatre mains.

Chanson de la puce. Mélodie pour voix et piano de Moussorgski, composée en 1879, d'après le chant de Méphistophélès dans le *Faust* de Goethe.

Chanson napolitaine (ital. : *la canzone popolare napoletana*). Forme de chanson ou de ballade romantique issue de l'opéra italien du début du XIXe siècle. La première *canzone* de ce genre est sans doute « Te voglio bene assaje » de Donizetti, publiée en 1835, œuvre particulièrement gracieuse et mélodique. La chanson napolitaine, qui a eu pour équivalent en Angleterre la *ballade de salon victorienne, était assez mélodieuse pour connaître une grande popularité, tout en restant assez bien écrite pour attirer l'attention des grands chanteurs classiques. Plusieurs compositeurs et écrivains de talent ont uni leurs efforts pour produire un grand nombre de chansons de ce type, créant ainsi une école de composition et un style napolitain distinct. Les meilleures pièces datent de la fin du XIXe siècle ; on peut citer notamment « O sole mio » de Di Capua, ainsi que des compositeurs comme Costa, De Curtis, Denza et Tosti. La grande vogue de la chanson napolitaine date de l'époque où Caruso, Gigli et la plupart des grands chanteurs d'opéra ont mis certaines d'entre elles, comme « Santa Lucia », à leur répertoire.

Peter Gammond.

Chansons madécasses. Trois mélodies pour voix, flûte, violoncelle et piano de

Ravel sur des poèmes de Parny (1925-26) : *Nahan dove, Aoua, Il est doux*. La nomenclature inhabituelle répond au désir de la commanditaire de l'œuvre, Elizabeth S. Coolidge.

Chant

1. *Introduction*. Le chant est un moyen d'expression instinctif du genre humain, commun à toutes les races. On peut en faire remonter les origines à la préhistoire, à la fascination humaine pour le rythme (qui se transforme à son tour en mouvements corporels) et aux inflexions de la parole ; dans la culture de nombreux pays en voie de développement, le chant reste étroitement lié à la danse et à la récitation. Par définition, le chant consiste en une activité vocale, isolée ou en groupe, monodique ou polyphonique ; mais il implique souvent l'utilisation d'instruments, tenus par les chanteurs eux-mêmes ou par leurs accompagnateurs.

2. *Le chant monophonique*. Avant l'évolution de la notation musicale, les monodies étaient gardées en mémoire et transmises par tradition orale. Pour cette raison, nous possédons peu de chansons antérieures au XIIe siècle, sauf peut-être sous la forme de chansons populaires. La Bible contient les textes de nombreux chants religieux du peuple juif (psaumes et cantiques) et mentionne souvent leur exécution, mais nous ne savons presque rien de leur contenu ni de leur style musical. Le chant occupait une place importante dans l'Égypte et la Grèce antiques ; mais si les paroles de certaines œuvres lyriques et épiques existent toujours, la quasi-totalité de la musique semble irrémédiablement perdue.

L'enrichissement du répertoire du plain-chant (chant liturgique de l'église), au premier siècle de l'ère chrétienne, rend indispensable un système de notation musicale permettant de conserver les mélodies et de les propager plus largement qu'avec la seule mémoire. Le premier système de notation appartenait donc à une élite religieuse et les quelques chants profanes qu'elle a choisi de coucher sur le papier ne sont que le reflet de la culture d'une élite puissante et influente de la société. Le développement de la notation musicale accentue la distinction entre la chanson populaire et la chanson « noble », le répertoire de la première comportant des chansons transmises oralement de génération en génération et subissant des changements substantiels en cours de transmission, celui de la seconde se composant de chansons de plus en plus complexes et élaborées, souvent composées à des occasions particulières ou à la demande d'un protecteur.

De nombreuses chansons médiévales parmi les plus anciennes mettent en musique des poèmes lyriques latins. Célèbre entre toutes, *Carmina Burana* est une anthologie de chansons religieuses, amoureuses et paillardes, compilées au XIIIe siècle par des clercs instruits qui menaient une vie de poètes-musiciens errants. Autres chants typiques de cette période, les chants de procession en latin appelés **conductus*, dont le sujet traite aussi bien d'événements politiques ou d'actualité que de dévotion religieuse, de prêche moral ou de satire. Avec leur métrique affirmée, leurs tessitures vocales définies, leurs phrases courtes et régulières, la langue de ces chants s'apparente davantage à la chanson populaire qu'à la luxuriance du plain-chant liturgique (voir Ex. 1).

Le plus ancien répertoire de chansons délaissant le latin au profit d'une autre langue est celui des *troubadours, classe aristocratique de poètes-musiciens qui fleurit dans le sud de la France aux XIIe et XIIIe siècles. A cette période, les différentes cours élaborent un système de conventions qui idéalise le statut de la femme et recommande à leurs soupirants courtoisie, raffinement et éducation. Le chant occupe une place importante dans ce « jeu de l'amour » : un gentilhomme sollicite l'attention de sa dame par des vers et mélodies de sa composition, qu'il chante lui-même en se faisant souvent accompagner de ménestrels professionnels. Les troubadours écrivent aussi bien le *canso* (chant d'amour courtois) que des chansons traitant de la plupart des sujets, satiriques, moraux et politiques (*sirventes*), dialogues en forme de débat (*tenso*), complaintes (*planh*) ou chants de croisés. Le style musical de ces chants varie de

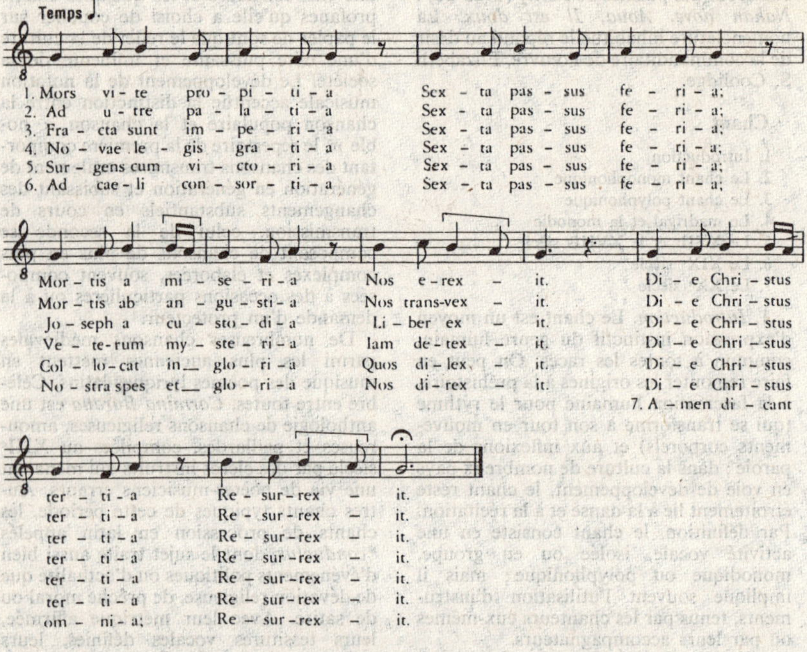

Ex. 1. Mors vite propitia *(anonyme, France, XIIIe siècle).*

simples mélodies syllabiques à des compositions plus élaborées, moulées sur le plain-chant mélismatique. Il est impossible de savoir exactement comment sonnaient les chansons des troubadours ; rares sont celles dont la notation indique le rythme avec précision et nous ne savons pratiquement rien de leur accompagnement instrumental.

L'art des troubadours a servi de modèle au chant profane de l'Europe occidentale du XIIe siècle, propagé par les mariages consanguins de la noblesse et par les croisades. Des mouvements identiques se constituèrent dans le nord de la France (les *trouvères) et en Allemagne (**Minnesinger*), alors que le chant religieux calqué sur les modèles des troubadours fleurissait en Espagne (**cantigas*) et en Italie (**laude*). A la fin du XIIIe siècle, la mode du chant courtois s'étend aux négociants les plus cultivés et à la bourgeoisie (Adam de la Halle et Jehan de L'Escurel). Aux XIVe et XVe siècles, le chant monophonique régresse progressivement et seuls survivront quelques mouvements isolés comme le **Meistersinger*.

3. *Le chant polyphonique*. Au XIIIe siècle, apparaissent également les premières chansons à deux ou à plusieurs voix. Des parties supplémentaires s'ajoutent au *conductus* ou aux mélodies des trouvères (ou s'improvisent autour d'elles), les transformant en chants à plusieurs voix. A cette époque, la principale forme de chant profane polyphonique est le *motet, genre d'origine française issu de l'*organum* (polyphonie d'église basée sur le plain-chant). Initialement, le motet était réservé, au sein des cercles ecclésiastiques, au divertissement profane. La majeure partie des motets du XIIIe siècle, anonymes, sont conservés dans de beaux manuscrits comme les *codices* de Montpellier et de Bamberg. Généralement écrits à trois voix, dont la plus grave se voit confier un fragment de plain-chant, les

motets mettent souvent en musique plusieurs textes simultanément, mélangeant même parfois le français et le latin, mais l'objet de ces textes est en principe étroitement lié ; pour la plupart, ils traitent de thèmes d'actualité, de politique, d'amour ou de sujets satiriques. Au XIVe siècle, avec des compositeurs comme Philippe de Vitry et Guillaume de Machaut, le motet devient une forme de chant intellectuel, traînant en longueur et parfois d'une extraordinaire complexité ; il est généralement construit sur le principe de l'*isorythmie.

D'autres formes de chant polyphonique profane, traitant également de l'amour courtois, se développent à la fin du XIIIe siècle. Les plus intéressantes sont les trois structures poétiques et musicales connues collectivement sous le nom de « formes fixes » : la *ballade (une forme équivalente, le madrigal, existe en Italie ; voir *Madrigal*, 2), le *rondeau et le *virelai (la **ballata* en Italie). Ces œuvres diffèrent du motet par leur composition libre, totalement démarquée du plain-chant ; la ligne mélodique principale voit d'abord le jour ; puis le compositeur y ajoute une à trois parties auxiliaires qui s'inscrivent en contrepoint. Le rondeau « Bonne amourette » d'Adam de la Halle est l'un des premiers – et des plus courts – exemples de chanson polyphonique (Ex. 2) ; la totalité du texte – que ce soit le refrain (en lettres capitales) ou la strophe (en minuscules) – est chanté sur deux phrases musicales seulement, répétées dans l'ordre ABaAabAB.

1 *Bonne amourete* A
2 *Le tient gai ;* B
3 Ma compaignete, a
4 *Bonne amourete,* A
5 Ma cançonete a
6 Vous dirai : b
7 *Bonne amourete* A
8 *Me tient gai.* B

Les chansons polyphoniques de ce type, qui mettaient traditionnellement en musique des poèmes d'amour artificiels en adoptant l'une des formes fixes, devinrent rapidement des éléments caractéristiques des divertissements de cour en France et en Italie ; elles restèrent en vogue pendant près de deux siècles, du début du XIVe siècle à la fin du XVe siècle, chez les *cognoscenti* aristocratiques et leur entourage. Au début, le style de ces chansons variait d'une région à l'autre : les compositeurs français, comme Machaut, aimaient les effets souvent dissonants, les lignes mélodiques sèches, l'écriture syncopée et les motifs rythmiques récurrents ; au contraire, leurs contemporains italiens – Giovanni da Cascia, Magister Piero, puis Landini – préféraient un style plus fluide et harmonieux et des mélodies gracieuses évoluant avec ampleur sur des rythmes comparables aux rythmes des danses. A la fin du XIVe siècle, ces deux langages fusionnèrent pour former un style plus « international », perceptible dans les chansons de Matteo da Perugia et de Ciconia. Aux mains de leurs successeurs – Dufay, Binchois, Ockeghem et Busnois – le chant courtois prend de plus amples dimensions et devient particulièrement lyrique, souvent dominé par des mélodies démonstratives au charme obsédant qu'accompagnent deux parties auxiliaires (Ex. 3). Les compositeurs n'ont jamais donné d'indications précises pour l'exécution des parties. La plupart des chansons étaient vraisemblablement destinées à un soliste accompagné de luths, de harpes ou d'instruments à archet. Mais un grand nombre d'entre elles conviennent parfaitement à un ensemble purement vocal. Toutes ces chansons, avec leur texte atténué et la complexité subtile de leur structure polyphonique, reflètent admirablement la vie culturelle raffinée des principales cours de l'époque – Bourgogne, Savoie, Naples, etc. – tout comme les manuscrits soignés dont elles sont tirées : chansonniers de Dijon, Mellon ou Cordiforme.

4. *Le madrigal et la monodie.* A la fin du XVe siècle, un nouveau type de chanson apparaît dans certaines cours du nord de l'Italie, notamment à Florence, Mantoue et Ferrare. Il provient d'une tradition, apparemment d'origine italienne, qui consiste à ajouter de la musique à la poésie de façon impromptue en utilisant des formules mélodiques simples et stylisées, soutenues par des accords de luth (ou d'un instrument analogue). Le langage obtenu est mélodieux, avec son accompagnement homophonique qui reflète le rythme du texte dans la musique. Il aurait été difficile de trouver meilleur contraste avec la polyphonie habile et de plus en plus imaginative que pratiquent

Ex. 2

Ex. 3. Binchois, rondeau : « *Adieu, mon joieulx souvenir* ».

au même moment des compositeurs du Nord comme Ockeghem et Josquin des Prés. Au début du XVIe siècle, deux répertoires bien distincts de chants déclamatoires italiens voient le jour : les **canti carnascialeschi* florentins (« chansons de carnaval ») et la **frottola*, plus largement répandue. Bien que les chansons de ce genre soient généralement écrites à trois ou quatre voix, elles étaient souvent chantées par un soliste, soutenu de quelques accords au luth ou au clavier, ce qui produisait une texture équivalente au chant accompagné des siècles suivants.

La *frottola* et les formes connexes de chant déclamatoire italien ont connu une vogue relativement courte, mais elles ont eu un impact considérable sur le développement du chant en Europe. La chanson italienne, où l'accent se porte sur la mélodie, la basse et l'harmonie, les phrases nettes qui s'achèvent sur des cadences précises et surtout l'écriture syllabique, offrait une alternative radicale à la musique qu'écrivaient alors les compositeurs des Pays-Bas, essentiellement tournés vers la polyphonie. Progressivement, certains éléments de ces deux extrêmes stylistiques ont fusionné ; le chant polyphonique est alors entré dans l'une de ses phases les plus riches et les plus complexes. Avec Josquin des Prés, Compère, Mouton et leurs contemporains – compositeurs du Nord dont la carrière s'est partiellement déroulée au sud des Alpes – la chanson polyphonique a commencé à changer de caractère : des formes poétiques plus légères, souvent paillardes ou narratives, remplacent progressivement les formes fixes courtoises ; elles sont traitées d'une façon plus syllabique (*parlando*) qu'auparavant, sans quitter néanmoins le cadre contrapuntique. Retransplantée au nord, cette forme de chanson revivifiée se propage avec grand succès grâce à des compositeurs comme Claudin de Sermisy, Janequin et Créquillon. Au même moment, la *frottola* absorbe graduellement des éléments polyphoniques de la chanson, donnant naissance, dans les années 1520, à une forme nouvelle et tout aussi populaire de chant polyphonique en italien, le madrigal (voir *Madrigal*, 3).

L'extraordinaire popularité du chant polyphonique du XVIe siècle s'explique en partie par l'apparition d'un nouveau genre d'exécutant : l'amateur instruit. Dans la société de cette époque, il était de plus en plus souhaitable de savoir chanter et lire la musique ; la demande de nouvelles chansons à la mode augmentait et, avec l'invention de la presse, elle put être satisfaite à un prix abordable. On pouvait alors se procurer beaucoup plus de chansons qu'auparavant, dans diverses langues, ce qui favorisa l'échange d'idées entre compositeurs français, italiens et flamands et accéléra le développement du chant vernaculaire dans des pays plus éloignés. Influencés par le style de la chanson et du madrigal, des formes comme le **villancico* espagnol, le *lied allemand et le **part-song* anglais connurent un épanouissement sans précédent.

Au XVIe siècle, la plupart des formes chantées relevaient de la structure polyphonique : elle convenait à un ensemble de voix ou d'instruments dans lequel chaque ligne apportait une contribution à peu près égale à l'effet général. Mais des changements s'annonçaient ; la mise au point d'instruments capables d'accompagner une voix soliste (luth, vihuela, clavecin), l'avènement du chanteur virtuose et de l'art d'embellir les lignes vocales, ainsi que les nouvelles théories prêchant les avantages expressifs du chant soliste par rapport à la structure contrapuntique, vont progressivement faire tomber en désuétude les formes de chant polyphonique existantes. De nouveaux types de chants lyriques ou déclamatoires, comme la *monodie italienne, l'air de cour français ou l'**ayre* anglais, vont s'imposer, marquant l'entrée dans l'ère du chant moderne.

John Milsom.

5. *Les XVIIe et XVIIIe siècles.* Au début du XVIIe siècle, le chant soliste possède déjà toutes ses lettres de noblesse. En Italie, *Le Nuove Musiche* (1601-02) de Caccini lance la *monodie, l'*aria et, à partir de 1630, la *cantate profane. En Allemagne, le chant monophonique se traduit par le *Meistergesang*, mais les compositeurs restent très attachés à une polyphonie à voix égales jusqu'aux environs de 1625, lorsque le lied continuo commence à prendre de l'importance. Depuis 1570, les Français cultivaient le chant solo déclamatoire (voir *Musique mesurée*) et les premiers airs de cour sont édités entre 1570 et 1580 ; ce genre conservera une grande popularité aux XVIIe et XVIIIe siècles, tout comme ses cousins moins sophistiqués, l'*air à boire et la *brunette.

En Angleterre, le chant soliste avec accompagnement instrumental se réfugie dans les **consorts* et, plus tard, dans les **lute-songs* dont l'existence est très éphémère, comme celle du madrigal anglais, car leur accompagnement polyphonique léger et délicat doit céder la place au continuo omniprésent. Avec Henry Lawes et John Wilson, le chant soliste revêt une forme basée sur la strophe et les mots s'inscrivent dans un style naturel, déclamatoire (certains contemporains l'appellent « musique récitative »). Pelham Humfrey et John Blow développent ce genre d'écriture qui trouve sa meilleure réalisation dans les œuvres de Henry Purcell.

Aux XVIIe et XVIIIe siècles, des centaines de recueils de mélodies pour voix solistes et continuo sont publiés en Allemagne, en Angleterre et en France ; n'exigeant que deux portées, ils ont un volume raisonnable et un coût de production assez peu élevé. En Allemagne, ces recueils ont joué un rôle important dans les premières années du lied ; ils contenaient des œuvres sacrées et profanes et participèrent ainsi au développement de la musique de l'Église protestante qui parviendra à son apogée avec les cantates sacrées de J. S. Bach. En Angleterre, au XVIIIe siècle, Thomas Arne, William Boyce, Charles Dibdin, James Hook... ont composé un grand nombre de chants pour les divertissements des Ranelagh Pleasure Gardens et de Vauxhall. Les compositeurs français ont également composé une multitude d'« airs » qui n'ont survécu que jusqu'au XIXe siècle.

6. *Le XIXe siècle.* Au XIXe siècle, l'Allemagne est dominée par le chant.

Chez les grands compositeurs de lieder (Schubert, Schumann et Brahms), le remarquable amalgame des mots et des sonorités établit une norme qui sert de référence pour situer les mélodies des autres pays. La France vient en second avec son riche héritage poétique ; la mélodie française est aussi éloignée du lied que la langue française l'est de l'allemand. Gabriel Fauré est certainement le plus grand compositeur français de mélodies du XIXe siècle : dans des chefs-d'œuvre comme *Clair de lune* (Verlaine), *Le Parfum impérissable* (Leconte de Lisle) et *Les Roses d'Ispahan* (Leconte de Lisle), il apporte une subtilité musicale exquise à ces textes profondément français. Henri Duparc marche dans le même chemin avec *L'Invitation au voyage* (Baudelaire) qui compte parmi les chefs-d'œuvre de la littérature mélodique. Debussy, « musicien français » comme il se définit lui-même, se laisse aussi attirer par la nostalgie de Verlaine inspirée de Watteau (*Fêtes galantes*) ou par les autres symbolistes, Baudelaire (*Cinq Poèmes*) et Mallarmé (*Trois Poèmes*). Embrassant la totalité de sa vie créative, ses mélodies incarnent la quintessence de son style, ses explorations dans les domaines de l'harmonie et des couleurs ouvrent la voie à l'émancipation du XXe siècle.

Au Royaume-Uni, le XIXe siècle n'apporte rien de durable dans ce domaine. Le niveau est inégal et les succès ne compensent pas la monotonie générale des paroles et de la musique. L'amélioration sensible qui intervient à la fin du siècle est moins importante qu'elle n'y paraît à première vue. Ainsi, les diverses adaptations de poèmes lyriques anglais de Hubert Parry s'imposent davantage par leur maîtrise d'écriture que par leur inspiration. Le compositeur irlandais Charles Villiers Stanford est plus imprégné du souffle divin : *The Fairy Lough* semble détaché du monde, ce qui séduit tous les chanteurs, et *Middle Watch*, imaginatif et rafraîchissant, domine l'atmosphère désinvolte et indubitablement anglaise des *Songs of the Fleet*.

La Russie du XIXe siècle est riche en mélodies. Tous les compositeurs (les plus grands comme les moins importants), de Dargomijski et Glinka à Moussorgski, Tchaïkovski et Rachmaninov, s'y sont adonnés. Leur démarche est directe, proche du langage courant ; elle évite les procédés appris dans les écoles de musique. Moussorgski a composé une soixantaine de mélodies, non seulement sur des textes russes (Lermontov, Pouchkine), mais aussi sur des poèmes de Heine et de Goethe, dans un style personnel qui préfère la vigueur au raffinement et doit beaucoup à la musique folklorique russe. *La Chanson de la puce* (d'après le *Faust* de Goethe) et les deux cycles *Les Enfantines* et *Chants et danses de la mort* sont ses meilleures réussites. A côté de Moussorgski, Tchaïkovski semble élégant et cosmopolite ; plus à l'aise, comme Richard Strauss, dans les grandes fresques orchestrales, il est moins heureux dans le monde intime de la mélodie. Il en a composé une centaine dont seules certaines connaissent une relative notoriété, comme la *Sérénade de Don Juan* ; par contre, un recueil comme les *Seize Mélodies enfantines op.54* ne devrait pas rester dans l'oubli.

En Norvège, les quelque cent quarante mélodies de Grieg, dont le tempérament s'adapte mal aux grandes formes musicales du XIXe siècle, dispensent un charme et une fraîcheur que des compositeurs bien plus célèbres pourraient lui envier. Ses plus belles mélodies, qui sont aussi les plus caractéristiques, mettent en musique des textes norvégiens, comme la célèbre *Chanson de Solveig* (tirée de *Peer Gynt* d'Ibsen) ou, peut-être moins connues, *En svane* (*Un cygne*, op.25 n° 2) et le recueil de chansons pour enfants op.61. Sibelius, très à l'aise dans le monde symphonique, a également cultivé la musique vocale, composant environ quatre-vingt-dix mélodies ; mais dans ce domaine, le plus grand compositeur finlandais reste Yrjö Kilpinen, dont la fécondité rivalise avec celle de Schubert : il est l'auteur de plus de sept cents mélodies sur des textes finlandais, suédois et allemands.

7. *Le XXe siècle.* Bien qu'il soit mort en 1958, Vaughan Williams appartient davantage au XIXe siècle qu'au XXe siècle pour sa contribution au répertoire mélodique. Ses plus belles mélodies mettent en musique des poèmes anglais : *Silent Noon* (d'après le cycle *House of Life* de Rossetti) et *The Watermill*. Avec Cecil Sharp, il a recueilli des chants populaires dont il a réalisé des arrangements pour voix et piano ; mais son style véritable est tout autre, même si sa longue carrière musicale a été largement influencée par la chanson

folklorique anglaise. A la génération de Vaughan Williams, un certain nombre de compositeurs ont enrichi le répertoire mélodique anglais : Ireland, Quilter, Warlock, Finzi, Butterworth et Gurney sont surtout connus pour avoir mis en musique des poèmes anglais (Gurney reprenait ses propres poèmes), alors que la vision cosmopolite de Delius le tournait vers la poésie de Verlaine, d'Ibsen ou d'autres poètes norvégiens. Parmi les compositeurs de mélodies du XXe siècle dont l'œuvre, quoique « moderne », n'a pas cassé le moule du chant accompagné, il faut retenir Hindemith et Britten dont le choix éclectique des poètes va de John Donne à Michel-Ange et Hölderlin. Tippett, moins prolifique que Britten dans ce domaine, a cherché à repousser les limites de la technique vocale dans ses opéras qui lui ont inspiré les *Songs for Achilles*, *Songs for Ariel* et *Songs for Dov* ; Peter Maxwell Davies a exploré la flexibilité de la voix dans des œuvres comme *Eight Songs for a Mad King*.

En France, Ravel compose plus de quarante mélodies dans des styles allant de l'impressionnisme au naturalisme (*Histoires naturelles*, sur des poèmes de Jules Renard), avant de définir un langage d'une précision et d'un raffinement extrême qui jette une passerelle vers l'écriture classique (*Shéhérazade*, sur des poèmes de Tristan Klingsor, *Don Quichotte à Dulcinée*, Paul Morand, ou les *Poèmes de Mallarmé*). Roussel effectue un parcours analogue et opte délibérément pour un certain néoclassicisme qui sera transcendé par les musiciens du Groupe des Six. Les mélodies de Poulenc, notamment, sont marquées par un sens poétique profond et une vitalité digne de Chabrier.

D'autres compositeurs, comme Schoenberg, Berg et Webern, se sont tellement écartés des normes antérieures qu'il devient difficile de parler de voix accompagnée. Les lignes vocales et instrumentales s'entremêlent pour former une polyphonie intégrée qui diffère par sa substance des structures antérieures de la mélodie. On peut évidemment considérer les grands sauts malaisés comme des extensions de la technique vocale de Wagner, Richard Strauss ou Wolf, et l'atonalité comme la suite logique du chromatisme du XIXe siècle, mais l'œuvre entière est ici soumise à un contrôle intellectuel *a priori* et ne jaillit plus directement des exigences des paroles : cette approche « intellectuelle » est encore plus sensible dans les œuvres récentes de compositeurs comme Pousseur et Berio : elles réclament une technique dite « étendue » qui multiplie indéfiniment les exigences vocales. Cependant, les mots, souvent ésotériques, mystiques ou abstrus, demeurent le tremplin du compositeur et, chez Schoenberg, Berg et Webern, la sécheresse de la ligne vocale constitue l'essentiel de la force expressive de leurs mélodies, qui ne représentent qu'une petite part de leur production totale.

Leslie Orrey, rév. Alain Pâris.

BIBLIOGRAPHIE : Marie-France Castarère, *La Voix et ses sortilèges*, Les Belles Lettres (Paris, 1987). Reynaldo Hahn, *Du chant*, Gallimard (Paris, 1957). Raoul Husson, *Le Chant*, PUF, coll. Que-sais-je ? (Paris, 1962). Roland Mancini, *L'Art du chant*, PUF, coll. Que-sais-je ? (Paris, 1969).

Chant ambrosien. Voir *Plain-chant*.

Chant anglican

1. Définition
2. Les débuts du chant anglican en Angleterre
3. L'introduction de chants originaux
4. Chants doubles, triples et quadruples
5. L'introduction du « pointing »

1. *Définition*. Par chant anglican, on entend un ensemble de mélodies harmonisées utilisées dans l'Église anglicane, et aujourd'hui dans d'autres Églises protestantes anglophones, pour chanter des textes non métriques, principalement des psaumes et des cantiques (lorsque ceux-ci ne sont pas chantés sur une musique plus élaborée).

Le principe fondamental est le même que celui du chant grégorien : courte mélodie répétée sur chaque verset du texte, une teneur placée au début de chaque ligne permettant d'adapter la mélodie au nombre de syllabes variable d'une ligne à l'autre ; il s'agit d'une note tenue à volonté qui peut servir de support à un nombre de syllabes plus ou moins important, alors que les notes suivantes ne correspondent la plupart du temps qu'à une seule syllabe.

L'Ex. 1 montre les points communs entre le chant anglican et le chant grégorien (il s'agit d'un chant anglican très connu façonné selon les normes du chant grégorien) (voir 3).

Ex. 1

Ex. 2

Le chant anglican et le chant grégorien reposent sur le même principe de base, mais le chant anglican néglige l'intonation du grégorien, au premier vers du psaume. La médiation est plus concise que la cadence finale et conduit à une structure en sept mesures assez curieuse.

Considérée aujourd'hui comme spécifiquement anglaise, cette forme de chant a connu pourtant de proches parents dans d'autres pays, notamment le **falsobordone*.

Le protestantisme des autres pays, malgré certains rapprochements occasionnels avec le chant anglican, ne s'est jamais tourné de façon permanente vers une telle forme de chant, car il avait coutume de transformer en version métrique la plupart des passages chantés des Écritures. On retrouve la même attitude en Écosse où l'Église nationale, quoique très attachée aux psaumes, n'utilisait pas le chant anglican ; par ailleurs, l'Église d'Angleterre, tout en accordant une place limitée aux psaumes métriques qui étaient utilisés comme le sont aujourd'hui les hymnes, a conservé, mais en langue vernaculaire, l'usage du psautier et du cantique en prose ; cet élément est à l'origine d'une forme de chant qui, sans être métrique, n'en demeure pas moins simple et susceptible d'être indéfiniment répétée sans modification de la musique.

2. *Les débuts du chant anglican en Angleterre*. Les principaux compositeurs anglais de la période élisabéthaine (Tallis, Morley, Byrd, Gibbons et leurs contemporains) ont écrit de nombreuses œuvres qui mettent en musique des psaumes en prose sur le type du *falsobordone*. Le même principe d'écriture se retrouve curieusement dans la première édition des psaumes complets versifiés de Crowley (1549), appliqué à la psalmodie métrique : un seul air servait pour la totalité de la série. Il s'agit d'un morceau de plain-chant (le septième ton grégorien) harmonisé à quatre parties avec le plain-chant à la voix de ténor (Ex. 2).

C'est ce que l'on appelle aujourd'hui un chant anglican double, à quelques légères différences près :

– la division de la teneur apparaît dans la notation ;

– l'arrangement rythmique est un peu différent ;

– la mélodie est confiée à la voix de ténor.

Les livres de cantiques modernes appliquent parfois les principes généraux du style de chant anglican à la métrique : le *Troyte n° 1* de *My God and Father while I stray*, qui date du XIXe siècle et qui se trouve dans plusieurs livres de cantiques, en est un excellent exemple.

La plupart des gens croient qu'il y a une nette distinction entre plain-chant et chant anglican ; en réalité, elle est inexistante : le chant anglican découle directement du plain-chant harmonisé, très répandu dans la chrétienté aux XVIe et XVIIe siècles.

3. *L'introduction de chants originaux.* Les traditions liturgiques avaient été malmenées pendant la période républicaine (Commonwealth). Peu après la Restauration, des chœurs et des orgues font leur réapparition dans les cathédrales et suscitent la publication d'ouvrages expliquant le déroulement des services de la cathédrale. On voit alors paraître quelques harmonisations de plain-chant, dans le style du chant anglican actuel, dans des ouvrages comme *A Short Direction for the Performance of the Cathedral Service* (1661) de Lowe, *Divine Services and Anthems usually sung in the Cathedrals and Collegiate Churches of the Church of England* (1664) de Clifford et dans les différentes éditions de *Introduction to the Skill of Music* (1673) de Playford.

Christ Church Tune, publié par Clifford, est l'adaptation exacte en chant anglican d'un chant grégorien cité à l'Ex. 1, mais la partie mélodique y est confiée à la voix de ténor. Clifford propose ainsi deux autres adaptations similaires qui ont conservé leur place parmi les chants anglicans les plus connus.

Auparavant, les compositeurs anglais n'avaient pas eu l'idée de composer des chants originaux ; ils se contentaient d'harmoniser des mélodies grégoriennes traditionnelles qui existaient depuis longtemps. Mais il s'agissait que d'une courte étape vers l'élaboration d'un répertoire véritablement original. On trouve une illustration intéressante de cette phase intermédiaire dans les psaumes de l'Appendice C de l'*English Church Music (1650-1750)* de Christopher Dearnley (Londres, 1970).

Les chants qui ont vu le jour depuis la fin du XVIIe siècle sont très nombreux, mais de qualité inégale. Au XVIIIe siècle, ils étaient généralement fleuris et de caractère parfois cavalier ; au XIXe siècle, c'est un style sentimental et chromatique qui s'impose. Le XXe siècle a vu se dessiner une certaine unanimité en faveur d'une musique d'église digne et respectable : l'adoption générale de plusieurs nouveaux psautiers, réalisés par des musiciens au goût plus strict que leurs prédécesseurs, éliminera du même coup tous les chants de moindre valeur.

Le répertoire du chant anglican comporte un certain nombre de curiosités comme le « Grand Chant » (chant simple) de Pelham Humfrey, dont la mélodie ne comporte que deux notes ; un ingénieux double chant de Crotch dont la seconde partie est l'inversion exacte de la première, note pour note ; et deux chants de Goss qui sont des arrangements de certains thèmes de la *Sonate « pathétique »* et de la *Symphonie n° 7* de Beethoven.

4. *Chants doubles, triples et quadruples.* Diverses hypothèses ont été avancées pour tenter d'expliquer l'apparition des chants doubles, qui mettent en musique deux versets du texte au lieu d'un seul :

– ils auraient vu le jour à la suite d'une exécution accidentelle de deux chants à la suite l'un de l'autre par un élève de Hine, qui était alors organiste à la cathédrale de Gloucester (1710-30) ;

– Flintoft (mort en 1727) serait l'auteur du premier chant double, avec son chant double en sol mineur, encore très connu de nos jours, publié dans son recueil des « chants les plus appréciés » (qui serait le premier véritable recueil de chants à avoir été publié) ;

– leur origine remonterait à 1706, à un chant de John Robinson dont un exemplaire manuscrit est conservé à la cathédrale St Paul.

Leur origine est en réalité beaucoup plus ancienne, car le psautier d'Alison (1599) comporte déjà une forme de chant connue de nos jours comme chant de Flintoft et le psautier de Crowley, un demi-siècle plus tôt, comporte un exemple du même genre (application du principe du chant double anglican aux versets métriques, voir 2). On trouve également chez Byrd une approche de la forme du chant double.

Plus récemment sont apparus des chants triples, regroupant deux ou trois psaumes pour lesquels la disposition des versets semblait l'exiger. Il existe aussi des chants quadruples mais, à l'usage, ils deviennent fastidieux.

Le chant anglican comporte par ailleurs un certain nombre de chants variables, dont le mode peut changer (majeur ou mineur selon la couleur générale du passage chanté, joyeux ou plus sobre).

Certaines expériences (L. L. Dix, Dublin) ont permis d'élaborer des chants simples de 5 mesures (2 + 3), au lieu de 7, et des chants doubles de 10 mesures, au lieu de 14. Ils offrent l'avantage de placer une plus grande partie du texte dans la teneur et, en réduisant le nombre des accents correspondant aux premiers temps, de permettre une meilleure adaptation des paroles à la musique. Naturellement, la forme à sept mesures n'est qu'une convention (voir son origine, 1) et il n'y a aucune raison d'empêcher des variantes de voir le jour. Le chant à cinq mesures peut être utilisé avec un psautier comportant les syllabes chantées, sous réserve de faire abstraction de la première barre de mesure à chaque demi-verset.

5. *L'introduction du « pointing »* . Le « pointing » est une méthode qui consiste à indiquer le nombre des syllabes qui doivent être récitées ou chantées. Avant le XIXe siècle, et la naissance de l'*Oxford Movement*, le chant anglican était relativement peu utilisé, sauf dans les cathédrales et autres collégiales. Dans son article *Choral Service*, publié en 1805 dans le *Cyclopaedia* de Rees, le Dr Burney écrit : « La différence entre le service choral en cathédrale et le service paroissial réside dans le fait que, dans le premier cas, les chœurs des cathédrales chantent les psaumes en psalmodie antiphonale à quatre voix accompagnée à l'orgue, alors que, dans les églises paroissiales, le ministre du culte, le clerc et l'assistance lisent les psaumes sans musique, vers après vers. » Ces différences s'appliquaient aussi aux cantiques (dans le sens anglican du terme, voir *Cantique*, 1), mais, à partir du début du XVIIIe siècle, ils commencent à apparaître dans les églises paroissiales.

Tant que le chant restait l'apanage de chœurs expérimentés qui se réunissaient tous les jours et chantaient la totalité du psautier douze fois par an, il était possible, simplement par la pratique, d'apprendre à maîtriser la répartition entre la teneur et la section rythmique et régulière du chant, d'une part, et les variantes entre le nombre de syllabes des différents versets, d'autre part. Mais les résultats n'étaient pas toujours excellents. Au début et au milieu du XIXe siècle, l'*Oxford Movement* apporta l'idée d'un service entièrement choral qui se répandit, non sans résistances ni heurts, à la plupart des églises de villages. On vit alors tomber en désuétude les expressions « lecture des psaumes » (pour les psaumes en prose lus au fur et à mesure) et « chant des psaumes » (pour la version métrique dont certaines parties étaient chantées comme des cantiques par l'assemblée) : le chant des psaumes en prose était presque généralisé.

Il devint alors nécessaire de trouver un moyen pour indiquer au chœur, au niveau paroissial, quelle partie du vers devait être récitée et quelle partie devait être chantée. En 1808, l'organiste de la cathédrale de Norwich, J. C. Beckwith, écrivait :

> « Supposons que l'organiste et le chœur se rencontrent tous les matins et après-midi, pendant un mois, qu'ils déterminent ensemble, pour chaque verset des psaumes, l'endroit exact où doit s'arrêter la récitation dans la première et dans la dernière partie du chant, et qu'ils soulignent en *rouge*, de façon bien visible, le mot ou la syllabe concernée : muni d'un tel livre, il serait possible de recopier les indications sur d'autres exemplaires. Tous les membres du chœur pourraient réciter d'une seule voix et arriver ensemble à ce mot qu'ils sauraient être le mieux approprié à la fin de la séquence récitée. »

La première tentative de présentation imprimée d'une méthode de « pointing » voit le jour une trentaine d'années plus tard. Elle est due à l'organiste de la cathédrale d'Ely, Robert Janes, à qui on attribue aussi ce qui est connu sous le nom d' « Ely Confession ». Cette méthode s'intitule *The Psalter or Psalms of David, Carefully marked and pointed to enable the Voices of a Choir to keep exactly together by singing the same Syllables to the same Note ; and the accents as far as possible made to agree with the accents in the Chant ; and also to remove the difficulty which individuals generally find who are not accustomed to the Chanting of the Psalms* (« Le psautier ou recueil des psaumes de David soigneusement annoté et pointé pour permettre aux voix d'un chœur de chanter rigoureusement ensemble les mêmes syllabes sur la même note ; dans la mesure du possible, les accents sont modifiés pour correspondre à ceux du chant ; et également pour supprimer les difficultés que rencontrent généralement tous ceux qui ne sont pas habitués à chanter des psaumes »).

Peu après 1860, alors que le « pointing » était passé dans la tradition, il n'était pas rare de voir un chœur faire appel à un copiste pour reporter les indications sur les livres de prières. L'apparition de festivals permettant à plusieurs chœurs de se produire ensemble sera déterminante pour l'impression de livres de psaumes et de cantiques (dans le sens anglican du terme, voir *Cantique*, 1) comportant le « pointing ».

Depuis, d'innombrables versions « pointées » des psaumes et des cantiques ont été publiées, révélant une multitude de méthodes pour indiquer la répartition des syllabes sur les notes. *The Cathedral Psalter* (1875), édité notamment par Stainer, est l'un des recueils qui a connu la plus grande notoriété ; il est encore en usage.

Dans certaines versions, le « pointing » entraîne d'importantes déformations des rythmes naturels de la prose. Mais, à la fin du siècle dernier et au début du XXe, de nouvelles éditions ont réalisé un meilleur « pointing ».

Une brochure de Robert Bridges, publiée par la Church Music Society en 1912, a joué un rôle important dans cette réforme. Plusieurs ouvrages ont alors été publiés : *The English Psalter*, réalisé par E. C. Bairstow, P. C. Buck et C. Macpherson, qui s'attachait avant tout au sens des mots mais ne tenait pratiquement pas compte du parallélisme de la poésie hébraïque ; *The Psalter Newly Pointed* de la Society for Promoting Christian Knowledge, ouvrage collectif finalement publié par le révérend A. Ramsbotham, qui, selon l'avis général, péchait par excès d'indications destinées à guider les chanteurs ; *The Oxford Psalter*, publié par H. G. Ley, E. S. Roper et C. Hylton Stewart, qui semble être un compromis entre les deux ouvrages précédents ; *The Parish Psalter*, publié par Sydney Nicholson, version très simplifiée aux visées beaucoup plus modestes ; et *The St Paul's Cathedral Psalter* (rythme parlé libre) de Maurice F. Foxell et Stanley Marchant. Toutes les recherches et expériences contenues dans ces ouvrages découlent directement de la brochure de Bridges.

La tendance générale des chœurs et des fidèles à bredouiller la récitation et à traîner en chantant rend indispensable une réaction insistant sur un rythme équilibré du début à la fin du chant. Plus le chant se rapproche d'une bonne lecture, meilleur il est. Il ne faut jamais perdre de vue que le chant anglican n'est que le véhicule de paroles sacrées et poétiques.

Le chant anglican a parfois fait l'objet de violentes attaques. Peu après 1920, le célèbre musicien anglican Charles Pearce réclamait « l'abolition totale d'un abus qui a défiguré le service choral de l'Église anglicane pendant plus de deux siècles ». L'opinion générale des musiciens se rallie néanmoins à celle de Sir Richard Terry qui n'utilisait pourtant pas cette musique, puisqu'il était directeur musical d'une cathédrale catholique : « Le chant anglican peut faire beaucoup d'effet s'il est confié à un bon chœur... Mais, interprété par un mauvais chœur, ce doit être horrible » ; à quoi répond dom Anselm Hughes, prieur de Nashdom Abbey et secrétaire honoraire de la Plainsong and Mediaeval Musical Society :

> « Après avoir "travaillé" le plain-chant pendant trente ans, j'en suis venu, lentement mais sûrement, à considérer le *bon* chant anglican, tel qu'on peut l'entendre aujourd'hui dans la plupart des cathédrales, dans certaines églises paroissiales et dans quelques églises de villages, comme une expression parfaite de l'*English Psalter*. Pour parvenir au même degré de perfection, les psaumes de plain-chant ne peuvent se passer d'antiennes, sinon ils ressemblent à un corps décharné. »

Il est évident que le catholicisme anglais s'identifie au plain-chant alors que les Églises évangéliques et plus modérées se tournent vers le chant anglican.

Au cours de ces dernières années, beaucoup de nouveaux chants ont vu le jour, qui font une large place à l'utilisation plus libre des progressions harmoniques. Si de nombreux organistes de cathédrales ont composé des chants, ils ne sont généralement chantés que dans leur propre cathédrale. Parmi les récents enregistrements de chant anglican, ceux du chœur du King's College, à Cambridge, constituent un excellent témoignage de ce que peut être le chant anglican à son plus haut niveau de perfection.

Les récentes réformes liturgiques et l'accent mis sur le service de la sainte communion ont réduit les possibilités de chanter des psaumes et cantiques (dans le sens anglican, voit *Cantique*, 1), bien que la plupart des cathédrales conservent cette tradition, chaque jour à l'office d'*Evensong*. Dans certaines églises, le chant anglican a été supplanté par une psalmodie responsoriale, aussi connue sous le nom de « chant Gélineau », avec refrains ou antiennes. Néanmoins, certaines organisations comme la Royal School of Church Music encouragent encore le chant anglican, sans négliger le plain-chant ni d'autres méthodes de chant religieux lorsqu'elles sont appropriées.

Percy Scholes, rév. Christopher Moore.

Chant du cygne, Le (*Schwanengesang*). Recueil de lieder pour voix d'hommes et piano D 957 de Schubert, composé en 1828 et publié sous forme de cycle après sa mort par l'éditeur Haslinger. Les 14 lieder sur des poèmes de Heine, de Rellstab et de Seidl ont été publiés dans l'ordre suivant : Cahier I, *Liebesbotschaft* (« Message d'amour »), *Kriegers Ahnung* (« Pressentiment du guerrier »), *Frühlingssehnsucht* (« Désir du printemps »), *Ständchen* (« Sérénade »), *Aufenthalt* (« Séjour »), *In der Ferne* (« Dans le lointain ») ; Cahier II, *Abschied* (« Adieu »), *Der Atlas* (« Atlas »), *Ihr Bild* (« Son visage »), *Das Fischermädchen* (« La Jeune Pêcheuse »), *Die Stadt* (« La Ville »), *Am Meer* (« Au bord de la mer »), *Der Doppelgänger* (« Le Double »), *Die Taubenpost* (« Le Pigeon voyageur »).

Chant du destin (*Schickalslied*). Lied pour chœur et orchestre op.54 de Brahms, composé entre 1868 et 1871 sur un poème de Hölderlin.

Chanterelle. Corde la plus aiguë du violon et des autres instruments à cordes.

Chant grégorien. Voir *Plain-chant*.

Chant des Parques (*Gesang der Parzen*). Ballade pour chœur à six voix et orchestre op.89 de Brahms, composée en 1882 sur un texte tiré d'*Iphigenie auf Tauris* de Goethe.

Chant sans paroles (ou Romance sans paroles) (all. *Lied ohne Worte*). Titre donné par Mendelssohn à 48 pièces pour piano qu'il a publiées en huit séries de six (1830 à 1845). Chacune est écrite dans le style d'une chanson avec une mélodie et un accompagnement distinctifs. Il s'agit d'une conception essentiellement romantique que laissait pressentir l'*Impromptu en sol bémol* op.90 n° 3 de Schubert et certains mouvements lents des sonates pour piano de Beethoven. On retrouve le même style dans les nocturnes pour piano de Field et de Chopin et certaines œuvres de Field portent même le titre de « Song without Words » (mais ce titre a peut-être été ajouté ultérieurement par Liszt qui les avait publiées). Parmi les quarante-huit pièces de Mendelssohn, cinq seulement portent des titres individuels : les trois « chansons de gondoles vénitiennes » (n° 6, 12 et 29), le *Duetto* n° 18 et le *Volkslied* n° 23.

Chants d'Auvergne. Chansons composées sur des textes en dialecte traditionnel auvergnat. Elles ont connu une certaine notoriété grâce aux recueils et arrangements de Canteloube qui publia plusieurs cahiers de mélodies populaires entre 1920 et 1940. Parmi les plus connues, on trouve une série de neuf chansons pour voix et orchestre (ou piano) tirée des *Chants d'Auvergne* de Canteloube (1923-30), (1) *Baïlèro* (chants de bergers de haute Auvergne), (2) *L'Aïo dè rotso* (« L'Eau de source »), (3) *Ound 'onorèn gorda ?* (« Où irons-nous garder ? »), (4) *Obal din lou Limouzi* (« Là-bas dans le Limousin »), (5) *La Delaïssádo* (« La Délaissée »), (6) *Lo Fiolairé* (« La Fileuse »), (7) *Passo pel prat* (« Viens par le pré »), (8) *Brezairola* (« Berceuse ») et (9) *Chut, chut*.

Chants d'un compagnon errant. Voir *Lieder eines fahrenden Gesellen*.

Chants et danses de la mort. Cycle de mélodies pour voix et piano de Moussorgski, composé entre 1875 et 1877. Les quatre mélodies mettent en musique des poèmes de Golenitchev Koutouzov.

Chant de la terre, Le. Voir *Lied von der Erde, Das*.

Chapeau chinois (pavillon chinois, arbre chinois). Ensemble de petites cloches montées les unes au-dessus des autres sur une tige qui sert de manche. Voir également *Sistres et sonnailles*. Au XIXe siècle, le *Jingling Johnny* portait parfois le nom de chapeau chinois (voir *Turqueries*).

Chapelle (all. : *Capelle, Kapelle* ; angl. : *chapel* ; ital. : *cappella*). Le célèbre manteau (*cappa* ou le diminutif *cappella*) que saint Martin avait partagé avec un mendiant est conservé dans un sanctuaire qui a pris le nom de *cappella* (ou *capella*). Par la suite, tout bâtiment ecclésiastique, d'un palais royal ou papal, a pris le même nom.

L'ensemble des prêtres, musiciens et autres fonctionnaires, est alors désigné sous le vocable « chapelle du roi », « chapelle du pape », etc. Par la suite, ce terme se limite aux musiciens de telle sorte que le maître de chapelle français, le *Kapellmeister* allemand, le *maestro di cappella* italien, etc. correspond aux fonctions de directeur musical.

En Allemagne, le terme *Kapelle* s'applique à tout un groupe musical vocal ou instrumental organisé, à l'église, au concert ou à l'opéra, et *Kapellmeister* au directeur musical de ce groupe, quel qu'il soit. Toutefois, au cours de la période romantique, où l'on pense qu'il vaut mieux laisser l'art de la composition à des hommes de génie, les fonctions du *Kapellmeister* se limitent généralement à l'organisation de la musique.

Les termes français, italiens et anglais équivalents continuent à ne désigner que les institutions de musique sacrée.

Chapelle royale d'Angleterre (« Royal Chapel »). Elle est actuellement fixée à Londres – dans la chapelle de St James's Palace, à Kensington. Par chapelle royale d'Angleterre, on désigne un ensemble de personnes et non un bâtiment particulier. L'expression « chapelle royale » désigne le personnel entretenu par les différents souverains anglais en tant que membres de la maison royale afin de régler et de célébrer le service divin de la famille royale, en présence du roi si besoin est. Jusqu'à la fin du XVIe siècle, la chapelle était un groupe ambulant, qui voyageait avec la maison royale et exerçait ses fonctions dans la chapelle des différents édifices servant de résidence au souverain. Néanmoins, sous la dynastie des Stuart, la chapelle commence à suivre plus rarement le roi hors de Londres ou de Windsor et, en 1702, elle s'installe de façon permanente à Kensington Palace. Il reste toutefois un vestige de ses anciennes habitudes : elle accompagne le souverain lors de la cérémonie annuelle du Royal Maundy (lavement des pieds des pauvres par le monarque, le Jeudi saint), quel que soit l'endroit où elle se déroule.

La destinée fluctuante de la chapelle royale d'Angleterre au cours de sa longue histoire est un reflet assez fidèle de l'autorité exercée par la monarchie et par l'Église nationale sur la vie de la nation. Plus récemment, elle montre l'intérêt que portent les souverains successifs au culte et à la musique liturgique. La chapelle royale commence à prendre forme sous les règnes d'Édouard Ier et d'Édouard II (1272-1307 et 1307-27). La célébration des services de la liturgie latine fait appel à des prêtres, à des clercs non ordonnés et à des enfants de chœur : en 1318, la chapelle d'Édouard II réunit un chapelain (appelé plus tard doyen), assisté de cinq autres chapelains (tous prêtres), six clercs et trois ou quatre chantres. Dans toutes les grandes maisons de cette époque, le personnel se divise en trois catégories : les *Gentlemen* (*generosi*, les anciens), les *Yeomen* (*valecti*, les autres adultes) et les *Children* (*pueri*, les enfants). Le classement du personnel de la chapelle royale répond à ces normes et aujourd'hui les termes *Gentlemen* et *Children* désignent encore les chanteurs (les chantres) et les choristes. En outre, ils continuent à porter les magnifiques uniformes correspondant à leur fonction dans la maison royale et non le costume ecclésiastique normal.

A partir de ces débuts modestes, les souverains successifs vont développer la chapelle royale jusqu'à ce qu'elle figure au premier rang des chœurs liturgiques séculiers en Europe, du XVe au XVIIe siècle ; elle offre ainsi au monde l'image fastueuse et ouvertement propagandiste de la piété et de l'opulence du monarque anglais, ainsi que de l'ensemble des talents musicaux – tant dans le domaine de la création que de l'exécution – dont il dispose pour l'ordonnancement de ses dévotions religieuses. Henri IV (1399-1413) entretient une chapelle de 16 *Gentlemen* et 4 *Children*, et compose lui-même de la musique religieuse qu'il fait sans doute exécuter par sa chapelle. Sous les règnes de son fils et de son petit-fils, Henri V et Henri VI (1413-22 et 1422-61), la chapelle royale passe à 32 *Gentlemen* et 16 *Children* ; elle suit les souverains dans les régions conquises du nord de la France et aide à faire connaître à ses admirateurs et à ses émules français le « contenance angloise » – le style anglais de composition représenté par la musique de John Dunstable et de ses contemporains. L'étude du *Old Hall Manuscript* a permis à certains chercheurs d'affirmer que la chapelle royale possédait un très vaste répertoire à cette époque influente.

Entre la majorité de Henri VI (1436) et le déchaînement de la guerre civile (1642), le personnel de la chapelle royale descend rarement au-dessous de 32 hommes et 10 à 12 enfants, dimensions qui permettent aux compositeurs d'écrire des œuvres de grande envergure puisque le personnel est non seulement nombreux mais très compétent. Même avant la Réforme, grâce à la pratique qui consistait à enrôler d'office les enfants les plus doués des autres chapelles ou des grandes familles, grâce également au prestige de la chapelle royale, aux salaires élevés et à la retraite confortable dont bénéficiaient les chanteurs, la chapelle royale agit comme un aimant, attirant vers elle les musiciens les plus talentueux de l'époque. Après 1558, le patronage d'Elisabeth Ire assure la prééminence de la chapelle royale alors que, dans le reste de l'Angleterre, la musique d'église tombe pratiquement en désuétude ; les deux premiers rois de la dynastie des Stuart poursuivent l'action d'Elisabeth. Robert Fayrfax, William Cornysh, Thomas Tallis, John Sheppard, William Byrd, John Bull, Orlando Gibbons et Thomas Tomkins figurent parmi les compositeurs qui, à cette époque, ont écrit une grande partie de leur musique religieuse à l'intention de la chapelle royale.

En 1558, le rite latin est remplacé par des services en langue vernaculaire tirés du « Book of Common Prayer ». Cette substitution ne semble pas avoir nui à la musique et n'empêche absolument pas des catholiques convaincus comme Byrd de devenir membres de la chapelle royale, car Elisabeth ne se laisse pas guider dans le choix de ses musiciens par des préjugés confessionnels. Néanmoins le nombre de services, qui atteint parfois dix par jour, est réduit à trois, ce qui laisse beaucoup de temps libre aux membres de la chapelle royale ; pendant quelque temps, pour compléter leurs fonctions, les *Children* seront souvent employés comme musiciens, amuseurs ou même acteurs lors de représentations dramatiques à la cour ou au théâtre. Quant aux *Gentlemen*, ils obtiendront assez facilement des postes supplémentaires dans des cathédrales de province ou à Westminster Abbey. Toutefois, certains membres de la chapelle royale donnent naissance à une musique qui répond aux exigences de la nouvelle liturgie vernaculaire et créent de nouvelles formes de services, ainsi que les *verse anthems* qui réclament (pour la première fois dans la musique liturgique anglaise) un accompagnement des voix confié à d'autres instruments qu'à l'orgue, par exemple un chœur de violes ou (plus rarement) des cornets à bouquin ou des saqueboutes.

Après la restauration de Charles II en 1660, la chapelle royale va encore jouir de quarante annnées de prééminence grâce au talent de Pelham Humfrey, John Blow et Henry Purcell. Mais, en 1714, l'avènement de la dynastie des Hanovre (qui s'intéressent peu à la musique) et une ferveur religieuse qui ne cesse de baisser au XVIIIe siècle entraînent la chapelle royale dans un déclin rapide et profond. Malheureusement, elle n'a pas eu beaucoup d'occasions de se manifester sur la scène musicale au cours des deux derniers siècles. Son école de chœur, fermée en 1923, et ses dix choristes viennent maintenant de la City of London's School ; elle regroupe aujourd'hui six *Gentlemen* et un organiste.

Roger Bowers.

Chapí y Lorente, Ruperto (Villena, près d'Alicante, 27 mars 1851 ; Madrid, 25 mars 1909). Compositeur espagnol. Fils de barbier, il fait ses études au Conservatoire de Madrid, puis à Rome où il compose plusieurs opéras, notamment *La Hija de Jeftá* et *Roger de Flor*. Chef de musique militaire, il se tourne, avec succès, vers le domaine plus lucratif de l'opéra-comique et de la zarzuela. L'une de ses œuvres les plus célèbres, *La Revoltosa* (1897), figure encore au répertoire contemporain. Il a également composé quatre quatuors à cordes.

Wendy Thompson.

Chaporine, Youri (Alexandrovitch) (Gloukov, 8 novembre 1887 ; Moscou, 9 décembre 1966). Compositeur soviétique. Sans avoir l'intention, au départ, de se diriger vers une carrière professionnelle, il mène des activités musicales dans son Ukraine natale, puis s'installe à Saint-Pétersbourg où, après avoir fait son droit, il entre au conservatoire pour étudier la composition avec Nikolaï Sokolov (1859-1922), l'orchestration avec Maximilien Chteinberg (1883-1946) et l'analyse avec Nicolas Tchérepnine. Dans les années vingt, il est étroitement lié aux principales personnalités artistiques de l'époque (notamment le poète Alexandre Blok, l'écrivain Alexeï Tolstoï et le décorateur Alexandre Benois) ; il joue, avec Boris Assafiev (1884-1949), un rôle clef dans l'Association pour la musique contemporaine. Toutefois, sa propre musique est fermement enracinée dans les traditions héritées de l'enseignement reçu au Conservatoire de Saint-Pétersbourg ; et, bien qu'il ait composé de la musique instrumentale, une symphonie chorale (1928-32), d'autres œuvres chorales et beaucoup de musique de scène, son nom a essentiellement survécu grâce à son opéra en quatre actes *Les Décembristes*, œuvre à laquelle il a travaillé pendant plus de trente ans, du début des années vingt jusqu'en 1953, date de sa création au Théâtre Bolchoï, à Moscou.

Geoffrey Norris.

Chappell. Éditeur de musique, imprésario et facteur de pianos anglais. Les origines de cette firme remontent à 1810, lorsque le pianiste et compositeur J. B. Cramer s'associa à F. T. Latour et à Samuel Chappell. Tout en éditant de la musique, la firme vendait des pianos et servait de bureau de concerts. Elle a joué un rôle essentiel dans la constitution de la Philharmonic Society en 1813. Par la suite, l'affaire échut au fils de Samuel Chappell, William (1809-88), dont l'intérêt pour la musique ancienne aboutit à la formation de la Musical Antiquarian Society en 1840. Tout en publiant les airs de Dowland pour cette société – une véritable entreprise de pionnier – Chappell réalisa une compilation de sa *Popular Music of the Olden Time*, recueil d'airs anglais en deux volumes (1855-59), qui représente toujours une source de grande valeur.

Lorsque William Chappell quitta la firme, son frère, Thomas Patey Chappell (1819-1902), lui succéda ; dans les années 1840, il se tourna vers la fabrication de pianos et la publication de musique de danse populaire et d'opéras légers, en commençant par *The Bohemian Girl* (*La Bohémienne*) de Bafle. Il créa également les concerts populaires du lundi et du samedi à St James Hall en 1858, avec une cohorte d'artistes célèbres. A partir de 1858, la firme édita les opéras de Gilbert et Sullivan et finança la Comedy Company qui les jouait jusqu'à ce que D'Oyly Carte prenne la relève en 1877. L'intérêt soutenu que portait Chappell à la promotion de concerts le conduisit à organiser lui-même une série de *ballad concerts* à partir de 1894, sous la direction de William Boosey. Cette série se distinguait des concerts organisés par Boosey and Co. et, à partir de 1915, ils assureront les Concerts-Promenades à Queen's Hall, jusqu'à ce que la BBC en prenne la direction en 1926. Chappell a également participé à la lutte contre la contrefaçon musicale qui a mené au vote de la loi sur les droits d'auteurs (*Copyright Act*) en 1906.

La réputation de Chappell repose surtout sur les opérettes et les comédies musicales de son fonds qui vont de *Merry England* d'Edward German, de Noel Coward et d'Ivor Novello aux spectacles américains représentés à Drury Lane (Irving Berlin, Jerome Kern, Cole Porter ou Rodgers et Hammerstein). Outre l'édition de musique légère et l'exploitation d'une bibliothèque de prêt de musique d'ambiance pour le cinéma et la télévision, Chappell édite de la musique sérieuse, notamment les œuvres d'Arnold Bax, de la musique d'enseignement et de la musique pour ensemble d'instruments à vent, et cette maison attire depuis peu de jeunes compositeurs anglais. En 1970, *Ascherberg, Hopwood et Crew ont fusionné avec Chappell, qui fait maintenant partie du groupe Philips.

J. M. Thompson.

Charivari. Cérémonie bruyante et violente au cours de laquelle la musique se trouve improvisée à l'aide d'ustensiles ménagers susceptibles de produire le plus grand bruit possible. A l'origine, le charivari traduisait le mécontentement de l'opinion publique. Thomas Hardy décrit un incident du même genre dans *The Mayor of Casterbridge* : lorsque le « skimmington ride s'accompagne du vacarme des couperets, pinces, tambours de basque, pochettes..., serpents, cornes de bélier et autres genres de musique historiques ». Plus tard, il se transformera en sérénades burlesques jouées sous les fenêtres des jeunes mariés. Il s'agit d'une ancienne coutume qui a eu cours dans de nombreux pays, car plusieurs langues possèdent un terme pour le désigner ; *Katzenmusik* en Allemagne, *rough music* en Angleterre, *chiasso* en Italie et *shivaree* ou *calathumpian concert* aux États-Unis.

Charleston. Danse d'origine africaine adaptée par les danseurs noirs américains et qui a acquis une grande notoriété à la fin du XIXe siècle. Elle devient une véritable mode vers 1915 mais ne fait fureur que lorsqu'elle se trouve intégrée à diverses opérettes noires dans les années vingt. Comme le *black bottom, il lui fallait un air distinctif et elle le doit au pianiste James P. Johnson auteur de « Charleston, South Carolina » (1923) dont il a réalisé une nouvelle version dans le spectacle *Runnin' Wild*. Le succès a été immédiat. Cette danse se trouve également vulgarisée dans les *Ziegfeld Follies de 1923* de Ned Wayburn qui en revendique la paternité. Le charleston devient alors une toquade dans le monde entier ; Ginger Rogers commence sa carrière de danseuse comme « Reine du charleston » et Joan Crawford le danse dans le film *Our Dancing Daughters*. En 1925, il figure au répertoire des orchestres de danse et il fait une carrière triomphale à Londres. Malgré la presse qui critique ses cabrioles, un bal de charleston, organisé par C. B. Cochran à l'Albert Hall en 1926, marque le sommet de cet engouement. Ensuite, le charleston sera éclipsé par le black bottom ; ses battements difficiles et ses pas syncopés se simplifieront pour faciliter la tâche des danseurs, donnant naissance au *pas redoublé (quickstep). Néanmoins, le charleston a refait périodiquement surface et caractérise l'esprit des années vingt, gaies mais turbulentes.

Peter Gammond.

Charpentier, Gustave (Dieuze, Moselle, 25 juin 1860 ; Paris, 18 février 1956). Compositeur français. Il entre au Conservatoire de Paris en 1881, s'entiche rapidement de Montmartre et de la vie de bohème, mais sa carrière ne prend son envol que lorsqu'il entre, en 1885, dans la classe de composition du sympathique Massenet, qui lui enseigne « l'amour d'aimer et l'amour d'être aimé ». Les principales influences que subit Charpentier sont celles de Wagner, auquel il emprunte l'usage du leitmotiv, et de Berlioz qui éveille en lui « le sens du pittoresque et de l'inattendu ». Il reçoit le prix de Rome pour sa cantate *Didon* en 1887.

Au cours des trois années suivantes, exceptionnellement prolifiques, Charpentier compose l'essentiel de son œuvre : la suite d'orchestre *Impressions d'Italie* (1887-89), le drame symphonique *La Vie du poète* (1888-89), révisé en 1890-92, équivalent moderne du *Lélio* de Berlioz, ainsi que le plan général et le premier acte de son opéra *Louise* que lui inspire l'une de ses nombreuses liaisons romantiques avec une jeune couturière de Montmartre en 1885 et préfigure ainsi les opéras véristes de Mascagni, Leoncavallo et Puccini ; il ne le terminera qu'en 1896 (avec l'aide clandestine, pour le livret, du poète symboliste Saint-Pol Roux qui introduit dans le réalisme souvent brutal de Charpentier un lyrisme auquel *Louise* doit d'avoir survécu jusqu'à nos jours). En janvier 1898, le nouveau directeur de l'Opéra-Comique, Albert Carré, choisit *Louise* pour sa première production : en février 1900, l'ouvrage remporte un succès triomphal dû autant à la réputation grandissante de Charpentier au cours des années 1890 (avec ses fantaisies de plein air comme la *Sérénade à Watteau*, 1896, et *Le Couronnement de la muse*, 1897) qu'au thème très libre de *Louise* et à l'excitation de l'Exposition universelle de Paris.

Peut-être par gratitude, Charpentier fonde en 1902 le Conservatoire populaire Mimi Pinson qui offre un enseignement musical gratuit à de pauvres ouvrières et qui fonctionnera jusqu'à la Seconde Guerre mondiale grâce aux revenus de festivals populaires dans lesquels étaient jouées les propres œuvres de Charpentier. Le reste de sa longue vie est davantage marqué par la communication que par la composition et, après le bref succès de son dernier opéra, *Julien* (1913), il semble qu'aucun de ses nombreux projets ne se soient réalisés. Il s'intéresse de plus en plus au développement de l'enregistrement, de la radio et du cinéma comme moyen de transmettre la musique à un plus vaste auditoire et, en 1936, il supervise la version cinématographique de *Louise*. Le triomphe phénoménal de *Louise*, dont la véritable héroïne est Paris, a peut-être écrasé les talents créatifs de Charpentier. Il deviendra de plus en plus autocritique et c'est sur *Louise* que repose la réputation de cet idéaliste social (et socialiste idéal).

Robert Orledge.

BIBLIOGRAPHIE : Françoise Andrieux, *Gustave Charpentier, lettres inédites à ses parents*, PUF (Paris, 1984). Marc Delmas, *Gustave Charpentier et le lyrisme français*, Delagrave (Paris, 1931).

Charpentier, Jacques (Paris, 18 octobre 1933). Compositeur français, élève d'Olivier Messiaen et de Tony Aubin. Son œuvre est largement marquée par un séjour effectué en Inde (1953-54) qui lui a permis de découvrir les ressources de la musique indienne (*Études karnatiques* pour piano, 1957-61 ; *Symphonie nº 3 « Shiva Nataraja »*, 1969). Inspecteur principal de la musique (1966) au ministère de la Culture, il devient inspecteur général en 1975 et directeur de la musique, de l'art lyrique et de la danse entre 1979 et 1981. Compositeur indépendant, il s'intéresse autant au chant grégorien (*Te Deum*, 1978) qu'aux traditions du Languedoc (*Béatrix de Planissolas*, opéra en langue d'Oc, 1971). Il a composé cinq symphonies ainsi qu'une dizaine de concerts pour divers instruments et orchestre. Depuis 1982, il exerce les fonctions de directeur général de la musique de la Ville de Nice.

Alain Pâris.

Charpentier, Marc-Antoine (Paris, vers 1645-50 ; Paris, 24 février 1704). Compositeur français. Après avoir séjourné à Rome, où il étudie la musique avec Carissimi au collège allemand et apprend le contrepoint et l'art de compo ser pour plusieurs chœurs, il revient à Paris où il se trouve terriblement gêné par le nationalisme français qui s'oppose à son style italianisé. Lully, notamment, voit en lui un rival sérieux. Malgré cela, en 1672, Molière l'engage (à l'issue de sa collaboration avec Lully) à écrire de la musique de scène pour la troupe qui allait devenir la Comédie-Française. Il jouit également des faveurs de la famille royale (quoique Lully l'ait jalousement empêché d'obtenir un poste à la Maison royale) et des jésuites qui le nomment maître de musique de l'église Saint-Louis. Il compose un certain nombre de petits drames sacrés pour Saint-Louis et divers autres collèges de jésuites. Du vivant de Lully, il est assez mal accueilli à l'Académie royale ; son seul et unique grand opéra (la tragédie lyrique *Médée*) est représenté à l'Opéra en 1693 et remporte un succès moyen. En 1698, il est nommé maître de musique à la Sainte-Chapelle.

Charpentier est le plus important des contemporains de Lully en France et sa musique est sous bien des aspects plus intéressante, sauf dans le domaine du théâtre. Sa musique religieuse est particulièrement attrayante : il a composé des grands motets magnifiques, aux harmonies intéressantes et qui font souvent appel à un double chœur ; ses onze messes révèlent une grande variété de techniques, de la riche polyphonie de l'ancien style à l'harmonisation de chants joyeux dans la célèbre *Messe de minuit pour Noël* (sans doute écrite au début des années 1690). Il a également composé de courts oratorios à la manière de Carissimi. Sa cantate dramatique *Orphée descendant aux enfers* donne un aperçu de ce qu'il aurait pu faire dans le domaine de l'opéra s'il en avait eu l'occasion. Charpentier est un compositeur injustement négligé et la publication d'une édition complète contribuerait certainement à mieux faire connaître son œuvre.

Denis Arnold.

BIBLIOGRAPHIE : Claude Crussard, *Un musicien français oublié : Marc-Antoine Charpentier*, Fleury (Paris, 1945). H. W. Hitchcock, *Les Œuvres de Marc-Antoine Charpentier : catalogue raisonné*, Picard (Paris, 1982). Robert W. Lowe, *Marc-Antoine Charpentier et l'opéra de collège*, Maisonneuve (Paris, 1966).

Chasse, La. 1. *Symphonie nº 73 en ré majeur* de Haydn, sans doute composée en 1781. Elle doit son titre au style de son dernier mouvement.

2. Surnom du *Quatuor à cordes nº 17 en si bémol majeur K 458* de Mozart, composé en 1784. Il figure dans le cycle des *Quatuors à Haydn*, et doit son surnom aux motifs de chasse qui introduisent le sujet initial du premier mouvement.

Château de Barbe-Bleue, Le. Opéra en un acte de Bartók sur un livret de Béla Balázs. Représenté à Budapest le 24 mai 1918. Création française le 29 avril 1954 à Strasbourg. Barbe-Bleue (basse) n'est pas le monstre du conte de Gilles de Rais, *Ma mère l'oye*, mais un idéaliste qui emmène Judith, sa nouvelle femme, dans son château obscur. Elle lui fait ouvrir une à une ses portes mystérieuses et, ayant pénétré ses secrets les plus intimes, elle prend place parmi les autres femmes derrière la dernière porte, laissant Barbe-Bleue à sa solitude.

Chausson, (Amédée) **Ernest** (Paris, 20 janvier 1855 ; Limay, près de Mantes-la-Jolie, Yvelines, 10 juin 1899). Compositeur français, élevé dans un milieu cultivé et entouré de personnes plus âgées que lui. Cette éducation fera de Chausson un homme grave, introspectif, souvent mélancolique, qui se fixe les buts artistiques les plus élevés et doutera en permanence de lui-même. Se pliant aux désirs de sa famille, il commence par faire des études de droit et devient avocat en 1877. La même année, il décide de poursuivre une carrière musicale et compose sa première mélodie, *Lilas.* Il entre au Conservatoire de Paris, dans la classe de composition de Massenet (1879-81), et suit assidûment les cours de César Franck. Wagner marque également sa formation musicale : il se rend en pèlerinage à Munich (à partir de 1879) et passe même sa lune de miel à Bayreuth avec Jeanne Escudier, afin d'entendre *Parsifal,* en 1883.

La carrière de compositeur de Chausson se divise en trois périodes. La première (1877-86) montre l'évolution de son style musical qui se détache du charme élégant de Massenet (1879-80) pour s'orienter vers les sonorités et le langage harmonique plus audacieux de Wagner (comme dans son poème symphonique *Viviane,* 1882) et vers le chromatisme de Franck, qui augmente la profondeur émotionnelle d'une œuvre comme l'*Hymne védique* (1886). La deuxième période (1886-94) commence avec la nomination de Chausson au poste de secrétaire de la Société nationale de musique. Il entre davantage dans les cercles intellectuels parisiens et lutte alors pour faire disparaître l'image du riche compositeur « amateur ». Il se tourne ainsi vers des œuvres dramatiques plus substantielles comme l'intense *Poème de l'amour et de la mer* (1882-93), la musique de scène pour *La Légende de sainte Cécile* (1891) de Bouchor, et son opéra héroïque *Le Roi Arthus* (1886-95)) avec ses leitmotive et son orchestration wagnérienne, alors que l'influence de Franck apparaît dans la forme cyclique et les modulations de la *Symphonie en si bémol* (1889-90).

Dans la troisième période de sa vie (1894-99), Chausson, encouragé par Debussy, cherche à épurer sa musique des influences extérieures, mais ses œuvres restent sérieuses (même pessimistes) ; il ne possède pas l'humour malicieux d'un Chabrier, même s'il en partage la parfaite prosodie ainsi que le raffinement et la subtilité harmonique française. La sensibilité de Chausson à la poésie symboliste ressort nettement dans son magistral cycle sur des poèmes de Maeterlinck, *Serres chaudes* (1893-96), et sa découverte des romanciers russes donne naissance à son célèbre *Poème pour violon et orchestre* (1896) basé sur une histoire de Tourgueniev. En 1897, Chausson revient à la musique de chambre et adopte une approche classique de plus en plus pure, gagnant en clarté et en précision dans son *Quatuor avec piano* et dans son *Quatuor à cordes* dont il préparait le scherzo à l'époque de sa mort prématurée (un accident de bicyclette). On peut établir un parallèle entre la carrière de Chausson et celle de Debussy (qui l'a quelque peu éclipsé), mais sa musique très variée semble heureusement connaître depuis peu le succès qu'elle mérite.

Robert Orledge.

BIBLIOGRAPHIE : Jean Gallois, *Ernest Chausson,* Seghers (Paris, 1967), rééd. Les Introuvables (Plan-de-la-Tour, 1981). Charles Oulmont, *Ernest Chausson et la bande à Franck,* Desclée de Brouwer (Paris, 1935).

Chauve-Souris, La (*Die Fledermaus*). Opérette en trois actes de Johann Strauss sur un livret de Haffner et Genée d'après un vaudeville français, *Le Réveillon* (1872), de Meilhac et Halévy. Représentations : Vienne (Theater an der Wien, 5 avril 1874) ; New York (Stadt Theatre, 21 novembre 1874) ; Londres (Alhambra, 18 décembre 1876) ; Paris (Théâtre de la Renaissance, 30 octobre 1877, sous le titre *La Tzigane* ; Théâtre des Variétés, 2 avril 1904, dans la version de Paul Ferrier couramment représentée de nos jours). Rosalinde (sop.) écoute la sérénade d'un ancien soupirant Alfred (tén.), chanteur d'opéra ; son mari, Eisenstein (tén.), va être jeté en prison pour avoir insulté le percepteur. Son ami Falke (bar.) arrive, soi-disant pour le conduire en prison, mais suggère qu'ils aillent tous deux au bal donné par le prince Orlofsky (mezzo, mais souvent tén.) et qu'Eisenstein n'aille se constituer prisonnier que le lendemain matin. Alfred revient après le départ des deux hommes ; son tête-à-tête avec Rosalinde est interrompu par l'arrivée de Frank (bar.), directeur de la prison, qui vient chercher Eisenstein. Il prend Alfred pour Eisenstein et l'emmène en prison. Rosalinde, également invitée au bal d'Orlofsky, y arrive masquée, se faisant passer pour une comtesse hongroise ; Eisenstein lui fait une cour éhontée. L'intrigue se complique davantage car la servante d'Eisenstein, Adèle (sop.), assiste également au bal et porte une des robes de sa maîtresse. Tous les malentendus seront dissipés le lendemain matin à la prison.

BIBLIOGRAPHIE : *La Chauve-Souris*, L'Avant-Scène-Opéra n° 49 (Paris, 1983).

Chávez (y Ramirez), **Carlos** (Antonio de Padua) (Mexico, 13 juin 1899 ; Mexico, 2 août 1978). Compositeur mexicain. Il apprend le piano et l'harmonie dès son enfance mais reste essentiellement un compositeur autodidacte. Sa rencontre avec Varèse et avec d'autres compositeurs à New York, au cours des années vingt, le marquera énormément. Directeur de l'Orchestre symphonique du Mexique (1928-48) et directeur du Conservatoire national de musique (1928-35), il ranime la vie musicale de son pays et en fait connaître la musique dans le monde entier lors de ses tournées internationales. Plusieurs de ses œuvres, notamment la dernière de ses six symphonies, la *Sinfonia india* (1961), évoquent la splendeur rituelle de l'Amérique précolombienne par leurs rythmes vigoureux, une écriture complexe pour percussion et des solos de bois aériens. Son ballet *Xochipilli* (1940) est écrit pour un ensemble d'instruments mexicains. Chávez est l'auteur de deux ouvrages parus aux États-Unis : *Towards a New Music : Music and Electricity* (New York, 1937) et *Musical Thought* (Cambridge, Massachusetts, 1961).

Paul Griffiths.

Chaynes, Charles (Toulouse, 11 juillet 1925). Compositeur français, élève de Darius Milhaud et de Jean Rivier. Premier grand prix de Rome en 1955, responsable du programme France-Musique à l'ORTF (1964-75), il est depuis cette date à la tête du service de la création musicale de Radio-France. Son œuvre, atonale, reste très indépendante des courants de son temps : concertos pour violon, pour piano, pour orgue, pour orchestre..., mélodies sur des textes de poètes nègres (*Pour un monde noir*, 1978), partitions symphoniques (*Expressions contrastées*, 1966 ; *Transmutations*, 1971) et deux opéras, une femme seule, *Erzsebet* (1983) et *Noces de sang* (1987).

Alain Pâris.

Chebaline, Vissarion (Yakolevitch) (Omsk, 11 juin 1902 ; Moscou, 28 mai 1963). Compositeur soviétique. Il fait ses études au Conservatoire de Moscou dont il assurera ensuite la direction (1942-48). Il est l'auteur de cinq symphonies, d'une symphonie chorale qui dure deux heures, *Lénine* (1931, rév. 1959), de l'opéra *La Mégère apprivoisée* (composé entre 1946 et 1956). Il a également terminé *La Foire de Sorotchintski* de Moussorgski (1931).

Percy Scholes, rév.

Checkmate (« Échec et mat »). Ballet en un acte de Bliss d'après son propre livret. Créé à Paris en 1937 par la Sadler's Wells Company dans une chorégraphie de Ninette de Valois. Bliss en a tiré une suite d'orchestre (1939).

Chef d'attaque. Premier instrumentiste d'un pupitre d'orchestre (exemple : chef d'attaque des seconds violons).

Chelys (all., de χηλονε, « tortue »). Nom grec classique de la *lyre ; traditionnellement, la carapace d'une tortue formait la caisse de résonance de l'instrument.

Cheremia. Voir *Cornemuse*, 3.

Cherry Ripe. Mélodie composée par C. P. Horn au début du XIXe siècle sur un poème de Herrick (publié dans *Hespérides* en 1648).

Cherubini, Luigi (Carlo Zanobi Salvadore Maria) (Florence, 8 ou 14 septembre 1760 ; Paris, 15 mars 1842). Compositeur italien qui a fait presque toute sa carrière en France. Sa formation musicale commence à Florence et, à l'âge de 16 ans, il a déjà composé un oratorio, plusieurs messes et quelques autres œuvres chorales. Il travaille quelque temps avec Sarti, puis part pour Londres en 1784 où il compose deux opéras. Deux ans plus tard, il s'installe à Paris où il demeurera jusqu'à la fin de sa vie. Cherubini est surtout connu comme compositeur d'opéras et, en 1789, il devient directeur du nouvel Opéra italien, à Paris. Son premier opéra français, représenté à l'Opéra, obtient un maigre succès, mais *Lodoïska* est accueilli chaleureusement au théâtre Feydeau en 1791.

Les autorités révolutionnaires ne semblent pas l'apprécier outre mesure, malgré sa contribution aux événements. En 1793, à la fondation de l'Institut national de musique (le futur Conservatoire), il se voit confier le poste assez modeste d'inspecteur de l'enseignement. Néanmoins, il commence à jouir d'une certaine notoriété dans toute l'Europe grâce à plusieurs nouveaux opéras, notamment *Médée* (1797) et *Les Deux Journées* (également connu sous le titre *Le Porteur d'eau*, 1800). En 1805, il se rend à Vienne où il rencontre Beethoven et est reçu avec enthousiasme par Haydn. Plusieurs de ses opéras y sont représentés, mais lorsque Napoléon envahit l'Autriche, il ordonne à Cherubini d'organiser des concerts à Schönbrunn, puis de rentrer à Paris. Cherubini rentre en France, déçu et démuni, et il abandonne provisoirement la musique. Il y revient en 1808, mais pour se tourner vers la musique religieuse. A partir de 1809, toutes ses œuvres importantes appartiennent à ce domaine à l'exception de l'opéra *Les Abencérages* (1813), d'un ensemble de six quatuors à cordes et d'une symphonie.

A la chute de Napoléon, la situation matérielle de Cherubini s'améliore : il est nommé chevalier de la Légion d'honneur et, avec Le Sueur, surintendant de la Musique du roi (Louis XVIII). En 1822, il est nommé directeur du Conservatoire et, au cours des vingt dernières années de sa vie, exerce une influence considérable sur la vie musicale française. Après 1837, il abandonne la composition pour se consacrer exclusivement à l'enseignement et compte parmi ses élèves Auber, Halévy et Boieldieu.

En 1805, Beethoven, qui admirait énormément Cherubini, l'a décrit comme le premier compositeur dramatique d'Europe. Les œuvres sur lesquelles reposent sa réputation appartiennent pour la plupart aux dix dernières années du XVIIIe siècle, époque à laquelle il abandonne son style italien en faveur de la tradition française, plus dramatique.

Wendy Thompson.

Chester, J. and W. Éditeur de musique anglais. John Chester et son fils William ouvrent un magasin de musique à Brighton en 1874 qui sera racheté en 1915. Il rouvrira à Londres en conservant le nom et servira pendant quelque temps d'agent, particulièrement aux éditeurs français et russes, avant de publier les œuvres de compositeurs importants comme Bax, Ireland, Falla, Poulenc, Stravinski, etc. Les éditions Chester ont fait paraître une revue, *The Chesterian* (1915-61, avec une interruption pendant la guerre), qui contient des articles précieux. Chester continue à promouvoir les principaux compositeurs contemporains et est maintenant lié à la maison danoise Wilhelm Hansen. Son fonds de location, issu de la célèbre Chester Music Lending Library, est l'un des plus importants de Grande-Bretagne.

J. M. Thomson.

Chetham's School of Music. École de musique britannique située à Manchester. Sa fondation remonte à 1653 (une école et une bibliothèque pour enfants de sexe masculin), selon les dernières volontés de Humphrey Chetham. En 1952, cette institution a été transformée en collège et, en 1969, en école d'enseignement mixte où l'admission s'effectue sur audition d'après les seuls dons et capacités musicaux des élèves. Une formation musicale spécialisée s'inscrit dans le cadre de l'enseignement général. Le directeur est actuellement John Vallins.

Chevalet. Pièce de bois en forme de pont qui sous-tend les cordes d'un instrument à cordes et communique leurs vibrations à la table d'harmonie. La longueur de corde vibrante commence au chevalet et se termine soit au sillet placé à l'extrémité de la touche (si on joue une corde à vide) soit à l'endroit où l'instrumentiste pose son doigt pour appliquer la corde sur la touche.

Chevalier à la rose, Le (*Der Rosenkavalier*). Opéra en trois actes de Richard Strauss sur un livret de Hofmannsthal. Représentations : Dresde (Hofoper, 26 janvier 1911) ; Milan (Scala, 1911) ; Londres (Covent Garden, 29 janvier 1913) ; New York (Metropolitan Opera, 9 décembre 1913) ; Monte-Carlo (mars 1926, en français) ; Paris (Opéra, 11 février 1927).

La princesse von Werdenberg (sop.) – la Maréchale – a une liaison avec le jeune comte Octavian (sop. ou mezzo). Le cousin de la princesse, le baron Ochs (basse), vient annoncer son prochain mariage avec la jeune Sophie von Fanimal (sop.) et demande à la princesse de lui recommander un jeune noble pour porter la traditionnelle rose d'argent à Sophie. Pour ne pas compromettre la Maréchale, Octavian, qui a passé la nuit avec elle, est contraint de se travestir en femme de chambre ; le baron lui fait immédiatement la cour. Octavian, sous son apparence normale, joue le rôle du chevalier à la rose ; il va donc voir Sophie et ils tombent amoureux ; Sophie, offusquée par les manières d'Ochs, annonce à son père, M. Fanimal (bar.), qu'elle renonce à l'épouser. Octavian trame un complot pour discréditer Ochs et, se déguisant à nouveau en femme de chambre (Mariandel), organise un rendez-vous avec Ochs dans une auberge mal famée. La Maréchale arrive, rappelle à Ochs qu'il doit rester digne de son rang, donne au jeune couple sa bénédiction ce qui permet à Octavian de sortir de sa vie avec Sophie.

BIBLIOGRAPHIE : *Le Chevalier à la rose*, L'Avant-Scène-Opéra n° 69-70 (Paris, 1985).

Chevauchée nocturne et lever de soleil. Poème symphonique op.44 de Sibelius, composé en 1907.

Cheville. Clé de tension incluse dans le manche ou sur la table d'un instrument, autour de laquelle s'enroule l'extrémité de la corde.

Chevrette. Voir *Cornemuse*, 3.

Chevrotement (all. : *Bockstriller* ; angl. : *goat's trill*). Trille vocal mal exécuté, rappelant le bêlement d'une chèvre.

Chiamata (ital., « chamade »). Dans les premiers opéras vénitiens, pièce écrite en imitation des appels de cors de chasse.

Chiaro, chiara (ital.). « Clair », « distinct » ; *chiaramente*, « clairement » ; *chiarezza*, « clarté ».

Chiasso (ital.). Voir *Charivari*.

Chiave (ital.). « Clef ».

Chica (esp.). Forme ancienne du **fandango*.

Chicago Symphony Orchestra. Voir *Orchestre symphonique de Chicago*.

Chiesa (ital.). « Église » ; *concerto da chiesa*, voir *Concerto*, 3 ; *sonata da chiesa*, voir *Sonate*, 3.

Chiffrage des mesures. Signe placé au début d'un morceau de musique (après la clé et l'armature de la clé) ou au cours de ce morceau et indiquant la mesure ou le *mètre de la musique. Il se compose normalement de deux chiffres, placés l'un au-dessus de l'autre, celui du bas définissant l'unité de mesure par rapport à la ronde, celui du haut indiquant le nombre de ces unités dans chaque mesure. Ainsi 3/4 indique qu'il y a trois noires (ou l'équivalent de trois fois le quart d'une ronde) par mesure, 6/8 qu'il y a six croches (six fois un huitième de ronde) par mesure. Le tableau 1 montre le chiffrage des mesures tel qu'on le pratique couramment dans la musique mensuraliste occidentale depuis 1700 environ. Certains signes, comme C et ₵, sont des reliques de la notation proportionnelle médiévale qui possédait un système complexe de chiffrage des mesures (voir *Notation*, 6). Le signe C correspond maintenant à 4/4 (la mesure à quatre temps est parfois désignée par la lettre ₵ qui date de l'époque de la notation mesurée lorsque le temps parfait était indiqué par un cercle plein et le temps imparfait par un demi-cercle (C)) ; C correspond à un chiffrage à 2/2 et implique une mesure à deux temps rapide (ou *alla *breve*).

Les mesures « simples » comportent une subdivision binaire de l'unité (par exemple, en deux, quatre, huit, etc.), les mesures « composées » une subdivision ternaire (en trois, six, neuf, etc.). Dans chaque chiffrage, le regroupement de valeurs plus courtes au sein de l'unité s'effectue conventionnellement par deux ou par trois conformément à ces principes. On verra que l'unité de mesure de base dans les mesures composées est toujours une unité pointée qui ne peut être représentée dans le chiffrage comme une fraction de ronde ; dans les mesures composées, le chiffrage prend donc pour point de référence la plus petite unité qui suit (par exemple, deux noires pointées par

TABLEAU 1

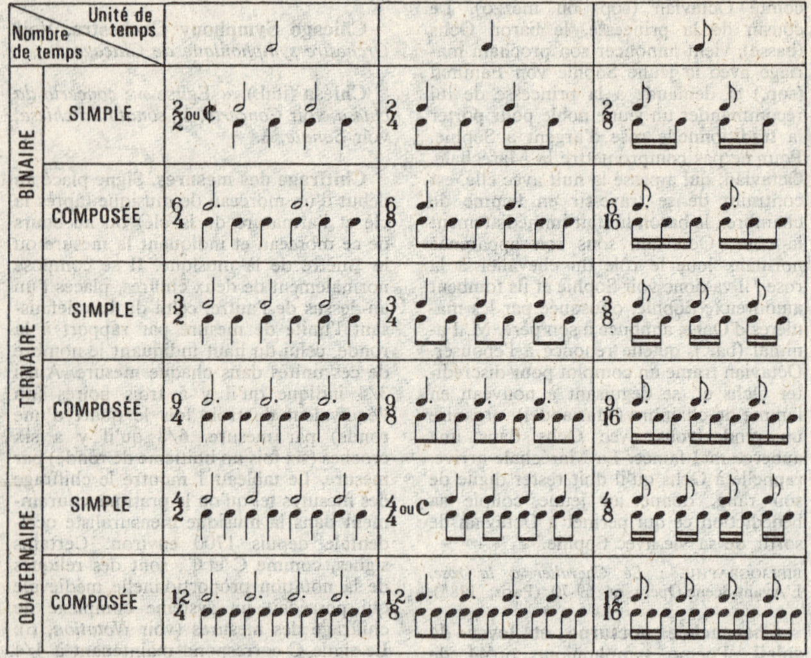

mesure doivent être chiffrées sous la forme de six croches, 6/8). Bien que dotées de chiffrages différents, certaines mesures peuvent avoir la même durée globale en termes de temps ; mais il y a une différence au point de vue de l'effet rythmique : ainsi, une mesure à 3/2 (qui se divise en trois blanches) et une mesure à 6/4 (qui se divise en deux blanches pointées ont la même valeur globale mais une pulsation rythmique totalement différente : voir tableau 1).

On trouve parfois certains chiffrages qui ne figurent pas sur ce tableau (comme 24/16 dans le quinzième prélude du premier livre du *Clavecin bien tempéré* de Bach). A partir du XVIe siècle, on commence à utiliser des mesures à cinq temps (généralement 5/4, se subdivisant soit en 2 + 3 soit en 3 + 2) pour terminer des morceaux ou des mouvements, mais rarement pour obtenir un effet spécial ; parmi les exemples les plus connus, on peut citer le deuxième mouvement de la *Symphonie nº 6* de Tchaïkovski et le mouvement de la suite de Holst *Les Planètes* intitulé « Mars ». Les mesures à cinq temps et d'autres mesures « irrégulières » comme 7/4 et 11/4 se rencontrent fréquemment dans certaines musiques d'origine populaire, particulièrement en Europe centrale et orientale, et on en retrouve la trace dans les œuvres de compositeurs du XXe siècle, comme Bartók, qui ont été influencés par la musique populaire. Les compositeurs modernes, lorsqu'ils utilisent le chiffrage des mesures, ont tendance à adopter le symbole, conventionnel ou autre, qui exprime le mieux la métrique de leur musique.

Percy Scholes, rév. Judith Nagley.

Chilcot, Thomas (probablement à Bath, vers 1700 ; Bath, 24 novembre 1766). Compositeur, organiste et claveciniste anglais, organiste de l'abbatiale de

Bath à partir de 1728. Thomas Lingley a été l'un de ses élèves. Chilcot a composé des mélodies, des suites pour clavecin et deux séries de six concertos pour clavecin (1756 et 1765) dans un élégant style « galant ».

Wendy Thompson.

Child, William (Bristol, vers 1606 ; Windsor, 23 mars 1697). Organiste et compositeur anglais. En 1632, il est nommé organiste de la chapelle St George à Windsor, mais perd ce poste à la dissolution de la chapelle en 1643. Il le retrouve à la Restauration et est nommé Gentleman de la chapelle royale d'Angleterre et musicien au service privé de Charles II. Il reçoit le grade de « Doctor of Music », à Oxford, en 1663. Child a composé de nombreux services et *anthems*, un recueil de psaumes à trois voix (Londres, 1639), quelques canons et quelques pièces instrumentales.

Wendy Thompson.

Child of our Time, A. Oratorio pour soprano, alto, ténor, basse, chœur et orchestre de Tippett. Il en a écrit lui-même le texte, en s'inspirant de la persécution des juifs qui suivit, en 1938, l'assassinat d'un diplomate nazi par Herschel Grynsban, un jeune juif de 17 ans. L'œuvre fait appel à des negro spirituals à la façon dont Bach utilise les chorals dans ses passions. Cet oratorio a été composé entre 1939 et 1941.

Children's Corner. Suite de pièces pour piano de Debussy, composées entre 1906 et 1908. Dédiées à sa fille, elles portent chacune un titre anglais : *Doctor Gradus as Parnassum* (voir *Gradus ad Parnassum*), *Jimbo's Lullaby* (le compositeur a fait une erreur ; il voulait dire « Jumbo »), *Serenade for the Doll* (*Sérénade à la poupée*), *The Snow is dancing* (*La neige danse*), *The Little Shepherd* (*Le Petit Berger*) et *Gollowogg's Cakewalk*.

Chimes (angl.). 1. « Carillon ». Voir *Cloches*, 4, 5.

2. *Bamboo chimes* (bambou), *glass chimes* (verre), *shell chimes* (coquillage), *metal chimes* (métal), *wood chimes* (bois). Instruments à percussion souvent regroupés sous le terme générique de *wind chimes* qui se composent de morceaux des différents matériaux cités ci-dessus, tous de longueurs différentes. Ils sont suspendus par des cordes et s'entrechoquent lorsqu'on les agite. Surtout répandus en Orient où ils tiennent lieu de carillons à la porte des maisons.

Chine

1. Introduction
2. Histoire
3. Théorie
4. Instruments
5. Notation
6. Opéra
7. Musique de chambre et musique soliste

1. *Introduction.* L'expression « musique chinoise » se réfère dans cet article à la culture musicale du peuple qui se prénomme Han, selon la dynastie du même nom d'un empire qui régna il y a environ 2 000 ans. Elle concerne tout ce qui est représenté par la grande étoile jaune du drapeau national de la République populaire de Chine et fait abstraction de la musique des autres populations, même vivant sur le sol chinois – minorités nationales des régions autonomes et représentées par les quatres petites étoiles du drapeau national.

Le territoire chinois a changé à travers les âges, mais en ce qui nous concerne, la région porteuse de la culture musicale « chinoise » correspond à peu près à la Chine actuelle, avec Taiwan et Hong Kong, en excluant les régions autonomes de la Mongolie-Intérieure, Hsin-Kiang, Kiang-Hsi, Ning-Hsia et le Tibet.

2. *Histoire.* Depuis les temps les plus reculés, la musique joue un rôle important dans la société chinoise. On en trouve des indications dans les premiers manuscrits chinois, des inscriptions oraculaires antérieures au deuxième millénaire avant Jésus-Christ. Ces inscriptions permettent de déduire que la musique et la danse vivaient en étroite relation avec les pratiques religieuses de la société agricole chinoise ; association confirmée par les chants que l'on retrouve dans les plus anciennes sources musicales écrites de Chine, le *Livre des odes* (*Shijing*). On suppose que le *Livre des odes* a été compilé par Confucius (vers 551-479 av. J.-C.) à partir de sources plus anciennes. Toutefois, aucune musique n'a survécu. Dans un autre texte classique de Confucius, le

Livre des documents (*Shujing*), la musique est décrite comme une prolongation de la parole. Le rôle unique de la musique en tant que puissance éducative et symbolique est reconnu par les philosophes chinois de toutes les écoles. Des discussions concernant la politique, le bien public, la morale et la moralité se réfèrent toutes à la musique et à son influence sur l'homme.

Reconnaissant l'importance d'un contrôle rigoureux exercé sur un moyen d'expression aussi puissant, l'empereur Han Wudi (156-87 av. J.-C.) fonda un Bureau de la musique (*Yuefu*). Cet établissement avait pour fonction de superviser les rites et les cérémonies, d'organiser la musique de divertissement de la cour, d'établir des archives nationales de mélodies et de textes de chants et de maintenir des normes de diapason correctes. Ce dernier rôle avait beaucoup d'importance car les normes de diapason correctes étaient essentielles au bien-être de l'État ainsi qu'à la précision des poids et des mesures. Le Bureau de la musique a survécu, sous une forme ou une autre, jusqu'à la chute finale de la Chine impériale au début de notre siècle.

Avec un empire très étendu, unifié et confiant, les Han (206 avant J.-C.-220 après J.-C.) étaient ouverts à une grande variété d'influences culturelles étrangères. Bien que le confucianisme soit devenu la philosophie officielle de l'État, d'autres écoles philosophiques ont vu le jour. Le bouddhisme est arrivé en Chine à travers l'Asie centrale, apportant avec lui certains rudiments de musique indienne et de théorie musicale.

Après la destruction de la Chine unifiée sous les Han par les tribus d'Asie centrale à prédominance turque, au début du IIIe siècle de notre ère, la musique de certaines régions a subi l'influence de la culture turque. Dans d'autres régions, des érudits chinois nostalgiques ont essayé de préserver une « civilisation Han pure ». Nombre d'entre eux se sont retirés de la vie publique. Le musicien-ermite, érudit et poète, est une figure dominante de la période de désunion qui a duré jusqu'à la fin du VIe siècle.

Peu de temps après la réunification de la Chine (589), l'empereur Wendi, de la dynastie Sui, a entrepris de réorganiser tous les aspects de l'activité musicale. Il a établi une structure bureaucratique (une extension du Bureau de la musique qui existait déjà) grâce à laquelle sept orchestres ont vu le jour (neuf sous le règne de son fils) ; ils étaient spécialisés dans les différents styles musicaux chinois ainsi que dans les différents répertoires de musique étrangère. Les neuf genres de musique étaient les suivants : (1) musique du Liang de l'Ouest, (2) musique du Quingshang, (3) musiques de Corée, (4) d'Inde, (5) de Kashgar et (6) de Kucha (de nos jours le Turkestan chinois), (7) de Samarkand et (8) de Boukhara (aujoud'hui le Turkestan russe) et (9) de Wenkang. Ils intervenaient dans les divertissements de la cour, lors des fêtes et des festivals. Après le renversement de la dynastie des Sui par les Tang (618-906), l'organisation des neuf orchestres a été très légèrement modifiée : changement de l'un des genres chinois et adjonction de la musique du Turfan d'Asie centrale à l'ensemble des orchestres. Sous le règne de l'empereur Minghuang (ou Xuanzong, 713-56), à l'apogée du développement culturel de la dynastie des Tang, environ 10 000 musiciens originaires de Chine et de l'étranger étaient organisés en écoles supérieures de musique : le Jiaofang (organisme où les élèves apprenaient à chanter et à danser pour devenir ensuite acteurs et actrices) et le Liyuan encore plus exclusif (où l'empereur Minghuang fit faire des répétitions de chant et de danse ainsi que des exercices instrumentaux). A cette époque, la capitale cosmopolite Changan (aujourd'hui Xian) fourmillait de musiciens et de danseurs venant de toute l'Asie centrale turque. La cour et la population s'adonnaient à l'exotisme. Les ambassades étrangères à Changan admiraient la splendeur de la plus belle cour de l'époque.

L'admiration des Japonais pour la culture chinoise Tang a abouti à l'exportation de la musique chinoise (en notation) au Japon et à l'engagement de musiciens chinois à la cour du Japon. Une somme importante de musique de divertissement provenant de la cour des Tang survit aujourd'hui au Japon (voir *Japon*, 5). On a retrouvé à Dunhuang, dépendance centre-asiatique de la Chine, des fragments de notation pour luth du même type.

Sous le règne de Minghuang, des rébellions éclatent dans les zones frontières de la Chine des Tang. Elles aboutissent finalement à la chute de la dynastie. En 907, une nouvelle période de désunion, celle des Cinq Dynasties ou Wudai (907-960), met un terme à l'atmosphère de cosmopolitisme ouvert. Une nouvelle forme de poésie, le *ci*, connaît alors une grande popularité parmi les lettrés. Son style raffiné se prête aux poèmes et chants subtils de la période qui va suivre, celle des dynasties Sung (ou Song, 960-1260), sous lesquelles l'Empire chinois est à nouveau unifié, quoique plus petit.

Les Chinois instruits de la dynastie des Sung se sont davantage concentrés sur la culture chinoise, déplorant l'exotisme souvent clinquant de la période passée et la disparition de tant de réalisations spécifiquement chinoises dans le chaos des influences étrangères et de l'instabilité politique. Beaucoup de recherches historiques sont alors entreprises. En 1101, Chen Yang présente à la cour une étude musicologique monumentale, le *Livre de musique* (*Yueshu*), l'un des documents les plus précieux sur la musique en Chine. Le philosophe néo-confucien Zhu Xi (1130-1200) a noté ce qui pourrait bien être les transcriptions de douze chants du *Livre des odes*. Le poète et compositeur Jiang Kuei (connu aussi sous le pseudonyme « Taoïste Baishi » ; *bai*, « blanc », *shi*, « pierre ») a laissé les *Chansons du Taoïste Baishi*, véritable œuvre d'art dans laquelle il a recours à différents types de notation. Chang Yan, dans *Ci Yuan* (« Sources de la poésie »), donne des instructions pour la lecture de la notation et discute de la théorie de la musique et de la poésie ainsi que de l'art du chant. Les chants assez académiques avec accompagnement de cithare *se* à 25 cordes écrits par Xiung Penglai au début de la dynastie des Yuang (mais dans la tradition des Sung) sont moins intéressants sur le plan musical.

A partir de l'époque des Tang, les représentations d'œuvres théâtrales, de danse-pantomime et de théâtre de marionnettes, désignées collectivement sous le terme les « Cents Jeux » (*Baixi*) connaissent un grand succès parmi les populations des villes et des campagnes. Les danses-pantomimes de la dynastie des Tang sont peut-être préservées dans les orchestres *bugaku* japonais de musique de cour, mais le style d'exécution est très différent (voir *Japon*, 5). C'est sous la dynastie des Sung que s'affirme le *zaju* ou *zaxi*, qui comportait divers types de sketches, de comédies et de présentations de danses et de chants. Les capitales de l'Empire des Sung, des villes très animées aux populations fourmillantes, mettaient un point d'honneur à posséder des dizaines de théâtres dont certains pouvaient accueillir plusieurs milliers de spectateurs. Ces représentations théâtrales du XIIIe siècle étaient des divertissements fastueux.

Après une longue période de désintégration interne et l'acquisition par des étrangers de territoires situés dans le Nord, la dernière dynastie des Sung, très ébranlée, est finalement remplacée par l'empereur mongol Kublai Khan qui crée un empire puissant et uni, et fonde la dynastie Yuan (1260-1368). Nombre de personnalités officielles et de lettrés de l'époque se refusèrent alors à travailler pour une administration étrangère. Certains se retirèrent complètement de la vie publique et choisirent une vie d'ermite, d'autres concentrèrent leurs efforts sur une nouvelle forme artistique. Ils écrivirent des opéras. Malheureusement, les notations musicales de ces œuvres (*yuanqu* – textes écrits sur un ensemble de mélodies universellement connues) n'ont pas survécu. Ces opéras, qui divertissaient le public avec des romances et des histoires héroïques relatant le glorieux passé de la Chine, ont parfois servi de propagande antimongole à peine camouflée. Les interdits fréquents imposés par l'administration mongole aux représentations d'opéras n'ont pas pu empêcher l'opéra de jouer un rôle important dans la montée de la rébellion qui a rétabli, avec le début de la dynastie des Ming en 1368, un empire à nouveau sous domination chinoise.

Les Ming, qui avaient eux-mêmes exploité la puissance de la musique, ont à leur tour tenté de contrôler les représentations lyriques. Toutefois, le genre avait acquis une telle popularité et les représentations d'opéras étaient si répandues que même la menace de la peine de mort pour les acteurs ne pouvait empêcher le spectacle de se dérouler normalement. De nouveaux styles lyriques se développeront sous la dynastie des Ming, sous la dynastie suivante, celle des Qing (Mandchous, 1644-1911) et jusqu'à ce jour. Au début de la dynastie des Ming, le principal type d'opéra, remplaçant le martial *yuan zaju*, davantage cantonné au nord, est un style d'opéra du Sud, le *kunqu*.

Néanmoins, la dynastie des Ming a joué un rôle primordial dans l'histoire de la musique chinoise et mondiale grâce aux ouvrages théoriques du prince Zhu Zaiyu qui, dans ses monumentaux *Livres complets sur la musique et la théorie* (*Yuelü quanshu*), a élaboré pour la première fois un système mathématique et pratique de gamme tempérée, quelques siècles avant les efforts de Werckmeister en Europe (voir *Tempérament*, 4). Les deux théoriciens sont arrivés, indépendamment l'un de l'autre, à des solutions presque identiques.

Il nous est parvenu d'importants recueils de chants et de mélodies de la même période, notés pour la cithare *qin* à sept cordes, recueils qui ont servi de base, pendant la longue dynastie de dirigeants mandchous, celle des Qing, à des collections encore plus importantes de manuels, de récits historiques et surtout de notations de musique (en tablature) et de textes de chants. Le répertoire du *qin*, exemple suprême d'esthétique très raffinée et d'une *Weltanschauung* (« conception du monde ») complète pour les lettrés chinois extrêmement instruits, contrastait nettement avec les divertissements clinquants qu'appréciaient l'aristocratie mandchoue, plus fruste, ou le peuple de la rue. Il s'agit en fait des différents styles successifs d'opéras provinciaux qui ne sont arrivés à Pékin que pour être remplacés très rapidement par d'autres styles locaux. A partir de ces styles, s'est développé le style complexe que l'on appelle aujourd'hui l'« opéra de Pékin » – évolution qui n'est pas encore achevée.

Depuis le début du XXe siècle et depuis que l'Empire chinois est devenu une république, de grands efforts ont été accomplis pour recueillir et noter les traditions musicales d'autres instruments, en particulier la cithare *zheng*, plus populaire. Un répertoire substantiel de musique pour le *zheng* a été rassemblé dans le sud de la Chine. Des compositeurs ont écrit des morceaux pour instruments solistes – plus particulièrement Liu Tianhua qui a écrit pour le violon chinois à deux cordes et pour le luth à quatre cordes. Récemment, les instrumentistes ont tenu une conférence en Chine pour discuter des nouveaux styles de jeu sur des instruments traditionnels. Certains de ces instruments ont même été modifiés pour en faire des instruments de concert, susceptibles d'être joués devant un large public dans des salles de concerts.

3. *Théorie*. La théorie musicale chinoise s'attache essentiellement au mode et à la gamme, basée sur les 12 hauteurs de son fondamentales, les *lü*. Le calcul correct et exact des hauteurs de son fondamentales avait une extrême importance pour l'État, car elles servaient de base, dans un système compliqué, aux spéculations cosmologiques ; il avait aussi une importance considérable pour le peuple, car il servait de base aux poids et mesures.

Selon la légende, Ling Lun, professeur de musique de l'empereur jaune mythologique Huangdi, fut envoyé à l'ouest où il entendit dans une vallée le chant d'un phénix mâle et d'un phénix femelle. En coupant des tubes de bambou pour reconstituer leur chant, Ling Lun obtint les douze tubes correspondant aux douze hauteurs de son parfaites. Par la suite, ces hauteurs de son parfaites ont été perdues et l'une des préoccupations du Bureau de la musique de toutes les dynasties a été d'essayer de retrouver la hauteur de son précise et le système tonal de l'Antiquité.

Pour obtenir les 12 *lü*, après avoir déterminé la hauteur de son fondamentale, il faut employer la méthode de calcul de la « cloche jaune » (*huangzhong*), qui est en fait l'application du cycle des quintes pythagoricien. On coupe des tubes de bambou de même diamètre en leur donnant des longueurs spécifiques (un tiers en plus ou en moins que celle du tube précédent). Le rapport entre la longueur d'un tube et celle du tube suivant est donc respectivement 3:2 ou 3:4. Sur le plan musical, chaque tube produit une note située à la quinte juste supérieure ou à la quarte juste inférieure de la note du tube précédent. Si l'on prend par exemple (uniquement pour simplifier) do^{2} comme hauteur de son fondamentale, le *huangzhong*, chaîne des quintes ascendantes (*lü* mâles) et de quartes descendantes (*lü* femelles), est :

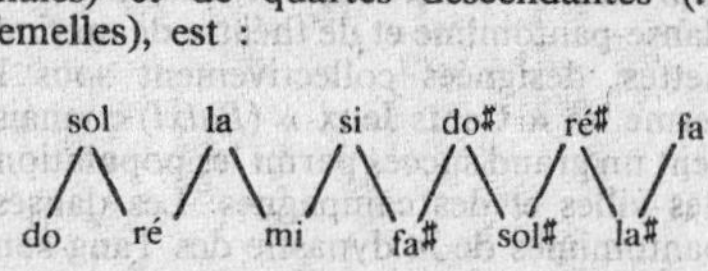

Les 12 *lü*, remis en ordre, donnent une gamme chromatique non tempérée de 12 demi-tons : *huangzhong* (do^{2}), *dalü* (do♯^{2}), *taicu* (ré^{2}), *jiazhong* (ré♯^{2}), *guxian* (mi^{2}), *zhonglü* (fa^{2}), *ruipin* (fa♯^{2}), *linzhong* (sol^{2}), *yizi* (sol♯^{2}), *nanlü* (la^{2}) et *yingzhong* (si^{2}).

Les Chinois n'ont jamais envisagé cette série comme une gamme chromatique.

La gamme la plus typique de la musique chinoise est la gamme pentatonique qui se présente le plus souvent sous la forme do-ré-mi sol-la. On se réfère traditionnellement aux degrés de la gamme pentatonique par un type de système sol-fa :

gong	*shang*	*jue*	*zhe*	*yu*
do	*ré*	*mi*	*sol*	*la*

Pour former une gamme heptatonique (connue dans les traités théoriques au moins depuis le IIe siècle de notre ère), on ajoute deux demi-tons, « notes altérées » (*bian*) :

gong	*shang*	*jue*	(*bianzhe*)	*zhe*	*yu*	(*biangong*)
do	*ré*	*mi*	*(fa)*	*sol*	*la*	*(ti)*

En prenant tour à tour pour finale chaque degré de la gamme pentatonique, on forme cinq modes pentatoniques différents (*diao*) (sept, si les deux notes « altérées » sont aussi prises comme finales). Chaque mode porte le nom de sa finale dans le système sol-fa. Le premier mode

[gong] *-shang-jue-(bianzhe)-zhe-yu-(biangong)*

est un « mode *gong* », le second

[shang] *-jue-(bianzhe)-zhe-yu-(biangong)-gong*

est un « mode *shang* », etc.

Comme chacun des cinq différents modes peut débuter sur chacun des 12 degrés chromatiques obtenus sur les tuyaux qui donnent les hauteurs de son, on peut théoriquement avoir 60 *diao*. Si l'on applique le même procédé à la gamme heptatonique, 84 *diao* sont possibles. A l'exception peut-être de la musique rituelle, seuls quelques *diao* étaient utilisés dans la pratique. Sous la dynastie des Tang, 28 *diao* étaient utilisés pour la musique non rituelle.

L'insuffisance de la série de 12 *lü* non tempérés pour le système de modes et de tonalités chinois a fait l'objet de nombreuses discussions parmi les théoriciens chinois. Pour essayer d'aboutir à une solution mathématique, plusieurs méthodes ont été appliquées, jusqu'à ce que, au XIIe siècle, Cai Yuanding mette au point un système permettant de réaliser douze transpositions de la gamme heptatonique, système acceptable pour les musiciens et pour les théoriciens. Finalement, au XVIe siècle, le prince Zhu Zaiyu de la dynastie des Ming est arrivé, par des manipulations numériques, à une gamme à tempérament égal, identique à celle de Werckmeister quelques siècles plus tard. Officiellement, ce système n'a jamais été adopté. Outre ce concept purement mathématique de *diao*, le terme « mode » inclut, en Chine, la classification des mélodies qui partagent des éléments mélodiques. Dans des sources du XIIe siècle, les noms de modes étaient déjà utilisés pour indiquer le contenu, l'atmosphère et la structure mélodique d'un morceau. La recherche, dans ce domaine de la musicologie chinoise, vient en fait à peine de commencer.

La langue chinoise est une langue tonale. On entend par là que, pour être compris, chaque mot chinois (= syllabe) doit être prononcé à une hauteur de son égale ou avec des tons soit ascendants soit descendants. Depuis des temps reculés, dans les manuels destinés aux étudiants et aux poètes, chaque mot chinois est classé avec un ton « égal », « montant », « sortant » ou « rentrant ». En conséquence, il existe une littérature fournie sur la corrélation entre la musique et les tons de la langue chinoise, qui stipule que, dans le chant chinois, un mot devant être prononcé, par exemple, dans un ton ascendant, requiert un mouvement mélodique montant et inversement. En théorie, le chant chinois doit se conformer à ces stipulations. Toutefois, dans la pratique, il est rare de trouver une corrélation stricte entre le mouvement mélodique et les tons de la parole, les théoriciens tirant leurs exemples des genres les plus raffinés comme l'opéra *kunqu*. Dans certains genres, la similitude avec le langage parlé est volontairement évitée et la correspondance entre les tons de la parole et la mélodie n'est utilisée que pour marquer les sommets dramatiques.

4. *Instruments*. Traditionnellement, les instruments de musique chinois sont classés en « huit catégories de son » (*bayin*), selon la matière dans laquelle ils sont fabriqués. Les principaux instruments des huit catégories – métal, pierre, terre cuite, peau, soie, bois, calebasse et bambou – sont décrits sous les appellations d'idiophones, de membranophones, de cordophones et d'aérophones.

(*a*) *Idiophones métalliques.* Les grosses cloches, suspendues dans des cadres ou même dans des clochers, ne sont utilisées que dans la musique de cérémonie. Pour la musique rituelle confucianiste, on emploie des cloches (*bozhong*) d'environ 50 cm de haut suspendues dans des cadres individuels et des *bianzshong*, groupes de huit à vingt-quatre cloches. Des méthodes d'accord extrêmement précises existent depuis l'Antiquité. Les cloches de type *zhong* sont toujours dépourvues de battant et sont frappées sur leur face externe. Les petites cloches individuelles à manches en bois (*yinjing*) sont frappées avec une baguette de bois ; il existe aussi des paires de cloches encore plus petites (*xing*) qui sont attachées et frappées l'une contre l'autre pour produire un son aigu et perçant très caractéristique, résultant d'une légère différence de hauteur de son entre les deux cloches. Les deux types de petites cloches étaient utilisés dans la musique militaire. Le premier n'est désormais utilisé que dans le culte monastique et le second se rencontre très fréquemment dans les grandes formations.

Les gongs « made in China » sont célèbres dans le monde entier et les plus grands orchestres européens utilisent des instruments modernes chinois. Les gongs individuels (*luo*) frappés avec une baguette, les paires de gongs frappés l'un contre l'autre (*nao, buo*), les jeux de 10 ou 13 gongs accordés (*yunluo*) frappés avec un marteau en corne ou une baguette en bambou ou les 16 plaques de fer montées sur un support en bois (*fangxiang*) frappées avec un marteau en bois sont tous couramment utilisés en Chine. Les gongs plus petits servent dans les représentations théâtrales, les cérémonies religieuses et la musique populaire. Les jeux de gongs étaient utilisés dans les exécutions d'orchestre à la cour.

(*b*) *Idiophones en pierre.* Les lithophones (*qing*) datent de la période Shang et sont suspendus dans des cadres. Il en existe un exemplaire des environs de 1800, conservé à l'Académie Sinica de Taiwan. Les litophones sont généralement en pierre ou, dans des cas très spéciaux, en jade ; ils sont découpés en forme d'équerre et suspendus sur des cadres (en bois). Dans l'Antiquité, on utilisait des jeux de 12 pierres sonores (*deqing*) pour les 12 *lü*. En raison de leur matériau résistant, ils préservaient idéalement les hauteurs de son absolues. Des lithophones individuels plus grands (*geqing*) servaient à la musique profane. Originellement en pierre, le *geqing* a ensuite été fabriqué en métal. Des jeux de pierres sonores (*bianqing*) disposées en suite chromatique sur un cadre et frappées avec un marteau en bois sont encore utilisés dans les rites confucianistes.

(*c*) *Idiophones en bois.* Des instruments à percussion en bois servent à la musique rituelle, religieuse, populaire et théâtrale. Dans les cérémonies confucianistes, la musique débute avec un instrument en bois en forme de boîte (*zhu*) frappé avec une baguette de bambou : le début de chaque strophe est marqué par trois coups de baguette, un sur le fond, un sur le côté droit et un sur le côté gauche du *zhu* avec une pause pour le dernier temps du rythme à 4/4 de la musique de cérémonie confucianiste. Le *yu*, « tigre de bois » à dos dentelé, accroupi sur un socle en bois, est utilisé pour marquer la fin d'une strophe dans la musique rituelle confucianiste : on donne trois coups de baguette de bambou sur la tête du tigre et on en frotte trois fois le dos dentelé.

Le « poisson de bois » (*muyu*) des moines, bloc de bois cunéiforme partiellement évidé et orné de sculptures ressemblant à un poisson dépourvu de paupières, qui représente l'attention soutenue requise dans la prière, peut revêtir différentes tailles ou même se présenter sous forme de jeux. On l'emploie surtout pour accompagner les chants bouddhistes et taoïstes.

Parmi les idiophones, on trouve aussi un instrument composé de deux ou plusieurs morceaux de bois dur, liés par une extrémité au moyen d'un ruban de soie ; il est utilisé dans la musique populaire et dans les représentations lyriques. Le *ban* (deux morceaux de bois) sert dans les scènes militaires de l'opéra de Pékin, le *chungdu* (six à dix morceaux de bois de santal) et les castagnettes rondes (*shuangmu*) apparaissent dans l'exécution *nanguan*. Les vendeurs d'objets traditionnels et de denrées alimentaires utilisent de multiples variétés de tubes en bois munis de fente pour attirer l'attention des passants.

Le xylophone (*muqin*) est un instrument originaire d'Europe que l'on entend souvent dans la musique cantonaise.

(*d*) *Membranophones.* Les tambours recouverts de peau de bête à l'une ou l'autre de leurs extrémités (ou aux deux) sont appelés *gu*. La variété des tambours est immense ; ils diffèrent d'une province à l'autre. Certains tambours, comme le *jiegu* de taille moyenne et le *taogu* (ou *yaloinggu*, « tambour tournoyant ») sont utilisés dans la musique rituelle. Le *taogu* est un petit tambour muni d'un manche en bois avec des perles attachées par une corde au corps de l'instrument qui frappent les deux faces du tambour lorsqu'on l'agite. D'autres espèces locales sont employées pour les opéras comme le *tangu* et le *pangu*. Toutefois, c'est dans le domaine de la musique populaire que l'on trouve la plus grande variété de tambours. Le plus connu est sans doute le *zhanggu*, tambour que l'on peut accorder facilement et rapidement en resserrant les cordes fixées à ses deux faces. (Dans la musique coréenne, ce tambour s'appelle *changgu* ; voir *Corée*, 6.)

(*e*) *Cordophones*. Les cithares sont les plus anciens instruments de la Chine. Les plus vieux idéogrammes concernant la cithare (des inscriptions sur os) dépeignent « de la soie sur du bois » et sont devenus le lexigraphe général chinois en matière de musique. Des trois principales cithares que l'on trouve en Chine (les autres, qui comprennent des formes primitives de cithares en bambou trouvées dans le sud-ouest de la Chine, ne sont pas utilisées par les Chinois Han, mais par les Thai et par d'autres groupes ethniques), le *qin* est sans aucun doute l'instrument le plus vénéré, le plus noble et le plus intéressant sur le plan musical.

Le *qin* est une longue cithare sans frettes pourvue de sept cordes en soie d'égale longueur, chacune tressée d'un nombre de fils de soie différent mais déterminé, traditionnellement extraits de vers à soie vivants. Treize clous de nacre sont incrustés dans la table sous la corde la plus grave et indiquent les divisions usuelles de la corde. Pour accorder l'instrument, une méthode unique de chevilles lâches permet de resserrer la tension des cordes. La taille de l'instrument peut varier légèrement ; elle atteint en général 1 200 mm de long, 150 mm de large et 50 mm de profondeur au bord. On emploie des techniques spéciales pour laquer la caisse creuse construite dans deux différents types de bois, ce qui détermine la qualité et la valeur de l'instrument. Le *qin* se pose à l'horizontale sur une table devant l'instrumentiste. A part les découvertes archéologiques, il existe en Chine et dans des musées à l'étranger des instruments encore utilisables de l'époque des Tang. Au cours de son histoire de plus de 3 000 ans, le *qin* a été utilisé pour jouer la musique rituelle et la musique classique raffinée. Un vaste répertoire de pièces en solo et une idéologie complexe entourant le jeu de la cithare ont survécu. Après avoir connu une période de disgrâce pendant la révolution culturelle, le *qin* semble à nouveau susciter l'intérêt des Chinois. Des recherches historiques sont menées en Chine, au Japon et en Occident.

Depuis l'Antiquité, le *se*, cithare à 25 cordes munie de chevalets amovibles et de cordes en soie d'égale longueur mais d'épaisseur variable, est considéré comme le compagnon du *qin* dans la musique rituelle. Aucune science n'est arrivée à un stade d'évolution comparable à celle du *qin* et l'importance du *se* en tant qu'instrument soliste reste minime. La notation des chants pour *se* de Xiung Penglai (XIIIe siècle) ne présente qu'un intérêt théorique.

Le *zheng*, version réduite du *se*, dont le nombre de cordes varie entre 12 et 16, aurait été construit à l'origine en bambou, d'où la classification du lexicographe chinois dans les instruments en bambou. Le même lexicographe est utilisé pour le *koto* japonais qui est dérivé d'un type Tang à treize cordes de *zheng* chinois.

En Chine, en métropole comme à Taiwan, les instrumentistes modernes expérimentent souvent de nouvelles techniques. Les contraintes de l'exécution publique et le changement des goûts musicaux ont conduit les instrumentistes à adopter des cordes métalliques pour le *zheng*. Elles confèrent à l'instrument un son fort et résonnant. En général, le *zheng* se joue sans plectre, la main gauche enfonçant les cordes pour élever les notes ou pour ajouter des ornements apparentés au *vibrato*.

La première mention en Chine d'un instrument à archet (IXe siècle) concerne une cithare (*yazheng*) dont on jouait en frottant les cordes avec une baguette en forsythia. Bien que cet instrument soit tombé en désuétude en Chine, son dérivé coréen, l'*ajaeng*, est encore utilisé en Corée (voir *Corée*, 6). Des versions modernes chinoises, comme le *mingzheng*, mis au point par David Mingyüeh Liang, malgré une large diffusion à l'étranger, n'ont eu jusqu'à présent qu'assez peu d'impact sur la musique chinoise en Chine.

Les luths ont été introduits en Chine au IIe siècle, venant sans doute de Perse par les États d'Asie centrale qui ont joué le rôle de filtre et d'organe de transmission pour un grand nombre de richesses culturelles, dans un sens comme dans l'autre, vers l'Orient et vers l'Occident. En Chine, le principal représentant des luths est le luth piriforme à quatre cordes pincées, le *piba*. Bien qu'il jouisse d'une grande popularité depuis son apparition dans le pays, le *piba* porte encore les stigmates de ses origines « barbares ». Il n'a donc jamais été inclus dans l'ensemble rituel classique. De splendides spécimens de luth *piba* de l'époque Tang sont conservés au Shôsôin de Nara (voir *Japon*, 3 *b*). D'après les modèles anciens qui ont survécu et d'après les notations pour luth et une méthode de luth datant du IXe siècle, on peut suivre l'évolution des frettes, commençant par quatre larges frettes arrondies sur le manche de l'instrument au VIIIe siècle, pour aboutir à la version moderne de concert sur laquelle de nombreuses frettes sont réparties sur le manche et sur la table. Le *piba* est utilisé comme instrument soliste dans des spectacles ainsi que dans la musique de chambre et la musique pour orchestre. Les autres grands représentants du luth en Chine sont le *yueqin* à quatre cordes, en forme de pleine lune et muni de frettes réparties exclusivement sur le manche, les quatre cordes étant généralement accordées par paire à la quinte, et le *sanxian* ou *san-hsien* (« trois cordes ») à manche long et à trois cordes, instrument originaire du Nord-Ouest composé d'une peau de bête tendue sur un cadre en bois ovale. Le *sanxian* n'a pas de frettes et il en existe de nombreuses variétés régionales.

Il existe en Chine deux luths à archet, au moins depuis le Xe siècle, c'est-à-dire depuis l'époque à laquelle les instruments à archet ont fait leur apparition en Occident. Les sources occidentales indiquent que ces instruments à archet viennent « d'Orient » et les sources chinoises précisent que l'archet est une invention en provenance de l'Occident ; il semble donc probable que les luths à archet sont originaires d'Asie centrale. Il existe en Chine de multiples variétés de violons à deux cordes, toutes regroupées sous les termes génériques *huqin* et *erhu*. Les *huqin* ont une petite caisse cylindrique ou en forme de coupe, en bois ou en peau de bête ; ils sont surmontés d'un petit chevalet et comportent un long manche qui traverse la caisse, avec deux grosses chevilles d'accord. Le manche est dépourvu de touche. Une boucle de corde ou un crochet métallique sert de **capotasto* et la corde est simplement pressée assez fort en fonction du doigté. L'archet du *huqin* est en bambou ; il est muni de crin de cheval tendu assez lâchement qui passe entre les deux cordes de telle sorte que l'archet est inséparable de l'instrument. *Erhu* peut aussi désigner un type spécial de violon à la sonorité moelleuse et attirante. Toutefois, on connaît davantage le *jinghu*, principal instrument mélodique de l'opéra de Pékin. On trouve des variétés de *huqin* à trois et quatre cordes essentiellement dans les provinces du Nord ou, sous forme de reconstitution récente, dans les orchestres modernes chinois. Un jeu complet d'instruments à deux cordes, dont la taille varie de celle du violon à celle de la contrebasse, a été élaboré ; de nos jours, il est couramment utilisé. Néanmoins, les principaux instruments solistes et de musique de chambre restent le *erhu* et le *bandhu*.

Le *yangqin* est arrivé relativement tard d'Occident (au XVe siècle) ; c'est un tympanon tout à fait comparable au *santûr* (ou *santir*) persan, frappé avec deux maillets légers en bambou. Le *yangqin* est très populaire en raison de sa souplesse d'utilisation et de la virtuosité qu'il permet d'obtenir.

Les harpes (*konghou*), connues par les découvertes archéologiques, les représentations picturales et les descriptions textuelles détaillées, ne sont plus utilisées dans la musique chinoise.

(*f*) *Aérophones en terre cuite*. En Chine, les instruments à vent existent depuis des temps très anciens et comprennent les instruments classés dans le système traditionnel sous les rubriques « terre cuite, calebasse et bambou ». Des flûtes globulaires ou sifflets en terre cuite (*xun*) à cinq trous ornés de sculptures ont été déterrés dans des sites où vivait la dynastie des Shang à ses débuts à Anyang. Le *xun*, considéré comme l'un des instruments chinois les plus anciens, était utilisé dans les cérémonies ; il constitue maintenant un objet de collection. Dans le nord de la

Chine, les sifflets en terre cuite pour enfants sont très répandus.

(*g*) *Aérophones en bambou.* Les instruments à vent avec ou sans anche sont très répandus dans toute la Chine, le plus populaire étant sans doute la flûte traversière en bambou (*dizi*). Le timbre typique du *dizi* provient d'une membrane couvrant un trou supplémentaire placé près de l'embouchure qui n'est pas utilisé pour le doigté. Le *chi* à huit trous est une flûte traversière ancienne et plus petite. Les nombreuses variétés de flûtes traversières sont utilisées dans la musique soliste, dans la musique populaire pour orchestre, pour jouer des ballades, et au théâtre. Pour la musique de théâtre, deux types de flûtes prédominent : le *qudi* (flûte utilisée dans les opéras de *kunqu*) à huit trous dont la tessiture s'étend approximativement de la^3 à si^5 et le *bangdi* (flûte jouée surtout dans les opéras locaux) construit comme le *qudi* mais légèrement plus petit, avec une tessiture allant de ré^4 à mi^6.

La flûte droite *xiao* (à l'origine, terme générique désignant des ensembles complets de flûtes droites) est en bambou, mais ne possède pas ce trou recouvert d'une membrane ; elle comporte sept trous, dont six servent à modifier la hauteur du son.

L'instrument à anche le plus répandu est le *sona*, chalumeau originaire d'Asie centrale, introduit en Chine avant le XVIe siècle et utilisé surtout dans la musique populaire, à l'occasion des danses, des mariages et des funérailles, ainsi que dans les représentations théâtrales. La sonorité extrêmement puissante du *sona* en a fait un instrument important dans les musiques militaires.

Les nombreux types de *guanzi* proviennent également d'Asie centrale, mais remontent à une époque beaucoup plus ancienne ; ces flûtes ont une étendue tonale (environ deux octaves et demie) supérieure à celle de la flûte *sona*. A l'origine, les *guanzi* s'appelaient *bili*, sous les dynasties des Sui et des Tang, et les instruments écrits avec ces lexicographies chinoises, que les Coréens et les Japonais appellent respectivement *piri* et *hichiriki*, jouent un rôle important dans la musique coréenne et dans la musique japonaise (voir *Japon*, 3*c* ; *Corée*, 6). Dans les pays est-asiatiques, de nombreux vendeurs des rues utilisent le *guanzi* pour vanter leur marchandise.

(*h*) *Aérophones en calebasse.* L'orgue à bouche à anche libre *sheng* est l'un des plus anciens instruments chinois. Il est mentionné pour la première fois sous le nom de *he* sur des inscriptions oraculaires du XIe ou XIIe siècle av. J.-C. Il comprend un jeu de 13 à 17 tuyaux en bambou disposés en cercle non fermé au-dessus d'une chambre à vent qui était à l'origine une calebasse, ce qui explique sa classification. De nos jours, les instruments comportent encore des tuyaux en bambou, mais la chambre à vent est en métal, généralement en cuivre. Pour faire sonner les tuyaux, il faut que les trous, qui se trouvent principalement sur la face externe des tuyaux, soient couverts. La longueur sonore du tuyau est déterminée par des ouvertures pratiquées vers l'intérieur du cercle (non fermé) : la longueur apparente des tuyaux est indépendante de leur longueur sonore et ils sont coupés selon des critères de symétrie pour que l'ensemble reste agréable à l'œil. Les languettes métalliques des anches libres sont accordées en appliquant de la cire.

Le *sheng* est le seul instrument à vent chinois capable de produire des accords : pour cette raison, il jouit d'une grande popularité en tant qu'instrument soliste. Les accords nécessaires dans le répertoire d'orchestre vont des simples quartes, quintes ou octaves aux accords plus complexes incluant les secondes. Le *shô* japonais, importé de la Chine des Tang, offre sans doute l'exemple le plus remarquable d'un jeu d'accords complexes sur l'orgue à bouche (voir *Japon*, 3*c*). Des variantes locales et des versions plus primitives de l'orgue à bouche sont utilisées par des minorités nationales dans la province de Yunnan.

5. *Notation.* L'existence, l'utilisation et la tradition de la notation musicale depuis une époque très ancienne distingue les cultures musicales d'Extrême-Orient des autres cultures du continent asiatique. La plupart des types de notation musicale d'Extrême-Orient sont des copies ou tout au moins des adaptations de types de notation chinois. Il n'est pas certain que la notation musicale ait existé en Chine à l'époque des dynasties des Chou comme on l'a souvent avancé en se référant aux « Annales du printemps et de l'automne » (*chunqiu*). La notation la plus ancienne qui ait survécu date du VIe siècle

et contient un morceau, *yulan*, en tablature pour la cithare *qin* à sept cordes. Ce système de notation (*wenzi pu*) fournit des descriptions assez complètes des techniques de jeu requises pour jouer le morceau. Ce système de notation pour *qin* a été abrégé aux siècles suivants et est encore utilisé de nos jours sous le nom qu'il a reçu au Xe siècle : *jianzi pu*. Le *jianzi pu*, tel qu'il a été standardisé dans les manuels de la dynastie des Ming et des Qing, comprend des lexicographies chinoises complexes, indiquant chacun le numéro de la corde, la position des doigts sur la corde, la technique du doigt de la main gauche pour presser la corde, celle des autres doigts et la technique de jeu de la main droite. La seule information qui soit incomplète concerne la structure rythmique du morceau – élément qui donne une importance primordiale à la tradition orale professeur-élève bien que des notations complètes existent. De nos jours, l'interprétation rythmique de morceaux provenant de manuels de l'époque des Ming varie considérablement.

L'ancienne classification des mots en niveaux d'intonation « égal », « montant », « sortant » ou « rentrant » sert d'aide mnémonique pour les mélodies vocales.

Deux fragments d'une tablature pour *piba* ont survécu de l'époque des Tang ou du début de celle des Wudai et sont aujourd'hui conservés à la Bibliothèque nationale. Bien que le style de notation de ces fragments soit indubitablement apparenté à celui des tablatures exportées au Japon entre le VIIe et le IXe siècle (où elles survivent dans des copies japonaises contemporaines et dans des compilations ultérieures) et soit employé jusqu'à ce jour dans la musique de cour japonaise (*gagaku*), les manuscrits des temples d'Asie centrale à Dunhang restent toujours, jusqu'à présent, sans solution satisfaisante sur le plan musical.

Plusieurs types de notation de la période Sung ont survécu. Les noms abrégés des douze tuyaux correspondant aux hauteurs de son fondamentales, qui utilisent la première donnée des composés de deux lexigraphes, ont servi comme notation des hauteurs de son absolues dans des traités théoriques et pour noter des mélodies. La notation par hauteurs de son peut aussi être utilisée pour éclaicir certains des aspects ambigus d'autres systèmes de notation.

Comparativement, la « notation populaire », système de notation par hauteurs de son relatives, a duré assez peu de temps. Le philosophe néo-confucianiste Zhu Xi (1130-1200), les poètes Zhang Yan et Jiang Kuei et l'érudit Chen Yuanjing dans son encyclopédie *Guide dans la forêt des affaires* (*Shilin guangji*) ont tous employé cette notation par hauteurs de son relatives, soit seule, soit avec d'autres systèmes – le *lü* abrégé ou la notation *gongche*. On trouve la première description de cette dernière dans les essais *Mengqi bitan* de Shen Gua (1086) ; elle est devenue le système de notation essentiel en Chine, employé pour la théorie comme pour la pratique. En dehors des chants notés en notation *gongche* à l'époque des Sung, des partitions postérieures appliquent ce système (parfois légèrement altéré) de sept (10) lexigraphes de base pour les sept degrés des gammes heptatoniques.

he	do	*gong*	la
si	ré	*fan*	ti
yi	mi	*[liu*	do'
shang	fa	*wu*	ré'
che	sol	*yi*	mi']

Les préfixes lexicographiques sont utilisés pour distinguer les différentes octaves et sur les partitions de musique pour instrument soliste (comme le *erhu*, le *piba* ou le *dizi*) ; pour l'opéra chinois, on trouve un système relativement simple de triangles, de croix, de virgules, de cercles et de points qui permet de noter les schémas rythmiques complexes (les espaces entre les signes fournissent une aide complémentaire).

La notation *gongche* est restée le principal système de notation en Chine et n'a été remplacée qu'au début de ce siècle par un système numérique japonais, dans lequel les chiffres 1 à 7 représentent les sept notes de la gamme heptatonique ; des points placés au-dessus et en-dessous des chiffres permettent d'identifier l'octave ; le soulignement, analogue au « rayonnement » occidental dans la notation en portée, indique la structure rythmique ; o désigne un point d'orgue.

La majeure partie de la musique chinoise moderne est publiée dans ce système numérique – système très pratique et facile à imprimer.

6. *Opéra*. Les représentations dramatiques et théâtrales sont très répandues en

Ex. 1

Chine, sous une forme ou une autre, depuis des temps très anciens. Dans les « Cent Jeux » (*Baixi*) (connus depuis le IIe siècle av. J.-C.), les acrobaties, les danses et les chants ont servi de base au développement de l'art dramatique. Les « pièces de variétés » (*zaju*), qui ont vu le jour à la fin de la dynastie Tang et se sont transformées en une forme artistique élaborée jusqu'à l'époque mongole, ont donné naissance à une multitude de styles de *singspiel* locaux. Dès le XVIe siècle, on distingue essentiellement quatre catégories d'opéras.

Le *gaoqiang*, originaire de la province de Kinagsi, a été surtout diffusé par les troupes lyriques itinérantes, prenant le chant populaire local comme base musi cale. Aujourd'hui, les principaux représentants de l'opéra *gaoqiang* sont les styles lyriques locaux de Swatow, Hunan et Szechwan.

Le *kunqu*, originaire de Kunshan, également dans la province de Kiangsi, est une synthèse de drame littéraire et de composition musicale raffinée. Dans l'opéra *kunqu*, les livrets et la musique sont écrits. Les mélodies *kunqu*, souvent associées au « son du Sud » – avec surtout des flûtes comme principaux instruments sont douces et agréables ; l'adaptation du texte est extrêmement mélismatique. Le beau langage des textes et le style musical raffiné ont fait du *kunqu* l'opéra des gens instruits. A présent, les représentations de *kunqu* sont surtout montées par des compagnies amateurs bien que, semble-t-il, quelques troupes professionnelles existent aussi.

Une forme d'opéra particulière vit le jour dans le nord de la Chine : son principal instrument à percussion était une planchette à claquer en bois de dattier. Très populaire (comme le *gaoqiang*), il a rapidement été incorporé à divers styles lyriques locaux, notamment à l'opéra du Szechwan.

Le style d'opéra chinois *pi-huang* est la synthèse de deux styles d'opéras : le *xipi*, un dérivé de l'opéra précédent de la province de Shensi, et l'*erhuang* de la province de Kiangsi. Ces deux styles viennent jusqu'à Pékin et y fusionnent à la fin du XVIIIe siècle. Il en découle une forme lyrique qui se rapproche d'un opéra « national » chinois, l'opéra de Pékin (mais on le rencontre rarement dans les provinces du Sud).

L'opéra de Pékin se caractérise par la production vocale hautement stylisée de ses acteurs (tous du même sexe jusqu'en 1910) et par un ensemble instrumental, dominé sur le plan mélodique par deux violons à deux cordes, le *jinghu* à tessiture aiguë qui accompagne généralement les chanteurs des rôles masculins et l'*erhu*, plus moelleux, qui accompagne les parties vocales féminines. Les autres instruments à cordes sont les luths *piba*, *yueqin* et *sanxian*. Parmi les percussions – tambours, planchettes à claquer, gongs et cymbales – c'est l'instrumentiste qui joue du petit tambour et des planchettes qui dirige l'ensemble. Les instruments à vent jouent généralement un rôle sans importance dans l'opéra de Pékin.

La base de la structure musicale de l'opéra de Pékin est formée par les styles musicaux de l'*erhuang* et du *xipi*. Dans chacun des deux styles, les mélodies sont composées pour des lignes de texte allant par paire et comprenant dans la plupart des cas dix ou sept syllabes. Chaque paire de lignes est généralement interrompue par des interludes instrumentaux. Sur le plan métrique, les styles *erhuang* comprennent le *kuaisanyan*, un 4/4 rapide, le *manban*, un 4/4 lent et le *yuanban*, un 2/4 modéré (Ex. 2). Le *xipi* comprend, outre le *manban* (4/4) et le *yuanban* (2/4), trois styles rapides, *erliu* (2/4 rapide), *liushui* (1/4 rapide) et *kuaiban* (1/4 très rapide) (Ex. 3). Les acteurs chinois ne sont pas classés selon leur tessiture vocale mais selon quatre types principaux : *sheng*, *dan*, *jing* et *zhou*.

Les *sheng* sont les premiers rôles masculins ; ils se subdivisent en *laosheng* distingué et barbu (tessiture de baryton), pour les rôles de généraux, de personnalités officielles à la cour, etc. ; en *xiaosheng*, sans barbe, avec une voix de fausset aiguë, pour les rôles d'érudits et d'amoureux ; et en *wusheng*, pour tous les rôles militaires. Les acteurs *wusheng* doivent être des acrobates accomplis. Les *dan* sont les rôles féminins, militaires et civils, vertueux ou volages, faisant appel à une

Erhuang yuanban (10 syllabes)

Xipi liushui (10 syllabes)

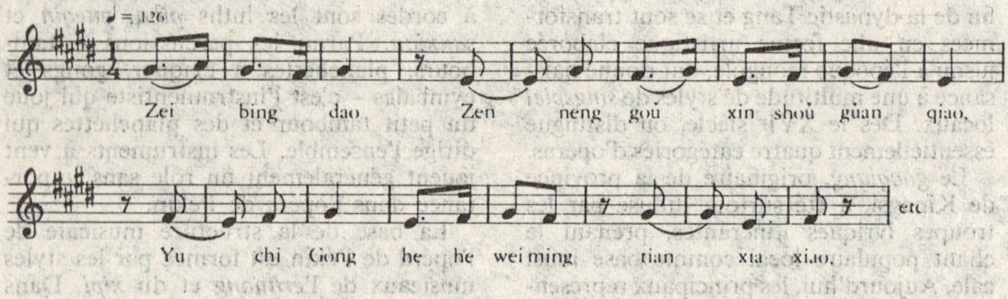

Ex. 2 et 3. Extrait de Die Musik der Peking-Oper *de Gerd Schönfelder.*

voix de fausset très aiguë. Les acteurs *jing* – représentant les guerriers, les bandits ou les hommes d'État – se font particulièrement remarquer en raison de leur maquillage. Le type et la couleur de la peinture indiquent le caractère du rôle – écarlate pour la dignité, blanc pour la trahison, noir pour la force, etc. Le *zhou*, dont les yeux et le nez sont entourés de peinture blanche, est le bouffon de l'ensemble ; il chante et parle à une hauteur de son normale et improvise en ajoutant des plaisanteries locales lorsque l'occasion s'en présente.

L'opéra de Pékin moderne, révolutionnaire, a aboli un grand nombre d'anciennes traditions, de classifications d'acteurs, de styles de musique typiques et d'ensembles. Toutefois, il n'est pas exclu qu'elles revoient le jour étant donné le processus évolutif permanent de l'opéra chinois – utilisé à des fins politiques entre amis ou entre ennemis depuis sa première apparition il y a des siècles.

7. *Musique de chambre et musique soliste.* Le genre musical chinois le plus raffiné est sans aucun doute le répertoire soliste pour cithare à sept cordes (*qin*) qui requiert un instrumentiste de haut niveau, capable de beaucoup de concentration et de musicalité. Il existe des morceaux pour *qin* avec ou sans texte chanté. Comme l'ensemble de la musique chinoise en général, tous les types de musique pour *qin* sont des compositions à programme, habituellement pourvues de titres suggestifs qui concernent non seulement le morceau lui-même, mais également chacune de ses parties constituantes. Le célèbre morceau *Trois Transpositions sur Fleur de prunier* (*Meihua sannung*), attribué au flûtiste Huan Yi au IVe siècle et adapté ultérieurement pour le *qin*, est divisé en dix parties, intitulées :

1. Lune du soir sur les montagnes.
2. Première transposition : appel à la

lune, les sons pénètrent dans la brume blanche.

3. Deuxième transposition : entrée dans les nuages, les sons pénètrent dans les nuages.

4. L'oiseau bleu appelle l'âme.

5. Troisième transposition : en essayant de franchir le fleuve Heng, les sons imitent un long soupir.

6. Sons d'une flûte de jade.

7. Plaques de jade frappées par une brise fraîche.

8. Sons d'une flûte de fer.

9. Fleurs de prunier dansant dans le vent.

10. Nostalgie infinie.

Dans ce morceau, les principaux flux mélodiques se trouvent dans les parties 2, 3 et 5 (Ex. 4).

2. Première transposition

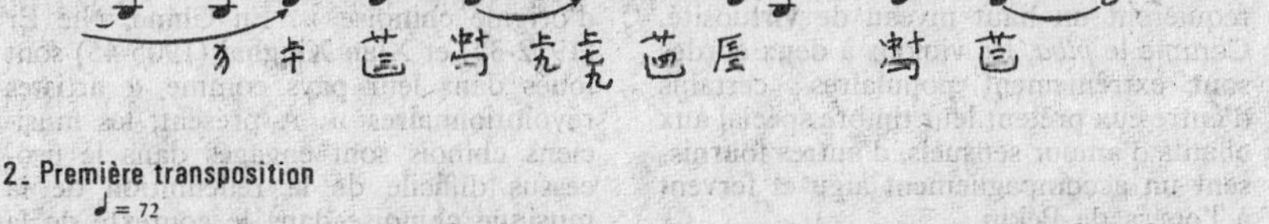

Ex. 4. Meihua sannung, *sections 1 et 2, d'après Pu Xuezhai.*

La musique pour *qin* a été attaquée par les idéologues de la Chine populaire, mais les recherches historiques se sont poursuivies et de jeunes instrumentistes de Hong Kong, Taiwan et d'autres communautés chinoises hors de la péninsule, se sont révélés. La musique pour *qin* est passée de l'exécution purement intime à l'origine (tout au plus pour un petit cercle d'amis) à la salle de concerts et à une diffusion radiophonique. Pour de telles exécutions, le son délicat de l'instrument est amplifié.

La musique pour la cithare *zheng* a toujours joui d'une plus grande popularité. Au XXe siècle, on a réalisé d'importants recueils de musique pour *zheng*, transcrite en partant d'exécutions, essentiellement dans le sud de la Chine et dans les provinces de Fukien et de Taiwan. Le doyen de la musique traditionnelle à Taiwan, Liang Zaibing (Liang Tsaiping), a particulièrement enrichi nos connaissances de la musique pour *zheng* par les recueils qu'il a réalisés et les exécutions qu'il en a données dans le monde entier. Un grand recueil de morceaux pour *zheng* existe en notation *gongche*, explicitée par des indications particulières relatives au rythme et à la technique. Le *zheng* est un instrument soliste très populaire, surtout dans le sud de la Chine (Ex. 5, p. 399).

La popularité du *zheng* dans le Sud a son égale dans le Nord avec le luth *piba* à quatre cordes. Les morceaux portant des titres tels que *Grandes Vagues baignant le sable* (*Dalang taosha*) ou *Chant à la frontière* (*Saishang qu*) sont caractéristiques de la musique soliste pour *piba* et requièrent un haut niveau de virtuosité. Comme le *piba*, les violons à deux cordes sont extrêmement populaires ; certains d'entre eux prêtent leur timbre spécial aux chants d'amour sensuels, d'autres fournissent un accompagnement aigu et fervent à l'opéra de Pékin.

La structure du *zheng*, du *piba* et du *huqin* a subi des modifications depuis quelques dizaines d'années, les instrumentistes et les facteurs d'instruments essayant d'élargir leurs possibilités de jeu en ajoutant, par exemple, des frettes au *piba* et en agrandissant la famille des violons à deux cordes pour qu'elle couvre toutes les étendues tonales, du violon le plus aigu à la contrebasse. Ces tentatives – et la musique qui a été écrite pour ces nouveaux instruments – n'ont pas toujours été très fructueuses. L'influence de la musique russe se remarque nettement dans certaines « compositions révolutionnaires ».

Le chant classique est enregistré en Chine sous forme de notation depuis fort longtemps et des airs pour des textes du *Livre des odes* (*Shijing*), datant de la dynastie des Tang, ont survécu dans les œuvres d'un philosophe de l'époque des Sung, Zhu Xi (Ex. 6, p. 399).

Le compositeur et poète Jiang Kuei (dynastie des Sung) a laissé une somme substantielle de chants (textes et musique) qui ont fait l'objet d'études approfondies, notamment de la part de Yang Yinliu, Rulan Chao Pian et L.E.R. Picken. Le chant rituel du prince Zhu Zaiyu (dynastie des Ming) a survécu en notation. On peut entendre de la musique rituelle confucianiste à Taiwan et, sans doute sous une forme plus ancienne, en Corée. Depuis la fondation de la République de Chine en 1911, puis de la république populaire de Chine sur la péninsule chinoise en 1949, l'influence occidentale est considérable. Les compositeurs écrivent aussi bien des chants classiques et de la musique instrumentale pour la musique de style occidental ou pour la musique chinoise. Liu Tianhua, notamment, a laissé des œuvres populaires de grande virtuosité dans le style traditionnel pour violon et luth (Ex. 7, p. 399).

Le compositeur Ma Sitson (1913) a quitté la Chine pour les États-Unis après avoir connu certaines difficultés durant la révolution culturelle. Un autre compositeur, Chou Wen-chung, est même mentionné comme « compositeur américain d'origine chinoise ». En Chine, Nie Er (1912-35) et Xian Xinghai (1905-45) sont loués dans leur pays comme « artistes révolutionnaires ». A présent, les musiciens chinois sont engagés dans le processus difficile de la redéfinition de la musique chinoise dans le contexte de la musique mondiale.

Rembrandt Wolpert.

BIBLIOGRAPHIE : Louis Laloy, *La Musique chinoise*, H. Laurens (Paris).

Chironomie (du grec *kheïr*, « main », et *nomos*, « règle », « loi »). Les neumes chironomiques sont des neumes sans portée, qui ne donnent qu'une idée générale de la mélodie, au lieu de la position exacte des notes. Le nom vient d'une supposition selon laquelle le chef des chœurs aurait guidé le chœur à

Première section

Ex. 5. Gaoshan liushui, *« Hautes montagnes, ruissellement de torrents » pour* zheng solo.

Ex. 6. « Ici, nous récoltons des lentilles d'eau ». Transcription d'après les Douzes mélodies rituelles de la dynastie Tang, *in* Studia Memoriæ Bartok Sacra *de L.E.R. Picken, Budapest, 1956, p. 166)*

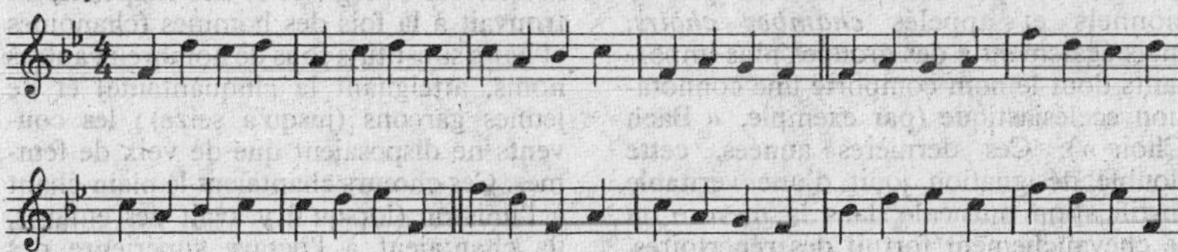

Ex. 7. « Nuit de lune », Yueye *pour* erhu *solo, de Liu Tianhua (1924). Transcription extraite de* Geschichte, Bau und Spielweise des chinesischen Streichinstruments Erh-hu *de R.F. Wolpert, Munich, 1971, p. 84).*

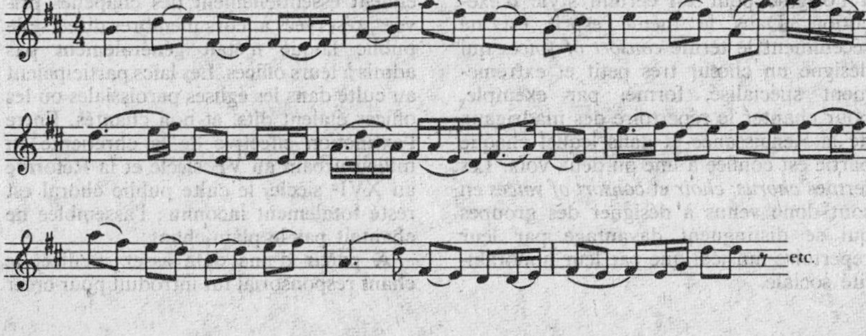

l'aide de mouvements de la main. Voir *Notation*, 2.

Chitarrone. Type de luth extrêmement long. Voir *Luth*, 3.

Chiuso (ital.). « Fermé ». 1. Dans le jeu du cor = étouffé, bouché. 2. Voir également *Ouvert et clos.*

Chocolo (chocalho). Instrument idiophone latino-américain de forme tubulaire qui sert à marquer le rythme des danses. Voir *Maracas.*

Chœur (all. : *Chor* ; angl. : *choir, chorus* ; ital. : *coro*). Ce terme désigne un ensemble de personnes chantant en groupe et en principe, bien qu'il ne s'agisse pas d'une règle absolue, à plusieurs parties. La langue anglaise semble être la seule à établir une distinction entre *choir* et *chorus.* Pour des motifs autant sociaux qu'historiques et musicaux, *chorus* désigne généralement un groupe important de chanteurs – surtout des amateurs éclairés –, mais également des professionnels du théâtre et de l'opéra. *Choir* s'applique essentiellement aux petits ensembles de chanteurs – à tous les groupes ecclésiastiques, quel que soit leur niveau –, et aux petits groupes de très haut niveau souvent composés de chanteurs professionnels et appelés *chamber choirs,* mais également à des groupes plus importants dont le nom comporte une connotation ecclésiastique (par exemple, « Bach Choir »). Ces dernières années, cette double désignation jouit d'une véritable justification musicale dans la mesure où le chevauchement fortuit des répertoires, autrefois très courant, a fait place à une plus grande spécialisation de chaque type de formation et à une concentration sur une musique expressément écrite à l'origine pour un certain style d'exécution. Dans le même esprit est né récemment le terme *consort of voices* qui désigne un chœur très petit et extrêmement spécialisé, formé, par exemple, pour chanter le répertoire des madrigaux de la Renaissance et dans lequel chaque partie est confiée à une ou deux voix. Les termes *chorus, choir* et *consort of voices* en sont donc venus à désigner des groupes qui se distinguent davantage par leur répertoire musical que par leur honorabilité sociale.

1. *Les premiers chœurs d'église.* Bien que certains aspects majeurs de la pratique chorale moderne n'aient été véritablement définis qu'à la fin du XVIIIe et au début du XIXe siècle, d'autres – surtout dans le domaine ecclésiastique – sont étonnamment anciens et tenaces. Le chant choral est peut-être aussi vieux que l'humanité et on trouve d'abondantes références le concernant dans les sources classiques et bibliques. Dans la tradition occidentale moderne, l'Église chrétienne a toujours encouragé la pratique du chant choral et tout ce que nous savons de l'importance que revêtait le chant choral avant le XVIe siècle se trouve limité à son usage ecclésiastique, le seul qui faisait alors l'objet d'une documentation systématique ; nous ne savons pratiquement rien des autres formes sous lesquelles il a pu se manifester. Le vecteur usuel de la liturgie chrétienne était le plain-chant monophonique, qui n'était toutefois pratiqué que dans les institutions ecclésiastiques collégiales capables de disposer d'un grand nombre de voix – monastères, cathédrales, collégiales et les chapelles privées de la royauté ou de l'aristocratie. Lorsque cessa la pratique de l'oblation des enfants, au XIIe siècle, les chœurs monastiques se composaient uniquement d'hommes, généralement plus d'une cinquantaine. Dans les chœurs des cathédrales, des collégiales et des chapelles, on trouvait à la fois des hommes (chanoines et leurs substituts sous de nombreux autres noms, atteignant la cinquantaine) et de jeunes garçons (jusqu'à seize) ; les couvents ne disposaient que de voix de femmes. Ces chœurs chantaient le plain-chant à l'unisson (lorsqu'il y avait des enfants, ils chantaient à l'octave supérieure des hommes), soit en un seul bloc, soit en contre-chant d'un côté à l'autre du chœur. Il faut noter que, quelle que soit leur importance, ces églises et ces chapelles étaient essentiellement des chapelles privées, réservées à leurs membres directs ; le public laïque n'était généralement pas admis à leurs offices. Les laïcs participaient au culte dans les églises paroissiales où les offices étaient dits, et non chantés. Entre l'extinction effective de la chrétienté en milieu urbain au VIe siècle et la Réforme au XVIe siècle, le culte public choral est resté totalement inconnu ; l'assemblée ne chantait pas le plain-chant.

A partir d'une date assez reculée, le chant responsorial fut introduit pour créer un contraste et apporter une certaine variété dans l'exécution du plain-chant ; le chant choral alternait avec des passages chantés par un soliste ou par un petit groupe qui pouvait aller jusqu'à quatre chanteurs (à l'unisson). Le contraste s'accentua lorsque, à partir du XIe siècle, certains passages solistes commencèrent à être renforcés, les jours de fête, par l'addition de contrepoints polyphoniques de composition récente. Pendant longtemps, cette polyphonie d'église, encastrée dans le plain-chant ou composée sous forme de pièces individuelles et autonomes, fut réservée aux solistes. Au Moyen Âge, les églises ne connaissaient pas de polyphonie chorale, mais seulement des ensembles de trois ou quatre solistes comportant des voix d'alto, de ténor et de baryton. Toutefois, vers la fin du XIVe siècle ou au début du siècle suivant, on commença à confier l'exécution de la polyphonie à un petit chœur. Cette idée vit probablement le jour dans les chapelles des maisons royales ou aristocratiques et s'étendit bientôt à des églises plus importantes. Tout au long du XVe siècle, on peut reconstituer l'augmentation régulière du nombre de chanteurs jugés compétents pour participer au chœur polyphonique en se référant à la taille croissante des livres de chœur sur lesquels ils chantaient. En Angleterre, on a certainement ajouté à l'ensemble des voix de jeunes garçons et des voix de basses à partir du milieu du XVe siècle ; et, bien avant la fin du siècle, le principe du chœur SATB (soprano, alto, ténor, basse), comportant jusqu'à vingt-cinq voix et capable de couvrir une étendue de plus de trois octaves, constituait déjà une norme solidement établie pour la composition des grandes formes liturgiques (messe, magnificat, antienne votive) – en Angleterre on rencontrait aussi l'ensemble à cinq voix SATTB. Toutefois, dans de nombreux pays européens, on faisait appel à des sopranos mâles adultes, et plus tard à des castrats, pour remplacer les voix d'enfants. Cette pratique comme le recrutement de petits groupes spécialisés (appelés *cappella* en Italie), qui se substituaient au grand chœur, est à l'origine d'une sonorité vocale distinctive qui a subsisté pendant quelque temps et qui – dans le cas du chœur de la chapelle Sixtine – a traversé les siècles.

Au début de la Renaissance, le chœur chantait sans accompagnement. A l'exception de l'orgue, aucun instrument de musique n'intervenait à l'église dans le cadre des services et même l'orgue avait un rôle limité : il alternait avec les voix mais ne les accompagnait pas. Toutefois, vers 1510-1520, on trouve les premières traces de l'utilisation d'un instrument d'accompagnement et, à la fin du XVIe siècle, la pratique était largement répandue, sans être toutefois généralisée. En Angleterre, les services en vers et les *anthems* étaient accompagnés par des violes ou par l'orgue ; ailleurs, des instruments comme le cornet à bouquin et la saqueboute doublaient parfois les lignes vocales, l'ensemble formant un groupe homogène autour d'un lutrin ou dans une tribune. On dit qu'en 1570, l'ensemble de Lassus à la Hofkapelle bavaroise de Munich comptait quatre-vingt-douze exécutants, mais ailleurs ce nombre s'élevait plus communément à trente ou quarante. C'est seulement au siècle suivant que les chanteurs et les instrumentistes s'organisèrent en groupes séparés, suivant des voies différentes pour former respectivement le chœur et l'orchestre.

Au XVIe siècle, en Allemagne, puis dans les autres pays, l'application des principes de la Réforme permit de faire participer l'assemblée qui chantait à l'unisson les hymnes et les psaumes métriques durant les offices. Néanmoins, au cours de l'ère baroque, la polyphonie chorale est restée le domaine réservé du chœur d'église professionnel. Les églises luthériennes ont pendant très longtemps conservé un chœur expérimenté, maintenant sous les auspices des autorités cléricales ou municipales. A Leipzig, Bach pouvait faire appel au service de 36 musiciens. Dans les cathédrales et collégiales anglaises également, le premier chœur s'est maintenu à la Réforme – tradition qui est restée pratiquement intacte jusqu'à ce jour.

2. *Le chœur d'opéra ou d'oratorio*. Dans de nombreuses cathédrales et chapelles de cours italiennes (ainsi que dans certaines cours du sud de l'Allemagne), la multiplicité des chanteurs et des instrumentistes a permis aux compositeurs d'expérimenter la sonorité particulière des **cori spezzati* – deux chœurs (ou plus) de formation identique ou contrastée, placés dans différentes parties de l'édifice. C'est également en Italie que le chœur vocal commença

à être utilisé d'une façon plus dramatique. Monteverdi et les premiers compositeurs d'opéras mantouans et romains employaient un chœur ; leurs successeurs italiens (contrairement à Lully et à Rameau en France) ne suivirent pas cette voie qu'adoptèrent par contre les compositeurs d'oratorios. Ils parvinrent ainsi à sortir le chœur du simple contexte de l'office liturgique en l'utilisant comme narrateur ou comme commentateur dans des œuvres dramatiques d'envergure, tant profanes que sacrées, pour compléter l'apport des solistes et de l'orchestre. Aujourd'hui encore, il s'agit de l'une des principales fonctions que les compositeurs peuvent donner au chœur de voix humaines.

Pour l'oratorio italien (comme pour la cantate allemande), le chœur était confié à des chœurs d'église professionnels d'une certaine notoriété. Ce fut le cas en Angleterre lorsque Haendel y transplanta le genre ; il pouvait généralement compter sur un chœur d'environ vingt-cinq chanteurs, dans lequel la ligne supérieure était assurée par de jeunes garçons. Toutefois, les années qui suivirent la mort de Haendel coïncidèrent avec la naissance d'un intérêt sans précédent pour le chant choral chez les amateurs passionnés. Cet intérêt se traduisit non seulement par la création de sociétés madrigaliennes, de « catch clubs » et de « West gallery bands » qui chantaient les chœurs de Haendel dans les églises paroissiales, mais également par l'accumulation d'énormes chœurs pour chanter en public certains oratorios – particulièrement ceux de Haendel. C'est ainsi que s'est développée une habitude que même la recherche actuelle de l'authenticité ne semble pas susceptible de faire complètement disparaître. En Grande-Bretagne et en Allemagne, ces chœurs ont commencé à s'organiser de façon durable vers la fin du siècle en se plaçant sous les auspices de sociétés chorales permanentes, constituées au début pour donner régulièrement des concerts de bienfaisance ; ces chœurs comportaient des voix d'hommes et de femmes. En Grande-Bretagne, la plupart de ces chœurs étaient basés dans des églises paroissiales ou, surtout, dans des chapelles non conformistes. La célèbre Huddersfield Choral Society a été fondée en 1836. De grands festivals choraux sont venus renforcer le mouvement choral amateur et ont atteint leur apogée avec les gigantesques festivals Haendel triennaux qui avaient lieu à Crystal Palace (1859-1926). L'existence de ce mouvement a donné naissance à un flot régulier de chefs-d'œuvre composés spécialement pour ce type de manifestations : des œuvres de Mendelssohn, Elgar et Walton (sans oublier les grandes fresques chorales de Berlioz, Verdi et Bruckner, même si elles n'ont pas été conçues dans ce but) ont contribué à soutenir la tradition en renforçant le répertoire de base de Haendel, de Haydn et – depuis la redécouverte de sa musique au milieu du XIXe siècle – de J. S. Bach. On ne saurait sous-estimer l'importance sociale d'une telle tradition chorale, tant à l'école que dans les sociétés chorales : elle joue un rôle essentiel dans la formation du goût musical du public et offre aux amateurs peu expérimentés la possibilité de participer à des exécutions importantes ; sa valeur musicale a toutefois été très attaquée au cours de ces dernières années.

3. *Évolution récente*. Le développement des chœurs amateurs mixtes a réduit le rôle des chœurs d'église au seul chant de la liturgie ; à la fin du XVIIIe siècle, certaines chapelles de cours allemandes pouvaient encore rendre justice aux messes de Haydn, Mozart et Beethoven mais, dans d'autres pays, la ferveur révolutionnaire a éteint en grande partie la pratique religieuse. Même en Angleterre, le niveau d'exécution a beaucoup baissé jusqu'à la naissance de l'*Oxford Movement, au milieu du XIXe siècle, qui a suscité un regain d'intérêt pour le chœur en surplis – à l'église paroissiale comme dans les cathédrales – et pour les chefs-d'œuvre de la tradition anglicane. Soutenues par l'intérêt du public, stimulé en partie par l'exploitation judicieuse offerte par la radio et le disque, de nombreuses cathédrales de province et les chapelles des collèges d'Oxford et de Cambridge ont réussi à entretenir des chœurs d'un niveau étonnant (bien qu'ils soient aujourd'hui menacés par des difficultés financières et par une résurgence du radicalisme clérical) ; des exemples sporadiques comme ceux de la cathédrale de Ratisbonne (en Allemagne) et de l'abbaye de Montserrat (en Espagne) montrent que cette tradition ne se limite pas exclusivement à l'Angleterre.

A chaque stade de l'histoire de l'opéra, les compositeurs ont trouvé dans le chœur une matière théâtrale et musicale importante pour compléter et renforcer les premiers rôles et l'orchestre : l'opposition entre les grandes masses chorales et les solos ou ensembles forme un contraste dramatique. Au XVIIIe siècle, l'opéra italien faisait rarement appel aux chœurs, essentiellement pour les mêmes raisons financières qui ont fait naître l' « opéra de chambre » au XXe siècle. Toutefois, dans l'opéra français, soutenu par la cour des Bourbons, le chœur faisait partie intégrante de la production lyrique, apportant une contribution appréciable à la grandeur de l'ensemble du spectacle ; depuis le XIXe siècle, le chœur entre couramment dans la conception des opéras : il fait des observations et des commentaires sur l'action qui se déroule et partage les moments plus intenses avec les personnages principaux ; il participe même à l'action et la précipite parfois. Depuis le début du XIXe siècle, tous les théâtres lyriques possèdent un chœur professionnel permanent.

Ces dernières années, l'événement le plus intrigant qu'ait vécu le monde choral est sans doute l'émergence du chœur de chambre. De nombreux grands compositeurs modernes ont choisi d'exploiter la compétence de ces ensembles vocaux pour réaliser certaines expériences (approches nouvelles de la mise en musique et projection des paroles) et pour explorer une gamme de sonorités et de timbres vocaux quasi orchestrale. En effet, sous ses apparences multiples – grand chœur amateur, chœur d'église, chœur d'opéra, ensemble vocal, chœur d'enfants ou chœur de chambre – le chœur de voix humaines continue à offrir aux compositeurs un moyen d'exécution aussi varié que provocateur ; en outre, alors que les professionnels, dans les cercles profanes et ecclésiastiques, entretiennent de hauts niveaux de virtuosité, le grand chœur reste le principal vecteur à la disposition de l'amateur enthousiaste pour faire sérieusement de la musique en public.

Roger Bowers.

BIBLIOGRAPHIE : Marcel Corneloup, *Guide pratique du chant choral*, Van de Velde (Tours, 1979). Pierre Kaelin, *L'Art choral*, Berger-Levrault (Paris, 1974). Félix Raugel, *Le Chant choral*, PUF, coll. Que-sais-je ? (Paris, 1948).

Chopin, Fryderyk [Frédéric] (Franciszek) (Zelazowa Wola, près de Varsovie, ? 1er mars 1810 ; Paris, 17 octobre 1849). Compositeur et pianiste polonais. Il passe sa jeunesse à Varsovie où il étudie la musique en privé avec Adalbert Zywny (1756-1842) et au Conservatoire de Varsovie avec Józef Elsner (1769-1854). Enfant prodige, il est adulé dans les salons de l'aristocratie de Varsovie et continue d'évoluer dans ce milieu jusqu'en 1831, date à laquelle il s'installe à Paris. Bien qu'il tire une grande partie de son inspiration d'une image personnelle idéalisée de la Pologne, Chopin aime son style de vie parisien et ne pense bientôt plus à retourner dans son pays natal. Il gagne fort bien sa vie en donnant des leçons et en vendant ses œuvres pour la publication et jouit de l'amitié de certains des plus éminents artistes et compositeurs européens.

En 1837, Chopin s'était vu refuser la main de Maria Widzińska, jeune fille polonaise de bonne famille. Sa liaison avec la romancière George Sand semble alors s'affermir et les dix années suivantes de sa vie seront dominées par leur relation, même si elle semble n'avoir été sa maîtresse que pendant une très courte période. Ces années comptent parmi les plus fertiles de la vie de Chopin et lorsqu'ils se sépareront (rupture due en partie à des intrigues familiales à propos des enfants que George Sand avait eus de son mariage avec Casimir Dudevant), il ne composera presque plus.

La réputation légendaire de Chopin instrumentiste et avant tout improvisateur repose presque exclusivement sur ses fréquentes apparitions dans les salons à la mode car, contrairement à la plupart des pianistes-compositeurs de son temps, il n'aimait pas les concerts publics. Les documents de l'époque soulignent le lyrisme et la facilité de son jeu, la délicatesse remarquable de son toucher, la subtilité de ses nuances et de son usage de la pédale. Ses œuvres sortent rarement du monde pianistique, car une grande partie de son inspiration provient directement de l'exploration des sonorités du piano, traduisant dans son langage idiomatique des figures choisies dans la littérature symphonique et lyrique ou dans la musique populaire et folklorique. Les sources d'inspiration extra-musicales et spécifiquement littéraires qui étaient tellement à la mode au début du XIXe siècle l'attirent assez peu et si sa musique reflète, par l'intensité du sentiment, l'agitation et les élans de l'époque, elle le fait sans avoir recours à des effets sentimentaux faciles ou à une réthorique extravagante, en tout cas sans l'aide du moindre programme.

Les œuvres composées à Varsovie (polonaises, rondos, variations) révèlent surtout l'influence des compositeurs virtuoses de l'époque, tels que Hummel, Weber et Kalkbrenner. Les trois œuvres de jeunesse pour piano et orchestre sont typiques de ce *stile brillante*, par leur forme – rondo, variations et fantaisie –, par leurs liens avec l'opéra (op.2) et avec les airs (op.13) et danses « nationales » (op.14). Même les deux *Concertos pour piano* (1829-30), dans lesquels la voix personnelle du compositeur est beaucoup plus forte, appartiennent à ce monde par leur style et leur conception. Les concertos marquent la fin de l'apprentissage de Chopin. Avec les *Études op.10* (achevées en 1832), il atteint le langage parfaitement intégré de sa maturité, un langage qui se caractérise par le raffinement du détail au sein d'une mélodie dominante et des structures qui l'accompagnent ; son langage recèle souvent un mélange subtil ou « contrepoint » de motifs fragmentaires, mélodiques, rythmiques et structuraux.

Au fur et à mesure que la rhétorique conventionnelle du *stile brillante* disparaît, d'autres influences plus durables gagnent du terrain. Ses affinités avec Bach, qui apparaissent très clairement dans les préludes et études, se révèlent dans des schémas figuratifs qui impliquent une base harmonique solide tout en permettant aux éléments mélodiques linéaires d'émerger du schéma. L'influence de Bach apparaît également dans les structures complexes et de plus en plus étroitement unies que Chopin composera par la suite et dans sa préférence pour les plans formels unitaires – souvent une seule impulsion pour l'ensemble de l'œuvre. L'opéra italien du début du XIXe siècle a également joué un rôle déterminant dans la formation du langage musical de Chopin, à la fois d'une façon directe et par l'intermédiaire des cantilènes de Hummel et de Field. Les nocturnes, en particulier, se situent dans la lignée du *bel canto* italien par leurs arcs mélodiques largement ouverts, leurs fioritures et la stylisation de l'ornementation vocale (*portamento* et répétitions *parlando* d'une même note). Encore plus caractéristiques, les structures modales et rythmiques, les intonations mélodiques et les aspérités harmoniques de la musique populaire mazovienne pénètrent les mazurkas, sur lesquelles Chopin est revenu tout au long de sa vie et qui incarnent certaines de ses pensées les plus intimes.

On a souvent reproché à Chopin un sens de la forme assez faible voire même primitif. Cependant, la forme ternaire relativement statique qu'il affectionne dans ses pièces les plus courtes crée un contraste ou contrepoint nécessaire aux schémas dynamiques dans lesquels la tension se relâche soigneusement et progressivement. Ce contrepoint d'intensité et de plan externe n'est en aucun cas primitif et on le retrouve à nouveau dans les œuvres plus longues en un mouvement comme les quatre ballades, la *Fantaisie op.49* et la *Polonaise-Fantaisie op.61*. Bien plus que les sonates, ces œuvres sont des triomphes d'architecture, mêlant et adaptant des éléments d'archétypes formels classiques – sonate, rondo et variations – pour donner une force structurelle à la manière « narrative » du compositeur.

Chopin a exercé une influence considérable à des niveaux très différents. De nombreux compositeurs de pièces de « salon » légères, destinées avant tout aux soirées musicales victoriennes, se sont appropriés les caractéristiques extérieures de son style. A un tout autre niveau, son langage harmonique novateur laisse pressentir Brahms, Wagner et d'autres compositeurs de la fin du romantisme, alors que son approche du travail thématique a formé plusieurs compositeurs œuvrant hors du courant austro-allemand, notamment en Russie. Il a exercé son influence la plus profonde en élaborant un nouveau paysage sonore de structures pianistiques extrêmement idiomatiques, fondamentalement différentes du piano de Beethoven, Schumann, Mendelssohn ou Brahms. La différenciation au sein de ces structures, le détail et la subtilité de leur composition sont sans précédent dans la musique pour clavier. Dans l'ensemble, le style de Chopin se caractérise par la transparence et la légèreté du son, par la réduction progressive de la densité d'un bout à l'autre du clavier et par une sensibilité remarquable aux nuances de dynamique et d'articulation. Ses héritiers sont avant tout les compositeurs russes et français et son influence transparaît encore nettement, au cours des premières années du XXe siècle, dans la musique pour piano de Rachmaninov et de Scriabine, par exemple, ou de Fauré et de Debussy. Le lien avec Debussy dépasse même ces parallèles structurels. Chez Chopin, texture et configuration ont acquis un nouveau statut structurel, qui détrône même parfois l'harmonie en tant que composant formel d'une œuvre. Sa musique franchit un pas décisif vers une libération éventuelle de la texture et de la couleur dans leurs rôles d'agents structurels avec plus d'un demi-siècle d'avance.

Jim Samson.

BIBLIOGRAPHIE : Camille Bourniquel, *Chopin*, Seuil, coll. Solfèges (Paris, 1957, rééd. 1980). Alfred Cortot, *Cours d'interprétation* (Paris, 1934), rééd. Slatkine (Paris-Genève, 1980) / *Aspects de Chopin*, Albin Michel (Paris, 1949, rééd. 1980). Jean-Jacques Eigeldinger, *Chopin vu par ses élèves*, A la Baconnière (Neuchâtel, 1979). Édouard Ganche, *Frédéric Chopin, sa vie et ses œuvres*, Mercure de France (Paris, 1937). André Gauthier, *Frédéric Chopin*, Hermes (Paris, 1967). Bernard Gavoty, *Chopin*, Grasset (Paris, 1974). *André Gide*, Notes sur Chopin, L'Arche (Paris, 1948). Jaroslaw Iswaszkiewicz, *Chopin*, Gallimard (Paris, 1956). Franz Liszt, *Frédéric Chopin*, Corrêa (Paris, 1941), Nouvel Office d'édition (Paris, 1963). Cyprian Norwid, *Le Piano de Chopin*, La Revue Musicale, no 364 (Paris, 1983). Danièle Pistone, *Sur les traces de Frédéric Chopin*, Champion (Paris, 1984). Guy de Pourtalès, *Chopin ou le poète*, Gallimard (Paris, 1927, rééd. 1980). Bronislaw Edouard Sydow, *Correspondance de Chopin*, La Revue Musicale (Paris, 1953). Casimir Wierzynski, *La Vie de Chopin*, Robert Laffont (Paris, 1952). Adam Zamoyski, *Chopin*, Perrin (Paris, 1986).

Chor (all.). « Chœur ».

Choragus. Poste qui n'existe qu'à l'Université d'Oxford. Lors de la fondation et de la dotation de la chaire de musique par William Heather (1626), il avait été stipulé que le professeur devrait se limiter à enseigner la théorie et qu'un subordonné, le « Choragus », dirigerait la pratique musicale deux fois par semaine. Bien que cette fonction ait été abolie, la fonction subsiste et est encore rémunérée au même salaire annuel qu'en 1926 – 13,68 livres (environ 13,34 livres). A la fin du XIXe siècle, il y avait également un assistant, le « Coryphaeus ». Le Choragus actuel est John Caldwell.

Choral. Terme désignant les hymnes strophiques de l'assemblée de l'Église protestante en Allemagne. Le mot allemand *Choral* désignait à l'origine une mélodie de plain-chant chantée en chœur mais, à partir du XVIe siècle, son sens s'est élargi aux hymnes vernaculaires. Toutefois, le terme le plus couramment utilisé pour ces hymnes au début de la Réforme était *geistliche* (ou *christliche*) *Lieder*. A proprement parler, le mot « choral » désigne à la fois le texte et la mélodie d'un hymne en tant qu'unité, mais il s'applique souvent à la musique seule – soit une mélodie à une seule ligne soit une version entièrement harmonisée comme dans les chorals à quatre parties de Bach.

Dès le début de la Réforme, le choral constitue l'un des moyens les plus puissants pour disséminer les idéaux de la nouvelle confession, cristallisant son message en un langage simple et permettant à l'assemblée des fidèles de jouer un rôle central dans le culte liturgique. Luther a beaucoup participé à la création de nouveaux hymnes : il en a écrit lui-même trente-six et a encouragé les autres à suivre son exemple (notamment Justus Jonas, Lazarus Spengler et Paul Speratus). Toutefois, les textes et les mélodies de la plupart des premiers chorals n'étaient que des adaptations de diverses sources plus anciennes, notamment d'hymnes, antiennes et séquences grégoriennes ainsi que de chants religieux de l'Allemagne médiévale – ces derniers requérant souvent une « purification » radicale du point de vue doctrinal avant d'être jugés aptes à remplir leur nouvelle mission. Outre la traduction et l'adaptation d'hymnes latins, Luther a produit plusieurs paraphrases de psaumes magnifiques, comme « Aus tiefer Not » (psaume 130) et un certain nombre d'hymnes basés sur la **Leise* médiévale, par exemple « Nun bitten wir den heiligen Geist ». Dans ce processus, il a imposé un caractère spécifiquement allemand à la tradition européenne préexistante du chant d'hymnes populaires (les *Leisen*, par exemple, avaient auparavant pris racine dans de nombreuses régions d'Europe, en dehors de l'Allemagne). En outre, il a écrit plusieurs hymnes liturgiques pour les substituer à certaines parties de l'Ordinaire de la messe, comme « Wir glauben all' an einen Gott » destiné à remplacer (ou parfois, dans la liturgie, à compléter) le Credo.

Luther, qui possédait un certain talent musical, a probablement écrit les mélodies d'un grand nombre de ses propres chorals, bien qu'une faible partie d'entre eux puissent être considérés comme entièrement originaux. Même la plus célèbre mélodie qui lui est attribuée, celle de « Ein' feste Burg », semble modelée sur l'air *Silberweise* (« Pierre d'argent ») écrit en 1513 par le célèbre *Meistersinger* Hans Sach (qui semble à son tour s'être inspiré d'un thème plus ancien) (Ex. 1).

L'utilisation de la *Barform est caractéristique de la plupart des mélodies issues de la pratique des *Meistersinger*.

Les livres de chorals publiés au XVIe siècle répondaient à deux types principaux, l'un destiné aux chœurs relativement exercés (il contient des chants polyphoniques et la mélodie est généralement confiée à la voix de ténor, comme le voulait la pratique courante du *cantus firmus* de l'époque), l'autre concernant l'assemblée des fidèles (mélodies à une seule voix). L'exemple le plus ancien du premier type est le *Geistliche Gesangbüchlein* de Johann Walter (Wittenberg, 1524) qui connut cinq éditions jusqu'en 1551 ; les plus célèbres livres réservés aux fidèles sont ceux de Joseph Klug (Wittenberg, 1529) et de Valentin Babst (Leipzig, 1545). Un grand pas fut franchi en 1586 lorsque Lukas Osiander publia un livre de chorals entièrement harmonisés, dans lequel la mélodie était solidement installée à la partie supérieure. A compter de cette date, on peut suivre l'évolution en ligne directe jusqu'aux grandes harmonisations chorales de Bach. Avant Bach, les moments de création les plus remarquables de l'hymnologie allemande correspondent à l'œuvre de Paul Gerhardt (1608-76), auteur de « O Haupt voll Blut und Wunden », et de Johannes Crüger qui a composé les mélodies de « Nun danket alle Gott » et de « Jesu meine Freude ».

Basil Smallman.

Choralbearbeitung (all.). Œuvre spécifiquement basée sur une mélodie chorale (par ex. *cantate chorale, *prélude choral). Mais le terme s'applique également en général à une œuvre conçue, d'une façon plus générale, sur une mélodie sacrée.

Choral Fantasia. Fantaisie pour soprano, chœur, orgue, cordes, cuivres et percussions op.51 de Holst, composée en 1930 sur un texte de Robert Bridges.

Choralfuge (all.). Fugue pour orgue dont le sujet est la première (ou les deux premières) ligne mélodique d'un choral. De telles fugues ont été composées en Allemagne à partir de la fin du XVIIe siècle par des compositeurs comme Pachelbel.

Choralmotette (all.). Voir *Motetchoral*.

Choral pour orgue (all. : *Orgelchoral* ; angl. : *organ choral* ; ital. : *corale per organo*). Dans les premiers services luthériens, les chorals étaient chantés à l'unisson et sans accompagnement par les fidèles, mais peu à peu on a pris l'habitude de rompre la monotonie en faisant alterner certaines strophes avec des interventions du chœur ou avec une pièce d'orgue à quatre voix. Dès le début du XVIIe siècle, ces pièces d'orgue sont très élaborées, avec des formes contrapuntiques comme le *ricercar* choral (mélodie traitée en stricte imitation fuguée), les variations chorales (mélodie constituant la base d'un ensemble de variations) et la fantaisie chorale

Ex. 1. Comparaison entre les deux premiers vers de Silberweise *de Hans Sachs et la mélodie de « Ein' feste Burg ».*

(morceau idiomatique libre). De telles pièces sont surtout l'œuvre de Sweelinck et de ses élèves Scheidemann et Scheidt.

Un peu plus avant dans le XVIIe siècle, la fantaisie chorale et les variations chorales ont commencé à intéresser les compositeurs du nord de l'Allemagne comme Tunder (organiste de Sainte-Marie de Lübeck) et Matthias Weckmann (organiste de Saint-Jacob de Hambourg). Néanmoins, les œuvres les plus importantes sont celles de Buxtehude, le successeur de Tunder à Lübeck. Ses variations sur *Auf meinem lieben Gott* constituent un ensemble unique en son genre, moulé dans la forme d'une suite de danses profanes (allemande, courante, sarabande et gigue). Il a également été le premier compositeur important de préludes-chorals. Dans le centre de l'Allemagne, les compositeurs se sont concentrés sur des genres plus strictement polyphoniques, utilisant la mélodie chorale comme *cantus firmus* ou comme sujet de fugues. Pachelbel est l'un des grands maîtres de cette école.

Ces deux traditions, du Nord et du Centre de l'Allemagne, ont fusionné au cours de la première moitié du XVIIIe siècle, particulièrement grâce à J. S. Bach qui a écrit plus de 150 chorals pour orgue en tous genres : 45 préludes-chorals assez courts dans l'*Orgelbüchlein* (BWV 599-644), des partitas chorales (qui réunissent aussi bien des œuvres de jeunesse – BWV 766-68 – que le grand ensemble de variations en canon sur *Vom Himmel hoch* écrit à la fin de sa vie) ; des fugues chorales, comme *Allein Gott in der Höh sei Ehr* et des chorals basés sur un *cantus firmus* comme les chorals Schübler (1748-49).

Les contemporains de Bach, notamment Telemann, J. G. Walther et G. F. Kauffmann, ont également pratiqué le choral pour orgue, mais le genre a décliné au cours de la seconde moitié du XVIIIe siècle pour ne réapparaître qu'avec la renaissance de la musique de Bach, au milieu du XIXe siècle. Des compositeurs majeurs comme Mendelssohn, Brahms et Reger ont composé des chorals pour orgue.

Wendy Thompson.

Choral-partita. Ensemble de variations pour clavier sur un choral. Ce genre s'est développé à la fin du XVIIe siècle sur le modèle des variations profanes de Froberger et de Scheidt, entre autres. Pachelbel a composé sept choral-partitas et Bach trois, intitulées *Partite* (BWV 766-68), ainsi que les variations canoniques sur *Vom Himmel hoch*. Les variations de Buxtehude sur *Auf meinen lieben Gott* comportent des formes de danse profane empruntées à la *suite.

Voir également *Partita*.

Choral varié (ou à variations). Variations sur un choral, généralement pour clavier. Cette forme s'impose dès le début du XVIIe siècle avec des compositeurs tels que Sweelinck et Scheidt, auteurs chacun de plusieurs chorals variés. Plus tard, on utilisera plus volontiers le terme *choral-partita, notamment J. S. Bach. Dans son ensemble de variations sur « Auf meinen lieben Gott » Buxtehude utilise les formes de danse profane de la suite et son exemple a été repris au XXe siècle par Ernst Křenek.

Choralvorspiel (all.). Voir *Prélude-choral (ou prélude de choral)*.

Chorbuch (all.). « Livre de chœur ».

Chorégraphie (du grec χοςεια, *khoreia*, « danse chorale en musique » et *graphein*, « tracer », « écrire », « noter »). Ce terme a été utilisé pour la première fois pour décrire les symboles graphiques des mouvements des pieds dans un traité français publié en 1700 (voir *Notation de la danse*, 1). Dans son acception actuelle, selon laquelle il définit l'art de composer une danse ou un ballet, sa première utilisation figurerait dans *Die Kunst nach der Choregraphie zu tanzen und Tänze su schreiben* (« L'art de danser à partir d'une chorégraphie et d'écrire des danses » ; Brunswick, 1777) de J. C. Feldstein, tandis que l'art consistant à noter les danses a pris le nom de choréologie.

De même, le terme « chorégraphe » désigne aujourd'hui l'artiste créateur dont l'œuvre est exécutée alors que le maître de ballet, anciennement le créateur des danses, est la personne qui assure la direction artistique quotidienne d'une troupe, donne les cours, distribue les rôles et fait répéter les ballets déjà inscrits au répertoire. Un chorégraphe peut être également le maître de ballet d'une troupe, mais le maître de ballet n'est pas nécessairement chorégraphe, même si la faculté d'assembler des pas pour les leçons quotidiennes constitue la forme de chorégraphie la plus rudimentaire. En effet, le fruit de l'imagination que représente l'échafaudage d'un cours quotidien se rapproche parfois d'une œuvre d'art et a servi de thème à plus d'un ballet professionnel (par exemple, le *Konzervatoriet* de Bournonville, 1849, les *Études* de Harald Lander, 1948 et *Ballet School* d'Asaf Messerer, 1962).

Toutefois, le travail de classe repose généralement sur des pas préexistants et sur des mouvements destinés à l'exercice et au contrôle physique, alors que la chorégraphie cherche à élargir ce vocabulaire (qu'il s'agisse de technique de ballet classique, de technique de danse moderne ou d'une combinaison des deux) : l'imagination créatrice du chorégraphe doit permettre de donner naissance à une œuvre qui communique pensée et sentiment dans une suite de mouvements à travers le temps et l'espace. Ce résultat s'obtient généralement, mais pas exclusivement, en étroite liaison avec une partition musicale ou quelque autre élément sonore ; néanmoins, la chorégraphie n'est pas nécessairement une interprétation de la musique et elle existe par elle-même parallèlement à l'élément sonore (voir *Danse et musique*) ; mais elle implique un haut degré de sensibilité musicale.

La chorégraphie est également apparentée aux transpositions visuelles de l'art graphique et de la sculpture, particulièrement l'image tridimensionnelle de cette dernière. Au début de son histoire, la chorégraphie exprimait ses idées en modèles géométriques au sol dérivés de danses de société. Le cadre de scène du théâtre, puis la scène en pente (à l'italienne) et les sièges de la salle faisaient converger en une même direction toutes les lignes de vision – vers les danseurs, de front ; toutefois, la disposition des sièges des spectateurs est telle qu'aucun d'entre eux ne voit la même image du spectacle dansé ; le chorégraphe doit donc élaborer sa chorégraphie en tenant compte de cet élément. Plus récemment, l'utilisation de scènes entièrement circulaires a requis des chorégraphes une imagination s'adaptant à ces nouveaux dispositifs.

La chorégraphie narrative a emprunté au drame et à la pantomime les gestes nécessaires pour traduire les sentiments et les réponses ou pour transmettre l'information ; à une certaine époque, elle a même trouvé un parallèle au récitatif et à l'aria de l'opéra romantique dans l'alternance dansée de mime et de divertissement. Au cours du troisième quart du XIXe siècle, cette tendance s'est souvent transformée en un rituel dépourvu de sens et, depuis lors, elle est devenue l'expression du drame dans la danse elle-même. Comme l'a écrit le chorégraphe George Balanchine : « C'est l'illusion créée qui convainc le spectateur... Si l'illusion manque, le ballet échoue quelle que soit la clarté du programme. » Dans le même essai, il fait quelques remarques fondamentales et universelles sur la chorégraphie : « Ce qui est important dans le ballet, c'est le mouvement lui-même, comme le son dans une symphonie. Un ballet peut contenir une histoire, mais le spectacle visuel, et non l'histoire, est l'élément essentiel... Le ballet ne peut pas tout transmettre, mais seulement ce qui peut être montré sur scène. La danse n'est pas un art aussi global que la littérature. Cependant, beaucoup de choses peuvent être montrées ou sous-entendues... En outre, comme pour la musique, le public doit pouvoir goûter le mouvement sans se soucier de l'histoire. » (« Notes on Choregraphy », *The Dance Encyclopedia.*) En Occident, l'évolution chorégraphique s'est presque toujours orientée vers un style de danse procédant par affirmation de ses qualités inhérentes, au lieu de se limiter à illustrer des idées et des thèmes qui lui sont étrangers.

La nature de la chorégraphie implique une formation et une expérience de danseur de la part du chorégraphe. Le chorégraphe ne doit pas être nécessairement un danseur ou une danseuse de premier ordre, mais il doit être capable d'apprécier, d'un point de vue de danseur, les pas inventés et avoir une connaissance physiologique très développée des capacités et des limites individuelles du corps humain. Quelques chorégraphes ont été des danseurs extrêmement brillants avant de se tourner vers leur activité créatrice (Nijinski, Noureïev) ; certains se sont orientés vers la chorégraphie juste après leur période de formation et ont assez peu dansé (Balanchine, Darrell, de Mille, Robbins, Tetley, Tudor) ; d'autres font de la chorégraphie tout en poursuivant une carrière de danseur (Ashton, Fokine, Graham, Massine, Petit).

On a dit que « la chorégraphie pouvait s'enseigner mais non s'apprendre ». Le talent et l'imagination créatrice doivent déjà exister dans la phase d'apprentissage de la danse ; ils peuvent alors être guidés par les préceptes et les exemples pour parvenir à exprimer tout leur potentiel. Selon Dame Marie Rambert : « Le caractère se révèle dans la formation d'un danseur plus que dans toute autre discipline artistique... Peu à peu, on distingue le danseur qui veut faire les choses à sa propre façon. On tente de trouver pourquoi et l'on découvre progressivement... qu'il deviendra chorégraphe. » (« The Education of a Choregrapher », *The Ballet in Britain.*)

Depuis le XVIIIe siècle, la majeure partie des grands chorégraphes font preuve assez tôt de leur talent créateur. Nombreux sont ceux qui ont produit leurs premiers ballets alors qu'ils étaient encore étudiants ou jeunes danseurs et ils ont pour la plupart atteint leur maturité vers 30 ans, après une carrière de danseur. En ce siècle où toutes les disciplines semblent de plus en plus spécialisées, les carrières de la danse se font plus courtes et le besoin de commencer une œuvre créatrice vient plus tôt. L'apprentissage des techniques de la danse moderne comporte une partie de création dès la première année. Les écoles de danse classique ont mis plus longtemps à susciter un intérêt comparable, mais un élément préparatoire à la chorégraphie et au travail créateur figure désormais au programme et les troupes importantes proposent régulièrement des représentations « d'atelier » à de jeunes chorégraphes.

L'éventail de la chorégraphie englobe aujourd'hui un spectre de danses très large, des simples numéros conçus de façon spécifique pour certains programmes de télévision (qui ont donné naissance à un nouveau genre de danse scénique) au ballet en trois actes le plus élaboré, en passant par le théâtre musical sous ses diverses formes. Certaines chorégraphies sont souvent qualifiées à tort de chorégraphies « abstraites », terme qui ne concerne en fait que des œuvres conçues pour des exécutants non représentatifs. Alors que la chorégraphie continue précisément à « expliquer des choses conçues par l'esprit, au moyen de gestes et de mouvements du corps », comme l'écrivait John Weaver, il y a près de trois siècles dans son *Essay towards an History of Dancing* (Londres, 1712).

Voir également : *Ashton, Frederick* ; *Balanchine, George* ; *Béjart, Maurice* ; *Bournonville, August* ; *Coralli, Jean* ; *Cranko, John* ; *Cunningham, Merce* ; *Darrell, Peter* ; *Dauberval, Jean* ; *Diaghilev, Serge* ; *Didelot, Charles-Louis* ; *Fokine, Michel* ; *Graham, Martha* ; *Hilverding, Franz Anton Christoph* ; *Ivanov, Lev* ; *MacMillan, Kenneth* ; *Massine, Léonide* ; *Mille, Agnès de* ; *Noverre, Jean-Georges* ; *Perrot, Jules Joseph* ; *Petipa, Marius* ; *Rambert, Marie* ; *Robbins, Jerome* ; *Taglioni, Filippo* ; *Tetley, Glen* ; *Tudor, Antony* ; *Valois, Ninette de.* Voir également : *Ballet.*

Noël Goodwin.

Choréologie. Voir *Notation de la danse.*

Chorister (angl.). Jeune garçon, membre du chœur d'une cathédrale ou d'une université anglaise.

Chororgel (all.). « Orgue de chœur », « positif ». Voir *Orgue,* 5.

Chorton (all.). « Diapason-ton du chœur ».

Chostakovitch, Dimitri (Dmitriévitch) (Saint-Pétersbourg, 25 septembre 1906 ; Moscou, 9 août 1975). Compositeur soviétique, né à une époque critique de l'histoire de la Russie, lorsque la ferveur révolutionnaire et le mécontentement général provoqué par le régime tsariste aboutiront à l'émeute sanglante de janvier 1905. Chostakovitch, qui voit le jour l'année suivante, a donc onze ans lorsque éclate la révolution d'Octobre 1917. Sa carrière de musicien suit un cours parallèle à celui du nouvel État soviétique. Toutefois, il s'opposera souvent aux doctrines artistiques officielles et, bien qu'il semble parfois suivre les fluctuations des attitudes soviétiques envers la musique, il conservera jusqu'à sa mort l'intégrité et l'individualité qui font de lui le compositeur le plus important de l'Union soviétique.

1. *La jeunesse.* Tout d'abord destiné à une carrière de pianiste, il étudie le piano avec sa mère, puis au Conservatoire de Petrograd avec Leonid Nicolaïev. Il travaille également la composition avec

Maximilien Steinberg et se lie étroitement au directeur du Conservatoire, Glazounov, dont on ressent l'influence dans l'orchestration précise et vive de sa *Symphonie n° 1* (1925). Mais Chostakovitch est bientôt trop avancé pour l'enseignement du conservatoire et, plus tard, Steinberg exprimera son incompréhension face à la dissonance de certaines de ses premières œuvres pour piano, notamment la *Première Sonate pour piano* (1926) et les *Aphorismes* (1927). A cette époque, Chostakovitch adopte les principes progressistes de l'Association pour la musique contemporaine qui incite les musiciens soviétiques à étudier et à exécuter la musique contemporaine occidentale, notamment les œuvres de compositeurs tels que Hindemith, Berg ou Schoenberg. Les fruits de cette phase apparaissent non seulement dans les œuvres austères qu'il compose alors pour le piano, mais également dans la musique d'accompagnement qu'il écrit pour la pièce de Vladimir Maïakovski, *Klop* (*La Punaise,* 1929), dans les ballets *Le Boulon* (1930) et *L'Age d'or* (1929-32) et dans la musique du film muet *La Nouvelle Babylone* (1929) : rejetée par la plupart des orchestres de cinéma (parce qu'elle était trop difficile), cette dernière œuvre révèle sa sensibilité aux situations dramatiques qui se retrouve dans des musiques de films ultérieures et dans ses deux opéras achevés, *Le Nez* (1930) et *Lady Macbeth du district de Mtsensk* (1934).

Le Nez est un miroir vivant de son époque : il reflète l'esprit satirique de la Russie des années vingt et met en relief – par ses rythmes et ses harmonies extrêmement complexes – le modernisme du style que pratiquait alors Chostakovitch. Il révèle également son sens aigu du théâtre et la voix y est traitée avec beaucoup d'originalité. Un de ses meilleurs amis, Ivan Sollertinski, remarque que Chostakovitch est « peut-être le premier compositeur russe qui ne fasse pas parler ses héros par des arias et des cantilènes conventionnelles, mais avec une écriture vivante qui met en musique le langage de tous les jours ». Cette notion de « réalisme musical » – de lignes vocales étroitement moulées sur les inflexions et les rythmes de la langue russe parlée – est l'une des caractéristiques de la musique vocale russe (surtout celle de Moussorgski) depuis que Dargomijski s'en est fait le champion dans son opéra *Le Convive de pierre.* Chostakovitch applique au *Nez* une technique identique, mais il y injecte une nouvelle vitalité, produisant des lignes vocales puissantes et viriles que le compositeur Sergueï Slonimski qualifie à juste titre de « brillamment excentriques ».

Toutefois, l'excentricité brillante tombe bientôt en disgrâce. Sous l'autorité de Staline, le pouvoir soviétique cherche à investir les arts d'une mission qui serve les intérêts de l'État (voir *Russie et l'Union soviétique,* 5). Toutes les expériences musicales qui avaient pu se développer dans les années vingt sont bannies avec fermeté. Au moment de la promulgation du décret de 1932, qui place toute activité musicale sous contrôle étatique, Chostakovitch est sur le point d'achever son opéra en quatre actes *Lady Macbeth du district de Mtsensk.* Il devait constituer la première partie d'une trilogie traitant de la féminité russe. Après la création à Leningrad, en 1934, cet opéra est salué comme un modèle du nouveau concept de *réalisme socialiste ; mais deux ans plus tard – juste après que Staline l'eut vu – il est condamné dans un fameux éditorial de la *Pravda,* « Le chaos à la place de la musique », pour son caractère trop explicite et son langage dissonant. Il est retiré du répertoire et ne sera plus représenté en Russie jusqu'à sa reprise – sous le nom de *Katerina Ismaïlova* – en 1962.

2. *La maturité.* La condamnation de *Lady Macbeth* a eu des conséquences d'une portée incalculable sur l'opéra soviétique comme sur la musique soviétique en général. Chostakovitch travaille alors à sa *Quatrième Symphonie* (1935-36). Elle n'est certainement pas aussi complexe que la seconde (1927), dominée par la polytonalité, la polyrythmie et une activité frénétique, mais Chostakovitch prend conscience, sous sa propre plume, d'une similitude de style avec *Lady Macbeth* : conception audacieuse, puissance inflexible, profusion de ressources orchestrales inconsidérées, vaste structure symphonique peu orthodoxe. Il la retire et elle ne sera finalement jouée qu'en 1961. A la place, il compose la *Cinquième Symphonie* (1937) – connue comme la « réponse d'un artiste soviétique à une juste critique » – plus claire et plus directe que la quatrième : son caractère essentiellement

euphonique, son sens de la grandeur et de la noblesse sont plus conformes aux idéaux du réalisme socialiste. Mais il ne faut pas croire que les principes artistiques de Chostakovitch aient été remis en cause : l'hypermodernisme de sa musique des années vingt était sans doute un cul-de-sac, alors que la *Cinquième Symphonie* révèle une personnalité plus mûre dont on trouve quelques signes dans le *Concerto pour piano n° 1* (1933) et dans la *Sonate pour violoncelle et piano* (1934). Chostakovitch confirmera ces promesses dans des œuvres comme le *Quatuor à cordes n° 1* (1938), la *Sixième Symphonie* (1939) et le *Quintette avec piano* (1940). Il confirme également à plusieurs reprises son talent de compositeur de musique de film et réorchestre *Boris Godounov* de Moussorgski (1939-40), événement important de la vie musicale soviétique. Ensuite, il prépare une nouvelle version de la *Khovanshtchina* (1962) et orchestre les *Chants et danses de la mort* (1962) : sa propre musique vocale a des affinités très nettes avec le réalisme absolu de l'écriture de Moussorgski et l'influence de ce dernier se fait particulièrement sentir dans les *Symphonies n° 13* et *14* et dans les cycles de mélodies tellement sombres qu'il composera à la fin de sa vie.

La musique que Chostakovitch écrira pendant la Seconde Guerre mondiale est publiée au cœur de cette période. L'Union soviétique est entrée en guerre en 1941, année durant laquelle les forces allemandes cernent Leningrad. Le siège dure deux ans et demi, période de privations et de souffrances incroyables au cours de laquelle le peuple fait preuve d'un héroïsme remarquable. Chostakovitch a saisi l'atmosphère de ces cruelles années dans sa *Symphonie n° 7* (1941) : il l'a décrite comme une symphonie « sur notre époque, notre peuple, notre sacrée guerre, notre victoire » et la dédie « à la ville de Leningrad ». C'est une œuvre expansive qui dépeint avec pittoresque la vie et la tragédie humaines, le ressort moral des hommes soviétiques et (dans le finale) leur force et leur volonté de survie. L'atmosphère de la *Symphonie n° 7* contraste énormément avec celle de la *Symphonie n° 8* (1943) écrite en pleine guerre, dans les termes amers et pessimistes qui imprègnent également le *Trio avec piano* (1944) composé à la mémoire d'Ivan Sollertinski. Ce n'est que dans son projet d'opéra *Igroki* (*Les Joueurs*, 1941) que Chostakovitch trouve une touche plus légère, mais il l'abandonne à la fin de la scène 8 et ce qu'il en reste ne sera exécuté en public qu'en 1978.

Pour marquer la fin de la guerre, Chostakovitch compose sa *Symphonie n° 9* dominée, selon les dires du compositeur, par une ambiance claire et transparente. Son air désinvolte et serein désoriente les autorités qui s'attendaient à une célébration héroïque et provocante de la victoire : autant de charges à mettre à l'encontre de cette symphonie, violemment critiquée lors des purges culturelles menées par Andreï Jdanov, le bras droit de Staline, en 1948. Comme tous les autres compositeurs de renom, Chostakovitch est condamné pour le *formalisme présumé de sa musique et se voit prié instamment de revenir au réalisme socialiste.

3. *Les dernières années.* Comme au lendemain de la crise de 1936, Chostakovitch doit se méfier des critiques de Jdanov. Il retient par-devers lui quelques œuvres qui pourraient prêter à controverse, qu'elles soient terminées ou en projet : le *Concerto pour violon n° 1* (1947-48), un cycle de mélodies extrait de la poésie populaire juive (1948) et le *Quatuor à cordes n° 4* (1949). A la place, il offre au public quelques nouvelles musiques de film et des œuvres chorales comme *Le Chant des forêts* (1949), les *Dix Poèmes sur des textes de poètes révolutionnaires* (1951) et la cantate *Le soleil luit sur notre patrie* (1952).

A la mort de Staline, en 1953, le climat culturel se détend au point de permettre à Chostakovitch de faire exécuter ses œuvres de la fin des années quarante. Il commence également la *Symphonie n° 10* dans laquelle jaillissent les courants d'une mélancolie et d'une sombre recherche sentimentale, sous-jacents dans ses œuvres antérieures. La *Symphonie n° 10* est une œuvre profondément personnelle – elle fait ouvertement appel à son monogramme musical *DSCH – et sera l'objet de trois jours d'un débat animé à la section moscovite de l'Union des compositeurs soviétiques (29 et 30 mars et 5 avril 1954). Certains commentateurs sentent que cette symphonie n'est pas réaliste et attaquent son pessimisme ; d'autres soulignent que le compositeur soviétique devrait désormais se laisser guider par son propre instinct artistique, d'autant que le processus de déstalinisation autorise maintenant « indépendance, courage et expérimentation » dans le domaine musical. Dès lors, la musique de Chostakovitch devient de plus en plus introspective, elle cherche à exprimer ouvertement les préoccupations qu'il a jusqu'alors refoulées. Il se retire davantage dans l'intimité de la musique de chambre : au cours des dix dernières années de sa vie, il compose sept de ses quinze quatuors et, l'année de sa mort, il écrit la sombre *Sonate pour alto et piano* (1975). Il compose également des cycles de mélodies qui reflètent les préoccupations de la fin de sa vie (ironie, terreur, mort) : *Satires* (1960) sur des paroles de Sacha Tcherny, *Sept Romances* sur des poèmes d'Alexandre Blok (1967), *Six Poèmes de Marina Tsvetaieva* (1973) et la *Suite sur des poèmes de Michel-Ange* (1974). Ses dernières symphonies, qui atteignent un sommet avec l'énigmatique *Symphonie nº 15*, révèlent des traits comparables. Dans la *Symphonie nº 13* pour basse, chœur d'hommes et orchestre (1962), il peint une image sauvage et terrifiante de l'oppression stalinienne ; et dans la *Symphonie nº 14*, un cycle de mélodies (sur des poèmes de Rilke, Garcia Lorca, Apollinaire et Küchelbecker) pour soprano, basse, orchestre à cordes et percussions, la profonde introspection de ses dernières années s'affirme douloureusement au travers d'une musique dramatique et sinistre, un lyrisme à rendre l'âme, une mélancolie glaciale et une brutalité martiale qui se mêlent pour créer une œuvre d'une intensité déchirante.

La position de Chostakovitch dans le schéma politique soviétique, l'écart énorme qui sépare ses œuvres apparemment « publiques » de ses œuvres plus personnelles, comme les dernières symphonies et les derniers quatuors, ont fait couler beaucoup d'encre. Il était effectivement capable de profondeur comme de banalité. Superficiellement, il peut paraître étrange qu'il ait pu écrire au cours de la même année (1953) la *Symphonie nº 10*, une *Suite de ballet* entièrement paisible et le pétillant *Concertino pour deux pianos* et qu'une autre année (1957) il ait pu concevoir la massive *Symphonie nº 11* et le *Concerto pour piano nº 2*, désinvolte et d'un lyrisme limpide. De même, tout en travaillant à la *Symphonie nº 4*, il était capable de tourner son esprit vers le léger opéra satirique *Le Pope et son domestique Balda* (1933-36). Il ne faut pas attribuer cette diversité à la pression politique mais plutôt aux multiples facettes de sa personnalité, capable de créer une musique d'un niveau artistique généralement élevé destinée à toute sorte d'auditoires. En vérité, il avait peu de temps à consacrer à la bureaucratie musicale qui cherchait à réduire un sens inné de la composition par des décrets de portée générale. Ses relations avec les personnalités officielles de l'Union des compositeurs soviétiques sont décrites d'une manière frappante dans *Témoignage : Les Mémoires de Dimitri Chostakovitch*, un livre qui, même s'il doit beaucoup à l'interprétation imaginative de son auteur, Solomon Volkov, semble néanmoins exprimer les sentiments qui animent si fortement la musique de Chostakovitch. Et plus que tout écrit, c'est la musique elle-même qui doit nous occuper car, comme l'a dit Chostakovitch, « En étudiant ma musique, vous découvrirez toute la vérité sur moi, homme et artiste. »

Geoffrey Norris.

BIBLIOGRAPHIE : Michel Hofmann, *Chostakovitch*, Seghers (Paris, 1963). Solomon Volkov, *Témoignage, les mémoires de Dimitri Chostakovitch*, Albin Michel (Paris, 1980).

Choudens. Maison d'édition musicale française, fondée à Paris en 1848 par Antoine Choudens. Le fonds qui a assuré la notoriété des éditions Choudens repose sur quelques grands ouvrages lyriques de la fin du XIXᵉ siècle (*Carmen*, *Faust*, *Les Pêcheurs de perles*, plusieurs œuvres de Berlioz, Saint-Saëns, Lalo, des opérettes d'Offenbach, Lecocq et Messager). La plupart de ces partitions sont maintenant tombées dans le domaine public et les éditions Choudens se sont surtout orientées, sous la direction d'André Chevrier, vers les ouvrages d'enseignement, tout en conservant une activité dans le domaine de la musique contemporaine (Landowski).

Alain Pâris.

Chout (ou « Le Bouffon »). Ballet en six scènes op.21 de Prokofiev sur un livret du compositeur d'après Afanasiev ; composé en 1915 et remanié en 1920. Création à Paris en 1921 par les Ballets russes de Diaghilev. Prokofiev en a tiré une suite symphonique (1920).

Christiné, Henri (Genève, 27 décembre 1867 ; Nice, 25 novembre 1941). Compositeur français qui débuta à Nice dans le domaine de la chansonnette avant de se fixer à Paris et de se tourner vers l'opérette (*Phi-Phi*, 1918 ; *Dédé*, 1921).

Christophe Colomb. Opéra en deux actes de Darius Milhaud sur un texte de Paul Claudel. Conçu dans la tradition des grands opéras français, il comporte 27 scènes et fait appel au cinéma. Il a été créé à Berlin en 1930. Ottoboni, Morlacchi et Egk ont également écrit des opéras sur le même sujet.

Christopher Colombus (Christophe Colomb). Musique de scène de Walton écrite pour une émission de radio de Louis MacNeice à la BBC et diffusée en 1942, à l'occasion du 450e anniversaire du premier voyage de Christophe Colomb en Amérique.

Christou, Jani (Heliopolis, Égypte, 8 janvier 1926 ; Athènes, 8 janvier 1970). Compositeur grec. Il fait des études de philosophie à Cambridge (1938-44) puis reste en Angleterre pour suivre les cours de composition de Hand Redlich (1945-48). Influencé par son frère aîné Evanghelos, psychanalyste, il étudie avec Jung (1948) avant de compléter sa formation musicale en Italie (1949-50). Durant les années cinquante, dans des œuvres comme la *Symphonie nº 1* (1949-50), il applique le sérialisme avancé de l'époque, mais avec *Patterns and Permutations* pour orchestre (1960), il opte pour un style profondément marqué par le mysticisme ; l'oratorio de la Pentecôte *Tongues of Fire* (1964) se situe à l'apogée de ce style. En 1965-66, il esquisse un grand nombre de « nouvelles représentations » psychologiques pour la scène. La grande œuvre de la fin de sa vie, une adaptation lyrique de l'*Orestie*, est restée inachevée : il est mort subitement dans un accident de voiture.

Paul Griffiths.

Christus. 1. Oratorio de Liszt sur des textes liturgiques et bibliques pour soprano, alto, ténor, baryton, basse, chœur et orchestre. Composé entre 1862 et 1867.

2. Oratorio op.97 de Mendelssohn sur un texte du chevalier Bunsen. Commencé en 1844, il est resté inachevé à la mort de Mendelssohn.

3. Le rôle du Christ dans *La Passion selon saint Matthieu* de Bach est souvent appelé « Christus ».

Christus am Ölberge (« Le Christ au mont des Oliviers »). Oratorio pour soprano, ténor, basse, chœur et orchestre op.85 de Beethoven sur un texte de Franz Xaver Huber ; composé en 1803 (révisé en 1804). La version anglaise intitulée *Engedi* a pour objet l'histoire de David.

Chromatisme (du grec χρομα, *chroma*, « couleur »). Au sens moderne du terme, utilisation d'une gamme qui divise l'octave en 12 intervalles égaux d'un demi-ton (voir *Gamme*, 4). Le chromatisme est un élément caractéristique de la musique depuis ses origines, dans la Grèce antique, où il revêtait le sens de « coloration » des intervalles par une subdivision non diatonique. La théorie grecque reconnaissait un *tétracorde partiellement chromatique englobant deux demi-tons adjacents. Au XIVe siècle, il y eut une controverse sur l'utilité d'incorporer toutes les notes de la **musica ficta* à la série diatonique pour obtenir une gamme chromatique complète, élément déjà utilisé dans les instruments à clavier contemporains. A la fin du XVIe siècle, les madrigalistes italiens, notamment Marenzio et Gesualdo, ont commencé à utiliser l'inflexion chromatique (voir *Madrigal*, 3). A l'ère baroque, le chromatisme devient une source importante d'*Affekt* (voir *Théorie des passions*), non seulement pour illustrer la musique vocale mais également dans les œuvres instrumentales, par exemple dans les fugues ou autres formes contrapuntiques sur des sujets chromatiques.

Dans le cadre d'un langage tonal universel, le chromatisme aux périodes classique et romantique est généralement interprété comme un progrès historique régulier vers la dissolution de la tonalité. Dans la musique classique, le chromatisme tonal poussé à l'extrême – par exemple dans l'introduction du célèbre *Quatuor « Les Dissonances » K 465* de Mozart – a permis d'élaborer une notion de centre tonal fondamental, de telle sorte que la structure harmonique essentiellement diatonique d'un morceau ne soit jamais mise en question. Mais la palette tonale plus riche des compositeurs du début du XIXe siècle comme Chopin a fait entrer une certaine ambiguïté chromatique dans les matériaux de base de composition. L'harmonie chromatique de Wagner représente la phase la plus influente de ce processus. Son emploi d'accords non diatoniques comme éléments harmoniques les plus stables (surtout dans *Tristan*), d'altérations chromatiques complexes et de relations harmoniques sur la totalité du spectre de douze notes ; prépare l'avènement de la musique « entièrement chromatique ». Schœnberg affirmait pourtant que Brahms, avec ses progressions éloignées et l'utilisation de la substitution harmonique, représentait une étape aussi importante vers la dissolution tonale. Dès 1910, Schœnberg et ses élèves écrivaient une musique utilisant toutes les notes de la gamme chromatique, dans un style *atonal relativement libre des contraintes de la tonalité majeure-mineure, de l'harmonie fonctionnelle et du concept de dissonance et de consonance. Un genre de chromatisme plus ordonné est né dans les années vingt avec la musique *dodécaphonique dans laquelle les permutations répétées de la gamme chromatique constituent l'un des éléments de l'organisation de la structure sonore.

Jonathan Dunsby.

Chrysander, (Karl Franz) **Friedrich** (Lübtheen, Mecklenburg, 8 juillet 1826 ; Bergedorf, 3 septembre 1901). Musicologue allemand. L'un des premiers musicologues de l'histoire, il est connu pour ses éditions de Haendel, Corelli et d'autres compositeurs de l'ère baroque. Autodidacte dans le domaine de la musique, il avait obtenu un doctorat de l'Université de Rostock en 1855 et s'était lancé dans une vaste biographie de Haendel qu'il considérait comme l'œuvre de sa vie. Le premier volume a été publié en 1858, le deuxième en 1860 et le troisième en 1867, mais il l'abandonna pour se consacrer à sa monumentale édition complète des œuvres de Haendel, publiée dans le cadre de la Händel-Gesellschaft que Chrysander et l'historien littéraire Gervinus avaient fondée en 1856. Au début, cette entreprise ne bénéficiait que d'une subvention de la couronne de Hanovre. Une fois cette somme dépensée, Chrysander prit l'entière responsabilité de l'édition et installa une presse d'imprimerie dans son jardin, augmentant ses revenus en vendant les produits du jardin et en écrivant des articles et des éditoriaux pour des revues musicales. En 1875, il fut obligé de vendre une partie de sa bibliothèque personnelle à l'État de Hambourg. Bien que son édition Haendel, laissée incomplète à sa mort, ait été depuis lors détrônée, elle n'en reste pas moins un témoignage de son ingéniosité, de son acharnement et de sa persévérance.

J.-M. Thomson.

Church, John (? Windsor, 1675 ; Londres, 6 Janvier 1741). Compositeur anglais. Nommé Gentleman de la chapelle royale en 1697, il devient ensuite chantre puis Master of the Choristers à l'abbaye de Westminster, où il est enterré. Il a composé des *anthems* et des offices.

Wendy Thompson.

Ciaia, Azzolino Bernardino della. Voir *Della Ciaia, Azzolino Bernardino.*

Ciampi, Vincenzo (Legrenzio) (Piacenza, ? 1719 ; Venise, 30 mars 1762). Compositeur lyrique italien de l'école napolitaine. Ses premiers opéras-comiques ont été représentés à Naples alors qu'il n'avait que 18 ans. Vers 1747, il fait un court séjour à Venise où l'un de ses oratorios est exécuté à l'Ospedale degli Incurabili. Il y est alors *maestro di coro*. En 1748, il se rend à Londres avec une troupe de chanteurs italiens pour donner des représentations d'opéras-comiques au King's Theatre ; il y restera jusqu'aux environs de 1756 puis retournera à Venise. Ses opéras et ses oratorios continueront à y recevoir un accueil favorable et il reprendra son ancien poste aux *Incurabili* en 1760. Ses opéras ont également remporté beaucoup de succès à Paris à l'époque de la Querelle des *bouffons. L'aria à laquelle le nom de Ciampi est généralement associé, « Tre giorni son che Nina », n'est probablement pas de lui mais a été ajoutée à l'opéra *Gli tre cicisbei ridicoli* qu'il a dirigé et composé en partie pour le King's Theatre en 1749.

Denis Arnold.

Ciboulette. Opérette en trois actes de Reynaldo Hahn sur un livret de Robert de Flers et Francis de Croisset, créée au Théâtre des Variétés (Paris) le 7 avril 1923.

Ciconia, Johannes (Liège, ? vers 1334 ; Padoue, 1412). Compositeur et théoricien liégeois. Ciconia est le compositeur dont il nous est parvenu le plus grand nombre de compositions entre Machaut et Dufay, mais il n'est pas impossible qu'il faille répartir entre un père et un fils cette carrière apparemment très longue, car la majeure partie des œuvres que nous connaissons aujourd'hui ont été composées après 1390.

Si l'on admet que toute référence à Ciconia ne concerne qu'un seul et même homme, le compositeur est né vers 1334. Il a été d'abord nommé « familiarus » de la femme de Jean de Commignes, courtisan à la résidence du pape Clément VI en Avignon, entre 1350 et 1357. L'année suivante, il devient aumônier auprès du cardinal espagnol Albornoz chargé de reconquérir les États pontificaux d'Italie. Ciconia est fait chapelain en 1359 ; pour bénéficier d'un tel titre, il devait avoir au moins 25 ans. A la mort d'Albornoz, il retourne à Liège où il demeure jusqu'en 1398, date à laquelle il se rend à Padoue. En 1403, il est nommé maître de chapelle à la cathédrale de Padoue où il reste jusqu'à sa mort.

L'œuvre de Ciconia comprend douze parties de messe (toutes des Gloria ou des Credo), onze motets, deux chansons françaises, quatre madrigaux et sept ballades italiennes. On peut dater certains motets grâce aux références à des personnages importants de l'époque : par exemple, *O felix templum*, composé lorsque Stefano Carrara est devenu évêque de Padoue en 1400. Les chansons sont plus difficiles à situer – une pièce française (« Sus une fonteyne ») semble avoir été écrite dans le style maniéré des années 1380, mais en réalité les parties maniérées sont des citations d'œuvres d'un autre compositeur, Philipoctus de Caserta ; les quatre madrigaux sont écrits dans le style un peu démodé du madrigal du XIVe siècle, mais on trouve des traces d'une tendance plus moderne dans l'imitation persistante, l'écriture mélodique séquentielle et les changements de mesure au sein d'une même section.

L'importance et l'influence de Ciconia ne sont pas faciles à évaluer. Il a évidemment été l'un des premiers compositeurs du Nord à voyager en Italie, à absorber le style italien et, en un sens, à « allier » les traditions françaises et italiennes. Il a apporté sa contribution aux messes cycliques (le groupement du Gloria et du Credo dans un manuscrit de Bologne est l'un des plus anciens du genre) et certains de ses motets s'écartent des structures isorythmiques françaises basées sur des ténors en plain-chant et sur l'utilisation de textes différents à chacune des voix supérieures. Dans son motet *O felix templum*, il ne se contente pas d'incorporer ces éléments mais il anime aussi la texture avec un procédé d'imitation libre qui devait conduire à une meilleure égalisation des parties vocales au XVe siècle. Sa musique a survécu essentiellement dans des manuscrits qui émanent tous d'une petite région à proximité de Venise. Quoi qu'il en soit, son style mélodique ouvert, la clarté de la texture et le sens « moderne » de la direction harmonique font de Ciconia un compositeur intéressant et accessible.

Anthony Pryer.

Cid, Le. Opéra en quatre actes de Jules Massenet sur un livret de d'Ennery, Blau et Gallet d'après la pièce de Corneille (1637). Créé à Paris en 1885. Farinelli, Aiblinger et Cornelius ont également écrit des opéras sur le même sujet.

Cifra, Antonio (Terracina, 1584 ; Loreto, 2 octobre 1629). Compositeur italien. Petit chanteur de Saint-Louis-des-Français à Rome, il prend ensuite la direction musicale du Collège allemand (1608-09), de Saint-Jean-de-Latran (1622-26) et de la Santa Casa di Loreto (à partir de 1609 jusqu'à sa mort, avec une interruption de quatre ans pendant lesquels il retourne à Rome). Il a été l'un des premiers compositeurs à écrire des motets pour voix solistes et, dans ses mélodies, il a développé l'utilisation de la basse obstinée. Sa musique était très connue en Angleterre où Henry Lawes a mis en musique les titres de chansons et une ou deux directives d'exécution de ses *Scherzi et arie* (Venise, 1614) pour tourner en dérision l'adulation de ses compatriotes pour la musique italienne.

Denis Arnold.

Cilea, Francesco (Palmi, Calabre, 26 juillet 1866 ; Varazze, Ligurie, 20 novembre 1950). Compositeur italien. La tradition familiale le destinait à être juriste, mais il rencontra assez jeune le célèbre professeur Florimo qui réussit à convaincre ses parents de le laisser faire des études musicales au Conservatoire de

Naples. Il composait surtout de la musique pour piano, mais un opéra de jeunesse, *Gina* (1889), attira l'attention de l'éditeur Sonsogno. Il écrivit par la suite plusieurs opéras dont *Adriana Lecouvreur* (1902) qui a connu un grand succès en raison de son charme mélodique qui le situait en marge de l'école italienne de l'époque, dominée par le vérisme. Il a enseigné pendant presque toute sa vie dans divers conservatoires avant de se retirer à Varazze pour mener une vie solitaire.

Denis Arnold.

Cima, Giovanni Paolo (vers 1570 ; célèbre jusqu'en 1622). Compositeur italien, membre le plus célèbre d'une famille d'organistes et de compositeurs milanais et romains du XVIIe siècle. Il fut maître de chapelle et organiste à San Celso de Milan, en 1610. Il a surtout laissé des œuvres pour orgue et pour ensemble instrumental et ses *Concerti ecclesiastici* (Milan, 1610) contiennent un des premiers exemples de sonate en trio. Il a également laissé quelques instructions intéressantes sur l'accord des instruments à clavier à la fin de son recueil *Partito di ricercari canzoni alla francese* (Milan, 1606).

Denis Arnold.

Cimarosa, Domenico (Aversa, près de Naples, 17 décembre 1749 ; Venise, 11 janvier 1801). Compositeur italien. Orphelin à sept ans, Cimarosa fait des études musicales au Conservatorio di Santa Maria di Loreto, à Naples, de 1761 à 1771, où il manifeste son talent pour le chant et la composition. En 1772, son premier opéra est représenté à Naples et il devient rapidement le compositeur d'opéras le plus populaire de la ville. Il est *maestro* à l'Ospedaletto, conservatoire vénitien réservé aux jeunes filles, à partir de 1782 environ et, cinq ans plus tard, sa réputation s'étendant rapidement en Europe, Catherine II le nomme maître de chapelle à Saint-Pétersbourg. En 1791, il quitte la Russie pour Vienne où il est Kapellmeister pendant deux ans avant de retourner à Naples. Il est alors organiste de la chapelle royale jusqu'en 1799, date à laquelle l'armée française s'empare de Naples ; pour montrer sa sympathie en faveur des idées révolutionnaires, il compose un hymne patriotique qui lui vaut, lorsque l'armée quitte la ville, d'aller en prison pendant quelque temps. A sa libération, il quitte Naples pour retourner à Saint-Pétersbourg mais n'ira pas plus loin que Venise où il meurt alors qu'il préparait un opéra pour le carnaval.

Cimarosa a composé les plus beaux opéras bouffes de son époque, rivalisant avec Mozart par son talent mélodique et sa vivacité, mais il sut moins bien représenter les traits de caractère plus profonds. Son chef-d'œuvre, *Il Matrimonio segreto*, a été créé au Burgtheater de Vienne en 1792.

Denis Arnold.

Cimbasso. Instrument mentionné dans les partitions d'opéra italien du XIXe siècle. Il figure sur la portée au-dessous des trombones, là où l'on s'attendrait à trouver une partie de serpent, d'ophicléide, ou (plus tard) de tuba. Il apparaît vers 1830, notamment dans la *Norma* de Bellini, puis figure dans les opéras de Verdi jusqu'à *Aïda*. En fait, personne n'a encore réellement découvert s'il s'agit d'un terme général désignant un instrument à vent grave ou s'il correspond à un instrument spécifique – bien que, dans ce dernier cas, le terme ne s'applique certainement pas au même instrument pendant toute la période considérée. Certaines sources indiquent qu'il aurait tout d'abord désigné les derniers types de serpent, puis le tuba et, finalement, dans les œuvres de Verdi, un trombone basse à pistons. En Italie, c'est le tuba qui tient aujourd'hui cette partie.

Anthony Baines.

Cinderella. Voir *Cenerentola, La* et *Cendrillon*.

Cinesi, Le (« Les Chinoises »). Opéra en un acte de Gluck sur un texte tiré du livret qu'avait écrit Métastase pour Caldara. Composé en 1754 à l'occasion d'une visite de Marie-Thérèse et de François Ier à la cour du prince de Saxe-Hildburghausen, l'employeur de Gluck.

Circles. Œuvre de Berio pour récitante, harpe et deux percussionnistes, composée en 1960 sur des textes de E. E. Cummings extraits de ses *Poems 1923-54*.

Circus Polka (pour un jeune éléphant). Œuvre composée par Stravinski à l'intention du cirque Barnum & Bailey. Lors de sa création à New York en 1942, elle a été dansée par une troupe de jeunes éléphants sur une orchestration pour ensemble d'instruments à vent de David Reksin. Stravinski en a réalisé une version pour orchestre symphonique et une réduction pour piano.

Cis (all.). Do dièse ; *Cisis*, do double dièse.

Cistre (all. : *Cister*, *Sister* ; angl. : *cittern* ; ital. : *cetra*, *cetera*). Du XVe au début du XVIIe siècle, le cistre appartenait au groupe des instruments à frettes et à cordes pincées ; il différait des autres instruments par ses cordes entièrement métalliques. On en jouait généralement avec un plectre et, à son apogée, il intervenait dans toutes sortes de musique, légère aussi bien qu'élaborée. Il est tombé en désuétude au cours de la première partie du XVIIIe siècle, remplacé par un autre instrument à cordes métalliques, peu coûteux et sûr, qui continua à porter le nom de « cistre » en France, alors que les Anglais le baptisaient « English guitar » (voir 6). Aujourd'hui, le véritable cistre est à nouveau fabriqué et connaît un regain d'intérêt chez les instrumentistes.

1. *Construction*. Le dos de la caisse piriforme est presque plat ; la caisse est très peu profonde et son épaisseur décroît entre la jonction avec le manche et l'extrémité inférieure, où elle n'atteint que 2,5 cm, parfois moins. Le petit volume d'air qu'elle renferme accentue la sonorité chatoyante des cordes métalliques – en acier pour les plus fines, en laiton pour les plus épaisses. Elles passent sur un chevalet comparable à celui de la mandoline qui est maintenu en place par la tension des cordes, fixées à un « peigne » à l'extrémité inférieure de la caisse. Le manche comporte des frettes en métal ou en os insérées dans la touche, relativement épaisse ; il se prolonge sur la table d'harmonie, comme sur la guitare moderne, la douzième frette (sur un total de dix-huit ou dix-neuf) se trouvant à la jonction de la caisse. Le manche lui-même est décentré et passe sous le côté aigu de la table, caractéristique très inhabituelle. Les cordes mesurent environ 45 cm et la taille totale de l'instrument se situe entre celle de la guitare et celle de la mandoline.

2. *Accord*. Le montage des cordes suit essentiellement deux traditions régionales : italienne et française. Au XVIe siècle, la disposition italienne courante comportait six rangs, ou « chœurs », de cordes doubles accordées selon l'Ex. 1a. En Angleterre, le cistre ne comportait que quatre chœurs, accordés comme les quatre premiers chœurs du système italien : ils correspondent aussi aux quatre premières cordes de la guitare actuelle, en inversant le si et le ré et en transposant le ré à l'octave supérieure ; ces notes forment un air mnémonique. En France, ainsi qu'en Flandres, le cistre comportait également quatre chœurs, mais le quatrième était abaissé d'un ton (si devenant la), se trouvant donc un ton au-dessus du troisième ; certaines cordes étaient doublées à l'octave supérieure et ce chœur comportait parfois trois cordes (une à l'octave inférieure et deux à l'octave supérieure)

Ex. 1

Certains instruments plus grands, assez rares, étaient accordés une quinte plus bas. Le grand *ceterone*, ou cistre basse, comportait des cordes graves supplémentaires, à la façon du théorbe (voir *Luth*, 3) ; il était surtout employé comme instrument de continuo.

3. *Frettes et tablature*. Les frettes variaient également d'une région à l'autre. L'Italie et l'Angleterre connaissaient une disposition entièrement chromatique des frettes, mais les Français avaient adopté un dispositif partiellement diatonique avec un écart d'un ton entre la troisième frette et la suivante et d'autres écarts analogues situés plus haut sur la touche : généralement, cet écart était partiellement comblé par une frette qui ne traversait qu'en partie la touche. La raison de tels écarts reste inexpliquée.

Les tablatures de cistre tiennent compte de cette différence. La tablature italienne (comme la tablature de luth italienne ; voir *Tablature*, 1) met le premier chœur sur la ligne du bas et utilise des nombres pour les frettes (Ex. 4) ; « 4 » désigne la quatrième frette, une tierce majeure au-dessus de « 0 », la corde à vide. La tablature française met le premier chœur au-dessus de la ligne supérieure et utilise des lettres pour désigner les frettes, « a » correspondant à la corde à vide. En raison de l'espace d'un ton entier mentionné ci-dessus, « d », la troisième frette, est suivi de « e » deux demi-tons plus loin (Ex. 3). Les tablatures anglaises, bien qu'elles s'adressent à un dispositif à quatre chœurs et aux frettes chromatiques italiennes, utilisent la tablature française, la frette « e » étant alors située un demi-ton au-dessus de la frette « d ». On remarquera que les exemples impliquent un large usage du *plectre, faisant intervenir toutes les cordes de l'accord, sans exception.

L'Ex. 3 montre le rôle que peuvent jouer le troisième et le quatrième chœur dans la mélodie (alors que, sur la plupart des instruments à cordes pincées, ce rôle est tenu par le premier chœur). La mélodie est alors doublée à l'octave inférieure, grâce à la corde grave figurant dans ces chœurs (Ex. 2) et la basse se trouve, pour la même raison, doublée à l'octave supérieure.

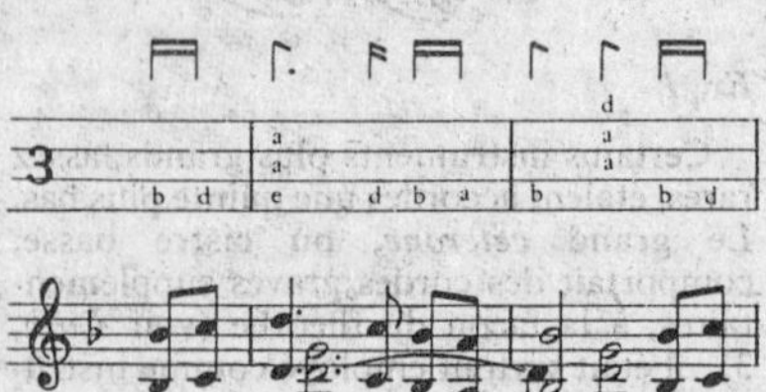

Ex. 2

Ex. 3

4. *Histoire*. L'histoire du cistre remonte probablement à la *citole et se limite, dans un premier temps, à l'Italie. Dès le milieu du XVe siècle, des représentations graphiques montrent sa forme arrondie avec le rétrécissement latéral et, généralement, une curieuse disposition des frettes, apparemment diatonique, comprenant ce que Tinctoris (vers 1487) décrit comme des « blocs en bois [*elevationes ligneae*] communément appelés frettes [*tastae*] » : l'instrument s'est progressivement affiné, mais certains traits archaïques ont subsisté comme la découpe de la caisse, du manche et de la tête dans un seul morceau de bois. Ces cistres de « style ancien » ont continué à être fabriqués jusqu'à la disparition de l'instrument. Mais, entre-temps, vers 1570, un facteur de Brescia, Girolamo Virchi (qui aurait été le professeur de Gasparo da Salò, l'un des premiers facteurs de violons), repensa la facture du cistre en fabriquant le dos et les côtés de l'instrument dans des pièces séparées et en l'équipant de frettes chromatiques, très rares auparavant. Un de ses instruments de 1574 est conservé à Vienne. Mais le plus bel hommage qu'on lui ait rendu est d'avoir attribué pendant longtemps à Stradivarius deux cistres (non signés), bien que leur forme et leur style soient totalement anachroniques pour l'époque de ce maître. Le fils de Virchi, Paolo, organiste et compositeur de renom, a écrit la même année un remarquable recueil de musique pour cistre dans lequel il exploite toutes les possibilités de ce cistre « nouveau style » (Ex. 4). Ce recueil a exercé une grande influence sur la tradition du cistre en Angleterre.

Pour quelques instruments contemporains apparentés au cistre, voir *Bandora*, 1 ; *Orpharion*.

5. *Répertoire*. Une grande partie de la musique destinée au cistre de la Renaissance a survécu, sous forme de manuscrits ou de recueils publiés allant des tablatures françaises de Guillaume Morlaye, Adrien Le Roy et Simon Gorlier (milieu du XVIe siècle) aux simples tableaux d'accords de Minguet y Yrols, qui datent de 1745 environ. Les œuvres publiées les plus remarquables, outre celles de Paolo Virchi (Ex. 4), sont sans doute celles du Flamand Frederich Viaera (Ex. 2) et, à Londres, la *Citthארn School* de Holborne (1597, Ex. 3) et les *Newe Citharen Lessons* de

Ex. 4

Ex. 5

Robinson (1609). De nombreux recueils anglais destinés à des ensembles plus variés contiennent également une partie de cistre, comme le *First Book of Consort Lessons* de Morley (1599) (voir *Bandora*, 1).

6. *La guitare anglaise*. Considérée aujourd'hui comme une antiquité du XVIIIe siècle, elle a connu une grande popularité en Angleterre au cours de la seconde moitié du XVIIIe siècle ; en France, certains instruments aux formes identiques (cistres) ont joui également d'une vogue non négligeable. La guitare anglaise voit le jour peu avant le milieu du XVIIIe siècle ; elle conserve à peu près la longueur de l'ancien cistre tout en étant plus large et avec des côtés profonds, un peu comme la guitare. Elle est munie de six rangées de cordes doubles métalliques, les deux plus graves en laiton, accordées sur l'accord de do majeur (de sol^{3} à do^{2}). Les doigts pinçaient les cordes pour accompagner la voix en accords arpégés ou pour jouer des pièces en soliste publiées par Bremmer, Preston, etc. L'Ex. 5 reproduit le début d'une *Sonate pour la guitare* de J. C. Bach ; les accords « faciles » sont écrits en do majeur. La touche, souvent en écaille de tortue rouge, comportait généralement des trous situés entre les frettes pour y verrouiller un *capodastre. A l'intention des dames qui trouvaient que les cordes fines abîmaient les doigts, les facteurs ont ajouté à la table une mécanique de pianoforte utilisant de petits marteaux qu'actionnaient un clavier (cistre à touches).

Le cistre portugais ou *guitarra*, l'un de ses descendants absolument identique, est encore fabriqué aujourd'hui. La première méthode portugaise (1796) indique qu'il provenait d'Angleterre. On fabrique aussi une *guitarra* munie d'une caisse plus grande : c'est l'instrument professionnel qui sert à l'accompagnement du chant, en particulier des *fados*. L'accord traditionnel pour l'accompagnement du *fado* (ré^{3}, do^{3}, sol^{2}, ré^{2}, do^{2}, fa^{1}) est très proche de celui de l'ancienne guitare anglaise (une quarte plus bas, mais en élevant d'un demi-ton le deuxième et le cinquième chœur et en abaissant le sixième d'un ton). Les cordes sont accordées au moyen de vis disposées en étoile dans la tête de l'instrument. Les guitares anglaises étaient accordées de la même façon, mais en utilisant un remontoir.

Un autre instrument européen de la famille des cistres a survécu sous forme d'instrument domestique jusqu'aux années trente dans la région de Berne, en Suisse, et dans certaines régions du sud de l'Allemagne : d'une forme ressemblant à celle de l'ancien cistre, ce *Waldzither* possédait cinq chœurs métalliques dont les quatre premiers étaient accordés comme ceux de la guitare anglaise, et il se jouait avec un plectre. Certains possédaient même une ou plusieurs cordes graves supplémentaires. Il semble que le nom de la célèbre *zither* (*cithare) tire son origine de celui de cet instrument.

James Tyler, Anthony Baines.

Cithare (du grec κιθαρα *kithara*). En latin classique, lyre ; en latin du Moyen Age, il s'agit généralement d'une harpe. Voir également *Grèce antique*, 7a ; *Zither*.

Cithare d'amateur (all. : *Akkordzither* ; angl. : *auto-harp*). Instrument de la famille de la cithare dont le fonctionnement repose sur un système d'accords préétablis permettant d'harmoniser des airs ou d'accompagner des voix. La caisse de résonance est plate et mesure environ 53 cm de long, avec un pan coupé. Elle se pose à plat sur les genoux ou sur une table et comporte entre 21 et 32 cordes métalliques accordées (avec une clé) sur une gamme de do dans laquelle sont souvent insérés des fa dièse et des do dièse. Neuf ou douze barres transversales sont placées au-dessus des cordes et maintenues à chaque extrémité par un ressort à spirale. Sur chaque barre se trouve une étiquette indiquant à quel accord elle correspond ; l'instrumentiste se sert de sa main gauche pour appuyer sur la barre et une série de tampons en feutre (un par barre) étouffent les cordes étrangères à l'accord. La main droite sert à gratter les cordes : généralement le pouce (avec une tige métallique) ou un plectre qui balaie l'ensemble des cordes pour s'arrêter sur la note mélodique. Une fois l'accord plaqué, l'instrumentiste peut continuer à jouer la mélodie sur des cordes individuelles jusqu'à l'accord suivant. Les douze barres transversales permettent d'obtenir quatre accords majeurs, trois accords mineurs et cinq accords de septième. L'instrument comporte 32 cordes.

L'*Akkordzither* a été inventé à la fin du siècle dernier par des facteurs allemands. Aujourd'hui, il est surtout fabriqué outre-Rhin. Certains modèles ne comportent pas les barres transversales à tampons de feutre qui permettent de produire des accords de quatre notes. On peut en jouer debout et ils se tiennent comme la lyre antique. Tous ces instruments ont une sonorité pleine et résonnante. Ils sont particulièrement appréciés des chanteurs de musique populaire en Grande-Bretagne et aux États-Unis.

Anthony Baines.

Citole et guiterne (du latin *cithara*, le second étant une déformation arabe du même mot). Instruments médiévaux, datant essentiellement de la période 1250-1350 dont on ne connaît que le nom et qui ne sont pas identifiés avec certitude. Certains dessins et sculptures reproduisent de petits instruments à cordes pincées, munis de quatre ou cinq cordes, qui prennent deux types de formes : sur la Fig. 1, *a* et *b* sont des variantes du premier, *c* et *d* des variantes du second.

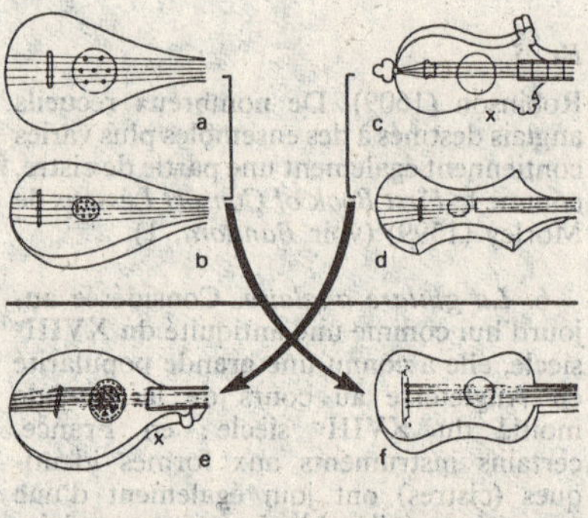

Fig. 1. Citole et guiterne : identification des instruments en fonction de leur forme.

En suivant un raisonnement assez logique, certains historiens voient dans le modèle piriforme de la Fig. 1*a* le prototype du *cistre de la Renaissance (*e*) (cistre et citole ont les mêmes racines). Quant aux côtés incurvés de *d*, et particulièrement de *c*, ils annoncent la *guitare de la Renaissance (*f*) (proche du mot *guiterne*). Pour l'instrument de la Fig. 1b, on parle parfois de mandore, mais ce mot était très rarement employé au Moyen Age.

Ces identifications ont été sérieusement réexaminées il y a quelques années par

Laurence Wright, dans son article *The Medieval Gittern and Citole : a case of mistaken identity* (*Galpin Society Journal*, XXX, 1977). Selon sa thèse, les véritables relations existant entre ces instruments peuvent se résumer par les flèches ajoutées sur la Fig. 1. Sur l'instrument *c*, la courbe marquée d'un « x » se termine comme celle marquée d'un « x » sur l'instrument *e*, en un point où se trouvent souvent des vestiges de « sommets » de courbe. L'unique instrument du XIVe siècle conservé au British Museum (sous une forme altérée ultérieurement) ne serait donc pas un guiterne, comme on le pensait jusqu'alors, mais un citole. Wright apporte en outre une série de preuves permettant d'identifier *a* comme un guiterne et non comme un citole. Nous savons qu'au XVe siècle on employait le mot guiterne pour désigner un instrument à fond arrondi dont la forme ressemblait à celle d'un petit luth (voir Fig. 1 *b*) et les Espagnols – avec leur aversion éternelle pour la forme du luth – auraient défini la forme de la guitare (*f*) sans se référer aux instruments reproduits sur la Fig. 1 c, d, même si le dos n'est pas absolument plat mais légèrement convexe, construit à partir des éclisses.

L'intérêt que suscite actuellement la musique médiévale obligera musiciens et musicologues à choisir entre ces deux nomenclatures. A l'heure actuelle il semble ne faire aucun doute que la thèse de Wright l'emporte : dans les livres anciens, le terme citole (ou mandore) doit être compris comme guiterne et inversement.

Anthony Baines.

City Glee Club. Club de musique londonien fondé entre 1670 et 1680 sous le nom de Civil Club ; il a pris le nom de City Glee Club en 1853. Il ne comporte pas plus de 200 membres et la majeure partie des chanteurs qui se sont produits lors des réunions du club appartenaient aux chœurs de Saint-Paul, de la chapelle royale et de l'abbaye de Westminster.

City of Leeds College of Music. École de musique britannique issue du Leeds Education Committee Music Centre, fondée en 1959 pour donner des cours du soir aux adultes ; elle comporte aussi un petit nombre de classes instrumentales pour les enfants. Le premier directeur à temps complet a été nommé en 1965 et l'école a reçu son titre actuel en 1971. Outre la préparation des élèves aux diplômes d'autres écoles, ce collège délivre son propre diplôme de musique légère et propose également des cours du soir et des cours à temps partiel. Il est actuellement dirigée par Joseph Stones.

Cl. Abréviation de clarinette.

Clair de Lune. 1. Troisième mouvement de la *Suite Bergamasque* pour piano (1890) de Debussy. Orchestré par Caplet, il a fait l'objet de plusieurs autres arrangements, mais aucun n'est dû à Debussy.

2. Mélodie de Debussy sur un poème de Verlaine, troisième mélodie de ses *Fêtes galantes*.

3. Mélodie op.46 no 2 de Fauré sur le même poème de Verlaine.

4. Surnom de la *Sonate pour piano no 14 en do dièse mineur op.27 no 2* de Beethoven (1801). Elle doit ce surnom au poète Heinrich Rellstab (1799-1860) qui écrivit que le premier mouvement lui rappelait un clair de lune sur le lac de Lucerne – approche assez originale d'un mouvement dont le caractère se rapproche davantage de celui d'une marche funèbre.

Clairon (all. : *Signalhorn* ; angl. : *bugle* ; ital. : *cornetta da segnale*, mais on parle souvent de *tromba*).

1. *Le clairon anglais.* En cuivre rouge ou en cuivre jaune nickelé, il est muni d'une embouchure en forme de bassin (pour les notes qu'il produit, voir *Cuivres*, Ex. 1). Les sonneries militaires anglaises comportent les appels du régiment, ceux des grandes manœuvres et les appels courants, tous publiés dans *Trumpet and Bugle Sounds for the Army* (HMSO). Les marches de batterie-fanfare sont disponibles chez les éditeurs et les marchands d'instruments. La corde à glands traditionnelle du clairon est verte ou tricolore. En Grande-Bretagne, le clairon est généralement en si bémol, d'après l'ancien diapason aigu (voir *Diapason*, 3). Pour jouer avec d'autres instruments accordés au diapason normal, il faut ajouter un tenon transpositeur d'environ 7,5 cm qui s'insère entre le corps et l'embouchure.

2. *Le clairon français.* Dérivé du bugle d'infanterie anglais, il voit le jour après les guerres napoléoniennes. Le clairon

français n'a en principe ni clefs ni pistons et peut comporter une ou deux boucles. Il sonne en ut ou en si bémol et sa tessiture s'inscrit entre ut^3 et sol^4. De facture plus récente, il existe également des clairons munis d'un piston dont les possibilités mélodiques sont beaucoup plus développées.

3. *Le clairon américain.* Aux États-Unis, le mot « bugle » désigne le clairon en si bémol ainsi qu'un instrument plus ancien, également appelé « field trumpet » (trompette militaire). Sa fondamentale est le sol et il est souvent muni d'un piston qui lui permet de l'abaisser d'une quarte, au ré, pour pouvoir jouer certaines parties de la gamme. Dans l'Ex. 1, les notes imprimées avec la queue en l'air correspondent aux notes obtenues avec le piston levé et les notes queue en bas aux notes piston abaissé. Le do, comme harmonique septième, est plutôt bas. L'origine de ce piston est venu d'Europe au XIXe siècle : il permettait aux clairons de jouer des airs ; pendant un certain temps, les clairons ont porté le nom de « cors Bersaglieri », du nom des régiments italiens qui en jouaient pendant la Première Guerre mondiale.

Ex. 1. Sons, avec harmoniques numérotés.

De plus grands clairons de la même famille servent à jouer les parties de ténor ou de basse dans les ensembles de clairons. Ils sont parfois très fournis, surtout aux États-Unis, avec une abondante percussion comprenant jusqu'aux *rototoms.

4. *Histoire.* Le clairon remonte à la guerre de Sept Ans lorsque les chasseurs de l'armée de Hanovre empruntèrent à la chasse le grand cor métallique semi-circulaire du *Flügelmeister* qui se portait à l'aide d'une courroie transversale en cuir et qui a été le premier instrument à porter le nom de *Flügelhorn.* Dans l'armée, il a pris le nom de *Halbmond* (« demi-lune »). L'armée anglaise l'a adopté à son tour dans l'infanterie légère, sous le nom de « bugle horn », normalement en ré, une tierce au-dessus du clairon actuel. Vers 1800, il a été remodelé en formant une boucle, en ut ou en si bémol, comme aujourd'hui. La forme actuelle à deux boucles a vu le jour après la guerre de Crimée mais, dans le reste de l'Europe, la boucle unique (empruntée aux Anglais après la bataille de Waterloo) est encore souvent en usage. Certains appels remontent à l'époque du *Halbmond.* Les premières notes de la sonnerie aux morts sont encore plus anciennes ; elle sont empruntées à une sonnerie de trompette de cavalerie qui date au moins du XVIe siècle. L'appendice du *Manuel général de musique militaire* de Kastner (1848) contient une belle collection de sonneries des différentes armées européennes. Plus récemment, Britten a fait intervenir un clairon dans *Noye's Fludde.*

5. *Le bugle à clefs* (all. : *Klappenhorn* ; angl. : *keyed bugle*). Instrument à une boucle muni d'au moins six clefs à ressorts et à tampons de cuir qui couvrent des trous pratiqués dans le tube pour obtenir une gamme chromatique complète. Sur le bugle à clefs en si bémol, le plus répandu, cette gamme sonne juste deux octaves au-dessus du la^2. Les clefs sont toutes des « clefs fermées » (montées sur ressort pour être fermées en position normale), à l'exception de celle qui se trouve près de l'ouverture du pavillon ; elles occupent les deux mains. Le chef de fanfare de Dublin, Joseph Halliday, a fait breveter l'instrument en 1810, quinze ans après la trompette à clefs autrichienne (voir *Trompette*, 8). On lui a également donné le nom de « Royal Kent Bugle », en l'honneur du duc de Kent, commandant des forces armées en Irlande. Certaines séries de variations écrites pour bugle à clefs sur des valses et des airs d'opéra montrent une agilité presque égale à celle du cornet à pistons. L'instrument a été couramment utilisé dans les fanfares, y compris dans le reste de l'Europe, jusqu'au milieu du XIVe siècle et Henry Bishop lui a confié des solos dans ses opérettes. L'utilisation des clefs, sans être idéale pour un instrument de la famille des cuivres, procure une qualité musicale spécifique intéressante. Mais les *pistons (apparus avec le cornet à pistons et le bugle) se sont révélés plus efficaces et plus faciles à manipuler et le bugle à clefs s'est transformé en *bugle.

Le bugle à clefs a été importé d'Irlande aux États-Unis en 1825 ; il y est devenu particulièrement populaire sous la forme du petit modèle soprano en mi bémol.

Dans les éditions parisiennes des partitions d'opéras postérieurs au *Guillaume Tell* de Rossini, le terme « trompette à clefs » peut être une source d'ambiguïté. Les traités d'instrumentation français en font l'équivalent du bugle à clefs, mais on ne peut exclure l'existence d'une trompette à clefs ou même d'une trompette à pistons puisque le mot « clef », comme l'italien « chiavi », pouvait désigner à cette époque aussi bien des clefs que des pistons.

Anthony Baines, rév. Alain Pâris.

Claque. Voir *Applaudissements,* 3.

Claquettes (all. : *Steptanz* ; angl. : *tap-dancing* ; esp. : *zapateado* ; ital. : *clachette*). Danse au bruit caractéristique dû au claquement des pointes de pieds puis des talons sur le sol. Elle s'est développée au XIXe siècle en Angleterre et aux États-Unis à partir de danses telles que la gigue et la sabotière ; les pointes et les talons des chaussures (plus légères que des sabots) avaient été modifiés pour produire clairement le son des claquements. Les claquettes ont joui d'une grande popularité au music-hall et dans les spectacles de variétés jusqu'aux années vingt et, plus tard, au cinéma. Les numéros de claquettes virtuoses comme ceux de Fred Astaire dans des films tels que *Top Hat,* puis de Gene Kelly dans *Singin' in the Rain,* ont largement contribué à en faire une danse de scène et de compétition pour danseurs seuls ou en groupe.

Voir également *Castagnettes,* 5.

Clarinette

1. Introduction
2. Étendue
3. Clarinettes en la, en ut et en mi bémol
4. Histoire
5. Répertoire
6. Cor de basset
7. Clarinette alto
8. Clarinette basse
9. Clarinette contrebasse

1. *Introduction.* La clarinette porte à peu près le même nom dans toutes les langues, quoique en Italie elle soit parfois appelée « clarino » au lieu de « clarinetto » et qu'au XIXe siècle, en Angleterre, elle ait souvent porté le nom de « clarionet ». C'est un instrument à vent de la famille des bois composé d'un tube cylindrique et d'un bec à anche simple (voir *Anche,* 2*c*). Inventée en Allemagne au début du XVIIIe siècle, elle constitue le premier instrument à anche connu sur lequel on peut obtenir une grande étendue musicale avec un tube cylindrique. En effet, sur un tel tube muni d'une anche, il est impossible de répéter la gamme fondamentale directement à l'octave comme sur les autres instruments, mais seulement à la douzième (comportement de « tuyau bouché » – voir *Acoustique,* 5, 6), et personne n'avait trouvé le moyen de mettre en pratique cette caractéristique avant l'apparition de la clarinette. A cet égard, elle constitue un exemple unique avec toutes ses variantes de tessiture plus grave (le cor de basset, la clarinette basse, etc. ; voir § 6-9).

A ses débuts, la clarinette était surtout un instrument soliste ; elle est entrée assez tard à l'orchestre et n'est devenue un membre à part entière de la famille des bois qu'à l'époque de Beethoven. Sa place ne se limitait pas uniquement à ce domaine puisqu'elle était déjà devenue l'instrument principal des *musiques militaires dans lesquelles on peut trouver à notre époque jusqu'à un tiers de clarinettistes. En outre, ces ensembles de musique militaire et les orchestres de théâtre ou de danse locaux ont commencé à attirer l'attention des musiciens folkloriques sur cet instrument : de l'Europe centrale à la Grèce et à la Turquie, puis avec l'arrivée du jazz, la clarinette est devenue l'instrument le plus largement utilisé de tous les bois de facture occidentale.

La clarinette est construite en ébène (ou, aujourd'hui, en ébonite) et elle comporte quatre segments : le baril court – ou « barillet », qui permet d'accorder l'instrument ; le corps supérieur – ou corps « du haut » ; le corps inférieur – ou corps « du bas » ; et le pavillon. Le diamètre de la perce, à l'endroit où le pavillon commence à s'évaser, mesure entre 14,75 mm et 15 mm. Aujourd'hui, le système le plus répandu est le système Boehm, avec dix-sept clefs et cinq (ou six) anneaux devant et un anneau derrière pour le pouce de la main gauche. D'autres systèmes, appelés système « simple » ou « Albert » (du nom d'un ancien facteur bruxellois), utilisent un dispositif de clefs différent et n'ont pas d'anneau à l'arrière (Pl.1, extrême droite). Ils restent couramment utilisés en Allemagne où ils ont connu un grand essor, mais ont été abandonnés ailleurs, sauf pour la musique populaire ou la musique de la rue.

Le bec de la clarinette (Fig. 1) est généralement en ébonite ou en plastique dur. Il comporte une fente (à gauche) sur laquelle se fixe l'anche au moyen d'une ligature métallique à deux vis (à droite). L'anche est placée sur la lèvre inférieure ramenée sur les dents. Les dents du haut sont généralement en contact direct avec le sommet du bec, mais certains instrumentistes ramènent également la lèvre supérieure sur les dents.

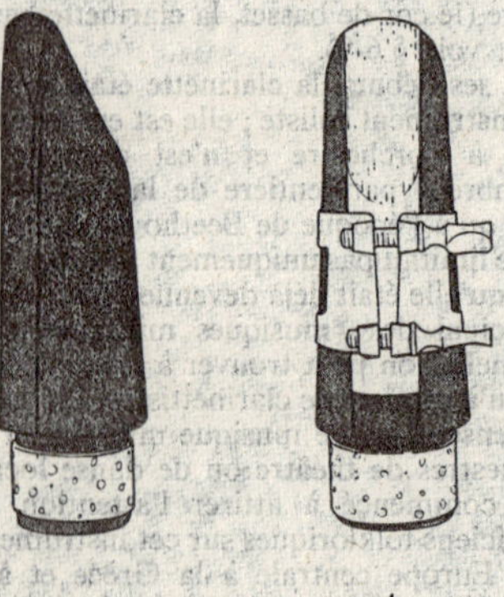

a b

Fig. 1

2. *Étendue.* Pour mieux en comprendre le fonctionnement, nous comparerons la clarinette au hautbois (comme nous l'avons fait pour le basson) ou également au saxophone qui, comme le hautbois, possède un tube conique. Dans l'Ex. 1, les registres fondamentaux sont indiqués à gauche de la ligne épaisse, les registres quintoyés à droite. Pour les notes situées les unes au-dessus des autres, l'instrumentiste pose à peu près le même nombre de doigts sur les trous. Dans chaque cas, le registre supérieur comporte, en notes écrites, une étendue allant de ré^4 à do^5. Sur la clarinette, ce registre s'obtient en ouvrant la clef du pouce ou « clef de douzième ».

Ex. 1

Puisque sur la clarinette ces notes sont des troisièmes harmoniques (3), le registre grave se situe une douzième plus bas, de sol^2 à fa^3. La clarinette est donc munie d'un trou du pouce et d'une petite clef pour l'index (pour la^3) et doit quintoyer les deux notes les plus graves (qui, sur les autres instruments, servent simplement à augmenter l'étendue vers le bas) pour fournir si^3 et do^4. Les doigts qui actionnent ces clefs ont beaucoup à faire, mais ce système ne pose pas de problème technique insurmontable ; au contraire, la clarinette jouit de deux registres plus étendus que de coutume, ce qui permet de jouer des gammes étonnamment étendues et surtout ces arpèges propres à la musique pour clarinette depuis les œuvres que Mozart a écrites pour elle (lorsque l'instrument ne possédait qu'une seule clef en plus des quatre dont nous venons de parler). Au-dessus du do^5, l'étendue se poursuit en harmoniques cinquièmes et septièmes (harmoniques impairs) jusqu'au sol et parfois jusqu'au do du dessus. La clarinette perd alors la noblesse de ses deux principaux registres : elle devient assez dure et grinçante ; les parties classiques ne montent jusqu'au ré^5 que dans des passages de bravoure occasionnels, mais les compositeurs modernes semblent apprécier l'effet déclamatoire un peu agonisant des notes supérieures.

Il faut noter que, bien que la clarinette ne quintoie pas sur des harmoniques pairs, ceux-ci restent présents, même faiblement, dans le spectre sonore : en jouant, on peut parfois détecter à l'oreille l'harmonique second (l'octave). Pourtant, la sonorité de la clarinette est synthétisée de façon satisfaisante sur les instruments électroniques en ne superposant que le troisième et le cinquième harmonique.

3. *Clarinettes en la, en ut et en mi bémol.* La clarinette courante sur laquelle commence tout étudiant est la clarinette en si bémol, qui mesure environ 67 cm de long et sonne un ton plus bas que les notes écrites (voir *Instruments transpositeurs*). Pour la musique symphonique et la musique de chambre, une fois passé le stade des débuts, l'élève a également besoin d'une clarinette en la. Elle mesure à peu près 3 cm de plus et sonne à la tierce mineure inférieure des notes écrites. On utilise généralement le même bec pour les deux instruments, en le passant de l'un à l'autre selon que la partition indique « en si bémol » ou « en la ». La sonorité est presque identique, mais la tradition veut que l'on écrive pour la clarinette en la lorsque la musique ou le mouvement est écrit dans une tonalité diésée. C'était une nécessité à l'époque de Mozart où il était impossible, sur le plan mécanique, de jouer facilement de la clarinette dans des tonalités très éloignées de la tonalité naturelle de l'instrument. La clarinette moderne est capable de tout dans n'importe quelle tonalité, mais l'instrumentiste est particulièrement à l'aise à proximité de la tonalité naturelle de son instrument.

Les parties marquées « en ut » s'adressent à la clarinette en ut (7 cm plus courte que la clarinette en si bémol). Elle était très utilisée autrefois pour les œuvres en ut ou en sol. Depuis le début du XXe siècle, ces parties sont généralement jouées sur la clarinette en si bémol, l'instrumentiste lisant un ton plus haut ; mais la clarinette en ut est encore fabriquée et certains instrumentistes la préfèrent pour certaines œuvres de Mahler ou de Richard Strauss, dans lesquelles les compositeurs pensaient particulièrement à sa sonorité brillante.

La clarinette en mi bémol (*clarinetto piccolo*) se situe une quarte parfaite au-dessus de la clarinette en si bémol et sonne à la tierce mineure supérieure des notes écrites. Mesurant environ 50 cm de long, elle fait couramment partie des grandes formations de musique militaire où elle renforce la transcription des parties de violon élevées. A l'orchestre, elle figure dans un certain nombre d'œuvres en raison de sa sonorité gaie et pittoresque. On trouve deux exemples connus de parties de clarinette en mi bémol dans la *Symphonie fantastique* de Berlioz (danses des « sorcières », dans le final) et dans

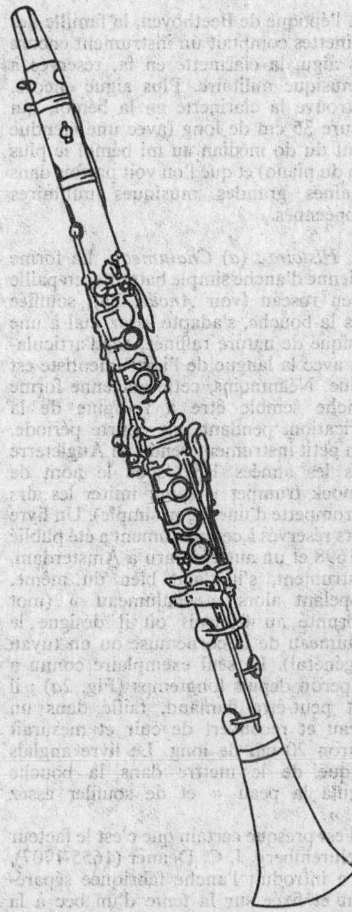

Till Eulenspiegel de R. Strauss (le héros à l'humeur malfaisante). Dans ce dernier cas, la partie est en fait écrite pour la clarinette en ré, plus longue de 2,5 cm et plus grave d'un demi-ton. Indisponible pendant longtemps, sauf en Allemagne, ce modèle est à nouveau fabriqué en petit nombre dans les autres pays, mais des parties comme celles de *Till Eulenspiegel* sonnent aussi bien sur la clarinette en mi bémol, en transposant d'un demi-ton vers le bas. De nombreux compositeurs modernes ont également écrit pour la clarinette en mi bémol, en la substituant parfois à l'habituel instrument en si bémol (notamment Stockhausen).

A l'époque de Beethoven, la famille des clarinettes comptait un instrument encore plus aigu, la clarinette en fa, réservée à la musique militaire. Plus aiguë encore, on trouve la clarinette en la bémol, qui mesure 35 cm de long (avec une étendue allant du do médian au mi bémol le plus aigu du piano) et que l'on voit parfois dans certaines grandes musiques militaires européennes.

4. *Histoire : (a) Chalumeau.* La forme ancienne d'anche simple battante, en paille ou en roseau (voir *Anche*, 2*b*), soufflée dans la bouche, s'adapte assez mal à une musique de nature raffinée, car l'articulation avec la langue de l'instrumentiste est exclue. Néanmoins, cette ancienne forme d'anche semble être à l'origine de la fabrication, pendant une courte période, d'un petit instrument vendu en Angleterre dans les années 1690 sous le nom de « mock trumpet » (pour imiter les airs de trompette d'une façon simple). Un livre d'airs réservés à cet instrument a été publié en 1698 et un autre a paru à Amsterdam, l'instrument, s'il s'agit bien du même, s'appelant alors « chalumeau » (mot emprunté au français où il désigne le chalumeau de la cornemuse ou un tuyau en général). Le seul exemplaire connu a été perdu depuis longtemps (Fig. 2*a*) : il était peut-être flamand, taillé dans un roseau et recouvert de cuir et mesurait environ 20 cm de long. Le livre anglais indique de le mettre dans la bouche jusqu'à la peau « et de souffler assez fort ».

Il est presque certain que c'est le facteur de Nuremberg, J. C. Denner (1655-1707), qui a introduit l'anche fabriquée séparément et fixée sur la fente d'un bec à la forme bien adaptée (Fig. 2*b*). Avait-il vu une telle anche sur les cornemuses de Bohême qui en ont possédé pendant longtemps mais l'avaient peut-être empruntée à la clarinette ? Ou a-t-il cherché à adapter le principe d'une anche d'orgue ou de régale à un tuyau à trou ? L'histoire ne le dit pas ; mais dès 1704, dans les opéras de Fux et d'autres compositeurs viennois, on trouve le chalumeau comme instrument d'orchestre à part entière, avec une étendue de onze notes au-dessus du fa³ ; il comportait deux clefs placées tout en haut et probablement ajoutées par Denner. Le nom de cet instrument est écrit sous différentes formes, notamment

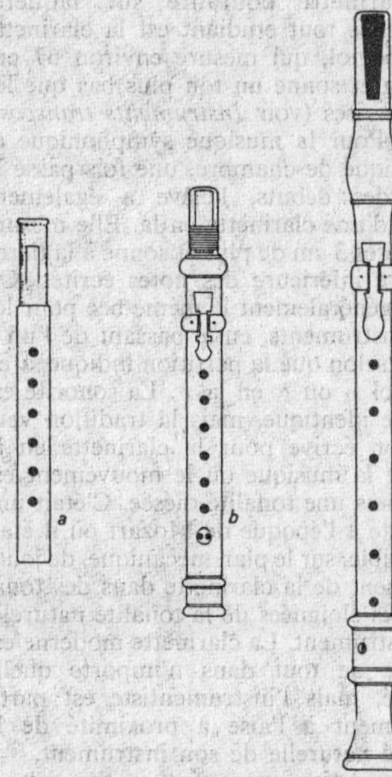

Fig. 2. Evolution du chalumeau : (a) « mock trumpet ; (b) chalumeau ; (c) chalumeau ténor (supposé).

« salmó » dans deux concertos de Vivaldi (RV 558, 579, dans l'un des deux cas écrit une octave trop basse). Il y avait également des ensembles de chalumeaux allant jusqu'à la basse : Telemann et Graupner ont écrit pour eux et il reste des exemples de ce que l'on considère comme un chalumeau ténor en raison de la taille et de la forme du pavillon, semblable à celui d'une flûte à bec alto mais descendant une octave plus bas, jusqu'à fa². Parmi les instrument que l'on trouve aujourd'hui dans le commerce, le plus proche du chalumeau est encore allemand ; il s'agit de la « Kinderklarinette » munie de deux clefs.

(*b*) *Clarinette.* Le terme « clarinette » apparaît en 1710 dans une facture du jeune (Jakob) Denner à un client (des chalumeaux sont aussi mentionnés). Comme la « mock trumpet » (voir plus haut), le nom fait allusion à l'imitation d'airs pour trompette (« clarino »), mais cette fois dans le registre quintoyé, la clef du pouce ayant été réadaptée pour servir de clef de douzième. Il s'agit de la clarinette baroque à deux clefs, généralement accordée en ré comme la trompette. Il semble qu'elle ait été fabriquée en premier lieu par l'aîné des Denner. Avec seulement deux clefs (clef de la^3 et clef de douzième), la note si^3 est généralement évitée dans les premières œuvres pour clarinette – comme, par exemple, dans l'*Ouverture en ré* (avec deux cors) de Haendel, le concerto « mixte » de Vivaldi et les concertos allemands pour clarinette, notamment celui de Molter des années 1740 qui réclame une exécution étonnante jusqu'au sol le plus haut, quatre lignes au-dessus de la portée.

Peu après le milieu du XVIIIe siècle, les clarinettes accordées plus bas (jusqu'à si bémol^1 et la^1) font leur apparition, munies de quatre ou cinq clefs et d'un pavillon pouvant atteindre les dimensions des instruments modernes : ce sont les clarinettes qui ont impressionné le jeune Mozart à l'orchestre de Mannheim en 1778, l'un des rares orchestres de l'époque doté de clarinettes en permanence. En Angleterre, des clarinettes à cinq clefs commencent à être fabriquées à partir des années 1770 et sont bientôt exportées aux États-Unis où leur fabrication commence à Boston. Comme pour les autres instruments de la famille des bois de cette époque, le doigté fourchu (voir *Instruments à vent,* 3) s'impose pour les demi-tons et, à la clarinette, les résultats, excellents dans le registre supérieur, le sont moins dans le registre inférieur ; c'est uniquement pour cette raison que les grandes œuvres pour clarinette de Mozart peuvent aujourd'hui présenter des difficultés aux instrumentistes qui les jouent sur un instrument de l'époque alors qu'ils sont habitués à la clarinette moderne.

Pendant toute la période classique, l'anche et le bec étaient plus petits qu'ils ne le sont aujourd'hui ; en Angleterre, l'anche mesurait 11 mm de large et 40 mm de long, avec des entailles successives pratiquées dans l'écorce pour que la ficelle fixant l'anche au bec ne glisse pas. Toutefois, à Paris, les clarinettes de Baumann, particulièrement appréciées au Conservatoire, nécessitaient une anche dont la largeur (13 mm) est voisine de celle de l'anche moderne. D'une façon générale, les instrumentistes jouaient avec l'anche sur le dessus, pratique qui a duré jusque dans les années 1830 en France, et pendant

Ex. 2

dix ans de plus en Angleterre. En Italie, elle a parfois survécu jusqu'à la fin de la Seconde Guerre mondiale (comme à l'Opéra de Naples), sans qu'on puisse apparemment remarquer une différence d'exécution par rapport à la méthode normale (anche sur le dessous). La méthode moderne semble avoir été utilisée alternativement en Allemagne dès les débuts de l'instrument (à deux clefs) et avoir été couramment adoptée dès la fin du XVIIIe siècle ; c'était sans doute (nous n'avons aucune certitude à ce sujet) la méthode qu'utilisait Anton Stadler, pour lequel Mozart a composé son *Quintette avec clarinette* et son *Concerto pour clarinette.* Stadler a prolongé son étendue jusqu'au do grave au-dessous du mi grave normal (comme sur le cor de basset, voir § 6). Mozart a fait usage de ces notes supplémentaires sur la clarinette en si bémol dans *La Clémence de Titus* et, au XIXe siècle, l'instrument comportait parfois un corps inférieur plus long de près de 15 cm avec la clef supplémentaire nécessaire pour jouer l'air « Parto, parto » de cet opéra (Ex. 2). On a démontré depuis, en se basant sur la musique elle-même, que l'original du quintette et du concerto de Mozart devaient également descendre jusqu'au do, tous deux sur la clarinette en la. Les autographes de ces œuvres n'ont jamais été retrouvés, mais certaines éditions récentes sont rectifiées en conséquence et certains solistes allongent maintenant leur instrument pour pouvoir les jouer ; on l'appelle alors clarinette-basset. Remarquez dans l'Ex.2 que le passage en clef de fa est écrit une octave plus bas, comme dans la musique pour cor et pour cor de basset.

Les deux concertos de Weber ont été joués pour la première fois par Carl Baermann sur une clarinette à dix clefs, les clefs supplémentaires étant particulièrement utiles dans le registre grave. On s'est ensuite surtout attaché à améliorer le mécanisme des clefs pour surmonter les difficultés de doigtés dans des passages de plus en plus délicats. Brahms a composé son *Quintette avec clarinette* et ses deux sonates (1891-94) pour Richard Mühlfeld, dont les instruments possédaient 17 clefs et 4 anneaux ; comme la plupart des instrumentistes allemands de notre époque, il avait conservé l'ancienne méthode consistant à attacher l'anche avec une ficelle. Néanmoins, les clarinettes à six clefs étaient encore vendues partout pour ceux qui ne pouvaient s'offrir mieux ou qui n'avaient pas besoin d'un si grand nombre de clefs.

Pendant ce temps, à Paris, la clarinette à « système Boehm » était brevetée en 1844 par Hyacynthe Klosé qui travaillait étroitement avec le facteur Buffet. Elle est restée inchangée jusqu'à ce jour à l'exception de quelques détails de fabrication. Ses avantages sont purement techniques : une disposition plus pratique pour les mains ; l'élimination presque totale du doigté fourchu et un mécanisme de la clef du petit doigt plus efficace par sa disposition et sa forme.

Ces derniers temps, la technique a beaucoup évolué, avec les quarts de ton et les sons multiples (voir *Instruments à vent*, 6). Des méthodes spéciales traitant de ces sujets sont maintenant publiées aux États-Unis.

5. *Répertoire.* Nous avons déjà mentionné quelques œuvres anciennes. Les premières œuvres importantes écrites pour la clarinette sont celles de Mozart : *Concerto K 622*, *Quintette K 581* (avec cordes) et *Trio en mi bémol K 498* (avec alto). Carl Stamitz a écrit un beau *Concerto en mi bémol* et Beethoven le *Trio op.11* (avec violoncelle). Weber égale (surpasse selon certains instrumentistes) Mozart dans ses deux concertos op.73 et op.74 et s'en approche dans le *Concertino op.26* et dans le *Grand Duo concertant op.47* (avec piano). Parmi les œuvres de moindre importance, on peut citer quatre concertos de Spohr et les *Fantasiestücke op.73* (avec piano) de Schumann.

Les deux sonates pour clarinette et piano de Brahms constituent les chefs-d'œuvre de la génération suivante. De la même époque, on peut citer les *Fantasiestücke* de Gade, la *Sonate op.167* de Saint-Saëns, trois sonates (assez lourdes) de Reger, le *Concertino* de Busoni ainsi que son *Elegie* (avec piano) et la *Première Rhapsodie* avec piano (ou orchestre) de Debussy. Les compositeurs romantiques anglais ont écrit des œuvres superbes, notamment les sonates de Stanford et de Bax, et (la plus belle après celles de Brahms) la *Fantasy Sonata* de John Ireland. Milhaud et Copland ont écrit des concertos bruyants, Hindemith et Poulenc d'agréables sonates. Plus originales, les *Trois Pièces pour clarinette seule* (1919) de Stravinski et les *Quatre Pièces op.5* de Berg.

6. *Cor de basset* (ital : *corno di bassetto*). Cet instrument ne survit pratiquement aujourd'hui que pour les œuvres de Mozart et de Richard Strauss qui comportent des parties de cor de basset. Accordé en fa, un quarte au-dessous de la clarinette en si bémol, il sonne à la quinte juste inférieure des notes écrites. Il va également au-dessous du mi grave écrit, jusqu'au do², note écrite, en réalité fa¹, ce qui lui donne une étendue totale de quatre octaves complètes. On suppose que le terme « basset » provient de cette extension, les clefs qui permettent de la réaliser étant essentiellement actionnées par le pouce de la main droite ; et le terme « cor » viendrait de la forme incurvée des premiers modèles. Le bec s'emboîte dans un bocal métallique incurvé et le pavillon, généralement métallique, est recourbé vers le haut (Pl. 1, le troisième en partant de la gauche). La perce est assez petite, à peine plus large que celle de la clarinette, pour préserver la qualité classique, claire et expressive dans le registre supérieur, et chaude, sans mollesse, dans le registre inférieur. La plupart des facteurs proposent le cor de basset – système Boehm. Bien que ce ne soit pas un instrument très répandu, on le remplace de moins en moins souvent, comme on le faisait encore il n'y a pas si longtemps, par une clarinette en si bémol en confiant les notes graves à un autre instrument.

On pense que le cor de basset (précédé pendant une courte période par une « clarinetto d'amore » plus petite et sans importance) a été inventé en Bavière par les facteurs Mayrhofer vers 1765 et qu'il a tout d'abord été adopté par des solistes itinérants. Mozart s'est tourné pour la première fois vers cet instrument dans la

Sénérade en si bémol K 361 (1781). Il l'a utilisé ensuite dans une vingtaine d'ouvrages, terminant par son *Requiem* dans lequel les cors de basset et les bassons sont les seuls instruments de la famille des bois. Après le premier modèle courbe en forme de faucille, recouvert de cuir, le cor de basset a pris une forme anglée (deux corps droits formant un petit angle à leur jonction) : c'est probablement pour cet instrument que Beethoven a écrit le solo des *Créatures de Prométhée op.43*. Sur ces deux modèles, le corps inférieur se termine par un large bloc dans lequel la perce change trois fois de direction pour réduire la taille générale de l'instrument ; elle débouche sur un pavillon métallique dirigé vers le bas. Les clefs supplémentaires sont généralement au nombre de deux (pour ré^1 et do^1), ce qui permet de supposer que le mi bémol grave de Mozart dans la *Sérénade K 361* était sans doute un peu optimiste.

Jusqu'en 1850, le cor de basset a encore connu une certaine faveur chez les virtuoses de la clarinette et les deux *Konzerstücke op.113 et op.114* de Mendelssohn sont le reflet de cette vogue (Baermann a écrit un accompagnement orchestral pour l'un d'entre eux). L'Allemagne a continué à fabriquer des cors de basset, essentiellement pour les opéras de Mozart, ce qui a permis à R. Strauss d'en disposer lorsqu'il a composé *Elektra* (1909). Il a utilisé cet instrument pour la dernière fois dans sa *Sonatine pour instruments à vent* (1945).

7. *Clarinette alto*. L'instrument est en mi bémol ; il ressemble beaucoup au cor de basset mais en plus court, son étendue n'étant pas élargie vers le grave : la note la plus grave est le mi normal, (note écrite, en réalité sol) sur la ligne du bas en clef de fa. La clarinette alto est un instrument d'orchestre d'harmonie, inventé en France vers 1810 par Ivan Müller et régulièrement utilisé dans les musiques d'harmonie britanniques jusqu'à son remplacement par le saxophone alto. Dans le pupitre de clarinettes des *concert bands* américains et des grandes harmonies européennes, on trouve encore souvent une ou deux clarinettes altos (ainsi que les clarinettes plus graves déjà mentionnées).

8. *Clarinette basse* (souvent appelée « clarone » en Italie). Elle est en si bémol, une octave en dessous de la clarinette, et normalement écrite en clef de sol, une neuvième au-dessus du son réel (voir *Instruments transpositeurs*). Le bocal métallique est en col de cygne, le pavillon est recourbé vers le haut et le poids de l'instrument est supporté à l'aide d'une courroie passée autour du cou de l'instrumentiste. L'anche est d'une longueur à peu près identique à celle du saxophone ténor, mais elle est légèrement plus étroite. Dans tous les orchestres symphoniques professionnels, on trouve un clarinettiste sachant jouer de la clarinette basse car, bien qu'elle n'apparaisse jamais dans les partitions symphoniques en tant qu'élément constitutif, les œuvres qui font appel à elle sont très nombreuses. Dans *Tristan und Isolde* et dans la *Tétralogie*, Wagner en fait l'une des voix principales des vents, lui confiant des solos longs et solennels tels qu'il n'en avait jamais été écrit pour les instruments à vent graves de l'orchestre. La *Symphonie en ré mineur* de Franck comporte l'une des parties de clarinette basse les plus intéressantes du répertoire symphonique et met en valeur l'étrange capacité de cet instrument à imprégner tout le pupitre des bois de son étrange sonorité ronflante lorsqu'il tient la basse de l'harmonie. Comme sur la clarinette, son *diminuendo* peut atteindre un silence virtuel et l'on a pris l'habitude de confier à la clarinette basse les passages *pppppp* du basson dans le premier mouvement de la *Symphonie n° 6 « Pathétique »* de Tchaïkovski.

Sur le plan historique, la première clarinette basse, comme le cor de basset, doit peut-être son existence aux facteurs Mayrhofer (voir 6) : une clarinette basse en si bémol de leur fabrication, en forme de faucille, est conservée au Stadtmuseum de Munich. Après avoir revêtu certaines formes bizarres données par d'autres facteurs, l'instrument a acquis sa forme moderne dans les années 1830 lorsque Buffet (à Paris) et Sax (à Bruxelles) ont pratiquement défini le modèle actuel pour lequel Meyerbeer a écrit un *obbligato* virtuose dans son opéra *Les Huguenots* (1836). Depuis lors, on s'est surtout intéressé à ses possibilités dans le grave ; Wagner a beaucoup écrit pour clarinette basse en la, en faisant surtout usage de son mi grave (ut dièse à l'oreille). Il fut donc nécessaire d'allonger l'instrument normal (en si bémol) et de lui ajouter une clef pour obtenir cette note. En Allemagne, après l'époque de Wagner, on a même fabriqué une clarinette basse descendant jusqu'au do grave écrit (à la façon du cor de basset), qui est devenue progressivement la clarinette basse standard dans les orchestres russes. Plusieurs œuvres de Prokofiev et de Chostakovitch requièrent ces notes graves – do grave à l'unisson du si bémol grave du basson – ce qui a amené de nombreux clarinettistes du monde entier à adopter ce modèle, que fabriquent aujourd'hui les facteurs de clarinettes français pour pouvoir satisfaire aux intentions de ces compositeurs.

9. *Clarinette contrebasse.* Elle existe en deux tonalités : mi bémol (clarinette contralto), une quinte au-dessous de la clarinette basse, et si bémol, à l'octave grave de la clarinette basse. En France et en Allemagne, on a commencé à fabriquer quelques superbes instruments de ce genre dès la fin du XIXe siècle, mais ils n'ont pas beaucoup attiré l'attention. Depuis les années cinquante, la maison Leblanc, à Paris, propose des modèles entièrement métalliques dans les deux tonalités qui rencontrent beaucoup plus de succès. Ils se composent normalement de trois ou quatre tubes cylindriques cuivrés parallèles, munis au sommet d'un très petit pavillon dirigé vers le haut. Ces instruments trouvent facilement leur place dans les musiques d'harmonie ; en France, certaines musiques militaires en comptent jusqu'à trois (en si bémol). Elles possèdent l'étendue, la souplesse d'utilisation et la portée dynamique de la clarinette et le modèle en si bémol peut descendre jusqu'au ré grave, qui sonne comme le do grave du piano.

Dans le domaine symphonique, on trouve une partie de clarinette contrebasse dans *Le Diable et Catherine* de Dvořák (1899) (description de l'enfer par le diable). Schoenberg utilise cet insrument dans ses *Cinq Pièces pour orchestre op.16* et, plus récemment, Xenakis dans *Polytope* (1967) où figure également une partie de petite clarinette en mi bémol, sans l'intervention d'aucune autre clarinette dans cette œuvre.

Anthony Baines.

BIBLIOGRAPHIE : Jack Brymer, *Clarinette*, Hatier (Paris, 1979). Guy Dangain, *A propos de... la clarinette*, Billaudot (Paris, 1978).

Clarke, Jeremiah (vers 1674 ; Londres, 1er décembre 1707). Compositeur anglais. Il commence sa carrière au sein de la chapelle royale sous la direction de John Blow et chante à l'occasion du couronnement de Jacques II, en 1685. De 1692 à 1695, il est organiste à Winchester College et, en 1699, il est nommé organiste de la cathédrale St Paul à Londres. Il y devient chef des chœurs en 1704. La même année, il est nommé organiste de la chapelle royale en même temps que William Croft. Selon Burney, Clarke se serait tiré un coup de pistolet dans un moment de dépression mentale intense à la suite d'un échec amoureux. On trouve un compte rendu de sa fin violente sur deux placards de l'époque, mais dans le satirique *London Spy*, Ned Ward donne une version légèrement différente : « Un musicien célèbre, trouvant le diapason de l'orgue de St Paul un peu trop bas à la fin d'un *anthem*, s'est trouvé soudain confronté à un tel conflit intellectuel qu'en rentrant chez lui et en ruminant ce désastre, il en a conclu que toute la musique de la terre ne valait pas une idée fixe ; et, avec toute la bravoure d'un échappé de Sainte-Anne, il a frappé d'un coup mortel son oreille musicale, s'élevant instantanément vers les ténèbres de l'Élysée, où il espérait entendre l'Harmonie sous sa forme la plus parfaite. »

Clarke, compositeur, est surtout connu pour la vingtaine d'*anthems* qu'il a écrits, parfois en des circonstances particulières, comme « Praise the Lord, my Soul » pour le couronnement de la reine Anne et « I will love thee » après la victoire anglaise d'Elixem en 1705. Toutefois, le nom de Clarke reste lié au théâtre où il a collaboré avec la plupart des grands auteurs et compositeurs dramatiques de l'époque, notamment Daniel Purcell. Il a également écrit de la musique instrumentale (notamment la *Prince of Denmark's March*, mieux connue sous le nom de « Trumpet Voluntary », antérieurement attribuée à Purcell), des mélodies, des odes et d'autres œuvres pour chœur. Sa première ode, « Come, come among », sur la mort de Henry Purcell, a été suivie d'une ode assez étrange pour le « Gentlemen of Barbados », sans doute une autre ode cécilienne, mais commémorant aussi un cyclone aux Antilles en 1705.

Wendy Thompson.

Classical Music (à l'origine, *Classical Music Weekly*). Revue musicale anglaise fondée en 1976. Hebdomadaire dans un premier temps, elle est devenue bimensuelle en 1978.

Classicisme

1. *Introduction.* Dans le langage courant, l'expression « musique classique » se situe à l'opposé de la « musique populaire » ou de variétés. Le terme implique généralement une sorte de permanence de sorte que la musique classique apparaît comme la musique du passé qui a survécu à l'épreuve du temps et dont l'écriture respecte les traditions anciennes. La musique classique n'est pas toujours sérieuse – il y a une « musique classique légère » qui correspond, en France, aux œuvres d'Offenbach et, en Angleterre, à celle de compositeurs tels qu'Arthur Sullivan et Eric Coates – mais il s'agit d'une musique qui doit être « comprise » et non simplement « ressentie ». On soutient souvent que la musique classique est écrite pour des effectifs traditionnels, comme l'orchestre, alors que la musique de variétés peut s'adresser à des instruments peu courants, comme le saxophone ou le synthétiseur ; mais ce n'est pas toujours le cas. Utilisée dans ce sens, l'expression « musique classique » est un concept qui manque de clarté. La définition la plus exacte serait peut-être celle d'une musique jugée respectable par des gens respectables.

Selon une autre définition, le terme « classique » s'oppose au terme « romantique ». Dans ce sens, cette définition est utile, car elle englobe la nature d'un genre de tempérament artistique. Si, pour les romantiques, la finalité première de l'art consiste à exprimer des sentiments, pour les artistes vraiment classiques il consiste à mettre de l'ordre dans la vie. Les musiciens classiques rechercheront donc la clarté de la forme et auront tendance à travailler dans un environnement « pur », comme la musique de chambre ou la musique symphonique. Sous ces aspects, le concept de musique classique suit les attitudes générales de l'Antiquité classique selon lesquelles, dans le drame grec, la violence se déroule hors de la scène alors que les édifices relèvent d'une tendance générale à la symétrie.

Certains musiciens semblent répondre à cette définition : Josquin des Prés, avec sa perfection d'harmonie et de ligne ; Lully, dont les opéras et les ballets approfondissent la forme plutôt que l'expression des sentiments fluctuants des divers personnages ; Ravel, dont la *Sonatine pour piano* et les sonates ultérieures sont construites avec élégance tout en observant une réserve délibérée ; Corelli, particulièrement dans ses concertos et ses sonates ; Gluck, dans ses opéras français, et Stravinski, dont les œuvres néo-classiques sont supposées montrer que « la musique peut ne rien exprimer » (voir *Néoclassicisme*). Mais plus on cherche à trouver des exemples vraiment classiques, plus il devient difficile d'en trouver d'excellents. La musique qui ne montre aucun signe d'irrégularité ou d'extravagance est généralement ennuyeuse ; elle n'a vu le jour que sous la plume de compositeurs mineurs (Cherubini est sans doute le meilleur d'entre eux) et, parmi les exemples, que l'on vient de citer, l'attitude de Josquin des Prés vis-à-vis du texte, la fascination de Ravel pour les sonorités musicales, etc., ne permettent pas vraiment de les considérer comme des compositeurs classiques purs et simples.

En effet, la démarche musicale est différente de celle des arts visuels ou même que celle d'autres formes d'interprétation artistique, comme l'art dramatique. La musique est basée essentiellement sur des formes asymétriques et dépend d'une mémoire faillible. On peut déambuler indéfiniment dans un temple grec pour contempler et examiner sa symétrie et la merveilleuse régularité des chapiteaux. L'audition d'un morceau de musique se compare davantage à un voyage en train ; même si l'on s'arrête pour le reprendre à une station précédente, le décor aura changé, alors que la mémoire du voyageur n'aura saisi qu'une impression fugitive, en passant rapidement. La précision de l'expérience est impossible dans ce domaine particulier dont l'effet dépend de l'inattendu.

2. *L'ère classique.* Si cette idée générale du classicisme est acceptée, le concept de période classique devient encore plus difficile à définir. A toutes les époques, il y a eu des artistes « classiques » et des artistes « romantiques » : Brahms et Wagner, Corelli et Vivaldi, Hindemith et Berg. La plupart des artistes sont un

mélange des deux. L'idée d'une ère classique couvrant à peu près la période 1750-1830 a été conçue à un moment où la nécessité d'expliquer les tendances fondamentales des XVIIIe et XIXe siècles s'était fait sentir – la musique antérieure n'étant considérée que comme des contreforts sur le chemin du sommet. De nos jours, elle n'est absolument pas satisfaisante.

On a tenté de faire un parallèle entre la redécouverte de l'Antiquité – au travers des trouvailles archéologiques de Winckelmann – et l'érudition de Martini, de Burney et de Hawkins qui ont écrit des histoires de la musique dans la seconde partie du XVIIIe siècle. On a également assisté à la renaissance de la musique de Bach et de Haendel dans les années 1780 ainsi qu'à un regain d'intérêt pour un contrepoint strict et démodé (présent à la fois dans la musique religieuse et dans les finals fugués des quatuors de Haydn et de F. X. Richter). Ce n'étaient toutefois que des éléments marginaux des grandes tendances musicales de l'époque

La recherche de la simplicité mélodique, qui supplante dans un style direct et limpide l'écriture extrêmement ornée des compositeurs *galants ou rococo, est nettement plus significative : elle ressort avec une clarté particulière dans le petit intermède de Rousseau, *Le Devin du village*, mais apparaît également dans le matériel thématique des quatuors de Haydn et de Beethoven et dans l'écriture d'inspiration populaire de Schubert. A cette simplicité s'ajoute la clarification du langage harmonique car, bien que les schémas modulatoires de la forme sonate soient devenus de plus en plus sophistiqués, il était nécessaire que l'auditeur reconnaisse les progressions tonales ; et les schémas fondamentaux tonique-dominante-sous-dominante ne pouvaient être obscurcis par une utilisation trop lourde du chromatisme. Avec des mélodies dépouillées de toute décoration, les rythmes deviennent plus réguliers et les accents opposés peuvent vraiment produire l'effet désiré (procédé très apprécié de Beethoven).

Cette tendance à la simplicité correspondait certainement au nouveau charme de « l'homme simple » – on le prenait alors généralement pour un homme de la campagne ou un paysan – qui devient une figure idéale aux yeux des intellectuels citadins. La naissance de séries de concerts, comme ceux qui sont donnés à Paris, à Londres ou à Vienne, et qui attirent un public plus nombreux qu'auparavant, a peut-être également joué un rôle important. Le théâtre lyrique était subventionné par l'aristocratie mais dépendait dans une large mesure de l'apport du public, et le grand spectacle à la gloire du monarque régnant dû céder la place à diverses formes d'opéra-comique dont l'intrigue se situait dans les milieux sociaux les moins aisés ou, tout au plus dans la bourgeoisie, sur une musique relativement simple. La renaissance de l'impression et de l'édition musicale, après une période correspondant à la première moitié du XVIIIe siècle durant laquelle une bonne partie de la grande musique avait circulé uniquement sous forme de manuscrits, est également révélatrice de l'accroissement du public.

On pourrait dire que la musique de la Révolution française – avec ses grandes fêtes musicales en plein air et ses opéras-comiques sur le thème de la délivrance par la force – résume ce mouvement, mais en fait la Révolution n'a eu qu'un effet court et limité sur les destinées de la musique. Les opéras français continuèrent à emprunter des sujets classiques et l'opéra seria, légèrement influencé par le style de l'opéra bouffe, a conservé quelques traditions de l'ancienne manière.

3. *Les compositeurs classiques viennois.* Si le terme « classique » ne peut s'appliquer avec précision à une période donnée, comment définir l'expression « ère classique » dans le contexte de la musique sérieuse ? Cette expression se réfère essentiellement à quatre grands compositeurs qui ont vécu à Vienne ou dans les environs au cours de la période 1780-1828 : Haydn, Mozart, Beethoven et Schubert. Ils étaient étroitement unis les uns aux autres. Haydn a exercé une influence majeure sur Mozart et a lui-même beaucoup appris de son cadet ; il a aussi été, pendant un certain temps, le professeur de Beethoven qui était lui-même un fervent de la musique de Mozart. Schubert connaissait probablement la musique de ses trois aînés et, à la fin de sa vie, il a certainement suivi, à bien des égards, l'exemple de Beethoven. Ils sont tous passés maîtres dans l'art de la forme sonate et ont tous écrit dans ses principaux

genres : sonate, symphonie et quatuor. Chacun d'entre eux s'est intéressé au développement des thèmes et à l'exploitation de la tonalité pour donner des formes abstraites à l'expression subtile des sentiments. Ils ont tous écrit pour l'opéra mais, dans ce domaine, leur supériorité (à l'exception, bien sûr, de Mozart) est discutée et il n'existe sans doute pas, dans le domaine lyrique, un style commun que l'on puisse appeler « classique ».

C'est la musique instrumentale de ces compositeurs qui a exercé la plus grande influence – à leur époque et tout au long du XIXe siècle. Et bien que l'on considère que la musique de la fin de la vie de Beethoven soit difficile à comprendre, leur musique, dans l'ensemble, est à la fois profonde et facile d'accès à l'homme moyen. C'est un signe de l'internationalisme croissant de la musique à l'époque de leur apogée. Alors que des personnalités aussi remarquables que Bach et Haendel n'étaient connues qu'à un échelon local, respectivement au centre de l'Allemagne et en Angleterre, la musique de Haydn était jouée non seulement à Eisenstadt et chez les Esterházy, mais également à Vienne, à Paris et à Londres, et les œuvres de compositeurs mineurs ont souvent été publiées ou exécutées sous son nom pour leur donner plus d'importance. Mozart a voyagé dans toute l'Europe comme virtuose et la musique de Beethoven, après 1805, était, elle aussi, largement connue : sa dernière commande venait de Londres.

C'est de cette façon que les genres et les styles ont pris davantage une dimension européenne que régionale. Par la suite, seul un effet conscient, comme le mouvement qu'a connu l'Europe centrale et orientale, pouvait renverser la tendance à l'internationalisme. L'histoire de la musique n'a plus jamais retrouvé de petit groupe intime comparable à celui des compositeurs classiques viennois.

Denis Arnold.

BIBLIOGRAPHIE : Eugène Borrel, *L'Interprétation de la musique française de Lully à la Révolution*, Alcan (Paris, 1934), rééd. Les Introuvables (Plan-de-la-Tour, 1975). Romain Rolland, *Voyage musical au pays du passé*, Édouard Joseph (Paris, 1919), rééd. Les Introuvables (Plan-de-la-Tour, 1977). Charles Rosen, *Le Style classique*, Gallimard (Paris, 1978).

Classification des instruments. Voir *Organologie*.

Clausula (lat.). « Clausule ». 1. Terme généralement rattaché à la musique médiévale, particulièrement à celle de l'école de Notre-Dame, désignant soit une formule conclusive, soit la totalité du passage dont cette formule marque la fin. On pense souvent qu'il veut dire « cadence », mais il diffère de notre définition moderne de ce terme car il se réfère aux formules mélodiques des voix individuelles, sans impliquer de progressions harmoniques typiques. Au XVIIIe siècle, cette distinction a disparu et *clausula* est devenu synonyme de cadence ; on en est arrivé à considérer la *clausula vera* comme l'équivalent de la cadence parfaite, la *clausula falsa* comme celui de la cadence interrompue, la *clausula plagalis* comme celui de la cadence plagale, etc.

2. Compositions polyphoniques qui ne reposent pas sur un chant complet, comme c'était le cas avec l'*organum*, mais sur une courte portion chantée. A l'origine, les clausules ont peut-être été composées comme passages de substitution dans des compositions d'*organum*, mais en tout cas elles sont vite devenues des pièces autonomes chantées à des moments appropriés de la liturgie. La clausule utilisait des fragments mélismatiques de chant grégorien et, au début, était vocalisée sur la syllabe ou les syllabes concernées (comme « Virgo »). En recevant un texte qui lui était propre, la clausule a donné naissance au *motet du XIIIe siècle.

Clavecin, virginal et épinette

1. Généralités
2. Histoire
3. Facture
4. Différentes écoles de clavecin
5. Renaissance du clavecin
6. Répertoire

1. *Généralités.* Le clavecin (all. : *Cembalo* ou *Kielflügel* ; angl. : *harpsichord* ; ital. : *clavicembalo*), le virginal et l'épinette appartiennent à la famille des instruments à cordes et à clavier. De facture plus ou moins complexe et de formes variées, ces instruments possèdent tous le même mécanisme : chaque corde est mise en vibration à l'aide d'un sautereau (Fig. 1), tige rectangulaire en bois de poirier, d'alisier, de hêtre ou parfois de noyer, percée dans sa partie supérieure d'une fenêtre dans laquelle est placée une languette (A) d'un bois plus dur, incassable, comme le houx.

Cette languette est montée sur un axe métallique qui traverse la fenêtre de part en part et est maintenue à la verticale par un ressort en poil de sanglier ou, plus rarement, en métal (B). Elle est elle-même percée d'une petite ouverture dans sa partie supérieure, dans laquelle s'enfonce un plectre en plume, en cuir ou, de nos jours, en matière synthétique (C). Un étouffoir en tissu (D) se trouve placé dans une fente sciée dans la partie supérieure du sautereau, à côté de la languette. Le sautereau est posé sur l'extrémité arrière de la touche. En position de repos, le plectre se situe à environ 1 mm sous la corde. Lorsqu'on enfonce la touche, le sautereau s'élève et le bec pince la corde au passage. Lorsque la touche est relâchée, la languette pivote en arrière, permettant ainsi au plectre de se glisser sous la corde, sans pour autant la faire sonner. L'étouffoir tombe alors sur la corde, arrêtant net la vibration de celle-ci.

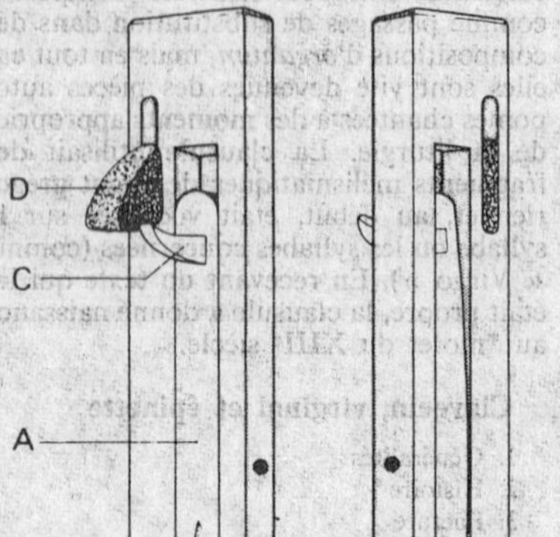

Fig. 1

Les termes clavecin, épinette et virginal sont parfois interchangeables. Cependant, ils désignent quelquefois des instruments différents au cours des âges. Aux XVIe et XVIIe siècles, en Angleterre, le terme de virginal s'appliquait à tous les instruments à clavier et à cordes. Des recueils aussi célèbres que le *Fitzwilliam Virginal Book* pouvaient aussi bien être joués sur un clavecin. Dans son acception moderne, le terme clavecin désigne un instrument de grandes dimensions, ou en forme d'aile d'oiseau, dont les cordes sont disposées à angle droit par rapport au clavier (Fig. 2*a*). Le nom d'épinette – parfois improprement utilisé de nos jours pour désigner un *piano carré – est donné à un instrument plus petit, en forme d'aile d'oiseau, mais dont les cordes se situent dans le sens de la plus grande longueur de l'instrument, le clavier formant un angle aigu avec l'échine (Fig. 2*b*). Le virginal (terme dont l'origine reste inconnue) est un instrument de forme rectangulaire dont le clavier occupe l'une des longueurs, à proximité immédiate des cordes les plus graves (Fig. 2*c*). Au XVIe et au XVIIe siècle, la facture flamande donne naissance aux « muselars », instruments à la sonorité pleine, sombre et résonnante, dont les cordes sont pincées près de leur centre. Une variante des « virginales », les « spinetten », possèdent un son accusé, brillant et clair, car les cordes y sont pincées près du sillet. Le terme virginal peut également s'appliquer à un instrument italien au mécanisme similaire, mais de forme polygonale (Fig. 2*c*, en traits pleins).

2. *Histoire*. L'origine du clavecin remonte probablement à la fin du XIVe siècle : Eberhart Cersne mentionne l'existence d'un *clavicymbolum* en Allemagne dès 1404. On ignore la forme exacte de ce prototype ; il s'agit sans doute d'un *psaltérion en aile d'oiseau auquel on aurait adapté un clavier. Un grand nombre de représentations et de descriptions de clavecins de la fin du XVe siècle sur des bas-reliefs, des vitraux et des manuscrits attestent la présence de cet instrument à travers l'Europe.

La source écrite la plus importante est le traité d'Arnaut de Zwolle datant de 1440 environ (voir *Clavicorde*, 4). Il y décrit, avec d'autres instruments, le clavecin de son temps avec force détails et dessins. On y trouve la répartition géométrique de l'échelle des cordes et l'aspect général du clavier, ainsi que deux variantes du mécanisme d'attaque des

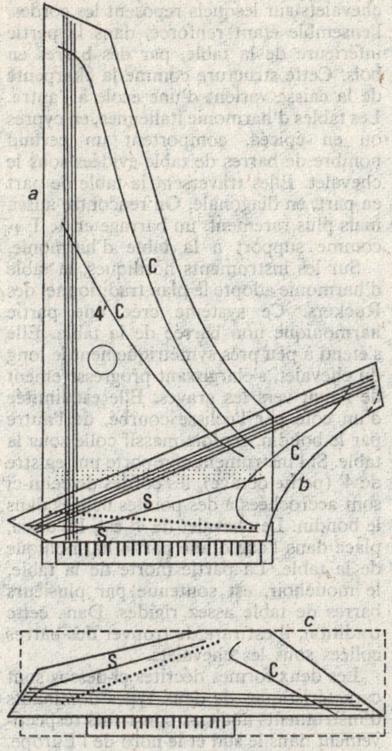

Fig. 2. Schéma vu du haut (C = chevalet ; S = sillet ; les lignes pointillées correspondent aux rangées de sautereaux). (a) Clavecin, avec un chevalet de 4 ; (b) épinette ; (c) virginal, forme rectangulaire et polygonale.

cordes. Aucune d'entre elles ne décrit la forme traditionnelle du sautereau mentionnée ci-dessus ; en revanche les deux variantes comportent un élément essentiel : une languette montée sur un axe et munie d'un plectre. Le seul instrument de cette époque qui ait survécu est un clavecin vertical, ou « clavicytherium », conservé au musée du Royal College of Music de Londres. Le clavier – d'une étendue de 40 touches, de fa^1 au sol^4 (il manque le fa dièse^1) – comporte deux touches supplémentaires qui peuvent s'accorder sur des notes optionnelles. L'aspect général de la table d'harmonie fait penser au plan d'Arnaut de Zwolle, notamment les nombreuses ouïes ou « rosaces ». Mais, sur cet instrument, les cordes sont pincées de façon traditionnelle par des sautereaux, ce qui témoigne de la date tardive de sa construction, vraisemblablement autour de 1480. Il semble qu'à cette époque l'instrument ne possédait pas d'étouffoirs et que les cordes vibraient librement, comme sur le psaltérion.

Ces instruments, relativement courts, ont dû comporter généralement une corde par note, comme c'est le cas sur la plupart des clavecins italiens de la première moitié du XVIe siècle qui subsistent encore aujourd'hui. La vaste diffusion géographique et l'adoption générale du clavecin au XVe siècle ont été à l'origine d'un remarquable développement d'écoles différentes de facture dans de nombreux pays, indépendantes les unes des autres dans une assez large mesure. Les instruments à un seul jeu de cordes ont continué à être fabriqués, au moins jusqu'au milieu du XVIIIe siècle, qu'ils s'appellent épinette, virginal ou même clavecin, avec un jeu unique de 4', c'est-à-dire accordé à l'octave supérieure. Après cette phase initiale, le clavecin connaîtra une évolution vers une mécanique assez complexe : on l'équipe de plusieurs jeux de cordes, le deuxième jeu étant accordé à l'octave supérieure (son réel à l'octave supérieure des sons écrits). Les exigences musicales se modifiant, une nette préférence se dessine en faveur d'un dispositif à deux jeux accordés à l'unisson (8', sonnant à l'octave écrite), avec, en option, un troisième jeu sonnant à l'octave supérieure. Au XVIIIe siècle, au terme de leur développement, les instruments les plus élaborés comportaient très rarement trois claviers, avec un registre de 16' et un de 2'.

L'interprète pouvait agir sur les multiples rangées de sautereaux au moyen de registres mobiles dépassant sur le côté de la caisse ou reliés à des leviers disposés au-dessus des claviers. Grâce à ces « mouvements », le claveciniste pouvait commander les jeux et obtenir une certaine variété de couleurs et de timbres.

3. *Facture.* (*a*) *Charpente.* Le développement initial du clavecin dépendait entièrement de l'art de tirer des fils de métal à haute résistance, de longueur suffisante et

de diamètres variés. Ce problème résolu, le facteur devait trouver un support susceptible de résister à la tension de l'ensemble des cordes, lorsqu'elles étaient amenées au diapason voulu. Cette construction était parfois d'une extrême simplicité. Les cordes pouvaient être tendues entre le sommier (planche de bois dur horizontale située près des claviers) et l'éclisse courbe du clavecin qui, elle, était collée sur le fond de l'instrument. Aucune charpente intérieure n'était alors nécessaire. La table d'harmonie suffisait à créer une structure fermée comme une boîte contribuant sans doute de manière déterminante à la rigidité de l'ensemble. Le clavicytherium de la collection du Royal College of Music, déjà mentionné, repose sur ce procédé. On retrouve la même démarche dans un grand nombre d'instruments italiens des XVIe et XVIIe siècles. Au fil des ans, l'étendue et simultanément le nombre de cordes des instruments augmentaient. Par conséquent, des charpentes intérieures de plus en plus élaborées furent développées.

Dans les instruments italiens de construction très légère, cette évolution prend la forme d'un certain nombre d'équerres et arcs-boutants qui tous transmettent la tension des cordes au fond rigide qui, de ce fait, devient l'élément essentiel de la structure de l'instrument.

Les instruments des pays nordiques étaient souvent construits différemment, peut-être à cause de l'usage plus fréquent d'une longue échelle de cordes dans l'aigu conçue pour des cordes en acier. Ainsi, les clavecins fabriqués au XVIIe siècle dans les ateliers anversois des Ruckers étaient-ils constitués d'un cadre en peuplier, renforcé à la base de la caisse par des traverses de fond étroites traversant l'instrument dans toute sa largeur, et par une autre série, les arcs-boutants, placée juste sous la table d'harmonie. L'instrument comporte également un fond complet qui sert à maintenir les pièces ensemble, au lieu de les supporter. Ce schéma, d'origine typiquement flamande, qui date du XVIIe siècle, devait être reproduit sur maints instruments du nord de l'Europe. Les instruments anglais et français du XVIIIe siècle montrent de la façon la plus nette tout le tribut qu'ils doivent aux clavecins des Ruckers.

(*b*) *Barrage de table*. La table d'harmonie, qui transmet la vibration des cordes à l'air ambiant, se compose d'une mince feuille de bois et d'un ou de plusieurs chevalets sur lesquels reposent les cordes, l'ensemble étant renforcé, dans la partie inférieure de la table, par des barres en bois. Cette structure comme la charpente de la caisse varient d'une école à l'autre. Les tables d'harmonie italiennes, en cyprès ou en épicéa, comportent un certain nombre de barres de table évidées sous le chevalet. Elles traversent la table de part en part, en diagonale. On rencontre aussi, mais plus rarement, un barrage en « T » comme support à la table d'harmonie.

Sur les instruments nordiques, la table d'harmonie adopte le plan traditionnel des Ruckers. Ce système crée une partie harmonique non barrée de la table. Elle s'étend à peu près symétriquement le long du chevalet, s'élargissant progressivement de l'aigu vers les graves. Elle est limitée d'un côté par l'éclisse courbe, de l'autre par le boudin, renfort massif collé sous la table. Si l'instrument comporte un registre de 4' (petite octave), les cordes de celui-ci sont accrochées à des pointes fichées dans le boudin. Le chevalet de 4' est, lui aussi, placé dans l'axe d'une partie harmonique de la table. La partie morte de la table, le mouchoir, est soutenue par plusieurs barres de table assez rigides. Dans cette tradition, il est rare de trouver des barres collées sous les chevalets.

Les deux formes décrites ci-dessus sont caractéristiques de deux types dominants d'instruments anciens, construits respectivement dans le sud et le nord de l'Europe. Mais il existe aussi d'autres instruments, assez peu nombreux, qu'il est impossible de ranger dans l'une des deux catégories. Ils seraient peut-être les descendants d'un troisième type de facture européenne, plus ancien et tombé en désuétude avant même que le clavecin ne soit parvenu à la phase finale de son évolution. Mais on ne sait que très peu de chose sur ces instruments dont nous avons perdu la trace, car les écrits ne sauraient remplacer les instruments eux-mêmes qui, seuls, peuvent permettre de reconstituer leur histoire.

La construction des autres instruments de la famille du clavecin a généralement suivi les principes fondamentaux de la facture du clavecin, tant pour l'aspect général que pour la technique : ainsi, un virginal flamand issu de l'atelier des Ruckers suit de près les principes de construction d'un clavecin de l'époque tant pour l'échelle des cordes ou le choix du matériau que pour la mécanique ou la décoration. De même, l'épinette anglaise du XVIIIe siècle est un clavecin miniature en tout point semblable à son grand frère, ou peu s'en faut.

4. *Différentes écoles de clavecin.* La vaste diffusion géographique et l'adoption généralisée du clavecin au XVe siècle ont donné naissance, dans la plupart des pays, à des écoles de facture relativement indépendantes les unes des autres.

(*a*) *L'Italie.* L'histoire du clavecin en Italie, déjà évoquée plus haut, est intéressante car un nombre d'instruments assez important est parvenu jusqu'à nous. Les plus anciens, de petite taille, avec un seul jeu, datent pour la plupart de la première moitié du XVIe siècle et comportent généralement quatre octaves (mi^{1}/do^{1} [octave courte] – do^{5}). La Fig. 3 montre un exemple typique d'octave courte, procédé qui permettait de réduire la largeur en utilisant, dans l'octave la plus grave, deux touches altérées (blanches ou noires, selon les cas) pour le ré et le mi ; la touche qui aurait dû normalement correspondre au mi était attribuée au do grave. Les dièses (feintes) qui manquent sont des notes assez rarement utilisées dans la musique ancienne. La disposition des notes de l'octave courte permet, par contre, de jouer des intervalles normalement trop larges pour la main. Lorsque le clavier descend une quarte plus bas, il semble, au premier coup d'œil, commencer sur un si ; en fait, la note la plus grave est un sol et les touches normalement attribuées au do dièse et au ré dièse correspondent respectivement au la et au si.

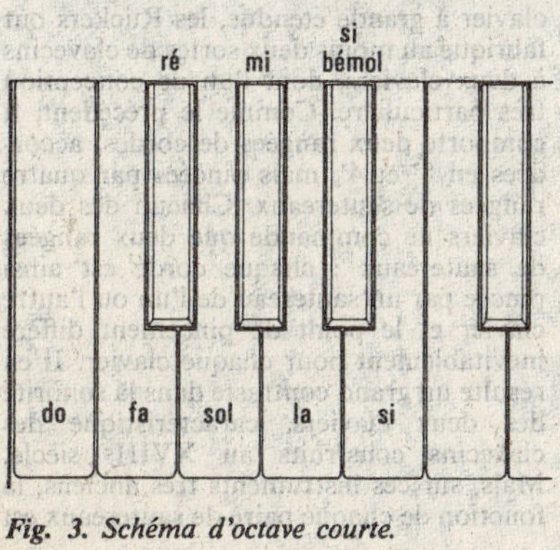

Fig. 3. Schéma d'octave courte.

Entre 1550 et 1600, des instruments remarquablement conçus, tant au point de vue de l'ébénisterie que de leur conception artistique d'ensemble, ont vu le jour dans différents ateliers, comme ceux des Baffo à Venise et des Trasuntino à Florence. De longueur souvent importante, ils étaient pourvus de deux registres, l'un à l'unisson (8'), l'autre à l'octave (4'). Le respect des principes géométriques est évident : les échelles des cordes sont conçues d'après les principes théoriques, la longueur doublant à chaque octave (voir *Harpe*, Fig. 1). Même avec une courte échelle de cordes dans l'aigu, comme on en trouvait alors assez souvent (25 à 27,5 cm pour la corde du do^{4}), l'application de ce principe aux quatre octaves et demie d'un clavier donnait une longueur considérable à la corde du sol^{-1}. De tels instruments pouvaient mesurer jusqu'à 2,80 m de long.

Une deuxième caractéristique de ces instruments est l'existence de diapasons de transposition. Bien que de nombreux instruments aient subi des modifications ultérieures, il ne fait aucun doute que la plupart de ces grands clavecins ne sonnaient pas au diapason correspondant aux touches du clavier. Il est difficile de déterminer aujourd'hui avec précision la relation qui existait entre la longueur de la corde et son diapason, mais si l'on admet qu'il existait une relation donnée, au moins dans une certaine mesure, on peut en déduire qu'à cette époque les deux étendues de claviers do^{1} et do^{5}, et do^{1} et fa^{5} doivent être interprétées comme deux variantes de claviers où les notes de l'extrême aigu (do^{5} et fa^{5}) sonnent en fait au même diapason (do^{5}). La seconde étendue correspond en réalité à une étendue de sol^{-2} à do^{5}. La raison de cette transposition d'une quarte vers le grave, identique à celle que nous rencontrerons dans les clavecins flamands transpositeurs à deux claviers (*b*) reste un mystère. Nous savons cependant que l'on recherchait des clavecinistes capables de transposer à vue pour s'adapter aux différents diapasons de certaines familles d'instruments à vent ou au besoin des chanteurs. Par ailleurs, la notation en tablature imposait aussi de fréquentes transpositions (cf. *Tablature*, 2).

Conséquence probable de l'utilisation du *continuo en Italie, le jeu de 4' fut abandonné au profit d'un second jeu de 8' à l'unisson. Les instruments de l'époque baroque étaient normalement plus petits que ceux de la haute Renaissance. Mais ces instruments de facture assez simple ne subirent aucune altération avant l'avènement, au XVIIIe siècle, d'une musique de grande virtuosité pour solistes. De facture légère (les éclisses n'avaient que 5 mm d'épaisseur), ils étaient logés dans des caisses indépendantes, en général en peuplier, plus ou moins richement décorées. Au début du XVIIe siècle, un autre genre d'instrument voit le jour, le clavecin « à fausse double-caisse » : une caisse plus épaisse en peuplier, ornée de moulures de manière à simuler l'existence d'un clavecin indépendant à l'intérieur, alors qu'en réalité la seule caisse forme la structure qui supporte la tension des cordes.

Au XVIIIe siècle, stimulés par une brillante école de compositeurs (notamment Domenico Scarlatti et ses successeurs), les facteurs italiens construisent des instruments de grandes dimensions, avec de très grandes étendues, dont les capacités sonores vont leur permettre de survivre parallèlement à l'ascension du piano-forte (cf. *Piano*, 2-5).

Pendant toute cette période, les facteurs italiens continueront à construire des virginals à un jeu, de forme polygonale, munis des dernières caractéristiques des clavecins de l'époque. Les plus anciens sont richement décorés. L'un des plus célèbres, incrusté de pierres semi-précieuses, figure dans les collections du Victoria and Albert Museum de Londres. Pendant cette période, on continue à construire les deux genres de caisses (doubles-caisses et « fausses doubles-caisses »).

(*b*) *Les Flandres.* Dans toutes les régions situées au nord de l'Italie, la facture du clavecin a été dominée par la famille Ruckers dès la fin du XVIe siècle. Sans aucun doute, il existait une école flamande bien avant la fondation de l'atelier de Hans Ruckers, vers 1570, et l'admission des facteurs de clavecin flamands à la Guilde de Saint-Luc, celle des peintres. Le virginal polygonal de Joes Karest, daté de 1548, est le plus ancien instrument flamand qui ait survécu. Ce type d'instrument, avec le clavier placé au milieu du plus grand côté, est souvent représenté sur les peintures de l'époque.

L'inscription « Joes Karest de Colonia » laisse supposer que l'origine de ce genre d'instrument se trouve en Allemagne. Le clavi-organum (instrument réunissant un orgue et un clavecin superposés) construit, à Londres, en 1579, par Lodewyck Theeuws comporte une mécanique très complexe. Theeuws posa, comme Karest, sa candidature à la Guilde de Saint-Luc en 1557.

Pendant la longue période de son activité créatrice, la dynastie des Ruckers a fabriqué un nombre considérable d'instruments. Pratiquement toutes les formes que l'on rencontrera au cours de l'histoire du clavecin y figurent. On trouve des virginals accordés à l'octave (4'), à la quinte ou à la quarte, d'autres portant le nom de muselar ou d'épinette, accordés en 8'. Ces deux instruments furent aussi construits sous une forme particulièrement élaborée. Ils comportaient alors un virginal de 4' logé comme un tiroir dans la caisse de l'instrument principal, de part ou d'autre du clavier. Ce virginal pouvait se retirer pour être utilisé séparément, mais il était conçu pour être posé sur le grand instrument (8') ; dans ce cas, ses touches étaient actionnées par les sautereaux du virginal de 8' pour que les deux instruments sonnent ensemble.

Le double chœur de cordes sonnant simultanément est également caractéristique des clavecins de Ruckers en forme d' « aile d'oiseau ». L'instrument à un seul clavier le plus simple qui nous soit parvenu possède une étendue de quatre octaves identique à celle de la plupart des virginals (mi^{1}/do^{1}-do^{5}). D'une longueur de six pieds flamands, il possède deux rangées de sautereaux avec des registres coulissants, saillant sur le côté de la caisse et agissant sur les deux rangées de cordes, de 8' (unisson) et de 4' (octave).

En dehors des instruments à un seul clavier à grande étendue, les Ruckers ont fabriqué au moins deux sortes de clavecins à deux claviers, dont l'un de conception très particulière. Comme le précédent, il comporte deux rangées de cordes, accordées en 8' et 4', mais pincées par quatre rangées de sautereaux. Chacun des deux claviers ne commande que deux rangées de sautereaux : chaque corde est ainsi pincée par un sautereau de l'un ou l'autre clavier et le point de pincement diffère inévitablement pour chaque clavier. Il en résulte un grand contraste dans la sonorité des deux claviers, caractéristique des clavecins construits au XVIIIe siècle. Mais, sur ces instruments très anciens, la fonction de chaque paire de sautereaux est très différente : le clavier supérieur est accordé à l'unisson sur une étendue de quatre octaves (mi¹/do¹-do⁵) ; quant au clavier inférieur, d'une étendue apparente de quatre octaves et demie (mi¹/do¹-fa⁵), il sonne effectivement du si⁻¹/sol⁻¹ au do⁵, comme les instruments italiens transpositeurs décrits ci-dessus, ce qui permet de transposer très facilement à la quarte. L'école anversoise de la fin du XVIIIᵉ siècle, dont les membres les plus représentatifs sont Bull et Dulcken, construisit par la suite des instruments directement issus de la tradition des Ruckers, mais d'une étendue plus grande (cinq octaves) et d'une mécanique modifiée en fonction des besoins nouveaux de la musique de l'époque.

(*c*) *La France*. La qualité sonore des instruments flamands du XVIIᵉ siècle, souvent reconstruits ou adaptés, particulièrement en France, a rejeté dans l'ombre la jeune école française de clavecin. On sait que des clavecins ont été construits en France dès le XVᵉ et le XVIᵉ siècle, mais aucun n'a survécu. Quant aux instruments du XVIIᵉ siècle, s'ils sont nombreux à avoir été conservés, ils ont malheureusement été modifiés et on ne sait rien de leurs qualités musicales d'origine. D'une façon générale, leur facture est moins lourde que celle des instruments flamands, plus italianisante, tout en suivant une tradition originale typiquement française. On a récemment découvert un clavecin fabriqué par Vaudry en 1681, en noyer et bois de cèdre, à deux claviers avec deux jeux de 8' et un de 4'. Le barrage de table n'a pas été modifié. Il illustre peut-être le barrage type de bien d'autres instruments de l'époque, barrage sensiblement différent de toute autre tradition connue.

Au sein de l'école française, la famille Blanchet parvient à s'imposer avec un type d'instrument issu en droite ligne de l'école flamande. En dehors de la fabrication de clavecins neufs, une nouvelle industrie fleurit ; Pascal Taskin acquiert une réputation particulière dans l'art du ravalement : le ravalement des Ruckers et autres instruments anciens, pour les adapter aux nouvelles exigences de la musique du XVIIIᵉ siècle. Profitant de l'engouement du public pour les clavecins anciens ravalés, des facteurs comme Jean Goujon se taillèrent un joli succès avec d'excellents faux. Ceux-ci imitaient à la perfection la conception des Ruckers et donnaient l'illusion d'avoir été construits à partir de précieux matériaux anciens.

(*d*) *L'Allemagne*. Dès le XVᵉ siècle, le clavecin était largement répandu dans les pays de langue allemande. Cependant, si peu d'instruments antérieurs au XVIIIᵉ siècle ont survécu, il est virtuellement impossible de se faire une idée représentative de l'école allemande, excepté quelques connaissances fragmentaires dues à l'étude de documents. Seuls nous sont parvenus un instrument de la première moitié du XVIᵉ siècle et quelques spécimens du XVIIᵉ siècle. Dans un ouvrage écrit en 1619, Michael Praetorius donne la description de certains instruments à clavier, notamment des épinettes et des virginals, étrangers pour la plupart. Mais une des gravures de cet ouvrage montre un grand instrument de facture italianisante, comportant un 4' et deux 8', ce qui ne correspond pas à la facture d'un instrument italien. Il précise que « ces clavecins ont une sonorité forte, brillante, assez belle et possèdent davantage de résonance que les autres grâce à leurs cordes qui sont parfois doublées, triplées ou quadruplées ».

Les instruments allemands du XVIIIᵉ siècle qui ont survécu sont plus nombreux et permettent de discerner au moins deux écoles de facture : à Hambourg, la facture du clavecin était dominée par les familles Hass et Fleischer qui ont construit des instruments parfois très élaborés, pour la plupart à deux claviers.

L'école saxonne semble également dominée par deux familles. La réussite des Silbermann dans de domaine de la facture d'orgue a contribué au succès de leurs clavecins et, surtout, de leurs épinettes, d'une qualité exceptionnelle que les contemporains louaient en des termes extravagants. La famille Graebner a construit des instruments à deux claviers de conception analogue à celle des clavecins des Silbermann.

Si l'esthétique de la facture d'orgue et celle des clavecins français a certainement marqué la facture allemande de clavecin tardive, l'importance de la production musicale de ce pays constitue l'un des plus précieux témoignages sur la qualité de sa facture instrumentale.

(*e*) *L'Angleterre*. Comme en Allemagne, il est pratiquement impossible de reconstituer l'histoire ancienne du clavecin en

Angleterre à partir des instruments qui nous sont parvenus, du moins pour la période antérieure au XVIIe siècle. Il faut donc se fonder sur les documents écrits. Il n'existe de nos jours qu'un seul instrument anglais du XVIe siècle : le claviorganum de 1579 mentionné plus haut, construit par un facteur flamand. L'apport des instruments importés ou fabriqués par des facteurs étrangers résidant en Angleterre a sans doute eu une influence déterminante sur la nouvelle école nationale. L'inventaire des instruments de musique de la collection d'Henri VIII, dressé en 1553, permet de supposer que des clavecins italiens et flamands se trouvaient alors en Angleterre.

Il ne subsiste en Angleterre que deux clavecins du XVIIe siècle, alors que de nombreux virginals sont parvenus jusqu'à nous. De forme rectangulaire, en chêne ou en sapin, ils ont manifestement subi l'influence des virginals de type « épinette » fabriqués à Anvers. Malgré une construction grossière et hâtive, ils possèdent d'excellentes qualités musicales. Le nombre important de virginals de cette époque qui ont survécu laisse supposer que les facteurs ont certainement construit beaucoup plus d'instruments de ce type que de clavecins en aile d'oiseau ou d'épinettes.

Au début du XVIIIe siècle, un facteur flamand émigré en Angleterre, Hermann Tabel, entreprit la construction de grands clavecins à deux claviers, comportant trois rangées de cordes et quatre rangs de sautereaux différents, comme les instruments anversois du XVIIIe siècle. Ses apprentis, Jacob Kirckman et Burkat Shudi, fondèrent leurs propres ateliers qui allaient dominer l'ensemble de la facture anglaise de clavecins jusqu'à son déclin, à la fin du XVIIIe siècle. La grande majorité de ces clavecins standardisés, conçus sur le modèle de Tabel, comportent deux claviers avec deux jeux de 8' à l'unisson, un 4' et un jeu de nasard qui est, en fait, un troisième 8', commandé depuis le clavier supérieur, et qui pince les cordes près du sillet, produisant ainsi une sonorité brillante et riche en harmoniques aigus. Ces instruments comportent aussi un autre jeu, qui se retrouve sur les clavecins français, le jeu de luth : une baguette coulissante permet de rapprocher des cordes d'un jeu donné les étouffoirs en feutre ou en peau de buffle. Disposé sur le sommier de l'instrument, ce jeu produit un effet de *pizzicato*.

Ces instruments fort complexes ont été dotés, à partir de 1765, d'un mécanisme à pédale (« machine stop ») permettant de rapides changements de registration. On trouvait également une sorte de boîte d'expression qui permettait d'obtenir des nuances *crescendo* et *diminuendo* à l'aide d'une pédale agissant sur une partie mobile du couvercle ou sur un couvercle conçu en jalousie. Il existait aussi des clavecins plus simples, à un seul clavier, qui ne comportaient que deux 8' et un 4'. Kirckman a laissé de nombreux instruments munis seulement de deux jeux à l'unisson.

L'apparition de « machine-stops », d'une part, et, d'autre part, de genouillères introduites par des facteurs français, tels que Taskin, est le reflet de la recherche d'un éventail dynamique accru dans la musique du XVIIIe siècle. Cette recherche était tout naturellement mieux satisfaite par le piano-forte en pleine ascension, qui laisse présager le proche déclin du clavecin.

5. *Renaissance du clavecin*. Après le déclin de la fin du XVIIIe siècle, quelques musiciens continuèrent à manifester un grand intérêt pour le répertoire du clavecin, donnant même des concerts sur des instruments restaurés. Au cours de la seconde moitié du XIXe siècle, quelques restaurations occasionnelles et l'utilisation de clavecins anciens rendirent à l'instrument son autonomie, le dissociant totalement du piano. En 1882, Érard construisit à Paris le premier clavecin des temps modernes alors qu'en Angleterre, grâce au mouvement « Arts and Crafts », la musique ancienne suscitait un nouvel intérêt, par réaction contre l'industrialisation à outrance et les derniers excès de l'art romantique. En 1898, Arnold Dolmetsch construira son premier clavecin, point de départ d'une longue carrière de facteur.

Ces différentes reconstitutions auraient tendance à se démarquer, dans une large mesure, des principes de facture classiques car les facteurs ne pouvaient faire abstraction des progrès technologiques accomplis depuis l'invention du piano. De même, les interprètes subissaient inévitablement l'influence de la pratique romantique. Il faudra attendre 1945 pour voir les facteurs et les instrumentistes revenir aux idéaux traditionnels de qualité sonore et de facture des clavecins anciens. Depuis cette époque est né un style d'interprétation directement lié à ces instruments. Notre expérience musicale, qui repose sur les deux derniers siècles qu'a connus l'histoire de la musique, nous fait traduire toute démarche expressive en termes de *forte* et de *piano*. Mais une telle conception oublie qu'une interprétation musicalement correcte fait intervenir beaucoup d'autres critères d'expression tels que le phrasé, l'articulation, l'accentuation par l'ornementation, le *rubato* et d'autres inflexions rythmiques comme les notes inégales ou les différents procédés permettant d'arpéger un accord ; et l'on pourrait encore allonger la liste. Associés à la beauté naturelle du son, tous ces procédés, faciles à obtenir sur les épinettes et les virginals les plus simples, donnent à ces instruments un indéniable pouvoir expressif et une réelle délicatesse. Grâce aux possibilités multiples de beaucoup de grands clavecins, l'interprète dispose d'une palette sonore d'une richesse remarquable.

6. *Répertoire*. Avant le milieu du XVIIIe siècle, la mention « instrument à clavier » désignait indifféremment l'orgue ou un instrument de la famille du clavecin. La musique de cette époque convient d'ailleurs aussi bien aux deux. Le manuscrit de Faenza constitue l'une des sources les plus importantes de musique du XVe siècle : il comporte des arrangements à deux parties de musique vocale profane ou religieuse.

Dès le XVIe siècle, il devient possible de donner des noms à quelques pièces pour clavier, surtout en Italie (avec Cavazzoni, les Gabrieli et Merulo) et en Angleterre (avec Hugh Aston, bien connu pour son fameux « Hornpype »). Aston annonce déjà la grande école anglaise de musique pour virginal qui donnera naissance à de célèbres recueils comme *My Ladye Nevill's Booke*, le *Fitzwilliam Virginal Book* et *Parthenia*. De nos jours, le répertoire de musique pour clavecin, virginal et épinette des XVIe et XVIIe siècles et de la première moitié du XVIIIe siècle est souvent interprété au piano (voir *Piano*, 19 et 20).

Depuis quelques dizaines d'années, les compositeurs écrivent à nouveau des œuvres spécifiquement destinées au clavecin. Ses qualités expressives correspondent à une démarche soucieuse d'éviter les inflexions artificielles et recherchant une palette dynamique limitée. L'une des tentatives les plus importantes de réhabilitation du clavecin est due à Manuel de Falla avec son *Concerto pour clavecin et orchestre de chambre*. Parmi les quelque 150 compositeurs qui ont contribué à élargir le répertoire moderne, on peut citer les noms de Poulenc (*Concert champêtre* pour clavecin et orchestre), Elliott Carter (*Double Concerto* pour clavecin, piano et deux orchestres de chambre), Richard Rodney Bennett (*Concerto pour clavecin*), Henze (*Lucy Escott Variations* pour clavecin seul), Milhaud (*L'Apothéose de Molière* pour clavecin et cordes), Martinů (*Sonate* et *Impromptus*), McCabe (*Concertante* pour clavecin et ensemble de chambre, *Métamorphoses* pour clavecin et orchestre), Petrassi (*Ala* pour flûte et clavecin), Ligeti (*Continuum* et *Hungarian Rock* pour clavecin seul), Ohana, Kagel, Berio, Xenakis....

Pour le doigté de la musique ancienne, voir l'article *Doigté (instruments à clavier)*.

Anthony Baines, rév. Reinhard von Nagel.

BIBLIOGRAPHIE : Carl Philipp Emanuel Bach, *Essai sur la vraie manière de jouer des instruments à clavier*, Lattès (Paris, 1979). Norbert Dufourcq, *Le Clavecin*, PUF, coll. Que sais-je ? (Paris, 1949, 3e éd. 1981). Antoine Geoffroy-Dechaume, *Le Langage du clavecin*, Van de Velde (Luynes, 1986). Frank Hubbard, *Le Clavecin, trois siècles de facture*, LAME (Nogent-le-roi, 1981). Wanda Landowska, *Musique ancienne*, Maurice Sénart (Paris, 1921). André Pirro, *Les Clavecinistes*, Henri Laurens (Paris, 1926), rééd. Les Introuvables (Plan-de-la-Tour, 1984). François-René Tranchefort, *Musique de clavecin et piano du XVIIe siècle jusqu'à nos jours*, Fayard (Paris, 1987).

Claves (esp. : littéralement « clefs »). Baguettes de percussion d'origine cubaine, faisant partie de la rythmique fondamentale de la musique de danse latino-américaine avec le rapeur, le *guiro et les *maracas. L'instrument se compose de deux baguettes cylindriques en bois dur, mesurant de 16 à 20 cm de long (Fig. 1). L'instrumentiste arrondit la main gauche qui forme ainsi une coque, les deux principales régions nodales reposant sur l'éminence thénar du pouce et sur l'index, la coque formée par le creux de la main constituant une chambre de résonance. Il frappe cette clave en son centre avec l'autre clave qu'il tient dans la main droite. Dans la *rumba, les claves entretiennent le rythme de base.

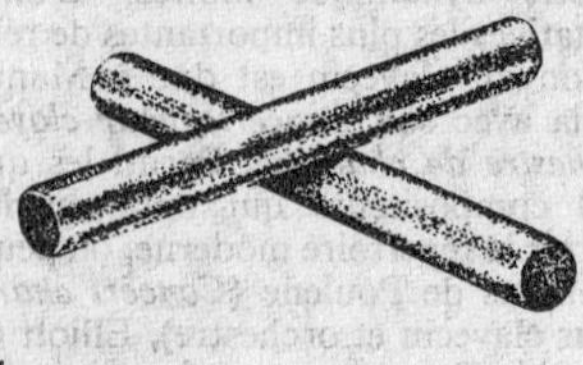

Fig. 1

Les claves font partie des nombreuses percussions que Varèse a introduites dans des œuvres de concert ; depuis, elles ont été utilisées par Copland, Berio (*Circles*), etc.

Anthony Baines.

Clavicorde (All. : *Clavichord, Klavichord* ; angl. : *clavichord* ; ital. : *clavicordo, manicordo*). Le clavicorde est l'un des instruments à clavier et à cordes les plus anciens ; utilisé dès le XVe siècle, il est resté en usage dans certains pays jusqu'au XIXe siècle. Sa caractéristique principale vient de la mise en vibration des cordes par des lames de laiton appelées tangentes qui sont directement fixées au levier des touches. Le clavicorde connaît aujourd'hui un regain de faveur : il constitue l'instrument idéal pour ceux qui cherchent à la fois un instrument petit, à la sonorité discrète et suffisamment authentique pour traduire la musique pour clavier de Jean-Sébastien Bach dont le clavicorde était, avec l'orgue, l'instrument à clavier de prédilection.

1. *Facture.* La forme oblongue du clavicorde rappelle celle du virginal (voir *Clavecin*) ou du piano carré ancien (voir *Piano, 6a*), mais en plus petit. Il peut être posé sur un piétement ou sur une table. Le clavicorde se distingue du virginal sur deux points : en soulevant le couvercle, on remarque une rangée de baguettes de bois placées immédiatement sous les cordes. Lorsque l'on regarde le clavier de face, on découvre que le niveau des touches est un peu plus bas que celui des cordes, à cause de la très faible amplitude de l'enfoncement des touches.

Les cordes, en acier ou en laiton, sont disposées par paires d'un bout à l'autre du clavier (dans tout ce qui suit, le mot « corde » désigne la paire de cordes et doit être compris comme « chœur de cordes »). Les cordes les plus longues sont disposées aussi près que possible du clavier et parallèlement à celui-ci, comme sur le virginal. Les chevilles d'accord sont regroupées sur la droite de l'instrument. Les cordes passent sur un chevalet en bois carré et incurvé, d'une épaisseur moyenne de 3 mm qui est directement collé à la table d'harmonie. A gauche de l'instrument, les cordes sont attachées à de petits clous. Contrairement au virginal, il n'y a pas de chevalet à cette extrémité des cordes, les tangentes de chaque note, au contact de la corde, produisant un effet analogue.

2. *Mécanisme.* La touche doit rester enfoncée pendant la durée totale de la note, qu'elle soit courte ou longue. Le son est produit par la vibration de la partie droite de la corde, entre la tangente et le chevalet ; mais la partie gauche ne peut vibrer car elle est étouffée par une bande de tissu qui traverse l'ensemble des cordes. La tangente joue à la fois le rôle d'une frette, qui détermine la longueur de la corde vibrante et, en même temps, engendre la vibration de la corde. Dès que le doigt relâche la touche, la tangente quitte la corde et l'effet d'étouffoir produit par la bande de tissu se transmet sur toute la longueur de la corde, arrêtant immédiatement le son. Chaque tangente mesure environ 5 mm de large ; elle est taillée dans une plaque de bronze d'une épaisseur inférieure à 1 mm. Le point de contact entre la tangente et la corde engendre un nœud de vibration qui correspond au point où la corde vibre avec l'amplitude la plus faible (de même, lorsque l'on frappe du bout des doigts les frettes d'une guitare, la corde se met à sonner légèrement). Ainsi s'explique le son doux et intime du clavicorde. Sur des instruments plus grands et plus tardifs, où la course de la tangente est plus importante, le volume maximum du son peut avoisiner celui d'un petit pianoforte ; mais le clavicorde n'est pas fait pour être joué devant un large auditoire. C.P.E. Bach, grand expert dans l'art et la manière de jouer les instruments à clavier, précise que « le clavecin est utilisé dans les ensembles, alors que le clavicorde se suffit à lui-même ». En revanche, le clavicorde permet un contrôle précis des nuances, simplement par le toucher, peut-être encore à un plus haut degré que le piano. Il est en outre possible, par une pression

irrégulière des doigts sur les touches, d'obtenir un effet de vibrato contrôlé, procédé qui modifie légèrement la hauteur de la note. C'est ce qu'on désigne sous le nom de *Begung (en vieil allemand, « tremblement »).

L'étendue du clavier varie de quatre à cinq octaves, quatre octaves au-dessus du do^1, tessiture traditionnelle permettant d'interpréter les œuvres de J. S. Bach, cinq octaves au-dessus du fa^{-1} sur les modèles plus conséquents qui ont vu le jour au XVIIIe siècle (cf. supra). Pendant longtemps, l'usage des pouces était proscrit sur tous les instruments à clavier, bien que C.P.E. Bach ait jugé cette habitude totalement absurde (voir *Doigté, instruments à clavier*, 1).

3. *Le clavicorde lié.* Le clavicorde décrit ci-dessus possède un « chœur » de deux cordes pour chaque note, ce qui correspond au stade ultime de l'évolution de l'instrument.

La hauteur de la note dépendant d'une tangente, il est possible que plusieurs touches voisines actionnent leur propre tangente sur la même corde, chacune d'entre elles frappant la corde en des points différents, plus ou moins près du chevalet. Pour citer un exemple, les tangentes de do et do dièse – et même parfois de ré (notes que l'on joue rarement ensemble) – font vibrer la même corde. De tels clavicordes portent le nom de « clavicordes liés » (*gebunden* en allemand, *fretted* en anglais, par analogie aux frettes du luth ou de la guitare). Le nombre de cordes s'en trouve considérablement réduit, tout comme les dimensions et le coût de l'instrument. Les deux systèmes de facture coexisteront jusqu'au XVIIIe siècle.

4. *Historique.* Dans plusieurs pays, le clavicorde a d'abord porté le nom de * « monocorde » ou de « manicorde », ce qui permet de supposer que cet instrument descend bien du véritable monocorde. Au XIVe siècle, il existait une sorte de monocorde dont chaque note était parfois triplée avec des cordes de même longueur, pourvues d'un chevalet individuel et mobile le long d'une échelle graduée ; ce système mobile permettait de fixer la longueur de la corde. L'interprète se servait d'un plectre et pouvait faire sonner plusieurs cordes à la fois. On ne peut s'empêcher de voir dans cette multiplicité de cordes d'égale longueur une parenté avec la forme primitive du clavicorde, tel que le représentent certains tableaux peints vers 1430, où l'instrument est caché dans une boîte longue et étroite. Les chevalets mobiles et les plectres du monocorde sont ici remplacés (grâce à la qualité des nouvelles cordes métalliques) par un mécanisme actionné par un clavier de clavicorde lié ; ainsi, on pouvait jouer les notes dans un tempo rapide. Le clavicorde était né, devenant un instrument à part entière. On en trouve les plans de construction dans un document particulièrement précieux, le manuscrit d'Arnaut de Zwolle (vers 1440) : trois octaves chromatiques contenues dans un instrument de 70 cm de long sur 18 cm de large. La disposition des tangentes restera la même sur les grands clavicordes italiens ou allemands jusqu'au XVIIIe siècle. L'octave la plus grave n'est pas liée (chaque tangente excite simultanément deux cordes, à l'exception du do dièse grave). La Fig. 1 montre le schéma typique de deux octaves du médium, chaque octave étant obtenue par quatre cordes jumelées. Les baguettes qui prolongent les touches sont plus ou moins obliques pour que les tangentes soient exactement placées sous les cordes appropriées. Les touches restent alignées grâce à une longue baguette de bois fixée au fond de la caisse, elle-même percée de sillons verticaux servant de guide aux leviers qui prolongent les touches.

Les cordes du clavicorde lié sont accordées par séquences de tierces, en relevant la tangente la plus grave du clavier. Chaque corde ne concerne jamais plus de deux notes non altérées (touches blanches du clavier) ; toutes les notes d'un accord peuvent donc sonner sur les touches blanches ainsi que la plupart des notes des accords faisant appel à une touche noire. Naturellement, certaines gammes ou certains trilles sont irréalisables, mais ils sont peu nombreux grâce à l'efficacité des étouffoirs. L'accord du clavicorde lié se fait rapidement puisqu'il n'y a que quatre cordes par octave. De plus, la tension des cordes est minime.

Le clavicorde lié s'est rapidement imposé comme instrument privilégié pour l'enseignement et la pratique du clavier. Les organistes l'utilisaient constamment. Dès la fin du XVe siècle, certains modèles comportaient des pédales reliées au clavier par un système de tiges et de leviers.

Le fonctionnement traditionnel a été progressivement remplacé par un nouveau système décrit pour la première fois en 1555 par Bermudo, en Espagne. L'instrument est alors intitulé « monochordio ». Ce système repose sur un nombre de cordes plus important – huit par octave – mais chacune ne se voit attribuer au maximum que deux demi-tons conjoints, alors que chaque ré et chaque la (parfois mi et si) possède une corde individuelle. Ce procédé permet de réaliser tous les accords usuels ; le legato est de meilleure qualité et l'instrumentiste peut jouer dans des mouvements très rapides. Cette nouvelle disposition des frettes se répand dans les principaux pays d'Europe ; Espagne, Portugal, Italie, Allemagne et Scandinavie. En France, en Angleterre et aux Pays-Bas, cet instrument a été presque totalement ignoré à partir du XVIe siècle au profit de l'épinette et du virginal. Ce type de clavicorde lié se trouve couramment de nos jours et on le préfère au clavicorde dit « libre ».

Le clavicorde « libre » (*bundfrei* en allemand, *unfretted* en anglais) s'est imposé en Allemagne au XVIIIe siècle. De grande taille (près de deux mètres de long), il possédait un clavier plus étendu, un pouvoir expressif accru et une sonorité plus puissante. Les instruments fabriqués par H.A. et J.A. Hass à Hambourg possèdent des cordes supplémentaires dans le grave, mais deux fois plus courtes que les autres, car elles sont accordées une octave plus haut que les cordes principales (4'), ce qui donne une sonorité plus brillante. Chaque corde de 4' est tendue sur un chevalet de 4' entre les deux cordes principales, un peu au-dessus d'elles. La tangente la frappe donc juste avant les autres, amenant ainsi l'ensemble des cordes au même niveau.

On ignore si J. S. Bach préférait le clavicorde lié ou le clavicorde libre, mais on sait que c'est sur le clavicorde lié que C.P.E. Bach acquit sa renommée d'instrumentiste, qui reposait surtout sur l'expression de son jeu.

Les pièces pour clavicorde des Bach, de Froberger et des compositeurs de cette époque sont généralement exécutées sur d'autres instruments à clavier. Cette pratique de la transcription rend aléatoire toute tentative pour définir un répertoire spécifique du clavicorde. Percy Scholes avait raison d'affirmer qu'une pièce comme le premier prélude du premier livre du *Clavier bien tempéré* de J. S. Bach sonne tout à fait différemment au clavicorde, au piano ou au clavecin. D'une manière générale, les Allemands sont restés fidèles au clavicorde, même après l'apparition du piano. Le dernier clavicorde de fabrication ancienne que l'on connaisse est d'origine suédoise ; il a été construit à Stockholm en 1821.

En 1775, C.F.D. Schubart traduisait ainsi l'opinion générale des Allemands sur le clavicorde :

> « Le clavicorde, cet instrument unique, mélancolique et incroyablement doux, supplante en qualité le clavecin et le forte piano lorsqu'il est fabriqué par un maître de l'art. Non seulement la couleur musicale, mais aussi les notes jaillissent puis disparaissent toutes en demi-teintes, les trilles, dont on n'entend aucun battement sous les doigts, sont fondants, son portato et son vibrato sont uniques. En un mot, il est capable d'exprimer toutes les nuances des sentiments, et seulement par la pression des doigts, par un toucher lourd ou délicat. Ceux qui n'apprécient guère les ouragans et dont le cœur aime à trouver un soulagement dans l'expression de sentiments agréables et doux devraient, plutôt que de choisir un clavecin, acheter un clavicorde de chez Fritz, Späth ou Stein. »

Arnold Dolmetsch entreprit, en 1894-95, la construction de six grands clavicordes, suscitant ainsi un intérêt nouveau pour l'instrument qui allait engendrer une renaissance de la facture des instruments anciens au cours de la seconde moitié du XXe siècle.

5. *Répertoire*. Le répertoire du clavicorde est lié à sa situation géographique et temporelle. Il faut néanmoins souligner que la musique française spécifiquement écrite pour le clavecin était alors assez connue en Allemagne où elle était rarement jouée au clavicorde. Pour C. P. E. Bach, tout instrumentiste aurait dû posséder un clavecin et un clavicorde et être capable de jouer des deux instruments en alternance, le toucher du premier étant bénéfique au toucher radicalement différent de l'autre. Voir aussi *Piano*, 19.

Anthony Baines.

BIBLIOGRAPHIE : Carl Philipp Emanuel Bach, *Essai sur la vraie manière de jouer des instruments à clavier*, Lattès (Paris, 1979).

Clavier bien tempéré. Voir *Wohltemperierte Klavier, Das.*

Clavier muet. Clavier factice, comportant la disposition normale des touches (mais dont l'étendue est souvent moindre), qui ne produit aucun son car il n'a ni cordes, ni marteaux, ni table d'harmonie, etc. Ses touches, lorsqu'elles sont actionnées, produisent un bruit sourd, mais rythmique ; il sert donc à travailler et à faire des exercices dans un environnement où la sonorité d'un véritable instrument pourrait gêner les autres. On utilise parfois des claviers muets pour enseigner le piano en classe.

Clavilamme. Voir *Accordéon.*

Clef (angl., fr. ; all. : *Schlüssel* ; ital. : *chiave*). Signe placé au début de la portée pour indiquer la hauteur des notes qui y sont inscrites. L'usage courant connaît aujourd'hui trois sortes de signes :

La clef de sol, apposée sur la deuxième ligne de la portée, indique que la hauteur de cette note est sol^{3} ; la clef de fa, sur la quatrième ligne, indique que la hauteur de cette note est fa^{2}. La clef d'ut occupe différentes positions, soit sur la ligne médiane de la portée (clef d'ut troisième), soit sur la quatrième ligne (clef d'ut quatrième) ; dans les deux cas, elle correspond au do^{3}.

La clef de sol est utilisée pour la portée supérieure de la musique pour clavier, pour la voix de soprano et les instruments aux tessitures aiguës, comme le violon et la flûte. Une clef de sol avec le chiffre « 8 » attaché à la queue se réfère au sol^{2} (une octave au-dessous de la clef de sol habituelle) ; elle est souvent utilisée dans la musique vocale, notamment pour les parties de ténor.

La clef de fa correspond à la portée inférieure de la musique pour clavier et à toutes les voix ou instruments graves. La clef d'ut troisième est utilisée pour l'alto ou d'autres instruments similaires et la clef d'ut quatrième (ou clef de ténor) pour les notes aiguës du violoncelle, du basson, du trombone ténor, etc.

L'origine de ces signes remonte aux lettres F, C et G qu'ils représentent. Avant 1750, ils apparaissaient dans de nombreuses positions ; par exemple, dans la musique des compositeurs français du XVIIe siècle, comme Lully, la clef de sol était invariablement apposée sur la dernière ligne de la portée alors que, dans la musique italienne, elle était apposée sur la deuxième ligne, comme aujourd'hui. La clef d'ut pouvait être placée sur n'importe quelle ligne. Il semblerait que ces nombreux changements aient permis d'éviter l'emploi de lignes supplémentaires.

Voir également *Notation,* 2, 6.

Clémence de Titus, La. Voir *Clemenza di Tito, La.*

Clemens (non papa) [en réalité Jacques Clément] (vers 1510-15 ; vers 1555-56). Compositeur franco-flamand. Chanteur à Saint-Donatien de Bruges où il a été nommé maître de chant en 1544. On sait très peu de chose de sa vie, sinon qu'il s'agissait d'un compositeur populaire, auteur d'excellentes chansons françaises et néerlandaises, souvent homophoniques, sur des textes obscènes ou plus raffinés, ainsi que de musique d'église, notamment de beaux motets dans un style contrapuntique imitatif. Il a été le premier à mettre en musique des traductions de psaumes en néerlandais de manière polyphonique, ces *souterliedekens* utilisant des mélodies populaires empruntées à des chansons à boire ou d'amour, à des ballades et à des airs de musique sacrée. Ses œuvres étaient connues dans toute l'Europe. Il ne semble y avoir aucune justification sérieuse des termes « non papa » (« pas le pape ») mentionnés sur la page de titre de ses publications.

Denis Arnold.

Clement, Johann Georg (Breslau, vers 1710 ; Breslau, 23 mai 1794). Compositeur allemand, Kapellmeister de la cathédrale de Breslau pendant 59 ans, à partir de 1735. Il a composé de nombreuses œuvres d'église, notamment des messes, des offertoires, des graduels, etc., ainsi qu'un requiem (aujourd'hui perdu) pour les funérailles de l'empereur Charles VI en 1740.

Clementi, Muzio (Rome, 23 janvier 1752 ; Evesham, Worcestershire, 10 mars 1832). Compositeur anglais d'origine italienne. Il débute comme organiste dans une petite église de Rome lorsqu'un gentleman anglais, Peter Beckford (cousin de l'écrivain William Beckford), fait sa « découverte » en 1766. Il paie le père de Clementi pour qu'il autorise son fils à être « pianiste à résidence » dans sa propriété de Stapleton (Dorset). Clementi y passe sept ans, puis s'installe à Londres. Au début, il attire assez peu l'attention, mais les *Six Sonates pour piano op.2* publiées en 1779 fixent sa réputation par l'usage brillant qu'il y fait des octaves et des tierces à la même main. L'année suivante, il entreprend une tournée, joue devant Marie-Antoinette à Paris, puis se rend à Vienne où a lieu le célèbre concours l'opposant à Mozart qui lui reconnaît une technique instrumentale remarquable, tout en regrettant son manque de goût en matière de composition. Clementi retourne finalement à Londres en 1785 où il acquiert une grande notoriété de virtuose et de pédagogue. Entre 1779 et 1790, il publie environ 60 sonates pour piano : un grand nombre d'entre elles suscitent l'admiration de Beethoven qui s'en inspirera dans une certaine mesure. Il compose également quelques symphonies, mais la visite de Haydn, en 1791, le relègue dans l'ombre. Pendant quelques années, il se consacre exclusivement à l'enseignement, pratiquant des tarifs exorbitants qui lui rapportent une véritable fortune : il investira ses fonds dans une entreprise de facture de pianos. En 1802, Clementi reprend ses voyages à l'étranger et acquiert une solide réputation d'éditeur de musique : la firme Clementi & Co. achète les droits pour l'Angleterre de quelques œuvres majeures de Beethoven.

En 1804, il épouse à Berlin Caroline Lehmann qui meurt en couches l'année suivante ; il se remariera en 1811 avec Emma Gisburne dont il aura quatre enfants. En 1813, il participe à la fondation de la Philharmonic Society dont il sera l'un des directeurs. Vers 1820, sa carrière connaît un nouvel essor tant dans le domaine de la composition (principalement symphonique) que dans celui de la direction d'orchestre – il est l'un des derniers chefs d'orchestre à diriger du clavier. Son célèbre *Gradus ad Parnassum* (Leipzig et Paris, 1817, 1819, 1826), recueil d'études pour clavier, est surtout connu par ses exercices pour les cinq doigts, mais les pièces plus avancées de ce recueil appartiennent à la tradition musicale qui mènera à la musique pour piano de Chopin. Après une dernière tournée en Europe, il se retire à la campagne où il mourra.

Denis Arnold.

Clemenza di Tito, La (« La Clémence de Titus »). Opéra en deux actes de Mozart sur un livret de Mazzolà d'après Métastase. Représentations : Prague (Théâtre national, 6 septembre 1791) ; Londres (King's Theatre, 27 mars 1806) ; Paris (Théâtre-Italien, 1816) ; Tanglewood, Massachusetts (4 août 1952). Le texte de Métastase a également inspiré une vingtaine d'autres compositeurs, notamment Gluck (1752). L'empereur Titus (tén.) a l'intention d'épouser Bérénice, ce qui éveille la jalousie de Vitellia (sop.) et déchaîne sa fureur. Elle pousse Sextus (contralto). son soupirant, à prendre la tête d'une conspiration contre Titus. Lorsque Titus renonce à Bérénice pour épouser Servilia (sop.), sœur de Sextus, elle lui dit qu'elle aime Annius (mezzo). Titus décide alors d'épouser Vitellia, qui ne connaissant pas ses dernières intentions, lance une conspiration et envoie Sextus mettre le feu au Capitole. Titus échappe à la mort, mais après d'autres complications, accorde son pardon à Sextus puis à Vitellia.

BIBLIOGRAPHIE : *La Clémence de Titus*, L'Avant-Scène-Opéra n° 99 (Paris, 1987).

Clérambault, Louis-Nicolas (Paris, 19 décembre 1676 ; Paris, 26 octobre 1749). Organiste et compositeur français. Fils de Dominique Clérambault (vers 1644 ; Paris, 24 mai 1704), l'un des Vingt-Quatre Violons du roi, Louis-Nicolas est l'élève de l'organiste de Saint-Jacques et commence à composer dès son plus jeune âge : à treize ans, il écrit un motet pour grand chœur. Il occupe plusieurs postes importants d'organiste à Paris et est notamment organiste et professeur au couvent de Madame de Maintenon à Saint-Cyr. Aujourd'hui, on se souvient surtout de lui grâce à un charmant recueil de musique pour orgue (son *Livre d'orgue*, Paris, vers 1710) composé à l'usage liturgique dans un style très ornementé. A son époque, néanmoins, il s'est forgé une réputation non négligeable avec ses cantates pour voix solistes. Écrite dans un style extrêmement dramatique, une œuvre comme *Orphée* (Paris, 1710) – un plaidoyer devant Pluton pour laisser Eurydice quitter les Enfers – fait beaucoup d'effet et utilise un langage harmonique aux dissonances intéressantes.

Denis Arnold.

Clicquot. Famille de facteurs d'orgues français : **Robert Clicquot** (Reims, ? 1645 ; Paris, 21 juillet 1719), facteur d'orgues de la chapelle du roi (1708), puis facteur d'orgues du roi (1715) a construit l'instrument de la chapelle du château de Versailles ainsi que ceux des cathédrales de Soissons, de Blois et de Rouen. Son fils, **Louis Alexandre** (Paris, ? 1684 ; Paris, 25 janvier 1760), et surtout son petit-fils, **François-Henri** (Paris, 1732 ; Paris, 24 mai 1790), ont fait évoluer considérablement la facture d'orgue française. Les anches de François-Henri Clicquot possèdent une couleur spécifique identifiable entre toutes. Il a construit les orgues de la cathédrale Saint-Louis à Versailles, de Saint-Germain-l'Auxerrois (anciennes orgues de la Sainte-Chapelle), de Saint-Sulpice et de la cathédrale de Poitiers. Son fils, **François** (Paris, 1762 ; Paris, 27 mars 1801), a participé au recensement des orgues de la capitale pendant la Révolution et a permis d'en sauver une grande partie.

Alain Pâris.

BIBLIOGRAPHIE : Jean-Albert Villard, *L'Œuvre de François-Henri Clicquot, facteur d'orgues du Roy*, Barnéoul (1973).

Cloches

1. Introduction
2. Fonte des cloches
3. Harmoniques et hauteur du son
4. Production du son
5. Carillon
6. Pouvoirs des cloches
7. Utilisation des cloches par les compositeurs

1. *Introduction*. La famille des cloches (all. : *Glock* ; angl. : *bell* ; ital. : *campana*) regroupe également la sonnette, le grelot, le timbre, etc. et en latin médiéval on employait encore bien d'autres termes. Cette article traite de l'instrument le plus important de cette famille, la grosse cloche fondue, dont la largeur dépasse généralement la hauteur (même si les apparences sont parfois trompeuses) ; suspendue dans une tour, elle est frappée par un battant relativement lourd qui dégage une énergie sonore considérable permettant d'entendre la note de loin. Pour les autres types de cloches, voir *Cloches de vache* ; *Clochettes* ; *Grelots* et *Cloches-tubes*.

2. *Fonte des cloches.* L'Antiquité connaissait déjà de petites cloches à battant secouées à la main ; on les employait pour appeler ou pour les rituels ; elles étaient coulées en bronze ou en poterie. La fonte de cloches de plus grandes dimensions semble remonter au VIIIe siècle après J.-C., dans des monastères irlandais ; peut-être serait-elle un peu antérieure en Italie. Le métal employé est un bronze contenant environ 78% de cuivre et 22% d'étain – avec ou sans addition de pièces en argent porte-bonheur. L'ancienne méthode de moulage « à cire perdue » est décrite en détail dans *De diversis artibus* d'un prêtre allemand du XIIe siècle du nom de Theophilus. Elle repose sur l'utilisation d'un moule constitué, à l'intérieur, d'un noyau d'argile à la forme de la cloche, couvert de suif, et, à l'extérieur, d'une « chape » également en argile renforcée de bandes en fer ; l'inscription figurait sur le noyau. La cire chaude s'écoulait par des trous pratiqués dans la base et, après les avoir bouchés à l'argile, on versait le métal. Si besoin était, on accordait la cloche de l'intérieur au marteau et au burin. La méthode moderne a conservé le noyau et la chape, mais pas la cire. Le noyau en brique est recouvert d'un mélange de glaise et de bouse de vache auquel on donne la forme de l'intérieur de la cloche. La chape en fonte est revêtue du même mélange pour former l'extérieur de la cloche. Les inscriptions sont imprimées sur la face interne de la chape, donnant ainsi une inscription en relief au lieu de l'inscription incisée que permettait le procédé à cire perdue. On installe la chape au-dessus du noyau, puis on verse le métal entre les deux éléments du moule. Lorsqu'elle est froide, la cloche peut être accordée avec un tour qui retire du métal en divers endroits de sa face interne.

La fonderie Paccard est aujourd'hui

l'une des plus célèbres fonderies de cloches : plus de 70 000 cloches ont été coulées dans ses ateliers, les plus anciennes remontant à la fin du XVIIIe siècle : la « Savoyarde » du Sacré-Cœur à Paris, la « Jeanne d'Arc » de Rouen, la « Thérèse » de la basilique de Lisieux, la « Tast Memorial » de Washington, etc. Originaire de Savoie, cette entreprise familiale, aujourd'hui installée à Paris, poursuit ses activités depuis sept générations. En Angleterre, les deux principales fonderies de cloches travaillent en étroite collaboration : la plupart des cloches anglaises sortent de la Whitechapel Bell Foundry (1570), notamment Big Ben ; la fonderie John Taylor & Co (Loughborough), dont l'existence remonte au XIXe siècle, a signé le carillon de la cathédrale St Paul à Londres où se trouve la plus grosse cloche anglaise, *Great Paul.*

3. *Harmoniques et hauteur du son.* Les moyens de contrôle électronique du son facilitent aujourd'hui l'accord des cloches. Cette opération ne concerne pas uniquement le réglage de la hauteur du son de la cloche elle-même mais aussi celui de ses principaux partiels qui ne sont pas intrinsèquement harmoniques, malgré les apparences auditives dues à la forme et à l'épaisseur croissante de la cloche, de la couronne à son bord inférieur. Au-dessus de la note principale, on entend la tierce (plus souvent mineure que majeure) puis, moins distinctement, une quinte et une octave de courte durée (certains parlent de douzième) ; s'y ajoute une note profonde appelée « hum » qui résonne longuement à un intervalle indéterminé. Chaque harmonique peut être accordé par rapport à la note principale en amincissant le métal en des endroits précis de la cloche. Bien que la cloche ne soit qu'une plaque vibrante fixée en son centre (comme la *cymbale), la répartition complexe de la masse rend pratiquement impossible l'établissement d'une relation entre les harmoniques entendus et des figures nodales de vibrations spécifiques.

La hauteur de son de la note principale dépend du poids, du diamètre et de l'épaisseur de la cloche. Comme les cloches lourdes ont à peu près les mêmes proportions, on se réfère à la racine cubique du poids pour déterminer approximativement la hauteur du son. Ainsi la note baisse dans une faible mesure lorsque les dimensions de la cloche augmentent. Great Tom, à Christ Church (Oxford) (2,10 m de diamètre, refondue à partir d'une ancienne cloche datant de 1680) pèse environ 7,2 t et sonne à la^2 (au diapason baroque, sensiblement plus bas que le diapason actuel). On ignore si Big Ben doit son nom à Sir Benjamin Hall, responsable des travaux de Westminster Abbey au moment où fut commandée la cloche, ou, comme certains le suggèrent, à un célèbre boxeur de l'époque ; mais elle pèse environ 13,5 t, presque deux fois le poids de Tom, et sonne pratiquement à la tierce majeure inférieure, approximativement fa^2 du diapason moderne. Par ailleurs, le battant de Big Ben pèserait 0,2 t et décrirait une courbe dont les points les plus hauts et les plus bas sont distants de 33 cm.

Parmi les plus grosses cloches qui existent encore aujourd'hui, vingt-neuf dépasseraient les dimensions de Big Ben, vingt d'entre elles se trouvant en Europe – les six plus lourdes sont en URSS et elles atteignent 170 t, sans compter la cloche cassée géante du Kremlin (1733) qui pèse 196 t et dont le bord mesure 60 cm d'épaisseur – trois aux États-Unis et six en Extrême-Orient. La cloche la plus ancienne dont on connaisse l'existence serait celle du palais de Nemrod (Babylone, 1100 av. J.-C.). En Europe, la cathédrale de Sienne passe pour posséder la plus vieille cloche aujourd'hui conservée (coulée en 1159), celle de Fontenailles, dans le Gard, étant la plus ancienne de France (1203, conservée au musée de Bayeux) alors qu'en Angleterre (1296) elle se trouverait à Claughton dans le Lancashire. La cloche Mingoon, en Birmanie, pèse 90 t pour un diamètre de 5 m, la cloche japonaise Chonan pèse 75 t alors qu'en Corée se trouve une cloche remontant à 771 après J.-C. qui pèserait 70 t et mesurerait 2,75 m de haut. En France, le record est détenu par la Savoyarde, à la basilique du Sacré-Cœur de Montmartre, à Paris (1891) : 18,83 t, 3,04 m de diamètre, 3,06 m de haut. La plus grosse cloche de Notre-Dame de Paris, baptisée Emmanuelle par Louis XIV et Marie-Thérèse, pèse 13 t pour un diamètre de 2,70 m. C'est la refonte d'une cloche plus ancienne, Jacqueline (7,5 t), don de Jean de Montaigu (1400, refondue en 1430 et en 1681). La cathédrale de Sens possède aussi deux cloches imposantes, la Savinienne (1860, 15,6 t) et la Potentienne (1860, 13,9 t). La fonderie Paccard a fabriqué en 1986 trois cloches pour la nouvelle cathédrale de la Transfiguration à Markham (Canada) : Stephen (19 t), Ann (10 t) et Daniel (6 t).

4. *Production du son*. La cloche est frappée soit par un battant qui la fait osciller soit par un marteau (cloche stationnaire). Une cloche sonne ou carillonne lorsqu'elle se balance en formant un angle inférieur à 180° et tinte lorsqu'elle va au-delà. Le battant pivote à l'intérieur de la cloche en un point situé plus bas que le pivot de la cloche elle-même (anse). Il oscille donc plus rapidement que la cloche et gagne du terrain sur elle, venant la toucher au retour du balancement dans son mouvement ascendant. Pour faire carillonner une cloche, il suffit de tirer sur la corde à angle droit du mouton sur laquelle est fixée cette cloche. En Europe, la plupart des cloches sonnent en carillon et ce mélange de notes, d'harmoniques et de « hums » forme une véritable symphonie de cloches qui dégage une atmosphère poignante. La cloche peut aussi sonner à l'aide d'un marteau d'horlogerie généralement placé à l'extérieur ou au moyen de cordes attachées directement aux battants.

Le « change-ringing » repose sur un balancement désordonné de la cloche qui décrit un cercle complet. Ce balancement circulaire s'obtient, avec un moindre effort, en passant une corde sur le rebord d'une large roue, méthode qui remonte au XVIe siècle. Elle permet au sonneur de déterminer avec précision le moment où sera frappé le coup.

5. *Carillon*. Un carillon est un jeu de cloches qui peut compter dans certains cas plus de 70 cloches différentes. Il est installé dans une tour et joue automatiquement (à l'heure, et généralement à la demie et aux quarts). En débrayant le mécanisme, on peut aussi faire fonctionner le carillon à partir d'un clavier. La Belgique, la Hollande et le nord de la France constituent depuis longtemps la patrie des carillons : la Belgique en possède aujourd'hui 70, les plus importants comptant en moyenne 45 cloches dont le poids varie de 7 kg à plusieurs tonnes. Au XXe siècle, de nombreux carillons ont vu le jour aux États-Unis, quelques-uns en Grande-Bretagne et dans les pays du Commonwealth.

A partir du milieu du XIVe siècle, l'évolution des horloges fonctionnant avec des poids aboutit à leur utilisation dans les tours ; ce dispositif ne comportait pas encore d'aiguilles ni de cadran mais une paire de cloches sur lesquelles les heures étaient frappées par deux jacquemarts, automates en fer munis de maillets en bois. Avec l'adjonction de nouvelles cloches, les jacquemarts ont été remplacés par un mécanisme servant à jouer les mélodies des heures (*voorslagen* aux Pays-Bas). Un tel mécanisme fonctionnait déjà à Saint-Nicolas de Bruxelles en 1381, ainsi qu'à Louvain.

Le mécanisme automatique fait appel à un grand tambour rotatif, comme celui de l'orgue de Barbarie, d'abord en bois puis en laiton (Delft, 1663) sur lequel sont fixées des chevilles d'acier (voir *Mécanique, Instruments de musique*, 3 et 4). Par la rotation du tambour, les chevilles entraînent des leviers qui, à leur tour, tirent sur des fils métalliques permettant aux marteaux de frapper les cloches. Le tambour du carillon de la cathédrale de Malines, fabriqué en 1736, mesure 4,60 m de diamètre et plus de 1,80 m de long. Il actionne 90 leviers et joue huit airs par heure, chaque air n'occupant qu'une petite fraction de la rotation d'un cylindre aussi énorme. Un tour complet donne les huit airs. Il peut jouer un total de 108 mesures de musique et comporte 180 rangées de trous sur sa circonférence. Chaque rangée étant percée de 90 trous, on dispose de 16 200 perforations pour enregistrer les airs. Aux huit différentes catégories de chevilles courantes s'ajoutent trois types spéciaux qui permettent de reproduire la quasi-totalité des valeurs rythmiques de façon satisfaisante au point de vue mécanique. Toutefois, les instruments modernes fonctionnent avec une bande sans fin en plastique perforé qui ressemble aux rouleaux des pianos mécaniques. Des griffes métalliques parcourent le plastique pendant son déroulement et produisent, à travers les perforations, un contact électrique qui alimente un système d'amorçage solénoïdal.

Sur un carillon, on peut jouer des passages rapides, *crescendo* et *diminuendo*, et même tenir des accords grâce à une sorte de *tremolo*. Il est même possible de jouer des fugues et des sonates pour clavier simples. Bach a écrit quelques airs pour le carillon de l'un de ses employeurs, le prince de Anhalt-Cöthen. L'une des œuvres les plus célèbres exécutées par un carillon est le fameux carillon de Big Ben (*Cambridge Chime*, aussi appelé *Westminster Quarters*). Il aurait été réalisé en 1793 pour St Mary de Cambridge par le Dr Crotch qui permuta une phrase descendante de l'introduction d'un air du *Messie* de Haendel, « I know that my Redeemer liveth ». En Allemagne et, dans une certaine mesure aux États-Unis, le carillon de *Parsifal* jouit d'une notoriété analogue.

Le clavier manuel, qui permet de jouer du carillon avec les mains, a vu le jour dans les dernières années du XVe siècle. Il se présente comme une alternative à l'entraînement par cylindre. Le plus ancien clavier manuel aujourd'hui conservé (1532) se trouve à Bruges. Dans son *Tour through the whole Island of Great Britain* (1726), Defoe décrit le carillon de St Giles à Édimbourg, qui comportait 23 cloches fondues par Meikle en 1698 :

> « Dans la grande tour de cette église se trouve un jeu de cloches qui ne sont pas sonnées comme en Angleterre, où cette technique est inconnue ; elles sont jouées avec des touches et par une main d'homme, comme un clavecin. L'instrumentiste qui joue a les doigts recouverts de solides doigtiers en bois grâce auxquels il peut frapper avec plus de force ; il joue plusieurs airs très musicalement, quoiqu'on les entende beaucoup mieux à une certaine distance qu'à ses côtés. Il joue tous les jours à midi, à l'exception des dimanches et jours de jeûne, reçoit un salaire annuel pour ce faire et gagne beaucoup d'argent. »

Aux Pays-Bas, le carillonneur (*beiaardier*) portait des gants en cuir et disposait parfois aussi d'un pédalier. Les instruments étaient conçus afin de pouvoir travailler chez soi sur un instrument à clavier et certains d'entre eux trouvent leur place dans l'histoire du *glockenspiel et du *xylophone.

Le XVIIe siècle a été la période la plus florissante de la facture du carillon. On a conservé une copie du répertoire complet des airs de « voorslagen » enregistrés sur les cylindres du carillon de Gand au cours des trente années qui suivirent sa fabrication (1659, par Peter Hemony, originaire de Geldenland aux Pays-Bas) : 112 arrangements d'airs de toutes sortes, avec des indications permettant de savoir lesquels devaient être joués à l'heure, à la demie ou à chacun des quarts, et lesquels étaient particulièrement appréciés. A partir du XVIIIe siècle, le carillon connaît une période de déclin, mais il redevient à la mode après 1945 : on réapprend la technologie oubliée et on redécouvre l'accord au tempérament inégal avec tierces majeures justes utilisé par les frères Hemony et leurs contemporains.

On trouve des écoles de carillon à Malines (fondée en 1922), au Curtis Institute de Philadelphie et au Conservatoire de Tourcoing. La science et l'art du carillonneur, de la facture et du jeu des cloches porte le nom de campanologie.

6. *Pouvoirs des cloches.* L'opinion populaire attribue aux cloches certains pouvoirs protecteurs. Le glas protège l'âme du mourant contre le diable, la cloche de l'église conjure les épidémies de peste, autant de manifestations que l'on rencontre encore en Grèce de nos jours. La bénédiction d'une nouvelle cloche par l'évêque reste une tradition vivante, notamment dans le sud de la France (en fait, elle ne se limite pas aux cloches car, il y a encore peu de temps à Malte, on faisait venir chez soi le prêtre pour bénir un nouveau piano). Les devises inscrites sur les vieilles cloches résument leur mystique : une cloche du XVe siècle à laquelle se réfère Schiller dans *Das Lied von der Glock* porte la mention : « Vivos voco – mortuos plango – fulgura frango » (J'appelle le vivant, je pleure le mort, j'écarte la foudre). Dans une chapelle du Tyrol, un gardien était chargé de guetter les orages puis de sonner la cloche pour permettre aux autres églises de la vallée d'en faire de même, tradition aussi magique que pratique. A ces devises s'ajoute parfois la mention « festa decoro », pour souligner les occasions joyeuses dans lesquelles sonnent surtout les cloches aujourd'hui, mariages ou fêtes nationales d'action de grâces.

7. *Utilisation des cloches par les compositeurs.* Les cloches de *Parsifal* sont célèbres, mais elles posent un problème difficile à résoudre car, pour obtenir des sonorités aussi profondes que celles demandées par Wagner, il faut utiliser de très grosses cloches dont les harmoniques et les « hums » produiraient une dissonance par rapport au reste de l'orchestre. A Bayreuth, on a tenté d'en imiter le son avec des cordes de piano très longues et très épaisses tendues sur un résonateur et soutenues musicalement par des gongs et

un tuba basse. Mais, en 1931, on a fait appel à Jörg Mager pour produire les sons électroniquement ; à la même époque, à Covent Garden, on amplifiait électriquement le son de petites tiges en acier frappées par une batte.

Les cloches-plaques sont d'épaisses plaques d'acier, de bronze ou d'aluminium, mesurant jusqu'à un mètre de long et 3 mm d'épaisseur. Elles sont suspendues à un support. Elles ont fait leur apparition dans les théâtres européens au début du XXe siècle et, depuis cette époque, on s'en sert souvent à l'opéra pour produire des sonorités de cloches profondes.

Byrd est l'auteur d'une fantaisie pour virginal, aussi longue qu'originale, intitulée *The Bells* (Les Cloches). On trouve de nombreux effets de cloches dans la musique instrumentale de la fin du XVIe et du XVIIe siècle. Dans sa *Bell Anthem*, Purcell a utilisé, peut-être inconsciemment, un ravissant thème de cloches (le surnom date de l'époque de Purcell, bien qu'il n'en soit certainement pas l'auteur). Dans *Saul*, Haendel a confié une partie importante à un jeu de petites cloches (voir *Glockenspiel*) et la *Cantate BWV 53 « Schlage doch »* de J. S. Bach fait appel à deux cloches produisant un effet terrifiant qui étaient peut-être, à l'origine, incorporées à l'orgue. On dit souvent que les harmonies de Debussy révèlent les harmoniques des cloches tels qu'il les entendait. Quant à Ravel, il est l'auteur d'une pièce pour piano très évocatrice, *La Vallée des cloches*. Parmi les autres compositeurs qui ont été inspirés par les cloches, il faut retenir Grieg (pièces pour piano), Liszt (deux pièces pour piano – *La Campanella*, d'après un caprice de Paganini, et *Les Cloches de Genève* – ainsi qu'une cantate, *Les Cloches de la cathédrale de Strasbourg*) et Sibelius (*Carillon pour l'église de Berghäll op.65*, mélodie à plusieurs voix et une pièce pour piano du même nom très évocatrice op.65b).

M. J. Wright, A. Baynes, rév. Alain Pâris.

BIBLIOGRAPHIE : Jacqueline Goguet, *Le Carillon des origines à nos jours*, Le Cerf-Volant (Paris, 1958). Marc Vernet, *Cloches et musique*, A la Baconnière (Neuchâtel, 1963).

Cloches, Les. Symphonie chorale op.35 de Rachmaninov sur un texte de Constantin Balmont d'après le poème d'Edgar Allan Poe pour soprano, ténor, baryton, chœur et orchestre. Composée en 1913.

Cloches de Corneville, Les. Opéra-comique en trois actes de Planquette sur un livret de Clairville et Gabet, créé au Théâtre des Folies-Dramatiques (Paris) le 19 avril 1877.

Cloches manuelles (all. : *Handglocke ;* angl. : *handbells ;* esp. : *campana de mano, campanilla ;* ital. : *campanella*). Jeu de petites cloches munies de poignées en cuir ou en plastique. Les fonderies britanniques produisent en série une gamme de cinq octaves chromatiques notées do^1-do^6, mais sonnant à l'octave supérieure. La cloche la plus grave mesure 30 cm de diamètre et pèse environ 5 kg ; la plus petite dépasse à peine 5 cm pour un poids de 200 g. Le battant est une tige solide (Fig. 1 A) qui pivote dans un sommier (B) : elle ne peut donc se balancer que dans un seul plan. La cloche est frappée par une cheville qui traverse la boule de frappe. Sur les petites cloches, ces chevilles sont en nylon ; sur les cloches de taille intermédiaire, elles sont en cuir recouvert de feutre, mais, sur les grandes cloches, la boule et la cheville sont remplacées par un disque de feutre d'une certaine épaisseur. Le haut du battant est isolé de la cloche par un ressort à lames dont les faces internes sont recouvertes de feutre (D). Il faut donc donner à la cloche un petit coup sec pour surmonter ce léger obstacle et permettre au battant de la frapper ; le sonneur peut ainsi contrôler avec précision la durée et l'intensité de la note.

Il y a deux méthodes de jeu fondamentales. Dans la première, chaque sonneur garde les mêmes cloches à la main (une ou deux) pendant toute l'œuvre et les laisse généralement vibrer sans les étouffer. En Angleterre, cette méthode est celle des petits groupes sonnant sur 1,5 ou 2 octaves ; au-delà, il faudrait un nombre trop important de sonneurs. Aux États-Unis, les « chœurs de cloches » sont, dans l'ensemble, plus importants ; chaque sonneur se limite à deux cloches, avec éventuellement quelques cloches supplémentaires posées sur une table qu'il prend en fonction des besoins. Dans la seconde méthode, le sonneur est installé derrière une table matelassée recouverte d'une vingtaine de cloches qu'il utilise en fonction des notes à jouer. Après avoir fait sonner une cloche, il la repose sur la table, étouffant ainsi le son en tenant compte de la durée de la note – technique essentielle

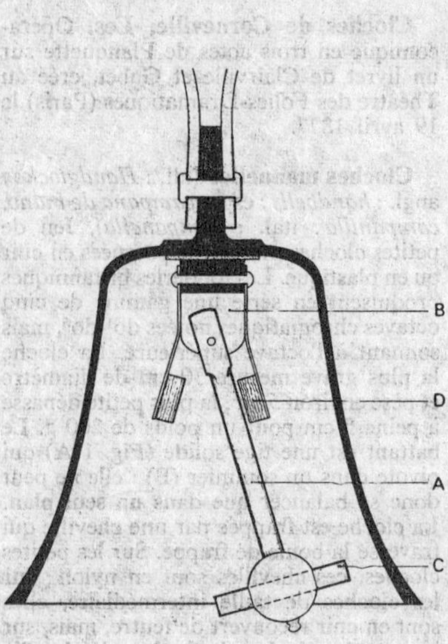

Fig. 1. Coupe d'une cloche.

qui permet d'obtenir de nombreux effets. Si elles possèdent la dextérité nécessaire, des équipes de 10 à 12 sonneurs peuvent ainsi utiliser 140 cloches, parfois davantage.

Les groupes les plus importants préfèrent la notation en portée, mais la majorité de sonneurs anglais se servent de la tablature, utilisant tout un système de chiffres et de lettres avec des encres de différentes couleurs, certains sur des parties individuelles, d'autres sur une partition générale sous la direction de leur chef.

A l'époque victorienne, on trouvait déjà des jeux de 150 à 200 cloches à hauteur de son déterminée (dont certaines étaient doublées) sur lesquels étaient exécutés des extraits d'opérettes et d'oratorios, ainsi que la musique populaire de l'époque. Les sonneurs de cloche devinrent aussi populaires que les fanfares et, dans certaines régions du nord de l'Angleterre, la plupart des villages pouvaient s'enorgueillir de posséder un groupe de sonneurs. L'utilisation de grands jeux de cloches disposés sur des tables recouvertes de matelas apparaît au début du XIXe siècle dans le Yorkshire et le Lancashire ; elle s'étend rapidement à l'ensemble du pays avec un tel succès que des concours nationaux se déroulent chaque année, drainant de toute l'Angleterre par trains spéciaux les équipes de sonneurs et leur public. L'engouement général commence à se dissiper après la Première Guerre mondiale. Le dernier championnat national se déroule à Belle Vue Gardens, à Manchester, en 1925, et, quelques années plus tard, seuls quelques groupes subsistaient encore. Cet art a commencé à revivre aux États-Unis avec la fondation de l'American Guild of English Handbell Ringers en 1954 qui a entraîné un regain d'intérêt en Angleterre : en 1967, une société nationale a vu le jour, celle des Handbell Ringers of Great Britain, qui dispose de sa propre revue, *Reverberations*. En 1978, elle regroupait plus de 300 formations et plus de 2 000 membres. Une guilde japonaise a été fondée en 1976 et des groupes existent maintenant dans de nombreux autres pays. Les classes de cloches manuelles sont de plus en plus répandues et les ensembles apparaissent dans toutes sortes de concerts.

L'opéra d'église de Britten, *Noye's Fludde (Noé et le déluge)*, comporte une partie destinée à un ensemble de cloches manuelles.

La tradition des cloches manuelles est aussi ancienne dans les autres pays d'Europe, notamment en Espagne où la confrérie des Campanilleros de Murcia se produit à l'occasion des principales fêtes religieuses.

M. J. Wright.

Cloches-plaques. Instrument fréquemment utilisé à l'orchestre pour remplacer les cloches. Voir *Cloches*, 7.

Cloches-tubes ou cloches tubulaires (all. : *Röhrenglocken* ; angl. *tubular bells* ; ital. : *campanelli, campanelli tubolari*). Tubes en cuivre, fermés à leur extrémité supérieure et suspendus par des cordes à un grand cadre ; l'instrumentiste frappe le haut des tubes avec un maillet en cuir vert ou en plastique. Un jeu de cloches comporte généralement 18 tubes, de longueurs graduées mais de même diamètre (de 2,5 cm à 3,8 cm). Les dièses sont suspendus derrière les notes naturelles, leur extrémité supérieure se situant à un niveau plus élevé pour que le maillet puisse les atteindre. L'étendue normale est notée do^{3}-fa^{4} (son réel à l'octave supérieure). L'ensemble comporte un étouffoir horizontal recouvert de feutre, actionné par une corde ou, plus généralement, par une pédale. Pour certaines œuvres, comme la *Symphonie fantastique* (dernier mouvement) de Berlioz et la *Tosca* (acte III) de Puccini, il faut employer des tubes spéciaux, de très grandes dimensions, à moins d'utiliser un instrument susceptible de remplacer les cloches-tubes (voir *Cloches*, 7).

Les cloches-tubes sont mentionnées pour la première fois à Paris, vers 1867, puis en Angleterre, dans un brevet de John Harrington de Coventry : Sullivan aurait essayé l'instrument dans *The Golden Legend* (1886). Inventées pour remplacer les cloches d'église, les cloches-tubes sont maintenant très répandues dans les petits orchestres et les ensembles, sous forme de jeux diatoniques, généralement dans la tonalité de mi bémol. On les a également incorporées aux orgues et, à partir des années vingt, on les a amplifiées électriquement dans les carillons. Toutefois, dans l'écriture moderne pour percussions, les cloches-tubes ont acquis une place importante (pour elles-mêmes et non plus en tant que cloches d'église), les compositeurs leur confiant des accords, des trémolos et des glissandos, ainsi que des notes isolées.

Anthony Baines.

Cloches de vache. Suspendues au cou du bétail par une lanière en cuir, ce sont le plus souvent des cloches forgées de formes différentes, plus larges en haut, en bas ou au milieu. Elles se composent en général d'une plaque de fer de 1/1,5 mm d'épaisseur deux fois plus haute que la longueur de la cloche. La plaque, pliée en deux, est forgée à la forme voulue, soudée des deux côtés et percée de deux trous pour l'anneau de suspension ; à l'intérieur est attaché un battant léger. La cloche est alors cuite dans un mélange de cuivre rouge et de glaise, puis accordée au martelage pour les jeux de cloches destinés à produire différentes notes de la gamme, si le fermier le désire. Les plus longues de ces cloches, construites pour une fête alpine, mesurent 45 cm de haut et sont portées par des vaches blanches. Dans de nombreux pays, les cloches sont aussi en cuivre et prennent la forme d'une ruche. Le battant peut lui-même revêtir la forme d'une cloche miniature (Fig. 1*a*).

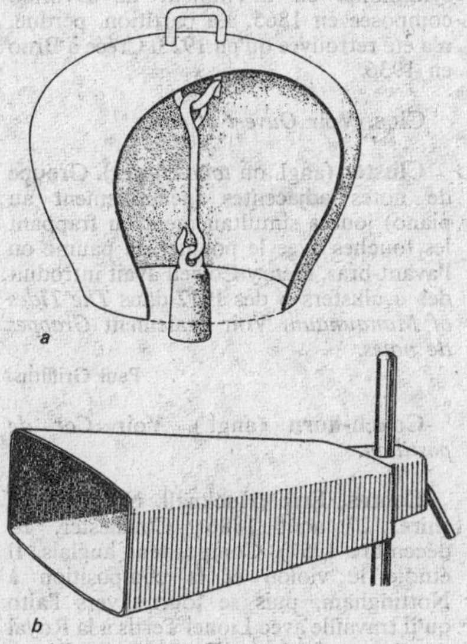

Fig. 1. (a) Forme arrondie (Grèce) ; (b) Cloche de vache moderne d'orchestre.

A l'orchestre, les cloches de vache (*Herdenglocken*) interviennent dans les *Symphonies nº 6* et *7* de Mahler et dans les *Cinq Pièces pour orchestre op.10* de Webern (elles doivent sonner ensemble, ce qui est indiqué sur la partition par un long signe de trille). Dans la musique de jazz et dans la musique de danse latino-américaine, on utilise une cloche de vache plaquée d'un alliage soudé, construite spécialement à l'usage humain : elle ne comporte pas de battant à l'intérieur, la cloche étant fixée horizontalement à un support et frappée avec une baguette de tambour (Fig. 1*b*). Ces cloches vont généralement par paire, de hauteurs de son contrastées, mais Berio exige des jeux plus fournis et Messiaen, dans ses dernières œuvres, des jeux de plusieurs octaves. Sur ces partitions, elles sont parfois désignées sous l'expression « blocs de métal » (par analogie avec le *wood block), ce qui peut se comprendre aisément dans la mesure où ce ne sont plus de véritables cloches de vache.

Anthony Baines.

Cloches de Zlonice, Les. Première symphonie en ut mineur de Dvořák, composée en 1865. La partition, perdue, n'a été retrouvée qu'en 1923. Créée à Brno en 1936.

Clos. Voir *Ouvert et clos.*

Cluster (angl. ou *tone-cluster*). Groupe de notes adjacentes (généralement au piano) jouées simultanément en frappant les touches avec le poignet, la paume ou l'avant-bras. Henry Cowell avait introduit des « clusters » dès 1912 dans *The Tides of Manaunaun.* Voir également *Grappes de notes.*

Paul Griffiths.

Coach-horn (angl.). Voir *Cor de postillon.*

Coates, Eric (Hucknall, Nottinghamshire, 27 août 1886 ; Chichester, 23 décembre 1957). Compositeur anglais. Il étudie le violon et la composition à Nottingham, puis se tourne vers l'alto qu'il travaille avec Lionel Tertis à la Royal Academy of Music. En 1907, il effectue une tournée en Afrique du Sud avec le Quatuor de Hambourg ; puis il joue dans divers orchestres de théâtre et dans l'Orchestre de l'Opéra de Sir Thomas Beecham ; en 1910, il entre au Queen's Hall Orchestra, que dirige Sir Henry Wood, et devient alto solo en 1912. Il commence alors à composer régulièrement et, en 1911, sa *Miniature Suite* est jouée aux *Promenade Concerts.* Le mouvement de la « scène de bal » acquiert ses lettres de noblesse lors d'une exécution à l'un des Chappell Ballad Concerts, en 1915. Il est congédié du Queen's Hall Orchestra en 1919, car il consacre trop de temps à la composition et à une carrière de chef invité ; il décide alors de conserver son indépendance. Pendant plusieurs années, il connaît certaines difficultés en essayant de se forger une réputation. Un grand nombre de ses pièces, comme l'ouverture *Merry-makers,* sont jouées mais lui rapportent assez peu d'argent. Sa carrière prend un tournant favorable dans les années trente avec le succès de la valse-sérénade *By the Sleepy Lagoon* (1930), puis de la suite *London.* Une de ses œuvres, la marche *Knightsbridge,* devient ensuite l'indicatif d'un nouveau programme de la BBC, « In Town Tonight » : Coates est alors considéré comme « le » compositeur londonien. Les années de guerre lui inspirent la marche *Calling All Workers* et, lorsqu'il doit quitter Londres pour s'installer près de Malvern Hills, il compose la suite *Three Elizabeths.* Après la guerre, sa carrière de compositeur et de chef d'orchestre ne cesse de s'épanouir grâce à son talent inné pour les suites mélodieuses et pittoresques, mais il remporte aussi beaucoup de succès dans le domaine de la chanson avec, par exemple ; « The Green Hills o' Somerset » et « Bird Songs at Eventide ». Coates est indissociable de la veine anglaise qui caractérise la musique légère d'Elgar et il a beaucoup reçu d'Edward German.

Peter Gammond.

Cobla. Ensemble instrumental de Catalogne qui se consacre à la musique de danse de cette région. Il se compose d'un flabiol, d'un tambourin, d'une contrebasse et de quelques instruments à vent.

Cockaigne (In London Town). Ouverture de concert op.40 d'Elgar, composée en 1900-1901 et dédiée à ses « amis membres des orchestres britanniques ». Le titre se réfère au pays de cocagne, pays imaginaire d'oisiveté et de luxure d'où le mot « cockney » serait dérivé.

Coda (ital., du latin *cauda,* « queue »). Section musicale ajoutée à l'une des formes classiques (dernière partie d'un morceau ou d'une mélodie). Dans la forme strophique, par exemple, la coda se situe après le dernier vers, dans les *variations après la dernière variation et dans la forme sonate après la réexposition de l'ensemble du matériel thématique de l'exposition.

Codetta (ital.). 1. Courte *coda ou conclusion.

2. Dans l'écriture de la *fugue, ce terme est utilisé pour désigner tout passage de l'exposition qui relie deux entrées du thème, à la condition que le thème se termine par une cadence précise, donnant l'impression que ce qui suit est une sorte de lien.

3. Petite cadence concluant une exposition dans la forme sonate.

Coelho, Manuel Rodrigues (Elvas, vers 1555 ; ? Lisbonne, vers 1635). Organiste et compositeur portugais. Il commence une carrière d'organiste dans sa ville natale avant de s'installer à Lisbonne en 1602 où il est, jusqu'en 1633, chapelain et organiste de la chapelle royale. Son recueil de 24 *tentos* et de variations pour clavier intitulé *Flores de musica pera o instrumento de tecla e harpa* (Lisbonne, 1620) est le premier exemple de musique instrumentale publiée au Portugal.

Wendy Thompson.

Colasse, Pascal. Voir *Collasse, Pascal.*

Colebault, Jacques. Voir *Jachet de Mantoue.*

Coleman, Ornette (Forth Worth, 19 mars 1930). Compositeur de jazz et saxophoniste Noir américain. Largement autodidacte, bien qu'il ait suivi les cours de l'École de jazz de Lenox, dans le Massachusetts, il joue dans des orchestres locaux, mais a du mal à s'entendre avec les autres musiciens, car il s'oriente vers une méthode d'improvisation basée sur des formes mélodiques et rythmiques qui s'écartent du schéma centré sur les accords des modernistes. Le jeu intuitif indispensable à un tel groupe était difficile à trouver et il ne parvient qu'en 1956 à réunir autour de lui les musiciens qui lui conviennent. Ses premiers albums enregistrés pour Atlantic mettent en évidence cette approche libre et divisent le monde du jazz. On a dit, à juste titre, que son jazz avait une « beauté déchirante ». La nature sans préméditation ni thème de son œuvre évite le chaos par une réponse intime à tout ce qui concerne ceux qu'elle implique. Les imitateurs moins doués n'ont pas toujours eu autant de succès. Il a pris une semi-retraite en 1963-64 pour écrire et apprendre à jouer de la trompette et du violon ; il en a usé de façon aussi peu conventionnelle que du saxophone. Il demeure l'une des rares personnalités à avoir assez de talent pour exploiter le jazz libre qu'il a créé. Parmi ses propres compositions, on peut citer *Lonely Woman*, *Sadness*, *Ramblin'* et *Turnaround.*

Peter Gammond.

Coleridge-Taylor, Samuel (Londres, 15 août 1875 ; Croydon, 1er septembre 1912). Compositeur anglais. Fils d'un médecin natif de la Sierra Leone et d'une Anglaise, il entre au Royal College of Music en 1890 pour étudier le violon et commence à travailler la composition avec Stanford deux ans plus tard. Plusieurs de ses œuvres sont jouées alors qu'il est encore au collège, notamment un quintette pour clarinette, une sonate pour clarinette et piano et un quintette avec piano. En 1898, un an après avoir quitté le RCM, le Festival de Gloucester lui commande sa *Ballade en la mineur pour orchestre* à l'instigation d'Elgar. Elgar avait eu l'attention attirée sur la musique de Coleridge-Taylor grâce à un collaborateur de la maison d'édition Novello, A.J. Jaeger. Mais il remporte un succès encore plus grand deux mois plus tard lorsque Stanford dirige la création de la cantate *Hiawatha's Wedding Feast* au RCM. Cette adaptation musicale de Longfellow connaît un grand succès tant aux États-Unis qu'en Angleterre et est suivie, en 1899, de *The Death of Minnehaha* et, en 1900, de *Hiawatha's Departure.* Il a composé des musiques de scène pour les pièces de Shakespeare, de Stephen Phillips et d'Alfred Noyes à His Majesty's Theatre, mais aucune de ses œuvres n'a atteint le niveau de notoriété de *Hiawatha,* même si sa *Petite Suite de concert* (1910) et son *Concerto pour violon* (1912) sont plus représentatifs d'un talent charmant mais limité.

Coleridge-Taylor était un bon chef d'orchestre et les instrumentistes des orchestres new-yorkais l'appelaient le « black Mahler » (« le Mahler noir »). Il s'est rendu trois fois aux États-Unis où il a su prouver qu'un Noir pouvait être l'égal des Blancs. Bien qu'il se soit heurté à la ségrégation raciale en Grande-Bretagne, il l'a supportée avec patience et dignité. Il a été professeur de composition au Trinity College of Music de Londres en 1903 et à la Guildhall School of Music en 1910.

Michael Kennedy.

Colinde (all.). Voir *Kolinda.*

Colla destra, colla sinistra (ital.). « Avec la (main) droite », « avec la (main) gauche ».

Collage. Procédé d'écriture utilisé fréquemment par les compositeurs d'avant-garde dans les années 1960 et 1970 qui consiste à insérer dans une œuvre une citation plus ou moins longue d'une partition d'un autre compositeur, sans modification apparente. Des musiciens comme Berio ou Kagel ont abondamment usé de cette technique. L'œuvre la plus significative en la matière est la *Sinfonia* de Berio (1968-69) qui comporte des citations de Bach, Berlioz, Brahms, Mahler, Ravel...

Colla parte, colla voce (ital.). « Avec la partie », « avec la voix ». Indication destinée à l'accompagnateur ou au chef d'orchestre qui doit se soumettre aux libertés rythmiques de la partie principale.

Colla punta dell'arco (ital.). Dans le jeu des instruments à cordes, « à la pointe de l'archet ».

Coll'arco (ital. ; parfois abrégé *c.a.*). « Avec l'archet » ; instruction destinée aux instrumentistes à cordes pour qu'ils reprennent l'archet après un passage *pizzicato*.

Collasse [Colasse], **Pascal** (baptisé à Reims le 22 janvier 1649 ; Versailles, 17 juillet 1709). Compositeur français. Dès 1651, il vit à Paris et devient le secrétaire de Lully en 1677. A la même époque, il est chef d'orchestre à l'Opéra et, six ans plus tard, il obtient le poste de sous-maître à la chapelle royale. Il est nommé compositeur de la musique de la Chambre du roi en 1685 et maître de la musique et maître des pages en 1696. A la mort de Lully, en 1687, Collasse commence à composer des opéras pour son propre compte, mais remporte assez peu de succès. Il dirige pendant quelque temps un théâtre lyrique à Lille, mais le théâtre brûle en 1700. L'œuvre qui remporte le plus de succès est la tragédie lyrique *Thétis et Pélée* (1689), remarquable en particulier pour une description de la tempête à l'acte II. On lui a commandé beaucoup de pièces au coup par coup, mais il est mort dans la pauvreté, ruiné par ses tentatives de recherche de la pierre philosophale.

Denis Arnold.

Collecte. 1. Courtes prières de la *messe catholique chantées entre le Gloria et l'Épître. La collecte apparaît également tous les jours à laudes, tierce, sexte, none et vêpres.

2. Dans la liturgie anglicane, la collecte est la première d'un groupe de prières dites après le deuxième groupe de *versiculets à l'office du matin et à l'office du soir.

Collegium musicum. Voir *Concert*, 5.

Col legno (ital.). « Avec le bois (de l'archet) ». Instruction destinée aux instrumentistes à cordes qui doivent frapper les cordes avec la baguette de l'archet et non avec la mèche. Saint-Saëns en a fait un usage imaginatif dans sa *Danse macabre* pour suggérer le cliquetis des squelettes.

Colonna, Giovanni Paolo (Bologne, 16 juin 1637 ; Bologne, 29 novembre 1695). Compositeur et organiste italien. Élève de Carissimi à Rome dans les années 1650, il est en même temps organiste à Saint-Apollinaire. En 1659, il retourne dans sa ville natale où il est organiste puis, en 1674, maître de chapelle de San Petronio, occupant des postes similaires dans plusieurs autres églises de Bologne. Il a surtout composé des oratorios, dont six ont survécu, et a publié beaucoup de musique religieuse non négligeable, parfois dans un style polychoral grandiose. Les dernières années de sa vie ont été assombries par une querelle avec Corelli sur l'aspect technique de la composition dans laquelle il a été humilié. En 1694, le pape Innocent XII lui a proposé le poste de maître de chapelle de Saint-Pierre de Rome qu'il a dû refuser en raison de son état de santé.

Denis Arnold.

Coloratura (ital.). « Coloratur ». Terme appliqué à la décoration élaborée, extemporisée ou notée, d'une mélodie vocale (par la figuration, l'ornementation, etc.). La voix de soprano coloratur est une voix élevée, légère, agile, capable de chanter des airs virtuoses comme les deux airs de la Reine de la nuit dans *La Flûte enchantée* de Mozart.

Colpo (ital.). « Coup » ; *colpo d'arco*, « coup d'archet ».

Columbia Broadcasting System (CBS). Réseau commercial de diffusion américain dont les programmes musicaux ont fait date dans l'histoire de la retransmission télévisée. Le 21 mars 1948, la CBS a diffusé le premier concert symphonique retransmis à la télévision sur le plan national aux États-Unis ; il s'agissait de l'Orchestre de Philadelphie sous la direction d'Eugene Ormandy. La CBS a ensuite produit des émissions aussi connues que « Camera Three » et les New York Philharmonic Young People's Concerts, présentés tout d'abord par Leonard Bernstein, puis par Michael Tilson Thomas. La CBS est la seule chaîne de télévision américaine à avoir son propre orchestre et son propre chef d'orchestre.

Mark Tucker.

Combattimento di Tancredi e Clorinda, Il (« Le Combat de Tancrède et de Clorinde »). Cantate dramatique de Monteverdi sur un texte extrait de *Gerusalemne liberata* (« La Jérusalem délivrée ») du Tasse. Créée à Venise en 1624, elle a été publiée dans les *Madrigali guerrieri e amorosi* (1638). Un narrateur commente l'action qui est jouée ou dansée par Tancrède et Clorinde. L'une des caractéristiques de cette partition est l'emploi du *tremolo,* ou **stile concitato* pour exprimer l'excitation.

Combinatoire. Voir *Procédé combinatoire.*

Come (ital.). « Comme », « comme si » ; *come prima,* « comme auparavant » ; *come stà,* « comme c'est écrit » ; *come sopra,* « comme ci-dessus ».

Comédie madrigalesque. Courte pièce mise en musique selon la forme du madrigal ou selon l'une des formes vocales analogues. La première pièce de ce genre à avoir porté le titre de « commedia musicale », certainement la plus connue, est probablement *L'Amfiparnaso* (1597) d'Orazio Vecchi.

Comédie musicale. Voir *Musical.*

Comes (lat.). Voir *Canon.*

Come ye Sons of Art. Ode de Purcell pour soprano, deux altos, basse, chœur et orchestre, composée en 1694 pour l'anniversaire de la reine Mary, femme de Guillaume III. On y trouve l'air « Song the Trumpet ».

Comma. Intervalle minuscule (généralement un neuvième de ton entier) qui sépare les notes théoriquement identiques auxquelles aboutissent une succession de quintes non tempérées ou une succession d'octaves similaires. Voir *Tempérament.*

Commodo. Voir *Comodo.*

Common chord (angl.). 1. Accord parfait dans lequel la quinte est juste, par exemple l'accord parfait majeur ou mineur.

2. En Amérique, seul l'accord parfait majeur porte ce nom.

Common Prayer, Book of. Le *Book of Common Prayer* (BCP) est le livre d'office complet de l'Église anglicane ; il regroupe la totalité des textes, prières ou chants dont l'utilisation est autorisée au cours des offices, à l'exception des parties variables : leçons (fixées par le Lectionnaire), *anthems* et cantiques. Ce livre joue le même rôle que le missel, le bréviaire, le pontifical et le rituel de l'Église catholique. Il contient également les 39 articles de religion de l'Église anglicane et enchâsse la doctrine officielle de l'Église d'Angleterre.

1. *Histoire.* La liturgie anglicane est essentiellement une traduction et une réorganisation du matériel de la liturgie romaine. Le rite romain s'est généralisé en Angleterre à l'époque de saint Augustin, tout en laissant subsister certains éléments de l'ancien rite gallican, ce qui a entraîné des variantes considérables entre les liturgies particulières aux évêchés de Sarum (Salisbury), d'York, de Hereford, de Bangor, etc. L'un des buts avoués du premier *Prayer Book* d'Édouard VI (1549) était de standardiser ces traditions médiévales divergentes. Il avait également pour objectif de présenter la liturgie dans un langage « compris du peuple » (avant la rupture avec Rome, en 1535, on relevait déjà des signes avant-coureurs d'une liturgie en vernaculaire).

Le *Prayer Book* qu'Édouard VI publie en 1552 (qui n'a jamais vraiment été utilisé) et le *Prayer Book* d'Élisabeth (1559) sont les plus gros monuments de la Réforme anglaise. Ils constituent la base de l'actuel BCP, bien que d'autres révisions soient intervenues en 1662, lorsque la liturgie fut rétablie après la dislocation provoquée par le Commonwealth. La révision de 1662 préfère la traduction des psaumes de Coverdale (grande Bible de 1535) à celle de la Bible du roi Jacques de 1611, car elle se prête mieux au chant.

Le livre de prières de nombreuses églises nationales – pays de Galles, Irlande, Commonwealth et de l'Église épiscopale des États-Unis – est basé sur le BCP. Celui de l'Église épiscopale date de 1789 ; à l'origine, il ne s'agissait, pour les dirigeants civils, que d'une révision mineure du BCP qu'exigeait l'indépendance récemment acquise ; puis il a subi d'autres altérations, sans toutefois chercher à « s'écarter de l'Église d'Angleterre en aucun point essentiel de doctrine, de discipline ou de culte » (préface). En 1637, la tentative de l'archevêque Maud, visant à introduire le BCP en Écosse, suscite une vive opposition : l'Église épiscopale d'Écosse avait son propre *Prayer Book* qui suivait davantage les anciens modèles liturgiques que le BCP. La pratique presbytérienne écossaise doit quelque chose au Directoire de l'époque de Cromwell. Toutefois, le BCP a exercé une certaine influence sur le culte d'autres confessions.

Le célèbre *Booke of Common Praier Noted* de Merbecke voit le jour en 1550, suivant le texte du livre de 1549. En adoptant un style monodique d'une note par syllabe, Merbecke s'est efforcé de donner une forme musicale aux idéaux des réformateurs. Une partie de sa musique est une adaptation d'originaux de plain-chant, par exemple, le *Te Deum* ou certains tons de psaumes pour les cantiques (dans le sens anglican, voir *Cantique*, 1) – mais elle est, pour l'essentiel, le fruit de sa propre création. Son style mélodique ressemble à la simplicité du plain-chant, avec toutefois une différence importante : la notation rythmique fait appel à trois longueurs de note (brève, semi-brève et minime – transcrites en ronde, blanche et noire – plus les notes pointées) et se rapproche d'une forme ancienne d'élocution rythmée. La révision des textes, dans les *Prayer Books* de 1552 et de 1559, entraîne une modification de sa musique, mais son œuvre survit encore, particulièrement les chants de la communion et les répons de matines et de vêpres (aujourd'hui standardisés comme répons fériaux).

2. *Structure et usage musical.* Le *Prayer Book* de 1662 se compose de sept parties principales :

1. L'office du matin et l'office du soir (les textes de matines proviennent d'éléments de laudes et de prime ; ceux de « vêpres et salut » d'éléments de vêpres et de complies).
2. Les litanies et les prières pour diverses circonstances.
3. Les collectes, épîtres et évangiles pour l'année liturgique.
4. La sainte communion.
5. D'autres sacrements (comme le baptême, l'ordination) et offices spéciaux.
6. Les psaumes.
7. Les 39 articles de religion.

1, 2, 4 et 6 présentent un intérêt musical certain et méritent d'être étudiés en détail.

Les *offices du matin et du soir* suivent à peu près le même modèle. Si l'office est entièrement chanté, il fait appel au matériel musical suivant :

(*a*) Répons. Les *versets du pasteur suivent traditionnellement le plain-chant de Merbecke ; les *répons sont composés librement ou suivent Merbecke dans la partie de ténor.

(*b*) Les psaumes, dont la répartition suit un cycle mensuel, sont généralement chantés en chant anglican ou en plain-chant, mais, dans certains cas particuliers, comme le *Psaume 150*, ils peuvent faire l'objet d'une musique composée pour la circonstance.

(*c*) Les *cantiques. *Venite*, *Te Deum* ou *Benedicite* et *Benedictus* ou *Jubilate* se chantent à matines. Le *Magnificat* et *Nunc dimittis* se chantent à vêpres ; leurs alternatives, *Cantate Domino* et *Deus misereatur* sont rarement utilisées. Les cantiques peuvent faire l'objet d'une musique spécifique ou être chantés en chant anglican.

(*d*) Le *Notre Père*, les litanies mineures et les autres répons.

(*e*) Après l'entonnation des collectes, « dans les chœurs et autres endroits où se tiennent les chantres, on fait suivre ici l'antienne ». Son texte était traditionnellement tiré des écritures ou du BCP lui-même. Depuis quelques années, les possibilités se sont multipliées.

L'office se termine par des prières récitées. Il peut naturellement être dit d'un bout à l'autre, ou partiellement chanté ; mais l'office entièrement chanté (particulièrement les vêpres telles qu'on les propose dans les cathédrales, les chapelles des collèges et certaines grandes églises paroissiales) est l'une des plus grandes gloires de la tradition musicale anglaise et a donné naissance à un répertoire aussi abondant qu'impressionnant, depuis l'époque des Tudors jusqu'à nos jours. Pour de tels offices chantés, le chœur représente l'assemblée des fidèles, qui se joint à lui dans un ou deux hymnes tout au plus (généralement un cantique précédant le *Magnificat* et un cantique final). Ces cantiques ne sont pas spécifiés dans le BCP, mais ont été depuis approuvés officiellement.

La *litanie* constitue un bel exemple de la prose de Cranmer ; elle est généralement chantée en plain-chant (Cranmer a lui-même participé à leur adaptation).

La *sainte communion* est issue de la messe, avec néanmoins quelques subtiles différences de pensée théologique. Certaines parties de la musique de Merbecke restent encore en usage – souvent avec adjonction d'harmonies à l'orgue, dont les mérites sont plus ou moins grands – ainsi que des musiques plus récentes comme l'*Anglican Folk Mass* de Martin Shaw (1918).

En ce qui concerne les chœurs, le BCP ne contient que trois des six parties de l'ordinaire de la messe latine : le Credo, le Sanctus et le Gloria (dans cet ordre). Le Kyrie apparaît sous une forme modifiée, comme les répons aux dix commandements – mis en musique notamment par Byrd, dans son *Short Service*. Le *Nine-fold* Kyrie (dans lequel chaque invocation est récitée trois fois), le Benedictus et l'Agnus Dei ont été approuvés ultérieurement, dans le sillage de l'**Oxford Movement*, ce qui signifiait que des messes entièrement latines pouvaient être utilisées dans l'office anglican. Les efforts des tractariens, sous l'impulsion de Keble, ont permis de redonner à la sainte communion une place centrale au sein du culte et, après des années de négligence, à la fin du XIXe siècle, l'eucharistie chantée devenait enfin un service populaire pour lequel de nombreuses compositions anglicanes virent le jour.

Toutefois, la majeure partie des services de communion des XVIIe et XVIIIe siècles ne comportaient que le Kyrie et le Credo (comme le *Great Service* de Byrd), car on avait coutume de ne chanter – ou en réalité de ne réciter – que l'ante-communion (par exemple, jusqu'à « Let us pray for the whole state of Christ's Church... »), comme une partie d'une séquence matines-litanie-ante-communion.

Le *psaultier* utilise les textes de Coverdale qui, malgré quelques points obscurs et inexacts, demeure l'un des plus grands monuments de la prose anglaise. Aujourd'hui, les psaumes sont généralement chantés en chant anglican – système unique et particulièrement bien adapté dans lequel les paroles sont « pointées » pour s'adapter à une structure métrique déterminée.

On remarquera que les hymnes ou cantiques n'apparaissent pas dans le BCP à l'exception de l'ancien *Veni Creator* qui doit être chanté en alternance (entre l'évêque et le reste du clergé et l'assistance) à l'occasion des ordinations. Des psaumes sont toutefois prescrits pour certains services spécifiques, comme les mariages et les enterrements. La raison tient au développement légèrement postérieur de l'hymnodie (qui se différencie de la psalmodie métrique) en Angleterre. Il faut encore souligner que certains répons et phrases du service du mariage et de l'office des morts ont été et sont encore mis en musique pour les occasions importantes – on en trouve deux exemples célèbres dans le service funèbre de Croft et « Thou knowest, Lord » de Purcell.

3. *Évolution récente.* En 1927, l'assemblée nationale de l'Église anglicane a commandé une révision modérée du BCP, mais elle a été rejetée par la Chambre des communes et n'a donc jamais acquis force de loi. Néanmoins, cette version de 1928, qui a modifié les archaïsmes les plus évidents sans porter atteinte à la doctrine ou au langage, s'est largement répandue et est plus ou moins l'équivalent de la « Série 1 » des liturgies expérimentales récentes établies par la Commission liturgique. La « Série 2 », une autre révision, date de 1966 ; elle a surtout réintégré le Gloria à sa place initiale, après le Kyrie, dans l'office de la communion. Mais ces expériences conservatrices ont été éclipsées par les propositions de la « Série 3 » inspirées d'une philosophie différente du culte soulignant l'immanence plutôt que la transcendance de Dieu. Elles insistent énormément sur la participation de l'assemblée des fidèles et sur l'intelligibilité universelle, le « Thou » traditionnel (pronom utilisé pour s'adresser à Dieu) étant

remplacé par « You » et la langue étant en général plus familière. L'ordre de certains éléments de l'ancienne liturgie a été modifié en s'inspirant de liturgies plus anciennes – y compris la liturgie grecque.

En 1980, les « séries » expérimentales ont été réunies dans l'*Alternative Services Book* (ASB) qui a reçu l'approbation parlementaire. Le nouveau livre offre un grand choix d'alternatives au BCP, allant d'éléments presque traditionnels à des éléments « contemporains » dans le cas de la communion ; mais il ne contient que les formes contemporaines des autres éléments. D'autres Églises ont réalisé des révisions identiques (aux États-Unis, l'Église épiscopale a fait paraître son nouveau *Book of Common Prayer* en 1976) et l'on trouve des parallèles dans le domaine œcuménique, particulièrement dans la nouvelle liturgie de l'Église catholique.

Néanmoins, l'utilisation de la langue contemporaine soulève certaines controverses qui prennent une importance considérable dès qu'il s'agit de la mettre en musique. Nombreux sont ceux qui pensent que le style direct des nouveaux textes a été réalisé au détriment de la majesté, de la sonorité et du bonheur de l'expression rythmique. En outre, l'accent mis sur l'égalité (pas seulement la fraternité) de tous les croyants est difficile à dissocier de la notion dénominateur commun en matière de goût, ce qui a des répercussions malheureuses sur la musique, à la fois pour le support musical de la liturgie et les moyens utilisés. Le compositeur sérieux doit chercher à concilier intégrité et intérêt musical avec la nécessité d'écrire une musique chantable par tous. Il faut remarquer que les chants modernes qui ont le plus de succès doivent toujours quelque chose à Merbecke et à un style quasi modal.

En général, il est pratiquement impossible d'adapter l'ancienne musique aux nouveaux textes qui sont beaucoup plus concis ; l'utilisation de la liturgie moderne représente donc une menace pour la survie du vaste répertoire de musique traditionnelle. Dans une cathédrale où le chœur est indépendant et sert de représentant à l'assemblée des fidèles, on peut encore se servir des textes et de la musique traditionnels, mais dans les paroisses la situation est plus délicate. Jusqu'à présent, peu de compositeurs sérieux ont tenté d'adapter de nouveaux textes pour les chœurs et l'on ne peut s'empêcher de penser que l'absence de poésie et le rythme souvent lourd des nouveaux textes ne les attirent pas beaucoup – on en trouve un exemple (extrême) dans le début du nouveau *Nunc dimittis* : « Lord, now you let your servant go ». L'office du soir choral est presque inconcevable sur les paroles de l'ASB et restera sans doute un bastion du BCP.

Les différences entre l'ancienne et la nouvelle tradition doivent être étudiées à partir des textes, mais les besoins d'adaptation musicale de la nouvelle communion peuvent se résumer ainsi : le Kyrie et le Gloria sont utilisés alternativement ; le Credo est récité ; le Sanctus et le Benedictus demeurent, l'Agnus Dei existe sous deux formes, optionnel ou utilisé comme un motet. Quelques brèves additions ont vu le jour, comme les acclamations, ainsi que quelques nouvelles interventions spécifiques à certains temps, qui peuvent être utilisées comme des introïts ; elles compensent dans une certaine mesure les pertes subies par ailleurs.

En conclusion, il ne faut pas oublier que l'ASB n'est qu'une alternative et non un remplacement du BCP – et il n'y a pas de raison qu'il ne coexiste pas avec le BCP pour pourvoir aux différents styles et besoins du culte, même au sein d'une même paroisse. En déterminant quels rites doivent être utilisés, les laïcs et les musiciens se voient attribuer des droits reconnus – la décision n'est pas la seule prérogative du titulaire de la paroisse.

Ann Bond.

Communion. 1. Chant exécuté à la *messe durant la communion ; voir également *Plain-chant*, 2.

2. Pour le service anglican de la communion, voir *Common Prayer, Book of.*

Comodo (ital.). « Aisé », « commodément », sans le moindre soupçon d'effort.

Compère. Terme désignant l'annonceur d'un programme de musique légère comme le concours de chansons de l'Eurovision (Eurovision Song Contest). Dans le langage courant, son équivalent féminin est la commère.

Compère, Loyset (? Hainaut, ? vers 1445 ; Saint-Quentin, 16 août 1518). Important compositeur français de musique d'église et de chansons. Il a peut-être étudié avec Ockeghem avant d'être engagé à Milan dans les années 1470. Après la mort du duc en 1477, il a travaillé à Paris, Cambrai, Douai et Saint-Quentin. L'un de ses premiers motets, *Omnium bonorum plena*, contient une prière pour les plus célèbres compositeurs de son époque, parmi lesquels Dufay, Busnois, Caron, Tinctoris, Ockeghem, Regis et Josquin des Prés.

John Milsom.

Compiacevole (ital.) « Agréable » ; *compiacevolmente*, « agréablement ».

Complies. Huitième et dernière partie de l'office divin de l'Église catholique, après vêpres.

Componiert (all.). « Composé ».

Composers' Guild of Great Britain (Guilde des compositeurs de Grande-Bretagne). Société fondée en 1944 pour protéger les intérêts des compositeurs. Vaughan Williams en a été le premier président. La Guilde publie le journal *Composer*.

Compositeur. Pour le compositeur (et l'auditeur attentif), la musique est une langue. Même si elle peut suggérer des émotions et évoquer des images, sa fonction première est d'être logique vis-à-vis d'elle-même. La musique *exprime* ce qu'elle seule peut exprimer. Mendelssohn écrivait : « Les pensées qui me sont exprimées par la musique ne sont pas trop indéfinies pour être exprimées en paroles, mais au contraire trop définies. »

1. *Comment travaille un compositeur.* De même que, dans la vie, toute chose a une source, de même les idées musicales ne jaillissent pas dans l'air. Quelle que soit leur originalité, elles proviennent toujours d'une musique existante et fournissent à leur tour le sol fertile d'où jailliront des idées nouvelles. On peut donc comparer l'esprit du compositeur à un magasin particulièrement réceptif susceptible de recueillir toutes les impressions musicales qui croisent sa route – une vaste bibliothèque de référence des idées des autres hommes. Toutefois, il ne puise pas directement dans ces richesses, ce qui constituerait une simple imitation. Son esprit agit comme un filtre qui sépare les impressions stockées en éléments constitutifs fondamentaux, puis réassemble les parties pour former quelque chose de nouveau et de convaincant. Plus l'esprit du compositeur est « original », plus le nouveau produit sera lui aussi original – à tel point qu'il pourra paraître inacceptable dans un premier temps. Il est impossible de dire ce qui permet à certains compositeurs de mener à bien ce processus avec une telle conviction. Faute d'un meilleur mot, nous l'appelons « génie ». En outre, on ne gagne pas grand-chose à faire des spéculations sur les pressions psychologiques qui les propulsent dans une phase d'activité.

Les compositeurs apprennent l'essentiel de leur métier de façon empirique et commencent souvent en imitant un contemporain ou un maître admiré. Les conservatoires dispensent des cours de composition et de nombreux compositeurs se soumettent de bonne grâce à la discipline d'un maître. Mais les autodidactes sont aussi nombreux. Quelle que soit la méthode d'apprentissage, il n'en sortira rien si l'instinct de la composition n'est pas inné.

La façon dont travaillent les compositeurs varie suivant les individus. Certains (Beethoven, par exemple) aiment faire d'interminables esquisses et affinent leurs idées laborieusement sur le papier. D'autres (comme Mozart) semblent capables de traverser ces différentes phases à l'échelon mental : ils élaborent intérieurement tous les détails d'un morceau et n'écrivent qu'ensuite l'œuvre finie. La plupart des compositeurs aiment esquisser une œuvre en termes très généraux (comme un genre de petite partition) avant de travailler sur les détails. Certains (Haydn et Stravinski) font appel au piano pour stimuler leur imagination. D'autres (comme Berlioz) le rejettent comme s'il les empêchait de penser librement. Certains ne savent pas ce qu'ils veulent jusqu'à ce qu'une commande les stimule. D'autres éprouvent un besoin brûlant d'exprimer leurs émotions et leurs croyances.

Toutefois, on peut dire qu'en général l'approche du compositeur est beaucoup plus pratique et faite de sang-froid que n'aime à le croire le grand public. Il s'agit davantage de s'asseoir à une table et de s'imposer des heures de bureau que de rester l'esclave des spasmes violents d'une inspiration spontanée. En effet, l'importance que revêtent les commandes rappelle de façon salutaire que le vrai compositeur est avant tout un artisan – mais un artisan capable de transcender les limites du simple art.

2. *L'importance des protecteurs et mécènes.* Les conditions de travail des compositeurs et leur statut social ont considérablement évolué. Avant 1800, ils devaient, pour la plupart, s'en remettre à une forme de protection directe. Au Moyen Age, par exemple, l'Église constituait le principal protecteur. La majeure partie des compositeurs sérieux entraient dans les ordres à un degré ou à un autre, puis restaient au service de l'Église pour diriger sa musique et former ses musiciens. Parfois, ils trouvaient une activité profane compatible avec leur statut d'hommes instruits. La carrière de Guillaume de Machaut est typique : il reçut une formation de clerc, puis devint secrétaire du roi Jean de Bohême et entra ensuite au service de la cour de France ; il se retira finalement comme chanoine à Reims.

Toutefois, même à cette époque, certains compositeurs se passaient de protecteurs, de l'homme peu instruit doté d'un instinct musical naturel au clerc déchu refusant de se soumettre à l'autorité de l'Église. Ils gagnaient leur vie de façon précaire comme ménestrels errants, en présentant des divertissements de type général. ils étaient considérés comme de véritables parias de la société même s'ils jouissaient d'une certaine faveur dans les couches de la population qui constituaient leur public habituel. Rares sont leurs œuvres qui ont survécu sous forme écrite ; il est donc difficile de juger de leur influence et de leurs capacités.

Bien que le patronage de l'Église ait conservé une grande importance jusqu'à une date avancée du XVIIIe siècle, la noblesse commence à faire figure de rivale à partir du XVe siècle et on assiste à un glissement de l'importance accordée à la musique liturgique (assez conservatrice par nature) vers la musique de divertissement – tout d'abord pour le plaisir personnel du protecteur et de son entourage immédiat, puis pour celui d'un public plus étendu. Ce changement élargit le domaine de la musique, mais on ne peut pas dire que les compositeurs en soient plus libres pour autant ni même plus honorés pour leur compétence. Tout dépendait de l'enthousiasme et des penchants du protecteur. Même le meilleur d'entre eux – comme le prince Esterházy, protecteur de Haydn – exigeait le service absolu qu'il attendait de tout membre de sa suite qu'il payait et qui devait porter la livrée. Le compositeur était là pour satisfaire son maître en écrivant la musique convenant aux circonstances et non pour exprimer ses états d'âme.

Ce sont sans aucun doute les restrictions imposées par ces conditions qui poussèrent certains compositeurs à essayer de tirer profit de la demande croissante de divertissements publics dans le monde de la bourgeoisie et à se lancer dans une carrière de musicien indépendant. Ainsi, pendant que Bach, en Allemagne, restait au service de protecteurs appartenant à la cour et à l'Église, Haendel, son contemporain, s'échappait vers Londres, ville aux penchants plus démocratiques où il travaillait comme imprésario lyrique selon ses propres méthodes, sans négliger une certaine protection de la noblesse, moins exigeante et moins exclusive. On peut établir la même comparaison entre Haydn et Mozart, bien que Mozart ait moins bien tiré partie des occasions qui s'offraient à lui.

Beethoven fut le premier compositeur qui fit tourner entièrement à son avantage l'aide de ses protecteurs ; sa forte personnalité le poussait à assimiler à un privilège le soutien dont il avait besoin. Mais nous abordons ici un changement d'attitude, car on commençait à considérer les artistes comme des êtres supérieurs – porteurs d'un message. Ainsi, au XIXe siècle, les compositeurs, qui commençaient en outre à acquérir des droits légaux sur leurs œuvres (de sorte que l'édition et l'exécution devenaient une source de revenus) étaient mieux armés pour exploiter les protections qui s'offraient à eux. L'exemple de Wagner dans ses relations avec le roi Louis II de Bavière est un exemple poussé au paroxysme.

Néanmoins, la liberté gagnée devait souvent se payer par d'autres sacrifices. Les compositeurs étaient parfois obligés de s'adonner à d'autres activités musicales pour compléter leurs revenus précaires : direction d'orchestre, carrière de soliste, enseignement, critique musicale, etc. Les rares compositeurs qui parvenaient à vivre sans difficulté de la publication et de l'exécution de leurs œuvres étaient des compositeurs d'opéras.

3. *Le compositeur aujourd'hui.* Dans la lutte pour l'indépendance, on ne peut sous-estimer l'importance de la reconnaissance légale du *droit d'auteur. Grâce aux conventions sur le droit d'auteur, le compositeur est aujourd'hui suffisamment protégé sur le plan légal. S'il partage ses droits d'auteur avec un éditeur, il peut compter sur un revenu (généralement dix pour cent) provenant de la vente de chaque exemplaire de ses œuvres et toucher une part du produit de la location des matériels d'orchestre et des partitions uniquement diffusées en location. S'il adhère aux sociétés des auteurs et compositeurs (SACEM en France), il reçoit sa part des revenus recueillis dans le monde entier par ces sociétés et distribués au prorata du minutage de musique exécutée. Si sa musique est enregistrée, il reçoit alors des droits d'auteur (6,25%) sur le prix de vente de chaque disque. Dans le domaine théâtral, la SACD (Société des auteurs et compositeurs dramatiques) se substitue en France à la SACEM. Dans le monde anglo-saxon, le compositeur négocie directement avec les théâtres.

Il perçoit en outre une rétribution pour les commandes qui lui sont passées, payée en partie à l'aide de fonds attribués par l'État ou dans le cadre d'un parrainage, formule qui tend à se développer et à prendre des aspects extrêmement variés. Il arrive aussi que des universités, des écoles importantes et des communautés reprennent le rôle des anciens protecteurs, en engageant un compositeur « à résidence » afin qu'il travaille avec eux pendant une période donnée pour un salaire régulier. Ce système fonctionne surtout aux États-Unis et en Angleterre. Mais dans ce cas, le compositeur risque d'avoir besoin de compléter ses revenus en se consacrant à une autre tâche musicale. Car, bien que la demande de musique nouvelle soit très importante (les créations semblent exercer une fascination irrésistible), les œuvres ne sont pas rejouées très souvent. Le nombre d'œuvres nouvelles qui entrent véritablement au répertoire est minime. En outre, le produit de la vente de musique éditée n'est plus ce qu'il était à la fin du XIXe siècle, lorsque la pratique amateur était très développée et que la musique contemporaine restait sur le plan technique à la portée de ces instrumentistes. Aujourd'hui, rares sont les compositeurs dont le nombre d'œuvres vendues dépasse un chiffre symbolique.

La situation du compositeur professionnel est donc assez étrange et artificielle. Il est protégé par un droit légal et ne court plus, comme Mozart, des risques de piratage sérieux (à l'exception bien sûr des photocopies !). La Société en fait l'un de ses membres et, si une protection lui est offerte, il peut l'accepter selon ses propres conditions. Toutefois, on peut douter qu'il s'agisse d'un homme véritablement désiré. La musique la plus avancée n'attire qu'une très faible minorité. Pour le reste, la musique du passé donne suffisamment de satisfaction. Il existe évidemment des compositeurs dont l'œuvre jouit d'une grande popularité et dont les revenus dépassent de loin tout ce dont pouvaient rêver les compositeurs les plus favorisés du passé. Mais c'est seulement le XXe siècle qui a réussi à établir une distinction entre le compositeur « populaire » et le compositeur « sérieux ». Schubert savait écrire de grandes symphonies et des danses populaires avec autant de conviction et le même vocabulaire de base. Cette situation naturelle n'existe plus. Le « compositeur à résidence » n'est plus un homme qui fait partie de sa communauté natale, mais une invention artificielle imposée de l'extérieur et davantage tolérée par déférence à l'égard d'une certaine conscience sociale que par conviction profonde.

Michael Hurd.

BIBLIOGRAPHIE : René Leibowitz, *Le Compositeur et son double*, Gallimard (Paris, 1971, rééd. 1986).

Composition

1. Introduction
2. Histoire
3. Forme et style
4. Étude et méthode
5. Expression et évaluation

1. *Introduction.* Le terme composition désigne à la fois l'action de composer et le résultat de cette action. Ce n'est pas un terme exclusivement musical – il s'applique couramment à la prose, la poésie ou l'architecture – et, dans tous les cas, il désigne un procédé de construction, un assemblage créateur, l'exécution et l'abou-

tissement d'une conception initiale ou d'une inspiration. Cette conception ou cette inspiration peut revêtir diverses formes, d'une ébauche structurelle complète à l'idée thématique, harmonique ou rythmique la plus courte dont il reste à définir les applications structurelles et le potentiel. La conception initiale peut être purement musicale ou s'appuyer fermement sur un stimulus littéraire, dramatique ou scénique ; toutefois, les compositeurs s'accordent à reconnaître qu'elle a tendance à leur venir spontanément à l'esprit. Une idée initiale doit toujours être consciemment développée, mais elle résulte elle-même rarement d'une pensée consciente.

Une composition peut voir le jour parce qu'elle constitue une commande dans un contexte spécifique et pour des interprètes précis, ou simplement parce que le compositeur décide de l'écrire, même s'il n'a aucun espoir de la voir exécutée dans l'immédiat. Elle peut revêtir une forme complexe ou simple, durer quelques secondes ou des heures, se situer à la portée de l'amateur le plus inexpérimenté ou donner du fil à retordre au professionnel le plus habile. Elle peut être abstraite ou suivre un programme, être vocale ou instrumentale, écrite pour tout groupe ou combinaison de voix ou d'instruments ; elle peut être vivante ou électronique. Le compositeur peut travailler en ayant à l'esprit des précédents ou des modèles particuliers ou essayer, autant que possible, d'éviter ce genre de rapprochement. Il peut faire appel à certains systèmes d'écriture, utiliser certains matériels et procédures préétablis – modes de rythme ou de hauteur de son, relations et conventions de l'harmonie tonale, méthode dodécaphonique. Le compositeur peut chercher avant tout à exprimer des sentiments à moins qu'il n'accorde plus d'importance à la création intellectuelle de formes cohérentes et satisfaisantes – tout cela en supposant qu'il accepte de traduire par des mots ses instincts et processus créateurs.

Il semble parfois que l'aspect intellectuel de la composition prime tout et que même la conception ou l'inspiration initiale soit, dans une certaine mesure, déterminée intellectuellement ; pourtant, la majeure partie des compositeurs réfutent cet argument. Schoenberg a établi une distinction célèbre entre l'élève et le maître, l'étudiant et le compositeur dans sa *Theory of Harmony*, en affirmant que « l'élève doit penser, mais que l'artiste, le maître, compose avec ses sens. Il n'a plus besoin de penser car il a atteint un genre de réponse plus élevée à son besoin d'expression de sa propre personnalité. » En tout cas, dans le processus de la composition, il est pratiquement impossible de quantifier la relation entre l'instinct et l'intellect, le conscient et le subconscient. On peut soumettre le résultat de ce processus – l'œuvre complète – à un examen profond ou *analyse, mais il est beaucoup plus difficile d'en reproduire avec précision les phases successives ; il est également difficile d'établir le graphique des effets immédiats de l'audition d'une œuvre sur n'importe quel auditeur.

2. *Histoire*. Plus on remonte dans le temps, plus il est aisé de constater que les œuvres musicales avaient une fonction sociale ou religieuse définie. Elles ne traduisaient pas en premier lieu la personnalité du compositeur, comme une œuvre dont les qualités expressives, pour ne se limiter qu'à ce seul aspect de la question, peuvent être transmises aux autres par l'intermédiaire de l'exécution. Cependant, il y a près d'un millénaire que circule l'idée selon laquelle l'une des fonctions de la composition consiste à exprimer la personnalité de son créateur. On a réussi à retrouver la trace du terme lui-même jusque dans un traité du XIe siècle, le *Micrologus* (vers 1030) de Guido d'Arezzo, qui contient un chapitre intitulé « De commoda vel componenda modulatione » (« Des lignes mélodiques agréables et de leur composition »). Le terme a sans doute été appliqué pour la première fois à la musique polyphonique de Johannes de Grocheo : dans son *Ars musice* (vers 1290), l'auteur d'un morceau à deux ou à trois voix (« Musica composita ») est appelé « compositor ». Vers la fin du XVe siècle, le théoricien et compositeur Tinctoris utilise le verbe « componere » et le nom « compositor » pour renforcer la distinction entre la musique écrite et la musique improvisée. Il devenait de plus en plus courant de penser au compositeur en tant que personne écrivant de la musique pour que d'autres la jouent et non en tant qu'exécutant improvisant ses propres compositions. Tinctoris a aussi indi-

qué qu'un compositeur était susceptible de s'intéresser à la nouveauté, à l'originalité : coucher la musique sur le papier constituait un moyen de donner une forme permanente à une déclaration personnelle.

Naturellement, une œuvre écrite peut fournir une base à l'improvisation ou à l'ornementation, très couramment dans les formes **da capo* à l'ère baroque. Mais un compositeur écrit normalement de la musique pour fournir un matériel qui soit exécuté le plus précisément possible, tout en acceptant que l'interprétation d'un musicien sensible diffère d'une simple reproduction mécanique de ce qui est noté sur la page imprimée. En ce sens, une composition ne peut exister sans notation et il est certain que la notation musicale a évolué pour permettre aux compositeurs de présenter leurs idées sous une forme lisible et visible et donner aux musiciens la possibilité d'interpréter les intentions du compositeur avec un maximum de précision. Toutefois, certaines conventions de style – comme le **rubato* chez Chopin – sont davantage implicites dans le caractère de la musique qu'explicites dans la notation et, à cet égard, il est toujours assez délicat et controversable « d'appréhender les intentions du compositeur » sur la base de ce qu'il a écrit réellement (voir *Notation*).

L'écriture de la musique sous forme de partition dans laquelle toutes les parties sont alignées remonte au moins au XIVe siècle : on en trouve la trace dans des manuscrits de compositions instrumentales distribuées sur deux portées avec des barres de mesure régulières. Mais l'utilisation de la notation en partition ne s'est généralisée qu'au milieu du XVIe siècle (voir *Notation*, 6) et c'est également au XVIe siècle que les partitions ont commencé à servir à l'étude. L'écriture de la musique en partition a naturellement bouleversé l'art de la composition de façon profonde et durable ; au lieu d'ajouter successivement des parties complètes sur une seule portée, le compositeur s'est mis à travailler à toutes les parties ou voix simultanément. Le processus du motif, employé par Beethoven ou par Wagner, représente une technique de composition fondamentalement différente de l'utilisation d'un ténor comme **cantus firmus* chez Machaut ou Dufay. Pourtant, quatre compositeurs cherchaient, à leur manière, à parvenir à un équilibre entre l'unité et la diversité et à réaliser une cohérence indispensable.

Les changements profonds et complexes qu'a connus l'art de la composition après le XVIe siècle – en particulier la naissance de styles et de formes instrumentales dans lesquelles les parties externes sont devenues prédominantes – ne peuvent évidemment être attribués uniquement à l'écriture en partition. Les changements apportés à la nature des matériels et techniques musicales et surtout l'évolution vers un sens entièrement développé de la tonalité et du rythme harmonique, qui souligne l'égalité et la régularité, sont certainement plus importants. Mais au cours de la période qui a suivi la Renaissance, un concept caractéristique du compositeur semble jaillir des possibilités modernes de publication et de transmission de la musique : il est appréhendé comme un individu à la recherche d'un degré perceptible d'originalité dans des œuvres qui revêtent une forme permanente par le biais des partitions. Une composition est rarement composite – l'œuvre d'un groupe d'individus, soit collectivement soit successivement. L'improvisation collective peut survivre, dans la musique moderne « sérieuse » et dans le jazz mais, dans un sens plus élargi, l'expression « composition composite » peut paraître contradictoire. Les compositions les plus estimées sont celles dans lesquelles un seul individu a réalisé la fusion la plus impressionnante entre la construction et l'expression, entre l'individualité et la communication.

On a prétendu qu'une composition devait normalement être écrite de telle façon que les différentes exécutions qui en seraient données se ressemblent étroitement. Mais de nombreux compositeurs du XXe siècle s'impatientent en constatant que leurs interprètes n'arrivent pas à exécuter leurs œuvres avec précision, malgré la notation précise des subtilités rythmiques ou des inflexions de hauteur du son. Des compositeurs comme Lutoslawski, Ligeti ou Stockhausen, conscients des inflexions subtiles de la musique folklorique ou extra-européenne – dont l'importance s'est accrue, car les contraintes de la notation ne primaient pas dans l'esprit de leurs créateurs – ont donc élaboré des notations « indéterminées » à plusieurs points de vue, à la fois en ce qui concerne les durées, les hauteurs de son individuelles et l'ordre dans lequel les divers événements de la composition peuvent se dérouler (voir *Notation*, 8). Mais c'est seulement avec certains compositeurs d'avant-garde comme John Cage que l'imprévu et l'imprévisible entrent de façon désirable dans l'acte créateur et dans les exécutions ultérieures. Même les œuvres dans lesquelles des notices explicatives assez légères se substituent à la musique notée de façon conventionnelle, on peut toujours déceler la présence du compositeur. Il s'attache peut-être davantage à initier qu'à parachever, mais l'idée première lui appartient en propre. Dans sa pièce pour piano « silencieuse », *4'33* (1952), John Cage a choisi de réduire le piano au silence pendant la période indiquée dans le titre et sa partition est notée en conséquence. Toutefois, sans le concept de composition de Cage – sur ce qui doit être fait, à quel moment et pendant combien de temps – le morceau n'existerait pas et ne pourrait être exécuté en connaissance de cause. Donc, même si l'œuvre ne comporte aucun son intentionnel, les décisions du compositeur déterminent le caractère et, dans une certaine mesure, le contenu de cette partition.

3. *Forme et style.* Les matériaux qu'un compositeur assemble et exploite pour réaliser une composition sont désignés par des termes liés à des caractéristiques et fonctions particulières (même lorsque la source de l'œuvre, ou son élément central, est avant tout un texte ou un livret) : motif, thème, sujet ou mélodie (un élément susceptible d'être énoncé et développé) ; harmonie (les relations verticales, à petite et à grande échelle) ; rythme ; couleur sonore et structure (polyphonique ou homophonique, position avant tout rapprochée ou largement dispersée). L'identification et la description de tous ces éléments sont assez difficiles à réaliser car ils sont tous interdépendants et, en outre, ces termes généraux ne concernent qu'un aspect du matériel de la composition. En exposant point par point les éléments structurels et techniques et en décrivant la façon dont ils fonctionnent – pour créer la continuité et le contraste, l'unité et la diversité – nous définissons la *forme ; alors qu'en décrivant le caractère expressif et émotionnel des idées musicales, nous traitons plus directement du style.

Dans son ouvrage *Fundamentals of Musical Composition*, Schoenberg déclare que « la forme indique qu'une œuvre est organisée : qu'elle se compose par exemple d'éléments fonctionnant comme ceux d'un organisme vivant... Les principales exigences pour la création d'une forme compréhensible sont la logique et la cohérence ». Ces attributs seraient donc partagés par les diverses formes, du motet et du madrigal à la fugue, au rondo, au mouvement de sonate et à l'aria – tout au moins entre les mains de compositeurs habiles. Ils seront aussi présents dans les formes à plusieurs mouvements comme la cantate, le cycle de mélodies, le concert, la symphonie et l'opéra. La « logique » et la « cohérence » peuvent être interprétées comme des concepts qui s'appliquent aux maillons d'une chaîne, un peu à la façon dont un événement ou une phase est reliée à son prédécesseur et (ou) à son successeur. Mais depuis qu'Aristote a construit l'esthétique classique sur son aversion de l'épisodique, l'idéal formel de l'art occidental est devenu un art dans lequel chaque événement a un sens en fonction de ses voisins immédiats mais en outre un art dans lequel la diversité globale est subordonnée à une unité de l'ensemble. Dans une composition, trop de diversité ou de contraste aboutissent à l'incohérence : si un processus unique et dominant ne peut être détecté, l'œuvre est épisodique et de moindre qualité.

L'accent mis sur l'unité comme qualité fondamentale d'appréciation et d'analyse des compositions musicales correspond toutefois mieux à certains types de musique qu'à d'autres. Une fugue de quatre minutes sera sans doute plus unifiée qu'une symphonie en quatre mouvements, quelle que soit la cohérence de celle-ci, et une symphonie en quatre mouvements sera plus unifiée qu'un opéra en trois actes, quel que soit le nombre de thèmes et de zones tonales récurrentes qu'il contienne. En outre, dans les œuvres où le principal élément générateur de la forme n'est ni le thème façonné selon le mode classique, ni l'accord parfait de tonique, on peut encore parvenir à la cohérence grâce à une surface ou à une succession d'événements richement articulés qui peuvent se passer du genre de propriétés évolutives ou hiérarchiques de la musique thématique et tonale florissante à la fin de l'ère baroque et dans la musique classique ou romantique. Comme on l'a déjà noté, de nombreux compositeurs modernes n'insistent pas pour que les « événements » qu'ils incluent dans une composition musicale soient toujours exécutés dans le même ordre ou de la même façon – comme dans les *Domaines* (1961-68) de Boulez ou le *Klavierstücke XI* (1956) de Stockhausen. Dans les *Préludes et fugues* (1970-72) de Lutosławski, il n'est pas non plus toujours nécessaire de jouer tous les mouvements. Toutefois, cela ne veut pas dire que ces compositeurs ne se sentent plus concernés par l'équilibre et la cohérence de l'ensemble. Ils considèrent simplement que l'on peut parvenir à ces qualités avec davantage de souplesse que dans le passé.

On peut également définir la forme par les diverses procédures de construction des structures – par exemple, énoncé, développement, variation, contraste. Elles traduisent soit une certaine logique, qui est orientée vers un but très apparent dans la musique tonale, soit des qualités moins réfléchies mais tout aussi cohérentes que l'on rencontre dans des musiques beaucoup plus anciennes ou plus récentes, lorsque la composition semble flotter dans l'espace au lieu d'avancer résolument dans le temps. Mais, alors que la technique du compositeur se révèle au grand jour par l'emploi qu'il fait de ces diverses stratégies, sa personnalité apparaît plus immédiatement dans le style qui façonne les matériels et la formation de son œuvre.

Un style facilement détectable à l'oreille peut être difficile à définir en terme précis. Le terme « style » est donc souvent utilisé comme synonyme de « technique », ce qui constitue sans doute la manière la plus simple d'éviter les problèmes qu'occasionne inévitablement la recherche d'une explication ou d'une interprétation verbale correcte du style. Si le style est le reflet de la personnalité, du caractère, de la manière, il ne faut pas seulement inclure dans cette notion certaines techniques particulières, mais aussi l'essence expressive, ou conséquence de ces techniques, de telle sorte que l'interprétation du style requiert une fusion des réponses analytiques et esthétiques de l'interprète. Par exemple, affirmer que le style de Palestrina ne comporte pas l'utilisation fréquente du triton comme intervalle mélodique constitue une autre façon de dire qu'il trouvait cet intervalle indésirable et superflu sur le plan technique et esthétique – alors que Webern, trois siècles et demi plus tard, accordait au triton une place prééminente et une grande importance. Dans chaque cas, les résultats techniques sont nets et précis, et faciles à démontrer. Le résultat esthétique est explicite à l'oreille, à tel point qu'on ne peut confondre un compositeur avec un autre. Mais essayer de traduire en paroles ces différences n'a rien de très gratifiant.

D'instinct, on peut avoir le sens du style en faisant des distinctions entre les périodes de l'histoire dont certaines caractéristiques sont représentatives. Les différences entre Byrd et Bach, entre Bach et Beethoven, ou entre Beethoven et Boulez sont susceptibles d'être perçues aisément par l'auditeur le moins expérimenté, même s'il a du mal à expliciter ces différences (ou s'il trouve inutile de le faire). Les définitions générales de périodes comme le Moyen Age, la Renaissance, l'ère baroque, classique, romantique ou moderne ainsi que leurs divers tributaires et ce qui les distingue ne sont pas difficiles à appréhender. Mais l'inaptitude des mots à expliquer et à justifier les perceptions musicales devient évidente à l'extrême lorsqu'on essaie d'établir des analyses détaillées sur les différences de style entre les maîtres d'une même période : Bach et Haendel, Haydn et Mozart, Brahms et Wagner, Schoenberg et Stravinski, etc. Il peut s'avérer encore plus difficile de traduire les différences de style entre deux compositeurs mineurs d'une même période – Vanhal et Dittersdorf, Ibert et Françaix – ou de dire si l'auteur de telle œuvre est, par exemple, un radical de la fin du XIXe siècle ou un conservateur du milieu du XXe siècle.

Une sorte d'instinct informel permet parfois d'appréhender un style, une affaire d'atmosphère autant que de texture ou de technique. Le style est si étroitement lié aux éléments superficiels de la composition, particulièrement les éléments rythmiques, qu'il est aussi difficile de l'évaluer que de l'analyser. Les comparaisons peuvent être particulièrement trompeuses : ainsi, il ne faudrait pas s'aventurer à prétendre que Telemann est un compositeur plus cohérent que Webern à un simple point de vue stylistique – ou, d'une façon plus générale, que la musique moderne, qui attache moins d'importance à la continuité apparente, est moins logique

que la musique baroque. Sans un sens positif du style, une composition aurait peu de valeur, ce serait l'œuvre d'un individu qui n'aboutirait qu'à l'anonymat. Mais l'examen détaillé des matériaux et procédures d'une composition, en faisant abstraction de son caractère et de ses effets, tend à se concentrer sur des questions de structure. Finalement, il est possible d'interpréter toutes ces questions de manière stylistique et de les rattacher à des critères de style généraux, mais on peut aussi les étudier sans se référer étroitement à de tels critères.

4. *Étude et méthode*. Dans la seconde partie de cet article, nous avons insisté sur la naissance et l'histoire du mot « composition ». Comme bien d'autres disciplines, la composition est finalement devenue une activité qui s'étudie et s'enseigne. Il a fallu élaborer des traités d'enseignement et des centaines d'entre eux ont été compilés au cours des siècles, certains se concentrant sur les exercices inventés par l'auteur, d'autres utilisant des exemples tirés d'œuvres existantes afin d'illustrer diverses pratiques de composition. Les titres des manuels classiques ne comportent pas invariablement le mot « composition », mais ils prétendent rarement s'attacher directement à l'enseignement d'un style « libre » et original. Ils s'intéressent davantage à la technique qu'au style, au débutant qu'à l'expert, quoique, dans un cas au moins – *Simple Composition* de Charles Wuorinen (1979) – l'auteur prétende que son texte peut aussi servir à composer de la « vraie musique », parce qu'il s'attache à une technique contemporaine spécifique, le système dodécaphonique. D'autres ouvrages peuvent donc avoir la même prétention, comme *Serial Composition* de Reginald Smith Brindle (1966).

Par ailleurs, des traités aussi divers que *Fundamentals of Musical Composition* de Schoenberg (première édition 1967) et *Polyphonic Composition* d'Owen Swindale (1962), sous-titré « Introduction à l'art de composer le contrepoint vocal dans le style du XVIe siècle », ne s'intéressent pas plus à la composition originale que la multitude de textes dont les titres utilisent simplement les termes « harmonie » ou « contrepoint ». En fait, l'enseignement moderne a tendance à considérer qu'au moins à un point de vue, il est impossible de former le véritable compositeur. Cette observation vient du nombre très restreint de grands compositeurs de toutes les époques qui ont suivi des cours intensifs de composition ayant directement déterminé et influencé l'émergence et le caractère de leur propre maîtrise. (Les compositeurs en font eux-mêmes souvent et passionnément la remarque lorsque leur inclination ou des nécessités financières les obligent à enseigner le sujet.)

Les opinions divergent également sur l'importance que doit revêtir l'étude d'autres sujets musicaux académiques dans la formation des compositeurs en herbe : les techniques du contrepoint strict, des études imitatives de Palestrina, Bach, Haydn, etc. aussi bien que l'histoire, l'analyse ou l'orchestration. Il est néanmoins reconnu qu'un bon professeur (qui ne sera pas nécessairement un compositeur) peut cultiver un don inné, l'encourager et, dans une certaine mesure, le façonner. De même, une étude analytique approfondie de la musique des autres compositeurs ainsi que des essais d'imitation des véritables techniques de ces compositeurs peuvent aider ce processus à se réaliser. L'originalité risque davantage d'être étouffée par l'absence de stimulation directe, de critiques comme d'encouragements, que par toute philosophie de l'enseignement ; si les plus éminents professeurs de composition sont souvent eux-mêmes compositeurs (Messiaen, Petrassi et Babbitt sont trois exemples célèbres de la période d'après-guerre), c'est sans doute autant en raison de la personnalité de leur œuvre créatrice que de la pénétration spécifique qu'ils peuvent offrir à l'élève compositeur dans ses propres efforts.

Nadia Boulanger (1887-1979), qui n'était pas un compositeur majeur, est sans doute le plus célèbre professeur de composition du XXe siècle. Il serait peut-être difficile de prouver de manière concluante que l'évolution et l'œuvre des nombreux musiciens illustres qui ont travaillé avec elle auraient été radicalement différentes s'ils s'étaient adressés à quelqu'un d'autre, mais les témoignages que ces musiciens ont donné de son enseignement donnent une indication sur ce qu'ils ont le plus apprécié. Ils soulignent tous le mélange de rigueur et de tolérance, la compréhension instantanée des intentions et des motivations du compositeur, ce qui donnait à l'élève la conviction que rien n'était assez bon en dehors de la perfection. Comme le faisait remarquer Aaron Copland : « Cela commence peut-être par la conviction d'être en présence d'une mentalité musicale exceptionnelle. Par un phénomène d'osmose, on s'élève au niveau de ses attitudes, de ses principes, de ses réflexions et de son savoir. Il est littéralement enthousiasmant d'être avec un professeur pour lequel l'art que vous aimez n'a pas de secret. » Naturellement, tous les élèves ne répondent pas positivement à ce genre d'omniscience apparente et, parfois, la personnalité qui fait du professeur un exemple et une influence si puissante risque d'étouffer les élèves les plus doués : ce fut le cas de Schoenberg et de ses relations avec Berg et Webern. Mais bien qu'il ne soit jamais facile de prouver que les grands compositeurs ont été influencés de façon décisive par des éléments étrangers à leurs propres forces intérieures, il est certain qu'une multitude de moindres talents, et de nombreux musiciens qui n'ont pas tenté de faire une véritable carrière de compositeur, ont largement tiré profit de leurs études de composition – comme du travail qu'ils ont effectué auprès d'autres compositeurs.

Il reste une question encore plus intéressante et plus complexe : comment naît réellement une grande composition, de la conception initiale à la partition complète. Au fur et à mesure que les compositeurs ont pris de l'indépendance vis-à-vis de l'Église et de la cour pour dépendre davantage du public et des protecteurs – qu'il s'agisse d'individus, d'éditeurs, d'organismes de radiodiffusion ou de conseils artistiques – leur œuvre est devenue moins fonctionnelle et a pu refléter davantage l'expression de leur propre sensibilité ; le processus créateur du compositeur « sérieux », dont le produit n'a jamais atteint la dimension commerciale de la peinture ou de la sculpture, est devenu plus mystérieux. Une preuve documentaire sur le développement de ce processus est toujours tentante : elle peut offrir une image graphique de l'évolution lente et progressive de vastes structures à partir de petites idées, comme dans les esquisses de Beethoven – dans ce cas, les commentateurs peuvent spéculer sur les raisons de chaque changement, annulation et variante. Toutefois, le plus souvent, les brouillons et manuscrits qui nous restent donnent peu d'indications sur l'effort intellectuel du compositeur et sur les préliminaires mentaux, sans doute longs, qui ont précédé la pose du stylo sur le papier : dans ce cas, les commentateurs se sentent encore plus autorisés à faire des spéculations sur le « pourquoi » de la musique, comme s'il devait absolument y avoir une explication au moindre vacillement de la conscience créatrice.

Les propres souvenirs des compositeurs ont naturellement tendance à s'attacher davantage à l'aspect plus général et fondamental de l'inspiration et de l'effort, et à éviter les récits au coup par coup des techniques essayées et appliquées. Brahms a souligné la différence qui existe entre l'inspiration initiale, spontanée, en citant la première phrase vocale de sa mélodie « Die Mainacht », et le dur travail de la composition réelle, qui peut ne commencer que longtemps après l'inspiration initiale, afin de lui donner le temps de mûrir et de germer. Schoenberg néanmoins n'a pas établi une telle distinction : « Le compositeur... conçoit une œuvre entière comme une vision spontanée » et « procède comme Michel-Ange qui a sculpté son *Moïse* directement dans le marbre sans esquisses, sans omettre le moindre détail, en formant directement la matière ». Hindemith a un point de vue analogue : « Si nous ne pouvons, en l'espace d'un seul instant, voir une composition dans son intégralité absolue, avec le moindre détail à sa place exacte, nous ne sommes pas d'authentiques créateurs... En travaillant sur son matériau, il [le compositeur] aura toujours à l'esprit l'image entière. En écrivant des mélodies ou des progressions harmoniques, il n'a pas à les sélectionner arbitrairement, il doit simplement réaliser ce qu'exige l'ensemble conçu. »

La plupart des compositeurs, et on les comprend, sont irrités par ce sujet, qu'ils considèrent comme une obsession irrespectueuse et stérile : « Comment une œuvre est-elle réalisée ? » Ils ont donc tendance à « fabriquer » leurs déclarations et leurs souvenirs en conséquence. Certains compositeurs, comme Stockhausen et Peter Maxwell Davies, sont tout à fait disposés à fournir quelques détails techniques précis dans leurs programmes et conférences. Mais l'exemple de Stravinski est sans doute le plus représentatif. En discutant de la genèse du *Sacre du printemps*, le compositeur était décidé à souligner la difficulté et la nouveauté de l'entreprise : « Je n'avais que l'oreille pour m'aider. J'ai entendu et j'ai écrit ce que j'avais entendu. Je suis le réceptacle par lequel *Le Sacre* est passé. » On a découvert plus tard combien Stravinski avait puisé pour cette œuvre dans les éditions folkloriques russes, estimant que cette information représentait un intérêt légitime pour l'auditeur. Il est parfaitement compréhensible que les compositeurs préfèrent que les auditeurs – et même les élèves – abordent les œuvres dans leur totalité comme des entités expressives et non simplement comme le produit mécanique d'un effort assemblé pièce par pièce dans un atelier. Il est néanmoins difficile d'en vouloir à ceux qui désirent s'informer sur les méthodes de travail d'un compositeur. Ce genre d'information est, après tout, davantage susceptible de renforcer l'admiration portée à la qualité de son inspiration et à l'habileté de sa technique que de la miner.

5. *Expression et évaluation.* On parvient souvent, en s'appuyant sur des connaissances « historiques », à reconnaître le style, la forme et les techniques qui président à une composition : peu de gens, par exemple, contesteront le fait que la *Symphonie « Londres »* de Haydn est une symphonie classique qui utilise le système tonal et les conventions formelles en liaison avec les structures de type sonate. Toutefois, il est beaucoup plus difficile de donner une lecture unique au point de vue émotionnel, particulièrement lorsque l'œuvre n'offre ni texte, ni programme – d'où les difficultés déjà mentionnées dans le domaine de l'analyse du style. Alors que des instructions d'exécution comme « con fuoco » ou « tranquillo » peuvent laisser supposer que l'œuvre concernée possède ces qualités et que tout auditeur attentif les reconnaîtra obligatoirement lors de l'exécution, il serait difficile de prétendre que tous les autres exemples d'éléments thématiques, harmoniques ou rythmiques analogues possèdent nécessairement les mêmes attributs. Une œuvre est donc moins une série d'énoncés « linguistiques » qu'une succession de gestes. La musique n'a pas le pouvoir communicatif de la prose ou même de la poésie ; elle agit davantage comme la chorégraphie, avec son « vocabulaire » d'expressions du visage et du corps.

Les compositions sont vécues comme une expression sonore et, au cours d'une exécution, même l'analyste le plus rigoureux réagit davantage à la musique sur le plan émotif qu'intellectuel. Les œuvres sont néanmoins évaluées à la fois au point de vue analytique et critique : « bonnes » ou « mauvaises », et en fonction des formes et techniques employées. Toutefois, les deux approches ne s'excluent pas l'une l'autre, car les critères du critique comportent obligatoirement des facteurs analytiques : proportion, équilibre, diversité, unité, cohérence. Et l'on a déjà avancé que, à l'exception des compositeurs modernes les plus expérimentaux, les processus liés à ces facteurs – répétition, variation, décoration, contraste, évolution, contradiction – ont toujours beaucoup concerné les compositeurs de tous les temps et au travers de toutes les formes. La réponse de l'auditeur à la prise de conscience de ces principes fondamentaux varie énormément. Il n'existe pas de formule miracle pour donner naissance à un grand compositeur ou à une bonne composition, ni une seule et unique façon d'entendre la musique. L'expérience de l'auditeur est un assemblage des diverses réponses qui se forment comme le propre assemblage du compositeur se déroule dans le temps. En un sens, au moins, l'auditeur est également compositeur.

Arnold Whittall.

Comprimario (ital.). A l'opéra, rôle d'importance secondaire. Le même terme peut désigner le chanteur qui tient ce rôle.

Compter. Sur une partition d'orchestre, la mention « comptent » indique que les instruments concernés font une pose momentanée et que les instrumentistes comptent leurs mesures ou « marquent le temps ».

Computer (angl.). Voir *Ordinateur*.

Comte Ory, Le. Opéra-comique en deux actes de Rossini sur un livret de Scribe et de C. G. Delestre-Poirson. Créé à Paris en 1828, il s'agit de l'un des deux opéras en langue française de Rossini ; il réutilise une part importante de la musique composée en 1825 pour la cantate scénique *Il Viaggio a Reims*.

Comus. Masque de John Milton joué à Ludlow Castle en 1634 sur une musique d'Henry Lawes, qui participa aussi à cette représentation. Arne a composé une nouvelle musique pour l'adaptation des vers de Milton réalisée par J. Dalton, version qui a été créée à Londres en 1738. En 1942, Lambert a réalisé un arrangement sur des musiques de Purcell pour un ballet dans lequel figurent certains vers de Milton. Un autre ballet a été présenté en 1946 sur une musique de Haendel et de Lawes, arrangée par E. Irving. *Scenes from Comus* (1965) de Hugh Wood utilise un texte du masque de Milton.

Concentores sodales. Club de musique londonien qui se réunissait dans une taverne de Bloomsbury à partir de 1798. La plupart des membres étaient compositeurs et leurs œuvres vocales (canons, *glees*, etc.) étaient exécutées lors des réunions du club. Il a continué à fonctionner jusqu'en 1812, date de sa dissolution ; en 1817, certains de ses membres ont cherché à le faire revivre en limitant l'adhésion à des compositeurs actifs. Il a été définitivement dissous en 1847.

Concentus (lat.). Voir *Accentus*.

Concert

1. Introduction
2. Angleterre
3. Italie
4. France
5. Allemagne et Autriche
6. La situation actuelle

1. *Introduction*. Le terme « concert » apparaît pour la première fois au XVIIe siècle comme synonyme d'exécution musicale en public. Il suppose la présence d'un certain nombre d'instrumentistes (ou de chanteurs). Le terme « récital » désigne généralement les concerts qui ne réunissent qu'un seul soliste ou qu'un groupe d'instrumentistes très restreint. De nos jours, à l'exception des concerts donnés par des ensembles spécialisés (« concert choral », « concert de musique de chambre »...), le concert suppose la présence d'un grand orchestre.

L'idée d'exécuter de la musique en public dans le seul but de divertir cet auditoire est un phénomène relativement récent. A l'époque où l'Église était le principal protecteur de la musique, les fidèles, qui n'étaient pas directement impliqués dans le déroulement des offices, n'étaient pas considérés comme un public au sens strict du terme. Sans doute appréciaient-ils ce qu'ils entendaient et certains d'entre eux devaient succomber davantage au charme de la musique qu'à son application religieuse ; mais leur présence ne se justifiait que pour participer à une cérémonie religieuse dont la musique était l'accessoire. Hors de l'église, la musique avait un rôle plus large, allant de l'accompagnement des danses aux chants de labeur.

La situation se modifie avec le déclin du rôle de l'Église et l'avènement des protecteurs privés. La musique acquiert alors une certaine importance intrinsèque. Pendant son exécution, le protecteur et son entourage s'assoient et l'apprécient passivement. Ce changement d'attitude correspond à la Renaissance en Europe et à une nouvelle façon d'envisager la vie. La musique et les autres disciplines artistiques sont alors considérées comme des langages qui permettent à l'artiste d'explorer un monde intérieur de pensées et de sentiments, et de les faire partager à d'autres hommes.

Il faudra néanmoins attendre plusieurs siècles avant que la musique ne soit exécutée devant un public diversifié. Dans un premier temps, ce genre de manifestation était la prérogative des riches et se limitait généralement aux activités de clubs ou de sociétés dont les membres partageaient les mêmes idées : leurs réunions n'avaient pour but que d'explorer diverses formes de recherche intellectuelle. Ces groupes voient d'abord le jour en Italie, le berceau de la Renaissance, sous le titre générique d'*accademia*. Sous l'impulsion de la pensée grecque, qui a propulsé l'Europe médiévale dans la Renaissance, ils font revivre les pratiques de la Grèce classique : leur nom s'inspire directement du jardin planté par Akademos où Platon prodiguait son enseignement à ses disciples. La première *accademia*, l'Accademia Platonica, voit le jour à Florence en 1470 et se consacre à des recherches académiques de toute sorte : littérature, art dramatique, science, philosophie, musique. Des sociétés identiques fleurissent dans toute l'Italie et, au milieu du XVIe siècle, elles commencent à subventionner de véritables exécutions musicales. L'opéra lui-même est né des activités de l'une de ces sociétés – la *Camerata de Florence qui se réunissait dans les salons du comte Giovanni de' Bardi à la fin du XVIe siècle.

L'esprit de la Renaissance gagnant l'ensemble de l'Europe, d'autres pays suivent l'exemple italien. En France, l'Académie de poésie et de musique est fondée à Paris en 1570, suivie, en 1672, de l'Académie royale de musique (l'ancêtre de l'Opéra de Paris). En Allemagne, ces sociétés portent généralement le nom de *Collegium musicum*. En Angleterre, les choses connaissent une organisation un peu différente, bien que les Universités d'Oxford et de Cambridge, et les Inns of Court présentent une forme d'activité équivalente.

Une fois assimilée l'idée de sociétés donnant des concerts et explorant la musique, la façon dont les exécutions publiques évolueront en Europe variera en fonction des traditions sociales et historiques de chaque pays.

2. *Angleterre*. En Angleterre, la notion de concert public prend racine dans un climat social plus démocratique que dans les diverses royautés et principautés européennes de l'époque. Même avant le Commonwealth (1653-58), la musique était parfois exécutée devant un public payant – comme dans les théâtres londoniens de l'époque de Shakespeare où il était usuel de proposer un programme musical avant le début de la pièce. Les premiers concerts organisés comme tels et ouverts au grand public pour le prix d'un billet seront donnés par le violoniste John Banister entre 1673 et 1678. On en trouve l'annonce dans la *London Gazette* des 26-30 décembre 1672 :

> « Nous annonçons que chez Monsieur John Banister, face à la George Tavern à Whyte Fryers, de la musique sera exécutée ce lundi par d'excellents maîtres, à partir de quatre heures de l'après-midi et ensuite tous les après-midi à la même heure. »

Dans ses *Memoires of Music* (1728), Roger North nous dit que « des sièges et de petites tables étaient disposés tout autour de la pièce, un peu comme dans les brasseries. Le prix s'élevait à un shilling et on commandait ce que l'on voulait... ». Il ressort clairement de cette description que Banister avait pris pour modèle de ses concerts les réunions de musiciens de brasserie qui avaient cours depuis des siècles, même si le contenu musical était un peu plus élevé.

En 1678, Thomas Britton inaugure une série analogue de concerts qui devaient se poursuivre pendant trente-six ans. Britton (1644-1714), homme d'origine modeste qui vendait du charbon de bois dans les rues de Londres, était un musicien autodidacte et un érudit de talent. Ses concerts avaient lieu tous les jeudis dans une longue pièce étroite au-dessus de son magasin à Clerkenwell. Au début, ils étaient gratuits, mais par la suite il fit payer un abonnement annuel de dix shillings. Des musiciens importants (comme Haendel) venaient jouer chez lui et son public comptait plusieurs membres de l'aristocratie.

C'est à cette époque (1676) que le compositeur et théoricien Thomas Mace présente les plans d'une salle de concerts qui serait construite aux frais du public. Son projet restera sans suite ; mais, vers 1678, sera construit un bâtiment comportant une salle spécialement conçue pour la musique et pouvant accueillir 200 personnes (York Buildings dans Villiers Street), probablement la première salle de concerts ouverte au public édifiée en Europe.

A la fin du XVIIe siècle, les Londoniens bénéficiaient d'au moins trois séries de concerts publics en souscription. Ils étaient donnés dans diverses grandes salles (Fleet Street Tavern), théâtres ou au Stationer's Hall. Ces concerts étaient subventionnés, selon les propos de Roger North, par « des gentilhommes de bonne estime ».

A la même période apparaissent les premiers Pleasure Gardens : d'abord ceux de Marylebone (vers 1659) et de Vauxhall (1661). Leurs visiteurs forment un véritable brassage social et viennent assister à un spectacle comportant des feux d'artifice, diverses attractions secondaires, la possibilité de se restaurer et des concerts présentant toutes sortes de musiques.

Au cours de la première moitié du XVIIIe siècle, le principal rendez-vous des concerts londoniens devient Hickford's Room, dans James Street, où a lieu une première série de concerts en souscription en 1729. D'autres séries analogues voient le jour dans d'autres grandes salles publiques sur des initiatives privées, comme l'Almack's Room (1768), le Pantheon, dans Oxford Street (1772), et les Hanover Square Rooms (1775). Certains concerts en souscription sont même lancés par des musiciens professionnels qui travaillent ainsi de façon indépendante (comme les concerts de J.C. Bach et de C.F. Abel à Carlisle House, Soho Square, en 1765). L'évolution de la vie musicale londonienne va amener les musiciens anglais à compter sur eux-mêmes beaucoup plus tôt que leurs contemporains : dans d'autres pays, les musiciens bénéficieront encore pendant un certain temps de la protection de la noblesse.

Néanmoins, les protecteurs jouent un rôle important à Londres : ainsi, le comte de Sandwich et d'autres nobles fondent le Concert of Ancient Music (1776), dont le but est de jouer la musique du proche passé. Cette société restera en activité jusqu'en 1848, consacrant, vers la fin de son existence, la majeure partie de ses efforts à la musique de Haendel auquel il semble qu'elle n'ait pas fait l'honneur de sa considération aux premiers temps de son existence.

L'Academy of Ancient Music date probablement de 1710. Elle se réunit régulièrement à la Crown and Anchor Tavern et offre à ses membres une série de douze concerts par an ; elle sera dissoute en 1792. Plus importante, la Philharmonic Society est fondée en 1813 par une trentaine de musiciens londoniens, parmi les plus représentatifs. Bien que dépendant de protecteurs, elle est entièrement gérée par des professionnels qui engagent l'orchestre et contrôlent les concerts. Cette société commandera trois ouvertures et une symphonie (la Neuvième) à Beethoven ; puis, à l'annonce de sa maladie, elle lui enverra un don de 100 livres. Depuis Mendelssohn, la liste des compositeurs invités à diriger les concerts de la Philharmonic Society est impressionnante et la politique éclairée menée à l'égard de la musique contemporaine a sans aucun doute assuré sa survie jusqu'à ce jour (elle porte aujourd'hui le nom de Royal Philharmonic Society).

Au cours de la seconde moitié du XIXe siècle, les concerts dépendent plus directement de musiciens professionnels qui tentent leur chance sur un marché libre, comme le chef d'orchestre et organisateur de spectacles Louis Jullien, avec ses concerts promenades à grand spectacle (1841-59), ou les directeurs des nouvelles salles de concert (ou édifices publics suffisamment grands) qui se multiplient un peu partout. Ainsi, au Crystal Palace, August Manns dirige, à partir de 1855, une célèbre série de concerts populaires, tandis qu'en 1874 les éditeurs de musique Novello & Co. organisent avec les directeurs du Royal Albert Hall, une série de concerts quotidiens qui devancent largement les Concerts-promenades que créera Henry Wood au Queen's Hall en 1895 et qui constituent aujourd'hui un élément essentiel de la vie musicale londonienne.

3. *Italie.* En Italie, les premiers concerts se sont déroulés dans le cadre des réunions privées des *accademie*. Et, à la même époque, l'opéra faisait son apparition. Le premier théâtre lyrique a ouvert ses portes à Venise en 1637 et il a ensuite constitué l'une des formes de divertissement musical les plus prisées. Les concerts ont donc continué à se dérouler dans le cadre de sociétés privées que l'on trouvait dans presque toutes les villes, généralement sous le patronage de la noblesse locale.

Il faut relever, néanmoins, deux exceptions très importantes : en premier lieu, l'addition de pièces purement instrumentales aux services religieux, la messe chantée étant elle-même souvent accompagnée par des instruments d'orchestre. Les instrumentistes de l'*accademia* locale, ou « société philharmonique », jouaient en de telles occasions ; le docteur Burney a assisté à l'une de ces séances, lors d'un voyage à Bologne en août 1770 :

> « Le 30 août, en l'église San Giovanni in Monte, se déroule une démonstration annuelle, ou exécution publique, qui a lieu le matin et le soir... L'orchestre, très fourni, se compose d'une centaine de chanteurs et d'instrumentistes... L'office du matin (une messe composée conjointement par des compositeurs bolonais) s'est terminé par une symphonie comportant des parties solistes... »

La seconde exception concerne les nombreux conservatoires fondés pour instruire et prendre soin des enfants illégitimes. Burney (1770) décrit l'un des quatre établissements de ce genre qui existaient à Venise :

> « Les exécutants, chanteurs et instrumentistes, sont tous des jeunes filles, y compris à l'orgue, au violon, à la flûte, au violoncelle et même au cor. C'est un genre d'hôpital pour enfants trouvés, placé sous la protection de plusieurs nobles, citoyens et marchands qui, bien que le revenu escompté ne soit pas très important, contribuent tous les ans au soutien de cet établissement. Ces jeunes filles restent là jusqu'à

leur mariage et celles qui sont douées pour la musique reçoivent l'enseignement des meilleurs professeurs italiens. »

Hasse, Galuppi et Vivaldi ont enseigné et composé dans de tels conservatoires. Les représentations données par les élèves rapportaient de l'argent à l'institution qui les accueillait, mais à la fin du siècle la fraude et la mauvaise gestion de ces fonds ont finalement abouti à la dissolution de ces conservatoires.

Alors que les quatre institutions vénitiennes étaient réservées aux filles, celles de Naples recueillaient des garçons. Elles ne semblent pas avoir impressionné Burney outre mesure :

« Au premier étage de l'escalier, un trompettiste poussait des cris perçants sur son instrument jusqu'à ce qu'il soit prêt à éclater ; au second étage, un cor beuglait de la même façon. Dans la salle d'études commune se déroulait un concert hollandais avec sept ou huit clavecins, un nombre encore plus élevé de violons et plusieurs chanteurs, qui exécutaient tous des choses différentes dans des tonalités les plus diverses. »

Néanmoins, c'est dans ces institutions qu'étaient recrutés les musiciens d'opéra qu'admirait tant l'Italie.

4. *France.* En France, comme on l'a vu, diverses « académies » avaient été fondées sur le modèle italien, mais, dans une très large mesure, la pratique du concert est restée liée à la cour jusqu'à la création, en 1725, du Concert spirituel, organisme qui proposait tous les ans une série de 24 concert publics jusqu'en 1791. Fondés par le hauboïste Anne Danican Philidor, il s'agissait en fait de « concerts de bienfaisance » donnés durant les périodes (comme le Carême) pendant lesquelles les autres représentations étaient interdites. Le terme « spirituel » indiquait, tout au moins au début, que la musique religieuse y occupait une place prépondérante. Il faut noter que Philidor a dû payer une licence annuelle aux héritiers de Lully pour respecter le monopole que l'impitoyable compositeur avait établi sur toutes les représentations de concert.

Des organisations similaires virent le jour au cours du XVIIIe siècle. Le Concert des amateurs, par exemple, fut fondé en 1769 ; il fut rebaptisé Concert de la loge olympique en 1780 et Haydn a composé plusieurs symphonies pour ses manifestations. Il y avait également le Concert français (créé par Philidor en 1727) et le Concert italien (1726), tous deux soutenus par de riches mélomanes de la bourgeoisie, comme le protecteur de Rameau, La Riche de la Pouplinière.

Avec la Révolution (1789), le patronage privé prit fin temporairement et les concerts de l'État, qui faisaient partie à un certain point de vue de la propagande révolutionnaire, se développèrent. Souvent donnés en plein air, ces concerts étaient autant des spectacles publics que des représentations musicales et étaient destinés à divertir les masses.

La première véritable salle de concerts parisienne fut construite par le Conservatoire en 1811, mais on continua à donner des concerts dans les divers théâtres. Le chef d'orchestre François Habeneck lança des séries de concerts très importantes, comme les six concerts annuels de la Société des concerts du Conservatoire, fondée en février 1828. Le succès de cette entreprise (qui a, entre autres, aidé à diffuser à Paris la musique de Beethoven) suscita des initiatives analogues : certaines de courte durée (la Société philharmonique de Berlioz, 1850-51), d'autres plus durables comme la Société des jeunes artistes du Conservatoire, fondée en 1852 par le chef d'orchestre Jules Pasdeloup.

Vers 1835, le public réclamait aussi bien de la musique légère que des chefs-d'œuvre symphoniques ; c'est pour répondre à ce besoin que furent fondés les Concerts-promenades de Philippe Musard (1833) et les Concerts d'été de Jules Rivière, dans le Jardin Turc. Toutefois, la musique sérieuse avait ses défenseurs et, parmi les séries créées plus tard, il faut citer les Concerts populaires de musique classique de Jules Pasdeloup (1861-84) et la Société des nouveaux concerts (1881) de Charles Lamoureux qui, en s'associant aux Concerts de l'Opéra, a pris en 1897 le nom de Concerts Lamoureux qu'ils conservent encore aujourd'hui.

5. *Allemagne et Autriche.* En Allemagne et en Autriche, les premiers exemples de concerts se déroulent dans le cadre des *collegia musica* fondés au XVIIe siècle. Comme en Italie, ils se composaient de musiciens professionnels et d'amateurs d'un certain niveau. Les exécutions avaient lieu sous le patronage et dans le salon de musique d'un riche noble. Dans certains cas, comme pour le *collegium* de Johann Görner à Leipzig, les réunions

étaient moins formelles : dans un café en hiver et dans un jardin en été.

Les activités musicales concentrées sur les cours princières et ducales qui proliféraient dans une Allemagne non unifiée jouaient également un rôle important. Tout dépendait de l'enthousiasme et du goût du prince régnant. Dans certains cas, comme à Mannheim et à Berlin, le résultat était spectaculaire et d'une grande influence. A Berlin, dans les années 1740, Frédéric le Grand (mélomane et musicien averti) avait rassemblé un excellent orchestre qui comprenait notamment Johann et Carl Graun, C.P.E. Bach et Johann Quantz. A Mannheim, l'Électeur Carl Theodor avait créé un orchestre sous la direction de Johann Stamitz qui fut considéré pendant une trentaine d'années (1743-78) comme un modèle par le reste de l'Europe. Son jeu brillant et précis étonnait tout le monde ; en 1784, le poète et compositeur Christian Schubart écrivait : « Aucun orchestre au monde n'a jamais égalé l'exécution de celui de Mannheim. Ses *forte* sont comme le tonnerre ; ses *crescendo* comme une puissante chute d'eau ; ses *diminuendo* comme une rivière qui s'évanouit dans le lointain ; ses *piano* comme un souffle de printemps. »

De tels exemples ont fait tache d'huile et de nombreux princes mélomanes ont épuisé leurs richesses en essayant de rivaliser sur le même terrain. En effet, l'atmosphère en Allemagne était particulièrement propice au développement de la musique d'orchestre et, par voie de conséquence, des concerts. A la cour et dans les *collegia* on avait tendance à élargir le domaine de ces concerts et à accueillir un public moins exclusif. En 1743, par exemple, les autorités municipales de Leipzig parvinrent à la fusion de plusieurs sociétés musicales de la ville ; avec la construction du nouveau Gewandhaus en 1781, elles allaient devenir le centre d'une importante série de concerts qui débuta en novembre 1781, sous la direction de Johann Adam Hiller. Par la suite, avec Mendelssohn, Niels Gade et Ferdinand Hiller, ces concerts sont devenus les plus importants d'Europe au XIXe siècle.

Une évolution comparable s'est produite à Vienne où la vie musicale s'était concentrée en partie à la cour et en partie sur les activités d'amateurs mélomanes qui, avec l'appui de quelques professionnels, se constituaient en sociétés de concerts. La célèbre Tonkünstlersozietät avait été fondée en 1772 et la Gesellschaft der Musikfreunde en 1813. Durant cette période, des compositeurs, comme Mozart et Beethoven, donnaient couramment des concerts en souscription où ils jouaient leur propre musique. Ce genre de concerts pouvait avoir lieu dans un théâtre ou dans le salon de musique d'un riche protecteur, ou même dans l'un des jardins d'agrément (comme l'Augarten) qui s'étaient multipliés sur le modèle des « pleasure gardens » anglais. En mai 1782, Mozart fit savoir à son père qu'il participait à l'une de ces séries, pour laquelle la souscription s'élevait à deux ducats. L'orchestre, expliquait-il, se composerait « entièrement d'amateurs, à l'exception des bassonistes, des trompettes et des tambours » et il prévoyait un bénéfice probable de 300 gulden pour chaque organisateur.

6. *La situation actuelle*. Au début du XIXe siècle, les concerts s'étaient dégagés du soutien des protecteurs privés et commençaient à entrer dans un processus entièrement commercial qui faisait dépendre directement du public les orchestres et les organismes donnant des concerts. Ce processus a revêtu diverses formes dans différents pays, mais l'exemple de trois orchestres célèbres donnera une idée de l'évolution qui se déroulait alors.

L'Orchestre philharmonique de Vienne fut fondé en 1842 à l'occasion d'un concert donné par des membres de l'Orchestre de la cour dans la Grosser Redoutensaal de la Hofburg, sous la baguette d'Otto Nicolai. Jusqu'à cette date, la plupart des concerts publics étaient donnés par la société habituelle de musiciens amateurs et professionnels. Le succès du concert de Nicolai, qui ne réunissait que des professionnels, aboutit à la fondation d'un orchestre autonome permanent, dont les instrumentistes étaient responsables de leur propre destinée.

A l'inverse, l'Orchestre philharmonique de Berlin est issu d'un orchestre privé que possédait et dirigeait Benjamin Bilse et qui avait été fondé en 1868. La visite à Berlin de Hans von Bülow et de l'orchestre de la cour de Meinigen en 1882 avait tellement démoralisé les musiciens de Bilse qu'ils le quittèrent immédiatement pour former leur propre orchestre. Ils s'administraient de façon démocratique et n'avaient pour but que de parvenir à la qualité d'exécution révélée par Bülow.

L'actuelle Staatskapelle de Dresde est issue de l'Orchestre de la cour royale qui a commencé à donner des concerts publics en souscription à partir de 1858, tout en continuant à remplir ses fonctions normales à la cour. Lorsque la Saxe adhéra à l'Empire allemand, l'orchestre s'était suffisamment affirmé pour continuer à fonctionner en dehors du cadre de la cour, le soutien de l'État se substituant à la protection royale.

Bien que le public soit plus abondant et plus enthousiaste qu'il ne l'a jamais été (dans la mesure où les programmes ne sont pas trop ouvertement orientés vers la musique contemporaine), la stabilité financière des concerts actuels dépend de subventions d'origines diverses. Le soutien de l'État, direct (comme dans les pays socialistes) ou par l'intermédiaire d'agences gouvernementales (comme les associations artistiques) est complété par le mécénat du monde des affaires et de l'industrie (ce qui est presque exclusivement le cas aux États-Unis) ou d'organismes concernés comme les stations de radio et les firmes discographiques. La prolifération des *festivals – partie apparemment essentielle d'une certaine fierté civique, de nos jours – donne lieu également à des aides importantes. Et on constate que, quel que soit le nom qu'il prenne, le patronage constitue encore l'ingrédient essentiel qui maintient en vie le monde du concert.

Michael Hurd.

Concert spirituel. Voir *Concert*, 4.

Concertante (ital.). Terme dérivé de *concertare* (« être d'accord », « agir ensemble ») qui désigne la musique comportant un élément soliste ou ressemble d'une façon ou d'une autre à un concerto. En accord avec **concertato*, ce terme désignait à l'ère baroque un groupe de solistes, instrumentistes ou chanteurs, dans des œuvres comme le *concerto grosso* ou le motet dans lequel un groupe d'exécutants est mis en contraste avec un autre. Au XVIIIe siècle, *concertante* était rattaché à la symphonie dans des titres comme **sinfonia concertante* (œuvre symphonique comportant plusieurs parties destinées à des solistes) ou au quatuor à cordes : le quatuor concertant était un quatuor dans lequel les quatre parties avaient une égale importance (contrairement au sens qu'il a pris au XIXe siècle où il indique que le premier violon est particulièrement brillant). Dans le contexte des sonates pour clavier accompagnées, l'appellation « concertante » établit une distinction entre un accompagnement de violon *obbligato* et un accompagnement optionnel. Dans les œuvres instrumentales du XXe siècle, ce terme implique un élément soliste moins important que ce que l'on attend d'un concerto.

Concert des amateurs. Voir *Concert,* 4.

Concert français. Voir *Concert,* 4.

Concert de la Loge olympique. Voir *Concert,* 4.

Concertato (ital.). Terme dérivé de *concerto,* utilisé au XVIIe siècle pour décrire la musique qui implique une exécution contrastée. Dans la musique instrumentale, on peut avoir recours à un certain nombre de solistes *concertato* qui forment un contraste ou jouent avec un groupe d'instrumentistes **ripieno,* plus important. Dans la musique chorale, un petit *coro concertato* peut s'opposer à tout le reste des chanteurs (appelés *ripieno* ou *cappella*).

Concertina. Instrument à soufflet et à anche libre (voir *Anche,* 1*a*) que le musicien tient dans les mains. Il a toujours joui d'une grande popularité. Contrairement à l'accordéon, les touches-boutons situées de chaque côté de l'instrument ne produisent qu'une seule note ; aucune touche ne produit d'accord préparé. Les deux claviers se partagent l'échelle. Le concertina a connu deux principales phases d'évolution : en Grande-Bretagne, où il prend le plus souvent une forme hexagonale, en Allemagne et aux États-Unis, où il est carré.

1. *Le concertina et le bandonéon allemands.* Le premier brevet de Wheastone (1829) fait déjà référence au terme « concertina », alors que, dans son orthographe allemande, *Konzertina* a été utilisé pour la première fois en 1834 par Carl Friedrich Uhlig, à Chemnitz, pour désigner un instrument rectangulaire, me-

surant environ 12,5 cm x 21,5 cm, muni de cinq boutons. A chacun de ces boutons correspondent deux notes, selon que l'instrumentiste tire ou pousse le soufflet (système bisonore). La gamme – diatonique – suit le principe de l'harmonica simple et du mélodéon (voir *Accordéon*, 1), les notes de l'accord parfait étant obtenues en pressant, les autres en tirant. Comme sur le piano, il faut se servir des deux mains pour jouer l'ensemble de l'échelle (à l'exception du pouce qui aide au maintien de l'instrument) ; celle-ci se présente comme la gamme du clavier d'un piano : elle commence, dans l'aigu, par le petit doigt de la main droite et se termine, dans le grave, par le petit doigt de la main gauche (chaque paire de notes figurant dans le tableau correspond à une touche). Le concertina se tient en passant les mains dans deux lanières de cuir, les petits doigts vers le bas.

TABLEAU 1

MAIN GAUCHE		MAIN DROITE	
tiré/poussé		poussé/tiré	
la^3	sol^3	do^4	si^3
fa^3	mi^3	mi^4	ré^4
ré^3	do^3	sol^4	fa^4
si^2	do^2	do^5	la^4
sol^2	do^2	mi^5	si^4

A cette gamme de do s'ajoute un second jeu de boutons, de chaque côté, à l'extérieur du jeu de base, pour la gamme de sol, à la quinte supérieure (voir Fig. 3, *concertina anglo-allemand*) ; à la main droite, le pouce actionne un bouton isolé, le bouton d'échappement d'air, chaque fois que le soufflet est manipulé sans produire de son.

Cet instrument, reproduit sur le tableau de Millais *The Blind Girl* (*La Jeune Fille aveugle*), est à l'origine de tous les concertinas allemands ainsi que de l'actuel « anglo » ; il a pris une forme carrée en s'agrandissant lors de l'adjonction des clefs qui l'ont transformé en instrument chromatique (environ 23 cm^3). Le soufflet est généralement divisé en trois sections de cinq plis, chacune étant séparée de la suivante par une division plus épaisse. Elles s'ouvrent jusqu'à 90 cm environ et, à cause de cette envergure, l'instrument est muni d'une courroie qui part d'un anneau fixé en haut de chaque diviseur et basse autour du cou de l'instrumentiste. Selon le doigté des 30 touches-boutons placées de chaque côté, on parle de concertina ou de bandonéon. Le concertina allemand a connu une grande popularité en Allemagne durant l'entre-deux-guerres, occupant une place analogue à celle de l'accordéon-piano dans d'autres pays ; la fabrication a cessé aujourd'hui, mais il subsiste encore quelques groupes d'instrumentistes.

Le bandonéon avait été inventé vers 1846 à Krefeld par Heinrich Band qui a simplement modifié le système de doigté du concertina pour l'adapter à son goût. D'après la légende, un Irlandais l'aurait emporté en Argentine où il aurait rapidement acquis une grande popularité pour accompagner le tango. De nos jours, il est partiellement remplacé par l'accordéon et n'est presque plus fabriqué. Cet instrument et le concertina allemand ont une sonorité caractéristique due à l'utilisation d'anches aux côtés parallèles, non effilées, contrairement à la plupart des instruments à anche libre ; en outre, il y a deux anches par note, accordées à l'unisson ou à l'octave, mais sans accord « tremolo ».

2. *Le concertina américain*. Le concertina allemand continue à prospérer aux États-Unis, sous une forme légèrement différente (Fig. 1). Dans les États proches des Grands Lacs et parmi les populations d'origine allemande ou slave, il entraîne les orchestres de polka avec le sousaphone (voir *Tuba*, 3). Les instruments sont montés avec des pièces fabriquées en Italie ; le son est un peu différent car chaque note compte trois ou quatre anches, au lieu de deux. Le système de doigté, proche de celui du bandonéon et répondant au principe bisonore, est basé sur les tonalités de sol, la et mi. Chaque touche est numérotée et la musique destinée aux débutants donne le doigté de la main droite au-dessus de l'unique portée (en clef de sol) et le chiffrage des accords

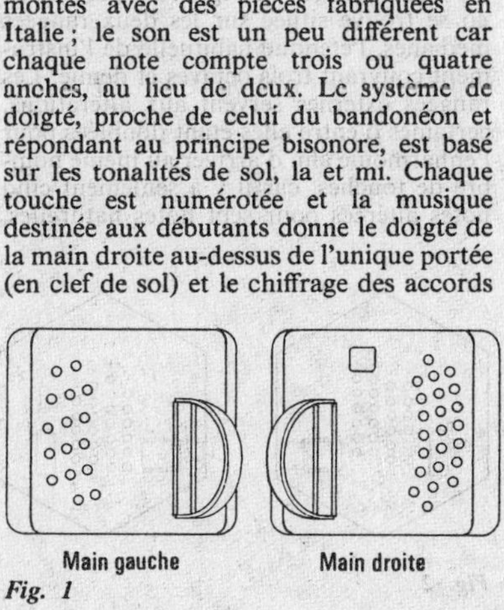

Fig. 1

en dessous. A première vue, la répartition des notes peut paraître illogique et difficile, mais on trouve une ample compensation dans la musique que l'on peut jouer dès le début des études.

3. *Le concertina anglais.* En 1829, Charles Wheatstone avait pris un brevet pour un système de boutons applicable à un petit instrument mis en vibration par le souffle humain qu'il appelle « symphonium ». Il suggéra d'appliquer ce système à l'harmonica à bouche chinois, le shêng (voir *orgue à bouche*) et divisa le symphonium en deux parties distinctes reliées par un soufflet. A cette époque, il avait repris le commerce de musique de son père et connaissait certainement l'évolution de la facture de l'accordéon en Europe. Finalement, il répartit le système de boutons et les anches qu'il utilisait dans le symphonium à l'intérieur de deux boîtes hexagonales séparées par un soufflet. Sur cet instrument unisonore (il produit la même note en poussant ou en tirant le soufflet), les notes de la gamme s'obtiennent alternativement de chaque côté de l'appareil ; d'abord baptisé « mélophone », il prit le nom de « concertina », emprunté à l'instrument allemand. Venant d'Allemagne, Johann Matthias Stroh s'associa à Wheatstone et apporta de nombreuses améliorations techniques à l'instrument (1851) qui acquit, par la suite, une grande popularité, étant notamment recommandé par les plus grands musiciens de l'époque. Le système de base est représenté sur la Fig. 2. La gamme de do se trouve située sur les deux rangées médianes, l'étendue habituelle de l'instrument couvrant trois octaves et demie. Les rangées externes servent aux altérations, certaines d'entre elles étant doublées pour l'enharmonie afin d'arriver au même nombre de touches, car il y a seulement cinq notes altérées pour sept notes naturelles.

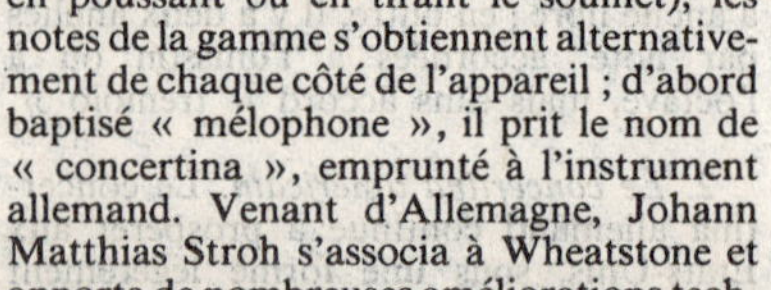

Fig. 2

TABLEAU 2

MAIN GAUCHE				MAIN DROITE			
					do^6		
		si^5	b			la^5	b
#	sol^5			#	fa^5		
		mi^5	b			ré^5	#
#	do^5			b	si^4		
		la^4	b			sol^4	#
#	fa^4			b	mi^4		
		ré^4	#			do^4	#
b	si^3			b	la^3		
		sol^3	#			fa^3	#
b	mi^3			#	ré^3		
		do^3	#			si^2	b
b	la^2			#	sol^2		

Le tableau 2 reproduit les notes du concertina ténor le plus répandu (les petits points inscrits sur la Fig. 2 indiquent la position de huit autres boutons qui peuvent être ajoutés pour monter la gamme d'ut jusqu'à sol^6). Cet instrument a été fabriqué dans toutes les tailles, du soprano à la contrebasse, donnant naissance à des orchestres de concertinas. Après une phase de déclin au lendemain de la Première Guerre mondiale, à l'avènement de l'accordéon-piano, il a connu un retour en grâce, surtout dans la musique populaire, et plusieurs fabricants le produisent à nouveau. Les principaux facteurs ont été Wheatstone, Lachenal et la firme londonienne Crabb qui existe encore. Certains compositeurs ont fait occasionnellement appel au concertina, notamment Percy Grainger dans des arrangements d'airs traditionnels. Bien qu'il ne possède pas l'attaque propre aux instruments « diatoniques », il se prête parfaitement aux traits de virtuosité.

4. *Duet concertina.* Cet instrument est né de la volonté de disposer de réelles possibilités polyphoniques. Comme son nom l'indique, le « duet » permet de jouer simultanément deux mélodies. Après plusieurs tentatives réalisées, notamment par Wheatstone lui-même, John Hill MacCann fait breveter un nouveau système en 1884. Là où Wheatstone faisait alterner l'index et le majeur des deux mains pour jouer la gamme, le schéma de base de MacCann ne comporte que quatre doigts : main droite, 2, 4, 3, 5 ; main gauche, 5, 3, 4, 2 (voir tableau 3).

TABLEAU 3

MAIN GAUCHE

	5	3	4	2	
			do^4		
		la^3		si^3	b
#	sol^3				
			ré#^{3}		
		mi^3		fa^3	#
#	do^3				
			ré^3		
		la^2		si^2	b
#	sol^2				
			ré#^{2}		
		mi^2		fa^2	#
#	do^2				
			ré^2		
		la^1		si^1	b
#	sol^1				
				fa^1	#

MAIN DROITE

	2	4	3	5	
		la^5			
#	sol^5		ré#^{5}		
				fa^5	#
		mi^5			
#	do^5		ré^5		
				si^4	b
		la^4			
#	sol^4		ré#^{4}		
				fa^4	#
		mi^4			
#	do^4		ré^4		
				si^3	b
		la^3			
#	sol^3		ré#^{3}		
				fa^3	#
		mi^3			
#	do^3		ré^3		
				si^2	b
		la^2			
#	sol^2				

Dans les grandes tailles, ces instruments sont lourds à manier, mais ils sont assez recherchés car ils permettent de jouer de la musique pour piano et Alexander Prince, qui connut autrefois une certaine célébrité, est même parvenu à jouer sur un tel instrument l'ouverture de *Tannhäuser* de Wagner. Ils posent toutefois un problème car la basse a tendance à étouffer l'aigu ; les Allemands ont surmonté cette difficulté en assourdissant légèrement cette basse grâce à un revêtement insonorisant.

De nos jours, les *duet concertinas* ne sont fabriqués que sur commande. Il existe un autre système du même genre utilisé par l'Armée du Salut, mieux adapté, paraît-il, à la musique sacrée ; il possède cinq rangées verticales au lieu de six et porte le nom de système « Triumph » ou « Crane ».

5. *Le concertina anglo-allemand (ou « anglo » concertina)*. Instrument bisonore qui reprend le format hexagonal du concertina anglais tout en étant muni d'un système de touches agencées par tonalités analogue à celui des premiers instruments allemands en do/sol (voir 1). Il serait l'œuvre d'un Londonien, Jeffries, qui fabriquait de très beaux instruments. On peut encore trouver le modèle à 20 touches (Fig. 3) mais, de nos jours, le modèle standard possède 30 boutons, avec une rangée supplémentaire de chaque côté qui fait de lui un instrument chromatique ; les instruments les plus grands de cette famille comportent une quatrième rangée de boutons qui permet d'autres doigtés. Ce concertina est très recherché pour la musique populaire anglaise à cause de ses possibilités rythmiques et de sa gaieté un

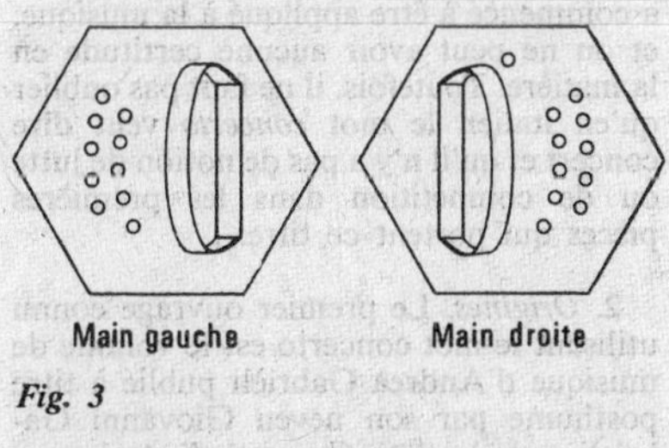

Fig. 3

peu rauque : c'était l'instrument de William Kimber, du groupe Headington Morris, dont les danses furent notées par Cecil Sharp. Mais l'« anglo » concertina était véritablement à sa place dans les rues de Londres et George Bernard Shaw avait baptisé tous ceux qui en jouaient de « Midnight Mohawks » (membres d'une bande de roués qui infestaient les rues de Londres la nuit au XVIIIe siècle).

Julian Pilling.

Concertino (ital.). 1. Groupe d'instruments solistes qui dialogue avec le reste de l'orchestre dans le *concerto grosso* (voir *Concerto*, 3).

2. (all. : *Konzertstück*). Œuvre en forme de petit concerto qui se compose souvent d'un seul mouvement. Terme employé fréquemment au XIXe et au XXe siècle : *Concertino pour clarinette op.26* ou *Konzertstück pour piano* de Weber, *Konzertstück pour quatre cors* de Schumann.

Concert-master (amér.). Voir *Konzertmeister*.

Concerto

1. Introduction
2. Origines
3. Le concerto grosso
4. Le concerto « ritornello »
5. Le concerto classique
6. Le XIXe et le XXe siècle

1. *Introduction.* Le mot concerto correspond généralement à une œuvre musicale pour soliste(s) et orchestre. Il a toutefois connu une longue histoire, au cours de laquelle il a servi à désigner les musiques les plus diverses, dont certaines ne correspondent pas à ce critère de base. On a longuement discuté de l'étymologie du mot : provient-il de *consertare* (« s'unir », « former un ensemble ») ou de *concertare* (« lutter », « rivaliser ») ? L'orthographe variait au XVIe siècle lorsque le concept a commencé à être appliqué à la musique, et on ne peut avoir aucune certitude en la matière. Toutefois, il ne faut pas oublier qu'en italien le mot *concerto* veut dire concert et qu'il n'y a pas de notion de lutte ou de compétition dans les premières pièces qui portent ce titre.

2. *Origines.* Le premier ouvrage connu utilisant le mot concerto est le volume de musique d'Andrea Gabrieli publié à titre posthume par son neveu Giovanni Gabrieli sous le titre *Concerti di Andrea et di Gio. Gabrieli, organisti* (Venise, 1587). Comme il contient un certain nombre de pièces de cérémonie pour d'importants effectifs vocaux et instrumentaux disposés en *cori spezzati*, on peut envisager l'idée de compétition ; mais il renferme également de nombreuses pièces pour simple chœur et il est plus logique d'expliquer l'emploi du mot concerto en tant que terme générique, comportant de la musique vocale profane et sacrée et des pièces purement instrumentales faisant intervenir des effectifs relativement importants. Viadana a sans doute suivi la mode de ce titre lorsqu'il a publié le premier volume de ses *Cento concerti ecclesiastici* (1602). C'est le premier volume de musique d'église à avoir utilisé la basse continue, insistant ainsi sur la mélodie accompagnée du chanteur. Ces pièces sont donc « anti-contrapuntiques », une idée qui devait exercer une influence considérable sur le concerto. Pour ne pas mélanger cette musique vocale à l'histoire du concerto instrumental, nous retiendrons la suggestion de Bukofzer en appelant ce genre « concertato ».

Les pièces (sous le titre de « canzone ») contenues dans les *Sacrae Symphoniae* (1597) de Giovanni Gabrieli se rapprochent davantage de notre conception moderne du concerto (incidemment, le titre du recueil – « Symphonies sacrées » – montre la confusion qui régnait entre symphonie et concerto et qui devait persister pendant plus d'un siècle). Ces *canzone* exploitent la composition de l'orchestre de Saint-Marc de Venise qui comportait six virtuoses à plein temps, jouant essentiellement du cornet à bouquin et du trombone, et un nombre indéterminé de musiciens supplémentaires payés à la journée. Les parties virtuoses de Gabrieli sont parfois plus difficiles que celles qu'il destine aux musiciens du rang (*ripieni*) – exactement ce que l'on attend du concerto. Des compositeurs vénitiens ont écrit quelques pièces du même genre au début du XVIIe siècle, sans créer pour autant une tradition faute de matière. Sans aucune relation apparente avec la tradition italienne, la musique française fait appel à un concept similaire, les chansons composées en musique mesurée comportant des airs chantés par des solistes immédiatement suivis d'une harmonisation complète chantée par un groupe ou un chœur. Lully a exploité cette idée dans ses opéras et ballets, au cours des années 1670, et comme le premier véritable orchestre fondé sur les cordes a vu le jour à la cour de France (les Vingt-quatre Violons du Roi), cette technique de contraste a sans doute joué une influence déterminante sur le futur concerto instrumental. La dernière partie de la pyramide a été ajoutée par un orchestre du même genre, à San Petronio de Bologne, où des trompettes s'ajoutaient aux cordes : comme elles devaient jouer dans un registre élevé pour disposer des notes nécessaires à la ligne mélodique, elles se détachaient naturellement et faisaient figure de solistes. Ainsi, les œuvres de Jacchini, Torelli, etc., écrites pour un tel ensemble, appartiennent à la tradition du concerto même si elles portent souvent le nom de « sonates ».

3. *Le concerto grosso.* Il est né de ces éléments et a sans doute été inventé par Stradella ; il doit sa diffusion universelle à Corelli, bolonais de formation qui travaillait à Rome où il avait à l'époque des relations avec la France. Corelli a composé des concertos dans les années 1680, mais ils n'ont été édités qu'en 1714 dans un volume de douze concertos op.6 intitulé *Concerti grossi con duoi violoni, e violoncello di concertino obbligato, e duoi altri violoni, viola e basso ad arbitrio che si potranno radoppiare.* Ce titre indique en fait que Corelli a écrit un ensemble de sonates en trio qui peuvent être jouées par deux violons et un violoncelle (et, sous-entendu, le clavecin ou l'orgue) auxquels il a ajouté des parties *ripieno* de violon, alto et basse (= violoncelles et contrebasses). La musique *ripieno* découle en fait de la musique soliste de telle sorte que les contrastes alternent continuellement entre les *soli* et les *tutti* ; toutefois, les parties comportent très peu de différences de style ou de difficulté, suivant ainsi davantage l'exemple de la musique mesurée que celui de Gabrieli (voir 2). Huit de ces concertos sont conçus dans le style de la musique d'église, les quatre autres relèvent de la musique de chambre. Le style d'église des premiers leur donne un caractère plus sérieux que les suites de danses très en vogue à l'époque et ils comportent généralement des mouvements lents assez solennels. Néanmoins, les rythmes de danse servent fréquemment de base aux mouvements rapides (les finales de Corelli sont souvent des gigues) et les mouvements ne suivent un ordre déterminé ni dans ce type de concerto ni dans l'autre. Le huitième concerto comporte une pastorale en forme de postlude, « Pour la nuit de Noël », imitée plus tard par Haendel (*Le Messie*) et par Bach (*Oratorio de Noël*).

Les concertos op.6 de Corelli ont lancé une mode qui s'est vite répandue dans toute l'Europe. Son disciple Muffat a greffé des ornements français et une structure à cinq parties sur le moule du concerto grosso. En Angleterre, Corelli a fait l'objet d'un véritable culte et a été suivi par Geminiani et par Haendel dont l'opus 6 est un ensemble de douze concertos qui ajoutent un peu d'inattendu au style plus ordonné de Corelli (qu'il s'agisse d'un mouvement dans le style d'une ouverture à la française, d'une fugue bien construite ou de quelques danses dans le style anglais, comme la matelote).

4. *Le concerto « ritornello »* . Bien que Manfredini et quelques compositeurs de second plan aient à leur tour choisi d'imiter Corelli, l'Italie semble moins portée à le suivre, simplement parce que la publication de plusieurs autres œuvres avait commencé, dès 1714, à modifier l'idée que l'on se faisait du concerto. Un autre Bolonais, Torelli, était entré en scène dans les années 1690 avec des concertos qui mettaient l'accent sur un violoniste soliste auquel était confiée une partie plus difficile que celles du reste de l'orchestre. Dans ces concertos, les mouvements étaient organisés autour de thèmes ou de sections – *ritornelli* – qui revenaient souvent dans des tonalités différentes après modulation.

Ces concertos, publiés à titre posthume en 1709 sous l'op.8, suivaient également un schéma en trois mouvements (rapide-lent-rapide) emprunté à l'ouverture de l'opéra italien de l'époque.

Vivaldi a suivi l'exemple de Torelli et l'on peut dire que *L'Estro armonico* (publié en 1712) a modifié radicalement l'avenir du concerto. A première vue, ces douze concertos ne diffèrent pas énormément du concerto grosso. Huit d'entre eux font appel à un groupe de solistes, quatre à un seul soliste, mais le style est toujours différent de celui de Corelli. Vivaldi traite l'idée du *ritornello* d'une façon beaucoup plus élaborée. Son *ritornello* comporte généralement plusieurs thèmes et motifs qui peuvent être utilisés séparément, de telle sorte que le *ritornello* complet n'apparaisse qu'au début et à la fin d'un mouvement. En outre, ces motifs sont faciles à identifier grâce à un rythme bien affirmé ou à une idée mélodique facile à mémoriser. On en trouve un bon exemple dans le concerto nº 8 de *L'Estro armonico*, que l'on peut représenter ainsi (Ex.1.)

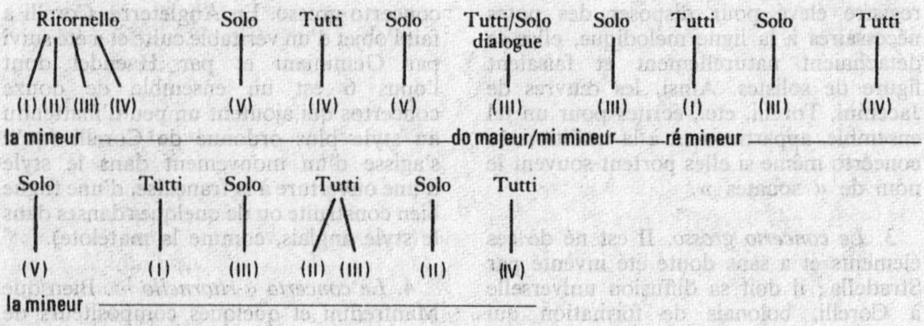

Ex. 1

Dans les concertos de Vivaldi, les parties solistes comportent une certaine dose de virtuosité bien que les finales soient généralement des pièces légères sur un rythme de danse, ou des mouvements *ritornelli* conçus comme les premiers mouvements. Ce schéma est applicable à presque tous les instruments solistes : piccolo, trompette, violoncelle, hautbois, basson ou toute combinaison de ces instruments. Le concept de thème principal récurrent, avec un élément épisodique entre les réexpositions dans les différentes tonalités, peut également s'appliquer comme forme abstraite en l'absence de soliste ou de groupe de solistes. Les auteurs modernes appellent parfois ce type de concerto le concerto « pour orchestre » et l'exemple le plus célèbre est le *Concerto brandebourgeois n° 3* de Bach (le *Concerto en sol mineur RV 153* de Vivaldi illustre aussi parfaitement le genre).

Vivaldi a composé plus de six cents concertos et si les détails et parfois l'ordre des mouvements diffèrent, la nature des thèmes et leur organisation générale portent sans conteste son sceau. Dans l'ensemble, ses concertos faisaient l'admiration de toute l'Europe, surtout en Allemagne, où ils furent largement imités, notamment par J. S. Bach qui a lui-même appris l'art de composer des concertos en transcrivant pour clavier ceux de Vivaldi. Les propres concertos de Bach s'inscrivent souvent dans la ligne de ceux de Vivaldi, ses concertos pour violon utilisant le même genre de thème martelé et la construction en *ritornello*, alors que son magnifique *Concerto pour deux violons en ré mineur BWV 1043* semble devoir beaucoup au *Concerto n° 8 en la mineur* de *L'Estro armonico*, même si sa texture est beaucoup plus complexe. Les *Concertos brandebourgeois* comportent deux « concertos pour orchestre » (n° 3 en sol majeur et n° 6 en si bémol majeur), un concerto pour violon (n° 4 avec deux parties de flûtes à bec *obbligato*) et deux concertos pour plusieurs solistes (n° 2 en fa majeur et n° 5 en ré majeur) ; le premier est le seul qui s'écarte vraiment du modèle de Vivaldi (tout en utilisant la technique du *ritornello*). Bach se différencie de Vivaldi surtout dans ses concertos pour clavecin où l'instrument favorise un contrepoint plus complexe et un lyrisme moins pur. Bien que plusieurs concertos soient des arrangements d'œuvres pour violon ou hautbois, les possibilités harmoniques du clavecin permettent un contraste total avec les *tutti* et augmentent la gamme des émotions bien au-delà des modèles italiens.

5. *Le concerto classique.* Si le concerto est resté la principale forme de musique pour orchestre entre 1680 et 1740, il a connu, peu après, une rivale farouche avec la symphonie. Des virtuoses du violon comme Tartini et Nardini ont continué à faire vivre le concerto *ritornello* à la fin du XVIIIe siècle en l'adaptant au style rococo ou galant : les lignes ornementales devenaient plus purement décoratives et moins essentielles du point de vue thématique que dans le concerto baroque. Les résultats sont souvent charmants et un répertoire entièrement négligé de nos jours mérite d'être redécouvert ; toutefois, le genre a surtout été développé par les

compositeurs qui écrivaient également de la musique symphonique ; les plus illustres sont les fils Bach, Carl Philipp Emmanuel et Johann Christian, suivis de la famille Stamitz à Mannheim et des deux Haydn. Ils ont appliqué au premier mouvement du concerto le principe symphonique de l'exposition dans des tonalités opposées (voir *Forme concerto*), en l'alliant à l'idée du *ritornello* : la nature exacte du mélange de ces deux concepts dépend de l'attitude du compositeur. Les deux tendances se rejoignent dans la *symphonie concertante, genre qui s'est surtout épanoui à Paris dans les années 1770 et 1780 : la symphonie concertante fait intervenir un petit groupe de solistes jouant d'importantes parties virtuoses dans une pièce légère dont le premier mouvement a un caractère symphonique et le finale est conçu en rondo ou en menuet. Le *Concerto pour flûte et harpe K 299* de Mozart appartient à cette catégorie, tout comme ses symphonies concertantes et celles de Haydn.

Dans ses concertos, surtout pour piano, Mozart a tiré le meilleur parti de l'utilisation des éléments symphoniques et concertants. Il a commencé par arranger en concertos des sonates de J. C. Bach et ses concertos pour violon montrent l'influence de J. C. Bach et de Nardini. Après son installation à Vienne, au début des années 1780, les éléments symphoniques ont pris une importante primordiale que l'on peut ressentir dans presque tous ses concertos. Le premier mouvement, en particulier, est souvent très ample, comportant la réexposition d'une grande partie du matériel annoncé dans la « double exposition » (la différence entre une symphonie et un concerto reposant sur le fait que la partie centrale est davantage un dialogue concertant entre le soliste et l'orchestre qu'un développement étroitement argumenté). Le mouvement lent est lui aussi assez long, alors que les finales se limitent rarement à de simples rondos. Les premiers concertos sont souvent conçus comme des œuvres de musique de chambre, mais les suivants font appel à un orchestre important (pupitre de vents complet et même trompettes et timbales). Ces nouvelles dimensions donnent à ces concertos une puissance dramatique et une variété considérables. Le dramatique *Concerto en ré mineur K 466* est aussi ambitieux que la *Symphonie « Prague »* ; l'écriture tragique de la grande *Symphonie en sol mineur K 550* a son équivalent dans le *Concerto en ut mineur K 491* et l'on retrouve le caractère cérémonial de la *Symphonie « Jupiter »* dans le *Concerto en ut majeur K 503*.

Si les concertos pour piano ont atteint une dimension symphonique, les concertos pour instruments à vent reflètent l'expérience de Mozart dans le domaine lyrique. Les concertos pour cor, qui exploitent l'humour de cet instrument peu fiable, reposent sur des thèmes diatoniques simples fondés sur les séries harmoniques. Ils semblent apparentés au singspiel, surtout dans les finales. Le dernier concerto de Mozart, le concerto pour clarinette, traite le soliste comme une prima donna dans un rôle sérieux de l'opéra bouffe et exploite entièrement la vaste tessiture et la palette sonore de l'instrument (dont il faut prolonger le tube pour jouer des notes encore plus graves que celles dont il dispose aujourd'hui ; voir *Clarinette, 4b*) ; l'œuvre est charmante, légèrement mélancolique, mais ne manque pas d'humour.

Le plus grand compositeur à avoir poursuivi la ligne de pensée de Mozart est Beethoven. L'admiration qu'il portait à son prédécesseur ressort clairement dans son *Concerto pour piano nº 3* (en ut mineur) qui s'inspire dans une certaine mesure du *Concerto en ut mineur* de Mozart, alors que son *Concerto nº 2* (en fait, le premier qu'il ait composé) poursuit la tradition du *Concerto en ut majeur* de Mozart. Le *Concerto pour piano nº 3* se rapproche de la symphonie car il comporte véritablement une « double exposition », avec un premier et un second sujet, et non cet amalgame assez informe du matériel thématique que l'on rencontre généralement dans la ritournelle initiale ; le développement est également plus serré. Les *Concertos pour piano nº 4 en sol majeur* et *nº 5 en mi majeur* ouvrent une nouvelle voie en faisant intervenir le soliste avant d'entamer l'exposition symphonique (ce qu'avait fait Mozart dans le *Concerto pour piano en mi bémol K 271*) du premier mouvement. Le mouvement lent du *Concerto nº 4* est encore plus original, le piano semblant plaider auprès d'un orchestre féroce pour finalement le dompter ; la dimension de ces deux concertos dépasse celle des concertos de Mozart. Le plus symphonique de tous les concertos de Beethoven, par son développement insistant du matériel thématique, est le *Concerto pour violon en ré*, bien que le lyrisme du mouvement lent exploite le pouvoir *cantabile* du violon et que le finale soit l'ultime rondo spirituel qui ait été composé.

[A partir de la fin du XVIIIe siècle, la *cadence constitue un élément important des concertos : elle offre au soliste une chance de faire valoir son esprit inventif et sa capacité à surmonter les difficultés techniques. Le silence respectueux de l'orchestre en cet instant met le soliste en vedette, caractéristique qui marque une différence d'esprit essentielle entre le concerto de la fin du XVIIIe siècle et du XIXe siècle et celui du début du XVIIIe siècle (le concerto grosso). Quelle que soit la valeur artistique de la cadence, il s'en dégage toujours un parfum de démonstration de virtuosité !]

Des œuvres aussi importantes que le *Concerto pour violon* et que les deux derniers concertos pour piano de Beethoven étaient exceptionnelles à cette époque. La plupart des concertos étaient l'œuvre des instrumentistes eux-mêmes pour faire étalage de leur virtuosité. Parmi les violonistes, Viotti était le plus célèbre ; ses mouvements lents comportent de belles mélodies lyriques. Des pianistes comme Hummel et John Field, qui avaient découvert le son perlé du registre supérieur de l'instrument, cultivaient les mélodies décorées et la virtuosité brillante en reléguant l'orchestre au rôle d'accompagnateur.

6. *Le XIXe et le XXe siècle.* Depuis le début du XIXe siècle, l'extrême diversité de l'écriture du concerto interdit toute classification en fonction d'un type ou d'une forme, classification qui a d'ailleurs peu de valeur. A partir de cette période, les compositeurs cessent d'écrire des concertos par centaines (comme Vivaldi), ou même par vingtaines (comme Mozart) ou par cinq (comme Beethoven). Le concerto ne représente qu'une infime partie des modes d'expression des compositeurs du XIXe et du XXe siècle auxquels ils ne font appel qu'une ou deux fois au cours de leur vie créatrice. On s'intéresse désormais davantage au style qu'à la forme des concertos, des conceptions symphoniques massives de Brahms aux concertos néoclassiques de Stravinski, des concertos pour piano lyriques et populaires de Schumann, Grieg et Tchaïkovski aux concertos sériels de Schoenberg et de Berg. En général, ces œuvres sont étroitement liées au reste de l'œuvre du compositeur ; c'est la raison pour laquelle le lecteur pourra se référer aux biographies individuelles de ces compositeurs pour avoir une idée de la façon dont le concerto s'intègre dans la production d'un musicien.

Néanmoins, au cours de cette période, il est intéressant de retenir un aspect du concerto : le rôle de l'instrumentiste. La première moitié du XIXe siècle voit l'épanouissement de l'instrumentiste-compositeur virtuose. Dans le domaine de la musique pour violon, le personnage clef est Paganini ; dans celui de la musique pour piano, la personnalité dominante est Liszt. La technique légendaire de Paganini l'a conduit à composer non seulement de la musique pour violon seul, d'une extraordinaire virtuosité, mais également six concertos pour violon (n° 1, vers 1815 ; n° 2 et n° 3, 1826) qui sont les plus beaux fleurons du répertoire du concerto-vedette. En fait, ceux qui n'aiment pas Paganini peuvent prétendre qu'ils ne vont guère au-delà d'un étalage de virtuosité car, plus encore que dans les deux concertos pour piano de Chopin (n° 1, 1830 ; n° 2, 1829-30), l'orchestre est relégué à l'arrière-plan pour forcer l'auditoire à accorder toute son attention au soliste : il n'y a plus aucune trace de la « compétition » mentionnée au paragraphe 1 ; elle cède la place aux frissons de la sorcellerie du soliste. Peu de compositeurs ont rivalisé avec Paganini, bien que Vieuxtemps, dans ses sept concertos pour violon (composés entre 1840 et 1883), ait exploité ses propres qualités d'instrumentiste tout en offrant un contenu musical plus substantiel que l'invention souvent insipide de Paganini. Dans des œuvres comme le gracieux *Concerto pour violon en mi mineur* de Mendelssohn (1844), le *Concerto en sol mineur* de Max Bruch (1868), la *Symphonie espagnole* pour violon et orchestre de Lalo (1874) ou les concertos pour violon de Tchaïkovski (1878), Dvořák (1879-80) et Elgar, la puissance expressive de l'instrument soliste a tendance à se mesurer avec les forces de l'orchestre.

L'influence des concertos pour piano de Liszt a été beaucoup plus importante. En dehors de ses deux concertos (n° 1, 1849 ;

nº 2, 1839, tous deux révisés ultérieurement), sa musique pour piano et orchestre comporte la *Totentanz* (« Danse macabre », 1849, révisée par la suite), la *Fantaisie hongroise* (1853) et plusieurs autres œuvres ; sa technique révolutionnaire du piano transparaît dans des concertos aussi disparates que ceux de Scharwenka (dont les quatre concertos ont été écrits entre 1876 et 1908), Eugen d'Albert (*Concerto en si mineur*, 1884), Balakirev (*Concerto en fa dièse mineur*, 1855-56), ou Liapounov (deux concertos, 1890 et 1909). Mais l'influence de Liszt réside davantage dans l'écriture pianistique que dans la forme : la conception lisztienne du concerto, fondée sur la métamorphose des thèmes, a été rarement imitée de façon significative, bien que le *Concerto en ut dièse mineur* de Rimski-Korsakov (1882-1883) propose une application intéressante du principe de la métamorphose thématique à un air populaire russe.

Suivant l'exemple de Liszt, plusieurs compositeurs de la fin du XIXe siècle et du XXe siècle ont écrit des concertos à leur propre intention : Rachmaninov le pianiste-compositeur le plus important de la fin du siècle dernier est l'auteur de quatre concertos (nº 1, 1890-91, rév. 1917 ; nº 2, 1900-01 ; nº 3, 1909 ; nº 4, 1926, rév. 1941) et de la *Rhapsodie sur un thème de Paganini* (1934), Scriabine du *Concerto en fa dièse mineur* (1896), Rubinstein et Medtner de plusieurs concertos chacun, Prokofiev de cinq concertos (nº 1, 1911-12 ; nº 2, 1912-13 ; nº 3, 1917-21 ; nº 4, 1931 ; nº 5, 1931-32) dont le quatrième, pour la main gauche, est dédié au pianiste autrichien Paul Wittgenstein, qui avait perdu le bras droit pendant la Première Guerre mondiale et avait également commandé à Ravel son *Concerto pour la main gauche* (1931) et à Britten *Diversions on a theme* (1940, rév. 1954).

Le rôle de l'instrumentiste, déjà considérable au XIXe siècle lorsque Brahms composa son *Concerto pour violon* à l'intention de Joachim, n'a cessé de croître au XXe siècle, les compositeurs ayant souvent tendance à écrire des concertos pour des artistes précis. Ainsi, le *Concerto pour violon* de Delius (1916) est dédié à Albert Sammons ; le *Concerto pour piano en sol* de Ravel (1931) à Marguerite Long ; les concertos pour violoncelle de Chostakovitch (nº 1, 1959 ; nº 2, 1966) à Mstislav Rostropovitch et ses concertos pour violon (nº 1, 1947-48 ; nº 2, 1967) à David Oïstrakh ; le *Concerto pour violoncelle* de Walton (1956) à Gregor Piatigorsky ; les concertos de Penderecki (1976) et de Dutilleux (1985) à Isaac Stern, etc. On ne saurait oublier le rôle déterminant de certains grands solistes d'autres disciplines qui ont incité les compositeurs de leur temps à écrire des concertos à leur intention : la harpiste Lily Laskine (concerto de Jolivet), le flûtiste Jean-Pierre Rampal (concertos de Jolivet, Rivier, Françaix...), le violoncelliste Siegfried Palm (concertos de Penderecki, Ligeti, C. Halffter, Blacher...), le hautboïste Heinz Holliger ou le trompettiste Maurice André. En outre, plusieurs compositeurs – Bartók, Tippett et Lutosławski, notamment – ont écrit des concertos pour orchestre qui réclament une virtuosité considérable des instrumentistes de l'orchestre. Ils comportent souvent d'importantes parties solistes et élargissent ainsi le concept du mot concerto tel qu'on l'entend généralement aujourd'hui pour revenir à la signification première, « jouer ensemble ».

Denis Arnold, rév. Alain Pâris.

BIBLIOGRAPHIE : Marie-Thérèse Bouquet-Boyer, *Vivaldi et le concerto*, PUF, coll. Que-sais-je ? (Paris, 1985). Émile Damais, *Le Concerto pour piano et orchestre*, Larousse (Paris, 1950). Guy Ferchault, *Le Concerto*, PUF, coll. Que sais-je ? (Paris, 1978). C. M. Girdlestone, *Mozart et ses concertos pour piano*, Fischbacher (Paris, 1939, rééd. 1953).

Concerto italien. Œuvre pour clavecin de J. S. Bach, publiée dans la deuxième partie du *Klavierübung* (1735). Bach semble avoir utilisé ce terme pour attirer l'attention sur deux caractéristiques de l'œuvre : sa conception en trois mouvements comme le concerto grosso italien et le fait qu'elle contienne des passages d'alternance et de contraste.

Concertos brandebourgeois. Six concertos grossos de J. S. Bach, composés entre 1711 et 1721 et dédiés au margrave Christian Ludwig de Brandebourg. Bach les décrit lui-même comme des « concerts avec plusieurs instruments ». Ils font appel à des combinaisons instrumentales et à des structures inhabituelles et Bach y abandonne le style courant du concerto grosso ; le n° 3, par exemple, s'adresse à trois groupes d'instruments à cordes (comportant chacun un violon, un alto et un violoncelle) et le n° 4 est écrit pour violon et deux flûtes à bec (*concertino*), cordes et continuo (*ripieno*).

Concerts Lamoureux. Voir *Concert*, 4.

Concertstück (all.). « Morceau de concert ». Voir *Concertino*, 2.

Concile de Trente. Concile œcuménique (le 19e du nom) convoqué à Trente par le pape Paul III en 1542 pour lutter contre les progès de la Réforme protestante ; il ne s'est achevé qu'en 1563 et a légiféré sur les réformes disciplinaires et musicales au sein de l'Église. Le Concile de Trente a aboli la plupart des tropes et des séquences dans l'usage liturgique et a aussi envisagé d'abolir toute musique polyphonique dans les offices. On raconte que Palestrina aurait sauvé la musique religieuse du funeste destin auquel elle était vouée en composant la *Missa Papae Marcelli* dont la beauté aurait subjugué les cardinaux ; mais cette histoire est fausse. Toutefois, il a travaillé aux nouveaux livres de chant avec Zoilo. Le graduel officiel *Edito medicaea* est le résultat des travaux de Felice Anerio et de Soriano (ainsi nommé parce que la presse d'édition appartenait à la famille Médicis) ; il a été publié en 1614-15.

Concitato (ital.). Voir *Stile concitato*.

Concord Sonata. Œuvre pour piano de Ives composée en 1910-15 (son titre complet est *Sonate pour piano n° 2 « Concord, Massachusetts, 1840-60 »*). Ives l'a écrite en l'honneur d'un groupe d'écrivains qu'il admirait et qui vivaient non loin de la ville de Concord. Ses mouvements sont intitulés « Emerson », « Hawthorne », « The Alcotts » et « Thoreau » (avec flûte obligée). Cette sonate est l'une des premières œuvres à utiliser des *clusters.

Concours. L'instinct compétitif de l'homme ne se limite pas aux seuls domaines sportif ou physique. Il se manifeste depuis des siècles dans des concours d'adresse et dans la pratique de certaines disciplines artistiques, l'exécution musicale venant en tête. Les concours de musique, sous toutes leurs formes, remontent à l'Antiquité mais, depuis le XIXe siècle, les concours destinés aux compositeurs et aux instrumentistes ou chanteurs font partie intégrante de la vie musicale.

1. *De l'Antiquité au XIXe siècle*. Les plus célèbres concours de l'Antiquité sont les jeux Phrygiens, concours de musique qui se déroulaient à Delphes au VIe siècle av. J.-C. Les premiers *eisteddfodau*, réunions de bardes gallois au cours desquelles étaient testées les compétences musicales et littéraires, dateraient du VIIe siècle (Voir *Pays de Galles*, 3). Au Moyen Âge, les *Puys tenaient des concours littéraires et musicaux dont le vainqueur était couronné « roi ». Les plus célèbres concours médiévaux sont ceux que Wagner a rendus célèbres : celui qui oppose Tannhäuser et Wolfram à la Wartburg (*Tannhäuser*, acte II) et le concours de chant au bord de la Pegnitz, près de Nuremberg (*Die Meistersinger von Nürnberg*, acte III, scène 2).

L'histoire de la musique regorge d'affrontements entre musiciens pour obtenir un poste ou une protection. En 1557, Claudio Merulo remportait devant Andrea Gabrieli le concours pour le poste d'organiste de Saint-Marc de Venise. Haendel et Domenico Scarlatti ont concouru au palais du cardinal Ottoboni à Rome, en 1708. Il a été jugé que Haendel était un meilleur organiste, mais la rivalité a donné naissance chez les deux musiciens à une admiration mutuelle et ils se sont liés d'amitié. Il semble que Bach ait été opposé au virtuose français Louis Marchand lors d'un concours de clavecin à Dresde, en 1717 ; les récits de cet épisode varient mais, en tout cas, Marchand prit la fuite. En 1781, à la cour de l'empereur Joseph II à Vienne, Mozart et Clementi participèrent à un concours officieux au cours duquel ils improvisèrent et jouèrent des sonates ; Mozart en sortit vainqueur. La rivalité entre Beethoven et Joseph Wölfl, les plus grands virtuoses du piano à Vienne dans les années 1790, parvint à son comble lors d'un concours organisé chez le baron Raymund von Wetzlar au cours duquel ils improvisèrent des duos pour piano. La compétition opposant Wölfl et Johann Baptist Cramer poussa Beethoven à travailler davantage pour rester le premier interprète de son temps. C'est ce genre de stimulation que l'on retrouve aujourd'hui dans les idéaux des organisateurs de concours.

2. *Les concours amateurs en Grande-Bretagne.* A la fin du XVIIIe siècle, les aubergistes de campagne organisaient des concours de chant en guise d'attraction :

« *Chant le lundi 10 novembre chez Coward Fricker, à la Bell Inn, à Corsham*, par trois troupes de chanteurs ou plus ; chaque troupe devra chanter deux chants à trois voix, deux chants à deux voix et deux "catches" ; les meilleurs chanteurs auront deux guinées, les suivants une guinée et les troisièmes une demi-guinée. Des arbitres seront choisis par les troupes. La musique sera remise aux arbitres avant le chant. Le dîner sera servi à une heure précise. Ordinaire 1s.6d. Aucune troupe ne pourra chanter si elle ne dîne pas. » (*Bath Chronicle*, 30 octobre 1783.)

Au début du XIXe siècle, des compétitions vocales se déroulaient dans les villes et les villages, sans doute sous l'influence des *eisteddfodau*, créés en 1817. Vers le milieu du siècle, des concours similaires commençaient à se dérouler entre ensembles d'instruments à vent (voir § 4).

Dans les grandes villes, les concours de chant attirent un public sans cesse croissant, qui se passionne non seulement pour l'intérêt de la compétition mais également parce que ces concours permettent d'entendre des exécutions de qualité. A Manchester, un concours de « Prize Glee-singing » (chant de *glees*) a lieu à Belle Vue Gardens, en 1855, et des concours de chant madrigalien et de chant choral à vue au Royal Pomona Palace, en 1874. Un concours de chant soliste et de chant choral est organisé à St George's Hall, à Liverpool, en 1881 ; Bradford (à partir de 1872) et Sheffield (à partir de 1881), entre autres, font partie des rendez-vous célèbres dans le nord du pays. A partir de 1872, des concours de chant et de chant choral se déroulent au Crystal Palace, avec un premier prix de 1000 livres ; les concours opposant les différentes sociétés chorales de Londres se tiennent au Royal Victoria Hall (l'« Old Vic »). Les années 1870 voient se multiplier les petits concours de chant (ou de chant choral) et d'exécution instrumentale ; ils portent souvent le nom de « bees », en raison des « spelling-bees » (concours d'orthographe) très à la mode à cette époque.

John Curwen et son fils John Spencer Curwen vont jouer un rôle déterminant dans ce qui allait devenir un véritable mouvement de concours. Le premier s'était fait connaître comme pédagogue et défenseur du système de la *tonique sol-fa. Dans les années 1860, il organisa des concours de chœurs à Londres. J. S. Curwen participa à l'œuvre de son père en assurant la promotion de l'enseignement musical et, en 1882, il inaugura les festivals organisés autour d'un concours avec le Festival de Stratford, dans l'Est de Londres. Il devait ressembler à un *eisteddfodau* (dont Curwen avait été membre du jury) et s'adressait aussi bien aux instruments solistes qu'aux ensembles d'instruments, chanteurs solistes et chœurs. Ce festival servit de modèle à tous les autres festivals locaux du même genre, dans le jury desquels John Spencer Curwen fut toujours invité à siéger.

En 1885, une chanteuse professionnelle, Miss A.N. Wakefield, organisa un concours de quatuor vocal à Kendal (Westmorland) ; d'autres villes et villages suivirent son exemple et, en 1905, en grande partie grâce à ses efforts, l'Association of Competitive Festivals vit le jour. En 1921, elle fut remplacée par la British Federation of Music Festivals qui organise, aujourd'hui, environ trois cents concours et festivals amateurs en Grande-Bretagne et dans le Commonwealth ; elle organise également des cours d'été. Cette fédération publie un manuel, organise une conférence annuelle et maintient le niveau des festivals qui lui sont affiliés (certains restent indépendants).

En Grande-Bretagne, la plupart des villes, quelle que soit leur importance, organisent de tels festivals annuels, auxquels se présentent des millions d'enfants de diverses classes, en solistes ou en ensemble. Certains musiciens s'élèvent contre l'esprit de rivalité auquel donnent lieu ces manifestations qui ont certainement favorisé la composition d'œuvres de deuxième ordre. Toutefois, il est incontestable que, dans l'ensemble, ce mouvement a contribué à élever le niveau d'exécution de la musique amateur, particulièrement dans le domaine de la technique chorale. Dès les années vingt, les chœurs amateurs pouvaient chanter des œuvres beaucoup plus difficiles que leurs homologues de la fin du XIXe siècle et les compositeurs ont pleinement tiré profit de cette situation.

3. *Les concours amateurs dans les autres pays.* Au XIXe siècle, les concours de chant et de musique d'ensemble commencent à acquérir une certaine popularité en Europe. Les principaux compositeurs sont souvent priés de participer aux jurys ; Schumann siège au jury du concours de chant organisé par la Société belge de chant masculin à Anvers, en 1851, et à un autre jury à Düsseldorf, en 1852. Des concours amateurs s'organisent à l'échelon local. En Irlande, le Feis Ceoil, concours de musique national irlandais, se tient tout d'abord à Dublin, en 1897. Le mouvement britannique s'étend aux pays membres du Commonwealth, où des concours s'organisent selon le modèle britannique, les membres du jury venant souvent d'Angleterre ; un grand nombre de ces festivals sont affiliés à la British Federation of Music Festivals.

Aux États-Unis, les plus anciens concours de musique dont on ait gardé trace sont ceux qui opposaient les chorales d'église. En 1790, un concours eut lieu à Dorchester, dans le Massachusetts, entre le First Parish Church Choir et la Stoughton Musical Society. Il ne passa pas inaperçu et fit bientôt des émules. Les concours entre les chœurs et les orchestres d'instruments à vent des écoles devinrent pratique courante. Ce mouvement prit beaucoup d'ampleur dans les années vingt. En 1924, ces concours entre orchestres d'écoles n'avaient lieu que dans cinq États, mais en 1931 on en trouvait dans tous les États, sauf cinq, réunissant 1 100 *bands* et 770 orchestres. Des concours nationaux furent créés pour les *bands* (1926) et les orchestres (1929). Les concours de chant entre les étudiants de plusieurs collèges (entre « glee-clubs ») sont aussi très répandus aux États-Unis.

4. *Concours de fanfares.* Depuis le début du XIXe siècle, les *fanfares n'ont cessé de se multiplier dans les villes industrielles du nord de la Grande-Bretagne et, en liaison étroite avec ce qui est devenu un mouvement de fanfares, les concours ont connu un essor important. Le premier aurait eu lieu en 1818 (la Stalybridge Old Band y participait). Vers 1840, ces concours étaient déjà très répandus. Le British Open Brass Band Championship, l'un des plus célèbres concours actuels, se tint pour la première fois à Belle Vue (Manchester) en 1853. En 1898, certaines fanfares lauréates furent invitées à donner un concert à Londres, au Royal Albert Hall ; Sir Arthur Sullivan, qui les dirigeait, suggéra de créer un concours analogue à Londres. Les National Brass Band Championships se déroulèrent alors tous les ans au Crystal Palace, jusqu'en 1936. A cette époque, il y avait chaque année à peu près deux cents fanfares participant à ce concours, réparties en dix classes.

Depuis les années quarante, avec l'augmentation substantielle du nombre des participants, les épreuves préliminaires du National Championship ont lieu à l'échelon local et la finale se déroule au Royal Albert Hall. Au cours des années soixante-dix, environ cinq cents fanfares se présentaient chaque année ; l'esprit de rivalité est maintenant une caractéristique essentielle du mouvement. Les fanfares s'affrontent également sur le plan international et un championnat européen se déroule chaque année à Londres. Par tradition, les concours internationaux font l'objet de commandes d'œuvres composées spécialement pour la circonstance ; ces œuvres constituent aujourd'hui une bonne partie du répertoire de la musique de fanfare. La *Severn Suite* d'Elgar a été écrite en 1930 pour le concours du Crystal Palace.

5. *Concours d'instrumentistes et de chant.* Le XXe siècle a vu se développer des concours réservés aux jeunes virtuoses de toutes disciplines. La plupart sont consacrés à un seul instrument et se déroulent chaque année ou tous les deux ans. Il y a généralement une limite d'âge pour les participants, qui doivent présenter des œuvres choisies dans une liste donnée devant un jury composé de musiciens professionnels ; après les épreuves préliminaires, les finalistes donnent généralement un récital public et jouent un concerto. Les lauréats reçoivent un prix en argent et les débuts de leur carrière sont considérablement facilités : des tournées de concerts et des contrats d'enregistrements sont presque automatiquement proposés aux premiers prix. Le parrainage artistique d'organismes commerciaux se traduit de plus en plus souvent par la création d'un prix ou d'une bourse.

Parmi les concours de réputation internationale qui se déroulent en France, l'un des plus anciens est le Concours international Marguerite Long-Jacques Thibaud, fondé en 1945, et consacré, en alternance, au piano et au violon. Le Concours international de jeunes chefs d'orchestre de Besançon est le seul concours annuel de cette discipline. Le Festival d'Évian organise un concours annuel de quatuor à cordes et, parmi les concours de chant, celui de Toulouse est le plus important. En Grande-Bretagne, il faut retenir le Carl Flesch International Violin Competition (bisannuel), le Leeds International Piano Competition (triennal) et le St Albans International Organ Festival Competition (annuel). Les donateurs de certaines bourses et récompenses organisent les phases finales sous forme de manifestations publiques, comme des concours, par exemple les prix Kathleen Ferrier et Maggie Teyte pour les chanteurs, le Mozart Memorial Prize pour les instrumentistes, les prix de la Rupert Foundation International Young Artists et la Shell London Symphony Orchestra Scholarship.

Certaines organisations nationales et plusieurs associations artistiques régionales organisent des « plates-formes de musiciens » ou nomment des « musiciens de l'année », après des épreuves préliminaires ; les vainqueurs reçoivent généralement une aide financière pour leur permettre de donner un premier récital ou de poursuivre leurs études. On peut citer ainsi les Fondations de la Vocation, Sacha Schneider ou Philip Morris, les Victoires de la musique et, en Grande-Bretagne, les Incorporated Society of Musicians Young Artists' Recitals et le BBC Television Young Musician of the Year.

De nombreux concours internationaux sont affiliés à la Fédération des concours internationaux de musique : cette organisation, dont le siège est à Genève, publie une brochure annuelle donnant les détails sur le déroulement des concours, lieux, conditions d'admission, dates d'inscription, adresses, etc. Certains concours ne s'adressent pas exclusivement à un instrument et les disciplines retenues varient d'une année à l'autre, comme le Concours international Tchaïkovski (Moscou), le Concours international de Genève, le Concours Gaudeamus d'interprétation de musique contemporaine (Rotterdam), le Concours international Reine-Élisabeth (Bruxelles) ou le Concours international de Munich. D'autres concours sont ouverts aux ensembles de musique de chambre.

Comme le Concours Carl Flesch, de nombreux concours internationaux ont été créés à la mémoire d'un interprète ou d'un compositeur célèbre. Parmi les plus importants, dans le domaine du piano, on peut citer les concours Chopin (Varsovie), Alfredo Casella (Naples), Arthur Rubinstein (Jérusalem), Dino Ciani (Milan), Busoni (Bolzano), Van Cliburn (Forth Worth), Marguerite Long – Jacques Thibaud (violon et piano, Paris) ; pour le violon, les concours Paganini (Gênes), Alberto Curci (Naples), Henryk Wieniawski (Poznań) et Tibor Varga (Sion) et pour le violoncelle, le concours Rostropovitch (qui s'est déroulé à Paris et dans d'autres villes). Des concours de direction d'orchestre ont été créés à la mémoire de Dimitri Mitropoulos (New York), Guido Cantelli (Novare), Vittorio Gui (Florence), Arturo Toscanini (Parme) ou Nicolaï Malko (Copenhague) ; dans le domaine du chant, en l'honneur de Maria Callas (Athènes), Francisco Viñas (Barcelone) et Enrico Caruso (Milan). D'autres concours de chant importants se tiennent chaque année à Paris et à 's-Hertogenbosch aux Pays-Bas. Ces dernières années, on a créé des concours destinés à des instruments qui ne jouissaient pas auparavant d'une grande considération, comme la contrebasse (île de Man).

6. *Concours de composition.* Les conservatoires et institutions musicales accordent de nombreux prix de composition. Le prix de Rome, institué en 1803, fut décerné tous les ans jusqu'en 1968 par l'Institut de France à un étudiant de composition du Conservatoire de Paris, auteur de la meilleure cantate sur un sujet donné. Le premier prix permettait au lauréat de passer quatre ans à la villa Médicis, à Rome, pour y poursuivre ses études. Berlioz (1830), Bizet (1857) et Debussy (1884) figurent parmi les lauréats. Il existe un prix de Rome en Belgique ainsi qu'aux États-Unis (créé en 1905).

Une victoire dans un concours de composition a un impact moins immédiat sur la carrière d'un musicien qu'une victoire dans un concours d'interprétation et ces compétitions réservées aux compositeurs suscitent moins d'intérêt dans le public. Néanmoins, la garantie de l'exécution publique d'une nouvelle œuvre assurée par des professionnels attire les jeunes compositeurs. Ces concours sont souvent organisés en liaison avec un festival (comme le Stroud Festival International Competition) ou avec un concours d'interprétation ; il y a alors une épreuve séparée qui consiste à composer une œuvre imposée (comme pour le concours Carl Flesch). La plupart des concours de composition qui se déroulent en Grande-Bretagne s'adressent seulement aux compositeurs britanniques, par exemple la Clements Memorial Chamber Music Competition, la Radcliffe Music Award, la Royal Philharmonic Society Composition Prize et la Ian Whyte Award. Les concours internationaux les plus connus sont le Concours international Reine-Elisabeth (Bruxelles), le prix du Prince-Pierre-de-Monaco (Monaco) et le Concours international de composition d'opéra et de ballet de Genève ; plusieurs sont affiliés à la Fédération des concours internationaux de musique (voir 5). Plusieurs organismes de promotion de musique nouvelle (par exemple, la Société internationale de musique contemporaine, SIMC) organisent des manifestations qui ne sont pas des concours, au sens strict du terme, mais dans lesquelles s'opère une sélection de partitions permettant d'en faire connaître certaines dans le cadre de ces manifestations, soit par un palmarès, soit par diffusion radiophonique ou phonographique...

Alison Latham, rév. Alain Pâris.

Conductus (lat.). Voir *Conduit*.

Conduit (lat. : *conductus*). Composition vocale du Moyen Age sur un texte latin. Les genres littéraires et musicaux auxquels ce terme s'appliquait au Moyen Age sont nombreux et variés et certaines pièces appelées *conductus* dans un manuscrit peuvent porter des appellations différentes dans un autre, d'où une certaine confusion. Le terme semble avoir été surtout employé dans le nord de la France aux XIIe et XIIIe siècles.

Les conduits les plus anciens sont des chants latins sur des sujets sacrés (principalement Noël) ; ils comportent plusieurs strophes, très souvent accompagnées d'un refrain, en vers rythmés et fortement accentués. Les mélodies sont simples et directes. Elles apparaissent dans un manuscrit du milieu du XIIe siècle provenant de la Sicile normande (laissant supposer des sources normandes aujourd'hui perdues) et dans un manuscrit qui regroupe de la musique pour la fête de saint Jacques, sans doute compilé à Vézelay vers 1160-70 et appelé Codex calixtinus. Les chants semblent avoir été utilisés pour des processions et comme hymnes de sortie du clergé, pendant qu'il retournait à la sacristie. Cette fonction s'est maintenue au début du XIIIe siècle dans les offices des fêtes de Noël, ainsi que le montrent les documents qui nous sont parvenus de Beauvais, de Sens et de Laon. A la même époque, on trouve aussi des conduits dans le *Jeu de Daniel* (Beauvais ; par exemple, le conduit de la reine lorsqu'elle vient au roi et celui de Daniel lorsqu'il va vers le roi ; voir *Drame liturgique*, Ex. 2).

On retrouve certaines de ces pièces avec d'autres, exactement du même style, dans un manuscrit aquitain du début du XIIe siècle où elles sont appelées *versus* ; mais il se peut que ce dernier terme recouvre une plus grande variété de chants ; l'un d'entre eux est une exhortation à la croisade, un autre, un chant provençal à la Vierge Marie. Ils comportent souvent des lignes mélodiques très élaborées.

Un autre genre de chant sacré, tout à fait dans le style du conduit sicilien, est bâti sur un texte dans lequel ont été introduites les dernières paroles de Matines, de Laudes et des Vêpres : « Benedicamus Domino », « Deo gratias ». On peut en déduire éventuellement que les conduits servaient de conclusion.

Certains conduits aquitains et calixtains sont conçus à deux voix, et cette évolution a été suivie avec beaucoup d'éclat et de vigueur par les compositeurs parisiens de la fin du XIIe siècle et du début du XIIIe siècle (École de Notre-Dame de Paris). Leurs compositions vont de une à quatre voix ; elles font appel à des styles musicaux et à des textes très variés. Outre les textes religieux (comme le « Benedicamus »), on rencontre des sujets polémiques, politiques, etc., ou des complaintes sur la mort de personnages connus (voir *Planctus*, *Planh*). Certains conduits sont écrits avec une seule note (ou accord) par syllabe ; d'autres sont beaucoup plus ornementés, avec de longs mélismes sur certaines syllabes (particulièrement, les premières et les avant-dernières ou les dernières syllabes de chaque ligne). Vers 1270, un théoricien anonyme attribuait plusieurs de ces conduits à Pérotin.

A Paris, le conduit semble être passé de mode au milieu du XIIIe siècle, sans doute à cause de la popularité du motet, mais, hors de France, on a continué à en copier quelques-uns jusqu'au XVe siècle (ils ne portent toutefois pas l'appellation de « conduit »).

David Hiley.

Conduite de la voix, des parties, des voix (angl. : *part-writing* ; amér. : *voice-leading*). L'art de composer de la musique contrapuntique ; voir *Contrepoint*.

Conga. Danse cubaine d'origine africaine qui connaît aujourd'hui un grand succès dans la plupart des pays latino-américains, particulièrement à l'époque des carnavals. C'est une danse à 2/4 basée sur un schéma rythmique syncopé de deux mesures sur lequel se répètent plusieurs courtes phrases de deux ou quatre mesures. Les danseurs forment une chaîne les uns derrière les autres et constituent une farandole dans les rues ou dansent en cercle. Les paroles d'accompagnement sont souvent liées à l'ordre du jour ou à un sujet satirique.

Congas. Tambours afro-cubains longs et étroits. Voir *Bongos*, 2.

Conolly, Justin (Riveagh) (Londres, 11 août 1933). Compositeur anglais. Il a fait ses études au Royal College of Music et à l'Université de Yale (1963-65). En 1967, il a été nommé professeur au Royal College of Music. Certaines de ses œuvres s'adressent à des formations de musique de chambre inhabituelles ; elles sont étroitement construites sur la base de petites unités d'intervalle, trahissant ainsi l'influence de Carter et de Wolpe ainsi que de leurs contemporains européens.

Paul Griffiths.

Conon [Quennon] **de Béthune** (?Béthune, près de Lille, vers 1160 ; 17 décembre 1219 ou 1220). Trouvère et compositeur de haut rang. A partir de l'âge de 20 ans, il travaille à la cour de France. Il embrasse ensuite une carrière militaire et politique très active. Comme la plupart des trouvères de son époque, il participe aux croisades ; il assiste au siège de Constantinople en 1204 ; plusieurs de ses poèmes sont des chansons de croisade qui décrivent et commentent les événements courants. Une dizaine de chansons lui sont attribuées, toutes composées dans un style modeste avec beaucoup de reprises.

John Milsom.

Conque (all. : *Muschelhorn* ; angl. : *conch trumpet* ; ital. : *conchiglia*). Gros coquillage marin percé d'un trou pour en jouer avec les lèvres, comme de la trompette. La coquille du strombe sert d'instrument en Europe depuis l'Antiquité ; le trou par lequel on souffle est pratiqué en sciant la pointe. De l'autre côté du Pacifique, la coquille de triton (comme un énorme buccin) prédomine et le trou est généralement percé sur le côté. On peut aussi utiliser un coquillage en forme de casque.

Le coquillage constitue un long tube en spirale de perce ovale et aplatie, dont la longueur réelle atteint environ 60 cm. La fondamentale se situe généralement dans la tessiture inférieure de la clef de sol avec une sonorité roucoulante qui porte loin ; c'est la seule note que peut produire la conque (en dehors d'harmoniques, toujours possibles, mais rarement employées) ; une seconde note reste accessible en couvrant partiellement de la main l'ouverture du coquillage – comme dans la célèbre danse de Santander (Espagne).

La conque sert essentiellement à l'envoi de signaux, surtout parmi les pêcheurs en mer, mais également, dans certaines parties du Portugal, à convoquer le conseil local ou à rappeler les fermiers qui travaillent dans les champs. L'Afrique centrale est l'une des nombreuses régions où la conque sert à détourner les orages. Elle a eu également des usages guerriers : chez les Hawaïens, pour affronter le capitaine Cook, ou en Inde et en Chine, où elle servait à l'appel des soldats jusqu'au début de ce siècle. En Inde, ornée d'une fleur de lotus sculptée, elle participe au rituel des temples hindous.

Anthony Baines.

Conradi, Johann Georg (mort à Oettingen, le 22 mai 1699). Compositeur allemand. Fils d'organiste, il devient *Kapellmeister* à la cour d'Ansbach en 1683, à la cour de Thuringe en 1687 et à l'Opéra de Hambourg en 1690. Au cours des trois années suivantes, il compose un dizaine d'opéras pour Hambourg ; les partitions sont aujourd'hui perdues, à l'exception de quelques airs de *Die schöne und getreue Ariadne* (1691) qui a été repris à Hambourg en 1722 avec quelques modifications par Reinhard Keiser. Conradi quitte Hambourg vers 1695 et, en 1698, il devient Kapellmeister du duc d'Oettingen qu'il servira jusqu'à la fin de ses jours. Outre ses dix opéras, il a composé des œuvres vocales de musique sacrée.

Son fils, **Johann Melchior Conradi** (baptisé à Oettingen le 17 février 1675 ; Heroldingen, 13 mars 1756), lui a succédé comme Kapellmeister à Oettingen.

Wendy Thompson.

Conséquent. Voir *Antécédent et conséquent.*

Consolations. Six pièces pour piano de Liszt, composées en 1849-50. La plus connue est la troisième.

Consonant. Se dit d'un accord qui semble se suffire à lui-même, d'un intervalle du même genre ou d'une note faisant partie d'un tel accord ou d'un tel intervalle. On désigne le contraire par le terme *dissonant ou dissonance. De nos jours, les intervalles consonants comprennent tous les intervalles parfaits (y compris l'octave) et toutes les tierces et sixtes majeures et mineures, mais l'élément constitutif de la consonance n'est pas défini avec précision et il a beaucoup varié au cours des siècles. Voir également *Contrepoint* ; *Harmonie.*

Con sordino (ital.). « Avec la sourdine ». Voir *Sourdine.*

Consort (angl.). Terme employé en Angleterre entre 1570 et 1720 pour désigner un ensemble vocal ou instrumental, et par extension la musique que jouait un tel ensemble et son exécution en public. L'origine du mot est obscure, mais il semble être un dérivé inexact de l'italien « concerto » ou du français « concert ». Au XVIe siècle, on employait indifféremment les termes « concerto » et « consort » pour désigner un ensemble d'instruments de familles différentes ou un ensemble de voix et d'instruments. Sous le règne d'Elisabeth, il n'y avait qu'un seul ensemble standard de ce type : il réunissait une viole soprano ou un violon, une flûte à bec, une basse de viole, un luth, un cistre et une bandora ; on en trouve la trace dans les *Consort Lessons* de Thomas Morley (1599 et 1611), dans les *Lessons of Consort* de Philip Rosseter (1609) et dans quelques autres manuscrits de l'époque. Il n'est donc pas étonnant qu'à cette époque l'usage ait souvent assimilé le terme « consort » à un ensemble composé de ces six instruments. Toutefois, on a trop insisté sur cet aspect spécifique dans les écrits modernes sur le sujet. Les documents de la cour révèlent que le terme « consort » désignait également les quatre ensembles instrumentaux royaux qui utilisaient principalement des jeux complets d'instruments d'une même famille dont les tailles différentes correspondent à peu près aux tessitures vocales.

Aujourd'hui, le terme « broken consort » (consort « brisé ») est souvent utilisé par opposition à « whole consort » pour désigner un ensemble d'instruments de familles différentes par opposition à un ensemble complet d'instruments d'une même famille ; il semble que cet usage remonte à 1660, lorsque Matthew Locke intitula son ouvrage autographe de musique de chambre : « Compositions for Broken, and Whole Consorts ». Avant la guerre civile, « broken consort » ou plutôt « broken music » semble avoir désigné une musique « brisée » en *divisions rapides, une sorte de métaphore poétique du désordre, plutôt qu'un ensemble d'instruments de familles différentes. Toutefois, le « consort » mixte à six parties de Morley et Rosseter est le seul type de musique instrumentale d'ensemble anglaise du XVIe siècle qui comporte des divisions écrites ; on comprend alors plus facilement pourquoi « broken » a été utilisé à tort pour désigner l'instrumentation mélangée plutôt que l'utilisation des divisions.

Au milieu du XVIIe siècle, le sens de « consort » s'est étendu à la musique jouée par un ensemble instrumental : *Royal Consort* de William Lawes, *Lyra Consort* de John Jenkins ou *Consort for Several Friends* de Matthew Locke. Finalement, lorsque les concerts publics ont commencé à se développer à Londres, dans les années 1670, on a utilisé le mot « consort » pour désigner la prestation en public d'un ensemble vocal ou instrumental. Il a conservé ce sens jusqu'aux environs de 1720, lorsque le terme moderne « concert » a commencé à se substituer à lui. Le passage à un terme issu de façon plus directe du mot « concerto » semble correspondre à l'engouement soudain dont bénéficia alors la musique instrumentale italienne – et en particulier les concertos – dans les concerts publics londoniens de l'époque.

Peter Holman.

Consort song (angl.). Mélodie pour voix soliste et *consort, généralement de violes, qui a fleuri en Angleterre entre le milieu du XVIe siècle et le milieu du XVIIe. La structure est polyphonique, généralement à cinq parties (dont la voix), de telle sorte que le « consort » ne peut être considéré comme un simple élément d'accompagnement ; en fait, les parties instrumentales sont parfois soulignées par des paroles, si bien qu'une exécution purement vocale reste possible. Byrd peut être considéré comme le maître du genre. Ses « consort songs » sont essentiellement strophiques et (comparés à sa musique religieuse) d'un style relativement retenu. Le « consort song » a survécu à l'énorme succès du madrigal en Angleterre.

Constant, Marius (Bucarest, 7 février 1925). Compositeur et chef d'orchestre français d'origine roumaine. Il reçoit les conseils d'Enesco pendant la Seconde Guerre mondiale, mais parfait son éducation musicale à Paris au Conservatoire et à l'École normale de musique (1946-49) avec Olivier Messiaen, Nadia Boulanger, Arthur Honegger (composition) et Jean Fournet (direction d'orchestre). Ses activités de compositeur et de chef d'orchestre sont étroitement liées au domaine chorégraphique ; il est tout d'abord directeur musical des Ballets de Paris de Roland Petit, puis, à partir de 1971, directeur musical de la danse à l'Opéra de Paris. Il a composé les partitions de ballet *Cyrano de Bergerac* (1959), *Éloge de la folie* (1966), *Paradis perdu* (1967) et *Nana* (1976), toutes pour Roland Petit.

Paul Griffiths.

Construction (in Metal). Trois pièces pour percussion de John Cage. *First Construction* pour six instrumentistes date de 1939 ; les deux autres, pour quatre instrumentistes, respectivement de 1940 et de 1941.

Conte. Terme parfois utilisé comme titre d'une pièce de musique instrumentale.

Contes d'Hoffmann, Les. Opéra en trois actes d'Offenbach avec prologue et épilogue ; livret de Jules Barbier et Michel Carré inspiré des contes d'E.T.A. Hoffmann : *Le Marchand de sable*, *L'Aventure de la Saint-Sylvestre*, *Le Conseiller Crespel*, etc. La révision, les récitatifs et une partie de l'orchestration sont l'œuvre de Guiraud. Représentations : Paris (Opéra-Comique, 10 février 1881) ; New York (Fifth Avenue Theater, 16 octobre 1882) ; Londres (Adelphi Theatre, 17 avril 1907). Offenbach est mort pendant les répétitions des *Contes d'Hoffmann* et l'opéra a été arrangé par Guiraud pour la première (en coupant l'acte de Giulietta). Douze ans plus tard, l'acte manquant a été réintégré, mais avant l'acte d'Antonia. Normalement l'opéra comporte d'abondants dialogues parlés et respecte le déroulement suivant.

Prologue. La taverne de Luther à Nuremberg. Le conseiller Lindorf (bar.), qui assume pendant tout l'opéra le rôle du mauvais génie d'Hoffmann (Coppelius, Dapertutto, Docteur Miracle), réussit à se faire remettre par Andrès (tén.) un billet que Stella, la prima donna, adresse à Hoffmann (tén.) pour lui donner rendez-vous. Des étudiants arrivent et, avec eux, Hoffmann et son ami Niclausse (mezzo). Hoffmann se laisse convaincre de raconter l'histoire des trois grands amours de sa vie. Chaque acte de l'opéra correspond à l'un de ces « contes ».

Acte I. Le premier amour d'Hoffmann a été la poupée Olympia, une invention de Spalanzani (bar.) et du docteur Coppelius (baryton-basse). Coppelius vend à Hoffmann une paire de lunettes magiques au travers desquelles Olympia (sop.) prend forme humaine. Spalanzani donne un bal pour la présentation de « sa fille » ; Hoffmann déclare son amour pour Olympia et danse avec elle. Coppelius, qui a été escroqué par Spalanzani, détruit Olympia ; Hoffmann découvre alors que son amour n'est qu'une poupée.

Acte II. Hoffmann est rentré à Munich où il est tombé amoureux de la jeune et frêle chanteuse Antonia (sop.), fille du conseiller Crespel (basse). Antonia est tuberculeuse et n'a plus le droit de chanter, mais, en faisant revivre le portrait de sa mère, le Docteur Miracle la force à chanter et la fait ainsi mourir. Pour la deuxième fois, Hoffmann a perdu son amour.

Acte III. Hoffmann est à Venise où il a rencontré la belle courtisane Giulietta (mezzo). Elle est sous l'emprise du magicien Dapertutto (bar.-basse) qui désire s'emparer du reflet d'Hoffmann (autrement dit, de son âme). Giulietta n'a aucun mal à fasciner Hoffmann et combler le désir de Dapertutto : Hoffmann, privé de son ombre, tente de convaincre Schlemil (basse) de lui donner la clé de la chambre de Giulietta ; il le tue en duel, pour découvrir ensuite que Giulietta s'est enfuie en gondole avec le nain Pitichinaccio.

Épilogue. Dans la taverne de Luther ; l'histoire d'Hoffmann est terminée. Hoffmann est ivre et lorsque Stella arrive, c'est Lindorf et non Hoffmann qui l'emmène.

BIBLIOGRAPHIE : Raymond Lyon et Louis Saguer, *Les Contes d'Hoffmann*, Mellottée (Paris, 1948). *Les Contes d'Hoffmann*, L'Avant-Scène-Opéra nº 25 (Paris, 1980).

Continuo (abrégé de l'italien : *basso continuo*) : « basse continue » (all. : *Generalbass* ; angl. [obsolète] : *thorough bass*). Le terme continuo désigne à la fois la ligne musicale qui, à la basse, constitue le fondement d'une œuvre et les harmonies qui en découlent. Ces harmonies ne sont pas indiquées par des notes mais par des chiffres que doit interpréter et réaliser l'instrumentiste. Au-dessus de cette ligne de basse, une ou plusieurs voix ou instruments sont libres d'improviser des lignes mélodiques indépendantes les unes des autres sans se préoccuper de les harmoniser. L'âge d'or du continuo correspond surtout à l'époque baroque.

La partie de continuo est impérativement confiée à un instrument capable de jouer des accords : l'orgue ou le clavecin, mais aussi le luth ou tout autre instrument polyphonique. Le même instrument peut jouer à la fois la partie de basse et l'harmonie, mais il est préférable de doubler la basse avec un instrument mélodique comme la basse de viole, le violoncelle ou le basson, éventuellement renforcé d'un violone ou d'une contrebasse. Le choix des instruments jouit d'une liberté considérable (voir 3a).

1. *Histoire.* L'apparition du continuo correspond à la place sans cesse croissante d'une pensée harmonique au cours du XVIᵉ siècle (voir *Harmonie*, 2). Dans la musique dite harmonique, l'auditeur entend avant tout la ligne la plus aiguë et la ligne de basse. Ainsi, sans rien perdre de son sens musical, le début du *Stabat Mater* de Palestrina (Ex. 1a) pourrait être exécuté uniquement par des voix chantant la partie de soprano, la basse et les harmonies étant éventuellement confiées à l'orgue (Ex. 1b).

La première apparition du continuo dans les *Concerti ecclesiastici* de Lodovico Viadana en 1602 n'est pas le fruit du hasard : ces pièces chorales sacrées comportent un accompagnement des voix à l'orgue qui joue un rôle de soubassement indispensable à l'ensemble, tout en renforçant les parties les plus faibles ou les moins intéressantes – car tout l'intérêt du continuo consiste à unir les différentes parties, fonction qui sera dévolue, à l'époque baroque, au claveciniste, véritable chef d'orchestre.

Mais avant 1602, le continuo jouait déjà un rôle essentiel dans l'accompagnement des chants monodiques et des premiers opéras. La **camerata* florentine accordait une grande importance à l'expression des mots par la voix soliste, celle-ci étant accompagnée du continuo (Ex. 2). A l'époque de Monteverdi, le continuo s'empara littéralement du madrigal italien (livre V des madrigaux, 1605), au point de se transformer pratiquement en cantate profane. Suivant le développement de l'opéra et de l'oratorio, la différence entre l'aria et le récitatif se fait de plus en plus sentir, le récitatif devenant jusqu'à Mozart le terrain le plus propice au développement du continuo. Cependant, la plupart des arias de la période baroque n'étaient accompagnées que du continuo qui s'émancipe progressivement, allant jusqu'à rivaliser avec la voix dans son propre domaine (Ex. 3). Même dans les séquences confiées aux instruments de dessus, certains passages permettent à la voix et au continuo de se faire entendre.

Autre terrain d'élection du continuo, la sonate pour un ou deux instruments mélodiques accompagnés : la sonate en trio – qui réunit deux instruments mélodiques soutenus par le continuo, soit quatre instruments et non trois – est une forme particulièrement importante de l'époque baroque, comparable à ce que sera, à l'ère classique, le quatuor à cordes, qui en est directement issu. Dans les concertos grossos de Corelli, le *concertino* était confié à deux violons et au continuo, contrastant ainsi avec les tutti qui faisaient intervenir

Ex. 1 (a)

Ex. 2

Ex. 1. En haut. Ex. 2. En bas : « Sfogava con le stelle » de Caccini.

l'ensemble des instruments. Le continuo devint la composante obligée du concerto grosso, ancêtre du concerto avec soliste dont il est issu. Il est aussi indispensable dans les parties à un ou plusieurs solistes (*concertino*) que dans les tutti.

Au cœur de l'époque baroque, le continuo est présent dans toute la musique d'ensemble sacrée ou profane. Il est pratiquement certain que les motets étaient soutenus par un continuo, exception faite, curieusement, des motets de Bach qui semblent avoir été conçus pour être exécutés sans accompagnement.

Le déclin du continuo commence bien avant la fin de la période baroque en raison, notamment, de l'importance croissante des œuvres pour grand orchestre à cordes. Dans « He shall feed His flock » et dans « Come unto Him » du *Messie* de Haendel, l'indication harmonique du continuo n'est essentielle que pour une seule note (le si bémol des altos à la dix-huitième mesure de « Come unto Him »). De même, à la fin de la partie médiane du premier mouvement et au début du finale du *Concerto pour violon en mi majeur* de J. S. Bach, le remplissage du continuo n'est indispensable que pendant quelques mesures (ces deux passages sont souvent réorchestrés sans continuo). Une autre cause de l'abandon progressif du continuo, surtout dans la musique de Bach, est liée à l'engouement nouveau pour un traitement contrapuntique des passages mélodiques. L'une des rares sonates en trio authentiques de J. S. Bach (BWV 1039 en sol majeur) a été arrangée par le compositeur lui-même pour viole de gambe et clavecin obligé (BWV 1027). Dans cette sonate, la main droite du clavecin reprend une des parties mélodiques ; le claveciniste ne dispose que de peu d'endroits lui permettant de remplir les harmonies. Par contre, dans les sonates en trio pour orgue BWV 525-530, l'interprète peut jouer sans difficulté toutes les parties mélodiques et la basse. Il est intéressant de constater que, chez J.S. Bach, l'accompagnement pour clavier s'enrichit de plus en plus, notamment dans les mouvements lents de la plupart des sonates pour clavecin obligé et violon (BWV 1014-1019) ou pour clavecin et flûte (BWV 1030). Les mouvements rapides de ces œuvres reprennent l'écriture de sonate en trio évoquée à propos de la sonate BWV 1027. On prétend que les accompagnements entièrement écrits par Bach sont tels qu'il les aurait réalisés lui-même : rien n'est plus improbable car il suffit de regarder les lignes de basse qui ne présentent aucun intérêt particulier ; l'attention est concentrée sur la partie mélodique et, d'une façon générale, sur la main droite (voir la partie de basse de l'Ex. 4).

Au cours de la période classique, la partie de continuo est peu à peu confiée aux altos ou aux cors alors que, dans les récitatifs d'opéras et d'oratorios, subsiste un continuo au clavecin puis au pianoforte (comme dans *La Création* de Haydn). La musique chorale (les messes de Mozart, notamment) comporte toujours une partie de continuo destinée à soutenir l'ensemble. Certains passages de *La Création* de Haydn comportent l'indication « senza cembalo », ce qui semble indiquer que le pianoforte était utilisé dans l'ensemble de l'œuvre alors qu'il n'est indispensable que dans les récitatifs. La première édition du *Concerto pour piano nº 1* de Beethoven comporte un chiffrage au-dessous de la basse laissant supposer que le soliste pouvait tenir la partie de continuo dans les tutti. Plus près de nous, on rencontre une utilisation néoclassique du continuo dans les récitatifs de la *Cantata academica* de Britten (1960, continuo au piano) et dans *The Magus* de John Joubert (1977, continuo à l'orgue).

2. *Réalisation de la basse chiffrée.* Le principe de la basse chiffrée consiste à définir l'accord qui doit être joué en spécifiant la nature des intervalles à réaliser au-dessus de la basse. Cette note la plus grave n'est pas forcément la fondamentale de l'accord ; ainsi, le chiffrage 6-4 sur un sol ne correspond pas à un accord de quarte et sixte de sol, mais au deuxième renversement de l'accord de do majeur. Les basses chiffrées plus anciennes comportent parfois une notation plus explicite (voir le chiffrage « 11 », Ex. 2) mais, d'une façon générale, les chiffrages supérieurs à 9 ne sont plus utilisés car il est plus facile de les remplacer par leur renversement (11 devenant 4, par exemple), le choix de la tessiture étant laissé à l'appréciation de l'interprète.

Par convention, le chiffrage de la quinte et de la tierce est sous-entendu et l'absence de chiffrage correspond à un accord

Ex. 3

Ex. 4

Ex. 5

Ex. 3. Air n° 57 de Massima Puppieno *d'Alessandro Scarlatti. Ex. 4. Sonate pour violon et clavecin BWV 1016 de J. S. Bach.*

parfait de trois notes dans sa position fondamentale. Le chiffre 6 correspond à l'accord de sixte (une tierce et une sixte), le chiffre 4 à l'accord de quarte et quinte, et ainsi de suite. Une altération dans le chiffrage concerne toujours la tierce de l'accord. Si elle précède un chiffre, elle altère bien sûr la note correspondant à ce chiffre. Dans certains cas, le dièse est remplacé par une ligne oblique (parfois difficile à discerner) barrant le chiffre ou placée à côté de lui. Une ligne horizontale placée sous une série de notes indique à l'interprète qu'il doit conserver la même harmonie. Dans certains cas, aucun accord n'est indispensable (première entrée sur « He shall reign for ever and ever » [mesure 41] de l'*Alléluia* du *Messie* de Haendel) : on emploie alors la mention *tasto solo* (ital., littéralement « touche seule ») (voir Ex. 5).

Ces principes constituent les règles fondamentales de la basse chiffrée, mais une grande liberté est laissée à l'instrumentiste qui peut ainsi faire valoir son talent. De nombreuses œuvres comportent peu d'indications de chiffrage (*Le Messie* de Haendel), voire aucune (*Messe en si* de J. S. Bach à partir du *Credo*).

3. *Les problèmes du continuo.* La réalisation des basses chiffrées est sujette à controverse et pose de nombreux problèmes.

(*a*) *Instruments.* Dans l'*Orfeo* de Monteverdi, la nature des instruments à utiliser pour réaliser le continuo de certains morceaux est clairement spécifiée. Mais, d'une manière générale, les compositeurs de l'âge baroque ont rarement donné de telles indications. Dans la plupart des cas, on trouve la mention « continuo » ou seulement « basso » (ce qui peut prêter à confusion si l'on entend par là « contrebasse »). La plupart des cantates de Bach ont été écrites pour être jouées dans des églises, mais il ne faut pas donner à l'indication « orgue et continuo » portée à la basse un sens trop restrictif car il n'était certainement pas opposé à l'usage du clavecin. Certains chefs d'orchestre ont l'habitude de changer l'instrument du continuo d'un mouvement à l'autre de la partition : un enregistrement récent de *Saul* de Haendel comporte un continuo au luth pour toutes les arias de David ; mais la partition ne comporte aucune indication à l'appui ou à l'encontre d'une telle pratique. Plus sujette à caution est l'utilisation systématique du clavecin pour les récitatifs de l'évangéliste et de l'orgue pour ceux du Christ dans la *Passion selon saint Jean* de J. S. Bach : une convention bien établie, antérieure à l'époque où il composa ses passions, voulait que l'on utilise les cordes aiguës pour accompagner les paroles du Christ ; s'il l'avait souhaité, Bach aurait pu respecter cette tradition. Certains chefs d'orchestre utilisent le clavecin (avec un violoncelle) pour les solos et les tutti de cordes, et l'orgue (avec un basson) pour accompagner les ensembles d'instruments à vent. De même, ils préfèrent la sonorité plus ample de l'orgue moderne pour soutenir les chorals. Mais aucun de ces choix ne semble avoir été mis en application à l'époque baroque. La contrebasse pose un autre problème : d'un point de vue stylistique, on peut supposer qu'elle était utilisée dans les grandes masses alors que, dans les ensembles plus restreints, elle devait accompagner la voix de basse.

(*b*) *Ornementation.* La résurrection de la musique baroque a soulevé différents problèmes dans l'interprétation du continuo : pour de nombreux instrumentistes et musicologues à qui l'on doit des éditions d'œuvres de l'ère baroque, le continuo devait être enrichi d'ornements, de mélodies et de contrepoints. De nombreuses éditions modernes comportent de telles réalisations, sans toutefois préciser qu'il ne s'agit que d'hypothèses. La controverse n'est pas éteinte, mais il faut reconnaître qu'à un tel abus d'ornementation on préfère aujourd'hui un style plus dépouillé avec de simples accords, quitte à ornementer davantage les solos. Dans les pièces conçues pour une partie soliste et continuo, il serait dommage de se priver d'une improvisation mélodique que le compositeur aurait pu lui-même ajouter après.

(*c*) *Basso seguente.* Dans la musique vocale contrapuntique, il est vraisemblable que le clavecin-continuo se limitait à doubler les parties vocales, l'instrument-continuo suivant la partie la plus grave (voir § 1). Cette partie porte le nom de *basso seguente* (ital. : « qui suit la basse »). Parfois, la partie vocale la plus grave se trouve confiée, pendant quelques mesures, à l'alto ou au soprano, ce qui peut placer les violoncellistes ou les contrebassistes dans des situations déli-

Ex. 6 (a)
Evangéliste
Je-sus went forth with His dis-ci-ples o-ver the brook Ce-dron, where was a
Continuo
gar-den in-to the which He en-tered and His dis-ci-ples
etc.
(b)
Evangéliste
When Je - sus had fin-ished all these say-ings, He
Continuo
said un-to His dis-ci-ples,
etc.
(b)
be to all peo-ple:
etc.
Ex. 7 (a)
Soprano
ti-dings of great joy, which shall be to all peo-ple:
Réalisation
etc.
Basse donnée

cates si l'éditeur a réalisé la *basso seguente* en considérant que toute mention « continuo » ne s'adressait qu'au violoncelle et à la contrebasse : leur partie comporte alors des notes beaucoup trop aiguës pour leur tessiture. Il est évident que le violoncelle ne doit pas aller au-delà de la tessiture de ténor et que la contrebasse ne peut intervenir qu'en doublure de parties vocales de basse ou dans des parties de continuo indépendantes, lorsqu'elles se présentent.

(*d*) *L'accompagnement du récitatif.* L'accompagnement du *recitativo secco* (récitatif accompagné seulement d'un continuo) pose deux sortes de problèmes :

– L'Ex. 6 a reproduit le premier récitatif de la *Passion selon saint Jean* et l'Ex. 6 b celui de la *Passion selon saint Matthieu.* Dans le premier exemple, le continuo se présente sous la forme de longues notes tenues alors que, dans le second, il se compose de valeurs courtes avec des silences. L'explication vient d'un changement opéré par Bach dans la dernière édition de la *Passion selon saint Matthieu* qui ne figure que dans les parties de continuo d'orchestre et non dans la partition, les valeurs brèves y remplaçant les valeurs longues que l'on rencontre dans la plupart des cas. Les éditeurs croyant, en toute bonne foi, que le texte de ces parties d'orchestre correspondait à ce qui aurait été joué effectivement ont agi par analogie, incorporant des valeurs courtes à leur édition. Certains musicologues contemporains préconisent des valeurs brèves dans les récitatifs bien que les partitions comportent généralement des valeurs longues et il est possible que, dans la *Passion selon saint Matthieu,* Bach n'ait qu'explicité ce qu'aurait fait de toute façon un bon interprète. S'appuyant sur cet exemple, de nombreux chefs d'orchestre généralisent les valeurs courtes à l'ensemble des *recitativo secco* alors que d'autres, dont la démarche est peut-être moins authentique, préfèrent alterner valeurs longues et valeurs brèves selon les récitatifs.

– Dans les partitions, la cadence du récitatif et la cadence vocale coïncident généralement (Ex. 7a) mais, selon certaines règles, la cadence instrumentale doit suivre la cadence vocale (Ex. 7b). Depuis quelques années, on assiste à une réaction contre cette pratique, semant la controverse parmi les musicologues : des cadences simultanées peuvent engendrer des quintes parallèles mais, dans certains récitatifs accompagnés par un ensemble, on trouve des exemples de cadences simultanées expressément marquées.

L'art et la manière de bien interpréter une partie de continuo reposent surtout sur une parfaite connaissance du style du compositeur et sur un sens musical inné plutôt que sur une étude exhaustive des théoriciens de l'époque. Heinrich Albert (1604-51) écrivait, à propos d'un détail d'une partie de continuo impossible à transcrire avec précision : « Dans un tel cas, je dois m'en remettre à votre oreille attentive et à votre bonne intelligence. C'est le sort de la basse continue. »

Roger Bullivant.

Continuo lied [*Generalbasslied*] (all.). Type de composition vocale strophique avec accompagnement de continuo très répandu en Allemagne à l'ère baroque. Dans la première moitié du XVIe siècle, on retrouve une parcelle de l'intérêt porté au chant déclamatoire italien dans les « Arien », « Oden » et « Villanellen » allemands avec accompagnement de basse continue, mais le terme « continuo lied » évoque plutôt une mélodie strophique assez simple avec des phrases de longueur régulière et une certaine dépendance par rapport au texte. Le premier recueil de ce genre de lieder est *Teutscher Villanellen* (1627) de Johann Nauwach ; d'autres compositeurs du XVIIe siècle en ont composé, notamment Heinrich Albert, Andreas Hammerschmidt, Johann Rist et Adam Krieger. Vers le milieu du XVIIIe siècle, on a commencé à écrire en totalité les accompagnements des lieder, mais au début ils ont conservé un style simple, sans aucune des figurations idiomatiques et illustratives que l'on associe, par exemple, aux lieder de Schubert. Cela tient peut-être au fait qu'à cette époque le lied était essentiellement l'apanage des amateurs : l'écriture élaborée se rencontrait plus volontiers dans les cantates et les airs composés pour les chanteurs d'opéra et il n'y avait pas alors, comme aujourd'hui, de chanteurs « spécialisés » dans le lied.

Contrafactum, contrafacture (du latin médiéval *contrafacere*, « feindre », « simuler »). Pièce vocale dans laquelle le texte original est remplacé par un nouveau texte. Dans le domaine du plain-chant, par exemple, une nouvelle fête liturgique peut être célébrée sur un chant qui existait déjà avant l'institution de cette fête ; ou un chant profane peut recevoir de nouvelles paroles profanes en conservant le même agencement des rimes. Toutefois, à partir de la seconde moitié du XVe siècle, le terme *contrafacta* semble désigner le remplacement d'un texte profane par un texte sacré : à la fin du XVe siècle, par exemple, à la suite des violentes attaques du moine Savonarole contre les chansons licencieuses du carnaval, le texte de ces dernières a été remplacé par des textes religieux de pénitence ; et, à la Réforme, de nombreux textes de chorals protestants ont été adaptés sur des mélodies préexistantes.

Contralto (de l'italien *contra alto,* « contre l'alto », c'est-à-dire en contraste avec la voix haute ; all. : *Alt*). La plus grave des voix de femme (ou de garçon), dont l'étendue va approximativement du sol² au sol⁴. Elle se caractérise par une sonorité sombre et riche. Voir également *Mezzo-soprano.*

Contrappunto alla mente (ital.). Contrepoint improvisé fréquemment utilisé au XVIe siècle dans l'enseignement de la composition. Le professeur chantait un *cantus firmus* en notes longues pendant que l'élève improvisait une partie correspondant à ce *cantus firmus*. On en trouve une caricature très drôle dans le *Festino nella sera del giovedi grasso* (1608) de Banchieri, dans laquelle les parties écrites par l'élève sont supposées être chantées par des animaux.

Contrapunctus (lat.). « Contrepoint ». A l'ère baroque, ce terme était utilisé soit dans ce sens général, soit pour désigner plus spécifiquement un mouvement fugué.

Contrapuntique. Adjectif de *Contrepoint.*

Contraténor (lat., « voix placée contre le ténor »). Dans la musique vocale ancienne, nom d'une partie vocale ayant à peu près la même tessiture que celle du ténor, mais composée après ou « contre » cette partie (voir *Ténor,* 2). Lorsque l'écriture à quatre parties s'est généralisée, vers le milieu du XVe siècle, le contraténor a été divisé en *contratenor altus* (« [partie] haute contre le ténor ») et *contratenor bassus* (« [partie] basse contre le ténor »), qui sont à leur tour devenus les parties d'alto et de basse du chœur à quatre voix (SATB). A la Renaissance, en Angleterre, *countertenor* (* « contreténor ») désignait la partie vocale, mais aujourd'hui ce terme correspond à la voix masculine d'alto ou de soprano.

Contrebasse (all. : *Kontrabass* ; angl. : *double-bass* ; ital. : *contrabasso*). Instrument le plus grave (1,80 m) de la famille du violon, et donc de tout l'orchestre. Traditionnellement, sa principale fonction consiste à jouer la basse à l'octave inférieure des violoncelles : bien que l'attention de l'auditeur se concentre naturellement sur la ligne supérieure d'une basse doublée à l'octave, il est intéressant, au cours d'un concert ou d'une diffusion, de se fixer sur ce que font les contrebasses ; on mesure ainsi la place qu'elles prennent, la quantité de travail nécessaire pour en jouer et le rôle essentiel qui est le leur. Dans la *musique militaire, la contrebasse est le seul instrument à cordes au milieu des instruments à vent, en grande partie parce qu'elle possède l'extraordinaire faculté de « faire décoller la musique du sol » par son *pizzicato* ; elle a le même rôle dans la musique de *jazz, où on joue toujours de la contrebasse sans archet. Toutefois, son rôle le plus important est au sein de l'orchestre, comme instrument à archet.

1. *Construction.* Sa forme n'est pas toujours identique à celle du violon ou du violoncelle. Les épaules tombent généralement en une courbe en forme de S, ce qui abaisse le bord et facilite le mouvement de la main gauche sur la corde jusqu'aux positions du pouce (voir § 2). Le fond est généralement plat pour économiser le bois et faciliter la facture ; un fond plat a en principe 5 mm d'épaisseur ; la partie supérieure s'incurve vers le manche et une large barre transversale intérieure soutient l'âme de l'instrument. Si le dos est bombé, il doit être taillé dans des morceaux de bois plus épais et peut atteindre 12 mm d'épaisseur en son centre. Les coins pointés vers l'extérieur de la caisse qui figurent sur le violon existent rarement sur la contrebasse : ces points sont très vulnérables sur un instrument qui, en raison de sa taille et de la diversité des

usages qu'il connaît, est souvent soumis à un mauvais traitement. (On a remarqué à maintes reprises que ces trois éléments rapprochent la forme de la contrebasse de celle de la *viole ; mais c'est uniquement le fruit du hasard.) Pour réduire les coûts de fabrication, la table et le fond sont souvent taillés dans du contre-plaqué, pressé à la vapeur, ce qui permet une construction très durable, adaptée à toutes circonstances.

La contrebasse est accordée en quartes successives – sol^2, $ré^2$, la^1, mi^1 (sonnant à l'octave inférieure). L'accord en quartes et non en quintes, comme dans le reste de la famille des cordes, vient de la nécessité de produire le son grave avec des cordes qui, à l'origine, étaient entièrement en boyau. La longueur requise rend impossible les doigtés du violoncelle (extension d'une tierce entre l'index et le petit doigt). La contrebasse doit donc procéder par extension d'un ton entier (par exemple sur la corde de ré, index sur mi, petit doigt sur fa dièse, avec le sol suivant sur la corde à vide au-dessus). Une extension de la main de 10 cm pour un ton entier donne une longueur de corde d'environ 1,06 m, ce qui est la moyenne pour la contrebasse, sur une caisse d'environ 1,14 m de long (plus de trois fois celle du violon et une fois et demie celle du violoncelle). Mais les éclisses ont proportionnellement la profondeur la plus importante de toute la famille (près de 23 cm) : elles doivent permettre d'abaisser la résonance de l'air à un niveau qui soutienne les notes les plus graves.

Dans le doigté de base, le majeur forme le demi-ton au-dessus de l'index. L'annulaire aide généralement le petit doigt à presser la corde pour le ton supérieur. Le pouce de la main gauche est réservé au milieu de la corde ou au point harmonique immédiatement au-dessus. On peut donc obtenir l'harmonique deux octaves plus haut à l'extrémité de la touche et, à partir de là, gravir encore une autre octave, ou plus, en harmoniques seules.

2. *Les cordes et l'archet.* De nos jours, on utilise le plus souvent des cordes souples en acier, bien que celles qui possèdent un noyau central en nylon enveloppé dans un ruban d'acier donnent parfaitement satisfaction. Les cordes en boyau sont de plus en plus rarement employées.

On rencontre deux types d'archets : l'archet français, semblable à celui du violoncelle, mais plus court et plus solide (Fig. 1a), et l'archet allemand ou Simandl (du nom d'un ancien professeur de Leipzig), également connu aux États-Unis sous le nom d'archet Butler, dont la baguette est plus fine et la mèche plus étroite, mais la hausse beaucoup plus large ; la main tient l'archet avec le pouce sur le dessus (Fig. 1b). Cette dernière méthode donne généralement aux instrumentistes une meilleure assise pour le pied gauche, puisque le coup d'archet puissant est le « poussé ». Le public peut facilement distinguer la tenue d'archet utilisée car, durant les *pizzicati*, l'archet français pointe légèrement vers le haut et l'archet allemand vers le bas.

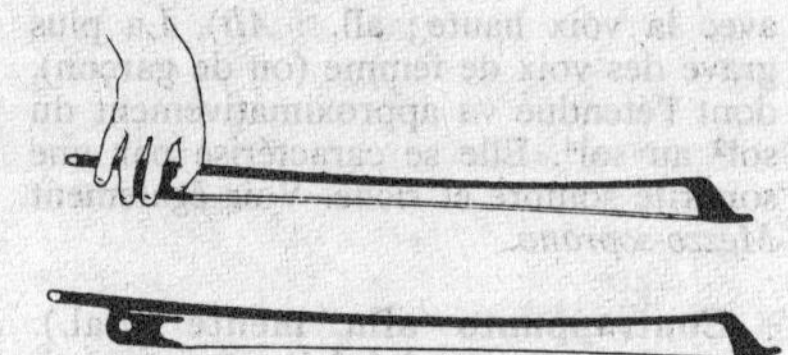

a

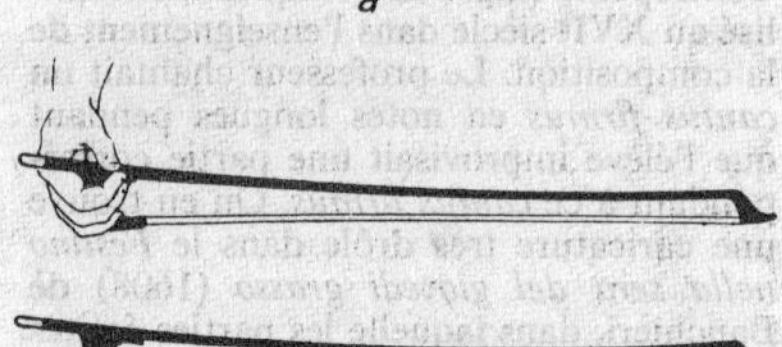

b

Fig. 1

Lorsqu'elle joue en soliste, la contrebasse à quatre cordes est généralement accordée un ton plus haut afin d'obtenir une sonorité plus brillante. Les musiciens de jazz ajoutent parfois une cinquième corde au-dessus des autres (do^3).

L'étendue normale de la contrebasse comporte les quatre demi-tons au-dessous de son mi le plus grave ; comme elle ne dispose pas de ces notes, elle ne peut doubler le violoncelle à l'octave et les joue à l'octave supérieure des notes écrites. Cette évolution montre qu'à l'orchestre la principale tâche des contrebasses est de jouer le rôle de 16 pieds, ce qu'elles peuvent encore faire à l'unisson des violoncelles. Mais, depuis un siècle environ, les compositeurs ont souvent écrit ces notes graves en espérant ou en demandant qu'elles soient jouées à la hauteur réelle. Il y a alors trois solutions : (*a*) abaisser l'accord de la quatrième corde ; (*b*) utiliser une contrebasse à cinq cordes, avec la cinquième accordée sur do ou si grave ; (*c*) fixer un dispositif spécial sur le côté du chevillier (procédé très à la mode aujourd'hui).

3. *Histoire.* Les contrebasses construites par certains des premiers facteurs italiens, Gasparo da Salò et Maggini, sont encore utilisées dans les orchestres actuels ; elles ont été restaurées – nouveaux manches, etc. – comme les autres membres de la famille (voir *Violon*, 6) et souvent modifiées pour s'adapter à un nombre de cordes différent. Dans le passé, ce nombre a varié de trois à six ; seul un expert est capable de déterminer le nombre de cordes que comportait l'instrument à l'origine. Sur certains tableaux allemands des années 1560, on voit trois ou quatre cordes, et ces deux solutions ont dominé jusqu'au début du XXe siècle. En Angleterre, la contrebasse semble avoir été découverte avant la fin du XVIIe siècle, alors qu'en France elle est restée ignorée jusqu'au début du XVIIIe siècle ; en Allemagne, à l'ère baroque et, dans une certaine mesure, également en Italie, une contrebasse à cinq ou six cordes prédominait.

(*a*) *Contrebasse à cinq ou six cordes.* Un modèle original à six cordes (conservé à Augsbourg) porte la date de 1597 et l'on trouve, dans certains musées, des contrebasses de la fin du XVIIe siècle qui n'ont subi aucune modification et qui sont encore munies des énormes chevilles en bois utilisées avant la généralisation du mécanisme moderne. On trouve aussi fréquemment des restes de grosses frettes en boyau torsadé qui étaient utilisées pour obtenir les notes avec plus de précision et de clarté, surtout à une époque où le doigté nécessitait de bouger beaucoup plus la totalité du poignet qu'on ne le fait aujourd'hui. Praetorius (1619) décrit soigneusement cet instrument, y compris un mécanisme de clés destiné à raccourcir les cordes pour former les notes. Il l'appelle « violone » ou « grande viole de gambe basse », et le considère visiblement comme un membre de la famille des violes en raison de ses cinq ou six cordes, des frettes et des épaules tombantes – bien qu'il ait surtout servi à tenir la basse dans la musique instrumentale en général et au sein du groupe des violons en particulier. Pour l'essentiel, Praetorius note que cet instrument se jouait à cinq cordes accordées en quartes, comme aujourd'hui, avec en plus le do supérieur ; lorsqu'il était muni de six cordes, l'accord pouvait être identique à celui de la basse de viole (ré^{3}, la^{2}, mi^{2}, do^{2}, sol^{1}, ré^{1}), mais sonnant à l'octave inférieure. Cependant le problème de l'accord des premières contrebasses reste assez confus. On pouvait les accorder sur la^{2}, fa dièse^{2}, ré^{2}, la^{1}, fa^{1}, c'est-à-dire essentiellement un accord de ré majeur, avec en plus le fa bécarre grave, très utile musicalement. Cet accord est souvent cité pendant une période assez longue, depuis les détails fournis sur la « viole contrebasse » par le Dr James Talbot, de Londres, à peu près à l'époque de la mort de Purcell (1695), lorsque la contrebasse faisait son apparition en Angleterre (sans doute en provenance d'Allemagne), jusqu'au manuscrit d'un divertimento d'un compositeur viennois, Vanhal, qui donne en marge l'accord du « violone ». Quant aux six cordes, le type d'accord de viole mentionné ci-dessus peut pourvoir au ré grave rencontré dans les parties de « violone » de Bach, mais certaines sources allemandes ainsi que Talbot (« généralement cinq cordes, mais parfois six à discrétion de l'artiste ») la situent une quarte plus haut, jusqu'au sol^{3} aigu (sonnant à l'octave inférieure). Cet accord avait peut-être pour but de permettre à l'instrumentiste, lorsqu'il le jugeait opportun, de jouer des passages en 8 pieds (à l'unisson avec les violoncelles) au lieu du 16 pieds normal à l'octave inférieure.

(*b*) *Contrebasse à trois cordes.* C'est le modèle le plus fréquemment utilisé pendant la majeure partie du XIXe siècle ; il était encore très répandu au début du XXe siècle avec deux possibilités d'accord, sol^{2}, ré^{2}, la^{1} (les trois premières cordes de la contrebasse actuelle) ou sol^{2}, ré^{2}, sol^{1}. Cette contrebasse était particulièrement appréciée pour la sonorité puissante de sa corde la plus grave : à la fin du XVIIIe siècle, on avait remarqué en Allemagne que la sonorité d'une contrebasse à trois cordes était beaucoup plus puissante et plus claire que sur l'ancien instrument à cinq cordes. L'étendue limitée vers le grave inquiétait peu les instrumentistes : l'instrument donnait le 16 pieds essentiel, tout en fournissant ces solides premiers temps forts de la mesure, si importants dans la musique de danse et dans la musique légère – la majorité des instrumentistes auraient de toute façon été incapables de jouer des symphonies. Il semble qu'en 1832, à l'Opéra de Paris, tous les contrebassistes, sauf un (qui jouait de la contrebasse à quatre cordes), jouaient de la contrebasse à trois cordes. En Italie, Verdi avait été obligé de stipuler, dans *Otello*, que l'introduction du solo avant le meurtre de Desdémone, qui débute sur un mi grave, devait être jouée uniquement sur des contrebasses à quatre cordes (les contrebasses à trois cordes gâcheraient l'effet en jouant à l'octave supérieure). Les deux solistes les plus célèbres du siècle dernier jouaient sur des contrebasses à trois cordes : Dragonetti (1763-1846) et Bottesini (1821-89), le premier sur une contrebasse de Gasparo da Salò et le second sur une contrebasse de Testore, de 1694. Dragonetti jouait avec l'ancien archet incurvé, qui ressemble un peu à une scie de boucher, et qui est resté l'archet de la contrebasse à trois cordes jusqu'aux dernières années de cet instrument. Parmi les nombreuses histoires qui retracent les prouesses de Dragonetti (il avait des doigts exceptionnellement larges), on se souvient de la visite qu'il rendit à Beethoven alors qu'il rapportait d'Italie à Londres une belle contrebasse Gagliano (toujours utilisée aujourd'hui) ; Beethoven l'embrassa après l'avoir entendu jouer sur cet instrument une sonate pour violoncelle fraîchement composée. Par ailleurs Bottesini utilisait sa propre forme d'archet, que l'on appelle aujourd'hui l'archet français.

(*c*) *Les petites contrebasses.* Survivances de l'ère baroque, il s'agit de contrebasses « utilitaires », italiennes et allemandes, souvent appelées *basso da camera* ou, en Allemagne, *Bassl.* La caisse mesure environ 90 cm de long – entre celle de la contrebasse et celle du violoncelle, mais de construction lourde comme la première. Certains modèles ont cinq cordes.

(*d*) *Les grandes contrebasses.* Praetorius décrit également une très grosse « grande contrebasse Geig » à cinq cordes (accordées comme l'instrument actuel, plus un ré grave), ou parfois à quatre cordes, et munie de frettes en boyau. Par la taille et par la forme, elle correspond presque exactement à un modèle italien à cinq cordes dont la longueur totale atteint 2,20 m, avec une caisse de 1,40 m de long (exactement quatre fois la taille d'un violon) et des éclisses de 28 cm de profondeur. Même la grande contrebasse récemment fabriquée aux États-Unis pour une nouvelle famille de violons (voir *Alto*, 6) possède une caisse plus courte que celle de cet instrument (5 cm de moins) ; sur une contrebasse de cette dimension, il serait pratiquement impossible de jouer un passage moyen sans un accord comme le « ré majeur » cité en (*a*). La contrebasse géante italienne qui se trouve au Victoria and Albert Museum de Londres, et qui a appartenu à Dragonetti, est encore plus grande : 2,90 m de long avec une caisse de 2 m de long. Elle possède aujourd'hui trois cordes, mais elle en avait peut-être davantage à l'époque de sa construction. L'octobasse expérimentale construite par le célèbre luthier parisien Vuillaume en 1848, conservée au musée du Conservatoire de Paris, a également trois cordes ; elle mesure plus de 4 m de haut et les cordes (la plus grave est accordée sur do) sont raccourcies avec des leviers à pédales qu'actionne l'instrumentiste, qui se tient sur une estrade en bois.

4. *Répertoire.* Les œuvres pour contrebasse solo les plus anciennes sont deux concertos de Dittersdorf (Haydn a écrit un double concerto pour contrebasse, mais il a été manifestement perdu dans l'incendie de la bibliothèque d'Eisenstadt). L'air de concert de Mozart « Per questa bella mano » K 612 contient un passage *obbligato* de contrebasse très difficile (écrit, peu de temps avant sa mort, pour un banquier et instrumentiste amateur qui lui avait avancé de l'argent). Beaucoup de concertos sont l'œuvre de contrebassistes eux-mêmes, notamment Dragonetti et Bottesini. Koussevitzky, excellent contrebassiste, a composé un concerto de style néoromantique. Récemment, on a pu découvrir de nouvelles œuvres modernes, d'esthétiques différentes, lors de concours internationaux. A notre époque, les instrumentistes les plus célèbres sont Gary Karr et son collègue américain Charles Mingus auquel son imagination et son sens artistique ont valu le titre de premier virtuose de la contrebasse de jazz.

Anthony Baines, Francis Baines.

BIBLIOGRAPHIE : Paul Brun, *Histoire des contrebasses à cordes*, La Flûte de Pan (Paris, 1982). Marc Pincherle, *Les Instruments du quatuor*, PUF, coll. Que sais-je ? (Paris, 1947, 3e éd. 1970).

Contrebasson. Instrument à vent de la famille du basson qui sonne à l'octave inférieure du basson. Voir *Basson*, 6.

Contredanse (fr.), **contredanza** (ital.) (all. : *Kontretanz* ; angl. : *country dance*). Danse qui a vu le jour en Angleterre avant de connaître rapidement une grande popularité dans d'autres pays, particulièrement en France. Les contredanses anglaises reprenaient des airs folkloriques et populaires et comportaient une grande variété de pas ; en France, bien que des airs anglais comme « Greensleeves » aient été utilisés, l'étiquette sociale réclamait plus de cérémonie et, au XVIIIe siècle, cette danse est devenue extrêmement stylisée. La musique de forme binaire, avec reprises, était généralement écrite à 2/4 ou à 6/8 ; sur cette musique, on dansait neuf fois une figure déterminée. La contredanse a survécu jusqu'au XIXe siècle où elle a été supplantée par la valse et le quadrille ; toutefois, la danse qui porte le nom de « Sir Roger de Coverley » a conservé une certaine popularité en Angleterre. D'autres contredanses ont survécu uniquement dans la tradition populaire, mais elles suscitent un regain d'intérêt au XXe siècle grâce aux effort de l'English Folk Dance and Song Society.

Mozart, Haydn et Beethoven ont écrit des contredanses.

Contrepoint (du latin *punctus contra punctum*, « note contre note » ; all. : *Kontrapunkt* ; angl. : *counterpoint* ; ital. : *contrappunto*). On peut définir le contrepoint comme l'élément de désaccord entre les voix et les parties dans une composition musicale, l'harmonie constituant l'élément d'accord. Le désaccord peut provenir de différents facteurs, notamment du contraste rythmique et de la dissonance, les plus importants. Ainsi, dans l'extrait de Dufay (Ex. 1), il y a relativement peu de dissonance, mais la relation rythmique entre les quatre voix est très complexe. Dans l'extrait de Milhaud (Ex. 2), il y a peu de différences rythmiques entre les parties, mais une grosse proportion de dissonance. Ce sont deux exemples de contrepoint dans la mesure où l'auditeur cherchera davantage à écouter « horizontalement », c'est-à-dire à entendre individuellement deux ou plusieurs voix séparées, plutôt que leurs effets combinés verticalement. Les autres facteurs qui conduisent au contrepoint sont le timbre, l'instrumentation, la gamme et la tonalité. On trouve un bon exemple de gammes en contraste au début de l'opéra de Britten *Billy Budd* : les deux parties sont plutôt consonantes et il n'y a pratiquement pas de désaccord rythmique, mais la partie supérieure est écrite en ut majeur et la partie inférieure en mi bémol majeur (Ex. 4).

Une grande partie de la musique familière à l'auditeur de la fin du XXe siècle repose davantage sur une pensée harmonique que contrapuntique. Bien que l'évolution moderne et le regain d'intérêt en faveur de la musique ancienne commencent à modifier cette situation, l'auditeur a encore tendance à penser que le contrepoint est « savant », « difficile », « abstrus », etc. En outre, on considère que la musique contrapuntique est « cérébrale » ou « intellectuelle » et que l'harmonie convient mieux à l'expression des émotions que le contrepoint. Un très grand nombre de nos concepts musicaux fondamentaux découlent essentiellement de l'harmonie : parmi ceux-ci, les idées de « mélodie » et d' « accompagnement » (en contrepoint, toutes les voix ou parties sont potentiellement égales) ; de « forme » (en contrepoint, lorsqu'une partie cesse, une autre poursuit, empêchant ainsi le partage en sections) ; et de « tonalité » et de « gamme » (en contrepoint, plusieurs tonalités et/ou gammes peuvent exister simultanément). Il n'y a toutefois aucune raison fondamentale pour que la musique contrapuntique soit plus difficile à apprécier que la musique harmonique et l'auditeur disposé à oublier les préjugés du passé trouvera l'expérience infiniment enrichissante.

Sur le plan historique, dans la musique occidentale, le contrepoint est né de l'adjonction d'une ou de plusieurs parties à une mélodie de plain-chant. L'Ex. 3 montre trois extraits d'œuvres composées de cette façon : (*a*) est un exemple d'*organum parallèle du milieu du VIIIe siècle, avec un effet contrapuntique négligeable ; (*b*) est un exemple d'organum libre du XIe siècle et comporte un certain

Ex. 1

Ex. 2

Ex. 3 (a)

Ex. 4

Ex. 5

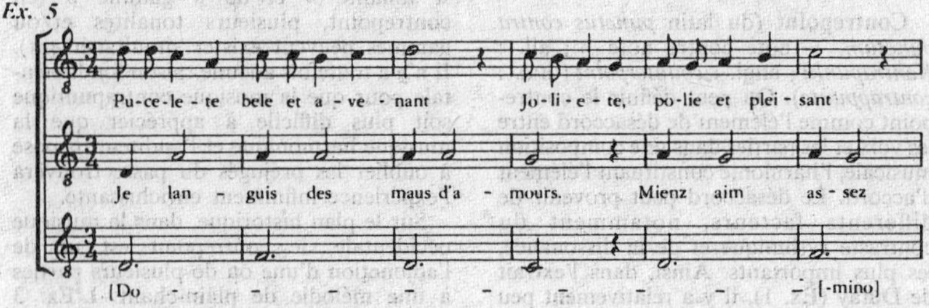

Ex. 1. Credo *de la* Missa « L'homme armé » *de Dufay. Ex. 2. Milhaud :* Sonatine pour clarinette et piano, *dernier mouvement, mesures 41-42. Ex. 4. Britten :* Billy Budd *(début). Ex. 5. Anon :* Pucelete/Je languis/Domino.

effet contrapuntique ; (*c*) est un exemple d'organum mélismatique datant approximativement de 1125 et la partie ajoutée est suffisamment indépendante pour justifier l'application du terme « contrapuntique ».

En général, au Moyen Age, le contrepoint était basé sur un traitement assez libre de la dissonance entre des points récurrents de consonance ; les intervalles considérés comme des consonances sont l'unisson, la quarte, la quinte et l'octave. Le motet est une forme médiévale intéressante qui mêle (généralement) trois voix : la plus grave ou « ténor » (du latin *tenere*, « tenir ») tient les notes longues, alors que les voix plus élevées tissent le contrepoint en notes plus courtes, souvent sur un texte indépendant. L'Ex. 5 montre le début d'un motet composé vers 1250 qui comporte ces caractéristiques.

Au XVIe siècle, la domination de la pensée harmonique augmente progressivement ; les quartes et les quintes à vide du style médiéval sont remplacées par les accords parfaits majeurs et mineurs ; la tierce et la sixte viennent au premier plan en tant que consonances principales. La dissonance, tout en demeurant fréquente, fait l'objet de règles moins strictes ; en outre, l'intervalle de quarte, qui n'est pas une dissonance, est néanmoins traité comme tel. Avec la dépendance accrue de la tierce et de la sixte, les quintes et octaves parallèles entre les parties sont interdites, car elles s'avèrent trop consonantes pour être considérées comme des progressions séparées. (Ces deux derniers principes subsisteront très longtemps et l'enseignement classique a tendance à les suivre, même de nos jours.)

La variété rythmique entre les voix se poursuit et, même à la fin du XVIe siècle, les constrastes de tonalité et de gamme contribuent encore à la structure contrapuntique. L'Ex. 6 reproduit un extrait du *Credo* de la *Missa « Quando lieta sperai »* de Palestrina avec les cadences presque simultanées en la majeur et en ré majeur, marquées sur l'exemple par des crochets.

Néanmoins, certaines œuvres vocales de cette époque, tout en conservant l'apparence directe du contrepoint, sont en réalité fondées sur une pensée harmonique. Mais le terrain était mûr pour la « révolution harmonique », que l'on situe généralement au début du XVIIe siècle – révolution qui gouverne encore une grande partie de notre pensée. Au même moment, un nouveau type de contrepoint voyait le jour dans la musique pour clavier ; on pourrait parler de contrepoint « décoratif », basé sur la figuration du clavier qui décore les harmonies sous-jacentes. Il devait exercer une profonde influence à l'ère baroque. Dans la musique pour clavier, où les forces en présence se limitent à un instrument et à un instrumentiste, le contrepoint repose sur une illusion de parties séparées donnée à l'auditeur par l'utilisation judicieuse de la tessiture et de la structure ; l'extrait suivant de la *Toccata n° 7* de Froberger cherche visiblement à donner l'illusion de quatre « voix » (Ex. 7).

A la fin du XVIe siècle, les théoriciens de la *camerata* florentine, qui espéraient remplacer le contrepoint par la monodie (une mélodie avec accompagnement sous forme de continuo, fournissant à la fois la basse et l'harmonie), n'ont atteint qu'une partie de leurs objectifs, la plus positive : la monodie devait donner naissance au récitatif et à l'aria, mais le contrepoint ne disparut pas pour autant. En 1610, dans ses célèbres *Vêpres*, Monteverdi utilise le nouveau style monodique, mais il le compense par diverses sortes de contrepoints – parfois du « néo-XVIe siècle » comme dans le beau « Lauda Jerusalem ». Pendant toute l'ère baroque, le nouveau style décoratif continue à cohabiter avec l'ancienne manière et ils se mêlent l'un à l'autre, dans une certaine mesure. A l'extrême fin de l'ère baroque, le nom de J. S. Bach est presque synonyme de contrepoint et de fugue ; il est vrai que sa démarche est devenue de plus en plus contrapuntique au fil des années. Toutefois, il ne faut pas oublier que cette réputation ne date en fait que d'une époque où il était, avec Haendel, l'un des seuls compositeurs baroques connus. Au début du XVIIIe siècle, le contrepoint était encore un véhicule d'expression courant et Bach l'un de ses principaux représentants, dans l'« ancien » et dans le « nouveau » style. L'Ex. 8a montre un exemple de l'ancien style ; on peut remarquer l'emploi simultané de si mineur et de fa dièse mineur. Dans l'Ex. 8b, on le voit utiliser le nouveau style pour clavier.

On croit souvent que la prédominance du contrepoint a virtuellement cessé à la période classique, des mouvements comme le finale de la *Symphonie « Jupiter »* de

Ex. 6

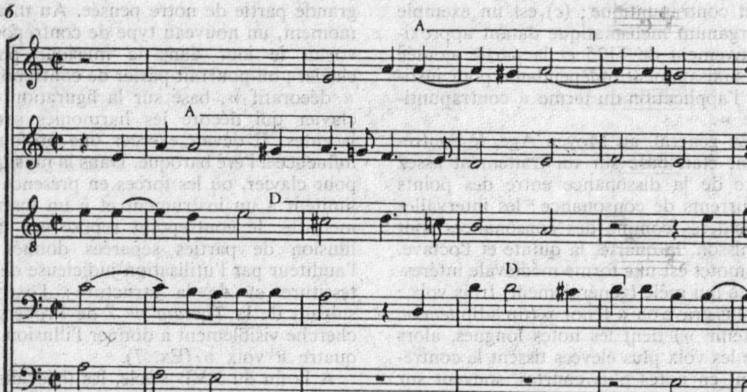

Ex. 7

Ex. 8 (a)

Ex. 8. (a) Bach : Messe en si mineur, Kyrie 2.

Ex. 8 (b)

Ex. 9

Ex. 10

Ex 11

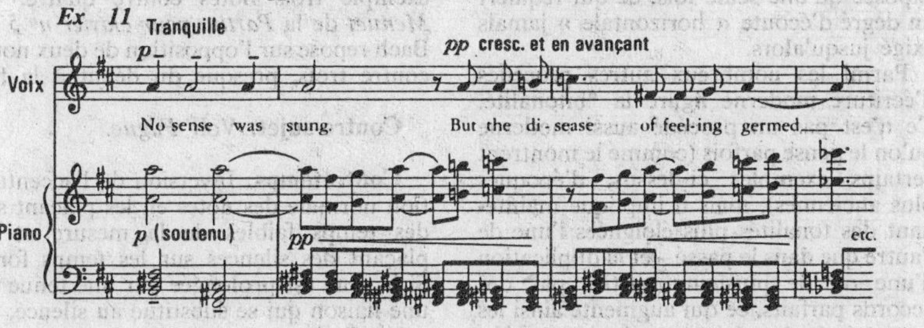

Ex. 8. (b) Bach : Fugue pour orgue en sol mineur BWV 542, mesures 14-17. Ex. 9. Webern : Satz *pour trio à cordes (violon, alto, violoncelle). Ex. 10. Walton : Symphonie n° 1 en si bémol mineur, finale (chiffre 130). Ex. 11. Britten :* Winter Words, *n° 8, mesures 25-28.*

Mozart étant exceptionnels, une « fusion miraculeuse de la fugue et de la forme sonate ». Il s'agit d'une idée reçue : Haydn comme Mozart étaient extrêmement habiles en contrepoint d'un type basé essentiellement sur l'idée baroque de la décoration harmonique.

Progressivement, au fur et à mesure que la musique entrait dans la période romantique, on s'est mis à considérer le contrepoint comme académique et savant ; mais cette tendance n'a pas empêché les compositeurs de s'en servir : ils ont plutôt considéré le contrepoint comme un défi. La *Grosse Fuge* (« Grande Fugue ») de Beethoven et le dernier mouvement de sa *Sonate op.106 « Hammerklavier »* illustrent cette nouvelle attitude, et Schubert, souvent considéré avant tout comme un mélodiste, a écrit des fugues longues et élaborées, notamment dans ses messes. Le contrepoint servait aussi parfois à décrire quelque chose d'ancien, comme dans le quatrième mouvement de la *Symphonie « Rhénane »* de Schumann, inspiré par la cathédrale de Cologne. A la fin de l'ère romantique, Brahms et Reger furent des contrapuntistes émérites. Chez Reger, toutefois, on constate l'augmentation du chromatisme qui allait réduire la domination harmonique pour revenir à un contrepoint plus radical que jamais. Partant du chromatisme de Reger, l'étape suivante était, en toute logique, le *dodécaphonisme de Schoenberg : la musique relevait alors d'une domination thématique et l'harmonie se trouvait reléguée en seconde position (Ex. 9). En théorie, du moins, l'auditeur doit entendre d'un bout à l'autre du morceau le thème dans lequel chaque note de la gamme chromatique n'est exposée qu'une seule fois, ce qui requiert un degré d'écoute « horizontale » jamais exigé jusqu'alors.

Parmi les nombreux autres procédés d'écriture moderne figure la *bitonalité. Ce n'est pas un procédé aussi moderne qu'on le pense parfois (comme le montrent certains exemples ci-dessus, d'époques plus anciennes), mais il implique maintenant des tonalités plus éloignées l'une de l'autre que dans le passé – et la duplication d'une ou de plusieurs parties par des accords parfaits, ce qui augmente ainsi les frottements de gammes entre les parties. L'Ex. 10 offre un exemple de bitonalité : la partie supérieure se voit confier le thème principal, en ré majeur, alors que la partie inférieure a un thème fugué qui fait son apparition quelques mesures auparavant, en mi bémol majeur ; en outre, la partie supérieure est dupliquée par des accords parfaits majeurs, sans tenir compte de la tonalité supposée de ré. On trouve un autre exemple de duplication d'une partie par accords parfaits dans l'Ex. 11, où la portée inférieure de la partie de piano comporte des accords parfaits majeurs d'un bout à l'autre, sans tenir compte des implications harmoniques des autres parties.

Cette évolution s'est assortie, comme on pouvait s'y attendre, d'une tendance à se tourner vers le passé, avec des imitations de contrepoint médiéval (*Sanctus* de la *Messe* de Stravinski), du XVIe siècle (même œuvre, fin du *Credo*) et de l'ère baroque (*Ludus tonalis* de Hindemith ; *24 Préludes et Fugues* de Chostakovitch). Il ne s'agit pas d'imitations académiques, mais de nouvelles créations conçues selon des techniques anciennes. Il y a maintenant suffisamment de belle musique moderne pour rafraîchir à tout jamais certaines idées que l'art du contrepoint avait commencé à encombrer.

Roger Bullivant.

Contrepoint double. Contrepoint renversable à l'octave.

Contrepoint réversible. Technique d'écriture contrapuntique qui permet aux voix de changer de place (les plus aiguës permutent avec les plus graves) tout en conservant un sens sur le plan musical.

Contre-rythme. Utilisation régulière de figures rythmiques différentes, par exemple trois notes contre quatre. Le *Menuet* de la *Partita pour clavier n° 5* de Bach repose sur l'opposition de deux notes contre trois, presque du début à la fin.

Contre-sujet. Voir *Fugue*.

Contretemps. Inversion de l'accentuation normale des notes en les plaçant sur des temps faibles de la mesure et en plaçant des silences sur les temps forts. Si la note est prolongée par une tenue ou une liaison qui se substitue au silence, on parle de *syncope.

Contreténor. Voix d'homme dont la tessiture correspond à peu près à celle de la voix de *soprano ou de *contralto. Elle provient généralement d'un développement accentué du registre de la voix de *fausset, mais il s'agit parfois d'un ténor léger naturel, très élevé. Voir également *Contraténor* et *Haute-contre.*

BIBLIOGRAPHIE : René Jacobs, *La Controverse sur le timbre du contreténor,* Actes Sud (Arles,1985).

Convive de pierre, Le. Opéra en trois actes de Dargomijski sur le texte intégral du *Don Juan* (1830) de Pouchkine. Commencé entre 1860 et 1870, il est resté inachevé à la mort de Dargomijski ; Rimski-Korsakov en a réalisé l'orchestration et Cui a écrit une ouverture. Il a été créé à Saint-Pétersbourg en 1872.

Cooke, Arnold (Atkinson) (Gomersal, Yorkshire, 4 novembre 1906). Compositeur anglais. Il fait ses études à Cambridge et à la Musikhochschule de Berlin avec Hindemith, grâce auquel il apprend à construire de solides formes diatoniques pour contenir son romantisme assez austère. Depuis son départ d'Allemagne, il vit en Angleterre et a composé un opéra d'après *Mary Barton* d'Elizabeth Gaskell, quatre symphonies, diverses autres œuvres symphoniques et de nombreuses pages de musique instrumentale et de musique de chambre.

Paul Griffiths.

Cooke, Benjamin (Londres, 1734 ; Londres, 14 septembre 1793). Organiste et compositeur anglais. Il étudie avec Pepusch et, en 1752, succède à son professeur comme chef d'orchestre de l'Academy of Ancient Music. Il devient chef de chœur, chantre, puis organiste (1762) de l'abbaye de Westminster, où il sera enterré. Il obtient des doctorats d'Oxford et de Cambridge et compose de nombreux *glees, catches,* canons, de la musique d'orgue et de la musique d'église dont le *Service en sol* reste l'un des plus beaux exemples.

Wendy Thompson.

Cooke, Deryck (Victor) (Leicester, 14 septembre 1919 ; Londres, 26 octobre 1976). Musicographe anglais. Il a fait ses études à l'Université de Cambridge et passé la majeure partie de sa vie au service de la BBC. Il s'est surtout intéressé à la musique de la fin de l'ère romantique et a réalisé, en 1960, une version très intéressante de la *Symphonie nº 10* de Mahler, d'après les esquisses du compositeur. Il a publié un ouvrage important sur un sujet qui prête à controverse, *The Language of Music* (1959). Son étude de la *Tétralogie* de Wagner a été publiée à titre posthume sous le titre *I Saw the World End* (« J'ai vu la fin du monde », Londres, 1979) et un recueil de ses écrits – *Vindications* – a paru en 1982.

Denis Arnold.

Cooper, John. Voir *Coprario, John.*

Coperto (ital.). « Couvert ». S'applique par exemple aux tambours en sourdine que l'on recouvre d'un tissu pour jouer de la musique funèbre.

Copla (esp.). Type de poème populaire espagnol généralement chanté sur une musique improvisée. Ce terme s'appliquait aussi à un couplet ou à une strophe des chansons espagnoles, comme le **villancico.*

Copland, Aaron (Brooklyn, New York, 14 novembre 1900). Compositeur américain. Fils de parents juifs émigrés de Lituanie, il commence le piano à l'âge de treize ans et prend des leçons de théorie avec Nadia Boulanger à Paris (1921-24) ; il acquiert une certaine aisance dans le néoclassicisme qu'il mêle adroitement au jazz dans son *Concerto pour piano* (1926). Grâce à cette œuvre et à d'autres partitions de jeunesse, comme la *Dance Symphony* (1925) et les *Variations pour piano* (1930), il se forge rapidement une réputation de moderniste audacieux aux États-Unis. Il enseigne à la New School for Social Research à New York (1927-37) où il travaille activement en faveur de la musique contemporaine.

Plusieurs voyages à Mexico lui inspirent une œuvre pittoresque, *El salón México* pour orchestre (1936), suivie d'une série de ballets dans lesquels Copland utilise des matériels thématiques typiquement américains (hymnes de la Nouvelle-Angleterre, chansons populaires, jazz) : *Billy the Kid* (1938), *Rodeo* (1942) et *Appalachian Spring* (1944). Ce dernier, à l'origine une partition de musique de chambre pour Martha Graham, a connu un succès considérable dans sa version symphonique et montre que Copland a trouvé un style véritablement américain, à l'harmonie frugale et aux couleurs sensibles. Dans sa *Symphonie nº 3*, il tente d'exploiter ce style dans un cadre plus ambitieux, mais ses œuvres abstraites relèvent d'une esthétique moins populiste : les partitions symphoniques *Connotations* (1961-62) et *Inscape* (1967), par exemple, font appel de façon très personnelle au *sérialisme de Stravinski.

Tout en poursuivant sa carrière de compositeur, Copland a enseigné la composition à Tanglewood (1940-65) et, depuis 1956, il se produit dans le monde entier comme chef d'orchestre, dirigeant généralement ses propres œuvres. Il a également écrit des livres : *Our New Music* (New York, 1941), dont la version révisée s'intitule *The New Music* (New York, 1968), et *Music and Imagination* (Cambridge, Mass., 1952) ; il a aussi publié un recueil d'essais *Copland on Music* (New York, 1960).

Paul Griffiths.

Coppélia, ou la Fille aux yeux d'émail. Ballet en deux actes de Delibes sur un livret de Nuitter d'après le conte d'E.T.A. Hoffmann, *Le Marchand de sable*. Créé à Paris en 1870 dans une chorégraphie de Saint-Léon. Il existe de nombreuses versions chorégraphiques de cette œuvre et Delibes en a tiré une suite d'orchestre.

Coprario [Cooper, Cowper], **John** [Giovanni] (? vers 1570-80 ; Londres, 1626). Compositeur anglais qui a italianisé son véritable nom, Cooper ou Cowper, à une époque où la musique italienne connaissait une vogue croissante en Angleterre ; il a d'ailleurs peut-être passé quelque temps en Italie. Coprario a sans doute été au service de la famille Cecil au début du XVIIe siècle – Sir Robert Cecil lui a alloué une somme de 3 livres en 1603 « au moment de son départ pour les Pays-Bas ». Il a peut-être enseigné la musique à la famille royale et, en 1625, Charles Ier en a fait son compositeur attitré ; ses œuvres les plus importantes s'adressent à un ensemble instrumental ; elles appliquent les idées harmoniques avancées du madrigal italien à la fantaisie et à la suite-fantaisie anglaise. On peut aussi mentionner les mélodies des *Funeral Teares* (composées à la mort du comte de Devonshire ; Londres, 1606) et les *Songs of Mourning* (à la mort du prince Henri ; Londres, 1613).

Denis Arnold.

Copyright. Voir *Droits d'auteur*.

Coq d'or, Le. Opéra en trois actes de Rimski-Korsakov sur un livret de Bielski d'après un poème de Pouchkine (1834). Créé à Moscou en 1909, il avait été composé en 1906-07 et interdit de représentation du vivant du compositeur en raison de sa satire de l'autocratie. Dans la production de Diaghilev, à Paris en 1914, les rôles étaient joués par des danseurs, les chanteurs restant assis sur le côté de la scène.

Cor

1. Description générale
2. Cor double en fa et en si bémol
3. Autres systèmes modernes
4. Le cor en France
5. Les cors à l'orchestre
6. Histoire
7. Répertoire
8. Le cor alto
9. Les cors en général

1. *Description générale* (all : *Horn* ou *Waldhorn* ; angl. : *french horn* ; ital. : *corno*). Le cor est un instrument de la famille des cuivres de forme circulaire, muni d'un large pavillon qui s'ouvre vers l'arrière. A l'orchestre, il tient un rôle généralement brillant, surtout dans la musique classique et romantique, mais il possède également un répertoire de soliste et de musique de chambre très intéressant. Bien qu'il ne figure pas dans toutes les fanfares, il se voit toujours confier des parties dans les musiques militaires.

A l'époque classique, on a pris l'habitude de tenir le cor d'une façon inhabituelle, les pistons confiés à la main gauche et la main droite placée dans l'ouverture du pavillon. Cette position vient du rôle respectif des deux mains dans la méthode classique (voir § 6) : la main droite a vu son rôle défini dans un premier temps, alors que la main gauche ne servait qu'à tenir le cor près de l'embouchure. A l'apparition des pistons, les instrumentistes ont conservé la même façon de jouer et les pistons ont été installés pour être actionnés par la main libre, la main gauche ; leur place n'a pas changé et la main droite sert à régler la qualité sonore

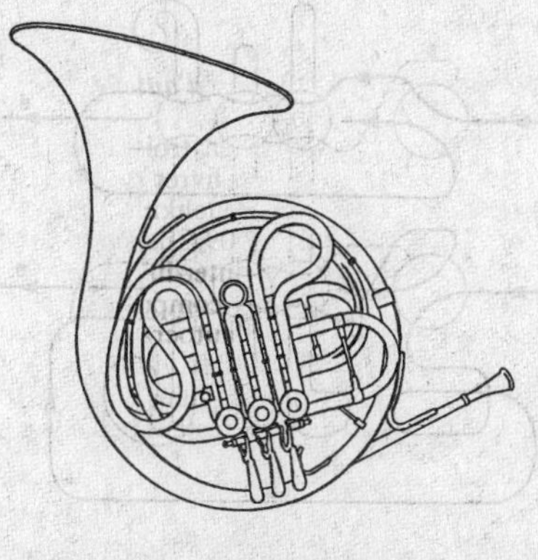

et l'intonation dans le pavillon, et à mettre la sourdine (voir § 3). De nos jours, le pavillon se dévisse généralement pour transporter l'instrument sous une forme plus réduite.

L'étendue du cor est très grande. Comme pour la plupart des instruments de la famille des cuivres, on ne peut pas en définir exactement les limites, mais l'étendue normale va du si bémol au-dessous de la portée en clé de fa au fa au sommet de la portée en clé de sol. Les notes sont écrites dans de nombreuses transpositions différentes (voir *Instruments transpositeurs*), mais, depuis un siècle environ, on écrit généralement pour « cor en fa » (notes réelles sonnant à la quinte inférieure des notes écrites).

Les caractéristiques majeures du cor sont comparées à celles des autres instruments de la famille des cuivres dans l'article *Cuivres*, 1-2 : embouchure profonde, branche d'embouchure effilée d'environ 75 cm, très étroite au début, cylindrique au milieu et qui s'élargit à l'autre extrémité pendant 1,5 m avant d'aboutir au large pavillon caractéristique. Les complexités de la structure du cor moderne – les boucles et les spires que l'on voit dans le cercle principal – correspondent à la partie cylindrique du tube, c'est-à-dire à la partie où se trouvent les coulisses et les pistons. Ces derniers sont en général de type rotatif (voir *Piston*).

2. *Cor double en fa et si bémol*. C'est l'instrument le plus couramment utilisé de nos jours. Sur l'ancien cor en fa traditionnel (tube de 3,6 m), les parties d'orchestre montent assez haut dans les *séries harmoniques, régulièrement jusqu'au douzième harmonique (sol^4 écrit) et souvent plus haut. Ces notes s'obtiennent avec plus de sûreté sur le cor en si bémol, accordé une quarte plus haut (tube de 2,75 m) et, en outre, il offre des notes plus stables dans le registre inférieur. Le cor double en fa et si bémol présente les avantages des deux instruments, avec les deux tessitures en un seul instrument : on passe instantanément de l'un à l'autre au moyen d'un barillet qu'actionne le pouce de la main gauche. Il existe deux formes d'instruments, représentées en diagramme sur les Fig. 1 et 2 ; les lignes en gras correspondent, dans chaque cas, au conduit d'air qui traverse le tube et les passages pratiqués dans les pistons rotatifs. Sur le modèle courant, le cor joue en fa lorsque le barillet du pouce se trouve en position normale, et en si bémol lorsqu'il est tourné.

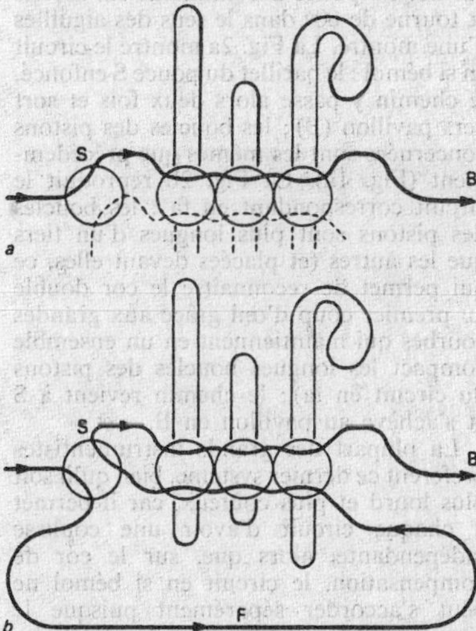

Fig. 1. Circuit des pistons du cor double de compensation : (a) en si bémol ; (b) en fa. Les boucles des pistons sont indiquées en lignes fines à une plus petite échelle.

(*a*) *Cor de compensation*. Inventé en 1897 par le facteur allemand Kruspe, il fonctionne selon le même principe que les pistons de compensation découverts auparavant en Grande-Bretagne pour le *tuba : le barillet du pouce du cor (S sur les figures) est l'équivalent du quatrième piston du tuba. Lorsque S est tourné (si bémol sur la Fig. 1a), l'air va directement de la branche d'embouchure aux trois principaux pistons et (vers B) au pavillon. Lorsque S est relâché (cor en fa, Fig. 1b), il tourne de 90° pour dévier le chemin vers la boucle de compensation (F) qui allonge la longueur totale de tube d'un tiers ; le retour s'opère au travers des pistons par des passages séparés (boucles de piston indiquées au-dessous de chaque piston). Sur le cor en fa, l'air passe alors à nouveau par S et à nouveau par les pistons, comme sur la Fig. 1a, puis se dirige vers le pavillon ; ainsi, lorsque l'instrumentiste actionne un piston, quel qu'il soit, ses deux boucles entrent dans le circuit et s'ajoutent à la longueur requise pour le cor en fa.

(*b*) *Cor double complet* (inventé peu après le précédent). Sur ce modèle, le circuit en fa est complet en lui-même. Le barillet du pouce S commande six sorties et tourne de 60° dans le sens des aiguilles d'une montre. La Fig. 2a montre le circuit en si bémol : le barillet du pouce S enfoncé, le chemin y passe alors deux fois et sort vers pavillon (B) ; les boucles des pistons concernées sont les mêmes que précédemment (Fig. 1a). La Fig. 2b reproduit le circuit correspondant en fa : les boucles des pistons sont plus longues d'un tiers que les autres (et placées devant elles, ce qui permet de reconnaître le cor double au premier coup d'œil grâce aux grandes courbes qui maintiennent en un ensemble compact les longues boucles des pistons du circuit en fa) ; le chemin revient à S et s'achève au pavillon en B.

La plupart des grands instrumentistes préfèrent ce dernier système, bien qu'il soit plus lourd et plus coûteux, car il permet à chaque circuit d'avoir une coulisse indépendante, alors que, sur le cor de compensation, le circuit en si bémol ne peut s'accorder séparément puisque le circuit en fa passe par le même chemin.

En général, les instrumentistes utilisent la plupart du temps le cor en si bémol (en maintenant le barillet du pouce enfoncé) ; le doigté des pistons est alors différent de celui du cor en fa, pour un grand nombre de notes du moins ; l'instrumentiste doit connaître deux jeux de doigtés. La fondamentale ouverte du cor en si bémol (si bémol[3] à l'oreille) est d'un apport très

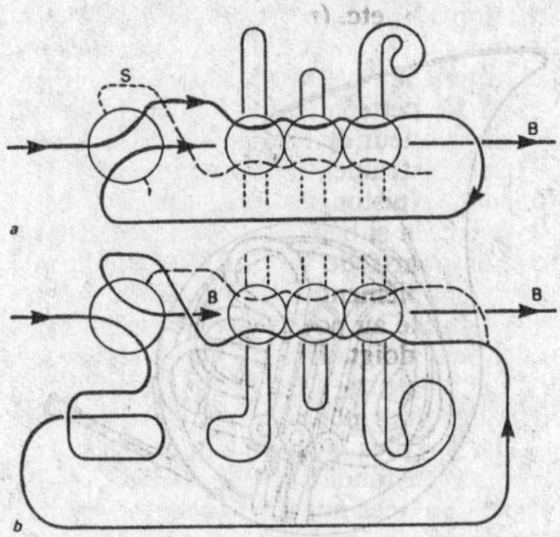

Fig. 2. Circuit des pistons du cor double complet : (a) en si bémol (B = principale boucle de si bémol) ; (b) en fa (F = principale boucle indépendante de fa).

utile, car cette note, qui se trouve au-delà de l'étendue du cor en fa, figure dans bon nombre de parties d'orchestre ; on la trouve notamment au second cor, au début de la *Symphonie n° 4* de Beethoven ; Beethoven écrivait en fait pour un cor naturel (sans piston) dans lequel s'insérait un corps de rechange en « si bémol basso » (spire de tube séparée, voir § 6b) permettant d'allonger la longueur du tube jusqu'à 5,5 m.

3. *Autres systèmes modernes.* Le cor simple en fa est encore fabriqué pour l'enseignement, car on considère qu'il vaut mieux former les élèves sur un modèle bon marché avec la longueur de tube traditionnelle de 3,65 m. Sur le plan professionnel, deux systèmes ont aujourd'hui une certaine importance.

(*a*) *Cor simple en si bémol.* Léger, ce modèle est surtout prisé des instrumentistes qui jouent habituellement les parties de cor aiguës (premier ou troisième cor à l'orchestre), surtout depuis que certains facteurs ont réussi à rapprocher le son plus doux du tube de 2,75 m du son classique du cor traditionnel en fa (3,65 m). Ce modèle nécessite quelques précautions dans le domaine des sons bouchés – sorte de son étouffé (parfois nasillard dans le *forte*) obtenu en bouchant presque entièrement le pavillon de la main, qui correspond aux indications « sons bouchés », « gestopft », etc. (par opposition à « con sordino », qui indique normalement l'usage d'une *sourdine séparée). Sur le cor en fa, cette intervention de la main élève la hauteur de la note d'un demi-ton, ce que l'instrumentiste compense en actionnant le piston un demi-ton plus bas. Sur le cor en si bémol, elle l'élève de près de trois quarts de ton : il faut donc un piston supplémentaire pour compenser, qui est confié au pouce de la main gauche ou au petit doigt. Il peut souvent s'accorder de plusieurs façons pour permettre d'atteindre des notes graves situées entre la note la plus grave obtenue avec les pistons et la fondamentale ouverte ; dans certains cas, ces notes pourraient nécessiter une embouchure spéciale.

(*b*) *Cor aigu en fa et en si bémol.* Cor double (tube de 1,82 m) destiné à l'origine à faciliter l'exécution des parties très élevées du *Concerto brandebourgeois n° 1* de Bach et de *Siegfried* de Wagner. De nos jours, certains instrumentistes l'utilisent en permanence, bien que, sur le circuit en fa aigu, le son s'apparente presque inévitablement à celui du clairon.

4. *Le cor en France.* Le modèle français caractéristique est construit avec des pistons, mais on l'entend de plus en plus rarement car il a été progressivement abandonné, même en France, au profit du cor double allemand (voir § 1). En Grande-Bretagne, tous les cornistes en jouaient jusque dans les années trente et, même plus tard, il est resté l'instrument préféré de Dennis Brain (qui avait finalement opté pour le modèle allemand avant de mourir prématurément dans un accident de voiture en 1957). La perce est plus étroite d'un millimètre environ que celle du cor allemand courant et nettement plus étroite dans la partie qui mène au pavillon. Le son est plus léger, moins épais, et devient très facilement cuivré dans le *fortissimo.* On en joue généralement avec un corps de rechange en fa ; en France, les cornistes utilisaient un corps de rechange en sol avec un troisième piston ascendant (piston d'un ton entier qui laisse le cor en fa lorsqu'il est levé, mais l'élève en sol lorsqu'il est abaissé). Cela facilitait certaines notes élevées.

5. *Les cors à l'orchestre.* A l'orchestre, on voit généralement quatre cornistes. Ils ont tendance à former un pupitre à eux seuls et se différencier des autres cuivres, car, dans la majeure partie du répertoire symphonique, les cors sont intimement liés aux bois. Le nombre de quatre cornistes remonte à l'ère classique, avant l'invention des pistons, lorsque le cor devait s'adapter à la tonalité du morceau par l'insertion d'un corps de rechange : le premier et le second cors étaient munis d'un corps de rechange dans la tonalité du mouvement et, si besoin était, le troisième et le quatrième cors dans une autre tonalité, ce qui permettait de jouer d'autres notes. La *Symphonie n° 9* de Beethoven constitue l'exemple classique, mais on en trouve un présage dans *Giulio Cesare* de Haendel.

6. *Histoire. (a) Les premier cors (corno da caccia).* Avec le hautbois et la flûte baroque, le cor circulaire fait partie des instruments qui ont fait leur apparition vers 1660, peut-être en France, comme on le croit généralement, ou en Allemagne où le plus ancien modèle conservé aujourd'hui remonte à 1667. Il existe également une sonate anonyme pour cordes avec une partie de *corno da caccia* conservée à la bibliothèque de Kroměříž, en Tchécoslovaquie ; elle daterait de 1670 environ. Elle fait appel à un cor en do aigu (2,45 m) et monte jusqu'au douzième harmonique (sol^4 à l'oreille), mais on trouve déjà la tessiture baroque profonde et typique du cor en fa (3,65 m) dans les œuvres allemandes de 1700 (un concerto de Johann Baer) et, peu après, dans les œuvres de Haendel et de Bach. Il existe encore quelques cors de cette époque, certains formés d'une seule spire, certains de deux ou trois. D'autres cors avaient été conçus en ré et s'harmonisaient ainsi avec la tonalité de la trompette baroque, à l'octave inférieure (comme le *cor de chasse actuel). L'instrumentiste les tenait d'une main ou des deux, et il était impossible d'y adapter des corps de rechange ; ils ne pouvaient donc être joués que dans leur tonalité d'origine, car ils ne produisaient que les harmoniques naturels de cette tonalité. Leur sonorité est plus mince et plus brillante que celle des instruments actuels ; elle s'adapte bien à la musique écrite dans le style de la trompette naturelle, avec toutefois des exceptions importantes (particulièrement dans *Water Music* de Haendel).

Ex. 1. Finale de la Symphonie concertante pour violon et alto K 364 *de Mozart (presto).*
Ex. 2. Extrait de l'ouverture de Sémiramis *de Rossini* (andantino) ; *cors en ré.*

Le « corno da tirarsi » (littéralement « cor à coulisse » – comparer à la « tromba da tirarsi » qui était réellement une trompette naturelle ; voir *Trompette,* 7) apparaît dans cinq cantates de Bach, mais on ne trouve aucune trace d'un cor à coulisse avant un modèle expérimental allemand qui date de 1812. L'instrument de Bach demeure un mystère.

(*b*) *Corps de rechange insérés.* Dès le début du XVIIIe siècle, on a commencé à construire des cors qui pouvaient recevoir des petits tubes additionnels amovibles ou corps de rechange (all. : *Bogen* ; angl. : *crook*) pour passer dans des tonalités différentes. Le système a tout d'abord consisté à fournir un corps de base effilé pour sol et à ajouter des « coupleurs » pour les tonalités graves. Ce système a ensuite été remplacé par un jeu complet de corps de rechange séparés pour chacune des principales tonalités, du « si bémol alto » (2,75 m, comme sur le cor en si bémol actuel) au « si bémol basso » de 5,5 m (voir *Instruments transpositeurs*). Un autre système consistait à insérer les corps de rechange dans la partie centrale du tube, comme une coulisse ; il était surtout utilisé par les solistes jouant du « cor d'invention » [voir (*c*)], car il permettait une prise plus ferme et plus sûre de l'instrument.

(*c*) *Le « cor d'invention ».* A partir de 1765, les cornistes ont commencé progressivement à tenir l'instrument vers le bas, comme aujourd'hui. Ils pouvaient ainsi obstruer le pavillon de diverses façons avec la main droite afin d'abaisser ou d'élever les harmoniques naturels d'un demi-ton. Ce procédé permet d'obtenir une gamme chromatique sur la majeure partie de l'étendue ; il est possible de faire sonner les sons bouchés de façon qu'ils ne diffèrent pas trop nettement des sons « ouverts » naturels – les petites différences ajoutent, en fait, un charme particulier à la musique bien exécutée.

Au début, seuls les solistes utilisaient cette technique. Ainsi, les concertos pour cor de Mozart, avec leurs la, leurs si et leurs passages chromatiques, reposent sur elle, alors que les motifs délicats pour deux cors qui abondent dans ses œuvres symphoniques (Ex. 1) ne vont pas au-delà des notes normales (l'harmonie caractéristique des cors ne se compose ainsi que de tierces, de quintes et de sixtes). Cet exemple est comparable à l'Ex. 2, qui date de la période suivante, lorsque tous les cornistes d'orchestre utilisaient le « cor d'invention ».

Dans un groupe de deux instrumentistes, le second corniste possédait généralement une maîtrise particulière de la technique de la main dans le pavillon (alors que son partenaire était plus habile dans la production de notes élevées). Cela explique pourquoi, dans les œuvres de Beethoven, les passages solistes avec la main dans le pavillon sont généralement confiés au second cor ou, dans le mouvement lent de la *Symphonie nº 9*, au quatrième cor, le second cor de la paire étant alors muni d'un corps de rechange en mi bémol.

Le cor d'invention a laissé une marque indélébile sur une grande partie de la musique pour cor qui a suivi, particulièrement en Allemagne : dans les œuvres symphoniques de Brahms, les parties de cor, quoique écrites à une époque où chaque instrumentiste disposait d'un cor à pistons, sont néanmoins de la pure musique de cor d'invention et Brahms souhaitait que son *Trio op.40* (1865) soit joué de cette façon. De nombreux instrumentistes ont été formés à cette technique au début du XXᵉ siècle et elle a été largement reprise au cours de ces dernières années pour l'exécution des œuvres conçues comme telles à l'origine.

(*d*) *Cor à pistons.* Le cor est le premier instrument qui ait bénéficié de l'invention des pistons (1815) et la première composition qui implique leur utilisation semble être le lied de Schubert « Auf dem Strohm » (1828), musique typique de cor d'invention, à l'exception du passage médian où le cor se joint à la voix dans certains passages impossibles à jouer sans pistons (un peu comme si le compositeur les avait glissés là pour satisfaire le soliste – et premier défenseur du cor à pistons – J. R. Lewy pour lequel l'*obbligato* a été écrit). Toutefois ce lied ne constitue pas une étape importante si on le compare aux premières pages de Berlioz pour cor à pistons. Dans l'édition originale de la *Symphonie fantastique* (*Marche au supplice*), il mentionne, à l'intention des cornistes : « avec les cylindres, tous les sons ouverts » ; il donne aussi d'autres instructions pour l'utilisation des pistons dans le dernier mouvement. Il sera suivi par Wagner, à partir de *Rienzi*, et cette attitude aboutira à l'écriture pour cor à pistons parfaitement élaborée de Tchaïkovski – les cornistes russes jouaient sur le cor en fa allemand à pistons rotatifs et à pavillon largement évasé, modèle généralement utilisé aux États-Unis avant d'être remplacé par le cor double – et de Debussy, qui écrivait pour un cor à pistons à pavillon plus étroit (voir § 4). Il semble que le cor double ait été introduit pour la première fois aux États-Unis en 1899 par Anton Horner, mais il n'est apparu en Grande-Bretagne qu'après les années trente sans être toutefois adopté par l'Orchestre symphonique de la BBC où il est resté prohibé jusqu'en 1945, en raison du veto d'Aubrey Brain. Le cor double a sans aucun doute beaucoup amélioré le niveau général d'exécution et on n'entend plus dire que « le cor est l'instrument le plus difficile de l'orchestre » – c'est-à-dire celui dont le public doit supporter le plus de fausses notes.

7. *Répertoire.* Haydn a écrit deux concertos pour cor (tous deux en ré), Mozart quatre (K 412, K 417, K 447, K 495) et le *Rondo de concert K 371*, Franz Rössler un concerto, Weber le *Concertino op.45* (dans la cadence duquel le soliste réalise des accords en faisant bourdonner une deuxième note pour produire la tierce) ; Richard Strauss a composé deux concertos, son père, le corniste munichois Franz Strauss, un, Paul Hindemith un et Malcolm Arnold deux. Les principales œuvres avec piano sont la *Sonate op.17* de Beethoven, la *Sonate op.28* de Danzi, l'*Adagio et Allegro op.70* de Schumann, *Rêverie op.24* de Glazounov, *Villanelle* de Dukas, la *Romance* de Scriabine, *Élégie* de Poulenc, deux sonates de Cherubini (à l'origine avec orchestre), trois œuvres de Saint-Saëns, la *Romance op.36*, le *Morceau de concert op.94* (tous deux avec orchestre) et la *Romance op.67* pour cor et piano. Dans le répertoire de la musique de chambre, on peut citer le *Trio op.40* (avec piano et violon) de Brahms, le *Trio* de Lennox Berkeley (pour les mêmes instruments), le *Divertimento* (avec violon et violoncelle) de Haydn, la *Sérénade* pour ténor, cor et cordes de Britten et le *Quintette pour cor et cordes K 407* de Mozart.

Il existe également de nombreuses œuvres pour deux ou quatre cors seuls (le *Notturno* de Rimski-Korsakov et la *Sonate* de Tippett s'adressent à quatre cors) ; ou avec cordes, notamment deux concertos de Vivaldi, un de Telemann, des pièces de Mozart, Beethoven et (pour quatre cors et orchestre) Schumann (*Konzertstück op.86*).

8. *Le cor alto* (all. : *Altkorno* ; amér. : *mellophone* ; angl. : *tenor cor* ; ital. : *genis*

corno). Il remplace souvent le cor normal dans les musiques militaires et dans les ensembles d'amateurs. Également de forme circulaire, il est plus petit que le cor et se tient de la même façon, mais, sur certains modèles, les pistons sont placés en regard de la main droite. Il est accordé en fa (1,8 m comme le cor aigu en fa ; voir § 3*b*), avec une coulisse pour mi bémol. L'embouchure ressemble à celle du cor, mais elle est plus large et le son est moins lyrique. Le cor alto a été inventé vers 1860, soit par Besson à Paris, soit par Distin à Londres. Dans les années vingt, on le trouvait souvent dans les orchestres de jazz. Puis, dans les années soixante, C. G. Conn (Elkhart, Indiana) a inventé un nouveau « mellophone » qui se tient pavillon vers l'avant dans l'alignement de l'embouchure ; cet instrument a également été utilisé par les trompettistes de jazz, surtout pour des solos délicats.

9. *Les cors en général. (a) Le prototype.* La corne d'animal dont on a coupé l'extrémité pour obtenir un orifice dans lequel souffle l'instrumentiste a joué trois rôles essentiels de l'Antiquité à la fin du Moyen Age : les bergers s'en servaient pour rassembler leurs troupeaux, les veilleurs pour sonner l'alarme et le couvre-feu et les chasseurs pour se rameuter (voir *Cor de chasse*). Le cor du berger est le plus important ; il est également le dernier à avoir survécu en Occident, notamment en Hongrie où Bartók a étudié sa vaste gamme d'appels sur deux et trois notes.

Les cornes ont le même usage en Afrique où elles se distinguent nettement des cors européens : le trou dans lequel souffle l'instrumentiste est pratiqué sur le côté, souvent ovale ou en forme de losange ; il s'agit généralement d'une corne d'antilope ou d'une défense d'éléphant tenue en travers des lèvres. On trouve aussi des ensembles de cors en Afrique, avec des cors de tailles différentes qui donnent chacun une note (comparer aux cors russes, *infra*).

Dans le contexte militaire, on rencontre fréquemment le nom romain du cor simple, *buccina*, l'instrument est alors en airain et est utilisé comme le clairon.

Sur le cor européen en ivoire du Moyen Age, ou olifant (taillé dans une défense d'éléphant), le trou dans lequel on souffle se situe à l'extrémité ; la *Chanson de Roland* l'a immortalisé, mais il a surtout servi de symbole : symbole de propriété foncière ou, dans les églises, de reliquaire. Ces olifants, très richement ornementés, étaient surtout l'œuvre d'artisans arabes du sud de l'Italie, au XIe siècle. On en connaît une soixantaine, ainsi qu'une vingtaine d'une date ultérieure.

(*b*) *Cors primitifs.* Les grands cors en bronze de l'Antiquité font leur apparition avec les remarquables « lurs » danois (900-500 av. J.-C. – le nom est un ancien terme scandinave désignant le cor d'appel, donné à ces instruments après leur découverte en 1797). Toujours enterrés par deux, ils sont formés de deux parties courbes qui se rejoignent à angle droit, en forme de corne de mammouth ; mais cet animal avait disparu depuis longtemps à l'époque de la construction des « lurs ». Ils ont de très bonnes embouchures, comparables à celle du trombone, mais à chacun d'imaginer quel son ils produisaient en ces temps reculés. On a ensuite vu apparaître le *cornu* romain, d'origine étrusque, qui avait d'abord la forme d'un demi-cercle en bronze, avec une barre transversale reliant l'embouchure au pavillon pour le tenir à la main, puis celle d'un cercle d'un mètre de large, avec un tube plus étroit, sans doute pour en alléger le poids. Sur les monuments, on peut voir cet instrument dans les rangs de l'infanterie et dans l'amphithéâtre. De nos jours, les instruments qui se rapprochent le plus de ces grands cors primitifs sont les cors indiens en cuivre (voir *Inde*, 3*b*). Les cors médiévaux européens en cuivre ou en airain avaient à peu près tous la forme d'une corne de bœuf et, dans les premiers temps, ils servaient également à la guerre – usage qui avait disparu jusqu'à l'apparition, au XVIIIe siècle, du *clairon. Parmi les plus gros instruments, on a retrouvé neuf exemplaires d'un cor qui servait à rassembler les habitants et qui atteignent chacun 90 cm de long : d'après l'inscription qu'il porte, le cor de Douvres du XIIIe siècle a été fabriqué par un Allemand et il existe encore de nombreux cors du même genre en Europe, notamment en Suisse.

(*c*) *Cors russes.* Dans les « ensembles russes » du passé, chaque instrumentiste sonnait seulement une note avec un cor métallique de large perce conique recourbé à l'extrémité de l'embouchure. Le premier ensemble, formé à Saint-Pétersbourg en

1757 pour l'impératrice par le corniste Maresch, a été largement imité (jusqu'en 1830) ; il jouait toute sorte de musiques sans le moindre problème harmonique et les passages très rapides étaient mis au point par un travail méticuleux.

(*d*) *Les cornes de vache à l'orchestre.* Wagner les utilise (*Stierhorn*) dans la *Tétralogie*, notamment à l'acte II du *Crépuscule des dieux*, lorsque Hagen convoque ses vassaux : trois d'entre eux sonnent successivement des notes à intervalle d'un demi-ton. Dans des conditions idéales, un théâtre lyrique devrait avoir des instruments spéciaux pour jouer ces parties, mais on peut produire l'effet désiré en sonnant vigoureusement ces notes à l'euphonium ou sur un instrument analogue. Dans la *Spring Symphony*, Britten rend les choses assez difficiles en écrivant, avant la note principale, des petites notes qui sont presque impossibles à rendre exactement sur un tel instrument.

Voir également *Cor des Alpes* ; *Clairon* ; *Cor de chasse* ; *Cor de postillon* ; *Shofar*.

Anthony Baines.

BIBLIOGRAPHIE : Duvernoy, *Méthode pour le cor* (Paris, 1802), rééd. Minkoff (Genève, 1987). Kurt Janetzky et Bernhard Brüchle, *Le Cor*, Payot/Van de Velde (Lausanne/Paris, 1977).

Coralli, Jean (Paris, 15 janvier 1779 ; Paris, 1er mai 1854). Danseur et chorégraphe italien né en France. Il a été maître de ballet à l'Opéra de Paris à partir de 1831 et a travaillé avec Jules Perrot pour le ballet *Giselle* (Adam, 1841). Il a également réalisé la chorégraphie de plusieurs ballets romantiques importants, notamment *Le Diable boiteux* (Gide, 1836), *La Tarentule* (Gide, 1839) et *La Péri* (Burgmüller, 1843).

Noël Goodwin.

Cor des Alpes. Au sens strict, long cor en bois d'origine suisse. Par extension, terme désignant tous les instruments traditionnels analogues fabriqués en Europe par les bergers pour diriger leurs troupeaux – de la Scandinavie à la Russie, la Roumanie et la Tchécoslovaquie, autrefois la Forêt-Noire, la Thuringe (Allemagne) et les Vosges. Le cor des Alpes est un long tube fabriqué à partir du tronc d'un jeune sapin ou d'un autre arbre approprié, scié ou fendu dans sa longueur, puis évidé avant de réunir les deux moitiés sous une couche d'écorce ou de racines étanche. La perce, dont la forme varie, est conique ou presque cylindrique, selon les cas. Dans les Alpes et dans les Carpathes, les bergers choisissent souvent des arbres courbés à la base du tronc pour retrouver cette forme à l'extrémité la plus large du cor. L'instrument adopte parfois la forme recourbée de la trompette. L'embouchure est généralement une simple cavité creusée à l'extrémité la plus étroite (voir *Cornet à bouquin*, 4) mais elle est parfois indépendante. Les lèvres de l'instrumentiste vibrent comme pour les cuivres. La longueur du tube, qui varie de 1,20 m à 5 m (parfois davantage), permet d'obtenir une bonne échelle d'harmoniques naturels pour les appels comme pour les mélodies. Les instruments les plus courts atteignent le 6e harmonique alors que le cor des Alpes de 5 m, très répandu en Suisse, permet d'obtenir le 12e harmonique, parfois davantage (son tube est aussi long que celui du cor d'harmonie en fa) (Ex. 1, p. 520).

On ignore à quelle époque se situent les origines de cet instrument, mais des cors des Alpes de plus de 3 m de long sont déjà cités par un écrivain suisse du XVIe siècle et le *Bicinia gallica* de Rhau (1545) comporte un appel de cor des Alpes (Ex. 1). Depuis, sa sonorité a été imitée par Beethoven dans le finale de la *Symphonie pastorale* (*Kuhreigen* ou *Ranz des vaches* confié à la clarinette), Rossini dans l'ouverture de *Guillaume Tell* (première phrase du solo de cor anglais, également d'après un *Ranz des vaches* suisse) et Wagner dans *Tristan et Isolde* (deuxième appel du berger à l'acte III que joue, selon les cas, un *tárogató ou un instrument fabriqué pour la circonstance).

Anthony Baines.

Cor anglais. Instrument à vent de la famille des bois, proche du hautbois ; il conserve toujours ce nom français en Grande-Bretagne mais s'appelle « English horn » aux États-Unis. Voir *Hautbois*, 8.

Coranto. Voir *Courante*.

Cor de basset. Voir *Clarinette*, 6.

Cor de chamois (all. et angl. : *Gemshorn*). 1. Voir *Orgue*, 9.

2. Genre de flûte taillée dans une corne d'animal, soit un chamois, soit du bétail. Le sommet de la corne est intact, sa base est tronçonnée pour ménager une large

Ex. 1

ouverture que ferme une plaque de bois dans laquelle est pratiqué un petit trou. Le souffle passe par ce trou et se heurte à une fenêtre, comme sur la flûte à bec, qui est pratiquée sur le côté du cor. Comme sur l'*ocarina, les notes dépendent surtout du nombre de trous non couverts. Les illustrations anciennes montrent trois trous, dont un plus large pour le pouce, qui suffisent à réaliser une gamme d'une octave (on en trouve un croquis à Virdung, 1511). De nos jours, le principal fabricant en Angleterre est Horace Fitzpatrick : il en propose plusieurs tailles, avec six trous ou plus.

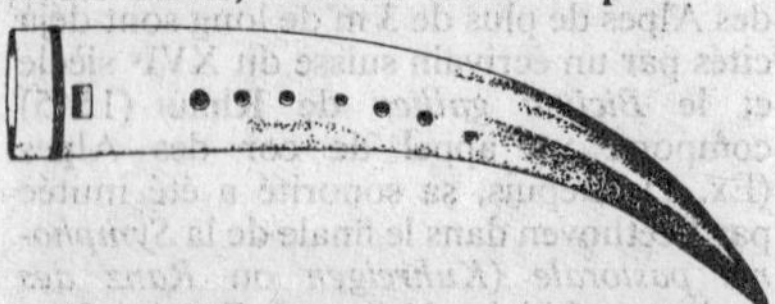

En Italie, on fabriquait, jusqu'à une époque récente, de petits cors de chamois d'une dizaine de centimètres de long qui servaient d'appeaux pour les colombes ; ils ne comportent qu'un seul petit trou, percé dans la pointe du cor.

Anthony Baines.

Cor de chasse (all. : *Jagdhorn*, *Waldhorn* ; angl. : *hunting horn* ; ital. : *corno da caccia*). 1. En Grande-Bretagne, pour la chasse au renard et la chasse au cerf, on emploie un petit instrument droit en cuivre de 20 cm de long, muni d'une embouchure (voir *Cor de postillon*) et dont la note aiguë correspond à peu près à ré[4]. Il joue un rôle important pour les appels de chasse ; mais ceux qui ne savent pas le faire sonner peuvent utiliser des cors de chasse munis d'une anche métallique à la place de l'embouchure. L'instrument est postérieur à la Restauration (1660), mais il était alors deux fois plus long. Il est apparu pour donner un son plus clair que l'ancien cor en forme de corne de vache. Pour ce dernier modèle, on trouve des codes de signaux dans certains manuscrits français du XIVe siècle, donnés en notes longues et courtes et en syllabes mnémoniques. Les codes ont été publiés à partir de la fin du XVIe siècle et le code anglais en est partiellement dérivé. L. C. R. Cameron a réalisé un manuel très utile sur ce sujet (vers 1905, réimprimé par Swaine Adeney Brigg à Londres). A la fin de son livre sont reproduites les « Anciennes notes de chasse » publiées dans le *Sportsman's Dictionary* de 1744, comme « Mort d'un renard » : ——òòò——òòò (répéter plusieurs fois ce signe correspond à un genre de clameur).

2. En Allemagne et en Pologne, le cor de chasse normal prend la forme d'un demi-cercle, la hauteur de son et les notes étant celles du clairon. Il porte le nom de « cor prince-Pless », en l'honneur du noble silésien qui l'a introduit à la fin du XIXe siècle, et il est plus efficace que les anciens modèles semi-circulaires (voir *Clairon*, 3 ; *Halbmond*).

3. Le cor de chasse français est une grande trompe de chasse circulaire, descendante directe du cor baroque dont le cor d'orchestre est également issu (voir *Cor*, 6a). Il se compose en général de trois spires de 40 cm de diamètre et d'une embouchure conique ; il est en ré et donne les mêmes notes que le cor d'orchestre naturel dans cette tonalité. L'Ex. 1, p. 521, est le début d'une des nombreuses sonneries, dont il existe de nombreuses éditions imprimées.

En France et en Belgique, les instrumentistes forment des clubs et jouent du cor avec beaucoup de puissance ; ils se servent notamment volontiers du « tayauté » idiomatique (une sorte de trille court) pour souligner les temps forts (Ex. 1). L'instrument se fabrique également en mi bémol pour jouer dans les fanfares. Ce modèle est très répandu dans d'autres pays d'Europe où il est maintenant fabriqué.

Ex. 1. Sonne une septième mineure plus bas.

Certaines chansons populaires françaises du XIXe siècle, comme « Le Bon Roi Dagobert », sont basées sur des airs de trompe. En Allemagne, au XVIIIe siècle, on exécutait les mêmes sonneries qu'en France sur le même instrument lors des grandes chasses et Haydn en cite une dans *Les Saisons*. En Angleterre, il semble que des chansons comme « A-hunting we will go » aient eu la même origine, mais, après un premier temps d'utilisation, les grands cors étaient rarement emportés à la chasse ; ils servaient plutôt en certaines occasions, notamment lorsque des serviteurs les jouaient en duo sur la terrasse. Bien avant cette époque, on trouve des imitations ou allusions aux sonneries de chasse de petits cors dans des œuvres musicales remontant à la *caccia italienne de la fin du XIVe siècle, avec des bribes de sonneries sur deux ou trois notes, comme les airs de l'actuel *cor de postillon anglais.

Anthony Baines.

Corda, corde (ital.). « Corde », « cordes ». Dans la notation de la musique pour piano, la mention *una corda*, « une corde », indique d'enfoncer la sourdine, pédale qui permet au marteau de ne frapper qu'une corde au lieu de deux ou trois (sur un piano à queue). L'instruction contraire est *tutte le corde* (« toutes les cordes ») ou *tre corde* (« trois cordes ») ; dans la musique ancienne, on rencontre parfois *due corde* (« deux cordes »). Voir *Piano*, 12*c*.

Pour les instruments à cordes, *corda vuota* indique qu'il faut jouer la corde à vide. La *corda soprana* est la plus haute corde.

Corde de sol. La corde la plus grave du violon. Elle a une sonorité riche et certains compositeurs demandent parfois de jouer un passage sur cette seule corde (*sul G*) afin d'obtenir un son uniformément riche. Voir également *Air sur la corde de sol*.

Corde à vide (all. : *leere Saite* ; angl. : *open string* ; esp. : *cuerda al aire* ; ital. : *corda vuota*). Expression utilisée pour désigner les notes obtenues sur les instruments à cordes (avec ou sans archet) sans appuyer le doigt sur la touche.

Cordier, Baude [Baude Fresnel] (mort probablement vers 1398). Compositeur français, apparemment de Reims, qui a servi de harpiste (« cordier ») et d'organiste à Philippe le Hardi, duc de Bourgogne. La majeure partie de ses œuvres qui ont survécu (une douzaine) sont des rondeaux ; certains d'entre eux connaissent une relative notoriété pour leur complexité rythmique extrême. L'un d'eux est noté sous forme de cercle et un autre en forme de cœur.

John Milsom.

Cordophone. Voir *Organologie*.

Corea (esp.). Danse accompagnée d'une chanson.

Corée

1. Introduction
2. Histoire
3. Mode
4. Rythme
5. Texture
6. Instruments
7. Ensembles
8. Musique de cour
9. Musique populaire
10. Musique rituelle

1. *Introduction*. La péninsule coréenne, reliée à l'Asie du Nord-Est, s'étend vers le sud en séparant la mer Jaune de la mer du Japon. La Corée a été un royaume indépendant jusqu'en 1910, date à laquelle elle a été annexée par le Japon. Après la Seconde Guerre mondiale, le pays a été divisé en deux : la république de Corée (Corée du Sud) et la république populaire démocratique de Corée (Corée du Nord). Dans cet article, les descriptions des pratiques musicales antérieures à 1945 concernent la totalité de la péninsule coréenne, alors que la description des

pratiques actuelles se limite à la Corée du Sud, faute d'informations en provenance du Nord.

La culture musicale coréenne est un mélange d'éléments d'origine chinoise et indigènes. Traditionnellement, le répertoire de musique de cour coréen se divisait en trois parties : *ah-ahk* (« musique raffinée », la musique rituelle confucienne), *t'ang-ahk* (« musique T'ang », pièces profanes d'origine chinoise) et *hyang-ahk* (« musique du pays », pièces profanes d'origine coréenne). Aux temps modernes, le répertoire *ah-ahk* et *t'ang-ahk* ne comporte que deux morceaux de chaque. En outre, les morceaux *t'ang-ahk* ont subi une modification si profonde qu'il est difficile de les distinguer sur le plan musical des morceaux d'origine coréenne. On établit actuellement une distinction fondamentale entre la musique de la cour et de l'aristocratie (*chong-ahk*, « musique correcte », ou *ah-ahk*, sens élargi du terme désignant la musique rituelle confucienne) et la musique populaire (*minsogahk*).

2. *Histoire*. Dès le VIIe siècle (début de la période du royaume unifié de Silla, 664-935), on utilisait déjà la plupart des principaux instruments de la musique coréenne actuelle. Une partie de la musique exécutée était empruntée à la Chine T'ang et la musique d'origine coréenne, *hyang-ahk*, se distinguait de la musique *t'ang-ahk* (musique T'ang). Deux morceaux du répertoire coréen qui ont survécu (*Sujech'on*, *Tongdong*) datent sans doute de cette période.

Sous la dynastie coréenne suivante (Goryeo, 918-1392), la musique T'ang se trouve supplantée par la musique chinoise de la dynastie Sung, tout en continuant à porter le nom de « musique T'ang » en Corée. Deux pièces pour orchestre (*Pohoja*, *Nagyangch'un*) et une danse (*P'ogurahk*) de cette période ont survécu. Durant cette dynastie, deux instruments majeurs voient le jour : le *haegum* (sorte de violon) et le *changgo* (tambour en forme de sablier). En 1116, l'empereur Sung offrira des instruments et de la musique pour le rite confucien ; la musique est encore jouée. Les grandes importations en Corée de musique chinoise prendront fin sous la dynastie chinoise Yüan (XIIIe et XIVe siècles).

La dynastie coréenne Yi (1392-1910) a donné lieu à une évolution musicale importante, particulièrement sous le règne du roi Sejong (1418-50). En 1430, l'exécution de la musique rituelle confucienne est révisée. Le roi Sejong lui-même aurait arrangé les quatre suites de danses qui ont ensuite été enregistrées dans ses annales (1454), utilisant une notation remarquablement explicite. Cette partition contenue dans les annales de Sejong constitue la plus ancienne notation connue en Corée. L'une des suites comprend quatre musiques complètes du poème épique *Yong-bi Uch'un-Ka* (*Le dragon s'envole au ciel*) que Sejong avait commandé pour constituer la première œuvre écrite dans le nouvel alphabet coréen, récemment créé. Deux des autres suites ont été arrangées plus tard pour être utilisées dans le rituel royal sacré, où elles sont encore jouées dans une forme très altérée. L'*Akhak Kwebom*, un traité musical majeur, sera compilé et imprimé en 1493, sous le roi Sŏngjong. Les partitions des XVe et XVIe siècles qui nous sont parvenues montrent que les gammes pentatoniques et les triples mètres étaient aussi prédominants en Corée qu'ils le sont aujourd'hui.

Au milieu de la dynastie Yi, les invasions étrangères réduisent l'envergure de la musique de cour. La notation mensuraliste explicite du XVe siècle est abandonnée au profit d'un système de tablature non mesuré. Ce système sera utilisé au moins jusqu'au début du XIXe siècle. A la fin de la dynastie Yi, deux traditions populaires virtuoses se sont développées en Corée du Sud-Ouest, le *p'ansori* et le *sanjo*.

La Corée est annexée par le Japon en 1910 et les exécutions musicales de la cour royale disparaissent, comme la cour elle-même. En 1951, on assiste à la fondation de l'Institut national de musique classique, destiné à préserver le répertoire de la cour. Au XXe siècle, le contact avec la musique occidentale a augmenté le nombre de nouveaux morceaux composés et accentué le raffinement d'un nouveau système de notation mensuraliste.

3. *Mode*. La musique coréeenne utilise deux principaux modes, tous deux pentatoniques, au moins depuis le XVe siècle : *p'yongjo* et *kyemyonjo*. Selon le traité *Akhak Kwebom*, ces deux modes étaient joués dans sept tonalités (mi, fa, sol, la, si, do, ré), mais ce système de tonalités

était sans doute déjà archaïque au XVe siècle. Dès 1600, les modes *p'yongjo* et *kyemyonjo* ne se jouaient plus que dans les tonalités de si bémol et de mi bémol. On a progressivement donné la préférence à la tonalité de mi bémol, par rapport à celle de si bémol, et, au XXe siècle, la majeure partie du répertoire de musique de cour est en mi bémol.

Les notes des modes coréens ne sont pas conçues comme des hauteurs de son statiques. Certaines notes sont ornementées d'un *vibrato* ou de coulés descendants. Les intervalles ne sont pas fixés de façon rigide ; les exécutants allongent ou raccourcissent occasionnellement un intervalle à des fins expressives. Il est donc difficile de transcrire de façon satisfaisante la musique coréenne dans la notation en portées occidentale.

4. *Rythme.* La majeure partie de la musique coréenne est de rythme ternaire, ce qui la distingue instantanément de la musique chinoise et de la musique japonaise, qui sont essentiellement en rythme binaire. Certaines musiques lentes, non mesurées, n'ont pas de rythme défini. Certaines musiques de cérémonie ont un rythme défini, mais pas de métrique régulière et certaines sont à cinq temps. Le genre vocal *kagok* a une métrique unique, 9/8 + 6/8 + 9/8. Le rythme binaire n'est répandu que dans la musique populaire (voir § 6).

5. *Texture.* La musique d'ensemble est hétérophonique, chaque instrument jouant une version ornementée de l'air. Il en est de même de la partie vocale soliste, lorsqu'il y en a une. En général, les parties des instruments à vent sont plus ornementées que celles des cordes. Dans la musique de cour, où les parties sont fixées de façon stricte, l'instrumentiste ne peut altérer que de petits détails de l'ornementation. Dans la musique populaire, chaque musicien peut jouer sa propre version ornementée de l'air.

6. *Instruments.* Le *p'iri* est un hautbois à huit trous. Principal instrument de l'orchestre de cour, il a une sonorité criarde et forte, mais il est capable d'une grande subtilité de dynamique et d'un *portamento* expressif. Le *p'iri* courant utilisé dans la musique populaire et dans la majeure partie de la musique de cour est le *hyang-p'iri* (« *p'iri* indigène »). Le *t'ang-p'iri* (« *p'iri* t'ang ou chinois »), de forme et de tessiture légèrement différentes, sert dans l'orchestre de musique de cour, pour les pièces écrites dans la tonalité d'ut. Le *se-p'iri* (« *p'iri* fin ») est identique au *hyang-p'iri*, mais de diamètre plus petit (et donc de sonorité plus douce). Il est utilisé pour la musique de chambre de cour. Le *hojŏk* (ou *t'aep'yŏngso* ou *nallari*) est un chalumeau muni d'un corps en bois conique, d'un pavillon métallique et d'une très petite anche double. Sa sonorité est si puissante qu'il ne se joue qu'à l'extérieur, souvent avec un *vibrato* très ondulant.

La *taegŭm* est une grande flûte traversière en bambou, munie d'une fine membrane collée sur un trou situé à proximité de l'embouchure. La membrane ajoute à la qualité sonore un bourdonnement qui ressort particulièrement lorsque l'on joue fort dans le registre supérieur. La *t'ang-juk* (ou *sogeum*) est une petite flûte traversière (sans membrane). Le *tanso* est une petite flûte verticale à encoche et à la sonorité douce.

L'*haegeum* est un violon à deux cordes qui se joue avec un archet en crin de cheval. Il a une sonorité étouffée, fortement nasale. L'*ajaeng* est une grande cithare à sept cordes munie de chevalets amovibles dont on joue avec une baguette colophanée en bois de forsythia. En frottant contre les cordes, le bois produit un son grinçant. En Corée, l'*haegeum* et l'*ajaeng* sont généralement classés dans la catégorie des instruments à vent, sans doute parce qu'ils produisent des sons soutenus, contrairement aux cordes pincées dont les sons s'évanouissent rapidement.

Le *kayago* est une grande cithare à douze cordes avec chevalets amovibles. Les doigts de la main droite pincent les cordes pendant que la main gauche les enfonce de l'autre côté des chevalets amovibles pour produire des *vibrato*, des *portamento* et des ornements qui ressemblent au mordant. Le *kayago* est de loin l'instrument le plus répandu parmi les amateurs coréens. Le *kŏmun'go*, grande cithare à six cordes, a longtemps été considéré comme l'instrument coréen le plus noble. Des six cordes, I, V et VI sont supportées par des chevalets amovibles alors que II, III et IV passent sur une série de 16 frettes. La mélodie est jouée exclusivement sur les cordes II et III ; les quatre autres cordes servent de bourdons (dans la technique actuelle, les cordes servant de bourdons sont rarement pincées). La main droite pince les cordes avec une baguette en bambou de la taille d'un crayon et la main gauche enfonce les cordes de mélodie sur les frettes. Le *yanggŭm* est un hackbrett frappé avec une seule baguette. C'est le seul instrument qui soit entré dans l'univers des instruments coréens sous la dynastie Yi ; il est également le seul cordophone à cordes métalliques, et non en soie.

Le *p'yun-jong* est un jeu de 16 cloches accordées chromatiquement et le *p'yun-kyung* un carillon de pierres en forme de L accordé une octave plus haut. Ces magnifiques instruments sont originaires de la Chine ancienne, mais ne survivent qu'en Corée. Le *p'yun-jong* et le *p'yun-kyung* sont toujours joués ensemble et à l'unisson. Les cloches sont de la même taille et de la même forme que les pierres ; la hauteur de son de chaque cloche ou de chaque pierre est déterminée par son épaisseur. L'accord chromatique permet de jouer sur ces carillons dans toutes les tonalités requises par les rites de Confucius. Un autre carillon, le *pang-hyang*, est un jeu de 16 plaques de fer accordées chromatiquement ; on en joue très rarement de nos jours.

Le *changgo* (tambour en forme de sablier) joue un rôle essentiel dans la plupart des ensembles. On le frappe sur la peau de droite avec une fine baguette en bambou et sur la peau de gauche avec la paume de la main. Le *puk* (tambour tubulaire) est frappé sur la peau de droite avec une épaisse baguette en bois et sur la peau de gauche avec la paume. Il existe deux autres tambours tubulaires frappés avec des baguettes à l'extrémité recouverte de tissu : le *chwago* (orchestre de cour) et le *yonggo* (musique militaire). Parmi les instruments à percussion figurent aussi le *pahk* (claquettes en bois), le *ching* et le *kkwaenggwari* (grand et petit gongs), les *para* ou *chabara* (cymbales) et le petit *mokt'ahk* en bois, tenu à la main (tambour à fente), utilisé dans les temples bouddhistes.

7. *Ensembles.* L'ensemble de base de la musique coréenne comprend le *p'iri*, le *taegŭm*, l'*haegeum* et le *changgo* (hautbois, flûte, violon et tambour en forme de sablier). L'ensemble *samhyŏn yukkak* comprend en outre un autre *p'iri* et le *puk* (tambour tubulaire). Dans l'orchestre de cour, s'ajoutent à l'ensemble de base le *t'ang-juk* (petite flûte traversière) pour la partie aiguë, l'*ajeang* (cithare à archet) pour la partie de basse et le *chwago* (gros tambour tubulaire). Dans l'orchestre de cour, les trois instruments mélodiques, le *p'iri*, le *taegŭm* et l'*haegeum*, sont généralement doublés. Le chef d'orchestre indique le début d'un morceau en frappant un coup de *pahk* (claquettes) et la fin avec trois coups. Certains morceaux comprennent le *kŏmun'go* et le *kayageum* (cithares à cordes pincées) ou le *p'yun-jong* et le *p'yun-kyung* (carillons de cloches et de pierres), ou les deux. L'ensemble de chambre de cour, sous sa forme la plus complète, comprend l'ensemble de base plus le *tanso* (flûte verticale), le *kayageum* et le *kŏmun'go* (cithares à cordes pincées) ainsi que le *yanggŭm* (hackbrett). Il est néanmoins permis de jouer le répertoire de musique de chambre avec n'importe quelle sélection de ces instruments, selon leur disponibilité. Aucun de ces instruments n'est doublé.

L'ensemble de base, avec ou sans instruments supplémentaires, accompagne aussi les rites shamanistes et divers genres de musiques et de danses populaires. Pour la musique militaire et pour la musique instrumentale bouddhiste, on fait appel à un ensemble très différent, le *chorach'i* . Il comprend le *hojŏk* (chalumeau), le *nabal* ou *nap'al* (cor), le *nagak* ou *sora* (conque), les *chabara* (cymbales), le *ching* (grand gong) et le *yonggo* (tambour tubulaire). Le chalumeau est le seul instrument mélodique, le cor et la conque servant de bourdons. D'autres ensembles spéciaux sont utilisés pour les rites confuciens et chez les fermiers.

8. *Musique de cour.* Elle est exécutée avant tout par des ensembles instrumentaux. La majeure partie du répertoire date du XVe siècle ou est antérieure à cette époque, mais la musique a, depuis lors, subi des changements radicaux. L'atmosphère de la musique va du grave et majestueux *Sujech'ŏn*, le morceau le plus vénéré du répertoire, au *T'aryŏng* enjoué et animé. Une partie considérable du répertoire relève d'une métrique quintuple développée (5 x 6/8 ou 5 x 3/8). La plupart des morceaux sont ou ont été

utilisés comme accompagnement de danses. Les morceaux de cérémonie ont un caractère différent avec un tempo très lent, une hétérophonie minimale et aucune métrique régulière.

Le pivot du répertoire de la musique de chambre de cour est une longue suite, *Yŏngsan Hoesang*, dont on peut tirer diverses combinaisons de mouvements. Cette musique était et est jouée aussi bien par des amateurs que par des musiciens de cour professionnels. Les rares morceaux de musique de cour pour instruments solistes sont tous dérivés de morceaux d'ensemble : une partie instrumentale unique est jouée seule sous une forme élaborée par le *taegŭm* (flûte traversière), le *tanso* (flûte verticale) ou le *p'iri* (hautbois). Tous ces morceaux sont non mesurés.

Outre la version de chambre de la suite *Yŏngsan Hoesang* (appelée *Kŏmun'go Hoesang* ou *Chunggwang*), il existe des versions pour ensemble *samhyŏn yukkak* (*Samhyŏn Yŏngsan Hoetsang* ou *P'yojong Manbang*) et pour un ensemble à vent et à cordes plus important (*P'yongjo Hoesang* ou *Yuch'osin*). Chaque version est écrite dans un mode différent. Les diverses versions comportent huit ou neuf mouvements et durent approximativement 45 minutes ; le premier mouvement est très lent et chacun des mouvements suivants est un peu plus rapide.

Dans le domaine vocal, on trouvait trois genres différents, à la cour et hors de la cour. Le *Kagok* est un long cycle chanté qui comprend des versions séparées pour homme et pour femme. Le chanteur soliste est accompagné par l'ensemble de chambre. Comme pour le *Yŏngsan Hoesang*, on peut ne chanter que certaines parties du cycle. Tous les chants sont coulés dans le même moule à sept parties, avec un prélude et un interlude instrumental.

Le *Kasa* est un répertoire de douze chansons accompagnées à la flûte et au tambour en forme de sablier, avec l'adjonction optionnelle du petit hautbois et du violon ; la plupart des chansons sont strophiques. Le *Sijo* est un style de chanson lyrique pour chanter la forme poétique du même nom. Les poèmes sont chantés sur un petit nombre de mélodies types. Le chanteur est accompagné par le tambour en forme de sablier, auquel s'ajoutent parfois le petit hautbois, la flûte et le violon. Chacun de ces trois genres vocaux possède sa propre technique vocale, extrêmement développée, avec une attention particulière aux différents types de *vibrato*. La technique du *Kasa* inclut le changement alternatif entre la voix normale et la voix de fausset, pour les chanteurs comme pour les chanteuses.

9. *Musique populaire*. En contraste avec la musique de cour, la musique populaire est essentiellement vocale et est exécutée par des solistes. Le chant populaire coréen peut se diviser en quatre groupes régionaux distincts, dont chacun a un mode caractéristique : région de Séoul (mi, fa dièse, la, si, do dièse = *p'yŏngjo* ; région de l'Est (mi, sol, la, do, ré = ancien *kyemŏnjo* en la ; région du Sud-Ouest (*namdo*) (m̃i, la, si, do, ré) ; région du Nord-Ouest (*sŏdo*) (ré, mi, sol, l̃a, do). Dans chaque mode, trois des cinq notes ont plus d'importance que les deux autres (soulignées ci-dessus) ; dans certaines chansons, l'une des deux notes subalternes, ou même les deux, peuvent ne pas apparaître du tout. Dans les régions du Sud-Ouest et du Nord-Ouest, la note qui reçoit le *vibrato* le plus important est indiquée par une ligne ondulée qui la précède.

Deux genres de musique populaire virtuose proviennent de la Corée du Sud-Ouest. Le *P'ansori* est un répertoire de cinq contes que chante ou narre un seul chanteur accompagné au *puk* (tambour tubulaire). Une représentation complète dure entre cinq et huit heures. La technique, très exigeante, requiert une voix forte et rauque. Le *Sanjo* est une forme instrumentale soliste qui comporte trois sections, ou davantage, dans des tempos de plus en plus rapides. Le soliste est accompagné au *changgo* (tambour en forme de sablier). Bien que le *Sanjo* ait sans doute été improvisé autrefois, il est maintenant considéré comme un morceau de forme déterminée, dans le style du professeur qui l'enseigne. Il est joué le plus souvent au *kayago* (cithare à douze cordes). Le *P'ansori* et le *Sanjo* sont organisés autour des mêmes *changdan* (schémas rythmiques), dont chacun possède son propre tempo, une métrique et un *ostinato* de tambour spécifiques (l'*ostinato* peut varier autant que le désire le batteur).

Le *Sinawi* est une musique instrumentale shamaniste du Sud-Ouest de la Corée dans laquelle chaque instrumentiste improvise indépendamment des autres – un contraste frappant avec l'hétérophonie typique des ensembles coréens.

Le *Nongak* (« musique des fermiers ») est joué par un ensemble de percussions qui comprend le *kkwaenggwari* (petit gong – le principal instrument en plomb), le *changgo* (tambour en forme de sablier), le *yonggo* (tambour tubulaire) et le *ching* (grand gong) ; on y inclut parfois également le *hojŏk* (chalumeau). Les rythmes excitants de cet ensemble servent d'accompagnement à des danseurs qui portent des chapeaux à longues banderoles qu'ils mettent en mouvement en remuant la tête. Cette musique est traditionnellement associée à la transplantation et à la récolte du riz.

10. *Musique rituelle.* Le sacrifice semestriel à Confucius est accompagné par un ensemble chinois ancien comprenant des carillons de cloches et de pierres, des flûtes (verticales, traversières et globulaires), des flûtes de Pan, des cithares et de multiples instruments à percussion. Deux orchestres jouent en alternance. La musique est faite de notes égales et très lentes, avec des glissades vers le haut à la fin de chaque note, confiées aux instruments à vent. La musique rituelle bouddhiste comprend plusieurs styles de chant différents, dont certains suivent le même mode que le chant populaire de la région de l'Est ; l'un d'entre eux, le *Chissori*, comprend de remarquables glissades chorales qui peuvent aller jusqu'à une octave. Malheureusement, cette musique n'est plus jouée que par une secte mineure de quelques moines. Il existe également une musique instrumentale forte et robuste pour accompagner les danses rituelles ; une musique similaire (*Tae-ch'wit'a* ou *Muryŏng*) fait partie du répertoire de la musique militaire.

Jonathan Condit.

Corelli, Arcangelo (Fusignano, près de Ravenne, 17 février 1653 ; Rome, 8 janvier 1713). Violoniste et compositeur italien. Fils de parents aisés, il prend des cours de violon dès son plus jeune âge. En 1666, il s'installe à Bologne et, en 1670, joue à la célèbre Accademia filarmonica. Il n'a pas été l'élève de G. B. Bassani, comme on l'a dit souvent, et n'est pas allé en France rivaliser avec Lully (son nom a été confondu avec celui de Cavalli). Peu après 1675, il s'installe à Rome où il est vite sollicité comme violoniste dans divers orchestres, notamment lors de grands festivals organisés à S. Luigi dei Francesi. En 1687, le cardinal Pamphili le charge de son orchestre privé et, en 1690, le cardinal Ottoboni lui confie les mêmes charges. Corelli restera à Rome jusqu'à la fin de sa vie, mais se rendra à Naples, en 1702, pour jouer à l'Opéra. Il deviendra aussi célèbre comme violoniste que comme compositeur et, en 1706, sera admis à la célèbre Accademia Arcadia.

Entre 1681 et 1700, Corelli publie cinq volumes de musique de chambre qui en font le compositeur le plus célèbre de son époque. Quatre d'entre eux contiennent des sonates en trios (op.1 à 4) et le cinquième des sonates pour violon seul (op.5). Dans les deux genres, ses œuvres sont devenues le modèle classique des compositeurs postérieurs. Elles comportent un mélange de *sonate da chiesa* et de *sonate da camera* (voir *Sonate*, 3), bien qu'il soit souvent difficile d'établir une distinction précise entre les deux – les sonates d'église contiennent souvent des mouvements de danse, alors que les sonates de chambre, qui sont essentiellement des suites de danses, commencent souvent par un mouvement lent et solennel. Elles exigent une technique relativement modeste comparée à d'autres œuvres de la même époque, car elles dépassent rarement la troisième position, mais une édition publiée par Estienne Roger (Amsterdam, 1710) reproduit les mouvements lents des sonates en solo avec des embellissements élaborés, ajoutés selon toute vraisemblance par Corelli lui-même ; ces ornements donnent quelques indications sur sa virtuosité en tant qu'instrumentiste. A la fin de sa vie, Corelli se consacre à la publication de son opus 6, un ensemble de douze *concerti grossi* qui sont peut-être antérieurs, car ils paraissent tirés de ces sonates. Quelques passages laissent à penser que Corelli n'était pas loin du style du concerto avec soliste, mais ils sont surtout intéressants par le contraste entre le *concertino* (les deux violons et le continuo) et le *ripieno* (ou grand orchestre). Ces *concerti grossi* ont vite connu une très grande popularité, notamment le célèbre *Concerto pour la nuit de Noël*, écrit pour la messe de minuit, avec une pastorale qui évoque la scène de Bethléem.

Le succès de Corelli repose en majeure partie sur sa conception moderne de l'harmonie. Il a été l'un des premiers compositeurs à faire varier de façon significative les tonalités dans un mouvement binaire et son utilisation savoureuse de la dissonance est extrêmement intéressante, sans être maladroite ni violente. Si ses thèmes n'ont pas la qualité rythmique incisive de ceux de Vivaldi ou de Bach, il sait indéniablement créer, comme eux, de longues mélodies bien équilibrées.

Vers la fin de sa vie, le manque de virtuosité de Corelli est la cause de son éclipse, en tant qu'instrumentiste. Pendant sa visite à Naples, il rencontra Alessandro Scarlatti et eut du mal à lire sa musique à vue ; en outre, lors d'une réunion avec Haendel, à Rome en 1708, il se montra incapable de rivaliser avec la musique pleine d'entrain de l'ouverture de *Il Trionfo del tempo*, affirmant à Haendel : « Mais, mon cher Saxon, cette musique est dans le style français, dont je ne connais rien. » Il a néanmoins conservé toute sa notoriété de compositeur. Haendel a certainement été influencé par son style, et Ravencroft et Telemann l'ont délibérément imité. Corelli est mort riche, laissant une belle collection de tableaux (notamment un Poussin et un Brueghel). Il a été inhumé au Panthéon, à Rome.

Denis Arnold.

BIBLIOGRAPHIE : Marc Pincherle, *Corelli*, Alcan (Paris, 1933), rééd. Les Introuvables (Plan-de-la-Tour, 1982) / *Corelli et son temps*, Plon (Paris, 1954).

Corelli, Variations sur un thème de. Cycle de variations pour piano op.42 de Rachmaninov, composé en 1931 sur le thème de « La Folia ».

Cor grave (angl. : *bass horn*). Instrument à vent du début du XIXe siècle apparenté au serpent. Voir *Serpent*, 2.

Coriolan. Ouverture op.62 de Beethoven, composée en 1807 pour une reprise à Vienne de la pièce de Heinrich Joseph von Collin, *Coriolan* (et non celle de Shakespeare, comme on le croit à tort).

Cori spezzati (ital.). Littéralement « chœurs brisés », le terme étant utilisé pour décrire la division des effectifs utilisés (voix et/ou instruments) et la séparation dans l'espace des groupes qui en résultent.

L'idée d'utiliser deux groupes de chanteurs pour exécuter des chants antiphonaux remonte aux Juifs et aux premiers temps de la chrétienté ; mais le développement artistique délibéré de ce concept ne date que des dernières années du XVe siècle, lorsque les chœurs étaient parfois divisés en deux groupes, un de chaque côté de l'église, pour exécuter des motets certains jours de fête. Cette disposition s'est répandue après la publication des *Salmi spezzati* de Willaert (1550). On a longtemps supposé que les deux groupes étaient installés dans les deux tribunes d'orgue de Saint-Marc à Venise, mais il semble à présent qu'en réalité les groupes étaient placés au sol, près des chaires, ou même à l'intérieur de celles-ci. Dans les églises sans tribune, les *cori spezzati* étaient sûrement installés ailleurs.

Néanmoins, les tribunes de Saint-Marc ont été utilisées pour l'exécution des motets de cérémonie à la fin du XVIe siècle : des compositeurs comme les deux Gabrieli ont exploité de façon étonnante les possibilités de cette disposition. A cette époque, les groupes étaient souvent inégaux ou différents l'un de l'autre : un chœur aigu (*coro acuto*) se mesurant à un chœur grave (*coro grave*) ; un groupe de solistes (*favoriti*) contrastant avec le *ripieno* (ou *cappella*) ; les deux se mesurant à l'ensemble instrumental. Ces groupes s'engageaient dans ce que l'on pourrait appeler un dialogue musical, avec des phrases de longueur variable et un matériel musical qui passait d'un groupe à l'autre, soutenant ainsi l'intérêt par le changement continu de la provenance du son. Les effets d'écho étaient également courants et ont amené à prendre en considération l'utilité de dynamiques constrastées, même lorsque les effets spatiaux n'étaient pas voulus.

Comme il devenait coutumier d'utiliser une *basse continue, les compositeurs saisirent l'occasion pour opposer les voix solistes accompagnées au chœur. Ces effectifs étant tellement inégaux, la musique était divisée en sections séparées pour chaque groupe, au lieu de constituer un véritable « dialogue » ; ce partage en sections allait aboutir à la *cantate d'église, à la messe « napolitaine » (voir *Messe*, 3) et à d'autres formes de musique religieuse dans lesquelles les voix solistes et les duos alternent avec les chœurs.

Le continuo est aussi à l'origine de

plusieurs astuces – comme la *musica lontana* d'Ignazio Donati (solistes placés en divers endroits de l'église). Monteverdi fait appel à des effets similaires dans ses *Vêpres* de 1610. En Allemagne, ces effets ont été adoptés avec enthousiasme ; dans sa *Syntagma musicum* (1619), Michael Praetorius préconisait d'exécuter les chorals en faisant chanter chaque vers par différents effectifs placés en plusieurs endroits de l'église.

La vogue des *cori spezzati* a atteint son sommet en Italie vers 1600, bien que les compositeurs romains (notamment Benevoli) aient continué à écrire de la musique à plusieurs chœurs au moins jusqu'au milieu du XVIIe siècle. En Allemagne, ils font leur apparition à la fin du XVIe siècle et resteront à la mode pendant de nombreuses années. La *Missa salisburgensis* (autrefois attribuée à Benevoli, mais sans doute postérieure à 1680) est conçue pour 53 parties (vocales et instrumentales) réparties en huit chœurs. Elle était visiblement destinée aux tribunes très espacées de la cathédrale de Salzbourg. L'utilisation d'effectifs aussi importants impliquait une écriture harmonique simple, afin d'éviter la confusion acoustique dans un édifice résonnant et, en fait, le seul intérêt de ce genre d'œuvre réside dans les effets d'espace et de structure.

La disposition en *cori spezzati* était encore en usage au XVIIIe siècle : Burney mentionne une messe pour quatre chœurs et orchestre de Galuppi, donnée à Venise en 1770 ; la *Passion selon saint Matthieu* de Bach et les doubles chœurs d'*Israël en Égypte* de Haendel supposent une séparation dans l'espace. A une époque plus récente, la reproduction stéréophonique de la musique a suscité un nouvel intérêt pour les effets spatiaux, entre autres chez Stockhausen.

Denis Arnold.

Corkine, William. Compositeur de mélodies anglais. Il a publié deux livres d'*Ayres* en 1610 et 1612 qui se caractérisent par une ligne de support confiée à une basse de viole au lieu d'un accompagnement entièrement exécuté au luth.

Denis Arnold.

Cornago, Johannes (célèbre vers 1455-75). Compositeur espagnol. Franciscain, il servit l'enthousiaste protecteur des arts, Alfonso Ier de Naples. A sa mort en 1458, Cornago devint aumônier de son fils, Fernando Ier. L'une des œuvres de Cornago qui a survécu, la *Missa « Ayo vista de la mappa mundi »*, a visiblement été inspirée par l'ère de l'exploration – la partie de ténor porte l'inscription : « J'ai vu une carte du monde et une carte marine qui m'ont semblé les plus belles choses du monde. » Il a également composé des *canciónes*.

Wendy Thompson.

Cornamusa (ital.). 1. De nos jours, ce terme désigne en particulier la cornemuse de Sicile (voir *Cornemuse*, 3, 4 et *Bombarde*, 3).

2. Instrument à vent utilisé au XVIe siècle et au début du XVIIe siècle pour jouer de la musique à plusieurs parties ; on le fabrique à nouveau aujourd'hui dans ce but (Fig. 1). Une courte description de la *corna-musen*, sans illustration, dans le *Syntagma musicum* (1619) de Michael Praetorius, a servi de base à sa reconstruction : instrument à vent muni d'un bocal, comme sur le *cromorne, mais avec un tube plein (ce qui veut sans doute dire droit et non recourbé comme sur le cromorne) fermé à la base, à l'exception de petits trous sur le côté ; il n'y a pas de clés, le son ressemble à celui du cromorne, mais il est plus doux. Praetorius n'est pas clair sur la tessiture et aucun modèle n'ayant survécu on reste sans réponse à cet égard ; d'ailleurs, en Allemagne, aucune autre source ne mentionne ce terme.

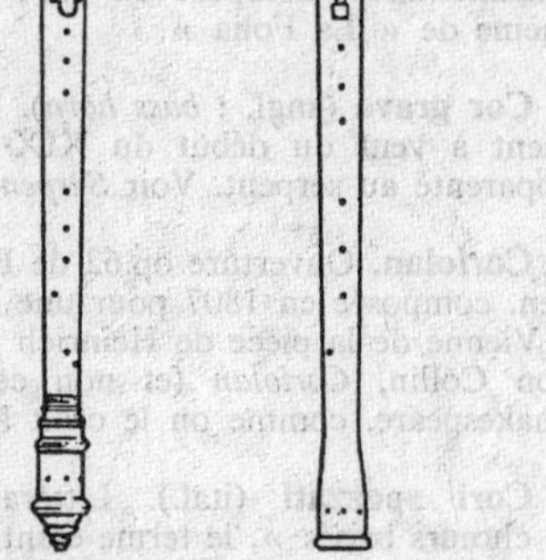

Fig. 1. Deux reconstitutions modernes de cornamusa de la Renaissance.

Il semble, par contre, qu'en Italie « cornamusa » était un autre nom du cromorne, à moins que ce soit en fait l'instrument décrit par Praetorius. Il n'en existe aucune description italienne, mais le nom se présente souvent dans les comptes rendus des événements musicaux du XVIe siècle dans ce pays, parfois associé à « dolzaina », autre instrument à anche mystérieux (voir *Douçaine*).

Anthony Baines.

Corne de vache. Voir *Cor*, 9.

Cornelius, (Carl August) **Peter** (Mayence, 24 décembre 1824 ; Mayence, 26 octobre 1874). Compositeur allemand. Comme Lortzing et Wagner, il est issu d'une famille d'acteurs. Dans sa jeunesse, il reçoit une formation musicale très limitée. C'est seulement à l'âge de vingt ans qu'il étudie la composition à Berlin avec S. Dehn. Pendant quelques années, il gagne sa vie comme critique dans des journaux berlinois et en donnant des leçons de musique ; en 1852, il se rend à Weimar et s'intègre au groupe qui entoure Liszt. Il écrit de nombreuses critiques pour soutenir les idées nouvelles de ce groupe. Son premier opéra, *Der Barbier von Bagdad* (« Le Barbier de Bagdad »), comédie charmante et spirituelle dont la langue révèle l'influence de Beethoven et de Liszt, reçoit un accueil défavorable lors de sa création, en 1858, sous la direction de Liszt, qui démissionne de son poste de directeur du théâtre de Weimar pour cette raison. Cornelius décide alors d'échapper à l'influence de Liszt en partant pour Vienne. Ironie du sort, il y rencontre Wagner et s'intègre à son cercle ; son deuxième opéra révèle cette nouvelle influence. En 1868, il suit Wagner à Munich où il devient professeur de composition au Conservatoire, ce qui lui permet de se marier. Son troisième opéra, *Gründlod*, ne sera jamais terminé. Tout au long de sa vie, il a écrit des lieder intéressants et de la musique chorale. Cornelius est mort d'une maladie du foie.

Denis Arnold.

Cornemuse

1. Introduction et description générale
2. Les cornemuses en Grande-Bretagne
3. France et Espagne
4. Italie
5. Europe orientale et centrale
6. Les cornemuses primitives
7. La vèze
8. Origines
9. La musette
10. La petite cornemuse du Northumberland (*Northumbrian small pipe*)
11. Les cornemuses irlandaises ou *uilleanpipes*

1. *Introduction et description générale.* La cornemuse (all. : *Sackpfeife* ; angl. : *bagpipe* ; ital. : *cornamusa, piva, zampogna*) est un instrument à anches dont l'alimentation en air provient d'un réservoir taillé dans une peau (traditionnellement une peau de mouton ou de chèvre) que l'instrumentiste presse du bras gauche : l'outre. Plusieurs tuyaux sonores sont fixés à ce sac que le sonneur gonfle en soufflant à l'intérieur ou à l'aide de petits soufflets reliés à sa taille et à son bras droit par une courroie. La cornemuse à tuyau unique est très rare. Elle comporte au minimum deux tuyaux, le chalumeau, percé de trous, qui est le tuyau mélodique, et le ou les bourdons qui donnent chacun une note d'accompagnement.

La littérature de tous les pays d'Europe témoigne de la popularité dont jouit la cornemuse depuis le Moyen Age. Dante en fait état au XIIIe siècle, Chaucer, Froissart et Boccace au XIVe, Rabelais, Ronsard, Spenser et Shakespeare au XVIe, Drayton, Milton, Butler et Pepys au XVIIe, Beaumarchais et de nombreux auteurs français au XVIIIe. Au XIXe siècle, George Sand construit son roman *Les Maîtres sonneurs* autour de la pratique de la cornemuse dans la campagne française et Victor Hugo, pour faire état de ses connaissances linguistiques, la désigne sous le nom de « bug-pipe » dans *Les Travailleurs de la mer*.

Cependant, jusqu'au milieu du XXe siècle, la plupart des pays ignoraient l'existence de cet instrument en dehors de chez eux. Si les cornemuses sont, ou ont été des instruments indigènes en Europe, de l'Atlantique au Caucase, et en Afrique ou en Asie, de la Tunisie à l'Inde, elles diffèrent généralement selon les pays et présentent des caractéristiques régionales. Elles sont l'œuvre d'artisans locaux, souvent des bergers (ce qui explique la corrélation avec la nativité dans les pays chrétiens). De nos jours, grâce aux festivals, aux enregistrements et à l'intérêt croissant que rencontre la musique popu-

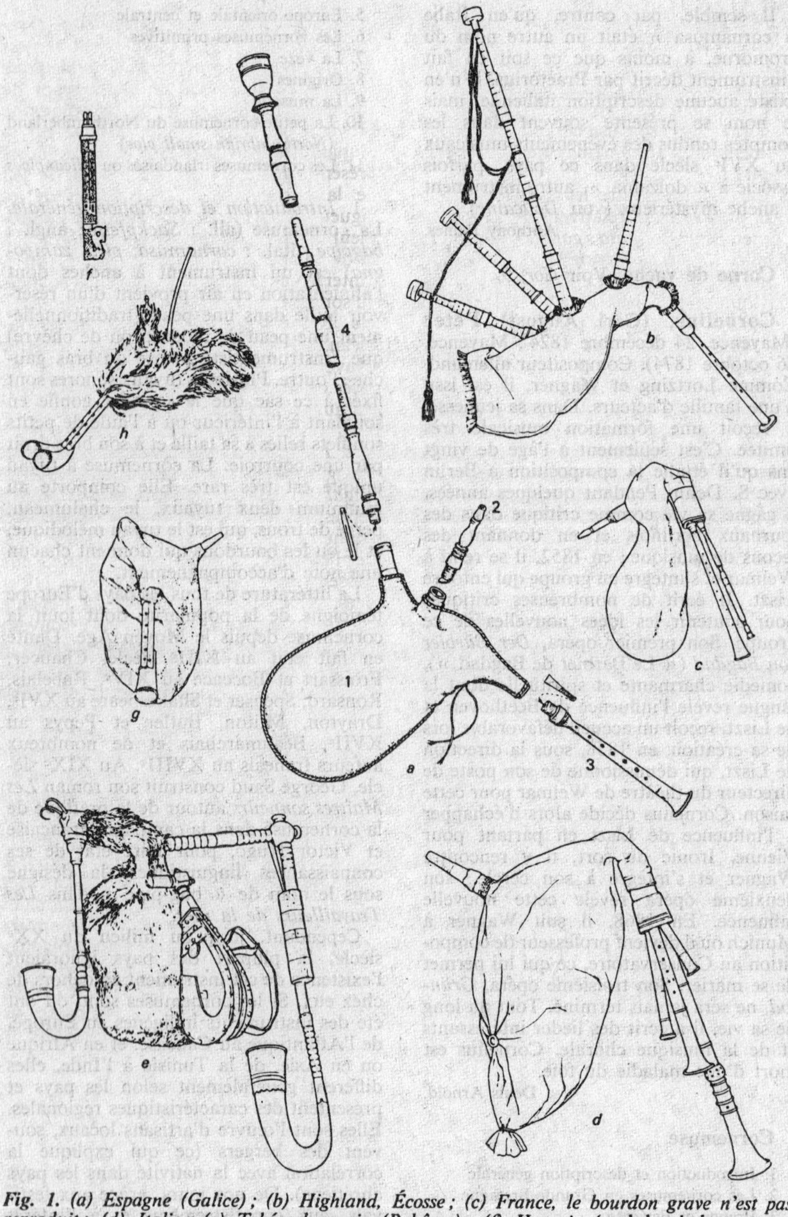

Fig. 1. (a) Espagne (Galice) ; (b) Highland, Écosse ; (c) France, le bourdon grave n'est pas reproduit ; (d) Italie ; (e) Tchécoslovaquie (Bohême) ; (f) Hongrie (seul le chalumeau est reproduit) ; (g) Grèce (Carpathes) ; (h) Tunis.

laire dans le monde entier, on connaît la plupart des familles de cornemuses ainsi que leurs diverses typologies et leurs qualités musicales spécifiques. Leur sonorité n'est pas aussi puissante que celle de la cornemuse écossaise et certaines livrent le meilleur d'elles-mêmes dans de petits salons.

La Fig. 1*a* montre les éléments essentiels d'une forme relativement simple de cornemuse, la *gaïta gallega* espagnole (Galicie), dans sa version la plus courante, à un seul bourdon. Le sac (1) comporte des ouvertures dans lesquelles sont fixés des manchons en bois recouverts de tissu qui tiennent le tuyau (ici en bois) et protègent les anches du contact avec le sac ; ils permettent en outre de retirer rapidement un tuyau sans abîmer l'anche. Le tuyau porte-vent ou boufferet (2), dans lequel souffle le sonneur pour gonfler le sac, est obturé par un clapet en cuir qui empêche l'air de s'échapper lorsque le bras gauche de l'exécutant appuie sur la peau. Le chalumeau (3) est à perce conique et possède, comme toutes les cornemuses d'Europe occidentale, une anche double représentée séparément sur le dessin (voir *Anche*, 2*b*). Le bourdon (4) possède une anche simple (voir *Anche*, 3*a*) et se compose de plusieurs éléments à perce cylindrique qui s'emboîtent les uns dans les autres grâce à un système mobile permettant également d'accorder la note avec le chalumeau. Sur cet instrument, comme sur de nombreuses cornemuses, le bourdon sonne deux octaves en dessous de la tonique du chalumeau (obtenue en bouchant tous les trous sauf le dernier). La cornemuse est un instrument difficile à maîtriser pour l'exécutant : il faut beaucoup d'expérience pour régler les anches et leur permettre de répondre de façon homogène à la pression ; de même, il est très délicat de maintenir une alimentation régulière en air pendant que la bouche ou les soufflets remplissent le sac.

L'étendue du chalumeau dépasse rarement neuf notes car, généralement, il n'est pas quintoyé à la seconde octave (bien que ce soit réalisable sur plusieurs types de cornemuses). L'articulation mélodique ne provient pas de la langue, comme sur la plupart des instruments à vent, ce qui ne présente guère d'inconvénient car le jeu de la cornemuse doit beaucoup de sa vigueur à l'articulation digitale, notamment à la séparation des notes grâce à la « coupe » (agréments, Ex. 1) ou à l'interférence d'une note basse qui se mêle au son du bourdon pour rester imperceptible. En résumé, la technique du chalumeau fait largement appel aux « doigtés couverts » qui consistent à essayer de ne lever qu'un seul doigt par note en gardant les autres abaissés.

2. *Les cornemuses en Grande-Bretagne.* La grande cornemuse écossaise (*great Highland bagpipe*, en gaélique *piob mhór*), représentée sur la Fig. 1*b*, est aujourd'hui connue dans le monde entier. Taillée dans de l'ébonite, comme la clarinette, elle possède trois bourdons (une basse la¹ et deux ténors la²) et se porte sur l'épaule gauche ; l'instrumentiste en joue souvent en marchant de long en large. La tonique du chalumeau est le la³ et la note la plus grave de son étendue se situe un ton plus bas. En termes d'accord traditionnels, le troisième degré de la gamme sonne un peu bas, comme sur de nombreux instruments à vent (notamment le hautbois baroque), ainsi que le sixième. La *great Highland bagpipe* est la seule cornemuse à posséder son propre répertoire imprimé, qui révèle généralement des agréments élaborés (comme dans l'Ex. 1*b*). En dehors des *reels*, des *strathspeys* (danses nationales écossaises) et des marches, ce répertoire comporte d'impressionnantes complaintes et surtout le *piobaireachd* ou *pibroch* selon l'expression de Walter Scott (voir *Écosse*, 2). Les musiques militaires composées de cornemuses et de tambours n'ont cessé de

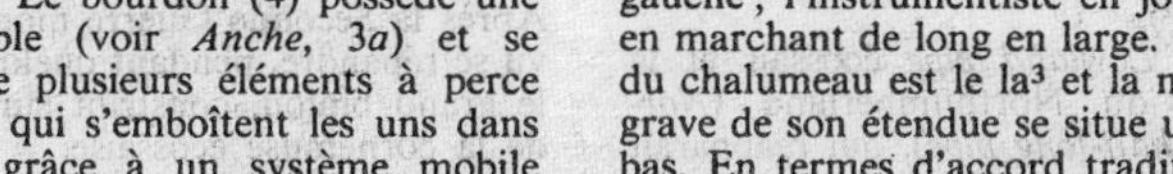

Ex. 1. (a) Exercice de « coupe » pour les débutants. (b) Début d'un Strathspey, avec tous les ornements.

se multiplier depuis 1745, date à laquelle un joueur de cornemuse a été officiellement engagé pour la première fois dans les compagnies des Highlands.

Pour travailler, les instrumentistes utilisent un chalumeau d'étude dont la perce cylindrique étroite procure une sonorité plus douce et plus profonde que celle du chalumeau normal. Ce type de chalumeau est muni d'une capsule qui protège l'anche par laquelle passe le souffle de l'instrumentiste, comme sur le *cromorne. La méthode d'étude de Logan (1923) compte parmi les plus répandues.

Le *war-pipe* irlandais est une variante du *Highland bagpipe*. Il a vu le jour vers 1910 d'après une description et une illustration figurant dans l'ouvrage de Derrick, *Image of Ireland* (1581). Mais il ne ressemble en rien à la cornemuse nationale de l'Irlande, l'*uilleann pipe*, beaucoup plus connue. Le *war-pipe* se pratique surtout dans le Nord de l'Irlande et dans certains régiments irlandais, soutenu par des tambours. Le *brian boru* est un instrument de la même famille muni de quatre clés (qui lui permettent d'accroître l'étendue vers l'aigu et vers le grave) et de deux ou trois bourdons (la^1, la^2 ou la^1, mi^2, la^2).

L'ancien *Lowland pipe* écossais et la cornemuse du Northumberland (*Northumbrian half-long pipe*), qui réapparaît de nos jours, portent maintenant le nom de *border pipe*. Elles comportent toutes deux des soufflets et trois bourdons dont l'un peut donner la quinte (la^1, mi^2 et la^2). Chacun de ces bourdons est monté sur un tenon. Le chalumeau est plus étroit et moins pénétrant que sur la cornemuse des Highlands. Les *border pipes* remontent au XVIIIe siècle et sont de toute évidence des adaptations d'une forme de cornemuse à deux bourdons soufflée par la bouche qui était très répandue en Europe à partir du XVIe siècle ; on la trouve représentée sur des tableaux de Dürer, Brueghel, etc. Il s'agit probablement de l'instrument évoqué par Byrd dans *The Bagpipe and the Drone* (« La cornemuse et le bourdon ») (*The Battel* dans le *Lady Nevell's Virginal Book*, 1591). L'illustration de Derrick, déjà citée, montre une cornemuse du même genre. On a fabriqué des copies modernes de ces instruments avec deux bourdons accordés à la quinte : ils donnent une sonorité assez chaude et moelleuse. On ignore toujours si les cornemuses du Lancashire, du Derbyshire et du Lincolnshire, parfois mentionnées jusqu'au XVIIIe siècle, étaient identiques.

3. *France et Espagne*. La cornemuse caractéristique du centre de la France, la cabrette ou chevrette (Fig. 1*c*), se reconnaît facilement au tenon du chalumeau, plat, qui abrite en outre un petit bourdon souvent bouché pour l'étouffer. Le grand bourdon est, lui aussi, fréquemment bouché lorsque la cabrette sert à accompagner des bourrées avec la *vielle à roue, qui comporte elle-même des bourdons. Les soufflets sont souvent utilisés. Jusqu'au début du XXe siècle, les bergers belges jouaient d'une cornemuse similaire, la « muse-au-sac », qui réapparaît dans certains ensembles de musique traditionnelle.

Le petit biniou breton comporte un chalumeau et un bourdon qui sonne une octave plus haut que sur les autres cornemuses occidentales. Le biniou est généralement le partenaire du hautbois rustique (voir *Bombarde*, 3) qui sonne à l'octave inférieure. Au XVIIIe siècle, on retrouvait la même combinaison d'octaves avec la musette et le hautbois du Poitou. Après la Seconde Guerre mondiale, on a vu se répandre, pendant quelques années, le grand biniou, construit sur le modèle de la cornemuse écossaise.

La *gaïta* (Fig. 1*a*) est la cornemuse du Nord-Ouest de l'Espagne (Galicie et Asturies) et du Nord du Portugal. C'est un instrument traditionnel très employé, souvent soutenu à la caisse claire pour les danses.

La *xeremia* ou *cheremia* des Baléares comporte un gros tenon dans lequel s'insèrent trois bourdons, un grand bourdon entouré de deux petits bourdons factices. Cet instrument est apparenté aux cornemuses catalanes et pyrénéennes qui ont disparu au XIXe siècle mais dont le nom, *cornamusa*, remonte au XIVe siècle – on trouve la description d'une *cornamusa ab lo bordo* (avec un bourdon) à la cour d'Aragon, en 1390.

4. *Italie*. La *zampogna*, originaire du Centre et du Sud de l'Italie, porte le nom de *cornamusa* en Sicile (Fig.1d). Elle diffère des instruments précédents par la présence de deux chalumeaux, un pour chaque main. Un grand tenon réunit ces deux chalumeaux et deux petits bourdons.

Tous les quatre sont munis d'anches doubles, mais dans le Sud de l'Italie, certaines *zampogne*, assez rares, comportent des anches simples. Le plus grand des deux chalumeaux est accordé une quarte en dessous de l'autre, ce qui permet de jouer en contrepoint. Mais sur d'autres *zampogne*, le grand chalumeau est accordé à l'octave inférieure du petit, permettant ainsi d'accompagner à deux voix le hautbois rustique, comme en Bretagne. Les *zampognari* sont indissociables d'une musique pleine de joie qu'ils jouent dans les villes au moment de Noël : on en trouve une imitation dans la *Pastorale* du *Messie* ; Haendel aurait entendu ces musiques à Rome en 1709. Le titre qu'il a donné à ce morceau, *Pifa*, provient du nom littéraire italien de la cornemuse, *piva*. Selon Percy Scholes, on trouvait jusqu'au début du XXe siècle des *zampognari* « parcourant l'Angleterre et le nord de l'Europe, vêtus de peaux de mouton et de hauts chapeaux coniques ».

5. *Europe orientale et centrale*. Les cornemuses de ces régions diffèrent des cornemuses occidentales par leur chalumeau à perce cylindrique muni d'une anche simple, comme les bourdons. La perce n'est pas très large (environ 7 mm), comme si elle perpétuait une tradition ancienne remontant à l'utilisation de matériaux naturels. Les deuxième et quatrième harmoniques que produit le tube cylindrique donnent au son une couleur assez bourdonnante (à comparer à celui du *cromorne), moins mordante que dans les pays occidentaux, mais dont la ressemblance avec la sonorité de la cornemuse reste indéniable. La Fig. 1*e* représente la principale cornemuse de ces régions, connue en Pologne sous le nom de *koziol* (« chèvre ») et en Tchécoslovaquie (Bohême) sous le nom de *dudy*. Autrefois, on jouait également du *Dudelsack* dans les régions limitrophes de l'Allemagne. Le grand bourdon, qui forme un angle, repose généralement sur l'épaule de l'instrumentiste et pend derrière lui. Il se termine par un pavillon (ou corps de résonance) assez évasé tourné vers le haut, en cuivre ou en corne de bœuf. L'instrumentiste fait un large usage des soufflets. Ces cornemuses servent à accompagner le violon et la clarinette, tout en apportant leur propre contribution à la partie mélodique et en offrant le soutien du bourdon.

Dans les régions comprises entre la Hongrie et l'Ukraine, ainsi que dans certaines parties de la Slovaquie et de la Roumanie, le chalumeau est double : deux perces parallèles dans un même morceau de bois plat (Fig. 1*f*). La première perce sert à la mélodie, la seconde, munie d'une petite extension, comporte un trou qu'obture le petit doigt de l'instrumentiste pour faire sonner un bourdon oscillant entre la tonique et la dominante inférieure. Le grand bourdon est identique à celui des cornemuses occidentales et, en Hongrie, on utilise des soufflets. Bartók, qui s'intéressait beaucoup à cette tradition instrumentale, en a étudié la technique dans ses moindres détails.

La *gajda* (Macédoine et Bulgarie) ne comporte qu'un seul chalumeau en buis qui se termine par un angle obtus taillé dans de la corne. En Bulgarie, la *gajda* est indissociable des noces campagnardes pour lesquelles elle se prête à des longues danses avec une virtuosité consommée. Entre la Dalmatie et la Bosnie, on trouve le *diple* ou *mih*, également appelé *piva* en Istrie. Il s'agit d'un autre type de cornemuse qui comporte également des perces parallèles taillées dans un même morceau de bois, mais dépourvu de grand bourdon.

En Suède, en Estonie et en Lettonie (URSS), ont survécu des cornemuses campagnardes avec un chalumeau court et trapu, un grand bourdon qui repose en travers de la cuisse et, parfois, un petit bourdon qui sonne à la quinte supérieure.

6. *Les cornemuses primitives*. Elles se composent généralement de deux tuyaux en bambou fixés l'un à l'autre ou placés dans un petit morceau de bois taillé en forme de berceau. Chacun des deux tuyaux comporte en principe à son extrémité un pavillon en corne de vache (Fig. 1*g*). Ce sont en réalité des cornemuses apparentées aux *matelotes. Elles subsistent encore dans certaines îles de la mer Égée, en Crète, au nord-est de la Turquie, en Arménie, en Géorgie et dans les républiques soviétiques des Mariis et de Tchouvachie. Pour permettre aux doigts d'aller indifféremment de l'un à l'autre, les deux tuyaux comportent parfois les mêmes trous qui sont légèrement désaccordés pour produire un effet de tremblement. Sur d'autres instruments, l'un des tuyaux ne comporte qu'un seul trou que l'instrumentiste bouche à volonté

pour produire un bourdon alternatif sur deux notes distantes d'un ton, l'autre tuyau assurant la partie mélodique. Sur certains instruments, l'un des tuyaux n'est percé que de deux ou trois trous pour produire des effets traditionnels à deux parties sur l'ensemble des deux tuyaux. Les cornemuses d'Afrique du Nord et du Golfe persique possèdent des tuyaux accordés à l'unisson, souvent terminés par un petit pavillon en corne (Fig. 1*h*).

7. *La vèze* (all. : *Platerspiel*; angl. : *bladder-pipe*). Cet instrument connu dans toute l'Europe entre le XIIIe et le XVIe siècle peut être mentionné ici, bien qu'on en joue sans exercer de pression avec le bras. Son nom vient du latin *vesica* (vessie). Elle se compose d'une vessie de porc, fixée à l'extrémité d'un tuyau surmonté d'une anche. L'instrumentiste la gonfle en soufflant dans un court bocal qu'il bouche avec la langue pour reprendre son souffle. De nombreux tableaux montrent l'extrémité du tuyau recourbée comme sur le *cromorne, d'autres la représentent droite. L'anche était probablement une anche simple et, si l'on en juge par le nombre de tableaux représentant des anges jouant de la vèze au milieu d'autres instruments, il ne s'agissait certainement pas d'un instrument plébéien. La vessie peut être désodorisée à l'ammoniaque et, pour lui conserver sa souplesse, il faut employer de l'eau salée. On fabrique aujourd'hui des cornemuses-jouets composées d'un petit ballon en caoutchouc et d'une anche simple.

8. *Origines.* La seule preuve de l'existence d'une cornemuse dans l'Antiquité se trouve dans les écrits (grecs) de saint Jean Chrysostome qui fait référence à un souverain de son époque jouant d'un instrument (*aulein*) avec la bouche et un sac placé sous l'aisselle. Il semble que ce soit Néron, ce qui confirmerait les écrits de Suétone qui utilisait le mot *utricularius* en parlant des aspirations musicales de cet empereur. Le mot grec *askaules* (littéralement « joueur de cornemuse ») apparaît également chez Martial. Par la suite, on ne trouve aucune trace sérieuse de cornemuse avant le XIIe siècle où apparaît le mot *musa* dans le traité de John Cotto ; on sait que ce mot désignera la cornemuse au siècle suivant. Le bourdon est mentionné pour la première fois – « muse au grand bourdon » – dans la pastorale d'Adam de la Halle le *Jeu de Robin et de Marion*. Les illustrations de cette époque montrent une étonnante diversité de cornemuses, mais rares sont celles qui correspondent exactement aux instruments actuels. Leur origine reste un mystère. Elles n'étaient pas réservées aux campagnes, puisqu'on en jouait dans les tournois ou autres occasions analogues. Elles ont perdu de leur importance à la fin du XIVe siècle lorsque les classes aisées ont commencé à s'adonner aux joies de la musique polyphonique à laquelle la cornemuse convenait assez mal. Par la suite, Henri VIII a, semble-t-il, continué à entretenir un joueur de cornemuse, sans doute par condescendance envers ceux de ses sujets qui restaient fidèles à cet instrument. Toutefois, on en trouve de fortes survivances dans les classes les plus élevées de la société, tant dans les Highlands écossais qu'en France : à la cour de Louis XIII et de Louis XIV, les musettes (voir § 9) étaient jouées par des professionnels et, pendant une partie du XVIIIe siècle, elles feront l'objet d'un véritable culte.

9. *La musette.* Cornemuse française des XVIIe et XVIIIe siècles, souvent appelée « musette de cour ». Instrument des classes aisées, les modèles qui ont survécu sont souvent d'une facture raffinée. Il s'agit probablement de la première cornemuse qui ait utilisé un soufflet. Le chalumeau et les bourdons sont cylindriques (la perce du chalumeau atteint environ 4 mm) ; ils sont tous munis d'anches doubles. Le chalumeau est percé de trous qui servent à obtenir les demi-tons et à atteindre le la^4, une dixième au-dessus de la note la plus grave, fa^3. L'instrumentiste se sert beaucoup des « trous bouchés ». Vers 1670, le facteur d'instruments Hotteterre (voir *Hautbois*, 4) ajouta un petit chalumeau supplémentaire, assez plat, accolé au chalumeau principal et alimenté en air par un conduit transversal ; percé de six petits trous, il permet d'accroître l'étendue jusqu'au ré^5 et n'émet aucun son avant que l'un de ces trous ne soit ouvert (par le petit doigt ou le pouce). Le bourdon est très court : un cylindre en bois ou en ivoire mesurant environ 18 x 4 cm, percé de treize perces parallèles reliées à leur extrémité pour former quatre voies d'air séparées, munie

chacune d'une anche au sommet. Elles laissent entrer ou échapper l'air par des fentes latérales, commandées par une coulisse actionnée de l'extérieur qui permet d'accorder ou d'étouffer un bourdon. On ne peut en utiliser que trois à la fois, le même bourdon (à deux trous et deux coulisses) permettant d'obtenir le fa^{1} et le si bémol^{1}.

Ex. 2

Rameau fait appel à plusieurs reprises aux musettes dans des scènes sylvestres ; la partition des *Indes galantes* (1735) réclame une musette et deux piccolos. Les bourdons ne sont pas indiqués et il est possible qu'ils n'aient pas toujours été utilisés dans ces œuvres, car une tradition française de cette époque permettait aux instrumentistes de ne jouer parfois que du seul chalumeau, sans le sac. Les facteurs de bois parisiens du XIXe siècle ont perpétué cette tradition sous la forme du petit hautbois (voir *Musette*, 2), lorsque la véritable musette est tombée en désuétude.

10. *La petite cornemuse du Northumberland.* Cornemuse qui a survécu grâce aux ouvriers de Tyneside, qui ont su en maintenir la tradition, et qui se joue aujourd'hui dans de nombreuses autres régions. Elle comporte un soufflet, un chalumeau cylindrique à anche double (longueur 28 cm, perce 4 mm) et quatre bourdons cylindriques à anche simple. L'extrémité inférieure du chalumeau est fermée (lorsque tous les trous sont bouchés, le chalumeau est ainsi réduit au silence). Avec des doigtés « fermés », les notes peuvent donc être séparées par un silence : notes *staccato*... Le chalumeau comporte généralement sept clés qui servent à abaisser la tessiture jusqu'au ré^{3} ou à l'élever au si^{4}, et à obtenir le do dièse et le ré dièse moyens. La perce des bourdons (Ex. 2*a*) varie de 2,8 à 3,6 mm ; ils sont réunis dans un seul tenon. L'anche des bourdons, généralement en bambou ou en sureau, est parfois en cuivre. Elle se fixe au-dessus d'une « rigole » comme une anche d'orgue (voir *Anche*, 2). Chaque bourdon sonne par l'intermédiaire d'un trou latéral dont l'obturation le réduit au silence (on ne peut utiliser que trois bourdons simultanément – Ex. 2*a* [ii]) ; pour boucher ce trou, l'instrumentiste se sert d'une « perle » coulissant sur une tige qui ressort par l'extrémité du tuyau. Le bourdon du sol^{2} peut être transformé en la^{2}, avec un second trou plus haut que le premier commandé par un manchon annulaire.

Le répertoire de cette cornemuse se compose de chants et de danses traditionnelles, sur lesquels les instrumentistes exécutent des variations complexes : Tom Clough (1881-1964) s'est surpassé dans ce domaine et a laissé plusieurs enregistrements. L'instrument est fabriqué par des artisans qui en jouent eux-mêmes. Le livre de W. A. Cocks et J. F. Bryan *The Northumbrian Bagpipes* (Newcastle upon Tyne, 1967) donne tous les détails sur la façon dont sont fabriquées cette cornemuse et ses anches.

La petite cornemuse est apparue au XVIIe siècle, s'inspirant visiblement de la musette française ; elle jouissait d'une grande vogue dans tout le comté. Le duc de Northumberland entretiendra un joueur de cornemuse personnel à partir du milieu du XVIIIe siècle. Le chalumeau fermé date du XVIIIe siècle et les clés apparaissent à partir de 1805. A titre exceptionnel, les chalumeaux peuvent atteindre 17 clés pour devenir entièrement chromatiques.

11. *Les cornemuses irlandaises ou « uilleann pipes ».* Principales cornemuses irlandaises, mieux connues avant le XXe siècle sous le nom d'« Union pipe ». Les deux désignations sont correctes sur le plan historique, mais de nos jours le nom gaélique (qui signifie « cornemuse de coude », car le coude droit actionne le soufflet) est couramment employé. Le chalumeau conique comporte une anche double et peut descendre jusqu'au ré^{3}. Les trois bourdons ont des perces étroites (le plus profond ayant une extrémité métallique tournée vers le haut) et sont accordés sur ré en trois octaves (ré^{1}, ré^{2}, ré^{3}) (Ex. 2*b*). Par rapport aux autres cornemuses, cet instrument possède deux caractéristiques : le chalumeau peut jouer l'octave supérieure complète aussi bien que l'octave inférieure ; en outre, les accords qui l'accompagnent peuvent être

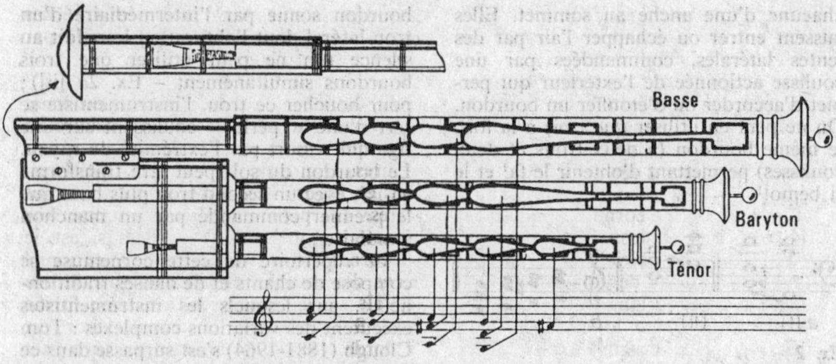

Fig. 2. Uilleann Pipes : les « régulateurs » ; à gauche les anches à l'intérieur du manchon, l'anche grave est alimentée depuis la partie latérale du manchon par un canal concentrique.

joués sur trois tuyaux supplémentaires appelés « régulateurs », munis de clés en cuivre que l'instrumentiste ouvre avec la tranche inférieure de la main droite sans interrompre le jeu du chalumeau ; on peut obtenir un *vibrato* intéressant en agitant un doigt au-dessus de l'un des trous ouverts.

L'instrumentiste, assis, attache sur son genou droit une bande de cuir contre laquelle il peut boucher momentanément l'extrémité du chalumeau : si les trous sont également bouchés, le chalumeau reste silencieux. L'*uilleann pipe* permet de détacher les notes les unes des autres, comme la cornemuse du Northumberland (voir plus haut). Une fermeture rapide accompagnée d'une forte augmentation de la pression du bras fait sauter le chalumeau à l'octave supérieure, où il continue à jouer jusqu'à ce que la pression se relâche.

Les trois régulateurs (Fig. 2) sont maintenus dans un grand manchon avec les trois bourdons ; ils reposent tous sur la cuisse de l'instrumentiste. Ce sont des tuyaux coniques à anche double, bouchés à l'extrémité inférieure afin de rester silencieux tant qu'une clé n'est pas ouverte. Ils comportent quatre clés chacun (le petit régulateur peut en avoir cinq) et leur disposition permet d'obtenir les accords reproduits sur la Fig. 2 en actionnant simultanément les trois clés situées au même niveau. Les accords sont généralement joués *staccato* dans le tempo de la mélodie, mais pas toujours de façon continue : leur intervention au milieu d'une gigue, d'un *reel* ou d'une *matelote permet d'égayer la musique. Les instrumentistes peuvent aussi accompagner les airs lents d'accords réalisés avec les doigts de la main droite au moment où la mélodie n'occupe que la main gauche au chalumeau. Néanmoins, il faut souligner que certains instrumentistes apprécient peu les régulateurs et les utilisent rarement.

L'*uilleann pipe* s'est développé au XVIIIe siècle et le petit régulateur n'a été introduit qu'après 1750 (il apparaît dans le *Tutor for the Union Pipes* d'O'Farrell) ; on en trouve également une version écossaise dans une méthode de Geoghegan et dans de nombreux exemples survivants. Au début du XIXe siècle, l'instrument comportait trois régulateurs et, par la suite, un régulateur « contrebasse » plus compliqué est venu s'y ajouter, sur certains modèles.

Anthony Baines.

BIBLIOGRAPHIE : Roland Hollinger, *Les Musiques à bourdons : vielles à roue et cornemuses*, La Flûte de Pan (Paris).

Cornet, Peeter (? Bruxelles, 1570-80 ; Bruxelles, 27 mars 1633). Organiste et compositeur flamand. Vers 1603, il entre à la chapelle des archiducs à Bruxelles, où il reste jusqu'en 1626. Il n'a laissé que quelques œuvres dont les plus importantes sont des fantaisies pour clavier ; elles montrent l'influence de ses collègues Peter Philips et John Bull.

Denis Arnold.

Cornet à bouquin (all. : *Zink, Cornett* ; angl. : *cornett*). Instrument à vent florissant en Europe à partir du XVIe siècle, qui se compose d'un tuyau en bois avec une embouchure en bassin (pour la vibration des lèvres, comme sur les cuivres). Le tuyau est percé de trous pour les doigts, comme sur la flûte à bec.

1. *Construction.* Le cornet à bouquin est courbe et mesure environ 60 cm de long. Il est taillé dans du poirier, de l'érable ou du noyer, le morceau de bois étant coupé en deux sur toute la longueur et coupé à la forme de la perce lorsque les deux moitiés sont collées ensemble (voir *Cor des Alpes*). On donne alors à l'extérieur une forme octogonale et on le recouvre de cuir noir. La perce s'évase (entre 6 mm et 24 à 29 mm) et la pente de l'ensemble atteint à peu près 1 pour 30. L'extrémité étroite est élargie pour recevoir la queue de la petite embouchure en bois, en corne ou en ivoire, dont la forme ressemble à celle d'une cupule.

Le cornet est percé de six trous antérieurs et d'un trou postérieur. Ils sont assez larges (au moins 7,5 mm de diamètre) et assez espacés : la courbe formée par l'instrument permet aux doigts de les couvrir sans difficulté. Lorsque tous les trous sont bouchés, on obtient le la². A partir de cette note, la gamme fondamentale monte jusqu'au la³ en sol majeur. Les accidents sont produits avec le doigté fourchu, un peu comme sur la flûte à bec. Au-dessus, les harmoniques remontent la gamme d'une autre octave, ou même davantage, jusqu'au ré⁵ au-dessus de la portée. On peut obtenir le sol² en utilisant le doigté de la² et en relâchant les lèvres.

Sur les reproductions les plus anciennes, le bec est placé d'un côté de la bouche. Maintenant que le cornet à bouquin connaît une nouvelle vogue, certains instrumentistes en usent ainsi. Le cornet à bouquin a un son très particulier – un peu comme celui d'une trompette ou d'un petit cor dont on joue doucement, mais avec une articulation des notes ou des phrases qui suggère la voix de soprano. Alors que cet instrument était sur son déclin, Roger North (vers 1728) écrivait : « Qu'est-ce qui peut produire une sonorité aussi proche de la voix d'eunuque que le vrai cornet à bouquin ? » – « vrai » voulant dire « joué correctement » : c'est un instrument très difficile, car les trous eux-mêmes n'assurent pas la stabilité des notes ; chaque note doit être ajustée par les lèvres de l'instrumentiste.

2. *Grands et petits cornets.* Le cornet soprano est l'instrument qui couvre la tessiture supérieure. De nombreux exemplaires originaux ont survécu, quelques-uns en ivoire. Les autres tailles sont plus rares. Le petit modèle, qui sonne une quarte ou une quinte au-dessus, est le « cornettino » ; on le trouve mentionné dans des œuvres chorales allemandes du XVIIe siècle. Plus gros, avec une forme d'« S » allongé, le cornet ténor est accordé une quinte au-dessous du cornet soprano ; il est également recouvert de cuir (voir *Instruments, Renaissance*, Fig. 1). Dans l'ensemble, il était moins utilisé que les autres.

Depuis les années cinquante, certains facteurs construisent des reproductions modernes de ces cornets, notamment Christopher Monk en Angleterre qui produit aussi des modèles bon marché de grande diffusion très satisfaisants, en résine synthétique. (Pour le cornet droit ou cornet muet, voir § 4.)

3. *Histoire.* Le cornet provient de la corne incurvée d'une chèvre sauvage, transformée en instrument mélodieux en perçant des trous sur le côté. On trouve la trace de ces « cornes à trous » sur des tableaux du Moyen Age ainsi que d'autres cornets taillés à partir de cornes de vache ; dans la campagne suédoise, ces cors ont survécu pour rassembler les troupeaux. En Russie, dans la région de Vladimir, on trouve des cornets droits en bois recouvert d'écorce de bouleau (*rozhok*, « petit cor ») ; ils ont des tailles différentes et les villageois en jouent en harmonie improvisée. Mais on ignore à quelle époque remonte cette pratique.

On trouve le cornet à bouquin sur quelques tableaux de la fin du XVe siècle, mais il n'occupe pas une place prédominante avant le siècle suivant. Il joue alors un rôle essentiel dans la musique professionnelle, dans toute sorte de combinaisons instrumentales et vocales et, au cours de la première moitié du XVIIe siècle, on en trouve mention dans des œuvres de Monteverdi, à partir d'*Orfeo*.

La combinaison instrumentale du cornet à bouquin et des trombones (saqueboutes) a duré longtemps, commençant au début du XVIe siècle où elle servait à soutenir les chœurs dans la musique religieuse. A la fin du siècle, les grandes œuvres chorales des deux Gabrieli à Venise font spécifiquement appel à ces instruments (voir *Trombone, 7a*). Cette combinaison instrumentale s'est maintenue pendant une grande partie du XVIIIe siècle dans la *Turmmusik* allemande (voir *Wait*) jouée à heure fixe par les musiciens municipaux, avec un ou deux cornets à bouquin pour les parties de ténor et trois trombones – alto, ténor et basse – pour les parties plus graves. Ils jouaient surtout des chorals, mêlés à des œuvres composées par les instrumentistes eux-mêmes, notamment Pezel (1685) et Reiche (1696) à Leipzig. Leurs recueils sont bien connus des instrumentistes actuels (qui utilisent généralement des trompettes pour les parties de cornet à bouquin). En spécifiant que le cornet à bouquin devait doubler les voix aiguës dans certaines de ses cantates, Bach a introduit cet instrument dans les ensembles constitués en Allemagne. En Angleterre, les œuvres manuscrites sont surtout destinées aux musiciens du roi lors de cérémonies officielles : *Almaynes* à cinq parties de Coleman, Lanier et Locke ; dans ce genre de musique, la plus connue est celle de Locke *For His Majesty's Sagbutts and Cornetts* (« Pour les saqueboutes et les cornets à bouquin de Sa Majesté », 1661). A Rome, les processions papales étaient menées par les cornets à bouquin et les trombones jusqu'à l'occupation française, en 1789. Les derniers cornets construits selon l'ancienne tradition sont sans doute ceux qui ont été fabriqués en 1805, à Markneukirchen (Saxe), pour les Moraves. Ils sont préservés, avec quelques trombones homologues, au Musée morave de Winston-Salem (Caroline du Nord).

4. *Cornet droit ou cornet muet.* Il existe une variété de cornets droits, en bois, qui ne sont pas recouverts de cuir. Cet instrument était relativement rare. Mais, avec sa forme spéciale, le cornet muet (qui n'a de muet que son nom) a eu une importance considérable au XVIe siècle dans les ensembles de musique de chambre, où il tenait sa partie au milieu des violes, des luths, des flûtes, etc. et particulièrement en Italie, par exemple dans les concerts de l'Accademia filarmonica de Vérone. Il en reste quelques beaux exemplaires (notamment à l'Accademia filarmonica). L'instrument n'a pas d'embouchure rapportée, mais une échancrure plus ou moins conique pratiquée dans l'extrémité étroite du tube lui-même. La sonorité est moins brillante que celle du cornet recourbé, mais plus douce, un peu comme celle du cor.

Anthony Baines.

Cornet à pistons (ou simplement cornet) (all. : *Kornett* ; angl. : *cornet* ; ital. : *cornetta*). Instrument de la famille des cuivres, construit en si bémol dans la même tessiture que la trompette moderne courante. Il est légèrement plus petit que la trompette, ce qui amène les pistons plus près du visage de l'instrumentiste et en facilite le maniement. Le tube est plus évasé au début et l'embouchure en bassin est nettement plus profonde ; la queue de l'embouchure est plus courte et plus étroite. Le cornet à pistons a été inventé à la fin des années 1820 par le facteur d'instruments Halary en s'inspirant du *cor de postillon. Il a été aussitôt adopté par les musiciens parisiens. Malgré ses pistons, la trompette était encore indissociable de son image classique (héraldique, guerrière) alors que le nouvel instrument, avec sa sonorité moins cuivrée (« très mielleuse », comme le dit le catalogue de d'Almaine, en 1839) et une plus grande souplesse technique, pouvait s'adapter à n'importe quel genre de musique. Dès lors, la trompette s'est progressivement rapprochée du cornet à pistons à tel point qu'elle aurait tendance à le remplacer dans de nombreux domaines (le cornet à pistons a une sonorité différente, mais, pour une oreille peu critique, pas assez prononcée pour remarquer une substitution éventuelle). Toutefois, le cornet à pistons conserve une place importante en Grande-Bretagne dans les *fanfares et dans les *musiques militaires, bien que, comme en France et aux États-Unis, il soit maintenant souvent remplacé par sa rivale.

1. *Construction.* La première partie du tube (la branche d'embouchure), effilée sur les 35 premiers centimètres, est recourbée sur elle-même vers le corps de rechange, ou barillet, principal, que l'instrumentiste peut démonter en le tirant vers lui. A partir de là, le tube repart en avant, puis à nouveau en arrière, par un corps de

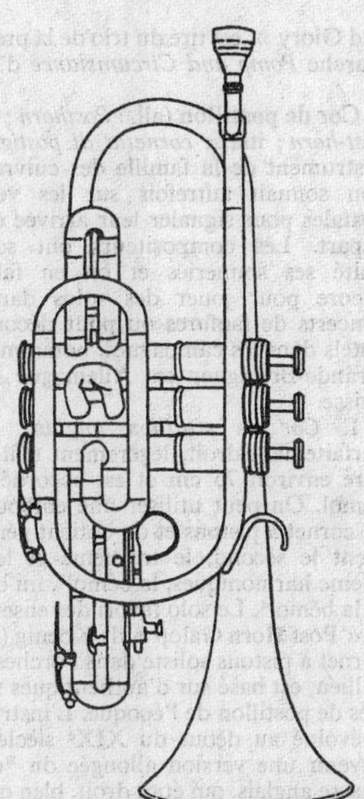

rechange subsidiaire, pour entrer dans le troisième piston. A partir du premier piston, le corps du pavillon émerge, commençant par un large coude (le quatrième et dernier coude), puis part en avant jusqu'à son extrémité évasée. Il existe aussi plusieurs variantes de ce modèle classique, plus allongés ou du format de la trompette (trompette-cornet à pistons, à l'origine une idée française du début du XXe siècle). Certains instruments anciens conservent le « tenon de si bémol », inséré entre l'embouchure et la branche de l'embouchure. En des temps plus anciens, lorsque le cornet à pistons était très employé dans les théâtres et les orchestres de musique légère, ce tenon pouvait être échangé contre un « tenon de la » pour jouer les parties marquées « cornet à pistons en la » (sons réels à la tierce mineure inférieure des notes écrites, alors que le cornet à pistons en si bémol ne sonne qu'un ton plus bas). A une époque encore plus ancienne, on a fabriqué un cornet à pistons avec des corps de rechange enroulés pour les parties marquées « en la bémol », « en sol » ou « en fa » et parfois plus bas, mais ce genre de corps de rechange a à peine survécu au XIXe siècle.

2. *Utilisations musicales.* Grâce aux fanfares, le cornet à pistons a longtemps été l'instrument à vent favori de la majeure partie de la population. Les grands virtuoses du passé sont issus des fanfares, comme Isaac Levy, le démon du cornet à pistons, ou, aux États-Unis, Herbert Clarke de la Sousa's Band. Louis Armstrong a appris à jouer du cornet dès son enfance dans la Colored Waifs' Home Brass Band, à La Nouvelle-Orléans. Comme beaucoup d'autres instrumentistes, il en a joué dans les orchestres de jazz jusqu'à ce que s'impose la mode de la trompette, plus pénétrante, dans les années vingt. Le répertoire soliste se cantonne surtout à la musique populaire ; il comporte des variations diaboliquement difficiles sur des airs d'opéra ou des airs traditionnels, comme le *Carnaval de Venise* ; mais on le complète souvent d'œuvres empruntées au répertoire de la trompette, notamment le concerto de Haydn.

L'utilisation du cornet à l'orchestre comporte trois principaux aspects. Les compositeurs français ont ajouté une paire de cornets à pistons aux deux trompettes, confiant aux cornets à pistons les passages plus agiles et plus mélodieux – comme Berlioz, Bizet (dans *Carmen*), Franck (dans la *Symphonie en ré mineur*) et, hors de France, Tchaïkovski (dans ses ballets). Par la suite, en France, en Grande-Bretagne, aux États-Unis et, dans une certaine mesure, en Italie, au fur et à mesure qu'avançait le XIXe siècle, les cornets à pistons ont remplacé les trompettes dans presque tous les orchestres de moyenne importance, car on considérait qu'il était inutile de se compliquer la vie avec un instrument aussi peu maniable que la trompette (c'était le cas des premières trompettes à pistons) alors qu'il devenait si facile de tout jouer sur le cornet à pistons. Enfin, au XXe siècle, avec la technique plus souple de la trompette moderne, la situation s'est renversée : les instrumentistes d'orchestre ont tendance à jouer à la trompette les parties de cornet à pistons, sauf peut-être dans les œuvres où le compositeur utilise le cornet pour évoquer la musique populaire et la musique de rue (comme dans *Petrouchka* et dans *L'Histoire du soldat* de Stravinski). L'Allemagne, toutefois, est restée largement à l'écart de ce mouvement de va-et-vient, car elle a connu, dès le début, de bonnes trompettes à pistons. Les cornets à pistons construits en Allemagne ont adopté différentes formes selon les régions, mais ils ne sont pratiquement plus fabriqués car les fanfares les remplacent de plus en plus par des trompettes.

Anthony Baines.

Cornish, William. Voir *Cornyshe, William*.

Cornu (lat.). « Cor ». Grand cor romain en forme de « G » incliné (voir *Cor*, 9b). L'emploi exceptionnel du terme *buccina* (voir *Cor*, 9a) par Vegetius à propos de cet instrument a entraîné une confusion qui subsiste encore de nos jours.

Cornyshe, William (mort à Hylden, Kent, octobre 1523). Compositeur anglais issu d'une famille de musiciens dont plusieurs membres ont exercé comme instrumentistes et comme compositeurs à la fin du XVe siècle et au début du XVIe siècle. William a été maître des enfants à la chapelle royale, à partir de 1509, et est devenu l'un des favoris d'Henri VIII qui lui accorda le manoir de Hylden, en 1523. Il a accompagné Henri VIII au Camp du Drap d'or, en 1520, emmenant avec lui dix jeunes choristes qui recevaient deux pence par jour pour leur « diette ». Cornyshe est un éminent compositeur de musique religieuse et de divertissements de cour plus légers.

Denis Arnold.

Coro (ital.). « Chœur » ; *gran coro*, « grand chœur » ou, dans la musique d'orgue, « plein-jeu ».

Coronation Ode. Œuvre chorale op.44 d'Elgar sur un texte d'A. C. Benson pour quatre solistes, chœur et orchestre. Elle est le résultat d'une commande pour une soirée de gala donnée à Covent Garden à l'occasion du couronnement d'Édouard VII, en juin 1902 ; le gala fut annulé car le roi était malade et l'œuvre a été créée au Festival de Sheffield, en octobre 1902. Le finale, « Land of Hope and Glory », est tiré du trio de la première marche *Pomp and Circumstance* d'Elgar.

Cor de postillon (all. : *Posthorn* ; angl. : *post-horn* ; ital. : *cornetta di postiglione*). Instrument de la famille des cuivres que l'on sonnait autrefois sur les voitures postales pour signaler leur arrivée et leur départ. Les compositeurs ont souvent imité ses sonneries et on en fabrique encore pour jouer des solos dans des concerts de fanfares ou pour décorer les hôtels dans les campagnes, notamment en Grande-Bretagne, en Allemagne et en Suisse.

1. *Cor de postillon anglais.* Il est parfaitement droit, légèrement effilé, mesure environ 75 cm et est accordé en la bémol. On peut utiliser une embouchure de cornet à pistons et on obtient généralement le second, le troisième et le quatrième harmoniques, la bémol^3, mi bémol^4 et la bémol^4. Le solo favori des ensembles, le « Post Horn Galop » de Koenig (1844), cornet à pistons soliste dans l'orchestre de Jullien, est basé sur d'authentiques sonneries de postillon de l'époque. L'instrument a évolué au début du XIXe siècle pour devenir une version allongée du *cor de chasse anglais, qui était droit, bien que des modèles circulaires aient également été fabriqués vers 1840. Un peu plus tard, on a vu apparaître un produit analogue appelé *coach horn* (en cuivre rouge, mesurant 1,20 m de long) ; on en sonnait pour jouer des airs ressemblant aux airs de bugle.

2. *Cors de postillon européens.* Ils étaient généralement circulaires (et de nos jours servent souvent d'emblème sur les wagons postaux). Ils datent du début du XVIIe siècle et étaient alors composés d'une spire de 7,5 cm de diamètre enveloppée dans un tissu de couleur, le pavillon pointant vers le haut ; on lançait des sonneries rapides de deux notes espacées d'une octave : ces sons, autrefois familiers, se retrouvent dans la musique pour cordes ou pour clavier de la première moitié du XVIIIe siècle, comme l'*Aria di Postiglione* de Bach (dans le *Capriccio sopra la lontanza del suo fratello BWV 992*), *Belshazzar* (« Balthazar ») de Haendel (emprunté à Telemann) et *Il Corneta da posta* de Vivaldi (RV 363).

Un peu plus tard, les cors de postillon allemands et autrichiens ont été munis de plusieurs spires. Le tube était donc plus long et la hauteur de son plus grave, ce qui permettait de sonner des harmoniques plus hauts. Dans *La Promenade en traîneau K 605* de Mozart, les deux cors de postillon étaient joués à l'origine par les cornistes de l'orchestre : l'un est en si bémol, l'autre en fa, ce dernier devant sans doute jouer à la quarte inférieure des notes écrites. Beethoven (*Danses allemandes* de 1795) et Schubert (*Die Post*, dans *Die Winterreise*) évoquent tous deux des sonneries en arpèges identiques à celles de la trompette, qui subsistaient dans le style allemand du XIXe siècle. Le cor de postillon a également été équipé de pistons pour pouvoir jouer des airs courants. Il apparaît sous cette forme dans la *Symphonie n° 3* de Mahler. A Paris, à la fin des années 1820, le cornet à pistons était considéré comme une version à pistons du cor de postillon circulaire, le cornet de chasseurs (qui, à l'époque, était aussi un instrument militaire homologue du clairon de l'Infanterie légère britannique) ; et, sous forme de « cornet ordinaire », il venait souvent s'ajouter aux musiques militaires.

Anthony Baines.

Corranach, coronach (angl.). Hymne funèbre écossais, chanté à l'origine par un barde sur un accompagnement de harpe, mais plus tard par des femmes. Dans *Humphrey Clinker* (1771), Tobias Smollett décrit ce genre de cérémonie : « Le coronach, composé d'une multitude de vieilles sorcières qui s'arrachaient les cheveux, se frappaient la poitrine et hurlaient atrocement... Au moment du... panégyrique du défunt, chaque phrase [était] ponctuée d'un hurlement du coronach. » La **caoine* est l'équivalent irlandais du *corranach*.

Corrégidor, Le (*Der Corregidor*). Opéra en quatre actes de Hugo Wolf sur un livret de Rosa Layreder d'après *El Sombrero de tres picos* (« Le Tricorne ») d'Alarcón, ouvrage qui a également servi de base au ballet de Falla. Créé à Mannheim en 1896.

Corrente. Voir *Courante*.

Corrette, Michel (Rouen, 1709 ; Paris, 22 janvier 1759). Organiste et compositeur français. En dehors du fait qu'il est le fils d'un organiste et qu'il a été employé dans diverses églises et par divers protecteurs (le plus important étant le prince de Conti), on sait peu de chose de sa vie. Compositeur prolifique, il fut l'un des premiers compositeurs français à écrire des concertos dans le style italien (mais avec quelques caractéristiques bien françaises). Il a écrit 25 *Concertos comiques*, dont certains sont des pièces descriptives alors que d'autres sont basés sur des noëls. Il a également composé un *Divertissement pour le clavecin ou le pianoforte* qui décrit un engagement naval au large de Boston et constitue le précurseur direct (à la fois par le sujet et le mauvais goût) de *La Bataille de Vittoria* de Beethoven. Corrette a également écrit des petites « méthodes » d'enseignement qui fournissent des informations intéressantes sur la pratique instrumentale en France au XVIIIe siècle ; la plus connue est peut-être la méthode de violon, *L'École d'Orphée* (1738), qui compare les styles français et italien.

Denis Arnold.

Corsaire, Le. Ouverture op.21 de Berlioz d'après un poème de Byron. Elle a été composée en 1844 et créée sous le titre *Le Tour de Nice*, puis *Le Corsaire rouge* (traduction française de *The Red Lover* de Fenimore Cooper). Berlioz l'a révisée avant 1852.

Corteccia, (Pier) Francesco (Florence, 27 juillet 1502 ; Florence, 7 juin 1571). Organiste et compositeur italien. D'origine modeste, Corteccia débute, dès son enfance, comme choriste à San Giovanni Battista, où il occupera ensuite différents postes. En 1531, il devient organiste et maître de chapelle de San Lorenzo, la chapelle des Médicis et, en 1540, occupe les mêmes fonctions à la cour. En 1539, il compose des madrigaux et des *intermedi* pour le mariage de Cosimo Ier, duc de Florence, et d'Eleonora di Toledo. Sa musique liturgique comprend quelques-unes des plus anciennes passions italiennes. Il est mort dans sa chambre du cloître de San Lorenzo, dénué de tout bien.

Denis Arnold.

Cortège. Composition dans le genre d'une procession.

Corto, corta (ital.). « Court » ; *cortamente*, « brièvement ».

Coryphaeus. Voir *Choragus.*

Cosens, Benjamin. Voir *Cosyn, Benjamin.*

Così fan tutte. Opéra en deux actes de Mozart sur un livret de Lorenzo da Ponte, sans doute inspiré du Canto 43 d'*Orlando furioso* (1516) de l'Arioste. Représentations : Vienne (Burgtheater, 26 janvier 1790) ; Paris (Théâtre-Italien, 28 janvier 1809) ; Londres (Haymarket, 9 mai 1811) ; New York (Metropolitan Opera, 24 mars 1922). La prétendue immoralité de l'intrigue a justifié de nombreuses adaptations, au XIXe siècle, souvent sous des titres différents. Dans un café de Naples, deux officiers, Ferrando (ténor) et Guglielmo (bar.), parient avec le cynique Don Alfonso (bar.) que leurs fiancées respectives, Fiordiligi (sop.) et Dorabella (sop.), leur seront fidèles en leur absence. Don Alfonso informe ces dames du départ imminent de leurs fiancés. Les larmes coulent pour les adieux aux soldats. La servante Despina (sop.) est complice des officiers. Ils reviennent déguisés en Albanais et, après avoir fait, sans succès, leur cour à la fiancée de l'autre, ils menacent de s'empoisonner. Despina, déguisée en médecin, les ramène à la vie et ils repartent à l'attaque.

Guglielmo commence à user la résistance de la fiancée de son ami, Dorabella ; Ferrando réussit plus lentement avec Fiordiligi et Despina (maintenant déguisée en notaire) prépare un double contrat de mariage. A l'annonce du retour des officiers, les Albanais sont poussés dehors ; ils reviennent sous leur véritable identité. Ils feignent la fureur face à l'infidélité des deux femmes, mais Alfonso révèle la vérité et les amants se réunissent en louant la Raison qui est le meilleur guide dans la vie.

BIBLIOGRAPHIE : Jean-Victor Hocquard, *Cosi fan tutte*, Aubier (Paris, 1978). *Cosi fan tutte*, L'Avant-Scène-Opéra n° 16-17 (Paris, 1978).

Costeley, Guillaume (Fontanges, Auvergne, vers 1530 ; Évreux, 28 janvier 1606). Compositeur français. Il s'installe à Paris, vers 1554, et entre, en 1560, au service du roi comme organiste et compositeur. Ami d'Antoine de Baïf, il a joué un rôle important dans le développement de la *musique mesurée. Il a écrit des chansons sur des poèmes de Ronsard dans un style qui permet aux paroles d'être clairement perçues. Il a aussi été l'un des premiers compositeurs d'airs de cour (appelés « chansons en façon d'airs »). En 1570, Le Roy & Ballard ont publié la quasi-totalité de ses œuvres vocales dans un volume intitulé *Musique de Guillaume Costeley*. En 1571, il a été élu « Prince premier » de la confrérie de Sainte-Cécile à Évreux.

Cosyn [Cosens], **Benjamin** (vers 1570 ; ? Londres, 1652 ou plus tard). Compositeur anglais, organiste à Dulwich College, à Londres, à partir de 1622 et à Charterhouse à partir de 1626. Son célèbre recueil manuscrit de musique pour virginal (voir *Benjamin Cosyn's Virginal Book*) contient, outre ses propres œuvres, des pièces de Gibbons et de Bull.

John Milsom.

Côtelettes (all. : *Koteletten Walzer* ; angl. : *chopstick*). Air de valse rapide et anonyme pour piano exécuté avec les deux index tendus ou en frappant les notes avec l'arête de la main perpendiculairement au clavier (le petit doigt vers le bas). La partie de basse alterne tonique/dominante sur une improvisation qui fait occasionnellement appel au *glissando*. Le nom fait référence à la façon de couper les côtelettes. Il existe un recueil d'œuvres basées sur cette forme musicale : *Paraphrases* (1880) pour deux pianos de Borodine, Cui, Liadov, Rimski-Korsakov et Liszt.

Cotillon. Danse française du début du XVIIIe siècle qui s'est répandue en Allemagne un peu plus tard ; une publication allemande de 1769 en parle comme d'une sorte de contredanse. Au XIXe siècle, elle a pris une forme plus élaborée et était souvent exécutée en fin de soirée dans les bals. Un certain nombre de couples suivaient les mouvements du couple qui menait la danse ; elle n'était pas liée à un style musical particulier, mais pouvait être exécutée sur des musiques de valse, de polka, de galop ou de mazurka.

Coulé. 1. Par exemple, *legato*.
2. Voir *Coulisse*, 2.
3. Au XVIIIe siècle, ce terme désignait une *appogiature.
4. (all. : *Schleifer* ; angl. : *slide*) Ornement courant à l'époque baroque composé

de deux courtes notes montant progressivement jusqu'à la note principale. Il peut être indiqué par un signe ou par de petites notes (voir Ex. 1) et on le trouve jusque dans des œuvres comme le *Quatuor à cordes op.135* de Beethoven.

Sur les instruments à clavier, la première note peut avoir besoin d'être soutenue (Ex. 2).

Ex. 1

Ex. 2

Couleur et musique

1. La synesthésie et certaines de ses formes
2. Relations entre les compositeurs, leurs œuvres et certaines couleurs
3. Timbres et couleurs
4. Tonalités et couleurs
5. Relations physiques et mentales entre certaines hauteurs de son et certaines couleurs
6. Premières tentatives de combinaison musique-couleur sur des principes scientifiques
7. L'orgue de couleur de Rimington
8. La « traduction » fallacieuse du son en vision
9. Le clavilux
10. Autres expériences dans le domaine de la « musique des couleurs »
11. La couleur accessoire de la musique
12. L'approche au travers de l'occultisme
13. Utilisation de la couleur dans l'enseignement musical

1. *La synesthésie et certaines de ses formes.* La théorie selon laquelle il existe une relation entre le son et la couleur est une théorie naturelle, car la tendance à associer ces deux catégories de phénomènes est extrêmement courante. Toutes les langues font ce genre de rapprochement. En discutant de peinture, on parle de « tons » (« doux » ou « fort », ou « bas » ou « haut ») ; dans le langage de la musique, on emploie les termes « chromatique » et « colorature » (deux mots qui impliquent l'introduction de teintes – le premier, par l'addition de notes supplémentaires à la gamme diatonique, le second par l'addition de passages décoratifs à une simple mélodie). Whistler a emprunté à la musique des mots comme « Nocturne » et « Symphony » pour les titres de certains de ses tableaux. On pourrait bien sûr multiplier les exemples pour souligner ce genre d'affinités entre les processus et les objets de la vision et de l'audition.

Plus encore, certains exemples réels précis relèvent aussi de la synesthésie (« relation subjective établie spontanément entre une image mentale [ou une perception] et une image appartenant au domaine d'un autre sens »). Ainsi, les psychologues sont familiarisés au phénomène de liaison qui peut se créer entre l'impression laissée par une couleur et certains mots ou lettres. Même les enfants attribuent une couleur distinctive aux chiffres, aux noms de certaines personnes ou aux jours de la semaine. Rimbaud a écrit un sonnet, *Les Voyelles,* dans lequel il attache à chaque voyelle la couleur sous laquelle elle lui apparaît (« A noir, E blanc, I rouge, O bleu, U vert ») et un autre poète français a fait la même chose avec des correspondances de couleurs entièrement différentes ; un tel type d'association est évidemment subjectif et entièrement personnel. L'ouvrage de Galton, *Inquiries into Human Faculty* (1883), contient des remarques intéressantes sur la nature et la valeur de rapprochements comme ceux dont traite cet article. La première tentative visant à établir une analogie entre les couleurs et les sons est très ancienne : elle remonte à l'Antiquité et on la doit à Ptolémée, le célèbre savant d'Alexandrie.

2. *Relations entre les compositeurs, leurs œuvres et certaines couleurs.* Les relations qui peuvent s'établir entre certaines œuvres spécifiques, ou même l'ensemble de l'œuvre d'un compositeur, et une couleur donnée constituent une forme de synesthésie qui semble entièrement subjective.

Dans son livre sur les *Meistersinger* (1697), Johann Christoph Wagenseil raconte que leur répertoire comportait déjà des airs aux fortes connotations de couleurs : « Evening Red Tune » (rouge), « Blue Corn Flower Tune » (bleu), « Black Amber Tune » (noir), « Yellow Lion Skin Tune » (jaune), etc.

Certaines personnes associent même des opéras entiers à une couleur donnée (bleu pour *Aïda* et *Tannhäuser* ; vert vaporeux pour *Le Vaisseau fantôme* – ce dernier suggérant peut-être la mer).

D'autres considèrent que la musique de Mozart est bleue, celle de Chopin verte et celle de Wagner « lumineuse, avec des couleurs changeantes », ce dernier point de vue découlant peut-être de l'effet général produit par les changements d'harmonie et d'orchestration. Pour le psychologue Flournoy, la musique de Gounod évoque une sensation de violet chez un individu et de bleu chez un autre, alors que Beethoven évoque le noir chez un troisième. Si, dans ce genre de cas, on peut prouver que les personnes concernées connaissent une part importante de l'œuvre du compositeur en question (et non une ou deux partitions avec lesquelles elles établissent des relations plus ou moins affectives), on ne peut voir en elles que des victimes d'obsessions imaginaires.

En 1923, le professeur Clarence G. Hamilton a effectué une expérience intéressante à Wellesley College (collège féminin dans le Massachusetts). Il a joué devant un groupe d'étudiantes l'*Impromptu en si bémol D 935* de Schubert, qui se compose d'un thème et de cinq variations, en leur demandant de noter les idées de couleur qui leur venaient à l'esprit. Le résultat a montré que telle ou telle variation suggérait soit des teintes vives, soit des nuances pastel (par exemple, que le degré de luminosité variait de l'une à l'autre), mais jamais la moindre couleur précise.

3. *Timbres et couleurs*. Chez les musiciens, l'exemple de synesthésie le plus courant consiste à établir une correspondance entre des couleurs spécifiques et le timbre de certains instruments. Ce genre de relation débouche généralement sur un certain accord entre les individus qui cherchent à les établir.

En 1876, lors d'une réunion de la Musical Association, R. H. M. Bosanquet, éminent savant et chercheur dans le domaine scientifique de la musique, suggéra que, pour faciliter la lecture des partitions d'orchestre, il faudrait imprimer de différentes couleurs les portées consacrées aux diverses familles instrumentales. « Sur la question des couleurs, il a rencontré un accord remarquable parmi les musiciens et a suggéré le noir pour les cordes et les voix, le rouge pour les cuivres et les percussions, et le bleu pour les bois. » La plupart des musiciens accepteraient sans doute aujourd'hui ces correspondances, même si quelques-uns parmi eux préféreraient voir imprimer les cordes en rouge et les cuivres en noir ou en bleu.

Il ne s'agit sans doute pas, en l'occurrence, d'un principe d'association directe ; à l'analyse, la correspondance semble s'établir ainsi : sur le plan émotionnel, les cordes sont (relativement) sobres, alors que les cuivres sont saisissants ; or, dans le domaine des couleurs, le noir est sobre et le rouge saisissant. L'émotion générale assez vague que suscitent aussi bien un son qu'une couleur sert ici de lien. Ce lien échappe sans doute souvent à la conscience, mais il existe. Et il est certainement à l'origine de la remarque d'Émile Zola à Alphonse Daudet (qui, plus que tout autre, admettait l'existence d'une véritable correspondance entre un timbre et un sentiment) : « La clarinette représente l'amour sensuel alors que la flûte représente, tout au plus, l'amour platonique. »

Dans ses *Memories and Music* (1924), le chef d'orchestre Sir Dan Godfrey dresse un tableau dans lequel il décrit chaque instrument de l'orchestre avec, dans une colonne, la couleur correspondante : pour lui la flûte est bleue et la clarinette se situe entre le rose et le rouge.

Rares sont les livres sur l'orchestration qui ne font aucune allusion aux couleurs. L'article de Sir Henry Wood sur l'orchestration dans le *Dictionary of Modern Music and Musicians* (1924) s'intitule « Orchestral Colours and Values » (« Couleurs et valeurs orchestrales ») ; l'*Orchestration* (1897) de Prout comporte un chapitre sur « l'analogie de l'orchestration et de la peinture ». Le livre de Widor *Technique de l'orchestre moderne* (1904) débute par ces mots : « Au cours des cinquante dernières années... la palette orchestrale s'est enrichie d'une variété de couleurs sonores jusqu'alors inconnues. » Le *Traité d'instrumentation* (1843) de Berlioz parle de l'art de l'instrumentation comme « application des divers éléments sonores pour colorer la mélodie, l'harmonie et le rythme », etc.

En allemand, le mot timbre se dit *Klangfarbe* (ou « couleur sonore » et son synonyme anglais est *tone-colour*.

Sabaneiev a dressé une liste des compositeurs chez lesquels la relation entre la couleur et le son est pauvre (par exemple, Schumann et Brahms) ainsi qu'une autre liste de ceux chez lesquels il la trouve riche (par exemple, Berlioz, Wagner, Debussy). Il affirme (et ses exemples soutiennent en général sa thèse) que ceux qui sont organiquement déficients dans le domaine de la « coloration » orchestrale n'ont généralement pas « l'oreille des couleurs », alors que ceux qui sont doués dans ce domaine la possèdent, en principe. (Le propos de Sabaneiev sur les talents d'orchestrateur de Brahms peut prêter à discussion !)

4. *Tonalités et couleurs.* De nombreux musiciens établissent une relation entre les tonalités et les couleurs. Si ces relations sont constantes, il est difficile de trouver un lien émotionnel intermédiaire suscité, d'une part, par la couleur et, de l'autre, par l'effet musical, comme on a pu le faire dans le cas du timbre. Il semble qu'en une occasion Beethoven ait parlé de « noir » à propos de la tonalité de si mineur. Il disait souvent des choses sous l'impulsion du moment et il ne faut pas attacher trop d'importance à de telles remarques faites au hasard, qu'il contredisait parfois dès le lendemain ; mais en supposant qu'il ait voulu que cette association de couleur soit prise au sérieux, il serait intéressant de savoir s'il entendait l'appliquer à la musique, quels que soient le tempo, le rythme, le style et l'orchestration ; et, dans l'affirmative, s'il aurait pu, au fil des pages de ses propres œuvres, attirer l'attention sur une telle variété d'émotions dans les œuvres d'une même tonalité, ce qui semblerait exclure toute description de couleur commune à l'ensemble d'entre elles ; à moins que couleur et émotion ne soient entièrement dissociées, ce qui, comme on vient de le voir, est parfois le cas. Alors se pose la question de la hauteur du son, car ce que représente si mineur sur un instrument peut devenir si bémol mineur, la mineur ou do dièse mineur sur un autre.

Toutefois, on peut résoudre ce problème en supposant que l'esprit d'une personne qui possède ce type précis d'association de couleur peut tenir compte de la position plus relative qu'absolue des hauteurs de son au sein des différentes tonalités. Beethoven aurait eu alors à l'esprit une sorte d'image inconsciente de l'ensemble du cercle des tonalités de son piano, image dans laquelle la position de si mineur aurait été marquée par un effet d'obscurité. En jouant, ou en entendant jouer sur un piano accordé à un diapason différent du sien, il aurait, en notant la tonalité et la hauteur précises de la première pièce jouée, ajusté instinctivement toute sa gamme de couleurs, la poussant d'un seul bloc légèrement vers la droite ou vers la gauche.

Il en est de même pour MacDowell, qui voyait en chaque tonalité une couleur précise. Un autre savant sensé, Riemann, dans son livre sur *Le Clavier bien tempéré* de Bach, nous surprend soudain en faisant allusion à mi majeur comme la « tonalité du vert profond du printemps à son plein épanouissement » ; et Hoffmann, le compositeur-romancier fantaisiste, parle de son héros Johannes Kreisler comme d'un « petit homme dans un manteau de la couleur de do dièse mineur, avec un col de la couleur de mi majeur » (ce qui représentait sans doute pour lui quelque chose de bien précis) ; dans ses *Mémoires ou Essai sur la musique*, le compositeur Grétry attache des couleurs aux diverses tonalités et l'on pourrait citer des dizaines d'autres personnes qui ont fait de telles associations.

Le tableau ci-après montre les couleurs qu'évoquent les gammes majeures dans l'esprit de deux compositeurs russes : il révèle entre eux une ou deux correspondances et des divergences très importantes. Cette liste, disposée selon le cycle des quintes, met en relief le schéma général suivant : tonalités diésées, couleurs brillantes ; tonalités bémolisées, couleurs discrètes. On pourrait en déduire que les mots « bémol » et « dièse » ont tendance à créer une relation émotionnelle dans la plupart des esprits.

La relativité de toutes ces relations entre couleurs et tonalités a fait l'objet d'un débat organisé à Londres, en 1886, par le journal *Musical Opinion*. On a soumis à un test la portion du public qui soutenait l'existence d'une couleur spécifique à chaque tonalité permettant d'identifier à l'oreille n'importe quelle tonalité : un morceau très connu a été joué à la fois en sol et en la bémol et ces personnes ont appliqué et défendu leurs systèmes de relations habituels pour sol et pour la bémol, en soutenant que la transposition avait complètement modifié la couleur de la tonalité. Cette réunion s'est terminée

TONALITÉ	RIMSKI-KORSAKOV	SCRIABINE
do majeur	blanc	rouge
sol majeur	or brunâtre	orange-rose
ré majeur	jaune, rayonnant	jaune, brillant
la majeur	rosé, clair	vert
mi majeur	bleu saphir, étincelant	blanc bleuté
si majeur	sombre, bleu acier	blanc bleuté
fa ♯ majeur	gris-vert	bleu vif
ré ♭ majeur	brun, chaud	violet
la ♭ majeur	gris-violet	violet, cramoisi
mi ♭ majeur	sombre, bleu-gris	couleur métallique
si ♭ majeur	–	couleur métallique
fa majeur	vert	rouge

dans l'agitation et le désordre lorsqu'on a découvert que le piano possédait un dispositif mécanique de transposition : les personnes présentes avaient *vu* la pianiste jouer en la bémol majeur, mais l'avaient *entendue* jouer en sol majeur comme auparavant (un certain temps avait sans doute dû s'écouler entre les deux exécutions pour qu'elles aient pu oublier la tonalité de la première).

Il semblerait que, dans un cas de ce genre, la relation s'établisse par rapport au cycle entier des tonalités : pour de telles personnes, la bémol majeur est la bémol majeur, quel que soit le diapason de l'instrument, car elles l'entendent inconsciemment par opposition à une série imaginée de tonalités relativement « plus sombres » et à une autre série de tonalités relativement « plus lumineuses ». Dans la première exécution, elles *pensaient* à la tonalité qui comporte un dièse (sol majeur), dans la seconde à celle qui comporte quatre bémols (la bémol majeur).

Certains observateurs affirment que, dans ce genre de cas, la différence de doigté, en fonction des tonalités, peut expliquer la différence de l'effet produit. Ainsi, l'un des participants au débat évoqué plus haut affirmait que « le troisième degré de presque toutes les gammes diésées est une tonalité qui met en valeur le noir, et qui fait peut-être jouer la tierce plus fort ; et comme la tierce est l'intervalle qui donne du brillant, cela justifie peut-être la différence. L'inverse vaut bien sûr pour les tonalités bémolisées. » De même, on souligne souvent que l'usage plus ou moins intensif des cordes à vide, sur les instruments à archet, peut influencer la couleur de la tonalité, selon la tonalité dans laquelle ils se trouvent.

L'acceptation d'une telle hypothèse pose de nombreux problèmes. Cette hypothèse libère les couleurs de tonalités de toute dépendance par rapport au diapason réel de l'instrument, mais comme les cordes à vide d'un instrument à archet ne correspondent pas aux touches blanches ou noires d'un instrument à clavier, il faudrait attribuer aux tonalités des jeux de couleurs différents selon le type d'instrument utilisé ; et les « coloristes de tonalités » prétendent généralement que leurs correspondances dépendent d'un instrument précis. En outre, selon cette théorie, la musique d'orgue ne pourrait donner naissance à aucune association de couleur, puisque la force des doigts n'exerce aucun effet dynamique sur le jeu de l'orgue, contrairement à celui du piano.

Les tonalités enharmoniques posent un autre problème : sur les instruments à clavier, elles sont rigoureusement identiques, mais elles possèdent deux notations distinctes, ré bémol et do dièse, par exemple, qui évoquent des effets de couleurs très différents à la plupart des coloristes.

Dans l'ensemble, il semblerait que la notion de « couleur de tonalité » soit une expérience entièrement subjective, dépendant à un large point de vue de suggestions émotionnelles, des mots « bémol » et « dièse », et reposant en partie sur la connaissance théorique des séries de tonalités diésées et bémolisées (échelle des quintes).

Selon une certaine convention, les bémols seraient, dans l'ensemble, solennels et les dièses, brillants. Il est vrai qu'en abaissant ou en élevant la hauteur du son, donc la tonalité d'un morceau, on a tendance à lui donner plus de solennité ou plus d'éclat, selon le cas. Ainsi, un compositeur qui imagine la phrase initiale d'une œuvre dans un caractère solennel, sur le plan rythmique et harmonique, avec une tessiture tournant autour de la ou de ré, écrira instinctivement en la bémol ou en ré bémol plutôt qu'en la bécarre ou en ré bécarre, car il compare mentalement (consciemment ou inconsciemment) les deux tonalités. Dans la *Symphonie héroïque* de Beethoven, la Marche funèbre est écrite en ut mineur (trois bémols) ; celle de sa *Sonate pour piano op.26* en la bémol mineur (sept bémols ; elle sonnerait exactement de la même façon en sol dièse mineur, cinq dièses !). Mais celle de Mendelssohn, dans ses *Romances sans paroles*, est en mi mineur (un dièse), ce qui semble indiquer que Mendelssohn était moins obsédé que Beethoven par l'association « bémol/solennel ». Mendelssohn lui-même n'a pas donné le titre de « Marche funèbre » aux exemplaires publiés de son vivant. Néanmoins, cette pièce a toujours été considérée comme une marche funèbre et a été jouée comme telle aux funérailles du compositeur. Toutefois, même Beethoven n'a pas toujours été soumis à cette influence, comme le montrent certaines de ses œuvres et sa propre description de la tonalité de si mineur (deux dièses) comme une tonalité « noire ».

Il semble donc qu'on puisse conclure de tout ce qui précède que les associations de couleurs et de tonalités sont en partie conventionnelles (tendance générale à attacher des couleurs sombres aux tonalités qui comportent des bémols à la clef, et des couleurs plus brillantes à celles qui comportent des dièses), en partie arbitraires et personnelles, car il serait certainement impossible de trouver deux musiciens qui soient tombés d'accord sur une même série d'associations. Toutefois, il y a 479 001 600 permutations possibles entre les douze tonalités majeures et les douze tonalités mineures, et en s'attachant à l'ensemble des vingt-quatre tonalités, majeures et mineures, on atteint des nombres qui dépassent de loin les besoins des habitants de la terre en la matière. On peut donc considérer que le nombre de correspondances couleurs-tonalités est illimité et on peut, tout au plus, espérer une entente générale approximative sur les suggestions de couleurs proposées par les tonalités les plus fréquemment utilisées. Mais au-delà de la convention dièse/brillant, bémol/triste, généralement acceptée par les musiciens, cet accord moyen semble purement théorique.

La subjectivité de toute cette démarche est explicitée dans une remarque de Riemann, à propos d'une certaine édition du troisième prélude et fugue du *Clavier bien tempéré* de Bach :

« Kroll a écrit ce numéro dans la tonalité de ré bémol au lieu de do dièse et il pourrait chercher à se justifier en affirmant que Bach, s'il avait vécu à l'époque actuelle, aurait certainement fait la même chose ; car, sans aucun doute, la tonalité de ré bémol nous est beaucoup plus familière que celle de do dièse, mais à son époque, c'était le contraire. Toutefois, le prélude en do dièse offre une preuve irréfutable de ce que la puissance de sentiment et d'invention de Bach dépendait totalement de la tonalité ; cette atmosphère ardente de plein été, cet éclat, cette lueur et ce scintillement [« Blitzen, Flirren und Flimmern »] ont été construits en fonction de l'esprit de la tonalité de do dièse majeur ; la tonalité douce et voilée de ré bémol aurait suggéré un traitement d'un genre entièrement différent. »

5. *Relations physiques et mentales entre certaines hauteurs de son et certaines couleurs.* Nous approchons ici d'un type de relation dont on a longtemps dit qu'il ne reposait sur aucune base subjective, mais qu'il pouvait s'expliquer par l'énoncé mathématique d'un fait physique. Cette idée générale remonte en fait à Newton (*Opticks*, 1704 ; recueil d'articles écrits entre 1672 et 1675).

La lumière blanche est un mélange de toutes les couleurs. En l'analysant au spectroscope, Newton a établi un système de sept couleurs principales (rouge, orange, jaune, vert, bleu, indigo, violet) et a consigné ses observations sur les analogies qu'il avait relevées entre ces couleurs et les sept notes de la gamme diatonique. Ces analogies se fondaient sur la largeur des sept bandes de couleurs dans le spectre et sur la longueur des sept cordes nécessaires pour produire les sept sons de la gamme.

Par la suite, toutes les spéculations et expériences ont été élaborées à partir de la même donnée fondamentale : les sons que nous entendons et les couleurs que nous voyons sont tous des réponses sensorielles à des vibrations. Il y a toutefois une différence considérable de rapidité entre les vibrations sonores et les vibrations des couleurs : si les vibrations sonores perceptibles à l'oreille humaine oscillent entre 16 et 20 000 vibrations par seconde environ (la perception auditive varie quelque peu d'un individu à l'autre et le second chiffre donné ici correspond au cri aigu d'une chauve-souris que certaines personnes ne peuvent entendre), les vibrations des couleurs se situent entre 451 000 000 000 000 et 780 000 000 000 000 vibrations par seconde – ce qui couvre la gamme complète du spectre, du rouge au violet. En appliquant les proportions du nombre de vibrations du spectre, on peut supposer que, s'il était possible de percevoir des effets de vibration de lumière plus élevés, nous verrions le rouge d'une extrémité du spectre se répéter à l'autre extrémité, avec un chiffre double du précédent. Les deux rouges correspondraient ainsi à une octave en musique, intervalle dans lequel le chiffre de vibration de la note la plus élevée est toujours le double de celui de la note la plus basse. On peut également remarquer que les proportions des nombres de vibrations des couleurs intermédiaires sont très proches de celles des diverses notes au sein d'une octave (ces notes, comme l'énonce Newton, ne constituent pas la gamme diatonique majeure ou mineure complète, mais une gamme qui suit le schéma do, ré, mi bémol, fa, sol, la, si bémol, l'équivalent d'une gamme majeure amputée de sa note la plus grave).

A l'opposé, d'autres chercheurs, comme Helmholtz, ont remarqué que la gamme de couleur à laquelle on se rapporte était une gamme arbitraire, car les bandes de couleur se fondent imperceptiblement les unes dans les autres et la division originale de Newton a elle-même été influencée par une analogie avec la gamme musicale. Ainsi, Newton a identifié l'indigo comme une couleur précise, mais il aurait pu, avec autant de logique, avoir reconnu le jaune orangé (entre le jaune et l'orange), le jaune-vert (entre le jaune et le vert) et le bleu-vert (entre le bleu et le vert). Certains points précis du spectre ont été fixés par Newton et par d'autres savants afin de simplifier la nomenclature, mais ils ne constituent pas de véritables entités. Plus tard, d'autres savants ont adopté des nomenclatures différentes de celle de Newton, en reconnaissant un nombre de couleurs supérieur à ses sept « couleurs ».

En outre, le comportement des sons, lorsqu'ils sont associés les uns aux autres, n'a rien de comparable à celui des couleurs dans une situation analogue, ce qui révèle une différence de nature fondamentale. En mêlant deux notes l'une à l'autre, on obtient un effet de combinaison sonore dans lequel l'oreille peut encore distinguer clairement les deux éléments. Les notes demeurent ce qu'elles étaient auparavant : elles conservent notamment leur position respective dans la gamme. Mais si l'on combine deux couleurs, elles disparaissent toutes les deux et cèdent la place à une couleur unique qui correspond à une autre portion du spectre ; le mélange du rouge et du vert fait disparaître ces deux couleurs qui sont remplacées, dans le spectre, par le jaune. Il y a une différence considérable entre la combinaison de toutes les couleurs du spectre, qui aboutit à une lumière blanche pure, et l'exécution simultanée de toutes les notes de l'octave (avec les innombrables fréquences intermédiaires pour parfaire l'analogie !).

La seule correspondance authentique entre le son et la couleur provient du fait que tous deux sont l'effet de vibrations. Déjà, en 1810, Goethe écrivait dans *Zur Farbenlehre* (« Vers la connaissance de la couleur ») :

> « L'erreur dans laquelle les auteurs sont tombés en tentant d'établir cette analogie, nous la définirons ainsi – la couleur et le son ne supportent d'être comparés d'aucune manière, mais on peut les comparer tous deux à une formule supérieure ; tous deux peuvent être dérivés, mais chacun pour lui-même, d'une loi supérieure. On pourrait les comparer à deux rivières qui prennent leur source à la même montagne, mais poursuivent ensuite leur chemin séparément, dans deux régions totalement différentes, de telle sorte que sur la totalité de leur parcours respectif, aucun point ne puisse être comparé. »

(Aujourd'hui, les scientifiques n'approuveraient pas la référence à une « loi supérieure ».)

On trouve un autre point de vue dans une revue musicale américaine qui décrit un système appelé « microtone » (invention d'Edward Maryon) :

> « Le son est la couleur qui devient audible et la couleur est le son qui devient visible...
> En rapprochant les sensations qui arrivent à l'oreille et celles qui parviennent à l'œil, il est possible d'imaginer la note « do », comme il est possible de penser la couleur « rouge », ou toute autre note, ou couleur, de la gamme. Cette corrélation fait de la hauteur absolue une donnée de base pour chacun... Cette condition se réalise en plaçant dans l'esprit conscient la hauteur absolue comme couleur sonore de la gamme chromatique. Ce faisant, on s'accorde aux lois universelles qui gouvernent la vibration et le mouvement. »

Il y a beaucoup à apprendre des expériences approfondies que Sabaneiev a réalisées avec 250 personnes (consignées dans

Music and Letters, juillet 1929) : « Les personnes qui ont une idée relative de la hauteur du son semblent généralement dépourvues de la vision des couleurs. »

Toutefois, les recherches de Sabaneiev ne soutiennent pas l'idée d'une correspondance entre la gamme musicale et le spectre des couleurs. Il a trouvé une certaine approche de l'unanimité (entre 70 % et 87 %) en ne retenant que certaines associations de couleurs et de notes ; mais lorsque les notes sont placées dans l'ordre de la gamme, les couleurs ne suivent pas du tout l'ordre du spectre : ré, jaune ; mi, bleuâtre ; fa, rouge ; sol, grisâtre ou brunâtre ; si, bleuâtre (comme mi).

Les associations entre hauteurs de son (relatives ou absolues) et couleurs sont donc purement subjectives et individuelles (comme les associations de tonalités et de couleurs).

En outre, elles varient. A l'exception des personnes douées de l'oreille absolue, Sabaneiev a découvert que les mêmes individus réagissaient différemment à une note lorsqu'on leur disait son nom et lorsqu'on le leur cachait ; cette remarque lui a permis d'évaluer la part intellectuelle entrant en ligne de compte lorsque le nom de la note était indiqué. Une personne à laquelle on disait qu'elle écoutait un accord de fa dièse lui attachait une couleur précise ; mais, en lui faisant écouter le même accord sous le nom de sol bémol, elle lui attribuait une toute autre couleur.

Sabaneiev reconnaissait qu'une « grande part de l'évidence était devenue confusion et s'était complètement modifiée en recommençant l'expérience ».

6. *Premières tentatives de combinaison musique-couleur sur des principes scientifiques.* Un jésuite, professeur de mathématiques et de physique, Athanasius Kircher (1602-80), parlait de la musique comme du « singe de la lumière ». Il considérait que tout ce qui est visible pouvait être rendu audible et inversement. Il était alors, un peu avant Newton, sous l'empire d'une fausse analogie, qu'il a poussée à l'extrême.

Au siècle suivant, ses idées et celles de Newton ont inspiré un autre jésuite, également professeur, Louis Bertrand Castel (1688-1757). Auteur d'un livre intitulé *La Musique en couleurs* (1720), il a construit un « clavecin oculaire », doté d'un dispositif de bandes de couleurs, une par touche, au travers desquelles passait la lumière. En Allemagne, Telemann a publié une traduction de la description de cet instrument, en 1739. Le même texte a été également traduit en anglais (Castel jouissait d'une grande notoriété sur le plan scientifique en Angleterre où il fut nommé Fellow de la Royal Society).

Cet inventeur a joué de malchance en vivant avant l'époque de l'électricité et son instrument n'a jamais eu de succès. Mais il a suscité beaucoup de curiosité et occupe une place historique importante, car il représente la première tentative réalisée dans ce domaine. Les couleurs correspondant aux différentes notes étaient disposées en fonction de la largeur des bandes de couleur dans le spectre (il reprend ici l'idée de Newton, bien que Castel n'ait pas adopté les détails de hauteurs de son et les équivalences de couleurs de Newton). Mais il ne s'attachait pas au taux de vibrations, l'explication vibratoire de la lumière datant seulement du XIXe siècle.

En 1789, le médecin et poète anglais Erasmus Darwin fit des propositions comparables à celles de Castel. Il préconisa l'utilisation des lampes à huile d'Argand, récemment inventées, pour envoyer une lumière forte au travers de verres colorés sur des « stores amovibles » qui communiquaient avec les touches du clavecin et produisaient ainsi de la « musique visible ». Il adopta les proportions de Newton pour les notes et les couleurs.

7. *L'orgue de couleur de Rimington.* A partir de la fin du XIXe siècle, les tentatives d'associations de couleurs et de musique se sont multipliées, grâce aux recherches de Clerk Maxwell sur la nature de la lumière et de la couleur, et surtout grâce aux application pratiques de l'électricité à la mécanique et à l'éclairage qui ont énormément facilité les expériences en la matière.

Parmi les travaux les plus importants, on peut citer ceux du peintre A. Wallace Rimington (1854-1918), professeur à Queen's College (Londres). Il a réalisé la première démonstration de l'orgue de couleur, à Londres et dans d'autres villes, à partir de 1895. Cet orgue, qui ne produisait pas de musique, accompagnait d'un jeu de couleurs projeté sur un écran des exécutions musicales au piano ou à l'orchestre (Chopin, Wagner, etc.). Dans son livre *Colour Music – the Art of Mobile Colour*, publié en 1911, Rimington explique qu'il « n'essaie pas de prouver que certaines ondes lumineuses trouvent un parallèle exact dans certaines ondes sonores » ; mais il définit néanmoins une gamme de couleurs qui dépasse la gamme musicale, avec douze demi-tons dans chaque couleur. Comme le spectre ne comporte que des couleurs correspondant aux différentes notes d'une octave, Rimington justifie d'autres octaves en répétant les mêmes couleurs avec une luminosité accrue. Il avait adopté, dans une certaine mesure, le procédé fallacieux de la « traduction » de la musique en couleurs en jouant une partition sur son clavier de couleurs ; mais l'orgue possédait un accessoire permettant d'étendre le spectre unique à tout le clavier, et il était alors impossible de jouer de véritables compositions musicales, car la correspondance de couleur (imaginée) avait disparu. Évidemment, l'inventeur désirait aussi abandonner, à l'occasion, toute correspondance avec les notes de la gamme au profit d'une association du timbre et de la couleur, imaginant les sonneries des trompettes de Wagner sur un écran inondé d'un orange intense, le même passage se répétant sous forme d'un pâle écho au violon, sous les palpitations de l'écran en jaune pâle et safran à peine discernables, etc.

Rimington, nous le verrons, n'était pas trop attaché à l'idée d'analogies vibratoires et il s'est montré convaincu de ce que les correspondances entre la musique et la couleur étaient autant une question de psychologie que de physique. Néanmoins, il s'est adonné à la « traduction ».

8. *La « traduction » fallacieuse du son en vision.* Les tentatives de « traduction » d'une musique écrite en une nouvelle musique de couleur sont d'une futilité totale et évidente. Non seulement (voir § 5), les correspondances vibratoires imaginées n'existent pas, mais la musique est basée sur un appareil d'harmonies et de contrepoints, d'accords et de dissonances plus ou moins mordantes, de changements de dynamiques et de timbres qui exercent leur influence sur nos émotions, conséquence d'une longue évolution des perceptions humaines appliquées aux phénomènes sonores. Nous avons tous été élevés dans cet art complexe et l'apparition soudaine d'une nouvelle forme d'art dans laquelle les équivalences (si elles existent) sont présentées visuellement à l'œil de l'homme, sans lui avoir permis d'acquérir une perception correspondante, revient à présenter cette vision comme un égarement pur et simple.

Il n'y a donc aucune raison de supposer que les périodes de temps qui conviennent à l'appréciation d'effets harmoniques sont les mêmes pour l'appréciation des effets de couleur, les capacités visuelles et auditives étant différentes (on s'est plaint, au moment de l'inauguration de l'orgue de Rimington, de ce que « lorsque les touches étaient actionnées rapidement, l'effet produit était aveuglant » : *Musical Times*, 1895).

Il n'est donc ni prouvé ni probable que les effets émotionnels d'une œuvre musicale (qui dépendent d'un système élaboré, partiellement physique et partiellement conventionnel) trouvent leur correspondance par une « traduction » mécanique en une œuvre de couleur. Il existe à ce jour des milliers de raisons s'opposant aux présomptions profondes de cette idée de « traduction » des termes du son aux termes de la lumière.

9. *Le clavilux.* Il a été inventé par un chanteur et savant d'origine danoise travaillant aux États-Unis, Thomas Wilfrid, qui l'a présenté pour la première fois à New York en 1922 et, peu après, à Londres et dans d'autres villes européennes. Il abandonne complètement l'analogie erronée entre les proportions vibratoires du son et de la couleur et, chez lui, l'expression « musique des couleurs » désigne un art de la couleur qui ressemble à la musique simplement parce qu'il intègre les facteurs de temps, de rythme et de combinaisons multiples. Son clavier ne ressemble en rien à celui d'un instrument de musique. Il a introduit la notion de forme, montrant sur un écran des figures fantastiques qui bougent rythmiquement et changent incessamment de forme et de couleur. Dans l'ensemble, son instrument a reçu un accueil favorable car ses compositions, libres de toute attache erronée envers une autre forme artistique, ont évolué selon les possibilités de l'instrument pour lequel elles sont conçues.

Thomas Wilfrid considérait la façon dont il utilisait la couleur comme une sorte de musique *en elle-même* ; à vrai dire, l'application du mot « musique » dans ce cas relève vraiment du domaine de la métaphore. Pour ses programmes, il empruntait, dans une certaine mesure, la terminologie musicale et l'on trouve par exemple des œuvres portant les titres suivants : « Op.42, Sketch », « Op.39, Triangular Etude », « Op.30, A Fairy Tale of the Orient ».

Naturellement, rien n'empêche d'utiliser conjointement le clavilux et la musique, mais les couleurs changeantes évolueraient pour ainsi dire parallèlement au cours de l'œuvre musicale, sans tenter en aucune façon de « traduire » les notes. Une telle expérience a été tentée en 1926 avec la collaboration de l'Orchestre de Philadelphie, sous la direction de Leopold Stokowski, avec Wilfrid et son clavilux, lors d'une exécution de *Shéhérazade* de Rimski-Korsakov. Un tel traitement n'est pas plus condamnable que celui qu'ont infligé à cette musique les chorégraphes des Ballets russes – en faisant de cette partition un drame détaillé et précis, là où le compositeur n'apportait qu'une vague série d'émotions.

La machine de Thomas Wilfrid est exposée à titre permanent au musée d'Art moderne de New York.

Il semble que l'art de la musique et le nouvel art des couleurs trouvent l'une de leurs ressemblances les plus frappantes dans la faculté de traduire la beauté et les émotions, sans référence à des détails littéraires ou picturaux. Peut-être s'agit-il là de l'une des justifications les plus défendables de l'expression « musique des couleurs ».

10. *Autres expériences dans le domaine de la « musique des couleurs »* . Il est impossible d'énumérer ici toutes les tentatives cherchant à fabriquer des instruments susceptibles de produire un jeu de couleurs.

Dès 1844, D. D. Jameson consacrait des écrits à la « musique des couleurs » et présentait un instrument susceptible de la mettre en œuvre.

En 1877, l'Américain Bainbridge Bishop associait un instrument de projection de couleurs à un orgue de chambre ; il pouvait ainsi jouer de la musique et produire simultanément un mélange de couleurs.

En 1912, en Australie, Alexander Burnett Hector présentait son orgue de couleur. Plus encore que son contemporain anglais Rimington, il semble avoir doté son système d'une correspondance vibratoire entre les hauteurs de son et les couleurs.

La pianiste américaine Mary Hallock Greewalt a présenté pour la première fois son orgue de couleur à New York en 1919. Elle accompagnait la musique de couleur sans s'attarder aux analogies pseudoscientifiques de de ses prédécesseurs et affirmait que la variation de luminosité est un facteur indispensable (le fractionnement de la lumière en rayons ou couleurs ne fait qu'ajouter un élément de beauté).

Dans les années trente, à Boston, aux États-Unis, George Lawrence Hall a effectué des recherches dans une ligne analogue ; refusant les fausses analogies entre le son et la couleur, il a utilisé son *Musichrome* (un genre d'orgue de couleur) uniquement comme un « dispositif d'accompagnement », en essayant de « créer un accompagnement en couleurs coordonné avec la musique qui rehausse l'atmosphère et l'esprit de l'œuvre ».

Alexandre László est l'inventeur d'un piano de couleur qui projette la couleur sur écran. Il a été tout d'abord présenté en Allemagne, en 1925, au Festival de musique de Kiel où ont été exécutées des œuvres László lui-même. Il utilise une notation particulière des couleurs qu'il imprime au-dessus des lignes musicales sur les partitions de piano. Il a publié la même année un gros ouvrage théorique, *Die Farblichtmusik* (« La Musique de couleur et de lumière »).

Vladimir Chterbatchov a écrit un *Nonette* pour piano, harpe, quatuor à cordes, violon, danse et lumière.

Le compositeur français Carol-Bérard (1881-1942, un élève d'Albéniz) a introduit la notion de « chromophonie » pour désigner une nouvelle forme artistique à laquelle il aspirait. Le peintre et inventeur Valère Bernard a fabriqué l'instrument susceptible de concrétiser cette « chromophonie » dont le principe reposait sur la projection de couleurs sur un globe rotatif à facettes. Toute sa démarche était liée au principe de la fausse analogie. (« Il est facile d'énoncer avec précision la correspondance entre les différentes nuances d'une couleur et le son. C'est seulement une question d'arithmétique. ») Mais il n'a pas cherché à compléter la musique par une exécution parallèle de toutes les notes sur son instrument. (« On comprend aisément qu'il ne s'agit pas de traduire chaque note d'une œuvre polyphonique, mais uniquement de traduire les parties essentielles de la chaîne d'accords, de l'essence de l'œuvre. »)

A partir de 1934, Frederick Bentham a réalisé d'importantes expériences avec une console de lumière, donnant notamment des récitals à Londres et à Lisbonne. Son expérience lui avait appris qu'il ne fallait pas accorder trop d'importance à la perception de la couleur, qui doit être purement accessoire par rapport à la perception de la forme, et que la lumière doit glisser d'un changement à l'autre, en évitant les éclairs et les effets violents. Il a reconnu qu'il n'y avait aucune analogie avec la gamme musicale. (« Le lien entre ce que l'on voit et ce que l'on entend doit être émotionnel. ») En 1951, Frederick Bentham a supervisé l'installation d'un orgue de couleur au Royal Festival Hall de Londres – avant tout pour le ballet : il s'agit probablement de la première installation (permanente) de ce genre.

Le film de Walt Disney, *Fantasia*, et les fontaines de la Seine lors de l'Exposition universelle de 1937 sont deux exemples dans lesquels on a tenté d'associer les couleurs et la musique ; on a également utilisé une console lumineuse pour jouer des duos en couleurs avec un orgue électronique de Compton sur une tour de 24 m à l'exposition d'Earl's Court, en 1939 ; par la suite, les spectacles de son et lumière ont commencé à se répandre dans le monde entier.

Un expert anglais dans le domaine des couleurs, le major Adrian Bernard Klein, fils du professeur et critique Herman Klein, a fait une étude approfondie sur le sujet (*Colour Music – The Art of Light*, 1926 ; rév. 1937), qui relève autant de la rigueur scientifique que de l'enthousiasme artistique. Peintre dans sa jeunesse, son intérêt pour le sujet a été éveillé par une étude des dernières œuvres de Turner. Il a fait sa première apparition en public en 1913, avec une exposition présentée à Londres sur le thème de la « Composition en "musique des couleurs" – Études de ligne et de forme » (ses idées ressemblaient alors, en apparence, à celles du peintre expressionniste russe Kandinski, dont *L'Art de l'harmonie spirituelle* a beaucoup influencé la peinture et la musique de Schoenberg). En 1921, Klein présente un projecteur de couleurs élaboré, destiné avant tout à l'éclairage scénique. Dans ses spéculations sur l'art de la « musique des couleurs », il abandonne complètement les analogies pseudo-scientifiques fondées sur les fréquences vibratoires du son et de la lumière. Son projecteur fonctionne néanmoins avec un clavier de deux octaves, sur lequel les touches blanches et noires sont disposées exactement comme celles d'un piano. Selon ses propres dires :

> « Une séquence de tons disposés en ordre logarithmique d'intensité décroissante est d'une beauté extraordinaire et il était sans doute impossible d'obtenir des relations aussi mesurées avec aucun des autres projecteurs de lumière construits antérieurement. Qu'il s'agisse d'accroissement de la lumière blanche ajoutée à de la couleur pure, de l'augmentation ou de la baisse d'intensité d'un mélange donné, ou de l'altération très progressive d'une teinte, tous ces changements peuvent s'effectuer dans une mesure, selon un ordre et à un degré prédéterminés. La grande beauté de ces ordres justifiera finalement la prétention du langage de la lumière à être élevé à la dignité d'une discipline des beaux-arts. »

En 1932, le major Klein a exposé à Londres un orgue de couleur, dont il accompagnait la démonstration d'œuvres exécutées sur un orgue normal.

Si ces remarques ne reflètent que les travaux des principaux chercheurs dans ce domaine, il est intéressant de noter que ceux qui s'y adonnent l'abordent soit par le côté scientifique (par exemple, Castel), soit par le biais de la peinture (comme Rimington et Klein), soit par celui de la musique (comme Greewalt et Wilfrid).

11. *La couleur accessoire de la musique*. L'emploi occasionnel de couleurs dans le titre de certaines œuvres (*Scarlet Ceremonies* d'Ireland, etc.) a été poussé plus avant par Bliss dans sa *Colour Symphony* (« Symphonie des couleurs », 1922) : chaque mouvement de cette œuvre comporte une étiquette différente : « I, Pourpre », « II, Rouge », « III, Bleu » et « IV, Vert », avec un sous-titre qui évoque davantage le symbolisme de la couleur que la couleur elle-même ; ainsi, le vert est décrit comme « la couleur des émeraudes, de l'espoir, de la joie, de la jeunesse, du printemps et de la victoire ». Mais le compositeur a affirmé que, lorsqu'il composait, il avait toujours ressenti des sensations de couleurs et que ce jeu de couleurs s'était imposé plus particulièrement à son esprit lorsqu'il composait cette symphonie.

On atteint un stade encore plus avancé dans *Promethée* (ou « Le Poème du feu ») de Scriabine et dans *Die glückliche Hand*

(« La Main heureuse ») de Schoenberg ; les deux partitions comportent une ligne sur laquelle sont notés, d'un bout à l'autre, les détails d'un véritable jeu de couleurs qui doit être projeté sur écran au cours de l'exécution (rappelons que Schoenberg était lui-même peintre).

La *tastiera per luce* (« clavier de lumière ») prescrite par Scriabine pour son œuvre est un clavier de douze notes, accordées (si l'on peut dire) sur une gamme de couleurs personnelle, qui serait basé sur le cycle des quintes – mais on ne sait pas exactement de quelle façon et la partition ne donne malheureusement pas les équivalents en couleur des douze notes du clavier. Le jeu de lumières est indiqué au moyen de la notation musicale courante sur la portée du haut de la partition. Les combinaisons de couleurs ne dépassent jamais deux couleurs, parfois une seule. Les changements de couleurs sont très lents, comparés au rythme de la musique, la même couleur accompagnant souvent un groupe de plusieurs mesures. Les changements ne semblent pas arbitraires et ils ne constituent pas une simple interprétation des changements d'atmosphère de la musique, car la partie de *tastiera per luce* coïncide souvent avec certaines notes et suit parfois fidèlement la basse. Dans l'esprit du compositeur, l'association de couleurs est basée sur la hauteur du son et, sur la partition, la partie de *tastiera per luce* ressemble à une ligne pour deux cors dans laquelle un compositeur a essayé d'utiliser ces instruments comme un élément de liaison harmonique contre le mouvement rapide des autres parties.

L'œuvre a été exécutée à Moscou en 1911 sans faire intervenir d'appareil de couleurs. En 1915, elle a été jouée à New York avec un appareil qui, apparemment, « fonctionnait » ; mais, de l'avis général, il semble que la musique n'ait rien gagné de l'adjonction des effets de couleurs. Le compositeur a indiqué sur la partition qu'elle pouvait être exécutée sans avoir recours aux effets de couleurs et c'est ainsi qu'elle est le plus souvent présentée.

Scriabine envisageait de réaliser un grand mystère, dans lequel interviendraient non seulement un jeu de couleurs, mais également des gestes et un jeu de parfums ; mais la mort l'a surpris avant qu'il ait pu mener ce projet à bien. Pour un exemple de concert de musique, de couleurs et d'odeurs, voir *Odeurs et musique*.

12. *L'approche au travers de l'occultisme.* L'occultisme constitue une autre porte d'accès à ce sujet. Il est parfois inhérent à l'approche musicale, comme dans le cas de Scriabine (voir § 11) et de Cyril Scott. C'est avec toutes réserves que l'extrait de *Philosophy of Modernism* de Scott (1917) est cité ici – certains des termes utilisés ne recouvrant aucun sens pour l'auteur de cet article :

> « Toute composition musicale produit une forme de pensée et de couleur dans l'espace astral et l'on juge la valeur spirituelle de l'œuvre en fonction de cette forme et de cette couleur. Si les couleurs qui prédominent sont le lilas, le violet, le bleu, le rose, le jaune et le vert pomme, associées à une forme élevée et vaste, il s'agit d'une œuvre d'une valeur spirituelle intrinsèque ; si, toutefois, les couleurs qui prédominent sont les bruns sales, les gris, les rouges sombres, etc., l'œuvre peut être immédiatement identifiée comme une œuvre d'un ordre inférieur. Cette méthode d'évaluation de la valeur spirituelle de l'art n'est toutefois accessible qu'à celui qui a éveillé les facultés latentes de sa glande pinéale et de son hypophyse. »

(Scott a expliqué par ailleurs que le « psychique entraîné » pouvait éveiller « les facultés latentes des deux glandes du cerveau connues sous le nom de glande pinéale et d'hypophyse, les deux organes physiques de la perception psychique ».)

13. *Utilisation de la couleur dans l'enseignement musical.* On a parfois tenté d'employer des associations de couleurs pour faciliter la lecture à vue de chanteurs et l'on utilise aussi parfois la pseudo-analogie entre l'octave musicale et le spectre pour justifier de telles méthodes. Mais il est évident que la science physique ne justifie pas le moindre lien entre les effets de couleur et les degrés de la gamme, et la seule justification pratique est la facilité que procure cette démarche du seul point de vue éducatif. Il n'y a pas grand-chose à en dire car cette pratique n'est apparemment qu'une illustration de la façon dont certains professeurs ingénieux et bienveillants compliquent souvent des sujets relativement simples en insérant des éléments inutiles.

Percy Scholes.

Coulisse. Corps télescopique du trombone et de la trompette à coulisse ; voir *Trombone*, 1 ; *Trompette*, 1.

Country dance (angl.). Voir *Contredanse.*

Country Gardens (angl.). Air de contredanse anglais sur lequel on chante maintenant *The Vicar of Bray*, édité pour la première fois dans *The Quaker's Opera* (1728). L'air est devenu célèbre grâce à une œuvre pour orchestre de Grainger, *Country Gardens*, qui l'a également arrangé pour piano seul, pour piano à quatre mains et pour deux pianos (quatre mains ou huit mains).

Country Music. Parmi les premiers colons d'Amérique du Nord se trouvaient un certain nombre d'immigrants anglais et écossais qui ont peuplé les régions montagneuses entre la Pennsylvanie et la Géorgie. Ils avaient apporté avec eux leurs chansons populaires, leurs ballades et leurs danses et, isolés dans les Appalaches, ont continué à maintenir ce répertoire dans un style qui s'est à peine altéré pendant plus de deux cents ans – leurs instruments ont connu le même sort : la vièle, le banjo et le dulcimer. Même l'arrivée du chemin de fer n'est pas parvenue à faire sortir cette musique de son isolement et c'est seulement lorsque la radio a commencé à répandre ses sonorités contagieuses à l'étranger que ce type de musique folklorique américanisée a pu être découvert par un vaste public (des spécialistes du folklore, comme Cecil Sharp, reconnaissaient depuis longtemps la valeur des traditions des Appalaches et les considéraient comme une réserve de chansons populaires anglaises).

En 1923, le succès d'une émission consacrée à la « barn dance » par une station de radio de Fort Worth joua un rôle de détonateur et poussa d'autres radios à explorer la « country music ». A Nashville, la WSM présenta un joueur de vièle âgé de 80 ans, Uncle Jimmy Thompson, et redécouvrit un grand nombre de musiciens traditionnels. En 1926, cette émission prit le titre, aujourd'hui célèbre, de « Grand Ole Opry » et commença à diffuser largement cette musique. Le premier grand succès commercial remonte à un enregistrement de « It ain't gonna rain no more » de Wendell Hall mais on trouve une musique plus authentique chez les membres de la famille Carter ou chez Jimmie Rodgers, qui est devenu, avec son ioulement, l'une des premières véritables vedettes de la « country music ». Dans un style moins authentique, on a assisté à l'apparition de groupes comme The Sons of Pioneers, dont l'un des membres, Bob Nolan, fut un auteur connu de « folksongs » modernes dans cette veine. Selon un processus très courant dans le folk, la langue populaire originale a pratiquement disparu dans une grande partie des imitations commerciales, ce qui oblige le puriste insatisfait à revenir aux styles et aux matériels originaux. Aujourd'hui, la renaissance de la « country music » est extrêmement suivie ; elle compte ses propres exécutants et le centre d'activité se trouve pour l'essentiel à Nashville. Il existe une variante instrumentale distincte, appelée « bluegrass music », car elle est originaire des montagnes Blue Ridges de Virginie, qui repose sur une tradition extrêmement virtuose du banjo et de la guitare, de la mandoline et de la vièle. Cette musique a également connu une étonnante renaissance depuis 1945 et elle compte maintenant de fervents adeptes.

Peter Gammond.

BIBLIOGRAPHIE : Gérard Herzhaft, *La Country Music*, PUF, coll. Que-sais-je ? (Paris, 1984).

Coup d'archet. A Paris, au XVIIIe siècle, l'orchestre du Concert spirituel avait acquis sa célébrité notamment pour son attaque puissante et décidée au début des morceaux, que l'on appelait le « premier coup d'archet » ; toutefois, Mozart n'y a rien vu de nouveau, et il écrivait à son père : « Ces bovidés en font ici une telle affaire ! Que diable ! Je ne vois aucune différence – ils commencent simplement ensemble – comme on le fait ailleurs. »

Coup de glotte. Voir *Voix*, 3.

Coupé. Voir *Pas.*

Couperin. Famille de musiciens français qui compte deux compositeurs de premier ordre et plusieurs excellents instrumentistes. Son influence a été certainement plus limitée que celle de la dynastie des Bach, car la famille Couperin est toujours restée fixée à Paris.

On peut faire remonter la famille au XVIIe siècle, époque à laquelle trois frères voient le jour à Chaumes-en-Brie. L'aîné, **Louis Couperin** (vers 1626 ; Paris,

29 août 1661), était dessus de viole, organiste et compositeur. Vers 1650, Chambonnières les entend, lui et ses frères, et les emmène tous à Paris. Louis devient organiste à Saint-Gervais (poste que les Couperin occuperont pendant 175 ans) et dessus de viole à la cour. Les œuvres de Louis Couperin qui ont survécu sont des pages de musique de chambre, pour clavecin ou pour orgue. On ressent particulièrement l'influence de Chambonnières dans sa musique pour clavier, mais il connaissait aussi Froberger, qui l'a peut-être initié à la musique italienne. Il a composé de superbes chaconnes et passacailles, et s'est signalé par son audace harmonique. Sa musique pour clavier, bien que peu abondante et moins connue que celle de son neveu, est néanmoins remarquable et vaut la peine d'être découverte.

Le deuxième frère, **François Couperin** (I), dit « l'Ancien » (vers 1631 ; Paris, 1708-12), s'est montré beaucoup moins actif lors de son arrivée à Paris et s'est surtout conduit en « grand ivrogne ». Il est simplement mentionné, car on ne le connaît, en fait, que pour certaines œuvres de son neveu qui lui ont été attribuées par erreur. Sa fille, Marguerite-Louise (1676/79-1728), était une excellente chanteuse.

Le plus jeune frère, **Charles Couperin** (9 avril 1638 ; Paris, 1679), est devenu organiste à Saint-Gervais à la mort de Louis. Aucune de ses œuvres n'a survécu (on ne sait même pas s'il en a composé) et il est surtout connu pour avoir engendré **François Couperin** (II), dit « le Grand » (Paris, 10 novembre 1668 ; Paris, 11 septembre 1733). C'est sans doute son père qui a assuré sa formation musicale et, dès son plus jeune âge, son avenir ne faisait aucun doute – à dix ans, on lui promettait le poste d'organiste à Saint-Gervais à la mort de son père et, comme il devint orphelin à l'âge de onze ans, sa place lui fut conservée par Michel Richard Delalande. En 1690, il obtint la permission de publier deux *Messes* d'orgue (bien qu'il ait manqué d'argent pour mener ce projet à bien) et, en 1693, fut nommé organiste du roi. En 1696, il fut anobli et, en 1702, nommé chevalier de l'ordre du Latran – il signera lui-même souvent « Chevalier ».

Au cours des années suivantes, Couperin publie de la musique d'église d'un style intime : il préfère le petit motet et les *Leçons de ténèbres* pour quelques voix solistes à la musique chorale plus substantielle de Delalande et de Charpentier. Le mélange des styles français (dans l'ornementation, les phrases régulières, l'utilisation de flûtes et de hautbois) et italien (dans l'utilisation du récitatif et de l'aria) aboutit à une sensualité délicate absolument unique dans l'histoire de la musique religieuse. Il compose aussi de la musique de chambre, notamment des *Concerts royaux* (pour clavecin ou ensemble instrumental, Paris, 1722) et des *Pièces de viole*.

François Couperin est alors un homme riche : il occupe divers postes à la cour et jouit d'une très belle réputation d'interprète et de compositeur. En 1713, il commence à publier la musique qui a assuré sa célébrité – les 240 *Pièces de clavecin* (quatre livres, 1713-30) ; réparties en 27 « ordres », la plupart des pièces sont bâties sur des rythmes de danse que cachent leurs mélodies très ornementées et leurs accompagnements complexes. Un grand nombre d'entre elles adaptent au clavier la figuration « brisée » du jeu du luth (technique qui prendra le nom de « style luthé » ou * « style brisé »). Les pièces portent généralement des titres évocateurs – comme les pièces guerrières du 10e ordre ou les nombreuses évocations pastorales du 14e (par exemple, *Le rossignol-en-amour*), alors que d'autres sont des portraits dont les sujets, aujourd'hui oubliés, lui sont aussi familiers que les amis dépeints par Elgar dans les *Enigma Variations*. Dans ces œuvres, l'écriture pour clavier est rarement virtuose, mais elle requiert une très grande précision d'exécution. Couperin affectionnait la sonorité des « cordes pincées » du clavecin, mais elle fait beaucoup moins d'effet au piano. Courtoise, rarement passionnée mais profondément ressentie, la musique pour clavier de Couperin mérite le qualificatif de rococo, et on peut fort bien la comparer aux tableaux de Watteau.

On ne sait pas grand-chose de la fin de sa vie, sinon qu'il était en mauvaise santé et que plusieurs parents ont dû le décharger de ses fonctions à Saint-Gervais et à la cour. Il est mort dans sa grande maison de la rue Neuve-des-Bons-Enfants et a été inhumé dans la chapelle Saint-Joseph du cimetière Saint-Eustache.

La seconde fille de François Couperin, **Marguerite-Antoinette** (1705-vers

1778), est devenue la première femme « ordinaire de la chambre pour le clavecin » lorsqu'elle a hérité du poste de son père. Son poste à Saint-Gervais a été repris par son cousin Nicolas (1680-1748) auquel on a confié la publication de diverses œuvres inédites de François Couperin – tâche dont il ne s'est d'ailleurs pas acquitté. Son fils, Armand-Louis (1727-89), lui a succédé à Saint-Gervais en 1748 et a composé quelques charmantes pièces pour clavecin. Il est mort à la suite d'une chute de cheval, laissant deux fils : Pierre-Louis (1755-89) et Gervais-François (1759-1826), le dernier Couperin titulaire de l'orgue de Saint-Gervais. Sa fille, Céleste Thérèse (1793-1860), marque la fin de la lignée. Professeur de piano sans succès, elle tomba dans un dénuement total qui l'obligea à vendre à l'État les portraits de ses ancêtres (ils sont aujourd'hui à Versailles).

Denis Arnold.

BIBLIOGRAPHIE : James R. Anthony, *La Musique en France à l'époque baroque (de Beaujoyeulx à Rameau)*, Flammarion (Paris, 1982). Philippe Beaussant, *Couperin*, Fayard (Paris, 1980). Pierre Citron, *Couperin*, Seuil (Paris, 1956, rééd. 1980). François Couperin, *L'Art de toucher le clavecin* (Paris, 1716-17, rééd. Wiesbaden, 1933). Shlomo Hofman, *L'Œuvre de clavecin de François Couperin le Grand*, Picard (Paris, 1961). Marcel Thomas, *Les Premiers Couperin dans la Brie*, Picard (Paris, 1978). Julien Tiersot, *Les Couperin*, Félix Alcan (Paris, 1926).

Couplet. 1. Terme désignant la strophe d'un poème (mais pas nécessairement deux lignes rimées). Dans les *rondeaux du XVIIe siècle, le terme désignait les diverses sections reliées par un refrain répété. On le trouve souvent dans les pièces pour clavier de François Couperin.

2. Dans l'opéra léger des XVIIIe et XIXe siècles, un couplet est un chant strophique de nature humoristique. On en trouve de nombreux exemples dans les opérettes d'Offenbach.

3. Même sens que *duolet.

4. « Liaison de deux notes », par exemple deux notes de valeur égale liées ensemble. La seconde note est souvent légèrement raccourcie pour accentuer le phrasé.

Coupure. Partie omise, par exemple dans une partition d'orchestre.

Courante (ital. : *corrente* ? *coranto*). Danse mentionnée pour la première fois dans des sources françaises du XVIe siècle. Selon Arbeau (*Orchésographie*, 1588), elle suppose des sauts et des figures largement improvisées, mais Thomas Morley, dans *Plaine and Easie Introduction*, indique à la même époque qu'il s'agit d'une danse dans laquelle on court.

Au XVIIe siècle, la danse revêt deux formes nationales distinctes : la « corrente » italienne et la « courante » française. La version italienne est une danse rapide à trois temps (3/4 ou 3/8), de forme binaire, de style fondamentalement homophonique, bougeant constamment sur des valeurs courtes. C'était une danse qui combinait les sautillements et les pas. Plusieurs pièces appelées « coranto » apparaissent dans le *Fitzwilliam Virginal Book*, anonymes pour la plupart, à 3/4 ou à 6/4 ; la *corrente* apparaît aussi dans des sources allemandes et italiennes comme *Terpsichore* (1612) de Praetorius, *Banchetto musicale* (1617) de Schein, *Tablatura nova* (1624) de Scheidt et *Il Secondo Libro di toccate...correnti, et altre partite* (1627) de Frescobaldi. On en trouve des exemples ultérieurs dans la musique pour violon italienne, comme les sonates de Corelli ou de Vivaldi.

La courante française était plus élégante et majestueuse que son homologue italienne. Elle se composait aussi de deux parties répétées à trois temps, mais l'allure était plus lente et le rythme plus varié. Les autres caractéristiques de la version française sont l'utilisation de l'*hémiole, particulièrement aux points de cadence, et une structure plus contrapuntique et imitative. Les courantes ont fait leur apparition dans les œuvres des luthistes français du début du XVIIe siècle et figuraient souvent dans les ballets de cour. Lully, c'est surprenant, a eu assez peu recours à cette danse – on en trouve seulement cinq exemples dans ses œuvres – mais les courantes apparaissent souvent dans la musique pour clavier et les œuvres scéniques de compositeurs français postérieurs, comme les Couperin et Rameau.

Sous l'une ou l'autre forme, cette danse se généralise dans la *suite, souvent placée entre l'allemande (à laquelle elle est parfois liée sur le plan thématique) et la sarabande. Les courantes de Haendel, bien qu'elles adoptent le titre français, ressemblent davantage à la *corrente* : elles se situent généralement après l'allemande qui ouvre la danse. Bach a fait appel aux deux types : dans l'édition originale des partitas pour clavier, il les différencie avec précision, mais, par la suite, les éditeurs ont eu tendance à toutes les appeler « courantes ».

Wendy Thompson.

Couronnement. 1. Surnom du *Concerto pour piano nº 26 en ré majeur K 537* de Mozart (1788). Il a été exécuté au couronnement de Léopold II (1790), mais en fait Mozart l'avait déjà joué en 1789.

2. Surnom de la *Messe en ut K 317* de Mozart, composée en 1779. On pense qu'elle aurait été écrite pour le couronnement annuel d'une statue de la Vierge Marie, dans une église proche de Salzbourg.

Couronnement de Poppée, Le (*L'Incoronazione di Poppea*). Opéra en trois actes et un prologue de Claudio Monteverdi sur un livret de G. F. Busenello d'après les *Annales* XIII-XV de Tacite (vers 117). Représentations : Venise (Teatro di Santi Giovanni e Paolo, automne 1642) ; Northampton, Massachusetts (Smith College, 27 avril 1927) ; Oxford (University Opera Club, 6 décembre 1927, version anglaise de Westrup) ; Glyndebourne (29 juin 1962, version de Leppard) ; Paris (Opéra-Comique, Schola Cantorum, 24 février 1905, version de Vincent d'Indy) ; Aix-en-Provence (version originale, 1961). Premier opéra sur un sujet historique. L'empereur Nero (Néron) (tén.) est tombé amoureux de Poppea (Poppée) (sop.) et veut divorcer d'Octavia (mezzo). Poppée suspecte le vieux philosophe Seneca (Sénèque) (basse) d'être impliqué dans un complot préparé contre elle et Néron ordonne à Sénèque de mourir le jour même. Octavie persuade Ottone (bar.) d'assassiner son ancienne maîtresse, Poppée, mais il se fait prendre et n'est sauvé que par Drusilla (sop.) qui l'aime et avoue sa propre intention de tuer Poppée, révélant aussi le complot d'Octavie. Ottone et Drusilla sont condamnés à l'exil ; Néron divorce d'Octavie et épouse Poppée ; ils célèbrent leur mariage et le couronnement de Poppée.

Courtaud (all. et angl. : *Kortholt*). L'un des rares instruments à vent à anche double de la Renaissance ; on le fabrique à nouveau de nos jours (Fig. 1) : une perce cylindrique traverse deux tubes parallèles creusés dans un bloc de bois et reliés par le bas. L'instrument possède un capuchon d'anche comme de *cromorne. Comme sur les autres instruments à anche à perce cylindrique de l'époque, aucun quintoiement n'est possible, mais le courtaud (qui existe en deux tailles) peut fournir une étendue de presque deux octaves car il fait appel, en dehors des sept doigts et du pouce, à l'autre petit doigt, l'autre pouce et aussi aux articulations médianes des deux index (qui bouchent chacune un trou décalé sur le côté, ce qui permet au doigt de continuer à boucher en même temps son trou « normal »). Les courtauds produisent le son nasillard des instruments à anche à perce cylindrique étroite, comme le cromorne, mais un peu plus doux.

Fig. 1

Sa fabrication moderne repose sur un instrument illustré par Praetorius dans *Syntagma musicum* (1619) qui mesurerait environ 70 cm. Praetorius affirme l'avoir vu, mais il n'aurait trouvé que peu d'informations à son sujet. En outre, il semblerait qu'aucun modèle original n'ait survécu, bien qu'il y ait à Vienne quatre exemplaires originaux d'un instrument très proche, que Praetorius considère comme une famille de quatre instruments auxquels il donne le nom de *Sordunen* (voir *Instruments de la Renaissance*, Fig. 1). Ils diffèrent du courtaud par l'absence de capuchon d'anche, l'anche entrant selon toute apparence directement dans la bouche. On retrouve le même nom en Italie, *sordoni*, et à nouveau dans une pavane à cinq parties (vers 1600) du comte Moritz de Hesse-Cassel ; les instruments y sont nommés et forment un groupe intéressant – *fiauto* (flûte à bec), *cornetto muto*, trombone, *sordano* et *viola da gamba*. Si les parties étaient jouées dans cet ordre, le *sordano*, à la partie de ténor (étendue mi^2-fa^3), pourrait être l'instrument le plus petit de la famille, mesurant environ 23 cm plus l'anche.

On ignore si la différence entre l'instrument pourvu d'un capuchon d'anche (courtaud) et l'autre (*sordun*) était définitive. Le nom « sordun » se réfère au son étouffé, « courtaud » à une apparence plus extériorisée qui rappelait évidemment aux hommes de l'époque une pièce d'artillerie à canon court du XVIe siècle, le « courtault » (angl. : *curtal* ; ital. : *cortaldo*). En France, le courtaud, en tant qu'instrument à vent, correspond (selon Mersenne, 1636) au type dépourvu de capuchon d'anche. Toutefois, la nomenclature était alors assez vague : en Italie, l'instrument appelé « cortaldo » était le racket, alors qu'en Angleterre « curtal » désignait le dulcian, prédécesseur du basson (voir *Basson*, 4*a*).

Anthony Baines.

Courte octave. Système utilisé autrefois sur l'orgue et sur d'autres instruments à clavier qui permettait aux touches de l'octave la plus grave du clavier de faire sonner d'autres notes que les notes apparentes. Dans la musique pour clavier écrite avant 1700 (c'est-à-dire avant la généralisation du tempérament égal), certaines notes chromatiques n'étaient pratiquement jamais utilisées dans le registre grave de l'instrument ; elles n'existaient donc pas dans le bas du clavier. Dans un type courant de clavier à courte octave, les touches normales étaient fa, sol, la, si bémol et si ; mais celles de do dièse et de ré dièse n'existaient pas, et celles de mi, de fa dièse et de sol dièse produisaient do, ré et mi. Selon une autre disposition courante, l'octave la plus grave était complète de do à do, mais les touches de do dièse et de ré dièse produisaient deux notes plus utiles, le la et le si grave ; une touche supplémentaire était placée immédiatement à gauche de la touche du do pour le sol grave.

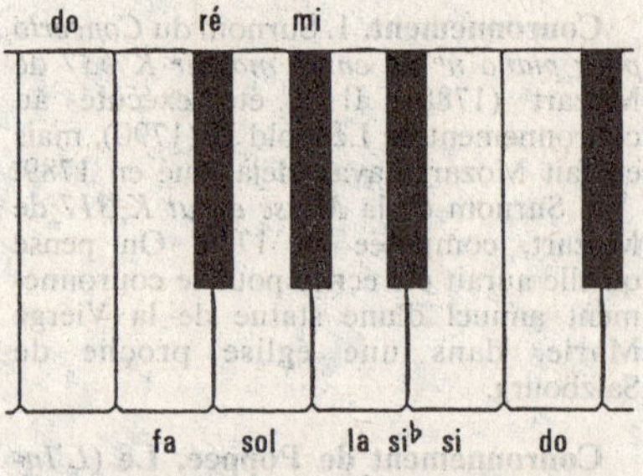

L'utilisation de la courte octave à l'orgue permettait d'éviter de construire les grands et lourds tuyaux métalliques des notes graves qui étaient rarement utilisées. Sur les instruments à clavier dépourvus de pédalier (comme le clavecin, l'épinette et le virginal), le système de courte octave permettait à la main gauche de jouer certains accords très larges pour lesquels elle n'aurait autrement pas eu l'envergure nécessaire.

Courtois, Jean. Compositeur français de la première moitié du XVIe siècle, auteur de messes, de motets et de chansons. Il était directeur de la musique à la cathédrale de Cambrai, en 1540, lorsque a été exécuté son motet à quatre parties *Venite populi terrae* pour accueillir l'empereur Charles Quint, de passage à Cambrai.

Denis Arnold.

Covent Garden. Voir *Royal Opera House, Covent Garden*.

Coward, James (Londres, 25 janvier 1824 ; Londres, 22 janvier 1880). Organiste, chef d'orchestre et compositeur anglais. D'abord choriste à l'abbaye de Westminster, il devient organiste de l'église paroissiale de Lambeth, de Crystal Palace et de la Grande Loge des francs-maçons. Directeur de plusieurs clubs de *glees* et de madrigaux, Coward a écrit de nombreux *glees* et *anthems*, mais il est surtout connu pour avoir transcrit à l'orgue des airs d'opéra.

Wendy Thompson.

Coward, (Sir) **Noël** (Pierce) (Teddington, Middlesex, 16 décembre 1899 ; Blue Harbour, Jamaïque, 26 mars 1973). Compositeur et écrivain anglais. Sans avoir reçu d'instruction musicale particulière, il hérite des talents d'une famille naturellement musicienne. Il commence très jeune à faire du théâtre et compose des chansons dès l'âge de quinze ans, trouvant déjà le style personnel qu'il allait perfectionner par la suite. Il mène une carrière éblouissante d'acteur, d'auteur dramatique et de compositeur (bien que souvent en disgrâce pour diverses raisons) ; il compose rapidement et trouve souvent l'inspiration simultanée des paroles et de la musique : « I'll see you again » a été conçu dans un taxi new-yorkais. Il a écrit quelques belles chansons romantiques, comme « Some Day I'll find you », mais il est surtout connu pour ses numéros de revues musicales : « Mad Dog and Englishmen » et « The Stately Homes of England », notamment. Sa carrière a atteint son apogée dans les années vingt et trente avec des spectacles et des pièces comme *This Year of Grace* (1928), *Bittersweet* (1929), *Private Lives* (1930), *Cochran's 1931 Revue* (1931), *Cavalcade* (1931), *Words and Music* (1932), *Conversation Piece* (1934) et *Tonight at Eight-Thirty* (1936). Il a continué à écrire et à participer à des revues musicales jusque dans les années cinquante et, pendant la guerre, a produit des films superbes comme *In Which We Serve* et *This Happy Breed*. Il a passé la fin de sa vie en Suisse et en Jamaïque et a été anobli en 1972.

Peter Gammond.

Cowell, Henry (Dixon) (Menlo Park, Californie, 11 mars 1897 ; Shady Hill, New York, 10 décembre 1965). Compositeur américain. Il passe son enfance près de San Francisco et au Moyen-Orient où il s'initie à la musique traditionnelle, américaine et orientale, qui exercera sur lui une influence déterminante. Le jour de ses quinze ans, il donne son premier récital comme pianiste et compositeur ; au programme figure notamment *The Tides of Manaunaun* (1912), œuvre dans laquelle il introduit des *clusters (groupes de notes à jouer avec le poing, la paume ou l'avant-bras). Par la suite, il utilise l'intérieur du piano dans des morceaux comme *The Banshee* (1925) qui se joue sur les cordes d'un bout à l'autre. Au cours des années vingt et trente, il effectue plusieurs tournées de concerts en Europe et en Amérique.

Après la publication de son livre *New Musical Resources* (1930), il n'arrête pas ses expériences musicales. Il introduit des formes « élastiques » dans des œuvres comme le *Quatuor à cordes n° 3 « Mosaic »* (1935) où les exécutants doivent assembler les fragments donnés dans n'importe quel ordre. Il a conçu une machine, le « rhythmicon », pour réaliser les rythmes complexes qu'exige sa musique. Sa production prodigieuse de musique symphonique (notamment vingt symphonies) révèle son intérêt très vaste pour différentes cultures musicales : il a écrit, par exemple, des parties de soliste pour des instruments persans, indiens et japonais ainsi qu'un ensemble de 18 *Hymns and Fuguing Tunes* tirés des traditions américaines. Cowell a aussi exercé une profonde influence sur la vie musicale américaine comme propagandiste et comme professeur. Sa New Music Edition comprend des œuvres d'Ives, Schoenberg, etc. et parmi les élèves auxquels il a enseigné la composition figurent des musiciens aussi différents que Gershwin et Cage. Son ouvrage *New Musical Resources* a été réédité en 1969 et il est également l'auteur, avec Sidney Cowell, de *Charles Ives and his Music* (New York, 1955, réédité en 1969).

Paul Griffiths.

Cowie, Edward (Birmingham, 17 août 1943). Compositeur anglais. Il fait ses études au Trinity College of Music de Londres, à l'Université de Southampton et à celle de Leeds ; il travaille notamment avec Peter Racine Fricker et Alexander Goehr. En 1973, il est nommé maître de conférences à l'Université de Lancaster. Plusieurs de ses compositions, comme ses peintures, sont le produit de l'observation ; il traduit le chant des oiseaux et dépeint les paysages en images délicates ; d'autres œuvres, comme le *Concerto pour piano* (1976-77), utilisent le même style à des fins plus abstraites.

Paul Griffiths.

Cracovienne (en polonais *Krakowiak*). Danse polonaise rapide de la région de

Cracovie. C'est une danse à 2/4 caractérisée par des rythmes syncopés que l'on considère généralement comme un type de *polonaise simple. Elle se danse par couples qui se frappent les talons l'un contre l'autre, crient et chantent. La cracovienne est devenue très populaire au début du XIXe siècle, lorsque la danseuse Fanny Elssler l'a fait connaître en Europe de l'Ouest. Le grand rondo de concert op. 14 pour piano et orchestre de Chopin, *Krakowiak*, est une cracovienne.

Cramer. Famille de musiciens allemands établis en Angleterre. **Wilhelm Cramer** (baptisé à Mannheim, 2 juin 1746 ; Londres, 5 octobre 1799) était violoniste à l'Orchestre de Mannheim. Il s'est installé à Londres en 1772 où il a occupé les fonctions de premier violon de plusieurs orchestres parmi les plus importants, notamment les Professional Concerts. Son fils aîné, **Johann Baptist Cramer** (Mannheim, 24 février 1771 ; Londres, 16 avril 1858), a étudié le piano avec Clementi et la théorie avec Abel ; il a fait sa première apparition en public à l'âge de dix ans. En 1788, il a entrepris sa première tournée de concerts en Europe, jouant en France, en Allemagne, en Autriche et aux Pays-Bas ; il a alors rencontré des compositeurs comme Beethoven, Hummel, Weber et Cherubini. A Londres, il jouissait d'une grande notoriété comme pianiste et compositeur ; il a aidé à faire connaître au public des salles de concert les sonates de Beethoven. En 1813, il a participé à la fondation de la Philharmonic Society et, en 1822, a été nommé membre du conseil de la Royal Academy of Music, nouvellement créée.

Cramer a également participé à diverses activités dans le domaine de l'édition musicale, avec la fondation de la maison J. B. *Cramer & Co. (qui fabriquait aussi des pianos) en 1824. Il a beaucoup composé, mais la seule œuvre dont on se souvienne vraiment est un recueil de 84 études de piano intitulé *Studio per il pianoforte* (Londres, 1804, 1810). Son frère, Franz Cramer (Schwetzingen, près de Mannheim, 1772 ; Londres, 1er août 1848), a occupé la charge de Master of the King's Music, de 1837 à sa mort.

Denis Arnold.

Cramer, J.B. Éditeur de musique et facteur de pianos anglais. Maison fondée en 1824 par le pianiste et compositeur J. B. Cramer (1771-1858), Robert Addison et Thomas Beale sous le nom de Cramer, Addison & Beale, elle s'est tout d'abord consacrée à l'édition de musique pour piano. L'acquisition d'un grand nombres de planches de la Royal Harmonic Institution – œuvres de Beethoven, Haydn, Clementi, etc. – a considérablement renforcé son catalogue. Après diverses réorganisations et changements de nom, elle s'est tournée vers la fabrication de pianos tout en poursuivant ses activités d'édition, publiant notamment des chansons et duos italiens ainsi que des opéras anglais. Comme Chappell et Boosey, elle a publié des ballades et assuré leur promotion par des séries de concerts. En 1964, elle a cessé de fabriquer des pianos pour se consacrer exclusivement à la publication de musique chorale, éducative, de musique pour piano et pour orgue qui est vendue dans son magasin de St Martin Lane à Londres.

J. M. Thomson.

Cranko, John (Rustenburg, Afrique du Sud, 15 août 1927 ; mort dans un vol transatlantique le 26 juin 1973). Danseur et chorégraphe anglais. Il étudie à Saddler's Wells School, en 1946, et travaille à Londres où il crée *Pineapple Poll* (Sullivan/Mackerras, 1951) et *The Lady and the Fool* (Verdi/Mackerras, 1954) pour le Saddler's Well Theatre Ballet puis, avec Benjamin Britten, *The Prince of the Pagodas* pour le Royal Ballet. Directeur du Ballet de Stuttgart de 1961 jusqu'à sa mort, il forge la réputation internationale de cette troupe dont il enrichit le répertoire de nombreuses œuvres nouvelles, notamment *Roméo et Juliette*, *Onéguine* (Tchaïkovski/Stolze, 1965) et *Les Femmes de bonne humeur* (Scarlatti/Stolze, 1969).

Noël Goodwin.

Cras, Jean (Brest, 22 mai 1879 ; Brest, 14 septembre 1932). Compositeur français, élève de Duparc. D'abord officier de marine, il ne vient à la musique qu'au début du siècle. Son œuvre, dépouillée et raffinée, contraste à la fois avec l'héritage wagnérien et les tendances impressionnistes qui dominaient à l'époque : *Poèmes intimes* pour piano (1902-11), *Journal de bord* pour orchestre (1927), *Polyphème*, drame lyrique sur un livret d'Albert Samain (1912-18), créé à l'Opéra-Comique.

Alain Pâris.

Création, La (*Die Schöpfung*). Oratorio de Haydn sur un texte du baron Gottfried van Swieten d'après le texte d'un auteur anglais inconnu basé sur *Paradise Lost* (« Le Paradis perdu ») de Milton. Composé en 1796-98 pour soprano, ténor, basse, chœur et orchestre.

Création, Messe de la (*Schöpfungsmesse*). Messe nº 13 en si bémol majeur de Haydn, composée en 1801. Elle doit son titre à une citation de l'oratorio de Haydn *La Création* dans le *Gloria*.

Création du monde, La. Ballet en un acte de Darius Milhaud sur un livret de Blaise Cendrars. Créé à Paris en 1923 dans une chorégraphie de Börlin. Ninette de Valois, MacMillan et bien d'autres chorégraphes en ont refait une chorégraphie par la suite.

Créatures de Prométhée, Les (*Die Geschöpfe des Prometheus*). Ballet (ouverture, introduction et 16 numéros) de Beethoven, créé à Vienne en 1801 dans une chorégraphie de Salvatore Viganò. Beethoven a repris deux thèmes du final de ce ballet dans d'autres œuvres : l'un, en sol majeur, est la onzième de ses *12 Contredanses* pour orchestre (1802), l'autre, en mi bémol majeur, sert de thème à la septième *Contredanse*, aux *Variations « Eroica »* et à la *Symphonie « Héroïque »*.

Crécelle. 1. La crécelle (all. : *Ratsche* ; angl. : *rattle* ; esp. : *carraca*, *matraca* ; ital. : *raganella*) possède une roue dentée à cliquet en bois et une lame de bois souple. Les supporters des matchs de football emploient une crécelle à cliquet dont le cadre pivote autour de la poignée ; la lame se trouve à l'autre extrémité du cadre et, lorsqu'une dent vient la heurter, elle se rabat avec un bruit sec sur la dent suivante. Il existe d'autres crécelles qui ne reposent pas sur ce mouvement de balancement : le cadre est muni d'un bouton que fait tourner l'instrumentiste tout en maintenant la poignée. Sur la crécelle d'orchestre, le cadre est immobile et la roue tourne au moyen d'une manivelle. Elle permet à l'instrumentiste de parvenir à un son plus régulier et continu. Richard Strauss fait appel à la crécelle dans *Till Eulenspiegel* et dans l'acte III du *Chevalier à la rose* ; avant lui, Beethoven l'avait utilisée dans *La Bataille de Vittoria* pour évoquer le tir des fusils. Sur le plan historique, la crécelle remonte au Moyen Age, époque à laquelle elle était utilisée par les veilleurs de nuit et les lépreux. En Espagne et en Suisse, certains campaniles contiennent d'énormes crécelles dont les lames atteignent plus de 2 m de long et dont la roue à cliquets est actionnée par des cordes. Elles servent pendant la semaine sainte lorsqu'on ne sonne pas les cloches, entre le jeudi et le samedi.

2. *Crécelles secouées : sistre et grelots.* Différentes sortes de crécelles bruyantes sont fabriquées dans les pays catholiques pour être sonnées sur les marches de l'église pendant la semaine sainte :

(*a*) une paire de maillets en bois qui pivote dans un cadre et vient frapper un maillet fixe placé entre les deux ;

(*b*) un marteau en bois qui pivote au-dessus d'une petite planche (instrument existant aussi avec plusieurs marteaux actionnés par un moulin à vent miniature pour les épouvantails à oiseaux dans les champs et les jardins) ;

(*c*) une ou deux spires en fer ressemblant un peu à des heurtoirs de porte, qui pivotent au-dessus d'une planche solide à laquelle on imprime de la main un mouvement rotatif de va-et-vient.

Anthony Baines.

Crecquillon, Thomas (vers 1480-1500 ; ? 1557). Compositeur franco-flamand. D'abord au service de l'empereur Charles Quint dans les années 1540 et au début des années 1550, il tient un canonicat à Béthune à partir de 1555. Compositeur prolifique de musique religieuse, particulièrement de motets extrêmement expressifs, il est surtout connu aujourd'hui pour ses chansons dans lesquelles il fait preuve d'esprit, de beaucoup d'élégance et de sentiment. Ses œuvres sont restées connues (et souvent arrangées) dans toute l'Europe pendant de nombreuses années après sa mort.

Denis Arnold.

Credo (lat., « Je crois »). Partie de l'ordinaire de la messe catholique chantée entre l'évangile et l'offertoire. Le symbole de Nicée est le credo généralement récité (ou chanté) à la messe. Les Églises catholiques et anglicanes utilisent trois Credo :

– le symbole des apôtres, récité tous les jours lors des offices et des baptêmes dans les deux Églises ;

– le symbole de saint Athanase, aussi connu comme le « Quicumque vult », remplace le symbole des Apôtres dans la liturgie catholique, certains jours, à prime et dans les offices anglicans pour certaines fêtes ;

– le symbole de Nicée, utilisé comme Credo dans l'Église catholique et dans l'office de la communion anglican.

Le symbole de Nicée était le seul Credo accepté officiellement par l'Église grecque et il est donné sans la clause énonçant que le Saint-Esprit procède du père *et du fils* (« filioque »). Cet ajout ultérieur (du Ve ou du VIe siècle) a été l'une des sources de division entre les Églises d'Orient et d'Occident.

Crépuscule des dieux, Le (*Götterdämmerung*). Voir *Ring des Nibelungen, Der.*

Crescendo (ital.). « En croissant », « en augmentant », « en devenant de plus en plus fort ». Ce terme et le signe en forme d'épingle à cheveu qui lui correspond (<) sont utilisés depuis le début du XVIIIe siècle ; avant cette époque, l'effet était indiqué en toutes lettres par la succession des différents niveaux d'intensité sonore (*piano-forte-fortissimo*).

Cresswell, Lyell (Wellington, 13 octobre 1944). Compositeur néo-zélandais. Il étudie la musique électronique à l'Institut de sonologie d'Utrecht (1974-75), puis enseigne à l'Université de Glasgow (1976-78). Il a été Music Organizer au Chapter Arts Centre de Cardiff (1978-80) et Foreman Fellow en composition à l'Université d'Édimbourg (1980-82) ; il a ensuite suivi un cours de musique informatique au Massachusetts Institute of Technology à Cambridge, aux États-Unis. Son expérience dans l'Armée du salut l'a conduit à écrire une musique aux couleurs brillantes et aux sentiments profonds. Malgré son extraordinaire technique et sa formation, il considère plus important de parvenir à réaliser les objectifs humains de la musique que d'amener des schémas abstraits à des conclusions logiques. Cresswell est l'un des jeunes compositeurs néo-zélandais les plus accomplis ; il a atteint une renommée internationale et sa musique possède une profondeur émotive et une clarté structurelle de plus en plus grandes. Parmi ses œuvres les plus importantes, on peut citer *Salm* (1977) pour orchestre, *O ! for Orchestra* (1982), un concerto pour violon (1970), trois quatuors à cordes et un certain nombre de pièces très curieuses comme *Threnody for Mrs S* (qui a été noyée lors de son baptême) (1972) ou *Taking a Line for a Walk* (1982), bande électronique pour un dessin animé.

J. M. Thomson.

Critica musica. Revue musicale mensuelle allemande éditée par Johann Mattheson : il s'agit du premier magazine de l'histoire entièrement consacré à la musique. Il a été fondé à Hambourg en 1722, mais la publication a cessé en 1725.

Critique musicale. La critique musicale peut être définie, au sens large, comme l'activité intellectuelle qui consiste à formuler des jugements sur la valeur et les mérites d'œuvres musicales individuelles ou collectives. La façon dont s'exerce cette activité dans le domaine musical diffère peu de celle de la plupart des autres disciplines artistiques, à l'exception peut-être de l'art dramatique. La musique existe à la fois sous forme écrite (ou imprimée) et sous forme d'exécution ; la critique musicale recouvre donc plusieurs sphères d'activités, notamment l'appréciation de l'œuvre d'un compositeur pris isolément, l'analyse et le commentaire critique d'œuvres ou de groupes d'œuvres, de partitions récemment créées, les comptes rendus critiques d'exécutions publiques et, depuis une date relativement récente, les critiques de disques. Bien que, d'une façon générale, on reconnaisse l'existence de tous ces domaines ou, du moins, de plusieurs d'entre eux, on a largement tendance à limiter le concept de critique musicale à une seule de ces activités – les comptes-rendus de concerts publiés dans les quotidiens – et on considère souvent le critique musical comme une espèce de journaliste.

Cette restriction injuste vient de la nature même de la musique. Comme il s'agit d'une forme artistique non conceptuelle dans laquelle l'organisation de la matière, c'est-à-dire le son, suit une logique interne complexe, la description de cette logique est difficile à expliquer en termes de langage conceptuel. On n'a jamais trouvé un procédé de « traduction » satisfaisant ; lorsque l'on tente de le faire, on aboutit à une discussion technique qui n'est accessible qu'à un nombre limité de lecteurs. La solution facile consiste à faire une description superficielle des éléments les plus évidents de la composition ou à décrire son impact sur les émotions et l'imagination de l'auditeur. Au XIXe siècle, de nombreux musicographes ont adopté cette dernière approche, qui constitue encore la base d'une grande partie de l'activité des critiques de la fin du XXe siècle.

La critique est souvent située sur un même plan que l'*esthétique et, en effet, dans les premières phases de la pensée critique occidentale, dans la Grèce antique, il est difficile de les distinguer l'une de l'autre. On trouve une grande partie des idées des philosophes grecs sur la musique et la poésie dans des textes illustrant leur théorie générale de l'art ou esthétique. Plus l'approche universaliste de la somme des connaissances humaines cédait la place à des recherches plus spécialisées, plus les différences entre l'esthétique, comme branche de la philosophie, et la critique s'accentuaient, sans rompre toutefois le lien qui les unit, heureusement pour nous. Pour établir une distinction pratique et utile, on peut dire que la théorie esthétique s'intéresse à une spéculation générale sur la nature de l'art ou d'une forme artistique, alors que la critique applique certaines catégories et idées établies en esthétique à des œuvres d'art individuelles. Autre distinction importante : le concept de valeur n'occupe pas nécessairement une place prédominante dans l'esthétique alors qu'il occupe une place importante dans le jugement critique.

1. *Les origines de la critique musicale.* Les premiers exemples de critique musicale se limitent à des passages isolés d'ouvrages assez longs et comportent presque tous des blâmes ou des commentaires désapprobateurs. Les exemples cités le plus souvent sont les paroles de Platon, qui dans *Les Lois* condamne les imitations de la nature produites par les joueurs d'aulos, ou celles d'un théoricien du début du XIVe siècle, Johannes de Muris, qui s'élève contre le nouveau style de composition du motet. Au XVe siècle, on trouve une remarque plus substantielle sur les mérites de certains compositeurs dans l'ouvrage de Johannes Tinctoris qui fait l'éloge de Dufay, Dunstable, Binchois, Ockeghem, etc. Au siècle suivant, Johannes Glareanus (*Dodecachordon*, 1547) attire l'attention sur de nombreuses œuvres du passé : il discute de leurs caractéristiques techniques et chante souvent les louanges de celles qu'il approuve en des termes simples.

2. *Le XVIIe et le XVIIIe siècle.* Au début du XVIIe siècle, le nouveau style monodique de la **camerata* florentine et de Monteverdi suscite une immense controverse et oblige de nombreux compositeurs à défendre leur style, généralement en écrivant une préface en tête d'un recueil de musique (*Le Nuove Musiche* de Caccini, 1602 ; *5e Libro dei madrigali*, 1605, et *Madrigali guerrieri et amorosi*, 1638, de Monteverdi). Cette situation de compositeurs acceptant de jouer le double rôle de créateur et de polémiste s'est maintenue jusqu'à ce jour.

Les compositeurs ont participé à la fondation des premiers périodiques musicaux au début du XVIIIe siècle. Johann Mattheson lance un premier journal en 1722 (*Critica musica*) et Telemann l'imite en 1728 (*Der getreue Music-Meister*). Les journaux étaient extrêmement populaires en Allemagne où ils représentaient la version allemande de la nouvelle vague intellectuelle lancée en France par les encyclopédistes (voir *France*, 5). On commence à considérer la musique comme une forme artistique et pas simplement comme une discipline technique réservée aux initiés, bien que les termes de référence des critiques soient larges et s'attachent également aux manières et à la société. Comme l'Opéra de Paris était le centre de la vie musicale française, les activités polémiques se regroupent autour de cet établissement. Diverses opinions sur les mérites des styles italien et français (la Querelle des *bouffons) sortent alors de la plume des hommes de lettres de l'époque, dont certains ont des connaissances musicales très limitées et considèrent la forme artistique composite de l'opéra comme un phénomène plus social qu'artistique. L'Angleterre ne possédait ni les périodiques allemands ni le puissant centre de vie musicale de la France, et les écrits critiques sont l'œuvre soit de praticiens dévoués, comme *Essay on Musical Expression* (1752) de Charles Avison, soit de personnes au savoir encyclopédique comme Burney et Hawkins, qui se sont attelés à la rédaction des histoires de la musique. Dans son *Essay on Musical Criticism* publié avec le troisième volume de *A General History of Music*, en 1789, Burney remarque à regret qu'il y « a eu de nombreux traités publiés sur l'art de la composition et de l'exécution musicales, mais aucun pour apprendre aux mélomanes comment écouter et juger par eux-mêmes ». En fait, pendant quelques dizaines d'années après Burney, une grande partie des critiques ont tenté de combler cette lacune.

3. *Le XIXe siècle*. L'Allemagne a conservé la tradition des périodiques musicaux et ceux qui ont été fondés à la fin du XVIIIe siècle par l'abbé Vogler, J. N. Forkel et J. F. Rochlitz n'ont fait qu'annoncer la *Neue Zeitschrift für Musik* de Schumann qui, peu après sa fondation en 1834, est devenue l'un des véhicules les plus influents de l'opinion publique. En France, l'historien et bibliographe musical François-Joseph Fétis fonde sa *Revue musicale* en 1827 ; en 1834, elle fusionne avec la *Gazette musicale de Paris* d'Adolphe Adam pour former la *Revue et gazette musicale de Paris*. En Angleterre, les périodiques commencent à apparaître pendant le dernier quart du XVIIIe siècle, mais, comme ceux du début du XIXe siècle, ils ne vont guère au-delà de quelques numéros. Ceux qui ont subsisté le plus longtemps sont *The Quarterly Musical Magazine* (1818-28), *Harmonicon* (1823-33) et le *Musical World* (1836-91). Ils ont été suivis d'un périodique fondé en 1841 qui, après plusieurs changements de nom, jouit encore d'une grande notoriété, le *Musical Times*.

Ces journaux contenaient des essais, qui demeurent une part importante de l'histoire culturelle du XIXe siècle (particulièrement ceux de la *Neue Zeitschrift für Musik*), des échos et comptes-rendus qui sont aujourd'hui le reflet des événements plus éphémères de leur époque. On peut assimiler à ces derniers articles les comptes rendus qui, dès le début du XIXe siècle, commencent à paraître dans les quotidiens. Le *Vossische Zeitung* de Berlin, le *Prager Zeitung*, *The Times*, la *Presse* et la *Neue Freie Presse* de Vienne et de nombreux autres journaux possèdent ou posséderont des chroniques régulières tenues par des rédacteurs dont la tâche consiste à décrire les concerts en tant qu'événements sociaux, à évaluer une exécution musicale et à rendre compte de l'impact exercé sur le public par des virtuoses éminents. Dans l'esprit d'exagération du romantisme, ces derniers étaient souvent considérés comme des génies inspirés des dieux et les écrits qu'ils suscitaient souffraient presque toujours d'une surabondance d'allusions extra-musicales, qui apportent peu d'informations importantes à l'historien du futur. On remarque néanmoins une exception notable, en la personne du critique viennois Eduard Hanslick (1825-1904) qui, pendant toute la seconde moitié du XIXe siècle, a lutté contre la notion romantique de la musique en tant que véhicule de transmission d'un contenu poétique ou extra-musical caché et dont les critiques, parfois trop dures, montrent néanmoins une intelligence musicale profonde et un esprit vif. Cette dernière qualité ainsi qu'un langage souvent violent, et même injurieux, sont caractéristiques de la critique musicale de George Bernard Shaw, qui a régulièrement publié des articles entre 1888 et 1894.

Pendant tout le XIXe siècle, les compositeurs ont apporté une contribution importante à la critique musicale. Au tout début du siècle, E. T. A. Hoffmann (dont les compétences ne se limitaient pas à la composition) a écrit avec enthousiasme sur Beethoven. De même, Weber a beaucoup écrit dans divers journaux entre 1801 et 1826, l'année de sa mort. Schumann a fait preuve d'une bonne intuition critique, en sentant l'importance future de Chopin et de Brahms. Liszt, particulièrement prolifique, a occasionnellement écrit des articles et des essais pour des publications allemandes et françaises. Dans le domaine quantitatif, Wagner surpasse tous les autres mais, même s'il se considérait comme un poète (ses écrits sur sa théorie artistique et sur l'opéra n'en finissent pas), sa prose manque de clarté et elle est truffée de préjugés et de contradictions. Durant la période 1884-87, Hugo Wolf a écrit des comptes rendus de concerts pour l'hebdomadaire viennois *Salonblatt*, s'érigeant en farouche défenseur de la « nouvelle école allemande » contre la critique de Hanslick. En France, Berlioz a écrit pour *Le Journal des débats*, donnant souvent à ses papiers la forme de satires, de dialogues, de fantaisies, et ajoutant à la critique musicale un parfum résolument littéraire.

Saint-Saëns, wagnérien désabusé, a préconisé la réserve et l'intégrité musicale auxquelles sa propre musique n'est pratiquement jamais parvenue. Debussy a écrit à intervalles irréguliers entre 1901 et 1914. Son approche était extrêmement subjective et ses essais ne sont tissés que très lâchement autour de la composition ou de l'exécution sur laquelle il écrit. En Bohême, en Russie et en Hongrie, plusieurs compositeurs ont exercé une activité intense de critique ou, plus souvent, de propagandiste en faveur d'un style musical national (Smetana à Prague, Cui et Serov à Saint-Pétersbourg, Tchaïkovski à Moscou et Mihály Mosonyi à Budapest).

L'esprit de découverte et l'aspiration au détachement scientifique, qu'encourageait le positivisme philosophique, ont contribué à l'élaboration d'une forme de critique musicale plus pénétrante. Dans les années 1830, les exécutions par Mendelssohn d'œuvres de Bach et de Haendel marquent le début d'un regain d'intérêt pour une musique plus ancienne et de nombreux érudits commencent alors à écrire des biographies et des études sur d'éminents compositeurs du passé. Ces biographies sont souvent romancées et introduisent de nombreuses conceptions erronées qui ont été longues à corriger (par exemple, la biographie de Palestrina par Baini), mais elles représentent également le premier épanouissement de la critique historique. L'étude réalisée par Carl von Winterfeld sur Giovanni Gabrieli (1834) a ouvert de nouveaux horizons au public du XIXe siècle dont les connaissances musicales ne remontaient pas au-delà de quelques œuvres de Bach et de Haendel. Parmi les études importantes publiées à cette époque, il faut citer celle d'Otto Jahn sur Mozart (1856), celles de Wilhelm von Lenz (1855-60) et de A. W. Thayer (1866-79) sur Beethoven, celle de J. A. P. Spitta sur Bach (1873-80). Friedrich Chrysander et surtout Spitta ont fait œuvre de pionniers en rétablissant un texte musical correct dans lequel il fallait expliquer les conventions du passé à l'exécutant du présent, travail fastidieux mais indispensable. Toutefois, leur intérêt n'était pas purement pragmatique ou tourné vers les antiquités : « Il y a moins d'urgence à avoir un journal purement musical qu'un journal visant à discuter la totalité du domaine musical selon un ensemble scientifique et unique de principes », écrit Chrysander dans la préface du premier volume de son *Jahrbuch für musikalische Wissenschaft* en 1863.

La discipline de la musicologie, qui voit le jour à cette époque, n'est pas simplement une histoire de la musique sous un titre différent, mais une activité intellectuelle qui s'applique à un ensemble complexe de sujets allant de l'acoustique à l'esthétique. La critique musicologique se distingue donc de l'activité consistant à apprendre au profane à jouir de la musique comme le recommandait Burney. Elle lui apporte des connaissances profondes que la critique journalistique, par sa nature même, ne peut posséder. Elle se rapproche étroitement de l'*analyse musicale qui va se développer de façon considérable à partir du dernier quart du XIXe siècle. Aucune critique sérieuse de la musique, ancienne ou nouvelle, n'est aujourd'hui possible dans le support de l'analyse.

4. *Le XXe siècle : divisions et écoles.* Si, dans la seconde moitié du XIXe siècle, les critiques étaient divisés en fonction de leur attitude à l'égard de Wagner, diverses innovations du langage musical du XXe siècle vont engendrer des phénomènes analogues. Dans les années vingt et trente, certains critiques établis et respectés, tant en Europe qu'aux États-Unis, ne parviennent plus à accepter les exigences croissantes qu'impose à leur capacité d'écoute et de concentration la musique de Stravinski, Schoenberg, Hindemith et Bartók. Les journaux pour lesquels ils écrivent deviennent alors les vecteurs d'une critique totalement conservatrice, qui prétend exprimer la véritable opinion publique. Dans la pratique, ces critiques cessent d'instruire et d'éduquer le public et acceptent le rôle de serviteurs de la machine publicitaire. Les plus éclairés d'entre eux se retranchent dans le domaine des magazines créés spécialement pour faire progresser la cause de la musique nouvelle (comme *Musikblätter des Anbruch*, Vienne, 1919-37).

Un certain nombre de critiques joueront un rôle déterminant comme journalistes ou comme auteurs d'études critiques qui s'avéreront durables. Les plus importants sont Ernest Newman, Alfred Einstein, Roman Vlad, Massimo Mila et Adolfo Salazar. Pour certains d'entre eux, la critique était une application pratique de la théorie philosophique et esthétique, et leur œuvre représente une illustration du lien précieux qui unit deux domaines d'activité intellectuelle. Les spéculations de Bergson sur la nature du temps et de la conscience ont trouvé un écho dans l'œuvre de plusieurs critiques français ; les idées de Benedetto Croce sur l'intuition et l'expression ont influencé les écrits de Massimo Mila, alors que les idées de Theodor W. Adorno ont été formées sur les riches fondements de la philosophie allemande, notamment la pensée de Hegel, de Marx et de Nietzsche. Dans les pays anglophones, les critiques se sont peu intéressés au lien qui unit la théorie esthétique et la critique, préférant une approche plus pragmatique. On note, toutefois, une exception en Angleterre en la personne de Deryck Cooke, dans les écrits duquel on peut détecter l'influence de la philosophie des formes symboliques de Cassirer et de Langer.

5. *Le rôle du critique et de la critique musicale.* Au cours de la seconde moitié du XXe siècle, la complexité de plus en plus croissante de la musique nouvelle, avec les changement rapides d'orientation stylistique, ont rendu plus difficile la tâche du critique et plus complexe la nature de la critique musicale. Néanmoins, elle ne diffère pas fondamentalement de ce qu'elle était autrefois, car les critiques du temps passé étaient aussi confrontés à des changements de style profonds. Le critique, qu'il écrive un compte-rendu pour un journal, un essai ou une œuvre critique développée, doit avoir conscience de son rôle de médiateur entre le compositeur ou l'exécutant et le public. S'il comprend parfaitement sa tâche, il appréhendra la distinction subtile qui existe entre ce qu'il ressent à l'écoute d'un morceau de musique (ce qui n'est pas une critique) et ce qu'il est capable de percevoir dans l'œuvre à propos de laquelle il écrit (ce qui est une critique). Il aura constamment à l'esprit la question de la langue et de la complexité de son écriture. Le désir d'être compréhensible et lisible à tout prix est peut être louable, mais il comporte certains dangers.

La critique, si elle n'est que la description des éléments extérieurs les plus évidents d'une œuvre, et le compte-rendu, s'il se contente de rapporter une impression, seront vite relégués parmi les choses éphémères de l'histoire culturelle et sembleront bien vides, à moins que les arguments du critique ne soient fondés sur des critères bien étayés et sur une compréhension de la musique en tant que force sociale (et non une coutume ou un passe-temps agréable). L'absence d'une telle compréhension a mené, dans le passé, à cette approche intensément émotionnelle qui a érigé en « arbitre » la vague notion de « sensation ». Cela ne veut pas dire que le critique doit être froid et détaché. Son objectivité est limitée, ce qui est obligatoire, mais il doit comprendre la totalité de ses implications. S'il croit qu'il est dans la nature de la musique de ne présenter qu'une organisation structurée du son, il ne sera pas capable de sanctionner un « happening » au cours duquel le public doit écouter des effets sonores produits au hasard avec autant de joie qu'il écoute un morceau de Webern. A l'inverse, il sera capable d'accepter un morceau de jazz aussi facilement qu'il accepte Bartók ou Britten. Si sa connaissance de l'histoire de la musique lui permet d'apprécier le concept de dissonance comme un concept changeant, il ne s'élèvera pas contre une œuvre nouvelle parce qu'elle est trop dissonante, bien que, dans le passé, de nombreux critiques aient été victimes de cette difficulté. S'il objecte que la nouvelle composition le « laisse froid », il devrait savoir que la faculté de « réchauffement » est une déterminante possible, sinon nécessaire, de la bonne musique. En tout cas, il peut ne pas l'avoir compris. « Cela n'a pour moi aucun sens » n'est pas un argument : cette phrase peut souligner l'absence de signification du morceau, mais également, et sans doute davantage, l'incapacité du critique à comprendre l'œuvre nouvelle. La question : « La musique a-t-elle un sens ? » (ou, en termes plus frivoles : « Quelle est la signification du mot "sens" en musique ? ») est donc implicite.

Un sceptique pourrait alors conclure que la critique musicale est impossible. Il serait plus vrai de dire que l'acte de la traduction d'un mode de pensée musicale à un mode de pensée verbale devrait être, pour le critique comme pour le lecteur, une expérience presque aussi profonde et vitale que celle de la musique elle-même, ce que révèlent d'ailleurs les meilleures critiques musicales. En d'autres termes, le critique doit être lui-même un artiste.

Bojan Bujić.

BIBLIOGRAPHIE : Theodor W. Adorno, *Philosophie de la nouvelle musique*, Gallimard (Paris, 1979) / *Quasi una fantasia*, Gallimard (Paris, 1982). Raymond Court, *Adorno et la nouvelle musique*, Klincksieck (Paris, 1981). Claude Debussy, *M. Croche et autres récits*, Gallimard (Paris, 1926, rééd. 1971 et 1987). Paul Dukas, *Chroniques musicales sur deux siècles, 1892-1932*, Stock (Paris, 1980). Bernard Gavoty, *Anicroches*, Buchet-Chastel (Paris, 1979). Christian Goubault, *La Critique musicale dans la presse française de 1870 à 1914*, Slatkine (Genève). Arthur Honegger, *Incantation aux fossiles*, Éd. d'Ouchy (Lausanne, 1948). Armand Machabey, *Traité de la critique musicale*, Richard Masse (Paris, 1946). Albert Richard, *Notes sur la critique musicale*, La Revue Musicale (Paris, 1963).

Critischer Musicus. Revue musicale hebdomadaire allemande publiée par J. A. Scheibe. Fondée à Hambourg en 1737, elle a cessé de paraître en 1740.

Croce, Giovanni (Chioggia, près de Venise, vers 1557 ; Venise, 15 mai 1609). Compositeur italien, auteur de madrigaux et d'œuvres religieuses. Élève de Zarlino, il est membre du chœur de Saint-Marc de Venise, dont il devient ensuite directeur de la musique. Sa musique religieuse comporte à la fois de petits motets agréables et de splendides œuvres d'envergure qui font appel aux *cori spezzati* ; mais Croce est surtout connu pour ses madrigaux extrêmement faciles à chanter et ses *canzonette* que Thomas Morley a étroitement imitées en Angleterre. Sa contribution à *Il Trionfo di Dori* (1592) est à l'origine de *The Triumphes of Oriana*.

Denis Arnold.

Croche. (♪) Valeur égale à la moitié d'une noire, au quart d'une blanche ou au huitième d'une ronde.

Croes, Henri-Jacques de (Anvers, septembre 1705 ; Bruxelles, 16 août 1786). Violoniste et compositeur flamand. Il devient premier violon à l'église Saint-Jacques d'Anvers en 1723 et quitte ce poste en 1729 pour entrer au service du prince de Thurn et Taxis, à Bruxelles. Après avoir passé une quinzaine d'années en Allemagne avec le prince, il retourne à Bruxelles pour devenir premier violon puis Kapellmeister de la chapelle royale de Charles de Lorraine. Il a composé de la musique religieuse et quelques œuvres pour orchestre, notamment des concertos pour flûte.

Wendy Thompson.

Croft, William (baptisé à Nether Ettington, Warwicks, le 30 décembre 1678 ; Bath, 14 août 1727). Compositeur anglais. Élève de J. Blow à la chapelle royale, il est nommé, en 1700, « Gentleman Extraordinary » de la chapelle royale, avec Jeremiah Clarke. Quatre ans plus tard, Croft et Clarke deviennent conjointement organistes de la chapelle royale jusqu'à la mort de Clarke en 1707, date à laquelle Croft occupe seul le poste. L'année suivante, il succède à Blow comme compositeur et maître des enfants de la chapelle royale et comme organiste de Westminster Abbey. En 1713, il reçoit le grade de Doctor of Music de l'Université d'Oxford ; il est également membre fondateur de l'Academy of Ancient Music.

Croft est l'un des musiciens anglais les plus importants du début du XVIIIe siècle. Il a surtout participé au développement de l'*anthem* (il en a écrit plus de soixante-dix, la plupart en vers). Ses *anthems* se divisent en sections comportant des solos, des duos, des trios et des passages pour orgue seul. En 1724, il a publié un recueil d'anthems de circonstance en deux volumes, sous le titre *Musica sacra*. Il a également écrit des services, notamment l'*Anglican Burial Service*, un peu de musique pour le théâtre, des œuvres instrumentales, des chansons, des odes, dont une sur l'anniversaire de la reine Anne, et deux odes célébrant le traité d'Utrecht.

Wendy Thompson.

Croiser les mains. Dans le jeu des instruments à clavier, passer une main par-dessus l'autre.

Croma (ital.). Croche.

Cromatico, cromatica (ital.). « Chromatique ».

Cromorne (all. : *Krummhorn* ; angl. : *crumhorn* ; ital. : *storta*). Instrument à vent au tube recourbé, en usage entre 1480 et 1660, qui a connu un regain d'intérêt dans les années cinquante et a acquis une telle popularité dans le domaine de la musique ancienne que, de nos jours, son nom est presque aussi familier que celui de la flûte à bec.

1. *Construction et tessiture*. Le cromorne se fabrique en pratiquant une perce cylindrique étroite de 5 à 8 mm de diamètre dans un morceau de bois droit (généralement de l'érable). L'extérieur est alors tourné pour obtenir un tube élancé dont la partie inférieure est recourbée à la vapeur en forme de crochet. La perce s'élargit vers l'extrémité. Au sommet de la perce, on place un tube en cuivre ou « bague » (A sur la Fig. 1) dont la largeur correspond à la perce. On y place une anche double (B) fabriquée de la même façon que l'anche du basson (voir *Anche*, 3), mais les deux lamelles sont davantage aplaties l'une contre l'autre. On peut aujourd'hui utiliser une anche en plastique. Au-dessus de l'anche et de la bague se place une capsule en bois (C). Au sommet de cette capsule, on pratique une petite fente pour laisser passer le souffle. La capsule évite à l'instrumentiste d'avoir dans la bouche une grosse anche vibrant librement, et elle lui permet d'articuler les notes en modifiant la pression de la langue sur le trou dans lequel il souffle, un peu comme sur la flûte à bec. Toutefois, la puissance du son varie peu : c'est une sorte de riche bourdonnement nasal.

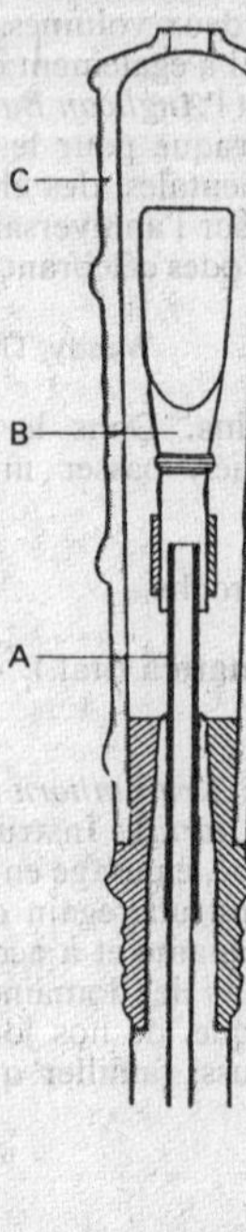

Fig. 1

Les trous sont petits : sept devant et un derrière, comme sur la flûte à bec. Toutefois, le cromorne sonne une octave plus bas que la flûte à bec de la taille correspondante. Le cromorne ne donne que les notes de la gamme fondamentale, car le quintoiement est impossible : l'étendue couvre donc une octave et une note, pour chaque taille de cromorne :

Soprano	do^3 à ré^4
Alto	sol^2 à la^3 (dans la plupart des sources anciennes) fa^2 à sol^3 (sur les modèles modernes)
Ténor	do^2 à ré^3
Basse	fa^1 à sol^2 (voir également ci-dessous)

Les parties confiées aux cromornes ne doivent donc jamais sortir de ces tessitures, et si le problème se pose pour une note, il faut la supprimer ou la remplacer par une autre note adaptée à l'harmonie. On est en fait obligé d'avoir recours à l'un de ces procédés pour jouer deux pièces allemandes du XVIIe siècle expressément destinées au cromorne (dans *Terpsichore* de Michael Praetorius).

Certains cromornes de fabrication récente sont munis d'une clé pour l'index de la main la plus haute et, dans certains cas, d'une autre clé à l'arrière, pour le pouce de la même main. Sur le plan historique, l'existence de telles clés n'est pas prouvée, mais on trouve des preuves de leur utilisation sur d'autres instruments à anche cylindrique de l'époque : en Italie, sur la *dolzaina* (voir *Douçaine*) et en Allemagne dans *Syntagma II* de Praetorius (voir *Courtauld*). Ainsi, on peut considérer que leur adjonction au cromorne est « potentiellement authentique » et, tout purisme mis à part, elle facilite aujourd'hui l'utilisation de l'instrument.

Le cromorne basse a toujours été muni de la clé qui bouche le septième trou (fermé pour fa^1). Il existait aussi des instruments basses plus longs, munis de trois trous supplémentaires. Le huitième trou est fermé pour mi^1 par une deuxième clé qu'actionne le petit doigt. Le neuvième et le dixième trous sont situés sur l'extrémité incurvée, à un endroit où il serait difficile d'employer le système de clé habituel. A la place, chaque trou est muni d'une petite clé coulissante, actionnée uniquement en dégageant une main du doigté. Lorsque ces deux trous sont bouchés, les deux clés des petits doigts donnent ensemble do^1 (mi^1 et ré^1 ne sont plus alors disponibles) ; en ne bouchant que le trou supérieur, on obtient ré^1 (mi^1 et do^1 sont alors indisponibles). Ce curieux dispositif permet d'obtenir, dans les cadences, une tonique ou une dominante grave sur do ou sur ré.

2. *Histoire*. On voit apparaître, pour la première fois, un cromorne sur un tableau italien à Bologne, en 1488. Il avait dû être inventé peu de temps auparavant ou avoir été adapté d'un instrument populaire préexistant. On trouvait, à la même époque, en Allemagne, des vèzes (voir *Cornemuse*, 7) qui se terminent également en crochet. Le cromorne était peut-être destiné à créer une image pastorale au travers d'un nouvel instrument conçu pour la musique à plusieurs parties. Le morceau le plus ancien dans lequel sont nommés les cromornes est une œuvre à six parties de Corteccia, « Guardane almo pastore », exécutée par des hommes déguisés en bergers (l'un d'entre eux jouant du *cornet à bouquin) dans un *intermedio* florentin de 1539. Les parties correspondent à l'étendue de neuf notes et les instruments sont appelés « storta » et « stortina » ; on trouve aussi d'autres appellations en italien : « cornamuti torti » et peut-être * « cornamuse ».

On connaît plus de cinquante cromornes originaux, italiens et allemands. Au moins vingt d'entre eux sont attribués à l'atelier de Jörg Wier (mort vers 1549) à Memlingen, dans le sud de la Bavière, certains portant des dates qui remontent jusqu'en 1522. Les caractéristiques des plus beaux cromornes semblent être le fait de Wier, comme l'espèce de « carène » qui se trouve sur l'extrémité incurvée, ou l'excentricité partielle de la perce destinée à augmenter l'épaisseur des parois en des endroits précis (notamment à l'endroit du trou oblique qui sert à ménager l'extension du doigt). En Angleterre, dix-huit « cromornes » sont répertoriés dans les inventaires d'Henri VIII (mort en 1547), dont deux caisses de sept instruments – on trouve un ensemble analogue, avec le même nombre d'instruments, conservé aujourd'hui à Berlin, alors que la célèbre collection de la cour d'Este à Ferrare, qui se trouve maintenant à Bruxelles, comporte un instrument de moins. Mais on ne connaît aucun cromorne anglais, ni aucune musique anglaise pour cromorne.

En France, Mersene (1636) le nomme « tournebout » en raison de sa forme ; une partie de la musique royale française s'appelait les Cromornes et Trompettes marines ; ils jouaient sans doute du cromorne jusqu'à l'arrivée de Lully et l'ont alors remplacé par des flûtes et autres instruments, tout en conservant l'ancien titre.

La renaissance du cromorne remonte aux années cinquante, en Allemagne, grâce aux travaux d'Otto Steinkopf et de Hermann Moeck. Ils ont inventé pour cet instrument une anche double en plastique avec une bague en plastique qui permet de régler l'ouverture de l'anche.

Anthony Baines.

Crooning (angl.). Façon étouffée et sentimentale de chanter dans le micro, inventée vers 1928 par des animateurs de la radio américaine comme Rudy Vallé. Bing Crosby était l'un des maîtres de cet art.

Crosby, Bing (Harry Lillis) (Tacoma, Washington, 2 mai 1903 ; Madrid, 14 octobre 1977). Acteur et chanteur américain. Il fait son droit à Gonzaga University où il forme un orchestre avec l'un de ses amis étudiants, Al Rinker. Ils décident d'abandonner le droit pour la musique et trouvent une aide providentielle en la personne de Mildred Bailey, la sœur de Rinker. Le duo entre dans l'orchestre de Paul Whiteman et Harry Barris se joint à eux pour former les Rhythm Boys, qui attirent rapidement l'attention et se produisent avec Whiteman dans le film *The King of Jazz* en 1930. Après avoir travaillé pendant quelque temps avec l'orchestre de Gus Arnheim, Crosby prend son indépendance : il tourne une série de courts métrages, notamment pour Mac Sennett, et participe à une série radiophonique pour CBS. Après de nombreuses apparitions cinématographiques assez courtes, la Paramount lui propose un contrat qui aboutit à plusieurs films et, finalement, à la série « Road », avec Bob Hope et Dorothy Lamour. Ses disques deviennent des best-sellers ; son style de « crooning », facile et détendu, et son timbre de voix très particulier contribuent à son succès. Crosby a été le chanteur le plus populaire des années trente et quarante :

son sens inné du rythme et du jazz levait les réticences des publics les plus difficiles à satisfaire. Vers la fin des années trente, il s'est attaqué à des rôles plus sérieux et a remporté un prix pour *Going My Way* en 1944.

Peter Gammond.

Crosse, Gordon (Bury, Lancashire, 1er décembre 1937). Compositeur anglais, élève de Rubbra et de Wellesz à Oxford, et de Petrassi à Rome. Ses premières œuvres révèlent un mélange de pensée médiévale et sérielle qui fait penser à Peter Maxwell Davies, bien que l'harmonie soit plus directe et l'atmosphère plus détendue. Dans ses œuvres ultérieures, son style plus riche et éclectique prend plus fermement racine dans la tonalité. Crosse a composé plusieurs opéras, notamment *Purgatory* (1966) sur un livret de Yeats, ainsi que deux symphonies, deux concertos pour violon, d'autres œuvres pour orchestre, de la musique de chambre et de la musique pour enfants.

Paul Griffiths.

Crotala (lat., sing. : *crotalum*). Instrument à percussion de l'Antiquité classique. Voir *Castagnettes*, 5.

Crotales. Voir *Cymbales*, 4.

Crotch, William (Norwich, 5 juillet 1775 ; Taunton, 29 décembre 1847). Organiste, pianiste, compositeur et pédagogue anglais. Enfant prodige remarquable, il donne son premier concert à l'âge de trois ans et joue un an plus tard devant la famille royale à Londres. Il fait ensuite une tournée en Grande-Bretagne avec sa mère. A onze ans, il va à Cambridge où il assiste le professeur de musique et assure les fonctions d'organiste à Trinity College et à King's College. A quatorze ans, il compose un oratorio, *The Captivity of Judah*.

En 1788, Crotch quitte Cambridge pour Oxford et, deux ans plus tard, il est nommé organiste à Christ Church ; il obtient le grade de Bachelor of Music en 1794. Il compose alors ce que l'on connaît aujourd'hui comme les « Westminster Chimes » (le carillon de Westminster) pour une horloge installée en 1793 à Great St Mary's Church, à Cambridge. Depuis 1860, ce carillon est fixé sur l'horloge de St Stephen's Tower, au Parlement. En 1797, âgé de 22 ans, Crotch succède à Philip Hayes comme professeur de musique à St John's College et il obtient le grade de Doctor of Music, deux ans plus tard. Certaines des conférences qu'il a faites à Oxford ont été publiées en 1831 sous le titre *The Substance of Several Courses of Lectures*.

En 1812, Crotch avait composé un oratorio populaire, *Palestine*, et publié un traité de composition. Il a été nommé directeur de la Royal Academy of Music lors de sa fondation, en 1822, et a conservé ce poste pendant dix ans. Lors de sa dernière apparition en public, en 1834, il a tenu l'orgue au Festival Haendel à Westminster Abbey. Il est mort chez son fils, à Taunton, où il est enterré. Il a composé des *anthems*, des *glees*, des œuvres pour orgue, des pièces pour piano, une ode sur l'avènement de George IV en 1820 et une ode pour l'installation du duc de Wellington comme chancelier de l'Université d'Oxford en 1834 ainsi qu'un autre oratorio intitulé *The Captivity of Judah* (1812-15) sur une musique entièrement nouvelle.

Wendy Thompson.

Crown Imperial. Marche de Walton, composée pour le couronnement de George VI en 1937. En tête de la partition figure un vers du poème *In Honour of the City* de Dunbar (1465-1520) : « In beautie beryng the crone imperial ». Il existe des arrangements de cette marche pour musique militaire, pour piano et pour orgue.

Crown of India, The. Masque impérial op.66 d'Elgar sur un texte de H. Hamilton. Écrit pour la célébration du Durbar de Delhi en 1912, il a été représenté pour la première fois à Londres la même année. Une suite d'orchestre de cette œuvre a également été créée en 1912.

Crucifixion, The. Oratorio de Stainer sur un texte de J. Sparrow-Simpson qui comporte des extraits de la Bible. Composé en 1887 pour ténor, basse, chœur, orgue et orchestre. L'assemblée des fidèles peut participer à cinq hymnes (coupés dans certaines exécutions).

Cruft, Adrian (Francis) (Mitcham, Surrey, 10 février 1921). Compositeur anglais. Élève de Gordon Jacob et d'Edmund Rubbra au Royal College of Music

(1938-47), il aborde une carrière éclectique de contrebassiste, chef d'orchestre, professeur et compositeur. Il a surtout composé de la musique utilitaire, dans un style conservateur, notamment de la musique pour enfants, des œuvres de musique de chambre (principalement pour instruments à vent) et de la musique religieuse.

Paul Griffiths.

Crüger, Johannes (Gross-Breesen, près de Francfort-sur-l'Oder, 9 avril 1598 ; Berlin, 23 février 1662). Compositeur et théoricien allemand. Fils d'aubergiste, il étudie la théologie à l'Université de Wittenberg avant de devenir *Kantor* à Saint-Nicolas de Berlin, en 1622, poste qu'il occupe jusqu'à sa mort. Crüger a été un théoricien influent, mais il est surtout connu pour ses compositions et arrangements de chorals dont certains, comme « Nun danket alle Gott » et « Jesu meine Freude » sont encore très connus, mais dans des versions généralement moins dynamiques sur le plan rythmique que les originaux. Certains de ses chorals font appel à deux violons (ou trompettes) en plus du chœur à quatre voix, ces instruments figurant l'expression de la signification des paroles.

Denis Arnold.

Crumb, George (Henry) (Charleston, West Virginia, 24 octobre 1929). Compositeur américain. Il fait ses études à Mason College (1947-50), à l'Université d'Illinois (1950-52) et à l'Université du Michigan avec Ross Lee Finney (1954-59). Il suit également les cours de Boris Blacher à la Hochschule für Musik de Berlin (1955-56). Il enseigne à l'Université du Colorado (1959-64) et à l'Université de Pennsylvanie (à partir de 1965). Dans le domaine de la composition, Crumb a mis un certain temps avant d'atteindre la maturité et il semble avoir trouvé sa voie dans les *Cinq Pièces pour piano* (1962). Depuis, il utilise beaucoup d'effets instrumentaux spéciaux pour créer des images sonores atmosphériques, souvent macabres ou nocturnes. Ses œuvres les plus représentatives sont *Ancient Voices of Children* pour mezzo-soprano, voix d'enfants, hautbois, mandoline, harpe, piano et percussion (1970), *Black Angels* pour quatuor à cordes et bande magnétique (1970), et *Makrokosmos I-II* pour piano (1972-73).

Paul Griffiths.

Crusell, Bernhard Henrik (Nystad, 15 octobre 1775 ; Stockholm, 28 juillet 1838). Clarinettiste, chef d'orchestre et compositeur finlandais. Il part pour Stockholm à l'âge de douze ans où il joue de la clarinette dans une musique militaire ; il y poursuit ses études et devient rapidement l'un des plus grands clarinettistes de son temps. Il va ensuite étudier à Paris et à Berlin, mais revient s'installer en Suède. Crusell a composé de la musique instrumentale, des concertos pour clarinette et des quatuors avec clarinette ; il a traduit en suédois plusieurs opéras, notamment de Mozart et de Rossini, pour l'Opéra royal de Stockholm.

Wendy Thompson.

Crwth (prononcé « crooth » en gallois et « crouth » ou « crowd » en anglais). Instrument à cordes et à archet qui ressemble à une vièle et se tient contre la poitrine, parfois soutenu par une lanière passée autour du cou de l'instrumentiste. C'est l'un des instruments à cordes les plus intéressants qui ait survécu des temps anciens et de vieux musiciens en jouaient encore au Pays de Galles au début du XIXe siècle. Les doigts de la main gauche passent par l'ouverture en forme d'arche située à droite de l'instrument et le pouce se glisse dans l'ouverture de gauche. Les deux pièces latérales qui rappellent les bras d'une *lyre ancienne sont des prolongements de la caisse, le tout étant taillé d'une seule pièce. La caisse est à dos plat et les bras montent suffisamment vers l'avant pour soulever la pièce transversale du haut un peu au-dessus du niveau de la table. Le pied droit du chevalet passe dans une ouïe pour reposer contre le dos comme l'âme ; on trouve souvent la même disposition sur la *lira* grecque (voir *Violon*, 6). Les six cordes, en crin de cheval selon les sources anciennes, étaient groupées en trois paires, accordées à l'octave au sein de chaque paire ; la corde la plus grave de chaque paire est appelée basse ou « vyrdon » (une sorte de *bourdon). La troisième paire n'était pas tendue sur la touche et était surtout pincée par le pouce « comme un genre d'accompagnement de basse ». Pour le reste, l'archet attaquait toutes les cordes en même temps ou « plus ou moins en même temps », car le haut du chevalet était plat. Il existe des divergences à propos du schéma d'accord : selon les premières observations de 1775, les cordes supérieures de chaque paire étaient accordées sur ré^4, do^4, sol^3, alors que vingt-cinq ans plus tard on notait un accord en quinte. Certains manuscrits anciens laissent entendre qu'ils comportent de la musique pour crwth, mais elle ne peut être déchiffrée avec certitude.

Un parent éloigné du crwth a survécu jusqu'au XXe siècle dans des îles situées au large de la côte estonienne où l'on parle suédois : il s'agit de la « lyre à archet », ou « harpe à archet » (qui perpétue le sens original du mot « harpe » dans les pays nordiques en tant que forme de lyre). L'instrument se joue assis, posé en travers des genoux, la paume de la main maniant l'archet vers le haut. Il n'y a pas de touche : la première corde est pressée sur le côté alors que les autres, qui peuvent aller jusqu'à trois, sonnent comme des bourdons. L'instrument produit un son doux et sourd (celui du crwth était rauque) et l'on en jouait souvent jusqu'au siècle dernier pour des noces ou des danses dans des endroits où le violon était absolument inconnu.

Anthony Baines.

Csárdás (hongr., de *csárda,* « auberge »). Danse hongroise du XIXe siècle qui ressemble beaucoup au **verbunkos*. C'est une danse à deux temps dans laquelle les mouvement lents (*lassu*) alternent avec les mouvements rapides (*friss*). Johann Strauss a intégré une *csárda* dans son opérette *Die Fledermaus* (« La Chauve-Souris »).

Cueca (esp.). Danse chilienne animée dans laquelle alternent des séquences à 3/4 et à 6/8 en quatrains de huit syllabes, mélangés à un dialogue improvisé. Elle se danse par couples sur un accompagnement d'accords de tonique et de dominante joués à la guitare et ponctués par les battements de mains des chanteurs et des danseurs. La chanson « America » de Leonard Bernstein dans *West Side Story* est écrite dans le style d'une *cueca.*

Cui, César (Antonovitch) (Vilno, 18 janvier 1835 ; Saint-Pétersbourg, 26 mars 1918). Compositeur et critique musical russe d'origine française. Son père, officier de l'armée napoléonienne, s'était fixé en Russie en 1812, après la retraite française. César Cui commence ses études à Vilno où il prend quelques leçons de musique avec Moniuszko. Dans les années 1850, il séjourne à Saint-Pétersbourg et fait la connaissance de Balakirev, qui le présente à un groupe de compositeurs nationalistes. Il est vite admis au sein de ce qui allait devenir le *groupe des Cinq et, comme ses collègues, il continue à pratiquer la musique en marge d'une autre activité : Cui était un expert en fortifications militaires. A partir de 1857, il enseigne à l'Académie du Génie de Saint-Pétersbourg où il deviendra professeur en 1878.

La musique de Cui est rarement empreinte de l'esprit nationaliste qui domine les œuvres de ses condisciples, malgré l'estime qu'ils lui portent tous, surtout comme compositeur lyrique : son plus bel opéra, *William Ratcliff* (1861-68, sur un livret de Pletcheiev, d'après Heine), est porté aux nues par Vladimir Stasov, qui le considère comme « l'une des œuvres les plus importantes de notre époque ». Malgré le succès remporté à la création (1869), il n'est pas resté au répertoire. En dehors d'une douzaine d'opéras, Cui a terminé celui de Dargomijski, *Le Convive de pierre,* inachevé à la mort de ce dernier, et il a composé le premier acte d'un opéra collectif, *Mlada* (1872), avec Rimski-Korsakov, Borodine, Moussorgski et Minkus. Cui s'est montré plus à l'aise dans les formes miniatures et il a composé beaucoup de mélodies et de pièces pour piano. Néanmoins, il est aujourd'hui essentiellement connu pour ses écrits critiques. Ardent propagandiste du mouvement nationaliste, il a parfois traité avec rudesse la musique d'autres compositeurs russes qui ne se conformaient pas à ses idéaux : Tchaïkovski, Anton Rubinstein et Rachmaninov en particulier ont été les victimes de sa plume caustique. Il est également l'auteur du livre *La Musique en Russie* (Paris, 1880, réédité en 1974) qui donne un bon aperçu de ses idées vigoureusement partisanes.

Geoffrey Norris.

BIBLIOGRAPHIE : Comtesse de Mercy-Argenteau, *César Cui,* Fischbacher (Paris, 1888). Victor Seroff, *Le Groupe des Cinq,* Plon (Paris, 1949).

Cuivré. Terme indiquant que les notes ainsi marquées doivent être jouées avec une sonorité forte et stridente (s'applique surtout au cor).

Cuivres (all. *Blechblasinstrumente* ; angl. : *brass instruments* ; ital. : *ottoni*).

Instruments dont le fonctionnement repose sur la vibration des lèvres de l'instrumentiste qui prennent appui sur une embouchure métallique, sorte de bassinet qui forme une petite ouverture commandée par le degré de tension des lèvres. Le souffle de l'instrumentiste fait vibrer la surface des lèvres (augmentant ou réduisant l'ouverture) à des fréquences qui varient en fonction des muscles et de la colonne d'air située à l'intérieur de l'instrument (voir *Acoustique*, 5 ; *Instruments à vent*, 1).

1. *L'embouchure* (Fig. 1). De petite taille, elle ne quitte jamais l'instrumentiste, qui la transporte généralement dans sa poche. Elle est en principe ciselée au tour à partir d'un moulage. La partie externe de la queue d'embouchure s'amincit depuis le bassin pour s'insérer dans la branche d'embouchure de l'instrument, elle-même effilée en sens inverse. A l'intérieur, le canal s'amincit en se rapprochant du bassin, souvent hyperboliquement, constituant le début de la colonne d'air de l'instrument.

La couleur sonore caractéristique, qui varie profondément d'un type d'instrument à un autre, dépend de la longueur et du profil du tube ; la forme et la taille du bassin de l'embouchure diffèrent selon les familles d'instruments, leur évolution ayant suivi celle du tube. La largeur de l'embouchure de la trompette, du cornet à piston, du bugle et du cor est en moyenne de 17 mm. Le bassin le moins profond (Fig. 1a) – 10 mm en moyenne – convient particulièrement bien à la sonorité brillante de la trompette (prédominance des harmoniques supérieurs, quelle que soit la douceur d'émission) ; un bassin au moins deux fois plus profond s'adapte mieux à la sonorité plus sombre du cor (peu d'harmoniques dans sa sonorité moelleuse normale). Les trombones et les tubas, jouant normalement dans des registres plus graves, utilisent des bassins proportionnellement plus larges et plus profonds (Fig. 1b, trombone). Autrefois, les instrumentistes anglais testaient la largeur de l'embouchure d'une trompette à l'aide d'une pièce de trois pence en argent, celle du trombone avec un shilling. Plus la largeur est importante, plus l'ouverture des lèvres est grande, ce qui favorise les vibrations des basses fréquences. Toutefois, le cor peut jouer dans tous les registres avec une embouchure (Fig. 1c) qui est aussi étroite que celle de la trompette. On pourrait chercher à comprendre ce qui se passe à l'intérieur de l'embouchure. Les explications sont nombreuses et variées mais, comme la plupart des questions relatives au fonctionnement des instruments de musique, une grande part de mystère subsiste et à donner plus de détails on risquerait de s'aventurer en eaux profondes.

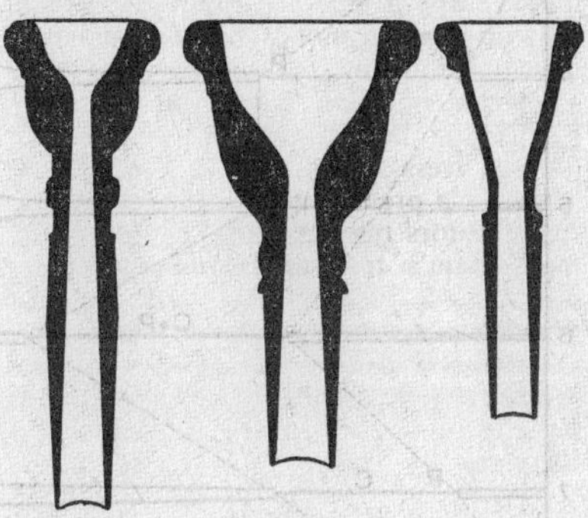

Fig. 1

2. *Le tube*. La Fig. 2 montre une représentation des tubes de différents instruments à vent déployés : les sections cylindriques sont indiquées par une ligne, les sections coniques et les pavillons hyperboliques sont présentés en coupe.

(*a*) N° 1. Exemple parfait de ce que l'on appelle la « perce cylindrique » : une trompette baroque, trompette dite « naturelle » (sans piston). Cette perce, avec son pavillon relativement court, est à rapprocher, d'un point de vue historique, des trompettes ainsi que des trombones (2), quoique le pavillon des trombones modernes soit plus long et plus évasé, représentant plus de 40% de la longueur totale de l'instrument, coulisse rentrée. Sur la plupart des trompettes modernes (3 et 4) et sur le cornet à piston (5), la section évasée correspond à plus de la moitié de la longueur totale ; en outre, le début du tube (branche d'embouchure) est de forme conique, mais seul le cornet à piston comporte un cône assez long et assez raide pour modifier l'éclat naturel de la trompette et apporter une nouvelle nuance sonore. La trompette fait partie des

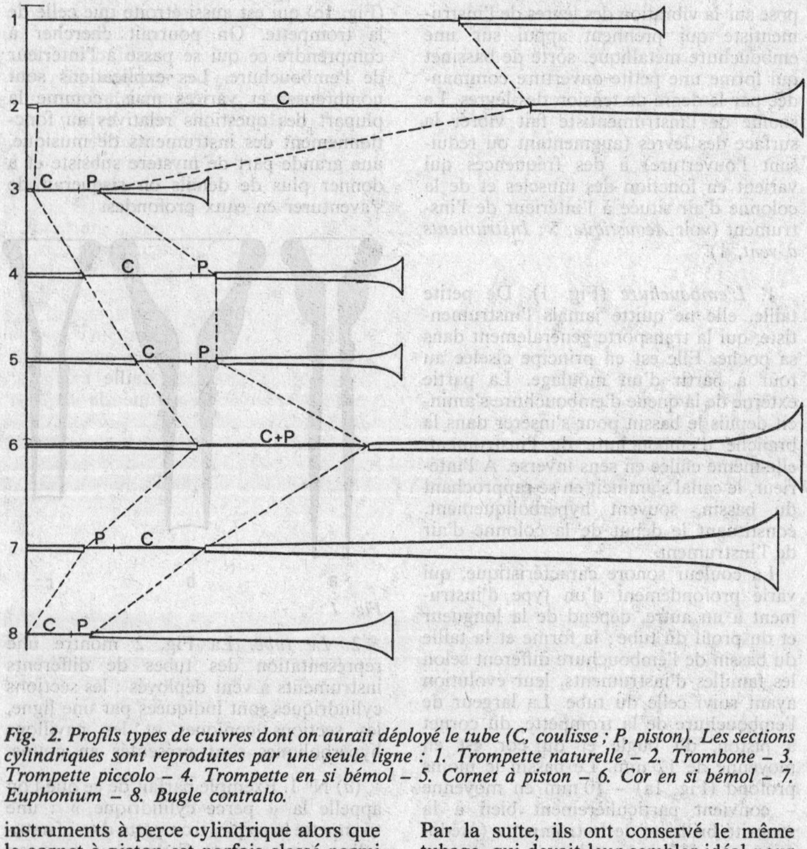

Fig. 2. Profils types de cuivres dont on aurait déployé le tube (C, coulisse ; P, piston). Les sections cylindriques sont reproduites par une seule ligne : 1. Trompette naturelle – 2. Trombone – 3. Trompette piccolo – 4. Trompette en si bémol – 5. Cornet à piston – 6. Cor en si bémol – 7. Euphonium – 8. Bugle contralto.

instruments à perce cylindrique alors que le cornet à piston est parfois classé parmi les instruments à perce cylindro-conique.

La largeur du tube cylindrique est à peu près identique sur tous les instruments représentés (Fig. 2) : diamètre interne d'environ 10-12 mm entre les deux lignes pointillées en zigzag (mais ces tubes sont aujourd'hui plus larges sur les instruments plus profonds). Cette similitude repose sur une explication historique : jusqu'au XIXe siècle, les facteurs de cuivres étaient avant tout des facteurs de trompettes, habitués à braser sans arrêt au-dessus d'un mandrin des longueurs de tube, en laiton ou en argent, dont la section convenait aux trompettes, car ces instruments étaient alors fabriqués en grande quantité pour les cérémonies et les musiques militaires. Par la suite, ils ont conservé le même tubage, qui devait leur sembler idéal pour les parties cylindriques des autres instruments.

(*b*) Le cor, déployé au n° 6, possédait peut-être au début du XVIIIe siècle une perce intégralement conique, s'évasant doucement tout le long du tube, de l'embouchure au pavillon. La perce actuelle du cor se caractérise par son étroitesse au niveau de la cuvette de l'embouchure (entourée d'un cercle sur le schéma) ; elle est beaucoup plus petite que celle des autres cuivres, relativement longue et effilée, autant d'éléments qui contribuent à la sonorité magique du cor. Depuis le milieu du XVIIIe siècle, des corps de rechange et des coulisses, puis des pistons ont introduit une longueur importante de tube cylindrique de même section que celui de la trompette, sans affecter profondément la qualité sonore. Le cor reste un instrument à perce conique en ce qui concerne l'effet musical, tout comme la trompette (4) est considérée comme un instrument à perce cylindrique.

(*c*) Le nº 7 et le nº 8 correspondent à une famille très différente d'instruments à perce conique, principalement des instruments de fanfare postclassiques – bugle contralto (grand bugle, 8), saxhorns alto et baryton, euphonium (voir également *Harmonie ou musique d'harmonie*) – et le tuba, tous dérivés dans un certaine mesure du clairon. La perce s'élargit d'un bout à l'autre, sauf à l'endroit des pistons, et possède une section analogue ou légèrement supérieure à celle de la trompette au niveau de l'embouchure. Le tube s'élargit donc considérablement, surtout sur le tuba et l'euphonium, contenant un volume d'air important pour une telle longueur, caractéristique qui le rapproche de l'ancienne corne de vache, dont dérive le clairon. Les couleurs sonores sont rondes et suaves et les instruments possèdent une puissance considérable qui porte beaucoup ; à l'approche d'une fanfare, l'euphonium s'entend immédiatement après la grosse caisse. Sur le tableau ci-après figurent les sonorités fondamentales et les longueurs de tube respectives des divers instruments de la famille des cuivres. Les zones encadrées montrent dans quelles tonalités pouvaient jouer la trompette et le cor naturel, à l'époque baroque et classique, grâce aux différents corps de rechange (voir *Cor*, 6*b*).

Le pavillon joue un rôle essentiel pour tous les cuivres. Il intervient dans la production de chaque note (à l'exception de quelques modèles anciens à clés recouvrant des trous latéraux ; voir *Ophicléide* ; *Clairon*, 4 ; *Trompette*, 8). Sur les instruments munis de trous latéraux, la vibration des lèvres ne permet pas une définition assez précise de la hauteur du son pour aider l'instrumentiste à parvenir, par la tension des lèvres, au niveau de vibration nécessaire. C'est la raison pour laquelle il est si difficile de jouer des instrument en bois « à anche labiale » (voir *Cornet* ;*Serpent*). Le pavillon évasé procure cette définition et aide également à accorder harmoniques et *séries harmoniques, accord sur lequel repose le jeu des cuivres. Un large tube conique peut jouer le même rôle qu'un pavillon sans s'évaser considérablement : ainsi, certains modèles anciens de tuba ou de clairon ; mais un simple tube cylindrique donnerait un résultat comparable à celui d'un tuyau bouché, avec des harmoniques éparpillés et désaccordés par rapport à la fondamentale. L'évasement de forme hyperbolique permet de les aligner, ce que l'acoustique moderne démontre aisément.

L'extrémité du pavillon se compose d'un fil métallique solide recouvert par le bord du pavillon ou par une « guirlande » plate sur laquelle le facteur grave souvent son nom. Quant au reste de l'instrument, les parties effilées (sur la partie gauche de la Fig. 2) se fabriquent en plaçant un tube cylindrique assez long sur un mandrin effilé en acier ; on l'enfonce ensuite dans une série de trous de taille croissante pratiqués dans une plaque de fer. Les courbes et les coudes (en forme de « U ») sont réalisés en remplissant le tube chauffé de plomb en fusion. S'il se forme des bosses, incident de fabrication assez courant, il suffit de secouer des billes d'acier à l'intérieur du tube contre la bosse ; dans le cas du pavillon, la bosse s'aplatit au maillet.

3. *Fondements de la technique instrumentale*. Considérons tout d'abord un instrument « naturel » familier, le clairon. Son tube mesurant environ 1,30 m de long, sa série harmonique est basée sur une fondamentale de si bémol[1] (voir tableau ci-dessus). Comme sur la plupart des cuivres, la fondamentale elle-même n'est pas utilisée. L'instrumentiste produit les harmoniques 2 à 6, indiqués sur l'Ex. 1 (qu'il faut lire à la seconde majeure inférieure puisque le clairon transpose en si bémol – voir *Instruments transpositeurs*). Pour « fabriquer » chaque note, il l'entend à l'avance dans sa tête puis comprime les lèvres pour qu'elles vibrent à la fréquence requise.

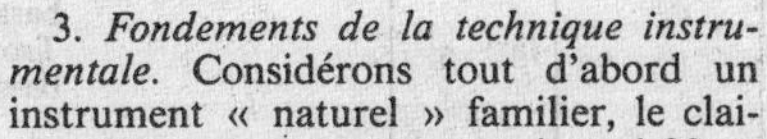

Ex. 1

Les *pistons – et la coulisse du trombone – servent à compléter l'étendue chromatique en modifiant instantanément

LONGUEUR DU TUBE	SON FONDAMENTAL	(A) PERCE CYLINDRIQUE		(B) PERCE DE COR	(C) PERCE CONIQUE LARGEUR
61 cm	sib^2	Trompette piccolo en si bémol			
91 cm	fa^2 mib^2 ré^2	Trompette en fa Saxhorn sopranino Trompette en ré			Petit bugle
122 cm	do^2 sib^1	Trompette en ut Trompette en si bémol Cornet à pistons			Bugle, Clairon
182 cm	sol^1 fa^1 mib^1 ré^1	Ancienne trompette en fa Trompette de cavalerie Trompette baroque		Cor en fa aigu Cor alto	Clairon (USA) Saxhorn alto
244 cm	do^1 sib^{-1}	Trompette basse Trompette basse (militaire)	Trombone	Cor en si bémol	Ophicléide Saxhorn baryton, Euphonium, Tuben ténor wagnérien
365 cm	sol^{-1} fa^{-1} mib^{-1} ré$^{-1}$		Trombone basse en sol Trombone basse en fa	Cor en fa Trompe de chasse	Tuba en fa, Tuben basse wagnérien Tuba en mi bémol, Sousaphone
487 cm	do^{-1} sib^{-2}		Trombone contrebasse		Tuba en ut Tuba en si bémol (saxhorn contrebasse en si bémol), Sousaphone.

la longueur du tube sans entraver l'émission de toutes les notes par le pavillon.

4. *Autres instruments de la famille des cuivres.* On ne peut mentionner dans cet ouvrage tous les instruments de la famille des cuivres qui ont existé. Le XIXe siècle a connu des instruments à pistons éphémères comme le **ballad horn* ou *voice horn* (de forme circulaire, en ut, datant d'environ 1870 et servant surtout à jouer des mélodies), le clavicor (ancêtre du saxhorn, inventé à Paris en 1837, sur lequel le troisième piston était confié à la main gauche), le cornophone (avec son pavillon dirigé en avant, inventé par Besson, à Paris, en 1890, qui a remplacé à une certaine époque les tubens wagnériens), ou le sax-tuba (en forme de corne d'abondance, créé par Sax pour un effet scénique dans *Le Juif errant* d'Halévy, 1852).

En dehors du monde occidental, et surtout en Asie, les cuivres sont particulièrement intéressants ; certains sont recensés dans les articles consacrés au *Cor* et à la *Trompette* – les seuls mots que notre langue possède pour les classifier. Par convention, le mot « cor » est réservé à un instrument courbe, alors que « trompette » désigne un instrument droit ; il en est de même des instruments en cuivre (plutôt en bronze) de l'Antiquité, notamment des instruments romains.

Voir les articles : *Bugle* ; *Cimbasso* ; *Clairon* ; *Cor* ; *Cor de chasse* ; *Cor de postillon* ; *Cornet à pistons* ; *Euphonium* ; *Lituus* ; *Ophicléide* ; *Saxhorn* (voir aussi *Baryton*) ; *Trombone* ; *Trompette* ; *Tuba* (et le tuben wagnérien). Voir également : *Cor des Alpes* ; *Cornet à bouquin* ; *Didjeridu* ; *Embouchure* ; *Pistons* ; *Série harmonique* ; *Serpent* ; *Shofar* ; *Sourdine.*

Anthony Baines.

Cunningham, Merce (Centralia, Washington, 16 avril 1919). Danseur et chorégraphe américain. Après avoir appartenu à la troupe de Martha Graham, il collabore, à partir des années quarante, avec John Cage, qui sera le directeur de la musique de la propre troupe de Cunningham dès sa formation, en 1952. Les chorégraphies de Cunningham exploitent un vocabulaire individualiste, souvent isolé sur le plan stylistique, parfois parsemé d'associations aléatoires avec des éléments sonores.

Noël Goodwin.

Cupid and Death. Masque de James Shirley représenté en 1653 sur une musique attribuée à Christopher Gibbons. Repris en 1659 sur une musique de Christopher Gibbons et Matthew Locke.

Cupo (ital.). « Sombre ». Terme fréquemment utilisé par Verdi.

Curlew, The. Cycle de mélodies de Warlock, pour ténor, flûte, cor anglais et quatuor à cordes qui met en musique quatre poèmes de Yeats (1920-22).

Curlew River. Parabole d'église op.71 de Britten sur un texte de William Plomer d'après le drame nô japonais *Sumidagawa* de Juro Motomasa (1395-1431). Créé au Festival d'Aldeburgh, à Oxford Church, en 1964.

Currende. Voir *Kurrende.*

Curtis Institute of Music. École de musique américaine fondée en 1924 à Philadelphie par Mary Louise Curtis Bok. Elle a été dirigée successivement par John Grolle, Josef Hoffmann, Randall Thompson, Efrem Zimbalist, Rudolf Serkin, John de Lancie et, depuis 1986, Gary Graffman. Le Curtis Institute a toujours compté de remarquables professeurs et attiré des élèves du monde entier. La dotation de l'institut permet à tous les élèves de recevoir des bourses couvrant la totalité de l'enseignement.

Mark Tucker.

Curwen. Famille de pédagogues et d'éditeurs de musique anglais. John Curwen (1816-80) était un pasteur congrégationaliste, sans instruction musicale, qui a adopté et modifié le szstème de notation connu sous le nom de * « Tonic sol-fa » conçu par Sarah Glover pour inculquer les rudiments de la musique. Après avoir abandonné son ministère en 1864, il se consacre à la propagation du mouvement « Tonic sol-fa » pour laquelle la fondation de la maison d'édition J. Curwen & Sons jouera un rôle considérable. Son journal *Tonic Sol-fa Reporter and Magazine of Vocal Music for the People* a eu une existence éphémère mais a été suivi de nombreuses autres publications.

Son fils, John Spencer Curwen (1847-1916), a poursuivi son œuvre : musicien expérimenté, il a complété le catalogue, jusque alors limité aux éditions de musique scolaire, en y ajoutant de la musique chorale et de la musique pour amateurs. Sa femme, Annie Curwen (1845-1932), a appliqué les principes « Tonic Sol-fa » à ses méthodes d'enseignement du piano, notamment *The Child Pianist* (1886, plus connu sous le nom de *Mrs Curwen's Pianoforte Method*). Leur neveu, John Kenneth Curwen (1881-1935), a dirigé la maison d'édition et en a enrichi le fonds avec des œuvres pour orchestre, comme *Les Planètes* de Holst ou des pages de Vaughan Williams, Bantock, Boughton, Smyth et Varèse.

Au cours des années trente, Curwen s'est forgé une certaine réputation dans le domaine de l'édition graphique : la firme a notamment commandé des matrices de gravures à Paul Woodruff, réputées pour la clarté et la beauté de la forme, mais elles se sont avérées trop originales. Curwen a également publié une revue musicale très vivante, *The Sackbut* (1920-34). La maison d'édition a ensuite poursuivi ses activités sous la direction de John Christopher Curwen (né en 1911) mais, en 1971, le fonds musical a été partagé entre *Faber Music et Roberton Publications.

J. M. Thomson.

Cushion dance (angl.). Voir *Danse du coussin*.

Custos (lat.). Voir *Guidon*.

Cutting, Francis (célèbre vers 1570-1603). Luthiste et compositeur anglais. Son nom est souvent cité dans le domaine de la musique pour luth de l'époque élisabéthaine et un grand nombre de ses œuvres apparaissent dans le premier recueil de musique anglaise imprimée (*New Booke of Tabliture* de William Barley, Londres, 1596), mais on sait peu de chose de sa vie. Il s'agit peut-être d'un riche amateur qui n'a sans doute pas vécu à Londres. La dernière œuvre que l'on puisse dater est *Sir Fooke Greviles Pavan*, sans doute écrite vers 1603. La même année, Greville a été anobli, devenant « Knight of the Bath ».

La musique de Cutting peut soutenir la comparaison avec celle de ses contemporains Dowland et Holborne. Les œuvres qui ont survécu et ont été reprises récemment comprennent des pavanes et des gaillardes ainsi que des pièces de genre comme *Cutting's Comfort*.

Wendy Thompson.

Cycle de mélodies (ou de lieder) (all. : *Liederkreis*, *Liederzyklus* ; angl. : *song-cycle*). Groupe de mélodies sur un thème commun, généralement des poèmes, mais pas nécessairement du même auteur. La musique peut être conçue autour de tonalités globalement cohérentes, ou dans le respect d'une certaine unité de la forme, etc., mais il ne s'agit pas d'une règle impérative. Elle peut aussi présenter une unité d'ambiance, ou simplement suivre les poèmes sans rechercher d'unité organique.

Le cycle de mélodies est un phénomène du XIXe siècle. On en trouve le premier exemple important dans *An die ferne Genliebte* (1816) de Beethoven : le cycle se compose de six lieder qui suivent un plan de tonalités cohérent et systématique ; chaque lied est lié musicalement au suivant et ils sont tous dominés par le thème poétique de l'amour inaccessible. Le dernier lied est une réexposition du premier. Quelques années plus tard, Schubert compose deux cycles de lieder beaucoup plus longs : *Die schöne Müllerin* (1823, vingt lieder) et *Die Winterreise* (1824, vingt-quatre lieder, tous sur des poèmes de Wilhelm Müller).

Les cycles de mélodies ou de lieder affluent ensuite de toute part et il n'est possible d'en citer ici que quelques-uns. Cette forme s'adapte particulièrement bien au tempérament de Schumann, qui n'était pas toujours à l'aise dans les formes instrumentales abstraites ; il a écrit deux cycles particulièrement remarquables, *Dichterliebe* (« Les Amours du poète », Heine) et *Frauenliebe und-leben* (« L'Amour et la vie d'une femme », Chamisso), tous deux composés en 1840.

Les *Nuits d'été* (Gautier) de Berlioz constituent l'un des premiers cycles de mélodies françaises. Écrites à l'origine avec accompagnement de piano, ces mélodies sont surtout connues dans leur version orchestrée. L'un des plus beaux cycles de mélodies de Fauré est *La Bonne Chanson* (1892-94), qui met en musique neuf poèmes de Verlaine dont Debussy s'est inspiré dans ses *Fêtes galantes* (1892 et 1904). Ce genre a énormément séduit Vaughan Williams (*On Wenlock Edge*, A. E. Housman, 1908-09) et Benjamin Britten (*Les Illuminations*, Rimbaud, 1939) ainsi que de nombreux autres compositeurs. Il faut aussi noter deux cycles intéressants de Moussorgski : *Les Enfantines* (dont il est lui-même l'auteur du texte, 1868-72) et les *Chants et Danses de la mort* (Golenishchev-Koutouzov, 1875-77). Parmi les exemples modernes allemands, on peut retenir *Das Marienleben* (Rilke, 1922-23) de Hindemith et, dans un style très différent, le *Pierrot lunaire* (Albert Giraud, 1912) et *Das Buch der Hängenden Gärten* (« Le Livre des jardins suspendus », Stefan George, 1908) de Schœnberg ; les *Lieder eines Fahrenden Gesellen* (« Chants d'un compagnon errant », 1883-85), les *Kindertotenlieder* (1901-04) et *Das Lied von der Erde* (« Le Chant de la terre », 1908-09), tous pour voix et orchestre, de Mahler représentent en un sens l'apothéose du lied.

Leslie Orrey.

Cycle des quintes (all. : *Quintenzirkel* ; angl. : *cycle of fifths*). Représentation graphique sous forme de cercle des tonalités avec leur armature. Do est placé au sommet du cercle et les notes progressent à partir de là en quintes ascendantes (do, sol, ré, etc.), dans le sens des aiguilles d'une montre. En bas du cercle, la note fa dièse est également désignée sous son appellation *enharmonique, sol bémol ; même chose pour la note suivante, do dièse/ré bémol ; les notes suivantes, jusqu'au retour au do initial, sont ensuite désignées par leur nom bémolisé (la bémol, mi bémol, etc.). Le retour à do ne peut s'opérer qu'en tempérament égal (voir *Tempérament,* 4). Si l'on employait les quintes pythagoriciennes (naturelles), les séries seraient infinies. Les armatures sont placées en fonction des tonalités respectives, les tonalités majeures étant indiquées à l'extérieur du cercle, les relatives mineures (en caractères plus petits) à l'intérieur.

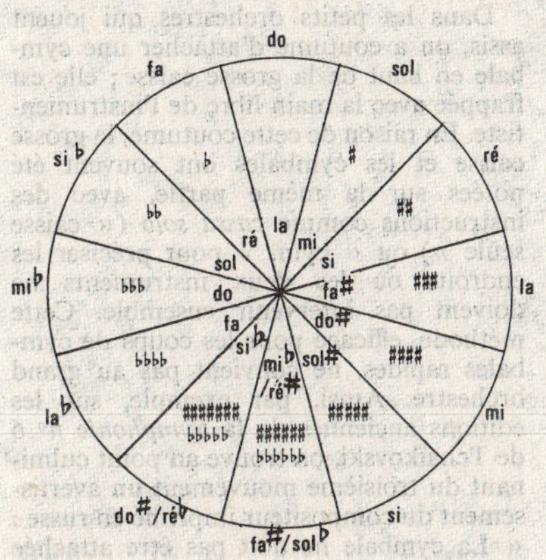

Le cycle des quintes indique la « proximité » et la « distance » relatives d'une tonalité par rapport à l'autre : par exemple, do majeur et fa dièse majeur, à des extrémités opposées du cercle, n'ont pas un seul accord parfait en commun (voir *Modulation,* Ex. 1d).

Cyclique, Forme. Voir *Forme cyclique.*

Cyclique, Messe. Voir *Messe cyclique.*

Cygne de Tuonela, Le (*Tuonelan joutsen*). Légende symphonique op.22 n° 3 de Sibelius, composée en 1893 et révisée en 1897 puis en 1900. Elle a été composée pour servir de prélude à un opéra inachevé mais a été publiée comme troisième mouvement de la *suite Lemminkänen* de Sibelius. Un cor anglais représente le cygne ; Tuonela est l'appellation finlandaise des enfers.

Cymbales (all. : *Becken* ; angl. : *cymbals* ; ital. : *piatti, cinelli*). Instrument à percussion métallique de hauteur de son indéterminée. L'origine des cymbales remonte au moins à l'époque assyrienne : leur place traditionnelle à côté du tambour constitue sans doute l'un des mariages les plus anciens dans l'histoire des instruments, le son des plaques de bronze frappées l'une contre l'autre complétant celui de la peau tendue. Par ailleurs, que ce soit dans la musique symphonique moderne, dans le domaine du jazz ou dans celui du rock, la cymbale apparaît seule sous la forme de la « cymbale suspendue » placée sur un support et frappée avec une baguette ou une mailloche. Sous cette forme, elle produit des sons extrêmement variés.

1. *Différentes formes et tailles de cymbales.* La cymbale courante (Fig. 1a) est faite d'une alliage laminé et embouti, comprenant du cuivre et de l'étain ; son diamètre peut atteindre 60 cm (en moyenne 50 cm). Elle prend parfois la forme d'une assiette, avec une bosse ou un dôme percé d'un trou pour la lanière en cuir ou le support métallique, selon le cas. La surface d'une cymbale de type courant ou cymbale turque est généralement pourvue de nombreuses rainures concentriques qui servent à améliorer la sonorité.

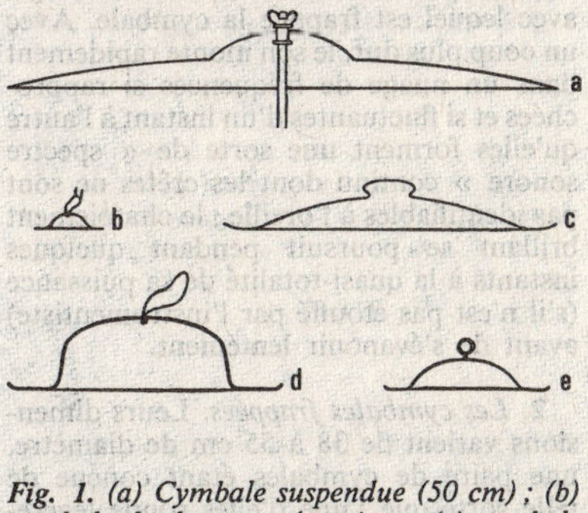

Fig. 1. (a) Cymbale suspendue (50 cm) ; (b) cymbale de danseurs égyptiens ; (c) cymbale chinoise (30 cm) ; (d) cymbale tibétaine en forme de chapeau melon ; (e) cymbale de bronze, époque romaine.

De nos jours, on rencontre assez rarement les cymbales chinoises (Fig. 1c) : elles sont fabriquées dans un métal très fin dont le bord est retourné vers le haut et dont le dôme possède une forme très caractéristique. A l'inverse, le métal des petites cymbales (Fig. 1b, e) est relativement épais (sinon le son se limiterait à un simple tintement). Elles produisent une note aiguë et claire donnée par la vibration la plus grave – parfois, si le dôme est haut (Fig. 1d), cette note ressemble à celle d'une petite cloche ; avec une cymbale de 5 cm de diamètre et de 2 mm d'épaisseur, le son se situe dans l'octave aiguë du piano. Les cymbales courantes sont beaucoup plus larges et plus minces : elles ne doivent pas être trop lourdes à manier ni trop épaisses pour éviter d'étouffer la sonorité. La fréquence de la vibration la plus grave peut être extrêmement profonde : elle varie en fonction de l'épaisseur du métal – plus elle est mince, plus elle est profonde – et en fonction inverse du carré du rayon – plus il est grand, plus elle est profonde. Si l'on frappe légèrement du doigt le bord d'une grosse cymbale suspendue en plaçant l'oreille tout près d'elle, on entend une note dans la tessiture de la contrebasse, ou plus grave encore, que l'oreille ne peut analyser que comme un vague grondement. Mais un coup normal de force moyenne fait tomber la fréquence la plus basse et celles qui lui sont immédiatement supérieures. On a alors l'impression d'entendre un son moyen de hauteurs de son mélangées (causé par de nombreux partiels inharmoniques plus élevés), qui varie selon l'endroit et l'objet avec lequel est frappée la cymbale. Avec un coup plus dur, le son monte rapidement dans un nuage de fréquences si rapprochées et si fluctuantes d'un instant à l'autre qu'elles forment une sorte de « spectre sonore » continu dont les crêtes ne sont pas identifiables à l'oreille ; le chatoiement brillant se poursuit pendant quelques instants à la quasi-totalité de sa puissance (s'il n'est pas étouffé par l'instrumentiste) avant de s'évanouir lentement.

2. *Les cymbales frappées.* Leurs dimensions varient de 38 à 55 cm de diamètre, une paire de cymbales étant conçue de telle sorte que l'une d'elles sonne légèrement plus haut que l'autre afin de minimiser l'impression de hauteur de son définie. Des lanières de cuir passent dans le trou central de chaque cymbale, leur extrémité étant dédoublée pour former quatre languettes nouées à l'intérieur de la cymbale (nœud turc carré). Au-dessus du dôme se trouve un tampon de feutre ou de cuir destiné à protéger la main. Le percussionniste frappe les cymbales d'un mouvement oblique, puis il étouffe le son en les appliquant contre ses vêtements afin de régler la durée de la note ou bien les laisse vibrer. On peut frapper légèrement l'un contre l'autre les bords des deux cymbales pour une note *pp* ou les agiter ensemble pour le « roulement *a due* » – l'ancien type de roulement que réclame notamment Wagner dans une nuance *ff* à la fin du *Crépuscule des dieux*, quand le bûcher funéraire est allumé. Si une fissure se produit, on peut prolonger la vie de la cymbale en perçant un petit trou juste au-delà de la fissure.

Dans les petits orchestres qui jouent assis, on a coutume d'attacher une cymbale en haut de la grosse caisse ; elle est frappée avec la main libre de l'instrumentiste. En raison de cette coutume, la grosse caisse et les cymbales ont souvent été notées sur la même partie, avec des instructions comme *cassa solo* (« caisse seule ») ou « cym. » pour préciser les endroits où les deux instruments ne doivent pas intervenir ensemble. Cette méthode, efficace pour les coups de cymbales rapides, ne convient pas au grand orchestre. Ainsi, par exemple, sur les éditions anciennes de la *Symphonie n° 6* de Tchaïkovski, on trouve au point culminant du troisième mouvement un avertissement du compositeur imprimé en russe : « La cymbale ne doit pas être attachée à la grosse caisse. »

Autrefois, on trouvait également dans les orchestres de théâtre des « cymbales à pied », consistant en une paire de cymbales attachées horizontalement sur deux planches pivotant sur un ressort et actionnées au pied.

La batterie des orchestres de variétés ou des musiques militaires comporte toujours des cymbales Charleston, introduites dans la musique de jazz au cours des années vingt pour marquer les temps faibles : deux cymbales d'environ 35 cm de diamètre sont montées horizontalement sur un support métallique muni à la base d'une pédale à ressort actionnée pour faire descendre la cymbale du haut (dont l'accord est plus élevé) sur l'autre.

3. *La cymbale suspendue.* Sa taille varie de 20 à 60 cm. Selon l'ancienne méthode, celle qui était en usage lorsque Berlioz l'a introduite dans l'orchestre, l'instrumentiste suspend une cymbale dans une main pour la frapper avec le genre de baguette spécifié ; ainsi, dans la toute dernière mesure de la *Symphonie fantastique*, on trouve l'indication : « Une cymbale frappée avec une baguette recouverte d'éponge ou une mailloche de grosse caisse. » Aujourd'hui, la cymbale est généralement suspendue à un support entre des rondelles en caoutchouc. Le son peut être étouffé avec les doigts et les roulements joués avec deux baguettes ; l'ancien roulement *a due* est souvent exécuté de cette façon.

Les cymbales suspendues ont pris de l'importance notamment parce qu'on peut en utiliser plusieurs pour produire des sons de hauteurs nettement contrastées, tout en restant indéterminées. En outre, on peut les faire sonner de diverses façons en les grattant avec une lime à ongles, un archet de violoncelle (comme dans les *Cinq Pièces* de Schoenberg, bien qu'une édition ultérieure l'ait remplacé par des baguettes) ou d'autres accessoires.

Dans une batterie de jazz, on trouve différents types de cymbales suspendues. La cymbale « ride » ou « top » est destinée à une exécution claire de notes répétées rapidement (par exemple, ♩ ♩. ♪♩ ♩. ♪) ; elle se joue avec une baguette de tambour ou une brosse métallique, en étouffant les temps faibles de l'autre main ; la cymbale « crash », souvent assez petite, est surtout frappée sur le bord avec l'extrémité lourde d'une baguette de tambour ; on trouve aussi parfois des cymbales « crash-ride » qui remplissent les deux fonctions. La cymbale cloutée (« sizzle ») est percée sur le bord de huit trous dans lesquels sont insérés des rivets mobiles.

4. *Cymbales antiques, crotales, cymbales à doigts.* Leur origine moderne remonte à Berlioz, qui avait reproduit des cymbales romaines de Pompéi. Elles mesuraient approximativement 9 cm de large et étaient utilisées dans *Roméo et Juliette* à des hauteurs de notes spécifiques précisées sur la portée ; l'instrumentiste les frappe légèrement l'une contre l'autre. Par la suite, d'autres compositeurs (surtout en France) ont continué à leur attribuer des notes spécifiques (notamment Debussy à la fin du *Prélude à l'après-midi d'un faune*), mais comme il était, jusqu'à une date récente, difficile de se procurer des instruments accordés sur toutes les notes demandées, on les remplaçait souvent par le *glockenspiel. Aujourd'hui, on peut se procurer des gammes chromatiques de crotales, dont le diamètre varie entre 5 et 15 cm ; elles sont montées sur un support. Messiaen a beaucoup écrit pour ces instruments.

Dans la famille des petites cymbales figurent aussi les cymbales des danseurs égyptiens, qui mesurent environ 5 cm de diamètre (Fig. 1b). Elles sont généralement en cuivre et munies d'une boucle en boyau pour les porter sur les doigts comme les castagnettes (« cymbales à doigts »). Dans la musique indienne, on rencontre de petits instruments en forme de tasse, qui sont frappés l'un contre l'autre (voir *Inde*, 3*c*). Plus à l'est, on trouve la cymbale en cuivre en forme de dôme, beaucoup plus grande, portée par les femmes derrière leurs vêtements. Une baguette est attachée à cette cymbale pour la faire sonner lorsqu'elles se promènent.

5. *Histoire.* Au Moyen-Orient, on a déterré des cymbales de toutes tailles pouvant atteindre 17 cm de diamètre (Fig. 1e), certaines par paires reliées par une fine chaîne. Le psaume 150 en distingue deux sortes : chez les Hébreux, la cymbale « claire », sans doute la petite cymbale dont la sonorité ressemble à celle des cloches, et la cymbale « bruyante », sans doute l'espèce plus grande que l'on entrechoque. En Grèce, ces dernières étaient jouées par des femmes dans les processions bachiques et l'on peut encore entendre les deux sortes de cymbales dans les cérémonies religieuses au Tibet et en Extrême-Orient.

Dans l'Antiquité, les petites cymbales étaient également fixées à un support en fer à ressort en forme de fourche ; on en retrouve la trace au Moyen Age et, de nos jours, en Grèce et en Turquie dans la musique de danse traditionnelle. A une époque plus avancée du Moyen Age, il existait aussi des cymbales plus grandes en forme de coupe (ressemblant à la Fig. 1d), tenues l'une au-dessus de l'autre et frappées d'un mouvement vertical lors des fêtes populaires. Les cymbales frappées actuelles sont arrivées en Europe avec la musique turque du XVIIIe siècle, comme la grosse caisse ; à l'époque, elles n'étaient pas très grandes et mesuraient moins de 30 cm de diamètre. La fabrique de cymbales la plus réputée est toujours la firme d'Istanbul Avedis Zildjian, dont l'usine principale se trouve aujourd'hui implantée près de Boston, dans le Massachusetts ; la marque suisse Paiste (voir *Gong*) est également très recherchée.

Anthony Baines.

Cymbales antiques. Instruments à percussion ressemblant à des cymbales miniatures dont la hauteur de son est généralement déterminée. Voir *Cymbales*, 4.

Czernohorsky, Bohuslav Matej. Voir *Černohorský, Bohuslav Matěj.*

Czerny, Karl (Vienne, 20 février 1791 ; Vienne, 15 juillet 1857). Pianiste, pédagogue et compositeur autrichien. Fils d'un musicien, il révèle très tôt des dons pour la musique. De 1800 à 1803, il est l'élève de Beethoven et devient l'un des meilleurs interprètes de ce musicien, bien que sa carrière de pianiste ait été assez courte. Dès l'âge de quinze ans, il vit essentiellement de l'enseignement. Entre 1816 et 1823, il donne chez ses parents des concerts hebdomadaires consacrés à la musique de Beethoven. A cette époque, il a pour élèves Liszt, Thalberg, Döhler et Kullak. Compositeur prolifique, près d'un millier d'œuvres ont été publiées de son vivant. Il a écrit beaucoup de musique religieuse, notamment des messes, des graduels et des offertoires, ainsi que des symphonies, des ouvertures, des concertos, de la musique de chambre, de la musique de scène, des mélodies et des sonates pour piano. Il a réalisé des arrangements pour piano à deux ou quatre mains de nombreux opéras, notamment de Rossini, et d'œuvres symphoniques, notamment les *Symphonies n° 7 en la majeur* et *n° 8 en fa majeur* de Beethoven. Toutefois, il est surtout connu pour ses études et exercices pour piano, notamment *L'École de la virtuosité* et *L'Art de délier les doigts* dans lesquels il traite en détail des divers styles et techniques de son époque.

Wendy Thompson.

Cymbalum. Voir *Hackbrett*, 1.

D

D. 1 (all. et angl.). Voir *Ré*.
2. Abréviation pour *Deutsch.

Da capo (ital. ; parfois abrégé *d.c.*). « Depuis la tête », c'est-à-dire revenir au début. L'endroit où il faut s'arrêter est généralement indiqué par le mot *fine* ou par un point d'orgue (𝄐). On utilise parfois l'expression *da capo al segno*, « du début jusqu'au signe » (𝄋) ou *da capo al fine*, « du début jusqu'à la fin ». A ces expressions s'ajoute parfois aussi la mention *poi segue la coda*, « ensuite vient la coda », qui indique qu'une fois arrivé au point indiqué, on passe directement à la section finale du morceau, généralement marquée « coda ».

A l'ère baroque, ce terme était couramment utilisé dans la musique instrumentale, comme les concertos, et régulièrement dans les structures de menuet-et-trio pour signifier la reprise du menuet. Un « aria da capo » comporte deux parties, suivies d'une reprise de la première, formant ainsi une structure tripartite A-B-A.

Dafne. Opéra en six scènes et un prologue de Peri sur un livret d'Ottavio Rinunccini. *Dafne* est généralement considéré comme le premier opéra de l'histoire, mais la majeure partie de la musique de cet ouvrage est aujourd'hui perdue. Il a été créé chez Jacopo Corsi à Florence en 1597, et, selon l'un des fragments de musique manuscrits, il semblerait que Corsi ait collaboré avec Peri.

Dagincour, François. Voir *Agincour, François d'*.

Dahlhaus, Carl. Voir *Analyse*, 3a.

Dalayrac [d'Alayrac], **Nicolas-Marie** (Muret, Haute-Garonne, 8 juin 1753 ; Paris, 26 novembre 1809). Compositeur français. Il fait son droit avant de s'engager dans une carrière musicale et parvient à s'attirer la protection de Marie-Antoinette avant la Révolution, puis celle de Napoléon. Il a composé près de soixante opéras-comiques qui ont remporté un énorme succès dans les années 1790. Parmi les plus populaires, on peut citer *Nina, ou La Folle par amour* (créé en 1786), *Raoul, sire de Créqui* (créé en 1789) et *Maison à vendre* (créé en 1800). Il a également composé des duos pour deux violons, des quatuors à cordes, des trios, des ouvertures instrumentales et des œuvres vocales, notamment des chansons révolutionnaires et des chansons patriotiques.

Wendy Thompson.

Dalberg, Johann Friedrich Hugo, Freiherr von (Herrnsheim, près de Worms, 17 mai 1760 ; Aschaffenburg, 26 juillet 1812). Compositeur allemand. Frère du dernier électeur de Mayence, Dalberg était chanoine des cathédrales de Trèves et de Worms. Il a composé de la musique de chambre, des pièces pour piano (il était lui-même un excellent pianiste), des cantates, des mélodrames sacrés (comme *Evas Klagen bei dem Aublick des sterbenden Messias*, vers 1783 et *Der sterbende Christ an seine Seele*, 1787).

Wendy Thompson.

Dalibor. Opéra en trois actes de Smetana sur un livret de Joseph Wenzig, traduit de l'allemand en tchèque par E. Spindler. Créé à Prague en 1868.

Dall'Abaco, Evaristo Felice (Vérone, 12 juillet 1675 ; Munich, 12 juillet 1742). Compositeur et violoniste italien qui a vécu à la cour de Modène au moins entre 1696 et 1701. On le retrouve en 1704 à la cour de l'Électeur de Bavière, Maximilien II. Après la bataille de Blenheim (1704), Maximilien passe plusieurs années en exil et Dall'Abaco le suit à Bruxelles, à Paris et dans diverses villes françaises. Il compose des sonates et des concertos attrayants et la qualité rythmique de ses thèmes rappelle parfois Vivaldi. On trouve des traces de son séjour en France dans son goût prononcé pour les rythmes de danse (sarabande, gavotte, passepied, etc.), surtout dans les chaconnes qu'il écrit souvent comme des mouvements lents.

Denis Arnold.

Dallapiccola, Luigi (Pisino d'Istria, 3 février 1904 ; Florence, 19 février 1975). Compositeur italien. Installé à Florence en 1922, il étudie la composition au Conservatoire Cherubini avec Vito Frazzi. En 1931, il reçoit son diplôme et devient immédiatement professeur de piano dans ce même conservatoire. Ses premières œuvres reconnues, qui datent du début des années trente, révèlent un style facile teinté de néoclassicisme, influencé par Malipiero, Casella et Ravel. Les tensions harmoniques et expressives de sa musique augmentent progressivement et parviennent à leur apogée dans les *Canti di prigionia* (« Chants des prisonniers ») pour chœur et instruments (1938-41), partition qui plaide avec passion la cause de la souffrance.

L'étape suivante de l'évolution de Dallapiccola le voit se tourner vers le dodécaphonisme, en 1942. Loin de limiter ses possibilités, cette technique de composition lui permet de traiter de façon encore plus émouvante la condition du prisonnier dans l'opéra *Il prigioniero* (« Le Prisonnier », 1944-48, créé en 1950). La turbulence harmonique de cette œuvre fait penser à Schoenberg, mais c'est une partition profondément italienne par l'accent mis sur la voix ; en outre, l'orchestration très efficace est typique de Dallapiccola. Au cours des années suivantes, le raffinement de sa manière sérielle le rapproche de Webern, particulièrement dans des partitions comme les *Cinque Canti* pour baryton et huit instruments (1956), l'une de ses nombreuses œuvres de musique de chambre. Sa synthèse distinctive de Webern, de Debussy et du bel canto ainsi que la profondeur de sa pensée philosophique contribuent au succès de son opéra *Ulisse* (1960-68) dans lequel les errances d'Ulysse deviennent une métaphore de la recherche spirituelle de l'homme.

Paul Griffiths.

Dal segno (ital., parfois abrégé *d.s.*). « A partir du signe ». Expression indiquant qu'une section doit être répétée, non pas à partir du début, comme dans un *da capo*, mais à partir d'un autre endroit marqué du signe (𝄋) en allant jusqu'à la fin, jusqu'au mot *fine* ou jusqu'à une double barre surmontée d'un point d'orgue.

Damase, Jean-Michel (Bordeaux, 27 janvier 1928). Compositeur français, élève d'Armand Ferté, Marcel Dupré et Henri Büsser au Conservatoire de Paris, premier grand prix de Rome en 1947, grand prix de la Ville de Paris en 1959. Sa musique, gracieuse et raffinée, se situe dans la tradition classique française de Chabrier et de Poulenc. En dehors d'une abondante production instrumentale, il a écrit plusieurs opéras, notamment *Colombe* (1958) et *L'Héritière* (1973).

Alain Pâris.

Dame blanche, La. Opéra en trois actes de Boieldieu sur un livret de Scribe, d'après *The Monastry* (1820) et *Guy Mannering* (1815) de Scott. Créé à Paris en 1825.

Dame de pique, La. Opéra en trois actes de Tchaïkovski ; livret de Modeste Tchaïkovski, d'après l'histoire de Pouchkine, auquel a participé le compositeur (1834). Représentations : Saint-Pétersbourg (Théâtre Mariinski, 19 décembre 1890) ; Milan (Scala, 1906) ; New York (Metropolitan Opera, 5 mars 1910, dir. Gustav Mahler) ; Paris (Théâtre Sarah-Bernhardt, 8 juin 1911) ; Londres (London Opera House, 29 mai 1915). L'ouvrage raconte l'amour d'un jeune officier, Hermann (tén.), pour Lisa (sop.), petite-fille de la vieille Comtesse (mezzo), passionnée de jeu, connue autrefois sous le nom de la Dame de Pique et dont on dit qu'elle connaît un secret permettant de gagner aux cartes. Hermann se rend la nuit dans la chambre de la Comtesse pour obtenir le secret qui lui permettrait de gagner assez d'argent pour épouser Lisa, mais il lui fait si peur qu'elle en meurt sans avoir parlé. Son fantôme apparaît à Hermann et lui révèle le secret : « Trois, sept, as ». Devant l'obsession d'Hermann, attiré par l'appât du gain, Lisa se noie. Il gagne sur les deux premières mises – le 3 et le 7. Il mise ensuite tout sur la troisième carte, qu'il pense être l'as ; mais c'est la dame de pique qui sort ; au même moment, le fantôme de la Comtesse apparaît et Hermann, perdant la raison, se tue.

Damnation de Faust, La. Légende dramatique op.24 pour mezzo-soprano, ténor, baryton, basse, chœur et orchestre de Berlioz sur un texte de Gérard de Nerval, A. Gandonnière et Berlioz, d'après Goethe. La partition, composée en 1845-46, reprend les *Huit Scènes de Faust* écrites en 1828-29. On la joue parfois sous forme d'opéra. Voir également *Marche de Rákóczi*.

BIBLIOGRAPHIE : *La Damnation de Faust*, L'Avant-Scène-Opéra nº 22 (Paris, 1979).

Damoiselle élue, La. Cantate pour soprano, chœur et orchestre de Debussy sur un poème de Dante Gabriel Rossetti traduit par Gabriel Sarrazin (1888).

Dämpfer (all.). « Etouffoir », « sourdine » ; *mit Dämpfern*, « avec sourdines » ; *Dämpfung*, « amortissement du son ». Voir *Sourdine*.

Dandelot. Famille de musiciens français. **Arthur** (Paris, 1864 ; Paris, juillet 1943) est le fondateur du Bureau de concerts qui porte son nom (1896). Deux de ses fils feront carrière dans la musique, **Georges** ((Paris, 2 décembre 1895 ; Saint-Georges-de-Didonne, 17 août 1975) comme compositeur et pédagogue (professeur d'harmonie au Conservatoire de Paris et à l'École normale de musique), **Maurice** (1897-1964) comme administrateur de concerts, à la tête du bureau familial. Son fils **Yves** (1924) lui succédera jusqu'en 1982, date de la disparition du Bureau de concerts Dandelot.

Dandrieu, Jean-François. Voir *Andrieu, Jean-François d'*.

Dandrieu, Pierre. Voir *Andrieu, Pierre d'*.

Danemark. Voir *Scandinavie*, 1, 2, 5 7.

Danglebert, Jean-Henri. Voir *Anglebert, Jean-Henri d'*.

Danican. Voir *Philidor*.

Daniel [Danyel], **John** (Wellow, près de Bath, baptisé le 6 novembre 1564 ; mort après 1625). Compositeur et luthiste anglais. Étudiant à Christ Church (Oxford), il obtient le grade de « Bachelor of Music » en 1603. En 1606, il publie un livre de chansons pour voix, luth et viole avec une dédicace qui laisse supposer qu'il a été au service de la famille Grene, près d'Oxford ; mais en 1612, il était certainement au service de la maison royale. A la fin de sa vie, il se tourne vers la direction de théâtre, tout d'abord à Bristol (avec son frère, le célèbre poète Samuel Daniel), puis à Londres (avec Philip Rosseter). On le trouve cité pour la dernière fois lors des funérailles de Jacques Ier, en 1625.

Les chansons de Daniel comptent parmi les plus beaux exemples de chansons anglaises pour luth ; elles font appel à des procédés déjà connus dans le madrigal, comme le chromatisme, et à l'écriture contrapuntique. Sa musique pour luth seul est également intéressante.

Denis Arnold.

Daniel-Lesur (Daniel Jean-Yves Lesur) (Paris, 19 novembre 1908). Compositeur français, élève de Tournemire, Caussade et Jean Gallon, il commence une carrière d'organiste comme suppléant de Tournemire à Sainte-Clotilde (1927-37) avant d'être nommé professeur de contrepoint à la Schola Cantorum (1935). En 1936, il forme le groupe *Jeune France avec Messiaen, Jolivet et Baudrier. Directeur de la Schola Cantorum (1957-62), conseiller musical à la Télévision (1962-73), administrateur de l'Opéra de Paris (*RTLM) (1971-73), inspecteur général de la Musique (1973-78), il joue un rôle essentiel dans la vie musicale française. Il s'est surtout imposé avec le *Cantique des* *cantiques* (1953) pour chœur *a cappella* et deux opéras, *Andrea del Sarto* (1969, d'après une musique de scène et un poème symphonique qui portent le même titre) et *Ondine* (1982).

Alain Pâris.

BIBLIOGRAPHIE : Serge Gut, *Le Groupe Jeune France*, Champion (Paris, 1977).

Dankworth, John (Philip William) (Walthamstow, 20 septembre 1927). Compositeur et musicien de jazz anglais. Après avoir fait ses études à la Royal Academy of Music (1944-46), il commence à travailler comme musicien de jazz et joue du saxophone dans les orchestres des navires qui traversent l'Atlantique. A New York, il entend Charlie Parker et d'autres musiciens de jazz qui l'influencent beaucoup. Il joue avec Tito Burns puis forme son propre septuor, en 1950. Il fonde un grand orchestre en 1953 et est l'un des rares musiciens à avoir conservé un grand orchestre depuis cette époque. Dans les années cinquante, il remporte de nombreuses récompenses comme instrumentiste, compositeur et arrangeur. Il a épousé la chanteuse Cleo Laine, en 1958, et, depuis cette date, il consacre une grande partie de ses activités d'auteur et d'arrangeur à constituer un répertoire à son épouse. Ces dernières années, il a écrit des œuvres de jazz de plus en plus ambitieuses, comme les suites basées sur des personnages de Dickens ou sur les signes du zodiaque. Il a écrit de nombreuses chansons sur des textes de Shakespeare ou d'autres grands écrivains. Il a également composé de la musique de film.

Peter Gammond.

Dans la nature. 1. Ouverture op.91 de Dvořák, composée en 1891. Avec *Carnaval* et *Othello*, elle forme le cycle d'ouvertures *Nature, vie et amour*.

2. Cinq chœurs *a cappella* de Dvořák sur des poèmes de Hálek, composés en 1882.

Danse des bouffons. Épisode chorégraphique situé à l'acte III de *Snegourotchka* de Rimski-Korsakov, dans lequel les acrobates dansent pour le tsar Berendey.

Danse des comédiens. Épisode dansé situé à l'acte III de *La Fiancée vendue* de Smetana, qui fait intervenir les clowns et les bouffons du cirque itinérant.

Danse du coussin (angl. : *cushion dance* ; all. : *Kissentanz*). Danse dans laquelle les participants choisissent un partenaire en jetant devant lui un coussin. Cette danse jouissait d'une grande popularité en Angleterre et en Écosse au XVIIe siècle.

Danse devant le veau d'or. Point culminant du deuxième acte de l'opéra de Schoenberg *Moïse et Aaron*.

Danse aux flambeaux. Danse qui accompagne une procession aux flambeaux. Voir *Fackeltanz*.

Danse des heures. Épisode chorégraphique situé à l'acte II de *La Gioconda* de Ponchielli, souvent joué séparément. Il s'agit d'un divertissement mis en scène par l'un des personnages pour ses invités ; il symbolise le conflit entre l'obscurité et la lumière.

Danse macabre (all. : *Totentanz*). 1. L'idée de représenter la mort sous les traits d'un danseur ou d'un joueur de vièle fantomatique en train de jouer des airs de danse est très ancienne : on a retrouvé une tombe étrusque sur laquelle était représentée une danse des squelettes, et de nombreux tableaux du Moyen Age, originaires de toute l'Europe, montrent la mort en train de jouer de la vièle pour faire danser des gens de tous âges et de toutes conditions. Il y avait des représentations mimées de cette danse symbolique et une danse enfantine allemande appelée « L'Homme noir », qui est supposée perpétuer cette pratique, a survécu au XXe siècle. Plusieurs ballets ont été écrits sur ce thème et, au XIXe siècle, deux compositeurs ont conçu des œuvres représentant la danse de la mort sur le thème traditionnel en plain-chant du *Dies irae*, extrait de la messe de requiem : Liszt, avec sa *Totentanz* pour piano et orchestre, et Saint-Saëns, avec son poème symphonique *La Danse macabre*. Liszt a également utilisé ce thème dans la *Dante Symphonie*. Honegger a puisé l'inspiration de sa *Danse des morts* dans les célèbres gravures sur bois de Holbein qui traitent du même thème (Lyon, 1538).

2. Poème symphonique op.40 de Saint-

Saëns, composé en 1874. Il est fondé sur un poème d'Henri Cazalis dans lequel la Mort (le violon) appelle les squelettes à sortir de leur tombe à minuit pour danser. Conçu à l'origine comme une mélodie, il existe également sous cette forme ; Liszt en a fait une transcription pour piano.

Voir également *Totentanz.*

Danse et musique. Depuis le début du XXe siècle, l'élément musical de la danse a changé et son caractère a évolué considérablement. Après avoir été au service du maître de ballet dans le ballet romantique – son rôle se limitant à la décoration, à l'illustration et au support rythmique – la musique s'est révélée capable de s'unir à la *chorégraphie dans un but créateur. Lorsque les deux éléments sont conjugués, le résultat dépasse largement la somme de ces deux parties. Il faut désormais considérer la musique et la chorégraphie comme des prolongements l'une de l'autre qu'il faut percevoir au même niveau.

Plus les deux éléments s'enrichissent réciproquement, meilleur est le résultat, et la prise de conscience de cette donnée a modifié la façon d'évaluer les qualités et le côté créateur de la chorégraphie. Avec la technique, l'imagination, la poésie visuelle, la « musicalité » est devenue un élément reconnaissable et indispensable au succès d'une présentation chorégraphique. Toute musique est peut-être dansable, mais certaines œuvres se prêtent mieux à la danse que d'autres. Il semble, à présent, qu'il n'y ait pas de limite précise au genre de musique rencontré dans le contexte de la danse, à l'exception de ce qui a été imposé par l'intellect de chaque chorégraphe.

Ce domaine s'étend aujourd'hui de la musique médiévale aux œuvres nouvelles, des œuvres symphoniques ou dramatiques majeures aux pages les plus éphémères. La musique peut être confiée à un grand orchestre, à un ensemble de jazz ou de « pop music », à une contrebasse seule intégrée dans le jeu scénique ou à un synthétiseur électronique. On peut y ajouter une bande magnétique ou ne se servir que d'elle. L'évolution de la fonction chorégraphique de la musique s'est récemment accélérée en raison de l'intérêt accru porté à la danse dans le monde entier, mais sa nature fondamentale couvre un espace de temps plus vaste, remontant aux premières années du siècle.

Jusqu'à 1900 environ, le ballet dépendait d'une musique composée spécialement à son intention. Pour des raisons en partie historiques et en partie fonctionnelles (voir *Ballet*), cette musique était généralement plus légère et plus décorative que les œuvres exclusivement musicales, destinées au concert ou à l'opéra. Avec la dépréciation artistique du ballet, au cours de la seconde moitié du XIXe siècle, la fonction de la musique a commencé à changer. On cite souvent la boutade selon laquelle « Delibes a été le premier à donner un cœur à la musique de ballet ; Tchaïkovski lui a donné une âme – et Stravinski en a fait une femme honnête ». Dans le sillage de ces compositeurs, et grâce à l'impulsion donnée par Diaghilev, la musique est devenue un élément organique de presque toutes les conceptions de danse.

Les approches chorégraphiques de la musique sont également très variées. Pour Norman Morrice, directeur du Royal Ballet depuis 1977 : « La chorégraphie est le processus consistant à écouter 10 000 fois la musique. » Alors que le chorégraphe américain Paul Taylor affirme qu'il « ferait beaucoup plus de chorégraphies sans musique si le public n'était pas tellement contrarié de son absence ». Stravinski lui-même a défini la relation idéale dans les termes suivants : « La chorégraphie doit réaliser sa propre forme, une forme indépendante de la forme musicale, bien que mesurée sur l'unité musicale. Sa construction sera basée sur les correspondances inventées par le chorégraphe, mais elle ne doit pas simplement chercher à reproduire la ligne et la pulsation de la musique » (*Memories and Commentaries*, Londres et New York, 1960).

Dans le domaine de la danse, la fonction fondamentale de la musique consiste à délimiter des zones de temps. Elle fournit généralement une autre dimension, apportant une intensité expressive à un ballet sans intrigue, ou un caractère émotionnel et un élan narratif à un drame dansé. La plupart des chorégraphies tombent entre les extrêmes : soit elles prennent la musique à la lettre (comme le font les chorégraphies de Massine qui collent les pas et les gestes le plus près possible du rythme et du phrasé), soit elles font instinctivement usage de l'atmosphère et de l'esprit de la musique sans avoir nécessairement conscience de son contenu (comme dans un grand nombre des meilleures œuvres de Martha Graham et, dans certains cas, dans celles d'Ashton).

L'apparence visuelle de tout pas de danse peut se trouver modifiée lors de l'exécution par la tension que lui communique la musique, en dynamique, harmonie, timbre et phrasé. L'impact des mouvements peut être renforcé, coloré dans un sens ou dans l'autre, ou même nié par la musique. Dans le contexte contemporain, le chorégraphe avisé cherche à exploiter les relations collectives auditives et visuelles du public. Une écoute attentive doit donner un aperçu de la danse, de même que le fait de regarder attentivement la danse doit donner aux auditeurs une meilleure perception de la musique. Ces facteurs affectent le ballet classique – dans la chorégraphie de Petipa pour *Le Lac des cygnes*, par exemple, on ressent le même effet d'ensemble lorsque l'atterrissage se fait sur le premier temps de la mesure ou sur le dernier, alors qu'avec Ivanov le choix du temps détermine une différence subtile, mais claire, sur l'impact visuel.

Comme à l'époque de Diaghilev, la musique de ballet comporte encore des œuvres composées spécialement pour être dansées, mais, pour des raisons autant économiques qu'artistiques, elles ne constituent aujourd'hui qu'une minorité. De nos jours, la danse fait presque toujours appel à une musique existante, allant d'une œuvre simple à une anthologie. Les prototypes remontent à la première anthologie de Chopin, en 1907 (qui a donné naissance au ballet de Fokine *Les Sylphides*) et à l'utilisation d'œuvres destinées au concert par Isadora Duncan. La première symphonie liée au ballet classique a été la cinquième de Glazounov pour le ballet de Gorski, *Cinquième Symphonie* (Théâtre Bolchoï, Moscou, 1915).

Dans les années trente, les « ballets symphoniques » de Massine (notamment *Choréartium* et *Les Présages*, respectivement sur des musiques de Brahms et de Tchaïkovski) ont eu assez peu d'influence sur la danse et sont depuis longtemps oubliés. Mais la transposition réalisée par Roland Petit, avec une narration dramatique – *Le Jeune Homme et la mort* sur la *Passacaille en ut mineur* de Bach (1946) – fait encore souvent l'objet de discussions esthétiques. Néanmoins, le succès ininterrompu de *Symphonic Variations* (1946), sur une musique de César Franck, et, dans un style tout à fait différent, d'*Enigma Variations* (1968), sur une musique d'Elgar, montrent bien que ces chorégraphies d'Ashton sont de véritables chefs-d'œuvre si l'on se réfère à la musique sur laquelle elles ont été conçues, tout comme le sont *Dark Elegies* (1937) d'Antony Tudor et *Song of the Earth* (1965) de Kenneth MacMillan, tous deux sur une musique de Mahler. De même, la longue et fructueuse collaboration entre Balanchine et Stravinski, d'*Apollon musagète* (1928) au *Duo concertant* (1972), a produit quelques-unes des plus grandes œuvres dansées de notre siècle.

Ces exemples ont permis de prendre conscience d'un principe essentiel qui a émergé d'une pratique récente de la danse – l'imagination chorégraphique ne doit pas se situer à un niveau inférieur à celui de la musique sur laquelle elle est basée. Parfois, elle se place à un niveau supérieur (c'est souvent le cas), ce qui peut éventuellement justifier certaines modifications de la conception musicale originale de l'œuvre, comme l'a fait Fokine avec *Shéhérazade* de Rimski-Korsakov (1910) ou Peter Darrell en résumant le noyau dramatique d'*Othello* (1973) dans le seul premier mouvement de la *Faust-Symphonie* de Liszt. En outre, une œuvre musicale attire parfois plusieurs chorégraphes presque simultanément, comme *Sinfonia* de Berio dans les années soixante et *Ancient Voices of Children* de George Crumb au début des années soixante-dix. La chorégraphie qui contredit la musique ou en fait un mauvais usage est rare mais, malgré leur popularité, la plupart des chorégraphies de Maurice Béjart entrent dans cette catégorie.

A partir des années cinquante, la relation entre la danse et la musique a été encore plus profondément modifiée par l'apparition de la bande magnétique et l'évolution des techniques musicales électroacoustiques. L'enregistrement sur bande magnétique a permis aux chorégraphes d'obtenir des mélanges de sons naturels ou un collage de ces sons (comme dans la *musique concrète) : il s'agit de sons électroacoustiques produits par un synthétiseur ou d'autres sources sonores, y compris la musique vocale ou instrumentale conventionnelle transformée par un traitement électroacoustique. Les progrès considérables accomplis dans ce domaine nécessitent d'établir une autre distinction entre les partitions « fixées » par une bande préenregistrée et celles qui sont traitées de diverses façons en cours d'exécution.

En outre, si les syndicats d'instrumentistes français et britanniques cherchent à protéger l'exécution en direct de la musique de ballet, dans d'autres pays, certaines troupes travaillent, parfois exclusivement, avec des bandes magnétiques, même pour les œuvres de répertoire. Alors qu'il est prouvé que les danseurs dépendent énormément de la présence d'une note ou d'un accord, au point que son absence au moment voulu peut entraîner une chute, la reproduction sur bande magnétique est à l'origine de la situation inverse, même si elle n'est pas encore pleinement perçue : les danseurs risquent de s'habituer à la répétition mécanique au point de ne plus entendre la musique dans un sens constructif et de couper le lien qui les unit à elle ; les conséquences sur le style et la nature expressive de l'exécution sont désastreuses.

Trois facteurs prêchent en faveur de la substitution d'une bande magnétique à la musique vivante spécialement composée pour la danse :

1. Le coût, pour la troupe, des émoluements du compositeur, auxquels s'ajoutent les frais de copie, de répétitions supplémentaires, les droits d'exécution... Rares sont les compagnies – dont les budgets sont déjà inférieurs à ceux des orchestres et des opéras – qui peuvent assumer une telle charge.

2. Le temps de composition d'une partition est généralement plus long que le temps nécessaire pour en réaliser la chorégraphie, et, dans bien des cas, dépasse les possibilités de prévision sur le calendrier des productions du répertoire.

3. Une différence d'approche, la chorégraphie partant de fragments pour construire une forme, alors que la musique est souvent composée comme une structure globale, les détails étant ajoutés ultérieurement.

L'International Dance Course for Professional Choregraphers, fondé en 1975 avec le soutien financier de la section britannique de la Fondation Calouste-Gulbenkian, tente de résoudre ces problèmes avec une certaine imagination dans le cadre d'un enseignement. C'est le premier cours de ce genre qui ait existé dans le monde entier ; il a eu lieu tous les ans de 1976 à 1979 et a repris en 1981, à l'Université de Surrey. Il réunit des compositeurs et des chorégraphes (généralement huit de chaque discipline) soigneusement sélectionnés parmi les pays participants ; pendant deux semaines, tous travaillent sur des projets créateurs avec une équipe de danseurs et de musiciens professionnels et un directeur de renommée internationale. Les fonds sont maintenant fournis par la Commission des communautés européennes et par l'Arts Council de Grande-Bretagne ; des cours analogues se déroulent maintenant au Canada et en Australie.

Pour le chorégraphe Georges Balanchine : « Une pause, une interruption ne veut jamais dire un espace sans air entre deux sons notés. Ce n'est pas simplement un vide. C'est un agent entre le son passé et le son à venir. La vie continue pendant chaque pause ». Il se référait particulièrement à la musique de Stravinski, mais son argument s'applique tout autant à d'autres musiques et l'invention chorégraphique peut parfaitement mettre en évidence la « vie qui continue pendant chaque pause ». L'association d'une chorégraphie et d'une musique, excellentes chacune dans leur propre domaine, ne donnera pas nécessairement un résultat de bonne qualité. Mais l'enrichissement mutuel de l'une par l'autre en une « harmonie analogique parfaite » reste l'idéal de recherche le plus élevé auquel doivent aspirer chorégraphes et musiciens dans les relations entre la danse et la musique.

Noël Goodwin.

Danse des ombres joyeuses. Danse lente située au deuxième acte d'*Orphée et Eurydice* de Gluck, l'un des plus beaux solos de flûte du répertoire.

Danse rituelle du feu. Danse extraite du ballet de Manuel de Falla, *El Amor brujo* (« L'Amour sorcier »). La version pour piano arrangée par de Falla lui-même a beaucoup contribué à la popularité de cette page, qui a également été transcrite pour d'autres instruments, notamment pour le violoncelle.

Danse des sept voiles. Danse de Salomé devant Hérode, extraite de l'opéra de Richard Strauss *Salomé* (1905). Elle est souvent exécutée isolément en concert.

Danse des sylphes. Épisode orchestral de *La Damnation de Faust* de Berlioz, qui est souvent joué séparément. Cette danse fait partie du rêve de Faust sur les rives de l'Elbe.

Danses de Galántá (*Galántai táncok*). Suite pour orchestre de Kodály, basée sur un air gitan du bourg de Galánta. Kodály l'a composée en 1933 pour le 80e anniversaire de la Société philharmonique de Budapest.

Danses hongroises (*Ungarische Tänze*). Vingt et une danses pour piano à quatre mains de Brahms, regroupées en quatre volumes et publiées entre 1852 et 1869. Brahms en a orchestré trois (nos1, 3 et 10) en 1873 et réduit certaines d'entre elles pour piano à deux mains.

Danses polovtsiennes. Suite de pièces dansées pour chœur et orchestre au deuxième acte de l'opéra de Borodine *Le Prince Igor*. Les Polovtsiens sont les nomades qui ont envahi la Russie et qui, dans l'opéra, capturent Igor.

Danses slaves. Deux recueils de danses pour piano à quatre mains de Dvořák composées en 1878. Elles sont souvent jouées dans l'orchestration réalisée par le compositeur. Le premier recueil (nos1 à 8) op.46, date de 1878, le second (nos9 à 16) op.72, de 1886. Ces danses sont écrites dans le style de la musique populaire tchèque, mais toutes les mélodies sont originales.

Danses symphoniques. Suite symphonique op.45 de Rachmaninov, composée en 1940.

Dante (Sonate). Voir *Sonate après une lecture de Dante.*

Dante Symphonie. Œuvre symphonique de Liszt, composée entre 1854 et 1857 (titre complet : *Eine Symphonie zu Dantes Divina Commedia*, « Une symphonie d'après la Divine Comédie de Dante »). Elle comporte deux mouvements et s'achève sur un *Magnificat* chanté par un chœur de femmes (il existe deux versions de cette page).

Danyel, John. Voir *Daniel, John.*

Danza española (esp.). « Danse espagnole ». Terme utilisé dans certaines régions d'Amérique latine pour désigner un type spécifique de danse à deux temps.

Danza tedesca (ital.). Le *Ländler* autrichien ou un ancien type de valse.

Danzi, Franz (Ignaz) (Schwetzingen, 15 juin 1763 ; Karlsruhe, 13 avril 1826). Compositeur et chef d'orchestre allemand. Fils d'un violoncelliste italien et de la sœur de Toeschi, Danzi étudie la musique avec son père, puis avec l'abbé Vogler à l'école de musique de Mannheim. Il succède à son père comme premier violoncelle de l'Orchestre de Mannheim (puis à Munich) en 1783. En 1790, il épouse une chanteuse et le couple effectue, pendant quelques années, de longues tournées de concerts en Allemagne et en Italie. De retour à Munich, en 1796, Danzi y est nommé second Kapellmeister en 1798. Deux ans plus tard, sa femme meurt et il passe plusieurs années dans un état de dépression profonde. Il abandonne toutes ses fonctions jusqu'en 1807, date à laquelle il est nommé Kapellmeister à Stuttgart. Il s'intéresse alors au théâtre, produit plusieurs opéras de Weber, et continue à défendre l'œuvre de ce musicien lorsqu'il s'installe à Karlsruhe. Il compose lui-même des singspiels dans une veine quasi romantique, mais il est surtout connu aujourd'hui pour sa musique de chambre pour instruments à vent et pour ses concertos. Danzi est l'un des premiers chefs d'orchestre à avoir dirigé d'une tribune et non du clavier.

Denis Arnold.

Danzón (esp.). Danse cubaine de forme rondo sans doute issue de la contredanse. Elle se compose d'une série d'épisodes dans différents tempos et, de nos jours, elle est généralement exécutée par un ensemble instrumental comprenant flûte, clarinette, piano, cordes et tambours.

Daphnis et Chloé. Ballet (« symphonie chorégraphique ») en trois mouvements de Ravel. Créé à Paris en 1912 par les Ballets russes de Diaghilev dans une chorégraphie de Fokine. La partition comporte une partie pour chœur sans paroles. Ravel en a tiré deux suites d'orchestre, la première en 1911 et la seconde en 1913.

Daquin [d'Aquin], **Louis-Claude** (Paris, 4 juillet 1694 ; Paris, 15 juin 1772). Organiste et compositeur français d'origine partiellement juive. Son grand-oncle était médecin de Louis XIV et Daquin a eu l'occasion de jouer devant le roi à l'âge de six ans. Sa marraine était l'organiste Élisabeth-Claude Jacquet de la Guerre. Daquin a été organiste des églises les plus importantes de Paris, le couvent du Petit-Saint-Antoine et Saint-Paul – son rival au concours pour la nomination à ce poste, en 1727, était Jean-Philippe Rameau. Il a succédé à d'Andrieu à la chapelle royale en 1739. Son *Premier Livre de pièces de clavecin* (Paris, 1739) comporte de nombreuses pièces descriptives comme *Le Coucou*. Il a également publié un *Nouveau Livre de noëls* pour l'orgue et le clavecin (Paris, vers 1740). Toutefois, de son vivant, il s'est surtout fait connaître pour son talent d'improvisateur et de virtuose.

Denis Arnold.

Dardanus. Tragédie lyrique en cinq actes et un prologue de Rameau sur un livret de Le Clerc de la Bruère. Créé à l'Opéra de Paris le 19 novembre 1739, il a connu d'emblée un énorme sucès avant d'être oublié jusqu'au début du XXe siècle.

BIBLIOGRAPHIE : Philippe Beaussant, *Dardanus de Rameau*, Albin Michel (Paris, 1980).

Dargason (angl.). Air populaire anglais, utilisé à partir du XVIe siècle comme contredanse. Par tradition, il était lié à la chanson populaire *« It was a maid of my country »*. Le final de la *Saint-Paul Suite* de Holst associe l'air de *Dargason* à celui de *Greensleeves*.

Dargomijski, Alexandre (Serguéiévitch) (Troitskoye, district de Toula, 14 février 1813 ; Saint-Pétersbourg, 17 janvier 1869). Compositeur russe. De parents cultivés, sa formation musicale est toutefois assez réduite, comme la plupart de ses contemporains russes ; il étudie néanmoins le piano, devient un professeur de chant recherché et acquiert une connaissance de base des classiques grâce à son ami Glinka. Mais la musique n'est qu'une activité secondaire et il travaille au service du gouvernement. Dargomijski avait déjà composé pour le théâtre lyrique – *Esmeralda* (1847) et *Roussalka* (1856) – lorsque lui vint l'idée d'écrire un opéra sur le poème de Pouchkine d'après la légende de Don Juan, *Le Convive de pierre*. Il sera achevé après sa mort par César Cui et Rimski-Korsakov, et créé en 1872. Le style musical de l'opéra de Dargomijski, comme celui de certaines de ses mélodies, reflète sa recherche de la « vérité dans l'art », et modèle étroitement les lignes musicales sur les inflexions du texte russe. A cet égard, son opéra est une véritable expérience, peut-être desservie par l'exécution, qui a néanmoins stimulé les défenseurs du réalisme musical dans la Russie du XIXe siècle et leur a offert un point de ralliement.

Voir également *Opéra*, 14.

Geoffrey Norris.

Darke, Harold (Edwin) (Londres, 29 octobre 1888 ; Cambridge, 28 novembre 1976). Organiste et compositeur anglais. Il est l'élève de Parratt (orgue) et de Stanford (composition) au Royal College of Music. Organiste de St Michael's, Cornhill, à Londres de 1916 à 1966, il se forge une réputation en jouant surtout les œuvres de Bach ; il fonde également les St Michael's Singers (1919-66). Il a composé beaucoup de musique religieuse, notamment trois services de communion anglicans.

Paul Griffiths.

Darrell, Peter (Richmond, Surrey, 19 septembre 1929). Danseur et chorégraphe anglais. Directeur du Western Theatre Ballet, il prend la direction du Scottish Ballet en 1969, lors du remplacement de la première troupe par la seconde. Il a créé des drames dansés orientés vers le classicisme et a proposé des approches nouvelles et imaginatives de certaines œuvres du répertoire, notamment un *Lac des cygnes* (1977) qui reprend l'enchaînement original de la musique de Tchaïkovski. Darrell a également réalisé la chorégraphie de *Sun into Darkness* (Williamson, 1966), de *Beauty and the Beast* (Musgrave, 1969), des *Contes d'Hoffmann* (Offenbach/Lanchbery, 1972) et de *Mary, Queen of Scots* (McCabe, 1976).

Noël Goodwin.

Dart, (Robert) **Thurston** (Kingston, Surrey, 3 septembre 1921 ; Londres, 6 mars 1971). Musicologue et claveciniste anglais. Choriste à la chapelle royale, à Hampton Court, il fait ses études au Royal

College of Music. Au début de la Seconde Guerre mondiale, il s'oriente vers les mathématiques et reçoit le diplôme d'University College, à Exeter, avant d'entrer dans la Royal Air Force. Il étudie un peu avec Charles Van den Borren à la fin de la guerre et, en 1947, devient membre de la faculté de musique à l'Université de Cambridge.

Pendant les quelques années qui suivent, il s'impose comme chef de file du mouvement tourné vers la renaissance de la musique ancienne et devient l'un des premiers clavecinistes de son époque, ayant un don étonnant pour les parties de basse continue. Son livre *The Interpretation of Music* (Londres, 1954) a inspiré de nombreuses recherches dans le domaine de la pratique instrumentale ; il a écrit de nombreux articles, édité beaucoup de musique du XVIIe siècle et réalisé de multiples enregistrements comme instrumentiste et à la tête de formations diverses. Dart était un professeur remarquable et, au nombre de ses élèves, figurent quelques-uns des meilleurs musicologues anglais de la génération suivante ; bien qu'il ait fait certaines erreurs dans le domaine des questions savantes, ses idées ont toujours joué un rôle stimulant très bénéfique.

Nommé professeur de musique à Cambridge en 1962, il ne pouvait supporter ce qu'il considérait comme une approche conservatrice de l'enseignement musical et, deux ans plus tard, il a pris la chaire de musique, nouvellement créée à King's College à Londres. Il y a élaboré des programmes dans une optique radicalement différente de celle qui était couramment suivie en Angleterre, élargissant notamment l'enseignement musical universitaire à une époque où il devenait vraiment indispensable de le faire.

Denis Arnold.

Dartington College of Arts. Collège anglais situé à Totnes, dans le Devon, qui comporte des départements consacrés à la musique, au théâtre, à l'art et au dessin ; il fait partie du Dartington Hall Trust, créé en 1925 par Leonard et Dorothy Elmhirst. Le collège a été fondé en 1961 et ses activités sont aujourd'hui complétées par le Devon County Council. Il remplit à la fois les fonctions de collège d'enseignement et de centre artistique, et les cours sont destinés à préparer les étudiants à occuper des postes pédagogiques et sociaux très variés. La Summer School of Music, que dirige Peter Maxwell Davies, dépend de ce collège. Peter Cox est le directeur du collège, Jack Dobbs le sous-directeur et le directeur des études musicales.

Daser, Ludwig (Munich, vers 1525 ; Stuttgart, 27 mars 1589). Compositeur allemand. Fils d'un moine salzbourgeois converti au protestantisme, Daser est tout d'abord enfant de chœur, puis ténor et enfin Kapellmeister de la chapelle de la cour de Bavière. Lorsque la chapelle est réorganisée dans la religion catholique, sous Roland de Lassus, en 1563, il est licencié tout en continuant à toucher sa solde ; mais il maintient de bons rapports avec la cour de Munich jusqu'à sa nomination de Kappelmeister à Stuttgart par le duc de Wurtemberg, en 1572. Il restera à Stuttgart jusqu'à sa mort. Compositeur intéressant, il a écrit 22 messes, un très belle passion et d'autres œuvres de musique religieuse.

Denis Arnold.

Dauberval, Jean (Montpellier, 19 août 1742 ; Tours, 14 février 1806). Chorégraphe français spécialisé dans les « ballets d'action », fortement influencé par Noverre. Il a été le premier à mettre en scène dans un ballet des personnages de la vie quotidienne, avec des œuvres comprenant notamment une version du *Mariage de Figaro* (Beaumarchais) sous le titre *Le Page inconstant* (1786) et la version originale de *La Fille mal gardée* (sur des airs populaires français, 1789), qui continue à servir de sujet à d'autres chorégraphes, notamment Frederick Ashton (1960).

Noël Goodwin.

Dauernd (all.). « Durable », « continu ».

David, Félicien (-César) (Cadenet, 13 avril 1810 ; Saint-Germain-en-Laye, 27 août 1876). Compositeur français. Membre de l'ordre des saint-simoniens, il quitte Paris lors de son abolition en 1833 : il part d'abord pour Marseille puis pour le Moyen-Orient ; à son retour en France, il composera une musique teintée d'orientalisme. Son ode-symphonie, *Le Désert*, lui a valu un grand nombre d'adeptes et a suscité l'admiration de Berlioz ; son opéra

Lallah-Roukh (1862) a tenu la scène pendant vingt ans.

Denis Arnold.

Davidde penitente. Oratorio K 469 pour deux sopranos, ténor, chœur et orchestre de Mozart, sur un texte (probablement) de Da Ponte ; composé en 1785, il reprend le matériel thématique d'une *Messe en ut mineur K 427*, inachevée (1782-83).

Davies, (Sir) (Henry) **Walford** (Oswestry, 6 septembre 1869 ; Wrington, Somerset, 11 mars 1941). Compositeur et organiste anglais. Après avoir été enfant de chœur, il devient assitant à St George's Chapel, à Windsor (1882-90). Il entre ensuite au Royal College of Music, où il est l'élève de Parry, de Stanford et de Rockstro et où il enseigne à partir de 1895. En 1898, il est nommé organiste à Temple Church, dont le niveau musical est très élevé, puis professeur de musique à l'University of Wales (1919-26). En 1934, il est nommé Master of the King's Music. Ses œuvres, dont le style s'apparente beaucoup à celui de Parry, comprennent plusieurs grandes fresques chorales (notamment l'oratorio *Everyman*, 1904), de la musique religieuse et des pièces pour orgue (notamment *Solemn Melody* pour orgue et instruments à cordes, 1908). Il a aussi joué un rôle important dans le domaine de l'éducation musicale populaire grâce à ses nombreuses causeries radiodiffusées à la BBC.

Paul Griffiths.

Davies, Peter Maxwell (Manchester, 8 septembre 1934). Compositeur anglais. Il étudie la musique à l'Université de Manchester et au Royal Manchester College of Music avec Richard Hall (1952-57) ainsi qu'à Rome avec Goffredo Petrassi (1957-59). Tout comme ses amis étudiants de Manchester, Harrison Birtwistle et Alexander Goehr, il appartient à « l'École de Manchester » dont l'intérêt pour les techniques sérielles complexes et les pratiques médiévales ressort nettement dans des œuvres de jeunesse comme *Alma Redemptoris Mater* pour sextuor à vent (1957) et *Prolation* pour orchestre (1959). Dans le cas de Davies, l'intérêt qu'il porte à la musique ancienne se retrouve : sa fascination pour la vie et la musique de John Taverner donne naissance à deux fantaisies pour orchestre (1962 et 1964) et à l'opéra *Taverner* (1962-70, créé en 1972) ; de nombreuses autres partitions sont construites selon des méthodes élaborées à partir de fragments de plain-chant. Ces méthodes, comparables à celles qui étaient employées dans les messes « parodies » des XVe et XVIe siècles, mènent parfois à la parodie, au sens moderne du terme : *St Thomas Wake* (1969), par exemple, est un « foxtrot pour orchestre » basé sur une pavane de John Bull.

Élève de Roger Sessions à Princeton, de 1962 à 1964, il passe un an à l'Université d'Alélaïde en Australie, comme compositeur en résidence (1966). En 1968, il fonde avec Birtwistle l'ensemble des Pierrot Players (rebaptisé Fires of London, en 1970). Il a beaucoup composé pour cet ensemble, notamment plusieurs pièces de théâtre musical, explorant bien souvent les extrêmes de la folie et de l'hystérie comme dans *Eight Songs for a Mad King* (1969). Mais le répertoire de Davies pour les Fires comprend également des œuvres complexes de musique de chambre, comme *Ave maris stella* (1975) dans laquelle il cherche à reconstituer les rythmiques tortueux, presque médiévaux, des partitions de musique ancienne. A partir des années soixante-dix, un grand nombre de ses œuvres, notamment la *Symphonie n° 1* en quatre mouvements (1975-76) et la *Symphonie n° 2* (1979-80), sont influencées par les sonorités, les paysages, la littérature et l'histoire d'Orkney où il s'est installé en 1971. Davies a aussi composé beaucoup de musique pédagogique, notamment à l'époque où il était directeur de la musique à l'école secondaire de Cirencester (1959-62). Il a été anobli en 1988.

Paul Griffiths.

Davis, Miles (Dewey) (Alton, Illinois, 25 mai 1926). Trompettiste de jazz noir américain. Il commence à jouer à l'âge de treize ans et acquiert une sonorité froide, sans vibrato, et un style économe dans le registre médian de l'instrument, évitant les excès de virtuosité des trompettistes de l'époque. Membre de l'orchestre de Billy Eckstine à partir de 1944, il entre en contact avec des musiciens tels que Charlie Parker, Dizzy Gillespie et Dexter Gordon. Il admire particulièrement Charlie Parker et sa collaboration avec ce grand moderniste (enregistrements Savoy et

Dial) révèle sa sensibilité et son imagination. Il quitte ce groupe en 1948 et étudie les arrangements avec Gil Evans. Il s'oriente vers un jazz progressif, sensible, de texture plus légère en compagnie d'instrumentistes tels que Lee Konitz et Gerry Mulligan. Il cherche en permanence à apporter à son jeu un lyrisme frais et y parvient merveilleusement dans les sessions Blue Note de 1952-54. Parfois critiqué pour la retenue de son jeu, il a prouvé qu'on pouvait obtenir un jazz émouvant et excitant avec des moyens réduits. Les enregistrements de quintette qu'il a réalisés dans les années cinquante et dans lesquels il partage la vedette avec le saxophoniste ténor John Coltrane font preuve d'une grande unité et d'une force dramatique intense. Son album *King of Blue*, avec Cannonball Adderley, a exercé une grande influence sur les jeunes instrumentistes. Davis a continué à travailler avec Gil Evans et a enregistré une série d'albums avec un orchestre plus fourni dans les années soixante. Lorsque l'engouement pour le jazz a commencé à diminuer, il s'est tourné vers des formes plus commerciales, mais son propre jeu est resté aussi sensible et efficace qu'auparavant.

Peter Gammond.

Davy, Richard (vers 1465 ; ? Exeter, vers 1507). Compositeur anglais. Il a exercé les fonctions de chef de chœur et d'organiste à Magdalen College, à Oxford, entre 1490 et 1492, et à la cathédrale d'Exeter, entre 1497 et 1506. Il a composé une *Passion selon saint Matthieu* à quatre voix, des messes, des antiennes (dont la plupart sont aujourd'hui perdues) ainsi que quelques chansons et des noëls.

John Milsom.

Daza, Esteban (célèbre à Valladolid, pendant la seconde moitié du XVIe siècle). Compositeur espagnol. On ne sait rien de sa vie mais, en 1576, il a publié à Valladolid un recueil de musique pour vihuela, le *Libro de música de cifras para vihuela intitulado « El Parnasso »*, en trois volumes. Le premier contient les propres fantaisies de Daza, le deuxième des tablatures de motets français et espagnols et le troisième des tablatures de chansons profanes, écrites pour la plupart par d'autres compositeurs.

Wendy Thompson.

Dazu (all.). « A cela », « en outre » ; terme utilisé dans la musique d'orgue qui indique que les registres mentionnés doivent être ajoutés aux autres.

D.c. Abréviation pour **da capo*.

Death in Venice (« Mort à Venise »). Opéra en deux actes de Britten sur un livret de Mayfanwy Piper d'après le roman de Thomas Mann *Der Tod in Venedig* (1911). Représentations : Snape, Maltings (16 juin 1973) ; New York (Metropolitan, 18 octobre 1974). L'intrigue suit de près l'histoire originale. Le romancier Aschenbach (tén.) quitte l'Allemagne pour Venise où il succombe au charme de Tadzio (danseur). Tadzio représente le côté dionysiaque de son personnage qu'il a jusqu'alors repoussé, s'abritant sous une vision froide et apollonienne de la vie. Il essaie de quitter la ville frappée par le choléra, mais, à la suite d'un incident survenu à ses bagages, il donne libre cours à son obsession solitaire et dévorante. Il s'effondre et meurt en regardant Tadzio jouer sur la plage avec d'autres enfants. L'opéra est composé de scènes reliées par des interludes ; les rôles des personnages qui contribuent à l'effondrement d'Aschenbach (comme le Vieux Beau) sont tous interprétés par le même baryton.

Deborah. Oratorio de Haendel sur un texte biblique compilé par S. Humphreys. Créé à Londres en 1733.

Debussy, (Achille-) **Claude** (Saint-Germain-en-Laye, 22 août 1862 ; Paris, 25 mars 1918). Compositeur français. L'un des personnages les plus influents de sa génération, il a marqué la musique du XXe siècle en donnant au timbre le caractère d'un élément autonome et en libérant la musique des formes conventionnelles.

1. *La jeunesse.* Debussy vit une enfance troublée par les activités de son père et son emprisonnement pendant la Commune de 1871. Il ne reçoit aucune instruction formelle avant son entrée au Conservatoire de Paris, en 1872. Ses leçons de piano avec Mme Mauté (qui prétend avoir été l'élève de Chopin) laissent espérer une carrière de virtuose, mais Debussy choisit la composition, qu'il commence à étudier avec Ernest Guiraud en 1880 et remporte

le prix de Rome, en 1884, avec la cantate *L'Enfant prodigue.* Il considère la villa Médicis comme une prison et ses envois de Rome (*Zuleima*, 1885-86, aujourd'hui perdu ; *Printemps*, 1887, réorchestré par Büsser, 1912 ; *La Damoiselle élue*, 1887-88) ne soulèvent pas l'enthousiasme de l'Académie des beaux-arts. Parmi ses premières œuvres, la plus prometteuse est un extrait du deuxième acte de *Diane au bois* de Théodore de Banville (1883-86), qui annonce le monde de rêve de la forêt et l'écriture séduisante pour flûte du *Prélude à l'après-midi d'un faune* (1892-94), son premier grand succès. Auparavant, Debussy compose un opéra conventionnel, *Rodrigue et Chimène* (Catulle Mendès, d'après Castro et Corneille, 1890-92), qu'il trouve grandiose et sans intérêt. Mais cet ouvrage, ainsi que les *Cinq Poèmes de Baudelaire* (1887-89), sont les vecteurs qui permettent à Debussy de débarrasser son système d'écriture des aspects superficiels du wagnérisme, même si une influence plus profondément ancrée et une relation amour/haine avec Wagner et avec le théâtre persistent jusqu'à son ballet *Jeux* (1912-13).

L'année 1893 marque un virage dans la carrière de Debussy : *La Damoiselle élue* est exécutée à la Société nationale le 8 avril, ce qui permet au public parisien de découvrir sa musique ; et, le 17 mai, il assiste à la première représentation de la pièce symboliste de Maeterlinck *Pelléas et Mélisande* (1892) au Théâtre des Bouffes-Parisiens. Dans le monde ombragé, suggestif et apparemment simple de *Pelléas*, Debussy découvre le livret d'opéra idéal. Il met la pièce directement en musique (en coupant seulement quatre scènes) entre août 1893 et le 17 août 1895. Debussy achève l'orchestration lorsque Albert Carré accepte finalement de représenter *Pelléas* à l'Opéra-Comique, en mai 1901. Il ajoutera au dernier moment d'autres interludes (wagnériens) pour faciliter les changements de décor. Les difficultés avec Maeterlinck parviennent à leur paroxysme lors de la pré-générale orageuse du 28 avril 1902 : Maeterlinck avait cherché à imposer sa maîtresse, Georgette Leblanc, dans le rôle de Mélisande, alors que Debussy avait choisi Mary Garden. Des parties mal copiées, des mises en demeure, la vente de livrets diffamatoires, l'accent écossais de Mary Garden et la conception lyrique entièrement nouvelle de *Pelléas* ne facilitèrent pas la gestation du spectacle, mais l'enthousiasme de la jeunesse l'emporta sur la réaction d'une grande partie du public, qui trouvait l'œuvre informe, monotone et inexplicable sur le plan technique, et l'ouvrage est entré au répertoire. Comme Wagner, Debussy a confié à l'orchestre un rôle important et a utilisé des thèmes récurrents subtilement adaptés à l'état d'esprit et aux sentiments changeants des personnages, au lieu de se limiter à de simples « cartes de visite » annonçant leur entrée. L'ouvrage reflète l'influence de Moussorgski dans sa prosodie précise et le naturel des lignes vocales, qui ressemblent à des récitatifs.

En dehors de *Pelléas*, la carrière théâtrale de Debussy n'a pas été très productive. Il n'a jamais retrouvé le poème ni le poète idéal et ses opéras en un acte *Le Diable dans le beffroi* (1902- ?12) et *La Chute de la maison Usher* (1908-17) d'après Edgar Poe sont restés inachevés, comme la musique de scène du *Roi Lear* (1904) et de *No-ja-li* (1913-14). Il a accepté d'autres commandes pour la scène, comme il acceptait des tournées de chef d'orchestre à l'étranger, surtout pour des raisons financières ; il a souvent dû faire appel à une aide extérieure pour en terminer l'orchestration. Il a achevé *Le Martyre de saint Sébastien* (mystère en cinq actes de Gabriele d'Annunzio qui évolue à la fois dans le monde du christianisme et du paganisme) avec l'aide d'André Caplet en 1911, *Khamma* (ballet pantomime commandé par la danseuse Maud Allan) avec le concours de Charles Koechlin en 1912-13 et *La Boîte à joujoux* (1913, ballet pour enfants d'André Hellé) a été terminée par André Caplet en 1919.

2. *Après Pelléas.* Sous bien des aspects, la création de *Pelléas et Mélisande* constitue le sommet de la carrière de Debussy. Ses mélodies sont aussi belles avant et après (comparez les deux versions des *Fêtes galantes* de Verlaine, celle de 1891 et celle de 1904), mais ses meilleures œuvres pour piano sont postérieures au moment où il a quitté sa première femme, Rosalie (Lily) Texier, pour Emma Bardac, en juin 1904. Leur fille, Claude-Emma (Chouchou), est née le 30 octobre 1905 et ses parents se sont mariés le 20 janvier 1908. Leur lune de miel à Jersey et à Dieppe, pendant l'été 1904, est à l'origine

de plusieurs pièces pour piano, notamment *Masques* et une pièce extravertie assez inhabituelle sous la plume de Debussy, *L'Isle joyeuse*. Comme les deux séries d'*Images* (1905 et 1907), elles ont été créées par Ricardo Viñes. Le monde enfantin de Chouchou lui a inspiré *Children's Corner* (1906-08) avec la célèbre parodie de *Tristan et Isolde* dans « Golliwogg's Cake Walk », mais Debussy est plus connu pour ses deux livres de *Préludes* (1909-10 et 1911-13) qui évoquent une série de sujets naturels très variés, des cabrioles des *Minstrels* à Eastbourne, en 1905, et de l'acrobate américain *General Lavine* aux *Feuilles mortes* et à *Les Sons et les parfums tournent dans l'air du soir*. On les taxe souvent d'impressionnisme, ce qui est inexact car l'inspiration de Debussy doit beaucoup plus au mouvement littéraire symboliste. Mais à propos des *Images* (*Gigues*, 1909-12 ; *Ibéria*, 1905-08 ; et *Rondes de printemps*, 1905-09), Debussy disait à son éditeur Jacques Durand qu'il « tentait de faire autre chose – en quelque sorte des réalités – ce que les imbéciles appellent impressionnisme » ; et il a montré à Caplet avec ravissement comment les parties d'*Ibéria* s'enchaînent naturellement les unes aux autres, presque comme le résultat d'une improvisation. Il prétendait pouvoir réellement entendre « le vendeur de pastèque et les sifflements des gamins » au début du *Matin d'un jour de fête*.

3. *Le style de Debussy*. Dans ses recherches sur le timbre et ses efforts pour libérer la musique des conventions formelles, Debussy a envisagé de nombreuses solutions – des structures proportionnelles basées sur le nombre d'or (*La Mer*, *L'Isle joyeuse*) à la forme cinématographique de *Jeux* ; avec le renouvellement constant des motifs dans lesquels des fragments onduleux se transforment progressivement en un thème scalaire, lui-même brisé en un sommet. Comme dans le reste de l'œuvre de Debussy, on approche de ce point culminant avec une série de sommets moins importants et il se situe aussi près que possible de la fin. Les *Nocturnes* (1897-99), qui comptent parmi les premières œuvres pour orchestre de Debussy, comprennent des pages aux textures d'une variété exceptionnelle : les premières mesures de *Nuage*, qui évoquent Moussorgski, l'approche de la procession de la fanfare dans *Fêtes* ou le chœur de femmes sans paroles de *Sirènes*, dont l'étude des « textures de la mer » constitue un état préparatoire à *La Mer* (1903-05). Les humeurs inconstantes de la mer sont entièrement explorées et la réunion des trois « esquisses symphoniques » constitue un mouvement géant de forme sonate avec son thème cyclique, à la manière de Franck. Au centre, les « Jeux de vagues », évocateurs, sont une sorte de développement qui aboutit au « Dialogue du vent et de la mer », essai puissant de couleur et de sonorité orchestrales.

Après *La Mer*, les bois portent de plus en plus le principal fardeau thématique et la percussion prend graduellement de l'importance dans *Ibéria* ou dans la subtile orchestration de *Jeux*. Avec cette œuvre, Debussy cherche à trouver un orchestre « sans pieds... éclairé par l'arrière » comme dans *Parsifal* de Wagner. Malgré le côté novateur de la partition, *Jeux* a été éclipsé dans la saison des Ballets russes de Diaghilev par le succès à scandale du *Sacre du printemps* de Stravinski, deux semaines plus tard (20 mai 1913). Les relations cordiales qu'entretenaient jusqu'alors les deux compositeurs se sont ensuite détériorées, bien qu'auparavant le génie de Stravinski ait influencé Debussy : *Khamma*, par exemple, montre comment Debussy avait bien appris la leçon de *Petrouchka*.

Si les premières mélodies de Debussy, inspirées par sa liaison avec la cantatrice Marie-Blanche Vasnier, comportaient beaucoup de vocalises spectaculaires, il mûrit le genre, auquel il donne une forme plus contenue à partir des *Ariettes oubliées* (1885-88). Il a écrit lui-même les poèmes des *Proses lyriques* (1892-93) et des *Nuits blanches* (1899-1902, œuvre aujourd'hui perdue), mais, comme dans *La Chute de la maison Usher*, ses talents littéraires ne parviennent pas à égaler son imagination musicale. Dans le domaine de la mélodie, Debussy atteint son sommet avec les *Trois Ballades de François Villon* (1910), sensibles et spirituelles, et les *Trois Poèmes de Stéphane Mallarmé* (1913). Deux d'entre eux (*Soupir* et *Placet futile*) ont été également mis en musique par Ravel la même année (ce qui a contrarié Debussy), les deux compositeurs trouvant une source d'inspiration dans le caractère artificiel et la qualité des atmosphères de la poésie de Mallarmé.

Dans le domaine de la musique de chambre, la carrière de Debussy a commencé sous des auspices heureux avec son *Quatuor à cordes* cyclique (1893), dont le scherzo, avec ses contre-rythmes et ses envols de pizzicati, rappelle les sonorités des orchestres gamelans qu'il avait entendus à Paris lors de l'Exposition de 1889. Mais à part la *Première Rapsodie* pour clarinette et piano (1909-10), écrite pour le Conservatoire de Paris, Debussy négligera la musique de chambre jusqu'à la fin de sa vie. Toujours conscient de la nécessité d'écrire une authentique musique française, il projetait une série de six sonates dans un esprit nationaliste, tourné vers Rameau. Avant d'être emporté par un cancer, il a réussi à en terminer trois : la *Sonate pour violoncelle et piano* (1915, contemporaine de *En blanc et noir* pour deux pianos et des *Douze Études pour piano* écrites en hommage à Chopin) ; la *Sonate pour flûte, alto et harpe* (1915) et la *Sonate pour violon et piano* (1916-17). Le finale de la dernière sonate a causé d'énormes difficultés à cet homme souffrant et les trois œuvres annoncent le néoclassicisme par leur simplicité, leur clarté et la retenue du style.

Robert Orledge.

BIBLIOGRAPHIE : Jean Barraqué, *Debussy*, Seuil, coll. Solfèges (Paris, 1962, rééd. 1982). Claude Debussy, *Lettres, 1884-1918*, Hermann (Paris, 1981) / *M. Croche et autres récits*, Gallimard (Paris, 1926, rééd. 1971 et 1987). Marcel Dietschy, *La Passion de Claude Debussy*, A la Baconnière (Neuchâtel, 1962). Antoine Goléa, *Claude Debussy*, Seghers (Paris, 1965)), rééd. augmentée, Slatkine (Genève, 1985). Christian Goubault, *Claude Debussy*, Champion (Paris, 1986). Vladimir Jankélévitch, *Debussy et le mystère*, A la Baconnière (Neuchâtel, 1949) / *La Vie et la mort dans la musique de Debussy*, A la Baconnière (Neuchâtel, 1968) / *Debussy et le mystère de l'instant*, Plon (Paris, 1976). Stefan Jarocinski, *Debussy, impressionnisme et symbolisme*, Seuil (Paris, 1970). François Lesure, *Catalogue de l'œuvre de Claude Debussy*, Minkoff (Genève, 1977) / *Debussy, iconographie musicale*, Minkoff-Lattès (Genève-Paris, 1980). Edward Lockspeiser, *Claude Debussy*, Fayard (Paris, 1980). René Peter, *Claude Debussy*, Gallimard (Paris, 1931). Victor Seroff, *Claude Debussy*, Corrêa (Paris, 1957). Heinrich Strobel, *Claude Debussy*, Éd. Balzac (Paris, 1940). Léon Vallas, *Claude Debussy et son temps*, Alcan (Paris, 1932), rééd. Albin Michel (Paris, 1958).

Decani (lat., « du doyen »). Le côté du chœur où s'assied le doyen ; de nos jours, généralement le côté sud. Dans la musique chorale, on trouve parfois des passages marqués *decani*, indiquant que le passage concerné est confié aux chanteurs situés de ce côté.

Déchant (all. : *Diskant* ; angl. : *discant* ; lat. : *discantus*). Technique de composition médiévale selon laquelle on ajoute une voix à une partie de plain-chant, généralement note contre note et en mouvement contraire. Le terme *discantus* a été utilisé pour la première fois par des théoriciens du XIIe siècle et certains exemples musicaux du début de ce siècle sont parvenus jusqu'à nous. Le vaste répertoire de chants sacrés latins du XIIe siècle provenant de France (généralement appelé **conductus* ou « versus »), bien qu'il ne soit pas écrit en plain-chant, peut être également considéré comme un exemple de déchant, tout au moins par son style harmonique.

Dans le remarquable répertoire polyphonique de l'École de Notre-Dame, constitué à Paris aux XIIe et XIIIe siècles, la technique du déchant est employée dans deux parties – dans le *conductus* (un théoricien anonyme des années 1270 en attribue certains à Pérotin) et dans des phrases en plain-chant (plus spécifiquement les phrases du plain-chant original, en mélisme sur une syllabe et non en écriture syllabique). Dans les chants parisiens de cette époque, les passages de déchant alternent réellement (on appelle aussi ces passages **clausulae*) avec des passages dans lesquels on entend le chant original en longues notes tenues, au-dessous d'une ou de plusieurs parties supérieures qui avancent (voir *Organum*, 4). Le théoricien mentionné ci-dessus qualifie Pérotin d' « optimus discantor » (« le meilleur chanteur/compositeur de déchant »), sous-entendant ainsi qu'on lui doit les parties de plain-chant dans le style du déchant.

Dès la seconde moitié du XIIIe siècle, le déchant est devenu le principal style de polyphonie existant et donc aussi le terme le plus couramment employé pour la polyphonie elle-même ; le style des longues notes tenues est alors plus ou moins désuet. Les techniques d'écriture des parties se compliquent et les œuvres qui se limitent à deux parties sont plus rares. Au XIVe siècle, le mot *discantus* désigne souvent simplement une partie d'accompagnement supplémentaire ajoutée au-dessus des voix principales (*cantus* et ténor) comme dans les chansons de Machaut.

Sous sa forme la plus simple, le déchant n'était guère plus qu'une méthode empirique pour improviser la polyphonie à deux parties. On trouve des méthodes intéressantes et relativement tardives de ce type dans des traités écrits en Angleterre aux XIVe et XVe siècles par Leonel Power. La dépendance du déchant sur le mouvement contraire le différencie entièrement des techniques de mouvement parallèle comme le *faux-bourdon.

David Hiley.

Déchiffrage. Procédé consistant à convertir en sons les symboles musicaux écrits ou imprimés sans avoir préalablement étudié le passage en question. De même qu'après avoir lu et compris le mot imprimé sur le scénario un acteur est capable de le déclamer, le musicien entraîné doit être capable de convertir le symbole en son. (Il existe une différence intéressante entre les deux types de symboles : les notes, contrairement aux mots, nous indiquent non seulement la hauteur des sons, mais également leur longueur et leur rythme.)

La plupart des disciplines artistiques et scientifiques possèdent des méthodes qui permettent de noter sur le papier de façon permanente les consignes d'exécution (l'évolution la plus récente en la matière concerne la chorégraphie, puisqu'on peut maintenant relever avec précision les pas et les mouvements des danseurs par l'intermédiaire du langage écrit de la choréologie ; voir *Notation de la danse*). Au fil des siècles, la notation musicale a évolué jusqu'à ce qu'il devienne possible de représenter presque toutes les hauteurs de son audibles à l'oreille humaine au moyen de diverses portées, qui se composent chacune de cinq lignes et de quatre espaces.

Le déchiffrage est une partie essentielle de la formation musicale : sa pratique développe la faculté de lire et de comprendre le langage de la musique et son étude sert à souligner l'importance des tonalités dans la musique tonale occidentale. Une fois qu'une tonalité a été définie, chaque note ou hauteur de son a une relation fondamentale et immuable avec la tonique de cette tonalité. La deuxième note de la gamme est située exactement un ton au-dessus de la tonique et les autres échelons de la gamme se trouvent également à une distance mesurée de cette note. En dehors du tempo et du rythme, celui qui déchiffre doit donc être en mesure d'établir la relation qui existe entre chaque note et la tonique, par exemple en entendant mentalement le si comme la note sensible de la tonalité d'ut.

L'étude du déchiffrage tombe souvent dans l'erreur qui consiste à essayer d'identifier des notes individuelles en les considérant simplement comme un intervalle par rapport à la note précédente (plus élevé ou plus bas). Cette démarche est musicalement inutile car l'étudiant n'approfondit pas alors sa connaissance de la tonalité ou de la structure harmonique ; et elle présente un danger, car un intervalle mal jugé peut entraîner le transfert de la même erreur à toutes les hauteurs de son suivantes. Le procédé correct qui permet d'établir la parenté existant entre une hauteur de son donnée et la tonique est le même pour toutes les tonalités, une fois qu'on a déterminé la tonique. (Cette règle s'applique également aux notes chromatiques – les hauteurs de son qui ne sont normalement pas considérées comme appartenant à la tonalité en question, mais qui sont importées d'autres tonalités.)

Les musiciens qui déchiffrent sans avoir à se préoccuper de chanter à la bonne hauteur possèdent l'oreille « parfaite » ou « absolue ». Cependant, même ce don qui consiste à pouvoir se souvenir de chaque hauteur de son est souvent sujet à variations. Certains musiciens le possèdent par intermittence, d'autres sont capables de reconnaître une hauteur de son sans arriver à la reproduire ou même l'inverse.

Une seule hauteur de son entendue isolément comporte rarement un message émotionnel, mais pour de nombreux musiciens les différences de tonalité ont des impacts émotionnels spécifiques et peuvent même être liées à des différences de couleurs (voir *Couleur et musique*). Cette approche est purement subjective, mais il est évident que les grands compositeurs ont souvent utilisé une tonalité donnée pour reconstituer une atmosphère précise : on pense, par exemple, aux propos tragiques et héroïques en ut mineur de Beethoven, ou à la musique particulièrement expressive, souvent sombre, romantique et chromatique pour laquelle Mozart a choisi la tonalité de sol mineur. N'est-ce que pure coïncidence si des œuvres comme la *Symphonie nº 40*, le *Quatuor à cordes K 516* et surtout l'air tragique de Pamina dans *La Flûte enchantée* sont tous écrits dans cette tonalité ?

En traitant du déchiffrage ou, dans un sens plus général, de la faculté de comprendre intellectuellement et musicalement la signification de la note imprimée, on aborde la grammaire même de la musique. Il va de soi que seuls les musiciens qui ont maîtrisé cette technique peuvent être considérés comme des gens lettrés sur le plan musical.

Christopher Fry.

Décimette. Terme rarement utilisé qui désigne une pièce destinée à dix instruments ou voix.

Deciso (ital.). « Décidé ».

Decoration Day. Œuvre pour orchestre de Charles Ives, composée en 1912, devenue par la suite le deuxième mouvement de *Holidays.*

Decrescendo, decresciuto (ital., parfois abrégé *decr.* ou *decresc.*). « En diminuant », « en devenant de plus en plus doux », par opposition à *crescendo.*

Deering, Richard. Voir *Dering, Richard.*

De Fesch, William (Alkmaar, août 1687 ; Londres, ? 1757). Compositeur et violoniste néerlandais. Après avoir exercé pendant six ans les fonctions de maître de chapelle de la cathédrale d'Anvers, il est renvoyé en 1731 pour avoir maltraité les enfants dont il avait la charge. Peu de temps après, il s'installe à Londres, se produit en concert comme violoniste et dirige divers orchestres ; il compose l'oratorio *Judith* (créé en 1733), qui remporte un certain succès. Il a également composé des concertos, où transparaît l'influence de Vivaldi, des sonates pour violon, des sonates en trio et des mélodies, probablement écrites pour les Pleasure Gardens de Marylebone, où il a été directeur de la musique en 1748 et 1749.

Denis Arnold.

Deidamia. Opéra en trois actes de Haendel sur un livret de Rolli. Dernier opéra de Haendel, il a été créé à Londres en 1741.

Delage, Maurice (Paris, 13 novembre 1879 ; Paris, 21 septembre 1961). Compositeur français, l'un des rares disciples de Ravel. Son œuvre, très restreinte, se caractérise par un sens de la perfection et un raffinement extrêmes (*4 Poèmes hindous*, 1913 ; *Quatuor à cordes*, 1948 ; *Le Bateau ivre* pour orchestre, 1954).

Alain Pâris.

Delalande, Michel-Richard. Voir *Lalande, Michel-Richard de.*

Delerue, Georges (Roubaix, 12 mars 1925). Compositeur français, élève de Darius Milhaud, premier grand prix de Rome (1949), prix Italia (1963). Il débute comme directeur musical du festival d'Avignon (1948-50) avant de consacrer l'essentiel de ses activités à la radio et surtout au cinéma : parmi les films dont il a signé la musique, *Hiroshima mon amour* (1958), *Le Chacal* (1974), *La Gifle* (1978), *Le dernier Métro* (1980), etc. On lui doit aussi plusieurs musiques de scènes, ballets (*La Leçon*, 1963) et ouvrages lyriques (*Médis et Alyssio*, 1975).

Alain Pâris.

Delibes, (Clément Philibert) **Léo** (Saint-Germain-du-Val, 21 février 1836 ; Paris, 16 février 1891). Compositeur français. Après avoir fait ses études au Conservatoire de Paris, il est organiste dans diverses églises de la capitale et répétiteur à l'Opéra. Il s'assure une certaine notoriété avec des ouvrages lyriques assez légers et des ballets : il est fait chevalier de la Légion d'honneur après le succès de *La Source* (1866), de *Coppélia* (1870) et de *Sylvia* (1876) ; son opéra *Lakmé* (1883), essai dans le style « oriental français » alors à la mode, lui assure des honneurs encore plus grands. Bien qu'il ait tenté d'écrire une œuvre plus importante (son dernier opéra *Kassya*, sur une histoire de Sacher Masoch), sa musique a surtout survécu grâce à la légèreté de son toucher, à la finesse de ses thèmes et à son orchestration.

Denis Arnold.

BIBLIOGRAPHIE : André Coquis, *Leo Delibes*, Richard Masse (Paris, 1957). Henri de Curzon, *Léo Delibes*, Legouix (Paris, 1926).

Delicato (ital.). « Délicat ». Terme qui s'applique à la façon d'exécuter un passage. Dans la *Sonate au clair de lune*, par exemple, Beethoven indique « Si deve suonare questo pezzo delicatissimamente » (« Cette pièce doit être jouée très délicatement »).

Délié. Terme signifiant à l'instrumentiste de détacher les notes les unes des autres, par exemple *staccato*, ou de jouer légèrement et facilement, sans contrainte. Czerny l'utilise dans son ouvrage didactique *L'Art de délier les doigts*.

Delius, Frederick (Theodore Albert) (Bradford, Yorkshire, 29 janvier 1862 ; Grez-sur-Loing, 10 juin 1934). Compositeur anglais doté de l'un des styles harmoniques et mélodiques les plus personnels et les plus faciles à reconnaître qui évolue dans une gamme d'expressions et d'émotions étroites et strictement définies. Fils d'un commerçant allemand qui s'était installé dans le Yorkshire et qui jouait un rôle important dans la vie musicale de la ville, sans toutefois considérer la musique comme un métier convenable, Delius entre dans la carrière commerciale ; mais c'est un échec. En 1884, il va faire pousser des oranges en Floride et s'occuper d'une plantation à Solano Grove, près de Jacksonville. En fait, il néglige la plantation et préfère étudier la musique avec Thomas Ward. En 1886, il entre au Conservatoire de Leipzig où il se lie avec Grieg. Il s'installe ensuite à Paris où il fait partie du cercle de Gauguin, Strindberg et Münch.

Il commence par composer des mélodies, de la musique de chambre et des pièces pour orchestre, comme la suite *Florida* (1887, rév. 1889) ; mais, après 1890, il se consacre surtout à l'opéra ; il termine *Irmelin* en 1890-92, *The Magic Fountain* (1893-95), *Koanga* (1895-97) et *A Village Romeo and Juliet* (*Romeo und Julia auf dem Dorfe*, 1900-1901). Seuls les deux derniers ouvrages seront représentés de son vivant, *Koanga* à Elberfeld (1904) et *A Village Romeo and Juliet* à Berlin (1907). En 1897, Delius s'installe à Grez-sur-Loing avec l'artiste Jelka Rosen, qu'il épouse en 1903. A l'exception d'un concert à Londres en 1899, sa musique restera pratiquement inconnue en Grande-Bretagne jusqu'en 1907, date à laquelle sont joués son *Concerto pour piano* (1897, rév. 1906) et les variations pour chœur et orchestre, *Appalachia* (1896-1903). Sir Thomas Beecham, qui avait entendu cette dernière œuvre, deviendra le plus ardent défenseur de Delius, son interprète et un ami fidèle.

En dehors du théâtre lyrique, l'œuvre chorale la plus importante de Delius est *Eine Messe des Lebens* (1904-05, d'après Nietzsche) pour solistes, chœur et orchestre. Toutefois, il est surtout connu pour ses « idylles » pour orchestre, charmantes et sensuelles – la rhapsodie anglaise *Brigg Fair* (1907), *In a Summer Garden* (1908), *North Country Sketches* (1913-14), *Song of the High Hills* (1911) pour chœur sans paroles et orchestre, et les deux courts poèmes symphoniques *On Hearing the First Cuckoo in Spring* (1912) et *Summer Night on the River* (1911). Dans toutes ces œuvres, Delius utilise avec beaucoup de souplesse l'héritage du romantisme. Il a également écrit un *Requiem* (1914-16), un *Concerto pour violoncelle* (1921), un *Concerto pour violon et violoncelle* (1915-16) et l'opéra *Fennimore und Gerda* (1909-10, créé à Francfort en 1919). Grand amateur de femmes, Delius a sans doute contracté la syphilis en Floride. Les effets physiques ont commencé à se faire sentir vers 1920 et la belle musique de scène qu'il a écrite pour *Hassan* de Flecker (1920-23) est la dernière partition qu'il ait écrite de sa propre main. En 1928, il a engagé Eric Fenby comme secrétaire, ce qui lui a permis de terminer *A Song of Summer* (1929-30) pour orchestre, la *Sonate pour violon et piano nº 3* (1930) et les *Songs of Farewell* (Whitman) pour chœur et orchestre (1930). Aveugle et paralysé, Delius s'est rendu pour la dernière fois en Angleterre en 1929, à l'occasion du festival organisé par Sir Thomas Beecham en l'honneur de sa musique. Il est mort en France, mais a été enterré à Limpsfield, dans le Surrey. Sa musique traite principalement de la nostalgie de l'amour perdu et le meilleur exemple en est sans doute *Sea Drift* pour baryton, chœur et orchestre, d'après Whitman (1903-04).

Michael Kennedy.

Della Ciaia, Azzolino Bernardino (Sienne, 1671 ; Pise, 15 janvier 1755). Organiste, compositeur et facteur d'orgues italien. De famille noble, il est membre de l'ordre des chevaliers de Saint-Étienne dès l'âge de sept ans. Il passe quelques années à Rome au service de la famille Colonna-Barbaglia et construit pour l'ordre de saint

Étienne un magnifique orgue à quatre claviers (utilisé pour la première fois en 1737) sur lequel ont joué certains des meilleurs organistes italiens.

Della Ciaia a publié un livre de *Salmi concertati* à cinq voix et cordes (Bologne, 1700), deux livres de cantates de chambre (*Cantate da camera*) à une voix (Lucques, 1701 ; Bologne, 1702) et quelques sonates pour clavecin (? 1727).

Wendy Thompson.

Dello Joio, Norman (New York, 24 janvier 1913). Compositeur américain. Il apprend tout d'abord la musique avec son père, organiste italien immigré, puis travaille à l'Institute of Musical Art à New York (1933-38), à la Juilliard School, avec Bernard Wagenar (1939-41) et à l'Université de Yale, avec Paul Hindemith (1941-43). Il a enseigné à Sarah Lawrence College (1945-50), Mannes College (1958-72) et à l'Université de Boston comme doyen des beaux-arts (à partir de 1972). Ses œuvres nombreuses et variées se caractérisent par de longues lignes mélodiques tonales, qui trahissent souvent l'influence du plain-chant, avec des rythmes vivants et des formes claires.

Paul Griffiths.

Déluge, Le (*The Flood*). 1. Oratorio op.45 pour soli, chœur et orchestre de Saint-Saëns (1875) dont le prélude comporte l'un des plus beaux solos de violon de l'époque.

2. Jeu musical pour trois récitants, ténor, deux basses, chœur, orchestre et acteurs de Stravinski, sur un livret arrangé par Robert Craft d'après la *Genèse* et certains mystères d'York et de Chester. Créé à la télévision en 1962 et, sur scène, à Hambourg en 1963.

Delvincourt, Claude (Paris, 12 janvier 1888 ; Orbetello, Italie, 5 avril 1954). Compositeur français, élève de Widor au Conservatoire de Paris, premier grand prix de Rome ex aequo avec Lili Boulanger (1913), directeur du Conservatoire de Versailles (1931-41) et du Conservatoire de Paris (1941-54) où il procédera à une refonte de l'enseignement, créant notamment l'orchestre des Cadets du Conservatoire, premier orchestre de jeunes français, dont le but initial était d'éviter aux étudiants du Conservatoire de Paris la contrainte du travail obligatoire en Allemagne. Attiré par la musique du Moyen Age et la chanson populaire, il a laissé une œuvre très spontanée, pleine de raffinement : *Le Bal vénitien*, ballet (1927), *Lucifer*, mystère (1948).

Alain Pâris.

BIBLIOGRAPHIE : W. L. Landowski, *L'Œuvre de Claude Delvincourt*, Plon (Paris, 1948).

Démancher. Terme utilisé dans la technique des instruments à cordes : l'instrumentiste fait un démanché lorsqu'il déplace la main gauche le long du manche de l'instrument pour changer de position. A proprement parler, démancher signifie rapprocher la main du chevalet, par exemple pour atteindre une position plus haute. Ce terme était déjà usité au XVIe siècle, car on le trouve dans les écrits de Rabelais.

Demantius, Johannes Christoph (Reichenberg [aujourd'hui Liberec], Bohême, 15 décembre 1567 ; Freiberg, Saxe, 20 avril 1643). L'un des compositeurs allemands les plus intéressants de son époque. Il fait ses études à l'Université de Wittenberg avant d'occuper le poste de *Kantor* à Kittau, puis à Freiberg. Ce poste l'oblige à enseigner, ce qu'il n'aime pas, et ses directeurs le considèrent comme un « homme difficile et turbulent ». Ses œuvres reflètent l'influence italienne qui pénètre alors en Allemagne ; cette influence se fait sentir non seulement dans ses *canzonette* et madrigaux, mais également dans sa musique religieuse, qui est souvent très descriptive et émouvante ; il réalise une illustration de texte particulièrement angoissée dans ses passions. Sa musique de danse est également intéressante, particulièrement les arrangements de danses polonaises.

Denis Arnold.

De ma vie (*Z mého života* ; *Aus meinem Leben*). Titre de deux quatuors à cordes (mi mineur, 1876 ; ré mineur, 1882-83) de Smetana, mais on a pris l'habitude de ne l'appliquer qu'au premier. Ce quatuor, autobiographique, culmine dans un mi aigu soutenu dans le finale, représentant le sifflement de l'oreille de Smetana qui, en 1874, commençait à devenir sourd.

Demi-jeu. A l'orgue, à l'harmonium, etc., ce terme signifie à mi-puissance.

Demi-pause (all. : *halbe Pause* ; angl. : *minim rest* ; ital. : *pausa di bianca* ; esp. : *silencio de blanca*). Signe (▬) représentant un silence d'une durée équivalente à celle de la blanche.

Demi-ton (all. : *Halbton* ; angl. : *half-tone, semitone* ; ital. et esp. : *semitono*). Le plus petit intervalle du système tempéré couramment utilisé dans la musique occidentale ; il correspond à un douzième d'octave.

Demi-voix (ital. : *mezza voce*). A la moitié de la puissance vocale.

Demütig [*Demüthig*] (all.). « Humble », « doux » ; *demutsvoll*, « avec une humble douceur ».

Denisov, Edison Vassilievitch (Tomsk, Sibérie, 6 avril 1929). Compositeur soviétique, élève de Chebaline et de N. Peiko au Conservatoire de Moscou (1951-56) où il commence à enseigner dès 1959. Après une période marquée par l'influence de Chostakovitch et de Bartók, il pratique une écriture post-webernienne dans laquelle on ressent la marque de Boulez (*Le Soleil des Incas*, cantate, 1964 ; *Trio avec piano*, 1971). Il sait conserver à sa musique les caractéristiques de l'écriture slave, notamment dans le traitement de la voix (*Chant d'automne* sur des poèmes de Baudelaire, 1971). Peu diffusée en URSS, elle commence à connaître une certaine notoriété en Occident dans les années soixante-dix, lorsqu'elle est jouée dans les principaux festivals de musique contemporaine. Ses œuvres les plus récentes semblent marquer un retour aux formes et aux moyens d'expression traditionnels : concertos pour violoncelle (1972), pour piano (1974), pour violon (1977), pour percussion (1978), pour flûte et hautbois (1978), *Requiem* pour soprano, ténor, chœur et orchestre sur un texte de Francisco Tanzer (1980). Très épris de culture française, il a écrit plusieurs œuvres sur des poèmes de Boris Vian (*La Vie en rouge*, 1973 ; et l'opéra *L'Écume des jours*, créé à l'Opéra de Paris en 1986).

Alain Pâris.

Densité. Mesure informelle qui s'applique aussi bien à la complexité polyphonique, au contenu d'un accord ou au son en général. Elle est surtout utilisée dans la musique du XXe siècle pour laquelle il n'existe pas de vocabulaire plus précis. On peut ainsi parler de « textures denses », d'« harmonies denses », etc.

Paul Griffiths.

Dent, Edward J(oseph) (Rinston, Yorkshire, 16 juillet 1876 ; Londres, 22 août 1957). Musicologue et pédagogue anglais. Élevé à Eton, il entre ensuite à l'Université de Cambridge où il est nommé « Fellow » à King's College en 1902. A l'exception de huit années, durant lesquelles il exerce comme critique musical à Londres (à partir de 1918), il sera professeur de musique à Cambridge (1926-41).

Dent s'est surtout intéressé à l'opéra. Il a écrit des ouvrages sur Alessandro Scarlatti (Londres, 1905), sur les opéras de Mozart (Londres, 1913), sur les fondements de l'opéra anglais (Cambridge, 1928) et un livre très célèbre intitulé *Opera* (Harmondsworth, 1940). Profondément convaincu de l'intérêt de jouer les opéras dans la langue du pays, il a traduit environ vingt-cinq livrets pour le Saddler's Wells Opera ; avec ses tournures de phrases spirituelles, il paraphrase plus qu'il ne traduit l'original, tout en en conservant l'esprit. Linguiste brillant, il a joué un rôle d'intermédiaire pacifiste aux réunions de la Société internationale de musique contemporaine (SIMC) et, en tant que professeur, il a élaboré à Cambridge un nouveau programme d'enseignement, plus efficace que les précédents. Volontiers malicieux, même parfois « outré » (les notes de bas de page de son livre *Mozart's Operas* sont parfois délicieusement choquantes), il a laissé, dans l'ensemble, une œuvre sérieuse, encore admirée de nos jours à juste titre.

Denis Arnold.

Denza, Luigi (Castellamare di Stabia, 24 février 1846 ; Londres, 26 janvier 1922). Compositeur italien, élève de Mercadante et de Serrao au Conservatoire de Naples. En 1879, il s'installe à Londres où il devient directeur de la London Academy of Music et professeur de chant à la Royal Academy of Music. Il a écrit plus de 500 chansons, dont « Funiculi, funiculà » (1880) est la plus célèbre.

Paul Griffiths.

Déploration. Mot d'ancien français synonyme de lamentation. Il s'applique généralement à une complainte écrite à la mort d'un musicien célèbre par l'un de ses élèves ou un ami compositeur. Parmi les exemples les plus connus : « Mort, tu as navré », écrite par Ockeghem à la mort de Binchois et « Nymphes des bois », écrite par Josquin des Prés à la mort d'Ockeghem.

De profondis (lat.). Psaume 129 de la Vulgate, l'un des sept psaumes pénitentiels. Il a sa place dans l'office des morts de l'Église catholique et a été très souvent mis en musique en écriture polyphonique, notamment par Roland de Lassus.

Derb (all.). « Robuste », « solide ».

Dering [Deering], **Richard** (vers 1580 ; Londres, 1630). Compositeur anglais. Fils illégitime de Henry Dering de Liss (Hampshire), il obtient le grade de « Bachelor of Music » à Oxford, en 1610. Apparemment converti au catholicisme, il devient organiste du couvent des bénédictines anglaises de Bruxelles, en 1617. Avant 1625, il est retourné en Angleterre au service de la cour, servant en particulier la reine Henrietta Maria. Dering a composé des fantaisies pour violes et des *cries* pour voix seule et cordes, à la manière anglaise ; à Anvers, Phalèse a publié une grande partie de sa musique religieuse ultérieure, qui comporte généralement une partie de basse continue ainsi que quelques *canzonette* sur des paroles italiennes. Oliver Cromwell appréciait ses *Cantica sacra*, mais ils n'ont été publiés qu'en 1662, par John Playford.

Denis Arnold.

Dernier sommeil de la Vierge, Le. Interlude symphonique de l'oratorio *La Vierge* (1880) de Massenet, très souvent donné en *bis* par Sir Thomas Beecham et le Royal Philharmonic Orchestra.

De Rore, Cipriano. Voir *Rore, Cipriano de.*

Des (all.). La note ré bémol, *Deses,* la note ré double bémol.

Déserts. Œuvre pour orchestre et bande magnétique de Varèse (1954). La création à Paris, le 2 décembre 1954, sous la direction de Hermann Scherchen, provoqua l'un des plus fameux scandales de l'histoire de la musique. Il existe une version, plus concise, pour orchestre seul.

Desiderio (ital.). « Désir » ; *con desiderio,* « impatiemment ».

Desinvolto, desinvoltura (ital.). « Aise », « aisance ».

Desmarets, Henri (Paris, février 1661 ; Lunéville, 7 septembre 1741). Compositeur français. Élève de Lully, il pose en 1683 sa candidature au poste de sous-maître de la chapelle royale ; malgré son talent manifeste, il est jugé trop jeune. Il reste néanmoins proche de la cour, composant et enseignant jusqu'en 1701, date à laquelle il devient maître de musique de Philippe V à Madrid. A la fin de sa vie, il devient musicien de Léopold Ier, duc de Lorraine. Ses opéras ont eu peu de succès, mais ses grands motets sont dignes d'être rejoués.

Denis Arnold.

BIBLIOGRAPHIE : Michel Antoine, *Henri Desmarets, biographie critique,* Picard (Paris, 1965).

Desprez, Josquin. Voir *Josquin des Prés.*

Dessau, Paul (Hambourg, 10 décembre 1894 ; Berlin-Est, 28 juin 1979). Compositeur allemand. Il étudie la direction d'orchestre et ne commence à composer sérieusement qu'à l'âge de 30 ans, rattrapant ensuite son retard par sa fécondité. En 1942, sa rencontre avec Brecht, aux États-Unis, constitue un événement décisif : il s'attache au style brechtien de Weill et de Eisler et commence à écrire une vaste gamme d'œuvres vocales, chorales et dramatiques sur des textes du poète, notamment l'oratorio *Deutsches Miserere* (1944-47) et la musique de scène de *Mutter Courage* (1946). En 1948, il rentre en Allemagne avec Brecht, s'installe à Berlin-Est et, à la mort d'Eisler en 1962, il devient la personnalité dominante de la vie musicale est-allemande.

Paul Griffiths.

Dessous. Terme utilisé dans la musique instrumentale française des XVIIe et XVIIIe siècles pour désigner une partie de tessiture grave, l'équivalent d'une partie d'alto de nos jours.

Dessus. Terme utilisé dans la musique instrumentale française des XVIIe et XVIIIe siècles pour désigner une partie de tessiture aiguë, comme une partie de premier ou de second violon ou une partie de dessus de viole.

Desto (ital.). « Éveillé », de façon allègre, animée.

Destouches, André Cardinal (Paris, baptisé le 6 avril 1672 ; Paris, 7 février 1749). Compositeur français. Élevé par les Jésuites jusqu'à l'âge de 16 ans, il part pour le Siam en 1687 et rentre en France dix-huit mois plus tard. En 1692, il s'enrôle dans les Mousquetaires noirs, apprend à jouer de la guitare et compose quelques airs légers. Deux ans plus tard, il s'adonne sérieusement à la musique sous la direction de Campra. Ses relations avec l'aristocratie lui donnent accès à la cour et, lorsque sa pastorale héroïque *Issé* y est jouée, le roi lui exprime son contentement et le récompense généreusement.

En 1713, Destouches est nommé inspecteur général de l'Académie royale de musique (le futur Opéra de Paris), dont il sera directeur de 1728 à 1730, tout en occupant d'importantes fonctions à la cour. A la demande de la reine, Destouches organise une série de concerts à Versailles (1725-45). Il continuera à jouer un rôle musical actif jusqu'à la fin de sa vie. Il est enterré à Saint-Roch, près de son ancien domicile.

Les onze œuvres lyriques de Destouches comprennent des tragédies lyriques, une comédie-ballet, un opéra-ballet et un ballet-héroïque. Ses contemporains le considéraient comme un amateur mais, comme dans le cas de Berlioz, sa formation musicale peu orthodoxe a donné naissance à un style original. Ses contemporains admiraient beaucoup son récitatif déclamatoire accompagné.

Wendy Thompson.

Destro, destra (ital.). « Droit », « droite » (*mano destra*, « main droite ») ou « plein de dextérité ».

De suite. « Immédiatement », par exemple *attaca.*

Détaché. Dans le jeu des instruments à cordes, ce terme correspond plus ou moins au *staccato.* « Grand détaché » implique l'utilisation de la totalité de l'archet pour chaque note ; « petit détaché » veut dire qu'on utilise la pointe de l'archet pour chaque note et « détaché sec » est l'équivalent de *martelé.

Dettingen Te Deum and Anthem. Œuvres chorales de Haendel composées pour célébrer la victoire des Anglais sur les Français à Dettingen, près de Francfort en 1743. L'*anthem* est écrite sur le texte « The king shall rejoice ». Ces œuvres ont été créées à la chapelle royale en novembre 1743.

Deutérus. Voir *Mode*, 2.

Deutlich (all.). « Distinct ».

Deuteromelia (« Second miel »). Second recueil de rondes et de « catches » anglais (31 numéros) publié en 1609 par Thomas Ravenscroft. Le premier recueil porte le titre de *Pammelia.*

Deutsch. Abréviation qui se réfère au catalogue thématique généralement utilisé pour les œuvres de Franz Schubert, établi par le biographe et bibliographe autrichien Otto Erich Deutsch (1883-1967). On cite souvent les œuvres de Schubert par leur numéro Deutsch (généralement abrégé D), surtout celles qui n'ont pas de titre distinctif ou de numéro d'opus.

Deutsches Requiem, Ein. Voir *Requiem allemand.*

Deutschland über alles. Voir *Einigkeit und Recht und Freiheit.*

Deux. « A deux » : abréviation pour « à deux temps » ou pour « à deux voix ou instruments ». Pour l'utilisation de « à deux » dans la musique symphonique, voir *A deux, a due.*

Deux Grenadiers, Les (*Die beiden Grenadiere*). Lied pour voix et piano op.49 de Schumann sur un poème de Heine. Composé en 1840, c'est le premier lied du deuxième volume des *Romanzen und Balladen.*

Deux journées, Les. Opéra en trois actes de Cherubini sur un livret de J. N. Bouilly, créé à Paris en 1800. Le titre complet de l'ouvrage, en France, est *Les*

Deux Journées, ou le Porteur d'eau, en Angleterre *The Water Carrier* et, en Allemagne, *Der Wasserträger*.

Deux pigeons, Les. Ballet de Messager sur un argument de Henri de Régnier et Louis Mérante d'après La Fontaine, créé à l'Opéra de Paris en 1886.

Deux temps. La valse à deux temps est soit une valse rapide dans laquelle il n'y a que deux pas, qui tombent sur le premier et sur le dernier des trois temps de chaque mesure, soit une valse dans laquelle sont superposés deux valeurs de temps (comme dans le *Faust* de Gounod avec la mélodie à 3/2 et l'accompagnement à 3/4).

Développement. Deuxième section importante d'un mouvement de *forme sonate, dans laquelle le compositeur développe le matériel présenté à l'exposition.

Devienne, François (Joinville, Haute-Marne, 31 janvier 1759 ; Paris, 5 septembre 1803). Compositeur français. Septième fils d'un sellier, il entre à l'Orchestre de l'Opéra de Paris en 1779 avant d'entrer au service du cardinal de Rohan. Dans les années 1780, ses œuvres commencent à être jouées régulièrement en concert, notamment au Concert spirituel, mais il ne connaîtra la notoriété, en tant que compositeur, qu'après la Révolution. Il écrit son premier opéra-comique en 1790 et, deux ans plus tard, *Les Visitandines*, qui remportent un grand succès. Devienne entre comme sergent chargé de l'administration à la Garde nationale en 1790. Il y reste lorqu'elle devient l'Institut national de musique (1793) puis le Conservatoire de Paris (1795), et est nommé finalement professeur de flûte ; sa méthode de flûte est restée appliquée jusqu'à une date assez récente. Devienne a beaucoup composé, notamment de la musique de chambre et des concertos pour instruments à vent.

Denis Arnold.

Devin du village, Le. Opéra (intermède) en un acte de Jean-Jacques Rousseau sur son propre livret, créé à Fontainebleau en 1752. Le livret de *Bastien et Bastienne* de Mozart est basé sur une parodie de cet opéra.

Devoto (ital.). « Dévot », « fervent » ; *devozione*, « dévotion ».

Diabelli, Anton (Mattsee, près de Salzbourg, 5 septembre 1781 ; Vienne, 8 avril 1858). Éditeur de musique et compositeur autrichien. Il étudie la musique dès son plus jeune âge et semble avoir eu l'intention d'entrer dans les ordres. En 1803, il se rend à Vienne où il s'établit comme professeur de piano et de guitare. Il effectue également un grand nombre de révisions. En 1818, il s'associe à l'éditeur P. Cappi ; la maison prend alors le nom de Diabelli & Co. en 1824. Elle prospère rapidement et continuera à exister jusqu'en 1852, date de sa vente. Diabelli a publié la plupart des œuvres de Schubert. Il a lui-même composé un opéra, *Adam in der Klemme* (« Adam en difficultés ») qui n'a été représenté qu'une seule fois, en 1809. Il a également écrit de la musique de chambre et de la musique sacrée ainsi que des œuvres pour guitare. Toutefois, en dehors de ses activités d'éditeur, Diabelli est surtout connu pour avoir inspiré à Beethoven ses *33 Variations sur une valse de Diabelli*.

Wendy Thompson.

Diables de Loudun, Les (*Die Teufel von Loudun*). Opéra en trois actes de Krysztof Penderecki ; livret du compositeur d'après *The Devils* de John Whiting, pièce basée sur l'étude réalisée par Aldous Huxley d'une célèbre affaire du XVIIe siècle, *The Devils of Loudun* (1952). Représentations : Hambourg (Staatsoper, 20 juin 1969) ; Santa Fe 14 août 1969) ; Londres (Coliseum, 1er novembre 1973) ; Strasbourg (Opéra du Rhin, 1er février 1985). L'histoire raconte comment le prêtre Urbain Grandier (bar.) est à l'origine d'une obsession diabolique dans une couvent d'Ursulines, particulièrement chez Jeanne, la prieure du couvent (sop.). Il est finalement torturé et brûlé au bûcher.

Diabolus in musica (lat., « le diable en musique »). Locution désignant, à la fin du Moyen Age, le dangereux intervalle de *triton.

Diaghilev, Serge Pavlovitch de (Province de Novgorod, 31 mars 1872 ; Venise, 19 août 1929). Organisateur de spectacles russe, fondateur des Ballets russes. Après une carrière mouvementée à Saint-Pétersbourg, où il fonde et édite la revue *Mir iskoutsva* (« Le Monde de l'Art »,

1899-1904), il doit quitter le service des théâtres impériaux et organise des expositions de peinture. Il joue un rôle important en faisant connaître l'art russe en Occident, surtout à Paris où il organise d'abord une exposition de peinture (1906, également à Berlin et à Vienne), puis des concerts de musique russe (1907) et des représentations d'opéra (1908). A partir de 1909, ses tournées annuelles des Ballets russes modifient complètement le concept de la danse de théâtre en Occident. Grâce à son sens de la collaboration créatrice entre chorégraphes, compositeurs et décorateurs, une soixantaine de ballets originaux voient le jour, dont au moins une quinzaine sont toujours exécutés dans leur chorégraphie originale. Stravinski doit à Diaghilev ses lettres de noblesse en tant que compositeur international ; en outre, il a fait entrer Debussy, Ravel, Richard Strauss, Prokofiev, Falla, Satie, etc., dans le domaine de la danse où chacun a joué un rôle créateur non négligeable. Sa compagnie est morte avec lui, mais des rejetons ont continué à survivre sous différents titres, en Europe et aux États-Unis, pendant les années trente. Grâce à lui, le ballet classique est devenu un art d'exécution majeur en Grande-Bretagne, aux États-Unis et dans la plupart des pays.

Liste des commandes de Diaghilev pour les Ballets russes (compositeur, chorégraphe original, lieu et date de la création) : *L'Oiseau de feu* (Stravinski, Fokine, Paris, 25 juin 1910) ; *Narcisse* (Tcherepnine, Fokine, Paris, 26 avril 1911) ; *Pétrouchka* (Stravinski, Fokine, 13 juin 1911) ; *Le Dieu bleu* (Reynaldo Hahn, Fokine, Paris, 13 mai 1912). *Daphnis et Chloé* (Ravel, Fokine, 8 juin 1912) ; *Jeux* (Debussy, Nijinski, Paris, 15 mai 1913) ; *Le Sacre du printemps* (Stravinski, Nijinski, 29 mai 1913) ; *La Tragédie de Salomé* (Schmitt, Romanov, Paris, 12 juin 1913) ; *Josefslegende* (R. Strauss, Fokine, Paris, 17 mai 1914) ; *Midas* (Steinberg, Fokine, Paris, 2 juin 1914) ; *Parade* (Satie, Massine, 18 mai 1917 ; *Le Tricorne* (Falla, Massine, Londres, 22 juillet 1919) ; *Chout* (Prokofiev, Slavinski/Larionov, Paris, 17 mai 1921) ; *Renard* (Stravinski, B. Nijinska, Paris, 18 mai 1922) ; *Les Noces* (Stravinski, Nijinska, Paris, 1923) ; *Les Biches* (Poulenc, Nijinska, Monte-Carlo, 6 janvier 1924) ; *Les Fâcheux* (Auric, Nijinska, Monte-Carlo, 19 janvier 1924) ; *Le Train bleu* (Milhaud, Nijinska, Paris, 20 juin 1924) ; *Les Matelots* (Auric, Massine, Londres, 17 juin 1925) ; *Barabau* (Rieti, Balanchine, Londres, 11 décembre 1925) ; *Roméo et Juliette* (Lambert, Nijinska/Balanchine, Monte-Carlo, 4 mai 1926) ; *La Pastorale* (Auric, Balanchine, Paris, 29 mai 1926) ; *Jack-in-the-box* (Satie, Balanchine, Paris, 3 juillet 1926) ; *Le Triomphe de Neptune* (Berners, Balanchine, Londres, 3 décembre 1926) ; *La Chatte* (Sauguet, Balanchine, Monte-Carlo, 30 avril 1927) ; *Le Pas d'acier* (Prokofiev, Massine, Paris, 7 juin 1927) ; *Ode* (Nabokov, Massine, Paris, 6 juin 1928) ; *Le Bal* (Rieti, Balanchine, Monte-Carlo, 7 mai 1929) ; *Le Fils prodigue* (Prokofiev, Balanchine, Paris 21 mai 1929) ; *L'Habit du roi* (Markévitch, inachevé).

Diaghilev a également commandé pour les Ballets russes des partitions reposant sur des arrangements d'œuvres anciennes : *Les Femmes de bonne humeur* (D. Scarlatti/V. Tommasini, Massine, Rome, 12 avril 1917) ; *La Boutique fantasque* (Rossini/Respighi, Massine, Londres, 5 juin 1919) ; *Pulcinella* (Pergolese/Stravinski, Massine, Paris, 15 mai 1920) ; *Le Astuzie femminili* (Cimarosa/Respighi, Massine, Paris, 27 mai 1920 ; *Cimarosiana* (Monte-Carlo, 8 janvier 1924).

Les Sylphides (Chopin/Glazounov) et *Les Papillons* (Schumann/Tcherepnine) ont tout d'abord été créés à Saint-Pétersbourg avant d'entrer au répertoire de la compagnie de Diaghilev ; Massine a réalisé la chorégraphie du *Chant du rossignol* (Paris, 1920) sur le poème symphonique que Stravinski avait tiré de son propre opéra, *Le Rossignol* (Paris, 1914) – une autre création de la troupe de Diaghilev ; la première chorégraphie d'*Apollon musagète* de Stravinski (par la suite *Apollo*) a été réalisée par Adolph Bolm à la Library of Congress de Washington, le 27 avril 1928 – peu avant que Balanchine ne signe sa propre chorégraphie pour Diaghilev, le 12 juin de la même année, à Paris.

Noël Goodwin.

BIBLIOGRAPHIE : Richard Buckle, *Diaghilev*, Lattès (Paris, 1980).

Dialogue. 1. Certains types d'opéras, comme l'*opéra-comique français, le *singspiel allemand, la **zarzuela* espagnole et le **ballad opera* anglais comportent des dialogues parlés à la place du récitatif. Dans certains cas, les récitatifs écrits par un autre compositeur peuvent se substituer aux dialogues originaux (comme les récitatifs qu'Ernest Guiraud à ajoutés à *Carmen* de Bizet).

2. Œuvre vocale dans laquelle deux parties chantées contrastent ou alternent d'une façon qui ressemble au dialogue parlé. Les exemples vont des dialogues des drames liturgiques du Moyen Age comme le *Visitatio sepulcri* (voir *Drame liturgique*, 1), aux chansons populaires comme « Soldier, soldier won't you marry me ? », dans laquelle une seule voix prend les deux parties.

Dialogues de carmélites Opéra en trois actes de Poulenc d'après la pièce de Bernanos, créé à la Scala de Milan le 26 janvier 1957 (Opéra de Paris, 21 juin 1957). L'action, qui se déroule à Compiègne et à Paris entre 1789 et 1792, retrace le démantellement du couvent des carmélites de Compiègne et les épreuves que doit surmonter la jeune novice Blanche de la Force.

BIBLIOGRAPHIE : *Dialogues des Carmélites*, L'Avant-Scène-Opéra n° 52 (Paris, 1983).

Diapason. Nom grec qui signifie « d'un bout à l'autre » (des notes, des cordes, etc.) et peut désigner l'octave ou la totalité de l'étendue d'un instrument ainsi que les fonds de l'orgue, appelés ainsi parce qu'ils s'étendaient à la totalité de l'étendue de l'instrument, contrairement à d'autres.

Le terme diapason s'applique plus couramment à la norme internationale fixant le la³ à 440 vibrations par seconde. L'Académie française l'avait fixé à 435 vibrations par seconde en 1858 sous l'entrée « diapason normal ». Cette norme sert de référence à la fabrication et à l'accord des instruments pour leur permettre de jouer ensemble. Le la³ est la note sur laquelle s'effectue l'accord des instruments, également connu sous le nom de « la du diapason ». Le la est donné par l'intermédiaire d'un diapason à branches ou d'un diapason à bouche et, à l'orchestre, il est donné par le hautbois (l'un des instruments à vent les moins sensibles aux changements de température), ou, moins souvent, par une barre métallique frappée avec une baguette. De nos jours, on utilise de plus en plus un diapason électronique, bien que ce procédé fatigue souvent les oreilles des l'instrumentistes. Depuis 1830, on mesure la fréquence de vibration du la³ (ou de toute autre note) en cycles par seconde ou « Hz » (voir *Acoustique*, 4).

On utilise beaucoup aujourd'hui des « accordeurs chromatiques » électroniques fabriqués par Korg et d'autres maison japonaises. Ils mesurent environ 20 x 10 cm, fonctionnent sur pile ou sur le secteur et sont munis d'un écouteur. Un commutateur permet de passer de « meter » à « sound ». Dans la première position, la note de l'instrument est testée par l'intermédiaire d'un micro incorporé. Le cadran permet de placer la note à la hauteur voulue dans la gamme chromatique, et un autre interrupteur sert à sélectionner l'octave appropriée. Le cadran enregistre des écarts qui peuvent aller jusqu'à un demi-ton dans chaque sens ; au-delà, le cadran est placé sur le demi-ton suivant. Le cadran indique les écarts à la fois en cents et en fréquences (Hz).

Sur « sound », l'appareil produit un signal dont la hauteur de son est déterminée par réglage ; la note est positionnée comme dans le cas précédent, mais on peut régler l'appareil sur une autre note que celle du diapason normal à l'aide d'un bouton d'accord.

1. *Diapason moderne.* Le diapason international généralement admis de nos jours correspond à la³ = 440 Hz ; il a été adopté lors d'une conférence internationale en mai 1939. Auparavant, la norme générale était la³ = 435, un cinquième de demi-ton plus bas, sauf en Grande-Bretagne où il était la³ = 439, pratiquement la même chose que la norme moderne. On aurait pu espérer qu'une fois acceptée, la norme la³ = 440 aurait été strictement respectée. Mais, dans l'ensemble, on constate une tendance à l'élévation du diapason qui est due à plusieurs facteurs : les solistes croient souvent obtenir un effet plus brillant en jouant un peu plus haut que l'accompagnement (tout en respectant, bien sûr, la tolérance de la capacité de l'oreille à identifier la hauteur de son) ; les cordes des orchestres s'accordent parfois plus haut pour anticiper la montée des vents en cours d'exécution. Ainsi, il paraît qu'à Berlin les pianos de concert peuvent être accordés jusqu'a la³ = 450 et certains facteurs allemands d'instruments à vent ont été obligés d'accorder leurs instruments sur la³ = 446 (ou plus), se

rapprochant ainsi de l'ancien diapason aigu (voir § 3) qui a coexisté avec le diapason standard jusqu'à une date relativement récente dans plusieurs pays.

2. *Diapasons historiques*. Au cours des cinq derniers siècles – dans la mesure où l'on peut estimer les valeurs d'autrefois en se basant sur des diapasons anciens, des orgues ou d'autres instruments à vent, le diapason a varié, dans l'ensemble, sur une étendue d'environ trois demi-tons, le la³ de référence oscillant entre le sol³ actuel et le si bémol³ actuel, ou même au-dessus ; ce n'est pas énorme compte tenu de la période de temps considérée. Un même diapason a rarement fait loi en tous lieux et en toutes circonstances ; cependant, les musiciens voyageant d'un pays à l'autre ont tenté d'apporter une certaine uniformité qui a, dans certains cas, duré assez longtemps, malgré des périodes d'instabilité et de changement.

Le XVIIIe siècle a été, dans l'ensemble, l'une des périodes les plus stables. Entre 1740 et 1820 environ, les diapasons se situaient à peu près dans la région de la³ = 420-428 (c'est à dire environ un quart de ton au-dessous de l'actuel la³ = 440). C'était le fameux *Cammerton* allemand (« diapason de chambre ») auquel fut jouée la musique de Mozart, ainsi que la majeure partie de celle de Haendel et de Beethoven. Le diapason français était parfois un tout petit peu plus bas et, pendant la première partie du siècle, nettement plus bas. Pendant quelque temps, il s'est même étendu à l'Angleterre et à l'Allemagne à cause du rôle déterminant de la facture française d'instruments à vent baroques. Ainsi, les flûtes à bec fabriquées à Londres par Bressan, qui était venu de France avant 1700, se situent près d'un ton entier au-dessous du diapason moderne. En Allemagne, ce diapason bas a pris le nom de « *Cammerton* bas » (ou « diapason français ») ; il se situait souvent près d'un demi-ton au-dessous du *Cammerton* mentionné ci-dessus.

Aujourd'hui, les exécutions de musique du XVIIIe siècle sur des instruments ou sur des copies d'instruments d'époque utilisent généralement un diapason de la³ = 415, un demi-ton au-dessous du diapason moderne. Cela permet aux instrumentistes à clavier de transposer d'un demi-ton lorsqu'il faut se servir d'un instrument accordé au diapason moderne et c'est également un diapason très favorable à la plupart des instruments à vent d'époque ; il en va de même des instruments à cordes lorsqu'ils sont remis dans leur état d'origine (voir *Violon*). Les copies d'instruments à vent sont donc souvent fabriquées à ce diapason – mais, récemment, on trouvait une facture spécialisée dans la construction d'instruments dont le diapason pouvait se situer un quart de ton plus bas ou plus haut.

Il y a également eu des diapasons plus élevés au XVIIIe siècle, par exemple en Italie. Les informations sont moins précises à cet égard, mais les hauteurs de son d'exécution étaient plus élevés que le *Cammerton* allemand : selon Quantz, le diapason vénitien se situait près d'un ton plus haut. Les diapasons des orgues baroques étaient encore plus élevés, non seulement en Allemagne, mais également en Angleterre sur les instruments fabriqués par des facteurs d'origine allemande. Les Allemands appelaient ce diapason *Chorton* (le « diapason du chœur »). On sait, par les parties d'orchestre de J. S. Bach, que la partie de continuo à l'orgue était parfois écrite un ton (ou même un ton et demi) plus bas que celle des autres instruments pour que le résultat sonne dans la même tonalité.

Pour le XVIe siècle et pour une bonne partie du XVIIe siècle, les estimations de diapason ont énormément varié. En Allemagne, Michael Praetorius (1619) mentionne deux différents diapasons à un ton d'écart. De nombreux instruments à vent qui sont parvenus jusqu'à nous, surtout des instruments italiens, mais aussi quelques instruments allemands, semblent se situer dans la région du diapason baroque italien, allant jusqu'à la³ = 460, environ, mais les diapasons français étaient déjà plus bas. Les instruments à cordes joués individuellement choisissaient, comme les voix, leur diapason préféré sauf, bien sûr, s'ils étaient accompagnés à l'orgue ; dans ce cas, la tessiture des voix, surtout dans l'aigu (où se trouvent les limites les plus sévères), peut donner une indication sur les hauteurs de son auxquelles étaient accordées les orgues ; on continue à faire beaucoup de recherches dans ce domaine.

3. *La montée du diapason au XIXe siècle*. A partir de 1820, les diapasons de concert européens ont commencé à monter rapidement. Avant 1830, à Paris, à

TABLEAU 1

la³ = 466 : atteint dans certaines normes historiques (si♭³ moderne)
la³ = 452 : ancien « diapason aigu »
la³ = 440 : diapason standard moderne (la³ moderne)
la³ = 422 : diapason Baroque/Classique
la³ = 415 : diapason « historique » ou « baroque » actuel (sol♯³ moderne)
la³ = 403 : diapason français baroque aigu
la³ = 392 : diapason français baroque (sol³ moderne)

Indication approximative du diapason moyen de 1690 à nos jours ; les hauteurs sont espacées d'un quart de ton.

Londres et à Vienne, ils se situent dans la région de la³ = 434 et souvent même 440 ; par la suite, ils ont encore monté. Les explications sont diverses : le goût des solistes pour un accord un peu haut, surtout dans les grandes salles et devant des auditoires plus populaires, ainsi que l'expansion des musiques militaires (dont certains instrumentistes alimentaient souvent les orchestres) avec leur tendance, particulièrement en plein air, à jouer haut pour obtenir des effets brillants (ce qui a influencé les facteurs d'instruments). Il s'agit d'une période difficile pour les instrumentistes à vent ; en 1829, le premier cor de l'Opéra de Paris, qui avait fait raccourcir son cor pour pouvoir s'adapter à la montée du diapason, s'insurgea lorsqu'il fut question de revenir à un diapason plus bas ; en outre, des instruments comme le basson furent pendant un certain temps munis de dispositifs d'accord à coulisse pour que l'instrumentiste puisse accepter des engagements dans tel ou tel théâtre.

En 1834, J. H. Scheibler, l'un des principaux savants allemand en matière de diapason, recommandait déjà une norme de la³ = 440 (notre diapason actuel) qu'il avait déterminée en faisant la moyenne des accords des pianos à queue de Vienne. Toutefois, d'autres hausses, allant jusqu'aux environs de 453 entre 1850 et 1860, amenèrent les directeurs de théâtres et de conservatoires de toute l'Europe à coopérer : ils envoyèrent des diapasons et des communications à une commission réunie à Paris qui, en 1859, décida d'un la³ = 435, le fameux « diapason normal » déjà mentionné. Il vint trop tard pour être immédiatement accepté partout. A Covent Garden, en 1879, l'orgue dut être élevé de 441 à 446, car il était impossible de faire jouer les bois plus bas et que les chanteurs refusaient aussi toute baisse du la. On se retrouva alors avec deux diapasons, le diapason « grave » et le diapason « aigu », le diapason « grave » étant le diapason normal (confirmé par une conférence tenue Vienne en 1885), le diapason « aigu » servant lorsque les circonstances ou certains impératifs financiers empêchaient un abaissement, ainsi que dans les musiques militaires. En Grande-Bretagne, à partir de 1870, le diapason « aigu » ou « haut » correspondait approximativement à la³ = 452, pour les concerts symphoniques et pour la British Army. Le diapason grave n'est venu le remplacer que progressivement, à partir de 1890 environ, et il en a été de même aux États-Unis. Jusqu'en 1930, de nombreux orchestres britanniques de province jouaient encore au diapason « aigu » et un instrumentiste du pupitre des bois acceptant un engagement hors de son orbite habituelle devait se faire préciser au préalable sur quel instrument il aurait à jouer, diapason bas ou haut, car le mauvais instrument était impossible à utiliser. De nombreux cuivres s'en sont tenus au diapason aigu bien après le Seconde Guerre mondiale. Mais ils ont fini par investir dans des instruments à diapason bas pour pouvoir participer à des concours avec d'autres ensembles qui avaient déjà opéré le changement. Dans le domaine des sociétés chorales, l'abolition du diapason aigu a été une bénédiction – des œuvres comme la *Neuvième Symphonie* de Beethoven, avec ses longs la aigus pour les sopranos étaient une dure épreuve à la³ = 452 ; s'il n'avait pas été déjà atteint de surdité, Beethoven aurait entendu alors cette note environ un demi-ton plus bas.

Anthony Baines.

BIBLIOGRAPHIE : *Du diapason et de sa relativité*, La Revue Musicale nº 294, Richard Masse (Paris, 1976). Gérard Zwang, *L'Oreille absolue et le diapason baroque*, La Revue Musicale nº 368-369, Richard Masse (Paris, 1984).

Diapason. Revue musicale fondée à Paris en 1956 par Georges Chérière qui en a assuré la direction jusqu'en 1986. A l'origine, elle était consacrée aux disques et aux appareils de haute-fidélité, mais, peu à peu, elle s'est transformée en une revue musicale complète qui inclut des études, dossiers, interviews, programmes de concerts et information musicale. Parmi les rédacteurs en chef, Michel Hofmann (jusqu'en 1975), Jacqueline Muller (jusqu'en 1985), Édith Walter (conjointement avec Jacqueline Muller, puis avec Yves Petit de Voize lorsque *Diapason* a absorbé un autre mensuel musical, *Harmonie,* en 1985) et Yves Petit de Voize (depuis 1985).

Diapason à bouche. 1. Petit tuyau en bois de section carrée, mesurant environ 45 cm de long, et muni d'une embouchure en sifflet ; beaucoup utilisé aux XVIIIe et XIXe siècles. Il possède un tampon en bois recouvert de cuir qui peut être enfoncé pour raccourcir le tuyau et élever le diapason ; sur la tige de ce tampon sont marquées les différentes notes. Ce diapason à bouche était surtout utilisé en Grande-Bretagne pour donner les premières notes des psaumes à l'église, en l'absence de tout instrument, et l'extrait suivant de *Scots Magazine*, publié en 1755 explique la méthode :

« Comme le psaume doit démarrer sur une note qui ne soit ni trop haute pour le ténor ou les autres parties supérieures qui montent vers les notes les plus élevées de cet air, ni trop basse pour la basse, le chef doit commencer par faire jaillir un son qui réponde à ce but... On utilise un instrument appelé couramment diapason à bouche qui, en déplaçant une coulisse correctement divisée, donne toutes les notes, avec leurs subdivisions, qui conviennent à la partie de ténor (la partie qui se voit attribuer la mélodie). Sur cet instrument, le chef donne un son, aigu ou grave selon la mélodie, avec lequel tous les interprètes attaquent immédiatement, sans le soutien du moindre instrument. »

Dans *Elements of Music Displayed* (1772), Tans'ur indique qu'avant l'apparition du diapason à bouche, on utilisait une cloche. Il semble que la généralisation du diapason à bouche dans la vie religieuse américaine corresponde au mouvement très actif de promotion chorale mené par Willam Billings.

2. Le diapason à bouche à anche a connu une certaine notoriété au XIXe siècle en tant que « diapason à bouche chromatique patenté d'Eardsley ». Il se compose d'un petit étui métallique cylindrique (d'environ 5 cm de long) qui contient une anche libre dont la longueur vibrante est réglable au moyen d'une came sur laquelle sont marqués les noms des notes. Ces instruments sont toujours en vente de nos jours. On fabrique également des jeux de petits accordeurs métalliques à anche libre. Néanmoins, le diapason à branches est l'indicateur de poche le plus sûr qui existe actuellement.

Anthony Baines.

Diapason à branches. Instrument à deux branches, en acier trempé. La note et la hauteur de son (Hz) sont gravées sur le diapason, la fréquence la plus courante étant celle qui sert à l'accord du la (la^3) au diapason standard (la^3 = 440), mais, pour les exécutions historiques, d'autres valeurs, comme la^3 = 415 ou 422 peuvent être requises (voir *Diapason*). On utilise des métaux qui permettent à la hauteur de son de ne pratiquement pas varier avec la température. Pour obtenir la note de référence, il suffit de frapper l'une des fourches sur le genou et de poser la tige sur une surface résonnante ; on peut aussi faire glisser un archet de violon sur le diapason ou le maintenir en vibration par des moyens électromagnétiques.

Les diapasons à branches du passé ont naturellement une valeur inestimable car ils indiquent les hauteurs de jeu d'autrefois. A. J. Ellis (voir *Diapason*) a réalisé une étude importante sur ce sujet, répertoriant environ 150 diapasons à branches provenant de toute l'Europe et dont les plus anciens remontent au XVIIIe siècle. L'un de ces diapasons (la^3 = 409) appartenait à Taskin, le grand facteur de clavecins parisien ; un autre (la^3 = 421) à Stein, de Vienne, sur les pianos duquel a joué Mozart ; d'autres encore sont des diapasons officiels pour les normes standards, comme le diapason normal français de 1859 (la^3 = 435). L'un des plus célèbres diapasons à branches de cette liste avait été conservé dans sa boîte avec l'inscription : « Ce diapason était la propriété de l'Immortel Haendel qui l'a laissé au Foundling Hospital lors de l'exécution du *Messie* en 1751... Inventé par M. [John] Shore, sergent trompette, à l'époque de Purcell ». Shore était également luthiste de la chapelle royale et il a peut-être fabriqué l'un des diapason ancien de la liste (la^3 = 419,9 d'après la mesure réalisée par Ellis) ; il l'aurait inventé en 1711. Les anciens diapasons à branches étaient fabriqués en soudant une tige au centre d'une barre métallique qui était ensuite recourbée pour prendre la forme d'un long fer à cheval ; la forme actuelle a été mise au point au XIXe siècle, notamment par Rudolf Koenig en Allemagne.

Anthony Baines.

Diapente (grec). Terme qui, dans la Grèce Antique et au Moyen Age, désignait l'intervalle de quinte.

Diaphonie (du grec *diaphonia*). 1. Dans la théorie grecque, « dissonance » par opposition à *symphonia*, « consonance ». 2. Entre le IXe et le XIIe siècle, des théoriciens comme Guido d'Arezzo employaient souvent ce mot pour désigner la polyphonie à deux parties.

Diastématique. Les neumes diastématiques sont des neumes placés de façon à donner une idée de leur hauteur de son relative. Voir *Notation*, 2.

Diatonique (du grec *dia tonikos*, « par ton »). Dans le système tonal majeur-mineur, l'élément diatonique – qui peut être une simple note, un intervalle, un accord ou un passage prolongé de musique – est l'élément qui n'a recours qu'aux notes d'une tonalité donnée. Dans la pratique, il utilise une gamme précise, mais uniquement à la condition que les deux sus-dominantes et les notes sensibles des mineurs harmoniques et mélodiques offrent jusqu'à neuf notes diatoniques, par opposition aux sept notes d'une gamme majeure. La plupart des morceaux reçoivent des « appels » d'autres tonalités en cours de déroulement : ainsi un morceau en ut majeur, qui semble moduler à la dominante, sol majeur, et retourne à la tonique, peut être appelé diatonique s'il n'utilise que les huit notes – do, ré, mi, fa, fa dièse, sol, la et si – appartenant aux deux tonalités.

On trouve le plus ancien concept de diatonisme dans la théorie musicale grecque du Ve siècle av. J.-C. qui reconnaissait des gammes construites à partir de *tétracordes de trois classes, la classe diatonique ayant le schéma d'intervalles descendants ton-ton-demi-ton. Au Moyen Age, le diatonisme, qui ne comprenait pas le principe de l'équivalence d'octaves, a été codifié par Guido d'Arezzo au début du XIe siècle : il reconnaissait 22 notes de sol^1 à mi^4, disposées en sept hexacordes qui se chevauchaient (voir *Solmisation*). La diffusion du tempérament égal (voir *Tempérament*, 4) aux XVIIe et XVIIIe siècles a confirmé le système diatonique moderne de transposition.

On a souvent prétendu que le diatonisme moderne était basé sur une réalité acoustique, proposition attrayante en ce sens que la gamme majeure et l'accord parfait majeur sont fournis par le onzième harmonique le plus grave (voir *Série harmonique*), bien qu'il n'existe pas d'explication analogue pour la gamme mineure. Toutefois, la force de cette affinité entre l'art et la nature est indéniable. Elle est représentée dans l'acoustique des instruments où les cordes à vide et les notes naturelles, sur les bois et les cuivres, expriment clairement des points de référence diatoniques. Le théoricien Josef Hauer (1883-1959) est allé jusqu'à soutenir que les instruments de l'orchestre sont fondamentalement diatoniques, par opposition au clavier authentiquement chromatique : « Toutes les notes d'un instrument d'orchestre ont une qualité et une quantité soit plus proche soit plus éloignée de celles de la colonne d'air ou de la corde qui résonne » librement « et l'instrumentiste est tout à fait incapable de les unifier » (*Vom Wesen des Musikalischen*, 1920).

Voir également *Pandiatonisme.*

Jonathan Dunsby.

Diatonique, gamme. Voir *Gamme*, 3.

Dibdin, Charles (Southampton, baptisé le 15 mars 1745 ; Londres, 25 juillet 1814). Compositeur, écrivain et comédien anglais. Il a sans doute fait ses études à Winchester College, mais il est surtout autodidacte dans le domaine de la composition. Il a certainement beaucoup appris de son expérience pratique dans le chœur de Covent Garden et dans une maison d'édition musicale. Il a tenu quelques rôles lyriques au théâtre, où il se taillait un personnage plein de verve. Mais il a consacré la majeure partie de sa vie à la composition et à la supervision de musique pour divers théâtres londoniens (Covent Garden, Drury Lane, Little Theatre à Haymarket, etc. Au cours d'une carrière aventureuse et pittoresque, il s'est brouillé avec presque tous les impresarios, metteurs en scène, chanteurs, librettistes et compositeurs de la ville. Il a connu d'innombrables problèmes matrimoniaux, a fait faillite plus d'une fois et a même essayé d'émigrer en Inde. Il s'est néanmoins montré très prolifique, composant environ 60 œuvres pour la scène (opéras, pantomimes, dialogues, etc., dont un grand nombre sur ses propres livrets, certaines en collaboration avec d'autres compositeurs) et des centaines de chansons, qu'il chantait souvent lui-même au cours de « one-man shows » qu'il appelait « Table Entertainements » (« divertissements de table ») ; il a également écrit plusieurs manuels de musique, trois romans et d'autres ouvrages en prose.

Les chansons de Dibdin étaient extrêmement populaires à son époque : certaines ont beaucoup de caractère et d'humour et sont écrites sur des mélodies faciles à retenir ; mais, dans l'ensemble, elles sont de qualité assez inégale. Ses chansons de marins, particulièrement populaires pendant les guerres napoléoniennes, lui ont valu une renommée durable (« Tom Bowling » est encore très connue aujourd'hui). Deux de ses fils illégitimes, Charles Isaac Mungo (1768-1833) et Thomas John (1771-1841), ont également fait carrière au théâtre et son petit-fils, Henry Edward (1813-66), a enseigné la musique à Édimbourg et publié des psaumes et des pièces pour clavier.

Judith Nagley.

Dichterliebe (« Les Amours du poète »). Cycle de seize lieder pour voix et piano op.48 de Schumann, composé en 1840 sur des poèmes de Heine.

Dichtung (all.). « Poème » ; *Symphonische Dichtung*, « poème symphonique ».

Dictionnaires de musique. L'homme est le seul animal qui fabrique des dictionnaires. Dans tous les pays, les hommes s'affairent à recueillir des bribes d'informations et à les entasser dans des dictionnaires, comme les fourmis qui rassemblent des fragments de matériaux pour construire leur fourmilière. Des milliers de dictionnaires ont été publiés dans le monde – dictionnaires de langues, anciennes et modernes, de mythologie et de religion, de toutes les disciplines artistiques, scientifiques, commerciales et sportives, de biographies et de bibliographies, de synonymes et d'antonymes, de citations, d'argot, d'abréviations et évidemment de toutes les branches de pensée et d'activité humaine.

Dès le Ier siècle av. J.-C., les encyclopédistes incluaient des définitions et des discussions sur la musique dans leurs abrégés manuscrits destinés à réunir et à résumer toutes les connaissances humaines. Le premier dictionnaire connu traitant uniquement de la musique occidentale est le *Vocabularium* de termes musicaux du XIe siècle, dont il subsiste un manuscrit à Montecassino, en Italie. Avant lui, au moins deux autres documents avaient vu le jour, consacrés à la musique extra-européenne : *Dattilam : un abrégé de musique indienne ancienne*, dictionnaire terminologique écrit vers 700 ; et *Kitab al-aghani al-kabir* (« Grand Livre de chansons », datant du Xe siècle) du théoricien musicien arabe al-Isfanahi. Ce dernier ouvrage est la compilation la plus ancienne que l'on connaisse comprenant des biographies de musiciens.

Au XVe siècle, avec l'apparition de l'impression en Europe, l'intérêt porté aux livres s'est accru et, en l'espace de cinquante ans, un dictionnaire de musique a vu le jour : le *Terminorum musicae diffinitorium* (Trévise, 1495) du théoricien et compositeur flamand Johannes Tinctoris, publié en latin, puis réimprimé et traduit plusieurs fois. Aux XVIe et XVIIe siècles, on constate l'évolution de la lexicographie musicale dans d'autres types de publications : les encyclopédies et les dictionnaires généraux comportent des parties ou des chapitres consacrés aux définitions musicales ; en outre, les traités théoriques et les manuels instrumentaux sont complétés, en appendice, de glossaires terminologiques.

La lexicographie de la musique moderne débute sérieusement au XVIIIe siècle, avec le *Dictionnaire de musique* de Sébastien de Brossard (1703) et *Clavis ad thesaurum magnae artis musicae* de Tomáš Janovka (1701). Le *Musicalisches Lexicon* de J. G. Walther (1732) ouvre la voie à un domaine plus vaste en incluant des biographies, tandis que le *Grundlage einer Ehren-Pforte* de Johann Mattheson (1740) est exclusivement consacré à des biographies. Malgré les limites et les préjugés compréhensibles de Mattheson (il se réserve trente et une pages, contre quinze à Telemann et huit à son ami Haendel, et ne mentionne que deux musiciens anglais), son ouvrage sera particulièrement précieux pour les lexicographes et historiens ultérieurs.

Alors que les perspectives de Walther et de Mattheson étaient nécessairement limitées, on ne peut en dire autant de celles de E. L. Gerber, dont le *Historisch-biographisches Lexicon der Tonkünstler* (1790-92) peut être considéré comme le premier dictionnaire biographique de musique vraiment international. Le XIXe siècle a vu se multiplier les encyclopédies et dictionnaires musicaux de tous types – généraux, bibliographiques, terminologiques, nationaux. Les plus importants sont la monumentale *Biographie universelle des musiciens* de F. J. Fétis et l'*Encyclopädie der gesammten musikalischen Wissenschaften* de Gustav Schilling (tous deux de 1835), le *Musician's Lexicon* de John Moore (1845, première encyclopédie musicale américaine) et les premières éditions du *Dictionary of Music and Musicians* de George Grove (1878), du *Musik-Lexikon* de Hugo Riemann (1882), du *Biographical Dictionary of Musicians* de Theodore Baker (1900) et du *Biographisch-bibliographisches Quellen-Lexicon* de Robert Eitner (1900).

Les années trente ont vu sortir la première édition de l'*Oxford Companion to Music* de Percy Scholes (1938) et de l'*International Cyclopedia of Music and Musicians* d'Oscar Thompson (1939). Depuis quelques années, la rédaction de ces ouvrages sous la responsabilité d'une seule personne tend à céder la place à un travail d'équipe qui inclue des articles provenant d'autorités différentes. En outre, les grandes encyclopédies (généralement en plusieurs volumes) sont mieux connues sous leur titre que sous un nom d'auteur, notamment le dictionnaire terminologique *Harvard Dictionary of Music* (1944, réalisé sous la direction de Willi Apel), l'énorme *Die Musik in Geschichte und Gegenwart* (le « MGG » 1949, Friedrich Blume) et *The New Grove Dictionary of Music and Musicians* (1980, Stanley Sadie). Toutefois, les dictionnaires concis en un seul volume continuent à attirer le compilateur isolé (comme l'*Everyman's Dictionary of Music* d'Eric Blom, 1947).

Il faut ajouter un mot sur les innombrables dictionnaires de musique « cachés », englobés dans des écrits tels que les articles sur la musique de Jean-Jacques Rousseau qui se trouvent disséminés dans les vingt-huit volumes de l'*Encyclopœdie* de d'Alembert et de Diderot (1751-65), les articles de Burney dispersés dans *Cyclopedia* de Rees (1802-20) et ceux de Donald Tovey dans l'*Encyclopœdia britannica* (14e éd.).

La liste ci-après est organisée par catégories. Elle a pour but de présenter toutes les œuvres qui se trouvent à l'avant-garde de chaque catégorie, puis les plus importantes sur le plan historique et celles dont l'usage est le plus pratique pour les musiciens (bien que certains ouvrages fassent défaut dans quelques domaines précis). Cette liste exclut les œuvres manuscrites ainsi que les encyclopédies et dictionnaires généraux qui contiennent des informations étendues sur la musique, mais dont la musique ne constitue pas le but essentiel.

Percy Scholes, rév.

1. Encyclopédies musicales

WALTHER : *Musicalisches Lexikon* (Leipzig, 1732) ; 666 p. ; 86 p. de supplément consacrées aux bustes et statues de musiciens, aux listes d'organistes, aux instruments et aux inventeurs ; la lettre A a été publiée antérieurement, en 1728 ; reproduit en fac-similé en 1953.

FRAMERY & GINGUENE : *Dictionnaire de musique* (Paris, 1791) ; extrait de l'*Encyclopédie générale* (1782-1832) ; 2e volume publié à Paris en 1818 par de Momigny ; reproduit en fac-similé en 1971.

SCHILLING : *Encyclopädie der gesammten musikalischen Wissenschaften oder Universal-Lexikon der Tonkunst* (Stuttgart, 1835-38, supplément 1841-42) ; reproduit en fac-similé en 1973.

ESCUDIER : *Dictionnaire de musique d'après les théoriciens, historiens et critiques les plus célèbres* (Paris, 1844, 5e éd. 1872) ; reproduit en fac-similé en 1974.

GASSNER : *Universal Lexikon der Tonkunst* (Stuttgart, 1849) ; résumé de l'ouvrage de Schilling.

MOORE : *Complete Encyclopaedia of Music* (Boston, 1852, supplément 1875, 2e éd. 1880) ; reproduit en fac-similé en 1973.

MENDEL & REISSMANN : *Musikalisches Conversations-Lexikon* (Berlin, 1870-79, 2e éd. avec supplément 1880-83, 3e éd. 1890-91) ; reproduit en fac-similé en 1969.

GROVE : *A Dictionary of Music and Musicians* (Londres, 1878-90 avec un appendice de Fuller Maitland, 2e éd. 1904-10 réalisée par Fuller Maitland, 3e éd. 1927-28 réalisée par Colles, 4e éd. 1940 réalisée par Colles, 5e éd. 1954 réalisée par Blom avec un supplément en 1961, 6e éd. révisée et augmentée 1980 réalisée par Sadie sous le titre *The New Grove*

Dictionary of Music and Musicians ; supplément américain de Pratt, 1920, 2e éd. 1928).
MATHEWS : *Dictionary of Music and Musicians* (New York, 1880).
RIEMANN : *Musik-Lexikon* (Berlin, 1882, 9e à 11e éd. 1910-29 réalisées par Alfred Einstein, 12e éd. 1959-67 réalisée par Gurlitt, suppléments de Dahlhaus,1972 et 1975) ; traduit en anglais (1893-97), en français (1895-1902, 3e éd. 1931), en norvégien (1888-92), en russe (1901-04).
CHAMPLIN & APTHORP : *Cyclopedia of Music and Musicians* (New York, 1888-90).
HUGUES : *The Musical Guide* (New York, 1903, 2e éd. publiée en 1912 sous le titre *Music Lovers' Encyclopedia,* 3e éd. augmentée 1954 réalisée par Taylor et Kerr).
DUNSTAN : *A Cyclopedic Dictionary of Music* (Londres, 1908, 4e éd. 1925) ; reproduit en fac-similé en 1973.
LAVIGNAC & LA LAURENCIE : *Encyclopédie de la musique et dictionnaire du Conservatoire* (Paris, 1920-31).
EAGLEFIELD-HULL : *A Dictionary of Modern Music and Musicians* (Londres, 1924 ; éd. allemande réalisée en 1926 par Alfred Einstein).
PRATT : *The New Encyclopedia of Music and Musicians* (New York, 1924, 2e éd. 1929) ; reproduit en fac-similé en 1960.
DELLA CORTE & GATTI : *Dizionario di musica* (Turin, 1926, 6e éd. 1959) ; traduit en espagnol (1949).
ABERT : *Illustriertes Musik-Lexikon* (Stuttgart 1927).
KELLER & KRUSEMAN : *Geillustreerd Muzieklexicon* (La Haye, 1932).
MOSER : *Musiklexikon* (Hambourg, 1931, 4e éd. 1955, supplément 1963).
AUGÉ : *Grand Mémento encyclopédique Larousse* (Paris, 1936).
SCHOLES : *The Oxford Companion to Music* (Londres, 1938, 10e éd. réalisée par Ward) ; traduit en espagnol (1983).
THOMPSON : *The International Cyclopedia of Music and Musicians* (New York, 1939, éditions suivantes réalisées par Slonimsky et Sabin, 10e éd. réalisée en 1974 par Bohle).
BLOM : *Every Man's Dictionary of Music* (Londres, 1947, 5e éd. augmentée par Westrup en 1971).
MORIN, MOBERG & SUNDSTRÖM : *Sohlmans Musiklexikon* (Stockholm, 1948-52, 2e éd. augmentée réalisée en 1975-79 par Åstrand).
BLUME : *Die Musik in Geschichte und Gegenwart* (Kassel, 1949-68, suppléments, 1973 et 1979).
SCHOLES : *Concise Oxford Dictionary of Music* (Londres, 1952, 2e éd. réalisée en 1964 par Ward, 3e éd. révisée et augmentée, réalisée en 1979 par Kennedy).
Oxford Junior Companion to Music (Londres, 1954, 2e éd. révisée et augmentée, réalisée en 1979 par Hurd).
DUFOURCQ : *Larousse de la musique* (Paris, 1957-58).
JACOBS : *A New Dictionary of Music* (Harmondsworth, 1958, 4e éd. 1978).
MICHEL, LESURE & FÉDOROV : *Encyclopédie de la musique* (Paris, Fasquelle, 1958-61).
WESTRUP & HARRISON : *Collins Music Encyclopedia* (Londres, 1959 ; publié à New York en 1960 sous le titre de *The New College Encyclopedia of Music,* 2e éd. réalisée en 1976 par Wilson).
SARTORI : *Enciclopedia della musica* (Milan, Ricordi, 1963-64, 2e éd. 1972-74).
GATTI & BASSO : *La Musica : enciclopedia storica* (Turin, 1966).
La Musica : dizionario (Turin, 1968-71).
CANDÉ (de) : *La Musique* (Paris, 1969).
HONEGGER : *Dictionnaire de la musique* (Paris, Bordas, 1970-76, 2e éd. 1986).
RANDEL : *Harvard Concise Dictionary of Music* (Cambridge, Mass., 1978).
DAHLHAUS & EGGEBRECHT : *Brockhaus-Riemann Musiklexikon* (Mayence, 1978-79).
LE ROUX : *La Musique* (Paris, 1979).
GOLÉA & VIGNAL : *Larousse de la musique* (Paris, 1982, nouvelle éd. 1987).
ARNOLD : *The New Oxford Companion to Music* (Oxford, 1983), traduit en français (1988).

2. Dictionnaires de musique (tous domaines à l'exception des biographies)

JANOVKA : *Clavis ad thesaurum magnae artis musicae* (Prague, 1701, 2e éd. 1715 sous le titre *Clavis ad musicam*) ; reproduit en fac-similé en 1974.
BROSSARD : *Dictionnaire de la musique* (Paris, 1703, 2e éd. 1705, 3e éd. vers 1715) ; reproduit en fac-similé en 1965.
Kurzgefasstes musikalisches Lexikon (Chemnitz, 1737, 2e éd. 1749) ; attribué à « Barnickel » ; reproduit en fac-similé en 1975.
GRASSINEAU : *A Musical Dictionary of Terms* (Londres, 1740, 2e éd. augmentée 1769, 3e éd. 1784) ; basé en partie sur Brossard, ne se limite pas à la terminologie.
TANS'UR : *A New Musical Grammar* (Londres, 1746, 5e éd. 1772 avec une préface datée 1766 portant comme titre *The Elements of Musick Display'd,* 7e éd. 1829 sous le titre *A Musical Grammar*).
ROUSSEAU : *Dictionnaire de musique* (Paris, 1768, souvent réédité ; traduit en anglais en 1771, 2e éd. anglaise 1779) ; reproduit en fac-similé en 1975.
HOYLE : *Dictionarium musica* (sic) (Londres, 1770, 2e éd. 1790, 3e éd. 1791) ; reproduit en fac-similé en 1976.
BUSBY : *An Universal Dictionary of Music* (Londres, 1786 ; édition complète publiée en 1801 sous le titre *A Complete Dictionary of Music ... with the Assistance of Samuel Arnold,* 6e éd. 1827) ; reproduit en fac-similé en 1973.
CORRI : *A Complete Musical Grammar, with a Concise Dictionary* (Edimbourg, vers 1787).

WOLF : *Kurzgefasstes musikalisches Lexikon* (Halle, 1787, 2e éd. 1792, l'édition de 1800 a été publiée sous le titre *Allgemeines musikalisches Lexikon,* éd. ultérieure 1806).
KOCH : *Musikalisches Lexikon* (Francfort-sur-le-Main, 1802, 3e éd. réalisée en 1865 par Dommer ; version abrégée publiée en 1807 sous le titre *Kurzgefasstes Handwörtebuch*) ; reproduit en fac-similé en 1964.
CASTIL-BLAZE : *Dictionnaire de musique moderne* (Paris, 1821, 2e éd. 1825, 3e éd. 1828 réalisée par Mees).
LICHTENTHAL : *Dizionario e bibliografia della musica* (Milan, 1826) ; reproduit en fac-similé en 1970.
STAINER & BARRETT : *A Dictionary of Musical Terms* (Londres, 1876, 4e éd. 1889 révisée en 1898) ; reproduit en fac-similé en 1971, 1974.
BRENET : *Dictionnaire pratique et historique de la musique* (Paris, 1926, 2e éd. 1930) ; complété par Gastouée.
APEL : *Harvard Dictionary of Music* (Cambridge, Mass., 1944, 2e éd. 1969).
CANDÉ (de) : *Dictionnaire de musique* (Paris, 1961, rév.1976) ; traduit en espagnol (1967) et en italien (1968).

3. Dictionnaires biographiques

MATTHESON : *Grundlage einer Ehren-Pforte voran der tüchtigsten Capellmeister, Componisten, Musikgelehrten, Tonkünstler, etc : Leben, Werken,, Verdienste* (Hambourg, 1740) ; éd. M. Schneider (1910) ; reproduit en fac-similé en 1969.
GERBER : *Historisch-biographisches Lexikon der Tonkünstler* (Leipzig, 1790-92, 2e éd. augmentée publiée en 1812-14 sous le titre *Neues historisch-biographisches Lexikon der Tonkünstler).*
CHORON & FAYOLLE : *Dictionnaire historique des musiciens* (Paris, 1810-11, 2e éd. 1817, traduit en anglais en 1824) ; reproduit en fac-similé en 1971.
BINGLEY : *Musical Biography* (Londres, 1814, 2e éd. 1834) ; reproduit en fac-similé en 1971.
SAINSBURY : *A Dictionary of Musicians* (Londres, 1824, réimprimé en 1825, 2e éd. 1827) ; reproduit en fac-similé en 1966.
FÉTIS : *Biographie universelle des musiciens* (Bruxelles, 1835-44, 2e éd. augmentée 1860-65, suppléments de Pougin 1878-80) ; reproduit en fac-similé en 1972.
BAPTIE : *A Handbook of Musical Biography* (Londres, 1883, 2e éd. 1897).
SCHMIDL : *Dizionario universale dei musicisti* (Milan, 1887-90, 2e éd. 1928-29, 3e éd. 1936-38, supplément 1938).
EITNER : *Biographisch-bibliographisches Quellen Lexikon* (Leipzig, 1900-04, supplément publié en 1912-16 sous le titre *Miscellanea musicae bio-bibliographica,* éd. augmentée de l'ensemble des deux ouvrages 1959-60) ; reproduit en fac-similé en 1947.
BAKER : *Baker's Biographical Dictionary of Musicians* (New York, 1900, 3e éd. augmentée par Remy, 1919, 4e éd. augmentée par Engel, 1940, éditions ultérieures par Slonimsky : 5e éd. 1958, 6e éd. 1978, 7e éd. 1984 ; suppléments 1949, 1959, 1971).
International Who's Whos in Music and Musical Gazetteer, publié par Saerchinger (New York, 1918).
Who's Who in Music and Musician's International Directory (New York, 1935, Cambridge, 11e éd. 1988).
BERNET KEMPERS : *Meesters der muziek* (Rotterdam, 1939, 6e éd. 1958).
YOUNG : *Biographical Dictionary of Composers* (New York et Londres, 1954).
MATAS : *Diccionario biográfico de la música* (Barcelone, 1956, 2e éd. 1966).
CANDÉ (de) : *Dictionnaire des musiciens* (Paris, 1964, rév.1974).
EWEN : *Great Composers 1300-1900* (New York, 1966).
OSBORNE : *A Dictionary of Composers* (Londres, 1979).

4. Dictionnaires terminologiques (voir également plus haut les paragraphes 1 et 2)

TINCTORIS : *Terminorum musicae diffinitorium* (Trevise, 1495) ; publié par A. Seay en 1975 ; traduit en anglais (1964).
A Short Explication of such Foreign Words, as are made Use of in Music Books (Londres, 1724) ; reproduit en fac-similé.
CALLCOTT : *An Explanation of the Notes, Marks, Words, etc. used in Music* (Londres, 1793, 2e éd. vers 1800).
KOCH : *Kurzgefasstes Handwörtebuch der Musik* (Leipzig, 1807).
JOUSSE : *A Compendious Dictionary of Italian and other Terms used in Music* (Londres, 1829, rév.1907 ; publié à Boston en 1866 sous le titre *A Catechism of Music,* révisé en 1874).
GATHY : *Neues musikalisches Taschen-Fremdwörterbuch* (Hambourg, 1850, 3e éd. vers 1870).
HILES : *A Complete and Comprehensive Dictionary* (Londres, 1871, 12e éd. vers 1890).
WOTTON : *A Dictionary of Foreign Musical Terms* (Leipzig, 1907) ; reproduit en fac-similé en 1972.
GREENISH : *Dictionary of Musical Terms* (Londres, 1917, 2e éd. 1953).
MOSER : *Musikalisches Wörtebuch* (Leipzig et Berlin, 1923).
SCHOLES : *Radio Times Music Handbook* (Londres, 1935, 4e éd. 1950).
MIGOT : *Lexique de quelques termes utilisés en musique pouvant servir à la compréhension de cet art* (Paris, 1946).
APEL : *The Harvard Brief Dictionary of Music* (Cambridge, Mass., 1960, Londres, 1961) ; reproduit en fac-similé en 1971.
SMITH : *Dictionary of Musical Terms* (Londres, 1961).
SCHAAL : *Fremdwörter-Lexikon-Musik* (Wilhelshaven, 1970).

GAMMOND : *Terms used in Music* (Boston, 1971).
EGGEBRECHT : *Handwörterbuch der musikalischen Terminologie* (Wiesbaden, 1972).
KARP : *Dictionary of Music* (New York, 1973).
Terminorum musicae index septem linguis redactus, publié sous la direction de Horst Leuchtmann (Kassel, 1978) ; dictionnaire polyglotte.

5. Dictionnaires nationaux

• **(a) Allemagne**
LIPOWSKY : *Baierisches Musik-Lexikon* (Munich, 1811) ; reproduit en fac-similé en 1971.
MÜLLER VON ASOW : *Deutsches Musiker-Lexikon* (Dresde, 1929, 2e éd. 1954 publiée sous le titre *Kürschners deutscher Musiker-Kalendar 1954*).
Komponisten und Musikwissenschaftlicher der Deutschen Demokratischen Republik (Berlin, 1959, 2e éd. augmentée 1967).

• **(b) Amérique latine**
MAYER-SERRA : *Música y músicos de Latinoamérica* (Mexico, 1947).
Compositores de América, Pan-American Union (Washington, DC, 1955-72).

• **(c) Angleterre**
ABC Dario Musico (Bath, 1780).
CROWEST : *Dictionary of British Musicians* (Londres, 1895).
BROWN & STRATTON : *British Musical Biography* (Birmingham, 1897) ; reproduit en fac-similé en 1971.
PULVER : *A Biographical Dictionary of Old English Music* (Londres, 1927) ; reproduit en fac-similé en 1969.
PALMER : *British Music* (Londres, 1948).
International Who's Who in Music and Musicians' Directory (Cambridge, 11e éd. 1988) ; particulièrement axé sur les musiciens britanniques.

• **(d) Australie**
GLENNON : *Australian Music and Musicians* (Adélaïde, 1968).
McCREDIE : *Catalogue of 46 Australian Composers* (Canberra, 1969).
MURDOCH : *Australia's Contemporary Composers* (Melbourne, 1972).

• **(e) Belgique**
GREGOIR : *Les Artistes-Musiciens belges* (Bruxelles, 1885-90, supplément 1887).
VANNES & SOURIS : *Dictionnaire des musiciens (compositeurs)* (Bruxelles, 1947).

• **(f) Canada**
KALLMANN : *Catalogue of Canadian Composers* (Ottawa, 1952 ; éd. révisée 1972).
KALLMANN, POTVIN & WINTERS : *Encyclopedia of Music in Canada* (Toronto, 1981).
MACMILLAN & BECKWITH : *Contemporary Canadian Composers* (New York, 1975).

• **(g) Espagne**
VILLAR : *Músicos españoles* (Madrid, 1918-27).
Diccionário de la música Labor (Barcelone, 1954).

• **(h) États-Unis**
JONES : *A Handbook of American Music and Musicians* (Canaseraga, NY, 1886) ; reproduit en fac-similé en 1971.
HUBBARD : *American History and Encyclopedia of Music* (New York, 1910).
PRATT : *American Supplement to Grove's Dictionary of Music and Musicians* (New York, 1920, 2e éd. 1928).
REIS : *American Composers of Today* (New York, 1930, 2e éd. 1932 sous le titre *American Composers*, 3e éd. 1938 sous le titre *Composers in America*, 4e éd. augmentée 1947).
HANDY : *Negro Authors and Composers of the United States* (New York, 1935) ; reproduit en fac-similé en 1976.
ELLINGWOOD & PORTER : *Bio-bibliographical Index of Musicians in the United States of America since Colonial Times* (Washington, DC, 1941, 2e éd. 1956) ; reproduit en fac-similé en 1971.
The ASCAP Biographical Dictionary (New York, 1948, 2e éd. 1952, 3e éd. 1966).
CLAGHORN : *Biographical Dictionary of American Musical* (Nyack, NY, 1974).
HITCHCOCK & SADIE : *The New Grove Dictionary of Music in the United States* (Londres, 1987).

• **(i) France**
Tablettes de renommées des musiciens (Paris, 1785) ; reproduit en fac-similé en 1961.
Dictionnaire des musiciens français (Paris, 1961).
PERNON : *Dictionnaire de la musique française* (Paris, 1984).

• **(j) Italie**
GERVASONI : « Descrizione generale dei virtuosi filarmonici italiani », *Nuova Teoria di musica* (Parme, 1812).
DE ANGELIS : *L'Italia musicale d'oggi* (Rome, 1918, 3e éd. 1928).

• **(k) Pays-Bas**
GREGOIR : *Biographie des artistes-musiciens néerlandais* (Bruxelles, 1864).
LETZER : *Muzikaal Nederland* (Utrecht, 1911, 2e éd. 1913).
SCHRIJVER : *Levende componisten* (Louvain, 1954-55).

• **(l) Pologne**
SOWINSKI : *Les Musiciens polonais et slaves* (Paris, 1857) ; reproduit en fac-similé en 1971.
CHOMINSKI : *Slownik muzyków polskich* (Cracovie, 1964-67).

• **(m) Portugal**
MAZZA : *Diccionário biográfico de músicos portugueses*, compilé vers 1790 ; publié par Alegría (Lisbonne, 1944-45).
VIEIRA : *Dicionário biográfico de músicos portuguezes* (Lisbonne, 1900-04).

• **(n) Roumanie**
COSMA : *Muzicieni Români* (Bucarest, 1970).

• (o) Suisse

REFARDT : *Historisch-biographisches Musikerlexikon der Schweiz* (Zurich, 1928).

SCHUH & REFARDT : *Schweizer Musikbuch* (Zurich, 1939), éd. augmentée en 1964 par Schuh, Ehinger et Meylan sous le titre *Schweizer Musik-Lexikon/Dictionnaire des musiciens suisses)* .

Forty Contemporary Swiss Composers, Swiss Composers' League (Amriswil, 1956).

STEINBECK & LABHART : *Schweizer Komponisten unserer Zeit* (Zurich, 1975).

• (p) Tchécoslovaquie

DLABAC : *Algemeines historisches Künstler-Lexikon für Böhmen... Mähren und Schlesien* (Prague, 1815) ; reproduit en fac-similé en 1973.

GARDAVSKY : *Les Compositeurs tchèques contemporains* (Prague, 1966).

• (q) URSS

VODARSKY-SHIRAEFF : *Russian Composers and Musicians* (New York, 1940, réimprimé en 1969).

BELZA : *Handbook of Soviet Musicians* (Londres, 1943, 3e éd. 1945).

BERNANDT & DOLJANSKI : *Compositeurs soviétiques* (Moscou, 1957).

6 Dictionnaires d'instruments, d'interprètes et de facteurs

• (a) Ouvrages généraux

JACQUOT : *Dictionnaire pratique et raisonné des instruments de musique anciens et modernes* (Paris, 1886).

SACHS : *Real-Lexikon der Musikinstrumente* (Berlin, 1913, éd. augmentée, 1914) ; reproduit en fac-similé en 1962.

WRIGHT : *Dictionnaire des instruments de musique* (Londres, 1941).

MARCUSE : *Musical Instruments : a Comprehensive Dictionary* (Garden City, New York, 1964) ; reproduit en fac-similé en 1975.

BRAGARD & DE HEN : *Les Instruments de musique dans l'art et l'histoire* (Bruxelles, 1973).

KUTSCH & RIEMENS : *Grosses Sängerlexikon* (Berne-Stuttgart, 1975, 3e éd. 1987).

MIDGLEY : *Musical Instruments of the World* (Londres, 1976) ; traduit en français sous le titre *Les Instruments de musique du monde entier* (Paris, 1978).

NANQUETTE : *Anthologie des interprètes* (Paris, 1979).

Les Grands Interprètes romantiques (Paris, 1982).

PÂRIS : *Dictionnaire des interprètes et de l'interprétation musicale au XXe siècle* (Paris, 1982, 2e éd. 1985) ; traduit en espagnol (1988) et en allemand (1989).

SADIE : *The New Grove Dictionary of Musical Instruments* (Londres, 1985).

• (b) Piano et clavecin

PAUER : *Dictionary of Pianists and Composers for the Pianoforte* (Londres, 1896).

BOALCH : *Makers of the Harpsichord and Clavichord 1440 to 1840* (Londres, 1956, 2e éd. 1974).

BOWERS : *Encyclopedia of Automatic Musical Instruments* (New York, 1972).

• (c) Orgue

WEST : *Cathedral Organists Past and Present* (Londres, 1899, 2e éd. 1921).

WEDGWOOD : *A Comprehensive Dictionary of Organ Stops* (Londres, 1905, 3e éd. 1909).

THORNSBY : *Dictionary of Organ and Organists* (Bournemouth, 1912, 2e éd. 1921).

AUDSLEY : *Organ Stops and their Artistic Registration* (New York, 1921).

FLEURY (de) : *Dictionnaire biographique des facteurs d'orgue nés ou ayant travaillé en France* (Paris, 1926).

IRWIN : *Dictionary of Pipe Organ Stops* (New York, 1962, 2e éd. 1965).

Dictionary of Electronic Organ Stops (New York, 1968).

• (d) Instruments à cordes

PEARCE : *Violins and Violin Makers : a Biographical Dictionary* (Londres, 1866).

VIDAL : *Les Instruments à archet* (Paris, 1876-78) ; reproduit en fac-similé en 1961.

CLARKE : *A Biographical Dictionary of Fiddlers* (Londres, 1895) ; reproduit en fac-similé en 1972.

STAINER : *A Dictionary of Violin Makers* (Londres, 1896, éd. révisée, 1956) ; reproduit en fac-similé en 1977.

LÜTGENDORFF : *Die Geigen-und Lautenmacher vom Mittelalter bis zur Gegenwart* (Francfort-sur-le-Main, 1904, 6e éd. 1922) ; reproduit en fac-similé en 1968.

EMERY : *Violonist's Dictionary* (Londres, 1912, 3e éd. 1928 sous le titre *The Violonist's Encyclopedic Dictionary).*

VERCHEVAL : *Dictionnaire du violoniste* (Paris, 1923).

BACHMANN : *An Encyclopedia of Violin* (New York, 1925) ; reproduit en fac-similé en 1975.

VANNES : *Essai d'un dictionnaire universel des luthiers* (Paris, 1932, 2e éd. 1951, supplément 1959) ; réédité en 1972 sous le titre *Dictionnaire universel des luthiers.*

HENLEY : *Universal Dictionary of Violin and Bow Makers* (Brighton, 1959-65 ; appendice, 1969).

• (e) Instruments à vent

LANGWILL : *An Index of Musical Wind-instrument Makers* (Edimbourg, 1960, 4e éd. 1977).

SUPPAN : *Lexicon des Blasmusikwesens* (Fribourg, 1971, 2e éd. 1976).

• (f) Percussion

DUPIN : *Lexique de la percussion* (Paris, 1971).

7. Dictionnaires d'opéra

ALLACCI : *Drammaturgia* (Rome, 1666, 2e éd. 1755) : reproduit en fac-similé en 1966.

DUREY DE NOINVILLE : *Histoire du Théâtre de l'Opéra en France* (Paris, 1753, 2e éd. 1757) ; reproduit en fac-similé en 1958 et 1972.
CLÉMENT & LAROUSSE : *Dictionnaire lyrique, ou Histoire des opéras* (Paris, 1867-69, suppléments jusqu'en 1881 ; 2e éd. par Pougin, 1897, supplément 1904 ; 3e éd. 1905) ; reproduit en fac-similé en 1969.
RIEMANN : *Opern-Handbuch* (Leipzig, 1887-93) ; reproduit en fac-similé.
TOWERS : *Dictionary-catalogue of Operas and Operettas* (Morgantown, W.Virginia, 1910) ; reproduit en fac-similé en 1967.
KOBBÉ : *Complete Opera Book* (New York, 1919 ; 20e éd. 1950 ; édition révisée et augmentée par le comte de Harewood sous le titre *Kobbé's Complete Opera Book*, Londres, 1954, rééd. 1987) ; traduit en français sous le titre *Tout l'opéra* (Paris, 1980, 8e éd. 1988).
LOEWENBERG : *Annals of Opera, 1597-1940* (Cambridge, 1943, 2e éd. 1955, 3e éd. augmentée en préparation) ; reproduit en fac-similé en 1971.
SÉNÉCHAUD : *Le Répertoire lyrique d'hier et d'aujourd'hui* (Paris, 1945, rééd. 1952 et 1971).
ROSENTHAL & WARRACK : *Concise Oxford Dictionary of Opera* (Londres, 1964, 2e éd. 1979) ; traduit en français : *Guide de l'Opéra* (Paris, 1974, éd. augm. 1986).
ORREY & CHASE : *The Encyclopedia of Opera* (New York, 1976).
Who's Who in Opera : an International Biographical Dictionary (New York, 1976).
MEZZANOTTE : *L'Opera repertorio della lirica dal 1597* (Milan, 1977) ; traduit en français sous le titre *Opéra* (Paris, 1979).
TRANCHEFORT : *L'Opéra* (Paris, 1978, rééd. 1983).
Phaidon Book of the Opera (Oxford, 1979).
PAYNE : *Grands Opéras du répertoire* (Paris, 1979).
NEGRI : *L'Opéra italien* (Milan, 1985 ; trad. française, Paris, 1987).
DAHLHAUS : *Pipers Enzyklopädie des Musiktheaters* (Munich à partir de 1986).

8. Dictionnaires de musique religieuse

ORTIGUE (d') : *Dictionnaire liturgique* (Paris, 1854, 2e éd. 1860) ; reproduit en fac-similé en 1971.
KÜMMERLE : *Encyklopädie der evangelischen Kirchenmusik* (Gütersloh, 1888-95) ; reproduit en fac-similé en 1974.
JULIAN : *A Dictionary of Hymnology* (Londres, 1892, 2e éd. 1907) ; reproduit en fac-similé en 1957.
HUGUES : *Liturgical Terms for Music Students* (Boston, 1940 ; Londres, 1941) ; reproduit en fac-similé en 1971.
STUBBINGS : *A Dictionary of Church Music* (Londres, 1949).
THOMSON : *Who's Who of Hymn Writers* (Londres, 1967).
PORTE : *Encyclopédie des musiques sacrées* (Paris, 1968-70).
DAVIDSON : *A Dictionary of Protestant Church Music* (Metuchen, New Jersey, 1975).

9. Dictionnaires de musique instrumentale

GORGERAT : *Encyclopédie de la musique pour instruments à vent* (Lausanne, 1955).
TRANCHEFORT : *Guide de la musique de piano et de clavecin* (Paris, 1987).

10. Dictionnaires de musique de chambre

ALTMANN : *Kammermusik-Katalog* (Leipzig, 1910, 6e éd. 1945 ; traduit en anglais sous le titre *Chamber Music Literature : Catalogue of Chamber Music Published since 1841*).
COBBETT : *Cobbett's Cyclopedic Survey of Chamber Music* (Londres, 1929-30, 2e éd. augmentée réalisée par Mason, 1963).

11. Dictionnaires de musique symphonique

SÉNÉCHAUD : *Concerts symphoniques* (Lausanne, 1947).
TRANCHEFORT : *Guide de la musique symphonique* (Paris, 1986).

12. Dictionnaires de musique ancienne

PADELFORD : *Old English Musical Terms* (Bonn, 1899) ; reproduit en fac-similé en 1976.
PULVER : *A Dictionary of Old English Music and Musical Instruments* (Londres et New York, 1923) ; reproduit en fac-similé en 1969.
CARTER : *A Dictionary of Middle English Musical Terms* (Bloomington, Indiana, 1961).
ROCHE : *Dictionary of Early Music* (Londres, 1981).

13. Dictionnaires de musique contemporaine

SLONIMSKY : *Music since 1900* (New York, 1937, 4e éd. 1971).
PRIEBERG : *Lexikon der neuen Musik* (Fribourg et Munich, 1958).
EWEN : *The World of Twentieth-century Music* (Londres, 1968).
ROSTAND : *Dictionnaire de la musique contemporaine* (Paris, 1970).
THOMPSON : *A Dictionary of Twentieth-century Composers, 1911-1971* (Londres, 1973).
EIMERT & HUMPERT : *Das Lexikon der elektronischen Musik* (Ratisbonne, 1973).
EGGEBRECHT : *Zur Terminologie der Musik des 20. Jahrhunderts* (Stuttgart, 1974).
VINTON : *Dictionary of Contemporary Music* (New York, 1974).
ENDERS : *Lexikon Musik-Elektronik* (Munich-Mayence, 1985).

14. Dictionnaires de danse

COMPAN : *Dictionnaire de danse* (Paris, 1787) ; reproduit en fac-similé en 1974.

DESRAT : *Dictionnaire de la danse* (Paris, 1895).
JUNK : *Handbuch des Tanzes* (Stuttgart, 1930).
BEAUMONT : *A French-English Dictionary of Technical Terms used in Classical Ballet* (Londres, 1931, 2e éd. augmentée, 1939) ; reproduit en fac-similé en 1951.
CHUJOY : *The Dance Encyclopedia* (New York, 1949, 2e éd. augmentée, 1967).
AROUT, GADAN-PAMARD & MAILLARD : *Dictionnaire du ballet moderne* (Paris, 1957).
WILSON : *A Dictionary of Ballet* (Londres, 1957, 3e éd. 1974).
BARIL : *Dictionnaire de danse* (Paris, 1964).
KOEGLER : *The Concise Oxford Dictionary of Ballet* (Londres, 1977, 2e éd. augmentée, 1982).
SCHNEIDER : *Tanz-Lexikon* (Mayence, 1985).

15. Dictionnaires d'éditeurs de musique

KIDSON : *British Music Publishers, Printers and Engravers* (Londres, 1900) ; reproduit en fac-similé en 1967.
HOPKINSON : *A Dictionary of Parisian Music Publishers 1700-1950* (Londres, 1954).
HUMPHRIES & SMITH : *Music Publishing in the British Isles* (Londres, 1954, 2e éd. 1970).
SARTORI : *Dizionario degli editori musicali italiani* (Florence, 1958).
MONKE & RIEDEL : *Lehrbuch des Musikalienhandels* (Bonn, 1971).

16. Dictionnaires thématiques

BURROWS & RAYMOND : *Symphony Themes* (New York, 1942).
BARLOW & MORGENSTERN : *A Dictionary of Musical Themes* (New York, 1948) ; reproduit en fac-similé en 1975 ; traduit en italien (1955).
A Dictionary of Vocal Themes (New York, 1950, réédité en 1976 sous le titre *A Dictionary of Opera and Song Themes*).
BURROWS & RAYMOND : *Concerto Themes* (New York, 1951).

17. Dictionnaires discographiques

CANDÉ (de) : *Ouverture pour une discothèque* (Paris, 1956, 10e éd. 1981).
DIAPASON : *Dictionnaire des disques* (Paris, 1981, 2e éd. 1984, 3e éd. 1988).
GREENFIELD, LAYTON & MARCH : *The Complete Penguine Stereo Record and Cassette Guide* (Londres, 1984).

Diddling. Pratique écossaise des Lowlands comparable au **puirt a beul* des Highlands qui consiste à chanter des airs de danse sur des syllabes dépourvues de sens, comme « dee-diddle-di-dee ». Des concours de « diddling » ont lieu dans certains districts ruraux.

Didelot, Charles-Louis (Stockholm, 1767 ; Kiev, 7 novembre 1837). Chorégraphe français dont le ballet *Flore et Zéphyr* (Londres, 1796) marque les débuts de la danse sur les pointes et la création du style volant. Il a jeté les bases de la célèbre école de ballet de Saint-Pétersbourg par les réformes de l'enseignement qu'il y a apportées de 1801 à 1811 et de 1816 jusqu'à sa mort. Au nombre de ses ballets figure *Le Prisonnier du Caucase* (Cavos, 1823), le premier ballet sur un sujet de Pouchkine.

Noël Goodwin.

Didjeridu. Instrument à vent d'origine australienne composé d'un tube de bois qui mesure plus de 90 cm de long. L'instrumentiste, assis par terre, pose ses lèvres sur l'une des extrémités du tube ; leur vibration fait sonner la fondamentale (une note profonde, vers la^1) avec des montées rapides mais momentanées vers un harmonique supérieur. Pendant ce temps, il prononce rapidement diverses syllabes qui donnent du rythme au son et peuvent également rendre audibles certains harmoniques de la fondamentale du tube pour former un genre de mélodie élevée et douce, comme sur la *guimbarde ou l'*arc musical. L'instrumentiste respire par le nez, sans interrompre le son. Chez la plupart des aborigènes d'Australie, particulièrement dans le Nord du continent, cette technique remarquable constitue, avec les boomerangs entrechoqués, la seule musique instrumentale traditionnelle ; elle accompagne les voix dans les danses et autres cérémonies. Dans la classification ethnologique des instruments, le didjeridu trouve sa place parmi les trompettes.

Dido and Aeneas (« Didon et Énée »). Opéra en trois actes et un prologue de Purcell sur un livret de Nahum Tate, d'après le quatrième livre de *L'Énéïde* de Virgile. Représentations : Londres (Boarding School for Young Gentlewomen de Josias Priest, décembre ?1689 ou peut-être pendant l'été 1690 ; représentation publique vers février 1700 et le 9 février 1704 ; aucune reprise avant le 20 novembre 1895, par le Royal College of Music, au Lyceum Theatre, pour le bicentenaire de la mort de Purcell) ; New York (Hotel Plaza, 10 février 1923) ; Paris (Petite Scène, 21 mars 1923). Diverses versions de l'opéra ont survécu, celle que les érudits acceptent le plus volontiers étant le manuscrit conservé à la bibliothèque de St Michael's College, à Tenbury. Le livret comprend le texte d'un prologue mythologique élaboré, qui n'est pas dans la partition de Tenbury : il faisait partie de la production originale qui se terminait sur la narration d'un épilogue d'Urfey. On ne sait pas si Purcell a écrit la musique du prologue : on ne connaît l'opéra que sous forme d'adaptation, « un masque en quatre divertissements musicaux » du début du XVIIIe siècle. Le livret dispose les actes différemment.

Didon (sop.) n'arrive pas à déclarer son amour à Énée (tén.). Belinda (sop.) et la cour arrivent à la fléchir et un chœur célèbre le triomphe de l'amour et de la beauté.

Les sorcières se réunissent dans leur grotte pour préparer la destruction de Didon et de Carthage. Elles décident de provoquer un orage pour obliger les amants royaux à se réfugier dans la grotte où l'une des sorcières, déguisée en Mercure, rappellera à Énée qu'il doit se rendre en Italie. Un masque de Diane et d'Actéon divertit Didon et Énée ; l'orage attire Énée, seul, dans la grotte où il est dupé par le faux Mercure.

Au port de Carthage, Énée se prépare à partir pendant que les sorcières se réjouissent du succès de leur entreprise : elles projettent de couler sa flotte et de brûler Carthage. Lorsque Didon paraît, elle refuse d'écouter les explications d'Énée et, dans la célèbre lamentation « Quand je reposerai sous terre », elle fait ses adieux à la vie ; des cupidons viennent pleurer au-dessus de son tombeau.

La trahison de Didon a été traitée environ 90 fois à l'opéra, dont une quarantaine d'adaptations de *Didone abbandonata* de Métastase.

BIBLIOGRAPHIE : *Didon et Énée*, L'Avant-Scène-Opéra n° 18 (Paris, 1978).

Dieren, Bernard van (Rotterdam, 27 décembre 1887 ; Londres, 24 avril 1936). Compositeur et écrivain anglais d'origine hollandaise. Il s'installe à Londres en 1909 et rencontre d'énormes obstacles en essayant de se faire un nom comme compositeur. En 1912, il étudie dans divers centres musicaux en Allemagne, mais sa formation est presque entièrement autodidacte. Il se forge un style très personnel dont la vigueur harmonique et la complexité contrapuntique font penser à Busoni. Dieren a composé six quatuors à cordes, de nombreuses mélodies et une symphonie sur des textes chinois pour solistes, chœur et orchestre (1914). Il est également l'auteur d'une étude consacrée à Jacob Epstein (Londres, 1920) et du volume d'essais *Down among the Dead Men* (Londres, 1935).

Paul Griffiths.

Dièse (all. : *Kreuz* ; angl. : *sharp* ; ital. : *diesis*). Le signe (♯), lorsqu'il est placé devant une note, l'élève d'un demi-ton. Voir *Accidents* ; pour les origines du signe dièse, voir *Notation*, 2.

Au XVIIe siècle, ce terme était également employé pour désigner le mode majeur, par exemple « mi dièse », mi majeur.

Au XVIIIe siècle, on entendait par « tonalité de mi dièse » la tonalité de mi qui comportait une tierce majeure, c'est-à-dire mi majeur (Beethoven parle ainsi de sa première ouverture *Léonore*, en ut majeur, comme d'une « ouverture en ut dièse »).

Dies irae (lat. « jour de colère »). Le texte de ce passage de la messe de *Requiem est attribué à Thomas de Celano (mort vers 1250). Le thème en plain-chant qui lui correspond a été repris par de nombreux compositeurs, notamment par Berlioz dans la *Symphonie fantastique*, par Saint-Saëns dans la *Danse macabre* et par Rachmaninov dans la *Rapsodie sur un thème de Paganini* et dans *L'Ile de la mort*.

Diesis (ital.). Dièse.

Dies natalis (« Birthday »). Cantate op.8 pour soprano (ou ténor) et cordes de Finzi, composée entre 1926 et 1939. Elle comporte cinq mouvements : le premier instrumental, le deuxième sur un passage en prose de *Centuries of Meditation* de T. Traherne (1638-74) et les trois derniers sur des poèmes de Traherne.

Dietro (ital.). « Derrière ».

Dieupart, Charles (mort à Londres, vers 1740). Compositeur, violoniste et claveciniste français qui s'est fixé en Angleterre vers 1700. Il a écrit et arrangé de la musique pour diverses pièces et divertissements et, avec d'autres musiciens, a organisé plusieurs séries de concerts. Ses *Six Suittes de clavecin* (Amsterdam, 1701) ont peut-être servi de modèle aux suites anglaises de Bach.

Denis Arnold.

Diferencia (esp.). 1. Terme utilisé en matière d'ornementation pour désigner une mélodie interrompue par de brefs ornements.

2. Nom donné au XVIe siècle à des variations. On trouve les *diferencias* les plus anciennes dans *Los Seys Libros de delphìn* pour vihuela de Luis de Narváez (Valladolid, 1538) ; les *diferencias* pour clavier d'Antonio de Cabezón sont également célèbres. Les *diferencias* sont généralement plus longues et plus élaborées que les **glosas*.

Diluendo (ital.). « En se dissipant », « en mourant ».

Dilungando (ital.). « En allongeant ».

Diminuendo (ital). « En diminuant », en s'adoucissant de plus en plus ; même sens que *decrescendo*. Le terme semble avoir été utilisé plus tôt que son contraire, *crescendo*. En 1624, Monteverdi demandait que la dernière note de *Il Combattimento di Tancredi e Clorinda* soit jouée « in arcate morendo », avec un coup d'archet mourant (en diminuant). Le signe en forme d'épingle à cheveux ($>$) n'est toutefois apparu qu'à la fin du XVIIIe siècle ; les compositeurs antérieurs indiquaient souvent cet effet au moyen d'une dynamique avec des contrastes marqués.

Diminution. Procédé mélodique dans lequel la durée des notes de la mélodie se trouve réduite en fonction de certaines proportions (contraire de l'*augmentation). Par exemple, une mélodie, qui progressait en blanches, en noires et en croches, peut être diminuée pour progresser en noires, en croches et en doubles croches (chaque valeur étant réduite de moitié). On rencontre souvent cette technique dans la composition des fugues.

Diminutions. Voir *Ornements et ornementation*, 2.

Dioclesian (« The Prophetess, or The History of Dioclesian »). Semi-opéra de Purcell sur un texte de T. Betterton d'après J. Fletcher et P. Massinger. Créé à Londres en 1690.

Diple. Voir *Cornemuse*, 5.

Direction d'orchestre

1. La nature de la direction d'orchestre
2. Les origines
3. Techniques introduites au XIXe siècle
4. Les temps modernes
5. Pratique de la direction d'orchestre

1. *La nature de la direction d'orchestre.* De nos jours, le chef d'orchestre est l'interprète le plus honoré et le mieux payé dans le monde de la musique « classique ». Les capacités que l'on exige de lui dépassent celles des autres musiciens et il est adoré du public (souvent moins de ceux qui jouent pour lui !) qui le considère un peu comme un général à la tête de ses troupes (pour reprendre l'image utilisée par Percy Scholes, dans la première édition de cet ouvrage). Néanmoins, l'art de la direction d'orchestre, tel que nous le connaissons aujourd'hui, remonte à peine à plus de 150 ans. Une grande partie de la musique dirigée aujourd'hui par un chef d'orchestre n'était que légèrement guidée, ou pas du tout, par le compositeur ou son remplaçant ; et une grande part de l'interprétation laissée aujourd'hui à la discrétion du chef d'orchestre était le domaine propre des instrumentistes et des chanteurs. L'histoire de cet art permet de découvrir quelles sont les fonctions essentielles du chef d'orchestre et, peut-être aussi, de faire tomber quelques mythes.

2. *Les origines.* On possède assez peu d'informations sur la pratique de la battue ou de la direction d'une exécution, mais elle est sans aucun doute très ancienne. La musique populaire prend souvent la forme d'une partie soliste et d'un refrain, et il est normal que le soliste soit en fait, sinon en théorie, le meneur.

A l'époque où il n'y avait pas de notation musicale précise, le plain-chant était dirigé par un chanteur qui indiquait, avec les mains, la montée et la descente de la mélodie. Pour les hymnes dotés d'un mètre régulier, il indiquait le rythme par les mêmes mouvements ascendants et descendants. Le chef du chœur tenait dans la main gauche un bâton, symbole de son rôle et de sa fonction. Cela lui permettait d'indiquer la battue de la main droite. Par la suite, on a pensé que la battue serait plus claire si elle était donnée avec le bâton, qui est donc passé à la main droite. Dès le XVe siècle, l'exécution de la polyphonie était couramment dirigée une battue vers le bas correspondant au temps fort (dans les mesures à trois temps, ce geste comptait pour deux temps) et une battue vers le haut au temps faible ; il existe de nombreuses illustrations datant des deux siècles suivants sur lesquelles on voit le chef d'orchestre utiliser une baguette, un rouleau de papier ou simplement les mains.

Au début du XVIIe siècle, la taille croissante des chœurs et la mode des effets spatiaux (voir *Cori spezzati*) exige une maîtrise plus rigoureuse de la direction. Dans certains psaumes à plusieurs chœurs publiés en 1612, Viadana recommande que le *maestro* dirige à proximité du premier chœur et, dans le même genre de circonstance, Praetorius demande des sous-directeurs pour les autres chœurs. Le *maestro* doit être en possession d'une partition qui prend la forme d'une partie de basse continue (qui lui donne les informations essentielles sur l'endroit où entrent les différents groupes). C'est la raison pour laquelle l'instrumentiste tenant la partie de continuo, que l'on appellera par la suite *maestro di cembalo*, est devenu l'homme le plus important de l'ensemble ; et à l'opéra où, à partir du milieu du XVIIe siècle, les récitatifs réclamaient un accompagnement subtil, il est devenu le véritable chef d'orchestre. Certains manuels ultérieurs relatifs au jeu du continuo donnent quelques indications sur la façon de battre la mesure, bien que le rôle du chef d'orchestre, également instrumentiste, se limite à faire démarrer, à arrêter et à changer de mesure. C'est sans doute à ce stade que la fonction d'interprète du chef d'orchestre commence à s'affirmer, car on constate que les contrats passés avec les compositeurs d'opéras insistent sur leur présence pour enseigner leurs parties aux chanteurs et diriger les trois premières représentations (cette forme de contrat a continué à exister en Italie jusqu'à une date avancée du XIXe siècle), anticipation précise du travail de la direction et des chefs d'orchestre des théâtres lyriques modernes.

A partir du début du XVIIIe siècle, l'apparition d'orchestres basés sur les cordes (au lieu des ensembles *ad hoc* des époques antérieures) donne naissance à un autre genre de direction, celle du premier violon. Il est difficile de déterminer avec exactitude la date à laquelle s'est produite cette transition. Au XVIIe siècle, en France, les *Vingt-Quatre Violons du roi étaient dirigés par Lully, qui frappait le sol avec un long bâton, coutume regrettable qui s'est maintenue en France jusqu'à une date avancée du siècle suivant. Mais, en Italie, le premier violon était apparemment en partie responsable de la direction et il est possible que la vogue du concerto pour violon (soliste) à l'époque de Vivaldi ait cristallisé ce rôle. Une description de J. G. Pisendel (1687-1755) permet de supposer qu'il dirigeait en faisant un signe avec son instrument pour donner le premier temps de chaque mesure, mais il se peut que d'autres aient utilisé l'archet, coutume adoptée par la famille Strauss plus d'un siècle plus tard. En tout cas, cette fonction justifie la position particulière du premier violon dans l'orchestre moderne (all. : *Konzertmeister*; angl. : *leader*, *concert-master*), bien que ce rôle ne figure plus dans ses fonctions. A cette époque, la direction des ouvrages lyriques reposait conjointement entre les mains du claveciniste et du premier violon, et elle le resta jusqu'au début du XIXe siècle (cette répartition est encore reconnue en Italie où le chef d'orchestre, qui doit maintenant s'acquitter des deux tâches, s'appelle *maestro concertatore e direttore d'orchestra*). Haydn a même dirigé ses dernières symphonies à partir du clavier et Clementi a dirigé de son clavier à Londres, en 1828.

3. *Techniques introduites au XIXe siècle.* Les critiques de l'époque considéraient la méthode de Clementi comme démodée car les chefs d'orchestre se tenaient alors debout, face à leurs musiciens, battant la mesure soit avec le traditionnel rouleau de papier, soit, plus souvent, avec un bâton qu'ils tenaient en son milieu. La raison de ce changement tenait simplement au fait que la musique était devenue trop complexe et le nombre d'instrumentistes trop élevé pour se contenter d'une battue intermittente. Deux autres facteurs sont

sans doute également intervenus : la disparition des anciens orchestres de cour, qui jouaient la musique de leurs propres compositeurs, et l'apparition de nouveaux orchestres qui se produisaient en public, dans un répertoire beaucoup plus varié qu'un premier violon ne pouvait connaître entièrement. En outre, avec le regain d'intérêt pour la musique du passé, une connaissance des styles (ou au moins des notations) autres que ceux qui étaient en usage à l'époque s'est avérée indispensable. Ainsi est née l'ère du véritable chef d'orchestre.

Les premiers chefs de ce nouveau style furent des compositeurs qui avaient l'habitude de diriger leur propre musique : Spohr, Weber, Mendelssohn ; puis vinrent Berlioz et Wagner et leurs disciples. Il est intéressant de noter que le premier groupe se composait de virtuoses, contrairement à ceux de la seconde génération ; ces derniers ont donc eu tendance à accorder une attention particulière aux problèmes de leur art, qui évoluait rapidement. Le livre de Wagner *Über das Dirigieren* (« De la direction d'orchestre », 1869) illustre parfaitement la nouvelle attitude. Il exige essentiellement deux choses du chef d'orchestre. Tout d'abord, il doit « trouver le tempo », impératif qui reflète les problèmes posés par les constantes fluctuations métronomiques de sa propre musique. Il reconnaît que, dans la musique du passé, des tempos différents peuvent modifier radicalement la musique, comme le souligne sa propre critique des exécutions trop rapides de Mendelssohn. En second lieu, le chef d'orchestre doit faire ressortir la mélodie : la complexité de l'orchestration moderne exige d'équilibrer soigneusement les différents pupitres et instruments au sein de l'orchestre. Le fait que Wagner ait ajouté des instruments à une partie de la *Symphonie n° 9* de Beethoven montre que, de ce point de vue, le chef d'orchestre peut même réorchestrer une œuvre pour satisfaire à ce critère. Mais il ressort, avant tout, que la fonction la plus importante du chef d'orchestre est sa fonction d'interprète, point de vue qui prédomine encore de nos jours. Ainsi, alors que les chefs d'orchestre pré-wagnériens – comme Jullien et Costa à Londres – étaient célèbres pour leur discipline absolue et l'exactitude de leurs exécutions, les post-wagnériens – Weingartner, Furtwängler et Toscanini en sont les plus beaux exemples – se sont fait connaître par la puissance et l'imagination de leurs interprétations. Ce dernier concept implique une technique plus sophistiquée – la faculté d'indiquer des gradations sonores très petites et des degrés variables de *rubato* au moyen du geste. Elle exigea aussi un temps de répétition plus long pour obtenir une exécution raffinée, ce qui se traduit souvent par la présence d'un chef d'orchestre permanent ; les orchestres reprennent les œuvres à intervalles plus ou moins rapprochés et finissent par connaître les marques distinctives de l'interprétation de leur chef.

Les plus grands chefs d'orchestre doivent leur notoriété à leur style et à leur sonorité orchestrale – Furtwängler avec la Philharmonie de Berlin, Hans Richter avec le Hallé, Ormandy avec l'Orchestre de Philadelphie, etc.

Pl. 1. Eduard Strauss dirigeant avec son violon et son archet, silhouettes de O. Böhler.

4. *Les temps modernes.* Plusieurs caractéristiques de la vie musicale du XXe siècle ont modifié cet état de choses. Le syndicalisme croissant des musiciens a fait augmenter les salaires des musiciens d'orchestre, de telle sorte que le temps consacré

aux répétitions est devenu très onéreux. Pour que les exécutions atteigent le niveau de qualité auquel s'est habitué le public grâce au système du chef permanent, le chef d'orchestre doit imposer son style rapidement à l'ensemble, ce qui a conduit les chefs d'orchestre à travailler leur « technique de baguette » à un degré étonnant ; il leur arrive aussi d'écrire sur les partitions d'orchestre une somme impressionnante de détails qui a engendré une tendance à l'uniformité des exécutions chez de nombreux chefs, au lieu de la diversité due autrefois aux changements d'humeur. Ce phénomène s'est trouvé renforcé par l'invention de l'enregistrement, particulièrement de la bande magnétique, qui permet de corriger les erreurs et de substituer une « meilleure » version (mais seulement si les tempos des deux prises correspondent). Le développement des voyages a encore accru cette tendance, car ils permettent aux chefs d'orchestre de se déplacer dans le monde entier avec un répertoire assez restreint. Aujourd'hui, les postes de chef permanent dépassent rarement l'équivalent d'un mi-temps (et souvent beaucoup moins), de telle sorte que l'ancien mode de relations est plus limité. Avec l'élargissement du répertoire, la spécialisation dans une période, un compositeur ou un style, est devenue presque inévitable pour le chef d'orchestre moderne, qui doit en outre posséder une bonne oreille car les compositeurs du XXe siècle ont tendance à exiger des nuances et des tempos très précis.

Cet embrigadement – un mélange de l'ancienne notion de chef d'orchestre et des traditions « interprétatives » – n'est pas resté sans conséquences, car il retire à l'instrumentiste individuel une grande partie de son ancienne liberté. On a donc vu renaître l'ensemble sans chef que Percy Scholes, le premier auteur de cet ouvrage, considérait comme une aberration communiste (le premier exemple moderne a été l'orchestre des Persimfans, en URSS, durant les années vingt). Ce système a fait ses preuves et il semble être aujourd'hui le moyen naturel pour exécuter la musique du XVIIIe siècle. On peut compenser l'augmentation nécessaire et onéreuse du temps de répétition en faisant des tournées avec un répertoire limité. La présence d'un solide premier violon capable de prendre en charge une partie des décisions dans le domaine de l'interprétation résout bien des problèmes et constitue un gain de temps précieux. Si cette liberté est refusée au grand orchestre symphonique, la tendance à l'autogestion permet au moins à l'orchestre de choisir ses chefs d'orchestre. On remarque également qu'une grande partie de la musique récente comporte des éléments d'improvisation qui laissent libre cours à l'imagination de l'individu. Ainsi, l'ère du chef d'orchestre omnipotent (qui subsiste encore) ne sera peut-être pas éternelle.

5. *La pratique de la direction d'orchestre*. L'art de la direction d'orchestre ne peut s'apprendre dans les livres. Il arrive même qu'il soit impossible de l'enseigner, car certains excellents musiciens sont virtuellement incapables de communiquer leurs idées, alors que d'autres, moins bons musiciens, semblent capables de tirer tout naturellement de bonnes exécutions de leurs collègues. Malgré cela, puisque de nombreux lecteurs de cet ouvrage se verront invités à diriger des chœurs ou des orchestres d'amateurs ou même un groupe de madrigalistes, il peut être utile d'ajouter ici quelques indications sur la technique de la direction d'orchestre. Trois fonctions principales entrent en considération : enseigner la musique aux autres, assurer un ensemble précis, et l'on pourrait ajouter à ces deux fonctions la capacité de communiquer quelque chose aux autres.

L'enseignement implique la connaissance et, en l'occurrence, la connaissance de la musique. La préparation la plus importante doit être l'étude de la partition. Il n'est pas nécessaire de la savoir par cœur (cette pratique, qui remonte à Wagner, a été systématisée par Toscanini qui y était contraint à cause de sa mauvaise vue) ; il faut toutefois bien la connaître. Si, au cours de l'exécution, les yeux du chef d'orchestre sont perpétuellement rivés à la partition, il perd un atout inestimable. Plus important encore, il doit savoir comment la musique doit se dérouler. Ce qui signifie qu'il doit avoir un concept de tempo, avoir décidé de signes d'expression de base et de l'interprétation des ornements, être conscient des difficultés d'équilibre qui peuvent se poser. L'étape suivante consiste à utiliser toutes les aides d'enseignement possibles, notamment en marquant ses intentions sur les parties d'orchestre ou vocales. La notation des coups d'archet sur les parties des cordes est utile et, même s'il ne joue pas d'un instrument à cordes, le chef d'orchestre doit se pencher sur ces problèmes et marquer les moments où des effets spéciaux d'accentuation ou de phrasé seront indispensables. Les instrumentistes voudront peut-être les modifier au cours des répétitions, mais ils auront au moins une idée des intentions de leur chef. En outre, une séance de travail avec le premier violon peut permettre de résoudre de nombreux problèmes et de gagner du temps et de la bonne humeur pendant la répétition.

L'enseignement réel s'effectue à la répétition et c'est le moment où l'habileté du chef d'orchestre est vraiment mise à l'épreuve car, quel que soit son pouvoir de persuasion sur le public, ce sont ses collègues instrumentistes qui savent exactement quel est son degré de compréhension de la musique. Ils seront plus enclins à l'aider s'il ne leur fait pas perdre leur temps ; ce qui exige un certain sens de l'organisation. Si les bois ou les cuivres jouent seulement dans quelques numéros d'un oratorio, il aura soin, s'il en a la possibilité (ce qui est presque toujours le cas), de regrouper ces numéros pour libérer les instrumentistes concernés (de la même façon, il pourra ne convoquer les chanteurs qu'au moment où il aura besoin d'eux). Toutefois, une transition difficile entre deux numéros exige la présence de tous, même si certaines parties n'interviennent que dans l'un des deux numéros. Le chef d'orchestre gagnera du temps pour tout le monde s'il peut entendre exactement ce qui ne va pas et trouver la solution pour y remédier. Une faute accidentelle n'a pas besoin de faire l'objet d'un travail approfondi en répétition ; une vraie faute peut nécessiter un long travail. Toutefois, la principale fonction de l'oreille du chef d'orchestre n'est pas d'identifier les fautes, mais de détecter des sonorités déficientes dues à de mauvais coups d'archet ou à une mauvaise respiration, l'inégalité du *staccato* et du *legato*, la disparité de phrasé entre deux instruments ou deux pupitres, et surtout les inexactitudes de rythme. Il évitera la mauvaise humeur générale s'il sait remarquer que les choses s'enveniment pour des raisons de tension ou de fatigue. Une courte pause ou une répétition écourtée (pourvu que la base du travail soit accomplie) peut finalement aboutir à de meilleurs résultats lors de l'exécution, même si le chef d'orchestre s'inquiète du manque de perfection constaté (au concert, la concentration accrue a toutes les chances d'améliorer l'exécution). Avant tout, la propre gestique du chef d'orchestre doit être efficace, sinon elle rend impossible sa deuxième fonction – le moulage d'un ensemble juste.

La réalisation d'un ensemble précis ne peut être obtenue que par le geste, qui doit donc avoir une signification claire. Il faut avant tout que le geste soit perceptible ; c'est la raison pour laquelle le chef d'orchestre utilise une baguette. Elle n'est pas obligatoire, mais constitue une aide appréciable lorsque la distance est assez grande ou lorsque l'éclairage est mauvais (dans ce cas, la baguette doit être blanche). Elle constitue un prolongement du bras et sa pointe sert de guide aux exécutants. En théorie, lorsque le chef bat la mesure, sa baguette part d'un point central neutre et se dirige vers un endroit où elle s'arrête très brièvement (rebond) pour repartir ensuite vers un autre point selon un schéma conventionnel. Dans le cas d'un *staccato*, la battue est saccadée avec des rebonds très prononcés ; pour un *legato*, elle doit être régulière et continue, les rebonds étant à peine (mais néanmoins clairement) perceptibles. On donne généralement de grandes battues pour les *forte* et de petites pour les *piano ;* l'art du *crescendo* et du *diminuendo* requiert une certaine pratique dans cette optique. Les départs et les arrêts peuvent présenter quelques difficultés. Le principe du départ repose sur une battue préliminaire vers le haut qui sert à donner le tempo. Pour une attaque *forte*, il faut une battue plutôt saccadée avec un rebond bien net ; pour une attaque plus douce, il vaut mieux décrire un genre de cercle sans rebond, mais dans un mouvement très régulier (pour que l'instrumentiste puisse anticiper le retour au point focal). L'ancienne pratique d'« une mesure pour rien » ou de deux battues préliminaires est parfois utile, mais les instrumentistes doivent être prévenus (sinon l'un d'entre eux risque inévitablement de démarrer trop tôt). Si le départ se situe entre deux temps, il faut battre un temps préliminaire complet plus un temps sur l'accent précédent.

L'arrêt est plus simple. La note finale est généralement une pause, durant laquelle la main s'arrête, la coupure s'indiquant par une boucle revenant au point focal (elle correspond généralement à une battue dans le tempo précédent). Cette boucle peut éventuellement servir de battue préliminaire pour remettre les choses en mouvement, s'il y a une pause au milieu d'un morceau. Autre choix qui incombe au chef d'orchestre, le nombre de battues par mesure : dans une mesure rapide à 4/4, il est rarement nécessaire de réaliser plus de deux battues (le premier et le troisième temps) ; en outre, ce procédé est moins fatigant et empêche d'alourdir la musique. De même, une mesure rapide à 3/4 est souvent mieux exprimée si elle est battue à un temps et il est préférable de ne battre les mesures composées qu'en se limitant aux seuls accents de base, ce qui n'empêche pas de décomposer occasionnellement certains temps pour mettre en valeur un *rubato*, un accent ou un phrasé spécifique.

Cette explication de la technique de battue semble exagérément compliquée car les mots ne constituent pas le meilleur moyen de l'exposer (la meilleure solution consisterait à regarder une scène filmée et d'arrêter le film pour étudier la décomposition des gestes). Certaines personnes trouvent cette gestique très naturelle, tout comme le mélange des divers gestes en fonction des impératifs de la musique. Néanmoins, il est nécessaire de réfléchir aux principes qui la soutiennent, car un grand nombre des difficultés de la direction d'orchestre proviennent de la coordination du geste et du son que veut obtenir le chef d'orchestre. Il est, en effet, difficile d'établir un tempo avec précision. Dans l'excitation du concert, la première levée – qui donne le tempo de base – risque d'être trop rapide : c'est la raison pour laquelle certains chefs d'orchestre entrent dans une transe proche du yoga avant de commencer un morceau. De même, un changement de tempo en cours de route, qui nécessite de donner le nouveau mouvement pendant que se poursuit l'ancien, réclame une énorme concentration et une solide préparation. L'excitation peut également provoquer une battue trop large qui tend à accentuer la puissance des dynamiques et à ne laisser au chef aucune réserve pour les points culminants de la partition (tout en s'avérant extrêmement fatigante).

La direction d'orchestre n'est donc pas cette grande libération des sentiments à laquelle l'assimile parfois le profane. C'est une activité contrôlée qui englobe la curieuse psychologie de l'écoute totale de la musique (et de l'engagement dans la musique), sans perdre de vue ce qui vient ensuite. Et même lorsque l'on possède ce don, on n'en est pas pour autant un chef d'orchestre.

La faculté d'inspirer les autres est un phénomène inexplicable. Les grands chefs d'orchestre peuvent être autocrates ou démocrates ; ils peuvent être redoutés et même haïs de leur instrumentistes, ou bien admirés et même adorés. Ce don n'est d'ailleurs pas réservé aux plus grands. De nombreux professeurs d'école le possèdent et peuvent fournir d'excellentes exécutions dans la mesure des moyens qui sont mis à leur disposition. En outre, il s'agit d'un don intermittent. Même les grands chefs ne donnent pas toujours de grandes exécutions. Le seul dénominateur commun réside dans le fait que les vrais chefs d'orchestre ont la musique dans l'âme. Ils ont besoin de s'y plonger et n'éprouvent aucune gêne à l'exprimer. C'est un don moins rare qu'on ne l'imagine souvent.

Denis Arnold.

BIBLIOGRAPHIE : Hector Berlioz, *Le Chef d'orchestre, théorie de son art*, in *Traité d'instrumentation et d'orchestration*, 2e éd. Schonenberger (Paris, 1855), rééd. Actes Sud (Arles, 1988). Richard Wagner, *Sur la direction d'orchestre*, Fischbacher (Paris, 1869). Felix Weingartner, *Sur l'art de diriger*, Breitkopf et Härtel (Leipzig-Paris, 1911). Bruno Walter, *Thème et variations*, Foetisch (Lausanne, 1952, rééd. 1981). Désiré-Émile Inghelbrecht, *Le Chef d'orchestre et son équipe*, Julliard (Paris, 1949) / *Le Chef d'orchestre parle au public*, Julliard (Paris, 1957). Fred Goldbeck, *Le Parfait chef d'orchestre*, PUF (Paris, 1952). Charles Münch, *Je suis chef d'orchestre*, Éd. du Conquistador (Paris, 1954). Alain Pâris, *La Direction d'orchestre*, in *Dictionnaire des interprètes et de l'interprétation musicale au XXe siècle*, Bouquins, Robert Laffont (Paris, 1982, 2e éd. 1985). Hermann Scherchen, *La Direction d'orchestre*, Actes Sud (Arles, 1986).

Dirge (angl. ; fr. : « nénies » ; ital. : *nenia* ; lat. : *naenia*). Œuvre vocale ou instrumentale exécutée lors d'un service funèbre ou d'une cérémonie funèbre. Britten a écrit la musique de l'un des *dirges* les plus connus, *Lyke-wake-Dirge* du XVe siècle ; il constitue la quatrième partie de sa *Sérénade pour ténor, cor et cordes* (1943) ; Stravinski a également utilisé le *Lyke-wake-Dirge* comme ossature de sa *Cantate* (1952).

Dirigent, dirigieren (all.). « Chef d'orchestre », « diriger ».

Dis (all.). La note ré dièse ; *Disis,* la note ré double dièse (ré 𝄪). Dans la musique ancienne, *Dis* désignait parfois l'équivalent enharmonique mi bémol et, à une date aussi tardive que 1805, la *Symphonie héroïque* (en mi bémol) de Beethoven était décrite comme composée en « Dis ».

Discographie. Nom donné à une « bibliographie » d'enregistrements, par exemple liste de tous les enregistrements réalisés par un artiste donné ou de tous ceux d'une œuvre musicale.

Dissonance. Accord discordant à l'oreille qui doit être résolu d'une façon ou d'une autre si sa présence doit être justifiée à l'oreille ; ce terme s'applique également à la note ou à l'intervalle produisant cet effet. Voir également *Contrepoint* ; *Harmonie.*

Dissonances, Les. Surnom du *Quatuor à cordes en ut K 465* de Mozart, composé en 1785 (*Dissonanzen-Quartett*). Il fait partie de la série des six quatuors dédiés à Haydn et tire son surnom de l'usage remarquable que Mozart fait de la dissonance dans l'introduction.

Distinto (ital.). « Clair », « distinct ».

Distratto, Il (« Le Distrait »). Surnom de la *Symphonie nº 60* en ut majeur de Haydn, composée en 1774. Elle porte ce titre parce que Haydn y a repris certains extraits d'une musique de scène qu'il avait écrite pour la comédie *Der Zerstreute* (d'après *Le Distrait* de J.-F. Regnard), présentée à Eszterháza en 1774.

Dithyrambe (du grec *dithyrambos*). Chant de la Grèce antique à la gloire de Dionysos, dieu du vin et de la bonne chère. C'est à l'origine un chant choral strophique, mais il est devenu progressivement de plus en plus élaboré, réunissant un accompagnement instrumental, des solistes et des groupes de danseurs. A la fin du IVe siècle av. J.-C., il ressemblait davantage à une représentation théâtrale.

On appelle parfois « dithyrambes » des compositions modernes d'un style libre et passionné.

Diton (lat. : *ditonus* ; du grec *ditonos*). Nom donné au Moyen Age à la tierce majeure formée de deux tons.

Dittersdorf, Carl Ditters von (Vienne, 2 novembre 1739 ; Neuhof, Bohême, 24 octobre 1799). Compositeur autrichien. Il étudie la musique à Vienne avec plusieurs professeurs et joue du violon dans l'orchestre d'une église bénédictine locale. En 1751, il entre au service du prince de Saxe-Hildburghausen et travaille la composition avec le compositeur d'opéras Giuseppe Bonno. Lorsque le prince licencie tous ses musiciens, en 1761, Dittersdorf travaille dans les orchestres de l'Opéra et de la cour de Vienne où il rencontre Gluck. En 1763, il partent ensemble pour l'Italie et Dittersdorf acquiert une grande notoriété de violoniste. L'année suivante, il se brouille avec le directeur de l'Opéra de Vienne et succède à Michael Haydn au poste de maître de chapelle de l'évêque de Grosswardein. Après la dissolution de la chapelle en 1769, Dittersdorf devient maître de chapelle du prince-évêque de Breslau, qui vit retiré à Johannisberg, près de Jauering ; il reste avec lui jusqu'en 1795. Il y mène des activités musicales animées et est anobli en 1770. Il compose aussi des opéras pour divers théâtres viennois, son singspiel, *Doctor und Apotheker* (1786), remportant plus de succès que les *Noces de Figaro* de Mozart. A la mort de son protecteur, Dittersdorf reçoit une petite pension et, souffrant d'une mauvaise santé, s'installe chez le baron Ignaz von Stillfried où il meurt.

Compositeur prolifique, Dittersdorf a écrit ses singspiels, comme Mozart, dans un langage idiomatique très varié inspiré de l'opéra italien ; mais ils contiennent généralement un élément folklorique plus prononcé ; ils constituent encore d'excellents divertissements. Dittersdorf a également composé des symphonies, dans lesquelles il utilise parfois des titres à programme (comme les douze symphonies basées sur les *Métamorphoses* d'Ovide) et fait preuve d'une vigueur et d'un sens de l'humour dignes de Haydn. Ses concertos évoquent ceux de Mozart, par l'usage des structures classiques, et sa musique de chambre, notamment certains quatuors à cordes, vaudrait la peine d'être exhumée.

Denis Arnold.

Dittrich, Paul-Heinz (Gornsdorf, RDA, 4 décembre 1930). Compositeur allemand élève de Fidelio F. Finke et G. Ramin à Leipzig (1951-56) et de Rudolf Wagner-Regeny à l'Akademie der Künste de Berlin (1958-60). Professeur à la Hochschule Hanns Eisler de Berlin (1963-76), il s'est affirmé comme l'une des figures marquantes de la musique nouvelle en RDA. Son œuvre révèle une volonté de rompre avec le formalisme des tendances officielles, cherchant notamment dans l'électronique un appoint aux moyens d'expression traditionnels : cycle des *Kammermusik* pour différentes combinaisons vocales et instrumentales, concertos pour hautbois et pour violoncelle (1974), *Engführung* pour soprano, live-électronique et orchestre (1981), *La Métamorphose* pour acteurs, ensemble intrumental et vocalistes, d'après Kafka (1983).

Alain Pâris.

Div. Abréviation pour **divisi*.

Diva. Voir *Prima donna*.

Divertimento (ital.). « Divertissement », « amusement ». Au XVIIIe siècle, le *divertimento*, qui était généralement écrit pour plusieurs instruments solistes, était apparenté à des genres tels que la *cassation, la **Nachtmusik*, le *nocturne et la *sérénade par son caractère léger et divertissant. Il était particulièrement apprécié en Autriche, dans le sud de l'Allemagne, en Bohême, en Italie, mais le terme « divertimento » couvrait une grande variété de combinaisons instrumentales.

Le divertimento pour clavier ressemblait à la sonate et on le trouve surtout sous la plume des compositeurs autrichiens, comme Wagenseil ou Haydn. Les divertimentos de Haydn sont construits en trois mouvements : rapide-lent-rapide. Certains divertimentos pour clavier comportent des accompagnements pour d'autres instruments, comme de nombreuses sonates avec clavier de l'époque. Il y a aussi une littérature importante de divertimentos pour ensemble à vent (souvent deux hautbois, deux cors et deux bassons) ou pour cordes (trio, quatuor, quintette), auxquels s'ajoutent parfois des instruments à vent. Mozart et Haydn en ont écrit plusieurs pour instruments à vent seuls, alors que, dans le répertoire pour vents et cordes, on trouve des œuvres de tous les grands compositeurs viennois de la seconde moitié du XVIIIe siècle, y compris les frères Haydn, Léopold et Wolfgang Amadeus Mozart, ainsi que Jommelli, Boccherini et quelques compositeurs de Mannheim.

Le divertimento du XVIIIe siècle comprenait jusqu'à neuf mouvements, mais il se limitait couramment à cinq (*allegro* initial et final en forme sonate, deux menuets et un mouvement central lent). Haydn a utilisé le modèle à cinq mouvements dans ses divertimentos pour cordes et pour vents et Mozart en a fait autant pour ses divertimentos pour cordes ; ses divertimentos pour vents ne comportent que quatre mouvements. Cette disposition des mouvements a joué un rôle important dans le développement du quatuor à cordes classique en quatre mouvements, chiffre atteint en supprimant un menuet [à l'origine, *Eine kleine Nachtmusik* (« Une petite musique de nuit ») de Mozart comportait un second menuet, aujourd'hui perdu].

Le genre s'est éteint au début du XIXe siècle (à l'exception du *Divertimento pour guitare et piano* de Weber, 1816), mais le terme a été repris au XXe siècle pour des œuvres d'un style léger et brillant comme le *Divertimento pour cordes* de Bartók, le *Divertimento pour orchestre* de Rawsthorne, le *Divertimento pour orchestre de chambre* de Lennox Berkeley et le *Divertimento on Sellinger's Round* de Tippett.

Wendy Thompson.

Divertissement. 1. A l'opéra, le divertissement est une partie d'une tragédie lyrique ou d'un opéra-ballet composée essentiellement de chants et de danses accompagnés d'effets scéniques spectaculaires. Dans son *Dictionnaire de la musique* (1767), Rousseau définit de façon caustique le divertissement comme « certains recueils de danses et de chansons qu'il est de règle à Paris d'insérer dans chaque opéra, ballet ou tragédie... pour casser l'action au moment intéressant ».

Dans certaines tragédies lyriques de Lully, le divertissement est purement décoratif, mais dans d'autres il fait partie intégrante de l'action (comme la scène des noces villageoises à l'acte IV de *Roland*, durant laquelle les bergers révèlent au héros que sa bien-aimée l'a trompé). Les divertissements de Lully sont souvent situés à la fin de l'opéra comme un grand mouvement final, mais dans son chef-d'œuvre, *Armide*, le divertissement final commence dès le milieu du dernier acte, laissant la place libre au dénouement tragique de la fin. Dans l'opéra-ballet du début du XVIIIe siècle, où la danse et le spectacle jouent un rôle plus important que dans les tragédies, chaque acte (entrée) a son propre divertissement composé de danses. D'une façon générale, l'élément spectaculaire a pris de l'importance dans l'opéra français au début du XVIIIe siècle, souvent au détriment de l'action, jusqu'à ce que Rameau et surtout Gluck restaurent l'équilibre. La tradition du divertissement dans l'opéra français s'est maintenue jusqu'à une date avancée du XIXe siècle, même pour les opéras de compositeurs étrangers, comme Rossini, Verdi ou Wagner.

2. Spectacle qui peut durer sur une soirée entière ou même s'échelonner sur plusieurs jours ou plusieurs semaines. Au XVIIe siècle, des divertissements spectaculaires étaient organisés à la cour pour célébrer les naissances, les mariages et les victoires royales (le divertissement donné à Versailles par Louis XIV, en 1674, après le succès de sa campagne de Franche-Comté, a duré près d'un mois, avec deux opéras de Lully et deux comédies-ballets de Molière). Dans son château, la duchesse du Maine a donné de célèbres divertissements connus sous le nom des Grandes Nuits de Sceaux (1714 et 1715), mais, à cette époque, les divertissements étaient déjà rares.

3. Pièce instrumentale en forme de suite populaire légère ou de pot-pourri, comme le *Divertissement* de Jacques Ibert d'après la musique de scène qu'il avait composée pour la pièce de Labiche *Un chapeau de paille d'Italie*.

4. Le mot divertissement est parfois employé dans le sens de **divertimento*.

Wendy Thompson.

« Dives and Lazarus », Five Variants of. Œuvre de Vaughan Williams pour cordes et harpe(s), composée en 1939 pour la Foire mondiale de New York, où elle a été créée. *Dives and Lazarus* est une chanson populaire anglaise.

Divin Poème, Le. Surnom de la *Symphonie n° 3 en ut mineur op.43* de Scriabine, composée en 1902-04. Elle illustre les idées théosophiques du compositeur avec trois mouvements intitulés « Luttes », « Voluptés » et « Jeu divin ».

Divisi (ital.). « Divisé » ; souvent abrégé « Div. ». Indication figurant dans les partitions d'orchestre qui signifie qu'un pupitre entier (les premiers violons, par exemple) doit se diviser en deux ou plusieurs parties pour ne pas jouer les accords en double, en triple ou en quadruple cordes. Lorsqu'il s'agit d'une division en plus de deux parties, le compositeur indique généralement « div. à 2 », « div. à 3 », etc., au-dessus de la partie. Afin d'obtenir une uniformité sonore, lorsque la division s'opère en deux groupes, les instrumentistes qui se trouvent à l'extérieur de chaque pupitre jouent généralement la ligne du haut et ceux qui se trouvent à l'intérieur jouent la ligne du bas. Lorsque la division va au-delà de deux parties, les instrumentistes se divisent par pupitre, le premier pupitre prenant la ligne du haut, le deuxième la suivante, etc.

Divisions. 1. Terme utilisé aux XVIIe et XVIIIe siècles pour désigner un genre d'ornementation dans lequel une mélodie se trouve brisée par une figuration rapide. Les passages rapides de l'écriture vocale *coloratura* de Haendel peuvent être considérés comme des divisions écrites.

2. L'exécution de « divisions sur une *ground bass* » (basse obstinée et variations sur basse obstinée) était une pratique typiquement anglaise au XVIIe siècle. Sur une **ground bass*, tenue au clavecin ou sur un autre instrument, un joueur de viole improvisait des variations ou « divisions » – dédoublant les notes de la basse obstinée en notes plus courtes ou réalisant une contre-mélodie « selon son inspiration du moment, sa compétence et son imagination » (Christopher Simpson : *The Division-violist*, Londres, 1659).

Simon McVeigh.

Dix-Huit Cent Douze [1812]. Ouverture de concert op. 49 de Tchaïkovski, composée en 1880 pour l'Exposition de Moscou. Elle commémore la retraite de Russie de Napoléon en 1812 et cite *La Marseillaise* et l'hymne national tsariste. L'idée originale consistait à la jouer sur une place de Moscou avec un grand orchestre, une musique militaire, les cloches de la cathédrale et des coups de canon. On la joue encore parfois avec un canon (notamment dans les soirées populaires consacrées à Tchaïkovski au Royal Albert Hall de Londres).

Dixie. L'origine de ce nom, largement employé depuis 1859 pour désigner les États du sud des États-Unis, reste obscure. On avance deux explications : (a) ce serait le dérivé d'un nom de famille (la famille Dixie existe encore en Angleterre et certains de ses membres avaient émigré vers 1629 dans les colonies du Massachusetts et de Caroline où ils avaient pris la direction de la société qui y était implantée) ; (b) il proviendrait du surnom donné familièrement aux billets de dix dollars de La Nouvelle-Orléans, appelés « dixies » (en raison du mot français « dix » qui était imprimé en toutes lettres). Par contre, on doute beaucoup qu'il y ait une relation avec la ligne Mason-Dixon (ligne frontière reconnue entre la Pennsylvanie et le Maryland dans les années 1760, considérée comme la ligne de partage entre les États esclavagistes et les États libres et, d'une façon plus générale, entre le Nord et le Sud).

Le mot Dixie ne s'est généralisé aux États-Unis qu'après la publication de la chanson « Dixie » (également connue sous le titre « I wish I was in Dixie's Land » et parfois orthographiée « Dixey »). Il a fait sa première apparition dans un programme de chants nègres en 1859. La musique a été publiée en 1860, lorsque la chanson a été reprise dans une fantaisie intitulée *Pocahontas*. Elle a alors connu un grand succès. Les paroles et la musique sont l'œuvre du célèbre chanteur noir Daniel Decatur Emmett (1815-1904). A partir de 1861, les Noirs du Sud ont commencé à appeler leur pays le « Dixie Land » et, par la suite, le jazz de La Nouvelle-Orléans et du sud des États-Unis a reçu l'appellation de Dixieland jazz. Le sens du terme a ensuite quelque peu évolué, car l'un des premiers orchestres de jazz qui ait réalisé des enregistrements était un groupe blanc. Par la suite, le terme s'est trouvé associé au type de jazz léger basé sur le ragtime que jouaient généralement les musiciens blancs.

Peter Gammond.

Do. Premier degré de la gamme de do (ut) majeur.

Doblinger. Maison d'édition viennoise fondée en 1857 par Ludwig Doblinger (1815-76), qui avait repris le fonds de la bibliothèque de prêt de Friedrich Mainzer, elle-même fondée en 1817. Elle fut ensuite dirigée par Bernhard Herzmansky (1852-1921), qui se consacra surtout à l'opérette, et par son fils, Bernhard junior (1888-1954), qui élargit le répertoire à la musique contemporaine autrichienne. Christian Wolff, qui a repris la direction des éditions Doblinger en 1955, a ajouté un nouveau secteur d'activités en entreprenant plusieurs séries d'éditions musicologiques d'œuvres du répertoire (seul ou en coproduction avec Universal Edition : édition intégrale des œuvres de Bruckner, Mahler, Johann Strauss, etc.).

Dodécaphonisme. Musique dans laquelle les douze notes de la gamme chromatique ont toutes une importance égale ; cette musique n'est pas écrite dans une tonalité ou dans un mode donné ; elle peut être qualifiée de musique « atonale ». Le terme « dodécaphonisme » a également été employé pour toute la musique sérielle ou, alternativement, pour la musique sérielle qui suit davantage les principes établis par Schoenberg que ceux des compositeurs postérieurs comme Boulez ou Babbitt. Voir *Atonalité* ; *Sérialisme.*

Dans la musique des XVIIIe et XIXe siècles, on trouve quelques exemples de thèmes qui contiennent les douze notes de la gamme chromatique, notamment celui de l'*Offrande musicale* de Bach. La *Faust Symphonie* de Liszt présente, dans son introduction, l'exemple frappant d'un thème qui n'utilise qu'une seule fois chacune des douze notes. Toutefois, ces œuvres n'entrent pas dans le cadre du dodécaphonisme, car, dans les deux cas, le contexte est tonal. Dans quelques-unes de ses dernières pièces pour piano, Liszt se rapproche énormément de l'atonalité, mais les premières compositions réellement dodécaphoniques sont probablement les quinze *Lieder* de Schoenberg, *Das Buch der hängenden Gärten* (« Le Livre des jardins suspendus », 1908-09). Charles Ives est venu à l'atonalité à peu près à la même époque, tout à fait indépendamment. Schoenberg, Berg et Webern ont continué à écrire de la musique dodécaphonique à partir de 1908, mais Schoenberg a opéré ultérieurement quelques retours à la composition diatonique. Après avoir défini le sérialisme, au début des années vingt, Schoenberg et ses deux disciples ont surtout concentré leurs efforts sur cette méthode de composition.

Une grande partie de la musique dodécaphonique écrite par les compositeurs postérieurs est également sérielle, d'une manière ou d'une autre. Toutefois, de nombreuses œuvres de Henze, Penderecki, Lutosławski et d'autres compositeurs sont atonales et non sérielles. Voir également *Gamme dodécaphonique.*

Paul Griffiths.

BIBLIOGRAPHIE : René Leibowitz, *Introduction à la musique de douze sons,* L'Arche (Paris, 1949).

Dodgson, Stephen (Cuthbert Vivian) (Londres, 17 mars 1924). Compositeur anglais. Il fait ses études au Royal College of Music, où il est ensuite nommé professeur. Compositeur prolifique, il est capable de produire sur commande une musique agréable, bien construite, souvent pour des ensembles de chambre inhabituels (il prétend, par exemple, être le premier compositeur depuis le XVIIIe siècle à avoir écrit pour trio de barytons).

Paul Griffiths.

Doglia (ital.). « Douleur », « chagrin » ; *doglioso,* « triste », « mélancolique » ; *dogliosamente,* « tristement », « avec chagrin ».

Dohnányi, Ernö [Ernst von] (Poszony, aujourd'hui Bratislava, 27 juillet 1877 ; New York, 9 février 1960). Compositeur hongrois. En 1893, il entre à l'Académie de musique de Budapest où il étudie le piano avec Thomán et la composition avec Koessler. Contrairement aux usages de l'époque, il ne cherche pas à recevoir sa formation musicale hors de Hongrie et crée un précédent qui sera suivi par son jeune ami Bartók. Il fait ses débuts comme pianiste à Berlin en 1897, puis mène une carrière de virtuose ; il est également nommé directeur du Conservatoire de Budapest en 1919. En 1948, il quitte la Hongrie pour des raisons politiques et s'installe aux États-Unis. Contrairement à Bartók, il s'intéresse assez peu aux chants populaires et se détourne des tendances musicales avancées de l'époque, auxquelles il préfère un style romantique enraciné dans la musique de Brahms et de Liszt. Dohnányi a composé deux concertos pour piano et les *Variations sur une chanson enfantine* pour piano et orchestre (1913), trois symphonies, trois opéras et de la musique de chambre.

Paul Griffiths.

Doigté (instruments à clavier). C. P. E. Bach est l'un des premiers professeurs qui ait examiné la relation existant entre la forme de la main et la disposition du clavier et l'ait considérée comme la base d'une approche systématique du doigté. Partout où c'était possible, il pensait que les touches noires ne devaient être jouées que par les trois doigts les plus longs et que le pouce et le petit doigt devaient se limiter aux touches blanches. Développant des préceptes qui lui ont été suggérés par son père, J. S. Bach, il a défini le pouce comme le doigt principal et comme « la clé de tout le doigté ». Il est ainsi à l'origine de la tendance qui a finalement abouti aux doigtés de la gamme que l'on enseigne dans les manuels actuels. Dans ce système, une gamme normale d'une octave se divise en deux groupes, un de trois notes, l'autre de quatre notes, représentant distinctes deux positions de la main. Le principal obstacle pour le débutant consiste à les relier le plus imperceptiblement possible et, pour ce faire, il doit apprendre à passer le pouce sous les doigts du milieu ou les autres doigts au-dessus du pouce. Dans les gammes qui comportent des dièses ou des bémols, le changement de position de la main s'opère presque confortablement lorsqu'une touche longue et une touche courte sont contiguës (Ex. 1).

Ex. 1

Le petit doigt est normalement réservé aux notes les plus hautes à la main droite et aux notes les plus graves à la main gauche ; on évite en principe le passage de pouce sous le petit doigt et le passage du petit doigt au-dessus du pouce.

Pour l'instrumentiste de notre époque, les doigtés de ce genre semblent si naturels et correspondent si bien à la forme de la main qu'il est difficile d'imaginer un autre système viable. Mais, pendant plus de deux siècles après l'apparition du premier manuel d'enseignement en la matière – le *Fundamentbuch* de Buchner (vers 1520) – les instrumentistes ont employé une méthode de doigté qui différait radicalement de celle-ci.

Il est important d'observer qu'à travers les âges, les professeurs ont toujours cherché à souligner le besoin d'aise et de confort, quel que soit le système de doigté employé ; le corollaire essentiel de ce besoin réside dans une position détendue de la main. Dès 1593, le professeur italien Girolamo Diruta mettait en garde ses élèves contre le danger de frapper les touches ; en toutes circonstances, les doigts devaient être proches du clavier et les notes enfoncées d'une manière douce mais contrôlée. Selon Forkel, les mouvements des doigts de J. S. Bach, petits et légers, étaient à peine perceptibles et ses mains conservaient une forme nettement arrondie « même dans les passages les plus difficiles ». Dussek, l'un des principaux représentants de l'école anglaise de piano, affirmait que les mains devaient reposer légèrement à la surface des touches et que le choix du doigté ne devait jamais modifier cette position. Tout mouvement des mains, des coudes et des bras n'étant pas indispensable devait être soigneusement évité.

1. *Premières méthodes.* Les sources majeures des XVIe et XVIIe siècles recommandent dans l'ensemble de jouer les longs passages en gammes avec deux doigts, par exemple en passant le troisième doigt au-dessus du quatrième (gamme ascendante à la main droite) ou le troisième au-dessus du second (gamme ascendante à la main gauche). Cette méthode était plus facile sur les premiers claviers dont l'enfoncement des touches était moins profond et sur lesquels les touches noires avançaient davantage que sur les instruments modernes. Au moment du passage du troisième doigt au-dessus du quatrième, Santa Maria (*Arte de tañer fantasia*, 1565), recommandait que le premier soit tenu assez haut et que l'autre doigt glisse vers l'intérieur de la paume de la main.

Le choix des doigts qui formaient ces paires n'était pas arbitraire. Les premiers doigtés pour instruments à clavier étaient étroitement régis par l'accentuation musicale et de nombreux professeurs exigeaient que de « bons » doigts (c'est-à-dire des doigts « forts ») soient placés sur de « bons » temps (c'est-à-dire « accentués »). Il n'y avait pas d'école de doigté indépendante : dans la tradition italienne, représentée par Diruta, le deuxième et le quatrième doigt étaient considérés comme les doigts forts (Ex. 2a), mais les doigtés inclus dans les œuvres des virginalistes anglais traitent le troisième doigt comme le doigt fort (Ex. 2b).

Le deuxième mode de doigté réapparaît dans un certain nombre de sources importantes, notamment dans les instructions données dans la préface de la *Choice Collection of Lessons* (Londres, 1696) de Purcell et dans l' « Applicatio » du *Clavierbüchlein vor Wilhelm Friedemann Bach* (1720) de J. S. Bach. Même dans la seconde moitié du XVIIIe siècle, pour les gammes comportant une longue séquence de touches blanches, C.P.E. Bach propose un certain nombre d'autres doigtés dans lesquels il préconise souvent la méthode des doigts par paire comme la plus pratique. En 1782, dans son *Klavierschule für Kinder*, Merbach invente un exercice spécial qui présente au débutant la technique ancienne (Ex. 3).

De nos jours, la complexité de ces doigtés peut paraître inutile, mais elle posait de toute évidence peu de problèmes à l'époque. Türk, dans son célèbre *Klavierschule* de 1789, rappelle que W. F. Bach pouvait jouer les ornements les plus compliqués avec une régularité et une vitesse étonnantes, simplement en utilisant le troisième doigt.

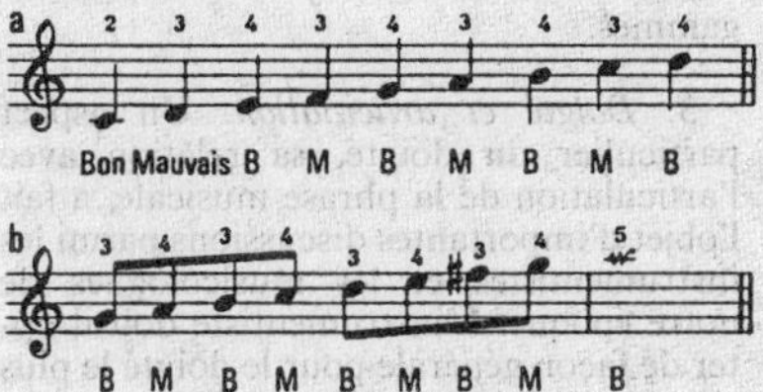

Ex. 2. (a) Extrait de Il transilvano *de Diruta. (b) Extrait d'un prélude de Bull.*

Ex. 3

Ex. 4. (a) Santa Maria. (b) Prélude de Bull.

2. *L'évolution moderne des doigtés de la gamme.* On aurait tort de supposer que les premiers musiciens avaient complètement négligé le rôle des pouces. En 1565, en Espagne, Santa Maria recommandait leur emploi pour des gammes rapides (Ex. 4a) et les doigtés indiqués dans de nombreuses anthologies de musique anglaise pour virginal font souvent appel aux cinq doigts (Ex. 4b).

Toutefois, le véritable tournant s'est produit avec la grande expansion du système tonal. Lorsque les compositeurs se sont mis à écrire des morceaux dans des tonalités plus éloignées, il a fallu concevoir de nouveaux schémas de doigtés pour y faire face. Selon C.P.E. Bach, l'approche systématique du doigté exploitant le potentiel des pouces serait l'œuvre de son père.

Les touches dites difficiles ont tout d'abord suscité de grandes divergences en ce qui concerne le doigté. L'Ex. 5, tiré de *L'Art de toucher le clavecin* (1716) de François Couperin, ne tente pratiquement pas d'établir une relation équilibrée entre les positions des deux mains : le passage du deuxième doigt au-dessus du quatrième produit une saccade inévitable. Les suggestions de C.P.E. Bach sont plus élaborées, mais lui-même s'est également trouvé confronté à un dilemme.

Ex. 5

Il est parti du principe selon lequel le pouce de la main gauche devait toujours arriver avant une touche noire dans une gamme ascendante et, pour cette raison, estimait que sa première méthode, assez compliquée, était plus utile que sa seconde méthode, qui est depuis considérée comme la norme de référence.

L'influence de C.P.E. Bach a été considérable. Même en Angleterre, dans les années 1760, un traité de J. C. Heck visait à enseigner « les règles et la méthode du célèbre Bach de Berlin ». Toutefois, avec le temps, les irrégularités de ce système ont été découvertes et, lorsque l'éditeur et compositeur allemand J.C.F. Rellstab prépara une nouvelle version écourtée des instructions de C.P.E. Bach en 1790, il corrigea certaines des faiblesses les plus importantes de son système et écarta des doigtés peu naturels au profit de nos méthodes actuelles. De même, on sait par exemple par Carl Czerny (qui a commencé à travailler avec Beethoven en 1801) que même les méthodes d'enseignement de Beethoven suivaient de près celles exposées dans le *Versuch* de C.P.E. Bach. Le résumé suivant présente les aspects les plus importants de son système :

1. Lorsqu'il élabore son doigté, l'exécutant doit toujours penser à ce qui suit.
2. A l'exception de certains passages en accords ou en octaves, il faut en général éviter d'utiliser les pouces sur les touches noires.
3. L'extension appropriée de la main dans certaines figures d'accords brisés dépend de la structure d'accord impliquée.
4. Lorsqu'on joue deux ou plusieurs parties avec une main, on peut utiliser le même doigt sur des notes adjacentes (Ex. 6*a*).
5. Pour éviter une position peu commode de la main, il est parfois nécessaire d'omettre un ou plusieurs doigts dans un passage en gammes (Ex. 6*b*).
6. Pour préserver un effet *legato*, on peut parfois changer de doigt à la muette sur une note (Ex. 6*c*).
7. Un doigt peut glisser d'une touche noire à une touche blanche sans altérer la régularité du passage (Ex. 6*d*).
8. Des notes répétées présupposent généralement un changement de doigt (Ex. 6*e*).

Depuis le milieu du XIXe siècle, les pianistes ont adopté une attitude plus souple envers le deuxième principe de C.P.E. Bach. En 1839, le Français Henri Herz observait qu'il n'était plus nécessaire d'« éviter de placer le pouce ou le petit doigt sur les touches noires » et les écoles pianistiques qui ont vu le jour par la suite ont incité les pianistes à appliquer le doigté conventionnel d'ut majeur à toutes les gammes.

3. *Doigté et articulation*. Un aspect particulier du doigté, sa relation avec l'articulation de la phrase musicale, a fait l'objet d'importantes discussions parmi les instrumentistes et les musicologues de notre époque. L'instrumentiste doit-il opter de façon générale pour le doigté le plus simple ou doit-il se laisser guider par les indications du compositeur en ce qui concerne le phrasé ? Sur cette question essentielle, Muzio Clementi, souvent considéré comme le fondateur de l'école moderne de piano, n'avait aucun doute. « Comme il est de la plus haute importance, l'effet doit être considéré en premier lieu ; on considère ensuite la façon de l'obtenir et le mode de doigté qui donne le meilleur effet, bien que ce ne soit pas toujours le plus simple pour l'instrumentiste ». Ce principe semble avoir joué un rôle fondamental dans la technique des instruments à clavier, même si l'étendue de son application demeure discutable sur un point : on croit généralement que les doigtés par paire des XVIe et XVIIe siècles impliquent un style détaché et même un élément d'inégalité rythmique. Il serait certainement très facile de rompre la continuité à chaque déplacement de la main (Ex. 7) ; cependant, à cet égard, il ne faut pas oublier l'affirmation de

Ex. 6. C.P.E. Bach.

C.P.E. Bach selon laquelle les doigtés par paire « conviennent souvent mieux pour obtenir une continuité sans rupture ».

Ex. 7

D'autres doigtés anciens donnent une indication plus précise de l'articulation souhaitée et fournissent des renseignements précieux sur les idéaux d'exécution aux XVIIe et XVIIIe siècles (Ex. 8).

a

b

c

Ex. 8. (a) Extrait d'une fantasia de Bull. (b) Extrait de L'art de toucher le clavecin *de Couperin. (c) Extrait de* Die wahre Art das Pianoforte zu Spielen *(1797) de Milchmeyer.*

Au début du XIXe siècle, la préférence croissante accordée au style *legato* a poussé les professeurs à donner davantage d'importance à la simplicité du doigté. En règle générale, il fallait éviter les changements de position de la main qui n'étaient pas nécessaires et, dans la mesure du possible, il fallait utiliser les doigts dans leur ordre naturel. Charles Neate (éminent pianiste anglais, ami de Beethoven) se plaignait de ce que les professeurs traitaient de plus en plus l'art du doigté « comme s'il ne s'agissait que de découvrir le moyen le plus facile d'exécuter certaines notes ou certains passages ». Il prétendait que le doigté « devait être le pouvoir de donner à la musique son vrai caractère et sa véritable expression » ; c'est la raison pour laquelle (comme Clementi) il exhortait les pianistes à accorder un soin attentif à l'articulation prescrite avant de choisir une méthode de doigté.

4. *Indications de doigté.* Dès les premiers temps des instruments à clavier, diverses méthodes ont été utilisées pour indiquer le doigté. L'une des moins courantes est sans doute celle que l'on trouve dans *Regole per cembalo* d'Alessandro Scarlatti, où cinq différents symboles sont utilisés pour représenter les cinq doigts. Toutefois, dans la majorité des cas, les chiffres se sont avérés plus pratiques et le seul problème est lié au numérotage du pouce. Dans les sources allemandes anciennes, le pouce était généralement représenté par une croix ou par le chiffre 0, les quatre autres doigts par 1, 2, 3 et 4. Cette méthode s'est généralisée en Angleterre au cours du XVIIIe siècle et a été ensuite désignée comme le système « anglais » ; mais, dans les sources anglaises les plus anciennes (ainsi que dans le traité de 1565 de Santa Maria et dans les publications importantes de l'école française), la procédure normale consistait à donner le chiffre 1 au pouce et à numéroter les autres doigts de 2 à 5. Curieusement, au XVIIIe siècle, des musiciens allemands ont adopté ce système et, plus récemment, les Anglais ont pris l'habitude de le désigner sous le nom de système « continental ». Il est maintenant utilisé par tous les compositeurs, professeurs et éditeurs de musique pour clavier.

W. Glyn Jenkins.

BIBLIOGRAPHIE : Carl Philipp Emanuel Bach, *Essai sur la vraie manière de jouer des instruments à clavier.* Lattès (Paris, 1979). François Couperin, *L'Art de toucher le clavecin* (Paris, 1716-17, rééd. Wiesbaden, 1933). Johann Nikolaus Forkel, *Vie et travaux de J.-S. Bach* (éd. par Alfred Dürr), Flammarion (Paris, 1981).

Doktor Faust. Opéra en huit scènes de Busoni sur un livret du compositeur d'après Marlowe et d'autres sources. Composé entre 1916 et 1924 ; la scène finale a été terminée par Philippe Jarnach après la mort de Busoni. Créé à Dresde en 1925.

Dolce (ital.) « Doux », « avec douceur » ; *dolcissimo,* « très doux » ;

dolcemente, « avec douceur » ; *dolcezza,* « douceur ».

Dolente (ital.). « Triste », « dolent » ; *dolentamente,* « tristement ».

Dolly. Suite pour piano à quatre mains op.56 de Fauré, composée entre 1894 et 1897. Elle comporte six mouvements : *Berceuse, Mi-a-ou, Le Jardin de Dolly, Kitty-Valse, Tendresse* et *Le Pas espagnol.* Orchestrée par Henri Rabaud en 1896.

Dolmetsch, (Eugène) **Arnold** (Le Mans, 24 février 1858 ; Haslemere, Surrey, 28 février 1940). Musicien suisse et facteur d'instruments anciens. Sa famille fabriquait des instruments de musique depuis au moins deux générations et il entre à l'atelier familial à l'âge de 14 ans. Environ cinq ans plus tard, il fait une fugue avec la fille d'un juriste et passe quelque temps aux États-Unis avant de revenir en Europe pour apprendre le violon avec Vieuxtemps, à Bruxelles. Il commence alors à s'intéresser à la belle collection d'instruments anciens du Conservatoire de cette ville. En 1883, il émigre en Angleterre pour entrer au Royal College of Music et devient rapidement professeur de musique à Dulwich College où il applique des méthodes d'enseignement du violon basées sur celles de Playford pour l'enseignement de la viole. Vers 1889, il entreprend des recherches sérieuses dans le domaine de la musique anglaise pour viole et, l'année suivante, commence à donner des concerts de musique ancienne sur des instruments reconstitués d'après des sources authentiques, aidé par sa fille Hélène (1878-1924), qui est déjà une virtuose de la basse de viole. Dolmetsch construit son premier luth en 1893, son premier clavicorde l'année suivante et un clavecin en 1896, encouragé par l'intérêt que lui portent William Morris et d'autres défenseurs de la facture artisanale.

Malgré le succès de ses concerts et de sa facture d'instruments, il gagne difficilement sa vie et s'installe à Boston, en 1905, où il construit des clavecins, des pianos et des luths pour la firme Chickering & Sons. A l'expiration de son contrat, en 1911, il décide de venir à Paris travailler pour Gaveau, mais retourne en Angleterre en 1914 pour s'installer à son compte. C'est alors qu'il entreprend d'écrire un ouvrage capital *The Interpretation of Music of the XVIIth and XVIIIth Centuries* (Londres, 1915).

Dans les années vingt, la générosité de ses amis permet à Dolmetsch d'installer un important atelier à Haslemere où il fonde un festival de musique en 1925. Les concerts de ce festival sont donnés essentiellement par ses élèves et par les membres de sa famille – plusieurs d'entre eux sont devenus des instrumentistes célèbres, notamment sa troisième femme, Mabel (1874-1963), qui deviendra une éminente spécialiste des danses de la Renaissance et de l'époque baroque, et leurs fils Rudolf (1906-42), excellent claveciniste et joueur de viole, et Carl (1911), virtuose de la flûte à bec. Arnold Dolmetsch a également enregistré plusieurs disques, notamment des préludes et fugues du *Clavier bien tempéré* de Bach et, un peu plus tard, l'atelier s'est forgé une solide réputation autour de ses splendides flûtes à bec (réputation qui s'est maintenue).

A la fin de sa vie, Dolmetsch s'est un peu aigri parce que son talent n'était apparemment pas assez reconnu. De plus, il était peu enclin à reconnaître l'œuvre de ses condisciples. Il a néanmoins bénéficié d'une « Civil List pension » en 1937 (pension sur les fonds de la Couronne d'Angleterre) et a été fait chevalier de la Légion d'honneur en 1938. A sa mort, tous les critiques ont largement souligné son œuvre de pionnier et l'intérêt qu'il avait suscité pour la musique ancienne et la reconstitution d'instruments anciens. Il jouait merveilleusement d'un grand nombre d'instruments et dispensait un enseignement inspiré. Dolmetsch était un savant dont l'œuvre n'a été éclipsée par aucune autre et dont la valeur a permis à d'autres de poursuivre et d'affiner ses recherches.

Denis Arnold.

Dominante. Cinquième degré de la gamme, majeure ou mineure.

Donato, Baldassare (vers 1530 ; Venise, 1603). Chanteur et compositeur italien. L'essentiel de sa carrière s'est déroulé à Venise, des années 1550 jusqu'à sa mort. Chanteur à Saint-Marc, il a eu plusieurs fois des ennuis avec les autorités ecclésiastiques pour désordres et rébellion, mais il a succédé à Zarlino au poste de *maestro* en 1590 et semble avoir fait du bon travail en réorganisant la chapelle. Madrigaliste célèbre, on trouve deux de ses œuvres dans le recueil *Musica transalpina*, mais il a donné le meilleur de lui-même dans le domaine des *villanelle* populaires au style spirituel, parfois même licencieux. Les œuvres qui nous sont parvenues comprennent également des motets et des psaumes et, en 1599, sa musique religieuse a été rassemblée en un recueil rétrospectif.

Denis Arnold.

Donatoni, Franco (Vérone, 9 juin 1927). Compositeur italien. Il fait ses études aux Conservatoires de Milan (1946-48) et de Bologne (1948-51) puis à l'Académie Sainte-Cécile de Rome où il travaille avec Pizzetti (1952-54). Tout en poursuivant une carrière de professeur de conservatoire, il compose beaucoup de musique instrumentale, s'imprégnant progressivement de l'influence de Bartók, de Schoenberg, de Webern, de Boulez, de Stockhausen et de Cage.

Paul Griffiths.

Don Carlos. Opéra en cinq actes de Verdi sur un livret de Méry et du Locle, d'après la pièce de Schiller (1787). Représentations : Paris (Opéra, 11 mars 1867) ; Londres (Covent Garden, 4 juin 1867) ; New York (Academy of Music, 12 avril 1877). La version originale française en cinq actes a été révisée et traduite en italien par Verdi et Ghislanzoni pour la Scala de Milan, en 1884, en supprimant la scène de Fontainebleau (qui a été réintégrée dans la version de 1887). Depuis, de nombreuses autres versions ont vu le jour. Don Carlos (tén.), héritier du trône d'Espagne, est fiancé à Élisabeth de Valois (sop.). Mais, pour garantir la paix entre la France et l'Espagne, elle doit épouser le père de Don Carlos, le roi Philippe (basse). Don Carlos se confie à son ami Rodrigo, marquis de Posa (bar.), qui le pousse à quitter l'Espagne pour apporter la paix au peuple flamand. La princesse Eboli (mezzo), ancienne maîtresse du roi et amoureuse de Don Carlos, conspire contre lui. Le roi, déchiré par ses sentiments humains et son devoir envers l'Église, personnifiée par le Grand Inquisiteur (basse), ordonne l'arrestation de Don Carlos alors qu'il rencontre Élisabeth pour la dernière fois. Don Carlos est sauvé de l'Inquisition par l'apparition de son grand-père, l'empereur Charles Quint (basse), qui vient mettre Carlos en sécurité.

BIBLIOGRAPHIE : *Don Carlos*, L'Avant-Scène Opéra nº 90-91 (Paris, 1986).

Don Giovanni (à l'origine *Il Dissoluto punito, ossia Don Giovanni*). *Drama giocoso* en deux actes de Mozart ; livret de Lorenzo da Ponte d'après la légende de Don Juan et, en particulier, le livret de Bartati pour Gazzaniga (1787). Représentations : Prague (Théâtre Stavovské, 29 octobre 1787) ; Paris (Théâtre des Italiens, 12 octobre 1811) ; Londres (Haymarket, 12 avril 1817) ; New York (Park Theatre, 23 mai 1826). Leporello (bar.) attend la nuit devant la maison de Donna Anna (sop.) d'où surgit son maître Don Giovanni (bar.) : Donna Anna tente de démasquer son prétendu séducteur et lorsque son père, le Commandeur (basse), dégaine, Don Giovanni le blesse à mort avant de s'échapper. Donna Anna et son fiancé, Don Ottavio (tén.), jurent de se venger du meutrier inconnu. Une ancienne maîtresse de Don Giovanni, Donna Elvira (sop.), interrompt une conversation entre Don Giovanni et Leporello, mais alors qu'il lui détaille la liste des conquêtes de son maître, Don Giovanni s'échappe à nouveau. Aux noces des paysans Masetto (bar.) et Zerlina (sop.), Don Giovanni est sur le point de séduire la fiancée, mais il est interrompu par Donna Elvira. Anna reconnaît en lui l'assassin de son père. Avec Ottavio et Elvira, elle assiste, masquée, à une fête donnée au palais de Don Giovanni, mais lorsqu'ils se démasquent et l'accusent, il réussit encore un fois à s'échapper. Don Giovanni chante une sérénade à la suivante de Donna Elvira, après avoir demandé à Leporello d'éloigner cette dernière. Il se déguise en Leporello pour éviter les coups des paysans. Au cimetière, Don Giovanni ordonne à Leporello d'inviter à dîner la statue du Commandeur : elle accepte et l'entraîne en enfer.

BIBLIOGRAPHIE : Charles Gounod, *Le Don Juan de Mozart*, Paul Ollendorff (Paris, 1890), rééd. Les Introuvables (Plan-de-la-Tour, 1980). Pierre-Jean Jouve, *Le Don Juan de Mozart*, Plon Paris, 1941), rééd. Les Introuvables (Plan-de-la-Tour, 1977), rééd. Christian Bourgeois (Paris, 1986). Jean-Victor Hocquard, *Le Don Giovanni de Mozart*, Aubier (Paris, 1978). Fred Goldbeck, *Mozart, Don Giovanni à travers la partition*, La Revue Musicale nºˢ 322-323, Richard Masse

(Paris, 1979). *Don Juan*, L'Avant-Scène-Opéra nº 24 (Paris, 1980).

Donizetti, Gaetano (Bergame, 29 novembre 1797 ; Bergame, 8 avril 1848). Compositeur italien. Élève du compositeur Johann Mayr, l'un des premiers à diriger en Italie les œuvres de la maturité de Haydn, de Mozart et de Beethoven, Donizetti est finalement envoyé à Bologne pour étudier avec le plus célèbre professeur de contrepoint de l'époque, le padre Mattei. Son premier opéra représenté est donné à Venise en 1818, suivi de farces en un acte ; mais sa véritable carrière lyrique commence en 1822, lorsque le succès de l'*opera seria Zoraide di Granata*, à Rome, aboutit à un contrat avec les théâtres napolitains ; il y sera finalement nommé compositeur à demeure après 1826. Pendant cette période, il écrit régulièrement trois ou quatre opéras par an, ce qui lui procure une aisance qu'il conservera jusqu'à la fin de sa carrière.

Sa renommée internationale débute avec *Anna Bolena*, représenté à Milan en 1830, époque heureuse pour un compositeur italien : Rossini vient de cesser de composer pour l'opéra. Au cours des dix années suivantes, Donizetti devient l'un des compositeurs les plus riches et les plus productifs, surtout dans le domaine de l'*opera seria*. Il a également composé quelques œuvres plus légères. Les sujets de ces *opera seria* sont essentiellement romantiques, avec un forte tendance aux sujets historiques comme *Maria Stuarda* (1835), *Lucrezia Borgia* (1833) et *Marino Faliero* (1835). Leur style musical est basé sur celui de Rossini : il met fortement l'accent sur un *bel canto* décoré que réclament les chanteurs et le public ; toutefois, après quelques années, on voit se dessiner sous sa plume un penchant très net pour un style direct et nouveau sur lequel allait se fonder la popularité de Verdi dans les années 1840. La facilité même de Donizetti allait à l'encontre d'une véritable qualité dramatique et certains de ses meilleurs ouvrages, comme *Lucia di Lammermoor* (1835), comportent de grandes faiblesses scéniques. Malgré cela, la majeure partie de la musique est très belle, particulièrement les ensembles médians, comme le sextuor de *Lucia*, qui montre à la fois sa maîtrise du contrepoint et un certain sens de la personnification musicale.

Profondément marqué par la mort de sa femme, en 1838, Donizetti tourne le dos à Naples et se met à écrire à foison pour les théâtres parisiens où *Poliuto*, interdit en Italie pour des raisons politiques, est représenté en 1840. Quelques-uns de ses meilleurs opéras, notamment *La Favorite* (1840) et *Don Pasquale* (1843), datent de cette période parisienne ; il est en outre nommé compositeur de la cour des Habsbourg en 1842, ce qui ne suscite pas l'approbation générale dans une Italie déjà nationaliste. Mais Donizetti voit apparaître les signes de la maladie qui devait l'emporter, la syphilis méningovasculaire cérébrospinale. Dès l'hiver 1843-44, sa nervosité excessive l'empêche de composer et, l'année suivante, il est déclaré fou et passera le reste de sa vie dans des asiles.

Denis Arnold.

BIBLIOGRAPHIE : Rodolfo Celetti, *Histoire du Bel Canto*, Fayard (Paris, 1987). Olivier Merlin, *Quand le Bel Canto régnait sur le boulevard*, Fayard (Paris, 1978).

Don Juan. 1. La légende de Don Juan, le libertin, a servi de sujet à de nombreuses pièces, depuis celle de Tirso de Molina (1630), et à de nombreux opéras, dont le plus connu est le *Don Giovanni* de Mozart. Au nombre des autres compositeurs qui ont traité ce sujet, on peut citer Melani, Gazzaniga, Fabrizi, Federici, Dibdin, Pacini, Dargomijski, Delibes, Alfano et Goossens.

2. Poème symphonique op.20 de Richard Strauss, d'après un poème de Lenau. Composé en 1888-89.

Don Pasquale. Opéra bouffe en trois actes de Donizetti ; livret de Ruffini et du compositeur d'après le livret d'Anelli pour *Ser Marc'Antonio* (1810). Représentations : Paris (Théâtre-Italien, 3 janvier 1843) ; Londres (Her Majesty's Theatre, 29 juin 1843) ; La Nouvelle-Orléans (7 janvier 1845). Don Pasquale (basse), vieux garçon riche et bourru, a décidé de se marier pour que son neveu Ernesto (tén.) n'hérite pas de sa fortune, car il désapprouve le choix de sa fiancée, la jeune et attirante veuve Norina (sop.). Le jeune couple, aidé par le docteur Malatesta (bar.), également ami de Don Pasquale, s'arrange pour que ce dernier épouse « Sofronia », qui n'est autre que Norina déguisée : elle lui est présentée comme la sœur de Malatesta, sortant juste du couvent. Dès que le mariage est conclu, Sofronia révèle sa vraie personnalité et rend la vie impossible au vieil homme. Malatesta propose l'annulation du mariage ; Don Pasquale accepte et, reconnaissant qu'il a été dupé, pardonne à tous.

Don Quichotte. Opéra en cinq actes de Massenet ; livret d'Henri Cain d'après la pièce *Le Chevalier à la triste figure*, tirée par J. Le Lorrain du roman de Cervantes. Créé à Monte-Carlo avec Chaliapine dans le rôle-titre en 1910.

BIBLIOGRAPHIE : *Don Quichotte*, L'Avant-Scène Opéra n° 93 (Paris, 1986).

Don Quichotte à Dulcinée. Trois mélodies pour basse et orchestre de Ravel sur des poèmes de Paul Morand, composées en 1932-33 : *Chanson romanesque*, *Chanson épique* et *Chanson à boire*. Ravel en a réalisé une réduction pour voix et piano en 1932-33. Composées pour un film de Pabst d'après Cervantes, dont Chaliapine était la vedette, elles n'ont pas été retenues dans la partition définitive et constituent les dernières œuvres de Ravel.

Don Quixote. 1. Roman de Cervantes, publié en deux parties (1605, 1615), qui a inspiré de nombreuses œuvres musicales. Dans le domaine lyrique, des opéras de Förtsch, Conti, Boismortier, Paisiello, Piccinni, Salieri, Hubaček, Garcia, Mendelssohn, Mercadante, Donizetti, Macfarren, Clay, Jaques-Dalcroze, Heuberger et Falla. Purcell a écrit une musique de scène pour la pièce d'Urfey.

2. Poème symphonique op.35 de Richard Strauss sous-titré *Fantastische Variationen über ein Thema ritterlichen Charakters* (« Variations fantastiques sur un thème chevaleresque »). Il comporte une introduction, le thème et ses dix variations, et un finale, avec d'importantes parties solistes de violoncelle et d'alto. Il a été composé en 1896-97.

3. De nombreuses partitions ont été écrites sur le même sujet, notamment celle de Minkus pour le ballet de Petipa (1869), ainsi que des œuvres de Petrassi, Ibert et Gerhard.

Dopo (ital.). « Après ».

Doppel (all.). « Double » ; *dopplen*, « doubler ».

Doppelchor (all.). « Double chœur ».

Doppelfagott (all.). « Contrebasson ».

Doppelflöte (all.). « Flûte double », jeu d'orgue muni de deux bouches, une de chaque côté, qui produit un son de flûte fort et pur.

Doppelfuge (all.). « Double fugue ».

Doppelhorn (all.). « Cor double ».

Doppelkreuz (all.). « Double dièse ».

Doppelschlag (all.). « Double », « gruppetto », « tour de gosier ».

Doppeltaktnote (all.). « Brève », « carrée », « brevis » ( ou ).

Doppelt so schnell (all.). « Deux fois plus vite ».

Doppelzunger (all.). « Double articulation ».

Doppio (ital.). « Double ». *Doppio movimento*, « deux fois plus vite » ; *canone doppio*, « double canon » ; *doppio pedale*, à l'orgue, terme indiquant d'utiliser les deux pieds sur les pédales ; *doppio bemolle*, « double bémol » ; *doppio diesis*, « double dièse ».

Dorabella. Dixième intermezzo des *« Enigma » Variations* d'Elgar. C'est un portrait musical de Dora Penny (Mme Richard Powell), le surnom faisant référence à *Cosi fan tutte*. Le livre de Mme Powell, *Edward Elgar : Memories of a Variation* (Londres, 1937), donne un aperçu intéressant de la vie privée du compositeur.

Dorien. Le mode dorien est le mode représenté par les touches blanches du piano, en commençant sur ré. Voir *Mode*, 2.

Dorienne. Surnom d'une toccata et fugue en ré mineur pour orgue de J.S. Bach, composée à Weimar entre 1708 et 1717. Elle doit son surnom à l'absence d'armature de la clé sur la partition originale, qui faisait penser au mode dorien.

Double. Aux XVIIe et XVIIIe siècles, variation simple composée généralement d'une version ornementée du thème.

Doublé (ou tour de gosier). Ornement identique au **gruppetto*, en usage dans la musique vocale et instrumentale des XVIIe et XVIIIe siècles. Il est transcrit par le signe.

Double barre. Double trait vertical traversant la portée qui marque la fin d'une œuvre ou d'un mouvement. Sauf si elle coïncide avec une barre de mesure simple, la double barre n'a pas de valeur rythmique. Lorsqu'elle est précédée de deux points placés l'un au-dessus de l'autre, elle constitue un signe de reprise. Si le signe de reprise est marqué « prima volta », ou simplement « 1 », et est suivi d'une barre marquée « seconda volta » ou « 2 », il faut faire la reprise ; à la fin, l'instrumentiste doit jouer la deuxième mesure qui l'amènera à la section musicale suivante.

Double bémol (all. : *Doppel-Be* ; angl. : *double flat* ; esp. : *doble bemol* ; ital. : *doppio bemolle*). Le signe (♭♭), lorsqu'il est placé devant une note, l'abaisse d'un ton. Voir également *Accident*.

Double chœur. Chœur partagé en deux groupes complets d'égale importance, généralement dans le but de produire un certain effet dans l'espace.

Double concerto. Concerto écrit pour deux instruments solistes, comme le *Double Concerto en ré mineur* de Bach pour deux violons.

Double corde (all. : *Doppelgriff* ; angl. : *double stop* ; ital. : *doppio corda*). Technique de jeu des instruments à cordes et à archet qui consiste à jouer sur deux cordes simultanément pour produire des intervalles ou des accords.

Double croche (all. : *Sechzehntel* ; amér. : *sixteenth note* ; angl. : *semiquaver* ; ital. : *semicroma* ; esp. : *semicorchea*). Note (𝅘𝅥𝅯) qui vaut la moitié d'une croche et dont le silence correspondant est le quart de soupir.

Double dièse (all. : *Doppelkreuzt* ; angl. : *double sharp* ; esp. : *doble sostenido* ; ital. : *doppio diesis*). Le signe (𝄪) : placé devant une note, il l'élève d'un ton. Voir également *Accident*.

Double flat (angl.). « Double bémol ».

Double fugue. *Fugue dans laquelle deux sujets sont présentés et développés simultanément dès le début.

Double mordant. Voir *Mordant*.

Double point. Voir *Point*, 3.

Double sharp (angl.). « Double dièse ».

Double trille. Trille exécuté simultanément sur deux notes distantes généralement d'une tierce.

Double whole-note (amér.). « Brève », « carrée », « brevis » (𝅜 ou 𝅜).

Doublure. A l'opéra, les premiers rôles sont parfois confiés également à des doublures capables de reprendre leur rôle en cas d'absence du titulaire.

Douçaine, Dolzaina. Instruments à vent anciens non identifiés jusqu'à ce jour.

1. *Douçaine* (également douchaine, doussaine). Mentionné très souvent au cours des XIVe et XVe siècles, cet instrument avait certainement une importance considérable, particulièrement dans la musique française et flamande. Il figure avec les flûtes et les cordes parmi les instruments « bas » ; dans le compte-rendu de la grande fête bourguignonne du Faisan de 1474, une chanson accompagnée au luth, à la « douchaine », et avec un autre instrument « concordant », était « bonne à entendre ». On imagine qu'en l'occurrence la douchaine jouait la partie supérieure. Les seuls détails que l'on en possède viennent de Tinctoris, dans les années 1480 – il la décrit comme un instrument à anche proche du chalumeau, mais, comme l'indique son nom, de sonorité douce, muni de sept trous devant et un derrière, comme sur la flûte à bec ; il la juge « imperfecta », incapable de jouer toute sorte de morceaux (ce qui, à cette époque, signifie que son étendue était limitée plutôt que non chromatique). Avec

ces indications, les recherches se sont portées sur les tableaux du XVe siècle – sur lesquels un instrument apparemment aussi connu devait certainement figurer – et elles se sont focalisées sur quelques instruments qui ressemblent au chalumeau, mais de facture plus fine, mesurant parfois 60 cm de long, peut-être plus, et qui se terminent parfois par une sorte de pavillon en forme de bouteille. Aucun exemplaire n'ayant survécu, la grande question qui reste posée est celle de la taille de la perce : était-elle conique et étroite ou cylindrique ? Si elle était conique, l'instrument avait une tessiture alto ou soprano ; si elle était cylindrique, sa tessiture était peut-être ténor et il ne pouvait y avoir de registre supérieur (ce qui correspondrait à l'idée de Tinctoris d'une étendue limitée). Il est très décevant, pour l'exécution moderne de la musique du début de la Renaissance, de ne pas savoir ce qu'était en fait cet instrument à vent certainement très utile (antérieur au célèbre *cromorne).

2. *Dolzaina*. Mentionnée dans certains documents italiens du XVIe siècle comme un instrument à vent très connu. A la fin du XVIe siècle, le théoricien Zacconi donne quelques maigres détails, le rangeant aussi parmi les autres instruments à anche : l'étendue est de neuf notes, de do^2 à ré^3, mais pour les modèles pourvus de clefs elle allait jusqu'à mi^3 ou fa^3 (ces clefs se trouvaient près du haut de l'instrument, comme les placent aujourd'hui certains facteurs sur le *cromorne). Les tableaux n'ont pas permis, jusqu'ici, d'identifier cet instrument. Certaines sources révèlent que la « dolzaina » pouvait également être un instrument basse, ce qui nous rappelle que les Allemands, après le milieu du XVIe siècle, ont repris le mot italien sous la forme « dulzian » pour désigner le premier basson (voir *Basson, 4a*).

En Espagne, « dulzaina » désignait, jusqu'aux temps modernes, un petit chalumeau populaire d'une sonorité aiguë et extrêmement puissante, ce qui ajoute encore au mystère de ce mot.

Anthony Baines.

Doudy. Nom de certains types de cornemuses d'Europe centrale ; voir *Cornemuse, 5a*.

Douzième. Voir *Intervalle*.

Dowland, John (? Londres, 1563 ; enterré à Londres le 20 février 1626). Compositeur et luthiste anglais. A l'âge de 17 ans, il se rend à Paris où il passe quelques années au service de l'ambassadeur d'Angleterre, Sir Henry Cobham. En 1588, il est admis à Christ Church, à Oxford, et obtient le grade de « Bachelor of Music ». En 1592, il joue devant la reine Élisabeth, à Sudely Castle. Une déception majeure semble jeter une ombre sur la carrière de Dowland – son inaptitude à obtenir un poste à la cour en 1594. Il entreprend alors un voyage en Europe, visitant l'Allemagne et l'Italie et, en 1598, il est finalement nommé luthiste de la cour du roi Christian IV de Danemark. Bien que son salaire soit nettement supérieur à celui des musiciens employés par Élisabeth, Dowland regrette encore amèrement son échec et a à cœur d'entrer à la cour d'Angleterre. Il y parvient finalement en octobre 1612. Une fois nommé, il s'installe à Londres, mais devient de plus en plus introspectif et, peut-être aussi, intensément religieux, comme l'*ayre* « If that a sinners sighs » (dans *A Pilgrimes Solace*, Londres, 1612) le laisse supposer.

Les convictions religieuses de Dowland ont été avancées comme l'une des raisons de son échec, en 1594. Lors de son séjour à Paris, en 1580, il s'était converti au catholicisme. Toutefois, compte tenu du libéralisme d'Élisabeth dans le domaine religieux – comme en témoigne sa tolérance pour Byrd –, les convictions de Dowland n'ont pas dû interférer beaucoup dans sa carrière. Néanmoins, la religion a joué un rôle important dans sa vie ; il a apporté une contribution au *Whole Booke of Psalmes* (1592) de Thomas East et a écrit des chants sacrés édités dans *Teares or Lamentacions of a Sorrowfull Soule* de Sir William Leighton (1614) ; « An heart thats broken and contrite » est l'une des pages les plus émouvantes de ce recueil.

Dowland était l'un des plus célèbres luthistes et compositeurs de son époque. Il représente aussi le tempérament artistique élisabéthain. Particulièrement sensible à la critique et enclin à la mélancolie, il n'en était pas moins ambitieux, égocentrique et souvent naïf. Il était conservateur – lorsqu'il est allé à Venise, il n'a pas caché sa préférence pour le style démodé de Giovanni Croce par rapport à celui de Giovanni Gabrieli, et le manuel classique allemand d'Andreas Ornithoparcus, *Musice active Micrologus* (1517), qu'il décida de traduire et de publier lui-même, ne révèle pas un goût prononcé de l'aventure.

Parmi les plus belles chansons de Dowland, certaines sont tristes – comme « In darknesse let me dwell » (dans *A Musicall Banquet* de Robert Dowland, Londres, 1610) et « Sorrow, sorrow stay » (dans son *Second Booke of Airs*, Londres, 1600). La mélancolie plane toujours sur sa musique pour luth et cordes et elle imprègne particulièrement ses *Lachrimae or Seaven Teares* (Londres, 1604), recueil de pavanes, de gaillardes et d'allemandes à cinq parties pour « consort » de cordes.

Si, de son vivant, l'Angleterre n'a pas offert à Dowland la place et le respect que méritait son talent – et sa vie a été fertile en déconvenues, en introspection et en rivalités mesquines – le temps a largement réparé cette injustice et Dowland a aujourd'hui sa place parmi les meilleurs compositeurs anglais.

Christopher Wilson.

Dowland, Robert (? Londres, vers 1591 ; Londres, 1641). Compositeur anglais, fils du précédent. Il n'a pas accompagné son père à l'étranger et est resté en Angleterre jusqu'au début des années 1620, époque à laquelle il fait une tournée en Europe avec une troupe d'acteurs. Il succède à son père à la cour de Jacques Ier en 1626. On ne connaît aujourd'hui que quelques compositions de Robert Dowland, toutes pour le luth, mais il a publié deux anthologies contenant des œuvres de son père et d'autres compositeurs – *A Musicall Banquet* et *A Varietie of Lute-Lessons* (toutes deux à Londres, 1610).

Down among the Dead Men. Chanson à boire (les « Dead Men » [« cadavres »] sont les bouteilles vides sous la table) d'auteur inconnu. Publiée pour la première fois en 1715, elle est sans doute antérieure.

Doxologie (du grec *doxa*, « gloire », et *logos*, « parole »). Terme désignant toute formule de louange liturgique, comme le *Gloria Patri* (« Gloire au Père », etc., ou *doxologia minor* utilisée à la fin des psaumes) ou le *Gloria in excelsis Deo* (« Gloire à Dieu au plus haut des cieux » ou *doxologia major*). La doxologie majeure, généralement abrégée au Gloria, fait partie de la messe romaine (voir *Messe*, 1) ; dans sa version anglaise, elle fait partie du service de Communion anglican (voir *Common Prayer, Book of*).

Dans les Églises protestantes non liturgiques, le terme doxologie correspond à une forme métrique de la doxologie mineure, généralement celle que l'on chante sur l'air *Old Hundredth* – « Praise God from whom all blessings flow », etc. – des *Morning and Evening Hymns* « Awake, my soul » et « Glory to Thee » de l'évêque Ken (1637-1711). Dans les années 1640, certaines régions d'Écosse ont connu de sérieux différends à propos de l'abandon de l'utilisation d'une doxologie de ce genre du psautier de 1595 d'après des psaumes métriques.

Percy Scholes.

D'Oyly Carte Opera Company. Troupe d'opérette britannique fondée en août 1879. Elle est inséparable des opéras de W. S. Gilbert et Arthur Sullivan dont l'association a débuté en 1871 avec *Thespis*, écrit pour John Hollingshead et le Gaiety Theatre. Gilbert et Sullivan avaient chacun beaucoup de succès dans leur propre domaine lorsque Richard D'Oyly Carte (1844-1901), impresario qui désirait depuis longtemps créer un théâtre consacré à l'opéra anglais, leur suggéra de travailler à nouveau ensemble sur une courte pièce destinée à compléter une production de *La Périchole* d'Offenbach, au Royalty Theatre à Soho (en 1875). La pièce, *Trial by Jury*, eut beaucoup de succès et, en 1876, D'Oyly Carte forma la Comedy Opera Company. Il réunit quatre commanditaires influents pour produire des opéras anglais, mais plus spécifiquement pour monter *The Sorcerer* (1877). Pendant les représentations de *HMS Pinafore* (1879), D'Oyly Carte, gérant et locataire de l'Opéra-Comique, fut congédié par ses codirecteurs alors qu'il se trouvait aux États-Unis. Après une période troublée et de nombreuses querelles juridiques, il forma une nouvelle association avec Gilbert et Sullivan en 1879, inaugurant la Mr. D'Oyly Carte's Opera Company. L'association prospéra et les ambitions de D'Oyly Carte allèrent jusqu'à la construction d'un nouveau théâtre, le Savoy, qui ouvrit ses portes le

10 octobre 1881 avec *Patience*, un transfert de l'Opéra-Comique.

Malgré les querelles, la compagnie eut un grand succès, principalement autour des ouvrages de Gilbert et Sullivan, mais également avec des opéras de compositeurs anglais de moindre importance. D'Oyly Carte mourut en avril 1901, date à laquelle sa seconde femme (Helen Lenoir, son ancienne secrétaire) reprit la compagnie. Elle se retira de la direction du Savoy en 1909, mais continua à diriger la troupe itinérante Comedy Opera, fondée en 1904, dont la réputation était déjà solidement établie. Rupert D'Oyly Carte (1876-1948), le fils de Richard, succéda à sa mère comme seul et unique directeur de la compagnie et resta à sa tête pendant 35 ans (jusqu'à sa mort). Son fils unique s'étant tué dans un accident de voiture, la compagnie fut reprise par sa fille, Bridget. En 1961, lorsque les opéras de Gilbert et Sullivan tombèrent dans le domaine public, la compagnie continua ses tournées et les droits des œuvres furent versés au D'Oyly Carte Opera Trust. Elle poursuivit ses activités à l'aide de subventions d'État, mais son avenir s'obscurcit en 1981 lorsque ces subventions furent reconsidérées et elle disparut en 1982.

Peter Gammond.

Drabant. Danse de cérémonie polonaise très répandue dans les milieux aristocratiques à la fin du XVIIIe siècle et au début du XIXe siècle. Elle commençait par une marche solennelle et se transformait progressivement en *obertas*, danse à trois temps assez sauvage et rapide.

Draghi, Antonio (Rimini, 1634-35 ; Vienne, 16 janvier 1700). Compositeur et librettiste italien qui a passé la majeure partie de sa vie à Vienne. En 1657, il était chanteur au Théâtre Saint-Apollinaire de Venise, mais l'année suivante il entra à Vienne au service de l'impératrice douairière Éléonore, veuve de Ferdinand III. A partir de 1682, il a été maître de chapelle de l'empereur Leopold Ier. Il a composé beaucoup d'opéras et de divertissements dramatiques, généralement sur des textes du poète de cour Nicolò Minato, ainsi que des oratorios et *sepulcri* (représentations dramatiques de la Passion), dont certains ont été mis en scène.

Draghi, Giovanni Battista (vers 1640 ; Londres, 1708) est peut-être le frère d'Antonio. Il faisait partie des musiciens italiens employés par Charles II et a écrit beaucoup de musique de scène pour les théâtres londoniens. Pepys et Evelyn l'estimaient beaucoup. Excellent organiste, il était titulaire de la chapelle privée de Jacques Ier et professeur de musique de la princesse Mary et de la princesse Ann.

Denis Arnold.

Dragonetti, Domenico (Carlo Maria) (Venise, 10 avril 1763 ; Londres, 16 avril 1846). Contrebassiste et compositeur italien. Dès son enfance, il apprend à jouer de la guitare et du violon, mais passe rapidement à la contrebasse, faisant de tels progrès qu'il est capable d'entrer à l'orchestre de l'Opera Buffa dès l'âge de treize ans. Il joue bientôt dans l'orchestre de Saint-Marc ainsi que dans l'orchestre de l'Opéra de Vicenza, où il acquiert sa précieuse contrebasse Gasparo da Salò. Sa renommée dépasse rapidement les frontières italiennes et, en 1794, il est invité à Londres où il est engagé au King's Theatre. Dès lors, et pendant 52 ans, il joue régulièrement dans les orchestres londoniens. Des liens d'amitié l'unissent à Haydn et il apprendra beaucoup à Beethoven de la technique de la contrebasse. Il poursuivra sa carrière d'instrumentiste au-delà de 80 ans, époque à laquelle Berlioz l'a entendu jouer. Dragonetti a légué à Saint-Marc sa contrebasse da Salò et un autre de ses instruments se trouve au Victoria and Albert Museum, à Londres.

Dragonetti était un virtuose incomparable. Il a composé beaucoup de musique pour contrebasse et a souvent joué sur cet instrument les parties de violoncelle des quatuors à cordes.

Wendy Thompson.

Dragoni, Giovanni Andrea (Meldola, près de Forli, vers 1540 ; Rome, décembre 1598). Compositeur italien. Élève de Palestrina, maître de chapelle à Saint-Jean-de-Latran à Rome, de 1576 jusqu'à sa mort. Il a composé des madrigaux assez traditionnels, ainsi que des messes et des motets dans le style de son maître.

Denis Arnold.

Drame liturgique (all. : *liturgisches Drama* ; angl. : *liturgical drama*, *church drama* ; ital. : *drama liturgico*).

1. *Le drame liturgique jusqu'au XIIIe siècle.* On ne saurait nier le caractère profondément dramatique de l'Eucharistie – la reconstitution de la dernière cène – et de l'ensemble des commémorations qui composent l'année liturgique. Les premières liturgies chrétiennes, particulièrement les liturgies syriennes et autres liturgies orientales, abondent de représentations symboliques d'êtres et d'événements divins. Toutefois, en Occident, la première reconstitution vivante délibérée de personnages de l'Évangile semble avoir eu lieu au IXe siècle : il était alors coutumier de reconstituer la visite de Marie et de Marie-Madeleine au tombeau du Christ, en l'intégrant aux cérémonies de la vigile pascale.

Cette cérémonie, connue sous le nom de *Visitatio sepulchri* (« Visite au sépulcre »), est la première que l'on trouve dans un manuscrit de Limoges (vers 930). Toutefois, en raison de sa vaste dissémination, on suppose qu'elle a débuté dans une partie plus centrale de l'empire carolingien, peut-être dans le nord-est de la France, au cours de la seconde moitié du IXe siècle. La cérémonie se déroulait souvent autour d'un autel ou dans un lieu situé hors du chœur de l'église principale – ou même dans une autre église – où une représentation du sépulcre aurait été érigée. Elle précédait généralement la messe de Pâques et une courte procession se rendait peut-être du sépulcre au chœur. Sous sa forme la plus simple, la petite cérémonie pouvait se composer du dialogue suivant :

Anges : Qui cherchez-vous au sépulcre, disciples du Christ ?
Les Marie : Jésus-Christ qui a été crucifié, ô êtres célestes.
Anges : Il n'est pas ici : Il est ressuscité comme Il l'avait prédit. Allez annoncer qu'Il est ressuscité.

Il était facile d'élargir ce dialogue, soit en composant un texte nouveau, soit avec des antiennes des offices de Pâques, dont un grand nombre utilisaient déjà certaines pages de l'Évangile. Dans tous les pays d'Europe, on a pris l'habitude de chanter des dialogues de Pâques plus ou moins simples pendant tout le Moyen Age. On a également retrouvé, mais en nombre beaucoup plus limité, le même dialogue adapté au temps de Noël (*Sages-femmes :* « Qui cherchez-vous dans la crèche, bergers ? », etc.).

Aux XIe et XIIe siècles, la composition de drames liturgiques semble avoir connu un essor soudain. En comparaison des partitions sur les dialogues de Pâques comme ceux que nous venons de mentionner, leurs sources manuscrites semblent peu nombreuses. Mais on trouve, à partir de cette époque, des drames pascals très développés ainsi que des pièces sur des sujets qui n'avaient jamais été traités auparavant. A partir du XIIe siècle, on trouve pour la première fois des scènes pascales incluant les disciples Pierre et Jean, Marie-Madeleine parlant avec le jardinier (le Christ), Thomas l'incrédule et la scène des disciples d'Emmaüs. En outre, on possède une pièce du XIe siècle sur Hérode et les Mages, la première d'une longue série sur le même sujet. On a également conservé (début du XIIe siècle) les premières pièces traitant d'événements extérieurs à la vie du Christ : le *Sponsus* sur la parabole évangélique des vierges sages et des vierges folles ; et l'*Ordo prophetarum* où les prophètes de l'Ancien Testament et une succession colorée d'autres personnages témoignent de la venue du Christ. Dès lors, on constate une ascension rapide vers les sommets du drame liturgique latin : la Passion dans le manuscrit de *Carmina burana* (d'Autriche) ; les drames de Pâques d'Origny-Sainte-Benoîte (Aisne), Klosterneuburg, Tours et du manuscrit de *Carmina burana* ; ainsi que le *Jeu de Daniel* (Beauvais). Dans ces longs drames en vers, pleins de détails réalistes et dont l'action est étonnamment variée, on est parvenu à la limite de ce qui pouvait se faire dans le cadre des services religieux du Moyen Age.

La musique des premiers drames et de la plupart des drames ultérieurs était écrite dans le style traditionnel du plain-chant (il s'agissait souvent d'esquisses de chants tirés de la liturgie courante). Mais, à partir du *Sponsus,* le texte est fréquemment versifié et la musique utilise une langue vraiment nouvelle. Les deux styles cohabitent parfois. L'Ex. 1 est tiré d'un drame de Noël de la cathédrale de Rouen, datant du XIIIe siècle. Il est évident que le chant du berger, avec ses sauts constants d'une tierce, est postérieur au « pseudo-chant » des sages-femmes.

Le *Jeu de Daniel* est particulièrement remarquable en raison de son *conductus* vigoureux et de la solidité rythmique des chants exécutés pendant l'entrée et la sortie des personnages (Ex. 2).

Ex. 1

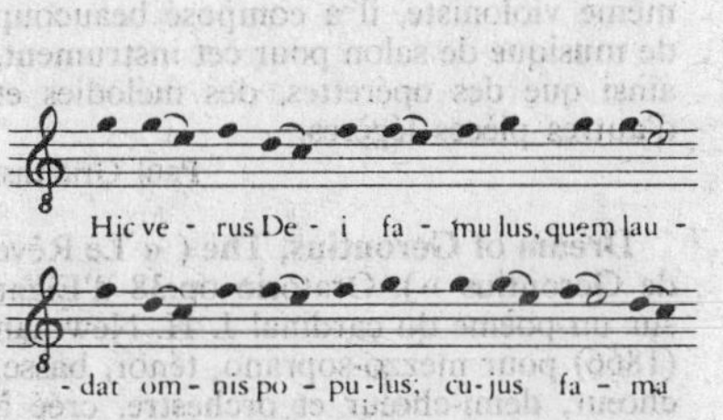

Ex. 2. Conductus (lorsque Daniel vient vers le roi).

Le drame liturgique avait, avant tout, une fonction didactique ; il était destiné à rendre l'Évangile plus explicite. Il n'est donc pas surprenant de trouver une touche populaire dans un grand nombre de drames ultérieurs. Le *Sponsus* contient des parties en occitan (langue médiévale, le drame provenant du nord de l'Aquitaine) ; Daniel est parfois abordé en français médiéval (voir dernière ligne de l'Ex. 2) ; dans les drames de Pâques d'Origny, la majeure partie du texte est en français ; à partir du XIIe siècle, un grand nombre de cérémonies allemandes de la Visitation s'achèvent en chantant *Christ ist erstanden*. La plupart ont été copiées sans précision de « mise en scène », mais certaines comportent des instructions indiquant des mouvements très simples et quelques sources mentionnent le port de costumes et le montage d'un décor élémentaire. Néanmoins, nous ne savons rien du style dans lequel ces drames étaient représentés.

David Hiley.

2. *La musique des jeux liturgiques anglais.* Parmi les diverses catégories de théâtre religieux anglais, les « mystères » sont des pièces tirées des Écritures alors que les « miracles » sont tirés de la vie des saints ; toutefois, les deux termes ne sont pas utilisés avec précision et ils sont interchangeables dans une certaine mesure. Une « moralité » est une action théâtrale dans laquelle sont personnifiés les vices et les vertus, etc. ; il s'agit alors d'une allégorie. *Everyman* en est un bon exemple.

Seuls quatre jeux liturgiques anglais ont survécu dans leur intégralité : un provenant de York, un de Chester, un de Wakefield et le jeu liturgique « N-Town » de l'Est-Anglie. Parmi les pièces isolées ou qui auraient appartenu à des jeux, deux d'entre elles, tirées de jeux liturgiques de Coventry, présentent une certaine importance sur le plan musical (les autres sont perdues). Certains signes prouvent que la musique jouait un rôle substantiel dans les jeux : on trouve des instructions scéniques pour la musique, les textes eux-mêmes ont besoin de musique pour être joués, et les registres officiels des villes en question fournissent des informations sur les musiciens qui y ont participé.

Malheureusement, presque aucune musique écrite n'a survécu, car il y avait peu de raison de l'écrire dans les textes des pièces. Le manuscrit d'York, qui date de 1475 environ, comprend six numéros de polyphonie à deux parties du milieu du XVe siècle (deux musiques différentes illustrant chacune trois textes), manifestement utilisés comme musique des anges dans la pièce *The Appearance of Our Lady to St Thomas*. Dans les jeux de Coventry, deux pièces – les « carols » de Coventry – ont été ajoutées au manuscrit en 1591, mais elles faisaient sans doute déjà partie du jeu en 1534, ou même plus tôt : le chant des bergers en route vers Bethléem (« As I outrode ») et la célèbre berceuse chantée par les mères des Innocents, juste avant le massacre. Enfin, l'un des manuscrits de Chester (daté de 1607) comprend une ligne du Gloria des anges dans le *Shepherds' Play*, apparemment le début d'une pièce polyphonique du XVIe siècle.

Ces preuves sont fragmentaires et laissent en suspens de nombreuses questions importantes. Toutefois, une étude approfondie révèle certaines caractéristiques usuelles qui permettent de déceler deux fonctions principales dans la musique des jeux liturgiques : une fonction représentative et une fonction structurelle. La première reposait sur des conventions que nous connaissons notamment grâce aux sources iconographiques. La musique des anges représentait l'ordre divin. Les anges chantaient donc (ou les ménestrels jouaient) durant les actes consacrés à la création divine et lors des interventions de Dieu dans les affaires humaines. Le chant des anges était probablement accompagné par des instruments, le doux jeu des ménestrels semblant particulièrement approprié. Par extension de cette tradition, les pièces présentaient souvent sous les traits de musiciens ceux qui étaient choisis par Dieu pour accomplir sa volonté – les bergers, la Vierge Marie, Siméon et quelques autres – mais ils chantaient probablement sans accompagnement. Par ailleurs, la puissance de la musique instrumentale représentait le pouvoir temporel ; ainsi, le roi Hérode est concrétisé par une intervention dynamique des ménestrels – sans doute un ensemble de chalemies et de saqueboutes. Cet usage représentatif de la musique aide à identifier le personnage concerné, au même titre que la couronne d'Hérode ou la harpe de David.

La musique a aussi une fonction structurelle, moins importante peut-être, mais non négligeable : elle intervient souvent à l'entrée ou à la sortie d'un personnage, au cours d'un voyage d'un lieu à un autre, afin de marquer le passage du temps ou d'aider à concentrer l'attention de l'auditoire sur un nouveau lieu. Comme de tels événements coïncident souvent avec les principales divisions structurelles de la pièce, ces divisions sont également soulignées par de la musique. Pour les mystères, le rôle de la musique dépasse nettement l'importance d'une simple musique de scène : elle fait partie intégrante de l'ensemble de la représentation dramatique dans laquelle elle joue un rôle significatif.

Richard Rastall.

Drame lyrique (fr.), **dramma lirico** (ital.). Nom moderne donné aux opéras sérieux, qui implique généralement un mode d'expression plus intime que celui du grand opéra ou de la musique wagnérienne. *Pelléas et Mélisande* de Debussy est un « drame lyrique ».

Dramma per musica. Voir *Opéra*, 2.

Drdla, Frantisek [Franz] (Žd'ár, Moravie, 28 novembre 1868 ; Bad Gastein, 3 septembre 1944). Compositeur tchèque. Il commence ses études à Prague (1880-82), puis les poursuit avec Bruckner à Vienne (1882-88) où il s'installe. Lui-même violoniste, il a composé beaucoup de musique de salon pour cet instrument, ainsi que des opérettes, des mélodies et d'autres pièces légères.

Paul Griffiths.

Dream of Gerontius, The (« Le Rêve de Gerontius »). Oratorio op.38 d'Elgar sur un poème du cardinal J. H. Newman (1866) pour mezzo-soprano, ténor, basse, chœur, demi-chœur et orchestre, créé à Birmingham en 1900. Cette partition est couramment assimilée à un oratorio, mais le terme ne figure pas sur la partition et Elgar n'aimait pas qu'on y fasse cette référence.

Drei (all.). « Trois » ; *dreifach*, « triple » ; *Dreiklang*, « accord parfait ».

Dreigroschenoper, Die. Voir *Opéra de quat' sous, L'*.

Drei Pintos, Die. Opéra-comique en trois actes de Weber sur un livret de Theodor Hell, d'après *Der Brautkampf* de C. Seidel. Weber y a travaillé en 1820-21 mais ne l'a pas terminé. Le texte a été révisé par son petit-fils et par Mahler, qui a achevé la partition. Création à Leipzig en 1888.

Droits d'auteur

1. Introduction
2. Les origines et le champ d'application des droits d'auteur
3. Protection internationale
4. Œuvres musicales protégées
5. Durée et propriété du droit d'auteur
6. Reproduction
7. Exécution publique et radiodiffusion
8. Droits d'enregistrements sonores
9. Droits d'exécution

1. *Introduction*. Le droit d'auteur (angl. : *copyright*) est le droit exclusif reconnu par la loi pendant un certain nombre d'années à un écrivain, un auteur dramatique, un compositeur ou un artiste sur les copies, exécutions ou représentations publiques de son œuvre originale. Le sujet est complexe et cet article se limite aux considérations principales que doivent connaître tous ceux qui sont concernés par la composition, l'édition, l'enseignement, l'exécution ou d'autres aspects de la musique.

2. *Les origines et le champ d'application des droits d'auteur*. En France, les origines de la protection intellectuelle (ou droit d'auteur) remontent à 1653, lorsque Quinault obtint une « part d'auteur » proportionnelle aux recettes (11,11 %). Mais il faut attendre le XVIIIe siècle pour que s'affirme le principe d'un droit des auteurs et compositeurs sur les représentations publiques de leurs œuvres. En Angleterre, le premier texte en la matière voit le jour en 1709 (« The Statute of Anne »). Il accorde une protection de 14 ans aux œuvres déposées auprès de l'une des plus anciennes sociétés d'auteurs, la Stationers' Company. En France, la pratique se généralise à partir de 1775, lorsque la Comédie-Italienne commence à verser systématiquement des droits aux auteurs des pièces représentées. Deux ans plus tard, le 3 juillet 1777, Beaumarchais fonde un syndicat de défense qui regroupe une vingtaine d'auteurs dramatiques et compositeurs. Les lois du 19 janvier 1791 et du 19 juillet 1793 transfèrent aux créateurs le privilège qu'avaient acquis les libraires, au XVIe siècle, avec l'apparition de l'imprimerie. Les droits de représentation, de reproduction, de cession et de distribution sont garantis aux auteurs leur vie durant, ainsi qu'à leurs héritiers « pendant l'espace de dix ans après la mort des auteurs ». En 1837, le syndicat fondé par Beaumarchais se transforme en société civile, sous l'impulsion d'Eugène Scribe, et devient la SACD (Société des auteurs et compositeurs dramatiques). En 1851, Ernest Bourget fonde la SACEM (Société des auteurs, compositeurs et éditeurs de musique) et, à l'apparition du disque, le panorama sera complété par la SDRM (Société du droit de reproduction mécanique), fondée en 1934 et qui dépend de la SACEM. Divers textes législatifs viendront compléter les deux lois révolutionnaires, mais il faudra attendre la loi du 11 mars 1957 pour que le droit d'auteur français connaisse une réglementation modernisée en profondeur. La loi du 3 juillet 1985 élargira considérablement le champ d'application de cette réglementation, notamment en ce qui concerne la durée d'exercice du droit d'auteur et l'affirmation d'un droit moral imprescriptible sur le respect « du nom, de la qualité et de l'interprétation » (dont peuvent donc se prévaloir les héritiers). Elle apporte aussi les précisions rendues indispensables par les développements technologiques (vidéogrammes, diffusion par satellite...).

Les sociétés de droits d'auteur se répartissent la perception et le reversement de ces droits en fonction du répertoire : les œuvres musicales non dramatiques dépendent du répertoire de la SACEM, les œuvres destinées à la scène (opéras, opérettes, ballets, comédies musicales...) de celui de la SACD ; la SDRM est compétente dans le domaine de l'enregistrement. A noter que les éditeurs de musique sont partie prenante de la SACEM et non de la SACD, ce qui nécessite des tractations directes entre utilisateurs et éditeurs lorsque les droits des œuvres scéniques ont été cédés par les compositeurs et les librettistes à leurs éditeurs.

3. *Protection internationale*. La protection internationale a vu le jour à Berne, en 1886, lors de la signature de la première convention internationale sur le droit d'auteur, couramment appelée convention de Berne. Aujourd'hui, tous les pays industrialisés et de nombreux pays en voie de développement sont partie à la convention de Berne ou à la convention universelle de Genève (1952), parfois aux deux (à l'exception de la République populaire de Chine). La convention universelle a été négociée et signée en 1952 avec, pour principal objectif, de faire entrer les

États-Unis dans la communauté internationale du droit d'auteur. L'Union soviétique a adhéré à cette convention en 1973 ; mais ni les États-Unis ni l'Union soviétique n'ont encore adhéré à la convention de Berne, qui est plus rigoureuse. Ces deux traités multilatéraux protègent les droits des auteurs et des titulaires de droits d'auteur dans les domaines littéraire, scientifique et artistique ; ils s'appliquent notamment aux œuvres écrites, musicales, dramatiques et cinématographiques, aux peintures, gravures et sculptures. Ils ne traitent pas des « droits dérivés » qui concernent notamment les exécutants, les organismes de radiodiffusion, les producteurs de films et d'enregistrements sonores et vidéo. Dans ces différents domaines, la protection internationale est plus fluctuante d'un pays à l'autre que celle accordée aux auteurs d'œuvres littéraires, musicales ou artistiques. Il existe plusieurs traités internationaux régissant les droits dérivés, mais assez peu de pays les ont signés. Toutefois, dans de nombreux pays, ces droits entrent dans le domaine de la législation du droit d'auteur.

Le principe fondamental de la convention de Berne et de la convention universelle de Genève est celui de l'assimilation de l'auteur étranger à l'auteur national. Chaque État contractant s'engage à ce que, sur son territoire, les œuvres des citoyens de tous les autres États contractants (et les œuvres éditées pour la première fois dans ces États) jouissent de la même protection que celle qui est accordée à ses propres auteurs et aux œuvres publiées pour la première fois sur son propre territoire. Autre principe fondamental, cette protection n'est liée en aucun cas à des formalités d'enregistrement ou de dépôt de copies dans des bibliothèques ou autres institutions officielles. Les pays membres de la convention de Berne n'ont même pas le droit d'exiger de telles formalités comme condition de protection de leurs propres auteurs nationaux ; dans le cadre de la convention universelle de Genève, les États contractants sont autorisés à imposer des formalités à leurs propres citoyens, mais, pour les auteurs étrangers dont les œuvres ont été publiées pour la première fois hors de leur territoire, la seule formalité obligatoire est l'application du symbole © sur les exemplaires publiés, accompagné du nom du propriétaire du droit d'auteur et de l'année de la première publication ; ces mentions doivent être placées en évidence.

4. *Œuvres musicales protégées.* Le droit d'auteur en matière musicale englobe un certain nombre de notions distinctes :

- droit de reproduction sous quelque forme que ce soit
- droit d'édition
- droit d'exécution publique
- droit de radiodiffusion
- droit de diffusion par souscription
- droit d'adaptation de l'œuvre
- application des droits ci-dessus à une adaptation de l'œuvre.

En France, pour être protégée, une œuvre musicale doit avoir été publiée et créée pour la première fois en France ou dans un pays adhérant à la convention de Berne ou à la convention universelle de Genève. La loi parle de « composition musicale avec ou sans paroles », ce qui recouvre tout ce qui a un caractère musical reconnaissable. La protection de l'œuvre commence automatiquement dès sa création, pourvu qu'elle revête une forme permanente, soit en notation musicale (conventionnelle ou autre), soit sous forme d'enregistrement, et qu'il s'agisse d'une composition originale. L'originalité n'a rien à voir avec la qualité mais signifie simplement que l'œuvre ne doit pas être dérivée d'une partition préexistante d'un autre compositeur. Aux fins de la loi, l'arrangement d'une œuvre musicale est une « adaptation », de telle sorte que si l'œuvre est elle-même protégée, l'arrangeur doit obtenir la permission du titulaire du droit d'auteur de cette œuvre ; si l'arrangement fait preuve d'une certaine originalité, il jouira d'un droit d'auteur distinct de celui de l'œuvre originale, bien que, pour des raisons évidentes, il ne puisse être exercé indépendamment : ainsi, un arrangement d'une œuvre éditée de Benjamin Britten ne pourrait être publié sans le consentement de l'éditeur de cette œuvre.

5. *Durée et propriété du droit d'auteur.* D'après la convention de Berne, le droit d'auteur s'exerce normalement du vivant du compositeur et pendant 50 ans après la fin de l'année civile de sa mort (ou de la mort du dernier des survivants en cas de pluralité d'auteurs, notamment pour les œuvres vocales et lyriques). Certains États accordent une protection accrue, notam-

ment au titre de la réparation du préjudice de guerre. Ainsi, en France, la Première Guerre mondiale donne droit à une prorogation de 6 ans et 152 jours, la Seconde Guerre mondiale à 8 ans et 122 jours supplémentaires, les compositeurs morts pour la France bénéficiant d'une nouvelle prorogation de 30 ans. En outre, la loi de 1985 porte à 70 ans la protection *post mortem* des œuvres musicales, mais cette disposition n'est pas rétroactive. Ainsi, les œuvres de Debussy (mort en 1918) sont tombées dans le domaine public en 1983, mais celles de Saint-Saëns (mort en 1921) resteront protégées jusqu'en 2006 !

Dans la plupart des pays, la protection se limite à 50 ans *post mortem* (Grande-Bretagne, États-Unis), avec prorogations de guerre : en Belgique (10 ans), en Italie (6 ans) ou au Japon (10 ans et 140 jours). Mais certains États, comme la France, ont allongé cette période à 70 ans (Allemagne fédérale, Autriche, Israël) ou même davantage (Espagne, Colombie et Panama, 80 ans ; Côte-d'Ivoire, 99 ans).

D'autres pays, qui se réfèrent à la convention universelle, accordent une protection plus réduite (la convention de Genève impose de maintenir le droit d'auteur du vivant de l'auteur et pendant 25 ans après sa mort : c'est cette norme qu'applique l'URSS). En outre, les pays dont la législation interne prend en considération la date de publication de l'œuvre et non celle de la mort de l'auteur peuvent ne protéger les œuvres que pendant 25 ans à compter de leur publication. L'éventail est large et il en résulte souvent certaines difficultés d'application sur le plan international.

Le système du copyright américain se situait nettement en marge de ces différents principes, avant sa refonte complète en 1976. Les œuvres étaient protégées pendant une période de 14 ans suivant leur publication, sous réserve d'enregistrement de l'œuvre auprès de la District Court. Cette période de 14 ans pouvait être renouvelée une fois par l'auteur ou ses héritiers. En 1831, la période de 14 ans avait été doublée (28 ans), toujours renouvelable pour 14 années supplémentaires et, à partir de 1909, pour 28 ans de plus. A noter que le droit d'auteur en matière musicale n'avait été reconnu qu'à partir de 1831 en tant que tel. Auparavant, on procédait par assimilation avec les livres. La loi de 1976 (promulguée en 1978) a simplifié les procédures d'enregistrement des œuvres et porte la protection à 50 ans à compter de la mort de l'auteur.

Pour une œuvre musicale, le premier titulaire du droit d'auteur est normalement le compositeur. Il peut y avoir une exception à cette règle lorsque l'œuvre a été composée dans le cadre d'un contrat de service, mais le droit français reste très réservé dans ce domaine. Un compositeur qui reçoit commande d'une œuvre est donc normalement lui-même le premier titulaire du droit d'auteur. La propriété de ce droit peut être cédée et, en pratique, pour la plupart des œuvres musicales publiées, le compositeur cède son droit d'auteur à l'éditeur en échange de royalties pour les diverses utilisations de l'œuvre. Toutefois, les droits d'exécution publique et de radiodiffusion sont généralement cédés à des sociétés d'auteurs (voir § 7).

Seul le titulaire du droit d'auteur (ou de la partie constituante spécifique du droit d'auteur en question) peut autoriser l'utilisation de l'œuvre par d'autres, dans la limite des droits définis au § 4. Les plus importants sont les droits de reproduction (ou de copie), d'exécution publique et de radiodiffusion.

6. *Reproduction*. En pratique, les œuvres musicales sont le plus souvent reproduites sous forme graphique (par photocopie ou au moyen d'un procédé analogue), sous forme discographique ou sur bande magnétique. On oublie souvent que l'autorisation du titulaire du droit d'auteur (généralement l'éditeur) est nécessaire, même pour faire une seule copie d'une œuvre musicale protégée, sauf si la copie est faite à des fins de recherche ou d'études privées réalisées par la personne qui effectue cette copie.

Avec la simplification d'accès aux photocopieuses depuis quelques années, on a constaté une augmentation alarmante des photocopies interdites de partitions musicales destinées aux écoles, aux chœurs et aux orchestres amateurs. Ceux qui se livrent à cette pratique (qui constitue, en fait, une forme de vol) le font souvent en toute inconscience et sans se rendre compte de ce que la publication de nouvelles œuvres risque, à terme, de ne plus être rentable, à moins de réprimer une telle contrefaçon. Les enregistrements pirates posent le même problème : les copies privées réalisées sur bande magnétique à partir de disques souvent empruntés gratuitement à des discothèques ou les enregistrements « pirates » de retransmissions radiodiffusées ou télévisées ont pris une telle importance qu'ils ont miné la situation économique de l'industrie du disque, sans parler des préjudices financiers causés aux compositeurs, aux éditeurs et aux exécutants en les privant des royalties qu'ils devraient toucher sur la vente de disques ou d'enregistrements.

Les droits d'auteur dus au titre des enregistrements de toute nature (disque, radio, télévision) sont gérés par des sociétés spécialisées (en France la SDRM).

7. *Exécution publique et radiodiffusion.* Il serait évidemment impossible aux compositeurs, ou même aux éditeurs de garder la trace et d'autoriser l'exécution publique de leurs œuvres dans les salles de concert, sans parler des multiples autres endroits où se diffuse la musique, comme les cafés, les usines, les hôtels, les restaurants, les clubs, les cinémas, les stades, etc. C'est la raison pour laquelle les compositeurs et les éditeurs ont créé des sociétés chargées d'administrer leurs droits d'exécution. Ces sociétés d'auteurs sont liées à des organismes analogues dans d'autres pays du monde entier, ce qui permet à chacune d'entre elles de fournir aux utilisateurs de son territoire une autorisation globale couvrant pratiquement la musique de toutes les nations. En principe, ces sociétés ne donnent pas d'autorisations individuelles d'exécution, sur la base d'une œuvre précise, et les autorisations ne sont généralement pas délivrées aux exécutants. La méthode la plus courante consiste à délivrer une « autorisation générale » annuelle au propriétaire ou à l'occupant des salles dans lesquelles se déroulent les exécutions musicales, ou aux organisateurs de divertissements musicaux.

Le montant des royalties est calculé selon une série de tarifs, dont la plupart ont été négociés avec les associations d'usagers. Les sociétés d'auteurs reversent ensuite ces droits aux titulaires ou aux ayants droit en fonction d'une clef de répartition interne. Elles conservent généralement certaines sommes pour les affecter à des œuvres qu'elles gèrent ou pour attribuer des bourses à de jeunes créateurs.

L'autorisation donnée par le titulaire du droit d'auteur pour diffuser une œuvre ne s'étend pas à l'exécution publique de cette œuvre qui découle de la présence d'un poste de radio ou de télévision, captant cette diffusion, dans un lieu public comme un café ou le salon d'un hôtel. Juridiquement, les lois régissant la radiodiffusion et l'exécution publique sont très différentes, même si les deux actes se déroulent simultanément.

8. *Droits d'enregistrements sonores.* Le droit d'auteur ne se limite pas aux œuvres musicales elles-mêmes : il existe également au travers des « supports » qui permettent la diffusion des œuvres musicales, autrement dit les enregistrements sonores (y compris les pistes sonores des films et les enregistrements vidéo) et les retransmissions radiodiffusées ou télévisées. Dans le domaine de l'enregistrement sonore, le droit d'auteur est dévolu aux producteurs et les droits admis sont identiques à ceux qui sont applicables aux œuvres musicales (malgré quelques exceptions). L'exécution publique d'une œuvre musicale protégée au moyen d'un disque implique donc généralement l'exercice simultané du droit d'exécution de l'œuvre musicale elle-même et celui de l'enregistrement.

Les droits d'exécution et de diffusion des disques commerciaux (différents des œuvres musicales concrétisées sur ces disques) sont exercés collectivement par les éditeurs phonographiques. Comme dans un enregistrement, le droit d'auteur est distinct de celui de l'œuvre musicale enregistrée, un disque peut faire l'objet d'un copyright, même si celui de la musique enregistrée est expiré depuis longtemps. Dans le domaine de l'enregistrement sonore, le droit d'auteur s'exerce pendant 50 ans à compter de la fin de l'année durant laquelle l'enregistrement a été publié pour la première fois, mais il n'existe pas dans tous les pays. Dans les pays où ce droit n'existe pas, il est souvent administré par la Fédération internationale des industries phonographiques.

9. *Droits d'exécution.* La loi de 1985 affirme le droit inaliénable et imprescriptible des exécutants sur leurs prestations. Toute reproduction sonore ou filmée est donc soumise à l'autorisation préalable des exécutants, ce qui place dans le domaine de l'illégalité tous les enregis-

trements pirates réalisés (à l'insu des artistes) avec des appareils miniaturisés dans les salles de concert, souvent à des fins de reproduction discographique. La SPEDIDAME (Société de perception et de distribution des droits des artistes musiciens exécutants) gère les droits de suite découlant de l'utilisation des œuvres enregistrées dans lesquelles les exécutants ont apporté une part de création. C'est notamment le cas des enregistrements effectués par certains orchestres pour des représentations de ballet.

M. J. Freegard, Leonard Feist, Alain Pâris.

BIBLIOGRAPHIE : Jean-Louis Bernelas et Sylvie Buchalet, *Les Droits d'auteur, approche juridique et fiscale, écrivains et compositeurs*, Ed. Economica (Paris, 1987). Alain Gobin, *Les Droits des auteurs, des artistes et des gens du spectacle*, E.M.E. (Paris, 1986).

D.s. (ital.). Abréviation pour **dal segno*.

DSCH. Monogramme de Chostakovitch, dérivé de la transcription allemande de son nom, Dmitri SCHostakowitsch. En termes musicaux, il correspond aux notes ré (D), mi bémol (E♭), do (C) et si (B). Chostakovitch l'a utilisé dans son *Quatuor à cordes nº 8* (1960), surnommé *Quatuor Autobiographique*, dans lequel il cite plusieurs thèmes de ses œuvres antérieures. On peut aussi le détecter à la fin du deuxième mouvement de la *Symphonie nº 6* (1939), dans le *Concerto pour violon nº 1* (1947-48), dans le *Concerto pour violoncelle nº 1* (1959) et dans la *Préface à l'édition complète de mes œuvres* (1966). Juste à la fin de sa vie, il l'a également cité dans la *Symphonie nº 15* (1971), bien qu'il ressorte davantage en l'occurrence sur le papier qu'à l'oreille. L'usage le plus ostensible se trouve dans la *Symphonie nº 10* (1953) où ses implications harmoniques pénètrent la structure de la symphonie et où il est amené avec puissance à un point culminant dans le finale.

Geoffrey Norris.

Dubourg, Matthew (Londres, 1703 ; Londres, 3 juillet 1767). Violoniste anglais ; fils illégitime d'un professeur de danse, il étudie le violon avec Geminiani et fait ses débuts dès son enfance. Ses exécutions brillantes lui assurent rapidement la célébrité : une célèbre anecdote de Burney raconte qu'un jour il s'était tellement attardé sur une cadence qu'à la fin de celle-ci, Haendel, qui dirigeait, s'exclama « *Welcome home,* Mr Dubourg ! » (« Heureux de vous accueillir, monsieur Dubourg »). En 1724, Dubourg se rendit à Dublin et, quatre ans plus tard, fut nommé maître de musique et compositeur d'État en Irlande : il composa alors plusieurs odes pour les anniversaires royaux et participa à la première exécution du *Messie*. Plus tard, il retourna à Londres où, en 1761, il fut nommé Master of Her Majesty's Band of Musick, au salaire annuel de 200 livres. Ses œuvres ne sont pas très intéressantes.

Wendy Thompson.

Du Caurroy, Eustache (baptisé à Beauvais le 4 février 1549 ; Paris, 7 août 1609). Compositeur français. Chantre à la chapelle royale (1569), il remporte un prix au Puy de musique d'Évreux (1575). Il est ensuite nommé maître adjoint de la chapelle royale (1578) et compositeur de la chambre du roi (1595). Il est également chanoine prébendé à Dijon, Orléans, Provins, Passy, etc. Mersenne voyait en lui l'un des maîtres de la musique française. Il a joué un rôle important dans le domaine de la musique religieuse où ses motets révèlent un usage raffiné du contrepoint figuré (*Messe pour les défunts* à cinq voix [1606] exécutée aux obsèques d'Henri IV et à celles de Louis XIII ; *Te Deum* à six voix, 1609). Il a été l'un des premiers compositeurs français à pratiquer une écriture à plusieurs chœurs. Sa musique instrumentale (42 *Fantaisies* pour violes, publiées en 1610) est caractérisée par une division du *cantus firmus* qui sert de base à l'ensemble des thèmes et à des sections fuguées.

Alain Pâris.

Ductia. « Ductie ». Forme de danse vocale (*cantilena ductia*) ou instrumentale du Moyen Age, apparentée à l'**estampie*.

Dudelsack. Voir *Cornemuse*, 5.

Due (ital.). « Deux » ; *a due*, « à deux », voir *A due* ; *due corde*, « deux cordes » : dans l'écriture de la musique pour violon, indique qu'un passage qui pourrait être joué sur une corde doit être exécuté sur deux cordes simultanément, afin de renforcer la sonorité ou d'obtenir un effet ondulant. Dans la musique pour piano, *due corde* est utilisé pour annuler l'indication **una corda*.

Due Foscari, I. Opéra en trois actes de Verdi sur un livret de Piave, d'après le drame de Byron (1821). Créé à Rome en 1844.

Dufay, Guillaume (vers 1400 ; Cambrai, 27 novembre 1474). Compositeur français, probablement le musicien le plus acclamé du XVe siècle. Près de deux cents œuvres ont survécu, notamment 84 chansons, huit messes complètes, treize motets isorythmiques, de nombreux hymnes, mouvements de messe isolés ainsi que des œuvres en l'honneur de la Vierge Marie, des divers saints ou pour certaines fêtes liturgiques. On a souvent écrit que Dufay était un compositeur bourguignon, mais malgré des contacts prouvés avec des compositeurs bourguignons (comme Binchois) et bien que la ville de Cambrai, où il résidait, ait été sous le contrôle des ducs de Bourgogne, il n'a jamais été membre résident à cette cour.

1. *Sa vie.* Dufay était enfant de chœur à la cathédrale de Cambrai en 1409 où il a peut-être reçu l'enseignement des compositeurs Grenon, Lebertoul et Loqueville. Vers l'âge de vingt ans, il s'installe apparemment en Italie, puisque deux motets (*Vasilissa ergo* et *Apostolo glorioso*), une chanson (« Resvellies vous ») et peut-être sa *Missa sine nomine* commémorent des événements liés à la branche de Pesaro de la famille Malatesta. Il semble être ensuite rentré en France pour quelque temps puisqu'il écrit, en 1426, la chanson « Adieu ces bons vins » qui dit adieu aux gens et aux vins du Nord. On le retrouve ensuite à Bologne, en 1427.

Dufay a dû connaître une période agitée entre 1428 et 1438. Bologne dépendait de l'autorité du pape, exercée pour lui par les Malatesta, mais, à la suite d'une révolte en 1428, Dufay et son employeur, le cardinal Aleman, durent s'enfuir à Rome. La *Missa Sancti Jacobi* a peut-être été composée à cette époque à Bologne. Dufay est resté à Rome jusqu'en 1433, où il chantait à la chapelle papale. En 1431, à la mort du pape Martin V, Eugène IV lui succéda sur le trône pontifical. Plusieurs œuvres de Dufay commémorent la vie de ce pape, notamment les motets *Balsamos et munda*, *Supremum est mortalibus* et *Nuper rosarum flores*, écrit pour la consécration de la cathédrale de Florence par Eugène IV, en 1436.

Entre 1430 et 1440, Dufay semble se partager entre deux protecteurs, le pape Eugène IV (qu'il sert de 1431 à 1433, puis en 1436-37) et le duc Amédée de Savoie (à la cour duquel il travaille de 1433 à 1435, puis en 1438-39). Il semble que Dufay soit entré pour la première fois en contact avec la cour de Bourgogne et avec Binchois à l'occasion du mariage du fils d'Amédée, Louis de Savoie, en 1434. Cette rencontre est décrite par le poète Martin Le Franc dans *Le Champion des dames* (vers 1440). En 1438, un concile dépose Eugène IV et élit Félix V à sa place – alias le duc Amédée de Savoie. Philippe le Bon, duc de Bourgogne, s'oppose farouchement à cette élection. Pour ne pas rester en Savoie, où il aurait reçu l'interdiction de se rendre à Cambrai et de recueillir ses bénéfices en territoire bourguignon, Dufay retourne dans le Nord en 1439.

Sa séparation provisoire d'avec la cour de Savoie et son départ pour l'Italie semblent avoir progressivement détourné l'attention de Dufay de la chanson profane et du motet de cérémonie. Il développe sa technique pour y inclure la forme nordique, plus gothique, de la messe cyclique basée sur un *cantus firmus* ténor. Les messes *Se la face*, *L'Homme armé*, *Ecce ancilla* et *Ave regina coelorum* sont toutes conçues selon ce type. On pense aujourd'hui que la *Missa Caput*, parfois attribuée à Dufay, serait l'œuvre d'un compositeur anglais.

Pendant les onze années suivantes, Dufay reste à Cambrai. Il semble que l'un des bâtiments appartenant à la cathédrale s'appelait la Maison de l'homme armé. La coïncidence entre ce nom et l'air célèbre qui porte le même titre est intrigante, car « L'Homme armé » a servi de base aux messes de nombreux compositeurs qui ont tous eu un lien avec Cambrai, notamment Dufay, Busnois, Ockeghem, Tinctoris et Regis. Au cours de cette période, Dufay se rendit deux fois en visite à la cour de Bourgogne, mais il semble douteux qu'il y ait le moindre rapport entre lui et le célèbre Banquet du Faisan, qui eut lieu en 1454 et faisait partie d'une campagne de délivrance de Constantinople. Son motet de déploration sur la chute de Constantinople a été écrit trop tard pour le festin et la chanson « Je ne vis oncques », chantée en cette occasion, est sans doute de Binchois et non de Dufay.

Le dernier événement majeur dans la vie de Dufay survient en 1450, lors de la destitution de l'antipape Félix V : Philippe de Bourgogne rétablit les contacts avec la cour de Savoie. On trouve alors immédiatement des traces du passage de Dufay en territoire de Savoie et, en 1452-58, il fait un long séjour à la cour même.

2. *Sa musique*. Dufay est l'un des derniers compositeurs européens dans la tradition religieuse du Moyen Age. Malgré cela, certaines de ses œuvres, notamment ses chansons et les parties de messe du milieu de sa vie qui nous sont parvenues, recèlent des harmonies chaleureuses, un phrasé symétrique et des mélodies directes et expressives qui caractérisent le début de la Renaissance. En outre, Dufay est le premier compositeur à utiliser la *position fermée, dérivée de la technique du faux-bourdon (dans la *Missa Sancti Jacobi*) ; on trouve également dans son œuvre l'une des plus anciennes structures à quatre voix complètement intégrées (dans la *Missa « Ave regina coelorum »*) ; il s'oriente vers des sonorités plus riches basées sur les intervalles de tierce, de sixte et de dixième. Ses formes favorites sont plus traditionnelles en apparence que dans la réalité ; ainsi, ses messes sont probablement les premières dans lesquelles on trouve des airs profanes comme *cantus firmus*. Certaines caractéristiques de son style, comme la clarté mélodique, peuvent être rattachées à sa connaissance de la musique italienne, alors que sa sonorité harmonique a peut-être subi l'influence de la musique anglaise.

Malgré sa musique profane, l'œuvre de Dufay révèle un certain cosmopolitisme. Au cours d'une longue maladie, il demanda que son motet *Ave regina coelorum*, avec la mention de son nom dans une supplique personnelle, soit chanté sur son lit de mort. Son souhait n'a pas pu être exaucé, mais ce motet et sa messe de requiem (le première du genre, malheureusement perdue aujourd'hui) ont été chantés à ses funérailles.

Anthony Pryer.

Dufourt, Hugues (Lyon, 28 septembre 1943). Compositeur français, élève de Jacques Guyonnet au Conservatoire de Genève, il reçoit également une formation universitaire et enseigne la philosophie à Lyon. En 1977, il est nommé chargé de recherche au CNRS et participe à la fondation du groupe de musique contemporaine l'Itinéraire. Il se consacre à la recherche instrumentale et acoustique qu'il traduit dans des œuvres qui sont le fruit d'une réflexion profonde : *Down to a Sunless Sea* pour cordes (1970), *Erewhon* pour 150 percussions (1977), *Antiphysis* pour flûte et orchestre de chambre (1978), *Surgir* pour orchestre, commande de l'Orchestre de Paris (1981-83).

Alain Pâris.

Dukas, Paul (Paris, 1er octobre 1865 ; Paris, 17 mai 1935). Compositeur français. Il entre au Conservatoire de Paris à l'âge de 16 ans, remporte le premier second grand prix de Rome en 1888, mais ne concourt pas les années suivantes. Après son service militaire, il commence à faire jouer sa musique et d'abord l'ouverture de *Polyeucte* (1892), œuvre dans laquelle on ressent l'influence de Franck et de Wagner. La *Symphonie en ut* (1897) utilise également des thèmes inspirés de Franck, mais son poème symphonique *L'Apprenti sorcier*, d'après une ballade de Goethe, témoigne d'un réalisme vivant et d'une maîtrise de l'orchestre qui rappellent plutôt Richard Strauss. Comme d'autres compositeurs français de sa génération, il s'intéresse beaucoup aux clavecinistes du XVIIIe siècle, comme en témoignent ses *Variations, Interlude et Finale sur un thème de Rameau* pour piano. Son opéra, *Ariane et Barbe-Bleue*, d'après la pièce de Maeterlinck (terminé en 1906, créé à l'Opéra-Comique l'année suivante), est moins coloré que celui de Bartók et connaît un succès intermittent. Son manque d'action est sans doute à l'origine de la froideur du public, mais l'accueil de la critique est généralement favorable. Sa dernière œuvre majeure, le ballet *La Péri* (1912), est une partition attrayante dans laquelle l'orchestre et le traitement harmonique rappellent Ravel, mais avec une impulsion rythmique et une atmosphère orientale qui font penser à *Salomé* de Strauss, très en vogue à l'époque.

Curieusement, Dukas n'a ensuite publié aucune œuvre. Il a écrit plusieurs autres partitions, notamment un *Concerto pour violon*, et travaillé pendant des années à une symphonie inspirée par *La Tempête* de Shakespeare ; malheureusement, toutes ces œuvres ont été détruites peu après sa mort. Pendant ces années de silence, il a enseigné au Conservatoire et à l'École normale de musique, écrit des critiques sagaces dans divers journaux parisiens et publié des œuvres de Beethoven et de Scarlatti. Il était membre de l'Institut.

Denis Arnold.

BIBLIOGRAPHIE : Paul Dukas, *Chroniques musicales sur deux siècles, 1892-1932*, Stock (Paris, 1980). Georges Favre, *Paul Dukas*, La Colombe (Paris, 1948).

Dulcian. 1. Jeu d'orgue. Voir *Orgue*, 9*a*.

2. Mot allemand désignant l'ancien basson (voir *Basson*, 4*a*).

Dulcimer. 1. (angl.). Voir *Tympanon*. 2. Instrument à cordes pincées originaire des monts Appalaches du Sud, très répandu au Canada et aux États-Unis (où il porte parfois le nom d'*Appalachian dulcimer* ou tympanon des Appalaches). Il est surtout pratiqué dans le Kentucky et en Alabama où il accompagne les chansons, les ballades, les danses à quatres couples.

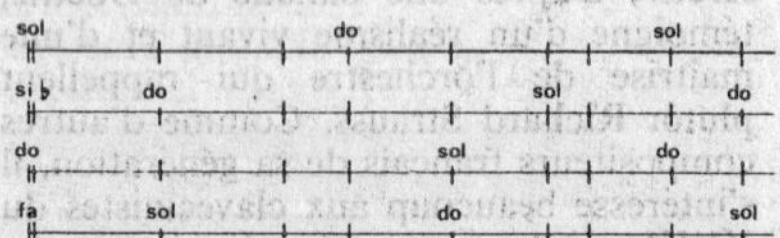

Fig. 2. Diverses possibilités d'accord des chanterelles (sur des notes indiquées à gauche) pour jouer dans différents modes avec une disposition diatonique des frettes.

La longue caisse plate, généralement en noyer ou en érable, décrit le plus souvent une double ovalisation. Elle comporte une touche centrale à sillets, placée au-dessus de fentes pratiquées dans la caisse de résonance. Trois cordes en acier (plus rarement quatre) sont tendues entre deux chevalets, à gauche et à l'extrême droite. Sous la première corde, la plus proche de l'instrumentiste, se trouvent 14 frettes métalliques disposées diatoniquement pour une gamme majeure de deux octaves qui commence sur la dominante (la fondamentale se trouve donc sur la troisième frette ; Fig. 2, ligne du haut). Le dulcimer se tient sur les genoux, le côté du chevillier sur le genou gauche. La mélodie est jouée sur cette première corde, accordée par exemple sur sol^3, que l'instrumentiste presse contre les frettes avec une petite baguette qu'il tient, pouce en l'air, dans la main gauche. Les autres cordes sont des « bourdons » accordés sur la première corde et à la quinte inférieure (sol et do). Il les gratte doucement ensemble avec un plectre ou une plume d'oie qu'il tient dans la main droite ; il peut aussi pincer les bourdons indépendamment pour réaliser des rythmes d'accompagnement. Dans les tonalités mineures, la chanterelle est élevée jusqu'au si bémol (ce qui place le do sur la première frette en ut mineur ; Fig. 2, deuxième ligne) ; on peut aussi monter la corde jusqu'au do pour le do mixolydien (troisième ligne) ou l'abaisser au fa pour le do dorien (le do se situant alors sur la quatrième frette, ligne du bas) ; les bourdons ne sont pas modifiés.

Jean Ritchie a joué un rôle essentiel pour la diffusion de cet instrument aux États-Unis et à l'étranger. Son grand-père lui avait appris à en jouer dans les montagnes du Kentucky où le dulcimer est fabriqué par des artisans locaux depuis le XVIIIe siècle. Il est certainement apparenté aux autres dulcimers venus du nord de l'Europe (voir *Cithare*), sans doute jusqu'en Pennsylvanie, mais on ne sait rien de plus précis sur son origine. Voir également *Tympanon*.

Anthony Baines.

Dumbarton Oaks. Surnom du *Concerto en mi bémol* pour orchestre de chambre de Stravinski, commande de R. W. Bliss et de sa femme (« dans le style des *Concertos brandebourgeois* ») et créé en 1938 dans leur propriété de Dumbarton Oaks, près de Washington.

Dumka (diminutif de l'ukrainien *duma*, « pensée, chant populaire »). Ballade populaire slave d'origine ukrainienne, alternant entre l'enthousiasme et le désespoir. Ce nom s'applique également à un genre de musique instrumentale où alternent subitement mélancolie et gaieté. On en trouve des exemples dans la musique de chambre de Dvořák, notamment les six mouvements de son *Trio avec piano op. 90 « Dumky »*.

Du Mont (De Thier), **Henry** (Villers-l'Évêque, près de Liège, 1610 ; Paris, 8 mai 1684). Compositeur wallon. Sa famille se fixe à Maëstricht où il est organiste à la collégiale Notre-Dame vers 1630. Il adopte le nom de Du Mont en 1635 et vient à Paris en 1638 ; il est nommé, deux ans plus tard, organiste à Saint-Paul et, en 1652, claveciniste et organiste du duc d'Anjou. En 1660, il devient organiste de la reine et, en 1663, l'un des quatre maîtres de la chapelle royale. En 1672, il est nommé compositeur de la chapelle du roi et, l'année suivante, maître de la musique de la reine, fonction qu'il conserve jusqu'en 1681. L'essentiel de son œuvre est consacré à la musique religieuse. Il adopte le nouveau procédé de la basse continue et sera l'un des premiers à chercher une correspondance entre le sens du texte chanté et sa traduction musicale. Dans ses motets, il pratique volontiers l'écriture à deux chœurs d'effectifs inégaux. Ses cinq *Messes royales*, écrites non pas pour la cour mais pour des couvents, n'ont jamais cessé d'être chantées et ont assuré sa postérité jusqu'à nos jours.

Alain Pâris.

Dump [dompe, dumpe]. Forme de danse anglaise des XVIe et XVIIe siècles dont il nous est parvenu une vingtaine d'exemples différents, tous instrumentaux (pour clavier, luth ou viole). Le plus ancien, *My Lady Carey's Dompe*, remonte aux environs de 1540. La plupart des pièces sont des variations sur un schéma harmonique tonique-dominante ; lentes et tristes, elles sont peut-être des musiques funèbres. L'expression anglaise « to be down in the dumps » (broyer du noir, avoir le cafard) évoque le caractère de ces pièces.

Dumpf (all.). « Sourd », « étouffé ».

Dunhill, Thomas (Frederick) (Londres, 1er février 1877 ; Scunthorpe, 13 mars 1946). Compositeur anglais. Au Royal College of Music (1893-99), il est l'élève de Stanford (composition) et de Franklin Taylor (piano). Il devient ensuite professeur (notamment à Eton), musicographe et compositeur. Il est surtout connu pour son opéra dans le style de Sullivan *Tantivy Towers* (1931), sur un texte de A. P. Herbert. Il a également composé un grand nombre de mélodies, de la musique de chambre et des pièces pour piano de style traditionnel.

Paul Griffiths.

Dunkel (all.). « Sombre » ; *dunkler*, « plus sombre ».

Dunstable [Dunstaple], **John** (vers 1390 ; 24 décembre 1453). Compositeur anglais, le plus important du début du XVe siècle. Le seul fait biographique vraiment établi le concernant est la date de sa mort. Un « John Dunstavylle » a travaillé à la cathédrale d'Hereford de 1419 à 1440, mais rien ne prouve que le compositeur ait été lié à cette église ou à toute autre institution religieuse. Certains auteurs avancent qu'il a été au service du duc de Bedford, mais rien ne permet d'affirmer qu'il l'a accompagné en France lorsqu'il a assuré la régence sous le nom d'Henri V (1422-35). Toutefois, la musique de Dunstable était certainement connue et admirée en Europe – le poète Martin Le Franc chante ses louanges dans son célèbre poème *Le Champion des dames* (vers 1440), affirmant qu'il a influencé Binchois et Dufay. De nombreuses œuvres de Dunstable figurent dans des manuscrits italiens, mais cela ne suffit pas à prouver qu'il soit allé en Italie. Après sa mort, le théoricien Johannes Tinctoris déclarait, vers 1477, que seule la musique des quarante années passées valait la peine qu'on y prête attention et que le style anglais, tel qu'on le découvrait dans la musique de Dunstable, avait influencé de nombreux compositeurs européens, notamment Ockeghem et Busnois. Par la suite, d'autres auteurs le tenaient en haute estime, mais leurs louanges s'adressent également à d'autres compositeurs anglais de cette période.

Les œuvres de Dunstable qui nous sont parvenues se composent essentiellement de messes, de mouvements de messes, d'ensembles Gloria/Credo et de motets, essentiellement à trois ou quatre voix, ainsi que de quelques chants profanes. On connaît la majeure partie de son œuvre grâce aux recueils manuscrits conservés en Italie (à Trente, Aoste et Modène) et en Allemagne (à Munich), mais il y a aussi quelques sources françaises. De nombreuses pièces, anonymes dans l'une des sources, peuvent lui être attribuées sur la foi des autres sources ; d'autre part, certaines œuvres d'auteurs inconnus ont été attribuées à Dunstable en raison de leur style, mais sans la moindre certitude.

De nombreuses caractéristiques stylistiques de la musique de Dunstable sont typiquement anglaises et se retrouvent dans les œuvres d'autres compositeurs. Les compositeurs européens de la même époque et des années qui ont suivi ont été particulièrement attirés par les textures sonores venant de la juxtaposition fréquente de tierces et de sixtes entre les voix, à la place des intervalles « ouverts » plus courants de quarte, de quinte et d'octave. La musique de Dunstable témoigne également d'un grand sens des accords et des progressions d'accords – un souci de la logique verticale (harmonique) et horizontale (mélodique) –, une plus grande égalité parmi les voix et un traitement plus libre (ou parfois une négligence totale) des lignes du *cantus firmus* traditionnel, qui formait jusqu'alors la base de la composition polyphonique.

Pour l'auditeur d'aujourd'hui, l'une des caractéristiques les plus frappantes de la musique de Dunstable est sa fraîcheur lyrique, sa légèreté et la facilité avec laquelle elle se chante. Un grand nombre des pièces où dominent les registres aigus comportent une mélodie régulière, progressive, avec peu de sauts (comme le motet *Salve regina mater mire*) ; certaines utilisent la répétition de courtes figures mélodiques facilement identifiables (comme la mélodie « O rosa bella ») et les effets combinés imitatifs (comme le motet *Gaude felix Anna*) ; d'autres débutent par des motifs puissants sur des accords parfaits qui peuvent revenir d'un bout à l'autre du morceau (comme le motet *Sancta Maria, non est tibi similis*). Les textes sont souvent clairement syllabiques ou même déclamatoires, comme dans le superbe motet *Quam pulcra es*, essentiellement conçu en accords, dans lequel les accents de la musique et du texte sont soigneusement alignés. Plusieurs motets à trois et à quatre voix, parmi les plus complexes, possèdent de longues sections avec un mouvement parallèle en tierces et en sixtes qui produit un effet sonore saisissant.

Bien que remarquables, ces traits d'écriture n'étaient pas nouveaux, tout au moins en Angleterre. Certains viennent de traditions antérieures, souvent extraliturgiques, comme le **carol* médiéval, le **conductus* anglais et les techniques du *déchant ; certains longs motets relèvent strictement des pratiques *isorythmiques médiévales et illustrent plusieurs textes simultanément, dans différentes parties. La grandeur de Dunstable tient à sa faculté d'opérer une fusion entre ces techniques austères et une approche plus libre et plus souple. Il résume en cela ce que Martin Le Franc appelle la « contenance angloise », qui a tant influencé les compositeurs européens de la fin du XVe siècle. Son habileté particulière à écrire des mélodies fraîches et lyriques et à réaliser des progressions harmoniques sonores en a fait le compositeur le plus accompli parmi ses pairs et le plus influent du XVe siècle.

Judith Nagley.

Duo (all. : *Duett* ; angl. : *duet* ; ital. : *duo, duetto*). Combinaison de deux exécutants, avec ou sans accompagnement. Les formes de duo les plus importantes sont les suivantes :

1. Le duo vocal. Mélodies ou airs à deux voix avec accompagnement, soit à l'opéra (comme le finale de *L'Incoronazione di Poppea* de Monteverdi, le finale de l'acte I d'*Otello* de Verdi ou la majeure partie de l'acte II de *Tristan et Isolde* de Wagner), soit dans un contexte différent comme certains lieder de Schubert, Schumann, Brahms, etc. Le *duo da camera* (petite cantate de chambre pour deux chanteurs avec accompagnement) était une forme favorite au XVIIe siècle, pratiquée entre autres par Monteverdi, Frescobaldi et Steffani.

2. Le duo instrumental. Les duos pour piano – à quatre mains ou pour deux pianos – ont commencé à se répandre dès la fin du XVIIIe siècle, avec des œuvres de Mozart, Schubert, Rachmaninov (la *Fantaisie-Tableau op.5* et la *Seconde Suite op.17*), Fauré (*Dolly*), Ravel (*Ma mère l'Oye*) et Debussy (*Petite Suite*) qui conservent leur place au répertoire. A la même époque, des opéras ou extraits célèbres d'opéras (de Rossini, par exemple) et des symphonies (de Mozart, Haydn et Beethoven) étaient transcrits pour piano à quatre mains pour pouvoir être joués à la maison. Voir également *Piano*, 20.

Il existe aussi de nombreux duos pour deux instruments à cordes, comme les duos de Leclair pour deux violons sans accompagnement, les duos pour violon et alto K 423 et K 424 de Mozart, la *Sonate pour violon et violoncelle* de Ravel, la *Sonate pour deux violons* de Prokofiev et les duos pour deux violons de Bartók.

Wendy Thompson.

Duodrama. *Mélodrame faisant intervenir deux récitants.

Duolet. Dans une mesure ternaire, groupe de deux notes dont la valeur globale est égale à celle de trois notes ; le duolet est reconnaissable au chiffre « 2 » placé au-dessus ou au-dessous des deux notes, par exemple :

Duparc (Fouques-), (Marie Eugène) **Henri** (Paris, 21 janvier 1848 ; Mont-de-Marsan, 12 février 1933). Compositeur français. Élevé dans un collège de jésuites, à Vaugirard, où il montre peu d'inclination pour la musique, il rencontre néanmoins César Franck, qui venait enseigner le piano dans ce collège et qui le pousse à étudier la composition. Duparc a détruit ses premières œuvres au nombre desquelles figurait une sonate pour violoncelle et piano. Les premières pages de lui que nous possédons sont trois mélodies composées en 1868. Elles révèlent un talent majeur pour ce genre, le don de la déclamation précise des paroles sur une mélodie relativement simple dont l'atmosphère provient d'une harmonie riche, parfois chromatique. Il se rend à Munich pour entendre *Tristan* et *L'Or du Rhin* en 1869 et y retourne l'année suivante pour *La Walkyrie* ; il devient ainsi l'un des adeptes de Wagner, sans être toutefois aussi idolâtre que certains de ses contemporains. Les mélodies suivantes, notamment son chef-d'œuvre *L'Invitation au voyage* (écrit pendant le siège de Paris en 1870), en portent les traces : la gamme d'harmonies est plus vaste et la mélodie s'écarte des limites étroites de ce qui relevait auparavant du style de Gounod. Néanmoins, malgré l'influence de Wagner, ses mélodies ne semblent jamais chercher à dépasser les limites d'un cadre restreint, car même ses explorations harmoniques les plus audacieuses restent basées sur une structure de tonalité très claire soulignée par des fondamentales. Il en résulte un art merveilleusement parfumé qui reflète l'atmosphère de ses poètes, Baudelaire, Gautier et Leconte de Lisle. Duparc a écrit un poème symphonique, *Lénore* (1875), mais, au fil des années, il éprouvera de plus en plus de mal à composer. Ses dernières œuvres datent de 1884. Frappé d'une maladie nerveuse qui persistera jusqu'à la fin de sa longue vie, il tentera pourtant à plusieurs reprises de la surmonter : en 1886, il commencera une œuvre dramatique d'après Pouchkine, *La Roussalka*, et révisera constamment certaines de ses mélodies. Dans les dernières années du siècle, il se coupera de la vie artistique parisienne et vivra à la campagne, où il exercera pendant quelque temps le mandat de maire de Marnes-la-Coquette (1884-85). A la fin de sa vie, il sera presque entièrement paralysé.

La totalité de son œuvre consiste donc en un petit nombre de mélodies et un poème symphonique, mais ces mélodies sont d'une telle qualité que Duparc doit être considéré comme l'un des compositeurs majeurs de son époque.

Denis Arnold.

BIBLIOGRAPHIE : Henri Duparc, *Une amitié mystique avec Francis Jammes*, Mercure de France (Paris, 1944), rééd. Les Introuvables (Plan-de-la-Tour, 1984). Nancy Van der Elster, *Henri Duparc, l'homme et son œuvre*, thèse (Paris, 1972).

Duphly, Jacques (Rouen, 12 janvier 1715 ; Paris, 15 juillet 1789). Claveciniste et compositeur français. Vers 1732, il est organiste de la cathédrale d'Évreux, puis des deux principales églises de Rouen. Il s'installe à Paris en 1742 et publie quatre livres de pièces pour clavecin, dans lesquels chaque pièce porte le nom d'un élève ou d'un ami. Ses œuvres représentent une fusion des styles français et italien – les « goûts réunis » auxquels se sont essayés de nombreux compositeurs du milieu du XVIIIe siècle. Elles se composent d'un mélange de danses et de portraits musicaux ou « pièces de caractères ».

Wendy Thompson.

Duplum (lat.). 1. En deux parties ; terme employé dans la polyphonie médiévale pour désigner une composition à deux voix, par exemple « organum duplum ».

2. Aux XIIIe et XIVe siècles, seconde partie vocale d'une œuvre polyphonique (celle qui est située juste au-dessus du ténor). Dans un motet, cette partie s'appelait aussi « motetus ». Voir également *Partie*, 1.

Dupont, Gabriel (Caen, 1er mars 1878 ; Le Vésinet, 3 août 1914). Compositeur français, élève de Massenet et de Widor, qui a su trouver, dans ses pièces pour piano et ses ouvrages lyriques, un langage original profondément expressif qui se démarque de l'impressionnisme : *Les Heures dolentes* (1905) et *La Maison dans les dunes* (1910) pour piano, *La Farce du cuvier* (1912) et *Antar* (1913), respectivement créés à la Monnaie de Bruxelles et à l'Opéra de Paris.

Alain Pâris.

Dupré, Marcel (Rouen, 3 mai 1886 ; Meudon, près de Paris, 30 mai 1971). Compositeur français. Il fait ses études au Conservatoire de Paris (1903-14) avec Widor (composition et fugue) et Alexandre Guilmant (orgue). En 1906, il est nommé organiste assistant à Saint-Sulpice où il succède à Widor comme organiste titulaire, en 1934 ; il enseigne également l'orgue au Conservatoire (1925-54), dont il prend la direction pendant une courte période (1954-56). Interprète et remarquable improvisateur à l'orgue, il a écrit plusieurs ouvrage sur le jeu de l'orgue et a également publié des éditions de la musique de Bach, Franck, etc. Il a composé deux oratorios et beaucoup de musique d'orgue, parfois flamboyante comme les *Variations sur un noël* (1922), parfois influencée par le mysticisme intraverti de Tournemire.

Paul Griffiths.

BIBLIOGRAPHIE : R. Delestres, *L'Œuvre de Marcel Dupré,* « Musique sacrée » (Paris, 1952). Bernard Gavoty, *Marcel Dupré,* René Kister (Monaco-Genève, 1955).

Dur (all.). « Majeur » (tonalité) : *A dur,* « la majeur », *dur tonart,* « tonalité majeure » ; toutefois, « accord parfait majeur » se dit *harter* (et non *dur*) *Dreiklang.*

Durand. Maison d'édition musicale française fondée à Paris en 1869 par l'organiste, critique et compositeur Auguste Durand (1830-1909) sous la raison sociale Durand, Schoenewerk & Cie. En 1891, Schoenewerk se retire et Durand fait entrer son fils Jacques (1865-1928) dans la société, qu'il rebaptise Durand & Fils. A la mort d'Auguste, elle devient Durand & Cie. A l'origine, Auguste Durand avait acheté le catalogue de l'éditeur Gustave-Alexandre Flaxland qui contenait environ 1 200 œuvres, pour la plupart des œuvres des siècles passés, et qui constituent la base de la célèbre série d'*Échos* (d'Allemagne, de France, d'Italie, de Pologne, etc.). Auguste Durand acquiert également de nombreuses œuvres pour piano (notamment des réductions à quatre mains de symphonies classiques), des mélodies, de la musique de chambre de Schumann et de Chopin et les premières œuvres de Saint-Saëns et de Duparc ; il obtient, par la suite, les droits pour la France et la Belgique de plusieurs opéras de Wagner.

Sur ces bases solides, Durand continue à agrandir son catalogue et, en 1894, il entreprend une édition complète de l'œuvre de Rameau, sous la direction de Saint-Saëns. En 1914, commence une énorme édition, intitulée Édition classique Durand & Fils, qui comprend des œuvres de Chopin par Debussy, de Mendelssohn par Ravel et de Schumann par Fauré. Auguste et Jacques Durand apportent un soutien précieux à leurs contemporains et sont les premiers éditeurs de la majeure partie des œuvres de Saint-Saëns, Debussy, Ravel et Roussel. Entre 1910 et 1913, ils organisent de nombreux concerts de musique nouvelle ; ils créent un prix de composition en 1927 et éditeront par la suite la musique de Milhaud, Poulenc, d'Indy, Boulanger, Messiaen, Auric, Ibert, Jolivet, etc.

En 1982, Jean-Noël de Scarano prend le contrôle des éditions Durand et la nouvelle société, sous la direction de Thierry Mobillon, entreprend la reconstruction du catalogue de musique contemporaine en publiant des œuvres de Mâche, Hersant, Gagneux, Amy, etc. En 1987, Durand prend le contrôle des éditions Amphion et des éditions Max Eschig.

J. M. Thomson, rév. Alain Pâris.

BIBLIOGRAPHIE : Jacques Durand, *Quelques souvenirs d'un éditeur de musique.* Durand (Paris).

Durante, Francesco (Frattamaggiore, près de Naples, 31 mars 1684 ; Naples, 30 septembre 1755). Compositeur et pédagogue italien. Il a sans doute étudié au Conservatoire S. Onofrio de Naples dont son oncle était directeur et y a enseigné en 1710-11. On a ensuite assez peu d'informations sur sa vie jusqu'en 1728, date à laquelle il est *maestro* au Conservatorio dei Poveri di Gesù Cristo ; jusqu'à la fin de sa vie, il enseigne dans l'un ou l'autre des célèbres conservatoires de cette ville. Selon Paisiello, il serait mort d'une diarrhée survenue après avoir mangé trop de melon.

Durante était un bon compositeur de musique religieuse ; il maîtrisait bien le contrepoint dans le style ancien de Palestrina, qu'il rendait expressif et parfois émouvant grâce à une harmonie tonale moderne pour l'époque. Sa musique pour clavier est aussi intéressante : un groupe de six sonates publié vers 1732 contient des œuvres en deux mouvements qui ressemblent à celles de Domenico Scarlatti et exigent une grande dextérité. Mais Durante était surtout connu pour son talent pédagogique et il a exercé une influence considérable sur les compositeurs italiens de la génération suivante, notamment Pergolèse, Jommelli, Paisiello, Sacchini, Piccinni et Traetta.

Denis Arnold.

Durch (all.). « Par », « à travers » ; *durchaus*, « d'un bout à l'autre » ; *durchdringend*, « pénétrant », « aigu » ; *durchführung*, « développement » (thématique) ; *durchkomponiert*, « de forme non strophique », « de forme ouverte », s'applique aux mélodies dans lesquelles chaque strophe est écrite sur une musique différente, par opposition à la forme strophique ; *Durchimitation*, « imitation continue », c'est-à-dire une imitation qui s'applique à toutes les parties d'une œuvre polyphonique, technique mise au point à la fin du XVe siècle, caractéristique du style de Palestrina.

Durchkomponiert (all.). Toute composition dont la structure formelle ne repose pas sur des parties répétées. Toutefois, le terme s'applique surtout aux mélodies dans lesquelles la musique de chaque strophe est différente.

Durée. Temps pendant lequel un son doit être entendu. Certains compositeurs du XXe siècle ont utilisé la durée de certaines valeurs (croche, blanche pointée, etc.) comme un élément variable, sujet au contrôle sériel.

Duret, duretto. Danse que l'on trouve dans les masques anglais et dans *Terpsichore* de Michael Praetorius (1612), où elle est décrite comme une *courante.

Durey, Louis (Edmond) (Paris, 27 mai 1888 ; Saint-Tropez, 3 juillet 1979). Compositeur français, membre du groupe des Six. Durey a peu de points en commun avec Milhaud ou Poulenc. Il a été plus marqué par la simplicité déterminée de Satie que par son insouciance et il a écrit ses plus belles pages dans le domaine de la musique de chambre, notamment ses trois quatuors (1917, 1922, 1928). A la fin de sa vie, il s'est aligné sur les doctrines socialistes, se consacrant surtout à des arrangements de chansons populaires et à des œuvres de propagande, comme la cantate *La Longue Marche*, sur un texte de Mao Zedong (1949).

Paul Griffiths.

Durezza (ital). « Dureté » ; *con durezza*, jouer avec dureté et détermination. Au XVIIe siècle, *durezza* était employé dans le sens de dissonance ; d'où un style d'écriture pour clavier caractérisé par les chromatismes et les dissonances.

Duro (ital.). « Dur », « ferme ».

Durón, Sebastián (Brihuega, Guadalajara, 19 avril 1660 ; Cambó, 3 août 1716). Compositeur espagnol. En 1679, il est organiste assistant à la cathédrale de Saragosse, puis à la cathédrale de Séville (1680). En 1685, il est nommé organiste à Burgo de Osma, puis à la cathédrale de Palencia l'année suivante. En 1691, il est nommé organiste de la chapelle royale à Madrid, dont il devient maître de chapelle onze ans plus tard. Sa carrière de musicien de cour prend fin brutalement en 1706, lors de l'avènement de Philippe V. Durón s'enfuit en France où, neuf ans plus tard, il devient chapelain de la veuve de Charles II d'Espagne, Marie-Anne de Bavière-Neubourg, exilée à Bayonne.

Durón est l'un des compositeurs espagnols les plus importants de la fin du XVIIe siècle et du début du XVIIIe siècle. Il a composé des œuvres scéniques (plusieurs zarzuelas et un opéra, *La Guerra de los gigantes*), des messes, deux offices des défunts, des litanies, des complies, des *villancicos* et des pièces pour orgue. L'influence italienne se ressent dans une grande partie de sa musique : sa musique religieuse, qui figure parmi les plus vivantes et les plus attrayantes du genre, lui a valu de sévères critiques du théoricien conservateur Benito Feijóo, qui l'accusait de corrompre le style austère espagnol.

Son demi-frère, Diego, avec lequel on le confond souvent, a été maître de chapelle de la cathédrale de Las Palmas aux Canaries.

Wendy Thompson.

Duruflé, Maurice (Louviers, 11 janvier 1902 ; Louveciennes, 16 juin 1986). Compositeur et organiste français. Élève, au Conservatoire de Paris (1919-22), de Dukas (composition), Tournemire et Vierne (orgue), il est organiste assistant à Sainte-Clotilde de 1919 à 1929. En 1930, il est nommé titulaire du grand orgue de Saint-Etienne-du-Mont et, en 1944, professeur d'harmonie au Conservatoire de Paris. Les œuvres de Duruflé, peu nombreuses, sont construites dans un style modal et fluide : des pièces pour orgue, *Trois Danses* pour orchestre (1932) et un *Requiem* pour solistes, chœur, orchestre et orgue (1947).

Paul Griffiths.

Dušek [Dussek], **František Xaver** (baptisé à Chotěborky, Bohême, le 8 décembre 1731 ; Prague, 12 février 1799). Pianiste et compositeur tchèque. Il est l'élève de Wagenseil à Vienne avant de s'installer à Prague. Il se lie d'amitié avec Mozart, qui termine *Don Giovanni* dans sa maison de campagne et écrit l'air de concert « Bella mia fiamma » (K. 528) pour sa femme, la soprano **Josefa Dušek** (née Hambacher, baptisée à Prague le 6 mars 1754 ; Prague, 8 janvier 1824). Dušek a composé une quarantaine de symphonies, des concertos pour clavier et beaucoup de musique de chambre.

Wendy Thompson.

Dussek [Dussik, Dusík], **Jan Ladislav** [Johann Ludwig] (Čáslav, Bohême, 12 février 1760 ; ? Saint-Germain-en-Laye, 20 mars 1812). Pianiste et compositeur tchèque. Fils d'un musicien connu, il commence sa carrière à Hambourg, en 1782, comme pianiste et étudie la composition avec C. P. E. Bach. Il joue en Allemagne, en France, en Italie et en Russie avant de s'installer à Londres, en 1789. Il y crée une maison d'édition musicale avec son beau-père, Domenico Corri, et donne de nombreux concerts. En 1799, la maison d'édition fait faillite et, pour fuir ses créanciers, Dussek se réfugie à Hambourg, où il devient maître de chapelle du prince Louis Ferdinand de Prusse. A la mort de ce dernier, en 1806, il organise des concerts, enseigne et devient maître de musique de Talleyrand, au service duquel il reste quelques années.

Haydn, qui avait joué avec Dussek à Londres, le décrit comme « l'un des hommes les plus droits et intègres et parmi les plus éminents dans le domaine musical ». A l'exception d'une messe, de quelques partitions pour des œuvres scéniques et d'un peu de musique de chambre, toutes les œuvres de Dussek s'adressent au piano. Il a composé plus de trente sonates, notamment la célèbre *Sonate « Elégiaque »* sur la mort de Louis-Ferdinand, 17 concertos (dont certains sont aujourd'hui perdus) et un grand nombre de petites pièces. Tout en conservant un style fermement classique, ses œuvres annoncent la période romantique par l'utilisation d'harmonies chromatiques expressives. Il est également l'auteur d'un ouvrage important, *Instructions on the Art of Playing the Piano Forte or Harpsichord* (Londres, 1796) qui a été traduit en français (*Méthode nouvelle pour le pianoforte*) et en allemand.

Wendy Thompson.

Düster (all.). « Sombre ».

Dutilleux, Henri (Angers, 22 janvier 1916). Compositeur français. Il fait ses études musicales au Conservatoire de Paris avec Maurice Emmanuel, Jean et Noël Gallon et Henri Büsser (1932-38) et dirige le service des créations musicales à l'ORTF de 1944 à 1963. Il enseigne la composition à l'École normale de musique (à partir de 1961), puis au Conservatoire de Paris (1970-84). Sa musique est celle d'un indépendant, légèrement influencé par Debussy, Roussel et Stravinski, mais il se tient à l'écart des traditionalistes et de l'avant-garde. Avec une harmonie et des couleurs élaborées, ses œuvres passent par la métamorphose continuelle des motifs. Il travaille lentement, remet sans cesse ses œuvres sur le métier et ne produit qu'une partition tous les trois ou quatre ans. Pour orchestre, il a écrit deux symphonies (1950, 1958-59), le ballet *Le Loup* (1953), *Métaboles* (1964), *Timbres, Espace, Mouvement* (1977). Il a composé un concerto pour violoncelle à l'intention de Mstislav Rostropovitch, *Tout un monde lointain* (1970), et un concerto pour violon pour Isaac Stern (1985). Dans le domaine de la musique instrumentale et de la musique de chambre, on retiendra la *Sonate pour piano* (1948) et le quatuor à cordes *Ainsi la nuit* (1977).

Figure marquante de la musique française, Dutilleux est l'un des rares musiciens autour desquels se soit dégagé un consensus. Sa discrétion, sa rigueur et le sens poétique qui inonde sa musique sont autant de valeurs qui dominent les modes et les époques.

Paul Griffiths, rév. Alain Pâris.

BIBLIOGRAPHIE : Daniel Humbert, *Henri Dutilleux, l'œuvre et le style musical,* Champion-Slatkine (Paris-Genève, 1985). Pierrette Mari, *Henri Dutilleux,* Hachette (Paris, 1973).

Dux (lat.). Voir *Canon.*

Dvořák, Antonín (Leopold) (Nelahozeves, près de Prague, 8 septembre 1841 ; Prague, 1er mai 1904). Compositeur tchèque. D'extraction pauvre et obscure, il s'est imposé comme l'un des musiciens les plus célèbres de son époque et est aujourd'hui considéré, avec Smetana, comme le plus grand compositeur tchèque du XIXe siècle. Fils aîné d'un aubergiste, Dvořák est né à Nelahozeves, village situé à une vingtaine de kilomètres au nord de Prague. Le maître d'école de son village le pousse à étudier le violon. Malgré des dons manifestes, son père souhaite faire de lui un boucher et l'envoie à Zlonice apprendre ce métier chez son oncle. L'enseignement que lui prodiguent l'organiste Josef Toman et le professeur de musique Antonín Liehmann lui font alors négliger son apprentissage. Après un séjour à Česká Kamenice, dans le nord de la Bohême, où il est supposé améliorer son allemand, mais où il poursuit en fait ses études musicales avec Franz Hancke, il semble évident qu'il n'est pas destiné à la boucherie et, en 1857, il entre à l'école d'orgue de Prague. Il en sort diplômé en 1859 et semble avoir surtout joué dans des orchestres et étudié de nouvelles œuvres que lui prête son ami Karel Bendl. En 1859, il est altiste dans l'orchestre de musique de danse de Karel Komzák et, lorsque cette formation devient l'orchestre du nouveau Théâtre national de Prague, en 1862, Dvořák y reste pendant neuf ans.

Les premières œuvres sérieuses de Dvořák, notamment de la musique de chambre, deux cycles de lieder, un *Concerto pour violoncelle en la majeur* et les deux premières symphonies, en ut mineur, *« Les Cloches de Zlonice »* (1865), et en si bémol majeur (1865), datent du début des années 1860. Au Théâtre national, il a découvert le répertoire tchèque qui commence à voir le jour, et il n'est pas étonnant qu'il se tourne rapidement vers l'opéra : en 1870, il compose *Alfred*, sur un livret allemand, et, en 1871 *Král a uhlíř* (« Le Roi et le Charbonnier »). Ce dernier ouvrage est rejeté après quelques répétitions au Théâtre national en 1873, mais Dvořák révise sa partition et la nouvelle version y est représentée en 1874. A partir de 1871, lorsqu'il quitte son poste au théâtre, Dvořák vit de l'enseignement. Pendant les deux années qui suivent, il se fait connaître avec sa musique de chambre et ses mélodies, mais il attire davantage l'attention avec sa cantate patriotique *Dědicové Bílé hory* (« Les Héritiers de la Montagne Blanche ») en 1873. La même année, il épouse son élève Anna Čermáková. En 1874, il est nommé organiste de l'église Saint-Adalbert de Prague, ce qui lui donne davantage d'indépendance ; en 1875, il reçoit une bourse de l'État autrichien pour quelques œuvres, notamment la troisième et la quatrième symphonie. Sur la recommandation de Brahms, Simrock publie les *Chants moraves* (1879) et la première série des célèbres *Danses slaves* (1878), qui le font connaître sur le plan international. Ces œuvres lui ouvrent la porte du monde : il reçoit des commandes de l'étranger où sa musique est exécutée. Chez lui, son opéra tragique *Dimitri* est couronné de succès en 1882 et, en 1884, Dvořák est invité à diriger des concerts de ses œuvres en Angleterre. L'enthousiasme que les Anglais portent à sa musique, absolument subjugués par le *Stabat Mater* et la *Symphonie no 6*, suscite la commande d'une œuvre chorale (*La Fiancée fantomatique*) et d'une symphonie (*Symphonie no 7 en ré mineur*) pour la Société philharmonique, en 1885. D'autres œuvres voient ensuite le jour pour l'Angleterre, notamment l'oratorio *Sainte Ludmila* (Leeds, 1886) et le *Requiem* (Birmingham, 1891). En 1887, Dvořák retourne à l'opéra avec *Le Jacobin*, tout en continuant à composer de la musique instrumentale, notamment le *Quintette pour piano en la majeur* (1887) et la *Symphonie nº 8* (1889).

Au faîte de la gloire, Dvořák accepte le poste de directeur du Conservatoire national de musique de New York. Malgré ses tâches pédagogiques, il compose sa *Neuvième Symphonie « du Nouveau Monde »* (1893) et, lors de vacances passées dans la communauté tchèque de Spillville (Iowa), le *Quatuor à cordes en fa majeur « Américain »* (op.96) et le *Quintette à cordes en mi bémol majeur* (op.97). En 1894 et 1895, Dvořák compose les *Chants bibliques*, la *Sonatine pour violon et piano* et le *Concerto pour violoncelle en si mineur*. En rentrant à Prague, et après avoir terminé deux quatuors à cordes (op. 105 et op. 106), Dvořák se tourne vers le folklore de Bohême et compose quatre poèmes symphoniques inspirés de quatre contes populaires tirés de *Kytice* d'Erben. Il consacre la fin de sa vie à l'opéra, révisant *Le Jacobin* (1897) et composant deux œuvres sur des légendes tchèques, *Le Diable et Catherine* (1899) et *Rusalka* (1900). Tous deux remportent un énorme succès et, bien que son dernier opéra, *Armide*, ait été moins bien accueilli, Dvořák envisageait d'autres textes au moment de sa mort. Il a succombé à une attaque en 1904.

Professeur de composition au Conservatoire de Prague, Dvořák a influencé une génération de compositeurs parmi lesquels on peut citer Nebdal, Novák et Suk. A la fin de sa vie, Dvořák avait été nommé membre du Reichsrat autrichien, directeur du Conservatoire de Prague, docteur honoris causa des Universités de Prague et de Cambridge (1891).

L'œuvre de Dvořák couvre un large éventail de styles et de genres. Après l'influence des classiques viennois, ses premières œuvres montrent un intérêt certain pour le langage harmonique de Wagner, dont Dvořák avait découvert les œuvres lorsqu'il était musicien d'orchestre. A partir de la *Symphonie nº 5* (1875), il s'intéresse davantage à la forme classique. Alors que les *Symphonies nº 6 et 7* et le *Trio avec piano en fa mineur* font parfois penser à Brahms, Dvořák conserve un style de mélodie et de développement très personnel. L'intérêt qu'il porte aux « Negro spirituals » et aux chansons des plantations pendant son séjour aux États-Unis intensifie certaines caractéristiques de sa musique – figures pentatoniques et *ostinatos*. Wagner redevient un stimulant majeur dans ses derniers opéras, sans jamais ébranler sa personnalité musicale. La force de son style repose en partie sur les éléments nationaux contenus dans sa musique, qui ont trouvé un tel écho dans le public de son époque. Bien qu'il cite rarement des chansons populaires, sa mélodie et son rythme sont fortement influencés par la musique de son pays. Ses méthodes de composition, souvent démenties par la spontanéité apparente de son inspiration, étaient très soignées et il a révisé de nombreuses œuvres. On le connaît surtout aujourd'hui pour sa musique symphonique et sa musique de chambre, mais il a enrichi plusieurs domaines et, vers la fin de sa vie, il considérait l'opéra comme son domaine d'expression majeur. Dvořák n'a pas cherché à détruire l'image qu'on se faisait de lui d'un simple « musikant » tchèque, même si cette image masquait certains aspects d'une personnalité complexe. Fervent catholique, sa loyauté envers l'Église et son pays est restée intacte, et il ne s'est jamais installé à Vienne, malgré plusieurs tentatives cherchant à le persuader de s'y fixer. Si sa musique est parfois naïve, elle constitue du moins une synthèse remarquablement convaincante du classicisme et de l'exotisme.

Jan Smaczny.

BIBLIOGRAPHIE : Guy Erismann, *Dvořák*, Seghers (Paris, 1966).

Dyad (angl.). Groupe de deux notes. On trouve parfois ce terme dans les écrits sur la musique sérielle.

Dylan, Bob [Zimmerman, Robert Allen] (Duluth, Minnesota, 24 mai 1941). Auteur de chansons américain. Il commence à jouer de la guitare à douze ans et forme plusieurs groupes « folk » à l'école. Il entre à l'Université du Minnesota en 1959 et prend le nom de Bob Dylan. Il en sort l'année suivante et s'installe à New York en 1961. Il se consacre au folk et à des chansons contestataires qu'il écrit lui-même. Il subit l'influence de Woody Guthrie et travaille avec des chanteurs confirmés comme Jack Eliott et Cisco Houston. Son premier disque, enregistré en 1961, très inspiré des « blues » traditionnels, impressionne par son style instrumental très personnel. Un enregistrement intitulé *The Freewheelin'*

Bob Dylan confirme sa réputation : il est entièrement consacré à ses propres chansons de veine contestataire, notamment *A Hard Rain's a-gonna Fall, Blowin' in the Wind* et *Masters of War*. Dylan devient rapidement une figure internationale, considéré comme le porte-parole de la jeune génération désabusée et marginalisée. Ses chansons sont reprises avec succès par d'autres chanteurs, notamment *Mr Tambourine Man* et *All I Really Wanna Do*. Vers 1965, il s'écarte du domaine de la chanson contestataire pour se tourner davantage vers le rock et le « blues », tout en conservant un lyrisme poétique très prononcé, comme dans *Like a Rolling Stone* et *Desolation Row*. Il se marie en 1965, puis disparaît mystérieusement de la scène musicale (on attribue généralement cette disparition à son accident de moto). Lorsqu'il réapparaît, en 1969, il révèle une nouvelle personnalité, plus mûrie ; sa voix est moins rocailleuse et ses chansons, plus austères, tendent vers une certaine religiosité. Pendant quelque temps, ses activités restent assez réduites, mais, dès 1975, il a reconquis sa popularité et repris sa place prédominante dans le monde du rock. En 1970, il est nommé docteur *honoris causa* de l'Université de Princeton et a publié un roman incomplet, *Tarantula*. Bob Dylan a fait l'objet de nombreuses études biographiques et musicales.

Peter Gammond.

BIBLIOGRAPHIE : Anthony Scaduto, *Bob Dylan*, Christian Bourgeois (Paris, 1983).

Dynamique. Partie de l'expression musicale concernée par le volume sonore. La notation musicale comporte une série d'indications de nuances et d'accentuation (mots, abréviations, signes) utilisées pour préciser l'intensité relative (force) et le degré d'accentuation. Le tableau ci-dessous dresse la liste des plus courantes.

En outre, certains compositeurs utilisent des abréviations comme *fff, ffff, ppp* et *pppp* lorsqu'ils souhaitent obtenir un niveau d'intensité ou de douceur dépassant ce que les signes conventionnels traduisent à leurs yeux. L'effet de certains signes d'accentuation varie d'un instrument à l'autre en fonction de leur mode de production sonore : sur les instruments susceptibles de fournir de telles variantes, le chevron correspond à une attaque

NUANCES ET ACCENTS

SIGNE	TERME	SIGNIFICATION
pp	*pianissimo*	très doux
p	*piano*	doux
mp	*mezzo-piano*	moyennement doux
mf	*mezzo-forte*	moyennement fort
f	*forte*	fort
ff	*fortissimo*	très fort
fp	*forte-piano*	fort et subitement doux
fz	*forzato*	en renforçant le son
sf, *sfz*	*sforzato*	en renforçant le son
<	*crescendo*	en augmentant le son
>	*decrescendo, diminuendo*	en diminuant le son
>		chevron (note accentuée)
–		tiret (note appuyée)

incisive ou violente à l'émission du son, le tiret à une pression prolongée pendant toute la durée du son, le *forzato* et le *sforzato* à une subite augmentation du volume sonore à l'émission de la note, suivie d'une baisse d'intensité aussi soudaine.

Voir également *Interprétation musicale*, 9.

Dyson, (Sir) George (Halifax, 28 mai 1883 ; Winchester, 28 septembre 1964). Compositeur anglais. Il fait ses études au Royal College of Music (1900-04), puis voyage en Europe pendant quatre ans. Il rentre en Angleterre pour se consacrer à l'enseignement de la musique à l'école et reprend cette activité après la Première Guerre mondiale ; il enseigne à Winchester de 1924 à 1937. Il est ensuite directeur du Royal College of Music de 1938 à 1952. Dyson a composé plusieurs grandes œuvres chorales (comme *The Canterbury Pilgrims*) et beaucoup de musique religieuse. Il est aussi l'auteur de deux livres importants, *The New Music* (Londres, 1924) et *The Progress of Music* (Londres, 1932), une étude de la musique dans l'histoire sociale.

Paul Griffiths.

Dzerginski, Ivan (Ivanovitch) (Tambov, 9 avril 1909 ; Leningrad, 18 janvier 1978). Compositeur soviétique. Il étudie la musique à Moscou et à Leningrad, puis travaille avec les compositeurs Piotr Riazonav (1899-1942) et Boris Assafiev (1884-1942). La liste des œuvres qu'il compose est relativement courte, mais, en 1936, il sort de l'ombre grâce à son opéra

Sur le Don paisible, basé sur des épisodes du roman (alors inachevé) de Mikhail Cholokhov. Dzerginski avait présenté la partition au concours du Théâtre Bolchoï en 1932 et le jury, tout en reconnaissant le « talent indiscutable » de Dzerginski, avait alors considéré qu'il manquait de métier, que ses procédés de création étaient monotones et qu'il y avait beaucoup de « vides », que l'écriture était primitive. Mais, en grande partie grâce à l'intervention de Chostakovitch, l'opéra est créé au Théâtre Maly, à Leningrad, le 22 octobre 1935. Trois mois plus tard (le 17 janvier 1936), Staline assiste à une représentation et l'identifie au *réalisme socialiste qu'il encourage dans le domaine artistique : un langage musical simple et direct, et une intrigue qui pousse au patriotisme. Dans la période troublée qui suit la condamnation de *Lady Macbeth du district de Mtsensk* de Chostakovitch, *Sur le Don paisible* de Dzerginski devient un modèle d'opéra soviétique.

Dzerginski a consolidé sa réputation avec plusieurs autres œuvres scéniques, notamment deux autres opéras d'après Cholokhov, *Le Retournement de la terre vierge* (1937) et *Le Destin d'un homme* (1961), qui semblent avoir le plus duré. L'érudit soviétique Anatoly Dmitriev a décrit *Le Destin d'un homme* comme « une incarnation réelle de l'époque. C'est la vie transposée au théâtre – vie parfois peu attirante, mais absolument inébranlable ». L'opéra reconstitue en termes réalistes l'atmosphère lugubre de la Seconde Guerre mondiale et le stoïcisme de son héros Andreï Sokolov ; et, bien que le style musical fasse souvent preuve d'un sentimentalisme sans la moindre retenue, la partition révèle un certain talent pour les procédés dramatiques.

Geoffrey Norris.

E

E. (all. et angl.). La note mi.

Early Music. Revue trimestrielle anglaise consacrée à la musique du Moyen Age, de la Renaissance et du Baroque, contenant des articles sur les instruments, sur l'interprétation et le répertoire. Elle a été fondée en 1973 et est publiée par Oxford University Press ; Nicholas Kenyon a succédé à John Thomson comme rédacteur en chef en 1983.

East, Michael (? Londres, vers 1580 ; Lichfield, 1648). Compositeur anglais, peut-être apparenté à Thomas East. Après avoir obtenu le diplôme de Bachelor of Music, à Cambridge, il est nommé organiste de la cathédrale de Lichfield. Il a composé beaucoup de musique religieuse et des madrigaux, ainsi que huit fantaisies instrumentales à cinq parties (Londres, 1610), qui décrivent le retour d'un pécheur à l'état de grâce (*Desperavi, Peccavi, Vidi, Penitet, Credidi, Vixi, Triumphavi, Amavi*).

Denis Arnold.

East, Thomas (mort à Londres, 1608). Imprimeur et éditeur de musique anglais. Membre de la Compagnie des papetiers à partir de 1565, il a été l'imprimeur le plus important en Angleterre de 1588 à sa mort. Il a publié les œuvres de tous les principaux compositeurs de madrigaux et d'ayres. Il a également recueilli (et peut-être commandé) des œuvres pour son *Whole Booke of Psalmes* (Londres, 1592), qui a connu par la suite six autres éditions et a été corrigé et augmenté par Thomas Ravenscroft en 1611, d'où le nom de *Psautier de Ravenscroft* qu'il porte couramment.

Denis Arnold.

Eastman School of Music. L'une des trois grandes écoles de musique américaine, fondée dans les années vingt (voir également *Curtis Institute of Music* et *Juilliard School*). Eastman a été fondée en 1921 à l'Université de Rochester (New York). Elle présente chaque année une série de concerts symphoniques consacrés à des œuvres de compositeurs américains, série inaugurée en 1925 par Howard Hanson (directeur de 1924 à 1964).

Nym Cooke.

Ebenfalls (all.). « Pareillement », « de la même manière » ; *ebenso*, « de même », « aussi » (suivi d'un adjectif).

Eberlin, Johann Ernst (Jettingen, près d'Augsbourg, 27 mars 1702 ; Salzbourg, 19 juin 1762). Compositeur et organiste allemand. Fils du maître d'hôtel d'un baron, il est quatrième organiste de la cathédrale de Salzbourg à partir de 1726 et assure, en même temps, les fonctions d'organiste de la cour et de découpeur de viande de l'archevêque ; en 1749, il est nommé maître de chapelle de la cour et de la cathédrale. Il a composé des oratorios et beaucoup de musique religieuse, dans un style assez strict et démodé. Leopold Mozart, qui l'estimait beaucoup, a copié et imité certaines de ses œuvres sacrées. Eberlin a aussi composé des toccatas et fugues pour clavier et de la musique pour l'orgue mécanique du château d'Hellbrunn, résidence d'été de l'archevêque.

Denis Arnold.

Ebony Concerto. Concerto pour clarinette et orchestre jazz de Stravinski, composé pour le musicien de jazz Woody Herman, qui l'a créé avec son orchestre en 1946, à New York.

Eccard, Johannes (Mühlhausen, Thuringe, 1533 ; Berlin, 1611). Compositeur allemand, célèbre pour ses hymnes. Enfant, il est choriste à la chapelle de la cour de Weimar avant de devenir chanteur à la cour de Munich sous la direction de Lassus. En 1579, il entre au service du margrave Georg Friedrich de Prusse et devient ; en 1604 son maître de chapelle. Il a écrit de beaux lieder, mais il a surtout mis en musique des chorals dans lesquels les parties d'accompagnement expriment le sens du texte, préfigurant ainsi la technique de Bach.

Denis Arnold.

Eccles. Famille de musiciens anglais. **Solomon Eccles** (senior) (vers 1617 ; Londres, 2 janvier 1682) est indéniablement le membre le plus excentrique de cette famille. Vers 1660, il devient quaker et abandonne sa profession de professeur de musique, brûlant publiquement ses livres et instruments de musique à Tower Hill. Pendant la Grande Peste de 1666, il aurait parcouru les rues de Londres en portant un poêlon de braises et en prophétisant un destin tragique. En 1667, il a publié un écrit intitulé *A Musik-Lector*, dans lequel il fait une critique violente de la musique pratiquée à l'église et raconte certains de ses voyages à l'étranger en tant que quaker faisant du prosélytisme.

Eccles, Solomon (junior) (? 1640-60 ; Guildford, 1710) était peut-être son neveu. Il a écrit la musique de scène de deux pièces montées à Londres en 1682, *The City Heiress* d'Aphra Behn et *Venice Preserv'd* de Thomas Otway.

D'une autre branche de la famille, **John Eccles** (Londres, vers 1668 ; Hampton Wick, 12 janvier 1735) a composé de la musique de théâtre. En 1700, il est nommé Master of the King's Band of Music et compose alors beaucoup d'odes de circonstance. La même année, il remporte le second prix dans un concours pour la musique de scène de *The Judgment of Paris* de Congreve. En 1710, il publie un recueil de 100 *Collected Songs*. Entre 1690 et 1710, Eccles écrit la musique de douze masques et d'autres œuvres dramatiques, notamment l'opéra *Semele* (1707), qui n'est malheureusement pas représenté, ainsi que la musique de scène de plus de 50 pièces. Il a terminé ses jours à Hampton Wick.

Eccles, Henry (? vers 1675-85 ; après 1735) a été violoniste dans la King's Band jusqu'en 1713 environ, époque à laquelle il est parti pour Paris où il a publié, en 1720, *Twelve Solos for the Violin*.

Wendy Thompson.

Échappée. Progression mélodique dans laquelle une note de passage non accentuée (par exemple, une note qui intervient entre deux accords, mais qui ne fait pas partie de l'harmonie de l'un ou l'autre d'entre eux) apparaît hors de l'intervalle formé par les notes de part et d'autre, dans la direction opposée à celle de la résolution (Ex. 1). Lorsqu'une telle note de passage se présente dans la direction de la résolution, elle porte le nom de « note cambiata » (à ne pas confondre avec **nota cambiata*) (voir Ex. 2).

Ex. 1 *Ex. 2*

Échappement. Voir *Piano*, 2.

Échelle. Synonyme de « gamme » (peu employé).

Échelle de Jacob, L' (*Jakobsleiter*). Oratorio inachevé pour voix solistes, chœurs et orchestre de Schoenberg, sur son propre texte. Il y a travaillé entre 1917 et 1922 et l'orchestration a été terminée après sa mort par Winifred Zillig. La première partie a été créée à Hambourg en 1958 et l'œuvre complète à Vienne en 1961.

Échiquier (ou encore eschiquier, eschequier, eschaquier, escacherium, exaquier). Instrument à cordes muni d'un clavier dont on trouve mention pour la première fois en 1360. On en trouve la trace entre le XIVe et le XVIe siècle. S'agit-il d'un ancêtre du clavecin ou du clavicorde ? Cette question n'a pas encore trouvé de réponse.

Écho. 1. Voir *Acoustique*.
2. Procédé de composition imitant l'effet d'écho naturel, souvent utilisé dans la musique vocale à la fin du XVIe siècle et au XVIIe siècle, surtout dans le madrigal. Lassus a écrit un écho intitulé *O la, o che bon eccho*. Par la suite, cet effet a été intégré à la musique de théâtre ; on en trouve des exemples dans les premiers oratorios italiens et dans les opéras de Lully, ainsi que dans *Didon et Énée* de Purcell (« In our deep vaulted cell » et « Echo dance of Furies ») où la fin de chaque phrase est répétée doucement. On trouve aussi un exemple de ce genre dans *The Fairy Queen* de Purcell (« May the god of wit inspire »).

L'effet d'écho a aussi pénétré la musique instrumentale ; on le trouve dans certaines danses anglaises pour « consort » et à Venise, où les Gabrieli ont exploité les qualités acoustiques de Saint-Marc dans leur musique instrumentale et chorale antiphonale. On trouve également cet effet dans la musique destinée aux clavecins à deux claviers et dans la musique pour orgue, où il repose sur l'usage de registres contrastés. La reprise *piano* de certaines phrases est devenue une caractéristique courante de la musique Baroque instrumentale et ne se limite pas aux mouvements « en écho ».

Éclat. Œuvre de Boulez pour 15 instruments, composée en 1965. En 1971, Boulez l'a transformée en une œuvre pour orchestre, sous le titre *Eclat/Multiples*, et, au début des années quatre-vingt, il la considérait encore comme une œuvre inachevée.

Éclatant. 1. Brillant. 2. Perçant.

École de Bourgogne. Titre donné à un groupe de compositeurs qui vécurent au XVe siècle à la cour des ducs de Bourgogne. Voir *France*, 3.

Écoles de musique. Les premières écoles de musique formelles ont été celles organisées par l'Église du Moyen Age pour former des chanteurs à une exécution correcte du plain-chant (voir *Schola Cantorum*). Les écoles de musique spécialisées permettant aux étudiants de recevoir une solide formation professionnelle dans plusieurs branches de la musique ont commencé à voir le jour dans les orphelinats et autres institutions fondées au Moyen Age pour s'occuper des enfants nécessiteux (« conservatorio »). A la fin du XVIe siècle et au début du XVIIe siècle, celles de Naples et de Venise se concentrent sur l'enseignement de la musique, en partie pour se procurer de l'argent en faisant chanter leurs élèves aux mariages et en public. Les institutions réservées aux garçons à Naples (comme le Conservatorio di S. Onofrio et le Conservatorio dei Poveri de Gesù Cristo) et celles réservées aux filles à Venise (comme l'Ospedale della Pietà et l'Ospedale degli Incurabili) ont acquis une solide réputation pour l'enseignement de la musique et ont bientôt commencé à admettre des élèves payants aux côtés des enfants nécessiteux. Chaque institution avait un *maestro* chargé de parties spécifiques du programme musical scolaire ainsi que des professeurs spécialisés pour le chant et l'enseignement instrumental. Les conservatoires cherchaient à compter parmi leurs enseignants un certain nombre de compositeurs de renom (comme Vivaldi à la Pietà de Venise).

A la fin du XVIIIe siècle, l'idée consistant à multiplier les conservatoires de musique commence à se répandre. Après un voyage en Italie, Burney réalise, en 1774, le plan d'une école de musique, mais ni son projet ni celui conçu par John Potter en 1762 n'ont porté de fruits en Angleterre. A Leipzig, une école de chant privée est fondée en 1771 et d'autres écoles, également limitées, commencent à voir le jour. Un projet d'envergure se réalise à Paris en 1783 avec le premier conservatoire français, fondé sous le nom d'École royale de chant (étroitement liée à l'Opéra) : on y enseignait le chant, les matières théoriques et l'exécution. En 1793, cette école est remplacée par l'Institut national de musique qui devient, en 1795, le Conservatoire national de musique et de déclamation. Sous la direction de Sarrette, il prend rapidement de l'expansion et, malgré un conservatisme certain, se distingue pendant tout le XIXe siècle ; dans le corps enseignant, on trouve les noms de Gossec, Méhul et Cherubini. La province suit rapidement le mouvement ; la disparition, à la Révolution, des maîtrises, qui dispensaient la totalité de l'enseignement musical, a laissé un vide que va combler la création d'écoles municipales de musique : Lille (1803), Toulouse (1820), Marseille (école privée en 1822, municipale en 1830), Metz (1832), Strasbourg (1885). Plusieurs de ces établissements deviennent des succursales du Conservatoire de Paris : Lille et Toulouse (1826), Marseille et Metz (1841), Dijon (1845), Nantes (1846), Lyon (1874), Montpellier (1890). En 1930, Lavignac recensait 23 succursales du Conservatoire de Paris, 21 écoles nationales de musique, 20 écoles municipales et 7 écoles privées. La réforme de l'enseignement musical en France, menée par Marcel Landowski au début des années 1970, a mis en place une nouvelle hiérarchie : en 1987, on dénombrait en France environ 4 000 écoles de musique, parmi elles 2 conservatoires nationaux supérieurs de musique (Paris et Lyon), 31 conservatoires nationaux de région, 93 écoles nationales et 170 écoles municipales de musique, les trois premières catégories regroupant des établissements contrôlés, la dernière des établissements agréés. Certains d'entre eux pratiquent un enseignement à horaires aménagés qui permet de mener de front études musicales et études secondaires.

L'enseignement privé a été marqué, au XIXe siècle, par l'expérience de Niedermeyer, dont l'École de musique classique (fondée en 1853) était, à l'origine, une résurgence de l'école de musique religieuse fondée par Choron. En 1882, Charles Bordes, Alexandre Guilmant et Vincent d'Indy fondaient la Schola Cantorum pour dispenser un enseignement plus ouvert que celui du Conservatoire. L'École normale de musique (1919), fondée par Alfred Cortot et Auguste Mangeot pour donner aux instrumentistes un enseignement musical complet, est patronnée par le ministère des Affaires étrangères depuis 1928 ; elle accueille beaucoup d'étudiants de toutes nationalités. Parmi les autres écoles privées qui jouissent d'un rayonnement important, il faut retenir l'École César-Franck, le Conservatoire Rachmaninov et l'Institution nationale des jeunes aveugles.

Après le déclin des institutions de charité en Italie, à la fin du XVIIIe siècle, et les soulèvements des guerres napoléoniennes, l'Italie mettra un certain temps à créer de nouvelles écoles de musique. Les conservatoires subsistant à Naples fusionnent au début du XIXe siècle pour former le Real Collegio di Musica ; un collège de musique à temps partiel est créé à Bologne en 1806, un autre à Milan en 1807, mais ce n'est qu'en 1824 que Milan est doté de sa première grande école de musique, le Regio Conservatorio di Musica ; d'autres villes italiennes suivront finalement l'exemple (Gênes, 1829 ; Florence, 1861 ; Turin, 1867 et Rome, 1877).

Le centre et le nord de l'Europe possèdent de nombreux conservatoires importants, les plus anciens étant ceux de Prague (1811) et de Vienne (1817). Le Conservatoire de Leipzig, fondé par Mendelssohn en 1843, comptait parmi ses professeurs Schumann, Moscheles et Joachim ; avec un programme scolaire très vaste, dans tous les domaines théoriques et pratiques de la musique, il attirait de jeunes étudiants de toute l'Europe et des États-Unis. Le Conservatoire de Munich a été créé sur les mêmes principes en 1846, suivi de près par ceux de Berlin (1850), Dresde (1856), Francfort-sur-le-Main (1861), Moscou (1862), Saint-Pétersbourg (1866), Weimar (1872), Budapest (1875) et de nombreux autres. Le Conservatoire de Bruxelles existe depuis 1813 (il a été reconstitué en 1832 sous le nom de Conservatoire royal et a été dirigé pendant de nombreuses années par Fétis), celui de Genève depuis 1835.

En Grande-Bretagne, près de cinquante ans après le projet de Burney, la première Académie de musique a été fondée en 1822 et a ouvert ses portes à Londres l'année suivante. Elle s'est rapidement vu accorder une charte royale et est devenue la Royal Academy of Music en 1830. Les élèves étaient admis dès leur plus jeune âge et un grand nombre d'entre eux ont été pensionnaires jusqu'en 1853 ; après cette date, une série de subventions gouvernementales a permis à l'Academie de survivre et de s'épanouir jusqu'à nos jours sous une forme élargie et diversifiée.

Parmi les autres écoles de musique de Londres figure la Church Choral Society and College of Church Music, qui s'est spécialisée dans la musique sacrée ; elle a été fondée en 1872 et a été rebaptisée Trinity College of Music en 1875. La National Training School of Music a été fondée en 1876 pour former des professionnels ; en 1883, elle est devenue le Royal College of Music, son premier directeur étant Sir George Grove. La

Guildhall School a été fondée par la City of London en 1880 en tant qu'institution municipale destinée à former des musiciens.

Hors de Londres, parmi les grandes écoles de musique britanniques, on peut citer la Birmingham School of Music (fondée en 1859), la Royal Scottish Academy of Music and Drama de Glasgow (fondée en 1890 sous le nom d'Athenæum School of Music) et le Royal Northern College of Music de Manchester qui a été formé en 1972 par la fusion du Royal Manchester College of Music (fondé en 1893) et de la Northern School of Music (fondée en 1942). Comme l'Associated Board of the Royal Schools of Music, les écoles de musique qui possèdent une charte royale (tout comme Trinity College) jouent un rôle essentiel en Grande-Bretagne et dans les pays anglophones par les examens qu'elles organisent dans les différentes disciplines instrumentales, vocales et théoriques de la musique.

En Grande-Bretagne, les écoles de musique spécialisées comprennent la Royal Military School of Music, installée à Kneller Hall, à Twickenham (fondée en 1857 sous le nom de Military School of Music), le Royal College of Organists de Londres (fondé en 1864 sous le nom de College of Organists) et la Royal School of Church Music, Addington Palace, à Croydon (fondée en 1927 sous le nom de School of English Church Music).

Les États-Unis possèdent un nombre considérable de conservatoires ; certains sont indépendants, d'autres sont rattachés à des universités et à des collèges. Ils ont fait leur apparition entre 1860 et 1870 (Oberlin, Ohio, 1865 ; Peabody Conservatory, Baltimore, 1866 ; New England Conservatory, Boston, 1867), mais ils se sont surtout multipliés au début du XXe siècle (Juilliard School of Music, New York, 1905 ; Eastman School of Music, Rochester, 1921 ; Curtis Institute of Music, Philadelphie, 1924). La relation étroite qui existe entre les conservatoires américains et les départements universitaires offre de multiples possibilités aux jeunes musiciens de talent qui peuvent souvent concilier une formation de musicologue et une formation pratique en jouant en soliste ou en faisant de la musique d'ensemble (la même possibilité existe maintenant dans plusieurs conservatoires britanniques).

Si les écoles de musique des États-Unis ont été largement influencées leurs homologues européennes, particulièrement par les écoles allemandes, dans d'autres pays anglophones les conservatoires ont naturellement suivi l'exemple des institutions londoniennes. Les premiers conservatoires australiens, indépendants des départements musicaux universitaires, ont été fondés à Melbourne (1895) et Adélaïde (1898) ; Sydney a suivi en 1916 avec le New South Wales State Conservatorium. Cependant, en Nouvelle-Zélande, la formation musicale professionnelle est restée à la charge des départements musicaux universitaires. Au Canada, comme aux États-Unis, les écoles de musique prennent plus souvent la forme de départements musicaux universitaires que de conservatoires indépendants, mais certaines écoles anciennes (Royal Conservatory of Toronto, 1886 ; McGill School of Music, à Montréal, 1904) continuent à jouer un rôle important dans l'enseignement qu'elles prodiguent et les examens auxquels elles soumettent les étudiants qui s'orientent vers une carrière d'interprète.

Voir également *Éducation musicale*.

Percy Scholes, rév. Judith Nagley et Alain Pâris.

École normale de musique de Paris Alfred-Cortot. Fondée à Paris en 1919 par Alfred Cortot et Auguste Mangeot qui en seront respectivement le premier président et le premier directeur général, cette école était destinée à fournir aux instrumentistes une formation complète, ce que n'assurait pas, à l'époque, le Conservatoire de Paris. Le cursus instrumental se complète donc de cours théoriques (solfège, analyse, harmonie, histoire de la musique) et de musique de chambre, et débouche sur deux séries de diplômes qui ouvrent la voie aux carrières de l'enseignement ou du concert. L'École normale accueille plus de 2 000 élèves, dont 800 étrangers (en 1988). Directeurs : Auguste Mangeot (1919-39), Alfred Cortot (1939-41, puis 1942-44), Jules Gentil (1941-42), Joseph Morpain (1944-55), Jacques Feschotte (1955-60), Pierre d'Arquennes (1960-63), Pierre-Petit (depuis 1963).

Alain Pâris.

Écossaise. Danse rapide à 2/4 très populaire en France et en Angleterre au XIXe siècle. Malgré son nom, elle ne semble avoir aucun lien particulier avec l'Écosse. Beethoven, Schubert et Chopin ont écrit des recueils d'écossaises.

Écossaise, Symphonie. Voir *Symphonie écossaise.*

Écosse

1. Chant traditionnel
2. Traditions instrumentales
3. Musique religieuse
4. Musique de cour et de concert
5. Musique pédagogique et pratique musicale

1. *Le chant traditionnel.* Le chant traditionnel englobe deux traditions, qui possèdent chacune leur propre langue : la musique gaélique des Highlands et des Hébrides, et la musique des Lowlands et des régions orientales (en anglais ou en dialecte des Lallans). Les Orcades et les îles Shetland possèdent leurs propres styles.

(*a*) *La tradition gaélique.* Le chant gaélique doit sa spécificité à la langue, à la géographie et à la politique. Certains airs n'ont survécu depuis la préhistoire musicale que grâce à la grande ténacité de la mémoire populaire gaélique et parce que la majeure partie des poésies gaéliques étaient destinées au chant. Il y a eu très peu d'échanges entre la culture gaélique et celle des Lowlands et les tendances conflictuelles se sont limitées à la littérature et à la linguistique. Par exemple, Burns (1759-96) a emprunté des airs gaéliques pour mettre en musique des poésies des Lowlands, alors que certains noms et termes des Lowlands possèdent des racines gaéliques. Le chant gaélique partage certains traits avec toute la musique écossaise, notamment la prédominance de la gamme pentatonique et du rythme lombard (*Scotch snap*). Le chant gaélique a aussi des racines irlandaises, particulièrement dans l'art des bardes celtes.

L'*óran mór* (« grand chant ») comprend les lais héroïques, les ballades ossianiques et des chants liés à la musique pour cornemuse – complaintes et *pibroch songs* (forme ancienne de la musique écossaise pour musette ; voir § 2). Les chants de travail gaéliques sont très variés : chants du foulage du tissu, des moissons, des rameurs, des fileurs, etc. On relève également des berceuses, des contes, des chants d'amour, de deuil (le *coronach*), etc. Le *puirt-a-beul* (musique « buccale ») est une forme populaire de musique vocale de danse, qui comporte souvent des textes humoristiques.

Parmi les importants collecteurs et spécialistes de la musique gaélique, on peut citer Frances Tolmie (1840-1926), le Père Allan McDonald (1859-1905), John Lorne Campbell (1906) et sa femme Margaret Fay Shaw, ainsi que Francis Collinson (1898). L'œuvre de Marjory Kennedy-Fraser (1857-1930), qui a réuni et vulgarisé des airs des Hébrides, est mieux connue, mais ses arrangements sont trop libres. La Société des Highlands, « An Comunn Gaidhealach », a suscité un regain d'intérêt pour la culture gaélique au siècle dernier grâce à des publications et des concours (le *Mod* annuel).

(*b*) *Chansons et ballades des Lowlands.* Plus de 160 ans avant la première publication d'airs gaéliques, ceux des Lowlands avaient été couchés sur le papier (notamment dans le manuscrit de Skene, qui date de 1615 environ, et qui est conservé à la Bibliothèque nationale d'Écosse, à Édimbourg). Il existe d'innombrables éditions d'airs des Lowlands, depuis l'*English Dancing Master* (1651) de Playford. Cette différence entre les deux traditions s'ajoutant à celle de la langue est essentielle. Les chansons des Lowlands sont beaucoup plus connues que les chansons gaéliques en raison de leur disponibilité et de leur langue. De nombreuses chansons écossaises ne sont pas des chants populaires, mais de vieux airs adaptés à de nouvelles paroles, ou simplement des créations de salon. Dans certains cas, les éditions imprimées ont autant préservé que corrompu la chanson des Lowlands.

Il existe de nombreux recueils de textes et d'airs de ballades des Lowlands (chansons narratives plus longues), notamment celles de Francis James Child (1825-96), Gavin Greig (1856-1915) et Bertrand Bronson (1902). Les « ballades de cabanes » (*bothy ballads*) sont liées à la vie de la ferme et on en a recueilli un grand nombre dans l'Aberdeenshire et dans les comtés voisins.

(*c*) *Les Orcades et les Shetland.* La musique de ces régions est d'origine scandinave. On parlait le norse aux Orcades, jusqu'à la fin du XVIIe siècle, et aux Shetland jusqu'au milieu du XVIIIe siècle. Il reste peu de musique originaire des Orcades, bien que le Finlandais Otto

Anderson (1879-1969) ait publié d'intéressantes découvertes. La chanson des Shetland a été mieux préservée, grâce à la Shetland Folk Society et aux recueils de Patrick Shuldham-Shaw (mort en 1977).

2. *Traditions instrumentales.* Le plus ancien des trois instruments nationaux écossais est la harpe, ou *clàrsach*, dont on retrouve des gravures sur pierre remontant au début du IXe siècle. Il n'en reste que deux originaux (l'un du XVe siècle et l'autre du XVIe siècle) conservés au National Museum of Antiquities of Scotland, à Édimbourg. Les récits de harpistes abondent jusqu'au début du XVIIIe siècle (époque à laquelle le *clàrsack* tombe en désuétude), mais on en connaît rarement les signataires, à l'exception de Roderick Morison (vers 1656-vers 1714), surnommé Rory Dall (« Rory l'aveugle »), seul exemple connu de barde-ménestrel gaélique. Né à Lewis, Rory Dall étudie le *clàrsach* en Irlande et, à son retour à Édimbourg, rencontre le chef du clan MacLeod, dont il devient le harpiste à Dunvegan-on-Skye. Il ne nous est parvenu aucun original de sa musique, ni de la musique ancienne écossaise pour harpe.

Il semble certain que la tradition de la harpe soit originaire d'Irlande et que cet instrument ait connu une grande vogue dans les Highlands comme dans les Lowlands. La nature de sa musique est moins claire, mais il semble qu'elle se soit transmise à d'autres instruments au fur et à mesure que leur succès s'affirmait (le violon ou la vièle, le luth et la flûte). Il est également possible que les airs et le style musical du *clàrsack* se soient transmis à la cornemuse et que le *piobaireachd* (voir ci-après) en tire son origine.

La renaissance moderne de la harpe date de 1892, lorsque Lord Archibald Campbell a créé un concours de *clàrsach* au premier *Mod* gaélique. Patuffa, la fille de Marjory Kennedy-Fraser, a fait connaître l'instrument au début du XXe siècle. En 1931, on assistait à la fondation d'une société de *clàrsach* (*Comunn na Clàrsach*) et il existe aujourd'hui plusieurs facteurs de *clàrsack*.

L'Écosse, plus que tout autre pays, semble indissociable de la cornemuse ; on a retrouvé des sculptures remontant au début du XVe siècle où elle est représentée. La grande cornemuse des Highlands a survécu pour différentes raisons et malgré d'énormes luttes politiques : c'est avant tout un instrument de plein air ; ses instrumentistes ont toujours jalousement préservé leur répertoire et le style traditionnel d'exécution ; sa belle musique classique – le *piobaireachd* – écarte par sa nature même le mythe selon lequel la musique pour cornemuse est « barbare » ; sa survivance après la défaite de Culloden (1746), lorsqu'il fut interdit d'en jouer, prouve sa vigueur et sa place essentielle dans la musique gaélique.

La gamme de la cornemuse des Highlands est extrêmement idiosyncratique ; elle se note approximativement comme dans l'Ex. 1.

Ex. 1

La musique pour cornemuse comporte parfois un ou deux dièses, les deux notes marquées d'un * étant altérées d'environ un quart de ton vers le haut. Les notes des bourdons entre parenthèses sont des harmoniques.

Le *pibroch* (gaélique : *piobaireachd*) est le *ceòl mòr* (grande musique) de la cornemuse des Highlands et comporte une forme très développée de thèmes (ou *urlar*) et de variations (aux agréments très complexes). Cette forme unique, spécifique des Highlands écossaises, constitue la première série de variations instrumentales mise au point en Europe. Entre le début du XVIe siècle et 1825, l'art du *piobaireachd* s'est développé et répandu dans toutes les Highlands, grâce à la famille MacCrimmon, cornemuseux héréditaires de la famille MacLeod de Dunvegan, où s'était établie une école de cornemuse au XVIIIe siècle. Autre famille de cornemuseux célèbres, les MacKay (de Raasay) jouiront d'une certaine notoriété jusqu'en 1858.

L'ancienne notation de la musique pour cornemuse est le *canntaireachd*, représentation sous forme de syllabes vocalisées des notes et des ornements du *piobaireachd*. La notation en portée (dans la mesure où une musique aussi libre sur le plan métrique peut être notée) a fait son apparition au début du XIXe siècle. L'Ex. 2 montre le début d'un *urlar*, généralement considéré comme l'une des plus belles lignes mélodiques de la musique européenne : *Lament for the Children* de Patrick Mòr MacCrimmon (vers 1595-vers 1670).

La musique légère pour cornemuse, généralement appelée *ceòl beag* (« petite musique »), comporte des marches, des airs et des danses, comme le **strathspey* et le **reel*.

La cornemuse des Lowlands est tombée en désuétude au milieu du XIXe siècle. Contrairement à l'instrument des Highlands, dans lequel on souffle par la bouche, celui des Lowlands comporte un soufflet. De nombreux airs des Lowlands ont survécu, mais la musique la plus ancienne et la façon d'en jouer ne sont plus que matière à spéculations.

Le XIIIe siècle fait référence à trois instruments à cordes et à archet en Écosse : la vièle, le rebec et le *croud* (en gallois : *crwth*). C'est la vièle qui prédomine et, de nos jours, particulièrement à Strathspey et aux Shetland, la vièle soliste reste pratiquée en concert ; les deux régions ont leurs caractéristiques propres. Le *strathspey* (danse), qui se joue également à la cornemuse, est surtout une musique pour vièle avec un poussé caractéristique et une utilisation prononcée du rythme lombard (*Scotch snap*). La musique pour vièle des Shetland accuse des traits scandinaves et une prédilection pour les sonorités résonantes des cordes à vide.

A partir du XVe siècle, on trouve, dans les chroniques, la trace d'innombrables joueurs de vièle et on a retrouvé une part importante de leur musique. Il faut citer James MacPherson (auquel l'annonce de son exécution, en 1700, a inspiré son célèbre « Rant ») ; Niel Gow (1727-97) et sa famille d'instrumentistes, de compositeurs et d'éditeurs ; John Bowie (1759-1815), de Perth, dont le recueil de 1789 contient plusieurs adaptations de vieux airs écossais pour harpe ; et le prolifique James Scott Skinner (1843-1927). Il existe de nombreux recueils imprimés et manuscrits depuis la fin du XVIIe siècle, époque à laquelle les instruments de bonne facture italienne ont influencé les luthiers écossais.

3. *Musique religieuse*. Le plus ancien témoignage de musique sacrée locale figure dans un manuscrit compilé à St Andrews vers 1250 (Wolfenbüttel 677) ; la musique écossaise y côtoie celle de l'École de Notre-Dame et l'on sait que le théoricien écossais Simon Tailler (célèbre entre 1320 et 1340) étudiera à Paris. Il ne reste que des comptes rendus écrits de la musique plus ancienne, dus notamment à Giraldus Cambrensis à la fin du XIIe siècle : « Nous sommes nombreux à penser que l'Écosse a non seulement égalé l'Irlande, son professeur de musique, mais l'a... surpassée. » Nous possédons un hymne écrit pour le mariage de Margaret d'Écosse et d'Éric II de Norvège (1281) et, de la même époque, l'hymne à saint Magnus, *Nobilis, humilis*, en provenance des Orcades. L'histoire de la musique religieuse écossaise est fragmentaire, bouleversée par les guerres avec l'Angleterre et les luttes internes pour le pouvoir ; elle a en outre été affectée par la Réforme (1560) et les tentatives infructueuses de restauration de l'épiscopat ou du catholicisme romain au XVIIe siècle, qui ont abouti au triomphe de l'Église presbytérienne.

A partir du XIIIe siècle, les centres ecclésiastiques comme Aberdeen, Elgin, Abernethy et Lincluden possédèrent des moyens musicaux importants. La grande

Ex. 2. La Passacaglia on DSCH *(1967) de Ronald Stevenson comporte une version pour piano de cette* urlar.

période de la musique sacrée s'étend du règne de Jacques IV (1488-1513), dont la chapelle royale de Stirling était particulièrement brillante avant la Réforme. Robert Carver (né vers 1490) est connu pour ses cinq messes (dont une messe de *L'Homme armé*) et deux motets (dont un à 19 voix). Cet épanouissement musical coïncide tragiquement avec la lutte qui a mené à la Réforme ; trois compositeurs ont marqué cette période : Patrick Hamilton, exécuté pour hérésie en 1528, Robert Johnson (vers 1500-vers 1560), qui s'est enfui en Angleterre peu de temps après, et David Peebles (mort avant 1592) qui a fait des arrangements de psaumes pour les protestants et composé de la musique religieuse latine pour la reine Marie d'Écosse.

Les grandes villes avaient des écoles de chant dynamiques et le niveau d'instruction était très élevé. Mais, après la Réforme, leurs ressources ont été distribuées ailleurs et leur influence a vite décliné. L'école de chant d'Aberdeen a survécu aux autres et est restée en activité jusqu'à la fin du XVIIe siècle.

Le psaume métrique simple est le seul apport des réformateurs calvinistes à la musique liturgique ; le premier psautier écossais a paru en 1564. Les *anthems* de John Black (vers 1520-1587) et Andrew Blackhall (1536-1609) ont enrichi le style sévère en accords d'un contrepoint imitatif, mais la musique polyphonique était réservée à des cercles privilégiés. La chapelle royale d'Édimbourg a connu des hauts et des bas après le départ de Jacques VI en 1603 et, au fil des années, beaucoup d'orgues – instruments papistes – ont été détruits ; ils ne sont rentrés en grâce dans l'Église d'Écosse qu'à la fin du XIXe siècle. En raison de cette attitude prédominante, il n'est pas étonnant qu'aucune musique religieuse de valeur n'ait été composée avant le XXe siècle.

Il faut mentionner une évolution importante et indépendante qui concerne les longs psaumes gaéliques, encore chantés aujourd'hui, comme le *piobaireachd* qu'on ne trouve qu'en Écosse celtique. L'assistance chante sans accompagnement en ornementant à profusion la mélodie psalmodique du chef de chœur avec des phrases mélismatiques.

4. *Musique de cour et de concert*. La plus ancienne musique profane notée qui nous soit parvenue date du XVIe siècle : des chants à plusieurs parties fortement influencés par les modèles français. Alexander Scott (?1525- ?1584) et John Fethy (célèbre vers 1530-68) étaient les deux poètes musiciens importants de l'époque. Il existe quelques exemples de musique instrumentale, notamment la musique pour viole de James Lauder (1535-95), la musique pour clavier de William Kinloch (célèbre en 1600) et de Duncan Burnett (mort en 1652). Chose curieuse, les madrigaux font défaut.

Le départ pour Londres de la cour de Jacques VI, en 1603, et l'attitude hostile de l'Église envers la musique ont contribué à l'abandon de la composition entre les mains d'amateurs, souvent liés aux châteaux du nord de l'Écosse et de plus en plus tournés vers les chants populaires : on en possède de nombreux arrangements pour instruments à vent et à clavier. Ainsi l'Écosse est-elle la première nation qui ait réuni, arrangé et publié consciemment son héritage musical. Quelques écoles de chant ont encore vu le jour au début du XVIIe siècle, les compositeurs professionnels y enseignant la musique vocale et instrumentale. Si le style baroque n'a pas touché l'Écosse, sa propre musique traditionnelle a connu une certaine vogue à Londres au début du XVIIIe siècle.

La création des concerts de la Société musicale d'Édimbourg (Edinburgh Musical Society) en 1720, abrités à St Cecilia's Hall à partir de 1762, a donné une nouvelle impulsion à la musique. Les compositeurs étrangers, surtout italiens, ont commencé à affluer et les compositeurs écossais sont allés étudier à l'étranger. Sir John Clerk (1676-1755) travaille avec Corelli et compose quelques cantates pour voix soliste ; Thomas Alexander Erskine, sixième comte de Kelly (1732-81), travaille avec Stamitz et écrit des symphonies ainsi que de la musique de chambre. Les œuvres de musique de chambre de William McGibbon (vers 1690-1756) et les sonates pour violon de David Foulis (1710-73) sont également dignes d'intérêt.

L'engouement pour le chant national n'a pas diminué tout au long du siècle et de nombreux airs sur des textes anciens et modernes ont été publiés. Allan Ramsay (? 1685-1758) a joué un rôle important dans ce domaine, mais tous les recueils publiés sont éclipsés par *The Scots Musical Museum* (1787-1803) de Johnson, dont la contribution la plus importante est celle de Robert Burns. Burns a fourni le texte de plus de trois cents airs (participant ainsi à leur sauvegarde) et a lui-même rassemblé de nombreux airs. Un autre éditeur, George Thompson, demandera à Haydn, Beethoven, Weber et à d'autres compositeurs d'arranger des airs populaires traditionnels, mais comme ces éminents musiciens n'entendaient rien aux dialectes écossais, leurs contributions resteront dans le domaine du comique et de l'étrange.

Au XIXe siècle, la vie musicale écossaise connaît une période assez terne, malgré la célébrité européenne que lui apportent « Ossian » ou Walter Scott, et les visites de compositeurs tels que Mendelssohn et Chopin. Un compositeur mérite toutefois d'être mentionné : John Thomson (1805-41), qui a écrit les premières notices de programmes analytiques.

Mais, à la fin du siècle, la situation se modifie avec l'apparition des sociétés chorales et de concerts symphoniques, le changement d'attitude de l'Église et l'hommage musical que Sir Alexander Campbell Mackenzie (1847-1935) a rendu à son Écosse natale. Une évocation intentionnelle et colorée de l'Écosse imprègne également la musique des jeunes contemporains de Mackenzie : Learmont Drysdale (1866-1909), Hamish MacCunn (1868-1916), J. B. McEwan (1868-1948) et William Wallace (1860-1940).

Ces compositeurs relèvent d'esthétiques variées et possèdent des styles éclectiques. Au XXe siècle, ceux qui adoptent délibérément les dialectes écossais travaillent surtout de façon isolée et la musique écossaise, contrairement à la littérature et à la peinture, ne connaît pas de nationalisme concerté. Ian Whyte (1901-60) et Erik Chisholm (1904-65) puisent tous deux aux sources de la musique populaire, y compris la musique pour cornemuse ; Cedric Thorpe Davie (1913) adopte un langage délibérément écossais dans ses musiques de film ou pour le théâtre ; et l'œuvre pour orchestre de Lyell Cresswell (1944), *Salm* (1978), est basée sur les airs longs. Ronald Center (1913-73) et Martin Dalby (1942) s'affirment comme des compositeurs beaucoup plus indépendants. David Dorward (1933), ainsi que Dalby, travaillent à la BBC Scotland.

Deux compositeurs importants ont fermement enraciné leur œuvre dans la culture celtique : Francis George Scott (1880-1958), compositeur de mélodies qui, avec son élève Hugh MacDiarmid (1892-1978), a fait de la « Renaissance écossaise » le fer de lance du mouvement politico-littéraire, dans les années 1920 ; et Ronald Stevenson (1928), qui a composé de nombreuses mélodies, des œuvres pour piano et des concertos.

5. *Musique pédagogique et pratique musicale.* Une chaire de musique avait été créée à l'Université d'Édimbourg, en 1839, avec un legs d'un compositeur amateur, le général Reid (1721-1807) ; toutefois, elle n'a été pleinement reconnue par l'Université qu'en 1893, lorsqu'ont été créés des cours menant à un diplôme. Parmi les professeurs de musique qui ont occupé ce poste, on peut citer Friedrich Niecks (1845-1924), Donald Tovey (1875-1940), qui a fondé le Reid Orchestra en 1916 et a largement fait connaître la musique populaire, Sidney Newman (1906-71), qui a élargi la faculté, a participé à la restauration de St Cecilia's Hall et y a abrité la Russell Collection of Keyboard Instruments (Collection Russell d'instruments à clavier), les compositeurs Kenneth Leighton (1929), Leon Coates (1937) et Edward Harper (1941). L'Université d'Édimbourg comporte également une École d'études écossaises (School of Scottish Studies) dont les travaux et compilations dans le domaine de la musique de tradition orale connurent du succès.

A Glasgow, l'Athenaeum School of Music a été fondée en 1890 ; elle porte aujourd'hui le nom de Royal Academy of Music and Drama et comporte un département lyrique. Une chaire de musique a été créée à l'Université de Glasgow en 1929 : le service comporte un studio électronique et les archives de la musique écossaise. Aberdeen et St Andrews ont des départements musicaux plus récents. En 1972, la St Mary's Music School a été créée à Édimbourg pour les enfants particulièrement doués.

Parmi les artistes écossais qui jouissent d'un renom international, on peut citer le pianiste Frederic Lamond (1868-1948), les chanteurs Mary Garden (1874-1967) et Joseph Hislop (1884-1977) et le chef de chœur Hugh S. Roberton (1874-1952).

Le Scottish Orchestra (fondé en 1893) est devenu le Scottish National Orchestra en 1950. Sir Alexander Gibson (1926), qui l'a dirigé pendant 25 ans (1959-84), est également le fondateur du *Scottish Opera

(1962) et des séries de concerts que l'on appelle aujourd'hui « Musica Nova », consacrés à la musique contemporaine à l'Université de Glasgow. Le Scottish Opera est installé à Glasgow et effectue d'importantes tournées ; il a présenté plusieurs opéras de compositeurs écossais : Robin Orr (1909), Iain Hamilton (1922), Thomas Wilson (1927) et Thea Musgrave (1928).

En Écosse, la BBC joue un rôle important en faveur des compositeurs et des instrumentistes locaux ; Ian Whyte a fondé le Scottish Symphony Orchestra en 1935. La Guilde des compositeurs de Grande-Bretagne, créée principalement par William Wordsworth (1908), comporte une branche écossaise. La Saltire Society commande et joue également de la musique contemporaine. Récemment, plusieurs ensembles professionnels ont vu le jour, notamment le Scottish Baroque Ensemble (qu'a fondé Leonard Friedman en 1969) dont est issu le Scottish Chamber Orchestra. Depuis 1975, le compositeur Edward Harper dirige le New Music Group of Scotland.

Le Festival international d'Édimbourg (créé en 1947) a lieu chaque année et a énormément rehaussé la vie musicale de la capitale ; il offre néanmoins très peu d'ouverture aux compositeurs écossais. C'est Arthur Oldham (né en 1926) qui a le premier dirigé le magnifique chœur de ce festival.

Derek Watson.

Eder, Helmut (Linz, 26 décembre 1916). Compositeur autrichien, il commence ses études musicales avant la guerre et enseigne (1945-50) à Eferding tout en suivant les cours de J. N. David à Stuttgart, de Carl Orff et de Fritz Lehmann à Munich, et de Paul Hindemith à Salzbourg. Il est nommé professeur de théorie musicale au Conservatoire de Linz (1950-67) puis professeur de composition au Mozarteum de Salzbourg (1967). Figure dominante de la musique autrichienne, son œuvre évolue dans le cadre des formes traditionnelles tout en parlant un langage actuel qui ne refuse pas certains éléments indéterminés. Il se veut « pluraliste » et cherche à incorporer toutes les ressources de l'écriture musicale, de la modalité au sérialisme ou aux recherches de timbres. Il a écrit plusieurs concertos (trois pour violon, un pour orgue : « L'Homme armé », 1968-69 ; un pour violoncelle : « ... wo die Trompete das Thema beginnt », 1981 ; pour flûte : « Haffner-Konzert », 1984), de la musique de chambre, des pièces pour orgue et plusieurs fresques symphoniques et chorales dans lesquelles il livre le meilleur de lui-même : cinq symphonies dont une avec chœur (nº 4) et une avec orgue (nº 5), l'oratorio « Non sum qualis eram » (1975), « ... Missa est » (1986)...

Alain Pâris.

Edgar. Opéra en quatre actes de Puccini sur un livret de F. Fontana d'après *La Coupe et les lèvres* d'Alfred de Musset (1832), créé à Milan en 1889. Puccini a révisé cette œuvre et réalisé une version en trois actes créée en 1892 et reprise en 1905.

Édition musicale

1. Introduction
2. Principales techniques d'impression
3. Europe : histoire ancienne
4. Europe : le XVIe siècle
5. Europe : 1600-vers 1750
6. Europe : vers 1750-vers 1945
7. États-Unis
8. Compositeurs et éditeurs
9. L'édition musicale aujourd'hui
10. Édition scientifique

1. *Introduction.* L'histoire de l'édition et de l'impression de la musique est technique, sociale et artistique. L'histoire technique recouvre la résolution progressive des problèmes difficiles posés par la musique elle-même, avec son symbolisme visuel complexe. L'histoire sociale montre comment les changements de goût, de style et de public ont fait ressortir différents genres, comment les éditeurs (que l'on différencie des imprimeurs) ont vu le jour et comment leurs deux rôles se sont souvent entremêlés, et comment les maisons d'édition peuvent construire leur fortune sur un seul compositeur, sur une école de compositeurs ou sur une mode. Enfin, l'histoire artistique de la typographie musicale met en vedette la musique imprimée dans laquelle les limites artisanales et artistiques sont transcendées pour parvenir à un graphisme remarquable.

Il n'est pas facile de découvrir ces trésors musicaux du passé et l'on peut rarement les approcher. Certains se trouvent dans des bibliothèques ; quelques amateurs peuvent posséder de belles éditions anciennes ; les salles des ventes permettent de voir du matériel destiné à la vente et, occasionnellement, on peut trouver un volume remarquable sur les étals des grandes villes. On découvre encore parfois, de cette façon, de la musique de la fin du XVIIIe siècle et du XIXe siècle ; en outre, contrairement au fac-similé, une collection personnelle, aussi modeste soit-elle, procure le plaisir irremplaçable de pouvoir toucher et admirer le papier, la reliure et la texture des éditions anciennes.

2. *Principales techniques d'impression.* Tout au long de son histoire, l'impression musicale a surtout fait appel à trois techniques : dans un premier temps, à l'impression à partir de caractères d'imprimerie, qui sont moulés de la même façon que ceux des mots imprimés ; en second lieu, à la gravure sur une plaque de cuivre en utilisant un burin (par la suite, on employait des poinçons pour graver les symboles fixes sur une plaque en étain, alors que les signes variables, comme les liaisons, étaient réalisés avec un outil de gravure) ; enfin, on a fait appel à la lithographie, méthode qui domine toujours l'impression musicale actuelle. Ces procédés techniques sont difficiles à décrire isolément et le lecteur pourra se référer aux collections présentées dans les musées, institutions et maisons d'édition. Bien que les techniques employées de nos jours soient essentiellement la lithographie et les procédés photographiques qui la complètent, certains imprimeurs conservent un petit musée ou des archives qui permettent de découvrir la composition à la main et la gravure de la musique.

La musique n'a jamais nécessité une aussi grande variété de caractères d'imprimerie que celle dont on dispose pour imprimer des livres. En examinant la musique imprimée au cours de ce siècle, on remarque une tendance à utiliser plusieurs modèles relativement standardisés, même si les dessinateurs ou les typographes ont de temps à autre cherché à modifier cette tradition. Un caractère de musique bien dessiné doit respecter une proportion harmonieuse entre la forme de la tête de la note et les autres éléments, comme l'épaisseur et l'angle de la tige ou la forme des queues et des accolades. Les clefs, les silences, les signes d'expression comme les liaisons et le phrasé, et même l'épaisseur des portées, constituent une unité typographique.

(*a*) *Les caractères musicaux d'imprimerie.* Le caractère musical est fabriqué selon la même technique que celle qui est employée pour les lettres de l'alphabet. Le dessin d'une note, d'un silence ou d'une clef est découpé sur un poinçon, généralement en acier. On produit la matrice en enfonçant le poinçon dans une petite barre métallique, généralement en cuivre, qui creuse le symbole. Le caractère est alors placé dans un moule qui s'ouvre pour recevoir des caractères de largeurs différentes et de hauteur fixe. La matrice est insérée à sa base, le moule est ajusté à la largeur désirée ; on coule alors du plomb fondu à l'intérieur pour former une colonne ; le caractère est ainsi moulé. On retire ensuite le moule ; le métal est taillé à la hauteur désirée et il reste le caractère. Ce procédé avait été utilisé par Gutenberg, auquel on attribue l'invention de l'imprimerie à Mayence, au milieu du XVe siècle ; il est demeuré pratiquement inchangé depuis lors. Les symboles sont coulés selon les besoins, ainsi que les espaces de largeur variable qui permettent de placer correctement les notes. (Les moules musicaux les plus anciens qui aient survécu se trouvent au musée Plantin-Moretus, à Anvers.)

Les notes et les symboles sont placés dans une casse en bois, prêts à être assemblés par le compositeur typographe ; il travaille à partir d'un manuscrit sur lequel sont marquées les fins de portées musicales et autres détails indispensables du même genre. Il assemble les caractères musicaux dans un boîtier, d'où ils sont transférés ligne par ligne à un châssis, puis à la machine. Les premiers imprimeurs de musique avaient besoin d'un nombre relativement limité de « sortes » ou de notes séparées : ils se contentaient de six ou sept notes, plus les silences. Mais, dès le XIXe siècle, une casse de caractères musicaux pouvait contenir plus de 400 pièces séparées : ainsi, pour fabriquer trois croches jointes, il fallait parfois plus de 16 caractères. Le procédé prenait beaucoup de temps, les corrections étaient coûteuses et le compositeur typographe devait posséder des connaissances musicales. Au début de l'impression musicale, on utilisait au moins deux procédés d'impression différents : les notes et les portées étaient imprimées séparément, de même que les sections, les textes et les initiales qui devaient ressortir dans une couleur différente.

L'exemple de musique imprimée le plus ancien que nous possédions, l'un des plus beaux, est le Graduel de Constance (vers 1473, conservé à la British Library). Depuis la fin du XVe siècle, les imprimeurs et les dessinateurs cherchent en permanence à améliorer les méthodes de composition de la musique. Plusieurs systèmes ingénieux ont été mis au point, notamment ceux de Breitkopf (vers 1755), du Parisien Eugène Duverger (1820) et du Londonien Edward Cooper (1827). On est parvenu au sommet avec la fonte de V. & J. Figgins, à Londres, qui utilisait 452 sortes différentes et du matériel d'espacement spécialement fondu. Avec ces méthodes plus complexes, connues sous le nom de système « mosaïque », les caractères étaient composés à la page, plutôt que ligne par ligne. Au cours des premiers temps, la musique était imprimée directement à partir des caractères d'imprimerie ; mais ils finissaient par s'abîmer. On a pu remédier à cet inconvénient au début du XXe siècle avec l'utilisation des plaques stéréo, qui conviennent aux méthodes d'impression contemporaine rapide.

La composition à partir de caractères d'imprimerie a connu une période florissante en Europe et aux États-Unis en même temps que la gravure, mais elle s'est démodée au milieu du XXe siècle (elle n'est utilisée maintenant qu'occasionnellement pour les exemples musicaux insérés dans des livres).

(*b*) *L'impression sur planche de bois.* A partir de la fin du XVe siècle, on avait pris l'habitude de découper le matériel d'illustration dans du bois (ou du métal) ; cette pratique s'est naturellement étendue aux œuvres musicales courtes et relativement simples. Si la musique plus ancienne gravée sur bois reste, dans l'ensemble, de mauvaise qualité – l'artisan n'avait pas encore maîtrisé la complexité de la notation et l'imprimeur n'avait pas entièrement compris les problèmes d'encrage – il nous est néanmoins parvenu quelques exemplaires de bonne qualité, parfois même du travail magnifique. L'impression sur planche de bois est parvenue à son apogée au XVIe siècle. On a continué à la pratiquer, à une échelle plus réduite, jusqu'au XIXe siècle.

(*c*) *La gravure.* La gravure de la musique s'est développée à partir de techniques déjà éprouvées par des artistes graveurs et des cartographes. On utilisait un burin fin pour graver la musique sur une plaque de cuivre qui était ensuite décapée à l'acide. Cette méthode était beaucoup plus souple que celle des caractères d'imprimerie amovibles et permettait d'imprimer une notation plus complexe. Le métier de graveur de musique était extrêmement prisé : les graveurs avaient chacun leur style personnel, facilement reconnaissable, et ils travaillaient souvent en étroite liaison avec le professeur d'écriture, rivalisant avec ses fioritures calligraphiques.

L'exemple le plus ancien de gravure de musique que nous possédions semble être l'*Intabolatura da leuto del divino Francesco da Milano*, publié sans date ni nom d'imprimeur, mais sans doute imprimé avant 1536. La gravure à la main sur plaque de cuivre est restée une méthode d'impression musicale très courante au XVIIe siècle. Toutefois, vers la fin de cette période, elle a cédé la place à une méthode plus économique et plus rapide. Les symboles fixes, comme les notes et les clefs, étaient gravés au poinçon sur une plaque en étain, l'imprimeur continuant à découper, à l'aide d'un outil à main, les signes variables, comme le phrasé et les tiges des notes. On avait choisi l'étain (ou en Autriche le zinc) parce qu'il était facile à travailler et moins onéreux que le cuivre. L'emploi des poinçons a introduit un élément professionnel dans ce qui était, le domaine réservé d'artistes spécialisés.

Le graveur procède tout d'abord au pointage des portées, qui va permettre de déterminer le nombre de pages du manuscrit ; on décide des tournes de page ainsi que de la taille de la plaque et des poinçons. Le graveur prépare la plaque à l'envers, de droite à gauche, en travaillant en miroir ; avec un compas à pointe sèche, il marque rapidement les points où iront les portées, tire des lignes légères, puis découpe ces lignes avec un trace-portée (sorte de tire-ligne à cinq dents). Il prend également des repères pour les clefs, les armatures, les barres de mesure et les notes. Vient ensuite la partie la plus difficile, le pointage des notes : avec un compas, le graveur marque l'espacement des croches et des noires, puis esquisse les notes elles-mêmes, les accidents, les silences et l'ensemble des signes figurant sur le manuscrit. Toutes les informations nécessaires sont alors transférées du manuscrit sur la plaque. Avec ses poinçons, il commence par graver les mots, qu'il s'agisse de texte ou d'indications de tempo et d'expression. Puis viennent les clefs et les accolades, avec les armatures, les silences, les accidents et les blanches. Les autres notes sont gardées pour la fin, car elles peuvent facilement voiler la plaque.

On utilise alors un burin pour mettre les barres de mesure, les tiges des notes, les barres transversales (ou les liaisons), les lignes supplémentaires, les coulés, les signes d'expression, etc. La plaque est nettoyée et prête pour le tirage d'une épreuve qui s'effectue sur une presse manuelle, traditionnellement à l'encre émeraude ou vert olive. Pour corriger les fautes, on enfonce les notes erronées avec un poinçon sur l'envers de la plaque ; puis, après avoir retourné la plaque, on polit la surface du métal soulevé, on tapote doucement la plaque avec un marteau au même endroit et, lorsque la surface est tout à fait plate et lisse, on peut faire les corrections. Un grand nombre de corrections nécessite généralement d'utiliser une nouvelle plaque. Au début du XIXe siècle, on imprimait beaucoup de musique directement à partir de la plaque d'étain, mais on a vu se généraliser la pratique consistant à transférer une épreuve de la plaque gravée sur une pierre lithographique et à réaliser l'impression à partir de cette pierre.

(*d*) *La lithographie et les procédés photographiques associés*. On doit à Aloys Senefelder (1771-1834) la découverte d'une méthode d'impression révolutionnaire qui a finalement pris le nom de lithographie. Senefelder, qui a laissé un récit détaillé de l'évolution de son procédé, cherchait un moyen d'impression plus économique que la gravure sur cuivre pour imprimer les pièces qu'il avait écrites. Il a finalement découvert qu'en écrivant à la surface polie de la pierre de Solnhofen avec une encre spéciale composée de cire, de savon et de noir de fumée, il obtenait une impression nette. Les parties restantes pouvaient être décapées, de telle sorte que cette méthode ressemblait à celle de la gravure sur bois.

D'autres expériences, basées sur le principe de la répulsion des liquides (gras et eau), lui ont permis de mettre au point la véritable lithographie. A partir de 1825, il utilise des plaques métalliques à la place des pierres et le nouveau procédé, appelé « transfert lithographique », se répand rapidement dans toute l'Europe. Il avait découvert la méthode d'impression de la musique la moins onéreuse, la plus efficace et la plus rapide, que les principaux éditeurs de l'époque, comme Schott à Mayence, Breitkopf à Leipzig ou Ricordi à Milan adoptèrent aussitôt. Elle est encore en usage aujourd'hui sous diverses formes.

La musique lithographiée ne possède pas le mordant de la musique gravée ; il y a une nette tendance au « flou », surtout sur les bords, mais si l'imprimeur conserve la presse bien encrée, l'image peut être très nette. Ce procédé donne beaucoup plus de liberté et permet une grande variété d'illustration, au travers d'une gamme de couleurs subtiles et frappantes que les éditeurs du XIXe siècle ont brillamment exploitée. Pour les compositeurs, la publication devient beaucoup plus simple : en 1845, Wagner a pu ainsi écrire les 450 pages de son opéra *Tannhäuser* sur du papier à report lithographique en grande partition, prêt à être posé sur la pierre.

La nouvelle méthode de lithographie n'a pas entraîné la disparition de la gravure ou du caractère mobile ; les trois procédés ont coexisté. Une fois dissipé l'effet de nouveauté de la lithographie, elle est devenue un auxiliaire précieux des deux autres. Complétée par des méthodes photographiques, elle est au cœur de la plus grande partie de l'impression musicale actuelle. Elle permet d'écrire la musique de gauche à droite sur du papier à report lithographique avec un transfert direct, ou sur du papier normal qui est photographié avant d'être transféré sur la pierre ou (plus couramment de nos jours) sur une plaque de zinc qui sert à l'impression. La « litho » permet d'imprimer de grandes quantités de musique et ce procédé est très répandu en Europe.

Un procédé graphique analogue, qui repose sur une technique à base de stencils, a été conçu et mis au point en 1919 par les frères Harold et Stanley Smith. Connu sous le nom de procédé « Halstan » et employé par la maison Halstan à Amersham, en Angleterre, il suppose une esquisse détaillée réalisée par un musicien et un travail approfondi confié à des opérateurs qui utilisent des instruments de dessin et des stencils. Le résultat est réduit par photographie et imprimé sur une plaque de zinc lithographique. Halstan a réalisé un travail remarquable pour plusieurs éditeurs de musique, notamment Faber Music et Oxford University Press.

(*e*) *Évolution récente*. Les techniques de report à sec (Letraset, Notaset, etc.) ont considérablement facilité la tâche des dessinateurs, des étudiants et du grand public. Les symboles musicaux sont directement reportés sur les feuilles originales en les frottant au verso ; en cas de besoin, l'image peut être retouchée au stylo. Toutefois, ce procédé reste relativement lent.

Pendant tout le XIXe siècle, on s'est efforcé de trouver une machine à écrire permettant d'écrire de la musique. Un brevet français de 1833 a reconnu l'existence potentielle d'un tel procédé mais, des nombreux types de machines qui ont vu le jour au XIXe siècle, rares sont celles qui se sont montrées convaincantes en la matière. On peut citer le modèle Lily Pavey de l'Imperial Typewriter Co. en Angleterre, la machine à écrire Robert H. Keaton fabriquée à San Francisco et les machines brevetées par Armando Dal Molin et Cecil Effinger qui ont été reconnues sur le plan international. En 1853, Dal Molin a également mis au point un système à base de calculateur, connu plus tard sous le nom de Musicomp, et dont Music Reprographics, à New York, a tiré de bons résultats. Le Musicwriter de Cecil Effinger est également un système à base de calculateur et il peut être utilisé par les professionnels comme par les amateurs.

3. *Europe : histoire ancienne*. Les débuts de l'impression musicale sont étroitement liés à ceux de l'imprimerie en général et aux arts auxiliaires que constituent la gravure, la cartographie et la découpe matricée des pièces de monnaie et des médailles. On attribue à Gutenberg l'invention, vers 1440, d'une méthode de fonte des caractères d'imprimerie qui a permis à la presse imprimée de se développer. La célèbre Bible en colonnes de 42 lignes, imprimée à Mayence vers 1453-55, probablement par Gutenberg, Fust et Schoeffer, a été suivie du Psautier latin de 1457 (Fust et Schoeffer). L'imprimerie s'est alors diffusée le long du Rhin, dans toute l'Allemagne, puis en Italie et dans le reste de l'Europe.

Les premiers exemples d'impression sont connus sous le nom d' « incunabula » (incunables), du latin *incunabulum* (« berceau » ou « tout début ») et ce mot est encore employé par les bibliothécaires et les bibliographes pour désigner la musique et les livres imprimés avant 1500. Le caractère musical d'imprimerie a été dessiné d'après les manuscrits musicaux de l'époque. Cette origine ressort clairement du Graduel de Constance, l'exemple le plus remarquable de musique imprimée de la fin du XVe siècle, dont il n'a survécu qu'une seule copie, conservée à la British Library. Il a été réalisé en deux impressions à partir de caractères d'imprimerie en notation « gothique » (en losange) ; les initiales « rubriquées » (rouges) ont été ajoutées à la main. Il ne porte ni la date ni le nom de l'imprimeur, mais on pense qu'il a été réalisé à Constance, dans le sud de l'Allemagne, vers 1473. L'alignement des notes sur les portées est excellent, l'encrage régulier et sombre.

Parmi les autres exemples anciens d'impression musicale de qualité, on peut citer le missel romain d'Ulrich Hahn (Rome, 1476), qui est aussi raffiné que le Graduel de Constance. La maîtrise technique de Hahn a influencé d'autres imprimeurs européens, notamment des Anglais : le beau missel de l'évêché de Salisbury a été imprimé à Londres par Pynson en 1500 (mais on considère souvent que l'édition de 1520 lui est supérieure).

On utilisait à l'époque deux styles de notation : la notation « gothique » ou allemande, en usage dans les régions germanisantes d'Europe et qui est utilisée dans le Graduel de Constance, et la notation « romaine », généralement carrée, que préféraient les pays latins, l'Angleterre et les Pays-Bas. Les imprimeurs ne stockaient que deux sortes de formes de note (et certains n'en stockaient qu'une). Peu d'imprimeurs pouvaient se permettre de fondre et d'utiliser des caractères musicaux dont l'impression était lente et onéreuse. Heureusement, la notation du plain-chant évoluait peu et les premiers imprimeurs n'ont pas été confrontés à l'impression plus complexe de la polyphonie.

4. *Europe : le XVIe siècle*. A la fin du XVe siècle, Venise était le centre de l'imprimerie italienne. En 1498, un jeune imprimeur nommé Ottaviano *Petrucci obtient de la seigneurie de Venise un privilège exclusif de vingt ans pour imprimer le « canto figurato » (musique mensuraliste ou mesurée) et des tablatures d'orgue et de luth. Il croyait avoir enfin mis au point une méthode d'impression à partir de caractères mobiles qui pouvait s'appliquer à la musique polyphonique et, le 15 mai 1501, il publie *Harmonice*

musices odhecaton A (couramment appelé *Odhecaton*) dans un format in-quarto oblong qu'il utilisait pour tous ses livres de musique. Ce recueil contient 96 pièces de compositeurs français et flamands disposées en parties séparées. La qualité de l'impression et du dessin des caractères en font un ouvrage remarquable. Le pointage des notes est très précis et Petrucci a réalisé de remarquables effets visuels dans l'espacement des parties ; ses initiales, d'une beauté singulière, ne déséquilibrent pas l'ensemble et son encre est d'un beau noir.

Les innovations de Petrucci ont mis à la disposition des Vénitiens une immense variété de musique polyphonique, allant des messes, motets et complaintes aux *frottole* et aux tablatures de luth, dans des éditions coûteuses, mais belles. Certains livres ont fait l'objet de trois passages : un pour les portées, un deuxième pour les notes et autres signes musicaux, le troisième pour le texte. Mais, pour simplifier son travail, Petrucci s'est généralement limité à deux passages, atteignant encore une remarquable qualité d'impression. L'ensemble de ses publications (on en connaît 61) a exercé une influence considérable sur les autres imprimeurs de musique, comme sur la vie musicale de son temps.

Les Français ont vite suivi l'exemple de Petrucci. Pierre *Attaingnant se fixe comme libraire à Paris vers 1514, époque à laquelle la ville occupe une place prédominante dans la fabrication de livres et dans l'édition. Après plusieurs années d'expériences dans le domaine des caractères d'imprimerie, il publie, en 1527-28, un livre de parties oblong in-quarto, *Chansons nouvelles,* qui montre les progrès techniques importants réalisés dans le domaine de l'impression en un seul passage. Chaque note constitue une unité séparée, les lignes de portée nécessaires sont attachées à la queue et à la tête de la note comme faisant partie d'une unité typographique. Attaingnant crée une note en losange d'une clarté et d'un style qui s'adaptent au modèle général de la portée et sa méthode d'impression unique réduit au moins de moitié le coût et le temps de production.

En 1537, Attaingnant est devenu imprimeur de musique du roi. Il publie beaucoup de musique à des prix raisonnables et est en fait le premier éditeur de musique à travailler à grande échelle. Il diffuse les œuvres des compositeurs parisiens de chansons (Claudin de Sermisy, Janequin et Certon) et publie des missels, des bréviaires et les premiers livres de psaumes. Son imprimerie devient un centre d'échange des idées nouvelles et un lieu où se façonne le goût. Les techniques d'Attaingnant ont été reprises par d'autres imprimeurs français, comme Jacques *Moderne à Lyon, qui a basé la forme de ses notes sur celles de Petrucci, et Robert Granjon. Granjon était un remarquable poinçonneur qui a joué un rôle essentiel dans l'histoire de la typographie, notamment pour le caractère « civilité » ; ses élégants caractères musicaux révèlent instantanément sa maîtrise de la calligraphie.

A la mort d'Attaingnant en 1551 ou 52, le privilège royal passe au luthiste et compositeur Robert *Ballard, dont les descendants poursuivront la tâche jusqu'en 1825. La maison Leroy & Ballard met au point un nouveau caractère musical, taillé par le célèbre Guillaume Le Blé, plus arrondi que la forme sévère en losange utilisée notamment par Attaingnant. Au faîte de la prospérité, Leroy & Ballard jouera un rôle important, sachant répondre au goût du public et défendre son monopole. Elle publiera des chansons, des motets, des psaumes, des chansons spirituelles et des tablatures pour instruments à cordes pincées ; elle entretiendra d'excellentes relations avec les principaux compositeurs de l'époque. Au XVIIe siècle, elle sera la première maison d'édition à publier des partitions d'orchestre.

Le plus ancien spécimen de notation musicale publié en Angleterre est le *Polychronicon* de Ranulphus Higden (Londres, 1495, un résumé de l'histoire du monde et des connaissances scientifiques). Le passage dans lequel les notes apparaissent concerne les consonances de Pythagore. Wynkyn de Worde, l'imprimeur de ce volume, a réalisé les notes de musique en assemblant des quadrats (peut-être des lettres capitales renversées) et des règles, et les a imprimées avec le texte. A peu près à l'époque où Attaingnant se lançait dans l'impression unique, on en trouve un exemple isolé à Londres dans *New Interlude and a Mery of the Nature of the IV Elements* de John Rastell (vers 1525). Rastell a imprimé la première musique mensuraliste en Grande-Bretagne, le premier in-plano en Europe comportant de la musique imprimée à partir de caractères d'imprimerie et la première chanson imprimée dans une œuvre dramatique anglaise ; il est aussi le premier à avoir tenté d'imprimer une partition en Grande-Bretagne.

Les premières parties vocales anglaises imprimées, *The Book of XX Songes* (1530), révèlent le travail d'un artisan de grand talent (mais le nom de l'imprimeur n'est malheureusement pas indiqué). Des blocs servaient à imprimer les portées au premier passage ; les mots et les notes étaient ajoutés au second. Le résultat était excellent. Avant 1570, seuls une soixantaine de volumes ont été imprimés en Angleterre ; il s'agit essentiellement de musique sacrée ; mais, en 1570, Thomas Vautrollier commence à publier de la musique profane et sa plus belle œuvre égale en qualité celle de ses homologues français et italiens. En 1575, Tallis et Byrd reçoivent de la reine Élisabeth Ire un privilège royal de 21 ans leur permettant d'imprimer de la musique et de fournir du papier ; mais, l'affaire n'étant pas rentable, ils doivent solliciter l'aide de la reine. L'imprimeur et éditeur Thomas East acquiert les caractères d'imprimerie musicaux de Vautrollier et imprime plusieurs recueils en parties séparées entre 1588 et 1596. Parmi les autres publications anglaises d'importance, on peut citer le *First Booke of Songes and Aires* de John Dowland (Londres, 1597) au format du « livre de table » européen, dans lequel les parties sont imprimées dans le même volume, mais placées de différentes façons sur la page pour que tous les interprètes, assis autour d'une table, puissent lire leur partie sur le même exemplaire.

A cette époque, on trouve un certain nombre de bons imprimeurs dans le nord de l'Europe, notamment Christian Egenolff (à Francfort) et Hieronymus Formschneider ou « Grapheus » (à Nuremberg). Les successeurs vénitiens de Petrucci, comme Antonio Gardano et la famille Scotto, maintiennent Venise au premier rang de l'imprimerie musicale italienne. Aux Pays-Bas, Tylman *Susato, à Anvers, et Pierre *Phalèse (l'aîné), à Louvain, fondent des entreprises florissantes.

En 1555, Christophe *Plantin crée son imprimerie, Le Compas d'or, à Anvers qui était alors un centre important de l'édition ; il lance une affaire d'impression et d'édition qui durera jusqu'à la fin du XIXe siècle. Le musée Plantin-Moretus constitue aujourd'hui une source unique en son genre, avec sa salle de presses, les casses de caractères d'imprimerie collectionnées par Plantin lui-même et tous les documents et accessoires du passé. Un personnel bien organisé, des taux de production constants et un sens commercial solide ont beaucoup contribué au succès de Plantin. Plantin décidait généralement lui-même du dessin, du format et de la cadence d'impression des éditions ; il fournissait des pages spécimens et des épreuves aux auteurs et aux compositeurs qui compilaient des listes d'errata, imprimées à la fin lorsque le temps manquait pour faire les corrections avant l'impression. Le premier volume de musique de Plantin, *Missae* de George de la Hèle (1578), s'est vendu 18 florins, un prix élevé. Il finançait souvent ses tirages en demandant aux compositeurs d'acheter eux-mêmes un certain nombre d'exemplaires, parfois jusqu'à 100 ou 150. Même si la musique ne représentait qu'une petite partie de ses activités, il a néanmoins publié les œuvres des meilleurs compositeurs auxquels il avait accès (comme Philippe de Monte, Andreas Pevernage et Jacob de Kerle), certaines d'entre elles dans des éditions abondamment décorées ; son imprimerie est devenue un centre de la culture humaniste et, en tant qu'imprimeur officiel du roi Philippe d'Espagne, il jouissait de la considération de ses contemporains.

5. *Europe : 1600-vers 1750.* L'histoire de la gravure de la musique commence à proprement parler au XVIIe siècle, bien que les premiers exemples de gravure sur plaque de cuivre datent du XVIe siècle. En dehors du volume de tablature de luth (vers 1536) de Francesco da Milano (voir § 2*c*), un certain nombre d'ouvrages religieux datant des vingt dernières années du XVIe siècle associent musique et gravure (comme *Virgin and Child* de Sadelar, 1584, qui comprend un motet de Verdonck, et *Enconium musices* de Philippe Galle, 1590 environ). Toutefois, la gravure prend de l'importance dans l'œuvre de Simone Verovio, calligraphe et graveur, dont *Diletto spirituale* et *Primo Libro delle melodie spirituali* ont été gravés à Rome en 1586. La technique s'étend progressivement à d'autres pays. William Hole (célè-

bre à Londres en 1612-18) grave *Parthenia, or the Maydenhead of the First Musicke that ever was printed for the Virginalls* (vers 1612), le premier volume de musique publié selon cette méthode en Angleterre. C'est un ouvrage splendide, à la calligraphie très libre (bien que la musique soit un peu serrée pour l'exécution) ; la page de titre, très célèbre, représente une jeune femme au clavier. Parmi les autres recueils importants de musique anglaise gravée, on peut citer *Parthenia in-violata* (1614), qui serait l'œuvre de plusieurs personnes, la magnifique gravure des *Fantazies of III Parts* d'Orlando Gibbons (vers 1620) et celle, très élégante, des *Sonnatas of III Parts* de Purcell (Londres, 1683), due à Thomas Cross.

La gravure musicale a été adoptée aux Pays-Bas en 1615, mais seulement vers 1660 en France et en 1689 en Allemagne. Beaucoup plus tard, dans l'*Encyclopédie* de Diderot (1761-65), une certaine Mme Delusse, graveur de musique, décrit en détail le procédé, citant des opéras de Lully et de Mouret, des motets de Campra et de Lalande, et des cantates de Bernier et Clérambault comme premiers exemples de la gravure française. Dès le début du XVIIIe siècle, la gravure de musique s'est généralisée, bien qu'elle continue à coexister avec les caractères musicaux d'imprimerie et avec une recherche permanente de techniques nouvelles.

Entre le milieu du XVIIe siècle et le milieu du XVIIIe siècle, aux mains des Playford et des Walsh, l'édition musicale anglaise illustre parfaitement cette situation, car leurs idéaux et leurs méthodes sont extrêmement divergents. La plupart des volumes de John *Playford et de son fils Henry ont été imprimés à partir de caractères musicaux d'imprimerie, alors que John *Walsh l'aîné a débuté comme graveur, puis s'est tourné vers les plaques en étain et les poinçons. Les Playford étaient des gens cultivés qui publiaient de la musique pour les tavernes, les clubs de musique et les théâtres, destinée aux amateurs comme aux professionnels. Les publications de John Playford sont très vivantes, avec dessins et illustrations. Son flair et sa personnalité ressortent dès ses premiers volumes publiés, *The (English) Dancing Master* (1651), *A Musicall Banquet* (1651) et *A Breefe Introduction to the Skill of Musick* (1654). La lecture de ses réclames, de ses exhortations à l'acheteur et au lecteur, de ses commentaires sur les qualités (non reconnues) des compositeurs anglais permet d'apprécier le goût et l'esprit de cet éditeur séduisant et judicieux.

Les Walsh figuraient parmi les éditeurs les plus influents d'Europe, mais, contrairement aux Playford – plus musiciens que commerçants –, les Walsh n'ont pas hésité à exploiter leurs compositeurs, notamment Haendel, et ont laissé à la postérité de nombreux enchevêtrements bibliographiques difficiles à démêler. L'aîné, John Walsh, a mis au point de nouvelles techniques d'édition, basées essentiellement sur la méthode rapide et rentable qui consistait à frapper des plaques en étain avec des poinçons. Il employait un grand nombre d'apprentis et avait un sens des affaires très développé. Il travaillait avec des éditeurs européens comme le célèbre graveur d'Amsterdam Estienne *Roger, pratiquait allégrement le plagiat, selon la coutume de l'époque, et faisait de la publicité pour ses innombrables éditions dans les journaux et dans ses propres catalogues. Il a publié des chansons et des anthologies, de la musique instrumentale et des manuels pédagogiques à bon marché, et a été le principal éditeur de Haendel. Ses méthodes éditoriales peu scrupuleuses ressortent du désordre qui règne dans de nombreuses éditions de Haendel, surtout sa musique pour clavecin. Il s'était brouillé avec Haendel au sujet de la publication de *Rinaldo*, en 1711, et Haendel n'est revenu chez les Walsh qu'une dizaine d'années plus tard, quand John le cadet en avait repris la direction.

John Heptinstall a amélioré l'apparence et la souplesse du caractère musical d'imprimerie dans son *Vinculum Societatis, or The Tie of Good Company* (Londres, 1687) : il utilise des têtes de notes rondes au lieu de la forme en losange et regroupe les croches et les doubles croches par des barres transversales, procédé que l'on désignait alors par l'expression « nouvelle note liée ». En 1698, Peter de Walpergen imprime un ensemble de quatre chansons in-folio, sous le titre *Musica oxoniensis*, qui révèle pour la première fois un nouveau caractère « taillé dans l'acier et fondu » avec une élégance et une clarté qui justifient totalement les prétentions de ses instigateurs.

Plusieurs pages de titre de cette période

suscitent une légitime admiration, notamment *The Judgement of Paris* (1702) de Daniel Purcell, dans l'édition de Walsh, le titre de John Pine pour *The Morning Hymn of Adam and Eve* (1728) de J. E. Galliard, le frontispice de Walsh pour *Divine Harmony* (vers 1730) de John Weldon, avec l'intérieur conjectural de la chapelle royale, et les pages de titre des opéras de Haendel réalisées par Walsh, dont plusieurs ont ensuite été réutilisées pour d'autres publications.

De nombreuses éditions de musique du XVIIIe siècle restent inégalées par leur raffinement. En Angleterre, la collaboration entre maître d'écriture et graveur de musique, qui avait commencé avec *Parthenia* de William Hole, s'intensifie avec une série de livres de chansons, dont le plus beau est *The Musical Entertainer* de George Bickham (Londres, 1737-39) ; on en trouve encore des feuillets chez les antiquaires. On peut également citer le recueil de chansons de Thomas Jeffery, intitulé *Amaryllis* (vers 1750), et le charmant recueil d'airs d'opéras de John Cluer, *A Pocket Companion for Gentlemen and Ladies* (1724-25).

La musique française gravée au XVIIIe siècle est en général d'un très haut niveau. Couperin a bénéficié des service d'un excellent graveur pour ses *Pièces de clavecin* (1713) et son ouvrage *L'Art de toucher le clavecin* (1716-17) ressemble parfois au carnet d'un graveur. Les éditions des opéras de Lully gravées à titre posthume sont d'une qualité remarquable et, parmi les livres de chansons françaises, il faut retenir l'exceptionnel *Choix de chansons* (1773) de Laborde. En France, la gravure semble avoir attiré un certain nombre de dames très accomplies, notamment Mlle Vendôme (future Mme Moria), Mme Labassée et Mme Lobry.

6. *Europe : vers 1750-vers 1945*. Entre 1749 et 1755, en cherchant à surmonter les problèmes inhérents à l'utilisation des caractères musicaux, Jean-François Rosart taille une série de poinçons qui constituent une méthode d'impression améliorée. Il les offre tout d'abord à Johannes Enschedé, à Haarlem, qui ne lui prodigue aucun encouragement. Le fondeur typographe et imprimeur allemand J. G. I. *Breitkopf travaille selon les mêmes principes et commence ses propres expériences vers 1745. Elles aboutissent à une fonte de caractères musicaux d'imprimerie d'une qualité nettement supérieure. Depuis lors, on lui en a toujours attribué l'invention. L'impression nette des notes, l'apparence visuelle, l'équilibre et l'élégance de la musique sont les caractéristiques essentielles des caractères d'imprimerie de Breitkopf.

Au lieu d'utiliser un ensemble unique de caractères, composé de la tête de la note, de la queue et de la portée, Breitkopf emploie des pièces séparées pour la tête et la queue, attachées à des segments de portée de longueur variable, et des pièces supplémentaires pour les valeurs plus courtes. Ce procédé a pris le nom de système « mosaïque » et il est parvenu à son plus haut niveau de complexité dans la seconde moitié du XIXe siècle. Il nécessite un travail soigné et minutieux de la part du compositeur, qui doit savoir lire la musique. Les caractères d'imprimerie de Breitkopf ont fait leurs preuves pour la première fois dans *Il Trionfo della fedeltà* (1756), drame pastoral de l'Électrice de Bavière, Maria Anna Walpurgis. Ils ont ensuite été utilisés pour la plupart des œuvres majeures du répertoire classique.

En France, l'éminent typographe Pierre-Simon Fournier (1712-68) a réalisé plusieurs expériences intéressantes, dont les résultats ont été publiés dans son *Essai d'un nouveau caractère de fonte* (1756). Ses caractères ont été utilisés dans l'*Anthologie françoise* (1765) de Jean Monnet et, occasionnellement, pour les livrets avec airs, publiés en format de poche. Toutefois, le puissant monopole de Ballard empêchera le modèle de Fournier d'avoir une influence comparable en France à celle de Breitkopf en Allemagne. Breitkopf réalise pour la première fois des tirages importants. Il vend ses exemplaires bon marché et les diffuse très largement. Il développe également un marché de copies manuscrites pour un vaste répertoire d'œuvres qui ne justifient pas d'une édition imprimée et il en assure la publicité avec des catalogues thématiques. Ses propres efforts, puis l'association précieuse de ses héritiers avec G. C. Härtel, ont contribué à faire de Leipzig le centre de l'édition musicale en Europe.

Le succès des compositeurs de l'école viennoise (Haydn, Mozart, Beethoven) et le développement de la pratique musicale à tous les niveaux de la société entraînent la fondation de nouvelles maisons d'édition. Les principales sont *Schott (Mayence), Simrock (Bonn) et *Artaria (Vienne). De leurs presses sortent quantité d'œuvres de musique de chambre, les matériels de concertos et de symphonies, des arrangements, des pièces pour piano et des mélodies. La généralisation de la gravure a réduit les coûts mais la qualité de l'impression reste inégale. Il faudra attendre la mise au point de la lithographie, à la fin du XIXe siècle, pour pouvoir répondre effectivement aux besoins massifs de la clientèle. Face au développement des concerts publics et à la demande de partitions d'étude, l'éditeur de Leipzig, Payne, commence à publier des partitions de poche (la première maison d'édition qui aborde ce secteur avec des tirages élevés), suivi, peu après, par *Eulenburg.

Si Leipzig est restée au centre de l'édition musicale pendant tout le XIXe siècle, d'autres maisons d'édition avaient vu le jour et maintenaient une activité productive dans différentes villes (*Ricordi à Milan, Bote & Bock à Berlin, *Novello et *Cramer à Londres). On peut prendre conscience de l'énorme augmentation de la production de musique imprimée au cours du XIXe siècle en comparant la taille des principales imprimeries (comme Röder, à Leipzig) au milieu et à la fin du siècle.

Le terrain d'élection de l'impression et de l'édition musicales reste néanmoins l'Allemagne. En 1895, lors d'une visite d'inspection des travaux d'impression de Röder et de Brandstetter à Leipzig, l'éditeur londonien Joseph Spedding est vivement impressionné, notamment par l'habileté et l'activité d'ouvriers qui gagnent moins que leurs homologues britanniques. Jusqu'en 1914, on trouve de nombreux Allemands dans les ateliers de gravure de maisons anglaises comme *Augener, Novello, Curwen ou Mowe & Brydone, dont le service de gravure devient l'un des plus importants du pays, cette maison passant, à son heure de gloire, pour être « la plus grande maison d'impression de l'Empire ».

Le XIXe siècle voit également s'imposer la page de titre illustrée. Au début du siècle, les éditeurs français ajoutaient de charmants portraits gravés ou des lithographies à leurs pages de titre, qui laissaient pressentir la venue ultérieure de dessins en couleurs, de portraits et d'illustrations de scènes de la vie courante, d'événements nationaux, expositions, etc. Plusieurs artistes éminents ont émergé dans ce domaine, notamment Nanteuil, Packer, Brandard et Concanen. Certaines éditions de musique de Louis-Antoine Jullien (1812-60) sont rehaussées de couleurs exubérantes et même spectaculaires. Mais les pages de titre et les couvertures en noir et blanc n'ont pas disparu pour autant : *The Musical Bouquet* (vers 1846-48), qui a été publié en série et qui comprenait plus de 5 000 morceaux de musique, représente la plus belle réalisation de l'école anglaise.

Leipzig a cessé d'être le centre de l'impression et de l'édition musicale après la Seconde Guerre mondiale. Les bombardements avaient détruit la majeure partie des grandes imprimeries et l'intégration de la ville à la République démocratique allemande a fait éclater un grand nombre de firmes célèbres, une partie passant à l'Ouest, l'autre étant reprise par l'État. La réputation de Leipzig reposait essentiellement sur la gravure, qui se limite désormais à quelques œuvres précises, souvent à des œuvres de prestige. Dans toute l'Europe, les imprimeurs ont fermé progressivement leurs ateliers de gravure au fur et à mesure que s'implantait la lithographie.

Les tendances générales de la vie musicale se sont également modifiées dans tous les pays. La pratique de la musique amateur a décliné, de même que les chiffres de vente de pianos, cet instrument qui figurait dans toutes les maisons au XIXe siècle. Une grande partie de la musique d'avant-garde s'est avérée trop difficile pour les amateurs, d'apparence inaccessible au premier abord. Avec les nouvelles techniques de composition, les éditeurs doivent trouver de nouvelles techniques de commercialisation. Ils se regroupent, repensent leurs rôles, cherchent à développer de nouveaux marchés et finissent par élaguer afin de pouvoir survivre.

7. *États-Unis.* La première musique imprimée en Amérique, le *Bay Psalm Book*, est née des traditions puritaines du chant psalmodique. Ses premières éditions ne comportaient aucune musique, mais, dès la neuvième édition (Boston, 1698), on trouvait les airs de treize psaumes

arrangés à deux voix, grossièrement imprimés avec des notes en losange taillées dans le bois, et quelques instructions de base pour l'exécution. Une brochure de 12 pages de John Tuft, contenant 37 airs à trois voix, « An Easy Method of Singing by Letters instead of Notes », est suivie de sa *Very Plain and Easy Introduction to the Singing of Psalm Tunes* (3ᵒ éd., Boston, 1723). Toutefois, *Grounds and Rules of Musick Explained* de Thomas Walter (Boston, 1721), ouvrage dans lequel les barres de mesure apparaissent pour la première fois dans l'impression musicale américaine, sera une réussite plus importante.

A partir du milieu du XVIIIᵉ siècle, plusieurs recueils vont élargir le répertoire, certains comportant même des airs de compositeurs américains. *Collection of the Best Psalm Tunes* (Boston, 1764) de Josiah Flagg et *The New England Psalm-Singer* (Boston, 1770) de William Billings, le compositeur le plus fruste et énergique de la période coloniale, avaient des plaques ou des frontispices gravés par Paul Revere, le plus grand orfèvre de la Nouvelle-Angleterre. Presque toute la musique de cette période est imprimée à partir de plaques de cuivre polies, gravées à main levée par des graveurs ou des orfèvres locaux dont les noms sont pour la plupart inconnus. Thomas Johnston, qui a aussi gravé des cartes, des vues, des plaques de livres, des certificats et de la monnaie, reste une exception.

Les deux premiers livres imprimés à partir de caractères musicaux d'imprimerie, d'usage peu courant à l'époque, sont les *Geistreiche Lieder* (Germantown, 1752) et *Neu-vermehrt und vollstaendiges Gesang-Buch* (Germantown, 1757). Les caractères d'imprimerie ont peut-être été moulés par l'éditeur, immigrant allemand du nom de Christopher Sower (ou Saur). Ils contenaient seulement quelques mélodies, courtes et simples ; la première pleine page de musique publiée (des airs) se trouve dans *The Youth's Entertaining Amusement, or A Plain Guide to Psalmody* de William Dawson (Philadelphie, vers 1754). *The Worcester Collection of Sacred Harmony* d'Isaiah Thomas (Worcester, Mass., 1786), imprimé avec des caractères de la fonderie Caslon achetés à Londres, parvient à un niveau d'impression plus élevé et constitue la première tentative visant à maintenir une certaine continuité de publication. Après la Révolution, le flot d'immigrants européens s'est accru et la vie musicale américaine a pris des dimensions plus importantes. Les domaines respectifs de la musique sacrée et de la musique profane s'étendent, et on assiste à la naissance de toutes sortes de divertissements qui font toujours intervenir la musique. Les musiciens et les professeurs de musique sont arrivés en beaucoup plus grand nombre qu'auparavant et, parmi eux, se trouvent des musiciens-graveurs qui emploient la technique de l'estampillage des notes sur plaques d'étain, à l'aide de poinçons. Ils vont rapidement constituer la base de l'édition musicale américaine, qui s'épanouit tout d'abord à Philadelphie.

Selection of the Most Favourite Scots Tunes d'Alexander Reinagle (Philadelphie, 1787), gravé par John Aitken, est le premier recueil de musique entièrement profane publié aux États-Unis. Benjamin Carr, descendant d'une longue lignée d'éditeurs anglais, était devenu la personnalité essentielle de la vie musicale de Philadelphie dans les dix dernières années du XVIIIᵉ siècle. C'était aussi un compositeur éminent et son *Musical Journal for the Piano Forte*, écrit à la fin des années 1790, a formé le goût du public pendant plus de vingt ans. Philadelphie a conservé sa place prédominante jusqu'au début du XIXᵉ siècle grâce à Moller & Capron, qui fabriquait des feuillets de musique, et surtout grâce au dynamisme de George Willig et George E. Blake, célèbres figures du monde de l'édition à leur époque. Parmi les éditeurs importants, on compte également Gottlieb Graupner à Boston, Joseph Carr à Baltimore et, à New York, George Gilfert et James Hewitt, qui créent une bibliothèque musicale de prêt. New York deviendra rapidement le principal centre de l'édition musicale aux États-Unis.

L'édition musicale va s'étendre d'est en ouest et vers le sud. On assiste à la fondation de maisons d'éditions dans des endroits comme Cincinnati, Louisville, Chicago (Root & Cady) ou Saint-Louis (Balmer & Weber), et l'influence des styles et des goûts londoniens et européens décline progressivement. Avec l'importance croissante que prennent les concerts de chant nègre, les éditeurs américains cherchent à attirer les musiciens amateurs et publient une quantité considérable de

« spriritual », de « gospels », de polkas et d'écossaises, ainsi que d'innombrables pièces de salon et ballades sentimentales. On publie des ballades pour célébrer l'achèvement du canal Erié en 1825, le premier train de New York, les premières voitures à cheval dans les rues, etc. Certaines possèdent des couvertures illustrées par un procédé lithographique qui prend suffisamment d'importance pour créer une véritable école américaine. Les immigrants continuant à arriver en nombre, il faut publier une quantité considérable de livres d'airs, d'hymnaires, de livres de chœurs et d'*anthems*. Des centaines de chansons sentimentales, signées par des compositeurs populaires, comme Stephen Foster, et distribuées par les éditeurs new-yorkais Firth, Pond & Co., atteindront un public international.

Au cours de la seconde moitié du XIXe siècle, la quantité de magasins et de maisons de musique créés par des immigrants allemands ne cesse de croître, et bon nombre d'entre eux deviendront par la suite d'importantes maisons d'édition. On peut citer notamment Gustav *Schirmer (New York, 1861), Joseph Fischer (Dayton, Ohio, 1864), Carl *Fischer (New York, 1872), Theodore *Presser (Philadelphie, 1884) et E. C. *Schirmer (Boston, 1891). Tout en pourvoyant aux besoins d'une diffusion populaire de la musique, certains publient d'excellentes éditions des compositeurs classiques et prennent des risques financiers avec des compositeurs américains qui, dès la fin du XIXe siècle, ont virtuellement créé une « école », avec George Chadwick, Arthur Foote, Horatio Parker et, le plus connu de tous, Edward MacDowell.

Le développement des orchestres symphoniques, des théâtres lyriques et des institutions d'enseignement de qualité stimule encore davantage la vie musicale nationale et, avec elle, l'édition musicale. Toutefois, le phénomène du ragtime, et ensuite celui du « cake-walk », correspondent à l'essor d'une nouvelle culture musicale. John Stillwell Stark, éditeur à Sedalia, dans le Missouri, publie les *rags* pour piano de Scott Joplin. A la même époque, *Tin Pan Alley (l'éditeur new-yorkais de feuillets de musique), des maisons comme Harms Inc. et Witmark exploitent le répertoire des chansons de vaudeville avec de nouvelles méthodes de commercialisation. Au moment de la parution d'*Alexander's Ragtime Band* d'Irving Berlin, en 1911, le ragtime est déjà pratiquement mort et commence à céder la place au blues et au jazz.

Les compositeurs américains qui s'intéressent à la musique folk et indienne trouvent une aide précieuse chez Arthur Farwell's Wa-Wan Press (1901), qui sert alors de relais à la création d'une véritable musique américaine. Toutefois, la plupart des compositeurs, Charles Ives en tête, relèvent d'une tradition plus éclectique et un grand nombre d'éditeurs américains s'offrent pour promouvoir leurs œuvres. Certaines maisons d'édition s'occupent des comédies musicales de Broadway, genre qui existe encore, et des œuvres des années trente comme *Porgy and Bess* de George Gershwin, un classique américain. Leur confiance et leur sens des affaires ont été largement récompensés. Les maisons d'édition musicale américaines, dont certaines sont étroitement liées à leurs homologues européennes, continuent à jouer un rôle bien précis de lien sur la scène animée de la musique américaine.

8. *Compositeurs et éditeurs.* Les maisons d'édition musicale ont tout d'abord servi de stimulant à la vie musicale au début du XVIe siècle, lorsque Pierre Attaingnant s'entourait, à Paris, de compositeurs de renom comme Claudin de Sermisy, Certon ou Janequin, et de musiciens et d'amateurs de toute sorte. Il ne pouvait offrir à ses compositeurs qu'une très faible rémunération, mais ses belles impressions et la vaste distribution qu'il assurait pouvaient leur apporter honneur et renommée. Au lieu d'être payé, le compositeur acceptait un nombre convenu d'exemplaires imprimés, mais lorsqu'il sollicitait lui-même l'éditeur, il pouvait s'attendre en général à financer la totalité de l'entreprise. Sans aucune législation pour garantir la protection du droit d'auteur, certains compositeurs préféraient conserver leurs œuvres sous forme manuscrite et négocier eux-mêmes les termes de l'exécution.

Un accord du 2 janvier 1531 entre un artisan distingué d'Avignon, Jean de Channey, et le compositeur Carpentras donne des précisions sur les procédures d'édition de l'époque. Cet accord est connu sous le titre de « contrats d'Avignon » (il est détaillé dans l'étude réalisée, en 1969, sur Attaingnant par Daniel Heartz). Il expose les droits et les obligations des deux parties et montre les difficultés auxquelles Jean de Channey s'est trouvé confronté lorsqu'il a tenté de réaliser une édition monumentale des œuvres de Carpentras.

On a déjà mentionné les problèmes de Haendel avec les Walsh (§ 5). Sans la protection du droit d'auteur, les compositeurs devaient négocier directement avec les éditeurs, s'assurant un paiement forfaitaire le plus élevé possible. Il fallait contrecarrer le piratage, ainsi que les activités de copistes peu scrupuleux qui faisaient circuler les œuvres nouvelles en les proposant au plus offrant. Depuis le XVIIIe siècle, les relations entre compositeurs et éditeurs sont évoquées à plusieurs reprises dans des correspondances. Les lettres adressées par Haydn, à partir de 1781, à la maison viennoise d'Artaria ont un ton essentiellement amical ; mais le sens aigu des affaires que possédait Haydn le faisait réagir violemment s'il sentait qu'on tirait avantage de lui et il préférait tenir secrètes ses transactions avec son éditeur. Une œuvre mal gravée le mettait en colère. A la fin de sa vie, mécontent des services d'Artaria, il entra en négociations avec Breitkopf & Härtel, qui est finalement devenu son principal éditeur.

Mozart a eu peu de succès auprès de Breitkopf & Härtel. Son père avait essayé de les intéresser aux premières œuvres de son fils, mais sans obtenir de réponse. Les œuvres de Mozart n'ont vraiment commencé à être connues en édition qu'après sa mort, lorsqu'un éditeur d'Offenbach, J. A. André, a acheté une quantité importante de manuscrits à la veuve de Mozart, Constance. Mais, par la suite, Breitkopf publiera plusieurs éditions complètes importantes.

Une grande partie de la correspondance de Beethoven concerne ses éditeurs (Alan Tyson fait des remarques très intéressantes à ce sujet dans *The Beethoven Companion* de Denis Arnold et Nigel Fortune, Londres, 1971). Beethoven était déterminé à lutter contre le piratage et les copistes peu scrupuleux. Dès 1801, il était en mesure de choisir son propre éditeur parmi six ou sept maisons importantes et de fixer son prix pour chacune de ses œuvres. Parfois, il préférait ne pas publier certaines œuvres qu'il pouvait jouer lui-même, comme ses plus beaux concertos. Il occupait fiévreusement plusieurs copistes et relecteurs et s'énervait sur les erreurs que comportaient les épreuves ; l'absence d'un accident ou d'un changement de clé ne lui échappait jamais ; toutefois, comme la plupart des compositeurs, il reconnaissait que le créateur d'une œuvre n'était pas vraiment le relecteur idéal.

Les relations de Verdi avec *Ricordi constituent un véritable drame de coulisses, détaillé dans sa correspondance. Il s'est brouillé avec Tito Ricordi, fils de Giovanni (le fondateur de la maison d'édition), à propos d'erreurs d'impression dans ses opéras et il a même voulu retirer la première édition de *La Traviata* ; finalement Giulio, le fils de Tito, qui avait mis en contact Verdi et son librettiste Boito pour *Otello*, est parvenu à rétablir de bonnes relations.

La personnalité et la spécificité des besoins des compositeurs ont donné lieu à des relations constamment différentes avec les éditeurs. Elgar et son éditeur August Jaeger, chez Novello (le « Nimrod » des *Enigma Variations*), offrent l'exemple d'une confiance artistique unique, d'une amitié solide et chaleureuse : les lettres qu'ils ont échangées (1897-1908) reflètent l'état d'esprit et les sentiments versatiles du compositeur. A la mort de Jaeger, en 1909, à l'âge de 49 ans, Elgar écrivait : « Découragé envers lui-même, il fondait un immense espoir dans les autres et s'est consacré à aplanir la voie les menant à la célébrité ». Des relations analogues unissaient l'éditeur parisien Jacques Durand aux principaux compositeurs français du début du siècle, notamment Claude Debussy, Paul Dukas et Maurice Ravel.

De leur côté, les éditeurs doivent être capables de s'adapter, de faire preuve de diplomatie, d'aimer les expériences ; ils doivent avoir le sens des affaires et surtout le flair pour détecter les dons et les talents naissants, et rester sensibles à l'évolution de la vie musicale. Ce n'est pas une profession pour personnes pusillanimes. Certains éditeurs allemands n'ont pas encore pardonné à Richard Strauss le tableau moqueur qu'il a fait d'eux dans son étrange cycle de lieder *der Krämerspiegel* (« Le Miroir des mercantis »). La sommation précise d'Arnold Schoenberg à Emil Hertzka, directeur de *Universal Edition à Vienne, en 1911, est un impératif dont tout véritable compositeur pourrait se prévaloir : « J'ai moi aussi chanté vos louanges. Alors, s'il vous plaît, imprimez mon œuvre ! ! ! Je suis certain qu'elle est bonne ! ! !... Vous savez bien ce que sont les musiciens. Et personne ne l'est davantage que moi. »

9. *L'édition musicale aujourd'hui.* Au XXe siècle, une grande partie de l'arrière-plan commercial de l'édition musicale repose sur les changements intervenus dans le domaine du droit d'auteur et du droit d'exécution ainsi que sur la croissance de l'industrie du disque, de la radiodiffusion et de la télévision (voir *Droits d'auteur*).

Les revenus des éditeurs de musique proviennent des sommes prélevées au titre du droit d'exécution, du droit de reproduction mécanique, des droits d'auteur, des locations et de la vente de musique (sans oublier certains revenus subsidiaires comme la représentation d'éditeurs étrangers). Mais le compositeur partage les droits d'auteur sur les exemplaires de sa musique qui sont vendus et les droits provenant des exécutions. Cette protection s'applique du vivant du compositeur et, après sa mort, pendant une période de cinquante à soixante-dix ans selon les pays (voir *Droits d'auteur*).

Les locations s'effectuent sur la base d'un tarif fixé à l'échelon national par la Chambre syndicale des éditeurs de musique. Les grands orchestres peuvent avoir en prêt permanent le matériel des œuvres qu'ils jouent souvent ; ils le conservent dans leur bibliothèque et paient le tarif normal. Certains éditeurs acceptent parfois de vendre aux chefs d'orchestre des partitions de location.

Sur la vente de musique, l'éditeur verse au compositeur un droit de 10 à 12,5%. De tels revenus n'ont rien de comparable avec les sommes énormes gagnées sur les ventes de feuillets de musique, à la fin du XIXe siècle et au début du XXe siècle. En 1898, par exemple, on a vendu plus de 250 000 exemplaires de *The Soldiers of the Queen*, publié durant la guerre des Boers et, dans les années vingt, 704 000 exemplaires de *That Old-fashioned Mother of Mine*, qui ont rapporté la somme de 4 900 livres au compositeur Lawrence Wright. Les enregistrements, la radiodiffusion et la télévision constituent maintenant les principales sources de revenu.

Les chiffres d'impression d'un grand éditeur anglais sont éloquents. Il imprime 1 000 exemplaires de la réduction piano-chant d'un opéra et les vend 30 livres, s'il a réussi à obtenir une subvention. La bibliothèque de prêt en absorbe 500. Il peut alors publier un matériel de 500 parties (ou davantage) et préparer au moins trois grandes partitions pour les chefs d'orchestre et la promotion. Pour une œuvre symphonique, il ne prépare le matériel et les grandes partitions que pour la location, car la plupart des organisations de concerts préfèrent louer le matériel que l'acheter ; mais l'éditeur peut ensuite imprimer des partitions de poche qui servent de référence et qui sont précieuses pour l'étude des œuvres ; elles peuvent rapporter des bénéfices raisonnables, mais rarement spectaculaires. Si le compositeur est sous contrat avec l'éditeur, 25 exemplaires destinés à la promotion (parfois davantage) peuvent être préparés à la place de la partition de poche. La musique de chambre contemporaine (œuvres pour piano seul, petits ensembles, etc.) se vend plus lentement et atteint de petits tirages (entre 500 et 1 500), qui ne montent généralement que lorsqu'un titre figure dans un programme d'enseignement.

La réduction progressive des ventes a amené les éditeurs à s'intéresser davantage aux théâtres lyriques, aux orchestres internationaux et aux sociétés de radiodiffusion, au marché de l'enseignement, aux sociétés chorales, fanfares, etc. qui procurent de meilleures rentrées. Pendant un certain temps, la musique contemporaine a paru redoutable aux interprètes amateurs, mais certains compositeurs et éditeurs ont fait un effort important pour gagner leur confiance et ils sont parfois arrivés à de remarquables succès. Dans les années soixante-dix, on a assisté à la naissance de plusieurs éditeurs de musique, de petites maisons spécialisées qui utilisaient les procédés les plus économiques en se basant sur la vente directe. Certains compositeurs, notamment Stockhausen, ont formé leur propre maison d'édition. En outre, les revenus des éditeurs ont été sérieusement érodés par les photocopies illégales qu'un système de licences devrait permettre de contrôler.

Cependant, malgré les terribles difficultés économiques et artistiques imposées par les circonstances actuelles, de nombreuses entreprises monumentales sont en cours de réalisation, comme les grandes éditions musicologiques qui couvrent un domaine de plus en plus vaste et qui englobent des recherches méticuleuses. Les nouveaux talents trouveront toujours des éditeurs pour leur répondre, car l'édition musicale est indissociable de la tradition musicale occidentale.

J. M. Thomson.

10. *Édition scientifique*. Le rôle des exécutants en tant qu'intermédiaire entre le compositeur et l'auditoire est évident, mais celui de l'intermédiaire entre le compositeur et l'exécutant – le réalisateur d'une édition – l'est moins. Ce personnage souvent ténébreux peut exercer une influence considérable et les exécutants sérieux, qui sont souvent déconcertés par le choix d'une édition, le savent. Si vous croyez que ce que l'on appelle souvent un *Urtext*, ou « texte original », vient directement du compositeur, vous êtes dans l'erreur. Que le compositeur donne son manuscrit à un copiste ou à une maison d'édition, quelqu'un doit l'interpréter. Si le compositeur est précis, s'il écrit avec netteté et n'exige pas de nouvelles formes de notation (Wagner en est un bon exemple), il n'y a pas de difficultés ; mais certains compositeurs posent des problèmes extrêmes – quiconque a vu un manuscrit de Beethoven a pu s'en rendre compte. Ils peuvent réclamer de nouvelles formes de notation pour exprimer des idées nouvelles – Gustav Holst, qui souhaitait relier les croches entre elles par des barres transversales pour mettre en valeur les contretemps, était considéré comme un excentrique par ses éditeurs, qui ont pourtant fini par adopter cette technique (fortement controversée aujourd'hui). Le compositeur peut aussi se montrer inconséquent sans motif valable. Tous ces éléments expliquent pourquoi l'édition d'une œuvre d'un compositeur vivant n'est pas nécessairement exacte ; mais lorsque les compositeurs sont morts, les risques sont beaucoup plus grands, car avant les lois modernes sur le droit d'auteur, le réalisateur d'une édition et le compositeur travaillaient rarement en étroite collaboration.

Avant 1500, toute musique était diffusée sous forme manuscrite, mais on ne possède que de rares exemples de partitions écrites de la main du compositeur ou partitions « autographes ». On possède seulement de l'œuvre des copies de scribes de qualité variable (Byrd invoquait l'inexactitude des copies manuscrites alors en circulation comme principale raison pour publier sa propre édition du premier volume de *Cantiones sacrae* en 1589). Après 1500, les compositeurs rendaient souvent visite aux maisons d'édition pendant la préparation à la publication de leur musique – de nombreux livres de madrigaux imprimés à Venise comportent la dédicace du compositeur, datée de Venise – mais ce n'était pas toujours le cas. Certaines éditions étaient piratées, d'autres réalisées de loin sans corrections du compositeur, même si sa musique lui était payée. A cette situation embarrassante vient s'ajouter un sérieux problème : l'évolution permanente de la notation ; ainsi, en imprimant de nos jours une œuvre sous sa forme originale, on risque d'en donner un visage inexact. Par exemple, la barre de mesure suppose un temps fort dans la majeure partie de la musique du XIXe siècle, mais, au XVIe siècle, elle ne représentait guère plus qu'une aide visuelle, lorsque l'œil parcourait une partition, et elle ne figurait absolument pas dans les parties des chanteurs et des instrumentistes.

(*a*) *Le rôle du réalisateur d'une édition*. Il lui incombe trois tâches principales : trouver ce qu'a voulu dire le compositeur, l'interpréter pour l'exécutant et apporter une aide plus générale à l'exécutant. La première de ces tâches est la plus complexe. Dans de nombreux cas, il est impossible de découvrir exactement ce que le compositeur a écrit et, en l'absence de manuscrit autographe, il faut se pencher sur d'autres manuscrits, sur des sources anciennes imprimées, des esquisses ou d'autres matériaux subsidiaires et en mesurer la valeur. Lorsqu'il est possible d'étudier la partition autographe du compositeur, le réalisateur d'une édition doit décider si le compositeur a voulu dire tout ce qu'il a écrit. Il y a des erreurs simples et des changements délibérés. On peut détecter les erreurs simples s'il se présente un élément qui va violemment à l'encontre du style, comme une dissonance qui n'aurait jamais été utilisée à l'époque en question ou par le compositeur lui-même (bien qu'il y ait toujours des risques à ce sujet, car un passage délibérément choquant est parfois voulu – comme la célèbre entrée de cor dans la mauvaise tonalité, dans la *Symphonie héroïque* de Beethoven). Une connaissance approfondie des attitudes du compositeur peut faciliter la prise de décision. Les changements délibérés posent le problème de savoir ce que le compositeur avait finalement décidé. En l'occurrence, les exemples classiques sont les symphonies de Bruckner, dans lesquelles ses amis lui avaient conseillé diverses modifications et coupures, qui ont peut-être été réalisées contre sa volonté. Dans bien des cas, il est impossible de savoir quelle solution est la bonne.

Après cette première approche, le réalisateur d'une édition purement scientifique peut se reposer, puisque ses lecteurs sont des personnages savants et compétents qui connaissent les problèmes et n'ont pas besoin d'autre interprétation. Toutefois, en général, les utilisateurs de la plupart des éditions scientifiques (c'est-à-dire les exécutants) ont besoin d'autres interprétations, dans des domaines divers, notamment des suggestions pour l'ornementation, la réalisation de la basse continue, les accents, l'addition de barres de mesure dans la musique antérieure à 1600, la transformation de clefs périmées en clefs modernes, et la transposition, si le diapason utilisé en des temps reculés est différent du diapason actuel. Ces suggestions doivent se fonder sur la connaissance des conditions dans lesquelles le compositeur travaillait ; et lorsque ce savoir est imprécis, la meilleure règle pour faire des suggestions ou des modifications consiste à laisser le problème de côté.

Par ailleurs, l'aide plus générale que le réalisateur d'une édition peut apporter à l'exécutant est souvent arbitraire : doigtés, coups d'archet, signes d'expression et de tempo, phrasé. Dans ce cas, il n'existe pas de solution idéale, bien qu'il faille garder présent à l'esprit que ces éléments modifient le regard de l'exécutant sur la musique. L'exécutant consciencieux peut fort bien vouloir ignorer de telles suggestions et appliquer ses propres idées ; le novice n'est pas obligé d'en faire un cas de conscience s'il désapprouve ces propositions.

(*b*) *Qu'attendre du réalisateur d'une édition ?* Tout d'abord, un minimum d'information ; une préface, qui n'a pas besoin d'être longue, mais qui doit indiquer avec précision le travail accompli par le réalisateur de l'édition ; la mention des sources auxquelles il s'est référé, sources originales ou l'une des éditions courantes réputées exactes au sens du 1 – les éditions intégrales des œuvres de Mozart et de Haydn en constituent des exemples. Ensuite, le texte musical doit établir une distinction entre le matériel de source originale et les ajouts éditoriaux. On utilise généralement des crochets, ou des signes plus petits pour les accidents, et de courtes lignes en travers des liaisons. Les notes de bas de page corrigeant les erreurs (ou, mieux encore, un commentaire critique indiquant toutes les variantes) sont également précieuses. L'indication des clefs et du diapason d'origine à l'aide d'une portée préliminaire est devenue pratique courante pour la musique vocale ancienne. L'absence de ce genre d'information pourrait éveiller des soupçons. De nos jours, on les trouve dans la plupart des éditions et, compte tenu du prix de la musique imprimée, mieux vaut se tourner vers un travail éditorial décent.

Denis Arnold.

Edito medicaea (lat., « édition Médicis »). Voir *Concile de Trente*.

Éducation musicale

1. Historique
2. Philosophies de l'éducation musicale
3. Principes d'éducation musicale

1. *Historique*. L'éducation et la musique sont étroitement apparentées. Les exemples d'exécutions musicales, d'écrits ou de discussions sur la musique dépourvus de but éducatif sont aussi rares que les institutions d'enseignement et les programmes généraux où la musique ne joue pas un rôle.

De nombreux musiciens consacrent une partie de leurs activités à l'enseignement et même ceux qui affirment n'avoir jamais enseigné servent des buts éducatifs. Le pianiste qui siège dans un jury de concours influence les attitudes, le métier et la compréhension musicale de ceux qui y participent, qu'il s'agisse des participants ou du public. Un instrumentiste d'orchestre, même s'il ne tente pas directement d'éduquer son voisin de pupitre, peut jouer un rôle de modèle influent pour la qualité du son, le phrasé, la précision d'ensemble ou même les diverses attitudes que réclament certaines œuvres spécifiques du répertoire. Le chanteur qui organise soigneusement l'enchaînement d'un programme ou qui présente des lieder à un public inexpérimenté, l'auteur des notices d'un programme de concert ou d'opéra, le traducteur d'opéras, le critique et le réviseur, le compositeur qui cherche à exprimer quelque chose de nouveau dans son œuvre, tous ces musiciens influencent ou tentent d'influencer les autres. L'éducation consiste en fait à essayer de perfectionner les individus en leur apportant une connaissance ou une compétence, ou en améliorant leur compréhension. Tout musicien considérant que le fait d'influencer les autres ne fait pas partie de son travail musical est un être solitaire qui se berce d'illusions. Si on l'appréhende dans ce sens général, l'éducation musicale englobe une part importante de l'activité et des propos des musiciens.

Il est vrai que l'instruction générale ou libérale consacre également une certaine place à la musique. Dans l'Antiquité, les Grecs accordaient de l'importance à l'instruction musicale et on peut lire chez Platon (*La République*) que, dans un système idéal d'éducation, l'exercice physique (la gymnastique) et les travaux musicaux sont indispensables au développement des jeunes gens. Il est vrai qu'à cette époque la « musique » englobait aussi la littérature, le drame et les arts visuels, mais il y a des références spécifiques à ce que nous entendons par « musique » : la personne instruite sur le plan musical doit être capable de discerner ce qui est beau de ce qui ne l'est pas dans l'art et dans la nature, et le rythme et l'harmonie sont supposés habiter l'âme, « portant la grâce en eux ». Il y a également des implications sociales et politiques, la croyance selon laquelle toute altération des modes musicaux est inévitablement suivie de changements radicaux dans les lois de l'État. On ne sait pas ce que les Grecs moins exaltés pensaient à ce sujet, mais il semble certain que la musique était très répandue, hautement considérée et enseignée de façon plus ou moins systématique.

Ce n'est pas notre propos de dresser ici un historique complet de l'éducation musicale. Il suffira de noter, comme l'a fait Percy Scholes dans les éditions antérieures de cet ouvrage, qu'aux temps féodaux les courtisans possédaient une instruction musicale qui faisait partie des arts de la chevalerie, et que les monastères et les maîtrises ont exercé une influence déterminante sur l'enseignement, du IVe au XVIe siècle. Sous la plume de Scholes, on trouve cette citation à propos de l'éducation musicale britannique aux XVIe et XVIIe siècles :

« *Mulcaster*, directeur de l'école de Merchant Taylors (1561-86) et de l'école St Paul (1596-1608), dit de la musique : "En ce qui me concerne, je ne peux m'abstenir de la placer parmi les moyens d'instruction les plus précieux pour élever les jeunes", puis il poursuit en discutant du programme musical – chant à vue, déchiffrage, harmonie et composition, virginal et luth, etc., *Locke* a une idée moindre de la musique : "Une bonne main sur quelques instruments est une chose généralement très prisée : mais un jeune homme perd tant de temps à acquérir une compétence moyenne et il se retrouve souvent en compagnie si étrange...", etc. ! L'âge d'or de la musique britannique touchait à sa fin et le morne XVIIIe siècle commençait à poindre, siècle au cours duquel la musique sortit largement des programmes scolaires britanniques, sauf chez les jeunes filles accomplies de la noblesse ou celles désireuses d'être considérées comme telles. »

Voilà en fait deux points de vue contradictoires sur la valeur de la musique. Certains considèrent la musique (parmi les autres disciplines artistiques) comme un élément essentiel de l'éducation de l'individu ; d'autres la considèrent comme un passe-temps, un « luxe innocent ». Dans le premier cas, on peut prétendre que la musique contribue au développement intellectuel et social et que son étude améliore l'attention et la concentration, car elle fait faire des progrès en lecture, en écriture et même en calcul. Mais on possède peu de preuves pour soutenir la véracité de cette affirmation ; ce genre d'effets de transfert résultent moins de la nature intrinsèque de la musique que d'un programme de travail bien structuré, particulièrement avec des professeurs convaincus et expérimentés.

2. *Philosophies de l'éducation musicale.* Les musiciens professionnels sont parfois assez peu concernés par les questions relatives à la nature et à la valeur de la musique, mais les professeurs de musique doivent négocier avec d'autres collègues pour des questions de temps, d'argent et de ressources : ils doivent être persuasifs quant à la nécessité de l'éducation musicale et aux conditions indispensables à sa mise en œuvre. A un niveau superficiel, il est assez facile de convaincre de la valeur intrinsèque de la musique, qui se rencontre dans presque toutes les communautés

cohérentes, lors de cérémonies, rituels, danses, récits et même magie – autrement dit dans toutes les cultures. Si l'on considère que la base des programmes des écoles et des collèges repose sur les activités marquantes d'une culture, la présence de la musique s'impose. La véritable difficulté surgit lorsque l'on cherche à savoir pourquoi la musique est tellement appréciée. Si l'on croit sincèrement, comme Platon, que l'importance de la musique réside dans son effet moral et que l'influence de la musique sur le caractère moral des individus est indiscutable, on peut alors décider, avec Platon, que les modes ionien et lydien sont imparfaits et que seuls les modes dorien et phrygien sont acceptables. D'emblée, beaucoup de musiques perdent de leur mérite, notamment toute la musique écrite dans le cadre de ce que nous appelons la gamme majeure ! Il s'agit naturellement d'un cas extrême, mais de telles formes de censure musicale ne sont pas inconnues au XXe siècle, notamment les restrictions imposées dans la Russie de Staline, les styles approuvés en Chine communiste et le rejet très général du jazz dans les années vingt et trente parmi les musiciens « classiques ».

En ce qui concerne l'éducation musicale à l'école, on distingue trois genres d'attitudes ; elles se traduisent dans des déclarations publiques et des écrits, mais elles sont aussi parfois entérinées par la pratique ou par une multitude de décisions de programme, non officielles, peut-être même non reconnues comme des systèmes de valeurs par ceux qu'elles concernent directement.

L'attitude la plus courante pourrait être qualifiée de « traditionnelle ». Les élèves sont considérés avant tout comme les héritiers d'une culture qui a grandi au cours des années et a été distillée par le temps. Les écoles sont des agents importants dans ce processus de transmission et les professeurs des agents essentiels dans la sélection des activités et des matériels. Il appartient au professeur de choisir ce qui vaut la peine d'être enseigné, en tenant compte des désirs des parents, de la nature de l'institution dans laquelle il travaille et des contraintes des autres groupes, comme les commissions d'examen. Les adeptes de ce point de vue ont été soutenus par plusieurs philosophes britanniques de l'éducation, qui identifient certaines formes de savoir impliquant des processus et des critères caractéristiques. Par exemple, les formes de savoir scientifique, mathématique et philosophique supposent différentes procédures et épreuves de vérité. La musique appartient au domaine de la connaissance esthétique ou artistique, et l'éducation musicale doit initier les élèves à des traditions musicales reconnues.

Dans cette façon d'envisager le programme des cours de musique, le contenu de l'enseignement ne prête pas à controverse. Il y a un consensus clair et précis autour de quelques valeurs établies, comme la pratique instrumentale, l'acquisition d'un certain degré d'instruction musicale ou la familiarisation aux chefs-d'œuvre de la haute culture occidentale – l'opéra, la symphonie, la musique religieuse, etc. On en trouve un bon exemple dans l'œuvre de Kodály et l'éventail des matériaux qui constituent sa méthode chorale. Cette approche séquentielle très structurée est avant tout destinée à développer la pratique de la musique par le chant, surtout le déchiffrage ; elle comporte également une initiation des élèves à la musique populaire (la tradition hongroise) et aux éléments de la musique instrumentale et chorale occidentale. Dans notre contexte moins rigoureux, les professeurs considèrent que les élèves doivent au moins découvrir de la « bonne » musique, avoir une idée de la façon dont fonctionne la notation, être capable, dans une certaine mesure, de différencier les instruments courants et connaître quelques éléments de la vie et de l'œuvre des compositeurs importants. Lorsque c'est possible, on encourage les enfants à apprendre à jouer d'un instrument, ce qui leur donne un accès direct à la tradition musicale reçue.

Cette façon d'envisager la musique accorde une certaine importance aux épreuves et aux examens. De toutes les disciplines artistiques, la musique est celle qui comporte les examens les plus nombreux et les plus rigoureux, que ce soit dans l'enseignement général, où la musique reste facultative au baccalauréat, ou dans l'enseignement musical spécialisé qui a vu, au cours de ces dernières années, les épreuves se diversifier pour tenter de donner aux concurrents une véritable culture musicale. Depuis le début des années soixante-dix, on assiste à un accroissement spectaculaire du nombre d'élèves qui se présentent aux examens des écoles de musique, conservatoires et départements musicaux de l'université. Les classes les plus remplies sont les classes de piano, puis celles de violon ; la flûte et la clarinette sont très demandées, sans doute en raison du coût relativement moins élevé de l'instrument. Dans ce système d'examen, les valeurs traditionnelles occupent toujours une place essentielle, notamment la théorie et le solfège.

Les adeptes de cette approche « traditionnelle » de l'enseignement de la musique cherchent aussi à identifier le potentiel musical chez le jeune, afin de l'encourager et de l'aider à le développer en lui proposant des activités musicales spécialisées, souvent dans des écoles spécialisées. Cette démarche est non seulement importante pour l'enfant concerné, mais également pour la vie musicale d'un pays et son niveau culturel.

Il faut mentionner ici certaines personnalités influentes qui ont joué un rôle important dans le domaine de l'éducation musicale, renforçant et développant notamment ce que l'on a appelé la pratique et la philosophie « traditionnelle ». On a déjà cité Kodály dans le domaine du chant et de la lecture à vue, mais il a été influencé par John Curwen, l'inventeur du système de la *Tonic Sol-fa* qui développe la faculté de lire la musique en insistant particulièrement sur le fait qu'il faut débuter par le son et non par le signe, et former l'oreille « interne » en élaborant des images musicales mentales. On croit souvent, à tort, que Curwen cherchait à mettre au point un autre système de notation que celui de la portée. Sa méthode a pour objet de « permettre à l'élève de chanter, en déchiffrant à partir de cette notation, beaucoup plus rapidement que d'habitude ». Le souci de la notation et de savoir lire et écrire la musique est à l'origine d'un autre système élaboré par J.-J. Rousseau, dans lequel les relations entre les hauteurs de son étaient indiquées par des chiffres et les durées par des lignes et des points. Rousseau pensait qu'on pouvait alors se dispenser de la notation en portée et les procédés d'impression et de lecture de la musique en étaient grandement facilités. Les applications directes de cette idée à l'enseignement, dans le domaine du déchiffrage, ont été reprises en France, au XIXe siècle, par Pierre Galin, Aimé Paris et Émile Chevé. Dans leur méthode d'enseignement, on retrouve à nouveau l'accent mis sur les images mentales : Chevé exigeait même de ses plus jeunes élèves qu'ils pensent les notes et les chantent. Depuis cette époque, plusieurs tentatives ont eu lieu visant à développer une formation systématique d'instruction musicale généralement liée à la notation et aux principaux courants de la musique occidentale. Au XXe siècle, la pédagogue américaine Justine Ward a créé une méthode, basée sur la voix, qui a été utilisée dans plusieurs pays, notamment par des professeurs enseignant à de jeunes enfants.

La radio et le disque ont exercé une influence déterminante sur l'éducation musicale dans la première moitié du XXe siècle. Pour de nombreux professeurs, cet événement annonçait un changement dans l'équilibre des activités scolaires, bien qu'aucune réforme des objectifs traditionnels de l'enseignement de la musique n'ait été envisagée. L'œuvre de Stewart Macpherson (1865-1941) et celle de Percy Scholes lui-même ont sensibilisé l'opinion sur les possibilités de développement d'une écoute éclairée et avisée de la musique. Scholes pensait que la diffusion de la musique grâce à ces nouveaux médias offrirait des possibilités d'éducation de masses considérables, non seulement dans les écoles et les collèges, mais également, et de manière plus générale, par l'intermédiaire de la radio. (Cet ouvrage lui-même était destiné à la fois aux spécialistes et aux amateurs ; l'une de ses fonctions consistait à éclairer et à informer ceux qui découvraient un monde de la musique jusqu'alors inaccessible.)

Chose étrange, cette révolution électronique est également à l'origine des différentes alternatives à l'idée traditionnelle de l'éducation musicale. La musique elle-même a commencé à évoluer rapidement avec l'apparition des transmissions électroniques, des enregistrements et de la production du son. A un autre niveau, Carl Seashore (1866-1949) avait conçu un ensemble systématique de tests de ce qu'il appelait le « talent » musical, avec des mesures permettant de différencier les hauteurs de son, les timbres et les intensités sonores. Toutes ces mesures étaient devenues réalisables grâce à l'électronique et à la disponibilité de sources sonores calibrées. De leur côté, les pédagogues ont pu procéder à une estimation plus précise du potentiel de leurs élèves, et ont commencé à faire le diagnostic des problèmes en utilisant des méthodes quasi scientifiques. On perçoit à cette époque des possibilités infinies et souvent controversables, alors que les compositeurs commencent à réaliser des « expériences » sonores. On ressent également une tendance à identifier la compétence à un niveau que l'on qualifie généralement de sous-musique. Ces deux évolutions semblent davantage concernées par les sons que par les mélodies.

Le matériel électronique et les compétences qu'il implique semblent avoir eu peu d'effet sur l'éducation musicale, tout en forçant les professeurs à étendre leurs connaissances aux « nouvelles » compositions et même à redéfinir la tradition musicale. Un autre état d'esprit s'est vite fait sentir, par exemple dans l'œuvre du pédagogue suisse Émile Jaques-Dalcroze (1865-1950). Il est surtout connu pour sa « gymnastique rythmique » que beaucoup considèrent comme une méthode d'éducation unissant le mouvement physique et la musique. Cette définition n'est que partiellement exacte car la pensée de Jaques-Dalcroze était plus complexe. Il avait remarqué qu'en matière musicale les élèves manquaient de facilité d'expression. Certaines techniques auraient pu être maîtrisées, mais où était le sens de l'engagement musical et de la sensibilité ? Il avait observé que l'exécution musicale dépendait du mouvement et que, lorsque les étudiants bougeaient avec la musique, ils jouaient d'une façon plus énergique. Jaques-Dalcroze voulait que ses élèves *sentent* la musique au travers du mouvement. Un siècle auparavant, Rousseau, dans un contexte éducatif plus large, avait semé les graines de ce que l'on appelle parfois le mode d'éducation « centré sur l'enfant ». Il s'écartait fondamentalement de la tradition et s'orientait vers le développement naturel de l'enfant, vers les éléments auxquels s'est attaché par la suite Jaques-Dalcroze : expression, sentiment, engagement. En pensant aux enfants les plus jeunes et sans se focaliser particulièrement sur la musique, Pestalozzi et Froebel ont repris ces idéaux. Au XXe siècle, certains professeurs d'art dramatique ont soutenu des idées identiques et, finalement, la musique a trouvé son premier éducateur « progressiste » en la personne de Carl Orff.

Orff a exercé son influence sur le plan international. Né en Allemagne en 1895, il s'est tout d'abord fait connaître comme compositeur. Sa réputation de pédagogue a commencé à s'étendre entre 1948 et 1954. Ses idées découlent de celles de Jaques-Dalcroze et reposent sur une synthèse de l'exécution instrumentale et vocale, de la formation de l'oreille, du mouvement et de l'improvisation. Son approche est basée sur un engagement direct et immédiat dans la musique, dès la première rencontre ; il s'agit d'une musique pour tous, en classe, chacun participant en fonction de ses moyens. Le principal objectif de Carl Orff est de développer l'improvisation grâce à l'extension progressive des possibilités d'exécution et au développement de l'imagination musicale. Malheureusement, de nombreuses classes ont adopté les instrumentariums Orff sans toujours bénéficier de la compréhension musicale et éducative nécessaire. Ils sont fréquemment employés dans un cadre bruyant et surpeuplé où les enfants apprennent machinalement une partie à force de la répéter.

Les matériaux élaborés par Orff proviennent des traditions orientales et occidentales du chant populaire, en particulier l'emploi de la gamme pentatonique. Vingt ans plus tard, et dans d'autres mains, cette orientation a été modifiée, bien que les principes d'improvisation ou de « création » aient été conservés. La musique était alors considérée comme une discipline arriérée, par rapport aux autres arts, vivant dans le passé, même au travers de l'utilisation du chant populaire. Les enfants ne devaient pas se limiter aux activités créatrices, mais également employer les techniques et les ressources sonores des compositeurs contemporains. En Grande-Bretagne, le plus ardent défenseur de cette thèse a été John Paynter, compositeur travaillant à l'Université d'York et directeur du Schools Council Project, Music in the Secondary School Curriculum. Au Canada, Murray Schafer a repris la même cause et, aux États-Unis, toutes les implications de ce système sur le programme de musique scolaire ont été précisées en détail par Ronald Thomas dans le *Manhattanville Music Curriculum Program* (1970).

Le mot « créativité » est alors devenu un mot à la mode : les enfants doivent composer leur propre musique ; la pratique et les connaissances deviennent les auxiliaires de cette activité et perdent leur primauté. On fait appel à des moyens très variés, allant du bruit de papier déchiré et de frottements des mains aux sons enregistrés sur bande magnétique, aux synthétiseurs et aux ordinateurs.

A cet égard, il faut faire la différence entre deux points de vue bien distincts. Certains préconisent les activités créatrices dans l'intérêt de l'expression de la propre personnalité de l'élève – concept très vague, peu discuté, à peine compris, mais souvent vaguement assumé. D'autres défendent un point de vue plus réfléchi selon lequel, en composant, les enfants apprennent à manier et à comprendre la musique, celle du XXe siècle et bien d'autres encore. Ces différences sont importantes car elles recouvrent un vaste domaine d'activités désigné sous le vocable « éducation musicale », de l'approche expérimentale sans but à des cours plus structurés impliquant une progression issue de l'expérience de la musique, et cela non seulement dans le domaine de la composition, mais également dans le domaine de l'exécution ou de la formation des auditeurs.

La conséquence de ces diverses évolutions est une modification du rôle du professeur. L'idée traditionnelle selon laquelle le professeur connaît ce que les élèves doivent apprendre, dirige et organise les activités grâce auxquelles l'apprentissage va se faire a cédé la place à une tendance dans laquelle les élèves doivent prendre l'initiative : ils décident ce qui est nécessaire à leur composition, la répètent et l'exécutent devant d'autres groupes qui ont travaillé en même temps. Le rôle du professeur est un rôle de stimulation – il pose des questions et donne des conseils, au lieu de montrer et de dire. Ces compositions en groupe peuvent être écrites ou non, et si elles le sont, diverses notations s'offrent aux élèves : portée, grilles ou analogies graphiques aux sons. Il arrive que de telles partitions ressemblent à celles des compositeurs d'avant-garde.

Cette méthode a permis de faire beaucoup de travail efficace, mais les professeurs n'ont pas toujours compris ce qu'ils faisaient et leur approche n'a pas toujours été très musicale ; ils ont souvent abouti à des leçons d'acoustique ou de graphisme, ou à des leçons visant à détailler et à noter des sons au hasard. Il s'est révélé très difficile d'évaluer ce genre de travail, car il faut souvent apprécier ces compositions de groupe au travers d'une vaste gamme de styles faisant appel à des techniques très variées. Toutefois, lorsque ces activités sont menées de façon structurée dans le cadre d'un programme précis et lorsque le professeur recherche une progression et une évolution, les enfants en tirent le plus grand profit.

En dehors de l'approche traditionnelle de l'éducation musicale et de celle qui est centrée sur l'enfant, il existe un troisième concept pédagogique, plus récent : la sociologie. Comme les deux autres, ses racines sont éloignées de la musique. Avec le prolongement de la scolarité, la croissance des zones urbaines et le développement de l'immigration de diverses provenances, il est souvent impossible d'identifier la tradition culturelle spécifique d'une communauté scolaire. Les intérêts musicaux divergents des élèves les plus âgés, surtout chez ceux d'origines ethnique et sociale différentes, confrontent les professeurs à des problèmes difficiles. S'il y a une culture commune, elle se transmet par l'intermédiaire de la radio, de la télévision et du disque. Certains sociologues prétendent que les éducateurs devraient essayer de comprendre la richesse de ces nouveaux supports culturels et de ne pas les considérer comme inférieurs à la culture de la « classe moyenne » dont provient la majeure partie des professeurs, mais comme des alternatives importantes. On peut douter du bien-fondé de ce point de vue et du fait que les professeurs représentent toujours ce que l'on appelle parfois la « haute » culture, peu soucieux de connaître et d'apprécier le contexte culturel dont sont issus un grand nombre d'élèves. On voit se côtoyer d'innombrables musiques, très différentes les unes des autres, ayant leur propre public et même leurs propres radios. Quelle attitude doit adopter le professeur de musique lorsque ses élèves arrivent à l'école imprégnés de musiques aussi diverses que le reggae, le « soul », le rock, le « ska » ou le « punk » ? L'attitude traditionnelle consiste à ignorer ce phénomène en espérant qu'il disparaîtra. Les adeptes de la créativité ont également tenté d'éviter la question, en supposant qu'une telle musique est réellement un phénomène social et non artistique, et en reprenant à l'origine l'exploration du « son » plutôt que celle de langages musicaux spécifiques et reconnaissables. Cependant, dans une certaine mesure, les sociologues ont raison ; il y a une richesse à trouver dans les diverses origines de nos élèves, et les mass media réalisent une sorte d'expérience partagée – une culture populaire amplifiée, transmise oralement et reçue auditivement. Le professeur aurait tort d'ignorer cette tradition orale largement partagée où les syncopes se mêlent aux effets vocaux mélismatiques, à l'amplification électronique du son et à un répertoire harmonique essentiellement dérivé de la musique classique et romantique. En tout cas, il est intéressant d'observer tout ce que les enfants apprennent grâce aux mass media, sans le moindre professeur.

3. *Principes d'éducation musicale.* Malgré ces philosophies apparemment conflictuelles et cette pratique originale de l'éducation musicale, il existe certains principes fondamentaux pour guider le professeur, qu'il travaille avec des élèves motivés, récalcitrants ou talentueux, qu'il donne des cours particuliers ou enseigne à des classes de niveau scolaire ou universitaire.

Chacun doit connaître la réussite, et les élèves des classes de musique n'y font pas exception. Il ne s'agit pas nécessairement de la réussite aux épreuves ou aux examens, mais de la réussite dans les rencontres quotidiennes avec la musique. Pour entretenir la motivation, il faut que le niveau de maîtrise et de compréhension s'élève. Tous les êtres humains normaux ont besoin d'apprendre et veulent apprendre, sauf si des échecs répétés les découragent. Les écoles sont parfois des endroits où les élèves apprennent à échouer ; en fait, des endroits où les professeurs échouent aussi à cause des difficultés liées à l'organisation de l'enseignement dans des groupes importants dont les membres sont parfois obligés d'être présents alors qu'ils préféreraient être ailleurs. Le professeur efficace reconnaît ce que le psychologue Jerome Bruner appelait « les énergies naturelles qui soutiennent l'apprentissage spontané » : la curiosité, le désir d'être compétent, une forte tendance à rivaliser avec les autres et le besoin d'interaction sociale. Le professeur de musique est concerné par tout ce que cela implique. On n'éveille pas la curiosité en dictant des notes sur l'histoire de la musique, en disant aux élèves ce qu'ils doivent chercher à entendre ou en traitant un ensemble d'exécutants comme un organe mécanique ; cette curiosité peut être suscitée en posant des questions, en laissant place à la discussion, en écoutant la musique avant d'en parler, en faisant participer les individus aux décisions relatives à la musique qu'ils jouent et en les faisant composer ou improviser. La compétence ne s'acquiert pas en se débrouillant tant bien que mal avec les leçons, mais elle réclame un ensemble d'objectifs clairs et accessibles. Pour rivaliser avec les autres, il faut avoir de bons modèles : un élève entend-il les autres exécuter ou écouter leurs propres compositions ? Le professeur est-il un modèle de comportement musical sensible ? Le fait de reconnaître le besoin d'interaction sociale nous pousse-t-il à organiser davantage d'ensembles ou à apprendre à jouer des instruments en groupe ?

Il peut paraître évident que l'enseignement de la musique implique une expérience musicale personnelle, mais on est bien obligé d'admettre que les professeurs ont tendance à éviter la musique en elle-même ; ils préfèrent insister davantage sur des éléments tels que les périodes historiques, l'analyse de la forme, les instruments de l'orchestre, la biographie des musiciens célèbres, la théorie de la notation – tout sauf la musique elle-même. En ce sens, la musique devient quelque chose dont on parle au lieu de la découvrir comme compositeur, interprète ou auditeur. De la même façon, l'enseignement de la pratique instrumentale se concentre souvent sur la technique, l'oreille ou la notation. Naturellement, la compétence est une chose importante, mais la compréhension de la musique, la sensibilité et le plaisir d'en faire le sont encore davantage. Si un élève domine à peine les problèmes techniques d'une œuvre difficile, il est évident qu'il ne reste pas la moindre place pour les décisions musicales : l'exécution n'est sûre que dans un seul tempo, les rythmes sont si pauvrement appréhendés que toute suggestion de *rubato* serait fatale et on n'est pas arrivé au stade de la véritable écoute. Néanmoins, un certain nombre d'œuvres plus modestes, en deçà du plafond technique de l'élève, lui offriraient des possibilités musicales illimitées et amélioreraient sa sécurité technique. Qu'arriverait-il si l'on jouait une œuvre plus vite ou plus lentement, plus ou moins fort, plus ou moins *legato* ? Peut-on forger une courte pièce en utilisant certaines techniques et idées d'une œuvre spécifique ? Parvient-on à réécrire de mémoire l'un des thèmes ? Peut-on le transposer ? Quel genre d'accords sont utilisés ? Un morceau ressemble-t-il ou non à un autre ? Une telle approche cherche à donner une éducation musicale aussi large que possible et à développer la curiosité – le sens de la découverte.

L'expérience vécue de la musique doit non seulement être une préoccupation première mais aussi couvrir le domaine le plus vaste possible. Nous vivons à une époque bombardée de musique de tous les temps dans un vaste spectre culturel et social. Écoute-t-on vraiment cette musique ou se contente-t-on d'en appréhender quelques bribes ? Il est trop facile de regrouper la musique sous telle ou telle bannière stylistique sans prêter attention aux qualités d'une partition donnée, à l'intégrité d'une fugue ou d'un passage lent.

En examinant l'œuvre des meilleurs pédagogues, des éducateurs les plus influents, on découvre que le principe de la réussite et celui de l'expérience musicale directe sont les fondements de leur succès. Un système (toute « méthode » peut convenir sous réserve d'être systématique) donne une forme et un objectif à l'enseignement et à l'apprentissage ; il rend la réussite possible et tangible. Un professeur efficace doit faire preuve de réalisme à propos des possibilités de ses élèves, tout en souhaitant qu'ils fassent des progrès. Observer un professeur de musique compétent (plutôt qu'un simple instructeur) à l'œuvre est une preuve de bon sens musical qui se double d'un propos éducatif certain : les compétences servent les objectifs musicaux, les connaissances factuelles aident à la compréhension de la musique. Le but ultime consiste à forger chez l'élève un pouvoir d'appréciation vaste et riche, qu'il soit appelé à devenir un musicien professionnel ou amateur, ou simplement un auditeur averti. Cette appréciation procure non seulement un plaisir instantané qui renforce l'impression selon laquelle la vie vaut la peine d'être vécue, mais elle nous donne également un aperçu de l'empire des sentiments humains. Parmi les autres disciplines artistiques, on peut vraiment considérer la musique comme une façon de savoir. Mais un tel savoir n'est pas purement instinctif ou hérité. La faculté d'apprécier la musique s'apprend, au-delà de certaines réponses fondamentales. Les éducateurs ont pour tâche de pratiquer cet apprentissage et, dans le cadre de cette mission, ils procèdent inévitablement à une initiation aux traditions, ils développent le potentiel imaginatif et créatif et donnent un aperçu ou une pénétration d'autres cultures.

Keith Swanwick.

Edwards, Richard (Somerset, 1524 ; Londres, 31 octobre 1566). Poète et compositeur anglais. Il fait ses études à Oxford et devient Master of the Children à la chapelle royale en 1561. Il écrit des poèmes (Shakespeare en cite un dans *Roméo et Juliette*, « When griping griefs »), joue dans une pièce devant la reine Élisabeth (qui a ri de bon cœur) et est chargé de produire divers spectacles historiques et divertissements à la cour. Il a écrit plusieurs agréables chansons pour consort, dont la plus célèbre est « In going to my naked bed ». Il a également composé un Notre Père pour le *Psautier* de Day (1563).

Percy Scholes, rév. Denis Arnold.

Egdon Heath. Œuvre pour orchestre op. 47 de Holst, sous-titrée « Hommage à Hardy ». Holst s'est inspiré du passage décrivant le paysage du Dorset dans *The Return of the Native* (1878) de Hardy. Composée en 1927, cette partition est une commande de l'Orchestre symphonique de New York, qui l'a créée en 1928 et sa première exécution en Angleterre a eu lieu quelques jours plus tard.

Egk, Werner (Auchsesheim, Bavière, 17 mai 1901 ; Inning, Bavière, 10 juillet 1983). Compositeur allemand. Autodidacte, il mène une double carrière de compositeur et de chef d'orchestre indépendant pendant la majeure partie de sa vie, occupant seulement les fonctions de Kapellmeister à l'Opéra de Berlin (1937-41) et de directeur de la Musikhochschule de Berlin (1950-53). Compositeur dramatique avant tout, il a écrit des opéras et des ballets sur ses propres livrets et scénarios. Son style, influencé par Stravinski, est polytonal et révèle souvent un esprit caustique. Ses principaux ouvrages sont *Peer Gynt* (1938, interdit parce qu'il s'y livre à la satire du régime nazi), *Irische Legende* (1955, d'après Yeats), *Der Revisor* (1957, d'après Gogol) et *Die Verlobung in San Domingo* (1963, d'après Kleist). Un recueil d'essais de Egk a été publié sous le titre *Musik-Wort-Bild* (Munich, 1960).

Paul Griffiths.

Églogue. Court poème pastoral en forme de dialogue qui met en scène des bergers, sur le modèle des *Idylles* de Théocrite et des *Églogues* de Virgile. Entre la fin du XVe siècle et le XVIIe siècle, ces poèmes étaient conçus en forme de pièces et joués avec une musique de scène. Ce genre de représentation a d'ailleurs constitué l'un des signes avant-coureurs de l'opéra. Le compositeur d'églogues le plus important est Juan del Encina dont les œuvres ont été jouées à partir de 1492. Par la suite, on retrouve sous la plume de compositeurs comme Liszt ou Dvořák des œuvres pastorales ou idylliques intitulées « Eclogue » ou « Eglogue ».

Egmont. Ouverture et musique de scène op.84 de Beethoven, composée en 1809-10. Cette musique a été écrite pour la tragédie en prose de Goethe qui évoque la vie de l'aristocrate flamand Egmont, qui avait défié Philippe d'Espagne et avait été décapité en 1567.

Eguale (ital.). « Égal, égale » ; *egualmente,* « également » ; *egualità,* « égalité ». *Voci eguali,* *voix égales.

Au XVIIIe siècle et au début du XIXe siècle, le terme « eguale » désignait une pièce assez courte jouée en Autriche avant, pendant et après un service funèbre. Beethoven a composé trois équales pour le jour des morts à la cathédrale de Linz en 1812 ; deux d'entre elles, complétées par des parties vocales de Ignaz Seyfried (1776-1841), ont été exécutées à ses funérailles quinze ans plus tard. Sous leur forme instrumentale, elles ont été jouées aux funérailles de Gladstone, à l'abbaye de Westminster (1898). Les *Aequali* en ut mineur de Bruckner (1847) sont écrites pour trois trombones et l'on trouve un écho de cette tradition dans *In memoriam Dylan Thomas* pour ténor, quatuor à cordes et quatre trombones de Stravinski.

Égypte. Voir *Mésopotamie et Égypte.*

E.H. Abréviation utilisée dans les partitions d'orchestre pour *Englisches Horn,* cor anglais.

Eichner, Ernst (Dietrich Adolph) (baptisé à Arolsen, près de Mannheim, le 15 février 1740 ; Potsdam, 1777). Bassoniste et compositeur allemand. Membre de l'orchestre de Zweibrücken en 1762, il en devient *Konzertmeister* en 1769. En 1770, il se rend à Paris avec le duc Christian IV de Zweibrücken, mais quitte son service deux ans plus tard. Il fait alors une longue tournée à Londres, où il joue du basson dans les concerts en souscription de J. C. Bach. En 1773, il est engagé dans la chapelle du prince de Prusse (le futur Frédéric-Guillaume II). Selon Burney, Eichner était un excellent bassoniste ; il était également un compositeur de talent et a écrit plusieurs symphonies (qui révèlent une conception extrêmement développée de la forme sonate) ainsi que des concertos.

Denis Arnold.

Eifrig (all.). De style ardent.

Eighth-note (amér.). Croche (♪).

Eile (all.). « Hâte » ; *eilend,* « en accélérant » ; *eilig,* « vite », « en pressant ».

Eimert, Herbert (Bad Kreuznach, 8 avril 1897 ; Cologne, 15 décembre 1972). Compositeur allemand. Il fait ses études à Cologne, à la Musikhochschule et à l'Université (1919-30). En 1924, il publie un traité sur l'atonalité et adopte les techniques sérielles dans son *Quatuor à cordes n° 1* (1925). Il compose peu jusqu'à ce qu'il participe, en 1951, à la fondation d'un studio de musique électronique à la Radio de Cologne. Bientôt rejoint par Stockhausen, il produit quelques-unes des premières œuvres dans lesquelles le son est entièrement synthétisé par des moyens électroniques (*Glockenspiel,* 1953 ; *Etüde über Tongemische,* 1953-54) et se sert de la voix parlée comme source sonore dans *Epitaph für Aikichi Kuboyama* (1958-62).

Paul Griffiths.

Eine Messe des Lebens. Voir *Mass of Life, A.*

Einem, Gottfried von (Berne, 24 janvier 1918). Compositeur autrichien. Élève de Boris Blacher (1941-43), il est conférencier à la Konzerthaus Gesellschaft de Vienne (1946-66), administrateur du Festival de Salzbourg (1946-66) et professeur de composition à l'Académie de musique de Vienne (à partir de 1963). Il remporte rapidement ses premiers succès avec le ballet *Prinzessin Turandot* (« Princesse Turandot », 1942-43) et l'opéra *Dantons Tod* (« La Mort de Danton », 1944-46, créé en 1947), puis avec trois autres opéras : *Der Prozess* (« Le Procès », 1950-52, d'après Kafka, créé en 1953), *Der Zerrissene* (1961-64, créé en 1964) et *Der Besuch der alte Dame* (« La Visite de la vieille dame », 1970, créé en 1971). Son style est très dramatique, avec une large palette sonore inspirée de Stravinski, mais infléchie par son engagement salzbourgeois au contact des opéras de Mozart.

Paul Griffiths.

Einfach (all.). 1. « Simple ». 2. « Seul », « unique ».

Ein'feste Burg. Psaume 46 traduit et adapté musicalement par Luther ; l'air est une mélodie grégorienne. Il a été cité dans plusieurs œuvres, notamment dans *Les Huguenots* de Meyerbeer, la *Symphonie « Réformation »* de Mendelssohn et la *Kaisermarsch* de Wagner.

Einigkeit und Recht und Freiheit. Hymne national de l'Allemagne depuis 1922 et repris par la République fédérale d'Allemagne en 1950. Les paroles sont tirées d'un poème aspirant à l'unité des peuples allemands, écrit avant les troubles révolutionnaires de 1848 par August Heinrich Hoffmann (Hoffmann von Fallersleben : 1798-1874), professeur d'Université qui avait été dépossédé de sa chaire à cause des tendances politiques de sa poésie. Contrairement à l'idée généralement répandue, le poème, dans son premier vers « Deutschland, Deutschland, über alles », n'exprimait pas un désir de domination du monde mais seulement d'unification de l'Allemagne comme entité politique.

A l'époque de l' « Anschluss » (1938), il a revêtu une signification spéciale pour les Allemands et les Autrichiens et, à partir de 1933, il était chanté avec un chant du parti nazi, le *Horst Wessel Song*. Après la Seconde Guerre mondiale, le « Deutschland über alles » a été abandonné en Allemagne, mais réintégré en 1950, le troisième vers, « Einigkeit und Recht und Freiheit » remplaçant le premier qui contenait les mots litigieux « über alles ».

L'hymne se chante sur la musique composée par Haydn pour l'hymne national autrichien. Voir **Empereur, Hymne de l'*.

Einklang (all.). « Unisson ».

Einleitung (all.). « Introduction ».

Einlenken (all.). « Retourner ».

Einmal (all.). « Une fois, ».

Einsatz (all.). 1. « Attaque ». 2. « Entrée » (d'une partie orchestrale).

Einstein, Alfred (Munich, 30 décembre 1880 ; El Cerrito, Californie, 13 février 1952). Musicologue américain, cousin du physicien Albert Einstein. Il fait des études de droit, puis se tourne assez rapidement vers la musicologie à l'Université de Munich, où il passe son doctorat avec une thèse sur la musique pour viole de gambe (1903). Il s'intéresse alors au madrigal et écrit de nombreux articles ainsi qu'un ouvrage très exhaustif, *The Italian Madrigal* (Princeton, NJ, 1949). Dans les années vingt et trente, il est critique musical au *Münchner Post*, puis au *Tageblatt*, mais il doit quitter l'Allemagne en 1933, en raison des persécutions nazies. Il passe quelque temps à Londres et à Florence, avant d'émigrer aux États-Unis où il devient professeur d'histoire de la musique à Smith College (auquel il léguera sa bibliothèque de transcriptions de madrigaux). Outre ses études sur le madrigal, il est l'auteur de livres sur Mozart (et a aussi révisé le catalogue de Köchel), Schubert et Gluck, ainsi que d'une histoire de la musique du XIXe siècle, *Music in the Romantic Era* (New York, 1947). Il a aussi réalisé l'édition de madrigaux de Marenzio, de quatuors de Mozart et de beaucoup d'autres musiques. Musicologue d'une très grande intelligence, ses collègues anglais lui ont prouvé leur attachement en se réunissant en 1936 pour traduire sa *Short History of Music*, publiée à l'origine en allemand en 1917.

Denis Arnold.

Einstimmig (all.). « A une voix », « à une partie », « à l'unisson ».

Eintritt (all.). « Entrée », « début ».

Einzeln (all.). « Seul ».

Eis (all.). La note mi dièse. *Eisis*, la note mi double dièse (mi 𝄪).

Eisler, Hanns (Leipzig, 6 juillet 1898 ; Berlin, 6 septembre 1962). Compositeur allemand (RDA). Élevé à Vienne, il y fait ses études au Conservatoire puis devient l'élève de Schoenberg (1919-23). Ses premières œuvres, comme *Palmström* pour récitant et instruments (1924), révèlent nettement cette influence. Mais il suit bientôt une voie différente. Son engagement politique dans les rangs du socialisme se voit renforcé lorsqu'il commence à travailler avec Brecht, en 1929. Il se tourne vers la composition pour chœurs, vers la musique de théâtre et la musique de film, toutes politiques, dans un style combatif et mordant. En 1933, lorsque Hitler arrive au pouvoir, il doit quitter Berlin où il vivait depuis 1925. Après divers voyages, il arrive à New York en 1938.

Aux États-Unis, Eisler enseigne et continue à composer dans son style engagé ; il profite également de l'occasion pour essayer de nouvelles techniques de composition pour le cinéma. En 1947, le sénateur McCarthy lui demande des comptes et il est obligé de quitter les États-Unis, l'année suivante. Il part tout d'abord pour Vienne, puis, en 1950, se fixe à Berlin-Est où il poursuit son travail avec Brecht, se donnant pour tâche de créer une musique de style populaire destinée à un usage immédiat. Ses dernières œuvres comprennent plus de six cents chansons en tous genres. Son livre, *Composing for the Films*, a été publié à New York en 1947.

Paul Griffiths.

Eisteddfod. Voir *Pays de Galles*, 3.

Eitner, Robert (Breslau, 22 octobre 1832 ; Templin, près de Berlin, 2 février 1905). Musicologue et bibliographe allemand dont le monumental dictionnaire des sources *Biographisch-bibliographisches Quellen-Lexicon der Musiker und Musikgelehrten der christlichen Zeitrechnung bis zur Mitte des 19. Jahrhunderts* (Leipzig, 1900-04) constitue encore l'un des moyens de recherche les plus rapides pour les manuscrits et les premières sources imprimées des compositeurs antérieurs à 1800.

Denis Arnold.

Électronique. Voir *Musique électronique ; Instruments de musique électronique.*

Electrophone. Voir *Organologie.*

Élégie (angl. : *elegy* ; ital. : *elegia*). Chant de lamentation ou œuvre instrumentale de caractère mélancolique. A la Renaissance, les compositeurs écrivaient souvent une élégie ou une *déploration sur la mort d'un collègue ou d'un professeur. Dans les *Lachrymae* de Dowland, « Seaven Teares figured in Seaven Passionate Pavans » a le caractère d'une élégie. Fauré a écrit une *Elégie* pour violoncelle et piano (1880).

Élégie pour de jeunes amants. Opéra en trois actes de Henze sur un livret de W. H. Auden et de Chester Kallman. Créé à Schwetzingen en 1961.

Elektra. Opéra en quatre actes de Richard Strauss sur un livret de Hugo von Haufmannsthal d'après Sophocle (vers 410 av. J.-C.). Représentations : Dresde (Hofoper, 25 janvier 1909) ; New York (Manhattan Opera, 1er février 1910) ; Londres (Covent Garden, 19 février 1910) ; Paris (Opéra, 25 février 1932). Elektra (sop.) pleure la mort de son père Agamemnon. Elle tente de convaincre sa sœur Chrysothemis (sop.) de l'aider à le venger. Sa mère Clytemnestre (mezzo), qui a assassiné Agamemnon, est tourmentée par la peur. Mais elle se trouve réconfortée en apprenant la mort d'Oreste, le frère d'Elektra. Seule, Elektra se met à déterrer la hache qui a massacré Agamemnon, mais elle est interrompue par un étranger – c'est Oreste (bar-basse) : il n'est pas mort et est revenu en secret. Il entre au palais et tue Clytemnestre. Lorsque paraît l'amant de Clytemnestre, Egiste (ténor), Elektra lui propose de le guider jusqu'au palais ; mais elle le conduit en fait vers son propre meurtrier. Elle danse son triomphe avant de s'effondrer, morte.

BIBLIOGRAPHIE : *Elektra*, L'Avant-Scène-Opéra nº 92 (Paris, 1986).

Élévation (lat. : *elevatio*). Musique jouée pendant l'Élévation au cours de la messe catholique, qui se compose généralement d'un motet, d'une pièce pour orgue ou d'une improvisation. Dans les messes où le Sanctus est chanté en polyphonie (et non en grégorien), il n'y a pas d'élévation, faute de temps. Les *Fiori musicali* (1635) de Frescobaldi contiennent quelques pièces pour orgue de ce type.

Elfenreigen (all.). « Danse des elfes ». Voir *Reigen*.

Elgar, (Sir) Edward (William) (Broadheath, Worcestershire, 2 juin 1857 ; Worcester, 23 février 1934). Compositeur anglais. Après des débuts obscurs et un long apprentissage, il s'impose comme l'une des figures dominantes de la musique anglaise des trente premières années du XXe siècle.

1. *La jeunesse*. Edward est le quatrième enfant et second fils d'un accordeur de piano qui tenait un commerce de musique à Worcester ; sa mère était catholique. Bien que son talent musical se révèle assez tôt et qu'il apprenne à jouer du piano, du violon et de l'orgue, il commence dans la vie active comme clerc de notaire. Mais, à l'âge de seize ans, il se consacre à la musique et travaille comme musicien indépendant : il joue dans de nombreux orchestres locaux pour lesquels il fait des arrangements et compose quelques œuvres. A l'exception des leçons de violon, il ne reçoit aucune instruction musicale formelle. Il apprend le contrepoint et l'orchestration en lisant des livres et par des expériences pratiques. A partir de 1878, il est violoniste dans l'orchestre du Three Choirs Festival, qui se déroule trois fois par ans à Worcester. A la même époque, il devient également professeur de violon. En 1884, sa *Sevillana* est dirigée par August Manns, à Crystal Palace ; c'est la première fois qu'Elgar est joué à Londres. Mais, au cours des cinq années suivantes, sa carrière évolue peu. En 1889, il épouse Alice Roberts, fille d'un général de l'armée indienne. Elle a neuf ans de plus que lui et a fait sa connaissance en prenant des leçons d'accompagnement au piano. Elle croit intuitivement qu'il est capable de devenir un grand compositeur et ils commencent par s'installer à Londres, espérant intéresser à son œuvre les éditeurs et les chefs d'orchestre. Ils y parviennent assez mal et, ironie du sort, c'est le Festival de Worcester, en 1890, qui commande à Elgar une œuvre symphonique, l'ouverture *Froissart*.

Elgar s'installe à Malvern en 1891, reprenant son métier d'enseignant. *Froissart* est publiée par Novello, principal fournisseur de cantates. Elgar se met alors à travailler à une œuvre sur un poème de Longfellow, *The Black Night* (Worcester, 1893). Il compose ensuite un oratorio *The Light of Life* (Worcester, 1896) et une autre cantate sur un texte de Longfellow, *King Olaf* (Hanley, 1896) avec laquelle il remporte son plus gros succès jusqu'alors. Cette œuvre est à nouveau dirigée par Manns. Mais le nom d'Elgar n'est encore vraiment connu que dans les Midlands. Il faut attendre les noces de diamant de la reine Victoria, en 1897, et le succès de sa *Marche impériale* pour qu'un changement s'opère. En 1898, le Festival de Leeds lui commande la cantate *Caractacus*. Cependant, c'est avec une œuvre entièrement symphonique, les *Variations on an Original Theme* (« *Enigma* »), qu'Elgar attire vraiment l'attention sur lui, en 1899. La première exécution est dirigée à Londres par Hans Richter qui se fera le champion de la musique d'Elgar, comme plusieurs autres chefs d'orchestre, en Europe. A partir de 1900, la renommée d'Elgar en Europe et en Russie dépasse celle de tout autre compositeur anglais, y compris Britten.

2. *La maturité*. Les années 1899 à 1919 marquent le sommet de la production et du succès d'Elgar. Il compose alors trois grandes œuvres chorales religieuses, *The Dream of Gerontius* (« Le Rêve de Gerontius », Birmingham, 1900), sur un poème de Newman, que beaucoup considèrent comme son chef-d'œuvre, deux oratorios bibliques, *The Apostles* (« Les Apôtres ») et *The Kingdom* (« Le Royaume », Birmingham, 1903 et 1906), deux symphonies (Manchester, 1908 et Londres, 1911), l'*Introduction et allegro pour cordes* (Londres, 1901), les ouvertures *Cockaigne* (Londres, 1901) et *In the South* (Londres, 1904), les quatre marches *Pomp and Circumstance* (n° 1 et n° 2, Liverpool, 1901 ; n° 3 et n° 4, Londres, 1905 et 1907), la *Coronation Ode* (Sheffield, 1902), les deux suites *Wand of Youth* (Londres, 1907 et Worcester, 1908) inspirées d'une musi-

que composée dans son enfance, le *Concerto pour violon* (Londres, 1910), l'ode *The Music Makers* (Birmingham, 1912), la cantate de guerre *The Spirit of England* (Londres, 1917), la *Sonate pour violon et piano* (Londres, 1918), le *Quatuor à cordes* (Londres, 1919), le *Quintette avec piano* (Londres, 1919) et le *Concerto pour violoncelle* (Londres, 1919). Il compose également des mélodies, des chants à plusieurs voix, des pièces de circonstance et de la musique de scène. Avec la mélodie « Land of Hope and Glory », tirée du trio de la marche nº 1 en ré de *Pomp and Circumstance* (1902), Elgar devient officieusement la vedette de la musique en Angleterre, bien qu'il n'accède au poste de Master of the King's Music qu'en 1924.

La mort de sa femme, en 1920, fournit à Elgar une excuse pour se retirer de la scène musicale, sauf pour diriger ses propres œuvres en concert ou dans des studios d'enregistrement. Il se sent mal à l'aise et « inutile » dans le monde de l'après-guerre ; en outre, il a depuis longtemps perdu toute illusion sur le rapport financier de son œuvre. Au cours des quatorze dernières années de sa vie, il ne produit aucune partition majeure et les deux œuvres les plus importantes qu'il compose alors, la *Severn Suite* (Londres, 1930) et la *Nursery Suite* (Londres, 1931), sont essentiellement construites à partir de matériel figurant sur un vieux carnet d'esquisses. Elgar a été fait chevalier en 1904, et baronnet (« de Broadheath ») en 1931.

Elgar avait une personnalité complexe : son apparence, celle d'un propriétaire terrien entouré d'une meute de chiens, était savamment étudiée et concordait avec les fréquentes affirmations de son manque d'intérêt pour la musique. Ses premiers combats et la méfiance qu'il entretenait à l'égard de sa religion ont laissé des blessures que le succès et les honneurs n'ont jamais cicatrisées. Sa musique parvient à allier un attrait populaire immédiat à une vision des plus élevées. On trouve des moments visionnaires et intenses dans des pièces aussi légères que *Chanson de nuit* ; et, à l'inverse, le charme frais et insouciant de ses pièces les plus faciles envahit les symphonies et les concertos. Sa facilité mélodique constitue la base de toutes ses œuvres ; son harmonie est parfois richement chromatique, parfois simplement diatonique ; l'usage qu'il fait de la tonalité est souvent instable et déconcertant, prêtant un ton aérien et fantastique à la musique ; son écriture est brillante et colorée, et il traite les cordes de façon particulièrement impressionnante ; son style de composition repose sur le goût des séquences, des tierces ascendantes, des septièmes descendantes et des accords parfaits parallèles. Son style est un mélange extrêmement personnel d'influences aussi variées que celles de Schumann, Wagner, Gounod, Saint-Saëns, Franck, Liszt ou Brahms. Avec un tel pedigree, il est difficile de définir le côté spécifiquement anglais qu'on lui attribue parfois, et il n'est donc pas surprenant que l'impression très forte et émouvante que produit sa musique sur ceux qui l'apprécient ait donné naissance au qualificatif « elgarien ».

Michael Kennedy.

Elías, José (Madrid, après 1749). Compositeur et organiste espagnol, le plus célèbre de son époque. Vers 1690, il étudie pendant quelques temps avec Cabanilles et, en 1715, devient organiste à l'église des Santos Justo y Pastor, à Barcelone. Par la suite, il occupe le poste d'organiste du Convento de las Descalzas Reales à Madrid. Il a écrit des œuvres pous orgue contenant des versets, des *tientos* et des toccatas.

Wendy Thompson.

Elias. Oratorio op.70 de Mendelssohn sur un texte de Julius Schubring d'après le Livre des Rois, I, versets 17-19. Pour soprano, contralto, ténor, basse, chœur d'enfants, chœur mixte et orchestre. Composé en 1846.

Eliot, George. Voir *Musique et littérature*.

Elixir d'amour, L' (*L'Elisir d'amore*). Opéra en deux actes de Donizetti ; livret de Felice Romani, d'après le livret de Scribe pour *Le Philtre* d'Auber (1831). Représentations : Milan (Teatro della Canobbiana, 12 mai 1832) ; Londres (Lyceum, 10 décembre 1836) ; New York (Park Theater, 18 juin 1838) ; Paris (Théâtre-Italien, 17 janvier 1839). Nemorino (ténor) se décide à faire la cour à Adina (sop.) parce qu'il croit en la vertu d'un élixir qu'il a acheté au charlatan Dulcamara (basse) avec son dernier argent. Son assurance chagrine Adina qui décide d'épouser sans retard son rival, le sergent Belcore (bar.). Nemorino se plaint auprès de Dulcamara, qui lui conseille de prendre une autre bouteille de son élixir ; pour la payer, Nemorino se fait recruter par le sergent Belcore. La nouvelle de la mort d'un riche oncle fait soudain de lui l'objet de convoitise de toutes les filles du village ; Adina est triste, mais elle se laisse vite conquérir par Nemorino et Dulcamara proclame triomphalement l'efficacité de sa marchandise.

BIBLIOGRAPHIE : *L'Élixir d'amour*, L'Avant-Scène-Opéra n° 95 (Paris, 1987).

Ellington, « Duke » [Edward Kennedy] (Washington, 29 avril 1899 ; New York, 24 mai 1974). Musicien de jazz noir américain. Après avoir fait des études d'art, il forme son premier orchestre en 1918. Son style de composition et d'arrangement très caractéristique, basé sur les styles individuels des musiciens de son orchestre, évolue progressivement entre 1923 et 1927 alors qu'il est à la tête d'un orchestre au Kentucky Club de New York. En 1926, il fait ses premiers enregistrements qui attirent bientôt l'attention sur des morceaux comme *Black and Tan Fantasy*, *Creole Love Call*, *East St Louis Toodle-oo*, etc. dans lesquels il utilise les ressources et l'originalité du jeu « exotique » de musiciens comme le trompettiste Bubber Miley et le tromboniste Joe Nanton. Pendant de nombreuses années, l'orchestre de Duke Ellington conserve une grande stabilité grâce à la présence permanente de musiciens comme Harry Carney, Johnny Hodges et Cootie Williams ; Duke Ellington peut ainsi maintenir l'originalité de son style et il continuera à animer un orchestre jusqu'à la fin de sa vie. Naturellement, les musiciens seront amenés à changer dans une certaine mesure, mais les modifications se sont toujours effectuées progressivement et les nouveaux musiciens ont simplement apporté une nouvelle voix aux arrangements de Duke Ellington. Il a connu plusieurs périodes de gloire, notamment ses années du Cotton Club (à partir de 1927). Mais sa période la plus fructueuse reste celle des années quarante, avec la création de *Concerto for Cootie* et *A Portrait of Bert Williams*. En 1939, il engage un jeune pianiste et compositeur, Billy Strayhorn, avec lequel il sympathise et écrit de nombreuses œuvres, jusqu'à la mort de Strayhorn d'un cancer en 1967. La plupart des premières œuvres de Duke Ellington sont courtes, à cause des limites imposées par la durée des faces de 78-tours, mais il commence progressivement à écrire des œuvres plus longues, comme *Creole Rhapsody* (1931), *Reminiscing in tempo* (1935) et de nombreuses œuvres en forme de suite comme *Such Sweet Thunder* (1957), basée sur des personnages shakespeariens. Son œuvre la plus ambitieuse est sans doute *Tone Parallel to Harlem* (1952). Les œuvres de Duke Ellington correspondent aux qualités spécifiques de ses musiciens, pour lesquels elles ont été écrites, ce qui les rend difficiles à interpréter par d'autres instrumentistes. Néanmoins, Duke Ellington compte parmi les figures les plus originales et les plus importantes de la musique américaine du XXe siècle.

Peter Gammond.

Ellis, Vivian (John Herman) (Londres, 29 octobre 1903). Compositeur de chansons et de comédies musicales anglais. Il étudie le piano avec Myra Hess et commence une carrière de pianiste. Mais il est rapidement attiré par le théâtre et voit sa première chanson publiée à l'âge de 15 ans. Il participe aux revues musicales des années vingt telles que *The Curate's Egg*, *The Second Little Revue Starts at Nine* et *Yoicks*, puis compose les partitions de comédies musicales comme *Mercenary Mary* (1925) et *Kid Boots* (1926). Il connaît une certaine vogue avec des spectacles comme *Mr. Ginders* (1929), *Jill Darling* (1933) et *Streamline* (1934). Mais la comédie musicale qui remporte le succès le plus durable est *Bless the Bride*, écrite avec A. P. Herbert en 1947. Il y exploite une veine dramatique et musicale que l'on ne trouve pas dans ses autres œuvres.

Peter Gammond.

Éloy, Jean-Claude (Mont-Saint-Aignan, près de Rouen, 15 juin 1938). Élève de Milhaud et de Jacques Février au Conservatoire de Paris, il travaille ensuite à Darmstadt avec H. Scherchen et H. Pousseur puis à Bâle avec Boulez (1957-63). Il enseigne l'analyse à l'Université de Berkeley (1966-68) et travaille avec Stockhausen au studio de musique électronique de la Radio de Cologne (1972-73). Il est nommé président de la section française de la SIMC en 1974. A partir de 1978, il travaille avec Xenakis à des recherches sur la musique digitale (par ordinateur) dans le cadre du CEMaMu. Son œuvre, profondément marquée par l'écriture de Webern, s'inscrit dans le mouvement sériel des années cinquante et s'enrichit autant du support de l'électronique que d'apports extra-européens (du Japon dans le cas d'Éloy qui y a séjourné longuement). Plusieurs de ses œuvres tentent une synthèse de l'Orient et de l'Occident : *Shanti* (Cologne, 1972-73), *Gabu-No-Michi* (Tokyo, 1977-78), *Fluctuante-Immuable* (1977), *Yo-In* (1980).

Alain Pâris.

Embellissements. Voir *Ornements et ornementation.*

Embolada (port.). Chant populaire brésilien dans lequel chaque syllabe du texte tombe sur une note dans un schéma de doubles-croches. Il est chanté rapidement. Villa-Lobos a également utilisé ce terme pour certaines pièces instrumentales.

Embouchure. Terme employé dans la terminologie des instruments à vent qui correspond à la façon dont l'instrumentiste place sa bouche et ses lèvres (flûte, anches ou cuivres).

Emerald Isle, The. Opéra-comique en deux actes de Sullivan sur un livret de Basil Hood. L'opéra, inachevé à la mort de Sullivan, a été terminé par Edward German et créé à Londres en 1901.

Emmanuel, Maurice (Bar-sur-Aube, 2 mai 1862 ; Paris, 14 décembre 1938). Compositeur et musicologue français, il se passionne très tôt pour les modes anciens. Au Conservatoire de Paris, il travaille avec Delibes, puis avec Guiraud, tout en poursuivant des études à la Sorbonne et à l'École du Louvre. Il est nommé maître de chapelle à Sainte-Clotilde (1904-07) et professeur d'histoire de la musique au Conservatoire (1909-36). Son enseignement aura un rayonnement considérable car il est le premier à envisager l'histoire de la musique sous l'angle du langage (*Histoire de la langue musicale*, 1911). Sa carrière de compositeur souffrira de sa notoriété de musicologue. Sa musique présente pourtant une grande originalité avec ses recherches harmoniques et modales et son refus de céder à l'impressionnisme (*6 Sonatines pour piano*, *30 Chansons bourguignonnes* et la tragédie lyrique *Salamine*, 1929).

Alain Pâris.

Empereur, L'. 1. *Concerto pour piano nº 5 en mi bémol majeur op. 73* de Beethoven, composé en 1809.

2. *Quatuor à cordes en ut majeur op. 76 nº 3* de Haydn, composé en 1797. Le mouvement lent est une série de variations sur le thème de l'*Hymne de l'Empereur.*

Empereur, Hymne de l' (« Gott erhalte Franz den Kaiser »). Hymne national autrichien composé par Haydn en 1797 ; il restera en vigueur jusqu'au démantèlement de l'empire austro-hongrois et l'établissement de la république d'Autriche en 1918. Entre 1918 et 1929, on a tenté d'adopter un nouvel hymne, « Deutsch-Oesterreich, du Herrliche Land », sur une musique de Wilhelm Kienzl et des paroles de Karl Renner, mais le peu de succès qu'il rencontra a permis de reprendre l'hymne de Haydn, sur un nouveau texte (« Sei gesegnet ohne Ende ») d'Ottokar Kernstock.

Le poème original avait été commandé par le comte von Sorau, grand chancelier impérial autrichien, au poète Lorenz Leopold Haschka (1749-1827). Sorau avait demandé à Haydn de composer un air adapté, considérant qu'il était le seul compositeur capable d'écrire quelque chose d'analogue au « God Save the King ». Haydn est parti d'une mélodie populaire croate, qu'il a modifiée et étendue, avant de lui faire subir quelques améliorations et altérations qui lui donnent totale satisfaction. Il a repris le même thème qu'il a enrichi d'une série de variations dans son *Quatuor à cordes op. 76 nº 3* (1797), surnommé ensuite *Kaiserquartett* ou *Quatuor de l'Empereur.* Cette mélodie est restée son air favori à la fin de sa vie. Au milieu du XIXᵉ siècle, il a servi de musique à un chant patriotique allemand, « Deutschland über alles » (voir *Einigkeit und Recht und Freiheit*).

Après la Seconde Guerre mondiale, en

1947, les Autrichiens ont adopté un nouvel hymne, « Land der Berge », sur des paroles de Paula Preradović et sur une musique attribuée à Mozart, qui a probablement été écrite par l'un des membres de sa loge maçonnique.

Empfindsamkeit (all.). « Sentiment », « sensibilité ». Terme donné à un mouvement esthétique qui a fleuri dans le nord de l'Allemagne au milieu du XVIIIe siècle. Son principal représentant littéraire était le poète Klopstock, adepte d'un mode d'expression agréable, sentimental et sensible, évitant à la fois la concentration baroque sur un seul *affect* (voir *Passions, Théorie des*) et les extrêmes de la passion associés au mouvement **Sturm und Drang*. Dans le domaine musical, W. F. Bach, Quantz et G. Benda ont adopté l'*empfindsamer Stil*, mais il trouve toute sa mesure dans la musique de C. H. Graun et de C. P. E. Bach. Graun s'est spécialisé dans une illustration de texte sentimentale, pleine de « soupirs » musicaux et autres clichés, alors que C. P. E. Bach cherchait dans sa musique instrumentale à « toucher le cœur et à affecter les sentiments ». Son instrument préféré était le clavecin, au son doux et expressif, et ses pièces pour clavecin sont caractéristiques de l'*empfindsamer Stil*, surtout les six sonates « Prussiennes » (1740-42) et la *Fantaisie en fa dièse mineur* (1787).

Empfindung (all.). « Sensation », « sentiment » ; *empfindungsvoll*, « avec sentiment ». Voir *Empfindsamkeit*.

Enchaînez. Jouez les mouvements sans interruption à la suite l'un de l'autre. Même sens qu'*attacca*.

Enchantement du Vendredi saint (*Karfreitagzauber*). Début du troisième acte de *Parsifal* de Wagner, lorsque Parsifal est oint avant son entrée au Graal. Joué parfois séparément au concert.

Encina, Juan del (Salamanque, 12 juillet 1468 ; León, 1529-30). Poète, auteur dramatique et compositeur espagnol. Fils d'un artisan nommé Fermoselle (nom sous lequel les œuvres de Juan apparaissent parfois), il devient choriste à la cathédrale de Salamanque, puis fait des études universitaires dans cette même ville. En 1492, il entre au service du duc d'Albe et devient un auteur dramatique célèbre, choisissant aussi bien des thèmes profanes que religieux. Il se rend plusieurs fois à Rome, où il est le favori de plusieurs papes, et obtient un bénéfice à la cathédrale de Málaga. Il célèbre sa première messe à Jérusalem lors d'un pélerinage en 1519. Il a composé quelques chansons extrêmement attrayantes et est considéré comme le maître du *villancico*.

Denis Arnold.

Enclume (all. : *Amboss* ; angl. : *anvil* ; ital. : *incudine*). Effet de percussion qu'au moins une vingtaine de compositeurs ont cherché à reproduire, depuis Auber (*Le Maçon*, 1825) jusqu'à Britten (*The Burning Fiery Furnace*, 1966). Les exemples les plus significatifs se trouvent dans *Le Trouvère* de Verdi (chœur des gitans, acte II), dans l'*Or du Rhin* de Wagner (scène de la forge du Nibelung, qui réclame 18 enclumes placées derrière la scène, accordées sur fa à trois octaves différentes) et dans *Belshazzar's Feast* de Walton (quatre coups pour le dieu du fer). Pour *L'Or du Rhin*, certains théâtres utilisent de vraies enclumes, d'autres les remplacent par des plaques d'acier assez lourdes, d'au moins 2 cm d'épaisseur. La feuille d'acier d'une suspension de camion ou un tambour de frein en acier constituent d'excellents succédanés.

Anthony Baynes.

Encordage sympathique. Voir *Piano*, 16.

Encore. Terme utilisé par les Anglo-Saxons pour *bis*.

Enesco, Georges [Enescu, George] (Liveni, aujourd'hui George Enescu, Dorohoi, Roumanie, 19 août 1881 ; Paris, 4 mai 1955). Compositeur roumain. Il fait ses débuts comme violoniste à l'âge de sept ans et va travailler au Conservatoire de Vienne en 1890. A partir de 1895, il poursuit ses études de violon au Conservatoire de Paris, mais se concentre surtout sur la composition en suivant les classes de Massenet et de Fauré. Il connaît rapidement le succès à Paris avec des œuvres telles que les deux premières sonates pour violon et piano (1897 et 1899) et les deux *Rhapsodies roumaines* pour orchestre (1901 et 1902) qu'il exécute lui-même, comme violoniste, pianiste et chef d'orchestre. En tant que violoniste, il fait de nombreuses tournées internationales et s'impose par ses interprétations de Bach et d'œuvres contemporaines. Il enseigne également à Paris et à Bucarest, notamment à Yehudi Menuhin et à Arthur Grumiaux.

Ses premières œuvres, qui sont le plus souvent jouées, reprennent des thèmes populaires roumains dans un style riche, caractéristique de la fin du Romantisme. Il se rapproche ensuite de l'écriture plus incisive de Bartók, notamment dans la *Sonate pour violon et piano nº 3 « Dans le caractère populaire roumain »* (1926) ; on ressent aussi l'influence de Bach dans des œuvres grandioses comme la *Suite nº 2 pour orchestre* (1915). Sa production assez réduite (33 numéros d'opus) comporte de nombreuses partitions de musique de chambre, trois symphonies et un opéra en quatre actes, *Œdipe*, sur un livret français d'Edmond Fleg (1921-31, créé à l'Opéra de Paris en 1936).

Paul Griffiths.

BIBLIOGRAPHIE : Andrei Tudor, *Georges Enesco*, Éd. Musicales de l'Union des compositeurs (Bucarest, 1961). Cornel Taranu, *Georges Enesco dans la conscience du présent*, Éd. Scientifiques et encyclopédiques (Bucarest, 1981).

Enfance du Christ, L'. Oratorio op.25 de Berlioz sur un texte du compositeur, pour sept solistes, chœur et orchestre. Composé entre 1850 et 1854.

Enfant et les sortilèges, L'. Fantaisie lyrique en deux parties de Ravel sur un livret de Colette. Créé à Monte-Carlo en 1925.

Enfant prodigue, L'. 1. Cantate pour soprano, ténor, baryton, chœur et orchestre de Debussy sur un texte de E. Guinand, avec laquelle Debussy remporta le prix de Rome en 1884. Elle a été exécutée à Paris la même année, avec un accompagnement à deux pianos, puis révisée en 1906-08.

2. Opéra d'Auber créé en 1850.

3. Ballet de Prokofiev ; voir *Fils prodigue, Le*.

Enfasi (ital.). « Emphase » ; *enfatico, enfaticamente*, « emphatique », « avec emphase ».

Engeführung (all.). Equivalent de **stretto* dans l'écriture fuguée.

Enger (all.). « Plus étroit », ramassé, plus rapide.

Englisches Horn (all.). « Cor anglais » ; voir *Hautbois*, 8.

English Hymnal. Recueil de cantiques et d'airs anglais édité en 1906 (révisé en 1933), publié par Percy Dearmer dans une édition réalisée par Vaughan Williams. Il comprend plusieurs hymnes et cantiques de Vaughan Williams et de ses contemporains anglais, certains étant des adaptations de chants populaires.

English National Opera. Voir *Sadler's Wells*.

English National Opera North. Voir *Sadler's Wells*.

Enharmonique (du grec *ἐν ἁρμονίᾳ, en harmonia*, « en harmonie »). 1. Dans la théorie musicale de la Grèce antique, gamme contenant des intervalles inférieurs à un demi-ton.

2. Dans la théorie harmonique moderne, qui tient compte du tempérament égal (voir *Tempérament*, 4), notes dont le nom diffère mais de hauteur de son identique (par exemple do dièse et ré bémol) ; sur un instrument à clavier, ces notes sont véritablement identiques et ne se distinguent que par leur nom, mais sur les autres instruments une inflexion peut légèrement dièser ou bémoliser la note pour différencier la hauteur de son. Les tonalités, les intervalles et les accords peuvent également être dits enharmoniques.

« Enigma » Variations (*Variations on an Original Theme, Enigma*). Œuvre pour orchestre op.36 d'Elgar, créée à Londres le 19 juin 1899 ; le finale a été révisé pour la troisième exécution au mois de septembre de la même année. L'« énigme » est le thème véritable, représentant sans doute Elgar lui-même, bien que « sur l'ensemble des variations court un autre thème plus important, mais il n'est pas joué » (Elgar). Malgré de nombreuses tentatives ingénieuses, ce second thème, s'il existe, n'a jamais été deviné. L'œuvre est dédiée « to my friends pictured within » (« à mes amis dépeints ici »), chaque variation étant un portrait musical. Des initiales ou des pseudonymes cachent l'identité des personnes concernées : 1. C.A.E. (Lady Elgar) ; 2. H.D.S.-P. (Hew Steuart-Powell) ; 3. R.B.T. (R.B. Townshend) ; 4. W.M.B. (W. Meath Baker) ; 5. R.P.A. (Richard P. Arnold) ; 6. Ysobel (Isabel Fitton) ; 7. Troyte (A. Troyte Griffith) ; 8. W.N. (Winifred Norbury) ; 9. Nimrod (A.J. Jaeger) ; 10. Dorabella (Dora Penny) ; 11. G.R.S. (G.R. Sinclair, mais plus précisément son bouledogue, Dan) ; 12. B.G.N. (Basil G. Nevinson) ; 13. *** (Lady Mary Lygon) ; E.D.U. (Elgar).

Frederick Ashton a réalisé la chorégraphie d'un ballet en un acte *Enigma Variations* (Covent Garden, 1968) qui reprend la fin de la version originale de l'œuvre.

Enigmatique, Gamme (ital. : *scala enigmatica*). Gamme composée des notes do, ré bémol, mi, fa dièse, sol dièse, la dièse, si et do, utilisée comme *cantus firmus* par Verdi dans son « Ave Maria » (l'une des *Quattro Pezzi sacri*, 1898).

Voir *Gamme*.

Enlèvement au sérail, L' (*Die Entführung aus dem Serail*). Singspiel en trois actes de Mozart sur un livret de Gottlob Stephanie tiré de celui de Bretzner pour *Belmont und Constanze* d'André (1781). Représentations : Vienne (Burgtheater, 16 juillet 1782) ; Paris (Lycée des Arts, 26 septembre 1798) ; Londres (Covent Garden, 24 novembre 1827, dans une version de Cramer avec des personnages supplémentaires) ; New York (Brooklyn Athenaeum, 16 février 1860). Belmonte (tén.) arrive au palais du pacha Selim en Turquie, recherchant Constanze (sop.) qui a été enlevée avec sa servante anglaise Blonde (sop.) et son propre valet Pedrillo (tén.). Malgré les soupçons du gardien du sérail, Osmin (basse), lui-même amoureux de Blonde, Pedrillo réussit à entrer au service du pacha (rôle parlé) dont Constanze a repoussé les avances. Blonde repousse Osmin et, dans le grand air « Martern aller Arten », Constanze déclare que, même sous la torture, elle n'accepterait pas les propositions du pacha. Pedrillo fait boire Osmin afin de faciliter la fuite des captifs. Ils sont repris, mais le pacha, magnanime, les gracie et les libère.

BIBLIOGRAPHIE : *L'Enlèvement au sérail*, L'Avant-Scène-Opéra n° 59 (Paris, 1983).

Enregistrement et reproduction audiovisuels

1. Disques et cylindres
2. Enregistrement électrique
3. Les progrès de la haute fidélité
4. Enregistrement magnétique
5. Enregistrement cinématographique
6. Enregistrement vidéo et numérique
7. L'enregistrement et le musicien

La faculté d'enregistrer des exécutions musicales et de les rediffuser à n'importe quel moment a joué un rôle essentiel dans la diffusion de la musique et a permis de la faire apprécier à un public très vaste que n'auraient jamais pu accueillir nos salles de concert. L'évolution de la musique elle-même s'en est trouvée influencée, car les interprètes et les compositeurs ont maintenant un accès plus facile aux œuvres et aux styles de leurs contemporains du monde entier.

1. *Disques et cylindres.* Le premier signe de la prodigieuse évolution technologique qui allait voir le jour a sans doute été le phonographe, inventé par Leon Scott en 1857 pour faciliter l'études des ondes sonores (voir également *Acoustique*, 9). Il enregistrait les vibrations d'un diaphragme sensible aux sons sous forme de traces inscrites à la surface d'un cylindre tournant couvert de noir de fumée. Vingt ans plus tard, en 1877, des chercheurs français et américains, chacun de leur côté, ont l'idée d'imprimer ces traces sur une matière ferme, afin qu'elles puissent être restituées et imprimer un mouvement vibratoire à un diaphragme pour recréer ainsi les sons d'origine. Le Français Charles Cros (1842-88) semble avoir conçu cette idée le premier. Il dépose un article scellé à l'Académie des sciences le 30 avril 1877, dans lequel il esquisse un plan de photogravure des traces au noir de fumée, qui permettrait de produire des sillons sur un disque plat, en cuivre ou en acier. Toutefois, aucun prototype n'en a jamais été réalisé et la première démonstration est l'œuvre du prolifique inventeur américain, Thomas Alva Edison (1847-1931), dont l'esprit plus pratique lui a permis d'élaborer un prototype de son phonographe à cylindre à feuille d'étain en décembre 1877. Il avait déjà travaillé

sur un relais télégraphique qui enregistrait les impulsions des signaux sous forme de dentelures, sur du papier. Lorsqu'on faisait repasser le papier à grande vitesse en le reliant à un manipulateur, les signaux pouvaient être expédiés en un temps sensiblement réduit, ce qui libérait les liaisons télégraphiques par fil. Edison remarqua que le relais vibrant produisait des sons analogues à une voix humaine étouffée, ce qui l'amena à expérimenter des dentelures pratiquées au moyen d'une aiguille reliée à un diaphragme dans lequel il parlait ; il fit ensuite des essais avec un récepteur téléphonique modifié.

Le phonographe original d'Edison comprenait un cylindre de 80 mm de long et 80 mm de diamètre, à la surface duquel était tracé un sillon hélicoïdal à 10 tours par pouce. Une manivelle faisait tourner le cylindre le long d'un axe fileté à la même dimension que le sillon. De part et d'autre du cylindre, il avait placé deux diaphragmes avec des pavillons bruts et une aiguille en acier. Le cylindre était entouré d'une feuille d'étain souple sur laquelle était gravé l'enregistrement. Pour enregistrer, l'opérateur commençait par placer l'aiguille du diaphragme qui faisait les dentelures en contact avec la feuille, au début du parcours du cylindre. Puis il tournait la manivelle à une vitesse régulière et facile à reconstituer, et parlait à haute voix. Pour entendre l'enregistrement, il fallait réenrouler le cylindre jusqu'au début, poser sur la feuille d'étain l'aiguille (plus sensible) de l'autre diaphragme et tourner la manivelle comme la première fois.

Malgré sa forme rudimentaire, le phonographe a fortement impressionné ses premiers auditeurs et environ 500 machines ont été fabriquées en 1878. Mais Edison a vite préféré se consacrer à des inventions plus pressantes et plus viables sur le plan commercial, laissant à d'autres le soin de perfectionner sa découverte. Tout d'abord, la feuille d'étain a été remplacée par de la cire d'abeille ; et, sur le plan historique, il est intéressant de savoir que l'un de ces cylindres de cire fut installé dans une boîte scellée au Smithsonian Institute, en 1881, pour n'en être sorti et écouté qu'en 1937 ; au cours d'une cérémonie spéciale, les descendants d'Alexander Graham Bell, l'inventeur du téléphone, entendirent la voix du grand homme entonner les paroles suivantes : « There are more things in heaven and earth, Horatio, than are dreamt of in your philosophy. I am a gramophone, and my mother was a phonographe. » (« Il y a plus de choses au ciel et sur la terre, Horace, que n'en rêve ta philosophie. Je suis un gramophone et ma mère était un phonographe. »)

Ce gramophone, inventé par Bell et Tainter à Washington, se transforma en machine à dicter en 1885, ce qui suffit pour inciter Edison à mettre au point son propre « phonographe perfectionné ». Il employait de la cire solide, qui pouvait être fondue et réutilisée, et fabriqua ainsi une machine à dicter commercialisable qui prenait environ 400 mots (deux minutes) lorsqu'elle était actionnée à 120 tours à la minute par un moteur électrique. C'est cet appareil qui a été utilisé pour la plupart des premiers enregistrements qui ont survécu, notamment celui de Brahms jouant sa *Danse hongroise nº 1* au piano, à Vienne, en 1889. Le développement du phonographe en tant que moyen d'écoute de la musique dans les foyers dépendait alors de la méthode de reproduction et de duplication des enregistrements. Au début, les interprètes devaient rejouer le même morceau indéfiniment devant un cornet acoustique probablement relié à un ensemble de phonographes qui enregistraient simultanément. Mais on en arriva bientôt à un système de doublage mécanique et on a également employé plusieurs procédés de moulage jusqu'à la disparition du phonographe à cylindre, vers 1929.

Dans ce domaine essentiel de la production en série, le cylindre ne pouvait concurrencer son rival, le disque plat. Alors qu'Edison et d'autres savants avaient participé à l'étude d'un système de gravure discographique latérale, c'est Emile Berliner, un Allemand travaillant à Washington, qui mena à bien les recherches sur ce qui allait devenir l'ancêtre du disque, tel que nous le connaissons aujourd'hui. Berliner commença par faire des tracés sur des disques de verre recouverts de noir de fumée, selon le principe du phonautograph de Leon Scott, et employa un procédé de photogravure pour graver les sillons dans du métal. Ensuite, il utilisa des disques en zinc recouverts de cire d'abeille et finalement, à partir de 1899 environ, il adopta la technique consistant à employer des disques de cire de 50 mm d'épaisseur qui est restée la norme pendant plus de quarante ans. On peut attribuer à Berliner un grand nombre des caractéristiques courantes de l'enregistrement discographique. La tête d'enregistrement et de gravure était actionnée le long d'une ligne radiale vers le centre du disque par un axe tournant fileté, mais le mouvement de la tête de lecture, pivotant vers le centre, reposait simplement sur la force du sillon en spirale. Berliner avait choisi d'actionner le burin graveur latéralement, produisant une forme d'onde dans le sillon de préférence aux vibrations verticales utilisées sur les cylindres d'Edison. Ce système permettait de reproduire un son plus puissant et de meilleure qualité.

Les premiers disques de Berliner étaient gravés à raison de 20 spires par centimètre et mesuraient seulement 12,5 cm de diamètre. Progressivement, la taille des disques est passée à 17 cm (1899), 25 cm (1901) et 30 cm (1903). La vitesse de rotation variait entre 70 tours et 82 ou 83 tours à la minute ; elle n'a été standardisée à 78 tours à la minute qu'aux environs de 1918. Les procédés utilisés pour le tirage en grande quantité des premiers disques ressemblent étonnamment à ceux que l'on emploie encore de nos jours. La surface du disque de cire original était tout d'abord métallisée, ce qui la rendait conductrice d'électricité ; on procédait ensuite à une électrolyse, la plaque jouant le rôle de l'une des électrodes. Le « négatif » de la plaque de cuivre ainsi formé (ou « père », qui comportait le sillon en saillie) était retiré de la cire, puis utilisé à son tour comme surface d'après laquelle s'obtenait, toujours par électrolyse, un « positif » (ou « mère », en creux), capable d'être joué et vérifié. Une nouvelle phase électrolytique permettait de fabriquer le nombre voulu de « matrices » ou moules pour presser les disques en grande quantité. Aujourd'hui, les firmes discographiques sont encore capables d'écouter ces vieux positifs métalliques et s'en servent pour repiquer directement sur des disques microsillons les enregistrements historiques d'artistes célèbres.

Une firme discographique moderne dispose de plusieurs presses qui peuvent chacune presser environ 150 disques à l'heure. Les deux matrices correspondant aux faces 1 et 2, dont les étiquettes sont fabriquées avec un papier spécial, sont soigneusement centrées sur chaque moitié ou « mâchoire » de la presse et on place entre elles une certaine quantité de pâte à disque. Puis c'est le début d'un cycle automatisé : la pâte est chauffée, les mâchoires se referment hermétiquement pour la presser entre les matrices, un refroidissement rapide se produit, le disque est retiré et placé dans son enveloppe.

2. *Enregistrement électrique*. La période de l'enregistrement acoustique correspond à la cinquantaine d'années qui se sont déroulées entre la découverte du premier phonographe d'Edison, en 1877 (et celle du gramophone de Berliner, dix ans plus tard), et l'apparition de l'enregistrement électrique, en 1924. Durant cette période, toute l'énergie disponible pour actionner le burin qui gravait les ondes enregistrées était de l' « énergie acoustique » ; elle venait des ondes sonores elles-mêmes. L'efficacité du système était donc très limitée, à moins d'utiliser des grands pavillons acoustiques pour canaliser l'énergie jusqu'à l'ensemble diaphragme/aiguille à l'extrémité la plus fine. L'équilibrage des chanteurs et des instruments de musique était très délicat et les instruments de faible intensité sonore étaient complètement exclus. On pouvait utiliser un tuba à la place de cordes graves et le violon Stroh connut une courte vogue : il était équipé d'un diaphragme et d'un petit pavillon métallique qui remplaçait le chevalet pour produire des sons amplifiés plus faciles à diriger directement vers le pavillon d'enregistrement.

La situation se trouva complètement modifiée avec l'apparition, vers 1925, des microphones, qui remplacèrent les pavillons acoustiques, et celle des tubes électroniques amplificateurs utilisés depuis quelques années pour la radiodiffusion. Ils permettaient aux ingénieurs du son d'enregistrer correctement des voix ou des instruments doux et de placer les interprètes de façon plus naturelle. Le microphone convertit l'énergie acoustique en un courant électrique qui peut être amplifié et envoyé le long de câbles en n'importe quel point. En l'occurrence, au lieu de s'en remettre au diaphragme à pavillon pour actionner directement le burin graveur, un électroaimant convertit en force magnétique les variations de courant provenant du câble.

La qualité sonore des premiers disques

enregistrés électriquement était variable, mais les meilleurs d'entre eux reflètent déjà toutes les nouvelles possibilités qui s'offrent – réponse de fréquence plus large et gamme dynamique améliorée. Initialement, ces nouveaux disques ne pouvaient être écoutés que sur les phonographes acoustiques existants, puisqu'il n'y avait pas d'autres appareils. Mais, rapidement, des lecteurs d'enregistrements électriques ont commencé à voir le jour. La tête de lecture acoustique était remplacée par une tête de lecture contenant un minuscule générateur électrique. Le mouvement latéral de l'aiguille dans le sillon engendre un courant alternatif proportionnel à la forme de l'onde qui est amplifié et transmis à un haut-parleur. Ce dernier se comporte comme un microphone, mais à l'envers. Le courant alternatif crée des vibrations dans un diaphragme léger qui émettent les ondes sonores. Comme beaucoup de gens possédaient déjà l'un des nouveaux postes de radio récemment mis au point, les électrophones se composaient souvent d'un simple tourne-disque que l'on branchait sur le circuit de l'amplificateur de la radio – ce que certains pourraient trouver ironique si l'on se souvient qu'à cette époque on espérait faire passer la mode du phonographe avec la radio.

•

3. *Les progrès de la haute-fidélité.* Entre les deux guerres, la qualité et la souplesse d'emploi des disques et de leurs lecteurs ont assez peu évolué. Ces années ont été suivies d'une période de progrès technologiques accélérés et d'un « boom » sans précédent sur la vente des disques.

L'étape majeure est l'introduction sur le marché, par Columbia Records, en juin 1948, des disques microsillons longue durée. Ils avaient la même taille que les anciens 78-tours, 30 cm de diamètre, mais comportaient 25 minutes d'enregistrement par face, au lieu de quatre minutes environ. Ainsi, on pouvait écouter des œuvres entières sans avoir à retourner ou à changer le disque. Cette augmentation de la durée est liée à deux facteurs. D'abord, une diminution de moitié (et même davantage) de la vitesse de rotation (33 tours 1/3, au lieu de 78 tours à la minute). Ensuite, le sillon est beaucoup plus étroit, ce qui permet de graver environ une centaine de spires par centimètre au lieu d'une quarantaine. En même temps, la qualité ou « fidélité » de la reproduction musicale s'est nettement améliorée. Ce changement est dû, en partie, aux perfectionnements et à la miniaturisation apportés à la forme des têtes de gravure et de lecture, mais le facteur primordial est l'utilisation de nouveaux plastiques, vinyle ou polyéthylène, à partir desquels on a pu fabriquer les nouveaux disques microsillons. La gomme-laque employée pour les 78-tours avait un grain épais et on y ajoutait des poudres abrasives pour supporter la pression considérable de têtes de lecture souvent lourdes. Il en résultait un sifflement gênant qui accompagnait la musique en permanence. Les nouveaux plastiques ont un grain très fin et, en utilisant des têtes de lecture légères, on peut à présent se passer d'abrasifs. Le bruit de fond se trouve donc considérablement réduit, ce qui permet plus de nuances dans la musique elle-même. Les nouveaux disques en vinyle sont également plus légers, plus souples et incassables. Toutefois, ils nécessitent un maniement plus soigneux, car ils se rayent facilement et retiennent des charges d'électricité statique qui attirent la poussière.

Parallèlement au disque 33-tours microsillon, RCA Victor introduit sur le marché un petit disque de même matière vinylique, avec des sillons de même dimension que le disque longue durée, qui mesure seulement 17 cm de diamètre et tourne à 45 tours à la minute. Après une courte « guerre des vitesses », les deux formats sont acceptés, les tourne-disques pouvant fonctionner à 33 tours 1/3, 45 et 78 tours à la minute (cette dernière vitesse tombant finalement en désuétude). Pour compléter les nouveaux disques, le matériel de reproduction standard se perfectionne et atteint bientôt les normes de la « haute-fidélité » (hi-fi). L'accroissement considérable des ventes de disques qui s'ensuit incite les firmes discographiques à réenregistrer tout le répertoire classique et romantique de base et à explorer des œuvres rares de la musique baroque et contemporaine qui n'avaient jamais été enregistrées.

L'apparition des disques stéréophoniques, en 1957, fut une nouvelle occasion de réenregistrer les œuvres fondamentales. Ces disques mettent en application les théories formulées plus de vingt-cinq ans auparavant par l'ingénieur britannique A. D. Blumlein. D'une façon simplifiée, ses idées consistaient à imiter le mécanisme radiogoniométrique de l'audition binaurale humaine (voir *Oreille et audition*, 6) à l'aide d'une paire de microphones droite/gauche. Les signaux jumelés restent en synchronisme car ils sont gravés dans un même sillon, mais ils restent autonomes puisqu'ils sont conservés dans des chaînes électriques séparées jusqu'à ce qu'ils émergent d'une paire de haut-parleurs placés à une certaine distance l'un de l'autre. L'auditeur distingue alors les sons individuels des musiciens comme s'ils sortaient d'un arc inscrit entre les haut-parleurs. Avec un bon enregistrement et du matériel de reproduction de qualité, la sensation d'écouter une exécution réelle prend une autre dimension, comparée à la reproduction monophonique sur un seul haut-parleur.

Néanmoins, dans le meilleur des cas, la reproduction stéréophonique laisse l'auditeur un peu à l'écart de l'exécution, comme si le mur arrière de la pièce dans laquelle il se tient s'était dissous et que la salle de concert s'ouvrait juste au-delà. Des expériences ultérieures concernant le « son ambiant » ou la « quadriphonie » ont cherché à recréer la sensation de l'auditeur assis dans la salle de concert, comme si les quatre murs de la pièce avaient disparu. Des enregistrements quadriphoniques ont commencé à être publiés à partir de 1972 environ, mais plusieurs systèmes non compatibles se sont trouvés sur le marché simultanément. Peu de gens se sont laissé convaincre d'acheter les quatre haut-parleurs indispensables ainsi que les unités de décodage correspondantes et les ventes de disques quadriphoniques ne sont jamais parvenues à un niveau minimal justifiant la poursuite de leur fabrication. Le procédé a donc disparu de lui-même.

4. *Enregistrement magnétique*. Edison avait réalisé une expérience de reproduction magnétique de ses enregistrements mécaniques. Néanmoins, c'est l'ingénieur danois Valdemar Poulsen (1869-1942) qui a effectué, en 1898, la première démonstration pratique dans laquelle il fixait une piste d'impressions magnétiques avant de les reproduire par conversion électromagnétique. Son « télégraphone » ressemblait à un phonographe à cylindre, mais il utilisait un fil constitué par une corde de piano en acier de 0,25 mm enroulée autour d'un cylindre en cuivre à sillon. Un seul électroaimant traçait le long du fil, son chariot étant conduit par un moteur électrique. Pendant l'enregistrement, la bobine de l'électroaimant transportait les courants alternatifs produits par la parole ou la musique dans un micro de téléphone. Les fluctuations de champ magnétique résultantes laissaient un schéma de magnétisation le long du fil. Ensuite, pour relire ce signal, l'électroaimant était remonté au point de départ du fil et relié à un récepteur téléphonique. Au fur et à mesure que le chariot avançait, l'électroaimant traçait à nouveau le long du fil et les champs créés par le fil induisaient des courants dans la bobine, ressemblant à ceux engendrés par les sons originaux. Pour l'effacement, il suffisait de refaire la manœuvre d'un bout à l'autre du fil, après avoir branché l'électroaimant sur un accumulateur de courant continu, ce qui produisait un état de magnétisation uniforme du fil.

Bien qu'il existe un enregistrement sur fil de l'empereur d'Autriche François Joseph Ier faisant l'éloge du télégraphone à l'Exposition universelle de 1898, à Vienne – preuve de la permanence des enregistrements magnétiques –, il a fallu attendre 1912 environ pour mettre au point une machine fiable. L'Allemand Kurt Stille a repris les idées de Poulsen et, en 1928, a commencé à fabriquer des appareils d'enregistrement sur fil avec des fils plus fins, grâce auxquels il disposait d'une durée d'enregistrement plus longue et d'une polarisation du courant continu qui a beaucoup amélioré la qualité sonore. En 1930, Stille faisait la description d'une machine à bande en acier ; le producteur de films Ludwig Blattner a continué à explorer ce système et la BBC a acquis deux de ces « Blattnerphones », qui convenaient parfaitement à la radiodiffusion répétée plusieurs fois par jour, destinée à différentes parties du monde. Ils utilisaient des bandes d'acier de 3 mm de large qui duraient 30 minutes.

Un retour au fil rond s'opéra pendant la guerre de 1939-45, où des firmes américaines produisirent de petits enregistreurs portatifs. On pouvait enregistrer jusqu'à 60 minutes sur un fil en acier inoxydable de 0,1 mm, à la vitesse de 76 cm à la seconde, et la qualité fut encore améliorée lorsque le courant alternatif à haute fréquence remplaça le courant continu.

Néanmoins, le changement le plus important dans le domaine de l'enregistrement magnétique a été la découverte des bandes recouvertes. La première tentative remonte aux environs de 1928, à Dresde, lorsque Fritz Pfleumer recouvrit des bandes de papier ou de film plastique de poudre de fer doux dans un liant organique. Dès 1934, BASF (Badische Anilin und Soda Fabrik) produisait des bandes en acétate de cellulose recouvertes d'oxyde ferrique (Fe_2O_3). En l'espace d'un an, AEG (Allgemeine Elektrizitäts Gesellschaft) fabriquait un « Magnetophon » spécialement conçu pour la nouvelle bande. Il existe encore des témoignages des qualités de cet appareil, notamment l'enregistrement d'un extrait de la *Symphonie en mi bémol* de Mozart jouée par l'Orchestre philharmonique de Londres sous la direction de Sir Thomas Beecham, lors d'un concert donné en Allemagne en 1936.

Toutes ces machines furent perfectionnées en Allemagne pendant la guerre ; on redécouvrit notamment les ondes ultrasonores de mélange et, après la guerre, l'enregistrement sur bande magnétique se diffusa dans le monde entier. En dehors de nombreuses applications à l'industrie et aux communications, les bandes remplacèrent rapidement les disques de cire pour servir de support aux enregistrements originaux dans les studios des firmes discographiques et de radiodiffusion. Les longues plages d'enregistrement ininterrompu devenaient réalité ; les longs montages des cires disparaissaient ; ce n'était plus qu'une simple question de découpage et de collage.

Lorsqu'un certain nombre de magnétophones furent diffusés dans le grand public, vers 1954, les firmes discographiques commencèrent à publier des bandes préenregistrées de morceaux sélectionnés dans leurs catalogues de disques. Plusieurs formats furent essayés, à chacune des vitesses généralement utilisées (19 ou 9,5 cm à la seconde) et avec différentes sortes de chargeurs ou de cassettes, mais les ventes se sont révélées étonnamment faibles. Puis, à la fin des années soixante, on a vu apparaître sur le marché un autre support à bande magnétique, plus viable, la musicassette. Elle était appelée à rivaliser avec le disque, pratiquement sur un pied d'égalité. Le système se compose d'une boîte en plastique dans laquelle la bande est totalement enfermée et fixée, à chaque extrémité, à une paire de minuscules bobines. Le concept a été lancé par Philips dans un enregistreur portatif à cassette compacte, en 1963. Grâce à ses avantages pratiques et sa facilité de manipulation, il a facilement distancé ses concurrents : il suffit de pousser la cassette dans l'appareil sans avoir besoin de préparer l'enroulement en fixant l'extrémité libre de la bande sur une seconde bobine, vide.

Le coût de fabrication des premières bandes magnétiques enregistrées, sensiblement plus élevé que celui du disque, a été l'une des principales raisons de leur échec. La bande magnétique était plus chère que la petite quantité de vinyle nécessaire à la fabrication d'un disque et, au lieu d'une simple opération de pressage d'une vingtaine de secondes, chaque bande dupliquée devait être enregistrée sur toute sa longueur et être complétée, à chaque extrémité, d'un morceau d'amorce non magnétique. La musicassette a permis de réaliser de sensibles économies de bande : réduction de la vitesse à 4,75 cm à la seconde, réduction de la largeur de la bande de 6,35 mm à 3,81 mm et enregistrement sur quatre pistes malgré cette largeur étroite – pour donner des canaux stéréo droit et gauche correspondant aux faces 1 et 2 de l'enregistrement discographique équivalent. Les coûts de fabrication ont également diminué grâce à un procédé de duplication très rapide dans lequel une bande originale spécialement préparée tourne jusqu'à 64 fois plus vite que la vitesse normale. Les signaux sont envoyés à une douzaine d'enregistreurs asservis, chargés de grandes bobines de bande de cassette, qui tournent également à grande vitesse. Le cycle d'enregistrement d'une cassette complète (quatre pistes enregistrées simultanément) est ainsi réduit à moins de 30 secondes. Il est suivi d'un chargement automatisé qui donne la cassette finale emballée.

Les firmes discographiques n'ont fait aucun effort particulier pour faire monter les ventes de cassettes – notamment, elles n'ont pas commercialisé de cassettes contenant des enregistrements inédits en disque. Mais les cassettes ont connu de plus en plus de succès. Les ventes de disques et de cassettes se complètent davantage qu'elles ne rivalisent. Les cassettes bien programmées ne sont pas limitées, comme les disques, par un maximum de 30 minutes par face : elles peuvent donc reproduire sans interruption des symphonies plus longues ou des actes d'opéra entiers. Elles sont également pratiques à utiliser en voiture et à l'extérieur, et plus faciles à manipuler sans dommages. Mais les disques continuent à exercer leur attrait sur les collectionneurs de longue date. Les bandes visibles entre les mouvements ou entre de courts morceaux permettent de faire démarrer l'écoute à l'endroit désiré et, en tout cas, le grand nombre de tourne-disques en usage garantit des ventes de disques supérieures à celles de cassettes.

Il y a tout de même un élément inquiétant pour les firmes discographiques : la copie illicite ou le piratage de disques par des particuliers comme par des instances commerciales. Contrairement au tourne-disque qui ne peut faire entendre la musique qu'à partir de disques, l'appareil à cassette est également un enregistreur. Il est donc tentant, pour ses détenteurs, d'emprunter des disques, parfois aux discothèques ou bibliothèques publiques, et d'en faire des copies illicites sur cassette. Les bandes vierges sont relativement peu coûteuses et l'on peut facilement les effacer et les réutiliser. Des commerçants peu scrupuleux ont même monté des affaires en vendant ce genre de copies pirates et l'industrie du disque du monde entier s'est lancée dans une guerre intraitable contre les fournisseurs d'enregistrements « fac-similé » ou « contrefaits » – sur disque comme sur cassette – dans lesquels même les pochettes et les étiquettes sont difficiles à différencier des originaux.

5. *Enregistrement cinématographique.* Le désir de reproduire des sons en synchronisme avec des images animées semble exister depuis les tout débuts de la cinématographie. Le nom d'Edison surgit à nouveau et, dès 1889, on apprend qu'au retour de vacances en Europe, il a été accueilli par un film dans lequel on peut vaguement apercevoir son assistant anglais William Kennedy Dickson soulevant son chapeau et disant : « Good morning, Mr. Edison. Glad to see you back. I hope you are satisfied with the Kineto-Phonograph. » (« Bonjour, M. Edison. Heureux de vous voir de retour. J'espère que vous êtes satisfait du Kineto-Phonograph. ») Ce projet de recherche d'Edison reposait sur le fonctionnement simultané d'un phonographe, d'une caméra puis d'un projecteur, l'opérateur étant en quelque sorte responsable de la synchronisation de ces appareils. Ce dispositif devait constituer le schéma de base pendant de nombreuses années, les tourne-disques étant accouplés à des projecteurs et à des installations de signalisation et de correction de vitesse ; mais, dans bien des cas, la coordination était pratiquement impossible.

Une voie s'ouvrait donc : il fallait enregistrer la piste sonore sur le film lui-même. Deux méthodes d'enregistrement sonore photographique ont intéressé les chercheurs dès le début. Dans l'enregistrement « à densité variable », les courants électriques de la source sonore étaient utilisés pour moduler un arc électrique dont le rayon était dirigé, à travers une fente, sur un film photosensible. La seconde méthode, l'enregistrement « à densité fixe », consistait à faire briller une source lumineuse constante sur un minuscule miroir qui était collé sur un fil métallique. Lorsque le courant du signal sonore traversait ce fil, il se torsadait de long en large en formant un angle qui variait selon la force du courant. Le négatif développé était opaque là où la lumière l'avait exposé, et la piste sonore pouvait être reproduite en passant le film entre une source lumineuse et une cellule photoélectrique.

Les années 1930 ont été des années prospères pour l'industrie cinématographique et la majorité des problèmes de pistes sonores synchronisées ont trouvé à cette époque une solution satisfaisante. Néanmoins, il a fallu s'attaquer à d'autres problèmes. Par exemple, les caméras étaient encombrantes et bruyantes, et on en est arrivé à filmer des images silencieuses ou à filmer en ne se servant que d'une piste sonore comme guide. D'autres étapes devenaient nécessaires, comme le visionnage du film pour réaliser la « post-synchronisation » du dialogue des acteurs, des effets sonores et de la musique – le coût et le temps nécessaires pour réaliser un grand film s'en trouvaient majorés d'autant. Puis il a fallu effectuer un filtrage spécial sur les pistes sonores pour que le son ne bourdonne pas trop lorsqu'il était diffusé à un volume élevé dans de grandes salles de cinéma.

Cela explique en partie la médiocrité de la qualité sonore des films présentés à la télévision. Toutefois, les fluctuations de vitesse, qui se répercutent évidemment sur le son, sont encore plus gênantes. Les systèmes cinématographiques sont verrouillés à une vitesse de reproduction de 24 images à la seconde. Lorsqu'ils sont diffusés à la télévision, ils doivent malheureusement s'adapter à la vitesse standard courante en Europe, de 25 images à la seconde (30 images à la seconde aux États-Unis). L'action est donc accélérée et le son légèrement déformé vers l'aigu, sauf si la station de télévision utilise des équipements spéciaux.

Il y a des limites techniques à l'enregistrement optique, notamment en ce qui concerne le bruit de fond résiduel, qui peut être surmonté par l'enregistrement magnétique. Ainsi, avec les progrès réalisés par l'enregistrement sur bande magnétique après la guerre de 1939-45, on a commencé à fabriquer des films cinématographiques recouverts d'une couche de matériau magnétique formant une ou plusieurs pistes étroites le long de la zone image. Ce système présentait des avantages considérables pour la production, le montage et la qualité sonore du film parlant. Il a en outre permis la réalisation de films stéréophoniques et de films à plusieurs pistes. Lorsqu'ils sont présentés dans des salles équipées du matériel de projection correspondant et de haut-parleurs espacés, ces films donnent une dimension nouvelle et spectaculaire au son cinématographique.

6. *Enregistrement vidéo et numérique.* L'enregistrement d'émissions télévisées (voir *Radio et télévision*) a été mis au point par l'Ampex Corporation of America en 1956. Dès le début, l'enregistrement vidéo s'est imposé, car il constitue un support plus rapide et plus souple que le film. Ainsi, les images filmées par une caméra de cinéma sont captées sur du film photographique standard ; un traitement de nuit est nécessaire avant le visionnage des séquences d'essai. Mais les signaux d'une caméra de télévision sont déjà sous la forme d'un courant électrique analogue aux signaux microphoniques. Ils peuvent donc être affichés, au moment de la prise de vues, sur un nombre considérable d'écrans de contrôle et être simultanément enregistrés sur un magnétoscope utilisant une bande magnétique ordinaire. Le producteur dispose donc d'un moyen qui lui permet de vérifier instantanément ses résultats et le montage peut s'effectuer selon les besoins, sans les délais inévitables inhérents au système de production cinématographique.

Pour les particuliers, on a commencé à commercialiser en 1972 des magnétoscopes qui utilisent des cassettes de 25 ou 12,5 mm de large. Malgré un démarrage difficile, dû à la prolifération de modèles fonctionnant avec des formes et des vitesses de défilement différentes, ces appareils se sont rapidement diffusés dans les familles qui possédaient déjà un ou plusieurs postes de télévision en couleurs. Les particuliers achètent surtout des magnétoscopes pour pouvoir regarder plus tard des programmes diffusés pendant leur absence. Toutefois, on commercialise maintenant du matériel vidéo préenregistré dans lequel on trouve aussi bien des programmes éducatifs que les copies des plus grands films.

Les compagnies discographiques ont fait des études pour connaître la viabilité commerciale d'un équivalent vidéo de l'enregistrement phonographique ou de la musicassette. Les coûts de production seraient évidemment beaucoup plus élevés et les contrats des artistes devraient être révisés afin de tenir compte des conditions d'enregistrement, séances plus longues et plus ardues. Le choix des images destinées à accompagner la musique pose un autre problème embarrassant et purement subjectif (cet aspect de la musique à la télévision est traité dans un autre article ; voir *Radio et télévision*, 6), mais il se complique davantage si l'on tient compte du fait que ces enregistrements vidéo donneraient lieu à des visionnages répétés. En général, on reconnaît que, si l'enregistrement purement sonore d'une symphonie de Mozart peut s'écouter indéfiniment avec un plaisir sans cesse renouvelé, et même accru, l'équivalent vidéo perd rapidement de son attrait. Les impressions optiques se retiennent plus facilement et il semble douteux qu'une clientèle importante soit susceptible d'édifier des collections d'enregistrements vidéo relativement onéreux, comme ce fut le cas pour l'enregistrement phonographique.

Néanmoins, les plans de production de la « musique-avec-images » sont bien avancés et les techniciens n'ont pas chômé. Conscients du fait que les coûts de duplication seront toujours élevés pour une cassette à bande magnétique, ils ont mis au point d'autres systèmes de disque vidéo dans lesquels le disque peut être pressé et emballé presque aussi facilement que les disques ordinaires, et de façon aussi peu coûteuse, ou presque. Les signaux vidéo et son sont complexes et requièrent un matériel d'enregistrement capable de répondre à des fréquences pouvant atteindre plusieurs millions de cycles par seconde (megahertz), alors que le son seul ne nécessite que 20 000 Hz. Les systèmes vidéo à bande surmontent la difficulté en faisant passer la bande au-delà des têtes magnétiques à des vitesses plus élevées ou en employant un système de tête tournante, ou les deux. Les disques vidéo tournent généralement à la vitesse des images de la télévision (1 500 tours à la minute en Europe, 1 800 tours à la minute aux États-Unis). Ils utilisent un système de gravure soit mécanique, soit optique. Le premier système mécanique, présenté par Telefunken et Decca en 1966, utilisait un disque souple et mince comportant 25 spires dans l'espace d'une seule spire de disque microsillon. Les signaux en modulation de fréquence étaient enregistrés en profondeur. La tête de lecture, qui ressemblait au tranchant d'une lame de couteau, captait la forme d'onde sous forme d'un changement de pression. Parmi les systèmes optiques, on peut citer celui qui a été lancé par Philips en 1978 : il utilise un rayon laser pour tracer une piste de dépressions ou de creux en spirale dans une couche d'aluminium extrêmement réfléchissante sur un disque en vinyle ; la tache lumineuse réfléchie fait produire à une photodiode un signal électrique qui peut être traité pour reproduire des images en couleurs et du son sur un poste de télévision normal. Avec au moins six systèmes différents de disque vidéo en compétition, qui s'ajoutent à plusieurs systèmes de cassette vidéo, les programmes vidéo préenregistrés n'ont pas encore réalisé une percée spectaculaire sur le marché.

On porte toutefois beaucoup d'intérêt à l'application des techniques d'enregistrement vidéo à l'enregistrement du son seul. On sait, depuis de nombreuses années, que la plupart des limites de l'enregistrement sonore normal pourraient être surmontées si les signaux étaient avant tout convertis en impulsions, ou « numéros », comme sur les ordinateurs. Dans l'enregistrement conventionnel (ou analogique), on inscrit un modèle continu, ou forme d'onde, qui est une imitation, ou résultat « analogique », des pressions d'air changeantes dans les ondes sonores d'origine. Malheureusement, toute discordance dans la vitesse de reproduction affecte la hauteur de son et toute granulation dans la matière du disque ou de la bande est reproduite comme un bruit – comme les rayures ou les particules de poussière. En même temps, les longueurs d'onde enregistrées à des fréquences sonores élevées sont si petites qu'elles mettent à l'épreuve la capacité du burin ou de la tête d'enregistrement à les tracer efficacement.

L'enregistrement numérique peut éviter ces difficultés. En premier lieu, il prend un échantillonnage de la forme d'onde sonore à intervalles réguliers – environ 50 000 fois par seconde – et compare l'amplitude instantanée à échelle de valeurs déterminée. Chaque échantillon d'amplitude a sa valeur enregistrée sous forme d'une série d'impulsions, en utilisant le système binaire des impulsions et des intervalles simples. Pour écouter un enregistrement digital, le flux d'impulsions est à nouveau exploré et la forme d'onde originale reconstituée avec la précision nécessaire. L'enregistrement digital présente plusieurs avantages essentiels : il ignore les fluctuations de vitesse au moment de la lecture et il est presque totalement protégé du bruit des interférences ou de la dégradation résultant du stockage ou de lectures fréquentes. Les impulsions individuelles sont toutes identiques et enregistrées au niveau le plus élevé que permet l'équipement. Le système de lecture doit seulement identifier en temps la présence ou l'absence d'une impulsion à chaque point de l'échantillonnage et non pas son niveau ou sa forme. Les impulsions peuvent donc subir des interférences pendant le stockage et le bruit de fond peut être beaucoup plus élevé que ne le permettrait un système analogique, sans pratiquement affecter de façon audible le signal finalement restitué.

La diffusion dans le public d'un équipement entièrement numérique pour la musique revient à encapsuler les sons sous forme numérique du studio jusqu'au faisceau laser de chaque utilisateur, ou jusqu'à un autre type de lecteur conforme aux normes utilisées pour la vidéo (car il faut à nouveau une bande de fréquence très large). De tels systèmes sont maintenant largement commercialisés depuis mars 1983. Cependant, l'enregistrement numérique en studio était déjà très répandu à cette date. Les nouveaux magnétophones numériques avaient largement remplacé les modèles conventionnels pour la préparation des bandes originales. A ce stade, ils permettent d'éliminer le bruit de la bande et sa déformation. Même en appliquant les procédés traditionnels de transfert à un disque microsillon ordinaire qui recouvre les qualités primitives de la bande originale numérique de ses propres imperfections, on peut encore détecter une clarté accrue et l'absence de bruit de fond. Les firmes discographiques s'étaient ainsi créé des stocks de bandes numériques originales pour préparer le jour où les lecteurs numériques seraient commercialisés à grande échelle. La révolution du disque compact, au milieu des années 1980, leur a donné raison.

7. *L'enregistrement et le musicien*. Le monde de la musique classique a fait preuve d'un manque d'intérêt ahurissant envers les premiers phonographes et gramophones. Heureusement, de nos jours, les musiciens de tout type ressentent l'influence de l'enregistrement sur le moindre aspect de leur vie, qu'il s'agisse d'exécution, de composition ou même de la planification d'une carrière. On peut esquisser la métamorphose progressive du phonographe, qui est passé du stade de simple jouet ou d'objet de curiosité scientifique à celui de véhicule musical puissant et omniprésent qu'il a atteint aujourd'hui, en mentionnant simplement quelques événements déterminants.

On doit le premier grand succès au jeune imprésario Fred Gaisberg (juste au début d'une carrière dans l'enregistrement musical qui allait durer un demi-siècle) qui a fait appel, en mars 1902, au ténor italien Enrico Caruso (lui aussi, à 29 ans, au seuil du vedettariat dans le domaine lyrique) et l'a convaincu de chanter dix mélodies et airs dans un enregistreur à disque de cire installé dans une chambre d'hôtel à Milan. Caruso a reçu la somme de 100 livres, montant prétendu sans précédent, que Gaisberg aurait payé au mépris des instructions qui lui avaient été communiquées. Son audace s'est avérée payante à bien des points de vue. Les enregistrements, malgré leurs imperfections, ont au moins saisi le parfum de la voix et de la musicalité de Caruso. Ils ont apporté la preuve que le phonographe pouvait procurer du plaisir à un vaste public, qui a commencé à acheter des disques et des phonographes comme jamais il ne l'avait fait. En outre, et c'est encore plus important, ils ont éveillé l'intérêt d'autres musiciens dont l'empressement à enregistrer coïncidait avec le foisonnement de firmes discographiques qui poussaient alors comme des champignons, en cherchant à se forger des catalogues substantiels.

La voix de la soprano Adelina Patti a également exercé une attraction extraordinaire sur le public. En 1905, elle a finalement donné l'autorisation à la Gramophone Company d'installer un matériel d'enregistrement dans son château de Craig-y-Nos, au pays de Galles. Les quatorze disques auxquels ces séances privées ont donné naissance ont créé un émoi incroyable. Ils avaient une étiquette spéciale « Patti » (pour les distinguer des disques « Melba » et autres) et coûtaient 21 shillings pièce. Cependant, si les premiers appareils d'enregistrement et de reproduction réussissaient assez bien à contenir le son d'une voix soliste, ils étaient absolument incapables de saisir la complexité des sonorités de l'orchestre. Néanmoins, au mois d'avril 1909, on voyait sortir la première grande œuvre symphonique, la suite de *Casse-Noisette* de Tchaïkovski, sur quatre disques anglais Odéon double face. L'année suivante, la Gramophone Company se lançait dans le répertoire du concerto avec une partie du premier mouvement du *Concerto pour piano* de Grieg, joué par Wilhelm Backhaus et le New Symphony Orchestra, publié sur deux disques HMV simple face.

Les enregistrements de musique symphonique nécessitaient un dispositif curieux, en comparaison des normes actuelles, comme le montre cette description d'une séance, en 1919, racontée par Sir Adrian Boult.

« Je me suis rendu à Hayes un matin et me suis retrouvé dans un studio si petit qu'il aurait à peine pu contenir une grande table de billard. En plus des chaises et des pupitres dont nous avions besoin, il y avait un énorme pavillon de phonographe, à peu près trois ou quatre fois plus gros que celui auquel nous avons été familiarisés par l'image de "La Voix de son maître". Juste devant, se tenait le premier violon de l'orchestre, son instrument pénétrant autant que possible dans le pavillon. Il était entouré de quelques cordes, mais, à cette époque, apparemment, les sons graves de la contrebasse étaient impossibles à reproduire et la partie de basse était tenue par un tuba qui jouait dans le coin le plus éloigné du studio avec des résultats remarquables. J'étais perché sur un petit siège, placé haut sur le mur près du pavillon, d'où je pouvais voir tout le monde (même les violoncelles qui se trouvaient à l'opposé dans des positions plutôt élevées). D'autres instruments étaient placés à diverses distances du pavillon d'enregistrement ; autre élément original, il y avait un grand miroir dans lequel se dévisageaient les quatre cornistes de l'orchestre car, bien sûr, le son sortait des instruments derrière eux et ils nous tournaient donc le dos. »

Des conditions d'enregistrement plus confortables et moins périlleuses allaient voir le jour avec l'apparition de l'enregistrement électrique et de micros assez sensibles pour être placés à des distances raisonnables des instrumentistes. Il devenait également possible de respecter l'instrumentation normale de l'orchestre et sa disposition courante. L'année 1925 voit la reconversion fébrile de toutes les firmes discographiques à l'enregistrement électrique et un disque particulier apporte la preuve de la capacité de ce nouveau type d'enregistrement à accueillir des effectifs importants et à réaliser des enregistrements de concerts sur le vif. Sur un 30 cm Columbia, on peut entendre les 850 voix des Associated Glee Clubs of America chantant au Metropolitan Opera House de New York : une face est consacrée à « John Peel », l'autre à l' « Adeste Fideles », avec la participation du public (environ 4 000 personnes). Ce disque, nettement plus brillant et d'une sonorité sans comparaison avec celle des enregistrements acoustiques antérieurs, a eu un impact énorme sur les ventes d'électrophones. Des chefs d'orchestre comme Toscanini et Stokowski se laissent gagner à la cause de l'enregistrement. Dès 1927, ce dernier entame sa fameuse série d'enregistrements avec l'Orchestre de Philadelphie, largement favorisé par l'acoustique de l'Academy of Music Hall.

Bien que l'enregistrement électrique ait libéré les musiciens de la camisole de force des cornets acoustiques et des petits studios, plusieurs restrictions sévères demeurent, notamment la durée maximale de chaque face (quatre minutes) imposée par le 78-tours. Dans un premier temps, les musiciens devaient découper la partition en extraits ne dépassant pas cette durée. Par la suite, les techniciens ont réussi à faire disparaître progressivement le son d'une matrice de cire au moment où ils abaissaient le burin graveur sur la suivante. En cas de dérapage ou d'incident technique, il fallait recommencer entièrement les séances s'il s'agissait d'un enregistrement en studio et, s'il s'agissait d'un concert sur le vif, l'enregistrement était raté. L'avènement du disque longue durée 33 tours 1/3 à la minute en 1948 (voir § 3) a porté la durée de la face à environ 25 minutes. La souplesse de fonctionnement du matériel d'enregistrement a également fait des progrès sensibles, permettant une certaine accélération des opérations et des montages partiels pour remplacer certains passages ratés.

Environ un an plus tard, les producteurs de disques et les musiciens découvraient une liberté insoupçonnée avec la généralisation de l'enregistrement sur bande magnétique. Désormais, toutes les reprises étaient possibles ; un bouton remplaçait le montage laborieux et la gravure d'épreuves qui, auparavant, retardaient l'ensemble de la procédure. Par ailleurs, les interprètes pouvaient enregistrer sans interruption pendant une heure ou plus, s'ils le désiraient. Il suffisait de disposer de deux magnétophones pour les synchronisations. Il était devenu aussi facile de remplacer une seule fausse note qu'un mouvement entier. On pouvait insérer certaines notes aiguës d'un chanteur dans l'interprétation d'un autre chanteur (comme le raconte une histoire peut-être apocryphe qui associe les noms d'Elisabeth Schwarzkopf et de Kirsten Flagstad). Avec les bandes multipistes, un même interprète pouvait enregistrer les deux parties d'un duo en écoutant le premier enregistrement au casque pendant qu'il exécutait le second (on pense au célèbre duo de *Hansel und Gretel* de Humperdinck chanté par Elisabeth Schumann et au *Concerto pour deux violons* de Bach enregistré par Jascha Heifetz). La disparition des frontières géographiques a permis de marier des exécutions enregistrées à des kilomètres de distance (comme dans l'enregistrement de la *Symphonie n° 3* de Saint-Saëns où Daniel Barenboïm dirigeait l'Orchestre symphonique de Chicago, à

Chicago, alors que Gaston Litaize tenait la partie d'orgue à la cathédrale de Chartres). On découvrait une absence de limites analogue dans le temps, ce qu'illustre merveilleusement un enregistrement de *Rhapsody in Blue* de George Gershwin réalisé par une formation de jazz moderne dirigée par Michael Tilson Thomas en 1977 alors que la partie de piano était tenue par le compositeur lui-même (mort 40 ans auparavant !) sur un piano à rouleaux. En fait, à l'origine, le rouleau contenait une transcription réalisée par le compositeur lui-même de la partie de piano et de l'accompagnement orchestral (l'un des premiers exemples d'enregistrement double !) : tous les trous correspondant à l'orchestre ont dû être bouchés avec des morceaux de papier avant que l'on puisse procéder à la reconstitution.

Comme en toute chose, la liberté implique une responsabilité et il y a un risque évident : que la supercherie aille trop loin dans l'enregistrement. Dans le monde transitoire de la musique populaire, il importe peut-être peu que, sur un même disque, toutes les voix et instruments soient interprétés par un seul artiste aux multiples talents – alors que sur un autre disque les talents rares d'un groupe « pop » ne sont que le fait d'interprètes « fantômes » anonymes, unis pratiquement au note à note. Toutefois, dans le domaine de la musique sérieuse, on s'attend à ce que tout soit authentique. Il semble justifié de reprendre un passage dans lequel il y a une fausse note évidente et le monter à sa place. De petites tares qui peuvent passer inaperçues en concert deviennent gênantes lorsqu'on écoute plusieurs fois un enregistrement. Cependant, il est important que l'ensemble d'une exécution constitue une véritable interprétation artistique, ce que ne permet pas le procédé du « patchwork » en courtes prises où les mesures difficiles sont parfois jouées deux fois plus lentement à l'octave inférieure, puis accélérées.

Une grande partie du public considère que le but d'un enregistrement consiste à fournir à l'auditeur les sonorités qu'il entendrait dans la salle de concert. Mais ce serait une erreur de supposer que ce résultat puisse être obtenu en suspendant, par exemple, un microphone au-dessus du meilleur fauteuil d'orchestre. Écouter de la musique chez soi est une expérience spéciale et les meilleurs enregistrements sont ceux qui tiennent compte de ce facteur. Pour évoquer les mêmes sensations que celles qu'on peut ressentir dans un auditorium idéal, il faudrait introduire des modifications subtiles de la résonance et des perspectives, afin de s'adapter aux limites – et aux constrictions inévitables – d'une pièce d'appartement et de son matériel de reproduction sonore.

L'opéra constitue peut-être un cas particulier et le producteur John Culshaw a été l'un des premiers à démontrer de façon concluante – par exemple dans son enregistrement complet pour Decca de la *Tétralogie* de Wagner sous la direction de Sir Georg Solti – qu'il était possible de concevoir et de réaliser la direction artistique d'une exécution spécialement pour le disque. Un court extrait de ses notes qui figurent dans le livret qui accompagne l'album de *L'Or du Rhin* (1959) peut être rapproché de la description de Sir Adrian Boult (citée plus haut) d'un enregistrement réalisé en 1927 :

> « L'idée consistait à recréer en studio [en réalité la Sofiensaal à Vienne] un environnement aussi proche du théâtre que possible, les chanteurs jouant leur rôle dans une production presque aussi élaborée que dans la réalité. Ainsi *L'Or du Rhin* a nécessité vingt-cinq répétitions au piano, étalées sur une période de plus de trois semaines, pendant lesquelles les chanteurs ont non seulement étudié les exigences musicales du chef d'orchestre, mais également l'action par laquelle nous cherchions à donner une réalité théâtrale à l'exécution. En prévoyant un son stéréo pour cette production, nous avons scrupuleusement suivi les directives scéniques originales de Wagner... *L'Or du Rhin* nécessite (mais obtient rarement) toutes les ressources de la mise en scène moderne ; nous avons donc pensé qu'il était légitime d'utiliser au maximum des équipements modernes pour produire cette œuvre dans un support auditif. Un seul effet nous a contraints à accepter un compromis : aucune banque viennoise n'a accepté de se séparer de ses lingots d'or pour l'amoncellement du trésor à la scène 4, si bien que nous avons dû nous débrouiller avec de l'étain. On aurait peu de chances de rassembler une distribution d'un tel niveau sur une scène actuelle, mais on pourrait essayer d'établir une norme pour les enregistrements, non seulement parce que les conditions particulières permettent de rechercher la perfection musicale, mais parce que l'enregistrement stéréophonique est un moyen de produire de grandes exécutions avec un impact dramatique certain. »

Il y a peut-être un côté négatif à cette recherche de la perfection et à l'encouragement du « star system ». En allant encore plus loin dans le processus de production, le résultat risque de surpasser à un niveau purement technique ce que l'on peut atteindre lors d'une représentation normale. Heureusement pour la musique vivante, les meilleurs enregistrements ne parviennent pas tout à fait à remplacer l'excitation que l'on ressent dans une salle de concert ou d'opéra. Dans cette mesure, l'enregistrement reste donc au service de la musique sans en être un succédané totalement satisfaisant. Et de nombreux signes indiquent que l'écoute d'enregistrements développe, plutôt qu'elle ne réduit, la volonté des mélomanes à participer à la musique vivante.

John Borwick.

Épinette (all. : *Spinett* ; angl. : *spinet* ; ital. : *spinetta*). Petit instrument à clavier ancien de la famille du *clavecin.

Eschig. Voir *Max Eschig.*

En saga. Poème symphonique op.9 de Sibelius, composé en 1892 et révisé en 1902.

Ensalada (esp., « salade »). Forme de *quodlibet du XVIe siècle. Les *ensaladas* les plus connues sont celles de Mateo Flecha dans *Las Ensaladas de Flecha* (1581). Elles sont souvent écrites sur un sujet humoristique ou sur un programme (comme *La guerra*, « La guerre », ou *El fuego*, « Le feu »), mais certaines, assez longues, portent sur des sujets religieux.

Ensemble. Combinaisons diverses d'exécutants en nombre restreint qui jouent généralement chacun une partie différente, comme dans la musique de chambre. Dans le domaine lyrique, les ensembles regroupent plusieurs chanteurs (généralement plus de deux) ou les solistes et le chœur. Ces morceaux se situent souvent à la fin d'un acte. La réalisation d'un bon ensemble suppose de renoncer aux individualités au profit de la fusion globale des instruments ou des voix.

Entfernt (all.). « Distant » ; *Entfernung*, « distance ».

Entführung aus dem Serail, Die. Voir *Enlèvement au sérail, L'.*

Entracte. Morceau de musique joué « entre les actes » d'une pièce de théâtre ou d'un opéra (comme la musique de scène de Schubert qui s'insère entre les actes de *Rosamunde*). La version symphonique de la célèbre *Barcarolle* des *Contes d'Hoffmann* d'Offenbach sert d'entracte entre le deuxième et le troisième acte, et l'opéra de Puccini *Manon Lescaut* comporte un entracte entre le deuxième et le troisième acte pour préparer le public à la métamorphose de Manon qui cesse d'être une courtisane resplendissante pour devenir une criminelle condamnée. Les « Sea Interludes » de *Peter Grimes* de Britten constituent un autre exemple. Les entractes de Purcell était connus sous le nom d' « airs d'acte ».

Entrada (esp.). Voir *Intrada.*

Entrata (ital.). « Entrée », « commencement », comme une introduction ou un prélude.

Entrée (esp. : *entrada*). Terme des XVIIe et XVIIIe siècles défini par Rousseau dans son *Dictionnaire de musique* (1767) comme :

1. Une pièce instrumentale précédant un ballet (on en trouve sous cette forme dans les opéras de Lully) ou une forme de marche servant à introduire un personnage important ou un groupe de danseurs.
2. Un acte d'un opéra-ballet, dans lequel chaque acte est autonome et consacré à son propre sujet (comme *Les Indes galantes* de Rameau).
3. Le début de toute partie d'une œuvre.

Le terme « entrée » a également été appliqué à des pièces de musique instrumentale comme la *Suite en la mineur pour violon et clavier* de Bach, sans doute parce qu'elle ressemble au type de marche décrit plus haut dans le domaine lyrique.

Dans le ballet des XVIIe et XVIIIe siècles, une entrée peut aussi être la subdivision d'un acte, correspondant à une « scène » à l'opéra.

Entremés (esp.). A l'origine, interlude musical comique joué entre les actes d'une pièce de théâtre (voir *Intermezzo*) ; le terme peut s'appliquer à un court divertissement musical indépendant de nature humoristique.

Entschieden, entschlossen (all.). « Décidé », « résolu », d'un style déterminé, ou « nettement », « catégoriquement » ; *Entschlossenheit*, « détermination ».

Envoi, envoy. 1. Courte stance ajoutée à la fin d'une chanson strophique de trouvère, au Moyen Age.

2. Nom des œuvres que les lauréats du prix de Rome français de composition devaient soumettre au Conservatoire durant leur séjour de trois ans à Rome, comme preuve de leurs progrès. L'un des plus célèbres envois est *Printemps* de Debussy.

Éolides, Les. Poème symphonique de César Franck, composé en 1875-76 d'après un poème de Leconte de Lisle décrivant le vol des brises, filles d'Éole, au-dessus des terres méridionales.

Éolienne (machine à vent). Voir *Percussion*, 5.

Ephrata Cloister. Communauté piétiste allemande installée à Ephrata, en Pennsylvanie, en 1732 et connue pour les activités musicales de son chef, J. Conrad Beissel (1690-1768). Croyant que les membres de l'Église devaient avoir une participation créatrice dans le culte, Beissel a composé des centaines de cantiques, hymnes et antiennes dans un système harmonique unique qu'il a conçu lui-même. Il a également enseigné à ses ouailles le chant, la notation et la composition, les poussant à créer leur propre musique religieuse. La communauté a connu un déclin à la mort de Beissel, mais sa musique – préservée dans des manuscrits merveilleusement notés et enluminés – a été jouée à nouveau au XXe siècle ; Beissel lui-même a réapparu dans Doktor Faustus de Thomas Mann.

Nym Cooke.

Epicedium (lat., du grec *epikedeion*). Ode funèbre. A la mort de la reine Marie II (1694), *The Queen's Epicedium* de George Herbert a été mis en musique par Blow et par Purcell.

Epidiapente (grec). « Une quinte au-dessus » ; terme généralement utilisé pour indiquer qu'une ou plusieurs parties en *canon doivent être jouées ou chantées une quinte au-dessus.

Épilogue. Autre terme désignant la *coda.

Épisode. 1. Partie d'une *fugue entre les entrées du sujet. 2. Les parties qui contrastent sur le plan thématique et tonal dans la forme rondo.

Epitaffio per Federico Garcia Lorca (« Épitaphe pour Federico Garcia Lorca »). Œuvre de Nono, composée entre 1951 et 1953. Elle comporte trois parties : *España en la corazón*, pour soprano, baryton, petit chœur et ensemble instrumental ; *Y su sangre ya viene cantando* pour flûte et orchestre de chambre ; *Memento/romance de la guardia civil española* pour récitante, chœur parlé, chœur et orchestre.

Épithalame (du grec *epithalamion*). Chant exécuté après la cérémonie du mariage. Ce terme s'applique parfois à un morceau de musique d'orgue exécuté pour un mariage. On trouve un exemple célèbre de chant de mariage à l'acte V de *The Fairy Queen* de Purcell, « Three happy lovers ».

Equale (vieil ital.). « Égal » ; par exemple, voix ou instruments similaires.

Ergriffen (all.) « Profondément ému » ; *Ergriffenheit*, « émotion ».

Erlebach, Philipp Heinrich (Esens, Friesland, baptisé le 25 juillet 1657 ; Rudolstadt, 17 avril 1714). Compositeur allemand, pendant trente-trois ans maître de chapelle à la cour ducale de Rudolstadt. Les œuvres qui nous sont parvenues comprennent six ouvertures (Nuremberg, 1693), six sonates pour violon, basse de viole et continuo (Nuremberg, 1694), deux volumes de lieder avec des ritournelles instrumentales intitulés *Harmonische Freude* (Nuremberg, 1697, 1710), des cantates, des motets et chants sacrés.

Wendy Thompson.

Erleichterung (all.). « Soulagement », par exemple une version simplifiée.

Erlöschend (all.). « En s'éteignant », « en s'affaiblissant ».

Ermattend, ermattet (all.). « En s'affaiblissant ».

Ernani. Opéra en quatre actes de Verdi sur un livret de Piave d'après le drame de Victor Hugo, *Hernani* (1830). Représentations : Venise (Fenice, 9 mars 1844) ; Londres (Her Majesty's Theatre, 8 mars 1845) ; Paris (Théâtre-Italien, 6 janvier 1846) ; New York (Park Theater, 13 avril 1847). Elvira (sop.), qui est sur le point d'épouser son cousin, le vieux Ruy Gómez (basse), est amoureuse d'Ernani (tén.), en réalité Jean d'Aragon, proscrit par le roi de Castille. Elle est également aimée de don Carlos, roi de Castille (bar.) qui la prend en otage. Ernani et Silva (basse) s'allient pour sauver Elvira et complotent contre le roi. Ernani donne à Silva un cor de chasse en argent avec la promesse que lorsque Silva s'en servira il se tuera. Carlos, devenu l'empereur Charles Quint, gracie ses ennemis et donne son consentement au mariage d'Ernani avec Elvira ; mais alors qu'ils se préparent aux noces, Silva sonne le cor de chasse et Ernani, tenant sa promesse, tire son poignard et meurt dans les bras d'Elvira.

Erniedrigen (all.). « Baisser » (la hauteur du son).

Ernst, Heinrich Wilhelm (Brünn, aujourd'hui Brno, 6 mai 1814 ; Nice, 8 octobre 1865). Violoniste tchèque. Il commence sa carrière comme virtuose itinérant à l'âge de 16 ans et vit à Paris de 1832 à 1838. Il admire beaucoup Paganini. Ses œuvres, exclusivement destinées au violon, comprennent *Deux Nocturnes* op.1, une *Elégie* op.10, une *Polonaise de concert* op.17, un *Concerto pathétique* en fa dièse mineur op.23 et un *Rondo Papageno* op. 30. Son fils Alfred (1860-98) était musicographe et a traduit en français les livrets de la *Tétralogie* et des *Maîtres chanteurs*.

Wendy Thompson.

Ernste Gesänge, Vier. Cycle de lieder avec piano op.121 de Brahms, composé en 1896. Les quatre lieder mettent en musique des extraits de la traduction de la Bible de Luther. Malcolm Sargent en a réalisé une orchestration ; en anglais, ils sont parfois connus sous le titre de *Four Biblical Songs*.

Erotikon (grec). Chant d'amour ou son équivalent instrumental.

Ersatz (all.). « Remplacement », « équivalent ».

Ersterbend (all.). « En mourant ».

Erste Walpurgisnacht, Die (« La Première Nuit de Walpurgis »). Cantate op.60 pour chœur et orchestre de Mendelssohn d'après une ballade de Goethe, composée en 1832 et révisée en 1843. La nuit de Walpurgis est la fête du printemps où les sorcières se réunissent sur le Brocken dans les montagnes Harz.

Erwartung (« Attente »). Opéra en un acte de Schoenberg sur un livret de Marie Pappenheim ; écrit en forme de monodrame pour soprano et orchestre, il a été composé en 1909 et créé à Prague en 1924.

Erweitert (all.). « Élargi » (dans un mouvement plus lent et plus régulier).

Es (all.). La note mi bémol ; *Eses*, la note mi double bémol.

Esaltato (ital.). « Excité », « exalté ».

Escobar, Pedro de (Oporto, vers 1465 ; ? Evora, après 1535). Compositeur portugais qui a travaillé à la cathédrale de Séville de 1507 à 1514. Il a écrit des messes, des motets et d'autres musiques religieuses, ainsi que des *villancicos*.

Denis Arnold.

Escurel, Jehannot d' (mort à Paris, 23 mai 1304). Compositeur français surtout connu pour ses chansons. Il a exercé à Notre-Dame de Paris avant d'être condamné à mort et exécuté pour débauche. Les œuvres qui nous sont parvenues sont toutes contenues dans un manuscrit conservé à la Bibliothèque nationale. Les chansons sont classées par ordre alphabétique, mais ne dépassent pas la lettre G. Tous ces rondeaux, virelais et ballades, à une exception près, sont monophoniques.

Esercizio (ital.). « Exercice ». Scarlatti appelait *essercizi* ses sonates pour clavier en un mouvement.

Espagne et Portugal

1. Du Moyen Age à 1450
2. 1450-1530
3. La fin de la Renaissance : 1530-1600

4. L'ère baroque
5. La musique sous les Bourbons
6. Le XIXe siècle
7. Le XXe siècle

1. *Du Moyen Age à 1450.* L'histoire de l'Espagne jusqu'en 1450 est une suite d'invasions qui ont chacune apporté un nouveau genre de culture et exercé une influence profonde et durable sur la vie et l'art espagnols. Au premier millénaire de notre ère, la péninsule a été conquise par les Romains, qui y ont introduit des instruments de musique comme la trompette et l'orgue (*hydraulos*), utilisés pour accompagner le chant et la danse. Ils ont aussi apporté six siècles de stabilité politique, qui ont permis au christianisme de s'imposer malgré les répressions : il a été officiellement reconnu par Constantin le Grand en 312, mais la péninsule n'est devenue entièrement chrétienne qu'à la fin du XVe siècle. Vers l'an 500, l'empire romain s'est désintégré et la domination romaine a été remplacée par une série de royaumes barbares, en particulier l'empire wisigoth qui s'est épanoui dans le Sud, avec Tolède pour capitale. Les années 562 à 681 ont vu l'épanouissement de la culture wisigothe et la croissance d'une liturgie – les chrétiens espagnols avaient conservé le droit de pratiquer leur religion en payant un impôt spécial. L'Église wisigothique élabore son chant liturgique, appelé chant mozarabe (voir *Liturgie*, 2*a*) qui sera utilisé jusqu'à son abolition, au XIe siècle.

En 711, la péninsule est à nouveau envahie, cette fois par les musulmans d'Afrique du Nord. En quelques années, ils conquièrent presque toute l'Espagne, et continuent d'avancer vers le nord, en France. Ils sont seulement retenus par un bouclier d'États chrétiens, à l'extrême nord. Les Maures exercent une influence considérable sur la culture espagnole, à laquelle ils confèrent un aspect oriental caractéristique, jusqu'à leur expulsion au XVe siècle : un auteur du XIIe siècle a chanté les louanges de la célèbre cour arabe de Séville pour la magnificence de ses bâtiments, la splendeur de ses palais et de ses jardins, la qualité de sa musique et la variété des instruments qu'on y trouvait : tambours de basque, tambours, nacaires, castagnettes, psaltérions, flûtes, rebecs et trompettes. Beaucoup d'instruments sont dépeints dans le plus important manuscrit espagnol médiéval de musique profane, les *Cantigas de Santa María*, recueil de 402 chants compilés au XIIIe siècle par le roi Alphonse X « le Sage », roi de Castille et de León. Des instrumentistes maures étaient engagés dans les cours chrétiennes du Nord et travaillaient même dans les églises avant de se voir interdire de participer aux cérémonies chrétiennes par le concile de Valladolid, en 1322. Les poètes arabes cultivaient des formes littéraires proches des modèles du reste de l'Europe, comme le virelai. Dans l'ensemble, les deux cultures ont assez bien cohabité, dans un climat de tolérance religieuse relative.

Toutefois, au XIe siècle, les monarques chrétiens des États du Nord ont commencé à organiser des campagnes pour expulser les Maures. En 1085, la prise de Tolède par le roi chrétien Alphonse VI marque le début d'une reconquête progressive de la péninsule qui, à l'exception de Grenade, sera pratiquement achevée au milieu du XIIIe siècle. Les États péninsulaires modernes commenceront alors à émerger, à la suite d'alliances et de mariages entre leurs souverains. Contrairement à leurs homologues maures, les monarques chrétiens ne se sont pas signalés comme protecteurs des arts : ils étaient trop occupés par la lutte pour s'intéresser à la culture (attitude philistine qui a persisté chez les monarques et les aristocrates espagnols jusqu'à la fin de la Renaissance). Cette attitude, s'ajoutant à l'isolement géographique relatif de l'Espagne, l'absence d'une classe moyenne et le zèle religieux caractéristique de l'Espagne jusqu'au XVIIe siècle ont retardé la diffusion des idées humanistes et ont eu d'importantes répercussions sur l'art, la littérature et la musique espagnols. L'érudition et la culture sont restées les prérogatives des communautés monastiques, comme Ripoll, Gérone et Tarragone, au nord, qui se sont montrées particulièrement réceptives à l'influence des ordres français, comme les bénédictins et les cisterciens. Cette influence est évidente dans le domaine artistique avec la diffusion rapide de l'architecture gothique dans le nord de l'Espagne, dans le domaine littéraire avec l'introduction des écrits carolingiens et, dans le domaine musical, avec l'introduction du chant grégorien. Après avoir résisté, Tolède est devenue l'une des écoles de plain-chant européennes les plus importantes et l'abbaye bénédictine de Ripoll a donné le jour à l'un des plus anciens ouvrages théoriques sur la polyphonie, le *Breviarum de musica* de l'abbé Oliva (vers 1050). Trois importantes sources de polyphonie médiévale espagnole ont survécu : le *Codex calixtinus*, destiné à mettre en valeur et à faire connaître Saint-Jacques-de-Compostelle ; le manuscrit *Huelgas* du début du XIVᵉ siècle, qui provient du couvent de Las Huelgas, près de Burgos, et le *Llibre vermell* (« Livre rouge » – ainsi appelé en raison de la couleur de sa reliure), trouvé en 1806 au monastère de Montserrat. Ce lieu saint attirait des pèlerins en provenance de toute l'Europe ; ils chantaient et dansaient devant l'église. Dans ce manuscrit, la plupart des chants sont dédiés à la Vierge Marie et l'on y trouve l'une des premières versions de la danse macabre.

A la fin du Moyen Age, la langue espagnole commence à voir le jour avec sa poésie lyrique profane destinée à distraire l'aristocratie. Cette poésie, tout d'abord écrite en dialecte galicien-portugais, revêt deux formes principales : la ballade épique et la chanson d'amour courtois (*cantiga de amor*), marquées par l'influence des troubadours provençaux. Elle est récitée par un ménestrel, qui s'accompagne sur un instrument à cordes. A la fin du XIVᵉ siècle, ce genre de pièce est généralement très pessimiste, reflétant le peu d'espérance en la vie et la misère générale de l'existence dans un pays constamment ravagé par les luttes politiques et la peste noire. Au début du XVᵉ siècle, ces formes seront largement remplacées par la ballade et la *romance, principalement dans la langue castillane.

2. *1450-1530.* Au milieu du XVᵉ siècle, les deux plus puissants États espagnols étaient la Castille et l'Aragon, gouvernés respectivement à Tolède et à Séville. Leurs souverains pensaient déjà en termes d'expansionnisme – la monarchie castillane entretenait des relations étroites avec la France et les Pays-Bas, alors qu'en 1442 Alphonse V d'Aragon annexait Naples et la Sicile. Il était le protecteur de l'un des premiers compositeurs espagnols connus, Juan Cornago. En 1469, Ferdinand (roi d'Aragon, 1479-1516) épouse Isabelle (reine de Castille, 1474-1504). Ces « monarques catholiques » gouvernent conjointement, préparant l'unification de l'Espagne avec la prise de Grenade (le dernier bastion des Maures) en 1492. A partir de cette date, l'Espagne sera considérée, dans l'ensemble de l'Europe, comme une entité. Ferdinand et Isabelle rétablissent la puissance de la couronne, construisent l'économie et, comme Louis XIV environ deux siècles plus tard, réduisent le pouvoir des nobles gênants en les incitant à vivre à la cour, tout en les excluant des postes clés du pouvoir. Ils favorisent aussi l'enseignement en créant des universités et des collèges théologiques et en participant à la diffusion de l'imprimerie. Toutefois, leur règne se caractérise aussi par un nouveau zèle religieux proche du fanatisme. Ils anéantissent les communautés juives et maures, qui connaissaient une grande prospérité, et, en 1478, la célèbre sainte Inquisition entame sa campagne visant à écraser l'hérésie – ce qui influencera le caractère de la culture espagnole au cours des deux siècles suivants.

Contrairement aux monarques espagnols précédents, Ferdinand et Isabelle sont d'importants protecteurs de la musique. Ils entretiennent des « chapelles » musicales séparées qui ne fusionneront qu'à la mort d'Isabelle. La chapelle de Ferdinand comprend 41 musiciens, chanteurs, ménestrels et trompettistes, certains d'entre eux venant de l'étranger. Celle d'Isabelle emploie jusqu'à 20 chanteurs, trois organistes et environ 25 enfants de chœur. Leur fils Juan possède aussi sa propre chapelle (jusqu'à sa mort prématurée), sous le direction du *maestro de capilla* Juan Anchieta (1462-1523). Les monarques catholiques engagent les meilleurs musiciens de l'époque : Francisco de Peñalosa, Francisco de Millán, Pedro Díaz, Juan Fernández de Madrid, Juan Ponce et Francisco de la Torre. Isabelle aimait particulièrement la vihuela – qui, plus que le luth, est l'instrument à cordes espagnol typique de la Renaissance – et elle avait trois ou quatre vihuélistes à la cour, notamment Lope de Baena (célèbre vers 1475-vers 1508).

Les grandes cathédrales espagnoles ont également formé et employé beaucoup de musiciens importants de la Renaissance, notamment le Portugais Pedro de Escobar, *maestro* à Séville (1507-14), Martín de Rivafrecha (à Palencia), Juan de Triana (célèbre entre 1478 et 1483, à Séville et à Tolède) et Juan de León (célèbre entre 1480 et 1514, à Saint-Jacques-de-Compostelle et à Málaga). Au début du XVIe siècle, une chapelle type de cathédrale entretenait environ 20 enfants de chœur, formés par le *maestro de capilla*, qui était également chargé de leur protection et devait en outre diriger la musique de la cathédrale pendant les week-ends et les jours de fête. A l'époque de Ferdinand et d'Isabelle, les maîtres de chapelle étaient en général beaucoup mieux payés qu'il ne l'ont été par la suite. Leur nomination, ainsi que celle des premiers chanteurs et organistes, se faisait normalement sur concours, auquel tout musicien suffisamment qualifié pouvait se présenter. Les postes vacants étaient largement annoncés et les résultats décidés par bulletin secret – système qui est à l'origine de nombreuses mutations de personnel entre les cathédrales. En plus du personnel musical permanent, les grandes cathédrales engageaient aussi quelques instrumentistes, généralement des instrumentistes à vent, et l'utilisation d'instruments à vent est devenu un élément caractéristique de la musique vocale sacrée espagnole.

A la Renaissance, l'Espagne commence à élargir les frontières de son empire pour devenir la nation la plus puissante d'Europe. En 1492, Christophe Colomb fait son voyage épique au Nouveau Monde ; l'Espagne acquiert la majeure partie de l'Amérique centrale et de l'Amérique du Sud, tandis que Naples, Milan, la Sicile, la Bourgogne, le Portugal et les Pays-Bas sont tous annexés. Ce processus conduit inévitablement à des échanges culturels entre l'Espagne et ses nouvelles colonies : les idées de la Renaissance italienne parviennent par l'intermédiaire de la cour du vice-roi d'Espagne, à Naples, et l'humanisme flamand arrive vers 1515 avec l'accession de Charles Quint (saint empereur romain à partir de 1519), qui avait été élevé à la cour de Bourgogne sous l'influence d'Erasme. L'influence artistique italienne et flamande progresse donc dans la péninsule : on en trouve un exemple notable dans l'architecture italianisée du palais royal et de la cathédrale de Grenade. De nombreux compositeurs espagnols travaillent à l'étranger, surtout en Italie, où, en 1503, le chœur papal à Rome comptait six Espagnols sur un total de 21 chanteurs. A la même époque, des compositeurs étrangers commencent a exercer une forte influence sur la musique espagnole, notamment les maîtres néerlandais de la polyphonie, Ockeghem, Agricola, La Rue et surtout Josquin des Prés dont la musique est largement diffusée et copiée. Toutefois, il est important de noter que l'Espagne n'a ouvert ses frontières culturelles aux valeurs de la Renaissance que lorsque celle-ci avait virtuellement pris fin en Italie : ce fait, ainsi que la censure exercée par l'Inquisition, peut expliquer pourquoi des genres profanes étrangers comme le madrigal ont peu progressé en Espagne. Les compositeurs ont davantage cherché à cultiver le **villancico*. On trouve environ 400 *villancicos* (profanes pour la plupart), ainsi que d'autres types de musique vocale, dans le plus grand recueil profane de l'époque, le *Cancionero musical de palacio*, qui contient de la musique de tous les compositeurs majeurs contemporains.

3. *La fin de la Renaissance : 1530-1600.* Sous les règnes de Charles V (1516-56) et de son fils Philippe II (1556-98), l'Espagne nourrit quelques-uns des meilleurs écrivains, peintres et musiciens de l'époque : Cervantes, El Greco, Morales ou Victoria. Cette période correspond à l'âge d'or de la culture espagnole. Charles Quint a été le premier monarque espagnol vraiment cosmopolite. Après son accession au trône, il crée une chapelle de musiciens provenant de ses Flandres natales (*capilla flamenca*), qui le suit dans ses déplacements. Sa femme, portugaise, entretient une chapelle analogue composée de musiciens espagnols (*capilla españa*) et cette double tradition se maintient sous le règne de leur fils Philippe. Les deux chapelles cultivent chacune de son côté des répertoires indépendants jusqu'à leur fusion, pour former la chapelle royale, en 1636. Toutefois, à la fin du règne de Charles Quint, l'influence grandissante du luthéranisme provoque la Contre-Réforme et, sous Philippe II, l'Inquisition maintient une poigne de fer sur la culture du pays. De nombreux musiciens, travaillant dans un isolement de plus en plus grand, choisissent de se mettre au service des églises et, à l'exception de la musique purement instrumentale, la musique profane décline. On trouve très peu de musique imprimée en Espagne à cette époque : malgré la demande croissante de musique espagnole sacrée à l'usage des

cathédrales et des universités du Nouveau Monde, elle circule surtout sous forme manuscrite et une grande partie a été perdue.

Au XVIe siècle, les principales écoles de musique se trouvaient en Andalousie (à Séville), en Castille (à Tolède et à Salamanque) et en Catalogne (les abbayes de Ripoll et de Montserrat). Valence et Aragon avaient une importance moindre. Séville, centre de l'école andalouse, était la ville la plus riche d'Espagne, grâce à son monopole du commerce avec le Nouveau Monde. La cathédrale avait une maîtrise attachée au palais de l'archevêque où les jeunes garçons recevaient une formation religieuse, musicale et littéraire. Ils entraient ensuite au service de la cathédrale, assistant aux rituels quotidiens et surtout aux cérémonies des jours de fête. De l'école de Séville sont issus un certain nombre des plus célèbres compositeurs espagnols de la fin de la Renaissance – Cristóbal de Morales, que le théoricien Juan Bermudo surnommait « la lumière de l'Espagne », et son élève et successeur Francisco Guerrero qui était assisté, en sa qualité de maître de chapelle à Séville, par plusieurs organistes importants, notamment Francisco de Peraza, Jerónimo de Peraza et Diego del Castillo. Morales a écrit presque exclusivement de la musique sacrée, la majeure partie de son œuvre ayant été composée en Italie, où il chantait dans le chœur papal. Un autre élève de Morales, Juan Navarro, a été formé à Séville et a ensuite travaillé dans d'autres cathédrales espagnoles ; Rodrigo de Ceballos, qui est ensuite devenu maître de la chapelle royale, a suivi la même voie.

L'école castillane était centrée sur la cathédrale de Tolède, décrite, en 1549, comme « la plus illustre, la plus magnifique, la mieux pourvue en personnel de toutes les possessions espagnoles », surpassée uniquement par Saint-Pierre de Rome. L'archevêque de Tolède était l'un des hommes les plus riches d'Espagne, son salaire annuel étant trois fois supérieur à celui de l'archevêque de Séville. Beaucoup de musiciens de formation castillane ont travaillé dans le chœur papal à Rome et dans les chapelles royales d'Espagne et d'Italie. Parmi ceux qui ont suivi ces carrières, on peut citer Diego Ortiz, Luys de Narváez (vihuéliste de Philippe II), Bernardo Clavijo del Castillo (vers 1549-1626), Juan Esquivel de Barahona (vers 1563-après 1613), Sebastián de Vivanco (vers 1551-1622) et Sebastián López de Velasco (mort après 1648). Toutefois, le plus célèbre musicien castillan est Tomás Luis de Victoria, dont la vaste production de musique sacrée a été publiée, en majeure partie, durant les années qu'il a passées en Italie. Avec son professeur Palestrina, Victoria était considéré comme l'un des plus grands polyphonistes de son époque et sa musique possède une couleur et une force dramatique caractéristiques.

Après la mort de Ferdinand d'Aragon, en 1516, peu de compositeurs aragonais (de l'école catalane) sont parvenus à trouver des protecteurs dans la noblesse. La plupart d'entre eux se sont mis au service des cathédrales de Barcelone, Tarragone, Lérida et Urgel. Ils ont peu voyagé à l'étranger et une faible partie de leur musique a été publiée. Parmi les meilleurs compositeurs catalans de l'époque figurent les deux Mateo Flecha (l'oncle a été maître de chapelle à Lérida et le neveu a travaillé à Vienne jusqu'en 1599 – tous deux ont cultivé une forme de *quodlibet espagnole particulière appelée **ensalada*), Pedro Alberto Vila (1517-82), le meilleur organiste catalan de son temps, Joan Brudieu (vers 1520-91) et Juan Pujol (vers 1573-1626). A la fin du XVIe siècle, les compositeurs catalans semblent préférer la musique profane à la musique sacrée : des recueils de madrigaux et de *villancicos* sont publiés notamment par Brudieu, Vila, Flecha l'aîné. L'Aragon a aussi donné le jour au célèbre organiste Sebastián Aguilera de Heredia et les meilleurs compositeurs de Valence, à cette époque, sont Juan Ginés Pérez (1548-1612) et le compositeur de *villancicos* Juan Bautista Comes (1568-1643).

Comme en Italie, on trouve les premières traces du drame musical espagnol dans les dialogues et les pastorales en musique de la Renaissance, notamment dans ceux de Juan del Encina, écrits pour son protecteur le duc d'Albe, ainsi que dans les œuvres scéniques écrites par le dramaturge Gil Vicente (vers 1465-1537) pour être représentées à la cour du Portugal. La musique instrumentale espagnole du XVIe siècle est essentiellement représentée par la musique pour vihuela et pour orgue. Au cours de ce siècle paraissent sept importantes publications de musique pour vihuela de Luis de Milán, Luys de Narváez, Alonso Mudarra, Enríquez de Valderrábano, Diego Pisador, Miguel de Fuenllana et Estebán Daza. Elles contiennent de la musique vocale avec accompagnement de vihuela et de la musique pour vihuela seule (fantaisies, *tientos*, variations sur une basse, *ciaconas* et pièces profanes). Toutefois, le plus grand compositeur de musique instrumentale de l'époque est sans aucun doute l'organiste aveugle Antonio de Cabezón, favori de Philippe II, qui a été l'un des premiers compositeurs à écrire une musique pour clavier authentiquement idiomatique. Ses plus belles œuvres sont des *tientos*, qui font preuve d'une grande variété structurelle, des *glosas* (tablatures d'œuvres étrangères) et des *diferencias* (cycles de variations essentiellement basées sur des airs profanes espagnols). Cabezón a beaucoup voyagé à l'étranger dans l'entourage du roi et l'on peut percevoir son influence dans les œuvres pour clavier de ses contemporains européens. Beaucoup de traités du XVIe siècle concernent des aspects de la technique de la vihuela ou des instruments à clavier, notamment le *Tratado de glosas* (1553) de Diego Ortiz, l'*Arte de tañer fantasía* (1565) de Tomás de Santa María et le *Libro de cifra nueva para tecla, harpa y vihuela* (1557) de Luis Venegas de Henestrosa. D'autres ouvrages de Juan Bermudo et de Francisco Salinas couvrent une grande variété de sujets musicaux.

Le Portugal a été gouverné par les rois espagnols entre 1580 et 1640 mais il a réussi à conserver une tradition musicale indépendante. Les compositeurs portugais avaient une tendance naturelle au conservatisme en raison de la forte influence des jésuites : l'un des premiers à sortir du rang a été l'humaniste Damião de Góis (1502-74), un ami d'Érasme. Le roi-compositeur Jean IV, qui a laissé plusieurs œuvres ainsi que des traités, est le fondateur de l'une des plus grandes bibliothèques musicales du monde (détruite lors du tremblement de terre de Lisbonne, en 1755). Les musiciens étaient formés à la cathédrale d'Évora par Manuel Mendès (mort en 1605) ; au nombre de ses élèves figuraient Duarte Lobo (vers 1565-1646), l'un des rares musiciens portugais à s'être forgé une réputation à l'échelle européenne, Manuel Cardoso et Filipe de Magalhães (vers 1571-1652), maître de chapelle du roi entre 1623 et 1641. Il y avait aussi une activité musicale au palais des ducs de Bragance, à Vila Vicosa, et au monastère Santa Cruz, à Coimbra.

4. *L'ère baroque*. La défaite de l'Invincible Armada en 1588 avait suscité une crise de confiance nationale. L'influence de l'Espagne, en tant que puissance mondiale, commence à décliner avec la perte de ses colonies d'outre-mer ; en outre, la famine et la peste des premières années du XVIIe siècle sont suivies d'une guerre désastreuse avec la France et de rébellions en Catalogne, dans les possessions italiennes et au Portugal. Ce déclin se reflète dans le domaine musical par la préférence accordée aux genres profanes, alors que la musique sacrée perd de son importance, tant qualitative que quantitative. L'un des grands compositeurs de musique sacrée les plus prolifiques qui ait travaillé pour Philippe III est Mateo Romero (1575-1637), qui dirige également la chapelle royale. La maîtrise de Montserrat continue à produire quelques personnalités remarquables comme Juan Cererols, qui excelle dans la musique sacrée pour double chœur et dans les *villancicos* en langue vernaculaire ; la musique pour orgue prospère avec Aguilera de Heredia et le Portugais Manuel Rodrigues Coelho, organiste de la cour de Philippe III. Ses *Flores de música* de 1620 sont suivies six ans plus tard par l'important recueil de Francisco Correa de Arauxo, *Facultad orgánica*, qui regroupe 62 *tientos* et trois séries de variations ; mais la figure majeure de la musique d'orgue baroque espagnole est Juan Cabanilles, organiste à Valence, dont les *tientos* et les variations s'inscrivent dans le prolongement de la grande tradition espagnole de la Renaissance.

Au XVIIe siècle, sur le plan culturel et intellectuel, l'Espagne est dominée par les jésuites, qui ont fondé des écoles et des collèges dans l'ensemble du pays. Ils se montrent étonnamment réceptifs aux styles baroques, surtout au développement de genres littéraires susceptibles d'être mis en musique : la majeure partie de la poésie courtoise de l'époque a été écrite pour être chantée. Le premier drame espagnol écrit pour être mis en musique dans son intégralité est *La Selva son amor* (1629) de Lope de Vega, dramaturge qui s'inscrit dans la tradition classique italienne. Des acteurs professionnels italiens travaillent en Espagne à partir du milieu du XVIe siècle et, dès 1600, des théâtres municipaux (*corrales*) existent dans toutes les grandes villes espagnoles. En 1632, Philippe IV fait construire un théâtre de cour dans son palais du Buen Retiro où sont représentés, en 1660, deux drames musicaux de l'auteur dramatique Pedro Calderón de la Barca, sur une musique du harpiste et compositeur Juan Hidalgo (vers 1600-85). Ce théâtre du Buen Retiro est l'un des premiers théâtres espagnols a faire usage de machineries scéniques spectaculaires, et les œuvres écrites pour y être représentées comportent de la musique et de la danse à grande échelle, dans la tradition de l'opéra italien ou français. En dehors de ses *comedias* (plus de 120), Calderón crée le genre religieux appelé l'*auto sacramental*, et son œuvre *El Golfo de las sirenas* (1657, compositeur inconnu) est le premier exemple important de **zarzuela*, type de divertissement musical léger avec des dialogues parlés, semblable à l'*intermezzo* italien, qui prend racine pendant la seconde moitié du siècle.

Dans le domaine de la musique instrumentale, la guitare à cinq rangs de cordes doubles remplace la vihuela au XVIIe siècle et est ensuite considérée comme l'instrument espagnol type : sa sonorité caractéristique et ses techniques idiomatiques ont imprégné jusqu'à ce jour la musique des compositeurs espagnols. La méthode de guitare de Luis de Briceño (Paris, 1626) introduit un nouveau genre de tablature adapté aux danses et aux chansons, tandis que le manuel de guitare le plus important de l'époque, *Instrucción* de Gaspar Sanz (Saragosse, 1674), est un condensé de danses populaires.

Au Portugal, à l'époque baroque, le *vilhancico* intervient régulièrement dans les services religieux. Le plus grand compositeur de ce genre de pièces, le moine carmélite Francisco de Santiago (mort en 1646), exercera pendant la majeure partie de sa vie les fonctions de chef de chœur à Séville, et non dans son pays natal. D'autres musiciens portugais suivront la même voie. Deux élèves de Duarte Lobo deviennent des théoriciens réputés : João Àlvares Frouvo (1608-82), bibliothécaire et chapelain de Jean IV, et António Fernandes, dont l'*Arte de musica* (1626) est le premier traité rédigé en portugais.

5. *La musique sous les Bourbons.* Au XVIIIe siècle, l'Espagne est gouvernée par la dynastie des Bourbons et, comme en Angleterre avec l'arrivée des Hanovre, la culture espagnole succombe rapidement sous un flot d'art et d'artistes importés. Le roi Philippe V, d'origine française, qui règne de 1701 à 1746, crée plusieurs institutions nationales sur des modèles français, comme la Bibliothèque nationale (1712) et l'Académie royale d'Espagne (1713), tout en remplissant sa bibliothèque musicale de cantates françaises et d'opéras italiens. La laïcisation croissante de la vie musicale, et surtout le déclin de la musique sacrée, est battue en brèche par le padre Benito Feijóo (le premier critique espagnol influent). Dans son essai *La Música en los templos* (1726), Feijóo déplore le goût croissant pour la musique d'église théâtrale avec accompagnement instrumental, dont on trouve maints exemples dans les œuvres de Sebastián Durón (ses *villancicos* religieux ont été joués jusqu'en Amérique du Sud). Par ailleurs, Feijóo chante les louanges de la musique religieuse « pure » d'un contemporain de Durón, Antonio Literes, dont les messes *a cappella* perpétuent la tradition de la Renaissance. Sous Philippe V, la direction de l'orchestre du palais, au Buen Retiro, est répartie entre trois hommes, un Italien et deux Espagnols, notamment José de Nebra (1702-68) qui compose beaucoup de musique sacrée pour la chapelle royale. L'orchestre est dirigé par José Herrando, dont l'*Arte de tocar el violín* (1756) compte parmi les premiers traités de violon espagnols.

Ferdinand VI (qui règne de 1746 à 1759) et sa femme Maria Bárbara de Bragance sont plutôt attirés par la musique italienne et on voit rapidement des musiciens italiens, comme le professeur de musique de Bárbara, Domenico Scarlatti, occuper des postes importants à la cour. Scarlatti trouve évidemment l'atmosphère de la cour d'Espagne moins contraignante que celle de son Italie natale : en Espagne, il était libre de faire les innovations de son choix et plusieurs musicologues ont relevé certaines expressions nettement « espagnoles » dans ses sonates pour clavier, notamment des accompagnements pincés évoquant la guitare, ou des sonneries de « trompes de chasse ». A la même époque que Scarlatti, le castrat Farinello sert la cour d'Espagne pendant près de vingt-cinq ans ; il y jouira d'une position prestigieuse et puissante avant d'être mis à la retraite par Charles III, le successeur, philistin, de Ferdinand VI. La cour connaît alors une période de stagnation musicale qui prendra fin, en 1788, à l'avènement de Charles IV. Violoniste compétent, le roi se crée un beau répertoire de musique de chambre comprenant de nombreuses pièces de son professeur de musique Gaetano Brunetti. Entre 1768 et 1785, un autre musicien italien célèbre, Boccherini, vivra en Espagne sous la protection de l'oncle du roi, le prince Luis. Mais le frère du roi, le prince Gabriel, prendra pour professeur un Espagnol, le moine et compositeur Antonio Soler – qui est surtout connu de nos jours pour ses sonates pour clavecin, dont l'originalité rivalise avec celles de Scarlatti.

Dans le domaine scénique, et surtout celui de la *zarzuela*, Durón, Nebra et Literes sont les plus grands compositeurs du début du XVIIIe siècle. Pendant près de trente ans, José de Cañizares (1676-1750) fournit aux compositeurs des textes de *zarzuela*, mais, dans l'ensemble, l'opéra italien domine pendant tout le siècle. Philippe V encourage des troupes de chanteuses italiennes (selon la coutume espagnole) à présenter des opéras italiens dans une traduction espagnole au Teatro Caños del Peral, reconstruit à Madrid. D'autres théâtres importants ont ouvert leurs portes dans la capitale, notamment le Cruz (1743) et le Príncipe (1745). Seuls des opéras italiens sont représentés en Espagne entre 1750 et 1760, tandis que le compositeur espagnol Domingo Terradellas (1713-51), incapable de se faire jouer en Espagne, passe sa vie à écrire des opéras en italien pour Rome, Florence, Venise et Londres. A l'accession au trône de Charles III, en 1759, les représentations lyriques se confinent à quelques palais privés et au Teatro Caños del Peral : dès 1777, la troupe italienne est repartie en Italie et l'opéra sera moribond pendant une dizaine d'années. L'un des rares chefs-d'œuvre lyriques dus à un compositeur espagnol est *Una cosa rara* de Vicente Martín y Soler, écrit pour Vienne où Soler était considéré comme le plus grand rival de Mozart dans le domaine lyrique.

A la fin du XVIIIe siècle, la *zarzuela* est dominée par le librettiste Ramón de la Cruz (1731-94), qui travaille surtout avec le compositeur Antonio Rodriguez de Hita (1704-87) : leur *zarzuela* burlesque *Las Segadoras de Vallecas* (1768) est la première œuvre de ce genre à mettre en scène la vie de l'époque : des personnages des classes laborieuses de la société s'y substituent aux personnages héroïques ou mystiques d'un passé lointain. Le développement de ces genres en Espagne n'est pas sans rapport avec l'attitude invétérée des classes élevées et moyennes de la société envers les paysans, qu'ils ignoraient ou exploitaient, mais qu'ils n'auraient jamais idéalisés. *Las Segadoras de Vallecas* insuffle une vie nouvelle à la *zarzuela* : la même année, Pablo Esteve (mort en 1794) produit *Los Jardineros de Aranjues* selon les mêmes idées ; mais, un peu plus tard, la *zarzuela* en deux actes décline, remplacée par des formes dramatiques plus courtes comme la *zarzuelita*, la *sainete* et la *tonadilla escénica* (courte pièce musicale à deux, trois ou quatre personnages, sur un sujet comique). Les grands compositeurs de *tonadillas* sont le flûtiste catalan Luis Misón (mort en 1766), qui en a écrit plus d'une centaine, et Blas de Laserna (plus de 700). Le genre laissera la place à l'*opera buffa* italien, au début du XIXe siècle.

Comme en Espagne, le roi du Portugal Jean V fait venir des musiciens italiens et envoie des compositeurs portugais étudier en Italie, notamment Francisco António de Almeida (le premier compositeur d'opéras portugais). Dans le domaine de la musique instrumentale, les sonates rococos pour clavier de Carlos de Seixas et de Frei Jacinto rivalisent avec celles de Scarlatti. Le successeur de Jean V, Don José, favorise également les activités musicales. Il continue à envoyer des musiciens étudier en Italie, notamment João de Sousa Carvalho et ses élèves, Marcos Antônio Portugal, le plus grand compositeur d'opéras portugais du siècle, et J. D. Bontempo, fondateur d'un Conservatoire national de musique et du premier orchestre symphonique portugais. En avril 1755, le Teatro de Ribeira ouvre ses portes à Lisbonne. Selon Burney, il « surpasse en grandeur et en décoration tout ce que les temps modernes pouvaient se faire gloire de posséder », mais il est détruit sept mois plus tard dans un tremblement de terre qui anéantit une grande partie de l'héritage culturel de Lisbonne.

6. *Le XIXe siècle.* Comme d'autres mouvements intellectuels libéraux, les idées du siècle des lumières arrivent assez

tard en Espagne qui, à la fin du XVIIIe siècle, est encore un pays profondément conservateur, avec une hiérarchie sociale rigide qui oppose une forte résistance au changement. Toutefois, la Révolution française et les invasions napoléoniennes ont un effet profondément déstabilisateur sur la vie espagnole : après l'expulsion de Napoléon durant la guerre d'Espagne, le pays fait l'objet d'une série de guerres civiles et de révolutions qui interrompent et détruisent pratiquement son développement social et culturel. En effet, on peut dire que le seul génie artistique espagnol du début du XIXe siècle est le peintre Goya, dont les œuvres saisissent l'esprit pessimiste de l'époque. La restauration du monarque impopulaire Ferdinand VII provoque un exode des cerveaux et, en ce qui concerne la musique, le XIXe siècle est entièrement dominé par des importations italiennes. La quatrième femme de Ferdinand VII, Marie-Christine de Naples, admirait beaucoup Rossini et, à la fondation du Conservatoire de Madrid, en 1830, c'est un chanteur italien et non un Espagnol qui en prend la direction. Seuls deux noms émergent de la musique de cette période : Manuel García (1775-1832) et Fernando Sor. García, son fils Manuel (1805-1906) et ses filles Pauline Viardot-García et Maria Malibran revivifient le chant espagnol, alors que Sor, surnommé « le Beethoven de la guitare », est considéré comme le fondateur de l'école moderne de guitare espagnole, avec son ami et rival Dionisio Aguado. La musique instrumentale espagnole subit une lourde perte avec la mort prématurée de Juan Crisostomo de Arriaga qui, dès l'âge de seize ans, faisait déjà preuve d'une égale compétence dans les domaines symphonique, lyrique et dans celui de la musique de chambre.

Le déclin de la musique religieuse au XVIIIe siècle s'accélère au XIXe siècle. Une loi de 1835 entraîne la fermeture des institutions religieuses dans toute l'Espagne et, en 1851, le Concordat aggrave les choses en réduisant le personnel musical des églises à un *maestro* et un organiste, un ténor et quelques enfants de chœur. La triste situation des musiciens d'église ne cessera de s'aggraver jusqu'en 1896, lorsqu'un congrès examinera l'état de pénurie de la musique sacrée et recommandera des changements, notamment la publication des chefs-d'œuvre espagnols anciens. Cette tâche avait été entreprise un peu plus tôt par Hilarión Eslava (1807-78), à qui l'on doit l'édition de *Lira sacro-hispana*, mais son œuvre a été victime d'économies financières.

Dans le domaine lyrique, la *zarzuela* disparaît à partir de 1782 pour être supplantée par la *tonadilla* et par l'opéra italien ; en 1830, les œuvres espagnoles sont pratiquement inexistantes. Toutefois, le premier professeur de composition au Conservatoire de Madrid, Ramón Carnicer (1789-1855), marquera une génération de jeunes compositeurs par l'emploi de thèmes espagnols qu'il fait dans ses propres œuvres scéniques, comme *Don Giovanni Tenorio* : Cet ouvrage suscite un regain d'intérêt pour la *zarzuela* chez des compositeurs tels que Joaquín Gaztambide, Emilio Arrieta, Cristóbal Oudrid et, surtout, Francisco Asenjo Barbieri, compositeur de la première *zarzuela grande* en trois actes, *Pany Toros* (1864), et fondateur d'une société de concerts qui est devenue la Sociedad de Conciertas de Madrid. A la fin du XIXe siècle, l'opéra espagnol est dominé par Tomás Bretón, dont les ouvrages *Los Amantes de Teruel* et *La Verbena de la paloma* remportent un succès international. Au nombre de ses rivaux figurent Ruperto Chapí (dont les œuvres sont encore au répertoire), Federico Chueca, Fernandez Caballero et Amadeo Vives. Plusieurs nouveaux théâtres ouvrent leurs portes à Madrid au XIXe siècle, notamment le Real Palacio (1849), le Real (1850), le Liceo, Circo et Variedades, le Circo del Príncipe Alfonso (rebaptisé Rivas en 1863 et utilisé comme théâtre lyrique) et le Teatro de la Zarzuela.

En Espagne, le mouvement romantique n'a pas la même importance qu'en Allemagne, en Angleterre ou en France. Il n'arrive qu'après la mort de Ferdinand VII (1833), lorsque de nombreux intellectuels, de retour d'un exil volontaire, rapportent dans leurs bagages les romans de Dumas, Hugo et Byron. Le romantisme espagnol s'assortit d'un culte de la couleur locale dans les formes artistiques, qui occupe une place essentielle dans la musique de la fin du XIXe siècle et du début du XXe siècle. On remarque également une poussée du nationalisme et un sens renouvelé de l'identité régionale, surtout en Catalogne, qui trouvent certains échos dans la musique de l'époque. Ces mouvements coïncident avec une libéralisation du climat politique, la croissance d'une bourgeoisie puissante dans les villes et l'apparition d'idées de gauche, l'ensemble aboutissant à l'établissement d'une monarchie constitutionnelle, puis de la Première République, qui ne dure pas très longtemps (1873-75). Le mouvement nationaliste se reflète dans l'usage d'expressions et de danses dérivées de la musique folklorique régionale, comme la *jota*, la *habanera*, le *fandango* et les *seguidillas*. Ces langages, qui s'inspirent beaucoup de la musique gitane, donnent son parfum très « espagnol » à la musique de Pablo de Sarasate, Isaac Albéniz, Enrique Granados, Manuel de Falla et Joaquin Turina. Albéniz et Granados immortalisent leur pays natal dans leurs œuvres pour piano, comme *Iberia* et les *Goyescas*, tandis que Falla, le plus grand compositeur espagnol de la fin du XIXe siècle et du début du XXe siècle, est surtout connu pour sa musique scénique et symphonique, imprégnée de l'esprit de la musique populaire andalouse. L'œuvre symphonique majeure de Turina est sans doute la *Sinfonia sevillana* (1920), qui célèbre sa ville natale. Tous ces compositeurs avaient des liens étroits avec Paris où la plupart d'entre eux avaient fait leurs études, et on peut discerner une influence réciproque dans les nombreuses œuvres françaises de la même époque qui font appel au langage et à la couleur locale espagnole – des œuvres comme *Carmen* de Bizet (la célèbre *Habanera* est empruntée à une chanson populaire du compositeur espagnol du XIXe siècle Sebastián Iradier), la *Symphonie espagnole* (1875) de Lalo, dédiée à Sarasate, *España* (1883) de Chabrier ainsi que de nombreuses pièces de Debussy (*Ibéria*, *Soirées dans Grenade*, etc.) et de Ravel, qui était d'origine basque (*Boléro*, *L'Heure espagnole*, *Rhapsodie espagnole*, *Alborada del gracioso*, etc.). L'expression musicale espagnole a exercé une fascination analogue sur plusieurs compositeurs « nationalistes » russes, notamment Glinka (*Jota aragonese*, *Nuit d'été à Madrid*), Balakirev (*Ouverture sur des thèmes espagnols*) et Rimski-Korsakov (*Capriccio espagnol*).

Comme dans d'autres pays, cet esprit nationaliste suscite l'envie de redécouvrir les grands chefs-d'œuvre nationaux du passé et Felipe Pedrell (1841-1932) se fait le champion de la cause nationaliste par ses écrits, ses conférences, les éditions qu'il réalise, ses travaux musicologiques et son activité pédagogique (Albéniz, Granados et Falla ont été ses élèves). De même, au Portugal, un esprit nationaliste progressif transparaît dans les œuvres d'Auguste Machado (1845-1924), formé à Paris et directeur du Conservatoire national, et d'Alfredo Keil (1850-1907), compositeur de l'hymne national portugais, bien qu'on ressente encore l'influence italienne dans les œuvres de Xavier Migone (1811-61), Joaquim Casimiro (1808-63), Francisco Sá da Navonha (1820-81) et du vicomte d'Arneiro (1838-1903).

7. *Le XXe siècle*. Les vingt dernières années du XIXe siècle constituent une brève période de relative stabilité politique et économique qui s'interrompt subitement lorsque l'Espagne perd ses dernières colonies sur le continent américain. Les premières années du XXe siècle, jusqu'à l'établissement de la Deuxième République en 1930, sont marquées par des soulèvements politiques, l'agitation croissante des séparatistes basques et des troubles industriels. Toutefois, les arts s'épanouissent dans un climat cosmopolite plus libéral et, dès 1900, Barcelone rivalise avec Paris comme centre d'activité culturelle. Comme à Paris, cette activité se concentre dans un café – Els Quatre Gats – dont les habitués sont Pablo Picasso, l'architecte Gaudí, le peintre et poète Mestres et des musiciens comme Albéniz et Granados. Les Catalans restent attachés à la préservation de leur langue et, en 1891, le chœur de l'Orfeo Catalá voit le jour pour faire revivre la musique populaire catalane et la musique espagnole ancienne : en 1908, il s'installe dans sa propre salle de concert à Barcelone. Le début du XXe siècle produit un certain nombre de compositeurs et de musiciens catalans de talent, notamment le violoniste Joan Manén, auteur d'un traité de violon qui fait autorité, le violoncelliste Pablo Casals qui, toute sa vie durant, ne cessera de promouvoir inlassablement la musique de sa région natale, et les compositeurs d'opéras Jaime Pahissa (1880-1969), Jesús Guridi (1886-1961) et José Maria Usandizaga, mort en 1915 à l'âge de 27 ans après avoir écrit son chef-d'œuvre *Las Golondrinas* (1914). Deux autres compositeurs catalans, Federico Mompou (1893-1987) et Manuel Blancafort (1897), entretien-

nent des relations étroites avec Paris où tous deux ont fait leurs études, tout en cultivant des sujets catalans.

En dehors de ce groupe important de musiciens unis par leur héritage commun, on constate une tendance à se regrouper pour promouvoir une cause commune chez d'autres compositeurs espagnols du XXe siècle. L'un des groupes les plus importants est le « Groupe de Madrid », créé sous la Deuxième République et caractérisé par des idées politiques libérales et de gauche. En faisaient partie les poètes Guillén et Federico García Lorca (l'une des plus éminentes victimes de la guerre civile), les musicologues Jesús Bal y Gay (1905) et Adolfo Salazar (mort en 1958), et des compositeurs comme Joaquín Nin-Culmell (1908) ou les frères Halffter (Ernesto, 1905 et Rodolfò, 1900-87) – tous élèves de Falla, qui cultivaient la musique nationale espagnole dans un langage moderne –, Oscar Esplá (1886-1976), directeur du Conservatoire de Madrid, et Roberto Gerhard, autre Catalan et élève de Granados et de Pedrell. Tous ces musiciens ont dû s'exiler lorsque Franco est arrivé au pouvoir après la guerre civile – Ernesto Halffter s'est installé à Lisbonne et son frère au Mexique, Nin-Culmell est allé aux États-Unis, Esplá en Belgique et Gerhard en Angleterre où il a écrit une grande partie de ses plus belles œuvres. Une telle migration a inévitablement appauvri la musique espagnole. La dictature d'après-guerre a de nouveau imposé la censure artistique, vissé le séparatisme régional et découragé l'innovation : il n'est pas surprenant que les compositeurs espagnols du XXe siècle qui ont connu les plus grands succès soient ceux qui ont continué à écrire dans le style nationaliste, en utilisant les techniques traditionnelles. C'est le cas de Joaquín Rodrigo avec son célèbre concerto pour guitare (*Concierto de Aranjuez*, 1939), l'un des plus grands succès de notre époque. Il a ensuite composé des concertos pour piano et pour violoncelle, notamment un concerto pour le violoncelliste britannique Julian Lloyd Webber. Les *Cinco Canciones negras* (1946) de Xavier Montsalvatge ont révélé un important compositeur de mélodies, dans un langage espagnol évocateur ; il est également connu pour sa musique de chambre. Dans le domaine lyrique, le compositeur espagnol le plus important du XXe siècle est Conrado del Campo (1878-1953), qui a composé une quinzaine d'opéras postromantiques. Les tendances d'avant-garde, plus cosmopolites, sont représentées en Espagne par Joaquín Homs (1906), élève de Gerhard et représentant du sérialisme, dont la musique conserve pourtant un parfum essentiellement espagnol. Ce n'est plus le cas des œuvres de toute une génération de compositeurs appartenant au groupe Musica Abierta qui ont puisé leur inspiration dans les principaux courants esthétiques européens – Luis de Pablo (1930), Cristobal Halffter (1930), Alberto Blancafort et García Avril (1933). Leur musique est davantage marquée par Webern et Stockhausen que par la musique populaire espagnole.

L'Espagne a produit beaucoup de grands interprètes dans divers domaines : des guitaristes comme Yepes et Segovia ; des violoncellistes comme Casals (qui a fondé le premier orchestre symphonique de Barcelone) et Gaspar Cassádo ; des pianistes comme Ricardo Viñes, José Iturbi et Alicia de Larrocha et des chanteurs comme Julián Gayarre, Conchita Supervia, Victoria de Los Angeles, Montserrat Caballé et Teresa Berganza. Les principaux centres d'activité musicale sont Madrid (qui abrite deux orchestres symphoniques, trois orchestres de chambre et la Radio Nacional de España, qui consacre environ 20% de son temps à la musique sérieuse) et Barcelone – le centre du théâtre lyrique en Espagne, le Liceo, est le plus grand théâtre et le mieux équipé du pays. L'Institut espagnol de musicologie, fondé par Pedrell et Anglès, a son siège à Barcelone qui est aussi le centre de l'industrie de l'impression musicale.

Au Portugal, le néoclassicisme du début du XXe siècle est représenté par Luís de Freitas Branco (1890-1955) et son élève Jorge de Vasconcellos ; José Vianna da Motta (1868-1948), pianiste, érudit, auteur et directeur du Conservatoire de Lisbonne incarne, quant à lui, le nationalisme portugais. Deux importants compositeurs portugais, Ruy Coelho et Fernando Lopez-Graça, ont étudié avec Schoenberg. Lisbonne possède deux orchestres symphoniques et deux sociétés chorales ; à Porto se trouvent un conservatoire et la plus ancienne société chorale du pays. Il y a une importante faculté de musique à l'Université de Coimbra.

Wendy Thompson.

BIBLIOGRAPHIE : Henri Collet, *Le Mysticisme musical espagnol au XVIe siècle*, Alcan (Paris, 1913), rééd. Les Introuvables (Plan-de-la-Tour, 1979) / *L'Essor de la musique espagnole au XXe siècle*, Max Eschig (Paris, 1929). Christiane Le Bordays, *La Musique espagnole*, PUF, coll. Que sais-je ? (Paris, 1977). José Subira, *La Musique espagnole*, PUF, coll. Que sais-je ? (Paris, 1959).

España. Rhapsodie pour orchestre de Chabrier, composée en 1883 sur des airs et des rythmes espagnols.

Espansiva, Sinfonia. Voir *Sinfonia espansiva.*

Esperança, Dom Pedro da (vers 1598 ; Coimbra, 24 juin 1660). Compositeur portugais. On sait peu de chose de sa vie, sinon qu'il a été moine augustinien, chef de chœur et organiste au monastère de Santa Cruz, à Coimbra. Un certain nombre de ses œuvres sont conservées à la bibliothèque du monastère, notamment un *Magnificat*, des antiennes, des hymnes et quatre répons de Noël.

Wendy Thompson.

Espirando (ital.). « En expirant », en mourant.

Esplá, Oscar (Alicante, 5 août 1886 ; Madrid, 6 janvier 1976). Compositeur espagnol. Il fait des études de philosophie et reçoit une formation d'ingénieur à l'Université de Barcelone (1903-11), mais, à l'âge de 20 ans, il remporte le premier prix dans un concours international de composition. Il décide alors d'étudier la composition et travaille avec Max Reger, puis avec Saint-Saëns. En 1930, il devient professeur au Conservatoire de Madrid et en est nommé directeur six ans plus tard. Lorsque éclate la guerre civile, il quitte l'Espagne et se rend à Bruxelles, où il est nommé directeur du Laboratoire musical scientifique. Il retourne finalement en Espagne où il fonde un concours international de composition et, en 1958, le Conservatoire Oscar-Esplá dans sa ville natale d'Alicante. Il siège également au conseil international de l'Unesco et est président de la section espagnole de la SIMC.

Esplá est l'un des plus grands compositeurs espagnols du XXe siècle. Sa musique s'inspire du folklore de la côte méditerranéenne et il a inventé la gamme levantine (do, ré bémol, mi bémol, mi, fa, sol bémol, la bémol, si bémol). Esplá a composé deux poèmes symphoniques, deux suites pour orchestre de chambre sur des mélodies populaires, la *Sonata del sur* (1943) pour piano et orchestre, une symphonie chorale, deux ballets et une cantate, *La Noche buena del diablo* (1926).

Wendy Thompson.

Espressivo (ital.). « De façon expressive ».

Esquisse. Qualificatif donné par Debussy aux trois mouvements de *La Mer* (1903-05) : « trois esquisses symphoniques ».

Estampes. Trois pièces pour piano de Debussy, composées en 1903 : *Pagodes*, *La Soirée dans Grenade* et *Jardins sous la pluie*. La première a été orchestrée par Caplet, la deuxième par Büsser.

Estampie (ital. : *istampita, stampita* ; provençal : *estampita*). Forme d'air, sans doute destiné à la danse et probablement joué par des instruments. Toutefois, le terme était également utilisé en poésie, peut-être pour indiquer qu'il était destiné à une certaine forme d'exécution musicale. Chaque phrase musicale comporte un « ouvert » et un « clos », et la forme s'apparente à celle du *lai. On rencontre ces airs pour la première fois dans des sources françaises de la fin du XIIIe siècle et du début du XIVe siècle. L'exemple d'estampie le plus célèbre est *Calenda maïa* de Raimbaut de Vaqueiras (vers 1150-1207) sur une estampie qu'il avait entendu exécuter.

Estaudiantino (esp.). Le terme fait référence soit à un groupe d'étudiants instrumentistes jouant dans les rues, soit à la musique qu'ils jouent.

Esterházy. Famille hongroise d'aristocrates mélomanes et protecteurs des arts. Le prince **Pál [Paul] Esterházy** (7 septembre 1635 ; 26 mars 1713), compositeur, philosophe et brillant général, avait repoussé avec succès plusieurs invasions turques sur ses terres. Il hérita du titre en 1687. Deux ans avant sa mort, un volume de ses compositions contenant 55 cantates sacrées (en solo, en duo ou avec chœur, avec accompagnement d'orchestre) fut publié à Vienne sous le titre

Harmonia cœlestis. Son petit-fils, **Paul Anton Esterházy** (22 avril 1711 ; 18 mars 1762) a repris le titre en 1734. En 1761, il engageait le jeune Joseph Haydn comme chef d'orchestre, pour seconder G.J. Werner.

Son frère **Nicolas Joseph « le Magnifique »** (18 décembre 1714 ; 28 septembre 1790) lui a succédé. Il était feld-maréchal dans l'armée autrichienne. Le château des Esterházy se trouve à Eisenstadt, mais, en 1762, le prince Nicolas décida de construire une résidence d'été, Esterháza, pour rivaliser avec les splendeurs de Versailles ; elle est située sur un sol marécageux, au sud du lac Neusiedler, en Hongrie. Le prince était un grand mélomane et, avec l'aide de Haydn (alors devenu Kapellmeister), il donna de nouvelles dimensions à la musique à Esterháza et y construisit un théâtre pour produire des opéras. Outre des opéras, des symphonies et de la musique de chambre, Haydn a composé à l'intention de Nicolas plus de 160 sonates pour *baryton.

A sa mort, son fils (Paul) **Anton Esterházy** (11 avril 1738 ; 22 janvier 1794) lui a succédé. Il ne s'intéressait pas à la musique et a commencé à démanteler l'orchestre dès la première année de son accession, tout en autorisant Haydn à conserver son titre de Kapellmeister. Il n'a régné que quatre ans. Son fils et héritier, **Nicolas Esterházy** (12 décembre 1765 ; 25 novembre 1833), a reconstitué l'orchestre et engagé J. N. Fuchs comme Kapellmeister et J. N. Hummel comme Konzertmeister. Haydn a composé six messes pour Nicolas et Beethoven la *Messe en ut* op.86 (1807).

Par la suite, d'autres membres de la famille Esterházy se sont signalés : le comte Franz [Ferenc] Esterházy (1715-85) aux obsèques duquel fut exécutée la *Musique funèbre maçonnique* de Mozart ; le comte Johann [János] Esterházy (1754-1840) devant lequel a joué Mozart en 1784, avant de réaliser à son intention un arrangement du *Messie* de Haendel, en 1789 ; le comte Johann (Karl) Esterházy (1755-1834), dont les filles recevaient des leçons de musique de Schubert, et le comte Michel Esterházy (1783-1874) devant lequel a joué Liszt, enfant.

Wendy Thompson.

Esther. Oratorio de Haendel sur un texte tiré de la tragédie de Racine. Dans sa première version, c'était un masque, sans doute représenté à Cannons en 1718. Haendel l'a révisé pour le transformer en oratorio, avec des additions au texte de S. Humphreys ; il a été exécuté à Londres en 1732. *Esther* est le premier oratorio anglais.

Esthétique musicale. De façon succincte, l'esthétique musicale peut se définir comme une spéculation sur la nature de la musique excluant les attributs purement physiques du son. Une telle définition suppose l'existence d'une définition claire du terme « esthétique ». Ce terme, utilisé depuis le XVIIIe siècle, désigne aussi bien une théorie de la perception des sens, une étude des goûts, une théorie de la beauté dans les domaines de l'art et de la nature qu'une recherche philosophique de la théorie de l'art. Le premier sens est correct, au point de vue étymologique, mais on ne l'a appliqué qu'au XVIIIe siècle où il apparaît dans les écrits de A. G. Baumgarten, qui a forgé le mot, et d'Emmanuel Kant. Les concepts de goût et de beauté sont plus limités et difficiles à appréhender ; leur application au domaine artistique est particulièrement délicate à la fin du XIXe et au XXe siècle, périodes qui se caractérisent par l'absence de styles artistiques codifiés durables. La définition s'oriente donc vers le troisième sens proposé plus haut, la recherche philosophique de la nature des œuvres musicales et de leurs modes d'existence. Cette méthode s'avère très pertinente lorsqu'on la compare aux grandes théories esthétiques du début du XIXe siècle. La définition changeante de l'esthétique, loin d'être un signe de faiblesse, est peut-être une preuve de son bien-fondé permanent et de la vigueur d'un domaine d'activité intellectuelle qui remet constamment en question ses propres bases, refusant d'accepter des normes codifiées.

Le domaine de l'esthétique musicale est traditionnellement déterminé par des questions comme « Qu'est-ce que la musique ? », « La musique exprime-t-elle des émotions ? » ou « La musique est-elle un langage ? ». On admet généralement que les considérations historiques, psychologiques et sociologiques ne font pas partie de la recherche esthétique. Pourtant, la question « qu'est-ce que la musique ? » comporte un élément historique et même anthropologique. De même, la question

« La musique exprime-t-elle des émotions ? » ne peut trouver de réponse sans référence à la psychologie. Toutefois, la question « Qu'est-ce qui est spécifiquement musical dans la musique ? » permet de réduire le domaine de l'esthétique appliquée à la musique. Et même une telle question n'est pas totalement dégagée de considérations historiques, géographiques et psychologiques, puisque les catégories de pensée et les outils intellectuels applicables au raisonnement sont ceux que l'on retrouve dans la tradition européenne, de la pensée grecque à nos jours. De nombreuses cultures extra-européennes portent peu d'intérêt à tous ces sujets.

Rares sont les études d'esthétique musicale qui ont étroitement délimité le champ d'application du sujet. Des philosophes, des compositeurs, des poètes et des critiques ont tenté, dans leurs écrits, de s'attaquer au pouvoir fascinant de la musique afin de provoquer, chez le lecteur, une réaction précise. Ils travaillent sur un matériau qui n'appartient qu'au domaine artistique et qui n'a, par ailleurs, que peu de rapports avec la vie réelle. Certains ont vu, dans l'organisation de ce matériau, une représentation puissante des sentiments humains, d'autres un jeu de formes sonores.

1. *La Grèce antique et la musique*. Les spéculations sur la nature de la musique sont bien antérieures à l'esthétique philosophique du XVIIIe siècle et la pensée grecque antique avait déjà exploré certains de ses thèmes essentiels. Les pythagoriciens, pour la plupart des partisans anonymes de Pythagore (VIe siècle avant J.-C.), semblent être les premiers à s'être penchés sur le sujet. La découverte permettant de représenter de façon numérique les relations entre les hauteurs de son musicales a permis d'établir un lien étroit entre la musique, l'arithmétique et l'astronomie. La musique était considérée comme le reflet terrestre d'un ordre cosmique plus élevé et un lien s'établit entre elle et la moralité par le biais de la doctrine de l'Ethos (« nature », « disposition ») (voir *Grèce antique, Musique de la*, 3). En raison de la monophonie qui caractérisait la musique grecque, l'étude des rapports des intervalles (« harmonie ») restait spéculative et, jusqu'à une époque avancée du Moyen Age, elle était considérée comme une forme d'activité musicale supérieure au travail des musiciens eux-mêmes.

Il existait deux sortes de pratique musicale, soit pour l'éducation des jeunes gens, soit comme activité agréable à laquelle s'adonnait l'auditeur. Selon Platon (*La République*, III, 12), la musique, correctement appliquée, était une force éthique pour l'éducation et, associée à la gymnastique, elle créait une personnalité bien équilibrée à condition d'être sérieusement protégée des innovations. Cette idée, qui apparaît également dans les ouvrages chinois anciens, était souvent défendue au Moyen Age et, au XXe siècle, elle a été reprise par les défenseurs de l'art officiel de l'Allemagne nazie, de l'Union soviétique et de la Chine pendant la révolution culturelle. Le fondement de la pensée platonicienne consiste à croire que la musique possède un contenu défini que l'on peut transmettre à l'auditeur. Les mots participent au processus de transmission et, lorsqu'ils font défaut, « il est très difficile de reconnaître la signification de l'harmonie ou du rythme » (*Lois*, II). Aristote critique moins la musique et reconnaît ses diverses utilisations, de l'activité agréable à une force puissante « produisant un certain effet sur la personnalité morale de l'âme » (*Politique*, VIII, 5).

Aristoxène de Tarente (IVe-IIIe s. av. J.-C.), disciple d'Aristote, semble être le premier philosophe grec à avoir émis des doutes sur la doctrine de l'Ethos et avoir défendu le concept musical comme un système autonome de sons et des relations entre ces sons. Cette idée est développée de façon plus évidente par Philodème de Gadare (Ier s. av. J.-C.), qui soutenait que la plus ancienne discussion sur la musique résultait d'une confusion due à l'attribution du pouvoir des mots à la musique elle-même. La musique en tant que telle n'a pas le pouvoir de provoquer des émotions et toute réaction attribuée à la musique vient initialement de l'extérieur. A la fin de l'Antiquité, plusieurs auteurs ont repris cette idée et la division montre que le conflit entre « sensibilité » (ou esthétique hétéronome) et « formalisme » (ou esthétique autonome) est l'un des plus vieux dilemmes de la civilisation européenne. La plupart des écrits postérieurs sur ce sujet reprendront les données esquissées par les Grecs.

2. *L'Église ancienne et le retour à la pensée grecque.* L'attitude des premiers chrétiens envers la musique repose sur une ambivalence que soulignent les écrits de saint Augustin. La musique était indispensable à la liturgie, mais cet art engageait dangereusement les sens ; se complaire dans de longues jubilations vocales semble suggérer l'acceptation d'une activité agréable, donc coupable ; mais, en raison de sa nature non conceptuelle, la musique fait entrer l'homme en communion plus étroite avec Dieu. « Je ne suis pas ému par le chant, mais par ce qui est chanté », proclame-t-il (*Confessions*, X, 23), fournissant ainsi la justification de l'intervention ultérieure des autorités ecclésiastiques dans l'activité des compositeurs. La grâce justifiante de la musique dans le climat antisensualiste du Moyen Age était son ancienne relation avec l'arithmétique et l'astronomie, qui lui vaut une place dans les *septem artes liberales* (sept arts libéraux).

Le développement de la polyphonie fournit une justification pratique à la première spéculation sur la nature des rapports musicaux. Les lignes individuelles introduites dans la structure complexe d'un motet médiéval élevaient la musique au rang de discipline indépendante, car sa structure était une qualité en elle-même, nettement supérieure aux besoins réels de la musique dans la liturgie. La polyphonie reste considérée comme l'art suprême jusqu'à la fin du XVIe siècle, lorsque l'idée d'Aristote, qui considère la musique comme une matérialisation de la passion et une force purgative, commence à jouer un rôle décisif dans la création théorique du nouveau genre que constitue l'opéra et, à travers l'opéra, dans une grande partie de la pensée musicale des XVIIe et XVIIIe siècles. La musique apparaît à nouveau comme une forme de communication et comme un moyen de transmettre et de susciter des émotions. Cependant, comme la nature non conceptuelle de la musique l'empêchait de jouer un rôle de transmission en ce sens, la méthode devait être empruntée à la rhétorique. On trouve le point culminant de cette tendance au début du XVIIIe siècle dans les écrits de Johann Mattheson qui, d'une part, se réfère à des formules de rhétorique et, de l'autre, élabore la théorie des passions (all. : *Affektenlehre* ; voir *Théorie des passions*), rajeunissant ainsi l'ancienne doctrine de l'Ethos. La tendance rationaliste se maintient pendant cette période. Quand Leibniz (1646-1716) affirme que la musique est « un compte insconscient de l'esprit », il est loin d'une musique vague ou transcendantale : la musique doit être appréhendée comme une expérience de rapports et de relations que l'esprit saisit de façon abstraite et intuitive. Rameau prolonge indirectement cette tendance avec son *Traité de l'harmonie réduite à ses principes naturels* (1722) dans lequel il tente de donner à l'harmonie une base rationnelle.

3. *Approches nouvelles.* La fin du XVIIIe et le début du XIXe siècle voient la prolifération d'études esthétiques sur la musique. Ce phénomène est dû en partie à la participation de plus en plus active de la bourgeoisie, qu'elle intervienne en qualité d'auditeur ou de musicien amateur. Il fallait expliquer la musique à un nouveau public et certains compositeurs s'en chargèrent au même titre que des historiens, des poètes et des critiques littéraires. A la même époque, la tradition culturelle allemande s'enrichit des philosophies méthodiques. Un système philosophique ne pouvait exister sans une théorie esthétique et celle-ci ne pouvait se passer d'une spéculation sur la nature de la musique.

Soulignant la nature cognitive de l'art, Emmanuel Kant (1724-1804) attribue à la musique une position modeste dans son système des arts, car l'absence d'information clairement exprimée fait de la musique une arabesque agréable, plus proche des jeux de société. Hegel (1770-1831), qui reprend à son compte l'enthousiasme romantique pour la musique, affirme son importance, bien que, dans son système philosophique, l'art en général ne soit qu'une phase transitoire vers la manifestation supérieure de l'esprit que l'on rencontre dans la philosophie et dans la religion. Le jeune contemporain et adversaire de Hegel, Arthur Schopenhauer (1788-1860), construit un système philosophique en opposant le monde des phénomènes, ou « représentations », à une essence, la « volonté ». Alors que d'autres formes artistiques ne sont qu'un reflet des représentations, la musique est l'art supérieur puisqu'elle est « une copie de la volonté elle-même ». Ce système est une défense philosophique de la notion romantique selon laquelle la musique est porteuse de sens cachés et d'émotions profondément ressenties, bien qu'inexprimables (« le langage du cœur universel dépourvu d'images »). Le courant rationaliste autonome trouve, au XIXe siècle, son premier défenseur en la personne de Johann Friedrich Herbart (1776-1841) pour qui tout repose sur un système de rapports identifiables : la construction – le « comment » – est plus importante en matière artistique que le contenu – le « quoi ». Eduard Hanslick (1825-1904) développe avec subtilité cette théorie dans son *Vom Musikalisch-Schönen* (*De la beauté musicale*, 1854). Il a été souvent et injustement taxé de « formalisme », bien qu'il énonce clairement qu'en musique les formes ne sont pas rigides ou imposées de l'extérieur, mais qu'elles s'adaptent à la nature de la substance musicale (« en musique, le champagne prend la forme de la bouteille »). En Angleterre, Edmund Gurney (*The Power of Sound*, 1880) se rapproche de l'opinion de Hanslick.

Au cours de la seconde moitié du XIXe siècle, la plupart des ouvrages suivent l'esthétique hétéronome de Schopenhauer et les idées de Wagner sur la force dramatique de la musique. Mais, au début du XXe siècle, lorsque la notion romantique du pouvoir expressif de la musique est remise en question, l'esthétique autonome trouve d'éminents défenseurs. Dans *Entwurf einer neuen Ästhetik der Tonkunst* (*Esquisse d'une nouvelle esthétique de la musique*, 1907), Feruccio Busoni montre une foi presque pythagoricienne en l'existence de la musique dans la sphère des possibilités idéales. Schoenberg nie l'importance des sentiments et Stravinski les assimile implicitement à des qualités marginales qui disparaissent avec le temps, laissant une substance musicale immaculée comparable à la musique du temps passé. De nombreux ouvrages qui appartiennent à l'école d'esthétique phénoménologique traitent de la substance musicale comme d'une qualité spécifique et « anhistorique ». La théorie de la réduction phénoménologique d'Edmund Husserl, qui mène du monde des réalités vers leurs présuppositions ultimes, a été appliquée pour la première fois à l'esthétique musicale vers 1920 par Moritz Geiger et a également influencé la pensée de Hans Mersmann, August Halm, Roman Ingarden et Nicolai Hartmann. Cette école n'a eu pratiquement aucun impact sur le monde anglophone et ne s'y est fait connaître que sous une forme déguisée, dans les études analytiques de Heinrich Schenker (voir *Analyse*, 3*a*), comme l'une des composantes dépendant de la psychologie *Gestalt* et de la philosophie de l'histoire de Wilhelm Dilthey. Au cours des années quarante, Susanne Langer (née en 1895) a élaboré une théorie esthétique dans laquelle elle tente de concilier la notion de forme musicale de Hanslick et l'esthétique hétéronome, en affirmant que les émotions musicales n'existent que sous une forme symbolisée. Dans un premier temps, elle semble n'avoir rencontré aucun écho en dehors de l'Angleterre et des États-Unis.

Par la suite, les liens avec la linguistique générale et la théorie des signes de Charles Morris ont contribué à l'élaboration de la sémiotique musicale. Cette théorie, qui n'est pas une théorie esthétique, tente d'expliquer les moyens et les possibilités de la communication musicale en considérant une œuvre musicale comme un système de signes. En s'attachant au lien qui unit l'œuvre d'art et son destinataire, on renverse la ligne de recherche caractéristique de l'ancienne esthétique allemande, démarche qui conduit de l'œuvre d'art elle-même aux présuppositions métaphysiques de son existence (voir également *Analyse*, 3c).

4. *Conclusion.* Malgré les tentatives cherchant à faire de l'esthétique une discipline indépendante de la philosophie, les questions fondamentales soulevées par les esthéticiens mènent à des disciplines philosophiques comme la métaphysique, la logique ou la morale. La réaction contre les grands systèmes philosophiques du passé montre que l'esthétique s'est heurtée à une crise. Les tentatives récentes ayant pour but de la rattacher à la linguistique générale, à la philosophie linguistique ou à la théorie de l'information n'ont pas encore donné des résultats marquants. Certains croient que l'esthétique musicale, qui dépend largement de la connaissance historique, devrait limiter son champ de recherche à ce qu'a été la musique et non à ce qu'elle est ou à ce qu'elle devrait être. Il en résulterait qu'une prolifération de systèmes en perpétuelle évolution dans le domaine de la musique expérimentale

découragerait toute théorie esthétique. Cette idée ne serait en fait applicable que si l'esthétique traitait des réalités de l'existence musicale. L'esthétique musicale a de grandes chances de rester une discipline vivante, car elle doit s'interroger sur les possibilités de la musique, ses moyens d'existence, les relations entre la composition et l'exécution, les éléments fixes et imprévisibles, ainsi que sur la nature spécifique du temps musical. Certaines découvertes récentes comme l'enregistrement, l'électroacoustique et les applications de l'ordinateur à la musique, loin de limiter le domaine de l'esthétique, élargissent encore les possibilités de spéculation sur le thème de l'existence de la musique. Si l'intrigante notion selon laquelle la musique transcende l'existence humaine, dont elle découle, a été ressentie en premier lieu par les pythagoriciens, elle constitue toujours un défi permanent à la curiosité de l'esprit.

Bojan Bujić.

BIBLIOGRAPHIE : Theodor W. Adorno, *Théorie esthétique*, Klincksieck (Paris, 1974) / *Autour de la théorie esthétique : Paralipomena introduction première*, Klincksieck (Paris, 1976). Marcel Beaufils, *Musique du son, musique du verbe*, PUF (Paris, 1954) / *Comment l'Allemagne est devenue musicienne*, Robert Laffont (Paris, 1983). R. Bernard, *Cours d'esthétique. Les Tendances de la musique française moderne*, Durand (Paris, 1930). Leonard Bernstein, *La Question sans réponse*, Robert Laffont (Paris, 1982). Pierre Boulez, *L'Esthétique et les fétiches*, in *Panorama de l'art musical contemporain* (Claude Samuel), Gallimard (Paris, 1964). Gisèle Brelet, *Esthétique et création musicale*, PUF (Paris, 1947) / *Le Temps musical, essai d'une esthétique nouvelle de la musique*, PUF (Paris, 1949). Marc Froment-Meurice, *Esthétique et métaphysique*, Klincksieck (Paris, 1982). Antoine Goléa, *Esthétique de la musique contemporaine*, PUF (Paris, 1954), rééd. Slatkine (Genève, 1982). Édouard Hanslick, *Du Beau dans la musique*, Brandus (Paris, 1877), rééd. Christian Bourgois (Paris, 1986). P. Hissarlkain Lagoutte, *Philosophie et esthétique de l'art musical*, Foetisch (Lausanne-Paris, 1949). Antoine-François Marmontel, *Éléments d'esthétique musicale et considérations sur le beau dans les arts*, Heugel (Paris, 1884). Serge Martin, *Le Langage musical*, Klincksieck (Paris, 1978). Hugo Riemann, *Les Éléments de l'esthétique musicale*, Alcan (Paris, 1906). Boris de Schloezer, *Introduction à J. S. Bach, essai d'esthétique musicale*, Gallimard (Paris, 1947, rééd. 1979). Pius Servien, *Esthétique, musique, peinture, poésie, science*, Payot (Paris, 1953) / *Les Rythmes comme introduction physique à l'esthétique*, Boivin (Paris, 1930).

Estiguendo (ital.). « En s'éteignant », en mourant.

Estinto (ital.). « Éteint », aussi doux que possible.

Estribillo (esp.). Terme désignant au XVIIe siècle le refrain d'une chanson (par exemple dans le *villancico*).

Estro armonico, L' (« L'Inspiration harmonieuse »). Titre d'ensemble des *Douze Concertos pour divers instruments* op.3 de Vivaldi, publiés en deux livres à Amsterdam en 1711 et 1712. Ils sont conçus pour diverses combinaisons instrumentales (un, deux ou quatre violons, violoncelle, orchestre et continuo). J. S. Bach a transcrit six de ces concertos, notamment le *Concerto pour quatre violons* sous forme de *Concerto pour quatre clavecins*.

États-Unis d'Amérique

1. Introduction
2. La vie musicale dans la jeune Amérique
3. Le XIXe siècle
4. La musique traditionnelle
5. Le XXe siècle
6. Musique légère, jazz et rock

1. *Introduction*. La musique aux États-Unis s'est développée en dehors du cadre bien établi de l'Église ou de la cour. Elle n'a jamais connu ces éléments de définition très solides et la protection permanente que ces puissantes institutions avaient fournis à la musique européenne pendant une grande partie de son histoire. En Europe occidentale, la pratique musicale a toujours connu divers visages, mais la musique savante s'est toujours située au sommet de la hiérarchie, comme un prolongement de la puissance et de la splendeur de l'Église, de l'aristocratie ou de l'État. Les musiciens qui travaillaient dans un tel contexte étaient destinés à une vie musicale ininterrompue et de haut prestige. Employés par les dirigeants de la société et ne relevant que d'eux et de Dieu tout-puissant, ces musiciens n'avaient pratiquement aucune raison de douter de la valeur de la carrière qu'ils avaient choisie. Leur musique était sans conteste la musique la plus importante de leur société. Ils étaient considérés et se considéraient, en un certain sens, comme des partenaires engagés dans une entre-

prise collective qui consistait à élaborer la culture de leur pays.

Dans cette démocratie que sont les États-Unis, les choses ont évolué différemment. En l'absence du besoin permanent d'institutions puissantes, la musique n'a jamais occupé la place prédominante dont elle faisait l'objet en Europe. Aux États-Unis, elle n'est pas parvenue à se forger une place analogue. La vie musicale dépendait donc moins des préférences des dirigeants de la société que des goûts et des besoins des membres des classes les plus humbles ; et parmi ceux-ci, en premier lieu les musiciens eux-mêmes, qui travaillaient pour satisfaire aux besoins de divers groupes sociaux – expression artistique, culte, instruction, divertissement ou participation à titre récréatif. La plupart des musiciens américains se sont insérés en tant qu'individus dans une société commerciale. Cette société s'attachait moins à les faire parvenir au niveau artistique le plus élevé qu'à les aider à se situer à la place correspondant à leur compétence, en adaptant cette compétence aux tâches qui se présentaient à eux. La vitalité de la musique américaine ne réside pas tant dans un style, un genre ou une école de compositeurs spécifique, mais plutôt dans l'éventail et la diversité des réponses du musicien américain aux activités musicales qu'il ou elle accepte, et dans la qualité artistique dont certains font preuve au cours d'une journée de travail.

2. *La vie musicale dans la jeune Amérique.* Il serait certainement faux d'affirmer, comme l'ont prétendu certains commentateurs, que les premières colonies américaines anglophones étaient réfractaires à la musique. Les musicologues ont mis un terme à l'idée selon laquelle les puritains détestaient la musique. Il sont parvenus à prouver qu'en dehors de la psalmodie du temple, où se réunissaient les fidèles, les premiers habitants de la Nouvelle-Angleterre chantaient et dansaient en société et s'adonnaient également à la pratique instrumentale. Toutefois, c'est une chose de tolérer et même de pousser les gens à faire de la musique d'eux-mêmes et une autre de rechercher une véritable compétence musicale et d'en stimuler le développement. La première situation peut se rencontrer chez des individus de n'importe quel contexte. La seconde requiert un soutien institutionnel. Une grande partie de l'histoire de la musique en Amérique, surtout avant 1800, est liée au développement des institutions qui ont apporté leur concours à la pratique musicale. A l'exception des quakers, tous les groupes religieux qui se sont installés en Amérique faisaient intervenir la musique dans leur culte. Toutefois, de nombreuses générations sont passées avant que les Églises ne commencent à prêter attention aux compétences musicales de leurs fidèles. Certaines confessions liturgiques, comme les anglicans et les luthériens, engageaient couramment les organistes dont ils avaient besoin dans leur pays d'origine. Les activités des calvinistes, dont font partie les puritains qui s'étaient installés en Nouvelle-Angleterre, étaient encore moins prometteuses pour l'art de la musique. Ils trouvaient le théâtre immoral et sont parvenus à s'opposer à ce qu'il s'installe de façon permanente dans les colonies, presque jusqu'à la fin du XVIIIe siècle. Quant à la musique sacrée, ils se méfiaient des intentions réelles de ceux qui voulaient en étendre le rôle dans le culte et ont découragé une telle extension. Reprenant la pratique de Jean Calvin, ils confiaient entièrement la musique aux fidèles durant le culte public. Il a fallu attendre le XVIIIe siècle, et avec une très grande prudence, pour voir se dessiner une certaine recherche dans le chant psalmodique monophonique du culte calviniste.

Ce mouvement avait débuté au Massachusetts vers 1720, car les pasteurs se plaignaient d'une évolution anarchique du chant psalmodique des fidèles, chaque chanteur embellissant la mélodie à son gré et rendant ainsi inintelligibles les paroles des psaumes métriques. Une réforme de cette « façon habituelle de chanter » avait alors été recommandée et on créa des écoles de chant. Ces écoles, dans lesquelles un professeur de chant dispensait quelques cours, avaient pour but d'enseigner aux élèves à chanter des airs en assemblée, de façon coordonnée, tels qu'ils étaient écrits en notation musicale. Des livres d'instructions, comme *An Introduction to the Singing of Psalm-Tunes* de John Tufts et *The Grounds and Rules of Musick* de Thomas Walter avaient été publiés (tous deux à Boston, en 1721), résumant les rudiments de la musique et offrant des airs harmonisés pour les écoles de chant et le culte public. Le passage d'une coutume traditionnelle à une pratique prescrite pour le chant des fidèles est l'un des événements essentiels de la musique sacrée calviniste américaine. Lorsque les communautés de la Nouvelle-Angleterre eurent adopté un chant « régulier » – généralement par le vote de toute la congrégation et, souvent, en se heurtant à une forte opposition – le premier pas vers une musique sacrée plus élaborée était accompli.

La première réforme de la musique sacrée américaine est le résultat d'une alliance entre ecclésiastiques et musiciens. Entre 1750 et 1770, les musiciens commencèrent à reprendre au clergé et aux fidèles le contrôle de la musique. Des chanteurs se groupèrent pour former des chœurs qui se limitaient, dans un premier temps, à entraîner le chant au cours du culte public. Mais, dans certains endroits, les chœurs se mirent bientôt à chanter des morceaux que les autres membres de la communauté ne connaissaient pas ou qu'ils étaient incapables d'apprendre. On vit paraître un nombre croissant de livres de chants américains. La plupart, comme *Urania* de Lyon (Philadelphie, 1761) et *The American Harmony* de Bayley (Newburyport, 1769), comportaient de la musique pour chœur – des psaumes « fugués », des pièces entièrement composées et des *anthems* en prose – ainsi que le répertoire ordinaire des fidèles. Dès 1780, une modeste hiérarchie de pratique musicale organisée s'était établie autour du temple calviniste. Les écoles de chant, destinées aux débutants, finissaient généralement leurs sessions par une démonstration publique pour mettre en valeur les compétences de leurs chanteurs. Les chœurs chantaient dans le culte public. Et quelques chanteurs encore plus passionnés avaient formé des sociétés musicales pour chanter la musique chorale qu'ils admiraient le plus. Le clergé ne jouait qu'un rôle restreint, parfois même inexistant, dans l'établissement de cette structure à laquelle les fidèles étaient généralement indifférents ou opposés.

La notion de « compositeur américain », qui se définit alors, constitue un véritable couronnement de la nouvelle vie musicale en Nouvelle-Angleterre dans le domaine de la musique sacrée. Le premier est un tanneur de Boston, William Billings (*The New-England Psalm-Singer*, Boston, 1770), suivi de nombreux musiciens nés en Amérique, notamment le boutiquier Daniel Read de New Heaven, le chapelier Timothy Swan de Suffield, le charpentier Oliver Holden de Charleston et des dizaines d'autres qui enseignent dans les écoles de chant, composent leurs propres œuvres de musique sacrée, compilent des livres de psaumes qui se vendent, comme d'autres livres de chants religieux, et permettent ainsi à leurs compositions de circuler sous forme imprimée. Leur musique, généralement écrite pour chœur à quatre voix sans accompagnement, ne possède pas la suavité mélodique et harmonique de la musique européenne de l'époque. Néanmoins, la musique sacrée de la Nouvelle-Angleterre est l'œuvre de musiciens autodidactes qui composaient pour leurs voisins ou pour des chanteurs d'un niveau analogue au leur, et elle a fait preuve au XVIIIe siècle d'une vitalité et d'une endurance considérables. A partir de 1800, lorsque la ligne de séparation entre les régions exploitées et les régions encore vierges commence à reculer vers l'ouest, les groupes religieux évangéliques qui s'étaient fixés dans l'Ouest et dans le Sud amènent une pratique de la musique sacrée qui ressemblait à celle de la Nouvelle-Angleterre et de William Billings. Les livres de chants religieux compilés dans le Sud par des professeurs de chant, comme *The Sacred Harp* (compilé à Hamilton, en Géorgie, en 1844 ; dernière édition en cours d'impression), contenaient généralement des compositions locales nouvelles et une sélection d'œuvres écrites par des compositeurs de la Nouvelle-Angleterre.

Dans la jeune Amérique, la pratique de la musique profane s'est organisée en suivant un chemin très différent de celui de la musique sacrée. En l'occurrence, la présence prédominante n'était pas celle du bon fermier né en Amérique et qui aimait la musique, mais celle du musicien venu d'Europe, le professionnel à la recherche d'un public. Il parcourait la côte est et commençait à donner des concerts publics dès 1729 à Boston et deux ans plus tard à Charleston. Peu après 1750, avec l'arrivée de la troupe dramatique de Hallam, qui avait fait beaucoup de tournées et avait été bientôt rejointe par des troupes rivales, le théâtre musical commençait à exercer son premier impact véritable avec les *ballad operas* anglais les plus connus. A l'époque de la guerre d'Indépendance, les professeurs de musique d'origine européenne prodiguaient leur enseignement à des jeunes clavecinistes, flûtistes et violonistes américains, dans les grandes villes comme dans les petites villes, ainsi que dans les plantations du Sud. Toutefois, ces activités étaient sporadiques, comparées au développement qu'elles connurent après la guerre. La richesse croissante des habitants des grandes villes de la côte atlantique et l'augmentation des loisirs incitèrent des professionnels européens comme Gottlieb Graupner (1767-1836) et Benjamin Carr (1768-1831) à s'installer au Nouveau Monde. Dès 1795, chacune des villes majeures de la côte atlantique – Boston, New York, Philadelphie, Baltimore, Charleston – possédait son propre théâtre musical. On y donnait régulièrement des concerts de musique vocale et instrumentale. Tous ceux qui en avaient les moyens s'offraient des leçons de musique. En outre, le commerce de la musique à usage privé commençait à s'épanouir : les éditeurs publiaient des chansons et des pièces extraites du théâtre musical anglo-américain sous forme de feuillets de musique et les magasins disposaient d'un grand choix d'instruments importés ou de facture américaine.

La musique sacrée et la musique profane de la jeune Amérique avaient peu de points communs : leurs structures, leurs fonctions et leurs orientations étaient trop différentes. Mais elles partageaient tout de même une caractéristique fondamentale : elles avaient toutes deux été façonnées par des musiciens qui travaillaient pour satisfaire un public précis et qui dépendaient, dans une certaine mesure, de la réussite commerciale de leurs efforts. Un seul groupe important de dissidents religieux pratiquait la musique en faisant totalement abstraction des considérations commerciales : les Moraves, qui s'étaient installés en Caroline du Nord et en Pennsylvanie vers 1750 ; leur musique, de très haute qualité, comme leurs exécutions, était axée sur la musique sacrée et sur la musique de chambre (voir *Musique morave en Amérique*). L'histoire a également retenu le nom d'un autre musicien pour qui la réussite commerciale ne présentait aucune importance, le « gentleman amateur » Francis Hopkinson, dont les *Seven Songs* (Philadelphie, 1788) figurent parmi les premières mélodies composées par des Américains. Mais les Moraves et l'aristocrate Hopkinson sont des exceptions : rares sont leurs contemporains qui ont été en mesure de suivre leur exemple. Ainsi, au XVIIIe siècle, on voyait naître des fondations pour le soutien des musiciens américains, non pas dans les salons et les cathédrales, mais sur les places de marchés.

3. *Le XIXe siècle*. Tous les aspects de la pratique musicale organisée ont pris une dimension beaucoup plus importante au XIXe siècle. La croissance rapide de la population du pays et du territoire colonisé a favorisé la croissance de la classe moyenne américaine, dont les besoins et les goûts ont façonné la vie musicale américaine du XIXe siècle. Les premiers musiciens, ayant appris à s'adresser à la bourgeoisie pour satisfaire ses besoins musicaux et ayant créé les moyens de le faire, ont exercé une influence qui dépasse de loin ce que leur talent purement musical pouvait justifier. Lowell Mason (1792-1872), Patrick Sarsfield Gilmore (1829-92) et George Frederick Root (1820-95) en sont trois exemples.

Mason, originaire du Massachusetts, a compilé plus de 50 publications musicales, et il semblerait qu'il ait fait fortune en réalisant de telles éditions. Il compte parmi les plus grands réformateurs de la musique sacrée américaine et il a composé beaucoup de cantiques dans un style « pieux » relativement simple, qui a été largement imité. Croyant à l'idéal du « progrès » musical américain par la diffusion du savoir musical, Mason reconnaissait que les enfants pouvaient être la clef d'un tel progrès. Vers la fin des années 1830, il s'était mis à enseigner la musique dans les écoles de Boston et, assez rapidement, d'autres communautés avaient engagé d'autres professeurs de musique pour suivre son exemple. En tant que « père » de la musique à l'école aux États-Unis, Mason peut difficilement être tenu pour responsable de son évolution ultérieure, durant laquelle elle a absorbé des pratiques musicales très diverses. Néanmoins, pour la première fois, il était parvenu à faire reconnaître le système scolaire comme un foyer propice à l'enseignement de la musique. Mason a alors commencé à construire une structure qui s'est révélée être, pour le meilleur et pour le pire, l'une des principales sources permanentes de la protection de la musique aux États-Unis.

Gilmore, qui avait quitté l'Irlande dans sa jeunesse pour émigrer en Amérique, s'était fait un nom dans le domaine du concert. L'ensemble d'instruments à vent était son moyen d'expression, le public de masse sa proie. Il avait dirigé ses propres ensembles avant et après la guerre de Sécession, et avait ensuite organisé deux « Jubilés de la paix » (« Peace Jubilees ») à Boston (1869 et 1872) ; le second, qui avait duré dix jours, s'était achevé par un sommet, avec une exécution réunissant 22 000 chanteurs et instrumentistes renforcés par des coups de canon occasionnels. A la fin de sa vie, Gilmore avait formé un ensemble professionnel dont les tournées de concerts aux États-Unis et en Europe remportèrent beaucoup de succès. Aux mains de Gilmore, puis de John Philip Sousa, l'ensemble d'instruments à vent était devenu le meilleur moyen d'attirer le public au concert, pratiquement dans le monde entier. Une grande partie de son attrait tient à l'éclectisme de ses programmes – un mélange de marches, d'airs patriotiques, de chansons et de danses populaires et des extraits des grandes œuvres classiques. Repris par les orchestres symphoniques dans leurs concerts « promenade » ou « pop », ce principe de programmation, qui cherche à rencontrer le grand public sur son propre terrain, a persisté jusqu'à nos jours.

La carrière de Root reflète une troisième tendance de la vie musicale américaine au XIXᵉ siècle : le développement de la pratique musicale en famille. Né dans le Massachusetts, Root avait reçu de Mason une formation de professeur de musique. Entre 1850 et 1860, il avait participé à la fondation d'une École normale de musique (Normal Musical Institute) pour former des professeurs selon les méthodes de Mason, puis avait abandonné l'enseignement pour se consacrer à d'autres activités. Associé dans la maison d'édition de Chicago Root & Cady (1860-71), il avait publié la musique de nombreux compositeurs, notamment celle d'un auteur de chansons de grand talent, Henry Clay Work (1832-84). Root avait aussi composé des « people's songs » et des cantates, œuvres dans lesquelles il s'était efforcé d'éviter toute complexité musicale pour qu'elles restent accessibles au plus grand nombre. En fait, la plupart de ses œuvres ont atteint leur but, en particulier ses chants de la guerre de Sécession qui ont remporté un très grand et durable succès. A cette époque, on pouvait acheter des pianos bon marché ce qui avait incité des milliers d'Américains à installer un piano dans leur salon. Avec des dizaines d'autres éditeurs de musique, la maison Root & Cady était prête à fournir de la musique vocale et instrumentale adaptée à tous les goûts. Des morceaux comme les chansons de Root ou les innombrables pièces pour piano écrites spécifiquement pour les instrumentistes amateurs ne constituent que deux exemples de musique vendue en feuillets au XIXᵉ siècle. Les arrangements et les adaptations abondaient : airs d'opéras, variations sur des mélodies favorites, chevaux de bataille, ouvertures et même symphonies. Au cours d'une carrière où se sont mêlés composition, enseignement et édition, Root a bien gagné sa vie en répondant aux besoins de l'amateur qui souhaitait faire de la musique chez lui.

Mason, Gilmore et Root ont tous travaillé dans des circonstances qui laissaient espérer une certaine réussite commerciale. Cependant, aucun d'entre eux n'a touché au théâtre musical populaire qui a poursuivi ses activités, sous la domination anglaise, pendant une grande partie de la première moitié du XIXᵉ siècle. La présence américaine sur les scènes musicales des États-Unis a commencé à se faire ressentir fortement entre 1840 et 1850, lorsque le comique musical de l'Ohio, Dan Emmett, entouré de trois cohortes, figures noircies avec du bouchon brûlé, vêtus de costumes de canailles, affectant le dialecte lourd et les mouvements dégingandés du Noir américain, ont lancé le premier grand concert de chants nègres sous le titre de « The Virginia Minstrels ». L'idée s'est propagée à la vitesse du feu ; les troupes « éthiopiennes » se sont multipliées à une rapidité étonnante et ont trouvé un public partout où elles allaient.

Les concerts de chants nègres tiraient une grande partie de leur vitalité de la source qu'ils parodiaient – la musique, la danse et la façon de parler des Noirs américains. L'authenticité de la musique qui était jouée et chantée reste soumise à discussion. Évidemment, les interprètes de chants noirs, dont la plupart étaient blancs, ne reproduisaient certainement pas la musique populaire noire indigène – qui leur était aussi étrangère qu'à leur auditoire – mais les éléments qu'ils avaient empruntés aux sources populaires, tant anglo-américaines qu'afro-américaines, donnaient à leur musique un parfum distinctif. L'instrumentation des ensembles qui interprétaient ces chants noirs lui conférait une sonorité spécifique, d'une sécheresse pétillante : violon, tambour de basque, banjo et cliquettes. La simplicité mélodique répétitive d'un grand nombre de chansons les rendait faciles à retenir. Et le rythme tournoyant de l'ensemble, épicé de syncopes, tournait à la contagion.

Depuis quelque temps, les concerts de chants noirs, arrangements assez vagues de chansons, de danses, de courtes pièces satiriques et de discours, ont été souvent taxés de racisme. Cependant, l'attrait indéniable qu'ils exercent ne provient pas d'un simple dédain envers les Noirs, illustré par une musique sur laquelle on tape des pieds. Le charme essentiel des concerts de chants noirs résidait sans doute dans son irrévérence. En se servant du visage noir comme d'un masque comique, ils donnaient aux amuseurs l'occasion de tirer à vue sur « tout ce qui bougeait » : les prédicateurs bigots et les politiciens, les chanteurs lyriques vaniteux, les paysans balourds des campagnes, les roublards des villes, les ignorants de toute race – à la plus grande joie de leurs auditoires. Les chansons et les danses de leurs groupes, publiées en feuillets, étaient largement diffusées et exécutées dans les foyers américains. Événement significatif, après l'émancipation en 1863, les chants de ces groupes ont été repris de plus en plus souvent par des interprètes noirs. Entre 1860 et le début du XXe siècle, on assiste à la formation de troupes de musiciens noirs qui permettent aux Noirs américains de gagner leur vie comme musiciens. La carrière du chansonnier James Bland (1854-1911) en est un exemple ; les chanteuses de *blues* Gertrude « Ma » Rainey (1886-1939) et Bessie Smith (1894-1937), ainsi que le compositeur et éditeur W. C. Handy (1873-1958) ont tous débuté dans des troupes où ils interprétaient des chants nègres.

La carrière de Stephen C. Foster touche à la fois à ce domaine et à celui de la musique à usage privé ; ses chansons, très à la mode à son époque, font encore partie de la culture de base de tout Américain. Issu d'une famille assez aisée d'une petite ville proche de Pittsburgh, Foster avait dû se battre pour choisir sa carrière, car, même lorsque certaines de ses chansons (« Oh Susannah ! ») étaient devenues des succès, on ne considérait pas un tel métier comme une carrière convenable dans son milieu social. Néanmoins, au début des années 1850, il s'était largement engagé dans cette voie, écrivant la musique et, presque toujours, le texte de ses chansons ; et, en 1860, il s'installait à New York. Outre des chants noirs rythmés et pleins d'allant (« Camptown Races »), il a composé des chansons d'amour vaporeuses (« I Dream of Jeannie with the Light Brown Hair ») ainsi que des chansons nostalgiques qui finissent toujours par évoquer la plantation d'autrefois. Dépassant la limite du masque comique à la peau noire, ces dernières chansons ont imprégné la scène des Noirs d'une dimension émotionnelle qui allait beaucoup plus loin que le stéréotype du concert de chants noirs (« Old Folks at Home », « My Old Kentucky Home »). Les chansons de Foster auraient pu lui rapporter une fortune en droits d'exécution et en *royalties*, mais il a mal géré ses affaires et est mort dans la gêne sans récolter tout le bénéfice de ses efforts. Néanmoins, son héritage est en sûreté. Comme tout Américain, il a fait jaillir la note que le voyageur fatigué de Longfellow réclame dans « When Day is Done », lorsqu'il arrive chez lui par une nuit pluvieuse, désirant entendre

Not from the bards sublime
... [But] from some humbler poet,
Whose songs gushed from his heart.

Les carrières de musiciens tels que Mason, Gilmore, Root, Emmett, Bland et Foster se sont déroulées dans des contextes très différents, mais les circonstances dans lesquelles ils ont travaillé ont beaucoup de points communs. Ils ont tous coopéré ou rivalisé avec d'autres musiciens qui cherchaient à toucher essentiellement le même public. Pour assurer leurs moyens de subsistance, il fallait qu'ils atteignent et qu'ils satisfassent ce public. Leur façon de composer reposait sur des conventions formelles et stylistiques extrêmement limitées, qu'ils partageaient avec leurs concurrents, leur but créatif étant de trouver ce dynamisme d'invention qui pouvait attirer sur leur œuvre l'attention du public. D'une façon générale, leur démarche à tous se situe dans une tradition commerciale qu'ils ont façonnée eux-mêmes avec leurs publics – processus collectif, conservateur sur le plan stylistique et dans lequel créateurs et consommateurs étaient liés de façon interdépendante.

Aux États-Unis, au XIXᵉ siècle, les tenants de la musique sérieuse se sont battus pour créer une tradition qui leur soit propre, car elle faisait défaut dans leur héritage. On mesure mieux leur succès initial si l'on considère l'augmentation progressive du nombre d'institutions américaines consacrées à l'enseignement, l'exécution et la promotion de la musique classique européenne. Dans le domaine de l'interprétation, on peut citer notamment la Handel and Haydn Society of Boston (fondée en 1815), qui a permis à des habitants de Boston, sans doute poussés par des raisons autant religieuses qu'artistiques, à former un chœur qui se réunissait régulièrement. Ils donnaient des concerts publics de musique sacrée, avec un orchestre de musiciens professionnels et amateurs et quelques chanteurs qui tenaient les parties solistes, concerts qui présentaient parfois des oratorios entiers, en cherchant à couvrir leurs frais par la vente de billets. Des sociétés chorales, également issues de l'ensemble de la communauté, se sont multipliées pendant tout le XIXᵉ siècle et ont continué à s'épanouir au XXᵉ siècle.

Si l'oratorio correspond aux aspirations des protestants et à leur crainte de Dieu, l'opéra occupe l'autre extrémité du spectre et attire irrésistiblement un certain genre de public avec l'exotisme de ses spectacles et la virtuosité de ses interprètes souvent cyclothymiques. Dans le Nouveau Monde, l'opéra a tout d'abord pris racine à la Nouvelle-Orléans, qui possédait sa propre troupe permanente entre 1859 et 1919. Ailleurs, les Américains ont dû, pour la plupart, s'en remettre aux troupes itinérantes. Reposant sur la publicité pour battre le rappel du public, l'opéra est donc promu comme une branche du « show-business ». Des troupes comme celle que dirigeait Max Maretzek jouaient des opéras de Mozart, de Rossini, de Donizetti et d'autres grands maîtres européens, parfois dans des versions que les compositeurs n'auraient peut-être pas approuvées. New York, qui convenait parfaitement à ce rôle par sa concentration de richesses et la forte proportion d'étrangers qui y résidaient, s'est imposé comme principal centre d'art lyrique aux États-Unis depuis la fin du XIXᵉ siècle. Le Metropolitan Opera (fondé en 1883) figure parmi les grands théâtres lyriques d'envergure internationale ; mais, au XXᵉ siècle, plusieurs autres grandes villes américaines ont créé leur propre troupe, notamment San Francisco, Chicago, Boston, Seattle, Santa Fe et Houston.

Entre la respectabilité de la société chorale et le *brio* émotionnel de la troupe d'opéra se situe l'orchestre, indispensable à chacune et qui jouit en outre de sa propre histoire et de son propre répertoire. Pendant la majeure partie du XIXᵉ siècle, les orchestres américains étaient généralement des groupes formés de musiciens disponibles, réunis en fonction des besoins. L'entretien d'un ensemble permanent aussi important qu'un orchestre symphonique était plus coûteux que ne le justifiait le besoin de ses services. Aux États-Unis, le plus ancien ensemble de ce type, la New York Philharmonic Society, a commencé à fonctionner en 1842 sous forme de « coopérative », les musiciens administrant eux-mêmes l'orchestre, dont les concerts n'étaient ouverts qu'aux autres membres de la société. Le chef d'orchestre, Theodore Thomas (1835-1905), qui est sans doute la personnalité dominante du monde symphonique américain pendant la seconde moitié du XIXᵉ siècle, avait fondé son propre orchestre qu'il administrait lui-même, le Thomas Orchestra, fixé à New York. Avec cette formation, il avait fait d'importantes tournées pendant de nombreuses années. Mais, d'une façon générale, les ensembles permanents se sont formés là où les musiciens parvenaient à obtenir le soutien et à bénéficier des ressources de riches partenaires. Ce processus passait généralement par le biais de la souscription, un certain nombre de protecteurs acceptant d'engager des fonds pour couvrir les frais de l'ensemble. Ainsi, grâce à l'appui des quelques citoyens opulents, des villes comme Philadelphie, Chicago, Cincinnati, Pittsburgh, San Francisco et New York ont réussi à entretenir des orchestres professionnels et à construire des salles adaptées sur le plan acoustique à leurs exécutions. La fondation, en 1881, de l'Orchestre symphonique de Boston par un seul et unique mécène, Henry Lee Higginson, qui a fait vivre l'ensemble sur ses propres fonds pendant près de quarante ans, est un exemple unique dans l'histoire de la musique américaine.

Au XIXe siècle, la direction musicale des opéras, des orchestres symphoniques et même des sociétés chorales avait été assurée, dès le début, par des Européens et le répertoire qu'ils jouaient était presque entièrement européen. Il n'est donc pas surprenant que les compositeurs américains se soient retrouvés dans des rôles d'« outsiders ». Anthony Philip Heinrich (1781-1861), qui se qualifiait lui-même de « log-house composer from Kentucky » (« compositeur de cabane du Kentucky »), avait émigré de Bohême aux États-Unis en 1810. Il avait appris tout seul la composition et a écrit des œuvres éclectiques : mélodies originales, pièces pour piano, musique de chambre et partitions pour grand orchestre. Difficile sur le plan technique et d'un style peu courant, la musique de « Father » Heinrich n'a trouvé sa place dans aucun répertoire et Heinrich a vécu modestement durant toute sa vie en enseignant. Deux autres compositeurs new-yorkais du milieu du XIXe siècle se sont plaint publiquement de ce que la musique américaine, y compris la leur, était négligée par les interprètes de la ville. William Henry Fry (1813-64), critique musical d'un quotidien new-yorkais, et George Frederick Bristow (1825-98), violoniste à la New York Philharmonic Society et professeur de musique dans les écoles de la ville, ont ainsi soulevé une question d'une importance fondamentale pour la vie musicale américaine, sans que leurs interventions affectent pour autant sensiblement la programmation des concerts. Le seul compositeur américain du XIXe siècle qui a vraiment trouvé un public est Louis Moreau Gottschalk, né à la Nouvelle-Orléans et pianiste « par excellence ». Formé en France, Gottschalk était retourné aux États-Unis en 1853 et a passé pratiquement tout le reste de sa vie à faire des tournées de concerts. Ses récitals lui permettaient de faire valoir sa propre musique qui révèle une imagination fraîche et un parfum vernaculaire soutenu. C'est surtout comme brillant soliste, plaisant aux foules, qu'un compositeur comme Gottschalk est parvenu à trouver un auditoire pour sa musique.

Il faut ignorer l'extrême diversité de la musique de Heinrich, Fry, Bristow et Gottschalk pour les percevoir collectivement en tant qu'« école » de compositeurs américains. Ils s'imposent davantage comme quatre personnages distincts, poursuivant chacun à sa manière ses propres objectifs esthétiques ; aucun d'entre eux n'a été complètement accepté par les Européens qui dirigeaient les institutions musicales établies.

C'est à l'époque de la guerre de Sécession que la première véritable « école » de compositeurs américains est parvenue à maturité. Partageant un héritage anglo-saxon, tous nés sur la côte atlantique et ayant un penchant très net pour le romantisme allemand – la plupart d'entre eux avaient effectué leurs études en Allemagne – des compositeurs comme John Knowles Paine (1839-1906), Horatio Parker (1863-1919), George Whitefield Chadwick (1854-1931), Arthur Foote (1853-1937), Amy Cheney Beach (1867-1944), etc. ont permis aux compositeurs américains de prendre pied dans la structure institutionnelle du pays. Ils étaient pour la plupart organistes et, pendant presque toute leur vie, ils ont occupé des postes dans de grandes églises. Tous, à l'exception d'Amy Cheney Beach, étaient également professeurs de musique. Vers la fin du XIXe siècle, les universités américaines ont commencé à inclure l'étude de la musique dans leur programme artistique libéral – essentiellement la composition, l'harmonie, le contrepoint et l'histoire de la musique. Paine a été le premier professeur de musique nommé à Harvard College (1875) et, quelques années plus tard, Parker a obtenu le même poste à Yale (1894). Les conservatoires américains, consacrés à l'étude pratique de la musique, ont également commencé à voir le jour entre 1860 et 1870 ; Chadwick a assuré la direction du New England Conservatory à Boston pendant plus de trente ans. Tous les membres du groupe étaient des compositeurs compétents, occupant pour la plupart des postes qui assuraient l'exécution de leurs œuvres. Le compositeur américain le plus célèbre de l'époque, qui se distingue en outre du groupe de la Nouvelle-Angleterre, est Edward MacDowell, qui a occupé la chaire de musique à Columbia University de 1896 à 1904. Très attiré par les harmonies nouvelles, MacDowell a transposé son amour de la nature dans des miniatures pour piano comme *Woodland*

Sketches (1896) et *New England Idylls* (1902) lesquelles sont, avec son *Concerto pour piano en ré mineur op.23*, les œuvres de sa génération qui ont le plus de chances d'être jouées de nos jours. MacDowell et les « Classiques de la Nouvelle-Angleterre », compositeurs qui possédaient plus de métier que d'inspiration originale, représentent une pratique musicale très sérieuse et de « bon goût », aux antipodes du tintamarre de la vie quotidienne américaine.

4. *Musique traditionnelle*. Sous la surface affairée du monde musical organisé de l'Amérique du XIXe siècle, il y avait une musique populaire traditionnelle importée au Nouveau Monde par différents groupes de colons. Dans cette sphère, l'agent formateur n'a pas été le « forgeron » d'airs, professionnel travaillant sur le marché de la musique, mais plutôt l'ensemble de la communauté. L'unanimité des membres de la communauté a permis de sélectionner la musique qui reliait le passé au présent et de déterminer les formes sous lesquelles la tradition orale la transmettrait dans le temps à la génération suivante et, dans l'espace, à d'autres communautés.

La musique traditionnelle anglo-américaine comporte deux caractéristiques complémentaires de la tradition orale, continuité et variation, pour lesquelles on trouve quelques exemples simples. Lorsque Cecil Sharp, l'éminent collectionneur de chansons populaires anglais, est allé dans les Appalaches au début de ce siècle, des chanteurs ont exécuté pour lui des versions de chansons anglaises et écossaises qui avaient subi très peu de changements au cours de leur long voyage dans le temps et dans l'espace. Sharp a pu retrouver les sources britanniques de nombreuses chansons qu'il avait entendues et, en outre, le soin avec lequel les airs et les paroles avaient été transmis oralement laissait supposer que ceux qui s'en étaient chargés attachaient beaucoup d'importance à leur préservation. En même temps, un grand nombre de chansons du même répertoire reflétaient un processus de transmission plus complexe que le simple transfert par répétition. Lorsqu'il apprenait une chanson, le chanteur la faisait sienne, modifiant ici ou là un détail ou un événement, conservant le « cœur » de l'original, mais y apportant ses propres variations créatrices. Les ballades apportées en Amérique ont souvent subi des changements considérables pendant la traversée ; on en trouve un exemple dans deux versions de « Barbara Allen », la première recueillie en Écosse, la seconde dans le Kentucky :

It fell about a Martimas time,
When the green leaves were a-fallin',
That Sir John Grahame
from the west countrie
Fell in love wi' Bawbie Allan.

'Twas early in the month of May
The flowers were a-blooming,
Sweet Williams came
from a Western State
And courted Barbara Ellen.

La musique traditionnelle anglo-américaine, comme la musique traditionnelle d'autres groupes ethniques, a été conservée en subissant le moins de changements possibles dans les communautés essentiellement rurales où les coutumes et les structures sociales de l'Ancien Monde étaient les plus fortes. Là, elle pouvait jouer le rôle de la musique traditionnelle dans une société traditionnelle : confirmer les valeurs de la communauté, fournir un divertissement, occuper des fonctions rituelles. Si, au début du XIXe siècle, des musicologues et des artistes de nombreux pays européens se sont mis à explorer leurs traditions culturelles non écrites et à en tirer des matériaux et de l'inspiration, les musiciens américains n'ont pas effectué une telle redécouverte de leur propre musique traditionnelle. Cet élément est l'une des caractéristiques spécifiques de l'histoire de la musique américaine. Par contre, la plupart des musiciens professionnels et des professeurs de musique ont réagi à la musique traditionnelle avec indifférence ou « hostilité », pour reprendre le mot de Charles Seeger, croyant apparemment que sa rudesse mal dégrossie ne méritait pas leur considération. Rétrospectivement, il est facile de voir l'ironie de leur position. Car la plupart des formes musicales populaires qui ont circulé par écrit au XIXe siècle – formes dont ils ont tiré leurs moyens d'existence – avaient des racines dans la musique traditionnelle anglo-américaine : psalmodie, hymnodie et beaucoup de chansons profanes, inspirées par la versification, les techniques narratives et les formes strophiques de la ballade orale ; le « canard » et le poète, qui imprimaient des textes strophiques pour qu'ils soient chantés sur des airs que les gens savaient par cœur ; et la musique de danse imprimée, reflétant les schémas rythmiques caractéristiques et les formes musicales des danses rustiques aux accents multiples.

La musique traditionnelle anglo-américaine a été si largement étudiée et son influence sur la pratique écrite est si évidente que sa place, en tant qu'élément central de la facture de la musique américaine, est rarement mise en doute. Cependant, les musiques traditionnelles des autres groupes européens sont généralement considérées aux États-Unis comme des phénomènes régionaux, liés aux endroits où ces groupes se sont installés et ont maintenu un séparatisme culturel. Ainsi, la musique traditionnelle hispano-américaine semble appartenir au Sud-Ouest et à la Californie, la musique traditionnelle franco-américaine aux Cajuns en Louisiane, la musique traditionnelle germano-américaine aux « Hollandais de Pennsylvanie » et les musiques d'Europe de l'Est – grecque, russe, balkanique – aux communautés ethniques installées dans les grandes villes américaines comme New York, Chicago et Detroit. Par ailleurs, les musiques de nombreuses tribus *amérindiennes, aborigènes du continent nord-américain, ont connu une diffusion limitée au sein de groupes isolés et distincts sur le plan culturel.

Dans le Nouveau Monde, aucune musique traditionnelle n'a joui d'une histoire plus complexe que celle des Afro-Américains, amenés en Amérique contre leur volonté. Aux XVIIIe et XIXe siècles, la plupart des Noirs étaient des esclaves ; la majeure partie des communautés afro-américaines vivaient donc dans une certaine mesure sous le contrôle des Blancs, qui ont tout fait pour empêcher la survivance d'éléments tels que les tambours, les langues africaines ou les croyances religieuses traditionnelles. En vivant à proximité des Blancs, les Afro-Américains ont progressivement adopté certains de leurs genres musicaux sans abandonner leurs propres styles d'exécution – rythme beaucoup plus agressif, hauteur de son beaucoup plus libre que n'importe quel chant ou exécution euro-américaine. L'exemple le plus célèbre de musique vocale acculturée est sans doute le « negro spiritual », version afro-américaine du cantique protestant, dont l'évolution est significative : ces chants ont d'abord été consignés par écrit par des musiciens amateurs blancs dans un recueil essentiel, *Salve Songs of the United States* (1867), puis chantés dans des versions chorales harmonisées par les Fisk Jubilee Singers et d'autres groupes de jeunes Noirs dirigés par des Blancs ; et, beaucoup plus tard, on assiste à leur transformation, par des musiciens noirs de métier, en véritables chants artistiques pour voix et piano. Les *spirituals* illustrent la façon dont la musique traditionnelle d'un peuple considéré comme « à demi barbare » par les premiers Blancs qui l'ont notée pouvait être adaptée sans perdre sa beauté distinctive et obsédante.

La complexité rythmique, que les premiers collectionneurs blancs de spirituals ont eu du mal à saisir en notation, a également imprégné la musique traditionnelle instrumentale afro-américaine, en grande partie liée à la danse. Le goût des musiciens noirs pour les accents sur les temps faibles dans une métrique régulière se traduit par tous les moyens possibles : vocables, claques sur le corps, marche bruyante en tapant des pieds, instruments dérivés des instruments africains comme les castagnettes et le banjo, et finalement utilisation des instruments européens comme le violon et le piano. A la fin du XIXe siècle, les interprètes noirs américains avaient façonné une musique de divertissement et de danse appelée « ragtime », dans laquelle des mélodies syncopées, coupées au carré, étaient jouées dans une série d'accords très contrastants, comparables à une marche. Publié sous forme de musique pour piano au début du XXe siècle, le ragtime a atteint une élégance particulière dans les œuvres du pianiste et compositeur Scott Joplin – aussi éloignées de la tradition populaire que les adaptations de spirituals réalisées par H. T. Burleigh, mais indubitablement marquées par elle.

La faculté des Afro-Américains à assimiler les formes d'origine européenne, à les plier à leurs propres besoins (spiritual et ragtime) et à fournir aux Blancs l'inspiration de certaines musiques parmi les plus vivantes de l'époque (concerts de chants nègres) montre qu'au XIXe siècle la puissance culturelle de l'Amérique ne dépendait pas nécessairement de la position sociale. Cet élément s'est confirmé encore davantage au XXe siècle, où les traditions musicales afro-américaines ont eu un impact décisif sur la quasi-totalité de la musique d'expression populaire américaine.

5. *Le XXe siècle.* Charles Ives, l'un des compositeurs les plus originaux du XXe siècle, est toujours resté à l'écart du monde musical que ses prédécesseurs américains s'étaient efforcés de construire. Ses études de composition avec Parket, à Yale, lui avaient permis de se rendre compte de ce que sa conception résolument indépendante de la musique était inconciliable avec celle de la plupart des autres musiciens. Poursuivant une brillante carrière dans le monde des affaires, il composait à ses moments perdus, et n'entretenait presque aucun contact avec d'autres musiciens et compositeurs. La musique de Ives fait fusionner les matériaux les plus quelconques – citations de chansons populaires, cantiques et airs de danses – avec des techniques musicales sans précédent pour leur époque : bitonalité, écriture en canon dissonante et atonalité. Ives a écrit sa musique en partie pour reconstruire la vie dans la Nouvelle-Angleterre de son enfance et pour célébrer la bonté innée des hommes et des femmes de la terre à laquelle il croyait profondément ; il avait cessé de composer depuis longtemps lorsque ses œuvres ont commencé à être jouées. Parmi les exécutions marquantes de sa musique, on peut citer celles de la *Sonate pour piano « Concord »* (1939) par John Kirkpatrick et de la *Symphonie n° 4* (1965) par Leopold Stokowski. Ces exécutions et bien d'autres encore, les enregistrements et l'édition ont gagné des défenseurs à la musique de Ives, surtout pour son estampille indiscutable « made in America » et pour ses innovations techniques. Toutefois, Ives espérait qu'à un moment donné, une musique comme la sienne pourrait être comprise, et peut-être même composée, par la « majorité », au goût de laquelle il croyait si fermement ; mais ce vœu est loin d'être réalisé.

A partir de 1920, les principales institutions musicales des États-Unis – orchestres symphoniques, opéras, sociétés chorales, conservatoires et écoles, ainsi qu'une nouvelle venue, la firme discographique – commencent à former une structure relativement permanente. Façonné par des musiciens et des mélomanes actifs, cet édifice constitue l'essentiel de l'héritage du compositeur du XXe siècle. Si le compositeur américain, qui semble parvenu à maturité dans les années vingt, n'a pas eu à perpétuer de tradition unifiée sur le plan du style, il a quand même hérité d'une tradition de professionnalisme dans le domaine de la musique sérieuse. Cependant, une autre part de son héritage concourt à l'exclure de cette tradition. Dans les années précédant la Première Guerre mondiale, l'avant-garde européenne s'était attaquée aux institutions artistiques et aux valeurs esthétiques conventionnelles, en affirmant que la société bourgeoise était l'ennemie de l'art significatif. Une telle attaque comportait certaines conséquences, particulièrement aux États-Unis, où les institutions musicales et les compositeurs dépendaient précisément du soutien des citoyens qu'attaquait l'avant-garde. Les compositeurs américains qui ont cherché à introduire des influences avant-gardistes sur le nouveau continent se sont heurtés à l'indifférence ou à l'hostilité de la plupart des musiciens et des publics. Il ont donc dû trouver et organiser leur propre forum.

Dans les années vingt, Edgar Varèse, qui s'était installé à New York depuis 1915, avait déjà commencé à penser la musique comme une « science artistique » et il composait des œuvres comme *Hyperprism* (1922-23) que l'on peut aujourd'hui considérer comme les précurseurs directs de la musique électronique. En 1921, Varèse participait à la fondation à New York de l'International Composers' Guild, consacrée à l'exécution de musiques contemporaines, mais son existence n'a été qu'éphémère. Après ses études à Paris, Aaron Copland est retourné à New York où il a commencé à écrire une musique peu structurée, fourmillant de rythmes dérivés du jazz (*Music for the Theatre*, 1925 ; *Concerto pour piano*, 1927). Bien que les origines de la musique de Copland soient « américaines », elle était trop discordante pour le public américain de l'époque. Membre fondateur de la League of Composers (1923), Copland avait commencé sa carrière en travaillant avec acharnement au nom de la cause de la musique nouvelle – carrière qui a englobé organisation, promotion, conférences, écrits, concerts, enseignement et composition. Né en Californie, Henry Cowell a découvert certaines beautés insoupçonnées du piano ; au cours d'un récital donné à Carnegie Hall en 1924, il dévoilait des pièces faisant appel à des techniques totalement révolutionnaires, notamment les *clusters* joués avec les poignets et les avant-bras, et le tapotement sur les cordes de l'instrument ouvert. En 1927, avec le soutien financier de son nouvel ami Charles Ives, Cowell fondait la New Music Edition qui, pendant un quart de siècle, a publié les œuvres modernes de toute une gamme de compositeurs, Américains pour la plupart. L'International Composers' Guild, la League of Composers et la New Music Edition marquent l'élaboration d'une structure dans laquelle le compositeur d'avant-garde américain des années vingt pouvait suivre sa vocation.

La dépression économique des années trente devait affecter presque toutes les facettes de la vie américaine, y compris la musique. Dans une atmosphère sociale de privations et de misère, certains compositeurs comprennent sous un jour différent leur rôle dans la société. Au lieu de constituer une minorité d'artistes prêts à lutter dans un environnement hostile, ils commencent à se considérer comme des citoyens dotés de talents spéciaux que l'on peut solliciter pour améliorer la vie des autres Américains. Simultanément, des changements institutionnels permettent aux Américains d'entrer encore davantage en contact avec la musique sérieuse. Le *Federal Music Project du gouvernement, lancé comme mesure d'assistance, met, pour la première fois, les ressources de l'État au service de la musique. Les chaînes de radio commencent à diffuser des retransmissions de concerts symphoniques et de représentations lyriques, ce qui donne à un vaste auditoire un accès virtuellement libre aux exécutions musicales de la plus haute qualité. L'industrie cinématographique engage des compositeurs américains consacrés pour écrire des musiques de films. Durant les années 1930-45, les compositeurs semblent disposés à faire la moitié du chemin qui les sépare du public et ils espèrent fermement qu'en s'adressant à un auditoire élargi dans un langage plus accessible, ils parviendront à renforcer la place assez modeste qu'ils occupent alors dans la société américaine.

La musique américaine de cette période révèle une tendance plus forte que jamais à célébrer l'histoire de l'Amérique, les héros et les traditions américaines. Né en Oklahoma, Roy Harris, dont le langage est imprégné de sa profonde connaissance de la musique traditionnelle, était un symphoniste dont la carrière s'est épanouie au cours des années trente. Virgil Thomson correspond au même profil et a parfaitement adopté les sujets américains. Natif de Kansas City, Thomson y est revenu après avoir passé quelques années à Paris ; il a tout d'abord travaillé comme compositeur, puis (1940-54) comme critique musical. Composant sur commande, Thomson a écrit des partitions de films et un ballet sur des sujets locaux, à la fin des années trente. Son opéra consacré à la suffragette Susan B. Anthony, *The Mother of Us All* (1947 ; livret de Gertrude Stein), présente dans sa distribution une procession auguste, bien qu'anachronique, d'Américains éminents. Copland lui-même a modifié son style et s'est concentré, durant cette période, sur les événements et documents littéraires, ethnographiques, historiques, etc. relatifs à l'Amérique rurale, produisant *Appalachian Spring* (1944) et d'autres partitions de ballet qui ont fait de lui *le* compositeur américain du XXe siècle. Le quatrième mouvement de la *Symphonie n° 3* (1946) de Copland débute par une fanfare dont le titre peut être considéré comme un fer de lance de l'époque : *Fanfare for the Common Man*.

Dans les années qui ont suivi immédiatement la Seconde Guerre mondiale, les compositeurs américains se sont, dans l'ensemble, davantage intéressés à l'exploration de nouvelles dimensions techniques de leur art qu'à l'élargissement de leur auditoire. Un grand nombre d'entre eux se sont mis à assimiler la technique sérielle de Schoenberg, qui auparavant avait paru mathématique et limitative sur le plan artistique. Un changement institutionnel a joué en faveur de cette exploration en diffusant l'idée selon laquelle les compositeurs étaient des intellectuels : il s'agit de l'expansion rapide, après la guerre, des départements scolaires et universitaires et des écoles de musique, qui a permis à de nombreux compositeurs d'être engagés comme professeurs. Un poste à la Faculté ne permettait pas au compositeur de se limiter à la composition ; mais il lui donnait une plus grande liberté pour composer comme il le voulait. En outre, en lui confiant la formation de jeunes musiciens de talent, on affirmait son importance dans la pérennité de la musique américaine. Des compositeurs-professeurs comme Walter Piston à Harvard et Howard Hanson à l'Eastman School de Rochester ont perpétué la tradition académique des classiques de la Nouvelle-Angleterre. D'autres, comme Roger Sessions à Princeton et à l'Université de Californie, Milton Babbit à Princeton et Ross Lee Finney (1906) à l'Université du Michigan, ont souligné l'importance de l'université en tant qu'endroit où l'on travaille librement – notamment pour les jeunes compositeurs qui ont besoin de bénéficier du soutien d'une communauté créatrice et de voir confirmer leur vocation. Au cours de la seconde moitié du XXe siècle, avec la concentration de ressources et d'exécutants dont elle fait l'objet et l'ouverture aux idées nouvelles qu'elle se doit de respecter, l'université américaine a souvent joué un rôle de protecteur de l'innovation. Ainsi, il a semblé naturel aux yeux de tous que la musique électronique, qui requiert des matériels onéreux et fait preuve de nouveauté stylistique, bénéficie du parrainage de l'université dans des endroits comme le Columbia-Princeton Electronic Music Center de New York (depuis 1951) et le Massachusetts Institute of Technology à Cambridge. En employant des compositeurs et en les encourageant à exécuter eux-mêmes de la musique avec leurs collègues et leurs étudiants, l'université a créé un véritable forum public, qui se situe en marge de celui des autres grandes institutions musicales.

Malgré toute l'importance des institutions académiques, de nombreux musiciens ont réussi à exister en dehors d'elles, en composant des œuvres sur commande, en jouant ou en chantant, ou en menant une activité musicologique ou musicographique. Aaron Copland, Virgil Thomson et Samuel Barber, entre d'autres, avec leurs seuls droits d'auteur et droits éditoriaux (*ASCAP et *BMI), ont cherché à bâtir leur carrière sur le contact avec un public qui apprécie la musique en général, par opposition au public plus spécialisé, fervent de musique nouvelle. Natif de Californie, John Cage, éminente personnalité de l'avant-garde depuis ses premiers concerts à New York, au début des années quarante, a réussi à trouver un autre genre de public. Travaillant avec des danseurs, des peintres, des sculpteurs et des poètes, Cage est apparu dans de nombreux événements de style théâtral, souvent avec la Merce Cunningham Dance Troupe, dont il a longtemps été le directeur musical. Le texte de Robert Frost sur l'écoute du bruit des arbres

Till we lose all measure of pace,
And Fixity in our joys,
And acquire a listening air

reflète certains aspects de la philosophie musicale de Cage. Profondément influencé par l'étude du bouddhisme zen japonais, Cage affirme que les méthodes aléatoires qu'il emploie dans sa musique ne sont que le reflet de la nature elle-même, dont les processus sont gouvernés par le hasard. Ainsi, Cage installe vraiment l'environnement sur scène et, par cette déformation radicale, il cherche à redéfinir la musique – pas simplement comme l'art artificiel du son, mais comme une nouvelle définition par rapport à l'expérience vécue.

Dans le contexte de l'histoire de la musique en Amérique, il est intéressant de remarquer que même l'anticonformisme le plus absolu n'est pas parvenu à troubler la croissance de la philanthropie musicale depuis le milieu des années soixante. Des fondations privées, dont certaines font vivre depuis longtemps des musiciens, augmentent leurs dons. Divers États, particulièrement celui de New York, ont créé des conseils artistiques pour financer les projets de valeur. L'engagement des universités continue dans la même ligne. En 1965, le gouvernement fédéral a créé le National Endowment for the Arts, organisme de consolidation dont le budget a rapidement augmenté au cours des années suivantes. Seule une petite part de cet argent est allée aux compositeurs américains et à leurs activités. Néanmoins, dès les années soixante-dix, la politique officielle américaine a commencé à s'orienter vers une action de soutien en faveur des arts de la création et de l'exécution, pensant qu'ils s'épanouiraient plus facilement s'ils étaient partiellement subventionnés que s'ils évoluaient sur un marché commercial totalement libre. « Subvention » est devenu un mot courant dans le vocabulaire artistique.

La musique américaine a abordé les années quatre-vingt dans une atmosphère de pluralisme résolu. L'ancien rêve d'une « musique américaine » liée à la maturité nationale est apparu comme un concept un peu naïf au moment où commençait à se définir le profil d'une culture américaine mature. Car, au lieu de l'orienter vers un style national unique, le passage du temps semble avoir de plus en plus diversifié la musique américaine. Il n'y aurait donc rien d'étonnant à ce que, par exemple, trois grands compositeurs américains de cette époque – Elliott Carter, George Crumb et Steve Reich – inventent une musique dont les buts esthétiques et les surfaces sonores aient peu de points communs. Une telle diversité étant devenue la norme, il est peu probable qu'un mouvement unificateur se concrétise sans une crise culturelle qui transforme beaucoup de choses en profondeur.

6. *Musique légère, jazz et rock*. Dans ces secteurs, les enjeux économiques sont beaucoup plus élevés que dans celui de la musique « classique ». Les musiciens américains du XXe siècle qui travaillent dans les différents domaines de la musique populaire exercent au sein d'un groupe d'institutions extrêmement compétitives : le circuit du théâtre, le circuit du night-club, un réseau d'éditeurs et de distributeurs de musique ainsi que les industries du disque, du film et de la radio. Dès la fin du XIXe siècle, les divertissements scéniques dans lesquels intervenait la musique comprenaient le théâtre musical (opérettes et autres spectacles avec une intrigue intégrée et beaucoup de numéros musicaux) et le spectacle de variétés ou la revue, dans lesquels une série de numéros différents, musicaux pour certains, se partageaient la scène. Dans chacun des deux genres, tout semblait partir de New York, où des dizaines de théâtres avaient ouvert leurs portes et prospéraient régulièrement. Certaines opérettes et spectacles musicaux partaient en tournée, et le circuit du « vaudeville » envoyait des spectacles de variétés dans tout le pays au travers d'un réseau de théâtres. Les chansons du théâtre musical représentaient l'un des éléments les plus importants de l'industrie de l'édition musicale, qui s'est également centralisée à New York dans le quartier de *« Tin Pan Alley ». L'industrie servait également les artistes de variétés, qui rivalisaient pour leur vendre leurs chansons et les morceaux à la mode, car les représentations théâtrales les faisaient connaître et faisaient monter les ventes de musique en feuillets.

Ce processus représente une évolution certaine par rapport au contexte du XIXe siècle, lorsque l'édition musicale et le théâtre musical étaient beaucoup moins centralisés. Par la suite, le processus est devenu beaucoup plus complexe lorsque le disque, le film parlant, la radio et la télévision sont entrés en jeu. Mais les principes fondamentaux sont restés les mêmes : un vaste public amateur de chant et de danse, soit comme spectateur soit comme partipant ; un groupe de compositeurs, de paroliers, de chanteurs et de danseurs professionnels qui ne cherchent qu'à plaire au public ; et un réseau d'agents et d'entrepreneurs de spectacles qui établissent les termes de la rencontre entre le public et l'artiste, définissent les normes économiques de ce genre d'entreprise et insistent sur le fait qu'une chanson, une danse ou même une exécution doit être considérée comme une propriété privée. Le principe fondamental n'a pas changé depuis le XIXe siècle ; de nos jours, comme autrefois, les produits de cette industrie sont conçus à la fois pour la scène et pour des usages privés.

La chanson américaine du XXe siècle, un peu comme l'industrie qui la fait vivre, présente un visage en perpétuel changement, mais dont le fond s'altère peu. La plupart des chansons à succès sont des chansons d'amour. Les accents de la rhétorique très romantique de l'opérette viennoise se reflètent dans son homologue du début du XXe siècle avec les chansons de Victor Herbert (1859-1924) et de Sigmund Romberg (1887-1951). L'impact de la musique afro-américaine a apporté aux spectacles des années 1910 et 1920 une nouvelle vitalité rythmique et une absence de formalisme dans l'expression, avec des chansons comme « Alexander's Ragtime Band » d'Irving Berlin et « I Got Rhythm » des frères Gershwin. Ce nouveau style de chanson endiablée était enraciné dans la danse – surtout dans les nouvelles façons de se mouvoir comme le fox-trot et le charleston ; on y retrouve la musique de danse syncopée à laquelle on attribuait de plus en plus souvent le nom de « jazz ». Une expression harmonique plus développée commence à enrichir les ressources expressives des compositeurs de chansons, comme le montrent les chansons de Jerome Kern et de Harold Arlen (1905). Sur le plan formel, le chœur de 32 mesures se généralise, ce qui met au rang d'exceptions des chansons conçues sur un chœur de 48 mesures, comme « Night and Day » de Cole Porter. Mais le métier de compositeur exige de cacher sa technique plutôt que de l'afficher, car il cherche à trouver quelque chose qui sonne naturellement et qui soit facile à retenir. Des chansons comme « My Funny Valentine » de Rodgers et « Babes in Arms » (1937) de Hart révèlent le don particulier du créateur pour la synthèse et pour une intimité élaborée, en cristallisant en quelques phrases la perspective d'un amoureux et en transformant une apparition fugitive en un reflet permanent.

Les chansons de Tin Pan Alley et de Broadway, qui n'expriment qu'une forme particulière de sensibilité, n'ont pas trouvé d'écho chez tous les Américains. Mais en découvrant que des individus de toute origine et de tout mode de vie étaient disposés à payer pour entendre une musique avec laquelle ils se sentaient à l'aise, la musique américaine du XXe siècle a franchi l'une des étapes les plus importantes de son évolution. Cette découverte a fait entrer toute une gamme de musiques traditionnelles dans le royaume du commerce, apportant une nouvelle richesse et une nouvelle diversité à la musique « folk » américaine.

Le *blues afro-américain a été l'une des premières musiques indigènes à pénétrer le marché commercial. Après avoir observé l'accueil chaleureux que réservaient les publics noirs du Sud rural à la musique populaire traditionnelle lorsqu'elle était jouée par des membres de leur propre communauté, W.C. Handy avait commencé, vers 1915, à publier des blues en feuillets individuels. Dès 1920, des chanteurs noirs commençaient à enregistrer des blues, et l'accueil inattendu qu'ils reçurent des acheteurs de disques – Noirs pour la plupart car les disques étaient distribués sous une étiquette « raciale » circulant essentiellement dans les milieux noirs – est à l'origine d'un nouveau secteur de l'industrie de la musique « folk ». On a pu constater le même genre de processus chez les Blancs des campagnes et des petites villes dans le sud-est des États-Unis. Dès les années vingt, des artistes comme « Fiddlin » John' Carson et la famille Carter avaient enregistré leur propre genre de musique, ce qui donna naissance à l'industrie de la * « country music », dont le quartier général se situait à Nashville, dans le Tennessee. Les autres genres de musique traditionnelle sont également sortis de leur contexte d'origine. A partir des années vingt, beaucoup de musiciens immigrants, issus de divers groupes ethniques européens, réalisèrent des enregistrements commerciaux dans les styles traditionnels de leurs pays d'origine. Les airs traditionnels anglo-américains, avec leur instrumentation et leur style de chant, ont servi à la fois de source et de modèle aux exécutants engagés politiquement – des chansons syndicalistes de Woody Guthrie, dans les années trente, aux chansons pacifistes de Pete Seeger et Bob Dylan, dans les années soixante. Arrangée en fonction d'impératifs commerciaux pour un public beaucoup plus vaste, la musique traditionnelle a également apporté une certaine fraîcheur de répertoire dans les années cinquante et soixante à des musiciens tels que le Kingston Trio et Harry Belafonte. A la même époque, des musiciens comme Mike Seeger, qui se produisaient dans les cafés et dans les festivals de musique traditionnelle, cherchaient à préserver l'authenticité des styles populaires traditionnels anglo-américains.

Le style « folk » qui a prédominé depuis les années soixante, le *rock and roll, a également été conçu pour un groupe social particulier, les Américains de moins de vingt ans. Contrairement au blues, à la country music et à la musique traditionnelle – dont il s'est inspiré – le rock and roll a vu le jour comme une musique strictement commerciale. A ses débuts, à la fin des années cinquante, il s'adressait aux adolescents qui semblaient réfractaires à la musique de Tin Pan Alley et de Broadway – écrite pour des artistes comme Bing Crosby, Frank Sinatra et Peggy Lee, qui chantaient avant tout pour des adultes. Dans un premier temps, la musique rock s'est trouvée promue par des producteurs de disques indépendants et des disc-jockeys sur des stations de radio pirates. Elle était vendue à bon marché sous forme de disques simples. Puis elle est bientôt devenue une affaire importante lorsque la puissance économique du marché de la jeunesse et la vitalité du nouveau style musical se sont révélées. Des artistes de talent et consacrés, comme Elvis Presley, les Beatles, Jimi Hendrix et bien d'autres ont fait mûrir la musique rock. Au travers de divers changements de style, deux éléments sont restés plus ou moins constants en tant que sources de cette musique : une pulsation rythmique aggressive et motrice, non dépourvue d'implications sexuelles, et une attitude de rébellion contre les valeurs de la société conventionnelle, qui s'exprime à la fois dans les couplets des chansons, dans les vêtements et le comportement des musiciens, souvent destinés à choquer les « non-aficionados ».

De toutes les musiques américaines reposant sur des bases commerciales, le jazz est celle qui a le plus œuvré en faveur d'une qualité artistique de haut niveau. Forgé par les musiciens noirs, notamment à La Nouvelle-Orléans, le jazz n'a pas vu le jour comme un nouveau genre, mais comme un style d'exécution de la musique de danse, dans certains lieux où se déroulaient des divertissements populaires. Par la suite, on a pris l'habitude de dire des musiciens qui prenaient certaines libertés dans l'articulation, le phrasé, le rythme, ou des chanteurs qui donnaient l'impression d'improviser, qu'ils faisaient de la musique dans le style du jazz.

Les musiciens de jazz noirs ont commencé à enregistrer au début des années vingt. Des pianistes et compositeurs comme Ferdinand « Jelly Roll » Morton, originaire de La Nouvelle-Orléans, jouaient des morceaux du répertoire du *ragtime et du blues, ainsi que des originaux. Le même genre de morceaux était également l'apanage d'ensembles instrumentaux de sept ou huit musiciens. Le son caractéristique du cornet à pistons, de la clarinette et du trombone tissant les fils d'un contrepoint libre sur une section rythmée est caractéristique de l'ensemble de La Nouvelle-Orléans : la participation collective y a plus de poids que l'intervention purement personnelle. Néanmoins, l'ensemble de style « New Orleans » a servi de charpente à la carrière du trompettiste-cornettiste Louis Armstrong, qui est sans doute le soliste le plus important et le plus poétique de l'histoire du jazz.

Les orchestres de danse des années vingt, dont l'effectif était plus abondant, ont été influencés par le nouveau style du jazz et certains, comme l'ensemble noir d'Edward Kennedy, « Duke » Ellington, fixé à New York, ont été conçus spécialement pour jouer du jazz. Dès les années trente, on voit s'élaborer un style « swing » pour les « grands ensembles » de douze à quatorze instrumentistes. Tout en sacrifiant la spontanéité à une sonorité et un dynamisme rythmique accrus, des compositeurs-arrangeurs comme Ellington et Fletcher Henderson laissent néanmoins dans leur musique une large place à l'improvisation de leurs remarquables solistes. Le grand ensemble influencé par le jazz s'est assuré un vaste public. Les ensembles de danse blancs des années trente et quarante, comme le groupe dirigé par le clarinettiste Benny Goodman, originaire de Chicago, ont connu un succès très important par leurs tournées, leurs disques et leurs apparitions à la radio, dans un répertoire qui comprenait à la fois des numéros de jazz et des chansons de Tin Pan Alley.

L'apparition du * « be bop » dans les années quarante a ajouté un nouveau style au domaine du jazz – un style dans un langage musical « avancé », perçu dès le début comme un abandon des premières formes du jazz. Le be bop a également permis de donner au jazz une orientation anticommerciale à outrance. L'exécutant se considérait alors davantage comme un artiste que comme un amuseur. Sa valeur devait être jugée essentiellement en fonction de sa compétence en tant qu'improvisateur ; l'élément essentiel de la vocation du musicien de jazz consistait à se forger un style d'improvisation personnel et distinctif, de préférence dans un domaine expérimental du langage, puis de continuer à « grandir » ou à changer, selon le cas. Le be bop a déplacé le point focal du jazz en le faisant passer de l'ensemble au soliste, de la salle de bal au club de jazz, du danseur participant à l'auditeur extasié, parfois installé dans sa propre chambre devant son tourne-disque. Alors que des artistes comme Armstrong, Ellington et Goodman continuaient à tenir leurs auditoires en jouant le genre de musique avec lequel ils avaient fait leurs débuts, les artistes du be bop comme le saxophoniste Charlie Parker, le trompettiste John Birks « Dizzy » Gillespie et le pianiste et compositeur Thelonious Monk travaillaient dans un univers plus réduit, plus spécialisé, avec leurs propres institutions – clubs, firmes discographiques, publications et critiques – et leurs propre public.

L'une des grandes réalisations du be bop est d'avoir stimulé un sens critique et historique dans le domaine du jazz. Comment une musique de la complexité artistique du be bop était-elle née d'un terrain aussi peu commercial ? Des recherches et une écoute attentive ont confirmé que le potentiel de complexité artistique du be bop avait toujours existé : entre les mains de musiciens aussi doués qu'Armstrong ou Ellington, les premiers langages du jazz avaient soutenu et pouvaient soutenir des propos musicaux d'une éloquence si convaincante que pratiquement n'importe quel auditoire pouvait les reconnaître et y répondre. Entre-temps, de jeunes artistes, comme Ornette Coleman, John Coltrane et Cecil Taylor, ont participé à un mouvement d'avant-garde qui a éloigné de plus en plus la langue du jazz de ses racines originelles. A partir des années soixante, l'avant-garde du jazz a commencé à être reconnue par les autorités philanthropiques et académiques comme un genre particulier de musique sérieuse dont l'avenir nécessitait un soutien institutionnel dépassant ce que pouvait offrir le marché commercial. Un grand nombre de ceux qui pratiquaient le be bop avaient reçu une formation conservatrice et leurs moyens d'existence ressemblaient à ceux de nombreux compositeurs classiques : enseignement, concerts et subventions. En même temps, l'appétit persistant pour le jazz traditionnel, qui se manifestait dans les clubs, certains concerts importants et les enregistrements, était partagé par un public assez restreint pour rappeler à l'observateur la précarité de la vocation de la plupart des musiciens de jazz professionnels sur le plan économique.

Il n'est pas surprenant que dans une culture musicale telle que celle des États-Unis, qui s'est développée en dehors de tout centre puissant, une musique d'une grande intégrité artistique ait jailli, comme les fleurs sauvages, dans l'ensemble du paysage. Le jazz est une musique spécifiquement américaine d'impact international – un exemple précis d'influence allant vers l'Europe – et on peut prendre une exécution de jazz comme paradigme de la vitalité musicale américaine. En octobre 1947, un saxophoniste alto de 27 ans, originaire de Kansas City, Charlie Parker, jouait la chanson de Gershwin « Embraceable You » au cours d'une séance d'enregistrement. Ce bref moment enregistré conserve un équilibre mystérieux : la fantaisie de l'inspiration improvisée au sein de la réserve de la structure formelle et harmonique d'une chanson d'amour de Tin Pan Alley ; le sens de l'ornementation à profusion de ce virtuose, contrôlée par une maîtrise disciplinée et cohésive de matériaux d'invention récente ; une déclaration dans un langage profondément personnel, délivrée avec la puissance communicative d'un artiste qui semble parler ou chanter au travers de son instrument. Cette fusion témoigne de la maturité artistique et révèle un artiste américain qui travaille véritablement dans une tradition.

Richard Crawford.

BIBLIOGRAPHIE : André Gauthier, *La Musique américaine*, PUF, coll. Que sais-je ? (Paris, 1963, 2e éd. 1972). W. L. Landowski, *La Musique américaine*, Horay (Paris, 1952). Eileen Southern, *Histoire de la musique noire américaine*, Buchet-Chastel (Paris, 1976). Jacques Vassal, *Folksong*, Albin Michel (Paris, 1971).

Étendue (all. : *Umfang* ; angl. : *compass*). Distance comprise entre les sons extrêmes que peut produire un instrument ou une voix. Voir *Ambitus*, *Voix*, *Piano*, etc.

Eternal Father, Strong to Save. Cantique dont William Whiting (1825-78) a écrit les paroles en 1860. La version originale a été publiée dans l'*Anglican Hymn Book* (1868), les paroles commençant par « O thou who bidd'st the ocean deep ». Des versions modifiées figurent dans *Hymns Ancient and Modern* (1861) et dans l'appendice des *Psalms and Hymns* (1869). Il a été adopté comme hymne de la Royal Navy.

Et expecto resurrectionem mortuorum. Œuvre de Messiaen pour 18 bois, 16 cuivres et percussions métalliques, commande d'André Malraux, composée en 1964 et créée à la Sainte-Chapelle le 7 mai 1965.

Ethnomusicologie. Branche de la *musicologie dont le but consiste à appréhender la musique dans son contexte socioculturel. Elle comprend l'étude des systèmes musicaux hors du monde occidental, comme les traditions classiques de l'Orient, ainsi que les musiques et les danses traditionnelles occidentales. Les ethnomusicologues ont consacré assez peu d'études à la musique occidentale. En général, ils sont surtout attirés par la musique de tradition orale et par les systèmes musicaux vivants. Ils ont souvent étudié des cultures différentes des leurs, ce qui différencie ce domaine de la majeure partie de la musicologie historique.

Le terme a été créé en 1950 par Jaap Kunst pour remplacer l'appellation « musicologie comparative » (all. : *vergliechende Musikwissenschaft*) utilisée auparavant pour identifier les études réalisées sur les musiques extra-européennes et les musiques traditionnelles. Kunst prétendait que, dans la mesure où la comparaison est au centre de toute recherche, elle ne pouvait être considérée comme un élément distinctif de ce travail. Sur le plan académique, la musicologie comparative, comme la musicologie historique, est née dans les universités européennes à la fin du XIXe siècle. Mais l'intérêt porté à la musique extra-européenne remonte aux grandes découvertes et la raison philosophique fondamentale de l'intérêt accordé aux cultures étrangères date du siècle des lumières. Le *Dictionnaire de musique* de Jean-Jacques Rousseau (1768) comporte des exemples de musique chinoise, finlandaise et indienne du Canada. Les missionnaires, les fonctionnaires et les voyageurs des XVIIIe et XIXe siècles ont enregistré des informations inestimables, notamment le père Joseph Amiot (*Mémoire sur la musique des Chinois tant anciens que modernes*, 1779), le juge anglais William Jones (*On the Musical Modes of the Hindoos*, 1784) et le Captain C. R. Day (*The Music and Musical Instruments of Southern India and the Deccan*, 1891).

Dans les années 1870 et 1880, deux importantes découvertes dans le domaine de la technique ont marqué les véritables débuts de l'ethnomusicologie. La première est l'invention du savant américain Thomas Edison. Son phonographe (1877) est l'outil pratique qui a permis l'enquête sur le terrain et a donné aux musicologues la possibilité d'écouter de la musique exotique de façon répétée. La seconde est l'invention du physicien et phonéticien anglais Alexander J. Ellis. Son système de mesure de la hauteur du son, qui divise l'octave en 1 200 unités égales, a permis d'évaluer de façon objective les gammes non occidentales. Dans *On the Musical Scales of Various Nations* (« Sur les gammes musicales de diverses nations », 1885), Ellis conclut que « la gamme musicale n'est pas une, n'est pas "naturelle", n'est même pas nécessairement fondée sur les lois de la constitution du son musical si merveilleusement éloborées par Helmholtz, mais très diverse, très artificielle et très capricieuse ». Cette découverte ébranlait la suprématie de l'accord tempéré occidental et ouvrait la voie à des investigations et à des comparaisons sans parti pris avec des systèmes tonaux mal connus jusqu'alors.

Les musicologues ont rapidement tiré avantage de ces progrès techniques. En Allemagne, à l'Université de Berlin, des psychologues comme Carl Stumpf, Otto Abraham et Erich M. von Hornbostel ont analysé des centaines d'enregistrements sur cylindres de cire qui leur étaient adressés par des ethnologues du monde entier. Ce travail a abouti à des spéculations très imaginatives sur les origines de la musique, son évolution et la répartition des instruments et des formes musicales.

Contrairement aux ethnomusicologues « casaniers » de l'école de Berlin, les chercheurs américains ont mené des enquêtes sur le terrain. Jesse Walter Fewkes a été le premier à utiliser le phonographe d'Edison sur le terrain en 1890 lors d'une visite aux Indiens Passamaquoddy du Maine et au peuple Zuñi du Nouveau-Mexique. Ces enregistrements ont été transcrits en notation occidentale par le professeur de musique de Harvard, Benjamin Ives Gilman, et publiés l'année suivante. A la fin du XIXe siècle et au début du XXe siècle, d'autres enquêtes sur le terrain ont été réalisées par Franz Boas (les tribus de la côte nord-ouest), Alice Canningham Fletcher (les tribus des plaines) et Frances Densmore (des dizaines de cultures indiennes nord-américaines). Les chercheurs américains ne se sont pas attaqués aux théories universelles de l'école de Berlin ; ils ont centré leur étude sur le rôle de la musique dans les cultures indiennes vivantes à proximité de chez eux.

En Angleterre, Cecil Sharp a commencé à étudier le chant populaire anglais au début du siècle. En recherchant des matériels anciens authentiques, il a visité le sud des Appalaches aux États-Unis (1916-18) où, avec son assistante Maud Karpeles, il a découvert environ 1 600 airs anglais et leurs variantes. Le compositeur australien Percy Grainger a émigré en Angleterre où il s'est consacré à l'enregistrement de chansons populaires sur des cylindres de cire à partir de 1906.

En Hongrie, Béla Vikár a commencé à faire des enregistrements sur le terrain en 1896. Béla Bartók notait sa première chanson populaire hongroise en 1904 et, en 1905, il entamait avec Zoltán Kodály une collaboration qui s'est prolongée pendant toute leur vie. A partir de 1906, Bartók a utilisé le phonographe d'Edison, tout d'abord en Hongrie, puis en Slovaquie, en Roumanie et en Transylvanie. Grainger, Bartók, von Hornbostel, l'historien et organologue Curt Sachs, George Herzog, Mieczyslaw Kolinski et Klaus Wachsmann ainsi que les étudiants de von Hornbostel à l'Institut de Berlin ont finalement tous émigré aux États-Unis où leurs travaux ont permis d'amalgamer les approches européennes et américaines de l'étude de la musique traditionnelle.

Après la Seconde Guerre mondiale, deux sociétés professionnelles ont été fondées, l'International Folk Music Council en 1947 (devenue International Council for Traditional Music en 1982) et la Society for Ethnomusicology en 1955. Principalement grâce aux efforts de Mantle Hood, l'ethnomusicologie s'est implantée dans de nombreuses universités américaines. Le programme de Hood, à l'Université de Californie à Los Angeles, avait une orientation musicologique et insistait sur la « bimusicalité », la nécessité pour les étudiants d'acquérir une compétence dans un second langage musical. A l'extrême opposé, Alan Merriam a été le principal représentant d'une approche anthropologique. Dans *The Anthropology of Music*, il a proposé un modèle d'étude de la musique sur trois niveaux analytiques : concepts musicaux, comportement musical et produit musical. La division entre les approches anthropologique et ethnomusicologique a subsisté jusque dans les années quatre-vingt.

En France, l'ethnomusicologie n'est encore considérée que comme une discipline accessoire de l'ethnologie, mais elle commence à s'affirmer dans le domaine de la recherche grâce aux collections du musée des Arts et Traditions populaires et du musée de l'Homme, et aux travaux du CNRS.

Malgré les divergences qui existent entre les différentes approches, certains principes fondamentaux restent communs. Tout d'abord, l'érudition casanière appartient au passé. Le travail sur le terrain est indispensable et chaque chercheur doit recueillir ses propres informations. Deuxièmement, les ethnomusicologues reconnaissent la valeur de la notation écrite ; bien que certains d'entre eux aient recherché une aide dans le domaine de la transcription mécanique, comme les ordinateurs ou le Melographe Seeger, ils s'en rapportent pour la plupart à la notation conventionnelle occidentale. Troisièmement, alors que les ethnomusicologues sont les premiers à souligner que la musique est un phénomène universel rencontré dans toutes les sociétés humaines connues, ils accordent une valeur particulière à l'importance unique de chaque répertoire individuel. Ce paradoxe met l'ethnomusicologue en conflit avec lui-même. L'universalité de la musique le pousse à établir des comparaisons sur une base mondiale (comme, par exemple, le projet cantométrique d'Alan Lomax). Mais la diversité des traditions musicales le freine dans son désir de comparer et de généraliser. C'est cette prudence qui a caractérisé la recherche dans les années soixante-dix et quatre-vingt. Quatrièmement, les ethnomusicologues sont de grands égalitaires. Ils évitent de porter des jugements de valeur qui placeraient la musique de la société A au-dessus de celle de la société B. Ils préfèrent s'en référer à l'appréciation que porte une société sur ses propres musiciens que d'imposer des jugements de l'extérieur. Finalement, les ethnomusicologues considèrent que la musique est indissociable de son environnement culturel et bon nombre d'entre eux partagent la croyance de Merriam : la culture, c'est la musique, et ce que font les musiciens, c'est la société.

Helen Myers.

Eton Choirbook (Windsor, bibliothèque du collège d'Eton). Livre de chœur, source la plus importante qui ait survécu de la musique religieuse du début du règne des Tudors. Écrit entre 1490 et 1502 pour le collège d'Eton, le manuscrit est assez grand pour faire chanter une vingtaine d'enfants. Il contient près de cinquante œuvres complètes (plus une quarantaine d'œuvres fragmentaires ou perdues), qui sont pour la plupart des antiennes élaborées et des *Magnificat* à quatre, cinq, six voix et davantage. Au nombre des compositeurs représentés figurent Browne, Cornysh, Davy, Fayrfax et Lambe.

Étouffer (all. : *dämpfen* ; angl. : *to damp*). Arrêter ou assourdir les vibrations d'un instrument comme les timbales, soit en touchant la peau, soit en plaçant dessus des tampons de feutre. Voir également *Piano*, 12.

Étouffoir (all. : *Dämpfer*). Voir *Sourdine*.

Étude. Pièce instrumentale qui se concentre sur un aspect particulier de la technique de l'instrument ou de la technique de composition. Ce type d'œuvre s'est multiplié au début du XIXe siècle, avec le développement de la virtuosité. Des études plus anciennes, appelées « exercices », *Übung* (all.) ou *essercizio* (ital.), allaient des exercices élémentaires aux grandes sonates pour clavecin, comme les trente *Essercizi* de Domenico Scarlatti, ou à la complexité des partitas pour clavier de Bach, du *Concerto italien* ou des *Variations Goldberg*.

J. B. Cramer, Clementi (*Gradus ad Parnassum*) et Czerny, notamment, ont publié des études pour piano au début du XIXe siècle. Au fur et à mesure que le siècle avançait, les compositeurs ont pris l'habitude d'écrire des études destinées au concert et à l'exécution privée. On a ainsi vu naître des œuvres de grande virtuosité, comme les deux *Études de concert* de Liszt et ses *Études en forme de douze exercices* (dont la révision a abouti tout d'abord aux *Grandes Études* puis aux *Études d'exécution transcendante*), dédiées à Czerny, les douze *Grandes Études op.10* de Chopin, dédiées à Liszt et ses douze *Études op.25* ainsi que les *Études symphoniques op.13* de Schumann. Liszt a également transcrit pour piano certaines œuvres de virtuosité pour violon de Paganini, comme les *Études d'exécution transcendante d'après Paganini*. Par la suite, d'autres compositeurs ont écrit d'importantes séries d'études pour piano : Alkan, Scriabine, Rachmaninov, Saint-Saëns, Debussy, Messiaen et Prokofiev. Parmi les études pour violon seul, il faut mentionner les *24 Caprices* de Paganini, pièces très brillantes qui ont servi de source d'inspiration fertile à d'autres compositeurs ; néanmoins, la plupart d'entre elles étaient destinées à l'étude plutôt qu'au concert.

Les titres « étude » et « study » ont été utilisés au XXe siècle pour de grandes œuvres symphoniques, par exemple par Stravinski, Henze, Rawsthorne et Milhaud, et pour des œuvres de musique de chambre comme *Étude de fleurs* pour violoncelle et piano de Michael Berkeley.

Wendy Thompson.

Études d'exécution transcendante d'après Paganini. Œuvres pour piano seul de Liszt, transcription de six caprices pour violon de Paganini, comprenant *La Campanella*. Composées en 1838, elles ont été révisées en 1851 sous le titre de *Grandes Études de Paganini*.

Étude des fonctions. Système d'analyse harmonique élaboré par Hugo Riemann. Il repose sur une théorie selon laquelle toutes les progressions harmoniques sont dérivées de trois accords de base : tonique, dominante et sous-dominante. Voir *Analyse*.

Étude « révolutionnaire ». Surnom de l'*Étude en ut mineur n° 12 op.10* pour piano de Chopin, composée en 1830. On suppose qu'elle exprime la fureur patriotique de Chopin à l'annonce de la prise de Varsovie par les Russes, ce qui expliquerait son surnom.

Étude sur les touches noires (ou « La Négresse »). Surnom de l'*Étude en sol bémol majeur n° 5 op.10* pour piano de Chopin (1830), car la main droite ne joue que sur les touches noires du piano.

Études symphoniques. Cycle pour piano seul op.13 de Schumann, composé entre 1834 et 1837. A l'origine, elles portaient le titre de *Etüden im Orchestercharakter für Pianoforte von Florestan und Eusebius*, mais la deuxième version s'est intitulée *Études en forme de variations* (1852). Cinq variations qui avaient été supprimées à l'origine ont été publiées en 1873 ; une autre reste inédite.

Etwas (all.). « Quelque », « quelque chose ».

Euchorics (angl.). Nom donné en Grande-Bretagne, au début des années trente, à l'art de la déclamation de vers en chœur.

Eugène Onéguine. Opéra en trois actes de Tchaïkovski sur un livret du compositeur et de Konstantin S. Chilovski, d'après le poème de Pouchkine (1831). Représentations : Moscou (Théâtre Maly, 29 mars 1879, en séance privée ; Théâtre Bolchoï, 23 janvier 1881) ; Londres (Olympic Theatre, 17 octobre 1892) ; Nice (7 mars 1895) ; Paris (Théâtre Sarah-Bernhardt, 23 mai 1911 ; Opéra-Comique, 12 mai 1955) ; New York (Metropolitan Opera, 24 mars 1920). La scène se déroule en Russie au début du XIXe siècle. Tatiana (soprano), jeune fille très impressionnable de Mme Larina (mezzo-soprano), tombe amoureuse de Onéguine (baryton), personnage byronien et ami de Lenski, fiancé de sa sœur Olga. Tatiana reste éveillée toute la nuit à écrire une lettre passionnée à Onéguine, dans laquelle elle le met au courant de ses sentiments. Il la rencontre le lendemain dans le jardin et l'exhorte à l'oublier, après lui avoir exprimé ses réticences au sujet des jeunes filles. On célèbre l'anniversaire de Tatiana par un bal. Certaines vieilles dames ne se privent pas de commentaires au sujet de Tatiana et d'Onéguine qui dansent ensemble. Onéguine, gêné, danse avec Olga (mezzo), qui avait promis cette danse à Linski (ténor). Ce dernier proteste auprès de sa fiancée qui, piquée, propose une autre danse à Onéguine. M. Triquet (ténor), précepteur français, chante une chanson à la louange de Tatiana. Lorsque la danse reprend, Lenski se dispute avec Onéguine et le provoque en duel. Le lendemain, à l'aube, les deux hommes se rencontrent près d'un vieux moulin le long d'une rivière. Lenski est tué.

Six ans ont passé et Onéguine, qui était parti à l'étranger rentre à Saint-Pétersbourg. Le prince Gremin (basse), qui a épousé Tatiana, donne un bal en son palais. Onéguine y est invité et, en retrouvant Tatiana, il se rend compte qu'il l'aime. Il lui écrit et lui demande de le recevoir. Elle accepte et il se rend dans son boudoir, lui déclare son amour et la presse de s'enfuir avec lui. Tatiana hésite un instant puis lui répond avec ardeur ; mais, se reprenant, elle rappelle à Onéguine ses devoirs envers son mari et le renvoie pour toujours.

BIBLIOGRAPHIE : *Eugène Onéguine*, L'Avant-Scène-Opéra n° 43 (Paris, 1982).

Eulenburg. Maison d'édition musicale allemande. Ernst Eulenburg (1847-1926) avait fondé la firme à Leipzig en 1874 et publiait essentiellement des œuvres chorales et des ouvrages didactiques. En 1891, il acquiert une importante série de partitions de poche de Payne, publiées à Leipzig (comprenant plus de 200 œuvres de musique de chambre) et, en 1894, il obtient l'édition des partitions d'orchestre de Donajowski (environ une centaine) qui étaient publiées à Londres. Les partitions d'Eulenburg ont conservé la couverture jaune traditionnelle utilisée par les deux maisons et sont vendues au détail à des prix relativement bas. Eulenburg est rapidement devenue la principale maison d'édition de partitions de poche.

En 1911, Kurt Eulenburg (1879-1982) s'associe à son père et ils ajoutent au répertoire classique les opéras de Wagner (certains atteignant mille pages) et des œuvres contemporaines jusqu'alors inédites, dont certaines se sont avérées être des aventures commerciales risquées. Après la Seconde Guerre mondiale, Kurt Eulenburg installe la firme à Londres et, en 1957, *Schott la reprend, bien qu'Eulenburg en reste le directeur jusqu'à sa retraite, en 1969, à l'âge de 90 ans. Avec l'aide d'éminents musicologues, il a énormément enrichi le catalogue et, sous la direction de Roger Fiske, *general editor* de 1968 à 1975, la série a fait l'objet d'importantes révisions avec l'adjonction de nombreuses œuvres nouvelles. Une série de livres sur la musique a été lancée sous la direction de Sir William Glock.

J. M. Thomson.

Euphonium (ou basse en si bémol ; all. : *Baryton* ; ital. : *bombardino*). Instrument à pistons de la famille des cuivres, accordé en si bémol ; il ressemble à un petit tuba. L'euphonium joue un rôle important dans les fanfares et les musiques militaires. Aux États-Unis, il porte le nom de « baryton », mais en Grande-Bretagne ce terme désigne un autre instrument : le baryton anglais a une perce plus étroite et les deux instruments se distinguent assez facilement (voir *Baryton*, 2). L'euphonium est surtout utilisé sur l'étendue de mi^1 à si bémol^3 (notée une neuvième plus haut que les sons réels produits par l'instrument). Dans les concerts de fanfares et de musiques d'harmonie, l'euphonium intervient souvent en soliste, généralement pour jouer des arrangement d'airs célèbres.

Le nom « euphonium » (du grec *euphonos,* « sonorité agréable ») a été consacré par un certain Sommer, instrumentiste allemand des années 1840, sur un modèle de sa création ; il est évident que le facteur et instrumentiste Distin l'avait vu à Londres : il faisait de la publicité pour un « euphonium breveté » (difficile à différencier du *saxhorn contrebasse) qu'il importait alors de Paris. La forme actuelle de l'instrument a été mise au point dans les années 1860. Voir également *Tuba,* 6 et *Piston,* 3 (pour l'utilisation d'un quatrième piston).

Anthony Baines.

Euridice. 1. Opéra en un prologue et six scènes de Peri, avec quelques airs et chœurs de Caccini sur un livret d'Ottavio Rinuccini. Créé à Florence, au palais Pitti, le 6 octobre 1600, lors des célébrations du mariage d'Henri IV et de Marie de Médicis, repris à Paris en 1947, en concert à Milan le 13 mai 1916 et à Saratoga Springs le 9 avril 1941. C'est le premier opéra de l'histoire dont on ait retrouvé la musique.

2. Opéra en un prologue et six scènes de Caccini sur un livret d'Ottavio Rinuccini. Créé à Florence, au palais Pitti, le 5 décembre 1602. Dans cette version de la légende d'Orphée, Euridice danse avec ses compagnes et Orphée apostrophe les beautés de la nature, lorsque Daphné arrive pour annoncer la mort d'Euridice. Vénus l'autorise à descendre aux Enfers pour demander à Pluton de lui accorder le retour de sa femme. L'intrigue ne tient pas compte de la célèbre condition selon laquelle Orphée ne doit pas se retourner en ramenant Euridice sur terre et l'opéra finit bien.

Euryanthe. Opéra en trois actes de Weber sur un livret de Helmina von Chézy d'après l'*Histoire de Gérard de Nevers et de la belle et vertueuse Euryanthe, sa mie* (XIIIe siècle). Créé à Vienne en 1823.

Eurythmie. Méthode inventée par Emile Jaques-Dalcroze (1865-1950) pour exprimer les aspects rythmiques de la musique par des mouvements physiques. Le philosophe allemand Rudolf Steiner (1861-1925) a appliqué ce terme à des mouvements s'efforçant d'exprimer non seulement le contenu de la musique mais aussi celui de la poésie.

Évangéliste. Le narrateur dans une *Passion.

Evening Hymn (« Now that the sun hath veil'd his light »). Chant religieux composé par Purcell en 1688 sur des paroles de W. Fuller. Son titre complet est *Evening Hymn on a Ground Bass* ; il constitue un exemple typique de la façon dont Purcell traite la basse obstinée, avec un chevauchement de la voix soliste (soprano) et de la basse obstinée, ce qui entretient un mouvement permanent jusqu'à la fin de l'œuvre.

Evensong (angl.). Nom donné dans le First Prayer Book (voir *Common Prayer, Book of*) au service du soir anglican. Il constitue la base de l'ancien service des vêpres et complies et était autrefois synonyme de vêpres dans la liturgie de l'Église catholique.

Éventail de Jeanne, L'. Ballet collectif en un acte de Ravel (*Fanfare*), Ferroud (*Marche*), Ibert (*Valse*), Roland-Manuel (*Canarie*), Delannoy (*Bourrée*), Roussel (*Sarabande*), Milhaud (*Polka*), Poulenc (*Pastourelle*), Auric (*Rondeau*) et Schmitt (*Kermesse-valse*) écrit en 1927-29, commande de Jeanne Dubost pour son école de ballet. Créé à l'Opéra de Paris le 4 mars 1929 dans une chorégraphie d'Yvonne Franck et Alice Bourgat, décors de Pierre Legrain et René Moullaert, costumes de Marie Laurencin. La *Fanfare* de Ravel est notée *wagneramente* !

Evicación (esp.). « Évocation », « invocation ».

Evirato (ital.). Synonyme de *castrato.

Evovae ou **Euouae.** Mot composé des voyelles de « seculorum Amen », les dernières paroles du *Gloria patri* (voir *Doxologie*) ; employé comme abréviation dans les sources médiévales sur la cadence mélodique propre à chaque ton psalmodique, à la fin d'une *antienne. Au XIXe siècle, certains érudits ont mal interprété ce mot en arrivant à la conclusion selon

laquelle *Evovae* était dérivé du grec *Evoe*, exclamation de joie des bacchantes.
Voir également *Aevia*.

Excursions de M. Brouček, Les. Voir *Aventures de M. Brouček, Les.*

Exequiae (lat.). Musique pour des rites funèbres.

Expérimental. Dans le domaine musical, cet adjectif s'applique à une évolution technique radicale. Dans les années soixante, ce mot a pris un sens plus spécifique, servant à distinguer les compositeurs antitraditionnels (Cage) de l'*avant-garde (Boulez et Stockhausen).

Exposition. 1. Première partie d'un mouvement de forme sonate. 2. Début d'une *fugue dans lequel chaque voix entre avec le sujet ou la réponse.

Expressionnisme. Mouvement artistique qui se caractérise par l'expression implacable de sentiments troublants ou désagréables. Il se traduit souvent par une violence stylistique dans laquelle les idées peuvent être poussées à l'extrême ou le sujet traité avec une parodie incisive. Ce terme est surtout lié au groupe de peintres « Blaue Reiter », comprenant Vassili Kandinsky et Franz Marc, qui travaillaient à Munich pendant les années précédant la Première Guerre mondiale, mais son sens s'est élargi notamment à la poésie de Georg Trakl et à une partie de la musique de Schoenberg et de ses élèves, particulièrement les œuvres atonales non sérielles qu'ils ont composées entre 1908 et les années vingt.

Cette acception se justifie dans une large mesure car Schoenberg s'est intéressé de près à l'œuvre du groupe « Blaue Reiter ». Il a subi l'influence de la pensée de Kandinsky dans une peinture amateur très expressionniste qui comporte de nombreux autoportraits extrêmement vivants ; en outre, il a publié un article dans l'annuaire *Der blaue Reiter* (1912), où l'on trouve également des chansons de lui et de ses élèves, Berg et Webern. Une partition comme les *Cinq Pièces pour orchestre* (1909) supporte la comparaison avec la peinture expressionniste par son manque de logique conventionnelle, la turbulence des sentiments et l'ahurissante variété de couleurs et de formes. Dans cette œuvre, Schoenberg rejoint Kandinsky dans sa méfiance à l'égard des règles : l'artiste doit repartir de zéro avec chaque œuvre et la laisser prendre une forme qui concorde avec sa vision intérieure, sans qu'aucune limite vienne l'entraver de l'extérieur. L'influence de Kandinsky sur l'œuvre de Schoenberg est évidente dans le cas de *Die glückliche Hand* (*La Main heureuse*, 1910-13) qui suit les théories du peintre en matière de « composition scénique », tant sur le plan musical que sur celui des mots et de la lumière. Adoptant la pensée expressionniste selon laquelle l'artiste doit être fidèle à sa vision dans son ensemble, Schoenberg a non seulement composé le texte et la musique de *Die glückliche Hand*, mais il en a aussi dessiné les costumes, réalisé la mise en scène et les éclairages.

La description des personnages dans des états extrêmes ou psychotiques, caractéristique du drame expressionniste, se retrouve non seulement dans *Die glückliche Hand*, mais également dans *Erwartung* (*L'Attente*, 1909) de Schoenberg, « monodrame » musical pour une femme à la recherche de son amant, la nuit, dans la forêt. Les personnages détraqués et les situations menaçantes de *Wozzeck* (1917-22) sont également typiques de l'expressionnisme, de même que la plupart des symboles inquiétants qui dominent cet ouvrage (la lune rouge sang, par exemple). Le *Pierrot lunaire* (1912) de Schoenberg, malgré de fréquentes tendances satiriques et ironiques, n'en est pas moins caractéristique de l'expressionnisme par la violence de ses gestes, sa pénétration psychologique profonde, l'exposition de sentiments d'attente, d'abandon et d'envies meurtrières à la limite de la folie.

L'expressionnisme repose sur un examen de conscience approfondi. Il n'est donc pas étonnant que le mouvement n'ait pas duré très longtemps à l'état brut. Comme Kandinsky, Schoenberg s'est mis à codifier son langage au début des années vingt, développant le sérialisme au moment où Kandinsky tendait vers la pureté géométrique. Néanmoins, certains compositeurs ultérieurs, comme Peter Maxwell Davies, ont parfois perpétué l'expressionnisme de Schoenberg, de Berg et de Webern.

Paul Griffiths.

Exsultate, jubilate. Motet pour soprano, chœur et orchestre K 165 de

Mozart, composé en 1773 pour le castrat Venanzio Rauzzini. Le célèbre *Alléluia* constitue la seconde partie de ce motet.

Extravaganza. Terme souvent appliqué à des œuvres musicales écrites dans un esprit de caricature ou de parodie. Gilbert et Sullivan ont décrit leur *Trial by Jury* comme une « *extravaganza* ».

Eybler, Joseph Leopold (Schwechat, près de Vienne, 8 février 1765 ; Vienne, 24 juillet 1846). Compositeur autrichien. Fils d'un maître d'école, également chef de chœur, Eybler est pendant trois ans l'élève d'Albrechtsberger. Il fait ensuite des études de droit, mais revient à la musique en 1782. Eybler n'a pas quitté Mozart durant sa dernière maladie et c'est à lui, en premier, qu'a incombé le soin de terminer le *Requiem* ; toutefois, il a vite renoncé à cette tâche en faveur de Süssmayr. En 1792, Eybler a été nommé chef des chœurs de l'église carmélite de Vienne et, à partir de 1794, il a été pendant trente ans chef des chœurs du monastère de Schotten. En 1801, il est devenu maître de musique de la cour et, en 1804, second Hofkapellmeister sous la direction de Salieri. Lorsque Salieri s'est retiré en 1824, il a pris la charge de Hofkapellmeister.

Eybler était un instrumentiste et un chanteur de talent et Haydn comme Mozart appréciaient ses œuvres. Il a composé 32 messes, sept *Te Deum*, deux oratorios, d'autres partitions de musique sacrée, ainsi que des symphonies, de la musique de chambre, de la musique pour piano, de la musique vocale et plusieurs opéras.

Wendy Thompson.

Eyck, Jacob van (? 's-Hertogenbosch, 1589-90 ; Utrecht, 26 mars 1657). Compositeur hollandais. Aveugle de naissance, il devient l'un des carillonneurs les plus célèbres de son temps. On sollicite ses conseils pour la construction des carillons d'Utrecht. Il joue également de la flûte à bec et deux recueils de ses œuvres pour flûte ont été publiés à Amsterdam entre 1644 et 1646 – *Euterpe* (sous sa forme augmentée *Der Fluyten lust-hof*, I, en 1649) et *Der Fluyten lust-hop*, II.

Denis Arnold.

Ezcudantza. Danse basque pour deux exécutants, accompagnée à la guitare ou à la *bandurria* et parfois chantée.

F

F, f. 1. (all., angl.). La note fa.
2. Abréviation de **forte*.
3. En anglais, le terme *f-holes* désigne les ouïes de la table des instruments à cordes de la famille du violon, appelées ainsi parce qu'elles ont la forme de la lettre *f*.

Fa. Quatrième degré de la gamme dans le système de *solmisation.

Faber Music. Éditeurs de musique anglais. La maison mère, Faber & Faber, possédait déjà un important fonds de livres sur la musique lorsqu'elle a commencé à publier de la musique. A l'initiative de Donald Mitchell, alors éditeur de livres sur la musique, les éditions Faber ont repris les œuvres de Britten lorsqu'il a quitté Boosey & Hawkes et le catalogue s'est rapidement élargi aux œuvres d'autres compositeurs anglais de renom de la génération de Frank Bridge et Gustav Holst, ainsi qu'à Humphrey Searle, Malcolm Arnold et à de jeunes compositeurs très prometteurs comme Roger Smalley, Peter Sculthorpe, Douglas Young, Oliver Knussen et George Benjamin. Faber a également publié des œuvres jusqu'alors inédites de Mahler, Schoenberg et Stravinski ; une édition complète en fac-similé de Holst a été entreprise en 1975. Faber a publié des éditions musicologiques de musique ancienne (par exemple, la musique pour luth de Dowland, la musique pour *consort* de Jenkins et des œuvres de compositeurs baroques italiens, ainsi que des éditions (avec les matériels) d'opéras de Monteverdi et de Cavalli réalisées par Raymond Leppard. Le répertoire de musique pédagogique comprend de la musique pour flûte à bec éditée sous la direction de Walter Bergmann. L'excellente réputation de Faber pour la conception et la fabrication de ses livres s'est étendue aux partitions musicales, notamment à celles qui ont été réalisées par Shirley Tucker, Berthold Wolpe et Roderick Biss. En 1971, Faber a acheté une partie du catalogue *Curwen.

J. M. Thomson.

Faburden (angl.). Type de polyphonie improvisée, essentiellement en mouvement parallèle, en accords 6-3, avec des accords 8-5 au début et à la fin des phrases, très en vogue en Angleterre entre le XVᵉ siècle et la Réforme. On a beaucoup discuté des origines et de la signification du terme. Le « faburden » a été comparé à tort au *déchant anglais et au *faux-bourdon.

Le mot « burden » était connu en Angleterre au XIVᵉ siècle et servait à désigner, dans la polyphonie, la plus grave des trois voix chantant ensemble, les deux autres s'appelant « mean » (moyenne) et « treble » (aiguë). Ce sens est resté propre à l'Angleterre aux XIVᵉ et XVᵉ siècles. Il se pourrait que le préfixe « fa- » ait un rapport avec la quatrième syllabe de l'hexacorde dans la pratique de la *solmisation.

Dans le « faburden », les parties improvisées, notamment les plus graves, comportent beaucoup de notes qui doivent être solmisées « fa ». On peut le voir dans l'Ex. 1 où le si bémol et le mi bémol ont été tous deux utilisés pour harmoniser un chant qui lui-même ne comporte pas de bémols. Les neuf si bémol et mi bémol de la voix la plus grave auraient été solmisés « fa ».

Le terme complet « faburden » apparaît pour la première fois dans deux sources datées de 1430 environ : l'énoncé des compétences requises d'un ecclésiastique à la collégiale de Hemingborough, dans le Yorkshire, et le détail du programme d'enseignement du chef de chœur de la cathédrale de Durham. Entre 1430 et 1450, John Wylde, premier chantre de l'abbaye augustine de Holy Cross, à Waltham, a copié plusieurs traités anonymes sur l'art de la polyphonie improvisée. Le dernier, intitulé *The Sight of Faburden*, comporte la première description complète de la technique que nous connaissons.

Le but de la technique du « faburden » consiste à ajouter deux voix à un plain-chant. La partie de « faburden » commence une quinte plus bas que le chant et remonte jusqu'à une distance d'une tierce ; elle y reste jusqu'à la note finale de la phrase où il faut retrouver l'intervalle de quinte. Une partie aiguë, appelée « treble », chante en quartes parallèles au-dessus du chant. Il est recommandé au « faburdener » d'éviter les quintes au-dessous des mi et des si, mais elles sont nécessaires à la fin des pièces en mode de mi. L'Ex. 1 harmonise le début d'un chant connu selon ces règles.

Cet exemple ne devait pas poser trop de problèmes à la plupart des chœurs non professionnels (notamment les moines ou les ecclésiastiques des monastères, des cathédrales et des collégiales). Il s'agit d'une simple élaboration chorale du chant.

Dans le traité copié par Wylde, on peut relever l'une des caractéristiques du « faburden » : l'instructeur demande au chanteur de se comporter à la façon d'un instrument à vent transpositeur moderne (par exemple, un cor en fa). Il doit placer sa voix une quinte au-dessous du chant, mais imaginer qu'il commence à l'unisson du chant ; ainsi, lorsqu'il chante une tierce *au-dessous* du chant, il s'imagine une tierce *au-dessus* du chant. Le traité précise : « Au moment de commencer son "faburden", il doit tenir compte du plain-chant, s'aligner mentalement sur le plain-chant et placer sa voix une quinte au-dessous. Ensuite, que le plain-chant monte

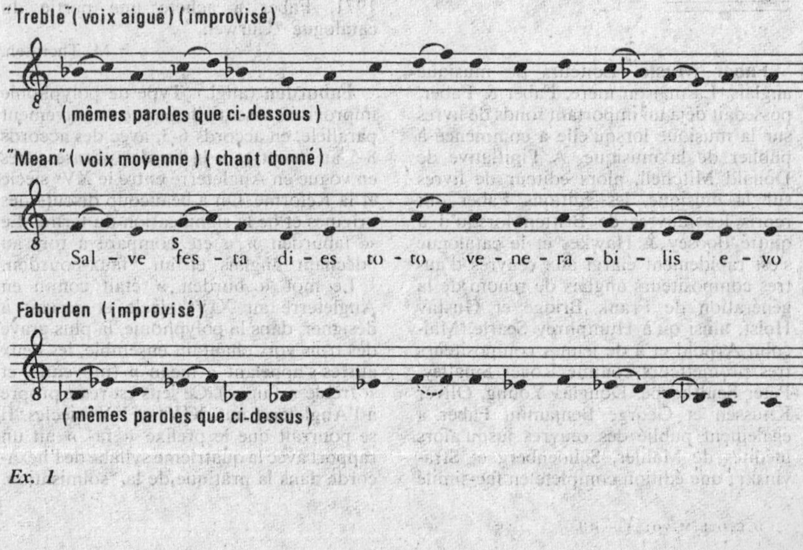

Ex. 1

ou qu'il descende, il doit toujours se situer mentalement une tierce au-dessus du plain-chant ». Il était sans doute plus facile pour les chanteurs relativement peu expérimentés de suivre cette méthode que de débuter et de terminer en imaginant des notes différentes de celles du plain-chant. Le titre du traité, appelé « sighting », fait référence à ce procédé. On en trouve une illustration dans l'Ex. 2, qui reprend la première phrase de l'Ex. 1.

Ex. 2

Les sonorités du « faburden » n'étaient pas inconnues des musiciens anglais du XIVe siècle, mais pas la façon de les produire. De nombreuses œuvres anglaises de cette époque font largement usage des accords parallèles 6-3, bien qu'ils soient à peine plus courants que les accords parallèles 5-3 et 10-5. Toutefois, la plupart des pièces du XIVe siècle qui utilisent ces harmonies ne sont pas basées sur le plain-chant ; il s'agit d'œuvres entièrement originales, essentiellement des chants en latin. Peut-être a-t-on réalisé au début du XIVe qu'il était possible d'ajouter aux techniques courantes de la polyphonie chorale improvisée (quintes parallèles, octaves, etc.) les sonorités plus mordantes de l'accord 6-3, déjà adopté par les compositeurs de musique savante ; la technique du « faburden » découle peut-être de cette évolution.

Quelle qu'en soit l'origine, le « faburden » diffère de toutes les autres techniques de polyphonie improvisée datant de cette époque – principalement du « déchant » (qui ajoute une partie au-dessus du plain-chant). Elles reposent sur un mouvement contraire et non parallèle et sont destinées aux chanteurs professionnels, non aux moines ordinaires.

On comprend qu'une technique d'improvisation pratiquée par des chanteurs peu expérimentés n'ait pas fait grande impression sur la musique savante de l'époque. Au fur et à mesure que progresse le XVe siècle, on trouve néanmoins de plus en plus de pièces influencées par le « faburden ». L'Ex. 3 reproduit d'abord un exemple simple de polyphonie extrait du Old Hall Manuscript (qui ne contient aucune trace de « faburden »), puis un exemple tout aussi simple du Cambridge Manuscript Pepys 1236, postérieur d'une soixantaine d'années ; le second est un « faburden » écrit et légèrement ornementé.

Plusieurs parties isolées et notées de « faburden » (en général, légèrement ornementées et donnant un rythme mesuré) nous sont parvenues, ainsi que des compositions polyphoniques complètes basées non sur le plain-chant mais sur une partie de « faburden », le véritable plain-chant étant totalement absent. L'Ex. 4 reproduit le début de la partie de ténor du *Magnificat* à cinq voix de William Cornyshe et montre ses relations avec la mélopée originale.

Ces œuvres notées montrent que le « faburden » était utilisé dans maintes occasions liturgiques. Le « faburden » était très répandu dans les musiques de procession : litanies, antiennes, psaumes et hymnes. Il était utilisé pour les vers alternés des hymnes et des cantiques, où il contrastait avec les vers du plain-chant. La plupart des somptueux *Magnificat* polyphoniques qui comptent parmi les chefs-d'œuvre de la musique anglaise du début du XVIe siècle sont construits sur des parties de « faburden » et non de plain-chant.

Il est un peu difficile d'expliquer la popularité de ces parties de « faburden » comme base des compositions polyphoniques. Le schéma harmonique d'un « faburden » est indéniablement plus varié que celui d'un plain-chant original, mais il serait difficile de prouver que telle était la raison fondamentale de leur utilisation et une tradition permanente de plain-chant s'est maintenue jusqu'à la Réforme.

"Treble" (voix aiguë)
etc.
Contre-ténor (plain -chant)
O – – – – san – na
Treble" (voix aiguë)
Faburden-ténor (plain -chant)
etc.
Tri – ni – tas sanc – ta u – ni-tas
fir – ma

Ex. 3

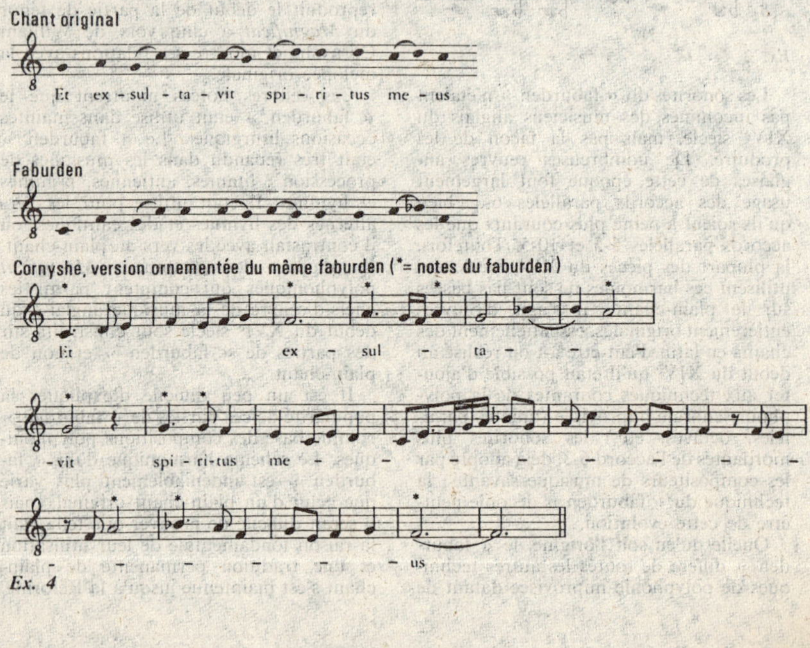
Chant original
Et ex – sul – ta – vit spi – ri – tus me – us
Faburden
Cornyshe, version ornementée du même faburden (*= notes du faburden)
Et ex – sul – ta – –
-vit spi-ri-tus me – – – – – – – –
– – – – – us

Ex. 4

Bien que le faux-bourdon fasse l'objet d'un article séparé, quelques mots serviront à le distinguer du « faburden ». Ils ont tous deux fait leur apparition simultanément et font tous deux appel aux accords parallèles 6-3. Mais on ne connaît presque exclusivement le faux-bourdon que par de courts exemples de musique savante, alors que le « faburden » est un système d'improvisation destiné aux choristes non professionnels et qui sert aux chants longs comme le *Te Deum*. Le « faburden » engendre une basse harmonique essentielle, le faux-bourdon une partie interne qui n'est pas fondamentale. Les parties de « faburden » ont été copiées séparément et ont connu une vie indépendante des chants qui les ont engendrées alors que la nouvelle partie née du faux-bourdon n'a jamais été copiée séparément (on n'a même jamais imaginé qu'il pût être nécessaire de le faire).

Il n'est pas du tout certain que le faux-bourdon ait été ancré aussi fermement dans la tradition chorale européenne que le « faburden » dans la tradition anglaise ; mais rien n'est certain dans ce domaine où quelques références éparses permettraient d'affirmer le contraire. Point n'est besoin d'attribuer l'invention de l'une ou l'autre technique à un compositeur de renommée internationale. Comme l'indique l'auteur anonyme du manuscrit copié par Wylde, le « faburden » était un procédé très humble qui n'était pas destiné aux compositeurs, bien que ceux-ci l'aient employé, mais aux chanteurs les plus modestes. Dans la pratique, le son du « faburden » donne des résultats très satisfaisants et il est particulièrement révélateur de son époque ; la technique pourrait facilement être adoptée par les chœurs actuels pour chanter, par exemple, des psaumes, des cantiques ou des hymnes en alternance avec le plain-chant.

David Hiley.

Façade. « Divertissement » de Walton pour récitant et ensemble instrumental (flûte doublée du piccolo, clarinette doublée de la clarinette basse, saxophone, trompette, percussion et violoncelle). Sur un accompagnement instrumental, le ou les récitants déclament en rythme noté des poèmes d'Edith Sitwell. *Façade* a été composée en 1920-21 mais a subi plusieurs révisions, la dernière datant de 1942 ; la version définitive qui en a été publiée (*Façade I*) contient 21 numéros. Huit numéros inédits ont été exécutés en 1977 sous le titre *Façade Revived*, trois d'entre eux avaient été écartés par Walton avant la publication et trois autres (n°s 4, 6 et 7) avaient été remplacés par le compositeur ; cette version a été révisée et exécutée en 1979 sous le titre *Façade II*.

Walton a arrangé sa partition, sans les poèmes, en deux suites symphoniques ; la première, qui contient cinq numéros, a été créée en 1926 et la seconde (six numéros) en 1938. Plusieurs ballets ont été réalisés sur ces suites, dans des chorégraphies de Gunter Hess (Hagen, 1929) et de Frederick Ashton (Londres, 1931 et dans des versions plus développées en 1935 et 1940). *Façade*, sous sa forme originale (avec récitant et ensemble instrumental), a été créée en ballet en 1972. De nombreux numéros de *Façade* ont été arrangés par différents compositeurs pour des formations diverses.

Fach (all.). « Compartiment », « rayon » (*zweifach*, « double », *dreifach*, « triple », *vierfach*, « quadruple »). Le terme est généralement utilisé pour indiquer une division, notamment au sein des premiers violons d'un orchestre. Dans la terminologie de l'orgue, on l'emploie pour indiquer le nombre de rangs dans un jeu de mixture.

Facile (ital.). « Facile » ; *facilmente*, « facilement », c'est-à-dire sans effort ; *faciltà*, « facilité » (d'exécution, etc.) ou « simplification ».

Fackeltanz (all.). « Marche aux flambeaux ». Procession à la lumière des flambeaux accompagnée de musique et de danse qui avait lieu lors des festivités des mariages royaux dans les cours allemandes. Spontini et Meyerbeer en ont écrit chacun quatre pour les mariages de la famille royale de Prusse. Ces œuvres sont conçues pour musique militaire.

Fading [fadding] (angl.). Danse irlandaise mentionnée dans la littérature anglaise des XVIe et XVIIe siècles.

Fado, fadinho (port.). Genre de divertissement populaire portugais qui a fait son apparition vers 1850. Il se compose de chant (rapide ou lent) et de danse accompagnés à la guitare et se pratique encore dans les cafés et les tavernes.

Fa fictum. Voir *Musica ficta.*

Faidit, Gaucelm. Voir *Gaucelm, Faidit.*

Fairy Queen, The. Semi-opéra en un prologue et cinq actes de Purcell sur un livret attribué à E. Settle d'après *A Midsummer Night's Dream* (« Le Songe d'une nuit d'été ») de Shakespeare. Créé à Londres en 1692. La partition, qui avait disparu en 1700, a été retrouvée à la bibliothèque de la Royal Academy of Music en 1901. C'est la première œuvre qui ait été mise en scène à Covent Garden après la Seconde Guerre mondiale.

Falconieri, Andrea (Naples, 1585-86 ; Naples, juillet 1656). Compositeur italien qui jouait également du luth et de la guitare. Il a travaillé à la cour de Parme, à celles de Modène et de Naples où il a terminé sa vie comme maître de chapelle. Il a surtout composé des *villanelle,* des madrigaux, des airs, etc., mais également de la musique instrumentale substantielle, essentiellement pour deux violons et basse continue.

Denis Arnold.

Falla (y Matheu), **Manuel de** (Cadix, 23 novembre 1876 ; Alta Gracia, Argentine, 14 novembre 1946). Compositeur espagnol. Après avoir étudié le piano au Conservatoire de Madrid vers le milieu des années 1890, puis tenté en vain de se faire connaître comme compositeur de *zarzuelas* (opérettes espagnoles), il prend des cours de composition avec Felipe Pedrell (1901-04). L'influence de Pedrell, qui se frayait un chemin vers un style typiquement espagnol fondé sur la musique populaire, s'avère décisive et Falla réussit à se montrer l'égal de son professeur dans l'opéra *La Vida breve* (1904-05) qui n'est toutefois représenté qu'en 1913. En 1907, Falla s'installe à Paris où il vit dans la gêne jusqu'en 1914. Il s'y lie d'amitié avec Debussy, Ravel et Dukas et mêle leurs influences à l'exotisme espagnol dans son concerto pour piano *Noches en los jardines de España* (« Nuits dans les jardins d'Espagne », 1911-15).

A la déclaration de guerre, en 1914, il retourne en Espagne où il compose deux ballets, *El Amor brujo* (« L'Amour sorcier » (1915) et *El Sombrero de tres picos* (« Le Tricorne », 1917-19), ce dernier pour la troupe de Diaghilev. Dans ces deux œuvres, il met à profit son étude du *cante jondo* espagnol (par opposition au style plus connu du *flamenco*) et s'impose par une maîtrise de l'orchestration, riche et colorée. Les deux suites de danses extraites du *Tricorne* sont rapidement devenues des joyaux du répertoire symphonique. Mais au lieu de continuer dans cette voie, Falla commence à condenser et à élaguer son style sous l'influence de Stravinski, mais en se référant au modèle de Domenico Scarlatti. Les œuvres majeures de cette courte phase néoclassique sont l'opéra de chambre *El Retablo de Maese Pedro* (« Les Tréteaux de Maître Pierre », d'après Cervantes, 1919-22, créé en 1923) et le *Concerto pour clavecin et cinq instruments* (1923-26) ; il se consacre ensuite à une grande « cantata scenica », *Atlàntida* (« L'Atlantide »). Malade et souffrant de la situation politique de l'Espagne franquiste, il émigre en Argentine en 1939 ; *Atlàntida,* à laquelle il travaillera pendant vingt ans, est restée inachevée à sa mort (des versions de concert ont été réalisées ultérieurement par son élève Ernesto Halffter).

Paul Griffiths.

BIBLIOGRAPHIE : Luis Campodonico, *Falla,* Seuil, coll. Solfèges (Paris, 1959, rééd. 1980). Suzanne Demarquez, *Manuel de Falla,* Flammarion (Paris, 1963). André Gauthier, *Falla,* Seghers (Paris, 1966). Roland-Manuel, *Manuel de Falla,* Éd. des « Cahiers d'art » (Paris, 1930), rééd. Les Introuvables (Plan-de-la-Tour, 1977).

Falsa (esp., port.). « Dissonance ». Dans la musique d'orgue du XVIIe siècle, une *obra de falsas* était une œuvre qui exploitait délibérément la dissonance. Aguilera de Heredia, Cabanilles, Correa de Arauxo, etc. ont composé beaucoup d'œuvres de ce genre.

Falsetto. Voir *Fausset.*

Falsobordone (ital., du fr. : « faux-bourdon »). Technique de chant des psaumes harmonisés qui suit une simple progression d'accords. Les *falsibordoni* les plus anciens sont des harmonisations de psaumes en plain-chant grégorien ; ils ont fait leur apparition en Espagne et en Italie dans les années 1480 sous forme d'harmonisations à quatre voix qui se limitaient à ce que l'on appelle aujourd'hui des accords à l'état fondamental. Le terme est sans doute dérivé de *faux-bourdon, car le faux-bourdon et le *falsobordone* supposent tous deux un type de déclamation chorale d'accords, bien que les moyens employés dans les deux cas soient très différents.

Les mélodies grégoriennes ont été abandonnées progressivement à partir des années 1560. Des parties de basse chiffrée ont fait leur apparition dans les premières années du XVIIe siècle et la mode s'est alors fixée sur de nouveaux *falsibordoni* dramatiques et colorés. Un certain nombre de compositeurs comme Cabezón ont écrit des embellissements de *falsibordoni.* L'usage du *falsobordone* a décliné progressivement au XVIIe siècle (bien qu'il ait été maintenu, entre autres, à la chapelle Sixtine), mais sa forme anglaise (le plain-chant anglican) a survécu jusqu'à nos jours. L'exemple le plus célèbre de *falsobordone* est le *Miserere* d'Allegri, où le *falsobordone* choral alterne avec les parties solistes.

David Hiley.

Falstaff. Opéra en trois actes de Verdi sur un livret de Boito, d'après *Les Joyeuses Commères de Windsor* et *Henri IV* de Shakespeare. Représentations : Milan (Scala, 9 février 1893) ; Paris (Opéra-Comique, 18 avril 1894) ; Londres (Covent Garden, 19 mai 1894) ; New York (Metropolitan Opera, 4 février 1895). Sir John Falstaff (bar.) adresse deux lettres d'amour identiques à Alice Ford (sop.) et à Meg Page (mezzo). Les deux femmes envoient Mrs Quickly (mezzo) à l'auberge de la Jarretière pour dire à Falstaff que Ford (bar.), le mari d'Alice, sera sorti entre deux et trois heures. Ford a intrigué pour marier sa fille Nannetta (sop.), qui est amoureuse du jeune Fenton (tén.), au Dr Caïus (tén.) ; il suspecte sa femme et, déguisé en Mr Brooks, va voir Falstaff et lui demande de l'aider à séduire Alice. Le reste de l'ouvrage révèle comment les joyeuses épouses vont se venger de Falstaff et, en même temps, déjouer les plans de Ford pour Nannetta.

BIBLIOGRAPHIE : *Falstaff*, L'Avant-Scène-Opéra n°s 87-88 (Paris, 1986).

Fandango (esp.). Danse espagnole animée à trois temps rapides, dansée par un seul couple avec accompagnement de guitare et de castagnettes, où alternent les couplets chantés (comme dans la **seguidilla*). Elle a vu le jour au début du XVIIIe siècle. La musique accélère au fur et à mesure que la danse progresse et elle s'arrête brusquement à plusieurs reprises pour des pauses soudaines dans lesquelles le danseur conserve une attitude parfaitement immobile jusqu'à la reprise de la musique. Le ballet viennois de Gluck, *Don Juan* (1761), contient un « fandango » composé d'après une authentique mélodie espagnole. Mozart l'a reprise par la suite et l'a introduite dans *Les Noces de Figaro* (finale de l'acte III). Le troisième mouvement des *Goyescas* (1912) de Granados est conçu dans le style du fandango et Rimski-Korsakov en a repris le canevas dans son *Capriccio espagnol.* La danse varie selon les régions : parmi les variantes locales, les plus importantes sont la *malagueña* (Málaga), la *granadina* (Grenade) et la *murciana* (Murcie).

Fanfare. Terme qui désignait, à la fin du XVIe siècle, un ensemble de trompettes. De nos jours, les fanfares réunissent non seulement des trompettes naturelles, mais aussi des groupes de cuivres à six parties ou plus, comme les Trumpets of the Royal Military School of Music. Il s'agit de trompettes à pistons et de trombones construits d'après la forme longue et droite des trompettes des hérauts médiévaux ; Bliss et Walton ont composé des fanfares de cérémonie pour ces instruments. En France, le mot « fanfare » désigne un appel exécuté sur un grand *cor de chasse circulaire ou, plus généralement, un ensemble de cuivres. En Allemagne, la trompette de héraut fabriquée aujourd'hui pour les fanfares porte également le nom de *Fanfare* (voir *Trompette*, 4).

Au milieu du XIXe siècle, les cuivres à pistons connaissent une diffusion très rapide et des ensembles presque entièrement composés de cuivres voient le jour dans de nombreux pays (ils s'opposaient alors aux musiques militaires ou aux musiques d'harmonie qui réunissaient autant de bois que de cuivres : voir *Musique militaire*). La plupart des régiments possédaient leur fanfare, notamment la cavalerie et, dans le domaine civil, elles se sont surtout répandues en milieu ouvrier. Dans certains cas, comme en Suisse, et à une date encore récente, elles ont atteint le niveau d'institutions organisées sur le plan national, sans jamais toutefois parvenir à celui de leurs homologues anglais, les « brass bands ».

1. *La fanfare en France.* Les origines du mouvement remontent à la Révolution et à l'Empire : le Conservatoire de Paris avait été fondé pour former les instrumentistes chargés de participer aux grandes fêtes révolutionnaires, essentiellement dans les disciplines de l'orchestre militaire. La Garde impériale, qui se détache du Conservatoire lorsque celui-ci s'ouvre à de nouvelles disciplines, conserve son rôle pédagogique et, dans chaque région militaire de l'Empire, on voit bientôt apparaître différentes Fanfares de l'Empire sur le modèle de la Garde impériale. Elles seront à l'origine des orphéons dont les activités s'ouvriront sur un éventail de pratique instrumentale et chorale beaucoup plus large.

De nos jours, on fait une distinction entre fanfare et batterie-fanfare, la seconde formation étant essentiellement militaire. Les véritables fanfares deviennent de plus en plus rares en France. Elles sont composées de cornets à pistons et de petits cornets, de bugles et de petits bugles, de trompettes d'harmonie, trombones, cors d'harmonie, saxhorns et parfois saxophones. Les batteries-fanfares – les anciennes « cliques », terme aujourd'hui tombé en désuétude – regroupent les instruments qui ne produisent que des sons naturels, plus connus sous le nom d'instruments d'ordonnance : clairon, clairon basse, trompette de cavalerie, trompette basse, cor. On y ajoute quelques percussions (cymbales, grosse caisse, tambour militaire). Le répertoire est essentiellement formé de transcriptions. A l'exception des musiques militaires, ces formations sont composées d'amateurs et se regroupent, avec d'autres sociétés musicales d'amateurs, au sein de la Confédération musicale de France. Cette confédération joue un rôle pédagogique très important avec la constitution d'écoles au sein des sociétés membres, de festivals et de concours.

2. *La fanfare britannique.* La grande majorité des fanfares appartiennent au National Brass Band Club ; selon le règlement, les instrumentistes sont obligatoirement amateurs, seul le chef d'orchestre ayant droit au statut de musicien professionnel. Chaque fanfare cherche à réunir l'effectif standard qui correspond à l'instrumentation imposée dans les concours de fanfares, soit un total d'environ 25 instrumentistes. En ce qui concerne le nombre de fanfares, l'Armée du Salut vient en seconde position ; ces fanfares utilisent les mêmes instruments, mais le nombre d'instrumentistes n'est pas imposé.

(*a*) *Instrumentation.* Elle figure sur l'Ex. 1 (une transcription de Denis Wright, l'un des meilleurs experts en la matière).

La pièce est transposée un ton plus bas, en mi bémol, pour convenir au cornet à pistons. Toute les parties, sauf une, sont transposées pour que les huit différentes sortes d'instruments à pistons aient le même doigté pour les notes écrites (*Piston*, 1). Les instruments sont les suivants :

Cornet à pistons soprano en mi bémol (sonne une tierce plus haut que les notes écrites).

Cornets à pistons en si bémol (quatre parties, sonnant un ton plus bas). Normalement, trois instrumentistes jouent la partie soliste, deux la seconde et deux la troisième. La partie « Repiano de cornet à pistons et de bugle à pistons » est partagée entre un cornet à pistons et un *bugle à pistons, qui jouent ensemble ou en solistes selon les indications (par exemple, « Rep. solo », « & flug. » dans l'exemple). « Repiano » est la forme du mot *ripieno* pour les fanfares.

Les autres cuivres, à l'exception des trombones, sont ceux dont le pavillon est pointé vers le haut (historiquement, ils proviennent essentiellement de la famille des *saxhorns). Sauf indication contraire, il y a généralement un instrumentiste par partie.

Alto en mi bémol (trois parties, sonnant à la sixte inférieure des notes écrites). Le plus petit des instruments à pavillon tourné vers le haut, dont l'embouchure a une forme profondément évasée.

Baryton en si bémol (deux parties, sonnant à la neuvième majeure inférieure des notes écrites). Accordé comme l'euphonium, mais d'apparence plus svelte en raison de sa perce plus étroite, il est destiné à compléter l'harmonie au-dessus de la basse ; se joue avec une embouchure en forme de bassinet.

Trombones (trois parties à l'orchestre, la première et la deuxième étant toutefois transposées comme des parties de baryton). Le trombone basse est la seule partie d'instruments à vent non

Ex. 1. Dennis Wright (arrt.) : thèmes de la Huitième Symphonie *de Beethoven.*

Corn. sopr. en mi bémol
Corn. en si bémol (solo)
Tutti
& Flug.
Corn. en si bémol et bugles (rep)
2e corn. en si bémol
3e corn. en si bémol
Alto solo en mi bémol
1ers altos en mi bémol
2e altos en mi bémol
1er bar. en si bémol
2e bar. en si bémol
1er tromb.
2e tromb.
Tromb. basse
Euph.
cresc.
Saxhorn Cb. en mi bémol
cresc.
Saxhorn Cb. en si bémol
cresc.
Tambours

Ex. 1. Suite.

transposée et elle se jouait, jusqu'à une date assez récente, sur un trombone basse en sol.

Euphonium en si bémol (deux parties, sonnant à la neuvième majeure inférieure des notes écrites ; parfois deux instrumentistes). De dimensions imposantes, l'euphonium convient à la fois à la ligne de basse dans son octave supérieure et aux passages solistes dans le registre ténor : le « violoncelle » de la fanfare.

Saxhorn contrebasse en mi bémol (sonne à la treizième inférieure [une octave et une sixte] ; généralement deux instrumentistes). La plus petite des deux basses.

Saxhorn contrebasse en si bémol (sonne deux octaves et un ton plus bas ; généralement deux instrumentistes). Également appelé « basse-tuba en si bémol ».

Tambours (ligne du bas sur la portée, la grosse caisse, en 2e position les cymbales et en 3e position la caisse claire ; deux instrumentistes).

On peut se demander pourquoi l'instrumentation comporte tant de parties qui se doublent souvent les unes les autres. La raison en est historique. Des ensembles d'instruments à vent avaient vu le jour en milieu ouvrier dans le nord de l'Angleterre (voir *c*) avant que l'on entende parler des cuivres et, dans la mesure des ressources locales, ils prenaient pour modèle les musiques militaires avec surtout des clarinettes qui accomplissaient la majeure partie de la tâche. Lorsqu'ils ont pu se procurer des instruments à pistons, ils les ont substitués partie pour partie aux instruments plus anciens (autres que les trombones) en conservant à peu près le même nombre d'instrumentistes : les clarinettes étaient remplacées par les cornets à pistons, les cors et les bassons par les saxhorns altos et barytons, le bugle à clefs (voir *Bugle*, 4) par le bugle à pistons (grand bugle), etc. Vers 1840, les journaux des fanfares ont commencé à publier des arrangements – principalement des transcriptions de numéros d'opéras – , ce qui a rapidement entraîné la standardisation qui a survécu. Sur le plan musical, le maintien de nombreuses parties permet aux arrangements de préserver un mouvement indépendant au sein des parties internes, de telle sorte que les instrumentistes peuvent ressentir la force de la musique comme ceux d'un orchestre.

(*b*) *Répertoire*. Les œuvres traditionnelles les plus appréciées du public courant occupent toujours une place essentielle, mais des œuvres originales de compositeurs allant d'Elgar (*Severn Suite op.87*), Holst (*Moorside Suite*) et Rubbra à Henze, McCabe et Joseph Horovitz ont acquis une bonne place dans les programmes. S'y ajoutent, depuis les années soixante, de nouvelles partitions hardies d'Edward Gregson et d'autres compositeurs pour lesquels la fanfare est le principal moyen d'expression ; plusieurs musiciens ont également écrit des œuvres originales pour le répertoire de l'Armée du Salut.

Les concours (dans lesquels le jury ne voit pas les fanfares, cachées derrière un paravent) comportent un morceau imposé. Des concours analogues ont lieu dans les pays du Commonwealth. Le niveau d'exécution est très élevé, comparable à celui des meilleurs cuivres d'un orchestre, et certains des grands préceptes de l'enseignement moderne des cuivres ont été énoncés en premier lieu dans le milieu des fanfares à la fin du siècle dernier.

(*c*) *Historique du mouvement*. Les fanfares ont vu le jour dans le Lancashire : la plus ancienne est la Stalybridge Old Band, fondée en 1814. Dès le début, elles ont été soutenues et encouragées par les employeurs de leurs membres. Elles se sont multipliées après l'apparition des concours nationaux (le premier s'est déroulé à Bellevue, à Manchester, en 1853). Le mouvement s'est étendu à l'Écosse vers 1860, au sud du pays de Galles vers 1880 (mais deux fanfares y avaient déjà été fondées en 1832) et au sud de l'Angleterre dix ans plus tard. Grâce aux longs et nombreux efforts d'Enderby Jackson et de Henry Iles, le premier National Brass Band Festival s'est déroulé au Crystal Palace de Londres en 1900, époque à laquelle le pays comptait plus de 20 000 fanfares. Les finales du National Festival ont lieu aujourd'hui au Royal Albert Hall de Londres. Le nombre des fanfares a un peu diminué depuis 1900, mais approche encore les 5 000.

A Liverpool, la firme Wright & Round est la principale maison d'édition de musique de fanfare depuis 1875. Les *Brass Band News* et le *British Bandsman* ont été fondés respectivement en 1881 et 1887.

Les fanfares de l'Armée du Salut, au nombre de 700 en Grande-Bretagne, ont débuté grâce à l'esprit d'initiative d'un entrepreneur méthodiste, Fry : en 1878, à Salisbury, il avait formé une fanfare qui s'est avérée très efficace pour réprimer les troubles causés, dans des réunions, par des gens malintentionnés. Le général Booth s'est alors chargé des fanfares qui ont commencé à se multiplier. C'est encore le cas aujourd'hui, aussi bien en Grande-Bretagne que dans les pays du Commonwealth, aux États-Unis ou dans d'autres nations plus pauvres. Les fanfares conservent leur propre répertoire, qui reflète le propos religieux de l'organisation. Il est publié par l'Armée du Salut et bénéficie d'un copyright, ce qui le rend inaccessible aux autres formations.

3. *Autres pays.* Aux États-Unis, la fondation de la Boston Brass Band remonte à 1835, date à partir de laquelle les fanfares ont connu une vague importante de popularité, surtout dans les années 1860-80. Un grand nombre de fanfares (civiles ou militaires) préféraient des instruments dont le pavillon, au lieu de pointer vers le haut ou en avant, était pointé en arrière et passait sur l'épaule de l'instrumentiste. Après cette période de gloire, les fanfares ont connu un déclin dû essentiellement à l'essor des harmonies militaires de Gilmore et de Sousa ; elles sont assez peu nombreuses aujourd'hui. Dans de nombreux pays européens et latino-américains, la fanfare comporte aussi souvent des clarinettes et parfois des saxophones. Il existe de nombreuses fanfares de cuivres dans les pays germanophones, notamment le *Posaunenchor* allemand et autrichien. Son nom provient de *Posaune,* non dans le sens usuel de « trombone », mais dans l'ancien sens biblique de « trompette d'ange ».

Anthony Baines, Alain Pâris.

BIBLIOGRAPHIE : Philippe Gumplowicz, *Les Travaux d'Orphée,* Aubier (Paris, 1987).

Fanfare for the Common Man. Œuvre de Copland pour cuivres et percussions, composée en 1942 dans la série des fanfares de temps de guerre commandées par Eugene Goossens.

Fanny Robin. Opéra en un acte d'Edward Harper sur un livret du compositeur d'après *Wessex Poems* (1898) et *Far from the Madding Crowd* de Hardy (1874). Créé à Édimbourg en 1975.

Fantaisie (all. : *Fantasie* ; angl. : *fantasy, fancy* ; ital. : *fantasia*). Titre souvent donné à des morceaux qui n'ont pas de forme déterminée dans lesquels le compositeur souhaite donner libre cours à son imagination. Par sa nature même, le terme est difficile à définir, mais on peut distinguer divers types de fantaisies au cours des âges et certaines pages de cette musique « antiformelle » sont si belles que son historique mérite d'être tenté.

Le mot a commencé à apparaître assez souvent au début du XVIe siècle dans les livres de tablature des luthistes où il servait à désigner les morceaux conçus à l'origine pour l'instrument et non les simples transcriptions de musique vocale. Ces morceaux couvraient un éventail assez large entre de courtes études improvisées (assez proches du **ricercar* de l'époque) et des œuvres importantes où alternaient des passages contrapuntiques et des passages en accords, ainsi que des sections brillantes destinées à mettre en valeur la dextérité de l'instrumentiste. Le terme a été également utilisé dans ce dernier sens par les compositeurs de musique pour clavier et on peut considérer que de telles œuvres constituent les véritables précurseurs de la *toccata.

Vers le milieu du XVIe siècle, on écrivait des fantaisies pour ensemble instrumental. Elles suivaient la même démarche que le *ricercar* à la même époque et empruntaient au motet son langage vocal le plus courant ; mais, compte tenu des possibilités instrumentales qui permettaient de jouer des lignes mélodiques sinueuses sans pauses pour respirer, les compositeurs étaient plus libres d'élaborer un style distinctif. Contrairement au *ricercar,* la fantaisie n'avait aucun but didactique et n'avait donc pas besoin de faire montre d'un talent contrapuntique, de la faculté d'élaborer un thème ou de toute autre chose du même genre. Willaert a été l'un des premiers compositeurs à écrire de telles œuvres et plusieurs compositeurs italiens (notamment Bassano, Vecchi et Andrea Gabrieli) ont suivi son exemple, adaptant parfois aussi ce style au clavier.

C'est à ce stade que le genre a été découvert en Angleterre où il s'est développé de façon très significative. Thomas Morley en a donné une définition admirable dans *Plaine and Easie Introduction to Practicall Musicke* (1597), indiquant que les Anglais ont adapté à la musique instrumentale les divers éléments du *madrigal qu'ils venaient d'adopter, les ajoutant à leur expérience de la musique pour *consort* de violes dans des genres plus stricts comme le **In nomine*. Byrd, Gibbons et Ward ont composé des fantaisies d'une portée émotionnelle admirable, les deux derniers exploitant particulièrement les possibilités des instruments à cordes, tandis que Morley lui-même publiait des pièces à deux parties, résurgences particulièrement attirantes de son style de chansonnette. Certaines fantaisies de Byrd révèlent une tendance à la construction en sections, ainsi que l'introduction de rythmes de danse et même de mélodies populaires. Ces œuvres ont conduit à la « fantasy-suite », qui a connu un large succès, composée d'un grand mouvement polyphonique dans un style presque madrigalien suivi de danses. William Lawes était un maître du genre ; il écrivait non seulement pour *consort* de violes mais encore pour des combinaisons inhabituelles de violons, de violes et d'instruments harmoniques comme le clavecin, l'orgue et la harpe. La mode de la fantaisie a duré pendant toute la guerre civile et la République. A la Restauration, elle paraissait démodée par rapport à la musique française moderne et l'on a pratiquement cessé de composer des fantaisies ; toutefois, celles de Locke sont superbes et Purcell a écrit quelques chefs-d'œuvre du genre, exploitant cette langue devenue archaïque avec une puissance unique. Le genre a disparu, au grand regret des fervents de la musique de chambre. Comme l'exprimait Christopher Simpson en 1667, « ce genre de musique est aujourd'hui beaucoup négligé parce que rares sont les auditeurs qui la comprennent, leur oreille étant davantage familiarisée à la musique légère ».

En Europe, la mode de la musique pour violon et l'usage des parties de continuo ont tué la fantaisie polyphonique au début du XVIIe siècle. On a néanmoins continué à écrire des œuvres pour clavier qui portent ce titre. Sweelinck a composé des fantaisies dans un style contrapuntique strict ; elles diffèrent de la *canzona* et du *ricercar* essentiellement par l'exploitation de divers effets comme les « échos », qui étaient réalisables sur les orgues à deux claviers manuels. Froberger et d'autres compositeurs allemands ont aussi écrit des fantaisies polyphoniques, mais J. S. Bach a fait usage de ce titre pour de vastes préludes en style improvisé suivis de fugues ; son œuvre la plus connue en la matière est la *Fantaisie chromatique* avec sa longue fugue en ré mineur. C'est en ce sens que C.P.E. Bach aimait définir la fantaisie comme l'expression « non de passages mémorisés ou plagiés, mais plutôt d'une vraie créativité musicale [dans] laquelle celui qui tient l'instrument à clavier peut pratiquer plus que tout autre instrumentiste le style déclamatoire et passer, audacieusement, d'une émotion à une autre ». Ainsi, tout est permis : des sections *arpeggiando* libres sur le plan rythmique, des passages brillants de dextérité digitale ainsi que des passages thématiques plus systématiques. Mozart a révélé les trésors de son écriture en style improvisé dans deux fantaisies pour piano (K 396, K 397) qui sont construites en plusieurs sections très contrastées ; Beethoven a repris le style improvisé largement développé dans sa *Fantaisie chorale op.80* pour piano, soli, chœur et orchestre qui ne débouche pas sur une fugue mais sur un hymne massif à la manière de la *Symphonie n° 9*.

L'une des fantaisies de Mozart était destinée à servir d'introduction à sa *Sonate pour piano en ut mineur* et Beethoven a développé ce concept dans ses deux *Sonates op.27*, qui portent toutes deux le sous-titre « Sonata quasi una fantasia ». Ces sonates, dont le premier mouvement est conçu dans une écriture largement improvisée, ont conduit à des œuvres encore plus libres dans lesquelles l'improvisation se mêle à des éléments formels. L'œuvre la plus importante à cet égard est la *Fantaisie « Wanderer »* de Schubert qui développe les idées de son lied *Der Wanderer* (« Le Voyageur »). La tradition de la fantaisie est parvenue à un sommet vers le milieu du XIXe siècle avec des œuvres comme la *Sonate pour piano en si mineur* de Liszt, qui fait appel à la *forme cyclique, et la belle *Fantaisie en ut* de Schumann.

Mais, d'une façon générale, la fantaisie est tombée dans le pot-pourri de thèmes d'opéras compilés par des virtuoses du piano sans aucune intention sérieuse. Au XXe siècle, les concepts formels sont devenus si souples que l'idée d'« anti-forme » n'a plus de raison d'être. Une œuvre comme la *Fantasia on a Theme of Thomas Tallis* montre que l'improvisation peut aboutir à une musique rhapsodique sérieuse.

Denis Arnold.

Fantaisie chorale. 1. Œuvre pour orgue dans le style libre d'une fantaisie basée sur un choral. De nombreux compositeurs du nord de l'Allemagne des XVIIe et XVIIIe siècles ont composé des fantaisies chorales (souvent des œuvres d'envergure), notamment Buxtehude et J. S. Bach. A la fin du XIXe siècle, le genre a été repris par des compositeurs comme Reger.

2. *Fantaisie pour piano, soli, chœur et orchestre en ut mineur op.80* de Beethoven, composée en 1808 sur un poème de Christoph Kuffner. L'œuvre se compose de variations sur *Gegenliebe* (1794-95) de Beethoven, lied dont le thème ressemble à celui de l'*Hymne à la joie* de sa *Symphonie nº 9*, pour lequel cette fantaisie semble avoir servi d'étude préliminaire.

Fantaisie chromatique et fugue. Œuvre pour clavier de J. S. Bach composée à Cöthen vers 1720.

Fantasia Concertante on a Theme of Corelli. Fantaisie pour cordes de Tippett. Le thème est emprunté au *Concerto grosso op.6 nº 2* de Corelli et Tippett ajoute une citation de la *Fugue sur des thèmes de Corelli* de J. S. Bach. Les cordes sont divisées en un *concertino* (deux violons solos et un violoncelle), un *concerto grosso* (la moitié de l'ensemble restant) et un *concerto terzo* (l'autre moitié). Cette fantaisie a été composée en 1953, à l'occasion du tricentenaire de la naissance de Corelli, pour le Festival d'Édimbourg.

Fantasia contrappuntistica. Œuvre pour piano seul de Busoni, composée en 1910, suivie d'une deuxième version la même année, d'une troisième en 1912 et d'une quatrième (pour deux pianos) en 1922. Elle est sous-titrée « Preludio al corale "Gloria al Signori nei Cieli" e fuga a quattro soggetti obbligati sopra un framento di Bach ». Busoni a écrit cette fantaisie sur le Contrapunctus XVIII de *L'Art de la fugue* dans le but de compléter cette fugue inachevée de Bach ; il a créé un quatrième sujet (Bach n'en a composé que trois) et en a ajouté un cinquième. Le dédicataire de l'œuvre, Wilhelm Middelschulte, l'a adaptée pour l'orgue.

Fantasia(s) on an In Nomine by John Taverner. Deux œuvres pour orchestre de Peter Maxwell Davies, composées respectivement en 1962 et 1964, qui ont servi d'études à son opéra *Taverner*. Elles ont été créées en 1965.

Fantasia on a Theme by Thomas Tallis. Œuvre de Vaughan Williams pour double orchestre à cordes et quatuor à cordes. Elle a été composée en 1910, puis révisée à plusieurs reprises, la dernière révision datant de 1919. Le thème que Vaughan Williams a utilisé est celui du troisième (« Why fumeth in fight ») des neuf psaumes que Tallis avait composés en 1567 pour le psautier de l'archevêque Parker.

Fantasia on a Theme of Handel. Fantaisie pour piano et orchestre de Tippett, composée entre 1939 et 1941.

Fantasia on British Sea Songs. Arrangement pour orchestre de Henry Wood de chants populaires et traditionnels réalisé en 1905 pour célébrer le centenaire de la victoire de Nelson à Trafalgar. Cette œuvre est toujours jouée en clôture de la dernière soirée des Concerts-Promenade de Londres, et le public participe en chantant et en scandant des mains. Elle comporte neuf parties : (1) *Naval bugle calls* ; (2) *The anchor's weighed* (trompette et trombone solo) ; (3) *The saucy Arethusa* (euphonium solo) ; (4) *Tom Bowling* (Dibdin) (violoncelle solo) ; (5) *Hornpipe, Jack's the lad* (violon solo, flûte solo, piccolo solo) ; (6) *Farewell and adieu, ye Spanish ladies* (quatre trombones) ; (7) *Home, sweet home* (Bishop) (clarinette solo, hautbois solo) ; (8) *See, the conquering hero comes* (Haendel) (cors solo) ; (9) *Rule ! Britannia* (Arne) (orgue et grand orchestre). Sir Malcom Sargent a ajouté une partie de soprano solo au *Rule ! Britannia* lorsqu'il a été exécuté aux « Proms ».

Fantasia on « Greensleeves ». Arrangement réalisé par Ralph Greaves pour une ou deux flûtes, harpe et cordes d'un interlude de l'opéra de Vaughan Williams **Sir John in Love*. La partie médiane repose sur la chanson populaire *Lovely Joan*. Cet arrangement a été réalisé en 1934. Il en existe plusieurs autres, mais aucun n'est dû à Vaughan Williams lui-même.

Fantasiestücke. Huit pièces pour piano seul op.12 de Schumann, composées en

1837. Chacune porte un nom descriptif. Schumann a composé trois autres *Fantasiestücke op.111* (1851) qui ne portent pas de titre et se distinguent uniquement par l'armature de la clé.

Fantastico (ital.), *fantastisch* (all.), *fantastic* (angl.). « Fantasque », « fantastique ».

Fantini, Girolamo (né à Spoleto ou dans les environs vers 1600 ; célèbre vers 1630-38). Trompettiste italien au service du grand-duc de Toscane dans les années 1630. Il a écrit une méthode de trompette qui dévoile une grande partie des secrets des fanfares militaires et du jeu du clarino jalousement conservés jusqu'alors.

Denis Arnold.

Farandole. Danse à 6/8 originaire des régions situées au sud de la France et au nord de l'Espagne, comme la Provence, l'Auvergne, le Pays basque et la Catalogne. Elle se danse dans les rues, une file de gens se donnant la main, sur un accompagnement de galoubet et de tambourin. Ses origines sont apparemment très anciennes (le même genre de danse est souvent dépeint sur les vases grecs).

Au XIXe siècle, Alphonse Daudet a évoqué une farandole dans sa pièce *L'Arlésienne* pour laquelle Bizet a écrit sa fameuse musique de scène, où l'on trouve une danse célèbre de ce type. Gounod a introduit une farandole dans son opéra *Mireille* (1864) qui est basé sur un poème de l'écrivain provençal Frédéric Mistral.

Farbe (all.). « Couleur » ou, dans la terminologie musicale, « couleur sonore ». Voir *Klangfarbenmelodie*.

Farce. 1. (ital. : *farsa*). Terme du XVIIIe siècle qui désigne une courte pièce comique, généralement en deux actes (parfois trois) et qui se compose souvent de dialogues parlés entrecoupés d'airs. Ces pièces servaient d'*intermezzi* entre les actes ou à la fin d'un grand opéra ou d'une pièce de théâtre. A la fin du XVIIIe siècle et au début du XIXe siècle, ce terme a recouvert un genre d'opéra bouffe léger. De nos jours, il désigne une comédie légère, souvent sur un sujet légèrement « risqué », sans association musicale spécifique.

2. (lat. *farcire*, « farcir »). Paroles (en latin ou en langue vernaculaire) introduites dans des textes généralement liturgiques. Le terme est virtuellement synonyme de trope, mais il est surtout employé pour les chants simples, comme les Leçons (voir *Trope*, 1).

Farewell, Manchester. Chant jacobite joué en 1745 lorsque l'armée du jeune Prétendant (Charles Stuart) quitta Manchester. La musique reprend celle de la *Felton's Gavotte*, pièce pour clavecin écrite vers 1740 par le révérend William Felton, de Hereford. Plusieurs textes anciens ont été chantés sur cette musique, mais aucun de ceux dont on a retrouvé la trace n'a la moindre relation avec Manchester.

Farina, Carlo (Mantoue, vers 1600 ; mort vers 1640). Compositeur et violoniste italien. Il a passé la majeure partie de sa vie à Dresde où il a travaillé aux côtés de Schütz et a composé beaucoup de musique pour violon, qui fait parfois appel aux effets, alors nouveaux, de doubles cordes, de *glissando*, de *col legno*, de *tremolo* et de jeu *sul ponticello*. Outre des mouvements de danse et des *canzone*, Farina a écrit dix sonates pour un ou deux violons et basse continue et a largement participé à la diffusion du genre en Allemagne et en Autriche.

Denis Arnold.

Farmer, John (né vers 1570 ; célèbre vers 1591-1601). Compositeur anglais. Nommé organiste de la cathédrale Christ Church à Dublin en 1595, au salaire annuel de 15 livres, il a quitté ce poste deux ans plus tard pour le reprendre ensuite et l'a conservé jusqu'en 1599, date à laquelle il s'est installé à Londres. Cette année-là, il a publié un recueil de madrigaux qui révèlent en lui un maître du style léger et l'ont fait apprécier des chanteurs jusqu'à ce jour. Il a aussi composé des psaumes pour le *Psalter* de Thomas East (1592) et a écrit un livre de canons à des fins didactiques (1591).

Denis Arnold.

Farnaby, Giles (probablement Londres, vers 1563 ; Londres, novembre 1640). Fils de menuisier, il apprend le métier de son père et est mis en apprentissage à la Joiners' Company en 1583. Sans doute facteur d'instruments à clavier, il obtient le grade de Bachelor of Music à Oxford en 1592. En 1598, il publie un livre de *canzonets*. Au cours des quatre années suivantes, il s'installe dans le Lincolnshire et donne des leçons de musique aux enfant de Sir Nicholas Saunderson, auquel il loue plusieurs arpents de terre. Il retourne finalement à Londres, résidant à Grub Street en 1634. Ses *canzonets* sont agréables à chanter et comportent une expérience intéressante d'écriture chromatique dans le célèbre madrigal-puzzle « Construe my meaning ». Il a également écrit des pièces pour clavier qui méritent d'être signalées, notamment des fantaisies, des variations et des miniatures pittoresques comme *Tower Hill* et *Giles Farnaby's Rest*.

Il semble qu'il ait eu au moins cinq enfants, dont **Richard Farnaby** (né à Londres vers 1594), qui a également écrit de belles œuvres pour virginal.

Denis Arnold.

Farquhar, David (Andross) (Cambridge, Nouvelle-Zélande, 5 avril 1928). Compositeur néo-zélandais. Son talent musical se révèle dès sa scolarité et il attire l'attention de Douglas Lilburn, qui lui prodiguera plus tard son enseignement. Il entre dans la classe de Benjamin Frankel à la Guildhall School of Music de Londres (1951-52) et, en 1953, il est chargé de cours à Victoria College, où il est professeur depuis 1976. Compositeur prolifique et très sûr sur le plan technique, ses premières œuvres révèlent l'influence de Britten et de Mahler. Il aime surtout écrire pour la voix et est l'auteur de nombreuses mélodies comme *Three Scots Ballads* (1960), *Bells in their Seasons* (1974) et d'un opéra, *A Unicorn for Christmas* (1962), sur un livret de Ngaio Marsh. Défenseur engagé de la musique néo-zélandaise, il est membre fondateur de la Composers' Association of New Zealand (CANZ, Association des compositeurs néo-zélandais) et a lui-même remporté plusieurs prix, notamment pour sa *Partita pour piano* (1957), l'ouverture *Harlequin* (1959) et le brillant *Concertino pour piano* (1960). Sa musique nostalgique pour la pièce d'Anouilh *L'invitation au château* (version originale, 1953-57 ; suite d'orchestre, 1975) est devenue un classique néo-zélandais. Sa musique s'impose par un métier impeccable et une grande intégrité intellectuelle.

J. M. Thomson.

Farrant. Surnom attribué à un certain nombre de musiciens anglais qui ont travaillé dans diverses églises et cathédrales au XVIe et au début du XVIIe siècle. Il règne une certaine confusion dans l'attribution de leurs œuvres. Le plus connu est **Richard** (vers 1525-30 ; Londres, 30 novembre 1580). Il était membre de la chapelle royale vers 1550 et maître des chœurs à la chapelle Saint-George, à Windsor, en 1564 ; en 1569, il a été appelé aux mêmes fonctions à la chapelle royale. Il a écrit de beaux *anthems* et chants pour *consort* destinés à ses élèves, et il dirigeait les représentations qu'ils donnaient devant la cour.

Daniel Farrant (célèbre entre 1607 et 1640 environ) était considéré, jusqu'à une date récente, comme le fils de Richard. Violoniste à la cour de Jacques Ier, il a composé de la musique pour luth, « lyraviol » et viole. Plusieurs musiciens qui portent le nom de John Farrant ont été organistes à Ely, Salisbury, Bristol et Hereford à la fin du XVIe siècle ; il y a eu aussi un John Farrant maître de musique à Christ's Hospital, en 1611. Tous semblent n'avoir été que des compositeurs mineurs.

Denis Arnold.

Farruca (esp.). Danse andalouse d'origine gitane. Falla en a introduit une dans son ballet *Le Tricorne* (1919).

Fasch, Carl Friedrich Christian (Zerbst, 18 novembre 1736 ; Berlin, 3 août 1800). Compositeur allemand, fils de Johann Freidrich Fasch. Second claveciniste de Frédéric le Grand (derrière C. P. E. Bach), il est surtout connu pour avoir fait revivre la musique de Jean Sébastien Bach en fondant la Singakademie de Berlin dans les années 1790. Une grande partie de sa propre musique est aujourd'hui perdue, car il a détruit toutes les œuvres qui ne correspondaient pas à son idéal.

Denis Arnold.

Fasch, Johann Friedrich (Buttelstädt, près de Weimar, 15 avril 1688 ; Zerbst, 5 décembre 1758). Compositeur allemand. Élève de Kuhnau à Saint-Thomas de Leipzig, il étudie ensuite à l'Université où il fonde un *collegium musicum* qui deviendra finalement la célèbre série de concerts du Gewandhaus de Leipzig. Compositeur assez compétent, il a écrit des cantates d'église et diverses œuvres symphoniques. Il a suscité l'admiration de Bach.

Denis Arnold.

Faschingsschwank aus Wien. Voir *Carnaval de Vienne.*

Fassung (all.). « Version » ; *neue Fassung,* « nouvelle version ».

Fastoso (ital.). « Pompeux » ; *fastosamente,* « dans un style pompeux ».

Faugues, Guillaume (célèbre vers 1460). Compositeur français ou flamand, contemporain d'Ockeghem et de Busnois. Seules quatre messes ont survécu : *Missa « Le Serviteur »* , *Missa « Je suis en la mer »* , *Missa « L'Homme armé »* et *Missa « La Basse Danse »* . Elles ont fait l'objet d'analyses du théoricien Johannes Tinctoris.

John Milsom.

Fauré, Gabriel (Urbain) (Pamiers, Ariège, 12 mai 1845 ; Paris, 4 novembre 1924). Compositeur français. Fauré reçoit une formation de musicien d'église à l'École Niedermeyer à Paris (1854-65). La pratique du plain-chant et de l'harmonie modale influencera considérablement ses œuvres ultérieures. Il travaille le piano avec Saint-Saëns (à partir de 1861) qui l'initie à la musique contemporaine et aide les débuts de sa carrière de compositeur dans des salons parisiens comme celui de Pauline Viardot au cours des années 1870. Fauré remporte un premier prix de composition pour son *Cantique de Jean Racine* (1865) et, bien qu'il écrive beaucoup de musique religieuse, notamment le *Requiem* composé en majeure partie en janvier 1888 après la mort de sa mère, le cœur n'y est pas ; sa vocation ne se situe pas non plus du côté d'une carrière d'organiste, de la direction chorale ou de l'enseignement privé, et il abandonne toutes ces activités lorsqu'il est nommé directeur du Conservatoire de Paris en 1905. Il occupera ce poste jusqu'en 1920, lorsque sa surdité l'obligera à se retirer.

Debussy parlait de Fauré comme du « maître du charme » (*Gil Blas,* 9 mars 1903), épithète qui restera attachée à son nom au détriment d'œuvres puissantes écrites ultérieurement, comme la *Fantaisie pour piano et orchestre* (1918), le *Quintette avec piano nº 2* (1919-21) et le *Trio avec piano* (1922-23). Ses premières mélodies, comme *Lydia* (vers 1870) et *Clair de lune* (1887, qui marque sa découverte de Verlaine et le début de sa seconde période, celle de la maturité), et les joyaux instrumentaux que constituent la *Pavane* (1887) et la *Sicilienne* (1893) pour violoncelle et piano lui ont valu ce qualificatif de charmeur. Avec son cycle de mélodies *La Bonne Chanson* (1892-94) et *Prométhée* (1900, impressionnante tragédie lyrique avec des interludes parlés), Fauré commence à s'écarter de la mode de l'époque (et de Saint-Saëns). L'écart se creuse avec *La Chanson d'Eve* (Van Lerberghe, 1906-10), cycle dans lequel il ramène de six à deux le nombre de thèmes récurrents. Dans ses derniers cycles de mélodies, *Le Jardin clos* (1914), *Mirages* (1919) et *L'Horizon chimérique* (1921), il se rapproche encore davantage de la simplicité et l'unité provient surtout du sujet et du style contenu. Dans les œuvres pour piano qu'il compose entre 1905 et 1909, Fauré adopte la gamme par tons entiers (*Impromptu nº 5,* 1909) et compose des pièces entièrement construites sur une idée courte et unique qu'il développe par séquences (*Nocturnes nºs 9 et 10*). Toutefois, le couronnement de ses dernières années est l'opéra *Pénélope* sur un livret de René Fauchois, auquel il travaille pendant l'été entre 1907 et 1912. Il est créé à Monte-Carlo en 1913 et repris quelques mois plus tard à Paris, mais la guerre et la conception fauréenne de l'opéra en tant que musique pure dédaignant les effets théâtraux le maintiendront à l'écart des œuvres qui se sont imposées au répertoire.

Comme le dit Nectoux, « l'œuvre de Fauré est une œuvre de transition ; c'est un musicien du XIXe siècle, mais également un classique du XXe siècle ». Pour Fauré, l'art et la musique existent « pour élever le plus possible l'humanité audessus de l'existence quotidienne », mais dans son œuvre, l'aspect hellénique du calme, la sérénité philosophique ont été surchargés. Ils doivent être considérés comme secondaire par rapport à la force joyeuse, à l'intensité soutenue et aux manifestations suprêmes de diversité dans l'unité qui constituent son apport le plus durable au XXe siècle. Seules des œuvres pour piano comme les premiers *Nocturnes* révèlent une influence (en l'ocurrence celle de Chopin, Saint-Saëns et Liszt) et Fauré est presque le seul compositeur de sa génération à ne pas succomber à l'attrait de Wagner. Le peu d'intérêt qu'il porte à l'orchestration et à la virtuosité délibérée n'ont pas fait de lui un musicien populaire, bien que la suite de *Shylock* (1889) et le *Nocturne no 13* (1921) illustrent à merveille ces deux éléments. Fauré a le génie de la synthèse : il a réconcilié des éléments opposés comme la modalité et la tonalité, l'anxiété et la sérénité, la séduction et la force dans un style unique, non éclectique, comme dans son chef-d'œuvre symphonique, la suite de *Pelléas et Mélisande* (1898). Le renouveau constant dans un domaine apparemment limité (essentiellement deux mains sur un piano) est une facette remarquable de son génie et le style sobre, elliptique de son unique *Quatuor à cordes* (1923-24) laisse supposer que son style intensément autodiscipliné évoluait encore au moment de sa mort.

Robert Orledge.

BIBLIOGRAPHIE : Gabriel Fauré, *Lettres intimes,* Grasset (Paris, rééd. 1951) / *Correspondance* (Éd. par Jean-Michel Nectoux), Flammarion (Paris, 1980). Philippe Fauré-Fremiet, *Gabriel Fauré,* Albin Michel (Paris, 1957). Vladimir Jankélévitch, *Gabriel Fauré, ses mélodies, son esthétique,* Plon (Paris, 1951) / *Fauré et l'inexprimable,* Plon (Paris, 1974). Charles Koechlin, *Gabriel Fauré,* Alcan (Paris, 1927), rééd. Les Introuvables (Plan-de-la-Tour, 1983). Marguerite Long, *Au piano avec Gabriel Fauré,* Julliard (Paris, 1963). Jean-Michel Nectoux, *Fauré,* Seuil, coll. Solfèges (Paris, 1972, rééd. 1986). Émile Vuillermoz, *Gabriel Fauré,* Flammarion (Paris, 1960).

Fausse relation (all. : *Querstand* ; angl. : *false relation*). Présence simultanée ou successive dans différentes voix de deux notes en contradiction harmonique, souvent la tierce majeure et mineure du même accord parfait. Cet effet a été largement exploité à des fins expressives par les compositeurs de madrigaux de la fin du XVIe siècle et du XVIIe siècle.

Fausset (all. : *Falsett* ; angl. et ital. : *falsetto*). Registre vocal utilisé par les voix masculines pour chanter dans les tessitures d'alto et de soprano (voix « de tête »). Le registre le plus élevé de la voix de femme porte aussi parfois le nom de fausset. Un fausset s'obtient lorsque les replis des cordes vocales ne vibrent que sur le bord (voir *Voix*, 3).

Faust. Opéra en cinq actes de Gounod sur un livret de Jules Barbier et Michel Carré d'après le poème de Goethe (première partie : 1808 ; deuxième partie : 1832). Représentations : Paris (Théâtre Lyrique, 19 mars 1859) ; Londres (Her Majesty's Theatre, 11 juin 1863) ; Philadelphie (18 novembre 1863) ; New York (Metropolitan Opera House, soirée d'ouverture, 22 octobre 1883). L'un des plus grands succès de l'opéra, il a été repris chaque saison à Covent Garden de 1863 à 1911 et, en 1934, avait déjà été représenté plus de 2 000 fois à Paris. Faust (tén.) conclut un pacte avec Méphistophélès (basse) : en échange d'une jeunesse éternelle et de la belle Marguerite (sop.), il promet son âme à Méphistophélès. Valentin (bar.), le frère de Marguerite, confie sa sœur au fidèle Siebel (mezzo) durant son absence pour la guerre. A son retour, il découvre que Marguerite a été séduite par Faust ; il le provoque en duel, mais trouve la mort. Marguerite, jetée en prison pour avoir tué son enfant, refuse de suivre Faust et Méphistophélès ; tandis qu'elle monte au ciel, Méphistophélès entraîne Faust en Enfer.

BIBLIOGRAPHIE : Paul Landormy, *Faust de Gounod,* Mélottée (Paris). *Faust,* L'Avant-Scène-Opéra no 2 (Paris, 1976).

Faust, Scènes de (d'après Goethe). Ouverture et six scènes pour solistes, chœur et orchestre de Schumann, composées entre 1844 et 1853.

Faust (Deux Épisodes du Faust de Lenau). Deux poèmes symphoniques de Liszt, composés en 1860 d'après un poème de Lenau : *Der nachtliche Zug* (« La Procession nocturne ») et *Der Tanz in der Dorfschenke* (« Danse à l'auberge du village »), qui n'est autre que la *Méphisto-Valse no 1* que Liszt a transcrite ultérieurement pour piano seul, puis pour piano à quatre mains.

Faust Ouverture (*Eine Faust Ouvertüre*). Ouverture de Wagner, composée en 1839-40, réorchestrée en 1843-44 et remaniée en 1855. Conçue à l'origine comme le premier mouvement d'une *Faust Symphonie.*

Faust Symphonie (*Eine Faust-Symphonie*). Symphonie pour ténor, chœur d'hommes et orchestre de Liszt, composée entre 1854 et 1857. Liszt s'est inspiré du poème de Goethe et son œuvre porte en sous-titre « in drei Charakterbildern » (« en trois personnages »). Les mouvements portent en titre le nom des trois personnages : Faust, Gretchen et Méphistophélès.

Faux-bourdon. Polyphonie vocale improvisée, caractéristique de la musique sacrée du XVe siècle en Bourgogne. Malgré des différences importantes, elle présente diverses analogies avec le **faburden* anglais bien qu'aucun lien précis n'ait pu être établi entre eux.

L'origine du terme est assez obscure. Si l'adjectif « faux » ne pose aucun problème, il n'en est pas de même du mot « bourdon » dont on ne trouve pas trace au XVe siècle, alors qu'aux XIVe et XVe siècles le terme anglais *burden* désignait une voix grave dans la musique polyphonique. Bourdon est peut-être apparenté à bourde (mensonge ou erreur). L'expression faux-bourdon apparaît pour la première fois (sous la forme « faulx bourdon ») dans l'introduction à la *Missa « Sancti Jacobi »* de Dufay et dans une autre œuvre du même manuscrit, toutes deux datant probablement des années 1420 ou 1430. Les archives chorales n'ont permis de découvrir aucune pratique du faux-bourdon comparable à celle du *faburden* en Angleterre. Les descriptions théoriques sont assez tardives ; elles commencent avec Guillelmus Monachus, auteur italien des années 1480 ; on en retrouve tout au long du XVIe siècle, bien que la pratique du faux-bourdon sous sa forme d'origine se soit sans doute éteinte à la fin du XVe siècle.

Les œuvres de Dufay et de ses contemporains montrent que le faux-bourdon désignait une improvisation en quartes parallèles au-dessous d'une voix donnée réalisée par une voix supplémentaire. La voix de référence était souvent un plain-chant ornementé. Une troisième partie, écrite, complétait la structure. L'Ex. 1 reproduit le début du deuxième verset de l'hymne de Dufay *Conditor alme siderum*. Dufay commence par énoncer la mélodie, embellissant légèrement le chant original qu'il remodèle à trois temps. Puis, tout en imaginant une partie de faux-bourdon en quartes parallèles avec sa mélodie, il ajoute une partie de basse. Sur le manuscrit, seules les parties supérieure et inférieure (aiguë et grave) sont copiées ; la simple instruction « faulx bourdon », apposée juste après la partie supérieure, indique que la voix médiane doit être chantée lors de l'exécution.

La voix supérieure est une version légèrement décorée de l'hymne original en plain-chant. La voix inférieure est ici la plus active et, dans de nombreux exemples, elle est tellement indépendante sur le plan rythmique qu'on peut supposer qu'elle n'était pas chantée sur des paroles, comme les autres parties, mais jouée par un instrument.

Comme le *faburden*, le faux-bourdon a servi de point de départ à des œuvres assez élaborées. Certaines pièces en faux-bourdon ont survécu aux côtés d'autres versions dans lesquelles la ligne improvisée était remplacée par des parties entièrement écrites. D'autres compositions sont des ornementations entièrement écrites de faux-bourdon. Guillelmus Monachus décrit certaines de ces pratiques

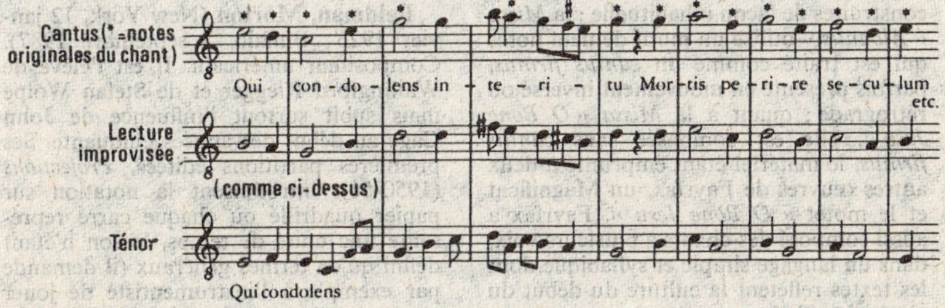

Ex. 1

dans *De preceptis artis musicae*. Les descriptions de Guillelmus ont donné lieu à de nombreuses controverses, car elles ne correspondent pas exactement à ce que révèlent les sources musicales. Il mentionne deux façons de créer le faux-bourdon par l'improvisation : (*a*) en ajoutant deux voix au-dessus d'un *cantus firmus*, en accords 8-5 au début et à la fin des phrases, et en accords 6-3 ailleurs ; et (*b*) en ajoutant deux voix au-dessous. On peut déduire de ces descriptions que les choristes pratiquaient une méthode empirique d'improvisation de la polyphonie, qui existait peut-être auparavant et qui aurait donné naissance aux œuvres composées par Dufay et ses contemporains.

David Hiley.

Favola d'Orfeo, La. Voir *Orfeo*.

Fayrfax [Fairfax], **Robert** (Deeping Gate, Lincolnshire, 23 avril 1464 ; ? St Albans, 1521). Principal compositeur anglais de la cour d'Henri VII et d'Henri VIII, Gentleman de la chapelle royale de la fin des années 1490 jusqu'à sa mort, où il mène une activité de compositeur, chanteur et copiste. Son nom est également lié, peut-être à titre honorifique, à l'abbaye de St Albans. Titulaire de deux diplômes de Cambridge – il obtient le grade de Bachelor of Music en 1501 et celui de Doctor of Music en 1504 (avec la *Missa « O quam glorifica »*) –, il reçoit le premier doctorat de musique conféré par l'Université d'Oxford. Ses œuvres de musique religieuse, qui comprennent six messes, deux Magnificat et dix antiennes, se caractérisent par leur réserve et leur économie de moyens, qui contrastent avec le style fleuri d'un grand nombre de ses contemporains. Deux de ses messes sont construites de façon inhabituelle : la *Missa « Albanus »* utilise un motif de neuf notes qui est traité comme un *cantus firmus*, parfois présenté en mouvement inversé ou rétrograde ; quant à la *Missa « O Bone Jesu »*, elle est composée sans *cantus firmus*, le matériel étant emprunté à deux autres œuvres de Fayrfax, un Magnificat et le motet *« O Bone Jesu »*. Fayrfax a aussi composé des chants à plusieurs voix, dans un langage simple et syllabique dont les textes reflètent la culture du début du règne des Tudors.

John Milsom.

Federal Music Project. Plan de réorganisation de la vie musicale américaine élaboré en 1935 par le président des États-Unis, Franklin D. Roosevelt, sous les auspices de la *Works Progress Administration*. Le but du *Project* consistait à fournir du travail aux musiciens et à relancer les activités musicales pendant la grande crise. Il comportait la création du *Composers' Forum Laboratory* (1935) destiné à encourager la composition de musique nouvelle, l'organisation de nombreux concerts et de retransmissions radiodiffusées, une aide au développement de l'enseignement musical dans l'ensemble du pays et la création de bibliothèques musicales. Il aidait également à la publication d'importantes études historiques et bibliographiques consacrées à la musique américaine. Ce projet a pris fin en 1941.

Mark Tucker.

Fédération des concours internationaux de musique. Voir *Concours*.

Fées, Les (*Die Feen*). Opéra en trois actes de Richard Wagner (son premier opéra), sur un livret du compositeur, d'après le poème de Carlo Gozzi *La Donna serpente* (1762). Créé à Munich en 1888.

Feierlich (all.). Terme employé pour des cérémonies publiques qui peut signifier « solennel » (fête religieuse) ou « plein d'allégresse » (fête profane, célébration officielle, etc.).

Feldeinsamkeit. Lied pour voix et piano de Brahms, deuxième des *Six lieder op.86*, composés entre 1877 et 1879. Il met en musique un poème de Hermann Allmers (1821-1902).

Feldman, Morton (New York, 12 janvier 1926 ; Buffalo, 3 septembre 1987). Compositeur américain. Il est l'élève de Wallingford Riegger et de Stefan Wolpe mais subit surtout l'influence de John Cage au début des années cinquante. Ses premières partitions éditées, *Projections* (1950-51), introduisent la notation sur papier quadrillé où chaque carré représente une unité de temps, le son n'étant défini qu'en termes généraux (il demande par exemple à l'instrumentiste de jouer une note *pizzicato* dans le registre grave du violoncelle, sans préciser laquelle).

Dans ses œuvres ultérieures, Feldman opère un retour à la notation traditionnelle, mais le caractère de sa musique, qui repose sur la production parfaite de sonorités lentes et tranquilles, reste immuable.

Paul Griffiths.

Feldmusik (all.). Terme qualifiant, aux XVIIe et XVIIIe siècles, la musique pour cuivres destinée aux exécutions en plein air (*Feldpartiten*, *Felstücke*, etc.). Les exemples les plus anciens sont de simples fanfares à quatre parties, jouées par des trompettes militaires (*Feldtrompeter*) ; par la suite, les œuvres s'enrichissent de *partitas et de *divertimentos plus élaborés. Haydn a écrit plusieurs *Feldpartiten*.

Felix namque (lat.). Titre de nombreuses pièces pour clavier (musique anglaise des XVe et XVIe siècles) qui reprennent la mélodie en plain-chant de l'offertoire *Felix namque es*, employé dans certaines messes mariales. Cette forme date peut-être du début du XVe siècle, mais la plupart des œuvres qui l'adoptent ont été écrites au XVIe siècle – elle ne le cède alors en popularité qu'à l'*In nomine* sous la plume des compositeurs anglais : Preston, Redford, Tallis, Blitheman, Shelby, Tomkins, etc. Ces pièces vont de la polyphonie la plus dense aux ornementations parfois mécaniques mais toujours brillantes ; il y a même une version à cinq temps du début du XVIe siècle (à la British Library, Roy. App. 56).

Femmes de bonne humeur, Les (*Le Donne di buon umore*). Comédie chorégraphique en un acte sur des sonates de Domenico Scarlatti arrangées par Tommasini. Le livret est inspiré de Goldoni. Création à Rome en 1917 dans une chorégraphie de Massine. Tommasini en a tiré une suite pour orchestre (1920).

Femme silencieuse, La (*Die schweigsame Frau*). Opéra en trois actes de Richard Strauss sur un livret de Stefan Zweig d'après *Epicoene* (1609) de Ben Jonson. Créé à Dresde en 1935.

Fenby, Eric (William) (Scarborough, 22 avril 1906). Compositeur et musicographe. Musicien essentiellement autodidacte, il est le secrétaire de Delius à partir de 1928 et transcrit sur le papier les dernières œuvres du compositeur aveugle. Il publie également des arrangements d'œuvres de Delius ainsi que deux livres : *Delius as I Knew Him* (Londres, 1936, 2e éd. 1966) et *Delius* (Londres, 1971). Au nombre de ses œuvres, il faut retenir l'ouverture *Rossini on Ilkla Moor* ; il a enseigné la composition à la Royal Academy of Music.

Paul Griffiths.

Fennimore and Gerda. Opéra en onze scènes de Delius sur un livret du compositeur d'après le roman de J. P. Jacobsen, *Niels Lyhne*. Créé à Francfort en 1919. L'*Intermezzo* tiré de la dernière scène est souvent exécuté en concert.

Ferandiere [Fernandiere], **Fernando** (? Zamora, León, vers 1750 ; ? Madrid, vers 1816). Compositeur espagnol ou portugais. Après ses études à Zamora, il fait une carrière de violoniste, guitariste, professeur et compositeur à Madrid, Cadix et Málaga. Auteur prolifique, il a composé un grand nombre de *tonadillas*, de *villancicos* en l'honneur de la Vierge Marie, et d'œuvres pour guitare, pour violon ou autres instruments à cordes ; malheureusement, seules les œuvres contenues dans ses deux traités sont parvenues jusqu'à nous.

Wendy Thompson.

Ferdinand III d'Autriche (Graz, 13 juillet 1608 ; Vienne, 2 avril 1657). Roi des Romains en 1636, il monte l'année suivante sur le trône du Saint Empire romain germanique. Non content d'être, comme son père Ferdinand II, un grand protecteur de la musique (il a joué un rôle déterminant dans la propagation de l'opéra italien dans le Nord de l'Europe), il s'impose également comme compositeur de musique profane et sacrée (notamment *Drama musicum*).

Denis Arnold.

Ferguson, Howard (Belfast, 21 octobre 1908). Compositeur et musicologue anglais. Il fait ses études au Royal College of Music de Londres avec R. O. Morris puis commence une carrière de compositeur et de pianiste. Il compose quelques œuvres solidement élaborées puis, dans les années cinquante, abandonne la composition pour se consacrer à la réalisation et à l'édition de musique ancienne pour clavier ; il est également l'auteur de *Keyboard Interpretation* (Londres, 1975).

Paul Griffiths.

Ferial (angl., du lat. *feria*, « fête »). L'Église primitive appliquait cet adjectif aux jours saints, mais à partir du IIIe siècle *feria* est employé dans l'acception inverse : jour de la semaine sans fête. Le terme s'applique également aux dimanches, lorsqu'ils ne correspondent à aucune fête particulière.

Fermata (ital.), **Fermate** (all.). « Point d'orgue » (𝄐).

Fermer. Dans la musique française pour orgue, ce terme peut s'appliquer à la boîte expressive du récit ou indiquer qu'il faut supprimer un registre.

Ferne (all.). « Distance » ; *Lied an die ferne Geliebte* (« Lied à la bien-aimée lointaine ») de Beethoven.

Ferneyhough, Brian (Coventry, 16 janvier 1943). Compositeur anglais. Il étudie avec Berkeley à la Royal Academy of Music de Londres et avec Klaus Huber à Bâle (1969-71). Il devient ensuite l'assistant de Huber dans sa classe de composition à la Musikhochschule, à Fribourg. Ses premières œuvres publiées, telles les *Sonates pour quatuor à cordes* (1968), adaptent le sérialisme de Boulez à des partitions assez vastes et élaborées ; dans les œuvres ultérieures, la densité de sa pensée musicale s'enrichit d'ambitions métaphysiques.

Paul Griffiths.

Feroce (ital.). « Féroce » ; *ferocità*, « férocité ».

Ferrabosco. Famille de musiciens italiens qui se sont distingués aux XVIe et XVIIe siècles. **Domenico Maria Ferrabosco** (Bologne, 14 février 1513 ; Bologne, février 1574) est au service de la municipalité de sa ville natale ; il est d'abord chanteur, puis maître de chapelle à San Petronio. Il fait de courts séjours à Rome et, dans les années 1550, travaille aux côtés de Palestrina à la chapelle papale. Célèbre compositeur de madrigaux, Palestrina a utilisé son « Io mi son giovinetta » dans deux de ses messes.

Son fils aîné, **Alfonso Ferrabosco (I)** (baptisé à Bologne, 18 janvier 1543 ; Bologne, 12 août 1588) suit son père à Rome et, à la fin des années 1550, entre au service de Charles de Guise, cardinal de Lorraine. En 1562, il arrive en Angleterre où Élisabeth Ire lui accorde une pension annuelle ; il y demeure jusqu'en 1578, tout en faisant des séjours importants en Italie et en France (il a peut-être fait de l'espionnage au profit de l'Angleterre, mais ce n'est pas prouvé). En 1577, il est accusé de vol et de meurtre sur un jeune étranger au service de Sir Philip Sidney ; il doit quitter l'Angleterre, tout en protestant de son innocence. Vers 1582, il entre au service du duc de Savoie à Turin. La reine Élisabeth tente, en vain, d'obtenir son retour. Compositeur extrêmement compétent, aussi habile dans le domaine de la musique religieuse en latin que dans celui du madrigal italien, sa musique sacrée révèle une profonde connaissance du contrepoint et un goût marqué pour les techniques modernes comme le chromatisme. Ses madrigaux, composés bien avant la mode consistant à traduire ou à « peindre » chaque détail du vers, auront une influence considérable dans le développement de l'école anglaise ; ce sont sans doute les premiers madrigaux qu'aient entendus les musiciens anglais avant qu'il ne soit de bon ton d'en importer d'Italie.

Alfonso Ferrabosco (II) (? Greenwich, avant 1578 ; Greenwich, mars 1628) est probablement le fils naturel du précédent. Élevé par un musicien de la cour d'Angleterre après le départ de son père pour l'Italie, il passe toute sa vie à la cour où il reçoit diverses annuités et pensions pour instruire les jeunes princes, Henri et Charles (le futur Charles Ier). Avec Ben Jonson et Inigo Jones, il produit des masques de cour et succède à Coprario comme musicien et compositeur ordinaire du roi, en 1626.

Comme son père, Alfonso le jeune est un compositeur de musique religieuse apprécié ; il a écrit aussi bien des *anthems* pour l'église anglicane que des motets en latin. Ses chants profanes sont essentiellement des *madrigalette* (chants courts et légers à plusieurs voix), dont certains ont été copiés par Tregian dans le *Fitzwilliam Virginal Book*, et des airs avec accompagnement de luth qui témoignent de l'influence du style déclamatoire qui se répandait alors en Angleterre. Toutefois, sa plus belle musique s'adresse aux violes, plus particulièrement ses fantaisies pleines d'invention et ses *In nomine* dans lesquels chaque exécutant se doit de montrer son adresse dans des gammes rapides, des accords brisés, etc. Sa pension a été reversée à ses fils Alfonso (III) (vers 1610-vers 1660) et Henry (vers 1615-1658). Son cadet, John (1628-1682), a été organiste à la cathédrale d'Ely à partir de 1662 et a composé de la musique religieuse anglicane.

Denis Arnold.

Ferrari, Benedetto (Reggio Emilia, ? 1603 ou 1604 ; Modène, 22 octobre 1681). Compositeur, librettiste, chanteur et joueur de théorbe italien. Il est l'auteur du livret de l'opéra qui a été représenté pour l'ouverture du Teatro San Cassiano de Venise au public payant, *L'Andromeda* (musique de Francesco Manelli, 1637). Il a également écrit des livrets pour d'autres compositeurs, mais sa propre musique est en grande partie perdue.

Denis Arnold.

Ferrari, Luc (Paris, 5 février 1929). Compositeur français. Il étudie au Conservatoire de Versailles (1946-48), puis avec Honegger à l'École normale de musique (1948-50) et, enfin, avec Messiaen (1953). En 1958, il participe aux travaux du Groupe de musique concrète de la RTF (qui deviendra le Groupe de recherches musicales, le GRM). Il y reste jusqu'en 1966 et y compose beaucoup de musique sur bande magnétique. Parmi ses dernières œuvres, un certain nombre évoquent des problèmes sociaux non sans un certain sens du drame.

Paul Griffiths.

Fertig (all.). « Prêt », « achevé », « fignolé » (style) ; *Fingerfertigkeit*, technique digitale aisée.

Fes (all.). Fa bémol. *Feses*, fa double bémol.

Fesch, Willem de. Voir *De Fesch, Willem*.

Fest (all.), **festa** (ital.). « Fête ». L'usage allemand donne également à ce mot un sens de fermeté ou de rigueur. *Festevole, festevolmente* (ital.), « joyeusement ».

Festa, Costanzo (vers 1490 ; Rome, 10 avril 1545). Compositeur italien, auteur d'intéressants madrigaux, membre de la chapelle Sixtine, à Rome, entre 1517 et la fin de sa vie. Ses madrigaux s'inscrivent dans des styles très variés, de la *frottola* simple et homophonique au contrepoint le plus élaboré. Leur pouvoir de séduction (plusieurs compositeurs ont remarqué et cité sa musique) naît de la vivacité des rythmes et de la puissance des effets.

Denis Arnold.

Festal (angl.). Adjectif servant à distinguer les fêtes religieuses des jours ordinaires, ou « *ferial days* ».

Feste romane (*Fêtes romaines*). Poème symphonique de Respighi, composé en 1928. Il comporte quatre parties intitulées : *Circenses* (« Jeux du cirque »), *Il Giubileo* (« Le Jubilé »), *L'Ottobrata* (« Fêtes d'octobre ») et *La Befana* (« L'Épiphanie »).

Festgesang. Œuvre de Mendelssohn pour voix d'hommes sur des paroles du professeur A. E. Prölss de Fribourg. Elle a été composée, comme le *Lobgesang*, pour les fêtes commémoratives du 400e anniversaire de l'invention de la presse de Gutenberg (Leipzig, 1840). Le second numéro de *Festgesang* a été adapté par W. H. Cummings sur les paroles de l'hymne « Hark, the Herald Angels Sing ».

Festin d'Alexandre, Le (*Alexander's Feast*). Ode-oratorio de Haendel dont le texte est emprunté à l'*Ode for St Cecilia's Day* (1697) de Dryden et à *The Power of Music* de Newburgh Hamilton. Créée à Londres en 1736. Mozart l'a réorchestrée par la suite.

Festin de l'araignée, Le. Ballet-pantomime op.17 d'Albert Roussel sur un argument de G. de Voisins. Composé en 1912, créé l'année suivante au Théâtre des Arts à Paris, que dirigeait Jacques Rouché. Roussel en a tiré plus tard une suite d'orchestre.

Festing, Michael Christian (mort à Londres, 24 juillet 1752). Compositeur anglais. Il étudie le violon avec Geminiani et donne son premier concert en 1724. En 1735, il est nommé Master of the King's

Musick et, au cours des années 1730 et 1740, il joue un rôle important dans la vie musicale londonienne : il est à la tête de la Philharmonic Society, directeur des concerts en souscription de Hickford's Room et, à partir de 1742, également directeur des Ranelagh Gardens récemment ouverts pour lesquels il compose de la musique instrumentale. Il est aussi l'auteur de mélodies et de cantates. Festing est l'un des fondateurs de la Society of Musicians, organisme qui a pour but de venir en aide aux musiciens nécessiteux.

Festing a composé beaucoup de musique pour violon, qui donne parfois une idée de sa propre technique et de sa virtuosité : il utilise une vaste tessiture et de nombreux types de coups d'archet. Son frère John était un professeur de flûte et de hautbois très célèbre.

Wendy Thompson.

Femme sans ombre, La (*Die Frau ohne Schatten*). Opéra en trois actes de Richard Strauss sur un livret de Hugo von Hofmannsthal, d'après un ouvrage antérieur qui porte le même titre (1919). Représentations : Vienne (Staatsoper, 10 octobre 1919) ; San Francisco (18 septembre 1959) ; Strasbourg (20 novembre 1965) ; Londres (Sadler's Wells, 2 mai 1966) ; Paris (Opéra, 11 octobre 1972). L'Impératrice (sop.), qui a épousé l'Empereur des îles du Sud-Est (tén.), est un être surnaturel, sans ombre, qui ne peut avoir d'enfant. Mais si elle ne peut trouver une ombre ou réussir à porter un enfant, l'Empereur sera pétrifié. La Nourrice (mezzo) l'emmène chez Barak (bar.) dont la femme (sop.) est prête à lui vendre son ombre en échange de toutes les richesses qu'elle peut désirer, mais son mari la met en garde contre une telle action. L'Impératrice apprend qu'elle peut obtenir l'ombre de la femme de Barak en buvant l'eau d'une fontaine voisine. Elle refuse pourtant de le faire pour ne pas provoquer une catastrophe dans la vie de Barak. Elle sera récompensée de son renoncement par le messager des esprits qui lui donne l'ombre si longtemps désirée.

Festival (du latin *festivitas*, « réjouissances »). A l'origine, les festivals étaient liés à des traditions rituelles qui subsistent toujours dans les manifestations dont le but consiste à honorer un lieu ou une personne spécifique. Mais aujourd'hui, on rencontre dans le monde entier des festivals très différents les uns des autres qui tiennent parfois une place essentielle dans la vie musicale. Les festivals liés à l'idée de concours, comme on en trouve souvent en Grande-Bretagne, tirent leur origine des mêmes traditions (voir *Concours*).

1. *Les festivals jusqu'au XIXe siècle*. Les jeux Olympiques, qui se déroulaient en Grèce tous les quatre ans entre 776 av. J.-C. et la fin du IVe siècle, alliaient la musique et la danse, les compétitions athlétiques et les célébrations religieuses. A Rome, comme dans plusieurs civilisations du Moyen-Orient, certaines festivités se déroulaient à date régulière et faisaient partie de la vie quotidienne. Toutes ces traditions ont fortement influencé la conduite de nombreuses fêtes religieuses au début du christianisme en Europe, comme par exemple l'**Eisteddfodau* gallois (concours de poésie et de musique), les festivals irlandais de la Saint-Patrick et les *puys du nord de la France.

Au Moyen Age, les festivals étaient souvent liés aux spectacles et célébrations de la cour, comme les mariages des membres de la famille royale ou de la noblesse. A la Renaissance, les compositeurs de l'Église catholique cultivaient un style « de fête » dans les œuvres écrites pour les grandes occasions. En Europe, jusqu'au XIXe siècle, les festivals restent indissociables de l'aristocratie, mais en Italie la *festa* mêle les divertissements de cour aux processions et manifestations destinées au peuple. En France, la musique de festival était souvent composée pour la cour (par exemple, par Lully), mais en Allemagne les festivités étaient célébrées avec de la musique de scène (de nombreux théâtres de festival ont vu le jour au XVIIe siècle).

En Angleterre, le jour de la Sainte-Cécile (22 novembre) était marqué par des festivités particulières, à la fois religieuses et profanes, et, à la fin du XVIIe siècle, elles étaient organisées à St Bride's, dans Fleet Street, par la Musical Society ; Purcell (en 1683) et Blow (à partir de 1684), entre autres compositeurs, ont écrit des œuvres pour cette circonstance. L'exemple de la Musical Society a été suivi par d'autres organismes, ces activités étant souvent destinées à des œuvres de charité. La Corporation of the Sons of the Clergy, par exemple, tenait un service annuel pour réunir des fonds. A partir de 1697, il se déroulait à la cathédrale St Paul et, comme une partie du service était tenue à l'orgue, il a pris le nom de Festival of the Sons of the Clergy. A la fin du XVIIe siècle, il réunissait les meilleurs musiciens de l'époque.

2. *Les festivals de chant choral en Europe*. A partir de 1715 environ, les chœurs des cathédrales de Gloucester, Worcester et Hereford ont pris l'habitude de se réunir chaque année pendant deux jours pour chanter ensemble et lever des fonds destinés aux veuves et aux orphelins du clergé des trois diocèses. Vers le milieu du XVIIIe siècle, leurs programmes comportaient de la musique profane et de la musique sacrée ; les oratorios de Haendel y étaient régulièrement exécutés. Les festivals avaient lieu tour à tour dans chacune des cathédrales et la coutume s'était instaurée de demander à l'organiste titulaire de la cathédrale qui invitait de diriger les représentations du festival. Comme d'autres festivals de chant choral de la même époque, le Three Choir Festival mettait à son programme de nombreuses œuvres chorales anglaises. Il est devenu l'un des premiers festivals de Grande-Bretagne et les œuvres d'Elgar y occupent toujours une place importante. Des œuvres de Vaughan Williams, Holst, Bliss et Howells, notamment, ont été créées à ce festival.

L'exécution des oratorios de Haendel a joué un rôle déterminant dans le développement des festivals de chant choral en Grande-Bretagne. Leur grande popularité a suscité l'organisation de festivals annuels dans de nombreuses petites villes. Dans les régions industrielles, ils étaient souvent destinés à recueillir des fonds pour les pauvres. Ceux de Leeds (1767), Birmingham (1768), Norwich (1770) et Sheffield (1786) comptent parmi les plus célèbres. En 1784, les commémorations de Haendel à Londres ont réuni des effectifs considérables et ont donné naissance à des sociétés chorales ayant pour but de réaliser des exécutions monumentales. Jusqu'au XXe siècle, l'exécution des œuvres de Haendel restera indissociable d'un tel contexte. Les festivals Haendel du Crystal Palace ont vu le jour en 1857 et, après quelques années, ils ont adopté un rythme d'organisation trisannuel, jusqu'en 1926. Dès le milieu du XIXe siècle, on a vu apparaître le phénomène de la publicité que pratiquaient les festivals pour attirer le public et les participants.

En Allemagne et en Autriche, la popularité de la musique chorale, particulièrement celle de Haendel et de Haydn, a suscité la formation de chœurs qui organisaient des festivals. Une exécution de *La Création* de Haydn, sous la direction de Spohr, à Frankenhausen en 1810, constitue le premier véritable festival allemand ; d'autres ont suivi à Erfurt (1811) et Helmstedt (1820). Le Festival du Bas-Rhin allemand, qui se déroule alternativement à Düsseldorf, Aix-la-Chapelle et Cologne (à l'image du Three Choir Festival en Grande-Bretagne), remonte à 1817 ; Mendelssohn en a assuré la direction entre 1833 et 1847.

C'est au XIXe siècle qu'ont vu le jour les premiers festivals commémoratifs, essentiellement destinés à honorer la mémoire de certains compositeurs dans leur ville natale ; un grand nombre d'entre eux ont survécu sans interruption jusqu'à ce jour. Les plus célèbres sont le Festival Bach de Leipzig (1843), le Festival Beethoven de Bonn (1845), le Festival Haendel de Halle (1858) et le Festival Mozart de Salzbourg (1870). La fondation du Festival de Bayreuth, consacré à Wagner, remonte à 1876.

3. *L'Amérique du Nord*. L'esprit nationaliste des communautés allemandes immigrées aux États-Unis au XIXe siècle est à l'origine de l'exécution des grandes œuvres chorales du répertoire ; parmi les premiers festivals qui se sont déroulés outre-Atlantique figurent ceux de Boston et de Worcester, organisés en 1858 par la Haendel and Haydn Society of Boston. Comme en Europe, ces festivals se caractérisent par l'utilisation d'effectifs gigantesques. En 1873, Theodore Thomas présentait le premier Festival de Cincinnati, d'un niveau artistique très élevé, qui se déroule chaque année depuis cette date (sa programmation inclut maintenant des opéras et des concerts). Au Canada, les festivals de musique restent marqués par le nationalisme britannique ; le premier festival important s'est déroulé à Montréal en 1860. Un peu plus tard, en 1880, se tenait à Québec la première fête nationale des Canadiens français.

Alors que les festivals internationaux florissaient en Europe au milieu du XXe siècle, les festivals américains restaient plus marginaux, en raison des difficultés pratiques d'organisation et du coût de l'engagement d'artistes européens. Néanmoins, de nombreux festivals importants ont vu le jour, particulièrement aux États-Unis. En 1937, lorsque Tanglewood (dans le Massachusetts) est devenu la résidence estivale de l'Orchestre symphonique de Boston, Serge Koussevitzky y a fondé un festival dont chaque édition annuelle est maintenant un événement majeur de la vie musicale américaine. Depuis 1915, un festival se déroule chaque année à Ravinia Park, près de Chicago, avec des concerts et, jusqu'en 1932, des opéras. Le Coolidge Summer Music Festival, créé en 1925 à Washington, est consacré à la musique de chambre, comme le Festival de Marlboro (dans le Vermont, fondé en 1950). Le Festival de Santa Fe (1957) est le plus célèbre festival d'opéra du continent américain ; ceux d'Aspen, dans le Colorado (1950), d'Ojai, près de Los Angeles (1947), et de Wolf Trap Farm Park, près de Washington (1971), offrent un très large éventail musical. Le Festival de New York (1954, autrefois Festival de Newport, Rhode Island) est un festival de jazz. Pablo Casals est à l'origine du Festival de Porto Rico (concerts et opéras). De nombreuses autres manifestations, appelées festivals aux États-Unis, sont en fait des séries de concerts symphoniques, souvent en plein air, comme ceux de Hollywood Bowl et de Robin Hood Dell, en Pennsylvanie.

4. *L'Europe.* Les festivals européens se sont multipliés au XXe siècle : les lieux de rendez-vous vont des grandes villes ou des stations thermales aux sites ruraux pittoresques ou aux églises paroissiales ; on y aborde des répertoires très variés : opéra, musique contemporaine, musique de chambre, musique ancienne, jazz, etc. ; les manifestations peuvent inclure des représentations théâtrales, des films, des expositions, des cours d'interprétation, des concours, des conférences. Le terme « festival » s'applique aussi bien à une manifestation isolée, dans un village, qu'à une série de représentations d'opéra ou de théâtre musical, de danse, de concerts ou de conférences échelonnées sur deux mois, ou à des festivals d'art extra-européen comme le Festival de Hollande (qui se déroule à Amsterdam, La Haye et Rotterdam). Mais le même terme s'applique également à des séries de concerts qui ne présentent aucune caractéristique particulière.

Depuis la Seconde Guerre mondiale, de nombreuses villes européennes accueillent des festivals pour encourager le tourisme. Grâce aux progrès des moyens de communication, certains festivals sont devenus des lieux de rencontre recherchés qui offrent un large éventail de manifestations et présentent des artistes de premier plan et de toute nationalité. Un grand nombre de ces festivals se sont regroupés au sein de l'Association européenne des festivals de musique, organisme dont le siège est situé à Genève et qui comportait 38 festivals membres (y compris ceux d'Israël et du Japon) au début des années quatre-vingt. Cette Association (122, rue de Lausanne, 1202 Genève, Suisse) publie un guide annuel très précieux avec les dates, les lieux et les programmes des festivals membres, ainsi que certaines adresses utiles pour obtenir de plus amples informations et faire des réservations.

La plupart des grands festivals se déroulent chaque année en été. Principaux festivals internationaux qui se consacrent à une programmation générale (y compris l'opéra) : Mai musical florentin (Florence, fondé en 1933), Festival de Lucerne (1938), Festival d'Édimbourg (1947), Festival de Hollande (1947), Festival de Besançon (1948), Festival estival de Paris (1966).

Certains festivals sont consacrés presque exclusivement à l'opéra. Au Festival de Bayreuth (dans le nord de la Bavière), qui a lieu en juillet et en août, on monte chaque année plusieurs opéras de Wagner au Festspielhaus, théâtre construit spécialement pour y représenter ses drames musicaux. Inauguré en 1876, il est depuis lors administré par les descendants de Wagner. Le Festival de Glyndebourne présente chaque année (de mai à août) des opéras dans un petit théâtre lyrique installé dans une propriété privée près de Lewes, dans le Sussex. Il a été inauguré en 1934 et s'est spécialisé dans les œuvres de Mozart et de Richard Strauss. En octobre et novembre, le Festival de Wexford (Irlande) fait revivre de nombreux opéras du *bel canto* et, d'une façon plus générale, des ouvrages tombés dans l'oubli. A Drottningholm, en Suède (1953), les œuvres du XVIIIe siècle sont données dans un théâtre du XVIIIe siècle ; à Vérone (1913), les opéras sont représentés en plein air dans les arènes romaines et à Bregenz (1946) sur une île du lac de Constance. Les programmes des festivals de Munich (créé en 1875, annuel depuis 1901), Aix-en-Provence (1948), Zurich (1909), Vérone (1913) et Salzbourg (1877, annuel depuis 1920) accordent une place privilégiée à l'opéra.

Les organisateurs de festivals ont conservé l'habitude de commander des œuvres nouvelles et certains festivals se distinguent par la place prédominante qu'occupe la musique contemporaine dans leur programmation et par les créations qui s'y déroulent. Le Festival Bach de Londres et d'Oxford, tout en mettant en vedette son compositeur éponyme, présente de nombreuses œuvres nouvelles de compositeurs vivants. Le Festival de Cheltenham (1945) met particulièrement l'accent sur la musique moderne britannique. Le Festival de Graz (1968) est dominé par la musique d'avant-garde et propose également de nombreux colloques et des conférences, ainsi qu'un programme de jazz. D'autres festivals sont largement consacrés à la musique contemporaine : ceux de Spoleto (1958), Venise (1930), Donaueschingen (1950), La Rochelle (1973), Varsovie (1956) et les Journées de musique contemporaine de Paris (1968). Depuis 1923, la Société internationale de musique contemporaine (SIMC) organise chaque année un festival dans un pays différent ; il a une nature compétitive, car le programme comporte des œuvres sélectionnées par les comités nationaux de la SIMC de chaque pays parmi un grand nombre de partitions. D'autres organismes, comme les Jeunesses musicales et la Fondation Gaudeamus, organisent des manifestations du même genre, souvent liées à des concours.

Certains festivals ont été créés pour célébrer la mémoire d'un compositeur et ont conservé cette tradition. Ainsi, le Festival de Salzbourg est essentiellement consacré aux œuvres de Mozart et celui de Rio de Janeiro à celles de Villa-Lobos. Le Festival d'Aldeburgh, qui se déroule tous les ans depuis 1948, tourne principalement autour de la personnalité de Benjamin Britten et un grand nombre de ses œuvres y ont été créées. Depuis la mort de Britten, la ligne générale du festival reste la même, mais il présente également des artistes internationaux. Certains grands interprètes ont dominé quelques festivals ou ont assuré leur réputation : Casals à Prades (1950), Menuhin à Bath (1948) et à Windsor (1969), Serkin à Marlboro (1950).

Depuis une date assez récente, la spécialisation de l'intérêt musical se reflète dans l'apparition de festivals qui sont souvent associés à des concours, à des cours d'été ou à des colloques. Le Festival international d'orgue de St Albans a lieu tous les deux ans depuis 1963 et une Semaine internationale de l'orgue fait partie du Festival des Flandres (1964). La musique ancienne domine le Festival de Haslemere (1925), fondé par Arnold Dolmetsch qui poursuivait aussi un but didactique. La musique chorale constitue encore l'essentiel du programme du Three Choir Festival et du Southern Cathedrals Festival (1904) auquel participent les chœurs des cathédrales de Chichester, de Salisbury et de Winchester (le lieu de rendez-vous change chaque année). Le jazz joue un rôle de plus en plus important dans les programmes des festivals, notamment à Bergen (1898, annuel depuis 1953) et à Berlin-Ouest (1951). Le rock et la musique pop n'y figurent généralement pas ; les festivals de musique pop sont la plupart du temps des manifestations de courte durée, deux ou trois jours, qui se déroulent en plein air et attirent un public considérable.

Certains festivals ont vu le jour dans le seul but de développer le tourisme, sans le moindre thème précis dans la programmation. Les festivals de certaines grandes villes européennes (comme Athènes, Berlin, Bordeaux, Strasbourg ou Montreux) organisent des concerts avec les plus grands virtuoses internationaux qui font la tournée des festivals. D'autres ont été créés autour d'une situation géographique attirante ou inhabituelle, comme Bath (1948), Harrogate (1927), Besançon (1948), Avignon (1946) ou Montepulciano (1976).

Les festivals servent souvent de vecteur à l'expression d'un certain nationalisme. Ils ont joué, par exemple, un rôle important dans la vie musicale du pays de Galles où les festivals les plus célèbres sont le Festival international Eistedfod de Llangollen (1947), ainsi que ceux de Llandaff

(1958) et de Cardiff (1967). Le Festival de Dublin, qui a lieu tous les deux ans depuis 1969, s'est spécialisé dans la musique contemporaine irlandaise. Les festivals des pays de l'Est (Budapest, Bratislava, Prague et Szeged) sont fortement empreints de nationalisme.

Le mélomane jouit aujourd'hui d'un vaste choix parmi tous ces festivals. En consultant un annuaire musical ou un bureau de tourisme, il trouvera nécessairement un festival correspondant à ses goûts dans presque toutes les villes d'Europe.

Alison Latham.

Festivo. Œuvre symphonique de Sibelius, troisième pièce de son premier recueil de *Scènes historiques op.25*, composé en 1899 et révisé en 1911.

Festivo, festoso (ital.), **festlich** (all.). « De fête », « gai ». Le terme allemand signifie également « solennel » ou « splendide ».

Festschrift (all.). Ouvrage collectif réalisé en hommage à un compositeur, à un interprète ou à un musicologue célèbre à l'occasion d'un anniversaire important (60 ans, 70 ans, etc.) qui réunit des articles et des essais d'autres musiciens (élèves, confrères ou disciples). De nombreux musicologues et certains compositeurs ou chefs d'orchestre ont fait l'objet de tels hommages. Walter Gerboth a compilé *An Index to Musical Festschriften and Similar Publications* (New York, 1969).

Festspiel (all.). Terme appliqué de temps à autre à des œuvres musicales destinées à la scène ou à des pièces de théâtre comprenant une musique de scène. La pièce de Kotzebue *Die Ruinen von Athen* (« Les Ruines d'Athènes »), dont Beethoven a écrit la musique de scène, est un « Festspiel ». En se référant aux représentations scéniques de la Grèce antique, à propos desquelles l'on parlait de « représentations de festival », Wagner a attaché ce titre à sa tétralogie de *L'Anneau du Niebelung* qu'il a appelée *Bühnenfestspiel* (« pièce de festival scénique »), tandis que *Parsifal* porte le grand titre *Bühnenweihfestspiel* (« pièce de festival consacrée à la scène »). Le théâtre de Wagner à Bayreuth porte le nom de *Festspielhaus*.

Fêtes galantes. Deux recueils de mélodies de Debussy sur des poèmes de Verlaine. Le premier, composé en 1891, comprend *En sourdine*, *Fantoches* (révision d'une œuvre écrite en 1882) et *Clair de lune* ; le second, composé en 1904, comprend *Les Ingénus*, *Le Faune* et *Colloque sentimental*. La deuxième mélodie du second recueil a été orchestrée par Roland-Manuel (1923) et la troisième par Louis Beydts (1929).

Fétis, François-Joseph (Mons, près de Liège, 25 mars 1784 ; Bruxelles, 26 mars 1871). Musicologue, critique et compositeur belge. Issu d'une famille de musiciens, il entre en 1800 au Conservatoire de Paris où il porte un intérêt particulier à la musique contrapuntique du XVIe siècle, notamment celle de Palestrina. Il quitte Paris pendant quelques années pour se consacrer à l'enseignement (1811-18), puis revient dans la capitale où il est nommé professeur de contrepoint au Conservatoire en 1821. En 1833, il devient le premier directeur du Conservatoire de Bruxelles.

Compositeur prolifique qui a vécu essentiellement de l'enseignement, Fétis est surtout connu pour ses écrits critiques et ses ouvrages théoriques. Sa *Biographie universelle des musiciens* (Bruxelles, 1835-44) est le dictionnaire biographique le plus complet de son époque et constitue encore de nos jours une excellente source d'informations, surtout sur les musiciens français de son temps. Fétis s'était constitué une bibliothèque considérable et une belle collection d'instruments. Il a fondé (1827) et dirigé pendant six ans la célèbre *Revue Musicale* grâce à laquelle il a suscité un intérêt pour la musique du passé tout en faisant preuve d'une attitude assez conservatrice envers la musique contemporaine.

Judith Nagley.

BIBLIOGRAPHIE : Robert Wangermee, *François Joseph Fétis, musicologue et compositeur*, Académie royale de Belgique (Bruxelles, 1951).

Feuer (all.). « Feu » ; *feurig*, « ardent ».

Feuersnot. Opéra en un acte de Richard Strauss sur un livret de E. von Wolzogen d'après une légende flamande. Créé à Dresde en 1901.

Feuille d'album. Voir *Albumblatt*.

Feux d'artifice. Douzième prélude pour piano du second livre de Debussy.

Feux d'artifice royaux. Voir *Fireworks Music*.

Févin, Antoine de (? Arras, vers 1470 ; Blois, 1511 ou 1512). Compositeur français. Sa présence à la cour royale de France est mentionnée dans une lettre de Louis XII en 1507, mais c'est à peu près tout ce que l'on sait de sa vie. Sa notoriété de compositeur repose sur le fait que Petrucci a publié un recueil de *Misse « Antonii de Fevin »* (Fossombrone, 1515), mais seules deux des cinq messes peuvent être attribuées avec certitude à Févin. Ses chansons comportent des arrangements intéressants de chants populaires.

Denis Arnold.

Ff, fff. Abréviations pour *fortissimo*.

Fg. (all.). Abréviation pour *Fagott*, « basson ».

Fiacco (ital.). « Faible », « épuisé » ; *fiaccamente*, « faiblement » ; *fiachezza*, « épuisement ».

Fiancée vendue, La (*Prodaná Nevěsta*). Opéra en trois actes de Smetana sur un livret de Karel Sabina. Représentations : Prague (Théâtre national, 30 mai 1866) ; Chicago (Haymarket, 20 août 1893) ; Londres (Drury Lane, 26 juin 1895) ; Paris (Opéra-Comique, 26 octobre 1928). Smetana a écrit cinq versions de cet opéra : n° 1 (pratiquement une opérette), deux actes, ouverture et vingt numéros ; n° 2, deux actes, suppression d'un duo et adjonction d'un ballet, 27 octobre 1866 ; n° 3, deux actes, adjonction d'un nouveau « Chœur de la bière » et d'une polka, 29 janvier 1869 ; n° 4, trois actes, avec de nouveaux *Furiant* et *Skocna*, 1er janvier 1870 ; n° 5, trois actes avec des récitatifs et des altérations mineures, 25 septembre 1870 (version que l'on joue généralement).

Mařenka (sop.) aime Jeník (tén.), mais ses parents ont décidé qu'elle épouserait un homme qu'elle n'a jamais vu, le fils de Tobias Micha, selon les dispositions du marieur Kecal (basse). L'inconnu, Vašek (tén.), est un naïf que Mařenka arrive à détourner d'elle. Pendant ce temps, Kecal donne à Jeník trois cents guldens pour qu'il renonce à Mařenka si elle décide d'épouser le fils de Micha. Vašek tombe amoureux de la danseuse de cirque Esmeralda, mais lorsque Jeník arrive, Mařenka, furieuse et vexée, décide qu'après tout elle épousera Vašek ; on découvre alors que Jeník a déjoué Kecal et tous les autres, puisqu'il est lui-même le fils de Micha ; il peut donc épouser Mařenka et conserver l'argent.

Fiata (ital.). « Fois », dans le sens de « une fois » (*una fiata*), deux fois (*due fiate*), etc.

Fiato (ital.). « Souffle », « respiration » ; *stromenti a fiato*, « instruments à vent ».

Fibich, Zdeněk [Zdenko] (Všebořice, Bohême, 21 décembre 1850 ; Prague, 15 octobre 1900). Compositeur tchèque qui, après Smetana et Dvořák, est considéré comme le représentant majeur de la musique de son pays avant Janáček. Il commence par apprendre le piano avec sa mère et, poussé très tôt vers la composition, il a déjà plusieurs œuvres à son crédit au moment où il quitte l'école, à l'âge de 14 ans. Sur les conseils de son oncle, le violoniste Felix Dreyschock (1824-69), Fibich étudie au Conservatoire de Leipzig avec E. F. Richter et Moscheles entre 1865 et 1867. Après avoir séjourné à Paris et à Mannheim, il s'installe en 1871 à Prague, où son premier opéra, *Bukovín* (1871), est représenté en 1874. Il est pendant quelque temps chef d'orchestre et chef de chœur au Théâtre national et à l'église russe orthodoxe ; à partir de 1881, en dehors de quelques leçons particulières, il se consacre exclusivement à la composition. A la mort prématurée de sa première femme, Růžena Hanušová, il épouse à sa demande sa sœur Betty (1846-1901), contralto de renom dont la voix lui inspire certains rôles d'opéra. La musique de Fibich est la musique la moins nationaliste parmi celles des grands compositeurs tchèques. Sa formation allemande le pousse vers les modèles germaniques, notamment Schumann pour la musique instrumentale et Wagner pour les ouvrages dramatiques.

Bien que, selon Nejedlý, Fibich soit le compositeur le plus « versatile » du XIXe siècle, sa musique ne possède ni le caractère de celle de Smetana, ni l'attrait de celle de Dvořák et, malgré l'originalité de ses mélodies, il n'a jamais fait d'adeptes, chez lui ou à l'étranger, comme ses illustres contemporains. Néanmoins, il n'était pas indifférent aux nouveautés et il a joué un rôle de pionnier dans plusieurs domaines. Les trois symphonies de Fibich montrent de profondes affinités avec la musique de Schumann. Elles contiennent toutes les trois une belle matière musicale et font un usage intéressant des procédures cycliques ; mais ses poèmes symphoniques sont plus originaux (particulièrement *Záboj, Slavoj, a Luděk*, 1873, et *Toman a lesní panna* (« Toman et la nymphe des bois », 1875). Dans sa musique de chambre, il introduit la polka dans une œuvre instrumentale (*Quatuor à cordes en la majeur*, 1874) ; il est également l'auteur d'un superbe *Quintette pour piano, violon, violoncelle, clarinette et cor* (ré majeur, op.42, 1893). Parmi ses œuvres pour piano, il faut retenir le *Piano Diary*, recueil d'environ 400 courtes pièces dont la plupart ont été publiées sous le titre *Moods, Impressions and Reminiscences* (op.41, 44, 47 et 57, 1892-99). Elles retracent les relations de Fibich avec sa maîtresse Anežka Schulzová (1868-1905) et sont développées dans des opéras et des œuvres instrumentales ultérieures.

Les huit opéras de Fibich montrent son intérêt pour la tragédie et se dissocient des ouvrages scéniques orientés vers le folklore de ses contemporains. L'influence de Wagner est généralement évidente, bien qu'il se rapproche du drame musical avec *Nevesta mesinská* (« La Fiancée de Messine », 1883). Il choisit avec discernement quelques beaux textes qui lui servent de livrets, notamment *Boure* (« La Tempête », 1893) et trois textes d'Anežka dont le second, *Sárka* (1897), reste encore son œuvre la plus populaire. Fibich a joué un rôle essentiel dans l'histoire de la musique en redonnant naissance au mélodrame et en le cultivant. Son premier mélodrame, *Štědry Den* (« Jour de Noël », 1875), a été écrit en guise de réponse aux exécutions de *Medea* et *Ariadne* de Benda qu'il venait de diriger lui-même. Fibich est parvenu à un point culminant dans le domaine du mélodrame avec la trilogie épique *Hippodamie* (1888-91) qui offre un éventail dramatique impressionnant.

Jan Smaczny.

Fiddle (angl.). Nom familier du *violon qui revêt également un sens plus général pour désigner les nombreux instruments à archet – populaires, exotiques ou anciens – qui diffèrent du violon ; ainsi, dans le domaine de la musique ancienne, on rencontre l'expression « medieval fiddle ». Voir également *Vièle* et *Violon*, 6 et 8.

Fidelio, ou l'amour conjugal (*Fidelio, oder Die eheliche Liebe*). Opéra en deux actes de Beethoven, version allemande de *Léonore, ou l'Amour conjugal* de Jean Nicolas Bouilly, d'abord mis en musique par Gaveaux (1798), puis, dans une version italienne, par Paër (1804) et Mayr (1805). Le livret original en trois actes de *Fidelio* a été modifié et ramené à deux actes par Stefan von Breuning en 1806, et Georg Friedrich Treitschke lui a donné sa forme définitive en 1814. Représentations, première version : Vienne (Theater an der Wien, 20 novembre 1805) ; deuxième version : Vienne (Theater an der Wien, 29 mars 1806) ; troisième version : Vienne (Kärntnertortheater, 23 mai 1814) ; Paris (Théâtre-Italien, 30 mai 1829) ; Londres (His Majesty's Theatre, 18 mai 1832) ; New York (Park Theater, 9 septembre 1839). L'ouverture que l'on joue généralement est intitulée *Fidelio*. Il existe trois autres ouvertures : *Leonore I* (composée pour une représentation projetée à Prague), *Leonore II* (en réalité, la première, jouée à la création) et *Leonore III*. On utilise depuis longtemps la dernière comme interlude entre les scènes finales, mais elle ne convient ni sur le plan harmonique, ni sur le plan instrumental, ni sur le plan dramatique car elle introduit un résumé symphonique de diverses parties du drame. Selon les productions, l'ouverture de *Leonore III* s'est retrouvée en diverses positions : le 28 septembre 1841, au Kärntnertortheater, Nicolai l'avait placée entre les deux actes, Carl Anschütz avant la scène finale (Amsterdam, fin avril 1849, et Drury Lane Theatre de Londres, 19 mai 1849). Balfe a suivi cet exemple à Her Majesty's Theatre, en 1851, de même qu'Augusto Vianesi au Théâtre-Italien, à Paris, en janvier 1852 (selon les dires de Berlioz). Levi l'a jouée après l'opéra à Rotterdam en 1863. Anschütz a joué trois ouvertures (on ne sait pas lesquelles) à Philadelphie, le 9 novembre 1863, une avant chaque acte ; aux États-Unis, d'autres chefs (notamment Seidl au Metropolitan, 1890-91) ont placé *Leonore III* avant la scène finale, idée reprise par Mahler à Vienne, en 1904 (on a souvent affirmé qu'il était le premier à en avoir eu l'idée). D'autres chefs d'orchestre ont suivi cet exemple, notamment Busch, Reiner, Szell, Beecham, Walter, Kleiber, Furtwängler, Toscanini, Strauss (après quelques hésitations) et Klemperer (qui l'a ensuite abandonnée, davantage pour des raisons de santé que pour des motifs artistiques).

Florestan (tén.), noble espagnol, a été jeté en prison. Sa femme Léonore (sop.) l'a suivi, déguisée en jeune homme (« Fidelio »), dans l'espoir de le sauver. Fidelio travaille pour le geôlier Rocco (basse) dont la fille Marcelline (sop.) tombe amoureuse, au profond dépit de son fiancé Jacquino (tén.). Dans un quatuor célèbre, ils expriment leurs sentiments. Le gouverneur tyrannique, Pizarro (bar.-basse), décide de tuer Florestan afin d'éviter qu'il ne soit découvert lors d'une prochaine inspection. Léonore persuade Rocco de laisser sortir les prisonniers pendant quelques instants ; ils émergent dans la cour, aveuglés par la lumière, mais Florestan n'est pas parmi eux. Florestan est enchaîné dans son cachot où arrivent Rocco et Léonore pour creuser sa tombe. Pizarro essaie de tuer Florestan, mais Léonore l'en empêche en le menaçant d'un pistolet. Dans le lointain, les trompettes annoncent l'arrivée du ministre chargé de l'inspection. Les prisonniers sont tous libérés ; Pizarro est arrêté et Léonore libère elle-même Florestan de ses chaînes.

BIBLIOGRAPHIE : *Fidelio*, L'Avant-Scène-Opéra nº 10 (Paris, 1977).

Field, John (Dublin, 26 juillet 1782 ; Moscou, 23 janvier 1837). Pianiste et compositeur irlandais. On se souvient aujourd'hui de lui comme du premier compositeur ayant écrit des nocturnes pour piano ; il en a publié dix-neuf entre 1812 et 1836, mais a aussi composé beaucoup d'autres œuvres importantes : ses quatre sonates, certains de ses sept concertos et deux de ses fantaisies révèlent une grande puissance et un sens poétique indéniable. En outre, à une époque qui a vu naître tant de grands pianistes, Field a réussi à se faire apprécier par ses contemporains comme le meilleur d'entre eux.

Enfant prodige, il est amené à Londres dès l'âge de dix ans par son père, violoniste professionnel ; il travaille avec Clementi à partir de 1793 et Haydn dit de lui qu'il joue « extrêmement bien » du piano. Au cours des sept années suivantes, il est soumis à un régime strict : éducation générale, interprétation et composition sous la direction de Clementi ; il se lie d'amitié avec Dussek, dont l'exploration des textures idiomatiques du piano aura une influence considérable sur l'évolution ultérieure de Field. Après avoir créé son *Concerto pour piano nº 1* (1799) et publié les trois sonates pour piano qui constituent officiellement son op.1, Field accompagne Clementi en tournée pour promouvoir la musique, les publications et les instruments de musique de son professeur. Ils partent pour Paris en juillet 1802. En dehors de la promotion des pianos de Clementi, ils séjournent à Vienne pour permettre à Field d'étudier le contrepoint avec le professeur de Beethoven, Albrechtsberger. Field refuse ces leçons et suit Clementi à Saint-Pétersbourg ; c'est sans doute la décision la plus importante de sa vie, car c'est en Russie qu'il trouve sa terre spirituelle. Il y vivra pendant vingt-neuf ans – alternativement à Saint-Pétersbourg et à Moscou – et y mourra après une dernière tournée de concerts en Europe, à Londres, à Paris, en Italie et à Vienne (1831-35).

Field n'est pas un compositeur prolifique (environ soixante œuvres en une trentaine d'années). Il se considérait comme un pianiste qui composait à l'occasion : sa carrière de virtuose laissait peu de place à un effort créatif soutenu. Toutefois, grâce en grande partie à ses nombreuses improvisations, il avait suffisamment cristallisé son style pour publier (en 1810) sa première œuvre conçue à la manière d'un nocturne : le premier mouvement de son *Divertissement nº 2* avec quatuor à cordes ; on y relève déjà de nombreuses caractéristiques généralement assimilées au style de Chopin, notamment une harmonie de la main gauche très déployée, soutenue par la pédale, et une mélodie chantante décorée d'ornements souvent chromatiques. Lorsqu'il a publié les trois premières œuvres qui portent réellement le titre de « Nocturnes », en novembre 1812, Field maîtrisait suffisamment son nouveau style pour se passer du quatuor à cordes. Comme Haydn à Eszterháza, il est parvenu, dans l'isolement culturel relatif de la Russie du début du XIXe siècle, à construire une œuvre personnelle et très importante pour les compositeurs des générations suivantes, ce qui donne une idée de l'ampleur de son originalité. Au cours des dix années suivantes, il a composé la plus grande partie de ses œuvres majeures : d'autres nocturnes, une dernière sonate, ses meilleurs concertos et de la musique de chambre avec piano. Dès 1821, leur publication hors de Russie lui avait acquis une réputation légendaire et assuré son influence.

Robin Langley.

Field trumpeter (angl.). « Trompette militaire ». Voir *Clairon*, 2.

Fierezza (ital.). « Fierté », mais aussi « férocité » ; *fiero, fieramente*, « féroce », « violent », « fièrement », « avec violence ».

Fife (angl.). « Fifre ». Voir *Flûte*, 4a.

Fifth (angl.). « Quinte ». Voir *Intervalle.*

Figura (lat.). Dans la théorie musicale du Moyen Age, terme générique des symboles de notation.

Figuration. Terme utilisé d'une façon assez générale pour décrire un passage ou un accompagnement dont la forme distinctive (gammes, arpèges) est souvent dérivée de la répétition d'une figure ou d'un motif facile à identifier. Ce procédé s'applique particulièrement aux cycles de variations, aux chorals ou aux hymnes (on emploie parfois l'expression « choral figuré »). Voir également *Figure*, 1.

Figure. 1. Motif mélodique ou rythmique court et facile à reconnaître dont la longueur peut varier de deux notes à quelques mesures. Seul ou avec des idées plus substantielles, il peut constituer l'ossature de la construction d'un morceau ou d'un mouvement ; le premier prélude du *Clavier bien tempéré* de Bach est entièrement construit sur une figure musicale de ce genre. Utilisée de façon répétitive, souvent dans des tessitures différentes, une figure peut jouer un rôle important dans les sections d'un développement thématique. Les accompagnements de mélodies au clavier font souvent usage d'un emploi persistant de figures (par exemple, dans la partie de piano de *La Truite* de Schubert). L'emploi intensif de figures prend parfois le nom de *figuration.

2. Chiffre arabe placé sous une ligne de musique pour indiquer (en termes d'intervalles par rapport à la basse) tout ou partie des harmonies concernées. Voir *Continuo.*

Figuré, figurée. Littéralement, fleuri ou conçu de manière élaborée. Dans son sens le plus général, ce terme était utilisé pour faire la distinction entre la polyphonie et le plain-chant, donc pour distinguer tout style d'écriture fleurie d'un style plus simple ou une seule partie d'écriture polyphonique fleurie d'une voix moins élaborée. L'expression **musica figurata* (« musique figurée ») a été employée avec plus de précision aux XVe et XVIe siècles pour différencier la polyphonie fleurie complexe de certains compositeurs flamands (comme Ockeghem et Obrecht) de la **musica reservata* généralement plus sobre de Josquin des Prés et de compositeurs ultérieurs.

Voir également *Figuration* ; *Figure*, 1.

Figures musicales, Étude des (all. : *Figurenlehre*). Terme formulé au début du XXe siècle par des musicologues allemands, notamment Arnold Schering, pour décrire une théorie de composition de la fin de l'ère baroque en Allemagne qui apparente les figures réthoriques de la parole aux figures musicales. Comme les orateurs grecs et latins de l'Antiquité qui enrichissaient leurs discours de toute une réthorique, les compositeurs allemands de la fin du baroque ont commencé à utiliser systématiquement des images musicales et des procédés spécifiques, ou figures, pour illustrer les idées des textes. Cette pratique avait connu des précurseurs avec l'illustration de textes que l'on trouve dans la musique de la Renaissance, mais les théoriciens allemands des XVIIe et XVIIIe siècles ont été les premiers à formuler un système de figures musicales et à tenter d'en rationaliser l'utilisation. Au début du XVIIe siècle, des auteurs comme Joachim Burmeister et Johannes Nucius ont commencé à décrire les figures musicales réthoriques et à en dresser la liste ; la terminologie qu'ils ont élaborée avec leurs successeurs est restée en usage jusqu'au milieu du XVIIIe siècle (Mattheson).

Par analogie avec les origines classiques de la théorie, on employait des noms grecs et latins pour codifier les figures musicales, mais plusieurs noms pouvaient servir pour la même figure et il y avait assez peu d'unité dans la terminologie adoptée par les compositeurs, qui inventaient de nouvelles figures au fur et à mesure des besoins en leur donnant de nouveaux noms à volonté. Les procédés couverts par l'étude des figures musicales vont des procédés de composition les plus courants, comme les types d'imitation de la fugue (*apocope*, *hypallage*), l'écriture en accords (*noema*), l'illustration de texte en général (*hypotyposis*), à des détails plus spécifiques comme un saut mélodique d'une certaine importance (*exclamatio*), une pause imprévue (*abruptio*) ou la répétition de la même formule mélodique pour commencer des phrases successives (*anaphora*). Malgré son utilité indéniable pour les compositeurs théoriciens de l'époque, l'étude des figures musicales, comme la théorie des passions qui y est étroitement liée, n'a pas vécu plus longtemps que l'âge du rationalisme qui lui avait donné naissance.

Judith Nagley.

Filar la voce (ital.). « Filer la voix » (le son). Terme de XVIIIe siècle désignant un procédé par lequel un chanteur soutient une note pendant longtemps en la laissant progressivement s'enfler, puis diminuer, le tout dans un même souffle. Cet effet porte aussi le nom de **messa di voce* et, en tant qu'exercice, il était très apprécié des professeurs de chant de l'école du *bel canto*.

A notre époque, certains chanteurs interprètent ce terme à contresens en l'appliquant à la capacité de soutenir une note sans la moindre notion de *crescendo* ou de *diminuendo*.

Fileuse, La. *Romance sans paroles nº 34, op.67 nº 4* en ut majeur de Mendelssohn pour piano, publiée sous le titre de *Spinnerlied* (Livre 6, 1845).

Fille aux cheveux de lin, La. Prélude pour piano (Livre I, nº 8) de Debussy, composé en 1910, inspiré d'un poème de Leconte de Lisle.

Fille du Far West, La (*La Fanciulla del West*). Opéra en trois actes de Puccini sur un livret de Civinini et Zangarini d'après la pièce de Belasco *La Fille du Far West* (1905). Représentations : New York (Metropolitan Opera, 10 décembre 1910) ; Londres (Covent Garden, 29 mai 1911) ; Rome (Teatro Costanzi, 12 juin 1911) ; Paris (Opéra, 16 mai 1912). L'opéra, qui se déroule en Californie à l'époque de la ruée vers l'or, raconte l'amour de Minnie (sop.), propriétaire du « saloon » Polka, pour Dick Johnson (tén.), qui est en réalité Ramerrez, un bandit notoire. Le shérif, Jack Rance (bar.), également amoureux de Minnie, lui révèle que Johnson est un bandit ; elle éloigne alors celui-ci. Pourtant lorsqu'il est blessé, Minnie le cache dans la mansarde de sa cabane. Des gouttes de sang tombent du plafond et révèlent à Rance la présence de Johnson. Rance et Minnie jouent au poker : si elle gagne, Rance laissera la liberté à Johnson ; si elle perd, elle épousera Rance. Elle triche et gagne. Néanmoins, Johnson est capturé et condamné à la pendaison. Minnie accourt à cheval et supplie qu'on lui laisse la vie sauve. Ils partent ensemble commencer une nouvelle vie.

Fille de Madame Angot, La. Opérette en trois actes de Lecocq sur un livret de Clairville, Siraudin et Koning. Création à Bruxelles en 1872, l'année suivante aux Folies-Dramatiques, à Paris.

Fille mal gardée, La. Ballet en deux actes sur un livret de d'Auberval et Aumer créé à Bordeaux en 1789. La musique était à l'origine un pot-pourri de chansons et d'airs français. Pour la première à Paris en 1828, Hérold a écrit une nouvelle partition qui reprend certains airs originaux et ajoute des extraits et des arrangements d'opéras de Donizetti et de Rossini ainsi que quelques pages nouvelles. Hertel en a composé une nouvelle version exécutée à Berlin en 1864. Lorsque le ballet a été donné à Londres en 1960, dans une chorégraphie de Frederick Ashton, John Lanchbery a réalisé une nouvelle partition essentiellement basée sur la version de Hérold, tout en conservant la « danse à claquettes » de Hertel (une suite tirée de cette partition a été publiée en 1960).

Fille de Pohjola, La. Fantaisie symphonique op.49 de Sibelius, composée en 1906 d'après une légende de *Kalevela*.

Fille du régiment, La. Opéra en deux actes de Donizetti sur un livret de Vernoy de Saint-Georges et Bayard. Représentations, version italienne, traduite et adaptée par C. Bassi, avec des récitatifs de Donizetti à la place des dialogues : Milan (Scala, 3 octobre 1840) ; La Nouvelle-Orléans (2 mars 1843) ; Londres (Her Majesty's Theatre, 27 mai 1847). Il s'agit du premier opéra en français de Donizetti. Marie (sop.), élevée dans un régiment par le bon Sulpice (basse), aime Tonio (tén.), mais lorsqu'on découvre qu'elle est la fille d'une comtesse, elle est obligée de partir. La Comtesse (mezzo) enseigne à Marie les bonnes manières ; des soldats français prennent le château d'assaut et, avec l'aide des soldats, Marie réussit à s'imposer et à rester avec Tonio.

Fille du tambour major, La. Opéra-comique en trois actes de Jacques Offenbach sur un livret d'A. Duru et de H. Ch. Chivot, créé à Paris, le 13 décembre 1879 aux Folies-Dramatiques.

Film, musique de. A l'époque du cinéma muet, la musique de fond était une simple nécessité pratique. Elle servait non seulement à voiler le son gênant des premiers projecteurs, mais aidait également à dissimuler les faiblesses dramatiques d'un grand nombre de films en insistant lourdement sur les moments de tension, les moments pathétiques ou comiques. Au début, la musique était improvisée par un pianiste ou par un organiste, mais, après quelques années, chaque film est sorti avec une partition de piano imprimée et, à l'apparition des orchestres de cinémas, on a commencé à écrire et à diffuser des partitions complètes. Il semblerait que la première partition de musique de film ait été écrite par Saint-Saëns pour *L'Assassinat du duc de Guise* (date inconnue). Les premières partitions complètes pour les films d'Hollywood ont été écrites par Victor Schertzinger pour les *Civilisations* et Victor Herbert pour *The Fall of a Nation* (tous deux 1916).

Avec le film parlant, à l'exception d'une musique d'introduction, la musique de fond, les orchestres et les orgues sont devenus une partie non essentielle de la piste sonore, souvent employée à l'excès. A une certaine époque, on pensait qu'il valait mieux se passer de musique de fond, mais certains compositeurs de talent ont commencé à se spécialiser dans la musique de film, réussissant à l'intégrer parfaitement. Erich Wolfang Korngold et Max Steiner ont été détournés du monde de la musique conventionnelle européenne ; avec *King Kong* (1933), Steiner a signé l'une des premières partitions qui ait rencontré un véritable succès et il a obtenu des Academy Awards (le premier avait été décerné à Louis Silvers en 1934 pour *One Night of Love*) pour *The Informer* (1935) et *Gone with the Wind* (« Autant en emporte le vent », 1939). D'autres compositeurs comme Victor Young, Miklos Rozsa, Franz Walkman, Bronislau Kaper, Maurice Jaubert, Georges Auric, Maurice Jarre ou Georges Delerue se sont imposés dans ce domaine.

Le cinéma gagnant ses lettres de noblesse, plusieurs compositeurs célèbres se sont laissé tenter par la musique de film, notamment Sir Arthur Bliss avec le film de Wells *Things to Come* (1936). Honegger, Walton et Vaughan Williams ont aussi abordé cette discipline et, en Russie, Prokofiev a composé la musique d'*Alexandre Nevski* et du *Lieutenant Kijé* (1933).

Dans les années quarante, un certain nombre de films, dont l'histoire était basée sur la musique ou sur la vie des musiciens, ont lancé la mode du concerto ou de la rhapsodie symphonique dans le domaine du film : le *Concerto de Varsovie* composé par Richard Addinsell pour *Dangerous Moonlight* (1942), la *Cornish Rhapsody* de Charles Williams pour *Love Story* (1944) et le concerto de Rozsa pour *Spellbound* (1945). Jusqu'à ce jour, l'emploi le plus réussi d'une musique étrangère au film qu'elle illustre a été le thème de « Harry Lime », écrit et joué à la cithare par Anton Karas dans *The Third Man* (« Le Troisième Homme », 1949) de Carol Reed. Le recours à la musique de jazz est caractéristique des années cinquante ; l'un des exemples les plus remarquables en la matière est la partition d'Elmer Bernstein pour *The Man with the Golden Arm* (1955).

L'utilisation de thèmes ou d'œuvres du répertoire remonte sans doute à l'origine du cinéma, mais, plus récemment, avec l'augmentation des ventes de disques, elle est devenue un excellent procédé de promotion avec des films dans lesquels l'action et la musique sont aussi étroitement liées que dans *2001 : l'Odyssée de l'espace* (notamment *Ainsi parla Zarathoustra* de Richard Strauss), *Mort à Venise* (Mahler) ou *Elvira Madigan*, film suédois qui fait un usage très accentué du *Concerto pour piano nº 21 en ut majeur K 467* de Mozart).

Voir également *Indicatif musical.*

Peter Gammond

BIBLIOGRAPHIE : Theodor W. Adorno et Hanns Eisler, *Musique de cinéma*, Arche (Paris, 1972). Michel Chion, *Le Son au cinéma*, Les Cahiers du cinéma, Éd. de l'Étoile (Paris, 1986). Henri Colpi, *Défense et illustration de la musique dans le film*, Serdoc (Lyon, 1963). Georges Hacquard, *La Musique et le cinéma*, PUF (Paris, 1959). F. Porcile, *Présence de la musique à l'écran*, Éd. du Cerf (Paris, 1969).

Fils prodigue, Le. Plusieurs compositeurs ont écrit des œuvres sur ce sujet, notamment :

1. Britten, parabole d'église op.81 sur un texte de William Plomer, créée au Festival d'Aldeburgh, à Orford Church, le 10 juin 1968. Première en France à la Grange de Meslay le 5 juillet 1969.
2. Sullivan, oratorio créé au Festival de Worcester en 1869.
3. Prokofiev, ballet op.46 créé à Paris en 1929 dans une chorégraphie de Balanchine. Son titre russe est *Bludny syn* mais on le connaît surtout sous la forme française *L'Enfant prodigue.*
4. Debussy, cantate ; voir *Enfant prodigue, L'.*

Filtz, (Johann) **Anton** (baptisé à Eichstätt, Bavière, 22 septembre 1733 ; enterré à Mannheim, 14 mars 1760). Compositeur, sans doute originaire de Bohême, violoncelliste dans le célèbre orchestre de Mannheim de 1754 à la fin de sa vie. Filtz est l'un des premiers compositeurs de l'École de Mannheim. Il a écrit plus de 60 symphonies (que Schubert admirait beaucoup), de nombreuses œuvres de musique de chambre et quelques concertos pour flûte, pour clavecin et pour violoncelle. Dans sa musique, il utilise souvent, non sans humour, des mélodies et des rythmes de Bohême parallèlement à une écriture plus sérieuse et traditionnelle.

Denis Arnold.

Fin'al segno. voir *Fino.*

Finale. Dernière partie d'une œuvre instrumentale en plusieurs mouvements (symphonie, concerto, sonate) ou dernière partie d'un acte d'opéra ou d'une autre œuvre scénique.

Chez les compositeurs du XVIIIe siècle, notamment Haydn (dans ses œuvres symphoniques comme dans sa musique de chambre) et Mozart (surtout dans ses symphonies) le terme « finale » correspond généralement à un mouvement mélodieux et léger, souvent de forme rondo ou sonate, et de tempo rapide et énergique à 6/8. Plus tard, toujours au XVIIIe siècle, le finale prend davantage d'envergure et de poids sur le plan musical. il acquiert un sérieux qui fait contrepoids au premier mouvement et sert de conclusion triomphale : c'est cette forme qu'il revêt dans la plupart des symphonies de Beethoven.

Au XIXe siècle, avec Schumann, Brahms, Bruckner et Tchaïkovski, le finale continue à s'épanouir au point de vue du souffle et de la portée musicale : les finales symphoniques embrassent des types et des structures plus variés (thème et variations), sont parfois conçus dans des tempos plus lents ou plus grandioses et constituent un résumé ou même un développement du matériel thématique des mouvements précédents (comme la *Symphonie nº 3* de Brahms ou la *Symphonie nº 9* de Dvořák). Dans le domaine de la musique de chambre, le terme « finale » est moins répandu et est plutôt réservé aux œuvres longues et sérieuses (*Quintette avec piano de Brahms*, *Sonate pour violon et piano* de Franck). Par la suite, le mot « finale » s'applique à tout mouvement ou partie servant de conclusion, notamment à la dernière partie d'une suite (ou de toute œuvre conçue sous forme de série de mouvements un tant soit peu reliés entre eux) ou d'une série de variations (*Enigma Variations* d'Elgar).

Dans le domaine lyrique, le finale se développe au XVIIIe siècle sous la plume de compositeurs comme Alessandro Scarlatti et Baldassare Galuppi avant d'acquérir ses lettres de noblesse avec Mozart. Le finale est un précurseur important du style d'écriture plus continu qui devait caractériser l'opéra du XIXe siècle dans son ensemble. Le finale du XVIIIe siècle est généralement construit à une échelle plus vaste que les autres numéros de l'opéra : il peut comprendre de longues sections traitées en ensembles et il est souvent divisé en parties contrastantes (comme le finale de l'acte II des *Noces de Figaro* de Mozart) qui mettent en parallèle les éléments dramatiques au moment où l'intrigue se dénoue.

Judith Nagley.

Finalmusik (all.). Genre musical apparenté au *divertimento, à la *sérénade ou à la *cassation qui terminait un concert en plein air, notamment les cérémonies de fin de trimestre à l'Université de Salzbourg au XVIIIe siècle. Mozart a composé plusieurs *Finalmusik* (K 100, K 185 et K 251).

Finck, Heinrich (? Bamberg, 1444 ou 1445 ; Vienne, 9 juin 1527). L'un des premiers compositeurs importants de l'histoire de la musique allemande. Il passe une grande partie de sa vie en Pologne, mais, en 1482, il vient faire des études à Leipzip. Plus tard, il travaille en Allemagne et en Autriche au service des empereurs Maximilien Ier et (pendant les six derniers mois de sa vie) Ferdinand Ier. Il a composé des lieder polyphoniques et de la musiques religieuse.

Son petit-neveu, **Hermann Finck** (Pirna, Saxe, 21 mars 1527 ; Wittenberg, 29 décembre 1558) était également compositeur. Il a écrit un traité théorique riche d'informations précieuses, *Practica Musica* (Wittenberg, 1556), qui mentionne de nombreux musiciens contemporains.

Denis Arnold.

Finck, Herman (Londres, 4 novembre 1872 ; Londres, 21 avril 1939). Compositeur anglais. Son père était allemand et s'était installé à Londres comme chef d'orchestre à Drury Lane et Gaiety Theatre. Herman Finck a suivi la tradition familiale et faisait partie de l'orchestre du Princess Theatre dès l'âge de quatorze ans. Puis il a fait des études à La Guildhall School of Music et est entré à l'orchestre du Palace Theatre où il est devenu chef d'orchestre assistant d'Alfred Plumpton puis directeur musical en 1900. Il a beaucoup œuvré pour améliorer le niveau des orchestres de théâtre et de music-hall et a composé de nombreuses pièces symphoniques très intéressantes, notamment *In the Shadows* (1910), qui a connu un succès durable. Il a écrit plusieurs partitions pour le théâtre, notamment *The Passing Show* (1914), *Round the Map* (1917), *Hullo America* (1918), *Brighter London* (1923) et *Better Days* (1925).

Peter Gammond

Fine (ital.). « Fin ».

Fine, Irving (Gifford) (Boston, 3 décembre 1914 ; Boston, Massachusetts, 23 août 1962). Compositeur américain. Il étudie à Harvard University (1933-39) puis à Paris avec Nadia Boulanger avant de retourner à Harvard comme directeur du Glee Club (1939-46) et professeur de musique assistant (1946-50). En 1950, il est nommé directeur des études de la section des arts créatifs à l'Université de Brandeis. Comme d'autres élèves de Nadia Boulanger, il a été influencé par le néoclassicisme de Stravinski, mais Fine a mis cette influence à profit pour créer des œuvres soigneusement construites dans lesquelles les méthodes sérielles jouent aussi un rôle. Il a relativement peu composé : un quatuor à cordes, une symphonie et quelques œuvres vocales.

Paul Griffiths.

Finger, Gottfried [Godfrey] (? Olomouc, vers 1660 ; Mannheim, août 1730). Compositeur morave. En 1687, il s'installe en Angleterre comme musicien de la chapelle catholique de Jacques II et y reste sous le règne de Guillaume et de Marie. Il écrit de nombreuses partitions de musique de scène pour des pièces de théâtre données à Londres dans les années 1690, mais quitte l'Angleterre vers 1701 sur un coup de tête, car il n'avait reçu que le quatrième prix dans un concours qui consistait à mettre en musique le masque de Congreve, *The Judgement of Paris*, en 1700 (les trois premiers prix avaient été attribués à John Weldon, John Eccles et Daniel Purcell). Il s'installe ensuite dans le nord de l'Allemagne et devient musicien de la cour d'Innsbrück qui se fixe à Heidelberg et à Mannheim. En dehors de ses œuvres dramatiques, il a écrit quelques belles sonates dans le style italien.

Denis Arnold.

Fingerboard (angl.). La « touche » (d'un instrument à cordes). Voir *Touche*.

Fingerfertigkeit (all.). Voir *Fertig*.

Fingering (angl.), **Fingersatz** (all.). « Doigté ».

Finlande. Voir *Scandinavie*, 1, 2, 5, 8, 9.

Finlandia. Œuvre symphonique op.26 de Sibelius, composée en 1899 et révisée l'année suivante. Elle a été écrite comme tableau final d'un spectacle nationaliste donné à Helsinki pour recueillir des fonds pour une caisse de retraite destinée à la presse. Bien que son matériel ne s'inspire d'aucun chant populaire traditionnel, sa ferveur patriotique en a fait l'un des symboles des aspirations nationalistes finlandaises.

Fino (ital.). « Jusqu'à » ; *fino al segno, fin'al segno,* « jusqu'au signe ».

Finta giardiniera, La (« La Fausse Jardinière »). Opéra bouffe en trois actes de Mozart sur un livret attribué à Calzabigi, écrit pour un opéra d'Anfossi (1774) et révisé par Coltellini. Il a été créé à Munich en 1775. Avant Mozart, Piccinni avait écrit un opéra sur le même sujet (1770).

Finta semplice, La. Opéra bouffe en trois actes de Mozart sur un livret de Coltellini d'après un livret de Goldoni déjà mis en musique par Perillo (1764). Créé à Salzbourg en 1769.

Finzi, Gerald (Raphaël) (Londres, 14 juillet 1901 ; Oxford, 27 septembre 1956). Compositeur anglais, élève de Sir Edward Bairstow (1918-22) et de R. O. Morris (1925). En dehors de quelques périodes pendant lesquelles il enseigne à la Royal Academy of Music (1930-33) et travaille au service du gouvernement (pendant la guerre), il mène une vie tranquille, composant et dirigeant des orchestres amateurs. Il a apporté une contribution non négligeable à la chanson anglaise, en mettant notamment en musique des textes de Hardy qui lui ont inspiré des lignes vocales extrêmement sensibles. Parmi les œuvres plus importantes qu'il a composées figurent la cantate *Dies natalis* pour voix élevée et orchestre (1926, 1938-39) et un *Concerto pour clarinette* (1948-49).

Paul Griffiths.

Fiori musicali. Recueil de musique de Frescobaldi destiné à la messe, publié à Venise en 1635. Il contient trois messes pour orgue, qui comprennent chacune des toccatas, des ricercari et des canzoni destinés à être exécutés à des moments précis de la liturgie. Ces pièces sont généralement complexes et denses et figurent parmi les œuvres pour clavier les plus importantes de l'époque.

Fireworks Music (« Musique pour les feux d'artifice royaux »). Suite pour orchestre de Haendel écrite et créée lors des feux d'artifice de Green Park à Londres, pour marquer la paix d'Aix-la-Chapelle, en 1749. Haendel a composé une première version pour ensemble à vent, puis y a ajouté des parties de cordes. Hamilton Harty et Charles Mackerras en ont réalisé des orchestrations modernes.

First Post (angl.). Première partie de la sonnerie de la retraite (militaire). Voir *Retraite.*

Fis (all.). Fa dièse. *Fisis,* fa double dièse (fa ×).

Fischer, Carl. Maison d'édition musicale américaine. Carl Fischer (1849-1923), musicien compétent, émigre d'Allemagne aux Etats-Unis en 1872 et se lance dans les affaires en vendant de la musique au détail et en réalisant des arrangements à New York. Il se consacre principalement à la musique pour ensembles d'instruments à vent et devient finalement le principal éditeur de John Philip Sousa et d'autres personnalités importantes dans ce domaine. Il fonde un journal, *The Metronome,* en 1885. Son fils, Walter S. Fischer, reprend la firme en 1923 et édite une excellente musique pédagogique et de nombreux arrangements à succès. Frank H. Connor, qui lui succède en 1946, s'intéresse particulièrement aux jeunes compositeurs et le catalogue contient aujourd'hui des œuvres de Norman Dello Joio, Lukas Foss, Peter Mennin, Randall Thompson et Virgil Thomson. La firme est restée une affaire familiale et a des succursales à Boston, Chicago et San Francisco ; elle joue toujours un rôle majeur dans l'édition de musique pour ensembles d'instruments à vent.

J. M. Thomson.

Fischer, Johann Caspar Ferdinand (? vers 1670 ; Rastatt, près de Karlsruhe, 27 mars 1746). Compositeur allemand qui a passé presque toute sa vie au service du margrave Ludwig von Baden, d'abord à Schlackenwerth (Bohême), puis à Rastatt. Il a composé de la musique symphonique et dramatique, mais est surtout connu pour ses suites pour clavier dans le style de Lully. Il a également écrit un ensemble de préludes et fugues, *Ariadne Musica* *neo-organoedum* (Schlackenwerth, 1702) qui annonce le *Clavier bien tempéré* de Bach.

Denis Arnold.

Fisk University. Université noire américaine située à Nashville, dans le Tennessee. La musique fait partie intégrante de l'histoire de Fisk depuis sa fondation en 1867. En 1871, les Fisk Jubilee Singers ont commencé à donner des concerts en Amérique et en Europe, réunissant des fonds pour l'université et donnant les premières représentations de chants religieux afro-américains. Par la suite, John Wesley Works, Sr. & Jr., ont enseigné à Fisk et éveillé l'intérêt pour la musique noire en publiant plusieurs anthologies de chants populaires et de « spirituals ».

Mark Tucker.

Fitzwilliam Virginal Book (Cambridge, Fitzwilliam Museum, 32.g.29, Mus. MS 168). Manuscrit légué à l'Université de Cambridge en 1816 par le vicomte Fitzwilliam, qui faisait partie d'une splendide collection de livres, de musique et de tableaux. On l'appelait autrefois « Queen Elizabeth's Virginal Book », mais on sait aujourd'hui qu'il n'a pas appartenu à la reine Élisabeth. Ce manuscrit constitue le recueil le plus important de musique pour clavier du règne de Jacques Ier (il ne se limite pas au virginal), et contient près de 300 pièces. Il a été compilé par Francis Tergian, récusant catholique, entre 1609 et 1619, et, bien que la plupart des grands compositeurs de musique pour clavier de l'époque y soient représentés (Byrd, Bull, Farnaby, etc.), il y a des omissions étranges comme Orlando Gibbons. Une édition moderne a été publiée en 1894-99.

Fl. Dans les partitions d'orchestre, abréviation pour « flûte ».

Flagellants, chansons des. Nom donné aux chansons chantées par les flagellants des XIIIe et XIVe siècles durant leurs actes de pénitence qui comprenaient le châtiment de soi-même. Le mouvement des flagellants a vu le jour en Italie au XIIIe siècle, où des ermites et des prédicateurs itinérants déploraient publiquement les souffrances et la dévastation causées par la guerre et la famine, mais seule une de leurs chansons de cette époque a survécu. En 1349, lorsque la peste a envahi l'Europe, les processions pénitentielles avec confession des péchés et flagellation se sont multipliées. Certaines chansons chantées lors de ces processions ont été notées (en neumes) par Hugo Spechtshart de Reutlingen en 1349. Ces *Gesslerlieder*, comme on les appelait en Allemagne, étaient des chants populaires religieux qui exprimaient les sentiments des flagellants et respectaient généralement la forme strophique.

Flageolet (diminutif du vieux français : flageol). Instrument à vent apparenté à la flûte à bec.

1. *Le flageolet actuel.* Généralement en métal (fer-blanc ou cuivre), il s'oppose au flageolet traditionnel en bois ; il existe aussi certains modèles en celluloïd. Les Anglais l'ont baptisé *tin whistle* ou *penny whistle* (mais au début du XXe siècle, il coûtait déjà 3,5 pence). Aujourd'hui, le modèle le plus répandu est en alliage métallique avec un bec en plastique moulé. Le tube est généralement cylindrique et percé de six trous ; l'étendue dépasse parfois deux octaves. Les trous sont de tailles différentes afin de donner la gamme majeure à partir de la note grave sans faire appel aux doigtés fourchus (voir *Instruments à vent*, 3). Ainsi, le cinquième trou, en partant du haut, est assez gros et donne la tierce majeure de la gamme (ce qui n'est pas le cas sur la flûte à bec). Les accidents s'obtiennent pour la plupart en couvrant un trou à moitié. Comme l'instrument est prévu pour ne jouer que dans une ou deux tonalités, l'acheteur se voit confronté à un choix d'instruments allant du flageolet en si bémol (35 cm de long) jusqu'au petit flageolet en sol (dont la note la plus grave est sol^4) ; pour la musique traditionnelle et pour dialoguer avec un violon, on choisit généralement le flageolet en ré. Les trous du flageolet sont percés dans un métal très fin, ce qui donne à l'instrumentiste une grande liberté de nuances. Les styles populaires requièrent souvent une très grande habileté, surtout en Irlande, avec une profusion d'agréments et de glissades d'une note à l'autre. Le *glissando* s'obtient en bougeant le doigt sur le trou ouvert, en dessous de l'instrument (tous ces éléments faisaient également partie à l'origine du jeu de la flûte baroque).

2. *Le flageolet en bois.* Percés de six ou sept trous et surtout utilisé aujourd'hui comme instrument de musique traditionnelle, il était fabriqué couramment au XIXe siècle, notamment en Autriche, généralement sous le nom hongrois de *czakan* ; en Angleterre, on l'appelait « flageolet anglais » pour le distinguer du « flageolet français » (voir 3). A l'époque de leur gloire, jusqu'en 1850, les flageolets anglais étaient très joliment fabriqués, en buis ou en bois de rose, avec des clés en argent pour les demi-tons et une embouchure en os ou en ivoire insérée dans la partie supérieure de l'instrument, ce qui plaçait les mains à une distance convenable du visage. L'Angleterre a également connu un flageolet double, muni d'une seule embouchure conduisant à deux tuyaux juxtaposés, très pratique pour jouer les airs populaires harmonisés en tierces et en sixtes, pendant que les « sons différentiels » résultants sonnaient souvent comme un genre de basse. Les instruments fabriqués à Londres, notamment par Bainbridge, Simpson et Hastrick, sont très appréciés des collectionneurs.

3. *Le flageolet français.* Le flageolet classique percé de quatre trous devant et de deux trous derrière a vu le jour au XVIIe siècle ou un peu avant ; il était réservé aux amateurs. Certains étaient extrêmement petits (11 cm de long), accordés très haut et étaient fabriqués pour apprendre à chanter aux oiseaux en cage. Haendel mentionne cet instrument dans *Acis and Galatea* dans une partie marquée *flauto piccolo* qui était peut-être jouée sur une petite flûte à bec ; mais Rameau utilise réellement le flageolet dans *Les Surprises de l'amour* (1748).

La curieuse disposition des trous vient peut-être de la petite taille de l'instrument : six trous sur le devant auraient été trop rapprochés pour que des doigts d'adulte puissent les couvrir. Le cinquième trou est donc situé à l'arrière de l'instrument pour le pouce inférieur (Fig. 1) ; alternativement, la main du haut peut prendre les quatre premiers trous et celle du bas les deux derniers.

Des livres d'airs destinés à cet instrument ont été publiés dès 1661 par Thomas Greeting : *Pleasant Companion for the Flagelet* (*sic*). Cet ouvrage regroupe des airs populaires dans une tablature

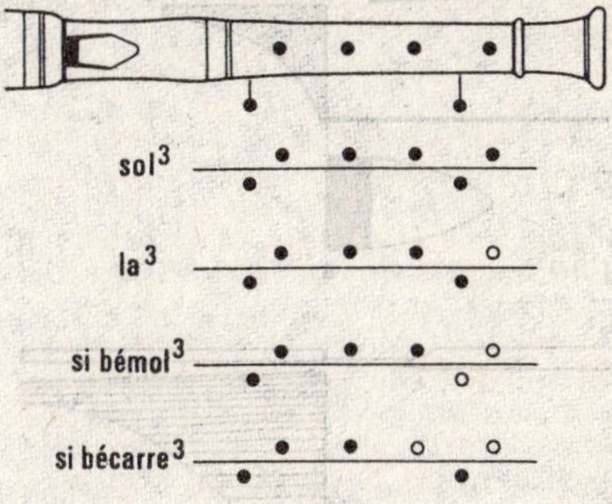

Fig. 1

de symboles sur six lignes, une pour chaque trou. Néanmoins, les exemples sont presque tous français et, plus tard, au XIXe siècle, on a fabriqué des flageolets à clés assez complexes, très usités dans les *quadrilles. On fabriquait aussi des flageolets sur lesquels les trous étaient disposés de la même manière en Catalogne (Espagne) : il s'agissait d'instruments populaires, avec ou sans clés.

4. *L'embouchure et le conduit d'air.* L'ancien flageolet en fer-blanc traditionnel fonctionne un peu comme un tuyau d'orgue métallique : le tube est aplati pour former une embouchure pratiquement de même largeur que le tuyau (Fig. 2*a*). Un bloc en étain forme le conduit d'air. La Fig. 2*b* reproduit un flageolet en bambou, du genre de ceux que l'on importe couramment aujourd'hui d'Asie pour les vendre dans les ventes de charité. L'embouchure, taillée dans le bambou, s'incurve automatiquement dans les deux sens, dès l'intérieur du tube : on peut le voir de l'extérieur et en regardant le long de la perce. Pour minimiser l'étendue de ces courbures, la largeur de l'embouchure est assez petite ; mais, pour compenser (afin de produire un son plein), la fenêtre est assez longue (soit carrée, soit même plus longue que large – le contraire de la Fig. 2*a*). Le conduit d'air est constitué par un simple biseau en bois qui effleure le haut du tube. La Fig. 2*c* correspond à une autre phase de l'évolution de l'instrument, qui concerne les flageolets en bois, la majorité des tabors et, sous une forme plus élaborée, la flûte à bec.

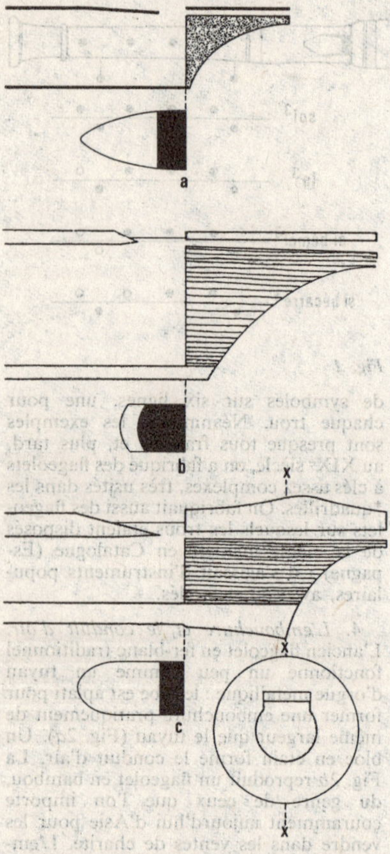

Fig. 2

L'embouchure, relativement large et droite, est centrée au-dessus de la ligne interne de la perce ; puis on retire le bois en dessous, ce qui la rend cunéiforme. Le conduit d'air est alors centré pour s'adapter au moyen d'un biseau à une surface plate élevée comme la figure le montre de coupe (xx). Voir également *Flûte à bec*, 2.

Anthony Baines.

Flageolett-Töne (all.). « Flageolet ». Terme désignant les harmoniques du violon.

Flamenco (esp.). Dans son sens le plus strict, le flamenco désigne les chansons et les danses andalouses ; dans une acception élargie, il correspond en général aujourd'hui à la plus grande partie de la musique folkorique espagnole, surtout la musique vocale et la musique pour guitare. Cette musique, comme son nom, a des origines assez obscures. Plusieurs théories s'affrontent : selon l'une d'elles, lorsque l'archiduc Charles Quint d'Allemagne est monté sur le trône d'Espagne sous le nom de Charles Ier, ses fidèles portaient le nom de « Flamencoes » (c'est-à-dire Flamands) et le terme se serait étendu aux gitans qui diffusaient la musique étrangère comme une pierre dans le jardin des hôtes importuns. Selon une autre théorie, le mot « flamenco » provient des Maures qui ont laissé leur empreinte sur la musique espagnole au cours de leur période d'occupation ; on les appelait « Falah men Eikum ». La musique elle-même comporte de nombreux éléments gitans et mauresques mêlés à ses racines andalouses. Les danses et les formes musicales varient selon les régions. Il existe principalement deux types de flamenco : le *cante hondo* (ou *grande*), sérieux par nature, qui traite de l'amour, du chagrin et de la mort et comprend des formes telles que *martinetes*, *serrana*, *siguiriya* et *soleares* ; et le *cante chico* (ou *pequeño*) qui regroupe des chansons et des danses plus légères destinées aux divertissements professionnels comme l'*alegría*, la *bulería*, le *fandango* et le *tango*.

A l'origine, le flamenco était une musique populaire pure pratiquée par les gitans, mais la valeur de cette musique en tant que divertissement s'est vite imposée : les chanteurs et les danseurs professionnels ont commencé à l'exécuter sous des formes plus élaborées et stylisées, dans les cafés et boîtes de nuit des principales villes espagnoles. L'art s'est étendu au théâtre où les troupes de flamenco comprenaient des danseurs, des chanteurs, des joueurs de bandore et de pandore et un genre de chœur de percussion qui tapait des pieds, battait des mains et jouait des castagnettes. De telles troupes, comme celle dirigée par Antonio, ont rapidement acquis une grande notoriété hors d'Espagne.

La pratique de la guitare dans le style flamenco, dont la mode a été lancée par Ramón Montoya, a connu un succès sans cesse croissant et est en partie responsable de l'intérêt que suscite cette musique dans le monde entier. Le flamenco est un art basé sur des règles strictes qui conserve l'esprit de chaque style régional. Sur cette base, l'instrumentiste ajoute ses propres improvisations et variations (*falseta*).

Peter Gammond.

BIBLIOGRAPHIE : Alain Gobin, *Le Flamenco*, PUF, coll. Que sais-je ? (Paris, 1975). Francis Lopez, *Flamenco*, Presses de la cité (Paris, 1987).

Flat (angl.). « Bémol ». Dans la terminologie anglaise, le verbe est « to flatten » et l'adjectif « flattened » ; aux États-Unis, les termes correspondants sont « to flat » et « flatted ».

Flatter. Flatter la corde : caresser la corde, manier l'archet délicatement.

Flatterzunge (all.). Articulation multiple (instruments à vent) qui enchaîne une série de notes attaquées sur la lettre *r* à une note initiale attaquée sur *d* ou *t*. L'effet obtenu, surtout utilisé à partir du début du XXe siècle, est assez spectaculaire.

Flaubert, Gustave. Voir *Musique et littérature*.

Flautando, flautato (ital.). Production de sonorités similaires à celles de la flûte sur des instruments à cordes, soit en maniant l'archet très légèrement au-dessus de la touche, soit en utilisant des harmoniques. Debussy a mal orthographié le terme, qu'il écrivait « flautendo ».

Flauto (ital.). A partir du XVIIIe siècle, « flûte », mais auparavant ce terme désignait généralement la flûte à bec, la flûte portant le nom de *flauto traverso*. De même, *flauto piccolo*, qui désigne aujourd'hui la flûte piccolo, se référait à l'origine à la petite flûte à bec.

Flebile, flebilmente (ital.). « Plaintif », « triste », « tristement ».

Fledermaus, Die. Voir *Chauve-Souris, La*.

Flehend (all.). « Implorant », « suppliant ».

Fleischmann, Aloys (Georg) (Munich, 13 avril 1910). Compositeur et chef d'orchestre irlandais, professeur de musique à University College, à York, entre 1934 et 1980, date à laquelle il a pris sa retraite. Il a été l'un des musiciens irlandais les plus dynamiques, prenant une part active à la fondation d'un orchestre symphonique, d'un festival choral international et d'une troupe de ballets, tous à York. Sa musique s'inscrit dans la tradition irlandaise ; ses mélodies et sa musique symphonique font appel au langage traditionnel de son pays tout en conservant un style européen.

Denis Arnold.

Flessibile, flessibilitá (ital.). « Souple », « souplesse ».

Flexaton. Petit instrument à percussion que l'on agite dans une main (voir Fig. 1). Il mesure 33 cm de long. L'élément vibrant est constitué d'une plaque d'acier d'un demi-millimètre d'épaisseur, légèrement évasée. Son extrémité la plus large est fixée à un cadre métallique ; la plaque d'acier est frappée alternativement de chaque côté (lorsque l'on agite l'instrument) par une bille en caoutchouc attachée à l'extrémité d'un ressort ou d'une languette en acier, elle-même fixée à l'extrémité étroite et libre de la plaque. La pression exercée par le pouce sur l'extrémité libre de la plaque fait varier la hauteur du son ; celle-ci commence à monter lorsque la courbure près de l'extrémité fixe de la plaque devient de plus en plus raide (on le sent à l'effort accru nécessaire pour l'incurver). L'étendue va à peu près du do[5] à l'octave supérieure et l'on peut produire des sons aigus, des *glissandos* et des *tremolos*.

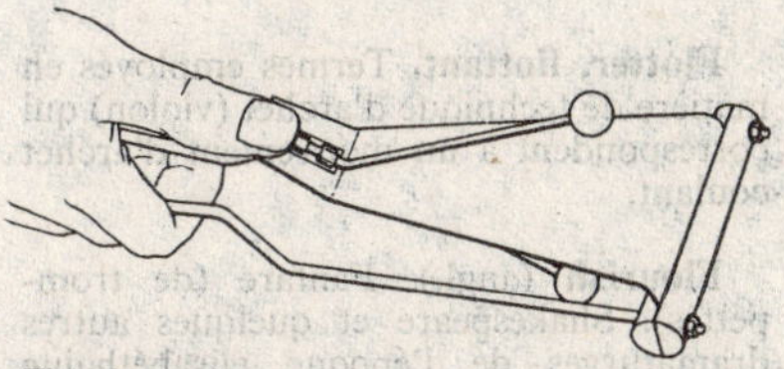

Fig. 1

Le flexaton a fait son apparition dans les années vingt pour la musique légère ; au théâtre, les comédiens, comme les célèbres frères Fratelloni, l'utilisaient également. Parmi les compositeurs qui ont fait appel au flexaton dans leurs partitions, on peut citer Schoenberg (*Variation pour orchestre n° 3*, 1929 ; *Moïse et Aaron*), Berg (*Trois Pièces pour orchestre*) et Khatchaturian (*Concerto pour piano*).

La scie musicale fonctionne à peu près sur le même principe, mais elle est jouée avec un archet spécial. L'instrumentiste bloque la poignée entre les genoux, la lame dirigée vers le haut, pendant que la main gauche tient l'extrémité de la scie et lui donne la forme d'un « S » tout en modulant la pression pour régler la hauteur du son. Henri Sauguet (1901) a composé une pièce pour « lame musicale » et piano, intitulée *Plainte*.

Anthony Baines.

Fliegende Holländer, Der. Voir *Vaisseau fantôme, Le*.

Fliessend (all.) ; **scorrevole** (ital.). « Fluide », « coulant ».

Fling (angl.). Genre de **reel* particulièrement énergique et vigoureux pratiqué dans les Highlands, en Écosse.

Flood, The. Voir *Déluge, Le*.

Flos Campi (« Fleur des champs »). Suite pour alto, chœur mixte (sans paroles) et petit orchestre de Vaughan Williams, composée et créée en 1925. Chacun des six mouvements est préfacé par une citation latine du *Cantique des Cantiques*.

Floss der « Medusa », Das. Voir *Radeau de la Méduse, Le*.

Flott (all.). « Vif », « sans hésitation ».

Flotter, flottant. Termes employés en matière de technique d'archet (violon) qui correspondent à un mouvement d'archet coulant.

Flourish (angl.). Fanfare (de trompettes). Shakespeare et quelques autres dramaturges de l'époque élisabéthaine utilisaient souvent ce mot dans leurs instructions scéniques (« a flourish of trumpets ») pour annoncer l'arrivée d'une personnalité importante. Dans un sens plus général, ce terme désigne tout passage instrumental fleuri.

Flowers o' the Forest. Complainte écossaise dont les paroles originales sont aujourd'hui perdues, mais dont un grand nombre de vers ont été incorporés dans l'édition de Jane Elliott au XVIIIe siècle. Mrs. Cockburn a écrit un nouveau texte sur un air différent vers 1765, mais on le chante maintenant en général sur l'ancien air. La forêt dont il est question est un district de Selkirk et Peebles et les fleurs sont les jeunes hommes dont la mort à la bataille est commémorée par le poème. Cet air, joué par des cornemuses, constitue l'un des moments les plus émouvants de la cérémonie du souvenir au cénotaphe de Whitehall, à Londres.

Flüchtig (all.). « Rapide », « agile ».

Flüssig (all.). « Fluide », « coulant » ; *flüssiger*, « plus coulant ».

Flûte

1. Introduction
2. Le mécanisme
3. Les registres supérieurs
4. Histoire
5. Répertoire
6. Le piccolo
7. La flûte en sol ou flûte alto
8. La flûte basse en ut grave
9. La flûte en si bémol et les ensembles de flûtes
10. Les flûtes dans le monde

1. *Introduction*. La flûte (all. : *Flöte* ; angl. : *flute* ; ital. : *flauto*) se tient latéralement sur la droite de l'instrumentiste qui dirige son souffle en pinçant les lèvres sur l'arête de l'embouchure, placée dans la tête ou corps supérieur de l'instrument, vers l'extrémité tenue par la main gauche. D'où l'expression *flauto traverso* (« flûte traversière ») que l'on rencontre souvent dans la musique baroque. De nos jours, la flûte figure à l'orchestre parmi les instruments de la famille des bois et, en tant que soliste, elle peut être considérée comme l'instrument le plus apprécié et le plus souple de cette famille dans un répertoire qui va de Bach au jazz moderne. Ses petits frères, les « fifres », forment couramment des ensembles où ne figure aucun autre instrument à vent et, dans le reste du monde, les instruments à vent traditionnels les plus importants sont souvent des flûtes traversières, particulièrement en Extrême-Orient.

La flûte moderne, ou « flûte Boehm », est l'une des plus belles réalisations de la facture des bois. Elle est l'œuvre d'un artisan-inventeur et flûtiste munichois, Theobald Boehm (1794-1881). Elle représente un progrès radical par rapport aux flûtes antérieures et a vu le jour en 1847 (un an après que Sax eut breveté le *saxophone). La flûte est généralement fabriquée en maillechort (un placage d'argent ou de nickel), mais parfois en acier inoxydable (notamment d'excellents instruments d'étude) ; ceux qui peuvent se le permettre préfèrent naturellement la flûte en argent massif, ou même en platine ou en or à 14 carats. Aujourd'hui, le bois (grenadille) est surtout utilisé pour les piccolos et les fifres ; rares sont les instrumentistes qui continuent à jouer sur la belle flûte Boehm en bois, qui était encore fabriquée en Angleterre jusqu'aux années quarante, alors qu'en France et aux États-Unis le bois était pratiquement abandonné au lendemain de la Première Guerre mondiale. En théorie, la matière ne doit produire aucune différence, mais les avis des instrumentistes divergent sur ce point. Sans pouvoir se mettre d'accord sur la moindre explication, ils trouvent généralement que la flûte en bois, avec ses parois épaisses, répond avec moins de souplesse et est plus fatigante pour le souffle (c'est-à-dire pour les muscles de la bouche qui commandent les lèvres) que la flûte en métal, qui permet de varier la qualité sonore avec davantage d'expression. On suppose que cette différence est due au fait que plus le matériau est dur, plus les angles sont aigus et plus les bords sont tranchants à l'endroit des trous. On retrouve néanmoins une survivance du bois dans la forme de l'embouchure, puisque celle-ci doit avoir l'épaisseur du trou de la flûte en bois – si le trou n'était pas plus profond que l'épaisseur de la paroi du tube métallique, le son serait pauvre, sifflant et difficile à contrôler. L'embouchure est donc surélevée par une « cheminée » métallique sur laquelle est soudée la « plaque d'embouchure », métallique et ovale, qui reproduit la courbure externe de l'ancien tube en bois.

Le corps principal de la flûte est un cylindre dont le diamètre intérieur mesure environ 19 mm, mais la tête se contracte du côté de l'embouchure ; elle prend un profil qui peut être presque conique ou parabolique et se rétrécit d'environ 2 mm à proximité du bouchon de bois ou de liège qui ferme l'extrémité supérieure, juste à gauche de l'embouchure.

2. *Le mécanisme*. Les trous pour les notes sont assez larges (environ 13 mm). Ils sont couverts par des plateaux à tampon reliés entre eux par des axes de correspondance ou « patins » montés sur pivots, situés sur le côté de la flûte. Les plateaux sont reliés entre eux par des petits tenons ou « pointes » qui permettent de jouer toute la gamme chromatique en conservant les mêmes doigtés, à l'exception du petit doigt de la main droite lorsqu'il doit jouer les deux notes graves, do dièse et do. Le mécanisme est un modèle de simplicité. La Fig. 1 en reproduit une illustration schématique, à l'exclusion des deux notes graves. Les doigts n'appuient pas sur les quatre plateaux marqués d'une croix qui sont fermés par l'abaissement d'autres plateaux. Les deux clefs indiquées en noir sont, contrairement aux autres, des « clefs fermées » : elles restent fermées lorsque l'instrument est au repos. En abaissant les doigts les uns après les autres en partant du haut, on obtient une gamme descendante d'ut majeur, de do à ré : ainsi, on produit le do en abaissant 1 (qui ne couvre directement aucun trou), ce qui ferme la petite clef située au-dessus (ouverte pour le do dièse) ; 2 (pouce de la main gauche) donne le si (qui sort par 3) ; 4 (qui ferme en même temps 3) donne le la ; 5 (qui ferme également 6a) donne le sol ; 8 (index de la main droite, qui ferme en même temps 7) donne le fa ; 9 le mi et 10 le ré. Quant aux demi-tons restants, deux s'obtiennent avec des doigtés chromatiques : si bémol (en ajoutant 8 au doigté de si pour fermer 3 par l'intermédiaire des tringles) et fa dièse (en ajoutant 10 au doigté de sol pour fermer 7 de la même façon). Le petit doigt se charge du sol dièse et du mi bémol, en ouvrant respectivement les clefs fermées 6 et 11. (Depuis Boehm, les flûtes comportent également un levier supplémentaire pour le pouce, indiqué en pointillé, qui offre un doigté alternatif pour le si bémol.)

Sur les flûtes de facture française, ou « flûtes à anneaux », les cinq principaux plateaux sont perforés en leur centre, ce qui nécessite des tampons en forme d'anneau ; ce système présente quelques avantages sur le plan du contrôle de l'intonation ; il permet en outre d'effectuer des *glissandos* d'une note à l'autre et de produire des quarts de ton et des effets « multiphoniques » fréquents dans la musique d'avant-garde.

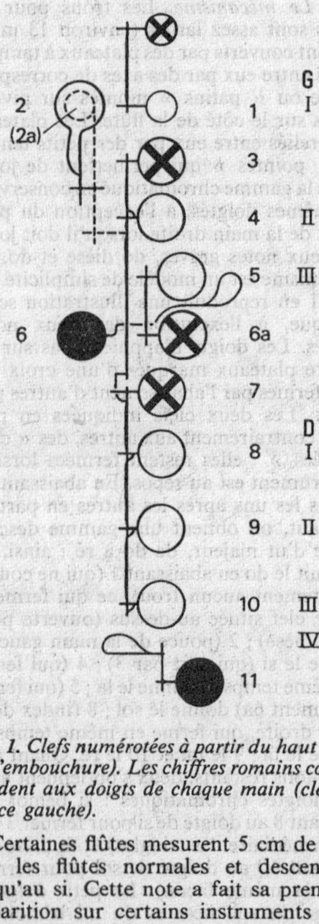

Fig. 1. Clefs numérotées à partir du haut (près de l'embouchure). Les chiffres romains correspondent aux doigts de chaque main (clef 2 : pouce gauche).

Certaines flûtes mesurent 5 cm de plus que les flûtes normales et descendent jusqu'au si. Cette note a fait sa première apparition sur certains instruments allemands, juste avant les découvertes de Boehm ; et elles étaient si fréquentes que de nombreux compositeurs, surtout en Autriche, en sont venus à considérer qu'elle devait exister sur toutes les flûtes. Dans certains passages importants, comme à la fin de la *Symphonie nº 4* de Mahler, il faut prendre une flûte alto ou un autre instrument si la flûte normale ne descend pas jusqu'au si.

Dans la fabrication de la flûte, la position des trous est déterminée en fonction des principes du tempérament égal (voir *Tempérament*), comme les *frettes de la guitare. Néanmoins, alors que le centre des douze principaux trous correspond aux douze premières frettes de la guitare, la position du bouchon de bois ou de liège situé à l'extrémité de la flûte ne correspond pas à celle du chevalet de la guitare : il raccourcit le tube de 3,8 cm par rapport à sa longueur théorique ; les longueurs théoriques des notes dépassent largement ce bouchon, ce qui est peut-être dû à la grande différence de taille entre l'embouchure et les trous des notes. Si, à titre d'expérience, on enlevait le bouchon – ce qui n'est pas conseillé – pour obtenir ainsi un tube plus long, ouvert aux deux extrémités, la flûte jouerait toujours à la même hauteur, mais avec une sonorité plus faible et un certain manque de justesse dans l'aigu.

3. *Les registres supérieurs.* Ils se composent de partiels obtenus en « octaviant » (avec de légers mouvements des lèvres, de la mâchoire ou des deux). Dans l'Ex. 1, les partiels employés sont numérotés et les fondamentales représentées au-dessous en petites notes. Dans l'octave du haut, le processus est assisté en ouvrant un ou plusieurs des trous situés plus haut (ce qui supprime les partiels inférieurs et remonte en même temps les notes à la hauteur voulue) : par exemple, pour chaque quatrième partiel, en ouvrant le trou situé aux trois quarts (ou à proximité) de la longueur théorique par rapport à l'extrémité supérieure théorique de la flûte ; pour un cinquième partiel, les trous aux trois cinquièmes et quatre cinquièmes de la longueur théorique.

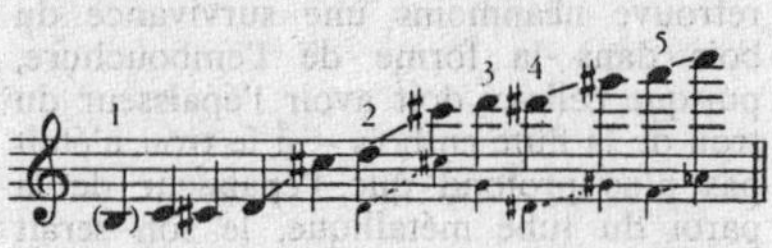

Ex. 1

Le mi aigu (quatrième partiel) comporte un défaut qui n'est pas dû à Boehm mais à une modification ultérieure à son système que l'on appelle « sol dièse fermé ». Sur le modèle Boehm, la clé de sol dièse était normalement ouverte et n'était fermée qu'en fonction des besoins par le petit doigt de la main gauche ; mais cela allait à l'encontre de l'ancienne coutume et les flûtes munies de son « sol dièse ouvert » sont aujourd'hui rares (et leur conversion en « sol dièse fermé » est assez onéreuse). De nos jours, cette clé est normalement fermée (Fig. 1, 6), ce qui nécessite un trou supplémentaire (6a) qui s'ouvre pour corriger l'intonation des notes supérieures. Sans décrire le mécanisme en détail, il en résulte que sur le mi aigu, pour lequel le trou de sol dièse est le trou correct, deux trous adjacents s'ouvrent ensemble au lieu d'un, de telle sorte que la note risque de « se briser » lorsqu'elle est attaquée *pp*. Pour contourner cette difficulté, de nombreuses flûtes adoptent un dispositif de « mi fendu », reconnaissable à la tige mince située entre le sixième et le septième plateau en partant du haut, sur le devant de la flûte. Un grand nombre de flûtes japonaises d'excellente qualité sont munies de cette adjonction.

Comme dans le cas de la plupart des instruments, le jeu de la flûte a beaucoup changé au fil des années. Le style qui prévaut à l'heure actuelle est celui de l'école française, dont on fait remonter les débuts à Taffanel (mort en 1908) ; les flûtistes français ont été, chronologiquement parlant, les premiers spécialistes de la flûte métallique. Le *vibrato* presque continu que l'on entend maintenant (réalisé avec le souffle comme pour les chanteurs) a fait son apparition avec le style français, mais il a pris une tournure exagérée. Sur les notes graves en particulier, on entend rarement autre chose qu'une succession de « hou-hou-hou » séparés les uns des autres, qui ont peu de points communs avec le son plein et régulier du début du XXe siècle.

4. *Histoire*. La structure de la flûte traversière a connu trois phases principales : (*a*) cylindrique ou presque cylindrique : c'est la flûte classique en bambou de l'Inde ou de l'Extrême-Orient, que l'on trouve pour la première fois en Europe, à Byzance au Xe siècle, et qui deviendra la flûte de la Renaissance, en buis ou en érable ; (*b*) conique, avec une perce dont la section diminue nettement d'un bout à l'autre du tube : la flûte baroque à une clef et son successeur la flûte à huit clefs ; (*c*) la flûte Boehm cylindrique, la flûte moderne.

(*a*) *La flûte de la Renaissance*. Au Moyen Age, la flûte était surtout répandue le long du Rhin et dans les pays situés à l'est du Rhin. Au XIVe siècle, elle devient également un instrument militaire dans ces régions où les soldats allemands et suisses marchaient au son des tambours et des « Pfeife » (d'où le « fifre ») ; la popularité ininterrompue du fifre comme instrument traditionnel au Tyrol et dans les régions avoisinantes remonte sans doute à cette époque. La renommée des fantassins suisses au XVe siècle avait attiré l'attention d'autres pays sur le fifre, qui pouvait être un instrument assez grand, pratiquement de la taille de la flûte actuelle. Le chœur de flûtes de la Renaissance en découle. En Allemagne, Agricola raconte en 1528 comment les *Schweitzer Pfeifen* étaient construits en trois tailles (voir *Instruments, Renaissance*) pour jouer de la musique à plusieurs parties et, à Paris, dans le recueil de chansons à quatre parties d'Attaingnant (1533), 9 des 27 morceaux sont marqués pour « fleustes d'alleman » (flûtes allemandes), d'autres pour « fleustes à neuf trous » (flûtes à bec). Les flûtes de cette époque étaient des tubes en bois percés de six trous. Sur la trentaine de modèles originaux qui survivent dans les musées, la majorité a la taille moyenne des trois « alto-ténor », avec une perce d'environ 17,5 mm et une étendue de plus de deux octaves au-dessus du ré^3. De l'Italie à la Hollande, un certain nombre de tableaux de l'époque reproduisent également cet instrument qui tient une partie aux côtés d'un chanteur et d'un luth, d'une harpe ou d'une viole ; c'était incontestablement l'un des instruments favoris de la Renaissance. Parfois, c'est la flûte « basse », à la quinte inférieure, qui est représentée ; mais ses trous très écartés ne la mettaient pas à la portée de toutes les mains.

(*b*) *La flûte baroque*. La flûte conique à une seule clef a sans doute vu le jour à Paris dans les années 1670. Connue aujourd'hui sous le nom de « flûte baroque », elle a néanmoins continué à être fabriquée jusqu'au XIXe siècle, comme instrument destiné aux débutants. La flûte du XVIIIe siècle est élégamment tournée dans divers bois – buis souvent foncé avec de l'acide – et les différents corps sont montés avec des embouts en ivoire ; de nombreux instruments sont entièrement en ivoire et permettent de jouer le répertoire de la flûte, de Bach à Mozart, destiné à la flûte à une clef.

La tête reste cylindrique. Le corps conique, qui s'effile selon une inclinaison d'environ 1 pour 50-60 (diamètre/distance), rapproche un peu les six trous et les harmoniques octaviés sont plus justes que sur la flûte entièrement cylindrique de la Renaissance. La « patte » (troisième corps) est généralement cylindrique. Le son est très « flûté », plus intéressant que celui de la flûte de la Renaissance, moins brillant et puissant que celui de la flûte moderne. Avec une petite embouchure (9 mm en moyenne), le volume sonore n'est pas grand mais il convient au contexte de l'époque (sur la flûte à huit clefs, l'embouchure a été élargie et ovalisée pour produire un son plus large, alors que la forme actuelle, rectangulaire aux angles arrondis, a été introduite en Allemagne et adoptée par Boehm).

La clef unique de la flûte baroque correspond au ré dièse, impossible à obtenir auparavant, mais désormais indispensable pour jouer dans des tonalités comme mi mineur ; les autres demi-tons sont réalisés, comme avant, avec un doigté fourchu. A partir des années 1720, le corps principal, à l'origine d'une seule pièce, se divise en deux parties pour permettre de mettre plus facilement l'instrument dans sa poche ; la moitié supérieure pouvait être remplacée par d'autres segments de différentes longueurs pour accorder la flûte à d'autres diapasons.

Le jeu de la flûte comprenait de nombreuses subtilités que les instrumentistes de l'école française ont soigneusement expliquées dans les nombreuses méthodes alors publiées qui s'inspiraient en grande partie des *Principes de la flûte traversière* de Hotteterre (1707). Les notes longues pouvaient être « adoucies » en faisant des tremblements du doigt sur un trou inférieur ; la note suivante pouvait commencer par un battement, en frappant une ou deux fois la note de dessous rapidement. Les cadences (ou tremblements) étaient essentielles mais difficiles à réaliser dans bien des cas, par exemple la cadence d'un ton entier sur mi, « on la commence en débouchant le cinquième, le sixième et le septième trou pour faire le fa dièse, qui lui sert de port-de-voix et on l'achève en rebouchant le cinquième trou et en tremblant sur le quatrième, ce qui éloigne le ton supérieur et marque davantage la cadence ; au lieu qu'en tremblant sur le cinquième, elle ne ferait pas assez d'effet ».

Au début du XVIIIe siècle, dans la musique anglaise, on désigne généralement la flûte, sous l'appellation « German flute » (dérivée du français « flûte d'Allemagne »), pour la distinguer de la flûte à bec. On peut toutefois avoir des doutes lorsqu'une sonate ou un concerto est indifféremment conçu « pour flûte » ou « flauto », « flûte ou violon », etc. Le morceau s'adresse alors généralement à la flûte à bec alto, mais s'il comporte des notes au-dessous du fa grave ou dans une tonalité très diésée, il est alors destiné à la flûte traversière.

Cette flûte revient aujourd'hui à la mode pour jouer la musique de son époque. Il en existe aussi des versions sans clef, construites pour jouer la musique irlandaise et parfois appelées « flûtes irlandaises » ; elles permettent des ornements musicaux du type de ceux que l'on vient de mentionner pour la flûte baroque, mais que le mécanisme élaboré de la flûte moderne rend difficiles ou impossibles.

La flûte à huit clefs est apparue en Angleterre et en Allemagne pendant le premier quart du XVIIIe siècle, mais son usage a mis du temps à se généraliser. Par rapport à la flûte à une clef, elle s'enrichit de la « patte d'ut », avec les clefs qui permettent de jouer le do dièse grave et le do (comme sur la flûte moderne), et de quatre clefs qui offrent des solutions alternatives aux doigtés fourchus pour fa, sol dièse, si bémol et do (do^4) et donnent aussi de meilleurs trilles. La forme de ces clefs s'est améliorée au début du XIXe siècle, ce qui a considérablement étendu les possibilités techniques de l'instrument. L'*Introduction et variations sur « La Belle Meunière »* de Schubert (1824), qui constitue toujours un morceau de référence, montre ce que l'on pouvait faire sur une flûte à huit trous et de nos jours ces variations sont souvent fort bien jouées sur cet instrument. Lorsque Wagner et Verdi écrivaient la majeure partie de leurs opéras, la flûte à huit trous était encore très répandue dans les orchestres. La flûte en buis avec des clefs en cuivre ou en argent tendait à céder la place à la flûte en ébène avec des clefs en maillechort, et ces instruments sont restés au catalogue des fabricants européens jusqu'aux années trente, sans trouver toutefois beaucoup d'acquéreurs.

(*c*) *La flûte moderne.* Boehm avait tout d'abord opté pour la perce conique (1832) et ramené le nombre de clefs à une seule, remplaçant les autres par des clefs ouvertes (des clefs qui restent ouvertes en position de repos) commandées dans l'ensemble par un mécanisme à anneaux (voir *Instruments à vent*, 3). Sa grande idée consistait à obtenir davantage de sonorité et cette recherche a abouti à la flûte cylindrique de 1847. Il a fallu plusieurs années pour que son usage se généralise, car Boehm s'était écarté des doigtés traditionnels (comme pour la clef de sol dièse déjà mentionnée). Les inventeurs britanniques ont cherché des compromis avec l'ancien doigté dans des modèles comme le modèle « 1867 » de Rudall Carte, que les professionnels anglais utilisaient encore jusqu'à une date assez récente. Aux États-Unis, la flûte métallique a été introduite (dit-on) par le Français Georges Barrère, qui s'était fixé à Boston en 1905 ; cette ville est devenue le centre de la facture américaine de flûtes. L'un des principaux facteurs américains, W. S. Haynes, est à l'origine de la méthode consistant à tailler l'assiette des tampons dans le métal du tube lui-même, au lieu de les fabriquer séparément et de les souder (cette dernière méthode continue néanmoins à être appliquée à de nombreuses flûtes de bonne qualité).

5. *Répertoire.* (*a*) *Baroque*. Bach a composé six sonates pour flûte, dont trois qu'il a dotées lui-même d'un accompagnement au clavier. La majeure partie de la musique pour flûte de l'époque baroque est l'œuvre de flûtistes français, comme Michel de la Barre ; en Italie, Vivaldi et Benedetto Marcello ont composé, comme Telemann, des sonates et des concertos. Quantz, auteur d'un grand traité sur le jeu de la flûte, a écrit d'innombrables œuvres pour flûte.

(*b*) *De la période classique à nos jours.* Il faut surtout mentionner ici les deux concertos K 313 et K 314 de Mozart, son *Andante* K 315 et les *Quatuors pour flûte et cordes* K 285 et K 298. La sonate de Haydn est un bel arrangement, plus tardif, de son *Quatuor à cordes en sol*. L'*Introduction et variations sur « La Belle Meunière »* de Schubert a déjà été mentionnée au § 4*b*. Les œuvres solistes du XIXe siècle composées par des flûtistes virtuoses, notamment par Boehm, sont aujourd'hui démodées, même si leur exécution s'avère souvent passionnante. Si le répertoire de la flûte comporte des œuvres de Bach, le grand regret des flûtistes est de ne posséder aucune page de Brahms, contrairement aux clarinettistes. Toutefois, l'école de flûte française a largement compensé cette carence avec la *Fantaisie* de Fauré, *Syrinx* pour flûte seule de Debussy, la musique de chambre avec flûte de Ravel, le *Concerto pour flûte* d'Ibert et la *Sonate* de Poulenc (morceau de prédilection des flûtistes). Dans la littérature d'autres pays, on relève les sonates de Hindemith, de Prokofiev (op.94), de Martinů et de Henze et certaines œuvres d'avant-garde remarquables, notamment un *Solo* de John Cage (1958), dans lequel l'instrumentiste doit produire des effets étranges (multiphonie, etc.) et passer à la flûte alto et au piccolo en cours de morceau.

6. *Le piccolo ou petite flûte* (all. : *Kleine Flöte* ; angl. : *piccolo* ; ital. : *ottavino*). Il est à peu près deux fois moins long que la grande flûte, avec la même étendue, une octave plus haut (il sonne à l'octave supérieure des notes écrites). Le piccolo adopte le même système Boehm, à l'exception de la « patte d'ut » ; la note la plus grave est le ré^4 (écrite ré^3). Il existe deux sortes de piccolos : l'un en métal, avec une perce cylindrique, l'autre en bois (ou en résine synthétique) avec une perce conique, la tête étant souvent métallique. Chaque modèle a ses qualités et ses défauts, mais aujourd'hui on préfère généralement la perce conique. A l'orchestre, le piccolo est en principe confié au troisième flûtiste, mais certaines œuvres requièrent deux piccolos, comme le célèbre *Menuet des follets* de *La Damnation de Faust* de Berlioz, et même trois piccolos. Tout flûtiste d'orchestre est donc muni d'un piccolo.

Rameau est l'un des premiers compositeurs à avoir écrit pour le piccolo : les « petites flûtes » (à une clef) apparaissent dans de nombreuses œuvres à partir de 1735 ; en 1740, Corette remarque cet effet allègre dans certaines musiques de danse. Vivaldi a écrit trois concertos pour « flautino » qui, d'après l'étendue utilisée, était certainement un piccolo et non une petite flûte à bec (pour « flauto piccolo » chez Haendel, voir *Flageolet*, 3).

Dans l'orchestration moderne, le piccolo se voit essentiellement confier des doublures mélodiques à l'octave supérieure, comme le contrebasson double la basse à l'octave inférieure ; on trouve un exemple classique de ces deux formes de doublures dans l'*alla marcia* du finale de la *Symphonie nº 9* de Beethoven qui évoque en l'occurrence une musique militaire, le piccolo doublant les clarinettes (et non les flûtes). Mais à partir de la même époque, le piccolo commence à briller par lui-même, notamment dans l'ouverture de *Semiramide* de Rossini, où il poursuit la mélodie beaucoup plus haut que la flûte. Par la suite, les orchestrations feront un usage plus romantique du piccolo, en raison de la minceur et de l'innocence de la sonorité de son étendue médiane. Dans un autre domaine, il ne faut pas sous-estimer le plaisir que procure si souvent cet instrument dans des musiques plus légères, comme les duos de piccolos avec accompagnement de fanfare.

Entre le piccolo et la grande flûte, il existe une flûte en sol accordée à la quinte supérieure de la flûte normale (à ne pas confondre avec la flûte alto, également en sol, mais à l'octave inférieure). Cette flûte en sol aiguë se fabrique surtout aujourd'hui pour des ensembles de flûtes qui jouent des arrangements pour flûtes de toute taille.

7. *La flûte en sol ou flûte alto.* Il s'agit d'un instrument assez répandu que possèdent de nombreux flûtistes : c'est une flûte Boehm en métal, plus grande que la flûte normale (d'une vingtaine de centimètres), avec une perce plus large (environ 26 mm). Elle est accordée en sol, une quarte juste au-dessous de la flûte. Il s'agit donc d'un instrument transpositeur qui sonne à la quarte inférieure des notes écrites (le do grave écrit correspond, à l'oreille, au sol grave du violon). Elle possède une étendue de trois octaves et sa sonorité, pleine et moelleuse, est très différente de celle de la flûte normale. Boehm l'a inventée vers 1855 et, à la fin de sa vie, la flûte en sol était devenue son instrument favori, particulièrement adaptée, selon lui, à la musique mélodique. Il a transcrit pour flûte en sol avec accompagnement au piano des mouvements lents d'œuvres pour piano de Mozart et de Beethoven, des lieder de Schubert, etc. L'intérêt qu'il a ainsi suscité a poussé les facteurs parisiens et londoniens à cataloguer cet instrument, et il s'est vu confier des parties importantes à l'époque où les compositeurs écrivaient pour de très grands effectifs orchestraux, au début de ce siècle : Ravel (*Daphnis et Chloé*), Stravinski (*Le Sacre du printemps*), Holst (*The Planets*), partitions composées entre 1911 et 1916. Avec le retour à une orchestration plus économe, la flûte en sol est tombée dans l'oubli pendant quelque temps, jusqu'à ce qu'elle reprenne de l'importance dans les œuvres lyriques de Britten et dans la musique de Boulez et de Stockhausen. Parmi les nouvelles œuvres où elle apparaît en soliste figure une sonate avec violoncelle de Robert Sherlaw Johnson.

8. *La flûte basse en ut grave.* Cette flûte Boehm en métal sonne une octave plus grave que la flûte normale, le do^3 écrit sonnant à l'unisson du do grave de l'alto. Pour éviter à l'instrumentiste d'étendre le bras exagérément, la tête est repliée en forme de U ou enroulée. Elle n'intervient pratiquement jamais dans les œuvres symphoniques, mais les ensembles de flûtes l'utilisent beaucoup. Il semblerait que Mascagni et Puccini se soient intéressés à un modèle fabriqué vers 1910 par Albisi, premier flûtiste à la Scala de Milan qui lui a donné le nom d'« albisophone » ; l'embouchure est située au centre d'un petit tube transversal au sommet de l'instrument pour tenir l'instrument vers l'avant comme la flûte à bec. Le modèle actuel repose principalement sur les travaux effectués à Londres par Rudall Carte vers 1930.

9. *La flûte en si bémol et les ensembles de flûtes.* Exposée dans presque tous les magasins de musique, la flûte en si bémol (qu'il ne faut pas confondre avec le fifre) est une flûte en bois de 40 cm de long. C'est un instrument relativement court, mais plus large que le piccolo. Elle possède l'ancienne perce conique, six trous et de une à six clefs (généralement six). Également appelée « flûte de marche », c'est le principal instrument des ensembles de fifres et de tambours (voir *Musique militaire*). Elle est accordée une sixte mineure au-dessus de la flûte d'orchestre (instrument transpositeur qui sonne à la sixte mineure supérieure des notes écrites). On l'appelle flûte « en si bémol », parce que sa note la plus grave, ré^3 écrit, sonne si bémol. Il existe tout un répertoire de marches pour ensembles de flûtes, qui sont généralement jouées par cœur, car pour tenir sa partition en jouant, il faudrait la fixer à un support accroché au bras gauche

de l'instrumentiste, ce qui n'est ni pratique ni esthétique.

Les ensembles de flûtes qui jouent en harmonie comportent trois parties de flûte en si bémol, plus une partie de piccolo en mi bémol (un demi-ton au-dessus du piccolo) et une partie de flûte en fa (une tierce mineure au-dessus de la flûte d'orchestre), avec caisse claire et grosse caisse. La flûte en fa sert plus ou moins de basse et peut être renforcée par une flûte basse en si bémol à la quinte inférieure. En Irlande du Nord et dans certains pays du Commonwealth, il existe aussi des ensembles plus importants, avec des flûtes Boehm métalliques de toutes les tailles allant jusqu'à la grosse flûte basse en mi bémol ; ces ensembles jouent notamment des arrangements d'ouvertures de concert en forme de fanfare.

Les ensembles de flûtes ont vu le jour en Angleterre à l'époque des guerres napoléoniennes. Puis la flûte en si bémol est venue remplacer l'ancien fifre militaire – un fifre cylindrique d'une seule pièce (comme au XVe siècle, voir § 3*a*) joué par un jeune garçon qui le mettait dans une enveloppe tubulaire fixée à sa ceinture. L'Ex. 2 est la première moitié d'un *Reveille* pour le fifre de l'armée britannique datant des années 1850, à peu près l'époque à laquelle il a commencé à être remplacé par la flûte en si bémol. Dans l'armée allemande, l'ancien fifre cylindrique était encore utilisé pour les appels pendant la Première Guerre mondiale.

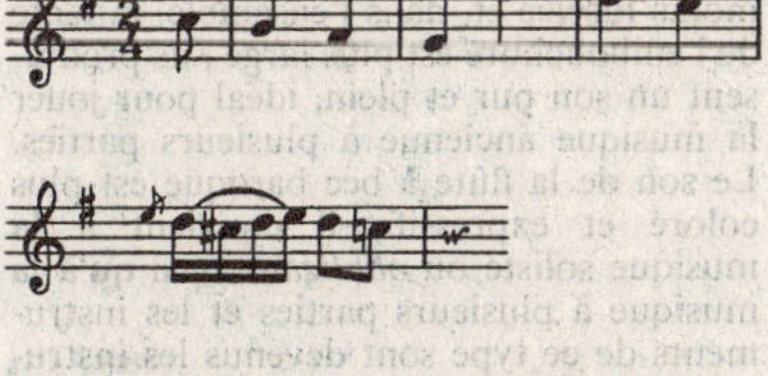

Ex. 2. (Sonne à l'octave supérieure.)

10. *Les flûtes dans le monde.* Il existe une infinie variété de flûtes – traversières ou de formes diverses –, des instruments rituels primitifs (certains de taille gigantesque) aux flûtes très élaborées de l'Extrême-Orient ; entre les deux, on trouve les innombrables variétés de flûtes traditionnelles fabriquées notamment par les bergers. Les matériaux utilisés sont creux par essence (canne, bambou, etc.). La flûte comporte de un à huit trous, mais parfois aucun trou ; dans ce dernier cas, la musique se compose uniquement des différents partiels. (Voir également *Flûte de Pan*.)

Les flûtes sont généralement classées selon la nature de la production sonore à l'embouchure (voir Fig. 2). La flûte traversière (*d*) existe pratiquement dans le monde entier. Sur les flûtes droites, l'instrumentiste dirige son souffle dans l'extrémité ouverte (elles ne sont pas toujours tenues à la verticale, mais souvent de façon oblique). L'extrémité est simple ou biseautée (*a*, un kaval des Balkans) ; le son manque souvent d'attaque et laisse parfois entendre simultanément un bourdon. L'embouchure peut aussi être entaillée, partiellement couverte par la lèvre inférieure pour diriger le souffle sur la base de l'encoche (*b*, Afrique, flûte des Andes,

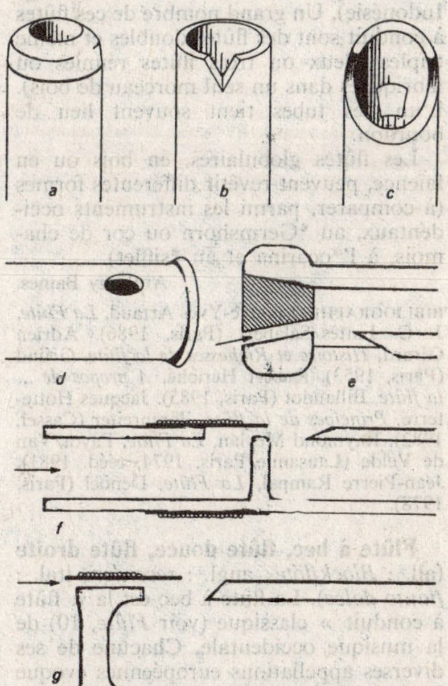

Fig. 2. Embouchures de différentes sortes de flûtes, pour la plupart en bambou.

etc.). La flûte à langue et à conduit, plus rare, sur laquelle la langue tirée en avant envoie le souffle sur une fente appelée « lumière », est un type intermédiaire sur le plan technique entre la flûte à encoche et la flûte à conduit (*c*, nord de l'Europe, Asie centrale).

La famille des flûtes à conduit comporte un nombre considérable d'instruments comme les flûtes à bloc, dont la *flûte à bec et le *flageolet sont des exemples élaborés ; sur l'Ex. *e* (Europe centrale), le conduit et la lumière sont situés en dessous de l'instrument, ce qui évite l'embouchure en biseau. Très répandues en Asie du Sud-Est et en Amérique, les flûtes à conduit « à cloison » (*f*) comportent une cloison qui tient lieu de bloc ; le souffle est guidé sur cette cloison par une fine ceinture de feuilles, le bandeau, ou par un morceau de bois fixé au tube. Les flûtes à conduit « externe » sont moins courantes : leur extrémité supérieure fermée est percée d'une encoche latérale couverte par un bandeau de feuilles (*g*, Indonésie). Un grand nombre de ces flûtes à conduit sont des flûtes doubles et même triples (deux ou trois flûtes réunies ou fabriquées dans un seul morceau de bois). L'un des tubes tient souvent lieu de bourdon.

Les flûtes globulaires, en bois ou en faïence, peuvent revêtir différentes formes (à comparer, parmi les instruments occidentaux, au *Germshorn ou cor de chamois, à l'*ocarina et au *sifflet).

Anthony Baines.

BIBLIOGRAPHIE : Pierre-Yves Artaud, *La Flûte*, J. C. Lattès/Salabert (Paris, 1986). Adrien Girard, *Histoire et Richesses de la flûte*, Gründ (Paris, 1953). Robert Hériché, *A propos de ... la flûte*, Billaudot (Paris, 1985). Jacques Hotteterre, *Principes de la flûte*, Bärenreiter (Cassel, 1982). Raymond Meylan, *La Flûte*, Payot/Van de Velde (Lausanne/Paris, 1974, rééd. 1981). Jean-Pierre Rampal, *La Flûte*, Denoël (Paris, 1978).

Flûte à bec, flûte douce, flûte droite (all. : *Blockflöte* ; angl. : *recorder* ; ital. : *flauto dolce*). La flûte à bec est la « flûte à conduit » classique (voir *Flûte*, 10) de la musique occidentale. Chacune de ses diverses appellations européennes évoque l'une des caractéristiques de l'instrument : le nom allemand évoque la présence d'un bloc de bois inséré qui forme un conduit d'air jusqu'à la lumière, d'où est produit le son ; le nom français insiste sur la forme de l'extrémité dans laquelle on souffle, qui permet à l'instrumentiste d'appliquer ses lèvres confortablement ; le nom italien souligne la douceur du son, comparé à celui des autres flûtes de la Renaissance (fifre) ; quant au nom anglais, il indique qu'à une certaine époque il n'existait pas de meilleur instrument pour mémoriser un air et le répéter. Après le XVIIIe siècle, la flûte à bec est passée de mode. De nos jours, où elle jouit à nouveau d'une grande popularité, on a du mal à imaginer que lorsque Arnold Dolmetsch (1858-1940) a commencé à s'intéresser à cet instrument, en 1919, la flûte à bec n'était connue qu'au travers d'un terme étrange qui figure à l'acte III de *Hamlet*. Les parties de flûtes à bec (*flauto*) des œuvres de Haendel et de Bach étaient jouées en fait sur des flûtes traversières (elles le sont encore assez souvent, mais beaucoup moins que par le passé).

1. *Construction*. Dolmetsch a fait revivre la flûte à bec sous sa forme « baroque » (datant environ de 1670), en s'inspirant à l'origine d'instruments de Bressan, le grand facteur londonien. Il s'agit du modèle le plus connu en trois parties, dont le premier corps, ou embouchure (avec lumière oblongue), et le troisième corps, ou patte, sont décorés ; toutefois les modèles scolaires de bas de gamme sont rarement décorés et les petits instruments ne comportent généralement que deux parties seulement. Les modèles « Renaissance » sont construits d'après des originaux du XVIe siècle, tous tournés dans un seul bloc ; leur perce est en principe moins fuselée et, dans l'ensemble, la fente de l'embouchure est plus large ; ils produisent un son pur et plein, idéal pour jouer la musique ancienne à plusieurs parties. Le son de la flûte à bec baroque est plus coloré et expressif ; il convient à la musique soliste ou *obbligato* ainsi qu'à la musique à plusieurs parties et les instruments de ce type sont devenus les instruments à tout faire de cette famille.

Les caractéristiques qui font de la flûte à bec un instrument à part dans la famille des instruments à conduit (voir *Flageolet* ; *Tambourin et flûte*) sont l'œuvre d'un artisan du XVe siècle qui a réussi à intégrer au mieux les nombreux éléments structurels – perce, trous, lèvre, conduit d'air – pour permettre à l'instrument de s'intégrer à la musique de la haute société.

L'analyse de ces éléments, en tout ou partie, s'avère extrêmement délicate, mais on peut en déduire deux conséquences essentielles sur le plan technique. Tout d'abord, la flûte à bec offre une réponse parfaite aux demi-tons à doigtés fourchus : elle produit ces notes avec une qualité égale et une excellente intonation à laquelle ne parvient aucun autre instrument à vent. La flûte à bec maîtrise toutes les tonalités avec les trous seuls et, sur les grandes flûtes à bec qui comportent des clefs pour les notes les plus graves, ces clefs sont seulement destinées à aider l'instrumentiste à accéder à certains trous.

Par contre, la flûte à bec n'est pas l'un des instruments octaviant les plus faciles. Pour prolonger la gamme au-dessus du registre fondamental, il est nécessaire, si l'on veut obtenir une attaque sûre et nette, de couvrir à moitié le trou du pouce en pliant le pouce pour que l'ongle diminue de moitié l'ouverture ; même dans ce cas, on n'obtient que quatre notes en octaves simples octaviées (mi^4 à la^4 sur la flûte à bec soprano) et la note la plus haute des quatre doit être soigneusement attaquée, sinon elle se « casse ». Trois autres notes sont produites en partiels supérieurs, ce qui amène l'étendue courante à deux octaves et une note, à l'exception du demi-ton du haut (do dièse aigu sur la flûte à bec soprano), note très difficile que l'on considère normalement comme absente (à rapprocher des flûtes à conduit, à parois fines et à profondeur des trous réduite – comme les sifflets en fer-blanc et les flageolets en canne –, qui octavient facilement mais ne permettent pratiquement pas d'obtenir des demi-tons à doigtés fourchus ; il est fort probable que la prééminence des partiels qui caractérise leur sonorité y est pour quelque chose).

2. *La tête et le conduit d'air.* Ils revêtent une forme identique à celle que l'on trouve sur de nombreux flageolets en bois (voir *Flageolet*, 4), mais une attention extrême est apportée aux détails en fonction desquels les différents facteurs et écoles de facture choisissent leurs options. Pour un schéma d'ensemble, présenté sous forme de coupe longitudinale, voir *Flageolet*, Fig. 2*c*. La tête est en bois de cèdre (bois que l'on utilise aussi pour les harmonicas en raison de sa stabilité dans des conditions humides). Sur la flûte à bec alto, elle mesure environ 5 cm de long et est taillée dans un seul bloc, de section presque carrée ; la perce de la tête peut être cylindrique ou légèrement fuselée. Une grande part d'habileté et d'expérience entre dans le profilage et dans la détermination de la largeur du conduit d'air, qui peut se rétrécir vers la fente ou avoir un profil bombé, selon la méthode jugée la meilleure, pour donner davantage de pression derrière la fente et projeter énergiquement le jet d'air en travers de la lèvre. Les bons solistes, comme Frans Brüggen (1934) et ses élèves, en Hollande, savent comment garder le conduit d'air toujours plein d'air en mouvement, afin d'obtenir de la flûte à bec une expression forte et virile : il s'agit là d'un véritable instrument de la famille des bois.

3. *Le « consort » de flûtes à bec.* Les flûtes à bec que l'on réunit le plus couramment pour former un ensemble sont la flûte à bec soprano, les flûtes à bec alto, la flûte à bec ténor et la flûte à bec basse. La flûte à bec sopranino et la « grande basse » sont plus rares. Comme les tessitures réelles n'ont pas toujours été les mêmes dans le passé, le nom de la note la plus grave est souvent ajouté à celui de l'instrument (flûte à bec « soprano en ut »). Sur les instruments courants, cette note grave est alternativement fa et do (voir Ex. 1). Les deux flûtes les plus graves comportent un tube métallique en forme

Ex. 1

de « S », analogue au bocal des bassons. Les petites notes entre parenthèses indiquent les cas dans lesquels la musique est écrite à l'octave inférieure du son réel (le nº 6, qui n'est pas une taille baroque, se joue généralement sur la même partie que la basse, en l'adaptant à vue pour faire le meilleur usage des trois notes graves). La série de chiffres placée au-dessous de la portée sert de guide et permet de distinguer rapidement les différentes flûtes à bec en fonction de leur longueur approximative (ici, en centimètres au diapason moderne). Les longueurs étant sensiblement proportionnelles aux hauteurs de son d'une flûte à bec à une autre, la flûte à bec ténor est à peu près deux fois plus longue que la flûte à bec soprano.

4. *Histoire.* Il y a peu de traces de flûtes à conduit dans l'Antiquité, mais à partir du début du Moyen Age on possède de nombreuses preuves archéologiques de l'existence de petites flûtes en os de mouton. Quant aux références littéraires, elles soulignent particulièrement l'emploi des *fistulae* par les oiseleurs, auxquels on pourrait sans doute ajouter les bergers et les enfants. Ces reliques en os comportent généralement trois trous, qui permettent d'obtenir quatre notes ; ces quatre notes peuvent théoriquement former 24 séquences différentes (sans notes répétées ni rythmes variés) ; néanmoins, le pouvoir de divertissement de ces petits instruments devait être considérable.

Si l'on a longtemps émis des doutes sur le comportement moral des adultes s'adonnant à la flûte, cette idée s'est dissipée dès le XIIIe siècle où quelques tableaux montrent, avec d'autres instruments, une flûte à conduit percée de nombreux trous qui annonce la flûte à bec. L'exemplaire le plus ancien date de la fin du XIVe siècle, époque à laquelle le nom anglais « recorder » a fait son apparition sous une forme latinisée (*fistula in nomine ricordo* : « flute called ricorder », « flûte appelée recorder ») : il s'agit d'un instrument en bois découvert dans les décombres d'un château en ruine près de Dordrecht, en Hollande. Aujourd'hui conservé au Gemeentemuseum de La Haye, il est de la taille de la flûte à bec soprano, avec le même nombre de trous, mais certains éléments lui font défaut pour pouvoir l'assimiler pleinement à une flûte à bec : il ne possède pas de bec, l'embouchure est équarrie, comme c'est aujourd'hui souvent le cas des instruments populaires d'Europe centrale, et la perce est un simple cylindre (11 mm). En outre, la lumière est étroite et presque carrée, forme que l'on retrouve également sur de nombreux instruments populaires. Le musée de Leipzig possède un instrument qui pourrait dater d'un siècle plus tard, de la fin du XVe siècle : il s'agit d'un instrument ténor italien dont la perce est cylindrique jusqu'au cinquième trou. Également au XVe siècle, mais un peu plus tôt, on peut voir sur des tableaux italiens deux ou trois flûtes à bec dont les plus graves sont des flûtes à bec ténor et qui se jouent ensemble ; en 1468, à des noces bourguignonnes, une chanson était exécutée par quatre joueurs de « fleutes » déguisés en loups.

Viennent ensuite, dans les ouvrages d'Agricola en Allemagne et de Ganassi en Italie, au début du XVIe siècle, des détails sur les instruments plus élaborés de la Renaissance : la flûte à bec alto en sol (un ton plus haut qu'aujourd'hui), une flûte en ut et la flûte à bec basse en fa, cette dernière étant munie, pour la note la plus grave, d'une clef en partie dissimulée dans un « bocal » en bois perforé. Dès le milieu du XVe siècle, on a pris l'habitude de désigner par leur nom la plus petite flûte à bec (aujourd'hui soprano) ainsi que les plus grosses ; en Allemagne, la basse en fa prend le nom de « basset » pour laisser le terme « basse » à l'instrument le plus grand en ut (ou si bémol, nº 6 dans l'Ex. 1). La contrebasse en fa grave, qui mesure 1,80 m de long, est encore plus grave (voir *Instruments de la Renaissance*). Sur le « basset » on souffle dans une fente pratiquée dans le capuchon de la tête, mais sur les plus gros instruments, on souffle dans un bocal en cuivre. Les instruments ne se limitaient pas forcément à leurs parties spécifiques : un morceau pouvait n'être joué que sur les grandes flûtes, avec la flûte à bec ténor à la partie supérieure ; les instruments étaient alors en ut (ténor), en fa (basset), en ut (ou si bémol) et en fa grave, le tout sonnant à l'octave inférieure de l'ensemble moderne qui va de la flûte à bec soprano à la basse. De nos jours, certains instrumentistes ont fait cette démonstration avec succès, en employant des instruments originaux (la collection la plus riche se trouve à Vienne) ou des copies.

La flûte à bec de type baroque a peut-être été introduite pour la première fois en France par Hotteterre (voir *Hautbois*, 4), bien que sa première description se trouve dans un ouvrage italien compilé en 1677 par Bartolomeo Bismantova. Cet ouvrage a été immédiatement suivi en Angleterre (1679) par le *Vade mecum for the « Rechorder »* de John Hudgebut, œuvre particulièrement intéressante pour les informations qu'elle contient sur l'ornementation. Ensuite, les méthodes s'adressent à la « flûte » (par opposition à la « flûte allemande » ou « traversa », la flûte traversière). Parmi les instruments de cette époque qui ont survécu, en dehors de quelques flûtes en fa semblables à celles d'aujourd'hui, les flûtes à bec alto (en sol) sont sensiblement plus nombreuses que les autres tailles de flûtes à bec, ce qui prouve sans ambiguïté qu'il s'agissait de l'instrument central et du principal membre de la famille, tant en soliste et que dans le domaine orchestral. Sur plusieurs tableaux et gravures, on peut voir deux flûtistes à bec assis entre les hautboïstes et les violonistes dans une chapelle ou un théâtre lyrique ; mais souvent, les mêmes instrumentistes passaient du hautbois à la flûte à bec au cours d'une œuvre, en fonction des besoins. A cette époque, le nom des petites flûtes à bec correspondait à celui de l'intervalle qui les séparait de l'alto : « huitième flûte » (aujourd'hui sopranino), « sixième flûte » (soprano en ré, probablement le « flauto piccolo » dans la *Cantate BWV 103* de Bach), « cinquième » et « quatrième » flûtes, le nombre étant souvent inscrit sur l'instrument. La « voice flute » en ré (flûte alto en ré), au-dessous de l'alto en fa, a sans doute été ainsi nommée à cause de son étendue qui se rapproche de celle des airs pour voix qui étaient alors publiés ; il en existe plusieurs exemplaires. Quelques pièces solistes destinées aux petites flûtes à bec ont été publiées et la dernière *Ode for St Cecilia's Day* de Purcell contient une partie de flûte à bec basse. Certains problèmes restent sans solution comme les « flauti di echo » (dans les partitions modernes, « flauti ») du *Concerto brandebourgeois nº 4* de Bach : les parties couvrent toute l'étendue de la flûte à bec alto normale, avec des effets d'écho dans l'*andante* (difficiles à réaliser sur la flûte à bec sans que la reprise en écho soit trop basse) ; elles font également un usage intensif du fa dièse aigu, qui est presque impossible à jouer. (Les facteurs modernes ont trouvé une solution pour jouer cette note grâce à une clef qui ferme l'extrémité inférieure de l'instrument en prenant pour doigté le sol du haut.)

Parmi les grands facteurs de flûtes à bec de l'ère baroque, outre Bressan, on peut citer notamment Stanesby à Londres, Denner et Oberlander à Nuremberg. Les instruments sont en buis, en érable ou en ivoire. Les trous jumelés pour produire les demi-tons les plus graves, très courants de nos jours, étaient connus mais moins répandus qu'aujourd'hui.

5. *Renaissance de la flûte à bec.* A la fin du XVIIIᵉ siècle, on fabriquait encore des flûtes à bec, qui trahissaient souvent l'influence de la facture de la flûte traversière, notamment dans le modelage droit du corps du bas. Elles étaient exclusivement destinées aux divertissements privés et, même dans ce domaine, elles ont été remplacées au siècle suivant par les divers *flageolets. A la suite de Dolmetsch en Grande-Bretagne, Peter Harlan a fait renaître la fabrication des flûtes à bec en Allemagne tandis qu'en Grande-Bretagne à nouveau Edgar Hunt écrivait en 1935 la première méthode moderne de flûte à bec. En 1937, la fondation en Grande-Bretagne de la Society of Recorder Players par Max Champion et sa femme, aidés par Hunt et Carl Dolmetsch, a conduit plusieurs compositeurs britanniques à écrire des œuvres solistes et de la musique de chambre pour cet instrument. L'American Recorder Society a été fondée deux ans plus tard par Suzanne Bloch, fille du compositeur Ernest Bloch. A la même époque, en Grande-Bretagne, l'enseignement scolaire de la flûte à bec reposait essentiellement sur des instruments bon marché en provenance d'Allemagne ; lorsque cette importation a cessé au moment de la guerre, Edgar Hunt a créé la première flûte à bec en plastique, une flûte à bec soprano en bakélite.

En Allemagne, beaucoup de facteurs ont alors commencé à modifier le système de doigté (« doigté allemand ») afin d'obtenir le fa bémol (sur la flûte à bec soprano) avec les quatre premiers doigts (et le pouce) uniquement, au lieu du doigté fourchu ; bien que cela complique le doigté pour le fa dièse, certains de leurs modèles sont toujours fabriqués sur ce système. On peut faire la distinction au premier coup d'œil, car le cinquième trou devant est plus petit que le quatrième, alors que sur les instruments fabriqués en fonction du doigté baroque, il est de même largeur, ou même supérieure.

6. *Répertoire*. Le répertoire baroque s'adresse presque exclusivement à la flûte à bec alto. Parmi les compositeurs qui ont écrit des sonates en solo ou des sonates en trio avec une seconde flûte à bec ou un autre instrument, on trouve Alessandro Scarlatti, Bononcini, Daniel Purcell, Hotteterre le Romain, Pepusch, Lœillet, Vivaldi (sept concertos), Woodcock (si les œuvres qui lui sont attribuées sont vraiment de lui), Schickhardt, Telemann (beaucoup d'œuvres, notamment huit sonates et deux concertos pour flûte à bec solo ainsi que de nombreuses sonates en trio), Christoph Graupner (concerto), Haendel (*Sonates op.1 nos 2, 4, 7 et 11*), Babell (concertos pour flûte à bec soprano), Marcello et Sammartini. Au XVIIIe siècle a été réalisé un arrangement anonyme pour flûte à bec de la *Sonate op.5 no 3* de Corelli.

Parmi les œuvres modernes pour flûte à bec, on peut citer le *Trio* de Hindemith (dont la réalisation est due à Walter Bergmann), les *Trois Airs* de Robin Milford (à l'origine, le deuxième était un interlude avec clavecin de l'oratorio *A Prophet in the Land*, 1930, l'une des premières réapparitions de la flûte à bec à l'orchestre), la *Sonatine pour flûte à bec et clavecin* et la *Fantasia on a Theme by Machaut* (avec clavecin et quatuor à cordes) de Rubbra, la *Sonatine* de Lennox Berkeley, le *Sextuor* (avec cordes et clavecin) de Hovhaness, le *Quatuor pour flûtes à bec* et les *Fantaisies pour six flûtes à bec* (soprano et alto) de Francis Baines, la *Suite* d'Anthony Hopkins et les œuvres de Walter Leigh, Rawsthorne et Malcolm Arnold. On peut maintenant y ajouter quelques œuvres d'avant-garde écrites pour Frans Brüggen, notamment *Gesti* de Berio.

Anthony Baines.

BIBLIOGRAPHIE : Jacques Hotteterre, *Principes de la flûte*, Bärenreiter (Cassel, 1982). Kenneth Wollitz, *Le Livre de la flûte à bec*, Van de Velde (Luynes, 1984).

Flûte à coulisse ou **jazzo-flûte** (angl. : *slide flute, Swanee whistle, lotus flute*). Instrument qui ressemble au *flageolet mais pourvu d'un piston mobile que l'on tire ou rentre à la main dans l'instrument ; la flûte à coulisse ne possède pas de trous. En Inde, les flûtes à coulisse en bambou sont fabriquées pour servir de jouet. Le modèle commercialisé de nos jours en Occident, généralement en résine synthétique, mesure environ 30 cm de long et permet au piston un mouvement de 18 cm, ce qui donne une étendue de près de deux octaves au-dessus du mi bémol median (mi bémol3). La flûte à coulisse convient particulièrement bien aux *glissandos* et Ravel l'utilise dans *L'Enfant et les sortilèges* (1925).

Anthony Baines.

Flûte enchantée, La. Voir *Zauberflöte, Die*.

Flûte de Pan (du grec Pan, dieu des bergers d'Arcadie). Rangée de tubes de longueurs différentes disposés côte à côte. L'instrumentiste souffle en haut des tubes qui donnent chacun une note différente. Le nombre de tubes de la flûte de Pan peut varier de trois à plus d'une quarantaine Ils sont le plus souvent en canne et bouchés à l'extrémité inférieure par un nœud pratiqué dans la canne ou par de la cire. Ces tubes se comportent comme des tuyaux fermés et chacun d'entre eux donne une note profonde pour sa longueur (un tuyau de 18 cm donnant approximativement la3). D'autres modèles se composent d'un morceau de bois plat que traversent les tubes (Rome antique et Europe du Sud-Ouest), de tubes en poterie cimentés par cuisson (Pérou antique) et bien sûr en plastique moulé.

Les tubes peuvent adopter différentes dispositions. La plus courante, que l'on trouve pratiquement dans le monde entier, repose sur un classement des tuyaux en ordre croissant, du plus long au plus court. Un autre dispositif place les plus longs au milieu (du Caucase à l'Europe centrale) : les tuyaux de gauche donnent les notes de l'accord placé sur le premier degré et ceux de droite celles de l'accord placé sur le cinquième degré. Les autres tuyaux peuvent zigzaguer le long de la gamme, deux tubes adjacents donnant un intervalle d'une tierce lorsqu'on les joue ensemble, ce qui permet de jouer des airs en tierces parallèles ; on trouve ce modèle en Équateur. Les tuyaux peuvent aussi être disposés en faisceau (ou en fagot), le tuyau du centre étant parfois rempli de poudre à canon pour être tiré comme une fusée musicale (l'extrémité supérieure des autres tubes est biseautée pour frapper l'air à l'angle voulu) ; on trouve cette forme en Asie du Sud-Est. Parmi les autres variétés, on trouve les paires de flûtes de Pan, surtout répandues en Amérique du Sud et en Mélanésie, sur lesquelles la seconde flûte comporte les notes qui font défaut à la première (deux instrumentistes jouent des airs en soufflant alternativement), et les tuyaux ouverts, qui servent surtout à jouer des musiques solitaires, très calmes.

Les flûtes de Pan jouent un rôle important dans la musique rituelle, surtout dans les îles Salomon, en Bolivie et au Pérou ; les instruments les plus grands peuvent alors comporter des tubes de plus de 60 cm de long. En Europe, la flûte de Pan est surtout connue en tant qu'instrument pastoral (« syrinx ») dans les *Idylles* de Théocrite, mais de nos jours on peut l'entendre sous les lèvres de marchands itinérants comme les rémouleurs. La Roumanie fait exception : les ensembles gitans utilisaient autrefois cet instrument qui, depuis, a acquis une grande notoriété avec Fanica Luca, puis Gheorg Zamfir. La flûte de Pan roumaine (*naï*) se compose de vingt tubes dont l'assemblage forme une courbe et produit une gamme diatonique de si^3 à sol^6 ; les accidents s'obtiennent en inclinant l'instrument vers la lèvre supérieure pour bémoliser la note. La plupart des morceaux et des interprètes usent largement des effets de chants d'oiseaux, très brillants. Sur le plan ethnologique, les flûtes de Pan apparaissent dès les cultures néolithiques, mais il n'est pas certain qu'elles aient été connues en Occident avant le VIe siècle av. J.-C. Dans *L'Iliade* d'Homère, le mot « syrinx » désigne peut-être un autre genre de flûte. On a retrouvé quelques jeux de petits tubes en os dans des fouilles près de Kiev, qui datent d'une époque beaucoup plus ancienne ; mais ils étaient peut-être confiés individuellement à chacun des membres d'un groupe d'instrumentistes qui jouaient leurs notes tour à tour – type d'exécution qui existait encore à une date récente en Lituanie. La célèbre légende grecque raconte comment la nymphe Syrinx, pour échapper aux avances de Pan, a été transformée en roseau que le dieu, frustré, a coupé en morceaux ; il s'est ensuite repenti, a embrassé les morceaux et, en entendant les sons qui en provenaient, il a conçu la première flûte de Pan.

L'Europe a également connu des flûtes de Pan fonctionnant sur le principe de la flûte à bec, chaque tuyau consistant en un tube droit à fenêtre, forme qui remonte au moins au Moyen Age (voir *Instruments du Moyen Age*).

Anthony Baines.

Foco (ital.). Ancienne orthographe de **fuoco*.

Focoso (ital.). « Ardent », « enflammé » ; *focosamente*, « d'une manière ardente, enflammée ».

Foerster, Josef Bohuslav (Prague, 30 décembre 1859 ; Vestec, près de Stará Boleslav, Bohême, 29 mai 1951). Compositeur, professeur et écrivain tchèque. Foerster commence par apprendre la musique avec son père, Josef (1833-1907), l'un des chefs de chœur et organistes les plus respectés de Prague. Il étudie ensuite à l'École d'orgue de Prague et, en 1893, part pour Hambourg où sa femme, la soprano Berta Lautererová, est nommée à l'Opéra d'État. En 1903, le couple s'installe à Vienne où Foerster continue à travailler comme critique et à enseigner la composition. Pendant ce temps, il reste en contact avec son pays natal en écrivant des critiques et des articles pour les journaux tchèques, par lesquels il cherche, entre autres buts, à élever le niveau du répertoire du Théâtre national ; plusieurs de ses œuvres sont créées à Prague, notamment son opéra le plus connu, *Eva* (1899). En 1918, Foerster est nommé professeur de composition au Conservatoire de Prague et enseigne ensuite dans les principales écoles et à l'Université de cette ville où il influence un grand nombre de compositeurs de la génération suivante. Foerster a beaucoup composé, surtout de la musique vocale et chorale, dont une grande partie montre une nette affinité avec les styles nationaux tchèques. Son langage très lyrique laisse percer l'influence de ses compatriotes Fibich et Smetana et, dans sa musique symphonique, celle de son ami Gustav Mahler. De ses six opéras, les plus beaux, *Eva* et *Jessika*, révèlent non seulement son talent mélodique mais encore d'authentiques qualités dramatiques.

Jan Smaczny.

Foire de Sorotchintzi, La. Opéra inachevé en trois actes de Moussorgski sur un livret du compositeur d'après une nouvelle de Gogol. Moussorgski a travaillé à cette œuvre entre 1874 et 1880 ; elle a été terminée et orchestrée par Liadov, V. G. Karatiguine et quelques autres compositeurs. La création n'a eu lieu qu'en 1913 à Moscou. Une autre version, terminée par César Cui, a été représentée à Saint-Pétersbourg en 1917 et celle de Nicolas Tcherepnine à Monte-Carlo en 1923. Il existe également une version de Chebaline qui a été publiée en 1933 (créée à Leningrad en 1931).

Fokine, Michel [Fokin, Mikhail Mikhaylovitch] (Saint-Pétersbourg, 25 avril 1880 ; New York, 22 août 1942). Danseur et chorégraphe russe fixé à New York en 1923, l'une des principales figures de la réforme chorégraphique de Saint-Pétersbourg après le départ de Petipa. Il préconisait notamment une plus grande unité de style et une meilleure intégration de la musique dans la danse. Engagé par Diaghilev lors de la formation des Ballets russes, il a réalisé la chorégraphie des *Sylphides* (Chopin, 1907), de *L'Oiseau de feu* (Stravinski, 1910), du *Carnaval* (Schumann, 1910), de *Petrouchka* (Stravinski, 1912) et de *Daphnis et Chloé* (Ravel, 1913) ; tous, sauf le dernier, sont encore représentés dans sa chorégraphie.

Noël Goodwin.

Folge (all.). « Succession », « série », « suite ». Terme souvent employé à propos des volumes successifs d'une édition critique.

Folia [*follia, folies d'Espagne*]. Danse, sans doute d'origine portugaise, dont plusieurs compositeurs des XVIIe et XVIIIe siècles ont adopté le cadre harmonique caractéristique comme base de variations. Le terme « folia » apparaît pour la première fois dans des documents espagnols et portugais de la fin du XVe siècle ; il concerne à la fois le chant et la danse, cette dernière étant réputée sauvage, frénétique et « folle ». Au début du XVIIe siècle, la *folias* connaît un grand succès en Espagne sous la forme de danse chantée avec accompagnement de guitare ; elle se répand en Italie, en France, en Angleterre, etc., et plusieurs compositeurs écrivent des *folias* pour diverses combinaisons instrumentales.

La basse de la *folia*, sur laquelle repose le schéma harmonique caractéristique de cette danse, a finalement pris la forme d'une sorte d'**ostinato* auquel est venu se greffer un profil mélodique spécifique, comme d'autres danses analogues de la Renaissance, notamment la **romanesca* ; ce profil (ou ses variantes rythmiques ou mélodiques) a fini par jouer un rôle aussi important que la basse et la structure harmonique elles-mêmes pour permettre d'identifier la *folia* (Ex. 1).

Ex. 1

Parmi les premiers compositeurs connus qui ont utilisé l'air de la *folia* comme base de variations, on peut citer J. H. Kapsberger (variations pour chitarrone, 1604) ; d'autres variations ont été écrites plus tard par Frescobaldi (pour clavier, 1630), d'Anglebert (pour clavecin, 1689), Corelli (pour violon, 1700), Marin Marais (pour viole, 1701), Reinhard Keiser (dans un singspiel, 1726), Vivaldi (pour cordes, 1737), Bach (*Cantate des paysans*, 1742), Grétry (opéra, 1778), Cherubini (opéra, 1798) et Liszt (*Rhapsodie espagnole*, 1863). Les violonistes du XIXe siècle ont montré un tel intérêt pour les variations extrêmement élaborées de Corelli (*Sonate op.5 n° 12*) qu'on a longtemps cru, à tort, que le thème était, à l'origine, de ce compositeur, ce qui explique le titre des *Variations sur un thème de Corelli* de Rachmaninov (1932) et de quelques autres œuvres basées sur la *folia*.

Judith Nagley.

Folies d'Espagne. Voir *Folia*.

Fomine, Evstigneï (Ipativitch) (Saint-Pétersbourg, 16 août 1761 ; Saint-Pétersbourg, mai 1800). Compositeur russe. Il reçoit des bases musicales solides, tout d'abord à l'Académie des Beaux-Arts de Saint-Pétersbourg, puis en Italie où il est élu membre de l'Accademia filarmonica de Bologne en 1785. Il rentre en Russie l'année suivante où il travaille probablement comme fonctionnaire du gouvernement. Il est surtout connu pour ses opéras, qui, s'ils dépassent rarement le stade du simple divertissement, annoncent l'opéra russe du XIXe siècle par leur parfum national. Comme un grand nombre de ses contemporains, il avait des idées assez limitées sur la complexité de la nature harmonique et mélodique des chants populaires russes et il avait tendance à les « enrichir » d'harmonisations diatoniques qu'ils supportent difficilement. Néanmoins, des opéras comme *Boïeslav, le héros de Novgorod* (sur un livret de l'impératrice Catherine II, 1786) ou *Les Cochers à la station* (1787) diffusent un bel esprit nationaliste à la fois sur le plan musical et dans le choix du sujet. Son œuvre la plus puissante est peut-être le mélodrame *Orphée et Euridice* (1792) dont la musique révèle un sens certain de la situation dramatique et de l'expression tragique.

Geoffrey Norris.

Fondamentale. La fondamentale d'un accord est la note qui lui donne son nom. Ainsi la fondamentale de l'accord d'ut majeur est ut, même si l'accord est en position de premier ou de second renversement, la note la plus grave étant respectivement mi ou sol. Si un accord est en position fondamentale, la note la plus grave est également la fondamentale. Voir également *Basse fondamentale* ; *Harmonie*, 2 et 3.

Fontaines de Rome, Les (*Fontane di Roma*). Poème symphonique de Respighi, composé entre 1914 et 1916. Ses quatre parties dépeignent les sensations ressenties par le compositeur à la contemplation des plus célèbres fontaines de Rome : Vale Giulia à l'aube, Tritone en milieu de matinée, Trevi à midi et Villa Medicis au coucher du soleil.

Foot (angl.). Unité de mesure anglaise ; voir *Pied*.

Forbes, Sebastian (Amersham, Buckinghamshire, 22 mai 1941). Compositeur écossais. Il a fait ses études à la Royal Academy of Music de Londres (1958-60) et à Cambridge (1960-64) ; depuis, il a travaillé comme producteur à la BBC et comme maître de conférences à Bangor (1968-72) et dans le Surrey (à partir de 1972) ; il a fait également quelques apparitions comme chef d'orchestre. Sa musique, relativement facile, comprend une *Symphonie* (1972) et d'autres œuvres pour orchestre, de la musique de chambre et des compositions vocales très diverses.

Paul Griffiths.

Force du destin, La. Voir *Forza del destino, La.*

Ford, Thomas (? vers 1580 ; Londres, novembre 1648). Compositeur anglais. Il est au service du prince Henri en 1611 puis à celui de Charles Ier. Il a écrit de la musique religieuse ainsi que des madrigaux et de la musique pour violes, mais ses mélodies constituent ses plus belles œuvres. Elles varient de « Since first I saw your face », sur des airs simples mais excellents, à « Go Passion », à la manière plus émouvante de Dowland. Il est enterré à St Margaret's à Westminster.

Denis Arnold.

Forefall (angl.). Terme anglais du XVIIe siècle désignant une *appoggiature ascendante, notée et exécutée ainsi :

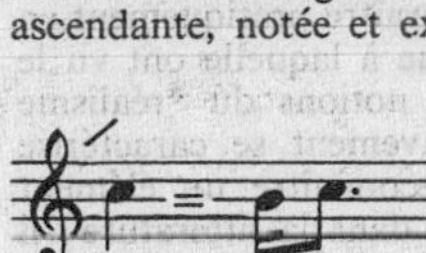

Forelle, Die. Voir *Truite, La.*

Forgotten Rite, The. Œuvre symphonique (« prélude ») de John Ireland, composée en 1913. Le rite non spécifié provient des îles Anglo-Normandes.

Forkel, Johann Nikolaus (Meeder, près de Cobourg, 22 février 1749 ; Göttingen, 20 mars 1818). Musicologue allemand. Fils d'un fabricant de chaussures, il fait des études de droit grâce à la protection d'un noble, mais se tourne rapidement vers la musique et devient organiste et directeur de la musique à l'Université de Göttingen. Il est l'un des premiers à faire des conférences sur l'histoire de la musique et sur la théorie musicale à l'université. Il exerce également une activité de critique musical et doit sa véritable renommée à sa biographie de J. S. Bach (Leipzig, 1802), la première du genre.

Denis Arnold.

Forlana, furlano (ital.). « Forlane ». Danse italienne du XVIe siècle qui s'est transformée à l'ère baroque en une danse vive proche de la *gigue, à 6/4 ou 6/8, avec anacrouse initiale et répétitions mélodiques. Elle a surtout connu un grand succès à Venise et dans les opéras-ballets du XVIIIe siècle comme *Les Fêtes vénitiennes* de Campra (1710). La *Suite pour orchestre en ut* (BWV 1066) de Bach et *Le Tombeau de Couperin* de Ravel comprennent tous deux une forlane.

Formalisme. Dans un sens général, ce terme s'applique à toute œuvre d'art, œuvre littéraire, poème, composition musicale ou croyance religieuse qui adhère de façon stricte à des modèles ou à des règles établies. Le mot « formalisme » apparaît toutefois le plus souvent dans les écrits sur la musique soviétique. Le Mouvement formaliste de critique littéraire russe, créé vers 1915, a connu un certain épanouissement au début des années vingt avant de perdre du terrain en 1930 et de disparaître pratiquement en 1932. C'est l'époque à laquelle ont vu le jour les premières notions du *réalisme socialiste. Ce mouvement se caractérise par le refus de reconnaître un élément social ou politique dans la littérature ; il fait aussi abstraction des conditions historiques et biographiques de l'auteur et se concentre essentiellement sur l'analyse et l'esthétique du langage. Le mot « formalisme » a acquis un sens péjoratif parce que le mouvement s'opposait directement aux doctrines artistiques officielles marxistes, qui soulignaient l'importance du contenu socio-politique. Peu à peu, on a pris l'habitude de considérer comme formaliste toute œuvre littéraire, poétique ou musicale affichant des tendances supposées modernistes et dans lesquelles, selon les critères marxistes, les aspects de forme et de structure prennent le pas sur l'expression artistique : ainsi les œuvres atonales de Schoenberg, la musique de Berg et de Hindemith et les premières partitions de Chostakovitch ont parfois été taxées de formalisme.

Le formalisme a pris une signification toute particulière durant les célèbres purges culturelles de 1948 entreprises par le conseiller de Staline en matière artistique, Andreï Jdanov. Jdanov s'est attaqué à Chostakovitch, à Miaskovski, à Prokofiev, à Khatchatourian et, en fait, à presque tous les compositeurs connus pour leurs penchants prétendument formalistes ; il reprochait à la majeure partie de leur musique d'être « radicalement fausse... ; elle est antipeuple et préfère pourvoir aux besoins de l'expérience individualiste d'une clique d'esthètes. » Jdanov traitait par le mépris la moindre dissonance ou complexité excessive, alors qu'il louait les mérites des mélodies faciles, de l'euphonie et de la profondeur du sentiment humain. Toutefois, ce rejet officiel du formalisme n'impliquait pas que la nouvelle musique soviétique doive abandonner toute perspective novatrice ; mais chaque innovation devait rester dans les limites du réalisme socialiste sans mettre la musique hors de portée du grand public.

Geoffrey Norris.

Formant. Voir *Acoustique*, 7.

Forme

1. Introduction
2. Formes strophiques
3. Variations
4. Formes contrastantes
5. Forme binaire et concepts voisins
6. Forme sonate
7. Forme concerto
8. Formes contrapuntiques
9. Fugue
10. Formes comportant des éléments extra-musicaux
11. Conclusion

1. *Introduction.* La musique cherche à donner forme à l'expérience en matière sonore. On peut donc dire qu'elle a une forme. Dans la première édition de cet ouvrage, Percy Scholes, qui se référait essentiellement à la musique du XVIIIe au début du XXe siècle, trouvait que le nombre de moules dans lesquels les compositeurs d'un certain talent pouvaient déverser leur musique était assez limité ; il s'est donc arrêté à ces aspects de la forme. Toutefois, depuis la première

édition, l'intérêt porté à la musique ancienne et les nouvelles conceptions des compositeurs du XXe siècle vis-à-vis des schémas formels ne permettent plus de suivre ce genre d'exposition. C'est la raison pour laquelle cet article essaiera d'établir quelques principes généraux applicables à toute sorte de formes ; le fonctionnement réel de ces formes fait l'objet d'articles séparés auxquels il faudra se référer. Le texte y renvoie et la liste des plus importants figure en annexe.

La musique est par essence un art temporel ; l'oreille n'a donc pas la possibilité de revenir en arrière et d'écouter un détail ou une partie d'une œuvre. Ce phénomène contraste, par exemple, avec la peinture ou la littérature où l'œil peut continuer à étudier une œuvre aussi longtemps qu'il le désire. Dans le domaine musical, cette propriété est remplacée par une sorte de répétition. Il peut s'agir de la répétition d'une courte séquence sonore ou d'une partie plus longue et plus complexe dont la plupart des auditeurs ne peuvent se souvenir exactement. Néanmoins, l'effet d'une telle répétition est ressenti, tout au moins par l'auditeur expérimenté, et il donne une impression d'ordre. Mais la répétition en elle-même serait monotone si elle n'était complétée par d'autres éléments et la forme musicale se compose également de la relation entre les différents schémas sonores. Toutes les formes sont construites à partir de ces concepts.

2. *Formes strophiques.* En musique, la procédure la plus simple consiste à répéter exactement une idée. Elle n'a pas besoin d'être complexe. Dans bien des cas, le rythme du tambour faisant marcher les hommes au pas n'est qu'une idée de base réitérée aussi longtemps qu'il le faut. De même, la mélodie d'un hymne ou d'un cantique peut être répétée pendant plusieurs vers. Les chansons populaires procèdent de la même façon et les mélodies classiques, à la manière des chansons populaires, répètent exactement la même musique sur des paroles différentes. Ainsi, dans *Heidenröslein* de Schubert, trois versets ou strophes correspondent à la même mélodie, sans qu'aucune altération ne soit apportée à la partie vocale ou à l'accompagnement de piano. Dans le domaine des mélodies classiques, on arrive à la limite de cette technique dans le premier lied du cycle de *La Belle Meunière* de Schubert, « Das Wandern » : cinq vers sans changement semblent un maximum à ne pas dépasser. Ces formes strophiques peuvent être enrichies par des répétitions de phrases ou de sections au sein de chaque vers, et de nombreuses mélodies du Moyen Age ou de la Renaissance ont des structures de ce genre, plus ou moins compliquées (voir *Ballade* ; *Rondeau* ; *Virelai*). Le strict schéma strophique peut être aussi abandonné au profit d'un vers unique qui conserve néanmoins à peu près les mêmes dimensions que les autres vers (voir *Barform*).

Mais tous ces éléments supposent que le matériel reste le même lorsque les paroles changent et que l'interprète chante et joue chaque fois ce matériel rigoureusement de la même façon (ce qui est impossible en raison même de la nature de l'homme). Si aucune de ces deux suppositions ne peut être confirmée, nous sommes déjà dans le domaine de la variation.

3. *Variations.* Les méthodes employées pour varier un matériel donné sont subtiles et presque sans limites. En les rangeant par catégories, on est amené à constater que plusieurs d'entre elles se superposent généralement. On peut établir une division approximative entre celles qui font varier la mélodie, l'harmonie, le rythme et la texture (ou la qualité du son). La méthode de variation la plus élémentaire consiste à modifier directement la mélodie. Il est rare qu'un chanteur « folk » chante exactement les mêmes notes à chaque vers de sa chanson, mais il y ajoute quelques nouveaux embellissements. C'est la raison pour laquelle on trouve rarement une version « authentique » d'un air traditionnel mais plusieurs variantes qui ont autant de valeur les unes que les autres. Souvent, ces variantes sont chantées par plusieurs interprètes simultanément : le résultat s'appelle *hétérophonie. Dans la musique classique, ce simple concept de décoration aboutit à des *divisions qui prennent l'air comme base et y ajoutent des notes plus rapides ou remplissent les trous entre les sauts pour donner une impression de flux continu. L'Ex. 1 montre des divisions de Giovanni Bassano sur une mélodie originale – (« Ung gay bergier ») de Thomas Crecquillon.

Ex. 1

5
Ung gay ber - gier pri - oit u - ne ber - gie - re
divisions par Bassano

Ex. 2

(a)
5
(b)
6

Ex. 3

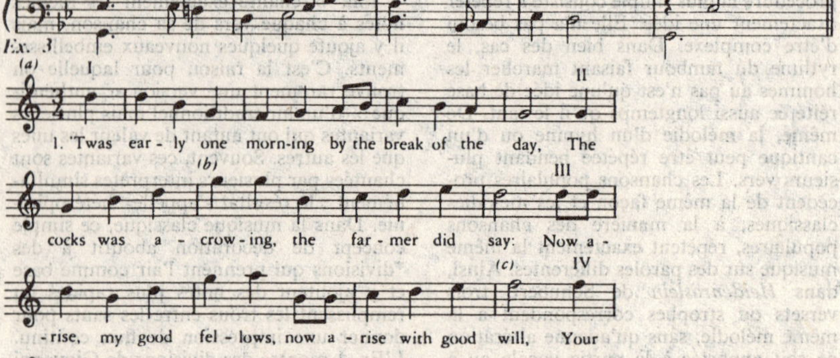
(a) I
II
1. 'Twas ear - ly one morn - ing by the break of the day, The
(b)
III
cocks was a - crow - ing, the far - mer did say: Now a -
(c)
IV
- rise, my good fel - lows, now a - rise with good will, Your
hor - ses are emp - ty, their bel - lies to fill.

Toutefois, variation et décoration ne sont pas synonymes. Une mélodie peut conserver son état simple mais être altérée d'une manière plus fondamentale, par exemple, en changeant son mode du majeur au mineur (ou inversement). Sa signification émotionnelle peut s'en trouver profondément modifiée et les compositeurs utilisent souvent ce procédé pour obtenir des contrastes plus éclatants.

En mentionnant un changement de mode dans une mélodie, on fait déjà appel à quelques considérations harmoniques : ce procédé s'applique rarement aux mélodies sans accompagnement, contrairement aux mélodies accompagnées. Le genre de « variation harmonique » le plus élémentaire consiste à ajouter de nouvelles harmonies au même air ; c'est une pratique courante chez les organistes qui (avec plus ou moins de bonheur) cherchent à atténuer la monotonie de l'air unique lorsqu'il se répète dans les nombreux versets d'un hymne ou d'un cantique (Bach, qui était un organiste de génie, a merveilleusement tiré parti de la variation harmonique dans la *Passion selon saint Matthieu*). Les variantes harmoniques les plus élaborées remontent au XVIe siècle ou même avant. On en trouve la trace dans la basse obstinée, une ligne de basse répétée sur laquelle l'organiste ou le luthiste improvise des accords pendant qu'un chanteur ou un instrumentiste joue une mélodie. Même si les accords de base restent inchangés, la mélodie ajoute presque obligatoirement des notes de passage qui altèrent les accords. Ce genre de variations offre un éventail plus large dans le domaine expressif, car la juxtaposition de consonances et de dissonances produit des contrastes immédiats et forts.

Les variations dans lesquelles le rythme est l'élément variable sont plus rares. En fait, le rythme en tant qu'élément stable est le principe fondamental de la musique de danse (sinon *La Valse* de Ravel, avec sa mélodie souvent floue, semblerait informe) ; et, dans le domaine de l'*isorythmie, un même schéma rythmique se trouve répété pendant que la mélodie change. Néanmoins, une mélodie de base peut être modifiée en altérant le rythme ou le mètre, procédé qu'ont largement exploité les auteurs de suites de variations, de pavanes et de gaillardes aux XVIe et XVIIe siècles. L'Ex. 2*b* reproduit une gaillarde que Dowland a tirée de ses *Lacrymae* (Ex. 2*a*) par altération métrique.

On peut réaliser de telles variations avec davantage de souplesse (comme la septième variation des *Variations sur un thème de Haydn* de Brahms), à condition que la phrase et la structure harmonique restent reconnaissables.

Toutes ces méthodes de variation impliquent des changements dans la substance du matériel, mais on peut parvenir à une certaine variété sans affecter la substance musicale, simplement en répétant une mélodie avec des dynamiques et des instruments différents (voir *Klangfarbenmelodie*). Le *nec plus ultra* de cette technique est le *Boléro* de Ravel, dans lequel le même air est répété indéfiniment, chaque fois par un groupe instrumental différent (cette œuvre montre aussi quelles sont les limites du procédé). On peut obtenir des variations plus subtiles en modifiant la figuration. Ainsi, un air peut être harmonisé avec des accords d'un seul bloc, puis recevoir un accompagnement du type de la basse d'Alberti ; il peut se voir opposer des contrepoints et certaines notes de la mélodie peuvent changer d'octave (procédé courant dans la musique pour piano) – la liste est pratiquement illimitée.

Ces différents procédés se retrouvent dans toute sorte de musiques. Ils se concrétisent surtout dans la forme intitulée « air (ou thème) et variations » qui a connu les faveurs de nombreux compositeurs, notamment Bull, Byrd, Bach, Haendel, Beethoven, Schubert et Brahms. Cette forme présente l'avantage d'être immédiatement reconnaissable par tous, même par les auditeurs les moins avisés, car le schéma des longueurs de phrase reste relativement constant, même dans des œuvres par ailleurs complexes (comme les *Enigma Variations* d'Elgar).

4. *Formes contrastantes*. Seul un grand compositeur parviendra à créer un bel ensemble de variations car, au-delà de l'invention pure, il faut savoir détecter les possibilités sous-jacentes d'une idée unique. Les compositeurs moins inventifs construisent généralement leur musique en forçant sur les contrastes avec une matière accrue. Néanmoins, une succession continue d'idées nouvelles est loin de constituer un idéal et il faut la tempérer par une certaine forme de répétition. La façon la plus courante pour réaliser ce

compromis consiste à répéter le début du morceau en forme de conclusion.

C'est ce qu'on appelle la *forme ternaire ; elle a été beaucoup utilisée depuis le XVIIe siècle, qui avait vu se généraliser l'usage de l'air à **da capo*. Cette forme comporte une longue introduction, une section médiane qui peut être ou non de la même veine, mais est enrichie au moins d'un élément nouveau pour éviter la monotonie, et enfin un retour exact à l'introduction. Les contrastes de la partie médiane peuvent provenir de procédés identiques à ceux de la variation (changements de mode, de rythme, de texture). Au XVIIIe siècle, lorsque les menuets étaient groupés par paires (Menuet 1-Menuet 2-Menuet 1), le second menuet n'était parfois confié qu'à trois parties instrumentales (par opposition à l'ensemble complet) et prenait le nom de *trio. Dans certains cas (troisième mouvement de la *Symphonie n° 40 en sol mineur* de Mozart), le premier menuet est écrit en mineur et le second en majeur, ce qui provoque des contrastes de sonorité, de texture et de mode. L'adjonction de quelques variations dans la reprise de la première partie n'affecte pas le schéma de base. Lorsque la tonalité et la ligne mélodique générale restaient identiques, les chanteurs avaient coutume d'embellir leur reprise dans l'air à *da capo*.

Le *rondo est un prolongement de cette forme : dans le schéma ABACA, deux parties se voient confier un matériel nouveau. Ces parties reposent sur les mêmes principes que les parties médianes de la forme ternaire, le désir de variété poussant les compositeurs à changer de mode, de tonalité, de texture, etc. pendant au moins un épisode. Toutefois, ils respectent généralement le principe du thème principal récurrent. La forme rondo a été très largement utilisée dans le domaine de la musique pour clavier au XVIIe siècle, surtout en France (rondeau). Par la suite, certains compositeurs, trouvant que sa légèreté relative convenait à des finales de symphonies, lui ont parfois donné des schémas assez compliqués (voir également 6).

5. *Forme binaire et concepts voisins.* Si les principes décrits jusqu'ici s'appliquent aussi bien à des mouvements assez longs qu'aux plus petits fragments de musique, nous les avons essentiellement expliqués en termes de « macroformes », ou de schémas d'ensemble, pour employer la terminologie moderne, car on les perçoit mieux lorsque les dimensions ne sont pas trop restreintes. Mais d'autres principes ressortent mieux à une échelle réduite, ou « microforme ».

En ce qui concerne la forme ternaire, le concept de tonalité a déjà pris de l'importance et sa fonction se situe au cœur des autres formes. La tonalité offre des moments de repos, des moments de moindre repos et des moments de véritable inconfort. Dans un thème, le repos correspond à la tonique ; l'état de moindre repos se situe sur les autres degrés de l'accord parfait (III et V) ; il s'accentue sur le IVe et le VIe degré (éventuellement sur II) et l'inconfort total provient de la note sensible, que son instabilité naturelle pousse ailleurs (vers la tonique). Un air traditionnel simple comme « All Jolly Fellows » montre les caractéristiques majeures (Ex. 3).

Si l'on chante cet air d'un bout à l'autre, on découvre qu'on pourrait le terminer à la fin de la première ligne, qu'il serait maladroit de finir à la fin de la deuxième, impossible à la fin de la troisième alors qu'il est très satisfaisant de s'arrêter à la fin de l'air. Si l'on applique ce principe à la musique harmonique, on recueille des résultats analogues. Lorsqu'un morceau s'achève à la tonique, tout est résolu ; s'il se termine dans une autre tonalité, il en résulte un certain inconfort – le degré d'inconfort dépendant essentiellement de la tonalité choisie. A la fin du XVIIe siècle, des compositeurs (comme Corelli) ont découvert qu'ils pouvaient exploiter ce phénomène et ils se sont mis à écrire des morceaux en deux parties – ou *forme binaire. La première partie se terminait dans une tonalité étrangère (souvent la dominante ou la relative mineure), la seconde revenait à la tonique à partir de cette tonalité. Ce procédé est décrit sous une forme imagée par Percy Scholes : « ... dirigez-vous vers une tonalité voisine et rentrez chez vous (naturellement, sur le chemin de l'aller et celui du retour, vous pourrez traverser d'autres tonalités voisines) ». Le voyage peut être très court, comme de nombreuses danses de l'ère baroque ; d'autres sont extrêmement longs (certains mouvements des partitas de J. S. Bach). Les mouvements d'une certaine longueur sont parfois difficiles à suivre parce qu'ils ne reposent pas sur la mélodie pure mais sur une combinaison de mélodie et d'harmonie impossible à chanter. Néanmoins, l'auditeur attentif aura un sentiment de paix lorsque la tonique finale sera atteinte. En outre, pour des raisons d'évolution historique, les deux parties (l'aller et le retour) sont répétées, ce qui aide à orienter l'auditeur.

La pensée qui se cache derrière la forme binaire est à la base de tant d'œuvres des XVIIIe et XIXe siècles qu'elle explique de nombreux détails d'autres formes. La plus importante est le « développement » qui se trouve, la plupart du temps, au début de la deuxième partie. Il ne constitue pas une forme en lui-même, mais un élément qui fait appel aux procédés jumelés de la variation et du contraste. Un thème (au rythme souvent affirmé et facile à retenir) est répété, soit à l'identique, soit sous une forme variée, parfois transposé dans une autre tonalité. Il peut être raccourci, en étant interrompu par un nouveau matériel contrastant, ou se prolonger avec un matériel identique mais nouveau. Dans le processus de raccourcissement ou d'extension, de nouvelles harmonies apparaissent, particulièrement celles qui permettent de moduler jusqu'à l'autre tonalité. Cette technique est difficile à expliquer mais facile à percevoir à l'oreille. Dans l'Ex. 5, (*a*) désigne le thème, (*b*) le thème dont la fin est altérée, (*c*) le thème initial seul, répété cinq fois, les deux dernières en séquence, et (*d*) correspond à un nouveau thème qui sert de conclusion à la section. Il s'agit d'un extrait du menuet du *Quatuor à cordes en ré majeur K 575* de Mozart. L'idée de pont s'apparente au développement. Il s'agit d'un passage qui ne comporte à première vue aucune idée digne d'attention et dont la fonction consiste à relier les deux thèmes dans différentes tonalités. Ce concept peut sembler ennuyeux, et il l'est parfois, mais, sous la plume d'un bon compositeur, un pont incarne toutes les techniques du développement ; il peut jouer un rôle essentiel dans les formes de grande envergure.

La « coda » constitue un autre concept assez répandu. A la fin d'un rondo, la répétition du thème risque de ne pas rendre la fin suffisamment explicite, puisqu'on ignore si elle sera suivie d'un autre épisode ; le compositeur peut alors ajouter quelques mesures pour confirmer la tonique. Ceci est encore plus important dans les longs mouvements de forme binaire où le simple retour à la tonalité d'origine s'avère insuffisant. Une coda qui confirme la tonalité d'origine procure un sentiment de bien-être analogue à celui d'une sieste dans un bon fauteuil : elle apporte la certitude que la fête est terminée. C'est en tout cas la théorie ; mais Beethoven et d'autres compositeurs ont utilisé la coda pour prolonger le développement de mouvements déjà longs et d'une forme très complexe élaborée à partir de ces ingrédients : la *forme sonate.

6. *La forme sonate.* On la trouve, pour l'essentiel, dans les premiers mouvements de sonates et de symphonies. Il s'agit en réalité d'un mélange des principes binaire et ternaire et, bien que sa caractéristique essentielle consiste à quitter une tonalité pour y revenir ensuite, l'auditeur la ressent en fait sur le plan sonore comme une structure ABA, car la réexposition reprend le matériel initial avec quelques modifications et adjonctions. En raison de ses origines de forme binaire, l'exposition comporte généralement, à l'époque classique, une indication de reprise que l'on trouve plus rarement pour le développement et la réexposition.

Toute ébauche de forme sonate est nécessairement squelettique ; la chair qui la recouvre est sujette à des variations considérables et, en premier lieu, les « sujets » ou thèmes ne sont souvent ni des airs, ni de longs motifs mélodiques, mais des idées brèves et faciles à mémoriser (lorsqu'un thème regroupe plusieurs idées, il prend parfois le nom de « groupe »). Le premier thème se fond généralement dans la transition qui passe pratiquement inaperçue. Le second sujet, qui s'impose en général sans ambiguïté, forme parfois un certain contraste avec le premier (on avait coutume de dire à l'ère romantique que le premier thème était masculin – fort et rythmique – alors que le second était féminin (doux et mélodieux) ; mais ce n'est pas toujours le cas. Haydn réutilisait souvent le matériel du premier thème dans le second. Il est essentiel que, lors de l'exposition, ce second thème soit écrit dans une tonalité différente pour revenir à la tonique lors de la réexposition (selon le principe de la forme binaire).

Le développement peut comporter un nouveau sujet. Mozart commence souvent

Ex. 4 MENUETTO
(a) **Allegretto**

Ex. 4. a : thème ; b : thème avec fin modifiée ; c : début du thème seul, répété cinq fois, les deux dernières fois en séquence ; d : nouveau thème pour achever la section.

ses développements de cette façon (comme dans la *Sonate pour piano en fa majeur K 332*) et même Beethoven et Brahms utilisent parfois un nouveau sujet dans la dernière partie du développement (notamment dans leurs concertos pour violon). Mais, dans l'ensemble, le matériel provient de celui de l'exposition et reprend parfois certaines parties de la transition. Le développement comporte une autre caractéristique essentielle : l'exploration de tonalités différentes. Les compositeurs évitent généralement la tonique, car sa réapparition au début de la réexposition provoque une agréable impression, une sorte de retour à la maison (lorsque Haydn ramène parfois délibérément le premier thème à la tonique au cours du développement, il le fait à dessein pour taquiner l'auditeur, comme quelqu'un qui ne cesserait d'entrer et de sortir en coup de vent par la porte principale de la maison).

L'une des caractéristiques essentielles de la réexposition est l'altération de la transition : elle est inévitable puisque le second thème revient à la tonique. C'est l'occasion pour le compositeur d'exciter à nouveau l'intérêt de l'auditeur, qui va comparer inconsciemment ce qu'il entend à ce qui lui a été proposé lors de l'exposition, comme dans des variations. De même, si, dans un mouvement court, la coda se contente de réitérer des formules cadentielles à la tonique, dans le cas d'un mouvement long ses premières mesures peuvent être à peu près identiques à celles du développement, ce qui fournit un nouvel élément dramatique, car l'auditeur s'attend à quelque chose de très développé qui tourne court en réalité, comme si on accélérait l'action dans une pièce de théâtre.

La forme sonate telle qu'on vient de la décrire est le schéma musical le plus complexe et le plus malléable qui existe ; elle permet de soutenir la musique pendant plus d'une demi-heure, comme dans le premier mouvement de la *Symphonie n° 9* de Beethoven ou dans certaines symphonies de Mahler et de Bruckner. Elle exige de l'auditeur une attention considérable simplement parce qu'elle applique constamment le principe du développement/variation. Des musiques moins intenses, comme les finales de sonates ou de symphonies, trouvent dans le *rondo sonate une forme qui conserve l'essentiel des qualités de la forme sonate, égayées par le côté franc et direct du rondo.

7. *La forme concerto.* La forme sonate et le rondo de forme sonate sont également utilisés dans les concertos pour un ou plusieurs solistes et orchestre, mais avec de nouvelles contraintes liées au contraste provenant de masses sonores distinctes. Le concerto comporte deux approches essentielles : l'exploitation des contrastes entre un instrument (ou un petit groupe d'instruments) et un ensemble plus important et la mise en valeur de l'habileté d'un soliste. On admet d'une façon tacite que le soliste est plus compétent que les musiciens d'orchestre et peut donc jouer une partie plus élaborée et (généralement)

plus difficile. Mais s'il se limite à mettre en valeur sa propre virtuosité et si l'œuvre ne comporte aucun rapport thématique entre la partie soliste et celle de l'orchestre, elle devient très ennuyeuse (comme peuvent le prouver de nombreux concertos de virtuosité écrits pour le violon au XIXe siècle). Les meilleurs concertos sont donc ceux qui parviennent à mettre en valeur les qualités du soliste et de l'orchestre, tout en conservant un terrain musical commun qui donne à l'œuvre un sentiment d'unité.

A l'ère baroque, les premiers mouvements de concerto (avec soliste) suivaient la forme de l'allegro à *ritournelle, forme dans laquelle le refrain revient à plusieurs reprises comme dans le rondo. Les différences essentielles entre ces deux formes sont les suivantes : l'allegro à ritournelle se compose généralement de plusieurs idées qui peuvent se détacher les unes des autres ; la ritournelle n'apparaît pas complètement, sauf au début et à la fin, et est alors exposée à la tonique ; les « épisodes » du soliste utilisent souvent le matériel de la ritournelle, à la manière du développement ; ces épisodes servent à mettre en valeur la virtuosité du soliste. Tel est le plan utilisé par Vivaldi dans ses meilleurs concertos, tels ceux de *L'Estro armonico*, ainsi que par Bach.

Lorsque la forme sonate a été admise comme la norme fondamentale des mouvements symphoniques, divers détails de l'allegro à ritournelle se sont trouvés modifiés et le plan du premier mouvement des concertos de Mozart et de Beethoven comporte souvent un mélange des deux formes : ritournelle et sonate (voir *Forme concerto*) ; certains commentateurs s'attachent davantage à la première qu'à la seconde version. Néanmoins, de nombreux concertos de Mozart semblent conçus en forme sonate et il y a tout lieu de penser qu'à partir du début du XIXe siècle beaucoup d'autres compositeurs ont suivi la même tendance.

8. *Formes contrapuntiques*. Jusqu'à présent, cet article traitait des structures adaptées à la musique dont la mélodie est dépourvue d'accompagnement (strophique, variation, ternaire, rondo) ou à la musique basée sur des concepts harmoniques (binaire et forme sonate). Toutefois, dans le paragraphe consacré aux variations (3), on a déjà évoqué le cas d'une mélodie chantée simultanément en hétérophonie avec ses propres variations. De ce concept jaillissent un certain nombre de formes provenant de l'exécution simultanée de plusieurs fibres mélodiques. Le plus ancien sur le plan historique et le plus facile à comprendre est l'usage du **cantus firmus*, généralement un morceau de plain-chant chanté en notes longues autour duquel d'autres voix tissent des parties plus rapides. La différence par rapport à l'hétérophonie provient du fait que les parties avoisinantes ne sont pas nécessairement dérivées du *cantus firmus* : elles obéissent aux lois de l'harmonie et ne sont pas distribuées au hasard. Dans toutes les pièces d'une certaine longueur, le *cantus firmus* peut être répété et, dans ce cas, il est parfois traité en *isorythmie.

Par la suite s'est développée ce qu'un musicologue a appelé l'« imitation syntaxique ». Chaque vers d'un madrigal ou chaque phrase séparée d'un motet latin reçoit une figure musicale spécifique. Elle est annoncée par une voix qu'imitent ensuite les autres. On arrive ainsi à une succession de phrases musicales utilisées « en imitation » ; mais comme dans un ensemble vocal de quatre voix chacune a une tessiture différente, la hauteur de ces thèmes doit être modifiée : l'alto est généralement situé à la quarte inférieure de la partie de soprano, le ténor une octave au-dessous du soprano et la basse à la quarte inférieure du ténor. L'emploi de nouveaux points d'imitation pour chaque ligne remplit la même fonction que la fin d'un vers ou que la ponctuation (syntaxe) en prose.

Ce langage a été adapté à la musique instrumentale, notamment dans la **canzona francese* et le **ricercare*. Comme ces formes sont dépourvues de paroles, le principe a été modifié pour prendre un aspect plus clair : la *canzona* revêt souvent un genre de forme ternaire, alors que le *ricercare* a plutôt tendance à n'utiliser qu'un seul thème pour toutes les « lignes » ou parties, la variété provenant de la diversité des accompagnements mélodiques et de nouvelles sonorités. C'est de là qu'est née la *fugue.

9. *Fugue*. La fugue n'est pas tant une forme qu'un « concept » ou une « structure ». Les fugues en tant qu'entités complètes et indépendantes sont relative-

ment rares, à l'exception peut-être du *Clavier bien tempéré* de J. S. Bach. Elles font le plus souvent partie d'une œuvre plus importante. Ainsi, dans le *Credo* d'une messe, le « cum sancto spiritu » est souvent une fugue. La fugue doit parfois s'intégrer à un ensemble plus vaste, comme dans le « Libera me » du *Requiem* de Verdi, où la structure fuguée s'interrompt au sommet, un peu à la manière d'un air d'opéra. Dans le dernier mouvement du *Quatuor à cordes en sol majeur K 387* de Mozart, on trouve une fugue intégrée à la forme sonate, avec pourtant un second sujet non fugué. Parfois, comme dans la *Symphonie n° 3* de Beethoven ou le *Concerto pour piano n° 1* de Brahms, une exposition fuguée survient au sein du développement, mais ne va jamais jusqu'à la partie médiane, etc. ; dans ce cas, on parle de *fugato*.

10. *Formes comportant des éléments extra-musicaux.* Les formes décrites jusqu'ici appartiennent au domaine de la musique « pure », que l'on oppose volontiers aux formes moins « pures » qui reposent sur des éléments « extra-musicaux ». Pourtant le chant – un hybride de paroles et de musique – constitue l'un des genres les plus anciens et les mieux employés. L'opéra et l'oratorio jouissent d'un succès qui ne se tarit pas, et la musique à programme comporte de nombreux chefs-d'œuvre ; il serait donc stupide d'ignorer leur existence ou de considérer qu'il s'agit de formes mineures. Tous reposent sur des mots ou sur des images picturales et racontent, dans la plupart des cas, une histoire ; c'est ce qui détermine leur forme musicale, tout au moins dans une large mesure.

La plus simple de ces formes est la mélodie de forme non strophique ou de forme ouverte (en allemand **Durchkomponiert*) – une œuvre sans construction strophique apparente. *Le Roi des aulnes* de Schubert constitue un bon exemple, la mélodie servant à lancer le dialogue entre les différents personnages – l'enfant, le père et le spectre qui menace le roi des aulnes –, le tout unifié par l'accompagnement du piano qui suggère en permanence le galop des chevaux. Même dans ce cas, seul le contour de l'œuvre revêt la forme non strophique d'un bout à l'autre ; dans le détail, on trouve de nombreuses répétitions qui font intervenir des changements subtils de tonalité et de thème, ce qui laisse à Schubert une marge considérable pour façonner son chef-d'œuvre dans le détail. De même, dans *Gretchen am Spinnrade* (« Marguerite au rouet »), sans tomber dans les habituelles formes strophiques ou ternaires, Schubert reprend la phrase initiale à la fin, mais sans s'engager dans la seconde phrase, ce qui lui permet de reconstituer ainsi l'état de malaise général qui se dégage du poème.

A un échelon plus vaste, la liaison (au moyen de thèmes communs) qui peut exister entre des mouvements de symphonies ou de sonates porte le nom de *forme cyclique. La *Symphonie fantastique* de Berlioz est l'un des exemples les plus connus avec un seul thème, l'« idée fixe », qui représente la bien-aimée du compositeur dans diverses circonstances (à la campagne, au bal, au sabbat des sorcières, etc.). Or, si certains mouvements de la symphonie sont écrits dans des formes « pures », la symphonie n'a aucune signification sans un minimum de connaissance du programme, qui la rend beaucoup plus claire. La plupart des œuvres qui utilisent ce genre de liaisons ont des fondements littéraires (voir *Poème symphonique*). De même, dans l'oratorio, bien que chaque mouvement individuel soit étudié d'un point de vue abstrait, la macroforme dépend de l'histoire racontée. Dans un opéra, on va même plus loin et il est impensable de discuter des drames musicaux de Wagner en termes de musique « pure » (comme on le faisait autrefois, lorsque ces ouvrages, tout en étant déjà appréciés, ne jouissaient pas d'un respect total dans certains milieux musicaux relativement académiques).

11. *Conclusion.* L'étude de la forme musicale est complexe mais nécessaire à l'interprète, car une partie de sa tâche consiste à faire ressortir les relations entre les divers éléments de son art. L'auditeur n'a pas besoin d'être consciencieux. Le public des concerts apprécie les symphonies de Beethoven depuis près de deux siècles sans savoir grand-chose de leur forme et, à Saint-Thomas de Leipzig, les fidèles ressentaient probablement la puissance émotionnelle des fugues pour orgue de Bach sans avoir une idée claire du *stretto*, de l'augmentation et des réponses

tonales. Mais il est prouvé que plus un auditeur est familiarisé avec une partition, moins il risque de tomber dans l'ennui au cours d'une exécution (ou de se laisser distraire par les gesticulations du chef d'orchestre). Si l'auditeur lit le programme du concert pendant une exécution, il est inattentif à la musique. Mais la lecture d'un guide avant une audition, surtout si elle s'accompagne de celle de la partition, peut s'avérer utile. Dans une discipline artistique aussi développée que la musique, celui qui a l'esprit ouvert possède un grand avantage. Quant à l'esprit non initié, il souffrira au mieux d'une grande confusion et au pire d'une expérience désagréable.

Voir également *Barform* ; *Canon* ; *Cantus firmus* ; *Da capo* ; *Durchkomponiert* ; *Forme binaire* ; *Forme concerto* ; *Forme cyclique* ; *Forme rondo* ; *Forme sonate* ; *Forme ternaire* ; *Fugue* ; *Ground bass* ; *Hétérophonie* ; *Isorythmie* ; *Ritournelle* ; *Rondo sonate* ; *Strophique* ; *Trio*, 2 ; *Variations* ; *Variations strophiques*.

Denis Arnold.

BIBLIOGRAPHIE : André Coeuroy, *La Musique et ses formes*, Denoël (Paris, 1951). André Hodeir, *Les Formes de la musique*, PUF, coll. Que sais-je ? (Paris, 1951, 9e éd. 1984).

Forme binaire. Forme musicale en deux parties. La première partie module à partir de la tonique et se termine par une cadence dans une tonalité voisine, généralement la dominante pour les pièces écrites dans des tonalités majeures, et la relative majeure pour les pièces écrites dans des tonalités mineures. La seconde partie commence dans une nouvelle tonalité avant de revenir à la tonique. Par exemple, si l'œuvre est écrite en do majeur, la première partie se termine par une cadence de sol majeur ; la seconde débute alors en sol majeur, puis module pour revenir à do majeur, tonalité dans laquelle l'œuvre se termine. On répète généralement chacune des deux parties de la structure.

La seconde partie d'une œuvre binaire est parfois beaucoup plus longue que la première, car d'autres tonalités sont souvent explorées sur la voie du retour à la tonique, ce qui accroît l'intérêt de l'œuvre. Cependant, les œuvres en forme binaire sont rarement longues, car elles comportent peu de contrastes thématiques. Presque tous les mouvements de danse (allemandes, courantes, sarabandes, gigues, etc.) des suites des XVIIe et XVIIIe siècles adoptent cette forme. La deuxième bourrée de la *Suite anglaise nº 2* de J. S. Bach en fournit une excellente illustration (Ex. 1, p. 829). Elle se divise en deux parties principales : la première, de huit mesures, débute à la tonique, la majeur, et module jusqu'à la dominante, mi majeur, tonalité dans laquelle se trouve une cadence aux mesures 7-8. La seconde dure seize mesures et commence à la dominante. Mais au lieu de revenir directement à la tonalité d'origine, la musique passe par fa dièse mineur, relative mineure de la tonique (mesure 16) et repasse par la dominante (mesure 18) dans une séquence harmonique qui aboutit à la sous-dominante (ré majeur, mesure 20), avant de revenir à la tonalité initiale.

Voir également *Forme*, 5.

G. M. Tucker.

Forme concerto. Le *concerto est davantage un principe de style musical que de forme. A chaque étape de son évolution, le concerto adopte les formes caractéristiques de sa propre époque ; le concerto baroque a été conçu dans des structures formelles baroques, le concerto classique dans des structures formelles classiques, etc. Néanmoins, toutes les œuvres qui possèdent le caractère du concerto doivent adapter leurs structures formelles pour tirer le meilleur parti des qualités expressives des instruments en présence dont les forces s'opposent tout en restant inégales : soliste contre tutti. Cette adaptation de la forme sonate, utilisée pour le premier mouvement du concerto classique, a donné naissance à la forme concerto.

La différence essentielle entre la forme sonate et la forme concerto classique réside dans l'introduction orchestrale (ritournelle). Dans une symphonie ou une sonate, cette exposition présenterait des thèmes dans deux domaines de tonalités, le premier groupe à la tonique, le second à la dominante, à la relative majeure ou dans une autre tonalité voisine. Dans l'introduction orchestrale d'un concerto, un certain nombre de thèmes sont exposés, mais ils restent à la tonique. Après la ritournelle, le soliste entre avec sa propre exposition et il réexpose les thèmes de la ritournelle avec l'orchestre ; de nouveaux thèmes sont parfois introduits, mais ils sont tous exposés à la manière de l'exposi-

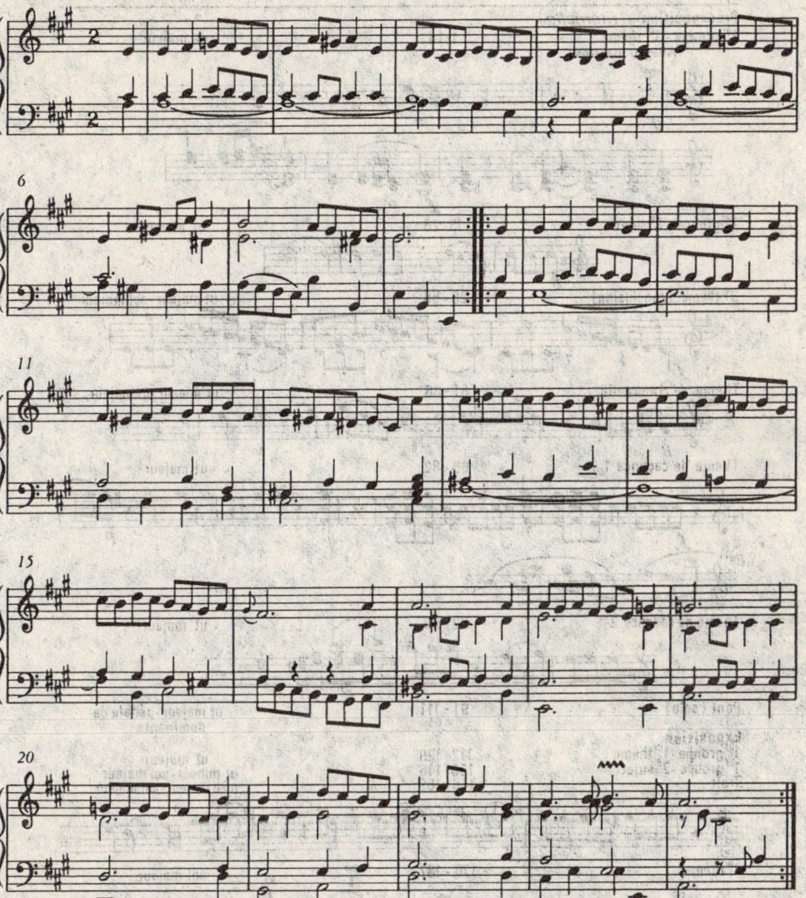

Ex. 1

tion de forme sonate, le matériel du premier et du second groupe restant respectivement dans la tonalité appropriée. Le mouvement commence alors avec le soliste, l'orchestre exécutant le développement et la réexposition, et le mouvement se termine par un tutti final interrompu par une cadence de virtuosité.

On dit souvent que l'introduction orchestrale de cette forme présente à la fois le premier et le second sujet à la tonique avant l'entrée du soliste qui réexpose le matériel dans les tonalités « appropriées ». Il s'agit là d'une simplification excessive et, bien que certaines œuvres suivent ce processus (comme le premier mouvement du *Concerto pour piano en la majeur K 488* de Mozart), la plupart s'en écartent. Il est vrai que le thème initial de la ritournelle sert le plus souvent la

Thème	Mesure	Tonalité
Préexposition *(ritornello)*		
1er groupe - 1er thème	1-18	ut majeur

Allegro maestoso

1er groupe - 2e sujet	19-26	ut mineur

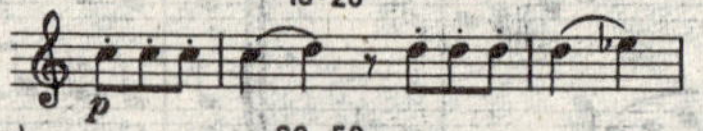

3e thème (conclusion)	26-50	ut majeur - sol majeur

Thème de ritournelle	51-66	ut mineur - ut majeur

Thème de cadence 1	66-82	ut majeur

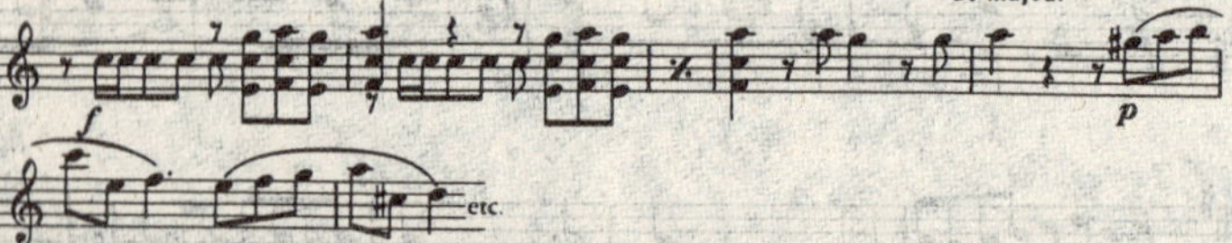

Thème de cadence 2	83-90	ut majeur

Pont (solo)	91-111	ut majeur - pédale de dominante
Exposition		
1er groupe - 1er thème	112-129	ut majeur
1er groupe - 2e sujet	130-146	ut mineur - sol majeur
Trait	146-169	mi b majeur - sol majeur

2e thème	170-187	sol majeur

Adaptation du 3e thème	187-214	sol majeur
3e thème (conclusion)	214-228	sol majeur
Développement	229-289	
Réexposition		
1er groupe - 1er thème	290-307	ut majeur
1er groupe - 2e sujet	308-324	ut mineur - sol majeur
Trait	324-344	mi ♭ majeur - ut majeur
2e thème	345-364	ut majeur
Thème de ritournelle	365-372	ut majeur
Adaptation du 3e thème	372-399	ut majeur
3e thème interrompu par la cadence	399-410	ut majeur
Thème de cadence 1	411-423	ut majeur
Thème de cadence 2	423-432	ut majeur

fonction du premier sujet, mais il faut souvent attendre le soliste pour que soit exposé le second sujet du mouvement. Dans ce cas, l'introduction orchestrale présente généralement un thème (ou des thèmes) qui lui est propre et reviendra dans la réexposition plutôt que dans l'exposition. On peut observer un exemple de cette forme dans le premier mouvement du *Concerto pour piano en ut majeur K 503* de Mozart (voir tableau, p. 830).

Toutefois, le matériel du premier groupe a déjà été exposé aux mesures 1 à 26 de l'introduction orchestrale. D'autre part, le trait et le second sujet sont de nouveaux thèmes qui n'apparaissent pas dans la ritournelle. Le troisième thème (conclusion, mesures 214-228) est emprunté à la ritournelle ; à l'origine, il est apparu immédiatement après les thèmes du premier groupe mais il sert maintenant de conclusion à l'exposition. Le thème de la ritournelle et les thèmes des cadences n'apparaissent pas dans l'exposition. Il faut attendre la réexposition pour qu'ils réapparaissent, le thème de la ritournelle revenant après la réexposition du second sujet et les thèmes de cadence fournissant la coda du mouvement après la cadence solo. La partie du développement suit les procédures du développement de la forme sonate car elle traite un matériel déjà exposé sous diverses apparences et dans diverses tonalités.

On peut ainsi considérer la forme concerto essentiellement comme une forme sonate dans laquelle l'introduction orchestrale expose ou non les thèmes dans l'ordre exact de l'exposition, mais elle expose un matériel qui reviendra dans l'exposition et/ou dans la réexposition. Toutefois, contrairement à l'exposition, les thèmes sont tous présentés à la tonique.

Voir *Forme*, 7.

G. M. Tucker.

Forme cyclique. En général, le terme « cyclique » s'applique à toute œuvre en plusieurs mouvements comme la suite, la symphonie, la sonate ou le quatuor à cordes. Toutefois, il sert plus spécifiquement à désigner les œuvres dont les mouvements sont liés par un ou plusieurs thèmes musicaux communs. La *Symphonie fantastique* de Berlioz, dans laquelle l'idée fixe apparaît dans chacun des cinq mouvements, est écrite en forme cyclique bien que le thème lui-même ne soit pas toujours une partie essentielle de la structure mais plutôt une citation musicale insérée. On trouve de nombreux exemples de forme cyclique dans la musique d'autres compositeurs du XIXe siècle, notamment Liszt (*Sonate pour piano en si mineur*), Franck (*Symphonie en ré mineur*) et Rachmaninov (*Symphonie nº 1*). Le *Carnaval* de Schumann en est une merveilleuse illustration : deux motifs unissent les vingt courtes pièces qui le composent. Le premier est basé sur Asch, la ville liée à la fiancée de Schumann, Ernestine von Fricken : en Allemand As = la bémol et H = si, et le motif est en l'occurrence la bémol, do, si. La seconde idée est basée sur les lettres musicales du propre nom de Schumann : S = Es = mi bémol, C = do, H = si et A = la. Ces deux motifs reviennent dans l'ensemble de l'œuvre sous des rythmes et des harmonies variés.

Voir également *Forme*, 10.

G. M. Tucker.

Forme ouverte. Sorte de structure musicale dans laquelle des fragments peuvent être assortis différemment selon le choix de l'exécutant ; ces fragments restent mobiles par analogie avec les mobiles d'Alexander Calder. Voir également *Musique aléatoire*.

Forme rondo. L'une des formes fondamentales de la musique. Il s'agit d'une structure à plusieurs sections, dont une, généralement la première, revient à la tonique entre des sections qui forment un contraste sur les plans thématique et tonal et que l'on appelle épisodes : il en ressort une forme ABACA. Cette forme est courante dans les derniers mouvements de sonates, de symphonies, de concertos et de quatuors.

L'élément rondo se mêle souvent à d'autres formes, ce qui donne lieu à des structures plus complexes. Ainsi, il n'est pas rare que chaque section du rondo se compose d'une petite structure binaire. Le dernier mouvement de la *Sonate pour piano en la majeur K 331* de Mozart, le célèbre « Rondo alla turca », mêle des éléments binaires, ternaires et de rondo.

Comme on peut le voir sur le schéma, les sections X et Y sont de construction binaire, mais font également partie d'une structure ternaire plus vaste, XYX. Toutefois, chaque section de cette structure

MESURES	TONALITÉ	SECTION	
1-8	La mineur – mi mineur	A:||	X
9-16	Ut majeur – dominante de la mineur	B	
17-25	La mineur	A:||	
26-32	La majeur	C:||	C
33-41	Fa dièse mineur – ut dièse mineur	D:||	Y
42-48	La majeur	E	
49-56	Fa dièse mineur	D:||	
57-64	La majeur	C:||	C
65-72	La mineur – mi mineur	A:||	X
73-80	Ut majeur – dominante de la mineur	B	
81-89	La mineur	A:||	
90-96	La majeur	C:||	C
97-127	La majeur	Coda	

ternaire est séparée de la suivante par la récurrence d'un thème en rondo de huit mesures – C – à la tonique majeure.

Voir également *Forme*, 4 ; *Rondo, Sonate.*

G. M. Tucker.

Formes fixes. Les trois principales formes de la chanson à la fin du Moyen Âge : *ballade, *virelai et *rondeau.

Forme sonate. La forme sonate est l'une des formes fondamentales de la musique. Dans la plupart des cas, les premiers mouvements de sonates, trios, quatuors, quintettes ou symphonies relèvent de la forme sonate. Pour cette raison, on l'assimile parfois à la forme du premier mouvement, alors qu'elle peut servir de cadre à un mouvement isolé, à une ouverture ou à un poème symphonique.

TABLEAU 1

MESURES	FONCTION THÉMATIQUE	TONALITÉS
EXPOSITION		
1-8 (ex.1)	Premier thème	Sol majeur
9-25 (ex.2)	Pont	Sol majeur – ré majeur
26-32 (ex.3)	Second thème, premier motif	Ré majeur
33-46 (ex.3)	Second thème, deuxième motif	Ré majeur
47-56 (ex.3)	Second thème, troisième motif	Ré majeur
58-63 (ex.4)	Codetta	Ré majeur
DÉVELOPPEMENT		
64-73	Premier thème (éléments du motif)	Sol mineur-dominante de si bémol majeur
74-80	Second thème, premier motif	Si bémol majeur
81-98	Premier thème (éléments du motif) prolongé de deux mesures supplémentaires	La bémol majeur sol mineur – fa mineur – dominante de mi bémol majeur
99-106	Premier thème étendu	Mi bémol majeur
107-124	18 mesures à la dominante préparant la réexposition et comportant les éléments du premier thème	Pédale de dominante
RÉEXPOSITION		
125-132	Premier thème	Sol majeur
133-152 (ex.5)	Pont. Les mesures 137-139 permettent d'adapter la tonalité pour arriver à l'accord de dominante	Sol majeur – dominante de sol majeur
153-186	Réexposition intégrale du second thème avec cadence légèrement modifiée (comparer les mesures 56 et 183)	Sol majeur
187-200 (ex.6)	Coda basée sur le premier thème	Sol majeur

Premier thème
Allegro
p

Ex. 1

Pont
tr
cresc.
sf
cresc.
sf
p
p cresc.
p

Ex. 2

Second thème
1er motif
2e motif
cresc.
p
cresc.
f
sf
f
sf
3e motif
p dolce
cresc.
cresc.

Ex. 3

Ex. 4

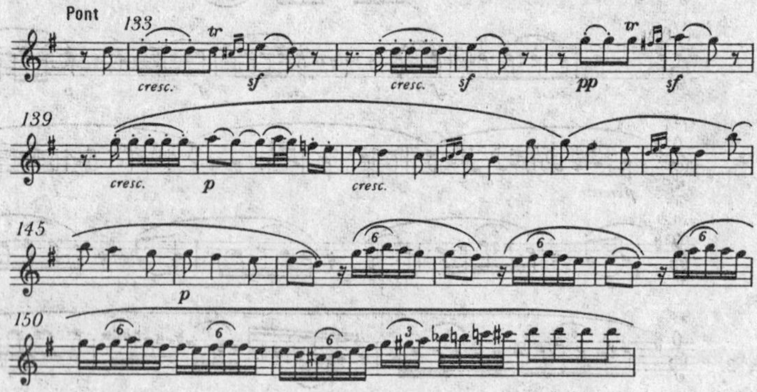

Ex. 5

Ex. 6

La structure de la forme sonate repose sur le principe de la bitonalité et sur un découpage en trois parties principales. L'exposition présente l'ensemble du matériel thématique du mouvement, commençant par un thème, ou un groupe de thèmes, à la tonique. Le premier motif du premier groupe porte le nom de premier thème ou thème principal. Vient ensuite, souvent amené par une partie modulante, appelée transition ou pont, un second thème ou groupe de thèmes dans une tonalité plus éloignée. Le premier motif du second groupe porte le nom de thème secondaire, généralement à la dominante dans les tonalités majeures et au relatif majeur dans les tonalités mineures ; mais d'autres tons sont parfois utilisés. Ainsi, au XIXᵉ siècle, on employait couramment la médiante comme seconde tonalité. L'exposition s'achève généralement par une *codetta*, courte cadence concluant dans la tonalité du second groupe. Une double barre avec, en principe, indication de reprise marque la fin de la première partie.

La deuxième partie, le développement, exploite le matériel thématique de l'exposition, mais de nouveaux thèmes peuvent se présenter. Ces thèmes se divisent souvent en motifs juxtaposés et librement développés. Cette partie ne connaît pas une véritable stabilité tonale ; elle explore de nombreuses tonalités au moyen de séquences harmoniques et autres modulations. Elle conduit la plupart du temps à un accord de dominante qui prépare la réexposition (troisième partie).

La troisième partie marque le retour à la tonique et au matériel thématique de l'exposition. Cette réexposition reprend le matériel thématique de l'exposition dans son ordre d'origine, mais le second thème reste à la tonique. S'il y a un pont entre le premier et le second thème, il doit être adapté sur le plan tonal pour éviter la modulation de l'exposition. Après la réexposition de l'ensemble du matériel thématique de l'exposition, une coda termine souvent le mouvement. La longueur des codas varie de quelques mesures à de plus vastes proportions.

Le premier mouvement de la *Sonate pour piano en sol majeur op.14 nº 2* de Beethoven fournit un bon exemple de forme sonate (Tableau 1, Ex. 1 à 6).

Si de nombreux mouvements de forme sonate suivent le plan ci-dessus, il ne s'agit en aucun cas d'un moule rigide. Ainsi, on peut dissocier les éléments thématiques et tonaux pour permettre à une réexposition de commencer par le « bon » thème dans la « mauvaise » tonalité (la *Sonate pour piano K 545* de Mozart réexpose le premier thème à la sous-dominante) ; à l'inverse, la même réexposition peut commencer par le « mauvais » thème dans la « bonne » tonalité (la *Sonate pour piano K 311* de Mozart réexpose le matériel du second thème avant la réapparition du premier). L'exposition est parfois précédée d'une introduction dans un tempo plus lent que le reste du mouvement.

Voir également *Forme*, 6.

G. M. Tucker.

Forme sonate abrégée. Forme musicale étroitement liée à la *forme sonate. Elle est dite abrégée car, dans le développement, un nouveau matériel thématique vient se substituer au développement traditionnel des thèmes de l'exposition.

Forqueray. Famille de joueurs de viole et de compositeurs français. **Antoine Forqueray** (« le père ») (Paris, 1671 ou 1672 ; Mantes, 28 juin 1745) jouait de la viole pour Louis XIV enfant avant d'être nommé musicien à la cour (1689). En 1697, il épouse la claveciniste Henriette-Angélique Houssu avec laquelle il jouera en concert jusqu'à leur séparation, en 1710. Comparant les talents d'Antoine Forqueray et de Marin Marais, le critique Hubert Le Blanc considérait Forqueray comme un moins bon compositeur que Marais, mais l'estimait meilleur instrumentiste – il jouait comme « le diable » alors que Marais jouait comme « un ange ». Il a écrit des suites de pièces pour viole qui portent toutes des titres descriptifs. En 1738, *Le Mercure de France* reprocha a Forqueray et à son fils Jean-Baptiste d'écrire des pièces si difficiles qu'ils étaient les seuls à pouvoir les jouer avec grâce. **Jean-Baptiste** (-Antoine) **Forqueray** (« le fils ») (Paris, 3 avril 1699 ; Paris, août 1782), fils d'Antoine. Également virtuose de la viole, il entre au service du prince de Conti et joue dans les concerts d'un riche financier, Ferrand, au cours des années 1730. Lorsque la viole passera de mode au milieu du XVIIIe siècle, Jean-Baptiste perpétuera l'œuvre de son père en transcrivant pour le clavecin certaines de ses pièces pour viole.

Wendy Thompson.

Forster, Georg (Amberg, Haut-Palatinat, vers 1510 ; Nuremberg, 12 novembre 1568). Compositeur et éditeur allemand. Tout en faisant des études de langues et de médecine à l'Université de Heidelberg, il gagne sa vie en chantant à la chapelle de l'Électeur Ludwig V. En 1531, il s'installe à Ingolstadt puis, entre 1534 et 1539, il réside à Wittenberg, toujours comme étudiant. Il fait une carrière de physicien, mais son importance dans le domaine musical tient au travail qu'il a réalisé en recueillant et en publiant des arrangements de chansons à Amberg, Würzbourg et Nuremberg. Ses ouvrages les plus importants sont les deux volumes des *Frische teutsche Liedlein* (Nuremberg, 1539, 1540) qui couvrent le début du développement du **Tenorlied*. Ils regroupent des œuvres de compositeurs (majeurs et mineurs) très variés ainsi que d'autres genres de musiques de cour et des chansons traditionnelles.

Fort (all.). 1. « En avant » ; *in einem fort*, « sans arrêt », « sans cesse ». 2. Dans la musique d'orgue, le jeu en question doit être réduit au silence.

Forte (ital., souvent abrégé *f*). « Fort ». Indication de dynamique, dans le sens « jouer ou chanter fort ».

For the Fallen. Troisième mouvement de la grande œuvre chorale d'Elgar *The *Spirit of England*. Il a été créé en 1916 avant même que l'ensemble de l'œuvre ne soit terminé.

Fortissimo (ital., souvent abrégé *ff*). « Très fort » (superlatif de *forte*).

Fortner, Wolfgang (Leipzig, 12 octobre 1907, Heidelberg, 5 septembre 1987). Compositeur allemand. Il étudie la composition avec Hermann Grabner au Conservatoire de Leipzig et enseigne à l'école de musique religieuse de Heidelberg (1931-54), à la Nordwestdeutsche Musikakademie de Detmold (1954-57) et à la Musikhochschule de Fribourg (1957-72). Au nombre de ses premières œuvres figurent beaucoup de musique sacrée et de pièces instrumentales (deux quatuors à cordes, divers concertos) influencées par le néoclassicisme de Hindemith et de Stravinski. Juste après la Seconde Guerre mondiale, il commence à intégrer à sa musique une forme modifiée de *sérialisme et ses dernières œuvres (une symphonie, 1947, plusieurs cantates sacrées et l'opéra *Bluthochzeit*, 1957, d'après Lorca) se composent de structures étroites et symétriques.

Paul Griffiths.

Fortsetzung (all.). « Suite ».

Fortspinnung (all.). Terme désignant le développement d'un motif mélodique court pour former une phrase complète, en utilisant souvent des séquences.

« Forty-Eight, The » (« Les Quarante-Huit »). Nom donné en Angleterre au recueil des 48 préludes et fugues du *Clavier bien tempéré* (*Das *wohltemperirte Klavier*).

Forza (ital.). « Force », « vigueur » ; *forzando, forzato*, « en renforçant ».

Forza del destino, La (« La Force du destin »). Opéra en quatre actes de Verdi ; livret de Piave d'après le drame *Don Alvaro, ò la Fuerza del Sino* (1835) du duc de Rivas et une scène du drame de Schiller *Wallenstein's Lager* (1799). Représentations : Saint-Pétersbourg (Théâtre impérial, 10 novembre 1862) ; New York (Academy of Music, 24 février 1865) ; Londres (Her Majesty's Theatre, 22 juin 1867) ; Paris (31 octobre 1876). Don Alvaro (tén.) a tué accidentellement le marquis de Calatrava (basse), père de sa bien-aimée Leonora (sop.). Maudite par son père au moment de sa mort, elle se réfugie dans un monastère pendant que son frère Don Carlo (bar.), assoiffé de vengeance, poursuit Alvaro. Leonora et son frère meurent mais Alvaro continue à vivre, victime du destin.

Foss, Lukas (Berlin, 15 août 1922). Compositeur américain d'origine allemande, fixé aux États-Unis à partir de 1937. Il étudie la composition avec Rosario Scalero au Curtis Institute de Philadelphie, puis avec Hindemith à Yale. Il est successivement pianiste de l'Orchestre symphonique de Boston (1944-50), professeur à l'Université de Californie à Los Angeles (1951-62), directeur de la musique de l'Orchestre symphonique de Buffalo (1962-70) et compositeur en résidence du Cincinnati College-Conservatory (à partir de 1975). Durant les années quarante et cinquante, il a composé beaucoup d'œuvres néoclassiques, mais, en 1957, a commencé à s'intéresser à l'improvisation en travaillant avec son propre ensemble de chambre. Cette expérience a provoqué un brusque changement de style dans le *Time Cycle*, œuvre de musique aléatoire pour soprano et orchestre (1960), où il utilise les techniques avant-gardistes d'indétermination, de citation, etc.

Paul Griffiths.

Foster, Stephen Collins (Lawrenceville, 4 juillet 1826 ; New York, 13 janvier 1864). Compositeur américain. Ses parents s'opposent à ses ambitions musicales et l'envoient travailler comme comptable chez son frère, épicier en gros à Cincinnati. Il y écrit beaucoup de chansons pour un groupe de chanteurs amateurs et réussit à en vendre quelques-unes à des éditeurs de musique. Ces chansons se diffusent rapidement aux États-Unis, où elles sont chantées dans les concerts de chants nègres alors très populaires, mais, un peu par sa faute, Foster tire peu de profit de leur succès, car il désire se faire un nom avec des ballades plus sérieuses et sentimentales. Il ne les signe pas, notamment la plus populaire d'entre elles, « Old Folks at Home », qui a été publiée pendant de longues années sous le nom d'Edwin Christy, l'un des membres du fameux groupe de chanteurs, les Christy Minstrels. Christy lui verse une petite somme pour ce privilège et Foster ne gagne que quelques dollars pour de nombreuses autres chansons aujourd'hui connues dans le monde entier. Mais après quelques années, sa notoriété s'affirme et il peut compter sur ses droits d'auteur. Il se fixe en Pennsylvanie et se consacre à la composition pendant plusieurs années. Malheureusement, son caractère dépensier le rend incapable de faire vivre sa femme et sa famille. Il part pour New York, contracte de nouvelles dettes et se met à boire. Sa femme le quitte et il commence à écrire des chansons médiocres dans le seul but de gagner de quoi boire. Transporté à l'hôpital en janvier 1864, il meurt après un coma de plusieurs jours. Des chansons comme « Oh, Susannah » (1848), « Camptown Races » (1850), « Old Folks at Home » (*Swanee River*) (1851), « My Old Kentucky Home » (1853), « Jeanie with the Light Brown Hair » (1854), « Some Folks » (1855) et « Old Black Joe » (1860) semblent aujourd'hui posséder les qualités naturelles et durables des chansons traditionnelles, mais Foster ne jouit toujours pas de la notoriété qui devrait lui revenir.

Peter Gammond.

Fouet. Instrument à percussion, autrefois la batte d'Arlequin (au théâtre). Il se compose de deux morceaux de bois dur, étroits et plats. L'un est généralement plus long que l'autre, afin de former une poignée ; l'autre est fixé au premier par une charnière à ressort puissant. A l'aide d'une secousse habile, les deux morceaux de bois s'entrechoquent, ce qui produit un son comparable au claquement du fouet. Cet instrument apparaît dans la *Symphonie nº 6* de Mahler, au début du *Concerto en sol* de Ravel et dans de nombreuses œuvres ultérieures. Il a sans doute fait sa première apparition à Vienne à l'occasion de comédies-polkas (dans lesquelles un véritable fouet aurait été dangereux). On utilise encore de véritables fouets dans les festivals de campagne en Europe centrale, surtout à l'époque du nouvel an, « pour chasser l'hiver » avec des fouets qui peuvent atteindre 5,50 m de long. Voir *Organologie*, 4*a*.

Anthony Baines.

Four Last Songs. Mélodies pour voix et piano de Vaughan Williams sur des paroles d'Ursula Vaughan Williams : *Procris* ; *Tired* ; *Hands, Eyes and Heart* et *Menelaus.* Elles ont été composées entre 1954 et 1958. Le titre global leur a été donné par l'éditeur, mais Vaughan Williams souhaitait que ces mélodies fassent partie de deux cycles.

Fournier, Pierre-Simon. Voir *Édition musicale.*

Fox-trot. Danse de bal moderne. Sous sa forme originale, elle requiert beaucoup d'espace, mais elle a donné naissance à des danses plus concises. Elle est apparue pour la première fois vers 1912, mais l'appellation « fox-trot » n'a été confirmée qu'en 1914. En 1924, la danse d'origine s'appelait le « slow fox-trot » (« fox-trot lent ») pour la différencier du fox-trot rapide simplifié (qui est devenu le « quickstep »). Elle se danse sur une musique à quatre temps à un tempo d'environ 30 à 32 mesures à la minute. En Angleterre, le fox-trot a fait sa première apparition en 1914 au 400 Club, dans Bond Street, et il était symbolisé par *Tonight's the Night* dans plusieurs revues musicales. Le « trot » est passé de mode progressivement et le fox-trot que l'on connaît aujourd'hui repose sur un mouvement moins agité, le « saunter ».

Peter Gammond.

Fra Diavolo. Opéra-comique en trois actes d'Auber sur un livret de Scribe. Créé à Paris en 1830.

Française. Ronde à trois ou à quatre temps, très en vogue dans les années 1830. Elle est dérivée de la contredanse.

Françaix, Jean (Le Mans, 23 mai 1912). Compositeur français. Il fait ses études au Conservatoire du Mans puis au Conservatoire de Paris et travaille avec

Nadia Boulanger. A l'âge de neuf ans, il publie sa *Suite pour piano nº 1* ; depuis cet âge, il produit régulièrement des opéras, des ballets, des concertos, des concertinos pour divers instruments et de la musique de chambre. Très française par son élégance, sa concision et son esprit, sa musique s'inspire du néoclassicisme suave de Poulenc et de Stravinski.

Paul Griffiths.

France

1. Introduction
2. Le Moyen Age
3. Ars nova et Renaissance
4. De 1600 à 1715
5. De Louis XV à la Révolution
6. La Ire République
7. La Restauration et le second Empire
8. De 1870 à 1914
9. De la Première Guerre mondiale à nos jours
10. Conclusion

1. *Introduction*. Plus que dans tout autre pays, la musique française semble refléter au cours des âges un caractère national, phénomène qui s'explique en partie par le fait que la France est devenue assez tôt une entité politique (même si ses frontières géographiques ont changé au fil des siècles) et en partie par la centralisation assez ancienne autour d'une seule ville, Paris, qui condamne tout provincialisme, du moins dans le domaine artistique. En outre, la musique et l'architecture françaises sont marquées par un goût profond de l'ordre qui leur donne un équilibre classique à des époques où un relâchement insensé sévissait dans le reste de l'Europe. Enfin, le chauvinisme féroce qui a marqué la France s'est traduit par un rejet conscient des styles étrangers, parfois à l'encontre des propres intérêts nationaux. Les Français n'ont jamais fait preuve d'un internationalisme outrancier, et lorsqu'ils ont accueilli des compositeurs étrangers, comme Lully, Gluck, Meyerbeer ou Stravinski, ce sont ces compositeurs qui ont adopté une attitude française et non le contraire. L'histoire de la musique en France est donc plus intéressante pour sa continuité que pour sa diversité, du moins en ce qui concerne l'état d'esprit général. Dans le domaine du style, le conservatisme français a parfois débouché sur des révolutions, artistiques tout autant que politiques.

2. *Le Moyen Age*. Clovis, roi des Francs de 481 à 511, jette les fondations de l'État français et se convertit au christianisme vers 496. Charlemagne (mort en 814) étend le royaume franc à la majeure partie de l'Europe de l'Ouest et est couronné empereur d'Occident en 800. Après sa mort, le traité de Verdun (843) divise en trois parties l'empire carolingien, la partie occidentale, correspondant à peu près à la France médiévale, étant gouvernée par Charles II le Chauve.

Comme dans la majeure partie de l'Europe, la contribution de la France médiévale à la musique passe par l'intermédiaire des monastères, qui préservent et transmettent les traditions du plain-chant. La liturgie observée est celle du rite gallican jusqu'à ce que Pépin le Bref et Charlemagne imposent le rite romain (voir *Liturgie*, *2b* ; *Plain-chant*, 3). Plusieurs des grands monastères, particulièrement celui de Saint-Martin à Limoges (détruit en 1792), se distinguent aux IXe et Xe siècles par le développement de la *séquence et du *trope. La France s'impose également par une nouvelle méthode d'élaboration du plain-chant – consistant à ajouter une autre partie musicale à la mélodie du chant pour produire la polyphonie (voir *Organum*).

Au XIIe siècle, Paris devient un centre artistique et culturel important, particulièrement après l'achèvement de Notre-Dame dans les années 1180. Une nouvelle école de compositeurs s'y développe, avec Léonin, dont le *Magnus Liber organi* constitue un répertoire magnifique et original, et son successeur Pérotin, qui enrichit l'œuvre de Léonin de pièces polyphoniques de 2 à 4 parties extrêmement compliquées. La gloire de Paris dure jusqu'aux environs de 1250, les compositeurs de Notre-Dame jouant un rôle substantiel dans l'évolution du *motet.

Pendant ce temps, la musique profane s'épanouit dans le sud de la France, surtout en Provence, où l'on parle la langue d'oc (ou provençal), langue de la poésie de cour des *troubadours. Leur art est typiquement français car il est très organisé, la disposition des rimes des vers servant de base aux répétitions musicales par sections. Un autre groupe de poètes-musiciens, les *trouvères (dont la « langue d'oil » deviendra le français moderne), voit le jour dans le Nord et le Nord-Est, faisant de la France le centre musical le plus florissant de l'époque.

3. *Ars nova et Renaissance.* Le souci de transcrire la musique religieuse, très complexe, de l'école de Notre-Dame suscite un intérêt pour la notation musicale. Il semble que ce soit un Français, Philippe de Vitry, qui ait rationalisé les possibilités de notation rythmique et c'est grâce à lui que le procédé intellectuel de l'*isorythmie commence à jouer un rôle essentiel. Cette période du début du XIVe siècle est souvent désignée comme période de l'*Ars nova, en raison d'un traité écrit par Philippe de Vitry vers 1323. La musique profane devient plus complexe et atteint la perfection grâce à Philippe de Vitry et Guillaume de Machaut, tous deux Champenois, diplomates, ecclésiastiques et poètes.

Cette musique est le reflet passionnant d'une époque troublée pendant laquelle l'Église fait l'objet de nombreuses critiques (certaines des plus féroces étant des textes de motets de Vitry, dans le *Roman de Fauvel*) et vit des querelles intestines qui aboutissent au schisme et à l'établissement d'une cour papale en Avignon en 1309. Le style mélodique des motets et des chants profanes est souvent extrêmement compliqué sur le plan rythmique, particulièrement lorsqu'interviennent des techniques telles que le *hochet et le *canon spécifiquement lié à la chace, mélodie qui décrit les plaisirs de la chasse et s'apparente à la **caccia* italienne. D'autres genres profanes comme le *lai, la *ballade, le *rondeau et le *virelai revêtent une forme aussi compliquée et adaptent des poésies sur l'amour courtois d'une élégance extrême. La musique liturgique se fait également l'écho de cette époque d'innovations ; on peut le constater dans la *Messe de Notre-Dame* de Machaut, qui unifie les sections de l'Ordinaire de la messe et fait appel à l'isorythmie et au hochet.

Pendant la seconde moitié du XIVe siècle, cette fièvre artistique dévie vers d'autres domaines. La guerre de Cent Ans avec l'Angleterre (1337-1454) aboutit à la prise temporaire de Paris. La peste noire et la guerre civile accélèrent le déclin de la cour de France, contrebalancé par la puissance grandissante des ducs de Bourgogne, famille de politiciens rusés ; Philippe le Hardi reçoit le duché de Bourgogne en 1363 de son père Jean II Le Bon, roi de France ; il adopte rapidement une politique expansionniste que poursuivront ses successeurs durant plus d'un siècle. Pendant ce temps, la Bourgogne prend possession de vastes territoires dans le nord-est de la France et aux Pays-Bas. Elle s'allie en outre à l'Angleterre et participe à la capture de Jeanne d'Arc. Le duché de Bourgogne a pour capitale Dijon mais la cour voyage beaucoup accompagnée d'une suite imposante où figure l'un des ensembles de musiciens les plus importants que l'on ait jamais vu. Des maîtrises voient le jour à Cambrai, Dijon et Lille et fournissent à la cour des compositeurs aussi remarquables que Dufay et Binchois. Des *chansons sophistiquées naissent sous la plume de ces brillants musiciens d'église – les plus célèbres et les plus influents d'Europe.

Toute une politique d'intrigues assure également à la cour de Bourgogne une dimension internationale et l'alliance anglo-bourguignonne de la guerre de Cent Ans permet à la « contenance angloise » de Dunstable et de ses contemporains d'influencer Dufay et Binchois. Le retour à Rome de la cour papale draine les musiciens français vers l'Italie où les échanges culturels s'intensifient. Le style musical bourguignon, qui atteint son apogée sous le règne de Philippe le Bon (1396-1467), est moins complexe que celui, plus intellectuel, de l'Ars nova. Bien que l'école bourguignonne décline dans les dernières années du XVe siècle, on retrouve son style chaud et attirant dans les chansons de Busnois.

La mort de Charles le Téméraire en 1477 met un terme à ce lustre, dont le transfert vers Paris ne s'opère pas aussitôt. La plupart des grands musiciens élevés dans le Nord préfèrent travailler dans les cours italiennes où les idéaux humanistes donnent une nouvelle impulsion à la musique. Parmi les personnalités clés de la musique religieuse, seul Ockeghem ne participe pas à cet exode et sert trois rois de France qui le couvriront d'honneurs. Au début du XVIe siècle, la France est moins réputée pour sa musique religieuse (quoique Josquin des Prés ait probablement fait partie de la chapelle de Louis XII à la fin de sa vie) que pour sa musique profane. Paris devient un centre important de la « chanson » qui se diffuse très rapidement lorsque les éditeurs se voient conférer des privilèges royaux (Voir *Edition musicale*, 4), notamment Attaingnant et la maison Le Roy et Ballard. Un flot de recueils de chansons jaillit de ces imprimeries entre les années 1520 et les années 1550, sous la plume de compositeurs tels que Sermisy, Certon et Janequin dont le style alerte et chantant s'avère extrêmement populaire. Ces chansons, bien arrangées pour le luth et les instruments à clavier, ainsi que les danses qui en sont tirées, constituent une grande partie du répertoire européen pendant tout le XVIe siècle (voir *Canzona*) ; la facture instrumentale, particulièrement celle du luth, prospère à Paris et à Lyon.

Pendant la seconde moitié du XVIe siècle, la pensée humaniste mène à la fondation de l'Académie de poésie et de musique de Baïf, dont la vocation consiste à recréer le style grec antique qui adaptait le texte à la musique. Arrivant aux mêmes conclusions que leurs homologues italiens (voir *Camerata*) – les paroles et la musique doivent être réunies de façon à obtenir un meilleur produit que la somme de ses parties –, ils déterminent que la musique doit suivre les modèles rythmiques du vers classique (voir *Musique mesurée*) au lieu d'être submergée dans le « canto parlato » de la *camerata* florentine. La conséquence immédiate sera un certain retard dans les débuts de l'opéra en France, même si, dès 1600, les ballets de cour élaborés (comme le Ballet Comique de la Royne, à partir de 1581) constituent des divertissements assez proches de l'*intermedio* italien (voir *Ballet*, 1). Cet amour du ballet crée une demande de maîtres de ballet français dans toute l'Europe et suscite l'écriture de traités sur ce sujet, notamment la célèbre *Orchésographie* Arbeau de Thoinot (1589 ; voir *Notation de la danse*, 1).

4. *De 1600 à 1715*. Le terme « baroque » s'applique de façon moins appropriée à la musique française qu'à certaines musiques italiennes et allemandes du XVIIe siècle. Contrairement à la *monodie italienne, placée sous le signe de l'émotion, l'*air de cour français est agréable, mélodieux et régulier sur le plan rythmique. Le ballet constitue toujours le principal divertissement dramatique. Il comporte beaucoup de chant et une machinerie élaborée, destinée à produire des effets scéniques merveilleux, qui le rapproche beaucoup de l'opéra. La raison pour laquelle le dernier pas reste encore à franchir vient sans doute de la solide tradition du drame parlé. De même, les splendeurs de la Contre-Réforme de Rome et de Venise n'ont pas d'équivalent dans la musique d'église française. Au début du XVIIe siècle, la scène musicale française est essentiellement conservatrice et repliée sur elle-même.

Les Français qui voyagent en Italie se rendent compte de l'évolution rapide qui s'y produit et certains d'entre eux cherchent à stimuler leurs compatriotes pour qu'ils rivalisent avec les Italiens et « s'émancipent de leurs règles pédantes », comme l'écrit André Maugars en 1639. Sous le règne de Louis XIV (1643-1715), le puissant cardinal Mazarin, d'origine italienne et dont les goûts sont naturellement tournés vers son pays natal, essaie d'introduire en France l'opéra italien, avec les œuvres de Francesco Sacrati, Luigi Rossi et Cavalli ; le point culminant de cette opération est la production d'*Ercole amante* de Cavalli, en 1662. Les machineries très élaborées remportent un grand succès, mais pas la musique ; le ballet continue donc à exercer sa domination et un jeune Florentin, Lully, devient l'un des principaux danseurs et compositeurs de l'époque. Dans les années 1660, la collaboration entre Molière et Lully trouve dans la comédie-ballet un nouveau genre à succès, en réunissant autour d'une pièce de théâtre des interludes dansés et musicaux.

Lully est nommé directeur de la musique de la cour en 1661 et crée bientôt une organisation qui deviendra célèbre dans toute l'Europe. Les *Vingt-Quatre Violons du roi, orchestre à cordes fondé dans les années 1620, sont ensuite complétés par la Petite Bande, un groupe d'élite doté d'une discipline extraordinaire de tenue d'archet et d'attaque. A cette formation s'ajoute la Musique de la Grande Écurie, qui intervient pour les manifestations en plein air, officielles et militaires. Elle se compose d'excellents instrumentistes à vent sur lesquels reposera la grande tradition française dans le domaine de la flûte et du hautbois. La chapelle royale est également bien pourvue, avec son propre orchestre et un chœur qui atteindra soixante chanteurs ; elle exécute les grands motets que Louis XIV aime entendre à la chapelle de Versailles.

A ces institutions vient s'ajouter la première compagnie d'opéra française, l'Académie royale de musique (autrement dit l'Opéra de Paris), fondée en 1669 par Perrin et Cambert pour « chanter des pièces en compagnie ». Après de nombreuses intrigues, Lully en reprend la direction en 1672, avec un monopole qui supprime toute concurrence. Entre 1673 et 1687 (date de sa mort), Lully compose treize tragédies lyriques. Leur succès (et l'échec de l'opéra italien) tient à l'emploi de la langue française et au fait qu'elles correspondent au goût des Français pour la tragédie classique (les livrets de Quinault ont été revus pour s'assurer que les règles soient observées). Lully conserve les éléments du ballet théâtral et ses œuvres célèbrent les prouesses politiques et militaires du Roi-Soleil (ce qui explique également leur succès dans les cours allemandes, comme celles de Wolfenbüttel et de Celle, où les princes manifestent des prétentions analogues).

Les opéras de Lully, qui ne sont plus appréciés aujourd'hui à leur juste valeur car les grands spectacles sont passés de mode, représentent l'une des réalisations les plus importantes de cette époque. Le monopole de Lully, transmis à ses fils jusqu'à une date avancée du XVIIIe siècle, a été un désastre pour l'évolution de la musique dramatique française. L'opéra-ballet (plus ballet qu'opéra) évolue de façon à ne pas transgresser le monopole et connaît des heures de gloire relative entre les mains de Campra, qui y introduit des éléments étrangers – et même un divertissement dans le style italien dans *Les Fêtes vénitiennes*. Néanmoins, la vitalité de l'*opera seria* italien ne parvient pas à exercer la moindre influence et, après Lully, la France ne connaîtra aucun grand compositeur d'opéras avant Rameau, dans les années 1730.

Malgré son importance, Lully n'a pas marqué outre mesure la musique religieuse et instrumentale. Le style splendide et solennel de ses motets pour solistes, chœur et orchestre, destinés à la chapelle royale, s'enrichit d'une plus grande humanité chez Delalande et M. A. Charpentier (ce dernier ayant appris l'art de l'oratorio avec Carissimi à Rome). Ils utilisent tous deux les styles ancien et nouveau, un contrepoint strict animé par de riches harmonies, et leurs œuvres forment une partie de la musique d'église la plus impressionnante de l'époque. La musique composée pour d'autres établissements religieux, comme celle de Charpentier pour l'église jésuite de Saint-Louis ou de Couperin pour les religieuses de l'abbaye de Longchamp, est plus intime et réclame souvent une certaine virtuosité ; elle est négligée aujourd'hui à cause de sa douceur un peu suave, ce qui semble difficile à justifier.

Connue dans toute l'Europe, la musique instrumentale française officielle est représentée par « l'ouverture à la française » telle que l'a définie Lully : rythmes pointés solennels de l'introduction lente, suivis d'une section rapide plus ou moins fuguée à laquelle viennent s'adjoindre éventuellement quelques danses. Cette ouverture a été visiblement conçue en fonction des capacités instrumentales des Vingt-Quatre Violons et de la Petite Bande. La musique de chambre de cette époque est plus variée. La musique pour luth prospère pendant toute la période avec des virtuoses comme les Gaultier ou Robert de Visée, qui composent une musique de danse sophistiquée aux titres souvent évocateurs. Ils sont imités par une horde d'excellents clavecinistes : Chambonnières, les Couperin, d'Anglebert et Lebègue, dont les mélodies très ornementées et les structures subtiles représentent les premières œuvres spécifiquement destinées au clavier depuis les virginalistes anglais. Les virtuoses de la viole (Marais en particulier) et de la flûte (la famille Hotteterre) offrent des possibilités analogues dans le domaine de la musique de chambre avec des œuvres souvent pleines de mystère qui parviennent à un sommet dans les *Concerts* de François Couperin. La richesse et l'abondance de la musique instrumentale tiennent en partie à l'infiltration de la sonate en trio à la manière de Corelli, mais cette musique instrumentale reste néanmoins typiquement française, délicate et pleine de tons pastels qui contrastent avec la vigueur et l'extravagance italiennes ; elle n'est pas sans évoquer certains tableaux de Watteau. On peut entendre de la belle musique d'orgue dans de nombreuses églises parisiennes où des compositeurs comme Lebègue, Couperin, Dumont et Raison jouent de grands instruments connus pour leurs registres d'anches nasales, de trompette et de cromorne, typiques de l'écriture française de cette époque (ces registrations sont expressément notées sur les partitions ; voir *Orgue*, 6*d*). Hors de Paris, Grigny tient les orgues de la cathédrale de Reims, Titelouze celles de Rouen. Cette diversité fait du règne de Louis XIV l'une des grandes époques de la musique française.

5. *De Louis XV à la Révolution.* L'agitation politique domine les dernières années du régne de Louis XIV. Le roi lui-même, qui souffre moralement et physiquement, se retire et délaisse ses fonctions politiques (d'où le déclin de l'opéra et la popularité grandissante de la musique de chambre). Ce manque de vitalité artistique dans les milieux de la cour persiste jusqu'au règne de Louis XV. La tendance conservatrice se maintient même dans le domaine de l'opéra jusque dans les années 1730, lorsque Rameau, âgé de cinquante ans, compose sa première tragédie lyrique, *Hippolyte et Aricie* (1733). Il modernise la conception de Lully, mais écrit surtout une musique plus vivante (selon Campra, « il y a assez de musique dans cet opéra pour en faire dix »), ce qui explique le succès des opéras de Rameau lorsqu'ils sont simplement joués en version de concert comme on a pris l'habitude de le faire au XXe siècle. Inutile de dire qu'à l'époque, Rameau était taxé de modernisme et violemment attaqué par les défenseurs de la musique italienne, qui formaient une véritable faction dans les années 1740 et 1750. Ils lui reprochaient notamment le caractère démodé de sa musique. Le succès remporté en 1752 par l'opéra bouffe de Pergolèse, *La Serva padrona* (« La Servante maîtresse »), encourage les partisans de la musique italienne et une polémique féroce s'engage sur les mérites respectifs de la musique française et de la musique italienne (la Querelle des *bouffons). Elle aboutit à la création d'un nouveau genre qui s'avérera extrêmement fécond : l'opéra-comique. L'un de ceux qui ont remporté le plus de succès est *Le Devin du village* (1752) de Jean-Jacques Rousseau avec ses intrigues de la vie pastorale, sa musique mélodieuse et ses quelques remarques sociales. Sous l'influence de l'*opera buffa* italien, l'opéra-comique devient plus élaboré et s'attache davantage à la vie bourgeoise, mais, à un certain point de vue, il reste une pièce de théâtre enrichie de chants qui attire le public relativement peu mélomane, alors que, par ses attitudes de « retour à la nature », il trouve un écho chez certains intellectuels (souvent les mêmes d'ailleurs !). L'opéra-comique connaît ainsi une vogue considérable dans les années 1760, Monsigny, Philidor et Grétry figurant au nombre des principaux compositeurs. Par contraste, lorsque l'Opéra brûle en 1763, les œuvres de Lully figurent encore au répertoire (dans des versions déclarées bâtardes, car Boismortier et Mondonville ont été absolument incapables d'insuffler une vie nouvelle aux formes anciennes).

Diderot et d'Alembert, les auteurs de l'*Encyclopédie, ou Dictionnaire raisonné des sciences, arts et métiers*, ne cachent pas leurs sympathies pour l'opéra-comique, plus moderne. Rousseau se voit confier la rédaction des articles relatifs à la musique ; à l'origine, Rameau avait été pressenti pour participer à l'ouvrage, mais il refusa et, à la parution de l'encyclopédie, il attaqua de nombreux articles de Rousseau, aggravant ainsi l'hostilité qui régnait déjà entre les deux compositeurs. Le *Dictionnaire de musique* de Rousseau (Paris, 1768) est davantage un reflet de ses pensées et de ses opinions sur la musique qu'un recueil de définitions claires et précises. Son influence sur la pensée musicale française et européenne a été considérable.

Dans le domaine du concert, les activités ont été plus constantes et plus florissantes que dans celui de l'opéra. Anne Danican Philidor avait fondé, en 1725, le célèbre Concert spirituel qui a duré, malgré des vicissitudes financières, jusqu'en 1791. Destiné à donner des concerts les jours de fête religieuse lorsque l'Opéra était fermé, il empruntait des solistes à l'Opéra et des choristes à la chapelle royale et aux églises parisiennes. Au début, le répertoire se composait essentiellement de grands motets de Lully et de Delalande (puis de Rameau, également expert dans ce genre), mais aussi quelques pièces pour orchestre ; plusieurs grands violonistes, comme J.-M. Leclair, jouaient et composaient des concertos pour le Concert spirituel. Le style discipliné de l'orchestre suscitait l'admiration et les instrumentistes à vent sont à l'origine de tout un répertoire de concertos. Le succès du Concert spirituel a engendré des séries de concerts de moindre importance, plus éphémères aussi : le Concert français de Philidor (1727-30) ; le Concert italien (fondé en 1726) ; et d'autres séries en province, à Lyon, Nantes, Marseille, Troyes, Lille et Dijon.

Une nouvelle vague d'internationalisme déferle dans les années 1770, lorsque Louis XVI et son épouse viennoise, Marie-Antoinette, montent sur le trône. La France reçoit la visite de Gluck, qui avait déjà beaucoup œuvré à Vienne dans *Orfeo* et *Alceste* pour greffer un style italien sur ce qui était essentiellement des tragédies lyriques ; ces deux ouvrages seront révisés lorsqu'ils seront représentés à Paris. Gluck développe encore davantage cette forme dans ses deux opéras, *Iphigénie en Tauride* et *Iphigénie en Aulide*, et fait ainsi pencher davantage en sa faveur les critiques à l'ancienne mode que les critiques modernes. Ces derniers s'engagent immédiatement dans l'habituelle polémique française, en faisant appel à un véritable compositeur italien, Piccinni, pour mettre en musique un livret de Quinault, au moment même où Gluck s'attelait à la même œuvre. Gluck abandonnera le projet mais sortira vainqueur de la polémique, malgré l'échec d'*Echo et Narcisse*, et il retournera à Vienne. Son legs a été exploité par Salieri, Sacchini et Piccinni lui-même, qui ont italianisé encore davantage le style en ayant recours aux divertissements et à de grands effets orchestraux.

L'opéra-comique s'épanouit également : *Richard Cœur de Lion* (1784) de Grétry, sur le thème de la loyauté envers la monarchie, démontre que le genre pouvait servir des fins politiques. Mais les séries de concerts restent le domaine dans lequel l'esprit d'initiative se montre le plus vif : la *Symphonie « Paris » K 297* de Mozart est donnée au Concert spirituel en 1778 et les symphonies de Haydn au Concert de la Loge Olympique, qui a remplacé, en 1780, le Concert des amateurs (fondé en 1769). Une nouvelle école de chanteurs d'opéra ouvre ses portes en 1784. Sur le plan musical tout au moins, les Parisiens semblent particulièrement privilégiés lorsque la Révolution éclate.

6. *La Ire République*. Dans un premier temps, la Révolution affecte étonnamment peu les institutions musicales. Les théâtres lyriques poursuivivent leurs activités et la famille royale assiste à leurs spectacles jusqu'en 1791. Le répertoire favori reste français, même au Théâtre-Italien (la plupart des Italiens ayant quitté le pays), et on voit paraître des œuvres qui exaltent le patriotisme et la liberté (comme *Jeanne d'Arc* de Kreutzer ou *Guillaume Tell* de Grétry). La musique militaire occupe une place importante et Gossec compose un *Requiem* pour les martyrs de la Révolution. Les fanfares massives se multiplient lors des cérémonies officielles. La puissance de l'Église catholique diminue rapidement et la musique d'église est remplacée par des hymnes à « l'Être suprême », à la « Raison » ou à la « Liberté » (tous exécutés en grande pompe). Pendant la Terreur (1792-93), les activités lyriques diminuent, mais les campagnes militaires détournent l'action politique vers l'étranger et, en 1797, une nouvelle forme d'institution musicale voit le jour.

L'Opéra-Comique est alors le théâtre le plus actif, suivi du Théâtre Feydeau (indépendant) auquel il sera amalgamé en 1801. Les séries de concerts florissantes des années 1780 ont pratiquement disparu mais l'ancienne École royale de chant (fondée en 1784) est remplacée en 1795 par le Conservatoire de musique où les professeurs sont surtout des instrumentistes à vent chargés de jouer lors des grandes fêtes nationales. Le Conservatoire recrute ses élèves par concours sur une base régionale dans l'ensemble de la France et publie, après quelques années, des manuels pour unifier l'enseignement. Ainsi l'État contrôlait toutes les institutions majeures.

L'autorité de Napoléon, Premier Consul, puis empereur à partir de 1804, stabilise et élargit les activités musicales. De souche italienne (la Corse venait d'être acquise par la couronne de France peu avant sa naissance), il aimait la musique de Paisiello, comme l'impératrice Joséphine appréciait celle de Spontini. Ainsi, bien que l'Opéra-Comique ait continué à prospérer avec un répertoire d'ouvrages en langue française, la tragédie lyrique massive revient à l'Opéra et accorde ses faveurs aux thèmes héroïques qui célèbrent l'ère de « la gloire ». Malheureusement, comme les subventions accordées au théâtre provenaient des recettes des concerts symphoniques, l'évolution de la musique orchestrale s'en trouve retardée encore davantage. Le Théâtre-Italien, dirigé par Spontini de 1810 à 1812, maintient vivante la tradition de l'opéra bouffe. L'esprit compétitif du Conservatoire trouve sa consécration dans l'instauration du prix de Rome, bourse d'études qui fera l'objet de nombreuses convoitises au cours du XIXe et du XXe siècle.

7. *La Restauration et le Second Empire.* Lorsque Napoléon abdique en 1814, puis en 1815, toute activité cesse pendant environ un an jusqu'à la restauration complète de la monarchie. Quand la vie normale peut enfin reprendre son cours, on découvre la force des réformes napoléoniennes. A une époque où les États allemands devaient réduire les dépenses consacrées aux arts, l'Opéra de Paris était sans doute devenu le théâtre lyrique européen doté des plus grosses subventions et il pouvait monter d'immenses spectacles dans le goût français. Sous la direction de Cherubini et de Viotti, l'Opéra-Comique conserve son dynamisme alors que le Théâtre-Italien, dirigé par Paër et (brièvement) par Rossini, produit les plus récents opéras italiens. Paris devient ainsi le centre du monde lyrique. A partir des années 1820, l'Opéra attire des compositeurs en leur versant des sommes considérables et son répertoire s'enrichit d'œuvres étrangères, mais les tragédies lyriques de Gluck, de Sacchini et de Spontini continuent à y être représentées. Rossini vient s'installer à Paris, alléché par la promesse d'une annuité et par la perspective de rémunérations importantes pour des commandes (elles ne consistent en fait qu'à remanier des œuvres antérieures pour répondre au goût français). *Moïse et Pharaon* (version révisée de *Mosè in Egitto*) remporte un grand succès et, avec *Guillaume Tell*, la seule œuvre que Rossini ait composée expressément pour Paris, il offre un compromis entre la tradition conservatrice et le « nouveau » style italien.

Après la révolution de 1830, le public bourgeois de la monarchie de Louis-Philippe (1830-48) s'accommode parfaitement de ces grands spectacles et Louis Véron, titulaire du monopole de l'Opéra de 1831 à 1835, rend virtuellement obligatoire la mise en musique de livrets de Scribe qui s'inscrivent dans cette ligne. Les grands succès du règne de Louis-Philippe sont les opéras de Meyerbeer, série inaugurée par *Robert le Diable* en 1831, et de Halévy dont *La Juive* est représentée en 1835. L'Opéra-Comique n'a jamais connu la même stabilité sur le plan financier, mais il entretient un répertoire qui tourne surtout autour des ouvrages d'Auber et d'Adam, avec quelques pièces étrangères à l'occasion, notamment *Der Freischütz* de Weber (représenté en France en 1841). Au Théâtre-Italien, le répertoire se compose des dernières œuvres des meilleurs compositeurs italiens : Bellini, Mercadante, Donizetti et Verdi, dont les opéras des années 1840 sont donnés à Paris peu de temps après leur création en Italie.

Dans le domaine du concert, les activités sont moins riches. Elles ont pour assise principale l'Orchestre du Conservatoire. Le Conservatoire se présente déjà comme une institution détenant un monopole analogue à celui l'Opéra, tant par son prestige que par sa puissance. Dirigé par Cherubini (1822-42), puis par Auber (1842-70), ses professeurs de composition sont essentiellement conservateurs et très influents. La Société des concerts du Conservatoire, fondée par Habeneck en 1828, joue la musique de Haydn, Mozart, Beethoven et quelques autres œuvres du XIXe siècle, et s'impose par la qualité de ses exécutions (même Wagner en chante les louanges) ; mais la musique moderne occupe très peu de place dans ses programmes.

L'institutionalisation de la musique pose des problèmes à ceux qui se trouvent hors du cercle enchanté, notamment Berlioz, que Cherubini détestait, et qui se voit interdire l'accès de l'Opéra après la création désastreuse de *Benvenuto Cellini* en 1838. Sa musique antérieure est moins connue en France qu'en Allemagne où elle correspond au goût romantique. S'il avait eu un peu plus de diplomatie, peut-être aurait-il remporté d'emblée un succès international plus important. Sa musique reflète en tout cas certainement le goût français. La *Grande Symphonie funèbre et triomphale*, l'une de ses rares commandes « officielles » (écrite pour célébrer le dixième anniversaire de la révolution de 1830), est une œuvre de plein air pour orchestre d'harmonie dans la grande tradition de la musique napoléonienne. Son plus grand chef-d'œuvre, l'opéra *Les Troyens*, est l'un des plus beaux exemples de grand opéra classique qui ait survécu sous une forme non vulgarisée. En fait, les véritables compositeurs modernes se font plus souvent entendre dans les salles de concert privées des facteurs de piano, comme Pleyel et Érard, et dans les salons de quelques riches banquiers (comme les

Rothschild) ou de la noblesse. On y entend jouer Chopin et Liszt, et même les derniers quatuors de Beethoven.

La révolution de 1848, la IIe République et le Second Empire modifient assez peu les institutions musicales, malgré les changements usuels de titres. L'Opéra, qui n'a pas trouvé de successeur à Meyerbeer, fait appel à Verdi – *Don Carlos* (1867) a été soigneusement écrit en fonction des goûts du public parisien, avec ses ballets conventionnels – et à Wagner dont *Tannhäuser* est un échec malgré la musique de ballet qu'il y ajoute pour la circonstance. L'Opéra-Comique ne trouve qu'Ambroise Thomas. Ce déclin va donner naissance à une compétition entre l'Opéra-Comique et le nouveau Théâtre-Lyrique, fondé en 1851, dont le répertoire étranger est intéressant et comporte plusieurs opéras de Mozart ; en outre, le Théâtre-Lyrique donne hardiment leur chance à de nouveaux compositeurs français, notamment les lauréats du prix de Rome, Gounod et Bizet, et, en 1863, on y monte *Les Troyens à Carthage* (seconde partie des *Troyens*) de Berlioz qui remporte un certain succès, malgré des coupures et une production mal adaptée. Toutefois, un tel modernisme fait figure d'exception, même aux concerts de la Société des jeunes artistes du Conservatoire, fondée par Pasdeloup en 1852, et les classiques constituent toujours la base du répertoire. La plus belle réalisation qu'a connue le Second Empire est l'ouverture, en 1855, d'un autre théâtre lyrique, le Théâtre des Bouffes-Parisiens, où les délicieux « soufflés » musicaux d'Offenbach ne réclament aucune subvention.

8. *De 1870 à 1914*. Il faudra attendre la retentissante défaite infligée par les Prussiens en 1870 pour que la France sorte de cette pénombre et voie s'éveiller une nouvelle conscience et une détermination nationales. En fait, les jeunes musiciens avaient déjà pris conscience de l'audace des compositeurs allemands de l'époque et, en 1871, Saint-Saëns, Massenet, Fauré et quelques autres fondent la Société nationale de musique pour apporter un soutien aux compositeurs français et encourager l'éveil d'une pensée musicale indépendante. Les efforts de la Société nationale se portent essentiellement sur la musique symphonique et sur la musique de chambre, ce qui fait renaître cette dernière sous la plume de Saint-Saëns, César Franck, Vincent d'Indy et Chausson. Le chef d'orchestre Édouard Colonne fonde les Concerts de l'Association artistique (appelés par la suite Concerts Colonne) en 1874 et donne leur chance aux nouveaux compositeurs tout en dirigeant le répertoire classique.

Cette résurrection est particulièrement sensible à l'Opéra-Comique où, malgré l'échec initial de *Carmen* de Bizet en 1875, le répertoire s'enrichit d'œuvres de Massenet, de Delibes et de compositeurs plus audacieux comme Chabrier. L'Opéra reste égal à lui-même et ouvre les portes de son nouveau théâtre, l'immense Palais Garnier, en 1875, avec *La Juive* de Halévy. On y donne la bagatelle de dix-sept nouveaux opéras en l'espace de seize ans, jusqu'en 1892 ; *Le Cid* de Massenet (1885) remporte le succès le plus durable. Le nom de Wagner apparaît à l'affiche dans les années 1890, mais la *Tétralogie* ne sera représentée intégralement qu'en 1911.

Ce retard est surprenant car Wagner connaissait une vogue inouïe à Paris, tant dans les milieux intellectuels que musicaux depuis les années 1880, après les premiers festivals Wagner de Munich et de Bayreuth auxquels assistèrent de nombreux Français. Privé de débouchés dans le domaine lyrique, ce penchant wagnérien se reflète surtout dans la musique symphonique de cette décennie, renforcée à partir de 1881 par une autre association symphonique, la Société des nouveaux concerts de Charles Lamoureux. Mais la France sera moins affectée par l'influence musicale directe de Wagner que par ses idées. Un mensuel, la *Revue wagnérienne*, paraît entre 1885 et 1888, avec des articles des principaux critiques symbolistes : Verlaine, Mallarmé, Swinburne et Malherbe.

Ce culte de Wagner creuse encore davantage le fossé entre la nouvelle musique et les institutions établies. Le Conservatoire, dirigé par Ambroise Thomas jusqu'en 1896, fait de son mieux pour améliorer l'enseignement, mais il doit affronter une importante concurrence, notamment celle de l'École Niedermeyer, institution privée fondée dans les années 1850 pour étudier la musique d'église « ancienne » et dont Saint-Saëns assure pendant un certain temps la direction ; autre concurrent important, la Schola Cantorum avait été fondée par Vincent d'Indy, Guilmant et Bordes en 1894 dans un but à peu près similaire. Ces deux établissements ne forment pas des chanteurs et des instrumentistes, mais ils exercent une influence considérable sur les compositeurs en les initiant à l'ancien système modal pour éviter de succomber à la musique chromatique et luxuriante préconisée par Wagner dans *Tristan et Isolde*. Ce goût typiquement français de la réserve classique s'illustre merveilleusement dans l'œuvre de Fauré et de Duparc, qui transforment la *mélodie de salon en une « chanson d'art » digne des grands compositeurs de lieder allemands et participent à la création d'un nouveau style de musique pour piano. L'enseignement des techniques post-wagnériennes reste pour l'essentiel entre les mains de Franck, dont la symphonie montre l'intérêt qu'il portait à l'harmonie chromatique et à la transformation thématique. Il a su élargir l'horizon de d'Indy, Duparc, Lekeu et des organistes Pierné, Vierne et Tournemire.

L'Exposition universelle de Paris, en 1889, qui mettait en vedette un orchestre gamelan javanais, va servir de catalyseur à un style français vraiment nouveau. Venue aux oreilles de Debussy, qui était alors un jeune anticonformiste, lauréat du prix de Rome (mais vite rentré chez lui), cette musique orientale révèle des sonorités et des attitudes différentes de celles de Wagner. Les relations d'amour et de haine de Debussy envers la musique de Wagner donnent naissance à un opéra : *Pelléas et Mélisande* (1902), qui s'inspire des attitudes psychologiques de *Tristan* mais révèle une tendance bien française à atténuer l'expression des sentiments ; fait notable, *Pelléas et Mélisande* est créé à l'Opéra-Comique et non à l'Opéra. Mais l'essentiel du message de Debussy se trouve dans ses pièces pour piano et dans sa musique pour orchestre, chefs-d'œuvre de l'*impressionnisme en matière musicale, bien que le style qui porte couramment ce nom de nos jours soit intimement lié à la poésie symboliste par l'amoindrissement des émotions et le vague caractéristique qui entoure les intentions. D'un modernisme technique qui fait scandale, utilisant des secondes, des septièmes et des quintes parallèles ainsi que la gamme par tons entiers (voir *Gamme*, 5), cette musique non wagnérienne s'impose comme la « musique du futur » et fait, une fois encore, des valeurs françaises, le centre d'intérêt intellectuel de l'époque. Jeune contemporain de Debussy, Maurice Ravel utilise un certain nombre de ces techniques, mais avec une attitude encore plus « française », reprenant délibérément les formes anciennes comme la pavane, le menuet et la sonatine.

Ainsi, lorsque Diaghilev arrive à Paris en 1909, il trouve des compositeurs suffisamment modernes pour lui fournir la musique de ses Ballets russes révolutionnaires : en 1912, *Daphnis et Chloé* de Ravel ; en 1913, *Jeux* de Debussy ; en 1917, *Parade* de Satie ; en 1924, *Les Biches* de Poulenc, *Les Fâcheux* d'Auric et *Le Train bleu* de Milhaud ; et ainsi de suite jusqu'à sa mort en 1929. Diaghilev fait également venir à Paris Stravinski et, en 1920, Prokofiev.

9. *De la Première Guerre mondiale à nos jours*. Contrairement à 1870, la guerre éclate au moment où les arts sont particulièrement florissants et, cette fois, la France est du côté des vainqueurs. Les pertes s'élèvent néanmoins à trois millions d'hommes et entraînent une ruine économique dont le pays ne se remettra pas vraiment au cours des vingt et une années de paix qui vont suivre. L'académisme est pratiquement étranger à la vie musicale parisienne : le répertoire de l'Opéra est plus rétrospectif que jamais ; l'Opéra-Comique est un peu plus entreprenant mais se fait difficilement remarquer par son originalité ; la politique des sociétés de concerts est démodée, même celle de la Société musicale indépendante, qui était née d'une scission en 1909 pour réactiver la Société nationale. Le Conservatoire s'enrichit de quelques professeurs de composition plus modernes (notamment Dukas, de 1909 à 1935, et Roger-Ducasse, de 1935 à 1954) et, parmi ses bibliothécaires, figurent quelques éminents musicologues.

L'influence de Wagner et de la musique allemande en général disparaît avec la guerre. En 1917, à la fin de sa vie, Debussy termine un ensemble de sonates qui se tournent délibérément vers la musique française du XVIIIe siècle – moins par le langage que par les idéaux de clarté, de charme et de retenue classique. Dans les années vingt, le *néoclassicisme de Stravinski fait des adeptes dans le *groupe des Six. La musique française de cette époque semble parcourue d'un certain grain de folie et du désir de choquer (l'admiration dont fait l'objet un ancien pianiste de cabaret, Érik Satie, simplement parce qu'il croyait en ce qui est ordinaire et dépourvu d'émotion, semble sûrement exagérée). Néanmoins, les pièces pour piano et les mélodies de Poulenc comme la musique de ballet de Milhaud imprégnée de jazz reflètent l'aspect sophistiqué de la société parisienne de l'époque. Certains compositeurs étrangers, comme Bliss et Prokofiev, y trouvent leur patrie spirituelle, tandis que d'autres, surtout des Américains, comme Copland, y viennent travailler avec une pédagogue remarquable (contre toute attente professeur au Conservatoire), Nadia Boulanger. Son enseignement met l'accent sur la clarté de l'orchestration, une bonne construction et la maîtrise de la technique.

Dans les années trente, l'absence d'une philosophie sérieuse de la musique donne naissance, par réaction, à un nouveau groupe appelé la *Jeune France, dont les membres – Jolivet, Baudrier, Daniel-Lesur et Messiaen – ont tous une trentaine d'années. Leur état d'esprit et leurs convictions religieuses n'ont pas le temps d'évoluer avant la Seconde Guerre mondiale, qui aboutit à une humiliation nationale encore plus pénible que celle de 1870. Paris est occupé, la Radio et l'Opéra passent sous le contrôle des Allemands, Messiaen est fait prisonnier et d'autres jeunes compositeurs entrent dans la Résistance.

En 1945, Paris regagne sa réputation de centre de l'avant-garde. La jeune génération n'a d'yeux que pour Messiaen : Boulez, Stockhausen et Nono, pour ne citer qu'eux trois, suivent ses cours à Paris et à Darmstadt. Toutefois, c'est grâce aux efforts de René Leibowitz que les Français découvrent la musique *sérielle ; son effet, notamment sur Boulez, change les attitudes de la nouvelle avant-garde. Aujourd'hui, avec son *Institut de recherche et de coordination acoustique/musique (l'IRCAM, subventionné par l'État), Paris est un centre international, avec un Opéra qui connaît la gloire de façon intermittente, un orchestre superbe (l'Orchestre de Paris) et d'autres institutions classiques de moindre importance. Hors de Paris, il n'existe pas en France de centre musical analogue, malgré l'importance du Conservatoire national supérieur de Lyon, des conservatoires nationaux de région, d'orchestres comme ceux de Lyon, Strasbourg, Toulouse ou Lille, et de théâtres lyriques comme ceux de Bordeaux, Lyon, Marseille, Nantes, Nice, Rouen, Strasbourg, Toulouse, etc.

10. *Conclusion*. Par sa continuité, la musique française constitue l'une des activités culturelles les plus distinctives de toute l'Europe et, malgré les différents visages qu'elle a pu revêtir, son caractère national reste souvent reconnaissable d'emblée. Le génie français semble aimer l'ordre : du motet isorythmique de l'Ars nova aux *Modes de valeurs et d'intensités* de Messiaen. Il est plus rationaliste que religieux ; sa plus belle musique d'église, celle de Delalande et celle de Berlioz, est plus cérémonieuse que mystique ; il aime la clarté du rythme (comme dans la musique mesurée et la musique de danse à laquelle il s'est consacré pendant plusieurs siècles) et de la structure (comme dans l'orchestration de Lully ou de Debussy, ou l'écriture pour piano de Fauré). La musique française est avant tout liée à sa littérature. Rares sont les traditions de chant mélodique qui ont bénéficié d'aussi beaux vers que ceux qui ont été mis en musique depuis les troubadours jusqu'à Debussy. Peu de livrets d'opéra ont des textes aussi bien amenés que ceux de Quinault et rares sont ceux qui ont été massacrés par les compositeurs. La musique instrumentale n'est généralement pas abstraite, qu'il s'agisse des pièces de clavecin de Couperin ou des *Miroirs* de Ravel. Et, en même temps, peu de pays ont une telle tradition de polémique au sujet de la musique, des chamailleries de la Querelle des bouffons à celles de l'avant-garde du XXe siècle. Avant tout, la France a résisté aux invasions étrangères, italiennes ou allemandes, et lorsqu'elles ont été trop fortes pour ne laisser aucune trace, elles ont subi dans une large mesure l'influence du goût français. Avec la rapidité actuelle des communications et l'engagement sans cesse croissant sur le plan international, on peut se demander si cette tradition saura se maintenir.

Denis Arnold.

BIBLIOGRAPHIE : d'Alembert, *Réflexions sur la musique en général et sur la musique française en particulier* (Paris, 1754) / *Éléments de musique et pratique suivant les principes de M. Rameau*, Jean-Marie Bruyset (Paris, 1779), rééd. Les Introuvables (Plan-de-la-Tour, 1984). James R. Anthony, *La Musique en France à l'époque baroque (de Beaujoyeulx à Rameau)*, Flammarion (Paris, 1982). Henry Barraud, *La France et la musique occidentale*, Gallimard (Paris, 1957). Marcelle Benoit, *Les Musiciens du roi de France (1661-1733)*, PUF, coll. Que-sais-je ? (Paris, 1982). André Boll, *Répertoire analytique de la musique française des origines à nos jours*, Horizons de France (Paris, 1948). Bruno Brévan, *Les Changements de la vie musicale parisienne de 1774 à 1799*, PUF (Paris, 1980). Jacques Chailley, *La Face cachée de la musique française contemporaine*, La Revue Musicale n°s 316-317, Richard Masse (Paris, 1978). Bernard Champigneulle, *L'Age classique de la musique française*, Aubier (Paris, 1946). Piero Coppola, *Dix-Sept Ans de musique à Paris, 1922-1939*, Éd. Rouge (Lausanne, 1944), rééd. Slatkine (Paris, 1982). Arhur Coquard, *De la musique en France depuis Rameau*, Calmann Lévy (Paris, 1891). Alfred Cortot, *La Musique française de piano*, PUF (Paris, 1930, rééd. 1981). Pierre Daval, *La Musique en France au XVIIIe siècle*, Payot (Paris, 1961). Béatrice Didier, *La Musique des lumières*, PUF (Paris, 1985). Christian Doumet et Claude Pincet, *Les Musiciens français*, Ouest-France (Rennes, 1982). Norbert Dufourcq, *La Musique française*, Larousse (Paris, 1949), rééd. Picard (Paris, 1970). René Dumesnil, *La Musique romantique française*, Aubier (Paris, 1944) / *La Musique en France entre les deux guerres, 1919-1939*, Éd. du Milieu du monde (Genève, 1946). Michel Faure, *Musique et société, du Second Empire aux années vingt*, Flammarion (Paris, 1985). Bernard Gagnepain, *La Musique française du Moyen Age et de la Renaissance*, PUF, coll. Que-sais-je ? (Paris, 1961, 4e éd. 1983). Serge Gut et Danièle Pistone, *La Musique de chambre en France de 1870 à 1918*, Champion (Paris, 1985). Paul Landormy, *La Musique française de La Marseillaise à la mort de Berlioz*, Gallimard (Paris, 1944) / *La Musique française de Franck à Debussy*, Gallimard (Paris, 1943) / *La Musique française après Debussy*, Gallimard (Paris, 1943). Marcel Landowski, *Batailles pour la musique*, Seuil (Paris, 1979). Paul-Gilbert Langevin, *Musiciens de France, la génération des grands symphonistes*, La Revue Musicale n°s 324-325-326, Richard Masse (Paris, 1979). Pierre-Michel Menger, *Le Paradoxe du musicien (le compositeur, le mélomane et l'Etat dans la société contemporaine)*, Flammarion (Paris, 1984). Jean Mongrédien, *La Musique en France, des Lumières au Romantisme*, Flammarion (Paris, 1986). Danièle Pistone, *La Musique en France, de la Révolution à 1900*, Champion (Paris, 1979). Robert Pitrou, *De Gounod à Debussy, une « belle époque » de la musique française*, Albin Michel (Paris, 1957). Frédéric Robert, *La Musique française au XIXe siècle*, PUF, coll. Que sais-je ? (Paris, 1963, 2e éd. 1970). Claude Rostand, *La Musique française contemporaine*, PUF, coll. Que-sais-je ? (Paris, 1952, 3e éd. 1961). *XXe Siècle, images de la musique française*, SACEM-Papiers (Paris, 1985). Georges Servières, *La Musique française moderne*, Havard (Paris, 1897). Julien Tiersot, *Un demi-siècle de musique française entre les deux guerres (1870-1917)*, Félix Alcan (Paris, 1918).

Francesca da Rimini. Histoire des amants adultères Paolo et Francesca tirée du Canto V de l'*Inferno* de Dante. Elle a servi de base à plusieurs œuvres musicales qui portent ce titre, notamment : une fantaisie symphonique op.32 de Tchaïkovski, d'après un tableau de Gustave Doré, composée en 1876 ; un opéra en quatre actes de Zandonai sur un livret de Tito Ricordi (1901), créé à Turin en 1914 ; un opéra en deux scènes, un prologue et un épilogue de Rachmaninov sur un livret de Modeste Tchaïkovski, créé à Moscou en 1906.

Franceschini, Petronio (Bologne, vers 1650 ; Venise, décembre 1680). Violoncelliste et compositeur italien. Membre de la *cappella* de San Petronio et de l'Accademia Filarmonica de Bologne (et président de cette dernière en 1673). Il a composé plusieurs opéras et de la musique instrumentale intéressante. Il est mort lors d'un voyage à Venise où il s'était rendu pour composer un opéra, *Dionisio* (achevé par Gian Domenico Partenio) ; il y a été enterré avec beaucoup d'honneurs dans l'église des SS. Giovanni e Paolo.

Denis Arnold.

Francesco (Canova) da Milano. Voir *Milano, Francesco (Canova) da.*

Francis, Day & Hunter. Maison d'édition musicale anglaise, fondée en 1877 à Oxford Street, à Londres. Elle devient, en 1897, la première maison d'édition de musique populaire et de variétés à Charing Cross Road, en éditant des airs de « music-hall » et autres chansons analogues. David Day, l'un des associés, lutte avec vigueur contre le piratage musical et, en 1900, forme la Musical Copyright Association qui est à l'origine de la promulgation du nouveau *Copyright Act* (loi sur le droit d'auteur) de 1911 ; il participe également à la fondation de la Performing Right Society en 1914 (société de droits d'auteur britannique). Dans les années vingt et trente, Francis, Day & Hunter, devenue la principale maison d'édition de musique pédagogique, classique et de variétés, lance l'édition à bon marché de chansons à succès (à une époque où une première édition de 25 000 exemplaires n'avait rien d'exceptionnel). En 1972, elle est devenue une filiale d'EMI.

J. M. Thomson.

Francisque, Antoine (Saint-Quentin, vers 1570-75 ; Paris, octobre 1605), Compositeur et luthiste français. Il est au service du prince de Condé en 1600. On ne connaît de lui que *Le Trésor d'Orphée* (Paris, 1600) qui constitue l'un des recueils les plus vastes et les plus intéressants de musique de danse pour luth publiés en France.

Denis Arnold.

Franck, César (Auguste) (Liège, 10 décembre 1822 ; Paris, 8 novembre 1890). Compositeur belge naturalisé français. Fils de banquier, son père le pousse très tôt (ainsi que son frère Joseph) vers une carrière musicale en lui organisant une tournée de concerts dès l'âge de onze ans. La famille émigre à Paris en 1836 pour que César y fasse ses études au Conservatoire. Il y entre en 1837 et travaille la composition et le piano ; il se distingue notamment par son habileté à écrire des fugues. Alors qu'il se prépare au concours du prix de Rome, son père lui fait quitter le Conservatoire pour embrasser une carrière de pianiste, de toute évidence pour imiter Liszt. Il remporte peu de succès et, pendant plusieurs années, vit difficilement de l'enseignement et de quelques récitals, d'autant plus qu'il se marie en 1848, pendant la révolution. La même année, il est nommé organiste à Notre-Dame-de-Lorette, où il reste jusqu'en 1853 ; il trouve un meilleur poste à Saint-Jean-François-du-Marais avant de devenir titulaire des orgues de Sainte-Clotilde en 1858. Après l'échec d'une cantate, *Ruth* (1846), il compose peu et semble manquer, pendant plusieurs années, d'esprit créateur. Il se remet à écrire vers la fin des années 1850 et connaît un certain succès avec la *Messe à trois voix* et les *Six Pièces pour grand orgue* ; ces dernières impressionnent beaucoup Liszt, qui se rend à Sainte-Clotilde en 1866.

Sa renommée croissante lui permet d'être nommé professeur au Conservatoire en 1872 et il composera ensuite régulièrement jusqu'à la fin de sa vie. Son œuvre se situe en marge des principaux courants esthétiques de la vie musicale parisienne de l'époque, alors centrée sur l'opéra. Il écrit essentiellement de la musique symphonique et de la musique de chambre, phénomène assez rare chez les compositeurs français de la fin du XIXe siècle. Son habileté à manier l'écriture fuguée et son penchant naturel d'organiste pour la musique de Bach transparaissent dans la plupart de ses œuvres, mais son langage, qui évolue dans les formes issues du romantisme allemand, reste parfaitement adapté à son époque. Cette tendance se trouve renforcée par la curiosité et le dynamisme de certains de ses élèves et par les liens qu'il entretient avec plusieurs musiciens passionnés par la musique de Wagner (plusieurs compositeurs français feront le voyage de Munich, au début des années 1870, pour découvrir les dernières œuvres de Wagner). Mais Franck semble influencé plus directement par Liszt que par Wagner. Ses poèmes symphoniques, *Les Éolides* (1876), *Le Chasseur maudit* (1882) et *Les Djinns* (1884), comptent parmi les premiers poèmes symphoniques français, *Les Djinns* étant conçus pour piano et orchestre, à la manière de la *Malédiction* de Liszt. Ces œuvres souffrent, dans une certaine mesure, de leur programme qui révèle la naïveté littéraire de Franck et l'ignorance qu'il avait de sa nature essentiellement religieuse. Le véritable génie de Franck se trouve dans quelques œuvres de musique pure, le *Quatuor à cordes* (1889), le *Quintette avec piano* (1879), la *Sonate pour violon et piano* (1886) et la *Symphonie en ré mineur* (1886-88). Toutes ces partitions, de forme *cyclique, s'inspirent de l'utilisation lisztienne de la transformation thématique. Franck commence souvent par un motif embryonnaire, à partir duquel il développe le reste du matériel. Ses thèmes convergent souvent vers une seule note, alors que les intervalles s'élargissent, ce qui crée une notion d'élan et donne un côté inachevé à l'œuvre. Il pratique un langage extrêmement chromatique avec des modulations très fréquentes et libres ; sa musique peut même parfois paraître trop riche. Ses meilleures œuvres sont sans doute celles dans lesquelles la forme globale insiste sur un schéma harmonique contrôlé, comme le finale en canon de la *Sonate pour violon et piano* ou les *Variations symphoniques pour piano et orchestre* (1885). Son orchestration tient de la registration de l'orgue et son écriture pianistique se réfère souvent à ses mains énormes qui lui permettent de créer de grandes sonorités d'orgue, mais toutes deux font beaucoup d'effet.

La simplicité de sa nature, qui apparaît clairement dans sa musique, allait jusqu'à la naïveté dans la vie quotidienne. Elle lui a valu l'affection de ses élèves qui, pour la plupart, venaient étudier l'orgue avec lui mais qui, en raison de son insistance sur l'improvisation, travaillaient en fait la composition. Vincent d'Indy, Vierne et Lekeu peuvent être considérés comme de véritables disciples de Franck ; Bizet comme Debussy n'ont suivi ses cours que pendant peu de temps. Franck est mort dans un accident de la route, après avoir été heurté par un tramway à chevaux.

Denis Arnold.

BIBLIOGRAPHIE : Emmanuel Buenzod, *Franck*, Seghers (Paris, 1966). Alfred Colling, *César Franck ou le Concert spirituel*, La Renaissance du livre (Paris, 1952). Maurice Emmanuel, *César Franck*, H. Laurens (Paris, 1930). Jean Gallois, *Franck*, Seuil (Paris, 1966, rééd. 1980). Vincent d'Indy, *César Franck*, Alcan (Paris, 1906), rééd. Michel de Maule (Paris, 1987). Robert Jardillier, *La Musique de chambre de César Franck*, Mellottée (Paris, 1930), rééd. Les Introuvables (Plan-de-la-Tour, 1978). Maurice Kunel, *César Franck, l'homme et son œuvre*, Grasset (Paris, 1947). F. Sabatier, *César Franck et l'orgue*, PUF, coll. Que-sais-je ? (Paris, 1982). Léon Vallas, *La Véritable Histoire de César Franck*, Flammarion (Paris, 1955).

Franck, Melchior (Zittau, vers 1580 ; Cobourg, 1er juin 1639). Compositeur allemand. Fils d'un peintre, il a peut-être été l'élève de Demantius et certainement celui de Hans Leo Hassler avant d'entrer au service du prince de Cobourg en 1603. Il a écrit une musique religieuse un peu conservatrice mais intéressante, destinée à des effectifs de toutes dimensions ; mais il est surtout connu aujourd'hui pour sa musique de danse et sa maîtrise du *quodlibet.

Denis Arnold.

Francœur. Famille de musiciens français qui ont exercé à Paris pendant tout le XVIIIe siècle. **Joseph Francœur** (vers 1662 ; Paris, vers 1741), contrebassiste, fait partie dès 1706 des Vingt-Quatre Violons du roi puis de l'Orchestre de l'Opéra à partir de 1713. Son fils, **Louis Francœur** (« le fils aîné » ; Paris, 1692 ; Paris, septembre 1745), violoniste et compositeur, entre à l'Orchestre de l'Opéra en 1704. Six ans plus tard il est admis au sein des Vingt-Quatre Violons du roi et devient finalement violon solo. Il publie deux livres de sonates pour violon dans le style italien, difficiles sur le plan technique (1715, 1726). A sa mort, son seul fils survivant, **Louis-Joseph Francœur** (1738-1804), lui succède aux Vingt-Quatre Violons du roi avant de devenir directeur de l'Orchestre de l'Opéra en 1779. **François Francœur** (« le cadet » ; Paris, 21 septembre 1698 ; Paris, 5 août 1787), frère de Louis Francœur, entre à l'Orchestre de l'Opéra comme premier violon à l'âge de quinze ans, puis à la Musique de la Chambre du roi. En 1726, il entame une association durable avec François Rebel, fils de Jean-Féry Rebel, qu'il avait rencontré en 1723. Pendant cinquante ans, les deux hommes écrivent des tragédies lyriques, des ballets et des divertissements pour l'Opéra (notamment *Pyrame et Thisbé*, 1726 ; *Scanderberg*, 1735 et *Les Génies tutélaires*, 1751), ainsi que des ballets et d'autres œuvres qui sont exécutés dans les diverses résidences royales, particulièrement à Versailles et à Fontainebleau.

En 1727, Francœur est nommé compositeur de musique de la Chambre du roi et, en 1744, il succède à Colin de Blamont comme surintendant de la musique du roi. Treize ans plus tard, il partage avec Rebel la direction de l'Opéra, changement d'activité qu'ils regretteront tous les deux. Dès le début, leur direction est vouée à un sort tragique : après l'incendie de l'Opéra, en 1763, ils sont obligés de démissionner. Toutefois, Francœur conservera ses fonctions à la Chambre du roi jusqu'à sa retraite, en 1776.

Wendy Thompson.

Francs-juges, Les. Ouverture op.3 de Berlioz, composée en 1826 pour un opéra qu'il a ensuite abandonné.

Frankel, Benjamin (Londres, 31 janvier 1906 ; Londres, 12 février 1973). Compositeur anglais, presque entièrement autodidacte en dehors de quelques cours de piano avec Victor Benham en Allemagne (1922) et d'études à temps partiel avec Orlando Morgan à la Guildhall School of Music de Londres. Il entre dans la vie musicale comme violoniste de jazz et comme professeur, puis comme orchestrateur et chef d'orchestre au West End Theatre de Noël Coward et C. B. Cochran ; à partir de 1934, il compose de la musique de film. Pendant toute sa vie, il cherchera en vain à se faire reconnaître comme compositeur de musique sérieuse, avec plusieurs œuvres de musique de chambre et un *Concerto pour violon* (1951) où se mêlent les influences de Bartók, de Berg et de Walton. En 1958, il adopte le sérialisme dodécaphonique tout en conservant une certaine notion de tonalité. Les principales œuvres qu'il a composées pendant cette période sont huit symphonies et un opéra inachevé, *Marching Song*.

Paul Griffiths.

Frankfurt Group. Groupe de compositeurs anglais (Norman O'Neill, Roger Quilter, Cyril Scott et Balfour Gardiner) élèves d'Iwan Knorr (1853-1916) à la Hochschule für Musik de Francfort, à la fin des années 1890.

Franz, Robert (Halle, 28 juin 1815 ; Halle, 24 octobre 1892). Compositeur allemand issu d'une vieille famille de la haute société, il n'est autorisé à étudier la musique qu'après avoir terminé ses études et réussi ses examens ; il travaille alors la composition avec un professeur de Dessau. Rentré chez lui, il ne peut obtenir aucun poste de musicien et s'avère incapable de faire quoi que ce soit d'autre. Il passe six années très dures avant de publier, en 1843, un cycle de douze lieder que Schumann apprécie beaucoup. Il est ensuite nommé organiste et chef d'orchestre de la Singakademie où il redonne vie aux madrigaux et à la musique religieuse « ancienne ». Il souffre de surdité et de problèmes nerveux jusqu'en 1868 et doit abandonner tout emploi rémunéré. Il vit alors des dons d'un chanteur local et des revenus de concerts donnés à son profit par Liszt et quelques autres artistes. Il a composé beaucoup de lieder, surtout appréciés en Allemagne, car sa musique reflète essentiellement l'atmosphère et l'accentuation de la poésie lyrique allemande. Il a aussi largement participé à l'édition intégrale des œuvres de Bach et de Haendel.

Denis Arnold.

Fratelli d'Italia (*Inno di Mameli*). Premier hymne national officiel italien, adopté en 1946. Composé en 1847, il s'intitulait à l'origine *Canto degli Italiani*, sur des paroles de Goffredo Mameli (1827-49) et une musique de Michele Novaro (1822-85). Voir également *Giovinezza, La*.

Frauenliebe und -leben (« L'Amour et la vie d'une femme »). Cycle de huit lieder pour voix de femme et piano op.42 de Schumann, composé en 1840 sur des poèmes d'Adalbert von Chamisso.

Frauenlob [Heinrich von Meissen] (près de Meissen, vers 1250-60 ; Mayence, 29 novembre 1318). *Minnesinger* allemand qui doit sans doute son surnom à ses chants de louange à la Vierge dans lesquels il préférait le mot *Frau* (« dame ») au mot *Weib* (« femme »), même pour la classe moyenne à laquelle s'adressaient alors couramment ces chants. Les chants de Frauenlob marquent la fin de la tradition du **Minnesinger* noble et le début de celle du *Meistersinger* bourgeois ; son œuvre est restée connue jusqu'à la fin du XVe siècle.

Denis Arnold.

Frau ohne Schatten, Die. Voir *Femme sans ombre, La*.

Freddo (ital). « Froid » ; *freddamente*, « froidement » ; *freddezza*, « froideur », « indifférence ».

Frédéric [Friedrich] **II,** roi de Prusse [Frédéric le Grand] (Berlin, 24 janvier 1712 ; Sans-Souci, près de Potsdam, 17 août 1786). Frédéric II était l'un des protecteurs les plus importants de son temps et, à ce titre, il a apporté une contribution essentielle à la musique allemande ; il était également instrumentiste et compositeur. En tant que prince de la famille royale, il disposait de son propre établissement musical à Ruppin, jusqu'en 1736, puis à Rheinsberg. Il avait regroupé un noyau de musiciens – notamment Franz et Joseph Benda, C. H. Graun (devenu Kapellmeister en 1735) et son frère J. G. Graun, ainsi que C.P.E. Bach – qui formeront la base de sa chapelle royale lors de son accession au trône, en 1740. En 1741, Quantz se joint à eux ; il enseigne la flûte au roi et devient l'homme le plus influent de la cour. Ces musiciens étaient à l'entière disposition de

Frédéric et étaient obligés d'assister aux concerts royaux tous les soirs. Les concerts se composaient de musique de Hasse, Graun, Benda et d'autres musiciens de cour ; les goûts musicaux de Frédéric II étaient profondément conservateurs et ont peu évolué entre son accession au trône et sa mort. Comme le roi n'aimait pas l'innovation, C.P.E. Bach était le moins populaire de ses musiciens. Frédéric II était un excellent flûtiste et, au programme de ses concerts, figurait régulièrement un concerto pour flûte. Quantz a écrit plus de trois cents concertos pour son élève royal qui les jouait méthodiquement du premier au dernier en recommençant lorsqu'il avait terminé.

Également compositeur, Frédéric II a écrit environ 120 sonates pour flûte (dans le style de Quantz), quelques symphonies, des arias pour les opéras de Graun (il est également l'auteur de quelques livrets, notamment celui du *Montezuma* de Graun) et des marches militaires pour célébrer ses propres victoires. Mais c'est surtout comme protecteur qu'il a joué un rôle déterminant dans la vie musicale allemande du XVIIIe siècle. Il a fait revivre l'Opéra de Berlin, qui n'avait produit aucun opéra entre 1713 et 1742, et, en 1742, le nouveau bâtiment de l'Opéra de Berlin, qu'il avait lui-même commandé, était inauguré avec *Cesare e Cleopatra* de Graun. L'Opéra royal de Berlin (parfois appelé *Unter den Linden*, du nom de l'avenue sur laquelle il est situé) a connu une période florissante jusqu'en 1756, lorsque a éclaté la guerre de Sept Ans ; toutefois, son répertoire était assez limité car Frédéric II ne choisissait que des opéras de ses compositeurs favoris, Graun et Hasse.

On doit aussi à Frédéric II la commande d'une œuvre essentielle. Lorsque J. S. Bach vint à Potsdam en 1747, Frédéric II lui demanda de composer une série de variations sur un thème dont il était l'auteur. Bach lui fit parvenir l'*Offrande musicale*, mais le roi n'en entendit que les huit premières parties, que Bach improvisa devant lui, et rien ne permet d'affirmer qu'il ait fait rejouer l'œuvre ultérieurement.

Wendy Thompson.

Frei, freie (all.). « Libre ».

Freischütz, Der. Opéra en trois actes de Weber sur un livret de Friedrich Kind, d'après un récit de Johann Apel et le *Gespensterbuch* (« Livre des fantômes », 1811) de Friedrich Laun. Représentations : Berlin (Schauspielhaus, 18 juin 1821) ; Londres (Lyceum, 22 juillet 1824) ; Paris (Odéon, 7 décembre 1824, dans une adaptation française de Castil-Blaze intitulée *Robin des bois ou les Trois Balles*) ; New York (2 mars 1825). Max (tén.) aime Agathe (sop.), la fille du chef garde forestier Cuno (basse). Il voudrait gagner un concours de tir dont l'enjeu est la nomination du nouveau garde-chasse et obtenir ainsi la main d'Agathe ; mais il perd dès la première épreuve. Kaspar (basse) a vendu son âme au mauvais esprit Samiel (rôle parlé) et doit lui amener une nouvelle victime ; Max accepte que Samiel lui fournisse des balles magiques.

Agathe est inquiète bien qu'Aennchen (sop.) la rassure ; Max arrive puis la quitte sous prétexte d'aller chercher un cerf qu'il a tué dans la vallée des loups. Au milieu de visions et de bruits étranges, Kaspar prépare sept balles pour Max, mais la dernière obéira à la volonté de Samiel, ce que Max ignore.

Agathe prie et se prépare à épouser Max ; elle a fait des cauchemars mais, une fois encore, Aennchen la réconforte. Max surprend tout le monde lors du concours de tir. Le prince lui ordonne de tirer sur une colombe blanche avec la septième balle. Agathe sort du bosquet où se trouve la colombe et lui crie de ne pas tirer. Max tire, la colombe s'envole et Agathe tombe inanimée. Elle reprend conscience, mais Kaspar est blessé à mort. Max avoue son pacte avec Samiel, mais grâce à l'intercession d'un ermite (basse), il sera pardonné.

Fresco (ital.). « Frais » ; *frescamente*, « fraîchement ».

Frescobaldi, Girolamo (Ferrare, septembre 1583 ; Rome, 1er mars 1643). L'un des plus grands organistes et compositeurs de musique pour instruments à clavier de son temps. Il semble issu d'une famille assez aisée et étudie avec le célèbre organiste Luzzaschi à Ferrare. En 1604, il est membre de l'Académie Sainte-Cécile à Rome et, trois ans plus tard, devient organiste de Santa Maria in Trastevere. Il est pris en charge par le riche et influent cardinal Bentiviglio, part avec lui pour Bruxelles avant de revenir à Rome comme titulaire de l'orgue de Saint-Pierre, en

1608. La même année, il publie son premier volume de musique pour clavier, qui contient des fantaisies et qui montre un sens remarquable du contrepoint ; il publie également un livre de madrigaux sans grand intérêt. En 1612, il a un fils dont il n'épouse la mère que l'année suivante. Un volume de toccatas et de partitas révèle ses talents d'improvisateur : il y utilise notamment des harmonies et des tournures de phrases inhabituelles. La préface indique qu'il évitait l'utilisation du *tempo rubato*, des notes inégales dans les passages en gammes et des *ritardendi* à l'endroit des cadences.

Entre 1615 et 1624, il ne publie rien ; les capriccios de 1624 et surtout les magnifiques toccatas de 1627 montrent une évolution stylistique considérable. Certaines toccatas sont composées pour être jouées au cours de la messe, à l'Élévation ; leur riches harmonies confèrent une attitude mystique au cérémonial religieux. En 1628, Frescobaldi quitte Rome pour devenir organiste à la cour de Ferdinand II de Médicis, à Florence, où il reste jusqu'en 1634. Pendant son séjour florentin, il compose les *Arie musicali* (Florence, 1630). Il passe la fin de sa vie à Rome comme organiste à Saint-Pierre où il jouit des plus grands honneurs et de l'admiration générale.

En 1635, il fait paraître son ouvrage le plus célèbre, les *Fiori musicali*, un recueil de musique destinée à la messe. Son talent contrapuntique y égale celui de Bach à la fin de sa vie ; soixante ans après la mort de Frescobaldi, le jeune J. S. Bach les copiera et les étudiera, ce qui confirme le fait que Frescobaldi était considéré comme le meilleur compositeur italien de musique pour clavier de son temps. Parmi ses nombreux élèves figurent Michelangelo Rossi et Froberger ; l'influence qu'il a exercée sur d'autres grands compositeurs-organistes comme Buxtehude est indéniable.

Denis Arnold.

BIBLIOGRAPHIE : Armand Machabey, *Frescobaldi, la vie, l'œuvre*, Billaudot (Paris, 1981).

Fresnel, Baude. Voir *Cordier, Baude.*

Fretta (ital.). « Hâte » ; *frettevole, frettoso, frettoloso, frettolosamente*, « en se hâtant », « hâtif », « pressé », « en se pressant ».

Frettes, ou touches (all. : *Bunde* ; angl. : *frets* ; ital. : *tasti*). Parties surélevées situées le long de la touche d'une guitare, d'une cithare et de la plupart des autres instruments à cordes sur lesquelles la main gauche bloque les cordes pendant que l'autre main les pince ou les gratte. La frette empêche le contact de la corde et de la touche ; elle joue le même rôle que le sillet sur les cordes à vide, réduit l'amortissement dû à la friction et permet à la note de continuer à sonner clairement après avoir été pincée. Il existe des frettes fixes et des frettes mobiles. Les frettes fixes, généralement en métal incrusté dans le bois du manche, étaient utilisées au XVIe siècle sur le cistre. La guitare et la mandoline les ont adoptées à partir de la fin du XVIIIe siècle ; elles comportaient jusqu'alors des frettes composées de fines cordes doubles en boyau dont l'épaisseur décroissait de la première à la dernière et qui entouraient le manche et la touche avec un nœud spécial pour permettre d'en ajuster la position. Le luth possède encore des frettes en boyau, ainsi que la viole, qui est pratiquement le seul instrument à archet muni de frettes.

Sur certains instruments anciens et instruments populaires ou traditionnels, les frettes ne donnent qu'une gamme diatonique (comme le dulcimer des Appalaches ; voir *Dulcimer*, 3). Dans les autres cas, elles respectent une disposition chromatique : la première frette correspond au demi-ton au-dessus de la corde à vide et la douzième frette (l'octave de la corde à vide) se situe à mi-chemin entre le sillet et le chevalet pour diviser la corde en deux (la proportion d'une octave étant 2:1). La Fig. 1 reproduit un tableau des frettes chromatiques pour une corde accordée sur ut ; on trouve, à gauche, la désignation des frettes soit par des chiffres – comme c'est généralement le cas aujourd'hui et dans l'ancienne tablature « italienne » (la corde à vide étant indiquée par « 0 ») –, soit par des lettres comme dans la tablature « française » (corde à vide = « a »). Voir également *Cistre*, 3.

1. *Position des frettes.* (*a*) Autrefois, on avait coutume de placer les principales frettes diatoniques du luth par simples fractions de la corde à vide : en considérant une corde accordée sur ut, la frette ré était placée à 1/9 de la longueur totale de la corde à partir du sillet ; la frette de

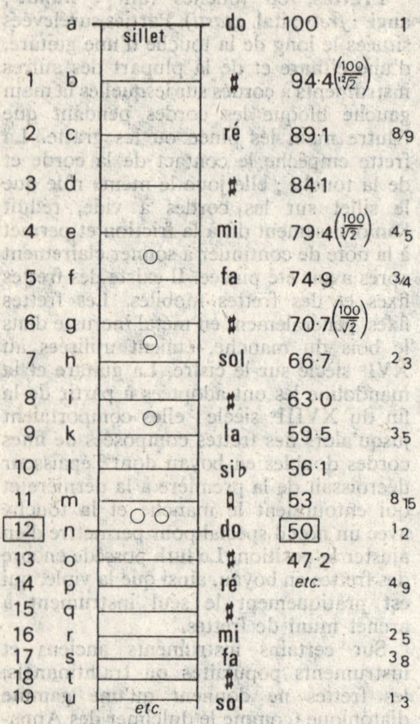

Fig. 1

fa au quart, la frette de sol au tiers, etc. comme sur la Fig. 1, à l'extrême droite (mais ici, le calcul s'effectue à partir du chevalet). Les demi-tons étaient ensuite placés *de visu*.

(*b*) Les frettes fixes (chromatiques, comme sur toutes les guitares modernes) sont placées selon le tempérament égal (voir *Tempérament*, 4) : pour les demi-tons successifs de la gamme chromatique ascendante, la longueur de corde vibrante (de la frette au chevalet) diminue dans la proportion de 1 pour 122 (1,05946), comme l'indiquent les pourcentages approximatifs de la Fig. 1 (sur une base de 100 pour la corde à vide). Cette proportion est proche de 17 à 18 par demi-ton, ou 1-1/18, d'où la « Règle des 18 » découverte en 1581 par Galilée et largement utilisée depuis lors pour entoucher les instruments. La corde à vide est divisée par 18 pour trouver la distance qui sépare la première frette du sillet. On divise ensuite la différence par 18 pour placer la seconde frette, etc. Si l'on suit exactement cette méthode, la douzième frette (l'octave) se situe au-delà du milieu de la corde (car pour respecter le tempérament égal strict, il faudrait appliquer 17,817 et non 18).

2. *Le « réglage fin » de la touche*. La hauteur des cordes au-dessus des frettes revêt une importance considérable pour l'instrumentiste et nécessite un réglage très délicat qui porte ce nom (voir *Guitare*, 2). Cette hauteur peut dépendre du genre de musique à laquelle l'instrument est destiné ou des goûts personnels de l'instrumentiste, mais un instrument mal conçu ou mal réglé à cet égard peut être injouable ; c'est surtout un problème de lutherie.

3. *Nombre de frettes*. Il varie entre sept et vingt-six (sept frettes en boyau sur les luths et les violes, instruments dont le manche n'est pas assez long pour en recevoir davantage – bien que le luth comporte parfois quelques frettes supplémentaires en bois dur collées sur la table). Les instruments qui comportent le plus grand nombre de frettes sont ceux qui ont un manche assez long pour les fixer (frettes fixes comme sur le banjo, frettes mobiles en boyau ou en fil métallique fin sur de nombreux instruments asiatiques) et ceux dont la touche déborde sur la table, comme la majorité des instruments actuels, notamment le cistre.

Les frettes modernes sont en fil métallique profilé en T : la tige du T entre dans la touche et le haut du T vient aplanir le tout.

4. *Points de position*. Ces points (sur les guitares électriques, ce sont généralement des plaques carrées) sont incrustés dans la touche pour servir de repères visuels à l'instrumentiste lorsqu'il change de position à la main gauche ; ils sont situés derrière les frettes qui correspondent aux principales notes de la gamme : normalement, la quinte, la septième, la neuvième, la douzième (etc.) frette (voir Fig. 1) ; mais, sur les banjos, la dixième frette remplace généralement la neuvième, selon une gamme plagale de base qui comporte la fondamentale à la cinquième frette.

Voir également *Capotasto*.

Anthony Baines.

Freude (all.). « Joie » ; *freudig*, « joyeux ».

Fricassée. Nom d'un *quodlibet humoristique du XVIe siècle, citant souvent des extraits d'airs populaires et de cris des rues.

Fricker, Peter Racine (Londres, 5 septembre 1920). Compositeur anglais. Ses études au Royal College of Music de Londres sont écourtées par la guerre ; il prend ensuite des cours de composition avec Mátyás Seiber. Directeur de la musique à Morley College (1953-64), il part ensuite pour l'Université de Californie, à Santa Barbara. Ses premières œuvres, notamment le *Quintette à vent* (1947) et la *Symphonie n° 1* (1948-49), sont écrites dans un style polyphonique intense où l'on relève l'influence de Bartók et de Hindemith. Dans les *Quatre Sonnets* pour piano (1955), il s'essaie à une écriture sérielle stricte (voir *Sérialisme*), mais ses œuvres ultérieures utilisent les méthodes sérielles d'une manière plus libre et reposent davantage sur un mouvement harmonique résolument tonal. Il compose surtout de la musique instrumentale, notamment cinq symphonies et beaucoup de musique de chambre.

Paul Griffiths.

Friml, (Charles) **Rudolf** (Prague, 7 décembre 1879 ; Los Angeles, 12 novembre 1972). Compositeur américain d'origine tchèque. Doué d'un talent précoce, il publie, à l'âge de dix ans, une *Barcarolle* pour piano. Il travaille alors le piano et la composition au Conservatoire de Prague. Il devient ensuite l'accompagnateur du violoniste Jan Kubelik avec lequel il effectue plusieurs tournées en Europe pendant une dizaine d'années. En 1901, il va aux États-Unis avec Kubelik et, à la fin d'un autre séjour, en 1904, décide d'y rester pour y mener une carrière de pianiste et de compositeur. Il donne de nombreux récitals et joue son propre *Concerto pour piano* avec l'Orchestre philharmonique de New York. Il commence à nouer quelques contacts dans les milieux de la comédie musicale lorsqu'en 1912 la chanteuse Emma Trentini se fâche avec Victor Herbert. On lui demande alors de terminer la partition de *The Firefly* prévue pour succéder à l'affiche à *Naughty Marietta*. L'ouvrage remporte un succès encourageant et connaît une seconde carrière lorsqu'il est filmé en 1937, avec l'adjonction de la chanson « Donkey Serenade » (adaptation d'une pièce pour piano écrite auparavant). Le spectacle assied la réputation de Friml dans le domaine de l'opérette et, avec Herbert et Romberg, il participe à la fondation d'une école américaine d'opérettes dans le style viennois qui réussit à survivre aux influences débordantes du jazz. Friml remporte deux grands succès avec *Rose Marie* en 1924 et *The Vagabond King* en 1925. Il continuera à écrire jusqu'à la fin de sa vie mais ne remportera plus de grands succès après *The Three Musketeers* en 1928, car il restera en marge des nouvelles tendances musicales. Dans les années trente, il compose essentiellement pour les films de Hollywood. Ses œuvres les plus connues continuent à faire la joie des sociétés de chanteurs amateurs qui apprécient cette musique traditionnelle solide de nature romantique.

Peter Gammond.

Frisch (all.). « Frais », dans le sens de vif et alerte.

Froberger, Johann Jacob (Stuttgart, mai 1616 ; Héricourt, près de Belfort, 6 ou 7 mai 1667). Organiste et compositeur allemand. Issu d'une famille de musiciens (son père était Kapellmeister à la cour de Würtemberg), il apprend sans doute la musique avec son père et l'un des éminents compositeurs étrangers travaillant à Stuggart. En 1637, on le trouve à Vienne où l'empereur Ferdinand III l'autorise à aller étudier à Rome avec Frescobaldi. Il rentre à la cour d'Autriche comme organiste en 1641 et reste au service de l'empereur jusqu'en 1658, avec néanmoins quelques longs séjours en Italie, à Bruxelles, à Paris et à Londres ; c'est sans doute lors d'un de ses voyages en Italie qu'il s'est converti au catholicisme. Il meurt dans le château de son amie Sibylla, princesse de Würtemberg-Montbéliard.

L'importance de Froberger comme compositeur tient à sa maîtrise de la musique pour clavier du XVIIe siècle. Ses toccatas – de longs morceaux pleins d'harmonies chromatiques imaginatives et de passages éloquents – ont été copiées et imitées par Bach. Ses *canzoni* et *ricercari* développent les concepts de son maître, Frescobaldi, alors que ses trente suites révèlent l'influence du *style brisé français. Ses plus belles œuvres sont les *Lamentations,* écrites dans un style inspiré de certains compositeurs français comme Chambonnières : la *Lamentation faite sur la mort très douloureuse de Sa Majesté impériale* (Ferdinand III était mort en 1657) offre une très belle description de l'âme s'élevant au ciel.

Denis Arnold.

Frog (angl. ; all. : *Frosch*). La hausse de l'archet du violon.

Fröhlich (all.). « Heureux », « joyeux ».

Froissart. Ouverture de concert op.19 d'Elgar, composée pour le Festival de Worcester en 1890. Le titre se réfère à un passage de *Old Mortality* de Walter Scott dans lequel Claverhouse parle de son enthousiasme pour les romances historiques et les *Chroniques* de Jean Froissart (1337-1410). La partition est précédée d'une citation de Keats : « When chivalry lifted up her lance on high ».

From the Bavarian Highlands. Six chants pour chœur, op.27 d'Elgar sur des textes de C.A. Elgar adaptés de chants traditionnels bavarois. Elgar en a composé une première version avec accompagnement de piano en 1895, qu'il a orchestrée en 1896. Il a ensuite arrangé trois d'entre eux pour orchestre seul sous le titre *Three Bavarian Dances* (création en 1897).

Frottola (ital.). Forme de musique profane qui a connu beaucoup de succès en Italie dans les dernières années du XVe siècle et qui a subsisté jusqu'en 1530, époque à laquelle elle a été supplantée par le madrigal. La *frottola* provient de la pratique de l'improvisation musicale sur diverses sortes de vers ; aux différentes formes poétiques, sonnets, odes, *strambotti* et *canzone,* correspondaient des formes musicales créées pour la circonstance qui impliquaient généralement la répétition de la même musique pour les strophes successives, comme refrain ou pour souligner les rimes de la poésie. Les paroles étaient aussi bien obscènes que sentimentales, mais la musique reflétait assez peu leur sens. Pour le chanteur, les airs étaient essentiellement syllabiques et ressemblaient même parfois à un récitatif bien ordonné, avec des parties graves souvent plus coulantes et contrapuntiques. Elles étaient en général chantées à une seule voix avec l'accompagnement de trois instruments ; mais, dans certains cas, elles étaient uniquement vocales ou se présentaient sous forme de mélodie à une voix accompagnée au luth. Les compositeurs de *frottola* étaient tous des musiciens de cour de second plan du nord de l'Italie (parmi les derniers, les plus célèbres sont Tromboncino et Cara) et leurs œuvres ont été publiées juste après l'invention des caractères d'imprimerie musicaux amovibles par l'imprimeur vénitien Petrucci.

Denis Arnold.

Früher (all.). « Plus tôt ».

Frühlingslied (all.). « Chanson de printemps ». *Lied ohne Wörte* n° 30 (op.62) en la majeur (Livre 5, 1844) pour piano seul de Mendelssohn.

Frühlingssonate. Voir *« Printemps, Le ».*

Frye, Walter (mort en 1474 ou 1475). Compositeur anglais. On sait peu de choses de sa vie. Il a peut-être appartenu à la Parish Clerk's Guild à Londres en 1457 et le testament d'un Walter Frye a été homologué à Canterbury le 5 juin 1475. Frye est peut-être le « Walter cantor » qui a travaillé à la cathédrale d'Ely entre 1443 et 1453. Les œuvres de lui qui nous sont parvenues ont été trouvées presque exclusivement en Europe : on en a déduit qu'il avait dû travailler à l'étranger (peut-être avant 1450), mais aucune preuve ne vient étayer cette théorie.

Les œuvres de Frye, qui comportent trois messes cycliques (deux à trois voix et une à quatre voix), cinq motets à trois ou quatre voix, trois ballades sur des textes anglais et un rondeau sur un texte français, ont eu beaucoup de succès en Europe où elles ont fait l'objet de divers arrangements avec différents textes. Elles illustrent le style dit « anglais » (la « contenance angloise ») et semblent avoir influencé les contemporains franco-bourguignons de Frye, notamment Busnois et Obrecht.

Wendy Thompson.

Fuenllana, Miguel de (Navalcarnero, près de Madrid, début du XVIe siècle ; après 1568). Compositeur espagnol, aveugle de naissance, l'un des grands compositeurs de musique instrumentale du XVIe siècle qui a écrit pour la vihuela. Il a commencé par travailler pour la marquise de Tarifa, puis pour Philippe II, auquel il a dédié son volume de chansons, de fantaisies et de transcriptions pour vihuela, *Orphénica Lyra* (Séville, 1554). De 1562 à 1568, il a été musicien de chambre de la troisième femme de Philippe II, Élisabeth de Valois. On ignore la date de sa mort.

Wendy Thompson.

Fuga (lat.). « Fugue ».

Fugato (ital.). Passage de style fugué inséré dans une œuvre non fuguée. Par exemple, l'allegro de l'ouverture de *La Flûte enchantée* de Mozart commence par une partie fuguée qui se transforme rapidement en un mouvement de forme sonate au lieu de constituer une fugue complète.

Fughetta (ital.). Courte *fugue.

Fugue (lat., ital. : *fuga* ; all. : *Fuge* ; angl. : *fugue*). En musique, ce terme se réfère à une composition dans laquelle trois voix (ou plus) entrent en imitation l'une après l'autre, chacune pourchassant la précédente qui prend la « fuite » devant elle. Deux fugues ne sont jamais construites de la même façon. La fugue est davantage un style de composition qu'un principe de forme, mais il existe néanmoins une terminologie reconnue pour décrire les divers rôles de chaque voix dans la fugue.

La première voix qui entre porte le thème principal de la fugue : le « sujet » ou *dux* (= conducteur). Après l'exposition de ce thème, la deuxième voix entre et le transpose à la dominante (transposition à la quinte supérieure ou à la quarte inférieure) : cette seconde voix s'appelle la « réponse » ou *comes* (= accompagnateur). La troisième voix entre après la réponse et reprend le sujet ; l'alternance entre le sujet et la réponse se poursuit ainsi jusqu'à ce que toutes les voix de la fugue soient entrées. Cette partie de la fugue porte le nom d' « exposition » ; elle se termine lorsque la dernière voix a énoncé le sujet ou la réponse.

Lorsque la deuxième voix entre avec la réponse, la première continue par une ligne de contrepoint qui découle du sujet et qui sert donc d'accompagnement à la réponse. De même, lorsque la troisième voix entre, la deuxième continue par une ligne de contrepoint qui accompagne la première et la troisième voix, etc. Dans certaines fugues, le prolongement du sujet en contrepoint sur la deuxième et la quatrième voix (ou le prolongement de la réponse en contrepoint sur la troisième et la cinquième voix) est thématiquement identique. On dit alors que la fugue a un « contre-sujet » régulier. Ainsi, dans une fugue à trois voix, on obtient le schéma suivant :

1re voix	*2e voix*	*3e voix*
Sujet		
Contre-sujet	Réponse	
Contrepoint libre	Contre-sujet	Sujet

Selon l'ordre d'entrée des voix, le contre-sujet peut se situer au-dessus ou au-dessous du sujet/réponse. Si le contre-sujet s'adapte au-dessus et au-dessous, on parle de contrepoint réversible, c'est-à-dire que le contre-sujet ou le sujet/réponse peuvent tous deux servir de basse.

Il y a deux types de réponse : réelle ou tonale. Une « réponse réelle » est une transposition exacte du sujet à la dominante ; une « réponse tonale » ajuste la transposition. Cet ajustement se produit généralement au début de la réponse et, dans la majeure partie des cas, lorsque l'on répond à un intervalle de quarte (sol-do en ut majeur) par un intervalle de quinte (do-sol plutôt que ré-sol). Une réponse tonale est nécessaire lorsque le sujet lui-même module de la tonique à la dominante. Une réponse réelle amène la réponse de la dominante à la sus-tonique, loin de la tonique à laquelle le sujet doit ensuite revenir. Dans ce cas, la réponse doit être tonale pour revenir de la dominante à la tonique.

Lorsque toutes les voix ont été exposées, le contrepoint continue soit avec du nouveau matériel, soit avec du matériel qui repose sur un ou plusieurs motifs déjà entendus. Un passage de ce genre s'appelle « divertissement ». A ce point de la fugue, le divertissement sert généralement à introduire une modulation dans une tonalité relative ; une ou plusieurs voix

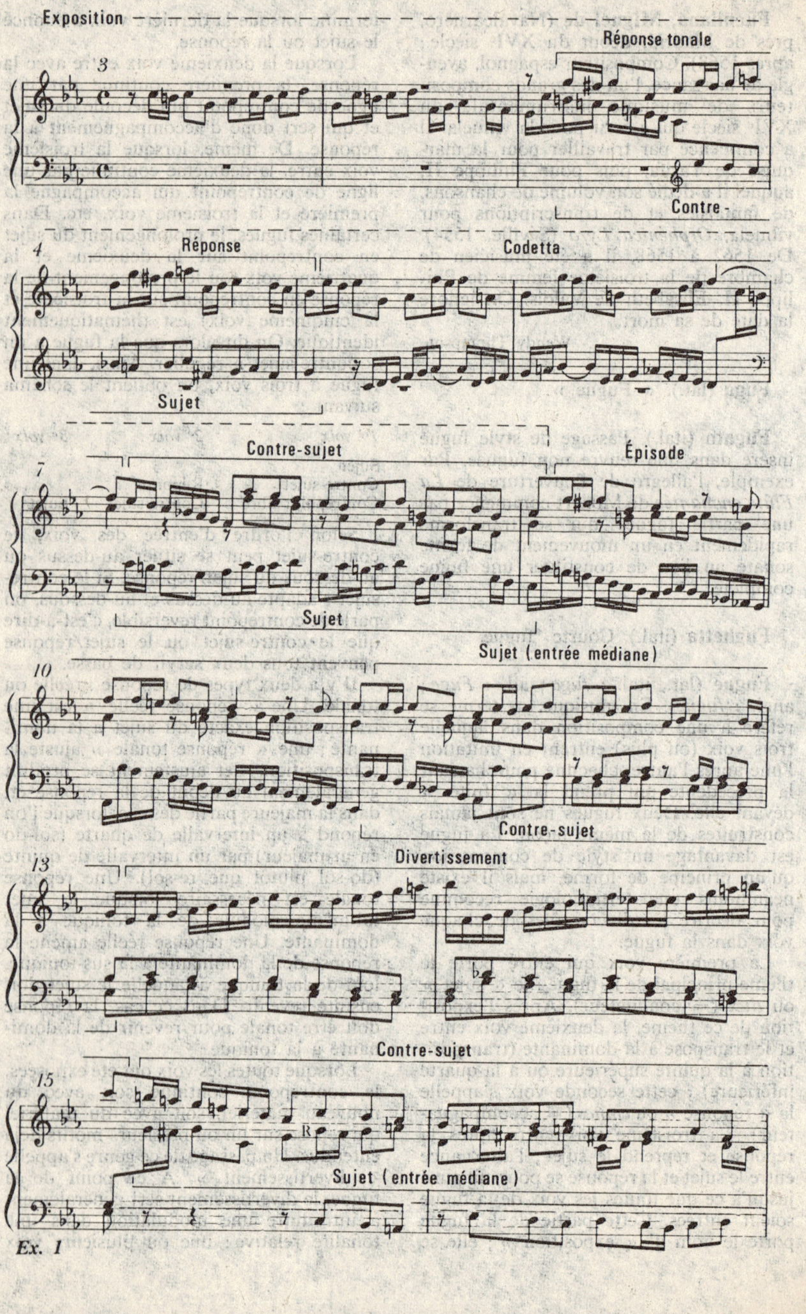
Exposition
Réponse tonale
3
Contre -
Réponse
Codetta
4
Sujet
Contre-sujet
Épisode
7
Sujet
Sujet (entrée médiane)
10
Contre-sujet
Divertissement
13
Contre-sujet
15
R
Sujet (entrée médiane)

Ex. 1

Divertissement
17
Conclusion
Sujet (tonique)
19
Contre-sujet
Divertissement
22
24
26
Sujet (dernière entrée)
29
Pédale de tonique

entrent alors à nouveau avec le sujet. Ces entrées dans des tonalités relatives portent souvent le nom d' « entrées intermédiaires ». Vers la fin du morceau, le sujet doit réapparaître dans sa tonalité d'origine et la fin de la fugue est vraiment la partie qui souligne la tonalité générale du morceau. Comme l'accent est porté sur la tonalité, on trouve souvent une *pédale de dominante ou de tonique à la voix grave.

La « codetta » est un autre terme employé à propos de la fugue ; il sert à décrire un divertissement entre le sujet et/ou la réponse dans l'exposition. Toutefois, le terme n'a de sens que si le sujet/réponse se termine par une cadence nette. La « codetta » survient généralement après la réponse de la deuxième voix et avant le sujet de la troisième.

Parfois, à l'occasion des entrées ultérieures, le compositeur les rapproche les unes des autres de sorte qu'elles se chevauchent : c'est la « strette ». De nombreuses fugues font aussi intervenir d'autres procédés contrapuntiques comme la *diminution, l'*augmentation, l'*inversion et, plus rarement, le mouvement rétrograde.

Certaines fugues présentent dès le début deux sujets simultanément. Ce sont des « doubles fugues ». Si trois voix entrent ensemble dès le début, on parle de « triple fugue », etc.

La *Fugue nº 2 en ut mineur* du Livre I du *Clavier bien tempéré* de Bach illustre quelques-uns des principes décrits ci-dessus (Ex. 1). Une exposition de huit mesures énonce le sujet à la voix médiane. La réponse tonale intervient à la mesure 3 à la voix supérieure pendant que la voix médiane continue avec le contre-sujet. Avant l'entrée du sujet à la basse (un exemple de contrepoint réversible), une « codetta » de deux mesures utilise des motifs du sujet et du contre-sujet (le motif du contre-sujet est alors inversé). Un divertissement de deux mesures conduit à la première entrée intermédiaire, au relatif majeur ; à la mesure 15, une deuxième entrée intermédiaire intervient à la dominante (mineure). Un autre divertissement ou épisode opère le retour à la tonique et, à la mesure 20, la conclusion débute sur le sujet à la tonique à la voix supérieure. Un long divertissement de quatre mesures et demie, à nouveau sur des motifs du sujet et du contre-sujet, prépare l'entrée finale du sujet de la fugue à la basse. La fugue se termine par une pédale de tonique sur laquelle on entend des motifs du sujet.

Voir également *Forme*, 9.

G. M. Tucker.

BIBLIOGRAPHIE : Marcel Bitsch, Jean Bonfils et Jean-Paul Holstein, *La Fugue*, PUF, coll. Que-sais-je ? (Paris, 1981).

Fukushima, Kazuo (Tokyo, 11 avril 1930). Compositeur japonais. Autodidacte de formation, il est nommé professeur assistant à l'Académie de musique Ueno-Gaku de Tokyo en 1964. Il a composé deux pièces pour flûte seule qui sont souvent jouées, un *Requiem* (1956) et *Mei* (1962), typiques de son style poétique d'avant-garde.

Paul Griffiths.

Full anthem (angl.). *Anthem* pour un grand chœur. Voir *Anthem*, 1.

Füllstimme (all.). 1. Voix/parties de remplissage sans signification fonctionnelle ou indépendante, comme une partie d'orchestre supplémentaire. 2. A l'orgue, *ripieno*, « fonds ».

Functional harmony (angl.), **Fünktionslehre** (all.). Voir *Étude des fonctions*.

Funeral, funereal (angl.). « Funèbre ».

Fünf (all.). « Cinq » ; *fünfstimmig*, « à cinq voix », « à cinq parties ».

Funiculì, funiculà. Chanson de Denza composée en 1880 en l'honneur de l'inauguration du funiculaire de Naples. Elle est citée dans *Aus Italien* (1886) de Richard Strauss qui pensait apparemment qu'il s'agissait d'une chanson traditionnelle authentique.

Fuoco [*foco*] (ital.). « Feu » (indication qui mêle les notions de feu et de vitesse) ; *fuocoso*, « enflammé ».

Für Elise (« La Lettre à Élise »). Bagatelle pour piano en la mineur de Beethoven, composée en 1808-10. La partition autographe porte l'inscription « Für Elise am 27 April zur Erinnerung von L. v. Bthvn ». On suppose qu'Elise pourrait être une erreur de transcription du copiste et que Beethoven l'aurait destinée à « Thérèse » (von Brunswick), dont il était épris. La partition a été retrouvée dans ses papiers.

Furiant (tchèque). Danse populaire tchèque rapide et gaie, notée à 3/4 avec des accents variables. Elle a été utilisée par Dvořák (dans son *Quintette avec piano* et *Deux Furiants op.42*, par exemple) et Smetana (*La Fiancée vendue*).

Furioso (ital.). « Furieux » ; *furiosamente*, « furieusement ».

Furlano (ital.). Voir *Forlana*.

Furore (ital.). « Furie » ou « enthousiasme ».

Furry dance (angl.). Danse processionnelle ancienne pour célébrer l'arrivée du printemps, encore pratiquée tous les ans à Helston, en Cornouaille. Elle porte parfois le nom de « danse florale » ou de « flora » ; on la danse dans la rue sur un accompagnement instrumental.

Fusa (lat.). « Fuse ». Dans la notation mensuraliste des XVe et XVIe siècles, valeur de note brève (♩ avant 1450 puis ♪ jusqu'en 1630 environ), dont est dérivée la *croche moderne. Voir également *Notation*, 6.

Futurisme. Mouvement artistique cherchant à reconstituer la vitesse et l'énergie de la vie urbaine du XXe siècle. Il a été suscité par l'écrivain F. T. Marinetti dont l'affirmation « le rugissement d'une voiture... est plus beau que la *Victoire de Samothrace* » est typique de la polémique futuriste. Les principaux musiciens de ce mouvement ont été Francesco Pratella (1880-1955), dont *Musica futurista* pour orchestre (1912) est l'une des rares partitions futuristes publiées, et Luigi Russolo (1885-1947), qui a consacré son attention à la construction des *intonarumori* ou « faiseurs de bruits ». Russolo a donné des concerts avec ses « instruments » à Londres (1914) et à Paris (1921) et a suscité l'intérêt de Stravinski, Varèse, Antheil et d'autres compositeurs. Certaines œuvres de Varèse portent parfois le qualificatif de « futuriste », mais le terme est généralement réservé au groupe italien d'origine.

Paul Griffiths.

Fux, Johann Joseph (Hirtenfeld, Autriche, 1660 ; Vienne, 13 février 1741). Compositeur et théoricien autrichien. On ne sait rien de sa jeunesse, sinon qu'il est né dans une famille de paysans, que son talent musical s'est révélé très tôt et qu'il a étudié à l'Université jésuite de Graz en 1680. Il a peut-être fait des études en Italie avant de devenir organiste à la Schottenkirche de Vienne en 1696 ou avant ; deux ans plus tard, il a été nommé compositeur de la cour de l'empereur Léopold Ier. Il est resté à la cour jusqu'à la fin de sa vie, sous les règnes de Léopold, de Joseph Ier et de Charles VI. Il a également occupé des postes à la cathédrale Saint-Stephen et a été directeur de la musique de la veuve de Joseph Ier. A partir de 1715, il a été le principal Kapellmeister de la cour. Son opéra, *Constanza e Fortezza*, a été somptueusement représenté à Prague en 1723 et son traité *Gradus ad Parnassum* a été publié avec une subvention impériale en 1725. Fux a eu de nombreux élèves, notamment Wagenseil, Muffat et Zelenka.

L'importance de Fux tient aujourd'hui à son traité qui codifie ce que le XVIIIe siècle pensait être le style de Palestrina et le présente sous une forme pratique pour les étudiants (mais des recherches modernes ont révélé de nombreuses divergences). La plupart des compositeurs importants, de Haydn à Schubert, l'ont utilisé comme base de composition et on peut encore tirer profit de la clarté de sa méthode. Les œuvres les plus importantes de Fux sont des œuvres de musique sacrée, composées pour des cérémonies impériales, alors que ses opéras s'inscrivent dans la tradition de l'œuvre à grand spectacle avec des scènes chorales et des accompagnements orchestraux élaborés.

Denis Arnold.

Fz. Abréviation pour **forzando* ou **sforzando*.

G

G (all. et angl.). « Sol », cinquième degré de la gamme d'ut majeur.

Gabellone [Caballone], **Gaspare** (Naples, 12 avril 1727 ; Naples, 22 mars 1796). Compositeur italien. Fils d'un compositeur d'opéra napolitain, il est l'élève de Durante au Conservatorio di Santa Maria di Loreto à Naples. Il est l'auteur de deux opéras-comiques, *La Sposa bizzarra* (représenté en 1757) et *La Giucatrice bizzarra* (représenté en 1764), d'un grand nombre d'œuvres de musique sacrée, notamment deux messes à quatre voix, un Requiem (aujourd'hui perdu) et deux Passions, d'une cantate pour voix soliste pour l'anniversaire de la reine Caroline d'Autriche et de quelques pièces de musique instrumentale.

Wendy Thompson.

Gabrieli. Nom de deux compositeurs, l'oncle et son neveu, qui, à eux deux, ont été au service de Saint-Marc de Venise pendant plus d'un demi-siècle et qui comptent parmi les figures majeures d'une importante école de composition.

Andrea Gabrieli (Venise, vers 1533 ; Venise, vers juin 1586) était organiste à S. Geremia (aujourd'hui S. Lucia) de Cannareggio, au nord de Venise, lorsqu'il échoua au concours organisé, en 1557, pour pourvoir au poste d'organiste à Saint-Marc. Cinq ans plus tard, il se rend à Munich pour travailler à la chapelle de la cour de Bavière sous la direction de Roland de Lassus et les deux compositeurs se lient d'amitié. Andrea retourne à Venise en 1566 et, cette fois, est nommé organiste à Saint-Marc. Il y restera jusqu'à sa mort.

Andrea a connu un grand succès auprès des maisons d'édition vénitiennes, apportant sa contribution à de nombreuses anthologies de madrigaux et produisant ses propres livres de motets, de madrigaux et de pièces plus légères. Il était à la fois prolifique et versatile et maîtrisait particulièrement bien le madrigal de style léger et les caricatures dans ses villanelles, *mascherate* et *giustiniane*. Il a également composé de très belles pages de musique religieuse, notamment un livre de *Sacrae Cantiones* (1565) et un livre de motets (1567) dans lesquels il substitue aux longues lignes fluides de la polyphonie traditionnelle dans le style de Palestrina des motifs plus courts – plus faciles à mémoriser et à chanter pour des interprètes habitués aux madrigaux. Il est aussi l'auteur de quelques œuvres pour ensemble instrumental et sa musique d'orgue est souvent très intéressante, notamment les *canzone*, qui sont parfois des arrangements de chansons françaises ou de pures imitations excitant la curiosité.

Toutefois, il est surtout connu pour la musique grandiose qu'il a écrite pour les superbes fêtes de Saint-Marc. Ces œuvres font appel aux **cori spezzati* que lui avaient révélés l'ancien maître vénitien Willaert et Roland de Lassus. En ajoutant un ensemble instrumental au chœur, en faisant contraster les voix solistes avec le chœur et les voix aiguës avec les voix graves, en simplifiant l'harmonie pour éviter les problèmes soulevés par les grandes distances qui séparaient les effectifs, il écrit une musique qui correspond parfaitement aux cérémonies d'apparat – pas trop difficile pour un auditoire relativement peu musicien, sans toutefois manquer de splendeur pour impressionner les hommes d'État en visite. Cette musique a été publiée dans un recueil posthume intitulé *Concerti* (1587), préparé par son neveu et immédiatement imitée dans toute l'Europe.

Giovanni Gabrieli (Venise, vers 1555 ; Venise, août 1612) a certainement été l'élève d'Andrea et a suivi la voie de son oncle en allant à Munich vers 1575 ; il y reste pendant plusieurs années comme organiste de la chapelle de la cour de Bavière sous la direction de Lassus. En 1584, il est de retour à Venise comme organiste temporaire à Saint-Marc ; son poste devient permanent l'année suivante, ce qui permet à l'oncle et au neveu de travailler ensemble. Il restera à Saint-Marc jusqu'à sa mort. En 1585, il est aussi nommé organiste de la confraternité religieuse de la Scuola Grande di S. Rocco pour laquelle il arrange la somptueuse musique donnée le jour de son saint patron.

Avant même son retour à Venise, Giovanni Gabrieli avait acquis une certaine réputation comme compositeur de madrigaux, mais il s'intéresse de moins en moins à la musique profane et cesse presque complètement d'en composer à l'âge de quarante ans. La majeure partie des œuvres de cette époque qui nous sont parvenues se compose de musique de circonstance, comme les grands chœurs pour les pièces de théâtre données dans la cour du palais des Doges. Dans le domaine de la musique religieuse, il suit les traces de son oncle, écrivant de grandes œuvres imposantes, dont la plupart s'adressent aux *cori spezzati*. Il développe l'emploi idiomatique des instruments, accentue les constrastes entre le son et la structure, utilise davantage la dissonance et, d'une façon générale, écrit dans un style moins simple et plus pieux qu'Andrea. Ces œuvres sont regroupées dans un volume intitulé *Sacrae Symphoniae lib. I* (1597) qui comprend une messe et quelques motets – les pièces de Noël sont particulièrement belles, notamment *Hodie Christus natus est* et *O Jesu mi dulcissime*. Il a aussi composé de superbes œuvres pour ensemble instrumental qui font également appel aux *cori spezzati*. Sa musique d'orgue est plus sérieuse que celle de son oncle. A la fin de sa vie, Giovanni souffrait de calculs rénaux et semble avoir relativement peu composé, bien qu'un nombre impressionnant d'élèves (notamment Schütz) soient venus travailler avec lui de toute l'Europe pour découvrir les techniques modernes du madrigal élaborées par Monteverdi. Ses autres œuvres de musique religieuse – publiées à titre posthume dans un second volume de *Sacrae symphoniae* (1615) – reflètent cet intérêt : plusieurs motets utilisent des dissonances extrêmes et une mélodie dentelée pour exprimer l'angoisse du péché (ce qu'illustre particulièrement son *Timor et tremor*). Il abandonne les *cori spezzati* auxquels il préfère de violents contrastes entre les voix solistes, le chœur et les instruments qu'il déploie en pupitres séparés selon le procédé qu'adoptera J. S. Bach de nombreuses années plus tard. Cette technique ressort particulièrement dans les célèbres motets *In ecclesiis* et *Quem vidistis pastores*. Ses dernières œuvres de musique instrumentale explorent de nouveaux schémas formels et exploitent la virtuosité des cornettistes et des violonistes. La majeure partie de sa musique ultérieure n'a été publiée qu'après sa mort et il a exercé peu d'influence sur les jeunes Italiens. Néanmoins, en Allemagne, il a été vénéré pendant de longues années grâce à l'enthousiasme de Schütz et c'est un musicologue allemand, Carl von Winterfeld (1784-1852), qui a suscité un regain d'intérêt pour Giovanni Gabrieli au XIXe siècle.

Denis Arnold.

BIBLIOGRAPHIE : Nanie Bridgman, *La Musique à Venise*, PUF, coll. Que sais-je ? (Paris, 1985).

Gabrielli, Domenico (Bologne, 15 avril 1651 ; Bologne, 10 juillet 1690). Compositeur et violoncelliste italien. Il étudie la composition avec Legrenzi à Venise et le violoncelle avec un instrumentiste éminent, Franceschini, à Bologne. Il entre à l'orchestre de San Petronio en 1680 et y reste jusqu'à sa mort, à l'exception de quelques mois, en 1687, pendant lesquels il est provisoirement congédié pour n'avoir pas rempli ses fonctions – ce qui n'a rien de surprenant car il était alors un compositeur d'opéra recherché et passait beaucoup de temps à Venise, à Modène ou à Turin pour superviser les productions de ses œuvres. Il a été également membre de l'Accademia filarmonica de Bologne dont il est devenu président en 1683. Ses opéras ont peu de chances d'être repris à notre époque, mais parmi ses sonates pour trompette, ses motets pour San Petronio ou, surtout, sa musique pour violoncelle, écrite dans le style attrayant de la musique pour violon de Corelli et de Vitali, certaines pièces mériteraient d'être jouées.

Denis Arnold.

Gade, Niels (Wilhelm) (Copenhague, 22 février 1817 ; Copenhague, 21 décembre 1890). Principal compositeur danois du XIXe siècle que Mendelssohn admirait beaucoup. En danois, le mot Gade veut dire « rue ». Fils d'un facteur d'instruments, Gade étudie la composition avec Andreas Peter Berggreen (1801-80) et attire pour la première fois l'attention sur lui avec sa musique pour la pièce d'Oehlenschläger, *Aladdin* (1839), et l'ouverture *Souvenirs d'Ossian op.1* (1840). Sa *Symphonie n° 1 en ut mineur op.5* (1842) soulève l'enthousiasme de Mendelssohn qui en dirige la création au Gewandhaus de Leipzig, en 1843. Son succès – et le plaidoyer de Schumann dans le *Neue Zeitschrift für Musik* – jette les bases d'une carrière internationale. Il assure l'intérim de Mendelssohn à Leipzig et lui succède en 1847. Il rentre au Danemark en 1850 pour fonder un nouvel orchestre et, en 1866, prend la tête du nouveau Conservatoire royal de musique du Danemark. Il a notamment composé huit symphonies, une somme considérable d'œuvres de musique de chambre ou instrumentale et plusieurs pièces chorales, dont la plus connue est *Elverskud* (1853). Gade est peut-être la personnalité dominante de son époque, mais son style musical porte à coup sûr la marque de l'école de Leipzig. Il a un sens profond de la forme, mais manque d'esprit d'invention dans le profil individuel. Il maîtrise parfaitement son métier et ses meilleures œuvres font souvent preuve d'imagination, mais il est rare qu'il échappe longtemps à l'emprise de Mendelssohn.

Robert Layton.

Gagaku. Musique de cour officielle du Japon. Voir *Japon*, 5.

Gagliano, Marco da (près de Florence, 1er mai 1582 ; Florence, 25 février 1642). L'un des premiers compositeurs d'opéra italiens. Élève du maître de chapelle de San Lorenzo à Florence, il succède à son maître en 1608 et conserve ce poste jusqu'à la fin de sa vie. Toutefois, Gagliano a surtout accompli un travail remarquable dans le domaine de la musique profane. Ses madrigaux de style moderne et ses chansons dans le nouveau style monodique (voir *Monodie*) révèlent un solide métier. De son vivant ont été publiés six volumes de madrigaux à cinq voix ou plus (Venise, 1602-17) et un volume qui comprend également des monodies, des duos et des trios (Venise, 1615). On se souvient de lui aujourd'hui pour son opéra, *La Dafne*, qui a remporté un grand succès lors de sa création à Mantoue en 1608. Il a aussi composé de la musique pour plusieurs divertissements dramatiques donnés à la cour des Médicis à Florence en 1607 où il est devenu maître de chapelle en 1609. En 1607, il avait fondé l'Accademia degli Elevati qui comptait parmi ses membres plusieurs musiciens célèbres ainsi que des personnalités littéraires s'intéressant à la musique (Peri et Giovanni de' Bardi...) et, jusqu'à la fin de sa vie, a été considéré comme le plus éminent musicien de Florence.

Denis Arnold.

Gagliarda (ital.). Voir *Gaillarde*.

Gaillarde (angl. : *galliard* ; ital. : *gagliarda*). Danse animée d'origine italienne. Très proche du **saltarello*, elle se danse sur un schéma à cinq pas et généralement sur un rythme ternaire ou de mesure composée ; elle comporte souvent des mesures en hémiole, surtout à proximité des cadences. La gaillarde va généralement de pair avec la *pavane (la gaillarde venant en second) et toutes deux utilisent parfois le même matériel mélodique.

Les premières gaillardes imprimées figurent dans un livre pour luth d'Attaingnant qui date de la fin des années 1520 et les premiers exemples italiens datent du milieu du XVIe siècle ; les gaillardes anglaises pour clavier et pour *consort* instrumental ont connu une période florissante entre 1590 et 1625. Certaines ont été publiées dans des recueils de musique pour clavier, comme le *Fitzwilliam Virginal Book* ou *Parthenia*, sous forme de pièces indépendantes (c'est-à-dire sans être liées à des pavanes), mais il y a aussi deux gaillardes qui sont liées à la célèbre *Pavane du comte de Salisbury*. Comme la pavane, la gaillarde a survécu en Italie, en Allemagne et en Angleterre jusqu'à la seconde moitié du XVIIe siècle où elle était jouée, selon Thomas Mace, « dans un rythme ternaire lent, (généralement) grave et sobre ».

Gaïta. Voir *Cornemuse*, 3.

Gaîté parisienne. Ballet de Manuel Rosenthal sur des thèmes d'Offenbach (1938).

Gajda. Voir *Cornemuse*, 5.

Gál, Hans (Brunn, aujourd'hui Brno, 5 août 1890 ; Édimbourg, 3 octobre 1987). Compositeur autrichien, élève d'Eusebius Mandyczewski à Vienne où il est maître de conférences en théorie musicale de 1919 à 1929. Il dirige ensuite la Musikhochschule de Mayence jusqu'en 1933, puis mène une carrière de chef d'orchestre à Vienne jusqu'à l'Anschluss ; il s'installe alors à Édimbourg où il est maître de conférences à l'Université. Il y restera et écrira beaucoup de musique chorale, symphonique et de chambre dans un style assez conservateur. Il est également l'auteur de plusieurs livres, notamment *Johannes Brahms* (Londres, 1964), *Franz Schubert* (Londres, 1974) et *Richard Wagner* (Londres, 1976).

Paul Griffiths.

Galant. Terme utilisé au XVIIIe siècle pour décrire le style galant en vogue à cette époque, non seulement dans le domaine musical, mais aussi en littérature et dans les arts visuels (comme dans les *Fêtes galantes* de Watteau). Le style galant (all. : *galanter Stil*) est plus typique du rococo que du baroque ; dans le domaine musical, il se caractérise par l'accent mis sur la mélodie avec un accompagnement léger, plutôt que sur une écriture à plusieurs parties à voix égales. De nombreux compositeurs italiens, allemands et français, de François Couperin, Pergolèse, Telemann et Muffat à Galuppi, Sammartini, J. C. et W. F. Bach, ont cultivé les effets légers et ostensiblement séduisants du style galant. Dans les années 1770, le style galant simple et attirant, mais plutôt superficiel, a connu un regain de vie en Allemagne avec l'*empfindsamer Stil*, sensible et émouvant (voir *Empfindsamkeit*), particulièrement sous la plume de C.P.E. Bach.

Galanteries (all. : *Galanterien*). Dans la suite instrumentale du début du XVIIIe siècle, les galanteries sont des mouvements supplémentaires qui ne jouent pas un rôle essentiel dans le schéma traditionnel allemande-courante-sarabande-gigue. Elles sont généralement empruntées à des formes de danse, comme le menuet, la gavotte, la bourrée, le passepied, etc. et sont plus légères que les grands mouvements de suite. Voir *Suite*.

Galanter Stil (all.). Voir *Galant*.

Galilei, Vincenzo (Santa Maria a Monte, près de Florence, vers 1520 ; Florence, 1591). Théoricien, compositeur et luthiste italien. Membre de la célèbre **camerata* florentine, il s'intéresse aux discussions sur la nature de la musique grecque, voyage beaucoup pour l'étudier et consigne ses idées dans un livre, le *Dialogo della musica antica et della moderna* (Florence, 1581). Il ridiculise le style contrapuntique en faisant l'éloge de la *monodie. Ses propres compositions dans ce nouveau style n'ont malheureusement pas survécu, mais ses idées ont été appliquées dans les opéras florentins. Il a écrit une intéressante musique pour luth, essentiellement des arrangements de madrigaux, quelques fantaisies en style improvisé et quelques danses aux titres fantaisistes. L'aîné de ses six enfants est le célèbre astronome et philosophe Galilée (1564-1642).

Denis Arnold.

Galin-Paris-Chevé. Voir *Système Galin-Paris-Chevé*.

Gallarda (esp.). Danse espagnole des XVIe et XVIIe siècles, souvent utilisée comme base de variations.

Gallois-Montbrun, Raymond (Saigon, 15 août 1918). Compositeur français, élève de Busser, J. et N. Gallon au Conservatoire de Paris, premier grand prix de

Rome en 1944. Il commence une carrière de violoniste avant d'être nommé directeur du Conservatoire de Versailles (1957-62) puis du Conservatoire de Paris (1962-83) où on lui doit notamment la création des cycles de perfectionnement.

Galop. Danse rapide et animée à 2/4 qui a connu un grand succès à Paris et à Vienne dans les années 1820. Elle est issue d'une ancienne danse allemande, le Hosper, et a joui d'un certain succès en Angleterre au milieu de l'ère victorienne, soit comme danse individuelle, soit comme mouvement de *quadrille.

Peter Gammond.

Galuppi, Baldassare (Burano, près de Venise, 18 octobre 1706 ; Venise, 3 janvier 1785). Compositeur italien surnommé « Il Buranello » (allusion à son lieu de naissance). Il est le fils d'un barbier qui jouait du violon dans les théâtres locaux et qui lui donne ses première leçons de musique. Elles étaient sûrement rudimentaires car, lorsque le premier opéra de Galuppi a été représenté à Chioggia, en 1722, il a été chassé de la scène sous les sifflets. Toutefois, cela n'a pas entamé sa détermination et, sur le conseil de Benedetto Marcello, il étudie avec Lotti. En 1728, il compose un autre opéra et sa troisième tentative, *Dorinda* (1729), est un succès considérable. En 1740, Galuppi est nommé *maestro di musica* au célèbre Ospedale dei Mendicanti (pour lequel il a écrit plusieurs oratorios). Un an plus tard, il est invité à Londres pour composer des *opera seria* pour le King's Theatre à Haymarket. Il retourne en Italie en 1743 et, cinq ans plus tard, est nommé *vicemaestro* à Saint-Marc, où il deviendra *maestro* en 1762.

Dans les années 1740, Galuppi s'était tourné vers ce qui allait devenir sa véritable voie, la composition d'opéras bouffes ; il forme une association fructueuse avec l'auteur dramatique vénitien Carlo Goldoni pour des œuvres comme *Il Mondo della luna* (représenté en 1750), *Le Virtuose ridicole* (représenté en 1752) et *Il Filosofo di campagna* (représenté en 1754). Le sujet de ces opéras, souvent local, est assorti de remarques spirituelles sur la vie sociale de la République de Venise ; ils contiennent des *canzonette* attrayantes, des ensembles mélodieux et des finales en sections dans le genre que développera par la suite Mozart. Le rôle « bouffe » féminin, ou soubrette, prend davantage d'importance et le mélange de rôles semi-sérieux et comiques offre une image très vivante de la société vénitienne.

En 1765, Galuppi est invité en Russie pour travailler à la chapelle de la Grande Catherine. A son retour à Venise, il reprend son poste à Saint-Marc et est aussi nommé *maestro di coro* à l'Ospedale degli Incurabili, où il fait tout son possible pour améliorer le niveau musical.

Galuppi était aussi un instrumentiste de talent ; il a composé de belles sonates pour clavier en deux ou trois mouvements dans le style galant – parfois brillantes, mais dont les mouvements lents lyriques sont particulièrement beaux. On ne sait pas exactement quel morceau a inspiré à Browning son poème *A Toccata of Galuppi's* : le son du clavecin et les « moindres tierces si plaintives, les sixtes diminuées, soupir après soupir » semblent avoir évoqué pour lui une image émouvante de la vie vénitienne au XVIIIe siècle.

Denis Arnold.

Gambang. Voir *Indonésie*.

Gamelan. Terme générique désignant les ensembles instrumentaux d'*Indonésie.

Gamme (all. : *Tonleiter* ; angl. : *scale* ; ital. : *gamma, scala*). Disposition schématique des notes dans l'ordre ascendant ou descendant, réalisée essentiellement à des fins théoriques mais qui, en pratique, est régulièrement utilisée dans la musique d'une période ou d'une culture spécifique. Les matériaux musicaux peuvent comprendre n'importe quel nombre de notes ; ainsi le nombre et la variété des gammes sont considérables et peuvent se prêter à une diversité d'emplois presque sans limites.

1. *Origines.* Les processus qui ont donné naissance aux gammes et qui ont permis leur adoption sont variés ; ils font aussi bien intervenir l'intuition, le raisonnement, le hasard, l'esprit d'invention ou n'importe quelle combinaison de ces différents facteurs. Depuis des temps très anciens, on relève l'existence d'un certain nombre de gammes (comme les modes ecclésiastiques grecs) construites selon des cheminements qui, grâce à des découvertes scientifiques ultérieures, se sont avérées conformes aux principes mathé-

matiques naturels (et donc acoustiques). Des scientifiques (comme Pythagore) analysaient certaines gammes comme le résultat conjoint du raisonnement théorique et de l'expérience pratique ; ces gammes forment la base de toute une culture musicale. D'autres encore ont été mises au point par des musiciens désireux de répondre à un besoin spécifique de composition (comme Scriabine), mais seule une infime partie de ces gammes a ensuite été acceptée dans le langage musical courant.

L'origine la plus lointaine des gammes se trouve probablement dans les inflexions de la parole (voir *Mélodie*). En théorie, le nombre total des inflexions de la parole est infini ; autrement dit, n'importe qui peut développer sa propre inflexion et la conserver comme une caractéristique personnelle ; toutefois, dans la pratique, des nations ou des régions entières adoptent un type d'inflexion spécifique qui les distingue des autres (par exemple les fins de phrases). De même, dans leur musique, certains groupes d'individus ont souvent adopté des langages et des inflexions caractéristiques qui peuvent s'exprimer en termes de gammes.

Si certaines gammes sont particulièrement répandues et familières dans l'ensemble de la musique occidentale, elles n'en sont pas nécessairement supérieures aux autres car, à l'échelle mondiale, elles occupent une place assez restreinte. Toutes les gammes – diatoniques, chromatiques, modales, anhémitoniques, pentatoniques, microtonales, etc. – ont la même valeur si l'on peut montrer qu'elles représentent une base viable pour une musique, quelle qu'elle soit.

2. *Les intervalles de la gamme.* La définition précise des notes utilisées en musique ne peut s'exprimer qu'en termes de vibration de fréquence (voir *Acoustique*, 4). L'octave, la quinte et la quarte ont été les premiers intervalles ainsi classés en catégories par les premiers scientifiques comme Pythagore (voir *Monocorde*). En faisant des expériences avec des cordes vibrantes, ils ont découvert qu'une division de la corde en son point médian élevait la hauteur du son de chaque moitié de corde d'une octave par rapport à la hauteur produite par la corde entière et ils ont utilisé ce rapport de 2:1 comme la relation fondamentale de l'acoustique musicale. Une division en un point situé aux deux tiers de la longueur de la corde élève la hauteur du son d'une quinte et aux trois quarts d'une quarte. Des intervalles plus petits ont été découverts selon les mêmes principes, ce qui a finalement permis de diviser l'octave en tons et demi-tons qu'il est possible d'accoler les uns aux autres pour former d'autres intervalles (voir *Tempérament*).

Mais, d'une gamme à une autre, entre les différentes cultures musicales, les intervalles ne seront pas nécessairement identiques : ainsi, la tierce majeure à tempérament égal de la gamme diatonique occidentale peut différer légèrement de l'intervalle noté conventionnellement comme une tierce majeure dans la gamme pentatonique chinoise ; la musique extra-européenne est souvent notée selon des conventions familières aux transcripteurs occidentaux mais qui risquent de ne pas représenter exactement les intervalles concernés.

Il semble n'exister aucun intervalle commun à toutes les gammes connues ; mais un ou deux d'entre eux figurent dans de nombreuses gammes. L'octave est le plus important, ce qui n'a rien de surprenant car les deux notes d'une octave sont très proches sur le plan acoustique. Dans différentes cultures, lorsque des hommes et des femmes (ou des hommes et des enfants) chantent ensemble le même air, ils le font naturellement à l'intervalle d'une octave sans que ce soit le fruit d'un choix conscient. La quinte parfaite et, dans une moindre mesure, la quarte parfaite figurent aussi dans de nombreuses gammes. Ce sont également des intervalles aux relations acoustiques très proches.

3. *Gammes diatoniques.* La gamme diatonique n'est devenue la gamme de base de la musique occidentale qu'après un long processus dérivé de l'évolution du *mode. Deux modes authentiques, le mode ionien (équivalent d'une gamme jouée sur les touches blanches du piano en commençant par le do) et le mode éolien (en commençant par le la) ont survécu ; ce sont respectivement les gammes modernes majeures et mineures. Une gamme est dite diatonique si elle se compose d'une succession de tons et de demi-tons au sein de l'octave qui correspond à l'un de ces deux modes (Ex. 1).

Les gammes majeures et mineures peuvent être transposées pour commencer sur

Ex. 1

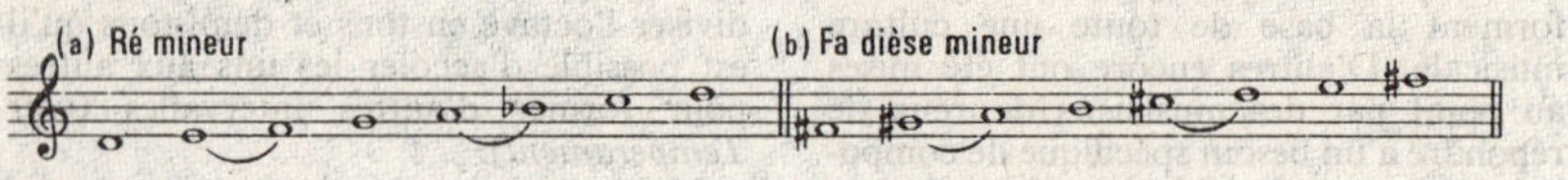

Ex. 2

Ex. 3

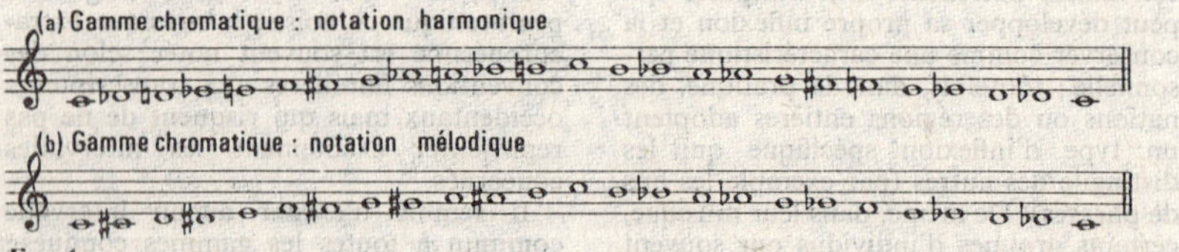

Ex. 4

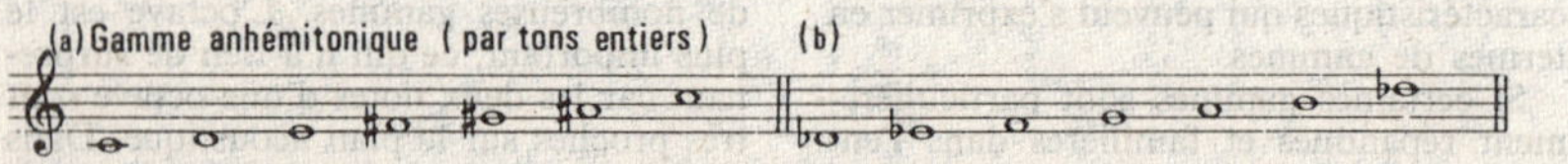

Ex. 5

Ex. 6

n'importe lequel des douze degrés de l'octave, mais l'ordre caractéristique des tons et des demi-tons dans la gamme est toujours préservé (Ex. 2). On dispose ainsi de douze gammes majeures et de douze gammes mineures, une dans chaque tonalité.

La gamme mineure existe sous plusieurs formes : la gamme mineure naturelle (Ex. 1b et 2) ; la gamme mineure harmonique avec l'intervalle caractéristique de seconde augmentée (Ex. 3a) et la gamme mineure mélodique, de forme ascendante, dans laquelle les sixième et septième degrés diésés évitent la seconde augmentée et « mènent » à la tonique (Ex. 3b), ou de forme descendante, l'équivalent de la gamme mineure naturelle. Les trois formes ont en commun la médiante bémolisée qui donne une tierce mineure caractéristique avec la première note de la gamme, ou tonique.

4. *Gammes chromatiques.* La gamme chromatique se compose de la succession des douze demi-tons de l'octave ; comme la gamme diatonique, elle peut commencer sur n'importe quel degré. Elle est normalement conçue en termes de tonalité, c'est-à-dire qu'elle est considérée comme une gamme diatonique à laquelle sont ajoutées des notes « chromatiques » étrangères à la tonalité, mais qui servent à la « colorer ». En théorie, il existe deux façons usuelles de noter la gamme chromatique. En notation « harmonique »

(Ex. 4a), les notes de la tonalité dominante sont notées dans le contexte des gammes majeures et mineures de cette tonalité, avec l'addition d'une seconde mineure et d'une quarte augmentée à partir de la fondamentale. La notation « mélodique » (Ex. 4b) utilise des notes diésées en montant et des notes bémolisées en descendant, ce qui économise ainsi les accidents (quoique dans toute autre tonalité, à l'exception d'ut majeur et de la mineur, l'armature de la clef prenne en compte certains accidents). Toutefois, dans la pratique, les compositeurs observent rarement les systèmes théoriques et notent les gammes chromatiques d'une façon qui convient à l'interprète et s'adapte au contexte.

Dans la musique dodécaphonique, où il n'y a ni tonique ni fondamentale et où les douze notes de l'octave sont considérées comme des points de référence aussi importants les uns que les autres, la gamme chromatique prend parfois le nom de gamme « dodécaphonique ».

5. *Gamme anhémitonique* (par tons entiers). Cette gamme ne comporte que six notes par octave, espacées les unes des autres d'un ton entier. Dans le tempérament égal conventionnel, elle n'existe que sous deux formes (Ex. 5). L'absence de demi-tons (particulièrement entre la sensible et la tonique) et de quintes parfaites, qui sont des éléments de base de la musique tonale, lui confère une impression de flou tonal. Cette couleur spécifique a beaucoup attiré les impressionnistes et d'autres compositeurs du XXe siècle qui cherchaient à éviter les centres tonaux. Debussy a exploité la gamme anhémitonique dans de nombreuses œuvres comme moyen de contester le système tonal traditionnel du XIXe siècle (*Pelléas et Mélisande*, *La Mer* et plusieurs préludes pour piano).

6. *Gammes pentatoniques*. Ces gammes ne comportent que cinq notes par octave et existent sous plusieurs formes. On les appelle parfois à tort gammes « défectives », par référence aux gammes diatoniques de sept notes (qui sont elles-mêmes « défectives » dans le contexte des gammes microtonales) ; toutefois, la gamme pentatonique est tout aussi complète que n'importe quelle autre gamme et il vaut mieux éviter le terme « défectif ».

Sous sa forme la plus courante (gamme pentatonique tonale), l'ordre des intervalles correspond à celui des touches noires du clavier du piano (Ex. 6a). Elle peut commencer sur n'importe quel degré de l'octave, mais le plus souvent sur do (Ex. 6b). La gamme pentatonique est la gamme fondamentale de la musique de nombreuses cultures extra-européennes, notamment de la *Chine, du *Japon et de certaines régions d'*Afrique ; elle est également caractéristique de la musique amérindienne, de certains plains-chants et de nombreuses musiques traditionnelles européennes, surtout la musique écossaise et la musique celtique.

L'octave peut se diviser en de nombreuses autres gammes pentatoniques, en disposant différemment les intervalles (tons, demi-tons, tierces, etc.) ; les répertoires extra-européens comportent ainsi de nombreuses variétés de gammes pentatoniques avec, bien souvent, des intervalles inconnus des traditions musicales européennes (comme le *slendro* javanais qui divise l'octave en cinq parties pratiquement égales ; voir *Indonésie*, 2*a* et 3*a*). La gamme pentatonique, comme la gamme anhémitonique, a attiré quelques compositeurs européens (Stravinski, Bartók, Debussy) et leur a permis de se faire l'écho des traditions nationalistes et folkloriques ou de créer des effets spéciaux.

7. *Autres gammes*. Depuis quelque temps, les compositeurs semblent ne plus se satisfaire des gammes conventionnelles. Certains ont tenté des expériences avec des systèmes inusuels, parfois extra-européens ; d'autres ont conçu leurs propres gammes pour répondre à leurs besoins particuliers. Les gammes microtonales, qui reposent sur la division de l'octave en intervalles inférieurs au demi-ton, sont utilisées depuis longtemps dans les cultures orientales (notamment dans le râga hindou) ; elles ont été adoptées par un certain nombre de compositeurs occidentaux (comme Aloys Hába, Julián Carrillo (1875-1965), John Foulds (1880-1939) ; voir *Micro-intervalle*). Certains compositeurs, particulièrement les Russes, ont cherché à définir de nouvelles gammes en mélangeant des éléments de différentes gammes existantes. Scriabine, par exemple, a tiré de son « accord mystique » une gamme originale de six notes ; Verdi a utilisé ce qu'il appelait une « scala

enigmatica » dans l' « Ave Maria » de ses *Quattro Pezzi sacri* et des personnalités moins connues comme Oscar Esplá (1886-1976) et Nikolaï Oboukhov (1892-1954) ont imaginé d'autres gammes de leur invention.

Il serait impossible de déterminer le nombre de gammes employées en musique dans le monde entier : la musique de nombreux peuples extra-européens est pour l'instant trop peu connue pour qu'il soit possible d'établir une classification correcte de leurs schémas de gammes. En outre, dans les cultures occidentales et extra-européennes, à côté de certaines gammes qui constituent un élément musical important, on trouve toujours de nouvelles gammes qui continuent à évoluer et à se développer.

Percy Scholes, rév. Judith Nagley.

BIBLIOGRAPHIE : J. Lattard, *Gammes et tempéraments musicaux*, Masson (Paris, 1988).

Gamme anhémitonique. Voir *Gamme par tons entiers.*

Gamme chromatique. Voir *Gamme*, 4.

Gamme défective (angl. : *gapped scale*). Voir *Gamme*, 6.

Gamme dodécaphonique. Gamme chromatique de douze notes d'égale importance utilisée dans le *dodécaphonisme. Voir également *Gamme*, 4.

Gamme par tons entiers ou gamme anhémitonique (all. : *Ganztonleiter* ; angl. : *whole-tone scale*). Gamme de six tons entiers. Voir *Gamme*, 5.

Ganassi dal Fontego, Sylvestro (di) (Fontego, près de Venise, 1492 ; milieu du XVIe siècle). Instrumentiste à Saint-Marc de Venise, il a écrit deux traités – l'un sur le jeu de la flûte à bec (Venise, 1535), l'autre sur la technique de la viole (Venise, 1542, 1543) – qui contiennent des informations précieuses sur les embellissements, l'accord, le doigté, etc.

Denis Arnold.

Ganne, Louis (Gustave) (Buxières-les-Mines, Allier, 5 avril 1862 ; Paris, 13 juillet 1923). Compositeur français, élève de Théodore Dubois et de César Franck au Conservatoire de Paris. Il consacre l'essentiel de sa carrière au théâtre, avec des ballets pour les revues des Folies-Bergère et du Casino de Paris et surtout des opéras-comiques et opérettes qui rencontrent un grand succès : *Rabelais* (1892), *Les Saltimbanques* (1899), *Hans le joueur de flûte* (1906), *Cocorico* (1915), *La Belle de Paris* (1921). Président de la SACEM entre 1901 et 1903.

Alain Pâris.

Ganz (all.). « Tout à fait », « tout entier » ; *ganzer Bogen*, « archet entier » ; *gänzlich*, « complètement » ; *ganze Note*, ronde (𝅝) ; *ganze Pause*, pause.

Garbo (ital.). « Grâce », « bonnes manières » ; *garbato*, *garbatamente*, « gracieux », « dans un style élégant » ; *garbatissimo*, « très gracieux », etc.

Garden of Fand, The. Poème symphonique d'Arnold Bax, composé entre 1913 et 1916. Fand est l'héroïne d'une légende irlandaise et le jardin évoqué dans le titre est la mer.

Gardiner, Henry Balfour (Londres, 7 novembre 1877 ; Salisbury, 28 juin 1950). Compositeur anglais. Il fait ses études à Francfort avec Iwan Knorr puis à Oxford. Au début du siècle, il remporte quelque succès comme membre de l'école de chant traditionnel anglais. Sa production, assez limitée, comprend une symphonie, une page symphonique d'après Hardy, *Shepherd Fennel's Dance* (1911), de la musique chorale et de la musique de chambre. Il s'est beaucoup engagé pour d'autres compositeurs anglais, mais a fini par se retirer de la vie musicale active pour cultiver la terre dans le Wiltshire.

Paul Griffiths.

Gardner, John (Linton) (Manchester, 2 mars 1917). Compositeur anglais. Il fait ses études à Oxford, sert dans la Royal Air Force pendant la guerre, puis entre à Covent Garden ; il enseigne ensuite à la Royal Academy of Music de Londres et dans quelques autres établissements. Il s'est révélé au public avec sa *Symphonie* (1946-47), écrite dans un style néoclassique gracieux, et son opéra *The Moon and Sixpence* (1957) a été représenté à Sadler's Wells. Par la suite, il a composé un autre opéra, *The Visitors* (1971-72), et de la musique religieuse.

Paul Griffiths.

Garland for the Queen (« Guirlande pour la reine »). Recueil de chansons pour chœur mixte sans accompagnement écrites par dix compositeurs anglais sur des textes de dix poètes anglais contemporains pour célébrer le couronnement de la reine Élisabeth II en 1953 (sur le modèle de *The *Triumphes of Oriana* écrit sous le règne d'Élisabeth Ire) : *Aubade for Coronation Morning* de Bliss (poème de Henry Reed), *What is it Like to be Young and Fair ?* de Bax (C. Bax), *Dance, Clarion Air* de Tippett (Fry), *Silence and Music* de Vaughan Williams (Ursula Wood), *Spring at this Hour* de Berkeley (P. Dehn), *The Hills* d'Ireland (J. Kirkup), *Inheritance* de Howells (De la Mare), *White Flowering Days* de Finzi (Blunden), *Canzonet* de Rawsthorne (MacNeice) et *Salutation* de Rubbra (Hassall). Ces œuvres ont été chantées pour la première fois à Londres en juin 1953.

Gaspard de la nuit. Trois pièces pour piano de Ravel, composées en 1908 : *Ondine*, *Le Gibet* et *Scarbo*. Le titre de l'ensemble est emprunté aux *Histoires vermoulues et poudreuses du Moyen Age* d'Aloysius Bertrand.

Gaspard Le Roux. Voir *Le Roux, Gaspard.*

Gasparini, Francesco (Camaiore, près de Lucques, 5 mars 1668 ; Rome, 22 mars 1727). Compositeur italien, élève de Corelli et de Pasquini, l'un des compositeurs lyriques les plus prolifiques de son temps. En 1701, il devient *maestro di coro* au Conservatorio della Pietà à Venise (où il engage Vivaldi comme professeur de violon) et, en 1713, il se retire à Rome où il est chargé de la musique à San Lorenzo in Lucina et, finalement, à Saint-Jean-de-Latran. Au nombre de ses élèves figurent Benedetto Marcello et Quantz. Si ses nombreux opéras ont été rapidement oubliés, son traité d'accompagnement *L'Armonico pratico al cimbalo* (Venise, 1708) est resté utilisé en Italie jusqu'au début du XIXe siècle et constitue encore une précieuse source d'informations sur la basse continue au début du XVIIIe siècle.

Denis Arnold.

Gassenhauer (all.). Dans les publications du XVIe siècle, chanson populaire. Aujourd'hui, ce terme désigne une vulgaire chanson des rues.

Gassmann, Florian Leopold (Brüx [aujourd'hui Most], Bohême, 3 mai 1729 ; Vienne, 20 janvier 1774). Compositeur bohémien. Les informations que l'on possède sur sa jeunesse manquent de précision : il a peut-être été élevé à l'école jésuite de Komotau (aujourd'hui Chomutov) et, lors de son séjour en Italie, il a peut-être travaillé avec le Padre Martini. Il a passé quelque temps à Venise au service du comte Leonardo Veneri et, grâce au succès remporté par ses opéras, a été nommé compositeur au Burgtheater de Vienne en 1763. En 1772, il est maître de chapelle de la cour impériale, mais meurt deux ans plus tard en tombant de voiture.

Gassmann a écrit des *opera seria*, mais les opéras-comiques qu'il a composés pour Vienne sont plus modernes et ont peut-être exercé une influence sur les premiers ouvrages lyriques de Mozart. Ils comptent parmi ses plus belles œuvres, surtout *L'Amore artigiano* (représenté en 1767) et *La Contessina* (représenté en 1770). Avec *Ezio* (représenté à Rome en 1770), il revient à l'*opera seria* et cette œuvre montre qu'il connaissait et appréciait les réformes de Gluck dans le domaine lyrique.

Denis Arnold.

Gastoldi, Giovanni Giacomo (Caravaggio, Lombardie, vers 1550 ; ? 1622). Compositeur italien. Chantre, puis *maestro di cappella* de la chapelle de S. Barbara à la cour des Gonzagues à Mantoue. Il quitte Mantoue en 1608, sans doute pour occuper un poste analogue à la cathédrale de Milan. Il doit sa notoriété à ses *Balletti* qui connaissent plusieurs éditions en Hollande, à Paris, en Écosse et en Italie. Ces compositions ont été largement imitées, notamment par Thomas Morley, qui en a emprunté (et même plagié) les paroles et parfois la musique dans ses propres œuvres.

Denis Arnold.

Gato (esp.). Danse populaire argentine généralement exécutée par deux couples. Le rythme, vif, alterne entre 6/8 et 3/4.

Gaucelm Faidit (Uzerche, près de Limoges, milieu du XIIe siècle ; ? vers

1220). Compositeur et poète troubadour limousin. Il a surtout travaillé dans le sud de la France, mais ses déplacements l'ont également entraîné en Espagne et en Italie. Des 68 poèmes qui lui sont attribués, 14 sont en musique ; le plus connu est sa lamentation sur la mort de Richard Cœur de Lion, *Fortz causa* (1199).

Denis Arnold.

Gaukler (all.). Voir *Ménestrel.*

Gaultier, Denis (? Marseille, 1597 ou 1603 ; Paris, 1672). Luthiste et compositeur français qui s'est surtout produit dans les salons parisiens, sans occuper de poste à la cour. Ses œuvres révèlent une parfaite compréhension du potentiel sonore de son instrument ; son emploi du *style brisé et la construction de ses suites exerceront une influence considérable sur des compositeurs de musique pour clavier comme Couperin et Froberger.

Denis Arnold.

Gaviniès, Pierre (Bordeaux, 11 mai 1728 ; Paris, 8 septembre 1800). Violoniste et compositeur français, fils d'un luthier qui s'était installé à Paris en 1734. Il débute au Concert spirituel puis entre au service du duc d'Orléans (1742-48). Entre 1773 et 1777, il dirige le Concert spirituel avec Gossec et Simon Le Duc. Il sera professeur de violon à l'Institut national de musique (l'ancêtre du Conservatoire) et formera de nombreux violonistes. Son œuvre est essentiellement destinée à son instrument (sonates, concertos, symphonies et les fameuses *Matinées*, recueil d'exercices pour le violon composés en 1794 ou en 1800).

Alain Pâris.

Gavotte (ital. : *gavotta*). Danse française qui est entrée au répertoire des danses de cour au XVIe siècle. De rythme modéré, elle est dérivée du *branle et se danse en ligne ou en cercle. Les gavottes baroques commencent généralement par une anacrouse et sont de forme binaire simple, avec reprise de chacune des deux parties ; les mélodies évoluent en croches à la façon des pas. Tout comme le menuet, qui est généralement suivi d'un autre menuet de style contrasté (le *trio), la gavotte s'enrichit d'une seconde gavotte, souvent dans le style de la *musette.

La gavotte entre dans le répertoire de la musique dramatique française avec les œuvres de Lully, qui l'introduit dans ses ballets et dans ses opéras. Dans les opéras et opéras-ballets de Campra et de Rameau, elle est généralement liée à une scène pastorale. A la fin du XVIIe siècle, elle est utilisée dans d'autres pays, surtout en Angleterre (Purcell inclut une gavotte dans *Dido and Aeneas*, et Haendel en place une à la fin de certaines ouvertures d'opéras et d'oratorios). Certains compositeurs français et allemands, comme Couperin et Rameau ou Pachelbel et J. C. Fischer, incluent des gavottes dans leurs suites pour clavier. Dans la *suite du XVIIIe siècle, la gavotte est une danse optionnelle, placée après la sarabande ; elle constitue également l'un des mouvements de nombreuses sonates pour instrument soliste ou en trio.

Plusieurs pièces légères de salon du XIXe siècle sont écrites dans le style de la gavotte. La forme a été ranimée au XXe siècle par des compositeurs comme Prokofiev (*Symphonie classique*) et Schoenberg (*Suite pour piano op.25*).

Wendy Thompson.

Gay, John (Barnstaple, Devon, septembre 1685 ; Londres, 4 décembre 1732). Auteur dramatique et poète anglais, auteur du livret de *The Beggar's Opera* (« L'Opéra des gueux »), créé le 29 janvier 1728. Cet ouvrage a connu un immense succès grâce à sa description colorée de la vie dans les bas quartiers londoniens, sujet qui a fourni à Gay la matière d'une importante satire politique. Pour le public de l'époque, le mélange de dialogues et de musique basée sur des airs populaires très simples constituait un changement agréable par rapport à l'opéra italien, qui était alors à la mode mais restait souvent incompréhensible ; son succès a fait la richesse de Gay ; une suite à cet ouvrage, *Polly*, a été interdite par le gouvernement.

Wendy Thompson.

Gazza ladra, La. Voir *Pie voleuse, La.*

Gebrauchsmusik (all.). Musique écrite pour un usage privé ou pédagogique, pour des enfants ou des amateurs, et donc plus simple que celle que le compositeur aurait écrite pour une exécution de concert. Le terme a vu le jour en Allemagne dans les années vingt lorsque Hindemith a écrit plusieurs pièces de ce genre.

Gebunden (all.). « Lié », « *legato* ».

Gédalge, André (Paris, 27 décembre 1856 ; Paris, 5 février 1926). Compositeur et pédagogue français, élève d'Ernest Guiraud au Conservatoire de Paris où il deviendra professeur de contrepoint et de fugue en 1905. La liste de ses élèves est impressionnante : Schmitt, Koechlin, Enesco, Ravel, Honegger, Milhaud, Ibert, etc. Son œuvre se dégage rarement d'un certain académisme. Il a laissé un *Traité de la fugue* qui a fait longtemps autorité.

Alain Pâris.

Gedämpft (all.). Terme indiquant qu'un instrument doit être étouffé ou qu'il faut mettre la sourdine.

Gedehnt (all.). « Soutenu », « prolongé ».

Gefällig (all.). « Agréable ».

Gefühl (all.). « Sentiment » ; *gefühlvoll*, « avec beaucoup de sentiment ».

Gehalten (all.). « Soutenu » ; *gut gehalten*, « bien soutenu ».

Gehend (all.). « *Andante* ».

Geisslerlieder (all.). Voir *Chansons de flagellants*.

« Geister » Trio (Trio « des esprits »). *Trio pour piano, violon et violoncelle en ré majeur op. 70 nº 1* de Beethoven, composé en 1808. Il doit son surnom à l'atmosphère mystérieuse du mouvement lent qui développe un thème destiné à un projet d'opéra sur *Macbeth*.

Geistlich (all.). « Spirituel ». *Geistliches Lied*, « chanson spirituelle ». Les *Geistliche Konzerte* de Schütz sont des pièces vocales et instrumentales à usage religieux.

Gekneipt (all.). « Pincé », « *pizzicato* ».

Gekoppelt (all.). « Accouplé » (notamment pour les jeux d'orgue).

Gelassen (all.). « Calme », « tranquille ».

Geläufig (all.). « Véloce » ; *Geläufigkeit*, « vélocité », « agilité ».

Gelinek [Jelínek], Josef (Sedlec, près de Sedlčany, 3 décembre 1758 ; Vienne, 13 avril 1825). Compositeur, pédagogue et pianiste tchèque. Dès le début de sa vie, son éducation musicale va de pair avec ses études religieuses. Après avoir fait ses études au collège jésuite de Svatá Hora, près de Příbram, et travaillé la composition à Prague, il entre au séminaire et est ordonné prêtre en 1786. Il est remarqué très tôt pour ses qualités d'instrumentiste et ses talents d'improvisation. Il impressionne suffisamment Mozart pour que ce dernier le recommande au comte Philippe Kinsky, à Vienne, auprès duquel il remplit la double fonction de chapelain et de précepteur de musique de toute la famille. Vers 1805, il entre au service du prince Nicolas Esterházy, qui lui confie les fonctions de chapelain et de pianiste, mais il est alors déjà très demandé à Vienne comme professeur, compositeur et arrangeur. Il se lie avec les principales figures musicales de son temps et la majeure partie des œuvres qui nous sont parvenues sont surtout des variations pour piano, très difficiles sur le plan technique, sur des thèmes empruntés à des partitions scéniques et instrumentales de l'époque. Il a réalisé d'excellentes transcriptions d'œuvres de Haydn, de Mozart et de Beethoven et sa propre musique apporte la preuve de son talent et de son goût. Ses trios avec piano révèlent un don mélodique certain. La popularité de Gelinek lui a permis d'assurer la publication de la majeure partie de sa musique de son vivant et sa réputation a contribué à lui faire attribuer, à tort, une multitude d'œuvres pour clavier.

Jan Smaczny.

Gemächlig (all.). « Confortable », « sans presser » ; *Gemächlicher*, « dans un mouvement plus détendu ».

Gemässigt (all.). « Modéré ».

Gemendo, gemebando (ital.). « Plaintif », « triste ».

Gemessen (all.). « Mesuré », « retenu ». Ce terme revêt trois acceptions différentes : précis (au point de vue rythmique), modérément vite ou dans un style grave et retenu.

Geminiani, Francesco (Xaverio) (Lucques, baptisé le 5 décembre 1687 ; Dublin, 17 septembre 1762). Violoniste et compositeur italien. Il apprend à jouer du violon avec Carlo Lonati à Milan, puis avec Corelli à Rome, où il travaille la composition avec Alessandro Scarlatti. Il entre dans l'orchestre de la Signoria à Lucques (1707-10) et va ensuite travailler à Naples où, selon Burney, il perd son poste de premier violon à l'orchestre du Théâtre de la cour parce que « personne n'était capable de suivre son *tempo rubato* et autres accélérations ou ralentissements de la mesure ». En 1714, il se rend à Londres, comme plusieurs autres violonistes italiens (dont Veracini) attirés dans cette ville par la noblesse. Le comte de Sussex tente de lui faire obtenir le poste de Master of the State Music en Irlande, mais sa religion (Geminiani était catholique) se révèle être un obstacle insurmontable et le poste est attribué à Dubourg. Geminiani se rend néanmoins plusieurs fois à Dublin pour y donner des concerts et s'y installe définitivement en 1759.

Geminiani a publié plusieurs recueils de sonates pour violon et des concertos grossos dans lesquels il s'affirme comme un disciple de Corelli à une époque où le style de Vivaldi s'était imposé comme le style « moderne » à la mode. Il conserve l'ancien plan en quatre mouvements (par opposition aux trois mouvements des nouveaux concertos pour instrument soliste) et se distingue par sa technique contrapuntique et l'originalité de ses harmonies – il affectionne particulièrement le chromatisme et les accords « modernes » comme la sixte napolitaine et les septièmes diminuées. Il élargit le *concertino* du concerto grosso en ajoutant une partie d'alto au trio habituel composé de deux violons et d'un violoncelle. Corelli est l'un des premiers compositeurs à avoir fait évoluer la technique du violon dans le sens de la virtuosité, mais il passait pour un conservateur aux yeux de contemporains comme Tartini. Son traité, *The Art of Playing on the Violin* (Londres, 1751), regorge d'idées nouvelles à propos de la tenue d'archet et de l'expression ; les dernières éditions de ses sonates, comparées aux premières, sont révélatrices de la façon dont un instrumentiste peut embellir des mélodies relativement simples.

Denis Arnold.

Gemshorn (all. et angl.). « *Cor de chamois ».

Gemüt (all.). « Sentiment » ; *gemütvoll*, « avec sentiment » ; *gemütlich*, « intime », « confortable ».

Genau (all.). « Exact » ; *Genauigkeit*, « exactitude » (de rythme, etc.).

General William Booth Enters into Heaven. Mélodie de Charles Ives pour voix et piano sur des paroles de Vachel Lindsay composée en 1914 et publiée dans le recueil des *19 Songs* (1935). Ives a également écrit une version pour plusieurs voix à l'unisson et orchestre (1914).

Gentile (ital.). « Gentil », « gentille ».

Gerald de Barri. Voir *Giraldus Cambrensis.*

Gerhard, Roberto (Valls, Catalogne, 25 septembre 1896 ; Cambridge, 5 janvier 1970). Compositeur espagnol naturalisé anglais, élève de Granados et de Pedrell à Barcelone puis de Schoenberg à Vienne et Berlin (1924-28). Son *Quintette à vent* (1928) explore les possibilités de synthèse entre le style espagnol et celui de Schoenberg, mais il n'écrit aucune autre œuvre importante avant les années quarante, époque à laquelle Gerhard s'installe à Cambridge. Trois œuvres scéniques, les ballets *Don Quijote* (1940-41) et *Pandora* (1944-45), l'opéra *La Dueña* (1945-47), mêlent le langage espagnol à divers styles harmoniques.

Il s'éloigne ensuite progressivement des influences ibériques et élabore un style d'argument musical très personnel, basé non pas sur le développement des thèmes mais sur les contrastes de certains détails caractéristiques. Il compose alors ses trois premières symphonies (1952-53, 1957-59, 1960) et, dans la troisième, confronte l'orchestre à des sons électroniques enregistrés sur bande magnétique. Vient ensuite une série de partitions audacieuses et colorées qui évoquent parfois Varèse, tout en restant très originales par leur chaleur et leur vigueur : le *Concerto pour orchestre* (1965), la *Symphonie n° 4* (1967) et un cycle de pièces de musique de chambre dont trois seulement sont achevées, *Gemini*, *Libra* et *Leo*.

Paul Griffiths.

German, (Sir) Edward [Jones, German Edward] (Whitchurch, Shropshire, 17 février 1862 ; Londres, 11 novembre 1936). Compositeur anglais. Il étudie le violon et le piano à la Royal Academy of Music de Londres (1880-87) puis commence à composer de la musique de scène. En 1901, il achève le dernier opéra de Sullivan, *The Emerald Isle*, et confirme sa place comme héritier de Sullivan avec son opérette *Merrie England* (1902), fantaisie sur une musique mélodieuse et brillante. Mais de toutes les œuvres ultérieures qu'il a écrites dans ce style, seul *Tom Jones* (1907) a connu un grand succès. Il est aussi l'auteur de deux symphonies et d'autres œuvres de musique sérieuse.

Paul Griffiths.

Gershwin, George [Gershvin, Jacob] (Brooklyn, New York, 26 septembre 1898 ; Hollywood, 11 juillet 1937). Compositeur américain, il étudie le piano à partir de 1912 avec Charles Hambitzer et travaille la composition avec Henry Cowell et Joseph Schillinger. Mais il s'est déjà forgé une certaine réputation de compositeur de musique de variétés : sa première chanson est publiée en 1916 et sa première comédie musicale est montée en 1919. Il souhaite maîtriser les techniques « classiques » pour écrire de la musique sérieuse : outre une multitude de chansons et de comédies musicales, il compose *Rhapsody in Blue* pour piano et orchestre (1924), le *Concerto pour piano en fa* (1925) et l'opéra *Porgy and Bess* (1935). Toutefois, son génie s'impose surtout dans ses nombreuses chansons où la sophistication verbale de son frère Ira égale son ingéniosité mélodique et où il apporte une subtilité distinctive au style jazz du théâtre musical américain de l'entre-deux-guerres.

Paul Griffiths.

BIBLIOGRAPHIE : René Chalupt, *George Gershwin, le musicien de « Rhapsody in blue »* , Amiot-Dumont (Paris, 1948). André Gauthier, *George Gershwin*, Hachette (Paris, 1973). Denis Jeambar, *George Gershwin*, Mazarine (Paris, 1982). Alain Lacombe, *George Gershwin, une chronique de Broadway*, Van de Velde (Luynes, 1980). Eric Lipmann, *L'Amérique de George Gershwin*, Messine (Paris, 1981). *Porgy and Bess*, L'Avant-Scène-Opéra n° 103 (Paris, 1987).

Gervaise, Claude (célèbre à Paris, 1540-60). Compositeur et arrangeur français. Il a réalisé de célèbres arrangements d'airs de danse pour Pierre Attaingnant et a lui-même composé un livre de ces *Danceries* (Poulenc les a utilisées comme modèle de sa *Suite française*, 1935).

Denis Arnold.

Ges (all.). Sol bémol. *Geses*, sol double bémol.

Gesamtausgabe (all.). « Édition intégrale » ; en pratique, toute publication de la totalité (ou de la quasi-totalité) des œuvres d'un compositeur.

Dès le XVIe siècle, on voyait déjà paraître des éditions plus ou moins complètes des œuvres de certains compositeurs et, au XVIIIe siècle et au début du XIXe siècle, des éditions de compositeurs antérieurs commençaient à voir le jour (comme celle de Haendel par Samuel Arnold, 1787-97). Mais c'est au milieu du XIXe siècle qu'ont été établis les principes des éditions intégrales modernes. La première a été l'édition de la Bach-Gesellschaft (commencée en 1851) suivie d'éditions des œuvres de Haendel (1858), Beethoven et Palestrina (toutes deux en 1862), Mozart (1877), Purcell (1878), Schubert (1884), Schütz (1885) et Berlioz (1899). La plupart de ces premières *Gesamtausgaben* ont été préparées par des érudits allemands et publiées chez Breitkopf & Härtel à Leipzig ; on y trouve en général non seulement un texte musical exact, mais encore la liste des sources, des variantes et des remarques éditoriales : la démarche ressemble beaucoup à celle d'une édition savante dans le domaine littéraire.

Au XXe siècle, et particulièrement depuis la dernière guerre, un certain nombre de *Gesamtausgaben* du XIXe siècle ont été révisées et complétées à la lumière de recherches récentes et d'une pensée musicologique plus élaborée (pour Purcell, la révision a commencé en 1961). Un grand nombre d'entre elles ont été entièrement refaites (éditions réalisées par une équipe de musicologues et non plus par une seule personne, comme Palestrina,

1939, Bach, 1954, Mozart, 1955, Berlioz, 1967-88). Certains compositeurs font ainsi l'objet de quatre ou cinq éditions intégrales de qualité variable. En outre, comme les centres d'intérêt des musicologues se sont diversifiés, plusieurs compositeurs anciens ou jusqu'alors négligés ont fait l'objet d'une *Gesamtausgabe* (comme Josquin des Prés, Byrd, Gluck, Janáček, Wolf, Bruckner, Mahler, Debussy, Rameau). En 1980, les catalogues des bibliothèques recensaient plus de deux cents compositeurs pour lesquels des *Gesamtausgaben* étaient publiées ou en cours de publication.

Percy Scholes, rév. Judith Nagley.

Gesamtkunstwerk (all.). « Fusion des arts », « œuvre de synthèse ». Bien que ce terme soit indissociable de Wagner, l'idéal d'une forme artistique au sein de laquelle fusionnent la musique, la poésie et la peinture remonte aux origines de l'opéra. La *camerata florentine, qui croyait imiter le drame de la Grèce antique, cherchait à réaliser une synthèse dramatique de la poésie et de la musique ; par la suite, les diverses réformes ont généralement eu pour but de sauver l'opéra des atteintes dont il était l'objet (souvent liées aux exigences des chanteurs) et de recréer un juste équilibre entre les différents arts sous la direction de la musique. En Allemagne, la réaction contre l'opéra italien, que favorisaient les cours princières, a engendré une campagne qui s'est concrétisée au cours de la seconde moitié du XVIIIe siècle. Lorsqu'il décrivait l'idéal allemand, en 1816, Weber résumait un point de vue qui commençait alors à se généraliser : « une œuvre d'art autonome dans laquelle chaque caractéristique et toutes les contributions des autres disciplines artistiques afférentes sont moulées ensemble d'une certaine façon et se décomposent pour former un nouveau monde ». Wagner se reportait à l'idéal grec d'une fusion de la musique, de la poésie et de la danse en reprenant les idées de Weber dans *Art et révolution* (1849) et *L'Œuvre d'art du futur* (1849), où il se réserve l'usage exclusif du terme *Gesamtkunstwerk der Zukunft* (« œuvre d'art totale du futur ») lorsqu'il envisage d'ajouter aux « trois disciplines artistiques purement humaines » (musique, poésie et danse) ce qu'il appelle, dans une note non publiée, « les aides auxiliaires du drame » (architecture, sculpture et peinture). Il souligne, en outre, que l'on parviendrait ainsi à une libre association des différents artistes, guidés par l'interprète qui agirait aussi en tant qu'auteur et compositeur. Il revient sur ce sujet dans *Opéra et drame* (1851), où il avance une théorie complexe de la musique surgie du stimulant poétique. En pratique, Wagner s'est un peu écarté de cette théorie, qu'il a ensuite tacitement abandonnée et, dans *Beethoven* (1870) et *La Destinée de l'opéra* (1871), il réaffirme le rôle primordial de la musique à l'opéra. Les idées de Wagner et sa technique ont été mal comprises non seulement en Allemagne (où il déplorait la fausse interprétation que l'on faisait du terme *Gesamtkunstwerk*), mais aussi en France. Baudelaire, fervent admirateur de Wagner, était aussi mal informé et il a confondu la question avec ses propres théories sur le transfert des idées d'une discipline artistique à une autre dans un système dit de « correspondances ». L'idéal du *Gesamtkunstwerk*, qui ne peut être mis en œuvre que dans certaines formes pratiques, et en partie seulement, ne concerne pas une nouvelle interprétation des idées dans différentes disciplines artistiques mais la coopération entre les disciplines artistiques dans un seul but expressif.

John Warrack.

Gesangbuch (all.). « Livre de cantiques », « psautier ». Les plus anciennes publications protestantes de ce genre (1524) ne donnaient que la ligne mélodique du choral, mais des écrits polyphoniques ont été publiés peu après. Voir *Choral*.

Gesang der Jünglinge. Œuvre de Stockhausen composée en 1955-56. Il s'agit d'une œuvre de musique électronique dans laquelle la voix d'un jeune garçon, qui dit et chante le Benedicite, est transformée, multipliée et associée à des sons électroniques ; l'œuvre est jouée par cinq groupes de haut-parleurs répartis dans l'espace.

Gesang der Parzen. Voir *Chant des Parques*.

Gesangvoll (all.). « Chanté », « chantant », « *cantabile* ».

Geschlagen (all.). « Frappé ».

Geschleift (all.). « Lié », « *legato* ».

Geschlossen (all.). « Fermé ».

Geschmack (all.). « Goût » ; *geschmackvoll*, « avec goût ».

Geschwind (all.). « Rapide », « agile ».

Gesellschaft der Musikfreunde. Voir *Concert*, 5.

Gesellschaftslied (all.). Terme désignant une chanson qui a fait son apparition à la Renaissance dans la bourgeoisie, par opposition à *Hoflied* (« chanson de cour ») ou à *Volkslied* (chanson populaire). Il s'applique en particulier aux chansons polyphoniques de compositeurs tels que Senfl et Hofhaimer.

Gesprochen (all.). « Parlé ».

Gesteigert (all.). « *Crescendo* ».

Gestopft (all.). « Étouffé », « bouché » ; dans la technique du cor, se dit des notes produites en bouchant plus ou moins complètement le pavillon de l'instrument avec le poing. Le terme est parfois employé comme équivalent de **gedämpft*.

Gestossen (all.). « Détaché », « *staccato* ».

Gesualdo, Carlo, prince de Venosa (? Naples, vers 1561 ; Gesualdo, Avellino, 8 septembre 1613). Compositeur italien. De famille noble, il hérite de la principauté de Venosa à la mort de son père, en 1586. La même année, il épouse sa cousine, Maria d'Avalos, mais quatre plus tard la fait assassiner avec son amant, après les avoir surpris en flagrant délit. Il se retire alors dans son domaine à Gesualdo. En 1593, il entreprend des négociations pour épouser la nièce d'Alfonso d'Este, duc de Ferrare, éminent protecteur de la musique. Il se marie avec elle, à Ferrare, l'année suivante, et rencontre Luzzaschi et d'autres compositeurs qui s'essaient au chromatisme.

Il compose plusieurs volumes de madrigaux dans lesquels il pousse le chromatisme à l'extrême, dans les limites de l'époque. La nature maniaco-dépressive du compositeur s'exprime par des changements soudains de rythme, juxtaposant des passages en doubles croches et des passages en blanches ou en rondes. Ses textes sont souvent érotiques et le contenu émotionnel de chaque phrase est traduit avec un maximum d'intensité dans la musique. Son second mariage n'a pas été une réussite et, à la fin de sa vie, il souffrait d'une mélancolie masochiste pathologique. Après sa mort, on découvrira la réelle valeur de ses madrigaux qui seront publiés en 1616 parmi les premières grandes partitions imprimées (et qui comptent aussi parmi les premières éditions intégrales). Gesualdo a également composé de la musique religieuse dans un style légèrement plus retenu que celui de ses madrigaux. Sa vie très agitée a suscité beaucoup de curiosité et Stravinski s'est montré fasciné par sa musique : il a orchestré et complété certaines de ses œuvres.

Denis Arnold.

BIBLIOGRAPHIE : Denis Arnold, *Gesualdo*, Actes Sud (Arles, 1987).

Geteilt [*Getheilt*] (all., parfois abrégé *get*). « **Divisi* », « divisés » (violons).

Getragen (all.). « Solennel », « cérémonieux ». Ce terme peut être employé comme indication de tempo ou comme qualificatif d'une indication de tempo, comme *langsam*.

Gewidmet (all.). « Dédié à ».

Gewöhnlich (all.). « Habituel », « normal ». Terme servant à annuler une indication antérieure qui prescrivait de jouer d'une façon inhabituelle, par exemple près de la touche (*am Griffbrett*) sur un instrument à cordes.

Gezogen (all.). « Tiré » dans le sens de soutenu ou **portamento*.

Gherardello da Firenze [Niccolò de Francesco] (vers 1320-25 ; Florence, 1362 ou 1363). Compositeur florentin, auteur de madrigaux, de *ballate* et de *cacce* dans le style de l'*Ars nova*. Mais il était surtout connu de son vivant pour sa musique liturgique dont seules deux parties de messe ont survécu.

Denis Arnold.

Gheyn, Matthias. Voir *Van den Gheyn, Matthias.*

Ghiribizzo (ital.). « Caprice » ; *ghiribizzoso*, « capricieux ».

Ghiselin [Verbonnet], **Johannes** (célèbre au début du XVIe siècle). Compositeur flamand, mentionné pour la première fois à la cour d'Ercole Ier d'Este, duc de Ferrare. Il sert à la cour de France une dizaine d'années plus tard et entre alors en contact avec Josquin des Prés. Il a composé des messes publiées par Petrucci (Venise, 1503) ainsi que des motets et des chansons.

John Milsom.

Ghizeghem, Hayne van. Voir *Van Ghizeghem, Hayne.*

Giachetto de Berchem. Voir *Berchem, Jachet.*

Gianni Schicchi. Opéra en un acte de Puccini sur un livret de Forzano d'après un épisode (sans doute inspiré d'un fait réel) du Canto 30 de *L'Inferno* (« L'Enfer ») de Dante (vers 1307-21) ; troisième volet du *Triptyque* de Puccini. Représentations : New York (Metropolitan Opera, 14 décembre 1918) ; Rome (Teatro Costanzi, 11 janvier 1919) ; Londres (Covent Garden, 18 juin 1920) ; Paris (Opéra-Comique, 6 novembre 1922, version française). Les membres de la famille de Buoso Donati, qui vient de mourir, tentent de détourner chacun pour soi le testament par lequel il laisse sa fortune à un monastère. On fait venir Schicchi (bar.) ; il cède aux prières de sa fille Lauretta (sop.), qui aime Rinuccio (tén.). et propose de remplacer le mort, dont le décès n'a pas été annoncé officiellement, puis de dicter un nouveau testament aux termes duquel l'argent irait à la famille. Mais il les avertit des risques que pourrait entraîner la découverte de la supercherie. Au lit, déguisé en Buoso, il dicte un testament en sa propre faveur, laissant seulement la maison aux deux amoureux.

BIBLIOGRAPHIE : *Gianni Schicchi*, L'Avant-Scène-Opéra n° 82 (Paris, 1985).

Giardini, Felice de (Turin, 12 avril 1716 ; Moscou, 8 juin 1796). Violoniste et compositeur italien. Enfant de chœur à la cathédrale de Milan, il étudie ensuite le violon à Turin avec G. B. Somis et, à l'âge de douze ans, entre dans l'orchestre de l'Opéra de Rome. Il va ensuite à Naples, où il devient premier violon de l'orchestre du Teatro San Carlo et se forge une réputation pour ses embellissements et cadences – un jour, Jommelli, qui était venu s'asseoir à l'orchestre pendant une improvisation excessive de Giardini, a fini par lui donner une gifle ; Giardini s'est montré assez humble pour reconnaître que c'était « la meilleure leçon qu'il ait jamais reçue d'un grand maître ». En 1748, il entreprend une grande tournée de concerts qui, en 1750, le conduit en Angleterre, où il remporte un énorme succès. Il participe à de nombreuses séries de concerts à Londres, dirige l'opéra italien au King's Theatre et est premier violon du Three Choir Festival de 1770 à 1776. Pendant ses dernières années à Londres, il est maître de musique du duc de Gloucester et du duc de Cumberland.

En 1784, Giardini quitte Londres pour Naples, où il passe quelque temps chez un ancien élève, l'honorable William Hamilton. En 1790, il retourne à Londres, fonde une troupe d'opéra-comique au Little Theatre de Haymarket, mais sans grande réussite. Il va alors tenter sa chance à Saint-Pétersbourg et meurt peu après à Moscou, dans le plus grand dénuement. Giardini a composé des œuvres de musique de chambre intéressantes et a collaboré à divers ouvrages scéniques anglais.

Denis Arnold.

Gibbons, Orlando (Oxford, vers le 25 décembre 1583 ; Canterbury, 5 juin 1625). Compositeur et organiste anglais, le plus jeune des fils de William Gibbons, musicien qui occupa les fonctions de « wait » à Cambridge. Orlando Gibbons devient, en 1596, choriste à King's College, à Cambridge ; il y obtient le grade de Bachelor of Music dix ans plus tard. Vers 1605, il est nommé organiste de la chapelle royale, poste qu'il occupera jusqu'à la fin de sa vie. En 1619, il fait partie des « musicians for the virginelles » de la Chambre du roi et, en 1623, il est organiste à l'abbaye de Westminster ; il est chargé d'organiser les solennités musicales des funérailles de Jacques Ier en 1625. Il obtient le titre de Doctor of Music à Oxford en 1622, en même temps que le fondateur de la chaire de musique à l'Université (une rumeur a couru selon laquelle Gibbons aurait fourni à Heyther l'exercice de composition avec l'*anthem* « O clap your hand »). Gibbons est mort d'une crise d'apoplexie lors d'une réception donnée pour l'arrivée de la nouvelle reine d'Angleterre, Henriette-Marie de France.

Gibbons est l'un des compositeurs les plus talentueux de sa génération. Madrigaliste sérieux, il s'est détourné du style pastoral frivole de Weekles et Wilbye, très italianisant, en faveur d'un style moralisateur et strictement contrapuntique. Le madrigal érotique d'Arcadelt « Il dolce e bianco cigno » devient sous la plume de Gibbons « The Silver Swan », déplorant la vie moderne dans laquelle « vivent plus d'oies que de cygnes, plus de fous que de sages ». Sa musique sacrée est destinée exclusivement à l'Église anglicane et ses plus belles œuvres sont de grands *anthems*, comme « Hosanna to the son of David » ; mais ses *verse anthems* sont également intéressants. Néanmoins, il était surtout connu de son vivant comme organiste et virginaliste. Sa musique pour clavier utilise la virtuosité à des fins expressives et pas seulement pour elle-même, à la manière de John Bull, par exemple. Il a écrit de superbes variations et sa musique de danse est extrêmement émouvante. Son œuvre pour clavier la plus célèbre est sans doute *The Lord of Salisbury, his Pavan and Galliard*, publiée dans *Parthenia*. Comme pour Brahms, la grandeur de Gibbons provient d'un conservatisme naturel, résumant les traditions anglaises d'une ère prémadrigalienne.

Denis Arnold.

Gibbs, Cecil Armstrong (Great Baddow, près de Chelmsford, 10 août 1889 ; Chelmsford, 12 mai 1960). Compositeur anglais. Il fait ses études à Cambridge avec Dent et au Royal College of Music de Londres, où il sera ensuite professeur. Outre une contribution importante à la mélodie anglaise (surtout sur des vers de De La Mare, son poète préféré), il a composé beaucoup de musique religieuse.

Paul Griffiths.

Gibet, Le. Deuxième pièce du triptyque pour piano de Ravel *Gaspard de la nuit* (1908).

Gigout, Eugène (Nancy, 23 mars 1844 ; Paris, 9 décembre 1925). Organiste et compositeur français. Il fait ses études musicales à la maîtrise de la cathédrale de Nancy, puis à Paris où il est l'élève de Saint-Saëns et de Lefèvre à l'École Niedermeyer ; il y est ensuite nommé professeur d'orgue et de composition et compte notamment parmi ses élèves Fauré, Messager et Boëllmann. Entre 1863 et la fin de sa vie, il est organiste à l'église Saint-Augustin à Paris et, à partir de 1911, également professeur d'orgue au Conservatoire de Paris. Gigout a écrit beaucoup de musique d'orgue, notamment deux *Rhapsodies* et les *Poèmes mystiques* (publiés en 1883), *Album grégorien* (1895) et les *Cent Pièces nouvelles* (1922). Il a également composé de la musique pour piano, des motets et des mélodies.

Wendy Thompson.

Gigue (angl. : *jig* ; ital. : *giga*). La gigue semble avoir été importée en France au milieu du XVIIe siècle par un luthiste français de retour d'une période d'exil en Angleterre. La gigue française est écrite en mesure ternaire ou en mesure binaire composée, dans des mouvements modérés à rapides avec une prédominance de rythmes pointés – elle est dans l'ensemble plus élégante que son ancêtre britannique (voir *Jig*). La danse connaissait un certain succès chez les luthistes et, un peu plus tard, elle a commencé à figurer dans les suites pour clavecin de compositeurs comme Lebègue et d'Anglebert ainsi que dans les œuvres scéniques de Lully et de ses contemporains. Certains compositeurs du XVIIIe siècle (comme d'Anglebert, François Couperin et Rameau) n'ont utilisé que la version française de la danse, mais d'autres (comme Leclair et Mondonville) ont également adopté la « giga » italienne.

Celle-ci était presque toujours à 12/8, beaucoup plus rapide et moins contrapuntique que sa cousine française. On en trouve des exemples dans les sonates en solo et en trio de Vitali, Corelli, Geminiani et Tartini. En Allemagne, la version française s'est d'abord imposée et, à partir de la fin des années 1660, elle servait couramment de dernier mouvement aux suites pour clavier ou aux suites instrumentales. Bach et Haendel ont utilisé les deux formes, française et italienne.

La gigue est passée de mode à la période classique, mais on trouve des traces de son influence à la fin du XVIIIe siècle et au début du XIXe siècle, par exemple dans le finale de la *Symphonie « Militaire » nº 100* de Haydn. Le titre apparaît occasionnellement au XXe siècle comme dans les trois *Images* pour orchestre de Debussy.

Gilbert, Anthony (Londres, 26 juillet 1934). Compositeur anglais, élève d'Anthony Milner et d'Alexander Goehr au Morley College (1958-62), il enseigne depuis 1970 à l'Université de Lancaster. Le style de ses premières œuvres, comme *Nine or Ten Osannas* pour cinq instruments (1967), est strident et rappelle Birtwistle. Mais, depuis son opéra *The Scene Machine* (1970), sur l'exploitation commerciale d'un chanteur « pop », sa musique revêt des contours plus doux.

Paul Griffiths.

Giles, Nathaniel (Worcester, vers 1558 ; Windsor, 24 janvier 1634). Compositeur et organiste anglais dont la carrière, après des débuts à la cathédrale de Worcester, s'est déroulée à la chapelle Saint-George à Windsor. « Gentleman » de la chapelle royale, il a joué un rôle important en présentant des pièces avec chœur d'enfants au Blackfriars Theatre de Londres. Il a obtenu le grade de Bachelor of Music à Oxford en 1585 et un doctorat en 1622. Ses œuvres comportent des *verse anthems* ainsi que des services et quelques motets en latin.

John Milsom.

Gilles, Jean (Tarascon, près d'Avignon, 8 janvier 1668 ; Toulouse, 5 février 1705). Compositeur français qui, pendant toute la durée de sa vie professionnelle, a dirigé des écoles de chœur dans le sud de la France. Sa *Messe des morts* était très connue au XVIIIe siècle ; elle a été chantée aux services funèbres de Rameau et de Louis XV.

Denis Arnold.

BIBLIOGRAPHIE : Michel Prada, *Jean Gilles, l'homme et l'œuvre*, Société de Musicologie du Languedoc (Béziers, 1986).

Gimel. Voir *Gymel.*

Ginastera, Alberto (Evaristo) (Buenos Aires, 11 avril 1916 ; Genève, 25 juin 1983). Compositeur argentin qui a étudié avec Athos Palma, José Gil et José André au Conservatoire national de Buenos Aires (1936-38). En dehors de quelques années passées à New York (1945-47), il mène à Buenos Aires une brillante carrière de compositeur et de pédagogue ; à partir de 1962, il dirige le centre latino-américain des hautes études musicales à l'Institut Torcuato di Tella. Ses premières œuvres, notamment le ballet *Panambi* (1934-36) et la *Sonate pour piano* (1952), utilisent des éléments de musique populaire qui se fondent ensuite dans un style vigoureux et coloré inspiré de Bartók et d'autres compositeurs modernes. Les principales œuvres de la seconde période sont la *Cantata para América mágica* pour voix et orchestre de percussions (1960), le *Concerto pour piano nº 1* (1961) et trois opéras qui exploitent des sentiments pervers et violents : *Don Rodrigo* (1964), *Bomarzo* (1967) et *Beatrix Cenci* (1971).

Paul Griffiths.

Gioco [*giuoco*] (ital.). « Jeu » ; *giocondo, giocondoso*, « jovial » ; *giocoso*, « joyeux », « gai ».

Gioconda, La. Opéra en quatre actes de Ponchielli sur un livret de « Tobia Gorrio » (Arrigo Boito) d'après *Angelo, tyran de Padoue* (1835) de Victor Hugo. Créé à Milan le 8 avril 1876, première française à Nice le 29 décembre 1886. Le troisième acte comprend la célèbre *Danse des heures.*

Gioia [*gioja*] (ital.). « Joie » ; *gioiante, gioioso, giojoso*, « joyeux » ; *gioiosamente*, « joyeusement ».

Gioielli della Madonna, I. Voir *Bijoux de la Madone, Les.*

Giordano, Umberto (Foggia, 28 août 1867 ; Milan, 12 novembre 1948). Compositeur italien. Au cours de ses études au Conservatoire de Naples, il remporte un prix offert pour un opéra par la maison d'édition Sonzogno. Ce prix lui vaut la commande d'un autre opéra, *Mala Vita* (1892), sur un sujet vériste sordide ; c'est la première d'une longue série d'œuvres traitées dans le style mélodramatique de Mascagni. Deux grands succès, *Andrea Chenier* (1896) et *Fedora* (1898), lui assurent renommée et prospérité, mais, après *Siberia* (1903), il n'arrive plus à cacher les limites de son talent, malgré un sens certain de l'effet scénique. Son dernier opéra, *Il Re*, a été représenté en 1929.

Denis Arnold.

Giorno di regno, Un. Voir *Jour de règne, Un.*

Giovanelli, Ruggiero (Velletri, près de Rome, vers 1560 ; Rome, 7 janvier 1625). Compositeur italien. A la mort de Palestrina, il devient maître de chapelle à la Cappella Giulia et est également chargé de la musique dans diverses autres églises. Il a écrit de la musique religieuse, parfois dans le style de Palestrina, parfois selon une approche plus moderne, ainsi que plusieurs volumes de madrigaux.

Denis Arnold.

Giovanna d'Arco. Voir *Jeanne d'Arc.*

Giovanni da Cascia [Giovanni da Firenze] (célèbre dans le nord de l'Italie vers 1340-50). L'un des premiers compositeurs italiens connus. Il a été organiste à Santa Trinità de Florence et semble avoir été attaché aux cours de Milan et de Vérone. Une vingtaine d'œuvres de musique profane ont survécu, coulées dans les formes typiques de l'époque : le madrigal à deux voix et la *caccia*.

John Milsom.

Giovanni da Firenze. Voir *Giovanni da Cascia.*

Giovinezza, La. Chant officiel du parti fasciste italien, œuvre d'un juriste et compositeur, Giuseppe Blanc (qui a également signé quelques autres chants fascistes officiels, notamment l'hymne impérial *Les Aigles de Rome*). *La Giovinezza* a d'abord vu le jour sous le titre *Commiato*, sur des paroles de Nino Oxilia (tué au combat en 1917). *Commiato*, chant de l'Université de Turin, avait été écrit en 1909. Une version plagiée intitulée *Canto degli arditi* (puis *Canto dei fascisti*) a été publiée en 1918 sous la signature de Marcello Manni. Mais, en 1926, Blanc, qui affirmait en être l'auteur, a fait interdire la diffusion sous la signature de Manni et a publié une nouvelle édition avec des paroles de Salvatore Gotta, sous le titre de *La Giovinezza*. On ne peut pas dire que l'air soit très original car il ressemble à plusieurs chansons populaires, en particulier à la chanson populaire italienne *Il Cerchio*.

Giraldus Cambrensis [Gerald de Barri, Gerald de Galles] (vers 1146 ; Lincoln, vers 1223). Ecclésiastique et écrivain gallois. Il fait des études de théologie et de droit à Paris et devient archidiacre de Brecon (1175-1204) où il se fait le champion de l'indépendance de l'Église galloise. Dans les années 1180 et 1190, il parcourt le pays de Galles et l'Irlande et décrit ses découvertes dans des documents comme *Topographia hibernica* (vers 1187) et *Descriptio Cambriae* (1194), tous deux en latin. Ses rapports sur le chant au pays de Galles sont difficiles à interpréter, mais il semble que, si la polyphonie était relativement répandue dans plusieurs régions, elle restait pratiquement inconnue dans d'autres. Il mentionne les instruments de musique connus dans différentes régions des îles Britanniques (comme la harpe, la percussion, le flageolet et le *crwth*) et compare les diverses façons dont il en a vu jouer. Il considère également la musique en termes généraux d'esthétique et en parle comme d'une science, se référant aux musiciens et théoriciens antérieurs du Moyen Age. Il est difficile de savoir dans quelle mesure on peut prêter foi aux dires de Giraldus, car on sait peu de chose des pratiques musicales du XIIe siècle et on ignore s'il était lui-même musicien compétent ou simple observateur.

Judith Nagley.

Girl I left behind me, The. Chanson de l'armée britannique exécutée à l'occasion des départs. L'air (anonyme), parfois intitulé *Brighton Camp*, remonte à la fin du XVIIIe siècle (le camp de Brighton s'était tenu en 1793-95). Les paroles (également anonymes) dateraient de la même époque.

Giroust, François (Paris, 10 avril 1737 ; Versailles, 28 avril 1799). Compositeur français. En 1756, il est nommé maître de musique à la cathédrale d'Orléans et, treize ans plus tard, occupe les mêmes fonctions aux Saints-Innocents à Paris. En 1775, il entre à la chapelle royale et écrit une *Missa brevis* pour le couronnement de Louis XVI. Entre 1785 et 1792, il est surintendant de la musique du roi, mais, pendant la Révolution, il réussit à changer de camp et compose plusieurs chansons et chœurs pour des cérémonies révolutionnaires. Au nombre de ses œuvres de musique sacrée figurent plus de soixante-dix motets, six messes, un requiem et quatre oratorios.

Wendy Thompson.

Gis (all). Sol dièse ; *Gisis*, sol double dièse (x).

Giselle, ou Les Wilis. Ballet fantastique en deux actes d'Adolphe Adam sur un livret de Gautier et Saint-Georges d'après une légende consignée par Heine, créé à Paris en 1841 dans une chorégraphie de Coralli et Perrot. Les productions modernes sont basées sur la dernière production de Petipa à Saint-Pétersbourg en 1884. Les Wilis sont les fantômes de jeunes filles mortes avant leur mariage.

BIBLIOGRAPHIE : *Giselle*, L'Avant-Scène-Danse n° 1 (Paris, 1980).

Gitano, gitana (esp.). « Gitan » ; *alla gitana*, « dans le style gitan ».

Giù (ital.). « En bas » ; *arcata in giù*, « tiré » (cordes).

Giuliani, Mauro (Giuseppe Sergio Pantaleo) (Bisceglie, près de Bari, 27 juillet 1781 ; Naples, 8 mai 1829). Chanteur, guitariste et compositeur italien. Entre 1806 et 1819, il enseigne la guitare à Vienne et s'y produit, puis il fait des tournées de concerts à l'étranger. Il a composé beaucoup de musique pour guitare.

Wendy Thompson.

Giulio Cesare. Voir *Jules César*.

Giusto, giusta (ital.). « Juste », « exact » ; *giustezza*, « exactitude », notamment dans le sens de la précision constante de la vitesse et du rythme. Mais ce mot peut aussi vouloir dire « approprié », de telle sorte que l'expression *tempo giusto* a deux sens opposés, « tempo strict » et « tempo approprié ».

Glazounov, Alexandre (Konstantinovitch) (Saint-Pétersbourg, 10 août 1865 ; Paris, 21 mars 1936). Compositeur russe. Dès son plus jeune âge, il marque la vie musicale de Saint-Pétersbourg au point que Balakirev le surnomme « notre petit Glinka ». Il prend quelques cours de théorie et de composition avec Rimski-Korsakov, qui remarque ses progrès d'heure en heure ; à seize ans, il compose sa *Symphonie n° 1* (1881-82, révisée en 1885 et en 1929) qui révèle une orchestration habile et un talent mélodique agréable largement inspiré de la musique des compositeurs nationalistes russes : la musique populaire russe colore la plupart de ses premières œuvres, particulièrement le *Quatuor à cordes n° 3 « Slave »* (1886-88) et le poème symphonique *Stenka Razine* (1885). La *Symphonie n° 2* (1886) montre une affinité particulière pour Borodine et il n'est pas surprenant que Glazounov ait trouvé naturel et facile d'orchestrer la *Symphonie n° 3* de Borodine, laissée inachevée à sa mort en 1887. Il a également travaillé à une édition du *Prince Igor* avec Rimski-Korsakov.

Avec la *Symphonie n° 1* (créée en 1882), Glazounov attire l'attention du riche industriel Mitrofan Belaiev, qui la fait publier en 1884. Glazounov est accueilli dans le cénacle de Belaiev et, comme les autres membres du groupe, il a tendance à s'écarter d'une approche purement nationaliste dans ses œuvres ultérieures : à partir de la *Symphonie n° 3* (1890) et de la *Symphonie n° 4* (1893), l'élément populaire fait place à une certaine prédilection pour les mélodies fraîches et fluides, caractéristiques d'œuvres comme le *Concerto pour piano n° 1* (1910-11). Ses symphonies et le *Concerto pour violon* (1904) révèlent un métier sûr, mais la prolifération d'idées mélodiques aux sonorités identiques (même si elles sont bien orchestrées) laisse souvent l'impression d'un certain manque de caractère.

Néanmoins, ce n'est pas dans ses symphonies que l'on trouve la musique la plus séduisante de Glazounov mais dans des œuvres plus concises qui lui permettent de verser ses talents dans de petits moules et de construire de charmantes miniatures – courtes pièces pour orchestre (il en a écrit une cinquantaine), variations (comme celles de la *Symphonie n° 6*, 1896), suites et ballets. Ses trois ballets : *Raymonda* (1896-97), *Les Ruses d'amour* (1898) et *Les Saisons* (1899) ont été écrits au sommet de sa puissance créatrice ; *Les Saisons* remportent un succès particulier grâce à des passages comme la « Valse des bleuets et des coquelicots » ou la

« Bacchanale ». Par la suite, il occupe un trop grand nombre de fonctions officielles et se trouve trop oppressé par les rigueurs de la Première Guerre mondiale et de la révolution d'Octobre pour se consacrer entièrement à la composition : en 1899, il est nommé professeur au Conservatoire de Saint-Pétersbourg, dont il devient directeur en 1905, poste qu'il conservera jusqu'en 1930, bien qu'il ait quitté la Russie en 1928 pour s'installer à l'Ouest.

Si certaines de ses dernières œuvres, comme le *Concerto pour saxophone* (1934), montrent des signes de l'ancien professionnalisme, elles ne parviendront jamais au niveau des précédentes, peut-être parce que Glazounov avait alors tendance à se réfugier trop souvent dans les brumes de l'alcool. Son tempérament essentiellement conservateur l'a maintenu à l'écart des dernières évolutions de la musique russe ; on dit qu'il aurait même regretté d'être obligé d'annoncer le succès de Prokofiev aux examens du Conservatoire. Néanmoins, Chostakovitch le tenait en grande estime et a même accepté les conseils de Glazounov lorsqu'il composait sa *Symphonie nº 1*. Glazounov n'avait peut-être pas l'originalité d'un Rachmaninov ou d'un Scriabine, mais il représente (avec Liadov et Liapounov) la fin du romantisme russe. Dans sa jeunesse, il a écrit suffisamment de belle musique pour s'assurer une réputation internationale et il est normal que quelques œuvres véritablement inspirées survivent aujourd'hui.

Geoffrey Norris.

Glee (angl.). Pièce anglaise à plusieurs voix sans accompagnement composée aux XVIIe, XVIIIe et XIXe siècles. Le terme est dérivé de l'anglais ancien *gliv* ou *gleo*, qui signifie « musique ». De nombreux clubs de *glees* se sont formés pour chanter ces pièces et il en subsiste encore en Grande-Bretagne et aux États-Unis, souvent dans le cadre des universités. La période la plus caractéristique et la plus féconde du *glee* anglais se situe entre 1760 et 1830.

Environ 10 000 *glees* ont été composés pendant ces soixante-dix années. Leur niveau général est assez faible – la plupart sont l'œuvre de jeunes compositeurs provinciaux ou de peu de talent dont les *glees* n'ont été diffusés que pour des raisons extra-musicales : l'impression de la musique ne coûtait pas cher et le chant choral amateur était à la mode. Mais la musique de cette époque comporte aussi un nombre non négligeable de chefs-d'œuvre.

Les meilleurs compositeurs de *glees* travaillaient à Londres. La plupart d'entre eux étaient liés à l'abbaye de Westminster, à la cathédrale Saint-Paul ou à la chapelle royale comme choristes, comme chantres ou comme organistes. Parmi les plus éminents figurent Thomas Arne, le comte de Mornington, Jonathan Battishill, Samuel Webbe (I), John Stafford Smith, Richard Stevens, Thomas Attwood, John Wall Callcott (1766-1821) et Samuel Webbe (II). On écrivait également des *glees* dans les provinces anglaises, dans les Lowlands d'Écosse et à Dublin, mais ils sont généralement d'assez piètre qualité.

On pense souvent que les *glees* sont réservés aux voix masculines. Il est vrai que la plupart d'entre eux correspondent à la nomenclature TTB (deux parties de ténor et une partie de basse), ATB (alto, ténor, basse) ou ATTB (alto, deux parties de ténor et basse, les parties d'alto étant chantées en voix de fausset), mais de nombreux *glees* comportent des parties de soprano et sont destinés à des voix mixtes.

Au début du XVIIIe siècle, la forme de musique vocale à plusieurs voix qui dominait en Angleterre était le **catch*, pour voix d'homme – un genre de court *round* humoristique, dont les paroles célébraient généralement les plaisirs de la boisson, la convivialité masculine et la débauche. Toutefois, à partir de 1740, on a commencé à redécouvrir les madrigaux anglais et à les réimprimer, ce qui a inspiré aux compositeurs la création de nouvelles chansons à plusieurs voix, différentes des *catches*, plus expressives et élégantes, d'une portée plus large au point de vue des sujets, et que les femmes pouvaient entendre ou chanter. C'est ainsi qu'est apparu le *glee* au XVIIIe siècle.

Il n'est donc pas surprenant de trouver des points communs entre les *glees* et les premiers madrigaux anglais. Ils sont surtout écrits à trois, quatre ou cinq voix, exceptionnellement à six, sept ou huit voix ; les poèmes lyriques ne sont pas mis en musique strophe par strophe, mais une phrase après l'autre, en accordant une attention particulière à l'illustration du texte ; ils comportent un mélange d'écriture homophonique et contrapuntique. Certains *glees* de cette période sont presque des pastiches de madrigaux. D'autres, toutefois, sont plus caractéristiques du XVIIIe siècle et se divisent souvent en plusieurs sections contrastées, comme les sonates baroques concises ou les cantates miniatures ; on y trouve fréquemment les indications de dynamique modernes *sf* et *fp* et des fugues dans le style de Haendel.

Entre 1800 et 1820, les compositeurs ont innové avec des *glees* « virtuoses », spécifiquement destinés aux chanteurs professionnels, et des *glees* accompagnés au piano et à la harpe ; toutefois ces expériences n'ont pas eu de suite.

Après 1830, l'équilibre entre les éléments musicaux anciens et modernes se modifie. Quelques compositeurs (notamment Robert Lucas de Pearsall, 1795-1856) continuent à composer dans le style du madrigal, mais, en général, les formes vocales anglaises à plusieurs voix deviennent plus courtes, moins contrapuntiques et sont influencées par les modulations dramatiques et les harmonies chromatiques de Weber et de Mendelssohn. Le *glee* a donné naissance à des genres nouveaux à l'ère victorienne, comme l'ensemble comique dans l'opéra léger (« Strange Adventure » dans *Yeomen of the Guard* de Sullivan, par exemple), les harmonisations de chansons traditionnelles et le quatuor américain « barber-shop ».

David Johnson.

Gleich (all.). « Égal », « pareil » ; *gleichmässig,* « égal » ; *gleichstark,* « de force égale » ; *gleiche Stimmen,* * « voix égales ».

Gleitend (all.). « *glissando* ».

Glière, Reinhold (Moritsévitch) (Kiev, 11 janvier 1875 ; Moscou, 23 juin 1956). Compositeur soviétique. Il fait ses études de musique au Conservatoire de Moscou, où il enseigne ensuite la composition (1920-41). Sa réputation internationale repose essentiellement sur son *Concerto pour harpe* (1938) et sur la *Symphonie n° 3 « Ilya Mouromets »* (1909-11). Cependant, en Union soviétique, ses ballets *Le Pavot rouge* (1926-27, révisé en 1949 sous le titre *La Fleur rouge*) et *Le Cavalier d'airain* (1948-49) connaissent toujours un certain succès et impressionnent par leur chaleur lyrique, leur caractère immédiatement dramatique et la richesse de l'harmonie et de l'orchestration.

Geoffrey Norris.

Glinka, Mikhaïl (Ivanovitch) (Novospasskoïe, aujourd'hui Glinka, près de Smolensk, 1er juin 1804 ; Berlin, 15 février 1857). Compositeur russe. Élevé dans le domaine de son père, il entend dans son enfance beaucoup de musique traditionnelle ainsi que les exécutions d'un petit orchestre privé qui appartenait à son oncle.

Il prend quelques leçons de piano avec John Field à Saint-Pétersbourg puis occupe un poste dans la fonction publique. Mais, en raison de son état de santé, il quitte la Russie pour l'Italie, où il fait la connaissance de Bellini et de Donizetti et entend, à Milan, de bonnes exécutions d'opéra italien.

A près de trente ans, il décide d'acquérir la technique qui lui permettra d'écrire un opéra russe et se rend à Berlin pour travailler avec le fameux professeur S. Dehn. Il rentre ensuite en Russie et commence à travailler à un sujet profondément national (celui de l'invasion de la Russie par les Polonais, en 1613) ; il compose alors son célèbre opéra *Ivan Soussanine*, qui prend ensuite le titre de *Une vie pour le tsar* (1836). Le lyrisme et, dans une certaine mesure, le style sont encore italiens, mais cet ouvrage est imprégné de l'influence populaire et contient des détails typiquement russes de phraséologie et de rythme (mesures à cinq temps, etc.) ; en outre, les rythmes polonais de la mazurka et de la polonaise y sont employés à bon escient dans certaines scènes.

Son deuxième opéra, *Russlan et Ludmilla* (1842), repose sur un poème de Pouchkine. Cet ouvrage jette les bases d'un véritable style national et constitue le point de départ d'une veine « orientale » dans la musique russe. En outre, Glinka a séjourné deux ans en Espagne et certaines de ses œuvres pour orchestre sont conçues sur des airs traditionnels de ce pays.

Il est considéré comme le père de l'école nationale russe, non seulement pour ses opéras, mais aussi pour sa fantaisie symphonique *Kamarinskaïa* (1848), où les thèmes d'origine populaire évoluent dans un nouveau contexte. Glinka peut être considéré comme l'un des fondateurs du romantisme et du nationalisme en musique.

Voir également *Opéra,* 14 ; *Russie et Union soviétique,* 4.

Percy Scholes, rév.

BIBLIOGRAPHIE : Mikhaïl Glinka, *Glinka et la musique russe*, Ed. Radouga (Moscou, 1986).

Glissade (angl. : *slide* ; ital. : *portamento*). Dans la technique des instruments à cordes, changement de position entre deux notes non adjacentes largement utilisé pour produire un effet expressif à la fin du XIXe siècle et au début du XXe siècle (on en a même abusé !). L'Ex. 1 montre la façon dont elle est notée habituellement :

Ex. 1

mais Bach le notait comme sur l'Ex. 2.

Ex. 2

Paganini a inventé une version virtuose de la glissade en exécutant des extraits de gamme chromatique, souvent en tierces, avec le ou les mêmes doigts.

Glissando (ital.). Il ne s'agit pas d'un mot authentiquement italien mais d'une italianisation du verbe français « glisser ». Appliqué à la pratique pianistique, il indique qu'il faut faire glisser le doigt rapidement sur l'ensemble des touches comprises entre les deux notes extrêmes figurant sur la partition (on rencontre parfois des doubles glissandos, en octaves ou simultanément sur les touches blanches et les touches noires, et plus rarement des triples glissandos). Ravel et Debussy utilisent souvent cet effet dans leur musique pour piano. Le glissando sert également beaucoup dans la musique pour harpe (comme dans l'*Introduction et Allegro* de Ravel).

Avec les instruments à archet et les voix, on passe par un nombre infini de micro-intervalles. Cette technique fait beaucoup d'effet au trombone (comme dans la suite *Pulcinella* de Stravinski) et avec les timbales à pédales (par exemple dans la *Musique pour cordes, percussion et célesta* de Bartók).

Un glissando peut être noté soit sous forme de gamme chromatique ascendante ou descendante avec des valeurs de notes les plus brèves possible (dans ce cas, le compositeur désire généralement que chaque note s'entende), soit sous forme de ligne diagonale reliant les notes les plus hautes aux notes les plus graves (dans ce cas, il désire un **portamento*).

Globokar, Vinko (Anderny, Meurthe-et-Moselle, 7 juillet 1934). Compositeur et tromboniste yougoslave naturalisé français. Il fait ses études musicales aux Conservatoires de Ljubljana et de Paris, puis avec Luciano Berio qui, dans *Sequenza V*, devient l'un des nombreux compositeurs qui exploiteront son extraordinaire virtuosité au trombone. Son activité créatrice est liée à sa carrière d'interprète, comme soliste et comme membre du New Phonic Art Ensemble, quatuor fondé en 1972. Au nombre de ses œuvres figurent *Fluide* pour ensemble de cuivres et de percussions (1967), *Correspondances* pour quatre instrumentistes (1969) et *Res/as/ex/ins-pirer* pour cuivre soliste (1973).

Paul Griffiths.

Glockenspiel (ou jeu de timbres) (all., angl. ; ital. : *campanelli*). Lames métalliques accordées qui reposent en deux points sur un support rembourré ; les deux extrémités restent libres et les lames sont frappées en leur centre avec des baguettes. On ne trouve aucune trace de cet instrument en Europe avant le XVIIe siècle et il n'a fait que de rares apparitions à l'orchestre jusqu'au milieu du XIXe siècle. Les variantes les plus récentes comprennent des versions destinées aux écoles, parfois appelées métallophones (voir 3), ainsi que le *vibraphone ; mais il s'agit déjà d'un instrument spécial.

1. *Le glockenspiel à baguettes.* Il se compose d'une série de lames d'acier, d'au moins 8 mm d'épaisseur, disposées sur deux rangées en gamme chromatique ; les lames correspondant aux touches noires du clavier sont généralement surélevées. Les lames sont suspendues par une corde ou reposent sur un support rembourré. L'emplacement théorique des deux supports se situe à un peu moins du quart de la longueur totale de la lame (0,2242 %), par rapport à chaque extré-

mité, à l'endroit des nœuds de vibration. Il n'y a pas de résonateurs. On utilise souvent le glockenspiel à baguettes en le laissant dans son étui, les lames correspondant aux touches blanches se glissant sous les dièses pour refermer l'étui. Toutefois, certains modèles récents sont montés sur un support métallique vertical. Les baguettes, tenues entre le pouce et l'index, ont des extrémités sphériques en corne, en bois ou en cuivre pour produire cette sonorité caractéristique, brillante et pénétrante. Avec des extrémités en caoutchouc, on obtient une sonorité qui ressemble davantage à celle du *célesta. L'étendue des notes écrites se situe entre sol^2 et do^5 ; l'instrument sonne deux octaves plus haut que les notes écrites et atteint la note la plus aiguë du piano.

2. *Le glockenspiel à clavier.* Plus rarement utilisé, sa taille varie entre celle du petit instrument portatif et celle d'un petit célesta. Le clavier, qui actionne des petits marteaux métalliques, permet peu de variations de dynamique et le volume sonore est limité. Les percussionnistes préfèrent de loin le glockenspiel à baguettes, mais plusieurs œuvres sont écrites spécifiquement pour le glockenspiel à clavier, notamment *L'Apprenti sorcier* de Dukas, *La Mer* de Debussy (le compositeur a écrit « ou célesta »), la *Symphonie nº 7* de Mahler et les *Oiseaux exotiques* de Messiaen. Le glockenspiel à clavier sonne généralement à l'octave supérieure des notes écrites, comme le célesta. C'est aussi l'instrument qui convient le mieux à la musique de Papageno dans *La Flûte enchantée* de Mozart (marquée pour « *instrumento di acciaio* », c'est-à-dire « d'acier ») : elle est écrite avec des accords qui vont jusqu'à huit notes, comme s'il s'agissait de musique pour piano. On peut aussi utiliser le glockenspiel à clavier pour la partie de carillon de *Saül* de Haendel ; en fait, on ignore de quel instrument Haendel disposait en réalité, mais les instruments à clavier à lames métalliques existaient depuis longtemps dans les pays où existe une tradition du carillon, pour l'accord des cloches et le travail individuel.

3. *Le glockenspiel pour enfant.* Dans un premier temps, on a d'abord construit, pour les petits enfants, des instruments à une ou deux rangées (chromatiques) de lames qui mesuraient seulement 1,5 à 2 mm d'épaisseur ; elles étaient donc très petites pour les notes produites (voir 5). On les appelait alors « harmonicas » mais, au début du siècle, certains exportateurs allemands parlaient déjà de « métallophones ». Les petites sonnettes de service avec leur résonateur métallique en forme de coupe renversée portaient aussi le nom d' « harmonicas ».

Les instruments réalisés pour la Orff Schulwerk dans les années cinquante ont des lames de 2 à 6 mm d'épaisseur, souvent placées au-dessus d'une cuve en bois qui sert de résonateur, idée empruntée à l'Extrême-Orient, où il existe des instruments à lames accordées depuis le début du Moyen Age (voir *Xylophone*). Les lames sont amovibles, ce qui permet, sur un instrument diatonique d'une seule rangée, de remplacer rapidement une lame de fa par une lame de fa dièse pour jouer en sol majeur, etc. L'étendue est généralement d'une octave et demie et il existe aussi des instruments basses et altos.

L'un des modèles de cette famille comporte des lames de carillons montées individuellement sur un résonateur tubulaire horizontal, avec un large trou pratiqué sous le centre de la lame. Si le trou est bouché, la lame devient presque inaudible et, en déplaçant un morceau de carton sur le trou, on obtient un *vibrato* important.

4. *La lyre* (all. : *Stahlspiel* ; angl. : *bell lyra* ou *lyra*). Dans le domaine de la percussion, la lyre est un glockenspiel vertical destiné aux musiques militaires dont les lames sont montées dans un cadre métallique vertical en forme de lyre fixé sur un montant ; la base du montant est soutenue par un harnais en cuir. Les lames (de nos jours généralement deux rangées chromatiques) sont frappées à l'aide d'une baguette à tête de caoutchouc dur ou de plastique. L'instrumentiste en joue d'une seule main, l'autre servant à tenir l'instrument. Le son porte beaucoup plus que celui des tambours et certaines batteries utilisent ce glockenspiel comme instrument principal ou même comme seul instrument mélodique. La lyre a vu le jour en Allemagne vers 1870 ; elle était destinée à remplacer l'ancien « chapeau chinois » de la musique turque, conservant souvent ses pendeloques.

5. *Hauteur de son d'une lame vibrante.* Une lame vibre en fonction de sa rigidité et la fréquence varie en raison de la vitesse de propagation divisée par la longueur. Mais les efforts de cisaillement s'ajoutant aux efforts de flexion, la vitesse de propagation varie en raison inverse de la longueur, de telle sorte que la fréquence varie finalement en raison inverse du carré de la longueur. Avec un jeu de lames de même épaisseur et de même matière, on obtient ainsi une différence de hauteur de son d'une octave (rapport de fréquence 1:2) pour des longueurs de 1:2 (ou 1:1,414). On peut ainsi obtenir une étendue de deux octaves ou plus sans avoir des lames excessivement longues dans le grave ou courtes dans l'aigu. Par ailleurs, la fréquence varie directement en fonction de l'épaisseur : plus l'épaisseur est importante, plus la lame est rigide et plus la fréquence est élevée. La largeur de la lame, petite par rapport à sa longueur, ne doit en principe pas affecter la fréquence ; ainsi, on peut déterminer la fondamentale d'une lame d'une matière donnée en appliquant l'équation suivante :

$$\text{fréquence} \bumpeq \frac{\text{épaisseur}}{\text{carré de la longueur.}}$$

Anthony Baines.

Gloria in excelsis Deo (lat., « Gloire à Dieu au plus haut des cieux »). « Grande doxologie » (voir *Doxologie*), partie de l'ordinaire de la *messe catholique. Il se chante entre le Kyrie et la Collecte, sauf pendant l'Avent et le Carême, où il est supprimé. (voir également *Plainchant*, 2). Le Gloria a été conservé dans la liturgie anglicane et se situe dans le service de la Communion (voir *Common Prayer, Book of*).

Gloriana. Opéra en trois actes op.53 de Britten sur un livret de William Plomer d'après *Elizabeth and Essex* de Lytton Strachey. Il a été commandé par Covent Garden pour le couronnement d'Élisabeth II qui a assisté à sa création le 8 juin 1953. Première française à Bordeaux le 19 mai 1967.

Gloria Patri (lat., « Gloire au Père »). « Petite doxologie » (voir *Doxologie*) ajoutée à la fin de tous les psaumes. Il fait également partie de l'*Introït.

Glosa (esp.). « Glose ». 1. Terme utilisé du XVIe au XVIIIe siècle pour désigner un genre d'ornementation dans lequel une mélodie est interrompue par une brève vocalise.

2. Terme du XVIe siècle désignant la technique d'écriture en variations, généralement sur un thème religieux ; dans *Obras de música* de Cabezón (Madrid, 1578), le terme correspond à des variations ornementées de psalmodies harmonisées. Ces variations sont généralement plus simples et moins développées que les **diferencias.*

Gluck, Christoph Willibald (Erasbach, Haut-Palatinat, 2 juillet 1714 ; Vienne, 15 novembre 1787). Compositeur allemand. Son père était garde forestier et maître des Eaux et Forêts. Gluck a peut-être été élevé à Reichstadt (aujourd'hui Liberec) en Bohême. Vers 1730, il va étudier à Prague, où il apprend à chanter et à jouer du violon et de l'orgue. En 1735, il se rend à Vienne, mais, deux ans plus tard, suit à Milan le patricien A. M. Melzi et devient l'élève de Sammartini. Sa musique subira fortement l'influence de Sammartini et d'autres compositeurs italiens de la même époque ; entre 1741 et 1745, il compose quelques opéras italiens, représentés surtout à Venise et à Milan.

En 1745, Gluck est invité à Londres, où il compose des opéras pour le King's Theatre de Haymarket ; il fait la connaissance de Haendel, qui aurait fait cette remarque peu flatteuse : « Il [Gluck] ne sait rien de plus du contrepoint que ma cuisinière. » Gluck se rend ensuite en Allemagne et travaille avec la troupe d'opéra Mingotti qu'il suit à Dresde, à Vienne (où *Sémiramide* est représentée pour l'anniversaire de l'impératrice en 1748), au Danemark et à Prague (où *Ezio* est créé en 1749). En 1750, il se marie et s'installe à Vienne ; il devient le conseiller musical du prince de Saxe-Hildburghausen et le Konzermeister de son orchestre. Il y mène une vie active jusqu'en 1773, tout en continuant à écrire des opéras pour d'autres villes, notamment *La Clémence de Titus* pour Naples (1752), *Issipile* pour Prague (1752) et *Antigono* pour Rome (1756). La plupart de ses livrets sont dus au célèbre poète de la cour de Vienne, Métastase, mais, à cette époque, Gluck commence également à écrire des œuvres sur des textes français, avec dialogues parlés, destinées à divertir la cour viennoise sophistiquée. *La Rencontre imprévue* (également appelée *Les Pèlerins de La Mecque* ; exécutée en 1764) est l'un des premiers chefs-d'œuvre de l'opéra-comique.

Vers la fin des années 1750, on assiste aux débuts d'une rébellion contre l'opéra italien métastasien trop stéréotypé et, en même temps, on voit se dessiner un mouvement en faveur d'un nouveau genre de ballet dramatique, visant davantage à traduire des sentiments qu'à déployer des pas et des gestes stylisés (voir *Ballet*, 1). Gluck travaille avec le chorégraphe Gaspero Angiolini à deux de ces « ballets d'action » ; le premier, *Don Juan* (exécuté en 1761), est un événement décisif dans l'histoire du ballet et exerce une influence considérable sur les compositeurs de l'époque. Le *Don Giovanni* de Mozart, composé environ vingt-cinq ans plus tard, a lui-même subi l'influence de l'œuvre de Gluck, surtout dans l'association de la tonalité de ré mineur avec des scènes d'horreur surnaturelles. Un an plus tard, *Orfeo ed Euridice* de Gluck (sur un livret de Ranieri Calzabigi) est représenté au Burgtheater de Vienne. Bien avant le regain d'intérêt dont bénéficie l'opéra baroque depuis quelque temps, l'*Orfeo* de Gluck avait été l'opéra le plus ancien de l'histoire à entrer au répertoire. En dehors de quelques passages ravissants comme le fameux air « Che far'ò senza Euridice ? » (« J'ai perdu mon Eurydice ») et la *Danse des esprits bienheureux*, l'attrait émotionnel et la cohésion dramatique d'*Orphée* impressionnent profondément le public de l'époque – particulièrement la première scène de l'acte I qui rappelle peut-être la première scène de l'acte III de *Castor et Pollux* de Rameau (1737).

En 1765, Gluck compose deux nouvelles œuvres en collaboration avec Angiolini : les drames chorégraphiques *Sémiramis* et *Iphigénie* (aujourd'hui perdu). Malgré l'intérêt qu'il porte à la réforme de l'opéra, il continue à travailler avec Métastase – un opéra, *La Corona*, leur est commandé pour la fête de l'empereur en 1765, mais il ne sera pas représenté en raison de la mort prématurée de son dédicataire. A la même époque, Gluck commence à travailler à un autre livret de Calzabigi, *Alceste*, qui est représenté au Burgtheater en 1767. Il reçoit un accueil mitigé, certains critiques trouvant la musique « pathétique et lugubre ». La partition est publiée en 1769 ; dans la préface de cette œuvre, Gluck écrit : « Je me suis efforcé de limiter la musique à sa véritable fonction qui est de servir la poésie au moyen de l'expression et en suivant les situations de l'histoire, sans interrompre l'action ou l'étouffer avec des ornements superflus et inutiles. » Une préface analogue accompagne *Paride ed Elena* (représenté et publié à Vienne en 1770), la dernière réalisation de Gluck avec Calzabigi, qui reçoit à nouveau une critique défavorable.

En 1772, Gluck se consacre à un arrangement de la tragédie de Racine, *Iphigénie en Aulide*, et dès l'été la musique de cet opéra est pratiquement terminée. Déçu par son manque de succès à Vienne, il décide de tenter sa chance à Paris où l'une de ses anciennes élèves, Marie-Antoinette, est sur le point de devenir reine. Il arrive à Paris vers la fin de 1773 et, au cours des six années qui suivent, compose ses quatre derniers grands opéras, révise deux opéras-comiques antérieurs et produit des versions françaises d'*Orfeo* et d'*Alceste*. Le 19 avril 1774, la première représentation d'*Iphigénie en Aulide* est un grand succès ; il en va de même d'*Orphée et Eurydice* un an plus tard. La version révisée d'*Alceste* (représenté en 1776) est moins bien accueillie, ce qu'explique en partie la forte résistance du public musical français à tout arrangement (particulièrement par un étranger) d'un livret déjà mis en musique par Lully. L'année suivante, *Armide* reçoit un accueil mitigé et une faction puissante, composée d'adversaires de Gluck, invite le compositeur napolitain Piccinni à mettre en musique une œuvre à laquelle travaille Gluck : *Roland*. Les deux compositeurs n'ont aucune envie de rivaliser directement et la « guerre » qui en résulte se limite aux paroles, dans la véritable tradition française. Plusieurs opéras de Piccinni puis quelques-uns de Sacchini rencontrent un succès considérable, mais avec *Iphigénie en Tauride* (représenté en 1779), également mis en musique par Piccinni, Gluck remporte une victoire décisive.

En octobre 1779, Gluck retourne à Vienne pour la dernière fois, après l'échec à Paris d'*Echo et Narcisse*. En 1781, il réalise une adaptation en allemand d'*Iphigénie en Tauride*, mais son état de santé (il a eu deux attaques) l'oblige à se retirer en 1783. Au cours de ses dernières années, il n'écrira que quelques mélodies sur des vers de Klopstock (publiées en 1785-86).

La grandeur de Gluck tient au fait qu'il a su mettre en pratique la théorie. Il a restauré un équilibre entre la musique et le drame en recherchant une « magnifique simplicité » dans son écriture mélodique, en travaillant étroitement avec ses librettistes pour obtenir une intrigue plus naturelle et plus crédible et en moulant sa musique de manière à rehausser le drame, sans s'occuper des conventions. Ainsi, les opéras de la maturité – *Orphée*, *Alceste*, *Armide* et les deux *Iphigénie* – ont conservé leur place au répertoire, alors que d'innombrables ouvrages sur des drames similaires sont aujourd'hui tombés dans l'oubli.

Wendy Thompson.

BIBLIOGRAPHIE : Paul Landormy, *Gluck*, Gallimard (Paris, 1941). François Lesure, *Querelle des gluckistes et des piccinnistes*, Minkoff (Genève, 1984). Jean-Gabriel Prod'homme, *Christoph Willibald Gluck*, Société d'éditions françaises et internationales (Paris, 1948), rééd. Fayard (Paris, 1985).

Glückliche Hand, Die (« La Main heureuse »). Drame en musique en un acte de Schoenberg sur un livret du compositeur. Écrit entre 1910 et 1913, il a été créé à Vienne en 1924. Il comporte des rôles mimés (un homme et une femme) et l'utilisation de lumières colorées est d'une importance fondamentale (voir *Couleur et musique*, 11).

Glyndebourne. Voir *Festivals*, 4.

G.O. Dans la musique d'orgue, abréviation pour « grand orgue ».

Goat's trill (angl.). « Chevrotement ».

Godard, Benjamin (Louis Paul) (Paris, 18 août 1849 ; Cannes, 10 janvier 1895). Compositeur français. Enfant prodige en matière de composition, il a écrit beaucoup de musique instrumentale et de mélodies. En 1878, il obtient le prix de la Ville de Paris avec *Le Tasse*, symphonie dramatique pour soli, chœur et orchestre, puis compose des opéras sans grande originalité. Le plus connu reste aujourd'hui *Jocelyn* en raison de la célèbre berceuse (1888).

Denis Arnold.

God Bless the Prince of Wales. Chanson sur des paroles galloises de Ceirog Hughes et une musique de Brinley Richards, publiées ensemble en 1862. Cette chanson est devenu l'hymne officiel de la Royal Air Force.

Godefroid, Jules-Joseph (Namur, 23 février 1811 ; Paris, 27 février 1840). Harpiste et compositeur français. Il apprend la musique avec son père, qui était belge, puis entre au Conservatoire de Paris en 1826 pour étudier la harpe avec Nadermann et la composition avec Lesueur. Entre 1830 et 1840, deux de ses opéras (*Diadesté* et *La Chasse royale*) sont représentés à Paris sans grand succès. Son fils, **Félix Dieudonné Joseph Guillaume Godefroid** (Namur, 24 juillet 1818 ; Villers-sur-Mer, 12 juillet 1847) est également harpiste et compositeur. Il est aussi l'élève de son père et, en 1832, entre au Conservatoire de Paris où il travaille avec Nadermann. Trois ans plus tard, il quitte le Conservatoire pour apprendre à jouer de la double harpe avec Labarre. Il deviendra un virtuose de cet instrument et composera beaucoup de musique pour harpe.

Wendy Thompson.

Godfrey. Famille de musiciens anglais qui ont fait l'essentiel de leur carrière dans les musiques militaires. **Charles Godfrey** (Kingston, 22 novembre 1790 ; Londres, 12 décembre 1863) dirige la fanfare des Coldstream Guards de 1825 à sa mort, en 1863. Trois de ses cinq fils suivent ses traces. **Daniel** (Londres, 4 septembre 1831 ; Beeston, près de Nottingham, 30 juin 1903), chef de musique des Grenadier Guards de 1856 à 1896, est le premier chef de musique de l'armée britannique à accéder au rang d'officier (en 1887). **Adolphus Frederick** (Londres, 1837 ; Londres, 28 août 1882) succède à son père à la tête des Coldstream Guards de 1863 à 1880. **Charles** (Londres, 17 janvier 1839 ; Londres, 5 avril 1919), chef de musique des Scots Fusilier Guards et des Royal Horse Guards (1868-1904), s'intéresse beaucoup au mouvement des fanfares britanniques et siège au jury des championnats britanniques jusqu'en 1914. Les trois frères ont écrit et arrangé de la musique de fanfare. Le fils de Charles, **Charles George** (Londres, 2 décembre 1866 ; Londres, 24 juillet 1935) commence par travailler dans les musiques militaires, mais se fait surtout connaître comme chef d'orchestre dans les villes d'eaux, notamment à Buxton et Scarborough ; entre 1911 et 1924, il dirige la Royal Parks Band à Hyde Park, à Londres. **Daniel Eyers Godfrey** (Londres, 20 juin 1868 ; Bournemouth, 20 juillet 1939), fils de Daniel Godfrey, plus connu sous le nom de Sir Dan Godfrey Jr., s'est imposé à la tête de l'Orchestre de Bournemouth, qu'il prend en main en 1892 pour l'élever au rang des grands orchestres anglais. Il se retire en 1935 après avoir joué un rôle essentiel en faveur de la musique symphonique britannique. **Arthur Eugene** (Londres, 28 septembre 1868 ; Londres, 23 février 1939), deuxième fils de Charles, est surtout connu comme chef d'opéra. La tradition de chef de fanfares militaires et municipales est reprise par le fils de Sir Dan Godfrey, **Dan Stuart Godfrey** (Londres, 21 mai 1893 ; Durban, 24 avril 1935) qui exerce à Durban à partir de 1928, après avoir dirigé à Harrogate et à St Leonard-on-Sea.

Peter Gammond.

God save the Queen [King]. Hymne national britannique, sans doute le mieux connu du monde puisque, à une époque ou à une autre, il a été emprunté par une vingtaine de pays comme hymne national officiel. En Angleterre, la popularité des paroles et de la musique semble dater de l'époque du débarquement du Jeune Prétendant (1745) où elles ont été introduites dans les théâtres londoniens et largement adoptées.

Les origines des paroles comme de la musique sont incertaines et leur attribution à Henry Carey est douteuse.

La musique est écrite sur un rythme et dans le style d'une *gaillarde. Il existe un air genevois de ce type dont certaines phrases ressemblent au « God save the Queen » ; il a été présenté en 1603 lors d'un banquet célébrant le premier anniversaire de la tentative manquée du comte de Savoie pour s'emparer de la ville (l'« Escalade »). Un noël anglais imprimé en 1611, « Remember, O thou Man », présente les mêmes ressemblances. On trouve des similitudes beaucoup plus fortes dans une pièce pour clavier de John Bull (dans une tonalité mineure), raison pour laquelle le « God save the Queen » lui est parfois attribué.

Dans les colonies américaines et aux États-Unis, la musique a été chantée, à diverses époques, sur des paroles différentes, par exemple « God save America », « God save George Washington », « God save the Thirteen States », etc. Le texte actuel, « My Country, 'tis of Thee », date de 1831 et est l'œuvre du révérend Samuel Francis Smith.

De nombreux compositeurs, notamment Weber, Brahms et Donizetti, ont introduit ce thème dans leur musique ou construit certaines de leurs œuvres autour de lui : Beethoven a écrit *Sept Variations sur le « God save the King »* en 1802-03.

Goehr, (Peter) **Alexander** (Berlin, 10 août 1932). Compositeur anglais d'origine allemande, fils du chef d'orchestre Walter Goehr, qui s'était fixé en Angleterre avec sa famille en 1933. Il fait ses études avec Richard Hall au Royal Manchester College of Music, puis, en 1957, avec Olivier Messiaen au Conservatoire de Paris. Il travaille comme producteur à la BBC (1960-68), enseigne aux États-Unis (1968-70), puis est nommé professeur de musique, successivement à Leeds (1970-76) et à Cambridge.

A ses débuts, il fait partie du « Manchester Group » avec Harrison Birtwistle et Peter Maxwell Davies : erreur de jeunesse car, même dans ses premières œuvres comme la *Fantaisie* pour orchestre (1954), il montre déjà un intérêt certain pour le sérialisme polyphonique dans la mouvance de Schoenberg. Dans son triptyque destiné au théâtre musical (*Naboth's Vineyard*, 1968 ; *Shadowplay*, 1970 ; *Sonata about Jerusalem*, 1970), Goehr conserve certains points communs avec l'approche de Maxwell Davies, mais l'éloquence lyrique et le didactisme moral de ces œuvres les placent à part, alors que l'opéra *Arden Must Die* (1967) révèle un style tranchant qui évoque parfois celui de Weill. Goehr a écrit sa musique la plus caractéristique dans le domaine de la musique de chambre et dans le domaine symphonique (*Concerto pour violon*, 1961-62 ; *Quatuor n° 2*, 1967 ; *Symphonie en un mouvement*, 1970), où il tente de réaliser l'intégration thématique des maîtres classiques.

Paul Griffiths.

Goetz, Hermann (Gustav) (Königsberg, 7 décembre 1840 ; Hottingen, près de Zurich, 3 décembre 1876). Compositeur allemand. De santé très fragile, il est pendant quelque temps organiste à Winterthur, en Suisse, et professeur à Zurich. Son opéra-comique *Der Widerspenstigen Zähmung*, représenté pour la première fois en 1874, remporte un grand succès et est bientôt donné dans toute l'Europe. Il est aussi l'auteur d'une belle symphonie, de concertos pour piano et pour violon dont le style s'inscrit dans la tradition de Mendelssohn et de Schumann.

Denis Arnold.

Goldberg, Johann Gottlieb (Dantzig [aujourd'hui Gdańsk], mars 1727; Dresde, avril 1756). Compositeur et claveciniste allemand. Fils d'un célèbre facteur de luths et de violons, il étudie le clavecin avec Wilhelm Friedemann Bach à Dresde, puis avec Jean-Sébastien Bach lui-même, qui aurait écrit pour lui les *Variations Goldberg* à la demande du comte Keyserlingk, qui voulait qu'on lui joue de la musique chaque soir pour dissiper ses insomnies (ce qui n'était flatteur ni pour le compositeur ni pour l'instrumentiste); mais comme le premier a reçu un gobelet en or et cent louis d'or alors que le second s'est vu attribuer un traitement régulier, on est en droit de supposer qu'ils ont tous deux fermé les yeux sur l'ambiguïté de la commande. Goldberg a composé quelques sonates en trio, des polonaises et deux concertos pour clavecin.

Percy Scholes, rév. Denis Arnold.

« Golden » Sonata. Surnom de la sonate en fa majeur pour deux violons, basse de viole et continuo de Purcell, neuvième des *Ten Sonata's in Four Parts* publiées à titre posthume en 1697.

Goldmark, Karl (Keszthely, 18 mai 1830; Vienne, 2 janvier 1915). Compositeur hongrois, fils d'un « hazan », il vit dans la pauvreté et part faire ses études à Vienne à l'âge de quatorze ans. Il y restera jusqu'à la fin de sa vie, à l'exception d'une courte période pendant la révolution de 1848 (au cours de laquelle il manque d'être fusillé par erreur). Il se fait un nom comme pédagogue (Sibelius compte parmi ses élèves) et comme compositeur. Son premier opéra, *La Reine de Saba* (1875), et une suite ou symphonie à programme, *Ländliche Hochzeit* (« Noces à la campagne », 1877), lui assurent une notoriété internationale. Ses œuvres ultérieures sont moins réussies, mais il sera toujours très admiré et comblé d'honneurs. Son neveu **Rubin** (New York, 15 août 1872; New York, 6 mars 1936) a fait ses études dans diverses institutions de sa ville natale et à Vienne avant de devenir directeur du Conservatoire de Colorado Springs et professeur à la Juilliard School de New York. Il a composé une musique symphonique et instrumentale intéressante et a notamment été le professeur d'Aaron Copland.

Denis Arnold.

Golgotha. Oratorio de Frank Martin sur des textes des Écritures saintes et de saint Augustin (1945-48) pour cinq voix solistes, chœur mixte, orchestre et orgue.

Goliards (ou vagantes). Clercs errants (fin du Xe siècle-milieu du XIIIe siècle), auteurs de poèmes latins qui ont joué un rôle important dans la dissémination de la culture au Moyen Age. La collection la plus célèbre de pièces lyriques des goliards est l'anthologie de la fin du XIIIe siècle **Carmina burana*.

Golliwogg's Cakewalk. Sixième pièce de la suite pour piano de Debussy *Children's Corner* (1906-08).

Gombert, Nicolas (vers 1495; après 1556). Important compositeur flamand du début du XVIe siècle, peut-être élève de Josquin des Prés (à sa mort il écrira une déploration). Membre de la chapelle royale de l'empereur Charles Quint, il suit la cour dans ses déplacements et séjourne longtemps en Espagne. Il semble avoir passé la fin de sa vie dans les Flandres, où son maître lui avait accordé plusieurs bénéfices. Il est sans doute mort à Tournai. Sa musique a été complètement éclipsée par celle de Palestrina, auquel il est en tout point comparable. Excellent auteur de chansons polyphoniques, il livre néanmoins sa plus belle musique dans des motets très expressifs où transparaît une parfaite maîtrise du contrepoint. Gombert a influencé toute une génération de compositeurs et, en 1610, Monteverdi a choisi l'un de ses motets pour base de sa *Missa « In illo tempore »*.

Denis Arnold.

Gomes, (Antonio) **Carlos** (Campinas, 11 juillet 1836; Belém, 16 septembre 1896). Compositeur brésilien d'origine portugaise. Il apprend la musique avec son père, chef de fanfare, et commence à composer à l'âge de quinze ans. Il entre alors au Conservatoire de Rio de Janeiro où, en 1861, il écrit son premier opéra. En 1863, il reçoit une bourse pour achever ses études au Conservatoire de Milan. Il se lance dans une carrière extrêmement brillante et compose des opéras légers dans le style italien. Son œuvre la plus célèbre, *O Guaramí*, est représentée à la Scala en 1870. Vers 1890, Gomes rentre au Brésil, mais ses penchants monarchistes le mettent dans une situation délicate face à la nouvelle république et il n'obtient aucun poste important. Finalement, il est nommé directeur du Conservatoire de Belém en 1895, mais meurt peu de temps après.

Wendy Thompson.

Gondoliers, The. Opéra-comique en deux actes de Gilbert et Sullivan. Représentations : Londres (Savoy Theatre, 7 décembre 1889) ; New York (New Park Theatre, 7 janvier 1890) ; Vienne (Theater an der Wien, 20 septembre 1890). La satire est dirigée contre le républicanisme : deux gondoliers vénitiens (tén. et bar.) deviennent tous deux rois de Barataria. Les complications coutumières de Gilbert font intervenir un Grand Inquisiteur (basse) et une grande famille ruinée de Plaza-Toro, le dénouement repose sur la confusion entre deux bébés échangés dans leur berceaux.

Gong et tam-tam. On croit généralement savoir ce qu'est un gong : un grand disque de bronze, assez lourd, aux bords relevés, de surface plate ou légèrement convexe qui peut comporter une bosse centrale ; il est suspendu sur un portique métallique et l'instrumentiste le frappe en son centre avec une mailloche recouverte de laine. Alors, pourquoi cet instrument est-il si souvent désigné sous le nom de tam-tam dans les partitions d'orchestre ?

Historiquement, lorsque ces instruments ont commencé à être importés d'Extrême-Orient au XVIIIe siècle, le terme « gong » a été adopté en Angleterre alors qu'en France et dans le reste de l'Europe on préférait le mot « tam-tam ». Beaucoup plus tard, au XXe siècle, les percussionnistes et les compositeurs sont convenus de définir le tam-tam comme un instrument à hauteur de son indéterminée et le gong comme un instrument qui peut être accordé sur une note spécifique (bien qu'il ne s'agisse pas d'une règle immuable) et qui produit une qualité de son différente selon sa forme et sa facture. Cette différence se reflète, à un certain point de vue, dans la sonorité des mots eux-mêmes.

Le diamètre peut varier entre 30 cm et 1 m. Le bord du tam-tam n'est pas relevé ou à peine. En le frappant vigoureusement près du centre, on obtient un son grave et résonnant, au-dessus de la fondamentale grave. Le gong est parfois en métal plus mince, son bord est relevé et il comporte parfois (mais pas systématiquement) une bosse centrale sur laquelle on donne les coups de mailloche. Le son se rapproche davantage du « boum » que celui du tam-tam.

L'instrument à tout faire est le tam-tam, mais dans les partitions contemporaines on fait appel aux deux formes d'instrument qui sont mises en opposition. Boulez exige par exemple au moins deux tam-tams de hauteur de son différente (indéterminée) – « moyenne » et « grave » – ainsi que plusieurs gongs. Les deux grands facteurs de gongs des temps modernes sont M. Grabmann en Allemagne et Paiste en Suisse, dont la réputation égale celle du facteur turc Zildjian pour les cymbales.

Les gongs sont indissociables de l'Orient ; leur origine remonte au VIe siècle dans des régions qui vont du Tibet à l'Indonésie. En Europe, la première partition sur laquelle ils figurent semble être la musique funèbre de Gossec pour Mirabeau (1791). Des jeux de gongs accordés apparaissent dans les opéras italiens à coloration orientale, de Mascagni (*Iris*, 1898) à Puccini (*Madame Butterfly*, une octave de « tam-tam giapponesi » *ad libitum*, et *Turandot*, une octave chromatique de « gong cinesi » ; dans les deux cas, l'étendue écrite s'inscrit sur la portée de la clef de fa).

Anthony Baines.

Goodman, Benny (Benjamin David) (Chicago, 30 mai 1909 ; New York, 13 juin 1986). Musicien de jazz américain. Ses deux frères aînés sont également musiciens de jazz. Il joue avec l'orchestre de Ben Pollack à partir de 1925 et dirige des orchestres de théâtre dès 1928. En 1933, il forme son orchestre de « swing » avec lequel il remporte le titre de « roi du swing » et qui devient l'une des plus célèbres formations de jazz et de danse. Il enregistre beaucoup de disques et forme également de petits ensembles, du trio au sextuor, avec des musiciens de son orchestre, lançant la mode des petits groupes de jazz. Excellent clarinettiste, il a également joué et réalisé des enregistrements avec des ensembles de musique de chambre ou des orchestres symphoniques classiques ; son orchestre a tourné de nombreux films dans les années trente et quarante et il a lui-même fait l'objet d'un film biographique en 1955.

Peter Gammond.

Goossens, (Sir) (Aynsley) **Eugene** (Londres, 26 mai 1893 ; Hillington, Middlesex, 13 juin 1962). Chef d'orchestre et compositeur anglais. Fils et petit-fils de chefs d'orchestre, il fait ses études au Royal College of Music de Londres (1907-10) où il travaille la composition avec Stanford et Charles Wood. Il est admis comme violoniste au Queen's Hall Orchestra (1911-15) dont il devient ensuite chef d'orchestre assistant ; puis il obtient des postes à l'Orchestre philharmonique de Rochester (1923-31), à l'Orchestre symphonique de Cincinnati (1931-46) et à l'Orchestre symphonique de Sydney (1947-56). Tout en occupant ce dernier poste, il assure la direction du New South Wales Conservatorium et peut ainsi exercer une forte influence sur l'émergence d'une musique typiquement australienne. Ses propres œuvres, inspirées au début par l'impressionnisme français, sont empreintes d'un style romantique assez froid. Elles comportent deux opéras sur des livrets d'Arnold Bennett, *Judith* (1929) et *Don Juan de Mañara* (1937), ainsi que des œuvres symphoniques, de la musique de chambre et des mélodies. Son frère est le hautboïste Leon Goossens (1897-1988).

Paul Griffiths.

Gopak. Voir *Hopak*.

Gorgheggio (ital.). Terme moderne (du verbe *gorgheggiare*) appliqué à un passage vocal long et rapide dans lequel une voyelle occupe plusieurs notes.

Gorgia (ital.). Terme désignant l'art de l'ornementation vocale improvisée pratiquée vers 1600 dans l'exécution des madrigaux, motets, etc. Dans sa préface de *Le Nuove Musiche* (1601), Caccini donne une explication détaillée des divers types d'ornementation auxquels cette pratique fait appel.

Gorzanis, Giacomo (province de Puglia, vers 1525 ; ? Trieste, après 1575). Compositeur et luthiste italien aveugle qui a passé une grande partie de sa vie à Trieste. Il a composé de belles danses qui réclament une grande virtuosité instrumentale et qui sont reliées entre elles sur plan thématique pour former des suites.

Denis Arnold.

Goss, (Sir) **John** (Fareham, Hants, 27 décembre 1800 ; Londres, 10 mai 1880). Organiste et compositeur anglais. Fils d'organiste, il fait partie des Children de la chapelle royale sous la direction de John Stafford-Smith, puis est l'élève d'Attwood. Il commence une carrière de chanteur, mais décide rapidement de consacrer sa vie au service de l'Église. En 1838, il est nommé organiste à St Paul et, en 1856, compositeur de la chapelle royale. Il compose essentiellement de la musique sacrée, notamment des services et des *anthems* : le plus connu est sans doute « If We Believe », composé pour les funérailles du duc de Wellington. Gloss a également écrit plusieurs *glees*, édité trois recueils d'hymnes et publié *The Organist's Companion* et *An Introduction to Harmony and Thorough-bass* (1833).

Wendy Thompson.

Gossec, François-Joseph (Vergnies, Hainaut, 17 janvier 1734 ; Passy, 16 février 1829). Compositeur français d'origine flamande. Choriste à la cathédrale d'Anvers dès 1742, il s'installe à Paris en 1751 et, sur la recommandation de Rameau, devient chef d'orchestre chez le fermier général La Pouplinière. Il profite de l'occasion pour faire jouer ses propres œuvres par cet orchestre et compose une trentaine de symphonies, dont certaines comportent des effets inhabituels et une orchestration nouvelle, comme l'utilisation de la clarinette. Il réalise des expériences analogues dans sa musique sacrée : le *Tuba mirum* de sa *Messe des morts* (1760) est confié à deux orchestres séparés, l'un jouant dans l'église et l'autre à l'extérieur. A la mort de La Pouplinière en 1762, Gossec devient directeur du théâtre privé du prince de Condé à Chantilly. Il écrit, pour la Comédie-

Italienne, une série d'opéras-comiques peu inspirés qui remportent néanmoins un certain succès et quelques opéras, comme *Thésée* (1782), qui sont moins bien accueillis.

Gossec est une personnalité influente de la vie musicale française de la fin du XVIIIᵉ siècle. Il participe à la formation de nouvelles sociétés de concerts et, en 1773, réorganise le Concert spirituel. Il encourage également les jeunes compositeurs et interprètes. Il participe à la direction de l'Opéra de 1782 à 1784, dirige l'École royale de chant, récemment fondée et ancêtre du Conservatoire, et exerce les fonctions d'inspecteur et de professeur de composition au Conservatoire entre 1795 et 1816, date de sa fermeture provisoire par Louis XVIII. Gossec a composé beaucoup d'œuvres de circonstance pendant la Révolution et, en 1804, a été fait chevalier de la Légion d'honneur. Il a joué un rôle important dans l'évolution de la symphonie française. Il en a composé environ 45 et a largement contribué à vulgariser les éléments typiques de l'école de Mannheim avec son orchestration novatrice, ses effets dynamiques hardis et la structure de base en quatre mouvements. Il a aussi publié beaucoup de musique de chambre, notamment des sextuors à vent.

Wendy Thompson.

BIBLIOGRAPHIE : Jean-Gabriel Prod'homme, *François-Joseph Gossec*, La Colombe (Paris, 1948).

Götterdämmerung (*Le Crépuscule des dieux*). Voir *Ring des Nibelungen, Der.*

Gottschalk, Louis Moreau (La Nouvelle-Orléans, 8 mai 1829 ; Tijuca, Brésil, 18 décembre 1869). Pianiste et compositeur américain. Sa vie ressemble à un roman et une grande partie de sa musique est aussi pittoresque et fantastique. D'origine française (créole) et anglaise, il quitte sa ville natale à treize ans pour étudier le piano et la composition à Paris. Il se fait rapidement connaître par son jeu et ses compositions originales inspirées de rythmes et de mélodies créoles (*Bamboula, La Savane, Le Bananier*). Devenu une célébrité internationale après plusieurs années de tournées de concerts en Europe, Gottschalk retourne en Amérique en 1853 ; il fait de longues tournées et impressionne son public par sa beauté, son charme et son vaste répertoire. Les treize dernières années de sa vie sont marquées par des périodes de travail intensif et de voyage ponctuées par des intermèdes de dissipation langoureuse dans les Caraïbes. Il organise des concerts « monstres » à Cuba et en Amérique du Sud et meurt au Brésil au cours d'une tournée de concerts exténuante.

Gottschalk était considéré aux États-Unis comme une célébrité américaine bien qu'il ait parlé l'anglais avec un accent et qu'il ne se soit jamais fixé dans ce pays. Mais cet élément est très important car les États-Unis n'avaient encore aucun compositeur-interprète de renom international. En dehors de ses deux symphonies et d'un opéra en un acte, *Escenas campestres* (1860), Gottschalk a surtout écrit de courtes pièces pour piano. Son œuvre est inégale ; on y trouve aussi bien des pièces de salon anodines que des chefs-d'œuvre miniatures qui s'imposent d'emblée (*Souvenirs de Porto Rico, Berceuse, Le Banjo*). Malgré cette inégalité et la diversité des influences stylistiques, la musique de Gottschalk comporte une certaine unité par sa vitalité, sa grâce et l'élan de l'Amérique du XIXᵉ siècle. Elle est animée par l'esprit de l'homme talentueux qui l'a écrite.

Mark Tucker.

BIBLIOGRAPHIE : Serge Berthier, *Les Voyages extraordinaires de L. Moreau Gottschalk, pianiste et aventurier*, Pierre-Marcel Favre (Paris, 1985).

Goudimel, Claude (Besançon, vers 1514 ; Lyon, 28-31 août 1572). L'un des compositeurs français les plus importants de son époque. Ses premières œuvres comprennent des messes et des motets pour l'Église catholique, ainsi que de nombreuses chansons. Converti au protestantisme vers 1560, il met en musique les textes et les airs du Psautier genevois dans des styles très variés dont les plus simples resteront en usage en France jusqu'au XIXᵉ siècle. Il meurt lors du massacre de la Saint-Barthélemy.

John Milsom.

BIBLIOGRAPHIE : François Lesure, *Musique et Musiciens français du XVIᵉ siècle*, Minkoff (Genève, 1976).

Gould, Morton (Richmond Hill, New York, 10 décembre 1913). Compositeur américain. Il fait ses études à l'Institute of Musical Arts de New York et est l'élève de Vincent Jones (composition) et d'Abby Whiteside (piano). Depuis les années trente, il mène une carrière de chef d'orchestre et de compositeur. Ses nombreuses partitions symphoniques, qui connaissent plus ou moins de succès, font souvent appel à des sources américaines (jazz, musique traditionnelle, hymnes, chansons).

Paul Griffiths.

Gounod, Charles (François) (Paris, 17 juin 1818 ; Saint-Cloud, 17 octobre 1893). Compositeur français. Il entre au Conservatoire de Paris en 1836 où il étudie le contrepoint avec Halévy et la composition avec Le Sueur et remporte le prix de Rome en 1839. A Rome, son horizon musical s'élargit après la découverte des œuvres de Palestrina et de la polyphonie du XVIe siècle, ainsi que de la musique de Bach, Beethoven et Mendelssohn (à laquelle l'initie Fanny Hensel, la sœur de Mendelssohn). De retour en France après des séjours à Vienne (1842) et à Leipzig (1843), il semble évoluer en marge de ses contemporains, très férus d'opéra ; il a une meilleure connaissance de la musique européenne, ancienne et actuelle, et sa vie (comme celle de Liszt) est un curieux mélange de sacré et de profane : il se prépare à l'ordination sacerdotale (1846-48) mais reste un incorrigible coureur de jupons.

A Rome, il rencontre également Pauline Viardot, qui l'aide à pénétrer dans le monde lyrique parisien en lui promettant de chanter le premier rôle dans son premier opéra *Sapho* (1851) ; comme son opéra suivant, *La Nonne sanglante* (1854), *Sapho* est un échec. Il abandonne alors tout projet avec l'Opéra de Paris et se tourne vers le Théâtre-Lyrique de Carvalho, plus ouvert à la nouveauté. C'est sur cette scène que sont créés les cinq grands opéras sur lesquels repose aujourd'hui sa célébrité : *Le Médecin malgré lui* (1858), *Faust* (1859), *Philémon et Baucis* (1860), *Mireille* (1864) et *Roméo et Juliette* (1867), tous sur des livrets de Barbier et Carré. Dans ces ouvrages, Gounod s'écarte de la tradition spectaculaire de Meyebeer et s'oriente vers un mélange de charme lyrique et de tendresse, avec un art consommé de la composition, des personnages authentiques, etc. *Faust* demeure l'un des événements décisifs de l'opéra français du XIXe siècle avec une sensualité sous-jacente qui lui épargne la sentimentalité et la banalité qui marqueront souvent les dernières œuvres de Gounod (surtout ses oratorios) dans sa recherche d'une simplicité inspirée. Gounod aura toujours besoin d'un texte pour créer sa meilleure musique et ses premières messes sont également les meilleures, même s'il avait déjà abandonné l'austérité de Palestrina pour un style lyrique plus fluide dans sa *Messe solennelle de sainte Cécile* (1855) ; en général, la musique qu'il compose entre 1860 et 1870 est plus italianisée, tout en conservant la précision, l'élégance et le goût français.

La guerre de 1870 constitue un virage décisif dans la vie et la musique de Gounod ; il doit chercher refuge en Angleterre, où il noue une liaison désastreuse avec la chanteuse Georgina Weldon. Sa musique devient alors de plus en plus répétitive et banale, même si ses nombreuses mélodies et ses oratorios (*Rédemption*, 1881 ; *Mors et Vita*, 1885) remportent un immense succès. L'influence de Gounod sur Bizet et Massenet, sur les premières mélodies de Fauré et sur la musique chorale anglaise a été considérable. Et pourtant, même au faîte de la gloire (1855-65), Gounod n'a jamais été autre chose que ce que l'on appelle parfois un « petit maître ».

Robert Orledge.

BIBLIOGRAPHIE : Charles Gounod, *Mémoires d'un artiste*, Calmann Lévy (Paris) / *Le Don Juan de Mozart*, Libr. Séguier, Garamont-Archimbaud (Paris, 1984). Paul Landormy, *Gounod*, Gallimard (Paris, 1942). Jean-Gabriel Prod'homme et Arthur Dandelot, *Gounod, sa vie et ses œuvres d'après des documents inédits*, Delagrave (Paris, 1911).

Goûts réunis, Les. Dix « concerts » de François Couperin composés en 1714-15 et publiés en 1724 sous le titre de *Dix Nouveaux Concerts* ou *Les Goûts réunis* : le quatrième, en sol majeur, est sous-titré « Dans le goût théâtral », et le cinquième, en mi majeur, « Ritratto dell'amore ».

Goutte d'eau, La. Surnom du *Prélude pour piano en ré bémol op.28 n° 15* (1836-39) de Chopin. Certains commentateurs ont vu dans la répétition incessante du la bémol la sonorité des gouttes de pluie.

Goyescas (*Los Majos enamorados*). 1. Suite pour piano de Granados, composée en 1911, qui comporte sept pièces inspirées par des peintures de Goya : (1) *Los requiebros* ; (2) *Coloquio en la reja* ; (3) *El fandango del candil* ; (4) *Quejas o la maja y el ruiseñor* ; (5) *El amor y la muerte* ; (6) *Epílogo : la serenada del espectro* ; (7) *El pedele.*

2. Opéra en trois scènes de Granados sur un livret de F. Periquet y Zuaznabar d'après les pièces pour piano ci-dessus. Créé à New York en 1916. Voir également *Maja y el ruiseñor, La.*

G.P. 1. Abréviation pour *General Pause*, terme fréquent dans les partitions d'orchestre qui indique que tous les instrumentistes restent silencieux à cet endroit (souvent après un point culminant). C'est l'une des innovations importantes de l'école de Mannheim au XVIIIe siècle.

2. Dans la musique d'orgue française, abréviation pour Grand Positif.

Graal ou Saint-Graal (angl. : *Holy Grail*). Vase sacré qui aurait servi à Jésus-Christ pour la Cène et dans lequel Joseph d'Arimathie aurait recueilli le sang du Christ à la crucifixion ; il intervient dans l'opéra de Wagner, *Parsifal.*

Gradatamente (ital.). « Progressivement ».

Gradevole (ital.). « Agréable » ; *gradevolmente*, « agréablement » ; *gradito*, « apprécié ».

Graduel (du latin médiéval : *graduale*). 1. Livre liturgique qui regroupe les chants de la messe. Il est utilisé par le chœur alors que les paroles prononcées par le prêtre se trouvent dans le missel. Le graduel moderne est divisé en deux parties : l'une qui contient une série de chants de l'ordinaire communs à presque toutes les messes (Kyrie, Gloria, Credo, Sanctus, Agnus Dei, Ite missa est) appelée kyriale, l'autre qui contient des chants pour les parties spécifiques à chaque messe ou propre de la messe (Introït, graduel [Voir § 2], Alléluia, Trait, Offertoire et Communion) arrangés pour les services de l'ensemble de l'année liturgique. Il comprend aussi des messes spéciales, comme la messe de Requiem. Les graduels les plus anciens qui nous sont parvenus (VIIIe siècle) contiennent seulement les chants du propre de la messe ; ceux de l'ordinaire se trouvent généralement dans un kyriale séparé, mais ils étaient parfois si simples et si peu nombreux qu'on les retenait de mémoire. Toutefois, c'est le graduel qui fournissait le contexte liturgique des chants du kyriale et, à partir du Xe siècle, les deux catégories se sont trouvées réunies. La plupart des premières sources de musique polyphonique (le manuscrit de Chartres du XIe siècle, le Tropaire de Winchester et les premières sources de Notre-Dame) s'attachent surtout à mettre en musique des parties du graduel et du kyriale – particulièrement des alléluias et des graduels de l'ordinaire de la messe.

Le premier graduel moderne imprimé, le *Liber gradualis*, a été réalisé en 1883 par les moines de Solesmes. Il a reçu l'approbation du pape Pie X en 1904 et, en 1908, le Vatican a publié son premier graduel officiel (révisé en 1948). A la suite du concile Vatican II (1962-65), le contenu et l'importance de certaines messes ont été modifiés ; un nouveau missel est paru en 1970, suivi d'un nouveau graduel en 1974. Les moines de Solesmes travaillent en permanence à une édition critique définitive du graduel. Lorsqu'elle sera achevée, elle comportera cinq volumes : (1) Préface générale ; (2) Catalogue des sources ; (3) Étude des textes de plain-chant ; (4) Étude de la musique de plain-chant ; (5) Édition du texte et de la musique. Le volume (2) a été publié en 1957 et le volume (3) est paru en deux parties, en 1960 et 1962. Voir également *Liber usualis.*

2. Chant qui suit la lecture de l'Épître au cours de la messe. A l'origine, il s'appelait « répons », puis *responsorium graduale* ou simplement *graduale*, peut-être parce qu'il était dit ou chanté sur les marches (lat. : *gradus*) menant à l'autel. Les graduels figurent parmi les chants psalmodiés les plus élaborés et sont chantés alternativement par des solistes et par un chœur. Le texte (généralement dérivé des psaumes) et la musique du graduel changent chaque jour et il fait donc partie du propre de la messe.

Anthony Pryer.

Gradualia. Motets latins de Byrd. Le premier livre (1605) réunit 32 motets à cinq voix, 20 à quatre voix et 11 à trois voix ; le second (1607) en contient 9 à six voix, 17 à cinq voix et 19 à quatre voix.

Gradus ad Parnassum. Titre donné à certains dictionnaires de prosodie latine à partir du XVIIIe siècle, par allusion aux marches du mont Parnasse, résidence d'Apollon et des Muses. Deux recueils musicaux portent également ce titre : tous deux sont censés mener à la perfection, chacun dans leur domaine particulier : le traité de contrepoint de Fux (1725) et le recueil d'études pour piano de Clementi (1817). La première pièce pour piano des *Children's Corner* (1906-08) de Debussy s'intitule « Dr Gradus ad Parnassum » ; c'est une parodie des essais maladroits d'un enfant qui tente de jouer une étude de Clementi.

Graham, Martha (Pittsburgh, 11 mai 1894). Danseuse et chorégraphe américaine, auteur d'une technique de danse moderne fondée sur des principes artistiques et physiologiques différents de ceux du ballet classique ; cette technique a connu un succès considérable et a joué un rôle très influent en tant qu'art complémentaire de la danse. Martha Graham a fondé une école de danse contemporaine à New York en 1927 puis formé et dirigé sa propre troupe professionnelle à partir de 1929. Elle a créé plus de 150 œuvres et a elle-même continué à danser jusque dans les années soixante.

Noël Goodwin.

Grail (angl. : « graal »). Nom anglais du *graduel. Voir également *Graal*.

Grainger, (George) Percy (Aldridge) (Brighton, Melbourne, 8 juillet 1882 ; White Plains, New York, 20 février 1961). Compositeur, pianiste, écrivain et ethnomusicologue australien, devenu citoyen américain en 1918. Il possédait un tempérament infatigable qui lui permettait d'exercer ses activités dans les directions les plus diverses. Mais il ne s'est pleinement réalisé dans aucun domaine. Néanmoins, l'étude de sa vie et de sa musique ne manquent pas d'intérêt. Il est surtout connu d'un vaste public pour ce qu'il appelait ses « *friperies* » (sa « camelote »), de courtes pièces pour orchestre comme *Handel in the Strand* (1930), *Molly on the Shore* (1914), *Country Gardens* (1908) et *Mock Morris* (1910). Benjamin Britten a révélé au Festival d'Aldeburgh la force sombre et impressionnante de *Shallow Brown* (1910, rév. 1923-25), adaptation d'un chant traditionnel pour baryton et petit orchestre, et le superbe arrangement d'un chant traditionnel pour ensemble à vent *Lincolnshire Posy* (1937-38, 1940).

De 1895 à 1899, Grainger travaille la composition avec Iwan Knorr au Conservatoire de Francfort. En 1903, il prend des leçons de piano avec Busoni à Berlin. Il se forge une solide réputation de pianiste en Grande-Bretagne et trouve le temps, après être entré à la Folk Song Society en 1905, de réunir 500 airs en quatre ans, en utilisant essentiellement le phonographe à cylindre de cire. Il présente l'un de ces airs – *Brigg Fair* – à Delius, qui l'adoptera comme base de sa rhapsodie symphonique qui porte le même nom. Grainger joue également en Scandinavie, où il se lie d'amitié avec Grieg ; il sera l'un des grands interprètes de son *Concerto pour piano*.

En 1914, Grainger se rend aux États-Unis. Il sert dans la musique militaire de l'US Army en 1917-19. Après le suicide de sa mère en 1922, il participe à une expédition dans le Jutland pour recueillir des chansons traditionnelles danoises ; il en notera deux cents. Entre 1919 et 1928, il enseigne le piano au Musical College de Chicago, est directeur des études du département musical de l'Université de New York (1932-33) et, en 1934-35, retourne à Melbourne où, en 1938, il inaugure un centre de recherches ethnomusicologiques à l'Université.

Grainger a lutté toute sa vie pour mettre en pratique sa conception de la « musique libre », une musique dans laquelle le temps, le rythme et la structure sont libérés des limites habituelles de la gamme, du battement de la mesure et de l'harmonie. Cet idéal lui a été inspiré dès son enfance par le bruit de l'eau. L'expérimentation d'instruments inhabituels a été l'une des préoccupations constantes de sa vie.

Michael Kennedy.

Gramophone. Revue musicale mensuelle anglaise consacrée aux nouveaux enregistrements de musique classique. Fondée en 1923.

Gran (ital.). « Grand », « gros » ; *Gran cassa, gran tamburo*, « grosse caisse ».

Granadina (esp.). Danse espagnole de la région de Grenade apparentée au *fandango. Elle comporte certaines particularités vocales et harmoniques de la *malagueña.

Granados, Enrique (Lérida, 27 juillet 1867 ; mort en mer, dans la Manche, le 24 mars 1916). Compositeur et pianiste espagnol. Il étudie la composition à Barcelone avec Felipe Pedrell et le piano à Paris avec Charles de Bériot, à partir de 1887. De retour à Barcelone, en 1889, il donne quelques récitals ; plusieurs de ses œuvres sont jouées et remportent un certain succès. Mais il consacre l'essentiel de son temps à enseigner dans l'école de musique qu'il fonde à Barcelone en 1901, l'Academia Granados, et c'est seulement après le succès remporté par sa suite pour piano *Goyescas* (1911, inspirée de tableaux de Goya) qu'il acquiert une solide renommée de compositeur. Après avoir joué les *Goyescas* à Paris en 1914, il est invité à composer un opéra d'après cette œuvre pour l'Opéra de Paris ; mais, à cause de la guerre, il sera finalement créé au Metropolitan Opera de New York en 1916, en présence du compositeur. Granados mourra noyé lors de son retour en Europe après le torpillage de son bateau, le *Sussex*, dans la Manche.

Une grande partie de la musique de Granados s'adresse à son propre instrument, le piano. On ne peut nier l'influence de son compatriote Albéniz, mais la musique de Granados est en général moins flamboyante, moins ouvertement nationaliste et il s'inspire davantage de formes et d'idées qui remontent au début du romantisme, parfois même non hispaniques. Ses plus belles œuvres, comme les *Goyescas* et les *Danzas españolas* (1892-1900), qui ont suscité l'admiration de ses contemporains, montrent sa simplicité et sa sensibilité ainsi qu'une certaine sobriété dans la figuration décorative typique de la musique espagnole.

Judith Nagley.

BIBLIOGRAPHIE : Henri Collet, *Albéniz et Granados*, PUF (Paris, 1929), rééd. Les Introuvables (Plan-de-la-Tour, 1982).

Grand chœur. Terme qui s'applique à la musique chorale et à la musique d'orgue (parfois abrégé « gd chœur » ou « gd ch »). Il sert parfois de titre à une pièce pour orgue très sonore.

Grand détaché. Voir *Détaché*.

Grand Duo. Sous-titre de la *Sonate en ut majeur pour piano à quatre mains D 812* de Schubert (1824), donné par l'éditeur en 1838. On a pensé, à une certaine époque, qu'il s'agissait de la version pour piano d'une symphonie perdue, mais les musicologues ont discrédité cette théorie. Joachim et Anthony Collins ont réalisé des versions pour orchestre de cette sonate.

Grande Bande. Voir *Vingt-Quatre Violons du roi.*

Grande-duchesse de Gerolstein, La. Opéra bouffe en trois actes de Jacques Offenbach sur un livret de Meilhac et Halévy, créé à Paris, aux Théâtre des Variétés, le 12 avril 1867 avec Hortense Schneider dans le rôle-titre.

Grande Fugue (*Grosse Fuge*). Fugue pour quatuor à cordes op.133 de Beethoven. Composée en 1825, elle devait initialement servir de dernier mouvement au *Quatuor à cordes op.130*. Par la suite, elle a été publiée séparément. C'est une œuvre étonnante, tant par l'originalité de son thème que par la façon partiellement improvisée et partiellement contrôlée dont le matériel est traité.

Grande Messe avec orgue (*Grosse Orgelmesse*). *Messe n° 4 en mi bémol majeur* de Haydn, composée en 1768 ou 1769. Son titre complet est *Missa in honorem Beata Vergine Mariae* ou *Missa Sancti Josephi.* L'orgue y joue un rôle important. Voir également *Petite Messe avec orgue.*

Grande Messe des morts. *Requiem op.5* pour ténor, chœur d'enfants, chœur mixte et orchestre de Berlioz, composé en 1837, révisé en 1852 et en 1867.

Grande Pâque russe, La. Ouverture de Rimski-Korsakov, composée en 1888 sur des mélodies de l'Église orthodoxe russe.

Grande Sonate pathétique. Titre donné par Beethoven à sa *Sonate pour piano en ut mineur op.13*, probablement achevée en 1797-98.

Grandeur et décadence de la ville de Mahagonny. (*Aufstieg und Fall der Stadt Mahagonny*). Opéra en trois actes de Kurt Weill sur un livret de Bertolt Brecht. Représentations : Leipzig (9 mars 1930), New York (Town Hall, 23 février 1952), Londres (Sadler's Wells, 16 janvier 1963), Paris (Théâtre national populaire, palais de Chaillot, 7 novembre 1966). Mahagonny est la cité des plaisirs. Jenny et ses amis s'y installent, suivis de Jim et de ses amis bûcherons. Une liaison se noue entre Jenny et Jim, qui repose autant sur l'affection que sur l'argent. Un typhon menace la ville, mais elle sera miraculeusement épargnée. Le deuxième acte illustre la gloutonnerie, l'amour, les combats et la boisson, tous poussés à l'excès, sans la moindre contrainte. Jim invite tout le monde à boire, mais il n'a pas d'argent. Il est alors jugé selon l'échelle des valeurs de Mahagonny et condamné à deux jours de prison pour meurtre indirect, à quatre ans pour « séduction par l'argent » et à la peine de mort pour n'avoir pas payé son whisky.

Grandezza (ital). « Grandeur », « dignité » ; *con grandezza*, « avec grandeur ».

Grandi, Alessandro (? 1575-80 ; Bergame, 1630). Compositeur italien. Entre 1597 et 1617, il occupe divers postes dans des églises de Ferrare et est ensuite nommé chanteur à Saint-Marc de Venise. Il devient plus tard l'assistant de Monteverdi pour le chœur. En 1627, il est maître de chapelle à Sainte-Marie-Majeure, à Bergame, où il meurt de la peste, avec toute sa famille. Il est sans doute le premier compositeur à avoir donné à des chansons le titre de « cantates » (dans ses *Cantade et Arie*, Venise, 1626), mais ses œuvres les plus étonnantes sont ses motets pour voix soliste. Il a aussi écrit l'une des premières messes mettant en musique les diverses parties du Gloria et du Credo comme des entités musicales séparées.

Denis Arnold.

Grandioso (ital.). « Grand », « grandiose ».

Grandisonante (ital.). « Sonore ».

Grand Macabre, Le. Opéra en deux actes de Ligeti sur un livret de Michael Meschke et György Ligeti, librement adapté de *La Ballade du Grand Macabre* de Michel de Ghelderode. Représentations : Stockholm (Opéra, 15 mars 1978) ; Hambourg (Opéra, 15 octobre 1978) ; Paris (Opéra, 23 mars 1981) ; Londres (Coliseum, 2 décembre 1982). La scène se déroule en « Breughelland ». Cet opéra est une fantaisie grossière et satirique sur la fin du monde – qui n'a jamais vraiment lieu. Parmi les personnages, on trouve un chef de la police (sop. coloratura), un astronome (basse), qui repère la comète annonçant l'apocalypse, et sa femme sadique (mezzo) aux goûts sexuels particuliers.

Grand Mogol, Le. Opérette d'Edmond Audran sur un livret de Chivot et Duru, créée à Marseille en 1877.

Grand Ole Opry. Spectacle de « country music » qui se déroule dans la capitale américaine de la « country music », à Nashville (Tennessee). A l'origine, en 1925, il se composait d'un spectacle radiophonique diffusé tous les samedis soirs, consacré à la musique populaire des ranches des États du Sud (« Hillbilly » music). Devant son succès croissant, le spectacle a été diffusé, dès 1941, depuis le Ryman Auditorium et, depuis 1974, se déroule à Opryland USA, un genre de centre de tourisme-auditorium. Télévisé depuis les années cinquante et toujours régulièrement diffusé à la radio, le Grand Ole Opry reste l'un des principaux moyens de diffusion de la « country music ».

Mark Tucker.

Grand opéra. Par opposition à l'opéra-comique, le grand opéra est un ouvrage sérieux, épique ou historique, en quatre ou cinq actes, dans lequel le chœur occupe une place importante et qui comporte un ballet. Le grand opéra était la forme lyrique caractéristique de l'Opéra de Paris, surtout durant la première moitié du XIXe siècle, avec la naissance d'une classe bourgeoise fortunée issue de la Révolution qui appréciait le spectacle. On attachait donc beaucoup d'importance à la magnificence des effets, tant au point de vue scénique, avec les réformes du décorateur Pierre-Luc-Charles Cicéri (1782-1868), que sur le plan vocal, avec la disparition des castrats et l'apparition d'un nouveau type de héros dramatique. Spontini a été le premier à répondre à ces critères avec

La Vestale (1807), *Fernand Cortez* (1809) et *Olimpia* (1819) ; au cours des années suivantes, les grands opéras les plus importants présentés à l'Opéra ont été *La Muette de Portici* (1828) d'Auber, *Guillaume Tell* (1829) de Rossini, *Robert le Diable* (1831) et *Les Huguenots* (1836) de Meyerbeer, *La Juive* (1835) de Halévy. Ce style a laissé son empreinte sur les premiers opéras de Wagner, notamment *Rienzi* et *Tannhäuser* (réécrit pour Paris), et a longtemps influencé la musique composée pour l'Opéra de Paris.

John Warrack.

Granjon, Robert. Voir *Édition musicale.*

Graun. Famille de musiciens allemands dont deux frères ont acquis une grande notoriété de compositeurs à la cour de Frédéric le Grand. **Johann Gottlieb Graun** (Wahrenbrück, près de Dresde, 1702-03 ; Berlin, 27 octobre 1771) était violoniste et compositeur. Après avoir été l'élève de Pisendel, puis de Tartini, il a occupé, à partir de 1726 environ, un poste de Konzertmeister à Merseburg, où il a eu pour élève W. F. Bach. Puis il est entré au service du prince héritier Frédéric, en 1732, tout d'abord à Ruppin, puis à Rheinsberg ; après l'accession au trône de Frédéric le Grand en 1740, il est devenu Konzertmeister de l'orchestre de l'Opéra de Berlin. Il a composé des concertos et des symphonies dans le style baroque, mais il était moins célèbre que son frère.

Carl Heinrich Graun (Wahrenbrück, 1703-04 ; Berlin, 8 août 1759) a également reçu une éducation musicale complète. Il s'est tout d'abord fait connaître comme chanteur (il appartenait au chœur de l'Opéra de Dresde dirigé par Heinichen et Lotti) et a été engagé comme ténor à l'Opéra de Brunswick. Son premier opéra a été créé par la troupe de Brunswick en 1727 et *Lo Specchio della fedeltà* a été représenté à l'occasion du mariage du prince Frédéric et d'Elisabeth-Christine de Brunswick en 1733. Deux ans plus tard, il entrait au service de Frédéric et, en 1740, était nommé Kapellmeister de la cour. En 1742, *Cesare e Cleopatra* était représenté pour l'ouverture de l'Opéra royal de Berlin. Il a continué à composer des opéras pour Frédéric le Grand jusqu'à sa mort.

Graun a composé trente-deux opéras sur des livrets italiens, dans un style comparable à celui de Hasse, ainsi qu'une cantate de la Passion *Der Tod Jesu* (exécutée en 1755), de la musique religieuse et de la musique de chambre. Dans le domaine lyrique, son style a sans doute souffert des interventions de Frédéric le Grand – qui a même substitué une aria de Hasse à l'aria originale de Graun et qui lui imposait souvent d'énormes révisions ou de réécrire en partie certains ouvrages. Par ailleurs, on doit à Frédéric le Grand la modernisation de certains éléments des opéras de Graun – il insistait par exemple pour que la *sinfonia* italienne remplace l'ouverture à la française et la *cavatina* l'aria *da capo.*

Denis Arnold.

Graupner, (Johann) Christoph (Kirchberg, près de Zwickau, 13 janvier 1683 ; Darmstadt, 10 mai 1760). Compositeur allemand. Fils de tailleur, il apprend la musique avec le *Kantor* de sa ville natale, puis va étudier à l'école Saint-Thomas de Leipzig. Après trois ans d'activité comme claveciniste à l'Opéra de Hambourg, il entre à la cour de Darmstadt où il devient maître de chapelle en 1712. En 1722, il se présente en même temps que Bach au poste de *Kantor* de Saint-Thomas de Leipzig qui était alors vacant. Il est sélectionné, mais son protecteur réussit à le convaincre de rester à la cour de Hesse. Graupner a composé des opéras et de la musique instrumentale, mais il est surtout connu pour ses superbes cantates, qui ont largement subi l'influence de celles de Bach.

Denis Arnold.

Grave (ital.). « Grave » ; *gravemente,* « gravement » ; *gravità,* « gravité », « solennité ». Corelli, Purcell, Couperin et Bach ont tous utilisé ce terme dans le sens de « très lent », mais en général, à partir du XVIIIe siècle, il semble être devenu synonyme de *andante.* La *Sonate « Pathétique »* de Beethoven débute par une section *grave.*

Gravure. Voir *Édition musicale.*

Grazia, grazioso, graziosamente (ital.). « Grâce », « gracieux », « avec grâce ».

Graziös (all.). « Gracieux ».

Greaves, Thomas (célèbre vers 1604). Luthiste et compositeur anglais. Il était au service de Sir Henry Pierrepont dans le Nottinghamshire au début du XVIIe siècle. Ses *Songes of Sundrie Kindes* (Londres, 1604) contiennent des *ayres* intéressants pour voix seule avec luth et basse de viole ainsi que des madrigaux ; l'un d'entre eux est une célèbre chanson pour Jacques Ier écrite à l'occasion de son accession au trône, en 1603.

Denis Arnold.

Grèce antique

1. Introduction
2. Histoire
3. La musique et les philosophes
4. Le monde romain
5. Les anciens et les modernes
6. Théorie
7. Instruments
8. Notation
9. Mélodie, rythme et langue grecque
10. Mélodies sauvegardées

1. *Introduction*. Lorsque les ambassadeurs d'Agamemnon rendirent visite à Achille dans sa tente, ils le trouvèrent en train de jouer de la lyre et de chanter des poèmes sur les héros (Homère, *Iliade*, IX. 189-9) et ne furent pas surpris qu'un guerrier intrépide cherche à se détendre en faisant lui-même de la musique. Cette réaction symbolise l'attitude des Grecs devant un art qui faisait partie intégrante de leur vie. La musique constituait un élément important de nombreuses cérémonies religieuses publiques, des rites du mariage et des funérailles, des fêtes de la moisson et des vendanges ; un banquet ou un festin n'aurait jamais pu se dérouler sans musique. Aux jeux Pythiens, auxquels assistaient des foules de concurrents et de spectateurs venant de la Grèce entière, les concours musicaux avaient été institués dès l'origine, parallèlement aux compétitions athlétiques. Bien que ces concours aient été introduits assez tardivement aux jeux Néméens et Isthmiques (mais apparemment jamais aux jeux Olympiques), de nombreuses autres manifestations comme les Panathénées d'Athènes et les Carneïa de Sparte offraient des prix pour le chant accompagné à la cithare ou à l'*aulos* ou pour les solos instrumentaux. Les vainqueurs de ces concours étaient couverts d'honneurs au même titre que les athlètes.

La plupart des formes poétiques étaient, ou ont été à un moment ou à un autre, associées à la musique : même les poèmes d'Homère étaient à l'origine chantés ou récités sur un accompagnement d'instrument à cordes (voir § 7). Dans les œuvres des poètes lyriques, la musique jouait un rôle presque aussi important que les paroles. Poète et compositeur ne faisaient qu'un : les paroles et la musique étaient certainement conçues simultanément. Dans la poésie lyrique chorale, la danse constituait le troisième élément d'un ensemble artistique intégré.

Les trésors de la musique ne relevaient pas exclusivement du professionnalisme. Les formes musicales les plus élaborées, surtout dans le domaine instrumental, étaient certainement laissées aux musiciens professionnels, mais, à l'ère classique, l'enseignement du chant et de la lyre faisait partie de l'éducation du citoyen libre. Il existait donc un public instruit sur le plan musical qui ne se contentait pas de juger de la qualité d'une exécution mais pouvait prendre part au chant des hymnes, des péans, des dithyrambes et des chœurs dramatiques.

2. *Histoire*. L'histoire de la musique grecque est indissociable de celle de la poésie grecque. Ainsi, les principaux types de composition musicale correspondent, dans une large mesure, aux types de poésie et les rares sources dont nous disposons mentionnent, parmi les principaux compositeurs, de nombreux noms que nous connaissons mieux dans le domaine poétique : Archiloque (très influent), Sapho, Pindare, Sophocle. On ne peut malheureusement fournir aucune description détaillée du profil musical de leur œuvre. Par ailleurs, d'autres compositeurs sont surtout connus pour leurs activités musicales.

L'histoire de la musique grecque commence véritablement au VIIe siècle avant Jésus-Christ avec Terpandre et Archiloque. Il existe déjà des chansons folkloriques, des chants de labeur, des chants (individuels ou choraux) correspondant aux principaux événements de la vie, et surtout des chants religieux. La tradition épique se dessine en filigrane dans ces différentes manifestations musicales : dans *L'Odyssée*, les bardes Phémios et Démodocos chantent des vers épiques en s'accompagnant à la lyre. On ressent également une influence étrangère difficile à saisir, car la musique grecque est loin d'être pure sur le plan ethnique. Une étude récente des musiques égyptienne, babylonienne et palestinienne a révélé certaines similitudes ; l'Orient a exercé une certaine influence sur la tradition grecque, qui se retrouve non seulement dans le nom de certains modes, mais également dans le personnage légendaire d'Olympos de Mysie. Toutefois, le contraste n'est pas simple et Olympos lui-même est un personnage composite qui représente une fusion d'éléments helléniques et orientaux. On l'associe à l'*aulos*, instrument de musique qui fit son apparition dans le domaine artistique au cours du VIIe siècle. Mais il serait imprudent de supposer que les Grecs ne le connaissaient pas auparavant ; il faut éviter d'opposer la lyre des Hellènes à l'*aulos* asiatique, car la cithare grecque est étroitement liée à l'Orient. Des techniques et des styles nouveaux sont certainement venus d'Orient au début du VIIe siècle, mais nous ne sommes pas en mesure de différencier l'ancien du nouveau.

Le Lesbien Terpandre (milieu du VIe siècle) était originaire de Grèce continentale, mais ses activités sont liées à la ville de Sparte. Il fut un novateur important dans le domaine du nome citharodique. Représentant davantage un style qu'une mélodie définie, ce nome était, à l'origine, un solo vocal accompagné à la cithare et faisait l'objet de concours. Les textes mis en musique, de style épique, étaient précédés d'un prélude écrit par le compositeur-interprète ; la mélodie, austère, évitait toute modulation. A la même époque, l'obscur Clonas (de Tégée ?) composait des nomes analogues. Parmi les compositeurs mieux connus, on associe à l'*aulos* les noms de Polymnestos de Colophon et de Sacadas d'Argos. Pindare louait le talent du premier et Plutarque le considérait comme un novateur qui est toutefois resté fidèle au style sévère. Sacadas était le plus célèbre exécutant du VIe siècle. Il composait et chantait des nomes aulodiques, mais il est également l'auteur d'une pièce purement instrumentale très connue – qu'il jouait lui-même – traitant de la victoire d'Apollon sur le Python, grâce à laquelle il remporta, en 586, la première de ses trois victoires successives aux jeux Pythiques. Cette œuvre est conçue comme de la musique à programme. On peut s'étonner qu'une pièce purement instrumentale ait remporté une telle récompense et conservé, par la suite, une place importante dans une fête grecque ; mais même les solos de cithare, qui peuvent sembler assez peu divertissants, faisaient bonne figure aux différents jeux, notamment aux jeux Pythiques.

A cette époque, les principaux succès de la musique grecque relèvent sans aucun doute de la poésie lyrique chorale, mélange indissociable de poésie, de mélodie et de danse, qui atteint son apogée chez Pindare, Simonide et les principaux tragédiens. Plus tard, les théoriciens moralisateurs parleront, à propos de cette époque, de style « éducatif », par opposition au style « théâtral » ou « populaire » qui se développera au Ve siècle. On ne peut retracer en détail le processus de transition. L'évolution de l'*aulos* (voir § 7), qui élargit la tessiture mélodique utile et facilite la modulation, joue sans doute un rôle important. En outre, les instrumentistes à cordes, jaloux de la liberté de leurs collègues, ajoutent des cordes à la cithare. Par ailleurs, l'importance respective de l'instrumentiste et du chœur commence à se modifier. Mais le principal facteur de transition relève davantage des mentalités que de la technique. L'individualisme s'affirme progressivement au détriment des conventions : l'interprète perpétuant une tradition intimement liée à la religion, il devient un virtuose chargé de divertir un public. La simplicité cède alors la place à la variété : l'étendue mélodique comme la modulation se développent, peut-être même les embellissements instrumentaux et vocaux ; la structure rythmique se libère et la poésie perd de l'importance par rapport à la mélodie.

Les types de musique les plus affectés sont le dithyrambe et le nome citharodique, ce dernier étant complètement transformé par Phrynis de Mitylène. Grâce à Mélanippidès et à Cinésias, le dithyrambe passe de la strophe au vers libre. Timothée de Milet (vers 450-360) maîtrise parfaitement les deux formes, mais il devient plus difficile de les distinguer car Timothée semble avoir ajouté au nome un élément choral, tandis que Philoxène (son contemporain) introduit des solos dans le dithyrambe. *Les Perses* de Timothée, nome qui a en grande partie survécu, nous donnent une idée du style poétique impur qu'appréciaient les compositeurs de nomes et de dithyrambes. Les rythmes sont variés, mais ne présentent pas grand intérêt ; le style parlé est ampoulé, obscur et médiocre. L'œuvre est davantage un livret qu'un poème ; et, sans pouvoir condamner une musique que nous n'avons pas entendue, on peut supposer que le manque de goût ne se limitait pas au texte poétique. Il est difficile de dire dans quelle mesure le nouveau style a affecté les autres types de musique. Il ne faisait certainement pas l'unanimité au IVe siècle et, lorsqu'on aborde les plus anciens fragments substantiels, les péans de Delphes, on trouve une forte tendance archaïsante. Polybe révèle toutefois qu'au IIe siècle avant Jésus-Christ la musique de Philoxène et de Timothée était devenue « classique » en Arcadie.

3. *La musique et les philosophes.* Les pythagoriciens apportèrent tout d'abord une consécration à l'étude de la musique. Le fondateur de l'école avait découvert que les principaux intervalles concordants pouvaient être représentés par de simples rapports numériques : l'octave par le rapport 2:1, la quinte par 3:2 et la quarte par 4:3. Si la corde d'une lyre était scindée en son milieu par un chevalet amovible, chaque moitié donnait une note sonnant une octave plus haut que la note produite par la corde entière ; si la corde était scindée à un tiers d'une extrémité, les deux tiers restants produisaient une note située une quinte plus haut que la note produite par la corde entière. Il était ainsi démontré que, plus que toute autre forme artistique, la musique mettait les hommes en contact avec les « nombres », réalité ultime pour les pythagoriciens ; la musique, ou tout au moins l'étude de la musique, se justifiait ainsi aux yeux des hommes sérieux.

L'attitude de Platon envers la musique est différente : pour lui, l'art est non seulement capable d'affecter temporairement les émotions, mais d'influencer le caractère de façon permanente. Ce point de vue ressort clairement de ses propos sur l'éducation musicale : celle-ci conviendrait parfaitement aux citoyens vertueux de son État idéal (*La République*, 398c-399d). Il rejette la musique plaintive (mixolydien et syntonolydien) ou efféminée (ionien et lydien) pour ne retenir que le dorien et le phrygien, représentant respectivement le courage et la sobriété. Dans son dernier ouvrage, *Les Lois* (653d-673a ; 795a-812e), il continue à soutenir que l'enseignement d'une musique soigneusement sélectionnée dispensé aux jeunes doit contribuer à la vertu.

Aristote considère aussi la musique comme une discipline importante et traite de son utilisation dans *La Politique* (8. 1339a-1342b). Moins puritain que Platon, il admet tous les types de musique pour les loisirs et la détente ; mais les rythmes et les mélodies représentent pour lui des qualités morales et agissent donc sur l'esprit. Il ne faut donc enseigner que les types de musique les plus « éthiques ». Aristote critique Platon qui inclut le phrygien dans l'enseignement et se limiterait apparemment au dorien, qu'il préfère à tout autre style.

On ne peut considérer ces opinions comme des idées futiles lorsqu'elles sont exposées par des esprits aussi différents que Platon et Aristote et sont exprimées implicitement par de nombreux autres philosophes, notamment Aristophane. L'effet éthique direct de la musique a sans doute été exagéré, comme le laisse entendre Aristoxène (*Harmoniques*, 31) et comme le prétendent les épicuriens et les sceptiques (*De musica* de Philodème, Ier siècle avant Jésus-Christ). Les conventions et les liens qui unissaient la musique aux textes poétiques dépendaient sans doute de l'*ethos* attribué aux différents modes. Toutefois, il apparaît clairement que les Grecs associaient leurs divers styles de musique (*harmoniai*) à des sentiments et émotions distincts ; l'anecdote de Philoxène, qui voulait composer son dithyrambe *Les Mysiens* en dorien mais fut contraint d'adopter l'*harmonia* appropriée : le phrygien (Aristote, *Politique*, 8. 1342b), montre avec quelle acuité ces Grecs ressentaient les différences entre les modes. En outre, cette attitude de respect envers la puissance de la musique se traduit dans un conservatisme artistique. A Argos, par exemple, la pureté de la musique était réglementée par la loi ; et à Sparte, il semblerait que des novateurs aventureux aient vu leurs instruments détruits.

4. *Le monde romain.* Sous la République, il semble que les classes cultivées aient considéré la musique avec un certain dédain. Pour Caton, un opposant qui

chantait manquait de valeur (« praeterea cantat »). La pratique musicale ne faisait pas partie, comme en Grèce, de l'éducation d'un homme de bien. Les musiciens et acteurs professionnels jouissaient de peu de considération dans la hiérarchie sociale mais obtenaient certaines protections en s'organisant en guildes. Tite-Live (9.30) mentionne une grève du *Collegium tibicinum* en 311 avant Jésus-Christ. L'utilisation de cors et de trompettes dans le culte des morts vient certainement d'une influence étrusque, mais les danses en armes des Saliens et les chants des frères Arvales seraient indigènes. Dans le domaine des divertissements, la première influence vient d'Étrurie (Tite-Live, 7.2) puis de la Grèce hellénique, mais la musique jouait un rôle plus important dans les pièces de Plaute que dans la nouvelle comédie grecque. L'armée romaine utilisait des instruments mis au point par les Étrusques : *tuba, cornu, lituus.*

A partir du IIe siècle avant Jésus-Christ, les influences grecques et orientales l'emportent, incluant les cultes de Dionysos, Cybèle et Isis, avec leurs instruments caractéristiques, qui pénètrent également le domaine du divertissement léger. Des musiciens étrangers affluent mais, sous l'Empire, le nombre des amateurs de talent se développe de façon importante chez les Romains : parmi eux on compte même l'empereur Néron.

Contrairement aux Grecs, les Romains affectionnent les ensembles instrumentaux importants mais, dans ce domaine, les Alexandrins les ont sans doute précédés. Ils semblent n'avoir apporté aucune contribution spécifique à la théorie musicale. Soumis aux influences étrusques puis grecques, ils les ont probablement adoptées, puis assimilées. L'absence de documents musicaux empêche de prouver que des éléments indigènes ont survécu. Mais les témoignages littéraires et architecturaux permettent au moins d'affirmer que la musique jouait un rôle considérable dans la vie populaire de Rome.

5. *Les anciens et les modernes.* La différence la plus frappante entre la musique grecque et la musique d'Europe occidentale est liée aux *modes : l'art antique faisait appel à un grand nombre de gammes ou modes qui, semble-t-il, se distinguaient les uns des autres par la succession des intervalles les composant et, probablement, par la tonalité. Les Grecs attribuaient à ces modes les divers effets éthiques de la musique.

La seconde différence tient à la dimension des intervalles qui composaient ces modes. Nos gammes ne font appel qu'aux tons et aux demi-tons ; les demi-tons (au moins sur un piano) sont aussi égaux que possible et une octave se décompose en douze demi-tons. Dans la musique grecque, les demi-tons n'étaient pas tous égaux et le *diesis* enharmonique (parfois traduit par quart de ton) était plus petit que nos intervalles usuels. Ni la musique moderne ni le plain-chant ne nous offrent une telle variété d'intervalles ; il faut se tourner vers la musique indienne, arabe ou chinoise pour percevoir ces intervalles, différents de nos tons et demi-tons tempérés. Il est d'ailleurs probable qu'une pièce de musique grecque ancienne jouée avec précision nous semblerait étrange, voire barbare.

La troisième différence relève moins de la technique : la musique grecque était avant tout mélodique. Les chœurs chantaient à l'unisson (ou à l'octave si les hommes et les enfants chantaient ensemble) ; cette pratique semble n'avoir souffert aucune exception. Il est prouvé que, dans leur accompagnement instrumental, les musiciens professionnels ne suivaient pas toujours la ligne mélodique de la partie vocale. On ne sait pas de quelle marge de liberté disposait cet accompagnement, mais il n'y a aucune raison de supposer que l'instrument fournissait autre chose qu'un embellissement. En tout cas, ni la musique vocale ni la musique instrumentale ne comportaient d'éléments ressemblant à un contrepoint (parties indépendantes mais conçues en fonction les unes des autres) ou une structure harmonique au sens où nous l'entendons. Les Grecs n'ont pas jeté les bases du motet à huit voix ni celles de la symphonie.

6. *Théorie.* Nos connaissances de la musique grecque reposent essentiellement sur les traités théoriques comme ceux de Claude Ptolémée (IIe siècle après Jésus-Christ) et d'Aristide Quintilien (? IIIe siècle après Jésus-Christ), mais surtout sur ceux d'Aristoxène (fin du IVe siècle avant Jésus-Christ, élève d'Aristote) et de ses successeurs.

(*a*) *Les tétracordes et les systèmes.* Nous prendrons comme point de départ le tétracorde diatonique tel qu'on le trouve entre les notes mi et la d'un piano. En mouvement ascendant – les théoriciens grecs préféraient néanmoins la progression descendante –, ce tétracorde se compose de trois intervalles : un demi-ton, un ton, un ton (½T, T, T, ou ½, 1, 1). Deux tétracordes de ce type pouvaient être associés pour former une gamme ou « système » soit par conjonction avec une note commune (la note supérieure du tétracorde inférieur étant identique à la note inférieure du tétracorde supérieur), soit par disjonction, un intervalle d'un ton s'insérant entre les deux tétracordes :

CONJONCTION : mi fa sol la si b. do ré ou ½t T T ½t T T

DISJONCTION : mi fa sol la si do ré mi ou ½t T T T ½t T T

Les tétracordes servaient de base à trois systèmes particulièrement importants :

– le Petit Système parfait, composé de trois tétracordes conjoints et d'une note grave surajoutée appelée *proslambanomène.* Ce système (dont le nom technique des notes provient de leur position sur une lyre simple ; voir 7) et ses tétracordes peuvent être représentés de la façon suivante (mais il faut bien comprendre qu'un piano ne donnera qu'une idée imparfaite des intervalles d'une gamme, même si elle est diatonique) :

		T	
	Si^1	—	Proslambanomène Hypate hypatôn
TÉTRACORDE DES HYDRATES (HYPATÔN)		½t	
	Do^2	—	Parhypate hypatôn
		T	
	Ré^2	—	Lichanos hypatôn
		T	
	Mi^2	—	Hypate mesôn
TÉTRACORDE DES MOYENNES (MESÔN)		½t	
	Fa^2	—	Parypathe mesôn
		T	
	Sol^2	—	Lichanos mesôn
		T	
	La^2	—	Mèse
TÉTRACORDE DES CONJOINTES (SYNEMMENÔN)		½t	
	Sib^2	—	Trite synemmenôn
		T	
	Do^3	—	Paranète synemmenôn
		T	
	Ré^3	—	Nète synemmenôn

– le Grand Système parfait, composé du *proslambanomène* et de quatre tétracordes groupés par paires conjointes :

	La^1	—	Proslambanomène
TÉTRACORDE DES HYPATES (HYPATÔN)		T	
	Si^1	—	Hypate
		½t	
	Do^2	—	Parhypate
		T	
	Ré^2	—	Lichanos
		T	
	Mi^2	—	Hypate
TÉTRACORDE DES MOYENNES (MESÔN)		½t	
	Fa^2	—	Parhypate
		T	
	Sol^2	—	Lichanos
		T	
	La^2	—	Mèse
		T	
	Si^2	—	Paramèse
TÉTRACORDE DES DISJOINTES (DIAZOUGMENÔN)		½t	
	Do^3	—	Trite
		T	
	Ré^3	—	Paranète
		T	
	Mi^3	—	Nète
TÉTRACORDE DES HYPERBOLÉES (HYPERBOLAIÔN)		½t	
	Fa^3	—	Trite
		T	
	Sol^3	—	Paranète
		T	
	La^3	—	Nète

– le Système immuable, combinaison des deux systèmes précédents, peut être assimilé au Grand Système parfait auquel on ajouterait le tétracorde des conjointes (*synemmenôn*) du Petit Système parfait.

(*b*) *Les espèces d'octaves.* Le Grand Système parfait regroupait sept différents types ou espèces d'octaves différant les unes des autres par l'agencement des intervalles. Elles portaient chacune un nom distinctif :

MIXOLYDIEN *Hypate hypatôn* (hypate des hypates) – paramèse (si^1–si^2)

LYDIEN *Parhypate hypatôn* (parhypate des hypates) – *trite diazougmenôn* (trite des disjointes) (do^2–do^3)

PHRYGIEN *Lichanos hypatôn* (lichanos des hypates) – *paranète diazougmenôn* (paranète des disjointes) (ré^2–ré^3)

DORIEN *Hypate mesôn* (hypate des moyennes) – *nète diazougmenôn* (nète des disjointes) (mi^2–mi^3)

HYPOLYDIEN *Parhypate mesôn* (parhypate des moyennes) – *trite hyperbolaïôn* (trite des hyperbolées) (fa^2–fa^3)

HYPOPHRYGIEN *Lichanos mesôn* (lichanos des moyennes) – *paranète hyperbolaïôn* paranète des hyperbolées) (sol^2–sol^3)

HYPODORIEN	*Proslambanomène* – mèse (la^{1}–la^{2}) ou mèse *–nète hyperbolaïôn* (nète des hyperbolées) (la^{2}–la^{3}).

(*c*) *Échelles de transposition, tonalités ou tonoï.* Dans l'ensemble, le Système parfait immuable pouvait évoluer à différentes hauteurs sans que soit modifiée la succession interne des intervalles, tout comme nos gammes modernes majeures ou mineures, dont la hauteur de son varie selon les tonalités. Associé à une note donnée, le Système parfait immuable devenait un *tonos* ou un *tropos* et portait un nom distinctif. Selon Aristoxène, il y avait treize *tonoï* ; les théoriciens ultérieurs en ont ajouté deux (l'hyperéolien et l'hyperlydien). On admet généralement la correspondance suivante entre les quinze *tonoï* et la notation moderne :

TONS	COMMENÇANT SUR :
hypodorien	fa^{1}
hypoionien	fa^{1}♯
hypophrygien	sol^{1}
hypoéolien	sol^{1}♯
hypolydien	la^{1}
dorien	si^{1}♭
ionien	si^{1}
phrygien	do^{2}
éolien	do^{2}♯
lydien	ré^{2}
hyperdorien (ou mixolydien)	mi^{2}♭
hyperionien	mi^{2}
hyperphrygien	fa^{2}
hyperéolien	fa^{2}♯
hyperlydien	sol^{2}

On remarquera que le nom des cinq *tonoï* les plus graves comporte le préfixe hypo- et celui des cinq *tonoï* les plus aigus le préfixe hyper-, les autres ne portant qu'une désignation ethnique simple. Plus de trois octaves séparaient la note la plus grave de l'hypodorien et la note la plus aiguë de l'hyperlydien, couvrant ainsi l'ensemble des tessitures normales des voix masculines et féminines. Bien qu'Aristoxène n'apporte aucune précision sur ce point, on peut supposer qu'à l'origine les *tonoï* avaient pour but de regrouper les différentes espèces d'octave au sein d'une même tessiture vocale. C'est la raison pour laquelle les espèces d'octave portant le même nom que certains *tonoï* se présentent en ordre inverse ; pour les mêmes raisons, certains auteurs assimilent les termes *tonos* et *harmonia.* Claude Ptolémée (*Harmoniques* 2.9) souligne à juste titre que seuls sept *tonoï* étaient vraiment nécessaires puisqu'il n'existait que sept espèces d'octave. En outre, dans le Système immuable, le tétracorde *sinemmenôn* permettait de moduler d'un *tonos* à un autre une quarte plus haut car la conjonction des tétracordes *mesôn* et *sinemmenôn* pouvait être assimilée à celle des tétracordes *hypatôn* et *mesôn* d'un autre *tonos.* (Voir schéma ci-dessous) :

(*d*) *Genres et nuances (chroaï).* Tous les tétracordes ne se composaient pas uniquement d'intervalles d'un ton ou d'un demi-ton. Leur structure permettait un certain nombre de variantes que l'on appelait genres et nuances. Les deux notes extrêmes d'un tétracorde étaient fixes, alors que les deux notes intermédiaires étaient mobiles. Les deux intervalles graves du tétracorde formaient ensemble un *pycnon* si leur somme restait inférieure au troisième intervalle du même tétracorde. Les *genres* étaient au nombre de trois : le diatonique, le chromatique et l'enharmonique. Dans la théorie aristoxénienne, le diatonique se subdivisait en deux nuances (diatonique « tendu » et diatonique « amolli » – *malacon*), le chromatique en trois nuances (chromatique tonié – *toniaïon* –, chromatique moyen ou sesquialtère – *hémolion* – et chromatique amolli – *malacon*). En adoptant le ton comme unité, on peut déterminer ainsi quels étaient les intervalles des diverses sortes de tétracordes :

diatonique tendu	1/2	1	1
diatonique amolli	1/2	3/4	1 1/4
chromatique tonié	1/2	1/2	1 1/2
chromatique moyen	3/8	3/8	1 3/4
chromatique amolli	1/3	1/3	1 5/6
enharmonique	1/4	1/4	2

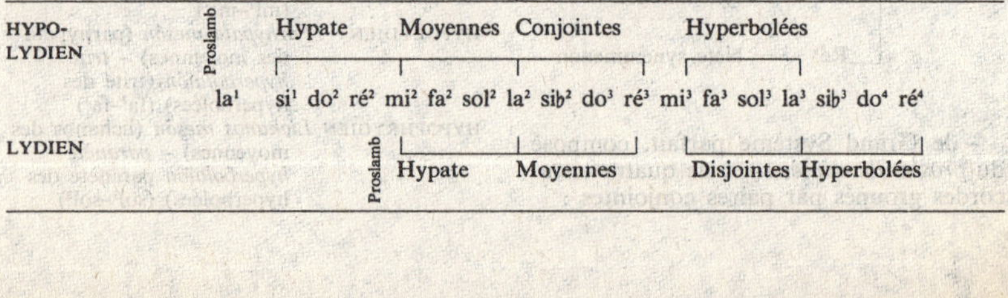

Mais, dans la réalité, cette doctrine des nuances n'est qu'une systématisation théorique de la pratique effective des musiciens. On se rend compte que les compositeurs grecs disposaient d'une grande richesse d'intonations subtiles et que la ligne mélodique de la musique grecque devait connaître une délicatesse et une finesse auxquelles la musique moderne ne pourrait être comparée.

Avant Aristoxène, la théorie musicale avait été étudiée par les pythagoriciens et les harmoniciens. Toutefois, les pythagoriciens s'intéressaient davantage aux relations numériques existant dans les intervalles consonants qu'à l'élaboration d'une théorie générale ; il est significatif que, sur son lit de mort, Pythagore ait supplié ses disciples d'étudier le *monocorde, qui était un instrument de mesure et non un instrument de musique. Dans l'ensemble, son école n'étudiait que la gamme dorienne ; les intervalles dont ils évaluaient les rapports étaient jugés satisfaisants s'ils se conformaient à l'une des formules de Pythagore : $x : nx$ *ou* $x : x + 1$.

A l'inverse, les harmoniciens s'intéressaient davantage à l'art pratique ; mais, d'après ce qu'Aristoxène a écrit sur leurs travaux (*Harmoniques* 2, 6, 36, 37, 40), ils semblaient incapables d'organiser leurs connaissances en un système théorique homogène. Ils n'analysaient pas toutes les gammes mais limitaient leur étude aux gammes enharmoniques dont l'étendue était d'une octave. Ils concentraient leurs recherches sur une petite unité de mesure, le *diesis*, qui leur servait à élaborer des diagrammes d'intervalles très réduits sans s'occuper des séquences mélodiques ou non mélodiques (voir Platon, *La République*, 531a) ; en outre, ils n'étaient pas d'accord sur l'ordre des *tonoï* et des intervalles qui les séparaient.

L'homogénéité du système d'Aristoxène était indéniable. Il permettait, semble-t-il, de rattacher n'importe quelle mélodie (une fois réduite à ces éléments) à une gamme dont la nuance, le genre, l'espèce et le *tonos* pouvaient être définis. Mais toute théorie a ses limites et celle d'Aristoxène, telle qu'elle nous est parvenue, est peu satisfaisante.

– L'idée fondamentale d'Aristoxène consiste à assimiler le son à une ligne sur laquelle la voix peut s'arrêter en n'importe quel point. Un intervalle, qui peut donc être considéré comme une distance linéaire entre deux points, peut se subdiviser en un nombre donné de parties égales. Toutefois, les pythagoriciens avaient déjà jeté les bases d'une véritable science de l'acoustique en démontrant que la dimension d'un intervalle pouvait s'exprimer par un simple rapport numérique. En fait, il n'existe pas d'intervalle d'un demi-ton si, par ce terme, nous désignons un intervalle qui, ajouté à lui-même, produise un ton d'un rapport 9:8, car le rapport de ce demi-ton (3:22) serait irrationnel. Les intervalles 18:17 et 17:16 peuvent être considérés comme des demi-tons, et 36:35, 35:34, 34:33 ou 33:32 comme des quarts de ton. Mais lorsque Aristoxène parle d'un *diesis*, par exemple, l'imprécision de sa description ne nous donne pas assez d'informations sur les intonations grecques.

– Platon, Aristote et d'autres philosophes parlent d'*harmoniaï*, dont la plupart portaient des noms ethniques : ionien, lydien, dorien, phrygien. Le mot lui-même, si on l'utilise dans ce sens musical, s'explique plus facilement en supposant que chaque *harmonia* impliquait un nouvel accord de la lyre. Bien qu'Aristoxène (*Harmoniques*, 36) se réfère à ceux « qui se limitaient aux sept gammes d'une octave qu'ils appelaient *harmoniaï* », il ne fait pas lui-même usage du pluriel dans un sens technique. Ses gammes d'une octave sont appelées *espèces* et leurs noms diffèrent de ceux des *harmoniaï*. Elles ne comportent ni ionien ni syntonolydien ; les noms de trois d'entre elles comportent le préfixe hypo- que l'on ne trouve pas chez les auteurs antérieurs. Même en identifiant les *espèces* aux *harmoniaï* et en assimilant le syntonolydien et le lydien de Platon au lydien et à l'hypolydien d'Aristoxène, il est impossible de croire que les *harmoniaï* étaient à l'origine des *espèces* au sein d'une gamme de deux octaves, ceci à un stade relativement avancé de l'évolution musicale. Il serait utile de connaître le cheminement théorique qui a permis d'assimiler les *harmoniaï* à des *espèces* d'octave.

– La forme des *espèces* dans les genres chromatiques et enharmoniques reste très obscure. Le problème est simple pour l'espèce dorienne, limitée par les notes fixes du Grand Système parfait, car sa forme enharmonique serait : ¼ ¼ 2 1 ¼ ¼ 2. Toutefois, la forme enharmonique du lydien, qui est encadrée par des notes mobiles, semblerait être : ¼ 2 ¼ ¼ 2 1 ¼. Or il est impensable qu'une telle séquence ait jamais existé en musique.

– Aristoxène reste muet sur la tonalité du Grand Système parfait et sur celle des espèces d'octave individuelles. Cependant, si ces *espèces* étaient virtuellement les anciennes *harmoniaï* ou une forme développée de celles-ci, on ne peut en comprendre parfaitement le mécanisme sans connaître la note qui jouait le rôle de centre tonal pour chacune d'entre elles. Selon l'un des *Problemata* du pseudo-Aristote (livres 19 et 20), les meilleures mélodies utilisaient fréquemment la mèse et on peut supposer que cette note était en fait une tonique. Malheureusement, on ignore si l'auteur désigne la mèse du Grand Système parfait ou la quatrième note ascendante de n'importe quelle espèce d'octave.

Toutes ces lacunes dans la théorie d'Aristoxène sautent aux yeux au moindre examen approfondi de son système. Mais d'autres problèmes surgissent lorsqu'on essaie de le rattacher à certains témoignages :

– Aristide Quintilien (21-2) mentionne (probablement d'après un ouvrage d'Aristoxène) les six *harmoniaï* citées par Platon dans *La République*. Une seule des gammes décrites par Aristide (la lydienne) est identique à une espèce d'Aristoxène (l'hypolydien) ; le phrygien et le mixolydien ont des structures internes légèrement différentes des espèces correspondantes d'Aristoxène ; le dorien possède un ton supplémentaire dans le grave ; l'ionien et le syntonolydien s'étendent sur moins d'une octave. En outre, plusieurs d'entre elles semblent impliquer un mélange de genres. Il semble donc douteux que les anciennes *harmoniaï* aient fait partie d'un système musical homogène, même sans avoir la moindre raison de rejeter intégralement le témoignage d'Aristide.

– On trouve également des traces de gammes défectives ou anormales utilisées par Olympos et Terpandre.

– Parmi les figures musicales plus anciennes, on trouve souvent mention d'intervalles comprenant respectivement trois *diesis* ascendants, trois *diesis* descendants et cinq *diesis* ascendants. Des intervalles d'une telle dimension n'occupent que peu de place dans le système d'Aristoxène.

– Claude Ptolémée (*Harmoniques*, 2.14) a conservé les évaluations des genres de ses prédécesseurs et les a complétées. Il donne au ton la dimension suivante : 11:0, 10:9, 9:8 et 8:7 ; il affirme que la séquence 28:27, 8:7, 9:8, que donne également Archytas (IVe siècle avant Jésus-Christ), était l'accord diatonique courant à son époque. Les intervalles plus petits que l'enharmonie varient de 46:45 (moins d'un quart de ton) à 24:23 (plus d'un tiers de ton) ; les intervalles chromatiques varient entre 28:27 et 12:11. Bien que l'intervalle supérieur de l'enharmonique corresponde généralement à un rapport 5:4 (une tierce majeure) et l'intervalle supérieur du chromatique à un rapport 6:5 ou 7:6 (une tierce mineure), les deux intervalles inférieurs des deux genres sont de dimensions variables. Il semble donc que la distinction entre les genres n'était pas aussi claire ou aussi définie que ne le stipule la théorie d'Aristoxène.

– Les époques très variées auxquelles remontent les différents fragments de musique grecque que nous possédons nous incitent à ne pas en tirer des conclusions trop systématiques. Mais on y trouve un certain nombre de progressions mélodiques qui violent les doctrines d'Aristoxène.

Malgré les défauts du système aristoxénien et les preuves contradictoires venant d'autres sources, on s'accorde généralement à reconnaître que, dans un premier temps, la musique grecque faisait appel à un certain nombre de gammes modales, nommées *harmoniaï* parce qu'elles réclamaient différentes façons d'accorder la lyre. Lorsque les étendues de la lyre et de la cithare s'élargirent, les relations entre les *harmoniaï* furent plus clairement perçues, peut-être après l'élimination de certaines anomalies apparentes, et elles furent considérées comme des sections d'une seule gamme de deux octaves basée sur des tétracordes homogènes. Mais, en dehors des indications d'Aristide Quintilien et de Plutarque, nous ne savons rien de la structure originale des *harmoniaï*. Nous ne pouvons dire si chacune d'entre elles possédait une forme diatonique, chromatique et enharmonique ou si les divers genres et nuances étaient, en pratique, associés à des *harmoniaï* particulières. Il est tout aussi impossible d'avancer la moindre hypothèse positive en ce qui concerne la tonalité des *harmoniaï* ou des *espèces* d'octave ; les traités théoriques n'en parlent pratiquement pas et les fragments musicaux sont peu probants.

7. *Instruments.* Les Grecs connaissaient de nombreux types d'instruments de musique. On peut donc considérer l'importance artistique de la lyre ou de la cithare (cordes) et de l'*aulos* (vent) comme le reflet de leurs préférences. La lyre et la cithare jouaient un rôle prédominant dans la poésie lyrique, mais l'*aulos* se joignait à elles pour accompagner les odes de Pindare et tenait le monopole dans le domaine du dithyrambe et des chœurs dramatiques ; la lyre régnait sur l'instruction athénienne, l'*aulos* trouvait sa place dans la vie sociale et militaire ; tous deux occupaient une place importante dans les cultes.

(*a*) *Instruments à cordes.* La lyre, dont la cithare était une forme plus élaborée, comportait des cordes de longueur égale, tendues verticalement, que l'instrumentiste pinçait. Elle différait ainsi des instruments à archet, inconnus en Grèce, et des harpes, aux cordes de longueur inégale, qui existaient déjà mais n'étaient pas utilisées dans la musique sérieuse. La hauteur du son variait selon la tension et peut-être l'épaisseur des cordes ; en l'absence de touche, chaque corde ne produisait normalement qu'une seule note, contrairement au luth dont on ne trouve presque aucune trace avant l'époque d'Alexandre. Il semble toutefois indéniable que l'octave harmonique s'obtenait en bloquant la corde en son milieu et que la corde devait être raccourcie par une pression des doigts près de la barre transversale afin d'élever la hauteur du son d'un petit intervalle. Les cordes, en boyau de bœuf ou en tendon de mouton, étaient tendues au-dessus du chevalet entre un support fixé sur la caisse et la barre transversale qui réunissait les deux pièces latérales. Cette traverse comportait un dispositif destiné à l'accord formé de lanières ou de chevilles.

La caisse de résonance de la lyre se composait d'une carapace de tortue (ou d'une structure en bois de forme identique) sur laquelle était tendue une peau en cuir de bœuf. De chaque côté partaient deux bras incurvés, en corne ou en bois. Le corps concave en bois de la cithare était plus large et plus solidement construit, les parties inférieures des bras constituant une prolongation substantielle de la caisse de résonance. L'instrument reposait contre le corps de l'instrumentiste et était maintenu en place (tout comme la lyre) à l'aide d'une courroie fixée à son poignet gauche.

Le *barbitos* était une sorte de lyre aux cordes plus longues, ce qui lui donnait une tessiture plus grave. Instrument des banquets, il fut adopté par Sapho et Alcée. Les représentations des vases font apparaître deux variétés de cithares : l'instrument à base plate, plus élaboré, des citharèdes professionnels, qui apparaît au VIIe siècle et que l'on associe à Terpandre (voir § 2), et un instrument plus simple à base arrondie auquel les savants modernes ont donné le nom de « cithare à berceau ». Cette dernière semble provenir d'une cithare rudimentaire qui figure sur les représentations artistiques du VIIIe siècle et que l'on peut identifier à la *phorminx* ou au *kitharis* d'Homère.

Selon les cas, la *phorminx* est représentée munie de trois à cinq cordes (mais la cithare minoenne et la cithare mycénienne comptaient déjà sept cordes ou plus). A partir du VIIe siècle, le nombre des cordes est fixé à sept pour les lyres et les cithares, chiffre rarement dépassé ; des modèles à huit cordes apparaissent quand même au VIe siècle, mais il ne faut pas accorder un crédit excessif à la précision des peintres qui les ont reproduites. Certains écrits rapportent qu'à la fin du Ve siècle des novateurs comme Phrynis et Timothée ajoutaient des cordes, atteignant parfois le nombre de douze ; les représentations architecturales le confirment dans une certaine mesure. Les cordes étaient pincées directement par la main gauche ; la main droite utilisait un plectre, mais les fonctions respectives des deux mains ne sont pas parfaitement claires. La main gauche suivait probablement la mélodie vocale ; elle étouffait et pinçait peut-être aussi les cordes. La main droite servait probablement aux préludes et interludes ainsi qu'aux accompagnements indépendants.

Quant au *pectis* et au *magadis*, on ignore s'il s'agissait vraiment de deux instruments différents et s'ils appartenaient à la famille de la lyre ou (plus probablement) de la harpe. Ils étaient munis de nombreuses cordes qui permettaient de jouer en octaves.

(*b*) *Instruments à vent.* L'*aulos*, souvent traduit à tort par le mot « flûte », se rapprochait davantage de la clarinette ou du hautbois. La nature exacte de l'anche libre est mal connue, probablement une anche double insérée dans un tuyau de perce cylindrique ou légèrement conique ; l'embout de l'anche était partiellement caché par un ou plusieurs éléments mobiles en forme d'olive. Dans *The Greek Aulos* (source d'informations précieuse sur le comportement des tuyaux à anche), K. Schlesinger soutient qu'à une certaine époque l'anche simple aurait remplacé l'anche double. Le tuyau, en roseau, en bois, en os ou en ivoire, était ouvert à une extrémité et percé de trous latéraux. Les premiers *auloï* comportaient sans doute trois à cinq trous, ce qui correspondrait à une tessiture très restreinte. Les *auloï* Elgin et l'*aulos* Brauron, récemment découverts (fin VIe ou début Ve siècle), possèdent six trous dont l'un semble avoir été une levée. Les *auloï* se jouaient généralement par deux (comme les *tibiae* latins), les tuyaux étant souvent maintenus par une bande qui entourait les joues et la tête de l'instrumentiste, l'aidant ainsi à souffler vigoureusement. Chaque tuyau possédant sa propre embouchure, l'instrumentiste (l'aulète) pouvait produire les sons isolément ou conjointement, ce qui multipliait les possibilités. Lorsqu'ils étaient utilisés simultanément, l'un des deux tuyaux pouvait servir de bourdon (mais nous n'en avons pas la preuve), peut-être un bourdon variable. Il n'est pas impossible qu'il ait existé une harmonie rudimentaire entre les notes des deux tuyaux. La longueur de ces tuyaux n'était pas toujours identique : sur les *auloï* phrygiens, le tuyau de gauche était plus long et muni d'une cloche ; sa tessiture était donc plus grave.

A chaque mode devait correspondre, dans les premiers temps, un tuyau séparé ou une paire de tuyaux. Plus tard, les possibilités de l'instrument s'élargirent, grâce en particulier à Pronomos et à l'école de Thèbes, à la fin du Ve siècle. La longueur et le nombre de trous augmentèrent (le plus long *aulos* qui ait survécu possède quinze ou seize trous, le plus petit six) et on ajouta un dispositif permettant d'obturer les trous inutiles à une gamme donnée grâce à un anneau métallique perforé actionné par une petite anse ou crochet. Il était ainsi possible de jouer dans plusieurs modes différents avec une même paire d'*auloï* et les instruments n'étaient plus classés en fonction du mode mais de la tessiture. En outre, l'aulète qui pratiquait cet art extrêmement individualiste disposait de nombreuses astuces professionnelles (quintoiement, doigtés fourchus, obturation partielle des trous, réglage de l'anche et de son propre souffle) lui permettant de développer les possibilités de son instrument.

Par la suite, on rencontra parfois un tuyau tenu à l'horizontale, probablement le plagiaule : il s'agissait soit d'une véritable flûte traversière, soit d'un *aulos* dans lequel l'anche s'introduisait obliquement par un tube latéral. Pour jouer de la syrinx, l'instrumentiste soufflait directement dans le tube, comme pour le flageolet ; elle se composait d'un seul ou de plusieurs tuyaux assemblés. En Grèce, les tuyaux (généralement au nombre de sept, mais leur nombre varie sur les reproductions de monuments) étaient de la même longueur, mais obturés à l'intérieur selon des intervalles donnés ; la syrinx réunissant des tubes de différentes longueurs était étrusque ou romaine. Le son était aigu. La syrinx est certainement à l'origine de l'orgue hydraulique (*hydraule*), instrument dans lequel des rangées d'*auloï* gradués étaient alimentées en air par un système hydraulique. Cet instrument, inventé par Ctésibios d'Alexandrie au IIIe siècle avant Jésus-Christ, devint très populaire dans le monde romain.

Les cuivres (munis d'embouchures en os) furent tout d'abord employés à des fins militaires. Il existait deux formes d'instruments : la trompette droite (*salpinx*, *tuba*) et le cor recourbé (*keras*, *cornu*). Les Étrusques et les Romains connaissaient aussi le *lituus*, trompette droite en son extrémité supérieure et recourbée à l'autre bout pour former un pavillon.

(*c*) *Les instruments à percussion*. Les tambourins, les cymbales et les castagnettes apparaissent dans la plupart des circonstances, des cultes orgiastiques, comme le culte de Dionysos et de Cybèle, aux divertissements légers.

8. *Notation :* (*a*) *Notation mélodique*. Les Grecs notaient leurs mélodies en se servant d'un système alphabétique transcrit, lorsqu'il s'agissait d'un texte poétique, au-dessus des syllabes. Les sources les plus récentes font état de deux systèmes de notation pour les quinze *tonoï*, l'un d'eux servant aux mélodies

vocales, l'autre aux mélodies instrumentales. Toutefois, il faut noter qu'à une ou deux exceptions près les deux systèmes n'étaient jamais utilisés dans la même pièce ; par ailleurs, le second *Hymne delphique* (128-127 avant Jésus-Christ) fait appel à la notation instrumentale, ce qui permet de supposer que lorsque les mélodies vocales et instrumentales étaient identiques, les deux notations pouvaient intervenir indifféremment.

L'histoire de la notation est mal connue et son interprétation prête à controverse. Il semble impossible que la notation vocale ait précédé l'adoption générale, vers la fin du Ve siècle, de l'alphabet ionique sur lequel elle repose. La notation instrumentale, dont l'origine est incertaine, est peut-être plus ancienne, mais elle correspond à un système de *tonoï* qui implique une théorie élaborée. Cependant, ce système n'était pas celui des quinze *tonoï* d'Alypius. Ainsi, dans les deux notations, les signes inscrits au-dessus du nète *hyperbolaïôn* dorien répètent ceux de l'octave inférieure en y ajoutant un accent aigu et n'appartiennent sans doute pas au schéma d'origine ; à l'extrémité inférieure de la gamme, la notation instrumentale a tiré de la notation vocale les signes situés en dessous du proslambanomène hypolydien. Il semblerait que la notation instrumentale ait couvert à l'origine deux octaves et un ton et qu'elle ait concerné un nombre restreint de *tonoï* d'étendue limitée.

La notation instrumentale se caractérise par des triades dans lesquelles le même signe prend trois positions différentes (F ⊥⊥ ꟻ) représentant les trois notes d'un *pycnon* enharmonique (voir 6*d*). La note la plus aiguë se situe un demi-ton au-dessus de la note la plus grave et l'ensemble des notes les plus aiguës et les plus graves des différentes triades forment une gamme en demi-tons. Mais l'application de cette notation aux genres chromatiques et diatoniques pose certains problèmes qu'il est impossible de traiter ici. La notation vocale correspond note pour note à la notation instrumentale, mais elle substitue aux triades des lettres de l'alphabet. La plupart d'entre elles sont utilisées (en ordre descendant) dans l'octave centrale du *tonos* dorien (fa^2-fa^3) ; pour les sons supérieurs et inférieurs, on emploie des formes modifiées de la même succession alphabétique.

(*b*) *Notation rythmique*. Certains symboles étaient utilisés pour traduire les figures rythmiques.

– Les signes —, ⌴, └─┘, └┴┴┘, placés au dessus d'une note correspondaient respectivement à une durée de deux, trois, quatre et cinq temps, les deux derniers signes étant purement théoriques.

– Un silence ou une prolongation de la note précédente étaient symbolisés par (∧ ou ∩), signes qui pouvaient être associés à des signes de durée ($\bar{\cap}$).

– Des points pouvaient servir à distinguer la structure du pied métrique et, d'après des sources anciennes, leur rôle consistait à marquer l'*arsis*. Dans l'ensemble, les fragments dont nous disposons confirment ces données, mais il est difficile de les prouver de façon absolue.

– Un trait d'union incurvé souscrit servait à relier des notes chantées sur une même syllabe.

9. *Mélodie, rythme et langue grecs.* Deux principes de composition essentiels ressortent de l'étude des fragments qui nous sont parvenus. En ce qui concerne la mélodie et le rythme, le compositeur grec disposait apparemment, pour mettre des paroles en musique, d'une liberté plus restreinte que ses successeurs modernes, ce qui s'explique par la nature même de la langue grecque : la hauteur de son intonation lui donnait, même lorsqu'elle était simplement parlée, une mélodie inhérente ; elle possédait en outre des voyelles courtes et longues très prononcées qui formaient la base de mètres quantitatifs.

Dans la plupart des œuvres qui nous sont parvenues, cette mélodie du mot ou de la phrase est respectée : une syllabe accentuée se voit attribuer une note souvent plus aiguë que d'autres syllabes du même mot. Les rythmes de la musique grecque étant pratiquement les mêmes que ceux de la poésie grecque, toute modification de la répartition naturelle des syllabes concernait également le versificateur. Néanmoins, ces limites apparentes de la liberté du musicien doivent être envisagée dans un contexte global sans oublier que la complexité des mètres lyriques grecs venait de leur triple destination, musicale, chorégraphique et poétique.

10. *Mélodies sauvegardées.* Les fragments de musique grecque antique qui

nous sont parvenus – sur des papyrus, gravés sur la pierre ou grâce à des manuscrits médiévaux – sont extrêmement rares, pour la plupart incomplets et tardifs, encore que l'on puisse rarement les dater. Parmi les plus remarquables :

– un chœur de l'*Oreste* d'Euripide (338-44, très mutilé), peut-être composé par Euripide lui-même et qui serait alors notre seule relique de la période classique ;

– deux péans à Apollon, gravés sur la pierre avec leur notation, découverts lors des fouilles de Delphes ; ils datent de la fin du IIe siècle avant Jésus-Christ et sont incomplets ; mais ils peuvent être exécutés partiellement et constituent l'héritage le plus précieux et le plus significatif de la musique grecque antique que nous possédions ;

– l'*Épitaphe de Seïkilos* (IIe siècle avant Jésus-Christ ou peut-être postérieur) est un chant bref mais complet qui ne manque pas d'intérêt ;

– l'*Hymne à Némésis* et l'*Hymne au Soleil*, reproduits dans les manuscrits de traités anciens, dateraient du IIe siècle de notre ère.

J. F. Mountford, R. P. Winnington-Ingram.

BIBLIOGRAPHIE : Jacques Chailley, *La Musique grecque antique*, Les Belles Lettres (Paris, 1979). Maurice Emmanuel, *La Danse grecque antique, d'après les monuments figurés. Traité de la musique grecque antique. Le Rythme d'Euripide à Debussy* (Paris, 1913), rééd. Slatkine (Genève, 1986). Fr. H. Gevaert, *Histoire et Théorie de la musique de l'Antiquité*, Fischbacher (Paris, 1875). François Lasserre, *Plutarque et la musique*, Urs Graf Verlag (Lausanne, 1954). R. P. Émile Martin, *Essai sur les rythmes de la chanson grecque antique*, Klincksieck (Paris, 1953). Georges Perrot et Charles Chipiez, *Histoire de l'art dans l'Antiquité*, Hachette (Paris, 1882-1914). Théodore Reinach, *La Musique grecque*, Payot (Paris, 1926), rééd. Les Introuvables (Plan-de-la-Tour, 1975). André Schaeffner, *Origine des instruments de musique*, Payot (Paris, 1936), rééd. Mouton (Paris, 1968 et 1980). Robert Tanner, *La Musique antique grecque*, La Revue Musicale n° 248, Richard Masse (Paris, 1961). Christian Zervos, *L'Art en Grèce des temps préhistoriques au début du XVIIIe siècle*, Cahiers d'art (Paris, 1934).

Grèce moderne. La Grèce est un pays exceptionnel par l'abondance et la diversité de sa musique traditionnelle. La musique que l'on y entend aujourd'hui s'est forgée au fil des siècles et a été soumise à de multiples influences historiques et géographiques. Si les éléments qui permettent de prouver ou de réfuter une certaine survivance de la musique grecque antique sont insuffisants (voir *Grèce antique*), l'influence du chant ecclésiastique byzantin sur la musique profane (et inversement) est évidente. En outre, différentes régions de Grèce ont été fortement influencées sur le plan musical par la Turquie, l'Italie et les pays balkaniques. En fait, la diversité de la musique grecque tient à l'existence de toute une série de traditions musicales distinctes. Jusqu'à une époque récente, la richesse de la culture musicale traditionnelle s'est maintenue grâce à la survivance de styles pastoraux, paysans et maritimes qui remontent à des origines séculaires. De même, la spécificité de la musique de différentes régions a été préservée du fait de l'isolement dû aux montagnes, aux limites des moyens de communication et à l'absence de relations entre les communautés.

Depuis la fin de la Seconde Guerre mondiale, la Grèce a connu d'énormes changements économiques et sociaux, le facteur le plus important étant la migration de la campagne vers la ville (plus de la moitié de la population vit aujourd'hui dans la région d'Athènes et du Pirée). Néanmoins, les traditions musicales survivent dans une étonnante mesure et la musique, la danse et le chant continuent à jouer un rôle central aussi bien dans la vie rurale que dans la vie urbaine.

1. *Musique rurale traditionnelle.* Sur la péninsule, le principal instrument mélodique est le *klarino* (clarinette) qui est généralement accompagné par le *laouto* (luth à manche long), parfois par le violon et le *defi* (tambour de basque). Dans certaines régions, surtout dans le nord, on trouve des *zournas* (chalumeaux qui vont souvent par paires, l'un des *zournas* jouant un bourdon) accompagnés du *daouli* (tambour cylindrique à double peau). Toujours dans le nord, le *daouli* est employé pour accompagner la *lyra* thrace (sorte de violon piriforme dont l'archet se tient à la façon de celui du violoncelle), notamment dans les cérémonies des *Anasterides* (« fakirs »). La *gaida* (cornemuse) est également très répandue et fort appréciée dans le nord. L'Épire, au nord-ouest, est surtout connue pour ses virtuoses de la clarinette, notamment leurs exécutions de la *miroloyi* (complainte) instrumentale.

En outre, dans certains villages proches de la frontière albanaise, on peut entendre du chant polyphonique. Dans le centre et le sud de la Grèce, la forme la plus populaire est celle des chansons héroïques non mesurées des Clephtes. La plupart de ces ballades célèbrent la vie et les exploits de brigands et de défenseurs de la liberté avant et pendant la guerre de la Grèce pour l'indépendance (1821-29). Le Magne, péninsule aride et inhospitalière située au sud du Péloponnèse, qui n'a jamais été entièrement soumise par les Ottomans mais a été déchirée par des luttes internes et la vendetta, est célèbre pour ses complaintes vocales.

Dans les îles de la mer Égée, la *lyra* (sorte de violon piriforme analogue à la *lyra* thrace) est l'instrument mélodique le plus répandu. Elle est généralement accompagnée par le *laouto*. Dans certains endroits, la *lyra* a été remplacée par le violon. On rencontre aussi la clarinette, le *tsambouna* (cornemuse insulaire) et le *sandouri* (cithare frappée) ; on joue également du *sandouri* et de son petit frère le *tsimbalo* dans la péninsule. La musique des îles a tendance à être plus rapide et plus animée que celle de la péninsule. En Crète et dans le Docécanèse, les *mandinades* (couplets rimés improvisés) sont très répandus et chantés en concours lors de fêtes. La musique des îles ioniennes est fortement influencée par la musique italienne. La guitare et le violon sont les principaux instruments utilisés et la *cantada* (sérénade romantique populaire) est la forme de chant caractéristique.

Dans l'ensemble de la Grèce, on rencontre très souvent des rythmes différents des rythmes directs à deux et trois temps occidentaux ; la Macédoine est particulièrement connue pour sa complexité rythmique. On pratique dans tout le pays des danses circulaires en chaîne ouverte : le *kalamatianós* (à sept temps) et le *syrtos* (à quatre temps) sont les danses les plus répandues sur la péninsule comme dans les îles. Le *tsamikos* (à trois temps) n'est pratiqué couramment que dans le Péloponnèse. Toutes ces danses comportent des figures improvisées et des sauts acrobatiques réalisés par le premier danseur pendant que les autres exécutent un pas de base répétitif. Dans les îles, il y a aussi des danses de couples : *sousta*, *ballos* et *karsilamas* (ce dernier est également dansé en Thrace). Le chant et la danse constituent, dans l'ensemble de la Grèce, des activités auxquelles participe toute la communauté. La plupart des villages ont leurs propres instrumentistes qui travaillent à temps partiel ; ceux qui n'en ont pas font venir des musiciens des villages voisins pour les occasions spéciales. Sur la péninsule, une grande partie des musiciens professionnels et semi-professionnels sont des gitans.

2. *Musique urbaine traditionnelle*. Au XIXe siècle, dans les villes d'Asie Mineure et de Grèce, on a vu apparaître un genre de « café-chantant » oriental appelé « café-aman ». Dans ces cafés se produisaient des chanteuses et des danseuses ; les musiciens jouaient des instruments de l'ensemble classique ottoman comme le *oud* (luth arabe), le *qanoun* (cithare à cordes pincées), le *zil* (crotales) et la *lyra* ou le violon. La musique était *ala turka* (dans le style turc). Avant le début du XXe siècle, ces cafés musicaux étaient encore un phénomène isolé en Grèce, mais ils sont devenus très nombreux à partir de 1922, lorsque des centaines de milliers de réfugiés sont arrivés après la désastreuse invasion de l'Asie Mineure par la Grèce. Les musiciens réfugiés d'Asie Mineure ont en fait dominé la scène musicale urbaine pendant l'entre-deux-guerres.

Le *renetiko tragoudi* (chant *rebetiko*) est une autre forme de musique traditionnelle urbaine étroitement liée à l'Asie Mineure. En Grèce, la musique et le chant *rebetiko* ont fait leur apparition dans les lieux mal fréquentés des ports de la mer Égée vers la fin du siècle dernier. L'instrument caractéristique du *rebetiko* est le *bouzouki* (luth à manche long) et ses dérivés plus petits le *tzouras* et le *baglamas*. Dans ce milieu, les danses les plus expressives sont le *zeibekiko* (à neuf temps) et le *hasapiko*, à deux temps, dansé par deux ou trois hommes. Dans la plupart des esprits, le *bouzouki* et le *rebetiko* correspondaient au monde du crime en général, et du hachisch en particulier ; ces deux traditions musicales ont donc été prohibées dans les années vingt et trente. Toutefois, après le Seconde Guerre mondiale, l'auditoire de la musique *rebetiko* s'est progressivement élargi et son répertoire a connu un certain succès dans les classes laborieuses des villes. Dès le début des années cinquante, le *bouzouki* s'est affirmé comme l'instrument populaire urbain par excellence, non seulement en Grèce, mais aussi parmi les Grecs de la diaspora. Depuis la dernière guerre, le *rebetiko* a été quelque peu influencé par la musique et l'instrumentation occidentales, mais on continue à écrire de nombreuses chansons de type *rebetiko* et la forme reste extrêmement populaire.

3. *Musique classique et musique populaire.* La musique classique occidentale n'a pris racine en Grèce qu'à l'indépendance de l'État grec (1832). Les efforts pour susciter un intérêt en faveur de la musique classique occidentale sont surtout l'œuvre d'instances privées et le public a été long à se former. A partir de 1840, la Grèce commence à accueillir des tournées de musiciens européens – essentiellement des troupes d'opérette et d'opéra italien. Toutefois, au XIXe siècle, les compositeurs grecs de l'« école ionienne », comme Nikolaos Mantzaros (1795-1872, auteur de l'hymne national), Spyridon Xyndas (?1812-1896) et Pavlos Carrer (1829-96), semblent incapables de dépasser les influences italiennes écrasantes qui pèsent sur eux et de se créer des styles indépendants. Le Conservatoire d'Athènes est fondé en 1871, mais les musiciens les plus doués sont encore obligés d'assurer leur formation et d'acquérir une certaine expérience hors de Grèce. Il faudra attendre la fin de la Première Guerre mondiale pour que des compositeurs comme Manolis Kalomiris (1883-1962) et Petro Petridis (1892-1978) prouvent que la Grèce était capable d'apporter une contribution valable à la musique occidentale. Nikos Skalkottas, qui a étudié avec Schoenberg, est sans aucun doute le premier compositeur grec d'avant-garde de cette période, bien que son œuvre abondante ne soit sortie de l'ombre qu'après sa mort, en 1949. A une date plus récente, un autre compositeur d'avant-garde, Yannis Xenakis, a acquis une réputation internationale dans le domaine de la musique électronique.

Depuis la Seconde Guerre mondiale, plusieurs jeunes compositeurs grecs ont puisé leur inspiration dans la musique traditionnelle, rurale et urbaine. Manos Hajidakis (1925) et Mikis Theodorakis (1925) ont tous deux utilisé des mélodies, des rythmes et l'instrumentation *rebetiko* dans leur musique : les exemples les plus célèbres sont la musique des films *Jamais le dimanche* (Hajidakis) et *Zorba le Grec* (Theodorakis). Dionysis Savvopoulos (1944) et Yannis Markopoulos (1938) ont repris certains éléments de la musique rurale *rebetiko* et de la musique « pop » occidentale. L'un des compositeurs les plus prometteurs de notre époque est Christodoulos Halaris (1946), qui a fait un usage étonnament original de la musique et de l'instrumentation traditionnelles.

Roderick Conway Morris.

Greene, Maurice (Londres, 12 août 1696 ; Londres, 1er décembe 1755). Organiste et compositeur anglais. Il est enfant de chœur à la cathédrale St Paul où il apprend aussi l'orgue. Il devient ensuite organiste à St Dunstan-in-the-West, dans Fleet Street, et à St Andrew's (Holborn), avant d'être nommé organiste à St Paul à l'âge de 23 ans. Entre 1720 et 1730, il cultive l'amitié de Haendel et du grand rival de Haendel, Bononcini. Lorsque ce dernier, soupçonné de fraude, est exclu de l'Academy of Ancient Music, Greene quitte également l'Academy et crée une société de concerts rivale à la Devil Tavern, près de Temple Bar. Haendel, dont l'amitié pour Greene s'est alors considérablement atténuée, aurait dit que Greene était « allé au diable ». A la mort de Croft en 1727, Greene est nommé second organiste et compositeur de la chapelle royale dont il prend la direction en 1735, succédant à John Eccles.

Sa réputation en tant que compositeur repose essentiellement sur ses *Forty Select Anthems* (Londres, 1743), mais un legs substantiel lui permet de consacrer les dernières années de sa vie à la publication d'un recueil de musique religieuse anglaise. Cet ouvrage sera repris et terminé après sa mort par son ami William Boyce et publié sous le titre *Cathedral Music* (Londres, 1760, 1768, 1773). Les autres compositions de Greene comprennent des odes pour les cérémonies royales, de la musique religieuse, deux oratorios, de la musique pour clavier et d'innombrables *catches*, chansons, canons, etc.

Wendy Thompson.

Greensleeves. Air anglais célèbre cité deux fois par Shakespeare dans *Les Joyeuses Commères de Windsor* et également par d'autres auteurs élisabéthains. Il est mentionné pour la première fois dans les registres de la Stationers' Company en 1580, où il est qualifié de « new Northern dittye » (nouvelle chansonnette du Nord).

Il a parfois été chanté sur des paroles religieuses (comme « Greene Sleeves moralised to the Scriptures », 1580) : dans *Un conte d'hiver* (acte II, scène 3) de Shakespeare, le Puritain « chante des psaumes sur les hornpipes » et, dans *Les Joyeuses Commères de Windsor*, on trouve une référence à la disparité entre les paroles de Falstaff et les faits : « They do no more adhere and keep pace together, than the Hundredth Psalm to the tune of Greensleeves ! » (« Ils ne sont pas plus d'accord que le centième psaume ne l'est avec l'air de *Greensleeves* ! »)

Pendant la guerre civile, l'air de *Greensleeves* a été utilisé à des fins politiques par les royalistes. Au XVIIe siècle, on l'a parfois appelé « The Blacksmith » et Pepys y fait allusion sous ce nom dans son *Journal* du 23 avril 1660. Vaughan Williams a écrit une *Fantasia on Greensleeves* pour orchestre.

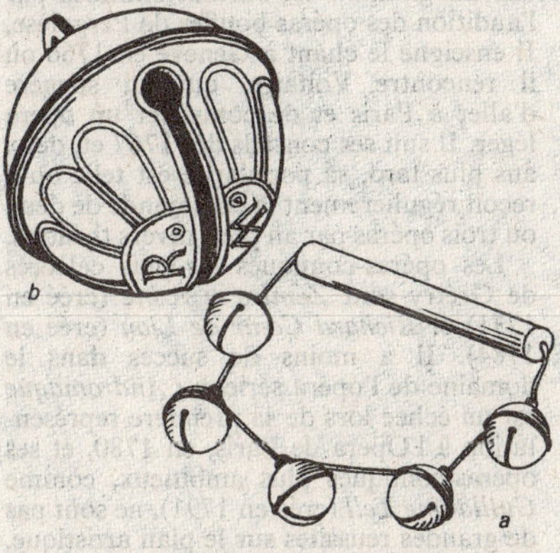

Fig. 1

Greghesca (ital.). Pièce polyphonique de caractère léger du milieu du XVIe siècle. Elle doit son nom aux textes d'Antonio Molino (sous le pseudonyme de Manoli Blassi) qui sont écrits dans un langage dérivé des dialectes de Vénétie et de Grèce. En 1564, Molino a publié un recueil de *greghesche* où sont réunies des œuvres de compositeurs tels que Willaert, Andrea Gabrieli et de Rore.

Grégorien, Chant. Voir *Plain-chant.*

Grelots (all. : *Schellen* ; angl. : *sleigh bells, jingle bells, pellet bells* ; ital. : *sonagli*). Instrument à percussion constitué de petites cloches rondes fendues dans lesquelles se déplace une bille en métal ou en argile. Autrefois, les cloches étaient en bronze fondu, et la bille encastrée dans le cœur avant la fonte. De nos jours, elles sont forgées ou pressées puis cousues sur une bande de cuir pour former une rangée (Fig. 1*a*) ou sur une longue poignée. Depuis le Moyen Age, les grelots pendent au cou des chevaux et des chiens ou autour des jambes des danseurs, ou encore sur les chapeaux des bouffons ; les tambours de basque ou les archets des violonistes qui jouent de la musique traditionnelle sont aussi parfois munis de grelots (souvent, en Grèce).

Le terme anglais « sleigh bells » provient de la musique légère, répertoire qui remonte aux *Danses allemandes K 605* de Mozart (voir également *Cor de postillon*). Dans cette œuvre, les grelots doivent jouer des accords ; il faut donc utiliser des jeux de grelots accordés. Autrefois, il y avait en Angleterre des groupes amateurs qui jouaient des airs sur des grelots accordés, le grelot de chaque note étant cousu sur une lanière de cuir individuelle. A l'orchestre, les grelots sont généralement assez grands, quel que soit l'accord. Les anciens grelots de voiture ou de harnais étaient souvent gros (10 cm ou davantage, Fig. 1*b*) et d'un métal plus épais que ceux que l'on achète de nos jours ; ils produisaient un son plus puissant et plus grave. On a besoin de tels grelots dans des œuvres comme l'ouverture *Cockaigne* (1902) d'Elgar où ils sont secoués *fff* sur un long *tremolo* soutenu par le triangle.

Anthony Baines.

Grenadiere, Die beiben. Voir *Deux Grenadiers, Les.*

Grenon, Nicolas (vers 1380 ; Cambrai, 17 octobre 1456). Compositeur français. Après des débuts à Paris et à Laon, il travaille de façon intermittente pour les ducs de Bourgogne et à la cathédrale de Cambrai aux côtés du jeune Dufay. Moins d'une douzaine de ses œuvres – chansons, motets et un Gloria – ont survécu.

John Milsom.

Grenouille, La. Surnom du *Quatuor à cordes en ré majeur op.50 nº 6* de Haydn (1787) dont le thème du finale ressemble à un coassement.

Gresham Professorship of Music (« chaire de musique Gresham »). Sir Thomas Gresham (vers 1519-79), fondateur du Royal Exchange (bourse de commerce de Londres) avait légué sa maison de Bishopgate (aujourd'hui détruite) à la Corporation of the City of London (conseil municipal de Londres) et à la Mercer's Company pour la fondation d'un collège de sept professeurs résidents qui devaient dispenser une instruction gratuite en astronomie, géométrie, musique, droit, médecine et rhétorique ; la seule condition imposée au titulaire de chaque poste était de donner une série de conférences populaires. John Bull a été le premier professeur de musique (1596-1607), puis, pendant 150 ans, en raison d'une mauvaise administration, ce poste a été occupé par des professeurs de médecine, des religieux, des juristes, etc. Mais, depuis 1771, son détenteur a toujours été un musicien, notamment Frederick Bridge (1890), Walford Davies (1924) et Peter Latham (1946). Les références à Gresham College dans la littérature de la fin du XVIIe siècle concernent généralement la Royal Society qui y a tenu ses réunions jusqu'en 1666.

Gretchaninov, Alexandre (Tikhonovitch) (Moscou, 25 octobre 1864 ; New York, 4 janvier 1956). Compositeur russe. Il fait ses études au Conservatoire de Moscou ; mais son professeur de composition, Arenski, n'appréciant pas sa musique, il s'installe à Saint-Pétersbourg où il travaille avec Rimski-Korsakov, qui le marque profondément. Après la révolution d'Octobre, il se fixe pendant quelque temps à Paris (à partir de 1925) et, en 1939, part pour les États-Unis où il mourra. Gretchaninov est surtout connu pour sa musique liturgique, ses œuvres pour piano destinées aux enfants et ses nombreuses mélodies, mais il a également composé beaucoup de musique de théâtre (notamment l'opéra *Dobrynia Nikititch*, 1901) de la musique de chambre et quelques œuvres symphoniques : ses quatre symphonies révèlent, jusqu'à la dernière, le conservatisme de son langage ; mais elles sont marquées d'un lyrisme profond (surtout dans le troisième mouvement), animées d'un sens rythmique vivant et d'une connaissance certaine de l'orchestration.

Geoffrey Norris.

Gretchen am Spinnrade (« Marguerite au rouet »). Cycle de lieder pour voix et piano (D 118) de Schubert sur des paroles du *Faust* de Goethe, composé en 1814.

Grétry, André-Ernest-Modeste (Liège, 8 février 1741 ; Montmorency, près de Paris, 24 septembre 1813). Compositeur belge. Son père était violoniste dans une église de Liège où Grétry devient enfant de chœur ; mais, dans un premier temps, il semble assez peu doué pour la musique. Un changement de professeur lui donne davantage confiance ; il compose quelques symphonies et une messe grâce auxquelles il obtient une bourse pour aller étudier au Collège de Liège, à Rome. Il y reçoit un enseignement mal adapté et son imagination est surtout stimulée par l'audition des opéras bouffes de Pergolèse. Il enseigne le chant à Genève en 1766 où il rencontre Voltaire, qui lui suggère d'aller à Paris et de composer un opéra léger. Il suit ses conseils dès 1767 et, deux ans plus tard, sa popularité est telle qu'il reçoit régulièrement la commande de deux ou trois opéras par an pour divers théâtres.

Les opéras-comiques les plus célèbres de Grétry sont *Zémire et Azore* (créé en 1771) et *Richard Cœur de Lion* (créé en 1784). Il a moins de succès dans le domaine de l'opéra sérieux : *Andromaque* est un échec lors de sa première représentation à l'Opéra de Paris, en 1780, et ses opéras-comiques plus ambitieux, comme *Guillaume Tell* (créé en 1791), ne sont pas de grandes réussites sur le plan artistique, bien qu'ils semblent avoir satisfait le public de l'époque. Le sujet de ses derniers opéras est nettement destiné à plaire au public de la France révolutionnaire. Grétry suscite l'admiration de Robespierre, qui le nomme inspecteur de l'Institut de France en 1795 et Napoléon lui accorde une pension. Malgré un caractère équilibré, sa vie est remplie de tragédies personnelles et il perdra successivement ses trois filles. Ses *Mémoires* (Paris, 1789) fourmillent de détails intéressants sur la vie et la musique à la fin du XVIIIe siècle.

Denis Arnold.

BIBLIOGRAPHIE : José Bruyr, *Grétry*, Rieder (Paris, 1931). Henry de Curzon, *Grétry*, Henri Laurens (Paris).

Gr. Fl. Abréviation pour *Grosse Flöte* (all.), la flûte traversière courante.

Grieg, Edvard [Hagerup] (Bergen, 15 juin 1843 ; Bergen, 4 septembre 1907). Compositeur norvégien. Grieg est à la fois le premier compositeur auquel la Norvège ait donné naissance et le premier compositeur scandinave accepté sans réserve dans le monde entier. D'origine écossaise, son grand-père modifie l'orthographe de son nom, Greig, en prenant la nationalité norvégienne en 1779. (Hagerup est le nom de jeune fille de sa mère.) Le talent musical de Grieg se révèle dès son plus jeune âge. Lorsque Ole Bull (1810-80) vient à Bergen en 1858 et l'entend jouer, il persuade ses parents de l'envoyer à Leipzig. Il n'y est pas heureux et, de retour à Bergen en 1862, il décide d'aller à Copenhague compléter ses études avec Niels Gade. Sur l'ordre de ce dernier, il compose une *Symphonie en ut mineur*, mais après avoir entendu la *Symphonie nº 1* de Svendsen en 1867, Grieg interdit toute autre exécution de son œuvre qui ne sera rejouée qu'en 1981. Cette symphonie porte la marque de ses études à Leipzig, malgré quelques touches personnelles.

Néanmoins, plus que ses études avec Gade, ce sont ses relations avec le jeune compositeur norvégien Rikard Nordraak (1842-66) qui lui font prendre conscience du riche héritage de musique traditionnelle que possède la Norvège. Il passe un hiver en Italie en 1866, puis retourne en Norvège, où il partage avec Svendsen la direction de la Société philharmonique (Oslo). A la fin des années 1860, il écrit le premier livre de *Pièces lyriques* et, en 1868, au Danemark, le *Concerto pour piano en la mineur* qu'il révisera plusieurs fois au cours de sa vie. La rencontre de Liszt et la découverte du recueil de musique traditionnelle de Lindeman l'aiguillonnent et l'encouragent ; en 1874, il est invité à composer une musique de scène pour les représentations de *Peer Gynt* d'Ibsen. La même année, l'État lui accorde un traitement annuel. De 1880 à 1882, il dirige l'orchestre de l'Harmonien à Bergen, puis entreprend presque chaque année de grandes tournées de concerts à travers l'Europe, jouant et dirigeant sa propre musique. Il se rend pour la première fois en Angleterre en 1888 et c'est le dernier pays où il jouera en 1906.

Grieg est avant tout un miniaturiste, même si ses œuvres d'envergure contiennent des idées intéressantes et inspirées. Plus que tout autre artiste avant lui, il évoque le caractère de la musique d'une nation. Cependant, il ne cite jamais directement la musique traditionnelle dans ses lieder, qui en sont pourtant imprégnés. Il était inflexible sur ce point : « Sur la centaine de lieder que j'ai écrite, un seul, *La Chanson de Solveig*, emprunte son thème au folklore. » Tout au long de sa vie, tant dans ses mélodies que dans sa musique pour piano, on perçoit une réponse croissante à la langue musicale du peuple norvégien et une prise de conscience de son originalité qui ne cesse de s'affirmer. L'astringence harmonique des *Slåtter* (*Danses norvégiennes op. 72*, 1902) évoque même parfois Bartók. Cette œuvre et les dix livres de *Pièces lyriques* dégagent une fraîcheur et une netteté d'expression immortelles.

Robert Layton.

BIBLIOGRAPHIE : Yvonne Rokseth, *Grieg*, Rieder (Paris, 1933).

Griff (all.). « Clef ».

Griffbrett (all.). La « touche » d'un instrument à cordes ; *am Griffbrett*, « sur la touche », « *sul tasto* ».

Griffes, Charles T[omlinson] (Elmira, New York, 17 septembre 1884 ; New York, 8 avril 1920). Compositeur américain, élève de Humperdinck à Berlin (1903-07). Il enseigne à partir de 1908 dans une école privée de garçons à Tarrytown, New York. Il y compose quelques œuvres dans lesquelles on ressent l'influence de Debussy, de Scriabine et de la musique asiatique, notamment *Four Roman Sketches* pour piano (1916-18), une *Sonate pour piano* (1918-19) et le poème symphonique *The Pleasure-Dome of Kubla Khan* (1919).

Paul Griffiths.

Grigny, Nicolas de (baptisé à Reims le 8 septembre 1672 ; Reims, 30 novembre 1703). Compositeur français, organiste comme son père et son grand-père. De 1693 à 1695, il est titulaire de l'orgue de l'abbaye de Saint-Denis, puis, à partir de

1696, organiste à la cathédrale de Reims, où il restera jusqu'à sa mort. Grigny est l'un des meilleurs compositeurs de musique d'orgue de son temps : son œuvre révèle une parfaire maîtrise du contrepoint et une harmonie expressive et audacieuse. Bach a fait une copie de son *Livre d'orgue* (Paris, 1699) vers 1703.

Denis Arnold.

Grillo, Giovanni Battista (né à Venise, ? nov. 1622). Compositeur et organiste italien. Il semble avoir passé une partie de sa jeunesse en Allemagne avant de devenir organiste dans diverses églises de Venise, dont Saint-Marc, au début du XVIIe siècle. Il a sans doute été l'élève de Giovanni Gabrieli et a écrit quelques belles œuvres pour ensemble instrumental, notamment une *Canzon pian' e forte*, dans un style proche de celui de son maître.

Denis Arnold.

Grimmig (all.). « Furieux ».

Groppo, gruppo (ital.). « Trille cadentiel ». Voir *Ornements et ornementation*, 2.

Gros, grosse. Lorsqu'il s'applique à un jeu d'orgue, cet adjectif veut dire « de tessiture grave ».

Gross, grosse (all.). « Grand », « gros » ; *grosse Flöte*, la flûte traversière normale ; *grosses Orchester*, « grand orchestre » ; *grosse Trommel*, « grosse caisse ».

Grosse Fuge. Voir *Grande Fugue*.

Grossi, Carlo (Vicenza, vers 1634 ; Venise, 14 mai 1688). Compositeur italien qui a travaillé dans plusieurs villes du nord de l'Italie et a eu des relations avec Innsbruck et Vienne au cours de la seconde moitié du XVIIe siècle. Il a composé de la musique religieuse, des opéras et de la musique instrumentale.

Grotte de Fingal, La (*Die Hebriden, Fingals Höhle*). Ouverture op.26 de Mendelssohn composée d'après une version antérieure (1829) intitulée *Die einsame Insel* et révisée en 1832. Mendelssohn aurait inventé le thème principal lors d'un voyage aux Hébrides et à l'île de Staffa en 1829 ; en fait, il en avait noté le thème avant d'aller à Staffa. Cette œuvre est une sorte de poème symphonique.

Ground, ground bass (angl.). Courte mélodie, généralement à la basse, répétée indéfiniment au cours de l'œuvre alors que les parties supérieures changent. Le terme « ground » est apparu pour la première fois en Angleterre à la fin du XVIe siècle et se référait soit à la mélodie, soit au contexte harmonique dans lequel elle évoluait, soit à la totalité de l'œuvre. L'un des exemples les plus connus de « ground bass » est la lamentation de Didon « When I am laid in earth » dans l'opéra de Purcell, *Dido and Aeneas* ; on entend d'abord la basse (Ex. 1) une fois seule, puis elle est répétée six fois avec des harmonies différentes au-dessus. Ces harmonies sont recouvertes d'une ligne vocale si libre et continue que la rigueur de la répétition de la basse se ressent à peine.

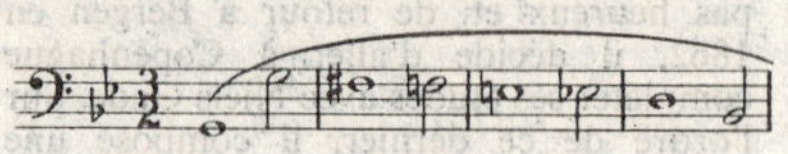

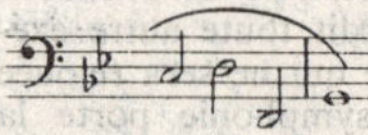

Ex. 1

C'est ce contraste entre une basse fixe et des parties supérieures évoluant librement qui a beaucoup attiré les compositeurs du XVIe et du XVIIe siècle vers la « ground », particulièrement en Angleterre où des improvisations élaborées dans la ou les parties au-dessus de la « ground bass » ont pris le nom de « divisions », constituant alors une nouvelle technique instrumentale extrêmement prisée des joueurs de viole.

La longueur de la « ground bass » peut varier de quelques notes (comme dans certaines pièces pour clavier de William Byrd) à la totalité d'une longue mélodie (lamentation de Didon et d'innombrables courtes pièces vocales de Purcell). En pratique, les répétitions ne sont pas rigoureusement identiques : des modifications restent possibles pour permettre, par exemple, un changement de tonalité ; la « ground » peut changer totalement de tonalité pour seulement une partie d'un morceau ; elle peut être fragmentée, ses phrases étant entrecoupées de silences, ou ne pas coïncider avec un nombre exact de mesures de telle sorte que ses notes figurent à chaque reprise en divers endroits de la mesure (et sont ainsi accentuées différemment).

Dans la musique de danse de la Renaissance et du Baroque, une « ground bass » allait parfois de pair avec une mélodie spécifique (comme dans la **romanesca* ou la **folia*) ; ces airs appariés formaient, avec leur schéma harmonique, la base d'un certain nombre de thèmes et de variations qu'on appelait occasionnellement *grounds* (comme la *Ground de Farinelli*, qui est en réalité *Les Folies d'Espagne*).

La « ground » est en effet un élément de la *forme variation. Elle peut être considérée comme un prolongement de l'**ostinato* ; la *passacaille et la *chaconne peuvent être toutes deux considérées comme des types de « ground », même si les parties répétées se situent parfois ailleurs qu'à la basse. C'est en effet comme technique de variations que la « ground bass » a persisté au-delà de l'ère baroque, bien qu'elle ait alors souvent pris le titre de chaconne ou de passacaille (comme le finale de la *Symphonie nº 4* de Brahms, la passacaille de Britten dans *Four Sea Interludes* de *Peter Grimes*). La « ground bass » (comme les techniques de l'*ostinato* et de la passacaille) a exercé une certaine fascination sur les compositeurs du XXᵉ siècle, particulièrement ceux qui se sont intéressés au néoclassicisme : Bartók (*Concerto pour orchestre* et un grand nombre de pièces pour piano de *Mikrokosmos*), Stravinski (*Symphonie des psaumes, Cantate*), Hindemith (musique pour orgue et pour piano) et Britten.

Percy Scholes, rév. Judith Nagley.

Groupe des Cinq. Groupe de cinq compositeurs russes du XIXᵉ siècle qui partageaient le même idéal et voulaient créer une école de composition spécifiquement russe : Balakirev (le mentor musical, souvent despotique, du groupe), Borodine, Cui, Moussorgski et Rimski-Korsakov. Mais Glinka et Dargomijski ont défendu avec autant de vigueur la cause nationaliste. Le critique Vladimir Stassov pensait aussi à ces deux compositeurs lorsqu'il employait l'expression « puissant petit groupe », terme collectif désignant les nationalistes russes du XIXᵉ siècle.

Geoffrey Norris.

BIBLIOGRAPHIE : Victor Seroff, *Le Groupe des Cinq*, Plon (Paris, 1949).

Groupe des Six. Nom donné en 1920 par le critique Henry Collet à six jeunes compositeurs français (par analogie avec le groupe des Cinq) : Georges Auric, Louis Durey, Arthur Honegger, Darius Milhaud, Francis Poulenc et Germaine Tailleferre. Le groupe a connu une brève union dans son adhésion à l'antiromantisme exposé par Cocteau dans *Le Coq et l'arlequin* (1918), mais chacun de ses membres a rapidement suivi une voie différente. Honegger, qui ne partageait pas l'engouement des autres pour Satie, s'est orienté vers une écriture symphonique sérieuse, alors que Milhaud adoptait la technique de la *polytonalité dans son énorme production ; Durey a opté pour un engagement politique et Tailleferre s'est éclipsée dans l'ombre. Seuls Poulenc et Auric ont conservé une certaine loyauté envers l'idée originale du groupe selon laquelle la musique devait être dépouillée, spirituelle et rester à la mode.

Paul Griffiths.

BIBLIOGRAPHIE : Eveline Hurard-Viltard, *Le Groupe des Six ou le Matin d'un jour de fête*, Méridiens Klincksieck (Paris, 1987).

Grove, (Sir) George (Clapham, Londres, 13 août 1820 ; Sydenham, 28 mai 1900). Ingénieur et musicographe anglais qui a érigé plusieurs phares aux Antilles avant de devenir successivement secrétaire de la Society of Arts (1850) et de Crystal Palace (1852), poste dans lequel il a renforcé l'influence du chef d'orchestre August Manns en écrivant des programmes. Il a participé à la réalisation du *Dictionary of the Bible* de Smith, à la création du Fonds pour l'exploration de la Palestine et écrit des articles et des livres sur différents sujets, notamment un *Primer of Geography* (livre élémentaire de géographie). Pendant quinze ans, il a été le rédacteur en chef du *Macmillan's Magazine* avant de devenir, en 1883, le premier directeur du Royal College of Music de Londres, tout en étant anobli.

Son *Dictionary of Music and Musicians* a d'abord été publié en quatre volumes (1879-89). Depuis sa mort, il a fait l'objet d'éditions augmentées en 1904-10 (réalisée par J. A. Fuller Maitland), 1927-28 et 1940 (réalisées par H. C. Colles). Une cinquième édition en neuf volumes, réalisée par Eric Blom, a été publiée en 1954 (supplément, 1961). En 1980, le dictionnaire, réécrit dans une nouvelle conception, a été édité en vingt volumes sous le titre *The New Grove Dictionary of Music and Musicians* (réalisé par Stanley Sadie).

Percy Scholes, rév.

Gr. Tr. Abréviation pour *Grosse Trommel*, « grosse caisse ». Voir *Tambour*, 4.

Grua [Pietragrua]. Famille de musiciens italiens et allemands. **Carlo Luigi Pietro Grua** (né à Florence vers 1665) a occupé les fonctions de vice-maître de chapelle dans plusieurs cours allemandes, puis est sans doute retourné en Italie. Il a composé quatre opéras italiens, de la musique religieuse et des duos de musique de chambre. Son fils, **Carlo Pietro Grua** (? Milan, vers 1700 ; Mannheim, 11 avril 1773) a été maître de chapelle à la cour de Mannheim vers 1734. Il a composé des oratorios, de la musique d'église et des opéras, *Meride* et *La Clemenza di Tito* (représentés respectivement en 1742 et 1748). Son fils, **Franz Paul Grua** [Francesco da Paula] (Mannheim, 2 février 1753 ; Munich, 5 juillet 1833), a été l'élève de Holzbauer à Mannheim et en Italie. A son retour à Mannheim, il est entré comme violoniste à la chapelle de la cour. Puis il est parti pour Munich lorsque la cour s'est installée dans la capitale bavaroise, où il est devenu maître de chapelle en 1784. Il a composé des œuvres symphoniques, beaucoup de musique sacrée et un opéra, *Telemaco* (représenté à Munich en 1780).

Wendy Thompson.

Gruber, H(einz) **K**(arl) (Vienne, 3 janvier 1943). Compositeur autrichien. Il fait partie des Petits Chanteurs de Vienne puis étudie la composition à la Hochschule für Musik avec Hanns Jelinek et Gottfried von Einem. Ses première œuvres, qui datent du début des années soixante, sont sérielles ; mais il change ensuite de voie et élabore un style tonal personnel, avec des enchaînement harmoniques tendus et provocants. Au nombre de ses œuvres figurent le grotesque *Frankenstein !* pour récitant, baryton et orchestre (1976-77) et un *Concerto pour violon* (1977-78).

Paul Griffiths.

Gruppen (« Groupes »). Œuvre pour trois orchestres de Stockhausen, composée entre 1955 et 1957. Les orchestres sont disposés dans différentes parties de la salle et chacun joue une musique différente.

Gruppetto (ital.). « Petit groupe ». Au XVIe siècle, ce terme désignait un *trille, mais, par la suite, il a pris le sens de « doublé », « tour de gosier » ou « tour de gorge » (all. : *Doppelschlag* ; angl. : *turn*). Sous cette forme, il s'agit d'un ornement que l'on rencontre dans la musique du XVIIe siècle au XIXe siècle. Il se compose essentiellement de quatre notes : note supérieure, note principale, note inférieure, note principale, mais avec diverses configurations rythmiques. Le signe graphique qui le représente est ∾; dans la pratique moderne, les inflexions chromatiques des notes supérieure et inférieure sont indiquées respectivement

Ex. 1

Ex. 2 (*a*)

au-dessus ou au-dessous du signe (voir Ex. 2 *d*).

On peut trouver ce signe au-dessus d'une note, selon l'usage baroque (Ex. 1) ou entre deux notes (à partir de l'ère classique) : le *gruppetto* est alors joué entre ces deux notes (Ex. 2). L'Ex. 2*c* correspond aussi à la musique de cette période avec le signe placé au-dessus de la note. Les *gruppetti* sont parfois indiqués en petites notes, mais les compositeurs de la fin du XIXe siècle avaient tendance à les noter complètement, afin d'éviter toute ambiguïté rythmique.

Le *gruppetto* inversé, noté ∽, ∫ ou ∼, commence sur la note inférieure (Ex. 3).

Ex. 3

Simon McVeigh.

Guajira (esp., de *guajiro*, nom donné aux paysans cubains de race blanche). Chanson et danse populaires rurales cubaines. On y décèle l'influence espagnole et latino-américaine, surtout dans l'alternance de rythmes à 3/4 et à 6/8 ; elle est écrite pour voix seule avec accompagnement de guitare et des harmonies tonique-dominante.

Guami, Gioseffo (Lucques, vers 1540 ; Lucques, 1611). Organiste et compositeur italien issu d'une famille de musiciens qui voyageaient beaucoup ; il est organiste à la cour de Bavière à Munich à partir de 1568 (au moins), puis à Saint-Marc de Venise (1588-91) et à la cathédrale de Lucques. Instrumentiste brillant, il a composé de belles *canzoni* pour ensemble instrumental ; les ornementations de certaines d'entre elles sont entièrement écrites.

Denis Arnold.

Guaracha [guarracha] (esp.). Chanson populaire cubaine pour voix soliste et chœur en deux parties, qui se compose d'une introduction suivie d'une partie plus rapide sur des rythmes syncopés où alternent les mesures à 6/8 et à 3/4 ou à 2/4.

Guárdame las vacas (esp., « Garde mes vaches »). Expression qui provient peut-être d'une chanson de paysans et a servi de titre à des variations instrumentales comme celles de Cabezón.

Guarnieri, (Mozart) **Camargo** (Tietê, Brésil, 1er février 1907). Compositeur brésilien, élève de Braga et de Sá Pereira au Conservatoire de São Paulo, où il sera ensuite nommé professeur ; il travaille aussi avec Koechlin à Paris. La majeure partie de ses œuvres révèle l'influence de la musique traditionnelle brésilienne adaptée à des formes courantes ; il est l'auteur de deux symphonies, de diverses pièces de musique symphonique et de musique de chambre.

Paul Griffiths.

Guédron, Pierre (Beauce, ? 1570-75 ; ? Paris, 1619-20). Compositeur français. Il entre au service du cardinal de Guise comme enfant de chœur et, à la mort de son protecteur, il poursuit son ascension pour devenir l'un des musiciens les plus éminents de la maison royale. Il terminera sa carrière comme surintendant des musiques de la Chambre du roi et de la reine mère. Il est connu pour ses airs de cour, dont certains témoignent de l'intérêt qu'il portait à la musique mesurée, et pour ses ballets de cour.

Denis Arnold.

Guerau, Francisco (célèbre au cours de la seconde moitié du XVIIe siècle). Compositeur et guitariste espagnol, chapelain et musicien à la cour royale de Madrid au moins jusqu'en 1694, date à laquelle il dédie son *Poema harmónico compuesto de varias cifras por el temple de la guitarra española* (Madrid, 1694) à Charles II d'Espagne. Ce recueil contient des passacailles, des variations et des danses.

Wendy Thompson.

Guero. Voir *Guiro*.

Guerre des bouffons. Voir *Bouffons, querelle des*.

Guerre et paix. Opéra en cinq actes de Prokofiev sur un livret du compositeur et de M. Mendelson-Prokofieva, d'après le roman de Tolstoï (1869). Première version (13 scènes avec prologue choral) représentée à Léningrad (Théâtre Maly, 12 juin 1946) ; seconde version : Léningrad (Théâtre Maly, 31 mars 1955) ; Paris (Radio, version de concert en français, 16 mars 1967) ; Londres (Coliseum, 11 octobre 1972) ; Boston (8 mai 1974). Spectacle d'ouverture du Sydney Opera House, le 5 août 1974. La partition, longue et épisodique, a subi diverses révisions, mais a finalement été découpée en treize scènes, les sept premières ayant trait à la paix, les six dernières à la guerre. Prokofiev a choisi avec habileté les grands moments dramatiques du roman de Tolstoï et il suit le cours tragique de l'amour de Natacha Rostova et du prince Andreï, qu'il oppose au combat épique du peuple russe contre l'envahisseur napoléonien.

Guerrero, Francisco (Séville, 1528 ; Séville, 8 novembre 1599). Compositeur espagnol. Il fait ses études avec son frère Pedro, compositeur d'importance secondaire, puis avec Cr. Morales. Il apprend à jouer de plusieurs instruments, notamment de la *vihuela*, du cornet à bouquin et de la harpe et, en 1542, il est engagé comme chanteur (contralto) à la cathédrale de Séville. En 1546, il est nommé maître de chapelle de la cathédrale de Jáen (dans le sud de l'Espagne) et, malgré un renvoi temporaire, deux ans plus tard, pour n'avoir pas prodigué un enseignement adéquat aux enfants, il est néanmoins demandé par les cathédrales de Málaga et de Séville. En 1551, il est chargé de la musique à la cathédrale de Séville, où il restera jusqu'à la fin de sa vie.

Guerrero commence à publier sa musique vers 1550 et devient vite célèbre pour ses messes et ses motets. Il obtient de longs congés pour se rendre en Italie en 1581 et 1588 et, lors de son deuxième voyage, un retard dans l'impression de sa musique à Venise lui donne l'occasion de se rendre en Terre sainte. Compositeur prolifique, il déclare ne pas chercher à « caresser les oreilles de personnes pieuses avec [ses] chansons, mais au contraire à exciter leur âme pour les pousser à la contemplation des mystères sacrés » (dédicace de *Liber vesperarum*, Rome, 1584). Dans ce but, il utilise le canon et d'autres procédés contrapuntiques ; il aime les sonorités pleines, rendues plus impressionnantes par l'utilisation des nombreux instruments dont il dispose à Séville.

Denis Arnold.

Guerriero (ital.). « Guerrier », « guerrière ». Terme utilisé dans le dernier livre de madrigaux de Monteverdi, *Madrigali guerrieri et amorosi* (1638). La première partie, intitulée *Canti guerrieri*, contient le **Combattimento di Tancredi e Clorinda* (« Le Combat de Tancrède et Clorinde ») et d'autres pièces sur des thèmes guerriers, traduits musicalement au moyen du **stile concitato*.

Guida (ital.). 1. Sujet d'une fugue. 2. *Guidon. 3. Partition d'orchestre réduite.

Guidon (all. : *Wächte* ; angl. : *direct* ; ital. : *guida* ; lat. : *custos*). Signe (𝆶) utilisé occasionnellement à la fin d'une page ou d'une ligne de musique pour indiquer la hauteur de la note suivante. Généralement employé dans la musique ancienne.

Guilain, Jean Adam Guillaume (célèbre entre 1702 et 1739). Compositeur et organiste d'origine allemande qui a vécu à Paris, où il était l'ami de Louis Marchand. Il a surtout composé les *Pièces d'orgue pour le Magnificat* (Paris, 1706), qui contiennent quatre suites pour les quatre premiers tons du Magnificat. Elles révèlent une grande connaissance de la sonate en trio italienne.

Denis Arnold.

Guildhall School of Music and Drama. Collège de musique anglais fondé en 1880 par la municipalité de Londres sous l'appellation de Guildhall School of Music. Le titre actuel date de 1935. L'école s'est tout d'abord installée dans un entrepôt désaffecté d'Aldermanbury, rue proche de Guildhall, dans la City ; mais, en 1887, elle a été intégrée à un complexe de bâtiments réservés à l'enseignement dans John Carpenter Street, dans le quartier de Blackfriars. En 1977, elle a emménagé au Barbican Arts Centre. Elle dispense un enseignement à plein temps depuis les années vingt et une formation pour les futurs professeurs et instrumentistes ; on peut passer le diplôme de licence (LGSM) hors de l'école. L'école propose un cours de troisième cycle en thérapie musicale. Le directeur est John Hosier et le directeur de la musique Leslie East.

Guillaume Tell. Opéra en quatre actes de Rossini sur un livret d'Étienne de Jouy, Florent Bis et Armand Marast d'après le drame de Schiller. Représentations : Paris (Opéra, 3 août 1829) ; Lucques (17 septembre 1831) ; New York (19 septembre 1831) ; Londres (Her Majesty's Theatre, 11 juillet 1839). L'opéra raconte la fameuse histoire de Guillaume Tell (bar.) qui rassemble les Suisses contre les Autrichiens avec une intrigue secondaire qui évoque l'amour du patriote suisse Arnold (tén.) pour l'Autrichienne Mathilde (sop.). Considérablement raccourci par Rossini lui-même puis par de nombreuses coupures séculaires, *Guillaume Tell* serait l'ouvrage lyrique le plus long du répertoire s'il était donné intégralement.

Guimbarde (all. : *Maultrommel* ; angl. : *jew's harp* ; ital. : *scacciapensieri*). Petit instrument de musique populaire, très connu dans la plupart des pays. Il se compose d'un cadre forgé dans une tige de fer, plus épaisse en son centre, de section en forme de losange (Fig. 1*a*). Une lame d'acier souple et étroite s'enfonce dans le centre de cette tige pour reposer entre les bras du cadre ; à son extrémité libre, elle est recourbée et forme une griffe. La partie ovale du cadre se tient dans la main gauche et ses deux bras reposent légèrement contre les dents et entre les lèvres de l'instrumentiste qui fait vibrer la lame rythmiquement de l'autre main. Le son produit, la fondamentale de la vibration de la lame, est généralement une note grave et profonde. Pendant ce temps, l'instrumentiste bouge la langue et les joues pour modifier le volume de la cavité buccale ; il donne ainsi une certaine résonance aux harmoniques de la fondamentale, l'un après l'autre. Les harmoniques situés entre le sixième et le treizième sont les plus utilisés ; ils forment une gamme naturelle comme celle de la trompette naturelle. Avec de l'habileté et un bon instrument, les notes sonnent suffisamment clair au-dessus de la fondamentale réitérée pour pouvoir être entendues d'un public de dimensions raisonnables. Toutefois, il arrive que l'on joue de la guimbarde pour produire seulement un bourdonnement rythmique, les harmoniques ne donnant pas de mélodie particulière.

L'acoustique de ce processus a donné lieu à maintes discussions. Théoriquement, la lame vibrante elle-même ne donne des harmoniques qu'à des fréquences discordantes bien au-dessus de la fondamentale ; mais il apparaît que l'air situé dans les espaces étroits entre la lame et le cadre adopte la hauteur de son de la fondamentale et engendre la série harmonique régulière qu'utilisent les instrumentistes (comparer à l' « anche libre » : voir *Anche*, 1). Cet instrument est classé parmi les idiophones (voir *Organologie*), car c'est la vibration de la lame qui détermine la hauteur d'ensemble des sons produits.

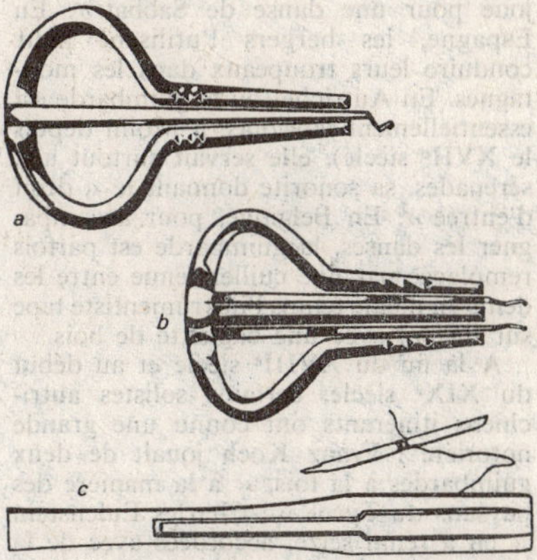

Fig. 1. (a), (b) Guimbarde à une ou deux langues. (c) Guimbarbe en bois du nord-est de la Sibérie.

Sous diverses formes, la guimbarde en bois ou en bambou est utilisée dans la plupart des pays d'Asie et de l'est de l'Europe : jusqu'à une époque récente, entre la Sibérie et la Nouvelle-Guinée, certains peuples ne connaissaient aucun autre instrument mélodique. Certaines guimbardes sibériennes sont en ivoire de mammouth. La construction prend généralement la forme d'une fine plaque de matériau sur laquelle la lame vibrante est prélevée avec soin ; cette lame bouge librement au bout d'une corde fixée à proximité de la base (Fig. 1*c*). On suppose qu'il s'agit de la forme la plus ancienne de cet instrument. En fait, selon une légende autrichienne, une jeune fille aurait fabriqué la première guimbarde à partir d'un morceau de bois. La version métallique européenne est connue sur le plan archéologique grâce à plus de 80 modèles qui remontent du XVe siècle à la période romaine, peut-être même plus loin ; on a trouvé certains exemplaires de l'époque anglo-saxonne enterrés avec leurs propriétaires, ce qui prouve qu'il s'agissait d'objets particulièrement précieux.

En Écosse, Scholes a relevé que cet instrument servait pour la danse : « Lorsque Jacques VI (par la suite Jacques Ier d'Angleterre) a participé à un procès de sorcières (1591), il a obligé l'une des accusées à jouer devant lui sur cet instrument un air qu'elle a reconnu avoir joué pour une danse de Sabbat ». En Espagne, les bergers l'utilisent pour conduire leurs troupeaux dans les montagnes. En Autriche (où la guimbarde est essentiellement fabriquée à Molln depuis le XVIIe siècle), elle servait surtout aux sérénades, sa sonorité donnant le « droit d'entrée ». En Belgique, pour accompagner les danses, la guimbarde est parfois remplacée par une cuiller tenue entre les dents en même temps l'instrumentiste tape sur un bol avec une baguette de bois.

A la fin du XVIIIe siècle et au début du XIXe siècle, certains solistes autrichiens itinérants ont connu une grande notoriété : Franz Koch jouait de deux guimbardes à la fois, « à la manière des paysans du Tyrol » ; Charles Eulenstein « en a réuni seize, accordées avec de la cire à cacheter » ; son morceau favori était ses variations sur l'aria de Rossini « Di tanti palpiti ». J. G. Albrechtsberger a écrit des concertos pour de tels instrumentistes et ils sont encore joués aujourd'hui. Dans ces œuvres, l'instrument porte le nom de « cremb. » (pour *crembalum*) ou « tromb. » (pour *trombula*), mais ce dernier mot fait parfois l'objet d'une erreur d'interprétation et est confondu avec la trompette. De nos jours, on trouve des guimbardes à deux lames, la seconde étant généralement accordée à la dominante de la première (Fig. 1*b*).

Anthony Baines.

Guiraud, Ernest (La Nouvelle-Orléans, 23 juin 1837 ; Paris, 6 mai 1892). Compositeur français, élève de Marmontel et de Halévy au Conservatoire de Paris, prix de Rome en 1859, il est nommé professeur d'harmonie (1876) puis de composition (1880) au Conservatoire et élu membre de l'Institut en 1891. Dukas, Debussy et Satie ont été ses élèves. Sa musique, essentiellement destinée au théâtre, n'a pas survécu aux changements du goût musical : il cultivait les sujets légers (*Madame Turlupin*, 1873 ; *Galante Aventure*, 1882 ; *Frédégonde*, 1895) et doit surtout sa notoriété aux récitatifs dont il a enrichi *Carmen*, les substituant aux dialogues originaux. Il a également achevé l'orchestration des *Contes d'Hoffmann* d'Offenbach.

Alain Pâris.

Guiro (ou guero). Instrument à racler, employé dans la musique de danse latino-américaine. Il se compose à l'origine d'une calebasse très allongée d'environ 30 cm de long, dont un côté est strié sur toute sa longueur et raclé au moyen d'une petite baguette sur un rythme typique de huit croches, avec un accent toutes les quatre croches. Les guiros que l'on trouve dans le commerce sont en bois dur. Dans le répertoire symphonique, le guiro fait une courte apparition, également en croches répétées, dans le *Sacre du printemps* de Stravinski sous le terme de « râpe » (chiffre 70 de la partition). D'autres compositeurs l'ont également utilisé. Il existe aussi des variantes en bambou, encochées au sommet d'une longue fente pratiquée sur l'un des côtés, et des modèles en bois, parfois appelés « reco-reco ».

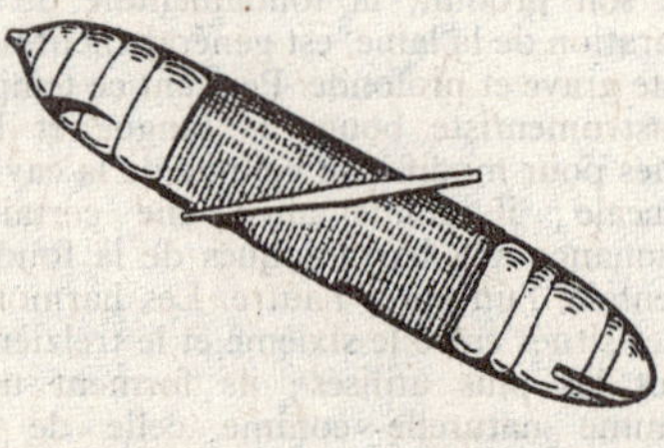

Guiro avec son grattoir.

On considère que le raclage d'un objet à encoches est l'un des procédés les plus anciens par lequel l'homme produisait des « sons magiques » (voir *Instruments de la préhistoire*). Dans certaines régions européennes, ce genre de racles intervient toujours dans les carnavals ou pour réveiller les ouvriers le matin. A ses débuts, le jazz utilisait parfois comme racle la planche à laver, en marquant le rythme avec les ongles ou avec des dés à coudre au bout des doigts pour forcer le son.

Anthony Baines.

Guitare (all. : *Gitarre* ; angl. : *guitar* ; ital. : *chitarra* ; esp. : *guitarra,* mais port. : *viola, violão* et, en Amérique du Sud, parfois **vihuela*).

1. Introduction
2. Guitare classique ou espagnole
3. Guitares « folk » à cordes d'acier
4. Guitare acoustique à table voûtée
5. Histoire
6. Répertoire
7. Guitares hawaïennes
8. Guitares électriques

1. *Introduction.* La guitare touche à une multitude de formes, de la guitare classique à la guitare électrique : son répertoire couvre aussi bien les fantaisies du XVIe siècle que la musique de chambre romantique ou une littérature soliste récemment écrite à son intention ; elle est l'instrument du flamenco en Andalousie, du blues sur le Mississippi, du jazz dans les boîtes de nuit de Tokyo, des musiciens qui font la manche dans les couloirs du métro parisien et de la musique « pop » dans tous les pays. Deux éléments dominent cette diversité apparente : la caisse en forme de « huit », dont on trouve même des vestiges sur les guitares électriques, et les cordes, presque toujours au nombre de six et accordées en quartes (du grave vers l'aigu) selon le schéma : mi, si, sol, ré, la, mi (de la première à la sixième corde). Seule exception, la tierce majeure qui sépare la deuxième et la troisième corde. Lorsque les six cordes sont jouées ensemble, elles produisent un accord de mi mineur auquel se mêlent curieusement les deux notes graves (la et ré) de la tonalité de ré. Toutefois, ce schéma d'accord n'est pas toujours respecté.

Parmi les différentes guitares en usage de nos jours, on s'attachera d'abord aux guitares acoustiques (non électriques) et à quelques éléments fondamentaux de leur histoire et de leur répertoire (§ 5-6) :

– la guitare classique ou espagnole (§ 2), à table plate et à cordes en nylon, jouée avec les doigts ;

– les guitares à cordes d'acier (§ 3), aussi appelées guitares « populaires », « folk », « country », etc., normalement jouées avec un plectre ou avec des onglets ;

– la guitare à table voûtée (§ 4), également à cordes métalliques et qui se joue avec un plectre, particulièrement destinée au jazz.

– les guitares hawaïennes (§ 7) jouées avec un « steel » que la main gauche appuie sur les cordes ;

– les guitares électriques (§ 8), jouées avec un plectre, munies de capteurs électromagnétiques et d'un système séparé amplificateur/haut-parleur qui tient lieu de caisse de résonance – le corps de l'instrument en bois dur et inactif sur le plan vibratoire est alors réduit au rôle de support pour les cordes, quoique certains modèles conservent une caisse de résonance auxiliaire ;

– la guitare basse électrique (§ 8*c*), successeur de la contrebasse de jazz, accordée comme la contrebasse.

2. *Guitare classique ou espagnole :* (*a*) *Construction.* La caisse, qui mesure en moyenne 50 cm de long, a un fond et des éclisses en palissandre, en noyer ou en érable ; le fond est plat, mais parfois légèrement bombé. La table, dont l'épaisseur peut atteindre 2,4 mm, est en pin au grain serré, en épicéa ou en cèdre (les modèles bon marché utilisent souvent de l'épicéa plaqué). De fines lattes de bois sont collées derrière la table pour qu'elle résiste à la tension des cordes sur le chevalet qui est collé sur le dessus : jusqu'en 1800, ces lattes (ou barrage) étaient disposées transversalement, mais au XIXe siècle s'est répandue la pratique du barrage dit « en éventail », qui s'est aujourd'hui généralisée. Comme le chevalet, la touche est en ébène ; elle comporte des frettes métalliques au nombre de 19, la douzième frette (l'octave de la corde à vide – voir *Frettes,* 1) se trouvant à la jonction du manche et de la caisse. Les cordes mesurent en moyenne 66 cm, et peuvent se réduire à 56 cm sur les petits modèles fabriqués pour les enfants. Les cordes en nylon ont généralement remplacé les anciennes cordes en boyau et en soie filée, et les cordes graves sont en nylon filé avec du métal.

Comme sur les autres instruments à frettes, le réglage de la hauteur des cordes au-dessus de la touche constitue un élément essentiel (voir *Frettes,* 2). Beaucoup de guitares fabriquées en série sont mal réglées, ce qui occasionne des déceptions aux débutants. On peut y remédier en réglant la hauteur du sillet ; ou insérer une pièce en ivoire ou en plastique dans le chevalet ; mais il vaut mieux confier ce réglage à des spécialistes, sinon l'instrument risque de devenir inutilisable.

(*b*) *Jeu de la guitare classique*. Dans la notation courante, la musique pour guitare est écrite à l'octave supérieure du son réel : les notes des cordes à vide sont écrites de mi^4 à mi^2 (Ex. 1). Les 19 frettes donnent une étendue montant jusqu'à si^5 (écrit) ; au-dessus de cette note, le guitariste dispose d'une octave supplémentaire en harmoniques. Cependant, la sixième corde est souvent accordée un ton plus bas (ré^2).

Ex. 1 *Ex. 2*

Ex. 3 a *Ex. 3 b*

Ex. 3 c *Ex. 4*

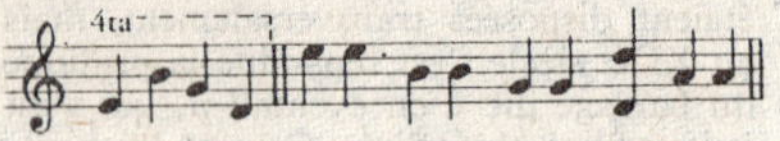

La taille de la guitare repose sur la cuisse gauche de l'instrumentiste, dont le pied est en général légèrement surélevé. Les cordes sont pincées avec les ongles, mais bien avant le XIXe siècle on utilisait couramment la pulpe du doigt, comme sur le luth. Les doigts de la main gauche doivent enfoncer les cordes à l'endroit des frettes avec suffisamment de force pour obtenir des notes claires ; mais ils doivent aussi rester arqués pour laisser vibrer librement les cordes adjacentes. On peut aussi placer un doigt à plat sur plusieurs cordes lorsque plusieurs notes réclament l'usage de la même frette – cette technique s'appelle le « barré » (en esp. : *ceja*) ; le « grand barré » couvre toutes les cordes. Pour la guitare classique, la qualité du son et la technique dépendent en grande partie des positions de la main et du poignet ; mais dans la musique « folk » et dans la musique « pop », les instrumentistes, souvent autodidactes, ont leurs propres méthodes.

Les doigts de la main droite sont indiqués par leurs initiales en espagnol et en français : *p*, pouce (esp. : *pulgar*) ; *i*, index (*índice*), *m*, majeur (*médio*), *a*, annulaire (*anulár*). D'autres termes espagnols s'appliquent à la technique de la main droite : *apoyando*, en appuyant sur la corde adjacente, pour obtenir des gammes très clairement articulées ; *tirando*, en tirant ; *rasgueado* (ou plus simplement, en portugais, *rasgado*), gratté avec les doigts ou le pouce. Il y a aussi des effets spéciaux : *metálico*, en jouant avec les ongles près du chevalet. Et les compositeurs demandent parfois de jouer certaines notes sur une corde plus grave en position haute, ce qui produit un contraste de sonorité très prononcé. Dans le cas des harmoniques, sur une corde à vide ou non, la note requise doit toujours être indiquée afin d'éviter tout malentendu. Pour certains harmoniques artificiels, l'index de la main droite peut toucher la corde pendant qu'un autre doigt la pince.

Une grande partie de la musique ancienne est écrite en tablature (*cifra* ; voir *Tablature*, 1) ; on peut utiliser à la guitare les tablatures de luth et de *vihuela* de la Renaissance en abaissant simplement la troisième corde d'un demi-ton jusqu'au fa dièse pour retrouver le schéma d'accord du luth (sur lequel la tierce majeure se trouve plus bas).

La guitare flamenca se joue aussi avec les ongles, mais on la tient sur la cuisse droite. Elle conserve souvent les anciennes chevilles en bois et les cordes sont beaucoup plus proches des frettes pour faciliter les passages rapides. De construction plus légère, elle possède un son très brillant et incisif. Par contre, la guitare classique, plus lourde, a une sonorité plus ronde et soutient davantage le son.

3. *Guitares « folk » à cordes d'acier : (a) Guitare à six cordes*. La guitare « folk » est destinée à s'accompagner tout en chantant et elle a subi diverses modifications pour s'adapter à cette fonction : usage d'un plectre, cordes d'acier qui produisent un son plus brillant, touche et manche plus étroits (Fig. 1, à droite), ce qui rend les accords plus faciles pour les doigts, notamment en permettant au pouce de faire le tour du manche pour tenir des notes graves dans certains accords (ce pouce n'est généralement pas

utilisé sur la guitare classique) ; en outre, la quatorzième frette est située au-dessus de la jonction du manche et de la table, ce qui rallonge le manche de 4 cm (ainsi, lorsqu'on joue avec un *capodastre fixé à l'une des frettes inférieures, les positions de la main gauche en haut des cordes ne sont pas plus difficiles à atteindre que lorsque l'on joue sur toute la longueur de la corde).

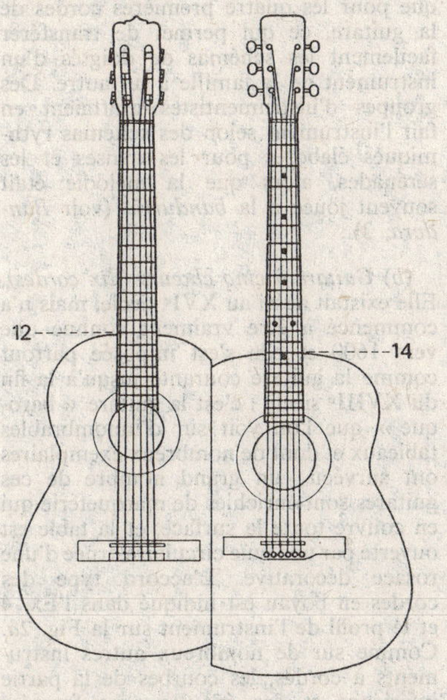

Fig. 1. Comparaison entre la guitare classique et la guitare folk.

Ce manche à 14 frettes a fait son apparition à la fin des années vingt pour faciliter la tâche des joueurs de banjo lorsqu'ils passaient à la guitare. Il amène le chevalet plus haut, plus près de l'ouïe, et laisse une partie relativement importante de la table au-dessous. Sur les modèles dits « Jumbo » et « Dreadnought » (déjà fabriqués par Martin en 1931), la caisse est plus large d'environ 5 cm.

De nombreux ouvrages recensent les principales positions d'accord dans chaque tonalité. Les guitaristes *folk* modifient parfois l'accord de leur instrument pour obtenir des accords majeurs et mineurs résonants sur des cordes à vide (comparer la guitare hawaïenne et les instruments anciens comme la guitare anglaise [voir *Cistre*, 6] qui sont accordés sur un accord parfait).

Les cordes sont en acier à haute tension, les plus graves filées avec du fil métallique ou plus souvent du ruban métallique pour en adoucir le toucher. Les cordes en acier, qui ont besoin d'une forte tension, nécessitent de renforcer le chevalet et la table en fixant un montant sous la table (ou en attachant les cordes à un cordier). Le manche est généralement renforcé par une armature métallique ; un grand nombre de guitares à cordes d'acier ont des chevalets réglables grâce auxquels on peut ajuster la hauteur de chaque corde.

Les guitares à cordes métalliques ne sont pas récentes ; elles existent sous diverses formes depuis le XVIIe siècle (voir § 5*c*) et, avec les six cordes actuelles, depuis le milieu du XIXe siècle, époque à laquelle la célèbre firme de C. F. Martin commença à les fabriquer aux États-Unis. Les doubles cordes sont encore plus anciennes : il s'agit de cordes montées par paires, au lieu d'une seule, comme on en trouve aujourd'hui sur la guitare à douze cordes (également en acier).

Fig. 2

(*b*) *Guitare à douze cordes.* Les trois chœurs aigus comportent deux cordes à l'unisson mais les deux chœurs graves (souvent les trois chœurs graves) sont des « chœurs d'octave » (Ex. 2) avec une doublure à l'octave supérieure (voir *Instruments à cordes*, 3*c*). La corde d'octave, la plus fine, se situe généralement du côté grave de la paire (la plus haute des deux en position de jeu) de telle sorte qu'un coup de la main droite fait d'abord sonner l'octave supérieure avant la note grave. Les cordes ajoutées rendent la basse plus brillante, augmentent la résonance sympathique et peuvent accroître les possibilités techniques. La guitare à douze cordes est parfois accordée en ut : les cordes sont alors abaissées d'une tierce majeure par rapport à l'accord normal de mi ; on emploie généralement des cordes d'un calibre légèrement plus gros.

4. *Guitare acoustique à table voûtée.* Elle a été mise au point aux États-Unis à partir de 1924 (en même temps que la mandoline américaine de même facture) dans les ateliers du facteur Gibson sur le modèle du violon : la table est arquée, la caisse plus volumineuse et elle possède deux ouïes en forme de *f.* Sa couleur est brun-orangé. Elle s'est imposée comme instrument de jazz lorsqu'elle a été adoptée par un certain nombre de grands solistes comme Eddie Lang. Les cordes en acier passent sur un chevalet assez haut et sont accrochées à un cordier ; la quatorzième frette est située à la jonction de la caisse et du manche. Cet instrument donne des accords d'une sonorité profonde, plutôt métallique et, pour en augmenter le volume, certains modèles comportent un résonateur en acier perforé, introduit dans la table, qui supporte le chevalet. Très tôt, dès 1935, ce type de guitare a été équipé de capteurs électriques (voir § 8).

5. *Histoire : (a) guitares anciennes et petites guitares.* Bien avant l'ère chrétienne et encore au Moyen Age en Europe (voir *Cistre*), il existait de petits instruments à plectre dont les côtés étaient incurvés : est-ce pour des raisons acoustiques ou pour en faciliter le port sous le bras ? On l'ignore. D'après les documents qui représentent ces instruments, on constate qu'ils ne ressemblent jamais tout à fait à une guitare. Et si le terme « guitarra » est cité dans un traité espagnol du XIIIe siècle, c'est seulement à la fin du XVe siècle que la forme caractéristique de l'instrument commence à s'affirmer. Dès le milieu du XVIe siècle, il est très répandu en France et en Italie ainsi qu'en Espagne, d'où il serait originaire ; il s'agit alors d'une petite guitare à quatre chœurs (pour l'accord type, voir Ex. 3*a*) pour laquelle il existe des livres de tablature depuis 1546 en Espagne et 1556 en France (elle porte le nom de « guiterre » ou « guiterne »). De nombreuses variétés régionales de petites guitares du même type abondent dans les pays hispanisants : ainsi, dans l'Ex. 3*b* il y a quatre triples chœurs (avec chacun deux cordes d'octaves) et, dans l'Ex. 3*c*, le premier chœur est une octave plus bas ; il existe aussi un autre accord avec le quatrième chœur élevé d'une octave (voir *Ukulélé*). Le principe de base est le même que pour les quatre premières cordes de la guitare, ce qui permet de transférer facilement les schémas de doigtés d'un instrument de la famille à un autre. Des groupes d'instrumentistes grattaient en fait l'instrument selon des schémas rythmiques élaborés pour les danses et les sérénades, alors que la mélodie était souvent jouée à la *bandurria* (voir *Bandora*, 3).

(*b*) *Guitare à cinq chœurs (dix cordes).* Elle existait aussi au XVIe siècle, mais n'a commencé à être vraiment connue que vers 1600 et elle s'est imposée partout comme la guitare courante jusqu'à la fin du XVIIIe siècle : c'est la guitare « baroque » que l'on voit sur d'innombrables tableaux et dont de nombreux exemplaires ont survécu ; un grand nombre de ces guitares sont enrichies de marqueterie qui en couvre toute la surface, et la table est ouverte par une ouïe circulaire ornée d'une rosace décorative. L'accord type des cordes en boyau est indiqué dans l'Ex. 4 et le profil de l'instrument sur la Fig. 2*a*. Comme sur de nombreux autres instruments à cordes, les courbes de la partie inférieure et des épaules sont formées d'arcs de cercles qui se chevauchent et dont le centre se situe sur les lignes de largeur maximale du haut et du bas de la caisse. Aux extrémités supérieure et inférieure, ces arcs de cercle sont reliés par de petits arcs de très large rayon centrés quelque part sur la ligne centrale de la caisse. La taille se compose d'arcs plus complexes. Naturellement, les proportions varient, souvent selon une relation numérique donnée, parfois même selon un rapport du nombre d'or :

$$a/b = b/(a+b) \text{ ou } 1/2(\sqrt{5} \pm 1).$$

Le bois de la table se prolonge légèrement sur le manche et rejoint la touche qui se situe au même niveau et comporte des frettes en boyau. Le dos peut être plat ou voûté. La sonorité est, dans l'ensemble, moins colorée que celle de la guitare moderne et ressemble davantage à celle du luth. La distinction entre les deux modes de jeu de l'époque – en tapotant (*rasgado*) ou en pinçant les cordes – remonte au XVIe siècle (peut-être même avant) ; pour le « tapotage », une tablature inhabituelle a fait son apparition en Italie sous le nom d'« alfabeto » (Ex. 5). Les lettres capitales désignent les accords ; elles n'ont aucune relation avec les notes : ainsi, dans l'exemple mentionné, E désigne l'accord de ré mineur ; les autres sont des accords majeurs, I, B et G désignant respectivement la, do et fa majeur. Les coches sur la ligne correspondent aux mouvements ascendants et descendants de la main de l'instrumentiste. Comme c'est souvent le cas en matière de tablature, la valeur des notes inscrites au-dessus se prolonge jusqu'à ce qu'une autre vienne la remplacer.

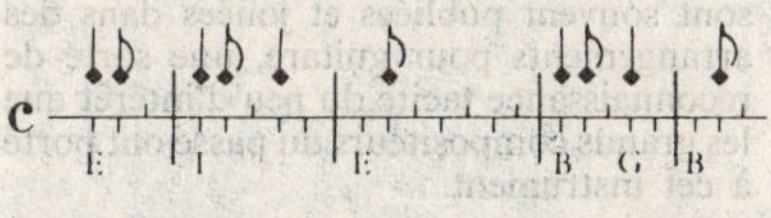

Ex. 5. Alfabeto *tablature tirée de « Pavaniglia sopra l'E' » (en ré mineur).* Il primo libro per la chitarra alla spagnuola, *de Sanseverino.*

(*c*) *Chitarra battente.* Les guitares à cordes métalliques des XVIIe et XVIIIe siècles sont plus connues sous l'appellation italienne « chitarra battente » (guitare en bateau, à dos bombé, à la capucine). Elles rappellent – et en fait anticipent – la mandoline napolitaine, car leur table d'harmonie s'incline depuis le chevalet jusqu'au bord inférieur, ce qui permet de fixer les cordes non sur un chevalet frontal mais sur l'éclisse. Le dos est généralement bombé. Elles sont souvent montées avec des doubles cordes (pour le premier chœur) et des triples cordes pour les quatre autres, soit un total de 14 cordes. Ce genre d'instrument est encore utilisé dans les ensembles de musique populaire du sud de l'Italie. Au Portugal, on continue à fabriquer pour la musique traditionnelle de curieux modèles à cordes d'acier, reliques de l'ancienne guitare à cinq chœurs, comme la *viola braguesa* et la *viola de arame*, instrument national des Açores.

(*d*) *Guitare à six cordes.* La guitare moderne vient d'Espagne et remonte aux alentours de 1780, époque où elle avait un sixième chœur ; entre 1790 et 1800, le nombre de cordes a été ramené aux six cordes actuelles, avec le prolongement de la touche sur la table et l'adoption des frettes métalliques. Le facteur de Cadix, Pages, semble avoir joué un rôle essentiel dans cette évolution ainsi que dans le passage au barrage en éventail de la partie inférieure de la table. En ajoutant la corde de mi grave et en supprimant les doubles cordes, le point central de la tessiture de l'instrument s'est trouvé abaissé. Et, pour pallier cela, on a élargi la partie inférieure de la caisse et remonté le chevalet. Le profil de l'instrument a beaucoup changé et la Fig. 2*b* montre la forme typique de la guitare au début et au milieu du XIXe siècle ; mais certains modèles avaient une taille plus accentuée ; ils auraient presque la forme d'un violon si on supprimait tous les coins retroussés. Telles étaient les guitares sur lesquelles jouaient Berlioz, Paganini, Fernando Sor et d'autres grands guitaristes-compositeurs de l'époque (voir § 6).

Toujours en Espagne, vers 1870, Torres (Antonio de Torres Jurado, 1817-92) a commencé à fabriquer des instruments beaucoup plus grands qui ont servi à définir la forme future de la guitare (la Fig. 2*c* représente un exemple moderne). Le rayon des arcs du haut et du bas est plus grand, leurs centres sont plus espacés, ce qui crée un large espace de vibration circulaire dans la moitié inférieure, au centre duquel se situe le chevalet. Il semblerait que Torres ait été fortement stimulé par le grand guitariste Francisco Tárrega (1852-1909), qui a fait entrer au répertoire des transcriptions pour guitare d'œuvres de grands compositeurs, notamment de Bach ; et Albéniz aurait jugé les transcriptions pour guitare de ses œuvres pour piano supérieures aux versions originales. Tárrega est considéré comme le fondateur de l'école moderne de guitare classique. Il a été suivi par Andrés Segovia (1893-1987), qui a fait ses débuts internationaux à Paris en 1924, puis par des instrumentistes aussi célèbres que Narciso Yepes (1927, Espagne), Alexandre Lagoya (1929, France), Oscar Ghiglia (1938, Italie), Turibio Santos (1943, Brésil), Julian Bream (1933, Angleterre) et John Williams (1941, Angleterre) pour lesquels plusieurs grands compositeurs ont écrit des œuvres importantes. L'instrumentiste travaille généralement avec le compositeur pour des questions de technique et de détail (comme c'est souvent le cas lorsque des compositeurs écrivent des œuvres instrumentales de virtuosité). Ce fut le cas, par exemple, des œuvres composées à l'intention de Julian Bream par Henze (*Trois Tientos*), Britten (*Nocturnal*) et Bartók (*Cinq Bagatelles*).

6. *Répertoire.* La majeure partie des œuvres destinées à la guitare à quatre chœurs proviennent de sources françaises du XVIe siècle – remarquablement éditées par Adrien Le Roy (vers 1520-98), Robert Ballard (vers 1575-vers 1650) et Guillaume Morlaye (vers 1510-après 1558). Certaines proviennent également d'Italie et d'Espagne. Plus de 250 recueils de morceaux pour guitare à cinq chœurs ont survécu et, parmi les compositeurs les plus éminents, on peut citer Giovanni Paolo Foscarini (célèbre avant 1621-49), Francesco Corbetta (vers 1615-81), Giovanni Battista Granata (mort après 1684), Robert de Visée (guitariste du Dauphin de France à la fin du XVIIe et au début du XVIIIe siècle), Gaspar Sanz (1762-1843) et Santiago de Murcia (début du XVIIIe siècle).

Le XIXe siècle est dominé par la personnalité de deux guitaristes compositeurs, en Italie, Mauro Giuliani (1781-1829) et, en Espagne, Fernando Sor, surnommé « le Beethoven de la guitare ». Matteo Carcassi (1792-1853), Ferdinando Carulli (1770-1841), Dionysio Aguado (1784-1849) et Napoléon Coste (1806-83) ont également apporté des contributions moins importantes, et leurs œuvres didactiques constituent encore aujourd'hui la base de l'enseignement de la guitare classique. Il ne faut pas non plus oublier que Schubert, Paganini et Weber jouaient de la guitare et ont écrit de la musique de chambre avec guitare. On apprend dans les écrits de l'un des amis de Schubert, Umlauf, qu'il avait l'habitude d'aller le voir le matin avant son lever et le trouvait la plupart du temps une guitare entre les mains – « Il me chantait généralement de nouveaux lieder en s'accompagnant à la guitare. »

Dans le domaine de la musique de chambre, la guitare a conquis ses lettres de noblesse au XXe siècle, de Webern et Schoenberg à Henze et Maxwell Davies. La tradition du guitariste compositeur s'est propagée de Tárrega (surnommé « le Chopin de la guitare ») à Léo Brouwer (1939), ce qui illustre la maxime de Berlioz selon laquelle seul un guitariste peut écrire correctement pour la guitare. Toutefois, d'importantes œuvres solistes ont été composées au XXe siècle par Villa-Lobos, Castelnuovo-Tedesco, Turina, Moreno Tórroba (1891-1982), Joaquín Rodrigo (le célèbre *Concierto de Aranjuez*), Manuel Ponce, Lennox Berkeley, Benjamin Britten, Malcolm Arnold, Stephen Dodgson, André Previn (un *Concerto pour guitares acoustique et électrique*), Albert Roussel, Alexandre Tansman, Maurice Ohana (*Tiento* et *Concerto pour guitare*) et par de nombreux autres compositeurs qui ne pratiquaient pas la guitare.

En dehors des œuvres écrites spécifiquement pour la guitare, son répertoire s'est enrichi d'un grand nombre de transcriptions : ainsi, des œuvres pour luth, clavecin, piano, violoncelle, violon, etc. sont souvent publiées et jouées dans des arrangements pour guitare, une sorte de reconnaissance tacite du peu d'intérêt que les grands compositeurs du passé ont porté à cet instrument.

7. *Guitares hawaïennes ou guitares d'acier.* Ce sont des hybrides de la guitare et de la *cithare ; on en joue généralement sur une table ou sur les genoux. La main gauche tient le « steel » – barre métallique qui glisse le long des cordes avec des effets de *glissando* et de large *vibrato* ; les guitaristes « folk » se servent parfois d'un goulot de bouteille ou d'un tube en acier dans lequel ils glissent un doigt pour obtenir des effets identiques à ceux d'une guitare courante à cordes d'acier. La guitare hawaïenne s'accorde sur un accord de la majeur. Les instruments n'ont pas nécessairement la forme d'une guitare, certains sont oblongs. Les guitares d'acier à « pédale » sont montées sur un support et actionnées au moyen d'un système de commandes mécaniques qui sélectionne différents accords à partir des cordes à vide. Il existe également des guitares hawaïennes entièrement électriques avec des capteurs, etc.

8. *Guitares électriques : (a) Guitares à caisse pleine.* Les guitares électriques ont symbolisé le changement d'orientation musicale des générations postérieures à 1950 par rapport aux anciennes traditions

de la musique populaire. Le principal type de guitare électrique est la guitare à caisse pleine, qui remonte au début des années trente aux États-Unis. Les cordes, mises en vibration par un plectre, sont fixées à un chevalet qui n'a aucune fonction acoustique, car il est lui-même fixé sur la caisse pleine. Cette caisse se compose d'un bloc de bois qui sert à monter l'appareillage ; des échancrures y sont pratiquées pour recevoir les composantes électriques fixées au dos du placage, lui-même décoré d'une matière non magnétique. La vibration des cordes est captée par des électroaimants (capteurs), les cordes traversant leurs champs magnétiques. Le courant induit dans la bobine et la sortie de tension varient en même temps que se modifie la fréquence des cordes au cours du jeu. Le courant est acheminé, par l'intermédiaire de potentiomètres et de correcteurs de tonalité, vers l'amplificateur et le haut-parleur, qui sont généralement installés à une certaine distance.

Les cordes sont en acier ou en alliage de nickel. Les six pièces polaires du capteur sont visibles grâce à un trou pratiqué dans le couvercle protecteur. Un pas de vis permet de régler la distance qui sépare le capteur de la corde (environ 1,5 mm). Les bobines sont presque toujours montées en série et leurs tensions de sortie, assez faibles, sont renforcées par un préamplificateur monté sur l'instrument, avant d'aller à l'amplificateur principal. Il y a presque toujours deux ou trois jeux de capteurs, placés sous les cordes à des distances variables du chevalet pour obtenir des sonorités différentes ; alors que, sur une guitare normale, on obtient ce résultat en pinçant la corde en différents points, un capteur procède à l'inverse en captant en tel ou tel point les différents éléments constitutifs de la vibration de la corde. Ainsi la fondamentale est très fortement présente à une certaine distance du chevalet et c'est à cet endroit que l'on place un capteur, sauf s'il s'agit d'une « lead » guitare, auquel cas il sera placé moins loin du chevalet pour obtenir un son plus brillant et plus incisif. Trois capteurs sont placés au quart, à la moitié et aux trois quarts de la distance qui sépare le chevalet de la touche ; les interrupteurs qui les commandent peuvent être actionnés individuellement ou dans de multiples combinaisons, chacun avec son propre effet sonore. Le capteur le plus proche du chevalet est souvent installé obliquement pour que l'atténuation de la fondamentale soit moindre sur les cordes graves. Pour éliminer les fréquences de ronflement, on a ajouté (dès les années cinquante) des capteurs « anti-ronfle » : à chaque corde correspondent deux aimants, les bobines étant enroulées dans des directions opposées, et le ronflement induit en elles se trouve ainsi virtuellement annulé. La seconde bobine est placée sur l'un des côtés de la corde de façon à ne pas en capter les vibrations et à les annuler par la même occasion. Le réglage de la puissance se fait au moyen d'une résistance variable. La correction de la tonalité s'opère en associant un condensateur, qui peut filtrer les hautes fréquences, à une résistance variable. D'autres dispositifs, comme les pédales de distorsion, le *fuzz* et le *wah-wah*, sont identiques à ceux que l'on trouve en général sur les instruments électroniques. Le *fuzz* provient de la distorsion du signal émis par la guitare, le *wah-wah* par un circuit spécial de correction de la tonalité, qui module les harmoniques supérieurs pour créer l'effet suggéré par l'onomatopée « wah-wah ». Les guitares peuvent aussi être reliées à des synthétiseurs pour que leurs signaux soient soumis à des traitements très variés.

(*b*) *La guitare semi-acoustique*. Elle est munie d'une véritable caisse de résonance qui peut revêtir différentes formes (généralement une table bombée avec des ouïes en forme de *f*) et de capteurs. Le modèle à caisse évidée est le modèle original (en fait, les premiers essais avaient été effectués avec un micro de contact). Il est apparu aux États-Unis dans les années trente grâce à Les Paul, qui avait travaillé auparavant chez Gibson ; il a beaucoup servi dans la musique de jazz. Le modèle à caisse partiellement évidée, largement utilisé dans les années cinquante et soixante, doit sa célébrité en Angleterre aux Beatles. Il a été progressivement remplacé par la guitare électrique à caisse pleine dans les années soixante.

(*c*) *Guitare basse électrique*. Elle se compose d'une caisse pleine et de quatre grosses cordes recouvertes de ruban métallique accordées sur les mêmes notes que la contrebasse ; les cordes mesurent environ 90 cm de long. Elle est fabriquée depuis 1951 par Fender, qui l'avait tout d'abord nommée « basse de précision ».

Cet instrument fournit l'*ostinato* sur lequel la musique « pop » est si souvent construite.

Anthony Baines/Ian Gammie.

BIBLIOGRAPHIE : Michel Archimbaud et Marcel Weiss, *Guide de la guitare*, Mazarine (Paris, 1981). Hélène Charnassé, *La Guitare*, PUF, coll. Que sais-je ? (Paris, 2e éd.1985). Ralph Denyer, *La Guitare*, Bordas (Paris, 1982). Tom et Mary Anne Evans, *Le Grand Livre de la guitare*, Albin Michel (Paris, 1979). *Guitares, chefs-d'œuvre des collections de France*, La Flûte de Pan (Paris).

Guiterne. Voir *Citole.*

Gurney, Ivor (Bertie) (Gloucester, 28 août 1880 ; Dartford, Kent, 26 décembre 1937). Compositeur anglais. Élève de Stanford et de Vaughan Williams au Royal College of Music, avant la Première Guerre mondiale, il commence à se faire connaître comme compositeur de mélodies, dans un style personnel qui s'inscrit davantage dans la tradition du lied allemand que dans celle de la chanson populaire anglaise alors naissante. Gazé pendant la guerre, il est frappé en 1922 d'une maladie mentale qui met fin à une carrière prometteuse de compositeur et de poète.

Paul Griffiths.

Gurrelieder [« Chants de Gurra »]. Œuvre de Schoenberg pour voix solistes, chœurs et orchestre sur des poèmes de J. P. Jacobsen traduits en allemand par R. F. Arnold. Les *Gurrelieder* s'adressent à un effectif orchestral considérable (dix cors, quatre tubens, six timbales et des chaînes). Ils ont été composés entre 1900 et 1911. Gurra est le château où vivait l'héroïne du XIVe siècle Tove. Schoenberg a arrangé le *Lied der Waldtaube* pour voix et orchestre de chambre en 1922.

Gusto (ital.). « Goût » ; *gustoso*, « avec goût ». On peut aussi l'utiliser dans le sens de « style », comme dans le *Concerto nach italiänischen Gusto* (« Concerto dans le style italien »). *Con gusto*, « avec style ».

Gwendoline. Opéra en trois actes de Chabrier sur un livret de Catulle Mendès créé à la Monnaie de Bruxelles le 10 avril 1886 ; première à l'Opéra de Paris le 27 décembre 1893.

Gymel (du latin *gemellus*, « jumeau »). Forme polyphonique britannique de la fin du Moyen Age et de la Renaissance dans laquelle une partie vocale contrapuntique est dédoublée momentanément pour en former deux. Ce terme a fait son apparition dans le reste de l'Europe grâce à des manuscrits de musique anglaise du milieu du XVe siècle, mais l'Eton Choirbook, légèrement postérieur, est une importante source anglaise de gymels. Il contient de nombreux exemples de ligne mélodique conçue pour deux chanteurs à l'unisson qui éclatent en deux lignes contrapuntiques distinctes appelées chacune « gymel » (au lieu du terme moderne « divisi »).

On a longtemps cru que les théoriciens du XVe siècle avaient employé le mot « gymel » pour désigner un type de polyphonie anglaise des XIIIe et XIVe siècles caractérisé par des tierces parallèles entre les parties supérieures (sans doute improvisé comme dans le **faburden*) ; mais une étude plus approfondie des manuscrits semble contredire cette interprétation. Le mot « semel » qui, croyait-on, indiquait un retour à l'unisson après un passage de gymel, n'est en fait qu'une autre forme de ce terme.

Gymnopédies. Trois pièces pour piano de Satie, composées en 1888. La première et la troisième ont été orchestrées par Debussy en 1896 et la deuxième par Roland-Manuel et Herbert Lurill. Le titre reprend celui des fêtes annuelles de la Grèce antique, données à Sparte en l'honneur d'Apollon.

Gyrowetz, Adalbert [Jírovec, Vojtěch Matyáš] (Česke Budějovice, 20 février 1763 ; Vienne, 19 mars 1850). Compositeur et chef d'orchestre tchèque. L'un des musiciens de Bohême qui a le plus voyagé à son époque et l'un des rares qui ait parlé sa langue natale et se soit intéressé à la musique de son pays. Il fait preuve d'un talent musical étonnant dès son plus jeune âge et termine ses études à Prague. Son don pour les langues le pousse à chercher fortune à l'étranger et il se rend d'abord à Vienne, puis en Italie, à Paris et en Angleterre, où il rencontre son idole, Joseph Haydn. Il y remporte un assez grand succès en 1789 ; grâce à sa connaissance de la vie musicale londonienne et à sa maîtrise de la langue anglaise, il apporte à Haydn une aide considérable et sans réserve lors de son arrivée en

non ; elles font preuve en tout cas d'une grande maîtrise d'écriture. En 1698, il se rend à Berlin, où il rencontre Ariosti et d'autres Italiens ; il impressionne tant l'Électeur et sa femme qu'ils lui proposent de l'envoyer étudier en Italie ; mais sa famille refuse (il avait alors perdu son père). Il fait ses études à l'école secondaire puis à l'Université de Halle, sert de suppléant à l'organiste de la cathédrale et semblait destiné à devenir lui-même organiste titulaire en 1703, lorsqu'il décide de chercher fortune à Hambourg.

La principale attraction de Hambourg est l'Opéra, que dirige alors Reinhard Keiser. Haendel est engagé comme second violon à l'orchestre avant de devenir *maestro al cembalo.* Il se lie d'amitié avec le chanteur, compositeur et (plus tard) critique Mattheson, avec lequel il se bat en duel en 1704 à propos d'un différend sur la partie de continuo de l'un des opéras de ce dernier. Heureusement, aucun des deux n'est blessé. Haendel a l'occasion d'écrire ses premiers opéras, notamment *Almira*, curieux mélange de style allemand et italien, qui remporte un franc succès lors de sa première représentation en 1705. *Nero*, représenté peu après, est un échec et, alors qu'il venait d'achever l'énorme partition de son troisième opéra (aujourd'hui perdue), Haendel décide d'aller apprendre son métier à la source même de l'opéra, en Italie.

On sait peu de chose de son séjour en Italie, mais il est certain que Haendel s'est rendu à Florence avant d'être entendu à Rome en janvier 1707 aux orgues de Saint-Jean-de-Latran. Il se lie avec plusieurs cardinaux éminents, protecteurs des arts, et fait la connaissance de Corelli, d'Alessandro et Domenico Scarlatti et de Pasquini. Il compose de nombreuses cantates profanes (scandaleusement négligées de nos jours) pour les grands chanteurs qui l'entourent ainsi que de très belles pièces de musique religieuse. Le psaume *Dixit Dominus* (1707) montre l'exubérance que suscite chez lui la présence de tels virtuoses et révèle une habileté contrapuntique peu courante. Il compose également son premier oratorio, *Il Trionfo del tempo e del disinganno* (1707), et deux superbes cantates quasi dramatiques, *Apollo e Dafne* (vers 1708) et *Aci, Galatea e Polifemo* (1708), tous dans le style italien.

Il retourne à Florence puis séjourne à Naples et à Venise, où il rencontre le cardinal Vincenzo Grimani qui lui fournit le livret d'*Agrippina*. La production d'*Agrippina* à Venise au cours de l'hiver 1709-10 remporte un grand succès : la partition, très vivante et pleine d'imagination, correspond parfaitement aux goûts locaux (Haendel montre une réelle connaissance de la musique de Legrenzi et sait tirer parti des attitudes satiriques). A Venise, Haendel rencontre aussi le prince Auguste de Hanovre, dont le frère, l'Électeur, cherche un successeur à Steffani. Haendel accepte à condition d'être autorisé à se rendre tout d'abord en Angleterre.

2. *Hanovre et Londres.* Haendel passe l'été 1710 à Hanovre, ville qui n'est sans doute pas à la hauteur de ses espérances, puis il part pour Londres où il découvre une ville mûre pour l'opéra italien. Il est engagé par le Queen's Theatre à Haymarket pour écrire *Rinaldo*, qui est créé en février 1711. Ses belles arias, son orchestration et la partie de basse continue décorative contribuent à son succès ; mais c'est surtout la mise en scène élaborée (l'une des arias est accompagnée d'un lâcher de moineaux) qui fait fureur et le nom de Haendel devient célèbre en une nuit : l'éditeur Walsh imprime les airs les plus populaires, Addison attaque l'opéra italien dans *The Spectator* et l'ouvrage est représenté un peu plus tard à Dublin. Haendel rentre à Hanovre pendant l'été 1711, mais retourne à Londres à la fin de l'année suivante.

Il se lie d'amitié avec Lord Burlington, qui l'installe à Burlington House, à Piccadilly, à la manière des cardinaux romains et de leurs protégés. Pour la saison 1712-13, il écrit très rapidement *Il Pastor fido*, qui est un échec, mais *Teseo*, basé sur l'intrigue de *Thésée* de Lully, remporte davantage de succès. Sa réputation est confirmée par les grands *Te Deum* et *Jubilate* composés pour célébrer le traité de paix d'Utrecht en 1713 ; ses œuvres attirent l'attention de la reine Anne, qui lui attribue une pension de 200 livres.

Haendel se trouve dans une curieuse situation à la mort de la reine Anne, en 1714, car, faute d'un héritier direct, son employeur, Georges de Hanovre, monte sur le trône d'Angleterre. Néanmoins, il semble inexact que Haendel ait écrit la *Water Music* pour se faire pardonner ses absences prolongées. En fait, Georges double sa pension et y ajoute encore 200 livres lorsque Haendel devient maître de musique des enfants de la famille royale. Au cours de la saison suivante, *Rinaldo* est repris et il compose *Amadigi*, qui remporte un tel succès que Haendel peut investir 500 livres dans la South Sea Company. Il passe l'été 1716 à Hanovre, visite Ansbach et Halle et retourne à Londres en 1717 pour la reprise de *Rinaldo* et d'*Amadigi*.

Sa carrière lyrique s'interrompt alors jusqu'en 1720 ; pendant cette période, il est le compositeur attitré du duc de Chandos à Cannons (près d'Edgware). Haendel y compose les *Chandos anthems* pour la petite chapelle, dans lesquelles il crée des sonorités magnifiques avec de petits effectifs, la *Water Music* pour une sérénade royale sur la Tamise en juillet 1717 et deux masques anglais, *Acis and Galatea* (1718) et la première version d'*Esther* (1720).

3. *La Royal Academy et l'opéra*. L'étape importante qui suit, dans la vie de Haendel, correspond à la formation d'un syndicat d'opéra sur des bases strictement commerciales par certains membres de la noblesse, la *Royal Academy of Music. Haendel est nommé directeur musical et part immédiatement pour Düsseldorf et Dresde recruter de bons chanteurs. Au nombre de ses collègues figurent Bononcini et Ariosti. La Royal Academy ouvre ses portes le 2 avril 1720 et fonctionne pendant neuf saisons, alternant œuvres nouvelles et reprises. Il y a quelques rivalités entre les compositeurs permanents : Bononcini remporte beaucoup de succès entre 1720 et 1722 mais la Royal Academy stimule Haendel, qui produit une série de chefs-d'œuvre. Sa première œuvre, *Radamisto* (1720), fait vendre les billets à des sommes astronomiques et les ouvrages suivants, comme *Giulio Cesare* (1724), *Tamerlano* (1724) et *Rodelinda* (1725), sont écrits pour une étonnante distribution – qui comprend notamment le castrat Senesino, Giuseppe Boschi et Francesca Cuzzoni. Au XIXe siècle, on considérait que ces opéras manquaient totalement de sens dramatique, mais les reprises modernes ont fait disparaître ces idées reçues. Bien qu'elles soient basées sur une série de récitatifs et d'arias, avec peu d'ensembles ou de passages d'orchestre, les intrigues sont souvent bien construites et la musique peut exprimer des émotions intimes et profondes. Dans ces partitions, la variété de la musique et la simplicité mélodique sur des rythmes de danse aux mouvements brillants dans le style concerto, sont étonnantes.

La Royal Academy connaît dès le début des difficultés financières qui proviennent essentiellement des cachets élevés des chanteurs vedettes. En outre, le succès du *Beggar's Opera* (1728) contribue à son effondrement. A la fin de la saison 1727-28, la liquidation est décidée et la troupe licenciée. En ce qui le concerne, Haendel n'est pas gêné sur le plan financier. Sa renommée n'a cessé de croître pendant les années de gloire de la Royal Academy et il a accumulé suffisamment d'argent grâce à divers engagements pour penser à devenir lui-même impresario. En 1727, George II monte sur le trône et, après une courte période d'éloignement, se lie à son tour avec Haendel, relation facilitée sans aucun doute par l'opéra patriotique que compose alors Haendel, *Riccardo I, re d'Inghilterra* (1727). Cette année-là, Haendel prend la nationalité anglaise.

Haendel monte sa nouvelle compagnie avec Johann Heidegger, le premier administrateur de la Royal Academy of Music, et tous deux voyagent à l'étranger pour recruter de nouveaux chanteurs. Les premiers opéras que compose Haendel pour cette nouvelle entreprise, *Lorario* et *Partenope*, ne sont pas des réussites. Les reprises d'anciens succès, comme *Giulio Cesare* et *Scipione*, alternent avec de nouveaux opéras, notamment *Poro* (1731), *Elzio* et *Sosarme* (1732), qui reçoivent un accueil mitigé, et *Orlando* (1733), qui remporte un énorme succès. Mais la fin de la saison 1732-33 voit la création de l'Opera of the Nobility, compagnie rivale qui bénéficie du soutien du prince de Galles. Elle subtilise à Haendel certains de ses chanteurs et engage le célèbre compositeur et chanteur Nicola Porpora. Pendant l'été, Haendel se rend à Oxford, où il semble avoir refusé un doctorat honoris causa, et y présente un nouvel oratorio, *Athalia*, au Sheldonian Theatre. La rivalité entre les deux troupes commence dès l'hiver suivant et, au début, les ouvrages de Porpora semblent connaître un meilleur accueil ; mais, dès la fin de la saison, les deux compagnies jouent devant des salles vides ; leurs difficultés sont accentuées par l'existence d'autres compagnies, dont l'une donne notamment des opéras en anglais. En juillet 1734, Heidegger dissout l'association et cède le bail du King's Theatre à l'Opera of the Nobility.

Nullement ébranlé, Haendel déménage au théâtre de Covent Garden et produit plusieurs opéras dans un nouveau style qui fait appel au ballet, avec notamment deux chefs-d'œuvre, *Ariodante* et *Alcina* (1735). Mais il remporte ses véritables succès au cours des saisons d'oratorio de Lenten. L'exécution par Haendel de ses propres concertos constitue l'une des principales attractions et Walsh publie les *Six Concertos op.4* entre 1735 et 1736. L'effort que représente la production d'opéras commence à se faire sentir et, malgré le succès d'*Atalanta* (1736), une succession d'échecs entraîne la fermeture des deux théâtres lyriques – fermeture définitive en ce qui concerne l'Opera of the Nobility. En avril, Haendel souffre d'une attaque de paralysie et connaît certaines difficultés financières (sans aller toutefois jusqu'à la faillite). Il se retire à Aix-la-Chapelle pour y faire une cure thermale au mois de septembre 1736.

4. *L'oratorio.* Haendel retourne à Londres en novembre et est engagé par Heidegger pour produire des opéras italiens au King's Theater. Il compose *Faramondo, Alessandro Severo* (un pastiche) et *Serse*, mais sans succès. L'été suivant, il travaille à des oratorios. Une version révisée d'*Esther* est représentée à Londres en 1732 et, lors de son exécution publique au mois de mai de la même année, l'évêque de Londres ordonne que l'ouvrage soit donné sans action scénique. C'est le premier oratorio entendu à Londres et son succès encourage Haendel à écrire d'autres ouvrages similaires, notamment *Deborah* (1733) et *Athalia* (Covent Garden, 1735). En 1738, il compose *Saül*, œuvre extrêmement dramatique qui fait davantage appel à un orchestre étoffé (avec d'énormes timbales apportées de la Tour de Londres), pour attirer les foules, qu'à de grands chanteurs. *Israël en Égypte* remporte moins de succès parce que le livret reprend le texte des Saintes Écritures et que l'ouvrage comporte trop peu d'arias. Néanmoins, au cours de l'hiver 1739-40, Haendel entreprend une grande série de concerts en oratorio au théâtre de Lincoln's Inn Fields, où il fait jouer notamment *L'Allegro il Penseroso ed il Moderato* ainsi que des reprises d'*Esther*, de *Saül* et d'*Israël en Égypte*. Mais il n'est toujours pas décidé à abandonner l'opéra et, en 1740, produit sans plus de succès *Imeneo* et *Deidamia* (œuvre particulièrement attrayante dans une veine plus légère). A partir de l'été 1741, tout ce qu'il entreprend semble voué à l'échec et il envisage de se retirer, tout au moins d'Angleterre, lorsqu'une invitation du lord-lieutenant d'Irlande à donner une série de concerts à Dublin éveille son intérêt.

Il compose *Le Messie* avant de quitter Londres en novembre et la série de concerts donnés à Dublin remporte un énorme succès qui rapporte des sommes considérables aux œuvres de charité locales. Haendel reprend confiance et rentre à Londres, où il termine son nouvel oratorio, *Samson*, sur un livret davantage inspiré de Milton que de l'Ancien Testament. Cette œuvre a un fort parfum lyrique et est accueillie avec un énorme succès – encore plus que *Le Messie*, qui ne commencera à être vraiment apprécié à Londres que lors des exécutions du Foundling Hospital, dans les années 1750.

Mais Haendel n'est toujours pas tiré d'affaire. Au cours des saisons 1743-44 et 1744-45, il remporte un succès limité avec l'oratorio profane *Semele* (1743), un autre oratorio sans qualité particulière, *Joseph and his Brethren*, et deux superbes ouvrages dramatiques, *Hercules* et *Belshazzar*, ce dernier étant l'un de ses plus beaux oratorios. Durant l'été 1745, il est à nouveau malade, souffrant de « désordre mental ». Cette fois, il est sauvé par la rébellion ratée de Charles Stuart car il forge une pièce patriotique, « Un nouvel oratorio de circonstance », à partir d'ouvrages existants, suivi de *Judas Macchabée*, qui fait l'éloge du duc de Cumberland après la victoire de Culloden. La suite de *Judas Macchabée*, *Alexander Balus*, remporte un succès modéré, mais *Joshua*, également créé en 1748, est extrêmement populaire, sans doute à cause de son côté martial.

Haendel connaît désormais une aisance matérielle suffisante pour s'acheter des tableaux et ses opéras sont pillés pour des pastiches à Haymarket. En 1749, il présente deux autres oratorios, d'un genre presque lyrique, *Susanna* et *Salomon*, et, la même année, il compose également la

Music for the Royal Fireworks (« Musique pour les feux d'artifice royaux ») pour les célébrations du traité de paix d'Aix-la-Chapelle. Son oratorio suivant, *Theodora*, est un échec bien que ce soit l'ouvrage préféré de Haendel ; mais dorénavant ses saisons régulières peuvent supporter un échec occasionnel et, en 1751, il entreprend la composition de *Jephtha*, chef-d'œuvre aux superbes récitatifs et arias dramatiques. Tout en l'écrivant, il commence à souffrir de troubles de la vision et, après sa création en 1752, il perd la vue. Malgré un soulagement temporaire dû à une opération, il devient totalement aveugle en janvier 1753. Il peut encore jouer de mémoire ses concertos pour orgue et diriger les saisons régulières de ses œuvres, ayant recours à des assistants lorsqu'il en a besoin. Certains comptes rendus stipulent qu'il continue à composer, mais ils se réfèrent uniquement à des additions et à des révisions d'œuvres existantes.

En avril 1759, il s'évanouit lors d'une exécution du *Messie* et meurt peu de temps après. Haendel avait demandé par testament que ses funérailles aient lieu dans l'intimité à l'abbaye de Westminster. Il a été en partie exaucé car ses obsèques s'y sont effectivement déroulées, mais en présence d'environ trois mille personnes. Haendel est mort riche et a laissé des legs à une nièce en Allemagne, à plusieurs amis et serviteurs, et à des œuvres de charité en Angleterre.

5. *Conclusion*. Haendel est mort comme une personnalité nationale et il l'est resté en Angleterre. La facilité avec laquelle il écrivait des œuvres de circonstance directes et magnifiques en a fait dans la réalité, sinon en titre, le maître de la musique du roi, alors que ses oratorios, avec leur théologie sans détours et la façon vivante dont ils racontent l'histoire, l'ont rapproché du grand public. Son extraordinaire sens de la musique a suscité l'admiration d'autres musiciens – comme l'indiquent les *Histoires de la musique* de Hawkins et de Burney ; la jeune génération de compositeurs anglais a eu du mal à se dégager de son style.

En Angleterre, il n'a pas été nécessaire d'exhumer ses œuvres, car sa musique a été jouée constamment et les gigantesques commémorations de Haendel à l'abbaye de Westminster (à partir de 1784) ont renforcé le côté monumental de sa musique. A l'étranger, Haendel était peut-être plus connu de réputation que pour ses œuvres, bien que sa musique ait été ranimée par un groupe de connaisseurs de musique « ancienne » à Vienne, dans les années 1780 (Mozart a réorchestré plusieurs de ses oratorios pour les adapter aux conditions d'exécution de l'époque). Haydn, qui assistait à la commémoration de Londres en 1791, avait été tellement frappé par la musique de Haendel qu'elle lui avait inspiré *Die Schöpfung* (« La Création ») sur un livret qui aurait été destiné à Haendel. Samuel Arnold avait alors publié une édition complète des oratorios de Haendel qui allait devenir le répertoire de base des sociétés chorales de l'Angleterre victorienne. C'est toutefois à un Allemand, Chrysander, que l'on doit la première édition intégrale de ses œuvres, comprenant la musique instrumentale, les opéras, la musique religieuse et les cantates.

Mais les opéras, auxquels Haendel avait consacré près de la moitié de sa carrière, n'étaient jamais représentés et les oratorios dramatiques étaient négligés en faveur de ceux dans lesquels le chœur tenait le rôle de principal protagoniste. Vers le milieu du XXe siècle, la musique de Haendel restait honteusement méconnue – à l'exception du *Messie* – et des chefs-d'œuvre comme *Belshazzar*, *Hercules* ou *Athalia* étaient pratiquement tombés dans l'oubli. Depuis lors, la mode de la musique baroque a un peu redressé l'équilibre. Certains opéras de Haendel sont représentés et on commence à jouer progressivement un plus large éventail de ses oratorios et de sa musique instrumentale. La *Water Music* et la *Music for the Royal Fireworks*, connues auparavant sous forme de suites abrégées et réécrites par Hamilton Harty, sont aujourd'hui souvent données dans leur version originale et intégrale. Elles constituent des recueils de musique de plein air d'une étonnante variété et associent la grandeur de la musique de cérémonie française au goût allemand pour les sonorités des bois et aux effets mélangés *concertante* italiens. Les concertos grossos de l'op.6 sont maintenant considérés comme le sommet de la tradition instaurée par Corelli, dont Haendel a su animer l'équilibre « classique » des émotions par son sens de la fantaisie et de l'inattendu. On commence à présent à découvrir Haendel sous un jour nouveau qui révèle l'ensemble de ses qualités : un intérêt évident pour le côté humain plutôt que pour le principe abstrait ; le don de traduire l'atmosphère d'une situation et surtout un jugement sain et réconfortant qui aide à réconcilier l'homme avec son destin.

Denis Arnold.

BIBLIOGRAPHIE : Janine Alexandre-Debray, *Haendel*, Ramsay (Paris, 1980). Winton Dean et Anthony Hicks, *Haendel*, Éd. du Rocher (Monaco, 1985). Jean Gallois, *Haendel*, Seuil, coll. Solfèges (Paris, 1980). Christopher Hogwood, *Haendel*, Lattès (Paris, 1985). Jean-François Labie, *G. F. Haendel*, Robert Laffont (Paris, 1980). Romain Rolland, *Haendel*, Albin Michel (Paris, 1951, rééd. 1975).

Haffner. 1. Surnom de la *Sérénade en ré majeur K 250* de Mozart, composée en 1776 pour un mariage célébré dans la famille salzbourgeoise des Haffner.

2. Surnom de la *Symphonie nº 35 en ré majeur K 385* de Mozart, composée en 1782. Conçue à l'origine comme une sérénade (distincte de la *Sérénade Haffner K 250*), elle a été écrite pour la famille Haffner.

Hahn, Reynaldo (Caracas, 9 août 1874 ; Paris, 28 janvier 1947). Compositeur français d'origine vénézuélienne. Il vient en France dès son enfance et entre à l'âge de onze ans au Conservatoire de Paris, où il est l'élève de Massenet. Il n'a pas encore vingt ans lorsqu'il commence à évoluer dans les milieux artistiques d'avant-garde (il se lie notamment avec Proust) et attire l'attention par ses mélodies : « Si mes vers avaient des ailes », la plus connue d'entre elles, est typique par son sentimentalisme fin de siècle. Il mène une importante carrière de chef d'orchestre qui lui permet, notamment, de diriger des œuvres de Mozart à Salzbourg en 1910. Il se consacre ensuite surtout à la scène, avec des opérettes (*Ciboulette*, 1923), des musiques de scène (*Mozart*, sur un texte de Sacha Guitry, 1925) ou des ouvrages de plus grande envergure (*Le Marchand de Venise*, Opéra de Paris, 1935). Entre 1945 et 1947, il est directeur de l'Opéra de Paris. Il a consacré une partie importante de ses activités à la critique musicale, essentiellement au *Figaro* (1934-47), et a publié plusieurs ouvrages sur le chant.

Paul Griffiths, rév. Alain Pâris.

BIBLIOGRAPHIE : Bernard Gavoty, *Reynaldo Hahn, le musicien de la Belle Époque*, Buchet-Chastel (Paris, 1976). Reynaldo Hahn, *Du chant*, Gallimard (Paris, 1920, rééd. 1957) / *Notes, journal d'un musicien*, Plon (Paris, 1933) / *L'Oreille au guet*, Gallimard (Paris, 1937).

Halb, halbe (all.). « Demi » ; *Halbe Pause*, « demi-pause » ; *Halbe-Note*, « blanche » ; *Halbprinzipal*, à l'orgue, « principal 4' » ; *Halbsopran*, « mezzo-soprano » ; *Halbtenor*, « baryton ».

Halévy, Jacques (Fromental Élie) [à l'origine Elias Lévy] (Paris, 27 mai 1799 ; Nice, 17 mars 1862). Compositeur français. Il entre à dix ans au Conservatoire de Paris, où il est l'élève de Berton pour l'harmonie et de Cherubini pour le contrepoint. En 1819, il remporte le second grand prix de Rome et, huit ans plus tard, fait ses débuts de compositeur dramatique avec *L'Artisan*, représenté au Théâtre Feydeau ; en 1829, *Clari* est accepté au Théâtre-Italien. Au cours de la trentaine d'années qui suit, Halévy compose environ vingt-cinq opéras, essentiellement destinés à l'Opéra-Comique, et remporte son plus grand succès avec l'opéra historique *La Juive* (Opéra, 1835), l'un des ouvrages majeurs du grand opéra français. Dix mois plus tard, Halévy compose une œuvre d'une nature entièrement différente pour l'Opéra-Comique : *L'Éclair*, comédie musicale pour quatre solistes, sans chœur. Après le succès de ces deux œuvres, qu'Halévy n'égalera jamais au cours de sa longue carrière, il est élu membre de l'Institut, dont il deviendra secrétaire en 1854. En 1840, il est nommé professeur au Conservatoire, où il enseignait depuis 1816 : au nombre de ses élèves figurent Gounod et Bizet.

Parmi ses derniers opéras, ceux qui remportent alors le plus de succès sont *La Reine de Chypre* (1841), *Les Mousquetaires de la reine* (1846) et *La Tempesta*, sur un livret tiré de la pièce de Shakespeare, qu'Halévy compose pour Londres en 1850. Il écrit ses plus belles œuvres sur des livrets de Scribe mais, après le succès des *Huguenots* en 1836, il choisit moins soigneusement ses textes et les intrigues de certaines de ses dernières œuvres sont embrouillées et trop compliquées. Vers la fin de sa vie, Halévy rédige deux volumes de Mémoires et de critique musicale sous le titre *Souvenirs et Portraits* et *Derniers Souvenirs* (1863). Il meurt de la tuberculose. Son neveu, le dramaturge Ludovic Halévy (1834-1908), a écrit avec Meilhac les livrets de plusieurs ouvrages d'Offenbach, notamment *La Vie parisienne*, *La Belle Hélène* et celui de *Carmen* ; il a aussi écrit les livrets d'opérettes de Delibes, Lecocq, etc.

Wendy Thompson.

BIBLIOGRAPHIE : Léon Halévy, *F. Halévy, sa vie et ses œuvres*, Heugel (Paris, 1863). *La Juive*, L'Avant-Scène-Opéra nº 100 (Paris, 1987).

Half-note (amér.). Blanche (𝅗𝅥).

Halle, Adam de la. Voir *Adam de la Halle*.

Hallelujah (angl.). Voir *Alléluia*.

Hallé Orchestra. Orchestre symphonique anglais, fixé à Manchester, fondé en 1858 par Charles Hallé (1819-95), qui en a assuré la direction jusqu'à sa mort. Il a ensuite été remplacé au pupitre par Hans Richter, Hamilton Harty, Sir Thomas Beecham et Sir Malcolm Sargent. L'orchestre a été reconstitué en 1943, lorsque Barbirolli en a été nommé chef permanent, poste qu'il a conservé jusqu'à sa mort en 1970. James Loughran lui a succédé en 1971. Depuis 1984, l'orchestre est dirigé par Stanislaw Skrowaczewski.

Halling. Danse masculine traditionnelle norvégienne, écrite à deux ou quatre temps. Grieg en a composé plusieurs (op.47 nº 4 et op.71 nº 5, notamment).

Halt (all.). « Point d'orgue » (𝄐) ; *halten*, « tenir », « soutenir ».

Hamilton, Iain (Ellis) (Glasgow, 6 juin 1922). Compositeur écossais. Après avoir reçu une formation d'ingénieur, il étudie la composition avec William Alwyn à la Royal Academy of Music (1947-51), puis travaille à Londres comme compositeur, professeur, pianiste et administrateur musical. En 1962, il s'installe aux États-Unis et devient professeur de musique à Duke University en Caroline du Nord (1962-71) et à la City University de New York (à partir de 1971). Ses premières œuvres, dont deux symphonies, sont écrites dans un style vigoureux, souvent dur, influencé par Bartók, Hindemith et Stravinski. Au cours des années cinquante, il se soumet totalement aux méthodes sérielles, bien que des poussées tonales se fassent encore ressentir plus tard, particulièrement dans les œuvres des années soixante-dix. Sa vaste production comprend de la musique de chambre et de la musique symphonique ainsi que plusieurs opéras (*The Royal Hunt of the Sun*, 1967-69, représenté en 1977 ; *The Catiline Conspiracy*, 1972-73 ; représenté en 1974, etc.).

Paul Griffiths.

Hammerklavier. Surnom de la *Sonate pour piano nº 29 en si bémol op.106* de Beethoven, composée en 1817-18. Beethoven a employé le mot *Hammerklavier* (all. : « pianoforte ») pour d'autres sonates pour piano, mais c'est la seule à laquelle corresponde aujourd'hui ce titre.

Hammerschmidt, Andreas (Brüx, 1611 ou 1612 ; Zittau, 29 octobre 1675). Organiste et compositeur allemand. Fils d'un sellier qui avait quitté la Bohême pour Freiberg (Saxe) lors de la guerre de Trente Ans, il occupe divers postes d'organiste, notamment à Saint-Johannis de Zittau, où il reste de 1639 jusqu'à sa mort. Il a composé beaucoup de musique d'église dont le style s'apparente en grande partie à celui de Schütz. Il est surtout connu pour ses *Dialogi, oder Gespräche zwischen Gott und einer gläubigen Seelen* (« Conversations entre Dieu et une âme croyante », Dresde, 1645) qui sont moins des oratorios que des concertos sacrés et illustrent des scènes dramatiques de la Bible interprétées par une voix seule ou un groupe de voix auxquelles sont confiées les paroles des protagonistes. Malgré un caractère très difficile, Hammerschmidt n'en était pas moins admiré de ses contemporains et il a fini sa vie dans l'opulence.

Denis Arnold.

Hammerstein, Oscar II (Greeley Clendenning) (New York, 12 juillet 1895 ; Doylestown, Pennsylvanie, 23 août 1960). Librettiste américain, petit-fils du célèbre Oscar Hammerstein qui construisit le théâtre lyrique de Manhattan et fils d'un administrateur de théâtre diplômé de l'Université de Columbia, où il écrit et joue dans des spectacles universitaires, il commence immédiatement à écrire pour le théâtre et participe à des spectacles tels que *Wildflower* (1923), *Rose Marie* (1924), *Sunny* (1925), *The Desert Song* (1926), *Show Boat* (1927), *The New Moon* (1927) et *Music in the air* (1932). Malgré sa collaboration avec des personnages aussi célèbres que Romberg, Kern et Gershwin, il doit principalement sa notoriété à la série de spectacles immortels qu'il a écrits avec Richard Rodgers : *Oklahoma !* (1943), *Carousel* (1945), *South Pacific* (1949), *The King and I* (1951) et *The Sound of Music* (1959), le meilleur d'entre eux. Il a aussi réalisé une adaptation moderne de *Carmen* de Bizet, transposée dans le monde des Noirs, intitulée *Carmen Jones* (1943).

Peter Gammond.

Handel, Händel. Voir *Haendel.*

Handl, Jacob (? Ribniča, près de Ljubljana, 15 avril 1550 ; Prague, 31 juillet 1591). Compositeur slovène, connu également (en raison d'un jeu de mots sur « Handl ») sous le nom latin de « Gallus » (« coq »). Moine cistercien, il passe une grande partie de sa vie dans divers monastères de Moravie et de Silésie. En 1579, il est chef des chœurs de l'évêque d'Olomouc et, vers 1586, *Kantor* à l'église de Saint Jan na Břehu à Prague, où il supervise la publication de son superbe recueil de motets, *Opus musicum* (quatre volumes, 1586-91). Handl est un bon compositeur de musique polyphonique dans le style néerlandais et d'œuvres polychorales brillantes à la manière vénitienne.

Denis Arnold.

Hanff, Johann Nicolaus (Wechmar, près de Gotha, 1665 ; Schleswig, hiver 1711-12). Compositeur et organiste allemand qui est resté au service du prince-évêque de Lübeck entre 1696 environ et 1705. Cette année-là, la chapelle est dissoute à la mort du prince et Hanff obtient, à titre de réversion, le poste d'organiste à la cathédrale de Schleswig ; malheureusement, le titulaire ne meurt qu'en 1711 et Hanff n'occupera ce poste que pendant quatre mois avant de mourir lui-même. Rares sont ses œuvres qui ont survécu, mais six préludes de choral pour orgue restent au répertoire.

Denis Arnold.

Hänsel und Gretel. Opéra en trois actes de Humperdinck sur un livret d'Adelheid Wette d'après le conte des frères Grimm (1812-14). Représentations : Weimar (23 décembre 1893) ; Londres (Daly's Theatre, 26 décembre 1894) ; New York (Daly's Theatre, 8 octobre 1895) ; Anvers (Théâtre royal, version française de Catulle Mendès, 23 février 1897) ; Rouen (11 janvier 1899) ; Paris (Opéra-Comique, 30 mai 1900). Hänsel (mezzo) et sa sœur Gretel (sop.) sont envoyés dans les bois par leur mère en colère (sop.). Les enfants se perdent ; le Marchand de sable (sop.) passe et les endort. Dans une petite maison de sucre et de pain d'épice, une sorcière (mezzo ou tén.) les capture et tente de les faire cuire dans son four, mais les enfants la poussent dans le four. Les sortilèges de la sorcière sont brisés, Hänsel et Gretel retrouvent leurs parents dans la joie générale.

Hans Heiling. Opéra en trois actes et un prélude de Marschner sur un livret de E. Devrient. Créé à Berlin en 1833.

Hanslick, Eduard. Voir *Esthétique musicale,* 3 ; *Critique musicale,* 3.

Hanson, Howard (Wahoo, Nebraska, 28 octobre 1896 ; Rochester, New York, 26 février 1981). Compositeur américain d'origine suédoise, élève de Percy Goetschius à l'Institute of Musical Art de New York et d'Arne Oldberg à la Northwestern University. Au cours de sa longue carrière comme directeur de l'Eastman School of Music de Rochester (New York, 1924-64), il exerce une influence importante sur un grand nombre de jeunes compositeurs américains. Le style de ses œuvres, qui comportent six symphonies, s'apparente à celui de Sibelius. Il est également l'auteur d'un livre, *Harmonic Materials of Modern Music* (New York, 1960).

Paul Griffiths.

Happy Birthday to you. Chanson composée par Clayton F. Summy, directeur d'une maison d'édition musicale de Chicago (fondée en 1888) que l'on a coutume de chanter en chœur pour célébrer les anniversaires. Sans savoir que le droit d'auteur appartenait à Summy, Stravinski l'a pris pour base de son court *Greeting Prelude* composé pour le 80e anniversaire de Pierre Monteux en 1955.

Happy Prince, The. Opéra en un acte de Williamson (dont il a lui-même écrit le livret d'après un conte d'Oscar Wilde) pour voix d'enfants et voix de femmes, deux pianos, percussion et quintette à cordes *ad libitum*. Créé à Farnham en 1965.

Harant de Polžic, Kryštof (château de Klenové, près de Klatovy, 1564; Prague, 21 juin 1621). Compositeur tchèque de petite noblesse, Harant reçoit une éducation libérale et voyage beaucoup au service de l'empereur avant de se retirer, en 1615, dans ses terres à Pecka, en Bohême, où il entretient une chapelle musicale assez importante. En 1619, il fait cause commune avec les États tchèques en rébellion contre la monarchie des Habsbourg et, après la bataille de la Montagne-Blanche, il est exécuté comme rebelle. Pendant le court règne de l'Électeur palatin Frédéric sur le trône de Bohême, l'œuvre la plus connue de Harant, une messe à cinq voix sur le madrigal de Marenzio *Dolorosi Martir*, a été exécutée en grande pompe à Prague. La musique qui nous est parvenue (sept œuvres *a cappella*, dont cette messe) révèle un style essentiellement conservateur qui fait preuve parfois d'une certaine imagination dans l'emploi des fausses relations.

Jan Smaczny.

Harawi, chant d'amour et de mort. Cycle de mélodies pour soprano et piano de Messiaen, composé en 1945, dont il a lui-même écrit les textes, inspirés de la légende de Tristan et Yseut, comme les *Cinq Rechants* et la *Turangalîla-Symphonie*.

Harding, James (mort à Isleworth, 28 janvier 1626). Compositeur anglais. Son nom figure sur les listes des musiciens de cour anglais entre 1581 et le 22 décembre 1625, parmi les « flûtes ». On trouve quelques pièces pour clavier de lui dans *My Lady Nevell's Booke*, quelques autres sont disséminées dans d'autres recueils et manuscrits de l'époque.

Wendy Thompson.

Hark, the Herald Angels Sing. Hymne écrit à l'origine par Charles Wesley en 1743, qui commence sur les paroles « Hark, how all the welkin rings ». G. Whitefield l'a inclus dans son ouvrage *Collection* (1753) en remplaçant la première ligne. Il a été à nouveau modifié dans les recueils d'hymnes publiés en 1760, 1774 et 1775 et a été ajouté en 1782 au supplément de Tate et Brady. Le Dr. W. H. Cummings, organiste de l'abbaye de Waltham, faisait chanter les paroles à son chœur sur la musique du deuxième numéro de *Festgesang* de Mendelssohn. Il en a publié l'adaptation en 1856 et elle est vite devenue très populaire.

Harmonéon. Voir *Accordéon*.

Harmonica (ou harmonica à bouche). Petit instrument à anches libres (voir *Anche*, 1) dans lequel on souffle (voir également *Harmonica de verres* et *Glockenspiel*).

1. *Harmonica diatonique*. L'instrument le plus typique (Fig. 1*a*) comporte une pièce centrale en cèdre (ou en plastique) dans laquelle sont pratiquées des ouvertures carrées ou gravures (*b*) qui correspondent aux dix anches en cuivre (*c*); cette pièce centrale est recouverte de deux plaques de cuivre sur lesquelles sont rivetées les anches (au-dessus de petites fentes pratiquées dans ces plaques), ce qui donne un ensemble de 20 anches. Sur la plaque supérieure, les anches sont fixées en dessous de sorte que seul l'air soufflé dans les gravures les fait parler. Les anches de la plaque inférieure sont aussi fixées par-dessous et les anches ne parlent que lorsque l'air est aspiré par les gravures. Un couvercle métallique protège les anches de chaque côté et sert aussi de caisse de résonance. Les anches qui sonnent en soufflant donnent les trois notes de l'accord parfait de la fondamentale de l'instrument, généralement do (comme sur la Fig. 1); en aspirant, on obtient donc ré, fa, la et si (à l'exception du deuxième trou à partir de la gauche) et, en faisant simplement entrer et sortir l'air, l'harmonica produit un accord bien spécifique de l'instrument.

L'harmonica se tient en plaçant les graves à gauche. Les ouvertures sont alors commandées en partie par les index et les pouces, en partie par la langue. La main droite peut se déplacer dans diverses positions pour modifier les notes et, en agitant les doigts, on obtient un trémolo. Dans la technique de base, la langue couvre deux ou trois trous (deux des

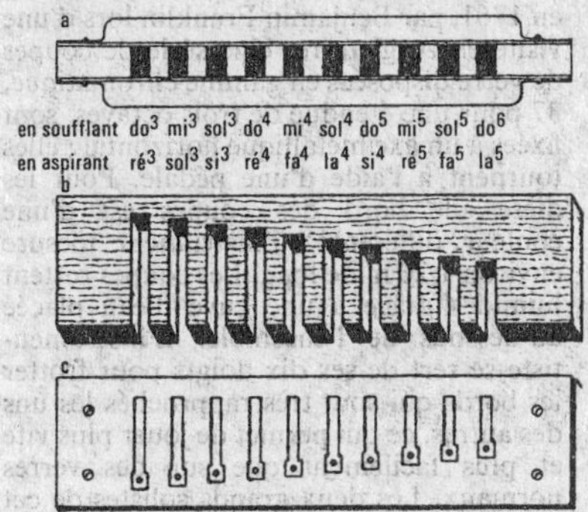

Fig. 1. (a) Harmonica diatonique en ut ; (b) corps de l'instrument ; (c) plaque supérieure et anches, côté inférieur (qui vient s'appliquer sur b).

ouvertures carrées) et l'instrumentiste souffle dans le trou suivant, à droite. La langue peut alors découvrir ces deux trous selon un certain rythme pour réaliser un accompagnement improvisé.

On a fabriqué d'innombrables variantes de cet harmonica de base, essentiellement en doublant les anches (deux pour chaque note), soit à l'octave, soit légèrement plus diésées pour créer un battement dans l'« accord en trémolo ». On peut également tenir l'harmonica au moyen d'un cadre métallique placé autour du cou, ce qui laisse les mains libres et permet éventuellement de jouer en même temps de la guitare.

2. *Harmonica chromatique.* C'est le modèle choisi par les musiciens qui adoptent l'harmonica comme principal instrument d'exécution. Il s'agit en fait de la superposition de deux harmonicas dont l'un est accordé un demi-ton plus haut (l'harmonica supérieur en do et l'harmonica inférieur en do dièse). A l'extrémité droite, un bouton à ressort fixé à une coulisse permet, en le poussant, de bloquer la rangée en do et d'ouvrir la rangée en do dièse. Avec dix trous, les gammes ont la même forme que sur l'harmonica diatonique. L'instrument à douze trous évite le couplage de différentes notes sur un même trou (en soufflant/en aspirant) qui se produit entre les diverses octaves de l'harmonica à dix trous (Fig. 1) : la fondamentale est doublée pour donner quatre notes sur l'accord parfait, do-do-mi-sol (en soufflant), qui correspondent aux quatre autres notes (en aspirant). Douze trous donnent donc une étendue de trois octaves à partir du do médian (sonnant un demi-ton plus haut lorsque le bouton est enfoncé) :

En soufflant : do^3, mi^3, sol^3, do^4, do^4, mi^4, sol^4, do^5, do^5, mi^5 sol^5, do^6.

En aspirant : $ré^3$, fa^3, la^3, si^3, $ré^4$, fa^4, la^4, si^4, $ré^5$, fa^5, la^5, si^5.

A un niveau avancé, la technique de l'harmonica peut nécessiter de bloquer un ou plusieurs trous avec la langue de façon à pouvoir faire sonner immédiatement certaines notes, placées à droite et à gauche de la langue, et à pouvoir changer l'une d'entre elles indépendamment de l'autre, ce qui rend possible toutes sortes d'harmonies et de contrepoints. La qualité artistique à laquelle parviennent certains grands solistes comme Larry Adler sur son harmonica chromatique a inspiré des œuvres avec orchestre à Vaughan Williams, Milhaud, Berger et Malcolm Arnold.

3. *Harmonica à accord et harmonica basse.* Il existe des harmonicas dans presque toutes les tonalités ; certains jouent même une octave plus bas. Pour les ensembles d'harmonicas, on fabrique des instruments spéciaux qui donnent des accords simples, l'accord et la basse ou seulement la basse. Le petit harmonica à accord donne, de gauche à droite, en soufflant : do, accord de do, sol, accord de sol, fa, accord de fa ; en aspirant, les septièmes de dominante correspondantes. L'harmonica basse donne une gamme chromatique de quatorze notes entre do^2 et do^3 dièse, toutes obtenues en soufflant. Ces deux types d'harmonicas existent dans de plus grandes tailles et certains sous forme de deux instruments assemblés.

4. *Histoire.* Il semblerait que l'harmonica ait été découvert par hasard par Christian Friedrich L. Buschmann (1805-64), qui cherchait à fabriquer un instrument s'accordant comme l'orgue dans l'atelier de son père à Berlin ; vrai ou non, il s'est attribué le mérite de l'invention de l'harmonica comme de celle de l'accordéon. Les premiers modèles étaient plus

ou moins des jouets : les anches ne fonctionnaient qu'en soufflant et étaient installées dans des résonateurs, un peu comme des *flûtes de Pan. L'instrument que nous connaissons s'est rapidement développé à partir de ce stade initial. Matthias Hohner, qui était à l'origine horloger, a pris en main la fabrication des harmonicas de Christian Messner ; sa firme, fondée en 1857 à Trossingen, en Allemagne, a pratiquement acquis, depuis peu, le monopole de la facture des harmonicas après avoir absorbé un grand nombre de firmes plus petites. D'autres instruments arrivent maintenant d'Extrême-Orient, mais leur qualité ne semble pas menacer les harmonicas Hohner.

5. *Mélodica*. C'est le nom donné par Hohner à une variante de l'harmonica, munie d'un boîtier en plastique, qui mesure environ 40 cm de long. Il comporte une embouchure à l'une des extrémités et de petites touches comparables à celles du piano (environ une octave et demie). On peut jouer des accords comme des notes isolées et il existe aussi un mélodica « ténor ». Ces instruments sont surtout utilisés par les enfants et dans un but pédagogique. Certains ont la forme de trompettes jouets ou de saxophones jouets et ont été utilisés parfois dans la musique de jazz des années trente sous le nom de « goofus ». On peut placer le mélodica à plat sur une table et souffler dans un tube en caoutchouc.

Pour les instruments orientaux à anche libre, voir *Orgue à bouche*.

Julian Pilling, Anthony Baines.

Harmonica de verres (all. : *Glassharmonica*). Un verre à vin produit une note si on le heurte légèrement ou si on en frotte le bord avec un doigt humide ; un verre fin produit la même hauteur de son, quelle que soit la technique employée. Ce principe est connu depuis des siècles et bien que la friction ait l'avantage de produire un son soutenu (comme l'archet sur la corde), la plupart des récits qui évoquent des exécutions musicales sur des verres se réfèrent, jusqu'au milieu du XVIIIe siècle, à la méthode de la percussion, avec des baguettes recouvertes de tissu. Walther (1732) cite un Allemand qui a joué un concerto sur un harmonica de verres accompagné au violon et à la basse.

La méthode de la friction doit sa célébrité à l'harmonica de verres inventé, en 1761, par Benjamin Franklin lors d'une visite en Angleterre. Une série de coupes de verre disposées en gamme chromatique, 37 pour une étendue de trois octaves, sont fixées à un axe métallique horizontal ; elles tournent à l'aide d'une pédale. Pour les dièses, le bord des coupes est d'une couleur différente ; l'instrument mesure environ 1,20 m de long. Les coupes restent humides grâce à une cuve d'eau placée au-dessous de l'ensemble. L'instrumentiste se sert de ses dix doigts pour frotter les bords qui sont très rapprochés les uns des autres, ce qui permet de jouer plus vite et plus facilement que sur des verres normaux. Les deux grands solistes de cet instrument ont été des femmes. Pour l'une d'elles, Marianne Kirchgässner, Mozart a écrit l'*Adagio et Rondo K 617* pour harmonica de verres avec flûte, hautbois, alto et violoncelle (1791) : la partie d'harmonica (étendue sol²-fa⁵) ressemble sur la partition à une partie de piano. Mesmer se serait servi de cet instrument pour ses expériences de magnétisme. On a également affirmé que la friction du bout des doigts avait une influence néfaste sur le système nerveux ; ce serait la raison pour laquelle Kirchgässner a cessé d'en jouer. On trouve encore dans les musées quelques harmonicas de verres. Dans la scène de la folie de *Lucia di Lammermoor*, Donizetti a écrit un *obbligato* pour harmonica de verres : on le joue aujourd'hui à la flûte.

En 1938, Bruno Hoffmann, avec un jeu de 47 verres, a réussi l'exploit de jouer l'*Adagio et Rondo* de Mozart ; on a alors remarqué que, dans les registres supérieurs, il était pratiquement impossible de distinguer le son de la flûte et de l'alto de celui de l'harmonica de verres. Beethoven, Richard Strauss (*La Femme sans ombre*) et George Crumb ont aussi écrit des partitions pour cet instrument.

Anthony Baines.

Harmonie

1. Introduction
2. Harmonie et acoustique
3. Harmonie et tonalité

1. *Introduction*. Si l'on définit le *contrepoint comme l'élément de désaccord entre les voix ou les parties d'une œuvre, l'harmonie peut être considérée

comme l'élément d'accord entre ces parties. Comme pour le contrepoint, il faut prendre en considération un certain nombre de facteurs. Si l'on se réfère aux Ex. 1 et 2 de l'article consacré au contrepoint, on peut dire que l'Ex. 1 (Dufay) est harmonique dans la mesure où la dissonance réelle est faible – bien que l'extrait présenté ait davantage de raisons d'être défini comme un passage de contrepoint à cause de son très grand désaccord rythmique ; d'autre part, l'Ex. 2 (Milhaud) est harmonique dans la mesure où il ne comporte pas de désaccord rythmique, bien qu'il comporte un élément de contrepoint par son haut degré de dissonance, ce qui pousse l'auditeur à écouter « horizontalement » afin de comprendre la progression.

2. *Harmonie et acoustique*. Au XVIe siècle, la consonance s'affirme peu à peu comme base des progressions musicales, les dissonances recevant un traitement spécifique au lieu d'intervenir plus ou moins fortuitement comme dans la musique médiévale. Cette évolution marque la naissance de la pensée harmonique, par opposition à la pensée mélodique. La consonance est bien sûr une notion relative et, malgré quelques contradictions, elle doit avoir une base acoustique. L'intervalle le plus consonant est l'octave (rapport de fréquences 1:2) ; viennent ensuite la quinte juste et la quarte juste (respectivement 2:3 et 3:4), puis les tierces et les sixtes (tierce majeure 4:5, tierce mineure 5:6, sixte majeure 3:5, sixte mineure 5:8) (voir *Acoustique*, 8). Dans la Grèce antique, la théorie a cessé d'évoluer incidemment, faute de reconnaître les tierces et les sixtes comme des consonances. L'emploi de plus en plus répandu de ces intervalles, qui sont utilisés dans les accords parfaits majeurs et mineurs, constitue une autre indication de la domination harmonique vers le XVIe siècle.

On trouve un autre lien avec la théorie acoustique dans la relation qui existe entre la série harmonique ou les harmoniques engendrés par une note fondamentale et les accords parfaits. L'Ex. 1 donne les six premières notes de la série harmonique de do ; on y trouve les notes de l'accord parfait de do majeur, do étant la « fondamentale » de cet accord. Lorsque le do se trouve à la basse, l'accord, qui est en « position fondamentale », a un effet ferme et stable ; lorsque le mi ou le sol est à la basse, l'accord, qui est respectivement un « premier » ou un « deuxième renversement », a un effet moins stable.

L'accord parfait mineur est également consonant, mais la tierce de l'accord est mineure ; comparée à la tierce majeure de la série harmonique, elle a un effet « trouble » ou « sombre ». Le contraste entre l'accord parfait majeur et l'accord parfait mineur sur la même note fondamentale (et donc entre les tonalités majeure et mineure de même fondamentale) constitue depuis longtemps l'une des ressources les plus puissantes de l'harmonie (voir Ex. 11, 17, 21).

Le lien entre l'acoustique et l'harmonie ne va pas au-delà du sixième harmonique, le septième harmonique produisant une note qui ne se trouve pas dans la gamme acceptée (voir *Série harmonique*, 2) ; néanmoins, il est parfois employé et plusieurs tentatives ont cherché à concevoir une gamme permettant de l'inclure. La théorie du Dr Alfred Day, au XIXe siècle, selon laquelle on considère que les accords de septième de dominante (voir Ex. 4*a*) et certaines autres discordances seraient engendrés par leur fondamentale, a néanmoins été mise en doute.

3. *Harmonie et tonalité*. Il existe un lien étroit entre l'harmonie et la *tonalité. Si la quinte de la fondamentale fait partie intégrante de l'accord parfait, la quinte supérieure (ou quarte inférieure) de la tonique joue un rôle important dans la tonalité en liaison avec la fondamentale elle-même. La « tonique » (fondamentale) et la « dominante » (quinte supérieure/quarte inférieure) ont leurs propres accords parfaits et lorsque toutes deux sont majeures, l'effet produit est fortement tonal, la progression de la dominante à la tonique s'appelant la « cadence parfaite » (voir *Cadence*, 2).

L'avantage de la gamme majeure, avec ses accords parfaits intégrés de tonique et de dominante, est évident, mais la gamme mineure est un sujet plus complexe : la cadence parfaite mineure comporte un accord majeur de dominante (Ex. 3), employant ainsi une note qui n'a rien de diatonique – la septième diésée de la gamme (issue de certaines pratiques plus anciennes) –, ce qui explique la tendance

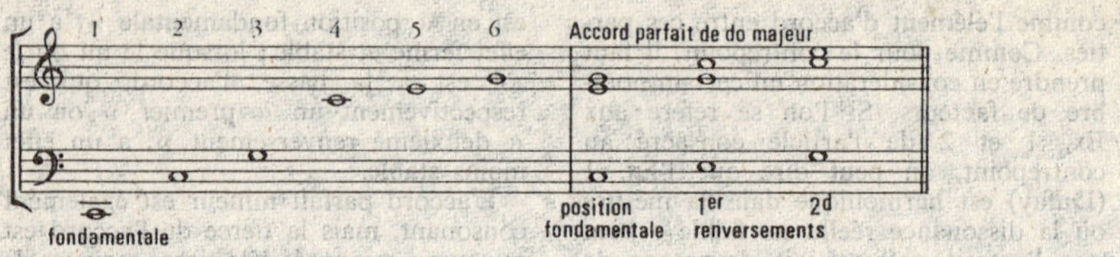

Ex. 1

Ex. 2

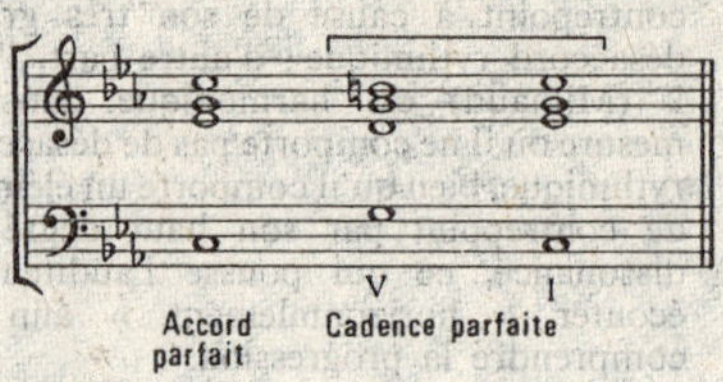

Ex. 3

Ex. 4

Ex. 5 (fin)

Ex. 5

marquée des tonalités mineures vers le chromatisme.

Les cadences parfaites, évidemment sujettes à de nombreuses variations et élaborations, restent la base essentielle de l'harmonie tonale. En fait, Heinrich Schenker (1868-1935) en est pratiquement venu à considérer l'ensemble de la musique tonale comme une sorte d'élaboration d'une cadence parfaite (voir *Analyse*, 3*a*).

(*a*) *Dissonance et règles régissant son utilisation*. Malgré l'évolution récente de la musique, les accords parfaits majeurs et mineurs constituent toujours le matériau fondamental de l'harmonie – on constate d'ailleurs que les harmonies modernes les plus complexes marquent en fait un retour au contrepoint. Dans ce que l'on appelle généralement l'harmonie « classique » ou « traditionnelle », les accords parfaits auxquels s'ajoutaient des notes dissonantes ainsi que les accords qui ne reposaient sur aucun accord parfait majeur ou mineur, étaient considérés comme des dissonances. Pour permettre à l'auditeur de suivre leur évolution, il a fallu élaborer un ensemble de règles dont la principale est la résolution de la dissonance, consistant à diriger progressivement la note objet de cette dissonance vers une note consonante, souvent par mouvement descendant ; mais il y avait beaucoup d'autres possibilités. On trouve le premier type – un accord parfait avec une dissonance superposée – dans l'accord de septième de dominante (Ex. 4*a*, montrant la résolution conventionnelle de la dissonance : fa-mi) et le second dans l'accord de quinte diminuée (Ex. 4*b*), qui n'est pas un véritable accord parfait dans le sens défini ci-dessus. Le premier renversement de cet accord a, en fait, été traité assez librement, peut-être parce qu'il ne contient pas de dissonance à la basse.

Dans l'harmonie classique, on avait tendance à traiter la quarte à la basse (second renversement des accords parfaits majeurs et mineurs) à la manière d'une dissonance (voir *Contrepoint*), bien que ce n'en soit pas une. On n'a jamais su pourquoi ce traitement s'appliquait à la quarte à la basse plutôt qu'à la sixte, à laquelle manque aussi la stabilité de la tierce et de la quinte juste.

(*b*) *La basse continue.* Une étape importante vers la domination de la pensée harmonique se trouve franchie à la fin du XVIe siècle et au début du XVIIe siècle grâce au concept de *basso continuo* (souvent appelé **continuo*) : dans la musique d'ensemble, les harmonies étaient confiées à un instrument à clavier (parfois au luth ou au théorbe), alors qu'un instrument mélodique jouait la partie de basse. Conçu à l'origine pour permettre à l'organiste de fournir les harmonies lorsque certaines voix manquaient, le principe du continuo a eu des effets très profonds sur le style musical ; les concepts de « mélodie » et d' « accompagnement » datent de cette époque. Les accords n'étaient pas indiqués en notation complète à l'instrumentiste chargé de la partie de continuo, mais seulement par une ligne de basse et des chiffres, ces derniers indiquant les intervalles à jouer au-dessus de la basse. L'Ex. 5 reproduit les premières mesures de la *Sonate pour flûte à bec et continuo op.1 nº 11* de Haendel ; la portée du milieu donne une possibilité de réalisation de la « basse chiffrée » (l'absence de chiffre au-dessous d'une note à la basse correspond à un accord à l'état fondamental).

Cet élément est révélateur d'une nouvelle perspective harmonique – l'instrumentiste pense en accords plutôt qu'en parties séparées et, en fait, pour ce genre de musique, les chiffres sont plus faciles à lire que la notation complète. Le jazz traditionnel connaît un système analogue, mais les accords sont désignés par leurs fondamentales et non par les intervalles au-dessus de la basse. Les compositeurs de la **camerata* florentine ont été les premiers à faire un usage intensif de cette technique.

Le principe du continuo a dominé toute l'ère baroque, mais à la période classique, avec le développement de l'homophonie, sa fonction s'est trouvée réduite à des parties ou à des voix internes d'une nature souvent très subsidiaire, comme peuvent en témoigner les altistes lorsqu'ils jouent des œuvres de l'ère classique.

(*c*) *Harmonie chromatique.* La matière première de l'harmonie se compose des accords parfaits des gammes majeures (Ex. 6 *a*) et mineures (Ex. 6 *b*). En raison de sa nature complexe, le mode mineur comporte davantage d'accords parfaits que le mode majeur.

(*a*)

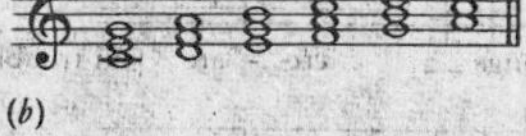

(*b*)

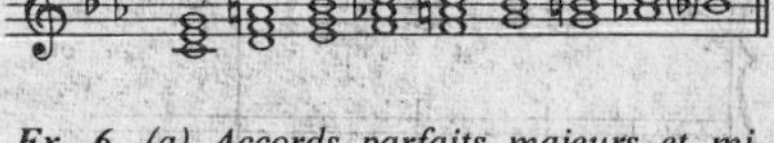

Ex. 6. (a) Accords parfaits majeurs et mineurs sur les notes de la gamme de do majeur. (b) Accords parfaits majeurs et mineurs sur les notes de la gamme de do mineur.

L'usage de plus en plus fréquent des septièmes et des sixtes diésées (la sixte venant de l'ancien mode dorien, voir *Gamme*, 3) donne naissance à un chromatisme expressif, comme la fameuse lamentation de *Didon et Enée* de Purcell (Ex. 7 ; les accords chromatiques de sixte et de septième sont indiqués par un astérisque).

La gamme mineure comporte aussi deux nouveaux accords : l'accord de quinte augmentée et celui de septième diminuée (Ex. 8). Ces deux accords contiennent des contradictions innées : dans l'accord de quinte augmentée, la note la plus haute est sol dièse par rapport à mi, mais c'est un la bémol par rapport au do.

Les compositeurs ont beaucoup exploité l'ambiguïté de ces deux accords, particulièrement celui de septième diminuée, accord de prédilection pour les effets mystérieux et les modulations dans des tonalités éloignées. Dans l'Ex. 9 (les dernières mesures du récitatif accompagné nº 60 – dans l'édition Novello – de la *Passion selon saint Matthieu* de Bach), l'accord marqué d'un astérisque montre une modulation de fa dièse mineur à sol mineur réalisée au moyen d'une septième diminuée.

En outre, le mode mineur a conservé de l'ancien mode phrygien un accord parfait majeur sur son second degré bémolisé, que l'on appelle curieusement « sixte napolitaine ». Dans l'Ex. 10 (mesures 12-15 de l'air de soprano nº 38 du *Messie* de Haendel), l'accord marqué d'un astérisque est une sixte napolitaine (fondamentale la bémol dans la tonalité de sol mineur).

Le mode majeur a emprunté une grande partie du chromatisme inhérent à la tonalité mineure pour préparer un événement important, comme une cadence essentielle ou un retour à la tonalité d'origine ou au thème principal. Ces accords « préparatoires » sont souvent liés au texte. Le prélude de choral pour orgue de Bach « O Mensch, bewein' dein' Sünde gross » (BWV 622), en mi bémol majeur, utilise des harmonies de mi bémol mineur (notamment une sixte napolitaine marquée d'un astérisque) pour préparer la cadence finale, majeure, ainsi que pour dépeindre les paroles de la dernière ligne du choral « Wohl an dem Kreuze lange » (« [le Christ a souffert] longtemps sur la croix ») (Ex. 11).

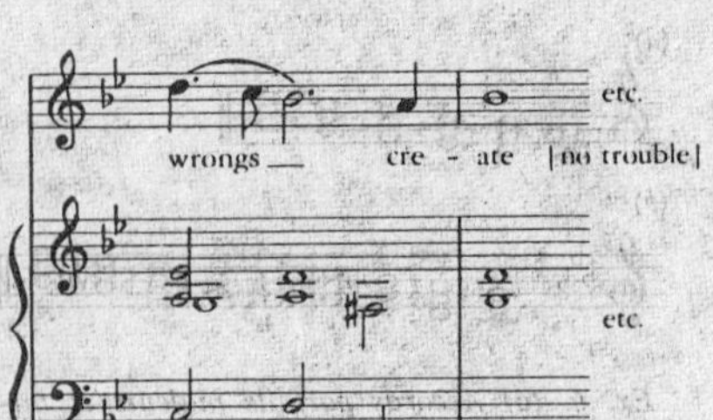

Ex. 7

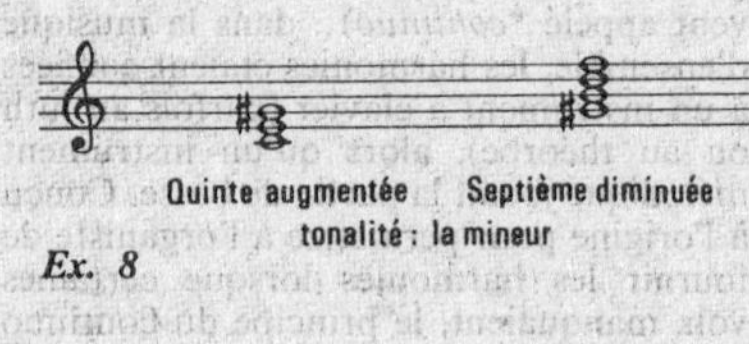

Ex. 8

Alto
Cordes et Continuo
Mar - ter - sän - le gleich und
noch viel här - ter sein. Er -
barmt euch, hal-tet ein!

Ex. 9

Larghetto
Violons
Soprano
Continuo
preach the gos-pel of peace, and bring glad ti - dings, and
bring glad ti - - dings, glad ti - dings of good things
etc.

Ex. 10

Ex. 11

Ex. 12

Ex. 13

Ex. 12. « Et incarnatus est » de la Messe en si mineur *de Bach (mes. 8-14). Ex. 13. Gesualdo : « Moro lasso al mio duolo ».*

A l'ère baroque, on a vu naître un autre type de dissonance : l'accord qui, considéré isolément, est une dissonance diatonique simple, mais auquel son contexte confère une certaine ambiguïté. Le seul exemple que l'on trouve couramment dans la musique antérieure à celle de la fin du romantisme est la sixte augmentée. Dans l'Ex. 12, l'accord marqué d'un astérisque sonnera, s'il est joué seul, comme une septième de dominante de sol majeur (comparer à l'Ex. 4*a*), mais le contexte de fa dièse mineur donne l'impression que la note dissonante n'est pas un do mais un si dièse. D'autres accords de ce type ont été couramment utilisés vers la fin de l'ère romantique (voir § *d*).

L'emploi d'une harmonie chromatique plus accentuée que ce qui a été décrit jusqu'ici n'est pas une prérogative de l'époque romantique. On en trouve déjà trace au début du baroque, notamment dans certains madrigaux de Gesualdo, qui utilisait le chromatisme pour l'illustration du texte (Ex. 13) – et, d'un bout à l'autre de l'ère baroque et de l'ère classique, on trouve des exemples de progressions d'accords faiblement apparentés, s'analysant parfois comme des modulations. Le second mouvement de « L'Automne » dans les *Quatre Saisons* de Vivaldi en est un bon exemple et, beaucoup plus tard, le début du *Quatuor à cordes en ut op.59 n° 3* de Beethoven (Ex. 14) offre l'exemple d'un usage audacieux d'harmonies éloignées en début d'œuvre, le tout premier accord étant une septième diminuée ambiguë (l'auditeur averti qui sait que le quatuor est en ut a tendance à ne plus sentir le mystère de ce début !).

(*d*) *Évolution ultérieure.* Les tendances qui ont vu le jour dans la musique de la fin du romantisme et du XXe siècle et qui utilisent encore les ressources harmoniques sont les suivantes :

– Emploi accru des accords ambigus par essence (Ex. 8). A la fin du romantisme, l'accord de quinte augmentée est souvent préféré à celui de septième diminuée (voir Ex. 15). La quinte augmentée et une forme spéciale de sixte augmentée, appelée « sixte française », ouvrent la voie à l'utilisation de la gamme par tons entiers (voir *Gamme*, 5) que l'on associe particulièrement à la musique de Debussy, mais qui a aussi beaucoup influencé d'autres compositeurs français, ainsi que Janáček.

– Un emploi accru du type d'accord représenté par la sixte augmentée (Ex. 12), c'est-à-dire une dissonance ordinaire à laquelle l'environnement confère une certaine ambiguïté. L'exemple le plus connu est sans doute le célèbre accord situé peu après le début de *Tristan et Isolde* de Wagner (Ex. 16). Il s'agit d'un accord normal dans la tonalité de mi bémol mineur, mais il est imprégné de mystère parce qu'il est utilisé dans le contexte de la mineur. Même les accords parfaits, sans dissonance, deviennent parfois ambigus comme dans le contraste entre majeur et mineur au début de *Ainsi parla Zarathoustra* de Richard Strauss (Ex. 17) : la note la plus haute du second accord est mélodiquement un ré dièse, mais harmoniquement un mi bémol, ce qui produit un effet mystérieux.

– Usage accru de la technique « Gesualdo » (Ex. 13) d'accords vaguement apparentés (voir Ex. 18).

– Utilisation des dissonances dans un but spécifique, sans qu'elles aient besoin d'être résolues ou de subir un traitement particulier. L'accord de sixte ajoutée, fréquemment employé dans le jazz traditionnel, en est un bon exemple ; Stravinski et Walton l'ont beaucoup utilisé (Ex. 19). Le deuxième mouvement du *Concerto pour orchestre* de Bartók s'achève par un accord de septième de ré qui, dans l'harmonie conventionnelle, se serait dans doute résolu sur un accord de sol majeur.

– Si l'on ajoute une ou plusieurs notes à un accord parfait, il n'y a qu'un pas à franchir pour superposer deux accords parfaits. Dans le deuxième mouvement du *Capriccio espagnol* de Rimski-Korsakov (Ex. 20), l'accord parfait (marqué d'un astérisque) sur le second degré bémolisé de la gamme (comparer aussi à la sixte napolitaine, Ex. 10), note que l'on trouve couramment dans la musique espagnole, se superpose à l'accord parfait majeur de dominante, au lieu de le précéder comme le voudrait l'ancienne convention.

On trouve une superposition plus audacieuse de deux accords ayant des relations analogues dans le deuxième mouvement de *Shéhérazade* du même compositeur (cinq mesures après la lettre D sur la partition). En dirigeant « horizontalement » l'attention de l'auditeur, on se rend compte que de tels procédés contiennent à l'évidence un fort élément contra-

Ex. 14

Ex. 15

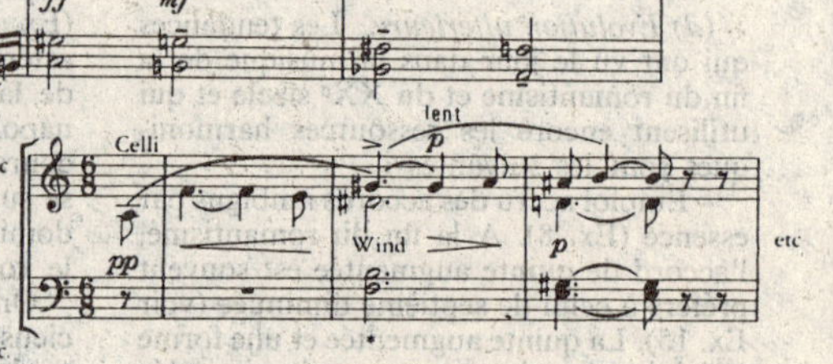

Ex. 16

Ex. 15. Extrait de The Apostles *d'Elgar (3 mesures après 185, réduction pour piano et chant).*

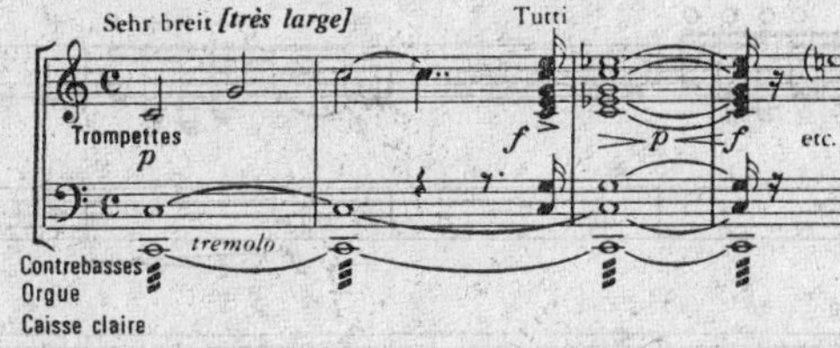

Ex. 17

Ex. 18

Ex. 19

Ex. 18. Extrait de la Fantasia on a theme by Thomas Tallis *de Vaughan Williams (5 mesures après T). Ex. 19. Extrait du dernier mouvement de la* Symphonie nº 1 *de Walton (2 mesures avant 140).*

puntique et relèvent donc des techniques du *contrepoint (Ex. 10 et 11).

L'ambiguïté et le chromatisme accrus de tous les procédés décrits ci-dessus marquent, à leur tour, l'éloignement de la tonalité à laquelle l'harmonie est si étroitement liée.

Malgré cette évolution, une grande partie de la musique populaire ou de variété et certaines œuvres symphoniques du XXe siècle restent encore fortement harmoniques. Vaughan Williams, dans le finale de sa *Symphonie nº 5*, arrive à utiliser le contraste classique majeur-mineur (Ex. 21).

Dans le domaine des variétés, les mélodies dépendent essentiellement des accords qui les accompagnent. La première phrase de « Moon River » de Henry Mancini serait sans doute à peine reconnaissable si elle était harmonisée comme dans l'Ex. 22*a*. L'impression générale que donne la mélodie dépend des dissonances sur la deuxième et la quatrième note, de l'utilisation de l'harmonisation à la tonique pour la note finale de la phrase et de toutes les autres implications harmoniques (Ex. 22*b*). En ne reconnaissant pas l'Ex. 22*a*, le mélomane se montrera peut-être

Ex. 20

Ex. 21

Ex. 22

plus expert en harmonie qu'il ne croit l'être.

Roger Bullivant.

BIBLIOGRAPHIE : Olivier Alain, *L'Harmonie*, PUF, coll. Que sais-je ? (Paris, 1965, 3e éd. 1981). Jacques Chailley, *Expliquer l'harmonie*, Rencontres (Paris, 1967), rééd. Les Introuvables (Plan-de-la-Tour, 1985). Edmond Costère, *Lois et Styles des harmonies musicales*, PUF (Paris, 1954) / *Mort ou Transfigurations de l'harmonie*, PUF (Paris, 1962). Jean-Philippe Rameau, *Traité de l'harmonie*, Méridiens Klinksieck (Paris, 1986).

Harmonie ou musique d'harmonie (all. : *Harmonie-Musik*). Ensemble d'instruments à vent (cuivres et bois), par opposition à la fanfare qui ne regroupe que des cuivres. En France, les chefs d'orchestre ont l'habitude de désigner sous le terme d' « harmonie » l'ensemble des pupitres d'instruments à vent d'un orchestre symphonique. Cette tradition viendrait d'Autriche et d'Allemange où, à partir de 1770, *Harmonie-Musik* désignait le groupe des instrumentistes à vent – généralement deux hautbois et/ou deux clarinettes, deux cors et deux bassons – que certaines cours fortunées entretenaient pour jouer des sérénades et des *divertimenti* pendant les dîners ou comme musique de fond. Les sérénades et octuors pour instruments à vent de Mozart et de Beethoven appartiennent à cette catégorie d'*Harmonie-Musik* qui comprenait également des transcriptions d'opéras pour les mêmes instruments. Mozart a lui-même réalisé de tels arrangements de *L'Enlèvement au sérail* et la plupart de ses opéras ont été transcrits pour l'Harmonie impériale de Vienne par des musiciens comme Johann Wendt et Joseph Triebensee, tous deux hautboïstes d'*Harmonie.* Sedlak a fait subir le même traitement à *Fidelio* avec l'accord de Beethoven. Certaines de ces transcriptions, comme les sérénades et autres musiques du même genre, ont été publiées ; mais la plus grande partie reste sous forme manuscrite. Plus tard, alors que l'harmonie se développait (parfois sous le nom de « musique militaire »), le répertoire s'est enrichi de pièces plus étoffées – notamment des morceaux choisis d'opéras de Spontini et de quelques autres compositeurs – destinées à des formations qui comprenaient également flûte, cors de basset, trompettes, etc.

Anthony Baines.

Harmonie der Welt, Die (« L'Harmonie du monde »). Opéra en cinq actes de Hindemith sur un livret du compositeur inspiré de la vie de l'astronome du XVIIe siècle, Johannes Kepler, auteur de *De harmonia mundi*, créé à Munich en 1957. En 1951, Hindemith avait déjà écrit une symphonie en trois mouvements qui porte le même titre.

Harmonie des sphères. Voir *Musique des sphères.*

Harmoniemesse. Surnom de la *Messe no 14 en si bémol majeur* de Haydn, composée en 1802. Elle doit son titre à un emploi plus développé (mais non exclusif) des instruments à vent par rapport aux autres messes de Haydn.

Harmonieux Forgeron, L'. Air et variations inclus dans la *Suite pour clavecin no 5 en mi* de Haendel (premier recueil de huit suites, 1720). Ce titre lui a été donné après la mort de Haendel et n'a aucun rapport avec les circonstances de la composition de l'œuvre.

Harmonious Blacksmith, The. Voir *Harmonieux Forgeron, L'.*

Harmonique. Voir *Acoustique,* 5 ; *Séries harmoniques.* Pour l'emploi des harmoniques dans le jeu du violon, voir *Violon,* 5 *d.*

Harmoniques artificiels. Voir *Acoustique,* 5.

Harmoniques naturels. Voir *Acoustique,* 5.

Harmonische Töne (all.). « Harmonique ».

Harmonium et orgue américain. Instruments à anches libres (voir *Anche,* 1) munis d'un clavier devant lequel s'assied l'instrumentiste, comme au piano ou à l'orgue ; le courant d'air provient d'une soufflerie à pied. Ces instruments, qui ne sont plus fabriqués depuis les années vingt et trente, sont encore largement utilisés, essentiellement dans les petites églises pour accompagner des cantiques. A l'origine, l'harmonium avait été conçu par ses inventeurs (français) comme un instrument destiné à faire de la musique à la maison, un peu comme le piano droit.

1. *Harmonium.* La caisse, en acajou, en noyer, ou en chêne pour les églises, comporte un couvercle plat que l'on ouvre pour jouer. Les anches, en cuivre, sont mises en vibration par la pression d'air provenant d'un réservoir placé juste en dessous. Leur sonorité nasale est adoucie par une planche en bois cannelée qui les surplombe. En modifiant les cannelures, on peut donner aux diverses rangées d'anches des sonorités différentes. Les rangées sont coupées en deux au milieu de l'étendue du clavier (cinq octaves, entre mi^3 et fa^3) ; chaque registre n'agit que sur une moitié de l'étendue, de telle sorte qu'il faut toujours tirer deux registres pour jouer ensemble les aigus et les graves. L'harmonium comporte quatre rangées de base et un numérotage standard figure sur les boutons des registres avec un terme descriptif, généralement en français :

1. L'« unisson », à la sonorité douce (8 pieds), est le registre le plus important : « flûte » dans les aigus, « cor anglais » dans les graves.
2. A l'octave inférieure (16 pieds) : « clarinette » et « bourdon » dans les graves.
3. A l'octave supérieure (4 pieds) : « fifre » et « clairon » dans les graves.
4. Une rangée à l'unisson de sonorité contrastée : « hautbois » et « basson » dans les graves.

Entre les deux boutons de registre n° 1, on trouve généralement deux autres boutons qui agissent sur la totalité de l'étendue : « G » (« grand jeu ») et « E » (« expression »), qui actionnent un dispositif permettant de fermer le réservoir pour contrôler directement la pression par les pieds ; on obtient ainsi des effets dynamiques très subtils. Il existe aussi parfois un registre n° 5 : du côté des aigus, la « musette », une rangée nasillarde qui sonne à l'octave inférieure ; du côté des graves, la « sourdine » qui joue le « cor anglais » avec un souffle d'air réduit. Le registre « O » (« forte ») est un accouplement de chaque côté du n° 3 et du n° 4 ; « C » (« voix céleste »), du côté des aigus, est une rangée désaccordée qui fonctionne avec la « clarinette » pour donner un effet d'ondulation ; « T » (« tremolo ») utilise le registre de « clarinette » avec de l'air pulsé.

Aux premiers temps de l'harmonium, au siècle dernier, on a écrit de nombreux duos pour harmonium et piano, destinés à être joués dans les salons. Saint-Saëns a composé *Six Duos*, César Franck a réalisé un arrangement de son *Prélude, Fugue et Variations* et écrit de nombreux autres morceaux pour cet instrument ; à l'origine, Rossini avait composé sa *Petite Messe solennelle* pour deux pianos et harmonium. Les seules œuvres pour clavier écrites par Berlioz sont trois pièces pour harmonium (1845). Les *Bagatelles* de Dvořák pour harmonium et quatuor à cordes (op.47) ont été composées pour un ami qui possédait cet instrument.

2. *Orgue américain* [*american organ* ou *cabinet organ*]. Instrument beaucoup plus ornementé, en acajou avec des tablettes et des miroirs. L'ébénisterie au-dessus du clavier est très travaillée et, au-dessous, l'instrument est enrichi de décorations ajourées. La principale différence entre l'orgue américain et l'harmonium tient au fait que les pédales vident l'air, qu'elles aspirent à travers les anches par le dessous. Le mécanisme des registres est donc situé au-dessus des anches et non au-dessous. Les anches sont plus épaisses ; chacune d'entre elles est attachée à un genre de « plateau » arrondi sous la pointe de l'anche que l'on peut sortir en le faisant glisser pour vérification. Dans l'ensemble, la sonorité est moins mordante que celle de l'harmonium et certains registres ressemblent davantage à ceux de l'orgue, au total une vingtaine, qui ne possèdent pas une grande variété de couleurs. Il n'y a pas de registre d'expression.

Les anciens modèles existaient dans différentes tailles pour jouer les hymnes et les cantiques : du petit instrument portatif, pliable, à trois octaves, destiné aux missionnaires, au gros meuble ; certains instruments, des orgues d'études, étaient dotés d'un pédalier et de deux claviers (l'air était alors aspiré à la main ou par des soufflets électriques).

3. *Histoire.* L'orgue à anches libres a vu le jour vers 1810 grâce au Danois C. G. Kratzenstein, qui travaillait à Saint-Pétersbourg, et au parisien C. J. Grenié. Tous deux avaient réalisé des expériences autour de l'*harmonica à bouche et mis au point une forme d'instrument qui

existait déjà en Europe. Ainsi Grenié disait avoir vu un orgue construit en 1780 qui comportait un registre à anches libres et G. J. Vogler aurait fabriqué un instrument similaire pour une église suédoise en 1792. L'orgue expressif inventé par Grenié en 1810 possédait des résonateurs pour les anches. De nombreux autres modèles sont alors apparus : aéoline, physharmonica, mélodica, séraphine (variante anglaise, petit instrument portatif sans résonateurs), terpodion, etc., tous considérés comme de nouveaux instruments capables d'enfler le son progressivement en partant d'un silence total, ce que ne pouvait faire aucun autre instrument à clavier de l'époque.

A Paris, François Debain (1806-77) s'est alors penché sur les qualités et les défauts de ces instruments. Sa grande innovation a consisté à y incorporer un principe découvert par J. N. Fourneaux selon lequel des anches identiques vibrant dans des cavités de formes différentes avaient des timbres très différents ; on pouvait ainsi obtenir des registres de couleurs sonores contrastées. Debain a fait breveter l'« harmonium » en 1842 ; deux ans plus tard, il vendait les droits de fabrication de toute cette famille d'instruments à Alexandre père et fils, à la condition expresse qu'ils n'utilisent pas le nom « harmonium ». Ils ont donc baptisé leurs instruments « orgue mélodium » et en sont devenus les plus gros fabricants ; Saint-Saëns et Sigismond Thalberg (dont le jeu avait ému Berlioz aux larmes) ont donné des concerts sur cet instrument, qui comportait un registre d'expression. Alexandre (qui fabriquait des accordéons depuis 1829) est ensuite parvenu à acheter les droits des autres améliorations apportées à l'harmonium, notamment le mécanisme à percussion inventé par Martin (Paris, 1842) : lorsqu'on enfonce une touche, un petit marteau recouvert de feutre frappe l'anche de chaque note de la rangée principale (n° 1), ce qui accélère sa vitesse de réponse.

La principale innovation suivante est due à Victor Mustel (1815-90), chef de fabrication d'Alexandre, qui s'était installé à son compte après avoir inventé la « double expression » : deux genouillères mobiles permettent de nuancer séparément les aigus et les graves. Mustel a également inventé le *célesta et fabriqué des instruments à deux claviers, avec le célesta au clavier supérieur et l'harmonium au clavier inférieur. Sa firme fabriquait encore des instruments dans les années trente. En Grande-Bretagne, d'autres facteurs, comme Hattersley (Sheffield) ou Dawes et Rainden, ont inventé d'autres dispositifs complémentaires. La demande s'est développée grâce aux petits orchestres de théâtre et de restaurant qui utilisaient un harmonium pour remplacer les parties d'instruments à vent faisant défaut ; pour la même raison, les arrangements publiés pour « orchestre de salon » comprenaient souvent une partie d'harmonium.

Le principe de l'alimentation en air par aspiration aurait été découvert par les ouvriers d'Alexandre à Paris, mais Alexandre lui-même ne s'y serait pas intéressé. Il a ensuite émigré aux États-Unis, où cette idée a été reprise par la firme de Mason & Hamlin avec une nouvelle méthode pour faire sonner les anches et obtenir un son plus proche de celui de la flûte. Il en a résulté l'orgue américain.

Julian Pilling.

Harold en Italie. Symphonie op.16 pour alto et orchestre de Berlioz, inspirée par *Childe Harold* de Byron et composée en 1834. Paganini avait demandé à Berlioz de lui écrire une œuvre dans laquelle il pourrait mettre en valeur son alto Stradivarius. Après avoir reçu le premier mouvement, que Berlioz lui avait envoyé, Paganini refusa de le jouer parce que la partie d'alto n'était pas suffisamment virtuose.

Harpe

1. Introduction
2. Harpe à pédales
3. Mécanisme
4. Jeu de la harpe
5. Répertoire
6. Harpe celtique, etc.
7. Harpe latino-américaine
8. Harpe triple
9. Histoire
10. Formes anciennes

1. *Introduction.* Sur une harpe (all. : *Harfe* ; angl. : *harp* ; ital. : *arpa*), les cordes sont disposées librement pour que les mains puissent les pincer de chaque côté. Les cordes sont attachées en leur extrémité inférieure le long d'un chevalet en bois dur qui longe de bout en bout le plan incliné de la table d'harmonie. De là, elles

s'élèvent dans un plan perpendiculaire, formant avec la table un angle de 32° , jusqu'à la console qui comporte la mécanique et les chevilles d'accord. D'une manière générale, l'instrumentiste pince les cordes en leur milieu, à l'endroit où elles peuvent être tirées au maximum avant d'être relâchées, vibrant lorsqu'il le faut avec une grande amplitude (le ventre de la vibration, facilement visible, devient alors si large que la corde risque de heurter sa voisine) ; la table d'harmonie est épaisse, jusqu'à 10 mm, afin de résister à la tension et de capter la vibration. (La tension des cordes d'une harpe celtique actuelle, tendue en cordes de nylon, est d'environ 680 kg ; la tension des cordes d'une grande harpe peut aller de 1 800 à 2 500 kg, selon la position des pédales.) La harpe est donc le seul instrument à cordes entièrement pincées capable de développer la puissance sonore nécessaire pour occuper une place stable dans l'orchestration symphonique.

L'inclinaison gracieuse ou « courbe harmonique » de la console vient de ce que les cordes s'élèvent d'une ligne basse inclinée, en respectant le principe du doublement de leur longueur à chaque octave (Fig. 1). Si ce principe était appliqué à la lettre, on obtiendrait la courbe indiquée sur la Fig. 1. En fait, comme le montre la ligne pointillée du haut, la progression sur une octave s'approche davantage de 1: 1,8 car l'épaisseur et la tension des cordes augmentent de l'aigu vers le grave (comme sur la plupart des instruments à cordes). En outre, ce rapport doit être considérablement réduit dans les octaves graves afin de ne pas atteindre une longueur excessive pour les cordes les plus graves ; leur poids est donc considérablement accru (les cordes filées remplaçant le boyau à l'octave inférieure), ce qui permet à la courbe de la console de s'aplatir vers la colonne qui réunit le corps sonore à la console, tout en conservant à l'instrument une hauteur raisonnable. Sur une petite harpe telles que les harpes celtiques, la console peut être encore plus plate (Fig. 1, ligne pointillée du bas).

Les cordes de la harpe sont accordées sur la gamme diatonique et sont relativement peu espacées, ce qui convient à la position de la main, pouce vers le haut (et non vers l'intérieur comme sur les instruments à clavier). Se pose alors le problème

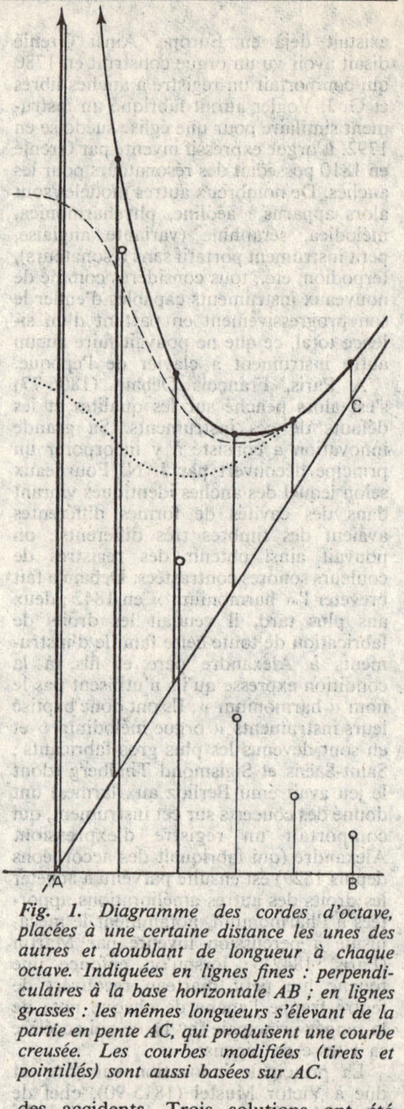

Fig. 1. Diagramme des cordes d'octave, placées à une certaine distance les unes des autres et doublant de longueur à chaque octave. Indiquées en lignes fines : perpendiculaires à la base horizontale AB ; en lignes grasses : les mêmes longueurs s'élevant de la partie en pente AC, qui produisent une courbe creusée. Les courbes modifiées (tirets et pointillés) sont aussi basées sur AC.

des accidents. Trois solutions ont été proposées. L'une consiste à les ignorer : c'est le cas des anciennes harpes traditionnelles (gaéliques, voir § 6) et latino-américaines (§ 7 et 9*a-b*). Une autre solution consiste à écourter, en cas de besoin, les cordes d'un demi-ton, comme sur la harpe à pédales (voir § 2), la harpe celtique (§ 6) et la harpe à crochets, plus ancienne (§ 9*d*). La troisième solution consiste à attacher, pour les accidents, une rangée auxiliaire de cordes à côté de la rangée diatonique, comme sur la harpe triple (§ 8), la harpe double (§ 9*c*) et la harpe chromatique (§ 9*e*).

2. *Harpe à pédales* (Pl. 1, à droite). Les sept pédales sortent en saillie du socle en bois auquel le corps sonore et la colonne sont fixés par des boulons. La colonne, creuse, est traversée par les sept tringles d'acier qui relient les pédales à la mécanique. La caisse de résonance comporte, à l'arrière, des fentes ouvertes qui à la fois servent d'ouïes et permettent de faire passer une nouvelle corde qui est simplement nouée sur elle-même ou autour d'une barrette avant d'être tendue en direction de la console. La table, généralement en sapin, et le chevalet (qui comporte un contre-chevalet à l'intérieur) sont percés de trous dans lesquels les cordes (jusqu'à 47) peuvent être fermement calées par d'épais boutons.

De nos jours, la partie inférieure de la table est souvent bombée et comporte un espace d'air au-dessous pour augmenter la résonance des cordes graves. Ces améliorations, qui sont apparues dans les années vingt, sont dues aux célèbres facteurs de harpes de Chicago, Lyon & Healy, ainsi qu'à Wurlitzer, qui ont également allégé ou supprimé les ornements abondants des instruments classiques français, souvent enrichis de dorures, peintures, sculptures, etc.

Le long de la console courbe, sous les chevilles d'accord, se trouvent les larges plaques de cuivre des ferrures qui supportent les sillets (contre lesquels s'appuient les cordes) et les fourchettes pivotantes de la mécanique. Cette mécanique est actionnée à partir des pédales par l'intermédiaire des tringles métalliques et des moteurs placés à l'intérieur des ferrures.

3. *Mécanisme.* Chaque note de la gamme possède une pédale qui agit simultanément sur toutes les notes identiques des six octaves et demie, du do grave (ou ré grave) du piano au sol le plus aigu : 47 (ou 46) cordes ; les cordes de do en boyau sont colorées en rouge, celles de fa en bleu. Les pédales, de gauche à droite, correspondent à ré, do, si (pied gauche), mi, fa, sol et la (pied droit). Chaque pédale comporte trois positions et est munie d'un ressort qui lui permet de revenir à la position haute, c'est-à-dire au cran supérieur : (1) au cran supérieur, la pédale donne la note bémolisée ; par exemple, sur la pédale du do, on obtient un do bémol, les cordes n'étant pas raccourcies (ainsi, lorsque toutes les pédales sont en position haute, la harpe est accordée sur la gamme d'ut bémol) ; (2) lorsque la pédale est fixée au cran intermédiaire, les fourchettes pivotantes de la console raccourcissent les cordes d'un demi-ton pour donner la note naturelle (lorsque toutes les pédales sont abaissées d'un cran, la harpe joue donc en ut majeur) ; (3) en fixant la pédale au cran inférieur, les fourchettes raccourcissent les cordes d'un ton entier pour donner les dièses, do dièse, ré dièse, etc.

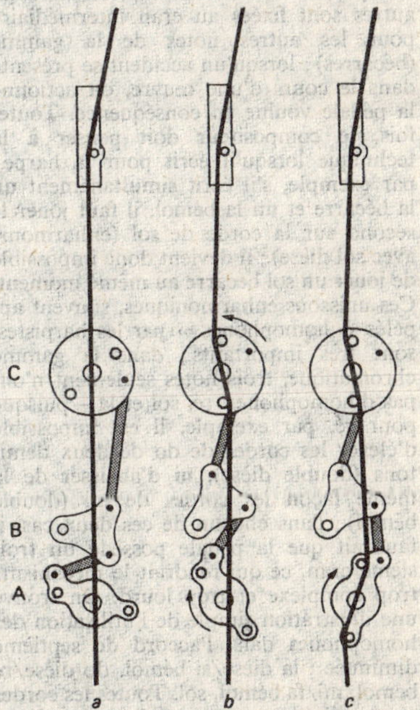

Fig. 2. Mécanisme de la harpe à pédale tel qu'on le voit sur la console. Le sillet au sommet est reproduit en (a) avec la pédale levée, en (b) au premier cran, en (c) au deuxième cran.

La Fig. 2 montre schématiquement comment fonctionnent les fourchettes : chaque fourchette est un disque de cuivre armé de deux dents en saillie entre lesquelles passe la corde. Lorsque la pédale est en position (*a*), la corde passe librement ; en position (*b*), la pédale fait tourner la fourchette A dans le sens des aiguilles d'une montre, non pas pour saisir elle-même la corde, mais pour que, par l'intermédiaire du moteur B, la fourchette C saisisse la corde ; en position (*c*), la fourchette A tourne encore davantage pour saisir la corde, mais sans communiquer une rotation supplémentaire sensible à la fourchette C, minimisant ainsi la résistance au pied.

Normalement, la gamme est préétablie avec les pédales en fonction de l'armature de la clé ; par exemple, pour mi bémol majeur, les pédales de si, de mi et de la sont décrochées (c'est-à-dire au cran supérieur) pour bémoliser ces notes, et les autres sont fixées au cran intermédiaire pour les autres notes de la gamme (bécarres) ; lorsqu'un accident se présente dans le cours d'une œuvre, on actionne la pédale voulue en conséquence. Toutefois, le compositeur doit penser à la technique lorsqu'il écrit pour la harpe ; par exemple, s'il écrit simultanément un la bécarre et un la bémol, il faut jouer le second sur la corde de sol (enharmonie avec sol dièse) ; il devient donc impossible de jouer un sol bécarre au même moment. Ces unissons enharmoniques, souvent appelés « homophones » par les harpistes, sont très importants ; dans la gamme chromatique, trois notes seulement n'ont pas d'homophone : ré, sol et la – puisque pour ré, par exemple, il est impossible d'élever les cordes de do de deux demitons (double dièse), ni d'abaisser de la même façon les cordes de mi (double bémol) ; dans chacun de ces deux cas, il faudrait que la pédale possède un troisième cran, ce qui rendrait le mécanisme trop complexe et trop lourd. On trouve une illustration simple de l'utilisation des homophones dans l'accord de septième diminuée : la dièse/si bémol, do dièse/ré bémol, mi/fa bémol, sol. Toutes les cordes sont utilisées et cet accord peut se jouer *glissando* sur la totalité de l'étendue. Ou, si le sol est élevé à sol dièse, on obtient le *glissando* qui suit le solo de flûte au début du *Prélude à l'après-midi d'un faune* de Debussy.

Un harpiste peut changer de pédale très rapidement, mais il y a toutefois des limites à ce qu'il peut faire dans une musique très chromatique ou atonale ; par ailleurs, la harpe à pédales présente parfois certains avantages sur les instruments à clavier ; ainsi, les gammes et les passages diatoniques requièrent exactement le même doigté dans toutes les tonalités.

4. *Jeu de la harpe.* La harpe est inclinée en arrière pour reposer contre l'épaule droite de l'instrumentiste. Les cordes les plus courtes se présentent alors très naturellement à portée de la main droite, les plus longues à portée de la main gauche. L'instrumentiste utilise ses deux mains sur la totalité de l'étendue mais, normalement, la main gauche commence dans le grave et la droite dans l'aigu. La position des mains est la suivante : les pouces tendus vers le haut et les doigts pliés, pour tirer fermement les cordes avec le bout des doigts et l'arête des pouces (on n'utilise pas les auriculaires, de sorte que les accords de cinq notes ne sauraient être destinés à une seule main). Il faut apprendre de nombreuses subtilités pour jouer des passages rapides et étouffer les cordes avec les doigts à volonté. Les trilles sont parfaitement réalisables et, en utilisant des homophones, une note peut être « trillée » avec elle-même, sur deux cordes adjacentes.

L'expression « près de la table » signifie qu'il faut pincer les cordes assez bas, près de la table d'harmonie ; on obtient alors un son plus métallique, comme sur d'autres instruments à cordes en jouant près du chevalet. Les sons étouffés sont produits avec le pouce et immédiatement étouffés par le doigt. Les sons harmoniques, très fréquemment employés, surtout par les compositeurs français, sont indiqués par un « o » placé au-dessus de la note ; ils s'obtiennent en touchant la corde en son milieu avec la pulpe du pouce et en la jouant avec ce même pouce ; la corde sonne ainsi à l'octave supérieure. Depuis peu, la musique pour harpe seule comporte un grand nombre d'effets nouveaux, comme certains sons étranges produits en bougeant les pédales lorsque les cordes vibrent encore.

5. *Répertoire.* Les grands compositeurs ont écrit peu de musique pour harpe seule. Le répertoire de récital repose essentiellement sur les pièces des grands virtuoses de la harpe et sur des arrangements d'œuvres pour clavier (notamment le

Sixième Concerto pour orgue de Haendel [premier recueil] qui aurait été joué sur la harpe galloise dès 1741). En dehors de ces œuvres, le répertoire comporte le *Concerto pour flûte et harpe K 299* de Mozart (écrit à Paris pour un duc et sa fille ; Haydn a également composé un concerto pour flûte et harpe, aujourd'hui perdu), le concerto d'Eichner, les concertos de Bochsa, Boieldieu, Krumpholz, Glière, Reinecke et Rodrigo, les six sonatines de Dussek, le *Concerto pour violon et harpe*, deux fantaisies et deux séries de variations de Spohr (écrites pour sa femme), la *Fantaisie op.95* (avec violon) de Saint-Saëns, l'*Impromptu op.86* et *Une châtelaine en sa tour* (op.110) de Fauré, la *Sonate pour flûte, harpe et alto* de Debussy et l'*Impromptu op.21* de Roussel. Parmi les musiciens du XXe siècle qui ont écrit pour la harpe, on trouve Debussy (*Danses pour harpe*), Ravel (*Introduction et Allegro*), Ibert, Goossens, Schmitt, Françaix, Villa-Lobos, Ginastera (*Concerto*) et Jolivet (*Concerto*), des compositeurs anglais allant de Bax à Britten et, au sein de l'avant-garde, Berio (*Sequenza II*, 1970), Bussotti et Miroglio.

6. *Harpe celtique, clàrsach, harpe des troubadours et des ménestrels.* Ce sont de petites harpes destinées à la musique ancienne et à la musique traditionnelle ; elles comportent 30 à 34 cordes (plus de quatre octaves complètes au-dessus du do), mais n'ont pas de pédales. La plupart de ces instruments sont dotés, le long de la console, de palettes rotatives (actionnées à la main) ou de « crochets » (Fig. 3) qui permettent d'élever individuellement chaque corde d'un demi-ton (ou certaines d'entre elles seulement). La harpe peut ainsi être préréglée dans différentes tonalités et, jusqu'à un certain point (en prévoyant le temps nécessaire pour tourner une palette), elle peut également jouer des accidents – une idée ancienne, utilisée dans la première « harpe à crochets » (voir § 9*d*) qui a précédé la harpe à pédales en Europe.

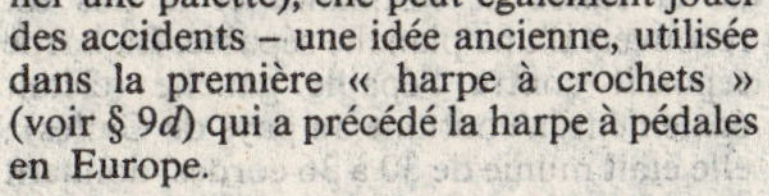

Fig. 3. Crochet de harpe en laiton.

La taille et la forme de la harpe celtique actuelle (également appelée harpe irlandaise) proviennent de la « harpe irlandaise portative » fabriquée à Dublin vers 1819 par le facteur John Egan pour remplacer, dans les salons, la vieille harpe irlandaise professionnelle – la colonne de la harpe celtique est courbée, comme celle des anciens instruments irlandais médiévaux (voir § 9*b*). Elle est généralement munie de cordes en boyau (et, dans le registre grave, de cordes en métal filé). Elles sont pincées soit du bout des doigts, soit avec les ongles. Cette dernière méthode reprend, d'une façon générale, l'ancienne pratique de jeu de la harpe (voir § 7 et également la *guitare classique) et permet une grande agilité technique dans certains domaines ; elle produit en outre un son plus brillant et moins vibrant. La harpe celtique est parfois tendue de cordes métalliques (cuivre ou bronze phosphoreux).

Les harpes des bardes, qui portent le nom gaélique de *clàrsach* (ou *clàrseach*) sont issues de modèles irlandais et écossais plus anciens, notamment le plus ancien instrument irlandais qui nous soit parvenu, une petite harpe du XIVe siècle (70 cm de haut, 30 cordes à l'origine) conservée à Trinity College, à Dublin – c'est cette harpe qui a été reproduite sur l'emblème de l'Irlande. Les harpes des bardes ne possèdent pas de palettes pour jouer les demi-tons et elles sont tendues de cordes métalliques selon l'ancienne manière celtique.

Les harpes des « ménestrels » sont identiques aux précédentes ou possèdent parfois une colonne droite.

7. *Harpe latino-américaine.* Importée par les Espagnols, elle est assez volumineuse et comporte une colonne droite. Les cordes (en boyau) sont amenées aux chevilles d'accord à travers des espaces pratiqués dans la console, et non sur le côté de la console comme sur les autres harpes. Les cordes sont généralement pincées avec les ongles. En Amérique hispanique, particulièrement au Paraguay, cette harpe figure dans plusieurs sortes d'ensembles instrumentaux ; elle tient souvent la partie mélodique au-dessus de l'accompagnement des guitares.

8. *Harpe triple.* La harpe galloise à triple rangée de cordes est la seule harpe qui

utilise encore une rangée de cordes supplémentaires pour les accidents (pour les autres harpes qui adoptaient le même procédé, voir § 9*c*). Les cordes correspondant aux cinq accidents de chaque octave sont placées à côté de la rangée diatonique normale, qui est dupliquée du côté opposé pour que la gamme diatonique reste accessible aux deux mains. Cette harpe est donc munie de trois rangées de cordes et les accidents peuvent être atteints très rapidement par les doigts de chacune des deux mains entre les cordes des rangées extérieures. Cet instrument permet en fait de jouer des passages chromatiques irréalisables sur la harpe à pédales – par contre, il n'offre pas toutes les possibilités de la harpe à pédales.

La harpe triple existait déjà en Italie vers 1600. Elle a été adoptée par les harpistes gallois au XVIIe siècle pour remplacer un instrument plus ancien à une seule rangée de cordes et est devenue leur instrument courant avant d'être presque complètement évincée par la harpe à pédales au cours de la seconde moitié du XIXe siècle. De nos jours, on fabrique et on joue à nouveau de cet instrument au pays de Galles. La dernière instrumentiste détentrice de la tradition, Nanci Richards (1888-1979), jouait de la musique galloise traditionnelle ainsi que des œuvres de compositeurs classiques comme Beethoven et Schubert. La harpe triple descend jusqu'à sol^{-1} et a été utilisée avec un excellent résultat dans la délicate partie pour *arpa doppia* (« harpe double ») de l'*Orfeo* de Monteverdi, qui comporte de nombreux accidents et était vraisemblablement jouée à l'origine sur une harpe triple (voir 9*c*).

9. *Histoire*. Pour les harpes anciennes, voir § 10. On trouve pour la première fois la harpe européenne, avec son corps sonore incliné, ses cordes accordées à la console supérieure et sa colonne droite sur le devant, sur des tableaux et des sculptures des IXe et Xe siècles : byzantins, celtes (en Irlande, en Écosse) et en France. Personne ne sait réellement où elle a vu le jour.

(*a*) *Harpe médiévale*. Elle était petite, souvent placée sur les genoux entre les bras de l'instrumentiste, et possédait environ 19 cordes (équivalant à une étendue de sol^1 à $ré^4$). On trouve des descriptions très vivantes de son jeu dans de vieux poèmes français comme la *Romance du cor*, chanson de geste du XIIe siècle, où le héros, déguisé en ménestrel, se prépare à chanter des lais en s'accompagnant à la harpe. La harpe est souvent mentionnée comme un instrument « joyeux » ; son « scintillement » nous rappelle qu'on en jouait avec les ongles, « attifé d'ongles pointus » (dans une version anglaise de *King Horn*). Machaut fait état de 25 cordes et souligne que ses œuvres réclament la participation de la harpe ; il la cite expressément dans la ballade « De ce que folz pense » ; l'accompagnement de la voix à la harpe était certainement très clair dans ce genre de musique polyphonique où il n'y a aucune coïncidence rythmique entre les notes des deux parties.

Les harpes de la Renaissance étaient un peu plus grandes ; elles atteignaient 90 cm de haut, parfois davantage, et possédaient entre 24 et 26 cordes, à partir de fa^1 ou sol^1. La table d'harmonie était souvent munie de boutons en bois (ou « harpions ») avec une excroissance obtusangle venant frôler la corde pour la faire friser.

(*b*) *Ancienne harpe irlandaise*. C'est l'instrument que l'on rencontre jusqu'au début du XIXe siècle en Irlande et jusqu'au milieu du XVIIIe siècle dans les Highlands écossaises ainsi que dans les îles occidentales (voir *Irlande*, 6 ; *Ecosse*, 2). Ses cordes sont métalliques (laiton et acier). Douze spécimens ont survécu, dont plusieurs sont conservés au National Museum de Dublin. La construction est massive et les derniers instruments atteignent 1,50 m de haut. La colonne est fortement incurvée et la caisse de résonance est creusée dans un seul bloc de bois (généralement du saule sur les instruments irlandais, du charme sur les harpes écossaises). La table fait donc partie intégrante de la caisse de résonance et le dos est recouvert d'une planche séparée. La harpe reposait contre l'épaule gauche (c'était également la coutume au pays de Galles) ; elle était munie de 30 à 36 cordes, donnant une étendue qui pouvait atteindre cinq octaves. En Écosse, les grandes familles engageaient parfois un harpiste privé. En Irlande, les harpistes, généralement aveugles, parcouraient le pays, guidés par un jeune garçon qui portait leur instrument ; ils étaient accueillis de maison en maison. Parmi les plus célèbres, Carolan (mort en

Ex. 1

1738), compositeur prolifique de musique pour harpe, a écrit à la fois dans le style traditionnel et dans le style international. Les harpistes tenaient des réunions périodiques (comme le faisaient les jongleurs au Moyen Age) pour échanger des œuvres et entrer en compétition les uns avec les autres. La dernière grande réunion, qui eut lieu à Belfast en 1792, est célébrée dans le récit détaillé d'Edward Bunting : l'Ex. 1, extrait des manuscrits de Bunting à Belfast, est le début de « I'm asleep and don't waken me » avec cette note « This setting is exactly copied from Hempson – both Bass & Treble » (« Cette musique est la copie exacte de l'œuvre de Hempson – la basse comme l'aigu ») ; l'aveugle Denis Hempson était le harpiste le plus âgé de la réunion.

(*c*) *Harpes doubles*. A partir du XVIIe siècle, les harpes mesurent environ 30 cm de plus que celles de la Renaissance : une octave grave avait été ajoutée pour obtenir quatre octaves complètes au lieu de trois. L'Espagne possède une littérature particulièrement riche sur le sujet, car le clergé se servait beaucoup de la harpe pour former et accompagner les chœurs. De Hinestrosa (1557) à des œuvres comme *Escuela nueva* (1721) de Nasarre, une grande partie de la musique est écrite en tablature, les chiffres 1 à 7 indiquant les cordes de l'octave médiane, avec des points ou des coches ajoutés à ces nombres pour les autres octaves.

Un grand nombre de ces œuvres décrivent comment jouer un accident en pressant le haut de la corde avec le pouce ou l'index de la main gauche. Toutefois, en Espagne, dès 1378 (à peu près à l'époque de la création des instruments à clavier chromatiques), il est fait mention d'une *arpa doble* (« harpe double »). Cette expression en est venue à désigner une harpe tendue d'une seconde rangée de cordes destinées à permettre les accidents, sens qui existait sans doute déjà à l'époque. En outre, un inventaire d'Alfonso V d'Aragon antérieur à 1424 comprend une « arpa gran doble a III tiros », qui fait penser à une harpe triple. Certains détails du système à double rangée de cordes viennent d'Espagne au XVIe siècle ; on trouve encore en Italie quelques instruments originaux, doubles et triples, de cette époque ; ils datent de 1600 environ – période à laquelle la *arpa doppia* (terme qui pouvait apparemment aussi s'appliquer à la harpe triple) est mentionnée dans une dizaine de sources musicales, la plupart du temps comme instrument de continuo (comme dans *Le Musiche* de d'India, 1609), mais également comme instrument soliste, comme dans *Orfeo* (voir § 8), et, avec des enchaînements de notes rapides, des arpèges et des accidents, dans des œuvres comme le second livre de *Ricercari* (1615) de Trabaci. Sur la harpe à double rangée de cordes, afin de conserver la rangée principale sous la main gauche dans le grave, mais sous la main droite dans l'aigu, les accidents changent généralement de côté, de gauche à droite, au point médian.

(*d*) *Harpe à crochets et à pédales*. La harpe double mentionnée ci-dessus était également fabriquée en Allemagne jusqu'au milieu du XVIIIe siècle mais, dans ce pays, à partir de la fin du XVIIe siècle, on utilisait plus souvent la harpe simple à crochets actionnés à la main ; ces crochets métalliques résistants tiraient la corde et, en la raccourcissant, la haussaient d'un demi-ton – comme ceux de la harpe celtique actuelle (voir § 6). Néanmoins, pour un accident rapide, les instrumentistes devaient avoir recours à l'ancienne méthode qui consistait à presser la corde avec le pouce et, dès le XVIIIe siècle, plusieurs Bavarois inventaient, à peu près tous à la même époque, des systèmes permettant de faire tourner les crochets au moyen de pédales, ce qui laissait aux mains toute leur liberté. A Paris, le luthier Gaiffre, puis Nadermann, eurent la même idée, utilisant tous deux une forme de crochet qui entre et sort de la console pour tirer la corde contre un sillet métallique placé juste au-dessous du crochet. Le perfectionnement suivant est l'œuvre de Cousineau, qui a employé des paires de petites béquilles tournant dans des directions opposées, qui pinçaient la corde et la raccourcissaient sans lui faire subir le mouvement latéral que lui imposaient les crochets. Finalement, juste avant la Révolution, Érard inventa le système à fourchettes, qui est utilisé aujourd'hui, mais tout d'abord « à simple mouvement » (un seul cran par pédale). La harpe était donc accordée en mi bémol, d'où elle pouvait passer dans toutes les tonalités autour de mi bécarre (pas la bémol, par exemple, car ré bémol aurait impliqué d'élever le do au do dièse, perdant ainsi le do naturel).

Ces mécanismes chromatiques connurent rapidement un énorme succès dans la haute société ; au XVIIIe siècle, à la cour de France, Marie-Antoinette jouait d'une harpe particulièrement ornée, fabriquée par Jean-Henri Nadermann en 1783, et qui se trouve aujourd'hui au musée du Conservatoire de Paris. La musique se composait essentiellement d'études écrites par des virtuoses de la harpe comme Krumpholz, originaire de Bohême (mort en 1790) ; il avait reçu ses premières leçons du père de Haydn, un charron qui chantait en s'accompagnant à l'oreille au moyen d'une harpe. Ensuite, Bochsa et la femme de Spohr, Dorette, furent tous deux formés sur la harpe à simple mouvement de Nadermann. Le célèbre harpiste anglais Parish-Alvars (mort en 1849) commença sa carrière sur la harpe à double mouvement fabriquée par Érard en 1812 et proposa ensuite une harpe à triple mouvement pour fournir tous les homophones (voir § 3). Pendant ce temps, la harpe apparaissait timidement à l'orchestre, tout d'abord dans les rôles « historiques » : biblique dans *Esther* de Haendel, jouée par un harpiste gallois, certainement sur la harpe triple (voir § 8) ; classique dans *Giulio Cesare* (musique pour les neuf Muses) de Haendel et dans le ballet de Beethoven, *Les Créatures de Prométhée* ; également écossais, ou dans *La Dame blanche* (1825) de Boieldieu. C'est avec cette dernière partition que les sons harmoniques de la harpe font leur première apparition dans la musique d'orchestre.

(*e*) *Harpe chromatique.* Il s'agit d'une harpe double (sans pédales) inventée en 1894 par G. Lyon, fabriquée par Pleyel, et qui, pendant quelque temps, à Paris, a sérieusement concurrencé la harpe à pédales. Les deux rangées de cordes (76 en tout) partent de deux chevalets et se croisent en leur centre, de telle sorte que toutes les cordes sont à la portée des deux mains, au-dessus et au-dessous du croisement. Debussy a écrit ses deux danses (*Danse sacrée et danse profane*) pour cet instrument (harpe et orchestre à cordes, 1904), mais il les a ensuite adaptées à la harpe à pédales. Enesco a écrit un *Allegro de concert* dans lequel il utilise tous les effets réalisables à la harpe chromatique et injouables à la harpe à pédales.

10. *Formes anciennes.* Les harpes sont probablement les plus anciens instruments à cordes de la civilisation ; elles sont peut-être même antérieures aux lyres. Dans l'Antiquité, il en existait plusieurs types, tenus de manières différentes. Dans l'ensemble, elles sont arquées ou angulaires. Les harpes arquées sont vraisemblablement issues de l'arc musical ; en forme d'arc ouvert, elles sont en bois et la caisse de résonance, creusée à même le bois de l'arc, est recouverte d'une peau tendue ; au-dessous, exerçant une pression verticale sous la tension des cordes, se trouve un manche qui tient les cordes. De nos jours, ces harpes sont utilisées par des chanteurs, en Afrique centrale ; le manche est souvent dirigé vers l'extérieur et le son

est grave en raison de la tension des cordes. L'Inde connaissait les harpes arquées dans les derniers siècles avant Jésus-Christ ; un type de harpe arquée a survécu au Nûristân, en Afghanistan, et un autre à Burma.

La harpe angulaire se compose de deux parties distinctes : corps sonore et bras de fixation, solidement réunis par des liens. Elle est parfois construite de façon à en jouer en plaçant la caisse en bas, le bras jaillissant alors de l'extrémité la plus éloignée de l'instrumentiste : on la trouve encore sous cette forme en Géorgie, mais elle a pratiquement disparu. On a continué à jouer de la harpe avec le manche en bas dans des ensembles classiques iraniens jusqu'au XIXe siècle ; ce type de harpe serait, autant qu'on le sache, la harpe de l'Ancien Testament, nommée en grec *psalterion* (d'où la traduction *psaltery* dans la Bible anglaise). Avec sa caisse vers le haut, elle était considérée allégoriquement par les Pères de l'Église comme un instrument divin, par opposition à la lyre (*kithara*), dont la caisse était en bas (et donc terrestre).

Anthony Baines.

BIBLIOGRAPHIE : Florence Gétreau, *Instrumentistes et Luthiers parisiens, XVIIe-XIXe siècles*, ADAC (Paris, 1988). Odette Le Dentu, *A propos de ... la harpe*, Billaudot (Paris, 1984).

Harpe éolienne (du dieu grec Eole, le maître des vents). Instrument à cordes que fait sonner le vent lorsqu'on le place à l'extérieur ou dans l'encadrement d'une fenêtre. Il produit une harmonie assez vague et instable. La caisse de résonance, rectangulaire, mesure jusqu'à 90 cm de long. Placée à la verticale ou à l'horizontale, elle est assez large pour que l'on puisse y tendre une douzaine de cordes en boyau ou en métal (pas trop minces) qui passent sur un chevalet à chaque extrémité. Les cordes sont toutes accordées sur la même note, mais leur épaisseur varie.

On ne sait pas exactement comment se produit le son, mais, selon l'explication la plus répandue, l'air, en se heurtant aux cordes, tourbillonnerait de part et d'autre en les franchissant. Ces tourbillons feraient osciller chaque corde à leur propre fréquence. Si cette fréquence correspond à une fréquence harmonique naturelle de la corde, celle-ci vibre fortement et communique sa note à l'air par l'intermédiaire de la table d'harmonie. Selon les variations de la vitesse du vent, différents harmoniques viennent au premier plan et, les cordes n'ayant pas la même épaisseur, elles produisent chacune un harmonique différent. Comme les cordes sont toutes accordées sur la même note, le résultat final est un accord qui monte et qui descend d'un seul bloc le long de la série harmonique, en fonction des variations de la vitesse du vent. Si le vent souffle plus rapidement, les cordes les plus fines vibrent dans une tessiture située au-dessus du 8e harmonique, dans une zone où les harmoniques sont espacés au maximum d'un ton : ces vibrations ajoutent au son une touche étrangement discordante. Certaines harpes éoliennes possèdent un second jeu de cordes accordées à l'octave inférieure, afin d'épaissir la couleur de l'accord.

La harpe éolienne existe au moins depuis le XVIIe siècle. On en trouve également des variantes en Extrême-Orient. Très en vogue en Europe au cours de la première moitié du XIXe siècle, elle est souvent mentionnée dans les poèmes de Coleridge et de Shelley. Georges Kastner a écrit une longue monographie de cet instrument (Paris, 1856). A Londres, le poète-bottier Robert Blomfield fabriquait des harpes éoliennes pour « la musique de la nature ». Aujourd'hui, l'instrument se fabrique de nouveau.

Anthony Baines.

Harris, Ross (Talbot) (Amberley, Nouvelle-Zélande, 1er août 1945). Compositeur néo-zélandais. Il fait ses études à l'Université de Canterbury et à Victoria University a Wellington, où il est nommé maître de conférences assistant en 1971 ; il est aujourd'hui premier maître de conférences et directeur du studio de musique électronique. Il fut corniste dans l'Orchestre symphonique de Nouvelle-Zélande ; il joue également du tuba et a travaillé dans les studios de musique électronique de Stockholm. Sa musique possède une touche légère et agréable, de la chaleur et le sens de la fantaisie ; il a composé *Games Affair Suite* (1974) pour bande magnétique, *Double Music* (1975), une œuvre pour enfants et orchestre symphonique, *Audi Caelum* (1976) pour trois sopranos et quatre violoncelles, *Echo* (1979) pour trompette et bande magnétique, un *Quatuor à cordes*, de nombreuses musiques de scène et *Spirals* (1981) pour bande magnétique, réalisé à partir d'un ordinateur.

J. M. Thomson.

Harris, Roy (Ellsworth) (Lincoln County, Oklahoma, 12 février 1898 ; Santa Monica, Californie, 1er octobre 1979). Compositeur américain, élève d'Arthur Farwell, Modest Altschuler et Arthur Bliss à Los Angeles. Il travaille également à Paris avec Nadia Boulanger (1926-29) et s'impose dès sa *Symphonie nº 1* (1933), qui propose une écriture symphonique typiquement américaine que cherchaient depuis longtemps d'autres compositeurs de ce pays ; sa *Symphonie nº 3* (1937) est une œuvre classique du même type et l'une des partitions symphoniques américaines les plus souvent jouées. Le style de Harris est ferme et décidé, imprégné de l'atmosphère des hymnes et des chants populaires américains ; il utilise l'orchestre pour créer des effets puissants d'antiphonie massive. En dehors de ses quinze symphonies, il a écrit de nombreuses pages pour orchestre, des pièces chorales, des mélodies et de la musique de chambre. Il a enseigné aux États-Unis dans diverses écoles et universités.

Paul Griffiths.

Harris, (Sir) **William** (Henry) (Londres, 28 mars 1883 ; Petersfield, 6 septembre 1973). Organiste et compositeur anglais. En 1899, il entre au Royal College of Music de Londres, où il est l'élève de Parratt (orgue) et de Charles Wood et Walford Davies (composition). Il occupe des postes d'organiste à la cathédrale de Lichfield, au New College d'Oxford et à Christ Church à Oxford avant d'être nommé, en 1933, à la chapelle St George à Windsor, où il reste pendant près de trente ans. Il a composé de la musique chorale et de la musique religieuse.

Paul Griffiths.

Hart (all.). « Dur » ou « majeur » lorsqu'il s'agit d'un accord, comme *harter Dreiklang,* « accord parfait majeur » ; pour « majeur », dans le sens de tonalité, la langue allemande emploie le mot *dur,* par exemple *E dur,* « mi majeur ».

Härtel, Gottfried Christoph. Voir *Breitkopf & Härtel.*

Hartmann, Karl Amadeus (Munich, 2 août 1905 ; Munich, 5 décembre 1963). Compositeur allemand, élève de Joseph Haas à l'Académie de musique de Munich (1923-27) puis de Hermann Scherchen. Pendant la domination nazie, il se retire de la vie musicale officielle ; il travaille avec Webern en 1941-42. En 1945, il attire à nouveau l'attention sur lui en fondant à Munich la série de concerts Musica Viva, destinés à faire connaître au public la musique de Schoenberg, Stravinski, Bartók et des grands compositeurs du XXe siècle. Ses propres œuvres, notamment ses huit symphonies, révèlent ses sympathies pour les maîtres du XXe siècle, bien que sa réthorique s'inscrive dans la ligne de celle de Bruckner.

Paul Griffiths.

Harty, (Sir) (Herbert) **Hamilton** (Hillsborough, C. Down, 4 décembre 1879 ; Hove, 19 février 1941). Compositeur et chef d'orchestre irlandais. Il fait ses études en Irlande, où il commence une carrière d'organiste avant de s'installer à Londres en 1900. Sa réputation de chef d'orchestre s'impose peu à peu et il est nommé à la tête du Hallé Orchestra de Manchester (1920-33). Il a composé plusieurs œuvres originales, notamment une symphonie irlandaise et des mélodies, mais son nom reste surtout attaché aux orchestrations de la *Fireworks Music* et de la *Water Music* de Haendel.

Paul Griffiths.

Harvard University. Université américaine située à Cambridge, dans le Massachusetts. L'étude de la musique a commencé à se développer dans les universités américaines lorsque le compositeur John Knowles Paine a été nommé assistant à Harvard en 1862. Après Paine, des compositeurs comme Piston, Thompson, Kirchner et Kim et des musicologues comme Apel, Davison, Woodworth, Kinkeldey, Merritt, Forbes, Wolff et Southern ont enseigné à Harvard. Sept des fameuses séries de conférences Charles Eliot Norton, données dans cette université, ont été présentées par des musiciens, en premier lieu par Igor Stravinski en 1939-40. Le département musical a toujours davantage mis l'accent sur la composition et l'érudition que sur la pratique instrumentale, mais les formations de l'université, les « Resident Houses », donnent souvent des concerts qui alternent avec des séries comme celles de la Fromm Music Foundation.

Nym Cooke.

Harvey, Jonathan (David) (Sutton Coldfield, 3 mai 1939). Compositeur anglais. Il fait ses études à l'Université de Cambridge et à celle de Glasgow, puis travaille en privé avec Erwin Stein et Hans Keller avant de devenir l'élève de Milton Babbitt à l'Université de Princeton (1969-70). En 1970, il est nommé premier maître de conférences à l'Université de Southampton. Ses premières œuvres s'inspirent de compositeurs aussi divers que Messiaen, Britten et Stockhausen, mais, depuis son séjour à Princeton, son style a acquis une plus grande unité, influencé par la pensée sérielle de Babbitt. Un grand nombre de ses œuvres importantes, notamment la suite de neuf cantates et la trilogie *Inner Light* pour divers effectifs et bande magnétique (1973-77), se rattachent à des expériences spirituelles profondes. Il est l'auteur de *The Music of Stockhausen* (Londres, 1974).

Paul Griffiths.

Harwood, Basil (Woodhouse, Olveston, Gloucestershire, 11 avril 1859 ; Londres, 3 avril 1949). Organiste et compositeur anglais. Il étudie à Oxford, puis à Leipzig avec Reinecke et Jadassohn. Il passe la majeure partie de sa carrière professionnelle à Oxford, où il est organiste de Christ Church et **choragus* de l'Université. Il a composé de la musique religieuse, des cantates et un concerto pour orgue.

Paul Griffiths.

Háry János. Opéra en un prologue, cinq scènes et un épilogue de Kodály sur un livret de Paulini et Harsányi d'après un poème de Garay, créé à Budapest en 1926. Kodály en a tiré une suite d'orchestre en six mouvements (1927).

Hasse, Johann Adolf (Bergedorf, près de Hambourg, baptisé le 25 mars 1699 ; Venise, 16 décembre 1783). Compositeur allemand issu d'une famille de musiciens, il fait ses études à Hambourg (1714-17) et est engagé comme ténor à l'Opéra de cette ville en 1718. A partir des années 1720 et jusqu'à sa mort, il partage son temps entre des postes à la cour de Dresde, à celle de Vienne et des voyages en Italie, principalement à Naples et à Venise. Extrêmement prolifique, il a composé environ 70 œuvres pour la scène (essentiellement des *opera seria*), une centaine de cantates, plusieurs oratorios, d'innombrables messes et beaucoup de musique instrumentale. Entre 1730 et 1770, il était considéré comme le plus célèbre compositeur d'opéra de l'époque – en tant que Kapellmeister à Dresde, il avait la haute main sur l'opéra.

Pendant longtemps, il a joué un rôle essentiel dans la vie lyrique italienne et a exercé une influence considérable à Vienne sous le règne de l'impératrice Marie-Thérèse. Les opéras de Hasse s'inscrivent dans la lignée du style baroque italien tout en annonçant le style classique, dont la popularité s'était accrue à partir du milieu du XVIIIe siècle. Il était le compositeur préféré de Métastase, le plus grand librettiste italien de l'époque, et a mis en musique la plupart de ses textes, notamment *Catone in Utica* (1731), *Tito Vespasiano* (1735) et *Demofoonte* (1748), ouvrages dans lesquels il sait adapter sa musique à chaque situation dramatique. Son talent, son sens aigu du théâtre, sa faculté d'écrire des parties solistes expressives et lyriques sont à la base de son succès. Sa femme, Faustina Bordoni (Venise, 1700 ; Venise, 4 novembre 1781), était une soprano célèbre et a créé plusieurs rôles des œuvres de Hasse.

Judith Nagley.

Hassler, Hans Leo (Nuremberg, baptisé le 17 août 1562 ; Francfort, 8 juin 1612). Compositeur allemand, l'une des figures majeures de son temps. Deuxième des trois fils d'un organiste de Nuremberg (qui deviendront tous organistes), il est envoyé à Venise en 1584 pour étudier avec Andrea Gabrieli. Il revient en Allemagne deux ans plus tard et devient l'organiste d'Octavian II Fugger, riche banquier d'Augsbourg. Entre 1590 et 1600, il publie beaucoup de musique et acquiert une telle notoriété pour ses madrigaux et ses motets dans le style italien, ainsi que pour sa musique d'orgue, qu'on lui offre plusieurs autres postes. Il reste néanmoins à Augsbourg jusqu'à la mort d'Octavian en 1600, puis décide de retourner à Nuremberg comme organiste de la Frauenkirche, dirigeant également la Musique de la ville. Il quitte Nuremberg en 1604 pour vivre à Ulm (où il se marie à l'âge de 46 ans) et finit sa vie comme organiste au service de l'Électeur de Saxe, à Dresde.

De religion protestante, il publie quelques beaux hymnes et psaumes à la fin de sa vie, et le célèbre choral de la Passion « O Haupt voll Blut und Wunden » est une adaptation de l'une de ses chansons d'amour allemandes. Hassler a été le Thomas Morley de l'Allemagne, composant une excellente musique populaire ; il a beaucoup fait progresser le style italien dans son pays natal. Sa musique, dont il existe une édition intégrale, mériterait d'être sortie de l'oubli dans lequel elle semble tombée aujourd'hui.

Denis Arnold.

Hastig (all.). « Précipité », « impétueux ».

Haultin. Famille de typographes et d'imprimeurs de musique français. Pierre Haultin (mort à ? La Rochelle, ? 1589), était connu à Paris entre 1530 et 1540 comme fondeur de caractères de musique. Il commence à imprimer des recueils de musique à La Rochelle vers 1570, notamment plusieurs éditions du psautier métrique de Marot et de Bèze (1572-86), de la musique vocale sacrée de Lassus et des « chansons spirituelles » de Jean Pasquier (1578). On trouve aussi certains de ses caractères typographiques dans des livres imprimés à Londres par Vautrollier, East & Snodham. Son neveu, Jérôme (célèbre entre 1574 et 1600), reprend la firme en 1590 après avoir travaillé comme fondeur typographe à Londres ; on lui doit, ainsi qu'à ses héritiers, l'impression des psaumes métriques de Claude Le Jeune.

Haupt (all.). « Tête ». *Hauptthema,* « thème principal » d'une œuvre ; *Hauptwerk,* « grand orgue ». Le terme *Hauptstimme* (« voix principale ») a été introduit par Schoenberg pour désigner la partie principale dans une structure polyphonique, indiquée sur la partition par un symbole H. Cette définition de la ligne principale s'est avérée nécessaire lorsque la musique de Schoenberg est devenue si complexe qu'il était difficile de distinguer clairement à quelle partie il fallait donner de l'importance. Voir également *Nebenstimme.*

Hausmusik (all.). Voir *Gebrauchsmusik.*

Haussmann, Valentin (Gerbstedt, près d'Eisleben, 1565-70 ; vers 1614). Compositeur et éditeur allemand qui a beaucoup voyagé en Allemagne, où il a occupé des emplois dans diverses cours et villes. Sa principale activité dans le domaine de l'édition s'est déroulée à Nuremberg. Grand défenseur de la musique italienne, comme Morley en Angleterre, il a publié les œuvres de nombreux madrigalistes célèbres et traduit les textes de pièces de Gastoldi, Vecchi et Marenzio. Il a lui-même composé beaucoup de musique vocale et instrumentale légère, comme des *canzonette* et des danses. Il a également recueilli des œuvres de musique populaire polonaise.

Denis Arnold.

Haut et bas. Termes employés dans la musique instrumentale (surtout la musique de danse), notamment au XVe siècle, pour décrire des instruments ou des groupes d'instruments par rapport à leur niveau dynamique (et non à leur hauteur de son) ; par extension, cette indication s'appliquait aussi à leur fonction. Les instruments « hauts » comme les chalumeaux, les cornets à bouquin, les trompettes à coulisse et les tambours, servaient à l'occasion de cérémonies ou de fêtes en plein air, alors que les instruments « bas », comme les flûtes à bec, les violes, les luths et les harpes, étaient réservés à une musique plus intime. Voir également *Instruments de la Renaissance.*

Hautbois

1. Description
2. Mécanismes
3. Jeu
4. Histoire
5. Répertoire
6. Les hautbois graves
7. Hautbois d'amour
8. Cor anglais
9. Hautbois baryton et heckelphone

1. *Description.* Le hautbois (all. : *Hoboe, Oboe* ; angl. : *oboe* ; ital. : *oboe,* tous prononcés en trois syllabes ; l'ancien terme anglais *hautboy,* dérivé phonétiquement du français, a été remplacé par le terme italien au début du XIXe siècle) est un instrument à vent à anche double, de perce

conique. A l'orchestre, il constitue l'une des quatre couleurs principales du pupitre des bois. Le hautbois est en fait l'instrument sur lequel ce pupitre a été fondé, il y a trois siècles, sa sonorité expressive et poignante venant alors compléter celle des violons. De nombreuses œuvres du XVIIIe siècle ne citent aucun autre instrument de la famille des bois, à l'exception du basson (sa basse naturelle) et une part importante du répertoire soliste du hautbois est constituée d'œuvres du XVIIIe siècle. Dans un premier temps, le hautbois était le seul instrument aigu de la *musique militaire. Il s'adapte mal aux musiques de variétés et aux musiques populaires qui ont vu le jour à partir du jazz, mais au cinéma et à la télévision le hautbois est utilisé en permanence, car il est impossible de reconstituer une qualité sonore analogue et un tel pouvoir d'émotion sans le souffle de l'homme (par des moyens électroniques, par exemple).

Le hautbois mesure un peu moins de 60 cm de long. Avec son anche, il est aussi long que la clarinette, mais à l'orchestre il donne l'impression d'être plus petit, parce que le tube est plus mince et que les doigts de l'instrumentiste s'approchent jusqu'à environ 5 cm du visage. Il est normalement en bois noir africain et se compose de deux corps principaux et d'un pavillon légèrement évasé. L'anche double, dont l'instrumentiste conserve quelques exemplaires dans une petite boîte d'anches, est généralement fabriquée par le hautboïste lui-même (voir *Anche*, 3) ; mais de telles anches sont également en vente dans le commerce et les hautboïstes préfèrent alors les acheter non terminées pour réaliser eux-mêmes le grattage final de la canne.

L'étendue va du si bémol^2 (un ton au-dessous du do médian) au sol^5 au-dessus de la portée (voir *Basson*, 2, où sont comparées les tessitures des deux instruments) ; de nos jours, les compositeurs réclament parfois un la^5 dans les œuvres de grande virtuosité, mais les notes au-dessus du fa^5 sont rares avant le XXe siècle. Selon les écoles instrumentales et la façon de fabriquer les anches, le son, qui reste sans équivoque celui du hautbois, peut varier considérablement d'un instrumentiste à l'autre ; cet éventail a toujours existé, du son argentin au son nasillard, d'un son purement instrumental à un son produit avec un *vibrato* impitoyable. Mozart écrivait à propos du célèbre hautboïste Johann Christian Fischer (1733-1800) que « son son est entièrement nasal et ses notes tenues sont comme le tremblant de l'orgue », alors qu'un des plus grands hautboïstes contemporains, l'Anglais Leon Goossens (1896-1988), captivait les auditeurs, au début de sa carrière, en faisant sonner le hautbois « comme un violon ». Il faut ajouter que, dans le domaine des bois, Goossens a été l'un des premiers grands professeurs à accepter sans préjugé des femmes comme élèves et à les préparer à des carrières professionnelles, leur permettant de partager avec les hommes les postes les plus importants à l'orchestre, non seulement au hautbois mais sur tous les autres instruments de la famille des bois.

2. *Mécanismes*. Le mécanisme moderne des clefs a été élaboré au cours de la première moitié du siècle dernier par des facteurs parisiens ; en raison de la complexité de ce mécanisme, l'instrument coûte plus cher qu'une flûte ou une clarinette de qualité comparable. De nombreux instrumentistes de tous pays continuent à jouer sur des instruments français.

Les systèmes de doigtés varient selon les pays, mais le « système du Conservatoire » (de Paris) reste le plus employé : le si bémol^3 et le do^4, ainsi que leurs octaves, s'obtiennent en abaissant l'index de la main droite alors que, dans le système britannique, il faut lever la plaque du pouce que commande le pouce gauche (indiquée sur la Fig. 1, A) ; cette pièce n'existe pas sur le système français.

Les clefs d'octave constituent une autre variante importante : le hautbois moderne possède deux clefs d'octave pour produire l'octave supérieure (deuxième harmonique). Elles peuvent être simples (clefs séparées pour le pouce et l'index), « semi-automatiques » (sans avoir besoin de relâcher la première lorsqu'on utilise la seconde ; c'est le dispositif le plus prisé dans l'ensemble) ou « entièrement automatiques » (ce qui requiert seulement la clef du pouce, comme sur le saxophone, grâce à un mécanisme de commutation automatique commandé par l'anneau de l'annulaire de la main gauche). La Fig. 1 illustre, sous forme de diagramme, le principe de ces deux derniers mécanismes ; ce type de mécanisme « articulé » est également employé sur le hautbois dans de nombreux pays. Sur certains modèles, les anneaux sont remplacés par des plateaux qui ont parfois une petite perforation au centre. Le système des plateaux est le plus moderne et permet d'améliorer plusieurs trilles, mais il est loin d'avoir remplacé les modèles antérieurs à anneaux, largement répandus, par exemple, dans le domaine éducatif, où ils donnent des résultats très satisfaisants.

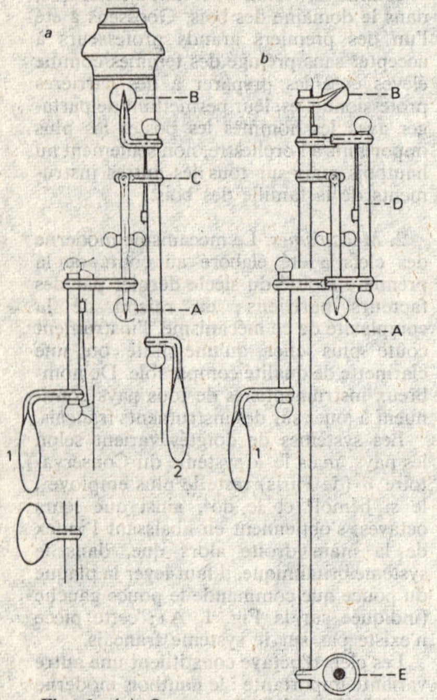

Fig. 1. (a) Octaves semi-automatiques : en enfonçant la clé 1 (pouce gauche) on ouvre A qui reste dans cette position jusqu'à ce que l'on enfonce la clé 2 (index) qui ouvre B et (par l'intermédiaire de C) ferme A. (b) Octaves entièrement automatiques : la clé 1 lève les deux bras fixés à la tige D, ce qui permet à A de monter pendant que B est maintenu en bas par l'annulaire sur l'anneau E ; si on lève ce doigt tout en conservant 1 enfoncé, l'anneau s'élève pour ouvrir B et fermer A.

3. *Jeu.* L'extrémité de l'anche passe entre les dents de l'instrumentiste et les lèvres recouvrent l'ensemble. Tout dépend du souffle et de son contrôle car il faut une pression considérable : l'ouverture de l'anche est très petite et le hautbois utilise en fait très peu d'air. Le hautboïste ne risque pas tant de manquer de souffle que d'avoir à se débarrasser de l'air désoxygéné enfermé dans les poumons. Ainsi, dans un long passage solo comme la célèbre phrase en si mineur du *Lac des cygnes* de Tchaïkovski, le hautboïste peut jouer d'un seul souffle *cantabile* au moins les huit premières mesures, mais il peut être obligé de s'arrêter à un moment ou à un autre pour expirer et reprendre son souffle ; il en va de même dans les longs passages *obbligato* que Bach a écrit pour le hautbois (beaucoup plus que pour tout autre instrument à vent), notamment dans la *Passion selon saint Matthieu.*

4. *Histoire.* « Le hautbois actuel n'a pas quarante ans », disait James Talbot vers 1696, et c'est « une amélioration » par rapport à l'ancien hautbois (voir *Chalumeau*). Le hautbois semble avoir connu ses principales améliorations à Paris sous l'impulsion d'instrumentistes artisans de la Musique royale que dirigeait Jean Hotteterre (mort vers 1678, grand-père du célèbre flûtiste Jacques Hotteterre) : le but consistait à fabriquer un instrument qui conserve une certaine puissance dans les fonctions de cérémonie héritées du chalumeau, tout en ayant aussi une sonorité très douce (« avec une bonne anche et une main habile, aussi doucement que la flûte », ajoute Talbot, le mot « flûte » désignant ici la flûte à bec). La pirouette du chalumeau était abolie, remplacée par une anche plus délicate entièrement contrôlée par les lèvres ; l'instrument lui-même était reconstruit selon le schéma de la Fig. 2, qui reproduit les profils internes : les largeurs sont énormément agrandies, environ huit fois plus que les longueurs, afin de faire ressortir le contraste. La ligne supérieure (C) correspond au profil caractéristique de la perce d'une chalemie soprano, instrument construit dans un seul morceau de bois qui se termine par un pavillon comparable à celui de la trompette avec une série de trous sur le côté. La ligne du bas (H) correspond au hautbois baroque, avec ses trois corps séparés et les trous dont la position est abaissée pour donner une gamme de base de do (au lieu de ré) ; la suppression de la majeure partie de l'extrémité évasée améliore l'équilibre de l'instrument entre les mains. Les perces des deux premiers corps de H sont en

pente plus douce que celle de C et ne se correspondent pas aux jointures : on trouve d'abord un petit « cran » abrupt (A) équivalant à un élargissement de 1,3 mm (en moyenne) de la perce, puis un cran plus important (B) d'environ 3,4 mm à la jointure du pavillon. En dehors des hautbois, d'autres bois de l'époque baroque comportent souvent de petits crans à chaque jointure, mais pas selon ce schéma régulier, qui est resté l'une des caractéristiques des hautbois bien après le début du XIXe siècle. Les trous du corps du haut (1, 2, 3) sont beaucoup plus petits que les trois trous correspondants de la chalemie et la pente du corps du haut est sensiblement plus douce que celle du corps du bas : c'est une zone où la chalemie quintoie mal vers l'octave supérieure, ce qui n'est plus le cas sur le hautbois, grâce aux améliorations apportées. Le corps du bas a subi des modifications moins profondes : les deux crans compensent les pentes plus douces de telle sorte que, vers l'extrémité du pavillon, la largeur de la perce peut atteindre pratiquement celle de la chalemie (juste avant de se terminer par un petit collet vers l'intérieur).

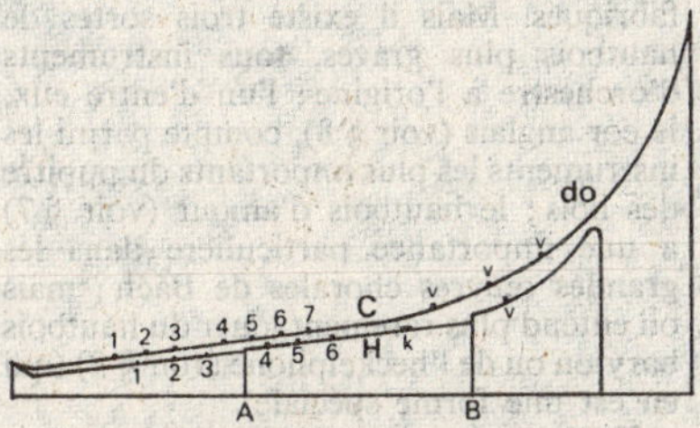

Fig. 2. Comparaison à échelle déformée entre des perces de chalemie soprano (C) et de haubois baroque (H). Les trous sont numérotés; k, clé de do ; *v* trous ouverts en permanence..

Le hautbois baroque possède deux clefs, pour le do grave (qui donne do dièse[4] au registre supérieur) et pour mi bémol – cette dernière étant souvent dupliquée pour les « gauchers », ce qui donne un total de trois clefs. La plupart des hautbois de la période classique ne disposent que de ces deux clefs ; la perce est encore plus étroite dans les deux principaux corps, ce qui donne plus de fluidité en haut de l'étendue – illustrée à merveille par le *Quatuor pour hautbois et cordes* de Mozart, composé en 1781 pour le hautboïste de Mannheim, Friedrich Ramm (1744-après 1808), avec un fa[5], très rare à cette époque.

La tonalité de fa majeur était une tonalité favorite de l'ancien hautbois, bien qu'elle implique des doigtés fourchus pour les principales notes de la gamme, fa, si bémol et do. Le pouvoir expressif de l'instrument dépend beaucoup de la façon dont l'instrumentiste « presse » ces notes, fondamentalement plus faibles, grâce au souffle et à la façon d'équilibrer les autres notes par rapport à elles. (En outre, dans les tonalités diésées, le fa dièse est toujours un peu bas et le do dièse grave n'existe pas.) Aujourd'hui, avec le retour à la mode des instruments baroques et classiques, il est facile de remarquer comme le son est proche de celui des instruments modernes – le violon ramené à son état du XVIIIe siècle et joué dans le style baroque ou classique produit le même effet – et à quel point la qualité et le pouvoir expressif des deux instruments sont comparables. On utilise à présent de nombreux instruments originaux ainsi que de belles copies modernes. On ne possède aucun exemplaire français de la période de Hotteterre ; ceux de Denner de Nuremberg (voir *Clarinette*, 4*a*) comptent parmi les plus anciens. Les grands facteurs de l'époque de Bach et de Haendel étaient Rottenburg (Bruxelles), Stanesby (Londres) et Bizey (Paris) et, pour la période classique, les hautbois de Milhouse, avec le corps du haut droit typique de l'Angleterre, sont les instruments préférés des hautboïstes anglais. Tous ces instruments requièrent des anches fabriquées spécialement pour eux, et, dans l'ensemble, un peu plus larges que les anches modernes.

Dans les années 1820, période qui correspond à la fin de la vie de Beethoven, les facteurs ont ajouté entre six et neuf autres clefs pour offrir des alternatives aux doigtés fourchus. Sans ces clefs, les parties de hautbois des premières œuvres de Berlioz auraient été pratiquement impossibles à jouer en observant toutes les indications de dynamique et d'accentuation notées. Le hautbois que fabrique encore de nos jours le facteur viennois Zuleger est un descendant direct de cette phase de la fin de l'ère classique et c'est sur cet instrument que jouent les plus grands hautboïstes viennois : il est encore classique en ce qui concerne la perce et le son, et se reconnaît aisément à son extrémité supérieure classique en forme d'oignon. Pendant ce temps, les facteurs parisiens commençaient à mettre au point l'instrument moderne. Sur les hautbois de Brod de la fin des années 1830, les crans de la perce et le bourrelet du pavillon ont disparu et, dès 1840, Fr. Triebert fabriquait un modèle très proche de celui qui est resté en fabrication jusque dans les années trente, souvent appelé « système simple » ou « modèle militaire », avec treize clefs et les deux anneaux qui rectifient le fa dièse ; dès 1849, Triebert avait innové avec le plateau du pouce (voir § 2). Le système du Conservatoire ne voit le jour que vers 1870, grâce à son ancien contremaître Fr. Lorée qui, à partir de 1906, réalisera avec l'instrumentiste Gillet le mécanisme à plateaux, beaucoup plus complexe. Auparavant, dès 1840, les facteurs parisiens avaient aussi cherché à redessiner le hautbois pour lui appliquer des doigtés proches du système que Boehm avait découvert pour la flûte (voir *Flûte*, 3), mais les instrumentistes trouvaient le son mauvais et l'on peut dire qu'aucun hautbois « système Boehm » n'a été adopté.

5. *Répertoire.* Les principales œuvres de l'ère baroque sont les sonates en si bémol et en sol mineur de Haendel et ses concertos en sol mineur et en si bémol. Il y a beaucoup d'autres concertos de compositeurs italiens, notamment ceux de Vivaldi, des Besozzi et de Sammartini, ainsi que des concertos de Telemann, Dittersdorf et de compositeurs français comme Corrette et Naudot. Le *Concerto en ré mineur* pour deux violons de Bach a été également publié pour hautbois et violon. Le chef-d'œuvre de la période classique est le *Quatuor pour hautbois et cordes K 370* de Mozart. Son *Concerto en ut majeur K 314* est une version du *Concerto pour flûte en ré*. Il y a d'autres concertos de Fisher, Cimarosa, Krommer et (peut-être) de Haydn.

Le répertoire romantique comprend un concerto léger mais charmant de Bellini et les *Trois Romances pour hautbois (ou violon) et piano* de Schumann. Puis (comme pour la flûte), il y a un « trou » jusqu'à la *Sonate pour hautbois et piano* de Saint-Saëns, qui a été suivie d'une série de concertos de Richard Strauss, Eugene Goossens, Vaughan Williams, Martinů, Milhaud, Ibert (*Symphonie concertante*), des sonates de Poulenc, Dutilleux, Jolivet et Hindemith et plusieurs partitions pour hautbois seul, notamment *Metamorphoses after Ovid* de Britten et *Sequenza VII* de Berio. Quelques œuvres ultramodernes ont été composées par Heinz Holliger (1939) et son école, certaines faisant appel à la « multiphonie » (voir *Instruments à vent*, 7), ou réclamant l'utilisation de postes de radio à transistor, d'une bande magnétique préenregistrée (comme dans *Cardiophonie* de Holliger) ou, comme dans *Tenstudie* de Globokar, d'un micro de contact sur la gorge.

6. *Les hautbois graves.* Contrairement aux flûtes et aux clarinettes, la famille du hautbois ne possède pas d'instrument aigu de tessiture plus élevée que celle du hautbois normal. Une telle évolution aurait pu se produire pendant la grande expansion des musiques militaires, vers 1800, mais le hautbois a alors perdu sa position dominante au profit de la clarinette ; les petits instruments de cette famille ont commencé à éveiller l'intérêt des chefs d'harmonie et ils sont toujours fabriqués. Mais il existe trois sortes de hautbois plus graves, tous instruments d'orchestre à l'origine ; l'un d'entre eux, le cor anglais (voir § 8), compte parmi les instruments les plus importants du pupitre des bois ; le hautbois d'amour (voir § 7) a une importance particulière dans les grandes œuvres chorales de Bach ; mais on entend plus rarement jouer du hautbois baryton ou de l'heckelphone (voir § 9) (qui en est une forme spéciale).

Tous ces instruments se terminent par un pavillon piriforme. L'origine de cette forme est inconnue ; elle modifie certainement le son de la note ou des deux notes qui y passent et influe ainsi sur les couleurs sonores très distinctives de ces instruments, bien que ces couleurs résultent davantage de l'action de la perce (en pente plus douce que celle du hautbois) sur des tessitures plus graves (sauf dans le cas de l'heckelphone).

Les anches de ces instruments sont plus grandes et placées au bout d'un tube métallique recourbé assez mince, appelé bocal ; il permet d'incliner l'instrument vers le bas et d'amener les mains dans une position confortable de jeu. La plupart des hautboïstes possèdent un cor anglais, même s'ils n'en jouent que de temps en temps ; certains d'entre eux ont également un hautbois d'amour, mais les hautbois barytons posent toujours un problème, sauf dans les grands théâtres lyriques qui en possèdent un pour leur propre usage.

7. *Hautbois d'amour* (all. : *Liebesoboe* ; angl. : *oboe d'amore*). Une tierce mineure plus grave que le hautbois (instrument transpositeur en la), il mesure environ 60 cm de long, plus 6 cm pour le bocal. La note la plus grave est le si^2 écrit, qui sonne sol dièse^2 ; mais au XVIIIe siècle, sur les instruments à deux ou trois clefs, il ne descendait qu'au do^3 (sonnant la^2). Le son est voilé et intime, comme l'évoque son nom (à rapprocher de la viole d'amour, dont le nom avait été inventé quelques années auparavant). Le hautbois d'amour est un instrument allemand qui existait en 1719, quatre ans avant que Bach ne commence à écrire pour lui dans la *Passion selon saint Jean*. Il a écrit en tout une soixantaine d'œuvres qui font appel à cet instrument et au moins neuf des instruments originaux qui ont survécu ont été fabriqués à Leipzig à cette époque par Eichentopf, le principal facteur de bois de la ville. Telemann et divers compositeurs allemands de moindre importance ont également écrit pour cet instrument, mais, dès 1780, il est passé de mode. Cent ans plus tard, il a été repris sous une forme moderne pour jouer les œuvres de Bach (à défaut de hautbois d'amour, les parties qui lui sont destinées doivent être jouées sur un hautbois ou, si elles sont trop graves, sur un cor anglais.)

Dans le troisième mouvement des *Images* (*Gigues*), Debussy lui confie un solo « doux et mélodique ». Quelques autres compositeurs ont fait appel à lui, de Richard Strauss (*Symphonie domestique*) et Ravel (*Boléro*) jusqu'à Stockhausen (*Punkte*).

8. *Cor anglais* (all. : parfois *Altoboe* ; amér. : *English horn* ; ital. : *corno inglese*).

(*a*) *Description*. Le cor anglais (instrument transpositeur en fa) est construit une quinte plus bas que le hautbois et mesure 80 cm de long, plus 7,5 cm pour le bocal. (Pour quelques généralités, voir § 6.) La note la plus grave, écrite si^2, sonne mi^2. On entend souvent le bercement de sa riche sonorité à l'orchestre dans de longs solos mélodiques, toujours lents et souvent de caractère pastoral : l'ouverture de *Guillaume Tell* de Rossini, le mouvement lent de la *Symphonie fantastique* et l'introduction de l'air de Marguerite (« D'amour l'ardente flamme ») dans *La Damnation de Faust* de Berlioz ou la longue sonnerie de coulisse du troisième acte de *Tristan et Isolde* de Wagner. (La notation inhabituelle de la partie de *Guillaume Tell*, en clef de fa, montre sans doute que l'instrument était joué, dans un premier temps, par un bassoniste qui lisait les notes avec le doigté du basson.) Parmi les autres grands solos, on ne saurait oublier le mouvement lent de la *Symphonie du Nouveau Monde* de Dvořák, le mouvement lent de la *Symphonie* de Franck, le mouvement lent du *Concerto en sol* de Ravel et *Le Cygne de Tuonela* de Sibelius, qui est virtuellement un récitatif solo ininterrompu pour cor anglais.

(*b*) *Histoire*. Le premier hautbois grave de cette tessiture servait de ténor au hautbois dans la musique militaire à quatre parties – un grand hautbois coudé formant un angle (voir *Musique militaire*, 3 ; *Taille*). En Angleterre, ce hautbois ténor a continué à être fabriqué tout au long du XVIIIe siècle, portant parfois le nom de « *vauxhumane* » (*vox humana*) pour les musiques d'église : les églises de campagne en ont conservé un grand nombre avec d'autres instruments à vent qui étaient certainement joués, dans un premier temps, par les vétérans des musiques militaires d'infanterie du début du XVIIIe siècle.

Le premier cor anglais pour lequel Bach a souvent écrit et qu'il nomme « hautbois da caccia » est différent de ce hautbois ténor. Personne n'a jamais vraiment su à quoi correspondait l'expression « da caccia » (« de chasse ») ; on n'a pas davantage pu expliquer le terme « englisches Horn », trouvé pour la première fois dans une cantate de Tobias Volckmar de 1723. On suppose que les deux termes désignent le même instrument, notamment grâce à deux exemplaires de l'époque de Bach fabriqués par Eichentopf (voir § 7) qui sont courbés et se terminent par un pavillon évasé en cuivre. Sur d'autres exemplaires, le pavillon est en bois et, à partir de 1750, il revêt toujours la forme piriforme actuelle. Pour former la courbure (qui facilite le maniement de l'instrument), le tube en bois, après le forage de la perce, est généralement scié pratiquement de part en part en une trentaine d'endroits le long de ce qui doit devenir l'intérieur de la courbure ; on pratique ainsi des entailles de 0,5 mm de large qui permettent d'imprimer au bois une courbure de 120° . Auparavant, l'intérieur de la courbe est dégauchi pour recevoir une longue éclisse en bois qui est ensuite collée dessus et renforce la partie courbée. Le tube est alors recouvert de cuir. Par la suite, on a fabriqué des instruments composés de deux corps droits formant un angle obtus (comme on en trouve couramment sur les cors de basset ; voir *Clarinette*, 6), mais la forme courbe est restée la plus répandue, même en France ; on a continué à la fabriquer au-delà du milieu du XIXe siècle ; les parties de Rossini et de Berlioz étaient sans doute jouées sur cet instrument et, bien que Brod ait commencé à fabriquer l'instrument droit moderne à partir de 1840 à Paris, il a fallu longtemps pour remplacer le modèle « anglé » avec sa sonorité plutôt douce – qui s'apparente de loin à celle du cor. On dit que le solo de *Tristan et Isolde* aurait été d'abord joué sur cet instrument, mais dans la *Tétralogie*, Wagner se plaint de la faiblesse de sa sonorité et réclame un *Alt-Hoboe* à la sonorité plus puissante, en fait l'instrument moderne.

(*c*) *Répertoire*. A la fin du XVIIIe siècle, à la cour d'Autriche, l'*Harmonie de Schwarzenberg possédait deux cors anglais à la place des clarinettes qui s'étaient imposées couramment ailleurs. Le *Trio op.97* pour deux hautbois et cor anglais de Beethoven est l'une des œuvres de musique de chambre avec cor anglais les plus connues et certains éléments permettent de penser qu'il a été écrit pour les instrumentistes de Schwarzenberg, ainsi peut-être que les *Variations sur « Là ci darem » de Mozart* (également de Beethoven) destinées à la même combinaison instrumentale. On a récemment découvert un joli concerto de Donizetti avec son accompagnement d'orchestre. Puis, au XIXe siècle, il n'y a pas grand-chose avant l'apparition d'œuvres comme le *Trio pour piano, violon et cor anglais* de Tovey, le *Concerto da camera* pour flûte, cor anglais et cordes de Honegger, *The Curlew* pour ténor, flûte, cor anglais et cordes de Warlock, la *Sonate pour cor anglais et piano* de Hindemith, la *Zeitmasse* pour quintette à vent de Stockhausen, où le cor anglais remplace le cor.

9. *Hautbois baryton et heckelphone*. Ces deux instruments sonnent à l'octave inférieure du hautbois. Ils ont été fabriqués à titre expérimental dès l'époque de Denner (il en existe un spécimen de sa propre main). Le hautbois baryton français (*bass oboe* en anglais), mis au point par Brod vers 1825, continue à être fabriqué sur commande, notamment par Marigaux. Au début, le pavillon piriforme était dirigé vers le haut, puis il a été orienté vers le bas. On ne sait pas avec précision si, dans *The Planets*, Holst pensait au hautbois baryton ou à l'heckelphone, instrument plus puissant inventé en 1904 par le célèbre facteur de bassons allemand W. Heckel : 1,20 m de long, la note la plus grave étant le la^2 écrit (sonnant la^1) avec une perce large et une pente plus abrupte que sur le hautbois. Richard Strauss l'a utilisé dans *Salomé* et dans *Elektra* (mais il ne figure pas dans la partition de poche qu'il avait lui-même révisée) ; Delius y fait appel dans *A Dance Rhapsody n° 1*. Hindemith a composé un *Trio pour alto, heckelphone et piano op.47* (1929). L'heckelphone n'est fabriqué que sur commande : en 1979, il n'y avait que trois heckelphones en Grande-Bretagne.

Anthony Baines.

BIBLIOGRAPHIE : F. Fleurot, *Les Hautbois dans la musique française (1650-1800)*, Picard (Paris, 1984). Gunther Joppig, *Hautbois et Basson*, Payot/Van de Velde (Lausanne/Paris, 1981).

Haute-contre. Voix masculine dont la tessiture est encore plus aiguë que celle de ténor (ou instrument de tessiture analogue). Il ne s'agit ni d'une voix de castrat, ni d'une voix de fausset. C'était la principale voix d'homme dans l'opéra français de Lully à Rameau ; vers 1820, elle a été remplacée par la voix de ténor normale. Son étendue était à peu près $ré^2$-si^3. Après avoir disparu pendant près de deux siècles, ce type de voix a réapparu avec Alfred Deller, qui a fait beaucoup d'émules.

Haute danse. Contraire de la *basse danse : il s'agit d'une danse dans laquelle les danseurs soulevaient les pieds au lieu de les maintenir près du sol.

Haute fidélité (angl. : *high fidelity*, abr. *hi-fi*). Terme dont l'apparition correspond à celle du microsillon et de la modulation de fréquence et qui traduit une certaine qualité de reproduction sonore, tant dans le domaine du disque, de la bande magnétique que dans celui du film. Ce terme s'applique également aux appareils de reproduction sonore.

Havanaise. Voir *Habanera.*

Hawkins, (Sir) **John** (Londres, 29 mars 1719 ; Londres, 21 mai 1789). L'un des premiers musicologues anglais. Fils d'un maître de la corporation des chemisiers, il devient avoué et consacre une partie de ses loisirs à la musique. En 1750, il épouse la fille d'un avoué qui fait subitement fortune. Hawkins, qui était alors magistrat et considéré comme un homme important par les services qu'il avait rendus à la collectivité, abandonne sa carrière juridique. Ses activités lui vaudront d'être fait chevalier en 1772.

A partir de 1761 environ, il effectue des recherches dans le domaine de l'histoire de la musique qui le mènent à écrire *A General History of the Science and Practice of Music* (cinq volumes, Londres, 1776), publiée juste après l'histoire de la musique de Charles Burney. Cette dernière est sans aucun doute mieux construite et a bénéficié des connaissances musicales plus approfondies de Burney ainsi que de ses recherches à l'étranger. Néanmoins, l'ouvrage de Hawkins comporte beaucoup d'informations utiles, particulièrement sur la musique du début du XVIIIe siècle. Hawkins est mort d'une attaque et a été enterré dans le cloître de l'abbaye de Westminster.

Denis Arnold.

Hay [haye, hey]. Danse de la fin du XVIe siècle mentionnée par Thoinot Arbeau dans son *Orchésographie* (1588) : une chaîne de danseurs se suivant en faisant diverses figures et finissant par former un cercle. L'origine du nom est inconnue. Le Dr Johnson suppose, dans son Dictionnaire (1755), qu'il provient de la pratique de la danse autour d'une petite meule de foin, mais d'autres musicologues pensent qu'il viendrait du mot français « haie », car les danseurs étaient alignés en rangées formant des haies.

Haydn, (Franz) **Joseph** (Rohrau, Basse-Autriche, 31 mars 1732 ; Vienne, 31 mai 1809). Compositeur autrichien. Sa famille était originaire d'une région d'Autriche qui avait accueilli de nombreux immigrants au cours des siècles (Hongrois, Slovaques, Croates, etc.) et les origines de Haydn ont donné lieu à d'abondantes controverses. Certains ont prétendu qu'il était en fait croate ou tchèque mais, dans les années trente, les musicologues allemands ont cherché à tout prix à prouver son ascendance allemande. Mais ce genre de discussion est surtout réservé à ceux qui accordent une primauté à la race sur l'environnement pour déterminer les caractéristiques d'un artiste. Il faut tenir compte du fait que Haydn est né dans une communauté rurale où la musique populaire slave occupait certainement une place importante et que, d'autre part, il a reçu une éducation essentiellement urbaine et autrichienne.

1. *La jeunesse à Vienne.* Le père de Haydn, un maître charron respecté au sein de sa communauté, vivait modestement mais sans être dans le besoin. Sa mère, maîtresse de maison très pieuse, souhaitait au moins voir l'un de ses enfants devenir prêtre ; c'est sans doute la raison pour laquelle Haydn fut envoyé dans une école religieuse, près de Hainburg.

Il semble y avoir reçu des bases musicales solides et lorsque Georg Reulter, Kapellmeister de la cathédrale Saint-Étienne de Vienne, se rend à Hainburg pour y recruter de nouveaux choristes, le prêtre de la paroisse lui recommande le jeune Joseph. Haydn part pour Vienne en 1740. A la maîtrise, les conditions d'existence étaient certainement dures, mais Haydn y acquiert une bonne expérience pratique de chanteur et de violoniste. Néanmoins, au moment de la mue, Reutter profite du fait que Haydn avait joué un tour à un autre choriste, pour le renvoyer.

Les années suivantes, à partir de 1749, sont difficiles pour Haydn, qui n'est ni un interprète brillant ni complètement formé à l'art de la composition. Il survit en participant à des sérénades et à des danses ainsi qu'en enseignant. A cette époque, il est presque uniquement autodidacte : il étudie les ouvrages théoriques de Fux et de Mattheson, jusqu'à ce qu'il ait la chance de rencontrer le plus célèbre librettiste du XVIIIe siècle, Métastase. Haydn est engagé pour donner des leçons à la fille d'un ami de Métastase, qui travaillait également avec le célèbre chanteur Porpora. Celui-ci enseigne à Haydn la composition en échange de quelques menus services. Peu à peu, Haydn parvient ainsi à mener une existence plus tranquille. Grâce à ces relations, il obtient à l'âge de 26 ans son premier poste permanent comme directeur de la musique et compositeur du comte Morzin, un noble qui réside à Vienne l'hiver et à Lukavec, en Bohême, l'été. A cette époque, Haydn a déjà composé beaucoup de musique, dans tous les genres, notamment de la musique religieuse et quelques sérénades pour instruments à vent ; au service du comte Morzin, il termine sa *Symphonie nº 1* (Hob.I, 1 ; pour la numérotation des œuvres de Haydn, voir *Hoboken*).

En 1760, Haydn épouse Maria Anna Keller (la sœur d'une élève dont il était tombé amoureux, mais qui était devenue religieuse), union malheureuse à bien des égards car sa femme comprenait mal la musique et, en fin de compte, semble l'avoir aimé assez peu. Il est possible qu'elle ait eu quelques raisons d'être jalouse dès les premières années de leur mariage. En 1760, Morzin est obligé de se séparer de ses musiciens pour des raisons financières. Toutefois, l'un de ses amis, le prince Paul Anton Esterházy, qui avait entendu parler de la musique de Haydn, l'engage en 1761 comme adjoint de son vieux Kapellmeister, G. J. Werner.

2. *Eszterháza : 1761-90.* Haydn reste au service de la famille Esterházy jusqu'à la mort du successeur de Paul Anton, le prince Nicolas Joseph, en 1790. Les conditions de travail qu'il trouve dans cette maison influenceront beaucoup le style de sa maturité. Le château des Esterházy est situé à Eisenstadt, à une cinquantaine de kilomètres de Vienne, mais au cours des premières années que Haydn passe au service de cette famille, le prince Nicolas conçoit l'idée de construire un palais d'été sur l'emplacement d'un pavillon de chasse, à Eszterháza. Il le fait bâtir à l'échelle de Versailles et le résultat s'avère tellement magnifique que la famille s'y installe une grande partie de l'année. Haydn se retrouve ainsi très isolé.

La musique de la cour des Esterházy se compose à l'époque de Haydn d'instrumentistes et de chanteurs de premier ordre, mais comparés à ceux des orchestres et des théâtres lyriques des grandes villes européennes visitées par Mozart, les moyens dont dispose Haydn semblent très modestes. Par ailleurs, son protecteur est extrêmement musicien : il joue du *baryton et possède une culture musicale raffinée, ce qui n'oblige pas Haydn à composer des œuvres populaires comme il aurait certainement été amené à le faire s'il avait eu un public plus nombreux à satisfaire. Haydn est chargé de l'administration, de la composition et de la direction de concerts réguliers et, même s'il fait partie de la domesticité, il jouit d'une très grande estime ; il semble, du moins dans un premier temps, avoir apprécié les conditions de travail à Eszterháza.

Pendant les années passées au service des Esterházy, comme suppléant officiel de Werner, Haydn compose principalement de la musique instrumentale et il excelle surtout dans le domaine de la symphonie. Sans apporter d'innovations frappantes, il conserve un style personnel tant dans le domaine de la forme que sur le plan du style ; il a recours à des instruments *concertante*, parfois à une orchestration inhabituelle ou à un argument thématique précis. Sa personnalité musicale semble évoluer dans une nouvelle voie entre 1766 et 1772 – période souvent décrite comme les années de « Sturm und Drang » de Haydn, pour reprendre le titre du mouvement littéraire qui n'a toutefois vu le jour que quelques années plus tard. On ne sait pas si ce changement est né d'une crise spirituelle, mais la musique de cette période montre une nouvelle intensité et un côté spirituel nouveau, surtout dans le domaine des quatuors à cordes. Les quatuors op.20 (les *Quatuors « Soleil »*) sont révolutionnaires pour l'époque : une forte intégration thématique, un contrepoint qui donne une importance égale à toutes les parties instrumentales, des scherzos rapides qui remplacent les élégants menuets et des finales fugués. Les symphonies de cette période (Hob.I, 25-49, dont certaines étaient déjà achevées avant 1766) font appel à des moyens plus marqués pour réaliser leur but, notamment les tonalités mineures et une orchestration frappante : le finale de la *Symphonie « Les Adieux »* est le plus remarquable à cet égard. La manière est tendue et le style peu galant. Haydn élabore aussi une sorte de style de cérémonie dans certaines symphonies comme *Marie-Thérèse* (Hob.I, 48), où les trompettes et les tambours donnent un nouvel éclat sonore. C'est à cette époque que Haydn commence à attirer l'attention au-delà des frontières autrichiennes.

Au cours des années qui suivent cette évolution, Haydn ne consolide pas son acquis dans le domaine symphonique, mais il se consacre au nouvel opéra d'Eszterháza. Le prince Nicolas, qui a construit un théâtre destiné à la fois aux pièces dramatiques et à l'opéra, demande à Haydn de lui fournir un répertoire substantiel. Il passe la majeure partie de son temps à répéter et à diriger un grand nombre d'opéras d'autres compositeurs, auxquels il ajoute parfois de nouveaux airs à la convenance des chanteurs. Il compose lui-même plusieurs ouvrages, allemands et italiens, qui sont loin de manquer d'intérêt. L'oubli relatif dans lequel ils sont tombés aujourd'hui est surtout dû au succès des opéras de Mozart qui les ont éclipsés. Ils contiennent pourtant quelques très belles pages, et cette expérience acquise par Haydn dans le domaine lyrique lui permettra d'enrichir le contenu émotionnel de sa musique instrumentale, nouvelle orientation qui ressort particulièrement dans les quatuors op.33 (les *Quatuors « Russes »*) publiés en 1782 : il maîtrise alors parfaitement le style de ses quatuors op.20, de dix ans antérieurs. Haydn disait lui-même que ces quatuors étaient « écrits d'une manière nouvelle et spéciale » et on peut les considérer comme les premiers véritables chefs-d'œuvre du genre, inspirant à Mozart la composition de ses *Quatuors « A Haydn »*. Entre 1773 et 1782, les symphonies de Haydn semblent moins intéressantes (Hob.I, 50-78), mais certaines caractéristiques de sa dernière manière commencent à apparaître : introductions lentes, finales en rondo passionnants, mouvements lents en forme de variations.

Un certain nombre de ces symphonies sont jouées hors de la cour des Esterházy et les commandes commencent à arriver. Haydn reçoit une commande inhabituelle de sept adagios pour accompagner les méditations de la cérémonie des Sept Dernières Paroles du Christ à la cathédrale de Cadix. Il compose la version symphonique en 1785 ou 1786, puis en réalise une version pour quatuor à cordes. Des symphonies lui sont commandées par les organisateurs du Concert de la Loge Olympique à Paris en 1784, où son *Stabat Mater* a été accueilli avec enthousiasme au Concert spirituel quelques années auparavant ; des invitations analogues lui sont lancées par divers imprésarios et éditeurs londoniens. Le roi de Naples lui demande également d'écrire des concertos pour *lira organizata* (« lyre organisée ») et il est élu membre de l'Accademia filarmonica de Modène.

A l'impulsion donnée par cet horizon élargi s'ajoutent des relations de plus en plus suivies avec Mozart qu'il rencontre fréquemment au cours d'un séjour prolongé à Vienne, pendant l'hiver 1784-85. Ils jouent ensemble des quatuors et se vouent une admiration profonde et réciproque. Il ne fait aucun doute que Haydn, pourtant l'aîné de Mozart de près de vingt-cinq ans, a été profondément marqué par la musique de son cadet. Les *Symphonies « Parisiennes »* (Hob.I, 82-87) font preuve d'une nouvelle maturité où transparaissent tous ces éléments. Une impression d'envergure ressort des introductions lentes de plus en plus généralisées, des longs finales, des menuets qui se sont détachés de la simplicité de la musique de danse et de la grandeur de l'orchestration, digne des œuvres écrites pour l'un des plus grands et des meilleurs orchestres d'Europe. Haydn continuera à composer des œuvres dans cette veine jusqu'à la fin de la décennie : notamment les *Symphonies Hob.I, 88-92* et les deux séries de *Quatuors à cordes op.54 et 55*, qui sont antérieurs à l'important changement de mode de vie que va connaître Haydn, le premier en trente ans.

3. *Les voyages à Londres.* En septembre 1790, le prince Nicolas meurt. Son successeur, le prince Anton, ne s'intéresse pas à la musique et renvoie la majeure partie des musiciens qui étaient au service des Esterházy. Il conserve Haydn pour un salaire symbolique mais lui demande peu de chose en échange. Haydn s'accommode fort bien de cette situation : en plus de ce salaire, raisonnable pour ce qu'il a à faire, son ancien protecteur lui a laissé une pension et il voit s'ouvrir devant lui d'intéressantes perspectives d'engagements dans les plus grandes villes européennes. Sur le plan social, l'avenir semble

également assuré. Il s'est fait de nombreux amis dans la bourgeoisie de Vienne, notamment la femme d'un médecin, Marianne von Genzinger, qui l'entoure de flatteries et de tendresse dans sa confortable demeure et dont il tombe amoureux.

Les propositions de voyage arrivent immédiatement : l'imprésario et violoniste londonien Johann Salomon vient le voir et lui offre un minimum de 1 200 livres pour un nouvel opéra, six symphonies et vingt œuvres de plus modestes dimensions qu'il viendra lui-même diriger à Londres. Haydn accepte et arrive dans la capitale anglaise le 1er janvier 1791. Il est présenté à la cour, reçoit un doctorat honorifique de musique à Oxford (la *Symphonie « Oxford » Hob.I, 92*, qu'il présente alors, avait été composée en 1789) et entre dans la société londonienne. Ses symphonies remportent un tel succès qu'il décide de rester une deuxième saison et est même tenté de s'installer définitivement à Londres.

Néanmoins, après les concerts de 1792, Haydn retourne à Vienne et c'est à cette époque que Beethoven devient son élève. Malgré une estime mutuelle, les leçons ne sont pas un succès et prennent fin peu de temps avant que Haydn ne retourne à Londres en 1794. Il y compose ses dernières symphonies. Malgré beaucoup de points communs avec celles qu'il avait écrites pour Paris, les douze *Symphonies « Londoniennes »* (composées lors de ses deux séjours) sont plus profondes et plus subtiles ; elles correspondent aux goûts de ceux qui apprécient les quatuors, le sens de l'argument symphonique étant souvent aussi développé que dans les quatuors de l'op.33. On y trouve un peu de l'humanitarisme de Mozart car, même si elles manquent de profondeur tragique (il ne cherche pas à égaler la grande *Symphonie en sol mineur*), elles associent merveilleusement sérénité, esprit et chaleur – qualités que les œuvres symphoniques antérieures de Haydn ne possèdent pas aussi intensément. Avec celles de Mozart, elles représentent les sommets de la symphonie du XVIIIe siècle.

4. *Les dernières années : 1795-1809.* Haydn retourne à Vienne en 1795, assez riche et nanti d'une renommée internationale. A la mort du prince Anton, le nouveau prince Esterházy, Nicolas, souhaite vivement le voir reprendre ses fonctions et il partage son temps entre Eisenstadt et Vienne. Dans l'ensemble, leurs relations ne sont pas très heureuses, mais les fonctions de Haydn ne sont pas très accaparantes et il peut s'occuper de ses propres intérêts. Il doit composer une messe chaque année pour la fête de la princesse (8 septembre) ; entre 1796 et 1802, Haydn écrit une série de chefs-d'œuvre. Dans les messes « Nelson », « Maria Theresia », « In tempore belli » et de la « Création », il parvient à utiliser la forme symphonique à l'orchestre tout en respectant les textes et en tirant le meilleur parti des sonorités chorales.

L'intérêt de Haydn pour la musique chorale s'était éveillé lors de sa première visite à Londres, lorsqu'il avait assisté à l'un des concerts commémoratifs de Haendel à l'abbaye de Westminster. Ce concert l'avait beaucoup ému et cette expérience, renforcée par sa collaboration avec un musicien amateur, le baron von Swieten, lui a inspiré deux oratorios à la manière anglaise, par opposition à la manière italienne, c'est-à-dire dans lesquels le chœur se voit confier un rôle important au lieu d'écrire essentiellement dans le style de l'*opera seria*, basé sur l'aria. Il compose *Die Schöpfung* (« La Création »), achevée en 1798, sur une traduction de von Swieten d'un livret qui aurait été soumis à Haendel ; les éléments lyriques qu'on y trouve proviennent essentiellement du singspiel. Les grands chœurs, parfois simples comme des hymnes, parfois élaborés avec des parties solistes, sont conçus dans le style de ceux des messes, mais les mouvements fugués sont un véritable hommage à Haendel. L'écriture orchestrale, avec de charmants effets programmatiques, est plus imaginative dans *La Création* que dans toute autre œuvre de Haydn et fait penser à Mozart. *Die Jahreszeiten* (« Les Saisons », 1801), dont le livret est moins strictement structuré, s'inscrit dans la même veine et constitue également une œuvre magistrale.

Jusqu'alors, Haydn s'était presque exclusivement consacré au travail, mais à partir de 1802, âgé alors de 70 ans, il perd peu à peu de son énergie. Pendant les années qui suivent son retour d'Angleterre, il continue à composer des quatuors dans lesquels il traduit ses idées les plus originales – notamment dans la série publiée sous l'op.76 et l'op.77. Ces huit quatuors, avec leur richesse harmonique, leur développement thématique et une tendance à traiter le menuet comme un scherzo, sont très proches de la manière de Beethoven, ce qui est remarquable pour un compositeur du XVIIIe siècle formé dans le style galant. Sa dernière œuvre est un quatuor à cordes inachevé (op.103), composé en juin 1803. Sa santé décline ensuite brusquement. Il est dégagé de ses fonctions auprès de la famille Esterházy. Il continue à assister aux exécutions de ses œuvres et à recevoir beaucoup de visiteurs, mais il mène une vie de plus en plus calme.

L'invasion de l'Autriche par Napoléon, en 1809, réduit les activités musicales à Vienne et Haydn meurt paisiblement pendant son sommeil, un garde d'honneur devant sa maison. Ses funérailles seront modestes par la force des choses, mais son corps sera exhumé à la demande du prince Nicolas et déposé à la Bergkirche, à Eisenstadt. Les frères de Haydn, Michael (voir plus bas) et Johann ont été les principaux bénéficiaires de son testament, mais il a également fait preuve de générosité envers ses serviteurs et ses relations plus éloignées.

5. *Réputation.* Haydn ayant connu la célébrité de son vivant, un grand nombre de ses œuvres étaient publiées et même plagiées à l'étranger ; sa musique aurait donc dû survivre plus longtemps que les œuvres de la plupart de ses contemporains. Mais ce ne fut pas le cas, car les goûts changèrent rapidement après sa mort. Alors que certains opéras de Mozart pouvaient être interprétés dans un style romantique, peu d'œuvres de Haydn – à l'exception des oratorios – correspondaient à la mode de l'extrême et de l'inhabituel. L'image familière de « Papa Haydn », raisonnable et sans révolte, l'a fait paraître assez morne à côté de Mozart et de Beethoven et seuls de véritables musiciens ont su apprécier son œuvre. Les quatuors à cordes, royaume du connaisseur, ont mieux survécu et quelques-unes des *Symphonies « Londoniennes »* se sont maintenues au programme des concerts. Toutefois, même à la fin du XIXe siècle, le grand public n'appréciait pas vraiment l'œuvre de Haydn et, alors que Bach et Haendel avaient trouvé quelques musicologues enthousiastes décidés à publier des éditions intégrales de leurs œuvres, Haydn n'a connu cet honneur qu'en 1907 – et l'édition définitive entreprise par Jens Peter Larsen en 1958 n'est pas encore terminée.

Haydn est l'un des compositeurs les plus talentueux de tous les temps, mais il n'est pas certain qu'il acquerra un jour une véritable notoriété dans le grand public. On peut seulement affirmer que tout ceux qui apprécient la musique en elle-même, et non simplement comme support de symboles ou de messages, découvriront des richesses inépuisables dans les œuvres de Haydn.

Denis Arnold.

BIBLIOGRAPHIE : Pierre Barbaud, *Haydn*, Seuil, coll. Solfèges (Paris, 1957, rééd. 1983). Stendhal, *Vies de Haydn, de Mozart et de Métastase* (Paris, P. Didot l'Aîné, 1814), rééd. Les Introuvables (Plan-de-la-Tour, 1978). Marc Vignal, *Joseph Haydn*, Fayard (Paris, 1987).

Haydn, Michael (baptisé à Rohrau, Basse-Autriche, le 14 septembre 1737 ; Salzbourg, 10 août 1806). Compositeur autrichien, frère cadet de Joseph Haydn. Comme lui, il est enfant de chœur à la cathédrale Saint-Étienne de Vienne, puis congédié lorsque sa voix mue. Pendant quelques années, il traverse ensuite une période difficile comme musicien indépendant. En 1757, il est nommé Kapellmeister de l'évêque de Grosswardein (alors en Hongrie ; aujourd'hui Oradea en Roumanie), où il reste jusqu'en 1763. Il devient alors Konzertmeister de l'archevêque de Salzbourg, ville où il demeurera jusqu'à la fin de ses jours : il est nommé organiste à la Dreifaltigkeitskirche en 1777 et, en 1781, succède à Mozart comme organiste à la cathédrale de Salzbourg.

Michael Haydn a composé de la musique de chambre et des symphonies intéressantes, sans toutefois posséder le génie de son frère pour le développement des thèmes et la construction de vastes mouvements. Mais, de son vivant, on le considérait comme meilleur compositeur de musique religieuse que Joseph, car il maîtrisait à merveille l'ancien style *a cappella*. Il a aussi écrit d'impressionnantes messes de cérémonie avec orchestre et solistes, notamment la *Messe « Espagnole »*, commandée par la cour d'Espagne en 1786. Au nombre de ses élèves, on peut citer Diabelli et Weber. Il a été nommé membre de l'Académie royale de musique de Suède en 1804.

Denis Arnold.

Haydn, Quatuors à. Surnom de six quatuors à cordes de Mozart dédiés à Joseph Haydn : n° 14 en sol majeur K 387 (1782), n° 15 en ré mineur K 421 (1783), n° 16 en mi bémol majeur K 428 (1783), n° 17 en si bémol majeur K 458 « La Chasse » (1784), n° 18 en la majeur K 464 (1785) et n° 19 en ut majeur K 465, « Les Dissonances » (1785). Haydn tenait la partie de premier violon lors des exécutions qui eurent lieu dans la maison de Mozart (qui tenait la partie d'alto).

Hayne van Ghizeghem (vers 1445 ; avant 1497). Compositeur franco-flamand, contemporain d'Ockeghem, qui a passé au moins quinze ans au service de Charles le Téméraire, duc de Bourgogne. Ses rondeaux ont connu beaucoup de succès à la fin du XVe et au début du XVIe siècle et ont servi de modèles à un grand nombre de ses successeurs.

John Milsom.

Hb. Abréviation pour *Hoboe* (all.), « hautbois ».

Head, Michael (Dewar) (Eastbourne, 28 janvier 1900 ; Le Cap, 24 août 1976). Compositeur anglais. Il étudie la composition avec Frederick Corder à la Royal Academy of Music de Londres (1919-25) où il retourne en 1927 pour enseigner le piano. Il y est également examinateur et participe à de nombreux jurys. Sa réputation de compositeur repose sur une centaine de mélodies, écrites avec un excès de délicatesse qui rappelle Finzi ; il a écrit la plupart d'entre elles pour les chanter lui-même en s'accompagnant au piano.

Paul Griffiths.

Hear my Prayer (*Hör mein Bitten, Herr*). Psaume 55 de Mendelssohn, pour soprano, chœur et orgue, composé en 1844 pour les concerts de Bartholomew à Crosby Hall, à Londres, où il a été exécuté pour la première fois en 1845.

Heart of Oak. Chant patriotique tiré de la pantomime *Harlequin's Invasion*, écrit par Garrick en 1759 sur une musique de Boyce. Il s'agit d'un chant d'actualité qui fait allusion à « this wonderful year » (« cette merveilleuse année » : les victoires de Minden, Quiberon Bay et Québec). Il porte parfois le titre erroné de « Hearts of Oak ».

Hébrides, Les. Voir *Grotte de Fingal.*

Heckelphone. Voir *Hautbois*, 9.

Heftig (all.). « Violent », « impétueux ».

Hegel, Georg Wilhelm Friedrich. Voir *Esthétique musicale*, 3.

Heidenröslein. Lied pour voix et piano de Schubert (D 257) sur des paroles de Goethe, composé en 1815.

Heiligmesse (« Sainte Messe »). Surnom de la *Messe n° 10 en si bémol* de Haydn, composée en 1796. Ce surnom provient du traitement spécial des mots « Saint, Saint » dans le Sanctus.

Heiller, Anton (Vienne, 15 septembre 1923 ; Vienne, 25 mars 1979). Compositeur et organiste autrichien, élève de Friedrich Reidinger (théorie) et de Bruno Seidlhofer (orgue) à l'Académie de musique de Vienne (1941-42), où il est nommé professeur d'orgue en 1945. Interprète reconnu de Bach, sa musique, qui comprend des œuvres chorales religieuses et l'oratorio profane *François Villon* (1956), trahit l'influence de Bach et de Hindemith.

Paul Griffiths.

Heinichen, Johann David (Krössuln, près de Leipzig, 17 avril 1683 ; Dresde, 16 juillet 1729). Compositeur et théoricien allemand. Fils d'un pasteur luthérien, il fait ses études à l'Université de Leipzig ; il est juriste à Weissenfels pendant quelques années avant de se consacrer à la musique. Il passe quelque temps à Venise, où sont créés deux de ses opéras et, en 1717, entre au service de l'Électeur de Saxe à Dresde. Il compose quelques opéras dans le style galant qui remportent un certain succès, de nombreux concertos et des sonates en solo et en trio ; mais il est surtout connu de nos jours pour son traité sur la réalisation de la basse chiffrée.

Denis Arnold.

Heiss (all.). « Chaud », « ardent ».

Heiter (all.). « Joyeux » ou « clair ».

Heldenleben, Ein (« Une vie de héros »). Poème symphonique op.40 de

Richard Strauss, composé en 1897-98. Le héros est Strauss lui-même et l'une des six parties de l'œuvre contient plusieurs autocitations.

Heldentenor (all.). « Ténor dramatique » ; voix de ténor large et puissante convenant à des rôles aussi lourds que Siegfried dans la *Tétralogie* de Wagner.

Hell (all.). « Clair », « brillant ».

Hellendaal, Pieter (baptisé à Rotterdam le 1er avril 1721 ; Cambridge, 19 avril 1799). Violoniste, organiste et compositeur hollandais, élève de Tartini en Italie. Dès 1744, il revient en Hollande, à Amsterdam. En 1752, il donne quelques concerts à Londres, où il décide de s'installer ; il est nommé organiste de Pembroke College, à Cambridge, en 1762. Professeur célèbre, il participe activement à la vie musicale de Cambridge, d'Oxford et de Norwich. Il est l'auteur de deux livres de sonates pour violon (Amsterdam, vers 1745, vers 1750), de *Six Grands Concertos* et de *Six Solos* pour violon (Londres, 1758, 1761) et de *Eight Solos for the Violoncello with a Thorough Bass* (« Huit Solos pour violoncelle avec basse continue », Cambridge, vers 1780).

Wendy Thompson.

Heller, Stephen [István] (Budapest, 15 mai 1813 ; Paris, 14 janvier 1888). Pianiste et compositeur français d'origine hongroise. Une tournée de concerts à l'âge de quatorze ans le rend si anxieux qu'il fait une dépression nerveuse. Il obtient ensuite un poste de professeur de piano dans une famille aisée d'Augsbourg, puis s'installe à Paris, où il est critique et compose de la musique populaire pour les amateurs de piano. Apprécié de Schumann, aux miniatures duquel les siennes ressemblent, il compose également des œuvres plus importantes, sonates et concertos, qui ont complètement disparu du répertoire. Les seules pages qui aient survécu sont quelques études utiles à l'enseignement du piano.

Denis Arnold.

BIBLIOGRAPHIE : Stephen Heller, *Lettres d'un musicien romantique à Paris* (éd. par Jean-Jacques Eigeldinger), Flammarion (Paris, 1981).

Hely-Hutchinson, (Christian) Victor (Le Cap, 26 décembre 1901 ; Londres, 11 mars 1947). Compositeur anglais. Il fait ses études à Oxford et au Royal College of Music de Londres. En 1922, il est nommé maître de conférences à l'Université du Cap, mais en 1926 retourne définitivement en Angleterre et entre à la BBC. Il devient professeur de musique à l'Université de Birmingham en 1934 et retourne à la BBC comme directeur de la musique (1944-47). Il est l'auteur de *A Carol Symphony*, d'œuvres de musique de chambre et de mélodies légères.

Paul Griffiths.

Hemidemisemiquaver (angl.). « Quadruple croche ».

Hémiole [hémiolia]. Terme dérivé du grec *hemiolos*, « un et demi », qui correspond au rapport 3 : 2. Dans la notation musicale moderne, on parle d'hémiole lorsque deux mesures à trois temps (comme 3/2) sont jouées comme si elles étaient notées sous la forme de trois mesures à deux temps (6/4) ou inversement (Ex. 1). Ce procédé rythmique est très fréquent dans la musique baroque, particulièrement dans la *courante. Par la suite, Schumann et surtout Brahms s'en sont également servi.

Ex. 1. (a) Courante de la Suite française no 3 *de Bach. (b) Finale du* Concerto pour violon *de Sibelius.*

Aux débuts de la musique mensuraliste, une situation équivalente prévaut lorsque trois notes imparfaites sont substituées à deux notes parfaites (voir *Notation*, 4*a*). Dans la théorie musicale ancienne, l'hémiole désigne un intervalle de quinte : le rapport des deux longueurs de corde vibrante qui produisent cet intervalle est 3:2.

Henderson, (James) **Fletcher** (Cuthbert, Georgie, 18 décembre 1898 ; New York, 29 décembre 1952). Musicien de jazz noir américain. Il fait des études de chimie, mais abandonne cette discipline pour la musique en même temps que son frère Horace. Il devient un excellent accompagnateur, jouant du piano pour plusieurs chanteurs de blues célèbres, notamment Bessie Smith, Ma Rainey, Trixie Smith, Ida Cox et Alberta Hunter. En 1932, il forme un ensemble instrumental qu'il dirige au Roseland Ballroom à New York. Ils s'y produisent pendant sept ans, acquièrent une grande notoriété et donnent les tendances de l'ère du swing qui va suivre. L'ensemble de Henderson comporte alors de futurs grands solistes du jazz, comme Louis Armstrong, Rex Stewart, Jimmy Harrison, Benny Morton, Don Redman, Benny Carter, Coleman Hawkins et John Kirby. Pendant les années de crise, l'ensemble tombe pratiquement dans l'oubli, mais il survit néanmoins et fait sa rentrée à Connie's Inn, à Harlem. Il se produit ensuite à Grand Terrace à Chicago avant que Henderson n'en abandonne la direction permanente en 1939. Henderson était un arrangeur de talent, plein d'imagination, et Benny Goodman a joué ses œuvres au début de l'ère du swing, notamment de bons arrangements de *King Porter Stomp*, *Blue Skies* et *Honeysuckle Rose*, qui sont aujourd'hui des classiques du swing. Henderson a continué à travailler pour Goodman dans les années quarante, dirigeant de temps en temps des ensembles occassionnels. En 1950, il a été victime d'une attaque qui a mis fin à sa carrière active.

Peter Gammond.

Henle. Maison d'édition musicale allemande fondée en 1948 à Munich par Günter Henle (1899-1979), un industriel passionné de musique. Sa réputation repose sur des éditions en *version originale (*Urtext*) des principales œuvres du répertoire du piano et de la musique de chambre des XVIIIe et XIXe siècles, réalisées scientifiquement et magnifiquement gravées. Les éditions Henle travaillent avec l'Institut Haydn de Cologne et la Beethovenhaus de Bonn et ont entrepris une édition intégrale des œuvres de ces deux compositeurs, ainsi que des ouvrages musicologiques afférents. Elles ont également publié plusieurs anthologies historiques ainsi que d'autres publications académiques de musique.

J. M. Thomson.

Henri VIII (Greenwich, 28 juin 1491 ; Windsor, 28 janvier 1547). Roi d'Angleterre qui a régné de 1509 à 1547. Compositeur d'un certain talent, il a écrit des messes (aujourd'hui perdues), quelques chansons et des pièces instrumentales qui révèlent un entrain naturel ; il a également réalisé quelques arrangements d'œuvres en provenance du « Continent ». Il jouait lui-même du virginal, de l'orgue et du luth, mais c'est surtout comme protecteur qu'il a apporté sa plus grande contribution à la musique. Sous son règne, la *chapelle royale d'Angleterre a prospéré : il ne s'est pas contenté d'emmener les membres de sa chapelle en Europe – en 1513, ils ont rencontré leurs homologues de la chapelle bourguignonne de Marguerite d'Autriche et, en 1520, ils sont allés au Camp du Drap d'or, où ils ont fait la connaissance des musiciens de la chapelle royale de France – mais il a également engagé d'éminents musiciens étrangers comme l'organiste Dionysus Memo de Venise. Malheureusement, cet internationalisme a pris fin lors de sa rupture avec Rome et la musique anglaise est ensuite devenue de plus en plus provinciale.

Denis Arnold.

Henry, Pierre (Paris, 9 décembre 1927). Compositeur français, élève de Messiaen et de Nadia Boulanger au Conservatoire de Paris. Il se tourne rapidement vers la musique concrète et devient l'un des pionniers, avec Pierre Schaeffer, de cette nouvelle forme d'expression. Il travaille au studio d'essai de la RTF. Tous deux réalisent ensemble la *Symphonie pour un homme seul* (1950) dont, Béjart tire un ballet en 1955. En 1958, il fonde son propre studio de musique électroacoustique et compose la musique de plusieurs ballets pour Béjart. Son œuvre s'infléchit dans un sens théâtral et il travaille dans différentes directions (pop, improvisation, néoclassicisme). En 1975, il réalise un spectacle à part entière, *Futuristie*, hommage à L. Rossolo. En 1983, il fonde un nouveau studio de musique concrète avec l'appui du ministère de la Culture. Parmi ses œuvres les plus significatives, il faut retenir les ballets *Variations pour une porte et un soupir* (1963) et *Messe pour le temps présent* (1967) et, dans le domaine du concert, *Apocalypse de saint Jean* (1968), *La Dixième Symphonie, hommage à Beethoven* (1979), *Le Paradis perdu* (1982).

Alain Pâris.

BIBLIOGRAPHIE : Michel Chion, *Pierre Henry*, Fayard-SACEM (Paris, 1980).

Henze, Hans Werner (Gütersloh, Westphalie, 1er juillet 1926). Compositeur allemand. Il fait ses études à l'École de musique d'État de Brunswick (1942-44) avant d'être appelé sous les drapeaux ; après la guerre, il entre à l'Institut de musique religieuse de Heidelberg (1946-48), où il est l'élève de Wolfgang Fortner et de René Leibowitz. Il occupe des postes au théâtre de Constance (1948-50) et de Wiesbaden (1950-53) jusqu'à ce que le succès de ses deux premiers opéras, *Das Wundertheater* (1949) et *Boulevard Solitude* (1952), lui permette de quitter l'Allemagne pour s'installer en Italie.

Il y rejette le *sérialisme doctrinaire qu'il avait adopté dans des œuvres comme la *Symphonie nº 3* (1949-50) et commence à imprégner sa musique d'une grâce mélodique italianisée ainsi que d'une luxuriance harmonique méditerranéenne. L'opéra *König Hirsch* (« Le Roi cerf », 1952-55, révisé en 1962 sous le titre *Il Re cervo*), la *Symphonie nº 4* (1955) et les *Fünf neapolitanische Lieder* pour voix et orchestre de chambre (1956) comptent parmi les premières œuvres qui marquent ce changement de style. Il se confirme avec aisance et confiance dans les trois opéras suivants – *Der Prinz von Homburg* (« Le Prince de Hombourg », 1958), *Elegie für junge Liebende* (« Élégie pour de jeunes amants », 1959-61) et *Der junge Lord* (« Le Jeune Lord », 1964) – et dans plusieurs œuvres vocales d'un lyrisme exalté.

Ce style atteint son apogée dans *Les Bassarides* (1965) sur un livret de W. H. Auden et Chester Kallman, d'après *Les Bacchantes* d'Euripide. Depuis cet ouvrage, Henze continue à écrire une musique abstraite, mais dans ses œuvres vocales et dramatiques il a mis son art au service de la révolution socialiste. Parmi ses œuvres engagées figurent plusieurs œuvres de théâtre musical et l'opéra *We Come to the River* (1976). Certains de ses écrits ont été publiés dans *Undine : Tagbuch eines Balletts* (Munich, 1959) et *Essays* (Mayence, 1964).

Paul Griffiths.

Heptinstall, John. Voir *Édition musicale*, 5.

Herabstrich (all.). « Tiré », coup d'archet des instruments à cordes.

Heraufstrich (all.). « Poussé », coup d'archet des instruments à cordes.

Herbert, Victor (August) (Dublin, 1er février 1859 ; New York, 26 mai 1924). Compositeur américain d'origine irlandaise. Il passe son enfance à Sevenoaks, dans le Kent, avec un grand-père qui encourage ses dons musicaux et l'envoie étudier en Europe. Il est engagé comme violoncelliste dans divers orchestres, notamment l'Orchestre royal de Stuttgart. Il épouse une chanteuse de l'Opéra de Stuttgart et la suit aux États-Unis, où elle fait ses débuts au Metropolitan Opera, tandis que Herbert joue dans l'orchestre. Il se fait naturaliser américain et se considère désormais comme un compositeur américain, bien que son style conserve des liens étroits avec l'Europe, particulièrement avec la tradition de l'opérette viennoise. Chef permanent de l'Orchestre symphonique de Pittsburgh de 1898 à 1904, il forme ensuite son propre orchestre. Sa première opérette, *Prince Ananias*, est un échec en 1894, mais il remporte un certain succès avec *The Wizard of the Nile* l'année suivante. Auteur prolifique, il produit plusieurs spectacles très populaires, notamment *Babes in Toyland* (1903), *Mlle Modiste* (1905), *The Red Mill* (1906), *Little Nemo* (1908), *Naughty Marietta* (1910), *Sweethearts* (1913) et *The Only Girl* (1914). Dans les années vingt, il écrit pour les Ziegfeld Follies. En 1916, il compose la première partition de musique spécifiquement destinée à l'accompagnement d'un film – *The Fall of a Nation*.

Peter Gammond.

Herbstlied (all.). « Chant d'automne ».

Hérodiade. Opéra en quatre actes et sept tableaux de Massenet sur un livret de Paul Millet et Henri Grémont (pseudonyme de l'éditeur Georges Hartmann) d'après l'un des *Trois Contes* de Flaubert. Créé à la Monnaie de Bruxelles le 19 décembre 1881.

Hérold, (Louis Joseph) **Ferdinand** (Paris, 28 janvier 1791 ; Paris, 19 janvier 1833). Compositeur français issu d'une longue lignée de musiciens. Il apprend la musique avec son père, François-Joseph (1755-1802), qui avait lui-même été l'élève de C. P. E. Bach ; il fait également ses humanités dans une importante institution privée. Peu après la mort de son père, il entre au Conservatoire de Paris, où il étudie le violon avec Kreutzer et la composition avec Méhul. En 1812, il remporte le prix de Rome et passe un an à Rome. Il s'installe pendant quelque temps à Naples, où il admire beaucoup les opéras de l'école napolitaine. En rentrant à Paris, il s'arrête à Vienne, où il rencontre Hummel et Salieri et entend des opéras de Mozart. Il entame sa propre carrière de compositeur d'opéra en 1815 lorsque Boieldieu lui demande d'écrire une partie d'un opéra qui faisait l'objet d'une commande privée, *Charles de France* (représenté en 1816). Cette première tentative débouche sur une longue série d'ouvrages pour l'Opéra-Comique qu'il compose tout en travaillant comme accompagnateur au Théâtre-Italien, puis comme chef de chant à l'Opéra. Ses emplois dans de grands théâtres lui offrent la possibilité de composer de nombreux ballets, notamment *La Fille mal gardée* (1828). Ses deux succès lyriques majeurs, *Zampa* (1831) et *Le Pré aux clercs* (1832), viennent trop tard pour qu'il puisse en profiter. Compositeur de grand talent, il aurait pu devenir un rival de Meyerbeer s'il n'était mort de la tuberculose à l'âge de 42 ans. Il a laissé deux enfants, dont l'un est devenu un juriste éminent alors que sa fille s'était révélée un compositeur prometteur avant de mourir à l'âge de vingt ans.

Denis Arnold.

Herrmann, Bernard (New York, 29 juin 1911 ; Hollywood, 24 décembre 1975). Compositeur américain, élève de Bernard Wagenaar à la Juilliard School. Il s'engage dans une double carrière de chef d'orchestre et de compositeur de musique de films. Dans ce domaine, il travaille avec les plus grands metteurs en scène, notamment Orson Welles (*Citizen Kane*, 1941 et *La Splendeur des Amberson*, 1942) et Alfred Hitchcock (*Psychose*, 1960 et *Les Oiseaux*, 1963) et utilise une vaste gamme de ressources musicales. Il compose également diverses œuvres instrumentales, un opéra d'après *Les Hauts de Hurlevent* et une cantate empruntée à la musique qu'il a écrite pour le film *Moby Dick*. A la fin de sa vie, il s'est essentiellement consacré à la direction d'orchestre en Angleterre.

Paul Griffiths.

Herstrich (all.). Au violoncelle et à la contrebasse, le « tiré » de l'archet.

Hertel, Johann Christian (Oettingen, 1699 ; Strelitz, Mecklembourg, octobre 1754). Joueur de viole, violoniste et compositeur allemand. Il était destiné à la religion, mais son talent musical s'est révélé très tôt. Après des études à l'Université de Halle, il a travaillé à Darmstadt avec le célèbre joueur de viole Ernst Christian Hesse. Sa carrière s'est ensuite déroulée à Eisenach, où il est devenu Konzertmeister en 1733, et à Strelitz. Il a composé beaucoup de musique instrumentale, mais seul un recueil de six sonates pour violon a été publié (Amsterdam, 1727).

Son fils, **Johann Wilhelm** (Eisenach, 9 octobre 1727, Schwerin, 14 juin 1789), a appris la musique avec lui. Il est devenu compositeur à la cour de Schwerin en 1754 puis a démissionné de son poste pour devenir secrétaire privé de la princesse Ulrike de Mecklembourg. Il a composé de la musique dramatique, notamment un ouvrage sur le livret de Métastase *Il Vero Omaggio* (représenté à Schwerin vers 1770), de la musique de scène, deux recueils d'*Oden und Lieder*, des oratorios, des psaumes, des cantates, des concertos, des symphonies et des sonates pour clavier.

Wendy Thompson.

Herunterstimmen (all. ; ital. : *scordatura*). « Abaisser l'accord » d'une corde sur une autre note que la note de l'accord habituel (instruments de la famille du violon). On rencontre cet effet dans certaines œuvres du répertoire symphonique, notamment chez Strauss et Mahler (*Symphonie nº 4*).

Herunterstrich (all.). Au violon et à l'alto, le « tiré » de l'archet.

Hervé (Florimond Ronger, dit) (Houdain, 30 juin 1825 ; Paris, 3 novembre 1892). Compositeur français, élève d'Auber, il se tourne très tôt vers l'opérette tout en dirigeant la musique à l'Odéon. Il fonde en 1854 les Folies-Concertantes (qui deviendront plus tard les Folies-Dramatiques), un des hauts lieux de l'opérette parisienne. Il a composé une centaine d'ouvrages, notamment *Chilpéric* (1868), *Le Petit Faust* (1869) et *Mam'zelle Nitouche* (1883). Contrairement à Offenbach, son succès s'est maintenu après la guerre de 1870.

Alain Pâris.

Hervorgehoben (all.). « En relief », « souligné » ; employé par exemple à propos d'une mélodie qu'il faut faire ressortir.

Herzhaft, herzlich (all.). « Affectueusement ».

Herzig (all.). « Tendre ».

Hes (all.). Si bémol ; mais, en allemand, cette note est plus couramment désignée par la lettre B (voir *H*).

Heseltine, Philip (Arnold). Voir *Warlock, Peter*.

Hétérophonie (du grec *heteros*, « autre », et *phônê*, « voix », « son »). Terme employé pour la première fois par Platon pour désigner la différenciation entre les parties vocales et les parties de lyre dans la musique vocale accompagnée de la Grèce antique. Il sert aujourd'hui à décrire une forme dans laquelle une même mélodie est présentée simultanément avec des variantes élaborées. Cette technique de variation simultanée est courante dans l'écriture symphonique occidentale, le même air pouvant apparaître dans différents instruments ou voix avec différents degrés de décoration rythmique ou mélodique (Ex. 1). Elle caractérise également certaines musiques d'ensemble extra-européennes (notamment en Indonésie et en Extrême-Orient) et se présente surtout lorsque des instruments accompagnent une ligne vocale avec des variantes embellies de la même mélodie.

Heugel. Maison d'édition musicale française fondée en 1841 par Jacques Léopold Heugel (1815-1883), rue Neuve-des-Petits-Champs, à Paris. Dans un premier temps associé à Jean Antoine Meissonnier, il en reprend seul la direction après le départ de celui-ci en 1842. La maison s'installe alors rue Vivienne et prend le nom du *Ménestrel*, journal fondé en 1833 par Jules Lovy et dont J. L. Heugel était rédacteur en chef depuis 1839. Son fils Henri Georges (1844-1916) lui succède en 1883, lui-même remplacé par son fils Jacques (1890) en 1918. En 1947, ses deux fils François (1922) et Philippe (1924) assurent la direction de la maison familiale jusqu'en 1981, date à laquelle les éditions Leduc en reprennent l'exploitation.

Le fonds Heugel touche à tous les genres mais il s'est surtout imposé dans le domaine lyrique avec plusieurs œuvres de Massenet, Lalo (*Le Roi d'Ys*), Charpentier (*Louise*). Dans le domaine symphonique, il comporte des partitions de Fauré, Poulenc, Milhaud, Jolivet, Boulez et surtout les fameuses partitions de poche classiques, publiées depuis 1951. Avec la collection *Le Pupitre*, que dirige François Lesure, Heugel a été l'un des premiers éditeurs français à s'orienter vers les publications musicologiques de musique ancienne.

Alain Pâris.

BIBLIOGRAPHIE : Danièle Pistone, *Heugel et ses musiciens*, PUF (Paris, 1984).

Heure espagnole, L'. Opéra en un acte de Ravel sur un livret de Franc-Nohain, d'après sa propre comédie. Composé en 1907, créé à l'Opéra-Comique le 19 mai 1911.

Hexacorde (du grec *hex*, « six », et *chordê*, « corde »). Au sens strict, le mot « hexacorde » désigne six notes adjacentes de n'importe quelle gamme (comme « tétracorde » correspond à quatre notes adjacentes de n'importe quelle gamme) ; mais ce terme est presque toujours employé depuis le Moyen Age pour désigner six notes qui respectent un schéma d'intervalles donné : (do-ré-mi-fa-sol-la). Voir également *Solmisation*.

David Hiley.

Hexameron. Cycle de six variations pour piano sur une marche de l'opéra de Bellini *Les Puritains*, composées par six grands pianistes du XIXe siècle : Liszt, Thalberg, Pixis, Herz, Czerny et Chopin. Lors d'un concert de bienfaisance donné à Paris en 1837, chaque pianiste s'était assis à son piano et avait joué sa propre variation ; Liszt avait composé l'introduction, les transitions entre les variations et le finale. Il a souvent joué par ailleurs la totalité de la série en récital avec un accompagnement orchestral qu'il avait ajouté.

Hexentanz (all.). « Danse des sorcières ».

Hey. Voir *Hay*.

Hiawatha. Cantate en trois parties de Coleridge-Taylor sur un texte inspiré du poème de Longfellow qui porte le même titre : *Hiawatha's Wedding Feast* (1898), *The Death of Minnehaha* (1899) et *Hiawatha's Departure* (1900). Elle est souvent exécutée sous forme de spectacle historique.

Hichiriki. Genre de hautbois japonais au tube cylindrique, muni d'une embouchure à anche double. Voir *Japon*, 3c.

High fidelity (souvent abrégé « hi-fi »). Voir *Haute fidélité*.

Hill, Alfred (Francis) (Melbourne, 16 novembre 1870 ; Sydney, 30 octobre 1960). Compositeur, chef d'orchestre et pédagogue australien et néo-zélandais. Il effectue ses premières expériences musicales dans sa famille et auprès de musiciens itinérants, généralement au sein de troupes d'opéra. Les techniques de composition de Leipzig, illustrées par l'enseignement de Gustav Shreck, resteront la base de ses propres œuvres jusqu'à la fin de sa vie. Violoniste accompli, il joue dans l'Orchestre du Gewandhaus de Leipzig sous la direction de Carl Reinecke et de chefs invités comme Brahms et Tchaïkovski. Il retourne en Nouvelle-Zélande pour diriger la Wellington Orchestral Society (1892-96) et est le premier compositeur à s'inspirer de la musique des Maoris dans sa cantate *Hinemoa* (1896). Il utilisera ensuite des mélodies et des légendes maori dans de nombreuses œuvres (*Maori Rhapsody* pour orchestre, la cantate *Tawhaki* et les mélodies « Waiata Poi » et « Waiata Maori »). Il est l'un des premiers à avoir recueilli les mélodies, les danses et les *hakas* (danses guerrières) maori et s'est également intéressé à la musique australienne et à la musique de Nouvelle-Guinée. En 1896, il s'installe à Sydney avec un ensemble dont le premier violon était le virtuose belge Ovide Musin ; il y dirige des concerts symphoniques et donne une nouvelle vie au Liedertafel de Sydney. En 1902, son opéra romantique sur un thème maori, *Tapu*, tourne avec succès avec la Pollard Opera Company ; vient ensuite *A Moorish Maid* en 1905, qui marque les débuts de la soprano dramatique Rosina Buckman. De 1906 à 1907, Hill dirige le premier orchestre complètement professionnel de Nouvelle-Zélande à l'Exposition internationale de Christchurch et l'emmène ensuite en tournée.

En 1908, il rentre à Sydney où il dirige, joue et enseigne. Pour la saison inaugurale (et unique) de l'Australian Opera League, il écrit son *Giovanni*, opéra en un acte représenté conjointement avec *Pierrette* de Fritz Hart. Henri Verbrugghen, l'éminent chef d'orchestre et violoniste belge, premier directeur du Conservatoire de la Nouvelle-Galles du Sud, le nomme professeur d'harmonie et de composition en 1916, poste qu'il occupera jusqu'en 1934, formant plusieurs générations de compositeurs, notamment Roy Agnew et John Antill. Sa vaste production (plus de 500 œuvres) s'inscrit dans la tradition du Kapellmeister allemand dans laquelle il avait été formé. Quelques-unes de ses treize symphonies (presque toutes des adaptations ou des arrangements de ses dix-sept quatuors à cordes) sont encore au répertoire, comme la *Symphonie n° 2 « Joy of Life »* (1941) et la *Symphonie n° 3 « Australia »* (1951) ; le scherzo de la deuxième symphonie révèle son lyrisme spontané alors que le mouvement final choral parle une langue excessivement rhétorique. Parmi ses meilleures œuvres, on peut citer le *Concerto pour alto* (1940) et les quatuors à cordes, surtout le onzième, celui qu'il préférait. Alfred Hill était une personnalité originale et importante sur le plan historique, aux antipodes des traditions musicales.

J. M. Thomson.

Hill-billy songs. Chansons traditionnelles (essentiellement d'origine européenne) des fermiers des régions montagneuses du sud-est des États-Unis ou plus généralement de la campagne.

Hiller, Ferdinand (von) (Francfort, 24 octobre 1811 ; Cologne, 11 mai 1885). Pianiste, chef d'orchestre et compositeur allemand. Il commence par étudier le piano avec Alois Schmitt à Francfort, puis, sur la recommandation de Mendelssohn, travaille avec J. N. Hummel à Weimar (1825-27). Il fait quelques tournées de concerts et, entre 1828 et 1836, vit à Paris, où il donne des récitals, compose et devient membre du groupe d'intellectuels qui entourent Berlioz et Chopin. Sa longue amitié avec Mendelssohn s'altère lorsqu'il le remplace à la tête du Gewandhaus de Leipzig en 1843. Il dirige ensuite à Dresde (où il lie de solides liens d'amitié avec Schumann), à Düsseldorf et à Cologne (notamment la célèbre série de concerts du Gürzenich). Au cours de la trentaine d'années qu'il passe en Rhénanie, il organise et dirige dans de nombreux festivals et concours et exerce une activité pédagogique importante. Hiller est un compositeur prolifique aux talents variés : son œuvre compte 203 numéros d'opus qui regroupent des opéras, de la musique chorale et symphonique ainsi que des mélodies et des pièces pour piano, qui sont les plus connues. Ses écrits critiques, bien que d'esprit conservateur, montrent qu'il appréciait les musiciens « progressistes » comme Liszt et Wagner ; ils donnent également un aperçu de la société allemande dans laquelle il évoluait.

Judith Nagley.

Hiller, Johann Adam (Wendisch-Ossig, près de Görlitz, aujourd'hui Gorlice, Pologne, 25 décembre 1728 ; Leipzig, 16 juin 1804). Compositeur et musicologue allemand, il fait ses études musicales à Dresde à partir de 1746 et son droit à l'Université de Leipzig à partir de 1751. Il joue ensuite un rôle important dans la vie musicale de Leipzig, où il organise des concerts en souscription, fonde une école de chant et dirige la musique dans plusieurs églises de la ville ; en 1781, il est nommé chef d'orchestre des célèbres concerts du Gewandhaus. Après avoir occupé des postes à Mitau (à la cour de Courlande, 1785) et à Breslau (1787), il devient en 1789 *Kantor* à Saint-Thomas de Leipzig, où il passera le reste de sa vie active. L'énorme popularité qu'il acquiert de son vivant est due au rôle qu'il a joué dans l'élaboration du *singspiel, directement issu des mélodies que Hiller composa pour des comédies de l'auteur dramatique allemand C. F. Weisse. Sa musique se caractérise essentiellement par la juxtaposition d'une expression presque populaire, d'une grande simplicité, et d'une ligne mélodique *cantabile* entièrement développée. Des œuvres comme *Die Liebe auf dem Lande* (1768) et *Die Jagd* (1770) sont rapidement devenues des pièces de répertoire très populaires. Tout en composant des mélodies et beaucoup de musique religieuse, Hiller a également écrit de nombreux ouvrages sur la musique et l'esthétique ; dans les années 1760, il a fondé et dirigé les *Wöchentliche Nachrichten*, l'une des plus anciennes revues musicales, pour laquelle il a écrit de nombreux articles.

Judith Nagley.

Hilton, John (I) (mort à Cambridge, mars 1608). Compositeur anglais, contreténor à la cathédrale de Lincoln avant de devenir organiste à Trinity College, à Cambridge, en 1594. Il a composé une musique religieuse assez banale, mais son *anthem* « Lord for thy tender mercies' sake » (antérieurement attribuée à Farrant) est d'une remarquable simplicité.

John Hilton (II) (? Cambridge, 1599 ; Westminster, mars 1657), fils du précédent, obtient le grade de bachelor of music à Trinity College (Cambridge) en 1626 et, deux ans plus tard, devient organiste et clerc à St Margaret, à Westminster ; il parvient même à conserver ce poste après la suppression des orgues en 1644. Il a publié un recueil d'*Ayres or Fa la's* en 1627, le dernier du genre, ainsi qu'un recueil de *catches* très vivants, en 1652 ; ses dialogues dramatiques, dont il est l'un des premiers compositeurs en Angleterre, n'ont pas été publiés de son vivant.

Denis Arnold.

Hilverding, Franz Anton Christoph (Vienne, novembre 1710 ; Vienne, 29 mai 1768). Danseur et chorégraphe autrichien, l'un des instigateurs du « ballet d'action ». Il a exercé une influence indéniable sur son contemporain, Noverre, et a réalisé la chorégraphie de plus de trente ballets à Vienne avant de devenir directeur des ballets de Saint-Pétersbourg et de Moscou (1758-64).

Noël Goodwin.

Himmel, Friedrich Heinrich (Treuenbrietzen, près de Berlin, 20 novembre 1765 ; Berlin, 8 juin 1814). Compositeur lyrique allemand. Grâce à la générosité de son protecteur, Frédéric-Guillaume II de Prusse (neveu de Frédéric le Grand), il fait ses études en Italie, où certains de ses opéras sont créés à Venise et à Naples en 1794 et 1795. Puis il revient au service de Frédéric comme Kapellmeister. En 1797-99, il fait un long voyage en Russie et en Scandinavie pour rembourser les dettes qu'il avait contractées. Il compose des opéras italiens et allemands mais, malgré leur succès de son vivant, ils sont rarement représentés aujourd'hui.

Denis Arnold.

Hinaufstrich (all.). « Poussé », coup d'archet des instruments à cordes.

Hindemith, Paul (Hanau, 16 novembre 1895 ; Francfort, 28 décembre 1963). Compositeur allemand. Il quitte sa famille à l'âge de onze ans parce que ses parents refusent de le laisser continuer à faire de la musique ; pendant plusieurs années, il gagne sa vie en jouant du violon dans des orchestres de bal tout en étudiant à la Hochschule de Francfort, où il travaille la composition avec Arnold Mendelssohn et Bernhard Sekles. Il est ensuite nommé Konzertmeister de l'Orchestre de l'Opéra de Francfort (1915-23) et tient aussi le pupitre de second violon dans le quatuor de son professeur de violon Adolph Rebner ; les premières œuvres qu'il publie sont le *Quatuor nº 1* (1918) et un recueil de quatre sonates, une pour chaque instrument du quatuor à cordes (1918-19). Ces partitions possèdent une grande richesse chromatique et on y ressent l'influence de Richard Strauss et de Max Reger.

Une nouvelle phase commence en 1922, lorsque Hindemith devient second violon du Quatuor Amar (plus tard, il tiendra la partie d'alto), formation avec laquelle il joue beaucoup de musique contemporaine. La même année, il écrit la *Suite pour piano « 1922 »*, qui intègre maladroitement des danses à la mode, le « shimmy » et le « ragtime », et la *Kammermusik nº 1* pour petit orchestre, qui marque un tournant vers le néoclassicisme. Pendant les années qui suivent, il compose plusieurs œuvres du même genre qui se réfèrent souvent à Bach, tout en traduisant un besoin impérieux de modernisme par leur rythmique et une harmonie riche en quartes. Le même style, résolument anti-romantique, se retrouve dans son premier opéra important, *Cardillac* (1926).

Prolifique et ouvert à tous les genres, Hindemith veut que sa musique soit utile : sous le titre générique de *Kammermusik*, il compose des concertos de chambre pour piano, violoncelle, violon, alto, viole d'amour et orgue. Le terme *Gebrauchsmusik* (musique écrite pour un usage domestique) s'applique généralement aux partitions qu'il a écrites pour les enfants et les amateurs, où l'on trouve des chœurs, des cantates, des pièces symphoniques et de la musique de chambre ; une grande partie de ces œuvres datent des années 1927-38.

En 1938, Hindemith choisit de quitter l'Allemagne : sa musique a été condamnée par les nazis et, l'année précédente, il a dû abandonner le poste qu'il occupait depuis dix ans à la Staatliche Musikhochschule de Berlin. (Son opéra *Mathis der Maler*, dont il a tiré une symphonie, avait été composé en 1934-35 et traite des devoirs d'un artiste envers un monde ignoble et envers lui-même.) En 1940, il s'installe aux États-Unis, où il est nommé professeur de théorie à Yale.

Dans son principal ouvrage théorique, *The Craft of Musical Composition* (1937-38), il définit une tonalité révisée, qui explique le style plus coulant au lyrisme plus égal de sa musique à partir de *Mathis le peintre*. Aux États-Unis, il compose *Les Quatre Tempéraments* pour piano et cordes (1940), *Ludus tonalis*, cycle ambitieux d' « études de contrepoint, d'organisation tonale et de technique pianistique » (1942), les exubérantes *Métamorphoses symphoniques sur des thèmes de Carl Maria von Weber* (1943) et la symphonie *Die Harmonie der Welt* (« L'Harmonie du monde », 1951). Après son retour en Europe, en 1953, Hindemith développe cette symphonie pour en faire un opéra qui porte le même titre, sur la vie et les idées de l'astronome Kepler. A la fin de sa vie, il enseigne à l'Université de Zurich et compose beaucoup plus lentement. Son chant du cygne est une *Messe* sans accompagnement (1963).

Paul Griffiths.

BIBLIOGRAPHIE : *Hommage à Paul Hindemith*, Éd. de la Revue musicale de Suisse romande (Yverdon, 1973). Paul Hindemith, *Pratique élémentaire de la musique*, Lattès (Paris, 1986).

Hingston, John (? York, début du XVIIe siècle ; Londres, enterré le 17 décembre 1683). Organiste, joueur de viole et compositeur anglais. Élève d'Orlando Gibbons, il entre tout d'abord au service de Charles Ier, puis, vers 1654, d'Oliver Cromwell à Hampton Court. Après la Restauration, Hingston devient conservateur des orgues et joueur de viole de Charles II. Il a légué six volumes de ses œuvres, qui comprennent de belles fantaisies pour violes, à la Music School d'Oxford.

Wendy Thompson.

Hinrichsen. Voir *Peters.*

Hinsterbend (all.). « En mourant ».

Hinstrich (all.). Au violoncelle et à la contrebasse, le « poussé » (coup d'archet).

Hin und zurück. Opéra (sketch avec musique) en un acte de Hindemith sur un livret de M. Schiffer d'après un sketch de revue anglais. L'intrigue et, en partie, la musique s'inversent à partir de la moitié de l'ouvrage. Il a été créé à Baden-Baden en 1927.

Hippolyte et Aricie. Opéra en cinq actes et un prologue de Rameau sur un livret de Pellegrin d'après Euripide, Racine (*Phèdre*) et d'autres sources. Créé à l'Opéra de Paris le 1er octobre 1733. Il s'agit du premier opéra important achevé par Rameau.

Hirt auf dem Felsen, Der. Voir *Pâtre sur le rocher, Le.*

His (all.). Si dièse. *Hisis*, si ×.

Histoire de Babar le petit éléphant. Œuvre pour enfant pour récitant et piano de Poulenc sur un texte de Jean de Brunhoff (1940-45). Jean Françaix en a réalisé une orchestration.

Histoire de la musique

1. La naissance de la musique en Méditerranée orientale et en Asie occidentale
2. L'influence de l'Europe occidentale
3. L'influence de l'Italie
4. L'influence de l'Allemagne
5. L'éclatement de la tradition

1. *La naissance de la musique en Méditerranée orientale et en Asie occidentale.* Les connaissances que nous possédons sur la musique antérieure à l'ère chrétienne sont très limitées et reposent en grande partie sur des suppositions. On possède des instruments et des représentations d'instruments datant d'époques très anciennes, ainsi que des fragments d'instruments susceptibles d'être reconstitués ; on connaît aussi certains noms d'instruments qui ne sont peut-être pas toujours associés au bon instrument. Il existe également des exemples de ce qui est probablement une notation que des érudits ont parfois prétendu avoir déchiffrée, sans être toutefois très convaincants. On sait comment étaient formés les musiciens professionnels et on sait également que les Babyloniens et les Chinois avaient élaboré très tôt des théories scientifiques de la musique. Les cultures et les empires s'édifient et disparaissent : Sumer, Babylone, Égypte, Assyrie, Chaldée, Perse, Crète, Athènes, Rome. En Égypte, trente dynasties se succèdent. Troie et Carthage tombent. Alexandre conquiert le Moyen-Orient. Rome enjambe le monde occidental. Toutefois, en dépit de l'ensemble des connaissances que nous possédons sur les instruments et les pratiques de ces peuples, sur la façon dont ils utilisaient la musique et sur ce qu'ils en pensaient, la substance elle-même nous échappe. On reste insensible aux descriptions des instruments et aux exposés de leurs théories. On ne peut que rêver à l'excitation que suscitait le son de l'*aulos* grec et à la façon dont Sacadas d'Argos pouvait dépeindre, à Delphes en 586 av. J.-C., le combat d'Apollon avec le dragon dans une œuvre pour *aulos* en plusieurs mouvements ou comment le jeu de David sur le *kinnôr* chassa l' « esprit malfaisant » de Saül. Il est impossible de recréer ces sons, de ressentir la même excitation ou d'imaginer la façon dont l'œuvre de Sacadas ou la harpe de David sonnaient réellement. L'historien doit se contenter de raconter « l'histoire de la pièce », mais le héros reste absent.

L'histoire est horriblement complexe. On peut seulement tracer les grandes lignes de l'intrigue, en suivant – pour être clair et concis – une ligne qui mène à l'aveuglette et plus ou moins distinctement : de Sumer aux environs de l'an 3000 av. J.-C. et des cultures successives de la Mésopotamie, en passant par l'Égypte, aux pays de la Méditerranée orientale. Il existe des documents sur certains instruments et certaines pratiques – *lyres et *harpes, instruments à deux tuyaux (voir *Aulos*), chant responsorial et antiphonal, depuis les temps historiques les plus anciens. Les lyres, les harpes et les instruments à deux tuyaux étaient connus à Sumer, en Égypte, en Crète et probablement à Mycènes, évidemment en Grèce, des siècles avant Homère, en Assyrie et à Babylone. (Il semble que les Romains aient emprunté l'instrument à deux tuyaux aux Étrusques.) Les instruments à percussion de divers genres, mais essentiellement les tambours et les instruments à friction, sont universels, mais les *trompettes étaient plus des instruments destinés à envoyer des signaux que des instruments de musique. On est moins bien renseigné sur la diffusion des instruments de la famille du *luth, mais la Mésopotamie – en fait Larsa – en possédait vers l'an 2000 et l'Égypte quelques siècles plus tard. Le chant responsorial et antiphonal était pratiqué à Sumer, connu en Égypte et son évolution s'est sans doute poursuivie sans grand changement lorsque les Hébreux l'ont adopté pour chanter des psaumes. Curieusement, il semble que les *flûtes de Pan soient arrivées assez tard en Méditerranée orientale ; on en entend parler pour la première fois lorsque Homère mentionne les *syringoi* dans *L'Iliade*, mais les Chinois les connaissaient déjà depuis longtemps ; peut-être les ont-ils transportées par lévitation de l'autre côté du Pacifique, au Pérou, au cours du premier millénaire avant Jésus-Christ ? Toutefois, dès la première amélioration qu'ont connue les instruments à vent – l'invention de sacs ou de boîtes pour maintenir une pression d'air constante – les flûtes de Pan s'imposent comme les ancêtres de l'*orgue, alors que l'instrument à deux tuyaux n'engendrera que la *cornemuse, l'un des instruments les plus répandus de la musique traditionnelle et populaire, mais qui ne possède en rien le potentiel de l'orgue.

Il s'agit là d'une distinction fondamentale. La musique de l'Histoire est pendant une très longue période celles des rois et des prêtres, des poètes et des philosophes ; il reste peu de traces de la musique du commun des mortels. L'orgue a accumulé une grande littérature, contrairement à la cornemuse. La musique la plus ancienne que nous connaissions, mésopotamienne et égyptienne (voir également *Mésopotamie et Égypte*), est la musique des temples et des palais – elles restent assez voisines l'une de l'autre à une époque où les rois étaient également dieux ou prêtres. On parle ensuite de la musique des divertisseurs, du drame grec et du cirque romain, des chansons de noces, des chansons à boire et celles des bergers jouant du pipeau. Néanmoins, la première intrusion importante de la musique populaire dans la tradition est le chant chrétien.

Le chant des psaumes de l'Église primitive découle directement des pratiques des temples juifs et des synagogues. Mais il semble que le chant des hymnes dans divers dialectes musicaux et linguistiques par des fidèles non formés à la musique soit une nouveauté. Il s'agissait vraiment de musique populaire, bien que les nouveaux hymnes, de grands poèmes mémorables, aient été écrits au IVe siècle par des érudits, saint Jean Chrysostome en grec, saint Ambroise en latin – on ignore s'ils étaient chantés sur des mélodies nouvelles ou traditionnelles. Lorsque le christianisme est devenu la religion officielle de l'Empire, la musique de l'Église s'est imposée comme la forme musicale la plus importante. Dans la confusion créée par les invasions barbares et la chute de l'Empire d'Occident, la liturgie et la musique de la partie de l'Église d'expression latine se sont libérées de la tutelle rigoureuse de Byzance. Elles ont suivi leur propre voie, s'écartant encore davantage de l'Orient et jetant en fait les bases de la musique occidentale – qui a été pendant longtemps essentiellement ecclésiastique. Heureusement, elles n'étaient pas sous la domination du pape, alors que la liturgie et la musique de l'Église d'Orient restaient sous celle de l'empereur, surtout après Justinien. Les premiers cycles de chant liturgique institués pour l'usage romain n'ont pas été repris dans les liturgies gallicane, celte, mozarabe et même milanaise, chaque monastère pouvant faire ce qu'il voulait (voir *Musique religieuse*, *Liturgie*).

Au VIIIe siècle, une tentative d'uniformisation a commencé à se faire sentir à la suite des infortunes de la papauté et des ambitions des monarques carolingiens, Pépin le Bref et son fils Charlemagne. L'alliance entre le pape et les rois des Francs a eu deux conséquences importantes : l'établissement de **scholae cantorum*, tout d'abord à Metz puis dans d'autres villes de l'empire de Charlemagne, et l'effort déterminé de celui-ci d'adoption uniforme des chants romains – pour y parvenir, ses conseillers musicaux se sont appuyés sur le nom et l'autorité du pape Grégoire le Grand, qui avait vécu deux siècles plut tôt (voir *Plain-chant*). La romanisation a rencontré une résistance assez forte, mais les antagonistes ne possédaient pas encore une notation musicale satisfaisante pour se défendre. Car, si les Grecs avaient découvert une sorte de notation aux environs de 320 av. J.-C. (voir *Grèce*), il a fallu attendre encore six siècles pour qu'elle se perfectionne et plusieurs siècles encore pour que la connaissance des procédés de notation filtre en Occident. Le premier Européen de l'Ouest qui ait écrit selon ces procédés est un bénédictin franc du IXe siècle ; ce système de notation s'est bientôt généralisé dans plusieurs centres francs, essentiellement dans ce qui est aujourd'hui le nord-est de la France, mais pratiquement pas en Italie. Il s'agit là d'une précieuse indication montrant que l'hégémonie de la musique religieuse est passée non seulement de Byzance, mais de Rome aux territoires « français » de la dynastie carolingienne – plus particulièrement au Nord-Est ainsi qu'à Saint-Gall et à quelques autres centres (voir *Notation*).

Ce changement a une importance fondamentale : il a marqué le début de cette hégémonie de l'Europe occidentale qui devait durer jusqu'à la fin du XVe siècle sans presque être contestée et qui a sauvé, en outre, la musique occidentale de la quasi-stagnation dans laquelle tombait celle de l'Église d'Orient. L'orthodoxie s'est étendue aux pays slaves et en Orient ; elle a eu pour seules rivales, relativement insignifiantes, les Églises copte, arménienne et éthiopienne, qui avaient leurs propres chants ; néanmoins, elle était extrêmement conservatrice. Sa musique a surtout été entravée par le renoncement aux instruments, dû aux craintes des premiers Pères de l'Église, alors que l'Église latine acceptait l'orgue et, grâce à lui, a jeté les base de la *polyphonie dont est issue toute la tradition de la musique occidentale.

2. *L'influence de l'Europe occidentale.* Après l'âge des ténèbres, le renouveau de la culture occidentale a suivi un processus lent, continu et imperceptible ; les historiens discernent néanmoins trois vagues importantes : la renaissance carolingienne, la pré-Renaissance et ce que l'on peut appeler la Renaissance proprement dite. Chacune a eu un corrélatif musical.

Au cours de la renaissance carolingienne, le chant ecclésiastique a commencé à devenir la base de la polyphonie élémentaire – phase d'évolution par laquelle la musique occidentale s'est rapidement différenciée de toutes les autres – et les méthodes de notation plus claires exigées par la polyphonie ont commencé à s'élaborer. La deuxième phase a été marquée par l'inclusion d'éléments profanes et l'émergence d'une musique libre des limites ecclésiastiques. La troisième phase a vu la consolidation d'une musique paneuropéenne à laquelle ont participé les Français, les Wallons, les Italiens, les Anglais et finalement les Allemands et quelques autres peuples.

Bien qu'illettré, Charlemagne admirait autant le savoir qu'il adorait le rituel romain. Guidé par ses conseillers, Alcuin d'York – qui a écrit un traité sur la musique et aurait composé une *séquence dédiée à son maître – et le successeur d'Alcuin, Einhard, il s'est entouré d'érudits, a créé un *scriptorium* pour la copie et la traduction de manuscrits et fondé des écoles monastiques et diocésaines dans tout son empire. La construction de cathédrales et de monastères, avec leurs *scholae cantorum*, est rapidement intervenue. Malgré la division de son empire après sa mort, en 814, et les troubles politiques qui ont suivi, l'activité culturelle a continué sans répit et les monastères et les écoles des cathédrales ont pris de l'importance, devenant des centres intellectuels et des îlots de paix au milieu des conflits militaires.

Le monde carolingien et postcarolingien a été lent à reprendre l'héritage intellectuel de l'ancien empire. Il a fallu attendre le dernier quart du Xe siècle pour que les traités de Boèce (vers 480-vers 524) et leurs traductions du grec commencent à être étudiés en Europe occidentale. Toutefois, bien avant cette date, Aurélien de Réomé (célèbre entre 840 et 850) et Hucbald de Saint-Amand (vers 840-930) avaient fondé leurs écrits musicaux sur *De institutione musica*. Avec l'auteur anonyme de *Musica enchiriadis* (vers 900), ils ont transmis les théories anciennes de musique, bien qu'altérées, à la nouvelle Europe qui était en train d'émerger. Ils ont surmonté les problèmes de notation et décrit le fonctionnement de cette première polyphonie, alors encouragée, peut-être même inspirée, par l'introduction de l'orgue ; les voûtes des nouvelles cathédrales et églises des abbayes offraient une résonance au déploiement de la nouvelle technique musicale. La conception de Boèce selon laquelle la musique était une branche des mathématiques a prévalu pendant des siècles, en pratique comme en théorie ; son affirmation selon laquelle la « géométrie rend visuelle les consonances musicales » a déterminé les proportions de la troisième église de Cluny (vers 1086), remarquable centre de musique religieuse, sous la direction de l'abbé Hugh. Le chant de Cluny et son architecture se sont répandus à une vitesse étonnante sur une grande partie de l'Europe.

Naturellement, la musique et l'architecture s'exprimaient dans des langages extrêmement variés. Les divers usages – comme le chant ambrosien de rite milanais – ont modifié le langage, et des différences mineures sont apparues lorsque la précision accrue de la notation a révélé que le clergé de Trèves et de quelques autres villes allemandes chantait des intervalles légèrement plus grands que les Français et les Italiens. L'architecture romane italienne – San Miniato à Florence, San Ambrogio à Milan – est très différente de celle de Cluny. La somme de musique religieuse accumulée depuis les premières années de l'Église d'Occident s'éclaire alors d'une lumière de plus en plus grande et constitue la véritable base mélodique de la musique occidentale en général. La musique populaire de l'époque n'a été qu'éphémère ; la musique religieuse a survécu. En fait, seuls les hommes d'Église étaient capables de conserver la musique en notation, et la musique profane qu'ils ont composée et conservée – sur des odes d'Horace et des textes de Virgile, des lamentations pour les monarques défunts – peut difficilement être considérée comme de la musique « populaire » ; elle ressemblait en fait beaucoup, dans la mesure où on peut la déchiffrer, à la mélodie ecclésiastique. On perçoit tout d'abord un parfum profane dans les paroles des chansons des goliards, étudiants errants dans les ordres mineurs ; la scansion par accent prend le pas sur la scansion par quantité. Mais la musique n'a pas survécu. En fait, la plus ancienne musique sur des textes en langue vernaculaire qui ait été retrouvée n'est pas profane : c'est un récit provençal de la Passion du Xe siècle. Les grands récits profanes en langue vernaculaire ont perdu leur musique. La *Chanson de Roland*, telle qu'elle nous est parvenue, est aussi dépourvue de musique que *L'Iliade* et *L'Odyssée*. Par ailleurs, dans un premier temps, la chanson plus modeste en langue vernaculaire n'a rien de « populaire ». Il ne nous reste presque aucun témoignage de la musique des jongleurs mais il ne fait aucun doute que les premiers musiciens laïcs importants – les troubadours de cour qui se sont multipliés au XIIe siècle, à l'époque de l'épanouissement culturel du Languedoc et de la Provence – s'en sont inspirés ; ils ont aussi adopté de nombreuses formules mélodiques de la musique religieuse.

La chanson de troubadour, qui a fait des émules en France et en Allemagne chez les *trouvères et les **Minnesinger*, a été la manifestation la plus évidente de la pré-Renaissance : c'est l'époque du début de l'architecture gothique en France et en Angleterre, de la découverte profonde de l'érudition grecque (essentiellement, grâce aux croisades, par le biais de traductions arabes) et des embryons d'universités à Bologne, Oxford et Paris, l'époque d'Abélard et de Chrétien de Troyes. Toutefois, en ce qui concerne la musique, l'événement le plus important, peut-être moins spectaculaire, n'est pas une naissance ou une renaissance, mais une croissance, particulièrement à partir du milieu du XIIe siècle (il en va de même de l'architecture). Les nouvelles cathédrales – en particulier Notre-Dame de Paris, dont la construction débute en 1163 et dont le grand autel est consacré en 1182 – encouragent une forme de polyphonie plus ambitieuse, bien adaptée à leurs grands espaces. Au siècle suivant, cette nouvelle polyphonie va fournir un cadre à une nouvelle forme musicale d'importance capitale. De même que les chants ecclésiastiques s'étaient étendus horizontalement par l'insertion du trope et de la séquence, ils se développent alors verticalement dans l'harmonie produite par la polyphonie (voir *Organum*). Depuis longtemps, la polyphonie s'épanouissait lentement comme une fleur, traitant toujours le plain-chant avec un respect fervent, comme un objet sacré. Mais cette attitude a changé imperceptiblement en appliquant le contrepoint aux tropes (voir *Trope*), puis à des textes profanes et en langue vernaculaire ; ainsi, une nouvelle forme musicale, une symbiose typiquement médiévale du sacré et du profane, a vu le jour au XIIIe siècle : le *motet.

La nouvelle conjoncture apparaît pleinement dans les motets contenus dans le *Roman de Fauvel*, au début du XIVe siècle. Le compositeur de cinq de ces motets, Philippe de Vitry – poète, musicien, ecclésiastique, homme d'État et ami de Pétrarque –, a ensuite écrit (vers 1320) un traité qui décrit de nouveaux principes de notation et de construction, dont le nom a été repris pour désigner l'ensemble de cette période : l'*Ars nova (un autre théoricien cite Vitry à propos d'un ouvrage intitulé *Ars novae musicae*).

L'« *Ars nova* est la première manifestation complète d'un art musical pur, affranchi de la religion ou de la poésie et construit selon ses propres lois : et, ainsi que le deuxième pape avignonnais, Jean XXII, s'en est amèrement plaint dans sa bulle « Docta Sanctorum », les paroles sont alors traitées comme de simples prétextes à la musique.

Cette nouvelle attitude envers la musique se reflète également chez les auteurs du XIVe siècle... L'influence de la pensée aristotélicienne, la croissance de l'empirisme, le besoin d'imiter la nature se ressentent en musique comme dans les autres formes artistiques et les autres domaines de la pensée européenne. Giotto montre la nouvelle voie à suivre en peinture et les musiciens imitent la nature de façon très vivante dans les *chaces* et les *cacce* qui sont la contrepartie musicale des pages caractéristiques de Chaucer et de Boccace » (*New Oxford History of Music*, III, p. XVII, XVIII).

Comme l'écrit dans le *Prologue*, datant de la fin de sa vie, le dernier grand maître de l'Ars nova, Guillaume de Machaut, poète, compositeur, ecclésiastique et diplomate (également considéré comme le « dernier trouvère ») :

« Et musique est une science
Qui veut qu'on rie et chant et dance. »

Néanmoins, bien que sa propre musique s'attache surtout au rire, à la chanson et à la danse et que ses motets profanes soient beaucoup plus nombreux que ses motets sacrés, Machaut a donné au monde la première composition polyphonique complète de l'ordinaire de la *messe. Elle avait été précédée de pastiches ou de quelques ensembles de mouvements anonymes (toujours par deux) – même les compilations de cycles complets en plain-chant étaient assez nouvelles – et il a fallu attendre longtemps pour que la messe en tant qu'entité musicale devienne la principale forme de composition religieuse.

Pendant le dernier quart du XIVe siècle, après la mort de Machaut, une extrême ingéniosité se développe dans le domaine du rythme et de la notation – même sur le plan graphique : on voit par exemple un compositeur noter deux *chansons sous la forme d'un cercle et d'un cœur. La musique française est plus que jamais souveraine. La polyphonie italienne a mis un certain temps à se développer et, comme la polyphonie anglaise, elle a suivi une voie assez indépendante, bien qu'elles aient toutes deux subi l'influence de la France en cette fin de siècle. Même la chapelle papale, exilée en Avignon, compte parmi ses membres un certain nombre de chanteurs francophones venus de Liège ; et un Wallon éminent, Johannes Ciconia, passe à Padoue les dix premières années du siècle suivant. Le retour à Rome de la papauté intensifie le processus, car Martin V recrute des musiciens français ou wallons pour sa chapelle. Toutefois, ce mouvement ne s'opère pas dans un seul sens. Ciconia lui-même est influencé par la musique italienne et, à la génération suivante, un Wallon de Cambrai, Guillaume Dufay, deviendra le musicien type d'Europe occidentale. A la cour papale, il avait été contaminé par la *cantilena* italienne ; à celle de Philippe le Bon, duc de Bourgogne, par la « concordance frisque » des musiciens anglais – particulièrement Dunstable – au service de Bedford, allié et beau-frère de Philippe, régent de France, alors occupée par les Anglais.

(Voir également, *Instruments du Moyen Age* ; *Moyen Age*.)

La chute de Constantinople, en 1453,

ne marque pas le début de la *Renaissance ; d'ailleurs, rien ne marque précisément le commencement de cette période, mais le « Banquet du faisan », donné par Philippe le Bon en prélude à une croisade destinée à reprendre Constantinople et pour lequel Dufay compose de la musique, est le dernier grand geste futile de chevalerie médiévale, alors que la pointe italienne que l'on trouve dans la musique de Dufay et de Ciconia permet de parler d'éléments de la Renaissance dans la musique néerlandaise. Des échanges identiques se sont produits en peinture ; Ghirlandaio a été influencé par les peintres flamands, Dürer par Giovanni Bellini et Léonard de Vinci. Les événements, tant politiques que culturels, ont modifié le schéma de la musique européenne. L'invasion de la France par les Anglais a permis à des compositeurs anglais : Bedingham, Leonel Power et quelques autres, en plus de Dunstable, de s'imposer jusqu'au nord de l'Italie ; puis l'expulsion des Anglais a abouti à un isolement qui a favorisé un autre style anglais, indépendant du reste de l'Europe. Le mariage de Marie, héritière de Bourgogne, et de Maximilien d'Autriche (le futur empereur Maximilien Ier) a amené à Innsbruck l'influence musicale néerlandaise et attiré les pays germanisants dans le concert européen.

Jusqu'alors, la musique allemande était restée très conservatrice, la polyphonie assez rudimentaire. Les *Minnesinger* s'appuyaient souvent sur les modèles des trouvères. Toutefois, il est intéressant de constater que les premiers documents importants sur la polyphonie occidentale proviennent des pays germaniques, sous la forme de musique pour clavier. L'organiste de la cour de Bavière, Conrad Paumann, avait déjà joué devant Philippe le Bon, en 1454, et c'est sans doute lui qui, à la suite de cette razzia, a inclus dans le livre d'orgue de Buxheim (vers 1470) un certain nombre de transcriptions de pièces provenant de la région anglo-bourguignonne. Les doigts des instrumentistes à clavier allemands devaient ensuite jouer un rôle très important dans l'histoire de la musique occidentale.

Néanmoins, la figure type du compositeur européen de la fin du XVe siècle est un Flamand, Henricus Isaac, qui a été au service de Lorenzo de Médicis et de son fils pendant près de vingt ans, avant d'être nommé compositeur à la cour de Maximilien Ier ; il a composé avec une égale maîtrise de la musique religieuse néerlandaise, des **frottole* et des chansons italiennes de carnaval, des *chansons françaises et des lieder allemands. Isaac est un véritable personnage de la Renaissance, comparable à Dürer – qui a également fait de longs séjours en Italie et est entré au service de Maximilien. La diffusion de la musique d'Isaac a été promue par cet instrument essentiel de la Renaissance qu'a été la presse à imprimerie (voir *Édition musicale*). Lorsque Ottaviano dei Petrucci a installé sa presse à Venise, son premier grand recueil, *Harmonice Musices Odhecaton A* de 1501, comprenait cinq morceaux d'Isaac – presque tous les autres compositeurs étant également néerlandais – et, en 1506, il a publié un volume de cinq *Misse Henrici Izac*, dont quatre ne sont pas basées sur un **cantus firmus* en plain-chant mais, comme tant de messes à partir de Dufay, sur des chansons profanes. Aucun autre compositeur, à l'exception de Josquin des Prés, n'a réalisé une synthèse plus heureuse entre l'esthétique du Nord et celle de l'Italie.

Isaac n'a pas été le dernier grand Néerlandais francophone. D'autres ont continué à occuper des postes prépondérants à Venise, à Florence et à Rome jusqu'au milieu du siècle suivant, entretenant un axe flamand-italien qui s'est incliné de plus en plus en direction de l'Italie. Ce fut l'époque de changements radicaux dans d'autres domaines que la musique et la peinture. Les connaissances nouvelles que l'imprimerie a diffusées à une vitesse sans précédent ont conduit à une nouvelle pensée. Sur le plan politique, une nouvelle Europe a pris forme. La France s'est fortifiée sous Louis XI, l'Angleterre s'est libérée de sa noblesse chevaleresque sous Henri VII et le Saint Empire romain germanique s'est largement développé sous un empereur flamand, Charles Quint, qui hérita de sa mère Naples, l'Espagne et le Nouveau Monde. C'est dans le contexte de cette nouvelle Europe qu'allait être moulée la musique du XVIe siècle.

3. *L'influence de l'Italie*. Bien que l'influence de l'Italie ne se soit pas affirmée immédiatement après la mort de Josquin des Prés, d'Isaac et de leurs grands contemporains Pierre de La Rue et Loyset Compère, les bases étaient déjà jetées. Une

forme spécifiquement italienne, le *madrigal, était née. On la fait remonter avec précision à la publication, par Petrucci, de *Musica... sopra le canzone del petrarcha* de Bernardo Pisano (1520). Aussi longtemps que des hommes comme Willaert, Verdelot et Arcadelt ont tenu des postes à Venise, Florence et Rome – c'est-à-dire jusqu'au milieu du siècle ou plus tard – la musique italienne ne s'est pas émancipée de la tutelle du Nord. Toutefois, lorsqu'elle a commencé à se libérer, elle a rapidement joué un rôle directeur encore plus important que celui de l'Europe du Nord-Ouest au Moyen Age, rôle qu'elle a pratiquement conservé jusqu'à la fin du XVIIIe siècle. Il peut paraître prématuré de faire remonter si loin cette influence, mais le madrigal n'était pas simplement une nouvelle forme artistique – il n'avait rien de commun avec le madrigal du *trecento*, sauf le nom ; il constituait une étape importante d'une révolution dont on a déjà remarqué les débuts dans les *frottole* et les **laudi spirituali* ainsi que dans quelques pages des compositeurs du Nord sous influence italienne, à partir de Dufay.

Le madrigal était polyphonique sans l'être exclusivement. Sa polyphonie devait compter avec un élément auquel l'humanisme attachait une énorme importance : les paroles. Alors que la polyphonie intellectuelle, « mathématique », du Moyen Age avait, comme s'en plaignait Jean XXII, traité les textes sacrés comme de simples sujets au service de la musique, désormais la musique était souvent composée expressément sur des paroles destinées à cet effet – notamment des textes profanes. Mais « la subordination humaniste de la musique au texte, l'insistance sur le fait que la musique devait avoir un sens en portant les paroles ou devait simplement rehausser leur effet ressort aussi clairement dans la musique religieuse des catholiques et des protestants de toute sorte que dans la *frottola*, le madrigal et la chanson. » (*New Oxford History of Music*, IV, p. XXIII.)

Dans la mesure où la pensée religieuse était pénétrée de l'esprit de l'humanisme, la musique religieuse s'est également soumise pour devenir le véhicule de la parole alors que la polyphonie pure, d'un raffinement technique extrême, a continué à servir la religion d'une foi pure, irraisonnée, « la magie du son rivalisant avec la magie de la foi ». En fait, les maîtres suprêmes de l'âge d'or de la polyphonie à la fin du siècle, époque à laquelle les novateurs italiens faisaient des expériences encore plus osées avec une musique illustrant des paroles, ont été un Italien, Palestrina, un Espagnol italianisé, Victoria, et – davantage touché par l'humanisme – un Flamand italianisé, Lassus.

Telles étaient les deux principales tendances de la musique européenne, mais le tableau d'ensemble était beaucoup plus compliqué. L'Église a cessé d'être monolitique et la structure sociale de l'Europe s'est assouplie. Jusqu'alors, en dehors de la musique anonyme, jamais couchée sur le papier et par conséquent perdue pour le peuple, la musique était l'affaire de l'Église, de la cour et des grands nobles. Mais une classe moyenne lettrée et de plus en plus influente a commencé à pratiquer la musique et à en commander, situation qui est devenue plus aisée lorsque la publication de musique, comprenant une forte proportion de musique italienne, s'est diffusée d'Italie en France (avec Pierre Attaingnant à Paris à partir de 1528 et Jacques Moderne à Lyon quatre ans plus tard), en Allemagne (avec Georg Rhaw à Wittenberg à partir de 1538 et Montanus [Berg] et Neuber à Nuremberg à partir de 1542) et aux Pays-Bas (avec Tylman Susato à Anvers à partir de 1543 et Pierre Phalèse à Louvain en 1545). Inversement, des compositeurs réputés se sont tournés davantage vers la musique populaire, dont ils ont préservé des airs dans des arrangements pour clavier ou luth et comme thèmes de variations instrumentales ou même de messes.

La musique pratiquée de façon intime par les amateurs avait certainement vu le jour plus tôt, mais n'atteignant jamais la dimension à laquelle elle est parvenue après l'invention de l'impression musicale. Les publications nous indiquent également ce que pouvaient désirer les amateurs. La *frottola* et le madrigal étaient évidemment très commerciaux, bien qu'il y ait eu aussi des madrigaux de cérémonie. Les éditeurs français ont trouvé un marché prospère dans la chanson polyphonique et ses arrangements instrumentaux ; des compositeurs s'en sont servis comme base de leurs messes, même sous ses formes les plus scabreuses ; et dès avant la fondation, en 1570, de l'Académie de poésie et de musique à l'initiative de Jean-Antoine de Baïf, les compositeurs français avaient mis au point une forme extrême de chanson humaniste dans la *musique mesurée à l'Antique : c'est une musique dans laquelle les valeurs des notes sont entièrement déterminées par les quantités prosodiques du texte, ce qui rend inévitable l'écriture note-contre-note. Néanmoins, partout ailleurs, dans le madrigal, la chanson, le lied polyphonique allemand, dans la musique de l'Église catholique, l'hymne luthérien et le psaume calviniste, l'écriture note-contre-note apportait une réponse satisfaisante aux besoins de clarté verbale. Une cause différente, la main sur le clavier, a produit un effet analogue.

Au XVIe siècle, la musique anglaise a été prolifique dans tous les domaines et, dans l'ensemble, elle s'est distinguée par sa qualité comme par sa quantité. Elle restait néanmoins insulaire et sa diffusion a été malheureusement retardée par le manque d'imprimeurs de musique anglais. La tradition de la musique religieuse a été bouleversée par la nature particulière de la demi-réforme d'Henri VIII. Les chants à plusieurs parties ont continué à prospérer, mais peu d'exemples ont été imprimés avant 1588. Le véritable impact du madrigal date de la même année, au cours de laquelle Thomas East publie *Musica transalpina*, recueil de madrigaux italiens avec leur traduction anglaise et un madrigal anglais de Byrd. Il suscite une vague d'imitation italienne prévisible à une époque où la culture anglaise était particulièrement fascinée par tout ce qui était italien. Des madrigaux, mais aussi des **canzonette* et des **balletti*, sous des noms anglicisés, sont modelés – parfois de trop près – sur des originaux italiens et l'impression musicale les diffuse enfin dans le public. La tradition de la musique anglaise pour clavier était au moins aussi ancienne ; elle était largement aussi copieuse et devait par la suite influencer, par l'intermédiaire de Sweelinck, l'école d'orgue allemande à partir de Samuel Scheidt. Toutefois, c'est seulement en 1612 que le petit recueil de morceaux choisis intitulé *Parthenia* a été imprimé.

La musique italienne pour clavier n'a jamais manqué d'éditeurs après la publication, par le Romain Andrea Antico, d'un recueil d'arrangements pour orgue de *frottole* en 1517. Toutefois, ce n'est pas la musique instrumentale en elle-même qui a donné à l'Italie ses siècles de primauté, bien qu'elle ait contribué à la principale forme sous laquelle cette primauté s'est manifestée : la volonté permanente de faire exprimer à la musique des textes poétiques. Les compositeurs de madrigaux de la fin du *cinquecento* se sont efforcés d'introduire le chromatisme, l'illustration sonore, le symbolisme sonore et d'autres moyens parfois aussi dramatiques que l'œuvre des grands peintres « maniéristes » de la même époque (le Greco et le Caravage) pour transmettre des émotions violentes et des suggestions pittoresques. Dans la musique des divertissements de cour, les masques et les *intermedi* dramatiques, un groupe de musiciens florentins influencés par un savant humaniste, Girolamo Mei, qui en était arrivé à la juste conclusion que la musique de la Grèce antique avait été monodique, ont commencé à mêler les madrigaux à un nouveau type de *monodie selon *un altro modo di cantare che l'ordinario* (« une autre façon de chanter que d'habitude »). C'est ce que l'on appelle le *récitatif, qui est devenu la caractéristique de l'*opera in musica* (voir *Opéra*, 2). Cependant, dès le début, l'emploi doctrinaire du récitatif a été tempéré par des chansons, des danses et des pièces instrumentales occasionnelles. Dans le premier véritable chef-d'œuvre du nouveau genre, l'*Orfeo* de Monteverdi (1607), l'élément de mélodie vocale – même de virtuosité – occupait une place beaucoup plus importante. En France, les mêmes ingrédients de spectacle, de chant, de danse et de musique instrumentale se sont aussi mélangés sous l'influence de l'académie humaniste de Jean-Antoine de Baïf, mais dans des proportions différentes : le résultat n'a pas été l'opéra, mais le ballet de cour (voir *Ballet*). Il est vrai que le ballet de cour a exercé une grande influence sur l'opéra français lorsque celui-ci a vu le jour, beaucoup plus tard, mais l'opéra français est resté français alors que l'opéra italien était sur le point de devenir européen.

L'opéra convenait particulièrement bien au génie italien : son sens du drame, sa musicalité intense, son langage riche de larges voyelles ouvertes et de consonnes liquides. Il n'est pas surprenant qu'en se répandant en Europe l'opéra ait eu tendance à conserver son langage d'origine et à résister aux diverses langues régionales. Évidemment, s'il fallait isoler la contribution fondamentale de l'Italie au vocabulaire expressif de la musique occidentale, ce serait la *cantilena* chaude et sensuelle engendrée par sa langue. L'opéra a rapidement dépassé le stade d'une forme artistique sévèrement intellectuelle et, avec l'ouverture du premier théâtre lyrique à Venise, en 1637, il a cessé d'être réservé exclusivement à l'aristocratie, bien qu'il se soit rarement passé du soutien des princes ou des aristocrates. (L'opéra fondé à Hambourg à la fin du XVIIe siècle constitue une exception, un prodige social.) Bien avant la fin du siècle, le récitatif est devenu de plus en plus superficiel, les *arias de plus en plus nombreuses et le sommet de l'opéra à arias est atteint par Alessandro Scarlatti et les nombreux compositeurs nés ou formés à Naples. Le genre était alors devenu si cosmopolite que l'opéra italien voit le jour sous la plume de compositeurs de tous horizons : Haendel, Hasse, Gluck (jusqu'à ce qu'il l'abandonne pour l'opéra français, dont le premier grand maître, Lully, était natif d'Italie), Haydn et, le plus grand de tous, Mozart.

Avant que ne progresse la notion d'"opéra en langue vernaculaire, au cours de la seconde moitié du XVIIIe siècle, le mot « opéra » était pratiquement synonyme d'opéra italien d'un bout à l'autre de l'Europe. En Espagne, pays qui a partagé un monarque avec Naples à partir de 1735, l'opéra était presque entièrement aux mains des Napolitains et des Parmesans qui n'adoptaient qu'occasionnellement des textes espagnols. Sous les rois Vasa et saxons, l'opéra en Pologne était purement italien. Araia a amené en Russie l'opéra italien en 1736 et les Italiens ont presque entièrement monopolisé l'opéra impérial pendant près d'un demi siècle, tandis que des musiciens russes plein de promesses, comme Bortnianski et Bereszovski, étaient envoyés en Italie pour y être formés et y faire représenter leurs opéras. En Angleterre, le plus sérieux rival de Haendel était un Italien, G. B. Bononcini, et, à la génération suivante, le compositeur d'*opera seria* qui a connu le plus grand succès à Londres, ville obsédée par les *pasticci* et les « ballad-operas », était Johann Christian Bach, musicien complètement italianisé. La France était le seul pays à avoir développé une solide tradition d'opéra en langue vernaculaire, avec sa propre esthétique. Mais il a suffi de la visite d'une troupe italienne qui jouait un répertoire d'opéras bouffes pour enflammer l'une des plus célèbres guerres civiles musicales, la Querelle des *bouffons, guerre qui s'est renouvelée un quart de siècle plus tard lorsque la faction pro-italienne a mis Piccinni en rivalité avec Gluck, alors francisé.

Ce n'est pas seulement dans le domaine de l'opéra que l'Italie a enfourché l'Europe comme un colosse. Dans les années 1590, le roi de Pologne Sigismond III invitait Marenzio à Varsovie et, pendant au moins un demi-siècle, les directeurs de la chapelle royale seront des Italiens. Le plus grand compositeur allemand du XVIIe siècle, Heinrich Schütz, avait été l'élève de Giovanni Gabrieli à Venise, où il avait composé des madrigaux italiens et où il est revenu vingt ans plus tard s'asseoir aux pieds de Monteverdi. L'Italie a donné naissance à l'*oratorio et à la *cantate de chambre, à la *sonate, au *concerto et à la *symphonie. Elle nous a donné le violon – instrument qui (a-t-on dit), « avec son *vibrato*, se distingue de la famille des violes, plus ancienne, et rivalise avec la voix humaine, que parfois elle surpasse » ; en fait, l'Italie nous a laissé toute la famille du violon avec l'*alto et le *violoncelle. Les meilleurs facteurs ont été les Amati, les Guarneri et les Stradivari, et les plus grands compositeurs Corelli, Vivaldi, Tartini, Viotti. Purcell reconnaissait que, dans ses premières sonates en trio, il s'était « efforcé loyalement d'imiter les maîtres italiens les plus renommés » et, quelques années plus tard, un auteur français, Le Cerf de La Viéville, se plaignait amèrement de « cette fureur de composer des sonates à la manière italienne ». François Couperin, fasciné par les sonates de Corelli, a produit ses premières sonates sous un anagramme italianisé de son propre nom et a ensuite rendu hommage à Corelli dans une *Apothéose* magnifique. Bach lui-même n'a pas dédaigné de transcrire pour orgue ou *clavecin les concertos de Vivaldi et d'emprunter des sujets de fugue à Legrenzi et à Corelli.

L'affaiblissement final de cette influence unique n'est pas dû à un manque de compositeurs de talent dans le domaine lyrique, quoique l'opéra en langue vernaculaire – parfois volontairement national et donc, dans une certaine mesure, anti-italien – ait donné naissance à des rivaux de plus en plus doués. Il n'est pas davantage une conséquence de l'importance croissante de la symphonie et de la sonate, domaines dans lesquels de bons musiciens comme Boccherini et Clementi pouvaient à peine rivaliser avec leurs contemporains allemands. La levure du romantisme fermentait et le génie italien n'était pas particulièrement sensible au romantisme. Les compositeurs lyriques ont emprunté des sujets à la littérature romantique. Mais la poésie intime, égocentrique, d'une part, et un véritable raz-de-marée, de l'autre, étaient en train de conquérir la musique au nord des Alpes, et la musique italienne a peu à peu cessé d'être paneuropéenne (voir *Baroque* ; *Classique*).

4. *L'influence de l'Allemagne.* L'influence musicale de l'Allemagne – de l'Allemagne ethnique, non politique – n'a été ni aussi longue ni aussi générale que celle de l'Italie. On ne peut la faire remonter à Haendel et J. S. Bach, car l'un était italianisant et l'autre peu connu hors de l'Allemagne protestante. Les compositeurs de Mannheim ont constitué les premiers présages, dans le domaine de la musique symphonique, avec le fils de Bach, Carl Philipp Emanuel, qui devait influencer Haydn. C'est la fièvre du *romantisme naissant qui a fait battre le cœur de la musique allemande durant sa grande époque et le romantisme lui-même s'est surtout épanoui en Allemagne, bien qu'il ait son origine dans la sensibilité de Rousseau. On trouve les premières étapes importantes du romantisme en littérature dans *Götz von Berlichingen* (1772) de Goethe, **Sturm und Drang* (1775) de Klinger qui a servi de nom à tout le début de la période, et *Die Räuber* (1781) de Schiller ; en musique, dans les symphonies dans des tonalités mineures de Haydn (au début des années 1770), la troisième des *Orchester-Sinfonien* (1776) de Carl Philipp Emanuel Bach, ses *Fantasien* et *Abschied von meinem Silbermannischen Clavier* (1781), les *Deutsche Arien* (1787) et l'*Adagio en si mineur K 540* (1788) de Mozart. Ce sont des auteurs allemands – Schiller, les Schlegel, Tieck, Novalis, E. T. A. Hoffmann – qui ont tenté de définir la nature du romantisme et, en dehors de Scott, Byron, Hugo et Lamartine, ce sont essentiellement des auteurs allemands qui ont fourni aux compositeurs des sujets et des vers à mettre en musique.

L'épanouissement tardif de la poésie lyrique allemande a donné une impulsion extraordinaire à la composition de mélodies, et le *Klavierlied* de Zumsteeg et de ses contemporains s'est totalement épanoui aux mains de Schubert et de Loewe, puis de Schumann, Franz et Cornelius, Brahms et Hugo Wolf. Toutefois, la suprématie de la musique instrumentale et l'élargissement de son domaine de compétence ont constitué l'une des caractéristiques les plus frappantes de cette époque (même dans le domaine de la virtuosité pure, l'exécution instrumentale – Paganini, Liszt, etc. – a éclipsé celle des chanteurs). Il était impossible d'ignorer l'évolution que Beethoven avait fait subir à la symphonie, à la sonate pour piano et au quatuor à cordes ; seul un conservateur pusillanime pouvait ignorer de tels défis. Même si les genres classiques sont restés de la musique simple, leurs formes et leurs structures se sont élargies et, dans le cas du *piano, les améliorations techniques ont donné naissance à une approche pratiquement symphonique et aux idées noires introverties, quasi *cantabile* de la vraie musique romantique pour piano. La symphonie avec chœur, la symphonie à programme, l'ouverture de concert qui, au milieu du siècle, est devenue le *poème symphonique, ont toutes contribué à donner de nouvelles dimensions à la musique. Tandis que la musique pour piano défiait souvent l'orchestre, l'art de l'orchestration tendait, à partir de Liszt et de Wagner, à donner à la structure symphonique une finesse quasi pianistique. La nature de la majeure partie de la musique de ce siècle est généralement qualifiée de « romantique » : « La musique en tant que compte rendu des émotions et des impressions les plus subtiles et les plus intimes, la musique en tant que langage rhétorique s'adressant au grand public... la musique fertilisée plus richement que jamais par la littérature et la peinture, avec l'expansion de la tonalité, la complication de l'harmonie chromatique et de la structure en général, la richesse et la raréfaction de l'orchestration acquises en cherchant à acquérir une puissance expressive plus vaste et plus raffinée » (*New Oxford History of Music*, X, p. I). Et alors que Berlioz épurait la palette orchestrale et que Liszt et Rimski-Korsakov lui donnaient davantage de brillant, alors que Chopin diffusait la magie du chromatisme et des fines structures dans la musique de piano et que Tchaïkovski montrait à Mahler comment on pouvait exprimer une émotion personnelle en une rhétorique objective, ce sont surtout des compositeurs allemands – particulièrement Wagner et ses disciples – qui ont concrétisé ces différentes tendances.

L'influence allemande ne s'est pas infiltrée partout comme l'avait fait l'influence italienne ; elle a résulté de la prééminence d'un certain nombre de compositeurs, de Beethoven, Weber, Spohr, Schubert, Mendelssohn et Schumann à Brahms, Bruckner, Hugo Wolf, Richard Strauss, Reger, Mahler et surtout Wagner. Les non-Allemands les plus inattendus sont tombés sous le charme de Wagner : Chabrier, Debussy, Puccini, Rimski-Korsakov, Sibelius, même si leur musique révèle bien peu de traces de cette passion. Certains facteurs ont limité l'étendue de l'influence allemande. L'Italie avait ses propres maîtres lyriques et Paris avait conservé un goût cosmopolite. En outre, après la Révolution française, les défaites puis les victoires des guerres napoléoniennes, une conscience nationale aiguë a commencé à s'éveiller chez divers peuples européens, qui a stimulé le développement de l'opéra romantique allemand en jetant dans l'ombre l'ancien *singspiel populaire ou en le glorifiant comme dans le *Freischütz*. Mais, tout en fournissant un terrain fertile à l'œuvre de Spohr, de Weber et de Marschner et en limitant l'hégémonie de l'opéra italien, la nationalisme a aussi empêché l'Allemagne d'exercer une influence universelle.

Le nationalisme musical italien, et non politique, était inconscient ; il était aussi naturel pour un Italien d'écrire de la musique italienne que de parler italien. Dans les pays dont les traditions musicales étaient moins profondément enracinées, ce mouvement était devenu délibéré. En Italie, sa « seconde patrie », Glinka, saturé d'*italicisme*, « avait été progressivement conduit par le mal du pays à l'idée d'écrire dans le style russe » et, vers le milieu du siècle, tout un groupe de jeunes talents devait le suivre. A Weimar en 1857, Smetana, courroucé par une remarque sans tact d'un Viennois du cercle de Liszt, « avait juré séance tenante » qu'il ferait « naître une musique tchèque » et, malgré une instruction allemande et une mauvaise connaissance du tchèque, il a réalisé son serment. Quelques années plus tard, le Belge Peter Benoit, pris dans le *Vlaamse Beweging*, décida de passer de la composition de textes français à celle de textes flamands. Les compositeurs norvégiens qui étaient allés étudier à Leipzig sont rentrés chez eux écrire de la musique norvégienne ; comme les Russes, ils avaient trouvé un agent purificateur dans leur musique populaire. Les musiciens français qui avaient succombé à l'influence de Wagner ont lutté désespérément pour affirmer leur propre nationalisme ; le désastre de la guerre de 1870 les a poussés à défier les Allemands sur leur meilleur terrain, celui de la musique, et la défaite militaire a, en fait, suscité une renaissance de la musique instrumentale française. Seuls la Grande-Bretagne et les États-Unis sont restés totalement sous l'emprise esthétique de l'Allemagne.

Les compositeurs nationaux ont souvent dû attendre longtemps avant d'être reconnus sur le plan international, contrairement à leurs contemporains allemands et aux compositeurs lyriques italiens. Il faut reconnaître que peu d'entre eux avaient la même envergure, mais leurs qualités spécifiques ont été souvent dévaluées par l'application des normes d'appréciation allemandes ; les compositeurs non allemands qui connaissaient un certain succès, comme Dvořák et Grieg, étaient pratiquement considérés comme des Allemands d'adoption. Il faudra attendre le tout début du XXe siècle pour que l'ensemble du monde musical prête une oreille attentive aux nouvelles voix de Debussy et de Moussorgski.

Durant les dix premières années du XXe siècle, la musique romantique était parvenue à un degré de raffinement qui, dans l'histoire de l'art, cache souvent une décadence immanente. La sensibilité mélodique (particulièrement à la poésie), l'harmonie chromatique s'étaient développées au point d'enlever presque tout son sens à la tonalité sur le papier et tout son sens pour l'oreille et l'esprit ; la densité extrême et la subtilité des relations des motifs, leur structure, la richesse de la sonorité de l'orchestre étaient poussées à l'extrême. Les techniques germaniques – car tout cela était essentiellement germanique – étaient épuisées. La réaction (en fait plusieurs réactions) s'était déjà manifestée : style quasiment « art nouveau » de Debussy avec sa technique pointilliste, écriture symphonique froide et comprimée de Sibelius, rythmes et couleurs hardis et nouveaux de la musique russe révélée à l'Europe occidentale par les saisons de ballets et d'opéras de Diaghilev, musique modale ou diatonique naïve, terre-à-terre, de l'école anglaise de chant populaire, rien de tout cela n'était allemand ; en fait, c'était aussi anti-allemand qu'antiromantique. Il faut considérer les premières œuvres atonales de Schoenberg, jusqu'au *Pierrot lunaire*, comme l'étau de la mort du romantisme.

Schoenberg lui-même a broyé du noir en silence durant quelques années, pendant et après la Première Guerre mondiale, avant de susciter une réaction germanique, mais l'Allemagne avait alors perdu sa primauté sur la scène européenne.

5. *L'éclatement de la tradition*. Depuis les débuts de la musique occidentale jusqu'à une date avancée du XXe siècle, il n'est pas difficile de reconstituer une trame d'évolution continue de la pensée et de la pratique musicales. Les premiers fils de la chaîne ont été le plain-chant, la première trame, les méthodes polyphoniques destinées à le traiter. Ensuite, des éléments profanes ont été tissés ensemble. Le modèle s'est enrichi d'éléments instrumentaux ; nous avons la preuve écrite de l'existence d'une musique pour clavier et l'on constate que les mêmes mélodies pouvaient apparaître dans la musique religieuse, la chanson profane et les airs de danse. Par l'emploi croissant de la **musica ficta*, l'harmonie modale s'est transformée en harmonie tonale qui, à son tour, a donné naissance à de nouvelles façons d'élargir la composition instrumentale cohésive. L'incorporation de la musique au drame a amené une nouvelle complication et les caractéristiques nationales se sont heurtées entre elles. Cependant, la trame de la tradition est restée ininterrompue ; malgré les variantes, le modèle principal est facilement reconnaissable. Les grands soulèvements culturels, spirituels et politiques – humanisme de la Renaissance, Réforme, guerre de Trente Ans, Révolution française – n'ont fait que le modifier en passant. Même une innovation profonde comme le récitatif florentin a été progressivement assimilée à la tradition mélodique en *arioso* et, finalement, dans les partitions de Wagner. Monteverdi pouvait employer côte à côte sa **prima prattica* et sa *seconda prattica* ; la tradition occidentale était assez solide pour absorber les deux.

Les premiers signes d'une crise plus sérieuse sont apparus au début du XXe siècle. La fin prochaine de la grande tradition s'est ressentie dans l'harmonie non fonctionnelle de Debussy, dans les expériences de Scriabine sur un système harmonique entièrement nouveau et dans la révolte de Schoenberg contre la tonalité. Les innovations de Debussy ont été facilement absorbées, comme la plupart des premières innovations ; celles de Scriabine ont été rejetées après un certain temps comme d'autres innovations antérieures l'avaient été – notamment la musique mesurée au XVIe siècle. A la première forme négative d'atonalité a succédé une forme positive, un succédané de tonalité, la composition dodécaphonique. Elle a eu également du mal à se faire accepter car elle a commencé par n'être qu'un exercice artificiel de constructivisme pur ; la succession et la coïncidence des notes, délibérément dissociées de toutes les lignes mélodiques et harmonies traditionnelles, n'avaient aucun sens. C'est seulement lorsque Schoenberg et son disciple Alban Berg ont trouvé des moyens d'humaniser la musique dodécaphonique que sa signification musicale potentielle a commencé à être perceptible. Un espéranto musical était reconnu comme langage musical. Des compositeurs comme Bartók ont occasionnellement glissé des éléments dodécaphoniques dans la musique tonale et il n'y avait plus aucune de raison de refuser d'absorber le dodécaphonisme, en tant que « musique sérielle », dans la tradition occidentale.

Toutefois, à la même époque, la tradition elle-même s'affaiblissait aux mains de vétérans fatigués et de décadents, tout en étant minée par d'autres innovations que celles de Schoenberg. En Allemagne, Hindemith proposait un système tonal nouveau, moins radical. Le *jazz commençait à s'insinuer dans la musique occidentale et des confusions esthétiques – non linguistiques – naissaient de diverses formes d'antiromantisme : *néo-classicisme, « musique utilitaire » (*Gebrauchmusik*), l'équivalent musical délibérément dépourvu de sens du dadaïsme. La polytonalité et la musique microtonale, comme l'harmonie par quartes qui a précédé la Première Guerre mondiale, ont affecté le langage de base mais ont été absorbées avec d'autres composantes dans une *lingua franca* éclectique – linéaire, angulaire, modérément tonale et d'une portée extra-musicale généralement timide –, un bâtard, influençable et faible de la musique occidentale. Néanmoins, il s'agissait nettement d'un descendant et il a servi, avec de multiples modifications personnelles, à de nombreux compositeurs dans le monde entier. Malgré son manque d'énergie et sa flaccidité, il continue à servir de langage aux compositeurs de l'arrière-garde. L'avant-garde attache peu de valeur, sinon aucune, à la tradition, quels qu'en soient la forme ou le domaine : moral, économique, politique ou artistique. Ironie du sort, le langage de la tradition musicale pure est surtout maintenu en vie en Union soviétique, sous une « tente à oxygène » politique.

Alors que la tradition occidentale émergeait, ébranlée et affaiblie, après la Seconde Guerre mondiale, le processus de fragmentation s'accentuait rapidement et pratiquait de grandes brèches. C'est à cette époque que la *musique concrète et la *musique électronique abordent l'exploration d'un art du son pur qui faisait complètement défaut dans les correspondances imperceptiblement assimilées par la musique « normale » durant des siècles ; jusqu'alors, cet art était donc dépourvu de sens et impropre à la communication. Le sérialisme ne se limite plus à des rangées de notes mélodiques, mais commence à s'appliquer à tous les autres éléments de la musique : rythme, hauteur de son, mètre, dynamique. Et, pour échapper à ces « camisoles de force » cérébrales, une nouvelle liberté ou plutôt une licence est autorisée : la *musique aléatoire et les procédures liées au hasard. La musique est composée avec des ordinateurs programmés. Des instruments sont utilisés à contre-emploi ; les pianos sont « préparés » en insérant des objets étrangers entre les cordes, et les instruments d'orchestre sont soumis à des déformations analogues tandis qu'on attend des chanteurs qu'ils s'adaptent à une musique antivocale par essence. Quant aux partitions, elles se voient remplacées par des diagrammes géométriques ou fantaisistes.

Si la musique continue à évoluer dans de telles directions, nous en viendrons à ne plus apprécier la plupart des immenses trésors entassés par la tradition musicale occidentale qu'en tant que pièces de musée, ce qui est déjà le cas pour la musique du passé lointain ; pourtant, il ne fait aucun doute qu'on continuera longtemps à les apprécier. Il y a tout de même un autre espoir. La musique occidentale, comme la culture occidentale dans son ensemble, est devenue prééminente parmi les musiques du monde, mais elle n'est pas la seule. D'autres, même plus anciennes, ont au cours des trente dernières années suscité beaucoup d'intérêt, non seulement parmi des musiciens éminents et savants, mais également parmi les publics occidentaux. Jusqu'à présent, toutes les tentatives pour réaliser des croisements avec la musique occidentale et inversement se sont soldées par des échecs. Toutefois, il n'est pas impossible qu'avec le temps l'humanité puisse élaborer et développer une culture universelle comprenant une musique authentiquement mondiale.

Gerald Abraham.

BIBLIOGRAPHIE : Jacques Chailley, *40 000 ans de musique*, Plon (Paris, 1961), rééd. Les Introuvables (Plan-de-la-Tour, 1976). Bernard Champigneulle, *Histoire de la musique*, PUF, coll. Que sais-je ? (Paris, 1941, 14e éd. 1981). Norbert Dufourcq, Marcelle Benoît et Bernard Gagnepain, *Les Grandes Dates de l'histoire de la musique*, PUF, coll. Que sais-je ? (Paris, 1969, 3e éd. 1985). Paul Griffiths, *Histoire concise de la musique moderne*, Fayard (Paris, 1978). Brigitte et Jean Massin, *Histoire de la musique occidentale*, Fayard (Paris, 1985). Lucien Rebatet, *Une histoire de la musique*, Robert Laffont (Paris, 1979). Émile Vuillermoz, *Histoire de la musique*, Fayard (Paris, 1949, rééd. complétée par Jacques Lonchampt, 1973).

Histoire du soldat, L'. Mimodrame en deux parties « à lire, jouer et danser » de Stravinski, sur un texte en français de C. F. Ramuz d'après un conte russe. L'œuvre est écrite pour trois comédiens, une danseuse, clarinette, basson, cornet à pistons, trombone, percussion, violon et contrebasse, et a été créée à Lausanne en 1918. Stravinski a réuni huit mouvements sous forme de suite en conservant l'ensemble instrumental original (1918) ; il a également réalisé une suite en cinq mouvements pour violon, clarinette et piano (1919).

Histoires de la forêt viennoise (*Geschichten aus dem Wienerwald*). Valse op.325 de Johann Strauss II, composée en 1868.

Histoires naturelles. Cycle de cinq mélodies pour voix et piano de Ravel, composées en 1906 sur des poèmes de Jules Renard : *Le Paon, Le Grillon, Le Cygne, Le Martin-Pêcheur* et *La Pintade*. Manuel Rosenthal en a réalisé une version avec orchestre.

Hlzbl. Abréviation pour *Holzbläser*, le pupitre des bois de l'orchestre.

HMS Pinafore. Opéra-comique en deux actes de Gilbert et Sullivan. Représentations : Londres (Opéra-Comique, 25 mai 1878) ; Boston (23 novembre 1878) ; Berlin (Théâtre Kroll, 27 novembre 1887). Les marins qui se trouvent à bord du HMS Pinafore reçoivent la visite du First Lord of the Admiralty, Sir Joseph Porter (bar.), qui veut épouser Joséphine (sop.), la fille du capitaine Corcoran (bar.). En raison d'une confusion faite à la naissance par Little Buttercup (mezzo), une femme qui prenait autrefois des enfants en nourrice, on découvre que celui que Joséphine aime vraiment, Ralph Rackstraw (tén.), est en réalité le capitaine du navire, alors que le père de Joséphine n'est autre qu'un habile marin. Le snobisme de Sir Joseph le pousse à se retirer, Joséphine épouse Ralph et Little Buttercup part avec l'ancien capitaine.

Hoboe (all.). « Hautbois ».

Hoboken. Abréviation utilisée pour les œuvres de Joseph Haydn d'après le catalogue établi par le collectionneur et bibliographe hollandais Anthony van Hoboken (1887-1983). Ces références sont rédigées sous la forme « Hob.XVII : 6 » (les *Variations pour piano en fa mineur*).

Hochkammerton (all.). Voir *Diapason*, 2.

Höchst (all.). « Très haut », « au plus haut degré ».

Hochzeitsmarsch (all.). « Marche nuptiale ». Les marches nuptiales les plus célèbres sont celles de Mendelssohn (dans la musique de scène du *Songe d'une nuit d'été*) et de Wagner (dans *Lohengrin*). *Hochzeitszug*, « procession nuptiale ».

Hoddinott, Alun (Bargoed, Glamorgan, 11 août 1929). Compositeur gallois. Il fait ses études à University College, à Cardiff (1946-49), et prend des leçons particulières avec Arthur Benjamin, à Londres. En 1951, il est nommé au College of Music and Drama de Cardiff et, en 1959, à University College, où il devient professeur de musique en 1967. Compositeur prolifique, il est l'auteur d'un opéra, *The Beach of Falesá* (1970-74, créé en 1974), de cinq symphonies, de trois concertos pour piano et de nombreuses autres œuvres symphoniques, de beaucoup de musique chorale, de musique de chambre et de mélodies. Ses premières œuvres révèlent l'influence de Bartók et de Hindemith. A la fin des années cinquante, il s'y ajoute un emploi occasionnel des techniques sérielles. Par la suite, il élabore une écriture personnelle qui fait reposer sa musique sur un violent conflit harmonique, auquel s'ajoute, dans ses œuvres symphoniques, une écriture particulièrement virtuose.

Paul Griffiths.

Hodie (On this Day). Cantate de Noël pour soprano, ténor, baryton, chœur de garçons, chœur et orchestre de Vaughan Williams sur un texte choisi par le compositeur, qui regroupe des paroles de la Bible, de Milton, de Herbert, de Hardy, de Drummond, de Coverdale, de Ballet et d'Ursula Vaughan Williams. Elle a été créée à Worcester en 1954. Le premier titre de cette œuvre était *This Day* (*Hodie*), mais le compositeur préférait *Hodie*, qui a été adopté de façon générale.

Hoffmann, E(rnst) T(heodor) A(madeus) [à l'origine Wilhelm ; il a adopté le nom d'Amadeus en hommage à Mozart] (Königsberg, 24 janvier 1776 ; Berlin, 25 juin 1822). On se souvient surtout de lui pour ses contes fantastiques, mais Hoffmann était aussi un musicien professionnel et un compositeur de talent. Après avoir fait son droit, il a été pendant six ans fonctionnaire en Pologne et en Prusse. Il a perdu son poste pendant les guerres napoléoniennes et, en 1808, a été nommé directeur musical du théâtre de Bamberg ; mais il n'a pas conservé longtemps cet emploi et a consacré à la composition la majeure partie du temps passé à Bamberg. Il a ensuite vécu à Berlin, où il s'est imposé comme auteur influent et critique perspicace (il a régulièrement contribué à l'*Allgemeine musikalische Zeitung* de Leipzig et à divers journaux berlinois).

La plupart des contes d'Hoffmann ont un arrière-plan musical. L'une de ses créations fantastiques les plus célèbres est la Kreisleriana, qui met en scène le Kapellmeister Johann Kreisler. L'opéra d'Offenbach *Les Contes d'Hoffmann* s'inspire de trois de ses contes, notamment *Rat Krespel* et *Der Sandmann*. Hoffmann a lui-même composé plusieurs opéras, dont *Die lustigen Musikanten* (1805) et *Undine* (1816), plusieurs mélodies, de la musique sacrée, une symphonie, huit sonates pour piano (cinq seulement ont survécu) et quelques pièces de musique de chambre.

Wendy Thompson.

BIBLIOGRAPHIE : E.T.A. Hoffmann, *Nouvelles musicales*, Stock (Paris, 1929, rééd. 1984) / *Écrits sur la musique*, L'Age d'homme (Lausanne, 1985). Marcel Schneider, *E.T.A. Hoffmann*, Julliard (Paris, 1979).

Hoffmeister, Franz Anton (Rothenbourg-sur-le-Neckar, 12 mai 1754 ; Vienne, 9 février 1812). Éditeur et compositeur autrichien. Après de brèves études juridiques à Vienne, il se tourne vers la musique et, à partir de 1780, connaît la célébrité pour ses singspiels et sa musique instrumentale. En 1784, il fonde une maison d'édition qui publie la musique de certains des compositeurs les plus avancés de l'époque, notamment Mozart, auquel Hoffmeister prouve son amitié lorsqu'il rencontre des difficultés financières. Le *Quatuor à cordes en ré K499* est souvent appelé le *Quatuor « Hoffmeister »* , mais ce n'est pas la seule œuvre de Mozart qu'il ait publiée. Dans les années 1790, Hoffmeister compose des œuvres pour le Theater auf der Wieden de Schikaneder et, en 1798, il se rend à Londres. Au cours du voyage de retour, il séjourne à Leipzig, où il fonde avec un ami un « bureau de musique » qui deviendra la maison d'édition C. F. Peters Verlag. A partir de 1800, il se retire progressivement des affaires pour se consacrer à la composition.

Hoffnung, Gerard (Berlin, 22 mars 1925 ; Londres, 28 septembre 1959). Humoriste anglais d'origine allemande. Il commence par se faire un nom comme dessinateur humoristique dans le domaine musical, puis, à partir de 1956, comme organisateur des « Hoffnung Music Festivals », des concerts de canards, de pastiches et de farces musicales.

Paul Griffiths.

Hoffstetter, Roman (Laudenbach, Wurtemberg, 24 avril 1742 ; Miltenberg-sur-le-Main, 21 mai 1815). Altiste et compositeur allemand. Il entre au monastère bénédictin d'Amorbach en 1763, où il reste jusqu'à sa sécularisation en 1803, date à laquelle il s'installe à Miltenberg. Il n'est connu dans l'histoire de la musique que depuis quelques années et est aujourd'hui considéré comme l'auteur des six *Quatuors à cordes op.3* (avec la célèbre « Sérénade ») antérieurement attribués à Haydn, qu'il admirait beaucoup.

Denis Arnold.

Hofhaimer, Paul (Radstadt, Autriche, 25 janvier 1459 ; Salzbourg, 1537). Issu d'une famille d'organistes, il devient le meilleur instrumentiste de son époque. Il entre tout d'abord au service de l'empereur Frédéric III à Graz, puis du duc Sigmund du Tyrol à Innsbruck. Sa renommée est à son comble lorsqu'il est nommé organiste de la cour de Maximilien Ier, avec lequel il voyage en Europe pendant près de trente ans. Il est également un conseiller éminent en matière de facture d'orgues, notamment à Augsbourg, où la famille de banquiers Fugger l'engage pour surveiller plusieurs instruments importants.

Denis Arnold.

Hoflied (all.). Chant de cour ou aristocratique de la Renaissance, par opposition au *Gesellschaftslied*, chant de la bourgeoisie, ou au *Volkslied*, chant populaire.

Hofmann, Leopold (Vienne, 14 août 1738 ; Vienne, 17 mars 1793). Compositeur autrichien, Kapellmeister de la cathédrale Saint-Étienne de Vienne à partir de 1772, où Mozart sera son assistant en 1791. Il a composé beaucoup de musique religieuse et instrumentale dans le style de l'école de Mannheim. Sa popularité a retardé la consécration de Haydn qui, apparemment, ne l'appréciait pas outre mesure.

Hoftanz. Danse allemande du XVIe siècle, sans doute d'origine aristocratique ; il s'agit peut être d'une variété allemande de la *basse danse française.

Hogarth, George (Carfrae Mill, Berwickshire, 1783 ; Londres, 12 février 1870). Musicographe écossais. Il fait son droit à Édimbourg, où il prend part à la vie musicale de la ville et y devient secrétaire du Festival de musique en 1815. Il s'installe à Londres en 1830 et écrit des articles pour *The Harmonicon* et *The Morning Chronicle*. Critique musical de *The Daily News* de 1846 à 1866, il collabore à de nombreux journaux et périodiques.

Denis Arnold.

Ho-hoane (angl.). « Complainte » ; déformation du mot gaélique *Ochóin*, « oh, hélas ».

Holberg (*Fra Holberg tid ; Aus Holbergs Zeit :* « Du temps de Holberg »). Surnom d'une suite pour piano en cinq mouvements de Grieg, composée en 1884, orchestrée pour cordes la même année et pour grand orchestre en 1885 (les deux versions portent le numéro d'op.40). La *Suite Holberg* a été écrite pour célébrer le bicentenaire de la naissance du dramaturge norvégien Ludvig Holberg (1684-1754).

Holborne, Anthony (mort en novembre ou décembre 1602). Compositeur anglais. Huissier de la reine Élisabeth, Holborne était un excellent compositeur de musique instrumentale. Il a publié deux volumes de ses œuvres, *The Cittharn Schoole* (1597) et les *Pavans, Galliards, Almains...for Viols, Violins, or other Musicall Winde Instruments* (1599). Son frère, William, était un personnage de moindre importance mais ses six *Aers Neapolitan* (publiés dans le recueil d'Anthony en 1597) sont des œuvres pleines de charme.

Denis Arnold.

Holbrooke, Joseph (Charles) (Croydon, 5 juillet 1878 ; Londres, 5 août 1958). Compositeur anglais, élève de Frederick Corder à la Royal Academy of Music de Londres, il passe la majeure partie de sa vie à composer et se lance à l'occasion dans la polémique. Il est l'auteur d'une trilogie lyrique wagnérienne basée sur une légende galloise (*The Cauldron of Annwyn*), de quelques autres opéras, d'œuvres symphoniques et de pièces de musique de chambre inspirées par la littérature, notamment par les œuvres d'Edgar Poe.

Paul Griffiths.

Hold (angl. et surtout amér.). « Point d'orgue », « pause » (𝄐).

Hole, William. Voir *Édition musicale*, 5.

Holidays. Œuvre symphonique de Charles Ives qui regroupe quatre pièces, auparavant publiées séparément : *Washington's Birthday* (1909), *Decoration Day* (1912), *The Fourth of July* (1911-13) et *Thanksgiving and/or Forefathers' Day* (1904).

Hollande. Voir *Pays-Bas*.

Holliger, Heinz (Langenthal, 21 mai 1939). Hautboïste et compositeur suisse. Il fait ses études aux Conservatoires de Berne, de Bâle et de Paris, avec Émile Cassagnaud et Pierre Pierlot pour le hautbois, Sandor Veress et Pierre Boulez pour la composition. Il s'est imposé comme l'un des plus grands hautboïstes de son temps et plusieurs compositeurs, notamment Berio, Henze et Penderecki, ont écrit pour lui. Ses propres œuvres, au nombre desquelles figure le concerto pour hautbois *Siebengesang* (1966-67), révèlent l'influence de Boulez, Stockhausen et Kagel.

Paul Griffiths.

Holloway, Robin (Greville) (Leamington Spa, 19 octobre 1943). Compositeur anglais. Il est d'abord choriste à la cathédrale St Paul (1952-57) puis il travaille la composition avec Alexander Goehr (à partir de 1960) et étudie à Cambridge (1961-69), où il se fixe comme agrégé puis comme maître-assistant de conférences. Ses œuvres révèlent un tempérament romantique, souvent stimulé par la poésie et qui s'exprime dans un langage lyrique aux riches harmonies. Peu de compositeurs de sa génération ont enrichi aussi largement le répertoire du chant.

Paul Griffiths.

Holmboe, Vagn (Horsens, Jutland, 20 décembre 1909). Compositeur danois, élève de Knud Jeppesen et Finn Høffding au Conservatoire royal de Copenhague (1926-30) et de Ernst Toch à Berlin (1930). En 1933-34, il séjourne en Roumanie pour étudier la musique traditionnelle ; il rentre ensuite au Danemark et donne des cours privés. Il enseigne également à Copenhague, à l'Institut des aveugles (1940-49) et au Conservatoire royal (1950-65), et devient critique musical du journal

Politiken (1947-55). Son style musical s'inspire de la musique traditionnelle roumaine et danoise, mais il est surtout marqué par sa technique personnelle de la métamorphose qui fait généralement usage d'un petit groupe de notes comme germe d'une œuvre entière. Holmboe a beaucoup composé, notamment dix symphonies, quinze quatuors à cordes, de nombreux concertos, des cantates, des mélodies et de la musique de chambre.

Paul Griffiths.

Holmes, John (mort à Salisbury, 30 janvier 1629). Compositeur anglais, organiste à la cathédrale de Winchester, puis, de 1621 jusqu'à sa mort, à la cathédrale de Salisbury. Sa musique religieuse, dont une grande partie nous est parvenue incomplète, est restée très appréciée jusqu'au milieu du XVIIe siècle. Il a également écrit un madrigal pour *The Triumphes of Oriana* et a eu pour élève Adrian Batten.

Denis Arnold.

Holst, Gustav (Theodore) (Cheltenham, 21 septembre 1874 ; Londres, 25 mai 1934). Compositeur anglais. Fils d'un professeur de piano, il dirige les chœurs du village à l'âge de dix-sept ans et obtient une bourse pour le Royal College of Music lors de sa seconde tentative en 1895, où il devient l'élève de Stanford. Il joue du trombone dans des orchestres de plage avant d'entrer à l'Orchestre de l'Opéra de Carla Rosa. En 1903, il commence à enseigner et, deux ans plus tard, est nommé directeur de la musique de l'École de filles de St Paul à Hammersmith, poste qu'il occupera toute sa vie. En 1907, il devient aussi directeur de la musique à Morley College. Son amour du chant populaire et traditionnel, né de son amitié avec Vaughan Williams, s'exprime dans *Somerset Rhapsody* (1906-07). Afin de mettre en musique de la poésie hindoue, il prend des leçons de sanskrit et réalise lui-même les traductions pour ses *Choral Hymns from the Rig Veda* (quatre recueils, 1908-12). L'opéra de chambre *Savitri* (1908, représenté pour la première fois en 1916) s'inscrit dans la même ligne. Il remporte son premier grand succès public en 1919, lors de l'exécution de sa suite symphonique *The Planets* (1914-16), suivie en 1920 de son chef-d'œuvre choral *The Hymn of Jesus* (1917).

Holst souffait d'une mauvaise vue et de névrite dans le bras ; sa santé a été en outre affectée par une chute en 1923. Ces ennuis se ressentent dans la musique très dénudée qu'il compose alors, l'effort qu'il devait fournir pour composer l'obligeant à un dépouillement qu'il a poussé trop loin, selon l'avis de certains. Il a fallu des années pour que sa *Symphonie chorale* inspirée de Keats (Leeds, 1925) soit acceptée, et la bitonalité austère du *Fugal Concerto* (1923) et du *Double Concerto pour deux violons* (1929) a embarrassé jusqu'à ses admirateurs. Une veine plus lyrique, plus riche commence à se faire à nouveau sentir avec le paysage symphonique *Egdon Heath* (1927), la *Moorside Suite* pour ensemble de cuivres (1928) et le *Mouvement lyrique* pour alto et orchestre de chambre (1933).

Outre *Savitri*, Holst a écrit trois opéras : *The Perfect Fool* (Covent Garden, 1923), *At the Boar's Head*, épisode de Falstaff (Manchester, 1925), et *The Wandering Scholar* (1929-30, Liverpool, 1934). On trouve sa musique la plus caractéristique et la plus puissante dans ses œuvres chorales comme la *Fantaisie chorale* pour soprano, chœur, orgue et orchestre (1930) et *Ode to Death* (1919), alors que la beauté de ses mélodies – en particulier les douze mélodies sur des textes de Humbert Wolfe et les douze mélodies sur des chants populaires gallois pour chœur sans accompagnement (1930-31) – apporte un démenti flagrant aux allégations selon lesquelles sa musique manquerait de chaleur.

Même à la fin de sa vie, les œuvres de Holst étaient refusées par les éditeurs mais, après sa mort prématurée à la suite d'une opération, sa musique a commencé à captiver de plus en plus une nouvelle génération d'auditeurs qui ont trouvé en Holst la source d'une grande partie de ce qu'ils admiraient chez Britten et Tippett. Par ailleurs, on ne saurait exagérer son influence pédagogique : il avait un certain génie pour pousser les amateurs et les débutants vers un niveau très élevé, sans accepter de compromis. Cette intégrité se reflète dans certaines œuvres chorales écrites pour ses élèves qui exigent souvent une subtilité et une discipline qui mettraient à l'épreuve les professionnels. Toutefois, dans des chants à plusieurs parties comme *This Have I Done for my True Love* (1916), le musicien pratique et l'idéaliste visionnaire se trouvent sur un pied d'égalité.

Michael Kennedy.

Holy Boy, The. *Prélude pour piano nº 3* de John Ireland, composé en 1913. Il l'a orchestré pour cordes en 1941 et en a réalisé un arrangement pour quatuor à cordes la même année. Il a également fait l'objet d'arrangements pour orgue par Alec Rowley (1919), pour ensemble de cuivres par R. E. Stepp (1950), pour voix et piano sur un poème de Herbert S. Brown (1938) et pour chœur sans accompagnement (1941).

Holy Sonnets of John Donne, The. Cycle de mélodies op.35 de Britten, composé en 1945 après une visite des camps de concentration allemands ; créé à Londres la même année.

Holz (all.). « Bois ». *Holzbläser*, « instrumentiste à vent de la famille des bois » ; *Holzblasinstrumente*, « instruments à vent de la famille des bois » ; *Holzflöte*, « flûte en bois » (registre d'orgue) ; *Holzharmonica*, « harmonica de bois », ou xylophone ; *Holzschlegel*, « baguette de bois ».

Holzbauer, Ignaz (Jakob) (Vienne, 17 septembre 1711 ; Mannheim, 7 avril 1783). Compositeur et chef d'orchestre autrichien. Fils d'un marchand de cuir, il travaille la musique en autodidacte et parfait son talent pour la composition en dirigeant la musique au Burgtheater de Vienne. Il se rend en Italie dans les années 1730 puis y retourne dans les années 1740 et étudie les dernières œuvres de compositeurs comme Albinoni et Vivaldi. Il est responsable de la musique à la cour de Mannheim de 1753 à 1778, lorsqu'elle s'installe à Munich. Il est l'auteur de l'un des premiers singspiels sérieux en Allemagne, *Günther von Schwarzburg* (représenté en 1777), que Mozart appréciait beaucoup. Holzbauer a également composé de nombreuses pages de musique religieuse et de musique de chambre.

Denis Arnold.

Home, sweet Home. Mélodie de Henry Bishop, composée en 1821 pour un album d'airs nationaux dits « siciliens » sur des paroles de J. H. Payne (1791-1852). Elle a été intégrée en 1823 à l'opéra de Bishop *Clari*. On retrouve le même air, légèrement modifié, dans *Anna Bolena* de Donizetti.

Homme armé, L'. Mélodie du XVe siècle qui apparaît pour la première fois dans une chanson française composée par Robert Morton, musicien anglais membre de la chapelle de Bourgogne (1457-75). Elle figure ensuite en partie de ténor dans plus de trente messes polyphoniques écrites par des compositeurs aussi éminents que Dufay, Busnois, Ockeghem, Obrecht, Josquin des Prés, de La Rue, Senfl, Morales et Palestrina. Carissimi a composé une messe analogue au XVIIe siècle. Des recherches récentes laissent supposer que ce nom s'inspirerait peut-être d'une taverne populaire (voir *Dufay, Guillaume*, 1).

Homophone. Se dit de deux cordes de harpe accordées pour produire la même note.

Homophonie. Terme désignant une musique à une voix ou partie nettement mélodique, les autres servant d'accompagnement ou jouant surtout des accords. Le procédé inverse est la *polyphonie, dans laquelle les parties tendent vers l'indépendance et l'égalité. Le terme « homophonie » sert également à désigner l'écriture à plusieurs parties dans laquelle toutes les parties obéissent au même rythme ; il est alors préférable d'employer le mot *homorythmie. Voir également *Monophonie*.

Homorythmie. Terme désignant l'identité rythmique des différentes voix ou parties d'une œuvre polyphonique (hymnes, chorales, *organum*).

Honegger, Arthur (Le Havre, 10 mars 1892 ; Paris, 27 novembre 1955). Compositeur suisse. De famille protestante suisse, il fait ses études aux Conservatoires de Zurich (1909-11) et de Paris, où il est l'élève de Widor (composition) et de Vincent d'Indy (orchestration). Au Conservatoire de Paris, il entre en contact avec un groupe de jeunes compositeurs, dont Poulenc et Milhaud, qui deviendra le « groupe des Six » en 1920. Mais Honegger ne partage ni les vues iconoclastes et résolument à la mode de Jean Cocteau, ni les idées de Satie, le « saint patron » du groupe. Il préfère se tourner vers Bach, qui lui inspire des formes claires et fortes, un contrepoint abondant, des rythmes haletants et une merveilleuse liberté mélodique.

Il remporte ses premiers grands succès avec son psaume dramatique *Le Roi David* (1921), petit oratorio qui peut être porté à la scène, et avec *Pacific 231* (1923), mouvement symphonique qui évoque la gloire de la locomotive à vapeur. Cette œuvre sera ensuite réunie à *Rugby* (1928) et au *Mouvement symphonique n° 3* (1932) pour former un triptyque qui montre le penchant naturel de Honegger pour les ensembles puissants, presque physiques, auxquels son harmonie chromatique donne du poids. Une force de conception, d'idée et de sentiment identique fait de son cycle de cinq symphonies l'un des plus importants du siècle. La *Symphonie liturgique* (n° 3, 1945-46) évoque l'histoire récente en développant l'idée de transition entre la lutte acharnée et la paix ; elle offre un contraste violent avec la légèreté de la *Symphonie n° 4 « Deliciae basilienses »* (1946) ; le titre de la *Symphonie n° 5 « Di tre re »* (1950) vient du fait que chaque mouvement se termine sur la note ré confiée aux timbales.

Honegger a aussi composé plusieurs ballets et opéras, ainsi que l'oratorio dramatique *Jeanne d'Arc au bûcher* (1935), immense fresque pour récitants, solistes, chœur et orchestre. Il a également écrit de nombreuses musiques de scène et musiques de film. Honegger était un musicien extrêmement réfléchi, à la recherche de lui-même, et son livre *Je suis compositeur* (Paris, 1951) exprime les croyances d'un être qui était convaincu de travailler à une époque de désintégration culturelle.

Paul Griffiths.

BIBLIOGRAPHIE : José Bruyr, *Honegger et son œuvre*, Corrêa (Paris, 1947). Marcel Delannoy, *Honegger*, Pierre Horay (Paris, 1953), rééd. augmentée du catalogue des œuvres d'Arthur Honegger par G.-K. Spratt, Slatkine (Genève, 1986). Jacques Feschotte, *Honegger*, Seghers (Paris, 1966). Arthur Honegger, *Incantation aux fossiles*, Ouchy (Lausanne, 1949) / *Je suis compositeur*, Le Conquistador (Genève, 1951). Marcel Landowski, *Honegger*, Seuil, coll. Solfèges (Paris, 1957, rééd. 1978). Willy Tappolet, *Arthur Honegger*, A la Baconnière (Neuchâtel, 1957).

Hongrie. D'origine finno-ougrienne, les Hongrois auraient pour ancêtres des populations venues des vallées de l'Ob' et de la Kama, sur les pentes occidentales de l'Oural. Avant d'arriver dans le bassin des Carpathes, en 896, des Mongols et surtout des Turcs se sont mêlés à eux et ont soumis les Huns pré-magyars qui habitaient le sud-est de l'Europe depuis le IVe siècle. Au XIIIe siècle, des colons allemands se sont installés sur leur territoire, ce qui explique l'existence de communautés germanisantes en Hongrie avant 1918.

1. *Du Moyen Age au XVIIIe siècle.* Au Moyen Age, la population hongroise était essentiellement paysanne, gouvernée par un roi et quelques familles nobles. A partir du XIIe siècle, la présence en Hongrie de musiciens étrangers indique que la cour cultivait la musique des *troubadours et des *Minnesinger* allemands. Le roi Mathias Corvinus (1458-90), grand défenseur des arts, avait à sa cour des musiciens italiens et bourguignons et, pendant un certain temps, le Flamand Willaert. Le nonce apostolique rapportait, en 1483, que le chœur de la chapelle royale était le plus beau qu'il eût jamais entendu.

La bataille de Mohács, en 1526, dont les Turcs sortirent victorieux, ruina le pays pendant quelque temps. Après cette date, on ressent l'influence turque dans la musique populaire. Un peu plus tard, la Réforme affecte la musique religieuse ; les psaumes métriques huguenots de Clément Marot connaissent une vogue relative et suscitent des imitations. On perçoit néanmoins une certaine réaction au siècle suivant – après des luttes cruelles.

Sebestyén Tinódi ou « Sébastien le joueur de luth », qui a vécu au cours de la première moitié du XVIe siècle (mort en 1556), est un célèbre compositeur de chansons qui a écrit des chroniques historiques mises en musique. Sa musique révèle un mélange d'influences : la chanson populaire de l'époque, le chant religieux et la musique turque. En raison de leur esprit national, ses chansons ont connu un grand succès et certaines d'entre elles sont encore chantées aujourd'hui sur d'autres paroles. Dans *Defense of Poesie* (1583), le poète anglais Sir Philip Sidney narre ses expériences en Hongrie et s'étend sur la popularité des chansons héroïques du pays, dont la musique existait souvent sous forme imprimée. Le luth était très prisé à cette époque : Bálint Bakfark, né en Transylvanie, se classe parmi les grands compositeurs de musique pour luth.

Quelque temps après, les virginalistes anglais semblent avoir joui d'une vogue considérable dans les châteaux de la noblesse ; quelques manuscrits (dont un daté de 1680) reproduisent des airs populaires hongrois traités pour virginal dans un style analogue à celui qu'utilisaient quelques années auparavant les compositeurs anglais.

Au XVIIIe siècle, l'influence italienne et allemande se ressent nettement dans l'adoption de la cantate pour voix soliste et du lied. Le moine Ferenc Verseghy (1757-1822) définit un type national de lied, mais il reste fortement imprégné de romantisme allemand.

La culture hongroise s'organise sous le règne de Marie-Thérèse (entre 1740 et 1780) : la littérature nationale acquiert une dimension nouvelle et les écoles de musique se multiplient. L'opéra hongrois fait sa première apparition à la fin du XVIIIe siècle (voir *Opéra*, 14). Au milieu du XIXe siècle, on voit s'imposer les opéras de Ferenc Erkel (1810-93), dont certains sont encore au répertoire. Le compositeur Mihály Mosonyi (1815-70, en réalité Michael Brand) adopte un style national dans le domaine de la musique instrumentale.

2. *L'influence de la musique populaire hongroise.* Certaines danses hongroises se sont largement répandues à l'étranger (*csárdás, verbunkós*). Haydn (qui a passé trente ans en Hongrie au service de la famille Esterházy), Beethoven, Schubert et d'autres grands compositeurs ont construit des mouvements entiers d'après ces danses. C'est surtout Liszt qui, dans ses *Rhapsodies hongroises*, a fait connaître au monde entier la variété rythmique et la force mélodique de la musique populaire hongroise. Brahms a également utilisé des airs hongrois. Bartók et Kodály ont parcouru le pays en tous sens pour effectuer des recherches qui ont beaucoup influencé leur propres œuvres ; ils ont recueilli une somme considérable de ces chants et danses populaires qui représentent environ 15 000 disques (78-tours).

La « musique tzigane » de Hongrie est en réalité de la musique hongroise composée par des Hongrois mais exécutée et propagée par des violonistes et des orchestres tziganes (qui à force d'embellissements la rendent souvent méconnaissable). Il existe une musique tzigane authentique chez les Tziganes ruraux hongrois, mais elle diffère énormément de ce que nous appelons « musique tzigane hongroise ». Il existe également une musique paysanne hongroise qui a exercé une grande influence sur les compositeurs hongrois contemporains et qui diffère sensiblement de la « musique tzigane hongroise ». Les conclusions de Bartók, qui avait effectué beaucoup de recherches dans ce domaine, renversent complètement celles de Liszt dans son livre *Des Bohémiens et de leur musique en Hongrie* (Paris, 1859), qui accordait aux tziganes un rôle beaucoup plus déterminant dans la production musicale du pays.

Une série d'articles de presse publiés en 1930 après les funérailles, à Budapest, de Béla Radics, un instrumentiste de renom, a mis en évidence le rôle des Tziganes dans la vie musicale hongroise. Cinq cents musiciens tziganes avaient joué pour lui et cinquante mille personnes assistaient à ses obsèques. Trois mois plus tard avait lieu une cérémonie commémorative, avec des trains spéciaux venant de toute la Hongrie, à laquelle participait un orchestre de plus de mille Tziganes. L'orchestre comprenait vingt-six variétés de cymbalum (voir *Dulcimer*, 1), l'instrument national hongrois.

3. *La musique en Hongrie aujourd'hui.* L'influence allemande a longtemps régné sur la musique hongroise. Cette influence a été rejetée par Dohnányi et surtout par Bartók et Kodály. Le pédagogue et compositeur Hans Koessler (1823-1926, d'origine et de formation allemandes) a formé la majorité des grands compositeurs hongrois et est considéré comme le père nourricier de la musique hongroise moderne. Après la Seconde Guerre mondiale, la musique hongroise a connu une nouvelle vague de réaction contre l'influence allemande et une concentration plus aiguë sur l'art national hongrois, bien que, dans les années cinquante, certains compositeurs se soient inspirés de Schoenberg et de Webern. Ligeti (qui travaillait alors à Vienne) et Kurtág (après ses études à Paris) se sont imposés comme des compositeurs d'avant-garde d'importance internationale. Les tendances avant-gardistes ressortent aussi clairement dans la musique des compositeurs de la jeune génération qui travaillent au New Music Studio.

Budapest est l'un des grands centres musicaux européens. L'Académie de musique Ferenc-Liszt, fondée en 1857, possède une renommée internationale et a formé un grand nombre de violonistes et d'instrumentistes célèbres (notamment plusieurs quatuors à cordes connus dans le monde entier). Budapest compte aussi un Conservatoire (fondé en 1840 et rebaptisé en 1949 Collège de formation musicale Béla Bartók), un Opéra national (fondé en 1884, où des chefs d'orchestre comme Mahler et Nikisch ont considérablement élargi le répertoire lors des premières années de sa fondation) et un certain nombre d'orchestres, parmi lesquels la Philharmonie de Budapest (fondée en 1853) et la Philharmonie nationale hongroise, connus dans le monde entier.

Percy Scholes, rév.

BIBLIOGRAPHIE : J. Vigué et J. Gergely, *La Musique hongroise*, PUF, coll. Que sais-je? (Paris, 1959).

Hook, James (Norwich, ? 3 juin 1746 ; Boulogne, 1827). Organiste et compositeur anglais. Handicapé de naissance par un pied déformé, il surmonte cette infirmité en s'affirmant comme l'un des musiciens les plus populaires de son temps. Enfant prodige, il donne des récitals de clavecin dès l'âge de six ans et compose à huit ans un « ballad opera ». A onze ans, il perd son père et décide de gagner sa vie en enseignant et en composant. Vers 1763, il s'installe à Londres, où il est organiste et compose de la musique légère. Peu de temps après, il épouse une femme riche et spirituelle qui écrira le livret de son plus grand succès dans le domaine de l'opéra-comique, *The Double Disguise* (représenté en 1784). A partir de 1769, il est organiste et compositeur aux Marylebone Gardens, puis aux Vauxhall Gardens ; il compose de nombreux concertos pour orgue et plus de deux mille mélodies, notamment *The Lass of Richmond Hill*. Il est également professeur de piano et l'auteur d'un manuel célèbre, *Guida di musica* (publié vers 1785).

Compositeur prolifique, Hook était doué d'un sens lyrique naturel. Outre ses mélodies et ses concertos pour piano écrits pour Vauxhall, il a composé de nombreuses œuvres pour la scène, des pièces dramatiques et beaucoup de musique instrumentale, notamment des ouvertures, des concertos, des quatuors, des trios et des sonates.

Wendy Thompson.

Hooper, Edmund (North Halberton, Devon, vers 1553 ; Londres, 14 juillet 1621). Organiste et compositeur anglais. Il a peut-être été choriste à la cathédrale d'Exeter avant de se fixer à Londres vers 1582. Six ans plus tard, il est nommé maître des enfants à l'abbaye de Westminster. Le 1er mars 1604, il devient Gentleman de la chapelle royale, puis organiste. Compositeur prolifique et respecté, il a surtout écrit des *anthems* dont on trouve une vingtaine d'exemples dans les recueils manuscrits et imprimés de l'époque. Certaines de ses harmonisations de psaumes figurent dans les psautiers de Thomas East (1592) et de Thomas Ravenscroft (1621). Il a aussi écrit plusieurs services et répons, et le *Fitzwilliam Virginal Book* comporte une ou deux pièces de lui.

Wendy Thompson.

Hopak [gopak]. Danse populaire ukrainienne rapide à 2/4 dont le nom est apparemment dérivé de l'exclamation « hop » proférée pendant son exécution. On en trouve un exemple célèbre dans l'opéra-comique inachevé de Moussorgski, *La Foire de Sorotchinski*, ainsi que dans *Mazeppa* de Tchaïkovski et *La Nuit de mai* de Rimski-Korsakov. « Gopak » provient d'une transcription stricte du cyrillique, bien que « hopak » traduise avec plus de précision le « g » doux en ukrainien.

Geoffrey Norris.

Hopkins, Anthony (Londres, 21 mars 1921). Compositeur et musicographe anglais. Il fait ses études au Royal College of Music de Londres et mène une carrière très diversifiée de compositeur, chef d'orchestre, professeur, auteur et producteur d'émissions de radio. Au nombre de ses œuvres figurent plusieurs morceaux pour la jeunesse, trois sonates pour piano et plusieurs opéras-comiques légers écrits pour l'Intimate Opera Company, qu'il dirige de 1952 à 1964. Il est surtout connu pour son émission de radio *Talking about Music*.

Paul Griffiths.

Hopser. Voir *Galop*.

Hoquet. Procédé polyphonique médiéval dans lequel une mélodie est divisée entre deux (ou parfois trois) parties vocales contrapuntiques. Une voix se tait lorsque l'autre se fait entendre et inversement, ce qui produit une alternance rapide de notes seules (ou de petits groupes de notes) ; il en résulte un effet de ligne vocale « sautant » d'une voix à l'autre (Ex. 1).

Ex. 1

De nombreux motets de Guillaume de Machaut et d'autres compositeurs des XIIIe et XIVe siècles comportent des passages en hoquet entre les parties supérieures ; toutefois, après 1400, le hoquet a été remplacé par d'autres procédés contrapuntiques et semble avoir été réservé à des effets spéciaux. Il a resurgi dans les œuvres de plusieurs compositeurs du XXe siècle (Webern, Maxwell Davies) et est caractéristique de certaines pratiques d'exécution antiphonales africaines et indonésiennes.

Horloge, L'. Surnom de la *Symphonie no 101 en ré majeur* de Haydn (1794) dû au « tic-tac » qui accompagne le premier sujet du second mouvement.

Horn, Johann Caspar (Feldsberg, Tyrol, vers 1630 ; Dresde, après 1681). Compositeur amateur autrichien, auteur de suites de de danses dans le style français pour ensemble à cordes à cinq parties publiées en six volumes sous le titre *Parergon musicum* (Leipzig, 1664-76). Il a aussi composé de la musique vocale profane et sacrée comme les *Musikalische Tugend-und Jugend-Gedichte* (Francfort, 1678).

Wendy Thompson.

Hornpipe (angl.). 1. Mot employé pour la première fois en 1324 pour désigner un instrument (« Little Alain, hornpiper » faisait partie des instrumentistes de la maison du roi). A partir du XVe siècle, il désigne la danse anglaise décrite au § 2. Toutefois, le mot gallois correspondant, *pibgorn*, a continué à désigner jusqu'au XIXe siècle un instrument à vent pratiquement identique à l'instrument anglais du XVe siècle.

Le *pibgorn*, dont quelques exemples sont conservés à St Fagans, à Cardiff, est un petit instrument à vent en sureau ou en os qui comporte jusqu'à six trous ; c'est un instrument à anche simple ; deux petits morceaux de corne de vache sont fixés à chaque extrémité, l'un servant de pavillon, l'autre de bocal pour entourer l'anche et placé contre la bouche. L'étendue ne dépasse jamais une octave (et est donc trop petite pour les airs de danse empruntés au *fiddle*). On trouve des *hornpipes* dans de nombreux pays européens, de l'Espagne (Fig. 1) à la Russie ; ce sont avant tout des instruments de bergers, comme au pays de Galles. Ils comportent souvent un second tuyau parallèle au premier, qui sonne soit à l'unisson, soit en partie à l'unisson et en partie en harmonie avec le premier (comparer à la *Cornemuse*, 6).

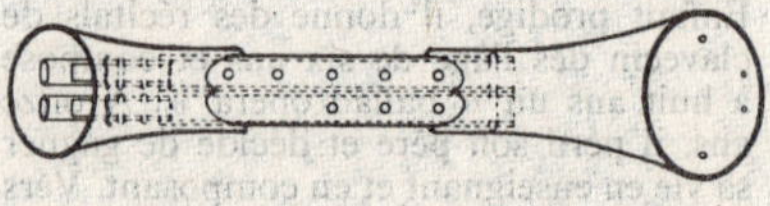

Fig. 1. Hornpipe basque, « alboka », vue supérieure (à gauche, extrémité dans laquelle on souffle avec ses deux anches).

Dans sa traduction en anglais du *Roman de la rose*, Chaucer parle de « hornpipes of Cornewaile » là où le poème original du XIIIe siècle parle d'« estives de Cornoaille ». « Estives » est un nom étrange, quoique assez courant dans le français de l'époque, et les historiens pensent en général qu' « estives » désigne un genre de cornemuse ou de « *bag-hornpipe* ».

Anthony Baines.

2. Danse anglaise analogue à la gigue, mais généralement à 3/2, 2/4 ou 4/4. Son nom est peut-être dérivé de l'instrument décrit ci-dessus, mais la danse, généralement exécutée par une seule personne, était accompagnée par des cornemuses et des vièles. Les *hornpipes* commencent à figurer dans des suites de danses à partir

du XVIe siècle sous la plume de compositeurs tels qu'Anthony Holborne, Byrd, Purcell, Arne et Haendel. Dès la fin du XVIIe siècle, ils sont construits à 2/4 ou à 4/4. Les *hornpipes* ont connu une très grande popularité au pays de Galles, en Écosse et en Irlande.

A partir de la fin du XVIIIe siècle, le *hornpipe* est associé aux marins britanniques. L'exemple le plus connu est le « College Hornpipe », connu des adeptes des Promenade-Concerts sous le titre « The Sailor's Hornpipe », traditionnellement joué à la dernière soirée des Proms. Toutefois, cet exemple n'est pas typique. La *Water Music* de Haendel comporte deux *hornpipes* et Gilbert et Sullivan ont perpétué la tradition des *hornpipes* de marins dans leurs opérettes « nautiques » *HMS Pinafore* et *The Pirates of Penzance*.

Wendy Thompson.

Hornsignal, Mit dem. Surnom de la *Symphonie nº 31 en ré majeur* de Haydn composée en 1765. Elle doit son nom au mouvement lent qui comporte des appels de cors (à quatre parties).

Hornwerk (all.). Série de tuyaux d'orgue installée sur un buffet d'orgue dans une tour, utilisée pour annoncer les heures du jour et le début des services religieux importants en Autriche jusqu'à la fin de la Renaissance. Un exemple de *Hornwerk* a survécu : le *Stierorgel* de Salzbourg, qui date de 1502.

Horovitz, Joseph (Vienne, 26 mai 1926). Compositeur britannique d'origine autrichienne fixé en Angleterre depuis 1938. Il fait ses études à Oxford, au Royal College of Music avec Gordon Jacob, et à Paris avec Nadia Boulanger. Si ses cinq quatuors à cordes montrent qu'il est capable d'écrire une musique sérieuse, son succès provient surtout de partitions plus légères, notamment deux opéras-comiques, plusieurs ballets et courtes pièces satiriques pour les concerts Hoffnung.

Paul Griffiths.

Hosanna. Cri d'exclamation hébreu à la louange de Dieu, adopté également dans les langues grecque et latine. C'est le cri poussé par la foule lors de l'entrée du Christ à Jérusalem (saint Matthieu, 21, 9) ; de nombreuses liturgies l'ont adopté. Dans la *messe catholique, il constitue la troisième et la cinquième des cinq parties principales du Sanctus.

Hotteterre. Famille d'instrumentistes et de facteurs d'instruments à vent français des XVIIe et XVIIIe siècles. Ils sont surtout connus pour les améliorations qu'ils ont apportées au mécanisme du hautbois ; voir *Hautbois*, 4.

Housatonic at Stockbridge, The. Troisième mouvement de *Three Places in New England* de Charles Ives, composé entre 1908 et 1914. On le joue parfois isolément.

Hovhaness, Alan (Somerville, Massachusetts, 8 mars 1911). Compositeur américain d'origine écossaise et arménienne. Il étudie la composition avec Frederick Converse au Conservatoire de la Nouvelle-Angleterre et avec Martinů à Tanglewood (1942). Son œuvre considérable (plus de 250 numéros d'opus) comporte plus de vingt symphonies, dont plusieurs sur des programmes aux sujets exotiques, religieux ou philosophiques. Richement imprégnée de la modalité arménienne, sa musique révèle une tendance prononcée au bariolage.

Paul Griffiths.

Howells, Herbert (Norman) (Lydney, Gloucestershire, 17 octobre 1892 ; Londres, 23 février 1983). Compositeur anglais élève de Charles Stanford et Charles Wood au Royal College of Music de Londres (1912-17), où il devient professeur en 1920. Il est également organiste et directeur de la musique à St Paul's School, à Londres (1936-62). Le style de ses premières œuvres, qui comportent des pièces symphoniques, de la musique de chambre et des mélodies, est influencé par la manière pastorale de Vaughan Williams, mais, après la Seconde Guerre mondiale, il reporte tous ses efforts sur la musique religieuse. Des œuvres comme le *« Collegium regale » Magnificat and Nunc dimittis* (1945) et la *Missa sabrinensis* (1953) ont fait de lui le plus important compositeur anglais de musique liturgique. Il emploie des mélodies modales douces avec un ferme support harmonique.

Paul Griffiths.

Howes, Frank (Stewart) (Oxford, 2 avril 1891 ; Standlake, Oxon, 28 septembre 1974). Critique musical et musicographe anglais. Après des études à l'Université d'Oxford, il devient en 1925 critique musical du *Times*, auquel il collabore jusqu'à sa retraite en 1960. Il s'intéresse en premier lieu à la musique traditionnelle et à la psychologie, et apporte un soutien efficace aux compositeurs de la génération de Vaughan Williams. Il a écrit des ouvrages sur Vaughan Williams (Londres, 1954) et sur Walton (Londres, 1965).

Denis Arnold.

Hr. (all.). Abréviation de « cors ».

Hrf. Abréviation de *Harfe* (all.), « harpe ».

Hubay [Huber], **Jenö** [Eugène] (Budapest, 15 septembre 1858 ; Budapest, 12 mars 1937). Violoniste et compositeur hongrois, élève de Joachim à la Hochschule für Musik de Berlin à partir de 1870. Il retourne ensuite à Budapest et, en 1878, se rend à Paris, où il travaille avec Vieuxtemps. En 1882, il devient premier professeur de violon au Conservatoire de Bruxelles (poste occupé auparavant par Wieniawski) mais rentre en 1886 à Budapest, où il dirigera plus tard l'Académie de musique (1919-31). Il jouait d'un beau violon d'Amati et compta parmi ses élèves Jenö Vécsey, Joseph Szigeti et Jelly d'Aranyi. Hubay est l'auteur d'opéras, de symphonies, de quatre concertos pour violon et de nombreuses œuvres de musique de chambre.

Huber, Klaus (Berne, 30 novembre 1924). Compositeur suisse. Il fait ses études au Conservatoire de Zurich (1947-49) avec Willy Burkhard (théorie) et Stefi Geyer (violon), il travaille la composition en privé avec Burkhard et, en 1955-56, avec Boris Blacher. Ses œuvres sont très élaborées sur le plan structurel et ont souvent un rapport avec la pensée théologique et métaphysique tortueuse du XVIe siècle : l'oratorio *Soliloquia* (1959-64), sur des textes de saint Augustin, est typique à cet égard. Il enseigne, notamment au Conservatoire de Bâle (à partir de 1961), et a exercé une certaine influence sur les jeunes compositeurs suisses.

Paul Griffiths.

Hübsch (all.). « Joli ».

Huddersfield Choral Society. Société chorale anglaise fondée en 1836 sous forme de club de musique. Elle constitue aujourd'hui l'un des chœurs amateurs anglais les plus renommés et a acquis une réputation internationale. A ses débuts, les réunions étaient mensuelles (une soirée proche de la pleine lune pour aider ses membres à venir de loin). Les hommes payaient une souscription annuelle d'une demi-couronne, les femmes ne payaient rien ; nourriture et boisson étaient fournies. Cette société a commencé à se produire en public avec son propre ensemble d'instrumentistes et a été notamment dirigée par Henry Coward et Malcolm Sargent, tous deux pendant de longues périodes. Le chœur donne régulièrement des concerts à Huddersfield et dans d'autres villes du Nord ; il a participé à de nombreux festivals internationaux, fait des tournées en Europe et aux États-Unis, et réalisé plusieurs enregistrements et émissions de radio.

Huenten, Franz (Coblence, 26 décembre 1793 ; Coblence, 22 février 1878). Pianiste et compositeur allemand. Fils d'un organiste de Coblence, il fait ses études au Conservatoire de Paris sous la direction de Reicha et de Cherubini. Il s'installe alors à Paris, où il enseigne, et compose des pièces pour piano. Sa *Méthode nouvelle pour le piano* était très appréciée de son temps. Huenten fut un compositeur extrêmement prolifique ; il a écrit toute sorte de musique pour piano, notamment des fantaisies et des arrangements d'opéras populaires de l'époque (de Bellini et de Rossini, entre autres). En 1837, il s'est retiré dans sa ville natale de Coblence, où il a vécu jusqu'à sa mort, quarante et un ans plus tard.

Wendy Thompson.

Hugh the Drover, or Love in the Stocks. « Ballad opera » romantique en deux actes de Vaughan Williams sur un livret de Harold Child. Composé entre 1910 et 1914, il a été créé à Londres en 1924. Vaughan Williams l'a révisé plusieurs fois, la dernière révision datant de 1956.

Huguenots, Les. Opéra en cinq actes de Meyerbeer sur un livret d'A. E. Scribe et d'E. Deschamps. Créé à l'Opéra de Paris le 29 février 1836. C'est l'un des exemples les plus accomplis du « grand opéra ».

Hullah, John (Pyke) (Worcester, 27 juin 1812 ; Londres, 21 février 1884). Pédagogue anglais, l'un des défenseurs de la méthode d'enseignement du chant à vue – méthode intéressante et facile à assimiler pour le débutant qui n'en découvre les difficultés que plus tard. Son système a été remplacé par la Tonic sol-fa de John Curwen. Hullah a aussi écrit des livres sur l'histoire de la musique et composé quelques mélodies, notamment « O that we two were a-Maying » et « The Three Fishers », sur des poèmes de son ami Charles Kingsley, qui ont connu beaucoup de succès en leur temps.

Humanisme. Voir *Italie*, 3 ; et *Renaissance*.

Hume, Tobias (mort à Londres, 16 avril 1645). Compositeur anglais. Il sert comme officier dans les armées suédoise et russe, et considère la musique comme « la seule partie efféminée » de son être. Au début du XVIIe siècle, il publie deux recueils de musique : *The First Part of Ayres* (Londres, 1605), gros recueil de musique pour *lyra-viol*, et *Captaine Humes Poeticall Musicke* (Londres, 1607). Devenu fou, il offre ses services à la House of Lords contre les « rebelles irlandais » en 1642.

Denis Arnold.

Humfrey [Humphrey], **Pelham** (1647 ; Windsor, 14 juillet 1674). Compositeur anglais, membre du premier groupe d'enfants de chœur recruté pour la chapelle royale après la Restauration de Charles II. Compositeur précoce (ses premiers *anthems* datent de 1663 environ), il est envoyé en France et en Italie vers 1664 pour y étudier les dernières nouveautés en matière musicale, mais également pour exécuter une mission de renseignement pour son employeur. Il retourne en 1667 en Angleterre, où il était considéré, selon Pepys, comme « un monsieur plein de savoir-vivre, de confiance et de vanité, dénigrant tout et le talent de tous hormis le sien » ; sans doute parce que son monarque était aussi enclin à admirer les Français, il est immédiatement nommé Gentleman de la chapelle royale. Ensuite, malgré sa jeunesse, il remporte beaucoup de succès et, en 1672, devient tout d'abord compositeur puis directeur de l'ensemble des Violons du roi (avec Thomas Purcell), puis maître des enfants à la chapelle royale.

Humfrey a composé des odes de cour et de la musique religieuse qui révèlent sa maîtrise des styles français et italien, mais sa véritable réussite en matière de composition tient à ses chansons, où il montre un sens certain du récitatif italien et une connaissance des qualités plus mélodieuses de ses ancêtres anglais. L'ensemble de ces qualités se retrouvent dans un chef-d'œuvre miniature, son illustration musicale de l'« Hymne to God the Father » de John Donne. Écrite à la fin de sa vie, la musique de *The Tempest* montre un sens profond de l'atmosphère dramatique et sa mort prématurée a peut-être privé l'Angleterre d'un talentueux compositeur d'opéras. Il jouissait d'une influence considérable et a ouvert la voie à l'assimilation des styles européens dans la tradition anglaise réalisée par Purcell.

Denis Arnold.

Hummel, Johann Nepomuk (Presbourg [aujourd'hui Bratislava], 14 novembre 1778 ; Weimar, 17 octobre 1837). Compositeur et pianiste autrichien. Son père, Johannes, était directeur de l'École impériale de musique militaire. En 1785, la famille s'installe à Vienne, où Johannes devient chef d'orchestre au Theater auf der Wieden de Schikaneder. Mozart entend Johann jouer du piano vers 1786 et le prend comme élève. En 1788, son père l'emmène faire une longue tournée de concerts en Bohême, en Allemagne, au Danemark et en Grande-Bretagne. Il séjourne à Londres de 1790 à 1792, mais retourne en 1793 à Vienne, où il étudie avec Albrechtsberger, Salieri et Haydn. Il noue également des relations étroites, mais souvent orageuses, avec Beethoven : ils seront à la fois amis et rivaux jusqu'à la mort de Beethoven. Haydn recommande Hummel comme Konzertmeister au prince Nicolas Esterházy pour Eisenstadt, mais Hummel est renvoyé sept ans plus tard. Il retourne à Vienne, où il enseigne et donne des concerts. En 1813, il épouse une chanteuse et, trois ans plus tard, est nommé Kapellmeister à la cour de Stuttgart. L'année suivante, il s'installe à

Weimar, de nouveau comme Kapellmeister, où il restera jusqu'à la fin de sa vie. Il continue néanmoins à faire des tournées, notamment en Russie (1822), à Paris (1825 et 1830) et à Londres (1831 et 1833).

Compositeur et pianiste influent, Hummel a été l'élève de Mozart et de Haydn et sa propre musique a influencé la nouvelle génération des premiers compositeurs romantiques, notamment Chopin, Czerny, Schumann et Mendelssohn. Ses œuvres recouvrent tous les genres de l'époque, à l'exception de la symphonie ; il a composé quatre singspiels, plusieurs ballets, de la musique de scène, de la musique religieuse, beaucoup de musique de chambre (notamment trois quatuors à cordes, un septuor, un quintette avec piano et un grand *Septett militaire*) et de nombreuses pages pour piano (concertos, sonates et petites pièces). Il est surtout connu de nos jours pour sa musique pour piano et ses ouvrages didactiques importants, les trois volumes d'*Ausführlich Anweisung zum Piano-forte Spiel* (publié en 1828), considérés comme la première méthode complète de piano basée sur des principes logiques.

Wendy Thompson.

Humoresque (all. : *Humoreske*). Terme appliqué par certains compositeurs du XIXᵉ siècle à une composition instrumentale vivante, pleine de « bonne humeur » plutôt que d'« humour ». Schumann, Dvořák et Grieg ont utilisé ce titre. Leurs humoresques sont généralement courtes et en un seul mouvement, mais l'*Humoresque op.20* de Schumann est l'une de ses plus longues œuvres pour piano ; elle est davantage construite comme une suite.

Humperdinck, Engelbert (Siegburg, près de Bonn, 1er septembre 1854 ; Neustrelitz, 27 septembre 1921). Compositeur allemand. Fils d'instituteur, il est enfant de chœur à la cathédrale de sa ville natale, puis remporte plusieurs prix qui lui permettent de faire des études à Cologne et à Munich et de se rendre en Italie. Il y fait la connaissance de Wagner, qui l'invite à Bayreuth pour l'aider à préparer *Parsifal*. Il passe quelque temps en Espagne et s'intéresse à la musique mauresque avant de retourner en Allemagne où il dirige, écrit des critiques musicales et enseigne jusqu'à son grand succès : l'opéra *Hänsel und Gretel*, opéra pour enfants créé à Weimar en 1893. Malgré son usage des techniques wagnériennes (celles des *Maîtres chanteurs* davantage que celles de la *Tétralogie*), son matériel presque populaire convient parfaitement à ce genre d'ouvrage et lui assure un immense succès. Ses œuvres ultérieures n'atteindront jamais la même popularité, mais un opéra similaire, *Königskinder* (1897), mériterait d'être mieux connu ; Humperdinck a écrit aussi de la musique de scène pour Max Reinhardt, à Berlin (où il a succédé à Bruch comme professeur de composition à la Musikhochschule en 1910). Son fils Wolfram a fait une carrière de metteur en scène d'opéra.

Denis Arnold.

Hunt, Thomas (célèbre à la fin du XVIᵉ et au début du XVIIᵉ siècle). Compositeur anglais. Après des études musicales à Cambridge, il a peut-être été organiste à la cathédrale de Wells. Les seules œuvres qui nous sont parvenues sont un service religieux à quatre parties et le madrigal « Hark ! did you ever hear », qui a été publié dans *The Triumphes of Oriana*.

Wendy Thompson.

Hüpfend (all.). « Sautillant » ; pour les instruments à cordes, *spiccato*.

Hurdy-gurdy (angl.). « Vielle à roue ».

Hurtig (all.). « Vite », « preste », « agile ».

Huygens, (Sir) Constantijn (La Haye, 4 septembre 1596 ; La Haye, 28 mars 1687). Diplomate, poète et compositeur hollandais, également luthiste, claveciniste, organiste et joueur de viole. La majeure partie de sa musique est aujourd'hui perdue, mais son recueil de psaumes et de chansons, *Pathodia*, où figurent aussi un grand nombre de ses propres vers, est intéressant et bien écrit. Il est surtout connu aujourd'hui pour ses échanges de correspondance avec Chambonnières, Froberger et Gaultier, qui fournissent des renseignements intéressants sur la vie musicale des diverses villes qu'il a visitées. Il a été anobli par Jacques II en 1622. Son fils Christiaan, scientifique célèbre, s'est intéressé, entre autres choses, à l'acoustique.

Denis Arnold.

Hymne à la joie. Finale de la *Symphonie nº 9* de Beethoven sur le texte de l'*Ode à la joie* de Schiller.

Hymne au saint sacrement. Œuvre pour orchestre de Messiaen composée en 1932. La partition fut perdue pendant la guerre et reconstituée par le compositeur (création de la nouvelle version en 1947).

Hymne au soleil. Air de la reine de Chemakha dans *Le Coq d'or* de Rimski-Korsakov (1834).

Hymnen. Œuvre de Stockhausen pour bande magnétique à quatre pistes composée en 1966-67, qui utilise plusieurs hymnes nationaux. Stockhausen en a aussi réalisé une version pour instruments solistes (1966-67) et une version raccourcie pour orchestre (1969).

Hymnes et cantiques

1. Définition
2. Hymnes latins
3. La Réforme : chorals et psaumes
4. Les psaumes en Angleterre et en Écosse
5. L'hymne anglais
6. « Lining-out »
7. Accompagnement à l'orgue
8. Psaumes et hymnes en Écosse
9. Psaumes et hymnes aux États-Unis
10. L'hymne évangélique
11. Métrique des hymnes
12. Accentuation des hymnes
13. Sommaire des premières publications d'hymnes et de psaumes
14. Évolution récente

1. *Définition.* On pourrait donner de nombreuses définitions de l'hymne, qui comprennent ou excluent divers genres poétiques. Celle de saint Augustin semble la mieux appropriée :

> « Un hymne est la louange de Dieu par le chant. Un hymne est un chant qui matérialise la louange de Dieu. S'il n'est que louange et non louange de Dieu, ce n'est pas un hymne. S'il est louange et louange de Dieu, mais n'est pas chanté, ce n'est pas un hymne. Pour être un hymne, il faut donc réunir trois conditions – la louange, la louange de Dieu, et que ces louanges soient chantées. »

Cette définition exclut les merveilleux chants païens ainsi que les poèmes hébreux et chrétiens qui ne sont pas conçus pour être chantés. Toutefois, elle inclut diverses sortes de chants, dont certaines existaient à peine du temps de saint Augustin (354-430) et qui ne sont pas traitées ici. Il faut donc élargir un peu le champ d'application de cette définition : « Un hymne doit réunir quatre conditions – la louange, la louange de Dieu, que ces louanges soient chantées et chantées par une assemblée de fidèles. » (Il est même peut-être nécessaire d'ajouter que la « louange de Dieu » doit être comprise dans un sens très large, qui ne se limite pas forcément à la jubilation.)

Les hymnes qui répondent à cette définition faisaient partie du culte de l'Église hébraïque et leur chant a été adopté par les deux branches, orientale et occidentale, de l'Église chrétienne. L'office de l'Église d'Orient comporte toujours de nombreux hymnes.

2. *Hymnes latins.* Les hymnes latins les plus connus sont les suivants :

– *Conditor alme siderum* ; avent : peut-être de saint Ambroise, IVe siècle.

– *A solis ortus cardine* ; Noël : de Sedulius (IVe siècle).

– *Pange lingua* ; deux hymnes commencent sur ces mêmes mots. Voir *Pange lingua*.

– *Ave maris stella* ; fêtes de la sainte Vierge Marie.

– *Te lucis ante terminum* ; complies.

– *Iste confessor* ; fêtes des confesseurs.

– *Ut queant laxis* ; fête de saint Jean-Baptiste. Voir *Solmisation*.

– *Vexilla regis* ; De Fortunatus, fin du VIe siècle.

– *Te Deum*. Voir article séparé.

– *Veni, veni, Emmanuel* ; versification d'une des antiennes chantées à Vêpres durant les sept jours qui précèdent la veillée de Noël.

Saint Ambroise, évêque de Milan au IVe siècle, est considéré comme le grand fondateur de l'hymnodie dans l'Église d'Occident (on trouvera dans les articles *Séquence* et *Trope* des références aux facteurs qui ont contribué au développement des hymnes).

Les hymnes ci-dessus datent d'une époque à laquelle la musique était purement mélodique. Ils ont rapidement acquis leur propre mélodie de plain-chant et, comme la plupart d'entre eux étaient métriques, ils ont donné naissance à une forme de plain-chant qui conserve encore une certaine place dans la plupart des hymnaires – bien qu'il soit aujourd'hui harmonisé à quatre voix ou, tout au moins, présenté avec un accompagnement d'orgue.

On ne perçoit pas toujours dans quelle mesure les hymnes latins ont pénétré certaines branches du protestantisme (voir *Choral*). L'un des hymnaires les plus populaires, l'*English Hymnal*, comprend la traduction de 172 hymnes (sur un total de 744) ; en outre, on a publié divers livres spécifiques d'hymnes de ce genre, en plain-chant.

Les grands hymnes latins du Moyen Age, *Dies irae* (qui fait maintenant partie de la messe de Requiem), *Veni Sancte Spiritus*, *Victimae paschali*, *Lauda Sion* et *Stabat Mater*, figurent parmi les exemples essentiels de cet immense volume de poésie et leur importance est due en partie au fait qu'ils ont survécu au *concile de Trente (ou, dans le cas du *Stabat mater*, au fait qu'ils ont été réintégrés dans la liturgie au XVIIIe siècle) alors que d'autres poèmes ont été supprimés.

3. *La Réforme : chorals et psaumes.* La *Réforme a donné une forte impulsion à l'écriture de nouveaux hymnes et à la composition de musiques adaptées. En Bohême, les adeptes du réformateur religieux Jan Hus (1369-1415), les Frères moraves, ont publié en 1501 un ouvrage qui est considéré comme le premier recueil protestant d'hymnes et de psaumes en langue vernaculaire. Les chants hussites avaient un point commun avec les chorals et les hymnes luthériens : seuls quelques-uns d'entre eux étaient chantés sur des airs originaux, la plupart étant empruntés au chant grégorien et au chant profane.

Luther lui-même a fait un usage intensif des hymnes : il possédait une solide formation musicale et a été beaucoup aidé par son collègue musicien Johann Walter. Le premier hymnaire luthérien a été publié à Wittenberg en 1524, suivi rapidement d'autres livres (voir *Choral*).

La poésie et les airs de ces hymnes constituent l'une des grandes sources d'inspiration des compositeurs allemands. L'esprit de Bach, deux siècles après Luther, est imprégné de cette influence ; il suit la coutume de l'époque en introduisant très librement des chorals qui étaient devenus des chants traditionnels. Parfois, il semble les insérer dans ses cantates d'église et dans ses Passions comme une sorte de « partie réservée aux fidèles » (ce qui ne veut pas dire qu'il entendait toujours que les fidèles participent réellement au chant). La musique de ces chorals lui sert aussi de base à de nombreux préludes de chorals pour orgue destinés à préluder au chant des fidèles. Il en a aussi harmonisé un très grand nombre à quatre parties (l'édition complète des chorals à quatre parties de Bach réalisée par Sanford Terry regroupe près de cinq cents harmonisations, mais un même air connaît parfois trois ou quatre harmonisations différentes).

On ne saurait sous-estimer la place qu'a prise le choral en Allemagne (surtout dans le Nord, protestant, mais aussi dans les régions catholiques, qui ont également adopté le choral). Les chorals ont toujours été chantés dans les foyers et dans les églises et, pendant des siècles, les chœurs des églises parcouraient les rues durant la semaine en chantant des hymnes devant les maisons. Dans les années 1880, Steinert, un marchand de pianos de Boston de retour dans sa ville natale de Bavière après quarante ans d'absence, avait retrouvé le veilleur de nuit qui annonçait encore les heures dans les rues en chantant ses propres vers sur un vieux choral, scène qui se déroule également dans *Les Maîtres chanteurs* de Wagner, dans une autre ville bavaroise. Le choral avait véritablement pénétré la vie religieuse, publique et privée de tous les Allemands.

Les réformateurs calvinistes ont, eux aussi, largement utilisé les hymnes, ou plutôt les versions métriques des psaumes. En France, les huguenots puisaient dans les psaumes de Goudimel et de Bourgeois la force nécessaire à leur lutte et à leurs souffrances. Les versions françaises et genevoises ont eu une grande influence dans les autres pays.

4. *Les psaumes en Angleterre et en Écosse.* Pour échapper aux persécutions de l'époque, de nombreux ecclésiastiques anglais et écossais se sont réfugiés à Genève, quartier général du calvinisme, où ils ont apporté des paraphrases de psaumes anglais avec leur musique. Plus tard, ils sont revenus avec d'autres musiques ; ainsi, la musique d'un certain nombre de psaumes métriques, très chers de nos jours au cœur des fidèles anglais et écossais, vient de Genève. On peut citer notamment l'*Old Hundredth* (voir § 13*c*), l'*Old 113th*, l'*Old*

124th et d'autres psaumes qui figurent souvent dans les hymnaires actuels, les noms mentionnés se référant bien sûr aux versions métriques d'origine des psaumes. (C'est en réalité l'ouvrage de Day, mentionné ci-après, qui a fixé le canon de ce qui était « Old ».)

Il faut souligner que les calvinistes, contrairement aux luthériens, limitaient le chant des fidèles aux versions métriques des psaumes ; cette restriction s'est appliquée en Angleterre et, pendant une période beaucoup plus longue, en Écosse. On sait, par de nombreux témoignages sur les foules immenses qui chantaient à Paul's Cross, à Londres, que les Anglais appréciaient particulièrement les psaumes métriques au XVIe siècle.

A cette époque, la musique des hymnes était (sous la forme imprimée alors) essentiellement modale (voir *Mode*, 2) ; un certain nombre d'entre eux sont également écrits en rythme libre (si on leur appliquait le système des barres de mesure et du chiffrage des mesures, il faudrait le modifier à plusieurs reprises au cours d'un même hymne).

Le psautier métrique de Sternhold et Hopkins, achevé et publié par John Day à Londres en 1562, constitue le trésor du chant sacré anglais aux XVIe et XVIIe siècles. Day l'avait publié avec des mélodies tirées de sources françaises et allemandes et, l'année suivante, il faisait paraître une édition harmonisée des airs. Parmi les livres d'airs ultérieurs qui correspondent à la version de Sternhold et Hopkins, on peut citer ceux d'Este (1592), de Ravenscroft (1621) et de Playford (1677). Celui de Playford est le premier livre populaire où la mélodie figure régulièrement à la voix supérieure ; le livre de Day, déjà mentionné, comportait déjà un air à la voix supérieure et d'autres livres, publiés au cours du siècle qui a suivi la parution du livre de Day, avaient poussé plus avant les expériences dans ce domaine. On constate le même phénomène dans d'autres pays : le psautier de 1565 de Goudimel contient dix-huit airs à la voix supérieure et le reste au ténor. On peut supposer que les fidèles capables de chanter à plusieurs voix le faisaient généralement et que les autres chantaient l'air principal à l'octave convenant à leur voix, doublant ainsi la partie de ténor. Mais, à cette époque, le déchiffrage à vue était chose courante.

L'ouvrage de Sternhold et Hopkins est resté le principal livre autorisé dans l'Église d'Angleterre pendant près d'un siècle et demi, c'est-à-dire jusqu'en 1696, date à laquelle a paru la version de Tate et Brady que plusieurs églises ont alors préféré utiliser. Néanmoins, le livre de Sternhold et Hopkins est resté en usage pendant plus d'un siècle dans de nombreuses églises : sa phraséologie avait pratiquement acquis l'autorité de l'écriture sainte et il a connu environ six cents éditions. D'autres versions ont aussi connu une très grande diffusion, notamment le Bay Psalm Book du Massachusetts (quarante éditions en Angleterre et en Écosse ; voir § 9 et 13*f* ci-après).

A partir de 1696, le livre de Sternhold et Hopkins est devenu l'« Old Version » (« version ancienne ») et celui de Tate et Brady la « New Version » (« version nouvelle ») ; cette « New Version » (ou plutôt, l'ensemble des deux versions) a continué à faire autorité jusqu'à l'apparition de l'hymnaire moderne. Les deux versions ont souvent été dénigrées. A partir de la Restauration, les diverses versions des psaumes métriques ont servi de cible aux flèches d'« esprits supérieurs ».

Dans les paroisses ordinaires de l'Église d'Angleterre, les psaumes du jour étaient lus en prose, en alternance par le pasteur et le clerc de la paroisse ; dans les cathédrales, ils étaient chantés sur des psalmodies anglicanes : on chantait un psaume métrique au cours d'un service comme une sorte de détente religieuse. Dans certains livres, la mise en musique ressemblait davantage au style du motet (ou de l'*anthem* simple) qu'à celui de la musique directe des hymnes que l'on connaît aujourd'hui.

On mesure mal l'importance du rôle des livres de psaumes dans l'éducation musicale populaire. Depuis le psautier complet de Day, de 1562, et pendant environ deux cent cinquante ans, presque tous les psautiers d'Angleterre et de nombreux autres pays étaient précédés d'instructions théoriques destinées à permettre au chanteur de lire la musique. On trouve le même phénomène dans les colonies américaines à partir du moment où elles ont donné naissance à une littérature musicale conséquente dans le domaine des psaumes. En 1900, Sir John Stainer a réalisé une étude de ces textes afin d'analyser l'évolution des idées en matière de théorie musicale et celle des méthodes de déchiffrage à vue au cours de cette longue période, qui s'étend du règne d'Élisabeth Ire jusqu'à celui de la reine Victoria ou presque.

En outre, au XVIIIe siècle, il y avait de nombreux professeurs de psalmodie itinérants que les communautés villageoises engageaient volontiers pour donner des cours de chant aux jeunes, qui étaient souvent des chanteurs de psaumes très enthousiastes. En 1724, dans les instructions qu'il donne à son clergé, Gibson, évêque de Londres, les met en garde contre « l'invitation ou l'encouragement de ces professeurs oisifs qui, au cours de ces dernières années, se sont rendus dans plusieurs comtés pour enseigner des airs peu courants (qui sont très souvent aussi ridicules que nouveaux) » et recommande l'usage de « cinq ou six airs parmi les plus populaires », pour que l'ensemble de l'assemblée des fidèles puisse prendre part à l'exercice.

5. *L'hymne anglais*. Pendant ce temps, on écrivait beaucoup de superbes poèmes lyriques religieux, dont certains figurent dans les hymnaires actuels, mais, à l'époque, ils étaient rarement utilisés dans le culte public. En 1623, Jacques Ier accorde au poète George Wither un privilège l'autorisant à réunir ses *Hymns and Songs of the Church* à ceux de Sternhold et Hopkins, mais cette combinaison ne mène à rien et il faudra attendre encore un siècle environ pour voir paraître ce que l'on appelle maintenant des hymnaires.

Le Dr Watts publie son premier livre en 1707 et la première publication de John Wesley paraît en 1737, à Charleston, en Caroline du Sud. Cette dernière contient des psaumes métriques, des traductions du grec et de l'allemand, six poèmes lyriques de George Herbert, trente-sept hymnes de Watts et quelques autres : ce mélange de sources en fait le premier hymnaire moderne. Le mouvement méthodiste a largement utilisé la musique des hymnes et les nombreuses publications ultérieures des Wesley lui ont fourni une abondante matière. Ils visaient, dans l'ensemble, un niveau poétique élevé : John Wesley s'insurgeait contre la « rimaillerie scandaleuse de Sternhold et Hopkins ». Charles Wesley a écrit plus de 6 000 hymnes, parmi lesquels on trouve des titres aussi connus que « O for a thousand tongues to sing » et « Jesu lover of my soul ». Haendel a mis en musique trois hymnes pour les méthodistes ; l'un d'entre eux (*Gopsal* sur « Rejoice, the Lord is King ») est encore souvent utilisé et se trouve également dans d'autres sources que les livres méthodistes.

Cette période de l'hymnologie anglaise a été particulièrement florissante. Aux hymnes que l'on vient de citer on peut ajouter « Rock of Ages » de Toplady, « How sweet the Name of Jesus sounds » de Newton, « O God, our help in ages past » et « When I survey the wondrous cross » de Watts, « Hark the glad sound » de Doddridge, ainsi que « Hark, my soul ! it is the Lord » et « O for a closer walk with God » de Cowper, qui incarnent tous soit le non-conformisme du XVIIIe siècle, soit l'anglicanisme évangélique et semblent aujourd'hui tissés dans la texture mentale du protestantisme anglophone.

Les livres de musique des hymnes de cette époque sont assez déconcertants. Ils contiennent quelques-uns des plus beaux psaumes anciens, genevois ou autres (souvent défigurés), mais aussi un grand nombre de mélodies largement décorées, d'un genre très profane, et des airs d'origine profane (la promotion de l'air profane à cet usage sacré ne se limite pas à une période ou à un pays ; voir *Contrafactum*). Les « Fuging Tunes », airs dans lesquels une voix ou deux sont momentanément réduites au silence puis entrent en imitant une voix précédente, font également leur apparition sous le nom d'« Old Methodist Tunes », mais cette appellation est erronée car elle est trop limitative. Ces musiques étaient très populaires dans les colonies américaines, qui en ont produit un grand nombre (voir § 9 ci-après). Sur certains airs, on répétait souvent les mêmes mots, parfois très arbitrairement. Néanmoins, il existe quantité de musiques d'hymnes du XVIIIe siècle à la fois mélodieux et solennels qui conservent encore une place régulière dans les rites des Églises. On peut citer notamment *St Anne* (généralement chanté sur « O God, our help ») et *Hanover* (généralement chanté sur « O worship the King ») de Croft, et *Rockingham* de Miller (adaptation d'un air un peu plus ancien, généralement chanté de nos jours sur « When I survey »).

A partir de ce point, les auteurs

d'hymnes et les compositeurs de musiques destinées aux hymnes deviennent si nombreux qu'il est difficile de résumer leurs activités. Au XVIIIe siècle, le mouvement évangélique avait été à l'origine de la popularité de l'hymne ; au début et au milieu du XIXe siècle, le mouvement de la High Church (ou *Oxford Mouvement) lui donne un regain de vigueur, car l'Église anglicane avait enfin accepté les hymnes, indépendamment des psaumes métriques – entérinant ainsi une pratique déjà ancienne des non-conformistes. En 1861 paraît *Hymns Ancient and Modern*, qui (avec de nombreux ajouts et révisions) est encore très populaire dans la communion anglicane (au cours de ses 90 premières années de publication, on en a vendu cent millions d'exemplaires). Des compositeurs tels que W. H. Monk, Dykes et Stainer y ont participé ; leurs meilleures musiques ont une certaine valeur, mais les autres tombent davantage dans la catégorie des chants à plusieurs voix que dans celle des hymnes (on les surnomme volontiers « la confiture de fraises de la musique ») ; elles manquent de force et de proportions – ces dernières étant la véritable marque d'une bonne musique d'hymne qui, en général, se chante à l'unisson ou quasiment à l'unisson. Une édition profondément révisée de ce livre a été réalisée en 1904, mais elle a malheureusement été très mal défendue, et les anciennes éditions, enrichies de quelques ajouts, ont connu beaucoup plus de succès. La publication en 1906 de l'*English Hymnal* (nouvelle édition, 1933) proposait un choix d'airs véritablement destinés aux fidèles de l'Église anglicane, en évitant de tomber dans le sentimentalisme ; on y trouve aussi bien du plain-chant que des chants traditionnels, et ce livre a remporté un succès considérable.

La tendance actuelle consiste à restituer aux airs anciens une partie de la variété rythmique dont ils jouissaient autrefois ; seuls quelques-uns devraient être chantés en une série ininterrompue de valeurs égales, forme à laquelle ils sont réduits depuis le milieu du XIXe siècle.

Il convient de mentionner ici une petite école d'auteurs d'hymnes catholiques, contemporains des auteurs d'hymnes anglicans de la High Church du XIXe siècle. Faber (1814-63) et Caswall (1814-78) sont les plus importants : les hymnaires protestants comportent un très grand nombre de leurs hymnes (parfois avec de nets changements doctrinaux). Faber était oratorien et le fondateur du Brompton Oratory de Londres ; fidèle à la pratique de son ordre, il a largement utilisé la musique populaire. Malheureusement, son goût musical était assez pauvre et un grand nombre de ses hymnes sont liés à des musiques insignifiantes.

6. *« Lining-out »* . La pratique consistant à faire lire (au pasteur, au clerc de la paroisse ou au premier chantre) chaque ligne avant qu'elle ne soit chantée par les fidèles remonte probablement aux premiers temps de l'introduction des psaumes métriques dans le culte public. Elle a reçu un statut officiel en Angleterre au tout début du régime puritain, lorsque le Parlement (1644), dans une ordonnance traitant de questions relatives à l'office, a établi la règle suivante :

« ... Tous ceux qui savent lire doivent avoir un psautier et tous les autres, s'ils n'en sont pas empêchés par l'âge ou pour d'autres motifs, doivent être exhortés à apprendre à lire. Mais, pour le moment, comme un grand nombre de fidèles ne savent pas lire, il convient que le ministre, ou toute autre personne nommée par lui..., lise le psaume ligne par ligne avant qu'il ne soit chanté. »

On remarquera que cette pratique était considérée comme une concession temporaire à une carence dans le domaine de la lecture appelée à disparaître ; mais, une fois établie, elle a pris le caractère sacré qui s'attache à toutes les coutumes ecclésiastiques et il a été extrêmement difficile de s'en défaire. Elle a persisté dans quelques églises anglicanes, en Angleterre, jusqu'aux années 1860 et 1870 et sans doute plus tard encore dans certaines églises non conformistes anglaises ainsi que dans les églises presbytériennes d'Écosse. En 1860, le conseil d'administration du méthodisme wesleyen adoptait une résolution déplorant l'habitude croissante qui consistait à se départir de « notre coutume, établie depuis longtemps, de donner les versets en portions successives ». Récemment, dans plusieurs églises de diverses confessions, on avait coutume de lire deux lignes à la fois, ou même un verset entier, ou la totalité de l'hymne (Mark Twain rapporte que cette dernière méthode était déjà pratiquée aux États-Unis en 1878 – voir *A Tramp Abroad*).

Le « lining-out » n'est parvenu dans les colonies américaines qu'en 1681 (Plymouth) et ne s'est généralisé que vers 1750. A Worcester, dans le Massachusetts, il a été officiellement abandonné en 1779, mais, en certains endroits, il a subsisté pendant encore près d'un siècle et n'a disparu qu'après une résistance farouche. On affirme parfois qu'aux États-Unis le premier chantre ou un ancien chantait une ligne, que les fidèles reprenaient après lui. Cette pratique a peut-être existé dans certains endroits, mais il semble qu'elle ait été exceptionnelle et que la lecture simple (ou sur un ton monocorde, comme en Écosse au XIXe siècle) ait été la coutume usuelle des premiers chantres.

Il est certain que le maintien de l'intonation n'est pas chose aisée, quel que soit le système de « lining-out ». En outre, ce procédé a sûrement eu un effet destructeur sur le sens littéraire et musical. Le clerc de la paroisse en venait parfois à oublier l'air qu'il avait choisi. Dans *A New Method of Learning Psalm Tunes* (1730), Leman déplore qu'avec le système du « lining-out » la pensée des fidèles soit tellement absorbée par ce que le clerc va dire qu'ils en oublient dans une large mesure la partie précédente de l'air ; et il considère que cette façon de procéder ligne par ligne constitue peut-être l'une des raisons pour lesquelles les fidèles se souviennent mal de la totalité de l'air.

7. *Accompagnement à l'orgue*. Pendant longtemps, l'accompagnement à l'orgue a été très rudimentaire. Dans *Musick's Monument* (1676), Mace déclare :

> « Il faut enseigner au clerc de la paroisse à jouer la musique des psaumes courants pour une petite somme – 20, 30 ou 40 shillings (par an). Il fera des affaires car tous les enfants et les jeunes gens ingénus de la paroisse l'aimeront tellement qu'ils demanderont un shilling à leurs parents pour apprendre à jouer la musique du psaume, ce qu'ils pourront très bien faire en une ou deux semaines, de telle sorte que la paroisse fourmillera bientôt d'organistes... »

Mace pensait sans doute simplement à la ligne mélodique (c'est-à-dire la partie de ténor), ou tout au plus à la mélodie et à la basse ; pendant un siècle, c'est à ces deux seules parties que s'est limité l'accompagnement des psaumes à l'orgue. Les hymnes étaient chantés très lentement ; il n'y avait donc pas d' « exécution » proprement dite. En outre, on considérait que six à douze airs suffisaient pour une église ordinaire (dans les colonies américaines comme en Angleterre).

Néanmoins, lorsque le « lining-out » ne prédominait pas, les organistes les plus compétents divisaient l'hymne en fragments en effectuant un long trille à la fin de chaque ligne ou quelques mesures de transition insignifiantes, et ils jouaient de longs interludes entre les versets ou, tout au moins, avant le dernier. En 1810, on trouve la description d' « une gigue de trois ou quatre minutes ».

8. *Psaumes et hymnes en Écosse*. Les réfugiés écossais en provenance de Genève avaient rapporté pour l'Église anglo-écossaise le psautier incomplet publié dans cette ville en 1561 ; ils l'ont complété et ont fait paraître leur propre édition à Édimbourg, en 1564. Il a connu de nombreuses éditions ultérieures et a été utilisé dans les églises pendant un siècle. Les premières éditions comportaient seulement des mélodies ; l'édition de 1635, des airs harmonisés. Ce livre, dans ses multiples éditions, est connu sous l'appellation de « The Old Psalter » ou « John Knox's Psalter » (« Le Psautier de John Knox »).

Au milieu du XVIIe siècle, on a commencé à adopter les psaumes de Francis Rous, prévôt d'Eton, président des Communes (avec, toutefois, de nombreuses révisions) ; beaucoup de psaumes métriques, qui figurent aujourd'hui dans les hymnaires écossais et font maintenant partie de la vie nationale, contiennent des versets ou des strophes provenant de ce recueil anglais. Malheureusement, ce livre n'a jamais comporté de musique imprimée et il semble qu'un déclin musical ait suivi son apparition.

En plus des psaumes, à partir de la fin du XVIIIe siècle, on chantait des paraphrases d'autres parties des Écritures, malgré certaines objections. Les hymnes (de simples « compositions humaines ») n'ont été couramment autorisés qu'à la fin du XIXe siècle et un certain nombre d'hymnaires et de livres d'airs, pratiquement identiques à leurs homologues anglais, ont alors été publiés.

Dans les Highlands, la musique des psaumes s'est enrichie progressivement de roulades et de petites notes jusqu'à devenir méconnaissable, sauf pour les experts : elle ressemble beaucoup à du plain-chant très ornementé.

Le « Precentor » (« premier chantre) était un homme puissant en Écosse. Jusqu'à une époque récente, il avait encore un diapason à bouche – le seul instrument admis dans les églises presbytériennes écossaises jusqu'à la fin du XIXe siècle (et certains s'y sont même opposés). De nos jours, l'Église d'Écosse dispose d'un comité spécial grâce auquel la musique des offices est soigneusement protégée. Il a notamment publié un *Church Hymnary* (3e éd., 1973) qui est largement utilisé et a participé à la rédaction du *Church Anthem Book*.

9. *Psaumes et hymnes aux États-Unis.* Il semble qu'on ne sache rien de la musique des premiers colons – ceux de Virginie à partir de 1607 ; ils étaient harcelés de soucis, mais on peut supposer qu'ils chantaient et utilisaient très probablement le livre de Sternhold et Hopkins et les musiques que les livres de Day de 1561 et 1562 avaient largement répandues, ainsi peut-être que des airs d'Este ou d'Alison (voir § 13*e*).

Les « Pilgrim Fathers » (Pèlerins) arrivent dans le Nord avec le psautier auquel ils s'étaient accoutumés en Hollande, celui d'Ainsworth, leur pasteur à Amsterdam : *The Booke of Psalms englished both in prose and metre* (publié en 1612 – huit ans avant le départ du *Mayflower*).

Ainsworth proposait trente-neuf airs différents qui, selon ses propres dires, provenaient de sources anglaises, françaises et hollandaises. (Dans sa préface, il explique qu'il n'aurait pas pu se limiter à des airs anglais en raison de la grande diversité métrique qu'il avait à respecter.) En une vingtaine d'années, les hymnes et airs d'Ainsworth connaîtront plusieurs éditions pour répondre aux besoins de la communauté de Plymouth (la colonie de Massachusetts Bay les utilisera également, mais préférera généralement ceux de Sternhold et Hopkins, probablement avec les airs de Day, peut-être ceux d'Este et de Ravenscroft, apportés par quelques voyageurs isolés). En 1640, on cherchera à réaliser une meilleure version, que compilera une commission de clercs. Elle sera imprimée chez le président de Harvard College, à Cambridge, dans le Massachusetts, sur une presse donnée par des amis puritains en Hollande, mais envoyée d'Angleterre (1638). Cet ouvrage constitue le premier livre édité dans les colonies d'Amérique du Nord – à l'exception d'almanachs insignifiants.

Cet ouvrage, appelé familièrement « The Bay Psalm Book », a connu une immense popularité, qui a duré plus d'un siècle ; la dernière édition date de 1773. L'Angleterre l'a adopté dans une certaine mesure (18 éditions, la dernière de 1754) ainsi que l'Écosse (22 éditions, la dernière en 1759) ; ces éditions n'étaient pas fondées sur l'édition originale, mais sur celle de Dunster et Lyon, parue dix ans après la première édition.

Dans un premier temps, le livre ne contenait que des psaumes, mais, dès 1647, quelques hymnes y ont été ajoutés.

Environ quatre-vingts ans plus tard (1718), Cotton Mather, petit-fils de l'un des compilateurs du livre de Bay, a publié un livre composé avec deux sortes de caractères d'imprimerie et de crochets qui permettent d'utiliser les airs à mètres longs et courts.

A peu près à la même époque, on voit se former un mouvement en faveur du chant syllabique, réclamant l'exécution des chants tels qu'ils étaient imprimés. La plupart de ses partisans étaient des ministres du culte ; certains d'entre eux ont écrit des textes virulents à ce sujet. Les arguments étaient toujours les mêmes : le nombre des chants, qui ne s'apprenaient qu'à l'oreille, ne dépassait pas la dizaine dans certaines congrégations, parfois même moitié moins dans d'autres ; on y ajoutait tant d'ornements que la musique devenait méconnaissable et les ornements différaient tellement d'un endroit à l'autre qu'aucune assemblée de fidèles ne chantait un même air de la même façon ; en outre, les fidèles ne savaient pas lire la musique et avaient du mal à chanter ensemble, etc.

Cette controverse de la Nouvelle-Angleterre est souvent mentionnée dans les livres traitant de l'histoire de la musique américaine, mais on mesure mal, de nos jours, ce qu'impliquait la réforme proposée, qui a soulevé une opposition si vigoureuse. L'exemple de l'Angleterre, où une telle réforme était encore nécessaire trente ans plus tard, est un peu plus explicite à nos yeux : le *Compleat Psalmodist* (1750) d'Arnold, ouvrage très populaire maintes fois réédité, expliquait aux chanteurs comment ornementer leurs airs : « Le premier ornement à apprendre est le trille ; il s'agit de faire tembler la voix distinctement sur une syllabe et sur un ton entier. » Il explique ensuite ce qu'est l' « ornement de transition » : il faut « lier ou amortir la note, adoucir la brutalité d'un saut ». Tous les psautiers anglais de cette époque comportaient des instructions relatives aux ornements (parfois jusqu'à huit sortes différentes), sans penser apparemment à l'effet produit lorsque les membres d'un chœur ou d'une assemblée de fidèles tentaient individuellement d'interpréter et d'appliquer ces instructions.

Les protestations et tentatives de réforme ont rencontré une opposition très violente, mais finalement le bon sens l'a emporté et les idées nouvelles se sont diffusées dans toutes les parties colonisées du continent nord-américain. On a alors vu paraître de nombreux manuels de déchiffrage, des écoles de chant et finalement de véritables chœurs d'église. Les recueils d'airs harmonisés se sont multipliés, mais à cette époque, et pendant longtemps encore, les compilateurs prenaient surtout leurs harmonies, sans citer leurs sources, dans les divers livres de Playford (voir § 4 et 13*e*).

L'idée selon laquelle le nombre de chants sacrés était officiellement limité tendit à disparaître, ouvrant la voie aux premiers compositeurs américains, notamment William Billings. Billings (1746-1800) était autodidacte, mais il a poussé son écriture assez loin, jusqu'à ce qu'il appelait des « fuges » ; comme Tate et Brady en Angleterre, un siècle plus tôt, qui avaient ingénieusement paraphrasé certains psaumes de façon à les retourner contre les ennemis de William et de Mary, Billings a réussi à retourner de pieux sentiments contre Georges III :

Let tyrants shake their iron rod,
And Slavery clank her galling chains ;
We'll fear them not, we'll trust in God ;
New England's God forever reigns.

(Que les tyrans secouent leur verge en fer,
Que l'esclavage fasse cliqueter ses chaînes meurtrières
Nous ne les craignons pas, nous faisons confiance à Dieu ;
Le Dieu de la Nouvelle-Angleterre règne pour toujours.)

Ainsi, avec des airs simples et une versification facile, en exploitant l'effet choral et en faisant ici et là une allusion appropriée aux sujets d'actualité, Billings s'est rendu très populaire : incidemment, il a joué un rôle important dans l'introduction des diapasons à bouche dans les églises et a ainsi contribué à réduire les problèmes liés au choix des tonalités ; il s'est même battu pour la basse de viole, qui s'est vu attribuer le titre honorable de « the Lord's fiddle » (« le violon du Seigneur »). Son importance musicale tient surtout au fait qu'il a renoncé aux airs traditionnels pour composer de nouvelles musiques de psaumes et que, suivant l'exemple anglais de Watts et de Wesley, il a écrit des hymnes et pas seulement des paraphrases de psaumes. L'œuvre de Billings marque le début de l'ère moderne dans le domaine du chant religieux aux États-Unis.

Il y a eu une réaction contre Billings (et contre son école, car il avait fait de nombreux adeptes) pendant les vingt premières années du XIXᵉ siècle. Le goût s'affinait ; les compositions de Haendel et de Haydn commençaient à être mieux connues et les fidèles voulaient une matière musicale supérieure à celle qui leur était proposée.

Par la suite, certains enthousiastes, comme Thomas Hastings (1787-1872), ont écrit beaucoup d'hymnes et d'airs et ont considérablement œuvré en faveur du développement des activités chorales dans l'État de New York ; Lowell Mason (1792-1872), organiste de l'église du Dr Lyman Beecher à Boston, fondateur des « conventions musicales », professeur de chant et compositeur d'hymnes, a également exercé une influence considérable. Certains airs de Mason figurent dans la plupart des hymnaires britanniques et, à cette période, plusieurs nouveaux chants anglais (comme ceux de Dykes et de Barnby) ont été publiés dans les livres américains. Souvent, les nouveaux hymnes britanniques et américains devenaient vite propriété commune. Ainsi, le répertoire des deux côtés de l'Atlantique s'est uniformisé dans une certaine mesure, et les remarques sur les hymnes britanniques et leur musique s'appliquent également à ceux des États-Unis.

L'ancienne tradition de la psalmodie américaine a connu un certain déclin à partir du milieu du XIXᵉ siècle : les dirigeants étaient de plus en plus souvent d'origine étrangère et les chœurs amateurs étaient remplacés par des quatuors de chanteurs professionnels. Ces influences semblent maintenant s'estomper. Jusqu'à la fin du XIXe siècle, le chant des hymnes et des psaumes a certainement été l'activité musicale la plus importante aux États-Unis.

Comme certains de ses prédécesseurs (et de ses successeurs), Dean Peter Lutkin affirmait en 1930 à North Western University que le niveau musical des hymnes était encore trop bas : « Nous sommes en retard de plusieurs années sur l'Angleterre, où les meilleurs hymnaires font peu de concessions, voire aucune, au goût populaire et jouissent néanmoins d'un chiffre de ventes considérable. » Dean Lutkin soulignait que si un hymnaire courant contient de 400 à 500 hymnes, une assemblée de fidèles ordinaire n'en chante que 50 ou 60. Mais on retrouve le même problème dans tous les pays.

Toutefois, on ne saurait oublier le livre de Horatio Parker, destiné à l'Église épiscopale (1903), qui a permis de maintenir un niveau très élevé.

10. *L'hymne évangélique*. Le *Mission Hymn* constitue une phase originale de l'hymnologie américaine. Il s'est répandu dans le monde entier entre 1870 et 1900 grâce à l'évangéliste Moody et à son collègue musicien Ira D. Sankey : on a prétendu que, pendant cette période, ils avaient « réduit la population de l'enfer d'un million d'âmes ». Comme Orphée sauvant Eurydice, ils y sont essentiellement parvenus grâce à la musique – mais malheureusement une musique très médiocre. Contrairement à ce que l'on croit souvent, Moody n'a lui-même écrit aucun texte d'hymne. En outre, les *Sacred Songs and Solos* sont autant une compilation qu'une œuvre originale de Sankey qui s'inspire largement d'un type de chants déjà très répandu aux États-Unis, au rythme animé et dont l'harmonisation se limite pratiquement à l'alternance des trois principaux accords de la tonalité (tonique, dominante et sous-dominante). L'Américain W. B. Bradbury (1816-68) avait apporté une contribution considérable à ce type de chants en publiant de nombreux recueils (1 200 000 exemplaires de ses *Fresh Laurels* ont été vendus). Rares sont les hymnes de ce genre qui sont vraiment touchants ou émouvants ; dans l'ensemble, ils se limitent à une réitération banale d'une ou deux idées sentimentales illustrées par une musique adéquate. L'Armée du Salut, fondée par William Booth en 1878, a diffusé ces hymnes aux quatre coins de l'univers.

11. *Métrique des hymnes*. Dans de nombreux hymnaires, on trouve des chiffres en regard des hymnes, soit dans le corps du livre, soit à l'index, pour préciser le nombre de syllabes de chaque ligne ou de chaque vers et faciliter l'adaptation des chants aux hymnes ; le mètre appelé « six-huit » prend la forme 8 8 8. 8 8 8. ou 8 8. 8 8. 8 8. selon le sens dans lequel le poète a agencé ses vers (en raison des rimes). Certains mètres ont des noms distinctifs :

8 6. 8 6. *Common Metre* (c'est le mètre de l'ancienne *ballad* anglaise).

6 6. 8 6. *Short Metre* (« Mètre court »).

8 8. 8 8. *Long Metre* (« Mètre long »).

La diversité des mètres est étonnante de nos jours ; certains hymnaires en comportent jusqu'à cent ou cent vingt.

12. *Accentuation des hymnes*. Il peut paraître étrange que, lorsqu'ils écrivent des hymnes, les poètes ne cherchent pas à éviter les irrégularités d'accentuation d'un vers à l'autre qui ne posent aucun problème si le poème est lu ou lorsque chaque strophe est mise en musique séparément. Mais les hymnes sont chantés sur des airs fixes, le même pour chaque vers. Dans la réalité, la musique d'un hymne convient en général parfaitement au premier vers de l'hymne pour lequel elle a été composée, mais à aucun autre. Pourtant, le témoignage de Robert Bridges, un éminent poète qui avait le sens du rythme et certaines connaissances musicales, va à l'encontre de ces remarques (lettre de 1911 à un ami, publiée par la Church Music Society) :

« Je pense que le chanteur d'hymne intelligent devient beaucoup trop scrupuleux sur ce sujet. Je ne suis pas choqué par un désaccord occasionnel entre l'accentuation des mots et celle de la musique dans un hymne. Un bel air constitue une forme artistique inaltérable qui donne satisfaction en elle-même et par elle-même. Il est impossible qu'elle cède le pas aux mots. Les mots sont mieux pourvus s'ils concordent avec *toutes* les valeurs et les accents de la mélodie, mais il est presque impossible d'y parvenir et ce n'est pas obligatoire. C'est à leur atmosphère que la musique doit être fidèle et l'atmosphère est ce qui importe le plus. Si l'air renforce incidemment des mots ou des phrases importantes, tant mieux, et lorsqu'il y a des refrains ou des répétitions de mots, l'air doit être conçu pour eux ; toutefois, l'air a un immense pouvoir pour soutenir et même pour créer une atmosphère ; ce pouvoir est inestimable et il a raison de toute autre considération. »

13. *Sommaire des premières publications d'hymnes et de psaumes : (a) Bohême.* Les adeptes du réformateur bohémien Jan Hus ont publié un hymnaire tchèque en 1501 et en 1505 ; un recueil de Michael Weiss, en langue allemande, avec des airs, a paru en 1531. Luther appréciait particulièrement ces ouvrages.

(*b*) *Allemagne.* Le premier livre de Luther, *Etlich cristlich lider Lobgesang* (huit hymnes, cinq airs), réalisé par Walter, a été publié à Wittenberg en 1524. La même année paraissait à Erfurt (en deux éditions) *Enchiridion* de Jonas et Lange (25 hymnes et 16 airs) et, à Wittenberg, *Geistliche gesangk Buchleyn*, en cinq parties, de Walter (32 hymnes et 35 airs avec une préface de Luther, le premier livre pour lequel il ait écrit une préface). En 1529, on publiait à Wittenberg *Geistliche Lieder auffs new verbessert*, avec les airs correspondants. Les *Geistliche Lieder mit einer newen Vorrhede*, publiés en 1545 à Leipzig, regroupent 101 hymnes (certains de Hans Sachs) et airs ; cet ouvrage contient tous les hymnes écrits par Luther et constitue le dernier hymnaire qu'il ait supervisé (il est mort l'année suivante). De nombreux autres livres ont été publiés par la suite. Le premier dans lequel on trouve des versions harmonisées avec la mélodie à la voix supérieure est un livre d'Osiander, *50 Geistliche Lieder*, publié à Nuremberg en 1586.

(*c*) *Pays-Bas.* Les *Gheestelijke Liedekens* (« Petits Chants spirituels ») publiés à Anvers en 1539 regroupent 259 hymnes avec leur musique. L'année suivante, le même imprimeur publiait un ouvrage différent, *Souter Liedekens* (« Petits Psaumes »). Il s'agit d'un psautier et non d'un hymnaire, le premier psautier métrique complet. Les airs sont ceux de 158 chansons populaires hollandaises pour la plupart et cet ouvrage constitue la meilleure source originale pour l'étude de la musique traditionnelle des Pays-Bas. Le psaume « Jubilate Deo » semble provenir de l'un de ces airs. Ce livre a remporté un succès considérable et on en connaît 33 éditions (la dernière datée de 1618) ; certaines pièces sont écrites à quatre voix.

(*d*) *Genève.* Calvin a publié son premier psautier à Strasbourg en 1538 : il contenait des psaumes métriques de Marot et de lui-même, avec musique. En 1542 et en 1543, il faisait paraître à Genève des ouvrages plus importants : Béza a écrit les psaumes de certains d'entre eux. En 1552, il publiait le psautier complet, avec des airs syllabiques adaptés par Bourgeois, qui contient le psaume « Jubilate Deo » sous la forme exacte qu'on lui connaît encore aujourd'hui dans la plupart des cas. En 1564 et en 1565, publication des premières versions harmonisées. En 1565-66, publication des psaumes de Goudimel, dans le style du motet (ouvrage important car on affirme souvent, à tort, que le calvinisme n'approuvait que le chant à l'unisson). Il s'agit des ouvrages les plus importants ; le troisième d'entre eux a beaucoup influencé la musique et le chant des psaumes anglais.

(*e*) *Grande-Bretagne.* Les *Goostly Psalmes* de Coverdale, adaptation d'hymnes et d'airs allemands supprimés par Henri VIII en 1546, sont publiés en 1539. En 1549, publication des psaumes de Crowley, complets avec une musique à quatre voix, des 19 psaumes de Sternhold, sans musique, ainsi que des 44 psaumes de Sternhold et Hopkins, sans musique également ; ces derniers ont rapidement connu plusieurs éditions. En 1556, paraît à Genève le premier livre anglo-genevois, une édition de Sternhold et Hopkins, avec musique ; d'autres éditions ont suivi. En 1561, Day publie une édition de Sternhold et Hopkins, avec des airs, ainsi qu'une *Introduction to Learn to Sing* (« Introduction pour apprendre à chanter ») et, en 1562, une édition complète (la totalité des psaumes) de Sternhold et Hopkins, avec 65 airs. Cet ouvrage a connu de nombreuses éditions. En 1563, Day fait paraître un livre d'airs harmonisés (ou plutôt quatre livres, un pour chaque voix), comprenant 143 compositions ; le même air est parfois conçu différemment par deux ou trois compositeurs. En 1579, publication des compositions à quatre voix de Daman, sans son autorisation ; deux livres autorisés seront publiés en 1591, l'un avec la mélodie au ténor, l'autre à la voix supérieure. Le livre d'Este de 1592 comporte la totalité des psaumes avec des airs à quatre voix composés par dix des meilleurs compositeurs de l'époque (Dowland, Farnaby, etc.) ; trois psaumes sont liés à des noms de lieux, point de départ de cette nouvelle pratique.

En 1599, publication par Barley du psautier d'Alison avec des airs à quatre voix et des accompagnements pour luth ou autres instruments à cordes. En 1615, publication du psautier écossais d'Andro Hart, avec des airs. En 1621, publication du premier psautier en gallois, celui de l'archidiacre Prys, avec quelques airs, et du psautier de Ravenscroft, avec des airs à quatre voix ; quarante d'entre eux sont liés à des noms de lieux, confirmant ainsi l'innovation d'Este. En 1632, publication du livre de Wither, auquel Jacques Ier accorde un privilège de cinquante et un ans et recommande qu'il soit incorporé aux livres de prières ; la Stationers' Company (corporation des libraires, relieurs et papetiers, à Londres) s'y oppose et il doit s'incliner ; on y trouve 16 airs d'Orlando Gibbons (voix aiguë et basse seulement). Le psautier écossais paraît en 1635 avec 27 variétés de mètres et une très grande liberté rythmique ; une nouvelle édition savante du Révérend Neil Livingston sera publiée en 1864. Une nouvelle version des psaumes de Sandys voit le jour en 1638, avec 24 airs de Lawes (mélodie et basse seules). En 1671, le nom fameux de Playford paraît sur une édition à quatre voix de Sternhold et Hopkins, sans grand succès ; en 1677, il publie une édition à trois parties, avec l'air à la voix supérieure, qui connaîtra une vingtaine d'éditions au cours des quatre-vingts années suivantes. En 1696, publication de la version des psaumes de Tate et Brady. De nombreux livres d'airs ont vu le jour par la suite (comme *Chetham's Psalmody*, 1718, qui a connu d'innombrables éditions, pratiquement jusqu'à la fin du XIXe siècle).

(*f*) *États-Unis.* En 1640 paraît *The Whole Booke of Psalmes faithfully translated into English Metre, whereunto is prefixed a discourse declaring not only the lawfullness, but also the necessity of the heavenly Ordinance of singing Scripture Psalmes in the Churches of God* (« Le Livre complet des psaumes fidèlement traduits en mètres anglais précédés d'un discours déclarant non seulement la légitimité mais aussi la nécessité du rite divin consistant à chanter les psaumes des écritures dans les églises de Dieu »). C'est le *Psautier du Massachusetts* (70e et dernière édition aux États-Unis en 1773 ; 18e et dernière édition en Angleterre en 1754 ; 22e et dernière édition en Écosse en 1759). Il ne comportait aucun air avant 1698, date à laquelle seuls 13 airs ont été ajoutés (mélodie et basse) ; il s'agit de la plus ancienne musique américaine imprimée. En 1712, publication de *Very Plain and Easy Instruction* de Tuft, avec 28 airs ; en 1714, *Introduction to the Art of Singing Psalms* (« Introduction à l'art de chanter les psaumes ») du même compilateur, avec des airs à trois voix empruntés à Playford et une nouvelle méthode de notation avec des lettres. En 1721, publication de *Grounds and Rules of Music* (« Bases et Règles musicales ») de Walter, avec des airs à trois voix empruntés à Playford. En 1761, publication de *Urania, or a Choice Collection of Psalm Tunes, Anthems and Hymns – in Two, Three and Four Parts* (« Urania, ou Sélection d'airs de psaumes, d'*anthems* et d'hymnes – à deux, trois et quatre voix ») sur une musique empruntée à diverses compilations anglaises. En 1767, Law fait paraître *Select Number of Plain Tunes* suivi de *Select Harmony*, en 1778, et de *Collection of Best Tunes and Anthems*, en 1779 (il a publié de nombreuses compilations du même genre). Billings fait paraître *New England Psalm Singer* en 1770, *Singing Master's Assistant* en 1778, *Music in Miniature* en 1779, *Psalm Singer's Amusement* en 1781, *Suffolk Harmony* en 1786 et *Continental Harmony* en 1794.

14. *Évolution récente.* Les Églises réformées de langue française distinguaient, jusqu'au siècle dernier, les psaumes des cantiques, ceux-ci étant essentiellement des chants traditionnels ou tirés des Écritures. On désigne maintenant sous le nom de « cantique » tout hymne de caractère religieux en langue vernaculaire à la mélodie simple qui peut être chantée par une assemblée de fidèles. De nombreux hymnes et cantiques nouveaux été créés depuis quelques dizaines d'années pour s'adapter à la réforme liturgique. Ils sont de qualité inégale : on oscille entre la beauté de certains textes et de certaines musiques (parfois signées par d'éminents compositeurs) et une poésie banale au contenu théologique simpliste et d'une valeur douteuse sur une musique inspirée de la mode du moment.

Deux des premiers et des plus importants hymnaires mentionnés ci-dessus sont encore largement utilisés dans l'Église anglicane. *Hymns Ancient and Modern*, dans une version révisée en 1950, est sans doute l'hymnaire anglican le plus diffusé. Ces dernières années, deux suppléments ont été publiés (*100 Hymns for Today* en 1969 et *More Hymns for Today* en 1980). Ils contiennent un mélange de nouveaux textes sur des musiques – anciennes ou nouvelles – de caractères différents, allant de la dignité de « Michael » de Howells et de « Carolyn » de Murrill à « Neighbour » de Carter ou « Living Lord » d'Appleford. L'*English Hymnal*, publié sous la direction musicale de Vaughan Williams, a établi de nouvelles normes et comprend de nombreuses mélodies en plain-chant et quelques beaux airs, dont plusieurs de Vaughan Williams lui-même (notamment « Sine nomine » et « Down Ampney »). Certains airs victoriens « doucereux » ont été exilés dans un appendice que l'on appelle souvent, non sans un certain mépris, la « Chamber of Horrors ». L'*English Hymnal*, avec son supplément *English Praise* (1975), est resté l'hymnaire favori de la branche catholique de l'Église anglicane.

Parmi les autres recueils importants figurent *Songs of Praise* (1925, préparé par Percy Dearmer et Martin Shaw ; augmenté en 1931), le *BBC Hymn Book* (1951), *Hymns for Church and School* (1963, qui a succédé au *Public School Hymn Book*), l'*Anglican Hymn Book* (1965) et le *Cambridge Hymnal* (1967, préparé par David Holbrook et Elizabeth Poston). Au nombre des recueils non anglicans, on peut citer *Congregational Praise* (1951), le *Choral Hymnary* (3e éd., 1973) et le *Baptist Hymnbook* (1962).

En 1960, le Twentieth-Century Church Light Music Group a publié un petit recueil d'hymnes qui contient essentiellement des textes traditionnels connus sur une musique jusqu'alors pratiquement ignorée dans le domaine religieux. On pourrait parler de style « pop », bien que le vocabulaire musical de la plupart de ces airs soit dérivé de la musique traditionnelle ou des comédies musicales. Mais rares sont ceux qui ont conservé une popularité durable.

Par la suite, de nombreux hymnaires ont inclus, dans une certaine mesure, des airs de ce style, souvent sur des textes reflétant la pensée chrétienne et les préoccupations sociales du moment. La plupart de ces livres ont été publiés pour ou par les Églises évangéliques, ou par des organismes comme la Scripture Union (*Hymns of Faith*, 1964). Certains, comme *Youth Praise* (1966-69) et *Songs of Worship* (1980), sont particulièrement destinés aux jeunes et contiennent des hymnes qui peuvent être accompagnés par d'autres instruments que l'orgue. Un grand nombre d'hymnaires récents comportent des accords de guitare aux côtés de la notation conventionnelle.

Au cours de ces dernières années, l'Église catholique s'est tournée davantage vers des hymnes de toutes sortes : elle a non seulement adopté de nombreux hymnes utilisés auparavant par les églises protestantes, mais également publié plusieurs recueils avec des hymnes et cantiques de style « pop ».

Il ne fait aucun doute que l'hymne reste la forme la plus populaire de la musique religieuse. La diffusion à la radio et à la télévision de programmes d'hymnes contribue à entretenir l'affection que leur porte le public, même parmi les non-pratiquants. Il existe aujourd'hui un nombre considérable d'hymnes et de cantiques, mais les plus durables restent encore les cantiques traditionnels bien rebattus.

Percy Scholes/Christopher Moore.

Hymnes à Apollon. Les deux fragments de musique grecque les plus longs qui aient survécu sont deux péans, tous deux incomplets, découverts en 1893 au cours des fouilles réalisées à Delphes par des archéologues français. Le second date de 128-127 av. J.-C. et est attribué à un certain Limenius ; le premier pourrait être du même auteur et de la même époque. Tous deux sont écrits en mètre péonique ou crétique, ce qui, en l'absence de notation rythmique, évoque un 5/8. Sur le plan mélodique, ces deux péans illustrent de façon frappante le système de gammes aristoxénien (voir *Grèce antique*, 6).

Hymnes nationaux. Le texte des hymnes nationaux n'est pas généralement d'un haut niveau poétique ou même éthique. Certains, en forme de prière pour un monarque, comme l'ancien hymne autrichien ou l'hymne britannique, n'ont guère l'envergure nécessaire pour mériter le qualificatif « national », quelle que soit l'admiration qu'on puisse leur porter et malgré le fait qu'ils s'adaptent à de multiples circonstances. « Now pray we for our country » d'Eliza Flower, « Jérusalem » de Parry ou le poème de Katharine Lee Bates « America the beautiful » sont davantage « nationaux » que le « God Save the Queen », et certains chants de ce genre pourraient servir de succédanés dans les pays dont l'hymne national ne soulève pas l'enthousiasme.

Les hymnes bâtis sur un chant issu d'un événement particulier, comme la guerre ou la révolution, ne sont guère plus satisfaisants. Ils méritent d'être conservés dans le répertoire national comme relique historique mais ont perdu leur actualité ; de même, les hymnes monarchiques sont d'application trop limitée pour l'objectif visé.

La musique des hymnes nationaux est très inégale. Un air banal peut acquérir une stabilité qu'il n'aurait jamais eue s'il n'avait pas été adopté officiellement. Toutefois, dans l'ensemble, les airs ont une certaine valeur. Certains ont servi de support à d'autres textes avant d'adopter leurs paroles actuelles. Rares sont les hymnes nationaux dont la musique a été composée à cet effet ; le meilleur exemple est probablement l'*Hymne de l'empereur* de Haydn.

Les hymnes nationaux et les chants nationaux quasiment officiels qui suivent font l'objet d'articles individuels : *America the beautiful* ; *Auferstanden aus Ruinen* ; *Brabançonne, La* ; *Einigkeit und Recht und Freiheit* ; *Empereur, Hymne de l'* ; *Fratelli d'italia* ; *Giovinezza, La* ; *God Save the Queen* ; *Horst Wessel Song* ; *Internationale, L'* ; *Marcha real* ; *Marseillaise, La* ; *Rule ! Britannia* ; *Star-Spangled Banner, The.*

Percy Scholes, rév.

Hymn of Jesus, The. Œuvre chorale pour double chœur, chœur de femmes et orchestre op.37 de Holst, sur une traduction qu'il a lui-même réalisée des actes apocryphes de saint Jean. Composée en 1917.

Hymn to St Cecilia (*Hymne à sainte Cécile*). Chœur à cinq voix *a cappella* op.27 de Britten sur un texte de W. H. Auden, créé en 1942.

Hymn to St Magnus (*Hymne à saint Magnus*). Œuvre pour soprano et petit ensemble de Peter Maxwell Davies sur un texte latin d'après l'hymne orcadien du XIIe siècle. Créé en 1972.

Hymnus paradisi. Requiem de Howells sur des textes empruntés à la messe des morts latine, au Psaume 23, au Psaume 121, au service funèbre et au Diurnal de Salisbury (traduits par G. H. Palmer). Howells l'a composé en 1938 à la mémoire de son fils, mais il n'a été exécuté pour la première fois qu'en 1950.

I

Iambe. En versification, pied de deux syllabes, une brève et une longue (◡ –). L'adjectif est « iambique ». Pour son équivalent dans les modes rythmiques, voir *Notation*, 3.

Iberia. Douze pièces pour piano d'Albéniz, publiées en quatre volumes entre 1906 et 1909. Plusieurs d'entre elles ont été orchestrées par Arbós.

Ibéria. Œuvre symphonique de Debussy, composée entre 1905 et 1908. Évocation de l'Espagne, elle constitue la deuxième partie des *Images* pour orchestre et comporte elle-même trois parties : « Par les rues et par les chemins », « Les Parfums de la nuit » et « Le Matin d'un jour de fête ».

Ibérien, ibérienne. En réalité, ce terme désigne ce qui est espagnol et portugais, mais en pratique il veut seulement dire « espagnol ».

Ibert, Jacques (François Antoine) (Paris, 15 août 1890 ; Paris, 5 février 1962). Compositeur français, élève de Paul Vidal, Émile Pessard et André Gédalge au Conservatoire de Paris (1909-13). Ses premières œuvres symphoniques, notamment la suite *Escales* (1922), sont écrites dans un style luxuriant et impressionniste, mais il est aussi capable de faire preuve d'une frivolité spirituelle comme dans le *Divertissement* pour petit orchestre (1930). Il est également l'auteur d'une petite farce lyrique, *Angélique* (1927), et a collaboré avec Honegger à l'opéra *L'Aiglon* (1937). Au cours de sa carrière, il a été directeur de la villa Médicis à Rome (1937-60) et de l'Opéra de Paris (1955-56).

Paul Griffiths.

BIBLIOGRAPHIE : Jacques Feschotte, *Jacques Ibert*, Ventadour (Paris, 1958). Gérard Michel, *Ibert*, Seghers (Paris, 1968).

Ice Break, The (« Rompre la glace »). Opéra en trois actes de Tippett sur un livret du compositeur. Représentations : Londres (Covent Garden, 7 juillet 1977) ; Boston (18 mai 1979). L'opéra traite de la nature étouffante des stéréotypes et du besoin d'une renaissance individuelle. Après avoir passé vingt ans en prison, Lev (bar.) arrive dans un aéroport du Nouveau Monde pour rejoindre sa femme Nadia (sop.) qui a émigré avec leur fils Yuri (bar.). A l'aéroport se trouvent également la petite amie de Yuri, Gayle (sop.), et son amie noire Hannah (mezzo), venue accueillir le « champion » noir Olympion (tén.) avec ses admirateurs. A la suite de violentes tensions, une émeute se déclare au cours de laquelle Olympion et Gayle sont tués et Yuri gravement blessé. Nadia meurt paisiblement. Yuri est opéré, on lui retire son plâtre et il se réconcilie avec son père.

Idée fixe. Nom donné par Berlioz au thème de sa *Symphonie fantastique* (1830) qui représente la « bien-aimée ». Il revient dans tous les mouvements et subit diverses transformations. L'usage de ce procédé est lié à la forme cyclique et annonce la technique du *leitmotiv de Wagner.

Idiocorde, idioglotte, idiophone. Termes inventés par le musicologue allemand Curt Sachs (1881-1959) pour décrire certains instruments ; ils s'inspirent du mot grec *idios*, « propre », « personnel ».

1. *Idiocorde.* Il existe de nombreux instruments primitifs en bambou formés de bandes d'écorce indépendantes les unes des autres, sauf aux deux extrémités, et mises sous tension au moyen d'un chevalet. Ils sont utilisés comme des instruments à cordes, pincés ou frappés. Ces instruments sont classés parmi les cordophones (instruments à cordes). Le type le plus avancé est le *valiha*, instrument national malgache.

2. *Idioglotte.* Ce terme s'applique (*a*) aux instruments à vent, en majorité des instruments traditionnels, qui utilisent une anche (voir *Anche*, 2) fabriquée en pratiquant une incision dans une langue vibrante : soit dans une pièce séparée insérée dans le tuyau (comme sur les bourdons de la cornemuse), soit directement dans le tuyau lui-même ; (*b*) aux types de guimbarde asiatiques sur lesquels la langue est coupée dans le bambou de l'instrument.

3. *Idiophone* (le son est produit par la matière même de l'instrument). La catégorie des idiophones couvre, au sens large, les instruments à percussion, à l'exception des tambours.

Voir *Organologie.*

Idoménée, roi de Crète (*Idomeneo, re di Creta*). Opéra en trois actes de Mozart sur un livret de G. B. Varesco, d'après celui qu'avait écrit Danchet pour *Idoménée* de Campra (1712). Représentations : Munich (Théâtre de la Cour, 29 janvier 1781) ; Paris (Théâtre des Arts, 1912) ; Glasgow (12 mars 1934) ; Tanglewood (4 août 1947). Idoménée, roi de Crète (tén.), a envoyé dans son pays des prisonniers de Troie, notamment Ilia (sop.), fille de Priam. Elle aime le fils d'Idoménée, Idamante (sop. ou tén.), qui l'aime également mais ne s'est pas déclaré ; il est aussi aimé d'Elettra (sop.). Le retour imminent d'Idoménée est le signal d'une amnistie pour les prisonniers. Mais une violente tempête éclate soudain et le roi fait au dieu de la mer le vœu de sacrifier le premier être vivant qu'il rencontrera en débarquant. Il s'agit de son propre fils. Horrifié, il s'enfuit sans rien dire ; un chœur joyeux accueille les guerriers.

Le roi tente d'éluder l'accomplissement de son vœu en envoyant Idamante accompagner Elettra à Argos, à la grande tristesse d'Ilia. Mais une autre tempête éclate ; un monstre surgit et ravage l'île. Le peuple affirme qu'un pêcheur inconnu a offensé les dieux. Idoménée avoue sa faute et se déclare prêt à mourir.

Idamante et Ilia se révèlent leur amour avant qu'il ne parte à l'attaque du monstre. Elettra, folle de jalousie, les interrompt, suivie du roi, partagé entre son inquiétude pour son fils et son sentiment de culpabilité. Le peuple réclamant une victime, il est contraint d'avouer la vérité. Le grand prêtre hésite à accomplir le sacrifice lorsqu'il apprend qu'Idamante a tué le monstre et qu'il s'offre néanmoins comme victime pour faire respecter le vœu de son père. Il sera sauvé par la voix du dieu qui déclare qu'Idoménée doit abdiquer. Idamante monte sur le trône avec Ilia.

BIBLIOGRAPHIE : *Idoménée*, L'Avant-Scène-Opéra n° 89 (Paris, 1986).

Idylle. En littérature, description (en prose ou en vers) d'une vie rurale heureuse qui s'applique parfois à la composition d'un genre paisible et pastoral comme *Siegfried Idyll* de Wagner ou *Idylle* pour orchestre à cordes de Janáček.

Iéna. Surnom donné à une symphonie découverte en 1909 à Iéna en Allemagne et longtemps attribuée à Beethoven. H. C. Robbins Landon a démontré, en 1957, qu'elle avait été composée par Friedrich Witt (1770-1836).

Ile des morts, L'. Poème symphonique op.29 de Rachmaninov, composé en 1909. Il lui a été inspiré par un tableau de Böcklin qui porte le même titre.

Illuminations, Les. Cycle de mélodies pour soprano ou ténor et orchestre à cordes op.18 de Britten sur neuf poèmes en prose écrits en 1872-73 par Arthur Rimbaud. Création à Londres en 1940.

Images. 1. Triptyque symphonique de Debussy : *Gigues* (1909-12), *Ibéria* (1905-08) et *Rondes de printemps* (1905-09).

2. Deux recueils de pièces pour piano de Debussy. Le premier, composé en 1905, comprend *Reflets dans l'eau*, *Hommage*

à Rameau et *Mouvement*; le second, composé en 1907, comprend *Cloches à travers les feuilles, Et la lune descend sur le temple qui fut* et *Poissons d'or*.

Imaginary Landscape (« Paysage imaginaire »). Cinq œuvres de John Cage. La première, composée en 1939, est conçue pour deux électrophones à variateur de vitesse, sons sinusoïdaux enregistrés, piano avec sourdine et cymbales. La deuxième, sous-titrée « Marche n° 1 », s'adresse à un quintette de percussions et la troisième à un sextuor de percussions, ces deux œuvres datant de 1942. *Imaginary Landscape n° 4*, « Marche n° 2 » (1951), est conçue pour douze récepteurs radio, vingt-quatre exécutants, deux par radio, l'un réglant le volume, l'autre modifiant la longueur d'ondes. La cinquième (1952) est électronique et a été élaborée à partir de l'enregistrement de sons provenant de 42 disques différents, en coupant la bande magnétique et en la recollant au hasard.

Immer (all.). « Toujours », « encore »; *immer belebter*, « encore plus animé »; *immer schnell*, « toujours rapide ».

Immortal Hour, The (« L'Heure immortelle »). Drame musical en deux actes de Boughton sur un livret du compositeur d'après un texte de Fiona Macleod (pseudonyme de William Sharp). Créé à Glastonbury en 1914.

Impériale, L'. Surnom de la *Symphonie n° 53 en ré majeur* de Haydn, composée en 1778 ou 1779. Ce nom a paru pour la première fois et pour une raison inconnue dans un catalogue parisien des symphonies de Haydn au XIXe siècle.

Imprésario, L'. Voir *Schauspieldirektor, Der*.

Impressionnisme. Terme désignant les techniques et l'esthétique d'un groupe de peintres français (Monet, Degas, Renoir, etc.) dont les œuvres évoquent essentiellement des impressions plutôt que des idées finies. Ce mot est entré dans le vocabulaire musical pour désigner une musique vague et intangible sous certains aspects, de couleur fugitive ou atténuée, de rythme incertain ou de nature harmonique troublе. On l'a surtout appliqué aux œuvres de Debussy, ce qui s'explique aisément car Debussy était fasciné par les effets d'eau et de lumière de Monet que l'on retrouve dans la première des *Images* pour piano, *Reflets dans l'eau* (1905); les titres de ses œuvres, généralement évocateurs, traduisent une approche impressionniste de la nature (comme les préludes pour piano *Le Vent dans la plaine, Brouillards* et *Feuilles mortes*). Il faut toutefois souligner que la musique « impressionniste » de Debussy n'a vu le jour qu'une quarantaine d'années après les premières peintures impressionnistes et qu'il a été aussi profondément influencé par la littérature que par la peinture.

Appliqué à d'autres compositeurs, le terme « impressionniste » évoque généralement une musique écrite dans le style de Debussy. Ce mot est souvent employé à propos de Ravel, Delius, Szymanowski entre autres.

Paul Griffiths.

Impressions d'Italie. Suite symphonique de Gustave Charpentier composée pendant son séjour à la villa Médicis à Rome (1888-90), créée en 1891 aux Concerts Lamoureux, à Paris. *Sérénade, A la fontaine, A mule, Sur les cimes, Napoli*.

Impromptu. Composition instrumentale qui n'est pas nécessairement conçue dans un style improvisé, comme le laisserait supposer son nom. Au XIXe siècle, le mot « impromptu » a servi de titre à de courtes pièces pour piano, dont l'exemple le plus ancien est une œuvre du compositeur tchèque Voříšek (1822). Les plus célèbres sont les impromptus de Schubert (il n'adopta définitivement ce nom qu'après que son éditeur, Haslinger, eut baptisé « impromptus » les quatre premières pièces de son recueil de 1827) et de Chopin (op.29, op.36, op.51 et op.56 – le dernier mieux connu sous le titre *Fantaisie Impromptu*, le terme « Fantaisie » étant une adjonction de l'éditeur de Chopin).

Impropères (du latin *improperia*). Dans la liturgie catholique romaine, versets chantés le Vendredi saint au cours de l'adoration de la Croix. Il y a trois grands impropères, qui se composent de textes des prophètes précédés du verset « Popule meus, quid feci tibi ? » et alternent avec le *Trisagion, et neuf petits impropères qui ont généralement pour refrain le verset « Popule meus ».

Improvisation. Exécution musicale créée au fur et à mesure qu'elle est jouée, sans partition notée ni préparation détaillée ; le terme désigne également la technique selon laquelle on réalise ce genre d'exécution. En outre, il a été employé comme titre de certaines œuvres entièrement composées (comme *Improvisations sur Mallarmé* de Boulez, 1957-59).

Jusqu'au début du XIXe siècle, les solistes étaient généralement doués d'un certain pouvoir d'improvisation. Bach, Mozart et Beethoven, par exemple, étaient tous de grands improvisateurs et l'on présume que certaines de leurs œuvres sont nées d'improvisations. L'un des exemples les plus célèbres est l'*Offrande musicale* (1747) de Bach, entièrement composée sur un thème soumis par Frédéric le Grand comme base d'improvisation. Cette faculté d'improviser sur un sujet donné est toujours cultivée par les organistes, mais beaucoup plus rarement par les autres musiciens.

L'improvisation a refait surface dans les années soixante, grâce au développement de la *musique aléatoire et à l'influence du jazz et de la musique indienne. On a alors vu naître plusieurs ensembles spécialisés dans l'improvisation collective, qui évoluent dans des styles différents selon les centres d'intérêt de leurs membres. Lorsqu'ils emploient des instruments conventionnels, le résultat se rapproche souvent du « free jazz », mais la plupart de ces ensembles ont largement recours à l'électronique. Le travail réalisé par le groupe d'exécutants que dirige Karlheinz Stockhausen est typique, bien qu'il ait préféré le terme « musique intuitive » à « improvisation », car le musicien puise davantage dans ses ressources intuitives qu'il ne respecte des conventions acceptées comme dans l'improvisation de jazz ou à l'orgue.

Paul Griffiths.

BIBLIOGRAPHIE : Denis Levaillant, *L'improvisation musicale*, Lattès (Paris, 1981).

IMS. Voir *International Musicological Society*.

In alt, in altissimo (ital.). Voir *Alt*.

In a Summer Garden. Rhapsodie pour orchestre de Delius, composée en 1908. Le jardin était celui de Delius à Grez.

Incalzando (ital.). « En pressant ».

Incantation. Dans un ouvrage lyrique, scène de conjuration des esprits, comme la scène de la sorcière d'Endor dans *Saül* de Haendel. On en trouve d'autres exemples dans *Il Giasone* de Cavalli (1649), *Le Roi de Lahore* de Massenet (1877) et dans la scène de la vallée du Loup du *Freischütz* de Weber. L'opérette de Sullivan *The Sorcerer* comporte une parodie de scène d'incantation lyrique.

Incipit (lat., « commence »). 1. Premiers mots et premières notes d'une œuvre reproduits dans un catalogue ou un index.

2. Occasionnellement employé comme synonyme d'intonation (voir *Intonation*, 1).

3. Mesure préliminaire dans les éditions modernes de musique ancienne, donnant les clefs, la mesure et les armatures originales, la ou les premières notes dans leur notation originale et, parfois, la tessiture de la partie.

Incomminciando (ital.). « Commençant ».

Incoronazione du Poppea, L'. Voir *Couronnement de Poppée, Le*.

Incorporated Society of Musicians (ISM). Association britannique fondée dans le nord de l'Angleterre en 1882 qui a pour but de représenter, en un groupe unifié, les intérêts des musiciens professionnels et de soutenir le niveau de l'éducation musicale. Cette association s'est installée à Londres en 1886 et a reçu son titre actuel en 1892. L'ISM tient des réunions régulièrement dans des branches régionales, organise une conférence annuelle et publie un manuel tous les ans.

Inde

1. Introduction
2. Histoire
3. Instruments
4. Gamme, tempérament et ornementation
5. Les origines des « râga »

6. Les « râga » modernes
7. Rythme et « tâla »
8. Forme

1. *Introduction.* La péninsule indienne, qui regroupe le Pakistan, l'Inde, le Népal, le Bangladesh et le Sri Lanka, abrite une culture musicale variée et raffinée. La danse et la musique classique indiennes reposent sur une base commune de principes théoriques et esthétiques élaborés dans l'Antiquité. Les traditions classiques ont évolué dans l'environnement cultivé des palais et des temples pendant plus de deux mille ans et sont comparativement bien documentées. Elles suscitent beaucoup d'admiration à l'extérieur de l'Inde. Les innombrables traditions de musique régionale, source à laquelle les traditions classiques ont continuellement puisé, sont encore peu connues en dehors de l'Inde.

Les deux traditions classiques de la musique indienne sont celle du Nord ou hindoustanie (Pakistan, Inde du Nord et Bangladesh) et celle du Sud ou karnatique (Inde du Sud et Sri Lanka). Malgré des différences considérables dans les détails, les deux traditions partagent certains principes et concepts fondamentaux religieusement conservés dans une littérature théorique très développée (essentiellement en sanskrit). Cette base théorique commune distingue la musique classique (*mârga*) de la musique populaire (*deśî*) et d'autres genres de musique en Inde. Une grande partie du matériel rythmique et mélodique de la musique classique est dérivé de la musique populaire, comme en témoignent les noms de nombreux *râga*.

La musique indienne est davantage une musique de transmission orale que de transmission écrite. Elle est enseignée par la méthode directe de l'exemple, de l'imitation et de la mémorisation ; la notation écrite est donc d'un usage limité. Il existe toutefois plusieurs systèmes de ce que l'on pourrait qualifier de « notation orale » : ils comprennent les syllabes faciles à prononcer, utilisées oralement pour faciliter la communication et la mémorisation. Par exemple, des syllabes comme *dhâ*, *tin*, *tâ*, *nâ*, *ghe* correspondent à des coups particuliers sur le *tablâ* et sur d'autres instruments à percussion. Des syllabes similaires correspondent à des mouvements de danse. Les sept syllabes *sa*, *ri*, *ga*, *ma*, *pa*, *dha* et *ni* désignent les sept degrés de la gamme. Cette notation orale peut bien sûr être écrite et des exemples du premier millénaire après Jésus-Christ ont survécu. Toutefois, aucun musicien ne joue en lisant une partition et il n'existe aucun système de notation graphique comparable à la notation en portées occidentale.

Cette indépendance par rapport à la notation écrite donne à l'exécutant une liberté et une créativité considérables, non seulement lorsqu'il reproduit la composition (avec ornementation et variations), mais également dans le développement improvisé du mode (*râga*) de la composition, dont il exprime au mieux l'atmosphère, tout en faisant la démonstration de sa propre réalisation technique. Les compositions – avant tout des chansons – sont courtes par rapport aux normes occidentales, mais une exécution complète, comprenant la composition et l'improvisation, peut durer une heure ou davantage.

La musique indienne est essentiellement monodique : l'art de la mélodie pure y est développé à l'extrême. L'harmonie n'existe que sous forme de bourdon omniprésent sur lequel évolue la mélodie ; chaque note de la mélodie forme une relation plus ou moins consonante ou dissonante avec ce bourdon. La polyphonie est inconnue, mais on peut considérer que l'accompagnement, essentiellement confié au tambour, fournit un contrepoint rythmique à la mélodie. L'exécution nécessite donc un chanteur ou un instrumentiste soliste, un bourdon (généralement joué sur le grand luth *tambûrâ*) et un batteur. Il y a également des ensembles plus fournis, mais ils ne laissent pas les coudées franches au musicien individuel.

La musique classique est traditionnellement exécutée dans le cadre informel et intime d'une salle privée, devant un auditoire de connaisseurs qui encourage le soliste en exprimant ouvertement son opinion au cours de l'improvisation. Le volume des voix et des instruments est relativement bas et, dans la salle de concert public – une innovation occidentale –, la plupart des musiciens ont recours à l'amplification électronique.

La musique indienne est surtout une musique de divertissement, mais elle comporte de multiples références à la religion hindoue. Ce lien est particulièrement fort dans la danse classique, qui dépeint souvent les exploits des divinités hindoues ou exprime la relation du croyant avec son dieu. Les textes des chansons classiques reflètent les mêmes préoccupations. Certains musiciens considèrent la totalité de l'exécution, y compris l'*âlâp* improvisé, sans paroles, comme un acte de dévotion religieuse. Cependant, la nature cosmopolite de la société indienne permet que, dans une large mesure, la musique reste accessible à tous, quelle que soit la foi ; avant l'Indépendance, les chefs musulmans jouaient un rôle très important comme protecteurs de la musique, et un grand nombre des musiciens héréditaires de l'Inde du Nord aujourd'hui sont musulmans et non hindous.

2. *Histoire*. La plus ancienne musique qui ait survécu en Inde est celle du *Sâma-Veda*. Les Aryens, peuple de langue indo-européenne, ont envahi l'Inde du Nord au milieu du second millénaire avant Jésus-Christ ; ils se sont installés dans le nord-ouest de l'Inde et ont composé les *Veda*, répertoire d'hymnes sacrés en sanskrit qui se sont transmis oralement. Les Aryens ont ensuite subjugué la quasi-totalité du sous-continent et les *Veda* sont devenus les écritures les plus sacrées de l'hindouisme ; ils sont encore utilisés de nos jours. La coutume consistant à chanter les hymnes sur des mélodies spéciales (*sâman*) pendant l'exécution des sacrifices est aujourd'hui presque éteinte. Les brahmanes conservent cette tradition en grand secret, car l'interprétation inexacte des chants par ceux qui n'en sont pas dignes risquerait de mettre en péril l'équilibre délicat de l'Univers. La musique varie d'une école à l'autre, mais elle comporte généralement une ornementation mélismatique très développée sur chaque syllabe du texte auxquelles s'ajoutent des syllabes dépourvues de sens (*stobha*) entre les syllabes du texte original.

Les origines de toute la musique artistique sont traditionnellement attribuées au *Sâma-Veda*, mais le système de la musique non védique qui a vu le jour au début du premier millénaire après Jésus-Christ repose sur des principes différents. Cette musique était liée au drame classique dans lequel intervenaient la danse, la poésie et la musique. Le drame a été particulièrement florissant sous le règne des Gupta (à peu près du IIIe au VIe siècle ap. J.-C.) et plusieurs chefs-d'œuvre (notamment ceux de Kâlidâsa) ont survécu, mais la musique originale est perdue. Grâce au *Nâtyaśâstra* (« Traité sur le drame ») attribué à Bharata et qui date de la même période, nous avons des informations sur la structure théorique de la musique, basée sur différentes classes de modes (*jâti*), et sur son exécution par des chanteurs, des instrumentistes et des danseurs. Ce traité est devenu l'œuvre de référence pour la dramaturgie, l'esthétique, la danse et la musique. Tout en étant conçu pour le divertissement, le drame musical était aussi considéré comme une forme de célébration religieuse ; une belle production avait pour but de susciter la libération spirituelle (*moksa*) tout autant que le plaisir.

A cette époque, une tradition musicale distincte s'est développée dans le Sud, où les langues et la culture indigènes préaryennes survivent encore. La littérature tamile ancienne fait référence à des modes (*pan*) chantés par des bardes (*pânan*) à la cour et dans les foyers, accompagnés à la harpe (*yâzh*). On suppose que le concept de *râga* tire son origine du *pan* tamil. Mais la musique de l'Inde du Sud a, elle aussi, lourdement subi l'influence du *Nâtyaśâstra* et des traités ultérieurs en sanskrit.

L'intérêt porté à la théorie musicale issue du *Nâtyaśâstra* n'a pas décliné. Le concept des *râga* se trouve développé pour la première fois dans le *Brhaddeśî* de Matanga (VIIIe-Xe siècles). Les changements intervenus dans la pratique musicale se reflètent dans plusieurs traités postérieurs qui auraient tendance à ne pas établir de distinction entre la pratique contemporaine et la théorie ancienne, mais tentent toujours de réconcilier les deux. Cette tradition a culminé dans le *Sangîtaratnâkara* de Śârngadeva (vers 1200-50), qui résume et explique toute la théorie musicale antique telle qu'elle lui était apparue et fournit également d'autres informations sur la musique de sa propre époque.

Entre le XIIe siècle et le XVIe siècle, l'islam s'est introduit en Inde à la suite d'une série d'invasions (Turcs, Afghans et Mongols d'Asie centrale) et a profondément marqué l'évolution de la musique indienne, surtout dans le Nord. L'admiration que portait à la musique indienne le poète d'origine turque Amîr Khusrau (célèbre vers 1300), qui a organisé des concours entre les musiciens indiens et étrangers, était partagée par de nombreux princes musulmans ; dans leurs cours, la musique était florissante. La cour hindoue de Gwâlior, qui possédait une grande tradition musicale depuis Râjâ Mân Singh Tomvâr (qui régna de 1486 à 1525), a ensuite fourni des musiciens à la cour du souverain mongol Akbâr (qui régna de 1556 à 1605) – notamment le chanteur Mîyân Tânsen, principal musicien de la cour d'Akbâr, à la descendance duquel prétendent de nombreux musiciens aujourd'hui. L'influence musulmane se ressent dans les instruments comme les luths, les chalumeaux, les psaltérions et les timbales et dans des intervalles comme les secondes augmentées ; toutefois, cette influence a été entièrement assimilée dans la musique hindoustanie.

En Inde du Sud, les effets de l'influence musulmane sont masqués par la prédominance de la culture hindoue. A partir du XVIe siècle, un certain nombre de traités en sanscrit ont commencé à proposer de nouveaux systèmes de classification des *râga* – préoccupation éternelle, bien que quelque peu stérile, des théoriciens indiens –, culminant dans le système moderne des *mela* (voir § 4), élaboré par Govinda Dîksitar (XVIIe siècle). Le saint et compositeur Tyâgarâja (XVIIIe siècle) a donné un nouvel élan à la musique de l'Inde du Sud ; ses compositions d'inspiration religieuse constituent, avec les compositions plus intellectuelles de son contemporain Mutthusvâmî Dîksitar, le centre du répertoire moderne.

Du XVIIIe siècle au XXe siècle, les dirigeants occidentaux ont introduit le violon et l'harmonium, mais ils ont eu peu d'influence sur la substance de la musique indienne. Jusqu'à ce jour, la majeure partie des musiciens indiens ignorent la musique classique occidentale et ne sont pas soumis à son influence, bien que la musique de variétés empiète sur leur terrain. Le respect de la tradition et d'un système théorique extrêmement développé préservera peut-être la musique indienne de changements rapides ou fondamentaux.

3. *Instruments.* La diversité de la culture indienne se reflète dans la variété de ses instruments de musique. Toutefois, la voix humaine a toujours occupé la première place comme l'instrument le plus souple et le plus expressif. Bien que l'on accorde une importance secondaire à la qualité sonore, la voix est rigoureusement entraînée à réaliser de légères variations d'intonation avec vitesse et précision – *glissandos* réguliers, vibratos larges, profonds, rapides ou lents, et de nombreux autres types d'ornementation (*gamaka*). Ces sons sont également reproduits, dans la mesure du possible, sur des instruments mélodiques, ce qui exige des adaptations techniques remarquables. A son tour, le style vocal a été influencé par celui des instruments, surtout par les instruments à cordes pincées et principalement dans les styles *jor/tânam*.

La primauté de la voix est telle que l'Inde connaît relativement peu d'instruments mélodiques et une grande partie de ceux qui ont été adoptés sont d'origine étrangère. Les musiciens de la cour d'Akbâr (1556-1605) comprenaient des hindous, dont la majeure partie était des chanteurs, et des instrumentistes musulmans d'Asie centrale jouant d'instruments étrangers comme les luths et les tympanons. La plupart de ces instruments ont été agrandis et transformés depuis lors par les musiciens de l'Inde du Nord. Dans le Sud, davantage soumis à l'influence européenne qu'à l'influence musulmane, seule la *vinâ*, la flûte, le *nâgasvaram* et le violon sont couramment utilisés comme instruments mélodiques.

Le *Nâtyaśâstra* classe tous les instruments en quatre groupes : *tata*, « à cordes » ; *susira*, « creux » (instruments à vent) ; *avanaddha*, « couverts » (tambours) et *ghana*, « solides » (idiophones).

(*a*) *Instruments à cordes.* Parmi les instruments mélodiques, les instruments à cordes pincées ont toujours occupé la première place en importance et en prestige derrière la voix, à la fois comme instruments solistes et pour l'accompagner. Le nom *vinâ* a été donné à plusieurs instruments au cours de l'histoire mais, à l'origine, il désignait une harpe arquée du Moyen-Orient à sept ou neuf cordes. Cet instrument, le principal instrument de l'Inde ancienne, a disparu de la péninsule après le VIe siècle, mais il survit en Birmanie (sous le nom de *saung-gauk*). De petits luths provenant d'Asie centrale existaient également aux temps anciens mais, tout comme la harpe, ils ont été supplantés par la famille des cithares sur bâton, pratiquement le seul type d'instrument à cordes originaire de l'Inde ; c'est à cet instrument que correspond aujourd'hui le terme *vinâ*.

Sous sa forme la plus simple, signalée pour la première fois au VIe siècle et encore utilisée comme instrument traditionnel, la *vinâ* se compose d'un long tube de bambou le long duquel est tendue une seule corde. Un résonateur composé d'une demi-courge est fixé derrière l'extrémité supérieure du tube ; l'instrumentiste l'appuie contre sa poitrine ou le porte sur l'épaule. Par la suite, un second résonateur et des frettes se sont ajoutés, le nombre des cordes a augmenté ainsi que la taille de l'instrument. La *rudravinâ* ou *bin* de l'Inde du Nord, mentionnée par le théoricien français Marin Mersenne en 1636, comporte deux énormes résonateurs attachés sous le tube de bois, environ vingt frettes chromatiques, quatre cordes de mélodie métalliques et trois cordes hors manche. Le chevalet est en forme de table et sa surface supérieure est arrondie, ce qui fait légèrement bourdonner la corde lorsqu'elle sonne et donne un son brillant caractéristique, néanmoins très délicat. Ce type de chevalet a été adopté sur de nombreux instruments indiens.

Le *sitâr* – dont l'appellation est dérivée du persan *setâr* (trois cordes) –, qui a récemment supplanté le *bin* comme instrument principal de la musique d'art, associe les caractéristiques du *bin* et des luths à long manche d'Asie centrale. Le résonateur, constitué d'une citrouille coupée et évidée, a la forme d'un luth ; la table d'harmonie est une mince feuille de bois sur laquelle est fixé le chevalet. Le long manche, réuni à la base au chevalet, est creux mais plus large et plus plat que celui du *bin* ; les frettes sont moins nombreuses, mais amovibles, de telle sorte que différentes positions correspondent à différentes gammes (*thâta*). Une douzaine de cordes sympathiques, parfois davantage (*tarab*), passent sous les deux cordes hors manche et sous les cinq cordes mélodiques ainsi que sur un chevalet séparé ; l'instrumentiste ne les touche pas, mais elles vibrent en sympathie avec les notes jouées sur les cordes mélodiques, conférant à la sonorité un chatoiement exotique. Sur le *bin* et sur le *sitâr*, on peut élever la hauteur d'une note d'une quinte au moins en tirant latéralement la corde mélodique de la main gauche, après l'avoir pincée de la main droite. Cette technique est à l'origine du style *sitâr gâyakî* (vocal) pratiqué notamment par Ustâd Vilayat Khan.

Le chevalet, la disposition des cordes et des frettes, la technique de jeu et la sonorité délicate de la *vinâ* du Sud ressemblent à ceux du *bin* ; toutefois la ressemblance s'arrête là car le corps de la *vinâ* a la forme d'un luth à manche long, avec un gros résonateur taillé dans le bois, une table d'harmonie en bois et un long manche fuselé. Un petit résonateur fixé sous l'extrémité supérieure du manche rappelle les gros résonateurs du *bin* et est sans doute purement symbolique : une petite courge identique est souvent attachée au *sitâr*. Ainsi, la *vinâ* du Sud, comme le *sitâr*, réunit les caractéristiques structurelles des cithares tubulaires d'origine indienne et des longs luths d'origine étrangère.

Le *tânpûrâ* (souvent appelé *tambûrâ*) est un grand luth à manche long qui ressemble au *sitâr* ; à l'origine, il avait des frettes et était joué comme un instrument mélodique, mais, de nos jours, il a perdu ses frettes et se joue uniquement sur des cordes à vide : les cordes sont pincées doucement et fournissent l'accompagnement indispensable à la musique vocale. Les quatre cordes respectent un accord typique : sol^2 (ou fa^2 ou si^2), do^3, do^3, do^2 (do^3 représente la tonique « *sa* »).

Le *sarod*, la *sârangi*, l'*esraj* et la *dilrubâ* sont confinés à l'Inde du Nord. Le *sarod* est un luth piriforme à manche court, descendant du *rabâb* d'Asie centrale, mais beaucoup plus grand. Le résonateur, dont les côtés sont profondément incurvés, et le manche sont taillés dans un seul morceau de bois et une table d'harmonie en parchemin donne à l'instrument son timbre moelleux caractéristique. La touche, à l'origine en bois et munie de frettes, est aujourd'hui en métal et dépourvue de frettes pour permettre aux doigts de mieux glisser le long des cordes, ce qui facilite un style quasi vocal. Les quatre cordes mélodiques et les six cordes hors manche sont pincées à l'aide d'un plectre triangulaire en coquille de noix de coco ; il y a également une quinzaine de cordes sympathiques. Un résonateur, formé d'une petite courge, fixé derrière l'extrémité supérieure du manche rappelle à nouveau l'affinité symbolique avec le *bin*.

La *sârangi*, instrument à archet originaire d'Asie centrale (la théorie selon laquelle les instruments à archet sont d'origine indienne est aujourd'hui discréditée), est taillée dans un bloc de bois oblong ; elle comporte un résonateur creux et une table d'harmonie en parchemin, une « touche » et un chevillier. Elle est munie de quatre cordes mélodiques et de nombreuses cordes sympathiques. Les côtés du résonateur sont incurvés pour que l'archet ait accès aux cordes. Les cordes sont enfoncées par les doigts de la main gauche, non pas en les pressant contre la touche avec le bout du doigt (comme sur le violon), mais en pressant l'ongle contre le côté de la corde, de telle sorte qu'elle n'entre pas en contact avec la touche. La facilité avec laquelle on exécute un *glissando* en faisant glisser l'ongle le long de la corde fait de la *sârangi* l'instrument idéal pour accompagner la voix ; toutefois, elle est aussi utilisée comme instrument soliste, notamment entre les mains de Pandit Ram Narayan. La *dilrubâ* et l'*esraj* sont de petits *sitâr* à archet munis de résonateurs de formes différentes.

Dans le sud de l'Inde, la voix est invariablement accompagnée au violon, venu d'Europe au XVIIIe siècle. Afin de faciliter une complète liberté de mouvement des doigts de la main gauche, l'instrumentiste, assis, tient fermement son instrument entre la poitrine et le pied. Le violon est également utilisé comme instrument soliste dans le nord de l'Inde.

Les cithares de table, introduites pendant la période musulmane, se trouvent uniquement dans le Nord. Le *santour*, originaire du Cachemire et apparenté à l'instrument persan du même nom, est un *dulcimer* trapézoïdal ; ses cordes sont frappées avec deux légers maillets de bois, un dans chaque main. Le *swara-mandala* est un psaltérion triangulaire ; ses cordes sont pincées à l'aide d'onglets métalliques glissés à chaque doigt ; les chanteurs l'utilisent parfois pour s'accompagner.

(*b*) *Instruments à vent.* La flûte traversière en bambou a toujours été le principal instrument à vent de la musique classique indienne depuis des temps très anciens ; de nos jours, elle est particulièrement associée au dieu Krishna et aux contextes pastoraux. L'instrument n'a jamais été pourvu de clés et le *glissando* de style vocal s'obtient donc en faisant glisser les doigts sur les trous. Dans le Nord, la flûte de concert (*bansuri*) mesure environ 70 cm de long et a une étendue de trois octaves ; elle est beaucoup plus grande et accordée plus bas que la petite *kural* du Sud.

Les hautbois asiatiques, introduits en Inde à la période musulmane, faisaient partie des ensembles *naubat* (hautbois, trompettes et tambours) autrefois utilisés par les princes musulmans et hindous lors des cérémonies. Ils sont maintenant largement répandus comme instruments populaires et traditionnels et servent également lors des mariages et de cérémonies dans les temples. Le *nâgasvaram* de l'Inde du Sud est un gros instrument à la sonorité imposante, considéré comme sacré et joué essentiellement dans les temples. Traditionnellement, il sert à jouer le répertoire classique. Le *shahnaï* ou *sahnaï* de l'Inde du Nord est plus petit et n'a été accepté que récemment pour jouer de la musique classique ; le jeu incomparable de Ustâd Bismillah Khan est devenu célèbre. Sur les deux instruments, on parvient à un style vocal en contrôlant l'anche avec les lèvres et en faisant glisser les doigts sur les trous.

Les cuivres se limitent aux cors courbes et aux trompettes droites et n'interviennent que dans les cérémonies folkloriques et religieuses. La *sankha*, trompette hélicoïdale, est utilisée dans les temples et est consacrée au dieu Vishnou. Ces instruments sont limités aux fondamentales et aux notes des séries harmoniques.

(*c*) *Instruments à percussion.* L'accompagnement à l'aide d'instruments à percussion est indispensable à la musique classique ainsi qu'à de nombreuses formes de musique populaire traditionnelle. Il peut avoir deux objectifs : marquer le temps ou fournir à la mélodie un contrepoint rythmique excitant élaboré et stimulant.

La principale méthode utilisée pour rester en mesure consiste à battre des mains ou à faire des gestes silencieux avec les mains. A cette fin, on utilise également de toutes petites cymbales au son cristallin – les *tâli* – dans certaines danses et dans la musique religieuse, ainsi que dans les ensembles de *nâgasvaram*.

Les autres idiophones utilisés dans la musique classique comprennent le *ghatam* de l'Inde du Sud, simple cruche de terre sur laquelle on frappe avec les doigts, et le *jâla-târanga*, composé de bols en porcelaine frappés avec des baguettes en bois ; il sert d'instrument mélodique.

Les tambours sont les instruments à percussion les plus répandus. Depuis les temps préhistoriques, ils accompagnent, sous diverses formes, presque toutes les sortes de musiques et de danses. De nos jours, deux types de tambours sont principalement utilisés dans la musique classique indienne. Dans le Sud, le *mridanga*, à deux faces horizontales, se compose d'un long cylindre en bois creux taillé d'un seul bloc, avec, à chaque extrémité, une peau tendue qui se compose de trois cercles de peau concentriques. Les peaux sont fixées par des lanières latérales en cuir. La plus petite peau (main droite) est lestée par l'application permanente d'un mélange dur de pâte de riz et de noir de fumée qui abaisse la hauteur de son de la peau et permet de l'accorder à une hauteur précise (généralement la tonique). La peau la plus grande (main gauche) est lestée avant chaque exécution avec une pâte de farine de froment ordinaire et est accordée à une hauteur de son indéterminée, environ une octave au-dessus de la plus petite. Le *pakhâvaj* est un très gros *mridanga* et sert en Inde du Nord à accompagner les chanteurs de *dhrupad*. Dans le Nord, le tambour le plus répandu est le *tablâ*, paire de tambours verticaux à une seule peau ; le plus petit (main droite) est en bois et a la forme d'un cylindre, le plus gros (main gauche) est métallique et a la forme d'une petite timbale. Les peaux sont respectivement accordées à la tonique et à une hauteur de son plus grave, indéterminée ; toutes deux sont chargées d'une large pastille de farine mêlée de poix qui assure la pureté de la note.

Le *mridanga*, le *pakhâvaj* et le *tablâ* sont joués exclusivement avec les mains. D'autres tambours, comme la paire de petites timbales qui accompagne les ensembles de *shahnââ* du Nord (*dukar*, *duggî*), peuvent être frappés avec des baguettes. Le *nâgasvaram* est accompagné au *tavil* , tambour cylindrique dont l'une des peaux est parfois frappée d'une baguette.

Tous ces tambours se caractérisent par l'étonnante variété des sons – aigus, graves, forts, accordés ou indéfinis – que l'on peut obtenir de chaque instrument et de chaque peau en les frappant de manière différente et sur différentes parties de la peau, en utilisant alternativement la grande ou la petite peau, ou les deux simultanément. Chaque son ainsi produit est défini par une onomatopée. L'Inde est certainement le pays dans lequel l'art du tambour a connu l'évolution la plus sensible. La variation kaléidoscopique des sons produit une mélodie rythmique de couleurs sonores que l'on ne retrouve pas dans la musique occidentale. Les batteurs font souvent montre de leur talent dans des exécutions solistes de grande virtuosité.

4. *Gamme, tempérament et ornementation*. Avant l'ère mulsulmane, il y avait deux gammes fondamentales qui ressemblent à peu près au mode dorien (gamme de ré : *Sadjagrâma*) et au mode mixolydien (gamme de sol : *Madhyamagrâma*) européens. De nos jours, l'octave est divisée en douze demi-tons à partir desquels sont formées diverses gammes heptatoniques (sept notes). Si l'on prend do pour équivalent de *sa* (il n'y a pas de diapason fixe en Inde), les noms des douze degrés dans la tradition du Nord de l'Inde sont les suivants :

do	*sa*	fa dièse	*tîvra ma*
ré bémol	*komal re*	sol	*pa*
ré	*suddh re*	la bémol	*komal dha*
mi bémol	*komal ga*	la	*suddh dha*
mi	*suddh ga*	si bémol	*komal ni*
fa	*suddh ma*	si	*suddh ni*

Alors que *sa* et *pa* sont « immuables » (*acal*), les autres notes peuvent être « naturelles » (*suddh*), « bémolisées » (*komal*) ou, dans le cas de *ma*, « diésées » (*tîvra*). Ensemble, les notes « naturelles » forment une gamme majeure.

En Inde du Sud, on considère que les notes « naturelles » sont do, ré bémol, mi double bémol, fa, sol, la bémol, si double bémol. Selon un système de notation, les noms des notes sont les suivants :

do	*sa*		
ré bémol	*ra*		
ré bécarre	*ri*	ou mi double bémol	*ga*
ré dièse	*ru*	ou mi bémol	*gi*
		mi bécarre	*gu*
fa	*ma*		
fa dièse	*mi*		
sol	*pa*		
la bémol	*dha*		
la bécarre	*dhi*	ou si double bémol	*na*
la dièse	*dhu*	ou si bémol	*ni*
		si bécarre	*nu*

De nos jours, on utilise trois types de gammes : les gammes diatoniques,

TABLEAU I

SYSTÈME DES *THÂTA* DE L'INDE DU NORD (D'APRÈS V. N. BHÂTKHANDE)

Kalyâna	do	ré	mi	fa dièse	sol	la	si	do
Bilâval	do	ré	mi	fa bécarre	sol	la	si	do
Khammâja	do	ré	mi	fa	sol	la	si bémol	do
Bhairavî	do	ré bémol	mi	fa	sol	la bémol	si	do
Pûravî	do	ré bémol	mi	fa dièse	sol	la bémol	si	do
Mârvâ	do	ré bémol	mi	fa dièse	sol	la	si	do
Kâfî	do	ré	mi bémol	fa	sol	la	si bémol	do
Asâvarî	do	ré	mi bémol	fa	sol	la bémol	si bémol	do
Bhairava	do	ré bémol	mi bémol	fa	sol	la bémol	si bémol	do
Todî	do	ré bémol	mi bémol	fa dièse	sol	la bémol	si	do

comprenant les modes dorien et mixolydien, qui restent populaires ; des gammes utilisant des secondes augmentées (par exemple, ré bémol-mi, mi bémol-fa dièse, la bémol-si), caractéristiques de la musique perso-arabe ; et des gammes à demi-tons consécutifs (par exemple, do-ré bémol-mi double bémol-fa-... ou do-ré dièse-mi-fa-...), employées uniquement dans le Sud. Dans le Nord, un système de dix gammes ou *thâta* est utilisé pour la classification des *râga* (modes) (Tableau 1), mais ce système n'a été inventé que récemment.

Dans le système plus étendu des modes *melakarta* du Sud, les *mela* proviennent de la combinaison des douze tétracordes du Tableau 2 (*a*) – six avec fa et six avec fa dièse – avec n'importe lequel des six tétracordes indiqués en (*b*) ; on arrive à un total de 72 *mela*.

La structure monodique de la musique indienne, qui donne une plus grande souplesse d'intonation à des fins expressives qu'un système harmonique, et le rôle important joué par l'ornementation permettent difficilement de mesurer ou de définir le tempérament. Contrairement aux Grecs de l'Antiquité, les Indiens de l'Antiquité n'utilisaient pas de rapports mathématiques pour définir les intervalles et ils n'ont connu aucun moyen mécanique pour mesurer la hauteur du son avant l'ère moderne. Les théoriciens anciens divisaient spéculativement l'octave en vingt-deux microtons ou *shruti*, et, en théorie, ce système constitue toujours aujourd'hui la base du tempérament ; toutefois, dans la pratique, on distingue seulement, à l'oreille, les tons entiers et les demi-tons, de taille légèrement variable. Dans une large mesure, le tempérament indien ressemble au tempérament égal occidental, mais la complexité de la situation peut être illustrée par les *râga Darbârî Kanadâ* de l'Inde du Nord, qui utilisent les notes suivantes :

∾ (↑) ∾ (↑)
do, ré, mi bémol, fa, sol, la bémol, si bémol, do

Le mi bémol et le la bémol sont très « bémolisés » (*atikomal*), mais, dans ce *râga*, ces notes sont jouées avec un *vibrato* (*ândolan*) large, lent, ondulant, de telle sorte qu'il est difficile de parler vraiment d'une hauteur de son précise. Si bémol, et dans certaines exécutions fa, peuvent être élevés d'environ un quart de ton lorsqu'ils sont suivis respectivement par do et sol, mais l'intonation précise de ces notes varie d'un instrumentiste à l'autre. Le tempérament est donc affecté par l'ornementation, le contexte mélodique,

TABLEAU 2

SYSTÈME DES *MELA* DE L'INDE DU SUD

(*a*)				(*b*)			
do	ré bémol	mi double bémol	fa/fa dièse	sol	la bémol	si double bémol	do
do	ré bémol	mi bémol	fa/fa dièse	sol	la bémol	si bémol	do
do	ré bemol	mi bécarre	fa/fa dièse	sol	la bémol	si bécarre	do
do	ré bécarre	mi bémol	fa/fa dièse	sol	la bécarre	si bémol	do
do	ré bécarre	mi bécarre	fa/fa dièse	sol	la bécarre	si bécarre	do
do	ré dièse	mi bécarre	fa/fa dièse	sol	la dièse	si bécarre	do

les caractéristiques spécifiques des différents *râga* et l'interprétation.

L'ornementation est un élément essentiel de la musique classique indienne. En plus des ornements spéciaux réservés à des notes particulières dans certains *râga*, il existe d'innombrables types d'ornements, de coulés, de mordants, de vibratos, etc. qui s'appliquent de façon plus générale. C'est essentiellement au moyen de l'ornementation, qui est considérée davantage comme une partie essentielle de la note elle-même que comme une décoration étrangère, que l'instrumentiste cherche à exprimer l'atmosphère des *râga* et ses propres sentiments.

5. *Les origines des râga*. Il est intéressant de comparer les différentes approches de la mélodie qu'avaient les théoriciens grecs et indiens dans l'Antiquité. Alors que les Grecs sont parvenus à des résultats probants dans le domaine de l'acoustique, ils nous ont laissé relativement peu d'informations sur les mélodies réelles et pratiquement aucun exemple sérieux de notation. Par contre, les auteurs de *Nâtyaśâstra* et des textes ultérieurs se sont contentés d'une formulation apparemment imprécise du tempérament (les 22 *Śruti*), mais ont beaucoup insisté sur les caractéristiques mélodiques des modes particuliers, illustrant souvent leur description d'exemples notés. Ils ont été les premiers à reconnaître que, dans toute mélodie, des notes différentes remplissent des fonctions différentes : ils ont identifié ces fonctions par le *graha*, la note de départ, l'*amśa*, la note prédominante ou la plus accentuée, peut-être un genre de centre tonal, le *nyâsa*, la note finale et l'*apanyâsa*, la note finale des parties internes de la mélodie. Ils ont aussi établi une distinction entre les notes fréquentes, les notes peu fréquentes et les notes omises, et ont observé que les notes les plus aiguës et les plus graves d'une mélodie se trouvaient à des distances fixes de l'*amśa*.

La première démarche tendant à formuler ces observations en un système cohérent a consisté à classer les mélodies en groupes modaux ou *jâti* (terme qui désigne également un groupe social ou une caste). Pour chaque groupe, une note particulière était spécifiée comme *nyâsa* (finale). Il y avait donc sept *jâti* de base dont chacun avait comme note finale un degré différent de la gamme. Si le *graha*, l'*amśa* et l'*apanyâsa* étaient identiques à la note finale et si aucune note n'était omise, la mélodie était dite « pure » (*śuddha*) ; mais on pouvait aussi avoir des mélodies « déviantes » (*vikrta*) dans lesquelles d'autres notes que la note finale fonctionnaient comme *amśa*, *graha*, etc. et dans lesquelles une ou deux notes pouvaient être omises. Il y avait donc un nombre considérable de possibilités au sein de chaque groupe modal.

Aux sept *jâti* de base se sont ajoutés neuf autres *jâti* « mixtes » (*samkïrna*), incorporant ainsi au système des mélodies qui combinent les caractéristiques de deux *jâti* de base ou même davantage. A en juger par leurs noms, certains de ces *jâti* étaient d'origine populaire, ou tout au moins provinciale (comme *Sadjodîcyavâ*, « Sadia du Nord » ; *Andhrî*, « d'Andhra »). Les modes mixtes et les modes d'origine *deśî* continuent à apparaître dans les systèmes ultérieurs et modernes.

Un autre élément durable du système modal ancien est l'attribution à chaque *jâti* d'un mode esthétique ou « parfum » (*rasa*). La théorie esthétique indienne distingue huit *rasa* : amour, courage, répugnance, colère, joie, terreur, pitié et surprise ; dans le drame, le *rasa* évoqué qui correspondait à chaque situation se reflétait dans le choix des *jâti* pour la musique d'accompagnement.

Le système des *râga*, dont la première description a paru dans le *Brhaddeśî* (? VIIIe siècle), diffère du premier système de *jâti*, car à chaque mode ou *râga* ne correspond qu'une seule série de caractéristiques imposées : par exemple, une note donnée peut être prescrite comme *amśa* au lieu des alternatives *vikrta* autorisées dans le système des *jâti*. Parmi les autres caractéristiques indiquées figurent les notes fréquentes, peu fréquentes et omises, les ornements spéciaux, les séquences de notes typiques, etc. En conséquence, la même gamme de base pouvait donner lieu à un grand nombre de *râga* différents, une distinction subtile les différenciant les uns des autres. Alors qu'il n'y avait que 18 *jâti*, le *Sangîtaratnâkara* (XIIIe siècle) dresse une liste de plus de 200 *râga* et le nombre de ceux qui sont couramment utilisés aujourd'hui doit être du même ordre.

Le terme *râga* (« passion » ou « sentiment ») implique que chaque *râga* a une expression distincte ainsi qu'une caractéristique musicale spécifique. Ce caractère esthétique et musical fortement individualisé de chaque *râga* (presque une personnalité propre) se reflétait dans l'attribution d'une divinité particulière à chacun d'entre eux, d'un sentiment précis (*rasa*), d'un rôle spécifique dans la musique dramatique, d'un moment donné du jour, d'une saison de l'année ou d'une fête religieuse à laquelle le *râga* devait être exécuté. La même idée est peut-être à l'origine des traditions du *râga-dhyâna* (courts poèmes dépeignant une divinité, une personne ou un tableau soi-disant évoqués par le *râga*) et du *râga-mâlâ* (recueil de peintures miniatures dépeignant des scènes analogues). Un grand nombre de miniatures *râga-mâlâ* des XVIe et XVIIe siècles ont survécu ; ce sont souvent des chefs-d'œuvre artistiques, mais il est impossible d'établir le moindre lien direct avec les éléments musicaux des *râga* dépeints. L'association de chaque *râga* à une heure particulière du jour ou à un moment spécifique d'une saison est encore très forte en Inde du Nord, où un *râga* n'est joué qu'au moment auquel il correspond ; cette tradition est presque totalement tombée en désuétude dans le Sud.

Alors que, dans les *jâti*, les notes finales et prédominantes étaient souvent différentes les unes des autres, le système des *râga* fait apparaître un processus de simplification progressif qui fait de l'*amśa* la note finale de tous les *râga*, renforçant ainsi son rôle de centre tonal. Dès le XVe siècle, tous les *râga* avaient été transposés pour que leur *amśa* « tonique » tombe sur la note *sa*, la première note de la gamme. Les *râga* modernes répondent au même principe : la tonique *sa* est renforcée d'un bout à l'autre de l'exécution par un accompagnement de bourdon (généralement joué sur le *tambûrâ*).

Le développement de la mélodie appelée *âlâpa* (« discours ») est également lié au concept de *râga* ; elle avait pour but d'énoncer clairement et systématiquement les diverses caractéristiques des *râga* qui devaient être exécutés. Des mélodies de ce genre, sans paroles et en rythme libre, sont utilisées dans les textes théoriques anciens pour illustrer les *râga* décrits ; de nos jours l'*âlâpa* sert souvent de véhicule pour exposer et développer les matériels mélodiques des *râga* choisis. L'Ex. 1*a* reproduit un extrait d'*âlâpa* et une composition vocale dans le *râga Hindola* antique, paru dans le *Sangîtaratnâkara*. Dans ce *râga*, *sa* (transcrit « do ») est la tonique *amśâ*, ré et la sont omis. Il s'agit d'un *râga* du soir auquel préside Kâma, dieu de l'amour, et qui produit le *rasa* de l'amour ; *Hindola* est traditionnellement personnifié en poésie et en peinture comme un jeune homme brun qui ressemble à Krishna et folâtre sur une balançoire (*Hindola*) entouré d'admiratrices. Les deux *râga* modernes du même nom diffèrent du prototype par leur structure musicale ; l'Ex. 1*b* reproduit des formes simples de *râga Hindola* modernes.

6. *Les râga modernes*. Si les détails musicaux ont changé, on retrouve les caractéristiques générales et la plupart des noms des premiers *râga* dans leurs descendants modernes. L'Ex. 2 montre le profil ascendant et descendant de trois *râga* du Nord, qui utilisent tous l'échelle des *kâfi* et l'accompagnement en bourdon ; il comprend la tonique et la quinte, ou la tonique et la quarte lorsque (comme dans *Bâgeśrî*, Ex. 2*c*) la quinte est faible ou ne figure pas dans le *râga*.

Les éléments suivants aident à distinguer les *râga* les uns des autres et de la gamme de base non différenciée :

1. *Vâdî*, la note la plus accentuée du *râga*, dans laquelle réside son génie particulier (marquée ⌒ dans l'Ex. 2).

2. *Samvâdî*, la seconde note la plus accentuée, généralement située à la quarte juste ou à la quinte du *vâdî* (marquée ◡ dans l'Ex. 2).

3. Notes peu fréquentes (*alpa*), souvent réservées à des contextes mélodiques particuliers ; elles comprennent des accidents comme si bécarre au lieu de si bémol (∨ dans l'Ex. 2).

4. Notes omises (*lopya*) : une note peut être totalement omise (dans les *râga* hexatoniques et pentatoniques) ou seulement omise dans la montée mais présente dans la descente (ou inversement). Ainsi mi bémol est omis dans la montée dans *Mîyân kî Malhâr* (Ex. 2*a*), mais présent dans la descente ; il en est de même de ré et de sol dans *Bâgeśrî* où, toutefois, le sol est rare, même dans la descente. Mi bémol et si bémol peuvent être omis dans la ligne ascendante du *kâfi* mais ce n'est pas obligatoire.

5. *Vakra*, mouvement mélodique dans

Ex. 1

lequel l'ordre des notes de la gamme est évité ; particulièrement caractéristique de *Mîyân kî Malhâr* (Ex. 2*a*) (⌐—¬ dans l'Ex. 2).

6. Ornementation (gamaka). Dans *Mîyân kî Malhâr*, mi bémol est approché par un *glissando* partant de fa, répété plusieurs fois lentement, procédé particulier à ce *râga*. Dans *Bâgeśrî*, mi bémol et si bémol sont ornementés de la même façon, mais avec un vibrato plus profond et moins lourdement souligné.

Il est évident qu'une liste d'éléments de ce genre ne permet pas de rendre justice

Ex. 2

à l'unité et à l'expression unique produites par un *râga* lorsqu'il est bien exécuté. L'Ex. 3*a* reproduit un extrait de mélodie (telle qu'elle est notée et exécutée) en *râga Mîyân kî Malhâr* et montre comment les éléments résumés dans l'Ex. 3*a* peuvent être réalisés en pratique. Ce *râga*, attribué à Mîyân Tânsen, est associé à la saison des pluies – selon des conventions littéraires, c'est un temps de séparation et de désir insatisfait – et a donc une atmosphère assez sombre. Il est utilisé dans les styles sérieux du *dhrupad, khyâl,* etc. Le *kâfi* (Ex. 3*b*) est un *râga* légèrement romantique de minuit ; il n'a pas de conventions mélodiques strictes à respecter (il est souvent mélangé à d'autres *râga*) et n'est utilisé que dans les genres plus légers du *thumbrî*, du *dhun*, etc. (le *dhun* est illustré dans l'Ex. 3*b*). Le *bâgeśri* est également un *râga* de minuit, mais d'expression plus profondément passionnée ; il est donc utilisé dans les styles plus sérieux (une partie d'un *âlâp* de ce *râga* figure dans l'Ex. 3*c*).

7. *Rythme et tâla.* Le rythme peut être mesuré ou non. L'*âlâp* improvisé, ou *âlâpanam*, avec lequel débute une exécution n'est pas mesuré, bien qu'il acquière une pulsation régulière dans la partie *jor* ou *tânam*. Les compositions fixes et leurs variations improvisées sont exécutées en rythme mesuré, selon un schéma rythmique particulier appelé *tâla*.

Alors que le *rubato* est prédominant dans le rythme non mesuré, il n'existe pas dans le rythme mesuré : en Inde du Nord, le tempo peut s'accélérer progressivement au cours d'une exécution, mais dans le Sud aucune fluctuation n'est autorisée. Dans le Nord, le soliste peut improviser en *tempo rubato* alors que le *tâla* est maintenu strictement dans l'accompagnement de tambour, mais, dans le Sud, la variété provient de contre-rythmes complexes et animés.

Le rythme mesuré s'exprime en termes de temps disposés à intervalles égaux (*mâtrâ*) : l'intervalle entre les temps détermine le tempo (*laya*). Une note peut être soutenue pendant plus d'un temps, et un temps peut être divisé en deux notes plus courtes ou davantage. Le nombre de temps dans la mesure (*âvârta*) est déterminé par le schéma rythmique (*tâla*) qui peut comporter de quatre à seize temps (rarement plus) par mesure. Pour conserver la mesure (en cas de nécessité avec les mains), les temps de chaque mesure sont comptés par groupes de deux ou davantage, un battement de mains ou un geste silencieux de la main marquant le premier temps de chaque groupe.

Le premier temps de la mesure, appelé *sam*, est le plus accentué ; il sert à la fois de début d'une nouvelle mesure et de point culminant de la mesure précédente ; l'exécution doit se terminer sur ce temps. La disposition asymétrique des frappes dans le *Tîntâl* est caractéristique, comme on peut le voir sur la liste de *tâla* ci-après (Tableaux 3 et 4). Toutefois, les mouvements de la main n'impliquent pas d'accent. En dehors du *sam*, qui est généralement accentué, les accents peuvent tomber n'importe où dans la mesure.

(*a*) *Rāga: Mīyān kī Malhār*; *tāla*: *Jhaptāl*; tempo: *Madhya laya*. *Khyāl* **(début)**

I . Notation du chanteur
II . Exécution

(b) *Râga: Kâfi; tâla: Rûpak;* **tempo:** *Drut laya. Dhun (sitâr)*

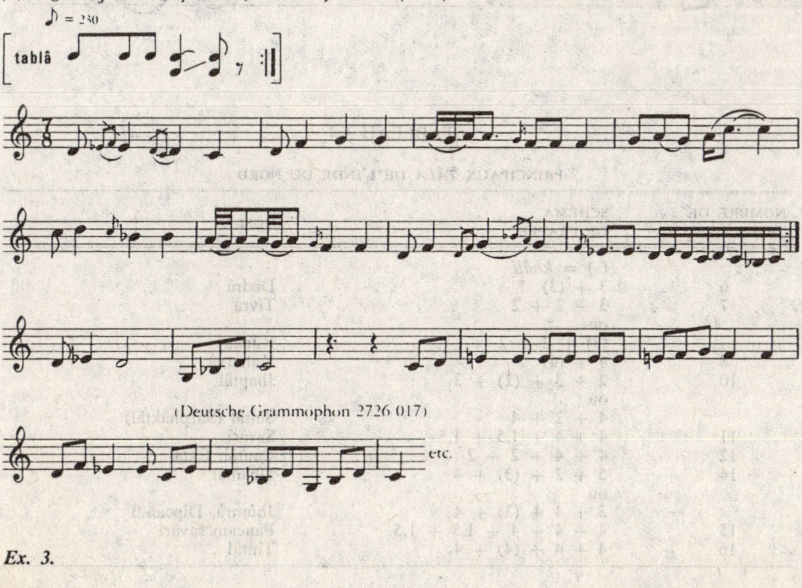

Ex. 3.

(c) *Râga: Bâgesri. Âlâp* vocal en style *dhrupad* (extrait)

TABLEAU 3

PRINCIPAUX *TÂLA* DE L'INDE DU NORD

NOMBRE DE TEMPS	SCHÉMA DE FRAPPE	NOM
	( ) = *khâlî*	
6	3 + (3)	Dâdrâ
7	3 + 2 + 2	Tîvrâ
	ou	
	(3) + 2 + 2	Rûpak
8	4 + (4)	Kaharvâ
10	2 + 3 + (2) + 3	Jhaptâl
	ou	
	4 + 2 + 4	Sûltâl (Sûrphâktâl)
11	4 + 4 + 1,5 + 1,5	Savârî
12	4 + 4 + 2 + 2	Cautâl, Ektâl
14	5 + 2 + (3) + 4	Dhamâr
	ou	
	3 + 4 + (3) + 4	Jhûmrâ, Dîpcandî
15	4 + 4 + 4 + 1,5 + 1,5	Pancam savârî
16	4 + 4 + (4) + 4	Tîntâl

TABLEAU 4
PRINCIPAUX *TÂLA* D'INDE DU SUD

NOMBRE DE TEMPS	SCHÉMA DE FRAPPE	NOM
4	4	Eka
6	2 + 4	Rûpaka
7	3 + 2 + 2	Triputa, Misra Caapu
8	4 + 2 + 2	âdi
10	7 + 1 + 2	Jhampa
	ou	
	4 +2 + 4	Matya
14	4 + 2 + 4 + 4	Dhruva
	ou	
	5 + 5 + 2 + 2	Âtâ

L'accompagnement au *tablâ*, au *mridanga* ou sur d'autres instruments à percussion est un élément indispensable de la musique mesurée. Dans le Nord, le tambour a en partie pour fonction de conserver la mesure au moyen d'un schéma de battements de tambour *ostinato* répétés pendant une mesure (*thekâ*). Dans le Sud, l'instrumentiste suit de près le rythme du soliste et doit donc bien connaître le répertoire vocal. Toutefois, si l'occasion s'en présente, n'importe quel batteur peut jouer des variations très rapides fournissant un contrepoint rythmique complexe à la mélodie du soliste. Les solos de tambours sont fréquents.

8. *Forme*. Une exécution prolongée d'un *râga* comprend normalement à la fois de la musique composée et de la musique improvisée ; la tradition détermine dans une large mesure la forme des mélodies composées et les méthodes d'improvisation. Les compositions, qui comprennent la mélodie et le texte, peuvent être le fruit de la création de l'interprète lui-même ou d'un maître antérieur et ne varient pas subtantiellement d'une exécution à l'autre. L'improvisation est une occasion de fournir une interprétation personnelle des *râga* et exprime le sentiment du moment dans une plus large mesure que ne le permet la musique occidentale. L'interprète base son improvisation sur des techniques et des formules qu'une longue expérience a rendues instinctives.

S'il existe certaines différences entre les diverses traditions du Nord et du Sud, la plupart des exécutions comportent deux phases : tout d'abord, un prélude improvisé (*âlâp* ou *âlâpanam*) de tempo libre, dont le but est d'exposer et de développer les caractéristiques du *râga* choisi ainsi que d'établir son atmosphère ; en second lieu, une composition traditionnelle en *râga* et en *tâla*, avec accompagnement de percussion, suivie d'une improvisation sur le *râga* et le *tâla*, prenant la composition (ou sa première phrase) comme thème à la façon du rondo.

(*a*) *Inde du Nord*. Dans la musique vocale de l'Inde du Nord, il existe plusieurs genres distincts dont chacun est lié à une forme spécifique, à une méthode d'improvisation, à un style d'ornementation et à des *tâla* particuliers ; la plupart des artistes se spécialisent dans un genre ou dans un autre. Le genre le plus ancien, rare de nos jours, est le *dhrupad* (du sanskrit *dhruva*, « refrain », et *pada*, « chant »), qui représente un style de musique de cour hindo-musulmane développé du XVe au XVIIe siècle. La structure d'une exécution de *dhrupad* est étroitement apparentée à celle du *khyâl* et du *kriti* de l'Inde du Sud. Le *dhrupad* type est un chant religieux ou philosophique, en deux ou quatre sections, qui comporte un refrain, normalement en *Cautâl* lent. Les différentes sections sont : le *sthâyî*, où la mélodie est confinée à l'octave médiane et accentue la tonique inférieure ; l'*antarâ*, où la mélodie évolue à un registre plus élevé que le *sthâyî* et accentue la tonique supérieure ; le *samcârî*, où la mélodie retourne à l'octave médiane et accentue la quinte ; et l'*âbhog*, qui répète la mélodie de l'*antarâ*. La première phrase (*mukhrâ*) ou la totalité du *sthâyî* est répétée comme un refrain après les sections 1, 2 et 4 et de temps à autre au cours des improvisations qui suivent. Dans de nombreuses compositions, les deux dernières sont supprimées, car, dans la musique de l'Inde du Nord, on insiste davantage sur l'improvisation créatrice que sur les pièces écrites. Les compositions en *Dhamâr tâl*, *Jhaptâl* et autres *tâla* ne comportent en général que deux sections et leur tempo est plus rapide.

Dans les compositions *dhrupad*, il n'y a généralement qu'une note par temps, parfois subdivisée en deux, et la mélodie se déroule dans un style imposant, sans fioritures rapides. Les exécutions de *dhrupad* sont toujours accompagnées sur le majestueux *pakhâvaj*, jamais sur le *tablâ* à la sonorité plus légère. Le chant est normalement introduit par un long *âlâp*, dans lequel tous les aspects du *râga* sont entièrement développés (comme dans l'Ex. 4*c*). En partant de la tonique, le chanteur commence par improviser à l'octave inférieure, en descendant aussi bas que la tessiture de sa voix le lui permet (les chanteurs de *dhrupad* sont essentiellement des hommes). Revenant à la tonique, il soumet chaque note de l'octave médiane à un développement élaboré et atteint finalement la tonique supérieure, le sommet de l'*âlâp*. Quelques notes à l'octave supérieure peuvent être rapidement introduites avant de revenir une nouvelle fois à la tonique inférieure. Vient ensuite une phase transitoire (*jor*) au cours de laquelle le profil de l'*âlâp* est répété, mais avec une pulsation rythmique non mesurée. Le *jor* – ou *nom tom*, ainsi qu'on l'appelle selon les syllabes non lexicales qui servent à aider l'articulation – peut être chanté dans plusieurs tempos, de plus en plus rapidement, et il se caractérise par des notes répétées qui reproduisent en termes vocaux le style des instruments à cordes pincées. La composition est alors exécutée sur un accompagnement de *pakhâvaj* et suivie de variations ou « divisions » (*bât*). Celles-ci comprennent une diminution stricte de la composition – qui peut être exécutée à la moitié (*dugun*), au tiers (*tigun*) ou au quart (*caugun*) de la vitesse originale – et des phrases improvisées en contre-rythmes à la vitesse *caugun* sur les paroles du chant. Le chanteur et le batteur improvisent simultanément, mais leur improvisation doit coïncider de temps en temps sur le *sam* ; cette partie de l'exécution présente un intérêt entièrement rythmique, les matériels mélodiques du *râga* ayant été entièrement développés dans l'*âlâp* du début.

L'exécution du *dhrupad* exige une grande discipline intellectuelle et vocale de la part de l'interprète et n'attire pas un public considérable en Inde aujourd'hui ; rares sont les chanteurs qui le pratiquent, bien qu'il connaisse une certaine renaissance depuis quelques années. Le *khyâl* (du persan *khayal*, « fantaisie ») donne plus libre cours à l'imagination ; ce genre s'est développé à partir du *dhrupad* au XVIIIe et au XIXe siècle : il fait appel à un style plus fleuri et à une technique vocale plus agile (Ex. 4*a*). La composition *khyâl* comprend le *sthâyî* et l'*antarâ*, avec refrain (*mukhrâ*), généralement appliquée aux *Tîntâl*, *Ektâl*, *Jhûmrâ tâl* ou *Jhaptâl* et accompagnée au *tablâ*. A l'origine, les ingrédients du *khyâl* étaient probablement la composition elle-même, suivie de passages *coloratura* très rapides (*tân*). C'est encore le modèle du *khyâl* à tempo rapide mais, depuis le début du XXe siècle, un style de *khyâl* très lent s'est développé, rappelant le *dhrupad* mais ornementé de façon plus élaborée, dans lequel on peut insérer le développement et les variations rythmiques du *râga* de type *âlâp* entre la composition et les *tân* de conclusion. Ainsi, en reprenant l'improvisation mélodique et rythmique plus abstraite du *dhrupad*, le *khyâl* a réussi à supplanter presque complètement le *dhrupad* comme style « classique » de musique vocale. Un *khyâl* lent ou *barâ* (« grand ») *khyâl* est généralement suivi d'un *khyâl* rapide ou *chotâ* (« petit ») *khyâl* dans le même *râga* ; les textes des deux compositions sont souvent apparentés. Le *khyâl* associe parfois le développement profond du *râga*, tel qu'on le trouve dans le *dhrupad*, à un génie romantique plus sensuel et à une technique vocale extrêmement subtile, bien que l'animation rythmique du *dhrupad* lui fasse souvent défaut.

Le *thûmrî* est un genre classique léger dérivé du chant et de la danse des courtisanes au XIXe siècle. Le chanteur improvise sur chaque ligne du chant et cherche à exprimer les sentiments tendres et romantiques du poème par des fioritures délicates. Seuls sont utilisés les *râga* les moins profonds avec généralement comme *tâla* le *Tîntâl*, le *Dîpcandî* ou le *Dâdrâ*. Le *tappâ* est une forme vocale musulmane intéressante par son ornementation extrêmement élaborée. Dans le *tarânâ*, genre où les syllabes non lexicales ou les syllabes de tambour remplacent le texte, l'accent est mis sur le rythme animé.

L'exécution instrumentale ressemble généralement à celle du *dhrupad* et commence par l'*âlâp* et le *jor*. Sur les instruments à cordes pincées, ils peuvent être suivis du *jhâlâ*, un *jor* très rapide, dominé par la frappe rythmique des cordes de bourdon. Le *gat* (« composition ») qui suit peut ne comporter qu'une ou deux mesures ou bien ressembler à une courte composition *khyâl*. Le terme *gat* se réfère à un schéma rythmique simple, comme le *masîtkhânî gat*, sur lequel ont été composées des mélodies dans différents *râga*. La mélodie du *gat* fonctionne comme un thème de rondo, répétée entre des épisodes improvisés ; ces épisodes se caractérisent par des passages de plus en plus complexes (*toda*) qui ressemblent aux *tân* du *khyâl* et par des contre-rythmes excitants. L'exécution peut se terminer avec un second *jhâlâ*, dont le *sawâl-jawâb* (« question-et-réponse »), dans lequel le soliste et le batteur échangent de courtes phrases, est devenu un élément populaire au cours de ces dernières années. Le *gat* est accompagné au *tablâ* (occasionnellement au *pakhâvaj*).

Les instrumentistes jouent aussi dans le style *thûmrî* ou dans le style de la mélodie traditionnelle (*dhun*) ; dans ces styles, les règles strictes du *râga* n'ont pas besoin d'être observées et on peut entendre un certain degré de modulation modale (comme dans l'Ex. 4*b*).

(*b*) *Inde du Sud*. En Inde du Sud, on accorde davantage d'importance à l'exécution des morceaux écrits et en conséquence aux compositeurs de chansons particulières. La majorité des œuvres de concert sont dues au saint compositeur Tyâgarâja (1767-1847), à ses contemporains Muttusvâmi Dîksitar et Syâma Sâstrî et à divers compositeurs qui suivirent. Elles sont toutes écrites sur des textes religieux, à l'exception de *tillâna* et de *jâvali*.

Le *kîrtanam* et le *kriti* classiques ressemblent à la composition du *dhrupad* par leur structure : les sections principales s'appellent *pallavi* (l'équivalent du *sthâyî* du *dhrupad*), *anupallavi* (= *antarâ*) et *caranam* (= *samcârî* plus *âbhog*). Le *kriti* se caractérise par la répétition de lignes individuelles avec des variations composées (*samgati*) : ces variations peuvent jaillir de la plume du compositeur ou être ajoutées par des artistes ultérieurs.

Les exécutions développées de *kriti* ressemblent également par leur plan à celles du *dhrupad*. Elles commencent par un *âlâpanam* improvisé, généralement plus court que l'*âlâp* du Nord mais de contour identique ; vient ensuite le *tânam* (ou *madhyakâla*), l'équivalent du *jor*, dans lequel est introduite une pulsation non mesurée. Le *jhâlâ* rapide n'a pas d'équivalent en Inde du Sud. Le tempo de la composition est généralement moyen ou rapide et celle-ci peut être suivie, comme dans le *dhrupad*, d'une augmentation ou d'une diminution stricte (*anuloma*). Puis vient une improvisation libre : dans le *niraval*, les paroles reçoivent de nouvelles phrases mélodiques mais leur rythme original est préservé ; dans le *svarakalpana*, des phrases de plus en plus longues d'une, deux, quatre, huit mesures, etc. sont improvisées.

En Inde du Sud, le morceau central d'un programme de concert est le *râgamtânam-pallavi*, fantaisie élaborée dans laquelle un court refrain (*pallavi*) prend la place d'un long *kriti* ; les instrumentistes déploient tout leur talent dans une improvisation mélodique et rythmique. Ce genre provient de concours de musique dans lesquels il était coutumier que chaque concurrent fournisse un thème *pallavi* compliqué comme base de l'improvisation de son rival. Le plan d'exécution est le même que celui d'un long *kriti*, mais il peut se terminer par une longue cadence (*tâni âvârtanam*) de *mridanga* par l'accompagnateur.

Plusieurs autres genres d'Inde du Sud ressemblent au *kriti* sur le plan formel. Le *varnam* est une composition substantielle avec des variations très diverses ; il est souvent joué au début d'un concert. Le *padam* est une composition au tempo lent sur des thèmes romantiques et religieux – mais néanmoins essentiellement religieux, qui ressemble au *thûmrî* du Nord. Le *varnam* et le *padam* servent à accompagner la danse classique et sont également joués en concert. Les *gîtas* sont des chansons de structure rythmique et formelle simple utilisées pour l'enseignement. Le *tillâna* et le *jâtisvaram* sont des compositions de danse dans lesquelles les syllabes de tambour et de solmisation servent de texte. Le *jâvali* est une chanson d'amour d'une veine plus légère.

Les instruments de l'Inde du Sud n'ont pas de répertoire spécifique, mais jouent des compositions vocales et adoptent des techniques vocales d'improvisation. Le *nâgasvaram* fait exception ; il possède un répertoire de petites mélodies sans texte proche du *gat* du Nord. Le *tânam* est le langage caractéristique du *vinâ* qui, comme le *jor* du Nord, est imité par d'autres instruments et par la voix.

Dans la musique indienne, la nature de l'improvisation présente un intérêt indéniable pour les musicologues occidentaux car il n'existe rien de comparable dans la musique occidentale ; néanmoins, elle reste encore mal comprise. L'improvisation n'est pas enseignée de façon formelle, et ne peut être apprise qu'intuitivement par l'étudiant qui écoute inlassablement le professeur. Des compositions comme les *tâla* sont cycliques car elles retournent à leur propre point de départ. L'exécution complète d'un *râga*, dans lequel la composition ne constitue qu'un seul élément, comprend une suite de sections où le *râga* est développé dans des styles, des tempos et des rythmes différents. En règle générale, un tempo lent est suivi d'un tempo rapide et un rythme rapide et libre (dans l'*âlâp*) tour à tour d'un rythme non mesuré (dans le *jor/tânam*) puis mesuré (dans la composition et l'improvisation qui la suit). Le développement mélodique intensif du *râga* au début de l'exécution est contrebalancé par l'importance accordée au rythme et à la démonstration technique en fin d'exécution, la composition elle-même occupant une position centrale (sauf dans le *khyâl*, où elle occupe la première place). Ainsi la musique composée et la musique improvisée s'unissent pour former un ensemble équilibré.

D. R. Widdess.

BIBLIOGRAPHIE : Alain Danielou, *Musique de l'Inde du Nord*, Buchet-Chastel (Paris, 1966). Alain Danielou et N. R. Bhatt, *Le Gitalamkara*, Institut français d'indologie (Pondichéry, 1959). Mireille Helffer, *La Musique, science de l'homme (Inde, pays himalayens et Tibet, péninsule indochinoise, Indonésie et Océanie, Australie et îles océaniennes)*, Larousse (Paris, 1965). Patrick Montal, *Hindusthani Raga Sangita*, CEMO/ CNRS (Paris, 1987). Ravi Shankar, *Musique, ma vie*, Stock (Paris, 1970).

Indebolendo (ital.). « En s'affaiblissant ».

Indeciso (ital.). « Indécis », « incertain ».

Indes galantes, Les. Opéra-ballet en un prologue et quatre entrées de Rameau sur un livret de Louis Fuzelier. Créé avec trois entrées à l'Opéra de Paris le 23 août 1735 et avec quatre entrées le 10 mars 1736. Chaque entrée raconte une histoire d'amour d'une partie différente du monde : (1) *Le Turc généreux* ; (2) *Les Incas du Pérou* ; (3) *Les Fleurs, feste persane* et (4) *Les Sauvages*.

BIBLIOGRAPHIE : *Les Indes galantes*, L'Avant-Scène-Opéra nº 46 (Paris, 1982).

India, Sigismondo d' (Palerme, vers 1582 ; ? Modène, avant 1629). Compositeur italien. L'origine de son nom, peu courant, est inconnue ; on suppose qu'India était peut-être un village près de Palerme, mais on n'en trouve trace sur aucune carte. En 1606, d'India est à Mantoue, où il est fort probable qu'il a rencontré Monteverdi ; entre 1608 et 1611, il séjourne à Florence, Rome, Naples, Parme et Piacenza. Il est nommé « maître de la musique de chambre » du duc de Savoie, Charles-Emmanuel Ier, à Turin en 1611, puis, à la suite de commérages malveillants, il part pour la cour d'Este, à Modène, en 1623. L'année suivante, il se rend à Rome, où son opéra sacré *Sant' Eustachio* est représenté au palais du cardinal Maurice de Savoie, puis retourne à Modène où il est sans doute mort, à moins qu'il n'ait accepté un poste que lui offrait Maximilien Ier à la cour de Bavière.

Il a composé des chansons monodiques et des madrigaux où il utilise avec habileté la dissonance et la mélodie aux contours angulaires ; on les a comparés aux madrigaux de Gesualdo. Sa musique vocale profane, monodique et polyphonique, figure essentiellement dans cinq volumes de *Musiche* (Milan, Venise, 1609-23) et dix volumes de madrigaux et villanelles (Milan, Naples, Venise, Rome, 1606-24).

Indian Queen, The (« La Reine indienne »). Opéra en cinq actes de Purcell sur un texte de Dryden et R. Howard qui traite de la rivalité entre Mexicains et Péruviens. Le masque final est de Daniel Purcell. Créé à Londres en 1695.

Indicatif musical. A l'origine, toute musique adoptée par un interprète de variétés comme moyen d'identification. Dans les années vingt et trente, les orchestres de danse et de musique légère utilisaient souvent un indicatif lorsqu'ils participaient à des émissions radiodiffusées, généralement joué en fin de programme (parfois au début) comme une sorte de message adressé aux auditeurs. Les entrées des interprètes se faisaient aussi généralement sur un indicatif.

Depuis les années quarante et cinquante, les indicatifs musicaux sont de plus en plus liés à des émissions de radio et de télévision régulières ou à des films et concernent moins des interprètes individuels. Ils se composent souvent de thèmes célèbres de variétés, d'arrangements ou de réorchestrations de thèmes classiques ; ils sont aussi parfois composés spécialement. Ces indicatifs touchent un très vaste auditoire et certains airs jouissent d'une célébrité qu'ils n'auraient peut-être jamais connue autrement ; ils finissent souvent par acquérir une popularité totalement indépendante des émissions auxquelles ils servaient d'indicatif.

Indonésie

1. Introduction
2. Gamelan javanais
3. Gamelan balinais
4. Gamelan sundanais
5. Gamelan en Occident.

1. *Introduction.* L'Indonésie est un univers musical complet qui va des répertoires tribaux rituels aux compositions électroniques les plus modernes. Cette diversité culturelle est le reflet d'une nation qui compte plus de 3 000 îles habitées et s'étend sur plus de 5 500 km de Sumatra, à l'ouest, à Irian Jaya, à l'est. La population (150 millions d'habitants) comprend plus de trois cents groupes culturels et presque autant de langues.

La position géographique de l'Indonésie a joué un rôle important dans son développement culturel et historique. Les vagues de migration successives et les influences culturelles de l'Asie du Sud-Est et des routes maritimes vers l'Inde ont été absorbées. Le syncrétisme de la population indigène se traduit dans des éléments hindous, islamiques et occidentaux qui se retrouvent dans de nombreux aspects de la religion, de la littérature, du drame, de la danse et de la musique. Toutefois, la grande tradition musicale indonésienne du gamelan semble presque entièrement indigène.

Gamelan est un terme générique qui désigne un ensemble d'instruments comportant avant tout des gongs accordés, des jeux de gongs et des métallophones. Ces instruments sont antérieurs aux grands royaumes hindo-bouddhistes du VIIe siècle. L'art de les forger dans le bronze s'est développé à Java, où il est encore considéré comme une profession extrêmement respectée et hautement spécialisée. Les gongs et les jeux de gongs de ce type étaient exportés dans d'autres parties de l'Asie du Sud-Est où ils sont utilisés dans la tradition des pratiques musicales locales (Birmanie, Thaïlande, Malaisie et Philippines). A Java, ils ont donné lieu à un art raffiné et sophistiqué à la cour des royaumes hindo-javanais du Moyen Age.

Les traditions dominantes du gamelan du centre de Java, de Sunda (Java ouest) et de Bali sont toutes dérivées de ces ancêtres communs ce qui explique les similitudes d'accords, d'organisation musicale et d'exécution, alors que leur évolution séparée depuis lors a débouché sur des styles aujourd'hui distincts.

Les principaux gamelans de Java et de Bali sont ceux que peuvent découvrir le plus souvent les auditeurs occidentaux. Toutefois, le touriste qui parcourt l'Indonésie est frappé par un éventail de musique beaucoup plus varié, qui va des nombreux styles de gamelans à la musique populaire des villes et à la musique « pop » (radios et cassettes), en passant par la musique traditionnelle de Java, Sumatra, Kalimantan, Sulawesi et des autres îles. La musique classique occidentale est reconnue, mais l'influence occidentale dominante est celle des chansons « pop ». On décèle aussi une influence européenne plus ancienne dans le *kroncong*, genre populaire dont les mélodies seraient issues de chants de marins portugais du XVIe siècle. La musique de film indienne a laissé sa marque, par exemple dans le style populaire du *dangdut*. On trouve d'innombrables hybrides musicaux : par exemple, dans le *gandrung banyuwangi*, ensemble de l'est de Java qui utilise à la fois les gongs et les violons, et dans les *angkloungs* (« carillons de cloches tubulaires »), à l'origine une musique traditionnelle de Sunda, qui est aujourd'hui très répandue dans les écoles et a même gagné l'Australie.

2. *Gamelan javanais.* Dans les cours royales javanaises, il existait deux principaux types d'orchestres : l'ensemble puissant, destiné aux exécutions en plein air, et l'ensemble doux, étroitement lié au *tembang* (musique vocale) javanais, pour la musique d'intérieur. Les ensembles les plus anciens du premier type, *gamelan munggang* et *kodok ngorek*, existent encore dans les *kraton* (palais royaux) du centre de Java et sont considérés comme des souvenirs de famille sacrés. La pratique javanaise moderne du gamelan date environ du XVIIe siècle ; les deux styles commençaient à se mélanger progressivement.

Bien qu'il soit parvenu à son plus haut niveau de raffinement dans les villes javanaises de Surakarta et de Yogyakarta (chacune avec son style distinctif), le gamelan et la tradition vocale qui y est liée ont connu une histoire parallèle, plus humble, dans les villages. Les villages pauvres, qui n'avaient pas les moyens de s'offrir des instruments en bronze ou des cadres en bois merveilleusement sculptés, possèdent des gamelans en cuivre, en fer ou même en bambou. C'est la raison pour laquelle la musique des gamelans est encore très populaire à Java, où elle intervient aussi bien dans des réunions sociales, à l'occasion des mariages, dans les écoles, au théâtre, dans les salles de village, chez les particuliers, dans les théâtres d'ombres, au concert, pour accompagner la danse, qu'à la radio, à la télévision ou sur cassette enregistrée.

La période qui a suivi l'indépendance (1945) a vu s'opérer de nombreux changements, certains jeunes musiciens s'efforçant consciemment d'adapter la tradition à l'évolution de la société indonésienne. L'urbanisation, l'occidentalisation et les moyens de communication modernes ont eu un effet décisif, par exemple, sur la disparition ou l'affaiblissement de nombreux styles et variantes régionales. La protection des différentes cours a commencé à décliner en même temps que leur puissance, et les nouvelles écoles de musique et académies d'État, comme l'ASKI à Surakarta, sont devenues les nouveaux centres de l'éducation musicale : elles sont chargées de conserver la tradition classique des cours et de la rendre accessible à un plus vaste public ; elles doivent en outre offrir un environnement stimulant dans le domaine de l'exécution, de la recherche, du développement de nouvelles méthodes pédagogiques et du travail théorique.

(*a*) *Accord.* Les gamelans utilisent essentiellement deux *laras* (systèmes d'accord) différents qui s'excluent l'un l'autre : le *slendro*, qui comporte cinq sons fixes par octave (échelle pentatonique), et le *pelog*, qui en a sept (échelle heptatonique). Il n'y a pas de norme absolue et naturellement pas d'échelle-type *slendro* ou *pelog*. Chaque gamelan est différent ; il possède une caractéristique tonale et une personnalité individuelle.

Le *slendro* divise l'octave en cinq intervalles pratiquement égaux. Le *pelog* divise l'octave en un mélange de grands et de petits intervalles. Il dispose de sept notes mais, dans la pratique, le système *pelog* utilise plusieurs gammes pentatoniques différentes (avec ou sans notes auxiliaires) selon le *patet* (l'équivalent le plus proche dans la musique occidentale est le « mode »). Trois *patets* se greffent sur chacun des deux systèmes (dans le système *slendro* : *patet nem*, *patet sanga* et *patet manyura* ; dans le système *pelog* : *patet lima*, *patet nem* et *patet barang*). Ils se caractérisent par des schémas mélodiques et des formules cadentielles précis. Dans un gamelan double (qui utilise les deux systèmes d'accord), les instruments *slendro* et *pelog* sont placés à angle droit, ce qui permet aux instrumentistes de passer d'un groupe d'instruments à l'autre en se tournant de 90° .

(*b*) *Notation.* Le gamelan est une tradition qui fait essentiellement appel à l'oreille. La notation est apparue au XIXe siècle dans les *kraton* pour fixer le vaste répertoire des musiciens de cour. La méthode employée à Yogyakarta était la notation « en échelle », comparable à une tablature. De nos jours, le *kepatihan* est largement utilisé pour l'enseignement, le répertoire classique et les compositions nouvelles ; il n'est pas utilisé pendant les exécutions. Le *kepatihan* est un système de notation numérique qui attribue des chiffres aux notes de la gamme (voir Ex. 1). Des mots javanais correspondant aux chiffres, réduits en abrégé à une syllabe, forment un genre de solfège très utilisé dans l'enseignement. Généralement, seul le *balungan* (mélodie fixe) est noté.

(*c*) *Instruments.* Les instruments recensés ci-après sont ceux d'un gamelan de type moderne du centre de Java. Les termes musicaux utilisés sont les plus répandus, mais il existe de nombreuses variantes. La terminologie n'est pas standardisée en Indonésie à cause de la profusion des traditions. On notera le goût des Indonésiens pour les onomatopées dans le nom de plusieurs de ces instruments.

Le *gong ageng*, le plus gros des gongs suspendus verticalement, a un diamètre d'environ un mètre et est l'instrument le plus grave du gamelan. Sa bosse centrale est frappée avec une grande mailloche rembourrée ou par la main de l'instrumentiste. De tous les instruments, c'est celui qui joue le moins souvent, mais il est, à bien des égards, le plus important et le plus respecté. Le *gong suwukan* a un diamètre plus petit (entre 60 et 70 cm) ; il est plus aigu que le *gong ageng*. Le *kempul* est le plus petit des gongs suspendus. Le nombre de *kempul* varie jusqu'à un instrument par note de la gamme. Comme les grands gongs, le *kempul* possède une bosse en son centre où il est frappé avec une mailloche douce rembourrée.

Les *kenong* sont les plus gros gongs bulbés horizontaux. De même facture que les gongs suspendus, leur embase est plus profonde, ce qui leur donne la forme de marmites. Ils sont fixés, bosse vers le haut, sur des cordes tendues en travers d'un sommier en bois. Le nombre de *kenong* varie, mais un grand gamelan possède généralement un *kenong* par note de la gamme. Le *kenong* est frappé sur la bosse à l'aide d'une longue baguette dont l'extrémité est recouverte de corde. Le *ketuk* et le *kempyang* sont de petits gongs bulbés horizontaux individuels joués de la même façon que les *kenong*. Le *ketuk* a un son grave et mat, le *kempyang* un son aigu et résonnant.

Les *bonang* se composent de rangées simples ou doubles de petits gongs bulbés horizontaux qui reposent sur des cordes tendues en travers d'un cadre en bois ; ils couvrent une étendue d'au moins deux octaves. L'instrumentiste utilise deux baguettes légèrement plus petites que les baguettes de *kenong*. Le *bonang panerus* est accordé une octave plus haut que le *bonang barung*, plus gros, ce qui donne un chevauchement d'une octave.

Le *saron* est un métallophone d'une octave qui comporte six ou sept lames de bronze placées au-dessus d'une caisse de résonance assez haute. Le *saron demung* est l'instrument le plus gros de la famille des *saron*, le *saron barung* étant accordé une octave plus haut et le petit *saron panerus* ou *peking* à l'octave supérieure du précédent. Un petit gamelan comporte généralement deux *saron barung*, un *demung* et un *peking*, mais un grand ensemble peut compter jusqu'à huit *saron*. Les lames sont percutées avec un maillet en bois (en corne de buffle dans le cas du *peking*) que l'instrumentiste tient dans la main droite pendant que la gauche étouffe simultanément les lames frappées auparavant.

Le *gender* est un métallophone qui comporte un jeu de lames en bronze, chacune suspendue par une corde sur un tube vertical ; la caisse en bois est rectangulaire. Les lames sont frappées à l'aide d'un disque rembourré placé à l'extrémité d'une courte baguette. Le *gender panembung* (généralement appelé *slentem*) est le modèle grave à une seule octave ; on en joue avec une seule baguette. Le *gender barung* a une étendue de deux octaves et demie, l'octave la plus grave correspondant au *slentem*. Le petit *gender panerus* est identique, mais accordé à l'octave supérieure. La technique de jeu est très difficile, car on utilise deux maillets, un dans chaque main. Pour étouffer simultanément les notes précédentes, il faut allier souplesse et coordination. Le *gambang* est un xylophone à quatre octaves dont les lames de bois sont posées sur une caisse de résonance en bois et dont on joue avec deux petits disques rembourrés, fixés chacun à l'extrémité d'une longue baguette souple en corne de buffle.

Le *tjelempung* est une cithare à 13 ou 14 cordes doubles fixées sur une grande caisse de résonance en bois. Les cordes sont pincées avec les ongles des pouces. Le *siter* est un modèle plus petit, accordé plus haut. La flûte *suling* est une flûte en bambou. Le *rebab* est une vièle à pique bicorde d'origine moyen-orientale ; elle se tient verticalement, la pique reposant sur le sol ; on en joue avec un archet dont la mèche est assez lâche, la tension étant contrôlée par le doigt. Les deux cordes sont accordées à une quinte l'une de l'autre.

Les trois tambours couramment utilisés dans le gamelan sont à deux peaux et percutés à la main. Le plus gros, *kendang gending*, est parfois utilisé seul, parfois avec le plus petit, *kendang ketipung*. Le tambour intermédiaire, *kendang chiblon*, sert souvent à accompagner la danse.

Le gamelan complet comprend une *pesinden* (chanteuse) et un *gerongan* (chœur d'hommes). Les musiciens sont des hommes, à l'exception de la *pesinden*, bien qu'il existe des groupes de femmes amateurs.

(*d*) *La musique*. Un morceau de musique de gamelan s'identifie par sa forme, son nom, son *laras* (système d'accord) et son *patet* (mode). Ainsi, le titre *Lancaran Tropongbang Laras Pelog Patet Nem* (Ex. 1) indique que le morceau intitulé *Tropongbang* est de forme *lancaran*, dans le mode *nem* du système d'accord *pelog*. L'élément qui distingue *Tropongbang* de tout autre *lancaran* en *pelog patet nem* est son *lagu* (mélodie fixe). On peut dire que la structure complète d'un morceau (une polyphonie complexe de nombreuses parties différentes) est « réalisée » à partir de la mélodie fixe dans le sens où un musicien occidental « réaliserait » une partie de continuo baroque ; la différence repose dans le fait que la réalisation occidentale est guidée avant tout par des considérations harmoniques et tonales alors que la réalisation javanaise répond à des considérations mélodiques et modales. Ainsi, chaque instrumentiste interprète la mélodie fixe selon la technique de son instrument, sa fonction au sein de l'ensemble, la forme de la musique et son mode, la vitesse à laquelle la mélodie évolue (*irama*), le tempo et certains modèles standard d'embellissements. En général, plus un instrument est aigu, plus il joue de notes, donnant ainsi un équilibre acoustique élégant à la sonorité d'ensemble du gamelan.

Une grande partie de l'élaboration mélodique est de caractère anticipatif, ce qui forme un réseau d'un bout à l'autre des diverses couches de la structure, le tout tendant et aboutissant au coup final de *gong ageng*.

La musique de gamelan entre dans un certain nombre de formes fixes, dont plusieurs peuvent être réunies afin de produire des structures musicales plus importantes pour l'accompagnement des danses, pour le *wayang kulit* (théâtre d'ombres) ou pour former une suite de concert.

La fonction de certains instruments consiste à ponctuer la musique en indiquant la fin des phrases et définir ainsi la forme, fonction comparable à celle que remplit harmoniquement la cadence dans la musique occidentale. Ainsi, la fin d'un *gongan* (section importante) est marquée par un coup de *gong*. Le *kenong* correspond au deuxième niveau de ponctuation, divisant le *gongan* en deux *kenongan* ou davantage. Dans certaines formes, le *kempul* sonne à mi-chemin entre les coups de *kenong*. Le *ketuk* se situe à un troisième niveau de ponctuation ainsi que le *kempyang*, dans certaines formes.

Dans le style « puissant » destiné aux exécutions d'extérieur, la réalisation très simple de la mélodie fixe est facile à suivre, car elle est jouée en quatre octaves par les *slentem* et les *saron*. Dans la terminologie javanaise courante, cette partie porte le nom de *balungan* (squelette). La pulsation régulière du *balungan*, avec ses unités métriques à 4, 8, 16, 32 temps, etc. selon la forme, donne souvent à l'auditeur occidental l'impression d'un *cantus firmus*. Le *balungan* est généralement joué sans aucune élaboration, à part le *peking*, qui peut aller deux fois plus vite selon la vitesse à laquelle évolue le *balungan*.

L'étendue d'une octave du *saron* nécessite souvent de jouer certaines parties de la mélodie à l'octave de ce qui est écrit, ce qui modifie le profil, alors que les *bonang*, les principaux instruments qui ornent le thème mélodique dans le style « puissant », avec leur étendue de deux octaves, préservent le contour original sous ses embellissements plus rapides.

Le *rebab*, le *gender*, le *gambang*, le *siter* et le *suling* sont les instruments de l'ensemble « doux ». La mélodie fixe est parfois impossible ou difficile à discerner, mais, dans l'esprit des instrumentistes, elle sert néanmoins de guide aux structures complexes de cet ensemble. Les techniques de ces instruments sont les plus difficiles à apprendre et l'instrumentiste doit être aussi artiste qu'habile, puisqu'un bon musicien ajoute son propre style d'ornementation.

Le *rebab* est l'instrument mélodique directeur de l'orchestre, mais c'est le *kendang* (installé au milieu) qui guide les instrumentistes dans les changements de tempo et leur donne les autres directives, notamment pour la répétition ou le passage à une autre section. Le gamelan n'a

	Buka :				3	1	3	2	5̣	6̣	1	2	1	6̣	4̣	(5̣)
‖:	3	1	3	2)	3	1	3	2)	5̣	6̣	1	2)	1	6̣	4̣	(5̣)
	3	1	3	2)	3	1	3	2)	5̣	6̣	1	2)	1	6̣	4̣	(5̣)
	1	2	1	6̣)	1	2	1	6̣)	5̣	6̣	1	2)	1	6̣	4̣	(5̣)
	1	2	1	6̣)	1	2	1	6̣)	5̣	6̣	1	2)	1	6̣	4̣	(5̣) :‖

Ex. 1. Lancaran Tropongbang Laras Pelog Patet Nem *en notation* kepatihan *javanaise contemporaine.* ( ) = Gong ;) = Kenong ; Buka = *introduction. Les points sous les notes correspondent à l'octave inférieure.*

L'échelle Pelog *peut être transcrite approximativement de la façon suivante :*

pas de chef d'orchestre et ne dispose d'aucun signal visuel ; toute communication s'opère par des motifs de tambour et d'autres moyens musicaux.

En général, la partie de *gerongan* est étroitement liée à la mélodie fixe ; elle est en mètres réguliers et comporte un minimum d'ornementation. La *pesinden* a une partie beaucoup plus indépendante, à la fois sur le plan rythmique et mélodique, et la sonorité nasale est soigneusement cultivée pour se fondre à celle du *rebab.*

La musique est étroitement liée aux autres disciplines artistiques (notamment la danse et le théâtre) ; de nombreux morceaux pour gamelan correspondent à des personnages, des actions ou des états d'âme particuliers.

L'absence de solistes virtuoses au sein du gamelan, son émotion contrôlée – statique et pourtant pleine de mouvement –, l'interdépendance de ses parties constitutives et de ses instrumentistes, la structure hiérarchique de son ensemble avec des couches imbriquées d'anticipation et le cheminement musical inexorable vers le gong final, la douce résonance et l'équilibre élégant de ses sonorités, son calme et sa beauté raffinée – tous ces éléments sont inextricablement liés au caractère, à la philosophie et au mysticisme du peuple javanais.

3. *Gamelan balinais.* Au début du XVIe siècle, après la chute du dernier grand empire hindo-javanais (Madjapahit) face à l'Islam, un certain nombre de nobles javanais se sont installés avec leur cour à Bali. Cette petite île est ainsi devenue une enclave hindoue en territoire indonésien islamique (seulement nominale dans certains endroits). L'isolement a contribué au développement de certains éléments uniques dans la tradition du gamelan, de la base hindo-javanaise du XVe siècle jusqu'à nos jours. Après l'invasion et la colonisation hollandaises de 1906, les cours balinaises ont perdu de leur influence et l'activité et l'initiative musicales se sont surtout concentrées dans les villages. Cette nouvelle situation explique en partie la diffusion rapide et l'attrait populaire du nouveau style *kebyar.*

L'unité religieuse et la vie quotidienne des Balinais donne à la musique, comme à de nombreuses autres activités, une signification profondément religieuse ; la musique et la danse constituent des offrandes importantes lors des nombreuses cérémonies qui se déroulent dans les temples des villages. Les instruments du gamelan appartiennent à la communauté et tout homme désireux de satisfaire aux engagements requis (la virtuosité du style *kebyar* nécessite de longues répétitions) peut appartenir au gamelan. En plus du répertoire traditionnel des fêtes du temple, on prépare de nouvelles compositions, on organise des concours et les ensembles les plus prestigieux effectuent des tournées outre-mer. Les instrumentistes sont en principe amateurs, à l'exception d'un petit nombre de musiciens de grand talent, toujours recherchés comme interprètes, professeurs et compositeurs.

(*a*) *Ensembles et accords*. Le génie inventif des Balinais est prodigieux dans le domaine musical comme dans bien d'autres domaines ; la diversité des ensembles instrumentaux, quelle que soit leur taille, en témoigne. Ils vont du *gamelan gong* ancien, ensemble de cérémonies de cour qui s'inspire nettement de la tradition hindo-javanaise classique, aux orchestres de guimbardes, d'instruments en bambou et même aux ensembles vocaux comme le célèbre *ketjak*, très apprécié des touristes occidentaux. Chacun des nombreux types de gamelan (*gamelan angklung*, utilisé pour les cérémonies de crémation, *gamelan semar pegulingan*, à la sonorité légère caractéristique, etc.) possède ses instruments, son style, sa fonction et son répertoire spécifiques.

L'accord des instruments se rapproche étroitement du *slendro* et du *pelog* javanais. Le *slendro* se retrouve dans l'accord des *gender wayang* dont une ou deux paires accompagnent la version balinaise du théâtre d'ombres. Le *gamelan angklung* utilise aussi une échelle de type *slendro* généralement limitée à quatre notes. On trouve le système *pelog* dans plusieurs ensembles de style ancien et il est à l'origine de l'échelle pentatonique du *gamelan gong kebyar*. L'extraordinaire résonance des ensembles instrumentaux balinais vient de leur accord. Les métallophones vont par paire, l'un étant accordé légèrement plus haut que l'autre. Ainsi, les notes correspondantes « interfèrent », ce qui produit des battements, effet acoustique qui crée une sonorité chatoyante caractéristique s'il se reproduit d'un bout à l'autre sur les différentes octaves d'un ensemble complet.

Aujourd'hui, la plupart des anciens types de gamelans sont tombés en désuétude ou ont été supplantés par le *gamelan gong kebyar*, style le plus récent. Les anciens instruments ont été modifiés ou même refondus pour donner naissance à de nouveaux instruments et, même là où survivent les anciens orchestres, leur style de jeu s'est modifié sous l'influence du *kebyar*.

Le *gamelan gong kebyar* est apparu pour la première fois à Bali en 1915 et s'est rapidement diffusé dans toute l'île. L'ensemble comprend des métallophones en bronze, des gongs, des carillons de gongs, des cymbales et des tambours ; il nécessite environ vingt-deux instrumentistes.

Il comporte généralement trois gongs suspendus sur un cadre à trois côtés dont joue un musicien qui utilise un maillet rembourré. Les deux gros gongs s'appellent *gong lanang* (masculin) et *gong wadon* (féminin) et leur hauteur de son diffère légèrement. Ils sont utilisés en alternance et ont une fonction identique à celle du *gong ageng* dans le gamelan javanais. Le deuxième degré de ponctuation provient d'un gong plus petit et plus aigu appelé *kempur*. De petits gongs horizontaux tenus à la main (*kempli*) servent à garder la mesure et jouent sur le temps. Les deux carillons de gongs possèdent chacun un jeu de petits gongs bulbés horizontaux (analogues aux *bonang* javanais) disposés en une seule rangée le long d'une caisse en bois. Le *terompong*, avec une étendue de deux octaves, est un instrument mélodique qui se joue avec deux baguettes, souvent dans un style virtuose. Le *rejong*, avec ses douze gongs, est joué par quatre musiciens qui utilisent chacun deux baguettes. Les gongs sont percutés sur la bosse et sur le bord, ce qui produit des schémas rapides et compliqués et, occasionnellement, des accords explosifs.

Les métallophones du *gong kebyar*, comme les *gender* javanais, sont tous munis de résonateurs individuels disposés sous les lames. Les *djublag*, instruments graves à une seule octave, jouent le *pokok* (essence mélodique d'une composition, analogue au *balungan* javanais), renforcés périodiquement sur les temps forts à l'octave inférieure par le *djegog*. Le *djublag* et le *djegog* sont frappés avec des maillets rembourrés.

Les *gangsa* (métallophones à plusieurs octaves) diffèrent des *gender* javanais par l'épaisseur des lames (plus grosses) et la méthode de jeu. On n'utilise qu'un seul maillet en bois dur qui produit un son beaucoup plus affirmé et brillant. La main gauche de l'instrumentiste étouffe les lames. Les *gangsa* sont généralement représentés par quatre instruments graves (*pemade*) et quatre instruments aigus (*kantil*) ; ils interviennent dans le *pokok* en apportant une figuration très compliquée et des plus spectaculaires. Les techniques *ostinato* s'intègrent dans un emboîtement mélodique et rythmique conçu par paires d'instruments avec une telle précision qu'une seule ligne rapide émerge. Le *giying*, légèrement plus gros, se produit souvent seul et sert de conducteur mélodique et de soliste au groupe *gangsa*.

La totalité de l'ensemble est dirigée par les deux batteurs. Leurs tambours à deux peaux (*kendang lanang*, *kendang wadon*) sont frappés avec les deux mains ou avec une main et une baguette en bois. Le *rincik* et le *ceng-ceng* (cymbales) figurent aussi dans l'ensemble *kebyar*.

Le *kebyar* est un style orchestral virtuose, plein d'énergie et de brusques contrastes de tempo, de dynamique et de structure. Presque rien n'est improvisé et la précision de l'ensemble et de l'attaque est extraordinaire. A l'origine, il s'agissait d'une forme purement orchestrale, mais une nouvelle danse a ensuite été conçue pour lui. De nos jours, le *kebyar* a presque entièrement écarté les autres styles et est utilisé pour accompagner tous les genres de danses.

4. *Gamelan sundanais*. A Sunda (Java ouest), le gamelan s'est développé sous forme d'ensembles plus petits que ceux du centre de Java. Ainsi, le *gamelan salendro*, qui accompagne les représentations de *wayang golek* (théâtre de marionnettes en bois tridimensionnelles), se compose de deux *saron* – avec parfois un *panerus* (*saron* grave) et un *peking* (*saron* aigu) – ainsi que de *bonang*, *gambang*, *rebab*, *gong*, *kempul kendang* et de *pesinden*.

Le *gamelan degung* est plus spécifiquement sundanais et utilise un accord à cinq notes proche du *pelog*. Un jeu de gongs suspendus (*jenglong*) joue la mélodie lente. Les variations plus élaborées sont confiées à un ou deux *saron*, *cempres* (*saron* à trois octaves), *suling* et *bonang* (deux rangées de gongs horizontaux formant un angle où s'installe l'instrumentiste). Le rythme de base et le phrasé viennent du *goong* (grand gong) et des *gendang* (tambours). La chanteuse représente un élément important et de plus en plus dominant du gamelan sundanais. La pratique de la flûte est extrêmement développée et le son de l'ensemble *suling* (flûte en bambou) et *kecapi* (cithare) est particulièrement beau.

5. *Gamelan en Occident*. Sir Francis Drake a visité Java en 1580 et, sur le journal de bord du *Golden Hind*, on trouve le plus ancien témoignage européen sur la musique des gamelans « qui, bien qu'elle soit très étrange, a une sonorité plaisante et agréable ». Le gamelan n'a cessé de plaire et de charmer les musiciens et les auditoires occidentaux. Pendant la seconde moitié du XIXe siècle, les connaissances scientifiques se sont développées grâce aux efforts de divers érudits hollandais, culminant dans les études de Jaap Kunst à Java et de l'Américain Colin McPhee à Bali dans les années 30 et 40.

Debussy a entendu un gamelan javanais à Paris à l'Exposition universelle de 1889 et a été le premier à reconnaître son influence avant Ravel, Messiaen, Britten, Tippett, Lou Harrison ou Steve Reich. De nos jours, des musiciens comme Lou Harrison, Ton de Leeuw et Michael Parsons (1938) ont composé des œuvres originales pour gamelan.

Au milieu des années cinquante, des Occidentaux ont commencé à jouer eux-mêmes du gamelan aux Pays-Bas où plusieurs musées possèdent des instruments indonésiens. L'intérêt suscité par la musique indonésienne s'est étendu aux États-Unis, sous l'influence de Mantle Hook à l'Université de Californie à Los Angeles, et plusieurs universités américaines ont désormais des ensembles d'exécutants et des professeurs-résidents javanais. On commence également à entendre des ensembles gamelans en Australie et, plus récemment, dans d'autres pays européens, notamment Allemagne, Suède et Grande-Bretagne.

Alec Roth.

BIBLIOGRAPHIE : Mireille Helffer, *La Musique, science de l'homme (Inde, pays himalayens et Tibet, péninsule indochinoise, Indonésie et Océanie, Australie et îles océaniennes)*, Larousse (Paris, 1965).

In dulci jubilo. Noël macaronique allemand du XIVe siècle. La version anglaise (« In sweet joy ») date de 1540 environ.

Indy, (Paul Marie Théodore) **Vincent d'** (Paris, 27 mars 1851 ; Paris, 2 décembre 1931). Compositeur français, élève de César Franck, qui lui insuffle les grands idéaux artistiques qui le pousseront à définir, avec Charles Bordes et Alexandre Guilmant, le programme rigoureux de la Schola cantorum en 1894. Après une visite à Bayreuth en 1876, Vincent d'Indy se joint au chef d'orchestre Charles Lamoureux pour présenter à Paris la musique de Wagner, notamment *Lohengrin* en 1887, mais il œuvre également dans le domaine de l'étude de la musique « ancienne », encourageant des exécutions de Bach, Gluck, Monteverdi, Palestrina et Rameau. Il révise lui-même l'*Orfeo* et *Le Couronnement de Poppée* de Monteverdi, *Dardanus* et *Hippolyte et Aricie* de Rameau et de nombreuses partitions de la même époque. Parmi ses œuvres, il faut retenir la légende symphonique *La Forêt enchantée* (1878), la *Symphonie sur un chant montagnard français* pour piano et orchestre (1886), le triptyque symphonique *Jour d'été à la montagne* (1905), trois symphonies et quelques opéras (*Le Chant de la cloche*, 1886, *Fervaal*, 1897, *L'Étranger*, 1903). Sa musique se caractérise par sa richesse harmonique et, dans certaines œuvres symphoniques, par une tendance à la mélodie populaire.

BIBLIOGRAPHIE : Léon Vallas, *Vincent d'Indy*, Albin Michel (Paris, 1946-50).

Inégales. Voir *Notes inégales*.

Inextinguible, L' (*Det Undslukkelige*). Surnom de la *Symphonie n° 4* de Nielsen, composée entre 1914 et 1916.

Infantas, Fernando de las (Cordoue, 1534 ; vers 1610). Compositeur et théologien espagnol de famille noble, ami de Philippe II d'Espagne. Vers 1572, il se rend à Rome, où il est ordonné en 1584. Lorsque le pape Grégoire XIII annonce son intention de réviser le graduel conformément à des idées humanistes, Infantas réussit à convaincre Philippe II d'intervenir afin de sauvegarder l'ancienne liturgie. Il publie plusieurs livres de musique vocale sacrée à Venise en 1578-79, mais aucune œuvre postérieure à son ordination n'a survécu et il semble avoir consacré la fin de sa vie à la théologie.

Wendy Thompson.

Inflexion. Dans le plain-chant, terme général désignant les parties de la mélodie qui s'écartent du ton monotone ou « ténor ».

Ingegneri, Marc'Antonio (Vérone, après 1547 ; Crémone, 1er juillet 1592). Compositeur et organiste italien. Il passe la majeure partie de sa vie à Crémone, où il devient *maestro di cappella* vers 1579. La plupart des madrigaux qui nous sont parvenus figurent dans sept volumes publiés à Venise entre 1572 et 1587 (on sait qu'un volume est perdu) et dans un volume publié à titre posthume en 1606. Ils sont assez démodés pour l'époque, malgré quelques apparitions occasionnelles de chromatisme, mais ils ont connu un certain succès de son vivant. Après sa mort, leurs structures claires et bien construites semblent avoir influencé Monteverdi, le principal élève d'Ingegneri. Sa musique religieuse est également contrainte, ce qui est sans doute davantage dû aux nouvelles orientations du concile de Trente qu'à un conservatisme inné. On a attribué par erreur à Palestrina ses *27 Répons pour la Semaine sainte*.

In nomine (lat.). Titre d'une forme spécifiquement anglaise de **cantus firmus* instrumental, très florissante aux XVIe et XVIIe siècles. Le *cantus firmus* est l'antienne spécifique de la liturgie de l'évêché de Salisbury, le *Gloria tibi Trinitas*, le titre « In nomine » s'expliquant par le fait que le genre provient de la messe en *cantus firmus* de John Taverner *Gloria tibi Trinitas* (antérieure à 1528) : la dernière partie du *Benedictus* illustre à quatre voix les paroles « In nomine Domini », avec le *cantus firmus* en brèves, et ce passage a été diffusé isolément sous divers arrangements, à la fois vocaux et instrumentaux (pour clavier et pour luth). Plus de 150 *In nomine* ont survécu, jusqu'au dernier épanouissement du genre avec Purcell.

Il y a deux traditions principales d'*In nomine* : celle pour *consort* (il semble que ces *In nomine* aient parfois été chantés) et celle pour clavier (composée plutôt qu'arrangée). Cette dernière forme s'inscrit en réalité dans la descendance des premières œuvres liturgiques pour clavier en plain-chant et un grand nombre de ces pièces portent le titre *Gloria tibi Trinitas*. La tradition de l'*In nomine* issu de Taverner semble remonter aux environs de 1560 : Thomas Preston et Robert Golder (morts tous deux vers 1565) ont écrit chacun des *In nomine* et le « Mulliner Book » (vers 1560) en est la plus ancienne source qui ait survécu (elle comprend l'*In nomine* « original » de Taverner dans une transcription pour clavier, mais il ne semble y avoir aucune raison d'attribuer cet arrangement au compositeur). Tout d'abord à quatre parties, les *In nomine* ont été couramment écrits à cinq parties. Il y a beaucoup de points communs entre les versions des différents compositeurs. La plupart d'entre eux, notamment Byrd, se sont référés au matériel d'accompagnement de Taverner, et Byrd s'est aussi inspiré de l'*In nomine* à cinq parties de Robert Parson. Tye a apporté la contribution la plus importante au répertoire en nous laissant plus de vingt *In nomine*. Les compositeurs ont ensuite développé un style plus instrumental que celui de leur modèle et l'on en trouve déjà des exemples caractéristiques dans les lignes angulaires et les sauts extravagants de Tye. Certaines de ses versions sont très originales ; elles portent des titres comme « Beleve me » et « Howld fast ». Des personnalités comme Tallis, Strogers et Alfonso Ferrabosco (II) ont continué à développer le style, utilisant des procédés mélodiques instrumentaux à des fins structurelles. L'*In nomine* pour *consort* du XVIe siècle a connu son apogée dans les sept versions de Byrd.

Fait remarquable, la tradition du *consort* a persisté tout au long du XVIIe siècle. Avec la diminution de la valeur des notes et l'élaboration des rythmes, des compositeurs comme Alfonso Ferrabosco (II), Gibbons et Tomkins ont restitué au genre une nouvelle suprématie, alors que d'autres musiciens tentaient des innovations en déplaçant le *cantus firmus* et en le transposant dans le mode majeur. Comme s'il se faisait l'écho de Byrd, Purcell, vers 1680, a mis un point final à l'évolution de l'*In nomine* avec deux versions, à six et sept parties, d'une intensité aussi étonnante qu'archaïque.

Dans la tradition de l'*In nomine* pour clavier, les premiers exemples comportent six versions de Blitheman. L'*In nomine* pour clavier a souvent aspiré à la virtuosité (et le *cantus firmus* était en général davantage basé sur la ronde que sur la brève). L'une des douze versions de Bull est effectivement écrite à 11/4. Les derniers exemples connus sont ceux de Tomkins, qui datent du milieu du XVIIe siècle.

Parmi les compositeurs du XXe siècle, Peter Maxwell Davies a été particulièrement fasciné par l'*In nomine* : une grande partie de sa production est dominée par le plain-chant et par plusieurs versions d'*In nomine*, en particulier les deux fantaisies d'après Taverner, *Sept In Nomine* et l'opéra *Taverner*. Roger Smalley a construit deux œuvres sur les *In nomine* de Blitheman.

In seculum (lat.). **Cantus firmus* populaire aux XIIe et XIIIe siècles, qui se compose du mélisme sur les paroles « in seculum » du graduel de Pâques *Haec dies*. Pour le motet du XIIIe siècle intitulé « In saeculum viellatoris », voir *Vièle*.

Insieme (ital.). « Ensemble ».

Institut de recherche et de coordination acoustique musique (IRCAM). Fondé en 1977 par Pierre Boulez qui en assure la direction, l'IRCAM est l'une des quatre composantes du Centre national d'art et de culture Georges-Pompidou. Il réunit des musiciens et des scientifiques dont l'action répond à un double objectif : concevoir des outils permettant d'enrichir le matériau sonore, d'élargir le langage musical et de faire évoluer l'environnement du musicien, d'une part ; favoriser la création d'œuvres qui traduisent l'émergence d'une expression nouvelle d'autre part. La recherche s'effectue autour des nouvelles technologies qui ne sont pas encore enseignées dans les écoles musicales (informatique et acoustique), pour former les compositeurs et susciter des œuvres qui y font appel. Au départ, l'IRCAM comportait cinq départements complémentaires : instruments et voix (Vinko Globokar), électroacoustique (Luciano Berio), ordinateur (Jean-Claude Risset), pédagogie (Michel Decoust) et diagonal (Gerald Bennett). Depuis 1980, une structure plus souple a été mise en place qui permet d'accueillir un plus grand nombre de compositeurs guidés dans leurs recherches par une équipe de « tuteurs ».

Instrumentation. Voir *Orchestration*.

Instruments à cordes

1. Les cordes
2. La table
3. Terminologie : instruments à touche
4. Instruments à clavier
5. Point d'attaque
6. Cordes sympathiques

1. *Les cordes.* Les instruments à cordes (all. : *Saiteninstrumente* – également *Streichinstrumente*, « instruments à archet » ; angl. : *string instruments* ; ital. : *cordi*) ont occupé dans toutes les grandes civilisations, depuis l'Antiquité jusqu'à nos jours, la place la plus importante parmi l'ensemble des instruments ; la corde vibrante

tendue offre deux éléments essentiels : une hauteur de son fondamentale claire et la possibilité d'en modifier l'accord rapidement et avec précision. La corde elle-même n'est pas capable de produire de la musique : elle est trop fine pour communiquer une vibration appréciable à l'air par contact direct ; elle fend simplement l'air et le met en vibration périodique. Toutefois, lorsque l'on agit sur la corde, par l'intermédiaire d'un chevalet, au-dessus d'une table de vibration – une plaque de bois ou une membrane tendue – qui vibre également, l'air bloqué contre cette surface plus importante absorbe la vibration et envoie des ondes sonores que reçoivent les oreilles.

Parmi les matériaux utilisés pour les cordes, les matières végétales (chanvre filé, lin, etc.) ont été assez rarement utilisées. Les matières animales ont toujours prédominé (du moins avant l'utilisation du métal) : nerfs, tendons, crin de cheval (surtout dans le Nord, de l'Asie centrale au pays de Galles), soie (la matière classique des cordes en Extrême-Orient) et surtout le boyau, généralement des boyaux de mouton. On a trouvé des fragments de cordes en boyau de mouton, de 1 mm d'épaisseur sur un luth égyptien datant de 1500 av. J.-C. (voir *Luth*, 4*a*).

L'Italie, Rome en particulier, était l'un des principaux centres de fabrication de cordes en boyau. Les petits intestins de moutons de moins d'un an étaient pris chauds à l'abattoir pour commencer immédiatement le long processus de nettoyage, de lavage, de découpage en bandes que l'on entortille pour former des fils sur un cadre, de décoloration et de polissage. L'ancienne corde de mi du violon (aujourd'hui remplacée par de l'acier) était filée à partir de cinq fils de la plus fine largeur ; une corde de ré de contrebasse nécessitait jusqu'à 85 fils. Aujourd'hui, elles sont largement remplacées par le nylon, mais les cordes en boyau sont encore couramment employées à la harpe et on peut en trouver pour la plupart des autres instruments, tout au moins pour certaines cordes. Les cordes en nylon, qui existent depuis 1938, sont d'une densité et d'une épaisseur analogues à celles du boyau, mais ne présentent pas les inégalités qui, autrefois, rendaient si difficile leur sélection ; en outre, le nylon casse moins facilement et ne devient pas rugueux sous les doigts avec l'usure.

Les cordes métalliques remontent au XIIIe siècle dans les pays arabes pour certains instruments de la famille du luth à manche long (voir *Luth*, 4*a*), mais elles ont été rarement utilisées en Occident avant les progrès réalisés par les Allemands dans l'étirage commercial du fil métallique à partir de la fin du XIVe siècle. L'épaisseur des cordes métalliques est indiquée en millièmes d'inches ou en millimètres, ou pour les instruments à clavier en numéros. Ces derniers vont du n° 1 (0,2 mm de diamètre) au n° 32 (2,2 mm) ; les cordes d'un piano à queue peuvent aller du n° 14 (0,81 mm) au n° 32.

A partir du XVIe siècle, on a commencé à ajouter des cordes graves à certains instruments dont la longueur était forcément limitée (notamment sur le luth). Elles devaient être assez épaisses pour fournir des fréquences basses mais, malgré les recherches des fabricants de cordes, elles étaient alors trop rigides pour produire le son désiré. La solution consistant à envelopper une corde en boyau d'un fil métallique fin qui lui conserve toute sa souplesse remonte au milieu du XVIIe siècle ; depuis cette époque, sur tous les instruments, les cordes les plus graves – qu'elles soient en boyau ou en métal – bénéficient de ce procédé ; ainsi, la *cithare autrichienne sonne le la^{-1} avec une corde métallique de ce genre qui mesure simplement 45 cm de long, en dépit d'une tension moyenne. De nos jours, la corde est souvent enveloppée dans un « ruban » métallique, innovation américaine de la fin des années trente qui donne une surface très régulière.

L'équation de la corde vibrante permet de déterminer la hauteur de la note (par sa fréquence) d'après la longueur, la tension, l'épaisseur et le matériau de la corde. La fréquence (f) découle de l'équation : $f = c / \lambda$, c étant la vitesse de propagation, elle-même égale à la racine carrée de la tension (T) divisée par la masse fondamentale ou $\pi r^2 \rho$ (rayon r, densité ρ) ; λ est la longueur d'onde, égale au double de la longueur vibrante de la corde (l). En utilisant les unités de mesure conventionnelles : f (Hz), l (cm), T (tension exprimée en kilogrammes comme une masse, le coefficient de gravité de 981 étant pris en compte dans l'équation), r ou plutôt d (diamètre, cette fois en millimètres) et ρ (dans le système CGS, eau = 1) ; l'équation peut être réduite à :

$$f = \frac{5588}{l \times d} \cdot \sqrt{\frac{T}{\rho}}\,.$$

La densité moyenne de l'acier (7,8) étant environ six fois supérieure à celle du boyau ou du nylon, une corde en acier sera plus fine qu'une corde en boyau de même longueur et de même tension, dans une proportion de 1: $\sqrt{6}$ (ou approximativement 1:2,5). Toutefois, les cordes donnent généralement leur meilleur son lorsqu'elles sont tendues à la limite du point de rupture, ce qui implique une tension assez forte pour la corde en acier. La tension moyenne par corde se situe vers 6,5-7 kg pour la guitare classique (elle augmente légèrement vers la sixième corde) ; elle est à peu près la même pour le violon (mais diminue vers la corde la plus grave), deux fois plus importante pour le violoncelle, trois fois pour la contrebasse et au moins dix fois plus pour le piano. Les cordes en acier ont tendance à produire un son plus brillant que les cordes en boyau car les harmoniques aigus sont étouffés plus lentement. Cependant, le remplacement du boyau par l'acier (voir par exemple *Guitare*, 2) n'a pas de conséquences musicales très importantes, sinon il aurait été impossible de réaliser ce changement (voir *Violon*, 5*a*). Curieusement, en 1619, Praetorius constatait déjà le son plus doux, plus *lieblich* (« joli ») de certains violonistes qui jouaient avec des cordes en cuivre ou en acier, très rares à l'époque.

2. *La table.* Dans les livres d'histoire, les noms de fabricants de cordes ne sont jamais cités, même si les découvertes et les progrès qu'ils ont réalisés dans leur branche ont contribué à l'évolution de nombreux instruments. Les noms que l'on rencontre sont ceux de facteurs d'instruments – comme Ruckers, Stradivarius, Torres –, de grands noms parce qu'ils ont été avant tout les facteurs et les monteurs de ces précieuses tables qui distinguent un bel instrument d'un instrument ordinaire. Toutefois, le mécanisme de la table – la perfection avec laquelle elle répond à toutes les fréquences qui lui sont envoyées

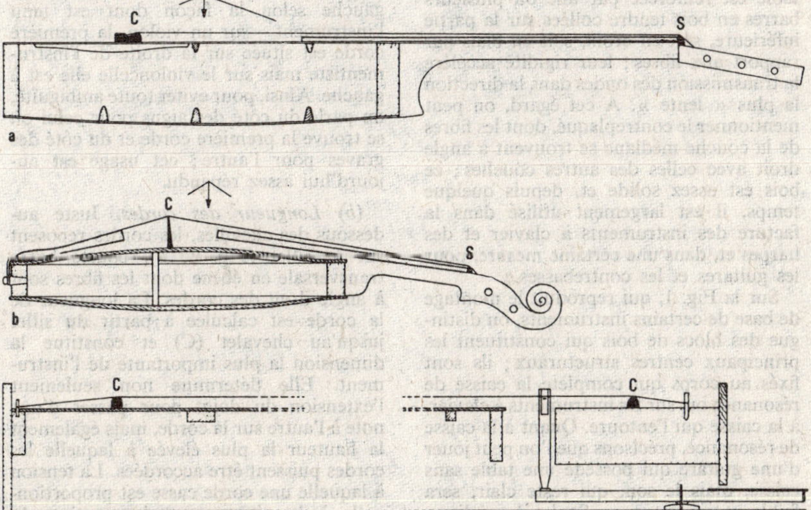

Fig. 1. (a) Guitare ; (b) alto ; (c) clavecin : C, chevalet ; S, sillet. Les flèches dans (a) et (b) indiquent les points de contact du doigt ou de l'archet avec le champ de variation possible pour conserver un effet tonal.

à partir des cordes – reste en partie mystérieux, même si l'aide fournie par les laboratoires modernes permet d'en savoir chaque jour un peu plus.

Le matériau classique est du bois de faible densité provenant de conifères, essentiellement de la famille du pin, comme le sapin argenté (*genus Abies*) ou, plus précisément, l'épicéa (*genus Picea*). Les épaisseurs varient entre un peu plus de 2 mm sur les luths et 1 cm sur le piano à queue et sont fonction de l'épaisseur et de la tension des cordes individuelles. Si le bois est trop épais ou trop mince – ou, pour employer l'expression introduite par les acousticiens américains, si son « impédance caractéristique » diffère trop de celle de la corde –, la majeure partie de l'énergie de la corde est réfléchie, et seule une partie infime passe à la table.

La table est fixée sur les bords (ou sur trois côtés) à la caisse de l'instrument, comme pour un diaphragme, mais contrairement à ce dernier il n'y a pas de phénomène d' « isotropie » en raison des fibres : les vibrations progressent quatre fois plus vite dans la direction des fibres qu'au travers des fibres. En général, la table est renforcée par une ou plusieurs barres en bois tendre collées sur la partie inférieure, soit en croix, soit en biais par rapport aux fibres ; leur rigidité accélère la transmission des ondes dans la direction la plus « lente ». A cet égard, on peut mentionner le contreplaqué, dont les fibres de la couche médiane se trouvent à angle droit avec celles des autres couches ; ce bois est assez solide et, depuis quelque temps, il est largement utilisé dans la facture des instruments à clavier et des harpes et, dans une certaine mesure, pour les guitares et les contrebasses.

Sur la Fig. 1, qui reproduit le montage de base de certains instruments, on distingue des blocs de bois qui constituent les principaux centres structuraux ; ils sont fixés au corps qui complète la caisse de résonance ou, sur les instruments à clavier, à la caisse qui l'entoure. Quant à la caisse de résonance, précisons que l'on peut jouer d'une guitare qui possède une table sans caisse, mais le son, qui reste clair, sera faible et « mince ». Seules les éclisses l'améliorent et, en ajoutant le fond, l'air contenu à l'intérieur de la caisse renforce le son des fondamentales les plus profondes. Elles sont un peu basses pour que le bois seul résonne efficacement, car la résonance de l'air est normalement bien inférieure à la résonance la plus basse du bois, même si elle est considérablement relevée par la ou les ouïes, dans lesquelles l'air oscille, entre et sort, sous l'action de pompage de la table. Certaines caisses de résonance remplissent leur fonction sans orifice de ce genre (comme le **sitâr*), mais les ouïes divisent la table en régions distinctes et influent sur les schémas de vibrations ; on affirme parfois qu'il s'agit de leur principale fonction.

3. *Terminologie : instruments à touche* (instruments sur lesquels la main gauche presse les cordes pendant que la main droite les fait sonner : guitare, violon, etc.).

(*a*) La corde placée sur le côté le plus proche de la paume de la main gauche étant la plus facile à jouer, il est naturel de l'utiliser pour les parties mélodiques ; c'est l'idée fondamentale généralement respectée dans les différentes phases de l'évolution de la plupart des instruments. Cette corde est donc presque toujours celle qui est accordée le plus haut et qu'on appelle la « première corde ». Elle est située sur le côté droit ou sur le côté gauche selon la façon dont est tenu l'instrument – sur un violon, la première corde est située sur la droite de l'instrumentiste mais sur le violoncelle elle est à gauche. Ainsi, pour éviter toute ambiguïté, on parle du côté des aigus pour celui où se trouve la première corde et du côté des graves pour l'autre ; cet usage est aujourd'hui assez répandu.

(*b*) *Longueur des cordes*. Juste au-dessous des chevilles, les cordes reposent sur le sillet (Fig. 1, S), courte barre transversale en ébène dont les fibres sont à angle droit des cordes. La longueur de la corde est calculée à partir du sillet jusqu'au chevalet (C) et constitue la dimension la plus importante de l'instrument. Elle détermine non seulement l'extension du doigt pour passer d'une note à l'autre sur la corde, mais également la hauteur la plus élevée à laquelle les cordes puissent être accordées. La tension à laquelle une corde casse est proportionnelle à la résistance à la traction du matériau, divisée par le diamètre de la corde. La fréquence à laquelle elle casse est la même pour une corde épaisse et pour une corde fine, la corde épaisse exigeant (pour atteindre cette fréquence) une tension plus grande, proportionnelle à son épaisseur.

(*c*) *Chœurs*. Le terme « corde » désigne aussi bien une seule corde qu'une paire de cordes accordées sur la même note et jouées ensemble pour produire un son plus fort et plus résonnant. Ainsi, la mandoline possède quatre paires de cordes. L'expression qui convient le mieux à ces instruments est le terme historique « chœur » : une « mandoline à quatre chœurs » est une mandoline munie de quatre paires de cordes. Souvent, l'une des cordes d'un chœur est plus fine et accordée à l'octave supérieure, de telle sorte que toutes les notes jouées sur cette paire de cordes sonnent en octaves : « chœur d'octave ». Sur certains instruments, la corde la plus fine est placée du côté des aigus, sur d'autres du côté des graves : la Fig. 2 reproduit quelques exemples sous forme de diagramme, en regardant l'instrument de face (le sillet en haut). La Fig. 2*a* correspond à la guitare à douze cordes assez répandue de nos jours (voir *Guitare*, 3*b*) qui est en fait une guitare à six chœurs sur laquelle les trois chœurs les plus graves sont accordés à l'octave. La Fig. 2*b* correspond au luth avec l'accord type du XVIe siècle et onze cordes ; le premier chœur est simple, les autres doubles. La Fig. 2*c* représente un cistre (ancien accord français) avec deux chœurs triples à l'octave ; le quatrième chœur est accordé plus haut que le troisième (comme sur l'ukulélé, bien que ce dernier ait normalement des cordes simples).

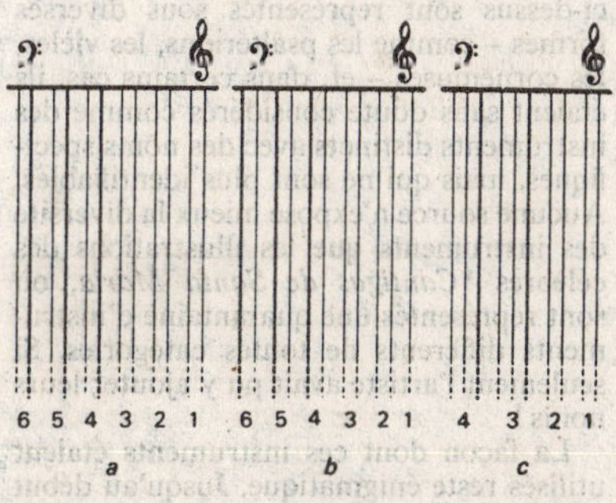

Fig. 2

4. *Instruments à clavier*. L'expression « instrument à clavier » désigne, à de rares exceptions près, des instruments dont le clavier se joue à deux mains : la vielle à roue, dont les touches ne concernent qu'une seule main, est généralement classée dans les instruments à touche auxquels elle est davantage apparentée. Les cordes des instruments à clavier sont tendues sur deux chevalets (longues barres de bois) et fixées à leur extrémité à des chevilles d'accord.

Lorsqu'il y a deux ou trois cordes par note, on parle couramment de cordes doubles ou de cordes triples. Les clavecins comportent jusqu'à quatre cordes par note ; ces cordes sont actionnées ensemble ou séparément, selon les besoins, et l'on emploi les termes « registres » ou « jeux », comme pour l'orgue. De même, le clavecin utilise le terme « 8' » (8 pieds) pour un registre dans lequel les cordes produisent les notes correspondant au clavier, « 4' » pour un registre de cordes plus courtes qui sonnent à l'octave supérieure, et parfois « 16' » pour des cordes plus longues qui sonnent à l'octave inférieure des notes du clavier.

5. *Point d'attaque*. Naturellement, les cordes sont excitées (pincées, frappées ou frottées par l'archet) en un point de leur longueur vibrante qui donne le meilleur son. Le facteur de piano le fixe à un septième de la longueur, point où le septième harmonique discordant forme un nœud et n'est donc que faiblement excité par le marteau.

Sur les instruments à touche, sur lesquels ce point peut être modifié à volonté, on peut s'écarter du point normal pour obtenir différents effets de sonorité (voir *Acoustique*, 6) en atténuant l'intensité des harmoniques supérieurs (sonorité sombre) ou en les excitant davantage tout en affaiblissant les harmoniques inférieurs (sonorité métallique). Une méthode de mandoline française de la fin du XVIIIe siècle spécifie qu'il faut s'éloigner du chevalet (à l'extrémité de la touche) pour obtenir un son flûté et se rapprocher du chevalet pour le son argentin. Le contraste est très perceptible dans les récitals de guitare.

6. *Cordes sympathiques*. Ce sont des cordes supplémentaires, toujours métalliques, qui figurent sur certains instruments à cordes pour produire une résonance spéciale (voir *Acoustique*, 7). Les instru-

ments les plus anciens à avoir possédé des cordes sympathiques semblent être des instruments indiens ou d'Asie centrale (comme la vièle indienne, *sârangi* ou le luth indien, *sitâr*). En Europe, ils ont fait leur apparition au XVIIe siècle, notamment sur la *viole d'amour, le *baryton (cas assez spécial puisque les cordes peuvent être également pincées), la *Hardingfele* ou *Hardangerfele* (« violon du Hardanger ») de Norvège et parfois la *trompette marine. Voir également *Viole*, 4. Les cordes sympathiques sont généralement accordées sur la gamme de la tonalité du morceau.

Sur les instruments à cordes ordinaires (dépourvus de cordes sympathiques), la résonance sympathique des autres cordes constitue parfois un élément sonore non négligeable, notamment sur le piano.

Anthony Baines.

BIBLIOGRAPHIE : Groupe Diagram, *Les Instruments de musique du monde entier*, Albin Michel (Paris, 1978). Marc Pincherle, *Les Instruments du quatuor*, PUF, coll. Que sais-je ? (Paris, 1947, 3e éd. 1970).

Instruments du Moyen Age. Contrairement à la Chine et au Japon, qui possèdent des instruments représentatifs des différentes époques de leur histoire (jusqu'au VIIe siècle) merveilleusement conservés, ainsi que des écrits sur la façon de les utiliser, l'Europe n'a rien conservé de la période médiévale. Il faut donc extrapoler d'après des tableaux et des gravures, ou des citations de poèmes et de traités qui mentionnent certains instruments ; le problème majeur consiste alors à savoir quel nom correspond aux instruments représentés sur les tableaux ; voir, par exemple, *Citole* ; *Hornpipe*, 1 (pour *estive*) et *Psaltérion*, 2 (pour *rote*).

L'iconographie commence au IXe siècle après Jésus-Christ. Avant cette époque, il semble que les populations romanisées aient continué à utiliser les instruments de l'ère romaine (voir tableau dans *Instruments de la préhistoire*). Les Barbares sont restés plus au nord et leurs divertissements reposaient essentiellement sur ce que Fortunatus de Poitiers appelle au VIe siècle la *bombicans harpa* (« harpe bourdonnante »), qu'on peut identifier comme une sorte de lyre. Les Barbares soufflaient aussi dans des cors de guerre et fabriquaient de petites flûtes (en os) pour les enfants et les chasseurs (voir *Flûte à bec*, 4) ; certains instruments étaient munis d'une anche. Il y avait aussi des *guimbardes.

A partir du IXe siècle, après le règne de Charlemagne (mort en 814), les longs voyages deviennent moins dangereux et de nouveaux instruments commencent à faire leur apparition, en provenance principalement des régions byzantines et peut-être d'Italie. Les artisans apportaient leur science de la facture d'orgue et de la fonte des cloches ; des troupes d'amuseurs itinérants venaient avec d'autres instruments qui se propageaient de place en place lorsque les gens du peuple se mêlaient aux longs pèlerinages. Les principaux types instrumentaux du Moyen Age en Occident à partir du XIIe siècle comprenaient, outre l'orgue d'église :

Instruments à cordes. *Harpe (également *cithare) ; *psaltérion ; *vièle (également **crwth* et *rebec) ; *vielle à roue ; instruments à frettes (ancêtres de la guitare et du luth ; voir *Citole*).

Instruments à vent et à percussion. *Flûte (principalement des ancêtres de la flûte à bec, mais également flûte traversière) et *tabor ; le petit *orgue portatif, la *cornemuse (origine médiévale encore inconnue) ; *cymbales ; claquettes (voir *castagnettes) ; petites cloches de toutes sortes ; *tambour de basque et, après les croisades, longues trompettes en cuivre sonnées par paire souvent associées aux petites timbales (nacaire, voir *Timbales*, 5) et aux premières *chalemies.

Il y avait certainement d'autres instruments, moins souvent représentés (comme la *cornemuse) et davantage dans les régions situées dans l'est de l'Europe. La plupart des types d'instruments énumérés ci-dessus sont représentés sous diverses formes – comme les psaltérions, les vièles, les cornemuses – et, dans certains cas, ils étaient sans doute considérés comme des instruments distincts avec des noms spécifiques, mais qui ne sont plus identifiables. Aucune source n'expose mieux la diversité des instruments que les illustrations des célèbres **Cantigas de Santa Maria*, où sont représentés une quarantaine d'instruments différents de toutes catégories. Si seulement l'artiste avait pu y ajouter leurs noms !

La façon dont ces instruments étaient utilisés reste énigmatique. Jusqu'au début du XIVe siècle, environ la moitié des références littéraires et poétiques concernent l'interprète soliste. On peut lire comment l'abbé Cuthbert de Lindisfarne au VIIIe siècle et l'évêque Grosseteste (qui critiquait lui-même avec véhémence les instruments car ils étaient source de légèreté dans les divertissements populaires) au XIIIe siècle jouissent chacun de la consolation de leur harpiste privé (« cithariste »). Les romances racontent l'habileté éblouissante du harpiste ou du « viéleur » lorsqu'il (ou elle) est admis dans un château pour divertir la société avec des lais célèbres ; ou le jongleur du troubadour qui accompagne les chansons de son maître à la vièle ou chante lui-même les paroles. On arrive ainsi aux *Contes de Canterbury* de Chaucer dans lesquels, chaque fois qu'un instrument est mentionné, il apparaît seul ou avec la voix, la seule exception concernant les instruments de guerre dont on jouait en groupe.

On trouve beaucoup de références aux instruments dans les descriptions des grandes fêtes, généralement les mariages, qui comportent de longues listes de noms d'instruments en tous genres, ainsi que des titres d'épopées, de tours de magie, etc., arrangées par le poète pour satisfaire la rime, et qui se terminent par « le grand bruit qu'ils faisaient » ou « on n'avait jamais entendu tant de mélodie entre des murs ». A première vue, cela laisse penser que les musiciens jouaient ensemble comme un orchestre. Cet ensemble n'intervenait peut-être qu'à la fin, lorsque les invités dansaient, mais autrement il semble que chacun attendait son tour : « Une centaine de ménestrels, chacun poussant en avant pour être le prochain à être entendu » ; ou bien l'un d'entre eux faisait ceci, l'autre cela, chacun montrant son art. Les sources littéraires qui se réfèrent à la musique comprennent *Le Bel Inconnu* (l'une des premières sources, antérieure à 1214) et le *Roman de la rose* (également du XIIIe siècle). Des airs originaux ont subsisté, rappelant souvent des tournures de phrases de nos chansons populaires ou des chansons enfantines, mais ils faisaient alors fait partie d'un lot commun de mélodies adaptées à toutes les circonstances.

Occasionnellement, on mentionne deux instruments dont on jouait simultanément, comme deux joueurs de vièle « entre eux » interprétant une chanson d'amour française, vraisemblablement à plusieurs parties. Pour la musique instrumentale écrite à deux parties, on possède des pièces du XIIIe siècle, régulièrement jouées aujourd'hui, qui figurent dans le manuscrit « Harley » (à la British Library : Harley 978). Ces pièces semblent venues si spontanément sous la plume de leur auteur qu'elles ont dû être beaucoup plus nombreuses. Les ménestrels d'un certain niveau étaient sans doute lettrés et, par ailleurs, au moins cinq traits latins sur la musique du XIIIe siècle font particulièrement l'éloge de la vièle (voir *Vièle*) en des termes qui permettent de supposer que leurs auteurs en jouaient eux-mêmes ou avaient au moins étudié la façon d'en jouer. On en trouve peut-être le reflet dans un motet sans texte à trois parties, « In saeculum viellatoris », qui voulait peut-être dire « pour joueurs de vièle » ; l'étendue écrite est typique de tels motets, fa² à la³, mais l'écriture n'est absolument pas caractéristique de ces instruments, à l'exception de quelques aspects de notation mineurs.

Au XIVe siècle, on trouve quelques mots de Machaut sur l'utilisation des instruments dans les chants à plusieurs parties (voir *Harpe*, 8*a*) ; quelques autres instruments apparaissent alors, comme la *bombarde, grande chalemie destinée aux parties graves dans un ensemble à vent. Les premiers prototypes de *clavicorde et de *clavecin (qui s'affirmeront au siècle suivant) voient le jour à la fin du XIVe siècle.

Voir également *Instruments de la Renaissance*.

Anthony Baines.

Instruments de musique électroniques

1. Introduction
2. Premiers instruments électroniques
3. Instruments à archet et à cordes pincées semi-électriques
4. Pianos semi-électriques
5. L'orgue électronique
6. Instruments utilisant une cellule photo-électrique
7. Instruments électroniques modernes

1. *Introduction.* Cet article ne concerne pas les instruments qui utilisent l'électricité à seule fin motrice ou comme substitut d'un système mécanique (notamment les orgues, pour remplacer l'ancien mécanisme pneumatique), mais ceux dans lesquels le son réel est créé électriquement ou, tout au moins, transmis électriquement (les vibrations sonores étant faites pour induire des vibrations électriques qui,

à leur tour, sont reproduites pour faire apparaître des vibrations sonores).

De tels instruments se regroupent essentiellement en deux catégories : ceux qui sont entièrement électriques de construction, utilisant les oscillations électroniques comme seule source d'énergie, et ceux qui utilisent des capteurs électriques pour détecter les vibrations dans l'instrument lui-même. Plus récemment, une troisième catégorie a pris de l'importance : les instruments qui utilisent une méthode digitale de production sonore.

Le grand pionnier de l'invention d'instruments de musique électroniques (avant l'apparition du haut-parleur et du tube électronique) est un savant américain, le docteur Thaddeus Cahill, dont le « dynamophone » avait été approuvé par Busoni en 1907 dans son ouvrage *Une Nouvelle Esthétique musicale* (*Entwurf einer neuen Aesthetic der Tonkunst*). Ce « dynamophone », également appelé « Telharmonium », produisait des sons musicaux (« Telharmonie ») dans un récepteur téléphonique par la rotation de roues dentées près des pôles d'électroaimants, les sons purs étant combinés pour imiter le timbre des instruments d'orchestre.

2. *Premiers instruments de musique électronique :*

(*a*) *Introduction*. Le chef d'orchestre Leopold Stokowski situait, en 1929 ou 1930, l'importance à laquelle il croyait appelés ces instruments :

> « Dans quelques années seulement, nous aurons des méthodes de production sonore entièrement nouvelles par des moyens électriques... L'une des caractéristiques merveilleuses des nouveaux instruments électriques est, ou sera, l'absence de difficultés techniques pour en jouer. Il n'y aura plus besoin de travailler pendant des heures tous les jours, car l'électricité assurera toute la partie mécanique. L'exécutant apportera son sens musical, son interprétation, la variété de couleur et de volume sonores et toutes les facettes immatérielles de la musique. »

L'évolution de ces instruments peut être divisée en deux phases. La première phase a été marquée par l'invention de dispositifs électroniques qui venaient s'ajouter à la gamme traditionnelle des instruments de musique, produisant généralement un son monophonique. La seconde phase, inspirée dans une très large mesure par l'invention du transistor dans les années cinquante, fera l'objet d'un autre paragraphe (voir § 7).

(*b*) *Principe général*. Le principe général de tous les premiers instruments électroniques qui fonctionnaient à lampes, est l'emploi d'hétérodynes (autrements dit d'« oscillations ») : l'action combinée de deux courants électriques dont les fréquences de vibration sont différentes. La rapidité de la vibration de tels courants est beaucoup trop grande pour produire le phénomène du son, mais le conflit ou « l'interférence » entre les deux courants produit régulièrement des « battements » récurrents et moins rapides ; le son est ainsi créé. Par exemple, si une série de vibrations atteint une rapidité de 1 000 000 par seconde et l'autre de 1 000 500, la différence de 500 battements correspondra à une note située aux environs du do médian en clé de sol.

La vitesse de vibration de l'un ou l'autre courant est alors réglée pour faire varier la différence entre les deux et on peut ainsi produire des notes à la hauteur voulue. Naturellement, plus la différence est infime, plus les battements sont lents et plus la note obtenue est grave.

Tous les instruments qui font appel à ce principe comportent également un moyen d'amplifier et de transmettre les vibrations sur les lignes d'un haut-parleur.

(*c*) *Les inventions de Mager*. L'un des premiers instruments de ce genre a été le « sphérophone » (*Sphärophon*, également appelé « électrophone », mais ce nom avait déjà été utilisé pour quelque chose d'entièrement différent ; voir *Électrophone*), inventé par Jörg Mager et décrit dans une brochure intitulée *A New Epoch in Music through Radio* publiée en 1924. Mager cherchait, entre autres choses, à trouver un moyen de réaliser facilement des quarts de ton et autres micro-intervalles, car il croyait à l'avenir de la musique microtonale. Tous les instruments de ce genre (sauf lorsqu'ils sont munis de claviers normaux et ainsi limités aux douze notes de l'octave) peuvent produire les intervalles les plus infimes et conviennent donc à une telle application. Le clavier de Mager est extrêmement développé et il porte parfois à tort le nom d' « orgue électrique ». Grâce à un mécanisme ingénieux, les « harmoniques » des notes produites peuvent être influencés, ce qui modifie leur timbre. En

1931, Mager avait été engagé à Bayreuth pour produire le son des cloches dans *Parsifal* (voir *Cloches*, 8) ; ce fut sans doute la première application artistique du genre des instruments décrits dans cet article, une application dépourvue de toute idée de propagande. Le sphérophone est purement mélodique.

En 1935, Mager a présenté son *Partiturophon*, une version développée du sphérophone, pour l'exécution de toute musique pour clavier.

(*d*) *Thérémin et Taubmann*. A partir de 1927, un savant russe d'origine française, le professeur Léon Thérémin, a fait la démonstration d'un appareil d'apparence très modeste, l' « éthérophone », que l'on appelle couramment aujourd'hui le « thérémin » ou « théréminovox ». Sous sa forme la plus simple, deux circuits électriques sont représentés par une tige métallique perpendiculaire et une boucle métallique horizontale, attachées à droite et à gauche d'une table reliée au secteur ; en rapprochant ou en éloignant la main droite de la tige, le taux d'oscillation du circuit électronique est contrôlé, faisant ainsi naître des sons de hauteurs plus ou moins élevées. L'intensité sonore est contrôlée par des mouvements identiques de la main gauche au-dessus de la boucle, la qualité sonore en réglant un interrupteur qui fonctionne sur un appareil destiné au filtrage des harmoniques.

En 1929, la RCA Victor Co. a placé un simple thérémin sur le marché ainsi qu'un thérémin associé à un gramophone électrique, avec des enregistrements reproduisant l'accompagnement des mélodies que devait jouer l'opérateur du thérémin, d'autres enregistrements servaient de méthode pour les gammes et les arpèges, que devait imiter le « théréministe ». (Il faut savoir que le thérémin est, de fait, purement mélodique.) La même année apparaissait une œuvre d'avant-garde pour le thérémin – la *First « Airphonic » Suite* de Joseph Schillinger.

Le « théréministe » doit avoir l'oreille fine, car les notes requises doivent être imaginées à l'oreille à l'avance et vérifiées, toujours à l'oreille, lorsqu'elles sont jouées : à cet égard, on pourrait comparer la difficulté des conditions d'exécution à celle que rencontrerait un violoniste jouant avec une corde en l'air, sans manche ou sans touche pour l'aider à placer ses doigts (les difficultés sont comparables à celles de la scie musicale ; voir *Flexaton*). On a fabriqué des instruments dont la forme ressemble à celle du piano ou du violoncelle et qui ne présentent pas cette situation d'inconfort ; ils sont donc davantage susceptibles d'être exploités à l'orchestre.

En 1933, Taubmann présentait son « électronde », instrument comparable au précédent.

(*e*) *Trautwein*. En 1930, le Dr F. Trautwein, professeur d'acoustique à Cologne, présentait le « trautonium ». Il suit le même principe que le thérémin, mais se joue en abaissant un fil d'acier sur une barre en acier, créant ainsi un court-circuit au point désiré et altérant la résistance du fil. Les timbres sont modifiables à volonté en utilisant des condensateurs affectant les harmoniques supérieurs ou, apparemment, dans une version ultérieure de l'instrument, en ajoutant au circuit principal une série de circuits complémentaires de moindre puissance, dont les fréquences correspondent aux divers groupes d'harmoniques ; ces circuits complémentaires sont commandés par de petits boutons-poussoirs. Hindemith a participé aux recherches de l'inventeur : il a joué de cet instrument et composé pour lui notamment un *Concerto pour trautonium et orchestre à cordes* (1931). Le trautonium est un instrument mélodique.

(*f*) *Martenot*. L'appareil connu sous l'appellation « ondes musicales » ou « ondes Martenot » ou « Martenot » est l'invention de Maurice Martenot (1898-1980). Il a été présenté pour la première fois en 1928 lors de la création du *Poème symphonique pour solo d'ondes musicales et orchestre* du compositeur parisien d'origine grecque Dimitri Levidis, aux Concerts Pasdeloup sous la direction de Rhené-Baton ; l'inventeur tenait lui-même la partie soliste : cette œuvre utilise des quarts de ton et des huitièmes de ton. En 1930, l'Orchestre de Philadelphie a donné la même œuvre sous la direction de Stokowski, toujours avec Maurice Martenot en soliste. Plus de trente compositeurs ont écrit des œuvres de concert pour cet instrument ou faisant appel à lui, notamment Honegger, Milhaud, Koechlin et Messiaen. Après la Seconde Guerre mondiale, il a été particulièrement apprécié des compositeurs de musiques de films.

Dans les ondes Martenot, les mouvements de la main droite commandent la hauteur du son comme sur le thérémin ou, sous une autre forme, au moyen d'une échelle graduée qui prend la forme d'un faux clavier sur lequel se déplace la main (la précision du geste est ainsi facilitée) ou au moyen d'un vrai clavier dont les touches sont capables d'une mouvement secondaire ou latéral (nouvelle caractéristique des instruments à clavier) qui influence microtonalement la hauteur de son et permet les effets de *vibrato* et de *glissando*. On peut obtenir une grande variété de timbres produits par un dispositif pour la main gauche qui ajoute ou retire les filtres dans l'amplificateur et contrôle les partiels supérieurs. La main gauche contrôle aussi l'intensité sonore. L'instrument est purement mélodique.

(*g*) *Obouhof*. La « croix sonore » de Nicolas Obouhof, Russe résidant à Paris, a été présentée en 1934 : elle se compose d'une croix d'environ 1,20 m de haut qui surmonte un globe d'environ 60 cm de diamètre. Cette « croix sonore » semble être essentiellement de la même nature que les instruments précédents et est purement mélodique.

(*h*) *Mellertion*. Il a été présenté en 1933. Il est construit sur une octave de dix intervalles au lieu des douze demi-tons habituels. « De nouveaux types de mélodies dépassant de loin le domaine de notre expérience musicale actuelle. »

(*i*) *Bertrand*. Le « dynaphone », inventé par René Bertrand, peut produire des vibrations couvrant la totalité de la gamme audible et, en dehors des notes simples, il peut produire des quintes et des octaves. Les timbres peuvent être contrôlés et créés. On peut jouer de plusieurs de ces instruments simultanément. Les *Variations caractéristiques* de Fromaigeat et le ballet *Roses en métal* d'Honegger figurent parmi les premières œuvres écrites pour lui.

(*j*) *Emicon*. C'est aussi un instrument mélodique ; il possède un clavier de trente-deux notes et a été construit aux États-Unis vers 1930 par Langer et Halmagyi.

(*k*) *Hellertion*. Le nom de cet instrument provient du nom de ses inventeurs, Helberger et Lertes ; il a été présenté en 1936. Il possède quatre « claviers », des bandes de cuir striées correspondant aux demi-tons d'un clavier. Lorsque l'on appuie sur la partie creuse des stries un courant passe, le nombre de vibrations par seconde (et en conséquence la hauteur du son produit) varie en fonction de la position de la strie. En jouant les quatre « claviers » simultanément, on peut jouer des accords de quatre notes. Il y a en outre des dispositifs de contrôle du volume et de la qualité sonores. Une forme antérieure de l'instrument (1931) se composait d'un clavier d'électrophone attaché à un piano ordinaire ; les pouvoirs électroniques de l'instrument se limitaient alors à la mélodie.

(*l*) *Le piano « électronique » Wurlitzer*. Il comporte deux bandes métalliques souples ou « claviers » avec des stries correspondant aux notes d'un clavier normal. On joue avec l'index, le majeur, l'annulaire et l'auriculaire sur le clavier arrière, et avec les pouces sur le clavier avant. En jouant entre les stries sur une bande, on obtient des microtons et, en glissant un doigt le long de la bande, un *glissando*. La qualité sonore varie selon la pression appliquée. Une rangée de douze boutons-poussoirs, dont chacun porte le nom d'un instrument, sert à contrôler le timbre ; on peut en utiliser deux simultanément si on le désire.

3. *Instruments à archet et à cordes pincées semi-électriques :*

(*a*) *Violon et violoncelle Vierling*. Ces instruments se jouent normalement mais, au lieu d'amplifier le son des cordes acoustiquement par la caisse de résonance, comme sur les instruments normaux, les vibrations sont captées par des électroaimants (un pour les sons fondamentaux et un autre pour les harmoniques), transmises à un amplificateur et délivrées par un haut-parleur. En manipulant l'amplificateur réservé aux harmoniques, on peut modifier le timbre ; on peut ainsi faire sonner un violon comme un hautbois.

(*b*) *Les instruments Allen, etc.* A. E. Allen et V. A. Pfeil (tous deux des laboratoires Allencraft à Orange dans le New Jersey) ont mis au point un jeu complet d'instruments à cordes (à la fois à archet et à cordes pincées) sur le principe des instruments Vierling (*a*). Le professeur

V. Karapetoff, de Cornell University, a créé un violoncelle à cinq cordes avec amplificateur. Marshall Moss, premier violon de l'Orchestre symphonique national de Washington DC, et l'ingénieur William Bartley ont présenté en 1938 le « violon électrofonique », avec une table d'harmonie, mais pas de dos : les vibrations sont reçues par microphone, puis amplifiées.

(*c*) *Radiotone*. Cet instrument d'origine française, présenté vers 1931, possède un clavier du type de celui du piano qui fonctionne avec des touches métalliques enfoncées sur une seule corde (elle aussi métallique) accordée sur le sol de la corde la plus grave d'un violon normal et mise en vibration par des archets circulaires, un par octave (les archets étant conçus de forme différente en ce qui concerne le diamètre et certains détails afin de s'accorder au maximum avec la fréquence moyenne des vibrations de la gamme qui les concerne). Les vibrations des cordes se transmettent à des électroaimants, et des amplificateurs et un haut-parleur du type utilisé dans un poste de radio entrent alors en action. On peut actionner des condensateurs pour influencer les harmoniques perçus et ainsi la couleur sonore, ce qui permet d'imiter d'autres instruments.

(*d*) *Guitare électrique*. Voir *Guitare*, 8. Déjà lancées sur le marché en 1936 aux États-Unis par Leo Fender, elles se sont développées sous trois formes distinctes : la guitare strandard ou à plectre, la guitare basse électrique et la guitare électrique en acier ou guitare hawaïenne. Sur tous les modèles, les vibrations des cordes sont détectées par des électroaimants placés sous les cordes à proximité du chevalet, les signaux électriques qui en résultent passant dans des circuits de modification du son, dans un amplificateur et dans un haut-parleur.

4. *Pianos semi-électriques*. Le pionnier dans ce domaine est le Dr W. Nernst de Berlin qui a remporté le prix Nobel de physique en 1920. Ses principes sont appliqués de diverses façons sur les instruments mentionnés ci-dessous.

(*a*) *Néo-Bechstein* (ou Siemens-Bechstein). Sur cet instrument, qui a été présenté en 1931, les cordes sont mises en vibration par des marteaux, comme sur les pianos anciens, mais avec beaucoup moins de force. Il n'y a pas de table d'harmonie et le son produit « mécaniquement » est faible. Les vibrations des cordes sont captées par des électroaimants et, après avoir été retransformées en vibrations sonores, elles sortent par un haut-parleur relié par un câble et qui peut être placé n'importe où dans la pièce.

Comme l'impact des marteaux sur les cordes produit peu de son, le volume est commandé par une pédale agissant sur la partie amplificatrice de l'appareil ; le son, même celui d'une note ou d'un accord soutenu, peut être enflé ou réduit à volonté. Le temps pendant lequel les notes sonnent peut être prolongé considérablement au-delà des notes ou des accords d'un piano normal.

La couleur sonore de l'instrument peut être réglée selon les goûts de l'utilisateur de l'instrument en réduisant ou en augmentant la force d'harmoniques particuliers à l'aide de condensateurs. À des fins pratiques ou afin de produire un effet de clavecin, la partie électrique de l'appareil peut être mise hors circuit de telle sorte que seul le doux impact percussif des marteaux sur les cordes reste audible. L'instrumentiste peut aussi laisser branché l'appareil électrique, couper le haut-parleur et porter des écouteurs ; il est alors le seul à profiter de ses efforts et ses voisins sont épargnés.

Cet instrument a été mis au point par Siemens et Halske et produit sous la direction du professeur Nernst.

(*b*) *Le piano Vierling*. Il a été élaboré à l'Institut Heinrich Hertz de Berlin et ressemble un peu, en ce qui concerne les principes généraux, au néo-Bechstein. On prétend que le piano le plus mauvais et le plus usé peu sonner comme l'un des meilleurs pianos à queue si on lui ajoute le dispositif de Vierling. En fait, il n'y a aucune raison pour que ce ne soit pas le cas puisque la qualité sonore de l'instrument original doit être complètement perdue sous l'amplification électrique.

(*c*) *Electrochord*. Construit par Förster, en appliquant des brevets de Vierling, cet instrument suit un peu le principe du néo-Bechstein mais utilise des jeux distincts d'électroaimants pour les sons fondamentaux et les harmoniques.

(*d*) *Le piano Miessner*. Il s'agit, dans les grandes lignes, du même type d'instrument que ceux décrits ci-dessus, mais on peut produire de nets changements de couleur sonore en touchant des boutons et en tournant des cadrans qui contrôlent l'amplification d'ensemble d'harmoniques particuliers ; on peut expérimenter à l'infini les couleurs sonores.

(*e*) *Le piano électrique*. Cette invention, plus récente, diffère sensiblement de ses prédécesseurs par l'utilisation de résonateurs constitués par des barres métalliques accordées qui remplacent les cordes comme agents vibrants. La technologie moderne du transistor a permis de réduire la taille de l'instrument à une largeur à peine supérieure à celle d'un clavier ; il est placé sur un support, relié à un amplificateur et à un haut-parleur.

5. *L'orgue électronique* (*électrophonique, sans tuyaux*). En 1930, on annonçait la découverte par deux inventeurs français, Coupleux et Givelet, d'un orgue sans tuyaux. « Les tuyaux sont remplacés par des lampes triodes qui produisent tous les sons d'un orgue ordinaire, avec tous les timbres des divers jeux. Pour modifier l'intensité et la qualité sonore, ce nouvel orgue est muni d'amplificateurs. La construction d'un tel orgue coûtera beaucoup moins cher que l'orgue à tuyaux. » Depuis lors, ces orgues ont été mis sur le marché et sont devenus assez courants. Un Américain, le capitaine Richard Ranger, avait présenté à New York, en 1931, un orgue sans tuyaux de son invention associant l'utilisation des vibrations à des cellules photoélectriques. Il a utilisé le terme « rangertone ».

En 1935, la société Hammond Instrument Co. de Chicago mettait en vente un orgue électronique sans tuyaux ni vent : il est très compact, tous les mécanismes sont contenus dans la console, reliés par un câble à une sortie qui peut être placée en fonction des besoins. L'ensemble est portable comme un petit piano. L'instrumentiste dispose d'une vaste gamme de couleurs sonores grâce à un système de contrôle direct des harmoniques dont dépend le timbre. Voici quelques détails techniques :

Une petite plaque métallique ou roue phonique d'environ 3 cm de diamètre est disposée de façon à tourner à proximité d'un aimant permanent. Sur l'aimant permanent est enroulée une bobine. La roue phonique n'est pas circulaire mais possède un certain nombre de dents réparties à égale distance sur sa circonférence. En tournant, elle ne touche pas l'aimant permanent mais les dents passent assez près pour perturber le champ magnétique. Chaque fois qu'une dent passe à proximité de l'aimant, elle modifie le champ magnétique et induit dans la bobine un flux infime de courant. Si la roue phonique tourne, par exemple, à une vitesse à laquelle 440 dents par seconde passent près de l'aimant, un courant alternatif d'une fréquence de 439 sera induit dans la bobine et parcourra le circuit auquel il est associé. Convertie en son, cette fréquence 440 donnera le diapason (la^3).

Le générateur comporte 91 roues de ce type formant en permanence un engrenage et actionnées par un moteur synchrone à vitesse constante. Leurs vitesses de rotation et le nombre de dents de chaque roue sont calculés de telle sorte que chaque roue produise une des 91 fréquences nécessaires pour les 91 hauteurs de son utilisées dans les fondamentales et les harmoniques.

Le générateur dispose ainsi continuellement de 91 fréquences. Lorsqu'une touche est enfoncée, elle sélectionne la fréquence correspondant à la fondamentale de la note qu'elle représente ainsi que les fréquences des huit harmoniques de cette note (sélectionnées auparavant par l'instrumentiste selon la couleur sonore qu'il désire). Ces diverses fréquences se superposent les unes aux autres et circulent comme une seule « onde » électrique complexe juqu'au préamplificateur, également installé dans la console.

Dès lors, l'onde (quelque peu amplifiée) passe par un câble de liaison jusqu'à une sortie où elle est encore amplifiée et met en action les cônes des haut-parleurs.

Le fonctionnement est entièrement électrique. Aucun son n'est créé dans la console – seulement des combinaisons de vibrations électriques. Ce qui est joué ne se transforme en son qu'à la sortie. Une chambre de réverbération peut être intégrée à cette sortie ou reliée à elle, ce qui permet de régler la période de réverbération selon le cadre ambiant (église en pierre plus ou moins grande, salon recouvert de moquette, etc.).

En 1935, la société Everette Piano Co. de New Haven (Michigan) a mis en vente un orgue électrique sans tuyaux, l'« orgatron », inventé par F. A. Hoschke, et Jörg Mager a présenté son « Partiturophon » (voir § 2c).

L'orgatron Everette (aujourd'hui commercialisé par la Wurlitzer Company de New York et de Chicago) utilise des anches vibrantes comme générateurs électrostatiques, le contenu harmonique étant filtré électriquement. L'instrument emploie une quantité limitée de « dédoublement » et est contrôlé par une console d'orgue normale. Outre les orgues Hammond et Wurlitzer, d'autres orgues électroniques sont apparus sur le marché américain, notamment ceux d'Allen (Allentown, Pennsylvanie), de Baldwin (Cincinnati, Ohio) et de Connsonata (Elkhart, Indiana). Sur tous ces instruments, le son est produit en faisant osciller des circuits à tubes de manière différente ; ainsi, sur l'orgue Baldwin, douze oscillateurs-pilotes donnent les notes aiguës, les notes graves en étant dérivées par des diviseurs de fréquence. L'orgue Connsonata emploie des oscillateurs unitaires qui produisent chacun quatre demi-tons. En fait, il semble n'y avoir aucune limite à la souplesse d'utilisation des circuits radio oscillants comme source de sons musicaux.

En Grande-Bretagne, la John Compton Organ Company a remporté un grand succès avec un orgue électrostatique, le « Compton electrone », qui produit le son par des changements réguliers de capacité de condensateurs anodiques convenablement gravés dans lesquels une anode est fixe et l'autre tourne. La qualité sonore s'est beaucoup améliorée avec la synthèse harmonique des divers jeux qui a sensiblement progressé ; on a accordé une grande importance au développement des phénomènes transitoires et des éléments de transformation. L'instrument utilise une console d'orgue normale. A Londres, le Royal Festival Hall possède une installation remarquable : l'un des trois claviers de l'orgue comporte deux générateurs de tons complets (choisis spécialement pour une synthèse et un « dédoublement » corrects à la façon des tuyaux de l'orgue classique), l'un pour le grand orgue et la moitié des jeux de pédale, l'autre pour le positif, le récit et le reste des jeux de pédale, chaque générateur se composant de douze disques, un par demi-ton de la gamme musicale. En retardant délibérément le taux de décharge des condensateurs, on peut introduire un décalage dans la disparition des notes, ce qui permet de simuler ainsi à volonté la période de réverbération d'un auditorium et de compenser les défauts dus à la mauvaise acoustique architecturale. On peut employer le même procédé pour produire l'effet de cloche et de percussion d'orchestre.

La Miller Organ Company (Norwich) a mis sur le marché un orgue à tube électronique inventé par le Français Constant Martin. Des oscillateurs accordés individuellement créent jusqu'à trente harmoniques non tempérés par note et un sélecteur d'harmonique spécial est chargé des divers jeux d'orgue. On doit au même inventeur un carillon électromécanique actionné à partir d'un clavier.

Proche des orgues à tube électronique oscillant, le « novachord » est un instrument domestique à clavier de six octaves qui fournit quatorze qualités sonores différentes : piano, orgue, cordes, bois, etc. Un instrument à tube électronique appelé « solovox » peut être utilisé conjointement à un piano ordinaire. Il se compose d'un clavier subsidiaire de trois octaves (avec une étendue réelle de cinq octaves) actionné par des touches spéciales et par un variateur d'intensité commandé par le genou. Cela permet d'associer facilement les effets orchestraux à la musique de piano. Le « clavioline » (Selmer, breveté par Constant Martin) est un instrument identique.

Les avantages des orgues électroniques et électrophoniques sont les suivants : ils n'ont pas besoin d'accord ; ils sont insensibles aux variations atmosphériques ; leur petite taille par rapport aux orgues à tuyaux permet de les placer dans un endroit favorable sur le plan acoustique ; les frais d'entretien sont réduits. La mise de fonds initiale varie évidemment en fonction du degré de qualité musicale et des ressources sonores escomptées. Le fait que les sons réels soient transmis par l'intermédiaire d'un haut-parleur impose une limite à l'effet musical. Toutefois, au fil des années, les améliorations constamment apportées ont considérablement accru la qualité de ces orgues. Leur usage a également dépassé l'objectif initial pour aborder le domaine du divertissement populaire, créant ainsi un conflit d'intention. Lorsqu'ils servent de substituts aux orgues à tuyaux, l'authenticité de la reproduction revêt une importance suprême. Dans un club de variétés ou sur scène avec des guitares et des synthétiseurs, la variété et la nouveauté de la couleur sonore sont souvent plus importantes. On trouve couramment des effets adoucissants comme un simple *vibrato* sur des modèles populaires, malgré la banalité inhérente à cette technique. Néanmoins, certaines améliorations plus subtiles ont connu les faveurs de nombreux créateurs, en particulier le système de haut-parleur rotatif ou Leslie. La douce modulation des ondes projetées acoustiquement aboutit à une animation du son qui supporte assez bien la comparaison avec les sons produits de façon très conventionnelle par un orgue à tuyaux. L'invention du transistor correspond à un changement majeur dans la conception des modèles, à partir de 1960. Elle a permis de concevoir des circuits beaucoup plus compacts et une gamme rehaussée de caractéristiques de jeux. Plus fondamentalement, les constructeurs ont commencé à s'écarter des techniques mécaniques de création du son pour s'orienter vers des circuits oscillateurs entièrement électroniques, en recherchant souvent à reproduire les caractéristiques distinctives des premières. L'orgue moderne Wurlitzer, par exemple, utilise un simple oscillateur-pilote et un système de diviseurs de fréquence pour produire les hauteurs de son individuelles à la place des anches vibrantes; et le Hammond Concorde applique un principe analogue au système des roues phoniques, exclusivité des orgues de cette société.

Une nouvelle approche de la production sonore, basée sur les techniques digitales, a été testée par la société des orgues Allen au cours des années soixante-dix. La technologie naissante de l'ordinateur a facilité la construction de circuits spéciaux qui extraient les représentations chiffrées des formes d'ondes en balayant de façon répétée des tables d'équivalences numériques conservées dans des mémoires spéciales. Les caractéristiques qui en résultent sont converties en fonctions de tension par des convertisseurs avant de passer à un amplificateur et à un haut-parleur classiques (voir *Ordinateur*). La possibilité de produire n'importe quel jeu en changeant simplement la table des valeurs et le réalisme du son d'orgue qui en résulte ont fixé de nouvelles normes de conception que les autres doivent suivre.

6. *Instruments utilisant une cellule photoélectrique.* On trouvera une référence à l'emploi de la cellule photoélectrique dans l'article *Radio et télévision*, dans lequel son utilisation en télévision est sommairement décrite. Cette cellule a commencé à être de plus en plus employée pour la création de sons musicaux à partir des années trente. Le principe général est le suivant : un faisceau lumineux atteignant une cellule photoélectrique est régulièrement interrompu par une sorte de disque rotatif (voir § 6*b*) ou par la variation d'intensité d'un film cinématographique (voir § 6*c*), les vibrations qui en résultent étant transformées en sons musicaux. Des difficultés techniques ont retardé le développement du premier type d'instrument, mais on peut mentionner le suivant.

(*a*) *Rhythmicon.* Il a été inventé conjointement par Thérémin (voir § 2*d*) et par le compositeur américain Henry Cowell. « Il produit des harmoniques qui donnent entre un et seize battements rythmiques par mesure, les harmoniques étant proportionnellement plus hauts dans les rythmes plus rapides. Un clavier spécial commande les rythmes; aussi longtemps que la touche reste enfoncée la note continue à être répétée. Lorsque l'on maintient plusieurs touches enfoncées, on entend une harmonie rythmique d'harmoniques ; lorsque des touches individuelles sont enfoncées successivement, on obtient une harmonie rythmique. La hauteur de son et le tempo peuvent varier à volonté grâce à un dispositif électrique. »

(*b*) *Photona.* Instrument présenté en 1935 par la WCAU Broadcasting Company of America, travaillant sur des brevets détenus par Ivan Eremeef. Il s'agit d'un instrument à deux claviers, avec des jeux analogues à ceux de l'orgue pour contrôler les couleurs sonores selon les principes généraux de sélection des harmoniques, comme on l'a mentionné à propos de l'orgue Hammond (voir § 5). Les sons sont produits par des disques rotatifs entre une source de lumière et une cellule photoélectrique et sont amplifiés selon les mêmes principes que sur les instruments décrits ci-dessus.

Le « super-piano » (1927) de Spielman est aussi un instrument à clavier à cellule photoélectrique, de même que le « photophone » de Welte (Berlin).

(*c*) *Le film sonore.* En analysant l'image photographique de la « piste sonore » d'un film, il est théoriquement possible de reproduire des sons musicaux et même des paroles par le dessin. L'intérêt commercial de cette méthode de synthèse n'a toutefois pas été retenu, car les techniques photoélectriques ont été rapidement abandonnées en faveur de l'enregistrement magnétique après la Seconde Guerre mondiale. Quelques pionniers de la musique électronique ont continué à explorer ce domaine pour des systèmes isolés, notamment Norman McLaren au Canada et Daphne Oram en Grande-Bretagne.

7. *Les instruments électroniques modernes.* Après la Seconde Guerre mondiale, la naissance de la musique électronique comme moyen de composition a étendu la technologie correspondante bien audelà des limites qu'évoque le terme « instrument ». On a créé des studios dotés d'une grande variété d'équipements de production et de modification du matériel sonore, aboutissant à la fabrication de synthétiseurs compacts autonomes (voir *Ordinateur*; *Musique électronique*; *Synthétiseur*). La souplesse d'utilisation de ces systèmes transistorisés a multiplié leurs applications, y compris leur utilisation comme instruments d'exécution. Les techniques d'imitation ont pris une importance particulière, synthétisant non seulement le son de l'orgue mais aussi celui d'autres instruments. Certains synthétiseurs sont conçus spécifiquement pour imiter, comme les synthétiseurs de cordes (à clavier) fabriqués par des firmes comme ARP et Rowland ou les synthétiseurs vocaux, également appelés « *vocoders* », fabriqués par EMS, Moog et Rowland. Certains circuits sélectionnés sont utilisés pour élargir la gamme de possibilités des instruments semi-électriques existants, comme la guitare électrique, ou pour de nouveaux modèles comme le piano-accordéon électrique.

Un classement par type d'instruments est de plus en plus difficile à établir car de nombreux modèles sont capables de plusieurs applications. Par exemple, de nombreux synthétiseurs polyphoniques peuvent être utilisés comme des orgues électroniques conventionnels. Un instrument comme le « mellotron » reste unique en son genre et appartient à une catégorie qui lui est propre. Deux claviers de trente-cinq notes sont installés l'un à côté de l'autre. Le clavier supérieur possède une étendue légèrement inférieure à trois octaves, les sons obtenus provenant d'une série de boucles de bandes magnétiques préenregistrées. On peut ainsi sélectionner jusqu'à trente-huit timbres instrumentaux différents. Le clavier inférieur, qui fonctionne selon le même principe, sert à l'accompagnement avec dix-sept accords différents et différents schémas rythmiques au choix.

Percy Scholes, rev. Peter Manning.

Instruments de la préhistoire. Les coutumes des peuples les plus primitifs, avant d'être touchés par la moindre influence extérieure – comme les Tasmaniens, les Fuégiens (Terre de Feu), les Vedda à Ceylan et les Aïnus au Japon –, montrent que l'humanité vécut longtemps sans ressentir le besoin d'instruments producteurs de son : l'homme se contentait de sa bouche pour transmettre des signaux à ses congénères. Son premier « instrument » a été la danse en « cercle » (comme celle des chimpanzés) en observant des pas déterminés sur un accompagnement vocal – le seul chant et la seule musique que l'on entendait normalement dans la vie de la tribu.

Certains bruits rythmiques vigoureux sont alors venus relever l'intensité des mouvements corporels de la danse ; on les produisait en se donnant des claques sur le corps, en battant des mains, en tapant du pied et en portant sur soi des objets qui faisaient du bruit ou en frappant sur des objets résonants à portée de main. Ensuite, tout en restant au niveau du paléolithique, les sorciers ont introduit la notion d'instruments magiques pour guérir ou faire la pluie et le beau temps, instruments dotés de bruits mystérieux comme la *planchette ronflante, les racles en os ou en bois ou les flûtes de bambou sans aucun trou (toutefois, dans certaines cultures très anciennes, les flûtes servaient uniquement à amuser les enfants).

En 1928, Curt Sachs a établi une vaste et monumentale chronologie de l'apparition successive des instruments en fondant essentiellement son analyse sur la répartition géographique (par exemple, ceux qui sont les plus éloignés d'une source présup-

	IDIOPHONE	MEMBRANOPHONE	CORDOPHONE	AÉROPHONE
HAUT PALÉOLITIQUE	crécelles portées baguettes racle courge (crécelle)			planchette ronflante flûte en os (sans trous) didjeridu
PROTO-NÉOLITIQUE	tambour à fente tube battu	tambour, 1 peau	arc musical	conque flûte avec trous flûte de Pan
NÉOLITIQUE FINAL	panier (crécelle) cloche de bois xylophone guimbarde (bambou)			flûte traversière flûte nasale tuyau à anche simple
DÉBUT ÂGE DES MÉTAUX	cloche forgée	tambour à friction	cithare idiocorde	cor
ANTIQUITÉ IVe-IIIe MILLÉNAIRE	sistre	tambour, 2 peaux	harpe	
AV. J.-C.	cloche fondue	tambour sur cadre	lyre	
IIe-Ier MILLÉNAIRE AV. J.-C.	cymbales castagnettes		long luth harpe angulaire luth court	trompette tuyau à anche double orgue à anche libre (oriental)

posée, sur le continent asiatique, sont vraisemblablement les plus anciens). On donnera ici un résumé beaucoup plus condensé, dans lequel les données archéologiques prennent le dessus lorsque l'on atteint les millénaires de l'Antiquité.

Sachs s'est particulièrement attaché à la sociologie et au symbolisme des instruments, mais si l'on parcourt la liste d'un point de vue musical, il est intéressant d'observer la lente évolution des instruments qui produisent un son mélodieux. Parmi les premiers de cette catégorie figure l'arc musical, très répandu, sur lequel les sons sont produits par résonance sélective des harmoniques d'une corde vibrante, comme sur la guimbarde, qui a fait très tôt son apparition sous sa forme orientale en bambou. Les deux dépendent de l'habileté de la bouche, et non des doigts (comparer au *didjeridu*). Par contre, aujourd'hui, la majeure partie de nos instruments mélodieux requièrent l'usage individuel de plusieurs doigts ou de tous les doigts. La plupart des mouvements que nous faisons quotidiennement avec les mains impliquent l'action de saisir quelque chose entre le pouce et un ou deux doigts, les autres ayant seulement un rôle de support. Il semble en avoir été de même des instruments de musique jusqu'à la fin du néolithique. Lorsque la flûte est percée de trous, ils vont généralement par trois ou quatre mais sont joués avec les deux mains, sans utiliser le petit doigt, alors que la flûte de Pan, instrument difficile à fabriquer, ne requiert aucun mouvement des doigts. Les simples cithares « idiocordes » ont couramment une huitaine de « cordes » en bambou qui donnent un éventail de notes permettant d'accompagner la voix de l'instrumentiste, mais elles sont frappées légèrement avec une baguette ou pincées avec les pouces, rarement avec les doigts séparés comme à la harpe. La harpe correspond à un changement majeur apporté par une civilisation supérieure : elle est jouée avec les doigts et – d'après les tablettes d'argile babyloniennes des environs de 1500 av. J.-C. – systématiquement accordée sur une échelle élaborée permettant de changer de mode avec précision en limitant au minimum les modifications d'accord. La prééminence des instruments à cordes commence ici, car, comme le disaient les Grecs, il est plus difficile de réussir ces changements avec un instrument à vent simple.

Anthony Baines.

Instruments de la Renaissance. L'histoire des instruments de musique sous la Renaissance est dominée par deux aspects

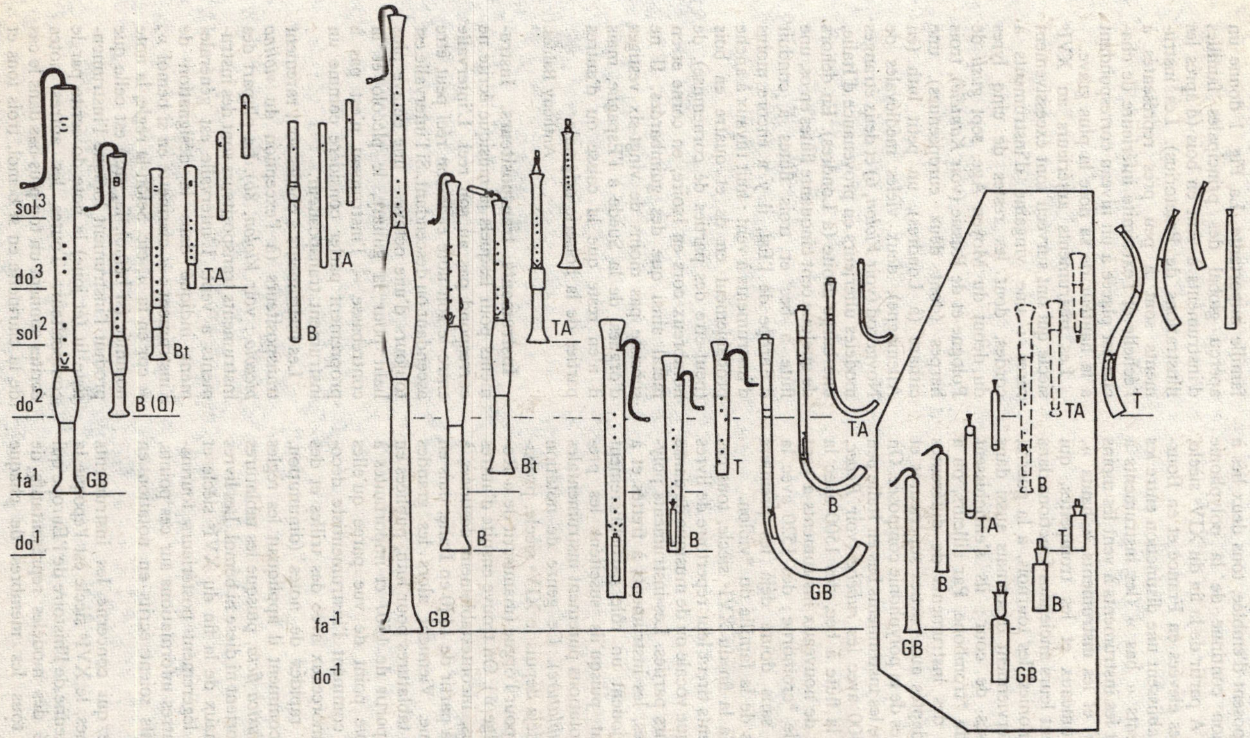

Fig. 1. Familles d'instruments à vent de la Renaissance, d'après les illustrations de Praetorius (1618). Tous les instruments sont représentés à la même échelle, la base de chacun d'entre eux se situant au niveau de sa note la plus grave (mentionnée à gauche du dessin). GB, grande basse ; B, basse (Q, quinte) ; Bt, basset ; T, ténor (TA, ténor-alto). De gauche à droite : **flûte à bec, *flûte, *chalemie, dulcian (voir Basson, 4), *cromorne et (plus à droite) *cornet à bouquin. Dans l'encadré (familles plus rares) : courtaud (sordone en Italie ; sordun en Allemagne), *racket (rankett) et (au-dessus, mais problématique) Schreierpfeifen (voir Chalemie, 5).*

qui s'imposent d'emblée, tous deux liés à l'expansion continue de la polyphonie profane. A partir de la fin du XIVe siècle, les classes élevées en France et en Bourgogne établissent une distinction entre les instruments « bas » (les instruments à cordes et les instruments à vent les moins bruyants) et les instruments « hauts », les chalumeaux et les trompettes, qui conservent leurs anciennes fonctions dans les cérémonies, les tournois, à la guerre, mais interviennent désormais aussi dans les danses de cour ; ils s'enrichissent ensuite du *trombone. Par ailleurs, on a fabriqué des instruments de différentes tailles adaptés aux parties supérieures et inférieures de la polyphonie composée. On rencontre les instruments bas en Italie peu après 1400 avec les *rubebe* (voir *Rebec*, 1), puis la flûte à bec, dès 1500 avec la *viole et de nouveaux instruments à vent comme le *cromorne ; dès 1520 avec la flûte et sans doute déjà les premiers membres de la famille du *violon.

Jusqu'à la fin du XVIe siècle, tous ces instruments tirent leur répertoire de livres de musique vocale ou de musique de danse à plusieurs parties. Les instruments polyphoniques, les instruments à frettes et à clavier, jouent un rôle particulièrement important puisqu'ils suscitent les premières notations purement instrumentales (voir *Tablature*). Ce genre de notation existait déjà depuis le XIVe siècle, probablement pour l'orgue (manuscrit de « Robertsbridge »). On trouve ensuite d'autres tablatures, incontestablement destinées à l'orgue, à partir de 1420 en Italie, puis en Allemagne. Viennent alors les grandes séries de tablatures pour luth, publiées en Italie à partir de 1507 et importantes à un double point de vue parce qu'elles révèlent comment l'instrumentiste décorait les morceaux avec des trilles et des passages rapides de notes (diminution, etc.) et comment il appliquait les règles de la **musica ficta*, puisque les tablatures ne comportent ni dièse ni bémol. Les livres de virginaux de la fin du XVIe siècle et d'autres légèrement postérieurs fournissent d'autres informations sur ces points, bien qu'ils soient écrits en notation en portées.

En ce qui concerne les instruments eux-mêmes, le XVIe siècle est l'époque la plus ancienne de l'histoire de l'Europe qui ait laissé des modèles représentatifs de presque tous les membres de chaque famille importante. La Fig. 1 donne un aperçu global des principales familles d'instruments à vent en bois (d'après les illustrations de Praetorius). Les instruments sont à peu près représentés à l'échelle et l'extrémité inférieure de chacun est placée à un niveau correspondant à la hauteur de sa note la plus grave.

Les instruments antérieurs au XVIe siècle qui ont survécu sont excessivement rares : une vingaine d'instruments à cordes, dont les restes de cinq lyres du début du Moyen Age, sept *gusli* de Pologne et de Russie (voir *Kantélé*), trois harpes (dont deux européennes), une cithare (à Londres), un petit luth (en Allemagne), deux vièles médiévales de Novgorod (voir *Violon*, 6) et deux étranges modèles ultérieurs en provenance d'Italie, une harpe droite (à Londres). En dehors de quelque cent cinquante flûtes en os, une flûte à bec et trois flûtes à conduit d'Europe de l'Est, il y a encore moins d'instruments à vent : huit tuyaux à anche probablement en os et quatre en bois (peut-être des parties de cornemuse), de nombreux cors en ivoire, en corne et en métal ainsi que des guimbardes. Il ne subsiste pas moins de vingt-six vestiges d'orgues, de la Suède à l'Espagne, mais il n'en reste que la caisse ou d'autres parties de la boiserie originale.

Anthony Baines.

Instruments transpositeurs. Instruments pour lesquels la musique écrite ne correspond pas au son réel. L'intervalle entre le son noté et le son réel peut être ascendant ou descendant. Si l'intervalle est toujours d'une octave – une octave plus haut pour la guitare, le piccolo et la contrebasse –, l'instrument n'est pas à proprement parler considéré comme un instrument transpositeur.

Les instruments à cordes sont rarement transpositeurs (à l'exception du *violino piccolo* : voir *Violon*, 8*b*). La plupart des instruments transpositeurs sont des instruments à vent. L'intervalle est généralement indiqué dans la désignation de l'instrument : « clarinette en si bémol », « cor en fa », etc. Selon la règle, la note nommée (si bémol, fa, etc.) est celle que produit l'instrument lorsque l'instrumentiste lit (et joue) la note do écrite par le compositeur. Toutes les autres notes écrites sonnent un ton plus bas dans le cas de la clarinette en si bémol, trois tons et demi plus bas (une quinte) dans le cas du cor en fa, etc. Dans certains cas, l'intervalle de transposition est censé être connu, comme pour le cor anglais, toujours en fa (à la quinte inférieure des notes écrites) ; la situation est loin d'être aussi claire pour la clarinette, le cor, la trompette, le saxophone, etc.

Ces transpositions ont un avantage technique considérable car elles permettent à un instrumentiste d'appliquer des doigtés identiques à tous les instruments d'une même famille : il réagit à la note écrite sur le papier avec le même doigté, indépendamment des différents sons produits. Le compositeur ou l'arrangeur tient compte de cette donnée fondamentale en choisissant la transposition appropriée ; mais pour lui, c'est pratiquement un automatisme : dans une partie de cor anglais ou de cor en fa, s'il désire que l'instrumentiste joue le son de fa, il écrit le do immédiatement au-dessus sans même avoir besoin de réfléchir. Le chef d'orchestre raisonne dans le sens contraire : il lit do mais « entend » mentalement le fa au-dessous, après avoir rapidement repéré les différentes tonalités de transposition au début de la partition. Dans certains cas plus complexes d'exemples de transposition il doit parfois s'arrêter un instant lors de la première lecture pour voir quelle est réellement la transposition de l'instrument à vent concerné. Schoenberg estimait que ces transpositions devaient être abolies, tout au moins dans les partitions d'orchestre, mais cette habitude est profondément enracinée chez les musiciens et il a été prouvé que, loin de faciliter les choses, la notation de toutes les parties de vents à la hauteur réelle ne faisait que les compliquer encore davantage.

Les Tableaux 1 et 2 sont établis du point de vue de la lecture de la partition. Sur le Tableau 1, lorsque la tonalité est indiquée entre parenthèses, elle est (ou peut être) omise de la désignation de l'instrument sur la partition et sur la partie. Une partie « en ut » (en sons réels ou à l'octave inférieure) doit être spécifiée

TABLEAU 1

TRANSPOSITIONS : INSTRUMENTS DE LA FAMILLE DES BOIS

PARTIES ÉCRITES	SON RÉEL
Flûte alto (en sol)	Quarte inférieure
Hautbois d'amour (en la)	Tierce mineure inférieure
Cor anglais (en fa)	Quinte inférieure
Hautbois basse ou Heckelphone (en ut)	Octave inférieure
Clarinette en mi bémol	Tierce mineure supérieure
Clarinette en ré	Seconde majeure supérieure (un ton)
Clarinette en ut	Sons réels
Clarinette en si bémol	Seconde majeure inférieure (un ton)
Clarinette en la	Tierce mineure inférieure
Cor de basset (en fa)	Quinte inférieure (voir note 1, p. 1076 pour les notes écrites en clé de fa)
Clarinette alto en mi bémol	Sixte majeure inférieure
Clarinette basse (normalement en si bémol)	Deux notations : (1) Normale en clé de sol : neuvième inférieure (2) Wagner et quelques autres : seconde majeure inférieure, en utilisant librement la clé de fa. La partie ressemble alors davantage à une partie de « basse », mais elle enfreint le but de la transposition car l'instrumentiste doit « repenser » son doigté.
Clarinette basse en la	Également deux notations : (1) Dixième inférieure (2) Tierce mineure inférieure
Saxophone soprano en si bémol	Seconde majeure inférieure (un ton)
Saxophone alto en mi bémol	Sixte majeure inférieure
Saxophone ténor en si bémol	Neuvième inférieure
Saxophone baryton en mi bémol	Treizième inférieure (octave + sixte, de telle sorte qu'en imaginant lire en clé de fa au lieu de la clé de sol, on peut lire les sons réels, sans oublier toutefois qu'il faut ajouter trois bémols à l'armature de la clé)

TABLEAU 2

TRANSPOSITIONS : INSTRUMENTS DE LA FAMILLE DES CUIVRES

DÉSIGNATION	SONS AU-DESSUS/AU-DESSOUS DES NOTES ÉCRITES	
	COR	TROMPETTE
en si bémol	« alto en si bémol » : seconde maj.inf. « basso (grave) en si bémol » : neuvième inférieure (voir note 1)	Seconde majeure inférieure
en la	Tierce mineure inférieure	Tierce mineure inférieure
en la bémol	Tierce majeure inférieure	Sixte mineure supérieure (voir note 3)
en sol	Quarte inférieure	Quinte supérieure
en fa	Quinte inférieure	Quarte supérieure (voir note 4)
en mi ou	Sixte inférieure (mineure ou majeure)	Tierce supérieure (majeure ou mineure)
en ré ou ré bémol	Septième inférieure (min. ou maj.)	Un ton ou un demi-ton plus haut
en ut	Octave inférieure (voir note 2)	Sons réels

Notes relatives au Tableau 2

1. Cor en si bémol. Dans la musique ancienne, les parties ne mentionnent pas toujours « alto » ou « basso » et, dans ce cas, il faut choisir ce qui s'adapte le mieux au contexte (s'il y a beaucoup de notes aiguës, « basso »). Le « cor en la » ou « la bémol » est occasionnellement « basso » dans la musique ultérieure, comme celle de Verdi ; il sonne alors à la dixième inférieure.
2. « En ut ». Dans la musique des premiers classiques viennois, on trouve parfois des cors « altos » en ut, notés en sons réels.
3. La différence d'octave entre « en la » et « en la bémol » : dans la musique du début du XIXe siècle, « en la » signifie généralement avec corps de rechange en la ; en « la bémol », avec corps de rechange en la bémol. Si, dans un cas comme dans l'autre, la transposition indiquée ci-dessus ne convient pas à la musique, on peut essayer l'autre ! A la même époque, « en si bémol » se lit occasionnellement à la septième supérieure.
4. Dans les œuvres russes, comme celles de Rimski-Korsakov, la « tromba contralta » en fa sonne à la quinte inférieure des notes écrites.

comme telle lorsqu'il s'agit d'instruments (comme la clarinette, la trompette, etc.) qui jouent également dans d'autres tonalités. Sur le Tableau 2, les intitulés de notes ne se réfèrent pas nécessairement à des instruments différents comme c'est le cas pour le Tableau 1, car autrefois, on modifiait la tonalité d'un cor ou d'une trompette en insérant un corps de rechange (voir *Cor*, 6*b*) ; l'intitulé indique en fait quel corps de rechange insérer ; de nos jours, les instrumentistes n'utilisent plus de corps de rechange et font leurs propres transpositions à vue.

Pour certaines transpositions, surtout celles qui concernent la musique de fanfare, voir *Fanfare*, et pour les ensembles de flûtes, voir *Flûte*, 9.

Il faut également remarquer une particularité de la notation en clé de fa : lorsqu'elle est utilisée pour les notes graves du cor, du cor de basset (Tableau 1) et occasionnellement de la trompette, l'ancienne pratique consiste à écrire les notes à l'octave inférieure de leur notation en clé de sol (Ex. 1*a*). La pratique moderne a abandonné cette pratique (Ex. 1*b*). Le contexte permet généralement de savoir clairement quelle méthode a été adoptée.

Ex. 1

Transpositions du cornet à pistons : on pratique les mêmes principes de transposition que pour le cor à partir du cornet « en si bémol » (alto) jusqu'au plus grave ; mais le cornet « en ut » est écrit en sons réels.

Trompette basse : comme le cor en mi bémol, ré, ut et en si bémol « basso ». *Tubens wagnériens* : Wagner a changé sa méthode pour ces instruments dans les partitions d'orchestre de la *Tétralogie* :

– Dans le prélude du *Crépuscule des dieux* : tubens ténors en si bémol, sonnant à la neuvième inférieure des notes écrites ; tubens basses en fa, sonnant une octave et une quinte plus bas. Bruckner a repris cette méthode dans sa *Symphonie nº 7*, mais dans la *Symphonie nº 8* il suit en partie la méthode suivante.

– *L'Or du Rhin* : ils sonnent respectivement un ton et une quinte plus bas que les notes écrites.

– Pour le reste du cycle, les partitions comportent des tubens (ténors) « en mi bémol », sonnant à la sixte inférieure des notes écrites (mais, lorsqu'ils sont en clé de fa, une tierce plus haut), et des tubens (basses) « en si bémol » sonnant à la neuvième inférieure des notes écrites (mais, lorsqu'ils sont en clé de fa, un ton plus bas).

Anthony Baines.

Instruments à vent

1. Les différentes familles
2. Trous et quintoiement
3. Mécanisme des clés et doigtés fourchus
4. Facture
5. Respiration et langue
6. Sons complexes et multiphoniques

On considérera ici quelques aspects généraux des instruments à vent dans leur acception courante (forme tubulaire et dans lesquels souffle l'instrumentiste), plus particulièrement ceux qui sont munis de trous ou de clés – regroupés à l'orchestre sous le terme générique des *bois -, à distinguer des *cuivres, qui, à quelques exceptions près, n'ont ni trous ni clés.

1. *Les différentes familles.* Tout dépend du dispositif par lequel le flux d'air provenant du souffle est interrompu pour former une succession de pulsations qui amorcent et entretiennent l'oscillation des ondes stationnaires de l'air dans le tube d'où découle le son de l'instrument. Ce dispositif revêt trois formes principales :

(*a*) *Flûtes* (y compris les flûtes à conduit comme la flûte à bec). Lorsqu'un jet d'air rencontre une arête solide et fixe (comme l'embouchure d'une flûte ou la « lèvre » d'une flûte à bec), il se divise, si la direction, la distance et la vitesse sont correctement règlées, non pas en un courant régulier de chaque côté, mais en tourbillons qui s'enroulent en spirale alternativement de chaque côté, entrent et sortent de la flûte. Le bord fixe étant ouvert à l'air extérieur, il n'y a pas de changement de pression important, mais une alternance rapide de mouvements à la tête de la colonne d'air provoque l'onde stationnaire dans l'instrument. Pour les entrées individuelles, voir *Flageolet* ; *Flûte* ; *Flûte de Pan* ; *Tambourin et flûte* ; *Flûte à bec*. Voir également, bien qu'il ne s'agisse pas d'instruments tubulaires mais de « résonateurs à cavité », *Cor de chamois* ; *Ocarina*. Voir aussi *Sifflet*.

(*b*) *Instruments à anche.* L'*anche souple est isolée de l'air extérieur par la bouche de l'instrumentiste et vibre comme une sorte de valve lorsque le souffle s'échappe en passant sur elle. En l'occurrence, c'est l'alternance des pressions qui donne naissance à l'onde stationnaire. Les instruments à anche se subdivisent encore : l'anche peut être double (comme sur le hautbois ou le cromorne) ou simple (clarinette, saxophone). Mais il vient s'ajouter une autre distinction importante entre perce conique et perce cylindrique, comme l'illustre le tableau suivant, en prenant pour exemples les quatre instruments qui viennent d'être cités.

	Anche double	Anche simple
Conique	1. Hautbois	4. Saxophone
Cylindrique	2. Cromorne	3. Clarinette

Ainsi disposés, les articles contenus dans cet ouvrage comprennent :

1. Basson ; *Bombarde* ; *Dulcian* ; *Hautbois* ; *Sarrussophone* ; *Chalemie* (avec *Rauschpfeife*).

2. Aulos ; *Cornamusa* ; *Cromorne* ; *Courtaud* (*Sordun*) ; *Ranquette*.

3. Clarinette ; *Hornpipe* ; *Tuyau à anche*.

4. Saxophone ; *Târogatô*.

(Les *cornemuses combinent souvent deux des catégories ci-dessus en un seul instrument.)

(*c*) *Cuivres.* Sur les instruments de la famille des cuivres et sur certains instruments qui ne sont pas des cuivres, comme le *cornet à bouquin de la Renaissance, les lèvres de l'instrumentiste, placées contre une embouchure en forme de bassin, vibrent d'une manière analogue à celle d'une anche. Les articles figurant dans cet ouvrage comprennent, pour les instruments qui ne sont pas des cuivres (avec des trous) : *Bass-horn* (voir *Serpent*) ; *Cornet à bouquin* ; *Serpent* ; et (sans trous) : *Cor* ; *Cor de chasse* ; *Cor des Alpes*, *Didjeridu*, *Shofar* ; pour les cuivres : *Baryton* ; *Bugle* ; *Clairon* ; *Cor* ; *Cor de chasse* ; *Cor de postillon* ; *Cornet à pistons* ; *Euphonium* ; *Fanfare* ; *Lituus* ; *Ophicléide* ; *Saxhorn* ; *Saxhorn alto* ; *Trombone* ; *Trompette* ; *Tuba*. Voir également *Pistons*.

2. *Trous et quintoiement*. Les instruments percés de trous ont une base naturelle, car la vitesse des ondes sonores dans l'air est telle qu'un tuyau aux extrémités ouvertes, mesurant par exemple entre 15 cm et 60 cm, produira une note située dans la tessiture du soprano (pour 15 cm, approximativement do^5, le do situé au-dessus de la portée en clef de sol ; pour 30 cm, l'octave inférieure). Les trous sont placés en fonction de la taille de la main ; en les découvrant successivement, on arrive automatiquement à une forme reconnaissable de gamme mélodique (diatonique, pentatonique ou autre). En pratique, neuf doigts au plus peuvent couvrir les trous, car l'un des pouces doit soutenir le tuyau. Avant l'apparition du mécanisme des clés, ceci limitait la gamme fondamentale à neuf notes plus une, produite lorsque tous les trous sont découverts. Mais, dans la plupart des cas, l'étendue s'élargissait vers l'aigu grâce au « quintoiement » – en produisant les harmoniques des fondamentales : le quintoiement occupe une telle importance qu'un instrumentiste d'orchestre peut très bien ne jouer que des harmoniques pendant quatre-vingt-dix pour cent du temps.

Sur la flûte, le quintoiement provient d'une légère modification de la façon de souffler (voir *Embouchure*) et de doigtés spéciaux dans la troisième octave ; il procède de même sur le basson (et le hautbois baroque) par une pression à peine consciente sur l'anche. Sur d'autres instruments, il est nécessaire de découvrir de petites ouvertures avec le pouce de la main gauche, soit directement (flûte à bec), soit au moyen d'une clé (clarinette, saxophone). Les flûtes sont des tuyaux ouverts qui produisent une série régulière d'harmoniques (voir *Flûte*, 2, Fig. 1). La clarinette agit comme un tuyau bouché (voir *Acoustique*, 5, 6) et produit seulement des harmoniques impairs (voir *Clarinette*, 2, étendue) : chaque fondamentale se situe une octave plus bas que sur un tuyau ouvert de longueur identique ; on peut facilement le vérifier si l'on « joue » de la clarinette en tapant des doigts sur les trous sans la mettre à la bouche : les sons faibles se situent tous une octave plus haut que lorsque l'on joue réellement de cet instrument.

Le comportement le plus difficile à comprendre est celui des instruments à anche à perce conique, qui quintoient sur les harmoniques pairs et impairs comme la flûte. Cela n'a rien à voir avec le type d'anche (on peut mettre une anche simple à la place d'un anche double ; voir *Basson*, 4). La physique explique ce phénomène sur la base d'un front d'onde « sphérique », émanant en théorie du sommet du cône, qui est en pratique inexistant (sur le hautbois, il se situerait plus de 7, 5 cm au-delà de l'anche). Toutefois, l'exprimer en termes graphiques simples n'est pas aisé. Dans *Sounds and Music* (Londres, 1975, p. 69), Charles Taylor apporte quelques précisions : une onde qui retourne à l'extrémité étroite d'un tuyau conique perd de la vitesse et pratiquement aucune réflexion ne se produit ; l'onde est amortie, de telle sorte qu'il suffit de considérer le trajet (et retour) d'une onde au dehors ; il en est ainsi que l'extrémité étroite du tuyau soit ouverte ou fermée (comme sur le hautbois), les harmoniques potentiels restent les mêmes dans les deux cas.

3. *Mécanisme des clés et doigtés fourchus*. Il existe deux principaux types de clés. La clé ouverte est maintenue ouverte par le ressort lorsqu'elle est au repos. Elle porte généralement le nom de la note qu'elle produit lorsque le doigt la ferme. Sur les grandes flûtes à bec, la clé du petit doigt est une clé ouverte type. Une clé fermée est normalement maintenue fermée par son ressort (un ressort plus fort que pour une clé ouverte car, dans ce cas, l'étanchéité à l'air doit être assurée sans aucune pression des doigts). Elle porte le nom de la note qu'elle produit lorsqu'elle

superposées dont certaines sont impossibles à écrire en notation, de telle sorte que divers signes et symboles sont parfois utilisés pour guider l'instrumentiste.

L'Ex. 1 est extrait du *Quintette à vent « h »* de Heinz Holliger (1969). Les trous représentés sur le schéma descendent du premier au sixième, les noirs représentant les trous fermés et les blancs les trous ouverts (pratique courante dans les schémas de doigtés des instruments, en quelque sorte l'homologue de la numérotation des clés).

Anthony Baines.

BIBLIOGRAPHIE : Georges Gourdet, *Les Instruments à vent,* PUF, coll. Que sais-je ? (Paris, 3e éd. 1985). Charles Koechlin, *Les Instruments à vent,* PUF, Coll. Que sais-je ? (Paris, 1948).

Intavolatura (ital.). 1. Voir *Tablature.* Dans les publications italiennes pour clavier des XVIe et XVIIe siècles, l'emploi du terme *« intavolatura »* dans le titre signifiait que les morceaux étaient notés sur deux portées (comme dans une partition pour clavier) par opposition à *« dipartitura »*, pour la musique à plusieurs parties avec une portée séparée pour chacune d'entre elles ; le terme impliquait généralement que ces publications contenaient des pièces écrites à l'origine pour voix et arrangées en tablature pour l'exécution instrumentale.

2. Tout recueil de musique instrumentale soliste imprimé en tablature.

Intégrales. Œuvre pour onze instruments à vent et percussions de Varèse, composée en 1924-25.

Intendant (all.). Administrateur d'un théâtre lyrique. Au XVIIIe siècle, les détenteurs de tels postes exerçaient une influence considérable sur la vie musicale. L'un des plus célèbres intendants a été le comte Durazzo, intendant des théâtres de la cour de Vienne au milieu du XVIIIe siècle, qui a soutenu Gluck et contribué à son succès.

Interlude. Morceau de musique joué entre d'autres mouvements, comme une pièce jouée entre les versets d'un hymne ou entre les actes d'une pièce de théâtre ou entre les scènes d'un opéra (comme les *Sea Interludes* dans *Peter Grimes* de Britten). Ce terme sert parfois de titre à une œuvre musicale sans avoir les mêmes connotations.

Intermedio (ital.). Interlude musical à un divertissement dramatique – genre courant au XVIe siècle. L'*intermedio* est l'un des éléments qui a conduit au concept d'opéra. Voir *Opéra,* 2.

Intermezzo [*Intermedio*] (ital.). « Intermède ». Ce terme a connu diverses significations au cours des siècles.

1. A l'origine, au XVIe siècle en Italie, il s'agissait d'un divertissement musical, court et léger, intercalé entre les différentes parties d'une musique plus sérieuse, comme des chansons ou des madrigaux, ou entre les actes d'une pièce. Les plus anciens remontent à 1539 (Florence). Voir également *Opéra,* 2.

2. Avec le développement de l'*opera seria,* invariablement fondé sur des légendes mythologiques, la popularité de l'*intermezzo* s'est affirmée en raison de ses personnages contrastés, plus réalistes et actuels, souvent comiques. Au début du XVIIIe siècle, les personnages comiques étaient admis dans l'*opera seria* dans les scènes proches de la fin d'un acte, formant ainsi une intrigue séparée – un *intermezzo.* Le plus populaire a été *La Serva padrona* (« La Servante maîtresse », 1733) de Pergolèse. L'opéra bouffe s'est développé à partir de cette forme. Voir également *Opéra,* 7.

3. Dès le XIXe siècle, le terme *intermezzo* est appliqué dans le même sens qu'interlude à de courtes pièces pour orchestre insérées dans un opéra pour marquer un saut dans le temps, comme dans *Cavalleria rusticana* de Mascagni, ou pour résumer certains événements comme dans la *Marche vers le jardin du Paradis* dans *A Village Romeo and Juliet* de Delius.

4. Plusieurs compositeurs ont écrit des pièces pour piano, courtes et indépendantes, qui portent le titre d'*Intermezzo* : Brahms, Schumann, etc.

Intermezzo. Opéra en deux actes de Richard Strauss sur un livret du compositeur. Décrit comme une « comédie bourgeoise avec des interludes symphoniques », il repose sur un incident conjugal intervenu dans la vie de Strauss, avec comme principaux personnages le compositeur lui-même et sa femme Pauline. Il a été créé à Dresde en 1924.

International Composers' Guild (ICG) (« Guilde internationale des compositeurs »). Organisation fondée en 1921 par Varèse et Carlos Salzedo pour promouvoir la musique contemporaine. Sa politique consistant à ne donner que des premières auditions absolues a conduit certains de ses membres américains à former la *League of Composers, qui cherche à promouvoir un plus large éventail de musique contemporaine.

Internationale, L. Hymne national soviétique entre la révolution de 1917 et 1944, date à laquelle Staline a ordonné qu'il soit remplacé par le « Gimm Sovertskovo Soyuza ». Le texte qui commence par « Debout les damnés de la Terre » a été écrit par un ouvrier des transports parisiens, Eugène Pottier, en 1871, à l'époque de la Commune, et la musique est l'œuvre d'un Lillois, Pierre Degeyter, mort en 1915. La Fédération musicale populaire de Paris possède le manuscrit original de Degeyter. *L'Internationale* a été d'abord traduite en russe par A. Ya. Kots suivie d'une deuxième traduction en 1932. John Ireland en a utilisé le thème dans son œuvre chorale pour le couronnement de George VI, *These Things Shall Be*, mais la critique l'a poussé à réécrire le passage.

International Folk Music Council (IFMC) (« Conseil international de musique traditionnelle »). Société fondée à Londres en 1947 dans le but de promouvoir la recherche et la préservation de la musique traditionnelle dans tous les pays. Elle organise des festivals et des conférences internationales, publie un annuaire et compile des manuels et des annuaires. Son premier président a été Vaughan Williams.

International Musical Society (« Société internationale de musique »). Société fondée à Leipzig en 1899 par Oskar Fleischer, Max Seiffert et quelques autres musiciens dans le but d'échanger des informations et des idées entre musiciens et musicologues. Elle tenait des réunions à un niveau local et international et publiait des journaux et d'autres publications savantes. Le premier congrès s'est déroulé à Leipzig en 1904 ; d'autres ont suivi à Bâle (1905), Vienne (1909), Londres (1911) et Paris (1914). La société a été dissoute lorsqu'a éclaté la Première Guerre mondiale. Voir *International Musicological Society*.

International Musicological Society (IMS) (Société internationale de musicologie). Fondée en 1927 comme International Society for Musical Research (« Société internationale pour la recherche musicale ») pour poursuivre la tâche de la défunte *International Musical Society. L'IMS a aussi pour but de promouvoir la recherche musicologique grâce à ses réunions régionales et internationales et à ses publications, notamment le bulletin *Acta musicologica*. Son siège est à Bâle.

International Society for Contemporary Music (ISCM) (« Société internationale pour la musique contemporaine »). Organisation qui parraine des festivals annuels de musique nouvelle destinés à réunir des compositeurs contemporains et à présenter des exécutions d'œuvres récentes. Elle a été fondée en 1922 par un groupe de compositeurs parmi lesquels figuraient Bartók, Kodály, Hindemith, Milhaud et Webern. L'ISCM a contribué à susciter un certain intérêt pour la musique nouvelle et plusieurs œuvres de compositeurs modernes de premier plan ont été créées lors de ses festivals. Les pays membres de l'ISCM ont des sections locales indépendantes qui organisent des concerts, des conférences, des symposiums et d'autres activités servant la cause de la musique contemporaine.

Mark Tucker.

Interprétation musicale

1. Introduction
2. Notes non écrites
3. Sonorité
4. Diapason
5. Accord
6. Tempo
7. Rythme
8. Phrasé et articulation
9. Dynamique

1. *Introduction.* La notion d'interprétation (all. : *Aufführungspraxis*) est apparue au XIXe siècle et peut être considérée comme l'ensemble des mécanismes d'une exécution qui permettent d'en définir le style. L'étude sérieuse de l'interprétation musicale appartient au XXe siècle.

Pour le meilleur ou pour le pire, le répertoire de l'interprète d'aujourd'hui est sans doute plus vaste que jamais et l'intérêt porté à l'étude de l'interprétation s'est développé au fur et à mesure que le répertoire lui-même s'élargissait. La proportion dans laquelle cette étude influe sur les choix d'un musicien prête naturellement à controverse. L'interprète cultivé peut choisir de se conformer aux conventions originelles d'un style ou de les modifier ou même de les ignorer afin d'obtenir des résultats équivalents pour le public actuel. L'interprète ignorant se sert simplement de la création d'autrui comme d'un véhicule d'expression.

La musique occidentale antérieure à l'époque de l'enregistrement ne survit que sous forme de notation. Celle-ci peut servir à indiquer de façon plus ou moins intelligible la hauteur relative des sons et les rythmes (voir *Notation*), mais ce n'est qu'un simple squelette musical qui doit être dépecé par des conventions non écrites, souvent impossibles à noter, ainsi que par les nuances de l'exécution. La notation est devenue plus précise (comparez un concerto grosso de Haendel à une symphonie de Mahler), mais de nombreux détails restent encore non formulés. Dans deux cents ans, les musiciens admettront-ils encore un tempérament égal et un diapason de la^3 = 440 pour la musique d'aujourd'hui ? La mode sera-t-elle à un large *vibrato* ou une absence totale de *vibrato* ? Tous les instruments de l'orchestre (s'il y a encore des orchestres) auront-ils conservé leur caractère actuel ? Même avec la musique de nos propres contemporains, nous ne sommes peut-être pas toujours très clairs : par « violon 1 », faut-il entendre un seul instrument ou bien un groupe d'instrumentistes, et le signe  veut-il dire  ou *tremulando* non mesuré ?

L'étude de l'interprétation a pour but de déterminer les changements survenant dans le style, les conventions et les conditions de jeu et de chant afin de donner à l'interprète une idée aussi claire que possible des intentions et des attentes du compositeur. Naturellement, la connaissance historique la plus détaillée d'un style d'exécution ne produit pas en elle-même une bonne exécution. A l'inverse, il est évident que des très bonnes exécutions musicales peuvent être totalement indépendantes des intentions explicites du compositeur. La plupart des musiciens reconnaissent volontiers que plus ils sont proches de la pensée du compositeur, plus leur interprétation a des chances d'être bonne ; ils aspirent surtout à donner l'exécution qui aurait paru idéale au compositeur. Mais certains écarts de style, souhaitables ou nécessaires, sont une source de désaccord général. On prétend familièrement que « notre oreille a changé » et que la musique doit donc changer pour parvenir à un effet équivalent, mais cette affirmation retire à notre oreille toute possibilité d'adaptation.

Les premières phases du processus permettant d'établir des principes relatifs à la pratique de l'exécution relèvent de l'édition ou de ceux qui sont chargés de transmettre la musique écrite du compositeur (voir *Edition musicale*, 10). L'œuvre d'un compositeur vivant et méticuleux pose évidemment peu de problèmes, mais, même pour les œuvres les plus célèbres du XIXe siècle, les partitions détériorées, parfois surchargées de modifications apportées par certains interprètes, sont très courantes. La musique plus ancienne pose d'emblée de nombreux et très vastes problèmes. S'il faut transposer la musique religieuse du XVIe siècle, comment parvenir à représenter au mieux sa sonorité originelle en termes modernes ? Comprenons-nous les règles de la **musica ficta* ? Une chanson de trouvère doit-elle être exécutée métriquement ou non et, dans un cas comme dans l'autre, comment faut-il l'interpréter ?

Si la notation musicale est si souvent ambiguë, où trouver les informations complémentaires indispensables ? Les sources sont d'une diversité déconcertante. Certaines traditions populaires peuvent conserver des caractéristiques de pratiques artistiques anciennes et, naturellement, certains éléments du jeu et de l'enseignement du piano tels qu'ils sont pratiqués de nos jours peuvent paraître issus directement de Liszt ou de Brahms. Néanmoins, la nature illusoire de telles « traditions » est souvent dévoilée par le témoignage de l'enregistrement sonore. Cette innovation du XXe siècle s'est révélée être un auxiliaire inestimable à la notation et fournit un document qui prouve les intentions du compositeur (en outre, une somme considérable de musique, notamment de la musique « pop », existe avant tout sous forme enregistrée). Les propres enregistrements de Stravinski sont un legs fascinant dont on ne mesure peut-être pas la valeur et ceux d'Elgar révèlent un style d'exécution orchestrale bien différent de celui des années quatre-vingt.

Pour la musique des périodes antérieures, on est obligé de s'en remettre aux instruments qui ont survécu, aux représentations visuelles d'instruments et de la pratique musicale, et avant tout aux témoignages écrits – de pauvres succédanés de la véritable musique, chaque petit indice présentant souvent son propre problème d'interprétation. Sous sa forme d'origine, un violon de Stradivarius à cordes de boyau reflétera très clairement le caractère et les idées préconçues de l'instrumentiste, mais un orgue baroque non modifié fournira moins d'indications. Un tableau médiéval représentant des anges musiciens ne prouve pas que leurs rebecs, leurs harpes et leurs luths occupaient la moindre place dans la musique religieuse, mais donne une idée de ce qu'étaient les activités musicales de leurs homologues terrestres. Parmi les sources écrites, les traités promettent souvent plus qu'ils n'offrent : *Plaine and Easie Introduction to Practicall Musicke* (1597) de Morley n'enseigne que la notation et quelques rudiments de composition ; il demande parfois au lecteur d'exercer un « bon goût » non défini ou lui conseille d'observer quelque protagoniste de qualité. A partir du XVIe siècle, plusieurs interprètes nous ont laissé de précieux guides sur leur art : Ganassi sur la viole et la flûte à bec, Praetorius sur presque tous les instruments, Mace sur le luth, Hotteterre sur les bois, Geminiani et Leopold Mozart sur le violon, Quantz sur la flûte et l'orchestre à cordes, François Couperin et C.P.E. Bach sur les instruments à clavier, Altenburg sur la trompette, et ainsi de suite pendant tout le XIXe siècle jusqu'à nos jours. A partir du XVIIe siècle, les compositeurs ont occasionnellement ajouté une préface pratique à leurs œuvres publiées (Caccini, Viadana, Frescobaldi, Schütz, Muffat) et, depuis le XIXe siècle, ils publient souvent des écrits sur leur propre musique et sa réalisation (Berlioz, Wagner, Stravinski).

La correspondance privée de Monteverdi, Mozart et Beethoven, par exemple, peut parfois donner des précisions sur la pratique de l'époque, ainsi que les observations des voyageurs musiciens (Stendhal, Burney ou les Novello), des personnes qui tenaient un journal (Pepys), des dramaturges (Molière, Shakespeare), des poètes (Baudelaire, Chaucer), des romanciers (Proust, Hardy), des critiques (Dukas, Fauré, Shaw), etc. ; d'une façon générale, le moindre écrit peut être utile. Les archives des cathédrales, des cours, des grandes maisons et institutions publiques qui ont employé des musiciens pendant des siècles entrent dans une catégorie différente. Une liste de salariés révèle parfois la taille et la constitution d'un orchestre ou d'un chœur ; il peut y avoir des factures concernant l'achat de nouveaux instruments, les réparations ou l'achat de cordes pour des instruments existants, des contrats et des descriptions pour un nouvel orgue, des pétitions et des comptes rendus d'audiences disciplinaires concernant les fonctions exactes des musiciens. De tous lieux surgissent des détails révélateurs sur la vie musicale de temps révolus, des détails qui, pris isolément, n'ont peut-être qu'une importance limitée, mais qui, liés à d'autres, peuvent permettre de dresser un tableau plus clair des pratiques d'exécution.

2. *Notes non écrites*. La nature et le caractère facultatif de l'adjonction d'un accompagnement aux chansons monophoniques du Moyen Age constitue l'un des exemples les plus spéculatifs dans le domaine de la musique non écrite : quelle était leur nature ? Fallait-il vraiment les accompagner ? On sait seulement que ces chansons étaient souvent accompagnées, en général par des instruments à cordes. Les accompagnements non écrits de la polyphonie du XVIe siècle étaient sans doute de simples tablatures en accords et ont peut-être anticipé le style continuo du début de l'ère baroque. Par contre, on possède des informations assez complètes sur le style et la réalisation du continuo des XVIIe et XVIIIe siècles, bien que chaque instrument, chaque ensemble, chaque exécution requière sa propre réalisation. En particulier, l'accompagnement du récitatif est un art fluide. Il n'est pas impossible que les accords d'orgue des cantates de J. S. Bach aient été souvent joués courts (♩ lorsque était écrit 𝅝) ; mais ils étaient peut-être parfois soutenus ou parfois même avec la main gauche soutenue et la main droite relâchée (voir *Continuo*). Les signes indiquant un ornement spécifique ou tout ornement approprié sur une note particulière ont proliféré au XVIIe siècle. Jusqu'à la fin du

XVIIIe siècle, il entrait certainement dans les fonctions de l'interprète de savoir ajouter des ornements ou embellir avec goût des lignes mélodiques (voir *Ornements et ornementation*). La **cadenza* faisait tout simplement partie de cet art de l'improvisation.

3. *Sonorité : (a) Vibrato*. Le *vibrato* fait partie intégrante des sonorités particulièrement appréciées de nos jours et on sait qu'il était utilisé à partir du XVIe siècle et même plus tôt ; mais autre chose qu'un *vibrato* occasionnel et discret serait déplacé dans la musique préclassique. Il n'y a pas de place pour le chant et le jeu puissant qui entraînent si souvent un grand *vibrato*, ni pour ce qui risque de constituer un obstacle à une intonation subtile. Le *vibrato* était traité comme un ornement et, comme tel, il était rarement employé de façon continue. Au XVIIIe siècle, il est devenu plus courant et, par la suite (bien que Wagner lui-même ait critiqué le « mordant sempiternel » du chanteur), a commencé à être considéré comme un ingrédient naturel d'une bonne production sonore.

(*b*) *Voix*. Dans le domaine vocal, les qualités particulièrement prisées à la Renaissance et à l'ère baroque étaient la clarté et l'agilité (surtout dans l'exécution des ornements). On établissait parfois une distinction entre la manière de chanter dans les églises et le style doux et subtil qui convenait à la musique de chambre. Par la suite, même Berlioz considérait que les grands théâtres faisaient du tort à l'art du chant. Il est certain que la simple puissance vocale requise dans de tels bâtiments va souvent à l'encontre de l'agilité et d'une diction naturelle. Cette extension de l'étendue dynamique va de pair avec un élargissement de la tessiture : la majeure partie de la musique vocale du Moyen Age et de la Renaissance se limite à environ un dixième des étendues modernes et la musique soliste se situait dans la partie médiane de la tessiture du chanteur. Le chant en voix de fausset, mal compris et trop utilisé dans les œuvres que l'on ressuscite de nos jours, a joué un rôle important dans une grande partie de la polyphonie de la Renaissance, car il constituait la voix la plus aiguë et il n'a été associé que plus tard aux parties d'alto. Les castrats ont dominé les XVIIe et XVIIIe siècles en alliant la couleur des voix d'enfants à la puissance et à la musicalité des adultes.

La saveur de la langue parlée s'est profondément modifiée depuis plusieurs siècles et l'on peut supposer que la palette sonore du « beau chant » actuel a tout autant changé. En outre, le caractère du langage se reflétait sans doute plus directement dans le chant que ne le permet le vaste répertoire actuel et, pour cette raison, les styles nationaux et régionaux étaient sans doute plus nettement différenciés (les traditions lyriques française et italienne, par exemple, étaient nettement opposées). De même que des éléments de langage « courtois » ancien peuvent survivre dans certains dialectes, certaines caractéristiques du chant « courtois » survivent dans les traditions populaires.

(*c*) *Instruments*. On est tenté de considérer l'évolution des instruments comme une simple progression et comme un processus de perfectionnement. Toutefois, les valeurs esthétiques évoluent constamment : un instrument de la noblesse et de la cour comme la cornemuse médiévale peut se trouver relégué au rôle d'instrument populaire alors que le violon n'était au départ qu'un instrument de danse.

Dans l'ensemble, le besoin de disposer d'instruments plus puissants au fur et à mesure que la musique s'ouvrait davantage au public (voir *Concert*) semble avoir suscité des sons plus ronds ; parallèlement, une musique plus chromatique sur le plan harmonique semble avoir engendré des instruments plus sûrs et plus réguliers sur le plan tonal. Ainsi, le côté brillant et direct des instruments du Moyen Age et de la Renaissance peut nous sembler mordant et raide par rapport aux sonorités wagnériennes ; ou, à l'inverse, un violoncelle brahmsien peut paraître terriblement épais et lourd comparé à une viole baroque, légère et transparente. Les améliorations sont rarement dépourvues d'inconvénients. De l'avis de Wagner, le nouveau cor à pistons ne possédait pas toute la beauté du cor à main et la trompette naturelle de Bach possédait le raffinement nécessaire pour contrebalancer une flûte à bec. L'embouchure plus grande et le pavillon plus largement évasé des trombones modernes produisent un son puissant et velouté au détriment du caractère brillant et de la clarté naturelle de leurs ancêtres ; de même, les instruments construits pour porter des cordes très tendues perdent la résonance libre et naturelle des instruments plus légers. Les orgues à mécanisme électrique ou pneumatique ne possèdent pas le contrôle de la transmission mécanique et le violon moderne est beaucoup moins souple que les modèles antérieurs à Tourte pour les accords à trois ou quatre cordes. Certains instruments de l'orchestre (comme l'ophicléïde de Mendelssohn ou le trombone à pistons de Verdi) ont été purement et simplement remplacés.

L'influence d'un musicien remarquable peut très rapidement modifier le cours d'un style de jeu. A notre propre époque, alors que les hautbois viennois ont encore un son distinct plus moelleux que les hautbois parisiens, les caractéristiques individuelles des styles nationaux ont tendance à s'estomper car les chefs d'orchestre (comme les instrumentistes et leurs élèves) adoptent un style de vie plus international et la musique enregistrée circule maintenant dans le monde entier. En conséquence, les symphonies de Tchaïkosvski peuvent avoir l'air moins russes, celles de Dvořák moins tchèques et celles de Berlioz moins françaises qu'à l'origine.

(*d*) *Effectifs*. Il serait aujourd'hui impensable de faire jouer un quatuor de Haydn par un orchestre à cordes ou la *Sérénade* de Tchaïkovski par un simple quatuor à cordes ; mais nous ne sommes pas si judicieux lorsqu'il s'agit des différentes tailles d'effectifs de la musique préclassique. S'il existait déjà parfois des groupes vocaux et instrumentaux gigantesques avant le XIXᵉ siècle, les orchestres de Monteverdi et de Cavalli se composaient généralement de cordes simples. A Leipzig, l'orchestre complet de Bach dépassait rarement une vingtaine de musiciens et son chœur comportait au maximum douze à seize voix. (Les *Passions* de Bach n'ont pas un impact dramatique et émotionnel plus grand avec des effectifs plus importants.) En effet, certaines œuvres chorales de Bach et une grande partie de la musique religieuse du XVIIᵉ siècle (Monteverdi, Carissimi) ont peut-être été écrites pour des ensemble vocaux plutôt que pour des chœurs. A la Renaissance, les chœurs excédant vingt-cinq chanteurs étaient rares et la grande majorité des madrigaux sont de la musique de chambre pour voix individuelles, l'équivalent exact des quatuors à cordes.

Néanmoins, la conformité du nombre de musiciens ne résout pas la totalité du problème. Le chœur de King's College à Cambridge comporte peut-être le même nombre de musiciens qu'à l'origine, mais son équilibre interne a changé – tous les garçons chantent des parties de soprano alors qu'à la fin du XVᵉ siècle ils avaient des voix aiguës et moyennes. Une œuvre comme la *Messe* de Machaut, souvent chantée avec un support coloré d'instruments médiévaux, a certainement été écrite pour quatre voix solistes sans accompagnement, alors qu'un motet typique pour trois chœurs de Giovanni Gabrieli – en apparence entièrement vocal et où aucun instrumentn'est spécifié – était très probablement destiné à deux groupes instrumentaux (aigu et grave), chacun avec un chanteur soliste et un (petit) chœur. Dans la musique baroque, les instruments du continuo sont rarement nommés ; la combinaison du clavecin et du violoncelle n'est qu'une possibilité (à la limite, un instrument permettant de jouer des accords n'est même pas nécessaire). En outre, le son omniprésent de la corde de 16' (contrebasses) de l'orchestre moderne était inconnu de Lully et peut-être même de Purcell. (Voir également *Chœur* ; *Orchestre*.)

La sonorité est aussi influencée par la disposition des effectifs. Les musiciens de Saint-Marc de Venise utilisaient beaucoup moins la séparation (souvent verticale) des chœurs que ne le dit la légende (voir *Cori spezzati*). Dans la musique classique, la structure orchestrale est souvent clarifiée par la disposition courante des premiers et seconds violons qui se font vis-à-vis. La fosse d'orchestre creuse, « voilée », de Wagner à Bayreuth facilite davantage l'équilibre avec les chanteurs qui sont en scène que dans tout autre théâtre lyrique.

4. *Diapason*. C'est seulement à une date récente que l'on est parvenu à une standardisation efficace du diapason (voir *Diapason*, 1), mais il est évident qu'un diapason plus élevé ou plus grave peut conférer à la musique une couleur différente : un orchestre baroque français accordé à un diapason grave, jouant presque un ton au-dessous de $la^3 = 440$, avait sûrement une sonorité très différente

d'un orchestre vénitien, jouant approximativement à la^3 = 440 ou même plus haut. Toutefois, c'est dans la musique vocale que la question est la plus importante. Pour Dowland et Purcell, un chant doit se situer dans la zone vocale de la parole où les mots sont projetés le plus naturellement possible. Dans la musique de Bach et de Beethoven, on crée régulièrement des problèmes d'endurance chez les choristes en prenant un diapason trop élevé. Avec la polyphonie du XVIe siècle, on peut facilement mal interpréter les intentions des compositeurs avec un diapason légèrement erroné et dans la polyphonie médiévale, où l'on ignore pratiquement tout du diapason admis, il est fort possible que nos suppositions soient complètement fausses.

5. *Accord.* Les musiciens modernes ont été formés avec le son du tempérament égal (voir *Tempérament,* 4), dans lequel tous les demi-tons ont exactement la même taille, et cela s'applique à toute la musique des XIXe et XXe siècles. Toutefois, ce son aurait paru désagréablement faux aux oreilles des musiciens de la Renaissance car il s'agit d'un système de compromis dans lequel aucun intervalle, à l'exception de l'octave, n'est pur – son avantage sur les autres systèmes est l'utilisation de toutes les tonalités, indifféremment. *Le Clavier bien tempéré* de Bach n'était pas une justification du tempérament égal mais une démonstration brillante d'un système qui s'en approche tout en conservant une certaine individualité pour l'ensemble des tonalités. Le jouer sur un instrument au tempérament égal revient à éliminer toutes ces subtilités spécifiques. Les diverses caractéristiques des différentes tonalités sont des ingrédients essentiels de la musique baroque, surtout de la musique dramatique, et les dissonances de la musique médiévale prennent toute leur force lorsque l'on utilise des intervalles pythagoriciens.

6. *Tempo.* Depuis son apparition au début du XIXe siècle, le *métronome constitue un apport mitigé. D'une part, il offre à l'interprète des informations précises dans un domaine où l'on ne savait pratiquement rien auparavant ; de l'autre, il peut encourager la croyance selon laquelle il n'existerait qu'un seul tempo correct. Wagner a abandonné les indications métronomiques en faveur d'indications de tempo plus générales et d'autres compositeurs (Stravinski) ont très souvent fait abstraction de leurs propres instructions au cours de leurs interprétations. Les indications métronomiques de Beethoven sont souvent intrigantes (son métronome était-il défectueux ?) ; mais elles sont trop souvent ignorées de telle sorte que, par exemple, la « Marcia funebre » de la *Symphonie « Héroïque »* est presque toujours jouée à une vitesse nettement plus lente que le tempo indiqué, ♪ = 80, parfaitement plausible (et qui ressemble davantage à une marche).

Avant l'époque de Beethoven, quelques tentatives avaient été réalisées pour mesurer les tempos, mais on possède peu d'informations précises sur ces expériences. On dit que Bach préférait les tempos « vifs » et, tout au moins à l'origine, les formes de danses dépendaient étroitement de la vitesse naturelle des pas de danse. A partir du XVIIe siècle, on a commencé à employer des termes comme *allegro* et *adagio*, quoique leur sens ait été souvent modifié (non pas « assez rapide » et « lent », respectivement, mais « allègre » et « à l'aise »). Un *andante* de Schumann est plus lent et plus introspectif qu'un *andante* de Haendel, avec ses implications d'allure de « marche » modérée. Pour la musique du Moyen Age, de la Renaissance et d'une grande partie de l'ère baroque, la principale indication de tempo était simplement le chiffrage des mesures ; par la suite, les changements de tempo ont été régis par des signes proportionnels. De même que la musique a élargi ses palettes harmonique et dynamique, de même la gamme normale des tempos s'est accrue. Une plus grande souplesse de tempo au sein d'un mouvement peut également convenir à une grande partie de la musique du XIXe siècle. Toutefois, la nature du *tempo *rubato* semble avoir changé : pour Mozart (et sans doute encore pour Chopin), la main droite du pianiste jouissait d'une certaine liberté rythmique dans un *adagio*, tandis que la main gauche, à laquelle était confiée l'accompagnement, respectait strictement le rythme.

7. *Rythme.* La notation des rythmes se réduit presque toujours à l'approximation la plus pratique. Ainsi, même le plain-chant à notes égales est susceptible de modifications rythmiques infimes et infinies. La pratique consistant à jouer des

groupes de deux notes (♫♫) de façon inégale (♫♫ ou ♫♫), familière dans la musique de jazz, est mentionnée pour la première fois au milieu du XVIe siècle et est devenue un élément essentiel de la musique baroque, surtout, mais pas exclusivement, dans la musique française (voir *Notes inégales*). Le principe du double point, où ♩. ♪♩ se rapproche de ♩.. ♬♩, et lui est étroitement apparenté ; le double point noté est très rare dans la musique préclassique. Des superpositions rythmiques différentes comme ♫ ♫ se produisent régulièrement dans la musique baroque et sont souvent ambiguës : Bach apprenait à ses élèves à observer de telles différences, d'autres à ajuster un rythme à un autre. Même dans la musique de Schubert, de Schumann et de Brahms, il est difficile de déterminer si ces rythmes doivent rester distincts ou non.

8. *Phrasé et articulation.* Le phrasé et l'articulation sont encore plus importants pour préciser le caractère d'une pièce musicale. Mais il ne reste presque aucun témoignage de ces questions essentielles datant du Moyen Age et du début de la Renaissance, à l'exception de quelques éléments de notation (comme la queue de la note). Les doigtés de la musique pour clavier laissent supposer que le genre de jeu assez détaché du XVIe siècle n'a abouti que très lentement au *legato* du XIXe siècle. Cette évolution s'est effectuée parallèlement à la transition qu'ont connue les instruments à cordes, de la norme du XVIe siècle (un coup d'archet par note) à la liaison et aux changements d'archet réguliers généralisés au XIXe siècle. En effet, l'archet baroque facilite un non-*legato* naturel alors que l'archet Tourte, dont l'usage s'est généralisé vers 1800, possède des qualités radicalement différentes. L'inégalité délibérée des doigtés anciens dans la musique pour clavier trouve aussi des parallèles dans les syllabes linguales utilisées par les instrumentistes à vent. Ces syllabes (comme « le-re, le-re ») sont plus douces que leurs homologues ultérieures (« te-ke, te-ke »), de même que les coups d'archet faisaient rarement appel à une attaque violente – Leopold Mozart écrivait que « toute note... a une petite... mollesse au début d'un coup d'archet ». Pour la musique vocale, on en est réduit à davantage de suppositions, mais il semble que les ornements fleuris de Caccini et de Monteverdi aient été articulés dans la gorge et aient donc été rapides et légers. Les symboles de l'articulation (comme les liaisons) ont fait leur apparition au XVIIe siècle et ont proliféré avec la musique romantique. Toutefois, on trouve de temps à autre certaines ambiguïtés : les liaisons et les signes de phrasé emploient le même symbole ; le ♪ écrit ou le ♪ imprimé de Haydn est généralement un simple *staccato* (notre ♪) sans accent alors que le ♪ de Verdi est sans doute un *tenuto* (notre ♪) plutôt que l'accent lourd voulu ailleurs.

9. *Dynamique.* La musique symphonique et lyrique romantique nous a habitués à une vaste gamme de dynamiques et de possibilités dramatiques. Elles ne jouent aucun rôle dans la musique du Moyen Age et de la Renaissance : le niveau dynamique de base était déterminé par le choix de l'effectif, ce dont témoigne l'absence d'indications (à l'exception de dynamiques variées subtilement employées qui font partie du phrasé), et toute variation sensible de dynamique dans une œuvre développée (une messe, par exemple) était le résultat naturel d'un changement de structure (comme la transformation d'un chœur à cinq parties en un trio solo) ou, dans la musique d'orgue, d'un changement de registre entre différentes sections. L'étendue dynamique de chacun des instruments était généralement assez réduite. Certaines œuvres pour luth du XVIe siècle contiennent des indications de changement de dynamique, mais l'importance croissante des instruments de la famille du violon coïncide avec l'intérêt porté à la dynamique en tant qu'outil de composition : exploitation systématique des contrastes soudains et des effets d'échos par les compositeurs italiens du début de l'ère baroque et généralisation des abréviations *f* (*forte*) et *p* (*piano*). Au XVIIIe siècle, les salles et les théâtres de plus en plus grands destinés aux exécutions publiques ont donné naissance à des chœurs et à des orchestres plus importants et ont accru la fascination engendrée par le simple volume sonore. Plus la gamme de dynamique s'élargissait, plus il devenait indispensable pour les compositeurs de spécifier leurs intentions exactes.

Andrew Parrott.

BIBLIOGRAPHIE : Marcel Bitsch, *L'Interprétation musicale*, PUF (Paris, 1941). Kurt Blaukopf, *Les Grands Virtuoses*, Buchet-Chastel (Paris, 1955). David Blum, *Casals et l'art de l'interprétation*, Buchet-Chastel (Paris, 1980). Eugène Borrel, *L'Interprétation de la musique française de Lully à la Révolution*, Alcan (Paris, 1934), rééd. Les Introuvables (Plan-de-la-Tour, 1975). Gisèle Brelet, *L'Interprétation créatrice*, PUF (Paris, 1951). Alfred Cortot, *Cours d'interprétation* (Paris, 1934), rééd. Slatkine (Paris, 1980). Edwin Fischer, *Considérations sur la musique*, Ed. du Coudrier (Paris, 1951). Nikolaus Harnoncourt, *Le Discours musical*, Gallimard (Paris, 1984)/*Le Dialogue musical*, Gallimard (Paris, 1985). Alain Pâris, *Dictionnaire des interprètes et de l'interprétation musicale au XX*e *siècle*, Robert Laffont Bouquins, (Paris, 1982, 2e éd. 1985). Jean Saint-Arroman, *L'Interprétation de la musique française (1661-1789)*, rééd. Champion (Paris, 1983).

Intervalle. Différence de hauteur de son entre deux notes. La mesure précise des intervalles peut s'exprimer acoustiquement en termes de rapports de fréquences (voir *Acoustique*, 4), mais pour des raisons pratiques on emploie couramment la gamme diatonique. Le Tableau 1 regroupe les intervalles les plus fréquents.

Le nom de chaque intervalle correspond au nombre de notes de la gamme qu'il embrasse. Ainsi, l'intervalle do-ré (ascendant) ou do-si (descendant) est une seconde (deux notes), do-mi (ascendant) ou do-la (descendant) est une tierce (trois notes), do-fa (ascendant) ou do-sol (descendant) est une quarte (quatre notes), etc. Les intervalles supérieurs à une octave sont des intervalles redoublés : ainsi, l'intervalle do-ré à l'octave au-dessus ou do-si à l'octave au-dessous peut être analysé comme une seconde redoublée ou comme une neuvième ; il en va de même des tierces redoublées (dixièmes), quartes redoublées (onzièmes), quintes redoublées (douzièmes), etc.

La quarte, la quinte et l'octave sont des intervalles « justes » : leur pureté sonore et leur dénuement sont très différents des autres. La seconde, la tierce, la sixte et

TABLEAU 1
INTERVALLES À PARTIR DU DO MÉDIAN

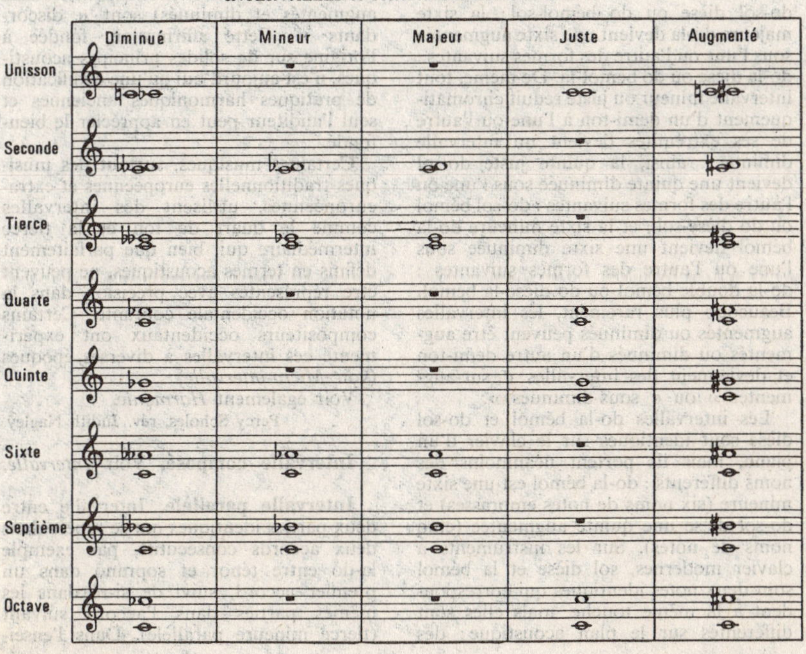

la septième sont des intervalles « imparfaits », soit majeurs, soit mineurs, selon le nombre de demi-temps qu'ils embrassent. Ainsi, les intervalles do-mi et do-la, qui figurent tous deux dans la gamme de do majeur, sont respectivement une tierce « majeure » (quatre demi-tons) et une sixte « majeure » (neuf demi-tons) ; mais do-mi bémol et do-la bémol, qui figurent tous deux dans la gamme de do mineur, sont respectivement une tierce « mineure » (trois demi-tons) et une sixte « mineure » (huit demi-tons). Par extension, tout intervalle majeur réduit chromatiquement d'un demi-ton à l'une ou l'autre de ses extrémités devient mineur : ainsi, do-ré est une seconde majeure, do-ré bémol et do dièse-ré sont des secondes mineures.

Tous les intervalles, justes ou imparfaits, majeurs ou mineurs, peuvent aussi être « augmentés » ou « diminués ». Un intervalle majeur ou juste augmenté chromatiquement d'un demi-ton à l'une ou l'autre de ses extrémités devient un intervalle augmenté : ainsi une quinte juste do-sol devient une quinte augmentée sous l'une ou l'autre des formes suivantes : do-sol dièse ou do bémol-sol ; la sixte majeure do-la devient une sixte augmentée sous l'une ou l'autre des formes suivantes : do-la dièse ou do bémol-la. De même, tout intervalle mineur ou juste réduit chromatiquement d'un demi-ton à l'une ou l'autre de ses extrémités devient un intervalle diminué : ainsi, la quinte juste do-sol devient une quinte diminuée sous l'une ou l'autre des formes suivantes : do-sol bémol ou do dièse-sol ; et la sixte mineure do-la bémol devient une sixte diminuée sous l'une ou l'autre des formes suivantes : do-la double bémol ou do dièse-la bémol. Beaucoup plus rarement, les intervalles augmentés ou diminués peuvent être augmentés ou diminués d'un autre demi-ton et deviennent des intervalles « sur-augmentés » ou « sous-diminués ».

Les intervalles do-la bémol et do-sol dièse sont identiques sur le clavier d'un piano, mais ils portent néanmoins des noms différents : do-la bémol est une sixte mineure (six noms de notes embrassés) et do-sol dièse une quinte augmentée (cinq noms de notes). Sur les instruments à clavier modernes, sol dièse et la bémol sont deux notes identiques qui correspondent à la même touche, mais elles sont différentes sur le plan acoustique ; des intervalles comme sol dièse-la bémol sont dits *enharmoniques.

Les intervalles peuvent être renversés en permutant la position relative des deux notes l'une par rapport à l'autre : soit la note supérieure reste en position et la note inférieure passe au-dessus, à l'octave supérieure de sa position initiale, soit la note inférieure conserve sa position et la note supérieure descend à l'octave au-dessous de sa position initiale. Les renversements des intervalles, à l'exception de l'unisson et de l'octave, changent de qualification et de taille : les renversements des intervalles majeurs sont mineurs et inversement, les renversement des intervalles augmentés sont des intervalles diminués et inversement ; en outre, en additionnant les chiffres symbolisant les intervalles et leurs renversements, on obtient toujours 9 : le renversement d'une quarte est une quinte ($4 + 5 = 9$), celui d'une sixte est une tierce ($6 + 3 = 9$), etc.

La pensée harmonique conventionnelle insiste sur le fait que certains intervalles (tierces, sixtes et tous les intervalles justes) sont « concordants » alors que les autres (secondes, septièmes et tous les intervalles augmentés et diminués) sont « discordants ». Cette affirmation, fondée à l'origine sur de solides principes acoustiques, n'est aujourd'hui qu'une codification de pratiques harmoniques anciennes et seul l'auditeur peut en apprécier le bien-fondé.

Certaines musiques, surtout des musiques traditionnelles européennes et extra-européennes, utilisent des intervalles comme le quart de ton et la tierce intermédiaire qui, bien que parfaitement définis en termes acoustiques, ne peuvent être représentés avec précision dans la notation occidentale courante. Certains compositeurs occidentaux ont expérimenté ces intervalles à diverses époques (voir *Micro-intervalle*).

Voir également *Harmonie.*

Percy Scholes, rév. Judith Nagley.

Intervalle composé. Voir *Intervalle.*

Intervalle parallèle. Intervalle entre deux parties identiques qui se répète dans deux accords consécutifs, par exemple la-do entre ténor et soprano dans un premier accord, suivi de si-ré dans les mêmes parties dans l'accord suivant (tierce mineure parallèle). Dans l'enseignement traditionnel de l'harmonie, il y a deux intervalles parallèles « interdits » : la quinte et l'octave. Dans la pratique, le terme « parallèle » est assez péjoratif, en référence aux quintes ou aux octaves parallèles. Voir également *Harmonie*, 3*a* et *c*.

In the Faery Hills (*An Sluagh Sidhe*). Deuxième poème symphonique d'une série de trois, intitulée *Eire*, d'Arnold Bax, composée en 1909. Les Faery Hills sont situées en Irlande (County Kerry).

In the South (Alassio). Ouverture de concert op.50 d'Elgar, composée en 1903-04. Esquissée à Alassio, l'œuvre (en réalité un poème symphonique) est une évocation de l'Italie, de son paysage et de son passé impérial.

Intolleranza 1960 (« Intolérance 1960 »). Opéra en deux parties pour cinq chanteurs, mime, chœur et orchestre de Luigi Nono sur un livret du compositeur d'après une idée de A. M. Ripellino. Créé à Venise en 1961.

Intonation. 1. Phrase initiale d'une mélodie de plain-chant, sans doute appelée ainsi parce qu'elle était chantée par le prêtre seul ou le chantre. Elle donnait la hauteur et, dans les psaumes, le « ton » (voir *Psaumes*) de ce qui suivait.

2. Acte de chanter ou de jouer juste. On dit de l'intonation d'un chanteur ou d'un violoniste qu'elle est bonne ou mauvaise.

Intonation, Note d'. Dans le chant des hymnes, note jouée par l'organiste avant le premier verset (ou avant chaque verset) d'un hymne pour préparer les fidèles et donner la note de départ de l'hymne. A la fin du XVIe siècle et au XVIIe siècle, les compositeurs d'hymnes, particulièrement les hymnes en mètres courants (8.6.8.6), avaient coutume de préluder à chaque ligne de l'air avec une note d'intonation qui était en général plus longue que les suivantes.

Intonation, Psaume d'. Dans l'ancien culte presbytérien, psaume du début, ainsi appelé parce qu'à une certaine époque il était chanté pendant le rassemblement des fidèles comme le prélude ou l'entrée d'orgue aujourd'hui.

Intonazione [*Intonatione*] (ital.). Terme utilisé essentiellement par Andrea et Giovanni Gabrieli pour désigner une courte pièce d'orgue servant d'introduction à une pièce vocale dans un service religieux.

Intrada (esp.). « Entrée », « début ». Morceau de musique joué comme prélude à une manifestation ou comme premier mouvement d'une suite ; l'*intrada* est parfois placée ailleurs dans la suite.

Introduction. Tout matériel musical qui précède la substance structurelle principale d'une composition. Des introductions lentes précèdent souvent les expositions des mouvements de forme sonate, mais on trouve des introductions dans les compositions musicales les plus diverses.

Introduction et Allegro. Op.47 pour quatuor à cordes et orchestre à cordes d'Elgar, composé en 1904-05.

Introït. 1. Premier chant de la *messe, qui se compose en général d'une antienne, d'un verset (habituellement d'un psaume) et du *Gloria patri* (voir *Doxologie*) dans l'ordre suivant : antienne – verset – *Gloria patri* – antienne. L'introït fait partie du propre de la messe et plusieurs dimanches ont pour appellation le premier mot de leur introït (voir également *Plain-chant*, 2).

2. Pièce d'orgue remplaçant tout ou partie de l'introït chanté de la messe.

Invariance. Propriété qui se conserve dans une transformation ; le terme est normalement employé dans le domaine de la musique atonale. Par exemple, on peut dire que le contenu de do-mi-la bémol est invariant si on le transpose à la tierce majeure, puisque cette transposition donne mi-sol dièse-do, le sol dièse redevenant la bémol par enharmonie.

Paul Griffiths.

Invention (ital. : *inventione*, *invenzione*). Nom donné par J. S. Bach à quinze courtes pièces à deux voix pour clavier de son *Klavierbüchlein* écrites pour son fils Wilhelm Friedemann (1720). Les quinze pièces à trois voix du même ouvrage portent aujourd'hui le titre d'« Inventions à trois voix », bien que Bach les ait nommées « sinfonias » ou « fantasias ». Dans une préface ultérieure, Bach écrivait que les inventions servaient à « apprendre à jouer distinctement à deux parties... et, en outre, non seulement à aboutir à des idées originales, mais à les développer de façon satisfaisante ; et avant tout à acquérir un style de jeu *cantabile* et en même temps à recevoir un bon avant-goût de la composition ». Chaque invention est très contrapuntique et développe un court motif mélodique.

Le terme apparaît également dans des œuvres antérieures, comme dans le titre du premier livre de madrigaux de Janequin (1555) et dans la musique instrumentale italienne du début de l'ère baroque. Au XXe siècle, Martinů et Blacher ont donné ce nom à des œuvres symphoniques de nature contrapuntique.

Inversion. Voir *Renversement.*

Invitation à la valse, L' (*Aufforderung zum Tanz*). *Rondo brillant* pour piano en ré bémol majeur op.65 de Weber, composé en 1819. Il représente une scène de bal. On l'entend souvent dans l'orchestration de Berlioz (1841) ou, plus altéré, dans un arrangement de Weingartner. Les Ballets russes de Diaghilev avaient choisi cette musique pour *Le Spectre de la rose.*

Invitation au voyage, L'. Mélodie de Duparc sur un poème de Baudelaire (1870).

Invitatoire (all. : *Invitatorium* ; angl. : *invitatory* ; ital. : *invitatorium, invitatorio*). Dans l'Église catholique, le psaume invitatoire *Venite* (psaume 94 dans la Vulgate) avec antienne est le premier chant des matines. Dans la liturgie anglicane et dans les Églises luthérienne et méthodiste, le *Venite* fait partie du service du matin.

In Windsor Forest (« Dans la forêt de Windsor »). Cantate pour chœur et orchestre de Vaughan Williams, composée en 1930. Elle comporte cinq parties qui sont des adaptations de son opéra *Sir John in Love.*

Iolanthe. Opéra comique en deux actes de Gilbert et Sullivan. Représentations : Londres (Savoy Theatre) et New York (Standard Theatre, 25 novembre 1882). La fée Iolanthe (mezzo) a été bannie du pays des fées pour avoir épousé un mortel, mais la reine des fées (mezzo) lui a pardonné. Le fils de Iolanthe, Strephon (tén.), mi-mortel, mi-fée, est amoureux de Phyllis (sop.), pupille sous tutelle judiciaire, qui est courtisée par deux pairs. Les fées décident d'envoyer Strephon au Parlement, où il peut représenter leurs intérêts particuliers. On découvre finalement que le Lord Chancellor (Grand Chancelier, bar.) est le mari de Iolanthe et le père de Strephon, et que tous les pairs ont épousé des fées. Ils s'envolent tous pour le pays des fées et Strephon épouse Phyllis.

Ionien. Nom donné par Glarean (dans son traité *Dodecachordon*) au mode authentique sur ut ; la répartition des tons et des demi-tons est la même que celle de la gamme majeure. Voir *Mode,* 2.

Ionisation. Œuvre pour 13 instruments à percussion de Varèse, composée en 1929-31.

Iphigénie en Aulide. Opéra en trois actes de Gluck sur un livret de Du Roullet d'après la pièce de Racine inspirée d'Euripide. Créé à Paris en 1774.

Iphigénie en Tauride. Opéra en quatre actes de Gluck sur un livret de N. F. Guillard et Du Roullet d'après Euripide. Créé à Paris en 1779.

BIBLIOGRAPHIE : *Iphigénie en Tauride,* L'Avant-Scène-Opéra n° 62 (Paris, 1985).

Ippolitov-Ivanov, Mikhaïl (Mikhaïlovitch) (Gatchina, 19 novembre 1859 ; Moscou, 28 janvier 1935). Compositeur et chef d'orchestre russe. Élève de Rimski-Korsakov au Conservatoire de Saint-Pétersbourg, il obtient son diplôme en 1882. A partir de 1893, il enseigne au Conservatoire de Moscou, dont il est directeur de 1906 à 1922. Au cours des années passées à Tiflis (aujourd'hui Tbilisi), entre 1882 et 1893, il étudie la musique traditionnelle du Caucase, écrit un livre sur la chanson traditionnelle géorgienne (Moscou, 1895) et compose les *Esquisses caucasiennes* (1894), son œuvre la plus connue. Il est également l'auteur d'opéras, d'œuvres symphoniques, de musique de chambre et de mélodies qui révèlent la forte influence de Rimski-Korsakov.

Percy Scholes, rév.

Iradier [Yradier], **Sebastián** (Sauciego, Álava, 20 janvier 1809 ; Vitoria, 6 décembre 1865). Compositeur espagnol, auteur de *zarzuelas* et d'autres œuvres scéniques représentées à Madrid. Il s'est rendu à Paris où il est devenu le professeur de chant de l'impératrice Eugénie. Après avoir vécu quelque temps à Cuba, il a terminé sa carrière comme professeur de chant au Conservatoire de Madrid. Il est surtout connu pour avoir composé la chanson *El Arreglito* que Bizet a adaptée dans la Habanera de l'acte I de *Carmen*, pensant qu'il s'agissait d'une chanson traditionnelle authentique.

Wendy Thompson.

Iran. Voir *Moyen-Orient*.

IRCAM Voir *Institut de recherche et de coordination acoustique musique*.

Ireland, John (Nicholson) (Bowdon, Cheshire, 13 août 1879 ; Rock Mill, Washington, Sussex, 12 juin 1962). Compositeur anglais, élève de Stanford au Royal College of Music de Londres (1893-1901), docteur honoraire de l'Université de Durham. Après avoir été organiste de St Luc à Chelsea (1904-26), il enseigne au RCM, où il a pour élève Benjamin Britten. Il est attiré par l'histoire et les légendes celtiques, qui servent de toile de fond à des œuvres comme *Mai-Dun* (1920-21) ainsi que par le style modal et il apparente ces deux éléments au chant traditionnel anglais et à la musique de l'époque Tudor. Il a composé un concerto (1930), une sonate (1918-20) et d'autres œuvres pour piano, des mélodies (notamment *Sea Fever*, 1913), des œuvres chorales et diverses pages de musique de chambre.

Paul Griffiths.

Iris. Opéra en trois actes de Mascagni sur un livret d'Illica. Créé à Rome en 1898.

Irische Legende (« Légende irlandaise »). Opéra en cinq scènes de Egk sur un livret du compositeur d'après *The Countess Cathleen* (1892) de Yeats. Créé à Salzbourg en 1955.

Irish Symphony (« Symphonie irlandaise »). 1. *Symphonie n° 3 en fa mineur op.28* de Stanford, créée en 1887.

2. Symphonie de Harty, basée sur des chansons traditionnelles irlandaises. Composée en 1904 et révisée en 1915 et 1923. Le scherzo, « The Fairy Day », est souvent joué séparément.

3. *Symphonie en mi majeur* de Sullivan, créée en 1866.

4. *Symphonie n° 3* de Jean Martinon (1948).

Irlande

1. Introduction
2. Chansons traditionnelles et art des ménestrels
3. L'Église et la musique
4. Effet de la Réforme
5. Le Commonwealth et la Restauration
6. Évolution instrumentale
7. La musique à Dublin
8. Compositeurs irlandais
9. Quelques prétentions abusives

1. *Introduction.* Cet article cherche à donner une idée générale de la musique en Irlande et fait abstraction de la division politique de l'île entre l'Eire (République d'Irlande) et l'Irlande du Nord.

2. *Chansons traditionnelles et art des ménestrels.* La beauté, l'abondance et la variété de la musique traditionnelle irlandaise prouvent que ce peuple est naturellement musicien. D'excellents chercheurs en matière de musique traditionnelle, non irlandais, l'ont décrite comme la plus belle au monde (voir par exemple l'*Histoire de la musique en Angleterre* d'Ernest Walker).

Les ménestrels ou les bardes semblent avoir toujours occupé une place d'honneur en Irlande ; ils constituaient le principal moyen de diffusion du chant traditionnel. L'un de leurs derniers représentants, l'aveugle O'Carolan (1670-1738 ; voir également § 6), parcourait le pays à cheval avec un assistant et improvisait la poésie comme la musique avec une facilité remarquable.

Les richesses de la mélodie traditionnelle irlandaise ont sans doute été découvertes pour la première fois hors du pays grâce à l'inclusion d'airs irlandais dans les livres de contredanse anglais du XVIIIe siècle. Au début du XIXe siècle, elles sont devenues largement accessibles grâce à l'œuvre du grand poète Thomas Moore, qui a écrit de nouveaux poèmes lyriques sur de nombreux airs irlandais ;

l'œuvre de Moore doit beaucoup au mal que se sont donné Tetrie et quelques autres pour recueillir les airs irlandais ainsi qu'à Sir John Stevenson, collaborateur musical de Moore.

Au XXe siècle, l'Irish Folk Song Society a entrepris la publication systématique des airs traditionnels irlandais (qui avait débuté avec un livre publié par Burk Thumoth, vers 1745).

3. *L'Église et la musique.* Les premiers essais de musique savante irlandaise, comme ceux de bien d'autres nations, ont été stimulés par les exigences rituelles de la religion et il semblerait qu'aux premiers stades de la composition les musiciens irlandais aient suivi les progrès du reste de l'Europe et peut-être même qu'ils aient été en avance sur eux. A partir de l'an 500, la culture monastique irlandaise était très avancée ; les missionnaires irlandais avaient couvert une grande partie de l'Europe et, partout, les monastères irlandais étaient des centres où l'on cultivait la musique. En Suisse, l'abbaye bénédictine de Saint-Gall (fondée par un saint irlandais), où a vécu et travaillé à la fin du IXe siècle et au début du Xe siècle le moine artiste irlandais Tutilo, offrait un exemple remarquable de l'influence de l'Irlande dans le domaine de la musique religieuse ; elle a apporté une contribution importante à la culture musicale de l'Europe.

On peut supposer que l'évolution ultérieure de la composition chez les hommes d'Église a suivi le même cheminement en Irlande que dans le reste de l'Europe, mais il n'existe pas d'important recueil de musique de la grande époque du développement polyphonique comparable à ceux de l'Angleterre au XVIe siècle.

4. *Effet de la Réforme.* La Réforme a naturellement été davantage imposée à l'Irlande qu'acceptée spontanément. Les monastères ont été supprimés, comme en Angleterre et en Écosse, et les églises et les cathédrales, passant au culte protestant, se sont trouvées désertées par la quasi-totalité de la population, contrairement à celles des îles avoisinantes. Les moyens nécessaires à de belles exécutions musicales ont été essentiellement laissés entre les mains d'étrangers et une situation très artificielle s'est créée, peu favorable au développement religieux ou artistique. Les chorales d'organistes et de pasteurs anglais étaient souvent importées pour les services des cathédrales. La grande période du madrigal anglais n'a pas connu d'équivalent en Irlande, bien que Farmer et Bateson, organistes anglais de la cathédrale Christ Church à Dublin, aient publié quelques beaux madrigaux.

5. *Le Commonwealth et la Restauration.* Pendant le Commonwealth et le Protectorat, la musique religieuse a connu les mêmes suppressions en Irlande qu'en Angleterre et, à la Restauration, la même réinstallation des chœurs et des orgues. Toutefois, malgré d'importants revenus, l'Église gérait mal son patrimoine, ce qui n'a pas favorisé le progrès ; dans certaines cathédrales, le service était parfois réduit à celui d'une simple église paroissiale. L'Irlande n'a certainement pas produit une musique religieuse comparable à celle de l'Angleterre. Dans le domaine de la musique profane, il y a également peu de traces d'activité créatrice.

6. *Évolution instrumentale.* Giraldus Cambrensis, qui était en Irlande en 1185, louait la richesse instrumentale des Irlandais. Ils excellaient à la cornemuse : au début, l'instrument utilisé semble avoir beaucoup ressemblé à la cornemuse des Highlands, en Écosse, mais au XVIe siècle le modèle actionné par un soufflet placé sous le bras s'était généralisé (voir *Cornemuse*).

On en est venu à considérer la *harpe comme l'instrument représentatif, sans doute parce qu'elle pouvait être utilisée comme accompagnement de la voix et apparaissait donc entre les mains des bardes ; elle est ainsi devenue le symbole national, sur les pièces de monnaie de la République d'Irlande (fondée en 1921) et sur la bannière royale britannique. Contrairement aux instruments analogues dans la plupart des autres pays, la harpe irlandaise était munie de cordes métalliques et on en jouait en se servant d'onglets. Le grand harpiste O'Carolan (1670-1738) a composé de nombreuses mélodies qui sont encore célèbres. Vers la fin du XVIIIe siècle, des festivals de harpe ont commencé à s'organiser pour réunir les harpistes ; ils ont permis de recueillir les airs traditionnels ; le Festival de Belfast de 1792 est particulièrement célèbre. Le nom d'Edward Bunting (1773-1843) est indissociable de ce mouvement : il a étudié puis publié la musique traditionnelle. Au début du XIXe siècle, la harpe est devenue en Irlande (comme en Angleterre à la même époque) un instrument apprécié des dames.

Au XVIIIe siècle, la facture instrumentale a commencé à se développer à Dublin ainsi que l'édition musicale – favorisée par l'absence de toute restriction dans le domaine du droit d'auteur qui aurait réfréné le désir des Irlandais de réimprimer les publications de firmes anglaises.

7. *La musique à Dublin*. Dublin, capitale et siège du gouvernement, était au XVIIIe siècle un grand centre culturel dans le domaine musical. Les sociétés musicales existaient (comme le Hibernian Catch Club, 1680, et l'Academy of Music, 1757) et les compositeurs et interprètes en provenance d'Angleterre venaient souvent y passer plusieurs semaines ou plusieurs mois. Ainsi, Haendel y est resté de novembre 1741 à août 1742 et *Le Messie* a été créé pendant son séjour. Arne et sa femme (la chanteuse Cecilia Young) y ont effectué plusieurs longs séjours. De bons musiciens comme Geminiani et Dubourg se sont installés à Dublin pendant plusieurs années. La famille Roseingrave y a vécu à partir de 1698. En outre, au XVIIIe siècle, Dublin semble avoir été l'un des centres musicaux de l'Europe. Cette période a pris fin avec l'Union de 1801 et la disparition de l'importance résidentielle de Dublin comme siège du Parlement.

Le Lord-Lieutenant avait le pouvoir de conférer la chevalerie et, en plusieurs occasions, il a conféré cet honneur non seulement à des musiciens irlandais, mais curieusement à des visiteurs anglais. Le premier musicien britannique a avoir été fait chevalier l'a été par l'Irlande ; il s'agit de Parsons, maître de la musique de George III (musicien relativement insignifiant, si l'on en juge rétrospectivement) qui a été le premier récipiendaire de cet honneur en 1795.

La fondation, en 1764, d'une chaire de musique à Trinity College, à Dublin, est un événement important. Le premier professeur a été le compositeur de *glees* et d'autres pièces de musique vocale, Lord Mornington : cette chaire n'a été maintenue que dix ans, la chaire actuelle étant une reprise (1847) et servant essentiellement à préparer aux examens des diplômes de musique qui, malgré la longue absence de toute chaire réelle, sont accordés depuis le début du XVIIe siècle. De nos jours, deux collèges de la National University of Ireland possèdent des chaires de musique (Dublin et Cork).

La musique à Dublin doit beaucoup à la famille Robinson. En 1810, Francis Robinson (l'aîné) fondait « The Sons of Haendel », sans doute la première chorale d'Irlande, pour chanter l'oratorio (par opposition aux *glees*, aux *catches*, etc.). Les quatre fils Robinson et la femme de l'un d'entre eux (Joseph, le plus actif) ont occupé des postes clés dans la vie musicale du XIXe siècle. La Royal Irish Academy of Music, qui doit beaucoup à cette famille, date de 1848. Le concours de musique national, Feis Ceoil, fondé en 1897, s'est presque toujours déroulé à Dublin.

Le Commendatore Michele Esposito (1855-1929), Napolitain émigré à Dublin, a été pendant des années le centre de la vie musicale de cette ville et de l'Irlande d'une façon générale. Compositeur, chef d'orchestre, pianiste, violoniste et éditeur, il a donné d'innombrables concerts symphoniques et dirigé la Royal Irish Academy. Sir Hamilton Harty a beaucoup bénéficié de ses conseils.

Il est intéressant de noter qu'aux beaux jours du **ballad opera* Dublin était un très grand centre d'activité musicale. Le dramartuge irlandais Coffey, auteur notamment de *The Devil to Pay*, a commencé sa carrière à Dublin (*The Beggar's Wedding*, 1729).

8. *Compositeurs irlandais*. Les principaux compositeurs irlandais ont passé la majeure partie de leur vie à Londres – comme les compositeurs des provinces anglaises et écossaises.

Le pianiste John Field, considéré comme l'inventeur du nocturne et auteur de concertos pour piano longtemps célèbres, est peut-être la personnalité la plus marquante des annales de la musique irlandaise, mais deux compositeurs d'opéras, Balfe et William Vincent Wallace, étaient très connus en Europe à leur époque.

L'œuvre de Stanford, à la fin du XIXe siècle et au début du XXe siècle, cherche souvent à développer des thèmes du répertoire traditionnel irlandais. Harty, chef d'orchestre et compositeur, était à priori sympathisant irlandais. Néanmoins, la carrière de ces deux musiciens s'est déroulée en Angleterre.

9. *Quelques prétentions abusives.* Dans son *History of Irish Music* (*Histoire de la musique irlandaise*, 1905) et dans de nombreux écrits ultérieurs, le Dr Grattan Flood affirme avec beaucoup d'autosatisfaction que la pratique du déchant est d'origine irlandaise, que l'Eisteddfod a été introduit au pays de Galles par des musiciens irlandais, que *Sumer is icumen in, God save the Queen* et d'autres airs généralement considérés comme anglais sont des variantes d'airs irlandais, que certains compositeurs, généralement considérés comme anglais sont en réalité irlandais, etc. Les érudits anglais ont admis que ces affirmations devaient être portées au crédit du patriotisme fervent de leur auteur et l'on considère en général que le don des Irlandais pour la musique est largement prouvé par ailleurs.

Percy Scholes.

Isaac [Isaak], **Heinrich** (Flandres, vers 1450 ; Florence, 26 mars 1517). Compositeur flamand dont on entend parler pour la première fois à Innsbruck, en 1484, alors qu'il se rend à Florence pour entrer au service des Médicis ; il chante dans les Cantori di San Giovanni et épouse une Florentine, mais quitte l'Italie après sa rencontre avec l'empereur Maximilien Ier, en 1496, ayant accepté de devenir compositeur de la cour de Vienne. Cette nomination lui permet de voyager et il fait plusieurs voyages à Florence. En 1507 et 1508, il vit à Constance où le chapitre de la cathédrale lui commande une série de messes (publiées ensuite dans le vol.II de *Choralis constantinus*). Il passe la fin de ses jours à Florence, continuant peut-être à servir Maximilien comme diplomate.

Sa musique est peu jouée aujourd'hui, mais Isaac a été l'un des compositeurs les plus connus et les plus influents de son temps. Il était l'un des maîtres de la technique du *cantus firmus*, à la fois dans les messes (où le plain-chant servait d'élément unificateur d'un bout à l'autre des divers mouvements) et dans les motets. Il a aussi composé des chansons françaises, des *frottole* italiennes, des lieder allemands, notamment *Innsbruck, ich muss dich lassen* qui est devenu une page célèbre. Il a compté Senfl au nombre de ses élèves.

Denis Arnold.

ISCM. Voir *International Society for Contemporary Music.*

Islam, Musique de l'. Voir *Moyen-Orient.*

Islancio, con (ital.). « Impétueusement ».

Isle joyeuse, L'. Pièce pour piano de Debussy, composée en 1904. Elle lui a été inspirée par le tableau de Watteau *L'Embarquement pour Cythère*, scène délicate du début du XVIIIe siècle qui représente un groupe sur le point d'embarquer pour l'île consacrée à Vénus.

ISM. Voir *Incorporated Society of Musicians.*

Isola disabitata, L' (« L'île déserte »). Opéra (*azione teatrale*) en deux actes de Haydn sur un livret de Métastase. Créé à Eszterháza en 1779.

Isoline. Conte de fées en deux actes et dix tableaux de Messager, sur un livret de Catulle Mendès, créé à Paris en 1888 et dont le compositeur a tiré une suite d'orchestre (*Pavane*, *Mazurka*, *Scène de la séduction*, *Valse*).

Isomélique (du grec *isos*, « égal », *meloidia*, « mélodie »). Ce terme se réfère à l'usage répété du même contour de hauteurs sonores, mais avec des variations de rythme. Cette technique a été beaucoup utilisée au XVe siècle par des compositeurs comme Frye, Ciconia ou Dufay.

Isométrique (du grec *isos*, « égal », *metron*, « mesure »). Ce terme peut être utilisé pour décrire des œuvres qui emploient un même rythme simultanément à toutes les voix (homorythmie) ou des œuvres qui utilisent le même chiffrage des mesures d'un bout à l'autre.

Isorythmie (du grec *isos*, « égal », *rhuthmos*, « rythme »). Terme moderne désignant la technique qui consiste à utiliser un schéma rythmique répété comme principal composant structurel. Au XIIIe siècle, la partie de ténor d'un motet était souvent organisée suivant un court schéma rythmique répété, dérivé des *ordine* des modes rythmiques (voir *Notation*, 3), dont la longueur a augmenté au fur et à mesure que l'on avançait dans le siècle. Dans la partie de ténor, la mélodie était souvent répétée, mais pas toujours pour se synchroniser avec la répétition rythmique : les termes *color*, pour la répétition du matériel mélodique, et *talea*, pour la répétition rythmique, servaient parfois à établir une distinction entre les deux.

Philippe de Vitry et Guillaume de Machaut ont compté parmi les plus grands compositeurs de motets isorythmiques au XIVᵉ siècle. Leurs œuvres mettent en valeur certaines variations et extensions rendues possibles par l'isorythmie. La plus courante est la répétition du même schéma rythmique, non pas dans les mêmes valeurs de notes, mais en diminution proportionnelle : ainsi, les valeurs originales pouvaient être réduites de moitié ou d'un tiers. En outre, cette technique ne s'appliquait pas exclusivement à la partie de ténor : dans certains motets, elle s'étendait aux voix supérieures, particulièrement pour les passages en *hoquet.

A partir de la fin du XIVᵉ siècle, l'usage de l'isorythmie à toutes les voix (« panisorythmie ») a commencé à se développer, surtout chez les compositeurs anglais.

Isouard, Nicolas [Nicolò de Malte] (Malte, 6 décembre 1775 ; Paris, 23 mars 1818). Compositeur français. Il travaille à Malte, à Palerme puis à Naples et fait ses débuts lyriques avec *L'Avviso ai maritati* à Florence, en 1794. Il est alors nommé organiste de l'ordre de Saint-Jean de Malte, mais est obligé de se tourner vers le théâtre pour gagner sa vie lorsque Malte est conquise par les Français, en 1798. En 1799, il arrive à Paris où son sixième opéra français, *Michel-Ange* (créé en 1802), remporte un grand succès à l'Opéra-Comique. Ce succès se poursuit avec une série d'ouvrages composés pour ce théâtre, notamment *Joconde* et *Jeannot et Colin* (tous deux créés en 1814), et s'achève par *Aladin* (créé à titre posthume en 1822). Isouard a également composé des messes, des cantates, des motets, des duos et des mélodies.

Wendy Thompson.

Israël

1. Musique hébraïque ancienne
2. La montée du chant synagogal
3. Le XIXᵉ et le XXᵉ siècle

1. *Musique hébraïque ancienne*. L'Ancien Testament donne une image vivante de la culture musicale. Au cours du deuxième millénaire avant Jésus-Christ, les tribus d'Israël – tout d'abord les bergers nomades puis les fermiers des hauteurs de Judée – se transmettaient leurs traditions par des chansons ou des récitations en vers. Les jeunes filles allaient dans les champs où elles chantaient des chants mythiques et des *mahol* (rondes). Les victoires étaient célébrées par des chœurs de femmes et des tambours de basque. On pensait alors que le son des instruments affectait les esprits simples et impressionnables, et le son combiné de la harpe, du tambour, de la flûte et de la lyre avait séduit les premiers prophètes et fait du jeune Saül « un autre homme ». Par contre, la musique de la lyre calmait et soulageait la mélancolie du vieux roi Saül. Deux siècles plus tard, le prophète Élisée réclamait un joueur de lyre pour évoquer l'esprit extatique de la prophétie.

Les premiers instruments de culte religieux étaient le *shofar* (corne de bélier ou de bouquetin) et une trompette en argent. Leur son était peut-être lié à la magie, mais il a rapidement été associé à l'intervention divine. La trompette et le cor étaient aussi utilisés pour la transmission de signaux, en temps de paix comme en temps de guerre, ainsi que pour rendre hommage aux rois. La Bible mentionne plusieurs instruments à cordes, notamment le *kinnôr*, forme mésopotamienne de la lyre, joué avec un plectre. Le *nebel* était la harpe angulaire des temps bibliques ; il ressemble à un triangle, la caisse de résonance formant le côté proche de l'instrumentiste, la plus longue corde se trouvant à l'opposé. *Halil* était un nom générique pour les flûtes (comprenant sans doute les instruments à anche). C'était un instrument populaire, avec des connotations phalliques, et l'éternel symbolisme de fertilité, de vie et de résurrection : ainsi, on en jouait aux mariages et aux enterrements (saint Matthieu, IX, 23) et pour accompagner les prières invoquant la pluie. Parmi les idiophones, seul le *zilzal* et les *m'ziltayim* (cymbales) étaient sonnées au temple pour séparer le chant des psaumes. Le *toph* (tambour sur cadre) était l'instrument standard des femmes dans les événements joyeux et tristes. On jouait également des *azey broshim* (baguettes de bois frappées l'une contre l'autre) et des *m'nànaìm* (crécelles). De nombreux instruments populaires accompagnaient l'escorte solennelle de l'arche d'alliance à Jérusalem (II Samuel, VI, 5).

La civilisation urbaine cananéenne a imprimé sa marque sur la vie musicale judéenne, comme plus tard l'héllénisme. Mais la musique hébraïque authentique a pris forme et s'est forgée une réputation légendaire dans le Temple de Jérusalem où elle était jouée. Elle y avait été créée et avait reçu une charte du roi David entre 1002 et 970 av. J.-C. Les Lévites étaient chargés de l'exécution vocale et instrumentale pendant des générations. Ainsi, une tradition familiale ininterrompue et l'hérédité avaient produit un art raffiné et accompli. On ne saura jamais comment sonnaient ces chœurs de psaumes et ces interludes tant loués, mais on peut imaginer que leur sonorité était calme et retenue : un petit chœur d'hommes (rehaussé par des déchants de jeunes garçons), accompagnés seulement par les cordes pincées des lyres et des harpes. Des cymbales, des trompettes et des cors sonnaient seulement entre les sections musicales marquées dans le texte des psaumes du mot *sela*. Ce caractère réservé de la musique de temple hébraïque contraste beaucoup avec le son des tambours, des crécelles et les clameurs entendues dans la majeure partie des cultes païens.

2. *La montée du chant synagogal*. Après la destruction de l'État de Judée et de son sanctuaire par les Romains, en l'an 70, la musique du temple avait été complètement abolie et ses instruments interdits jusqu'à l'arrivée du Messie. Ces événements décisifs ont donné beaucoup d'importance au chant synagogal et en ont fait, ainsi que de la poésie, l'expression la plus caractéristique de l'art juif. Les sacrifices et autres cérémonies avaient été remplacés par des prières individuelles et collectives associées à l'étude et à l'exégèse de la Bible. Ainsi le chant devait rendre la Parole et son message spirituel transparents et exprimer des sentiments religieux, tout en restant à la portée du niveau musical des laïcs.

L'opposition des juifs (et des premiers chrétiens) à la magnificence de la musique et du théâtre helléniques avait donné naissance à des genres de chants qui sont encore pratiqués par les juifs et les chrétiens d'Orient et d'Occident. On peut attribuer trois styles spécifiques de chant synagogal aux premiers siècles de notre ère. Ces formes sont un héritage commun des synagogues du monde entier, mais leur réalisation mélodique moderne diffère largement selon les goûts locaux.

La *psalmodie est une récitation chantée des psaumes, généralement sur une seule note, avec des figures mélodiques (cadences) attachées au milieu et à la fin des versets. Les versets commencent normalement avec un motif d'intonation. Cette configuration modeste est répétée d'un bout à l'autre du psaume ; ainsi la musique ne distrait pas l'attention de l'auditeur du texte. La psalmodie est souvent responsoriale ou antiphonée. Le schéma mélodique simple de la psalmodie est souvent embelli, soumis à variations, ou étendu pour produire des formes plus élaborées.

La deuxième forme vocale des synagogues anciennes est la lecture solennelle de textes bibliques. La récitation liturgique des textes de la Bible et d'autres textes en prose, comme les prières, s'effectuait à l'origine dans un style proche de la psalmodie. La division logique de toutes les phrases était clarifiée par des cadences musicales qui interrompaient le flot des paroles. Cette ancienne méthode d'instruction, appelée chironomie, est encore pratiquée dans certaines communautés juives. Après l'an 500 environ, les professeurs ont assigné une accentuation écrite aux endroits où les motifs de cadence intervenaient. Un système complexe d'accents scripturaux, *Te'amim*, a été élaboré par l'école tibérienne de grammairiens et sa mise au point achevée vers 900. Ce système était généralement accepté et on peut encore le trouver dans des textes de la Bible imprimés en hébreu. Des combinaisons particulières d'accents divisent le verset en groupes de mots : ainsi, l'air de la lecture est formé à partir d'une série de motifs mélodiques qui sont répétés dans diverses séquences.

Les modes des prières constituent la troisième forme vocale de la synagogue. Les modes sont basés sur une échelle spécifique liée à des motifs caractéristiques. Ce matériel est soumis à élaboration et à variation par le chanteur. L'exécution d'un mode de prière traditionnelle requiert donc un certain talent pour l'improvisation.

Durant la seconde moitié du premier millénaire après Jésus-Christ, les chanteurs de synagogue ont composé un riche répertoire d'hymnes pour accompagner les prières. Ces hymnes ont perpétué le rythme libre de la poésie biblique et de l'ancienne musique hébraïque. Le rôle du *hazan* (chantre), qui se maintient encore aujourd'hui, est né d'un besoin croissant, tant de composer des hymnes de qualité que de les exécuter.

Attirés par le flux régulier et l'uniformité formelle de la versification arabe, les poètes hébreux en ont adopté les schémas rythmiques et certains airs ont aussi acquis des rythmes mesurés. L'air à schéma métrique était un élément totalement nouveau dans la musique juive, une nouvelle sorte de chant entrant en concurrence avec le style traditionnel. La recherche permanente d'un équilibre entre la liberté rythmique ancienne des Hébreux et les airs métriques des cultures hôtes est un thème récurrent de l'histoire musicale juive.

Au Moyen Age, un triple modèle de vie musicale a émergé dans les communautés juives dispersées. En premier lieu, il y avait le répertoire établi des chants sacrés ; deuxièmement, l'art profane des ménestrels itinérants, des jongleurs et des musiciens populaires dont les poèmes épiques et les chants lyriques ou d'actualité circulaient partout, car, lors des mariages, la musique instrumentale était considérée comme une obligation pieuse ; en troisième lieu, la musique savante contemporaine. Les effets combinés de ces trois types de musique se mêlent continuellement dans l'histoire de la musique juive, aboutissant par exemple à l'adoption de la musique profane à la synagogue ou à l'acceptation d'airs traditionnels pour les hymnes.

L'intégration juive à différents niveaux de musique profane est plus évidente à la fin de la Renaissance italienne. Une élite de ménestrels juifs avait été élevée au rang de musiciens de cour (comme cela s'était produit auparavant en Espagne et dans d'autres pays). Le célèbre luthiste Giovan Maria Giudeo avait servi dans différentes cours ducales (1510-26) et était finalement devenu membre de la chapelle papale. La famille de virtuoses d'Abraham Levi dall'Arpa avait servi les ducs Gonzague de Mantoue et le fils de l'empereur à Vienne (1558-87). D'autres étaient chanteurs, danseurs et professeurs de danse. La théorie musicale était recommandée comme faisant partie des études juives par le rabbi Juda Moscato de Mantoue (mort en 1590). Au moins quatre compositeurs juifs ont vu leurs madrigaux publiés entre 1575 et 1628. Le plus éminent, Salamone Rossi Hebreo, a produit neuf recueils de musique vocale et cinq *sinfonie* et danses instrumentales entre 1589 et 1628. Leur nature avancée pour leur temps a assuré au compositeur une modeste niche dans l'histoire de la musique. Les compositions chorales de Rossi pour la synagogue (Venise, 1622) ont constitué une véritable innovation.

L'histoire de la musique juive s'est répétée lorsque des crises politiques ont chassé de Mantoue Rossi et ses congénères. Ils ont trouvé refuge à Venise, mais cette génération de compositeurs et leurs œuvres se sont éclipsées sans imprimer une influence durable sur la vie musicale juive.

Au Moyen Age, le chant sacré avait été influencé par l'émergence et la croissance progressive de différents mouvements mystiques. Les mystiques juifs faisaient appel au chant pour se préparer aux états visionnaires. Avec le développement du mysticisme, les chantres ont commencé à donner plus d'importance aux vocalises dans leurs mélodies pour suggérer des nuances cachées dans le texte des prières ; en utilisant des motifs directeurs, ils faisaient allusion à des significations secrètes attribuées à certains mots.

Selon les principes mystiques, la prière devait être offerte dans une atmosphère de joie. On conseillait à chacun de surmonter la détresse et la mélancolie en chantant ses prières sur des airs chers à son cœur. Cette popularisation a été corroborée par la mystique des Safed, en Galilée, aux XVIe et XVIIe siècles. Pour la plupart, il s'agissait de juifs exilés d'Espagne qui ont adopté pour le chant synagogal des éléments de leur vaste répertoire de chant populaire méditerranéen. Des poètes comme Israel Najara (mort en 1628) ont composé une abondance d'hymnes hébreux, dont certains s'adaptent aux airs de romances, de *villancicos* ou de chansons orientales célèbres.

La dernière ramification du mysticisme juif est le mouvement hassidique d'Europe de l'Est (à partir du milieu du XVIIIe siècle), qui insiste sur le rôle de la musique comme mode direct de communication entre l'âme et le divin. Les mélodies hassidiques (*niggunim*) sont généralement chantées sans paroles, gaiement et avec enthousiasme. Elles utilisent parfois des rythmes de danse et des modes typiques.

L'esthétique du chant hassidique a influencé le chant synagogal en Europe de l'Est et aidé à consolider le style très spécial de ses chantres. Cette profession a toujours attiré et absorbé les talents musicaux des communautés juives isolées. Les chantres pratiquaient en général un style vocal virtuose qui exerçait beaucoup d'attrait sur le public ; leurs exécutions étaient souvent accompagnées par les improvisations d'un déchant et d'un chanteur basse. Les chantres les plus ambitieux se sont efforcés d'absorber la musique savante des cultures des pays où ils résidaient. A l'Est, par exemple, ils ont adopté le système *maqam* durant le XVIe siècle. Dans les pays occidentaux, certains chanteurs habiles ne sont pas resté insensibles aux procédés de diminution ornementale et aux techniques de variations de la fin du baroque.

3. *Le XIXe et le XXe siècle.* Au début du XIXe siècle, la lutte des Juifs pour l'émancipation sociale et politique a conduit à l'assimilation des conventions occidentales. Dans le domaine liturgique, ce processus a débuté par des réformes extrêmes. La prière en langue vernaculaire, les chorals d'après des modèles protestants, les chœurs mixtes et la pratique de l'orgue ont soulevé des débats passionnés. Bien que la plupart des synagogues aient conservé la liturgie traditionnelle, elles ont modifié la pratique d'exécution de la musique, surtout en introduisant le chant à plusieurs parties et les chœurs permanents (Paris, 1822 ; Vienne, 1826 ; Munich, 1832). Le novateur le plus influent de la musique synagogale a été Solomon Sulzer (1804-90), premier chantre de la communauté juive viennoise. Chanteur et arrangeur, il s'est efforcé d'atteindre son objectif : « Satisfaire les demandes musicales tout en restant juif ». Dans cette optique, Louis Lewandowski (1821-94) a trouvé à Berlin des solutions plus convaincantes.

Au XXe siècle, des compositeurs de convictions artistiques et de talents divers ont apporté leur contribution à la musique synagogale. Ils explorent la tradition européenne orientale dans un style de forme improvisée ou expriment leur atmosphère traditionnelle dans un langage musical contemporain. Les œuvres sacrées d'Ernest Bloch, d'Arnold Schoenberg et de Darius Milhaud sont davantage destinées au concert qu'à la synagogue. En général, l'emploi ou le non-emploi de l'orgue et du chœur de femmes marque une ligne de partage entre la musique purement traditionnelle et la musique liturgique plus libérale. Le legs riche et diversifié des interprétations et des compositions des chantres continue de croître.

L'intégration de la communauté juive européenne dans la musique profane a commencé avec la lignée des Meyerbeer et des Mendelssohn, et a pénétré peu à peu la société juive. Les musiciens populaires se sont frayés un chemin vers l'opéra, la salle de concert ou la musique légère. Parmi eux, on peut citer le ténor et compositeur anglais John Braham (1774-1856), le pianiste, chef d'orchestre et compositeur allemand Ignaz Moscheles (1794-1870), le pianiste et compositeur allemand Henri Herz (1803-88) et la soprano allemande Sabine Heinefetter (1809-72). Au XXe siècle, Joseph Schmidt, Alexander Kipnis et Richard Tucker ont débuté leur carrière comme chanteurs de synagogue. Les familles de chantres ont donné naissance aux compositeurs Jacques Offenbach, Karl Goldmark et Kurt Weill. Les communautés d'Europe de l'Est, avec leurs racines importantes dans le domaine du folklore musical, ont été le berceau d'instrumentistes célèbres, de Josef Joachim et Anton Rubinstein à Arthur Rubinstein, les Oistrakh et Yehudi Menuhin, ainsi qu'à des compositeurs comme Gustav Mahler.

Hanoch Avenary.

Israël. Œuvre pour deux sopranos, deux contraltos, basse et orchestre de Bloch, composée entre 1912 et 1916.

Israël en Égypte. Oratorio de Haendel sur un texte biblique qu'il a sans doute compilé lui-même. Créé à Londres en 1739, il doit sa célébrité à ses splendides doubles chœurs. L'œuvre comprend des « emprunts » inavoués à Kerll.

Istesso. Voir *Stesso.*

Istrumento d'acciaio (ital. : « instrument d'acier »). Nom donné par Mozart à son *glockenspiel dans *La Flûte enchantée.*

Italie

1. Introduction
2. Avant 1500
3. De 1500 à 1640
4. De 1640 à la conquête napoléonienne
5. De la conquête napoléonienne à la Première Guerre mondiale
6. De 1914 à nos jours

1. *Introduction.* Comme l'Allemagne, l'Italie moderne est le résultat de la fusion au XIXe siècle d'un certain nombre d'États plus ou moins importants ; mais, contrairement à l'Allemagne, elle a toujours connu une unité géographique. Entourée sur trois côtés par la Méditerranée et bordée sur le quatrième par les Alpes, elle constitue une division naturelle de l'Europe. En outre, elle n'a pas souffert de l'éclatement douloureux engendré par la Réforme et est restée profondément catholique, malgré les pressions exercées à diverses époques sur la République de Venise. Ainsi, les artistes ont toujours pu se déplacer en toute liberté d'une région à l'autre. Néanmoins, la longueur de l'Italie et sa diversité ont fait naître un sens profond du régionalisme : les Italiens du Sud ont toujours du mal à se faire accepter au Nord, et inversement, et la prospérité de la vallée du Pô ou de la Toscane forme un contraste violent avec la pauvreté de Naples ou de la Calabre. Les Italiens ont toujours été foncièrement individualistes. Les vieilles villes sont hérissées de tours qui étaient destinées à les défendre de familles demeurant seulement à quelques kilomètres. Néanmoins, les Italiens sont aussi excessivement grégaires – ces tours restent relativement proches les unes des autres. L'une des traditions musicales les plus riches de l'histoire est née de telles contradictions.

2. *Avant 1500.* On sait relativement peu de choses de la musique la plus ancienne de l'Église chrétienne, mais, dès la seconde moitié du IVe siècle, l'importance de Rome comme centre liturgique sous-entendait l'existence d'une école de chant – la *schola cantorum – près de Saint-Jean-de-Latran (siège de l'évêque de Rome, le pape). On sait aussi qu'il y avait, parmi les moines de l'abbaye bénédictine de Monte Cassino, des chanteurs qui se sont enfuis à Rome pour échapper aux envahisseurs lombards, à la fin du VIe siècle. Ces chanteurs étaient sans doute les gardiens de la tradition orale de psalmodie chrétienne qui aurait été mise en ordre sous le règne du pape Grégoire le Grand (590-604) (voir *Plain-chant*, 3). Une autre tradition de psalmodie était en usage à Milan où saint Ambroise, évêque de Milan (374-397), aurait encouragé le chant antiphonal des hymnes et des psaumes pour conforter le moral des chrétiens en lutte contre l'impératrice Justine, au IVe siècle. Curieusement, ces débuts précoces de la musique italienne n'ont pas eu de répercussions importantes. Au Moyen Age, il y a sans doute eu une activité musicale importante dont nous ne savons malheureusement pratiquement rien. Des drames liturgiques étaient représentés dans le nord de l'Italie, à Cividale et à Padoue ; Guido d'Arezzo a inventé une notation en portée qui a fait ses preuves (voir *Notation*, 2) et on a retrouvé quelques traces de l'usage d'une forme de polyphonie à partir du XIe siècle.

Les informations relatives à la musique profane sont également clairsemées. Quelques chansons de jongleurs du XIIe siècle ont survécu et la musique des troubadours a connu une large diffusion au XIIIe siècle. Les chansons dansées appelées **ballate* étaient aussi populaires à cette époque, de même que leur équivalent religieux, la **lauda*, chantée par les frères convers des confréries de flagellants. Dans certaines villes, comme Bologne et Florence, la communauté engageait des instrumentistes pour jouer des instruments à vent et les références à la musique dans les poèmes de Dante laissent supposer que la pratique musicale était très répandue.

Néanmoins, l'épanouissement d'une musique polyphonique élaborée au XIVe siècle est assez surprenante. Dans les manuscrits d'Italie du Nord, on trouve des pièces pleines de vie, appelées « madrigaux », écrites par des compositeurs comme Gherardello da Firenze, Jacopo da Bologna et Giovanni da Cascia, typiquement italiennes par leur virtuosité (voir *Madrigal*, 2), et la **caccia*, à l'origine un madrigal utilisant le canon, puis décrivant les joies de la chasse et d'autres activités de plein air, se présente également comme un genre typiquement italien. Vers la fin du XIVe siècle, la popularité de la *ballata* polyphonique commence à évincer le madrigal.

Le style des compositeurs français de l'*Ars nova ne commence à influencer l'Italie qu'au milieu du XIVe siècle. Le grand maître italien de la seconde moitié de ce siècle, Francesco Landini, a utilisé la notation française et même occasionnellement l'*isorythmie ; mais il n'a jamais adopté l'écriture complexe des Français et Gerald Abraham a raison lorsqu'il affirme que « la musique italienne du *Trecento*... n'est pas plus de l'Ars nova que l'architecture "gothique italienne" n'est gothique » ; la dichotomie des Français et des Italiens, qui devait se poursuivre au cours des âges, avait débuté.

Après ce sursaut d'activité, l'Italie du XVe siècle semble dépourvue de génies créateurs. Il faut probablement incriminer le manque de sources plutôt que supposer qu'il ne se passait rien à cette époque. Il existait certainement une tradition orale chantée pour divers genres de chansons accompagnées au luth ou à la viole (un noble Vénitien, Leonardo Giustiniani, a donné son nom à l'un de ces genres de chansons), et des joueurs de luth et d'instruments à clavier jouissaient des faveurs de plusieurs cours. Néanmoins, on voit progressivement les étrangers prendre la direction des affaires musicales. Le retour des papes à Rome, après leur exil en Avignon, au début du siècle, suscite un nouvel internationalisme, comme le montre la carrière de Dufay à Rome et ses relations avec Florence, Ferrare et Rimini. Le modèle de la *cappella* établie à Naples par Alfonso Ier d'Aragon, en 1442, est repris par d'autres familles nobles, notamment les Sforza à Milan et les Este à Ferrare ; les Médicis encouragent la musique dans les églises florentines, mais ne peuvent créer une *cappella* sans porter atteinte à la sensibilité de la République de Florence. Un grand nombre de familles employaient des hommes du Nord comme musiciens d'église : Dufay, Josquin des Prés (à Milan) et Isaac (à Florence), ce qui a favorisé la diffusion de la polyphonie élaborée aux Pays-Bas. Si ces compositeurs ont eu peu d'influence sur la chanson ou la mélodie italienne, ils ont certainement joué un rôle important dans d'autres domaines de la vie musicale de la péninsule.

3. *De 1500 à 1640.* Dès 1500, l'Italie possède un nouveau genre d'institutions musicales. Bien qu'à Rome et dans les États pontificaux un certain nombre d'églises disposent d'excellents chœurs dirigés par un *maestro di cappella* (souvent étranger), les protecteurs ne sont plus les mêmes. La nouvelle éducation humaniste (voir *Renaissance*) a marqué les familles princières des riches cours du Nord qui rivalisent d'efforts pour trouver des compositeurs, des acteurs et des chanteurs de qualité, moins pour diriger la musique de leur chapelle que pour faire partie de leur suite. La forme et la durée de ces protections variaient d'un endroit à l'autre, un prince pouvant fort bien encourager la musique et son héritier l'ignorer totalement. La cour qui connaîtra l'intérêt musical le plus soutenu est la cour d'Este : on y pratiquera la musique pendant tout le XVIe siècle jusqu'à ce que, faute d'un héritier mâle, Ferrare soit absorbée dans les États pontificaux, en 1597. Le mariage d'Isabelle d'Este avec Gonzague, en 1490, avait suscité un enthousiasme similaire, bien que plus éphémère, à Mantoue. Ce sont des musiciens de Mantoue, Cara et Tromboncino qui ont donné une forme plus élaborée à la chanson italienne avec la **frottola*. Parmi les républiques, la vie musicale de Florence est restée essentiellement centrée sur la cathédrale, alors que Venise n'a eu une chapelle bien établie qu'en 1527, lorsque Willaert a été nommé *maestro* à Saint-Marc, la chapelle du doge.

Toutefois, l'importance de Venise dans le domaine musical avait commencé plus tôt, lorsque Petrucci y avait installé la première maison d'édition musicale sérieuse en 1501, imprimant quantité de musique sacrée et profane au cours des vingt années qui suivirent. Outre un grand nombre de chansons françaises, la musique profane comprenait beaucoup de *frottole* (leur publication révèle le répertoire de la mélodie italienne de la fin du XVe siècle) ; la musique religieuse imprimée comportait les messes et les motets des grands compositeurs flamands (surtout Josquin des Prés). Le succès de l'entreprise de Petrucci a incité d'autres éditeurs à suivre ses traces et Venise est devenue le plus grand centre d'impression de la musique pendant le siècle suivant, des maisons moins réputées, mais actives, florissant également à Rome, Milan, Florence, Ferrare et dans d'autres villes.

Les protecteurs de la musique et les maisons d'édition ont fait de l'Italie le centre de la musique européenne jusqu'à la fin du XVIe siècle. La noblesse, suivant le conseil de certains livres de « courtoisie » comme *Il Cortegiano* (1528) de Castiglione, avait appris à jouer d'instruments comme le luth, la viole et le clavecin, et à chanter des madrigaux qui ont connu une période florissante à partir des années 1530 (voir *Madrigal*, 3). En outre, suivant l'exemple des nobles à l'éducation humaniste qui se réunissaient dans des académies pour discuter des idées philosophiques de la Grèce antique, les musiciens ont été amenés à étudier si la musique grecque (ou un équivalent moderne) pouvait être recréée. Ainsi, le madrigal s'est enrichi d'expressions plus complexes et plus subtiles, ce qui a stimulé le chant virtuose et abouti à la création d'ensembles professionnels ; le plus célèbre était le Concerto delle Donne, à Ferrare, à partir des années 1570, groupe de femmes qui chantaient une musique assez élaborée et ornementée lors de concerts réguliers à la cour.

La facture instrumentale a également profité de cette évolution. Les clavecins italiens de facteurs tel que Giovanni Baffo, à Venise, étaient légers et avaient une sonorité brillante. A Bologne, Venise, Padoue et Rome, on fabriquait des luths (également légers) ; pour une raison inconnue, beaucoup d'artisans étaient allemands. A Crémone, la famille Amati fabriquait déjà des instruments à cordes dans les années 1560 et, en 1568, Gasparo da Salò se qualifiait lui-même de « maestro di violoni ».

L'impression de la musique a également joué un rôle non négligeable dans le domaine de la musique religieuse, car elle permettait aux cathédrales de moindre importance, dont les maîtres de chapelle n'étaient pas nécessairement des compositeurs accomplis, de chanter la musique des grands polyphonistes. Les chœurs n'étaient pas toujours très fournis (un grand nombre d'entre eux ne comptaient guère plus d'un chanteur par partie), mais les jours de fête ils étaient souvent renforcés par les **piffari* de la ville pour obtenir une plus grande masse chorale. La bonne musique chorale commence ainsi à se répandre, ce qui incite de nombreux maîtres de chapelle à publier des messes, des motets et des psaumes.

Vers 1550, la vogue de la musique chantée en langue vernaculaire et l'abondance des compositeurs de cathédrale montrent que l'hégémonie des Pays-Bas est bien terminée. Arcadelt à Rome, Willaert à Venise et Verdelot à Florence ont été remplacés par Palestrina, les Gabrieli et Alessandro Striggio. La musique religieuse se ressent de ces changements ; elle s'écarte de la polyphonie pour se tourner vers une musique plus simple, encouragée dans ce sens par le *concile de Trente qui exigeait que les paroles de la messe soient perçues distinctement. Mais si cette musique était plus simple sur le plan structurel, sa sonorité devenait plus brillante – à Rome, elle exploitait les beaux registres supérieurs des chœurs de la chapelle Sixtine (faussets et castrats), à Venise le mélange instrumental et vocal et l'écriture alors très en vogue des **cori spezzati*.

Dans le domaine du madrigal, le travail dans leur propre langue avait donné aux compositeurs une plus grande liberté pour s'écarter des rythmes suggérés par le latin, et les lignes mélodiques avaient pris une accentuation et une fluidité plus naturelles. Le lien intime entre les paroles et la musique avait engendré une nouvelle démarche de composition dans laquelle le musicien essayait d'exprimer les émotions fluctuantes et capricieuses des vers en utilisant la dissonance ou les contrastes entre mouvements lents et rapides. Le résultat se traduit dans l'intensité émotive des madrigaux de Marenzio, de Monteverdi, de Gesualdo et de plusieurs autres compositeurs de la fin du siècle, expression d'une personnalité individuelle rarement rencontrée auparavant.

On retrouve l'éclat de la musique religieuse dans la musique des divertissements de cour offerts à l'occasion des mariages royaux, généralement conclus pour sceller les alliances politiques qui devenaient de plus en plus importantes pour les États relativement petits d'Italie centrale et l'Italie du Nord. Ces divertissements prenaient souvent la forme de pièces pastorales avec des *intermedi* élaborés dans lesquels on trouvait des chansons, des madrigaux et de la musique instrumentale exécutés par des effectifs importants (jusqu'à cinquante ou soixante musiciens). Ils connaissaient une vogue particulière à Florence où la famille Médicis célébra plusieurs mariages (1518, 1539, 1565 et

1589) ; les visites de dignitaires faisaient l'objet de divertissements analogues. C'est également à Florence que l'on cherche à définir le rôle de la musique de la Grèce antique dans l'art dramatique et, vers 1580, les membres de la **camerata* de Bardi (l'une des « académies » ou groupes de discussion) travaillaient déjà sur l'idée d'un drame intégralement chanté. A Florence, plusieurs œuvres ont tenté d'appliquer cette dernière solution ; la musique était écrite par des amateurs et des chanteurs (plutôt que par des compositeurs professionnels) pour que les paroles soient déclamées naturellement, avec des accompagnements légers selon le système qui est devenu celui de la basse chiffrée (voir *Continuo*). Avec sagesse, des compositeurs comme Peri et Caccini n'ont pas appliqué leurs théories avec une trop grande rigueur et ils ont su ajouter des airs ou même de courts intermèdes instrumentaux. L'opéra a ainsi vu le jour grâce à la pensée pragmatique italienne et à l'organisation sociale des principales cours.

L'opéra touche rapidement un public plus vaste avec la création d'*Orfeo* et d'*Arianna* de Monteverdi à Mantoue, en 1607-08. Mais des circonstances extérieures empêchent la création d'opéras dans le nord de l'Italie, où les cours ont perdu une partie de leur puissance et de leur importance : Ferrare a été absorbée par la papauté en 1597 et, à Mantoue, les Gonzague ont souffert de problèmes de succession qui ont finalement abouti à la féroce guerre de Trente ans qui a décimé l'Italie du Nord en 1628-30, autant par l'épée que par la peste. Pendant ce temps, le Sud connaissait une certaine stabilité ; à Rome, les cardinaux résidants, surtout les Barberini, prenaient goût pour l'opéra, et les œuvres de Mazzocchi, Merazzoli et Luigi Rossi étaient enrichies par Bernini. Venise est également restée en marge des troubles politiques (bien que la peste de 1630 apportée par les troupes allemandes engagées dans la guerre de Mantoue ait décimé la population). Monteverdi a transformé la *cappella* déclinante de Saint-Marc en une institution moderne avec un chœur de trente personnes, formé d'excellents virtuoses, et un orchestre d'environ vingt-cinq instrumentistes, non plus basé sur les instruments à vent mais sur un pupitre de cordes compétent.

Durant cette période, la musique la plus florissante en Italie est la mélodie, sous la forme appelée aujourd'hui *monodie ; elle constitue le principal successeur du madrigal pour les éditeurs vénitiens, toujours prééminents. Au bout de quelques années, cette « nouvelle musique » (titre du premier livre de mélodies de Caccini) renonce à toute prétention d'expression profonde ou « académique » et se compose essentiellement d'**arias* – une musique légère et mélodieuse que pouvaient chanter et jouer les amateurs. Les musiciens d'église utilisent aussi des parties de continuo pour écrire une musique plus simple et le nouveau style **concertato* fournit de la musique aux petits groupes de chanteurs et d'acteurs que l'on trouvait alors dans toutes les églises les jours de fête.

4. *De 1640 à la conquête napoléonienne.* Cette situation se trouve radicalement modifiée vers 1640 quand on commence à découvrir que l'opéra peut devenir une activité rentable pour les théâtres publics. A Venise, le Teatro San Cassiano est ouvert au public par la famille Tron en 1637 suivi, deux ans plus tard, par le Teatro Santi Giovanni e Paolo, puis par le Teatro San Moïse (1640) et le Teatro Novissimo (1641), rendu célèbre par ses superbes productions. Un système de tournées rudimentaires voit également le jour, surtout après la fermeture du Teatro Novissimo, en 1647, qui contraint ses chanteurs à trouver du travail ailleurs. Un circuit s'installe dans le nord du pays, autour de Parme, Piacenza et Modène, puis de l'autre côté des Alpes, à Innsbruck et à Vienne. Un circuit analogue s'instaure dans le Sud qui trouvera finalement un centre d'activité rentable à Naples.

L'opéra jouit alors d'une telle popularité que la composition et la représentation de tels ouvrages deviennent des activités très rémunératrices pour les musiciens. Des compositeurs comme Cavalli et Legrenzi utilisent leurs postes d'église comme des sinécures qui servent de base à leurs entreprises théâtrales, tandis que les chanteurs, même dans des églises aussi importantes que Saint-Marc de Venise, demandent constamment des congés pour partir en tournée avec une troupe lyrique. La notion de chanteur « vedette » prend une grande importance, surtout chez les femmes et chez les castrats, et la *cantate sert à mettre en valeur leur virtuosité.

La musique instrumentale est particulièrement florissante en Émilie, la région autour de Bologne et de Modène. A Bologne, la basilique San Petronio emploie un grand orchestre qui comporte notamment d'excellents trompettistes, et les musiciens de la ville fondent une Accademia filarmonica en 1666, qui étudie de façon approfondie les compositions de ses membres et discute de théorie musicale. Au XVIIIe siècle, sous la présidence du Padre Martini, elle est devenue l'un des principaux centres d'étude de la musique « ancienne ». A Modène, la cour de la famille d'Este (qui siégeait à Ferrare au XVIe siècle) emploie des instrumentistes à cordes de grande qualité, notamment des virtuoses comme les deux Vitali, G.M. Bononcini et Domenico Gabrielli. L'école d'Émilie ne comprenait donc pas seulement des virtuoses du violon, mais aussi des compositeurs qui écrivaient les sonates et les concertos de leur répertoire.

Ce système commercial basé sur la notion de « vedette » durera un siècle et demi, sans interruption. Au-delà, un nouveau genre d'académies de musique, destinées à la formation des instrumentistes, voit le jour, surtout à Venise et à Naples, qui se démarque de l'ancienne école de chant des cathédrales. Les orphelinats et les asiles pour indigents trouvaient rentable d'enseigner la musique à leurs jeunes pensionnaires. A Naples, on s'attache surtout à la formation de compositeurs d'opéra et de chanteurs (dont un grand nombre de castrats) ; à Venise, on enseigne aux jeunes filles le chant et la pratique instrumentale, les compositeurs venant généralement d'ailleurs. Ces institutions hors du commun, notamment la Pietà et les Mendicanti à Venise, San Onofrio et les Poveri di Gesù Cristo à Naples, sont en fait les premiers véritables conservatoires de l'histoire et ils étaient admirés à l'étranger – les princes allemands y envoyaient parfois les plus doués de leurs jeunes musiciens.

C'est pour cette raison que les violonistes, chanteurs et compositeurs italiens itinérants dominent alors virtuellement l'Europe, de Dublin à Saint-Pétersbourg. Certaines cours, comme celle de Dresde, paient plus cher que les cours et théâtres italiens moins riches ; la situation du XVe siècle s'est complètement inversée, l'Italie exportant ses meilleurs musiciens. Presque tous les bons musiciens italiens voyagent alors à l'étranger : certains, comme Geminiani et Locatelli, émigrent ; d'autres, comme Jommelli et le violoniste Nardini, vont à l'étranger pour occuper des postes permanents avant de rentrer en Italie. Le prudent Galuppi réussit même à conserver ses postes à Venise, tout en acceptant des commandes qui l'entraînent dans toute l'Europe.

L'Italie est alors considérée comme le centre musical par excellence, comme le montrent les carnets de ceux qui en ont fait le voyage. Les théâtres lyriques sont les institutions les plus importantes ; Venise et Naples disposent même de plusieurs théâtres ; quant aux plus petites villes, elles entretiennent au moins un théâtre avec une saison modeste durant le carnaval. A Venise, une bonne année peut compter jusqu'à quinze opéras différents. Au début du siècle, on ne jouait que des *opera seria* de compositeurs vénitiens, mais, dès 1750, l'opéra bouffe commence à occuper la moitié du répertoire, sous la plume de compositeurs vénitiens ou étrangers. En 1780, la prédominance de l'opéra bouffe est nettement accentuée et les ballets occupent aussi une place importante. La situation est identique à Naples où, en 1770, Burney trouve le niveau du chant assez bas. Pendant le Carême, on joue des *oratorios, car les théâtres doivent rester fermés. Et, à l'occasion des fêtes importantes, on peut entendre, dans les principales églises, de la musique religieuse avec solistes, chœur et orchestre.

Il semblerait que les séries de concerts publics, comme celles de Paris et de Londres, n'aient pas existé en Italie, bien que les visiteurs royaux aient été conviés à Venise à un concert donné par les quarante meilleurs élèves des conservatoires. Toutefois, il y avait des « académies » privées ou concerts privés, et on jouait à la messe des concertos pour violon, à la manière de l'ancien *concerto da chiesa* de Saint-Antoine de Padoue où Tartini avait été *primo violino e capo di concerto* entre 1721 et 1765. La présence hors de leur pays natal des grands maîtres italiens, que l'on constate avec le recul des siècles, ne s'imposait pas alors comme une évidence, car la musique italienne semblait plus florissante que jamais en cette fin du XVIIIe siècle.

5. *De la conquête napoléonienne à la Première Guerre mondiale.* L'invasion

napoléonienne va porter un coup fatal à l'ancienne structure de cour. La fière République de Venise, qui était indépendante depuis mille ans, s'est désagrégée en quelques jours devant les troupes françaises ; le pape a été expulsé de Rome et, à Naples, les Bourbon ont été finalement vaincus. En fait, peu de choses ont changé. Les codes napoléoniens devaient être appliqués en Italie, mais ils ont eu peu d'effet, et la société italienne a continué à vivre comme par le passé – à l'exception de la pauvreté qui s'est accentuée. Les conservatoires de Venise et de Naples sont moins nombreux ; ils ont perdu de leur importance et même leur niveau a été affecté. Le changement le plus frappant est la disparition du castrat, car l'opération mutilante a été interdite, ce qui a permis d'entendre pour la première fois des femmes sur la scène romaine (auparavant les rôles féminins étaient chantés *travestiti* par des castrats). L'opéra est devenu plus commercial que jamais : virtuellement, il constitue la seule institution musicale de renom en Italie, car la musique religieuse a perdu de son importance avec le déclin de la papauté. Le nombre d'orchestres et de concerts susceptibles de présenter un répertoire symphonique aussi élaboré qu'en Allemagne et en Autriche reste très limité. Le mouvement qui a suscité, en Allemagne, la renaissance de la musique de Bach et de Haendel, grâce à l'action de chorales amateurs telles que la Singakademie de Berlin, n'a jamais eu d'équivalent en Italie.

Sous l'Empire, des compositeurs italiens comme Paisiello, Paër et Spontini étaient très appréciés à Paris où l'on entendait constamment des chanteurs italiens. En Italie, seuls quelques opéras et cantates sur des thèmes politiques verront le jour. La dépendance vis-à-vis des livrets de Métastase, qui persiste jusqu'à la fin du XVIIIe siècle, et le manque de soutien populaire de la politique révolutionnaire expliquent pourquoi l'Italie a découvert si tard le romantisme qui s'affirmait alors dans la plupart des centres culturels européens. Le genre le plus animé était encore l'opéra bouffe, avec sa gentille satire sociale sur une musique agréable mais un peu démodée. Néanmoins, les compositeurs d'opéras italiens ne manquaient pas de travail, car les grands théâtres leur demandaient des œuvres nouvelles pour les trois ou quatre saisons qu'organisaient les théâtres importants. Un compositeur travailleur et habile pouvait gagner très correctement sa vie en écrivant en moyenne trois ou quatre opéras par an et en se déplaçant de ville en ville en fonction de la demande ; en outre, à cette époque, les chanteurs étaient mieux payés que jamais.

A la défaite de Napoléon, le traité de Vienne donne la majeure partie du nord de l'Italie à l'Autriche, le pape est rétabli à Rome et le régime corrompu des Bourbons se réinstalle à Naples. La perte du pouvoir politique donne naissance à un mouvement qui vise à unifier l'Italie, pour la première fois de son histoire. Le romantisme, encouragé par les mouvements révolutionnaires (quelle qu'ait été leur inefficacité) trouve sa contrepartie au cours des années 1820 et 1830 dans la mode grandissante de l'*opera seria* sur des sujets romantiques (généralement empruntés à d'autres pays, comme dans les romans de Walter Scott alors en vogue). Rossini a beaucoup œuvré en ce sens, mais au sommet de la renommée il trouva qu'il était plus rentable de travailler à Paris, qui était devenue la terre d'élection des compositeurs italiens, avec d'excellents orchestres et un public de connaisseurs. Lorsque Rossini cessa (assez tôt) de composer des opéras, en 1830, il laissait le champ libre à des compositeurs plus jeunes, notamment Donizetti et Bellini qui se sont rapidement imposés. Tous deux souhaitaient travailler pour l'Opéra de Paris : Donizetti y est parvenu, après une carrière dans le style de Rossini exclusivement consacrée aux grands théâtres italiens ; ses opéras ont un parfum politique prononcé. Quant à Bellini, il est mort trop tôt ; mais son dernier opéra, *I Puritani*, joué à Paris au Theâtre-Italien en 1835, contient tous les signes d'une évolution vers le grand opéra politique.

Au milieu des années 1830, le Risorgimento, mouvement d'affirmation de l'unité italienne, était déjà en bonne voie et le principal compositeur au travers duquel il s'affirmera se mettait à l'ouvrage. Le hasard qui a permis au nom de Verdi de devenir le sigle d'un slogan révolutionnaire – « Vittorio Emanuele Re D'Italia » – a fait de lui un personnage politique, rôle qu'il avait rempli plus ou moins consciemment jusqu'à l'échec de la révolution de 1848. Toutefois, son véritable génie ne réside pas dans le soutien à un mouvement politique, mais dans le portrait de caractère – rôle dans lequel il affirme sa personnalité typiquement italienne. Plus que tout autre, il a entraîné la musique italienne dans le mouvement romantique en s'écartant des formes musicales traditionnelles et en créant un véritable drame musical en termes italiens (non wagnériens). Il a aussi beaucoup œuvré pour améliorer la qualité d'exécution des opéras, en insistant sur le niveau des productions et de l'orchestre. A partir des années 1860, la musique des grands compositeurs allemands commence à être jouée à Rome et à Milan dans des concerts symphoniques, et les œuvres de Beethoven connaissent enfin la célébrité. Dès 1871, le Teatro Comunale de Bologne pouvait présenter *Lohengrin* de Wagner grâce à une nouvelle génération de chefs d'orchestre, à la tête de laquelle se trouve Franco Faccio (1840-91), et qui devait aboutir à Arturo Toscanini (1867-1957) et à Victor de Sabata (1892-1967).

L'opéra conservera néanmoins une place primordiale au sein des activités musicales italiennes. Durant la saison 1858-59, il y avait plus de cent vingt-cinq théâtres en Italie, mais leur répertoire ne dépassait par cent trente œuvres différentes, principalement de Verdi, Donizetti, Bellini et Rossini, les jeunes compositeurs voyant leurs chances diminuer sensiblement. Le système des compositeurs itinérants cédait la place à une promotion assurée par les grandes maisons d'édition, notamment Ricordi et Sonzogno. Ces éditeurs prenaient en charge les intérêts de leurs propres compositeurs et tiraient profit des nouvelles conventions sur le droit d'auteur, qui entraient assez facilement en application dans les unités nationales allemandes et italiennes (voir *Droit d'auteur*, 2 et 3). Ce système de protection permettait aux compositeurs de moins écrire et quelques succès suffisaient à leur assurer de solides revenus.

Les théâtres lyriques ont alors connu leurs premières difficultés financières. Dans une Italie unie dont Rome était la capitale et qui voyait Milan et Turin se développer grâce à une industrialisation croissante, le nombre de théâtres tendait à diminuer dans ces grandes villes pour donner à ceux qui subsistaient un répertoire digne des scènes parisiennes. Les opéras de Meyerbeer, Halévy et d'autres compositeurs français connurent alors une nouvelle vague de succès (*Don Carlos* et *Aïda* de Verdi appartiennent aussi à cette tradition). Le système qui avait permis aux compositeurs de passage de façonner leurs opéras sur les goûts locaux avait disparu. A Milan, la Scala commence à exercer une influence considérable et crée les derniers opéras de Verdi. Dans le Nord, l'internationalisme suscite un intérêt pour Wagner parmi les milieux intellectuels mais, chose surprenante, sa musique aura assez peu d'effet en Italie où la grandeur de Verdi cultive la tradition du chant national et du drame humain. La jeune génération des compositeurs « réalistes » – Puccini, Mascagni, Leoncavallo – appliquera les techniques musicales apprises en France et en Allemagne à des sujets portant essentiellement sur le *squarcio di vita* (« extrait de la vie ») qui ne possèdent pas la nature héroïque des sujets du Risorgimento. Au début de la Première Guerre mondiale, la tradition de l'opéra romantique touche à sa fin en Italie et, malgré l'importance accrue des concerts symphoniques et de quelques compositeurs qui écrivent de la musique instrumentale, comme Giuseppe Martucci (1856-1909) ou Giovanni Sgambati (1841-1914), la Péninsule montre peu de signes d'une agitation analogue à celle qui bouleverse Paris ou Vienne.

6. *De 1914 à nos jours.* La Première Guerre mondiale avait ôté à la société italienne le sentiment de confiance en soi qu'elle pouvait avoir ; la victoire finale avait été précédée d'importantes défaites infligées par le vieil ennemi autrichien. Cette insatisfaction qui marquait la société et les institutions italiennes trouve sa contrepartie musicale dans les œuvres de plusieurs compositeurs, comme Pizzetti, Respighi et Malipiero. C'est avec eux que Casella fonde en 1917 la Società Italiana di Musica Moderna. Mais elle ne survit que de quelques années à la guerre : l'instabilité politique, qui avait été une caractéristique constante de l'Italie unie, disparaît rapidement avec les méthodes brutales de Mussolini et des fascistes qui ne rêvent que des gloires de la Rome impériale.

Le résultat immédiat est la redécouverte de la musique italienne ancienne, surtout celle des XVIe et XVIIIe siècles, publiée dans des séries comme les *Istituzioni e monumenti dell' arte musicale in Italia* ou dans des éditions d'ensemble comme celle de la musique de Monteverdi réalisée par Malipiero. Les compositeurs opèrent également un retour à ces sources musicales anciennes en leur donnant parfois un aspect romancé (*Antiche arie e danze* de Respighi, 1917 et 1924). Mais, le plus souvent, ils tentent de leur conférer un sens nouveau (quatuors à cordes de Malipiero). Les œuvres lyriques des compositeurs de cette génération vont à l'encontre du style de Puccini ; Malipiero tente de revenir à un stéréotype à la manière de la *commedia dell' arte* et Pizzetti emploie un style déclamatoire, très éloigné des airs somptueux du XIXe siècle. Leurs opéras ne rencontrent aucun succès auprès du grand public et le répertoire des théâtres lyriques, qui comportait toutefois quelques partitions nouvelles, se limite alors essentiellement aux œuvres du XIXe siècle et du début du XXe siècle.

Si la Seconde Guerre mondiale a encore davantage appauvri l'Italie, elle a engendré, chose surprenante, un sens profond de la dignité personnelle : la défaite de la nation était considérée comme la défaite du fascisme et ladite nation avait été rachetée par le courage des partisans. Les théâtres lyriques poursuivent leurs saisons traditionnelles, désormais largement subventionnés par l'État, mais seuls quelques-uns – à Milan, Rome, Naples, Florence, Turin et Bologne – restent des institutions majeures. Au fil des années, seuls la Scala et l'Opéra de Rome conservent un niveau international. De nombreuses petites villes continuent à organiser de courtes saisons et engagent de jeunes interprètes. Les sociétés de musique de chambre, souvent appelées « Gli Amici della Musica », sont davantage tournées vers l'extérieur ; elles donnent des concerts dans de petites villes. La radio nationale, Radiotelevisione Italiana (RAI), entretient plusieurs orchestres de bon niveau, notamment à Turin, Milan, Rome et Naples. Elle propose, dans le cadre de concerts publics, des œuvres nouvelles et peu connues, ainsi que le répertoire traditionnel.

La santé générale de la musique italienne ne s'améliorera sans doute que si le système éducatif s'améliore ; il est à l'heure actuelle déplorable, la musique étant peu – et généralement mal – enseignée dans les écoles et conservatoires, qui restent fermement attachés au désir de produire des vedettes (d'ailleurs, les meilleurs orchestres de chambre s'appellent « I Virtuosi di Roma » et « I Solisti Veneti »). D'autre part, peu d'universités prennent la musicologie au sérieux. Toutefois, la musique est toujours une source de joie en Italie et la population dans son ensemble connaît et apprécie aujourd'hui les chefs-d'œuvre de son patrimoine lyrique. En outre, les Italiens sont peu disposés à dissocier la musique de la vie. La lutte constante de Dallapiccola contre l'oppression se reflète dans son opéra *Il Prigioniero* (1944-48) et dans ses *Canti di liberazione* (1951-55) ; *Il Canto sospeso* (1955-56) et *Intolleranza* (1960) de Luigi Nono sont des expressions manifestes d'antifascisme. L'intérêt que Berio porte aux mots en tant que sons ne l'empêche pas de les choisir en grande partie pour leurs images évocatrices. Le lyrisme et l'humanité restent au cœur des intérêts italiens ; lorsque ces qualités reviendront à la musique européenne, l'Italie enrichira sans aucun doute son glorieux passé.

Denis Arnold.

BIBLIOGRAPHIE : Nanie Bridgman, *La Vie musicale au quattrocento et jusqu'à la naissance du madrigal (1400-1530)*, Gallimard (Paris, 1964)/*La Musique italienne*, PUF, coll. Que sais-je ? (Paris, 1973)/*La Musique à Venise*, PUF, coll. Que sais-je ? (Paris, 1985). Rodolfo Celletti, *Histoire du bel canto*, Fayard (Paris, 1987). Hélène Leclerc, *Venise baroque et l'opéra*, Armand Colin (Paris, 1987). Gino Negri, *L'Opéra italien*, Flammarion (Paris, 1987). Henry Prunières, *Cavalli et l'opéra vénitien au XVIIIe siècle*, Rieder (Paris, 1931).

Italienisches Liederbuch (« Livre de lieder italiens »). Quarante-six lieder pour voix et piano de Hugo Wolf sur des poèmes italiens anonymes traduits par Paul von Heyse (1830-1914) et publiés en 1860 sous le titre *Italienisches Liederbuch*. Ils ont été publiés en deux volumes, le premier (22 lieder) en 1892 et le second (24 lieder) en 1896. Par la suite, certains lieder ont été orchestrés par Wolf lui-même, d'autres par Reger.

Italienne à Alger, L' (*L'Italiana in Algeri*). Opéra-comique en deux actes de Rossini sur un livret d'Anelli. Créé à Venise en 1813.

Ite missa est (lat. : « Allez, la messe est finie »). Dernières paroles de la *messe, prononcées ou chantées à partir du XIe siècle uniquement dans les messes comportant un *Gloria* ; sinon l'*Ite missa est* est remplacé par le *Benedicamus Domino*. Bien qu'il fasse strictement partie de l'ordinaire de la messe, peu de compositeurs l'ont mis en musique.

Ivanhoe. Opéra en trois actes de Sullivan, sur un livret de J. R. Sturgis d'après le roman de Walter Scott (1819). Seul et unique opéra « sérieux » de Sullivan, il a été créé à Londres en 1891.

Ivanov, Lev (Ivanovitch) (Moscou, 18 février 1834 ; Saint-Pétersbourg, 11 décembre 1901). Chorégraphe russe, deuxième maître de ballet de Petipa à Saint-Pétersbourg : il y a réalisé la chorégraphie de la première version des *Danses polovtsiennes* du *Prince Igor* (1890) de Borodine, de la première version de *Casse-Noisette* (Petipa était tombé malade) et du second acte du *Lac des cygnes* à la mémoire de Tchaïkovski.

Noël Goodwin.

Ivan Soussanine (« Une Vie pour le tsar »). Opéra en quatre actes et un épilogue de Glinka sur un livret du baron Goergy Rosen d'après le poète Joukovski. Créé à Saint-Pétersbourg en 1836 sous le titre d'*Ivan Soussanine*, nom du paysan qui sauva le tsar Michel, fondateur de la dynastie des Romanov, au sacrifice de sa propre vie, en trompant les troupes polonaises en 1612 ou 1613. Le tsar Nicolas Ier, attiré par cette œuvre, s'était rendu au Bolchoï pendant les répétitions ; il fut alors décidé de lui dédier la partition qui prit le titre d'*Une Vie pour le tsar*. Après la révolution de 1917, le sujet était devenu très embarrassant pour le régime et on a tenté, à plusieurs reprises, d'adapter la musique à de nouveaux sujets. En 1939, S.M. Gorodetski a réécrit le livret de Rosen en centrant l'action sur les dirigeants de la révolte contre les Polonais et en redonnant à l'œuvre son titre d'origine.

Ives, Charles (Edward) (Danbury, Connecticut, 20 octobre 1874 ; West Redding, Connecticut, 19 mai 1954). Compositeur américain. La musique de Ives, écrite en majeure partie avant la crise cardiaque dont il fut victime en 1918, abonde d'idées originales et d'expériences audacieuses : atonalité, citations, mètres détonants superposés, quarts de ton, utilisation de groupes d'instruments dispersés dans l'espace. Dans tous ces domaines, il a innové avec une imagination extraordinaire, travaillant dans l'isolement et l'obscurité, en ignorant ce que faisaient ses contemporains en Europe. Toutefois, son audace n'avait rien de comparable à celle d'un amateur naïf. Il n'a pas fait de carrière musicale, préférant gagner sa vie en créant une compagnie d'assurances, mais il avait travaillé avec Horatio Parker à Yale (1894-98).

Le goût de Ives pour l'expérience musicale remonte à son enfance où son père, George Ives, lui enseigna les rudiments de la musique tout en lui donnant une solide ouverture d'esprit et le sens de l'indépendance. Ainsi, tout en composant des œuvres relativement orthodoxes comme le *Quatuor n° 1* (1896), la *Symphonie n° 1* (1896-98) et la cantate *The Celestial Country* (1898-99), il écrivait également son *Psaume 67* sans accompagnement (1898), qui superpose d'un bout à l'autre deux différentes tonalités. Ives a ensuite réalisé un grand nombre d'innovations dans ses mélodies qui font preuve d'une étonnante variété. Elles vont de l'imitation du lied allemand (« *Feldeinsamkeit* ») à des déclamations puissantes virtuellement atonales (*Paracelsus*), de pièces sereines sur un thème de cantique (*At the River*) à des pièces puériles et humoristiques (*Circus Band*), d'épigrammes stridents (*Duty*) à des chansons familières (*Songs my Mother taught me*). Ces mélodies tirent souvent leur matière musicale de pièces de musique de chambre ou d'œuvres symphoniques. Certaines ont été ensuite arrangées pour d'autres effectifs.

La publication des œuvres d'Ives a posé beaucoup de problèmes car ses partitions sont souvent surchargées de corrections, de révisions, de solutions alternatives et d'impossibilités intentionnelles : ce qui lui importait, c'était, selon ses propres termes, la « substance » de la musique, non sa réalisation. Son approche artistique a été influencée par le transcendantalisme de la Nouvelle-Angleterre, la pensée des auteurs philosophes du XIXe siècle qui vivaient près de la ville de Concord dans le Massachusetts. C'est sur leur œuvre qu'il a fondé sa *Sonate pour piano n° 2* (1909-15), sous-titrée *Concord*. D'autres partitions, notamment *Three Places in New England* pour orchestre (1903-14), évoquent le paysage et l'histoire de sa région natale.

En créant des impressions aussi pittoresques, Ives voulait puiser dans tous les genres de matériels musicaux existants, notamment les marches, les hymnes et les chansons de salon. La *Symphonie « Holidays »* (1904-13), qui comprend un tumultueux « Fourth of July », est particulièrement riche en citations de ce genre qui aboutissent à des collages d'une densité impénétrable. Toutefois, d'autres œuvres symphoniques, comme l'ouverture *Browning* (1911), parviennent à leurs fins avec des moyens entièrement originaux, notamment un emploi vigoureux de l'harmonie dissonante. Ives a aussi effectué des recherches pour trouver de nouvelles méthodes atonales d'organisation de la musique dans ses pièces pour petit ensemble instrumental : *The Unanswered Question* pour trompette, quatre flûtes et cordes (1908) et *Tone Roads n° 1* pour flûte, clarinette, basson et cordes (1911). La seconde de ces œuvres annonce, dans une certaine mesure, le sérialisme ; dans la première, la trompette pose la question, qui reste sans réponse sous la forme de vains tourbillons de flûtes alors que les cordes, représentant le silence de la sagesse métaphysique, jouent discrètement dans les coulisses. Les ambitions philosophiques de la *Symphonie n° 4* suivent une démarche analogue, mais sa conception est plus grandiose. Un court prélude est suivi d'un deuxième mouvement excessivement complexe (développé à partir du mouvement correspondant de la *Sonate Concord*), d'une fugue (également utilisée dans le *Quatuor n° 2* de 1907-13) et d'un finale, véritable apothéose sur un plan spirituel serein. Par sa diversité et sa vision, cette œuvre peut être considérée comme la réalisation la plus complète de Ives.

Paul Griffiths.

J

Jabo [*Xabo*] (esp.). Danse espagnole de rythme ternaire lent pour un seul danseur.

Jácara [*xàcara*] (esp., port.). Vieille ballade ou air de danse espagnol. Au XVIIe siècle, la *jácara* était souvent utilisée au théâtre et elle est finalement devenue la **tonadilla*.

Jacchini, Giuseppe Maria (Bologne, vers 1663 ; Bologne, 2 mai 1727). Violoncelliste et compositeur italien. Membre de la *cappella* de San Petronio et, à partir de 1688, de l'Accademia filarmonica. Ses sonates, concertos et *sinfonie* pour trompette et cordes étaient très connus de son vivant ; un grand nombre de ses œuvres comprend des parties *obbligato* pour son instrument ; il a aussi écrit une sonate pour violoncelle qui a paru dans un recueil de *Sonata a tre di vari autori*.

Denis Arnold.

Jachet [Jacquet] **de Mantoue** [Colebault, Jacques] (Vitré, Bretagne, vers 1483 ; Mantoue, 2 octobre 1559). L'un des plus importants compositeurs français de musique d'église à la génération précédant celle de Lassus et de Palestrina. Entre 1526 environ et 1559, il travaille à la cathédrale de Saint-Pierre-et-Saint-Paul à Mantoue, tout d'abord comme chanteur, puis comme maître de chapelle. Il est l'auteur de cycles d'hymnes, de psaumes de vêpres pour toute l'année liturgique (certains écrits en collaboration avec Willaert ou d'autres compositeurs), de motets et de messes (dont seize messes-parodies basées sur ses propres œuvres ou sur des œuvres profanes et sacrées d'autres compositeurs). Au XVIe siècle, on le confondait souvent avec son contemporain Jachet de Berchem.

John Milsom.

Jacob, Gordon (Percival Septimus) (Londres, 5 juillet 1895 ; Saffron Walden, Essex, 8 juin 1984). Compositeur anglais. Il fait ses études de musique avec Stanford et Charles Wood au Royal College of Music de Londres où il enseigne la composition de 1924 à 1969. Il a beaucoup composé, notamment des concertos et d'autres œuvres symphoniques, de la musique chorale et de la musique de chambre, dans un style direct, souvent bouillonnant. Sa musique est très agréable à jouer. Il est également l'auteur de *Orchestral Technique* (« Technique orchestrale », Londres, 1931, 2e éd. 1982), *How to Read a Score* (« Comment lire une partition », Londres, 1944) et *The Composer and his Art* (« Le compositeur et son art », Londres, 1954).

Paul Griffiths.

Jacobin, Le (*Jakobin*). Opéra en trois actes de Dvořák sur un livret de M. Červinková-Riegrová. Créé à Prague en 1889.

Jacopo da Bologna (célèbre au milieu du XIVe siècle). Compositeur et théoricien italien. Il a travaillé à la cour des Visconti à Milan et également à Vérone, mais on ne sait pas grand chose de sa vie en dehors de ce que l'on peut glaner dans les textes qu'il a mis en musique. Il est l'un des plus remarquables compositeurs de madrigaux du XIVe siècle, et sa musique comporte souvent une écriture vocale très virtuose.

Son traité *L'Arte del biscanto misurato* montre qu'il a été influencé par l'évolution de la notation de l'*Ars nova.

Denis Arnold.

Jacquet de Berchem. Voir *Berchem, Jachet.*

Jakobsleiter, Die. Voir *Echelle de Jacob, L'.*

Jaleo [xaleo] (esp.). Danse espagnole à un danseur, d'origine andalouse ; à trois temps et de rythme modéré, elle s'accompagne en battant des mains en mesure.

Jamaican Rumba. Pièce pour deux pianos d'Arthur Benjamin, composée en 1938. Elle a été arrangée pour de nombreuses autres combinaisons instrumentales, particulièrement pour petit orchestre.

Jambe de Fer, Philibert (Champlitte, Haute-Saône, vers 1520 ; Lyon, 1566 ?). Compositeur français de religion protestante qui a composé ou adapté des musiques pour les cent psaumes de Jean Poitevin. Toute sa carrière s'est déroulée à Lyon où il a composé, en 1564, la musique pour la visite de Charles IX. Il est aussi l'auteur d'un traité, l'*Épitome musical,* qui comporte de précieuses références sur les instruments de l'époque.

Alain Pâris.

James, John [Jack] (mort à Londres vers 1745). Compositeur et organiste anglais, réputé pour son talent d'improvisateur, organiste assistant puis organiste de St Olave, à Southwark et, à partir de 1738, de St George-in-the-East. Il était connu pour avoir fréquenté les quartiers pauvres de Londres. Ses œuvres d'orgue, dont un grand nombre ont été publiées, figurent encore au répertoire de la plupart des organistes contemporains. Il a aussi écrit quelques mélodies dont deux reflètent son penchant pour l'alcool – « Ye mortals that love drinking » et « Ye thirsty souls ».

Wendy Thompson.

Jammern (all.). « Se lamenter » ; *Jämmerlich,* « lamentable ».

Jam-session. Terme employé par les musiciens de jazz pour désigner une session au cours de laquelle des musiciens improvisent isolément ou en groupe sur un air familier.

Janáček, Leoš (Eugène) (Hukvaldy, Tchécoslovaquie, 3 juillet 1854 ; Ostrava, 12 août 1928). Compositeur tchèque. Fils d'un instituteur et organiste moravien, il fait ses études à l'ancienne école conventuelle de Brno (1865-69), puis se prépare à épouser la carrière de son père en menant des études d'instituteur à Brno (1869-74) et en suivant les cours de l'École d'orgue de Prague (1874-75). En 1876, il devient instituteur auxiliaire à Brno et commence à s'y faire connaître comme compositeur, notamment avec des œuvres chorales influencées par le directeur de l'école conventuelle, Pavel Křížkovský. Il se perfectionne pendant de courtes périodes aux conservatoires de Leipzig (1879-80) et de Vienne (1880), expérience qui lui apporte assez peu.

Ensuite, pendant une trentaine d'années, Janáček vit à Brno dans un effacement relatif : ses premières œuvres de maturité, comme les *Danses valaques* pour orchestre (1889-90), laissent seulement deviner qu'il va évoluer comme un disciple talentueux de Dvořák. Mais sa musique commence à s'imprégner progressivement des chants traditionnels moraves, qu'il a commencé à recueillir en 1885. Il étudie également les inflexions et les rythmes de la langue parlée de sa région natale, se préparant ainsi à rivaliser avec Moussorgski dans la recherche d'un style vocal convenant aux qualités spécifiques de son langage. Toutes ces études portent leurs fruits dans son opéra *Jenůfa* (1904), histoire passionnée d'amour et de jalousie dans un village moravien.

La première de cet opéra à Prague en 1916, dans une version révisée, consacre tardivement la réputation de Janáček, sur le plan national et bientôt international. En un sens, cet ouvrage marque le début de sa carrière, car il va écrire presque toutes ses œuvres importantes au cours des douze années suivantes : sa rhapsodie pour orchestre *Tarass Boulba* (1915-18) ainsi que la *Sinfonietta* (1926), la *Messe glagolitique* (1926), les deux *Quatuors à cordes* (1923 et 1928) et diverses autres pièces de musique de chambre. Toute cette musique est extrêmement personnelle, parfois même sinueuse, basée sur des phrases courtes et irrégulières de caractère modal, et elle témoigne d'une forte personnalité.

Néanmoins, la grande réussite de Janáček provient d'une succession rapide d'opéras : *Les Excursions de M. Brouček* (1920), *Kát'a Kabanová* (1921), *La Petite Renarde rusée* (1924), *L'Affaire Makropoulos* (1926) et *De la Maison des morts* (inachevé, créé à titre posthume en 1930). Très variés par leur ton dramatique et leur sujet, ces ouvrages révèlent un don infaillible pour dépeindre les personnages au moyen de touches rapides et imaginatives, de suivre les paroles (généralement les propres textes de Janáček) naturellement, mais avec une grande intensité, et à produire des effets dramatiques puissants grâce à un usage très personnel de l'orchestre, qui implique des sonorités pures et le développement rapide de motifs mordants.

Ces derniers opéras montrent aussi le penchant de Janáček pour le bizarre et l'insolite. *M. Brouček* est une fantaisie comique dans laquelle un homme ordinaire est tout d'abord transporté dans la Lune, puis au XVe siècle, alors que *La Petite Renarde rusée* est un conte animalier traité sans la moindre condescendance ; *L'Affaire Makropoulos* révèle le destin d'une femme qui a prolongé magiquement son existence de trois cents ans et *De la Maison des morts* est une suite austère d'incidents inspirés du roman de Dostoïevski sur les camps de prisonniers. Toutefois, comme le prouve avec éloquence *Kát'á Kavanová*, Janáček était avant tout stimulé par la vie intérieure d'êtres humains bien réels et par la tragédie de leur destinée.

Paul Griffiths.

BIBLIOGRAPHIE : Guy Erismann, *Janáček ou la passion de la vérité*, Seuil (Paris, 1980). Daniel Muller, *Janáček*, Rieder (Paris, 1930), rééd. Les Introuvables (Plan-de-la-Tour, 1975).

Janequin [Jannequin], **Clément** (Châtellerault, près de Poitiers, vers 1485 ; Paris, 1558). Compositeur français qui a passé sa jeunesse dans la région de Bordeaux, tout en se préparant à la prêtrise. Entre 1530 et 1540, il s'installe à Angers où il est maître de chapelle à la cathédrale, à partir de 1537. Il se forge alors une solide réputation comme compositeur de chansons et Pierre Attaingnant publie certaines de ses œuvres (notamment « Chantons, sonnons, trompettes », écrite pour une visite de François Ier à Bordeaux) ; pendant son séjour à Angers, il fait publier au moins quatre volumes de ses œuvres. En 1549, il s'installe à Paris et devient chantre ordinaire du roi, puis compositeur du roi. Vers l'âge de soixante-dix ans, il décide de devenir étudiant et entre à l'Université de Paris. Malgré ses fonctions à la chapelle royale, il meurt dans la pauvreté.

Les deux cent cinquante chansons de Janequin forment la majeure partie de sa production (bien qu'il ait écrit de nombreux psaumes et des chansons spirituelles) et même ses deux messes sont du genre « parodie », basées étroitement sur deux de ses chansons (*Missa super « L'Aveuglé dieu »* et *Missa super « La Bataille »*). Un grand nombre de ces chansons illustrent le texte de façon programmatique, imitant le chant des oiseaux, le bavardage des femmes, etc. *La Bataille de Marignan* (sans doute écrite peu après 1515), qui utilise des cris de guerriers, le fracas des épées et d'autres bruits de bataille, a connu la célébrité dans toute l'Europe et a suscité de nombreuses imitations de moindre valeur. D'autres chansons sont plus mélodieuses et possèdent une plus grande vitalité rythmique. Avec Claude de Sermisy, Clément Janequin était sûrement l'un des meilleurs compositeurs de chansons à Paris entre 1520 et 1540.

Denis Arnold.

BIBLIOGRAPHIE : François Lesure, *Musique et musiciens français du XVIe siècle*, Minkoff (Genève, 1976). Jacques Levron, *Clément Janequin, musicien de la Renaissance*, Arthaud (Paris, 1948), rééd. Les Introuvables (Plan-de-la-Tour, 1984).

Janissaires, Musique de. Voir *Turquie*.

Japon

1. Introduction
2. Histoire
3. Instruments
4. Modalité
5. Musique de cour et chant bouddhique
6. Arts théâtraux et récits accompagnés
7. Musique soliste et musique de chambre
8. Notation

1. *Introduction*. Le Japon occupe une place spéciale dans la musique d'Extrême-Orient. Bénéficiaire des richesses cultu-

relles – religion, connaissance et arts – du continent asiatique depuis le VIe siècle, le Japon est une malle au trésor qui conserve les formes artistiques anciennes de tout le continent sans cesser de nourrir sa propre culture. L'histoire de la musique au Japon est remarquablement bien documentée. Les notations et les traités théoriques relatifs à la musique à la cour et au temple survivent depuis les VIIIe et IXe siècles. La musique savante est une musique composée. Elle est enregistrée en notation mais la tradition veut qu'elle soit transmise oralement de professeur à élève. Influencés par la musique classique occidentale, certains compositeurs japonais ont incorporé des harmonies occidentales dans leur musique. Toutefois, la musique japonaise traditionnelle reste monodique.

2. *Histoire.* On sait qu'une riche tradition indigène de musique, de chant et de danse existait au Japon longtemps avant la tenue des premières archives historiques écrites. Toutefois, les premiers types de musique qui nous sont parvenus en notation sont presque exclusivement d'importation étrangère, apportés des cours de Corée et de Chine par des musiciens continentaux et japonais. Dès le VIIe siècle, le *gigaku,* danse rituelle avec masque d'origine chinoise, ainsi que la musique de cour des trois royaumes coréens, classés ensuite collectivement comme *komagaku,* « musique coréenne », avaient été importés de Corée. A partir de la même époque et pendant près de deux siècles, le Japon adopte la musique soliste et la musique de divertissement orchestral de cour de la Chine des Tang, principale puissance culturelle en Asie ; il y avait alors une tendance générale à absorber la culture et le savoir chinois. Au Japon, la musique provenant de la Chine des Tang s'appelle *tôgaku* ou « musique Tang ». Par la suite, ces musiques ont été perdues dans leur pays d'origine, mais, au Japon, la notation a survécu dans des manuscrits et des copies de manuscrits du VIIIe siècle ou dans d'autres plus récents. Certaines musiques *komagaku* et *tôgaku* sont encore jouées aujourd'hui, quoiqu'elles aient subi d'importantes modifications.

A la fin du VIIIe siècle, afin de réduire l'influence politique des monastères bouddhistes, la capitale avait été déplacée de Nara à Heian-kyô (aujourd'hui Kyôto). Dès lors, la cour d'Heian a connu, pendant quatre siècles (période Heian, 782-1184), un épanouissement artistique sans précédent. La popularité de la chanson de cour, dont plusieurs genres seraient dérivés du chant traditionnel indigène, s'est développée dans la noblesse pour se ranger aux

Musique de chambre, gravure sur bois de Yamamoto Shunshö, publiée pour la première fois en 1650 dans un conte illustré de Genji.

côtés des répertoires orchestraux *tôgaku* et *komagaku* dans la musique de cour officielle, *gagaku.* Pour les *saibara,* « chansons des conducteurs de bestiaux », la notation du répertoire complet, qui comprend près de soixante chansons, a survécu et remonte jusqu'au XIIe siècle. Des textes et quelques mélodies notées survivent de cette époque pour les chansons et les danses *kagura* exécutées à la cour au cours des cérémonies shintoïstes.

Dans son chef-d'œuvre littéraire, la romance de cour *Le Conte de Genji* (vers l'an 1000), la poétesse Murasaki, elle-même sans doute musicienne, peint un tableau vivant de la vie musicale de l'époque. Elle décrit des concerts de musique de chambre où jouaient et chantaient de nobles amateurs, et des spectacles de cour colorés au cours desquels étaient exécutées des musiques et des danses d'origine japonaise et continentale.

Alors que la musique étrangère constituait la majeure partie du répertoire de la cour à cette époque, il ressort clairement des sources musicales que, dès la fin du XIIe siècle, les musiciens japonais ont commencé à refondre cette musique, à la fois pour satisfaire leur propre goût musical et pour simplifier le système chinois de modes et l'adapter aux besoins pratiques des musiciens. Les résultats de cette première révision modale se sont ressentis au cours des siècles dans des traités sur la musique de cour et le chant bouddhique qui tentent d'expliquer ou de concilier les contradictions entre la pratique musicale contemporaine et la théorie musicale chinoise vénérée. Les conflits sonores tonaux qui caractérisent la musique de cour telle qu'elle est jouée aujourd'hui et qui ont suscité l'intérêt des compositeurs modernes occidentaux peuvent être retracés en partie jusqu'à cette première révision.

Les chants et les hymnes (*shômyô*) qui accompagnent le rituel bouddhique sont également d'origine chinoise. Certains sont arrivés au Japon en passant par la Corée et étaient chantés dans les grands temples de Nara aux VIIe et VIIIe siècles. Toutefois, les principales traditions du chant bouddhique ont toujours été celles des sectes Tendai-shû (secte du Lotus) et Shingon, toutes deux fondées au début du IXe siècle par des moines qui avaient étudié en Chine. Ces sectes avaient élu domicile principalement dans des monastères de montagne, respectivement audessus de Kyôto et près d'Osaka. Chacune de ces écoles avait élaboré divers types de notation neumatique, dont certains ont été adoptés pour la notation de parties vocales dans d'autres genres musicaux (notamment la chanson de cour et le drame *nô*). Jusqu'à ce jour, les musicologues n'ont pas réussi à réaliser une lecture satisfaisante des premières notations de la psalmodie bouddhique. Néanmoins, les formes simples des premiers *neumes permettent de penser que les mélodies originales étaient infiniment moins complexes que leurs versions modernes très mélismatiques : on ne devait chanter guère plus d'une ou deux notes sur chaque syllabe du texte.

Entre la fin du XIIe siècle et le début du XVIIe siècle, le Japon a connu une période de conflit interne qui a débuté avec la prise du pouvoir par un chef militaire (le *shôgun*) installé à Kamakura et la formation d'une société féodale dirigée par une classe guerrière (les *samourai*). De nouveaux genres musicaux ont alors vu le jour. La ballade chantée d'après le poème épique du XIIe siècle, *L'Histoire des Heike*, accompagnée au luth à quatre cordes *heike-biwa*, devient populaire au début du XIIIe siècle. Ce poème épique relate des événements de la lutte pour le pouvoir opposant les clans Taira (ou Heike) et Minamoto (ou Genji) qui a conduit, à la fin du XIIe siècle, au déclin de la puissance impériale et ouvert la voie à de nouveaux dirigeants militaires.

Le drame lyrique *nô*, symbiose de musique, de théâtre, de danse et de poésie, s'est développé progressivement à partir de divertissements populaires (cortèges religieux, drames dansés, récits accompagnés et même démonstrations acrobatiques) et a reçu sa forme définitive au début du XVe siècle. De nos jours, le *nô* est, dans le monde entier, l'une des formes de théâtre les plus admirées.

Sur le plan musical, la période Edo (1615-1868), du nom du nouveau siège du pouvoir, Edo (aujourd'hui Tokyo), a vu naître les genres qui sont sans doute les plus connus en dehors du Japon. La musique soliste pour cithare à treize cordes (*koto*) et flûte verticale en bambou (*shakuhachi*), deux des premiers instruments importés de Chine au VIIe siècle, s'est développée dans des écoles spécialisées. Toutefois, le luth à trois cordes (*shamisen*), introduit à une date relativement récente, qui servait au début à accompagner les récits (souvent à la place du luth à quatre cordes), est devenu l'instrument le plus populaire et le plus important de l'époque. La musique de chambre s'est développée, avec le *shamisen* comme principal instrument, auquel se sont joints le *koto* et le luth à archet (*kokyû*) ou le *shakuhachi*. L'intérêt de plus en plus grand porté aux arts dramatiques, évident à la période précédente avec la création du *heikyoku* et du *nô*, a abouti à deux nouvelles formes théâtrales, le théâtre de marionnettes *bunraku* et le théâtre populaire *kabuki*. Le *shamisen* joue un rôle primordial dans les deux, fournissant l'accompagnement soliste au narrateur dans le premier et comme principal instrument de l'ensemble instrumental d'accompagnement dans le second. La nouvelle musique de la période Edo a introduit de nouvelles gammes, *insen* et *yôsen*. La première, gamme pentatonique hémitonique (qu'on appelle vulgairement la gamme pentatonique « japonaise »), sans doute empruntée au chant traditionnel indigène des villes, a eu des effets profonds sur la plupart des genres de musique traditionnelle.

Le processus de renforcement du prestige impérial après la restauration du pouvoir de l'empereur Meiji, en 1868, incluait la reconstruction et le rétablissement de la musique et de la danse de cour. La renaissance des chansons et des danses shintô, *kagura*, avait déjà commencé au cours de la première partie du XIXe siècle. Les répertoires reconstruits sont beaucoup plus réduits que ceux de la période Heian et sont joués à une vitesse beaucoup plus lente qu'à la cour Heian, plus de huit cents ans auparavant. Les mélodies d'origine ont été masquées par les figurations mélodiques qui s'y sont superposées, par l'addition de procédés instrumentaux destinés à compenser la chute du son et par la transformation modale des parties mélodiques vocales et des parties mélodiques des instruments à vent.

L'influence de la musique classique occidentale sur la musique japonaise traditionnelle au cours des cent dernières années a été considérable. Alors que la musique traditionnelle régionale est restée dans une très large mesure hors de cette sphère d'influence, les principaux compositeurs de musique savante, particulièrement de musique soliste et de musique de chambre pour *koto*, *shamisen* et *shakuhachi*, ont eu de plus en plus tendance à incorporer à leur musique des éléments mélodiques et formels occidentaux.

3. *Instruments*. La dette musicale du Japon envers le continent asiatique se reflète dans ses instruments. Les vents, les cordes et les percussions ont été introduits à diverses phases. Certains ont subi d'importantes modifications. D'autres ont pratiquement conservé leurs caractéristiques structurelles originales.

(*a*) *Percussion*. Les instruments à percussion connaissent un usage étendu dans la vie musicale japonaise. On a trouvé des cloches de cérémonies de l'époque Yayoi (vers 250 av. J.-C.-vers 250 ap. J.-C.) dans des fouilles archéologiques. Les grosses cloches de temple suspendues, sans battant, *ô-gane* (semblables aux cloches *zhong* chinoises ; voir *Chine*, 4*a*) sont généralement logées dans des tours spéciales et frappées avec l'extrémité d'une longue perche suspendue horizontalement. Dans les cérémonies shintô, un prêtre ou une femme chaman tiennent à la main et secouent un petit chapeau chinois (*suzu*). Le *kin* (cloche métallique en forme de bol installée sur un coussin et frappée avec une baguette pour produire un son persistant), le *kei* (plaque métallique suspendue – semblable au *jing* chinois (voir *Chine*, 4*b*) – frappée avec un marteau en bois), le *han* (frappé avec des planches de bois) et le *mokugyo* pisciforme (tambour à fente frappé avec une baguette rembourrée) sont tous utilisés dans les cérémonies bouddhistes. Le *shakubyôshi*, qui se compose de deux planchettes de bois allongées frappées l'une contre l'autre, est joué par les chefs des chœurs dans les genres vocaux de cour et dans le *kagura*. Les crécelles, *sasara*, formées parfois de nombreux morceaux de bois oblongs ou cubiques enfilés sur une longue corde, sont utilisées essentiellement dans les fêtes traditionnelles. On trouve les gongs, en particulier le petit gong métallique suspendu *shôko*, dans la musique de cour et dans les cérémonies bouddhistes. Dans le théâtre *kabuki*, on utilise une multitude d'instruments à percussion, allant des gongs frappés au marteau (*dora*, *soban*, *atari-gane*, *hitotsu-gane*), des cloches (*rei*), des cymbales (*chappa*), des blocs de bois (*hyôshigi*) et des segments de bambou (*yotsudake*) aux tambours de divers types.

Les tambours, principalement à deux membranes, participent à tous les niveaux de la musique japonaise. Les plus gros sont les *da-daiko* qui soutiennent la danse *bugaku*. Ces tambours monumentaux – on en utilise généralement deux situés de part et d'autre de la plateforme de danse – sont richement décorés. Les membranes se composent de plusieurs morceaux de peau entrelacés, mais la partie réellement frappée par les deux baguettes laquées est relativement petite. La technique de jeu se limite à une séquence main gauche/main droite standardisée. Toutefois, le *tsuri-daiko* est couramment utilisé comme grosse caisse dans la musique de cour ; il s'agit d'un tambour dont les deux membranes sont clouées, mais une seule est frappée avec des baguettes recouvertes de cuir. Le *tsuri-daiko* est suspendu dans un cadre et disposé devant le batteur au centre de la première rangée de musiciens du *gagaku*. Les *taiko* sont aussi utilisés dans d'autres genres de musique japonaise. Dans les théâtres *nô* et *kabuki*, c'est un tambour circulaire, suspendu au moyen de cordelettes à un cadre sur pied en bois ; l'instrument se présente à l'oblique et est joué avec deux baguettes en bois.

Deux tambours plus petits, le *kakko* et le *sanno-tsuzumi*, sont utilisés avec le *taiko* dans la musique de cour. Le *kakko*, réservé au *tôgaku*, est un petit tambour horizontal dont les membranes sont lacées des deux côtés d'un cylindre en bois posé sur un support ; les deux peaux sont frappées avec de minces baguettes non rembourrées. L'accord se règle en resserrant ou en relâchant les cordes de tension. Le *sanno-tsuzumi*, utilisé dans le *komagaku*, est un petit tambour en forme de sablier à deux membranes dont une seule est frappée. Le *kakko* et le *sanno-tsuzumi* sont les instruments directeurs de leurs orchestres respectifs. Dans les théâtres *nô* et *kabuki*, deux tambours plus petits en forme de sablier sont utilisés : le *kotsuzumi* et le *ô-tsuzumi*. En général, l'instrument se tient dans la main gauche et repose incliné contre l'épaule droite de l'exécutant qui le frappe de la main droite (deux à quatre doigts) ; la hauteur de son se règle par pression sur une corde entourant les cordelettes qui lacent les membranes au corps du tambour. Le *ô-tsuzumi* est tenu sur la hanche gauche et frappé avec un, deux ou trois doigts de la main droite. La musique traditionnelle fait appel à une grande variété de tambours.

(*b*) *Cordes*. On trouve au Japon deux membres de la famille extrême-orientale des longues cithares à chevalets amovibles : le *koto* à treize cordes et le *wagon* à six cordes. Le *koto* est dérivé de la cithare chinoise à treize cordes *zheng* (voir *Chine*, 4*e*) qui a été importée au Japon avant le VIIIe siècle avec d'autres instruments de l'ensemble *tôgaku*. Au Japon, l'instrument a subi peu de modifications structurelles. Il a continué à faire partie des orchestres de cour et, dans ce contexte, s'appelle *sô-no-koto* ou *gaku-sô*. A l'époque Edo, il était également un instrument soliste, *zokusô* ou simplement *koto*, avec un répertoire riche, indépendant de la cour.

Selon la légende, la longue forme incurvée du *koto* s'inspire de celle du dragon couché. L'instrument se compose de deux morceaux de bois de paulownia, d'environ 25 cm de large et 1,80 m de long. Le morceau le plus épais est évidé pour former un résonateur. L'autre couvre le fond de l'instrument et comporte une ouïe à chaque extrémité. Treize cordes de longueur et d'épaisseur égales (traditionnellement en soie, mais de nos jours, pour le *zokusô*, souvent en tétron ou en nylon) sont tendues sur la caisse. Les divers accords proviennent de l'emplacement différent des treize chevalets amovibles (un par corde). L'accord varie d'un genre à l'autre selon le système tonal employé, mais il utilise traditionnellement cinq tons pour une octave. Les cordes sont pincées avec des plectres sur le pouce, l'index et le majeur de la main droite. La technique moderne du *gaku-sô* se limite aux schémas d'octave et aux notes isolées jouées par la main droite seule. Dans la technique du *zokusô* (et au début du *gaku-sô*), la main gauche est utilisée pour élever les notes en enfonçant les cordes à gauche des chevalets et pour réaliser divers ornements allant du *vibrato* aux mordants et aux trilles. La main gauche pince les cordes uniquement dans les œuvres *zokusô* modernes. Les innovations de ces dernières années comprennent l'invention d'un *koto* à dix-sept cordes, le *jûshichigen*.

Les Japonais prétendent que le *wagon*, également connu sous le nom *yamatogoto*, est un instrument indigène ; mais on lui a également trouvé des racines coréennes. Utilisé à l'origine dans le shintô et dans les rituels chamanistes, il faisait partie intégrante de l'ensemble *tôgaku* à l'époque Heian, mais, de nos jours, il sert exclusivement à l'accompagnement de la *kagura* et d'autres genres vocaux liés aux rites shintô. Le *wagon* mesure environ 1,80 m de long et comporte six cordes en soie dont l'accord dépend de la position de six hauts chevalets en forme de fourche (à l'origine, les branches fourchues d'un érable) de façon à donner deux accords arpégés distincts. On utilise un mince plectre en corne. La technique moderne du *wagon* se limite à quelques figures types impliquant des combinaisons d'*arpeggiata* et de notes isolées rapides jouées avec un plectre à la main droite pendant que la main gauche étouffe le son et pince les cordes. *Biwa* est le nom générique des luths japonais à manche court. Il désigne plus spécifiquement les luths piriformes en bois, à quatre ou cinq cordes, joués avec un plectre et importés de Chine avant le VIIIe siècle (voir *Chine*, 4*e*). Les instruments importés datant de cette époque sont conservés au dépôt impérial, Shôsôin, à Nara. Le luth à quatre cordes, *gaku-biwa*, utilisé pour la musique de cour, a conservé sa forme originale. Les luths à trois, quatre et cinq cordes, *môsôbiwa*, *heike-biwa*, *satsuma-biwa*, utilisés dans les genres narratifs, ont évolué dans des directions différentes de celles des autres luths du continent asiatique.

Le *gaku-biwa* ou *bugaku-biwa*, utilisé dans les orchestres de cour, est le plus grand luth basse japonais. Il comporte quatre cordes en soie accordées selon l'un des six modes d'accord existants. Quatre frettes proéminentes sont fixées sur le manche à des intervalles standardisés. On utilise un grand plectre de forme triangulaire. Le style moderne de jeu se caractérise par l'exécution lente et formelle de bourdons d'accords sur des cordes à vide sous une « mélodie » majestueuse que jouent les doigts de la main gauche.

Peu après son introduction, le *biwa* a servi à accompagner les prêtres bouddhistes aveugles (*môsô*) qui chantaient les légendes bouddhiques et les soûtras. Ce luth, *môsôbiwa*, était plus petit que le *gaku-biwa* et possédait soit trois cordes et six frettes (dans le Sud), soit quatre cordes et cinq frettes (dans le Nord). De forme élancée, on l'appelait souvent *sasa-biwa* (luth en feuille de bambou). Cette ancienne forme de *môsôbiwa* n'est plus utilisée. L'instrument actuel ressemble aux autres luths qui accompagnent les narrations mais se distingue par sa technique de la main gauche, c'est-à-dire par la tension des cordes entre les frettes au lieu de les enfoncer directement derrière ou sur la frette. A l'époque Heian, les joueurs de *môsôbiwa* ont commencé à chanter non seulement des histoires bouddhiques mais également des poèmes épiques. *L'Histoire des Heike* est devenue si populaire qu'elle a donné naissance à une tradition musicale assortie de son propre instrument, le *heike-biwa*. Beaucoup plus petit que le *gaku-biwa*, le *heike-biwa* possède quatre cordes et cinq frettes. Les accords types ne sont pas utilisés. L'instrumentiste touche les cordes sur les frettes.

Le *satsuma-biwa* est devenu populaire au XIXe siècle. Cet instrument mesure environ 90 cm de long et possède quatre ou cinq cordes, dont une paire accordée à l'unisson, et quatre frettes (cinq dans certaines écoles). Les distances entre les frettes sont aujourd'hui standardisées et la hauteur de son désirée s'obtient en enfonçant la corde directement derrière la frette. Il n'y a pas d'accords fixes. A l'exception du *gaku-biwa*, la disposition des frettes n'est pas standardisée au Japon. L'instrumentiste règle les accords et le doigté de la main gauche pour obtenir la hauteur de son désirée. Tous les *biwa* sont joués avec un très grand plectre de forme triangulaire et possèdent des cordes en soie.

Le *shamisen*, luth à trois cordes, est issu du *sanxian* chinois (voir Chine, 4*e*), instrument introduit dans les îles Ryû-Kyû, au sud-ouest du Japon, puis transporté, à la fin du XVIe siècle, de ces îles au Japon lui-même, où il a été adopté par la classe moyenne. La petite caisse de résonance à peu près carrée se compose de quatre morceaux de bois (généralement du cognassier chinois) ; ses faces supérieure et inférieure sont tendues de peaux de chat ou de chien et elle est traversée par un long manche. Trois cordes d'épaisseurs différentes sont fixées à de longues chevilles latérales au bout du manche. Un chevalet en bois est enserré entre les cordes et la peau de la caisse. On joue du *shamisen* en grattant les cordes avec un grand plectre en bois ou en ivoire tenu dans la main droite tout en enfonçant les cordes sur le manche dépourvu de frettes avec l'index, le majeur ou l'annulaire de la main gauche (le pouce et le petit doigt ne sont pas utilisés). Le plectre frappe souvent en même temps les cordes et la membrane supérieure de la caisse, ce qui produit un effet de percussion caractéristique du *shamisen*. L'accord varie selon le genre et la tessiture vocale du chanteur. Les intervalles types qui séparent les cordes à vide sont : quarte et quinte, quinte et quarte, ou deux quartes. La taille des instruments varie d'un genre à l'autre, le plus grand étant le *gidayû shamisen*, utilisé essentiellement dans le *bunraku*.

La petite vièle à pique *kokyû*, dérivée du *eur-kou* chinois et qui sert surtout dans la musique de chambre, est arrivée au Japon au XVIIIe siècle. Sa forme ressemble à celle du *shamisen*, mais elle possède généralement quatre cordes, les deux premières accordées à l'unisson, les autres en quartes ou à la quarte et à la quinte. L'archet comporte une mèche tendue de façon assez lâche. Outre la musique de chambre, le *kokyû* est utilisé pour les scènes tragiques du *bunraku*.

(*c*) *Vents*. Les flûtes droite et traversière sont toutes deux utilisées dans la musique japonaise. Certaines sont importées du continent asiatique, d'autres sont de provenance locale, utilisées à l'origine pour la musique traditionnelle.

Les flûtes traversières (*fuye*) employées dans la musique savante sont taillées dans du bambou séché qui, après avoir été fendu sur toute sa longueur en treize lanières, est lié avec de l'écorce de cerisier, la face interne du bois tournée vers l'extérieur. Seule la région des trous est dépourvue d'écorce. L'instrument est laqué, l'intérieur en rouge, l'extérieur en noir. Du brocart de couleur est souvent inséré dans l'extrémité fermée de la flûte, rouge pour la *kagura-bue* et la *ryûteki*, vert pour la *komabue* et or pour le *nôkan*. La plus grande flûte traversière est la *kagura-bue* (également *yamato-bue*) : elle intervient dans le *kagura* de cour et dans d'autres genres qui accompagnent les cérémonies shintô. Elle est percée de six trous qui produisent une série pentatonique, ré^3-mi^3-sol^3-la^3-si^3-ré^4. On peut obtenir d'autres hauteurs de son avec des doigtés et des techniques de souffle spéciaux. Vient ensuite (dans l'ordre des tailles) la flûte « dragon », *ryûteki*, utilisée dans le *tôgaku*. La *ryûteki* est percée de sept trous qui donnent une échelle fondamentale ré^3-mi^3-fa dièse^3-sol^3-la^3-si^3-do^3-ré^4. Le trou situé à l'extrémité ouverte de la flûte n'est utilisé que dans les techniques ornementales. Pour le *komagaku*, on emploie une flûte traversière à six trous, plus courte et plus fine, la *komabue*. Le *nôkan*, utilisé dans le théâtre *nô* et dans l'ensemble *hayashi* du *kabuki*, a sept trous et ressemble beaucoup à la flûte *ryûteki*. Toutes ces flûtes traversières ainsi que la grande diversité de flûtes en bambou, *takebue* ou *shinobue*, utilisées avant tout dans la musique et dans les rituels traditionnels comme la *kagura* (*sato-kagura*), ont de grands trous qui permettent les techniques de glissement sonore caractéristiques du jeu de la flûte au Japon.

La flûte droite *shakuhachi*, descendant également d'un instrument chinois, la *xiao* (voir *Chine*, 4*g*), tire son nom de la mesure traditionnelle de sa longueur, « cinquante cinq centimètres ». C'est une flûte incurvée en bambou, munie de quatre trous devant et un derrière. Les hauteurs de son fondamentales des trous sont ré^3 fa^3 sol^3 la^3 do^3 ré^4. En couvrant à moitié les gros trous, l'instrument atteint une étendue chromatique complète située entre deux octaves et demie et trois octaves.

Les deux principaux représentants de la famille des instruments à anche sont d'origine chinoise. Le *hichiriki* cylindrique à anche double, dont l'embouchure est extrêmement lâche, ce qui contribue à donner à l'instrument un son nasal, glissant, est dérivé du *bili* chinois, instrument de type *guanzi* (voir *Chine*, 4*g*). En raison de sa force pénétrante, il est l'instrument mélodique directeur des orchestres impériaux. Les instruments coniques à anche double (également chinois) sont utilisés uniquement par les marchands de rues de nouilles chinoises.

Au Japon, l'orgue à bouche, *shô*, utilisé uniquement dans la musique de cour, est apparu à l'époque Nara (538-792) avec la *ryûteki*, le *hichiriki*, le *biwa* et le *koto*. L'orgue à bouche japonais, plus petit que le *sheng* chinois contemporain (voir *Chine*, 4*h*), comporte dix-sept tuyaux en bambou (dont deux sont silencieux), disposés en forme de cercle incomplet sur une chambre à vent laquée. Des langues métalliques situées à l'extrémité des anches sont accordées avec des gouttes de cire dont le poids est soigneusement étudié. On peut lutter contre le problème de l'humidité dans la chambre à vent en chauffant l'instrument sur du charbon de bois alors qu'il n'est pas utilisé au cours d'une exécution. Dans le *tôgaku* moderne, le *shô* joue des séries de *clusters de six notes (*aitake*) dans lesquels les notes entrent successivement (avec un *crescendo*) en montant depuis la note la plus grave. Les accords sont liés par des progressions types. La note la plus grave d'un cluster est sonnée jusqu'au début de l'accord suivant. Un son continu est entretenu en inhalant et en exhalant de l'air dans la chambre à vent.

4. *Modes.* Lorsque l'importation de la musique de cour du continent asiatique a atteint une certaine importance (VIIe-IXe siècles), les Japonais se sont également familiarisés avec le système des modes chinois (voir *Chine*, 3), système qui constitue jusqu'à ce jour l'épine dorsale de la théorie modale (dans la musique de cour et le chant bouddhique en particulier). Toutefois, dès la fin du XIIe siècle, un système révisé et simplifié s'était développé. Les Japonais utilisent les lexigraphes chinois pour les douze hauteurs de son fixes (obtenues par le cycle pythagoricien des quintes) à partir desquelles sont formés les modes pentatonique et heptatonique. Toutefois, il existe une seconde nomenclature, japonaise, plus répandue, pour les douze hauteurs de son fixes (disposées ici chromatiquement pour des raisons pratiques) :

mi	*hyôjô*	la dièse	*rankei*
fa	*shôsetsu*	si	*banshiki*
fa dièse	*shimomu*	do	*shinsen*
sol	*sôjô*	do dièse	*kamimu*
sol dièse	*fushô*	ré	*ichikotsu*
la	*ôshiki*	ré dièse	*tangin*

Même s'il semble probable qu'au début de l'époque Heian, les Japonais utilisaient les modes chinois dans une vaste gamme de tonalités (chacune avec un accord approprié de luth et de cithare), au plus tard au XIIe siècle, le répertoire *tôgaku* employait trois modes (dorien d'église, lydien d'église et mixolydien d'église) dans un nombre très réduit de tonalités (six principaux modes en tout) et avec seulement cinq accords de luth (au lieu de vingt-sept ou vingt-huit à l'origine) et trois accords de cithare (chacun accordable sur différentes finales de mode). Les six modes, *chôshi*, tous nommés en fonction de leurs finales dans le système japonais des hauteurs de son fixes, comprennent trois modes doriens, *hyôjô-chô*, *ôjiki-chô* et *banjiki-chô*, avec les finales en mi, la et si respectivement ; deux modes lydiens, *ichikotsu-chô* et *sôjô-chô*, avec les finales ré et sol et un mode mixolydien, *taishiki-chô*, avec la finale mi. Pour des raisons que l'on s'explique mal, de grandes plages du répertoire qui étaient à l'origine dans les modes mixolydiens (*ichikotsu-chô* et *sôjô-chô*) ont été transposées en modes lydiens, soit à l'époque des révisions, soit antérieurement, de telle sorte qu'au XIIe siècle il ne restait qu'un seul mode mixolydien, le *taishiki-chô*. Dans certaines sources légèrement postérieures concernant les orgues à bouche, le caractère mixolydien de ces parties transposées subsiste, ce qui laisserait supposer que la polymodalité dans l'exécution orchestrale existait peut-être déjà à la fin de l'époque Heian.

Traditionnellement, les modes sont divisés en modes *ritsu* ou *ryo* selon qu'ils ont respectivement une tierce bémolisée (« mineure ») ou naturelle (« majeure ») (Ex. 1). Les *saibara* relèvent des deux groupe modaux, *ritsu* (*hyôjô-chô*) et *ryo* (*sôjô-chô*) ; le *komagaku* emploie trois modes avec des noms identiques aux modes *tôgaku*, mais avec des finales un ton plus haut, *koma-hyôjô-chô* (dorien à partir de fa dièse), *koma-chikotsu-chô* (ionien à partir de mi) et *koma-sôjô-chô* (lydien à partir de la).

On se réfère aux degrés modaux par le système du solfège occidental également utilisé en Chine. Toutefois, au Japon, la solmisation est « mobile », la finale de chaque mode étant déclarée équivalente à *kyû/do*.

Ch. :	*gong*	*shang*	*jue*
Jap. :	*kyû*	*shô*	*kaku*
Solfège :	*do*	*ré*	*mi*

Ch. :	*bianzhi*	*zhi*	*yu*	*biangong*
Jap. :	*henchi*	*chi*	*u*	*henkuû*
Solfège :	*fa*	*sol*	*la*	*si*

A l'époque Edo, deux nouveaux systèmes tonals indigènes, *insen* et *yôsen*, ont été introduits dans la musique savante. Tous deux sont des séries pentatoniques (respectivement hémitonique et sans demiton) construites sur des tétracordes disjoints. L'*insen* est traditionnellement classé comme *ritsu*, le *yôsen* comme *ryo*. La symétrie des tétracordes descendants rend l'*insen* et le *yôsen* idéaux pour la « modulation » (à la sous-dominante par exemple), technique de composition parfaitement exploitée dans les divers genres musicaux de l'époque (Ex. 2).

Des deux systèmes tonals Edo, l'*insen* est le plus largement utilisé. Il a pénétré les parties vocales et les parties d'instruments à vent du *kagura* et tous les genres de chant de cour. Les parties mélodiques

Ex. 1. Les six principaux modes, chôshi, du tôgaku (d'après des sources du XIIe *siècle).*

Ex. 2

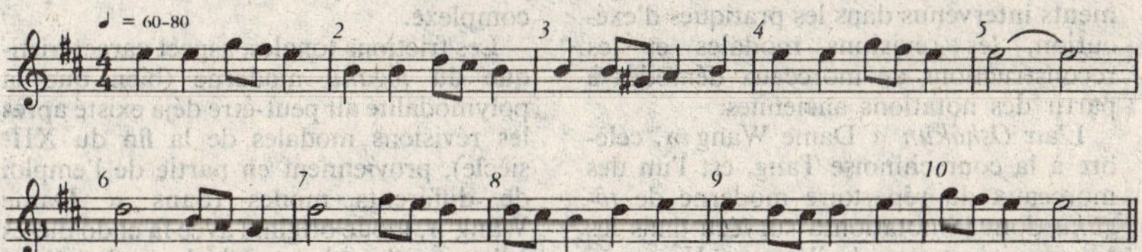

Ex. 3. « Dame Wang ».

pour instruments à vent ont été transformées en *insen*. Le chant bouddhique et même le chant *nô* reflètent l'influence de l'*insen*.

5. *Musique de cour et chant bouddhique.* Le répertoire moderne de musique de cour, *gagaku*, comprend :

– la musique d'orchestre avec danse (*bugaku*) ou sans danse (*kangen*), classée en Musique de Gauche ou Musique de Droite selon qu'elle est « chinoise » (*tôgaku*) ou « coréenne » (*komagaku*) ;

– les chansons de cour de divers types ;

– les chants et danses rituels pour les cérémonies shintô.

Ces trois catégories ont subi un processus de modification identique à la cour Heian.

Le grand orchestre avec instruments à vent (flûte « dragon » *ryûteki*, hautbois à anche double *hichiriki* et orgue à bouche *shô*), cordes (cithare à treize cordes *gaku-sô* et luth à quatre cordes *gaku-biwa*) et percussions (grand tambour *taiko*, petit tambour *kakko* et gong métallique *shôko*) n'est utilisé que pour les exécutions de *tôgaku* sans danse. Lorsque le *tôgaku* est joué comme accompagnement de danse, il n'y a pas de cordes.

L'ensemble *komagaku* comprend seulement deux instruments à vent, la flûte « coréenne » *komabue* et le hautbois à anche double. L'orgue à bouche n'intervient pas. Les instruments à cordes ne sont plus employés mais l'existence de parties de cordes dans le répertoire complet du XIIe siècle montre que cela n'a pas toujours été le cas. Les percussions sont les mêmes que pour le *tôgaku*, à l'exception du petit tambour, remplacé par le petit tambour-sablier *sanno-tsuzumi*.

De nos jours, le chant de cour et les chants des rites shintô sont exécutés par des chœurs d'hommes avec un accompagnement instrumental qui (sauf pour *saibara* et *rôei*) comprend la cithare à six cordes *wagon*. Dans tous les genres, le seul instrument à percussion est constitué par les planchettes de bois *shakubyôshi* dont joue le chef du chœur.

La structure musicale complexe du *tôgaku* moderne, dans lequel la flûte et le hautbois à anche double jouent une ligne mélodique sur un fond de clusters (orgue à bouche), d'*arpeggiata* et de bourdons (cordes et percussions sur un schéma répété de quatre mesures à 4/4 ou de huit mesures à 8/4), a évolué avec les changements intervenus dans les pratiques d'exécution, les révisions modales et les reconstructions de morceaux démodés à partir des notations anciennes.

L'air *Oshôkun* « Dame Wang », célèbre à la cour chinoise Tang, est l'un des morceaux du répertoire moderne de *tôgaku* dont la notation a survécu dans les sources japonaises de l'époque Heian ou légèrement ultérieures. « Dame Wang » est classé sous le mode *hyôjô-chô*, espèce d'octave dorienne avec mi comme finale (Ex. 3). Dans une exécution d'orchestre, chaque instrumentiste jouait cet air en l'adaptant à la mécanique de son instrument. Le schéma de percussion *ostinato* couvrait quatre temps, avec un coup de gros tambour sur le troisième temps ; le *shôko* ou le *kakko* marquaient peut-être chaque temps.

Au cours des siècles, la vitesse d'exécution s'est considérablement ralentie, de nombreux embellissements sont venus s'ajouter à la mélodie originale (particulièrement dans les parties de flûte et de hautbois à anche double) et des changements de mode ou d'accord instrumental et de techniques de jeu sont intervenus. Pour ces différentes raisons, les mélodies *tôgaku* originales ont cessé d'être perçues comme des « mélodies » ; mais elles font toujours partie inhérente de la structure musicale sous forme de valeurs prolongées (un type de *cantus firmus*) dans les notes les plus graves des clusters de l'orgue à bouche et dans la partie de luth dépouillée de ses bourdons d'accompagnement. Chaque noire de la version du XIIe siècle correspond aujourd'hui à une mesure complète à 4/4 (Ex. 4).

Des clusters de six notes sont contruits sur chaque note du *cantus firmus* à la partie d'orgue à bouche. La flûte et le hautbois à anche double jouent une nouvelle « mélodie », une élaboration du « *cantus firmus* », mais dans le mode *in*. La cithare réalise des *arpeggiata*, types d'accords plus simples que celui de la version originale et sans utiliser les techniques de main gauche nécessaires pour produire des notes hors de l'accord. Le luth conserve la mélodie originale (valeurs prolongées), mais avec l'addition de bourdons de cordes à vide. Les ornements de luth, joués par la main gauche à la frette, sont encore exécutés aujourd'hui, mais si lentement qu'ils sont presque inaudibles. Le schéma de percussion est devenu plus complexe.

Les frictions tonales, aspect caractéristique du *tôgaku* moderne (bien que la polymodalité ait peut-être déjà existé après les révisions modales de la fin du XIIe siècle), proviennent en partie de l'emploi de différents modes (dans « Dame Wang », mode original avec fa et do dièses à l'orgue à bouche et au luth, mode *in* avec fa et do naturels pour les instruments à vent mélodiques), en partie de l'exploitation consciente de l'intonation variable dans les parties souples de flûte et de hautbois à anche double. Une exécution *kangen* de *tôgaku* est généralement précédée d'un *netori*, court morceau d'introduction (différent pour chacun des six modes [*chôshi*] dans lesquels sont classés les morceaux) où les chefs de chaque pupitre instrumental testent les accords et l'intonation et établissent le mode ; ils entrent successivement dans l'ordre suivant : orgue à bouche, hautbois à anche double, flûte, petit tambour, luth et cithare. Pour une exécution de *bugaku*, il n'y a généralement

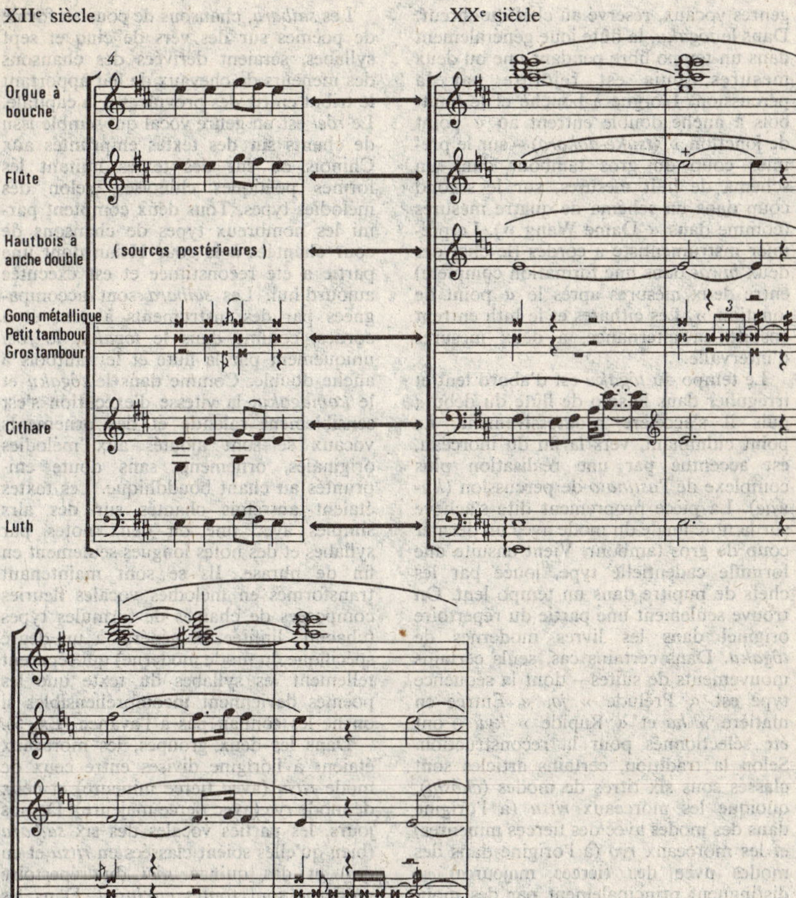

Ex. 4

pas de *netori*. A la place, on peut utiliser une introduction plus complexe, *chôshi*, dans laquelle jouent tous les instruments.

Dans tous les genres de *gagaku*, les morceaux commencent par un court solo soit de flûte (*fuye ondo*), soit, dans les genres vocaux, réservé au chef du chœur. Dans le *tôgaku*, la flûte joue généralement dans un tempo libre pendant une ou deux mesures, puis est rejointe par la percussion. L'orgue à bouche et le hautbois à anche double entrent au « point de jonction » (*tsuke-dokoro*) – sur le premier coup du gros tambour dans un schéma de huit mesures, sur le second coup dans un schéma de quatre mesures (comme dans « Dame Wang »). Le premier instrumentiste à cordes (le chef des deux *biwas* dans une formation complète) entre deux mesures après le « point de jonction ». Les cithares et le luth entrent ensuite en alternance, à deux mesures d'intervalle.

Le tempo du *tôgaku* est d'abord lent et irrégulier dans le solo de flûte du début ; puis il s'accélère progressivement. Le point culminant, vers la fin du morceau, est accentué par une réalisation plus complexe de l'*ostinato* de percussion (*kuwae*). La pièce proprement dite s'achève sur la note finale du mode avec un dernier coup de gros tambour. Vient ensuite une formule cadentielle type, jouée par les chefs de pupitre dans un tempo lent. On trouve seulement une partie du répertoire originel dans les livres modernes de *tôgaku*. Dans certains cas, seuls certains mouvements de suites – dont la séquence type est « Prélude » *jo*, « Entrée en matière » *ha* et « Rapide » *kyû* – ont été sélectionnés pour la reconstruction. Selon la tradition, certains articles sont classés sous six titres de modes (*chôshi*), quoique les morceaux *ritsu* (à l'origine dans des modes avec des tierces mineures) et les morceaux *ryo* (à l'origine dans des modes avec des tierces majeures) se distinguent principalement par des mouvements mélodiques et ornementaux spéciaux dans les parties de flûte et de hautbois à anche double.

Le *komagaku*, uniquement exécuté aujourd'hui comme accompagnement de danse, a subi un processus de transformation modale et métrique analogue. L'orgue à bouche n'est pas utilisé, et la flûte coréenne (*komabue*) et le tambour en forme de sablier (*sanno-tsuzumi*) remplacent respectivement la flûte « dragon » (*ryûteki*) et le petit tambour (*kakko*) ; le *komagaku* se distingue donc facilement de l'exécution *kangen* du *tôgaku*. Les schémas de percussion utilisés sont beaucoup plus simples que ceux du *tôgaku*.

Les *saibara*, chansons de cour en forme de poèmes sur des vers de cinq et sept syllabes, seraient dérivées des chansons des meneurs de chevaux de bât apportant le tribut en riz des provinces à la capitale. Le *rôei* est un genre vocal qui semble issu de chants sur des textes empruntés aux Chinois ou sur des textes imitant les formes poétiques chinoises, selon des mélodies types. Tous deux comptent parmi les nombreux types de chansons de cour chantées à la cour Heian dont une partie a été reconstituée et est exécutée aujourd'hui. Les *saibara* sont accompagnées par des instruments à vent et à cordes, comme dans le *tôgaku*, le *rôei* uniquement par la flûte et le hautbois à anche double. Comme dans le *tôgaku* et le *komagaku*, la vitesse d'exécution s'est sensiblement ralentie et des ornements vocaux se sont ajoutés aux mélodies originales, ornements sans doute empruntés au chant bouddhique. Les textes étaient autrefois chantés sur des airs simples avec une ou deux notes par syllabes et des notes longues seulement en fin de phrase. Ils se sont maintenant transformés en mélodies vocales fleuries composées de chaînes de formules types (chacune limitée en général à un degré spécifique du mode moderne) qui séparent tellement les syllabes du texte que les poèmes deviennent incompréhensibles si on ne les connaît pas à l'avance (Ex. 5).

Dans les deux groupes, les morceaux étaient à l'origine divisés entre ceux de mode *ritsu* (avec tierce mineure) et ceux de mode *ryo* (avec tierce majeure). De nos jours, les parties vocales des six *saibara* (bien qu'elles soient classées en *ritsu* et en *ryo*) et des quinze *rôei* du répertoire moderne sont toutes en *insen*. Dans les deux genres, les vents suivent la partie vocale, l'orgue à bouche (dans les *saibara*) jouant, sans clusters, les fa dièse et do dièse (du mode original) contre les fa bécarre et les do bécarre des parties de voix, de flûte et de hautbois à anche double. Dans les *saibara*, les cordes se comportent exactement comme dans le *tôgaku*. Elles ne sont plus utilisées dans le *rôei*.

Les *saibara* sont mesurées et comportent un ou deux schémas de percussion pour les planchettes de bois *shakubyôshi* : le *sando-byôshi*, à trois temps, à l'origine un schéma de trois coups de planchettes répartis sur quatre noires, mais de nos jours un schéma de quatre frappes sur

Ex. 5. Extrait du Saibara *Ise no umi (« Au bord de la mer à Ise ») (partie vocale en notation du XXe siècle réalisée par Shiba Sukehiro).*

quatre mesures à quatre temps ; et le *gobyôshi*, à cinq temps, à l'origine un schéma *ostinato* de cinq coups sur huit noires, de nos jours déformés métriquement (en raison d'une mauvaise interprétation du terme *gobyôshi*) avec une répartition des cinq coups sur un nombre de mesures variable (entre sept et quinze). Dans une exécution moderne, le chef du chœur chante la première ligne du texte seul, avec le *shakubyôshi*. Le chœur et l'orchestre entrent à la seconde ligne du texte.

Les *rôei* sont également des compositions monodiques, mais en rythme libre. Ils se subdivisent en trois sections. La première section est deux fois plus longue que les deux autres et recouvre la première moitié du texte. L'autre moitié du texte est divisée entre la deuxième et la troisième section. La première moitié de chaque section est chantée en soliste par le chef du chœur, la seconde par le chœur accompagné. Les formules vocales standardisées peuvent se présenter dans le même ordre dans différents morceaux, mais sont sujettes à variation. Aucune percussion n'est utilisée.

Les genres musicaux qui accompagnent les rites shintô se divisent en deux groupes :

– *mikagura*, suite de chansons et de danses exécutées en des occasions spéciales à la cour et dans les principaux lieux saints shintô ; elles sont différentes des nombreuses formes de « village » ou *sato-kagura* ;

– les genres de chansons de cour avec danse, étroitement liés aux cérémonies shintô – *azuma asobi* (« danses de l'Est », sans doute issues de chants traditionnels locaux), *ruika* (suite de « chants de deuil »), *kume-uta* (anciens « chants de guerriers ») et *yamato-uta*.

Dans les deux groupes, des numéros sont chantés par un chœur d'hommes avec un ou plusieurs solistes. Les ensembles qui les accompagnent comprennent tous la cithare à six cordes *wagon* et les planchettes de bois *shakubyôshi*.

Le cycle *mikagura*, réduit aujourd'hui à une séquence de quinze chansons, est accompagné par le *kagura-bue*, le hautbois à anche double, le *wagon* et le *shakubyôshi*. Le chœur est divisé en deux groupes qui sont dirigés chacun par un instrumentiste jouant du *shakubyôshi*. Chaque partie débute par un solo sans accompagnement suivi d'un chœur accompagné. Il y a plusieurs sections purement instrumentales pour instruments seuls et pour ensemble. Les vents suivent la voix qui déploie des ornements vocaux apparentés à ceux de la chanson de cour. Le *wagon* joue des schémas types.

L'instrumentation des autres genres varie. Les *azuma asobi* sont accompagnées par la flûte « coréenne », le hautbois à anche double, le *wagon* et le *shakubyôshi*.

Sur la plan historique, le chant bouddhique (jap. : *shômyô* ou *bombai*) semble avoir également suivi un processus de ralentissement et de transformation modale depuis qu'il a été importé du continent asiatique. A partir du VIIIe siècle, les traités *shômyô*, dans les deux principales écoles de bouddhisme japonais, Tendai et Shingon, semblent sérieusement préoccupés par les problèmes modaux que posent les révisions (également réalisées dans la musique de cour avant la fin du XIIe siècle). Les répertoires chantés, qui comportent dans les deux écoles des chants et des hymnes en sanskrit (*bonsan*), en chinois (*kansan*) et en japonais (*wasan*), diffèrent même d'un monastère à l'autre. Toutefois, en règle générale, à part la simple récitation de textes, le *shômyô* tel qu'il est chanté aujourd'hui est construit sur les fonds de formules mélodiques types (*senritsu-kei*), différentes pour chaque école, reliées les unes aux autres pour former des chants complets. Chaque formule porte un nom. Les différents types de mordants (*yuri*) sont généralement limités à des degrés modaux spécifiques.

Plusieurs formules de *shômyô* interviennent aussi dans d'autres genres vocaux, notamment dans le *heikyoku*, le chant *nô* et le chant de cour.

6. *Arts théâtraux et récits accompagnés.* Les trois principaux arts théâtraux du Japon, le drame *nô* et les deux formes de théâtre Edo, le *kunkaru* et le *kabuki*, sont issus de genres dramatiques à la fois indigènes et importés. Le théâtre japonais comporte aussi bien des représentations avec ou sans masque de l'ancien *kagura*, jouées en l'honneur des démons et des dieux et racontant des légendes anciennes et des mythes, que des danses, pantomimes et sketches importés de Corée et de Chine à l'époque Nara. De même, les représentations pour la noblesse de sketches simples par des acteurs professionnels, les légendes bouddhiques – également jouées par des acteurs professionnels – et l'utilisation des marionnettes comme instrument de propagande populaire (dont on trouve la trace dans des sources de l'époque Heian) constituent les racines dont sont nées les formes dramatiques. Dans un premier temps, les acteurs étaient généralement issus de la classe pauvre et jouissaient de la protection d'un lieu saint ou d'un temple. Ils sont ensuite devenus les protégés des militaires et ont finalement acquis une complète indépendance.

Plusieurs types de *nô* ont coexisté pendant des siècles jusqu'à la définition, entre la fin du XIVe siècle et le début du XVe siècle, d'une forme classique, synthèse d'éléments issus de formes préexistantes qui s'est perfectionnée par étapes. Cette synthèse a été principalement réalisée par Kanze Kannami Kiyotsugu (1333-84) et son fils Kanze Zeami Motokiyo (1363-1443). La majeure partie du répertoire original (environ deux mille drames, dont à peu près deux cents sont encore représentés aujourd'hui) a été composée par les deux fondateurs et leurs successeurs entre le XIVe et le XVIe siècle.

Certaines formes anciennes du *nô* sont encore représentées occasionnellement dans les régions rurales. L'*ennen-nô* s'inspire de contes populaires et de rites agricoles anciens, *dengaku*. En conséquence, il est souvent associé aux cérémonies destinées à invoquer la pluie dans les temples bouddhistes. Autrefois, le répertoire de danse comprenait des danses de cour ainsi que des danses frivoles exécutées par de beaux jeunes gens, souvent protégés par les prêtres des temples. De nos jours, l'*ennen-nô* n'est exécuté qu'au temple Môtsuji, dans la région de Tôhoku. Son style musical s'apparente à celui du chant bouddhique.

Dès la fin du XIIIe siècle, le *sarugaku-nô*, forme dramatique basée à l'origine sur des jeux acrobatiques et influencée de nombreuses façons par l'*ennen-nô*, était souvent joué au temple et aux environs des lieux saints. Le *miko sarugaku-nô*, exécuté par les vierges chamanes au XIVe siècle, se composait d'une prière pour obtenir une riche récolte et une longue vie, suivie de représentations théâtrales et de danses d'exorcisme accompagnées à la flûte, aux tambours à main, aux cymbales et par un chœur de jeunes filles *miko*. Au XIVe siècle, une représentation complète de deux pièces, séparées par une danse et précédées de la prière rituelle, durait environ trois heures.

Également lié aux rites agricoles, mais davantage influencé par le shintô, le *dengaku-nô* a emprunté ses thèmes à des légendes bouddhiques ou à l'histoire (par exemple *L'Histoire des Heike*). La scène du *dengaku-nô* ressemble à celle du *nô* actuel, un petit passage comparable à un pont conduisant à la scène principale. Toutefois, trop intimement lié aux pratiques religieuses et donc incapable de modifier et de raffiner son style, le *dengaku-nô*, qui a rivalisé pendant longtemps avec le *nô*, a disparu à l'exception de quelques représentations occasionnelles à la préfecture de Nara.

Malgré les interdictions gouvernementales de 1868, le plus répandu des anciens types de *nô* est le *shugen-nô* introduit par les moines de la secte Shugendô. Il est représenté essentiellement dans les provinces du nord-est du Japon. Shugendô, secte d'ascètes des montagnes (*yamabushi*), combine d'anciens cultes japonais des montagnes avec des éléments du bouddhisme, du shintoïsme et du taoïsme. Les *yamabushi* itinérants ont créé une forme unique de *nô* qui, avec des cérémonies et des danses rituelles, servait et sert encore à propager leurs croyances. Sur une petite scène, souvent le lieu de culte d'un lieu saint, des acteurs masqués, silencieux à l'exception d'interjections dépourvues de sens, dansent sur l'accompagnement d'un chœur et d'un ensemble instrumental composé d'une flûte, de cymbales, d'un gros tambour et parfois d'un chapeau chinois, *suzu*. Les danses sont classées en quatre groupes :

– danses rituelles (*gireimai*), fortement influencées par le bouddhisme et comprenant des mouvements qui seraient dérivés de l'ancienne pantomime de danse, *gigaku* ;

– danses de prière (*kitomai*), inspirées de légendes et d'histoires bouddhiques, mais adaptées au profil chamaniste de la secte Shugendô ;

– danses guerrières (*bushimai*), caractérisées par leurs mouvements violents et dont les histoires sont empruntées aux batailles des clans Genji et Heike ou à *La Vendetta des frères Soga* ;

– danses comiques (*dokemai* ou *kyôgen-mai*), qui dépeignent des scènes de la vie rurale et permettent des références intemporelles à des événements locaux.

Lorsque la forme *nô* classique a été créée aux XIVe et XVe siècles, elle a absorbé de nombreux éléments de ces premiers types de *nô*. Outre l'écriture de nouvelles pièces *nô*, la réécriture et le remaniement de pièces existantes, Zeami a laissé à la postérité des traités théoriques, des instructions pour chanter et jouer le *nô* ainsi que des stipulations concernant l'ordre correct des mouvements dans une représentation complète. Cette dernière comprend une danse de prière (*okina*) en guise d'introduction, suivie de cinq pièces *nô* séparées les unes des autres par des farces (*kyôgen*). Le répertoire *nô* est traditionnellement classé en cinq catégories : pièces traitant des dieux (*shin*), des hommes (*nan*), des femmes (*nyo*), des déséquilibrés mentaux (*kyô*) et des démons (*ki*). Dans une représentation « correcte », on joue une pièce de chaque groupe dans l'ordre ci-dessus. Le répertoire est encore classifié en fonction du concept de *jo* (prélude), *ha* (développement), *kyû* (rapide), sans doute élaboré à partir de la suite habituelle des mouvements dans une suite *gagaku*. Les morceaux divins d'ouverture correspondent au *jo*, les morceaux finals rapides des démons au *kyû*. De nos jours, une représentation complète dure entre sept et huit heures et on a pris l'habitude de n'exécuter que trois numéros (avec l'intervention de pièces *kyôgen*), en supprimant souvent la danse de prière d'ouverture (*okina*).

Depuis le XVIIe siècle, le *nô* est représenté sur une scène standardisée qui comprend une estrade carrée (6 m x 6 m) définie par quatre pilliers en bois supportant un toit. Les musiciens se tiennent à l'arrière de la scène (derrière les pilliers) et le chœur à droite. Un long passage recouvert qui fait partie de la scène mène de la loge sur la gauche à la scène elle-même. La mise en scène est simple, symbolique et souvent abstraite. Les accessoires indispensables se réduisent à trois sapins sur le passage et à la représentation d'un sapin sur le mur du fond de la scène. Tous les autres accessoires (palais, char à bœufs, etc.) ne sont que des représentations squelettiques.

Les exécutants sont répartis en deux groupes, selon leur fonction : instrumentistes et acteurs. Les instrumentistes, un flûtiste (qui joue du *nôkan*) et trois batteurs (tambour *taiko*, tambour-sablier *ko-tsuzumi* contre l'épaule et tambour *ô-tsuzumi*) jouent dans diverses combinaisons, à la fois des parties purement instrumentales (introductions, interludes et accompagnements de danse) et l'accompagnement de divers types de chant. L'ensemble de percussion exécute des schémas rythmiques complexes qui font appel à de nombreux types de coups de tambour et à des interjections vocales émises juste avant ou juste après que le batteur frappe son instrument. La flûte superpose des formules mélodiques en exploitant totalement l'intonation variable.

Les acteurs sont répartis en trois catégories : le premier rôle, acteur masqué (*shite*) qui chante, dirige les dialogues avec le deuxième rôle, danse et mime le chant du chœur, le deuxième rôle (*waki*) qui décrit l'époque et le lieu de la pièce, présente le premier rôle et lui demande de danser, et l'acteur comique (*kyôgen*). Le chœur, composé en général de huit personnes, commente l'action et décrit la scène environnante et les émotions de l'acteur principal. Il peut même « parler » au nom du premier rôle.

Une pièce *nô* typique en deux actes remonte le temps. Au premier acte, l'acteur principal apparaît sous une forme réincarnée (sous la forme d'une vieille femme, d'un vieil homme ou d'un pêcheur, par exemple) ; au second acte, il réapparaît tel qu'il était avant sa mort, pour révéler aux spectateurs les événements de sa vie antérieure. La forme dramatique, tout en variant d'une pièce à l'autre selon l'intrigue, est basée sur une suite type de parties musicales (chant solo, chant du chœur, interludes instrumentaux, etc.), de dialogues et de danses. Le chant est divisé en deux types, *yowagin* (doux) et *tsuyogin* (fort), qui se distinguent nettement l'un de l'autre par leur style de chant et leur répertoire de formules vocales.

Les acteurs de *kyôgen* tiennent des rôles spéciaux dans les pièces *nô* et jouent la farce indispensable entre les pièces. La farce *kyôgen* comprend du chant et de la danse mais est dominée par le langage parlé. Les masques sont essentiels et représentent des divinités shintoïstes ou bouddhistes, des esprits, des êtres humains ou des animaux. Auparavant, le *kyôgen* était également utilisé comme outil missionnaire par les moines bouddhistes. A Mibudera, à Kyôto, des pièces *kyôgen* sont encore représentées chaque année pour les adeptes ; les textes parlés sont omis et des histoires célèbres sont racontées sous forme de pantomime sur un accompagnement de flûte et de percussion.

Une autre tradition bouddhiste consiste à chanter des soûtras et des légendes sur un accompagnement de luth (*biwa*). Le plus ancien type de récit accompagné est celui représenté par les prêtres aveugles (*môsô*) qui jouent du *môsôbiwa*. Au XIIe siècle, le prêtre aveugle Shobutsu a commencé à chanter *L'Histoire des Heike*, dont le style comme l'histoire sont devenus très populaires. Cette tradition a pris le nom de *heikebiwa* ou *heikyoku*. Après l'abolition de la Guilde des musiciens aveugles professionnels par l'empereur Meiji, la tradition consistant à réciter le *heikyoku* a rapidement décliné et il n'existe aujourd'hui qu'une poignée de musiciens. Les techniques vocales mélismatiques employées dans le *heikyoku* ressemblent à celles du chant bouddhique. Le luth *heikebiwa* présente et relie les phrases du chant, mais la voix et le luth interviennent rarement en même temps.

A partir du XVIe siècle, des récits chantés tirant leur origine de *L'Histoire de la princesse Jôguri* (XIVe siècle), généralement appelés *Jôguri*, ont également connu une grande diffusion. Au début, ils étaient accompagnés des battements rapides d'un éventail, puis par le luth à quatre cordes *biwa*, puis, peu de temps après son apparition, par le *shamisen*. Au XVIIe siècle, un joueur de *shamisen* et un marionnettiste ont décidé de jouer ensemble le *Jôguri* et c'est ainsi qu'a débuté le théâtre de marionnettes japonais, *bunraku*. Les marionnettes *bunraku*, somptueusement habillées, mesurent à peu près la moitié de la taille humaine et sont nées de simples marionnettes immobiles manipulées par un marionnettiste installé derrière la scène, avant de devenir des marionnettes mobiles actionnées sur scène par un à trois manipulateurs vêtus de noir, la tête recouverte de gaze noire.

Le chanteur-narrateur, *tayû*, et le joueur de *shamisen* qui l'accompagne se tiennent sur une estrade pivotante sur le côté de la scène ; le chant et la narration sont si fatigants pour le *tayû* que les musiciens peuvent être remplacés au milieu d'un acte. Le répertoire du *bunraku* se divise en comédies de mœurs (*jidaimono*) – souvent des histoires de trahison et de vengeance assoiffée de sang – et en pièces sur la vie de l'époque Edo (souvent très romantiques). Le *tayû* assure la narration à la troisième personne et prend les parties de marionnette à la première personne. Le principal style musical utilisé dans le *bunraku* (et également dans le *kabuki*, en concert et comme accompagnement de la danse classique) est le *gidayû* qui englobe les styles de chant *parlando* et récitatifs, ainsi que les styles lyriques et les parties instrumentales. Ces dernières varient de courts passages à des longs interludes. De nombreux passages instrumentaux portent des noms spéciaux et sont familiers au public. Ils servent à créer des effets dramatiques particuliers.

On dit souvent que le *kabuki* est l'art jumeau du *bunraku*. On fait généralement remonter les origines du *kabuki* à la fin du XVIe siècle, à une danse animée exécutée par une danseuse de lieu saint, Okuni, dans le lit de la rivière Kamo à Kyôto. Ces représentations se sont développées pour inclure des danses traditionnelles et des scènes dramatiques (finalement avec un accompagnement de *shamisen*) ; elles se sont ensuite répandues dans tout le pays. Tout d'abord associé à la prostitution féminine, puis masculine, le *kabuki* avait été interdit pendant une courte période, au milieu du XVIIe siècle. Sa réapparition, après suppression du dévergondage systématique et en le limitant à des acteurs masculins, a entraîné le développement d'intrigues plus longues et, à la fin du XVIIe siècle, l'emprunt de pièces entières du répertoire *bunraku*. Comme pour le *bunraku*, le répertoire *kabuki* est divisé en comédies de mœurs et en pièces de genre. Le *bunraku* et le *kabuki* ont en commun des portions subtantielles de leurs répertoires.

La musique *kabuki* est jouée par deux groupes de musiciens, un sur scène (*debayashi*), l'autre en coulisse (*geza*). L'ensemble qui joue sur scène comporte un rang surélevé de joueurs de *shamisen* et de chanteurs (jusqu'à huit de chaque) sur un dais rouge à l'arrière de la scène, devant lesquels sont placés des joueurs de tambour et de flûte (de *nôkan* et de flûte populaire en bambou). L'ensemble qui joue hors de scène est généralement installé dans une pièce située à droite et à l'arrière de la scène ; il comprend les instruments de la mélodie, *shamisen*, *nôkan* et flûte en bambou, ainsi qu'une batterie d'instruments à percussion utilisés pour les effets dramatiques. Les deux ensembles exécutent des genres de musique pour *shamisen* différents, le premier jouant principalement des genres narratifs et des accompagnements de danse, l'autre jouant les genres lyriques. Dans les morceaux dérivés des pièces *bunraku*, un narrateur et un joueur de *shamisen* sont placés sur un dais sur le côté de la scène.

La scène elle-même possède un long pont élevé menant à la salle. Les entrées et les sorties de scène et du pont sont utilisées comme dispositifs dramatiques supplémentaires. Les mises en scènes sont colorées et réalistes, de même que les costumes et le maquillage des acteurs. Les textes du *kabuki* (et du *bunraku*) sont écrits dans le dialecte de l'époque Edo et, contrairement aux textes *nô*, ils sont aisément compris du public. La popularité de ce genre dynamique, souvent acrobatique, est aujourd'hui beaucoup plus grande que celle du *nô* ou du *bunraku* et les troupes japonaises de *kabuki* ont remporté de grands succès en Europe, en Amérique et sur le continent asiatique.

7. *Musique soliste et musique de chambre.* Avec la montée des formes dramatiques populaires, le *bunraku* et le *kabuki*, l'époque Edo se caractérise par l'émergence d'une musique soliste et d'une musique de chambre pour *koto*, *shakuhachi* et *shamisen*. La littérature de l'époque Heian révèle que la cithare à treize cordes *gaku-sô* était jouée non seulement par des musiciens professionnels de l'orchestre de cour, mais également, dans des circonstances non officielles, par des dames et des courtisans, à la fois comme instrument soliste et dans des ensembles de musique de chambre. Des préludes modaux pour soliste, exigeant souvent une certaine virtuosité, ainsi que les parties de cithare pour les genres orchestraux et vocaux de cour (qui pouvaient aussi être joués comme des morceaux solistes ou de musique de chambre) ont survécu. Toutefois, ce n'est qu'à la fin du XVIe siècle qu'une solide tradition de musique soliste classique pour *koto* indépendante de la cour, le *sôkyoku*, a émergé et est devenue florissante.

Dans un premier temps, il y avait deux formes de compositions : le *kumiuta* et le *danmono*. Un *kumiuta* se compose d'un certain nombre (six en général) de chansons continues (*uta*) avec accompagnement de *koto* (les chansons et l'accompagnement étant exécutés par la même personne) ; un *danmono* est une composition qui comporte un nombre variable de sections instrumentales continues (*dan*). Dans le *kumiuta* classique, les textes des chansons sont choisis dans d'anciennes sources littéraires et se composent essentiellement de huit lignes de cinq ou sept syllabes, mais des variations sont possibles. Chaque section (*uta*) comporte huit phrases (une par ligne de texte), chacune de quatre mesures à 4/4. La partie de *koto* se caractérise par des schémas d'octaves standardisés qui seraient dérivés de l'ancienne technique du *gaku-sô*. La voix et le *koto* exécutent des versions idiomatiques de la même mélodie (hétérophonie), la partie vocale précédant ou suivant le *koto* d'une demi-mesure.

Dans le *danmono*, les sections (*dan*), à l'exception de la première, comportent cent quatre temps, généralement divisés en vingt-six mesures à 4/4. Le premier *dan* dépasse les sections suivantes de quatre à huit mesures. Comme dans le *kumiuta*, le tempo est lent au début, et accélère de section en section jusqu'à la dernière qui doit retrouver le tempo lent. Le *danmono* est souvent comparé, du point de vue formel, aux variations occidentales.

Durant la seconde moitié du XVIIe siècle, l'influence du *shamisen* dans les divertissements de la bourgeoisie a atténué la popularité de la musique raffinée du *koto*. Conscient de la nécessité de populariser la musique pour *koto*, Ikuta Kengyo, fondateur de l'*Ikuta-ryû* (l'une des deux principales écoles de musique *koto* de nos jours), s'est penché sur les formes musicales du *shamisen*, en particulier sur la forme *jiuta*. A l'origine, les *jiuta* étaient des chansons lyriques sur des textes contemporains de style musical souple, chantées sur un accompagnement de *shamisen*. Tout d'abord, le *koto* s'est joint au *shamisen* dans l'exécution des *jiuta* avec une version idiomatique de mélodie de *shamisen*, mais progressivement il a acquis une certaine indépendance. L'intérêt porté par les compositeurs de *jiuta* aux techniques instrumentales a abouti, au XVIIIe siècle, à la création d'une nouvelle forme musicale, le *tegotomono*, dans laquelle alternent la chanson (*uta*) et l'interlude musical (*tegoto*). La forme fondamentale d'un *tegotomono* est la suivante : première chanson (*maeuta*) – interlude instrumental (*tegoto*) – chanson finale (*atouta*), mais il s'est souvent développé en une forme à quatre parties (introduction-chanson-interlude-chanson) ou, occasionnellement, à six parties (introduction-chanson-interlude-chanson-interlude-chanson). Vers la fin de l'époque Edo, une pratique d'exécution particulière s'est développée, le *sankyoku*, dans laquelle un troisième instrument, le luth à archet *kokyû* ou la flûte droite *shakuhachi*, se sont joints au *koto* et au *shamisen*.

La fondation de l'école Yamada remonte à la fin du XVIIIe siècle. Tout en absorbant les répertoires *kumiuta*, *danmono* et *tegotomono*, cette école accordait moins d'importance aux genres lyriques dans ses nouvelles compositions mais faisait des emprunts aux genres narratifs pour *shamisen* ainsi qu'à d'autres genres narratifs et théâtraux (surtout le *heikyoku* et le *nô*). Dans l'ensemble de chambre Yamada, le *koto* est l'instrument principal alors que, dans la tradition Ikuta, le *shamisen* a conservé son rôle d'instrument principal.

La flûte droite *shakuhachi* existait au Japon dès le VIIIe siècle, mais aucune tradition classique indépendante de musique solo ne s'était vraiment affirmée avant le XVIIe siècle. Au début de l'époque Edo, l'instrument était déjà joué par des prêtres bouddhistes mendiants, itinérants, de la secte Fuke. Une partie de leur répertoire est conservé par l'école Meian. Toutefois, la majeure partie du répertoire classique provient de la fondation d'écoles organisées dont les deux plus importantes sont l'école Kinko, fondée vers 1770, et l'école Tozan, fondée en 1896.

Le répertoire classique *shakuhachi* établit une distinction entre les *honkyoku* (« pièces originales » composées pour un ou plusieurs *shakuhachi*) et les *gaikyoku* (« pièces du dehors » jouées avec le *koto* et le *shamisen*, ou empruntées à leurs répertoires). Les morceaux modernes sont généralement appelés *shinkyoku* (« nouvelles pièces »). Les *shakuhachi* en solo sont exécutés en rythme libre et l'on attache beaucoup d'importance au contrôle du son, à la respiration, à la dynamique et à l'exécution de nombreux types de *vibrato*, de trilles-*accelerando*, etc.

Le répertoire classique du *shamisen* est toujours associé au chant, la musique purement instrumentale ne survenant qu'en tant qu'interludes instrumentaux (*aino-te*) dans les compositions vocales. Le répertoire comprend à la fois les genres lyrique et narratif, dont la majeure partie est liée à l'art dramatique. Le *shamisen* est également utilisé dans des types de musique traditionnelle et populaire.

Parmi les premières formes lyriques figure le *kumiuta*, qui a fait son apparition au début du XVIIe siècle. Comme le *koto-kumiuta*, cette forme se compose d'un certain nombre de poèmes mis en musique et présentés sous forme de cycle ininterrompu. Divers genres de chant court avec accompagnement de *shamisen* ont vu le jour à l'époque Edo (*kouta*, *hauta*, *utazawa*), mais la forme plus longue (*nagauta*, « long chant ») est la plus estimée. Les*nagauta* ont apparu vers 1700 et ont tout d'abord accompagné les danses *kabuki* plus longues que celles qu'accompagnaient auparavant les *kouta* (« chant court »). De nos jours, les *nagauta* constituent encore l'un des principaux genres utilisés dans le *kabuki* et en concert.

L'ensemble *nagauta* comprend un ou plusieurs chanteurs accompagnés au *shamisen*, deux types de flûte (la flûte *nôkan* du *nô* et la flûte *shinobue* en bambou) et les trois tambours de l'ensemble *nô* (*taiko*, *ko-tsuzumi* et *ô-tsuzumi*). Les flûtes et les tambours sont regroupés sous l'appelation *hayashi*. La flûte en bambou suit généralement la ligne mélodique de la voix ou du *shamisen*, la flûte *nôkan* joue des schémas dérivés de ceux du *nô* qui ne sont pas liés à la ligne mélodique de la voix ou du *shamisen*. De même, les percussions jouent souvent des figures rythmiques empruntées au *nô*. Les deux *tsuzumi* jouent également des schémas spéciaux de *nagauta*. La forme *nagauta* est une forme qui comprend des sections pour voix et *shamisen* seuls, des sections instrumentales et des sections *tutti*. Les genres narratifs pour *shamisen* comprennent ceux qui sont développés à partir des récits accompagnés au luth et généralement appelés *jorûri*, ainsi que d'autres genres provenant du théâtre (*gidayû*, *tokiwazu* et *kiyomoto*).

8. *Notation*. La notation musicale existe au Japon au moins depuis l'époque Heian. Avant cette époque, la transmission orale était importante et la notation ne servait, dans bien des cas, que d'aide-mémoire. Les systèmes de notation employés comprennent les tablatures de musique instrumentale et les notations en neumes pour les genres vocaux. Les syllabaires mnémoniques sont très répandus. La notation à hauteur de son fixe empruntée à la notation chinoise et un solfège (également chinois) sont employés dans les discussions théoriques et, parfois, pour décripter des notations en neumes.

Les plus anciennes notations qui ont survécu au Japon sont des tablatures instrumentales de musique de cour – tablatures de luth du milieu du VIIIe siècle, tablatures de flûte, cithare et orgue à bouche antérieures à la fin du XIIIe siècle. On trouve des tablatures postérieures pour le dernier instrument mélodique de l'orchestre de cour, le hautbois à anche double. Ces tablatures sont disposées en colonnes et se lisent de haut en bas et de droite à gauche. Elles emploient toujours trois groupes de symboles : un groupe de signes de base (des lexigraphes chinois ou des lexigraphes abrégés) indiquant la position des cordes et des frettes sur le luth, des trous sur la flûte ou le hautbois à anche double, des cordes sur la cithare ou des tuyaux sur l'orgue à bouche ; un groupe de signes secondaires (lexigraphes ou symboles abstraits) qui donnent des instructions pour les techniques de jeu, les valeurs relatives des notes, l'ornementation, le phrasé, etc. et un groupe de signes tertiaires (lexigraphes et symboles) qui donnent les schémas de percussion *ostinato* et fournissent des indications de mesure. On possède certains instruments de cette époque et les sources contemporaines contiennent des instructions exactes sur l'accord et la technique de jeu du luth et de la cithare, ce qui permet de lire ces tablatures anciennes sans ambiguïté.

La tradition manuscrite de la musique de cour a été fidèlement préservée. Les parties modernes de luth et d'orgue à bouche en particulier sont presque des répliques exactes des manuscrits anciens. Toutefois, la pratique d'exécution a évolué radicalement au cours des siècles. Les détails de rythme, d'articulation et les embellissements ajoutés ne sont pas notés mais enseignés oralement, la mémoire étant aidée par un syllabaire mnémonique (*shôka*), qui est même écrit dans les parties de flûte et de hautbois à anche double. Les tablatures développées pour la notation de la musique pour *koto*, *shakuhachi* et *shamisen*, tout en variant d'une école à l'autre et en exploitant des procédés empruntés à la notation en portée occidentale, sont dans une certaine mesure (plus ou moins importante) des adaptations de tablatures de musique de cour.

Dans les écoles de musique pour *koto* Yamada et Ikuta, les treize signes de tablature primaires – essentiellement les lexigraphes numériques chinois de la tablature *gaku-sô* –, disposés horizontalement et verticalement, représentent les treize cordes. Le groupe de signes de tablature secondaires a été augmenté et modifié pour correspondre à un éventail plus important de techniques de doigtés. Des indications pour l'utilisation de la main gauche ou pour élever ou abaisser la hauteur fondamentale de la corde, qui étaient représentées par des points et des symboles graphiques placés en des endroits spécifiques sur les signes de tablature primaires dans l'ancienne tablature *gaku-sô*, sont maintenant données en signes *kana* japonais comme des abréviations de *termini technici* et (dans l'école Yamada) par l'utilisation de signes empruntés à la notation en portée occidentale (par exemple ~ = tremblement lié). La technique de la main droite (l'utilisation de l'index et du majeur), indiquée à l'origine en écrivant les signes de tablature primaires à droite ou à gauche de la principale colonne de notation, est aujourd'hui indiquée à l'école Ikuta par les chiffres arabes 2 et 3, et à l'école Yamada par une apostrophe ou des guillemets ('ou «). Les indications de mesure, fournies à l'origine par les signes de tablature secondaires se rapportant à la durée relative des notes en même temps qu'aux signes tertiaires, sont fournies dans la tradition Ikuta par une disposition dans l'espace de la tablature sur une grille verticale, divisée en groupes de 4/4 et chaque temps se subdivise pour montrer les croches ; dans la tradition Yamada, on emploie des barres de mesure comme dans la notation occidentale, le rythme étant indiqué par un système de soulignage similaire à celui de la notation chinoise. Dans les deux écoles, il existe un syllabaire mnémonique, écrit sur la partition (à gauche de la tablature sur les partitions Ikuta et au-dessus de la tablature sur les partitions Yamada). Pour le *kumiuta* et le *tegotomono*, les textes chantés sont écrits à droite de la colonne principale de la tablature sur les partitions Ikuta, et sous la tablature sur les partitions Yamada.

Les tablatures de *shakuhachi* diffèrent légèrement entre les trois écoles, Meian, Kinko et Tozan, mais suivent les mêmes principes généraux que celles du *koto*. Six signes de tablature primaires pour les trous sont disposés verticalement. Les signes de tablature secondaires servent à indiquer l'octave, les techniques spéciales, les ornements et le phrasé. Les détails rythmiques exacts ne sont fournis que dans l'école Tozan, par un système analogue au soulignage de l'école de *koto* Yamada.

On utilise aujourd'hui deux principaux types de tablature pour *shamisen*, le *kosaburôfu* et le *bunkafu*. Dans le premier, les chiffres arabes 1 à 7, qui représentent les sept notes diatoniques (les hauteurs de son exactes étant définies par l'accord) sont disposés verticalement. Des points précisent l'octave. Les doigtés sont marqués en chiffres romains pour les cordes et en chiffres japonais pour les doigts. Les techniques spéciales sont indiquées par des signes comme sur les autres tablatures instrumentales. Un syllabaire mnémonique, *kuchijamisen*, apparaît à gauche de la notation, les textes chantés – avec des indications de tessiture données dans le même système numérique – figurent à droite. Le second système, plus répandu, dispose les chiffres 1 à 7 horizontalement sur trois lignes représentant les trois cordes. Les doigtés et les techniques particulières sont indiqués dans le *kosaburôfu*. Le rythme est noté en soulignant.

Divers types de notation en neumes ont été mis au point pour les genres vocaux, la chanson de cour, le chant bouddhique et les parties vocales des genres dramatiques et narratifs *nô*, *bunraku* et *heikyoku*. Une première phase du développement de la notation vocale semble avoir été l'utilisation à la cour, au début du XIIe siècle, d'aide-mémoire pour les chanteurs : des recueils de textes de chansons ponctués, sur des schémas de percussion *ostinato* notés pour crécelles en bois de telle sorte que, s'il connaissait la mélodie, un chanteur pouvait chanter le texte avec le support, l'ornementation et le phrasé corrects. Toutefois, les premiers neumes qui nous soient parvenus sont les *ko-hakase* et les *fu-hakase*, utilisés pour la notation du chant bouddhique. Ce sont de simples formes linéaires, une par lexigraphe chinois, indiquant soit des notes soutenues soit un mouvement mélodique de deux et parfois trois notes seulement. Les hauteurs de son sont généralement indiquées en tablature de flûte.

Aux XIIe et XIIIe siècles, les sectes Shingon et Tendai ont toutes deux élaboré des notations en neumes qui, avec quelques modifications, sont restées en usage jusqu'à ce jour. Les *go-on* (cinq sons) *hakase* de la secte Shingon sont formés de quinze traits directionnels indiquant les degrés de la gamme pentatonique sur trois octaves. Les *meyasu hakase* de la secte Tendai sont des descriptions graphiques des mouvements mélodiques liés à chaque syllabe, également combinées aux tablatures instrumentales. Au XIIIe siècle, on mélangeait les éléments des deux systèmes. Dans les deux écoles, les noms des formules vocales standardisées sont inclus dans les neumes, écrits soit en lexigraphes chinois, soit dans un syllabaire japonais. Les précisions rythmiques et, dans une certaine mesure, modales ne sont pas fournies, l'exécution exacte des formules individuelles étant enseignée oralement. Les notations *meyasu hakase* sont également utilisées pour les divers genres de chansons de cour.

Le chant *nô* fait appel à un autre système de notation en neumes. Des lignes en forme de larme figurent à droite du texte, accompagnées de diverses instructions sur l'emploi des formules vocales spéciales. Comme dans le chant bouddhique et la chanson de cour, la notation fonctionne comme un aide-mémoire, les formules et les détails d'exécution étant enseignés oralement. Pour le *heikyoku* et le *gidayû*, des références graphiques au contour mélodique de la partie vocale et des indications de schémas vocaux et instrumentaux standardisés sont incluses dans le texte.

Elizabeth Markham.

BIBLIOGRAPHIE : Pierre Landy, *Japon, les traditions musicales*, Buchet-Chastel (Paris, 1970). Akira Tamba, *La Structure musicale du nô*, Klincksieck (Paris, 1974).

Jaques-Dalcroze, Émile (Vienne, 6 juillet 1865 ; Genève, 1er juillet 1950). Compositeur et pédagogue suisse, élève de Marmontel, Delibes et Fauré au Conservatoire de Paris (1884-87), puis de R. Fuchs et Bruckner à Vienne (1887-89). Nommé professeur au Conservatoire de Genève, il développe une pédagogie autour de la « gymnastique rythmique », méthode qui associe le mouvement et la musique. Il fonde en 1915 l'Institut qui porte son nom à Genève. Son œuvre, essentiellement pédagogique, a fait école et certaines de ses chansons, à l'origine de simples exercices, sont devenues des chansons populaires en Suisse.

Alain Pâris.

BIBLIOGRAPHIE : Marie-Laure Bachmann, *La Rythmique Jaques-Dalcroze, une éducation par la musique et pour la musique*, A la Baconnière (Neuchâtel, 1984). Émile Jaques-Dalcroze, *La Musique et nous, notes sur notre double vie*, Perret-Gentil (Genève, 1945), rééd. Slatkine (Genève, 1981).

Jardins sous la pluie. Troisième et dernière pièce des *Estampes* pour piano de Debussy (1903), dans laquelle figure une citation de « Nous n'irons plus au bois ».

Jarnach, Philippe (Noisy-le-Sec, près de Paris, 26 juillet 1892 ; Hambourg, 17 décembre 1982). Compositeur allemand d'origine espagnole et allemande. Il fait ses études au Conservatoire de Paris avec Risler (piano) et Lavignac (théorie). En 1914, il s'installe à Zurich où il devient l'associé de Busoni ; à la mort de ce compositeur en 1924, il termine son opéra *Doktor Faust*. Il devient alors critique musical à Berlin (1927-45), professeur de composition à la Musikhochschule de Cologne (1949-59) et directeur de la Musikhochschule de Hambourg (1959-70). Il a composé de la musique symphonique et de la musique de chambre dans un style néoclassique influencé par Busoni.

Paul Griffiths.

Järnefelt, (Edvard) **Armas** (Viipuri, 14 août 1869 ; Stockholm, 23 juin 1958). Compositeur et chef d'orchestre suédois d'origine finnoise. Il étudie à Helsinki avec Wegelius, à Berlin avec Busoni et à Paris avec Massenet. Après avoir occupé plusieurs postes de chef d'orchestre, il prend la direction de l'Opéra d'Helsinki (1903-07, 1932-36) et de l'Opéra royal de Stockholm (1907-32). Il est surtout remarqué pour sa direction des œuvres de

Wagner et de celle de son beau-frère Sibelius. Il est également l'auteur d'une œuvre symphonique populaire, *Praeludium*, et de nombreuses autres pièces en tous genres.

Paul Griffiths.

Jarre, Maurice (Lyon, 13 septembre 1924). Compositeur français, élève de Louis Aubert et d'Honegger. Il travaille avec Jean Vilar dès 1951 au Théâtre national populaire et compose de nombreuses musiques de scène avant de se tourner vers le cinéma. Il a obtenu le prix Italia en 1955 et 1962, ainsi que le prix de la SIMC en 1962. Dans le domaine théâtral, on lui doit un opéra-ballet, *Armida* (1954), et un ballet, *Notre-Dame de Paris* (1966).

Alain Pâris.

Jaubert, Maurice (Nice, 3 janvier 1900 ; Azerailles-sur-Moselle, 19 juin 1940). Compositeur français, il avait déjà reçu une formation d'avocat lorsqu'il devient l'élève d'Albert Groz avec lequel il travaille la composition. En 1930, il est nommé directeur de la musique de Pathé-Cinéma et compose de nombreuses musiques de film : *Quatorze juillet* (1934, René Clair), *Zéro de conduite* (1934, Jean Vigo), *Carnet de bal* (1937, Julien Duvivier), *Drôle de drame* (1937, Marcel Carné), *Quai des brumes* (1938), etc. On lui doit de nombreuses mélodies, notamment *L'Eau vive*, sur des poèmes de Giono (1938) et une grande fresque pour soprano et orchestre, *Jeanne d'Arc* (1937) sur un texte de Péguy. Il est mort au front en Lorraine, près de Baccarat.

Alain Pâris.

BIBLIOGRAPHIE : François Porcile, *Maurice Jaubert, musicien populaire ou maudit ?*, Les Éditeurs français réunis (Paris, 1971).

Jazz

1. Les débuts du jazz
2. La crise et les années trente
3. Le bop
4. A partir des années cinquante

Le terme jazz (d'éthymologie inconnue) désigne une musique populaire, aux rythmes et aux harmonies caractéristiques, qui fait appel à l'improvisation. A l'origine, le jazz était la musique des Noirs américains. Bien que de nombreux éléments se retrouvent en lui – *ragtime, hurlements des travailleurs des champs, *work-songs* (chants du travail), **spirituals*, * opérettes, fanfares des rues, etc. – il a vite acquis un caractère très personnel. Certains individus (comme Jelly Roll Morton et Nick La Rocca) prétendent avoir « inventé » le jazz, mais il est venu au monde comme une musique sociale, réponse naturelle de la population noire, surtout dans le sud des États-Unis, à son environnement, ses peines et ses oppressions, ses espoirs et ses aspirations. Le chant et la danse faisaient partie intégrante de la vie des Noirs et le jazz est né comme une musique à la fois fonctionnelle et expressive : la base de son style instrumental provient des mélodies des *work-songs*, ses rythmes d'un mélange de danses et de marches.

On dit généralement que le jazz a vu le jour à La Nouvelle-Orléans mais, en réalité, il a jailli dans l'ensemble des États-Unis au cours de la seconde décennie du XXe siècle ; toutefois, c'est à La Nouvelle-Orléans qu'il a trouvé pour la première fois son habitat naturel – dans les bordels, les clubs, les « boîtes » et autres lieux fréquentés par les pauvres, ainsi que sur les bateaux bariolés qui parcouraient le Mississippi. La Nouvelle-Orléans a toujours été une ville polyglotte, le lieu de rendez-vous cosmopolites, ce qui explique pourquoi de nombreuses cultures ont été impliquées dans le développement du jazz – française, espagnole, créole, latino-américaine ainsi que noire africaine. Ainsi, bien qu'il soit et reste essentiellement une musique noire, sa popularité a été telle que les musiciens blancs l'ont adopté, même sous une forme dépréciée et dévitalisée (ce qui n'est pas toujours le cas). En tant que « musique d'un peuple », le jazz a été étroitement lié aux formes de divertissement les plus commerciales et il en a résulté des déformations inévitables, mais le fond de la musique demeure et n'a pas été corrompu.

1. *Les débuts du jazz.* L'histoire du jazz est courte, mais mouvementée. En moins d'un demi-siècle, il est passé d'une simple musique traditionnelle à une forme artistique extrêmement élaborée, s'inspirant de sources inconnues et insoupçonnées de ses premiers adeptes. Alors que les chants des Noirs et les **blues* ont servi de base à la plupart des techniques instrumentales,

certaines d'entre elles ont une origine très différente : après la guerre civile, lorsque les fanfares militaires se sont dispersées, leurs instruments, cabossés et déformés, ont été ramassés par des pauvres, essentiellement des Noirs, et utilisés dans des parades de rue, processions funèbres et autres manifestations. A cet égard, le jazz instrumental n'est pas sans relation avec la musique militaire de Sousa.

Lorsque le jazz a cessé d'être exclusivement une musique de plein air et a commencé à pénétrer à l'intérieur des maisons, il s'est trouvé confronté à des ensembles intrépides de cordes, piano et tambours, assortis d'un banjo ou d'une guitare, qui jouaient la musique de danse de l'époque. C'est dans cette ambiance que l'un des premiers grands talents du jazz, Jelly Roll Morton (1885-1941), a commencé à modeler et à définir la langue spécifique du jazz. Morton était un homme peu banal : il détestait le jazz criard et tapageur, ce qui était fréquent à ses débuts, et insistait sur l'importance de la mélodie. Pianiste lui-même, il jouait dans un style qui s'inspirait autant du ragtime que du jazz authentique, et constituait ainsi l'un des principaux liens entre les deux genres.

Le jazz « classique », né à La Nouvelle-Orléans, est essentiellement une musique mélodique, linéaire, jouée à la trompette, au trombone et à la clarinette, avec piano, batterie, banjo ou guitare et cuivres (tout d'abord des cuivres, ensuite des cordes). Il y a eu des additions et des substitutions, mais le vrai « style New Orleans » a atteint son apogée avec le Creole Jazz Band de King Oliver, au début des années vingt. C'est dans cet ensemble que le jeune Louis Armstrong (1900-71) a pris ses premières leçons, comme second cornettiste aux côtés d'Oliver lui-même (1885-1938), et c'est cet instrument qui allait être bientôt l'objet de l'un des styles de virtuosité soliste les plus originaux et les plus influents de l'histoire du jazz. Les meilleurs enregistrements d'Oliver, à cette époque, ont une cohérence et une coordination et dégagent un sentiment de participation pure qui caractérise le « style New Orleans ».

Toutefois, le jazz ne s'est pas limité longtemps à La Nouvelle-Orléans. Dans les années vingt, un grand nombre de ses protagonistes ont entamé une migration vers le nord, à Chicago et à New York, où les germes du jazz fleurissaient déjà. Dans ces régions, il y avait de l'argent et la grande vie de la période qui a précédé la crise de 1929 promettait de larges récompenses. L'ère de la prohibition et de la contrebande d'alcool a eu un effet marqué sur la diffusion du jazz aux États-Unis ainsi que sur son caractère. La vie devenant plus dure, la musique en a fait autant. Le gangstérisme, associé à la prohibition, a altéré l'atmosphère sociale et la musique de la société. En outre, le jazz ne s'est confiné ni stylistiquement ni géographiquement à un ou deux centres : des styles majeurs et distincts ont vu le jour non seulement à La Nouvelle-Orléans, à Chicago et à New York, mais également à Kansas City, à Saint Louis et à Memphis.

Avec leurs collègues de La Nouvelle-Orléans, Oliver et Armstrong se sont fait une nouvelle réputation à Chicago. A New York, Duke Ellington (1899-1974), sans doute le seul génie indiscutable de la tradition du jazz, a connu une renommée internationale au Cotton Club, à Harlem, à partir de 1927. Fletcher Henderson (1898-1952) dirigeait un ensemble qui allait exercer une influence majeure. En même temps, une école de jazz blanc se développait à New York, dirigée par Red Nichols (1905-65), les frères Dorsey, Tom (1905-56) et Jimmy (1904-57), etc., alors que Paul Whiteman (1890-1967) bouleversait l'évolution avec son « jazz symphonique ». A plusieurs reprises, Whiteman a employé un certain nombre de *jazzmen* blancs, notamment deux des plus grands : le trompettiste Bix Beiderbecke (1903-31) – qui est devenu une véritable figure de légende aux États-Unis à cause de sa mort prématurée, due en grande partie à la boisson – et le tromboniste Jack Teagarden (1905-64). Une partie de la musique de Whiteman avait des inflexions de jazz, mais c'était surtout de la musique commerciale de danse et de divertissement ; ses excursions dans le « jazz symphonique » étaient hybrides et n'avaient pas de lien réel avec le jazz. Whiteman s'était vu donner le surnom de *King of Jazz* (« Roi du jazz », titre d'un film célèbre de l'époque), bien que le jazz original et authentique ait été créé par Duke Ellington au Cotton Club. C'est, dans une certaine mesure, le résultat d'un préjugé racial qui n'est pas tant lié à la façon d'apprécier la musique qu'aux moyens et à la publicité dont disposaient les musiciens blancs pour se faire connaître.

A cette époque, un style blanc s'est également développé à Chicago, sous l'impulsion de musiciens comme Bud Freeman (1906), Max Kaminsky (1908), Frank Teschemacher (1906-32), Eddie Condon (1905-73) et Teagarden (qui jouait les deux styles, l'ancien et le nouveau). Le jazz de Chicago était plus dur, plus cassant et généralement plus frénétique que celui de New York, mais tous deux ont conservé leur importance et leur influence.

Dès le début, le jazz blanc et le jazz noir se sont cotoyés, dans une amitié mutuelle, mais ils n'ont pas fusionné en public avant longtemps. Le jazz noir attirait essentiellement les Noirs, des enthousiastes blancs et quelques mondains blancs qui allaient dans les salles et dans les clubs où jouaient des orchestres noirs pour s'adonner à un certain exotisme et se mêler à la canaille (une des raisons pour lesquelles les « bruits de jungle » de Duke Ellington avaient tant de succès, même si leur motivation musicale était radicalement différente) ; toutefois, ce sont les musiciens blancs, surtout à New York, qui avaient l'oreille du public. Cela s'applique aussi aux grandes chanteuses de *blues* de l'époque, Gertrude « Ma » Rainey (1886-1939) et Bessie Smith (1894-1937), qui ont remporté d'immenses succès chez les Noirs mais n'ont eu que peu d'enthousiastes blancs.

2. *La crise et les années trente.* Le jazz était parvenu à son apogée dans les années vingt. Les divisions et les distinctions sociales n'avaient pas entravé son expansion. Puis, en 1929, le krack de Wall Street et le début de la grande crise sont survenus. Cette situation a été encore plus dramatique pour les *jazzmen* que pour le jazz lui-même, car bon nombre d'entre eux ont dû s'arrêter, certains n'ayant jamais pu reprendre. Seuls ceux qui étaient habiles et entêtés et qui avaient vraiment du talent ont réussi à survivre. Les musiciens noirs ont toujours été vulnérables, exclus par leur couleur des emplois les plus lucratifs dans les hôtels et à la radio. Tant que durait le bon temps, c'était sans grande importance ; il y avait assez de travail et d'argent pour s'en sortir, mais lorsque les deux sont venus à manquer, les Noirs ont été les premiers à en souffrir.

Heureusement, les effets les plus tragiques de la crise n'ont pas duré indéfiniment, ni pour le jazz ni pour la société dans son ensemble. Un changement a commencé à s'opérer en 1934. Le jazz, qui n'avait jusqu'alors séduit qu'une minorité, a soudain fait un bond en avant dans le grand public qui a commencé avec la fondation de l'orchestre de Benny Goodman (1909-86). Goodman occupait depuis longtemps une place importante dans divers orchestres ou par les enregistrements qu'il effectuait avec de petits ensembles. Cette fois, il forme un grand orchestre, engage Fletcher Henderson pour faire les arrangements et découvre soudain une nouvelle génération de jeunes Américains désireux de danser sur sa musique et prêts à payer pour le faire. L'ère du swing était née et Goodman en était proclamé roi. (Le passage du mot jazz au mot swing est étroitement lié à cette nouvelle situation : il donnait une impression de modernisme et permettait aux jeunes enthousiastes de se trouver à l'avant-garde.) Goodman a connu une popularité analogue à celle des groupes pop comme les Beatles. D'autres orchestres ont bientôt suivi son exemple : Tommy et Jimmy Dorsey ont alors pris la direction d'orchestres séparés, ainsi qu'Artie Shaw (1910) et quelques autres.

Le swing n'était pas nouveau en lui-même, le mot non plus, d'ailleurs, puisque le swing a toujours été l'un des ingrédients de base du jazz (comme le montre le titre de la chanson de Duke Ellington « It don't mean a thing if it ain't got that swing », 1932) et Henderson avait pratiqué le même genre de musique avec son orchestre pendant plusieurs années sans succès excessif. Mais Goodman, plus par accident que consciemment, lui a donné une nouvelle orientation et a su susciter l'enthousiasme de la jeunesse. Si les grands orchestres noirs continuaient à connaître leur part de succès, le swing était essentiellement la musique des Blancs, exerçant son attrait sur un public de Blancs, non seulement aux États-Unis, mais très vite dans le monde entier. Ainsi, le jazz, ou une certaine forme de jazz, est véritablement devenu la musique populaire internationale de l'époque.

Dans le déroulement de l'histoire du jazz, on peut maintenant considérer le swing comme une étape de consolidation et d'expansion, comme la somme des évolutions formelles et techniques accumulées jusqu'à cette époque. Comme il était avant tout basé sur la technique, il pouvait être joué et bien joué par de nombreux musiciens qui n'étaient pas, par nature ou par héritage, d'excellents musiciens de jazz, à la fois à l'intérieur et à l'extérieur des États-Unis. Goodman était perfectionniste et exigeait le meilleur de chacun de ses musiciens ; il a ainsi établi de nouvelles normes basées sur sa propre technique de la clarinette qu'il avait délibérément raffinée et étendue (y ajoutant aussi le répertoire classique) afin de « surmonter la crise », comme il le disait lui-même. Grâce à Benny Goodman, le jazz a trouvé un public nouveau et beaucoup plus vaste.

Goodman et le swing ont réalisé une autre percée importante. Jusqu'au milieu des années trente, les musiciens noirs et blancs n'étaient pas autorisés à paraître ensemble en public, alors qu'ils jouaient souvent ensemble en privé. La situation était tacitement acceptée. Poussé par l'imprésario John Hammond, Goodman a alors recruté dans les petits groupes qui s'imposaient depuis le début aux côtés des grands ensembles, tout d'abord Teddy Wilson (1912-86), puis Lionel Hampton (1913). Peu de temps après, des musiciens noirs notamment l'ex-trompettiste vedette d'Ellington, Cootie Williams (1908-1985), et le guitariste Charlie Christian (vers 1916-1942) sont venus se joindre à son orchestre. Depuis cette époque, il est devenu habituel que des musiciens noirs et des musiciens blancs se produisent ensemble sur scène.

Dès la fin des années trente, le swing était devenu une musique produite en série pour un public de masses. Aux mains de ses principaux instigateurs, les grands orchestres blancs, il s'est stéréotypé, devenant une sorte d'exercice mécanique. Il fallait qu'un élément nouveau vienne rajeunir le jazz de façon intrinsèque. Duke Ellington l'avait exprimé en termes amers : « Le jazz est de la musique, le swing du business ». En même temps, le swing commençait à exercer une profonde influence sur la musique folk, non seulement en développant le goût d'une certaine forme de jazz dans des endroits où il n'était pas goûté auparavant, mais également par la façon dont il affectait la musique populaire elle-même. Après Bing Crosby, le plus influent des chanteurs populaires, Frank Sinatra a travaillé à ses débuts avec l'orchestre de Tommy Dorsey et a hérité de sa perfection de tempo et de phrasé en écoutant le trombone sans défaut de Dorsey. En fait, toutes les musiques de variétés ont bénéficié de leur contact avec le jazz par l'intermédiaire du swing.

3. *Le bop*. Un nouvelle orientation était non seulement nécessaire mais inévitable. Elle s'est manifestée au début des années quarante sous l'impulsion de l'une des personnalités les plus influentes du jazz – Charlie Parker (1920-55). Parker et ses collègues, notamment le trompettiste Dizzy Gillespie (1917), les pianistes Bud Powell (1924-66) et Thelonious Monk (1920-82) et les batteurs Max Roach (1925) et Kenny Clarke (1914-1985), se sont rassemblés à la Maison de jeux de Minton à New York et ont virtuellement inauguré une nouvelle ère du jazz. Le style auquel ils ont donné naissance et qu'ont adopté de jeunes musiciens dans le monde entier (ainsi que quelques musiciens de l'ère précédente) a pris le nom de « bebop », ou simplement « bop », surtout en raison du chant rythmique sans paroles de Gillespie qui donnait quelque chose comme « be-bop-be-bop-be-bop... ». Le bop reposait sur des harmonies chromatiques et un nouveau système de rythmes plus complexe. Jusqu'alors le jazz était avant tout une musique diatonique avec une battue droite à 4/4 : l'harmonie chromatique, lorsqu'elle intervenait, n'était qu'accidentelle et les rares complexités rythmiques n'étaient que des écarts par rapport à la norme. Dorénavant, avec Charlie Parker, le jazz devenait essentiellement chromatique avec de fréquents contre-rythmes, la division du temps entre la basse et la batterie, etc. Dans la musique européenne, lorsque le chromatisme avait commencé à renverser la pensée tonale, les formes traditionnelles avaient continué d'exister parallèlement aux nouvelles ; les anciennes formes de jazz font de même et conservent leur place, bien qu'à l'époque, en raison de l'histoire condensée du jazz et de sa forte implication sociale, la fissure ait semblé plus profonde et plus permanente qu'elle ne l'était réellement.

En effet, durant la même période un mouvement de « réveil » voit le jour, une sorte de contre-révolution qui fait sortir certains vieux musiciens de jazz de leur retraite (principalement Bunk Johnson (1879-1949), qui jouait avant la Première Guerre mondiale). Ils re-créent leur musique avec de nouveaux groupes, presque entièrement blancs, qui jouent le jazz « traditionnel » et en font une véritable profession de foi d'autant plus vigoureuse qu'il fallait s'opposer au bop.

Le mouvement « traditionnaliste » ou « trad » n'a apporté aucune contribution à l'histoire du jazz, bien qu'il ait suscité une vogue du « trad » dans la musique populaire. D'autre part, le bop a joué un rôle important dans l'évolution du jazz et a engendré certaines de ses plus belles œuvres. Parker lui-même, figure tragique, victime de la drogue et de la boisson, a non seulement modifié complètement la conception du jeu du jazz, mais a imprimé son influence sur les moindres détails et sur l'ensemble du monde du jazz, à l'exception des traditionnalistes. Parker jouait du saxophone alto mais son approche a modifié le jeu de toute sorte d'instrumentistes. Les trompettistes ont davantage suivi la technique clinquante, l'articulation brillante et l'extraordinaire vivacité d'esprit de Gillespie, et ceux qui ont commencé à s'affirmer à la même époque, ou juste après, ont eu du mal à sortir de la zone d'influence Parker-Gillespie. Parmi ceux qui y sont parvenus, Miles Davis (1926) avait joué de la trompette dans certains petits ensembles de Gillespie avec un style sensible, bien qu'assez hésitant et non formé, avant de devenir l'une des plus remarquables personnalités du jazz moderne avec une série de disques qui n'ont cessé d'ouvrir de nouvelles voies.

Une partie de la révolution moderniste, mais pas du côté de Parker, s'est manifestée par l'émergence de l'école cool. Elle a remplacé la force expressive ouverte et l'excitation physique du hot jazz avec une atténuation et une retenue délibérées. En 1949-50, Miles Davis prenait la tête d'un groupe comprenant un cor et un tuba, instruments qui n'entraient pas alors dans les formations de musique de jazz ; ce groupe jouait des arrangements de Davis lui-même, de Gerry Mulligan (1927), de John Lewis (1920) et de Gil Evans (1912-88), qu'ils ont enregistrés en une série de disques intitulée « The Birth of the Cool ». Cette série a eu une importance décisive, orientant l'évolution du jazz dans une direction très différente de celle de Parker. Mulligan et Evans avaient tous deux travaillé avec l'orchestre de Claude Thornhill, qui n'était pas un ensemble de jazz, mais était néanmoins un novateur important dans les questions d'orchestration et d'instrumentation. Alors que « The Birth of the Cool » avait été enregistré avec de grandes formations, la tendance moderne consistait, à une ou deux exceptions près, à utiliser de petits groupes d'instrumentistes à la façon des grands orchestres à la tête desquels Gillespie aimait travailler lorsqu'il en avait la possibilité. Naturellement, l'activité des petits groupes a toujours été florissante dans la musique de jazz, même à l'apogée du swing, et la plupart des grands orchestres avaient en leur sein de petites formations ; ces groupes ont alors cherché à se diversifier dans le choix des instruments. L'un des plus importants, le Modern Jazz Quartet, qui a duré vingt-deux ans, était dirigé par le pianiste John Lewis avec notamment Milt Jackson (1923) au vibraharpe, à la basse et à la batterie. Le Modern Jazz Quartet s'est spécialisé dans un jazz calme, spontané, qui a souvent recours aux formes classiques (fugue, canon, etc.) et s'inspire même à l'occasion des œuvres de compositeurs comme J. S. Bach. Sa musique était parfois simplement jolie et décorative, mais sous la retenue et la solennité, il y avait un swing profond, essentiellement inspiré du jazz.

4. *A partir des années cinquante.* Après la révolution Parker qui a été le centre du mouvement moderniste, le jazz a continué à évoluer avec une vitalité considérable, parfois dans le style de Parker en le prolongeant éventuellement, parfois en opérant un retour aux sources, parfois en cherchant des voies nouvelles, cool ou hot... Les vieux maîtres continuaient toujours à travailler. Duke Ellington n'a cessé de produire des œuvres nouvelles, prouvant qu'il était le musicien de jazz le plus original, le plus avancé et le plus créateur. Louis Armstrong, longtemps reconnu comme l'enfant chéri du jazz, a opéré un retour aux petits groupes (essentiellement) sur le modèle de ceux de La Nouvelle-Orléans, mais modifiés par sa virtuosité exceptionnelle et sur la voie qu'il avait tracée en 1928 avec le pianiste Earl Hines (1905-83). Hines a d'ailleurs rejoué avec Armstrong pendant quelque temps dans

les années cinquante. Parmi les anciens, les plus aventureux se sont adaptés aux nouvelles façons, comme Coleman Hawkins (1904-69), qui avait donné au saxophone ténor ses lettres de noblesse dans le jazz avec Fletcher Henderson dans les années vingt. L'orchestre de Count Basie (1904-1984) a éclaté pendant une courte période au moment de l'effondrement du grand orchestre, mais il s'est ensuite reformé et continue depuis.

Malgré toute cette activité, le poids des ans a commencé à se faire sentir et les nécrologies à se remplir. De nouveaux noms sont apparus, dont un ou deux authentiques pionniers, comme John Coltrane (1926-67), saxophoniste brillant et original malheureusement mort prématurément, et Ornette Coleman (1930) qui s'est lancé dans le « free jazz », tout comme Joe Harriot (1930-73) en Angleterre. Mais au fur et à mesure que le temps s'écoulait, dans les années soixante, les goûts ont changé pour se tourner vers la musique pop avec sa mesure rigide, ses guitares trop amplifiées et l'importance sans cesse accrue de l'électronique. Pour la première fois de son histoire, le jazz s'est retrouvé dans des eaux stagnantes, en partie à cause de l'évolution du goût et de la mode, en partie à cause de sa propre évolution, et il a commencé à perdre le contact avec la jeune génération. Le pop et ensuite le rock se sont retrouvés au premier plan de l'actualité grâce à une excellente promotion et à une remarquable exploitation commerciale – le jazz semble devenu le culte d'une minorité de personnes entre deux âges. Il a toujours eu ce genre de public et la nature même du jazz dans ses dernières manifestations l'avait placé dans une position délicate par rapport au grand public. Une grande partie du jazz d'avant-garde (pour utiliser un terme peu satisfaisant) est aussi « difficile » pour l'amateur de jazz traditionnel que la musique contemporaine pour le fervent de Mozart : il a alors de grandes chances d'être assimilé à une suite incompréhensible de grincements, de cris rauques, de grognements, de silences et d'explosions mineures. En un sens, l'adoption par le jazz de ces moyens d'expression modernes est un gage de sa propre vitalité, de sa faculté de croissance, d'emprunt, d'absorption et de développement. Mais, d'un autre point de vue, il est inquiétant : le jazz est avant tout une musique populaire et lorsqu'il perd contact avec son auditoire naturel – le peuple – il est en danger d'extinction.

Même la demi-renaissance qu'a connue le jazz au cours de ces dernières années marque une mutation de son rôle de musique de divertissement, qui le situe à une place plus ésotérique où il se rapproche des hauteurs vénérées de la musique « sérieuse », classique. L'un des principaux musiciens de jazz, Roland Kirk, a défini le jazz comme la « musique classique des Noirs ». C'est une bonne définition, mais elle révèle un changement fondamental par rapport à ses débuts où elle était la musique populaire d'une époque.

Burnett James.

BIBLIOGRAPHIE : Joachim-Ernst Berendt, *Une histoire du jazz*, Fayard (Paris, 1976). James Lincoln Collier, *L'Aventure du jazz*, Albin Michel (Paris, 1981). André Francis, *Jazz*, Seuil, coll. Solfèges (Paris, 1958, rééd. 1982). Alain Gerber, *Le Cas Coltrane*, Parenthèses (Paris, 1985). André Hodeir, *Jazzistiques*, Parenthèses (Paris, 1984). Lucien Malson, *Les Maîtres du jazz*, PUF, coll. Que sais-je ? (Paris, 1953, 8e éd. 1985) / *Histoire du jazz moderne*, Table ronde (Paris, 1961) / *Histoire du jazz et de la musique afro-américaine*, UGE (Paris, 1976). Lucien Malson et Christian Bellest, *Le Jazz*, PUF, coll. Que-sais-je ? (Paris, 1987). Hugues Panassié, *Dictionnaire du jazz*, Albin Michel (Paris, 1972, rééd. 1982). Michel Perrin, *Le Jazz a cent ans*, France-Empire (Paris, 1984). François Pinguet, *Un monde musical métissé*, La Revue Musicale nos 365-367 (Paris, 1984). Eileen Southern, *Histoire de la musique noire américaine*, Buchet-Chastel (Paris, 1976). Robert Springer, *Le Blues authentique*, Filipacchi (Paris, 1985). Jean Wagner, *Le Guide du jazz*, Syros (Paris, 1986).

Jean [João] IV, roi du Portugal (Vila Viçosa, 19 mars 1604 ; Lisbonne, 6 novembre 1656). Il étudie la musique dès son enfance et lorsqu'il devient duc (1626), il commence à édifier une importante collection de musique pour sa chapelle. Il est sacré roi en 1640. Sa collection a été détruite dans le tremblement de terre de Lisbonne de 1755, mais un catalogue de la bibliothèque (Lisbonne, 1649) révèle son étendue, avec des madrigaux de Monteverdi, Marenzio, Lassus et Morley et des œuvres dramatiques importantes parmi les plus anciennes, comme l'*Orfeo* de Monteverdi, ainsi que des œuvres de compositeurs espagnols et portugais que l'on ne trouve dans aucune autre source. Parmi les propres œuvres de

Jean IV, seuls deux motets nous sont parvenus.

Wendy Thompson.

Jeanne d'Arc (*Giovanna d'Arco*). Opéra en quatre actes de Verdi sur un livret de Solera, en partie basé sur la pièce de Schiller *Die Jungfrau von Orléans* (1801). Créé à Milan en 1845.

Jeanne d'Arc au bûcher (ou *Jeanne au bûcher*). 1. Oratorio dramatique pour trois récitants, trois sopranos, contralto, ténor, basse, ondes Martenot, chœur et orchestre d'A. Honegger sur un texte de Claudel, composé en 1934-35, créé à Bâle le 12 mai 1938 avec Ida Rubinstein ; première en France le 6 mai 1939 à Orléans.

2. Scène pour mezzo-soprano et piano de Liszt sur un texte d'Alexandre Dumas, composée en 1845 ; Liszt en a ensuite réalisé une version avec orchestre.

Jedoc (all.). « Néanmoins », « cependant ».

Jeep, Johannes [Johann] (Dransfeld, près de Hanovre, 1581 ou 1582 ; Hanau, 19 novembre 1644). Compositeur et organiste allemand auteur, dans sa jeunesse, de quelques joyeuses chansons d'étudiants, avant d'épouser successivement deux veuves et de devenir un compositeur et un organiste respecté auprès du comte de Hohenlohe en 1613. James Joyce le mentionne dans *Ulysse*.

Denis Arnold.

Jeffreys, George (vers 1610 ; Weldon, Northamptonshire, 1er juillet 1685). Compositeur anglais, membre de la chapelle royale, pendant la guerre civile il devient organiste de Charles Ier à Oxford. Vers 1646, il est nommé intendant de Sir Christopher Hatton à Kirby, dans le Northamptonshire, où il reste jusqu'à la fin de sa vie. Il a composé beaucoup de musique vocale sacrée, notamment des *anthems* anglais, des motets sur des textes latins et quelques offices latins ; ses dernières œuvres de musique sacrée montrent particulièrement l'influence du style déclamatoire italien sur la polyphonie anglaise. Il a également écrit une cantate italienne, des madrigaux, de la musique de scène pour des pièces et des masques, des dialogues et des fantaisies.

Wendy Thompson.

Jeffries, Matthew (célèbre vers 1590). Compositeur anglais, auteurs d'*anthems* et de services, qui a exercé à la cathédrale de Wells dans les années 1590. Ses œuvres se signalent par la richesse de leur texture imitative.

John Milsom.

Jelić [Jelich], **Vincenz** (Fiume [aujourd'hui Rijeka, Yougoslavie], 1596 ; Zabern [aujourd'hui Saverne], Alsace, vers 1636). Compositeur croate. Il passe quelque temps à Graz comme enfant de chœur puis comme instrumentiste à la chapelle de l'archiduc Ferdinand et à l'Université des jésuites. En 1618, il se rend à la cour du frère de Ferdinand, Léopold, à Saverne, où il est ordonné prêtre. Il a composé des psaumes, des concertos d'église et des motets ; il a été nettement influencé par l'écriture vocale italienne et a utilisé des indications de tempo italiennes pour assurer des exécutions expressives.

Denis Arnold.

Jelinek, Josef. Voir *Gelinek, Josef.*

Jenkins, John (Maidstone, 1592 ; Kimberley, Norfolk, 27 octobre 1678). Compositeur anglais qui a occupé divers postes à la cour mais a surtout fait carrière comme musicien attaché à plusieurs familles nobles en Est-Anglie. Ses contemporains le considéraient comme un très bon joueur de viole : on sait qu'il a participé au masque *The Triumph of Peace* à Londres en 1634 et qu'en 1660 il a été nommé joueur de théorbe de la Musique du roi à la cour de Charles II. Il était lié au poète Thomas Shadwell et a passé quelque temps à Kirtling dans le Cambridgeshire avec la famille de Roger North qui a ensuite écrit des pages élogieuses à son sujet. Jenkins a composé environ huit cents pièces instrumentales, dont beaucoup de musique pour *consort* de quatre, cinq et six violes dans la tradition établie par ses prédécesseurs (Byrd, Ferrabosco, Coprario), et plusieurs pièces à trois parties (fantaisies, sonates, airs pour deux dessus et une basse ou pour deux basses et un dessus) qui tiennent compte du style de la sonate en trio italienne très populaire à l'époque. Ses plus belles pages se distinguent par son imagination lyrique, son intensité expressive et l'emploi de tonalités peu courantes ; sa parfaite connaissance de la viole lui a permis d'en exploiter à fond les capacités techniques et expressives. Il est également l'auteur de quelques morceaux de musique vocale sacrée et profane.

Judith Nagley.

Jensen, Adolph (Königsberg, 12 janvier 1837 ; Baden-Baden, 23 janvier 1879). Compositeur allemand issu d'une famille de musiciens, il travaille en enseignant le piano, mais sa santé déficiente l'oblige à passer la fin de sa vie dans diverses stations du sud de l'Allemagne et de l'Autriche. Ses premières œuvres, principalement des mélodies et de la musique pour piano, sont inspirées de Schumann, mais il reconnaissait l'influence des idéaux wagnériens et a composé un opéra (jamais représenté), *Die Erbin von Montfort* (1858-65). Son frère **Gustav** (Königsberg, 25 décembre 1843 ; Cologne, 26 novembre 1895), élève de Joachim, était un violoniste de talent. Il a également composé mais est surtout connu pour ses éditions de musique ancienne pour violon.

Denis Arnold.

Jensen, Owen (Auckland, 5 août 1907). Musicien et musicographe néo-zélandais. Il débute comme pianiste dans des orchestres de cinéma et travaille à la radio ; il devient professeur-répétiteur de musique à l'Université de l'Auckland Adult Education Centre (1945-51), puis fondateur et administrateur des Auckland Adult Education Community Arts Services (1946-51). Il fonde la Cambridge Music School et en assure la direction de 1946 à 1957. Les classes de composition, notamment celle de Douglas Lilburn, y ont eu une influence profonde. Sa revue *Music Ho*, qui est aujourd'hui le titre de son émission mensuelle pour Radio New Zealand, a eu beaucoup de succès. Son livre *New Zealand Symphony Orchestra* a été publié en 1966.

J. M. Thomson.

Jenůfa (*Její pastorkyňa*, « Sa belle-fille »). Opéra en trois actes de Janáček sur un livret du compositeur d'après le drame de Gabriela Preissová (1890). Représentations : Brno (21 janvier 1904) ; New York (Metropolitan Opera, 6 décembre 1924) ; Londres (Covent Garden, 10 décembre 1956) ; Strasbourg (24 février 1962) ; Paris (Opéra, 14 novembre 1980).

Au moulin de Grand-mère Buryjovska, dans les montagnes de Moravie, vit le bon à rien Števa Buryja (ténor) ; son demi-frère, Laca Klemeň (ténor), est valet de ferme et Jenůfa, leur cousine (sop.), participe aux travaux de la maison. Elle est la belle-fille de la bru de Grand-mère Buryjovska, connue sous le nom de la Kostelniča (sop.). Jenůfa est enceinte de Števa et attend avec angoisse le résultat du tirage au sort des recrues militaires pour savoir s'il reviendra l'épouser. Il revient, sans avoir été recruté, mais ivre mort ; la Kostelniča lui interdit d'épouser Jenůfa avant d'avoir prouvé sa valeur en s'abstenant de boire pendant toute une année. Števa, qui n'éprouve qu'une attirance physique pour Jenůfa, s'en va ; Laca lui offre des fleurs et tente de l'embrasser ; elle le repousse et il lui mutile le visage avec un couteau.

Jenůfa a mis au monde en secret un fils. La Kostelniča tourmentée envoie chercher Števa pour qu'il épouse Jenůfa, mais il décline toute responsabilité et annonce qu'il s'est fiancé à la fille du maire Karolka (mezzo). Laca apparaît, repentant, et malgré la naissance du fils de Števa, se déclare prêt à épouser Jenůfa. La Kostelniča dit à Laca que l'enfant est mort. Au moment où la cérémonie de mariage commence, on apprend que le corps d'un bébé a été retrouvé sous la glace. Pour empêcher Jenůfa d'être accusée injustement, la Kostelniča avoue sa culpabilité ; elle est emmenée mais Jenůfa lui accordera son pardon. Jenůfa se tourne vers Laca et lui rend sa liberté, mais il est fidèle et le rideau tombe sur leur serment d'amour.

BIBLIOGRAPHIE : *Jenůfa*, L'Avant-Scène-Opéra nº 102 (Paris, 1987).

Jephta. 1. Oratorio pour six voix et continuo de Carissimi sur un texte latin (*Jephté*) tiré de la Bible, composé en 1650.
2. Oratorio de Haendel sur un texte biblique compilé par le Révérend Thomas Morell. Créé à Londres en 1751.

Jeremiaš, Otakar (Pisek, 17 octobre 1892 ; Prague, 5 mars 1962). Compositeur et chef d'orchestre tchèque, membre le plus célèbre d'une importante famille de musiciens. Son père, **Bohuslav** (1859-1918), chef d'orchestre et pédagogue respecté, avait fondé le Conservatoire de la Bohême du Sud à České Budějovice.

Otakar apprend tout d'abord la musique avec son père, puis étudie la composition avec Novák et le violoncelle avec Jan Burian à Prague. Il joue souvent avec son frère, le pianiste et compositeur **Jaroslav** (1889-1919), qu'il accompagne dans plusieurs tournées à l'étranger. En 1918, il retourne dans le sud de la Bohême pour prendre la place de son père à la direction du Conservatoire. Lors de la formation de l'Orchestre symphonique de la Radio à Prague, en 1929, il est nommé premier chef d'orchestre et, en 1945, devient directeur du Théâtre National. En tant que chef d'orchestre, il a élevé et maintenu les différentes formations qu'il a dirigées aux meilleurs niveaux. Son œuvre révèle une forte conscience de son héritage nationaliste et une admiration sans borne pour la musique de Smetana qui a façonné son style. Ses grandes partitions chorales et théâtrales sont marquées par l'intérêt qu'il portait à la musique de Wagner. Dès les années vingt, il s'était forgé un langage musical personnel qui est bien mis en valeur dans son opéra *Bratri Karamazovi* (« Les Frères Karamazov », 1928) et dans ses nombreuses œuvres chorales sans accompagnement.

Jan Smaczny.

Jerusalem. Œuvre chorale pour voix à l'unisson de Parry sur un poème de Blake, composée en 1916. Elgar en a réalisé une orchestration pour le Festival de Leeds de 1922.

Jésus que ma joie demeure. Titre français du choral « Wohl mir, dass ich Jesum habe » tiré de la cantate BWV 147 de J. S. Bach, *Herz und Mund und Tat und Leben*. La version originale est écrite pour chœur, trompette, hautbois, cordes et continuo, mais on connaît surtout aujourd'hui les innombrables transcriptions pour différents instruments qui ont assuré la popularité de cette œuvre (notamment celle de Myra Hess, pour piano). La mélodie du choral est *Werde Munter* (1641) de Johann Schop.

Jeté (également « ricochet »). Coup d'archet dans lequel l'archet est lâché sur la corde de façon à rebondir plusieurs fois pour produire une série de notes courtes et rapides (généralement de deux à six, bien qu'il soit possible d'aller au-delà). Paganini a exploité cette technique pour produire des effets brillants dans son *Concerto pour violon nº 1*.

Jeu de cartes. Ballet « en trois donnes » de Stravinski sur un livret du compositeur et de M. Melaïeff. Créé à New York en 1937 dans une chorégraphie de Balanchine.

Jeu de clochettes, jeu de timbres. « Glockenspiel ».

Jeu de Daniel, Le. Drame liturgique médiéval dont plusieurs versions nous sont parvenues. La seule qui ait survécu avec l'intégralité de la musique est la version de Beauvais, composée entre 1227 et 1234 pour être représentée à la cathédrale de Beauvais, probablement à matines, le 1er janvier. Ce jeu se compose de deux parties, la première traitant de Daniel à la cour de Balthazar et la seconde des épreuves qu'il subit à la cour de Darius. Il en existe plusieurs éditions modernes, dont une de David Wulstan.

Jeu de Robin et de Marion, Le. Pastorale en musique, écrite par Adam de la Halle vers 1283-85 lorsqu'il était au service de la cour de France à Naples. Le mélange de comédie parlée campagnarde et de chansons simples a souvent été considéré comme l'un des éléments à partir desquels est né l'opéra, particulièrement l'opéra-comique. Mais, en réalité, la naissance de l'opéra reste un phénomène spécifique de la Renaissance et *Le Jeu de Robin et de Marion* d'Adam de la Halle n'a pas eu de successeurs immédiats. Voir *Opéra*, 2.

Jeune Fille et la Mort, La (*Der Tod und das Mädchen*). Lied pour voix et piano de Schubert (D 531), sur un poème de Claudius composé en 1817. Schubert en a repris le thème pour les variations du second mouvement de son *Quatuor à cordes nº 14 en ré mineur D 810* composé en 1824 et connu sous le même titre. Mahler en a réalisé une version pour orchestre à cordes.

Jeune France, La. Groupe de compositeurs formé en 1936, comprenant Yves Baudrier, Daniel-Lesur, André Jolivet et Olivier Messiaen. Ils étaient opposés au néo-clacissisme à la mode à Paris à cette époque et souhaitaient donner à leur musique des objectifs plus élevés ; en tant que groupe, la Jeune France a eu néanmoins un impact assez limité.

BIBLIOGRAPHIE : Serge Gut, *Le Groupe Jeune France*, Champion (Paris, 1977).

Jeunesse d'Hercule, La. Poème symphonique op.50 de Saint-Saëns, composé en 1876 et dédié à Duparc.

Jeunesses musicales de France. Mouvement fondé en 1941 par René Nicoly pour susciter l'éveil des jeunes à la musique. D'abord limité à Paris par une implantation en milieu scolaire et universitaire, le mouvement s'étend dès la Libération à l'ensemble de la France et à l'étranger avec la création, en 1945, de la Fédération internationale des jeunesses musicales. Les JMF organisent des tournées de concerts commentés par des présentateurs comme Émile Vuillermoz, Norbert Dufourcq, Michel Hofmann, Antoine Goléa... qui créent des liens étroits entre les artistes et les délégations locales qui les accueillent. De nombreux musiciens ont fait leur début dans le cadre de telles tournées. En 1948, les JMF ont leur journal, le *Journal musical Français*, qui fusionnera plus tard avec *Musica* et, dès 1957, elles comptent 200 000 adhérents. En 1969, René Nicoly prend la direction de l'Opéra de Paris et est remplacé par Jean-Pierre de La Vigne à la tête des JMF, dont Louis Leprince-Ringuet devient le président. Le mouvement commence alors à amorcer un virage indispensable pour moderniser son approche. Sous la présidence de Jean-Loup Tournier et la direction de Robert Berthier, les JMF organisent maintenant environ trois mille concerts par an.

Jeux. Poème dansé de Debussy, sur un scénario de Nijinski qui comprend une partie de tennis. Créé à Paris en 1913 par la compagnie des Ballets russes de Diaghilev dans une chorégraphie de Nijinski.

Jeux d'eau. Œuvre pour piano de Ravel composée en 1901.

Jeux d'eau à la villa d'Este. Pièce pour piano de Liszt, extraite des *Années de pèlerinage* (troisième année, Italie).

Jeux d'enfants. Suite pour piano à quatre mains de Bizet op.22 (1871) : 1. *L'Escarpolette* ; 2. *La Toupie* ; 3. *La Poupée* ; 4. *Les Chevaux de bois* ; 5. *Le Volant* ; 6. *Trompette et tambour* ; 7. *Les Bulles de savon* ; 8. *Les Quatre coins* ; 9. *Colin-Maillard* ; 10. *Saute-mouton* ; 11. *Petit mari, petite femme* ; 12. *Le Bal.* Bizet en a lui-même réalisé une suite pour orchestre créée en 1873 : *Marche* (nº 6), *Berceuse* (nº 3), *Impromptu* (nº 2), *Duo* (nº 11), *Galop* (nº 12).

Jeux vénitiens (pol. : *Gry Weneckie*). Œuvre pour orchestre de chambre de Lutosławski, composée en 1961. Il s'agit de la première œuvre dans laquelle il a utilisé les procédés aléatoires.

Jig (angl. « gigue »). 1. Danse populaire originaire des îles Britanniques, qui a peut-être vu le jour dès le XVe siècle. Elle se caractérise par des sautillements animés et le mot *jig* est peut-être dérivé de l'ancien français « giguer » (sauter, gambader) ; c'est la seule caractéristique commune aux nombreuses variétés de gigues. La *jig* la plus connue est la *jig* irlandaise, dansée en solo ou par un couple sur un accompagnement de pipeau et de vièle, généralement sur des mesures composées à deux ou trois temps. Shakespeare mentionne la *jig* écossaise dans *Beaucoup de bruit pour rien* (acte II, scène 1), la décrivant comme « fougueuse et rapide ». En Angleterre, la *jig* fait une apparition plus discrète dans le *Fitzwilliam Virginal Book* et d'autres recueils de musique pour clavier de la fin du XVIe siècle et du début du XVIIe siècle ; il existe des *jig* de Byrd, de Bull, de Farnaby, etc. Voir également *Gigue*.

2. Du XVIe au XVIIIe siècle, la *jig* (ou *jigg*) était aussi une farce en vers, souvent assez grossière, en vers chantée et dansée sur une série d'airs populaires ; on la jouait non seulement en Angleterre (où elle faisait semble-t-il les délices du peuple), mais également dans le reste de l'Europe. Le comédien élisabéthain Nicholas Tarleton (mort en 1588) a joué un rôle important dans le développement de ce type de divertissement ; on sait qu'il en a lui-même écrit, mais aucun de ses livrets n'a survécu. Parmi ses successeurs, William Kempe (mort en 1603) et Robert Browne (célèbre entre 1590 et 1620) se sont chargés de transmettre la *jig* aux autres pays d'Europe, surtout aux Pays-Bas et à l'Allemagne.

Jingling Johnny (angl.). « Pavillon chinois », « chapeau chinois ». Voir *Turquie*.

JMF. Voir *Jeunesses musicales de France*.

Joachim, Joseph (Kitsee, près de Bratislava, 28 juin 1831 ; Berlin, 15 août 1907). Violoniste austro-hongrois issu, comme de nombreux virtuoses du violon, d'une famille juive et qui a fait preuve d'un talent précoce. Après avoir travaillé avec le premier violon de l'Orchestre de l'Opéra de Budapest, il devient en 1847 l'un des premiers élèves du Conservatoire de Leipzig récemment fondé par Mendelssohn ; après quelques apparitions comme enfant prodige (notamment à Londres dont il sera par la suite l'une des idoles), il connaît une période d'étude intense avant de reprendre sa carrière d'instrumentiste dans les années 1850. Il est pendant quelque temps premier violon de l'orchestre de Liszt à Weimar, puis entre dans le cercle qui se forme autour de Schumann : après la dépression nerveuse de Schumann, il apporte une aide précieuse à Clara en donnant des récitals avec elle. 1860 marque la rupture avec l'école lisztienne lorsqu'il signe le manifeste « anti moderniste » avec Brahms et quelques autres compositeurs. Il s'impose comme un interprète exceptionnel du répertoire classique et fonde un quatuor à cordes (1869-1907) qui sera l'un des premiers à défendre les quatuors de Beethoven. Couvert d'honneurs à la fin de sa vie, il est nommé à la tête du Conservatoire de Berlin. Joachim entretenait une amitié très profonde avec Brahms avant que sa jalousie excessive n'entraîne la dissolution de son mariage (Brahms sympathisait avec sa femme). Compositeur très respecté, il a remporté un grand succès avec son *Concerto hongrois* ; de nos jours, les seules œuvres de Joachim qui sont encore jouées souvent sont ses excellentes cadences pour les concertos de Beethoven et de Brahms.

Denis Arnold.

Job. 1. Masque pour danser, en neuf scènes et un épilogue, de Vaughan Williams sur un scénario de G. Keynes et G. Raverat d'après *Illustrations of a Book of Job* de Blake. Première représentation scénique à Londres en 1931.

2. Oratorio de Parry, créé à Gloucester en 1892.

3. Opéra (*sacra rappresentazione*) en un acte de Dallapiccola, sur un livret du compositeur d'après le *Livre de Job*. Créé à Rome en 1950.

Jobert. Maison d'édition musicale française, successeur de la maison Fromont fondée vers 1880 par Eugène-Séraphin-Jean Fromont. Dès 1894, le magasin s'installe au 40 de la rue d'Anjou et, en 1910, au 44 de la rue du Colisée où il restera jusqu'en 1977. Fromont acquiert la plupart des œuvres de Claude Debussy entre 1889 et 1905, ainsi que les fonds Girod et Weiler (ouvrages lyriques français du XIXe siècle). Après la Première Guerre mondiale, Jean Jobert, qui avait lui-même créé une maison d'édition musicale vers 1910, s'associe aux éditions Fromont dont il rachète le fonds en 1922. Les éditions Jean Jobert se consacreront exclusivement à la musique symphonique contemporaine. A la mort de Jean Jobert, sa fille, Denise Jobert-Georges, en a repris la direction.

Alain Pâris.

Jocelyn. Opéra de Benjamin Godard d'après le poème de Lamartine, créé à Bruxelles en 1888, qui doit sa popularité à la célèbre *Berceuse* pour ténor, page qui a connu de multiples arrangements.

Jodel (ou jodler) [yodel]. Forme de musique vocale populaire des régions montagneuses d'Autriche et de Suisse où elle a sans doute vu le jour comme imitation vocale du cor des Alpes ; elle est aussi utilisée par les tribus pygmées en Afrique. Elle se compose de fréquentes alternances entre les registres vocaux grave et aigu, utilisant davantage les sons des voyelles que des paroles complètes.

Les chants qui comportent cet effet sont parfois appelés « tyrolienne » ; on en trouve un exemple dans l'opéra de Rossini *Guillaume Tell*.

Johannesburg Festival Overture. Ouverture de concert de Walton, composée en 1956 pour le 70e anniversaire de la ville de Johannesbourg.

Johannes de Lymburgia (célèbre entre 1400 et 1440). Compositeur, sans doute né à Limbourg, qui a occupé différentes fonctions dans des églises de Liège jusqu'en 1431, date à laquelle il a séjourné à Vicence. En 1436, il était chanoine de Notre-Dame à Huy. Il a composé un cycle de messes et des mouvements de messe, des *Magnificat* et cinq *laude*.

Denis Arnold.

John Brown's Body. Chanson américaine du XIXe siècle sur un air d'hymne de « camp-meeting » (réunion religieuse en plein air), écrit à l'origine par un musicien de Philadelphie sur les paroles « Say, bummers, will you meet us ? ». Les méthodistes l'ont adopté par la suite et ont changé les paroles en « Say, brothers, will you meet us ? »

Selon Nicolas Slonimsky, les paroles ont été inventées durant la guerre civile par le second bataillon d'infanterie du Massachusetts, que l'on avait surnommé les « Tigres ». Parmi eux figurait un chanteur écossais, John Brown, véritable bouc émissaire parce qu'il portait le même nom que le célèbre abolitionniste John Brown, qui venait d'être pendu par ses opposants. Un soir, dit l'histoire, John Brown et ses amis revenaient à leur base de Fort Warren, au port de Boston, lorsque quelqu'un s'est écrié : « Quoi de neuf ? ». La réponse ne s'est pas fait attendre : « Eh bien, John Brown est mort », et quelqu'un d'ajouter : « et pourtant il continue à tourner en rond ». A la nuit tombée, la chanson du camp avait subi quelques modifications car les « Tigres » chantaient « John Brown's body lies a-mouldering in the grave, but his soul goes marching on » (« Le corps de John Brown tombe en poussière, mais son âme continue de marcher »).

Les autres couplets de la chanson font tous référence à la vie militaire. Lorsque les « Tigres » ont quitté Fort Warren, en mai 1861, ils ont été remplacés par le 12e régiment de volontaires du Massachusetts, mais plusieurs membres des « Tigres », y compris John Brown, se sont engagés dans le nouveau régiment, qui a vite adopté la chanson. Elle a ensuite été publiée par Ditson.

John of Fornsete (Forncett, Norfolk ; Reading, 19 janvier 1239). Moine anglais, sans doute musicien. On a pensé pendant un certain temps qu'il était l'auteur de la Reading Rota, « Sumer is icumen in », mais rien n'est moins sûr à présent.

Johnson, Edward (célèbre entre 1572 et 1601). Compositeur anglais. Musicien au service de la famille Kitson à Hengrave Hall, dans le Suffolk, vers 1570, il est devenu Bachelor of Music à Cambridge en 1594. Il est l'auteur de deux chants à cinq parties pour voix et instruments pour les festivités organisées à l'occasion de la visite d'Élisabeth Ire au comte de Hertford à Elvetham en septembre 1591. Il a également écrit trois airs de psaumes dans *Whole Booke of Psalmes* de Thomas East (1592), un madrigal à six parties pour *The Triumphes of Oriana* et une pavane et une gaillarde arrangées par Byrd pour le *Fitzwilliam Virginal Book*.

Wendy Thompson.

Johnson, Robert (1) (Duns, vers 1500 ; vers 1560). Compositeur écossais qui s'est surtout consacré à la musique religieuse, parfois sur des textes anglais plutôt que latins ; il est l'un des premiers musiciens à avoir écrit dans le style simple qui a eu la faveur des réformateurs anglicans.

Johnson, Robert (2) (? Londres, vers 1583 ; Londres, novembre 1633). Compositeur et luthiste anglais au service de Sir George Carey de 1596 à 1603. En 1604, il est nommé luthiste de Jacques Ier, poste qu'il conservera jusqu'à sa mort. Ses œuvres les plus connues sont les *ayres* qu'il a écrits pour des pièces représentées aux théâtres Blackfriars et Globe. Elles comprennent notamment « Where the bee sucks » et « Full fathom five » pour *La Tempête* de Shakespeare (1611), ainsi que des chansons pour *Cymbeline* (vers 1609) et *A Winter's Tale* (« Un Conte d'hiver », vers 1611) de Shakespeare, pour *The Duchess of Malfi* (vers 1613) de Webster et pour plusieurs pièces de Beaumont et de Fletcher ; il a également travaillé avec Ben Johnson dans la préparation de musiques pour les masques de cour. Une vingtaine de ses pièces pour luth ont survécu qui méritent le succès qu'elles ont connu de son vivant.

Denis Arnold.

Johnson, Robert Sherlaw (Sunderland, 21 mai 1932). Compositeur et pianiste anglais. Il fait ses études à l'Université de Durham (1950-53), à la Royal Academy of Music de Londres (1953-57) et à Paris avec Messiaen (1957-58), dont il interprète remarquablement les œuvres pour piano et auquel il a consacré un livre, *Messiaen* (Londres, 1974). Sa propre musique reflète son admiration pour Messiaen, mais on ressent aussi l'influence de Varèse, Stockhausen et Boulez dans son langage sériel compliqué mais chargé de motifs. Il a surtout composé des œuvres pour piano (dont certaines, comme la *Sonate nº 2* de 1967, utilisent avec subtilité l'intérieur de l'instrument), des morceaux pour soprano avec diverses combinaisons instrumentales et de la musique religieuse catholique. Il a enseigné aux Universités de Leeds (1961-63), York (1965-70) et Oxford (depuis 1970).

Paul Griffiths.

Jolas, Betsy (Paris, 5 août 1926). Compositeur français élevée aux États-Unis avant de terminer ses études au Conservatoire de Paris avec Milhaud et Messiaen. Professeur d'analyse (1975) puis de composition (1978) au Conservatoire de Paris, elle enseigne également dans plusieurs universités américaines (Yale, Berkeley) et à Mills College (chaire D. Milhaud). L'essentiel de son œuvre est tourné vers la voix : *Quatuor II* pour soprano *coloratura* et trio à cordes (1964), *D'un opéra de voyage* pour petit orchestre (1967), *Le Pavillon au bord de la rivière*, opéra chinois (1975), *Tales of a Summer Sea* pour orchestre (1977-83).

Alain Pâris.

Jolie fille de Perth, La. Opéra en quatre actes de Bizet, sur un livret de J.H.V. de Saint-Georges et J. Adenis d'après le roman de Scott (1823). Créé à Paris en 1867. On joue parfois une suite symphonique qui réunit quatre numéros de cet ouvrage, *Prélude*, *Sérénade*, *Marche* et *Danse bohémienne*.

Jolivet, André (Paris, 8 août 1905 ; Paris, 20 décembre 1974). Compositeur français. Il étudie la littérature à la Sorbonne et prend des cours de composition avec Paul Le Flem (1927-32) et Edgar Varèse (1928-30). Ses premières œuvres, notamment *Mana* pour piano (1935) et les *Cinq Incantations* pour flûte (1936), montrent une certaine fascination pour les croyances religieuses exotiques comme pour les rythmes irréguliers et souples. En 1936, avec Messiaen, Daniel-Lesur et Baudrier, il forme le groupe *Jeune France par réaction à l'esthétique des *Six. Avec la guerre, il revient à un langage plus accessible (*Trois Complaintes du soldat*, mélodies, 1940 ; *Guignol et Pandore*, ballet, 1944) qui débouchera sur une synthèse esthétique de ses deux premières approches, dans laquelle dominent son sens incantatoire et une certaine alchimie du son. Chef d'orchestre, puis directeur musical de la Comédie-Française (1943-59), conseiller du ministre des Affaires culturelles (1959-62), il a également été professeur de composition au Conservatoire de Paris (1965-70). André Jolivet a composé douze concertos pour la plupart des instruments (la création de son *Concerto pour piano* à Strasbourg en 1951 avait déchaîné une fameuse bataille), trois symphonies et de nombreuses œuvres de musique de chambre qui révèlent souvent la facilité avec laquelle il écrivait de longues lignes modales. Sa musique d'inspiration religieuse s'élève aux dimensions de l'oratorio (*La Vérité de Jeanne*, 1956, ou *Le Cœur de la matière* d'après Teilhard de Chardin, 1965), mais donne aussi sa véritable mesure dans l'intimité des petites formations (*Suite liturgique* pour chœur *a cappella*, 1942, ou *Madrigal*, 1963-70).

Paul Griffiths, rév. Alain Pâris.

BIBLIOGRAPHIE : Suzanne Demarquez, *André Jolivet*, Ventadour (Paris, 1958). Serge Gut, *Le Groupe Jeune France*, Champion (Paris, 1977).

Jommelli, Nicoló (Aversa, près de Naples, 10 septembre 1714 ; Naples, 25 août 1774). Compositeur italien. Il fait ses études à Naples où son premier opéra est créé en 1737. Il commence alors une carrière qui le conduit dans toute l'Italie puis à Vienne (1749), où il se lie d'amitié avec Métastase, et à Stuttgart (1753), où il est *Ober Kapellmeister* du duc de Württemberg pendant une quinzaine d'années. Il compose de nombreux opéras qui annoncent ceux de Gluck en brisant les conventions de l'*opera seria* : toute l'intensité dramatique provient du récitatif accompagné et d'un usage expressif de l'orchestre. Il a aussi composé de la très belle musique religieuse, certaines œuvres dans l'ancien style, d'autres dans le style symphonique moderne. A son retour à Naples en 1769, ses opéras sont des échecs, en grande partie à cause de leurs innovations. Sa dernière œuvre – composée avant une attaque de paralysie qui lui fut fatale (selon Burney, il était « extrêmement corpulent ») – est un beau *Miserere* (exécuté en 1774) pour deux voix solistes et orchestre à cordes.

Denis Arnold.

Jones, Daniel (Jenkyn) (Pembroke, 7 décembre 1912). Compositeur gallois. Il fait ses études à Trinity College à Swansea, puis travaille avec Harry Farjeon et Sir Henry Wood à la Royal Academy of Music de Londres (1935-38). A Swansea, il se lie à Dylan Thomas dont la poésie exerce une influence sur plusieurs de ses œuvres. Il a écrit deux opéras, neuf symphonies et plusieurs autres partitions pour orchestre, de la musique de chambre et des pièces chorales.

Paul Griffiths.

Jones, Robert (1) (célèbre au début du XVIe siècle). Compositeur anglais, choriste de la chapelle d'Henri VII et Gentleman de celle d'Henri VIII en 1512. Parmi ses œuvres, seuls une messe, un *Magnificat* et un chant à plusieurs parties nous sont parvenus.

Denis Arnold.

Jones, Robert (2) (célèbre entre 1597 et 1615). Compositeur anglais, Bachelor of Music à Oxford en 1597. Il obtient en 1610, avec Philip Rosseter et deux autres musiciens, un privilège pour former les « Children of the Revells of the Queene ». Il publie cinq livres d'*ayres* (Londres, 1600-10) qui révèlent un talent contrapuntique délicat, mais ses *ayres* et madrigaux plus développés sont moins heureux.

Denis Arnold.

Jongen, Joseph (Liège, 14 décembre 1873 ; Sart-les-Spa, 12 juillet 1953). Compositeur belge, disciple de Vincent d'Indy à Paris. Professeur au Conservatoire de Liège (1902), puis au Conservatoire royal de Bruxelles (1920) dont il est directeur entre 1925 et 1939. Son œuvre s'inscrit dans l'esthétique de la schola cantorum tout en développant un parfum typiquement wallon, notamment dans le domaine mélodique (*Fantaisie sur deux noëls wallons* pour orchestre, 1902). Il a laissé une production importante d'où émergent la *Symphonie concertante avec orgue* (1926), trois quatuors à cordes et une *Messe* (1945).

Son frère **Léon** (Liège, 2 mars 1884 ; Bruxelles, 18 novembre 1969) lui a succédé à la tête du Conservatoire royal de Bruxelles (1939-49), avant de devenir recteur de la chapelle de la reine Élisabeth (1956). Son œuvre est profondément marquée par les nombreux séjours qu'il a effectués en Extrême-Orient.

Alain Pâris.

Jongleur. Voir *Ménestrel* ; *Troubadours*.

Jongleur de Notre-Dame, Le. 1. Opéra en trois actes de Massenet sur un livret de Maurice Léna d'après *L'Étui de nacre* d'Anatole France (1892), lui-même basé sur un miracle du Moyen Age. Créé à Monte-Carlo le 18 février 1902.

2. Masque en un acte pour baryton, mime, ensemble de chambre et fanfare d'enfants de Peter Maxwell Davies, sur un livret du compositeur. Créé au Festival St Magnus (îles Orkney) en 1978.

Jonny spielt auf (« Jonny mène la danse »). Opéra en deux parties (onze tableaux) de Krenek sur son propre livret. Créé à Leipzig en 1927, il s'agit du premier opéra qui fasse appel au jazz, Jonny étant un musicien de jazz noir. Première en France, à Paris, en 1928.

Joplin, Scott (Texarkana, Texas, 24 novembre 1868 ; New York, 1er avril 1917). Compositeur américain. Élevé dans un milieu musical, il commence par apprendre la musique avec un professeur local. Il quitte la maison familiale contre la volonté de son père pour devenir musicien. Dès 1885, il est à Saint-Louis où il entre en contact avec les pianistes noirs qui lancent le style du *ragtime. Il dirige un orchestre à la Foire mondiale de Chicago en 1893, puis s'installe à Sedalia où il monte un octuor vocal comprenant quelques membres de sa propre famille. En 1898, il a déjà écrit plusieurs chansons et son premier ragtime, *Original Rags*, est publié en 1899. Il rencontre quelques difficultés à faire publier ce qui deviendra son œuvre la plus connue, *Maple Leaf Rag*, finalement prise en charge par un éditeur de musique de Sedalia, John Stark. Le succès est immédiat et assoit la réputation de Joplin et de Stark qui s'installent tous deux à Saint-Louis. Joplin compose régulièrement des « rags » mais a des ambitions plus élevées pour le ragtime, notamment celle d'écrire un opéra. Ce projet occupe l'essentiel de ses dernières années, absorbe la majeure partie de ses ressources et, frustré de ne pouvoir le faire représenter, il sombre dans la folie. Il est interné au Manhattan State Hospital où il meurt. Depuis les années soixante-dix, un regain d'intérêt pour le ragtime authentique et original s'est concentré essentiellement autour de la musique de Joplin ; ses œuvres inachevées ont alors été publiées par la New York Public Library, reprises ensuite par de nombreux éditeurs et ont fait l'objet de multiples enregistrements. L'un de ses rags, *The Entertainer*, a connu un succès considérable grâce au film *The Sting* et son opéra *Treemonisha* a été représenté et enregistré. Près de soixante ans trop tard pour qu'il ait pu en profiter, son talent est maintenant entièrement reconnu.

Peter Gammond.

Joseph. 1. Oratorio de Haendel sur un texte biblique compilé par J. Miller, dont le titre complet est *Joseph and his Brethren*. Créé à Londres en 1744.

2. Opéra en trois actes de Méhul, sur un livret de A. Duval. Créé à Paris en 1807.

Joseph Ier, empereur d'Autriche (Vienne, 26 juillet 1678 ; Vienne, 17 avril 1711). Il est l'un des nombreux monarques Habsbourg à avoir composé de la musique – dans son cas, surtout des airs pour les opéras d'autres compositeurs (notamment « Si trova in tempeste » pour *Endimione* de Bononcini). Il jouait du clavecin et de la flûte et a participé à des ballets.

Denis Arnold.

Josephs, Wilfred (Newcastle upon Tyne, 24 juillet 1927). Compositeur anglais qui a fait ses études à l'Université de Durham et à Paris avec Max Deutsch. Doté d'un style puissant et romantique, il compose de nombreuses partitions pour le cinéma et la télévision, qui viennent s'ajouter à ses six symphonies, à un grand *Requiem* sur le *Kaddish*, à de la musique pour enfants et à diverses pièces instrumentales.

Paul Griffiths.

Joshua. Oratorio de Haendel sur un texte sans doute dû au Révérend Thomas Morell. Créé à Londres en 1748.

Josquin des Prés [Desprez, des Prez, etc.] (? Picardie, vers 1440 ; Condé-sur-l'Escaut, Hainaut [aujourd'hui dans le nord de la France], 27 août 1521). Compositeur franco-flamand. Josquin des Prés a peut-être été l'élève d'Ockeghem, bien qu'on ne possède aucune donnée précise sur son enfance et sa jeunesse. Au début de sa carrière (1459-72 environ), il est chanteur à la cathédrale de Milan et travaille au service de différents membres de la famille Sforza à Milan. Le revenu important qu'il recevait de son premier protecteur, Galeazzo Maria Sforza (mort en 1476), reflète l'estime dans laquelle le jeune compositeur était déjà tenu. Josquin des Prés occupe ensuite un poste à la chapelle d'Ascanio Sforza, le jeune frère de Galeazzo, qui est fait cardinal en 1484 ; Josquin des Prés s'installe à Rome à sa suite et il sera associé pendant au moins dix ans à la chapelle papale, tout en restant au service d'Ascanio. En 1501, après la chute des Sforza, il est tenté d'aller vers le nord à la cour de Louis XII de France, mais Ercole d'Este, duc de Ferrare, lui offre un salaire encore plus élevé et, en 1503, il prend les fonctions de *maestro di cappella* à Ferrare. Mais il n'y reste pas plus de douze mois : lorsque la peste se déclare, Josquin des Prés retourne aux Pays-Bas, en 1504, et semble prendre une demi-retraite. Il est fait prévôt de l'église de Notre-Dame à Condé-sur-l'Escaut, à

Josquin des Prés, gravure sur bois de P. Opmeer extraite de Opus chronographicum *(1611).*

laquelle il laissera tous ses biens à sa mort pour que des services soient chantés en son nom ; il avait demandé que certains d'entre eux comprennent ses *Pater noster* et ses *Ave Maria*.

Josquin des Prés fut un compositeur prolifique : 18 messes, près de 100 motets et environ 70 pièces profanes, ainsi qu'un grand nombre d'œuvres d'authenticité douteuse qui lui sont attribuées. Aucune chronologie certaine de sa production n'a encore été établie, bien qu'un certain nombre d'œuvres puissent être liées à des périodes spécifiques de sa carrière. En ce qui concerne les motets, par exemple, *Absalon fili mi* a presque certainement été écrit pour commémorer la mort du fils du pape Alexandre VI en 1497 ; *Miserere mei* est une commande d'Ercole d'Este et l'on a dit que les paroles de *Memor esto verbi tui* avaient été choisies par Josquin des Prés pour rafraîchir la mémoire de Louis XII au sujet d'une promesse non tenue. Plusieurs messes sont étroitement liées à ses protecteurs : dans l'une d'entre elles, Josquin des Prés a traduit les voyelles des mots « Hercules Dux Ferrariae » dans leurs syllabes de solmisation les plus proches pour créer un motif musical qui imprègne l'ensemble (voir *Messe*, 2) et, dans la *Missa « La sol fa ré mi »* , il a fait un jeu de mot analogue en s'inspirant des propos dilatoires d'un protecteur, « Lassa far a mi ».

Bien que la musique de Josquin des Prés révèle un esprit extraordinairement fertile et novateur, il n'a pas vraiment opéré de rupture radicale avec les traditions du passé. Il a exploré des techniques nouvelles, surtout celles qui imprégnaient la déclamation du texte d'une rhétorique puissante, et est parvenu à ses fins de différentes manières : en utilisant le rythme des mots pour engendrer le rythme de ses idées mélodiques, en n'utilisant que rarement le mélisme, en répétant des parties du texte à chaque voix, en imitant les idées musicales/textuelles à différentes voix, en réduisant souvent la texture à deux ou trois voix pour permettre une déclamation plus claire ; en illustrant des phrases clés du texte en homophonie et même en illustrant certains mots imagés (comme « descendre ») par une idée musicale correspondante.

L'approche qu'a Josquin des Prés des principales formes musicales de l'époque – messe, motet et chanson – reflète des tendances contemporaines importantes, mais elle est parfois entièrement originale et personnelle. Alors que certaines de ses messes (considérées comme des œuvres de jeunesse) sont essentiellement conventionnelles dans leur utilisation d'un *cantus firmus*, d'autres, sans doute postérieures, explorent les nouvelles possibilités de la parodie (remaniant la totalité de la structure polyphonique d'un morceau existant, comme dans la *Missa « Mater Patris »*) et de la paraphrase (prolongeant une mélodie de plain-chant en l'étendant et en l'élaborant et faisant passer en imitation les idées résultantes entre les voix, comme dans la *Missa « Pange lingua »*) ; il est également l'un des premiers à avoir construit des messes autour de motifs donnés (*Missa « Hercules Dux Ferrariae »*) ou d'une suite de canons continus (*Missa ad fugam*). Josquin des Prés est l'un des premiers compositeurs à avoir développé le motet imitatif composé librement, qui se passe du soutien conventionnel d'un *cantus firmus* en plain-chant. Ces motets, qui sont en fait basés sur le plain-chant, ne se conforment généralement pas aux normes antérieures, traitant le matériel emprunté dans des canons inhabituels (*Inviolata*) comme un motif (*Salve Regina*), ou de façon intermittente comme un genre de leitmotiv (*Planxit autem David*). Ses chansons révèlent un penchant sans cesse croissant pour des textes piquants, légers et parfois érotiques, et il a été l'un des premiers compositeurs à emprunter des mélodies populaires émanant de la cour ou du théâtre qu'il a parfois ingénieusement organisées en canon (« Faulte d'argent »). Josquin des Prés s'est également essayé à la composition de chansons homophoniques en italien du type de la *frottola*, comme « El grillo ».

De son vivant et pendant de nombreuses années après sa mort, la musique de Josquin des Prés a joui d'une extraordinaire popularité. Des contrefaçons étaient publiées sous son nom (on a même dit qu'il avait écrit davantage de musique après sa mort que de son vivant) et certaines œuvres ont continué à circuler jusqu'à la fin du XVIe siècle. Josquin des Prés a sans doute été le compositeur le plus talentueux, le plus universel et le plus influent de son temps. L'attrait exercé par sa musique s'explique en partie par sa variété et par l'extraordinaire richesse de ses idées – il avait davantage un tempérament d'artiste que d'artisan, composant (selon une source de l'époque) « lorsqu'il le voulait et non lorsqu'on voulait qu'il le fasse ». Martin Luther a été jusqu'à dire de lui : « Il est le maître de notes ; d'autres sont maîtrisés par elles ».

John Milsom.

BIBLIOGRAPHIE : Jean-Pierre Ouvrard, *Josquin Desprez et ses contemporains,* Actes Sud (Arles, 1986).

Jota [xota] (esp.). Danse originaire du nord de l'Espagne, particulièrement de la province d'Aragon, qui est dansée (et chantée) par un ou plusieurs couples sur un accompagnement de castagnettes. C'est une danse rapide à trois temps, dont les pas ressemblent à ceux de la valse.

Joubert, John (Pierre Herman) (Le Cap, 20 mars 1927). Compositeur anglais, élève de W. H. Bell au College of Music d'Afrique du Sud, puis de Theodore Holland et Howard Ferguson à la Royal Academy of Music de Londres (1946-50). Depuis, il est maître de conférences aux Universités de Hull et de Birmingham (depuis 1962). Il est l'auteur d'une version lyrique de *Silas Marner,* de deux symphonies, de musique religieuse et d'œuvres pour enfants.

Paul Griffiths.

Joueur, Le. Opéra en quatre actes de Prokofiev, sur son propre livret d'après l'ouvrage de Dostoïevski (1866). Il a été composé entre 1915 et 1917, révisé en 1927-28 et créé à Bruxelles en 1929. Première française au Capitole de Toulouse en 1966. Prokofiev a tiré une suite de *Quatre portraits* pour orchestre de sa partition (1931).

Journal of the American Musicological Society [*JAMS*]. Voir *American Musicological Society.*

Jour de règne, Un (*Un Giorno di regno*). Opéra-comique en deux actes de Verdi sur un livret de F. Romani, version remaniée de celui qu'il avait écrit pour *Il finto Stanislao* (1812) de Gyrowetz d'après la pièce de A. V. Pineu-Duval, *Le faux Stanislas* (1808). Créé à Milan en 1840. Première française en 1985 à l'Opéra de Marseille.

Joyce, James. Voir *Musique et littérature.*

Joyeuses Commères de Windsor, Les (*Die lustigen Weiber von Windsor*). Opéra-comique fantastique en trois actes de Nicolaï, sur un livret de Mosenthal d'après la comédie de Shakespeare. Créé à Berlin en 1849. L'ouverture figure encore parfois au programme des concerts.

Joyeuse Marche. Pièce pour piano à quatre mains de Chabrier qu'il a ensuite orchestrée (1889). Sous cette seconde forme, elle a connu successivement trois titres : *Marche française, Marche joyeuse* et *Joyeuse Marche.*

Jubilate (lat., « Réjouis-toi, »). Psaume 99 dans la Vulgate (100ᵉ dans la numérotation anglaise). Dans le *Book of Common Prayer,* il est fourni comme alternative au *Benedictus* (voir *Benedictus,* 2) dans la prière du matin.

Jubilus. Nom d'un long mélisme sur la syllabe finale de premier mot, « Alléluia », du chant qui porte le même nom. Ces mélismes sont souvent beaucoup plus libres en mélodie que le reste du chant et possèdent leurs propres formes internes basées sur divers schémas de répétition. Le chant *Alléluia* avec son *jubilus* est répété après le verset et la musique du *jubilus* survient souvent à la fin du verset lui-même. Voir également *Séquence.*

Judas Macchabée (*Judas Maccabeus*). Oratorio de Haendel sur un texte du Révérend Thomas Morell d'après la Bible. Il a été composé pour célébrer la victoire des Anglais sur l'indépendantiste écossais Charles-Edouard Stuart à Culloden et le retour à Londres du général victorieux, le duc de Cumberland (le fameux chœur « See, the conquering hero comes » figure dans la troisième partie). Créé à Londres en 1747.

Judenharfe (all.). « Guimbarde ».

Judenkünig, Hans (Schwäbisch, Gmünd, milieu du XVᵉ siècle ; Vienne, mars 1526). Luthiste allemand, auteur de deux manuels pour luth (Vienne, vers 1515-19, 1523), qui contiennent des informations utiles sur la tablature allemande de luth et quelques beaux morceaux de musique, notamment ses propres préludes et danses, des arrangements de lieder et d'autres pièces de musique vocale.

Denis Arnold.

Judith. 1. Oratorio de Parry pour soprano, ténor et basse, chœur et orchestre, composé en 1888.

2. Opéra biblique en trois actes de Honegger sur un livret de René Morax. Créé à Monte-Carlo en 1926.

3. Oratorio de Arne sur un texte de Bickerstaffe. Créé à Londres en 1761.

Juilliard School. École de musique américaine, fondée à New York avec une dotation de la Fondation Juilliard en 1923, qui ajoute une école de troisième cycle à l'Institute of Musical Art de Frank Damrosch (créé en 1905). A la fin des années soixante, l'école a étendu son enseignement à la danse, a ajouté une division d'art dramatique et a déménagé au Lincoln Center (1969) comme les institutions d'exécution et d'interprétation artistique ; le Quatuor Juilliard y est installé à résidence depuis 1946. Parmi ses derniers présidents, on peut citer les compositeurs William Schuman et Peter Mennin.

Nym Cooke.

Juive, La. Opéra en cinq actes de Halévy sur un livret d'A. E. Scribe. Créé à Paris en 1835.

Jules César (*Giulio Cesare*). 1. Opéra en trois actes de Haendel sur un livret de Nicola Francesco Haym. Représentations : Londres (Haymarket, le 20 février 1724) ; Northampton, Massachusetts (Smith College, 14 mai 1927) ; Strasbourg (1935). L'action se déroule à Alexandrie et raconte la cour faite par César (à l'origine un castrat, aujourd'hui un contreténor ou une mezzo) à la reine d'Égypte, Cléopâtre, la rébellion du frère de Cléopâtre, Ptolémée (à l'origine un castrat, aujourd'hui un contre-ténor), et les épreuves de la veuve de Pompée, Cornelia (mezzo).

2. Ouverture op.128 de Schumann.

BIBLIOGRAPHIE : *Jules César,* L'Avant-Scène-Opéra n° 97 (Paris, 1987).

Julien. Opéra en quatre actes et un prologue de Gustave Charpentier sur un poème dont il est l'auteur. Cet ouvrage devait constituer une suite à *Louise* mais n'a pas eu l'écho souhaité. Créé à l'Opéra-Comique le 4 juin 1913.

Juliette (*Julietta*). Opéra en trois actes de Martinů, sur un livret du compositeur d'après le roman de Georges Neveux, *Juliette ou la Clé des songes* (1930). Créé à Praque en 1938.

Julius Caesar. Voir *Jules César.*

Jumping Frog of Calaveras County, The (« La Grenouille sauteuse du comté de Calaveras »). Opéra en un acte de Lukas Foss, sur un livret de J. Karsavina d'après l'histoire de Mark Twain. Créé à Bloomington, dans l'Indiana, en 1950.

Junge Lord, Der (« Le Jeune Lord »). Opéra en deux actes de Henze, sur un texte de Hingeborg Bachmann d'après la parabole du *Scheik von Alexandria und seine Sklaven* (1827) de Hauff. Représentations : Berlin (Deutsche Oper, 7 avril 1965) ; Strasbourg (16 février 1967) ; San Diego (17 février 1967) ; Londres (Sadler's Wells, 14 octobre 1969). Sir Edgar (rôle muet) présente son neveu (Lord Barratt, ténor) aux habitants de la petite ville provinciale allemande de Grünwiesel. Le jeune lord choque les notables, mais on trouve de basses excuses à son comportement avant de découvrir qu'il s'agit d'un singe de cirque habillé en homme.

Jupiter. Surnom de la *Symphonie n° 41 en ut majeur K 551* de Mozart, composée en 1788. On ne sait ni quand ni pourquoi ce nom lui a été attribué, mais il a peut-être été utilisé pour la première fois dans le programme d'un concert de la Société philharmonique de Londres dirigé par Bishop, le 26 mars 1821. Selon le fils de Mozart, F. X. Mozart, ce surnom aurait été inventé par Salomon.

K

K. Voir *Kirkpatrick* ; *Köchel*.

Kabalevski, Dimitri (Borissovitch) (Saint-Pétersbourg, 30 décembre 1904 ; Moscou, 17 février 1987). Compositeur soviétique d'abord destiné à une carrière de mathématicien et d'économiste. Mais son sens artistique l'incite à étudier le piano puis la composition avec Catoire et Miaskovski au Conservatoire de Moscou (1925-29). A partir de cette époque, il commence à écrire ses premières œuvres importantes, notamment le *Concerto pour piano nº 1* (1928), le *Quatuor à cordes nº 1* (1928), ses *Trois Poèmes de Blok* (1927) et la *Sonatine pour piano nº 1* (1930) qui annonce une facette importante de ses activités futures pour la jeunesse. Il compose beaucoup de musique pour piano et une série de concertos pour violon (1948), pour violoncelle (1948-49) et pour piano (*Concerto pour piano nº 3*, 1952). Il écrit activement sur la musique à partir de 1927 (un recueil de ses articles a été publié à Moscou en 1963) et compte parmi les figures importantes de l'Union des compositeurs soviétiques, créée en 1932. Au cours des années trente, il écrit son *Concerto pour piano nº 2* (1936) – sans doute le plus frappant et le plus vivifiant des trois – et aborde le théâtre, avec de la musique de scène comme des opéras. Dans son premier opéra, *Colas Breugnon* (1938) d'après Romain Rolland, son don pour la mélodie lyrique, son orchestration transparente et son écriture chorale vivante contribuent à former une belle œuvre scénique, bien qu'il ait suscité des critiques (avant tout en raison de certains aspects du livret). Kabalevski a révisé la partition pour sa reprise en 1971. Son opéra suivant, *Au feu, non loin de Moscou* (1942), souffre de la pauvreté du livret et Kabalevski l'a finalement retiré, reprenant une partie de la musique pour *La Famille de Tarass* (1947, rév. 1950 et 1967). Il a également composé l'opéra *Nikita Verchinine* (1955) et deux opérettes légères, *Le Printemps chante* (1957) et *Sœurs* (1967). A la fin de sa vie, Kabalevski s'est surtout consacré à la musique chorale et à la mélodie, tout en continuant à composer de la musique instrumentale avec des œuvres comme la *Sonate pour violoncelle et piano* (1962), profondément ressentie, mais rude et puissante.

Geoffrey Norris.

Kabuki. Divertissement théâtral populaire japonais. Voir *Japon*, 6.

Kadenz (all.). 1. « Cadence ». 2. « Cadenza ».

Kagel, Mauricio (Raúl) (Buenos Aires, 24 décembre 1931). Compositeur argentin. Il étudie la littérature et la philosophie à l'Université de Buenos Aires (1950-55) et prend des leçons de musique en privé. En 1955, il commence à organiser des concerts à l'université tout en travaillant comme répétiteur et chef d'orchestre au Teatro Colón. Les œuvres qu'il compose à cette période, comme le *Sextuor à cordes* (1953, rév. 1957), montrent une certaine connaissance des techniques sérielles avancées et un souci de recherche expérimentale dans le domaine de l'électronique, comme dans *Música para la torre* (1952). Il est donc prêt à se joindre à l'avant-garde internationale lorsqu'il s'installe à Cologne en 1957. Toutefois, il témoigne rapidement d'un goût prononcé pour le bizarre ou l'absurde qui l'éloigne de compositeurs tels que Stockhausen. Tout en explorant de nouveaux univers sonores et de nouvelles procédures formelles, notamment dans *Transición II* pour piano, percussions et bandes magnétiques (1958-59) et *Sur scène* pour récitant, mime, chanteur et trois instrumentistes (1958-60), il est aussi attiré par le potentiel théâtral de situations d'exécution inhabituelles qu'il exploite par la suite tant au concert, à l'opéra, au cinéma qu'à la radio. Il cherche souvent à remettre en cause des conventions musicales généralement acceptées, comme celle de la troupe lyrique de répertoire dans *Staatstheater* (1967-70). Kagel se produit souvent comme exécutant (avec son propre orchestre de chambre de Cologne, depuis 1961), conférencier et professeur ; en 1974, il est nommé professeur de théâtre musical à la Musikhochschule de Cologne.

Paul Griffiths.

BIBLIOGRAPHIE : *Mauricio Kagel, Tam-tam, monologues et dialogues sur la musique*, Christian Bourgois (Paris, 1983).

Kagura-bue. La plus grande flûte traversière de la musique savante japonaise. Voir *Japon*, 3 *c*.

Kaisermarsch (« Marche de l'Empereur »). Œuvre de Wagner pour voix d'hommes à l'unisson et orchestre, composée en 1871 pour célébrer la victoire allemande dans la guerre contre la France (1870) et l'élection de Guillaume Ier comme empereur allemand.

Kaiserquartett. Voir *Empereur, L'*, 2.

Kaiser-Walzer. Voir *Valse de l'Empereur*.

Kalevala (de *Kaleva* : « Finlande »). Chant épique finnois de la région de Kalevala en Finlande. En 1835, Elias Lönnrot a publié une édition de 12 000 vers suivie, en 1949, d'une seconde édition de 23 000 vers, en vers trochaïques, non rimés, divisée en cinquante chants ou runes. Elle a été traduite en suédois, en allemand, en anglais et en français. Plusieurs œuvres de Sibelius s'inspirent du *Kalevala*, notamment *Kullero*, *La Fille de Pohjola* et *Le Cygne de Tuonela*.

Kalinnikov, Vassili (Serguéiévitch) (Voïna, Gouvernement d'Orel, 13 janvier 1866 ; Yalta, 11 janvier 1901). Compositeur russe. Né dans une famille modeste, l'extrême pauvreté dans laquelle il a passé sa jeunesse a sans doute semé les germes de la tuberculose qui devait l'emporter prématurément. Il a étudié la musique à Moscou et, en 1893, a été nommé chef d'orchestre à l'Opéra-Italien. Toutefois, sa mauvaise santé l'a contraint à démissionner pour passer le reste de sa courte vie dans un climat plus clément, en Crimée. Il s'est alors consacré à la composition, se faisant surtout connaître grâce à sa *Symphonie n° 1* (1894-95). Il a aussi composé une *Symphonie n° 2* (1895-97), de la musique de scène, de la musique de chambre, des pièces pour piano et des mélodies. Au cours de ses dernières années, il a été entretenu par la générosité de ses amis – particulièrement le critique Semyon Kruglikov (1851-1910). En 1900, Rachmaninov, qui avait rendu visite à Kalinnikov à Yalta, a convaincu Jurgenson de publier certaines œuvres de Kalinnikov, notamment la *Symphonie n° 1*.

Percy Scholes, rév. Geoffrey Norris.

Kalkbrenner, Frédéric [Friedrich Wilhelm Michael] (entre Kassel et Berlin, novembre 1785 ; Enghien-les-Bains, 10 juin 1849). Compositeur français né en Allemagne. Fils d'un compositeur de modeste envergure, il étudie le piano et la composition à Paris avant de s'installer à Londres entre 1814 et 1828, où il devient un professeur et un instrumentiste à la mode. En 1824, il entre dans la fabrique de piano de Pleyel, à Paris. Il est souvent considéré comme le meilleur pianiste de sa génération. Kalkbrenner a beaucoup composé, surtout des pièces de virtuosité pour piano (notamment une sonate pour la main gauche) et a mis au point, grâce à une sorte d'accoudoir limitant le rôle du bras, une technique axée sur l'indépendance des doigts.

Denis Arnold.

Kalliwoda, Johann Wenzel (Prague, 21 février 1801 ; Karlsruhe, 3 décembre 1866). Compositeur et violoniste tchèque. Il fait ses études au Conservatoire de Prague puis entre à l'ochestre du Théâtre

Stavovské où Weber est alors chef d'orchestre. En 1821, il entreprend une tournée de concerts en Allemagne, en Suisse et en Hollande et, l'année suivante, est nommé maître de chapelle du prince de Fürstenberg à Donaueschingen où il passe le restant de ses jours. Compositeur prolifique, Kalliwoda a écrit plus de trois cents œuvres, dont sept symphonies, de nombreux concertos pour différents instruments notamment pour violon, pour hautbois et pour basson, une *Fantaisie sur les chants bohémiens* pour violon et orchestre et un opéra *Blanda, oder Die silberne Birke*. Ses *Trois duos pour violon op.181*, publiés à Paris, ont été très populaires à leur époque. Son fils, **Wilhelm** (Donaueschingen, 19 juillet 1827 ; Karlsruhe, 8 septembre 1893) a mené une triple carrière de pianiste, chef d'orchestre et compositeur à Karlsruhe à partir de 1853.

Wendy Thompson.

Kálmán, Emmerich [Imre] (Siófok, 24 octobre 1882 ; Paris, 30 octobre 1953). Compositeur hongrois. Il fait ses études à l'Académie royale de musique de Budapest et fait exécuter son scherzo symphonique *Saturnalia* (1904) par l'Orchestre philharmonique de Budapest alors qu'il n'a que vingt-deux ans. Il se tourne ensuite progressivement vers le théâtre : en 1906, il écrit une comédie musicale, *Das Erbe von Pereszlény*, et remporte son premier grand succès avec *Tatárjárás*, 1908, représenté sous le titre *Ein Herbstmanöver* à Vienne (1909) ; l'ouvrage est ensuite présenté à New York et à Londres. Kálmán devient l'un des protagonistes de l'âge d'or de l'opérette viennoise au début du XXe siècle, imprégnant la plupart de ses œuvres – notamment *Zigeunerprimas* (1912), *Die Csárdásfürstin* (la célèbre « Princesse Csardas », 1915) et *Die Zirkusprinzessin* (1926) – d'un parfum fortement hongrois qui contribue à leur popularité. Kálmán mène également une importante carrière de chef d'orchestre dans les années trente. Il s'installe à Paris lorsque éclate la Seconde Guerre mondiale, puis aux États-Unis, et devient citoyen américain en 1942.

Peter Gammond.

Kalmus, Alfred (August Uhlrich). Voir *Universal Edition*.

Kamarinskaïa. Fantaisie pour orchestre sur deux airs russes de Glinka (1848) : elle est écrite sur un chant de noces et un chant à danser qui porte le titre de l'œuvre. *Kamarinskaïa* est considérée comme la première œuvre symphonique authentiquement russe.

Kammer (all.). « Chambre » ; *Kammerduett*, « duo de chambre » (pour une pièce plutôt que pour une salle de concert) ; *Kammerkantate*, « cantate de chambre » ; *Kammerkonzert*, « concert de musique de chambre » ou « concerto de chambre » ; *Kammermusik*, « musique de chambre » ; *Kammersymphonie*, « symphonie de chambre » (pour petit orchestre) ; *Kammerton*, « diapason de chambre » (voir *Diapason*, 2).

Kammermusik (« Musique de chambre »). Titre donné par Hindemith à sept œuvres instrumentales composées entre 1922 et 1927 : n° 1 (1922) pour petit orchestre, n° 2 (1924) concerto pour piano, n° 3 (1925) concerto pour violoncelle, n° 4 (1925) concerto pour violon, n° 5 (1927) concerto pour alto, n° 6 (1927) concerto pour viole d'amour et n° 7 (1927) concerto pour orgue.

Kampuchea. Voir *Asie du Sud-Est*.

Kangen. Musique orchestrale de cour au Japon. Voir *Japon*, 5.

Kant (russ., du latin, *cantus*). Composition vocale populaire en Russie entre le milieu du XVIIe siècle et le milieu du XVIIIe siècle. Originaire de Pologne et d'Ukraine, elle a été introduite en Russie par le compositeur Vassili Titov (vers 1650-vers 1715). Au début, les *kanti* russes illustraient des textes religieux, mais ils ont ensuite abordé des thèmes profanes : au XVIIIe siècle, le *kant* servait couramment à célébrer les victoires militaires, l'avènement ou le couronnement d'un tsar et d'autres événements importants. Le genre est caractérisé par une structure simple homophonique à trois parties : en général, les deux voix supérieures évoluent en tierces, alors que la troisième fournit la basse.

Geoffrey Norris.

Kant, Immanuel. Voir *Esthétique musicale*, 3.

Kantélé (? du grec *kanôn*, « baguette droite »). Instrument à cordes finlandais traditionnel, également utilisé par les peuples baltes d'URSS (sous le nom de *kannel*) et des régions avoisinantes de Russie où il porte le nom de « *gousli* ailé » ou « *gousli* psaltérion ». Il comporte une caisse triangulaire en forme d'aile mesurant 50-70 cm de long ; les modèles anciens sont en pin évidé sur le dos qui reste ouvert ; les instruments modernes ont des caisses de résonance construites. On en joue avec les doigts, la caisse repose sur les genoux, les chevilles d'accord sur la gauche. A partir de ces chevilles, les cordes (aujourd'hui métalliques) partent en éventail sur une barre transversale située à droite. Les anciens modèles comportent cinq cordes, les nouveaux entre quatorze et trente, généralement accordées diatoniquement.

Les cordes sont aujourd'hui pincées et étouffées individuellement avec les doigts, mais l'instrument a été élaboré pour une technique très différente. La main droite, avec un plectre ou des onglets, gratte et fait des mouvements longs ou courts en travers des cordes à l'endroit où elles sont le plus rapprochées (vers la droite). Les doigts de la main gauche (pouce compris) sont placés au-dessus des cordes à l'endroit où elles sont le plus écartées (vers la gauche), prêts à se poser dessus et à réduire au silence n'importe quelle corde qui n'a pas à intervenir dans la mélodie à cet instant ; ce procédé permet de balayer toutes les cordes avec un plectre en produisant un son fort et résonant sans faire sonner par accident une corde indésirable. Les instrumentistes doivent être très adroits pour maîtriser cette technique d'étouffement (comparer à la lyre) lorsqu'ils exécutent des airs de danse rapides, en harmonisant souvent la mélodie en tierces.

La place du kantélé dans la saga *Kalevala* finnoise correspond à celle de la « harpe » (lyre) dans le *Beowulf*. On a retrouvé plusieurs instruments anciens dans des sites médiévaux en Pologne et en Russie (Novgorod) et il semblerait qu'un instrument approchant ait été connu dans l'empire byzantin, si l'on en juge par une illustration figurant dans un manuscrit du XIe siècle.

Anthony Baynes.

Kantional (all.). Voir *Cantional*.

Kantor [*Cantor*] (all.). Directeur de la musique dans l'Église protestante allemande et également directeur de la musique de toute école de chœur ou institution analogue attachée à cette Église. J. S. Bach était *Kantor* de l'église et de l'école de Saint-Thomas de Leipzig.

Voir également *Cantor*.

Kantorei [*Cantorei*] (all.). Aux XVe et XVIe siècles, groupe de chanteurs professionnels employés par une église ou à la cour.

Kapelle, Kapellmeister (all.). Voir *Chapelle*.

Karelia. Ouverture et suite pour orchestre, op.10 et 11, de Sibelius, composées en 1893. Karelia est une province du sud de la Finlande.

Karg-Elert, Sigfrid (Oberndorf am Neckar, 21 novembre 1877 ; Leipzig, 9 avril 1933). Compositeur et organiste allemand, élève de Reinecke et de Jadassohn au Conservatoire de Leipzig où il enseigne à partir de 1919. Sa production créatrice est considérable, mais on ne se souvient que de ses œuvres pour orgue, elles-mêmes très nombreuses. Chose peu courante parmi les compositeurs allemands de son époque, il a subi l'influence harmonique de Debussy et ses pièces pour orgue vont de l'improvisation chorale aux impressions romantiques.

Paul Griffiths.

Kassation (all.). Voir *Cassation*.

Káta (Katia) Kabanová. Opéra en trois actes de Janáček sur un livret du compositeur d'après *L'Orage* (1859) d'Ostrovsky. Représentations : Brno (23 novembre 1921) ; Londres (Sadler's Wells, 10 avril 1951) ; Cleveland, Ohio (26 novembre 1957), accompagnement au piano seul ; Paris (troupe de l'Opéra de Belgrade, 1959). Káta (sop.), la femme de Tichon (tén.), est détestée par sa belle-mère Kabanicha (contr.). Elle aime Boris (tén.) et, malgré tous ses efforts pour rester fidèle à son mari, elle le rencontre en secret non loin de son jardin alors que son amie Varvara (sop.) rencontre le professeur Kudrjás (tén.). Au cours d'un orage, Káta avoue sa faute à sa famille ; elle s'échappe des bras de Tichon, dit adieu à Boris et se jette dans la Volga.

Katerina Ismaïlova. Voir *Lady Macbeth du district de Mtsensk.*

Katuar, Georgy. Voir *Catoire, Georges.*

Katzenmusik (all.). Voir *Charivari.*

Kazatchok. Danse cosaque rapide à deux temps, souvent dans une tonalité mineure. La vitesse s'accélère au fur et à mesure que la danse progresse. Dargomyjski a écrit un célèbre kazatchok pour orchestre, basé sur des airs traditionnels.

Kazoo. Instrument populaire qui sert à changer le son de la voix en un son nasal comparable à celui d'un instrument : c'est un mirliton-jouet, version du traditionnel peigne sur lequel on pose un fine feuille de papier. Il se compose généralement d'un tube métallique en forme de cigare, avec une membrane en papier ou en plastique posée sur une ouverture latérale et retenue par un capuchon métallique vissé. On fredonne assez fort dans l'extrémité la plus large et on peut le tapoter en même temps avec la main pour obtenir un genre de roucoulement. L'instrument peut aussi s'appeler « zazah », « zobo » ou « vocophone ». Autrefois, on fabriquait des instruments analogues en bois ou dans un tube en carton ; au XVIIe siècle, on employait même le métal, avec une membrane en peau d'oignon, ou une outre vide (« flûte eunuque »). Les ethnologues regroupent souvent ces instruments sous l'appellation « mirliton » et les classent parmi les membranophones. Toutefois, la « Danse des mirlitons » de *Casse-Noisette* de Tchaïkovski fait référence à des flûtes de Pan.

Anthony Baines.

Kb. Abréviation pour *Kontrabass* (all.), « contrebasse ».

Keel row (angl.). Chant traditionnel du nord de l'Angleterre, originaire de la région de Tyneside bien que la première édition ait été publiée dans *A Collection of Favourite Scots Tunes* (Édimbourg, 1770). « Keel » veut dire « bateau » dans le dialecte de Newcastle et le chant retrace l'inquiétude d'une jeune fille pour son fiancé marin parti en mer. L'air ressemble à plusieurs « country dances » anglaises dont l'une figure dans un recueil de 1748. Sa nature essentiellement mélancolique a attiré Debussy qui l'a utilisé comme base thématique de ses *Gigues*, la première de ses trois *Images* pour orchestre (1909-12).

Keiser, Reinhard (baptisé à Teuchern, près de Weissenfels, 12 janvier 1674 ; Hambourg, 12 septembre 1739). Compositeur allemand. Fils d'organiste, il fait ses études à Saint-Thomas de Leipzig avant de devenir musicien à la cour de Brunswick. Au moins trois de ses opéras sont représentés à Brunswick et, vers 1696, sa nomination au poste de Kapellmeister à Hambourg lui offre de nouvelles possibilités de faire représenter ses opéras au célèbre Théâtre du Marché aux oies. Il en devient directeur en 1702, avec Drüsicke, et jusqu'en 1707 présente des opéras de Haendel, de Mattheson, etc., et au moins dix-sept de ses propres ouvrages. En 1707, des problèmes financiers l'obligent à renoncer à ce bail, mais il continue à contribuer au répertoire. Dès 1718, il avait composé vingt-cinq nouveaux opéras. Entre 1718 et 1723 environ, Keiser voyage à l'étranger, acceptant des postes de courte durée à Stuttgart et à Copenhague, mais il retourne deux fois à Hambourg pour des représentations de ses œuvres. La troisième fois, il décide d'y rester et y fait créer ses derniers opéras, avant de devenir *Kantor* à la cathédrale (où il succède à Mattheson) en 1728. Par la suite, il semble qu'il se soit exclusivement consacré à la musique religieuse.

La popularité de Keiser comme compositeur d'opéras (il était fort admiré de ses contemporains, notamment du critique Scheibe et du compositeur Hasse) est due en grande partie à son sens de l'effet dramatique. Il a souvent traduit avec beaucoup d'habileté les caractères des personnages et était passé maître dans l'art du récitatif accompagné, Il était également très doué pour les arias dans le style italien, permettant aux chanteurs de déployer leur virtuosité. De son vivant, son ouvrage le plus populaire a sans doute été *Störtebecker und Jödge Michaels* (Hambourg, 1701), mais de nos jours sa musique est rarement jouée.

Denis Arnold.

Kellner, Johann Peter (Gräfenroda, près de Weimar, 28 septembre 1705 ; Gräfenroda, 19 avril 1772). Organiste allemand qui est resté presque toute sa vie *Kantor* dans sa ville natale. Il a renccatré

Bach et Haendel et sa musique reflète leur influence, surtout celle de Bach. Son fils, **Johann Christoph** (Gräfenroda, 15 août 1736 ; Kassel, 1803), élève de Benda, était organiste et *Kantor* à Kassel.

Denis Arnold.

Kelly, Bryan (George) (Oxford, 3 janvier 1934). Compositeur anglais. Il fait ses études avec Herbert Howells et Gordon Jacob au Royal College of Music de Londres (1951-55) et avec Nadia Boulanger à Paris. En 1962, il est nommé professeur de théorie et de composition au RCM. Compositeur aux talents variés et aux penchants traditionnels, il a écrit de nombreuses œuvres éducatives et liturgiques – notamment un *Stabat Mater* (1970) – ainsi que des œuvres symphoniques et des pièces de musique de chambre de caractère léger.

Paul Griffiths.

Kelly, Frederick Septimus (Sydney, 29 mai 1881 ; Beaucourt-sur-Ancre, 13 novembre 1916). Pianiste et compositeur australien. Il fait ses études à Eton et à Balliol College à Oxford. Il va ensuite étudier le piano en Allemagne et retourne à Londres en 1908 comme organisateur de concerts. Lorsque éclate la Première Guerre mondiale, il s'engage dans la marine, devient capitaine de corvette et est tué en France à l'âge de trente-cinq ans. Il a laissé une *Élégie* pour petit orchestre, écrite en 1915 à la mémoire de son ami, le poète Rupert Brooke (1887-1915), une *Sérénade* pour flûte et petit orchestre, une *Sonate pour violon et piano*, quelques pièces pour piano et plusieurs mélodies.

Wendy Thompson.

Kelly, Michael (Dublin, 25 décembre 1762 ; Margate, 9 octobre 1826). Ténor, acteur et compositeur irlandais. Il étudie le piano avec Michael Arne et le chant avec plusieurs maîtres italiens éminents. En 1779, il se rend à Naples pour poursuivre ses études puis à Vienne où il reste quatre ans. Il devient l'un des proches amis de Mozart et paraît dans *Les Noces de Figaro* dans les rôles de Don Basilio et de Don Curzio. A son retour en Angleterre, en 1787, il est nommé premier ténor à Drury Lane jusqu'à ce qu'il se retire de la scène en 1811. En 1793, il devient directeur de la scène du King's Theatre ; en 1801, il ouvre un magasin de musique à Pall Mall et se lance aussi dans le commerce des vins ; mais il fait faillite dix ans plus tard.

Kelly a écrit la musique de soixante et une œuvres pour la scène, notamment *Blue Beard* (1798), *Cinderella* (1804), *The Fourty Thieves* (1806) et *The Lady and the Devil* (1820). Sheridan, suspectant que certaines œuvres de Kelly faisaient des emprunts à des sources étrangères, laissait entendre que le magasin de musique aurait dû porter l'inscription suivante : « Michael Kelly, Composer of Wines and Importer of Music » (« Michael Kelly, compositeur de vins et importateur de musique »). Les deux volumes de Souvenirs de Kelly, *Reminiscences*, ont été publiés en 1826.

Wendy Thompson.

Kennedy-Fraser, Marjorie (Perth, 1er octobre 1857 ; Édimbourg, 22 novembre 1930). Chanteuse et musicologue écossaise spécialisée dans les chansons traditionnelles de son pays. Elle apprend la musique avec son père, le chanteur David Kennedy, et à Paris. Puis elle fait de grandes tournées pendant de nombreuses années, donnant des récitals-conférences sur diverses sortes de chant ; elle a également compilé des recueils précieux de chansons traditionnelles des Hébrides. Son autobiographie a été publiée sous le titre *A Life of Song* (Londres, 1929).

Paul Griffiths.

Kerle, Jacobus de (Ypres, 1531 ou 1532 ; Prague, 7 janvier 1591). Compositeur du Sud des Pays-Bas, l'un des principaux de la Contre-Réforme. Durant sa carrière, il travaille à Orvieto, Rome, Dillingen, Augsbourg et, de 1583 à sa mort, à la cour impériale de Prague. Ses œuvres, au nombre desquelles figurent des messes, des motets et un cycle d'hymnes pour l'année liturgique, se conforment aux exigences du concile de Trente par leur économie, leur retenue et l'accent mis sur une déclamation correcte du texte.

John Milsom.

Kerll, Johann Kaspar (Adorf, Saxe, 9 avril 1627 ; Munich, 13 février 1693). Organiste et compositeur allemand. Son premier employeur, l'archiduc Léopold Wilhelm, à Vienne, l'envoie à Rome étudier avec Carissimi. En 1656, il est nommé Kapellmeister à la cour de Bavière, à Munich, où il écrit plusieurs opéras (notamment *L'Oronte* pour l'ouverture du théâtre lyrique) et des ballets, qui remportent un certain succès. En 1673, il abandonne son poste, sans doute en raison du goût prononcé de l'époque pour les musiciens italiens, et s'installe à Vienne où il devient organiste de la cour à la cathédrale Saint-Étienne en 1674 et à la cour impériale en 1677. Il a composé des messes (notamment une splendide *Missa a 3 chori*) et des pièces pour clavier, mais ses ouvrages dramatiques sont aujourd'hui perdus. Haendel semble avoir suffisamment estimé la musique de Kerll pour s'en être « inspiré » ; par exemple, les chœurs « Egypt was glad » d'*Israël en Égypte* et « Let all the angels » du *Messie* trouvent tous deux leur origine dans les *canzone* pour clavier de Kerll.

Denis Arnold.

Kern, Jérome (David) (New York, 27 janvier 1885 ; New York, 11 novembre 1945). Compositeur américain. Après avoir fait des études au New York College of Music, il entre dans la vie musicale comme chanteur à New York. Il est envoyé à Londres par Charles Frohman, où son travail consiste à ajouter des numéros aux spectacles londoniens pour les adapter à d'éventuelles productions à New York : son « How'd you like to spoon with me », par exemple, est ajouté au spectacle *The Earl and the Girl* en 1905. Pendant son séjour à Londres, il épouse une jeune fille de Walton-on-Thames, en 1910.

La première partition dramatique complète de Kern est *The Red Petticoat* (1911). Dès 1915, il trouve un partenaire idéal en la personne de Guy Bolton et, deux ans plus tard, P. G. Wodehouse se joint à leur équipe pour produire une série de nouvelles comédies musicales sophistiquées qui conservent certaines des qualités lyriques du style plus ancien de l'opérette mais qui incorporent aussi des éléments de ragtime et de jazz. Kern est l'un des premiers à développer un langage entièrement américain et à lancer l'ère de la prédominance américaine dans le théâtre musical ; dans ce domaine, il est suivi par des compositeurs comme George Gershwin et Richard Rodgers. Son premier grand succès est *Sally* (1920), mais son œuvre la plus connue voit le jour en 1927 lorsqu'il s'allie à Oscar Hammerstein II pour produire *Show Boat*. Pendant les années trente, il écrit la musique de spectacles tels que *Music in the Air* (1932) et *Roberta* (1933) dont on se souvient encore aujourd'hui grâce à leurs excellentes chansons, comme « Smoke gets in your eyes » de *Roberta*. Il trouve un autre débouché dans les films hollywoodiens et ajoute quelques chansons à des productions musicales comme *Swing Time* (1936), *High, Wide and Handsome* (1937), *Lady Be Good* (1941), *You Were Never Lovelier* (1942) et *Cover Girl* (1944). Il reçoit également la commande de la musique de *Annie Get Your Gun*, mais meurt avant d'avoir pu commencer cet ouvrage.

Peter Gammond.

Ketèlbey, Albert W(illiam) [Vodorinski, Anton] (Birmingham, 9 août 1875 ; Cowes, 26 novembre 1959). Compositeur anglais. Son talent musical se révèle dès son plus jeune âge et, à onze ans, il compose une sonate pour piano qui est jouée à Worcester et suscite les louanges d'Elgar. Il obtient une bourse pour étudier la composition à Trinity College, à Londres, et à seize ans devient organiste d'une église à Wimbledon. Sa compétence dans le domaine du piano, du violoncelle, de la clarinette, du hautbois et du cor l'aide à amorcer une carrière de chef d'orchestre et de compositeur et, à vingt-deux ans, il est directeur musical du Vaudeville-Theatre, puis de la Columbia Gramophone Company. Ses compositions sentimentales et mélodieuses – comme *In a Monastery Garden* (« Dans le jardin d'un monastère », 1915), *In a Persian Market* (« Sur un marché persan », 1920) et *Sanctuary of the Heart* (1924) – ont eu un tel succès qu'il a pu se retirer assez jeune à l'île de Wight et se consacrer entièrement à la composition. Certaines de ses œuvres pour piano ont été publiées sous le pseudonyme d'Anton Vodorinski.

Peter Gammond.

Khatchaturian, Aram (Ilytch) (Tiflis, aujourd'hui Tbilisi, 6 juin 1903 ; Moscou, 1er mai 1978). Compositeur soviétique d'origine arménienne bien qu'il soit né en Géorgie. Il fait ses études à Moscou à l'Institut de musique Gnessine, puis au Conservatoire avec Miaskovski. Sa réputation internationale repose largement sur le *Concerto pour piano* (1936, présenté en

Angleterre par Moura Lympany en 1940), le *Concerto pour violon* (1940, écrit pour David Oïstrakh) et sur les ballets *Gayaneh* (1942, avec la célèbre « Danse du Sabre ») et *Spartacus* (1954, révisé en 1968). Néanmoins, en Union soviétique, il est généralement considéré comme le principal représentant de la musique « nationaliste » arménienne dont on trouve les plus belles pages dans ses œuvres dramatiques, qu'il s'agisse de ballets, de musique de scène et de musique de films ; il a écrit environ vingt-cinq partitions de musique de films, notamment *Vladimir Ilytch Lénine* (1948) et *Stalingradskaya bitva* (« La Bataille de Stalingrad », 1949). Ces films intensément patriotiques ont été réalisés dans le sillage des purges de Jdanov, en 1948, après que Khatchaturian ait subi les foudres de la critique pour certaines de ses œuvres récentes, notamment la *Symphonie nº 3* (1947), écrite pour le trentième anniversaire de la révolution d'Octobre et surtout marquée par les effets spectaculaires de la célébration plutôt que par sa substance musicale (cette symphonie fait appel à un grand orchestre avec un orgue et quinze trompettes supplémentaires). Par la suite, il a remporté un succès considérable avec une série de rhapsodies pour violon (1961-62), pour violoncelle (1963) et pour piano (1965) qui s'imposent par la vitalité du rythme, une orchestration riche et une mélodie enivrante et très pimentée, caractéristique des inflexions de la musique traditionnelle arménienne.

Geoffrey Norris.

Khovanchtchina, La. Opéra en cinq actes de Moussorgski, sur un livret de Stassov et du compositeur, composé entre 1872 et 1880. L'ouvrage a été pratiquement terminé par Moussorgski mais il reste des lacunes d'orchestration. La version de Rimski-Korsakov remanie profondément l'œuvre. Création à Saint-Pétersbourg le 21 février 1886, première en France au Théâtre des Champs-Élysées le 5 juin 1913 avec Chaliapine. L'édition originale, orchestrée par Chostakovitch, a été publiée en 1960.

BIBLIOGRAPHIE : *La Khovanchtchina*, L'Avant-Scène-Opéra nºs 57-58 (Paris, 1983).

Khrennikov, Tikhon (Nicolaïévitch) (Eletz, 10 juin 1913). Compositeur soviétique. Il étudie le piano et la composition à Moscou et obtient le diplôme de composition dans la classe de Chébaline en 1936. Il attire l'attention sur lui avec son *Concerto pour piano nº 1* (1932-33), dont l'énergie, l'impulsion rythmique et l'élan lyrique doivent beaucoup à Prokofiev ; le *Concerto pour piano nº 2* (1971) et le succint *Concerto pour violoncelle* (1964) sont écrits dans une veine analogue, bien que la musique soit plus dure, plus rhétorique dans ses gestes et montre son goût pour les mélodies musclées et les couleurs orchestrales vives. Ses œuvres symphoniques comprennent aussi trois symphonies et un *Concerto pour violon* (1958-59), mais la majeure partie de son œuvre créatrice est destinée au théâtre. Parmi ses nombreux opéras, *Pendant l'orage* (1939, révisé en 1952) et *La Mère* (1957) ont été reconnus comme des modèles dans la tradition du *réalisme socialiste ; *Pendant l'orage* se distingue particulièrement, car il s'agit du premier opéra russe qui ait mis Lénine en scène, bien que le premier opéra qui lui ait accordé un véritable rôle chantant soit *Octobre* de Muradeli (1961). Khrennikov a aussi écrit de la musique de scène et quelques partitions de films, mais son nom est surtout connu en raison des hautes fonctions qu'il occupe à l'Union des compositeurs soviétiques. Dans le bouleversement intervenu lors des purges de Jdanov en 1948, Khrennikov a été nommé secrétaire général de l'Union et a toujours conservé ce poste important et puissant, quel qu'ait été le climat politique.

Geoffrey Norris.

Kielflügel (all.). « Clavecin » (de *Kiel*, « plume d'oie » et *Flügel*, « aile »). Ce terme fait allusion au mécanisme de pincement des cordes et à la forme en aile de l'instrument.

Kilpinen, Yrjö (Henrik) (Helsinki, 4 février 1892 ; Helsinki, 2 mai 1959). Compositeur finlandais. Pratiquement autodidacte, il a surtout composé pour la voix. Il a écrit plus de six cents mélodies sur des poésies finnoises, suédoises et allemandes. Ses œuvres les plus connues illustrent des poèmes allemands de Morgenstern (*Lieder um den Tod op.62*) et possèdent une concentration et une atmosphère remarquables. Ses musiques sur des poèmes finnois et suédois, avec des moyens très sobres, sont caractéristiques. Kilpinen est sans aucun doute le plus grand compositeur de mélodies qu'ait produit la Scandinavie depuis Grieg et son style reflète son admiration pour Hugo Wolf et même Moussorgski. Il a également composé six sonates pour piano, une sonate pour violoncelle et piano et quelques chœurs, mais aucune musique symphonique. Rares sont les compositeurs de ce siècle qui sont si bien parvenus à transmettre à la fois l'esprit et la lettre d'un poème.

Robert Layton.

Kindermann, Johann Erasmus (Nuremberg, 29 mars 1616 ; Nuremberg, 14 avril 1655). Organiste et compositeur allemand. Vers 1635, le conseil municipal l'envoie étudier en Italie. Il rentre à Nuremberg en 1636 où il restera presque toute sa vie. A partir de 1640, il est organiste à Egidienkirche. Au nombre de ses œuvres figurent des motets, des cantates et des dialogues (dont certains révèlent l'influence italienne par l'utilisation d'une partie de continuo et l'écriture *concertato*), quelques magnifiques chorals et l'*Harmonia organica* (1645), recueil de musique pour orgue comprenant des préludes en forme d'improvisation et des fantaisies fuguées sur des mélodies de chorals.

Denis Arnold.

Kinderscenen. Voir *Scènes d'enfants.*

Kinderstück (all.). « Pièces enfantines ».

Kindertotenlieder (« Chants pour les enfants morts »). Cycle de cinq lieder pour baryton ou contralto de Mahler sur des poèmes de Rückert, composé en 1901-1904. Il existe une version avec piano et une version avec orchestre, toutes deux de la main de Mahler.

King, William (Winchester, 1624 ; Oxford, 17 novembre 1680). Compositeur anglais, fils de l'organiste de la cathédrale de Winchester, George King, il est admis à Magdalen College, à Oxford, en octobre 1648. Il obtient son diplôme un an plus tard et passe le restant de ses jours à Oxford où il sera organiste de New College à partir de 1664. King a composé des services religieux, des *anthems* et un volume de *Poems of Mr. Cowley and others, composed into Songs and Ayres* (Oxford, 1668) pour une voix soliste et continuo.

Wendy Thompson.

King Arthur, or the British Worthy (« Le Roi Arthur ou le Valeureux Britannique »). Semi-opéra en cinq actes, un prologue et un épilogue de Purcell, sur un livret de Dryden. Créé à Londres en 1691.

Kingdom, The (« Le Royaume »). Oratorio op.51 pour quatre solistes, chœur et orchestre d'Elgar sur un texte compilé par le compositeur d'après la Bible. Créé à Birmingham en 1906. Elgar l'a conçu comme la suite de *The Apostles.*

King Priam (« Le Roi Priam »). Opéra en trois actes de Tippett sur un texte du compositeur d'après *L'Illiade* d'Homère. Représentations : cathédrale de Coventry (29 mai 1962) ; Karlsruhe (26 janvier 1963). Priam (bar.-basse), soutenu par Hécube (sop.), décide que son fils nouveau-né Pâris doit mourir car, selon la prophétie du Vieillard (basse), il devrait causer la mort de son père. Finalement épargné, l'enfant (sop.) est emmené avec Hector (bar.) à Troie. Pâris (tén.) et Hector se disputent ; Pâris va chercher Hélène (mezzo) à Sparte. A la scène suivante, Hermès (tén.) organise le Jugement de Pâris ; Aphrodite est choisie et donne Hélène à Pâris.

Pendant la guerre qui s'ensuit, Achille (tén.) s'isole, maussade, dans sa tente ; les Troyens repoussent les Grecs, brûlent leurs vaisseaux, mais sont affaiblis par la dispute d'Hector et de Pâris. Patrocle (bar.) revêt l'armure d'Achille, mais est tué par Hector. La joie des Troyens est interrompue par le cri de guerre d'Achille.

Les femmes méditent sur leur rôle dans la guerre. La nouvelle de la mort d'Hector sous les coups d'Achille est transmise à Priam. Il va demander le corps de son fils et suscite la pitié d'Achille. Il se retire ensuite pour prier et est tué devant l'autel par le fils d'Achille.

Kinkeldey, Otto (New York, 27 novembre 1878 ; Orange, New Jersey, 19 septembre 1966). Musicologue américain. Il étudie la littérature à l'Université de New York, puis la musique avec MacDowell à Columbia. En 1902, il va compléter ses études à Berlin où il enseigne pendant quelque temps avant de retourner aux États-Unis pendant la Première Guerre mondiale ; il est à diverses époques bibliothécaire musical à la New York Public Library et professeur de musicologie (le premier aux États-Unis) à Cornell University. Son livre sur la musique d'orgue du XVIe siècle est un classique (Leipzig, 1910), mais il est surtout connu pour avoir formé toute une génération d'étudiants américains.

Denis Arnold.

Kinloch, William (célèbre vers 1600). Compositeur écossais de danses et de variations pour clavier. Attaché à la cour de la reine Mary d'Écosse à la fin du XVIe siècle.

John Milsom.

Kirbye, George (? vers 1565 ; Bury St Edmunds, octobre 1634). Compositeur anglais qui a passé la plus grande partie de sa vie au service de Sir Robert Jermyn de Rushbrooke, dans le Suffolk. Son *First set of English Madrigalls* (Londres, 1597) contient des œuvres attrayantes, essentiellement d'inspiration sérieuse et d'un style très inspiré de Marenzio ; il a composé un autre madrigal, « With angels face », qui a paru dans *The Triumphes of Oriana*. Il a également apporté une contribution importante au psautier de Thomas East.

Denis Arnold.

Kirchencantate (all.). « Cantate d'église » ; voir *Cantate*, 2.

Kirkpatrick. Abréviation pour le catalogue thématique des sonates pour clavier de Domenico Scarlatti établi par le claveciniste et musicologue américain Ralph Kirkpatrick (1911-84). Alessandro Longo (Naples, 1906-08) et Giorgio Pestelli (Turin, 1967) ont également tenté de cataloguer les nombreuses sonates de Scarlatti, mais le catalogue de Kirkpatrick est le plus couramment utilisé et on donne souvent comme référence aux sonates de Scarlatti leur numéro Kirkpatrick, généralement abrégé « K » (voir toutefois *Köchel*).

Kirnberger, Johann Philipp (baptisé à Saalfeld, près de Weimar, le 24 avril 1721 ; Berlin, 26-27 juillet 1783). Compositeur allemand. Après avoir étudié le violon et le clavecin avec plusieurs professeurs locaux, il devient pour quelque temps, en 1739, l'élève de J. S. Bach. Pendant une dizaine d'années, il occupe divers postes à Leipzig et en Pologne avant d'entrer comme violoniste dans l'orchestre de Frédéric le Grand, en 1751. Sept ans plus tard, il devient directeur de la musique de la princesse Anne-Amélie de Prusse au service de laquelle il reste jusqu'à sa mort. Compositeur d'assez peu d'importance, il s'est surtout fait connaître comme théoricien, sa méthode de contrepoint étant particulièrement utile. Il est également l'auteur d'un curieux petit pamphlet intitulé *Methode Sonaten aus'm Ermel zu schüddeln* (« Méthode pour expédier les sonates », 1783), qui décrit la façon de faire de nouvelles sonates à partir d'anciennes sonates.

Denis Arnold.

Kissentanz (all.). « Danse du coussin ».

Kit (angl.). « *Pochette ».

Kl. Abréviation de *Klarinette* (all.), « clarinette ».

Klagend, kläglich (all.). « Plaintif », « triste ».

Klagende Lied, Das (« Le Chant de la plainte »). Cantate pour soprano, alto et ténor, chœur et orchestre de Mahler sur son propre texte, composée en 1880. Elle comporte trois parties : *Waldmärchen* (« Légende de la forêt »), *Der Spielmann* (« Le Ménestrel ») et *Hochzeitstück* (« Pièce de noces »). Mahler l'a révisée (1892-93, 1898-99) en supprimant *Waldmärchen*.

Klang (all.). « Son », « sonorité ».

Klangfarbenmelodie (all.). « Mélodie des sons et des couleurs ». Terme inventé par Schoenberg en 1911 pour une « mélodie » de timbre, dans laquelle l'instrumentation est aussi importante que la hauteur du son ou le rythme et possède sa propre fonction naturelle. Schoenberg l'a appliquée au mouvement central de ses *Cinq Pièces pour orchestre* (1909) et cette idée a été reprise par Webern et de nombreux autres compositeurs après 1950.

Klar (all.). « Clair », « distinct ».

Klavierbüchlein (« Petit livre pour le clavier »). Titre donné par J. S. Bach à trois de ses recueils de musique pour clavier. Le premier (1720) était destiné à l'instruction de son fils aîné, Wilhelm Friedemann Bach ; le second (1722-25) était un recueil analogue, mais plus réduit, pour sa seconde femme, Anna Magdalena, et le troisième (1725) était un volume plus important également destiné à sa femme. On se réfère souvent au deuxième et au troisième recueils couramment appelés « Livres d'Anna Magdalena Bach ».

Klavierstücke I-XI (« Pièce pour piano I-XI »). Onze pièces pour piano de Stockhausen. Le premier cahier, *Klavierstücke I-IV*, a été écrit en 1952-53, le second, *V-X*, en 1954-55, *IX* et *X* étant révisés en 1961 ; *Klavierstück XI* date de 1956. Ces pièces présentent des difficultés considérables pour le pianiste et la dernière est conçue en « forme ouverte » : l'instrumentiste choisit l'une des dix-neuf parties qui s'offrent à lui et sélectionne son propre tempo, etc., puis la fait suivre d'autres permutations.

Klavierübung (« Exercices pour le clavier »). Titre donné par J. S. Bach, qui l'avait emprunté à Kuhnau, à quatre ensembles de ses œuvres pour clavier. Le premier (1731) contient les six partitas, le second (1735) le *Concerto italien* et la *Partita en si mineur* (ou *Ouverture à la française*), le troisième (1739) regroupe des œuvres pour orgue, notamment la *Fugue « Sainte-Anne »* et le quatrième (1741-42) contient les *Variations « Goldberg »*.

Kleber, Leonhard (Gröppingen, vers 1495 ; Pforzheim, 4 mars 1556). Organiste allemand qui a occupé plusieurs postes dans différentes églises allemandes avant d'être nommé, en 1521, organiste à Pforzheim, où il est resté jusqu'à sa mort. Il a écrit de beaux arrangements de chansons et des préludes en forme d'improvisation pour orgue.

Denis Arnold.

Klein (all.). « Petit » ou, s'il s'agit d'intervalles, « mineur ».

Kleine Nachtmusik, Eine. Voir *Petite musique de nuit, Une.*

Kleine Orgelmesse. Voir *Petite messe avec orgue.*

Kl. Fl. Abréviation pour *Kleine Flöte* (all.), « piccolo ».

Klingen (all.). « Sonner », « résonner », « vibrer » ; *klingend*, « résonnant ».

Knaben Wunderhorn, Des (« Le Cor magique de l'enfant »). Anthologie de poésies populaires allemandes éditée par Arnim et Brentano, et publiée entre 1805 et 1808. Plusieurs compositeurs en ont mis les poèmes en musique, notamment Strauss et Mahler qui a composé plus de vingt lieder sur le *Wunderhorn* pour voix et piano ou orchestre et en a intégré à ses *Symphonies n° 2, 3* et *4*.

Kneifend (all.). « *Pizzicato* ».

Knot Garden, The (« Le Jardin de nœuds »). Opéra en trois actes de Tippett sur un livret du compositeur. Représentations : Londres (Covent Garden, 2 décembre 1970) ; Evanston, Illinois (Northwestern University, 22 février 1974). Le psychanalyste Mangus (bar.) a été invité par Faber (bar.) et sa femme Thea (sop.) pour s'occuper de leur jeune pupille Flora (sop.). Il découvre que le véritable problème vient de leur mariage : Faber est trop extraverti et Thea trop intravertie et ils ne se retrouvent plus dans un vrai mariage. Un couple d'homosexuels arrive ; l'écrivain noir Mel (bar.) et le musicien Dov (tén.). Denise (sop.), sœur de Thea, militante libertaire qui a subi la torture, survient également. Mangus organise différentes confrontations et des jeux destinés à résoudre leurs problèmes ; il prépare notamment une charade basée sur *La Tempête* ; le dispositif scénique comprend la rotation du symbolique « jardin de nœuds », dans lequel les personnages font et défont leurs relations. En fin de compte, Mel part avec Denise et Faber et Thea retrouvent leurs anciennes relations de couple ; Flora est devenue adulte et a trouvé l'indépendance ; quant à Dov, il se prépare à partir en voyage (retracé dans les *Songs for Dov* de Tippett, tirés de cet opéra).

Knussen, (Stuart) Oliver (Glasgow, 12 juin 1952). Compositeur anglais, élève de John Lambert à Londres et de Gunther Schuller à Tanglewood. Sa *Symphonie nº 1* est créée à Londres alors qu'il n'est âgé que de quinze ans ; mais, depuis lors, il compose lentement des œuvres très lyriques et bien écrites, qui restent dans les limites d'un avant-gardisme de bon ton. Il a composé deux autres symphonies, plusieurs pièces vocales, de la musique pour ensemble instrumental et un opéra pour enfants *Where the Wild Things Are* (*Max et les Maximonstres*, 1980-1984).

Paul Griffiths.

Köchel. Abréviation du catalogue thématique des œuvres de Mozart établi par le musicologue autrichien Ludwig von Köchel (1800-77). Ce catalogue a subi plusieurs révisions, réalisées notamment par Alfred Einstein pour la troisième édition (1937, on s'y réfère souvent par l'abréviation « K-E ») et par Franz Geigling, Alexander Weinmann et Gerd Sievers pour la sixième (1964, « K6 »). On cite toujours les œuvres de Mozart, particulièrement celles qui ne portent pas de titre distinctif, avec leur numéro de Köchel, généralement abrégé « K » (à ne pas confondre avec *Kirkpatrick).

Kocžwara, František (Franz) [Kotzwara, Francis] (? Prague, vers 1750 ; Londres, 2 septembre 1791). Compositeur et instrumentiste tchèque. Les origines de Kocžwara sont incertaines, mais il faisait partie d'une communauté de musiciens émigrés qui ont fait une carrière itinérante dans les orchestres de Grande-Bretagne. En tant qu'interprète, ses talents embrassaient divers instruments à vent et à cordes, le pianoforte et le cistre. A l'époque de sa mort, ses voyages l'avaient conduit dans la fosse de King's Theatre où il était contrebassiste. Ses œuvres comprennent essentiellement de la musique de chambre, notamment six quatuors à cordes et plusieurs sonates pour clavier avec accompagnement. Toutefois, la réputation qu'il s'est forgée de son vivant était surtout due à sa sonate à programme *The Battle of Prague* pour piano, violoncelle et violon avec tambour *ad lib*, puis pour clavier seul, qui a remporté un succès considérable. Cette œuvre, pleine d'effets militaires, a connu une quarantaine d'éditions et a suscité une multitude d'imitations aussi bruyantes. La notoriété de Kocžwara s'est encore accrue avec les circonstances particulières de sa mort, conclusion malheureuse d'une expérience érotique.

Jan Smaczny.

Kodály, Zoltán (Kecskemét, Hongrie, 16 décembre 1882 ; Budapest, 6 mars 1967). Compositeur hongrois. Fils d'un haut fonctionnaire des chemins de fer, également musicien amateur passionné, Kodály commence à composer dès l'enfance. En 1900, il se rend à Budapest pour étudier les langues modernes à l'Université et la composition avec Hans Koessler, à l'Académie de musique. Docteur ès lettres en 1906, sa thèse porte sur la musique traditionnelle hongroise ; à partir de cette époque, son principal compagnon de recherches sera son ami Béla Bartók ; ils recueillent ensemble des chants traditionnels et tentent de donner une vitalité nouvelle à la vie musicale hongroise. Comme Bartók, il est nommé professeur à l'Académie de Budapest en 1907 et demeure dans cette ville le restant de ses jours.

On peut comparer les premières œuvres de Kodály, comme la *Sonate pour violoncelle seul* (1915), à celles que compose Bartók à la même époque car elles tentent de créer un style fondé sur la musique traditionnelle hongroise. Toutefois, Kodály est un musicien plus conservateur ; il ne partage pas le caractère novateur de Bartók et se contente d'évoluer à un rythme plus lent. Son style évolue assez peu une fois sa réputation établie en Hongrie et à l'étranger avec le *Psalmus hungaricus* pour ténor, chœur et orchestre (1923) et son opéra *Háry János* (1926), partition brillante et spirituelle dont il tire une suite pour orchestre qui devient vite très populaire.

L'expérience de la préparation du *Psalmus hungaricus*, qui comprend un chœur de jeunes garçons, l'amène à s'intéresser à l'éducation musicale. Il élabore un programme musical scolaire dans lequel chaque enfant doit apprendre le déchiffrage et la lecture à vue, et écrit une masse considérable de musique chorale et d'exercices pour les enfants et pour les amateurs. Dans d'autres domaines, il est beaucoup moins prolifique. Toutes ses œuvres importantes de musique de chambre, notamment les deux quatuors, ont été écrites avant 1920 et il compose peu de pièces pour orchestre après *Háry János*.

Parmi les quelques partitions qui voient encore le jour, les œuvres colorées et dynamiques profondément ancrées dans la musique traditionnelle – *Danses de Marossék* (1930, d'après la version pour piano de 1927), *Danses de Galánta* (1933) et *Variations « Le Paon »* (1938-39) – se sont révélées plus durables que l'ambitieux *Concerto pour orchestre* (1939) et la *Symphonie* (1961).

Paul Griffiths.

BIBLIOGRAPHIE : Jean-Pierre Amann, *Zoltán Kodály*, L'Aire (Lausanne, 1983).

Koechlin, Charles (Louis Eugène) (Paris, 27 novembre 1867 ; Le Canadel, Var, 31 décembre 1950). Compositeur français. Il fait ses études au Conservatoire de Paris, notamment avec Massenet et Fauré, et mène pendant toute sa vie une existence paisible consacrée à l'enseignement, la musicologie et la composition (plus de deux cents numéros d'opus). Ses œuvres commencent à être publiées progressivement, mais il apparaît clairement qu'il a toujours conservé une indépendance irritante à la longue par rapport aux tendances dominantes : son poème symphonique *Les Bandar-log* (1939-40, l'une des quatre pages symphoniques qu'il a composées d'après *Le Livre de la jungle* de Kipling) parodie avec mépris les diverses écoles de l'époque. Sa *Sonate pour alto et piano* (1902-15) est une œuvre bitonale qui a peut-être influencé Milhaud, l'un de ses élèves. Koechlin est aussi l'auteur de *The Seven Stars' Symphony* (1933), dans laquelle chaque mouvement est basé sur une personnalité du monde cinématographique.

Paul Griffiths.

BIBLIOGRAPHIE : Charles Koechlin, *1867-1950, Correspondance*, La Revue Musicale nos 348-349-350, Richard Masse (Paris, 1982). Paul-Gilbert Langevin, *Musiciens de France, la génération des grands symphonistes*, La Revue Musicale nos 324-325-326, Richard Masse (Paris, 1979). *Charles Koechlin, hommages, repères biographiques, « Koechlin par lui-même »*, La Revue Musicale nos 340-341, Richard Masse (Paris, 1981). *Catalogue de l'œuvre de Charles Koechlin*, Max Eschig (Paris, 1975).

Koenig, Gottfried Michael (Magdebourg, 5 octobre 1926). Il fait ses études à la Staatsmusikschule de Brunswick (1946-47), à l'Académie de musique d'Allemagne de l'Ouest à Detmold (1947-50, composition avec Günther Bialas) et à la Musikhochschule de Cologne (1953-54). Après plusieurs années passées au Studio de musique électronique de Cologne (1954-64) où il est notamment l'assistant de Stockhausen, il est nommé directeur artistique du Studio de l'Université d'Utrecht. Sa production est restreinte et se limite à des œuvres sur bande magnétique dans lesquelles il explore de nouveaux moyens de production sonore, notamment depuis le milieu des années soixante l'utilisation d'ordinateurs pour des œuvres comme son *Projekt 1*, *CSP 1* et *Projekt 2*.

Paul Griffiths.

Kohaut, (Wenzel) **Josef** (Thomas) (Saaz [aujourd'hui Žatec], Bohême, 4 mai 1738 ; Paris, ? 1793). Compositeur bohémien et, selon Burney, excellent trompettiste et luthiste. Il a déserté son régiment autrichien et s'est réfugié à Paris où il a remporté un certain succès en composant des opéras-comiques.

Kolb, Carlmann (Kösslarn, près de Griesbach, Bavière, janvier 1703 ; Munich, 15 janvier 1765). Organiste et compositeur allemand. Il passe la majeure partie de sa vie à l'abbaye bénédictine d'Asbach (où il est ordonné prêtre), et comme précepteur de la famille du comte de Tattenbach-Reinstein à Munich. Il est l'auteur de *Certamen aonium* (Augsbourg, 1733), ensemble de préludes, de versets et de cadences dans chacun des modes d'église.

Denis Arnold.

Kolinda [*kolenda, colenda*]. Chant de Noël ; équivalent du noël en Europe orientale. Il en existe de nombreux recueils datant des XVIe, XVIIe et XVIIIe siècles.

Kol Nidrei [*Kol Nidre*]. 1. Œuvre pour violoncelle et orchestre de Bruch, composée en 1881. Adagio sur des mélodies hébraïques, cette œuvre a également été transcrite pour violoncelle et piano.

2. Œuvre op.39 de Schoenberg pour récitant, chœur et orchestre, composée en 1938. Elle met en musique le *Kol Nidre*, première prière du service juif, le soir du jour des propitiations (Yom Kippur), qui a des liens tragiques avec les persécutions des Juifs en Espagne au XVIIe siècle.

Kolomyka. Danse polonaise rapide à deux temps, populaire dans les régions montagneuses.

Komabue. Flûte traversière utilisée dans la musique *komagaku* japonaise. Voir *Japon*, 3*c*.

Kombination (all.). « Combinaison ». Dans la musique d'orgue, terme appliqué à tout dispositif mécanique destiné à préparer les registrations.

König Stephan. Voir *Roi Etienne, Le.*

Kontakte (« Contacts »). Œuvre pour bande magnétique à quatre pistes de Stockhausen, composée en 1959-60. Elle existe aussi dans une autre version avec piano et percussion. La bande a été utilisée dans l'œuvre de théâtre musical *Originale* (1961).

Kontrabass (all.). « Contrebasse ».

Kontra-Punkte (« Contrepoints »). Œuvre pour dix instruments (flûte, clarinette, clarinette-basse, basson, trompette, trombone, piano, harpe, violon et violoncelle) de Stockhausen, composée en 1952 et révisée en 1953. Il s'agit d'une révision de l'œuvre pour orchestre *Punkte* (1952), elle-même révisée en 1962, 1964 et 1966.

Kontretanz (all.). « Contredanse ».

Konzert (all.). 1. « Concert ». 2. « Concerto ».

Konzertmeister (all. ; amér. : *concertmastor* ; angl. : *loador*). Premier violon solo d'un orchestre et chef de pupitre des premiers violons. Il joue un rôle extrêmement important, sert de trait d'union entre le chef d'orchestre et l'orchestre, décide des coups d'archet et d'autres détails techniques. Il tient les parties de violon solo dans les pièces pour orchestre qui en comportent et est souvent un grand virtuose de son instrument.

Konzertstück (all.). Voir *Concertino*, 2.

Kopřiva, Václav Jan (Brloh, près de Citoliby, 8 février 1708 ; Citoliby, 7 juin 1789). Compositeur tchèque qui a travaillé presque toute sa vie durant à Citoliby, près de Prague. Les seules œuvres qui nous sont parvenues appartiennent au répertoire de la musique religieuse. Il avait deux fils, **Jan Jáchym** (1754-92) et **Karel Blažej** (1756-85), qui sont aussi devenus musiciens.

Korngold, Eric(h) Wolfgang (Brno, 29 mai 1897 ; Hollywood, 29 novembre 1957). Compositeur américain d'origine allemande. Il se signale très jeune comme compositeur : il a seulement onze ans lorsque sa pantomime *Der Schneemann* est produite à la Hofoper de Vienne. Parmi ses succès suivants, on peut citer l'opéra *Der tote Stadt* (1920). En 1935, il s'installe à Hollywood où il met ses goûts pour le romantisme mûr et le drame agité au service de la musique de films. Il est l'auteur de deux quatuors à cordes et d'un *Concerto pour violon* (1946).

Paul Griffiths.

Kortholt (all. et angl.). Voir *Courtaud*.

Kosmogonia. Œuvre pour soprano, ténor, basse, chœur et orchestre de Penderecki, composée en 1970 pour le 25e anniversaire de l'Organisation des Nations unies.

Kossuth. Poème symphonique op.5 de Bartók, composé en 1903 en hommage au héros de la Révolution hongroise de 1848, Lajos Kossuth.

Koteletten Walzer (all.). Voir *Côtelettes*.

Koto. Cithare à treize cordes japonaise. Voir *Japon*, 3*b*.

Kotter, Hans (Strasbourg, vers 1485 ; Berne, 1541). Organiste et compositeur allemand. Il est l'élève de Paul Hofhaimer avant de s'installer à Fribourg comme organiste de Saint-Nicolas en 1514 ; il se convertit au protestantisme et est expulsé de la ville. Il passe la fin de sa vie comme maître d'école à Berne. La majeure partie de ses œuvres figure dans un volume de musique pour clavier qui contient des préludes, des danses, des arrangements de musique vocale de Hofhaimer, d'Isaac et d'autres compositeurs.

Denis Arnold.

Koussevitzky, Serge [Kusevitsky, Sergey Alexandrovitch] (Vychni Volotchek,

26 juillet 1874 ; Boston, Massachusetts, 4 juin 1951). Chef d'orchestre, compositeur et contrebassiste américain d'origine russe. Il fait ses études de contrebasse à l'École philharmonique de Moscou, donne de nombreux concerts en Russie et commence une carrière internationale à Berlin (1903) puis à Londres (1907). L'année suivante, il fait ses débuts de chef d'orchestre à la tête de l'Orchestre philharmonique de Berlin. En 1909, il fonde une maison d'édition (Éditions russes de musique) pour faire connaître la nouvelle musique russe et achète, en 1914, les éditions Gutheil pour 300 000 roubles : Rachmaninov figurait déjà au catalogue de Gutheil et Koussevitzky y ajoute des compositeurs tels que Prokofiev, Stravinski et Scriabine dont la musique l'enthousiasme particulièrement. Koussevitzky émigre de Russie après la Révolution de 1917 et se fixe pendant quelques années à Paris où il fonde son propre orchestre. Sa réputation de chef d'orchestre ne fait que croître lorsqu'il est nommé à la tête de l'Orchestre symphonique de Boston (1924-49). En 1942, il crée à la mémoire de sa première femme la Fondation Koussevitzky qui, entre autres activités, commande des œuvres à des compositeurs des deux côtés de l'Atlantique. Les activités de la Fondation se sont maintenues grâce à sa seconde femme, Olga.

Percy Scholes. rév.

Kovařovic, Karel (Prague, 9 décembre 1862 ; Prague, 6 décembre 1920). Compositeur, chef d'orchestre et accompagnateur tchèque. Il étudie la piano, la harpe, la clarinette au Conservatoire de Prague et la composition avec Fibich. A la fin des années 1880, il est harpiste à l'orchestre du Théâtre National et est fréquemment sollicité comme accompagnateur au piano. Il joue régulièrement avec le violoniste Odřiček et il paraît également, en 1885, avec Sarasate. Kovařovic acquiert de l'expérience comme répétiteur à l'école vocale de Pivoda, à Prague, et comme chef d'orchestre lyrique au Théâtre tchèque à Brno (1885-86). Jusqu'en 1900, il compose plusieurs belles œuvres scéniques, notamment les opéras *Psohlacci* (« Les Têtes de chien », 1897) et *Na starém bělidle* (« Dans la vieille maison blanchissante », 1901) ainsi que le ballet *Hašiš* (1884) : chacune de ces œuvres exploite une riche veine lyrique qui évoque souvent Dvořák. Lorsqu'il est nommé premier chef d'orchestre du Théâtre National tchèque, en 1900, Kovařovic néglige la composition pour se consacrer à ce qui deviendra sa grande réalisation : l'amélioration du niveau orchestral et vocal au théâtre. Il y dirige des premières représentations d'opéras de Dvořák, Foerster, Novák et Ostrčil et donne pour la première fois à Prague *Jenůfa* (1916) de Janaček. Il suscite également un regain d'intérêt pour les classiques du XIXe siècle du répertoire tchèque. Sans apporter de profondes modifications à la substance (*Dimitrij* de Dvořák), à la structure et à l'orchestration (*Jenůfa* de Janáček) d'une œuvre, ses exécutions resteront pendant de nombreuses années un modèle pour les chefs d'orchestre lyriques tchèques.

Jan Smaczny.

Kozeluch [Kotzeluch, Koželuh], **Leopold** (Velvary, 26 juin 1747 ; Vienne, 7 mai 1818). Compositeur, pianiste, professeur et éditeur tchèque. Baptisé Jan Antonín, il prend ensuite le nom de Leopold pour éviter toute confusion avec son cousin, le compositeur et professeur Jan Antonín Kozeluch (1738-1814). Sa première formation musicale à Velvary est complétée par l'enseignement que lui prodigue son cousin à Prague et par des leçons avec F. X. Dušek. Après avoir remporté un immense succès dans le domaine de la musique de théâtre à Prague, Kozeluch quitte cette ville pour aller explorer les plus vastes possibilités que lui offre la capitale autrichienne. Au prix d'un travail considérable et d'un caractère assez impitoyable, il se forge une carrière de pianiste, de professeur et de compositeur ; en 1785, il fonde sa propre maison d'édition. Ses relations avec les éditeurs anglais sont particulièrement bonnes et un grand nombre de ses œuvres sont publiées simultanément en Angleterre et à Vienne. Plus tard, comme Haydn et Beethoven, il réalise de nombreuses harmonisations de chants traditionnels pour l'éditeur écossais George Thomson. En 1792, Kozeluch succède à son rival Mozart comme *Kammer Kapellmeister* et *Hofmusik Compositor*, postes auxquels il consacre son temps et son énergie jusqu'à sa mort. Kozeluch est parvenu à détourner l'attention du clavecin en faveur du pianoforte, à la fois comme professeur et comme compositeur. Ses quarante-neuf sonates et ses nombreux solos cultivent un style d'écriture spécifiquement adapté au pianoforte. Parmi ses premières œuvres, les plus belles reflètent les tendances rococo et classique et, par la suite (*Trois caprices pour pianoforte,* vers 1797) on peut déceler une anticipation des styles préromantiques. Kozeluch a été prolifique dans d'autres genres : symphonies, concertos, cantates, mélodies et sonates pour clavier avec instruments (trios), etc. ; mais c'est sa musique pour pianoforte qui le faisait considérer, selon le Tonkünstler-Lexicon (1790-92) d'Ernst Ludwig Gerber, comme « le plus populaire de tous les compositeurs vivants aujourd'hui ».

Jan Smaczny.

Koziol. Voir *Cornemuse*, 5.

Kraft (all.). « Force », « vigueur » ; *kräftig,* « fort », « vigoureux ».

Kraft, William (Chicago, 6 septembre 1923). Compositeur américain. Il étudie avec Luening, Ussachevsky et Cowell à l'Université de Columbia puis avec Orr à Cambridge. Percussionniste professionnel, il compose de nombreuses œuvres comportant des solos de percussion ainsi que de la musique pour le théâtre et le cinéma, notamment un *Concerto pour quatre percussionnistes et orchestre* (1964), un *Concerto pour piano* (1972) et des œuvres pour orchestre comme *Contextures : Riots Decade '60, I* (1968) et *II* (1974).

Paul Griffiths.

Krakowiak. Voir *Cracovienne.*

Kraus, Joseph Martin (Miltenberg am Main, près de Darmstadt, 20 juin 1756 ; Stockholm, 15 décembre 1792). Musicien allemand, chef d'orchestre au théâtre de Stockholm, puis Kapellmeister de Gustave III. Il a composé plusieurs opéras et quelques symphonies qui ne sont pas négligeables.

Krebs. Famille de musiciens allemands. **Johann Tobias** (Heidelheim, Weimar, 7 juillet 1690 ; Buttstädt, 11 février 1762) était organiste et compositeur. Il a étudié le clavecin avec J. G. Walther et la composition avec Bach. De sa musique pour orgue, seuls quelques morceaux ont survécu.

Son fils, **Johann Ludwig** (baptisé à Buttelstedt, Weimar, le 12 octobre 1713 ; Altenburg, 1er janvier 1780) était également organiste. Il est entré à l'école de Saint-Thomas de Leipzig et est devenu l'un des meilleurs élèves de Bach, qui le surnommait en plaisantant « la meilleure écrevisse [Krebs] du ruisseau [Bach] ». En 1737, Krebs a été nommé organiste de la Marienkirche de Zwickau, et, en 1744, organiste de la cour de Zeitz. A la mort de Bach, Krebs a postulé à son poste de *Kantor* de Saint-Thomas, mais un autre candidat a été retenu et, en 1755, il a accepté le poste d'organiste de la cour d'Altenburg. Il a publié quelques suites pour clavier, des sonates en trio et des sonates pour clavecin et une ou deux flûtes, mais la plupart de ses œuvres (notamment un double concerto pour clavecins et ses pièces pour orgue) sont restées sous forme de manuscrit. Certaines de ses œuvres sont écrites dans le style baroque de Bach, mais d'autres sont davantage tournées vers l'avenir.

Wendy Thompson.

Krebsgang (all.). « Écrevisse ».

Kreis (all.). « Cercle », « cycle » ; *Liederkreis,* « cycle de mélodies ».

Kreisler, Fritz (Vienne, 2 février 1875 ; New York, 29 janvier 1962). Violoniste et compositeur américain d'origine autrichienne. Fils d'un éminent médecin, il commence une carrière d'enfant prodige, entre au Conservatoire de Vienne à sept ans et remporte à douze ans un premier prix de violon au Conservatoire de Paris. Il fait une tournée en Amérique en 1889, retourne à Vienne, où il étudie la médecine pendant quelque temps et fait son service militaire. Il reprend ensuite sa carrière de violoniste qu'il poursuivra jusqu'à la fin de sa vie, à l'exception d'une courte période passée dans l'armée autrichienne en 1914, où il est blessé peu après son incorporation. Grand interprète des chefs-d'œuvre du répertoire, il a composé quelques charmantes pièces de salon, qu'il faisait parfois passer pour des arrangements des « maîtres anciens », ainsi que l'opérette *Apple Blossoms* (1919). Entre les deux guerres, il a vécu tout d'abord à Berlin, puis à Paris. En 1939, il se fixa aux États-Unis et acquit la nationalité américaine l'année suivante.

Denis Arnold.

Kreisleriana. Cycle de pièces pour piano op.16 de Schumann, composé en 1838 et révisé en 1850. Il comprend huit fantaisies et est dédié à Chopin. Le titre se rapporte au personnage de Kreisler dans les contes d'E. T. A. Hoffmann.

Krenek [Křenek], **Ernst** (Vienne, 23 août 1900). Compositeur américain d'origine autrichienne. Il fait ses études musicales avec Franz Schreker à Vienne et à Berlin (1916-23) et, pendant cette période, écrit plusieurs œuvres, notamment deux symphonies influencées par Bartók, Mahler et Schreker. En 1924, il se rend à Paris où il est attiré par le néo-classicisme. Il opère un retour conscient à Schubert dans son cycle de lieder *Reisebuch aus dem österreichischen Alpen* (1929) et, dans une moindre mesure, dans son opéra *Jonny spielt auf* (« Jonny mène la danse », 1925-26) qui remporte un immense succès tant par son sujet contemporain que par l'utilisation du jazz. Krenek commence alors à étudier les méthodes sérielles qu'il adopte dans son opéra *Karl V* (1930-33). En 1938, il s'installe aux États-Unis où il est professeur à Vassar College (1939-42) et à Hamline University (1942-47). Depuis le milieu des années cinquante, influencé par l'avant-garde européenne, il utilise des techniques sérielles complexes, souvent sous des formes d'une précision géométrique. Il est aussi l'auteur des livres *Music Here and Now* (New York, 1939, réédité en 1967), *Studies in Counterpoint, Based on Twelve-Tone Technique* (New York, 1940), *Johannes Ockeghem* (New York, 1953) et *Horizons Circled* (Berkeley, Los Angeles et Londres, 1974).

Paul Griffiths.

Kreutzer, Conradin (Messkirch, près de Baden, 22 novembre 1780 ; Riga, 14 décembre 1849). Chef d'orchestre et compositeur allemand. Il travaille quelque temps avec Haydn et présente plusieurs opéras à succès à Vienne avant de se lancer dans une carrière de directeur musical dans plusieurs petites cours allemandes. A partir de 1822, il retourne à Vienne, tout d'abord au Kärntnertor Theater, puis au Theater in der Josephstadt. On entend encore occasionnellement son opéra *Das Nachtlager von Granada* (représenté en 1834).

Denis Arnold.

Kreutzer, Rodolphe (Versailles, 16 novembre 1766 ; Genève, 6 janvier 1831). Violoniste et compositeur français. Il travaille essentiellement à Paris, avant la Révolution, à la chapelle de Louis XVI, puis à celle de Louis XVIII à la Restauration. Sous le Consulat, il se met au service de Bonaparte. Il est aussi professeur de violon à l'Institut national de musique créé par les révolutionnaires, qui devient le Conservatoire en 1795. Lors d'une tournée de concerts en 1798, il rencontre Beethoven à Vienne, mais la *Sonate « à Kreutzer »* de Beethoven a été composée et dédiée à Kreutzer après son retour à Paris. On pense qu'il ne l'a jamais jouée en public.

Kreutzer a composé plusieurs études pour violon et écrit une *Méthode de violon* très utile (Paris, 1803) ; il a aussi composé plusieurs opéras-comiques et d'autres œuvres dramatiques pour le théâtre à Paris, mais elles sont tombées dans l'oubli.

Denis Arnold.

Kreutzer, Sonate à. 1. Surnom de la *Sonate pour violon et piano en la majeur op.47* de Beethoven, composée en 1802-03 et dédiée à Rodolphe Kreutzer qui ne l'aurait jamais jouée.

2. Sous-titre du Quatuor à cordes n° 1 de Janáček, composé en 1923 et qui reprend une partie d'un trio pour piano et cordes de 1908-09. Sur la partition, Janáček a écrit : « Inspiré par *Kreutzer-sonata* de L. N. Tolstoï » (roman publié en 1890).

Kreuz (all.). « Croix », le signe dièse (♯).

Kreuzflöte (all.). « Flûte traversière ».

Krieger. Famille de fabricants de tapis allemands dont deux membres sont devenus d'éminents musiciens. **Johann Philipp** (Nuremberg, février 1649 ; Weissenfels, 6 février 1725) a révélé ses talents d'organiste à l'âge de huit ans. Il a fait ses études à Copenhague avant d'entrer au service du margrave Christian Ernst de Bayreuth vers 1673 ; pendant qu'il était au service du margrave, il a passé environ deux ans en Italie. En 1677, il est devenu organiste à Halle et s'est installé avec la cour comme Kapellmeister à Weissenfels en 1680. Compositeur prolifique de musique sacrée et profane, il est notamment l'auteur de sonates en trio, de suites (la

Lustige Feld-music [1704] est modelée sur les suites de ballets de Lully) et de nombreuses cantates sur des textes latins et allemands. Il a aussi écrit des opéras, mais seules quelques arias ont survécu.

Son jeune frère, **Johann** (baptisé à Nuremberg, le 1er janvier 1652 ; Zittau, 18 juillet 1735), a suivi Johann à Bayreuth en 1672 comme organiste de cour ; il a ensuite travaillé à Halle ; en 1680, il a été nommé Kapellmeister à la cour d'Eisenberg. Il est ensuite resté pendant cinquante-trois ans (jusqu'à sa mort) organiste et directeur de la musique à Zittau. Compositeur moins prolifique que son frère, son jeu et sa musique pour orgue ont suscité l'admiration de Haendel.

Denis Arnold.

Krieger, Adam (Driesen, près de Francfort-sur-l'Oder, 7 janvier 1634 ; Dresde, 30 juin 1666). Compositeur allemand. Tout en effectuant ses études à Leipzig, il fonde une Société musicale parmi les étudiants de l'Université et compose des airs vivants et divertissants. En 1655, il est nommé organiste à la Nikolaikirche de Leipzig et, deux ans plus tard, pose sa candidature au poste de *Kantor* à Saint-Thomas ; il n'est pas retenu et, de 1658 à sa mort, il restera organiste au service de l'Électeur de Saxe à Dresde. Ses airs et lieder, essentiellement pour voix seule et continuo, sont ses œuvres les plus importantes ; un recueil en a été publié à Leipzig en 1657 ; d'autres airs ont survécu sous forme de manuscrits, notamment *Adonis' Tod*.

Denis Arnold.

Křižkovský, (Karel) **Pavel** (Holasovice, 9 janvier 1820 ; Brno, 8 mai 1885). Chef de chœur et compositeur tchèque. Dans son enfance, on le dissuade de s'engager dans une carrière musicale, mais le chef de chœur de Neplachovice lui donne une formation de base, puis il devient choriste à Opava. Il étudie la philosophie à Olomouc, puis à Brno où il s'installe en 1843. Il y fonde un chœur d'étudiants et commence à étudier la composition. En 1848, il entre dans les ordres dans un monastère augustinien où il devient également chef de chœur ; il y exerce son influence sur toute une génération de compositeurs moraves, notamment Janáček et Vojáček. Křižkovský a largement contribué à l'épanouissement de la vie musicale de Brno en faisant connaître les classiques comme les compositeurs tchèques, mais avant tout en cultivant un intérêt pour le chant traditionnel morave. Son propre enthousiasme avait été suscité par le folkloriste František Sušil. En tant que chef de chœur de la Société musicale Beseda de Brno, il a donné de nombreux concerts en Moravie et en Bohême et, en 1861, ses exécutions et ses adaptations de chansons et de poésies traditionnelles ont attiré l'attention de Smetana. La production exclusivement vocale de Křižkovský matérialise ses aspirations pour la musique du pays. Alors que sa musique religieuse n'a apporté qu'une contribution modeste au Mouvement cécilien en Moravie, ses chœurs profanes ont servi de stimulant et de modèle à Smetana, Dvořák, Janáček et à une multitude d'autres compositeurs. Allant de simples illustrations de musique traditionnelle à des compositions originales qui offrent les contours et les caractéristiques harmoniques de la musique traditionnelle morave, la musique de Křižkovský a aidé à définir un style d'écriture chorale basée sur le chant traditionnel qui a constitué une part importante de la renaissance musicale de son pays.

Jan Smaczny.

Krommer, Franz [Kramár, Krommer-Kramář, František Vincenc] (Kamenice u Třebíče, 27 novembre 1795 ; Vienne, 8 janvier 1831). Compositeur et maître de chapelle tchèque. Bien qu'il ait appris l'orgue et le violon avec son oncle, il semble que Krommer soit un compositeur essentiellement autodidacte. Il exerce comme organiste à Turán pendant quelques années avant de suivre le chemin qui mène traditionnellement à Vienne, en 1785. Il est d'abord maître de chapelle auprès de divers membres de la noblesse hongroise et du duc Ignaz Fuchs à Vienne, puis succède finalement à son compatriote Kozeluch comme *Kammer Kapellmeister* et *Hofmusik Compositor* de l'empereur en 1818. La musique de Krommer, en particulier ses nombreux quatuors et quintettes, est alors très admirée à Vienne et se propage largement en Europe. Il est tenu en grande estime en Angleterre, en France et en Italie et devient membre honoraire des conservatoires de Paris, de Milan et de Vienne. Son style musical reflète fidèlement les goûts changeants de l'époque, du rococo au début du romantisme, et bien que sa réputation contemporaine soit fondée essentiellement sur sa musique de chambre, notamment sur les quatuors à cordes dont il est l'un des principaux représentants, l'intérêt que Krommer suscite aujourd'hui tient surtout à ses concertos pour instruments à vent et à quelques œuvres de musique de chambre pour ensemble à vent.

Jan Smaczny.

Krumpholtz, Jean-Baptiste [Johann Baptist] (Budenice, Bohême, 3 mai 1742 ; Paris, 19 février 1790). Harpiste et compositeur de Bohême. En 1773, il entre à la chapelle du prince Nikolaus Esterházy à Vienne comme harpiste. Il y travaille la composition avec Haydn. En 1777, il se rend à Paris et fait ses débuts au Concert spirituel dans l'un de ses propres concertos pour harpe. Krumpholtz est l'un des premiers harpistes à avoir utilisé les harmoniques et autres procédés destinés à accroître l'étendue et la facilité de l'instrument. Il est l'auteur de sonates, de variations et de concertos (essentiellement pour harpe) et de deux « symphonies » pour harpe et orchestre.

Son frère, **Wenzel** (? Budenice, vers 1750 ; Vienne, 2 mai 1817), a été violoniste à la chapelle Esterházy et, à partir de 1796, à l'opéra de la cour de Vienne. C'est aussi un compositeur mineur.

Wendy Thompson.

Kuhlau, (Daniel) **Friedrich** (Rudolph) (Uelzen, près de Hanovre, 11 septembre 1786 ; Copenhague, 12 mars 1832). Compositeur danois né en Allemagne. Son père faisait partie d'une musique militaire. Il devient pianiste et professeur à Copenhague où il s'installe en 1810 pour éviter la conscription dans l'armée de Napoléon. Il a composé beaucoup de musique pour flûte et pour piano, mais également de la musique pour le Théâtre royal de Copenhague où il a été chef de chœur de 1816 à 1817.

Denis Arnold.

Kuhnau, Johann (Geising, Erzgebirge, 6 avril 1660 ; Leipzig, 5 juin 1722). Compositeur allemand. Il fait ses études à Dresde, où il est soprano à la Kreuzkirche, puis s'installe à Leipzig pour faire son droit. En 1684, il est nommé organiste à Saint-Thomas et, en 1701, *Kantor* ; il est aussi directeur de la musique à l'université. (Il sera remplacé à ces postes par J. S. Bach.)

Les œuvres de Kuhnau qui nous sont parvenues comprennent des motets latins et une trentaine de cantates sacrées allemandes (le texte de plusieurs autres a survécu sans la musique). Sa musique pour clavier, publiée à Leipzig, comprend les deux volumes du *Neue Clavier-Übung* (1689, 1692), des recueils de suites et, dans le second volume, les premières sonates qui aient été publiées en Allemagne ; *Frische Clavier Früchte* (1696), sept autres sonates, et un recueil de six sonates à programme, le *Musicalische Vorstellung einiger Biblischer Historien* (les sonates « bibliques », 1700), qui illustrent en termes musicaux particulièrement vivants des scènes de la Bible comme le « combat de David et de Goliath ». En 1700, il a publié un roman satirique, *Der musicalische Quacksalber* (« Le Charlatan musical »).

Wendy Thompson.

Kuhreihen [*Kuhreigen*] (all.). Voir *Ranz des vaches.*

Kujawiak. Danse polonaise rapide à trois temps dont le nom tire son origine de la région de Kujawy. Il s'agit d'un type de *mazurka.

Kullervo. Poème symphonique op.7 pour soprano, baryton, chœur d'hommes et orchestre de Sibelius, composé en 1892. Il est basé sur la légende du *Kalevala.* L'œuvre a été retirée après sa première exécution et n'a pas été rejouée avant 1958.

Kunst (all.). « Art » ; *Künstler,* « artiste » ; *Kunst der Fuge,* voir *Art de la Fugue* ; *Kunstlied,* « mélodie d'art » (par opposition à *Volkslied,* chanson populaire ou traditionnelle).

Kunst der Fuge, Die. Voir *Art de la Fugue, L'.*

Kurrende [*Currende*] (all.). Terme du XVIe siècle qui désigne les chœurs des écoles latines en Allemagne. Ils étaient composés de jeunes garçons issus de familles modestes qui gagnaient leur vie en chantant lors des mariages, des funérailles et des occasions officielles.

Kurz, kurze (all). « Court ».

Kusevitsky, Sergey. Voir *Kousse-vitzky, Serge.*

K. V. (suivi d'un nombre). Abréviation pour *Köchel-Verzeichnis,* liste chronologique des œuvres de Mozart publiée en 1862 par Ludwig von Köchel. On identifie souvent les œuvres de Mozart en indiquant leur numéro de Köchel précédé des lettre K. V. ou juste K.

Kyrie (grec, « Seigneur »). Partie de l'Ordinaire de la *messe catholique chantée entre l'Introït et le Gloria. Chacune des trois invocations, « Kyrie eleison ; Christe eleison ; Kyrie eleison », est chantée trois fois (Voir également *Plain-chant,* 2). Le Kyrie a été maintenu dans la liturgie anglicane comme « Lord have mercy ; Christ have mercy ; Lord have mercy » et figure dans le service de la Communion (voir *Common Prayer, Book of*).

DÉPÔT LÉGAL : NOVEMBRE 1988
N° ÉDITEUR : S 660

ACHEVÉ D'IMPRIMER POUR
LES ÉDITIONS ROBERT LAFFONT
SUR LES PRESSES DE
HAZELL WATSON & VINEY LTD
AYLESBURY (GRANDE-BRETAGNE)
Printed in Great Britain